戰國策箋證

〔西漢〕劉向　集録
范祥雍　箋證
范邦瑾　協校

（上册）

上海古籍出版社

圖書在版編目(CIP)數據

戰國策箋證 /(西漢)劉向集錄; 范祥雍箋證; 范邦瑾協校一上海: 上海古籍出版社, 2006. 12(2025. 5 重印)
(中華要籍集釋叢書)
ISBN 978-7-5325-4329-8

Ⅰ. 戰... Ⅱ. ①劉... ②范... ③范... Ⅲ. ①中國-古代史-戰國時代-史籍②戰國策-注釋 Ⅳ. K231. 04

中國版本圖書館 CIP 數據核字(2006)第 007240 號

本書出版得到國家古籍整理
出版專項經費資助

中華要籍集釋叢書
戰國策箋證
(全二册)
[西漢]劉　向　集錄
范祥雍　箋證
范邦瑾　協校
上海古籍出版社出版、發行
(上海市閔行區號景路 159 弄 1-5 號 A 座 5F　郵政編碼 201101)
(1) 網址: www.guji.com.cn
(2) E-mail: gujil@guji.com.cn
(3) 易文網網址: www.ewen.co
蘇州市越洋印刷有限公司印刷
開本 850×1168　1/32　印張 64　插頁 8　字數 1,106,000
2006 年 12 月第 1 版　2025 年 5 月第 14 次印刷
印數: 17,451—18,500
ISBN 978-7-5325-4329-8
K · 828　定價: 278.00 元
如發生質量問題,讀者可向工廠調換

出版説明

范祥雍先生（一九一三——一九九三），祖籍浙江鎮海，生於上海南市，著名古籍整理專家，尤精於版本文獻之學。先生自學成才，而蜚聲學界。一九五六年由陳子展、胡厚宣、章巽三教授聯名推薦，受聘於復旦大學中文系，復任教於江西大學中文系、東北文史研究所，一九七八年後任中華書局、上海古籍出版社特約編輯，一九八六年聘爲上海文史研究館館員。

先生著述頗豐，經他編訂、點校、校證、補疏整理的典籍蔚爲大觀，歷史類有古本竹書紀年輯校訂補、戰國策箋證，歷史地理類有洛陽伽藍記校注、大唐西域記匯校（原收入季羨林等校注大唐西域記校注）、山海經補疏，宗教類有釋迦方誌、宋高僧傳、廣弘明集（未完稿），文學類有陳子展詩經直解校閲、陳子展楚辭直解校閲，藝術譜録類有法書要録，筆記類有管城碩記、東坡志林廣證，音韻訓詁類有廣韻三家校勘記補釋等。而文史通貫、無徵不信、博觀約取、敏而有斷之學風則一以貫之，允稱精深，堪爲楷法。所惜「文革」浩劫，其著作如山海經補疏、東坡志林廣證等，多有散失，亦可扼腕浩歎。

早在上世紀五十年代，我社前身古典文學出版社就出版了先生的洛陽伽藍記校注，一九七八年修訂重版，本世紀初又出版了歷劫復得之戰國策箋證。兹將范先生古籍整理之心血結晶，都爲范祥雍古籍整理匯刊結集出版，内涵古本竹書紀年輯校訂補、戰國策箋證、洛陽伽藍記校注、大唐西域記匯校、釋迦方誌、宋高僧傳、法書要録、管城碩記、廣韻三家校勘記補釋，其中廣韻三家校勘記補釋屬首次發表。忻逢盛世，文化昌盛，梨棗馨香，以慰先賢。

上海古籍出版社

二〇一一年二月

戰國策傳本源流考(代前言)

戰國策是我國一部著名古史[一],文章優美,記述生動,大史學家司馬遷著史記曾從中吸取養料,爲後世研究戰國史者不可缺少的要籍。此書流傳久遠,原始要終,班班可考。然而對之懷疑者也複不少,或謂是後人雜採史記而成,或疑今本非劉向之舊等等,略見於僞書通考的,隨手可檢。究竟如何,尚是懸案,須要進一步廣搜資料,考鏡源流,辨其是非,加以論定。

自戰國策本書的發展路程觀之,約可分爲四個時期。

一、第一時期　古本

甲　劉向原編

在西漢成帝(前三二—前六)之時,著名學者劉向奉詔領校中祕府所藏經傳諸子詩賦等書,每一書成,要撮舉内容大意及篇目奏上(後人稱爲劉向别録)。戰國策是他校録諸書之一。劉向戰國策序説:

所校中戰國策書[二]，中書餘卷，錯亂相糅莒。又有國別者八篇，少不足。臣向因國別者略以時次之。分別不以序者以相補，除複重，得三十三篇。……中書本號，或曰國策，或曰國事，或曰短長，或曰事語，或曰長書，或曰脩書。臣向以爲戰國時游士輔所用之國，爲之策謀，宜爲戰國策。

此文中對資料來源、編次方法及命名原因，都作了扼要的説明，不煩再費辭。但有二句要辨明一下，即「又有國別者八篇」，「臣向因國別者」，其中兩個「國別」，齊思和先生戰國策著作時代考並以爲書名，與下國策、國事、短長、事語、長書、脩書併列爲七種書（見中國史探研），不同於舊釋，尚須商榷。我以爲劉序首稱「戰國策書」是總攝下述的國策、國事等六種原始資料（下云「中書本號」，可證）。「又有國別者八篇」則謂六種資料中有八篇是以國別來編次的，乃指體例而言。戰國策全書就按照此體例作藍本，故説「臣向因國別者略以時次之」，然後列舉各原始資料的本號。如將「國別」作書名解，那麽文章前後就貫穿不通了。至於六種中何種爲國別體，則無法强斷。若從書號來推測，國策、國事可能近之，這不過也是假定而已。

還有一説，晁公武郡齋讀書志説：「舊有五號，（劉）向以爲皆戰國時游士策謀，改定今名。」他所説「五號」，疑即指上述六種而去其首種「國策」。大概他認爲國策即戰國策（後人也常通稱爲一書，但不適用於劉序），劉向併五種於一種，故而如此説。此説不合於劉序，可置勿論。

序説「得三十三篇」，漢書藝文志同。史通六家篇作三十三卷。書寫在竹簡上稱篇，在紙帛上稱卷，所以三十三卷即三十三篇。然隋書經籍志作三十二卷，舊唐書經籍志、新唐書藝文志同。導致這種差異的原因可能有二種：一、三與二僅一畫之差，最易致訛。二、也有可能從竹簡迻寫成卷時，鈔書者把篇章次序有所併合。例如楚策四「或謂楚王曰」章，王念孫讀書雜志據昭明文選爲齊明帝讓宣城郡公表注引此文作「唐雎謂楚王」，說：「則合上卷末『唐且見春申君』云云爲一篇，李善所見本此處不分卷。而『謂楚王』之上無『或』字也。」故三十三篇變成三十二卷，毫不足怪。在雕板術發明之前，書籍全憑繕寫流傳，而鈔書又隨各人的需要不同，分卷詳略時有參差，並不畫一，乃常見之事。這裏要補充一點，上述的三十三卷或三十二卷，指唐以前的鈔本而言，和曾鞏重定的三十三卷本要區別開來。

劉向原編戰國策的漢代傳寫本，年久跡湮，早已無法得見。幸而近代考古發掘之風興起，一九〇〇年瑞典人斯文赫定（Sven Hedins）在我國新疆沙漠裏古樓蘭廢墟發現了漢代的書寫紙，其中有一紙是隸書寫的戰國策殘葉（Conrady,A. Die: Chineschen Handischriften-und Kleinfunde Sven Hedins in Lou-lan,Stockholm,1920），季羨林先生說：「這張紙可能是公元二世紀寫成的。」（中國紙和造紙法輸入印度的時間和地點問題，載中印文化關係史論叢頁一一二）這張紙僅存六行不足，未標明書名，對校姚本戰國策燕策第一章尾與第二章首文字及編次相同，可決其爲戰國策無疑。這雖是小小一葉殘書，却由此可推知今本戰國策的源流有緒，對懷疑今本出於後人雜採史記而成，非劉向之舊者提出强有力的反證。我們不要輕視這一張小紙。

乙　原始資料推論

早於劉向編定戰國策前數十年，大史學家司馬遷大量引用見於今本戰國策的文章寫入其傑作史記中。班固漢書司馬遷傳贊說：「司馬遷據左氏、國語，採世本、戰國策，述楚漢春秋，接其後事，訖於大漢。」所謂「戰國策」，實際指劉向編定之前的原始資料，故司馬貞說：「此是班固取其後名而書之，非遷時已名戰國策也。」（裴駰史記集解序索隱）史記採戰國策的文有多少呢？宋洪邁說：「太史公所採之事九十三則。」（容齋四筆卷一）這個統計數字當是依據曾鞏校定本而來，未經細核。但只要一查史記周本紀記馬犯謂周君請令梁城周事，司馬貞索隱引戰國策文以校。楚世家記楚人有好以弱弓微繳加歸雁之上以說頃襄王事，虞世南北堂書鈔卷四十六引作戰國策。此皆不見於今本國策者，而唐本有之。同類例子不少，略舉一二，不複廣徵。如果容齋没有補入，則其數據尚嫌不足。

劉向編策所據中祕府藏的六種書國策、國事、短長、事語、長書、脩書，當是司馬遷史記採取戰國記事資料的源泉。這些書經劉向改編爲戰國策，原名不再見於漢書藝文志（藝文志是依據劉向父子的七略而成的），也很少見於他書。史記主父偃傳說「（偃）學長短縱横術」，又酷吏列傳張湯傳說「邊通學長短」，集解引漢書音義說「長短術興於六國時，行長入短，其語隱謬，用相激怒」，漢書張湯傳同，注引張晏曰：「蘇秦、張儀之謀，趣彼爲長，歸此爲短，戰國策名長短術也。」據張晏之說，「長短」當即劉向序中的短長，其書談長短術，與蘇秦、張儀縱横家流相近。六種書中僅此一種偶有提到，其餘未詳。

一九七三年底，長沙馬王堆漢墓出土了大批帛書，是我國考古工作中一大新發現。其中有一份帛書，原無書名。經帛書整理小組整理，定名爲戰國縱横家書（初題爲戰國策，後改今名）。全書共二十七章，三百二十五行，一萬一千多字（見於該書的出版說明）。所載戰國時事，見於今本戰國策者十章（內有一章，策分爲二章），見於史記者八章（其中策、史同見者七章，獨見史記者一章）。除去重複，總共見於策、史者十一章，其餘十六章是久已佚失的古書。「書法在篆隸之間，避邦字諱，可能漢高祖後期或惠帝時（前一九五年前後）寫本」〔三〕。這份佚書，我認爲即是戰國策前身劉向所據六種書之一，也即司馬遷寫史記戰國史事所據資料之一。唐蘭先生稱其爲「司馬遷所没有見過的珍貴史料」〔四〕，此話似嫌誇張。何以見得？如果因其中十六章未見於策、史而斷爲司馬遷、劉向都没見過，那理由嫌不充足。司馬遷寫史記，劉向編戰國策，他們對原始資料是經過選擇採用的，並非像資料彙編照單全收。例如史記記春秋史事是依據左氏春秋。今檢左氏傳有好些事不見於史記，難道我們可以説司馬遷没有見過左氏傳嗎？史記五帝本紀贊説：「百家言黄帝，其文不雅馴，薦紳先生難言之。……余并論次，擇其言尤雅者，故著爲本紀始首。」又蘇秦列傳贊説：「世言蘇秦多異，異時事有類似者，皆附之蘇秦。……吾故列其行事，次其時序，毋令獨蒙惡聲焉。」正説明他採擇和剪裁材料的態度。劉向戰國策序説：「臣向因國別者略以時次之，分別不以序者以相補，除複重，得三十三篇。」這也説明他對六種原始資料運用有所取捨的整理方法。所以，不見於史記或戰國策的古佚書，不能就肯定爲「司馬遷（或劉向）所没有見過的」。何況今天所見的史記和戰國策各本，皆距時久遠，非漢代之舊本呢？

帛書戰國縱横家書的發現，對我們瞭解戰國策本書有很大的幫助。第一，可以窺見劉向編策所據的祖本面貌，因而肯定戰國策原文是戰國時代或秦楚之際的作品。第二，可確認今本戰國策和史記相同之文，出自同一來源，並非有所抄襲或附益，像方苞書刺客傳後（方望溪集卷二）、吴汝綸記太史公所録左氏義後（吴摯甫文集卷四）所説那樣。第三，對文字的校訂也相當重要，帛書整理小組已做了初步工作，這裏從略。至於那佚書十六章，無疑是研究戰國史的珍貴材料。

二、第二時期　古注

——高誘作注　附延篤論或音義

東漢延篤作戰國策論，高誘作戰國策注，開始對此書作專門研究，使戰國策的發展轉入一個新的階段。

延篤字叔堅，南陽犨（今河南魯山縣附近）人，后漢書有傳。他是當時名儒馬融的門人，桓帝時應徵爲博士，官至京兆尹。卒於永康元年（一六七）。隋書經籍志説：「戰國策論一卷，漢京兆尹延篤撰。」舊唐書經籍志、新唐書藝文志同。顔氏家訓書證篇引延篤戰國策音義，殆是一書異名。侯康補後漢書藝文志謂「據諸書所引，全非論體，顔黄門稱戰國策音義，其名似勝隋、唐志」。此書已佚。從輯本和卷數推之，内容簡略，爲草創之作。然篳路藍縷，開路先鋒，功不可没。

距時不久的高誘作戰國策注，始對此書作較細緻的專門研究。高誘，涿郡涿縣（今河北涿縣）人，爲當時名儒盧植的門人，生於漢末三國之間。他有著作多種，今傳於世的，除戰國策注外，尚有吕氏春秋注和淮南子注。

隋書經籍志：「戰國策二十一卷，高誘撰注。」這和同書著録「劉向録」本三十二卷差異。查舊唐書經籍志、新唐書藝文志並作「三十二卷」，與劉向録本合。宋史藝文志、日本國見在書目高誘注本作三十三卷，則與今所傳本合。鄭樵通志藝文略作二十一卷，疑據隋志著録，未必其時有二十一卷本（北宋時高注已殘佚，詳下）。又北宋崇文總目説：「又有高誘注本二十卷，今缺第一、第五、第十一止二十，存八卷。」曾鞏戰國策序説：「此書有高誘注者二十一篇，或曰三十二篇，崇文總目『存者八篇』，今存者十篇云。」綜上所述，高注本卷數頗有參差，今表列如下，並注明所出。

一、二十一卷　隋書經籍志、曾鞏戰國策序一本。

二、二十卷　崇文總目（文獻通考經籍考引同）。

三、三十二卷　兩唐志、曾鞏序又一本。

四、三十三卷　宋史藝文志、日本國見在書目。

殘本二種：

八卷　存卷二、三、四、六、七、八、九、十共八卷。崇文總目。

十卷　同上八卷，增卷卅二、卅三，共十卷。曾鞏序及姚宏本。

上列高注四種不同卷數本（殘本除外），我認爲崇文總目的「二十卷」「十」下疑脱去「一」字，曾鞏引此正作「二十一卷」。宋志的「三十三卷」，則疑誤以曾鞏重定的戰國策三十三卷爲高誘注本。我們今天見到的剡川姚氏刊本戰國策於每卷首皆題作「高誘注」，其實高注僅有十卷，被籠統題作「高誘注」。後代書目多沿此誤〔五〕，宋志似啓其端。否則高注至北宋已殘缺，宋志何從見到三十三卷全注本而著録呢？因此要排除二、三兩種，高注傳本只有二十一卷、三十二卷之别。差異發生的原因，可能由於鈔書者分併不同、簡繁各别而産生。一種書有幾種卷數不同的本子，此例在古籍中常遇之，不勝枚舉，也不須深究了。

對於殘本多寡，雖無關宏旨，尚有幾句話要談。合崇文及曾校本一起，高誘注殘存卷二至卷三，卷六至卷十，卷卅二至卷卅三，共十卷。姚宏刻本是依據曾校本的，缺注相同，向來對此没有疑問。

今檢姚宏本有若干條注文存在疑點，列舉如後：一、姚本卷二十三魏策二「犀首見梁君」章「令母敢入子之事」，此下有夾注：「入，猶與也。曾、劉無此注。」二、又「蘇代爲田需説魏王」章「臣請問文之爲魏」，夾注：「爲，助也。曾、劉無此注。」三、同章「衍將右韓而左魏」，夾注：「右，近；左，遠。曾、劉無此注。」四、又「五國伐秦」章「扮之請焚天下之秦符者」，「扮」下夾注：「扮，博幻切，握也。」五、又「魏惠王起境内衆」章「而孫子善用兵」，「孫子」下夾注：「孫臏也。」六、又「田需死」章「必右韓而左魏」，夾注：「右，親也；左，疏外也。」七、又同章「太子爲非固相也」，夾注：「固，猶久。」八、又「梁王魏嬰觴諸侯於范臺」章「齊桓公夜半不嗛」，夾注：「（嗛）快也。」九、同書卷二十五魏策四「魏王欲攻邯鄲」章「吾用多」，「用」下夾注：「用，資也。」十、又「秦、魏爲與國」章「秦、魏爲與國」，夾注：「相與同禍福之國也。」十一、又同章「是大王籌筴之臣無任矣」，夾注：「任，能也。」十二、又「魏王與龍陽君共船而釣」章「其自纂繁也完矣」，夾注：「謂帽覆也。」以上卷二十三及卷二十五兩卷，姚宏原來校文異同不列入内，有夾注十二條（内八條屬於卷二十三，四條屬於卷二十五），其中一至三條，前半是注文，後半是校文，説明注文爲曾鞏、劉敞本所無。這清楚地交代前半注文不是姚注而是他據别本（可能是孫樸校本）補入的。以下四至十二條注文，皆無校語。惟四條下有「博幻切」三字爲音切。三條「右，近； 左，遠」和七條「右，親也； 左，疏外也」，文稍異而義同。這十二條夾注和姚宏續注校文，除一至三條後半的校文外，體例不合。姚書體例，校文並著某作某或某某（上某爲姓，下某爲異文）。注則並冠以「續」字，以别於高注。今此夾注不合其例（三條後半有校語者除外），顯非其注。且姚注多援引古書以證，屬於考據性的，與此不同。相反地，高誘注多屬於訓詁解釋，與這些夾注很相類。由此推證，故我認爲這正是高誘注的殘文。僅此還不能徵信於人，有證可提。上文引九「魏王欲攻邯鄲」章注：「用，資也。」檢昭明文選卷二十三詠懷詩「北臨太行道，失道將如何」注引戰國策曰：「（季梁見魏王）曰：『今者臣來，見人於太行，乃北面而持其駕，告臣曰： 吾欲之楚。臣曰： 之楚奚爲北面？ 曰： 吾馬良。臣曰： 雖良，此非楚之道也。曰： 吾用多。臣曰： 雖多，此非之楚之路也。曰： 吾善御。』」（下略）下引高誘曰：「面，向也。駕，馬也。之，至也。用，資也。」文選注所引戰國策正是魏策此章之文。其引高誘曰「用，資也」也見於今所存殘注中，全相合（只是殘注失去「面」、「駕」、「之」三字的注文）。這足以證明殘文乃是高誘注無疑了。又上引文十「秦、魏爲與國」章注：「（與國），相與同禍福之國也。」檢史記項羽本紀：「項梁曰： 田假爲與國之王。」司馬貞索隱引高誘注戰國策云：「與國，同禍福之國也。」兩相對照，盡合，可見唐人所見本無殘。這對高注的假定又是一證。有人或許懷疑，爲甚麽從來没有人提起過這問題呢？我認爲這二卷注文殘缺過甚，存字寥寥，一共十二條，曾本、劉本還少三條，只存九條，不引人注意，前人忽略過去，没把它們計算在高注内。實際我們今天見到的高誘注十卷外，尚有卷二十三、二十五殘注二卷，共爲十二卷。夾注四「博幻切」三字爲音切，與高誘注音體例不合（其時音切尚未有），當是後人所附加的，不屬高注。

再讀北宋傳下來的高注十卷，鮑彪譏其「疏略無所稽據」，吴師道辨其誣〔六〕。但注文「疏略」，吴氏也同意。若以高注吕氏春秋、淮南子（淮南注有與許慎注相淆者）來比照，竊疑今本有缺佚。錢大昕剡川姚氏本戰國策序也説：「似十篇注尚非足本也。」又曾鞏所增高注二卷中卷三十三中山策末「昭王既息民繕兵」章不應隸此，當隸於秦策（説詳後），決非高注本之舊。又十卷注文的編次有人對此提出可疑。東周策「東周與西周戰」章，此卷無高注，金正煒戰國策校釋説：「按（西周策）『周君之秦』章『謂周最曰：有人謂周最，姓名不見也。』高氏出注於後，足證此本章次已淆。」其言可作參考。

裴駰史記集解序：「採世本、戰國策。」司馬貞索隱引高誘曰：「六國時縱横之説也，一曰短長書，亦曰國事，劉向撰爲三十三篇，名曰戰國策。」齊思和認爲是戰國策注序的佚文（中國史探研頁二四二），似是。高注佚文，多見於唐宋載籍徵引，此不廣及。

漢人舊注僅有二種，一種已亡佚，一種殘存不足三分之一。因其時代接近，古訓多存，且爲專研者作先驅，雖斷玦殘圭，我們也應該加以珍重。

三、第三時期　今本

甲　曾鞏重定

戰國策本書及高誘注本經過唐、五代的變亂，遭遇到大厄難，亡佚很多。宋初，國家圖書館——崇文院所藏此書，只有本書十一卷，高注八卷而已。佚失原因由於兵燹或火災，也由於雕板尚未廣行，民間藏書稀少，繕寫本得之不易，漸至亡佚。挽救此書有力之人當推北宋曾鞏。

曾鞏戰國策叙録説：

> 劉向所定著戰國策三十三篇，崇文總目稱十一篇者，闕。臣訪之士大夫家，始盡得其書，正其訛謬，而疑其不可考者，然後戰國策三十三篇復完。

又説：

> 此書有高誘注者二十一篇，或曰三十二篇，崇文總目存者八篇，今存者十篇云。

這裏説明他董理此書經過情況，語簡事備，關係到今傳本戰國策的可信問題，很爲重要，我們應詳細加以考核。

曾鞏字子固，南豐人（今江西南豐縣），北宋著名文學家，宋史有傳。本傳説他「嘉祐二年（一〇五七）進士第。調太平州司法參軍。召編史館書籍，遷館閣校勘、集賢校理」〔七〕。他中進士第爲嘉祐丁酉（一〇五七），何焯考證其年「已三十八歲」〔八〕。鞏召任編修史館書籍，重校戰國策，並不詳其在何年。絶對年代無從得知，只好推算其相對年代，試爲探討如下。

曾氏的重定本，依照序録所説，他「訪之於士大夫家，始盡得其書」。這些「士大夫」指何人？序録未講清，難以指認。查今所傳戰國策曾序之後附有李文叔和王覺二人題跋，姚宏、鮑彪二本皆載之，説明不是他們二人所附加的，我認爲這是曾鞏重定本原來附有的。且看跋文内容，李文叔〔九〕書後説：「今戰國策宜有善本傳於世，而參錯不可疾讀，意天之於至寶，常不欲使人易得。故余不敢竄定，而其完篇皆以丹圜其上云。」王覺題辭説：「治平初（一〇六四），始得錢唐顔氏本讀之，愛其文辭之辯博。而字句脱誤，尤失其真。丁未歲（一〇六七，即治平四年），余在京邸，因借館閣諸公家藏數本參校之，蓋十正其六七。」又説：「會有求予本以開板者，因以授之，使廣其傳。」此二文中均未提曾鞏校本，當是時代稍前。王文中談到治平四年借本校書事，因此推算曾本距此不會遠，大約在神宗熙寧時（一〇六八—一〇七七），鞏約五十歲左右。王覺説「有求予本以開板者」，不知是否實現？無論王覺校本是否雕板，曾鞏曾經借李、王二本校定戰國策（王覺可能與曾鞏同在史館，彼此借校），故附二人的跋文於書尾。當然「士大夫家」尚不止此二人，如他人只校而没題辭和署名，因而無從知悉。另外，要補充一點，曾鞏本人「性嗜書，家藏至二萬篇」〔一〇〕。以當時官家藏書，崇文總目不過三萬六百六十九卷（宋史藝文志），私家所藏如此，足稱富備，其中必多異本，取爲校書之用，只是敍録不便自道耳。故而他自出家藏本參校極其可能。今對曾校採納各本表列如下：

一、崇文院殘本十二篇

二、李文叔校本

三、王覺校本

四、其他士大夫家本

五、曾鞏家藏本

六、崇文院藏高誘注殘本八篇

七、其他高誘注殘本二篇

曾校本開始確定了戰國策傳本的統一形式，它的特點：一、恢復了劉向三十三篇編次，搜異補缺，始東周至中山，基本上完全了。二、並增高誘殘注十卷（另殘高注二卷不計在内）和本書聯繫在一起，使之不再有亡佚之憂〔一一〕。三、對全書作了一番訂誤補缺的工作，很爲認真。孫樸在元祐中（一〇八六—一〇九四）見到曾鞏三次所校定本（見姚刻本附編），可證其用功之勤。總之，曾鞏對戰國策一書來説，確是功臣，他是劉向的繼承者。

更有一個問題提出來研究。今見姚本卷三十三中山策尾有「昭王既息民繕兵」章，姚氏在章後注説：「子由古史云『戰國策文』，並收入。」姚寬在後序也説〔一二〕：「武安君事在中山卷末，不詳所謂。」

這一卷有高注。鮑彪本也有此章，惟列於秦策昭王下。此章是否姚氏增收，或曾本原來如此？若姚氏所收，不應鮑本也有（鮑與姚同時，鮑未見姚書）。姚所云「子由古史」者，子由乃蘇轍之字。考蘇轍古史白起傳載此事，文字稍有異同，傳中不言出國策，惟傳贊説「及覽戰國策，觀起自陳成敗之跡，乃知邯鄲法不可再攻，而起非特以怨不行」，正據此章爲説，可證蘇氏所見本有這一章。曾鞏年輩長於蘇轍多歲，古史本文稍異且無注，與此亦不同，故決非曾氏據彼收入。再查唐趙蕤長短經七雄略注有此文下段[一三]，則其由來已久。故我斷爲曾本原來有的。但此章明明記秦、趙長平之戰時事，爲什麽編於書後中山策之尾，不倫不類？此疑問可以解釋清楚的。此章的編次，當隸於秦策，按劉向「略以時次之」[一四]例排比，又當隸於卷五秦策三中。這一卷正記范雎爲相及秦圍邯鄲事，時間相當。今本此卷無高誘注。從各種跡象來推定，我認爲這是曾氏所得高誘注殘本（卷三十三）如此。高注本殘佚過甚，次在卷末，蓋校書者續得此一章，不能獨立成卷，因附綴於書尾中山策後。它的不隸於秦策，乃出於校者的態度謹嚴，保存原來面貌，並非無知。此校者是曾鞏或前人，不能妄斷。同時，我們可知道今本高注殘卷，其中章次有些淆亂。如將此章揀出，別入他卷（假定是卷五），則高注殘存爲十一卷，加上前述卷二十三、二十五，殘注便成十三卷了。

現在，我們進一步來分別討論曾校本以前及其書在當時傳刊情況。

（一）曾校本前的傳本　北宋以前書籍的流通主要是繕寫本，此類無法計數（國策尚未見唐寫本），可置勿論。我們要知道的是刻本。北宋之初，雕板術漸漸普遍，戰國策已有刻本行世。王覺在英宗治平初(一〇六四)得到「錢唐顏氏印本」[二五]，「印本」指雕板印本。又孫樸書閣本戰國策後説：「借劉敞手校書肆印賣本參考。」[二六]劉敞生於真宗天禧三年(一〇一九)，卒於神宗熙寧元年(一〇六八)，與曾鞏同時。這是一種民間書坊刊印本。此二種刻本時間雖不能詳，但在曾校之前無疑，爲見於文獻記載的早期刻本。是否尚有其他更早刻本，今不能知。此類刻本質量較低，姚宏在題識中説：「舊本有未經曾南豐校定者，舛誤尤不可讀。」我們也應承認它們當時曾起過流通作用。

(二)曾校本的傳刊　自曾鞏重定本出，戰國策始有善本、足本。曾校是官修書，何時雕板印行呢？孫樸書閣本戰國策後説：「自元祐元年(一〇八六)十二月入館，即取曾鞏三次所校定本。」「閣本」即曾校本，此文作於元祐八年癸酉(一〇九三)，距鞏之卒(一〇八三)凡十一年。孫樸看到了曾氏的原校本，從文章看來，似其時尚未刻板流行，推測刻板當在元祐之後。北宋刊本今無一存，惜不能究其真相，只好存疑。

原本雖不可見，從間接資料或窺見一二。姚宏本是依據曾本參校的，他在本書題後説：「南豐所校乃今所行，都下、建陽刻本皆祖南豐，互有得失。」又説：「括蒼所刊，因舊無甚增損。」又署名姚宏之弟姚寬後序説：「其浙、建原小字刊行者，皆南豐所校本也。括蒼耿氏所刊，鹵莽尤甚。」[二七]尤袤遂初堂書目著録有「舊杭本」。他們三人皆是南宋初年人，所見戰國策不是北宋刊本，也該是南宋初刊本。姚氏所稱「都下」指當時京都臨安(今杭州市)，也即浙本。遂初目的「舊杭本」似同爲一本。但既稱「舊杭本」，或尚有新杭本别行。建陽在宋代是民間刻書工業的要點，書坊林立，刻書衆多，戰國策是部熱門書，不會遺刻的。括蒼耿氏刻本，在吳師道校注本後載其序，轉録如下：

> 余至括蒼之明年。歲豐訟簡，頗有文字之暇。於是用諸郡例，鏤書以惠學者。念戰國策未有板本（按此謂括蒼無此書刊板），乃取家舊所藏刊焉。是書誤舛爲多，自曾南豐已云「疑其不可考者」。今據所藏，且用先輩數家本參定，以俟後之君子而已。（下略）紹興四年（一一三四）十月魯人耿延禧百順書。

耿序紀年爲「紹興四年」，則其「家舊所藏」底本必是北宋刊本。吳師道校注在曾鞏戰國策叙録後題識說：「凡浙、建、括蒼本皆據曾所定。」三本之中大概以浙本爲先。今表列曾校傳刊本如下：

曾鞏校定本
- 一、浙（都下）本
  - 舊杭本
  - 新杭本？
- 二、建陽本
- 三、括蒼耿延禧刊本

乙　姚宏續校

南宋初，剡川（今浙江嵊縣）姚宏廣羅衆本，對戰國策又作新校和續注，在曾本基礎上有所發展和提高。在討論姚本之前，先須瞭解他所依據孫樸校本的情況。

孫樸校戰國策用力甚勤。據他自己説：「自元祐元年（一〇八六）十二月入閣，即取曾鞏三次校定本及蘇頌、錢藻等不足本，又借劉敞手校書肆印賣本參考。比鞏所校，補去是正凡三百五十四字。八年（一〇九二）再用諸本及集賢院新本校，又得一百九十六字，共五百五十籤。遂爲定本，可以繕寫黄本入祕閣。集賢本最脱漏，然也間得一兩字。」又説：「此書舛誤特多，率一歲再三讀，略以意屬之而已。」[一八]姚宏從其族子那裏借得校本，借助不少。孫校此書先後歷八年，「一歲再三讀」，所據有五本，可算是有心之人。他的勞動成績，幸而借姚校本保存下來。

姚宏依據孫本再加工，益臻完善。他對孫本作過複核，説：「孫舊云五百五十籤，數字雖過之，然間有謬誤，似非原書也。」[一九]又説：「括蒼（按即耿延禧刊本）無甚增損。」表明他的治學態度很審慎，有批判地甄擇材料。其書體例謹嚴，薈萃諸本異文，旁及他書，考證得失，間有補充，但不失曾校本之舊。吴師道稱其書「簡質謹重，深得古人論撰之意」。又説：「異時當廣傳寫，使學者猶及見前輩典則，可仰可慕云。」（戰國策校注後識）他在校注序裏特提姚書説：「參校補注，是正存疑，具有典則。」推崇備至，也非過譽。今表列姚宏所據校本如下：

姚宏校本

- 一、曾校本（包括浙、建、括蒼刊本）
- 二、孫樸校本
  - 子　閣本（曾鞏三次校本）
  - 丑　蘇頌不足本(一)
  - 寅　錢藻不足本
  - 卯　劉敞校書坊本(二)
  - 辰　集賢院新本(三)
- 三、一本
- 四、別本(四)
- 五、據他書正異者

附注：（一）蘇頌本今不見於姚校文中，此從孫樸書後。

（二）劉敞校本止三十卷，見姚本卷三十尾題。

（三）集賢院本，姚本卷二十一後尾題説：「集賢院第二十一卷全不同，疑參互。」

（四）一本與別本見於姚校文中，不詳何本。

由此可知姚校本除「五、據他書正異者」不計外，直接參考四種本子（其中曾本有三種刊本，作一種計數），間接參考五種本子，兩者加起來共九種本子。

接下來我想談關於姚校本流傳問題。

姚宏書最早見於尤袤遂初堂書目，宋人呂祖謙大事紀、趙與時賓退録、王應麟困學紀聞皆引用之，當時比較流行。但宋史藝文志子部縱横家只著録鮑彪戰國策注，而無姚氏續注，反映那時此書已不多見，故史志缺書。吴師道是見到姚本的，他説：「剡川姚氏續校注最後出，予見姚注凡二本，其一冠以目録、劉序，而置曾序於卷末；其一冠以曾序，而劉序次之。蓋先劉氏者，元本也，先曾序者重校本也。」（見其書曾鞏序後題跋）又説：「予所得（姚）本背有寶慶（一二二五—一二二七）字，已百餘年物，時有破爛處。」（又同書署至順二年（一三三一）跋）他特地詳記其書，顯見當時流傳甚少。吴氏説「背有寶慶字」一本不知是在前所言「二本」之内或另外一本，按理當包含在内。

姚刊是今傳戰國策的重要本子，它最接近古本，所以我們要詳考其流傳始末。

姚書自序題爲「紹興丙寅中秋」。丙寅乃高宗十六年（一一四六），書成於是時，刻行當不會遠。紹興本子元時已見不到，流傳於後的有另外二種宋本，一種影宋鈔本，今分别述其源流。

一、梁溪安氏本　明季錢謙益得宋本戰國策二部，他在先一部後跋説：「此本乃（姚）伯聲校本；……天啓中（一六二一—一六二七）以二十千購之梁溪安氏，不啻獲一珍珠船也。無何，又得善本於梁溪高氏，楮墨精好，此本遂次而居乙。每一摩挲，不免以積薪自哂。要之，此兩本實爲雙璧，闕一固不可也。崇禎庚午（一六三〇）七月曝書於榮木樓，牧翁謹識。」〔二〇〕他先後得到兩部不同的宋刊姚本戰國策，後人爲了易於區别，稱原藏於梁溪安氏的爲「安氏本」，原藏於梁溪高氏的爲「高氏本」，今沿用此稱。錢跋寫在安氏本上。查此本的流傳情況，牧齋之後，書歸於其侄孫錢曾〔二一〕，繼歸於季滄葦〔二二〕，後失其傳。但景寫本流傳有數種。可考見者：（一）毛氏汲古閣景鈔本，後歸孔昭焕家，四庫全書即據以録入〔二三〕。（二）陸貽典（敕先）曾借錢遵王（曾）藏本影録並校字者〔二四〕。此本後來歸於黄氏士禮居，黄丕烈有跋云：「戰國策高注本向傳二本，一出於梁溪安氏，一出於梁溪高氏，皆宋刻。高氏本，余已刊行於世矣。安氏本影寫者出常熟陸敕先家，敕先跋語皆係親筆，並高氏異同，亦粘籤於上，余甚珍之。以二本不可偏廢，並重昔賢手澤也。復翁炙硯書。」（見愛日精廬藏書志卷十一）黄氏得此書在模刊梁溪高氏本之後，時間較晚。再轉入張金吾愛日精廬。以下流傳不詳。（三）乾隆丙子（一七五六）盧見曾從吴中借陸貽典（敕先）校本刊板行世，即今雅雨堂本〔二五〕。此本常據鮑注吴校竄改，失去安氏本真貌。（四）別有一本，爲吴志忠有堂所藏，顧廣圻影鈔安氏本戰國策跋云：「此有堂吴氏先世之遺，亦從安氏本影鈔，行款筆跡幾乎無二。……唯每册有『錢楚殷』圖記爲少異。……想乾隆間入璜川者。」（見思適齋集卷十四）讀書敏求記校證卷三之上引吴志忠云「先祖樂意軒藏書中有影宋剡川姚本，與黄氏刻本别出。有『錢楚殷』印記」，與顧跋可相證。章鈺校證注云：「志忠字有堂，其祖名企。楚殷名沅，遵王長孫。」據此，這個影鈔本出於錢曾之孫楚殷家，也是述古堂物。吴志忠家即世稱「璜川吴氏」者，多藏善本。此本志忠以後不知歸何人。

二、梁溪高氏本　錢謙益跋中的後來所得本，其後輾轉經澤存堂、馮秋奞、毛榕坪、金雲莊家〔二六〕，再歸入黄丕烈。黄氏在嘉慶八年（一八〇三）依照原式，「影模宋槧而重刊焉」〔二七〕，别撰札記三卷附後，即今所傳士禮居刊本。原書後歸於松江韓應陛家，韓氏讀有用書齋書目著録説：「六册，宋刊宋印，黄蕘圃跋四則，又詩一則，又鈕非石、袁廷檮、夏方朱、顧澗蘋詩並顧跋一則。」可見當時人對此書的珍視。其後歸南海潘氏〔二八〕。潘氏又捐獻於北京圖書館，今藏在庫〔二九〕。這是梁溪高氏原本流傳的下落。在黄丕烈模刻之前，高氏本的化身也有幾種，見於著録的，有葉林宗和毛氏目耕樓（即汲古閣毛氏）印録本，此二種印録本，陸貽典曾借來以校梁溪安氏本，其後流傳不詳。北京圖書館藏有清初景宋鈔本戰國策，未知所據何本，未經目驗，不能妄測。

三、吴中顧氏藏景宋鈔本　此本爲顧之逵（抱沖）所藏（以下簡稱顧本），顧是著名校勘學家顧廣圻（千里）之從兄。書原爲東城顧氏物，由蔣春皐歸於之逵。據黄丕烈言與錢謙益藏的安氏本「非一刻，小小有異」。顧本後入汪士鍾藝芸精舍，咸豐間又入於山東聊城楊氏海源閣。書有顧廣圻、黄丕烈二跋，每半葉十行，行二十字。黄跋云：「此本非即余所藏宋本（按指高氏本）鈔出，故行款不同，字句間有互異。」海源閣在一九三〇年遭受兵劫，藏書多散失，顧本也在其中。後爲齊魯大學圖書館購進。彭翔生曾據此本撰景宋精鈔本姚校戰國策校記，載於齊魯大學文學院國學研究所出版的國學匯編（民國二十三年六月刊）。顧本曾犖序在卷首第一頁。此本雖非宋刊，但從宋刊景鈔，鈔手精工，逼肖原書，且不同於高、安二本，乃別出一源，故列於第三種本子。黄丕烈戰國策札記序説：「梁溪安氏本……見其景鈔者，在千里之從兄抱沖家。」此序實出於顧廣圻（千里）代作（載在思適齋集卷七），恐黄、顧二氏當時未取本書細勘，故語有疏失。這個本子今藏於山東省圖書館。

另外，北京圖書館藏有明穴研齋鈔本二種〔三〇〕，一本三十三卷，一本殘存二十六卷。依據卷數揣想，可能是姚宏校本。又讀書敏求記校證引蔣鳳藻云：「阮文達（元）曾得宋刻本，後入杭州汪氏。」此宋刻本未明言其爲姚本抑鮑本，杭州汪氏是否指錢唐汪氏振綺堂，也不可考。這幾種本子，因未睹原書，姑且存疑。

綜觀上述三種姚本國策，二種是宋刊，一種是景宋鈔，内容各稍不同。可見姚宏書在南宋至少有三種刊本流傳，吴師道所見二本，猶尚不備。這三種本子，高本今存北京圖書館，黄氏士禮居模刻及其景印本流傳最廣。安本今不知下落，盧氏雅雨堂刊本基本上保存此本特點。顧本原藏於齊魯大學圖書館，今存在山東省圖書館。此本的特點在彭翔生校記中已有介紹。故而三本原書今存高、顧二本，安本恐已佚失。另外黄丕烈在自藏宋板新雕重校戰國策跋中提到的汪秀峰家藏宋本（見寶禮堂宋本書録卷二），黄氏説：「特未識汪本又何如耳。」他未見過此本，今也不知下落。此本可能即安氏本，也可能爲其他宋本，未睹原書，不能武斷，故未列在内。

我們再就吴師道所見姚書二本和上述各本比照。吴氏言：「姚注凡二本：其一冠以目録、劉序，而置曾序於卷末；其一冠以曾序，而劉序次之。」驗之三本，其第一種和高本（即士禮居模刻的祖本）合，第二種則和安本、顧本合（惟安、顧二本並不全同，詳彭氏校記）。這二種特徵雖是符合，究其内容是否相同呢？這要檢吴注本書來證驗。吴書卷八韓策列侯下「韓傀相韓」章：「是其軼賁、育而高成荆矣。」吴補云：「姚本云：『高呂氏春秋豫讓必死於襄子而趙氏皆恐，成荆致死於韓王而周人皆畏。』」今三本並無此文。吴書卷九燕策昭王下「齊、魏争燕」章：「燕因合魏得趙。」鮑彪「得」上補「魏」字。吴補云：「姚本有此（魏）字。」今三本「魏」下不重「魏」字，與鮑所見本同，而與吴説異。吴書卷五楚策頃襄王下「齊、韓、魏共攻燕」章：「晝以車騎暮以燭，通使於魏。」吳補云：「姚本車作軍，通作見。」今檢三本卷三十一燕策三同章燭下有「見」字，其餘同鮑、吳本。由這三條異文觀之，吳氏所見二本可能其中有一種爲三本之外的另一種刊本，也或許三本中有先後修補板而發生差異。我們不妨這樣假定，姚宏書在宋時有多種刻本，如高本、安本、顧本，再加上吳師道所引異文本。今表列諸本流傳。

姚宏本

- 一、梁溪高氏本—錢謙益—澤存堂—馮秋隺—毛榕坪—金雲莊—黄丕烈—韓應陛—南海潘氏—北京圖書館
  - 錢謙益……景鈔本
    - （一）葉林宗本
    - （二）毛氏目耕樓本
- 二、梁溪安氏本—錢謙益—錢曾—季滄葦（其後失傳）
  - 錢謙益……景録本
    - （一）毛氏汲古閣—孔昭焕—四庫館校録
    - （二）陸貽典影録并校—吳中某氏—黄丕烈—張金吾
    - （三）盧見曾據之校刻行世（即雅雨堂本）
    - （四）錢楚殷（曾之孫）—吳志忠
- 三、吳中顧氏景抄宋本—東城顧氏—蔣春皋—顧之逵—汪士鍾—楊氏海源閣—齊魯大學圖書館—山東省圖書館
- 四、吳師道引姚書有異文者——今未見其本

姚宏書在宋時板行多次，但流傳下來的稀少，吴師道已言難覯，元、明以下更無論已。這原因大概由於鮑注風行，讀國策者皆習其書而致然。吴師道戰國策校注序説：「剡川姚宏亦注是書，……具有典則，而世罕傳，知有鮑氏而已。」又説：「鮑能分次章條，詳述注説，讀者眩於浮文，往往喜稱道之，而姚氏殆絶。」這也解答了上提的疑問。直至清代，盧見曾刻之於前，黄丕烈模刊於後，姚書始恢復其學術地位，這也可窺時代風氣之轉變。

四、第四時期　改編本

甲　鮑彪作注重編

自曾鞏重定及姚宏續校，戰國策本書基本上保存劉向三十三篇的編次，没有變動。和姚宏同時的鮑彪〔三二〕也致力於這部書。他作注之外，還對全書的編次作了較大的變動。他將全書章次重作調整，按國别分爲十卷，諸國之下按史記標出君王世次，策文分隸其下，暗寓編年之例。他又參考羣書重作新注，比高誘殘注增益不少。

鮑書改易舊章，時陷專擅謬妄之病，吴師道在校注中歷舉其誤，但它便於讀者，受人歡迎。如趙與時賓退録評高、姚、鮑三注本而云「獨緡雲鮑氏校注爲優」，劉辰翁也「盛有所稱許」（見吴師道校注序）。

鮑書側重於注及改編策文，其所據本没有講明，由吴師道本後附的耿延禧序推測，大概採用耿本〔三二〕。至於它在宋代的板刻流傳，據今所知有如下幾種。一、紹熙二年辛亥（一一九一）刻本，原藏常熟瞿氏鐵琴銅劍樓，半頁十一行。書後有刻板跋云：「國策舊有高誘注，甚略。吾鄉先生鮑公彪守習孤學，老而益堅，取班、馬二史及諸家書比輯而爲之注，條其篇目，辨其訛謬，缺則補，衍則削，乖次者悉是正之。時出己意論説，四易稿始成，其用功亦勤矣，而世罕傳。余得其本，刊之於會稽郡齋，使學者知前輩讀書不苟如此。公妙年甲進士第，耻求人知，嘗有『此身甘作老文林』之句，其志操可見。白首始爲郎，即挂冠歸田里，杜門著書，有書解及杜詩注行於世。紹興辛亥日南至括蒼王信書。」介紹了鮑著此書及其生平。瞿氏在王跋後題識云：「書中慎字有缺筆，孝宗後刻本，非紹興原刻也。」對「紹興」紀年提出疑問。按跋謂鮑書「而世罕傳，余得之其本刊之」，已明示其爲後來所刊，非紹興原本。其實紹興紀年無「辛酉」歲，辛酉在紹熙二年，則書中避慎字諱，毫無矛盾。故「紹興」乃「紹熙」之誤〔三三〕，一字更正，諸疑盡釋。二、另一部爲清内府所藏天禄琳琅書目後編著録的「宋刊本，二函十二册，小字本」。此本原目未著刊年，邵懿辰四庫簡明目録標注説「内府有宋紹興本」，似即此本，疑邵注據鮑序題年而言，未必是紹興刊。此本今不知存否。天禄目同卷尚有一宋刊大字本，著録説：「末有『吴郡杜詩梓字』。此則大謬，寒齋藏此本，末題『嘉靖壬子吴郡杜詩梓字』，實爲明刊。此蓋書賈剜去『嘉靖壬子』四字，染紙作舊，冒充宋板，館臣不察，混入於内。」元刻鮑注，北京圖書館善本書目有一部。鮑書宋、元舊刊大約如此。

今表列宋刊鮑本流傳如下：

耿刻曾校本——鮑彪改編本┬紹興丁卯刊（第一刊本，未見）
├宋刊小字本　清內府（其後不詳）
└宋紹熙二年會稽郡刊——常熟瞿氏——北京圖書館

鮑書如前文所言風行宋代，爲什麽今天所見的宋刊反少於姚本？嘗推究其故。我以爲傳世本子的多寡並不盡和當時流行印數成正比例。一時暢銷之書，往往因得之容易，不爲人珍藏，久漸稀少。這是鮑書少見原因之一。但主要原因，則當是吴師道校注本出而代替了鮑本。吴氏據鮑本而加以校正補注，提高書的質量，裨益讀者。其書既保存鮑氏原編又益以新注，展卷而二難兼備，省力省時，因之鮑注單行本漸廢。孤陋所知，鮑注單本，明代嘉靖時有龔雷、杜詩二刻，清三百年未聞有人刻此（僅四庫全書繕鈔一部著録），而吴書或全或節，刻本特盛，不勝列舉，直至姚本中興而稍減。

有了吴書，鮑注單行本是否就可不看？一般情況，不成問題。但對校勘來講，并不如此。鮑注在吴本中時有二注淆亂之處。清代著名藏書家和校勘學家黄丕烈著戰國策札記採用元刊吴氏校注本中鮑注來訂正鮑失，有些條文不是鮑誤，實乃元刊之誤淆，以不誤爲誤，即因未用鮑注單行本。千慮一失，賢者也不免。

乙　吴師道校注

鮑彪改動戰國策原次，作了若干調整，有利於讀者，如上所論。然而其書多武斷穿鑿，存在缺點不少，開卷併東西二周爲周，便陷大誤，宋人已議之。元吴師道撰戰國策校注沿用鮑本而糾其失，改善了內容。其書凡有糾補，注於鮑注之下，首標「正」或「補」字以示區别。另附姚本目録章次，以示戰國策原來編次。既擷鮑注之長，又存曾校之舊，不特爲鮑書功臣而已。

吴師道字正傳，浙江蘭溪人，元至治元年進士，官禮部郎中，元史儒學傳有傳。他承用鮑本的原因，無非是當時人皆習用其書，「欲從舊本，則不見校正之意」〔三四〕。平心而論，吴注勝過鮑注不少，固由於踵事增華易爲功，也由他博採精研，始底於成。四庫總目提要謂「古來注是書者，固當以師道爲最善矣」，並非過譽。在清乾隆朝之前，戰國策流行的本子皆爲吴本，無異成了鮑氏新編本的獨霸天下的局面。

吴書雖用鮑本，同時也廣採諸本以校文字，這裏不詳談。今從本書所見異本表列於下：

吳師道校注本
- 一、鮑彪本(作爲底本)
- 二、姚本二種(詳上論姚本中)
- 三、一本(中有晁本)
- 四、劉辰翁本
- 五、大事記等諸書

吳注成書於元泰定二年(一三二五),刻於他的身後,至正十五年平江路(今江蘇蘇州市)。後來重刻本不一。

五、結論

綜合上述資料,加以分析,對戰國策一書的流傳經過,大體可以明瞭。今試歸納各點,總結如下:

一、戰國策傳本可分爲四個時期(這是按照本書形式變化而言,不純從年代先後來劃分)。第一時期,西漢劉向編定爲三十三篇,篇指簡牘。迻寫紙帛上稱作三十三卷。這些古老本子早已佚亡,今天僅有在古樓蘭地區出土漢人寫殘紙半片留下一點痕跡。第二時期,東漢高誘作注,其原本形式今不可見。

相傳有二種不同卷數本子，一爲二十一卷本（見隋志），一爲三十二卷本（見兩唐志）。卷數的差異，可能是簡本全本之別，三十二卷之「二」或爲「三」之誤。高注在北宋時已殘存十篇，還有若干殘注留存於今姚氏本中。第三時期，北宋曾鞏在史館校定和南宋姚宏校本是今天流行的戰國策三十三卷古本，其中有高誘注十卷。它基本上保持劉向之舊。這一傳本自清代乾隆之後取得了本書的正統地位，公認爲戰國策的標準本。第四時期，南宋鮑彪（與姚宏並時）注和元代吴師道校注是新的改編本，屬於另一系統。它便於讀者，自元末至清初曾風行一時。

二、劉向編戰國策，根據六種原始資料，或以爲七種，或以爲五種，缺乏佐證。新近馬王堆漢墓出土的帛書戰國縱横家書，審其内容，有和戰國策相同的篇章。帛書可能是六種資料中之一部分，或爲其他類似性資料。這些資料在西漢初年已經有寫本流傳。

三、曾鞏在戰國策傳本殘佚之餘，採訪公私藏本，搜亡補缺，重編爲完本，其書可信，其功不細。姚宏續校，堪稱善本。

四、中山策後「昭王既息民繕兵」章，其文也略見於趙蕤長短經及蘇轍古史，雖編次失序，當是曾本原來有的。由於此篇佚出，後人綴於書尾，不擅自編進書中，這是校補者的態度審慎。

五、鮑彪注本有其優點，便於讀者，但武斷穿鑿之處不少。吴師道補正，大大提高該書質量，在戰國策舊注中據有重要地位。

〔一〕自漢書藝文志列戰國策於春秋家，與史記爲一類，後代史志因之并列入史部。宋代晁公武郡齋讀書志因其書多載縱横家言，始改列入子部縱横家類，中興館閣書目、高似孫子略（但其史略中則列入史部，似涉騎牆）、陳振孫直齋書録解題、馬端臨文獻通考經籍考等又從之。各持一説不相下。四庫全書總目提要説：「子之爲名，本以稱人，因以稱其所著，必爲一家之言，乃當此目。戰國策乃劉向裒合諸記併爲一編，作者既非一人，又均不得其主名，所謂子者安指乎？公武改隸子部，是以記事之書爲立言之書，以雜編之書爲一家之書，殊爲未允。」雖所言尚有可商，大體比較平穩，今從之。

〔二〕中戰國策書。中，謂中祕府所藏。漢書楚元王傳顔師古注：「言中者，以別於外。」戰國策書，謂戰國時代的簡策書，不是指書名。史通六家篇釋「戰國策」之名説：「夫謂之策者，蓋録而不序，故即簡以爲名。」其解書名未然，但用來釋此文却當。

〔三〕、〔四〕唐蘭：司馬遷所没有見過的珍貴史料。

〔五〕惟清代四庫全書著録姚宏本戰國策，除十卷題「高誘注」外，其餘二十三卷改題爲「姚宏校正續注」，合於實際。説詳四庫全書總目提要。

〔六〕參鮑彪戰國策注序及吴師道戰國策校注序。

〔七〕曾肇所撰行狀同，元豐類稿附編。

〔八〕義門讀書記。

〔九〕或以李文叔爲李格非。按李格非字文叔（宋史文藝列傳有傳），非名文叔。不合者一。格非受知於蘇軾，年輩在曾鞏之後，此文叔序次在王覺之前。年輩較先，不合者二。若是格非，應見到曾氏校定本，今跋云「今戰國策參錯不可疾讀」，隻字未及曾本。不合者三。可斷言此文叔爲另一人。

〔一〇〕曾子固墓志，附見於元豐類稿後。

〔一一〕四庫提要謂：「鞏不言校誘注，則所取惟正文也。迨姚宏重校之時，乃并所存誘注入之。」按此語不然。曾鞏敘録尾言高誘注：「崇文總目存者八篇，今存者十篇云。」如曾校不録誘注，則此語豈非畫蛇添足。「存者十篇」正説明重定本内有誘注十篇。若是姚本始併入，何以姚序隻字不提？查秦策一「魏鞅亡魏入秦」章高注：「魏人怨而不納故。」姚氏於注下出校云：「曾下有還而字。」同策「蘇秦始將連横」章高注：「練濯濯治。」姚於注下校云：「劉、錢無治字，集、曾有。」所言曾指曾鞏，劉指劉敞，錢指錢藻，集指集賢院。這正説明不但曾本有高注，其他諸本也有之。此例尚多，不須廣引了。且隋志著録的二十一卷和兩唐志的三十二卷，其時雖不見，尚不能肯定其亡佚，故就他當時所訪得者而言，「今存者十篇」，乃謂高注存於新校本的，其意可知。提要未加詳察，貿然下筆，言近於誣。

〔一二〕見吳師道戰國策校正本附録。

〔一三〕注出於趙蕤所自爲，見四庫全書總目提要子部雜家類。

〔一四〕劉向戰國策序。

〔一五〕見姚本戰國策附王覺題辭。

〔一六〕見姚本附録。

〔一七〕見吳師道戰國策校正本附録。

〔一八〕孫樸書閣本戰國策後，見姚本附録。

〔一九〕姚宏戰國策題識。

〔二〇〕見雅雨堂本戰國策。

〔二一〕錢曾讀書敏求記卷三高誘注戰國策三十三卷云：「予初購此書於絳雲樓，乃剡川姚宏校定本，宋槧本。得之，如獲拱璧。即以傳示同人，共相傳寫。」不明言安本或高本。證以陸貽典校本題跋云「錢遵王假予此本，蓋得之於牧翁宗伯」語（見雅雨堂刊本），知其爲安氏本也。讀書敏求記校證卷三之上引陳簡莊鱣語云：「此蓋牧翁以二十千得之梁溪安氏者。」益可證。

〔二二〕季滄葦書目宋板目下著録，注云：「牧翁跋。」

〔二三〕四庫全書總目提要。汲古閣書目云：「戰國策三本，從絳雲樓北宋本（按姚宏書成於南宋，此「北」字當衍）影寫，乃高誘注，與世行鮑彪注大不同。」

〔二四〕陸跋題爲「戊戌孟春」，當清順治十五年（一六六一），見雅雨堂刊本。

〔二五〕見盧見曾高誘注戰國策序。

〔二六〕此流傳前後，詳見於寶禮堂宋本書録卷二新雕重校戰國策中附録黄跋及詩。

〔二七〕見黄丕烈重刊剡川姚氏戰國策并札記序。

〔二八〕見寶禮堂宋本書録。

〔二九〕見北京圖書館善本書目。

〔三〇〕「明穴研齋鈔本」，此從北京圖書館善本書目。黄丕烈士禮居藏書題跋謂書賈言穴研齋爲康熙時相國明珠家。齋名相同，不必一家，姑各從原名。

〔三一〕鮑彪字文虎，縉雲（今浙江縉雲縣）人，官尚書郎。（據四庫總目提要）又詳下引紹熙本王信刻書跋。

〔三二〕耿序疑鮑書後原有的，故吴書後也附之。但我所見的明杜詩刊鮑本後無此序，不知宋刊鮑注本如何？

〔三三〕今北京圖書館善本書目已改作「紹熙」。

〔三四〕見戰國策校正凡例。

〔附記〕

關於姚本魏策殘注爲高誘注問題，前人也有所知。魏策四「魏君與龍陽君共船而釣」章：「其自纂繁也完矣。」夾注：「謂冒覆也。」吴師道補正引此文云：「高注：『冒覆』，似作幂義。」則吴氏也以此注爲高誘語也。惟吴書主鮑本，體例關係，對此殘注未能充分説明，不足引人注意耳。

例言

一、今天流傳的戰國策以北宋曾鞏重校定的三十三卷本爲古，三十三卷本又以南宋姚宏所校續注本爲善，本書即以清嘉慶十九年（一八一四）黄氏士禮居覆刊宋剡川姚氏本爲底本，間用湖北崇文書局翻刻黄本參校。

黄刊剡川姚氏本，即從錢謙益所得的梁溪高氏藏本橅刻。據元吴師道言「所見凡二本：其一冠以目録、劉序，而置曾序於卷末；其一冠以曾序而劉序次之。蓋先劉氏者元本也，先曾氏者重校本也」。此黄覆本先目録、劉序，曾本置卷末，與所謂「元本」合。姚本除黄覆刊高氏本外，尚有二本流傳。

（一）盧氏雅雨堂本　刊於清乾隆二十一年（一七五六）。此本出於明梁溪安氏所藏宋槧，經陸貽典手校過。但刊本常據鮑彪、吴師道校注徑改原文，失去本來面目。

（二）景宋抄本　這是吴中顧抱沖藏的景鈔宋本，它與梁溪高、安二氏本又不同。此本由海源閣楊氏轉入前山東齊魯大學圖書館，原書雖未見，但彭翔生曾據盧、黄二本加以比對寫成校勘記。今即據校勘記以佐校。

另外，吴師道注常有「一本作某某」者，或云「姚本如何」，經核與黄本多相同，當是屬於他自藏的「背紙有寶慶字者」本子。其間稍有異文，例如韓策「韓傀相韓」章「是其軼賁、育而高成荆矣」。

吴注：「姚本云：『高吕氏春秋豫讓必死於襄子而趙氏皆恐，成荆致死於韓王而周人皆畏。』」此條今不見於姚本韓策二同章下（餘從略）。由此可推知姚注宋槧不少於三種：（甲）黄氏覆刊的祖本（即梁溪高氏藏本）。（乙）景宋抄本（即出於梁溪安氏藏本，盧氏雅雨堂本從之校刊，惟多改字）。（丙）吴中顧氏藏景宋精抄本。（丁）吴師道注所引的姚本。今並採用以佐校，正其誤失。又四庫全書著録的姚注本乃依明毛晉汲古閣景宋抄本繕入。

二、姚注是薈萃衆本（主要爲孫樸校本）而加以刊定的，其所據諸本有：

（一）曾（鞏）本　有浙、建、括蒼三刊本。

（二）孫樸校本：

（1）閣本（曾鞏三次校本）

（2）蘇頌不足本

（3）錢藻不足本

（4）劉敞校書坊本

（5）集賢院新本

（三）一本

（四）别本（以上二本不詳何本）

（五）據他書校正者

此五種不同資料及間接校本五種具詳姚注中。

三、鮑彪注本源亦出於曾鞏校定本，但經其重編改定爲十卷，又移動章次先後，就變成另一系統的本子。自從吳師道承用此本充實内容，撰成校注。此本便於讀者，元、明時代流傳最廣。鮑注更動原書體例，但國策本文固尚存舊。況且他對此書用力甚勤，四易其稿，雖有武斷之失，瑕不掩瑜，足資考鏡，不可忽視的。這二種所用的本子：

（一）戰國策鮑彪注　明嘉靖中杜詩刊本。此書聞有宋刊，原藏常熟瞿氏鐵琴銅劍樓，今入北京圖書館，惜未見原書。

（二）戰國策吳師道校注　四部叢刊景印元刊本。

有一點要説明，鮑注全文保存在吳注本内，然吳本中的鮑注常有脱誤，非對照原書，不能明其是非。清代著名校勘學家和藏書家黄丕烈所撰戰國策札記，號稱謹嚴，其指摘鮑注，有以不誤爲誤者，就由於他只據元至正乙巳刊的吳注本而未檢鮑書單注本（宋刊鮑氏單注本在清時流傳固少，但明代龔雷、杜詩皆有單刻鮑注者，豈有大藏書家黄蕘圃不之見者？我疑黄氏佞宋，蔑視鮑本，未加檢視，遂陷妄議古人之病，此爲其最大疏忽）之故。

其他明、清間刊本頗繁，探其本源，不出上述範圍，皆輾轉重刊，無足輕重，併從省略。

日本横田惟孝的國策正解是屬於鮑注十卷本一系統的，其書中考異所舉「一本」和「盧本」（非盧氏雅雨堂本），不詳何本，偶亦採掇。

四、其次參考唐、宋類書及羣籍徵引國策文字以窺古本異同。瑞典人斯文赫定 Sven Hedins 在古樓蘭考古發見漢人抄的戰國策殘紙和近來馬王堆出土漢墓的帛書戰國縱横家書爲前人所未見過的珍貴資料，略可探尋劉向編策及其來源之跡，盡量利用來校文。

五、漢高誘注爲戰國策最古之注，久已殘缺，今僅存卷二至卷四、卷六至卷十、卷三十二、卷三十三，共十卷。就現存注文比照他所注吕氏春秋和淮南子，殊覺疏闊，這十卷注文疑亦不全。又查姚本卷二十三及卷二十五有注文十餘條，依體例言之，不似姚汴，疑高注之殘存者（此在曾鞏所言十卷之外）。但爲審慎起見，這些注文全以「舊注」標名。類書或其他古籍中如發見高注佚文，悉補入於應隸策文之下，但用括弧注明引書名，以示區别。

漢人延篤有戰國策論一卷（見隋書經籍志），或作音義（見顔氏家訓書證篇），其書久佚，今從羣書徵引補入之。姚宏續注文雖不富，體例謹嚴，俱從採納。

六、鮑彪和吴師道注在舊注中佔重要地位，惟更動舊次，卷帙先後又異，與姚本不同。今酌情取捨，擇要採納，大致具備。

七、姚宏的校注，其自序説：「不題校人並題續注者，皆余所益。」可見原書的校文如有「續」字標記的注文乃出於其手，今并改題作「姚宏云」。間有少數脱去「續」字的注文，不難辨知，亦依上例改題。高注中有姚氏校文作夾注的，今改作單行加括弧，列於高注之下。吴氏校注在鮑注下常用「補」或「正」以表識，今并改作「吴師道云」。

八、高、姚、鮑、吴四家注外，研治此書者代不乏人，散見各書，成績亦有可觀。今廣羅諸家加以甄録。取捨標準，主要擇其有益於疏通文義考辨史事者。日本學者所著一併選採。各家所釋，一一標明姓名出處，不敢掠美。至於作者的隅見管窺，或有所發揮，咸加「按」冠首以示别。

九、明人所編戰國策譚棷、戰國策纂皆附諸家評語，有的近於科場括帖評語，無關考證，悉屏不録，只取其論有理致者。

十、本書對於校注考證並屬箋證。另外，對於一篇的總論或雜述入之附論，具有參考性的異文入之附録，皆附於有關各章之尾。

十一、本書對於原文照舊不改動（少數異體字遵用通行字體不出校的除外）。其誤文、倒文、缺文、衍文須改、須删、須補之字，除箋證中有所説明外，還用下列符號分别在正文内標明，以便省覽。

（一）改字列在誤文、倒文下，以（　）符號識之。

（二）補字列在缺文下，以〔　〕符號識之。

（三）删字將須删的衍文首尾以［　］符號識之。

高注誤脱之文亦遵用此例。其餘引書中有誤字，隨文指出，並以括弧（　）符號識之。

十二、戰國策書的性質存有争論，晁公武一派學者主張屬於子部縱横家，但極大部分的圖書分類列入史部。毫無疑問，它是一部戰國史料的結集（雖多縱横家虚飾之詞）。因此，地理與歷史繫年是協助讀者瞭解此書的不可缺少部分，今分别言之。

（一）清代學者研究戰國地理的專著，有張琦的戰國策釋地、程恩澤和狄子奇的國策地名考、顧觀光的七國地理考諸書，本書主要參用張、程二書，間取證於他書。由於清代距今較近，地理沿革不大，尋踪不難，故取材於此。考釋大部分仍其原文，遇與今地有差異的，在本文下以括弧加注説明之。戰國地區不大，問題却複雜，有好些地名尚不能確知。參閲中國歷史地圖集戰國分册。

（二）戰國的編年問題更爲紛紜，這個問題貫串到戰國策全書，本書於各章箋證内時有論述。今别撰戰國策繫年表附後，例言詳彼。

十三、姚本原書僅有卷目，不載章名，檢讀不便，理應補編。今列次章名（章名悉以章首字句爲題）於三十三卷下。每卷各章首編以阿剌伯數字號碼。又鮑彪改編本和姚本差異很大，比對不便，今並注鮑本卷章次第於姚本各章下。

鮑本雖改易舊次，但寓有編年之意，便於讀者，故當時盛爲流傳。今重列鮑本目録，各章之首亦編以阿剌伯數字號碼，附姚目之後，以資參考。

十四、本書草創於一九五四年，削稿於一九六五年春。其後經過「浩劫」，全稿和其他書稿一齊失去。近幸而天日重朗，原稿查還，失弓復得，不啻再生。惜多年搜集的原始資料和筆記殘存寥寥！近三年來整理筆墨，重作訂補，儘力對核原書，有些資料一時無法找見，不能如願了。我雖作了最大的努力，存在錯誤，自知還是不少，熱望讀者指謬，以匡不逮！

劉向書録

護左都水使者光禄大夫臣向言〔一〕：所校中〔二〕戰國策書，中書餘卷，錯亂相糅莒〔三〕，又有國別者八篇，少不足。臣向因國別者，略以時次之。分別不以序者以相補，除復重〔四〕，得三十三篇。本字多誤脱爲半字，以「趙」爲「肖」，以「齊」爲「立」〔五〕，如此字(類)〔六〕者多。中書本號，或曰國策，或曰國事，或曰短長，或曰事語，或曰長書，或曰脩書〔七〕。臣向以爲戰國時游士輔所用之國，爲之策〔八〕謀，宜爲戰國策〔九〕。其事繼春秋以後，訖楚、漢之起，二百四十五年間之事〔一〇〕，皆定以殺青書，可繕寫〔一一〕。

叙曰〔一二〕：周室自文、武始興，崇道德，隆禮義，設辟雍泮宫庠序之教，陳禮樂弦歌移風之化，叙人倫，正夫婦，天下莫不曉然。論孝悌之義，惇篤之行，故仁義之道滿乎天下。卒致之刑錯四十餘年〔一三〕，遠方慕義，莫不賓服，雅、頌歌詠，以思其德。下及〔一四〕康、昭之後，雖有衰德，其綱紀尚明。及春秋時，已四五百載矣，然其餘業遺烈，流而未滅。五伯之起，尊事周室。五伯之後，時君雖無德，人臣輔其君者，若鄭之子産、晉之叔向、齊之晏嬰，挾君輔政〔一五〕，以並立於中國，猶以義相支持，歌説〔一六〕以相感，聘覲以相交，期會〔一七〕以相一，盟誓以相救。天子之命，猶有所行；會享之國，猶有所恥；小國得有所依，百姓得有所息。故孔子曰：「能以禮讓爲國乎何有〔一八〕？」周之流化，豈不大哉！及春秋之後，衆賢輔國者既没，而禮義衰矣。孔子雖論詩、書，定禮、樂，王道粲然分明，以匹夫無勢，化之者七十二人〔一九〕而已，皆天下之俊也。時君莫尚之，是以王道遂用不興，故曰「非威不立，非勢不行」。仲尼既没之後，田氏取齊，六卿分晉〔二〇〕，道德大廢，上下失序。至秦孝公捐禮讓而貴戰争，棄仁義而用詐譎，苟以取强而已矣。夫篡盜之人，列爲侯王〔二一〕，詐譎之國，興立〔二二〕爲强，是以傳〔二三〕相放效，後生師之，遂相吞滅，併大兼小，暴師經歲，流血滿野，父子不相親，兄弟不相安，夫婦離散，莫保其命，湣然道德絶矣！晚世益甚，萬乘之國七，千乘之國五〔二四〕，敵侔争權，蓋爲戰國〔二五〕。貪饕無耻，競進無厭，國異政教，各自制斷，上無天子，下無方伯，力功〔二六〕争强，勝者爲右，兵革不休，詐譎並起。當此之時，雖有道德，不得施謀（設）。有設（謀）〔二七〕之强，負阻而恃固，連與交質，重約結誓，以守其國，故孟子、孫卿儒術之士，棄捐於世，而游説權謀之徒，見貴於俗。是以蘇秦、張儀、公孫衍、陳軫、代、厲之屬，生從横短長之説，左右傾側〔二八〕。蘇秦爲從，張儀爲横，横則秦帝，從則楚王〔二九〕，所在國重，所去國輕。然當此之時，秦國最雄，諸侯方弱〔三〇〕。蘇秦結（從）〔三一〕之時，六國爲一，以儐背秦，秦人恐懼，不敢闚兵於關中〔三二〕，天下不交兵者二十有九年〔三三〕。然秦國勢便形利，權謀之士，咸先馳之。蘇秦初欲横，秦弗用，故東合從。及蘇秦死後，張儀連横，諸侯聽之，西向事秦。是故始皇因四塞之固〔三四〕，據崤、函之阻，跨隴、蜀之饒，聽衆人之策，乘六世〔三五〕之烈，以蠶食六國，兼諸侯〔三六〕，并有天下。杖於謀詐〔三七〕之弊，終於〔三八〕信篤之誠，無道德之教，仁義之化，以綴天下之心。任刑罰以爲治，信小術以爲道，遂燔燒詩、書，坑殺儒士〔三九〕，上小堯、舜，下邈三王。二世愈甚，惠不下施，情不上達，君臣相疑，骨肉相疏，化道淺薄，綱紀壞敗，民不見義，而懸於不寧。撫天下十四歲〔四〇〕，天下大潰，詐僞之弊也。其比王德，豈不遠哉？孔子曰：「道之以政，齊之以刑，民免而無恥。道之以德，齊之以禮，有恥且格。」〔四一〕夫使天下有所恥，故化可致也。苟以詐僞偷活取容，自上爲之，何以率下？秦之敗也，不亦宜乎？

戰國之時，君德淺薄，爲之謀策者，不得不因勢而爲資，據時而爲□〔四二〕。故其謀扶急持傾，爲一切之權，雖不可以臨國〔四三〕教，化兵革，（亦）〔四四〕救急之勢也。皆高才秀士，度時君之所能行，出奇策異智，轉危爲安，運亡爲存，亦可喜，皆可觀。護左都水使者光禄大夫臣向所校戰國策書録〔四五〕。

〔箋證〕

〔一〕吴師道云：「國策劉向校定本，高誘注，曾鞏重校，凡浙、建、括蒼本皆據曾所定。剡川姚宏續校注最後出。予見姚注凡二本：其一冠以目録，劉序，而置曾序於卷末；其一冠以曾序，而劉序次之。蓋先劉氏者，元本也；先曾氏者，重校本也。」〔按〕黄覆姚本先目録、劉序，而曾序列卷末。景宋抄本及雅雨堂重刊姚本先曾序，而目録、劉序次之。正與吴氏所見二種姚本相合。此據黄覆本。漢書劉向傳云：「成帝即位，……向以故九卿召拜爲中郎，使領護三輔都水。……上方精於詩、書，觀古文，詔向領校中五經祕書。」

〔二〕〔按〕「中」謂祕府所藏。漢書劉向傳云：「詔向領校中五經祕書。」顔注云：「言中者以別於外。」

〔三〕糅莒　〔按〕楚辭離騷：「芳與澤其雜糅兮。」王逸注：「糅，雜也。」「莒」從「吕」聲，古與「吕」、「旅」、「膂」通用（說文吕部「吕」之篆文作「膂」。詩大雅皇矣：「以按徂旅。」孟子梁惠王下篇作「以遏徂莒」，是其證）。後漢書光武紀建武二年：「野穀旅生。」李賢注：「旅，寄也，不因播種而生故曰『旅』。今字書作『穭』，音『吕』，古字通。」漢書天文志：「參主葆旅。」注：「關中謂……野生曰『旅』。」是不規則之滋稙謂之「旅」或「莒」，義與「糅」

近，「糅莒」猶言「雜糅」。

〔四〕除復重　〔按〕「復」同「複」。劉向管子叙録云：「凡中外書五百六十四篇以校，除復重四百八十四篇，定著八十六篇。」又荀子叙録云：「凡三百二十二篇以相校，除復重二百九十篇，定著三十二篇。」此皆劉向自述其校書工作，整理錯亂，除去重複，互相補充，可與此文對照。

〔五〕以「趙」爲「肖」，以「齊」爲「立」　〔按〕近出土侯馬盟書，「趙」字多寫作「肖」，隸定即「肖」字。又傳世著名趙飛燕玉印，文作「婕妤妾肖」，「肖」亦即「趙」。「齊」字古多作「」，陳侯午錞作「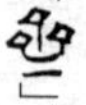」，隸化易訛作「立」。劉向尚書叙録云：「古文或誤以『見』爲『典』，以『陶』爲『陰』，如此類多。」又晏子叙録云：「中書以『夭』爲『芳』，又爲『備』，『先』爲『牛』，『章』爲『長』，如此類者多。」列子叙録云：「或字誤，以『盡』爲『進』，以『賢』爲『形』，如此者衆。」皆舉示訛字，與此相類。

〔六〕姚宏云：「『字』，一本作『類』字。」　〔按〕據上舉各例觀之，從一本作「類」爲是，今正。

〔七〕〔按〕劉向所舉原始資料六種，今不可考。史記田儋列傳云：「蒯通者，善爲長短説。」又酷吏列傳張湯傳云：「邊通，學長短。」漢書主父偃傳云：「學長短縱橫術。」所云「長短」，乃指游士術説，與短長或有關，但不必即其書。至明人僞撰之短長書，可不論已。

〔八〕「策」，鮑本作「筴」。　〔按〕「筴」乃「策」之或作。顔氏家訓書證篇云：「簡『策』字，『竹』下施『朿』。末代隸書似『杞宋』之『宋』，亦有『竹』下遂爲『夾』者，猶如『刺』字之傍應爲『朿』，今亦作『夾』。徐僊民春秋禮音遂以『筴』爲正字，以『策』爲音，殊爲顛倒。」則此別體字沿傳已久。

〔九〕宜爲戰國策　〔按〕此即漢書藝文志著録之「戰國策三十三篇」。史通六家篇云：「夫謂之策者，蓋録而不序，故即簡爲名。」釋「策」字爲「簡策」之「策」。但下文又引劉向序以解之，兩存其説而不斷。考戰國策爲劉向所編撰，書名亦其所定，名從主人，自當從其朔，不必旁生異義。

〔一〇〕〔按〕此數語頗有可疑，今縷舉之。一、戰國策不紀年，各策編次亦未按國君世次排列（鮑本乃重編，不論），劉氏何由推算其具體起訖年數？二、戰國年代，依據史記六國表起自周元王元年（前四七六），即魯哀公十八年，至秦二世三年（前二〇七）楚、漢之興，凡二百七十年。而春秋終止期，若依公羊傳與穀梁傳（劉向治穀梁傳）止於魯哀公十四年，即周敬王三十九年（前四八一），則戰國時期將上延四年爲二百七十四年。均與「二百四十五年」不合。三、遍稽國策全書，其上限最早年代爲趙、魏、韓三家破智伯而分其地事（衛策智伯欲伐衛，遺衛君野馬白璧事，在三家滅智伯之前，但乏確切年代可考，不計於内），在周貞定王十六年（前四五三）。下限則最遲於齊王建被虜而餓死事（齊策六。燕策三雖有高漸離以筑擊秦皇帝事，乃由荆軻事而附及之，非專記也），在秦始皇二十六年（前二二一）。總計前後爲二百三十四年（首尾二年并記在内）。數亦不合。更何以解釋「訖楚、漢之起」？此諸疑點甚難澄清。我意戰國策本文雖無紀年，然劉向撰定時必先據其内容區分國別時代而編次之，其書分國十二即可證。因之時代先後亦必有據。其所據資料今無從詳，惟司馬遷之六國年表必居重要地位。六國表列三晉滅智伯於周貞定王十六年（前四五三），而表終於秦二世三年（前二〇七），正「楚、漢之起」時，如此計算爲二百四十六年，僅相差一年，此或爲計算稍歧（如首尾少算一年），或文字之微誤所致。或者將謂策文止於六國之亡，無及楚、漢之文，不能强作牽合附會。此語誠然。但戰國策本書有殘失，今日所見本乃北宋曾鞏所搜訪重定者，其非劉向之舊無論，且不逮唐本之完（從唐人書所引佚文可證）。史記淮陰侯列傳載蒯通説韓信叛漢之文，司馬貞索隱云：「案：漢書及戰國策皆有此文。」今戰國策無此文，唐本有之，而所記正楚、漢相争時事，與劉向序言吻合，此非有力之證歟？張照乃謂「戰國策安得有韓信、蒯通之事？索隱誤」者

（見武英殿本史記考證），由於未審劉向序之過也。

〔一一〕〔按〕沈欽韓漢書疏證云：「向上晏子、列子奏並云：『以殺青書可繕寫。』然則其録奏者，先殺青書簡也。御覽六百六引風俗通云：『劉向別録殺青者直治竹簡書之耳。』新竹有汁，善朽蠹。凡竹簡者皆於火上炙乾之。陳、楚間謂之『汗』，『汗』者去其汁也。吴、越曰『殺』，『殺』亦治也。向爲孝成皇帝典校書籍二十餘年，皆先書竹，改易刊定可繕寫者以上奏也。」

〔一二〕姚宏云：「集『曰』下有『夫』字。」

〔一三〕〔按〕史記周本紀：「成、康之際，天下安寧，刑錯四十餘年不用。」文選賢良詔注及太平御覽八四引竹書紀年文同。此以康王屬於衰德之始，稍異。

〔一四〕以思其德。下及　姚宏云：「劉作『其德下及』，曾作『德下及』，錢作『以思其德下及』，集作『其恩德下及』。」吴師道云：「『以思其德』，一作『恩德其上』。『下及』，一無『下』字。」（黄丕烈札記誤以此爲鮑注。以下不贅。）

〔一五〕挾君輔政　〔按〕「挾」從「夾」聲，通用。釋名釋姿容：「挾，夾也，在傍也。」「挾輔」猶「夾輔」，夾、輔義近，左氏傳僖公四年云：「以夾輔周室。」詩邶風旄丘小序疏云：「夾輔者，左右之辭也。」此亦以「夾輔」二字互應。

〔一六〕金正煒云：「『説』當爲『詩』。左氏襄十六年傳：『晉侯與諸大夫舞曰：歌詩必類。』」〔按〕「歌」爲「歌詩」，「説」爲「説辭」，與下「聘覲」、「期（或作「朝」）會」、「盟誓」各二事並舉者相合，金説未然。

〔一七〕期會　姚宏云：「集作『朝會』。」

〔一八〕〔按〕見論語里仁篇。

〔一九〕〔按〕史記孔子世家：「孔子曰：受業身通者七十有七人，皆異能之士也。」索隱：「孔子家語亦有七十七人。唯文翁孔廟圖作七十二人。」此作「七十二人」，同於文翁孔廟圖。其他作「七十二人者」，梁玉繩史記志疑考證尚有後漢書蔡邕傳、鴻都畫像、水經注八、漢魯峻冢壁象、魏書季平傳及顏氏家訓誡兵篇。

〔二〇〕〔按〕田氏取齊，謂田和廢齊康公，立爲齊侯，見史記田敬仲完世家。六卿分晉，六卿謂趙、魏、韓、范、中行及智氏，皆爲晉卿，擅權，分有其邑。其後范、中行氏因隙敗亡，智伯與三家分其地爲邑。趙、魏、韓三家繼又殺智伯盡併其地，各立爲諸侯，見史記晉世家。惟六卿分晉之時，孔子尚在，劉向蓋終言之耳。實當云三家分晉（晉世家：「静公二年，魏武侯、韓哀侯、趙敬侯滅晉後而三分其地。」）始與「仲尼既没」相應。

〔二一〕列爲侯王　姚宏云：「錢、劉同，曾（列）作『例』。」盧本「侯」字誤重。

〔二二〕立　姚宏云：「錢、集作『立』，曾作『兵』。」

〔二三〕傳姚宏云：「一作『轉』。」鮑本、吴本「傳」作「轉」。

〔二四〕〔按〕「千乘之國五」，蓋謂東、西周、宋、衛、中山。

〔二五〕鮑本、吴本「蓋」作「盡」。〔按〕本書秦策四秦王欲見頓弱章載頓弱説「山東戰國有六」，對秦王之言，不計秦在内。趙策三趙惠文王三十年章載趙奢言：「今取古之爲萬國者，分以爲戰國七。」燕策一蘇秦死章載蘇代言：「凡天下之戰國七，而燕處弱焉。」是當時人已稱七國爲戰國。又楚策二楚襄王爲太子之時章載昭常對頃襄王言：「今去東地五百里，是去戰國之半也。」趙策三鄭同北見趙王章鄭同對趙王言：「王非戰國守圉之具，其將何以當之。」戰國原意蓋爲攻戰之國，意即軍事國家。

〔二六〕姚宏云：「（功）曾、集作『巧』，劉作『功』。」金正煒云：「『力功』當爲『力政』。『政』誤爲『攻』，攻、功古通用，因致誤『功』。周書度訓篇：『力争則力政，力政則無讓。』大戴禮用兵篇：『諸侯力政，不朝於天子。』漢書五行志：『天子弱，諸侯力政。』師古曰：『「政」亦「征」也，言專以武力相征伐也。』」〔按〕金説自有理，但「力功」亦通，不必改字。

〔二七〕鮑本、吴本「謀設」二字互易。義較長，今從之。

〔二八〕〔按〕淮南子要略云：「晚世之時，六國諸侯谿異谷别，水絶山隔，各自治其境内，守其分地，握其權柄，擅其政令。下無方伯，上無天子，力征争權，勝者爲右。恃連與國，約重致，剖信符，結遠援，以守其國家，恃其社稷，故縱横修短生焉。」蘇秦、張儀之徒並見於本書，不煩辭費。

〔二九〕〔按〕楚策一蘇秦説楚威王章作「故從合則楚王，横成則秦帝」。

〔三〇〕姚宏云：「集、曾無『弱』字。」

〔三一〕姚宏云：「錢、劉『結』下有『從』字。」〔按〕今從錢、劉本補「從」字。

〔三二〕金正煒云：「（關中）此當作『關東』，音近而誤。齊策：『昔者齊南破荆，中破宋。』韓非『中』作『東』，可爲此證。」

〔三三〕〔按〕此策士誇張之語，而劉向仍之耳。史記蘇秦傳云：「秦兵不敢闚函谷關十五年。」楚策一張儀説楚王曰：「秦之所以不出甲於函谷關十五年以攻諸侯者，陰謀有吞天下之心也。」趙策二張儀説趙王亦曰：「秦兵不敢出函谷關十五年矣。」並作「十五年」。趙策二秦攻趙章云：「秦王解兵不出於境，諸侯休，天下安，二十九年不相攻。」與此「天下不交兵者二十有九年」語合。但此乃蘇子（代或厲）説秦王不攻趙，策文涉田單、趙奢，則去蘇秦合從時遠矣。此類增飾之詞，不能究其實。

〔三四〕鮑本、吴本「固」作「國」。

〔三五〕〔按〕「六世」謂秦孝公、惠文王、武王、昭王、孝文王及莊襄王。賈誼過秦論亦云：「始皇奮六世之餘烈。」

〔三六〕姚宏云：「一本（侯）下有『而』字。」

〔三七〕鮑本、吴本「謀詐」作「詐謀」。

〔三八〕鮑本、吳本、盧本「於」作「無」。黄丕烈云：「『無』字是也。」金正煒云：「『終』疑當作『繆』。繆，違也。」

〔按〕金説疑是。否則下句「無」字當衍。

〔三九〕事並詳史記秦始皇本紀。

〔四〇〕〔按〕十四歲，謂自秦始皇二十七年至二世三年。

〔四一〕語見論語爲政。

〔四二〕姚宏「爲」下注云：「脱字。」鮑彪同。姚範云：「（下故其謀）『謀』字疑在『爲』字下，非脱。」姚鼐古文辭類纂「爲」下有「畫」字，不著所據。金正煒云：「以下『故』字屬上讀，吕覽知度篇：『非晉國之故。』高注：『故，法。』國語晉語：『多爲之故，以變其志。』韋注：『謂多計術以變易其志。』此文以『故』字句絶。」〔按〕古本「爲」下當有空缺，故姚、鮑並注云：「脱字。」或是舊注，故姚、鮑二本相同。今從舊讀，爲下空一格示脱字。姚校及金釋可備一説。

〔四三〕鮑本、吳本無「國」字。

〔四四〕姚宏云：「錢『革』下有『亦』字。」姚範云：「『亦』字疑在『兵』字上。」金正煒云：「國教，即邦教，向避高帝諱而改也。周禮地官序官：『使率其屬而掌邦教。』此以臨國教、化兵革爲對文。……『亦』字亦當據補，文義乃完。」〔按〕金説是，今讀從之。「亦」字據錢本補。若從姚校，則上文當以「臨國教化」句。

〔四五〕〔按〕漢書藝文志：「至成帝時，詔光禄大夫劉向校經傳諸子詩賦。……每一書已，向輒條其篇目，撮其指意，録而奏之。」其所奏録，即世稱之劉向叙録，此文屬叙録之一篇。

〔附論〕

葉適習學記言云：「劉向敘此書，上止文、武，最後謂詐僞不能比王德。大意雖不差，尚淺而未究。……其設權立計，有繫當時利害之大者，學者將以觀事實，固不宜略，然十纔二三耳。其餘纖碎反覆，徒競刀錐之細，市井小人所羞稱，所謂不足以掛牙頰者也。又烏乎亦可喜皆可觀哉？」

洪邁容齋四筆卷一云：「劉向序戰國策，言：『其書錯亂相糅莒，「本」字多誤脱爲「半」字，以「趙」爲「肖」，以「齊」爲「立」，如此類者多。』予按今傳於世者，大抵不可讀。其韓非子、新序、説苑、韓詩外傳、高士傳、史記索隱、太平御覽、北堂書鈔、藝文類聚諸書所引用者，多今本所無。向博極羣書，但擇焉不精，不止於文字脱誤而已。惟太史公史記所采之事九十三則，明白光艷，悉可稽考，視向爲有間矣。」

目録

卷二　西周　凡十七章

卷三　秦一　凡十三章

卷四　秦二　凡十六章

卷五　秦三　凡十七章

卷六　秦四　凡十章

卷七　秦五　凡八章

卷八　齊一　凡十七章

卷九　齊二　凡八章

卷十　齊三　凡十二章

卷十一　齊四　凡十章

卷十二　齊五　凡一章

卷十三　齊六　凡十章

卷十四　楚一　凡二十章

卷十五　楚二　凡九章

卷十六　楚三　凡十章

卷十七　楚四　凡十三章

卷十八　趙一　凡十七章

卷十九 趙二 凡七章

卷二十 趙三 凡二十三章

卷二十一　趙四　凡十九章

卷二十二　魏一　凡二十七章

卷二十三　魏二　凡十七章

卷二十四 魏三 凡十一章

卷二十五 魏四 凡二十七章

卷二十六　韓一　凡二十五章

卷二十七 韓二 凡二十二章

卷二十八　韓三　凡二十三章

卷二十九　燕一　凡十四章

卷三十　燕二　凡十三章

卷三一　燕三　凡五章

卷三十二 宋衛 凡十五章

戰國策 卷一

東周

〔釋題〕

高誘注云：「東周，今洛陽。西周，今河南。」（史記周本紀索隱引）漢書地理志：「周地，今之河南、雒陽、穀成、平陰、偃師、鞏、緱氏。」此七縣屬戰國東、西二周地，除洛陽、河南外，其餘疆界難分。周本紀集解引徐廣謂七縣是周亡之時所有地。通典一百七十七云：「按七邑之境西自今河南、洛陽，南有伊闕、緱氏，東得鞏縣，北至於河。」

〔按〕周本紀秦昭王攻西周，西周君盡獻其邑三十六。其三十六邑即七縣地，由政區轄境之變，漢縣廣於周邑，故數字多寡有異。

鮑彪擅改舊次，移西周策於首，以安王、赧王繫之；次東周策，以東周惠公繫之。大謬。

〔按〕呂祖謙大事記解題「周貞定王二十八年（前四四一）考王封其弟揭於河南，是爲河南桓公」下云：「河南即郟鄏，周武王遷九鼎，周公營以爲都，是爲王城。洛誥所謂我乃卜澗水東瀍水西唯洛食者也。洛陽，周公營下都以遷殷頑民，是爲成周，洛誥所謂我又卜瀍水東亦唯洛食者也。平王東遷，定都於王城。王子朝之亂，其餘黨多在王城，敬王畏之，徙都成周。至是考王以王城故地封其弟桓公焉。……平王東遷之後，所謂西周者，豐、鎬也；所謂東周者，東都也。威烈王之後，所謂西周者，河南也；所謂東周者，洛陽也。河南桓公之時雖未有東、西周之名，推本而言之，謂之西周桓公則可矣。何以稱河南爲西周？自洛陽下都而視王城則在西也。何以稱洛陽爲東周？自河南王城視下都則在東也。」又周考王十五年（前四二六）「西周惠公封其少子班於鞏以奉王，實東周惠王」下云：「此東、西周分之始也。初考王封其弟於河南，是爲河南桓公。桓公卒，子威公立。威公卒，子惠公立。河南惠公復自封其少子於鞏以奉王，號東周（自注：少子没，亦謚惠公，蓋父子同謚也）。……前漢地理志曰：『鞏，東周所居。』非也。東周者，指威烈王所居之洛陽也。鞏，班之采邑也。世本曰『東周惠公名班，居洛陽』是也。班秉政於洛陽而采邑則在鞏，安得遂指鞏爲東周乎？當是時東、西周雖未分治，然河南惠公既號奉王者爲東周，亦必自號爲西周矣。」同書二周顯王二年（前三六七）趙與韓分周爲二下云：「初西周惠公封少子以奉王，雖獨擅河南之地，然禮樂征伐之大者，王猶與聞也。至是趙與韓攻周，分而爲二，則東、西周各爲列國，不復相關。顯王雖在東周，特建空名於其上耳。自是而後，凡史傳所載致伯賜胙之類，周王也。征伐謀策稱東、西周君者，皆謂二周君也。……周本紀云：『赧王時東、西周分治。』非也。赧王特徙都西周耳，當以趙世家爲正。」同書四周慎靚王六年（前三一五）太子延立，是爲赧王，徙都西周下云：「赧王雖徙都西周，特主其祭耳。土地人民政事，皆西周武公專之，赧王無預焉。」此辨戰國時東、西二周之分頗晰，吴師道據以糾鮑氏之誤，是也，今仍從之。公羊傳昭公二十二年云：「王城者何？西周也。」又昭公二十六年云：「成周者何？東周也。」王城即漢河南郡，在今河南洛陽市王城公園一帶瀍澗河地區，近年考古發掘得其遺址（詳洛陽澗濱東周城址發掘報告，載考古學報一九五九年第二期），是爲西周。成周即漢洛陽故城，傳説在今洛陽市東郊白馬寺之東，是爲東周。辯二周者多家，出入無大礙，從略。二周之世繫不詳，今據各書所載，略表列如下：

西周桓公（即河南桓公）——威公——惠公——西周公(1)……
　　　　　　　　　　　　　　　　　　└东周惠公——武公(2)……文君（或作昭文君）(3)……

（1）史記周本紀索隱云：「惠公立，長子曰西周公。又封少子於鞏，仍襲父號，曰東周惠公。於是有東、西二周也。」惟韓非子説疑篇云：「若夫周滑之……之爲其臣也，皆思小利而忘其法義。……有臣如此，皆身死國亡，爲天下笑。故周威公身死，國分爲二。」又呂氏春秋先識篇載周威公問晉太史屠黍亡國之次，屠黍對曰：『君次之。』威公乃懼，求國之長者，得義蒔、田邑而禮之，得史驎、趙駢以爲諫臣，去苛令三十九物。以告屠黍。對曰：『其尚終君之身乎！……國之亡也，天遺之亂人與善諛之士。』威公薨，肂九月不得葬，周乃分爲二。」（亦見説苑權謀篇）然則二周之分起於内争也，史記失載其事。西周公以下之世次不詳，秦王滅周，遷西周公於𢠸狐，不審其爲何世何君。

（2）周本紀正義引郭緣生述征記謂東周惠公「子武公，爲秦所滅」。東周惠公依古本竹書紀年卒於周顯王九年（前三六〇），距秦莊襄王滅東、西周（前二四九—前二四七）甚遠，必誤。此當讀「子武公」句斷，「爲秦所滅」蓋記東周後事。

（3）東周策周文君免工師藉章有「周文君」。呂氏春秋報更篇有「東周昭文君」，喻大篇、務大篇亦有張儀西入秦，受其優禮，當是一人。漢書古今人表次於秦惠王之後。其與武公之關係不能明確，姑以虚綫示之。東、西周雖分立，其正朔紀年尚奉行周王。善齋吉金録卷三著録一壺，銘曰：「二十九年十二月爲東周左𠂤飲壺。」由花紋形制觀之，陳夢家斷其爲周顯王二十九年（見六國紀年頁四十二），可證。

1　秦興師臨周

秦興師臨〔一〕周，而求九鼎〔二〕，周君〔三〕患之，以告顏率〔四〕。顏率曰：「大王勿憂，臣請東借救於齊。」

顏率至齊，謂齊王〔五〕曰：「夫秦之爲〔六〕無道也，欲興兵臨周而求九鼎。周之君臣內自盡（畫）〔七〕計〔八〕與秦，不若歸之大國〔九〕。夫存危國〔一〇〕，美名也；得九鼎，厚寶（實）〔一一〕也；願大王圖之！」齊王大悦〔一二〕，發師五萬人，使陳臣（臣）思〔一三〕將以救周，而秦兵罷。

齊將求九鼎，周君又患之。顏率曰：「大王勿憂，臣請東解之〔一四〕。」

顏率至齊，謂齊王曰：「周賴大國之義，得君臣父子相保也，願獻九鼎。不識大國何塗〔一五〕之從而致之齊？」齊〔一六〕王曰：「寡人將寄徑於梁〔一七〕。」顏率曰：「不可。夫〔一八〕梁之君臣欲得九鼎，謀之〔一九〕暉臺〔二〇〕之下，少海〔二一〕之上，其〔二二〕日久矣。鼎入梁，必不出。」齊王曰：「寡人將寄徑於楚〔二三〕。」對曰：「不可。楚之君臣欲得九鼎，謀之於葉庭〔二四〕之中，其日久矣。若入楚，鼎必不出。」王曰：「寡人終何塗之從而致之齊！」顏率曰：「弊〔二五〕邑固竊爲大王患之。夫鼎者，非效〔二六〕醯壺醬甀耳〔二七〕，可懷挾提挈以至齊者。非效〔二八〕鳥集〔二九〕烏飛，兔興馬逝〔三〇〕，灕然〔三一〕止〔三二〕於齊者。昔周之伐〔三三〕殷，得〔三四〕九鼎。凡一鼎而九萬人輓之〔三五〕，九九八十一萬人〔三六〕，士卒師徒〔三七〕器械被具〔三八〕所以備者稱此〔三九〕。今大王縱有其人，何塗之從而出？臣〔四〇〕竊〔四一〕爲大王私憂之。」齊王曰：「子之數來者〔四二〕，猶無與耳〔四三〕！」顔率曰：「不敢欺大國，疾定所從出，弊邑遷鼎以待命。」齊王乃止。

〔箋證〕

〔一〕太平御覽卷七百五十六引「臨」作「於」。

〔二〕〔按〕淮南子俶真訓高注云：「九鼎，九州貢金所鑄也。一曰：象九德，故曰九鼎也。」趙與旹賓退録卷五云：「東周策首章書秦臨周求鼎事，鼎實在西不在東也。豈周王在東，故東周君猶能挾天子以制命歟？不然則錯簡也。」趙翼陔餘叢考卷十五云：「首篇即載秦王求九鼎一事，明乎鼎雖在西周不得而主之也。」〔按〕「九鼎」是國之重寶，時周王雖無實權，猶居上位，故鼎在西而王仍得主之。趙氏以爲錯簡，非。（周本紀馬犯説梁王曰：「周王病，若死，……犯請以九鼎自入於王。」明九鼎主權名猶屬王。）春秋桓公二年左氏傳臧哀伯曰：「武王克商，遷九鼎於洛邑。」又宣公三年左氏傳王孫滿曰：「成王定鼎於郟鄏。」服虔注云：「今河南有鼎中觀。」史記周本紀：「成王使召公復營洛邑，……卒營築居九鼎焉。」韓策一楊達謂公孫顯曰：「請爲公以五萬攻西周，得之，是以九鼎印甘茂也。」續漢書郡國志云：「河南，周公時所城雒邑也，春秋時謂之王城。東城門曰鼎門。」劉昭注引帝王世紀云：「東南門，九鼎所從入。」故知九鼎在西周王城。鼎鑄於夏，左傳宣公三年云：「昔夏之方有德也，遠方圖物，貢金九牧，鑄鼎象物，百物而爲之備。」墨子耕柱篇云：「昔者夏后開使蜚廉折金於山川，而陶鑄之於昆吾，是使翁難（孫詒讓謂「翁難」是「益靳」之譌）雉乙卜於白若之龜，曰：鼎成三足而方，不炊而亨，不舉而自臧，不遷而自行，以祭於昆吾之虚，上鄉。……九鼎既成，遷於三國。夏后氏失之，殷人受之，殷人失之，周人受之。」九鼎傳説鑄於夏代，今日所見銅器止於商代，然夏、商接世，則夏當亦在青銅器時代之早期，古書傳説，未必盡虚。此問題有待於地下發掘之證明。

〔三〕姚宏云：「周顯王，後語。」敦煌本春秋後語殘卷「周君」作「周顯王」，與姚説合。呂祖謙大事記據之，列於顯王三十三年。蘇轍古史卷五則繫於王赧。金正煒云：「何爲不曰『周王』而曰『周君』？儀禮喪服傳：『君，至尊也。』注：『天下諸侯及卿大夫有地者皆曰君。』……是則稱君者不必能稱王，稱王者固亦得稱君。惟兩周之稱主君，義乃有别耳。」

〔四〕姚宏云：「率，名也。當如字。或云力出切，後語注。」〔按〕顔率亦見韓策一。

〔五〕姚宏云：「齊宣王，後語。」鮑彪謂「齊王」是「閔王」。〔按〕史記六國表，齊宣王立於顯王二十七年，卒於四十五年；齊湣王（即閔王）立於顯王四十六年（按「齊湣王」國策作「齊閔王」，史記「湣」作「閔」，二字通用，下略）。此事本無絶對年月可考，宣、湣二王並當周顯王時，故後語與鮑彪説殊。但史記記齊宣、湣二王之年有誤，前人已多論之。考古本竹書紀年，周顯王在位四十八年，正當田齊桓公、威王之世（見拙著古本竹書紀年輯校訂補所附戰國年表）。下文「使陳臣（臣）思將以救周」，「陳臣思」即田完世家之「田臣思」，紀年作「田期」（説詳下），乃齊威王之臣，時代相合，則此「齊王」當爲「威王」。然此文實屬策士飾虚之辭（説見後），則所謂周顯王、齊宣王者，又出於孔衍臆度，不足辨矣。

〔六〕吳本「爲」作「於」。〔按〕經傳釋詞卷一云：「『於』猶『爲』也。」

〔七〕姚宏云：「劉、曾、集一作『畫』，錢作『盡』。」鮑彪云：「盡其心思。」關修齡云：「畫計爲長。」于鬯云：「按後策云『爲公畫陰計』。則『畫』、『計』二字連讀亦通。」安井衡、金正煒亦以作「畫」爲是。金氏云：「左氏哀二十六年傳：『君請六子畫。』杜注：『畫計策。』漢書劉澤傳：『以畫奸澤。』服虔曰：『以計畫干之。』」〔按〕古史卷五亦作「畫計」。今從劉本等改。

〔八〕鮑彪云：「『計』猶『謀』。」〔按〕從于鬯說「計」連上讀，「盡」作「畫」，亦通。

〔九〕鮑彪云：「(大國)謂『齊』。」

〔一〇〕鮑彪云：「周有秦兵，危。」〔按〕謂救危亡之國使之存。鮑注不晰。

〔一一〕盧本「寶」作「實」，景宋本同。彭翔生云：「按此與上句『美名』對舉成文，自以『實』字爲是。據鮑本作『寶』，知舊本皆然，而姚氏重校殆據晁(以道)本所改。」(按今黄刻姚本作「寶」，與景宋姚本不同，疑是刻誤或據他本而改。) 金正煒云：「『寶』當爲『實』字之譌也。文選吳都賦劉注引鄭氏：『軍府討獲曰實。』……名實並舉，策文屢見。又史記魯仲連傳：『此兩計者，顯名厚實也。』荀悦昌邑王論：『夫行至易以立至難，便計也；與至福而隆至禍，厚實也。』並爲此文之證。」〔按〕古史亦作「實」。今從景宋本正。

〔一二〕鮑本無「悦」字。吳師道云：「一本『大説』。」〔按〕「説」與「悦」同。

〔一三〕鮑彪云：「即後田臣思。凡陳、田皆齊公族。」〔按〕古史作「田臣思」。田臣思，見齊策一，亦見史記田完世家。索隱云：「蓋即田忌也。」戰國策作「田期思」，紀年謂之「徐州子期」，敦煌本後語正作「田忌」，可證是一人。錢大昕史紀考異云：「『臣』當作『叵』，音『怡』，與『期』音相近。」其説是也。據此，國策之「陳臣思」、「田臣思」，二「臣」字並當作「叵」，形近而誤。今改。「田叵思」即「田期思」。田、陳二字古音同，相通。陳完奔齊，其後改爲田氏，故春秋傳稱陳氏，戰國則多稱田氏（田完世家謂「敬仲之如齊，以『陳』字爲田氏」。顧炎武、俞樾已辨其誤，今不取），陳、田實是一姓。鮑氏判爲二族，誤。齊策高誘注云：「田臣思，齊臣。」「臣」亦當作「臣」。

〔一四〕鮑彪云：「東之齊解免之。」

〔一五〕鮑本「塗」作「涂」，下同。塗、涂同字。鮑彪云：「問其路所從出。」

〔一六〕太平御覽引「齊」字不重。

〔一七〕鮑彪云：「『徑』，步道也。猶言『假涂』。」〔按〕「梁」即「魏」。魏自惠成王徙都大梁，國或稱「梁」。

〔一八〕元和郡縣志卷七引「夫」作「大」。

〔一九〕太平御覽引「之」下有「於」字。又御覽卷一百五十八、初學記卷八、北道刊誤志（續談助卷二）引「謀之」作「謀於」。〔按〕「之」猶「於」也，見經傳釋詞。

〔二〇〕太平御覽卷七百五十六引「暉」作「渾」，注云：「徒旱切。」鮑彪云：「臺名暉。」

〔二一〕鮑本「少」改作「沙」。吴師道云：「當作『沙』。」（黄丕烈云：「此不當輒改。」）初學記卷八、御覽卷一百五十八、元和郡縣志卷七、太平寰宇記卷一、北道刊誤志引及古史並作「沙海」。但御覽卷七百五十六引及敦煌本後語作「少海」，與此本同。按「沙」字從「少」聲，古音相通。鮑彪云：「九域圖開封有沙海。引此。」〔按〕元和郡縣志汴州開封縣云：「沙海在縣北二里。」引此策云云：「即謂此也。隨文疏鑿舊跡，引汴水注之。……今無水。」御覽卷一百五十八引此文，注云：「沙海即浚儀。」横田惟孝引淮南子地形訓「東方曰大渚，曰少海」以證。此淮南所言八殥之一，在九州之外，與策文不合，横田附會，非。

〔二二〕北道刊誤志引「其」作「爲」。〔按〕「其」猶「其爲」，省「爲」字，説見楊樹達詞詮。

〔二三〕鮑彪云：「楚非適齊之涂，既不可入梁，亦無從至楚。其云然，不可曉也。」張琦云：「由淮陽、臨淮以至鄒、魯，正適齊之道，既不可入梁，少迴遠亦得也。鮑以齊王爲閔，若當分宋之後，則由陳而沛，道更徑矣。……不可謂無由至楚也。」臧勵龢云：「是時魏踰河南侵，楚徙都陳，取徐州，又滅宋、魯。故鼎自周至齊，不北由魏地，必南入楚境。不然，楚非適齊之途，既不可入梁，亦無從至楚也。」安井衡云：「周本紀秦攻周在王赧四十五年之後，五十八年之前。是時魏既踰河南侵，衛獨有濮陽，楚徙都於陳，取徐州，又與齊、魏滅宋。魯雖未滅，侵削已甚，又數年，楚人取之。則當時自周至齊，不北由魏地，必南入楚境，故顏率以此阻之。鮑……蓋以梁爲河北，以楚爲荆州，而不知其境至徐、豫也。」〔按〕諸説雖辨，然宋、魯之滅在齊湣王、王建之時，與本文陳臣思年代不合，説亦難通。此文本出虚構，固不必强爲解辨。

〔二四〕姚宏云：「後語作『章華之庭』。注云：『徐廣曰：華容有章華亭。』」鮑彪云：「即南陽葉也。」金正煒云：「〔按〕『葉』當作『華』。『章華之庭』省稱『華庭』，猶楚策之言『章臺』。秦策『華陽君』，趙策作『葉陽君』。史記范雎傳作『華陽君』。徐廣曰：『「華」一作「葉」。』漢書劉向傳亦作『葉』。二形相近，易以致誤。」〔按〕敦煌本後語「葉庭」作「華庭」，正同金説，與姚氏所據本不同。姚引後語注徐廣説，見史記楚世家：「（靈王）七年，就章華臺。」集解引杜預云：「南郡華容縣有臺，在城内。」徐説即本之，「亭」當作「臺」，是即以「華庭」當「章華臺」矣。然别無他證，亦出於臆測。況戰國策本文自作「葉庭」。程恩澤云：「楚章華臺甚多，然未有以爲葉庭者，當依本文解之爲是。」此言較允。鮑注據漢書地理志（鮑彪戰國策注序云：「地理本之漢志，無則缺。」下同），但何以能證明「葉庭」即「葉」？鮑氏亦僅以「葉」字偶合而附會之，不足信從。

〔二五〕鮑本「弊」作「敝」，通用。下同。

〔二六〕敦煌本後語無「效」字。〔按〕西周策楚兵在山南章高注：「效，致也。」

〔二七〕鮑本「醓壺」作「壺醓」。吴師道云：「一本『醓壺』。」姚宏云：「（甀）一作『瓿』。」鮑本作「瓿」。〔按〕「醓」

乃「醢」之或作。説文「醢」字云：「酸也。」即醋類。甀，淮南子氾論訓高注：「甀，武。今兖州曰小武爲甀，幽州曰瓦。」説文「甀」作「罃」，云：「小口罌也。」敦煌本後語「醢壺醬甀」作「壺罌□漿甒」。安井衡云：「耳，壺甀耳也。鼎有耳，壺甀亦有耳。必言耳者，爲下文提挈之地也。」按「耳」助詞，猶言「而已」，安井説牽强。

〔二八〕敦煌本後語「效」作「學」，音近而誤。

〔二九〕敦煌本後語「集」作「隼」，疑形似而誤。

〔三〇〕姚宏云：「曾、集（馬逝）作『梟逝』。」敦煌本後語此句作「兔與梟遊」。鮑彪云：「並喻其輕疾。」

〔三一〕鮑彪云：「集韻：『「灘」，滲流貌。』」横田惟孝云：「灘然，流通無壅塞之貌。甘泉賦：『灘乎滲漉。』」于鬯云：「此即狀上文義。『灘』之言『離』也，離（离），山神，獸。『灘然』蓋有神速意，猶『忽然』也。」〔按〕敦煌本後語作「欻然」，「欻然」猶「忽然」，與于説義近。但狀語常因聲生義，不必訓「灘」爲「离」，曲折求解。

〔三二〕姚宏云：「『止』，一作『可至』。」

〔三三〕吴本「伐」作「代」，當是形譌。

〔三四〕姚宏云：「一本『得』上有『凡』字。」〔按〕左傳桓公二年疏引「得」作「取」。

〔三五〕姚宏云：「一本無『凡一』二字，『鼎而』作『而鼎』。」〔按〕左傳疏引亦無「凡」字。左傳、史記言九鼎不著爲九爲一，據此文則鼎當是九。孔穎達於桓公二年疏引此文云：「挽鼎人數，或是虚言。要知其鼎有九，故稱九鼎也。」但於尚書召誥疏則謂「九牧貢金爲鼎，故稱九鼎，其實一鼎」。又引顔率之語，則云：「游説之辭，事多虚誕，不可信用。」二説不同，自相牴牾。梁玉繩謂「九鼎者，一州一鼎，凡有九也」，辨見史記志疑卷三。

〔三六〕〔按〕尚書牧誓序云：「武王戎車三百兩，虎賁三百人，與受戰於牧野。」僞孔傳云：「車稱兩，一車步卒七十二人，凡二萬一千人。」史記周本紀云：「遂率戎車三百乘，虎賁三千人，甲士四萬五千人，以東伐紂。」逸周書克殷篇云：「周車三百五十乘，陳於牧野。」秦策一張儀説秦王曰：「武王將素甲三千，領戰一日，破紂之國。」韓非子初見秦同。趙策二蘇秦説趙王曰：「湯、武之卒不過三千人，車不過三百乘，立爲天子。」（史記蘇秦傳作「湯、武之士不過三千，車不過三百乘，卒不過三萬」。）其餘孟子、吕氏春秋等書載武王伐紂，並稱革車三百兩，虎賁三千人。豈有徙鼎用人八十一萬？此語誇誕之至。逸周書世俘篇言武王征四方，「凡憝國九十有九國，馘磿億有十（盧文弨云：「『十』字非衍即誤。」）萬七千七百七十有九，俘人三億萬有二百三十，凡服國六百五十有二」。其言馘俘人數出於後來虚飾，與此文正相同。張宗泰云：「鼎之重以千斤爲度至矣。千斤之鼎載以一車，百人挽之足矣，九萬人何所用之？九九八十一萬人，又何其侈也。」（魯巖所學集卷四）

〔三七〕鮑彪云：「士，一人也。二千五百人爲師。徒，步行者。」吴師道云：「左傳注步卒七十二人，甲士三人。又百人爲卒。徒，衆也。此士卒師徒，亦大概言之耳。」

〔三八〕鮑本「器械」作「械器」。鮑彪云：「械，器之總名。被具，士卒所服用之具。」

〔三九〕吴本「以」作「已」，通用。吴師道云：「稱此者，彼此均等，猶史言他物稱『是』。謂士衆賫械具備輓鼎之役者，又且八十一萬也。」

〔四〇〕鮑本無「臣」字。

〔四一〕吴本「竊」作「切」，乃「竊」之俗字。

〔四二〕〔按〕漢書汲黯傳如淳注：「『數』者非一也。」「數來」猶言「屢來」。

〔四三〕鮑彪云：「言許之而實不與也。」

〔附論〕

洪邁容齋隨筆卷九云：「戰國策（按原本脱「策」字，今補）首載此事，蓋以爲奇謀，予謂此特兒童之見爾。争戰雖急，要當有信。今一紿齊可也，獨不計後日諸侯來伐，誰復肯救我乎？疑必無是事，好事者飾之耳。故史記、通鑑皆不取。」

黄震黄氏日抄卷五十二云：「戰國策載齊求九鼎之説，此游士虛飾之言，殆類小説。史記不載而古史增入，又何取乎？」

吴師道云：「左氏嘗載楚子問鼎事。當時爭欲得鼎以見其强，不可以爲無。」

陸深云：「秦之問鼎，本以窺周，不可謂無。但顔率至齊請救與却鼎事，則似好事者飾之。且其文太操縱爲不類。而中間寄徑於楚，尤可疑也。」

〔按〕周、齊地不接壤，故策言徙鼎須假道於楚、魏。然則秦攻周，齊何以能出師援之？又何以周不乞援於鄰國，而越國以求於齊，能保鄰國之必假道以濟師乎？如齊能假道以濟師，則運徙九鼎又何阻礙？此皆事理之不可通者。考史記及本書他策言秦攻周者，周每求助於韓、魏、楚三國，不及齊、趙等國，地勢然也，亦可以證此策之虛。至於辭語之侈誕，則戰國策士習氣如此，不必深辨。吴氏謂「不可以爲無」，亦失於詳察（蘇轍古史、吕祖謙大事記，並載此事，或吴氏由此致信）。

2　秦攻宜陽

秦攻宜陽〔一〕，周君謂趙累〔二〕曰：「子以爲何如？」對曰：「宜陽必拔也。」君曰：「宜陽城方八里，材士〔三〕十萬，粟支數年，公仲〔四〕之軍二十萬，景翠〔五〕以楚之衆臨山而救之〔六〕。秦必無功。」對曰：「甘茂〔七〕，羈旅〔八〕也，攻宜陽而有功，則周公旦〔九〕也。無功，則削跡於秦〔一〇〕。秦王不聽羣臣父兄之義〔一一〕而攻宜陽，宜陽不拔，秦王耻之，臣故曰拔。」君曰：「子爲寡人謀，且〔一二〕奈何？」對曰：「君謂景翠曰：『公爵爲執圭〔一三〕，官爲柱國〔一四〕，戰而勝，則無加焉矣〔一五〕，不勝則死。不如背秦援宜陽〔一六〕，公進兵。秦恐公之乘其弊也，必以寶事公。公中〔一七〕慕〔一八〕公之爲己乘〔一九〕秦也，亦必盡其寶。』」

秦拔宜陽，景翠果進兵。秦懼，遽效煮棗〔二〇〕，韓氏果亦效重寶。景翠得城於秦，受寶於韓，而德〔二一〕東周。

【箋證】

〔一〕鮑彪云：「（宜陽）韓邑，屬弘農。秦武三年攻宜陽。赧之七年也。」吴師道云：「大事記云：『今河南有福昌縣，城東南北三面峭絶天險，黽池、二殽皆在境内，蓋控扼之地。』此據甘茂傳文。年表拔宜陽在次年。宜陽之役，五月而不拔，凡涉兩歲也。通鑑、大事記皆於赧七年書伐，八年書拔。景翠救韓在八年。」程恩澤云：「今在河南府宜陽縣東北十四里。……據通典宜陽即今福昌山，則宜陽本山名，蓋依山以爲固，即因山以名縣也。」顧觀光云：「史記（韓）列侯九年，秦伐我宜陽，取六邑。又昭侯二十四年，秦拔我宜陽。又襄王五年，秦拔我宜陽，斬首六萬。錢大昕謂：『戰國時大郡連十數城，非一時所能盡拔。』然秦策甘茂曰：『宜陽大縣也，上黨、南陽積之久矣，名爲縣，其實郡也。』是宜陽非郡，安得復有屬縣？恐其間有失而復得之事，史略其文耳。」〔按〕鮑注據漢書地理志。故地今在河南省宜陽縣東北。秦攻宜陽事亦見於秦策二、楚策三、趙策一、韓策一。宜陽爲韓之要地，故韓策一張儀爲秦連橫説韓王章：「秦下甲據宜陽，斷絶韓之上地。東取成皋、宜陽，則鴻臺之宮，桑林之苑，非王之有已。夫塞成皋，絶上地，則王之國分矣。」洪邁容齋續筆卷四云：「宜陽於韓爲大縣。（周）顯王三十四年，秦伐韓，拔之。故屈宜臼云：『前年秦拔宜陽。』正是（韓）昭侯時。歷（韓）宣惠王、襄王，而秦甘茂又拔宜陽，相去幾三十年。得非韓嘗失此邑，既而復取之乎？」顧説暗與之合。

〔二〕鮑本「趙累」作「周累」。〔按〕大事記解題卷四引作「趙累」，同此本。古韻「尤」、「蕭」同部，「趙」、「周」同音，故「趙累」或作「周累」。

〔三〕材士　鮑彪云：「士之有材武者。」

〔四〕公仲，韓相。中讀如仲。

〔五〕景翠　鮑彪云：「楚將。」

〔六〕鮑彪云：「楚與韓鄰，而與秦相圖，故救之。」于鬯云：「山蓋陘山，在楚、韓之界。」〔按〕于説當是。陘山，亦作陘塞。顧觀光謂「史記正義引括地志云：『徑山在鄭州新鄭縣西南三十里。』今新鄭屬許州府，而郾城縣東南亦有陘山，蓋此山縣亘甚遠，楚、韓皆恃爲險要。故蘇秦説楚曰：『北有陘塞。』説韓曰：『南有陘山。』在楚爲北塞者，在韓爲南山也。」

〔七〕甘茂　鮑彪云：「下蔡人，仕秦。」吳師道云：「『茂』一作『戊』，後多有。説苑作『戊』，古字通。」〔按〕甘茂，史記有傳。甘茂爲秦武王策攻宜陽，見秦策二。青川縣新出土秦更修田律木牘「丞相戊，即甘茂，亦作戊」（見文物一九八二年第一期）。

〔八〕鮑彪云：「集韻：羈旅，寓也。」〔按〕史記甘茂傳云：「下蔡人也，事下蔡史舉先生，學百家之説。因張儀、樗里子而求見秦惠王，王見而説之。」下蔡屬楚。是甘茂以客游而仕於秦，故稱羈旅。秦策二甘茂攻宜陽章茂亦自曰：「我羇旅而得相秦者，我以宜陽餌王。」周禮地官遺人：「以待羇旅。」鄭注：「羇旅，過行寄止者。」「羇」與「羈」同。

〔九〕鮑彪云：「言且相秦。」〔按〕甘茂傳載攻宜陽時，茂已爲秦相，此以其功業之重與周公旦相擬，鮑説非。呂氏春秋當染篇高誘注云：「周公旦，武王之弟也，輔成王，封之於魯。」史記魯世家有傳。

〔一〇〕鮑彪云：「言不得留。」

〔一一〕鮑本「義」作「議」，大事記解題引同。〔按〕「義」當作「議」。廣雅釋詁：「議，謀也。」然「議」從「義」聲，「義」古與「儀」通（周禮肆師注「古者書『儀』但爲『義』」）。「儀」又常假借爲「議」。是「義」、「儀」、「議」三字可互通也。

〔一二〕〔按〕且，將也。見詞詮。

〔一三〕鮑本「圭」作「珪」。〔按〕「圭」、「珪」古可通。

〔一四〕柱國 鮑彪云：「楚卿。」〔按〕齊策二昭陽爲楚伐魏章亦云：「官爲上柱國，爵爲上執珪。」爲楚之高官上爵。楚策四莊辛謂楚襄王章：「乃以執珪而授之爲陽陵君，與淮北之地。」呂氏春秋異寶篇：「荆國之法，得五員者，爵執圭。」高注：「執圭，周禮『侯執信圭』，言爵之爲侯也。」淮南子道應訓：「封之執圭。」高注：「楚爵功臣賜以圭，謂之執圭，比附庸之君。」

〔一五〕姚宏云：「集、曾（矣）作『耳』，劉、錢作『矣』。」〔按〕「矣」與「耳」同義通用。趙策三「則連有赴東海而死矣」，史記魯仲連傳「矣」作「耳」。「焉矣」猶「焉耳」，亦作「焉爾」。公羊隱公二年傳云：「託始焉爾。」何休注：「『焉爾』猶『於是』也。」

〔一六〕鮑彪云：「翠時蓋援宜陽而有秦私，故説之云。」吴師道云：「秦策馮章許楚漢中，楚歡而不進，所説有秦私者。竊謂此策上既言秦之必拔，翠之不勝則死，而又曰『不如背秦援宜陽』，意殊不類。恐此句有缺誤，『背』下或有『之』字，或『秦』下復有『秦』字，『援』字或作『拔』。勸之避秦兵，待秦既拔，然後進兵乘其敝，當秦懼之，韓德之，而交得賂以爲利。下文秦拔宜陽，景翠果進兵，『果』字可見。又秦策『楚畔秦而合於韓』句意似與此同，然彼指翠未救時言之爾。其後韓、楚雖合，楚不爲韓氏，謂先戰，固已預知之矣。」黄丕烈云：「吴説是也。于此必『背』下有脱，但未詳何字。」林春溥云：「『背』疑當作『待』，『援』疑當作『拔』。」中井積德説同。于鬯云：「秦策『楚畔秦而合於韓』與此説似合，然與上文義不貫。……吴、林兩説意同。或謂『背』字蓋訓『後』，詩蕩篇陸德明釋文云：『背，後也。』後秦援宜陽，謂使秦先進兵拔宜陽，已後進兵援宜陽也。亦吴、林二家意而不易改，説究强。不如於『背』字讀斷。」金正煒云：「『背』字義不可通，當爲『胥』字之誤。史記趙奢傳：『胥後命。』正義：『胥猶須也。』管子大匡篇：『將胥有所定也。』注：『胥，待。』六朝人書『胥』作『骨』，因致誤『背』。『援』當從吴説作『拔』。言待秦既拔宜陽而後進兵也。」（鍾鳳年同金説）〔按〕吴説爲長。「背」當從金説作「胥」，字形之誤。安井衡云：「背秦，背秦師而陳，不與之逆戰也。援宜陽，秦既拔宜陽，進兵剩其弊也。『背』字、『援』字，精妙入神。」此解稍迂，亦可備一説。

〔一七〕盧本、鮑本「中」作「仲」，二字古通。

〔一八〕〔按〕吕氏春秋任地篇高誘注：「慕，思也。」

〔一九〕〔按〕吕氏春秋貴直篇高誘注：「乘，陵也。」

〔二〇〕鮑彪云：「（煮棗）屬濟陰冤句。」程恩澤云：「煮棗有二。地理志清河郡有棗彊縣，晉灼曰：『清河有煮棗城，蓋邑於此。』應劭曰：『在東武城西北五十里。』……此河北之煮棗也，在今直隸（即今河北省）冀州棗强縣西南十五里。郡國志濟陰郡冤句有煮棗城，水經注北濟水自濟陽縣北東北逕煮棗城，輿地廣記興仁府曹州冤亭縣（即冤句）有故煮棗城，此濟陰之煮棗也，在今山東曹州府菏澤縣西南，或曰在直隸大名縣東南。國策所云煮棗，指此。」沈濤云：「按煮棗有三，史記高祖功臣侯表有煮棗侯赤，索隱引徐廣曰：『在冤句。』此濟陰之煮棗也。漢書樊噲傳：『從攻項籍，屠煮棗。』師古謂地當在大河之南，即此煮棗。又樊噲傳注引晉灼，則清河有煮棗城。……然秦之疆城，皆不得至此，此當是秦地亦名煮棗者，非清河、濟陰之煮棗也。」（銅熨斗齋隨筆）

〔按〕鮑注據續漢書郡國志。煮棗原是魏地，魏策一蘇子爲趙合從説魏王章云：「（魏）東有淮、潁、沂、黄、煮棗。」又史記田完世家：「（湣王）十二年，攻魏。……魏王謂韓馮、張儀曰：煮棗將拔，齊兵又進。」是煮棗在魏東境，與齊鄰接，即濟陰冤句之地。但此謂秦效煮棗於楚，是否一地，不詳（若清河之煮棗，地壤更遠，與此不符）。顧觀光云：「據此則煮棗又嘗入秦，今不可考。」又按秦策二宜陽之役章謂秦許楚漢中而後反約，與此不同。

〔二一〕鮑彪云：「德，恩之也。」

〔附論〕

王應麟云：「宜陽，韓邑也，周曷爲謀之？剥膚也。宜陽舉而周隨之矣。」

3 東周與西周戰

東周與西周戰，韓救西周。

爲〔一〕東周謂韓王〔二〕曰：「西周者，故天子之國也〔三〕，多名器重寶。案〔四〕兵而勿出，可以德東周，西周之寶可盡矣〔五〕。」

【箋證】

〔一〕吴曾祺云：「論文法『爲』上宜有『人』字，而策中如此類者甚多，皆無之。特於此舉其例。」金正煒云：「按周君之秦章謂周最曰，高注謂『有人謂周最，姓名不見也。』高氏出注於後，足證此本章次已淆。」〔按〕史記周本紀「爲」上有「或」字。正義云：「蓋或人爲東周説韓王，令按兵無出，則周德韓矣。」

〔二〕姚宏云：「集本（謂）改作『謫』，一作『謂』。」鮑彪謂「韓王」即「襄王」。〔按〕韓襄王在位當赧王四年至十九年，鮑以此事繫於赧王八年（見後），當韓襄王五年。

〔三〕金正煒云：「周自顯王以後，皆居成周。故謂西周爲天子之故國，明非當時之京師也。吕覽明理篇：『有狼入於國。』高注：『國，都也。』東周君爲惠公少子班之後，其國在鞏，未嘗爲天子所都，因爲是言。」〔按〕趙與旹賓退録卷五、趙翼陔餘叢考卷十六並引此語謂明是時已非天子所都，與金氏説同。但考周本紀次此事於赧王八年之後，赧王徙都西周在即位之初，則其時不能謂非天子之國。吕祖謙大事記解題亦疑之，乃云：「是時赧王猶在西周，謂之故天子之國者，蓋諸侯不以爲天子久矣。」所解亦屬牽強。竊意「故」與「固」同，本然之辭，見經傳釋詞。謂西周本是天子所都，指敬王以前及今赧王並都於此也。下三國隘秦章：「齊重故有周而已。」周本紀「故」作「固」，可證「故」、「固」通用。東周指成周，不僅指鞏，金説非，詳見本策首釋題。

〔四〕鮑本「案」作「按」，同。〔按〕吕氏春秋期賢篇：「衛以十人者按趙之兵。」高誘注：「按，止也。」

〔五〕鮑彪云：「欲韓出兵，故賂之。」〔按〕周本紀正義謂：「韓出兵助西周，雖不攻東周，西周媿其佐助，寶器必盡歸於韓。」與鮑説殊，鮑義較長。周本紀次此事在赧王八年後，吕氏大事記則與楚圍雍氏並繫於赧王十五年。蓋周本紀此事與圍雍氏役並列，而韓世家記雍氏役在韓襄王十二年，當赧王十五年，呂氏據之。

4 東周與西周爭

東周與西周爭〔一〕，西周欲和於楚、韓〔二〕。

齊明〔三〕謂東周君曰：「臣恐西周之與楚、韓寶〔四〕，令之爲己求地於東周也。不如謂楚、韓曰：『西周之欲入寶，持二端〔五〕。今東周之兵不急西周〔六〕，西周之寶不入楚、韓。』楚、韓欲得寶，即〔七〕且趣我攻西周〔八〕。西周寶出，是我爲楚、韓取寶以德之也〔九〕，西周弱矣。」

【箋證】

〔一〕此策原連於上章，鮑本、盧本別提行，今從之。呂祖謙大事記解題亦與上章分引，是也。

〔二〕鮑彪云：「和二國以爲己援。」

〔三〕高誘注云：「齊明，東周臣。」（文選過秦論注引）鮑彪云：「疑楚人，兩見楚策。」吳師道云：「無明徵。注例以國姓者皆其國人，齊明豈不可爲齊人邪？故大事記止云：『當時之辯士也。』」〔按〕「齊明」亦見於賈誼過秦論。文選注引此策高注云云。史記秦始皇本紀索隱云：「戰國策齊明，東周臣，後仕秦、楚及韓。」鮑注未允。

〔四〕文選過秦論注引無「寶」字。

〔五〕鮑彪云：「言東兵急則入，不急則已。」

〔六〕〔按〕說文「急」作「忣」，從「及」聲，是「急」、「及」古字同聲可通用。故釋名釋言語云：「急，及也，操切之使相逮及也。」不急西周，猶不及西周。或以「急」作「使役」動詞解，不及西周，猶言不使西周困急。亦通。

〔七〕「即」猶「則」，見經傳釋詞。

〔八〕鮑彪云：「趣，疾也，督使疾戰。我，謂東周。」〔按〕「趣」讀作「促」，義同。

〔九〕鮑彪云：「言有恩於楚、韓。」

〔附論〕

鍾鳳年云：「此以事次言，上章已稱韓救西周，此則方稱西周欲和於楚、韓，是二章事蹟顛倒。且此言争，可見爲事之初起；上章言戰，是禍已構。二者似應互易其次。」

5　東周欲爲稻

東周欲爲〔一〕稻〔二〕，西周不下水〔三〕，東周患之。蘇子〔四〕謂東周君曰：「臣請使西周下水，可乎？」乃往見西周之〔五〕君曰：「君之謀過矣。今不下水，所以富東周也。今其民〔六〕皆種麥〔七〕，無他種矣〔八〕。君若欲害之〔九〕，不若〔一〇〕一爲〔一一〕下水，以病其所種。下水〔一二〕，東周必復種稻。種稻而復奪之〔一三〕，若是，則〔一四〕東周之民可令一仰西周而受命於君矣〔一五〕。」西周君曰：「善。」遂下水〔一六〕，蘇子亦得兩國之金也〔一七〕。

【箋證】

〔一〕鮑彪云：「爲，謂種之。」

〔二〕水經伊水注引「稻」作「田」。吕祖謙大事記解題卷四引「稻」下有「田」字。

〔三〕鮑彪云：「稻宜濕，西周居河之上流。」吳師道云：「未知專指河否？」張琦云：「河、洛二水，西周皆居上流，然非可壅以專利者。當是陂堰之水，蓄以灌溉者也。」〔按〕水經伊水篇云：「（伊水）又東北至洛陽縣南，北入於洛。」注云：「伊水自闕東北流，枝津右出焉，東北引溉，東會合水同注公路澗，入於洛。今無水。」引此策云云，「即是水之故渠也」。據此，水，謂伊水之支流，鮑注非。

〔四〕鮑彪云：「非代則厲。」〔按〕國策於蘇秦、代、厲兄弟並稱蘇子，此策繫於東、西周争戰之後，鮑次於赧王八年（大事記在赧王十五年），是時蘇秦已死，故鮑云然。然以今言之，蘇秦之卒年尚未能定也。

〔五〕伊水注引無「之」字。

〔六〕太平御覽卷四百六十引「民」作「人」，下同，係避唐諱所改。

〔七〕鮑彪云：「麥宜燥也。」

〔八〕伊水注引作「民皆種他種」，無「麥無」二字。

〔九〕伊水注引「害」作「貧」。御覽引此句作「君若欲東周之乏」。

〔一〇〕伊水注引「若」作「如」。

〔一一〕伊水注引無「一爲」二字，御覽引無「爲」字。

〔一二〕呂祖謙大事記解題「下水」作「水下」。伊水注無「其所種下水」五字。

〔一三〕〔按〕謂復不下水。

〔一四〕伊水注「若是則」三字作「是」字。

〔一五〕于鬯云：「按：一，皆也。一仰，皆仰也。東民生死縣於西周，故曰受命，猶韓策言縣命也。」〔按〕「一」猶「皆」，訓見經傳釋詞。

〔一六〕吴本無「遂下水」三字。〔按〕鮑本有之，御覽卷四百六十、八百三十九引及大事記解題並有此三字，吴本譌脱。

〔一七〕御覽卷四百六十引作「蘇子得兩全之矣」，疑有譌脱。

〔附論〕

鮑彪云：「彪謂此策不可行。東、西周壤地相接，豈不能候其所種？蘇子，東人也，爲東游説，而豈得不疑？且今下水，安能保其不奪？雖一爲下，何補哉？」

吴師道云：「據此策，則西人可以制周，必不疑於其説。蘇子公爲反覆以得金，豈顧其復奪哉？大事記云：『其微如此，其所争又如此，可不哀哉！』然則又何足深辨也。」

6　昭獻在陽翟

昭獻〔一〕在陽翟〔二〕，周君將令相國〔三〕往。相國將不欲〔四〕。

蘇厲〔五〕爲之謂周君曰：「楚王與魏王遇也，主君〔六〕令陳封之楚，令向公之魏〔七〕。楚、韓之遇也〔八〕，主君令許公〔九〕之楚，令向公〔一〇〕之韓。今昭獻非人主也，而主君令相國往。若其王在陽翟，主君將令誰往〔一一〕？」周君曰：「善。」乃止其行。

【箋證】

〔一〕吳師道云：「韓策楚昭獻相韓。」金正煒云：「按韓策楚王奉幾瑟以車百乘居陽翟，令昭獻轉而與之處。此策當即其時，吳氏恐非。」鍾鳳年云：「此與彼章似在同時，周即因昭獻挾楚以相韓，故令相國往也。」〔按〕金引韓策見鄭彊載八百金入秦章，吳、鍾所言，見同策楚昭獻相韓章。以「在陽翟」考之，金說較長。顧觀光編年亦附次周赧十五年鄭彊入秦章後。又按史記韓世家：「甘茂與昭魚遇於商於。」索隱：「戰國策稱爲昭獻。」陳直史記新證云：「昭魚，戰國策原本應作『𩱧』，正如周禮『魚人』作『𩱧』人，其形類於『獻』字，因而致誤，當以史記爲是。」昭魚見於楚策四楚王后死章及魏策二田需死章。陳說可備考。

〔二〕鮑彪云：「（陽翟）屬潁川。」程恩澤云：「漢志潁川郡有陽翟縣，夏禹國。……後爲鄭櫟邑，戰國時併於韓，韓景侯自平陽徙都此。」（按地理志作「韓景侯自新鄭徙此」，程說據張琦釋地。）顧觀光云：「越世家云：『韓之攻楚，覆其軍，殺其將，則葉、陽翟危。』韓策冷向謂鄭彊曰：『今已令楚王奉幾瑟以車百乘居陽翟，令昭獻轉而與之處。』則陽翟乃韓之南境與楚爲鄰者。」〔按〕陽翟在今河南禹縣東。

〔三〕金正煒云：「『相國』猶管、韓諸書之稱『相室』。左氏僖二十三年傳：『吾觀晉公子之從者，皆足以相國。』趙策：『趙國豪傑之士多在君右，而君爲相國者以親。』蓋以爲執政者之美稱，非即以之名官也。呂覽異寶篇稱宋子罕爲相國，無義篇稱樗里子爲相國，不苟篇稱百里奚爲相國，皆追述之辭，非當時即拜此官。漢書百官公卿表相國、丞相皆秦官。是先秦雖有是稱，名官實始於不韋。韓非之以『相室』爲文，正以別於秦之新制。惟漢官儀云：『相國、丞相，皆六國時官。』則以其時嘗有此稱，因以意爲説耳。」〔按〕金説未是。下文周共太子死章「因令人謂相國御展子、嗇夫空」，三國隘秦章「有人謂相國曰」，西周策「蘇代遂往見韓相國公中」，韓策三「或謂韓相國曰」，秦策三秦客卿造謂穰侯章「何不使人謂燕相國曰」，史記周本紀「蘇代見韓相國」（集解云：「漢書百官表曰：『相國，秦官。』駰謂韓亦有『相國』，然則諸國共放秦也」）。趙世家「烈侯好音，謂相國公仲連曰」，又武靈王立王子何以爲王，「肥義爲相國」，范睢傳「加賜相國應侯食物」，是戰國時諸國多有「相國」，不僅是秦官，且並在呂不韋之前。韓非子外儲説左上「郢人有遺燕相國書者」，則韓非書亦稱「相國」。「相室」與「相國」殊，乃卿大夫之家臣，不能混爲一談。至百官公卿表謂「相國，秦官」，王先謙補注云：「云秦官者，以漢繼秦統言之。」其説是也。惟「相國」之名本非原文，戰國皆稱「相邦」。秦相邦呂不韋，見於戈文；魏相邦建信君，見於劍文；而匈奴亦有相邦，見印文（並見王國維觀堂集林卷十八匈奴相邦印跋）。又中山國有相邦賙（見新出土中山王𰯌鼎及壺銘），魏戶律亦有「告相邦」語（見睡虎地秦墓竹簡爲吏之道篇附尾）。其後作「相國」者，漢人避高祖諱改也（馬王堆出土之帛書老子甲本，諸「國」字尚作「邦」，爲秦、漢之間寫本，猶未諱改）。策、史盡作「相國」，遵漢制也。

〔四〕横田惟孝云：「『將不』之『將』，恐衍。」（吳曾祺説同）金正煒云：「『將』字，辭也，見文選甘泉賦注引韓詩章句。又侯鯖録載東坡云『古人以「將」爲「初」』，則此文『將不欲』猶言『雅不欲』。」〔按〕「將」猶「則」也（見經詞衍釋），謂相國則不欲往。又疑「將」字涉上文而衍。

〔五〕〔按〕蘇厲，秦之弟，見史記蘇秦傳。

〔六〕横田惟孝云：「『主君』，周君也。按昭二十九年左傳『齊侯唁公，稱主君，子家子曰：齊卑君矣』注云：『比公於大夫。』此書稱『周君』，或爲謀主，或爲主君，或爲大王。當時稱呼錯亂，不可準以禮也。」

〔七〕鮑彪云：「此言疇昔之事。陳、向、許皆仕周，而位在相下。」

〔八〕鮑彪云：「亦其王遇。」〔按〕此乃蒙上而省例。

〔九〕盧本、吴本「許」作「葉」。景宋本、鮑本作「許」，與此同。〔按〕上文鮑注云「陳、向、許」，明鮑本本作「許」。吴氏據鮑，不應有異，此是刊誤。盧本則據吴本而誤改。

〔一〇〕〔按〕韓策三：「韓氏逐向晉於周，周成恢爲之謂魏王曰：『周必寬而反之。王何不爲之先言，是王有向晉於周也。』」向晉爲周臣，往來於韓、魏間，疑即此向公。

〔一一〕姚宏云：「曾作『誰往周』。集、劉、錢無『周』字。」鮑彪云：「言必君自往。」

7 秦假道於周以伐韓

秦假道於周以伐韓〔一〕，周恐假之而惡於韓，不假而惡〔二〕於秦。史黶〔三〕謂周君〔四〕曰：「君何不令人謂韓公叔〔五〕曰：『秦敢絶塞〔六〕而伐韓者，信東周也。公何不與周地，發重使〔七〕使之楚，秦必疑〔八〕，不信周，是韓不伐也〔九〕。』又謂秦王〔一〇〕曰：『韓强與周地，將以疑周於秦，寡人不敢弗〔一一〕受。』秦必無辭而令周弗受〔一二〕。是得地於韓而聽於秦也〔一三〕。」

【箋證】

〔一〕此策原連於上章，今從鮑本、盧本別提行。張琦云：「時秦已取宜陽，蓋欲過周以攻滎陽、成皋也。」鍾鳳年云：「韓策一楚昭獻相韓章稱秦將攻韓，韓廢昭獻。然則此文原文連上，其因秦之伐韓，乃由於昭獻在陽翟而起耶？」〔按〕張、鍾二説不同。張氏乃據史記周本紀次此事於赧王八年秦攻宜陽後而推度之，然詳繹本文意，亦不相合（甘茂傳云：「拔宜陽，韓襄王使公仲侈入謝，與秦平。」不應再有假道伐韓事）。恐非。鍾説僅據原文連上章而推測之，更不足憑。周本紀次此事於秦攻宜陽、楚圍雍氏之間，當是別爲一事，不必强求牽合。

〔二〕姚宏云：「史記兩『惡』（字）作『畏』。」

〔三〕姚宏云：「一作『史猒』。」〔按〕周本紀作「史厭」。魏策一張儀欲并相秦魏章亦有「史厭」，不知是否一人。

〔四〕周本紀索隱云：「『周君』，西周武公也。時王赧微弱，不主盟會，寄居西周耳。」〔按〕周本紀首云「秦借道兩周之間」，繼稱「周君」，不言何周。但策列東周，且下文云「信東周也」（周本紀同），則此「周君」明是「東周君」無疑。索隱誤。

〔五〕鮑彪云：「（公叔）韓公族。」〔按〕公叔見韓策。

〔六〕鮑彪云：「絶，横渡。塞，障也。爲垣壘以遮止鄰國往來。」〔按〕淮南子時則訓「自昆侖東絶兩恒山」，高誘注：「『絶』猶『過』也。」塞，謂殽塞。吕氏春秋有始覽：「殽爲九塞之一。」（淮南子墬形訓同）高誘注云：「險阻曰塞。」又秦策五謂秦王曰章高注云：「塞，隘處也。」義亦同。殽在漢弘農郡澠池縣（有始覽高誘注），今河南澠池縣。秦策二甘茂亡秦且之齊章云：「自殽塞谿谷。」姚宏引後語注云：「言周、秦之地。」「絶塞」猶言度越殽塞之險。春秋僖公三十三年秦師襲鄭，晉人敗之於殽，即其地。而韓都正爲故鄭地。殽塞在周、秦之間，故周本紀作「絶周」，下文云「信東周也」，亦可證。鮑注非是。

〔七〕鮑彪云：「使周發使。」〔按〕西周策高注云：「重，尊也。」「重使」猶言尊貴之使臣。周本紀作「質使」。此乃勸韓發重使之楚，下文「秦必疑，不信周，是韓不伐也」，可證。周本紀索隱與正義亦並謂韓使質於楚，鮑注未盡。

〔八〕周本紀「疑」下有「楚」字。〔按〕此謂秦疑周受韓地與韓、楚相合。

〔九〕鮑彪云：「不受秦伐。」

〔一〇〕鮑彪謂「秦王」即「秦武王」。〔按〕此謂又發重使之秦，承上文而省也。

〔一一〕姚宏云：「集：一去『弗』字。」周本紀「弗」作「不」。

〔一二〕橫田惟孝云：「『而』讀曰『能』。易屯卦釋文：鄭氏讀『而』曰『能』。」〔按〕周本紀正義云：「秦必無巧辭而令周不敢(不)受韓地也。」「而」讀如字，可通。

〔一三〕周本紀索隱云：「(聽於秦)聽命於秦。」

〔附論〕

鮑彪云：「彪謂戰國之士，設心措辭，無不出於詐。若此者，君子之所恕也。」

吳師道云：「鮑意尊周，故謂行詐免難，所可恕。」

8 楚攻雍氏

楚攻雍氏〔一〕，周粻秦、韓〔二〕。楚王〔三〕怒周，周之君患之。

爲周謂楚王曰：「以王之强而怒周，周恐，必以國合於所與粟之國，則是勁王〔四〕之敵也。故王不如速解周恐〔五〕。彼前得罪而後得解，必厚〔六〕事王矣。」

【箋證】

〔一〕鮑彪云：「此亦赧之十五年也。」〔按〕楚圍雍氏別見於西周策雍氏之役韓徵甲與粟於周章、韓策二楚圍雍氏韓令冷向借救於秦章及楚圍雍氏五月章，鮑彪並以爲在赧王十五年或韓襄王十二年，故此云然（吴師道謂韓策雍氏役當在赧王三年，與鮑不同）。考史記秦本紀：「（惠文王後元）十三年，庶長章擊楚於丹陽，虜其將屈匄，斬首八萬。又攻楚漢中，取地六百里，置漢中郡。楚圍雍氏，秦使庶長疾助韓而東攻齊。」田完世家：「（湣王）十二年，攻魏。楚圍雍氏，秦敗屈丐。」秦惠文王後十三年，齊湣王十二年，據六國表當周赧王之三年。韓世家：「（襄王）十二年，太子嬰死，公子咎、公子蟣蝨争爲太子，時蟣蝨質於楚。蘇代謂韓咎曰云云（中略），韓咎從其計。楚圍雍氏，韓求救於秦。秦未爲發，使公孫昧入韓云云（中略）。於是楚解雍氏圍。」集解引徐廣曰：「秦本紀惠王後元十三年，周赧王三年，楚懷王十七年，齊湣王十二年，皆云『楚圍雍氏』。紀年於此亦説『楚景翠圍雍氏，韓宣王卒，秦助韓共敗楚屈丐』。又云：『齊、宋圍煮棗。』皆與史記年表及田完世家符同。然則此卷所云『襄王十二年，韓咎從其計』以上，是楚後圍雍氏，赧王之十五年事也。又説『楚圍雍氏』以下，是楚前圍雍氏，赧王之三年事。」張守節正義則謂「自此（於是楚解雍氏圍）已上十二年，並是楚後圍雍氏，赧王之十五年一段事也。前注徐廣云『楚圍雍氏之下，是楚前圍雍氏，赧王三年事』，徐説非也。」徐、張二氏解史文雖異，惟以雍氏役有二則無牴牾。據史記秦本紀、田完世家、韓世家與古本竹書紀年，楚圍雍氏二次，一在周赧王三年，一在十五年。此説最爲流行，後來吕祖謙大事記解題、鮑彪注、吴師道補注及陳厚耀春秋戰國異辭並從之。但史記甘茂傳云：「（秦）武王竟至周而卒於周，其弟立爲昭王。……楚懷王怨前秦敗楚於丹陽而韓不救，乃以兵圍韓雍氏，韓使公仲侈告急於秦。」秦武王卒於赧王八年，與上述二役又非同時（周本紀次楚圍雍氏韓徵甲與粟於東周事在赧王八年之後，以下即接入赧王三十四年。但周紀此段記事疏闊，不能作確實年月之證）。梁玉繩史記志疑因云「其實圍雍氏止有一役，楚未嘗再舉，策、記未免交混」，又謂：「圍雍一役，其在赧王九年，秦昭元年，韓襄六年，楚懷二十三年乎？」然與韓世家不合。馬驌繹史則以圍雍氏役有三次，一在赧王三年，一在八年，一在十五年，林春溥戰國紀年、黃式三周季編略從之。顧觀光國策編年分隸於赧王八年及十五年二次，不載三年之役，或以國策無文而省之歟？古史錯脱，難以詳稽。雍氏三役，既有徵於紀年及史記，似從馬、林、黃之説爲宜。此策顧觀光編年編於赧王八年，云：「此與上章（雍氏之役韓徵甲與粟於周），注家並謂是赧王十五年事。今按楚後圍雍氏爲納幾瑟，而韓策云：『幾瑟之能爲亂也，内得父兄而外得秦、楚也。』楚策云：『韓公叔有齊、魏，而太子有楚、秦以争國。』是其時楚與秦合，策文不可通矣。今正之。」與鮑説殊，似是。雍氏，地名，見西周策注。

〔二〕鮑彪云：「『粻』，食米也。時秦救韓，周以米餉之。」吳師道云：「詩傳：（粻）糧也。音『張』。」〔按〕西周策雍氏之役章謂韓徵甲與粟於周，蘇代説韓公仲而不徵。此言周粻秦、韓，與之不同。疑是韓徵粟於兩周，西周畏楚不敢應而東周與之，故下文云「楚王怒周」。周本紀謂「韓徵甲與粟於東周，東周君恐」，與策不合，二「東」字疑衍。鍾鳳年謂：「此乃周先有犒師之舉，而彼（西周策）則韓續有徵索歟？」亦出推測，殆未是。

〔三〕鮑彪謂「楚王」即「懷王」。

〔四〕鮑彪云：「勁，强也。」〔按〕秦策一楚攻魏章「不如與魏以勁之」，高注同。秦策四頃襄王二十年章「今王妬楚之不毁也，而忘毁楚之强魏也」，其義正同。

〔五〕鮑彪云：「周以楚怒之故恐。」吳曾祺讀解字斷句云：「謂怒解也。」似非，今從鮑讀。

〔六〕〔按〕秦策二齊助楚攻秦取曲沃章高注云：「厚，重也。」

9　周冣謂吕禮

周最（冣）〔一〕謂石（吕）禮〔二〕曰：「子何不以秦攻齊，臣請令齊相子〔三〕。子以齊事秦，必無處〔四〕矣。子因令周〔五〕最（冣）居魏以共之〔六〕，是天下制於子也。子東重於齊，西貴於秦，秦、齊合，則子常重矣。」

【箋證】

〔一〕吴師道云：『最』，史作『聚』，索隱云：『最，古「聚」字。』説文同。趙策『顔最』，史亦作『顔聚』。」（按吴氏此注在西周策，今移此）金正煒云：「按策文本蓋作『冣』而譌也。説文：『冣，積也。』徐鍇曰：『古以「聚物」之「聚」爲「冣」。』殷本紀：『大聚樂戲於沙丘。』徐廣曰：『「冣」一作「聚」。』趙策『使趙葱及顔最代將』，史作『顔聚』，並可爲證。」〔按〕史記周本紀：「齊重，則固有周聚以收齊。」集解引徐廣曰：「『聚』一作『冣』，『冣』亦古之『聚』字。」「周聚」即「周冣」，索隱云：「『冣』音詞喻反。」冣、最二字相淆不分，由來已久，但「冣」在冖部，「最」在曰部，字形既異，音義亦不同，段玉裁説文注辨之甚詳，今正。下同。秦始皇本紀、索隱云：「周最，周之公子，亦仕秦。」于鬯云：「『周最』疑當作『祝弗』。下文云『子因令周最居魏以共之』，則必非周最自言矣。且最始終忠於齊，見於策者甚著。居魏而與禮共事秦，必非最意也。後策云『聽祝弗，相吕禮』，與此下文『臣請令齊相子』語合。

又『齊聽祝弗，外周最』，亦與下文『因令周最居魏』之語合。故疑此周最爲祝弗之誤。」鍾鳳年云：「此章所編非周事，不應隸此策。秦紀昭十三年稱『五大夫禮出亡奔魏』。按自秦至魏，必經周，而周最則周之諸公子。此或禮過周時，最説之，以冀自譽於魏也。宜改隸魏策。」〔按〕于、鍾二説並未允。「周冣」上疑脱「爲」字，謂或人爲周冣説呂禮也，故下文云「子因令周最居魏以共之」。策此例極多，下策「爲周冣謂魏王曰」可證。下策「齊聽祝弗，外周冣」，又是一事，與此不涉，于氏牽合之，非。周冣爲周之公子，其事因編於周策。國策分編，本不嚴格，策文多脱譌，又難詳核，不如遵照舊編爲宜。且如此策，若以「因令周冣居魏以共之」語而改隸魏策，則從「請令齊相子」，「子東重於齊」等語隸之於齊策，不更合乎？鍾氏每喜更動策次，今於此辨之，下從略。

〔二〕鮑本「石」作「呂」。黄丕烈云：「『呂』字是也。」按「呂」、「石」形近而誤，下文屢言呂禮，可證，今從改。鮑彪云：「凡呂皆齊人。禮以秦昭十三年奔魏，十九年復歸秦。其相齊在薛公歸薛後，見孟嘗傳，蓋赧二十一年後也。」吴師道云：「呂皆齊人，此類無據，當缺。晉有呂錡、呂相，本魏氏，不必呂尚後也。注『奔魏』據秦紀。按穰侯傳：『冉相秦，欲誅呂禮，禮出奔齊。』大事記從之。『歸秦』據秦紀及穰侯傳。按秦紀下接齊破宋之文，年表破宋在秦昭二十一年，則紀誤矣。」〔按〕元和姓纂卷六云：「呂，炎帝姜姓之後，虞夏之際，封呂，今南陽宛縣西呂亭是也。至周失國，子孫氏焉。太公號呂望。周有呂侯。」是呂氏不盡出於呂望，且在封齊之前已有之。但是新唐書宰相世繫表謂「呂禮是齊康公七世孫，秦昭襄王十九年自齊奔秦，爲柱國少宰，北平侯」。鮑説亦有所據矣。大事記解題云：「禮未嘗得罪於昭王，特避穰侯之禍耳。後六年（按謂出奔之後六年），秦紀復書呂禮來歸，則其權寵能與穰侯相軒輊可知矣。」

〔三〕鮑彪云：「秦攻齊，禮使之也。齊欲免攻，故可使之相禮。」

〔四〕鮑本改「處」作「慮」。吴師道云：「前後章有此字，義當同。」黄丕烈云：「按後策文有『必不處矣』，又有『請謂王聽東方之處』，吳氏指此也。」關修齡云：「處，處置也。蓋言子惟以齊事秦，則必無事之可處置矣。」横田惟孝云：「『無處』謂『身安』也。」安井衡云：「『處』猶『制』也。言子權重，齊人必無能制子者矣。」于鬯云：「王引之經義述聞通論云：『「處」爲審度，爲辨察，書傳具有其義。』……此言必無處，蓋亦謂必無須審度矣。一云『處』猶『事』也。後策『請王聽東方之處』，謂聽東方之事也。孟子公孫丑篇『若於齊則未有處也。無處而餽之』，謂未有事也，無事而餽之也。史記荆軻傳有『必無事矣』語，其意略似。」金正煒云：「呂覽愛士篇：『陽城胥渠處。』高注『「處」猶「病」也。』『無處』謂『無患』。」〔按〕「處」字從虍聲，「慮」字同聲，古可通借，不必改字。「慮」有「度」義（齊策一秦伐魏章：「願王孰慮之。」高注：「慮，度。」與王引之所説「處」意亦合），是「無處」猶「無慮」。關修齡、横田惟孝解太迂折。呂氏春秋愛士篇之「處」字乃「癙」之假借（本朱駿聲説文通訓定聲），與此文不合。

〔五〕鮑單行本無「周」字，「令」下注云：「下衍『周』字。」〔按〕鮑氏以此爲周冣之言，故衍「周」字。説見上。

〔六〕鮑彪云：「與齊俱事秦。」

10　周相呂倉見客於周君前

周相呂倉〔一〕見客於周君前〔二〕。相工師藉恐客之傷己也〔三〕，因令人謂周君曰：「客者，辯士也，然而所以不可者〔四〕，好毁人〔五〕。」

〔箋證〕

〔一〕〔按〕韓非子内儲説下篇云：「吕倉，魏王之臣也，而善於秦、荆，微諷秦、荆，令之攻魏，因請行和以自重也。」疑與此爲一人。

〔二〕鮑彪云：「言之於君使得見。」

〔三〕鮑彪云：「『傷』猶『毀』。此(工師藉)即後(楚策)『工陳藉』。」關修齡云：「宣十年左傳有『郚工師駟赤』。注云：『掌工匠之官。』此『工師藉』，蓋官氏也。」〔按〕工師，姓氏；藉，名。古今姓氏書辯證卷二云：「工師，其先出自古官治水者，以官爲氏。漢有平悼侯工師喜。」

〔四〕鮑彪云：「不可聽用。」

〔五〕〔按〕齊策三孟嘗君奉夏侯章、以四馬章高注云：「毀，謗。」

11 周文君免工師藉

周文君〔一〕免〔士〕〔二〕工師藉〔三〕，相吕倉，國人不説也〔四〕。君有閔閔之心〔五〕。

謂周文君曰：「國必有誹譽〔六〕，忠臣令誹在己，譽在上。宋君奪民時以爲臺，而民非之〔七〕，無忠臣以掩蓋之也〔八〕。子罕釋相爲司空〔九〕，民非子罕而善其君。齊桓公宫中七市〔一〇〕，女閭七百〔一一〕，國人非之。管仲故爲三歸之家〔一二〕，以掩桓公，非自傷於民也〔一三〕。

春秋記臣弒君者以百數〔一四〕，皆大臣見譽〔一五〕者也。故大臣得譽，非國家之美也〔一六〕。故衆庶成彊〔一七〕，增積成山〔一八〕。」周君遂不免〔一九〕。

【箋證】

〔一〕鮑彪云：「（周文君）史書東周略甚，豈惠公後有此君邪？不然，則惠公別稱也。鴻烈道應訓亦稱周昭文君。」〔按〕東周惠公卒於顯王九年，見古本竹書紀年，周文君時代不合，當是其後嗣，必非別稱。淮南子道應訓所記杜赫以安天下說周昭文君事，亦見呂氏春秋務大篇及喻大篇。高注並云：「昭文君，周衰，分爲東、西，各自立其君也。」又同書報更篇云：「張儀，魏氏餘子也，將西遊於秦，過東周。……昭文君見而謂之曰：『聞客之秦，寡人之國小，不足以留客。雖然，游豈必遇哉？客或不遇，請爲寡人而一歸也。國雖小，請與客共之。』張儀還走，北面再拜。張儀行，昭文君送而資之。至於秦，留有間，惠王說而相之。張儀所得天下者，無若昭文君。周千乘也，重過萬乘也，令秦惠王師之。逢澤之會，魏王嘗爲御，韓王爲右，名號至今不忘。」據此，昭文君與秦惠王、張儀並時，當在周顯王後期及慎靚王之時，疑是東周惠公之子或孫也。漢書人表亦有周昭文君，在中下等，列於秦惠王後，周赧王之前，時亦相合。史記周本紀秦遷西周君於𢬴狐。索隱云：「西周，蓋武公之太子文公也，武公卒而立，爲秦所遷，而東周亦不知其名號。戰國策雖有周文君，亦不知滅時定當何主。蓋周室衰微，略無記録。故太史公雖考衆書以卒其事，然二國代系甚不分明。」司馬貞亦不能定其時代，然以文公當遷𢬴狐之西周君核與各書所記不合，未可信。

〔二〕姚宏云：「集、曾一去『士』字。」鮑本衍「士」字。吴師道亦云：「疑衍。」〔按〕「士」字涉與「工」字形近而衍。或原作「士師藉」，「士」旁校注「工」字，傳寫並入而誤。

〔三〕原本此策附於上章，今從鮑本另提行。黄丕烈云：「按楚策韓求相工陳藉，即此也。『陳』乃『師』字形近之譌。」〔按〕楚策一張儀相秦章「韓求相工陳藉而周不聽」，鮑注：「周策『陳』作『師』。」

〔四〕黄震云：「不説免藉而相倉也。」〔按〕「説」同「悦」。

〔五〕鮑彪云：「亦不説也。」黄震云：「因國人之不説，欲免倉復相藉也。」〔按〕左氏昭公三十二年傳：「閔閔焉如農夫之望歲。」杜注：「閔閔，憂貌。」

〔六〕鮑彪云：「『誹』，謗也。」〔按〕吕氏春秋決勝篇高注同。

〔七〕鮑彪云：「見襄十七年。」（原本誤作「十一年」，今從左傳改正。）〔按〕左氏傳云：「宋皇國父爲大宰，爲平公築臺，妨於農功。子罕請俟農功之畢，公弗許。築者謳曰：『澤門之晳，實興我役。邑中之黔，實慰我心。』子罕聞之，親執朴以行築者，而抶其不勉者，曰：『吾儕小人，皆有闔廬以辟燥濕寒暑。今君爲一臺而不速成，何以爲役？』謳者乃止。或問其故，子罕曰：『宋國區區，而有詛有祝，禍之本也。』」

〔八〕横田惟孝云：「（無忠臣以掩蓋之也）八字，疑他策錯簡，或注文混入也。」〔按〕未必是，然可備一説。

〔九〕鮑彪云：「司空主土工。傳言子罕親執朴以行築者是也。」

〔一〇〕鮑本改「七」作「女」，以「女市」、「女閭」並列，云：「閭，里中門也。爲門爲市於宮中，使女子居之。」〔按〕初學記卷二十四、太平御覽卷一百七引皆作「七市」，御覽卷八百二十七引「七」又作「九」。鮑改非。「七市」之「市」疑當作「巿」，字形極似易譌。説文「巿」字云：「韠也。上古衣蔽前而已，巿自象之。天子朱巿，諸侯赤巿，卿大夫葱衡。」毛公鼎銘云：「朱巿葱衡。」字亦作「芾」，詩小雅斯干篇：「朱芾斯皇，室家君王。」鄭箋云：「芾者，天子純朱，諸侯黄朱。」又通作「茀」，詩衛風碩人篇：「朱幩鑣鑣，翟茀以朝。」毛傳：「翟，翟車也。夫人以翟羽飾車。茀，蔽也。」鄭箋云：「言莊姜自近郊，既正衣服，乘是車馬，以入君之朝，皆用嫡夫人之正禮。」據此，「市」是天子、諸侯之服飾，亦是后、夫人之朝服。此言「宮中七市」，猶謂宮中服夫人之服者七人，內寵盛也。「市」代表夫人，乃修辭之替代格。左氏僖公十七年傳云：「齊侯（桓公）之夫人三，王姬、徐嬴、蔡姬，皆無子。齊侯好內，多內寵，內嬖如夫人者六人。」可爲此證。（如依御覽卷八百二十七作「九市」，更與左傳言合。）韓非子難二篇云：「昔者桓公宮中二市，婦閭二百，被髮而御婦人，得管仲，爲五伯長。」「七市」作「二市」，「二」字疑誤。「市」亦當作「市」。日本太田方韓非子翼毳云：「『二市』者，蓋宮中二處雜聚婦人，效市井交易之事，如漢靈帝列肆後宮即是也。」出於臆測，不足信。又初學記引策文作「齊國將亡，亦有妖乎？其一人曰：齊桓公宮中七市」，與今策不同，或是佚文。

〔一二〕吳師道云：「宮中爲七市，女閭此七百也。」安井衡云：「二十五家曰閭，七百爲一萬七千五百家，過多。七百，蓋人居閭者之數，非閭數也。」（按）「七市」辨已見上。女閭，吳解未明。鮑注（見上）又望文生訓。説文「閭」字訓「里門」下，又云：「閭，侣也，二十五家相羣侣也。」段注云：「『侣』當作『旅』。旅，衆也。」是「女閭」猶「女旅」，疑即女倡之類。荀子王霸篇云：「齊桓公閨門之內，懸樂奢泰，游抏之脩。」即謂此。

〔一三〕鮑彪云：「婦人謂『嫁』曰『歸』，『夫家』曰『家』。仲蓋三取女也。」中井積德云：「家，嫁之本字。三歸以嫡與姪娣爲三，諸侯之禮也。」（按）論語八佾篇：「管氏有三歸。」集解：「三歸者取三姓女也。婦人謂『嫁』曰『歸』。」鮑説據之。「三歸」之解有多説，或以爲臺名（朱熹集注。横田惟孝正解從之），或以爲地名（翟灝考異、梁玉繩瞥記），或以爲家有三處（俞樾羣經平議），或以爲三牲（「歸」與「饋」通，包慎言温故録），或以爲藏貨財之所（武億羣經義證），或以爲賦税之卒（韓非子外儲説左下郭嵩燾注）。然按之此策，上言「宮中七市，女閭七百」，則以鮑氏「取三姓女」説爲合。又説苑善説篇作「故管仲故築三歸之臺，以自傷於民」（朱熹論語集注以三歸爲臺名，即據此）。以「三歸」爲臺，蕭穆敬孚類稿卷一管氏有三歸説辨曰：「國策記周文君事，蓋因子罕、管仲同掩君過，連類不察，遂以三歸繫於築臺之下，誤爲臺名。」

〔一三〕鮑彪云：「管仲爲此，人皆毀之。仲非樂於毀也，其意欲掩蓋桓公耳。一説仲欲掩公之非，寧自毀也。」于鬯云：「按（太平御覽）資産覽引作『以掩桓公之非也』，似讀至『非』字句，與鮑一説合。然此自當於『公』字句。竊謂『也』當讀爲『邪』。王引之釋詞云：『也、邪二字，聲本相近。』説苑言以自傷於民，此云非自傷於民邪，語有正反，其意一也。」〔按〕太平御覽卷二百五十七引作「以掩桓公之罪」。

〔一四〕〔按〕春秋經記弑君事凡二十五條（詳見顧棟高春秋大事表），此言以百數者，誇大之辭。淮南子主術訓云：「春秋二百四十二年，亡國五十二，弑君三十六。」所記又不同。韓非子外儲説右上篇：「子夏曰：春秋之記臣殺君子殺父者以十數矣，皆非一日之積也，有漸而以至矣。凡姦者行久而成積，積成而力多，力多而能殺，故明主蚤絶之。」與此文義相近，惟「百數」作「十數」。

〔一五〕金正煒云：「『見』當作『得』，古書作『㝵』，因誤爲『見』。趙策『踰年歷歲，未得一城』，今誤『得』爲『見』。吕覽首時篇『聖人之得時』，今誤爲『見時』。下文『故大臣得譽，非國家之美也』，正作『得譽』。」〔按〕金説有理，但此文「見」字自通。詩鄭風褰裳序疏云：「『見』者自彼加己之辭。」「見譽」猶「被譽」，不必改字。

〔一六〕鮑彪云：「彪謂此言掩君之非可耳。而齒見譽者於弑（吴師道本誤作殺，今從明刊鮑注本）君之列，則後世名卿賢相，何道而可以安於朝廷之上？不仁哉，此言也！」吴師道云：「漢高帝繫治，蕭何曰『吾聞李斯相秦，有善歸主，有惡自與』云云。王衛尉曰：『秦以不聞其過亡天下，李斯之分過，又何足法哉！』」〔按〕葉適習學記言云：「古今固無人臣自賢以貶其君而可以致治，然亦無自毀以成其君而可以不亂者。……談客妄論，能使人心術下移，不可不審觀也。」

〔一七〕盧本「彊」譌作「疆」。景宋本同此不譌。鮑彪云：「言師藉之得衆。」〔按〕「庶」猶衆也，見淮南子主術訓高注。

〔一八〕鮑本「成」作「如」。

〔一九〕鮑彪云：「卒相倉也。」黄震云：「説者倉客也，故明藉之收譽，與倉之收謗，以堅相倉之心，故卒相倉也。」張尚瑗云：「不免工師藉，仍與吕倉並相也。」〔按〕相吕倉者據上章而知之。

12　温人之周

温人之周〔一〕，周不納。（問曰）「客即（耶）〔二〕？」對曰：「主人也〔三〕。」問其巷〔四〕而不知也，吏因囚〔五〕之。

君使人問之曰：「子非周人，而自謂非客，何也？」對曰：「臣少而誦詩。詩曰：『普天之下，莫非王土。率土之濱，莫非王臣〔六〕。』今周君天下〔七〕，則我天子之臣，而又爲客哉〔八〕？故曰主人。」君乃使吏出之〔九〕。

【箋證】

〔一〕鮑彪云：「温時爲西邑，綦母恢請之也。」吴師道云：「西周得温囿耳。」〔按〕鮑注據西周策犀武敗於伊闕章，但彼策謂是温囿，故吴氏正之。考左氏傳隱公十一年：「（桓）王與鄭人蘇忿生之田，温、原、絺、樊、隰郕、攢茅、向、盟、州、陘、隤、懷。」僖公二十五年襄王與晉文公「陽樊、温、原、攢茅之田」。是温地周始與鄭，繼又歸周，故得再與晉。高士奇春秋地名考略云：「晉受温邑，以狐溱爲温大夫。襄公以予陽處父，景公以予郤至。平公以賜宋樂大心，韓宣子以州地易得之。中間又嘗屬趙氏。……戰國時屬魏。史記魏世家『昭王十年齊滅宋，宋王死我温』，『安釐王十年，秦軍大梁下，予秦温以和』。漢於此置温縣，屬河内郡。」據此，温地當時正屬魏國，與下文「子非周人」語相合，鮑注誤。

〔二〕原本無「問曰」二字，「耶」作「即」。姚宏云：「一本『周不内，問曰：客耶？對曰。』韓非子文與一本同。」横田本從一本。王念孫云：「一本是也。俗書『邪』字作『耶』，『卽』字作『即』，二形相近，故『邪』譌爲『即』，又脱去『問曰』二字耳。『問曰客邪』與『對曰主人也』相對爲文。若無『問曰』二字，則『對』字之義不可通。」〔按〕王説是也，今從一本補正。

〔三〕鮑彪云：「矯稱東人。」

〔四〕吴師道云：「韓非子作『巷人』。」

〔五〕〔按〕爾雅釋言：「『囚』，拘也。」

〔六〕鮑彪云：「小雅北山詩。普，遍；率，從也。」〔按〕今詩「普」作「溥」。

〔七〕中井積德云：「是時王在東周，故其言如此。天子，指周王也。王若在西周者，則此宜作西周策。」〔按〕此策當在赧王遷都之前，亦明東周之非爲罪也。漢書西域傳：「塞王南君罽賓。」注：「君者，謂爲之君也。」

〔八〕〔按〕「哉」字乃反詰之詞。「而」猶「乃」。經傳釋詞云：「『乃』與『而』對言之則異，散言之則同。」此句猶言：「乃又爲客邪？」韓非子此上有「豈有爲人之臣」句。

〔九〕〔按〕謂出之於獄。亦見韓非子説林上篇。

13　或爲周冣謂金投

或爲周最(冣)〔一〕謂金投〔二〕曰：「秦以周最(冣)之齊疑天下〔三〕，而又知趙之難子(予)〔四〕齊人戰，恐〔五〕齊、韓(趙)〔六〕之合，必先合於秦(齊)〔七〕。秦、齊合，則公之國虛〔八〕矣。公不如救(收)齊〔九〕，因佐秦而伐韓、魏。上黨〔一〇〕、長子〔一一〕，趙之有已〔一二〕。公東(西)〔一三〕收寶於秦〔一四〕，南取地於韓、魏，因以因徐爲之東〔一五〕，則有合矣〔一六〕。」

〔箋證〕

〔一〕〔按〕「最」當作「冣」，說見上。下同，不重述。

〔二〕鮑彪云：「(金投)蓋趙人之不善齊者。」鍾鳳年云：「『爲』字應讀去聲。此章非或代周冣說金投，乃或因周冣之齊，將不利於秦，代秦而說之也，故所言均作袒秦口吻。」〔按〕此策於齊亦有利，則或人乃爲周冣以說趙，並無不合。鍾說迂曲，且於國策文例亦不合，疑非。

〔三〕鮑彪云：「周使冣之齊，秦以此疑周、齊與天下合而謀己。」吳師道云：「無考。」〔按〕鮑氏以周冣爲周之公子，故發此說。但戰國之時，游士之仕於異國者極多，周冣之齊，固不能必其爲周使之也，鮑亦出於臆度耳。疑天下，疑諸國合從謀己。魏策四周冣入齊秦王怒章謂周冣自魏入齊，不審是否即此事。

〔四〕鮑彪讀「子」字句，云「不敢違投」，以「子」爲「金投」。姚宏云：「曾本作『予』，集本改作『予』。劉作『子』。」王念孫云：「按作『予』者是也。『而又知趙之難予齊人戰』爲句，『恐齊、韓之合』爲句。『予』讀爲『與』（自注：「與共之」，「與」通作「予」，猶「賜予」之「予」通作「與」）。下文曰『秦知趙之難與齊戰也，將恐齊、趙之合也』，是其明證矣。鮑說皆謬。」關修齡云：「據後謂投爲公，此『子』字當作『與』，蓋謂秦又知趙畏難與齊人戰。」安井衡云：「作『予』是也。『予』讀爲『與』。」于鬯云：「按魏策：魏王謂秦王曰：『大國欲急兵，則趣趙而已。』鮑云：『急兵伐齊。』是秦伐齊，欲趣趙同伐，故下策謂金投曰：『負全秦與强齊戰。』鮑讀此『子』字句，下『恐』字句，所注都非。」金正煒同前說，云：「『予』與『與』通。方言十三：『埤，予也。』注：『「予」猶「與」。』又一切經音義引三蒼解詁：『「予」亦「與」字』。」〔按〕「子」與「予」形近而誤，今從正。鮑注並因誤讀而謬。

〔五〕鮑彪讀「恐」字句，云：「秦既疑齊，投又不善齊，故齊懼伐。」所解牽强難通，顯誤。辨見上。

〔六〕鮑彪云：「（齊）下衍『韓』字。」吴師道云：「疑衍。」黄丕烈云：「此不衍，謂秦恐齊、韓之合也。下文云『必先合於秦』者，必先合齊於秦也。故下文即云秦、齊合。鮑誤以『恐』字屬上句讀，所解全謬。吴氏依之，亦非。」横田惟孝云：「爲周冣謂魏王章曰：『秦知趙之難與齊戰也，將恐齊、趙之合也，必陰勁之。』……『韓』當作『趙』，『合於秦』當作『合於齊』。」于鬯、金正煒、鍾鳳年並謂「韓」當作「趙」，今從之。

〔七〕黄丕烈謂「（合於秦）合齊於秦也。」横田惟孝謂「秦」當作「齊」（並見上）。鍾鳳年云：「『秦』應作『齊』，因上文『疑天下』之『疑』，『而又知』之『知』，『恐齊趙』之『恐』，乃俱以秦爲主體，言秦疑之，秦恐之也。而此句之『合』字，仍承上文相銜而下，亦以秦爲主體，言秦將合於某國者也。若如原文，豈不爲秦合於秦，尚復成何文理？可見『秦』必作『齊』，方合。黄氏札記……亦昧於主體而强爲之辭耳。」〔按〕「秦」下疑脱「齊」字。原文作「必先合於秦、齊，秦、齊合」，秦、齊重文，古鈔本常寫作「秦秦齊齊」，因脱去「齊」字重文而作「秦秦齊」遂不可通。「合於秦、齊」與「秦、齊合」正相承接，亦與以秦爲主體相合。如謂「秦」字與上文「秦以周冣之齊疑天下」之「秦」重複，則古人行文質樸，固不嫌避。且「秦、齊」與上「齊、趙」相應，正須特出，不必避複。今姑從横田等説校「秦」爲「齊」，並著愚見如上。

〔八〕鮑彪云：「言趙必破而爲墟。墟、虚字同，大丘也。」〔按〕秦策四物至而反章「虚桃人」，高注：「虚，空也。」

〔九〕金正煒云：「『救』當爲『收』字之譌也。爲周冣謂魏王章『王不去周冣，合與收齊』，此亦其義。齊先合，故收齊即可因以佐秦。」鍾鳳年云：「『救』字蓋『攻』字之譌。因上文既言『秦知趙之難予齊戰』，是齊甚强，初無待人援。且秦緣恐齊、趙相合，始争先欲合於齊，若今更令趙救之，豈非反促二國以自樹敵，而義與上文相迕，故『救』字必譌。此乃説者至是方露出真意，言趙若畏秦、齊之合，則無如攻齊以釋秦疑。」〔按〕「救」字於義不合，必有誤。金、鍾二氏改「救」爲「收」或「攻」，參稽各章，金説爲長，今從之。

〔一〇〕顧觀光云：「趙有上黨，而韓、魏亦並有上黨。……東周策周冣謂金投曰：『秦盡韓、魏之上黨、太原而止。』秦策蘇代獻書穰侯曰：『秦有安邑，則韓、魏必無上黨哉。』趙策蘇秦説趙王曰：『秦盡韓、魏之上黨，則地與國都邦屬而壤挈者七百里。』皆兼韓、魏言之也。……史記正義曰：『秦上黨郡，今澤、潞、儀、沁四州之地兼相州之半，韓總有之。至七國時，趙得儀、沁二州之地，韓猶有潞州及澤州之半，半屬趙、魏。』然則三國之上黨地，趙最大，韓次之，魏最小也。」于鬯説同。

〔一一〕鮑彪云：「（長子）屬上黨，蓋（鮑單行本「蓋」作「並」）韓地。」顧觀光云：「趙世家：『成侯五年，韓與我長子。』而水經注引竹書紀年云：『梁惠成王十二年，鄭取屯留、尚子。』（當趙成侯十六年）尚子即長子，是其地亦不入於韓矣。故東周策或謂金投曰云：『屯留、長子、漢志並屬上黨。』」

〔一二〕鮑彪云：「三國有秦兵，故趙得取其邊地。」

〔一三〕張琦云：「『東』當作『西』。」（横田惟孝、安井衡、金正煒、鍾鳳年説同。）〔按〕秦在趙西，「東」當作「西」，今從諸家説改。但此句究不審譌在「東」字或「秦」字，説見下。

〔一四〕鮑彪云：「佐秦故。」姚範云：「『秦』疑『齊』。」〔按〕姚説蓋因上文「救齊」及此句「東」字故云然，可備一説。今既從他家説改「救」爲「收」，改「東」爲「西」，「秦」字仍舊。

〔一五〕鮑本下「因」字作「困」（盧本從之，景宋本作「因」），讀作「魏因以困，徐爲之東」，注云：「韓、魏脣齒之國故也。『爲』猶『謀』也。東，謂齊。」于鬯云：「趙世家『韓徐爲將攻齊』，在惠文十三年，則即此年也。彼注家略未著説。徐爲疑人姓名，豈韓人而爲趙將邪？亦安見韓之不與於是役也？不載於韓世家，故見於趙世家，史記自有此例。魏策言『三晉之吏有韓餘爲』。又云：『奉陽君韓餘爲既和矣。』『餘』、『徐』聲諧，韓餘爲即韓徐爲。又趙策云：『善韓徐以爲上交。』燕策蘇代爲昭王稱韓爲謂臣云云。韓徐、韓爲或亦並爲韓徐爲之省稱。此言徐爲之東，正指其將攻齊。言徐爲攻齊而金投救齊，是困之也。」金正煒謂「因」字乃「泗」字脱爲半字而譌，因「徐」當作「泗徐」，蓋謂齊。鍾鳳年以「因」爲「國」字之譌，「言趙漸及於東方也」。〔按〕于説是也。馬王堆漢墓帛書戰國縱横家書有「徐爲」，見於第一、二、三、四、七、八、十一、十二、十四諸章。或作韓徐爲、韓徐、韓爲、餘爲，實一人也。徐爲，韓人爲趙將，與趙奉陽君李兑同時，曾與于五國伐秦之役，與此文之年代當相應。因以因，首「因」字疑衍。徐爲之東，東謂齊，但不詳其爲趙遣或韓遣。

〔一六〕鮑彪云：「齊合趙也。……冣時相齊，慮有趙患，故爲冣謀者移（景元刊吴本「移」作「侈」，疑形誤，此據鮑單行本改）之韓、魏也。」金正煒云：「『有』字當爲『肖』，『肖』即『趙』之缺損。劉向叙所云『以「趙」爲「肖」』也。『合』亦『全』字之譌。」〔按〕「有」字如原本作「肖」，劉向已知其譌，不應不改，金説未是。「合」字義通，亦不必改。此與下策周冣謂金投曰章、爲周冣謂魏王曰章、謂周冣曰章、魏策四周冣入齊章宜參看。

14 周冣謂金投

周最(冣)謂金投曰〔一〕：「公負〔二〕令(合)〔三〕秦與强齊戰。戰勝〔四〕，秦且收齊而封之〔五〕，使無多割〔六〕，而聽天下之戰〔七〕。不勝，國大傷〔八〕，不得不聽秦。秦盡韓、魏之上黨〔九〕、太原〔一〇〕，西止〔一一〕，秦之有已〔一二〕。秦地天下之半也，制齊、楚、三晉之命〔一三〕，復〔一四〕國且身危〔一五〕。是何計之道也〔一六〕？」

〔箋證〕

〔一〕此策原連上章，今從鮑本别提。

〔二〕鮑彪云：「『負』猶『失』也，其失在此。」吴師道云：「『負』，『恃』也。」〔按〕吴説是。秦策一秦惠王謂寒泉子章「趙固負其衆」，高注：「負，恃也。」

〔三〕姚宏云：「(令)錢、劉作『全』。」吴師道云：「『令』字疑『合』。」鍾鳳年云：「此蓋草書『合』字之譌。……下文蘇厲爲周最謂蘇秦曰章『是君以合齊與强楚争』之語，與此語義正同，亦可藉爲『令』宜作『合』之證。」〔按〕吴、鍾説是，合秦謂合於秦，今從之。

〔四〕鮑彪云：「勝齊。」

〔五〕鮑彪云：「封，謂疆理之。」金正煒云：「『封』疑爲『劲』。『劲』誤爲『剄』，因致誤『封』。」〔按〕金説欠通，齊已戰敗，秦豈願使其勁强。鮑注亦於文義不合。國語晉語：「引黨以封己。」韋昭注：「封，厚也。」此謂秦欲收買齊國而厚待之。

〔六〕鮑彪云：「割，謂出地。」金正煒云：「恐益趙也。」

〔七〕鮑彪云：「諸國求地於齊，齊不多割，則必戰。此秦弱齊之計。」吴師道云：「此秦制齊之命。」金正煒讀作「而聽天下，之戰不勝」，云：「『聽』當作『德』，涉下文『聽秦』而誤。當時之言天下，多謂山東諸國，如上文所云『秦以周最之齊疑天下』是也。之戰不勝，『之』猶『若』也。」韋昭注晉語：「『若，之也。』則『之』亦可訓爲『若』，亦見王引之經傳釋詞。」〔按〕鮑注似迂折。吕氏春秋至忠篇「非賢主其孰能聽之」，高注：「聽，受也。」聽天下之戰，猶受天下之攻。金説亦通，但「之」作「若」訓，用於句首者，其例較鮮，故仍依舊讀。

〔八〕鮑彪云：「趙傷也。」吴師道云：「趙恃合於秦以與齊戰，不勝則國大傷而聽命於秦矣。」

〔九〕張琦云：「『上黨』句絶。」

〔一〇〕鮑彪云：「（太原）魏地，後（鮑單行本「後」作「從」，形近誤。）爲秦郡。」張琦云：「太原西土，趙地。秦盡上黨，則趙自太原以西，亦不能守。」程恩澤云：「按太原，趙地，即晉陽也。言秦誠得韓、魏之上黨，則趙之太原以西亦當爲秦有，故曰制三晉之命。鮑以爲魏地，非是。」〔按〕鮑以太原與上黨連讀，故誤爲魏地。太原在今山西省太原市。

〔一一〕姚宏云：「（西）曾、錢、集作『西』，錢一作『而』。」鮑本「止」改作「土」。黄丕烈云：「此有誤，但所改未是。」安井衡以錢本作「而止」爲是。于鬯云：「策言太原西止，則當不但晉陽。或爲西止，別一地名，亦未可知。上策言『上黨、長子，趙之有已』，與此言『太原西止，秦之有已』句法正同。或云：『西止』當乙作『止西』，『止』讀爲『之』。『太原之西，秦之有已』，與趙策『勾注之西，王之有也』句法亦同例。」金正煒同于或説，亦以『止』當作『之』，篆文相似而誤」，又「誤乙於下」。〔按〕「西止」乃「之西」倒誤之説似是。

〔一二〕鮑彪云：「秦之所難者齊也，已收齊，則韓、魏不守。」〔按〕鮑氏誤以太原屬魏，故所解多謬。此參上釋可知。

〔一三〕鮑彪云：「趙以大傷，故亦見制。」〔按〕三晉謂韓、魏及趙，並出於晉，故稱三晉。

〔一四〕鮑本改「復」作「覆」。吳師道云：「『覆』通『復』。」〔按〕「復」、「覆」字本相通，不須改字。

〔一五〕鮑彪云：「覆，如覆器然。國，趙也。身謂投。」

〔一六〕景宋本「是」誤作「足」。鮑彪云：「言非計。」吳曾祺云：「謂其計不足道也。」〔按〕吳説添文生義，非是。「道」當作「逪」，形近而誤。廣雅釋詁云：「逪，偝也。」王念孫疏證云：「逪，經傳通作『錯』。」「也」讀如「邪」。此猶言是何計之乖邪。

〔附論〕

鮑彪云：「此策最爲齊使趙拒秦也。」

〔按〕此與上策或爲齊説金投，而内容間有出入。疑是同爲一事，中書傳本有異辭，故劉向列次於後。此例國策中時有之，後人强求通解，徒滋糾纏，今多從略。

15 石行秦謂大梁造

石行秦〔一〕謂大梁造〔二〕曰：「欲決霸王之名，不如備〔三〕兩周辯知之士。」

謂周君曰〔四〕：「君不如令辯知之士爲君爭於秦〔五〕。」

〔箋證〕

〔一〕姚宏云：「劉本(石行秦)作『右行楚』。」吳曾祺本從劉本作「右行楚」。　鮑彪云：「周人。」　吳師道云：「無考。一本『石』作『右』。右行，秦官也。」吳汝綸云：「右行者，注題前事而後脱缺也。秦者，蘇秦也。史作蘇代。」于鬯云：「作『右』作『楚』，並恐非是。『秦謂』二字蓋倒。」金正煒云：「按左氏成十八年傳：『右行辛爲司空。』注：『辛將右行，因以爲氏。』則亦不必秦官。惟與『大粱造』對舉，似以吳説爲近。」　鍾鳳年主作「右行」。〔按〕諸説難定，似以于説較長。吳汝綸説太憑臆度，且史記作蘇代者，乃下謂薛公章，與此文無涉，姚本雖連爲一章，但義不相屬，自當從鮑本分提。吳評本亦分二章。不能爲據，非是。

〔二〕姚宏云：「商子作『大粱造』。」　鮑彪云：「秦爵，『粱』作『良』。秦孝十年衛鞅，惠文五年公孫衍，昭襄十五年白起，皆爲之。此蓋起也。」　吳師道云：「無考。」〔按〕鮑説據史記秦本紀。漢書百官公卿表稱秦爵有少上造、大上造。沈欽韓云：「大上造，即史記之大良造。」姚注「大粱造」與正文無殊，「粱」當「良」之誤。商君書內境篇正作「大良造」，可證。

〔三〕鮑彪云：「備，謹待之。」　闕修齡云：「蓋辯士將敗伯王之名，宜拒絶具説而不聽，故曰備也。」〔按〕戰國時蘇秦兄弟、甯越、杜赫、周冣、齊明等並爲周人，有名當世，見於國策、呂氏春秋、史記諸書。是兩周多辯知之士，故言然。淮南子修務訓「遂爲天下備」，高注云：「備，猶用也。」此説大粱造用周士，下文「君不如令辯知之士爲君爭於秦」可證。鮑訓未允。闕説尤謬。

〔四〕鮑彪云：「行秦謂之。」〔按〕鮑以石行秦爲人名。此説士後游説周君也。

〔五〕鮑彪云：「秦欲卑周，爭者爭此也。既謹待之，則爭必得矣。」〔按〕鮑説迂折難通。「爭」疑當作「事」，形近而誤。此疑是説者欲用於秦，故兩方游説以求自達，所謂辯知之士，殆自指也。

16 謂薛公曰

謂薛公曰：〔一〕「周最（冣）於齊王〔二〕也而逐之〔三〕，聽祝弗〔四〕相呂禮者，欲取秦〔五〕。秦〔六〕、齊合，弗與禮重矣〔七〕。有周（用）〔八〕齊〔九〕，秦必輕君。君弗如急北兵，趨趙以秦、魏〔一〇〕，收周最（冣）以爲後行〔一一〕，且反齊王之信〔一二〕，又禁天下之率〔一三〕。齊無秦，天下果（集），弗必走〔一四〕，齊王誰與爲其國〔一五〕？」

〔箋證〕

〔一〕此策原本連上章，姚宏云：「劉本題『謂』字。」鮑本亦提行，今從之。盧本「公」譌作「君」。薛公即齊孟嘗君田文，見西周策薛公以齊爲韓魏章。

〔二〕鮑本、吳本、盧本「王」下有「厚」字。黄丕烈云：「有者當是。」〔按〕史記孟嘗君傳作「周最於齊至厚也」。策文與史記雖異，其義則一，不必有「厚」字。「於」、「與」通用，見吳昌瑩經詞衍釋。論語先進篇「吾與點也」，與此「於」字同義。此謂「周最與齊王也」，意即周最與齊王相厚。故呂氏春秋不侵篇「而猶以人之於已也爲念」，高注云：「『於』猶『厚』也。」黄説未諦。齊王據孟嘗君傳爲湣王。

〔三〕吳師道云：「史『秦亡將呂禮相齊，欲困蘇代，代乃謂云云。』」

〔四〕姚宏云：「史記（祝弗）作『親弗』。注云，人姓名。索隱引戰國策作『祝弗』，蓋『祝』爲得也。」吳師道云：「一本『況弗』。」（黄丕烈云：「鮑本當不作『祝弗』，故吴校如此。」按明刊鮑單注本及吴本正文皆作「祝弗」，吴云「一本」者當别是一本。黄氏未檢鮑單注本，妄生揣測，未然。）〔按〕聽謂聽從。

〔五〕鮑本「秦」下補「也」字，蓋據史記。盧本亦有「也」字，乃從鮑補。 横田惟孝云：「言齊逐最而相禮者，欲因禮以取秦之交也。」〔按〕秦策三薛公爲魏謂魏冉章云：「文聞秦王欲以吕禮收齊，以濟天下。」可與此語相證。

〔六〕鮑本原無「秦」字，據史記補。 吴師道云：「言齊合則秦自見，省文爾。下章齊合亦然。」又引一本同姚本。

〔七〕鮑彪云：「『與』猶『如』也。言二國合，則齊所重無如禮者。」 吴師道云：「史：『親弗與吕禮重矣。』言二國合則二人重。策：『齊合，弗與禮重矣。』言齊與秦合，則一（按依文義，「一」疑「二」之誤）人重於齊。視史語簡而勝。」〔按〕吴説是。鮑氏解「弗與」爲「無如」，誤。

〔八〕鮑單行本無「周」字，「有」字下注曰：「下衍『周』字。」 吴師道云：「史作『用』。」〔按〕「周」與「用」形近而誤，今從史記作「用」。

〔九〕吴師道云：「有用齊者，言二子用齊。」〔按〕謂有見用於齊者。

〔一〇〕鮑彪於「趨趙」下云：「亦與趙攻秦。」於「秦、魏」下云：「能左右之曰『以』。『以』猶『使』。」 吴師道云：「從史『以』下有『和』字，是。急北兵，讀；秦、魏，句。是時秦怒齊，齊、趙交惡，秦欲合魏。前章魏貴合秦以攻齊，趙難與齊戰；下章齊合則趙恐伐（按上章即下策謂周冣曰魏王章，下章即下策爲周冣謂魏王章。吴氏所據爲鮑本，編次先後不同，故云然）。可見皆一時事也。秦、趙、魏合，爲攻齊也，故云『急北兵趨趙以和秦、魏』也。『趨』即『趣』，促也。謂不如急北方之兵促趙之應秦、魏，而相與以攻齊也。魏策『周最入齊，秦讓魏。魏謂秦曰：「大國欲急兵，則趨趙而已。」』『趨』即『趣』也，此語正同，雖時有後先，而事理不誤爾。 魏策載周最入（原本脱「入」字，今據魏策補）齊，知在後。史載此策在文謝病歸薛後。文從其計，而吕禮嫉害，文乃勸秦伐齊，吕禮亡。其後齊滅宋，文乃奔魏。且文在齊，豈敢召穰侯之兵哉？召秦伐齊，必文已(原本已誤作也，形近而誤，今正)去齊，而史失之也。此策云：『收周最，反齊王。』則亦文奔魏之後，召秦兵之前乎？」橫田惟孝謂：「(急北兵)急起齊北地之兵也。『以』猶『與』也。」于鬯云：「此當讀『秦』字句。急北兵趣趙以攻者攻秦，不必兼攻秦、魏，與『秦必輕君』句相應。秦輕文，故文攻秦以示重。此正與鮑義合。『魏收周最』者，最本逐於齊而之魏，故魏得收之。後策言最『不與伐齊者，産以忿強秦』，則文趣趙攻秦，最固足爲後援矣。故曰『魏收周最以爲後』也。至史載此策於文未奔魏前，實可信。」金正煒云：「『秦』當作『奏』。史記蕭相國世家索隱：『奏者趨向之也。』此策當是薛公在魏時事，故以趣趙奏魏説之。」〔按〕此文解者，諸説紛紜，讀句亦互殊。鮑讀作「君弗如急北兵趨趙，以秦、魏」，吳讀作「君弗如急北兵，趣趙以(和)秦、魏」，于讀作「君弗如急北兵趣趙以(攻)秦，魏收周最以爲後」。細繹文意，吳氏參稽史、策，其義較長，今從之。「急北兵」及「以」字，宜從橫田解。但吳氏謂此策乃「文奔魏之後」，恐非。文如已奔魏，秦尚何重於文？則與蘇代所云「有用齊，秦必輕君」語不侔矣。當從史記在文奔魏之前。大事記解題云：「孟嘗君若未去齊，豈敢召穰侯之兵乎？」以孟嘗君與穰侯書乃爲魏相時所遺，吳説實亦本之。

〔一一〕鮑彪云：「齊初逐最，欲取秦合也。今攻秦收最用之，可圖後舉。『行』猶『舉』。」吳師道云：「當從史無『爲』字，『後』作『厚』。行，下孟反。最本厚於齊，今齊逐之，故收最以厚其行。上文『厚』字同義。」〔按〕策與史異，義自可通，不必改字。國語吳語「無以行之」，韋昭注：「『行』猶『用』也。」此勸薛公收周最以爲後用。于鬯以「行」字屬下讀，謂「行且」即「且」，非。

〔一二〕鮑彪云：「齊前與秦合，今與趙攻之，信反也。」吳師道云：「齊用禮以合秦取信，今反之，使不合也。」金正煒云：「『且』爲『是』之誤。」〔按〕吳説爲長。史記亦作「且」，且有將義，文義自通。金説未是。

〔一三〕鮑彪云：「『率』猶『從』也。謂從齊。」吳師道云：「『率』，史作『變』。索隱云：『齊、秦合則弗、禮用，用則輕孟嘗。』二説皆通。」〔按〕下謂周冣曰魏王章云：「公不如謂魏王、薛公曰：『請爲王入齊，天下不能傷齊。而有變，臣請爲救之；無變，王遂伐之。』」似以「變」字爲長。但「率」字依鮑注亦通。

〔一四〕鮑彪以「果」、「弗」二字連讀，云：「『果』猶『決』也。走，去音，趨之也。言不趨齊。」吳師道云：「史『齊無秦，則天下集齊，祝弗必走』。此『果』字當從史作『集』。謂齊無秦合，而秦、趙、魏合，則天下之兵集於齊，祝弗必走。言弗而不及禮者，齊聽弗而相禮，弗走，禮不待言矣。」金正煒云：「『果』本作『某』，形似而譌。『某』者『謀』之缺損。趙策：『今之諸侯孰謀我。』……此言爲天下所謀也。楚兵在山南章『周君所以事吾得者器，必名曰謀』，錢、劉作『某』。……史作『集』，亦字之誤。」〔按〕「果」當從史記作「集」，但義則各殊。呂氏春秋慎行篇「其事已集矣」，高注云：「集，合也。」天下，指秦、趙、魏。此言齊失秦交，秦、趙、魏相合，則祝弗、呂禮必不能用於齊矣。金説改字，解又迂曲，非。

〔一五〕鮑彪云：「言必重文。」吳師道云：「以章參之史，可以互正。如弗乃祝弗名，易知，而注乃釋以他説，其誤甚矣。」〔按〕此章鮑注多譌，無怪吳氏譏之。然以舊注相承，間亦有可取者，因備載之。

17　齊聽祝弗

齊聽祝弗〔一〕，外周最（冣）。

謂齊王曰〔二〕：「逐周最（冣），聽祝弗相呂禮者，欲深取秦也〔三〕。秦得天下，則伐齊深矣〔四〕。夫〔五〕齊合則趙恐伐〔六〕，故急兵以示秦〔七〕。秦以趙攻（齊）〔八〕，與之齊伐趙〔九〕，其實同理〔一〇〕，必不處〔一一〕矣。故用祝弗，即天下之理也〔一二〕。」

【箋證】

〔一〕此章原本連上章，姚宏云：「劉本題起『齊』字。」鮑本亦別提行，今從之。

〔二〕鮑彪謂齊王是閔王。鍾鳳年云：「此與上章乃俱爲周最游説者。史於上章稱爲蘇代之辭，疑此亦彼説。」

〔三〕吳師道云：「『深取』之『深』，恐因下文衍。」金正煒云：「按深取，策文屢見，吳説非也。秦策『秦之深讎也』，注：『深，重也。』或爲『探』之譌。説文：『探，遠取之也。』……言闚探秦人之意以取合，於義亦通。」〔按〕上章作「欲取秦」，無「深」字，故吳以爲衍。但「深」乃表示程度之辭，深取秦，猶言深納交於秦，文義自通，不必衍。金氏或以爲「探」之譌，「探」與「取」同義，見爾雅釋詁。「探取」連用乃後起語，恐不合於此策；且又改字，未妥。

〔四〕鮑彪云：「秦得齊則益强，故能得天下。得天下，則亦不能存齊。」橫田惟孝云：「『齊深』之『深』，恐衍。」安井衡云：「秦得，句。謂秦得齊交也。言秦得齊交，天下疾之，其伐齊必深矣。下文天下之理也，覆此句。若謂秦得天下，下文天下之理不可通。」〔按〕得天下，謂秦得韓、魏與齊也。安井以「天下」二字屬下讀，恐非。公羊莊二十八年傳云：「春秋伐者爲客，見伐者爲主。」何休注：「伐人者爲客，讀伐，長言之，齊人語也；見伐者爲主，讀伐，短言之，齊人語也。」是伐因有主動被動之别而讀殊，此伐作主動詞用，讀長言之。謂秦侵齊更深。

〔五〕鮑本「夫」下補「秦」字，盧本從之。吳師道以此文「齊合」與上章「齊合」（按鮑本如此，姚本作「秦、齊合」）無「秦」字，同是省文（見上）。又謂：「此下云『急兵以示秦』，則無『秦』字尤明矣。」金正煒云：「『夫』字疑是『秦』之壞文。」〔按〕上文云「欲深取秦也。秦得天下」云云，則此雖無「秦」字，義亦自明。乃古書承上文而省之倒，吳說是。

〔六〕鮑彪云：「秦伐之。」〔按〕此「伐」乃「見伐」。恐秦、齊伐之，不必獨秦。據下文「與之齊伐趙」，不如謂齊伐之。

〔七〕鮑彪云：「趙兵攻齊。」金正煒云：「『示』字疑本作『市』，形聲並近而譌也。史記項羽紀：『以市於齊。』索隱引韋昭云：『市利於齊也。』劉氏云：『「市」猶「要」也。』」〔按〕「示」字不必改。秦策二醫扁鵲見秦武王章：「武王示之病。」高注：「示，語也。」此謂趙恐秦、齊合，故先出兵攻齊以告於秦。金改字非是。

〔八〕鮑彪云：「(攻)攻齊。」中井積德云：「(攻下)脱『齊』字。」金正煒云：「秦以趙攻下，疑遺『齊』字。」鍾鳳年云：「『攻』字下必有缺文。……按此與次語爲相對之文，言秦挑齊、趙互相攻伐，故二語之齊、趙字應爲互易之文。今次語既作『齊伐趙』，則首句必宜作『趙攻齊』，方相對稱。是攻下所脱即『齊』字。」〔按〕中井等説是，此與下句相對爲文，「齊」字不能省，今據補。

〔九〕鮑彪云：「『之』猶『趨』。」横田惟孝云：「『之』疑『合』誤。」中井積德云：「『之』當作『以』。國語魯語『若從君而走患』，韋解：『走，之也。』則『之』亦可訓『走』。『趨』與『走』義同。」〔按〕諸説並非。「與」者比較之詞，「與之」猶比之。左氏襄公二十一年傳：「人謂叔向曰：『子離於罪，其爲不知乎？』叔向曰：『與其死亡，若何？』」「與其死亡」即比之死亡。此謂秦視趙攻齊，比之齊伐趙，同於己有利，無有差異。

〔一〇〕鮑彪云：「以趙攻齊則得齊，趨齊受趙亦得趙，故其理同。」〔按〕鮑説是，唯「趨」字誤訓，説見上。

〔一一〕鮑彪云：「『處』猶『據』也。秦不據齊，理同。而獨不據齊，齊無兵而趙已出兵故也。」吴師道云：「(鮑)注難通，『處』義未詳。」金正煒云：「齊策：『猿獮猴錯木據水，則不若魚鼈。』注：『「據」猶「處」。』與此義得轉注。『不處』謂變動不居。」鍾鳳年云：「『處』字無解，恐是『據』字之譌。……左傳注云：『據，援也。』策言齊不援誰何也。」〔按〕鮑訓「處」爲「據」是也(「據」從「處」聲，「處」從「虍」聲。「處」字本作「処」，又作「處」，亦從「乇」聲。二字古音同部，例得通假），但所解不通。鍾引左傳注未詳何年文，字書羅列諸義，不見援義，是亦難以徵信。詩鄘風柏舟：「不可以據。」毛傳云：「據，依也。」此言必不可依賴也。謂趙攻齊，秦權衡利害相同，必不肯援齊也。

〔一二〕鮑彪云：「理在受兵於趙。」吴師道云：「言天下必將歸秦。」于鬯云：「理者事之所以然也。」金正煒云：「『即』字疑當爲『郄』。呂覽任地篇：『使其民而郄之。』注：『郄，遂之也。』禮記樂記：『理之不可易者。』注：『理猶「事」也。』俗書『郄』作『却』，因誤爲即。」〔按〕諸説未洽。「理」疑當作「利」，聲近又涉上理字而誤。「即」猶「則」。「天下」指山東諸侯（策常以天下稱山東諸國）。此謂齊聽祝弗，則趙、魏諸國之利。

18　蘇厲爲周冣謂蘇秦

蘇厲爲周最（冣）謂蘇秦〔一〕曰：「君不如令王〔二〕聽最（冣）以地合於魏，趙〔三〕故必怒〔四〕，合於齊〔五〕。是君以合〔六〕齊與强楚吏産子〔七〕。君若欲因最（冣）之事〔八〕，則合齊者君也，割地者最（冣）也〔九〕。」

〔箋證〕

〔一〕鮑本改「秦」作「子」。黄丕烈云：「此有誤，但所改未是。」〔按〕史記蘇厲游説諸侯在秦歿後，又策載周冣諸事亦與蘇秦不並時（燕策一：「燕王噲既立，蘇秦死於齊。」燕王噲立在周慎靚王元年）。策、史記蘇秦事年代多有牴迕，不可强合，各仍舊文可也。

〔二〕鮑彪云：「君，謂蘇子。王，周君也，此時與赧俱王，其稱公，後避秦也。」吴師道斥鮑説云：「尤繆。」金正煒云：「按此策當爲蘇厲周在齊時事，王，謂齊王也。最自魏復齊，其時或有楚釁，故説齊王以地合於魏。」鍾鳳年云：「此章似非周事，殆緣文義含渾難辨，而蘇厲等又適盡爲周人，或遂姑入之此策耳。今依諸語度之，結尾『則合齊者君也，割地者最也』二語，必與上『趙故必怒，合於齊』之文相關而爲應語。而『趙故必怒』云云，又爲自首句『君不如令王聽最以地合於魏』而生者。言趙因激於蘇秦主從周最割地合魏之説，必怒而轉以最欲合魏之地割而合於齊，即不啻蘇秦爲趙合齊，而割地之咎則周最尸之。故首句『王』字乃指趙王。」〔按〕「王」決非周君，但如爲趙王，則與下文「趙故必怒合於齊」語不相應。鍾説亦牽强難通。此「王」字似以指齊王爲是，但不必在周最自魏復齊時。此蓋固承上議合齊、趙事而次於東周爾。鮑以「王」爲東周君與赧王俱稱王，大謬。

〔三〕鮑讀「趙」字爲句，因釋下句「故必怒」云：「稱故者特爲之。怒，蘇子怒最。」並非。

〔四〕姚宏云：「怒，一作『恐』。」金正煒云：「『怒』當爲『恐』之譌也。齊、魏合則趙恐，故必恐而亟合於齊矣。」

〔按〕此難定。

〔五〕鮑彪云：「怒最而反其所合。」〔按〕此謂趙合於齊。鮑誤以「趙」字上屬，故所解未是。

〔六〕姚宏云：「（以合）一作『全以』。」（疑「全以」二字誤倒。）

〔七〕鮑彪云：「時齊與楚善，合齊則得與楚爲與國，可至再世。産子，言易世也。與，黨與也。」吴師道云：「劉辰翁云：『「吏」字當作「更」，平聲。』」横田惟孝云：「『吏産子』疑當作『更贊君』。贊，助也。」安井衡云：「與强楚吏産子，謂相與久居官。」于鬯云：「按句有誤，『楚』當作『趙』。大意似謂齊可得趙地耳。『産子』或是地名，猶長子、房子之比。……又史陳涉世家有『産子』字。」金正煒云：「『合齊』當從一本作『全齊』。不出地而得與國，故曰全齊。『與』猶『當』也。秦策：『以此與天下，不足兼而有也。』與此義同。」又以下「君」字屬上讀云：「吏産子君，句義不可通，疑當作事産於君。古書『事』作『叓』，與『吏』相似而誤。『子』亦『于』字之譌，『于』與『於』同。『君』字當屬上爲句，言以全齊當楚，事産於蘇子。」鍾鳳年云：「『吏』字甚無解，殆由古文『争』字而訛。古原作『事』，與今文『事』字僅微異。而古『事』字作『叓』，又極近今文『吏』字。此蓋於是書作古文時，人誤以事爲事，……遂妄改而作吏。及易今文，因又誤爲吏矣。『産子』二字不詳，疑是地名。」〔按〕此句有誤，疑「吏産子」三字爲他簡之文錯入者。諸説皆未愜當，姑存之備考。史記陳涉世家：「秦令少府章邯免酈山徒、人奴産子生。」集解引服虔曰：「家人之産奴也。」索隱：「按漢書無『生』字。小顏云『猶今言家産奴也』。」雖「産子」相同，但與此文義不合。

〔八〕鮑彪云：「與最同合魏、趙，此厲本謀也，前皆游辭耳。故爲，爲周最。」金正煒云：「『因最』當作『困最』。最割地而秦全齊，則最之事困矣。鮑注並失其義。」〔按〕鮑注不誤，惟誤以魏爲趙、魏耳。金説未得。「因最之事」，即上「聽最以地合於魏」。「因」若作「困」，則與爲周冣之義不侔。

〔九〕吴師道云：「最欲合趙、魏，而蘇秦欲合齊。厲爲最故，言若不廢最之事，則君合齊而最合趙、魏也。」〔按〕吴沿鮑誤。此謂使趙合於齊者君也，而割齊地與魏者冣也。此乃陰爲周冣成事而外爲蘇秦邀功之辭，故説易得入。

19　謂周冣曰仇赫

謂周最（冣）曰〔一〕：「仇赫〔二〕之相宋，將以觀秦之應趙、宋，敗三國〔三〕。三國不敗，將興(與)〔四〕趙、宋合於東方〔五〕以孤秦。(秦)亦〔六〕將觀韓、魏之於齊也，不固，則將與宋敗三國〔七〕；則賣〔八〕趙〔九〕、宋於三國〔一〇〕。公何不令人謂韓、魏之王〔一一〕曰：『欲秦、趙之相賣乎〔一二〕？何不合(令)〔一三〕周最(冣)兼相〔一四〕，視之不可離〔一五〕？則秦、趙必相賣以合於王也。』」

【箋證】

〔一〕于鬯云：「奚世榦云：『此章及下章皆蒙上章蘇厲爲周最謂蘇秦，均屬蘇厲之言也。國策之例蓋如此，凡云謂某説某爲某者，皆蒙上章之人也。作或謂或説者，不盡此例，然亦有蒙上者。此蓋唐以前人皆知之，故李善文選注引秦策説秦王章以爲頓子説秦王，是蒙上秦王欲見頓弱章也；又引楚策或謂楚王章以爲唐且謂楚王語，是蒙上唐且見春申君也；又引趙策説張相國章以爲魯連説張相國，是蒙上秦圍趙之邯鄲章魯連語也；皆其例矣。鮑氏不明此例，故其西周策謂齊王章注曰：凡言謂言爲而不人，失之也。』按如其説則如東周與西周戰策爲東周謂韓王者，豈趙累邪？然彼上章雖趙累語，而云『君謂景翠曰』，則使東周君説景翠也。若曰爲東周君，則曰『爲東周』，必不可通矣。又如楚攻雍氏策爲周謂楚王者，豈史黶邪？……要此例自有，而謂全策通例如此，殊不可通。即唐人所引，安見即可據？」〔按〕黄式三周季編略以此爲秦客謂周最。奚氏所説之例，于氏已斥其未然。其實唐人所引多有不合者，此例不縷舉矣。

〔二〕姚宏云：「(仇赫)史記『机郝』。」吳師道云：「『赫』一本作『郝』。」〔按〕趙策四：「魏敗楚於陘山，禽唐明，楚王懼，令昭應奉太子以委和於薛公。主父欲敗之，乃結秦連楚、宋之交，令仇郝相宋，樓緩相秦。」是仇赫相宋乃趙所使，故下言「趙、宋」。史記秦本紀昭王八年：「齊使章子，魏使公孫喜，韓使暴鳶共攻楚方城，取唐眛。」唐眛即唐明，魏敗楚於陘山事指此，爲周赧王十六年（前二九九）。又昭王十年，「樓緩爲丞相」。當赧王十八年（前二九七），仇赫相宋當亦在此時。顧觀光編年次此策於赧王十七年，黄式三周季編略次於十八年，殆是。机郝見趙策三趙使机郝之秦章，今史記無之。趙世家：「武靈王二十年，使樓緩之秦，仇液之韓。」仇液當即机郝。此云「之韓」，或是先使之韓而後使相宋，猶趙策亦言使之秦也。武靈王二十年當周赧王九年（前三〇六），其時魏尚未敗楚。史記「机郝」之「机」疑「杌」字之譌。「仇」、「杌」並從「九」聲，可通用。

〔三〕鮑彪云：「（三國）韓、魏、齊也。魏紀哀二十一年，『與韓、齊敗秦函谷』。蓋此時秦欲敗之，反爲所敗也。赧十八年。」吴師道云：「『哀』當作『襄』，下同。『十八』當作『十七』，年表文，大事記從之。」〔按〕史記魏襄王並誤作「哀王」，前人已論之，故吴氏改作「襄」。魏世家、六國表此事並在赧王十七年，大事記同，吴據正之。但從此句語氣觀之，當在三國敗秦之前，否則不應作「敗三國」，三國不敗將輿（與）趙、宋云云未定之辭。然則此策應在赧王十七年（前二九八）之初矣。

〔四〕鮑本「輿」作「與」。于鬯云：「按此『與』作『輿』，燕策：『輿兵伐宋。』姚本『輿』作『與』。據馬瑞辰毛詩傳箋通釋於蕩篇『女輿是力』，鄭箋：『女，羣臣。又相與而力爲之。』以爲鄭以『與』釋『輿』。則二字文義可通矣。蓋『與』可讀爲『舉』，而廣雅釋詁云：『輿，舉也。』明『輿』、『與』通。」金正煒從鮑本作「與」云：「『與』猶『以』也。史記袁盎傳：『妾主豈可與同坐哉。』漢書『與』作『以』。呂覽貴直篇：『王故不能與野士乎。』注：『「與」猶「同」也。』與、以音近義同，故字得通用。」鍾鳳年謂「輿」字必「與」字之譌。〔按〕此當作「與」，于説嫌曲，且「輿」、「與」二字音義不同（「輿」、「與」、「舉」義近，故廣雅訓「輿」，不得以之轉訓「與」），不能相通。今從鮑本改。

〔五〕鮑彪云：「即三國。」

〔六〕鍾鳳年云：「『亦』字上蓋脱主辭。不然則莫識孰觀之，且並下文『則將與宋敗三國，則賣趙、宋於三國』二語亦無主辭，均莫辨孰與宋孰賣趙、宋矣。今此章所舉共爲秦、齊、韓、魏、趙、宋六國，趙、宋既於下文明言被賣者，則其不得爲主辭，可以想見。又所謂『三國』者即此語之齊、韓、魏，則『三國』之不得爲主辭，愈可想見。此外則正餘一『秦』，是所脱即此字。其致譌蓋由上語之『秦』字，元爲疊文，而今殘蝕之故。」〔按〕鍾説較之舊説爲優，殆是。上文乃言趙使仇赫相宋以應付秦之陰謀，此言秦對付趙、宋之策略，故下文直揭之云「欲秦、趙之相賣乎」，「則秦、趙必相賣」，正相應承。「亦」上當脱「秦」字。今據補。

〔七〕鮑彪云：「此應秦也。」安井衡云：「仇赫蓋趙人，故上文趙、宋並言。此言與宋者，趙與宋也。唯赫趙人，故省『趙』字耳。」鍾鳳年云：「『宋』字上蓋脱『趙』字，因接句『則賣趙、宋於三國』之語即爲承此語而生者。所賣者兼言趙、宋，則可徵所與者要不宜獨言宋。」〔按〕鍾説義長，「宋」上當脱「趙」字。

〔八〕安井衡云：「『則賣』上當有『固』字，蒙上『不固』省文。」〔按〕安井説是。「固」字涉上文「國」字而奪。古文四聲韻「國」字有作「囯」者，與「固」字形相似，因誤認爲一字而脱之歟？「固」與上文「不固」對舉，言三國固，則秦賣趙、宋於三國以結好。黄式三編略載此事，則上增「三國固」三字，意亦相近。

〔九〕鮑本無「趙」字。

〔一〇〕鮑彪云：「此應三國也。以國情輸之曰賣。言赫不忠於宋，不應秦則應三國。以此知赫本非宋人。」安井衡云：「合於東方以孤秦，趙賣秦也。不應趙、宋，秦賣趙、宋也。故下文云：『欲秦、趙之相賣乎？』」〔按〕鮑注未然，説見上。

〔一一〕鮑彪謂是「韓襄、魏哀」。〔按〕「魏哀」當作「魏襄」。

〔一二〕鮑彪云：「此『賣』猶『欺』。」

〔一三〕横田惟孝、金正煒、鍾鳳年並謂「合」當是「令」之譌。黄式三編略亦改作「令」。草書「合」字似「令」，易誤，今從正。

〔一四〕鮑彪云：「使韓、魏皆相之。」

〔一五〕鮑彪云：「視，示字。二國同相最，可見其交之固。」〔按〕周冣又厚於齊（見前策），今韓、魏兼相之，正所以示三國固也，故秦、趙並相賣以求合。

20 爲周冣謂魏王

爲周最（冣）謂魏王〔一〕曰：「秦知趙之難〔二〕與齊戰也，將〔三〕恐齊、趙之合也，必陰勁〔四〕之。趙不敢戰〔五〕，恐秦不已收也〔六〕，先合於齊。秦、趙争齊，而王無人焉〔七〕，不可。王不去周最（冣）〔八〕，合與收齊〔九〕，而以兵之急〔一〇〕則伐齊，無因事也〔一一〕。」

〔箋證〕

〔一〕吳師道謂「魏王」爲「襄王」。鍾鳳年云：「『爲』字應讀去聲；因此章又或代秦間周最於魏王者。」〔按〕鍾以此策與上或爲周最謂金投曰章同爲代秦游說，疑並非。說見上。

〔二〕吳師道云：「難，畏阻意。」

〔三〕〔按〕論衡知實篇云：「將者，且也。」

〔四〕姚宏云：「曾、集改『勁』作『助』。」鮑彪云：「勁趙以兵使之强。」〔按〕鮑注是，此「勁」字乃使役動詞，不必改作「助」。謂暗助趙使强，與齊爲敵。

〔五〕鮑彪云：「難先戰。」

〔六〕鮑彪云：「違其勁之之意。」

〔七〕鮑彪云：「無主其事於齊者。」

〔八〕鮑彪云：「最時在魏，欲之齊，故此士爲之言，使得去。」横田惟孝云：「『去』，疑當作『令』。」安井衡云：「『去』猶『行』也。以兵之急則伐齊，預爲他日言之。言王今不使周最行齊以收之，及齊有兵革之急則伐之，他日欲合齊，無可因之事矣。」金正煒云：「『不』猶『勿』也，説詳經傳釋詞。謂王當勿任最之去魏，而使主齊、魏之事。正承上文『秦、趙争齊，王不可無人』而言。」〔按〕二訓相反，義俱可通。但按下謂周冣曰章：「公不如謂魏王、薛公曰：『請爲王入齊。』」魏策四周冣入齊章：「魏王爲之謂秦王曰：『……今周最遁寡人入齊。』」是周冣意欲入齊，故客以收齊説動魏王任使其去，而終得遂願。核之策文，鮑義爲是。秦策二甘茂亡秦且之齊章：「處女相與語欲去之。」高注：「『去』猶『遣之』也。」與此「去」義同。

〔九〕鮑彪云：「與，即謂齊。齊，魏之與國。」金正煒云：「『與』謂秦、趙。鮑氏以爲謂齊，則是合齊收齊，文不成義矣。」〔按〕「合」疑是「令」字之形譌。「與」猶「爲」。見經傳釋詞。此言令冣爲魏收齊。「與」固不得謂齊，秦、趙與魏並争齊，是亦不得爲魏之與國，金説未允。

〔一〇〕鮑本改「之急」作「急之」，云：「急之以兵，則非合矣。」

〔一一〕鮑本、吴本「也」作「矣」。鮑彪云：「言秦見齊有魏兵，必伐之。有此有彼曰因，猶言無他事矣。齊敗魏馬陵，宜爲魏讎，因此言合與，蓋其國形宜相依也。」吴師道云：「『而以』止『伐齊』，句。『因』猶『依』也。言今不合與收齊，而以秦兵之急則伐齊，下章秦欲合魏伐齊可見，是無可依之事矣。」金正煒云：「『而』讀爲『若』，見周官旅師鄭注:『之』猶『是』也。秦、趙皆合於齊,若魏惟以兵是急,即伐齊,無可因之事,言失助也。」〔按〕吴説較長,今讀從之。此言伐齊不如合齊之利。而猶若(「若」與「如」古同聲,故而訓爲「如」,又訓爲「若」),「則」猶「即」,「也」猶「矣」,並見經傳釋詞。

21 謂周冣曰魏王

謂周最(冣)曰〔一〕:「魏王〔二〕以國與先生〔三〕,貴〔四〕合於秦以伐齊。薛公故主〔五〕,輕忘其薛〔六〕,不顧其先君之丘墓〔七〕。而公獨脩虚信爲茂行〔八〕,明群臣據故主〔九〕,不與伐齊者〔一〇〕,産以忿强秦〔一一〕,不可。公不如謂魏王、薛公曰:『請爲王入齊。天下不能傷齊〔一二〕,而有變〔一三〕,臣請爲救之〔一四〕;無變,王遂伐之〔一五〕。且臣〔一六〕爲齊奴也〔一七〕,如累王之交〔一八〕於天下,不可〔一九〕。王爲臣賜厚矣〔二〇〕,臣入齊,則王亦無齊之累也〔二一〕。』」

〔箋證〕

〔一〕此章原連於上章,今從鮑本别提。

〔二〕鮑彪以「魏王」爲「哀王」,吴師道以爲「昭王」。〔按〕吴是。

〔三〕鮑彪云:「(先生)以德齒尊稱之也。與,謂相之。」吴師道云:「孟子注:『學士年長者謂之先生。』」〔按〕衛策衛使客事魏章:「乃見梧下先生。」高注:「先生,長者有德者稱。」

〔四〕鮑彪云：「『貴』猶『欲』。」〔按〕國語晉語：「貴貨而賤土。」韋注：「貴，重也。」

〔五〕鮑彪云：「（薛公）田文。（故主）齊閔王也。最嘗仕齊，故稱之然。」吳師道云：「『故主』上恐缺一字。蓋言文猶背齊，以起下文最不與伐齊之意。」安井衡云：「言齊者，薛公故主之國也。不言齊者，蒙上『伐齊』之『齊』，省文。」鍾鳳年云：「按此處殆指田文奔魏，倍齊湣王，約諸侯以伐之之事。所缺蓋即『倍』字。」〔按〕吳説是，「故主」上擬從鍾説補「倍」字，「倍」、「背」同字，否則於文義不洽。黄式三編略改此文作「薛君痛其主之輕忘薛」，似以脱字作「痛」，與吳氏異。核文義似以吳説爲長。

〔六〕〔按〕史記孟嘗君傳：「封田嬰於薛。」正義云：「薛故城在今徐州滕縣南四十四里。」文爲嬰之子，故繼有其地。田嬰封薛亦見齊策。下文言「先君之丘墓」，即謂此。

〔七〕鮑彪云：「謂齊王、田文欲去國以避秦兵。」吳師道云：「此田文相魏時也，下文『謂魏王、薛公』可見。文激於祝弗、呂禮之故，勸秦伐齊。……大事記赧王二十九年，『魏以田文爲相』，謂其去齊相魏在齊滅宋之前。史在滅宋後，非。」〔按〕鮑解因不明脱文而誤。

〔八〕鮑彪云：「最本善齊，固不背齊，然今相魏，魏有以秦伐齊之形，猶爲虛信。信謂親之。茂，盛美也。」〔按〕虛信，謂不背齊之信約。

〔九〕鮑彪云：「『明』猶『示』也。臣，魏臣。據，仗持也，猶言爲之。此言最在魏示朝臣以爲齊王不欺之，此所謂茂行。」吳師道云：「『脩虛信爲茂行』，句。『明羣臣據故主』，句。」關修齡云：「『群』恐『君』字訛。言明君臣之道，以爲據故主之義。」安井説同。〔按〕鮑讀三字爲句。今從吳讀。左傳僖公五年傳：「神必據我。」杜注：「『據』猶『安』也。」此「據」字與同義。

〔一〇〕鮑本、吳本無「者」字。

〔一一〕鮑彪云：「與，去音。『産』猶『生』也。魏欲伐齊，已獨不與，猶生此節目也。違秦不伐齊，故秦忿。」吳師道云：「『與』如字，許也。」張尚瑗云：「吳注非也。乃倒字句法，直曰『以産忿强秦』耳。『産忿』如産怨、産禍之類。」關修齡以「産」字誤衍。横田惟孝云：「此『産』亦當作『贊』，言贊齊也。」中井積德云：「『産』疑衍文。」于鬯云：「説文生部云：『産，生也。』猶言誓不與伐齊者俱生。」金正煒云：「『者』字當從鮑省。『産』義未詳，或當爲『座』，……與『産』相近致誤。『座』通作『坐』。趙策：『今坐而聽秦。』又云：『即坐而地盡矣。』並與此義同。文選張茂先雜詩：『蘭膏坐自凝。』注：『無故自凝曰「坐」。』……此文猶云『無故取怒於秦』。又或『産』字本在『以』字下，誤倒於上。『忿』則『怨』之譌也。管子任法篇：『夫日侵而産怨，此失君之所慎也。』『産怨』猶『生怨』。」〔按〕諸讀惟于氏以「産」字上屬爲句。「産以」疑當從張氏及金氏後説互乙爲「以産」。「忿」字不必改。此謂使强秦生忿，義自可通。

〔一二〕鮑彪云：「最之知略足以全齊。」金正煒云：「按上文云不與伐齊不可，此不當復對魏王、薛公爲右齊之言。『天下不能傷齊』者，言雖疾之而不得害之。秦策：『穰侯十攻魏而不得傷者，非秦弱而魏强也。』與此『傷』字義同。」

〔一三〕鮑彪云：「萬一有傷齊者。」金正煒云：「『而』讀爲『若』，謂不能傷齊，或變而合於齊也。」〔按〕金讀「而」爲「若」，是。「有變」，二説並通。

〔一四〕鮑彪云：「此則非虚信矣。」〔按〕説文：「救，止也。」

〔一五〕鮑彪云：「伐秦。」〔按〕王應麟謂是伐齊（見後吳師道注），是。

〔一六〕吳本元刊及明刊「臣」並作「秦」，黄氏札記遂以爲鮑本如此。〔按〕明刊鮑單注本作「臣」，與姚本同。詳鮑注亦不言及「秦」。下文吳氏補注有「且臣爲齊奴以下」云云，是吳氏原所據本亦作「臣」，「秦」字乃由刊版而譌，不足爲據。黃氏失察。

〔一七〕鮑彪云：「『爲』，去音。言其爲之如奴事主。」横田惟孝云：「『奴』疑『怒』闕畫。言臣與魏伐齊，爲齊所怒。」安井衡云：「最嘗仕齊，故云爲齊奴也。」金正煒云：「按『奴』字疑當爲『故』。草書『故』作『㚢』，『㚢』作『奴』，二形相似，因以致誤。管子戒篇：『自委之身之不爲人持接也。』注：『「爲」猶「與」也。』……『爲』、『與』義通，古得通用。秦策：『寡人與子故也。』注：『「故」、「舊」也。』最爲齊王所厚，最在魏，則天下疑魏陰合於齊，故曰『累王之交於天下』，『最入齊，則王無齊累矣』。此皆爲最設詞以求入齊也。」〔按〕説文：「奴，奴婢，古之辠人也。」此冣自言嘗得罪於齊而出奔，比於罪人，與下「王爲臣賜厚矣」語，正相對照。鮑、金説疑並未允。

〔一八〕魏彪云：「『累』者事相連及，猶『誤』也。『交』謂『齊、魏』。」吳師道云：「『交』指秦也。」〔按〕「如」猶「而」（見經傳釋詞）。吕氏春秋審分篇：「主無所避其累矣。」高誘注：「『累』猶『負』也。」

〔一九〕鮑彪云：「此言非人之情。」

〔二〇〕〔按〕此謂冣奔魏，魏王相之，故云「爲臣賜厚矣」。

〔二一〕鮑彪云：「此『累』猶『患』。」吳師道云：「按魏策：『周最入齊，秦王怒，令姚賈讓魏王。魏王爲之謂秦王曰：魏之所以爲王通天下者，以周最也。今最遁寡人入齊，齊無通於天下矣。敝邑之事王，亦無齊累矣。』最入齊，則正與此章相首尾。所謂『敝邑之事王亦無齊累』語，又與此合。曰『請爲王入齊，天下不能傷齊』者，最自許其足以全齊。『有變』，謂秦伐齊，齊急則請魏之救。『無變』，謂秦不能伐，則王遂伐之。此厚齊之説也。『且臣爲齊奴』（按元本「奴」作「怒」，今從明本）以下，以爲魏言之。爲齊奴，爲齊奴隸也。……累，連及也。不可以最故使魏惡於秦。王使最得入齊，爲賜厚矣。最入齊，則秦無疑於魏，是魏不爲齊所累也。」

22 趙取周之祭地

趙取周之祭地，周君患之，告於鄭朝〔一〕。鄭朝曰：「君勿患也。臣請以三十金〔二〕復取之。」周君予之。鄭朝獻之趙太卜〔三〕，因告以祭地事。及王病，使卜之。太卜譴〔四〕之曰：「周之祭地爲祟〔五〕。」趙乃還之〔六〕。

【箋證】

〔一〕鮑彪云：「凡『鄭』皆鄭人。」〔按〕洛陽東周墓新出土之哀成叔鼎，銘文首云：「正月庚午，嘉曰：佘奠邦之產，少去母父。」「奠」從「奠」聲，即「鄭」字。趙振華考證哀成叔爲鄭康公的後裔，鄭爲韓滅，逃亡至周，此鼎爲其祭祀康公而鑄（哀成叔的銘文與年代，載文物一九八一年第七期）。其説大致可信。然則鄭之貴族或遺民亡於周者當不少，此鄭朝或亦其裔。

〔二〕鮑彪云：「一斤爲一金。」吴師道云：「正義云：『秦以一鎰爲一金。』孟康云：『二十四兩。』國語注同。趙岐云：『二十兩。』高注同。」〔按〕吴引高注見秦策一張儀之殘樗里疾章注。韋昭以一斤爲一金，見文選王命論注引。

〔三〕〔按〕太卜，官名，見周禮春官。鄭注云：「問龜曰『卜』。太卜，卜筮官之長。」此官戰國時諸國多有之，漢時屬太常。見漢書百官公卿表。

〔四〕鮑彪云：「讁，謫問也。」

〔五〕鮑彪云：「（祟）神禍也。」

〔六〕張尚瑗云：「此與晉文公執曹伯，分曹、衛之田，而曹伯之豎侯獳因晉侯有疾，貨晉筮史使以曹爲解，同一智數。晉景公疾，夢大厲。卜者曰：大業之後爲祟。安知非即趙氏之黨賂卜史，以求復趙宗者耶？」〔按〕豎侯獳貨晉筮史見左氏僖二十八年傳，晉景公夢大厲見成十年傳及史記趙世家。

23 杜赫欲重景翠於周

杜赫〔一〕欲重景翠於周，謂周君曰：「君之國小，盡君子（之）〔二〕重寶珠玉以事諸侯，不可不察也。譬之如張羅者，張〔三〕於無鳥之所，則終日無所得矣。張於多鳥處，則又駭鳥矣〔四〕。必張於有鳥無鳥之際，然後能多得鳥矣。今君將施〔五〕於大人，大人輕君；施於小人，小人無可以求，又費財焉〔六〕。君必施於今之窮士〔七〕，不必〔八〕且爲大人者，故〔九〕能得欲矣。」

【箋證】

〔一〕鮑彪云：「（杜赫）周人。」又云：「齊策、楚策皆有杜赫，在齊則威王時，於周，顯王時（景元刊吳本「時」作「背」，當爲「旹」之形誤。「旹」即「時」之古字也。今據鮑單注本）也。自顯、威至是八十年矣，疑『赫』字誤。『景翠』實此時人。」〔一〕吴師道云：「按齊策『田忌亡齊之楚，鄒忌代相，恐其以楚權復齊。杜赫曰：『臣請爲留楚。』忌出奔實宣王時。宣王二年，忌有馬陵之戰，其奔必後此，史以爲威王時者誤，説見齊策。楚策『五國伐秦，魏欲和，杜赫云云』在楚懷王十一年，當慎靚王三年……至此爲七年，則翠之與赫何不相及之有？」〔按〕史記記田齊威、宣、湣王事年代多誤，不如古本竹書紀年之得真。今據紀年齊敗魏馬陵，當齊威王十四年，周顯王二十六年（前三四三）；景翠圍雍氏，當宣王九年赧王三年（前三一二）；相距三十一年。而田忌去齊，必在馬陵戰役之後。詳此策所言，景翠當時必不得志於楚，故欲藉周以爲重，則在其爲將圍雍氏之前又無疑。若是相距尚不足三十年，二人當可相及，策文不誤。吕氏春秋務大篇云：「杜赫以安天下説周昭文君。昭文君謂杜赫曰：『願學所以安周。』杜赫對曰：『臣之所言者不可，則不能安周矣。臣之所言者可，則周自安矣。』此所謂以弗安而安者也。」是赫爲辯士之流。事亦略見於同書喻大篇，高注並云：「杜赫，周人，杜伯之後也。」赫與周昭文君並時，昭文君即策之周文君（漢書古今人表同），按其年代當周顯王、慎靚王之時（詳本策周文君免士工師藉章注），核之上述亦無不合。杜赫又見於韓策一公仲以宜陽之故章，赫爲公仲説秦王，在秦攻宜陽之役後。惟鮑本作「杜聊」。

〔二〕鮑本、吴本、盧本「子」作「之」，今從正。

〔三〕鮑本、吴本「張」下有「之」字。〔按〕下文並云「張於」，則此文作「張之」爲長。「之」猶「於」，見經傳釋詞。但無「之」字乃省文，亦通。

〔四〕鮑彪云：「多鳥處有觸羅者，傍鳥必覺，覺則羣驚而去矣。」〔按〕吕氏春秋當賞篇高注云：「駭，驚也。」

〔五〕〔按〕廣雅釋詁：「施，與也。」

〔六〕鮑彪云：「均之費財，而小人多則多費也。」〔按〕吕氏春秋禁塞篇：「費神傷魂。」高注：「費，損。」此謂小人卑賤，施而不能望報，徒損費財貨。鮑説來諦。

〔七〕〔按〕「今之窮士」謂暫時困阨之人。

〔八〕鮑彪云：「『不必』猶不可知也。言不終窮，或且爲大人者，此指翠也。」橫田惟孝云：「不，疑『之』字誤。」「不」字上屬爲讀。〔按〕王引之經傳釋詞釋此語云：「不必，必也。不，語詞。」

〔九〕金正煒云：「『故』猶『乃』也。呂覽審己篇：『臣以王爲已知之矣。王故尚未之知耶？』義與此同。」

24 周共太子死

周共太子死〔一〕，有五庶子，皆愛之〔二〕，而無適立也〔三〕。司馬翦〔四〕謂楚王〔五〕曰：「何不封公子咎〔六〕而爲之請太子〔七〕？」左成〔八〕謂司馬翦曰：「周君不聽，是公之知困〔九〕，而交絶於周也〔一〇〕。不如謂周君曰：『孰欲立也？微告翦〔一一〕，翦今（令）〔一二〕楚王資〔一三〕之以地。』」公若欲爲太子〔一四〕，因令人謂相國御展子〔一五〕、廧夫空〔一六〕曰：「王類欲令若爲之〔一七〕。此健士也〔一八〕，居中不便於相國〔一九〕。」相國令之爲太子〔二〇〕。

〔箋證〕

〔一〕姚宏云：「史記：『西周武公之共太子死。』徐廣云：『惠公按原本作「惠王公」，今從史記删「王」字）之長子。』今乃編在東周。」鮑彪改隸此章於西周策赧王下，引周本紀云云。吳師道云：「策原在東周，鮑據周紀改此，恐有誤。」〔按〕周本紀索隱云：「戰國策作『東周武公』。」是唐時所見國策與史記已不同。徐廣所云之惠公，東、西周並有，亦未詳誰屬。策、史又不能判其孰是，鮑氏輒改，未允。又據索隱語，此文當作「東周武公之共太子死」，今本疑脱。否則下文「有五庶子，皆愛之」語意含糊，將誤解爲共太子有五庶子也。

〔二〕〔按〕此謂東周君有五庶子，並愛之。依今文法言之，「有」上當有「君」字，此省去。

〔三〕鮑彪云：「『適』猶『定』也。」吴師道云：「適，專主也。」〔按〕吕氏春秋下賢篇高注云：「適，主也。」立，立爲太子。

〔四〕鮑彪云：「司馬，楚卿。疑即昭翦。」〔按〕周本紀正義云：「翦，楚臣也。」

〔五〕姚宏云：「一本無『楚』字。」鮑彪謂「楚王」是「懷王」。〔按〕當有「楚」字，否則王不知誰屬矣。周本紀亦作「楚王」。

〔六〕姚宏云：「『咎』一作『右』。」鮑彪云：「周君別子。」〔按〕「咎」當是五庶子之一。

〔七〕鮑彪云：「請於周使立爲太子。」

〔八〕姚宏云：「左，一作『右』。」鮑彪云：「(左成)楚人。」吴師道云：「此類當因舊注。凡有明徵者，可定其生地。不可考而仕國可見者，則當曰某國臣。」〔按〕周本紀正義云：「左成，楚臣也。」

〔九〕鮑彪云：「困，不通也。」

〔一〇〕〔按〕謂楚與周將不歡。周本紀「絶」作「疏」。

〔一一〕〔按〕周本紀正義云：「諷周君欲立誰，以微言告於翦。」

〔一二〕鮑本、吴本「今」作「令」，與周本紀合，今從之。

〔一三〕姚宏云：「資，一作『奉』。」鮑彪云：「封之以爲之資。」于鬯云：「『資』當讀『齎』。周禮外府職，鄭注云：『「齎」、「資」同耳。』……説文貝部云：「齎，持遺也。」」〔按〕周本紀「資」作「賀」。

〔一四〕鮑彪云：「此左成告翦之辭。『爲』皆去聲，猶『助』也。」鍾鳳年云：「周紀赧王初年有此文，……無『公若欲爲太子』云云諸語。今按此數句殊混籠含統。如『公欲爲太子』之『公』字，無論所指者爲周君抑爲司馬翦，義均爲受説者，欲自爲太子，於事實決不應有作此口吻之理。又所謂『相國』者『王』者，亦令人莫辨爲周、楚之王及周、楚之相，且無論爲某王某相，此處亦不應有是等語。因據上文『周君不聽，是公之知困而交絶於周也』及『孰欲立也，微告翦』諸語言之，足知立太子之權，乃純操之周君也。若依此處『王類欲令若爲之』及『相國令之爲太子』二語而言，則是其權又操諸王與相國，周君不能自專之矣，未免與上文矛盾。疑此諸語元別爲一章，因其文已殘，或以辭義相類而錯簡於此。故自『公若欲』下四十四字宜衍，或視爲殘文，別作一章。」金正煒云：「此策『公若欲爲太子』以下當別爲一章。『公若』即欲爲太子者之名，『王類欲令若』即公若自謂也。」〔按〕自此下諸語，依照鮑注，多與上文扞格難通，故鍾氏疑爲衍文，其實不然。如依鮑説，此句爲司馬翦如欲助太子，其時公子咎尚未立，則太子將何指？又訓下文「若」爲「汝」，不明言指何人，意義更晦，顯有誤謬。細繹文義，此乃敘事之文，與上左成語不相涉。周本紀記左成語止於上句，可證。公若，人名，即上文之「公子咎」。「公」下疑脱「子」字。咎與若未審孰是，但據下文「王類欲令若爲之」與上文「謂楚王曰：何不封公子咎而爲之請太子」語正相應，其爲一人無疑（説詳下文于注）。金氏説是，但有未盡。又以此下別爲一章，則未允。

〔一五〕鮑彪云：「楚相之御姓展。」

〔一六〕鮑彪云：「『廧』、『嗇』字同，小臣也。空，其名。」金正煒云：「按『空』當讀苦貢切，缺也。揚子法言『酒誥之篇俄空焉』，此即其義。蓋佚其名族，而以『空』字識其闕，猶云『某』也。『御』則舉其氏，『嗇夫』乃舉其名，於文不類。」〔按〕史記張釋之傳有「虎圈嗇夫」，正義：「掌虎圈。百官表有鄉嗇夫，此其類也。」蓋執事之吏。近出土睡虎地秦簡中秦律部分有嗇夫官，名稱不一，職掌各殊。裘錫圭嗇夫初探一文（見雲夢秦簡研究）可作參考。

〔一七〕鮑彪云：「王，楚王。『類』猶『似』。若，汝也。言楚王之意然。」于鬯云：「按『若』或當作『咎』，即上文『公子咎』。抑上文姚云：『咎，一作右。』『左，一作右。』恐兩校相涉有誤。『右』當非人名。『咎，一作右』，恐彼『右』字正『若』之壞文。名若者，公有若、季公若甚多。又如長沙恭王若，見漢書異姓諸侯王表，作『若』，而吳芮傳作『右』，則『若』誤爲『右』，亦正可例。然則策上文本作『公子若』，故此云『王類令若爲之』，言楚王之意似欲令公子若爲太子，與周紀作『咎』自異。後人據周紀改上文『公子若』爲『公子咎』，而此句義稍隱，得存未改。」〔按〕于說是，餘見上。碕哲夫、横田惟孝以「若」是「翦」誤，非。

〔一八〕鮑彪云：「此亦左成喻翦之言。『健』猶『悍』也。」吳師道云：「此亦成作翦語語展子者。」〔按〕鮑、吳說並非。健士，謂公若。秦策二「楚客來使者多健」，高注：「『健』者『强』也。」此是公若使人之語。

〔一九〕姚宏云：「便，劉作『使』。曾云：『恐作「便」。』」鮑彪云：「〔中〕，國中。二士居中與國事，以其悍，故相國不之便。若出而使周，則不居中用事，相國之所欲也。故以此說之，相國必從。」〔按〕此謂公若居內，有寵於王，於相國不便，促相國出之爲周太子。公若當是爲質於楚者，故云然。觀上文「何不封公子咎而爲之請太子」語可推知之。

〔二〇〕〔按〕此言相國果令其爲周太子。周本紀云「果立公子咎爲太子」，與此相合。金正煒以此策與西周策謂齊王曰章「當是一事，而傳聞異辭，策因並存之，如秦策張儀又惡陳軫及陳軫去楚之秦二章，一事而再出也」。左成、司馬翦即左尚、司馬悍耳」。此自鮑氏已疑之，詳見西周策。

25 三國隘秦

三國隘秦〔一〕，周令其相之秦，以秦之輕也〔二〕，留其行〔三〕。有人謂相國曰：「秦之輕重，未可知也。秦欲知三〔四〕國之情，公不如遂見秦王〔五〕曰：『請謂〔六〕王聽東方之處〔七〕。』秦必重公，是公重周，重周〔八〕以取秦也。齊重故有周而已取齊〔九〕。是周常不失重國之交也。」

【箋證】

〔一〕鮑彪云：「隘，謂隔絶之。」吳師道云：「策『隘』、『阸』字通。」于鬯云：「此『隘』蓋讀爲『搤』，『搤秦』猶『擊秦』耳。」金正煒云：「禮記禮器：『君子以爲隘矣。』釋文：『「隘」本「阸」。』吳説是也。」〔按〕此章鮑彪以爲即周赧王十八年（前二九七），三國（齊、韓、魏）攻秦事（見前謂周冣曰仇赫章），吳師道同，惟以「十八」爲「十七」年（前二九八）。然史記周本紀載此文在赧王五十八年（前二五七），鮑、吴隻字未及。顧觀光編年依史記次此章於赧王五十八年云：「注家並以爲赧王十七年齊、韓、魏擊秦事，若未見史記者，何也？」周本紀作「三晉距秦」。是三國謂韓、魏、趙。「隘」猶「阸」。阸，塞也，阻也，與「距」義亦近。然按之史實，赧王五十八年，正秦戰勝長平，圍趙邯鄲之時，三晉方弱，寧有阸秦之力？則此策作「三國」爲長。三國攻秦亦見於秦策三、四及西周策者不一，主其事者爲齊田文，在周赧王十七年，三國爲齊、韓、魏也。與下文之「齊重故有周而以取齊」語相應，與當時情勢亦相合。鮑、吳説是也，當從之。史記載此文於赧王五十八年者，疑誤。今姑附及此説以備廣覽。

〔二〕鮑彪云：「見其隘於三國也。」〔按〕周本紀正義云：「以秦輕易周相。」疑正義所見史記「之輕」作「輕之」，故解異。此謂秦已受困，不足爲重。

〔三〕鮑彪云：「不進。」〔按〕周本紀「留」作「還」。

〔四〕姚宏云：「曾、集、劉、錢(三)作『亡』。」

〔五〕〔按〕秦王，秦昭王。

〔六〕鮑本作「爲」，注云：「一作『謂』。」〔按〕「謂」猶「爲」也，見經傳釋詞。周本紀亦作「爲」。

〔七〕鮑彪云：「聽，偵候之。東，三國也。處，其所爲。」吳汝綸云：「『處』當依史作『變』。」金正煒云：「荀子議兵篇：『千里之國，則將有百里之聽。』注：『「聽」猶耳目也。或曰：謂間諜者。』『處』當爲『虖』之誤，『虖』即『嫭』之省文，蓋伺其間隙之意。史作『聽東方之變』，『變』與『虖』義正相近。」〔按〕「處」疑是「慮」之形譌。慮，謀也，計也，並見秦策高注。此言爲秦偵取三國之謀。

〔八〕鮑本衍次「重周」二字，云：「秦重相，則周重矣。」黄丕烈云：「鮑衍非也，此有脱誤。」鍾鳳年云：「按此(重周)二字蓋承上文而申言周相之所以重於周者，以取得秦之交也。合上文言之，乃言相國得秦重，方重於周，非先重於周而始因以得秦。……(鮑)氏衍二字，誤。」〔按〕鍾説是。「取」與上謂薛公曰章「聽祝弗，相呂禮者，欲取秦」之「取」同義。

〔九〕鮑彪云：「齊重，天下重之也。『故』猶『舊』也。有，言善之。此時秦、齊爲天下重，已善秦，不可忽齊，故又勸之取齊。」吳師道云：「『有』謂收已也。『取』謂得於彼也。齊爲重國，故能收有周，而周已取之矣。今復取秦，是周常不失重國之交。」于鬯云：「『故』讀爲『固』。已，古『以』字，今作『以』，實古『似』字也。『而』字蓋誤，當人名。史作『齊重則固有周聚以收齊』。裴駰引徐廣曰：「『聚』一作『冣』。『冣』亦古之『聚』字。」然則此而字爲『冣』字之誤，即前所云『周冣』也。」金正煒云：「按『而』字疑當爲『更』，古書『更』作『叓』，『而』乃『叓』之壞文。『已』與『以』通用。……『取齊』當爲『取秦』。史作『齊重則固有周聚以收齊』。徐廣曰：『「聚」一作「最」。』則此策『而』當作『最』，『取』當爲『收』。」鍾鳳年云：「『齊重』之『齊』字，並非指齊國，義謂秦、周同重相國也，與下文之『齊』字有別。又『而已取齊』之『已』字通『以』，句言以之取交於齊也。」〔按〕此句當從周本紀『而』作『冣』，句當作『齊重，故有周冣已取齊』。『已』與『以』通。周冣與齊厚，在湣王時，其時齊强大，故稱齊重。若赧王五十八年當齊王建時，破殘之餘，僅能自守，不足言重。而周冣是否尚存，亦可懷疑。據此更可證此當赧王十七年事也。

26 昌他亡西周之東周

昌他〔一〕亡西周之東周〔二〕，盡輸〔三〕西周之情於東周。東周大喜，西周大怒。馮旦（且）〔四〕曰：「臣能殺之。」君予金三十斤。馮旦（且）使人操金與書間遺昌他〔五〕，書曰：「告昌他，事可成，勉成之，不可成，亟亡來〔六〕，亡來！事久且泄，自令身死。」因使人告東周之候〔七〕曰：「今夕有姦人當入者矣。」候得而獻東周〔八〕，東周立殺昌他。

〔箋證〕

〔一〕鮑彪改「昌」作「宫」，下同，云：「此書作『宫』，不一。」吴師道云：「且當依本文。」鍾鳳年云：「此與他策之『宫他』，未必是一人，不宜改。」〔按〕太平御覽卷四百六十七引作「吕他」。「吕」與「昌」字形近似，未詳孰誤，或者「宫」字殘上半字。

〔二〕鮑彪云：「以罪去國曰『亡』。」〔按〕「亡」下省「於」字（「於」猶「自」也），古書常然。

〔三〕鮑彪云：「輸，言委以告之。」

〔四〕鮑本原作「且」，改作「睢」，云：「元作『且』，『睢』之省也，猶『趙』作『肖』，『齊』作『立』。故後『唐且』，史作『睢』，裴駰亦曰唐睢以華顛悟秦也。此西人。下同。」吴師道云：「『且』當依本文。」〔按〕韓非子説林上篇：「嚴遂不善周，君患之，馮沮曰云云。」「馮沮」是周臣，與此「馮且」當爲一人，然則「旦」當從鮑本作「且」。景宋本亦誤作「旦」。按戰國時人名且者不一，如唐且、范且、夏無且等。范且，史記等書皆作「范睢」，而漢武祠堂石刻作「范且」。且與睢同音，可假借通用，作旦者乃形之訛。又各書睢多誤作雎，則亦形近而致誤也，故本書遇人名「范雎」均改作「范睢」。

〔五〕鮑彪云：「爲反間書以遺之。」〔按〕爾雅釋言：「間，俔也。」郭璞注：「左傳謂之諜，今之細作也。」

〔六〕姚宏云：「一本止一往來。」鮑彪云：「亟，急也。」〔按〕重言以示慎重也。

〔七〕東周之候　鮑彪云：「候，偵候之吏。」楊雄曰：「西北一候。」

〔八〕鮑彪云：「得其人與書。」〔按〕「獻」下亦省「於」字。

〔附論〕

穆文熙云：「馮雎之遺書宮他，乃兵法之因其敵之間而用之者也。其告候者，蓋令吾間以告彼間者也。均之謂反間。」

27 昭翦與東周惡

昭〔一〕翦與東周惡，或謂昭翦曰：「爲公畫陰計〔二〕。」昭翦曰：「何也？」「西周〔三〕甚憎東周，嘗〔四〕欲東周與楚惡，西周必令賊賊公〔五〕，因宣言〔六〕東周也，以西周〔七〕之於王也（善）〔八〕。」昭翦曰：「吾又恐〔九〕東周之賊已，而以輕（誣）〔一〇〕西周，惡之於楚。」遽和東周。

〔箋證〕

〔一〕原本昭作照，鮑本、吳本、盧本作「昭」。黃丕烈云：「昭字是也。」〔按〕昭爲楚王族，昭翦楚相，宜爲王族，今從各本作「昭」。下文皆譌，今並正。

〔二〕鮑彪云：「爲人謀之以籌。」金正煒云：「『畫』字疑當爲『盡』，形似而誤也。」〔按〕畫字自通，不須改。陰計，猶陰謀。

〔三〕西周甚憎　鮑本「西周」上補「曰」字。吳師道云：「古書多如此，不必補。」〔按〕策文此例甚多。

〔四〕鮑本「嘗」改作「常」。〔按〕常、嘗二字古通用。

〔五〕賊賊公　〔按〕吕氏春秋過理篇「不忍賊」，高注：「賊，殺也。」此下賊字義同。

〔六〕鮑彪云：「集韻：『宣，揚也。』」

〔七〕西周，鮑本改「西周」二字合而爲惡。吴師道云：「字有誤，未詳。」

〔八〕原本「善」在下文「昭翦曰」之下，金正煒云：「疑『善』字當在『昭翦曰』之下。」其義較長，今從移。

〔九〕吾又恐　鮑彪云：「又恐云云，此翦自計。翦惡東，必善西。西善翦則楚亦因重西矣。」

〔一〇〕而以輕(誣)西周　王引之改「輕」作「誣」，云：「輕當爲誣。爲恐東周殺翦，而因以殺翦之事誣西周，惡之於楚也。俗書巫作巠，誣字或作誙，與輕相似，因譌而爲輕。誣輕二字，書傳往往相亂。」其援引書傳於二字之誤，略云「楚辭招魂：『帝告巫陽。』『巫』作『巠』。方言：『誣，譠、與也。』今本作誣作輕，其右半與輕相似。因譌爲輕云云」。〔按〕王説是也，今從改。

28　嚴氏爲賊

嚴氏爲賊〔一〕，而陽竪〔二〕與焉〔三〕。道周〔四〕，周君留之十四日，載以乘車駟馬〔五〕而遣之。

韓使人讓〔六〕周，周君患之。客謂周君曰：〔七〕「正語之曰〔八〕：『寡人〔九〕知嚴氏之爲賊而陽豎與之，故留之十四日，以待命也〔一〇〕。小國不足，亦以〔一一〕容賊，君之使又不至，是以遣之也。』」

【箋證】

〔一〕鮑本移此章於西周策首安王下。　鮑彪云：「嚴仲殺韓相傀，列侯三年書殺俠累是也。殺人不以道曰『賊』。於此爲（安王）五年。」　吴師道云：「（史記）索隱曰：『紀年：韓山堅賊其君哀侯。』韓山堅即韓嚴，非嚴遂使聶政殺俠累事也。」又云：「鮑止以嚴氏爲賊一條，遂出安王，不知乃烈王時事，又誤也。」　鍾鳳年云：「按弑哀侯者，史稱韓嚴，而此曰嚴氏，當是指嚴遂。遂事在安王時，吴誤。」〔按〕史記韓世家云：「列侯三年，聶政殺韓相俠累。」又：「哀侯六年，韓嚴弑其君哀侯。」鮑氏以韓策嚴仲子使聶政殺韓傀事與此文「嚴氏爲賊」相合，故繫於周安王五年，當韓列侯三年。吴氏據索隱「韓嚴爲韓山堅」與此文之陽豎（吴以即韓策之陽豎）相合，故繫之於周烈王，當韓哀侯被弑時。史記所記二事，衆説紛紜，詳見韓策箋證。　鍾氏遽謂吴誤，亦恐未安。

〔二〕姚宏云：「（豎）曾一作『竪』。」（按原本「竪」作「豎」，與正文「豎」字無異，不必出校，顯誤。今從盧本改。　安井衡亦云：「姚校當作『一作「竪」』。」）横田正解改正文作「竪」，考異云：「曾本作『竪』，按韓策亦作『竪』，故今從之。」〔按〕漢書古今人表中上有應豎，翟云升校正云：「疑即周策陽豎。」應豎次在楚懷王、屈原之後，與聶政刺傀時不合，翟説非。

〔三〕鮑彪云：「鴻烈人間訓注：『豎』，小使也。韓策名『竪』。」　吴師道云：「（豎、竪）字有訛。」　張尚瑗云：「（陽豎）意必左右近臣，陰爲（聶）政引導，故政得以直入上階，外無訶禁。由嚴遂嘗仕韓，素結之羽腹也。政自屠而豎得逸，亦非顯然助刃，如秦舞陽之副荆軻者。」　安井衡云：「爲賊非豎孺所能與，作『竪』爲是。」〔按〕諸説皆出臆測，無關宏指，今録之存考。

〔四〕鮑彪云：「出亡過周。」

〔五〕鮑彪云：「乘，四馬也。一車駕四馬，所謂駟馬車。」

〔六〕鮑彪云：「讓，誚責也。」

〔七〕鮑本、吴本無「曰」字。

〔八〕鮑彪云：「使以留之之情告之。」吴師道云：「『正』猶『直』也。」

〔九〕鮑彪云：「孤、寡、不穀，王侯之稱。」〔按〕鮑注本老子。

〔一〇〕鮑彪云：「待韓之命。」

〔一一〕鮑本、盧本衍「亦」字。吴師道云：「（亦）疑在『不』字上。一本無。」金正煒云：「『亦』當爲『亓』，二形相近而誤。『亓』即古文『其』字。墨子公孟篇『亓』多誤『亦』，可爲此證。經傳釋詞：『「其」猶「寧」也。』亦與『豈』通。」鍾鳳年云：「『以』字通『已』。……乃言周之力弱，不能執賊，唯已代韓羈縻之矣，奈其使於時不至，故止得遣之去也。」〔按〕鍾説義長。

戰國策 卷二

西周

〔釋題〕

西周即王城，河南惠公始封，鮑彪移次此策於首，非。說詳東周策題下。

1 薛公以齊爲韓魏

薛公〔一〕以齊爲韓、魏攻楚〔二〕，又與韓、魏攻秦〔三〕，而藉兵乞食〔四〕於西周。韓慶爲西周〔五〕謂薛公曰：「君以齊爲韓、魏攻楚九年〔六〕，而〔七〕取宛、葉以北〔八〕，以〔九〕强韓、魏，今又攻秦以益之〔一〇〕。韓、魏南無楚憂，西無秦患，則地廣而益重〔一一〕，齊必輕矣〔一二〕。夫本末更〔一三〕盛，虛實有時〔一四〕，竊爲君危之〔一五〕。君不如令弊〔一六〕邑陰合〔一七〕於〔一八〕秦，而君無攻〔一九〕，又無藉兵乞食〔二〇〕。君臨函谷〔二一〕而無攻〔二二〕，令弊邑以君之情〔二三〕謂秦王〔二四〕曰：『薛公必(不)〔二五〕破秦以張〔二六〕韓、魏，所以進兵者，欲王令楚割東國以與齊也〔二七〕。』秦王出楚王以爲和〔二八〕，君令弊邑以此忠秦〔二九〕。秦得無破〔三〇〕而以楚之東國自免也〔三一〕，必欲之。楚王出，必德齊〔三二〕。齊得東國而益强〔三三〕，而薛世世無患。秦不大弱〔三四〕，而處之三晉之西〔三五〕，三晉必重齊〔三六〕。」薛公曰：「善。」因令韓慶入秦〔三七〕，而使三國無攻秦，而使不藉兵乞食於西周〔三八〕。

〔箋證〕

〔一〕高誘云：「薛，齊邑也。齊公子田嬰也，孟嘗君田文之父也，封於薛，號靖郭君。按原本作「靖郭毛君」，據齊策及注「毛」字當衍，今刪。姚範云：「『毛』疑『薛』之誤，乙從『君』下。」今屬魯國也。」鮑彪云：「靖郭君田嬰之子孟嘗君田文也。襲其父封薛。」張琦云：「薛，今(山東)兖州府滕縣南四十里有薛城。」〔按〕高注以「薛公」爲「田嬰」，據史記此是孟嘗君事，高氏誤。漢書地理志魯國有薛縣。

〔二〕鮑彪云：「楚懷二十六年，齊、韓、魏攻楚。此(赧王)十二年也。」〔按〕史記楚世家云：「(懷王)二十六年，齊、韓、魏爲楚負其從親而合於秦，三國共伐楚。楚使太子入質於秦而請救。秦乃遣客卿通將兵救楚，三國引兵去。」當周赧王十二年(前三〇三)。「爲」猶「與」，見經傳釋詞。又魏策二蘇代爲田需説魏王章高注云：「爲，助也。」

〔三〕鮑彪云：「齊閔二十六年，爲韓(四部叢刊本「韓」誤作「轉」，據明鮑單行本改)、魏攻秦。此(赧王)十七年也。」鍾鳳年云：「此稱薛公以齊、韓、魏攻秦，與同篇三國攻秦章、秦策三國攻秦入函谷章，鮑俱定爲秦昭九年齊爲韓、魏事，説是。」〔按〕六國表赧王十七年齊、韓、魏「共擊秦於函谷，河、渭絶一日」，當秦昭王九年，齊湣王二十六年，韓襄王十四年，魏哀王二十一年。吴師道從資治通鑑、大事記訂閔王二十六年爲十六年。史記田世家威、宣、湣三王年代多訛，通鑑據孟子改訂宣、湣二代紀年，相差十年，然核之古本竹書紀年亦不相合。鮑氏盡從史記，吳氏多從通鑑及大事記。戰國諸侯史記多滅失，自司馬遷已難考定之。今僅擇其關係較大者標出之，餘均從略。

〔四〕高誘云：「食，糧也。」鮑彪云：「『藉』猶『借』。」〔按〕孟嘗君傳作「借兵食」。

〔五〕高誘云：「韓慶，西周臣也。」姚宏云：「史記『蘇代爲西周』。」

〔六〕鮑彪云：「『九』字誤，當云『六』或『五』。」梁玉繩云：「時爲赧王十七年，齊與韓、魏攻秦。而齊於前三年，共秦、韓、魏攻楚，於前五年與韓、魏伐楚，則言『九年』非也。」于鬯云：「按趙策：馬服曰：『齊以二十萬之衆攻荆，五年乃罷。』燕策：蘇代曰：『南攻楚五年。』則作『五』爲是。」〔按〕孟嘗君傳亦作「九年」。史料殘佚，不能强判是非。「九」或是虛數，言其久長也，亦屬夸飾之詞。

〔七〕鮑本、吳本無「而」字。

〔八〕鮑彪云：「二縣屬南陽。」又云：「按楚紀三國攻楚，秦救之，引去，與此言『取宛、葉』，小駁。」張琦云：「宛，今南陽府治。葉，今縣，屬南陽府。宛、葉以北，今襄城、魯山等地。韓有南陽宛、穰，蓋始於此。」〔按〕南陽、葉縣並在河南。孟嘗君傳正義云：「宛在鄧州，葉在許州，二縣以北舊屬楚，二國共没以入韓、魏。」

〔九〕鮑本、吳本「以」作「爲」。金正煒云：「『爲』猶『以』也。」

〔一〇〕高誘云：「益韓、魏之强也。」

〔一一〕高誘云：「厚，多也。重，尊也。」〔按〕高注「厚」字與正文不相應，當是「廣」字之誤。「廣大」有衆多之義，故「廣」亦得訓「多」。盧本改「厚」作「廣」，是。

〔一二〕高誘云：「益韓、魏，韓、魏重而齊輕也。」

〔一三〕鮑彪云：「『更』猶『迭』。」

〔一四〕鮑彪云：「言不可常。」

〔一五〕高誘云：「謂薛公。危，不安也。」鮑彪云：「並言齊、薛今雖善韓、魏，後或爲患。」

〔一六〕鮑本、吴本「弊」作「敝」，同。以下同。

〔一七〕高誘云：「陰，私也。」〔按〕孟嘗君傳作「深合」。

〔一八〕鮑本、吴本「於」作「爲」。王引之云：「『於』與『爲』同義。故姚本東周策『夫秦之爲無道也』，秦策『楚亦何以軫爲忠乎』，鮑本『爲』並作『於』。史記張儀傳『韓、梁稱爲東藩之臣』，趙策『爲』作『於』。」（經傳釋詞）

〔一九〕高誘云：「無攻秦也。」

〔二〇〕高誘云：「勿示秦以少兵少糧也。」

〔二一〕高誘云：「『臨』猶『守』也。函谷，關名也，在弘農城北。今在新安東。」鮑彪云：「臨，言以兵至其地。」吴師道云：「正義云：『陝州桃林縣西南有洪溜澗，古函谷也。』今屬靈寶縣。」程恩澤云：「雍錄：自華而號而陝而河南，中間千里，古關塞有三。由長安東一百八十里，出華州華陰縣外，則唐潼關也。由潼關東二百里，至陝州靈寶縣，則秦函谷關也（武帝元鼎三年，從楊僕言徙此）。」〔按〕高注所云弘農城北乃秦函谷關，新安東則是漢關。「臨」字從鮑説爲長。説文：「臨，監臨也。」

〔二二〕高誘云：「無攻秦。」

〔二三〕鮑彪云：「（情）心所欲也。」

〔二四〕鮑彪以爲秦昭襄王。

〔二五〕鮑彪「必」下補「不」字。吴師道云：「史此下有『不』字，是。」〔按〕依文義當有，今從補。

〔二六〕高誘云：「張，彊也。」鮑彪云：「張，去音，大之也。」〔按〕孟嘗君傳「張」作「彊」。

〔二七〕鮑本從史記改「也」作「而」，屬下讀。鮑彪云：「楚之東地，即楚策『下東國』云。」金正煒云：「左氏昭十四年傳：『故屈罷簡東國之兵於召陵。』注：『兵在國都之東者。』此文『東國』，即楚策所云『東地』。」〔按〕齊策三楚王死太子在齊質章蘇秦謂薛公曰：「君何不留楚太子以市其下東國。」高注：「下東國，楚東邑。」所言與此正相應，則「東國」即「下東國」。鮑注亦據此，「楚策」乃「齊策」之誤。楚世家正義云：「楚之下國最在東，故曰下東國，即楚淮北。」是也。而孟嘗君傳正義於此云：「東國，齊徐夷。」又復不同，凌稚隆評本謂：「正義『齊』當作『楚』。」

〔二八〕高誘云：「出，歸也。是時張儀誘楚懷王令召秦，秦使質之。故曰歸楚王以爲和。」〔按〕秦留楚懷王，見楚世家及屈原傳。高注「召」字當作「會」。

〔二九〕吴本、盧本「忠」作「惠」。鮑彪云：「秦得無攻，周之力也。」安井衡云：「周弱而秦强，恐不當言『惠』，作『忠』極爲允當。」金正煒云：「『忠』當爲『悳』之譌，古『德』字也。由『悳』誤『惠』，復誤爲『忠』。」〔按〕孟嘗君傳「忠」作「惠」，但據瀧川資言會注考證謂楓山、三條本作「忠」，與策合。

〔三〇〕鮑本改「破」作「攻」。〔按〕「破」字自通，不必改。孟嘗君傳亦作「破」。

〔三一〕高誘云：「楚東國近齊南境者也。」〔按〕説見上。

〔三二〕高誘云：「(德)恩德。」鮑彪云：「齊出之，齊之恩也。」

〔三三〕高誘云：「齊使得歸楚王，必以東國與齊也。」

〔三四〕鮑彪云：「無三國之兵故。」

〔三五〕高誘云：「三晉，晉三卿韓氏、魏氏、趙氏，分晉而君之，故曰三晉也。」〔按〕韓、魏、趙三國地並在秦之東，故云然。

〔三六〕鮑彪云：「秦居晉西，不弱而善齊，三晉畏秦故齊重。」

〔三七〕〔按〕孟嘗君傳作「因令韓、魏賀秦」。梁玉繩志疑云：「『魏賀』二字誤，策作『韓慶入秦』，是也。時三國伐秦，不攻已幸，尚何賀哉？」

〔三八〕〔按〕孟嘗君傳此下云：「是時楚懷王入秦，秦留之，故欲必出之。秦不果出楚懷王。」是韓慶之謀不售。

〔附論〕

蘇轍古史云：「秦昭王欺楚懷王而囚之，要以割地，諸侯熟視，無敢一言問秦哉。惟田文免相於秦，幾不得脱，歸而怨之，乃借楚爲名，與韓、魏伐秦。兵至函谷，秦人震恐，割地以予韓、魏，僅乃得免。自山東難秦，未有若此其壯者也。……惜其聽蘇代之計，臨函谷而無攻，以求楚東國，而出師之名，索然以盡！」

2　秦攻魏將犀武軍

秦攻〔一〕魏將犀武〔二〕軍於伊闕〔三〕，進兵而攻周。爲周最（冣）謂李兌曰〔四〕：「君不如禁〔五〕秦之攻周。趙之上計，莫如令秦、魏復戰〔六〕。今秦攻周而得〔七〕之，則衆必多傷矣。秦欲待周之得〔八〕，必不攻魏〔九〕。秦若攻周而不得，前有勝魏之勞，後有攻周之敗，又必不攻魏。今君禁之，而秦未與魏講〔一〇〕也。而〔一一〕全趙令其止，必不敢不聽。是君却〔一二〕秦而定周也。秦去周，必復攻魏，魏不能支〔一三〕，必因君而講〔一四〕，則君重〔一五〕矣。若魏不講而疾支之〔一六〕，是君存周而戰秦、魏也，重亦盡在趙。」

〔箋證〕

〔一〕王念孫云：「『攻』字當作『敗』。今作『攻』者，因下『攻』字而誤也。秦既敗魏軍，乃進兵而攻周。若但言攻魏軍，則勝敗未可知，不得遽進兵而攻周也。史記周本紀：『秦破韓、魏，扑師武。』集解引此策曰『秦敗魏將犀武於伊闕』，是其證。」　横田惟孝云：「『攻』疑『敗』誤，下章可以見矣。」（下章指犀武敗於伊闕章）〔按〕下文云：「前有勝魏之勞」，「勝」與「敗」正相應，王說爲長。但高注亦作「攻」，且「攻」字義可通，不須改字。　王氏謂高注「攻」字「亦當作『敗』」，改字過多，今不取。

〔二〕鮑本、盧本「屖」作「犀」。　吳師道云：「諸本『屖』作『犀』，當正。」　黃丕烈云：「『屖』即『犀』別體耳。後策文『殺犀武』，史記作『仆師武』，集解引此作『屖』。師、屖者聲之轉也。」〔按〕字書無「屖」字，疑是「犀」之形譌。「屖」與「犀」同音相通。廣韻「屖」字云：「又姓。」古今姓氏書辨證四屖氏云：「出自戰國時魏將屖武之後。」可證「屖」即「犀」字。

〔三〕高誘云：「秦攻魏將犀武軍於伊闕，秦遂進攻周。伊闕在洛陽西南六十里，禹所辟也。水所由比（盧本「比」作「北」。按「比」、「北」並不通，疑爲「此」之形誤）流入於洛川也。」　鮑彪云：「唐志爲縣，屬河南。注：『北有伊闕故關。』此役秦昭十四年，此（赧王）二十二年。」　吳師道云：「正義云：『水經注：禹疏龍門以通水，兩山相對若闕，故謂之伊闕。今洛南猶謂之龍門也。』」　程恩澤云：「宋祁曰：『伊闕，洛陽南面之險也。自汝、潁北出，必道伊闕。其間山谷相連，阻阨可恃。』今在（河南）洛陽縣南三十里。」　鍾鳳年云：「此與同篇犀武敗於伊闕章俱是同時事。且依魏策敗東周言之，此篇各章舉不應隸此策。」〔按〕秦敗韓、魏軍於伊闕事，見史記秦本紀、韓、魏世家、穰侯傳、白起傳。黄式三編略據魏策及此策，謂秦先敗東周，後欲攻西周，强作調停，未安。吕祖謙大事記以此是攻東周，謂「蓋秦怒東周之助韓、魏，故攻之也」。愚謂史言白起敗韓、魏於伊闕，斬首二十四萬，虜韓將公孫喜，拔五城，戰績如此，此策不應一語未及。若如黄氏言先敗東周，攻周在後，又何以隻字不提東周之敗？並是可疑。此蓋是戰役之初，秦小勝魏，遂進兵攻周，周因使人乞助於趙。其時韓尚未戰，犀武猶未死，故策不言韓。魏策一「秦敗東周，與魏戰於伊闕，殺犀武」，則是在此策之後，秦、魏復戰而殺犀武，大約趙未禁秦也。彼策言「魏令公孫衍……請卑辭割埊以講於秦」，此策言「而秦未與魏講也」，又云「莫如令秦、魏復戰」，足證此在魏割地講和之前，兵未大敗，故游説者猶幸其復戰也。徵之史、策，揆之情事，大略如此。所謂「周」者，當是東周，不應有二。今編疑錯亂其次。

〔四〕高誘云：「李兑，趙將也。」鮑彪云：「趙司寇。」〔按〕李兑爲趙惠文王司寇，見趙世家。此是周冣遣人説之。

〔五〕高誘云：「禁，止也。」

〔六〕鮑彪云：「趙、魏鄰也，魏有秦兵，則趙無事。」

〔七〕鮑彪云：「『得』猶『勝』。」吴師道云：「得其土地人民也。」

〔八〕鮑彪改「待」作「持」云：「『持』猶『保』。」吴師道云：「字有訛。」安井衡云：「『欲待周之得』，欲待得周也。凡古書當先言而後言之，必下一『之』字以間之。淺之爲丈夫，爲淺丈夫也。小人之使爲國家，使小人爲國家也。此之謂，謂此也。言秦得周國，然後攻他國。未得周，必不攻魏也。鮑改待爲持，非也。」〔按〕鮑改是。周禮夏官服不氏：「以旌居乏而待獲。」鄭注引杜子春云：「『待』當爲『持』，亦或爲『持』。」安井氏之釋即以代詞「之」字起複指作用，賓語移於動詞之前，簡言之，此句爲「秦欲待得周」之變式。亦可存一説。

〔九〕鮑彪云：「恐重傷。」

〔一〇〕高誘云：「講，和也；一曰『戰』。」吴師道云：「史甘茂傳索隱云：『鄒氏「講」讀曰「媾」。』又曰：『漢、史「媾」、「講」兩字常雜。』愚按搆、構、購，韓世家有，亦然。今凡爲和解之義者，定讀從『媾』。爲交結之義者，字當從『扌』。後放此。」〔按〕講、媾、搆、構、購諸字並從「冓」聲，例可通用。此「講」字當訓「媾和」，詳下文可知。高注「一曰戰」者，則訓爲「搆戰」，但秦已攻魏，不能謂未與魏戰也。此訓未安。

〔一一〕姚宏云：「(而)曾一作『攻』，劉作『而』。」〔按〕此「而」字訓「如」，見經傳釋詞。謂如以全趙之强令秦止攻。

〔一二〕鮑彪云：「『却』猶『退』。」

〔一三〕鮑彪云：「『支』猶『拒』。」

〔一四〕高誘云：「君，謂李兑也。」鮑彪云：「與秦和也。」

〔一五〕鮑彪云：「凡言重，皆制人而不制於人者也。」

〔一六〕〔按〕「疾支之」猶「力支之」。吕氏春秋尊師篇：「疾諷誦。」高注：「疾，力。」

3 秦令樗里疾以車百乘入周

秦令樗里疾〔一〕以車百乘入周〔二〕，周君迎之以卒〔三〕，甚敬〔四〕。楚王怒〔五〕，讓〔六〕周，以其重秦客〔七〕。

游騰〔八〕謂楚王曰：「昔智伯〔九〕欲伐厹由〔一〇〕，遺之大鍾，載以廣車〔一一〕，因隨入以兵。厹由卒亡，無備故也〔一二〕。桓公伐蔡也〔一三〕，號言伐楚〔一四〕，其實襲蔡〔一五〕。今秦者〔一六〕虎狼之國也〔一七〕，兼有吞周之意〔一八〕，使樗里疾以車百乘入周。周君懼焉，以蔡、厹由戒之〔一九〕。故使長兵〔二〇〕在前，强弩在後，名曰衛〔二一〕疾，而實囚之也〔二二〕。周君豈能無愛國哉〔二三〕？恐一日之亡國〔二四〕，而憂大王〔二五〕。」楚王乃悦。

〔箋證〕

〔一〕高誘云：「疾，秦公子名也。其里有大樗樹，因號（按樗里子傳索隱引「因號」作「故曰」）樗里子也。」鮑彪云：「秦惠王弟。其居在渭南陰鄉樗里，故號樗里子。後相武王。」張琦云：「在今（陝西）西安府城西十四里故長樂宮之西。」〔按〕史記有傳。俞樾湖樓筆談云：「古未有以所居爲號者，幼名冠字，死則以謚。……樗里子傳樗里子疾室在渭南桐陰鄉樗里，故俗謂之樗里子。蘇秦傳鬼谷先生注：『潁川陽城有鬼谷，蓋是其人所居因爲號。』蓋以所居爲號，始見於此。」考此説未盡然。柳下惠春秋初人，趙岐孟子公孫丑上注：「姓展名禽字季，柳下是其號也。」莊子釋文：「（柳下季）一云：字子禽，居柳下而施德惠。……一云：柳下，邑名。」則早於樗里、鬼谷時遠矣。衛策有梧下先生，莊子書有南郭子綦、長梧子（齊物論）。史記仲尼弟子傳又有銅鞮伯華，亦春秋時人，皆以所居爲號。大抵此例春秋、戰國時多有之，不始於樗里、鬼谷也。

〔二〕〔按〕樗里子傳云：「秦使甘茂攻韓，拔宜陽，使樗里子以車百乘入周。」

〔三〕高誘云：「百人爲『卒』。」中井積德云：「卒謂徒兵也。注『百人』，泥甚。夫『百乘』，大抵萬人矣，周之『百人』，豈足衛之哉？」〔按〕高注本周禮夏官序官。中井説本左氏隱元年傳杜注。此文當以中井説爲長。

〔四〕高誘云：「甚敬，敬樗里疾也。」金正煒云：「『敬』當讀爲『儆』。詩常武『既敬既戒』箋：『「敬」之言「儆」也。』周禮夏官序官注引作『既儆既戒』。」〔按〕「敬」謂「恭敬」，故楚王怒譴。樗里子傳作「意甚敬」，義亦同。金氏故求別解，未然。

〔五〕高誘云：「楚王，懷王也。一曰：頃襄王之子，懷王之孫也。」鮑彪謂是懷王。〔按〕秦拔宜陽，在周赧王八年（前三〇七），當秦武王四年，楚懷王二十二年。是楚王爲懷王無疑。頃襄王之子乃考烈王，即位於赧王五十三年（前二六二），而樗里疾據史記、表、傳並謂卒於周赧王十五年（前三〇〇），當秦昭王七年，楚懷王二十九年，世代不及，必非。

〔六〕〔按〕說文：「讓，相責也。」

〔七〕高誘云：「怒周敬重秦客，故責讓之也。」〔按〕太平御覽卷四百六十引「客」下有「也」字。

〔八〕高誘云：「游騰，周臣也。」姚宏云：「後語『游勝』。」〔按〕御覽引此下有「爲周君」三字。樗里子傳作「客游騰爲周說楚王」。長短經卷五作「游騰」，殆本春秋後語。騰、勝並從「朕」聲，古音同部，故「騰」或作「勝」。「游騰」亦見楚策二、韓策一。

〔九〕高誘云：「智伯，晉卿智襄子孫也。」〔按〕即智瑶。

〔一〇〕高誘云：「厹由，狄國，或作『仇首』也。」鮑彪云：「夷國，屬臨淮。漢志『由』作『猶』。又九域圖：『并州有仇猶城。』引此。」吴師道云：「括地志云：『并州盂縣外城，俗名原仇山。』史樗里傳作『仇猶』，韓子『仇繇』，呂春秋、劉外紀『夙繇』。……漢志臨淮乃泗之漣水，羅氏路史謂非智伯所伐者。」程恩澤云：「按路史以在漣水者爲『厹猶』，在盂縣者爲『仇繇』。是羅氏本以智伯所伐在泗州也。吴乃據以正鮑，誤矣。然其說自不可易。即鮑亦非專主臨淮也。高誘注淮南：『仇由，近晉之狄國。』則其在盂縣不在漣水審矣。方以智曰：『漢之厹猶，今泗州也。春秋仇猶國，今之太原府盂縣也，智伯欲伐厹由，即此。』」〔按〕鮑以漢志臨淮「厹猶」當此「厹由」，本之司馬貞索隱。吴引括地志則據張守節正義。元和郡縣志卷十三太原府盂縣下云：「縣城本名原仇城，亦名仇由城。按韓子曰『智伯欲伐仇由』云云，蓋其地也。」亦以盂縣當此。呂氏春秋權勳篇云：「中山之國有厹繇者。」中山近趙，則其地在山西無疑。索隱引國策作「仇猶」，正義引同。

〔一一〕高誘云：「廣，大車也。」鮑彪云：「欲開道也。」〔按〕張守節正義云：「周禮曰：『廣車之卒。』鄭玄曰：『廣車，横陳之車。』」左氏襄公十一年傳云：「鄭人賂晉侯以……廣車、軘車十五乘，甲兵備。」杜注：「廣車、軘車，皆兵車名。」又宣公十二年傳云：「楚子爲乘廣三十乘，分爲左右。」杜注：「廣，兵車。」此謂以兵車載大鍾。

〔一二〕高誘云：「厹由貪大鍾之賂，開道至晉以受鍾，智伯隨入兵，伐而取之也。」〔按〕韓非子説林下篇云：「知伯將伐仇由，而道難不通，乃鑄大鍾遺仇由之君。仇由之君大説，除道將内之。赤章曼枝曰：『不可。此小之所以事大也，而今也大以來，卒必隨之，不可内也。』仇由之君不聽，遂内之。赤章曼枝因斷轂而驅，至於齊，七月，而仇由亡矣。」亦見呂氏春秋權勳篇。

〔一三〕鮑彪云：「僖三年，蔡姬乘舟盪公，公怒，歸之，未絶也。蔡嫁之，故伐之。蔡，蔡叔度所封，屬汝南，後徙沛下蔡。」（按原本「三年」作「二年」，「乘舟」作「沈舟」，今並從左氏傳改正）張琦云：「漢志汝南郡上蔡下注云：『故蔡國。』新蔡下注云：『蔡平侯自蔡徙此。』……上蔡、新蔡皆今縣，屬汝寧府。……桓公所伐，則上蔡也。」〔按〕「桓公」上當脱「齊」字，樗里子傳有，是也。鮑注據左氏傳。上蔡縣在今河南。

〔一四〕高誘云：「桓歸蔡姬，未絶，蔡人嫁之，故伐蔡也。不欲令蔡知，故詐言誅楚也。」鮑彪云：「號，聲言也。以伐楚號衆。」

〔一五〕鮑彪云：「無鍾鼓曰襲。」吳師道云：「此據左氏說。陸氏纂例：『掩其不備曰襲。』」〔按〕韓非子外儲說左上篇云：「蔡女爲桓公妻，桓公與之乘舟，夫人蕩舟。桓公大懼，禁之不止。怒而出之，乃且復召之。因復更嫁之。桓公大怒，將伐蔡。仲父諫曰：『夫以寢席之戲，不足以伐人之國。功業不可冀也，請無以此爲稽也。』桓公不聽。仲父曰：『必不得已，楚之菁茅不貢於天子三年矣，君不如舉兵爲天子伐楚。楚服，因還襲蔡曰：「余爲天子伐楚，而蔡不以兵聽從。」因遂滅之。此義於名而利於實。故必有爲天子誅之名，而有報讎之實。』」左氏僖四年傳、史記齊世家並言先侵蔡，後伐楚。

〔一六〕鮑本、吳本無「者」字。〔按〕御覽引亦有「者」字，同此本。樗里子傳無之，同鮑本。

〔一七〕高誘云：「秦欲吞滅諸侯，故謂『虎狼國也』。」

〔一八〕高誘云：「吞，滅也。」〔按〕御覽引作「有獨吞之意」。長短經注此語作「有獨吞天下之心」，略同御覽。

〔一九〕高誘云：「戒，以二國爲戒也。」鮑本「戒」作「惑」，注云：「以二國爲惑。」〔按〕「戒」字義長。樗里子傳「戒之」作「觀焉」。

〔二〇〕鮑彪云：「戈、矛之屬。」〔按〕說文：「兵，械也。」呂氏春秋慎大篇高注：「兵，戈、戟、劍、矢也。」樗里子傳「兵」作「戟」。「長兵」謂「長武器」，故爲戈、矛之屬。

〔二一〕鮑彪云：「衛，行列爲護也。」

〔二二〕鮑本、吳本無「也」字。

〔二三〕〔按〕樗里子傳作「且夫周豈能無憂其社稷哉」。

〔二四〕姚宏云：「錢、劉一無『國』字。」鮑彪云：「恐秦亡之。」〔按〕樗里子傳作「恐一旦亡國」。

〔二五〕高誘云：「恐不敬其使，一日之中以滅亡國，而爲大王憂也。」〔按〕大王，謂楚王。

4 雍氏之役

雍氏之役〔一〕，韓徵甲與粟於周〔二〕，周君患〔三〕之，告蘇代〔四〕。蘇代曰：「何患焉？代能爲君令韓不徵甲與粟於周，又能爲君得高都〔五〕。」周君大悦曰：「子苟能，寡人請以國聽〔六〕。」

蘇代遂往見韓相國公中〔七〕曰：「公不聞楚計乎？昭應〔八〕謂楚王〔九〕曰：『韓氏罷〔一〇〕於兵，倉廩空，無以守城。吾收之以饑〔一一〕，不過一月，必拔〔一二〕之。』今圍雍氏，五月不能拔，是楚病〔一三〕也，楚王始〔一四〕不信昭應之計矣。今公乃徵甲及〔一五〕粟於周，此告楚病也〔一六〕。昭應聞此，必勸楚王益兵守雍氏，雍氏必拔。」公中曰：「善。然吾使者已行矣！」代曰：「公何不以高都與周？」公中怒曰：「吾無〔一七〕徵甲與粟於周，亦已多矣〔一八〕。何爲與高都？」代曰：「與之高都，則周必折而入於韓〔一九〕。秦聞之，必大怒，而焚周之節〔二〇〕，不通其使。是公以弊〔二一〕高都得完周也。何不與也？」公中曰：「善。」不徵甲與粟於周而與高都。楚卒不拔雍氏而去。

〔箋證〕

〔一〕高誘云：「雍，韓別邑也。楚攻韓，圍雍氏，故曰『役』。役，事也。」鮑彪云：「周紀注：陽翟有雍氏城。韓紀注赧王三年、十五年，楚再圍雍氏。此（赧王）十五年也。」張琦云：「史正義：『括地志：故雍城在陽翟縣東北二十五里。』按陽翟縣今禹州治。雍氏城在今陳州府扶溝縣西南四十里，與禹州接界。」〔按〕地在今河南淮陽縣附近。雍氏之役有三，詳見東周策楚攻雍氏周粻秦韓章，此在赧王八年（前三〇七）。

〔二〕高誘云：「韓召兵及糧於周也。」鮑彪云：「『徵』猶『索』。」〔按〕史記周本紀「周」作「東周」，顧觀光國策編年疑之。考東周策有「楚攻雍氏，周粻秦、韓」語，與此事當相涉，殆韓與周高都，周亦助韓糧食也。若是，「周」當爲「東周」。又水經伊水注引竹書紀年「梁惠成王十七年，東周與鄭高都、利」。「鄭」即「韓」。是高都本屬東周，割與韓，今乃還其舊地耳。則「周」爲「東周」，亦是一證。今策疑錯簡於此。或劉向誤編。

〔三〕高誘云：「患，憂。」

〔四〕高誘云：「蘇代，蘇秦兄也。」鮑彪云：「秦之弟，洛陽人。」〔按〕史記蘇秦傳，代爲秦之弟。燕策一亦云：「蘇秦死，其弟蘇代繼之。」亦同。但蘇秦傳索隱引譙周云：「秦兄弟五人，秦最少。兄代，代弟厲及辟鵠，並爲游說之士。」譙說與高注合，當別有所據。秦策三陘山之事章高注謂：「代，蘇秦弟。」與此又殊。

〔五〕高誘云：「高都，韓邑，今屬上黨。」吴師道云：「水經云：『伊水逕郯鄩亭，又北逕高都。』杜預云：『河南新城有郯鄩亭。』括地志云：『高都故城在洛州伊闕縣北。』京相璠云：『非在上黨者。』」程恩澤云：「水經注：『服虔曰：郯垂在高都。京相璠曰：舊說郯垂在高都南，今上黨有高都縣。余謂京論疏遠，未足以證，無如服說之指密矣。』是京本以此高都在上黨也，吴所引正相反，疑誤，然其說自不可易。……郡國志河南尹新城縣有高都城。今在洛陽縣西南。」〔按〕高都本東周地，割與韓者，詳上。

〔六〕高誘云:「聽,從也。」

〔七〕高誘云:「公中,韓公侈,爲相國也。」鮑彪改「中」作「仲」,下同,云:「韓公族。」吴師道云:「(中)古『仲』字省。索隱云:『公仲侈。』裴駰云:『相國,秦官,韓亦有,諸國仿秦也。』」〔按〕古「伯仲」之「仲」並作「中」。羅振玉謂:「凡『中正』字皆從『口』從『』,『伯仲』字皆作『』,無斿形。……許書『中正』之『中』作『』,殆傳寫譌也。」(金文編卷一引)此策作「中」,正是古字,不必改。高注「公侈」,即「公仲侈」,錢大昕以「侈」字繫「倗」字之譌,見重刻剡川姚氏本戰國策序。相國,本作「相邦」,漢人避諱而改,戰國時多置此官,不必始於秦,説詳東周策。

〔八〕高誘云:「昭應,楚將也。」鮑彪云:「昭、屈、景,皆楚之族姓。」

〔九〕鮑彪云:「懷王。」

〔一〇〕鮑彪云:「『罷』、『疲』同,『勞』也。」

〔一一〕鮑本、吴本「收」作「攻」。鮑彪云:「因其饑攻之。」〔按〕廣雅釋詁:「收,取也。」此謂因其饑而取之。

〔一二〕鮑彪云:「得城曰『拔』,如拔物然。」

〔一三〕高誘云:「病,困也。」

〔一四〕金正煒云:「『始』當爲『殆』,二形相似而譌也。荀子彊國篇:『雖爲之築明堂於塞外而朝諸侯,殆可矣。』注:『殆,庶幾也。』」〔按〕「始」字義通,不必改字。

〔一五〕鮑本改「及」作「與」。吴師道云:「史作『與』。『及』義自通,毋煩改字。」

〔一六〕鮑彪云:「猶以饑疲告之。」

〔一七〕金正煒云：「按禮記三年問：『無易之道也。』疏：『無，不也。』……策文『無』、『不』通用。」

〔一八〕〔按〕周本紀正義云：「言幸甚也。」

〔一九〕高誘云：「折，屈也。」鮑彪云：「入猶歸。」

〔二〇〕高誘云：「節，符信也。」〔按〕周禮地官掌節凡邦國之使節有虎節、人節、龍節，皆金爲之。「門關用符節，貨賄用璽節，道路用旌節（秋官小行人作「道路用旌節，門關用符節，都鄙用管節，皆以竹爲之」，稍異），皆有期以反節。凡通達天下者必有節以傳輔之。無節者有幾則不達」。鄭注：「符節者，如今宮中諸官詔符也。璽節者，今之印章也。旌節，今使者所擁節是也。……皆以道里日時課，如今郵行有程矣，以防容姦擅有所通也。凡節有法式藏於掌節。」賈疏：「太史公本紀漢文帝二年九月，初與郡國守相爲銅虎符、竹使符。應劭曰：銅虎符第一至第五。國家當發，遣使者合符，符合乃聽受之。竹使符者皆以竹箭五枚長五寸，鐫刻篆書第一至第五。」注、疏所述皆據漢制以釋。戰國之符傳世有新郪銅虎符。王國維考爲秦昭王末至始皇初年之物（觀堂集林一八）。符節用以徵信，中間書文，剖面爲二，雙方執一，合符驗行。此言焚周節，意即絶交。燕策一齊伐宋急章「使使盟於周室，盡焚天下之秦符」，謂共與秦絶交，意同。

〔二一〕鮑本、吳本「弊」作「敝」。高誘云：「弊，破也。」

5 周君之秦

周君之秦。謂周最（冣）曰〔一〕：「不如譽秦王〔二〕之孝也，因以應（原）〔三〕爲太后養地〔四〕。秦王、太后必喜，是公有〔五〕秦也。交善〔六〕，周君必以爲公〔七〕功；交惡，勸周君入秦者，必有罪矣〔八〕。」

【箋證】

〔一〕高誘云：「謂，有人謂周最，姓名不見也。最，周公子也。」鮑彪云：「最時從王。」〔按〕周冣見東周策，「最」當作「冣」，見彼注。

〔二〕鮑彪云：「（秦王）秦昭。」〔按〕史記周本紀「譽」作「舉」。

〔三〕鮑本、吳本「應」作「原」。湖北局覆刊黃本亦改作「原」。黃丕烈云：「按史記作『應』，考索隱云：『按戰國策作「原」。原，周地。』小司馬依高注仍作「原」，不譌，黃説是，今從正。高誘云：「原，周邑也。」鮑彪云：「齊紀注：『河內沁水有原城。』」程恩澤云：「史記作『應』，是時應非周地，姚本從之，似乎失考。按郡國志河內軹縣有原鄉。括地志：『故原城在懷州濟源縣西北二里。』顧祖禹云：『原本周畿內國，後以與晉，並見左傳。今有原鄉，在河南懷慶府西北十五里。』」〔按〕吳師道注引周紀徐廣注：「應，今潁川父城縣應鄉。」張琦釋地從作「應」，云：「故應城在今汝州魯山縣東三十里。」（實據括地志）考應鄉屬漢之潁川郡，依地理其時當屬於韓。故秦策三云：「應侯失韓之汝南。」應侯封地即汝州魯山縣之應城（從史記正義説），失韓之汝南即失其國，故下文云：「君亡國其憂乎。」可證應是韓地，不屬於周也。河內之原，春秋時已與晉，趙衰嘗爲原大夫，後來何以歸周？疑威烈王二十三年（前四〇三）王命魏文侯、韓景侯、趙烈侯爲諸侯，三晉賂周以地，趙歸原邑於周也。又安井衡謂高本亦當作「應」，其注「原周邑也」之「原」字同「元」，意爲應元屬周邑，後屬於秦。讀高注者誤以「原」爲邑名，遂致改本文「應」作「原」。而以此「應」爲秦封范雎之「應」。其説甚辨。但稽高氏注書，不獨戰國策殘注，即呂氏春秋、淮南子注皆無此句例。況司馬貞索隱明謂戰國策作「原」，著其與史記不同，豈可謂唐本皆誤讀高注而改耶？未可信從。又張宗泰魯巖集卷四云：「『原』、『應』聲相近，故『原』又作『應』。考秦昭襄王時范雎封應侯，應本屬秦，其先請以爲太后養地，説自可通。」『應』、『原』音不同部，聲亦有殊，未見通用之例，張説非。且應地是時屬韓，周安能以韓邑請爲秦太后養地？二説難通，附辨於此。

〔四〕高誘云：「太后，秦昭王母也。」鮑彪云：「供養之地，湯沐邑也。」〔按〕秦昭王母，宣太后芊氏。呂祖謙大事記解題云：「『養地』即平準書所謂自天子至於封君湯沐邑，皆各爲私奉養，不領於天下之經費者也。」

〔五〕鮑彪云：「有，言得其意。」

〔六〕鮑彪云：「周、秦之交。」

〔七〕高誘云：「公，周最也。」

〔八〕鮑彪云：「紀（赧王）四十五年有。」〔按〕周本紀正義云：「客謂周最曰：周君與秦交善，是最之功也。」中井積德謂：「勸周君者，别人。其人獲罪，則周冣之權重也。」中井之説似較正義爲長。

6 蘇厲謂周君曰

蘇厲〔一〕謂周君曰：「敗韓、魏，殺犀武〔二〕，攻趙取藺、離石、祁者〔三〕，皆白起〔四〕。是攻用兵〔五〕，又有天命也〔六〕。今攻梁〔七〕，梁必破，破則周危。君不若止之。」

謂白起曰〔八〕：「楚有養由基〔九〕者，善射，去柳葉者〔一〇〕百步而射之，百發〔一一〕百中。左右皆曰：『善。』有一人過〔一二〕，曰：『善射〔一三〕，可教射也矣〔一四〕！』養由基曰：『人皆(曰)善〔一五〕，子乃曰可教射。子何不代我射之也〔一六〕？』客曰：『我不能教子支左屈右〔一七〕。夫射柳葉者百發百中，而不已〔一八〕善息〔一九〕，少焉，氣〔二〇〕力倦，弓撥矢鉤〔二一〕，一發不中，前功盡〔二二〕矣。』今公破韓、魏，殺犀武，而北攻趙取藺、離石、祁者，公也。公之功甚多。今公又以秦兵出塞〔二三〕，過〔二四〕兩周，踐〔二五〕韓而以攻梁，一攻而不得，前功盡滅〔二六〕。公不若稱病不出也〔二七〕。」

〔箋證〕

〔一〕鮑彪云：「亦(蘇)秦之弟。」

〔二〕高誘云：「犀武，魏將。」〔按〕周本紀作「扑師武」。師、犀聲之轉。秦敗犀武，見前。

〔三〕高誘云：「『藺、石』本屬西河，『祁』本屬太原也。」程恩澤云：「藺，漢志西河郡有藺縣。正義曰：藺縣在石州。今永寧州西有藺城。……離石，離石縣東北有離石水，又有離石山，縣蓋以此名。寰宇記石州凡五縣，離石、臨泉、平夷、方山、定胡，皆離石地，則亦大縣也。今山西汾州府永寧州寧鄉縣、臨縣，皆其地。祁，本晉大夫祁氏邑，蓋以邑爲氏也。……元和志：『故城在祁縣東南十五里。』顧祖禹曰：『今太原府祁縣東南七里，有故祁城。戰國時爲趙地。』」〔按〕高注「石」上當脱「離」字。趙策三秦攻趙藺離石祁拔章鄭朱對秦王曰：「夫藺、離石、祁之地，曠遠於趙，而近於大國。」蓋趙之西境，與秦相近。

〔四〕高誘云：「白起，秦將也，殺犀武於伊闕。」梁玉繩云：「此語最爲可疑，策與史皆不免有誤。考伊闕之戰，秦破韓、魏，虜韓將公孫喜，殺魏將犀武，其事固屬白起。若秦取離石，在赧王四十一年；取藺在赧王二年；皆非白起之功，蓋其時起未出也。此何以稱焉？」〔按〕梁説未允。趙策三云：「秦攻趙，藺、離石、祁拔，趙以公子郚爲質於秦。」與此策語正相應。吴師道已辨之，詳見彼策。戰國時爭奪頻繁，地理不常，史或失載，此正可補其闕，不應反以爲誤也。白起亦稱武安君，史記有傳。説詳趙策。

〔五〕高誘云：「是，實也。攻，巧玄也。」吴師道云：「攻，工字通借。」〔按〕「是」猶「寔」，故高注訓爲「實」（是、寔通用，見經傳釋詞）。爾雅釋詁：「攻，善也。」郝懿行義疏云：「攻者治之善也，又堅之善也。『攻』訓『堅』，又訓『治』，兼之爲善。詩：『工祝致告。』毛傳：『善其事曰工。』是『工』與『攻』聲義同。」是「攻」本具「善」義，周本紀正作「善」。

〔六〕高誘云：「白起用兵，又有天命之助也。」

〔七〕鮑彪云：「魏都。」〔按〕魏徙都大梁，故又號梁。此「梁」猶言「魏」，不必指大梁也。伊闕之戰，其地距大梁尚遠，秦兵不能遽攻之也。大梁見秦策四物至而反章。

〔八〕〔按〕周本紀此與上句作「君何不令人説白起乎，曰」，作蘇厲教周君説白起之辭。今分段作蘇厲説白起語。如不分段，續接於上，與周本紀相同，亦可，但標點之單引號應改爲雙引號，而其中原有之雙引號，則可以省去。

〔九〕高誘云：「養，姓；由基，名；楚善射人也。」鮑彪云：「楚共王將。」〔按〕左氏成公十六年傳：「潘尫之黨與養由基蹲甲而射之，徹七札焉。」（杜注：「一發達七札，言其能陷堅。」）又「（吕錡）射共王，中目。王召養由基，與之兩矢，使射吕錡。中項伏弢，以一矢復命。」（杜注：「言一發而中。」）吕氏春秋精通篇：「養由基射兕中石，矢乃飲羽。」又淮南子説山訓記養由基射白猨事。皆著稱其善射。

〔一〇〕太平御覽卷七百四十四、卷九百五十七引「柳」作「楊」。文選枚叔上書諫吳王書注引無「者」字，周本紀亦無。

〔一一〕鮑彪云：「發，發矢。」

〔一二〕御覽卷七百四十四引作「有大夫過之」。周本紀作「有一夫立其旁」。

〔一三〕金正煒云：「『善射』二字涉上文而衍。」〔按〕此乃先稱善其射技，而後以可教挑之，乃贊歎之詞，語意明白，金説非。御覽引亦有之。周本紀作「善」。

〔一四〕姚宏云：「集、劉、錢無『也』字。」〔按〕御覽引無「射也」二字。此謂可以教之射也。

〔一五〕姚宏云：「劉、錢(皆)下有『曰』字。」〔按〕有之文義明，今據補。鮑彪云：「善，善我。」金正煒云：「『皆』即『比曰』三字誤併爲一也。策文『皆』、『比』通用，如『比是也』之類。徐鍇曰：『比，皆也。』」〔按〕金釋可備一説。

〔一六〕吳汝綸云：「『代』當從史作『教』。」〔按〕吳説非是。史記此段文字簡省，此句作「客安能教我射乎」，無「人皆善」下語，意義與策不相侔，不能爲據。此蓋養由基不服其人之語，因以「代我射」難之也。

〔一七〕高誘云：「支左屈右，善射法也。」鮑彪云：「支，去竹之支也。蓋取其直左右臂。」吳師道云：「列女傳云：『左手如拒，右手如附枝，右手發之，左手不知。此射之道也。』」橫田惟孝云：「謂左手張支弓，右手屈持筈也。」馬叙倫云：「吳氏正鮑之失，是矣，然未解『支』字之義。倫謂『支』借爲『直』，古音『支類』與『真類』相通。……『支左』謂『直左』，即列女傳所謂『如附枝者』也。」〔按〕諸家多從「善射」上生解，不如橫田説明暢易曉。支左屈右，乃射之姿勢，並無深義。吳注實本周本紀索隱。御覽引「不」作「非」，右下有「也」字。

〔一八〕姚宏云：「已，錢、劉作『以』。」鮑本、吳本作「以」。〔按〕御覽引亦作「以」。以、已古字通。

〔一九〕鮑彪云：「百中，善也，此時宜息。」〔按〕周本紀索隱云：「言不以其善而且停息。」此謂不乘其時休止。

〔二〇〕御覽引「氣」下有「衰」字，與周本紀同。

〔二一〕鮑彪云：「原作『拘』，從史記改作『鉤』。」吳師道云：「『拘』有『鉤』音，古或通。」黄丕烈云：「按『拘』字當是，此亦因史記而譌爲『鉤』耳。」〔按〕御覽引作「拘」，與鮑所據本同。「鉤」與「拘」並從句聲，例可通用，黄氏以爲譌，未是。鮑彪云：「撥，弓反也。鉤，矢鋒屈也。」金正煒云：「荀子正論篇：『羿、蠭門者，天下之善射者也，不能撥弓曲矢中。』注：『撥弓，不正之弓。』說文：『鉤，曲也。』後漢書鄧訓傳注：『孫卿子曰：拘木必待隱括蒸揉然後直也。』「拘」音「鉤」，謂曲者也。」

〔二二〕鮑彪云：「『盡』猶『滅』。」〔按〕御覽引「盡」下有「棄」字。周本紀作「百發盡息」。

〔二三〕〔按〕周本紀正義謂「塞」爲伊闕塞也。不然。「塞」當指殽塞，在兩周之西，與下云「出兩周」相應。若伊闕在西周之南，出其地，已越西周，於地理不合。說見東周策秦假道於周以伐韓章。

〔二四〕姚宏云：「曾一作『週』。集、劉作『過』。」

〔二五〕鮑彪云：「踐，履也，猶過。」〔按〕周本紀作「倍韓」。

〔二六〕高誘云：「滅，没也。」

〔二七〕鮑彪云：「周紀（赧王）三十四年有。」

7 楚兵在山南

楚兵在山南〔一〕，吾得〔二〕將，爲楚王屬怒〔三〕於周。

或〔四〕謂周君曰：「不如令太子將軍正迎吾得於境〔五〕，而君自郊迎，令天下皆知君〔六〕之重吾得也。因泄〔七〕之楚曰：『周君所以事吾得者，器〔必〕〔八〕名曰謀〔九〕。』楚王必求之，而吾得無效〔一〇〕也。王必罪之〔一一〕。」

【箋證】

〔一〕高誘云：「在周之山南也。」程恩澤云：「按是時周境之山，在今（河南）洛陽縣南者，有伊闕、太谷諸山；在今（河南）偃師縣南者，有轘轅、緱氏諸山；在今鞏縣南者，有外方、少室諸山；皆與楚相望，不知其何指也。」（鮑彪以扶風之吳岳當之，吳師道已證其誤，今略。）

〔二〕高誘云：「吾得，楚將也。『吾』當作『五』，楚五將者也。」鮑彪改「吾」作「伍」。吳師道云：「『吾』字訛，當作『伍』。」黃丕烈云：「鮑改吳補皆非，高注可證。」金正煒云：「按竹書紀年：『楚吾得帥師及秦伐鄭。』則作『吾』固不誤。」〔按〕吾、五姓氏並有，高注謂「吾」當作「五」，不詳所據。或以楚有五參、五舉，吾、五音近而疑之乎？但自五奢族誅，五員奔吳之後，未聞楚尚有五氏者，亦不合也。又言「楚五將」義亦不明，疑有訛字。景宋本「五將」作「吾將」。金引紀年以證，是也。「吾得」見古本竹書紀年。雷學淇重訂竹書紀年亦引此策文，明「吾得」無訛（于鬯亦據紀年以證此事）。

〔三〕鮑彪云：「（楚王）頃襄。屬，連也，猶結。」鮑本、吳本「怒」作「怨」。關修齡云：「楚兵在近，而周不通使，吾將攻之，故曰『屬怒』。」〔按〕古本紀年楚吾得伐鄭事，水經潁水注等引不繫年，今本紀年繫於周顯王三十五年，注云：「不知何年，附此。」顧觀光國策編年因附繫此策於顯王三十三年（前三三六），當楚威王四年。雷學淇考訂竹書紀年繫伐鄭事於今王（魏襄王）十五年，援此策謂是一事，「在懷王二十五年，盟黃棘之後」。朱右曾汲冢紀年存真從之。紀年之今王十五年（前三〇四），當周赧王十一年，楚懷王二十五年。並與鮑不合。楚頃襄王即位於赧王十七年（前二九八），竹書紀年止於今王二十年，當赧王十六年（前二九九），更無他證，則此楚王非頃襄審矣。推勘諸説，似從雷氏作「懷王」爲宜。

〔四〕高誘云：「或，猶有人謂周君也。」

〔五〕高誘云：「使太子與軍正於境迎吾得也。」鮑彪云：「『軍正』猶『卒正』，軍之率也。」吴師道云：「此謂將軍而正迎也。史穰苴傳『軍正』，無注。」金正煒云：「列子説符篇：『楚王悦之，以爲軍正。』亦見史記司馬穰苴傳。是當時固當有此官名。惟『太子將軍正』，辭義未完，疑『正』字當訓爲『直』。爾雅釋泉『正出』，直出也。又或『正』爲『出』字之譌，高注亦誤。言太子將軍出迎於境上也。武后所製『正』字作『𠙺』，與『出』相似，因誤爲『正』。」〔按〕金氏先説同吴氏。「軍正」既齊、楚並有其官，舊注自通，不能謂辭義未完。「將」讀去聲，率也。「將軍正」謂「率軍正」。史記司馬穰苴傳記莊賈誤期，穰苴「召軍正問曰：軍法期而後至者云何？對曰：當斬。」是「軍正」爲軍法官之類。

〔六〕吴本「君」譌作「軍」。

〔七〕高誘云：「泄，猶使楚聞之也。」

〔八〕姚宏云：「一無『必』字。」〔按〕無者是，今從之。必疑涉下文「必求之」而衍。

〔九〕姚宏云：「曾、集作『謀』，錢、劉作『某』。」鮑彪讀連下「楚」字爲句，云：「此以間得於楚，言與得之器，其疑識云然。」金正煒云：「按此爲周君謀間得於楚，本無其器，故設言『某』。無『必』字及作『某』者不誤。儀禮士冠禮：『某有子某。』注：『古文「某」爲「謀」。』則『謀』即『某』也。鮑氏以下文『楚』字連讀爲句，於文不合。且『名器曰謀楚』，亦遠於事情。」〔按〕金説是也，謀、某同聲通借。鮑説謬，安有用「謀楚」之詞爲疑識之理哉？張尚瑗隨筆乃以詛楚碑、破楚門、望齊門、破吳門之類相擬，乖矣。

〔一〇〕鮑本、吳本「效」作「効」，同。高誘云：「效，致也。」鮑彪云：「得實未嘗得器，故無以効。」

〔一一〕鮑彪云：「以其欺也。」

8　楚請道於二周之間

楚請道於二周之間〔一〕，以臨韓、魏〔二〕，周君患之。蘇秦〔三〕謂周君曰：「除道屬之於河〔四〕，韓、魏必惡之〔五〕。齊、秦恐楚之取九鼎也〔六〕，必救韓、魏而攻楚。楚不能守方城〔七〕之外，安能道〔八〕二周之間？若四國弗惡〔九〕，君雖不欲與也〔一〇〕，楚必將自取之矣。」

【箋證】

〔一〕鮑本、吳本「二」作「兩」。鮑彪云：「以假道請。」

〔二〕高誘云：「『臨』猶『伐』也。」于鬯云：「此疑與上策爲一事。竹書言伐鄭，此則兼言韓、魏耳。下文言『齊、秦恐楚取九鼎，必救韓、魏而攻楚』，據史楚世家齊、韓、魏共伐楚正明年事，可合也。秦策云：『韓、魏之困，乃南襲至鄧。』則楚臨韓、魏有自來矣。」金正煒云：「詩皇矣疏：『「臨」者在上臨下之名。』論語爲政篇皇疏：『臨，謂以高視下也。』薛公以齊章：『君臨函谷而無攻。』韓魏易地章：『韓兼兩上黨以臨趙，即趙羊腸以上危。』張儀事秦惠王章：『是王内自罷而伐與國，廣鄰以自臨，而信儀於秦王也。』『臨』之義猶厭案也，高注未安。」鍾鳳年云：「按韓、魏之地，介在周、楚之間，楚須先踰韓、魏，始能抵二周。故楚臨韓、魏，實無須假道二周。若楚將臨韓、魏河北之地，則二國亦斷無任楚經其河南以侵河北之理。又蘇秦令周君屬之河，河乃周之北邊，楚自南來，周又奚爲除道至其北邊？韓、魏又何待至此而始惡？故『韓、魏』二字必盡誤，恐是『燕、趙』之譌。楚若臨燕、趙，則勢必假道二周，且須渡河也。此殆或因燕、趙距楚懸遠，非所能至，乃妄改爲韓、魏。不然全章凡三見此二字，亦不應一一俱誤。殊不知却大乖事理，及未識楚以不便明言之二周，而權爲此辭之隱意也。」〔按〕鍾據地理疑此文，固自有理。但戰國用兵之際，壤地出入，不能遽謂楚斷無通周之道。上章「楚兵在山南」，高注云：「在周之山南。」程恩澤考之更詳（見前）。東周策秦興師臨周章齊王運九鼎「欲寄徑於楚」，並可證周、楚境地接近。春秋宣公三年，當周定王元年（前六〇六），楚莊王伐陸渾之戎，觀兵於周郊，問九鼎。其時楚國境尚狹小，出師振旅，猶能至於洛陽，何況戰國之際乎？故「假道於二周」不爲乖謬。楚與韓、魏接境，固無須假道以臨。然用兵制勝，常出人不備，楚之假道二周，因以擊韓、魏之背側，亦可理喻。至於河在周北，此恐有誤，但河不必是大河，説見後。于氏比附上章爲一事，亦無的證。

〔三〕鮑彪改「秦」作「子」云：「秦字季子，洛陽人，其死時東、西周未分。此當爲代若厲。諸如此處不一。」張琦云：「蘇秦之死，當慎靚王四年，上距威烈王東周惠公之封，已近百年。即據趙世家顯王二年，韓、趙分周地爲二，亦已五十年。鮑蓋泥周紀赧王時東、西周分治之文。然詳史文，乃謂赧王以前治尚由王，自此治由兩周；赧王徙都，寄焉而已，故曰分治。非謂分地自此始也。」〔按〕戰國策蘇秦兄弟頗多混淆，年代亦失次，當別論之。東、西周之辨，已詳見前釋，鮑説不足據。

〔四〕高誘云：「『屬』猶『至』也，通也。」鮑彪云：「除，去穢也。」夏紀注：「『河出金城、積石。』蓋道行兩周之間，使楚所假連及之。」吳師道云：「河，東過洛、汭，在鞏縣東。洛邑北望有河。」程恩澤云：「按水經注河水自大陽縣南，東過砥柱，又東過平陰縣北，又東過平縣北，又東逕河陽縣故城南，又東逕洛陽縣北，又東逕平縣故城北，又東過鞏縣北。此戰國時周境河道也。……顧祖禹曰：『河自山陝之交，歷潼關北，流入閿鄉縣北境，經靈寶、陝州、黽池、新安、洛陽、孟津、鞏縣北而入開封府界。』以今地按之，最爲的確。」金正煒云：「左氏莊四年傳：『除道梁溠，營軍臨隨。』注：『更開直道。』」〔按〕河在周之北邊，除道至河，與楚無涉，韓、魏何以惡之？此事鍾鳳年已疑之（見上）。竊謂河非指大河。莊子：「自淛河以東。」釋文云：「『河』亦『江』也，北人名水皆曰『河』。」後漢書文苑列傳酈炎傳：「韓信釣河曲。」李賢注：「河者，水之總名也。」可證他水亦可稱「河」。此處所指疑是伊、雒等水。除道屬河，便於楚軍。故四國惡之。

〔五〕鮑彪云：「惡楚。」

〔六〕鮑彪云：「道廣可以出鼎。」〔按〕「九鼎」見東周策。

〔七〕高誘云：「方城，楚塞也。」〔按〕「方城」見下韓魏易地章。

〔八〕〔按〕道，謂假道，作動詞用。

〔九〕高誘云：「四國，韓、魏、齊、秦也。」〔按〕謂畏楚而弗敢惡。

〔一〇〕鮑彪云：「與之道。」吳師道云：「謂鼎也。」〔按〕鮑說爲是。

9　司寇布爲周冣謂周君

司寇布〔一〕爲周最（冣）謂周君曰：「君使人告齊王以周最（冣）不肯爲太子也〔二〕，臣爲君不取也〔三〕。函冶氏〔四〕爲齊太公〔五〕買良劍，公不知善，歸其劍而責之金〔六〕。越人請買之千金，折而不賣〔七〕。將死〔八〕，而屬〔九〕其子曰：『必無獨知〔一〇〕。』今君之使最（冣）爲太子〔一一〕，獨知之契〔一二〕也，天下未有信之者也。臣恐齊王之爲〔一三〕君實立果〔一四〕，而讓之於最（冣）〔一五〕以嫁之齊也〔一六〕。君爲多巧〔一七〕，最（冣）爲多詐〔一八〕，君何不買信貨哉〔一九〕？奉養無有愛〔二〇〕於最（冣）也，使天下見之〔二一〕。」

〔箋證〕

〔一〕高誘云：「布，周臣也。」鮑彪云：「司寇，周官。布，其名。」

〔二〕鮑彪云：「（齊）閔王善最，欲其爲太子，以賂進之。最時讓立，周以最不肯立告齊。」吳師道云：「此並無據。」〔按〕湣王欲周冣爲太子，見下謂齊王曰章。鮑餘説出於推測，故吳譏之。

〔三〕〔按〕謂其非計。

〔四〕高誘云：「函，姓；冶，官名也；因以爲氏。知鑄冶，曉鐵理，能相劍。」（按吳氏引此誤作姚宏説）鮑彪云：「冶，銷鐵也。函，蓋其姓。」〔按〕廣韻「函」字云：「又漢複姓，漢末有黃門侍郎函冶子覺。」據此「函冶」二字爲氏，所謂以官爲氏者。

〔五〕高誘云：「齊太公，田常孫田和也，始代呂氏爲齊侯，號曰太公。」〔按〕見史記田完世家。

〔六〕高誘云：「太公不知其劍善，故歸之，而責其買劍金。」

〔七〕高誘云：「雖顧千金，猶未盡其本價也，故折其（姚宏注云：「錢、劉下有『劍』字。」按吳氏補注引此注「其」下有「錢」字，疑是誤以姚注「錢、劉」之「錢」連屬上文。盧本「其」下空格。安井衡云：「高注『其』下闕文，疑是『價』

字）不賣與越人也。」鮑彪云：「折，折劍。」吳師道云：「高注云云……則『折』作『折闕』義。若作『斷折』，則於下文不通。」横田惟孝云：「折，荀子『折閲』之『折』，損也。千金猶未盡其本賈，故折損而不賣與越人也。」金正煒云：「按漢書食貨志：『用其本賈取之，毋令折錢。』此言千金猶未盡其本賈，故曰『折』也。或爲『斵』之省文，廣雅釋器：『斵，刀削也。』刀、劍古通稱，蓋謂匣而藏之，不輕視人也。又或爲『斥』字之譌，廣雅釋詁：『斥，推也。』漢書曹參傳：『輒斥去之。』師古曰：『斥，却也。』言越人雖買以千金，仍推却不賣，以其非能知劍也。」〔按〕高注自明，不必紛求異義。此謂其價折（折閲，猶言價廉虧本），故不願賣也。列諸説以廣異聞。

〔八〕鮑彪云：「函冶氏將死。」

〔九〕鮑彪云：「屬、囑同。集韻：『託辭。』」〔按〕屬，猶言遺囑也。

〔一〇〕高誘云：「函冶氏屬其子曰：必無以語人，獨知其利。」鮑彪於「必無」下云：「無以告人。」又於「獨知」下云：「自知其良。」吳師道云：「二語因高注。愚意『必無獨知』當作一句，言凡有售，必使衆知其良，不可獨知也。」于鬯云：「言必不可買獨知之貨，蓋自悔也，故囑其子。」金正煒云：「『無』猶『不』也。必不獨知，謂終有知者。此喻周君欲使最爲太子，以爲人當知之。然以千金不得買劍，或將意其不賣，則君之告齊，猶函冶氏之謝越人也。所謂必無獨知者，終亦不可得矣。」〔按〕此告誡其子之語，吳説是也。意謂良劍不爲人知，竟不得售，此憾辭也。

〔一一〕鮑彪云：「周雖以最不肯立告齊，猶欲立之，特未定耳。」〔按〕此謂周君内實欲立冣爲太子。

〔一二〕鮑彪云：「契，約也，當兩知之，今則獨。」吳師道云：「禮記『右契』，注：『一書兩札，同而別之。』」于鬯云：「按此謂周君先使最爲太子，因最不肯立，乃立果，然天下但知立果，而不能知先使最之事，故云『使最爲太子，獨知之契』。或云：此『最』字當爲『果』字之誤，義較捷。」〔按〕「最」字義通，或説未必然。

〔一三〕鮑本「爲」改作「謂」。吳師道云：「策『爲』、『謂』通借，此當作『謂』。」黄丕烈云：「『爲』、『謂』非通借，乃寫者亂之。」〔按〕黄説非也。「爲」猶「謂」，古常通用，例見經傳釋詞。

〔一四〕高誘云：「果，周太子也。」鮑彪云：「亦周子。」金正煒云：「果，疑本作『某』。公羊宣六年傳：『於是使勇士某者殺之往。』注：『某者，本有姓氏，記傳者失之。』廣雅釋詁：『某，名也。』此則不知其人而設爲之辭。」〔按〕此謂周君雖欲立冣爲太子，天下以其對外言立果，不信之，故齊王亦以爲周實欲立果也。果與冣争爲太子，衆所盡知，不應失其名，金説恐非。

〔一五〕鮑彪云：「讓，飾説也。」關修齡云：「讓之於最，猶令最讓之。」〔按〕謂齊以周欲立果爲太子，因齊王與冣厚而讓之。鮑注不明。關説非。

〔一六〕鮑本、吳本「之」下有「於」字，無「也」字。高誘云：「嫁，賣。」鮑彪云：「『嫁』猶『賣』也。言欺齊。」金正煒云：「此言齊王將疑周君之立子，意別有屬，而謂冣自不肯以賣齊也。」〔按〕謂以立冣之事嫁之於齊也。嫁，歸也。（周易集解序卦引虞翻注）高、鮑等説疑非。

〔一七〕鮑彪云：「『巧』猶『詐』。」〔按〕説文：「巧，技也。」此猶言弄手段。又老子：「絶巧棄利。」王弼注：「巧者，詐僞亂真也。」與下「詐」字互文相應。

〔一八〕鮑彪云：「心欲之而言不肯。」

〔一九〕鮑彪云：「可信之貨，非獨知也。」横田惟孝云：「信貨，衆所信之貨，以喻周最。」〔按〕「信貨」亦承上「巧」、「詐」而言之。意謂周君如宣示立冣，使天下信之，則冣爲信貨矣。何必多用巧詐？

〔二〇〕鮑彪云：「『愛』猶『吝』。」于鬯云：「或云：奉養，謂奉以養地。」

〔二一〕鮑彪云：「然則立最信矣。從周紀，（齊王）皆當爲『楚王』。」吳師道云：「使衆見之，而信最之當立。從周紀改「楚」，非。」〔按〕鮑氏以此策立太子與東周策周共太子死章連爲一事（鮑以周共太子死章改隸西周策，又以下謂齊王曰章及此章次於後），故謂「齊」當爲「楚」。但國策分隸二周，又無明文相涉，安能證其爲一事？且史記周本紀言楚王立公子咎爲太子，與立冣立果之事不合，更安能附會爲一？吴氏非之，允矣。

10 秦召周君

秦召周君，周君難往〔一〕。或爲周君謂魏王〔二〕曰：「秦召周君，將以使攻魏之南陽〔三〕。王何不出（兵）〔四〕於河南〔五〕，周君聞之，將以爲辭於秦而不往〔六〕。周君不入秦，秦必不敢越〔七〕河而攻南陽。」

【箋證】

〔一〕鮑彪云：「意不欲往。」〔按〕史記周本紀「難」作「惡」。

〔二〕高誘云：「史記作『韓王』。」（按依例此與高注不合，疑是姚宏續注語，上脱「續」字標識耳。）鮑彪謂「魏王」即「安釐王」。吴師道云：「無考。周紀作『韓王』。」鍾鳳年云：「按韓之南陽與秦同在河南，魏若信爲韓，則於下文『王何不出兵河南』及『秦必不敢越河而攻南陽』二語，事理俱不合矣。此殆史之誤，不宜引。至此事乃在周赧八年至三十四年之間，不能確定其時際。唯此時間，於魏當爲哀或昭王事，鮑謂安釐王，失考。」〔按〕顧觀光編年依周本紀繫此策於赧王八年（前三〇七），其時據六國表當魏哀王，紀年作魏襄王。魏、韓並有南陽，但魏在河北，韓在河南。鍾氏以策語辨「韓」字之譌，是也。

〔三〕高誘云：「南陽，魏邑也。」顧觀光云：「史記秦本紀：『魏入南陽以和。』徐廣曰：『河内脩武，古曰南陽，秦始皇更名。』（自注：今脩武縣懷慶府。）……水經清水注：『脩武，故甯也，亦曰南陽矣。馬季長曰：晉地，自朝歌以北至中山爲東陽，朝歌以南至軹爲南陽。』秦本紀正義引括地志云：『懷州獲嘉縣，即古之南陽。』（自注：今獲嘉縣屬衛輝府。）又引杜預云：『在晉山南河北，故曰南陽。』然則南陽所該甚廣，不止脩武。」〔按〕周本紀正義以此南陽爲懷州，引杜預説。是直以爲魏之南陽，與史文「韓王」不合。韓南陽見下韓魏易地章。

〔四〕鮑本、吴本「出」下有「兵」字。金正煒云：「按『出』當爲『田』字之譌也。周禮甸祝：『掌四時之田。』注：『「田」者習兵之禮。』公羊桓四年傳注：『田者，蒐狩之總名也。』魏王田於河南，疑於闕周，故周得以備魏爲辭於秦。若出兵周境，非復爲周謝秦策矣。史記信陵君傳：『公子與魏王博，而北境傳舉烽，言趙寇至，且入界。魏王釋博，欲召大臣謀之。公子止王曰：「趙王田獵耳，非爲寇也。」已而果然。』是亦疑『田』爲『兵』之證。」〔按〕出兵河南，有攻周之意，文義易曉，不煩改字求解。周本紀「出」下亦有「兵」字。下文高注：「從魏兵在河南爲辭。」可證此脱「兵」字，今從鮑本補。金改嫌曲。

〔五〕高誘云：「史記作『南陽』。」（按此疑亦是姚宏續注語，説見上）鮑彪云：「河南，洛陽也。時未爲郡，言河之南耳。」吴師道云：「河南即西周郟鄏。考王封弟河南，其名久矣。」金正煒云：「河南，言河之南中牟、陽武、酸棗，皆魏分地。非謂洛陽、郟鄏也。」〔按〕金説是，此謂河南近周之地。

〔六〕高誘云：「以魏兵在河南爲辭，不往詣秦也。」金正煒云：「『將』字疑本作『得』，形似而譌也。」〔按〕將，爲將然之辭，義自明，金説非。周本紀索隱引高注「詣」作「朝」。

〔七〕鮑彪云：「越，度也。」

11 犀武敗於伊闕

犀武敗於伊闕〔一〕，周君之魏求救〔二〕，魏王〔三〕以上黨之急辭之〔四〕。周君反，見梁囿〔五〕而樂之也。綦毋恢〔六〕謂周君曰：「溫囿不下此〔七〕，而又近〔八〕，臣能爲君〔九〕取之〔一〇〕。」反見魏王，王曰：「周君怨寡人乎？」對曰：「不怨，且誰怨王〔一一〕？臣爲王有患〔一二〕也。周君，謀主也〔一三〕，而設以國爲王扞秦〔一四〕，而王無之扞也〔一五〕。臣見其必以國事秦也。秦悉塞外〔一六〕之兵，與周之衆，以攻南陽〔一七〕，而兩上黨絶矣〔一八〕。」魏王曰：「然則奈何？」綦毋恢曰：「周君形不〔小〕利事秦〔一九〕，而好小利〔二〇〕。今王許戍三萬人〔二一〕，與〔二二〕溫囿，周君得以爲辭於父兄百姓〔二三〕，而利（私）〔二四〕溫囿以爲樂，必不合於秦。臣嘗聞溫囿之利，歲八十金〔二五〕。周君得溫囿，其以事王者歲百二十金〔二六〕。是上黨每（毋）〔二七〕患〔二八〕，而贏四十金〔二九〕。」魏王因使孟卯〔三〇〕致〔三一〕溫囿於周君而許之戍也〔三二〕。

【箋證】

〔一〕〔按〕秦攻魏將犀武軍於伊闕見西周策。

〔二〕高誘云：「秦將白起敗魏將犀武於伊闕，遂進攻周君，故求救於魏也。」鮑彪云：「白起既敗魏，遂進攻周。周以魏怨之，故往求救。」吳師道云：「大事記：『秦怒東周助韓、魏，故攻之。』按策文當作『西周』。」鍾鳳年云：「考此事並無稱『西周』之明文，且魏策一明言『秦敗東周』云云，此自是策誤隸西周耳。吳氏説非是。」

〔按〕説詳見上同章。

〔三〕鮑彪謂「魏王」即「昭王」。

〔四〕高誘云：「故不救周。」鮑彪云：「意者有趙或韓兵也。」吳師道云：「趙兵無考。周、韓、魏共伐秦，此時韓、魏必和。」程因澤云：「按地理志魏地自高陵以東，盡河東、河內，其境不及上黨。然戰國時兼并無常，難拘舊域。正義云：『七國時，韓有潞州及澤州之半，半屬趙、魏。』是魏亦有上黨也。」〔按〕策常兼言韓、魏之上黨。秦策四薛公入魏而出齊女章：「以齊、秦劫魏，則上黨秦之有也。」史記魏世家惠王元年公孫頎謂韓懿侯曰：「今魏罃得王錯，挾上黨，固半國也。」則並謂魏之上黨。上黨郡區域較廣，趙、魏、韓分有其地。

〔五〕高誘云：「梁，魏惠王之都也。畜禽曰『苑』，園有林池曰『囿』（原本作『園』，與正文不合，從盧本改）也。」鮑彪云：「陳留浚儀。注：『魏惠王自安邑徙大梁。』」吳師道云：「『囿』者，蓄育鳥獸之所。」程恩澤云：「按地理通釋云：『索隱：「囿」即圃田，鄭藪，屬魏。輿地廣記：開封府中牟縣有圃田澤，爲豫州之藪。正義云：囿，劉伯莊音「圃」。括地志：圃田澤在鄭州管城縣東三里。國策魏有梁囿、温囿。』按鄭州中牟，皆自梁反周必經之路，梁囿應在此。惟牽合温囿爲説，未免稍疏。舊以梁囿在大梁，非是。」〔按〕鮑注據漢書地理志。史記魏世家無忌謂魏王「秦七攻魏，五入囿中」。索隱及正義並以「囿」爲圃田，見上程引地理通釋。惟魏策「囿中」作「國中」。古本竹書紀年：「梁惠成王十年，入河水於甫田，又爲大溝引甫水。」「甫田」即「圃田」。吳訓「囿」字，據詩大雅靈臺毛傳及説文。

〔六〕高誘云：「綦毋恢，周臣也。」〔按〕綦毋，複姓，元和姓纂卷二云：「左傳晉大夫綦毋張。戰國策綦毋子與公孫龍争辯。」（綦毋子爲公孫龍之弟子，見史記平原君傳集解引劉向別録）今本國策無之，當是佚去。楚策一張儀相秦章云「魏求相綦毋恢而周不聽」，即其人，蓋周臣之親魏者。亦見魏策一魏令公孫衍請和於秦章及韓策二韓咎立爲君而未定也章。

〔七〕高誘云：「温囿，今在河内，是時屬魏。『下』猶『減』（景宋本『減』誤作『咸』）也。此，梁囿（姚宏云：『一作『梁』。』）也。」（按姚本高注「温囿」下空一字，「此」下亦空一字。盧本於空字處並作空格。詳繹文義完整，當是因有衍誤而剜板，非脱字也。今不空。）鮑彪云：「言其樂不在梁下。」張琦云：「今懷慶府温縣，與鞏縣分河。」〔按〕温囿當是在温縣之囿。温屬河内，與周地鄰近，見東周策周相吕倉見客於周君前章。

〔八〕高誘云：「温囿近周。」

〔九〕盧本脱「君」字。

〔一〇〕高誘云：「能爲君取温囿也。」（按姚本高注「能」上空一字，「取」下空一字。盧本並作空格。詳文義，亦屬剜板而空，非脱字也。今不空。）

〔一一〕鮑本、吴本、盧本「王」作「乎」。〔按〕「乎」字義較長。「且」猶「又」也，抑也，見經傳釋詞。此言不怨又怨誰？謂周君深怨魏王也。但原文亦可通，謂周君不怨王，又誰怨王乎？

〔一二〕高誘云：「患，憂也。」

〔一三〕高誘云：「周，天子也，故曰『謀主也』。」吴師道云：「韓世家：『使公孫喜率周、魏伐秦，敗伊闕。』緣是故稱『謀主』，比周君也。」金正煒云：「左氏昭九年傳：『我在伯父，猶衣服之有冠冕，木水之有本原，民人之有謀主也。』注：『民人謀主，宗族之師長。』吴正非也。」（横田惟孝亦引左氏傳及杜注，杜注有譌文，今取金說。）〔按〕金引左氏傳可與高注相證，是也。其時赧王徙都以後，故西周稱「謀主」也。

〔一四〕高誘云：「扞，禦也。傳曰：『扞禦北狄也。』」鮑彪云：「設，施陳。」金正煒云：「按齊策：『今先生設爲不宦。』注：『設者，虛設之辭。』又漢書趙充國傳：『數使使尉黎、危須諸國，設以子女貂裘，欲沮解之。』注：『「設」謂「開許之」也。』言周雖不能爲王扞秦，猶得藉口居爲隱蔽，用以德魏王，無以報之，則有辭事秦矣。」〔按〕金引齊策注是也，而所解則非。此恢言假設周君爲魏禦秦，以周居魏之西，而魏不保衛之。揚子法言重黎篇：「設秦得人如何。」李注：「設，假也。」高注引傳見左氏襄公二十六年傳。

〔一五〕高誘云：「言魏爲周無所扞禦也。」

〔一六〕〔按〕塞外，謂殽塞外，說見東周策昭獻在陽翟章。

〔一七〕高誘云：「南陽，魏邑。」〔按〕南陽見上。

〔一八〕鮑彪云：「言趙、韓援魏之路絕。」吳師道云：「是時魏上黨被兵，若周、秦攻南陽，則魏又當禦其攻，而上黨必絕。後云『上黨無患』，言得併力於此也。」程恩澤云：「按韓魏易地章云：『韓兼兩上黨以臨趙。』是時韓、魏各有一上黨，魏欲以上黨易韓之南陽、鄭地三川。韓本有一上黨，又得魏之上黨，故曰『兩上黨』。此『兩上黨』亦當如此解。言秦攻南陽（自注：此是魏地），則韓、魏之上黨皆不通耳。地理通釋云『所謂兩上黨者，蓋在韓、魏之間』，是也。」（顧觀光亦云：「所謂『兩上黨』者，韓與魏也。」）鍾鳳年云：「按戰國時，因韓、魏共有上黨地，故於兼言之時，曰『兩上黨』。今獨指魏地言之，不應有『兩』字，宜衍。且上下文并言一地，而俱無『兩』字；又下文即爲回應次句而生者，而無『兩』字，均可證元文必誤。」〔按〕鍾說殆是。「兩」疑涉上「而」字形近而衍。「上黨絕矣」與上文「上黨之急」相應。

〔一九〕高誘云：「形，勢也。」〔按〕「小」字當衍，說見下。

〔二〇〕高誘云：「小利，謂温囿也。」鮑彪本「不」下有「好」字（盧本從之），讀作「周君形不好小利，事秦而好小利」，云：「『形』猶『勢』也。小利，謂温囿。國小多憂，其勢宜不得游觀。有秦助則無國患，乃得游觀。」黄丕烈云：「此『小』字因下文而衍（按此謂下句之『小』字），讀以『秦』字句絶。鮑本有『好』字，乃讀『利』字爲句，所解全謬。」金正煒云：「疑鮑所見本『秦』或爲『泰』。泰，安也，故曰『無患』。」〔按〕黄説是也，今從之，金説曲飾，鮑注明以「有秦助」解「事秦」二字，則「秦」字無異可知。

〔二一〕高誘云：「戍，守也。」鮑彪云：「許爲周扞秦。」

〔二二〕〔按〕「與」猶「予」。廣雅釋詁：「予，與也。」

〔二三〕鮑彪云：「云得戍卒之援。」

〔二四〕姚宏云：「利，錢作『私』。」鮑本改「利」作「私」。高誘云：「私，愛也。」鮑彪云：「得戍，公也；得囿，私也。」吴師道云：「按作『利』字，則與上協。」黄丕烈云：「吴氏説非是。詳高注姚校皆當作『私』。秦策『而私商於之地』，亦其證。」〔按〕黄説是，今從之。

〔二五〕鮑本、吴本「歲」上有「計」字。鮑彪云：「魏人貢其上之數。」〔按〕齊策一成侯鄒忌爲齊相章高注：「二十兩爲一金。」孟子公孫丑下篇趙岐注：「古者以一鎰爲一金。」程大昌演繁露卷十五云：「古者一代事物，各爲一制，不但正朔服飾而已。周人之金以鎰計，二十兩也。漢人之金以斤計，斤方寸而重一斤也。」

〔二六〕鮑彪云：「周許魏之數。」

〔二七〕鮑本、吴本、盧本「每」作「無」。金正煒云：「『每』蓋『毋』字之譌，『毋』與『無』通。」鍾鳳年説同。〔按〕金、鍾説是，今從之。

〔二八〕鮑彪云：「周善事魏，則趙、韓必不加兵。」

〔二九〕高誘云：「温囿貢於魏王八十金耳，周君得之，則貢百二十金，故曰是嬴四十金也。」鮑彪云：「嬴，有餘賈利也。」

〔三〇〕鮑彪云：「鴻烈氾論訓注『齊人』即芒卯。」〔按〕淮南子氾論訓云：「孟卯妻其嫂，有五子焉，然而相魏，寧其危，解其患。」高注：「孟卯，齊人。……戰國策曰芒卯也。」即鮑所據。史記秦本紀索隱云：「芒卯，魏將。譙周云：『孟卯也。』」秦策四及魏策三並作「芒卯」。

〔三一〕鮑彪云：「致，送也。」

〔三二〕鮑本、吴本無「也」字。鮑彪云：「周君非賢君也。秦兵在境，而樂於囿，其志荒矣。恢雖能得囿，非君子所以事其君者也。」

12 韓魏易地

韓、魏易地〔一〕，西周弗利〔二〕。

樊餘〔三〕謂楚王〔四〕曰：「周必亡矣。韓、魏之易地，韓得二縣，魏亡二縣〔五〕，所以爲之者〔六〕，盡包二周〔七〕，多於二縣，九鼎存焉〔八〕。且魏有南陽〔九〕、鄭地〔一〇〕、三川〔一一〕而包二周，則楚方城之外危〔一二〕。韓兼兩上黨〔一三〕以臨趙，即趙羊腸〔一四〕以上危。故易成之曰(日)〔一五〕，楚、趙皆輕。」楚王恐，因趙以止易也〔一六〕。

〔箋證〕

〔一〕鮑彪云：「韓策書此在楚圍雍氏後。」鍾鳳年云：「此指韓策二公仲爲韓易地章也。二章事辭相類，蓋在同時。」

〔二〕高誘云：「利，便也。」

〔三〕景宋本「餘」作「如」。姚宏云：「曾下有『爲周』字。」高誘云：「樊餘，周臣也。」〔按〕據下文高注，「餘」下不應有「爲周」二字。

〔四〕高誘云：「爲周謂楚王。楚王，懷王。」

〔五〕鮑彪云：「易地則魏亦有得，而獨言亡者，亡多於得也。」〔按〕謂二國易地，韓比魏多得二縣。

〔六〕鮑彪云：「魏雖多亡，然且爲之。」

〔七〕鮑彪云：「東、西。」〔按〕謂魏與韓易地，則可以包圍東、西二周。

〔八〕鮑彪云：「漢志：『武王遷九鼎於郟鄏。』郟鄏屬河南，爲東周。」〔按〕見東周策秦興師臨周章。郟鄏在王城，屬西周，鮑注「東」當作「西」。

〔九〕鮑彪云：「河内脩武。注：『晉始啓南陽。』是也。」吳師道云：「杜注：『在晉山南河北，故曰南陽。』」張琦云：「此主韓、魏易地言，南陽當爲韓地，即今南陽府。地近楚，故曰『方城之外危』。」程恩澤云：「此南陽是韓地，是時韓欲以此三處易魏之上黨，故曰『魏有南陽、鄭地、三川』。本屬虚構之詞，非脩武也。漢志荆州有南陽郡。胡三省曰：『晉南陽在脩武，以在太行之南，大河之北，魏獨有之。秦置南陽郡，以在南山之南，漢水之北也，秦、楚、韓分有之。』錢大昕曰：『秦本紀：昭王四十四年，攻韓南郡，取之。六國表作「南陽」。考江陵之南郡，楚地，非韓地，當以南陽爲是。』」〔按〕張、程等以此南陽屬韓，當荆州之南陽郡（顧觀光七國地理考亦同），是也。鮑、吴並誤。秦策一司馬錯與張儀争論章張儀論伐韓云：「魏絶南陽，楚臨南鄭，秦攻新城、宜陽。」魏策一張子儀以秦相魏章張儀云：「儀請以秦攻三川，王以其間約南陽，韓氏亡。」又張儀欲并相秦魏章云：「魏攻南陽，秦攻三川，韓氏必亡。」皆謂韓之南陽。其地近魏，故以相易。鮑注據漢書地理志，下同。

〔一〇〕鮑彪云：「京兆、山陽皆有鄭，河南有新鄭。此在楚、魏之間，新鄭也。」吴師道云：「鄭本在西都畿内咸林，武公得虢、檜之地，乃徙其封，是爲新鄭。咸林，今華州鄭縣。新鄭，今鄭州。」張琦云：「鄭地，今開封府西境鄭州、新鄭、汜水等地，皆故鄭也。」顧觀光云：「魏策：『無忌曰：韓亡，秦有鄭地，與大梁鄰。』是鄭地近梁。」

〔一一〕鮑彪云：「河南郡注：『秦三川郡也。』周紀『三川震』注：『涇、渭、洛。』」吴師道云：「三川，河、洛、伊，張儀所謂天下朝市，秦武王所謂車通以闚周室者也。秦拔成皋、滎陽，初置三川郡。」張琦云：「三川，即漢河南郡，故曰包二周。……水經注：河水自底柱東逕平陰縣北（自注：今孟津縣有平陰故城），又東逕洛陽平縣、鞏縣、成皋（自注：故城在今汜水縣西北）、滎陽、卷縣之北（自注：故城在今原武縣西北）。今爲新安、洛陽、孟津、鞏、汜水、滎陽、原武、陽武、延津等縣。洛水自宜陽縣東北出散關南（自注：即九曲城，在今宜陽縣東三十里），又東北過河南縣南，又東過洛陽偃師縣南，又東北過鞏縣，入於河。伊水自陸渾縣南（自注：故城在今嵩縣北），又東北過新城縣南（自注：故城在今河南府城南七十五里），又東北過伊闕中（自注：在河南府西南三十里），又東北至洛陽縣南，又東北至偃師縣南，入於洛。此三川之在漢河南郡者。今伊水自洛陽縣南，入洛。」程恩澤云：「此三川指韓説，其名雖分屬周、楚，其地實止一處。蓋其始本以河、洛、伊三水得稱，後乃以水名爲地名，或指洛州，或指宜陽，總不外此三水之間。」〔按〕鮑引周紀，見幽王二年，云：「西周三川皆震。」其時西周乃鎬京，故徐廣謂三川「涇、渭、洛也」，與戰國之西周迥異。鮑氏誤以此三川當之，吴氏正之是也。吴引張儀及秦武王語，並見秦策。史記秦本紀：「莊襄王元年（前二四九），使蒙驁伐韓，韓獻成皋、鞏，秦界至大梁。初置三川郡。」集解引韋昭云：「有河、洛、伊，故曰三川。」是其地亦與魏鄰近。

〔一二〕鮑彪云：「南陽郡，注：『葉公邑，號方城。』」吴師道云：「正義云：『方城山在葉縣西。』」程恩澤云：「水經注：『楚盛周衰，控霸南土，欲争强中國，多築列城於北方，以通華夏，號曰萬城，亦曰方城。』蓋置城於山上以爲要隘。其山連接南陽、唐縣、葉縣之境，幾數百里，故曰長城，又曰萬城。今在河南南陽府葉縣南四十里，跨裕州界。」〔按〕方城爲九塞之一，見吕氏春秋有始篇、淮南子墬形訓。左傳僖公四年屈完對齊桓公：「楚國方城以爲城，漢水以爲池。」杜注：「方城山在南陽葉縣南。」楚蓋循山勢築長城以禦北方，續有擴展。戰國時，其地自今方城縣北西向循伏牛山脈，折南循白河、湍河間分水至今鄧縣北。「楚方城之外危」，謂對其有威脅。

〔一三〕鮑彪云：「漢并州郡。甘茂傳注：遠韓近趙，故言『兩』。此韓所得也。今按東策周最再説金投、秦策藍田、陘山三章所言，則上黨亦屬魏。」張琦云：「史正義云：『秦上黨郡，今澤、潞、儀、沁等四州之地，兼相州之半，韓總有之。至七國時，趙得儀、沁二州之地，韓猶有潞州及澤州之半，半屬趙、魏。』按此説甚明，故當時韓、魏皆有上黨。今韓、魏易地，以上黨并之韓，故曰『兼兩上黨』。今山西潞安、澤州二府，遼、沁二州，及河南彰德府武安涉縣、直隸廣平府之磁州等地。」〔按〕上黨亦見東周策周文君免工師藉章。

〔一四〕高誘云：「羊腸，趙險塞名也。山形屈璧（姚宏云：「錢作『辟』。」按「辟」、「璧」古字通。鮑注引高注「璧」作「折」），狀如羊腸。今在太原晉陽之西北也。」鮑彪云：「上黨壺關有羊腸坂。高注云云。此皆以所近之國强，故危。」沈濤云：「按羊腸有三。史記魏世家：『如耳見成陵君曰：昔者魏伐趙，斷羊腸，拔閼與。』……正義曰：『羊腸坂道在太行山上，南口懷州，北口潞州。』……此即漢地理志壺關縣之羊腸坂。凡國策之言羊陽，皆其地也。元和郡縣志羊腸山在太原府東南五十三里。……此又一羊腸。若高誘所云，不但非壺關之羊腸坂，並非交城之羊腸山。案通典太原府陽曲有乾燭谷即羊腸坂。……高注淮南子云：『説苑桀之居，伊闕在其南，羊腸在其北。今太原晉陽西北九十里，通河西上郡關，曰羊腸坂。』隋崔賾引皇甫士安地書云：『太原北九十里有羊腸坂。』蓋本高氏之説。凡山路之縈曲峻險者，無不可以羊腸名之，而國策之羊腸，則指（今山西）潞州而非他處。高氏以太原西北之羊腸當之，甚誤。」（銅熨斗齋隨筆）程恩澤亦以此爲壺關之羊腸。〔按〕「羊腸」又見呂氏春秋有始篇、淮南子墬形訓，高注與此略同，並以爲在太原晉陽西北。以上文「韓兼兩上黨」語考之，則當是壺關之羊腸，沈説是也。「即」與「則」通，見經傳釋詞。此與上「則楚方城之外危」句對舉，「即」是「則」之互文。

〔一五〕鮑本、吴本、盧本「曰」作「日」。黄丕烈云：「舊『日』字多寫爲『曰』字者。」于鬯云：「顧炎武金石文字記云：『唐人「日」、「曰」二字同一書法，惟「曰」字左角稍缺。石經「日」字皆作「曰」。宋以後始以方者爲「曰」，長者爲「日」，而古意失矣。』按趙策『與之期日』，又『日夜務以秦權恐猲諸侯』，魏策『犀首期齊王至之日』，此本『日』皆作『曰』。」〔按〕曰、日古雖同形，但作「日」作「曰」，便於識別，約定俗成，今從鮑本等改。

〔一六〕鮑本、吴本「趙」下有「兵」字，句末無「也」字。金正煒云：「韓策：『趙聞之，起兵臨羊腸；楚聞之，發兵臨方城；而易必敗矣。』正謂此事。鮑本『因趙』下有『兵』字，此或誤脱。『因趙』猶云『連趙』。周書作雒篇（按原脱「作雒」二字，今補）『北因於郟山』。注：『因，連接也。』」〔按〕韓策所言乃史惕虛設之辭，非記事也，金氏據以疑脱「兵」字，未諦。此文不補「兵」字，義亦通。

13 秦欲攻周

秦欲攻周。周最(㝡)謂秦王〔一〕曰：「爲王之國計者〔二〕，不攻周。攻周，實不足以利國，而聲畏天下〔三〕。天下以聲畏秦，必東合於齊。兵弊〔四〕於周，而合天下於齊，則秦孤而不王矣。是天下欲罷〔五〕秦，故勸王攻周。秦與天下〔俱〕罷〔六〕，則令不横行〔七〕於周矣。」

〔箋證〕

〔一〕鮑彪以「秦王」爲「昭王」。〔按〕史記周本紀次此事於赧王四十五年(前二七〇)，當秦昭王三十七年。

〔二〕吴本作「爲國之計者」。〔按〕周本紀作「爲王計者」。

〔三〕鮑彪云：「『聲』猶『名』也。周，天子也，今見攻，故天下畏秦。」吴師道云：「『畏』猶『惡』也。周地狹，不足以利國，而有攻天子之惡名，見畏惡於天下。與司馬錯説同意。」金正煒云：「呂覽過理篇：『臣聞其聲。』注：『聲，名也。』……策文每以名實對舉，此特變文爲『聲』，義猶『名』也。史記趙世家：『其於義也，聲善而實惡。』趙策：『聲德於與國而實伐空韓。』並以『聲』與『實』相對爲文。鮑注不誤，而義則未盡。」〔按〕廣雅釋言：「畏，威也。」「聲畏天下」猶「聲威於天下」。「畏懼」、「畏惡」與「威」並義近相引申。此言名使天下震恐，而無實利。「天下」謂山東韓、魏諸國。

〔四〕鮑本、吴本「弊」作「敝」，同。高誘云：「弊，罷也。」鮑彪云：「攻雖勝，不無傷失。」

〔五〕鮑彪云：「罷，疲同。下同。」

〔六〕鮑彪云：「天下合齊而與秦戰，戰則必疲。」王念孫云：「『俱』字後人所加也。秦與天下罷者，『與』猶『爲』也，謂秦爲天下所罷也。此言天下欲以攻周罷秦，秦攻周，則爲天下所罷。非謂秦與天下俱罷也。古或謂『爲』爲『與』。秦策曰：『吴王夫差棲越於會稽，勝齊於艾陵，……遂與句踐禽死於干隧。』言爲句踐所禽也。……『爲』謂之『與』，『與』亦謂之『爲』。齊策曰：『張儀（按當作「犀首」，王氏殆誤記）以梁爲齊戰於承匡。』言以梁與齊戰也。是『爲』、『與』二字聲相轉而義亦通也。後人未達『與』字之義，而以爲秦與天下俱罷，故加入『俱』字。不知秦攻周，而天下未攻秦，不得言『俱罷』也。史記周本紀無『俱』字。」〔按〕此承上文「天下欲罷秦」而言，不當有「俱」字，王説是。周紀正義釋此語「令秦受天下弊」，亦與王解義近。今衍「俱」字。

〔七〕高誘云：「横行，東行。」鮑彪云：「横行，無畏忌也。」〔按〕東西爲「横」，秦居西，周居東，故高訓「横行」爲「東行」。秦約結山東諸國謂之「連横」，取東西連盟爲「説」，亦此意也。周紀此句作「則令不行矣」。

14　宫他謂周君曰

宫他〔一〕謂周君曰：「宛〔二〕恃秦而輕晉，秦饑而宛亡〔三〕。鄭恃魏而輕韓，魏攻蔡〔四〕而鄭亡〔五〕。邾〔六〕、莒亡於齊〔七〕，陳、蔡亡於楚〔八〕。此皆恃援國而輕近敵也〔九〕。今君恃韓、魏而輕秦，國恐傷矣。君不如使周最〔一〇〕（㝡）陰合於趙以備秦，則不毀〔一一〕。」

〔箋證〕

〔一〕高誘云：「宫他，周臣也。」〔按〕宫他又見燕策一宫他爲燕使魏章，是其人亦曾臣燕。亦見魏策四。

〔二〕鮑彪云：「宛屬南陽，故申伯國。南陽，三晉時屬韓。韓釐五年，秦拔我宛，蓋宛亡在春秋之晉。三晉分晉，乃屬韓也。」于鬯云：「此『宛』當讀爲『原』。『原』、『宛』疊韻，故得通用。魏策云：『原恃秦、翟以輕晉，秦、翟年穀大凶，而晉人亡原。』明彼之『原』即此『宛』也。」〔按〕于説或是。宛、原音攝相近，故二字通用。然事蹟不可考。

〔三〕高誘云：「穀不熟曰飢。亡，滅也。」鮑彪云：「此下皆恃遠輕近而亡。秦飢，不暇救宛，故晉滅之。其亡不經見。」

〔四〕吴本「蔡」作「秦」，非。

〔五〕高誘云：「韓哀侯滅亡鄭。」鮑彪云：「鄭，河南新鄭。鄭君乙二十一年，韓哀侯滅之。」于鬯云：「魏策云：『鄭恃魏以輕韓，伐榆關而韓氏亡鄭。』韓非飾邪篇云：『鄭恃魏而不聽韓，魏攻荆而韓滅。』按榆關，楚關，與韓非言攻荆不異。此言攻蔡，顧廣圻韓非識誤云『楚入蔡者也』，則説仍可合。」金正煒云：「按『蔡』當爲『楚』，古文『蔡』作『[illegible]』，上體與楚相似，又涉下文『陳、蔡亡於楚』而譌也。韓非飾邪篇云云，魏策云云（按並與于引相同，此略），並可爲證。惟哀侯滅鄭，蔡已先併於楚，則言攻楚也。」〔按〕蔡是地名，即上蔡，故蔡國，其時屬楚，今河南上蔡縣。地與魏鄰近，故古本竹書紀年云：「魏章帥帥及鄭帥伐楚，取上蔡。」此云「攻蔡」，魏策云「伐榆關」，則傳聞或有異辭耳。「攻蔡」謂攻楚之蔡地，不必更求蔡、楚之是否。高注據史記韓世家，鮑據鄭世家。

〔六〕姚宏云：「錢、劉（郲）下有『臣』字。」

〔七〕鮑彪云：「魯鄒縣，故郲也。郲，曹姓國，二十九世，楚滅之。莒屬城陽國，故盈姓國，三十世，楚滅之。蓋恃齊也。」高士奇云：「郲，國於郲，遷於繹。……杜注：『繹，郲邑。魯國鄒縣北有繹山。』……郲至戰國時，爲楚所滅。楚宣王遷其遺民於弦、黃之間，謂之郳城。」「莒，國於莒。……杜預注：『莒國，今城陽莒縣。』共公已後，微弱不復見。戰國時楚簡王滅莒，而地歸於齊。」（春秋地名考略）〔按〕郳、莒世繫，見左傳隱元年及二年疏。郳不亡於齊，字必有誤。疑當作「郲」，「郲」或作「郏」，形誤爲「郳」。「郲」即「萊」。左氏襄公二年傳：「（齊侯）召萊子，萊子不會，故晏弱城東陽以偪之。」六年傳：「齊侯滅萊，萊恃謀也。」恃謀者，蓋恃其有援國之助（杜注謂「賂夙沙衛之謀」，非）。齊策五蘇秦說齊閔王曰章：「昔者萊、莒好謀，陳、蔡好詐。莒恃越而滅，蔡恃晉而亡。」萊、莒、陳、蔡，與此策正相應，可證「郳」是「郲」之誤也。莒亦爲齊所滅，故齊有其地。其國疑亡而復立，如中山之有先後也。楚簡王所滅，不知與齊孰先。此文郲、莒亡於齊，謂其恃他國援助而亡於齊，非謂恃齊而亡於楚也。觀下文陳、蔡可知。高注是也，鮑注大誤。

〔八〕高誘云：「爲齊、楚所滅亡。」鮑彪云：「陳，舜後，漢淮陽國。楚惠王十年，滅陳。四十二年，滅蔡。皆不見所恃，蓋即恃楚，不備之也。」〔按〕此謂陳、蔡恃晉援（齊策五云：「蔡恃晉而亡。」陳常貳於晉、楚之間，見左傳），而爲楚所滅。鮑氏誤解，又曲説以通之，謬。

〔九〕鮑彪云：「援，引也，故有助意。」金正煒云：「『援』上無『遠』字，於義不完。疑本作『恃遠援』，與輕近敵爲對文。秦策『楚國援也，鄰國敵也』，亦以援與敵對。」〔按〕金説未允。宮他所引諸例，皆非遠援之徵。且下文「君恃韓、魏而輕秦」，韓、魏地與周接壤，更不應以「恃遠援」爲譬説。明策文無誤。

〔一〇〕鮑本「最」原作「早」，改作「最」。

〔一一〕〔按〕秦策四物至而反章高注云：「反，敗也。」

15　謂齊王曰

謂齊王〔一〕曰：「王何不以地齎周最（冣）以爲太子也〔二〕。」齊王令司馬悍〔三〕以賂〔四〕進周最（冣）於周〔五〕。

左尚〔六〕謂司馬悍曰：「周不聽，是公之知困，而交絶於周也。公不如謂周君曰：『何欲置〔七〕？令人微告悍，悍請〔八〕令王進之以地。』」左尚以此得事〔九〕。

【箋證】

〔一〕鮑彪云：「王，閔王。」吴師道云：「周最屢見東、西周策。『謂周最曰仇赫之相宋』云云，事在赧王十七年；『周最於齊王厚也而逐之，聽祝弗，相吕禮』云云，禮之相在赧王二十九年；此則正當齊閔之世。周紀赧王四十五年，周君之秦，客謂周最以應爲太后養地；五十八年，有周聚以收齊，則正當頃襄王之世。相距凡四十年，不可定爲閔王時也。按策西周兩章皆云『最爲太子』，而東周又出最名，無曰太子云者，疑或自是二人，然無所考。」〔按〕吴氏考證周冣年代頗詳，訂正鮑注。但考此策言齊王資冣爲太子，則是冣早年之事。又東周策謂薛公章「周冣於齊王厚也」（從鮑本），與此齊王資地事相應，時期當亦不遠。然則鮑氏定齊王爲閔王，並無謬誤，吴氏訂之，非也。吴引周紀赧王五十八年「有周聚以收齊」語，正當齊王建之世，非頃襄王也，亦偶失檢。彼文所記，疑非當時之事，說見東周策三國隘秦章。

〔二〕高誘云：「齎，進也。周最爲周之太子。」金正煒云：「周禮掌皮：『歲終則會其財齎。』注：『齎，所給予以物曰「齎」。鄭司農云：「齎」或爲「資」。』又外府注：『鄭司農云：今禮家定「齎」爲「資」。玄謂「齎」、「資」同耳。』」〔按〕金訓「齎」爲「資」，是。

〔三〕姚宏云：「(悍)劉一作『程』。」鮑彪云：「齊人。」〔按〕司馬，官名。齊有司馬穰苴、雍門司馬，見齊策六。

〔四〕姚宏云：「(賂)一作『地』。」〔按〕文選吴都賦劉逵注云：「賂，貨也。」

〔五〕鮑彪云：「『進』猶『薦』。」〔按〕此「進」字爲使動詞，謂「使之進於周也」。

〔六〕鮑彪云：「齊人。」王士崧云：「左尚、左成，司馬悍、司馬翦，疑即一人。」〔按〕廣韻「左」字云：「齊之公族有左、右公子，後因氏焉。」

〔七〕高誘云：「置，立也。欲立誰爲太子也。」

〔八〕鮑本、吴本無「請」字。

〔九〕高誘云：「左尚以教司馬悍勸王齎周最地，以此得尊寵之職。」鮑彪云：「以教悍得齊王意，故委任之。疑此即上章(東周策周共太子死章)楚王、楚人。」吴曾祺云：「此條與東周策一條極相似，或一事誤爲兩事歟？」鍾鳳年云：「按此指東周策周共太子死章而言(按此謂鮑注)，考彼稱楚司馬翦説楚王請令周立公子咎，左成教翦易其辭；此則司馬悍説齊王爲周最請太子，左尚令悍變其語。何二者人事俱不謀而合？若是之巧，誠可疑。」〔按〕東周策蘇厲爲周冣謂蘇秦章，鮑氏移於此策，而次此章於其後，因二章事蹟相類，故云「疑此即上章」。又於上文注「周最」云：「最，周之庶子。」吴師道則云：「鮑意此即上章事，而上有五庶子之文爾。無明據。」不同意鮑説。但細繹二文，縱人地不同，事蹟確是相類，不能謂爲巧合，無怪後人疑之。明田藝蘅云：「二條本一事，辭亦相類，紀之者不同耳。」金正煒亦云：「當是一事，而傳聞異辭，策因並存之，如秦策張儀又惡陳軫及陳軫去楚之秦二章，一事而再出也。」皆從鮑氏而説則更進。愚意金説是也。劉向所校中書，材料本出多種，其間記載必有異同，刊定成編，或存異辭，正孔子闕疑之意。此亦其例。

16　三國攻秦反

三國攻秦反〔一〕，西周恐魏之藉〔二〕道也。爲西周謂魏王〔三〕曰：「楚、宋不利秦之德（聽）三國也〔四〕，彼且攻王之聚〔五〕以利秦〔六〕。」魏王懼，令軍設舍速東〔七〕。

〔箋證〕

〔一〕高誘云：「三國，魏、韓、齊也。反，還也。」〔按〕此即周赧王十七年（前二九八）孟嘗君合齊、韓、魏共擊秦於函谷事。

〔二〕鮑彪云：「『藉』亦作『借』。」

〔三〕鮑彪以「魏王」爲「哀王」。吴師道云：「此據史。按通鑑、大事記，顯王三十五年，乃魏惠王後元年。慎靚王三年當魏襄元年。説見魏策。此當作『襄』，事在二十一年。」鍾鳳年云：「考二氏因所主魏曆不同，故言魏君亦各異，而稽之周曆，則俱指赧王十七年，即齊、韓、魏共攻秦事。」〔按〕魏君世繫及紀年、史記魏世家、六國表與通鑑、大事記不同。通鑑、大事記乃據古本紀年。鮑據史記，吳據通鑑、大事記，故常生歧異。然紀年是魏史，所記魏事，自較史記可信，當以爲據。鍾説未允。

〔四〕鮑彪改「德」爲「聽」，云：「『聽』猶『順從』。三國近楚、宋，秦聽之則强，而害楚、宋，故不利也。」吳師道云：「三國不攻秦而解，故秦德之，秦德之則和，而不利於楚、宋。」〔按〕吳釋「德」字嫌勉强。史稱三國攻秦，秦遣公子池割地以講，何能稱德？「德」字顯譌。「德」與「聽」形近易譌。「聽三國」猶「聽命於三國」，與史蹟亦合，鮑改是也。王念孫、黄式三、金正煒並從之，今亦據以正。

〔五〕鮑彪云：「楚、宋攻魏之廪庫。」吳師道云：「邑落曰『聚』，如罳狐聚、陽人聚之類。」金正煒云：「史記劉賈傳：『入楚地，燒其積聚以破其業，無以給項王軍食。』此文『攻王之聚』，亦即其義，故云以勁秦也。『聚』又或爲『敝』字之誤。『敝』誤爲『冣』，因誤作『聚』。謂二國將擊其歸師，猶趙策所云『過章子之路』。是以魏軍設舍速東。」〔按〕聚，爲糧聚積聚。左氏哀十七年傳：「陳人恃其聚而侵楚。」杜注：「聚，積聚也。」與此文義合。金後説未允。

〔六〕鮑本「利」原作「到」，改作「利」。鮑彪云：「若爲秦報魏王。」王念孫云：「作『到』者，後人以意改之也。攻王之聚以勁秦者，秦聽三國强而害於楚、宋，故楚、宋攻魏以勁秦。勁者强也，言弱魏以强秦也。楚策曰：『三國惡秦之强也，恐秦之變而聽楚也，必深攻楚以勁秦。』語意正與此同。凡隸書從『力』之字或譌從『刀』，故『功』譌作『㓛』，『勮』譌『劇』，『劫』譌『刧』。從『巠』之字，或書作『坙』，因譌『而』爲『至』。故『痙』譌『痓』，『輕』譌『輊』。『力』與『刀』，『坙』與『至』，形並相近，故『勁』譌作『到』。史記韓世家『不如出兵以勁之』，『勁』譌作『到』，正與此同。後人以意改爲『利』，失其旨矣。」〔按〕王釋「到」爲「勁」之誤，似是，但姚本作「利」，於文義自通，不必改字。

〔七〕鮑彪云：「舍，軍次也。魏東還必道周，周必賓之，故恐。今速東，則無賓之之費矣。」關修齡云：「『設』疑作

『毀』。蓋毀壞軍舍速東去。」孫詒讓云：「按『設舍』與『速東』之義不相貫，疑設當作『拔』。拔、設篆文相近而誤。左氏僖十五年傳云：『晉大夫反首拔舍從之。』杜注：『拔，草。舍，止。』周禮大司馬：『中夏教茇舍。』鄭注云：『茇舍，草止也，軍有草止之法。』此令軍拔舍速東，即左傳反首拔舍之義。」〔按〕孫説較長。

17　犀武敗

犀武敗〔一〕，周使周足〔二〕之秦。

或謂周足曰：「何不謂周君曰：『臣之秦，秦、周之交必惡〔三〕。主君〔四〕之臣，又秦重〔五〕而欲相者〔六〕，且惡臣於秦〔七〕，而臣爲不能使矣〔八〕。臣願免而行〔九〕，君因相之。彼得相，不惡周於秦矣。』君重秦〔一〇〕，故使相往，行而免，且輕秦也〔一一〕，公必不免〔一二〕。公言是而行，交善於秦〔一三〕，且公之成事也〔一四〕。交惡於秦，不善於公〔一五〕且誅矣〔一六〕。」

〔箋證〕

〔一〕〔按〕犀武敗於伊闕，見前。

〔二〕姚宏云：「集、曾、錢一無下『周』字。劉有。」鮑彪云：「周相。」姚範云：「周足即周最，音有去入之讀耳。」〔按〕伊闕之戰，秦破韓、魏，攻周。此殆周君使相講於秦。姚範以周足爲周冣，無據。且「周冣」之「冣」，音「聚」。

姚誤「冣」爲「最」，因謂與「足」音有去入之讀，大謬。

〔三〕鮑彪云：「皆『美惡』之『惡』。」吴師道云：「左傳：『周、鄭交惡。』杜注：『兩相疾惡。』據此則皆當烏故反。」〔按〕左傳「周、鄭交惡」之「惡」作動詞用，故讀去聲，與此不同。吴說未諦。下文「惡臣」與「惡周」之「惡」則是動詞，讀去聲。鮑氏皆以爲「美惡」之「惡」，非是。

〔四〕鮑彪云：「主君，稱周君。」金正煒云：「國語晉語：『三世治家，君之再世以下主之。』故兩周三晉多稱『主君』。」

〔五〕鮑彪云：「秦之所重。」金正煒云：「『又』與『有』通。」

〔六〕鮑彪云：「欲得相周。」

〔七〕鮑彪云：「此人欲代足相周，故敗其使事，此二國所以必惡。」〔按〕且，將也。（吕氏春秋音律篇高注）惡臣於秦，謂使疾惡於秦也。鮑釋「惡」爲美惡之「惡」，非。

〔八〕鮑本、吴本「爲」在「能」字下。橫田惟孝云：「爲，使也。楚策：『爲其行人請魏之相。』臣爲不能使，猶使臣不能使也。」〔按〕謂不能盡使臣之職。

〔九〕鮑彪云：「免己之相，以順欲者。」

〔一〇〕鮑彪云：「此下或人復説足也。」〔按〕君，謂周君。

〔一一〕鮑本改「且」作「是」。〔按〕「且」猶「是」也，鮑以意改，説見裴學海古書虚字集釋。此言臨行而免相，則使臣位不重，是輕秦也。

〔一二〕鮑彪云：「雖以免自請，勢不可免也。」

〔一三〕高誘云：「爲秦所善。」

〔一四〕鮑本「且」作「是」，「成事」改作「事成」。吳師道云：「恐當作『事成』。」安井衡云：「事，使事也。言公言是而行，不唯交善於秦，且公之成使事也。」金正煒云：「按此『且』字與上文『且輕秦也』，並當從鮑本作『是』。『成事』猶言『成功』。燕策『其於成事而已』，與此義同。鮑改吳補並誤。」〔按〕「且」猶「是」，見上，金説未允，但所釋「成事」當是。

〔一五〕鮑本「公」下補「者」字，吳本、盧本從之。〔按〕古書中「者」字作代詞用常省去之，如史記封禪書：「黄帝上騎，羣臣後宫上龍七十餘人。」「龍」下即省去「者」字。此亦其例，不必補。

〔一六〕鮑彪云：「意其惡足於秦也。」

戰國策 卷三

秦一

〔釋題〕

張琦云：「非子始封秦城，今秦州清水縣是。襄公徙居汧，在今隴州南三里。文公下居汧、渭間，今鳳翔府郿縣東北故郿城，即其地。甯公徙平陽，今郿縣西四十六里有平陽故城。德公居雍，今鳳翔府治。獻公徙櫟陽，今西安府臨潼縣北五十里有故城。孝公始爲咸陽，在今縣東三十里，自孝公以下皆居之。七國初，秦地自今河南内鄉、淅川、盧氏以西，商州、西安，西至秦、隴，北有平涼、涇陽及同州府西境。後東侵韓、魏、趙、楚，北滅義渠，南并巴、蜀。始皇初立，已有今山西太原、澤、潞，河南之懷慶、衛輝、開封、南陽，湖北之襄、鄖、荆州以至全蜀，北有慶陽、榆林。」

〔按〕戰國時秦之世系自厲、共公、躁公、懷公、靈公、簡公、惠公、出公、獻公、孝公、惠文王、武王、昭襄王、孝文王、莊襄王、始皇，歷十五世。至始皇滅六國，初并天下。

1　衛鞅亡魏入秦

衛鞅亡魏入秦〔一〕，孝公〔二〕以爲相，封之於商〔三〕，號曰商君。商君治秦，法令至〔四〕行，公平無私，罰不諱强大〔五〕，賞不私〔六〕親近。法及太子〔七〕，黥劓其傅〔八〕。朞年之後，道不拾遺〔九〕，民不妄取〔一〇〕。兵革〔一一〕大强，諸侯畏懼〔一二〕。然刻深寡恩〔一三〕，特以强服之耳〔一四〕。孝公行之八年〔一五〕，疾且不起，欲傳〔一六〕商君，辭不受。

孝公已死，惠王〔一七〕代後，莅政有頃〔一八〕，商君告歸〔一九〕。人説惠王曰：「大臣太重者國危，左右太親者身〔二〇〕危。今秦婦人嬰兒〔二一〕皆言商君之法，莫言大王之法〔二二〕，是商君反爲主，大王更爲臣也。且夫商君，固大王〔二三〕仇讎也，願大王圖之〔二四〕！」

商君歸還〔二五〕，惠王車裂之〔二六〕，而秦人不憐〔二七〕。

【箋證】

〔一〕高誘云：「衛鞅，衛公子叔痤之子也。痤仕魏，相惠王。痤病，惠王視之，曰：『若疾不諱，誰可與爲國者？』痤曰：『臣庶子鞅可也。』王不聽。又曰：『王若不能用，請殺之，無令他國得用也。』鞅由是亡奔秦。秦孝公封之於商，曰商鞅。衛公之後孫（此文不通，疑字有倒誤，當作「衛公孫之後」）也，或曰公孫鞅也。」鮑彪云：「鞅，事衛相公叔痤爲庶子，見魏策。」吴師道云：「愚謂公孫，衛之公孫也。庶孽公子恐非，蓋因爲中庶子而生此文。」金正煒云：「按痤爲魏之公族，鞅則衛之庶孫。史記商鞅傳：『彼王不能用君之言用臣，又安能用君之言殺臣乎？』……其辭若此，非痤之子明矣。」〔按〕高注「衛公子叔痤之子也，痤仕魏」與史記商君傳不合。世説新語劉孝標注引策文云：「衛商鞅，諸庶孽子，名鞅，姓公孫氏。少好刑名學，爲秦孝公相，封於商。」今國策無其文，疑即隱括此高注之文。如爲佚文，高注亦不應與之牴牾。若然，則與史記無異，當即本之，此文顯有譌字，朱師轍商君書解詁附録以爲高氏誤讀魏策，恐非。當作「衛鞅，衛之諸庶孽子也，仕魏公叔痤。痤相魏王」云云。又「衛公孫之」呂氏春秋長見篇注作「衛之公孫」。與吴説合。又「庶子鞅」，魏策一魏公叔痤病章作「御庶子公孫鞅」，商君傳作「中庶子公孫鞅」。「庶子」乃官名，家臣之屬。史記之「庶孽公子」當作「庶孽子」，王念孫史記雜志已辨之。庶孽子猶吕不韋傳：「子楚，秦諸孽孫。」與中庶子無涉。吴説非。

〔二〕鮑彪云：「獻公子，顯王八年庚申立。」〔按〕見史記秦本紀。

〔三〕吴師道引盧藏用春秋後語注云：「今商州上洛之地。」程恩澤云：「正義：『商州商洛縣，在州東八十九里，鞅所封也。』括地志：『商州東八十里商洛縣，本商邑，契所封也。』……洪亮吉曰：『唐商洛故城在今（陜西）商州東八十五里商洛鎮。』」〔按〕商君傳云：「衛鞅破魏還，秦封之於、商十五邑，號爲商君。」又古本竹書紀年：「梁惠成王三十年（前三四一），秦封衛鞅於鄔，改名曰商。」「鄔」音同「於」，是於、商實爲一地。酈道元水經濁漳水注謂即鉅鹿郡之鄔縣，趙一清校釋已辨其非。魏効秦上洛地，在秦惠王時，見秦策四楚魏戰於陘山章，此時尚未屬秦，則盧説亦未然。史記商君傳正義：「於、商在鄧州内鄉縣東七里，古於邑也。」殆是。

〔四〕高誘云：「『至』猶『大』也。」

〔五〕高誘云：「『諱』由『辟』也。詩云：『仲山甫不辟强禦，不侮鰥寡。』此其一隅也。」鮑彪云：「（强大）强宗大族。」〔按〕高注「由」同「猶」，「辟」同「避」，古字并通。所引詩，見大雅烝民篇。

〔六〕高誘云：「『私』猶『曲』也。」

〔七〕高誘云：「太子卒爲惠王。」

〔八〕高誘云：「太子犯法，刑之不赦，故曰『法及太子』。并罪其傳。刻其顙，以墨實其中，曰『黥』。截其鼻曰『劓』也。」〔按〕商君傳云：「於是太子犯法。衛鞅曰：『法之不行，自上犯之。將法太子，太子君嗣也，不可施刑。』

刑其傅公子虔，黥其師公孫賈。」秦本紀略同。

〔九〕高誘云：「遺物在道，不敢拾也。」

〔一〇〕高誘云：「民非其物，不敢取也。」

〔一一〕高誘云：「『革』猶『甲』也。」

〔一二〕〔按〕文選賈誼過秦論云：「秦孝公據殽、函之固，擁雍州之地。……商君佐之，内立法度，務耕織，修守戰之備；外連衡而鬬諸侯。於是秦人拱手而取西河之外。」

〔一三〕高誘云：「刻，急也。寡，少也。深，重也。言少恩仁也。」〔按〕商君傳贊謂：「商君其天資刻薄人也。」與此同意。

〔一四〕〔按〕此謂商君祇以恃强力服其民耳。

〔一五〕姚宏云：「一本(之)下有『十』字。」王念孫云：「一本是也。史記秦本紀孝公元年，衛鞅入秦。三年，説孝公變法。五年，爲左庶長。十年，爲大良造。二十二年，封爲商君。二十四年，孝公卒。計自左庶長至孝公卒時，已有二十年。又商君傳：『商君相秦十年，而孝公卒。』索隱曰：『按戰國策云：孝公行商君法十八年而死。與此文不同者，蓋連其作相之年説耳。』據此，則策文本作『十八年』，明矣。」(吴曾祺補注作「十八年」，云：「按孝公以周顯王十年，始行變法之令，至三十一年薨，凡二十二年。言十八年者約舉之詞也。」亦是據王氏説而變其年詞耳。)于鬯云：「竊謂一本非也。韓非子和氏篇云：『商君教秦孝公，孝公行之，主以尊，國以富强。八年而薨。』亦言『八年』，與策附合。同周、秦間書，自足言策文本無『十』字矣。且鞅爲左庶長，定變法之令，至是二十餘年矣，亦非十八年也。是知八年者，正舉其爲相之後八年耳。且計其作相之後，與首之『孝公以爲相』句方應合。即上文『朞年』，亦謂作相之後朞年。故與傳言『行之十年，秦民大説，道不拾遺』者，亦不合也。」(鍾鳳年亦據韓非子和氏篇文謂「今策殆即或據韓子而改者」。)〔按〕于説固有理，但舊本自作「十八年」，索隱之言極明，不能遂謂爲非。今姑并存其説備考。

〔一六〕姚宏云：「劉作『欲傳』。」高誘云：「『傳』猶『禪』也。『傳』或作『傅』也。」張尚瑗云：「孝公傳位商君之説，史記鞅傳所無。觀其車裂之禍，或因此致然，不獨刑虔黥賈之報復也。自陽城箕山而後，人主親信其臣，因而倣効。子噲、子之，亦戰國一時事也。」〔按〕魏惠王亦欲讓國於惠子，見吕氏春秋不屈篇。蓋當時風氣如此，國君欺世邀譽，益顯其虚僞做作。

〔一七〕高誘云：「惠王，孝公太子也。」

〔一八〕高誘云：「莅，臨也。有頃，言未久。」

〔一九〕高誘云：「懼惠王誅之，欲還歸魏也。」鮑彪云：「懼誅歸商。」關修齡云：「告，請假也。漢制，吏病滿三月當免，天子優賜其告，使得帶印綬，將官屬，歸家養病，謂之『賜告』。又有『事告』。蓋始見於此。」〔按〕史記高祖本紀索隱引此文，云：「延篤以爲告歸，今之歸寧也。」此即顔氏家訓書證篇所稱之延篤戰國策音義文也。商君傳及吕氏春秋無義篇並謂商君歸魏，高注據之。然彼文並在惠王欲罪商君之後，與此不同，則「告歸」當是請假歸其封邑，鮑説義長。關説據漢制。楚考烈王無子章：「李園事春申君，已而謁歸。」「謁歸」即「告歸」，亦言「請假」，是戰國共有之制。

〔二〇〕鮑彪云：「(身)君之身。」

〔二一〕鮑彪云：「集韻：『女』曰『嬰』，『男』曰『兒』。」吴師道云：「釋名：人始生曰『嬰』，嬰，胸前也，投之胸前乳養，故曰『嬰』。」〔按〕集韻語本倉頡篇析言之如此，渾言之男女不別。嬰兒即嫛婗。説文嫛字云：「婗也。」段玉裁注：「嫛婗合二字爲名。……釋名：『人始生曰嫛兒，或曰嫛婗。』是也。……雜記曰：『中路嬰兒失其母焉。』注：『嬰猶鷖彌也。』按『鷖彌』即『嫛婗』，語同而字異耳。」

〔二二〕高誘云：「莫，無也。」〔按〕此與范雎説秦王「聞齊之内有田單，不聞其王。聞秦之有太后、穰侯、涇陽、華陽，不聞其有王」（本策范雎至章）同意。

〔二三〕鮑本、吳本「王」下有「之」字。

〔二四〕高誘云：「圖，謀也。」〔按〕商君傳謂：「公子虔之徒告商君欲反。」

〔二五〕鮑彪云：「時自商欲歸魏，不得，故還秦。」

〔二六〕高誘云：「商君懼誅，欲之魏，商人禁之曰：商君之法急。不得出，窮而還。一曰：魏以其譎公子卬而没其軍，魏人怨而不納。故（姚宏云：「曾下有『還而』字。」）惠王車裂之也。」金正煒云：「呂覽無義篇注引戰國策曰：『鞅欲歸魏。秦人曰：商君之法急。不得出也。惠王得而車裂之。』今策無此文，而見於注。疑注文『商君懼誅』二十三字本在『惠王』句上，『商君歸還』四字又當在注中『怨而不納』下也。」〔按〕商君傳云：「發吏捕商君，商君亡，至關下，欲舍客舍。客人不知其是商君也，曰：『商君之法，舍人無驗者坐之。』商君喟然歎曰：『嗟乎，爲法之敝一至此哉！』去之魏。魏人怨其欺公子卬而破魏師，弗受。……商君既復入秦，走商邑。……秦發兵攻商君，殺之於鄭黽池。秦惠王車裂商君以徇。」高注本之。車裂，古時一種酷刑。秦始皇殺嫪毐，「車裂以徇」（史記秦始皇本紀）。蘇秦死「車裂以徇於市」。皆戰國時事。亦名轘，周禮條狼氏：「誓馭曰『車轘』。」注：「『車轘』謂『車裂』也。」左傳桓公十八年：「（齊人）轘高渠彌。」又宣公十一年：「（楚）殺夏徵舒，轘諸栗門。」杜注皆以「車裂」釋之。則春秋時已有此刑。

〔二七〕鮑彪云：「無念之者。」

2　蘇秦始將連橫說秦惠王

蘇秦始將連橫〔一〕說秦惠王曰：「大王之國〔二〕，西有巴、蜀、漢中之利〔三〕，北有胡貉、代馬之用〔四〕，南有巫山、黔中之限〔五〕，東有肴〔六〕、函之固〔七〕。田肥美，民殷富〔八〕，戰車萬乘，奮擊百萬〔九〕，沃〔一〇〕野千里，蓄積饒多〔一一〕，地勢形便〔一二〕，此所謂天府〔一三〕，天下之雄〔一四〕國也。以大王之賢，士民之衆，車騎〔一五〕之用，兵法之教〔一六〕，可以并諸侯，吞〔一七〕天下，稱帝〔一八〕而治，願大王少留意，臣請奏其效〔一九〕！」秦王曰：「寡人聞之，毛羽不豐滿者，不可以高飛；文章不成者，不可以誅罰〔二〇〕；道德不厚〔二一〕者，不可以使民；政教不順〔二二〕者，不可以煩大臣〔二三〕。今先生儼然不遠千里而庭教之，願以異日〔二四〕。」蘇秦曰：「臣固疑大王之不能用也。昔者神農伐補遂〔二五〕，黃帝伐涿鹿而禽蚩尤〔二六〕，堯伐驩兜，舜伐三苗〔二七〕，禹伐共工〔二八〕，湯伐有夏〔二九〕，文王伐崇〔三〇〕，武王伐紂〔三一〕，齊桓任戰而伯天下〔三二〕。由此觀之，惡有不戰者乎〔三三〕？古者使車轂擊〔三四〕，馳言〔語〕〔三五〕相結，天下爲一〔三六〕。約從連橫，兵革不藏〔三七〕。文士並餝〔三八〕，諸侯亂惑〔三九〕。萬端俱起，不可勝理〔四〇〕。科條〔四一〕既備，民多僞態。書策稠濁〔四二〕，百姓不足。上下相愁，民無所聊〔四三〕。明言章理〔四四〕，兵甲愈〔四五〕起。辯言偉服〔四六〕，戰攻不息〔四七〕。繁稱文辭，天下不治〔四八〕。舌敝耳聾，不見成功。行義約信，天下不親〔四九〕。於是乃廢文任武，厚養死士〔五〇〕，綴甲厲兵，效勝於戰場〔五一〕。夫徒處而致利，安坐而廣地〔五二〕，雖古五帝、三王〔五三〕、五伯〔五四〕，明主賢君，常欲坐而致之，其勢〔五五〕不能，故以戰續之〔五六〕。寬則兩軍相攻〔五七〕，迫則杖戟相橦（撞）〔五八〕，然後可建〔五九〕大功。是故兵勝於外，義强於内〔六〇〕，威立於上，民服於下。今欲并天下，凌萬乘〔六一〕，詘〔六二〕敵國，制海内，子元元〔六三〕，臣諸侯〔六四〕，非兵不可〔六五〕。今之嗣主〔六六〕，忽於至道，皆惛〔六七〕於教，亂於治，迷於言，惑於語，沈〔六八〕於辯，溺〔六九〕於辭。以此論之，王固不能行也〔七〇〕。」

説秦王書十上〔七一〕，而説不行〔七二〕。黑貂之裘弊〔七三〕，黄金百斤盡〔七四〕，資〔七五〕用乏絶，去秦而歸〔七六〕。羸縢履蹻〔七七〕，負書擔橐〔七八〕，形容枯槁，面目犂黑〔七九〕，狀有歸色〔八〇〕。歸至家，妻不下紝〔八一〕，嫂不爲炊〔八二〕，父母不與言〔八三〕。蘇秦喟〔八四〕歎曰：「妻不以我爲夫，嫂不以我爲叔，父母不以我爲子，是皆秦之罪也〔八五〕！」乃夜發書，陳篋〔八六〕數十，得太公陰符之謀〔八七〕，伏而誦之，簡練以爲揣摩〔八八〕。讀書欲睡，引錐〔八九〕自刺其股，血流至足〔九〇〕，曰：「安有説人主不能出其金玉錦繡，取卿相之尊者乎？」

期年，揣摩成〔九一〕，曰：「此真可以説當世之君矣。」於是乃摩燕烏集闕〔九二〕，見説趙王於華屋之下〔九三〕，抵掌而談〔九四〕。趙王大悦〔九五〕，封爲武安君〔九六〕，受相印，革車百乘〔九七〕，綿（錦）〔九八〕繡千純〔九九〕，白璧〔一〇〇〕百雙，黄金萬溢〔一〇一〕，以隨其後。約從散横，以抑强秦〔一〇二〕。故蘇秦相於趙而關不通〔一〇三〕。當此之時，天下之大，萬民之衆，王侯之威，謀臣之權，皆欲决〔一〇四〕蘇秦之策〔一〇五〕。不費斗糧，未煩一兵，未戰一士，未絶一弦，未折一矢，諸侯相親，賢〔一〇六〕於兄弟。夫賢人在而天下服，一人用而天下從。故曰：「式於政，不式〔一〇七〕於勇；式於廊廟之内〔一〇八〕，不式於四境之外。」當秦之隆〔一〇九〕，黄金萬溢〔一一〇〕爲用〔一一一〕，轉轂連騎〔一一二〕，炫熿〔一一三〕於道，山東之國〔一一四〕，從風〔一一五〕而服，使趙大重〔一一六〕。且夫蘇秦特窮巷掘門〔一一七〕桑户棬樞〔一一八〕之士耳。伏軾撙銜〔一一九〕，横歷〔一二〇〕天下，廷説諸侯之王〔一二一〕，杜左右〔一二二〕之口，天下莫之能伉〔一二三〕！

將説楚王〔一二四〕，路過洛陽〔一二五〕。父母聞之，清〔一二六〕宫除道，張樂設飲〔一二七〕，郊迎三十里〔一二八〕。妻側目而視〔一二九〕，傾耳而聽。嫂虵行匍伏〔一三〇〕，四拜〔一三一〕，自跪而謝〔一三二〕。蘇秦曰：「嫂，何前倨而後卑也〔一三三〕？」嫂曰：「以季子之〔一三四〕位尊而多金。」蘇秦曰：「嗟乎！貧窮則父母不子〔一三五〕，富貴則親戚畏懼〔一三六〕，人生世上，勢位富貴，蓋可〔一三七〕忽乎哉〔一三八〕！」

〔箋證〕

〔一〕高誘云：「合關東從通之於秦，故曰『連横』者也。」鮑彪云：「文穎曰：『關東爲「從」，西爲「横」。』孟康曰：『南北爲「從」，東西爲「横」。』瓚曰：『以利合曰「從」，以威勢相脅曰「横」。』」〔按〕吴師道注引高注作「連關中之謂『横』，合關東之謂『從』。」乃據齊策一張儀爲秦連横章注。文選過秦論注引高注與此同。史記始皇本紀索隱引此注「通」作「道」，無「於」字。項羽本紀索隱又引高誘云：「關東地形從長，蘇秦相六國，號爲『合從』。關西地形横長，張儀相秦，壞關東從，使與秦合，號曰『連横』。」又吕氏春秋離謂篇「淳于髡以從説魏王」，高注：「關東六國爲『從』也。」「有以横説魏王」，高注：「關西爲『横』。」淮南子秦族訓高注云：「蘇秦合六國爲『從』，張儀説爲『衡』。」「衡」與「横」通。綜上各注，從、横本以地形言之，秦居西，六國在東，故通秦爲「連横」（或稱東西爲「横」）合六國爲「合從」（或稱南北爲「從」）此高氏之意。韓非子五蠹篇云：「從者，合衆强以攻一强也；而衡者，事一强以攻衆弱也。」「衆强」爲六國，「一强」爲秦。淮南子要略云：「晚世之時，六國諸侯，谿異谷别，水絶山隔，各自治其境内，守其分地，握其權柄，擅其政令。下無方伯，上無天子，力征争權，勝者爲右。恃連與國，約重致，剖信符，結遠援，以守其國家，持其社稷，故縱、横、修、短生焉。」釋「縱」、「横」之義者，劉毓崧通義堂卷十一縱横家出於行人之官説可參。戰國策一書大半爲縱横之言，而從横家以蘇秦、張儀爲最著名，此是蘇秦以從横術干人主之始。史記蘇秦傳僅作「説惠王曰」，無「將連横」三字。考惠王初立，其時秦國勢雖强，尚不足爲山東諸侯患，諸侯亦未聞有合從拒秦之謀，蘇秦何爲用連横説干之？且繹下文説辭，雖有「約從連横」一句，只是普通泛言，並無主見，文之中心主張在用兵任戰，以武力統一天下，與「連横」説顯不相侔。愚意此當出於後世縱横家虚飾之言，凡連强秦者屬於「横」，合諸侯者屬於「縱」，不暇究其形勢之異也。此處當以史記爲是。

〔二〕金正煒云：「按秦至惠文後元始僭王號，蘇子游秦，距誅商君未久，不應即稱『大王』。當是追録之文。他策亦多類此。」〔按〕史記商君傳趙良説商君，稱孝公爲秦王，亦其例。此時惠王稱惠文君。下文稱「趙王」，乃趙肅侯，是時趙亦未僭王號。並是追録之文。顯出後人之手。

〔三〕高誘云：「利，饒也。」鮑彪云：「三郡並屬益州。」張琦云：「今四川保寧、順慶、夔州、重慶。皆故巴郡地。成都、龍安、潼州、雅州諸府及劍州以西，皆故蜀郡地。漢中，今陝西漢中、興安及鄖陽府。」〔按〕史記作「西有漢中，南有巴、蜀」。

〔四〕高誘云：「用，用武也。」鮑彪云：「胡，樓煩、林胡之類。集韻：『「貉」似「狐」。』代，幽州郡。」張琦云：「胡，今山西岢嵐州以北，故樓煩胡地；大同、朔州以北，故林胡地。代，今大同及直隸（今河北）蔚州是。」沈濤云：「胡、貉、代、馬，皆地名。史記匈奴傳：『趙襄子踰句注而破并、代，以臨胡、貉。』索隱：『「貉」即「濊」也。』説文豸部：『貉，北方豸種也。』又史記蘇秦傳：『北有代馬。』索隱曰：『謂代郡馬邑也。』荀子彊國篇：『今秦北與胡貉爲鄰。』此豈似狐之貉耶？」（中井積德亦以「貉」與「貊」同，夷種之名，非獸。）〔按〕此胡貉代馬，謂胡、代所産之貉、馬。趙策一趙收天下章「北代馬胡駒不東」，趙世家作「代馬胡犬」，貉、犬類近，可證「貉」、「馬」二字，非地名也。關於此句，鍾鳳年有説（見後）。史記無「胡貉」二字。用，財用也（國語周語韋昭注）。與上「利」字義近。高注訓爲「用武」，非是。

〔五〕高誘云：「皆有塞險要也，故曰『之限』也。」鮑彪云：「（巫山）在南郡巫。黔，故楚地，秦地距此二郡耳，故言『限』。秦昭三十年，始定爲黔中郡，後爲武陵郡，見後志。」梁玉繩云：「按國策『西有巴、蜀、漢中之利，南有巫山、黔中之限。』……而是時諸郡未屬秦，不知蘇子何以稱焉？」張琦云：「巫山在四川巫山縣東三十里。黔中，今湖南辰沅、常德、永順、保靖諸府及岳州府之澧州皆是。」〔按〕梁氏所疑，説見下。

〔六〕鮑本、吴本「肴」作「殽」。〔按〕文選西都賦、西京賦、西征賦注引亦作「殽」。又潘正叔迎大駕詩注引作「崤」。肴、殽、崤音同並通。

〔七〕高誘云：「肴在澠池西。函關舊在弘農城北門外，今在新安東。固，牢堅，難攻易守也。」張琦云：「殽山在今河南永寧縣北六十里，有盤殽、石殽、千殽，是爲三殽。按秦紀：『孝公時，楚自漢中南有巴、黔中。惠文後九年，司馬錯滅蜀。後十三年，庶長章擊楚於丹陽，又攻楚漢中，取地六百里。』又『惠文六年，魏納陰晉。九年，圍焦。十一年，歸魏焦、曲沃。十三年，張儀取陝，出其人與魏。後十一年，樗里疾攻魏焦，拔之。』陰晉，今之華陰；陝即陝州；焦城在州南二里，曲沃城，州西南三十里。陰晉東至陝，正殽、函之道，自惠王六年至後十一年，始克有之。蘇秦説時，在惠王元年，巴、蜀、漢中、殽、函皆未入秦，不獨胡、代爲趙，巫山、黔中爲楚。賈生又曰：『孝公據殽、函之固。』蓋策文或後來增飾，賈生本秦之强始自孝公，所不暇詳耳。」黄式三云：「此言秦四塞之遠耳。胡、代，趙地，見趙世家。巫山、黔中，楚地，蘇秦説楚言之。巴、蜀此時亦非秦有。秦惠王六年得陰晉，十三年取陝。自陰晉至陝，正殽、函之道，此時亦未取也。蘇秦説趙云『北有燕國』，正與此同。」鍾鳳年致疑略同張氏，釋之云：「蓋（蘇）季子之辭義，亦非言秦已有其地。其『西有巴、蜀、漢中之利』一語，殆謂秦西與諸地鄰，可得其物産之鄰耳，與次語命意相同。因秦於時更未得胡、代之地，亦僅致其貉馬之用而已。至『南有巫山、黔中之限』一語，亦不過言其地勢之險阻，可藉以限楚而無患也。故於『之利』、『之限』四字宜活看，不可便認爲秦已兼有其地。蘇秦傳於此處作『西有漢中，南有巴、蜀』。以方位言，巴、蜀當在秦之南，策作『西』，則誤。又傳不言『黔中巫郡』，按其地去秦愈遠，尚在巴、蜀、漢中之外，於時實不宜言及，史辭較當。唯史無『之利』、『之限』四字，若秦於是已有漢中、巴、蜀者，則史公之疏失也。」〔按〕兩國邊壤接境，固可各言其地，以誇示疆域之廣遠，如蘇秦説韓王稱韓「南有陘山」（韓策），説楚王言楚「北有汾、陘之塞」（楚策），秦策又言「楚、魏戰於陘山」。此是游説之誇辭，縱横家後來所虛飾，不能拘泥史實而論。胡貉、代馬乃互市之利，鍾説可通。荀子彊國篇謂秦「北與胡貉爲鄰，西有巴戎」，與此相合，但時代不同，不能並論。

〔八〕鮑彪云：「殷，盛也。」

〔九〕鮑彪云：「士之能奮擊者。」〔按〕魏策一蘇秦説魏王：「大王之卒：武力二十餘萬，蒼頭二十（從史記改）萬，奮擊二十萬，厮徒十萬。」則「奮擊」是兵種之一，亦疑勇士之類。

〔一〇〕鮑彪云：「沃，言其肥潤。」

〔一一〕高誘云：「關中沃野千里，故田美民富。」

〔一二〕高誘云：「攻之不可得，守之不可壞，故曰形便也。」鮑彪云：「地勢與形，便於攻守。」〔按〕依高注「形、便」二字爲詞，鮑注「地勢與形」，恐非。荀子彊國篇：「應侯問孫卿子曰：入秦何見？孫卿子曰：其固塞險，形勢便。」「形便」之義同此。

〔一三〕高誘云：「府，聚也。」鮑彪云：「言蓄積之富，非人力也。」〔按〕高、鮑義同。荀子彊國篇稱秦：「天材之利多。」亦其義。又荀子大略篇云：「六貳之博，則天府已。」又云：「學問不厭，好士不倦，是天府也。」楊倞注：「天府，天之府藏。」

〔一四〕鮑彪云：「物之雄者强。」

〔一五〕鮑彪云：「騎，士之便馬者。」〔按〕騎兵始於戰國，趙武靈王胡服射騎，即模倣胡之騎兵。管子小匡篇云：「中救晉公，禽狄王，……而騎寇始服。」尹注：「北狄以騎爲寇。」當時兵制，車騎並用。故蘇秦説燕王，稱燕「車七百乘，騎六千匹」（燕策）；説趙王，稱趙「車千乘，騎萬匹」（趙策）；説魏王，稱魏「車六百乘，騎五千匹」（魏策）；説楚王，稱楚「車千乘，騎萬匹」（楚策）。齊策一田忌爲齊將章孫子教田忌「使輕車鋭騎衝雍門」，俱可證。左氏昭二十五年傳疏云：「古者服牛乘馬。」馬以駕車，不單騎也。至六國之時，始有單騎，蘇秦所云車千乘，騎萬匹也。曲禮云『前有車騎』者，禮記漢世書耳，經典無『騎』字也。」又按呂氏春秋不苟篇云：「（晉文公）行賞，（趙）衰曰：『君將賞其本乎？賞其末乎？賞其末，則騎乘者存。』」則似春秋晉已用騎。然呂氏春秋出不韋門客，此蓋後來追叙之詞，不足爲據（六韜有武騎士與戰騎篇，其書大抵出於戰國以後，亦不足信。兵車之改爲騎射，日知録卷二十九論之甚是，可參）。

〔一六〕高誘云：「教，習也。」

〔一七〕高誘云：「吞，滅也。」

〔一八〕〔按〕説文「帝」字云：「諦也，王天下之號。」

〔一九〕鮑本、吴本「效」作「効」，同。高誘云：「奏，事。效，驗也。」鮑彪云：「奏，進。効，功也。」〔按〕高、鮑二訓可相通。

〔二〇〕高誘云：「文章，旌旗文章。青與赤謂之『文』，赤與白謂之『章』也。」鮑彪云：「文章，法令也。」〔按〕高注以「文章」爲旌旗文章者，周禮春官司常云：「掌九旗之物，名各有屬，以待國事。」「旌、旟」並列其中，「鳥隼爲『旟』」，「析羽爲『旌』」。但高云「旌、旟」，亦概括之稱，不必專指二物。又云：「凡軍事，建旌旗，及致民置旗，弊之。甸亦如之。」鄭注云：「始置旗以致民，民至仆之，誅後至者。」與此文「誅罰」語合。是知建旗行誅罰，古軍制如此，高注是也。「文章」之訓本周禮考工記。鮑氏據「誅罰」之文，訓「文章」爲「法令」，不知以「文辭」爲「文章」者，其義後起，不可語於古也。解誤。蘇秦傳作「文理未明，不可并兼」。林西仲以文章爲行使往來詞命，安井衡復以文章爲禮樂，並從臆度，不足信。

〔二一〕高誘云：「『厚』猶『大』也。」

〔二二〕鮑彪云：「（不順）逆人之心。」

〔二三〕高誘云：「煩，勞也。」鮑彪云：「逆人心，則行之難，故大臣勞。」

〔二四〕高誘云：「儼然，矜莊貌。不以千里之道爲遠（按原本作「速」，從文選子虛賦注引改正），而來在秦庭，寡人願以他日敬承之也。」鮑彪云：「（庭教之）教之於廣庭。」吳師道云：「史：『時方誅商鞅，疾辯士，弗用。』」

〔二五〕高誘云：「神農，炎帝號也，少典之子也。補遂，國名也。」姚宏云：「（補遂）後語『輔遂』。」鮑彪云：「未詳。」程恩澤云：「按路史炎帝紀：『補遂不恭，乃伐補遂，而萬國足。』注云：『補、遂二國，見呂氏春秋。通典作「輔遂」，非。』又云：『「補」即史伯所云鄢、蔽、補、丹之「補」。姓苑有補氏。』據此則其地當在今河南新鄭縣，然別無他證。」（按）帝王世紀云：「諸侯夙沙氏叛不用命，箕文諫，而殺之。炎帝退而修德，夙沙之民自攻其君，而歸炎帝。」「補遂」疑即「夙沙」。

〔二六〕高誘云：「蚩尤，九黎民（按「民」疑「氏」之誤）之君子（姚宏云：「子，錢、劉作『始兵』」）也。」鮑彪云：「（涿鹿）屬上谷。（蚩尤）九黎氏之後，事見史。」張琦云：「涿鹿山在今宣化府、保安府西南九十里。」（按）逸周書嘗麥篇云：「昔天之初，誕作二后，乃設建典，命赤帝分正二卿。命蚩尤宇於少昊，以臨四方，司□□上天未成之慶。蚩尤乃逐帝，爭於涿鹿之河，九隅無遺。赤帝大懾，乃說於黃帝，執蚩尤，殺之於中冀。」亦見史記五帝本紀。集解引服虔云：「涿鹿，山名，在涿郡。」

〔二七〕高誘云：「翼善傳聖曰『堯』，仁聖盛明曰『舜』。驩兜、三苗，皆國名。」鮑彪云：「（堯伐驩兜）書止言憂（按「憂」當作「放」）之，豈嘗伐之而不服邪？（三苗）國名，縉雲氏之後。」吳師道云：「書：放驩兜，又堯伐驩兜，禹伐共工，見荀子，此游士之辭。下言『五帝、三王不能坐而致地，故以戰續之』，此不過欲售其攻戰之説耳。凡戰國言帝王事類如此，皆不足辨。（舜伐三苗）事見書。」陸隴其云：「書言放驩兜，此言伐驩兜，……此即孟子所謂好事者爲之也。」〔按〕吳、陸拘於儒家增飾之書，以堯伐驩兜爲妄。其實氏族社會之時，不同後世君臣之制，大君長欲行法令，焉能不用兵？韓非子外儲説右上云：「堯欲傳天下於舜，鯀諫曰：『不祥哉！孰以天下而傳之於匹夫乎？』堯不聽，舉兵而誅殺鯀於羽山之郊。共工又諫曰：『孰以天下而傳之於匹夫乎？』堯不聽，又舉兵而誅共工於幽州之都。於是天下莫敢言無傳天下於舜。」誅四凶之事，可以類推。戰國之時，習聞其事，故荀卿儒者，亦言「堯伐驩兜，舜伐有苗」（議兵篇）。後儒疑之，非也。山海經海外南經有「驩頭國、三苗國」。「驩頭」即「驩兜」。吕氏春秋恃君篇有「驩兜之國」。高注：「南越之夷。」然此皆疑非堯、舜時之國。魏策一魏武侯與諸大夫浮於西河章吴起言：「昔者三苗之居，在彭蠡之波，右有洞庭之水，文山在其南，而衡山在其北。恃此險也，爲政不善，而禹放逐之。」禹爲舜伐三苗，故或言舜，或言禹。吴云「見書」，乃僞尚書大禹謨篇，不足據。高注「堯、舜」，本謚法，亦見史記五帝本紀集解引徐廣説。今逸周書謚法篇無此文。然謚始於周，前人已疑之。不如從譙周以爲號。見尚書堯典疏。

〔二八〕高誘云：「共工，官名也，霸於水火之間（盧本「間」誤作「關」），任知訓（姚宏云：「一無『訓』字」）刑之後子孫也。」（按漢書律曆志云：「共工氏……任知刑以彊，伯而不王。」繹史卷三引帝王世紀語同。准此，高注當從姚一本删「訓」字，句作「任知刑以彊」。）鮑彪云：「伐，乃流之。」〔按〕山海經大荒西經有禹伐共工國山。郭璞注：「言攻其國，殺其臣相柳於此。」郝懿行箋疏云：「按周書史記篇云：『昔有共工自賢，自以無臣，久空大官。下官交亂，民無所附。唐氏伐之，共工以亡。』按『唐氏』即『帝堯』也。堯蓋命禹攻其國而亡之。」高注據左氏傳。昭公十七年傳云：「共工氏以水紀，故爲水師而水名。」次於炎帝氏之後，炎帝氏火紀，故云「霸於水火之間」。但共工自爲水紀，不得云「霸於水火之間」。考國語魯語云：「共工氏之伯九有也。」韋昭注：「共工氏，伯者，在戲、農之間。」（禮記祭法篇注同）如從此説，則爲「霸於羲、農之間」。伏羲太皞氏爲龍官（見左傳〉。禮記月令孟春之月「其帝太皞，其神句芒」。鄭注：「此蒼精之君，木官之臣。」孔疏：「東方之帝曰『太皞』，少皞之子爲『木正』」（陸氏釋文亦云：「少皞氏之子重爲木正。」）。太皞主東方，東方屬木。以此推之，則羲、農猶木火也。故漢書律曆志引世經：「祭典曰：『共工氏伯九域。』言雖有水德，在木火之間，非其序也。」「木、水」二字形近似易訛。則高注「水火之間」當作「木火之間」。惟古史悠謬，異說紛歧，姑存其舊以備考。又高注「之後」猶言「其後」。

〔二九〕高誘云：「夏桀爲無道，故成湯伐之。」〔按〕湯伐桀，見尚書湯誓及史記殷本紀。

〔三〇〕高誘云：「崇侯虎爲紂卿士，道紂爲惡，故文王伐之。」〔按〕詩大雅皇矣篇：「帝謂文王，詢爾仇方。同爾兄弟，以爾鉤援，與爾臨衝，以伐崇墉。臨衝閑閑，崇墉言言，執訊連連，攸馘安安。是類是禡，是致是附，四方以無侮。」即歌頌文王伐崇之戰。左氏僖公十九年傳：「文王聞崇德亂而伐之，崇人三旬不降。退修教而復伐之，因壘而降。」

〔三一〕高誘云：「紂淫虐，故武王伐之。」〔按〕見尚書泰誓、牧誓及史記周本紀。三王之事，古籍多有，不繁舉。

〔三二〕鮑本、吳本「伯」作「霸」，古通用。高誘云：「齊桓公小白，僖公之子也。用兵戰而尚仁義，師（疑當是「帥」譌）諸侯，朝天子，故曰『伯天下』。」鮑彪云：「『任』猶『用』也。作內政，寄軍令是也。」〔按〕「任戰」即用「用戰」，義甚明白，鮑下文嫌蛇足。

〔三三〕姚宏云：「惡，安也。」

〔三四〕高誘云：「擊，一也。兵車之轂比相當。」鮑彪讀至下「馳」字爲句，云：「轂，輻所湊也。相擊而馳，言其衆。」吳師道云：「轂擊，説見齊策。」金正煒云：「漢書匈奴傳：『辯者轂擊於外。』注：『言使者交馳，其轂相擊也。』此衍『馳』字。『擊』與『結』、『一』爲韻。」〔按〕高氏讀「擊」爲句，「馳」字屬下讀，詳注文即知。

「擊」與下文「結」、「一」爲韻。齊策一蘇秦爲合從説齊宣王章：「車轂擊。」高注：「擊，相當。」與此注合。鮑氏誤以「馳」字爲句，金氏雖改其讀而謂「馳」字爲衍，不究高注，失察。

〔三五〕姚宏云：「錢、劉本無『語』字。」〔按〕「語」字疑涉高注而衍，今從錢本等删。

〔三六〕高誘云：「馳傳，言語相約結，使天下知同爲一。」鮑彪云：「（結）約親也。」吴師道云：「後語注：『結音吉。』此古韻協也，下文悉然。横，黄；態，替；濁，殰玉反；聊，留；服，蒲北反；信，新。」〔按〕吴氏所舉古韻不備，且衍用叶韻舊説，未然。今依江有誥先秦韻讀此文韻讀如下：結、一（脂部）。横、藏（陽部）。飭、惑、起、理、備、態（之部）。足（矦部）。愁、聊（幽部）。理、起、服、息、辭、治（之部）。聾、攻（東部）。信、親（真部）。撞、功（東部）。吴所舉「兵」字，蓋與「場」字爲韻（陽部），江氏偶遺。

〔三七〕高誘云：「藏，戢也。」〔按〕以上言外交結約，仍不能廢戰。

〔三八〕姚云：「（餝）一作『飭』。」高誘云：「餝，巧也。」鮑彪云：「文謂辯也。餝，飾同。」〔按〕飭、飾二字，古並作「餝」字，全不分辨，見匡謬正俗卷八。但「飭」訓爲「謹」（漢書注），「飾」訓爲「巧」（淮南子本經訓注），義各不同。據高注，鮑以爲「飾」，是也。一作「飭」，非。此謂文士並飾巧爲説。

〔三九〕高誘云：「惑，疑也。」

〔四〇〕高誘云：「理，治也。」

〔四一〕鮑彪云：「科，程也。」集韻：「『條，件也。』」〔按〕廣雅釋言：「科，條也。」是「科、條」一義。「科程」之訓，本於説文。「程」爲量名，説文「程」字云：「品也。十髮爲『程』，一程爲『分』，十分爲『寸』。」此莊子所謂「爲之斗斛以量之，則並與斗斛而竊之；爲之權衡以稱之，則並與權衡而竊之」（胠篋篇）者。

〔四二〕高誘云：「稠，多；濁，亂也。」鮑彪云：「策，簡也，大事書之。稠，多也，言有司文書多，閲者昏亂。」

〔四三〕高誘云：「上下，君臣也。刑罰失中故相愁。愁（姚宏云：「錢、劉作『愁怨』。」）則民無所聊賴者也。」

〔四四〕吳師道云：「『章』亦『明』也。謂明著之言，章顯之理。下句『文辭』，謂辭之文者，三語文勢同。」〔按〕「章」同「彰」。

〔四五〕高誘云：「愈，益也。」

〔四六〕鮑彪云：「偉，奇也。」吳師道云：「『偉』一作『僞』。」金正煒云：「『偉』與『瑋』通。王逸天問章句序：『珍瑋譎詭。』『瑋』固與『詭』義同，史記劉賈傳『豈不偉哉』，漢書荆燕吳傳作『豈不危哉』，『危』即『詭』之省也。『偉服』猶『詭服』。爾雅釋詁：『服，事也。』管子任數篇：『無偉服，無奇行。』韓非說疑篇：『有務奉下直曲怪言偉服瑰稱以臨民耳目者。』並與同義。」

〔四七〕高誘云：「息，休。」

〔四八〕高誘云：「去本事末，多攻文辭以相加誣，故曰『天下不治』也。」吳師道云：「明言者，教令；辯言者，游說；文辭者，書策。明言章理，即科條既備；辯言偉服，即言語相結；繁稱文辭，即書策稠濁。」〔按〕「明言章理」下六句並謂語言文辭之不足恃。科條爲量器之類，書策爲簿牘之屬，言語相結則謂外交連絡，與此不必相應，吳說恐非。

〔四九〕高誘云：「不能使天下相親也。」

〔五〇〕高誘云：「死士，勇戰（盧本「戰」作「敢」）之士也。」鮑彪云：「敢死之士。」

〔五一〕鮑本、吳本「效」作「効」，同。高誘云：「綴，連也。厲，利也。利其兵器，致其勝功（景宋本作「攻」，通用）於戰鬬之場也。」鮑彪云：「効，致其功也。」

〔五二〕高誘云：「徒處、安坐，不修其兵事，欲以利國廣地，不可得者也。」鮑彪云：「『徒』猶『空』也，言無所爲。」

〔按〕利、地爲韻。江氏韻讀遺。

〔五三〕吴本「王」譌作「主」。

〔五四〕姚宏云：「劉、錢無『五伯』字，集有。」鮑本、吴本「伯」作「霸」，同。〔按〕五帝、五伯説有多種。從史記五帝爲黄帝、顓頊、帝嚳、堯、舜；從孟子趙岐注五伯爲齊桓、晉文、秦穆、宋襄、楚莊。此説最普遍。齊策一秦伐魏章高注：「五伯，昆吾、大彭、豕韋、齊桓、晉文也。」三王，謂夏禹、商湯、周文、武。

〔五五〕高誘云：「勢，力也。」

〔五六〕高誘云：「續，猶備其勢也。」孫詒讓云：按説文糸部云：「續，古文作『賡』，從庚貝。古與『庚』通。月令鄭注云：『庚之言更也。』言以戰更之也。高注未允。」

〔五七〕〔按〕御覽卷三百五十二引「攻」作「守」。此三句「攻」、「橦」、「功」爲韻，「守」字非，且與「以戰續之」義不合。

〔五八〕鮑本、吴本「橦」作「撞」。〔按〕御覽卷三百四十三及三百五十二引並作「撞」。廣雅釋詁「撞，刺也」與高注合。古寫本從「木」從「扌」之字常淆，今從鮑本正。高誘云：「攻擊撞（按原作「橦」，今並正）刺。」鮑彪云：「迫，近也，『杖』如杖劍，『戟』謂持戟。戟有支矛。」吴師道云：「杖，持執也，真亮反。戟，有支兵。」〔按〕鮑以「杖」、「戟」爲杖劍持戟，非，吴訓「杖」爲動詞，「戟」爲賓語，較長。「杖」亦可訓爲武器，與「戟」爲並列詞。「戟」爲戈矛合體，柄前安置刃以刺敵人，而旁有横刃辦可以句啄敵人，故兼具有句刺之作用（中國兵器史稿頁八八）。

〔五九〕高誘云：「建，立。」

〔六〇〕高誘云：「故仁義而行，故强於内也。」鮑彪云：「論戰故獨言義。」〔按〕高注首「故」字疑是「仗」字之譌。荀子大略篇：「義，理也，故行。」此承「兵勝於外」而言，意謂强權者有理也。「諸侯之門而仁義有焉」（莊子胠篋），猶此義也。蘇秦豈言仁義哉？高、鮑説並存。

〔六一〕〔按〕御覽卷三百四十三「凌」作「陵」，同。楚辭國殤王逸注：「凌，犯也。」萬乘，大國。

〔六二〕高誘云：「詘，服也。」〔按〕「詘」同「屈」。御覽引「詘」作「黜」，非。

〔六三〕高誘云：「子，愛也。元元（姚宏云：「錢、劉止一『元』字。」按史記孝文帝本紀索隱引作「元元」，同此），善也。」鮑彪云：「元，善也，民之類善，故稱『元』。」〔按〕史記孝文本紀：「以全天下元元之民。」索隱云：「按姚察云：『古者謂人云善，言「善人」也。因「善」爲「元」，故云「黎元」。其言「元元」者，非一人也。』顧野王又云：『元元，猶喁元，可憐愛貌。』未安其説，聊記異也。」顧野王説司馬貞已疑之，可不論。姚氏即據高注爲説，疑並是後起增飾之義，非本意也。黄生義府云：「『元元』謂百姓，字當音云，與老子『萬物芸芸』同義。後漢八及目『海内方珍孔世元』，『元』與『珍』協，知古本作此音。」亦迂折難通。考「元」字古與「兀」同字，兀作父戊卤作「」，（金文編卷一）像人之側形。金文或作「元」（師酉簋），或作「元」（曾伯簠），甲骨文或作「」，或作「」（甲骨學文字編），其下形亦從「（人）」，是知「元」本含有「人」意，故「元元」可稱「百姓」。其訓「始」訓「善」，乃引申義也（首亦稱元，則兀上加一，亦指事意也）。

〔六四〕鮑彪云：「言敵國，又言諸侯，則侯非其敵者。」

〔六五〕高誘云：「傳曰：『天生五材，民並用之，廢一不可，誰能去兵？兵之設久矣，聖人以興，亂人以廢。廢興存亡，皆兵之由也。』故服諸侯非兵不可也。」〔按〕高引傳見左氏襄公二十七年傳。

〔六六〕鮑彪云：「時君皆繼世者也。」〔按〕謂繼嗣爲君者。

〔六七〕高誘云：「惛，不明也。」

〔六八〕鮑彪云：「『沈』猶『溺』。」

〔六九〕鮑彪云：「溺，謂爲所冒没。」

〔七〇〕高誘云：「固，必也，必不能行霸事。」陸隴其云：「大抵從横家專以謀策爲事，與兵家相表裏，非如春秋之辭命也。故秦之言多用兵之事，而深以辭命爲不足恃。讀上半篇，可見春秋變爲戰國之故。」〔按〕自「蘇秦曰臣固疑大王之不能用也」至此，史記不載，疑太史公以其不類縱横家言而删之。

〔七一〕〔按〕藝文類聚卷六十七引「十」下有「二」字，疑非。御覽卷六百九十四引作「十上」，同今本。唐盧僎詩亦云：「懷書十上秦。」可證唐時本作「十上」。

〔七二〕高誘云：「蘇秦之説不見用也。」

〔七三〕高誘云：「弊，壞也。」鮑彪云：「貂，鼠屬，大而黄黑，出丁零國。」

〔七四〕高誘云：「蘇秦仕趙，趙王資貂裘、黄金，使説秦王，破關中之横，使與趙同從，從則相親也。秦王不肯從，故蘇秦用金盡而貂裘壞弊也。」劉寶楠愈愚録卷五云：「漢書食貨志：『太公爲周立九府圜法，黄金方寸而重一斤。秦兼天下，黄金以溢爲名。』孟康曰：『二十兩爲溢。』師古曰：『改周一斤之制，更以溢爲金之名數也。』……案據志説，則秦所改者，周以斤爲名，秦以溢爲名。其實溢是二十兩，斤亦二十兩。故周策叙蘇秦事云『黄金百斤盡』，趙策叙蘇秦事云『黄金百鎰』，即百斤。周人已有鎰稱。管子乘馬篇云黄金一鎰。而孟子書有萬鎰、百鎰、七十鎰、五十鎰之文。其時尚秉周制，亦得爲鎰，則斤之與鎰，名稱雖異，而輕重之制同也。」〔按〕高注本趙策一蘇秦説李兑章爲説。御覽卷六百九十四引「百斤」作「百鎰」。趙策亦云「李兑送蘇秦黑貂之裘、黄金百鎰，蘇秦得以爲用，西入於秦」。趙欲與秦合從，其説無據。若如此説，則蘇秦不能完成使命，何以再見説趙王，「趙王大悦，封爲武安君」，豈不悖哉？高氏臆説附會，未允。

〔七五〕鮑彪云：「資，貨也。」

〔七六〕高誘云：「歸洛陽也。」

〔七七〕鮑彪「羸」作「贏」，云：「方言：『擔，齊、楚、陳、宋曰「攍」。』通作『贏』。縢，緘也。（蹻），屐也。」吳師道云：「一本『贏（按原本誤作「羸」，今正）縢』，是。『贏』與『縲』、『纍』字通用，倫追反。易：『羸其角，羸其瓶。』孔穎達云：『拘纍纏繞也。』詩『邪幅在下』注：『如今行縢。』即禮所謂『偪』也。（鮑）注説下與履蹻不倫，而擔囊又已言矣。（蹻），史『虞卿躡蹻』注：『草履也。』『蹻』與『屩』通。」于鬯云：「左昭元年傳杜解云：『露，羸也。』『露』可訓『羸』，則『羸』亦可訓『露』矣。孔義云：『其義與「倮」相近，倮，露形也。』按此『羸』恐正是『倮』字之借。『倮』本字作『羸』，與『羸』字同聲。『縢』謂『行縢』。詩采薇篇……鄭箋云：『邪幅如行縢也。偪束其脛，自足至膝。』『羸縢』者，蓋行縢破壞，而露其脛耳。或謂行縢外尚著襪，無襪則行縢外露，故謂之『羸縢』。亦備一説。」金正煒云：「按作『贏』者當是。韓非外儲説下篇：『贏勝而履蹻。』『贏勝』即『贏縢』。淮南脩務篇：『於是贏糧跣足。』注：『贏，裹也。』莊子胠篋篇：『贏糧而趨之。』釋文：『贏，裹也。』左氏桓二年傳注：『若今行縢者。』疏：『「縢」訓「緘」也。然則行而緘足，故名「行縢」。』釋『縢』爲『囊』，則與『擔橐』文複。吳氏引詩注足正鮑氏之誤，惟以作『贏』爲是，似不若『羸』之義長。」（按）鮑、金以「羸」爲「贏」，吳、于則謂「羸」爲是，而釋各不同。淮南子氾論訓云：「蘇秦匹夫徒步之人也，鞒蹻羸蓋，經營萬乘之主，服從諸侯。」與此策文相應。高注：「初帶羸囊擔步蓋，歷説萬乘之君。」「鞒蹻羸蓋」即此「羸縢履蹻」。「鞒」同「組」，繫也，與「羸」義相類，故高以「帶羸」連言。蓋，高謂「步蓋」，疑即「行縢」之類（「蓋」有「蔽覆」義，則「步蓋」與「行縢」相似，亦可意會）。「鞒蹻」即「履蹻」（高以囊檐釋「蹻」，未安），「羸蓋」即「羸縢」，與上徒步之人承合。據此，「羸」當從鮑本作「贏」，「贏」與「羸」同音相通。

〔七八〕鮑本「槖」作「囊」。〔按〕御覽卷七百六十四引亦作「囊」。高誘云：「槖，囊也。曰無底『囊』，有底曰『槖』。」

〔七九〕鮑彪改「犂」作「黧」，云：「集韻：『黧，黑黄色。』」吴師道云：「古字『黧』、『犂』通借。黧，黑色，集韻誤，見魏策。」〔按〕「犂」、「黧」並從「利」聲，同聲通借。字林：「黧，黑黄也。」（任大椿考逸卷六）集韻本之。面色黑者常帶黄，不能謂誤。

〔八〇〕高誘云：「『歸』當終（按「終」疑是「作」之譌）『愧』。愧，慙也。音相近，故作『歸』耳。」鮑彪從高注「歸」改作「愧」。黄丕烈云：「此不得輒改，高注即其證矣。」〔按〕歸、愧乃同聲通借。

〔八一〕鮑彪云：「（紝，四部叢刊本作「維」，誤，此據鮑彪單行本正。）機縷也。不下，言自若。」〔按〕御覽卷六百九十四引作「妻不爲下機」，世説新語排調篇注引同。

〔八二〕高誘云：「不炊飯也。」

〔八三〕〔按〕蘇秦傳作「兄弟嫂妹妻妾竊皆笑之」，不及「父母」。又傳記此事於説秦王之前，梁玉繩志疑以爲史誤。

〔八四〕鮑本、吴本、盧本「喟」下有「然」字。鮑彪云：「喟，太息也。」

〔八五〕〔按〕作自責語。

〔八六〕鮑彪云：「篋，藏也。」

〔八七〕鮑彪云：「漢志有陰符經。」吴師道云：「陰符經恐非此所指。索隱云：『陰符是太公兵法。』」張琦云：「漢志太公二百七十篇，列道家。無陰符經之目。」〔按〕蘇秦傳作「周書陰符」。正義云：「鬼谷子有陰符七術。欒注云：『陰符者，私志於内，物應於外，若今符契，故云「陰符」。本太公兵法。』」隋書經籍志有太公陰謀一卷（梁六卷、太公陰符鈐録一卷、周書陰符九卷）。嚴可均全上古三代秦漢三國六朝文云：「按周書陰符，隋志不云太公。據戰國策蘇秦得太公陰符之謀，史記作周書陰符，明是一書也。」「陰符謂陰符之謀，云周書者，周時史官記述，猶六韜稱周史。」又王闓運湘綺樓日記（光緒六年庚辰八月十八日）云：「班史以縱橫家出行人之官。蘇秦揣摩太公書，書名陰符。符者，行人所以爲信也。符有陰陽，蓋記所言於符陰，言山川物産形要之說，故其書以羅類國富，指陳形勢爲主。唐人僞造陰符經，乃以爲兵書，非也。」此說別出心裁，存之備異說。

〔八八〕高誘云：「簡，汰也。練，濯。濯治（姚宏云：「劉、錢無『濯治』二字，集、曾有。」）陰符中奇異之謀，以爲揣摩。揣，定也。摩，合也。定諸侯使讎其術，以成六國之從也。」鮑彪云：「『簡』猶『擇』。練，湅帛也，取其熟。揣，量。摩，研也。遊說之術，或量其情，或研切之。」桂馥札樸云：「『簡練』當爲『瀾湅』。說文：『湅，瀾也。』考工記：『慌氏湅絲以說水，漚其絲七日。去地尺，暴之。』」蕭曇經史管窺說同。〔按〕「簡練」即「瀾湅」，同音通用。說文「湅」字，段注引此策文解同。高、鮑義亦相近。揣摩，蘇秦傳索隱云：「江邃曰：『揣人主之情，摩而近之。』其意當矣。」正義云：「鬼谷子有揣及摩二篇，言揣諸侯之情，以其所欲切摩爲揣之術也。」鮑即本之，較高注爲長。

〔八九〕鮑彪云：「錐，鋭也，鍼之類。」

〔九〇〕王念孫云：「蘇秦傳集解及太平御覽人事部、器物部引此並作『血流至踵』。按作『踵』者是也，今本作『足』，傳寫脱其右畔耳。曲禮曰：『行不舉足，車輪曳踵。』是『足』爲總名，而『踵』爲專稱。踵著於地，故血流至踵而止。若泛言至足，則其義不明。莊子亦言『汗流至踵』，不言至足也。」

〔九一〕〔按〕謂揣摩之術成。

〔九二〕高誘云：「闕，塞名也。」鮑彪云：「『摩』言切近過之。闕名未詳。」張尚瑗云：「燕烏集闕，忘其巍巍，鳴則自鳴，蘇子效之，藐大人也。」（朱亦棟羣書札記引謝有暉說略同）宋翔鳳云：「漢書鄒陽傳：『秦信左右而亡，周用烏集而王。』……按『烏集』當是書篇名，出太公陰符。戰國秦策：『得太公陰符之謀，伏而誦之，簡練以爲揣摩。』又曰：『於是乃摩燕烏集闕。』蓋秦策本作『燕集』，『燕烏』古人音同假借，校國策者因注『烏』字於下；又於『烏集』不得其解，又注『闕』字於下，謂其義『闕』也。久之惑亂，高誘遂以『闕』爲塞名，甚謬。如董安于，國策作『董閼安于』，『安』、『閼』字通轉。蓋國策本作『董閼于』，後者注『安』字於『閼』下。」（過庭録卷十五） 横田惟孝云：「燕烏集闕，未詳，疑陰符書篇名。蓋依是篇之義而揣摩以説趙王也。」 程恩澤云：「按燕有高闕塞。劉昫曰：『高闕北距火嘖口三百里。』今在大同府城西北四百二十里古豐州河之西。史記趙武靈王築長城，自代傍陰山下至高闕是也。未知即此否？」 中井積德云：「摩燕烏集闕，五字蓋衍文。」 于鬯云：「按秦傳：『西至秦，説惠王，弗用。乃東之趙，趙肅侯令其弟爲相，號奉陽君。奉陽君弗説之。去遊燕，歲餘而後得見，説燕文侯。文侯於是資蘇秦車馬資帛以至趙，而奉陽君以死，即因説趙肅侯。』是蘇秦自燕至趙，故過燕之闕塞。但策上文説秦後即歸家，與史既不合；而此云『摩燕烏集闕』，又與上文不相接。後人有解『燕烏集闕』爲蘇秦所佩之物；又有謂摩想燕烏之鳥集於闕庭，了無怫畏，即下抵掌而談之意。並臆説，不可從。横田解云，此説稍近。」 金正煒云：「按廣韻釋詁：『摩，順也。』義與『循』近。言自周之趙，循燕烏集闕而行也。」 〔按〕此文解釋紛歧，癥結在於「燕烏」二字，「燕」究是國名或「燕烏」用指鳥類。考燕策一蘇秦將爲從章燕文侯「齎蘇秦車馬金帛以至趙」。亦謂秦先説燕而後之趙，與蘇秦傳合。史記與國策止説秦事所記時間不同，其説六國則無殊。此句正記其説燕之事，則「燕」爲國名無疑。「摩」承上文「揣摩」言之，謂「迎合」也。「烏集闕」若以爲地名，無據。竊謂「烏」即「於」字。説文「於」爲「烏」之重文，云：「象古文烏省。」「烏」、「於」本是一字，此作「烏」字，後人狃於「烏烏」之「烏」，遂不可通，妄生揣測。本文實即「摩燕於集闕」（「燕」下或脱「侯」字），與下文「見説趙王於華屋之下」相對舉，謂合燕文侯於集闕也。「集」同「嶕」，文選上林賦

「嵯峨嶕嶫」，史記司馬相如傳作「磼碟」。索隱引埤蒼云：「高貌也。」然則「集闕」猶「嶕闕」，狀宮闕之高，與下文「華屋」相類，不必是塞名或闕名也。

〔九三〕高誘云：「華屋，夏屋（按原本作「華夏華屋」，姚宏云：「錢、劉作『華屋，夏屋』。」盧本同錢、劉本，今從之），山名也，言趙王屋清高似山也。」鮑彪云：「見説，見而説也。（趙王），肅侯。華，高麗也。」程恩澤云：「按夏屋，山名，一名『賈屋』，在今山西代州東北六十里。……趙世家：『襄子嘗北登夏屋。』竊疑肅侯或遊於此，故蘇秦聞之，由宣化大同而來見於此山之下也。」〔按〕策本文作「華屋」，高注以「夏屋」釋之，「夏屋」即詩秦風之「夏屋渠渠」，大屋也，並非山名。程氏以夏屋山當之，與高義有別，亦與策文不合。史記平原君傳：「文不能取信，則歃血於華屋之下，必得定從而還。」滑稽列傳言楚莊王所愛馬「置之華屋之下」。是「華屋」謂高大之屋，其義甚明，不必再求新解。

〔九四〕高誘云：「抵，據也。」〔按〕説文：「抵，側擊也。」史記滑稽傳集解、文選蜀都賦注、西征賦注、薦士表注、廣絶交論注引「談」皆作「言」。

〔九五〕鮑本、吴本「悦」作「説」，同。

〔九六〕高誘云：「武安，趙邑，今屬廣平。」吴師道云：「正義云：『潞州武安縣。』」張琦云：「故城在今彰德府（按今河南安陽市）武安縣西南五十里。」

〔九七〕高誘云：「革車，兵車。」〔按〕趙策一蘇秦從燕之趙章作「飾車百乘」。

〔九八〕鮑本、吴本「綿」作「錦」。〔按〕趙策亦作「錦」。「綿」當是形近而譌。今從正。

〔九九〕高誘云：「純，束也。」〔按〕蘇秦傳索隱引高注有「音屯」二字，今本疑佚。集解云：「純，匹端名。」又張儀傳索隱云：「凡絲綿布帛等，一段爲『一純』。」

〔一〇〇〕鮑本「壁」作「璧」。吳師道云：「璧，玉環也。肉倍好曰『璧』。」

〔一〇一〕鮑本、吳本「溢」作「鎰」。〔按〕索隱引作「溢」，後漢書黨錮傳注引作「鎰」。溢、鎰並從「益」聲，通用。高誘云：「萬溢，萬金也。二十兩爲一溢也。」鮑彪云：「一鎰二（元刊吳本「二」誤作「四」）十四兩。」〔按〕鮑注同國語晉語韋注及文選吳都賦劉注。劉寶楠對「斤」與「溢」之義有説，見上。

〔一〇二〕高誘云：「約合關東六國之從，使相親也；散關中之横，使秦賓服也。故曰『抑强秦』也。」

〔一〇三〕鮑彪云：「六國之關不通秦也。」吳師道云：「即所謂秦兵不敢窺函谷關者。」

〔一〇四〕鮑本、吳本「決」下有「於」字，此從省略。

〔一〇五〕鮑彪云：「決，言用之不疑。策，謀也。」

〔一〇六〕高誘云：「『賢』猶『厚』也。」

〔一〇七〕高誘云：「式，皆用也。」

〔一〇八〕鮑彪云：「廊，東西序。廟以尊先祖。人君之居謂之巖廊廟堂，尊嚴之稱。」吳師道云：「文穎云：『廊，殿下外屋。』顔師古云：『堂下周廡。又巖廊，高屋也。』愚按此言宫與廟也。廟堂字見徐樂梅福傳。」〔按〕此謂政治過於軍事。

〔一〇九〕高誘云：「隆，盛。」

〔一一〇〕鮑彪改「溢」作「鎰」。吳師道云：「此書『溢』、『鎰』通。」

〔一一一〕高誘云：「（用）經用。」

〔一一二〕吳師道云：「車騎之盛。」

〔一一三〕高誘云：「炫熿也，猶焜光也。」

〔一一四〕〔按〕山東之國，謂六國，並在殽塞之東，故名。趙策一蘇秦從燕之趙章云：「六國從親以儐秦，秦必不敢出兵於函谷關以害山東矣。」

〔一一五〕高誘云：「風，化也。」鮑彪云：「以草偃爲喻也。」〔按〕二説並通。

〔一一六〕高誘云：「重，尊也。使天下諸王侯尊趙王也。」鮑彪云：「爲從主，諸侯尊之。」

〔一一七〕鮑彪云：「（掘門）鑿垣爲門。」吴師道云：「『掘』即『窟』，古字通。齊策『掘穴窮巷』。鄒陽書『伏死掘穴』。楚策亦有。」于鬯云：「王引之通論引此『掘』作『堀』，云：『今本「堀」譌作「掘」。』按楚策『堀户窮巷』，正『堀』字。『堀門』即『堀穴』也。惟『堀』、『掘』並諧屈聲……未便徑改作『堀』。」〔按〕「堀」亦同「窟」。「掘門」即爲窟穴而居。慧琳一切經音義卷九引戰國策「狡兔三窟」云：「窟亦作堀。」「堀」即「崛」字。

〔一一八〕盧本「棬」作「捲」。高誘云：「捲揉桑條，假以爲户樞耳。」鮑彪云：「樞，門牝也，揉木爲之，如棬。棬，曲木盂也。」〔按〕桑户，以桑條爲户。吕氏春秋重己篇云：「使五尺豎子引其棬，而牛恣所以之。」是「棬」爲穿鼻之繩。棬樞，以繩繫户樞也。賈誼過秦論云：「陳涉，甕牖繩樞之子。」「棬樞」即「繩樞」。「棬」乃「絭」之借字。説文「絭」字云：「纕臂繩也。」

〔一一九〕高誘云：「銜（原本誤作「徐」，今從盧本改正），勒也。」鮑彪云：「（軾）車前横木。集韻：『撙，挫也。』蓋猶頓。銜，勒也。」金正煒云：「漢書王吉傳：『馮軾撙銜。』臣瓚曰：『撙，促也。』師古曰：『撙，挫也。』」

〔一二〇〕高誘云：「歷，行也。」

〔一二一〕鮑本、吴本「廷」作「庭」，「王」作「主」。鮑彪云：「（庭説）猶庭教云。」

〔一二二〕鮑彪云：「『杜』猶『塞』。」〔按〕左右，謂六國君之左右。

〔一二三〕鮑本、吳本無「能」字。姚宏云：「（伉）錢、劉一作『抗』。」吳師道云：「伉、抗古字通。」高誘云：「伉，當。」

〔一二四〕鮑注以「楚王」爲「威王」。

〔一二五〕鮑彪云：「（洛陽）漢爲河南郡。」〔按〕蘇秦傳過洛陽在説楚之後，與策不同。

〔一二六〕鮑彪云：「清，汛掃也。」

〔一二七〕高誘云：「張，施也。設，置也。施樂置酒。」

〔一二八〕高誘云：「遠迎上郊邑培也。」〔按〕上郊邑培，費解，疑字有誤。

〔一二九〕鮑彪云：「不敢正視。」

〔一三〇〕高誘云：「虵行匍匐，勾曳地也。」鮑彪云：「『虵』（四部叢刊本誤作「蛇」，據鮑單行本正）。伏音匐，匍匐，伏地也。」〔按〕蘇秦傳作「委蛇蒲服」。索隱：「委蛇，謂以面掩地而進，若虵行。『蒲服』即『匍匐』。」

〔一三一〕顧炎武云：「古人未有『四拜』之禮。……戰國策蘇秦路過雒陽，『嫂蛇行匍伏，四拜，自跪而謝』。此『四拜』之始。蓋是因謝罪而加拜，非禮之常也。」（日知録卷二十八）

〔一三二〕高誘云：「謝前不炊之過也。」鮑彪云：「跪，小拜也。既拜復膝地。」

〔一三三〕〔按〕吕氏春秋下賢篇高注云：「倨，傲也。」世説新語排調篇注引作「何先倨而後恭」。

〔一三四〕鮑本無「之」字。鮑彪云：「譙周曰：『秦字季子。』」〔按〕鮑引譙周據焦解。索隱云：「按其嫂呼小叔爲『季子』耳，未必即其字。」

〔一三五〕高誘云：「不以爲己子也。」

〔一三六〕金正煒云：「史記舜本紀：『二女不敢以貴驕事舜親戚。』正義云：『「親戚」謂父瞽叟、後母、弟象、妹顆手等也。』又韓詩外傳：『曾子親戚既没，欲孝無從。』……『親戚』猶『親屬』，秦謂其父母妻嫂也。」〔按〕古人稱其父子兄弟爲「親戚」，見日知録卷二十四。此與上「父母」爲互辭。

〔一三七〕鮑本「可」下有「以」字。

〔一三八〕高誘云：「信不可輕忽，故曰『乎哉』。」 鮑彪云：「忽，輕也。……合從在趙肅侯十六年，此（秦惠王）四年。」 金正煒云：「『蓋』當讀爲『盍』。」〔按〕「盍」字亦作「蓋」，見經傳釋詞。盍，何也。章炳麟新方言云：「説文：『曷，何也。從曰，匃聲。』古音『曷』當如『匃』。秦策云：『蓋可忽乎哉。』今閩、廣問何事曰『曷』，音如蓋，或如解。」

〔附論〕

司馬遷云：「蘇秦起閭閻，連六國從親，此其智有過人者。」

蘇轍云：「秦强而諸侯弱，遊談之士爲横者易爲功，而爲從者難爲力。然而從成，則諸侯利而秦病；横成，則秦帝而諸侯虜。要之，二者皆出於權譎，而從爲愈歟？蘇秦本説秦爲横，不合，而激於燕、趙，甘心於所難。爲之期年，而歃血於洹水之上，可不謂能乎？然口血未乾，犀首一出，而齊、趙背盟，從約皆破。蓋諸侯異心，譬如連雞不能俱棲，勢固然矣。而太史公以爲約書入秦，秦人爲之閉函谷者十五年。此説客之浮語，而太史公信之，過矣。」（古史卷四十）

鮑彪云：「秦之自刺，可謂有志矣。而志止（四部叢刊本誤作「在」，此據鮑單行本）於金玉卿相！故其所成就，適足誇嫂婦耳（四部叢刊本無「耳」字，此據鮑單行本）。而此史極口稱頌之，是亦利禄徒耳。惡覩（四部叢刊本作「睹」，此據鮑單行本）所謂大丈夫之事哉？」

吴師道云：「按史秦出遊數歲，困歸，兄弟嫂妹妻妾竊笑之。於是得周書陰符讀之，以出揣摩。乃求説周顯王，弗信。至秦，説惠王，弗用。乃之趙，奉陽君弗説之。去就燕，文侯資之。至趙，奉陽君死，乃説肅侯合從。説楚後，還過洛陽，顯王除道郊勞。與策小異。」陸隴其云：「秦一生學問，只是從金玉卿相起見。而作者寫至此，亦不覺沾沾動色，不特秦陋，作者亦陋甚。」

〔按〕蘇秦相六國合從事，戰國策、史記皆載之，流傳悠久而普遍，後世所樂道，作爲縱横家之典型人物。然按之史事，與當時情實不侔。即就策、史所記，本文亦不少乖違，多有疑問。後人曲爲之解，殆震於太史公書之權威性，不敢議也。但司馬遷自曰：「世言蘇秦多異。異時事有類之者皆附之蘇秦。」則對於蘇秦傳之資料亦似有難辨之感。鮑彪常對策文「蘇秦」於年代不合者輒改爲「蘇子」，亦强作調停而已。近代學者始對蘇秦事致疑，討論紛起。由於馬王堆漢墓出土之帛書戰國策縱横家書發見，有助於辨清蘇秦之事蹟，更有助於研究戰國史。戰國策涉及於蘇秦兄弟者文特繁，大抵出於策士附益，前後常相矛盾，虚實難分。惟此書所載乃遊士之策謀，或屬假擬，或影射史實，必欲强爲條别，反滋糾纏。故各因本文爲釋，讀者心知其意可也。關於蘇秦事蹟之討論，別詳於拙文合從六國年代考信（中華文史論叢一九八六年）。此章與齊、楚、趙、魏、韓、燕策之蘇秦以合從説各章相應，此是總引。文章曲折傳神，富文學趣味。

3　秦惠王謂寒泉子

秦惠王謂寒泉子曰〔一〕：「蘇秦欺寡人〔二〕，欲以一人之智，反覆東山〔三〕之君，從以欺秦〔四〕。趙固負〔五〕其衆，故先使蘇秦以幣帛約乎〔六〕諸侯。諸侯〔七〕不可一，猶連雞之不能俱止於棲〔八〕，之（亦）〔九〕明矣。寡人忿然，含〔一〇〕怒日久，吾欲使武安子起〔一一〕往喻意焉〔一二〕。」寒泉子曰：「不可。夫攻城墮〔一三〕邑，請使武安子。善我國家〔一四〕，使〔一五〕諸侯，請使客卿張儀〔一六〕。」秦惠王曰：「敬受命〔一七〕。」

〔箋證〕

〔一〕高誘云：「秦惠王，孝公子也。寒泉子，秦處士也。」

〔二〕鮑彪云：「欺，詐也。言以虛聲恐之。」橫田惟孝云：「欺，與楚策『是欺儀也』之『欺』同，蔑也。」〔按〕藝文類聚卷九十一、太平御覽卷九百十八、後漢書呂布傳注引「寡人」並作「弊邑」，此是秦王與其國人之言，自稱不當云「弊邑」，類聚等書誤。

〔三〕鮑彪「東山」改作「山東」。高誘云：「東山，山東。」〔按〕類聚、御覽、呂布傳注引亦作「山東」，但據高注，策原文是「東山」，不當輒改。

〔四〕高誘云：「欺，詐也。」〔按〕「從」謂「合從」。

〔五〕高誘云：「負，恃也。」〔按〕呂氏春秋達鬱篇高注：「固，堅也。」

〔六〕〔按〕文選西征賦注引「乎」作「于」。

〔七〕〔按〕呂布傳注引「侯」下有「之」字。

〔八〕姚宏云：「李善引作『俱上於棲亦明矣』。」鮑彪云：「連，謂繩繫之。棲，雞所宿也。」王念孫云：「按（止）作『上』者是也。凡居於高處謂之『棲』，因而所居之處亦謂之『棲』。雞之棲必自下而上，故曰『上於棲』。若連雞則互相牽制而不得上，故曰『不能俱上於棲』。若變『上』言『止』，則非其義矣。姚引文選注作『上』，而今本文選西征賦注亦作『止』，則後人據誤本戰國策改之也。藝文類聚鳥部引此策作『止』，則後人所改。後漢書呂布傳注及太平御覽羽族部引此並作『上』，與姚所見文選注同。又孔叢子論勢篇『連雞不能上棲』即襲用此策之文。則策文之本作『上』，明矣。」

〔九〕鮑本、吴本、盧本「之」作「亦」，與文選注合，今從之。金正煒云：「按楚策：『寡人之獨何爲不好色也。』魏策：『且君之嘗割晉國取地也。』『之』字皆當爲『亦』。草書『亦』與『之』字形相似，易以致誤。」

〔一〇〕高誘云：「含，懷也。」

〔一一〕高誘云：「武安子起，秦將白起。」鮑彪云：「按起以昭二十九年爲武安君。自合從至是五十七年矣，所稱『武安子起』，謬也。」吴師道云：「起號武安君，此云武安子，必别一人。上既言『武安子起』，而下止言『武安子』，蓋『起』字屬下文。李牧亦封武安君，如此名不一。且張儀死於秦武王時，與白起戰勝攻取時不相及。」横田惟孝云：「『起』疑書作『趣』，字之誤也。趣，疾也。」中井積德云：「武安子起，非當時之語。武安君，别人亦可，至更名起，則必無之事。『起』屬下文，亦不可讀。」〔按〕吴説是也。左氏昭公二十六年傳：「王起師於滑。」杜注：「起，發也。」此謂欲使武安子出發，以喻意。「起」非名也。蘇秦亦封爲武安君，見上章，則同爲封號者不止一人。

〔一二〕鮑彪云：「『喻』、『諭』同，告也。告諸侯以不可一之意。」

〔一三〕高誘云：「隳，壞也。」

〔一四〕吴師道云：「能美善我國家。」

〔一五〕〔按〕使，謂聘使，讀去聲。

〔一六〕高誘云：「張儀，魏人也。仕秦，以爲客卿。」鮑彪云：「惠五年爲客卿。」〔按〕張儀，史記有傳。蘇秦合從之事可疑。則此亦出於縱横家之虚飾。

〔一七〕高誘云：「受寒泉子之教。」

〔附録〕

唐陸龜蒙寒泉子對秦惠王

寒泉子見秦惠王曰：

「客有自趙來，以約從連横事説大王者爲誰？」惠王曰：「東周人蘇秦也。」寒泉子曰：「書六上而王弗聽，有文乎？」曰：「然。」「其道如何？王耶霸耶？」「曰霸黜其霸以濟其王乎？」曰：「不。」「然則何上書之煩而不用之棘乎？」惠王曰：「醯雞不能混雷霆，嬰兒不抗烏獲者，嚮與之懸絶故也。蘇子誠辨矣，安能以三寸舌媾山東諸侯使西面朝秦者乎？寡人非不知不破一領甲，不折一隻矢之爲利也。顧其猶捕風耳。諸侯不可一，非一朝也。齊桓、晉文之霸也，始若膠附，終若水拆，豈止連雞不能俱上於栖而已哉？寡人塞耳義弗聞也。」

寒泉子曰：「不然。夫齊、晉、三荆之人病於兵久矣。方城之金，十九爲兵，一爲鏄銚。菫澤之蒲，十九爲幹，一爲箕棬。父子兄弟之血，前後濺野草，齊魂爲燕氛，趙骨化魏土，悽痛之聲入金石，出絃匏，聞之者悄感酸屑，泣不自禁。一旦有人謂曰：『朝與秦連横，暮得帖帖安卧。』秦亦厭戰，雖鼓牙頰，未能吞諸侯。秦休而强，吾亦勇而奮矣。設有辯口，安能反覆乎？大王不用秦，詔一武士，尺鐵斷秦頸，無令車輪輾關下土，使東諸侯聞其言，合縱散横，東向以背秦，大王出則奪氣，入則苞羞。及其殆也，披土地以奉讎國，獨不念秦仲之業艱難乎？春秋記事，何面目以見宗廟？」

惠王卒弗用，寒泉子耕於鄗。趙封秦爲武安君。大國果奉教，閉關者十五年。（文苑英華卷三百七十七引）

按此爲文士戲筆，核其言與戰國策亦多不合，其事可不論已。姑附以備博覽。

4 泠向謂秦王

泠向謂秦王〔一〕曰：「向欲以〔二〕齊事王，使〔三〕攻宋也。宋破，晉國危，安邑，王之有也〔四〕。燕、趙惡齊、秦之合，必割地以交〔五〕於王矣。齊必重於王〔六〕，則向之攻宋也，且以恐齊而重王〔七〕。王何惡向之攻宋乎？向以王之明爲先知之，故不言〔八〕。」

【箋證】

〔一〕高誘云：「泠，姓；向，名也。秦臣也。」鮑彪云：「高注秦人，今詳爲齊人。」吴師道云：「韓、趙策亦有此人。」〔按〕鮑説當是。詳策文，秦惡齊之攻宋，向乃爲齊飾説。策云：「向之攻宋也，且以恐齊而重王。」是向不特爲齊臣，且主攻宋者矣。秦王，昭襄王。元和姓纂卷五云：「泠，泠淪氏之後，音訛爲冷氏。」然則「泠」字有訛作「冷」者。泠淪氏爲黄帝樂官。「泠」亦作「伶」。左傳昭二十一年「泠州鳩」，釋文本作「伶」。杜注：「伶，樂官。」黄以周儆季雜著二申鄭箋仕於泠官義云：「泠氏，黄帝時樂人泠淪之後，本號泠淪氏，見古今人表。後省稱爲泠氏。」

〔二〕高誘云：「『以』猶『使』也。」

〔三〕姚宏云：「（使）一作『故』。」〔按〕齊湣王滅宋在周赧王二十九年（前二八六）。

〔四〕高誘云：「晉國，魏都大梁也，宋在其東。若齊攻宋破之，則大梁危，不能復獲（按「獲」當作「護」，形近而譌）其安邑。安邑在河東，近秦，秦可兼取，故『安邑王之有也』。」程恩澤云：「安邑，洪亮吉曰：『今解州夏縣，戰國魏都也。故城在縣北，周三十里，西南遺址尚存。』」〔按〕戰國時所稱晉國有多義，詳見劉寶楠愈愚録。安邑爲魏之舊都。梁惠王六年（或作「九年」）徙都大梁（據古本竹書紀年。史記魏世家在惠王三十一年）。史記秦本紀、六國表記魏納安邑於秦，在秦昭襄王二十一年，當周赧王二十九年，與齊滅宋同年。則此云「安邑，王之有也」果如其言。

〔五〕高誘云：「『割』猶『分』也。（交），交齊也。」金正煒云：「『交』當爲『效』。劉向所謂本字多誤脱爲半字也。」〔按〕「交」字自通，不必改動。

〔六〕鮑彪云：「秦多得地，齊畏其强，故重之。」

〔七〕鮑彪云：「燕、趙交於秦，故齊必恐。」金正煒改「恐」爲「恣」，又謂：「『恣』、『資』字通假爲用。『資齊』猶齊策之言『藉力於魏』也。」〔按〕「恐齊」與「重王」對舉，謂使齊恐而使王重也。義自可通，不必改字。

〔八〕高誘云：「向言以秦王之聰明爲先自知之，故不言道也。」〔按〕此章與韓策三韓人攻宋章所記相似，並在齊滅宋時。

5 張儀説秦王

張儀説秦王〔一〕曰：「臣聞之，弗知而言爲不智，知而不言爲不忠〔二〕。爲人臣不忠當死，言不審〔三〕亦當死。雖然〔四〕，臣願悉〔五〕言所聞，大王裁其罪〔六〕！

「臣聞天下陰燕陽魏〔七〕，連荆〔八〕固齊〔九〕，收餘韓〔一〇〕成從，將西南（面）〔一一〕以與秦爲難〔一二〕，臣竊笑之。世有三亡〔一三〕，而天下得之，其此之謂乎〔一四〕？

「臣聞之曰：『以亂攻治者亡，以邪攻正者亡，以逆攻順者亡。』今天下之府庫〔一五〕不盈，囷倉空虛，悉其士民，張軍〔一六〕數千百萬〔一七〕，白刃在前，斧質在後〔一八〕，而皆去走不能死〔一九〕，罪（非）〔二〇〕其百姓不能死也〔二一〕，其上不能殺也〔二二〕。言賞則不與，言罰則不行，賞罰不行，故民不死也〔二三〕。今秦出號令而行賞罰，不攻無攻（有功無功）相事也〔二四〕。出其父母懷衽〔二五〕之中，生未嘗見寇也，聞戰，頓足徒裼〔二六〕，犯白刃，蹈煨炭〔二七〕，斷死於前者〔二八〕比〔二九〕是也。夫斷死與斷生也不同〔三〇〕，而民爲之者，是貴奮也〔三一〕。一可以勝十〔三二〕，十可以勝百，百可以勝千，千可以勝萬，萬可以勝天下矣。今秦地形斷長續短，方數千里，名師數百萬〔三三〕。秦之號令賞罰，地形利害，天下莫如也。以此與〔三四〕天下，天下不足兼而有也〔三五〕。是知〔三六〕秦戰未嘗不勝，攻未嘗不取，所當〔三七〕未嘗不破也。開地數千里，此甚大功也。然而甲兵頓〔三八〕，士民病〔三九〕，蓄積索〔四〇〕，田疇荒〔四一〕，囷倉虛，四鄰諸侯不服〔四二〕，伯王之名不成。此無異故〔四三〕，謀臣皆不盡其忠也。

「臣敢言往昔。昔者〔四四〕齊南破荆〔四五〕，中（東）破宋〔四六〕，西服秦〔四七〕，北破燕〔四八〕，中使韓、魏之君〔四九〕。地廣而兵强，戰勝攻取，詔〔五〇〕令天下。濟清河濁（清濟濁河）〔五一〕，足以爲限〔五二〕，長城、鉅坊〔五三〕，足以爲塞〔五四〕。齊，五戰之國也〔五五〕，一戰不勝而無齊〔五六〕。故由此觀之，夫戰者，萬乘之存亡也〔五七〕。

「且臣聞之曰：『削株掘根，無與禍鄰，禍乃不存〔五八〕。』秦與荆人戰，大破荆，襲郢〔五九〕，取洞庭〔六〇〕、五都〔六一〕、江南〔六二〕。荆王〔六三〕亡〔奔〕走〔六四〕，東伏於陳〔六五〕。當是之時，隨荆以兵，則荆可舉〔六六〕。舉荆，則其民足貪也，地足利也。東以强齊、燕〔六七〕，中〔六八〕陵三晉〔六九〕。然則是一舉而伯王之名可成也，四鄰諸侯可朝也〔七〇〕。而謀臣不爲〔七一〕，引軍而退，與荆人和〔七二〕。今（令）〔七三〕荆人收亡國，聚散民，立社主〔七四〕，置宗廟，令帥天下西面以與秦爲難。此固已無〔七五〕伯王之道一矣。天下有比志〔七六〕，而軍華下〔七七〕，大王以詐〔七八〕破之，兵至梁郭〔七九〕，圍梁數旬，則梁可拔。拔梁則魏可舉〔八〇〕；舉魏則荆、趙之志絶〔八一〕；荆、趙之志絶則趙危〔八二〕；趙危而荆孤〔八三〕。東以强齊、燕〔八四〕，中陵三晉。然則是一舉而伯王之名可成也，四鄰諸侯可朝也。而謀臣不爲，引軍而退，與魏氏和〔八五〕。令魏氏收亡國，聚散民，立社主，置宗廟。此固已無伯王之道二矣。前者穰侯之治秦也〔八六〕，用一國之兵，而欲以成兩國之功〔八七〕。是故兵終身暴靈（露）〔八八〕於外，士民潞〔八九〕病於内，伯王之名不成。此固已無伯王之道三矣。

「趙氏，中央之國也，雜民之所居也〔九〇〕，其民輕而難用〔九一〕。號令不治，賞罰不信〔九二〕，地形不便〔九三〕，上非〔九四〕能盡其民力。彼固亡國之形也。而不憂民氓〔九五〕，悉其士民，軍於長平之下，以爭韓之上黨〔九六〕。大王以詐破之〔九七〕，拔武安〔九八〕。當是時，趙氏上下〔九九〕不相親也，貴賤不相信（也）〔一〇〇〕，然則是邯鄲〔一〇一〕不守。拔邯鄲，完河間〔一〇二〕，引軍而去，西攻修武〔一〇三〕，踰羊腸〔一〇四〕，降代、上黨〔一〇五〕。代三十六縣，上黨十七縣〔一〇六〕，不用一領甲〔一〇七〕，不苦一民〔一〇八〕，皆秦之有也。代、上黨不戰而已爲秦矣〔一〇九〕。東陽〔一一〇〕、河外〔一一一〕，不戰而已反爲齊矣〔一一二〕。中呼池〔一一三〕以北，不戰而已爲燕矣〔一一四〕。然則是舉趙，則韓必亡；韓亡則荆，魏不能獨立；荆、魏不能獨立〔一一五〕，則是一舉而壞韓蠹〔一一六〕魏。挾荆〔一一七〕，以東弱齊、燕〔一一八〕。決白馬〔一一九〕之口，以流魏氏〔一二〇〕，一舉而三晉亡，從者敗〔一二一〕。大王拱手以須〔一二二〕，天下遍隨而伏〔一二三〕，伯王之名可成也。而謀臣不爲，引軍而退，與趙氏爲和。以大王之明，秦兵之强，伯王之業地（也）〔一二四〕，尊（曾）不可得〔一二五〕，乃取欺於亡國〔一二六〕，是謀臣之拙也。且夫趙當亡不亡，秦當伯不伯，天下固量秦之謀臣一矣。乃復悉卒〔一二七〕，乃（以）〔一二八〕攻邯鄲，不能拔也，棄甲兵怒（弩）〔一二九〕，戰慄而却〔一三〇〕，天下固量秦〔一三一〕力二矣。軍乃引退〔一三二〕，并於李下〔一三三〕，大王又并軍而致〔一三四〕與戰，非能厚〔一三五〕勝之也，又交罷却〔一三六〕，天下固量秦〔一三七〕力三矣。内者量吾謀臣，外者極〔一三八〕吾兵力。由是觀之，臣以天下之從〔一三九〕，豈其難矣〔一四〇〕？內者吾甲兵頓，士民病〔一四一〕，蓄積索，田疇荒，囷倉虛〔一四二〕；外者天下比志甚固。願大王有以慮〔一四三〕之也！

「且臣聞之：『戰戰慄慄，日慎一日〔一四四〕。』苟〔一四五〕慎其道，天下可有也。何以知其然也？昔者紂爲天子〔一四六〕，帥天下將甲百萬〔一四七〕，左飲於淇谷〔一四八〕，右飲於洹水〔一四九〕，淇水竭而洹水不流〔一五〇〕，以與周武爲難。武王將素甲三千領〔一五一〕，戰一日〔一五二〕，破紂之國，禽其身，據其地，而有其民，天下莫不傷〔一五三〕。智伯帥三國〔一五四〕之衆，以攻趙襄主於晉陽〔一五五〕，決水灌之，三年〔一五六〕，城且〔一五七〕拔矣。襄主錯龜〔一五八〕數策〔一五九〕占兆〔一六〇〕，以視利害，何國可降〔一六一〕。而使張孟談〔一六二〕於是潛行〔一六三〕而出，反智伯之約〔一六四〕，得兩國〔一六五〕之衆，以攻智伯之國，禽其身，以成襄子之功〔一六六〕。今秦地斷長續短，方數千里，名師數〔一六七〕百萬。秦國號令賞罰，地形利害，天下莫如也〔一六八〕。以此與天下，天下可兼而有也〔一六九〕。

「臣昧死〔一七〇〕望〔一七一〕見大王，言所以舉〔一七二〕破天下之從，舉〔一七三〕趙亡韓，臣荆、魏，親齊、燕〔一七四〕，以成〔一七五〕伯王之名，朝四鄰諸侯之道。大王試聽其説，一舉而天下之從不破，趙不舉，韓不亡，荆、魏不臣，齊、燕不親，伯王之名不成，四鄰諸侯不朝，大王斬臣以徇於國〔一七六〕，以主爲謀〔一七七〕不忠者〔一七八〕。」

〔箋證〕

〔一〕高誘云：「（秦王）秦惠王也。」姚宏云：「韓非子第一篇初見秦文與此同。」鮑彪單行本刪去「張儀」二字云：「此上元有『張儀』字，而所説皆儀死後事，故刪去。説云者，猶西周『謂齊王』之比。」吴師道云：「（張儀）誤，當作『韓非』。」王應麟云：「『姚氏謂韓非子第一篇，吕成公麗澤集文取此，鮑失考。』愚按集文所謂『非上書請破天下從』，即此。非以韓王安稱藩使秦，始皇十三年也，次年見殺。」黄丕烈云：「按此當各依本書，劉向次第在此，而高誘注云『秦惠王』，詳其意，皆不以爲韓非也。」鍾鳳年云：「按韓子開端即此文，設非非作，斷無辭令如是之繁，而意一一悉合者。且所舉皆昭襄王事，故必爲韓非無疑。黄氏……未免存古太過矣。此殆因儀初入秦文已佚，或不考此章之事實，遽妄竄以代之，遂有此失。」〔按〕此篇作者張儀或韓非之論，頗爲紛紜。友人陳奇猷君韓非子集釋概括諸家説爲：（一）以爲出韓非之手；（二）以爲非出韓非之手；（三）以爲張儀作而韓非襲用之。三類之中，主韓非作者，自吴師道、盧文弨、顧廣圻、張文虎以下，最爲有力。陳氏亦謂是出於韓非，並立五證。愚細繹全文，言張儀作者可不必置議，然謂是韓非作者，亦大有可疑。試舉其疑點如下：（一）此篇主意在於破從，乃從横家之辭，與韓非重法之思想不合。何篇中無一語涉及非平日之學？（二）非爲韓之諸公子，其入秦又爲韓王所使，不應篇内首陳亡韓之策，以覆滅其宗國，而與本書能愜意。（三）考篇内歷陳秦謀臣失策之事，一爲秦入楚郢之戰，在秦昭襄王二十九年；二爲秦敗魏華陽之戰，在昭襄王三十三年；三爲穰侯秉政，亦在昭襄王時；四爲秦敗趙長平之戰，在昭襄王四十七年；其事並在昭襄之時。韓非入秦，在始皇十四年，從秦本紀及六國表（韓世家在王安五年，則當始皇十三年）。與昭襄王之末相距十八年，長平之役相距二十七年，其間不乏重要戰役，何以不舉？（四）始皇距昭襄王爲三世。篇内歷述各戰，於破郢之役，接云「今荆人收亡國，聚散民」云云；敗魏之役，接云「今魏氏收亡國，聚散民」云云；又於長平之役，接云：「以大王之明，秦兵之强，伯王之業地，尊不可得，乃取欺於亡國。』此「大王」當指上書之對象而稱。何以並作對當時事情及人物之口氣，而絶不類越代之進述語？（五）篇末所述「舉趙亡韓、臣荆、魏、親齊、燕」，亦是遠交近攻之意。此范雎之故謀，秦已納用，何庸至始皇時再言之？且始皇即位之初，「秦地已并巴、蜀、漢中，越宛有郢，置南郡矣。北收上郡以東，有河東、太原、上黨郡，東至滎陽，滅二周，置三川郡」（秦始皇本紀）。其後攻韓破魏，敗楚擊趙，擴地益廣。始皇十四年時，秦勢大張，兼併之勢已成（距併吞六國止十二年），韓非之智，何至拾人唾餘以媚時君？據上五點，愚意此篇亦非韓非之辭。依上文所考訂，當是策士上秦昭王書，其時在長平之戰後，當昭襄王四十八—五十六年之間。鮑彪列此策於昭襄王下，删去首「張儀」二字，頗有見識。吴氏譏之，非也。原文本不具姓名，從横家祖蘇、張，言從者皆附之於蘇秦，此言破從，則又附之於張儀。劉向乃因舊題而列之於策耳。至於韓非子亦有此篇，則古書羼入他人之作者，其例繁多，不足異也。文選王粲從軍詩注引「一舉而伯王之名可成也」句，作「張儀説秦王」。是國策舊本作「張儀」，故高注秦王「秦惠王」。黄氏謂「當各依本書」，亦是謹嚴態度。

〔二〕高誘云：「知可言利國安君而不言，故曰『不忠』。」

〔三〕鮑彪云：「審，悉也。」吴師道云：「韓子『審』作『當』，勝。不當即上云『不智』也。」〔按〕「審」疑「當」之形訛。

〔四〕鮑彪云：「言已未能如言。」

〔五〕鮑彪云：「悉，詳盡也。」

〔六〕高誘云：「裁，制也。」王先慎云：「爾雅：『裁，度也。』『罪』即指上『言而不當亦當死』而言。國策高誘注……失其義。」（韓非子集解）〔按〕高注亦通。

〔七〕高誘云：「陰小陽大。」鮑彪云：「陰北陽南。」黄震云：「陰燕陽魏，直以燕北魏南，南北勢相表裏耳。（高）注誤。」（黄氏日鈔）韓非子舊注云：「燕北故曰陰，魏南故曰陽。」王先慎云：「高注非也。此不過舉關東地形而言，燕在陰、魏在陽耳。周禮柞氏疏引爾雅：『山南曰陽，山西曰陰。』陰陽隨山水所指，無庸取小大爲説。」〔按〕銀雀山出土漢簡孫臏兵法行篡篇云：「用兵移民之道權衡也。權衡，所以篡賢取良也；陰陽，所以聚衆合敵也。」此文「陰陽」義與之同，蓋戰國時人習語，取以爲喻。陰陽以喻開合。易繫辭：「一陰一陽之謂道。」又云：「闔謂之坤，闢謂之乾，一闔一闢謂之變。」坤乾代表陰陽，闔闢即開合。「陰燕陽魏」猶言「聚燕合魏」，與下文「連荆固齊」、「收餘韓」正相應。諸家所解皆未安。

〔八〕鮑彪云：「楚也。始皇諱其父名，故稱曰『荆』。知此書始皇時人作。」〔按〕「楚」之稱「荆」，其來已久，左氏莊四年傳稱「楚武王荆尸」，金文亦有稱「楚」爲「荆」或「荆楚」之辭。鮑説未諦。鮑既列此策於昭襄王時，此又云「始皇時人作」，傎矣。

〔九〕鮑彪云：「時山（四部叢刊本誤作「由」）東國齊、楚爲大，故從。人連結之，恃以爲固。」

〔一〇〕鮑彪云：「韓時弱，多喪地，今存者其餘也。」吴曾祺云：「『餘』當是指宋、衛、中山之屬。趙爲主盟，故不言趙。」〔按〕是時宋、中山已滅，衛亦附屬於魏，不足計數，且「餘韓」並列亦不詞，吴説非。韓非子無「餘」字。太田方韓非子翼毳引物氏云：「趙爲從長，故此不言趙。北燕南魏專據趙立言。」吴解不言趙，與之同。趙爲從長，此時於史無證。惟六國獨遺趙，似趙爲主從者，此可備一説。「收餘韓」，則其時韓弱甚矣。

〔一一〕吴師道云：「韓（南）作『面』，是。下文有。」〔按〕吴説是，今從之。秦在六國之西。

〔一二〕高誘云：「『難』猶『敵』也。」鮑彪云：「赧五十九年，與諸侯從。此（昭襄王）五十一年。」〔按〕史記周本紀：「赧王五十九年，秦取韓陽城、負黍，西周恐，倍秦，與諸侯約從。」鮑注本之。韓非子「秦」下有「强」字。

〔一三〕吴師道云：「韓子作『二亡』，無『以逆攻順者』一句。」黄丕烈云：「今韓子是『三』字。」〔按〕今所見韓非子覆宋乾道本、明道藏本並作「三」，與策同，惟無「以逆攻順者」句。

〔一四〕鮑彪云：「『此』謂『從』。」關修齡云：「蓋古語，以比六國有三亡之道，而秦得天下也。引此結上文，故曰『其此之謂乎』。」〔按〕下文「以亂政治者亡」之句即「三亡」古語。

〔一五〕鮑彪云：「府，文書藏；庫，兵車藏。」吴師道云：「府庫藏貨財，對下囷倉藏穀粟言。」

〔一六〕姚宏云：「曾作『張軍聲』。」金正煒云：「管子七法篇：『是故張軍而不能戰。』左氏桓六年傳：『我張吾三軍。』注：『張，自侈大也。』曾作『張軍聲』，無取。」

〔一七〕吴師道云：「韓此下云：『其頓首戴羽爲將軍，斷死於前，不至千人，皆以言死。』」〔按〕韓非子「千」作「十」。

〔一八〕鮑彪云：「誅不進戰者，故在後。」〔按〕韓非子「質」作「鑕」，同。

〔一九〕鮑本「走」作「之」。吴師道云：「韓怯而却走不能死也。」〔按〕「却」字較長。「去」疑是「却」之壞字。

〔二〇〕姚宏云：「一本(罪下)有『也』字。」鮑彪改「罪」作「非」。〔按〕韓非子「死」下有「也」字，「罪」作「非」。王先慎云：「罪字是合也非二字而誤。」其説是也，今從改。

〔二一〕姚宏云：「錢、劉本無此七字，曾、集有。」

〔二二〕鮑本無「能」字。吴本脱此句，據吴注當有。黄丕烈札記以爲鮑本無此句，失察。金正煒云：「『殺』當作『教』，字之譌也。『殺』字或書作『敎』，與『教』相似而誤。韓非作『故』，亦非。」〔按〕韓非子「殺」作「故」，王先慎集解謂「殺」乃「故」字之誤，陶鴻慶讀諸子札記則謂「故」、「殺」並是「政」字之誤。諸字並較「殺」字爲優，韓非子流傳最久，宜從之。

〔二三〕高誘云：「民不爲盡節致死。傳曰：『賞罰無章，何以沮勸。』此之謂也。」〔按〕高引傳，見左氏襄公二十七年傳。

〔二四〕姚宏云：「(不攻無攻)曾作『有功無功』。」吴師道云：「韓作『有功無功相事也』。」黄丕烈云：「按『不』

當作「又」，形近之譌。策文多用「又」爲「有」。」俞樾云：「『事』者治也，高注呂氏春秋、淮南內篇屢見。……此言『有功無功相事』，……謂分別其有功無功，不混淆也。……『功』與『攻』則古文通用。」（諸子平議）物茂卿云：「不論已有功未有功，皆從事戰鬬。」（橫田解引）孫詒讓云：「曾本……是也。有功無功相事，謂秦法上功，使無功之人爲有功者役也。漢書高帝紀顏注引如淳云：『「事」謂役使也。』荀子王制篇云：『兩貴之不能相事，兩賤之不能相使。』是『相事』與『相使』義近。又議兵篇說秦法云：『功賞相長也，五甲首而隸五家。』即有功無功相使之法。」于鬯從俞說云：「按下文『號令不治』，正用『治』字。」吳曾祺云：「謂因其所事而行賞罰。」〔按〕曾本與韓非子合，今從之。相事義，俞說較長。鮑彪改此句作「不攻耳，無相攻事也」，云：「言秦有不攻耳，無取與相攻者。」又安井衡云：「『不攻』句，相助也。言不攻者，非不敢攻，秦國無寇，始無可攻以助事也。」並非。

〔二五〕鮑彪云：「袵，衣衿。」〔按〕「其」猶「於」也，詳古書虛字集釋。

〔二六〕吳師道云：「頓，踴也。徒，謂空露袒。裼，露臂也。」〔按〕漢書楊惲傳：「拂衣而喜，奮褎低卬，頓足起舞。」此有奮踴趨戰之意。史記張儀傳：「秦人捐甲徒裼以趨敵。」索隱云：「裼，袒也，謂袒而見肉也。」「徒裼」又作「襢裼」或「袒裼」，並聲之轉也。詩鄭風大叔于田：「襢裼暴虎。」釋文：「襢，本又作『袒』。」毛傳：「襢裼，肉袒也。」

〔二七〕鮑彪云：「煨，盆中火。」吳師道云：「韓『爐炭』。」

〔二八〕鮑彪云：「以死自斷。」〔按〕「斷死」猶言「決死」。

〔二九〕鮑彪「比」下補「比」字，云：「比，次也。言如是者相次不一。」吳師道云：「（比是）韓作『皆是』。『比』蓋『皆』之訛。」王念孫云：「鮑、吳二說皆非也。『比是』猶『皆是』。說文：『皆，俱詞也。從比從白。』徐鍇曰：『比，皆也。』孟子告子篇：『比天之所與我者，先立乎其大者，則其小者不能奪也。』『比』猶『皆』也，言耳目與心，皆天之所與我者，而心爲大。……齊策云：『中山再戰比勝。』亦謂再戰皆勝也。」

〔三〇〕高誘云：「死生異也。」鮑彪云：「言死難。」〔按〕韓非子「也」作「者」，義同，見經傳釋詞。

〔三一〕高誘云：「奮，勇也。」吴師道云：「韓『責奮死也』。」

〔三二〕鮑本「勝」作「合」，下三「勝」字同。鮑彪云：「與敵合鬬。」吴師道云：「韓（合）作『對』，當也。義長。」

〔按〕説文：「勝，任也。」「任」與「當」義近。

〔三三〕鮑彪云：「名，言有勇決之稱。」〔按〕文選射雉賦徐爰注云：「『名』者聲聞之稱。」「名師」猶言著名軍隊。韓非子作數十百萬，與上文「張軍數十（策作「千」）百萬」相對，較長。

〔三四〕鮑彪云：「與，言與之爭。」劉師培云：「『與』當作『舉』。下文『隨荆以兵則荆舉』，又曰『是趙舉而韓亡』，均與此文『舉』同。」（韓非子斠補）〔按〕劉説未盡。「舉」從「與」聲，古可通用。易象上傳：「物與無妄。」虞翻注：「與，舉也。」周禮地官師氏：「王舉則從。」鄭注：「故書『舉』爲『與』。」是其證。鮑注添文生義，非也。

〔三五〕〔按〕「不足」猶「足」也，「不」爲語詞，見經傳釋詞。

〔三六〕横田惟孝云：「韓子『知』作『故』，此恐誤。」金正煒説同。

〔三七〕高誘云：「當，敵。」鮑彪云：「當，相值也。」

〔三八〕鮑彪云：「此『頓』言其勞弊。」

〔三九〕高誘云：「病，困也。」

〔四〇〕高誘云：「索，盡也。」

〔四一〕高誘云：「墾不治也。」鮑彪云：「疇，耕治之田。」

〔四二〕高誘云：「威德不能懷也。」

〔四三〕高誘云：「異，怪。」鮑彪云：「猶言無他事。」〔按〕依策文，義亦通。

〔四四〕吴師道云：「韓『臣敢言之往者』。蓋兩『昔』字因『者』字訛衍，當從韓，勝。」

〔四五〕〔按〕史記田完世家：「湣王二十三年，與秦擊敗楚於重立。」

〔四六〕鮑彪云：「閔二十八年。」吴師道云：「韓『東破』，是。」〔按〕荀子王霸篇亦稱「中足以舉宋」，惟無中使韓、魏之語。從下文「五戰」而言，則作「東」爲是。宋地雖齊之西南，但自山東諸國言之，宋居於東方。中、東音同部，易訛，今從韓非子改。

〔四七〕鮑彪云：「荆、秦事未詳。」吴師道云：「『齊南破荆』以下，以地勢言之，非以年之先後也。齊宣王二十五年，與五國攻秦。湣王十六年，與韓、魏伐秦；十一年，與韓、魏伐楚；十三年，與秦、韓、魏敗楚。」〔按〕吴氏所考，並據大事記。其宣、湣年次，與史記不同。史記宣王十九年，湣王四十年；大事記下減湣王十年，爲三十年，而移增於宣王爲二十九年。然並與吾人今日所公認之戰國年表有差異。十六年伐秦之役，即田完世家二十六年三國攻秦，「至函谷軍焉」，當周赧王十九年（前二九八）。

〔四八〕鮑彪云：「十五年。」吴師道云：「齊宣王二十九年，伐燕取之。」〔按〕此即齊平燕子之之亂事。史記在齊湣王時，據孟子、齊策及古本竹書紀年當爲齊宣王，大事記從之。鮑云十五年，未著何君。史記六國表子之亂事在周赧王元年，秦惠王後元十一年，齊湣王十年，並不合，當誤。荀子王霸篇亦謂齊閔「故强南足以破楚，西足以詘秦，北足以敗燕，中足以舉宋。及以燕、趙起而攻之，若振槁然。而身死國亡，爲天下大戮」。

〔四九〕鮑彪云：「兩國從其役。」

〔五〇〕吴師道云：「詔告，命令也。下文『詔之』及後策『趙王之教詔之』、『使者明詔』之類。」

〔五一〕姚宏云：「一作『齊清濟濁河』。」吴師道云：「韓作『齊之清濟濁河』，與下文協，語勝。」黄丕烈云：「按燕策云：『吾聞齊有清濟濁河。』亦見史記蘇秦傳，皆可證也。」〔按〕「清濟濁河」與下文「長城鉅防」相對，又與韓非子合。初學記地部、文選謝玄暉始出尚書省詩注引亦作「清濟濁河」。今從一作改。高誘云：「濟水清，河水濁。」程恩澤云：「清濟，以今地言之，凡山東濮州、曹縣、定陶、鉅野、壽張、東平、東阿、平陰、長清、齊河、歷城、章邱、鄒平、長山、新城、高苑、博興、樂安諸州縣，皆其所經，皆齊地也（自注：「此據禹跡言之，與今異。」）。王應麟曰：『濟水通得清水之名，以水道清深也。』濁河，按孟康曰：『齊西有平原，河水東北過高唐、鬲津、號黄河。』故曰『濁河』。……高士奇曰：『……古河道自大陸以北播爲九河，在成平以南，平原鬲縣以北。齊之東（自注：當作「北」）境，當在九河最西，徒駭是其西界。』」

〔五二〕高誘云：「限，難也。」王念孫云：「按諸書無訓『限』爲『難』者。『限』本作『阻』。……文選謝脁始出尚書省詩注、初學記地部引此並作『阻』。爾雅及邶風雄雉、谷風傳並云：『阻，難也。』正與高注合。」金正煒云：「按説文：『限，阻也。』漢書韓安國傳：『唯梁最親爲限難。』『限』與『阻』義同，不必據文選注改。」〔按〕廣雅釋詁云：「限，界也。」又易艮篇虞翻注云：「限，要帶處也。」義均較高訓明白。濟、河爲界，即襟山帶河之意，「限」不必作「阻」。

〔五三〕姚宏云：「錢、劉『坊』作『防』。」鮑本作「防」。黄丕烈云：「韓子是『防』字，史記同。」〔按〕燕策一蘇秦死章亦作「鉅防」。「坊」與「防」通用。鮑彪云：「蘇秦傳注：『濟北盧縣有防門，又有長城，東至海。』後志注：『防門即鉅防。』」吴師道云：「長城西頭在齊州平陰縣界。太山記云：『太山西有長城，緣河經太山一千里，至琅邪臺入海。』」程恩澤云：「按長城之説不一。管子：『長城之陽，魯也；長城之陰，齊也。』竹書：『梁惠成王二十年，齊築防以爲長城。』……水經注：『朱虛縣泰山，上有長城，西接岱，東連琅邪巨海，千有餘里，蓋田氏之所造。』……輿地廣記鄆州平陰縣、淄州淄川縣，古齊長城。以今考之，其時則春秋已建其基。而戰國以來，威、宣、閔三主代修之。其地則自今平陰東、歷肥城北，長清南，泰安西北，萊蕪北，淄川南，沂水北，臨朐南，莒州北，以至諸城南，皆是也。鉅防，左傳：『塹防門而守之廣里。』杜預曰：『平陰城南有防，防有門，於門外作塹。』……京相璠曰：『平陰南有長城，東至海，西至濟，河道所由，名防門。去平陰三里，其水引濟，故瀆尚存。門之北有光里，今其地亦名廣里云。』……竹書言『齊築防以爲長城』，則長城即鉅防也。」

〔五四〕〔按〕呂氏春秋有始篇高注云：「險阻曰『塞』。」

〔五五〕鮑彪云：「上所謂『南破』、『中破』之類。」太田方云：「言五戰五勝之國也。……史記趙世家：『樂間曰：趙四戰之國也，其民習兵。』」（韓非子翼毳）

〔五六〕鮑彪云：「燕昭入臨淄事。」〔按〕見齊、燕策。

〔五七〕高誘云：「勝則存，敗則亡也。勝敗若此，故曰『萬乘之存亡也』。」〔按〕萬乘，謂大國。

〔五八〕〔按〕韓非子「掘根」作「無遺根」。根、鄰、存爲韻。舊注云：「言禍敗之跡，削去本根，則無禍敗。言秦宜以齊爲戒。」

〔五九〕高誘云：「郢，楚都也。」張琦云：「故郢城，今荆州府北十里紀南城，即故郢也。府東北三里又有故郢城，則（楚）平王所築，自頃襄以上皆居此。」〔按〕此即楚頃襄王二十一年白起攻楚所拔之郢都，在今湖北江陵西北，春秋時楚文王定都於此。桓譚新論云：「楚之郢都，車轂擊，人肩摩，市路相排突，號爲朝衣鮮而暮衣弊。」（孫馮翼輯本）當年繁華可以概見。紀南故城今尚保存完善，列爲全國重點文物保護單位之一。「城墻高六—七米，東西九里，南北七里，總面積六十平方公里。四周七座城門」（文物一九八二年第五期全國第一批歷史文化名城簡介）。

〔六〇〕吴師道云：「洞庭在巴陵，見楚、魏策，即此。」張琦云：「洞庭在今（湖南）岳州府城西南一里，一名巴邱。」

〔六一〕姚宏云：「史記引戰國策作『五渚』。」吴師道云：「韓『五都』作『五湖』。史蘇秦傳『五渚』注引策文『洞庭、五渚』，謂此『渚』乃『湖』之訛。燕策亦有『五渚』字。按策既言襄郢，而五都郢在其中，『都』字必誤，當從韓。」黄丕烈云：「按吴説未是。此策『五都』即燕策及蘇秦傳之『五渚』。『都』、『渚』同字也。五渚説在集解、索隱。」（顧廣圻韓非子識誤略同）〔按〕黄説是也，水經湘水注、太平御覽卷六十六引「都」亦作「渚」。「都」、「渚」並從「者」聲，古可通用。湘水注謂湘、資、沅、澧「四水同注洞庭，北會大江，名之五渚」，引此策云云。燕策二秦召燕王章云：「漢中之甲，乘舟出於巴，乘夏水而下漢，四日而至五渚。」亦言秦攻楚之勢，彼時五渚秦尚未取。

〔六二〕高誘云：「洞庭、五都、江南，皆楚邑也。」鮑彪云：「江南，即漢志楚地，所謂江南地遠者也。」張琦云：「江南，今湖南及湖北之武昌東包兩江皆是也。」程恩澤云：「言江南者，諸説不同。高士奇曰：『……自荆州以南，皆楚所謂江南也。』是江南所包者甚廣，而此策所云，則以黔中爲是。」〔按〕史記秦本紀「昭襄王三十年，蜀守若伐楚，取巫郡及江南，爲黔中郡」，即記此事，則所謂江南者，乃秦之黔中郡，程説是也。正義云：「黔中故城，在辰州沅陵縣西二十里。江南，今黔府亦其地也。」

〔六三〕鮑彪云：「（荆王）頃襄。」

〔六四〕姚宏云：「（亡奔走）曾作『亡命』。」鮑本無「奔」字。黄丕烈云：「韓子作荆王君臣亡走。」〔按〕「亡奔走」三字不詞，鮑本與韓非子合，今從衍「奔」字。

〔六五〕鮑彪云：「見白起傳。」〔按〕亦見楚策四莊辛謂楚襄王曰章，韓非子「伏」作「服」。劉師培斠補云：「『服』與『保』通。老子『保此道者不欲盈』，淮南道應訓引作『服』，是『保』、『服』古通。史記楚世家：『楚襄王兵散，遂不復戰，東北保於陳城。』此其證。」〔按〕伏、服同字，古無輕脣音，伏、保一聲之轉，劉説是也。

〔六六〕鮑彪云：「拔其國如舉物然，言易也。」

〔六七〕高誘云：「言（姚宏云：「錢、劉下有『秦』字。」）以强於齊、燕也。」吴師道云：「韓『强』作『弱』，是，下有。」王先慎云：「弱齊、燕與凌三晉對文。齊、燕遠於秦，非兵力所能驟及。我滅敵勢强，則齊、燕自畏而親附，故但言弱也。下文兩言『弱齊、燕』，尤其明證。策誤。高順文爲説，亦非。」安井衡云：「齊、燕時爲秦與國，故曰『强齊、燕』。下文云『東陽、河外，不戰而已爲齊矣，中呼沱以北，不戰而已爲燕矣』，又云『齊、燕不親』，可以見矣。其言是一舉而壞韓蠹魏挾荆以弱齊、燕者，秦用遠交近攻之策，四國既破，則次取齊、燕，乃其本謀也，故曰『弱齊、燕』。與此自別。韓非作『弱齊、燕』，後人不能通韓意，依下文改之耳，不可從。」〔按〕從韓非子作「弱」爲長。安井爲高注辨解，未善。

〔六八〕姚宏云：「劉（中）下有『以』字。」

〔六九〕高誘云：「三晉，趙、韓、魏也。」

〔七〇〕高誘云：「可使韓、魏。」鮑彪云：「使之朝秦。」〔按〕四鄰諸侯不必限於韓、魏。高注未安。

〔七一〕高誘云：「不爲此謀也。」

〔七二〕高誘云：「和，平也。」〔按〕楚世家：「襄王二十七年，復與秦平，而入太子爲質於秦。」

〔七三〕姚宏云：「一作『令』。」鮑本作「令」。黄丕烈云：「韓子是『令』字。」〔按〕下文「令魏氏收亡國」云云，與此文相類，則以「令」字爲是，今從之。

〔七四〕鮑彪云：「爲木主社。」〔按〕「社」爲「社稷」之省文。風俗通祀典篇：「孝經説：『社者，土地之主，土地廣博，不可遍敬，故封土以爲社而祀之，報功也。』」白虎通社稷篇云：「王者所以有社稷何？爲天下求福報功。

人非土不立，非穀不食。土地廣博，不可遍敬也；五穀衆多，不可一一而祭也，故封土立社，示有土也。稷，五穀之長，故立稷而祭之也。」

〔七五〕吴師道云：「韓『無』作『失』，下並同。」

〔七六〕鮑彪云：「比，密也。言其志親。」吴師道云：「比志，謂志合也。」〔按〕韓非子「比志」作「比周」，義長。「比周」謂三晉聯軍。「有」即「又」，古同字，韓子作「又」。

〔七七〕高誘云：「華下，華山之下也。」鮑彪云：「即華陽之戰。」〔按〕史記秦本紀：「昭襄王三十三年，擊芒卯、華陽，破之。斬首十五萬，魏入南陽以和。」魏世家：「安釐王四年，秦破我及韓、趙，殺十五萬人，走我將芒卯。」六國表及白起傳同載之，惟起傳云「斬首十三萬」稍異耳。此事亦見魏策三秦敗魏於華章。是「華下」、「華」並即「華陽」，顧觀光七國地理考亦引此策謂華陽一名華下。韓非子顯學篇云：「魏任孟卯之辯，而有華下之患。」亦其證。華陽是韓地，秦本紀正義云：「括地志云：『故華城在鄭州管城縣南三十里。國語云：「史伯封鄭桓公號、鄶十邑，華其一也。」華陽，即此城也。』按是時韓、趙聚兵於華陽攻秦，即此矣。」高云「華山之下」，誤。

〔七八〕吴師道云：「『詐』，韓作『詔』，是。下同。」〔按〕吕氏春秋義賞篇云：「繁禮之君不足於文，繁戰之君不足於詐。」高注：「『足』猶『厭』也。詐者，謂詭變而用奇也。」孫子軍争篇云：「故兵以詐立，利動，以分合爲變者也。」是「詐」義自通。且戰國尚功利，不諱言「詐」。

〔七九〕高誘云：「梁，大梁，魏王所都也。」鮑彪改「郭」作「都」。〔按〕韓非子亦作「梁郭」。「梁郭」謂「大梁城」，鮑改非是。

〔八〇〕鮑彪云：「梁，以都言；魏，全國也。」〔按〕此言拔其都城，則全魏將不戰而服。

〔八一〕鮑彪云：「魏居三國之中而爲與國，故舉魏則三國不通。」金正煒云：「『志』當爲『地』，音近而譌也。韓作『意』，亦誤。魏策：『魏不比則從道絶。』與此義同。」〔按〕志，謂抗秦之志。金説非。

〔八二〕鮑彪云：「趙尤近秦。」

〔八三〕〔按〕韓非子「孤」作「狐疑」二字。

〔八四〕吴師道云：「見上。」〔按〕此亦當從韓非子「强」作「弱」。

〔八五〕〔按〕魏策三秦敗魏於華走芒卯章云：「秦敗魏於華，走芒卯而圍大梁。須賈爲魏謂穰侯曰云云。穰侯……乃罷梁圍。」即謂此事。但史記穰侯傳載在秦昭王三十二年，秦本紀及魏世家安釐王二年同，較華陽之戰先二年，又不相合。史記所記有誤。梁玉繩曾辨之，詳見史記志疑。

〔八六〕高誘云：「穰〔國〕（姚宏云：「錢、劉本無『國』字。」按無者是。今從衍）侯，魏人也。『治』猶『相』也。」〔按〕穰侯，楚人，秦昭王母宣太后弟也，姚魏氏，名冉，見史記穰侯傳。高云「魏人」，誤。

〔八七〕高誘云：「穰侯相秦，欲與秦而安魏，故曰『欲成兩國之功』也。」鮑彪云：「秦及穰侯所封也，如封剛壽以廣陶之類。」〔按〕高注誤，穰侯屢用兵於魏，安能謂之安魏？鮑説是。穰侯傳云：「昭王三十六年，相國穰侯言客卿竈，欲伐齊取剛壽，以廣其陶邑。於是魏人范雎自謂張禄先生，譏穰侯之伐齊，乃越三晉以攻齊也。」范雎傳亦載雎謂秦昭王云：「夫穰侯伐韓、魏而攻齊剛壽非計也。」韓非子定法篇云：「昭襄王即位，穰侯越韓、魏而東攻齊，五年而秦不益尺寸之地。故乘强秦之資，數十年而不至於帝王。」是皆以攻齊之戰詬病穰侯，此文當指其事。

〔八八〕鮑本、吴本、盧本「靈」作「露」。黄丕烈云：「按韓子是『露』字，此當各依本書。策文下句言潞病，『潞』、『露』同字，此句不得更言暴露。『靈』者，『零』之假借，『暴』謂『日』，『靈』謂『雨』也。」金正煒云：「按作『露』者是也。國語魯語：『使君盛怒，以暴露於敝邑之野。』漢書蕭何傳：『今王暴衣露蓋。』燕策：『爲將軍久暴露於外。』文義並同。『暴露』、『潞病』皆以駢字爲對文，如以『露』、『潞』同字爲文病，則『靈雨既零』亦有疑義矣。黄説迂曲無據。」〔按〕「暴露」二字常連用，作「露」爲長。下文「潞病」猶「羸病」（説見下），「露」、「潞」二字於此上下句文義並不全同。黄失之拘，金亦未盡。今從鮑本。

〔八九〕景宋本「潞」作「路」，與高注合。吴師道云：「韓作『疲』。」黄丕烈云：「按策文不與韓子同，高注可證。」高誘云：「路羸於内（按「路」從正文當作「潞」）。」吴師道云：「『潞』即『露』耳，故高注爲『羸』。」〔按〕「潞」與「羸」一聲之轉，故高注訓「潞」爲「羸」，「潞病」猶「羸病」。潞、露並從「路」聲，古通用。

〔九〇〕吴師道云：「韓子注：趙都邯鄲，燕之南，齊之西，魏之北，韓之東，故曰『中央』。兼四國之人，故曰『雜』。」〔按〕史記樂毅傳：「趙四戰之國也。」正義：「東鄰燕、齊，西邊秦、樓煩，南界韓、魏，北迫匈奴。」

〔九一〕鮑本「用」下有「也」字，同韓非子。鮑彪云：「輕則其志不堅。」

〔九二〕景宋本「信」下有「也」字。非。

〔九三〕高誘云：「趙王都邯鄲，無險固，故曰『不便』。」吴師道云：「非無險隘，上云『中央之國』，此云『不便』，是以大勢言之。」

〔九四〕〔按〕韓非子「上非」作「下不」。俞樾謂「下」字「當從秦策作『上』」。

〔九五〕高誘云：「野民曰『氓』。」〔按〕韓非子「氓」作「萌」，同。

〔九六〕鮑彪云：「馮亭事。」〔按〕韓上黨守馮亭以地入趙，在趙孝成王四年（當秦昭王四十七年），見史記趙世家及趙策一秦王謂公子他曰章。

〔九七〕姚宏云：「劉下有『兵』字。」

〔九八〕高誘云：「趙括封於武安，〔武安〕（原本不重「武安」二字，姚宏云：「曾更有『武安』字。」今從補）君將趙四十萬衆拒秦。秦將白起坑括四十萬衆於長平下，故曰武安。」鮑彪云：「此殺趙括事，在（昭襄王）四十七年。」金正煒云：「按趙括未嘗封於武安，高注恐有譌誤。據史記：『秦聞趙用括，乃陰起武安君爲將。』此文『拔武安』三字，疑本在『大王』下，誤淆於後耳。又秦本紀：『武安君歸，王齕伐趙武安、皮牢，拔之。』在破長平之次年，或即此文所指也。」〔按〕趙括襲父封馬服君，不聞稱武安，秦策三：「君禽馬服乎。」謂武安君白起禽趙括也，則武安非趙括明甚。高注誠有誤，末句「故曰武安」於文義亦不相應。白起破趙括事，詳見史記白起傳、廉頗藺相如傳。此云「拔武安」，韓非子同，即是秦本紀昭王四十八年，「王齕伐趙武安、皮牢」之事，與白起破趙括無涉（白起傳止言「王齕攻皮牢，拔之」，無武安）。武安，趙地。桂恩澤云：「漢志魏郡有武安縣。」徐廣曰：『在邯鄲西。』……今在河南彰德府武安縣西南十里，而直隸磁州亦其地。」秦拔武安，明年即起兵圍邯鄲矣。

〔九九〕高誘云：「上下，君臣也。」

〔一〇〇〕鮑本、吴本「信」下有「也」字，與韓非子合。〔按〕依上句例應有之。今從補。高誘云：「『貴』謂『卿』，『賤』謂『士』。」

〔一〇一〕張琦云：「漢志趙國邯鄲下云：『趙敬侯自中牟徙此。』今廣平府（按屬今河北省）邯鄲縣西南二十里，有古邯鄲城，俗呼趙王城。」〔按〕清嘉慶重修一統志卷三十三廣平府邯鄲故城下引舊志：「故城在今縣西南十里，俗呼趙王城，秦、漢時趙俱理此，雉堞猶存。中有一臺，疑即殿廷之所。」又引輿程記云：「漢以前邯鄲城大數十里，今縣城及故城，皆邯鄲也。堙廢後，所存者止此耳。」

〔一〇二〕鮑彪云：「（河間）冀州（鮑、吴合注四部叢刊本「州」誤作「此」，此據鮑注單行本）國。完之者欲急取修武、上黨諸郡置之去也。」吴師道云：「韓作『筦山東河間』。」張琦云：「漢志河間國，注云：『在兩河之間。』

史索隱曰：『漳、河之間也。』今河間府。」（按今屬河北省） 金正煒云：「韓作『莞』。樂記鄭注：『「莞」猶「包」也。』」〔按〕「完」是「莞」之借字，「莞」同「管」。 鮑注非。

〔一〇三〕高誘云：「修武，趙邑（姚宏云：「一本有『也』字。」）合（按疑當作「今」）屬河間。」 張琦云：「今（河南）懷慶府縣。」

〔一〇四〕高誘云：「羊腸，塞名也。」〔按〕見西周策韓魏易地章。

〔一〇五〕高誘云：「代屬趙，上黨屬韓。」 吳師道云：「『踰羊腸降代』，韓作『踰華絳』。」 程恩澤云：「地理志幽州有代郡，又有代縣。……今山西大同府及代州之繁峙，直隸宣化府及易州之廣昌，皆其地。」〔按〕上黨見前。

〔一〇六〕吳師道云：「『三十六』，韓作『四十六』；『十七』，韓作『七十』。」〔按〕趙策一秦王謂公子他章馮亭效趙上黨地謂：「城市之邑七十。」但史記趙世家又作「十七」，不審孰是。

〔一〇七〕高誘云：「甲，鎧。」 金正煒云：「此文本作『不頓一甲』，與次句爲對文。『用』即『甲』字之誤衍。『領』爲『頓』之誤，又用一字倒置，遂至句法參差。左氏襄四年傳：『甲兵不頓。』漢書嚴助傳：『不勞一卒，不頓一戰。』文與此正同。」〔按〕金校雖言之成理，但改動太多。韓非子亦如此，原文意義可通，不煩改。

〔一〇八〕高誘云：「苦，勞。」〔按〕韓非子「一民」作「一士民」，與上句相對。

〔一〇九〕姚宏云：「曾（已）下有『反』字。」 高誘云：「『爲』猶『屬』也。」 金正煒云：「曾於『而已』下有『反』字，是也。『爲燕』上亦當有『反』字而脫耳。『秦』當爲『趙』。 後人不達反爲之義而改也。『反』與『叛』同，『爲』猶『於』也。國語晉語：『稱爲前世。』韋注：『言見稱於前世。』……皆『於』、『爲』通用之證。 此言不待戰而皆反其國以應秦，即上文所云皆秦之有，下文所云東弱齊、燕也。」〔按〕金改「秦」爲「趙」，又訓「爲」，從曾本作

「反爲」，訓爲「叛於」，非是。下文東陽、河外、中呼池以北並是趙地，若如金説，則反（「反」從金校）爲齊、爲燕，語不通矣。此數句文義自明，不必曲解。韓非子「已」作「畢」，下二「已」字同。

〔一一〇〕鮑彪云：「屬清河。」張琦云：「漢志屬清河。今（山東）東昌府恩縣西北六十里有東陽故城。」〔按〕齊策三國子曰章：「（秦）兼魏之河南，絶趙之東陽。」即其地。

〔一一一〕鮑彪云：「滹沱河之外。」吳師道云：「蘇秦説趙云：『東有清河。』張儀説趙告齊使興師，『渡清河，軍邯鄲之東』，即此河也。東陽既屬清河，不得爲他説矣。」程恩澤云：「河外見秦策者與齊鄰，當是清河或漳、滏等河。」〔按〕吳説是。下文有「中呼池以北」，「呼池」即「滹沱」，則此「河外」非指滹沱河審矣。

〔一一二〕鮑彪云：「此本趙所得齊地，今趙弱，故齊復取之。取之則益弱矣。」吳曾祺云：「此『反』字疑衍。」〔按〕鮑説亦無史實，僅從「反」字推想耳。上句「代、上黨」下曾本亦有「反」字，豈代、上黨本爲秦之所有乎？「反爲齊」即歸於齊，「反」同「返」。同策三謂應侯曰章云：「上黨之民，皆返爲趙。」與此相同。但依上下句例之，此「反」字宜衍。

〔一一三〕姚宏云：「（池）作『沲』。」鮑彪改作「沱」。吳師道云：「古『沱』通。韓『中山呼池』。」鮑彪云：「中，言中分之。呼沱在代鹵城。」程恩澤云：「地理志虖池出代郡鹵城縣，東至參户、文安入海。正義：『呼沱出代州繁峙縣，東南流，逕五臺山北，又東南流過定州入海。』錢坫曰：『河北之水，惟虖池決溢無常，漸趨而南，無復舊跡。水經又逸其文。燕南趙北，故道莫可考矣。』」〔按〕依上文例，並列舉二地名，則此句中下應從韓非子補「山」字。中山地於燕、趙之間，於地理亦合。此疑誤脱。惟此「中山」是地名，非國名。中山國已亡於趙矣，此或指其故地。

〔一一四〕鮑彪云：「燕乘敗取之。」王先慎云：「秦兵力所不及，則齊、燕將分取之。此皆趙地，故下云『趙舉』。」

〔按策作「舉趙」，此據韓非子。〕〔按〕同策三謂應侯曰君禽馬服章云：「今攻趙，北地入燕，東地齊。」亦此意。

〔一一五〕吳本脱此句。

〔一一六〕高誘云：「蠹，害也。」

〔一一七〕吳師道云：「韓（挾）作『拔』。」黄丕烈云：「按『拔』字誤。『挾』當是『狹』。後策文『省攻伐之心』，新序作『挾戰伐之心』，與此同。」〔按〕挾、狹並從「夾」聲，古通同。「狹」同「陜」，隘也。「挾荆」猶「隘荆」。

〔一一八〕吳師道云：「韓作『東以弱齊强燕』。」〔按〕韓「强」字當從策衍。

〔一一九〕高誘云：「白馬，津名。」鮑彪云：「張儀傳：『守白馬之津。』津在東郡。」張琦云：「漢縣，屬東郡。今（河南）衛輝府滑縣治，故白馬也。津在縣西。」

〔一二〇〕高誘云：「魏氏，今魏郡縣也。流，灌也。」吳師道云：「（流）韓作『沃』。」金正煒云：「古書『流』作『沶』，與『沃』形近。疑文注本並作『沃』，與韓同。」〔按〕燕策二秦召燕王章云：「決白馬之口，魏無濟陽。」與此相同。魏郡有魏縣，見漢書地理志。但白馬津在今河南滑縣，魏縣在今河北大名，處白馬津之東北，距離較遠，恐未必是魏縣。高注疑非。此魏氏似謂魏都，即大梁。其後秦卒以灌大梁亡魏（史記魏世家），即用此謀。

〔一二一〕高誘云：「從者，山東六國從。敗，不成也。」

〔一二二〕鮑彪云：「須，胥同，待也。」

〔一二三〕吳本「偏」作「編」，同韓非子。吳師道云：「『編』言衆隨而伏降矣。以繩次物曰『編』。」金正煒云：「按漢書路温舒傳：『編用寫書。』師古曰：『編，聯次之。』易艮：『不極其隨。』注：『「隨」謂「趾」也。』『編隨』

猶云『接踵』也。編、偏形近而誤。伏、服義同。」〔按〕偏隨而伏，猶言皆隨而服也。義本明白，不必從韓非子作「編」。偏、編並從「扁」聲，字可通用。正恐韓非子之「編」亦當訓「偏」。

〔一二四〕姚宏云：「劉作『伯王業也』。」于鬯云：「『業地』猶言『基地』。」〔按〕于解未諦。地、也二字易誤，今從劉本正。橫田惟孝云：「韓子『伯』上有『弃』字，此恐脫落。」非。

〔一二五〕鮑彪以上「地」字屬此句，云：「地與相王之尊。」吳師道云：「韓『尊』作『曾』。劉辰翁謂『地』猶『第』。皆失考。」金正煒云：「『地』當從劉作『也』，『尊』當從韓作『曾』，形聲之誤也。」〔按〕金說是，今正。尊、曾聲近而誤。

〔一二六〕高誘云：「亡國，謂趙也。」鮑彪云：「亡國，以長平之敗言趙。」

〔一二七〕吳本脫「卒」字，云：「韓此下有『士卒』字。」

〔一二八〕姚宏云：「〔乃〕一作『以』。」鮑本、吳本作「以」。黃丕烈云：「韓子是『以』字。」金正煒云：「按篆文『以』作『』，『乃』作『』，二形相似，因誤爲『乃』。」〔按〕「乃」字重複，書作「以」。今從「一作」正。

〔一二九〕橫田惟孝云：「韓子『兵怒』作『負弩』。此『怒』當作『弩』，字音之誤也。」于鬯云：「此『怒』當讀爲『弩』，借字也。『兵』字或『負』字之誤。孟子梁惠王篇云：『棄甲曳兵而走。』即此意。」金正煒云：「韓『怒』作『弩』，是也。『兵』則『折』字之譌耳。篆文『折』作『』，『兵』作『』。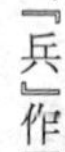義雖殊而文相類，移左於下，『折』遂誤爲『兵』矣。」〔按〕韓非子乾道本作「棄甲兵弩」，趙用賢本作「棄甲負弩」。于校與之合。「弩」字今從正。王先愼集解云：「『兵』當作『與』。說文『與』古文作『』，『兵』作『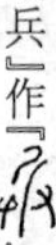』，二字篆形相近而譌。」較于說爲勝。「折」字在說文艸部，「」之重文，段注：「此唐後人所妄增。從手從斤，隸字也。」金氏以之

訂誤，未安。

〔一三〇〕高誘云：「却，退也。」鮑彪以上「怒」字屬此句，云：「且怒且懼而退。」吳師道云：「韓作『棄甲負弩戰踈而天下』。」〔按〕鮑誤讀，説見上。

〔一三一〕姚宏云：「錢本有『之』字。」

〔一三二〕按韓非子「退」作「復」。盧文弨云：「『復』乃『㣞』之譌。『㣞』即『退』字。」

〔一三三〕高誘云：「李下，邑名，在河內也。」鮑彪云：「後志河内有李城，趙封李同之父於此。」吳師道云：「韓作『孚下』。」張琦云：「今（河南）懷慶府温縣治，即故李城。」程恩澤云：「謂『李下』即此，尚未可信。」〔按〕太田方韓非子翼毳謂「李下」即李帛之下，據秦策義渠之君大敗秦人於李帛之下，「蓋言此時矣」。核之時地皆不合，誤矣。附辨於此。

〔一三四〕姚宏云：「（致）一作『至』。」盧本作「至」。黄丕烈云：「韓子是『至』字。」鮑彪云：「『致』言極力。」金正煒云：「周禮環人：『掌致師。』注：『致師者，致其必戰之志。』」

〔一三五〕高誘云：「厚，大也。」

〔一三六〕鮑彪云：「交，言秦與趙俱罷兵而退。」〔按〕中山策昭王既息民繕兵庫云：「（秦昭王）乃使五校大夫王陵將而伐趙。陵戰失利，亡五校。……復益發軍，更使王齕代王陵伐趙，圍邯鄲八九月，死傷者衆而弗下。趙王出輕鋭以寇其後，秦數不利。」（亦見史記白起傳）此即其事。

〔一三七〕姚宏云：「一本（『秦』下）有『之』字。」

〔一三八〕鮑彪云：「極，言度其力之所至。」

〔一三九〕鮑彪云：「（從）合從也。」

〔一四〇〕〔按〕韓非子作「幾不能矣」。舊注云：「言諸侯知秦兵頓民疲，則從益堅，故曰『不難矣』。」王先慎集解據策及舊注改「能」作「難」。此用反詰語氣，「豈其難矣」猶言「不難矣」。

〔一四一〕高誘云：「頓，罷也。病，困也。」

〔一四二〕高誘云：「圓曰囷，方曰倉。虛，不實。」（姚宏云：「一本下有『也』字。」）〔按〕此數句與上文第一節尾語相呼應。

〔一四三〕高誘云：「慮，謀也。」

〔一四四〕〔按〕淮南子人間訓引堯戒云：「戰戰慄慄，日慎一日。人莫蹪於山，而蹪於垤。」意林引太公六韜亦有此二語。明是古之成語。

〔一四五〕高誘云：「苟，誠也。」

〔一四六〕鮑本「子」原作「下」，改作「子」。吳師道云：「韓作『子』。」

〔一四七〕鮑本無「甲」字。黄丕烈云：「韓子作『將帥天下甲兵百萬』。」

〔一四八〕鮑彪云：「河内共，淇水所出。」張琦云：「淇水出（河南）衛輝府輝縣北七里共山，東南至淇縣，入衛河。」

〔按〕韓非子「淇谷」作「淇溪」。

〔一四九〕鮑彪云：「（洹水）蘇秦傳注出林慮。項紀注在安陽縣北。前後志在良鄉東南。」張琦云：「今（河南）彰德府林縣，古林慮也。西北二十五里林慮山，洹水所出。安陽即今府治安陽縣。洹水經府北，又東入衛河。漢志出良鄉者乃垣水，非洹水。後志良鄉下不注。」〔按〕太平寰宇記卷五十五相州安陽縣云：「即紂之都，戰國策云：『紂將百萬，左飲於淇谷，右飲於洹水，淇水竭而洹水不流。』按邑地在淇、洹二水之間，本殷墟，七國時爲魏寧新、中邑。」

〔一五〇〕鮑彪云：「亦竭也。」

〔一五一〕鮑彪云：「（素甲）絹素爲之，非金革也。」吳師道云：「素，以色言。」〔按〕吳説爲長。國語吳語：「皆白常白旗素甲白羽之矰。」韋昭注：「素甲，白甲也。」「領」猶上文「不用一領甲」之「領」，乃數量詞。韓非子無「領」字。

〔一五二〕高誘云：「一日，甲子之日也。太公望爲號，到牧野，便尅紂，故曰『一日』。」〔按〕尚書牧誓云：「時甲子昧爽，王朝至於商郊牧野，乃誓。王左仗黄鉞，右秉白旄以麾。」孫星衍疏云：「漢書律曆志云：序曰：『一月戊午，師度於孟津。至庚申，二月朔日也。四月癸亥至牧野，夜陳，甲子昧爽而合矣。』故外傳曰：『王以二月癸亥夜陳。』武成篇曰：『粤若來三月既死霸，粤五日甲子，咸劉商王紂。』」

〔一五三〕姚宏云：「劉無『不』字。」吳師道云：「韓作『莫傷』。」鍾鳳年云：「韓子是。因不然則與上文義相疑，故亦宜衍。」〔按〕「莫不傷」爲傷殷之亡，義自通。當各存本文。高誘云：「傷，愍也。」鮑彪云：「傷殷之亡耳。」

〔一五四〕高誘云：「三國，晉（智）、韓、魏也。」姚宏云：「曾、集（高注）『晉』作『智』。」今從曾、集本正。

〔一五五〕高誘云：「襄主，趙襄子也。大夫稱主。晉陽，趙氏邑也。」程恩澤云：「（趙）簡子居晉陽，今山西太原府太原縣。」

〔一五六〕吳師道云：「韓作『三月』。趙策亦兩云『三年』。」〔按〕韓非子十過篇亦作「三年」。乃誇大辭，非事實如此。

〔一五七〕高誘云：「且，將也。」

〔一五八〕鮑彪云：「錯、措同，置也。」吳師道云：「錯，韓作『鑽』。」横田惟孝云：「『錯』當從韓子作『鑽』，字之誤也。『鑽』亦作『鑿』，飾邪篇『龜數策』，字異義同。」安井衡云：「錯，丈也，謂鑽之。」金正煒云：「鮑説非也。『錯』當爲『鑿』，聲之誤耳。韓非飾邪篇：『鑿龜數筴，占曰大吉。』文與此同。周禮太卜司農注『作龜』，謂『鑿龜令可爇也』。疏：『鑿即灼也。』初見秦篇作『鑽』，與『鑿』義同。晉出公名『鑿』，見史記索隱，六國表作『錯』，可爲此證。」〔按〕「錯」爲「鑿」之聲轉。

〔一五九〕高誘云：「策，蓍也。」鮑彪云：「以蓍筮也。」

〔一六〇〕高誘云：「兆，占龜兆也。」鮑彪云：「灼龜坼處曰『兆』。」

〔一六一〕高誘云：「何國可降，使爲反間。」鮑彪云：「三國中孰爲可降。」〔按〕趙策一云：「襄子謂張孟談曰：糧食匱，城力盡，士大夫病，吾不能守矣。欲以城下，何如？」「下」即降義，鮑注爲是。

〔一六二〕高誘云：「張孟談，趙襄子臣也。」

〔一六三〕高誘云：「潛行，私行。」

〔一六四〕鮑彪云：「使韓、魏背之。」

〔一六五〕高誘云：「兩國，韓、魏也。」

〔一六六〕盧本「子」作「主」。按依高注及上文當作「主」。高誘云：「智伯與韓、魏攻襄子。張孟談辭於韓、魏，魏（按「魏」上疑脱「韓」字）與趙同，故曰『反智伯之約』也。『國』猶『軍』。（攻）（姚宏云：「一本有『攻』字。」按有者是，今據補）智伯之軍而破以殺其身，故曰『以成襄主之功』也。」〔按〕事詳見趙策一。韓非子作「以復襄主之初」。

〔一六七〕〔按〕韓非子「數」下有「十」字。

〔一六八〕高誘云：「無如秦國安固者也。」

〔一六九〕高誘云：「與天下争，可并而有。」〔按〕「與」即「舉」，説見上。高注非。

〔一七〇〕鮑彪云：「自言不知死所。」〔按〕蔡邕獨斷云：「漢承秦制，羣臣上書皆言『昧死言』。」此正秦制。「昧死」猶「冒死罪」也。

〔一七一〕姚宏云：「（臣昧死望）劉『作臣願望』。」〔按〕韓非子「望」上有「願」字。

〔一七二〕姚宏云：「一本無『舉』字。」吴師道云：「韓無此（舉）字。」黄丕烈云：「按策文當本作『一舉』，脱『一』字。『一舉』下文有。」鮑彪云：「舉，謂一舉。」

〔一七三〕鮑彪云：「舉，亦拔也。」

〔一七四〕鮑彪云：「二國去秦遠，未可加兵，故親之，以寬兵力。其後秦滅諸國，二國獨後亡，以此故也。」

〔一七五〕高誘云：「成，立也。」

〔一七六〕鮑彪云：「徇，行以示人也。」

〔一七七〕姚宏云：「曾：恐當作『主謀』。」〔按〕曾意蓋謂「主、爲」二字當倒。此與韓非子作「以爲王謀不忠者」相合，惟「主」作「王」，稍異。

〔一七八〕鮑本此句作「以主不忠於國者」。鮑彪云：「主，言以爲首惡。」金正煒云：「文選任彦昇奏彈曹景宗文：『景宗即主。』李注：『主，謂主首。』鮑注義與之同。惟云『以主首爲謀不忠者』，亦爲不詞。『主』之義蓋當如『正』。吕覽自知篇：『湯有司過之士。』注：『司，主也；主，正也，正其過闕也。』又禮記曲禮疏：『「主」猶「坐」也。』一切經音義二引蒼頡：『坐，辠也。』」〔按〕鮑注自通，金説可以補充。

〔附論〕

鮑彪云：「此士論事深切著明，孫卿不如。秦所以取天下，蓋行其説也。而史失其人，猥以張儀名之，惜哉！所稱謀臣，范雎也。」

吴師道云：「韓非師荀卿者也，其術不主於卿。卿論兵以附民爲要，以仁義爲本，以禁暴除害爲務，非而有是言歟？大意不過欲極威怒而務攻取耳。鮑既考之不精，且謂卿不如，謬矣！」

〔按〕吴以此篇爲韓非所作，所言如是。詳證之，恐未必然，説見上。陸隴其云：「一篇主意全在破從，却未説出所以破從之策。前輩謂其范雎，但范虛此實。愚謂此亦未嘗用實。蓋其經濟之實，乃在孤憤、五蠹諸篇，此篇只是一箇冒頭。」按此亦以此篇爲韓非所作，但所論亦有自己見解。

6　張儀欲假秦兵以救魏

張儀欲假秦兵以救魏〔一〕。左成謂甘茂〔二〕曰：「子不（如）〔三〕予之。魏不反秦兵，張子不反秦〔四〕。魏若反秦兵，張子得志於魏，不敢反於秦矣〔五〕。張子不去秦〔六〕，張子必高子〔七〕。」

【箋證】

〔一〕鮑彪云：「時將相魏。」

〔二〕〔按〕左成及甘茂並見東周策。

〔三〕鮑本、盧本「子不」作「不如」。于鬯云：「當是。」金正煒云：「『不』疑『亓』之譌。『亓』即『其』之古文。」〔按文當有誤。吳汝綸評點本據鮑本「不」下補「如」字，是也，今從之。

〔四〕高誘云：「言魏以秦兵戰，死亡之而不反，則張儀亦懼誅，不敢反秦也。」鮑彪云：「謂秦以喪兵誅之。」金正煒云：「據高注，『不』字下當有『敢』字，今誤淆次於下文。」〔按〕此謂魏以秦兵敗。「反」同「返」。

〔五〕高誘云：「魏用秦兵戰，得反之，則張儀有功於魏，故得志。得志於魏，亦不反於秦也。」鮑彪云：「懼秦疑其厚魏。」金正煒云：「據高注此無『敢』字。」〔按〕此謂以秦兵勝。金說疑是。

〔六〕鮑彪云：「『去』猶『捨』也。儀雖爲魏，猶有得秦之心。」〔按〕此謂張儀如不離去秦國。「去秦」與上「反秦」相呼應。鮑注誤。

〔七〕高誘云：「高，貴也。『子』謂甘茂也。」鮑彪云：「高之者，欲茂以秦資之。」吳師道云：「劉辰翁云：不去秦，萬一不行救魏也，亦必高茂之誼，高茂之忠。」金正煒云：「按廣雅釋詁：『高，上也。』趙策：『趙從親以合於秦，必爲王高矣。』注：『言趙居齊上。』……此言不以事去張子，而使之在秦，則必高出於茂之上也。」鮑、劉說並失其義。」〔按〕金說是。「高子」猶「高於子」，此省「於」字耳。此策鮑彪次於秦武王下。考史記張儀傳云：「武王自爲太子時，不說張儀，及即位，羣臣多讒張儀。……張儀懼誅，因謂秦武王曰：『儀有愚計願效之。』……』秦王以爲然，乃具革車三十乘，入儀之梁。」又甘茂傳云：「惠王卒，武王立，張儀、魏章去東之魏。……以甘茂爲左丞相。」秦本紀茂爲左丞相，在武王二年。此乃儀入魏，茂始爲丞相之時，左成蓋爲張儀遊說以固儀於魏也。

7 司馬錯與張儀爭論

司馬錯〔一〕與張儀爭論於秦惠王前〔二〕，司馬錯欲伐蜀。張儀曰：「不如伐韓〔三〕。」王曰：「請聞〔四〕其說。」

對曰：「親魏善楚，下兵三川〔五〕，塞轘轅、緱氏之口〔六〕，當屯留之道〔七〕。魏絶南陽〔八〕，楚臨南鄭〔九〕，秦攻新城、宜陽〔一〇〕，以臨二周〔一一〕之郊。誅周主之罪〔一二〕，侵楚、魏之地〔一三〕。周自知不救，九鼎寶器必出〔一四〕。據九鼎，按圖籍〔一五〕，挾天子以令〔一六〕天下，天下莫敢不聽。此王業也。今夫蜀，西辟之國〔一七〕，而戎狄之長〔一八〕也。弊兵〔一九〕勞衆，不足以成名〔二〇〕，得其地，不足以爲利。臣聞争名者於朝，争利者於市。今三川、周室，天下之市朝〔二一〕也，而王不争焉，顧争於戎狄〔二二〕，去王業遠矣。」

司馬錯曰：「不然。臣聞之，欲富國〔二三〕者務〔二四〕廣其地，欲强兵〔二五〕者務富其民，欲王者務博〔二六〕其德。三資者備〔二七〕，而王隨之矣〔二八〕。今王之地小民貧，故臣願從事於易。夫蜀西辟之國也，而戎狄之長也，而有桀、紂之亂〔二九〕。以秦攻之，譬〔三〇〕如使豺〔三一〕狼逐羣羊也。取其地足以廣國也〔三二〕，得其財足以富民。繕兵〔三三〕不傷衆，而被已服矣。故拔一國，而天下不以爲暴；利盡西海〔三四〕，諸侯不以爲貪。是我一舉而名實兩附，而又有禁暴〔三五〕正〔三六〕亂之名。今攻韓劫〔三七〕天子，劫天子，惡名也，而未必利也，又有不義〔三八〕之名，而攻天下之所不欲，危〔三九〕。臣請謁〔四〇〕其故。周，天下之宗〔四一〕室也，齊、韓、周之與國也〔四二〕。周自知失九鼎，韓自知亡三川，則必將二國并力合謀〔四三〕，以因〔四四〕

於齊、趙，而求解乎楚、魏〔四五〕。以鼎與楚，以地與魏，王不能禁〔四六〕。此臣所謂危，不如伐蜀之完也〔四七〕。」惠王曰：「善，寡人聽子〔四八〕。」

卒起兵伐蜀。十月，取之，遂定蜀〔四九〕。蜀主更號爲侯〔五〇〕，而使陳莊〔五一〕相蜀。蜀既屬〔五二〕，秦益强富厚〔五三〕，輕諸侯〔五四〕。

【箋證】

〔一〕鮑彪云：「秦人。」〔按〕史記太史公自序云：「自司馬氏去周適晉，分散，或在衛，或在趙，或在秦。……在秦者名錯，與張儀争論。」司馬遷自述其世序出於周程伯休父，「當周宣王時，失其守而爲司馬氏。司馬氏世典周史」。則知此「司馬」爲氏族，非官名也。

〔二〕〔按〕史記張儀傳云：「苴、蜀相攻擊，各來告急於秦。秦惠王欲發兵以伐蜀，以爲道險狹難至。而韓又來侵秦，秦惠王欲先伐韓，後伐蜀，恐不利；欲先伐蜀，恐韓襲秦之敝。猶豫未能決。司馬錯與張儀争論於惠王之前。」

〔三〕〔按〕華陽國志蜀志篇以「伐韓」爲「伐楚」，與史、策並異。新序善謀篇同。

〔四〕姚宏云：「錢云：『「聞」，舊作「問」』。曾、劉、集亦作『問』。」

〔五〕高誘云：「三川，宜陽也。下兵，出兵也。」〔按〕見西周策韓魏易地章。

〔六〕高誘云：「塞，斷。」鮑彪云：「高紀注：轘轅、緱氏，險道，屬河南。」吳師道云：「瓚云：『轘轅，險道，在緱氏東南。』索隱云：『緱氏以山爲名。』」張琦云：「後志緱氏在轘轅關。按緱氏故城在今河南府偃師縣南二十里。轘轅故關在今鞏縣七十里轘轅山。」金正煒云：「此文『緱氏』二字，疑本旁注，誤并入文。」〔按〕張儀傳索隱、太平御覽卷四百六十引並同今本，金説無據。張儀傳及新序作「塞什谷之口」。索隱引此文，云：「亦其地相近。」

〔七〕高誘云：「屯留，今上黨縣。」吴師道云：「正義云：『屯留，潞州縣。』道，即太行羊腸坂道也。」張琦云：「屯留，今(山西)潞州府縣，故城在縣東南十里。蓋以絶上黨之援也。」〔按〕古本竹書紀年梁惠成王十二年：「鄭取屯留、尚子、涅。」當秦孝公三年，原爲趙地。

〔八〕高誘云：「魏與南陽絶也。」〔按〕此謂韓之南陽，見西周策韓魏易地章。魏策一魏王將相張儀章亦云：「魏攻南陽，秦攻三川，韓氏必亡。」與此正同。

〔九〕高誘云：「鄭，今河南新鄭也。」〔按〕鄭是韓所都，見西周策韓魏易地章。所謂「南鄭」，疑是指鄭之南部，其地與楚鄰近。張儀傳正義云：「是塞斜谷之口也，令楚兵臨鄭南，塞轘轅、郻口，斷韓南陽之兵也。」

〔一〇〕吴師道云：「左傳僖六年注：『新城，鄭新密，今滎陽密也。』大事記白起擊韓新城，引正義云：『在洛州伊闕縣。』又秦、韓會新城云：『兩周間地名。』注引正義云：『許州襄城縣。古新城縣也。』按芈戎華陽君又號新城君，則華陽在密者。此策以宜陽並言，地必連近，當是伊闕爾。」程恩澤云：「索隱：『新城當在河南伊闕之左右。』括地志：『洛州伊闕縣本漢新城縣，隋文帝改名，在州南七十里。』今在河南洛陽縣南七十五里。」〔按〕宜陽見東周策秦攻宜陽章。吕氏春秋開春論：「韓氏城新城，期十五日而成。」高注：「新城，今河南新城是也，故戎蠻子之國也。」

〔一一〕高誘云：「二周，東周、西周也。」

〔一二〕高誘云：「周主，周君。」鮑彪云：「誅，討也。」〔按〕白虎通誅伐篇云：「誅，猶責也。」蓋責周之親韓也。吕氏春秋報更篇云：「張儀……將西遊於秦，過東周，……昭文君送而資之。至於秦，留有間，惠王説而相之。

張儀所德於天下者，無若昭文君也。周千乘也，重過萬乘也，令秦惠王師之。逢澤之會，魏王嘗爲御，韓王爲右。」是儀於東周有德。此言誅罪，則國事固不以私誼害也。依年次計之，或時昭文君已卒。然逢澤之會或説是秦孝公（史記），或説是梁惠王（秦策），皆在張儀入秦之前，年代不合，則吕氏春秋之説亦出於傳聞，不足信也。

〔一三〕金正煒云：「侵楚、魏之地與上文親魏善楚相反，必有譌誤。疑『侵』當作『俠』，『俠』與『挾』通。『地』當爲『從』，六書通『地』一作『坔』。與『從』相似，因致誤地。挾楚、魏以臨周，故周自知不救。或『侵』爲『復』字之譌，復其侵地，以市德於楚、魏，而并力於周、韓也。」鍾鳳年云：「『楚魏』二字必誤。合細尋儀、錯之説，儀有『下兵三川』及『今三川周室，天下之市朝也，而不争焉』等語；錯效儀説，有『韓自知亡三川，……以地與魏』等語。是儀力主伐韓，乃在得其三川。則焉有言及侵地，及舍所期而轉圖助己之楚、魏？又儀之『秦攻新城宜陽』一語，蓋即以二地隸於三川而發，並可爲儀欲侵三川之證。故『楚魏』二字原必作『三川』。」〔按〕金、鍾二氏疑「楚魏」二字，亦有其理。但細審儀説，主要在於伐韓三川，其云「誅周主之罪，侵楚、魏之地」，乃是謂乘破韓之勢，又可以伐周侵楚、魏也。戰國尚詐，親伐無定。且秦自孝公以來，已有兼併天下之心，侵楚、魏亦是其舊謀，在朝廷會議之時，固不妨言及之。然則此語亦可理解，不必誤訛。金、鍾之説，亦憑臆度。史記及新序並同國策，明不可輕改也。

〔一四〕高誘云：「自知不可復救，必出其寶器，不敢愛惜也。」〔按〕九鼎，見東周策秦興師臨周章。

〔一五〕鮑彪云：「土地之圖，人民金穀之籍。」

〔一六〕高誘云：「令，教。」鮑彪云：「號令指麾之。」

〔一七〕鮑本、吴本「辟」作「僻」，下同。〔按〕辟、僻通用。文選聖主得賢臣頌注引亦作「僻」。

〔一八〕姚宏云：「新序『長』字作『倫』。後語作『倫』字。」〔按〕張儀傳亦作「倫」。

〔一九〕吴本「兵」作「名」，云：「一本『名』作『兵』。」〔按〕鮑本亦作「兵」，疑一本涉下「名」字而誤。

〔二〇〕高誘云：「辟遠不足以成伯王之名。」

〔二一〕〔按〕文選鮑明遠詠史詩注引「市朝」作「朝市」，張儀傳及新序同。

〔二二〕高誘云：「顧，反也。」

〔二三〕姚宏云：「曾、錢、集本『富國』作『國富』。」〔按〕御覽卷四百六十引無「國」字。

〔二四〕鮑彪云：「務，趣也。」吴師道云：「務，專力也。」

〔二五〕〔按〕御覽引無「兵」字，上句無「國」字，與下句「欲王者」相合。新序亦無「國」字、「兵」字，疑是。

〔二六〕〔按〕御覽引「博」作「崇」。

〔二七〕鮑彪云：「三者於國，如人之有資貨。」

〔二八〕高誘云：「隨，從也。」〔按〕御覽引作「而王道興矣」。據高注，策文當有「隨」字。史記、新序亦同此本，則御覽引誤。王，謂王業。

〔二九〕〔按〕華陽國志蜀志篇云：「蜀王別封弟葭萌於漢中，號苴侯，命其邑曰葭萌焉。苴侯與巴王爲好，巴與蜀仇，故蜀王怒，伐苴侯。苴侯奔巴，求救於秦。」

〔三〇〕吴本「譬」誤作「避」。

〔三一〕〔按〕御覽引無「豺」字。

〔三二〕〔按〕史記、新序並無「也」字，下句無「也」字，則此亦不當有。

〔三三〕鮑彪云：「繕，補也。」吴師道云：「左傳隱元年：『繕甲兵。』注：『治也。』訓『切』。」金正煒云：「周禮夏官序官繕人，注：『繕之言勁也。』禮記曲禮：『急繕其怒。』注：『繕讀曰勁。』勁兵，猶云張軍。」〔按〕吳訓爲長。繕兵，猶言用兵。

〔三四〕鮑本「西」作「四」，云：「言四方之物，蜀兼有之。故蘇秦於巴、蜀、漢中獨曰利。」吳師道云：「一本『西海』，新序同。」張尚瑗云：「西海，蓋指西蜀也。」黄丕烈云：「按史記亦作『西』，『四』字誤。」于鬯云：「荀子彊國篇云：『負西海而固常山。』彼言秦地有西海，蓋西海屬蜀，蜀滅則爲秦有。漢地理志金城郡臨羌縣西北至塞外有僊海。僊海蓋即西海也。」〔按〕于氏引荀子彊國篇以證此西海，是矣。但謂僊海即西海，則非。僊海不在蜀，亦不能稱利。此西海乃是統言西土，蜀在秦之西南。極言其地之遠至海，不必專指某地名，荀子之「西海」亦然。又爾雅釋地云：「九夷八狄六蠻，謂之四海。」是當時對蠻夷族之居中國四周者並稱爲海，非真有海水也。廣雅釋水云：「海，晦也。」荀子王制篇注云：「海，謂荒晦絶遠之地。」即此義。「蜀西僻之國，西戎狄之長」故云西海。又張儀傳索隱云：「西海謂蜀川也。海者，珍藏所聚生，猶謂秦中爲陸海然也。」其説嫌迂。鮑作「四海」者，非。文選檄吳部曲將校文注引亦作「西海」。

〔三五〕鮑彪云：「不貪暴，名也。得國，實也。」〔按〕鮑注「不貪暴」當作「禁暴」。

〔三六〕〔按〕詩邶風終風序鄭箋：「『正』猶『止』也。」

〔三七〕鮑彪云：「劫，脅止也。」

〔三八〕鮑彪云：「韓無罪而伐之，不義也。」〔按〕不義，謂劫天子，鮑注非。

〔三九〕鮑彪云：「天下皆有尊周之志。」讀「欲」字不斷句。吳師道云：「史：『攻天之所不欲，危矣。』新序同。按下文云『此臣所謂危』是也。今無『矣』字，則以『欲』字句，而『危』字自爲句，亦奇。」〔按〕吳汝綸評點本據史記、新序補「矣」字。參吳師道説自通，不必補「矣」字，今從吳讀。

〔四〇〕高誘云：「謁，白。」

〔四一〕鮑彪云：「宗，尊也。」

〔四二〕吴師道云：「『齊』字恐衍。」黄丕烈云：「吴説非也。史記作『齊、韓之與國也』。新序同。讀以『齊』字逗。當是。策文衍『周』字。」鍾鳳年云：「依下文『以困於齊、趙』之語參之，『齊』下恐脱一『趙』字。蓋下文之『齊趙』二字，即爲承此語而生者。如上文僅作『齊』，則下文之『趙』字爲無根據矣。」〔按〕依文義參之，吴説爲是。若如鍾説作「齊趙」與下文之「齊趙」相應，但下文之「楚魏」猶無根據也，説亦不通。「韓、周之與國」，明二國之關係密切，同存共亡，與下文「二國并力合謀」語正相合。且周、韓相與，史、策屢見，齊、趙則並不如此，亦由於地理位置使然。又可證「齊」字之爲衍文，而「趙」字更不當補也。史記、新序並誤，黄説非。

〔四三〕高誘云：「二國，周、韓也。」鮑彪云：「并，並也。」

〔四四〕〔按〕吕氏春秋盡數篇高注云：「因，依也。」

〔四五〕鮑彪云：「解免秦兵。」

〔四六〕高誘云：「禁，止也。」

〔四七〕高誘云：「必不傷敗，故曰『完也』。」

〔四八〕高誘云：「(子)司馬錯也。」

〔四九〕〔按〕華陽國志蜀志篇云：「周慎王五年秋，秦大夫張儀、司馬錯、都尉墨等從石牛道伐蜀。蜀王自於葭萌拒之，敗績。王遯走，至武陽，爲秦軍所害。其相傅及太子退至逢鄉，死於白鹿山。開明氏遂亡，凡五蜀十二世。」

〔五〇〕〔按〕前書云：「周赧王元年，秦惠王封子通國爲蜀侯，以陳壯爲相。」史記秦本紀惠王後十一年（當赧王元年）「公子通封於蜀」（六國表「通」作「繇」），通。與此不同）。

〔五一〕高誘云：「陳莊，秦臣也。」姚宏云：「新序作『陳叔』。」〔按〕史記秦本紀、六國表及甘茂傳「莊」作「壯」。

〔五二〕鮑彪云：「『屬』猶『附』。」

〔五三〕高誘云：「厚，大也。」

〔五四〕鮑彪云：「儀傳有，在（惠王）前十年前，而表在後九年，謂前年議伐，後年取之，而取之書十月，知爲一年事也。今從表。」吴師道云：「秦紀與表合。按甘茂傳云：『張儀西并巴、蜀。當儀與錯議不同，故紀、表並言錯定蜀，而茂傳之言如此，何也？』水經云：『秦自石牛道，使張儀、司馬錯尋路伐蜀，滅之。』華陽國志云：『秦惠文王使張儀、司馬錯伐蜀，滅之。』是二人同往也。」張琦云：「秦取巴、蜀，則據楚之上游，張儀所云『方船積粟，浮江而下，不十日而拒扞關』者也。拔鄢、郢，燒夷陵，必至之勢，楚亡於此矣。」〔按〕秦伐蜀事，史記秦本紀及六國表並繫於秦惠王後九年，鮑氏從之，是也。張儀傳載於惠王前十年以前，錢大昕考異謂誤以後九年爲前九年。是時張儀爲相，雖不同於錯謀，而伐蜀實爲主將，故功仍歸之。史記李斯傳亦云：「惠王用張儀之計，拔三川之地，西并巴、蜀。」又洪亮吉曉讀書齋二録上云：「史記秦本紀昭王更元後九年，司馬錯伐蜀，滅之。不言張儀，儀傳亦同。惟甘茂、李斯列傳皆言張儀西并巴、蜀。茂、斯距儀不遠，且言本國事，必當有據。司馬貞引蜀紀亦云：『張儀伐蜀，蜀主開戰不勝，爲儀所滅。』今細考之，儀之伐蜀，若在秦惠文王後十四年蜀相殺蜀侯之時，非後九年事也。酈道元水經注可證矣。注云：『秦惠二十七年，遣張儀與司馬錯等滅蜀，遂置蜀郡。儀築成都以象咸陽。』蜀圖經亦云：『成都州城，秦惠王二十七年，張儀所築。』考惠王後十四年統前十三年，實二十七年。蜀圖經系所傳舊本，故酈元、李吉甫皆因之立説耳。並言司馬錯者，二次伐蜀，或錯亦預往，御覽引郡國志亦云：『成都城，惠王二十七年使張儀築城，象咸陽。』」洪説甚辯。案六國表秦惠王後十四年（前三一一）「蜀相殺蜀侯」。武王元年（前三一〇）「誅蜀相壯」。秦本紀所記略同。依史文觀之，此事似出於蜀相與蜀侯之間有隙而發生，並未叛秦，故秦本紀云：「蜀相壯殺蜀侯來降。」而秦則依法誅蜀相，並未用兵，更無儀、錯再伐蜀之理。故附辨於此。

8　張儀之殘樗里疾

張儀之殘樗里疾也〔一〕，重而使之楚〔二〕，因令楚王〔三〕爲之請相於秦〔四〕。張子謂秦王曰：「重樗里疾而使之者，將以爲國交也〔五〕。今身〔六〕在楚，楚王因爲請相於秦。臣聞其言〔七〕曰：『王〔八〕欲窮儀於秦乎？臣請助王〔九〕。』楚王以爲然，故爲請相也。今王誠聽之，彼必以國事楚王〔一〇〕。」秦王大怒，樗里疾出走〔一一〕。

【箋證】

〔一〕高誘云：「殘，害也。」〔按〕樗里疾見西周策。

〔二〕鮑彪云：「『重』猶『貴』。貴之者，欲使楚亦貴重之。」〔按〕「之」猶「往」也。

〔三〕鮑彪以「楚王」爲「懷王」。

〔四〕高誘云：「請使秦用樗里疾爲相也。」

〔五〕鮑彪云：「結兩國之交。」

〔六〕鮑彪云：「（身）疾之身。」

〔七〕鮑彪云：「聞疾之言。蓋誣之也。」

〔八〕鮑彪云：「（王）楚王。」

〔九〕高誘云：「斯言樗里子言也，張儀誣樗里疾以自解說也。」

〔一〇〕姚宏云：「（楚王）錢、劉作『楚矣』。」高誘云：「彼，謂樗里疾也。」

〔一一〕高誘云：「走，奔也。」〔按〕鮑彪次此策於秦武王下。考同策二秦惠王死章云：「秦惠王死，公孫衍欲窮張儀。李讎謂公孫衍曰：『不如召甘茂於魏，召公孫顯於韓，起樗里子於國。三人者皆張儀之讎也。』」樗里子與張儀爲讎，書即由於此策所云張儀誣之而被廢也。是其事應在惠王時無疑。且武王自爲太子已不悦張儀，即位之初，羣臣讒之，儀自救之不暇，何能殘疾？史言武王元年，張儀之魏。二年，以樗里疾、甘茂爲左右丞相。可證此不當在武王時，鮑氏誤也。但此言「出走」，李讎謂「起樗里子於國」，以未嘗出走。或疾先被讒而出走，不久復反於國乎？蘇轍古史樗里子傳次此事於惠王卒前，亦有見於此也。

9 張儀欲以漢中與楚

張儀欲以漢中與楚〔一〕，請〔二〕秦王曰：「有漢中，蠹〔三〕。種樹不處者〔四〕，人必害之。家有不宜之財則傷本〔五〕。漢中南邊爲楚利，此國累也〔六〕。」甘茂謂王曰〔七〕：「地大者固〔八〕多憂乎。天下有變〔九〕，王割漢中以爲和楚〔一〇〕，楚必畔天下而與王〔一一〕。王今以漢中與楚，即〔一二〕天下有變，王何以市〔一三〕楚也？」

【箋證】

〔一〕鮑彪云：「惠十三年，取楚漢中。」鍾鳳年云：「楚紀懷十八年稱『秦使使約中分漢中之半以和楚』。其爲張儀所建議耶？」〔按〕鮑氏次此策於秦武王下。考秦敗楚師於丹陽，取漢中地，在秦惠王十三年，楚懷王十七年，見史記秦本紀、楚世家、六國表及張儀傳。明年，秦割漢中地與楚以和，懷王願得張儀，不願得地，見楚世家及屈原傳（張儀傳則云：「秦要楚，欲得黔中地，欲以武關外易之。」不同）。以此策參之，事情相近，當在其時。顧觀光編年附此章於周赧四年（前三一一），即秦惠之後元十四年，鍾説與之合。惠王十四年，儀從楚以連横遊説六國，及歸報而惠王卒，儀不久即去秦之魏。益知此策所言當在惠王十三四年間也。則此策應列於惠王時，鮑次誤也。漢中，張儀傳索隱云：「其地在秦南山之南，楚之西北，名曰漢中。」亦見前蘇秦始將連横章。

〔二〕吳師道云：「『請』當是『謂』字。」金正煒云：「爾雅釋詁：『請，告也。』説文：『請，謁也。』……此文『請』自通，不必爲『謂』之誤。」

〔三〕高誘云：「蠹，害也。」鮑彪云：「蠹，木中蟲也，言爲國害。」

〔四〕鮑彪云：「言非其所。」〔按〕「處」有審度或辨察之義，見王引之經義述聞卷三十一。此謂種樹而不審度者，鮑訓「處」爲「處所」，未安。

〔五〕高誘云：「傷亦害也。」（注在「傷」字下）鮑彪改「本」作「今」，屬下句讀。盧本從之。吳師道云：「自『有漢』止『傷本』，有殽舛，疑當云：種樹不處則傷本，家有不宜之財者人必害之。」黄丕烈云：「按此有誤，但所改未是。吳氏正讀亦未是。」于鬯云：「策文『財』下無『者』字，吳增一『者』字，殊謬。其以『本』字讀斷，似未可非。上文云『有漢中蠹』，是原以木喻。此文即不顛倒，亦自可通。且古文參差互見之法，不可拘之也。」〔按〕依文義言之，吴讀自勝。不增「者」字，語亦可通。若依原文，則宜以「傷」字爲句，高注在「傷」字下，可證。但「本」字屬下無義，而與上「種樹」語相應。古書輾轉傳寫，錯亂時或有之，今從吴讀，而仍其原文不動。「不宜之財」以喻漢中，本爲楚地而秦奪之。「不宜」猶「不義」。

〔六〕高誘云：「累，憂也。」〔按〕此文不顯，疑謂中分漢中之半以和楚，楚未能愜意，猶爲秦之憂，意不如以全漢中與之，此所謂「以漢中爲楚也」耶？

〔七〕〔按〕史記甘茂傳云：「因張儀、樗里子而求見秦惠王，王見而説之，使將而佐魏章略定漢中地。」是茂參與取漢中役者。

〔八〕高誘云：「固，必也。」鮑彪云：「言不然。」金正煒云：「『固』猶『乃』也，説詳經傳釋詞。高訓於義未安。又『固』與『顧』通。」

〔九〕〔按〕謂諸侯合從以謀秦。

〔一〇〕姚宏云：「一本無『爲』字。」鮑本無「爲」字，「和楚」作「楚和」。吴師道云：「一本『王割漢中以爲和楚』。姚注云云。此作『以楚和』，殺次也。」金正煒云：「『爲和』二字或誤乙也。『爲』猶『於』也。」〔按〕原文自通，不必乙改。鮑本作「以楚和」，亦通。以，與也，見經傳釋詞。吴云：「殺次。」未是。

〔一一〕高誘云：「與王相親也。」鮑彪云：「『畔』猶『背』。」

〔一二〕王念孫云：「漢書西南夷傳注曰：『「即」猶「若」也。』……秦策曰：『今王以漢中與楚，即天下有變，王何以市楚也。』言若天下有變也。」（經傳釋詞引）

〔一三〕〔按〕廣雅釋詁云：「市，買也。」意即收買也。

10 楚攻魏

楚〔一〕攻魏，張儀謂秦王〔二〕曰：「不如與魏以勁之〔三〕。魏戰勝，復聽於秦〔四〕，必入西河之外〔五〕。不勝，魏不能守，王必取之〔六〕。」王用儀言，取皮氏〔七〕。卒萬人、車百乘，以與魏。犀首〔八〕戰勝威王。魏兵罷弊〔九〕，恐畏秦〔一〇〕，果獻西河之外〔一一〕。

【箋證】

〔一〕高誘云：「楚威王也。」

〔二〕高誘云：「秦惠王也。」

〔三〕高誘云：「與，猶助也。勁，强也。」

〔四〕姚宏云：「錢、劉作『魏戰勝，德於秦』。」金正煒云：「按作『德』者是。『勝』下疑脱『罷』字，言魏戰勝而罷，恐秦乘其弊，又德秦爲之勁，則必入地於秦也。下文『犀首戰勝威王，魏兵罷弊，恐畏秦，果獻西河之外』，正與儀言相應。若無『罷』字，則不得言『復』。」〔按〕「聽」與「德」形近易淆。此文二字並可通，各從本字，不必定爲孰是。金又於「勝」下補「罷」字，句自可通，添近蛇足，且錢、劉本無「復」字也。

〔五〕高誘云：「西河，魏邑；之外，近秦，故必以與秦也。」鮑彪云：「禹貢西河屬雍州，此時屬魏。『子夏老於西河之上』是也。」吴師道云：「蓋主冀之西而言。正義云：『同、華等州。』」張琦云：「今（陝西）同州府及延安之宜川縣是。」程恩澤云：「古西河郡原兼有今陝西、山西之地。在（梁）惠王初年，當據龍門以西言；在惠王末年，當據龍門以東言也。」

〔六〕高誘云：「取之河西。」

〔七〕高誘云：「皮氏，魏邑。」鮑彪云：「皮氏，屬河東，魏地也。今秦於此取卒與車，豈喪地七百里時入秦邪？」（鮑以皮氏與下「卒萬人」等屬讀，故云爾。）吴師道云：「正義云：皮氏在絳州龍門縣西。」張琦云：「故城在今（山西）絳州河津縣西一里。史表：『秦取汾陰、皮氏。』在與河西地後一年，秦紀、魏世家同。此策取皮氏在獻河西之前，誤也。」〔按〕鮑以「皮氏」屬下讀，謂秦取皮氏之卒乘。考韓策公孫昧對公仲言云：「於是攻皮氏，魏氏勁，威王怒。」與此正相合，是當從高注讀「皮氏」句，鮑注誤。策言秦取皮氏在魏獻河西之前，與史記不合，張氏已議其誤。竊謂皮氏屬漢河東郡，其時秦尚未得西河以外地，何以能先取皮氏？又秦出兵助魏，不應於勝負未決之前，先奪其地。此均可疑，亦情理所不通。竊謂此「取」字非「攻取」之「取」，當讀如「趣」（釋名釋言語：「取，趣也。」）。言秦起西河外卒乘趣魏皮氏（地近西河）以助之也。如此庶與下文不悖。至於魏策二秦楚攻魏章、又三魏太子在楚章並言樗里疾攻皮氏。史記樗里子傳謂：「秦昭元年，疾攻皮氏。」古本竹書紀年今王十二年，「秦公孫爰帥師伐我，圍皮氏」。十三年「城皮氏」。乃是秦攻取皮氏，與此非一事也。

〔八〕高誘云：「犀首，公孫衍也。」鮑彪云：「公孫衍也，陰晉人。司馬彪曰：『犀首，魏官，若今虎牙將軍。』」吴師道云：「按年表：『陰晉人犀首爲大良造。』則非官名。而韓策樛留以犀首、張儀並言，何爲一人獨以官稱乎？恐犀首或姓名也，魏亦有犀武。」〔按〕「卒萬人、車百乘」，乃秦助魏之軍數。韓非子外儲説右上篇云：「犀首，天下之善將也，梁王之臣也。」吕氏春秋開春篇高注云：「犀首，公孫衍也。佩五國相印，能合從連横，號爲犀首。」是「犀首」非姓名，與犀武不侔，吴説未允。

〔九〕鮑彪云：「罷，疲同。」

〔一〇〕安井衡云：「『恐』字句，恐天下乘其弊也。而尤畏難秦，故又云『畏秦』。」〔按〕「恐畏」連讀自通。

〔一一〕高誘云：「獻，致也。」鮑彪云：「魏襄五年，入秦河西地。此（惠王）前八年也，儀時爲客卿。魏七年納上郡，此（惠王）前十年也，儀時爲相。」吴師道云：「（魏）惠後五年（按此正鮑氏魏襄之誤）。此章稱楚威王，威王在位凡十一年，攻魏事史無見。年表：『（威王）十一年，魏敗我陘山，因喪來伐。是歲秦取魏皮氏。明年，入上郡於秦，而西河濱洛之地盡。』皆楚威死後也。陘山前一年，魏入少梁、河西地於秦，豈是時楚、魏已構兵乎？」金正煒云：「魏取陘山，史稱其伐喪，事在楚威王死之次年。此云威王，疑有譌誤。或楚人未告新君嗣立，因舉故君之謚歟？」〔按〕此策所記與史記多歧。史記魏納河西地在秦惠王八年（前三三〇），秦取汾陰、皮氏在九年（前三二九）。此謂取皮氏在獻西河地前。相歧一也。史記魏敗楚陘山，在秦惠王九年（前三二九），其時魏已納河西地於秦。此謂敗楚之後，魏納西河地。相歧二也。史記陘山之戰在楚威王始卒，魏因楚喪。此謂與楚威王戰，相歧三也。鮑氏兩舉魏入秦地事，已有懷疑。吴氏更明申其辨。蘇轍古史張儀傳亦載此事，次於惠王九年，然於惠王八年魏納河西地不能解也。林春溥戰國紀年次此策於顯王四十年（前三二九，即秦惠王九年）陘山之戰後，注云：「按時威王方卒，而魏獻西河在去年。此蓋傳聞之異。」亦以此當陘山之戰。黄式三周季編略次此事於顯王三十九年（前三三〇），而記魏獻河西地於次年，云：「報其助攻楚也。」以秦取汾陰、皮氏及陘山之戰，繫於此年。是以此與陘山之戰爲二也。諸説紛紜，莫衷一是。竊謂黄氏所編爲是。試申論之。考韓策一楚圍雍氏章公孫昧對公仲言：「楚威王攻梁，張儀謂秦王曰：『與楚攻梁，魏折而入於楚，韓固其與國也，是秦孤也。故不如出兵以勁魏。』於是攻皮氏，魏氏勁，威王怒。楚與魏大戰，秦取西河之外以歸。」與此策完全相符。公孫昧並時人，距惠王時不久。追述其事，應不虛妄，則楚威攻魏，實有此事。陘山戰在楚威卒後，且爲魏攻楚，與此楚攻魏，主客之勢亦異。秦策四云：「楚、魏戰於陘山，魏許秦以上洛以絶秦於楚。魏戰勝，楚敗於南陽，秦責賂於魏。」上洛，即史記惠王十年，魏入上郡秦也。與此策入西河之外地不同。陘山之戰，秦未出兵，與此以卒乘助魏又不同。是知二役非爲一矣。史記記戰國事頗疏闊，乃資料貧乏所限，此正可以補其缺，不能以史無其事而反疑之。故愚以黄氏爲是。至於取皮氏之誤，辨見上。

11 田莘之爲陳軫説秦惠王

田莘〔一〕之爲陳軫〔二〕説秦惠王曰：「臣恐王之如郭君〔三〕。夫晉獻公欲伐郭，而憚舟之僑〔四〕存。荀息〔五〕曰：『周書有言：美女破舌〔六〕。』乃遺之女樂，以亂其政。舟之僑諫而不聽，遂去〔七〕。因而伐郭，遂破之〔八〕。又欲伐虞〔九〕，而憚宫之奇〔一〇〕存。荀息曰：『周書有言：美男破老〔一一〕。』乃遺之美男，教之惡宫之奇。宫之奇以諫，而不聽，遂亡〔一二〕。因而伐虞，遂取之〔一三〕。今秦自以爲王〔一四〕，能害王〔者〕〔一五〕之國者楚也〔一六〕。楚智〔一七〕横(門)〔一八〕君之善用兵，(用兵)〔一九〕與陳軫之智，故驕張儀以五國〔二〇〕，來必惡是二人〔二一〕。願王勿聽也！」

張儀果來辭，因言軫也，王怒而不聽。

12　張儀又惡陳軫於秦王

張儀又惡陳軫於秦王曰〔二二〕：「軫馳楚、秦之間〔二三〕。今楚〔二四〕不加善秦而善軫，然則是軫自爲而不爲國也。且軫欲去秦而之楚，王何不聽乎〔二五〕？」

王謂陳軫曰：「吾聞子欲去秦而之楚，信乎？」陳軫曰：「然。」王曰：「儀之言果信也！」曰：「非獨儀知之也，行道之人皆知之。曰〔二六〕孝己愛其親〔二七〕，天下欲以爲子；子胥忠乎其君〔二八〕，天下欲以爲臣。賣僕妾售〔二九〕乎閭巷者，良〔三〇〕僕妾也；出婦嫁鄉曲〔三一〕者，良婦也。吾不忠於君，楚亦何以軫爲忠乎〔三二〕？忠且見棄，吾不之楚，何適〔三三〕乎？」秦王曰：「善。」乃必之也〔三四〕。

【箋證】

〔一〕鮑本「莘」作「華」。吳師道云：「一本『田莘』」。

〔二〕高誘云：「陳軫，夏人，仕齊亦仕楚也。」〔按〕楚策一張儀相秦章：「陳軫夏人也，習於三晉之事。」高注本之。

〔三〕高誘云：「（郭）古文，言『虢』也。」（按文選郭有道碑注引此注作「郭，古文『虢』字也」。）鮑彪云：「郭、虢同，屬扶風。」吳師道云：「路史云：『北虢，仲後也，在大陽，今陝州西。西虢，仲之封，在岐。東遷，自此之上陽爲南虢。東虢，叔之封制也，今鄭之滎陽。』按此策所指者北虢也。」張琦云：「按大陽故城在今（山西）蒲州府平陸縣東五十里。」〔按〕公羊僖二年傳：「虞、郭是與。」釋文云：「『郭』音『虢』，又如字。」左氏傳、穀梁傳並作「虢」。逸周書王會篇：「郭叔掌爲天子菉幣焉。」孔晁注：「郭叔，虢叔。」並與高注合。

〔四〕高誘云：「舟之僑，郭大夫也。」鮑彪云：「憚，難之也。」

〔五〕高誘云：「荀息，晉大夫也。」

〔六〕鮑彪云：「破壞其事，舌，指諫臣。」金正煒云：「盧文弨校周書云：『今戰國秦策引此作「破少」，惟高誘所注本與此同。』今本無作『少』者，不知盧氏所據何本。王念孫周書雜志云：『「破舌」義不可通，「舌」當爲「后」。』段玉裁說文注亦云：『「破舌」爲「破后」之譌。』漢書人表『后庸』，國語作『舌庸』，可爲此證。『老』字古讀如『柳』，此文作『后』，正與『破老』句協。尚書畢命：『三后協心，同底於道。』是『后』亦重臣之稱，與『老』爲『國老』義同。故荀息徵引是言以謀去僑、奇也。」〔按〕金引段、王說以證「舌」是「后」譌，義自較舊注爲長。但王氏謂「破老、破后」，「猶左傳曰『內寵並后，外政二政』也」。是以「后」爲君后。金氏以「后」爲重臣，則又不同。以「美女」二字參之，似以王說爲勝。

〔七〕高誘云：「傳曰：『舟之僑諫而不從，以其孥適西山。』」姚宏云：「一本有『也』字。」〔按〕左氏閔二年傳云：「虢公敗犬戎於渭汭。舟之僑曰：『無德而禄，殃也。殃將至矣。』遂奔晉。」與高引傳不同。國語晉語亦言舟之僑適晉，與左傳同；但謂宮之奇「以其孥適西山」，與高此注合。高氏殆誤記也。

〔八〕〔按〕左氏僖五年傳云：「冬十二月丙子朔，晉滅虢，虢公醜奔京師。」又賈子新書先醒篇云：「昔者虢君驕恣自伐，諂諛親貴，諫臣詰逐，政治踳亂，國人不服。晉師伐之，虢人不守，虢君出走。」

〔九〕鮑彪云：「（虞）屬河東大陽。」〔按〕史記周本紀正義引括地志云：「古虞城在陜州河北縣東北五十里虞山之上，古虞國也。」

〔一〇〕高誘云：「宫之奇，虞大夫也。」

〔一一〕鮑彪云：「老成人。」吴師道云：「汲冢周書：『美男破老，美女破舌，武之毁也。』注云：『所以毁敵也。』修文、御覽引周書作『美男破産，美女破居』。」

〔一二〕高誘云：「亡去適秦。」〔按〕左傳、國語並不言適秦。

〔一三〕〔按〕見左氏僖二年及五年傳。

〔一四〕高誘云：「惠王，孝公子也，始僭尊號爲王，故曰『自以爲王』。」鮑彪云：「時亦未王，謂其欲之。」〔按〕秦惠稱王，在十三年。陳軫奔楚，史記在秦相張儀之後，大事記繫於周顯王四十一年（前三二八），當惠王十年。故鮑氏以爲時亦未王。以糾高注。然張儀以惠王後三年免相，相魏；後八年，復相秦。陳軫傳所云「惠王終相張儀」，不能明其指儀初爲相或復相秦。又儀傳所載乃下文「張儀又惡陳軫於秦王」以下文，此本是别爲一節，與田莘之説惠王不屬，説别見下。故其年代亦不能據以爲斷。此策本無絶對年月可知，又策文無相張儀之語，不能遽以高注爲非也。

〔一五〕姚宏云：「一本無『者』字。」按此「者」字因下文「之國者」之「者」字而衍，今正。

〔一六〕鮑彪云：「因其有自王之志，故稱之曰『王者』。」金正煒云：「『王者』即孟子所謂『五百年必有王者興』是也。……『能』讀爲『而』，能、而古通用。趙策：『厚任萯以事能重責之。』『能』亦猶『而』也。……『害』義與『忌』同。」〔按〕王者，從一本無「者」字爲長。「能」不必改讀，義自通。

〔一七〕姚宏云：「一本作『知』字。」鮑本「智」作「知」。金正煒云：「智、知通用，不煩改易。」墨子耕柱篇：「豈能智數百歲之後哉。』又曰：『未可智也。』皆以『智』爲『知』。」

〔一八〕姚宏云：「一本(『横』下)有『門』字。」鮑彪補「門」字(鮑、吴合注四部叢刊本誤作「問」，此據鮑注單行本)，云：「注有『門』字，知爲脱文。」今從補。〔按〕横門君，其人無考，從名氏推之，當是以地名爲氏號者，猶齊之有雍門子周，魏之有夷門門者侯嬴也。雍門、夷門爲齊、魏之門名，皆以爲氏。横門亦是城門名氏，其例相同。横門爲秦都咸陽之城門名，水經渭水注云：「(渭)水北入有函里，民名曰函里門，又曰光門，亦曰突門，北出西頭第一門，本名横門。……如淳曰：『音光。』故曰光門。」此横門君疑爲秦人居其地者而號焉，則與高注「秦將」亦可合。其後漢長安城有横門，仍秦舊名也。

〔一九〕姚宏云：「錢、劉只一『用兵』字。」鮑本衍下「用兵」二字。〔按〕當衍，今從之。

〔二〇〕高誘云：「驕，寵也。」鮑彪云：「言楚使韓、魏、趙、燕、齊以事屬之，以重其權。按儀初遊楚，楚相笞之。後相楚，乃爲秦間耳，楚無驕(鮑、吴合注四部叢刊本誤作「繫」，此據鮑注單行本)之之事。今云然，因其自楚來間之耳。」〔按〕張儀相楚，楚王虚上舍而館之，在楚懷王十六年，秦惠王後十二年，其時陳軫亦在楚，見楚世家及張儀傳。與此策不合。此語無史實可考，鮑言間之，恐然。五國，楚疑在内。

〔二一〕高誘云：「二人，横門君、陳軫也。」鮑彪云：「惡，言其惡也。」

〔二二〕鮑本、吴本自「張儀又惡」以下別作一章。鍾鳳年云：「今考上下二節事，不應在同時，原文似誤併。第依此文次章之文義而推尋，『張儀又惡』以下却似不應自爲一章，恐是次章之脱簡。」〔按〕此下與上文義不相屬。上節田莘之謂楚害陳軫之在秦，此節張儀又間陳軫之善楚，兩相矛盾，不應同在一章。史記陳軫傳亦有此文，而無田莘之説辭，可見本是二策，不相繫連。鮑本分章，是也。今從舊本分章，惟箋證連屬，以存舊次。

〔二三〕姚宏云：「一本作『馳走秦、楚之間』，錢、劉作『馳楚』。」鮑本、吴本「楚秦」作「秦楚」。〔按〕史記陳軫傳作

「軫重幣輕使秦、楚之間」。

〔二四〕鮑本「楚」作「遂」。

〔二五〕高誘云：「聽，察也。」鮑彪云：「『聽』猶『許』。」〔按〕高訓義長。

〔二六〕金正煒云：「書大誥：『曰有大艱於西土。』傳：『語更端也。』又詩角弓：『見晛曰消。』疏：『曰者人言之辭。』策文此例甚多。」

〔二七〕高誘云：「孝己，殷王高宗戊丁之子也。」鮑彪云：「世紀：『殷高宗有賢子孝己，母早死。高宗惑後妻之言，放之而死。』」吳師道云：「尸子云：『孝己事親，一夜而五起，視衣厚薄、枕之高下也。』」〔按〕孝己，陳軫傳作「曹參」。

〔二八〕姚宏云：「錢、劉無『乎』字，集有。」高誘云：「子胥，楚王大夫伍奢之子。平王殺伍奢，子胥奔吳，爲闔閭、夫差臣，□□□謁符也。」鮑彪云：「伍子胥，楚人。平王殺其父奢，胥奔吳。吳王夫差敗越於夫椒，越王勾踐求委國爲臣妾。夫差將許之，胥諫，不聽。後吳伐齊，胥諫，請釋齊先越。太宰嚭讒之，賜劍以死。」〔按〕子胥事見左氏傳、國語、史記伍子胥傳等。荀子大略篇云：「虞舜、孝己，孝而親不愛，比干、子胥，忠而君不用。」亦以孝己、子胥並舉。高注尾三字「謁符也」，於正文無涉，疑是他章之脱文，誤淆於此。

〔二九〕鮑彪云：「售，賣去乎也。」

〔三〇〕鮑彪云：「良，善也。」

〔三一〕鮑彪云：「曲，里之一曲，如韋曲、杜曲。」〔按〕文選吳都賦：「固亦曲士之所歎也。」劉逵注：「『曲』謂僻也。」莊子秋水篇釋文引司馬彪云：「曲士，鄉曲之士也。」是「鄉曲」猶「鄉僻」。下策作「歸嫁於鄉里者」，「鄉里」即「鄉曲」，義亦同。鮑注未允。

〔三二〕姚宏云：「錢、劉本無『乎』字。」金正煒云：「小爾雅廣詁：『以，用也。』『爲忠』之『忠』，當作『惡』，因上文『不忠於君』而誤。『惡』乃唐武后所造『臣』字也。」〔按〕金説「忠」字同於張文虎，見下章。陳軫傳與此同。

〔三三〕〔按〕吕氏春秋士節篇高注云：「適，之也。」

〔三四〕鮑本、吴本作「乃止之」。盧本「必」作「止」。金正煒云：「漢書韓信傳：『且漢王不可必。』注：『必，謂必信之。』作『必』於文自通，惟作『止』義明。又『必』與『畢』古通用。爾雅釋天：『「濁」謂之畢。』李注：『畢，止也。』説文：『縪，止也。』廣雅釋詁：『⿺走畢，止也。』從『畢』之字多有『止』義，此文疑即『畢』之借義。」鍾鳳年云：「按僞孔叢子廣言篇云：『乃，汝也。』策文亦當是『汝』字之義，言『汝必赴楚也』。鮑本……蓋爲不解『乃』字之釋義者所妄改，與原義適相反，必誤。」〔按〕鍾以句爲秦王語，非也。秦王與軫語稱「子」，下章亦然，知此「乃」不訓「汝」矣。陳軫傳云：「王以其言爲然，遂善待之。」與此下策語同。居秦期年，秦惠王終相張儀，而陳軫奔楚。」是陳軫當時未出秦，則作「止之」義勝。金説二訓並可通，次訓較長，惟不如「止」字義明。

13　陳軫去楚之秦

陳軫去楚之秦〔一〕。張儀謂秦王〔二〕曰：「陳軫爲王臣，常以國情輸楚〔三〕，儀不能與從事。願王逐之！即〔四〕復之楚，願王殺之！」王曰：「軫安敢之楚也！」

王召陳軫，告之曰：「吾能聽子言〔五〕，子欲何之〔六〕？請爲子車約（約車）〔七〕。」

對曰：「臣願之楚。」王曰：「儀以子爲之楚，吾又自知子之楚。子非楚且安之也〔八〕！」軫曰：「臣出必故之楚，以順王與儀之策〔九〕，而明臣之楚與不也〔一〇〕。楚人有兩妻者，人誂〔一一〕其長者〔一二〕，詈之〔一三〕；誂其少者，少者許之〔一四〕。居無幾何〔一五〕，有兩妻者死。客謂誂者曰：『汝取長者乎，少者乎〔一六〕？』『取長者〔一七〕。』客曰：『長者詈汝，少者和汝〔一八〕，汝何爲取長者？』曰：『居彼人之所，則欲其許我也。今爲我妻，則欲其爲我〔一九〕詈人也〔二〇〕。』今楚王〔二一〕明主也，而昭陽〔二二〕賢相也。軫爲人臣，而常以國(情)〔二三〕輸楚王，(楚)〔二四〕王必不留臣，昭陽將不與臣從事矣。以此明臣之楚與不〔二五〕。」

軫出，張儀入問王曰：「陳軫果安之？」王曰：「夫軫天下之辯士也，孰〔二六〕視寡人曰：『軫必之楚。』寡人遂無奈何也。寡人因問曰：『子必之楚也，則儀之言果信矣！』軫曰：『非獨儀之言也〔二七〕，行道之人皆知之。昔者子胥忠其君，天下皆欲以爲臣；孝己愛其親，天下皆欲以爲子。故賣僕妾不出里巷而取者，良僕妾也。出婦嫁於鄉里者，善婦也。臣不忠於王，楚何以軫爲忠(思)〔二八〕？(忠)〔二九〕尚見棄〔三〇〕，軫不之楚而何之乎〔三一〕？』」王以爲然，遂善待之〔三二〕。

〔箋證〕

〔一〕鮑彪云：「言去楚者，本其始仕秦之時自楚來也。自爲輸楚張本。」〔按〕上策云：「軫馳楚、秦之間。」則二國皆爲軫所往來。

〔二〕高誘云：「秦惠王也。」

〔三〕高誘云：「輸，語也。」鮑彪云：「情，謂國事之隱者。」

〔四〕金正煒云：「『即』猶『若』也。」

〔五〕鮑本無「言」字。

〔六〕姚宏云：「曾作『子欲何適』。」高誘云：「言欲何之適也。」

〔七〕鮑本、吳本、盧本「車約」作「約車」。黄丕烈云：「約車是也。」〔按〕「約車」策文屢見，此倒誤，今從正。安井衡訓「車約」爲「約馬於車」，説殊牽强。高誘云：「約，具也。」吳師道云：「蓋約束戒令之。」

〔八〕吳本「且」作「宜」，云：「一本『且安之也』。」〔按〕且，將也，見前高注。

〔九〕高誘云：「順，從。策，謀。」鮑彪云：「策，謂其所籌度。」〔按〕鮑訓較長。

〔一〇〕鮑本、吳本「不」作「否」，同。鮑彪云：「此之即所謂『以國情輸楚』。」吳師道云：「『故之楚』之『之』，往也。『之楚與否』之『之』，語助也。下同。」金正煒云：「『楚與』當爲『與楚』而誤倒也。『與』猶『爲』也，説詳釋詞。軫以秦之國情輸楚，是爲楚也。後文『楚與』二字，亦當乙正。」〔按〕金説有理，但此文不誤。「之」猶「於」也，見經傳釋詞。此句猶「明臣於楚與不也」。長短經詭順篇作「且明臣爲楚與不也」，義正相近，亦可證「楚與」二字不誤倒。鮑注下文「之楚與不」不誤，此謬，吳亦未盡允。

〔一一〕姚宏云：「後語作『挑』。」鮑彪云：「誂，相呼誘也。」〔按〕鮑本説文。廣雅釋詁云：「誂，誘也。」後漢書馮衍傳及長短經「誂」亦作「挑」。史記司馬相如傳：「而以琴心挑之。」索隱引張揖云：「挑，嬈也。」廣雅釋詁又云：「誂，嬈也。」是「誂」、「挑」二字並通。「嬈」猶「戲弄」也。

〔一二〕姚宏云：「一本更有『長者』二字。」鮑本、吴本此下重「長者」二字。〔按〕後漢書、長短經亦重「長者」二字。

〔一三〕鮑彪云：「詈，罵也。」

〔一四〕〔按〕後漢書作「少者報之」。長短經作「少者後挑之」。

〔一五〕鮑彪云：「時不久也。」

〔一六〕景宋本脱「少者乎」三字。姚宏云：「一本(『乎』下)有『曰』字。」

〔一七〕鮑彪云：「誂者對也。」

〔一八〕鮑彪云：「『和』猶『應』。」金正煒云：「後漢書徐登傳：『又嘗臨水求度，船人不和之。』注：『「和」猶「許」也。』正與上文『少者許之』、下文『欲其許我也』相應。鮑注亦相近。」

〔一九〕吴本脱「我」字。

〔二〇〕鮑彪云：「以國情輸楚，猶許者也。」黔誠有此，則今之楚，楚必不欲也。」〔按〕馮衍傳援此故事作「記有之」云云。李賢注：「見戰國策。」葉適習學記言云：「凡辯士必先設説爲喻，以發其所欲言，皆此類。然而往往不出於人情之所近，是以詐諼横溢，攬存爲亡。若黔語庶幾人情之所近矣。故其所出計劃，猶可以救敗一時，不至傾覆之禍。」

〔二一〕鮑彪以「楚王」爲「懷王」。

〔二二〕高誘云：「昭陽，姓名也，楚懷王之相也。」〔按〕昭陽亦見齊策、楚策。

〔二三〕鮑本「國」下補「情」字。吳師道云：「當有『情』字。」〔按〕上文作「國情」，此亦應相同。長短經正作「常以國情輸楚」，有「情」字，今補。

〔二四〕姚宏云：「王、劉作『楚』。」鮑彪改一「王」作「楚」，屬下讀。〔按〕依文義「王」當作「楚」，長短經亦作「楚」，可證。今從劉本正。

〔二五〕鮑彪云：「『之』亦猶『於』。」〔按〕長短經又作「以明臣爲楚與不也」。説見前。

〔二六〕鮑本「孰」改作「熟」。吳師道云：「孰、熟通。説文『生熟』字本但作『孰』，後人加火以別之。」

〔二七〕吳本脱「也」字。

〔二八〕高誘云：「欲爲臣乎。」張文虎云：「『忠』字當作『𢘑』，乃武后所造『臣』字也。高誘注『欲爲臣乎』正解此句。姚氏本引曾本作『楚何以爲臣乎』是也。」金正煒讀「楚何以軫爲」句，「忠」字屬下，云：「左氏成二年傳：『是棄君於惡也，何臣之爲？』……此文與左同。……以，即也。『爲』是助語，見禮記曾子問孔疏。一本『爲』下有『忠』字，亦『臣』之譌。」〔按〕金讀從黄丕烈（見下），但於高注「欲爲臣」不相應。又上策與此文重出，彼作「楚亦何以軫爲忠乎」，句法相同，此不應讀止「爲」爲句。張氏以「忠」爲「𢘑」之譌，是也。長短經亦作「楚亦何以爲臣乎」，與曾本合，今從之。但「𢘑」字實非武后新造，其先已有之，詳錢大昕十駕齋養新餘録卷上。

〔二九〕姚宏云：「（忠下）一本更添一『忠』字。」鮑本「忠」下補「忠」字。吳師道云：「史復有『忠』字，是。」黄丕烈云：「按鮑、吳皆非。史記陳軫傳所載乃上一篇，與此文不同也。讀此當以『楚何以軫爲』作一句，『忠尚見棄』別爲一句。高注『欲爲臣』是上句之解。……注未有一『乎』字，或本爲正文『爲』字下。」〔按〕黄讀可通，但不如張文虎説之核，見上。此與上策錯簡重文，可以互校，黄説過拘。今從一本補。長短經亦有「忠」字。

〔三〇〕鮑本、吳本「尚」作「且」，與上策同。

〔三一〕姚宏云：「集與此本同。曾：臣不忠於王，楚何以爲臣乎，軫爲忠見棄，軫不之楚而何之乎。」横田惟孝云：「『軫出』至此，疑當在前章末，蓋錯簡也。」于鬯從横田説云：「按去此一段，下文二句方貫。否則此王述軫之言，下言『王以爲然』，文理不接。且所述亦爲無本。」〔按〕横田説有理，説詳下。

〔三二〕鮑彪云：「此一事再出，著書者以所聞駁異也。」吴師道云：「大事記：『顯王四十一年，秦陳軫奔楚。』解題引策文自『賣僕妾』以下止『之乎』，云『軫居秦期年，惠王終相張儀而軫奔』。」鍾鳳年云：「凡叙事之文於轉述他人語，宜與上文其人原語一一相同方合。今試觀此章秦王向張儀所述陳軫自辯語，無一字與前半軫原語符合者，而反盡同於上章軫之答辭，行文斷無如此分置先後兩章之理。且此章之收尾於秦王述軫語甫畢，乃繼以文義全不相屬之『王以爲然，遂善待之』八字。因有此兩層不合法之文字，以致全體支離割裂，無一處應節者，可見原文必多脱誤。按上章後半云『張儀又惡陳軫』云云；既曰『又』，足徵其必爲賡續上文而生者，不得自爲一章。兼之此節内陳軫對秦王『非獨儀知之也』及『孝己愛其親』諸語，逐一與此章秦王向張儀所述軫語相同。因可證上章自『張儀又惡』以下一百四十五字，斷不應單獨爲一章，蓋爲此章之脱簡，應移下。又此章秦王所述軫語，於軫之自稱曰『臣』，呼秦王曰『王』。而上章軫對秦王語及自稱曰『吾』，呼秦王爲『君』。如此稱謂，若出自秦王所轉述，無所不可；倘信出自軫，則似無此倨傲之理。疑兩處又互繫錯簡。」〔按〕此章後段與上章後段文義重複，確有可疑。而「王以爲然」下八字與上文不相貫，亦明有誤脱。横田氏主自「軫出」以下至「軫不至楚而何之乎」移於前章之末。如此，兩章文義可以通順。長短經詭順篇於此章「軫出」以下一段作：「軫出，儀入問王曰：『軫果欲之楚不？』王曰：『然。』儀曰：『軫不爲楚，楚王何爲欲之？』王復以儀言謂軫，軫曰：『然。』王曰：『儀之言果信矣！』軫曰：『非獨儀知之，行道之人盡知之矣。子胥忠於君，而天下皆争以爲臣，曾參、孝己愛於親，而天下皆願以爲子。故賣僕妾不出閭巷者，良僕妾也。出婦嫁於鄉曲者，必善婦也。

今軫若不忠於君，楚亦何以爲臣乎？忠且見棄，軫不之楚，將何歸乎？』王以其言爲然，遂厚待之。」則以上章後段陳軫對辨之辭繫於此，而無秦王告張儀轉述軫語，文義明順，與今策不同，疑本之孔衍春秋後語，然後語亦當本於國策。由此，竊疑上章「張儀又惡」以下一段應爲本章「軫出」以上之脱文，錯簡於前，鍾氏之説有可信者。

〔附録〕

鍾鳳年考定本（鍾説見上）因原文具前，今僅節録章節首尾，以明其意：

陳軫去楚之秦，張儀謂秦王……軫安敢之楚也！

王召陳軫告之曰……以此明臣之楚與不。王以爲然，遂善待之。

張儀又惡陳軫於秦王曰……王何不聽之乎？

王謂陳軫曰：吾聞子欲去秦而之楚，……乃必之也。（此節原文「吾不忠於君，楚亦何以軫爲忠乎」，改作「臣不忠於王，楚何以軫爲」。原文「吾不之楚何適乎」，改作「軫不之楚，而何之乎」。）

軫出，張儀入，問王曰……吾不之楚，何適乎？（此節原文「臣不忠於王，楚何以軫爲」，改作「吾不忠於君，楚亦何以爲忠乎」。原文「軫不之楚而何之乎」，改作「吾不之楚，何適乎」。）

戰國策 卷四

秦二

1 齊助楚攻秦

齊助楚攻秦，取曲沃〔一〕。其後秦欲伐齊〔二〕，齊、楚之交善〔三〕。惠王患之，謂張儀曰：「吾欲伐齊，齊、楚方懽，子爲寡人慮〔四〕之，奈何？」張儀曰：「王其爲臣約車並幣〔五〕，臣請試之〔六〕。」

張儀南見楚王〔七〕曰：「弊〔八〕邑之王所説甚者〔九〕，無大大王〔一〇〕，唯儀之所甚願爲臣者，亦無大大王〔一一〕。弊邑之王所甚憎者，〔亦〕〔一二〕無先〔一三〕齊王〔一四〕，唯儀之〔所〕〔一五〕甚憎者，亦無大〔一六〕齊王。今齊王之罪其於弊邑之王甚厚〔一七〕。弊邑欲伐之，而大國與之懽〔一八〕，是以弊邑之王不得事令〔一九〕，而儀不得爲臣也。大王苟能閉關絶齊〔二〇〕，臣請使秦王獻商於〔二一〕之地方六百里。若此，齊必弱〔二二〕，齊弱則必爲王役〔二三〕矣。則是北弱齊，西德於秦，而私商於之地以爲利也〔二四〕。則此一計而三利俱至。」

楚王大說，宣言之於朝廷曰〔二五〕：「不穀〔二六〕得商於之田（地）〔二七〕方六百里。」羣臣聞見者畢〔二八〕賀，陳軫後見〔二九〕，獨不賀。楚王曰：「不穀不煩一兵，不傷一人，而得商於之地六百里，寡人自以爲智矣。諸〔三〇〕士大夫皆賀，子獨不賀，何也？」陳軫對曰：「臣見商於之地不可得，而患必至也。故不敢妄〔三一〕賀。」王曰：「何也？」對曰：「夫秦所以重王者，以王有齊也。今地未可得而齊先絶，是楚孤也〔三二〕。秦又〔三三〕何重孤國？且先出地絶齊〔三四〕，秦計必弗爲也。先絶齊，後責地，且必受欺於張儀〔三五〕。受欺於張儀，王必惋〔三六〕之，是西生秦患，北絶齊交，則兩國〔三七〕兵必至矣。」楚王不聽，曰：「吾事善矣，子其弭口〔三八〕無言，以待吾事〔三九〕。」

楚王使人絶齊，使者未來〔四〇〕，又重絶之。張儀反〔四一〕，秦使人使齊，齊、秦之交陰〔四二〕合。

楚因使一將軍〔四三〕受地於秦，張儀至〔四四〕，稱病不朝。楚王曰：「張子以寡人不絶齊乎？」乃使勇士往詈齊王〔四五〕。張儀知楚絶齊也，乃出見使者曰：「從某至某，廣從〔四六〕六里。」使者曰：「臣聞六百里，不聞六里。」儀曰：「儀固以小人〔四七〕，安得六百里？」

使者反報楚王，楚王大怒，欲興師伐秦。陳軫曰：「臣可以言乎〔四八〕？」王曰：「可矣。」軫曰：「伐秦，非計也。王不如因而〔四九〕賂之一名都〔五〇〕，與之伐齊〔五一〕，是我亡於秦而取償於齊也〔五二〕，楚國不尚全事(乎)〔五三〕。王今已絶齊，而責欺於秦，是吾合齊、秦之交也，固〔五四〕必大傷〔五五〕。」

楚王不聽，遂舉兵伐秦〔五六〕。秦與齊合，韓氏從之〔五七〕，楚兵大敗於杜陵〔五八〕。故楚之土壤士民非削弱，僅〔五九〕以救亡者，計失於陳軫〔六〇〕，過聽於張儀〔六一〕。

〔箋證〕

〔一〕高誘云：「曲沃，晉桓叔所封也，在今弘農縣東三十五里道北曲沃城是。戰國時，秦兼有之，故齊助楚攻秦取之也。」鮑彪云：「晉桓叔所封，漢屬河東，爲聞喜，此時屬秦。」陸隴其云：「按曲沃去齊、楚遠甚，攻而取之，不知如何管理？此不可解，恐有錯訛。」程恩澤云：「曲沃有三。漢志河東郡聞喜，故曲沃，此桓叔所封也。後魏太和十一年，改絳邑縣爲曲沃，屬正平郡，此晉新田也。皆非秦邑。秦曲沃在今河南陝州西南四十里。水經注：『菑水出常烝之山，西北逕曲沃城南。春秋時晉侯使詹嘉處瑕，守桃林之塞以備秦，時以曲沃之官守此，故名。』括地志：『曲沃在陝州西南三十二里，因曲沃水爲名。』……高注謂在弘農，甚是，惟云桓叔封邑，則非。鮑注以爲聞喜，非是。」〔按〕史記六國表秦取魏曲沃、平周，當秦惠王後十一年，楚懷王十五年，魏世家同。其間或秦以曲沃歸魏而再取之。張儀相楚，當惠王十二年，懷王十六年，是曲沃秦新得之，而復爲齊、楚所取矣。此曲沃乃陝州之曲沃，魏世家正義引括地志，見上程氏引。史記無齊、楚攻秦取曲沃事。

〔二〕高誘云：「伐齊，報曲沃也。」

〔三〕高誘云：「『善』猶『親』也。」

〔四〕高誘云：「慮，計也。」

〔五〕高誘云：「約，具也。幣，貨。」鮑彪云：「言并，則幣非一物。」〔按〕説文「幷」字云：「相從也。從从，幵聲。」此謂從之以幣也。

〔六〕高誘云：「『試』猶『嘗視』也。」鮑彪云：「不自必之辭。」〔按〕史記楚世家云：「懷王十六年，秦欲伐齊而楚與齊從親。秦惠王患之，乃宣言張儀免相，使張儀南見楚王。」與此稍異。

〔七〕高誘云：「楚懷王也。」

〔八〕鮑本、吴本「弊」作「敝」，下同。〔按〕二字通用。

〔九〕高誘云：「説，敬也。」〔按〕「説」同「悦」。「説甚」二字疑倒誤，下文「弊邑之王所甚憎者」，句法相同，「甚説」與「甚憎」相對。楚世家正作「甚説」，可證。

〔一〇〕高誘云：「大王，楚王也。」鮑彪云：「『大』猶『過』。」

〔一一〕高誘云：「唯，獨也。願爲王臣，無有與大王比者也。」〔按〕楚世家作「雖儀之所甚願爲門闌之廝者，亦無先大王」。下文「唯儀之甚憎者」，「唯」亦作「雖」。唯、雖同字，説見經傳釋詞。

〔一二〕鮑彪衍「亦」字。吴師道云：「疑衍。」黄丕烈云：「史記無『亦』字。」今從衍。

〔一三〕鮑本、吴本「先」作「大」。黄丕烈云：「『大』字當是。」〔按〕依下文例，「先」當作「大」。

〔一四〕高誘云：「齊威王也。」鮑彪以爲閔王。〔按〕據史記六國表當齊湣王（湣、閔二字同）十一年，鮑注本之。

據古本竹書紀年則當齊宣王八年。高注恐誤。

〔一五〕鮑彪「之」下補「所」字，盧本從之。黄丕烈云：「史記有。」今據補。

〔一六〕盧本「大」作「先」。黄丕烈云：「按史記四字皆作『先』，與策文作『大』者不同也。」

〔一七〕高誘云：「厚，重也。」鮑彪云：「言得罪於秦重也。」〔按〕「其」字疑衍。此因下「甚」字而誤衍於上，後人又改爲「其」字耳。「罪於弊邑之王」猶得罪於秦王。

〔一八〕高誘云：「『懽』猶『合』也。」

〔一九〕高誘云：「令，善也。不得善事於楚王也。」鮑彪云：「『事』猶『聽從』。」王念孫云：「『不得事令』四字文不成義。高訓『令』爲『善』，非也。『不得事』下當有『王』字，『令』字當在『而』字下。令者，使也。『是以弊邑之王不得事王』爲句，『而令儀不得爲臣也』爲句。史記楚世家作『是以敝邑之王不得事王，而令儀亦不得爲門闌之廝也』，是其證。」安井衡云：「事者事也，謂行之。令，號令也。言秦王不得從楚王號令而行之。」金正煒云：「『事』猶『奉』也，此云『事令』，亦猶『奉令』。本文自通，不必改從史記。」〔按〕金訓同鮑注，然「事」訓「奉」，無據。據高注，疑「令」本在「事」字上。「令事」爲「善事」，與下「爲臣」相對（横田考異云：「『事令』一本作『事王』。」按與高、鮑本並不合，乃後人妄改）。

〔二〇〕高誘云：「苟，誠也。闗，楚北方城之塞也。絶齊懽合之交也。」〔按〕「方城」見西周策韓魏易地章。

〔二一〕高誘云：「商於，秦邑。獻，貢也。」鮑彪云：「楚紀注：『在今順陽郡南鄉、丹水二縣有商城，在於中，故名。』弘農商縣是也。」程恩澤云：「水經注：『丹水經南鄉、丹水二鄉間，歷於中北，所謂商於者也。』通典：『今内鄉東七里有於村，亦曰於中，或曰商，即商州。於即内鄉也。自内鄉至商州凡六百里，皆古商於地。』洪亮吉曰：『今河南南陽府淅川縣西有商於城。』」〔按〕商於即商鞅所封地。古本竹書紀年云：「秦封衛鞅於鄔，改名曰商。」「鄔」即「於」，同音通用。史記商君傳云：「秦封之於商十五邑，號曰商君。」

〔二二〕高誘云：「齊無援，必弱也。」

〔二三〕鮑本原作「没」，改作「役」。鮑彪云：「役，言爲楚役使。」

〔二四〕姚宏云：「曾（利也）一作『己利』，錢、劉一作『利也』。」高誘云：「德，恩也。楚與齊絶，爲施恩德於秦，私得秦地以爲己利也。」鮑彪云：「秦因楚絶齊，得報曲沃之役，楚之惠也。」

〔二五〕高誘云：「宣，遍也。」〔按〕楚世家作「懷王大悦，乃置相璽於張儀，日與置酒，宣言：吾復得吾商於之地。」

〔二六〕〔按〕不穀，楚王自稱。老子云：「貴以賤爲本，高以下爲基，是以侯王自謂孤、寡、不穀。」不穀，謙言，不善也。

〔二七〕鮑本、吴本「田」作「地」。〔按〕上下文並作「地」，「田」字當誤，今從正。

〔二八〕高誘云：「畢，盡。」金正煒云：「淮南修務篇：『而明弗能見者何？』注：『「見」猶「知」也。』又或涉下文『陳軫後見』而衍。」〔按〕「聞見」猶「聞」，此古書複詞偏義之例。今吴語猶謂「聞」曰「聽見」。金説過泥。

〔二九〕高誘云：「軫仕楚，爲楚懷王臣。」鮑彪云：「時去秦在楚。」〔按〕鮑注亦無據，牽涉上章爲説耳。

〔三〇〕金正煒云：「『諸』疑當爲『都』，形聲並近而誤也。中山策：『中山君饗都士大夫。』左氏昭二十七年傳：『大司馬沈尹戌帥都君子與王馬之屬以濟師。』注：『都君子，在都邑之士。』」〔按〕原文自通，不煩改字。

〔三一〕高誘云：「『妄』獨（〔按〕疑是「猶」字之譌）『空』也。」〔按〕禮記曲禮孔疏：「妄，虚也。」虚、空同義。

〔三二〕鮑彪云：「無援故。」

〔三三〕姚宏云：「（秦又）曾、錢、劉『夫秦有』。」〔按〕「有」即「又」字。

〔三四〕〔按〕先出地絶齊，文義不明。下文云「先絶齊，後責地」，與此相對，知此文絶上當脱「後」字。史記楚世家正作「且先出地而後絶齊」，可證。

〔三五〕高誘云：「言張儀必欺王也。」〔按〕「且」猶「將」也。

〔三六〕鮑彪云：「『惋』猶『恨』。」金正煒云：「『惋』當作『惌』，與『怨』同。説文：『恚也。』」〔按〕楚世家作「怨」。

〔三七〕高誘云：「兩國，秦與齊也。」

〔三八〕高誘云：「弭，止。」〔按〕「弭口」猶「杜口」。同策三范子因王稽入秦章：「是以杜口裹足，莫肯即秦。」

〔三九〕鮑彪云：「軫之策此，可謂明矣。而懷王不聽，愚而好自用者也。其死秦，宜哉！」

〔四〇〕高誘云：「來，猶『還』也。」

〔四一〕高誘云：「反，還也。」

〔四二〕高誘云：「陰，私也。」

〔四三〕〔按〕史記司馬穰苴傳：「景公召穰苴與語兵事，大説之，以爲將軍。」索隱云：「謂命之爲將，以將軍也。遂以將軍爲官名。故尸子曰：『十萬之師，無將軍則亂。』六國時有其官。」左氏昭公二十八年傳，閻没、女寬對魏獻子曰：「豈將軍食之而有不足。」孔疏云：「以此魏子將中軍，故呼爲將軍。及六國以來遂以將軍爲官名。蓋其元起於此。」並以將軍名官始六國時。顧炎武考之頗詳，見日知録卷二十四。楚世家懷王十七年：「與秦戰丹陽，……虜我大將軍逢侯醜等七十餘人。」是楚有各級將軍之官。

〔四四〕鮑彪云：「前反而今至也。」横田惟孝云：「至，謂反而至秦。」金正煒云：「『至』字當在『張儀』句上，亦獨爲一讀，蓋言楚使至秦也。上已云張儀及秦，即不得更言儀至。」〔按〕原文可通，不必改動。楚世家亦云「張儀至秦」。下文「及出見使者」，則指儀至秦無疑。鮑注嫌未明。

〔四五〕高誘云：「詈，罵也。」〔按〕張儀傳云：「乃使勇士至宋，借宋之符北罵齊王。」楚世家云：「乃使勇士宋遺北辱齊王。」張照云：「『宋遺』非人名也。疑當作『乃使勇士從宋遺書北辱齊王』。」

〔四六〕姚宏云：「錢、劉作『從』，曾一作『衺』。」鮑彪云：「橫度爲廣，直爲從。」〔按〕楚世家「廣從」作「廣衺」。胡三省通鑑注：「東西曰『廣』，南北曰『衺』。」

〔四七〕鮑彪云：「小人，貧窶之稱。言不能多與。」金正煒「玉篇：以，爲也。」〔按〕此張儀自言地位低賤。鮑注非。

〔四八〕高誘云：「王初使弭口，今可以言未也。」

〔四九〕鮑本無「因而」二字。黄丕烈云：「史記：不如因賂之一名都。」

〔五〇〕高誘云：「名，大也。都，邑。」

〔五一〕高誘云：「與秦俱伐齊也。」

〔五二〕高誘云：「言失邑於秦，而大得報償於齊也，故曰是我亡於秦也。」鮑彪云：「償，還也。言勝齊則得地，雖亡所賂，足以相償。」〔按〕「亡於秦者」謂「賂一名都」。楚世家索隱云：「謂失商於之地。」非是。

〔五三〕高誘云：「不尚，尚也。全，空也。事，一云『乎』。」（按「事一云乎」四字疑是姚注，脱去標題耳。）鮑彪云：「言無所喪。」吴師道云：「『乎』字是。」金正煒云：「按左襄二十九年傳：『不尚取之。』孔義引服虔云：『不尚，尚也。』」〔按〕横田本「事」從一作「乎」。楚世家作「吾國尚可全」。「事」作「乎」爲是，今從正。

〔五四〕姚宏云：「曾『固』作『國』。」鮑彪改作「國」。吴師道云：「史作『國』。」〔按〕「固」猶「故」，義亦通。

〔五五〕高誘云：「傷，病也。」

〔五六〕吴師道云：「史云：使屈匄將。」

〔五七〕高誘云：「韓王見齊、秦合爲一，故復合之也。」〔按〕韓世家宣惠王二十一年「與秦共攻楚，敗楚將屈丐」。集解引紀年亦云：「秦助韓共敗楚屈匄。」六國表同。

〔五八〕高誘云：「杜陵，楚邑。」鮑彪云：「屬京兆。」張琦云：「漢志杜陵下云：『故杜伯國，宣帝更名。』宣紀：『元康元年，以杜原爲初陵，改故杜縣爲杜陵。』是也。當時無杜陵之名，鮑誤證矣。水經注：漢水東逕木蘭寨南，右岸有城名伎陵城，周迴數里。』意者杜陵即伎陵歟？故城在今興安府洵鄉縣西五十里。」金正煒云：「『杜陵』當作『杜陽』。史記甘茂傳：『今公與楚解口地，封小令尹以杜陽。』此即其地，蓋在秦、韓與楚之間。水經：『漆水出扶風杜陽縣俞山東北，入於渭。』注：『岐山在杜陽北。』近刻作『在杜陵埤』，『陽』譌爲『陵』，正與此同。」〔按〕此即秦、楚丹陽之戰。丹陽，顧觀光七國地理考據胡三省通鑑注「丹水之陽」説，謂「在(漢弘農郡)丹水、析兩縣之間」。杜陵當與其地相近。鮑注以京兆之杜陵當之，張氏已駁其非。程恩澤猶主杜陵是秦地，謂杜之得名久矣，其説迂曲，今不取。但伎陵與杜陽並與丹陽地不近，恐亦未是。

〔五九〕高誘云：「『僅』猶『裁』。」

〔六〇〕高誘云：「得不滅大者，坐不從陳軫之計故也。」横田惟孝云：「『計失』當作『失計』。韓策：『韓氏之兵非削弱也云云，過聽於陳軫，失計於韓朋也。』」〔按〕下策云：「計失而聽過。」是此作「計失」，下文「過聽於張儀」當作「聽過」。否則從横田説此作「失計」。高注首句字疑有譌。

〔六一〕高誘云：「過，誤也。聽於張儀之欺六百里地。」吴師道云：「張儀商於之欺，雖豎子猶能知之，以陳軫之智，固不爲難也。儀之肆意而無忌者，知懷王之愚，而軫之言必不入也。不然，他日楚之請儀，將懼其甘心焉。而儀請自往，卒不能害。豈非中其所料也哉？」

2 楚絶齊

楚絶齊，齊舉兵伐楚。陳軫謂楚王〔一〕曰：「王不如以地東解於齊，西講於秦〔二〕。」

楚王使陳軫之秦。秦王謂軫曰：「子秦人也〔三〕，寡人與子故〔四〕也。寡人不佞〔五〕，不能親〔六〕國事也，故子棄〔七〕寡人事楚王。今齊、楚相伐〔八〕，或謂救之便〔九〕，或謂救之不便。子獨不可以忠爲子主〔一〇〕計，以其餘爲寡人乎〔一一〕？」陳軫曰：「王獨不聞吳人之遊〔一二〕楚者乎？楚王〔一三〕甚愛之，病〔一四〕，故使人問之〔一五〕，曰：『誠病乎？意亦思乎〔一六〕？』左右曰：『臣不知〔一七〕其思與不思，誠思，則將吳吟〔一八〕。』今軫將爲王吳吟〔一九〕。王不聞夫管〔二〇〕與之説〔二一〕乎？有兩虎諍〔二二〕人而鬬者〔二三〕，管莊子將刺之〔二四〕。管與止之曰：『虎者，戾〔二五〕蟲；人者，甘餌也〔二六〕。今兩虎諍人而鬬，小者必死，大者必傷，子待傷虎而刺之，則是一舉而兼兩虎也〔二七〕。無刺一虎之勞，而有刺兩虎之名〔二八〕。』齊、楚今戰，戰必敗〔二九〕，敗〔三〇〕，王起兵救之，有救齊之利，而無伐楚之害〔三一〕。」

計聽知覆逆者〔三二〕，唯王〔三三〕可也。計者事之本也。聽者存亡之機〔三四〕。計失而聽過，能有國者寡〔三五〕也。故曰計有一二者難悖也〔三六〕；聽無失本末者難惑〔三七〕。

〔箋證〕

〔一〕鮑彪以爲楚懷王。

〔二〕吳師道云：「『講』當從『媾』讀，説見前。」〔按〕史記陳軫傳作「韓、魏相攻，朞年不解。秦惠王欲救之」，與策不同。

〔三〕高誘云：「軫先仕於秦，故言『秦人也。』」〔按〕軫之籍貫，史記不言，高注謂是「夏人」，見前。亦不詳所據。此云「子秦人也」，下文軫對以吳人吳吟之喻，參比觀之，疑軫乃是秦人，高注恐未然。

〔四〕高誘云：「故，舊。」

〔五〕鮑彪云：「佞，高才也。」〔按〕左氏成十三年傳：「寡人不佞。」孔疏引服虔云：「佞，才也。不才者，自謙之辭也。」

〔六〕高誘云：「『親』猶『知』也。」

〔七〕高誘云：「棄，去也。」〔按〕此可參秦策一張儀又惡陳軫於秦王章及陳軫去楚之秦章。

〔八〕吳師道云：「或疑史作韓、魏者是。考秦惠時，唯十三年韓舉、趙護帥師與魏戰，敗績。去楚絶齊時遠甚。他不見韓、魏相攻事，且策言甚明。」林春溥云：「按屈原傳但云：『齊怒不救楚。』而張儀傳云：『秦、齊共攻楚，虜屈匄。』似與此策合。又按陳軫傳亦載此策，而以爲韓、魏相攻。……吳師道曰：『考秦惠時』云云。今按紀年『韓明帥師伐魏襄立』，在此年，豈指是耶？」鍾鳳年云：「軫傳『齊楚』作『韓魏』，度以當時之勢，史較合。」〔按〕策與史不合，難以强斷。核之事理，與上策楚絶齊事不相應，恐非同時事。

〔九〕高誘云：「便，利也。」

〔一〇〕鮑彪云：「主，懷王。」

〔一一〕高誘云：「以餘計爲寡人計也。」

〔一二〕高誘云：「遊，仕也。」〔按〕軫傳「吳人」作「越人莊舄」，下文「吳吟」作「越聲」，文多不同。

〔一三〕鮑彪云：「楚先王。」

〔一四〕鮑彪云：「吳人（病）。」

〔一五〕鮑彪云：「楚王使問。」横田惟孝云：「故，特也。」

〔一六〕高誘云：「思，思吴乎。」横田惟孝云：「意、抑古字通用。論語『抑與』之『抑』蔡邕石經作『意』。」（金正煒説同）〔按〕「抑」或作「意」，詳見經傳釋詞。荀子修身論「意亦有所止之與」，與此「意亦」相同，「意亦」猶「抑亦」。久保愛荀子增注云：「『意』讀爲『抑』。」此楚王問語。

〔一七〕鮑本「不」作「又」，云：「注家説有爲『又』，則『又』亦『有』也，此言有以知之。」吴師道云：「劉辰翁云：『「又知」猶「安知」。』愚謂終缺『安』字。按姚本作『不知』，是。」

〔一八〕高誘云：「吟，歌吟也。」鮑彪云：「（吴吟）作吴人呻吟。」

〔一九〕鮑彪云：「言不忘秦。」

〔二〇〕姚宏云：「曾『管』作『卞』。」〔按〕「管莊子」之「管」，史記作「卞」。曾本「管」作「卞」，殆即據之。若然，疑姚校此條，本在下文「管莊子」下，誤衍於此耳。

〔二一〕高誘云：「管，姓也。説，言也。」鮑彪云：「軫傳作『館豎子』。」

〔二二〕姚宏云：「（諍）一作『争』。」鮑本改作「争」，下同。吴師道云：「字與『争』通。」黄丕烈云：「史記作『争』。」〔按〕「諍」乃「争」之借字。

〔二三〕鮑本、吴本無「者」字。

〔二四〕鮑彪云：「傳『管』作『卞』。刺，直（鮑、吴合注四部叢刊本誤作『有』，此據鮑注單行本）傷也。」吴師道云：「索隱引策作『館』。『館』謂逆旅舍，其人字莊子。」黄丕烈云：「今史記作『辨』，索隱又云：『或作「卞」。』吴氏所引索隱，困學紀聞引同，今王震澤本如此，與單行本不同。單行本不引戰國策，正文即作『館莊子』。此文下『管與止之』，史記作『館豎子止之』。當從單本爲是。乃史記作『館』，策文作『管』也。」〔按〕黄善夫本史記索隱引戰國策作「館莊子」，與吳注引同。論語憲問篇：「卞莊子之勇。」集解引周生烈云：「卞邑大夫。」不詳其人。皇侃義疏云：「莊子能獨格虎。一云：卞莊子與家臣卞壽，途中見兩虎共食一牛，莊子欲前，以劍揮之。家臣曰：『牛者虎之美食。牛盡，虎之未飽，二虎必鬬。大者傷，小者亡，然後可以揮之。』信而言之，果如卞壽之言也。」始以此刺虎之事附益之，即本於史記。荀子大略篇云：「齊人欲伐魯，忌卞莊子，不敢過卞。」

〔二五〕高誘云：「戾，貪也。」

〔二六〕吳本無「也」字。鮑彪云：「以餅喻之。」

〔二七〕高誘云：「兼，得也。」〔按〕兩虎相鬬之喻，亦見之史記春申君傳「兩虎相與鬬，而駑犬受其弊」。廉頗藺相如傳「今兩虎相鬬，其勢不俱生」。可見爲當時習見之比喻。

〔二八〕高誘云：「刺，殺也。」錢鍾書云：「『無刺一虎之勞，而有刺兩虎之名』修詞未當；夫刺傷虎，是亦刺之勞也。」（管錐編第一册頁三一九）〔按〕此説未允。策言刺傷虎用力省於刺一虎之勞，未言無勞。錢氏近於吹毛求疵。未允。

〔二九〕鮑彪云：「必有一敗。」

〔三〇〕姚宏云：「錢、劉一無下『敗』字。」金正煒云：「此文本作『戰必敗一』，言二國戰敗其一也。『一』誤爲『二』，古書重文亦作二畫，因誤複『敗』字。鮑注『必有一敗』，是所見本猶未誤也。戰必敗一，則孰救孰伐不可知，救齊伐楚，皆虛設之詞，故不嫌與篇首之文不合。錢、劉云：『一無下「敗」字。』亦非。蓋以『戰必敗』爲句，而省『一』字，於義所未完也。」

〔三一〕高誘云：「害，危也。」鮑彪云：「今詳秦王言『爲子主計』，則以齊、楚正相伐故也。今軫言無伐楚，亦並以『忠爲主』也。」吳師道云：「軫爲是媾於秦，而勸秦收齊、楚之敝，豈所以『忠爲主』哉？」又云：「竊意楚已遣人解齊，軫之媾秦，欲其不助齊耳。當識其意，不可泥於辭也。」穆文熙云：「陳軫雙虎之喻，似若不忠楚。然楚不被兵，而齊遂失援，不言彼事，而其事自解。策士之巧，無以加矣。」〔按〕無伐楚之害，謂不待齊、楚鬬弊，而先興師伐楚，則傷亡必多。今不如此，待其鬬弊而乘之，故云「無伐楚之害」。鮑注不明。

〔三二〕鮑彪云：「能計善聽，知二國之覆逆。覆逆，言不順於理。」吴師道云：「覆，謂反覆；逆，謂逆料。『覆』即下文『一二』，『逆』即下文『本末』。」王念孫云：「自『計聽』以下五十一字，與上文絶不相屬，此是著書者之辭，當在上篇『計失於陳軫，過聽於張儀』之下。上篇言楚所以幾亡者，由於計之失，聽之過；故此即繼之曰『計聽知覆逆者，唯王可也』。……言人主計聽能知覆逆者，雖王天下可也。下文云『計失而聽過，能有國者寡矣』，亦承上篇而言。此篇所記陳軫之言，史記張儀傳（〔按〕即陳軫傳）有之，而獨無『計聽』以下五十一字。則此五十一字明是上篇之錯簡也。」横田惟孝亦云：「〔按〕『計聽』以下疑錯簡，當移上章『過聽於張儀』之下。」

〔按〕王説是，鮑、吴注並非。

〔三三〕王念孫云：「『唯』與『雖』同。『王』讀如『王天下』之『王』。」〔按〕「唯」之通「雖」，詳見經傳釋詞。

〔三四〕高誘云：「機，要也。」

〔三五〕高誘云：「寡，少也。」

〔三六〕鮑本、吴本無「也」字。鮑彪云：「一二，言反覆計之。」集韻：「悖，亂也。」〔按〕「計有一二」謂甚明析。

〔三七〕高誘云：「惑，亂也。」吴師道云：「蒯通説韓信曰：『聽者事之候也；計者事之機也。聽過計失而能久安者鮮矣。聽不失一二者，不可亂以言；計不失本末者，不可紛以辭。』」〔按〕蒯通語見史記淮陰侯傳。通善短長説，嘗論著戰國之權變，爲雋永八十一首，知其語有所本矣。

3 秦惠王死

秦惠王死〔一〕，公孫衍欲窮張儀〔二〕。

李讎〔三〕謂公孫衍曰：「不如召甘茂於魏，召公孫顯於韓〔四〕，起樗里子於國〔五〕。三人者，皆張儀〔六〕之讎〔七〕也，公用之，則諸侯必見張儀〔八〕之無秦矣〔九〕。」

〔箋證〕

〔一〕〔按〕秦惠王死在周赧王四年（前三一一）。

〔二〕高誘云：「公孫衍，魏人也，仕於秦，當六國時，號曰犀首。窮，困也。」〔按〕公孫衍時在魏，尚未相秦。史記張儀傳云：「犀首者，魏之陰晉人也。名衍，姓公孫氏，與張儀不善。」

〔三〕高誘云：「李讎，秦人也。」

〔四〕鮑彪云：「（公孫顯）秦人。」吳師道云：「此無據。」王引之云：「公孫郝字顯。楚策曰：『今惠王死，武王立，儀走，公孫郝、甘茂貴。甘茂善魏，公孫郝善韓。』趙策曰：『甘茂爲秦約魏以攻韓宜陽，又北之趙。』冷向謂強國曰：『不如令趙拘甘茂勿出，以與齊、韓、秦市，且以置公孫赫、樗里疾。』韓策曰：『宜陽之役，楊達謂公孫顯曰：請爲公以五萬人攻西周。得之，是以九鼎抑甘茂也。』又曰：『韓公仲謂向壽曰：今王之愛習公也，不如公孫郝；其知能公也，不如甘茂。』按『赫』、『郝』古字通，公孫赫即公孫顯也。公孫顯韓人，故黨韓；甘茂魏人，故黨魏也。公孫赫，史記甘茂傳作『公孫奭』。說文『奭』讀若『郝』。公孫奭蓋以奭爲名，顯其字也（自注：「爾雅：赫赫躍躍，迅也。釋文云：赫，舍人本作『奭』。是『赫』與『奭』通。」）。大雅生民篇：『以赫厥靈。』毛傳曰：『赫，顯也。』……『赫』或作『奭』，說文：『奭，盛也。』」（經義述聞卷二十二）〔按〕王說是也，但謂「甘茂魏人，故黨魏」，則誤。史記甘茂傳謂是下蔡人，下蔡屬楚。下秦武王謂甘茂章高注謂是齊人。此或以其時在魏云然，不必是魏人。又公孫郝（或顯）亦非韓人。史記甘茂傳之「公孫奭」，新序雜事篇作「公孫子」，云：「樗里子及公孫子，皆秦諸公子也，其外家韓也。」此云召於韓，則時或奉使於韓也。王說亦有誤。

〔五〕高誘云：「『起』猶『舉』也。」金正煒云：「『起』對『廢』言，故凡廢而復用者謂之起。中山策：『因見武安君，强起之。』亦此義也。『國』即漢書『列侯就國』之『國』，謂所封邑也。」〔按〕金釋「國」爲封邑，無據。樗里疾爲秦之貴族，則「國」當謂秦國。

〔六〕吳本「儀」作「子」。

〔七〕高誘云：「讎，仇也。」

〔八〕鮑本、吳本「儀」作「子」。

〔九〕高誘云：「『公』謂公孫衍。用此三人，則諸侯知張儀無權寵於秦。」姚宏云：「一下有『也』字。」金正煒云：「淮南修務訓注：『「見」猶「知」也。』」鍾鳳年云：「按張儀傳稱儀卒之後，犀首入相秦。且據樗里子甘茂傳，惠王在時，茂方在秦，疾亦未退廢。此章所言恐誤。」〔按〕楚策三楚王令昭雎之秦重張儀章桓臧謂楚王曰：「今惠王死，武王立，儀走，公孫郝、甘茂貴。甘茂善魏，公孫郝善韓。」史記樗里子傳亦云：「秦惠王卒，太子武王立，逐張儀、魏章，而以樗里子、甘茂爲左右丞相。」並與此策所言相應。甘茂、公孫顯或時使於魏、韓，故言召。樗里子受張儀讒而出走，見前張儀之殘樗里疾章，不能謂「未退廢」。策未言公孫衍爲秦相，則與其後入相秦無涉。此蓋衍在魏，籌助三人起用而窮張儀於秦之策。鍾説未允。

4　義渠君之魏

義渠君之魏〔一〕，公孫衍謂義渠君曰：「道遠，臣不得復過〔二〕矣。請謁事情〔三〕。」義渠君曰：「願聞之。」對曰：「中國〔四〕無事於秦〔五〕，則秦且燒焫〔六〕獲君之國。中國爲有事於秦〔七〕，則秦且輕〔八〕使重幣，而事君之國也〔九〕。」義渠君曰：「謹聞令〔一〇〕。」居無幾何，五國伐秦〔一一〕。陳軫謂秦王曰：「義渠君者〔一二〕，蠻夷之賢君，王不如賂之，以撫〔一三〕其心。」秦王曰：「善。」因以文繡千匹、好女百人，遺〔一四〕義渠君。義渠君致羣臣而謀曰〔一五〕：「此乃公孫衍之所謂也〔一六〕。」因起兵襲秦，大敗秦人於李帛之下〔一七〕。

〔箋證〕

〔一〕高誘云：「義渠，西戎之國名也。之，至也。」鮑彪云：「北地郡有義渠道。」張琦云：「今甘肅寧州西北有義渠故城。」〔按〕史記秦本紀惠文君十一年「縣義渠。義渠君爲臣」。五國伐秦在惠王（即惠文君）後元七年，是其時已稱臣於秦。然史言「縣」，恐誤。杭世駿亦據此策而疑之。

〔二〕高誘云：「過，見也。」金正煒云：「『過』字疑當爲『遇』。爾雅釋詁：『遇，見也。』此策文注並疑『遇』字之譌。列子天瑞篇：『過東郭先生問焉。』釋文：『「過」一作「遇」。』莊子漁父篇：『今者丘得過也。』釋文『「過」本作

「遇」。』並爲此證。」〔按〕史記張儀傳亦作「道遠不得復過」。索隱云：「言義渠道遠，今日已後，不復得更過相見。」與高注相合。金説未然。

〔三〕高誘云：「謁，告也。情，實也。言義渠君道里長遠，不能復得相見也（姚宏云：「『相』一本作『數』。」）。請告事之情實。」

〔四〕横田惟孝云：「中國，謂山東諸侯。」

〔五〕高誘云：「無征伐之事於秦也。」

〔六〕高誘云：「燒焫，猶滅壞，滅壞君國也。」姚宏云：「錢止滅壞字。」（錢止原本「止」字誤在下「滅」字下，今正。）鮑彪云：「『焫』亦『燒』也。言火其國以得其地。」

〔七〕中井積德云：「（獲君之國）獲，疑衍。」安井衡云：「且，將也。義渠僻處於西戎，其地必險，燒焫山谷，始可通兵馬，故言燒焫耳。」金正煒云：「管子霸形篇：『楚人攻宋、鄭，燒焫熯焚鄭地。』『焫』字從芮，玉篇作『焫』，誤。『獲』即義渠君之種姓。高注不釋『獲』字，其義可見，鮑注非也。漢書地理志有回獲縣，屬北地郡，蓋即義渠舊境。」〔按〕廣韻「焫」字同「爇」。爇，燒也。禮記郊特牲：「既奠，然後焫蕭，合羶薌。」釋文：「焫，如悦反。」音同「爇」。字並作「焫」，當是。張儀傳索隱引此作「焫」，可證。「獲君之國」與下文「事君之國」相對，則鮑注自通。金以「獲」爲義渠君之姓，並證其境地，出於臆測，不足信。張儀傳作「秦得燒掇焚杅君之國」。燒掇焚杅，言焚燒侵略。索隱引此文無「獲」字。顧炎武日知録卷二十九云：「守邊將士，每至秋月草枯，出塞縱火，謂之燒荒。唐書契丹入寇幽、燕，劉仁恭歲燎塞下草，使不得留，牧馬多死，契丹乃乞盟是也。其法自七國時已有之。」引此策文。鮑彪云：「『事』皆謂『戰』。」王念孫云：「『爲』猶『如』也，假設之詞也。……秦策曰：『中國爲有事於秦，則秦且輕使重幣而事君之國也。』又曰：『爲我葬，必以魏子爲殉。』又曰：『秦爲救之，必不救也。』趙策

曰：『出遇虞卿曰：爲入必言從。』……凡言『爲』者皆『如』也。」（經傳釋詞）

〔八〕鮑彪云：「輕，言其行疾。」

〔九〕高誘云：「將致重幣，求援助於義渠國也。」

〔一〇〕高誘云：「『聞』猶『受』也。令，教也。」〔按〕「令」猶「命」，金文二字通用，「命」多作「令」者。

〔一一〕高誘云：「五國，齊、宋、韓、魏、趙也。」鮑彪云：「（惠王）後七年，韓、趙、魏、燕、齊共攻秦。」吳師道云：「按秦紀書韓、趙、魏、燕、齊帥匈奴伐秦不勝。楚世家書蘇秦約從六國共攻秦，楚懷王爲從長。至函谷關，秦擊之，六國皆引歸，齊獨後。互有不同。通鑑據年表，大事記據楚世家。按楚世家特詳者，以縱長故，當以爲正。年表諸國皆書不勝，齊獨後而不敗，故略不書歟？紀不書楚者，豈以世家文已明歟？修魚之戰，虜韓申差，年表在次年，而紀於此連書之，則紀誠有誤也。高注『五國』作齊、宋、韓、魏、趙，尤誤。」〔按〕諸侯合從攻秦之役，秦本紀及六國表並作「五國」，惟秦本紀有齊無楚，六國表有楚無齊，稍異。楚世家作「六國」。鮑注從秦本紀，吳注從楚世家。梁玉繩史記志疑亦主六國説。但楚策一五國約以伐秦章，又三五國伐秦魏欲和章、韓策一五國約而攻秦楚王爲從長章並言「五國」，皆與此文相合。是國策記此事悉然，且與六國表符，宜從之。林春溥戰國紀年亦作「五國」，自注云：「大事記從楚世家作『六國共攻秦』，然年表各世家及國策俱云五國，故通鑑從表。而秦本紀又作『韓、趙、魏、燕、齊帥匈奴共攻秦』。賈誼論又云『併韓、魏、燕、楚、齊、趙、宋、衛、中山之衆』爲九國，尤異。」（按賈誼過秦論乃追叙前事，文多鋪張，主在取戒秦失，不重史實，未可以爲據。）〔按〕「義渠」蓋即匈奴部落之一。史記匈奴傳云：「岐、梁山、涇、漆之北，有義渠、大荔、烏氏、朐衍之戎。」

〔一二〕鮑本、吳本無「者」字。黄丕烈云：「史記有。」

〔一三〕高誘云：「撫，安也。」

〔一四〕鮑彪云：「遺，贈也。」

〔一五〕鮑彪云：「致之使至。」

〔一六〕高誘云：「『謂』猶『言』也。」〔按〕張儀傳索隱云：「『謂』上文犀首云『有事，秦將輕使重幣事君之國』。故云『衍之所謂』。」

〔一七〕高誘云：「李帛，秦邑。」鮑彪云：「史張儀傳末有此策，『帛』作『伯』，地缺。平原傳注：『河内成皋有李城。』豈秦兵與諸國遇於此而見敗邪？」吳師道云：「正義云：『懷州温縣本李城也，李同父所封。』按趙救邯鄲時，同戰死，封其父(〔按〕原作「弟」，今從平原君傳正)爲李侯，意者因此號李城。事在後，且此云『李帛』，必非。秦既攻，五國不勝而走，秦兵不應至懷。是時諸侯連匈奴，秦恐義渠因而有變，故賂以和之。義渠之襲必次於五國之後，恐非與諸國遇時也。」〔按〕張儀傳索隱云：「李伯，人名，或邑號。」後漢書西羌傳注云：「李伯，地名，未詳。」鮑注附會，吳已正之。六國表秦惠王後十一年(前三一四。秦本紀作「後十年」)侵義渠，得二十五城。」當是報此役。

〔附論〕

吳師道云：「按史犀首相魏，張儀去。犀首聞儀復相秦，害之，乃謂義渠君云云。且五國伐秦事在惠文後七年，次年，魏因儀請成於秦，乃復相秦。則此時儀未爲秦相也。儀自惠文後三年出相魏，至今在魏，衍不相，則儀必不去也。故大事記謂伐秦之役『儀在魏，陰爲秦用』。而又謂『衍與義渠語，其相魏之後』。蓋亦不能無疑。豈儀去魏之秦，犀首知其必相而害之歟？」

〔按〕史記張儀傳記此事前後實有矛盾。然魏世家謂「張儀復歸秦」，在五國攻秦前一年，則與犀首害張儀復相秦，與義渠君語，又不牴牾。史記記戰國事常參差，司馬遷取存異文，固不能盡考核劃一也。且策文不及張儀去魏事，亦不必以史記拘之。

5　醫扁鵲見秦武王

醫扁鵲見秦武王〔一〕，武王示〔二〕之病，扁鵲請除〔三〕。左右曰：「君之病在耳之前，目之下〔四〕。除之，未必已也〔五〕，將使耳不聰，目不明。」君以告扁鵲。扁鵲怒而投其石〔六〕：「君與知之〔七〕者謀之，而與不知者敗之。使此知秦國之政也〔八〕，則君一舉而亡國矣！」

【箋證】

〔一〕高誘云：「扁鵲，盧人也，字越人。武王，惠王子也。」鮑彪云：「按扁鵲與趙簡子同時，至是百三十年矣。」吳師道云：「史：『渤海郡鄭人，姓秦氏，名越人。』徐廣云：『「鄭」當爲「鄚」。』正義云：『又家於盧，號盧醫。』按周禮釋文引史記『姓秦，名少齊，越人』。今史無『少齊』字，恐釋文爲是，彼時所見本未缺也。越人，似非名字。簡子在晉昭、頃、定公時，周景王、敬王之世也。秦武王元年當赧王五年，相去二百餘年，名字必差。」（金正煒、鍾鳳年並從吳説，以爲有誤。）黄式三云：「按扁鵲，黄帝時之醫，後之善醫者，遂以扁鵲爲號。史記云：『扁鵲治趙簡子病。簡子卒於（周）元王元年丙寅，距此一百六十餘年，則非一人明矣。」〔按〕黄説是也。扁鵲以醫術著，後世遂爲良醫之號，猶善相馬者稱伯樂也。史記扁鵲傳所記事亦年代參互不合，明扁鵲非一人。又近山東微山縣兩城山出土東漢畫像石，其中四塊墓石浮雕一種神話題材，一端刻一半鳥半人形神物（胸以上是人，胸以下是鳥），其對面爲魚貫而來之人羣。此半鳥半人之神物，據劉敦願考證即爲古代名醫扁鵲（詳文物一九七二年第六期漢像石上的針灸圖），是也。由此可見扁鵲非真實人物，乃原始社會鳥圖騰部族遺下之醫神名，固不當以史實徵之。

〔二〕高誘云：「示，語也。」

〔三〕高誘云：「除，治也。」鮑彪云：「欲去其病。」〔按〕太平御覽卷七百三十八引「除」下有「也」字，非。

〔四〕〔按〕御覽引「下」下有「也」字。

〔五〕〔按〕吕氏春秋至忠篇：「疾乃遂已。」高注云：「已，除愈也。」

〔六〕高誘云：「投，棄也。石，砭，所以砭彈人廱腫也。」（姚宏云：「廱，曾作『癰』。」）〔按〕「石」即「砭石」。山海經東山經高氏之山「其下多箴石」。郭注：「可以爲砭（原作「砥」，今從郝懿行校改）針。」前述漢畫像石針灸圖中半鳥半人之神物一手執棒形物，即針石也。古人以石爲鍼（同「針」），南史王僧孺傳已言之。

〔七〕姚宏云：「一本無『之』字。」〔按〕御覽引無「之」字。

〔八〕鮑彪云：「此，如此。」金正煒云：「『知』當爲『如』字之譌。」〔按〕金説非。吕氏春秋長見篇：「三年而知鄭國之政也。」高注云：「『知』猶『爲』也。」與此語相同。使，假使。御覽引此句作「使秦政如此」。

6　秦武王謂甘茂曰

秦武王謂甘茂曰：「寡人欲車通三川〔一〕，以闚周室〔二〕，而寡人死不朽乎〔三〕？」甘茂對曰：「請之魏約伐韓。」王令向壽輔行〔四〕。

甘茂至魏，謂向壽：「子歸，告王曰：『魏聽〔五〕臣矣，然願王勿攻也。』事成，盡以爲子功〔六〕。」向壽歸以告王。

王迎甘茂於息壤〔七〕。甘茂至，王問其故。對曰：「宜陽〔八〕，大縣也，上黨、南陽〔九〕積之久矣〔一〇〕，名爲縣，其實郡也〔一一〕。今王數險〔一二〕，行千〔一三〕里而攻之，難矣。臣聞張儀西併巴、蜀之地〔一四〕，北取西河之外〔一五〕，南取上庸〔一六〕，天下不以爲多張儀〔一七〕，而賢先王〔一八〕。魏文侯令樂羊將，攻中山〔一九〕，三年而拔之。樂羊反而語功〔二〇〕，文侯示之謗書一篋。樂羊再拜稽首曰：『此非臣之功，主君之力也。』今臣羈旅之臣也〔二一〕，樗里疾、公孫衍〔二二〕二人者挾韓而議〔二三〕，王必聽之。是王欺魏而臣受公孫侈之怨也〔二四〕。昔者曾子處費〔二五〕，費人有與曾子同名族者〔二六〕而殺人。人告曾子母〔二七〕曰：『曾參殺人。』曾子之母曰：『吾子不殺人。』織自若〔二八〕。有頃焉，人又曰：『曾參殺人。』其母尚織自若也。頃之，一人又告之曰：『曾參殺人〔二九〕。』其母懼，投杼〔三〇〕，踰墻而走〔三一〕。夫以曾參之賢與母之信也，而三人疑之〔三二〕，則慈母不能信也〔三三〕。今臣之賢不及曾子，而王之信臣，又未若曾子之母也。疑臣者〔三四〕不適三人〔三五〕，臣恐王爲〔三六〕臣之投杼也。」王曰：「寡人不聽〔三七〕也，請與子盟。」於是與之盟於息壤。

果攻宜陽，五月而不能拔也。樗里疾、公孫衍二人在〔三八〕争之王，王將聽之，召甘茂而告之。甘茂對曰：「息壤在彼〔三九〕。」王曰：「有之。」因悉起兵，復使甘茂攻之，遂拔宜陽〔四〇〕。

【箋證】

〔一〕高誘云：「三川，義（宜）陽（原本「義」當是「宜」之音訛，詳本文可知。今正）川。」安井衡云：「車通三川者，欲容車之廣，通三川之路也。」金正煒云：「『車』乃『東』字之譌也。新序云：『秦武王欲客車至周室者，其道乎韓之宜陽。』蓋由不辨此文之譌，傳會其説也。趙策：『秦之欲伐韓、梁，東闚於周室甚，惟寐亡之。』可爲作『東』之證。」〔按〕金説謬。新序劉向所撰，國策亦出其手。向精於校讎，何至據譌文而如此傳會？且史記甘茂傳亦作「欲容車通三川」，太史公更在劉向之前，所見已然，豈史公亦傳會譌文耶？「車通三川」意即兵攻宜陽，此不過修飾之辭耳。三川謂河、洛、伊，詳見西周策韓魏易地章。高注似謂「三川」傍宜陽之川爾。

〔二〕高誘云：「周室，洛邑王城也，今河南縣也。」鮑彪云：「闚，窺同，小視也。周室，洛邑，蓋欲取之，不正言爾。言三川，知其志不止鎬京也。」〔按〕「鎬京」爲周之舊都，自平王東遷，其地入戎，秦攻而有之久矣。鮑氏失詞。高釋「周室」爲王城，則指西周，乃戰國時之西周，非豐鎬之西周也。

〔三〕姚宏云：「乎，一作『矣』。」吴師道云：「乎，史作『矣』。」吕祖謙云：「秦志在宜陽久矣，故張儀每以入三川，挾天子，按圖籍爲説也。」（大事記解題）金正煒云：「『而』猶『則』也，説詳經傳釋詞。策文『乎』與『矣』亦通用。魏策：『從是觀之，地形險阻，奚足以霸王矣？』『矣』之爲『乎』，猶『乎』之爲『矣』也。」〔按〕左傳襄公二十四年：「太上有立德，其次有立功，其次有立言，雖久不廢，此之謂不朽。」武王意欲功垂不朽也。

〔四〕高誘云：「輔，副介也。」鮑彪云：「(向壽)宣太后外族。」〔按〕甘茂傳云：「向壽者，宣太后外族也，而與昭王少相長，故任用。」鮑注本之。向壽至昭王時任用，此時尚未顯。

〔五〕高誘云：「聽，從。」

〔六〕吳師道云：「茂欲壽告王勿攻，王必疑其故，而茂得以薦其言，故曰：『事成盡以爲子功。』大事記云：『壽，武王所親幸，故茂以誘之。』」

〔七〕高誘云：「息壤，秦邑也。」鮑彪云：「山海經：『鯀竊息壤，以陻洪水。』時則訓於中央言『息壤』，陻洪水之州。而柳子厚言永州有之。則息壤非一處，此秦地也。」黄式三云：「論息壤者，皆取山海經、淮南子爲據，朱子楚辭注亦同。息，生也，土生長不已也。此則地名耳，未必土自生長也。」〔按〕高注「秦邑」，是也，此與山海經、淮南子之息壤不同，不必據之。

〔八〕〔按〕宜陽見東周策秦攻宜陽章。

〔九〕〔按〕上黨、南陽亦見西周策，此並是韓地。敦煌本春秋後語「南陽」作「宜陽」，誤。

〔一〇〕鮑彪云：「二縣財賦歸之。」吕祖謙云：「韓運上黨、南陽之芻也，故之宜陽以待敵。」于鬯云：「或云：上黨、南陽二郡，非二縣。此『積』字當讀爲『敵』，敵、積並從『朿』得聲。故得通借。言宜陽之大，久與二郡匹敵，故下文云：『名爲縣，其實郡。』」〔按〕于注迂折，不如舊注爲長。「敵」從「啇」聲(説文「敵」作「敵」)，「啇」從「帝」聲，「帝」從二，「朿」聲；「積」從「責」聲(説文「積」作「積」)，「責」即「責」，從「朿」聲。輾轉雖可相通，然「積」之借爲「敵」，其例罕見，不足爲據。甘茂傳正義亦云：「韓之北三郡(會注考證云：「楓山、三條本作『二郡』」。按『三』當作『二』。)積貯在河南宜陽縣之日久矣。」又東周策秦攻宜陽章云：「宜陽城方八里，材士十萬，粟支數年。」人力物力之富，與此「積之」語相應，亦可證「積」爲「積貯」也。

〔一一〕吳師道云：「大事記云：『春秋時，郡屬於縣，趙簡子所謂上大夫受縣，下大夫受郡是也。戰國時，縣屬於郡，所謂上郡十五縣者是也。魏惠（原本「惠」誤作「穗」，今正）十年後，方孝公商鞅時，併小鄉爲大縣，縣一令，尚未有郡及守稱。故魏納上郡之後十餘年，秦紀始書漢中郡。或者山東諸侯先變古制，而秦效之歟？』」金正煒云：「『郡』當爲『都』字，形相似而譌也。周禮：『四甸爲縣，四縣爲都。』禮記：『小曰邑，大曰都。』齊策：『戰者國之殘也，而都縣之費也。』又曰：『通都小縣置社。』蓋周末猶是都縣之制。後人習言郡縣，因致傳寫之譌。」〔按〕郡縣之置，春秋戰國時已有，前人論之多矣（見顧炎武日知録、趙翼陔餘叢考）。周禮都縣乃是王畿之制（呂氏春秋季夏紀高注：「周制，天子畿內方千里，分爲百縣，縣有四郡，郡有鄙，故春秋傳曰：『上大夫受縣，下大夫受郡。』周時縣大郡小。至秦始皇兼天下，置三十六郡，以監縣耳。」此釋易明），與戰國郡縣不同。金氏喜改字標異，此謬。杜佑通典職官十五云：「春秋時列國相滅，多以其地爲縣，則縣大而郡小，故傳曰：『上大夫受縣，下大夫受郡。』……至於戰國，則郡大而縣小，故甘茂曰：『宜陽大縣，名曰縣，其實郡也。』」大事記之説本之。

〔一二〕鮑彪云：「倍，背同。」胡三省云：「數險，謂函谷及三崤之險。」〔按〕敦煌本春秋後語「倍」作「背」。

〔一三〕鮑本「千」上有「數」字。黄丕烈云：「史記、新序皆無。」

〔一四〕鮑彪云：「『并』猶『兼』。」〔按〕并巴、蜀事，見前司馬錯與張儀爭論章。

〔一五〕〔按〕取西河之外事，見前楚攻魏張儀謂秦王章。

〔一六〕高誘云：「上庸，楚邑，今漢中東縣也。」吳師道云：「大事記云：『本庸國，今房州竹山縣，漢中要地也。』」程恩澤云：「今湖北鄖陽府竹山縣東四十里，有上庸城。上庸本屬楚，故高注以爲楚邑。是時屬秦，秦策所云『南取上庸』是也。其後又屬楚，史記所云：『秦復與楚上庸』是也。」〔按〕秦取上庸當在攻漢中之時。史記秦本紀惠王後十三年「攻楚漢中，取地六百里，置漢中郡」。

〔一七〕姚宏云：「錢、劉本作『不以多張子』。」鮑彪衍「爲」字。黄丕烈云：「史記無。」金正煒云：「按『爲』猶『以』也，説見經傳釋詞。此由一本作『以』一本作『爲』，傳寫誤併入之。漢書霍光傳：『衆庶莫不多光。』師古曰：『「多」猶「重」也。』」

〔一八〕高誘云：「先王，謂惠王也。」

〔一九〕高誘云：「中山，狄都，今盧奴中山也。」鮑彪云：「冀州國。後志云：一名中人亭。」吴師道云：「見中山策。」張琦云：「今直隸（今河北）保定定州之地，古中山國也。唐縣西北十三里，有故中山城。」

〔二〇〕高誘云：「語，言也，拔（姚宏云：『一本「拔」上有「言」字。』）中山之功也。」

〔二一〕高誘云：「甘茂本齊人，故曰『羈旅』也。」〔按〕趙累亦曰：「甘茂，羈旅也。」見東周策。甘茂傳謂茂是下蔡人。下蔡屬楚，高云「齊人」，疑有誤。

〔二二〕吴師道云：「『衍』，史並作『奭』。新序作『公孫子』，謂皆秦諸公子。」黄丕烈云：「按索隱引此正作『衍』，但此與犀首別一人，即公孫郝、公孫赫也，亦云公孫顯。疑『衍』字有誤。」〔按〕上秦惠王死公孫衍欲窮張儀章云：「不如召甘茂於魏，召公孫顯於韓，起樗里子於國。」楚策三楚王令昭雎至秦章云：「今惠王死，武王立，儀走，公孫郝、甘茂貴。甘茂善魏，公孫郝善韓。」趙策一甘茂爲秦約魏以攻韓宜陽章：「冷向謂强國曰：不如令趙拘甘茂勿出，以與齊、韓、秦市。……且拘茂也，且以置公孫赫、樗里疾。」「公孫顯」即「公孫郝」，説見前。是武王時，甘茂、樗里疾、公孫郝並爲寵任，而「召公孫顯於韓」，「公孫郝善韓」，與此「挾韓而議」語正相應。趙策所記更在同時，並稱「公孫赫、樗里疾」，又與此合。則此「公孫衍」當爲「公孫郝」，無疑。疑此本作「公孫子」，同新序，後人因甘茂有與公孫衍相傾事（見後甘茂相秦章），誤以爲「衍」而妄改也。下同誤。

〔二三〕鮑彪云：「媒孽之也。」横田惟孝云：「蓋挾持外家而誹議甘茂也。」〔按〕史記秦本紀武王三年「樗里疾相韓」，亦可證其與韓相親。

〔二四〕鮑彪改「侈」爲「朋」，云：「朋，公仲名，此書後或名朋，或名侈，朋、侈字近，故誤。史並作『侈』。然韓策言公仲侈，又言韓侈，爲兩人。今定公仲名朋（吴本「朋」誤作「明」，鮑單注本作「朋」今據正），别韓侈也。」吴師道云：「史田齊世家韓馮。徐廣云：『即公孫侈。』大事記取韓，又有韓明、韓侈。馮、朋音混，而『侈』、『明』、『朋』字訛故也。且當各存舊文。」錢大昕云：「韓朋即公仲侈。『侈』與『朋』聲不協，當是『倗』之誤。隸書多似『夠』，故『倗』譌爲『侈』。倗、朋本一字。『朋』與『憑』聲相近，故亦號韓憑矣。」（重刻剡川姚氏本戰國策序）王引之同錢説云：「韓子十過篇及漢書古今人表並作『公仲朋』。」横田惟孝云：「始與魏約伐韓，而聽誹議中止，是王欺魏也。甘茂伐韓而王止之，公仲侈必謂伐韓者，非王之意也，茂也，是茂受怨也。」

〔二五〕高誘云：「費，邑名也。」張琦云：「今縣屬（山東）沂州府，故城在縣西南七十里。」〔按〕曾子，孔子之弟子，名參，字子輿，魯人，見論語及史記仲尼弟子傳。御覽卷三百九十四引「曾子」作「曾參」，下同。説苑尊賢篇：「魯人攻鄪，曾子辭於鄪君曰：請出，寇罷而後復來，請姑母使狗豕入吾舍。……魯師罷，鄪君復修曾子舍而後迎之。」「鄪」同「費」，春秋時爲魯季氏之邑。洪亮吉曉讀書齋初録下云：「吕覽亦云：以滕、費則勞。是知春秋之末，强臣背主，大都耦國之勢已成，固不僅田氏篡齊，三家分晉已也。」

〔二六〕高誘云：「名，字。族，姓。」〔按〕御覽引「費人」作「魯人」，「名族」作「姓名」（又卷八百二十六引作「名姓」）。據高注當是名族。族，乃氏族。戰國時人尚姓氏有分，故此云「名族」，不云「名姓」。高注訓「族」爲「姓」，乃以漢俗爲據，其實不然。

〔二七〕〔按〕御覽卷三百九十四引「曾子母」作「其母」二字。

〔二八〕高誘云：「若，如故也。」

〔二九〕姚宏云：「一本無已上十九字。」〔按〕無之則與下「三人疑之」語不合。史記、新序并有，無者非。

〔三〇〕鮑彪云：「（杼）機之持緯者。」

〔三一〕高誘云：「踰牆逃走也。」〔按〕「踰」猶「越」。

〔三二〕高誘云：「『疑』猶『惑』也。」鮑彪云：「使其毋疑。」

〔三三〕高誘云：「『信』猶『保』也。」

〔三四〕鮑彪云：「疑之於王。」

〔三五〕高誘云：「『適』音『翅』。」鮑彪云：「適，啻同。」王念孫云：「説文『適』從『啻』聲。適、啻聲相近，故古字或以『適』爲『啻』。秦策曰：『疑臣者不適三人。』『不適』與『不啻』同，故高注讀『適』爲『翅』。史記甘茂傳作『疑臣者非特三人』。『非特』猶『不啻』。」

〔三六〕姚宏云：「一本『爲』上有『之』字。」

〔三七〕高誘云：「聽，受也。」

〔三八〕姚宏云：「『在』，新序作『讒』。」鮑彪云：「言在中也。」金正煒云：「漢書黥布傳：『楚使者在，方急責布發兵。』文穎曰：『在淮南王所也。』説與鮑同。或爲『再』之譌。」〔按〕今覆宋本新序「在」作「果」，不作「讒」，而下云「昭王立，樗里子、公孫子讒之」，疑姚氏有譌。甘茂傳亦作「果」。爾雅釋詁云：「在，終也。」與「果」義相近。鮑、金説並非。

〔三九〕横田惟孝云：「指盟地而誓王也。」

〔四〇〕鮑彪云：「在（武王）三年。」

〔附論〕王應麟通鑑答問云：「此窺周之漸也。宜陽在今河南之福昌縣東，密邇洛邑，澠池、二殽皆在境内，韓之阸塞，周之屏蔽也。地有常險，守有常勢，黎亡而商危，下陽舉而虢滅。故秦之拔宜陽，志不在韓而在周。……六國唯韓最弱，宜陽效則上郡絶。秦下兵據宜陽，韓之上地不通。從横之言，如出一口，非韓之憂也，周之憂也。」

7　宜陽之役

宜陽之役〔一〕，馮章〔二〕謂秦王曰：「不拔宜陽，韓、楚乘吾弊〔三〕，國必危矣。不如許楚漢中以懽之〔四〕。楚懽而不進，韓必孤，無奈秦何矣〔五〕。」王曰：「善。」果〔六〕使馮章許楚漢中，而拔宜陽〔七〕。楚王以其言責漢中於馮章〔八〕，馮章謂秦王曰：「王遂亡臣〔九〕，固（因）〔一〇〕謂楚王曰：『寡人固無地而許楚王〔一一〕。』」

〔箋證〕

〔一〕高誘云：「役，事也。」

〔二〕鮑彪云：「（馮章）秦人。」

〔三〕高誘云：「弊，極也。」〔按〕下策云：「宜陽之役，楚畔秦而合於韓，秦王懼。」東周策秦攻宜陽章謂楚遣景翠援宜陽。與此可互證。

〔四〕高誘云：「與楚漢中以喜之也。」〔按〕張儀亦曾欲以漢中和楚，見同策一張儀欲以漢中與楚章。漢中原屬楚，秦攻取之。

〔五〕高誘云：「韓失楚援，故孤，無如秦何。」

〔六〕中井積德云：「『果』字疑衍。凡策中用『果』，多不得其宜者，不可曉。」

〔七〕高誘云：「宜陽，韓邑也。」〔按〕「而」猶「乃」也，見經傳釋詞。

〔八〕〔按〕謂責其歸地。

〔九〕盧本「遂」作「逐」，誤。鮑彪云：「詐爲逐之。」安井衡云：「亡臣，猶言使臣亡，謂逐之。」

〔一〇〕鮑本、吳本、盧本「固」作「因」。〔按〕此疑涉下「固」字而誤，今從鮑本正。

〔一一〕吳師道云：「懷王親受商於之欺，而猶不悟，昏於貪故也。」〔按〕此爲縱橫家習於權詐之言，多有相類者，不足責以史實也。

8　甘茂攻宜陽

甘茂攻宜陽，三鼓之〔一〕，而卒不上〔二〕。秦之右將有尉對曰〔三〕：「公不論兵〔四〕，必大困。」甘茂曰：「我羇旅而得相秦者，我以宜陽餌〔五〕王。今攻宜陽而不拔，公孫衍〔六〕、樗里疾挫〔七〕我於內，而公中〔八〕以韓窮我於外，是無伐（戊）〔九〕之日已，請明日鼓之，而〔一〇〕不可下，因以宜陽之郭爲墓〔一一〕。」於是出私〔一二〕金以益〔一三〕公賞。

明日，鼓之〔一四〕，宜陽拔〔一五〕。

〔箋證〕

〔一〕鮑彪云：「鼓以進軍。」〔按〕周禮夏官司馬云：「鼓戒三闋。」鄭注云：「鼓戒，戒攻敵。」

〔二〕高誘云：「卒，士也，士不上攻也。」〔按〕上，謂登城。

〔三〕鮑彪云：「(尉)軍尉。」横田惟孝云：「『對』字恐衍。」于鬯云：「右將軍省稱『右將』。謂右將軍屬有一軍尉也。此必茂因卒不上而有問，故言對。」〔按〕「對」疑是「懟」之借字。説文：「懟，怨也。」此軍尉蓋因甘茂督戰過急，故發怨言。

〔四〕鮑彪云：「言不以兵法治士。」吴曾祺云：「言不論兵力之厚薄，而强之使攻也。」

〔五〕高誘云：「『餌』猶『喜』也。」鮑彪云：「以釣喻也。」〔按〕「餌」無喜義，高注蓋引申其意而言之。以此釣魚喻之，謂猶遊餌也。

〔六〕吴師道云：「『衍』，史作『奭』，下章同。」黄丕烈云：「史記無此文，吴以意言之耳。」〔按〕吴蓋據上章而言。此公孫衍當爲公孫郝，説見上。

〔七〕高誘云：「『挫』猶『毁』也。」

〔八〕高誘云：「公中，韓侈也。」〔按〕高注「侈」字當作「倗」，説見前。鮑彪改「中」作「仲」。〔按〕中，古「仲」字，不當改。

〔九〕鮑彪云：「戰功曰『伐』，言後不復立功。」吴師道云：「一本(無伐)作『無茂』，是，蓋字訛。」横田惟孝云：

「無伐之日，謂無伐韓之日。」金正煒云：「一本作『無茂』，是也。或『無』字本作『亡』，而『伐』爲『我』之譌，承上文『挫我』、『窮我』而言。史記項羽紀：『天之亡我。』」〔按〕鮑注、橫田解並於義未安。一本作「無茂」爲是。但「伐」當作「戊」，二字形似而譌。戊、茂通用，新出土青川秦更修田律木牘及説苑雜言篇「甘茂」正作「甘戊」，可證。今從一本而「茂」作「戊」。

〔一〇〕金正煒云：「『而』讀爲『若』。」

〔一一〕高誘云：「墓，葬也。」鮑彪云：「示必死也。」

〔一二〕盧本「私」譌作「利」。

〔一三〕高誘云：「益，助也。」

〔一四〕鮑本「之」下有「而」字。

〔一五〕高誘云：「拔，得也。」

9　宜陽未得

宜陽未得〔一〕，秦死傷者衆，甘茂欲息兵〔二〕。左成謂甘茂曰：「公内攻於樗里疾、公孫衍〔三〕，而外與韓侈〔四〕爲怨。今公用兵無功，公必窮矣。公不如進兵攻宜陽〔五〕，宜陽拔，則公之功多矣〔六〕。是樗里疾、公孫衍無事也〔七〕。秦衆盡，怨之深矣〔八〕。」

〔箋證〕

〔一〕姚宏云：「『得』，一本作『拔』。」高誘云：「宜陽，韓邑，韓武子所都也。」〔按〕韓武子封于韓原，見史記韓世家。正義引括地志云：「韓原在周州韓城縣西南八里。」與宜陽異地。韓自宣子以下，亦無都於宜陽者。高注誤。

〔二〕高誘云：「息，休也。甘茂，秦將也。」

〔三〕高誘云：「惡甘茂，譖毀之於内，故曰内攻於疾、衍。」姚宏云：「一本下有『也』字。」鮑彪云：「二人毀之如攻國然。」〔按〕公孫衍當爲公孫郝，説見前。

〔四〕高誘云：「韓侈，韓相。」鮑彪改「侈」作「朋」。〔按〕「侈」當爲「倗」，説見前。

〔五〕金正煒云：「按茂已久攻宜陽，不得復説以進兵。『進』當爲『盡』，聲之誤也。列子天瑞篇：『終進乎不知也。』注：『「進」當爲「盡」。』與此同。盡兵攻宜陽，猶張儀説秦王章所云『悉卒以攻邯鄲』也。下文『秦衆盡，怨之深矣』，即與此語相應。」〔按〕「進」字自通。金釋可備一説。

〔六〕高誘云：「戰功曰多也。」〔按〕高注語本周禮夏官司勳。楚策一威王問於莫敖子華章：「此蒙穀之功多，與存國相若。」「功多」猶「功」，古義如此。或訓「多」爲「厚」，亦通。

〔七〕高誘云：「無事，樗里疾、公孫衍（按衍亦當作郝）無以復攻毀甘茂之事也。」鮑彪云：「不得事權。」安井衡云：「無事，無所事事也，言王將不用之。」

〔八〕高誘云：「秦死傷衆，盡怨樗里疾、公孫衍之造謀伐宜陽，怨深之重也。」鮑彪云：「使茂久攻，二人持之故也。」關修齡云：「文有錯亂，或作『今公用兵無功，秦衆盡怨之深矣』。文義似順。言秦人怨死傷衆，欲拔宜陽，而茂息兵，則衆怨之深矣。」于鬯云：「按東周策云：『秦王不聽羣臣父兄之義，而攻宜陽。』則不可謂二人造謀，高注未是。鮑義似近，關説亦非。若依文法，『秦衆』上當有『不拔』二字，與上『宜陽拔』作對。」〔按〕此文有省略，蓋謂今若息兵，秦人死於宜陽者衆，必深怨於茂，則茂危矣。蒙前文「甘茂欲息兵」而省。高、鮑所釋，不能愜意。此與上章所記有殊，或出於傳聞異辭，策並存之。

10　宜陽之役楚畔秦

宜陽之役，楚畔秦而合於韓〔一〕，秦王〔二〕懼。甘茂曰：「楚雖合韓，不爲韓氏先戰〔三〕，韓亦恐戰而楚有變其後〔四〕；韓、楚必相御也〔五〕。楚言與韓，而不餘怨於秦，臣是以知其御也〔六〕。」

【箋證】

〔一〕〔按〕韓、楚相合，見前宜陽之役馮章謂秦王章及東周策秦攻宜陽章。史記周本紀亦云：「王赧八年，秦攻宜陽，楚救之。」

〔二〕高誘云：「秦武王也。」

〔三〕高誘云：「言楚不能爲韓氏先與秦戰也。」

〔四〕高誘云：「恐楚作變難伐其後也。」

〔五〕高誘云：「『御』猶『相瞰望』也。」（姚宏云：「『瞰』，錢、劉作『詹』。」）鮑彪云：「『御』猶『制』也。二國雖合猶相疑，故自相制。」于鬯云：「按高注即讀『御』爲『訝』，義引申耳。」文廷式云：「按『御』猶『逆』也，『迕』也，言韓、楚必不能相順。高注非是。」（純常子枝語）金正煒云：「國語越語：『皆曲相御。』注：『「御」猶「將」也，言皆曲意取容，轉相將望。』正與高注義合。」〔按〕「御」同「禦」，防也，制也。此言韓、楚互不信任，各相防制。鮑説爲長。

〔六〕高誘云：「楚雖與韓合，不有餘怨於秦，無怨亦可復合也，故曰以是知其相御。」鮑彪云：「楚之與韓，有言而已，而其於秦不見多怨。」吴師道云：「聲言與韓，而不遺怨於秦。」金正煒云：「『餘』字疑當作『除』。易象下傳（易萃象傳）：『君子以除戎器。』虞注：『除，修也。』言楚雖聲言與韓，而不修怨於秦，是以知其相御也。」〔按〕吕氏春秋辯士篇高注云：「『餘』猶『多』也。」「餘怨」即「多怨」，「不多怨」即「無怨」，據高注可知。金説未是。

11 秦王謂甘茂

秦王謂甘茂曰：「楚客來使者多健〔一〕，與寡人争辭，寡人數窮焉〔二〕，爲之奈何？」甘茂對曰：「王勿患〔三〕也。其健者來使〔者〕〔四〕，則王勿聽〔五〕其事。其需弱〔六〕者來使，則王必聽之。然則需弱者用而健者不用矣，王因而制之〔七〕。」

〔箋證〕

〔一〕高誘云：「健者，强也。」鮑彪云：「言其强辯。」金正煒云：「按高注『健者强也』，高注無著『者』字之例。策文『者』字當在『健』字下，故注以『健者』爲文。後云『其健者來使者』，又云『然則需弱者用而健者不用矣』，並以『健者』連文。」〔按〕原文可通，不煩改動。

〔二〕鮑彪云：「辭屈也。」

〔三〕高誘云：「患，憂也。」

〔四〕吴師道云：「『者』字疑衍。」黄丕烈云：「按據下句，『使』下無『者』字也。」〔按〕今從衍。

〔五〕高誘云：「聽，從也，受也。」

〔六〕鮑彪云：「集韻『需』音『儒』，『韋柔滑貌』。」吴師道云：「『需』即『濡』。」金正煒云：「『需』當爲『耎』，字形相近而譌。楚策：『李園，耎弱人也。』『耎弱』與『健』義正相對。」〔按〕需、耎二字，古多相亂，但此文「需」字自通，不必改字。左氏哀六年傳釋文云：「需，懦弱持疑也。」「需」借作「懦」，説文「懦」字云：「駑弱也。」段玉裁訂「懦」作「愞」，謂古音從需從耎分别畫然。惟二字相亂已久，亦不能定也。

〔七〕高誘云：「制，御也。」鮑彪云：「弱者易制，因可制。」

12　甘茂亡秦且之齊

甘茂亡秦〔一〕，且〔二〕之齊，出關〔三〕，遇蘇子〔四〕，曰：「君聞夫江上之處女〔五〕乎？」蘇子曰：「不聞。」曰：「夫江上之處女〔六〕，有家貧而無燭者，處女相與語，欲去之〔七〕。家貧無燭者將去矣，謂處女曰：『妾以無燭故〔八〕，常先至，掃室布席〔九〕。何愛〔一〇〕餘明之照四壁者〔一一〕？幸以賜妾！何妨於處女？妾自以有益於處女，何爲去我？』處女相語以爲然而留之〔一二〕。今臣不肖，棄逐於秦而出關〔一三〕，願爲足下掃室布席，幸無我逐也〔一四〕。」蘇子曰：「善，請重公於齊〔一五〕。」

乃西說秦王曰：「甘茂，賢人，非恒士也〔一六〕。其居秦，累世重矣〔一七〕。自殽塞、谿谷〔一八〕，地形險易，盡知之。彼若以齊約韓、魏，反以謀秦，是非秦之利也〔一九〕。」秦王曰：「然則奈何？」蘇代曰：「不如重其贄〔二〇〕厚其祿以迎之。彼來，則置之槐谷〔二一〕，終身勿出〔二二〕。天下何從圖秦？」秦王曰：「善。」與之上卿，以相(印)迎之〔二三〕。齊〔二四〕，甘茂辭不往。

蘇秦〔二五〕僞謂(齊)王曰〔二六〕：「甘茂，賢人也，今秦與之上卿，以相(印)迎之〔二七〕，茂德〔二八〕王之賜，故不往，願爲王臣。今王何以禮之？王若不留，必不德王。彼以甘茂之賢，得擅用强秦之衆，則難圖也。」齊王曰：「善。」賜之上卿，命而處之〔二九〕。

【箋證】

〔一〕鮑彪云：「茂傳：昭元年，擊魏皮氏，未拔，去。」〔按〕因向壽、公孫奭之讒。文選廣絕交論注、太平御覽卷八百七十引「亡」作「去」。

〔二〕高誘云：「且，將也。」

〔三〕〔按〕關，謂函谷關。

〔四〕高誘云：「遇，見也。蘇子，蘇代也。」鮑彪云：「代傳：侍燕太子質於齊，將適秦。」〔按〕史記蘇代傳不言適秦，甘茂傳言「代爲齊使於秦」。鮑蓋參合言之。初學記卷二十五引「蘇子」作「蘇季子」，據高注，作「季子」誤。本章下文又作「蘇秦」，不一。

〔五〕鮑彪云：「（處女）女在室者。」

〔六〕〔按〕初學記、御覽引「處女」作「夜女」。下同。

〔七〕鮑彪云：「遣之使去。」

〔八〕〔按〕文選注引「故」上有「之」字。

〔九〕〔按〕初學記引「掃」上有「獨」字。

〔一〇〕鮑本、吴本「愛」下有「於」字。

〔一一〕〔按〕初學記引作「何愛東壁之照四壁者」。御覽引作「何愛東壁餘照西壁者」。

〔一二〕〔按〕史記甘茂傳此段作「臣聞貧人女與富人女會績，貧人女曰：我無以買燭，而子之燭光幸有餘，子可分我餘光，無損子明，而得一斯便焉」。吴汝綸云：「策無『會績』二字，遂不知燭光何用。」按吴説誠然，但史無「去之」之詞，則貧女之言不知何爲而發。策、史亦互有得失，不必抑揚。列女傳辨通傳云：「齊女徐吾者，齊東海上貧婦人也，與鄰婦李吾之屬會燭，相從夜績。徐吾最貧，而燭數不屬。李吾謂其屬曰：『徐吾燭數不屬，請無與夜也。』徐吾曰：『是何言與？妾以貧，燭不屬之故，起常先，息常後，灑掃陳席，以待來者。自與蔽薄，坐常處下。凡爲貧，燭不屬故也。夫一室之中，益一人，燭不爲暗；損一人，燭不爲明。何愛東壁之餘光，不使貧妾得蒙見哀之恩，長爲妾役之事，使諸君常有惠施於妾，不亦可乎？』李吾莫能應，遂復與夜，終無後言。」則似衍寓言爲事實，且備具姓名矣。故劉知幾史通雜説下篇譏其「以彼烏有，持爲事實」。

〔一三〕高誘云：「甘茂言我不肖，爲秦所棄逐也。」

〔一四〕〔按〕此茂言期見容於齊。

〔一五〕高誘云：「重，尊也。言將使齊尊重公。」

〔一六〕鮑彪云：「恒，常也。」〔按〕甘茂傳作「非常士也」。

〔一七〕鮑彪云：「茂事惠、武、昭三王。」

〔一八〕姚宏云：「後語：『槐谷。』注：『槐里之谷，今京兆始平之地。言周、秦之地悉知也。或作「鬼谷」，大非。』」〔按〕甘茂傳作「自殽塞及至鬼谷」。「鬼谷」即「槐谷」，説見下。孔衍蓋采史、策也。盧藏用注以「鬼谷」爲非。未是。

〔一九〕高誘云：「約，結也。以齊之强，合韓、魏，還以圖秦，能傾之，故曰『非秦之利也』。」

〔二〇〕姚宏云：「劉作『重贄』。」〔按〕左氏成公十二年傳「交贄往來」，杜注：「贄，幣也。」

〔二一〕鮑彪云：「扶風有槐。史云：『鬼谷。』注：『在陽城。』」吴師道云：「史谿谷、槐谷並作『鬼谷』。故前則徐注『在陽城』，後則劉伯莊云『在關内雲陽』，皆不明。」黄丕烈云：「按『槐』、『鬼』者聲之轉也。此必在關内，徐廣注史記以陽城之鬼谷説之，自誤。而後語注因云：『或作「鬼谷」，大非。』亦未然。」程恩澤云：「按『槐谷』一名『鬼谷』，非扶風之槐里，亦非陽城之鬼谷也。……正義曰：『此鬼谷在關内雲陽，非陽城者也。』古雲陽城在今西安府涇陽縣，爲漢池陽縣地。郡國志注引地道記曰：『池陽北有鬼谷。』是也。顧祖禹曰：『今西安府三原縣西二十里有清谷，一作「鬼谷」，即「槐谷」也。』」

〔二二〕鮑彪云：「代知茂必留齊，故言此爾。」

〔二三〕姚宏云：「錢一作『相印迎之』。」〔按〕甘茂傳作「相印」，下同。考甘茂去而樗里疾爲相。疾，茂之政敵，豈有使其迎之之理？作「相印」爲是，今從之。

〔二四〕鮑彪云：「迎之於齊。」〔按〕「之」猶「諸」也，見經傳釋詞。「諸」爲「之」「於」二字合音。

〔二五〕姚宏云：「『秦』，一作『代』。」鮑彪改「秦」作「子」。〔按〕上文作「子」，甘茂傳亦作「代」，此作「秦」，前後參差。

〔二六〕姚宏云：「一作『僞謂齊湣王曰』。」鮑本「謂」作「爲」，王上補「齊」字，注云：「閔。」吳師道云：「『僞爲』二字疑是『爲謂』。蓋上卿之事誠有，何得言僞？」黄丕烈云：「史記作『蘇代謂齊湣王曰』。」王念孫云：「『僞爲』即『爲謂』也。爲謂齊王者，蘇代爲甘茂謂齊王也。『僞爲』之『僞』，古與『謂』同義，故一本作『謂』。」〔按〕王說是也。今從鮑本「王」上補「齊」字。齊王，據古本竹書紀年此時當齊宣王。

〔二七〕姚宏云：「劉作『以相印迎之齊』。」今從之，說見上。

〔二八〕高誘云：「德，恩也。」〔按〕此「德」字是動詞，感恩。

〔二九〕高誘云：「處，居也。」姚宏云：「後語：『而厚處之。』」鮑彪云：「『命』猶『入命』之『命』。」〔按〕甘茂傳索隱云：「『處』猶『留』也。」

13 甘茂相秦

甘茂相秦〔一〕。秦王愛公孫衍，與之間有所立〔二〕，因自謂之曰：「寡人且相子〔三〕。」甘茂之吏，道而聞之〔四〕，以告甘茂。

甘茂因入見王曰：「王得賢相，敢再拜賀。」王曰：「寡人託國於子，焉〔五〕更得賢相？」對曰：「王且相犀首〔六〕。」王曰：「子焉聞之？」對曰：「犀首告臣〔七〕。」王怒於犀首之泄也，乃逐(之)〔八〕。

【箋證】

〔一〕此章原與上章連屬，鮑彪別爲一章，依內容當分提，今從之。于鬯云：「此策當在秦武王三年，周赧七年，拔宜陽之前。何以明之？韓非外儲說載一說以此策事屬樗里疾，云：『王與犀首計曰：吾欲攻韓，奚如？犀首曰：秋可矣。』據秦紀伐宜陽正在武王三年之秋，則此亦在武王三年春夏間事矣。」〔按〕韓非子外儲說右上篇作「甘茂相秦惠王」。惠王時，甘茂未相，當誤。鮑彪列於秦武王下，是。

〔二〕鮑彪云：「『請間』之『間』，暇隙也。因暇與語將置相也。」關修齡云：「退燕避人曰『間居』，此亦其義。謂間時王與衍共立也。」王引之云：「『間有所立』四字，文不成義。『立』當爲『言』。間，私也，謂與之私有所言也。故下文即云『因自謂之曰：寡人且相子』。篆文『言』作『[illegible]』，隸作『[illegible]』，因譌而爲『立』。韓子外儲說右篇正作『間有所言』。」〔按〕王說爲長，劉向序録所謂「誤脫爲半字，以『齊』爲『立』」也。「言」誤爲「立」，亦脫半字耳。但鮑以立爲建置亦可通。關訓爲「共立」，非。

〔三〕高誘云：「子，公孫衍也。」〔按〕且，將也。

〔四〕姚宏云：「劉無『道而』二字。」鮑彪云：「聞之於道。」吳師道云：「按韓非子『道而』作『道穴』，云：『秦王欲將犀首，樗里疾恐代之將也，鑿穴於王之所常隱語者。王果與犀首計之。境內盡知之。』蓋樗里疾道穴聽之矣。」（黄丕烈云：「按韓子在外儲説右上，事與策同。其樗里疾事以『一曰』爲別，吴合爲一事者，誤。」）橫田惟孝云：「『道』如『道周』之『道』，猶『遇』也，蓋吏經過王與衍所立之處而聞之。」于鬯云：「『而』爲『穴』字之誤，韓非作『穴』。」〔按〕秦王與衍談話極密，故下怒其泄，安有他人可聞之於道，或過而聞之之理？鮑注、橫田解必誤。道，蓋隧道。左氏隱元年傳：「若闕地及泉，隧而相見。」杜注云：「隧，若今延道。」「道而聞之」猶「遂而聞之」。道，謂穴地爲道，故韓非子作「道穴」。「而」字亦不必改作「穴」。

〔五〕〔按〕皇侃論語子路篇義疏云：「『焉』猶『何』也。」

〔六〕高誘云：「犀首，公孫衍也。」〔按〕説見前。

〔七〕高誘云：「告，語也。言甘茂知之，且不欲使公孫衍得相而（姚宏云：「一本無『而』字。」）分其寵也。故言『犀首告臣』，欲王遂之也。」

〔八〕鮑本原無「之」字，補「之」字。鮑彪云：「逐，逐衍也。」〔按〕史記張儀傳云：「張儀已卒之後，犀首入相秦。」與此不合。或後來秦相之歟？

14　甘茂約秦魏而攻楚

甘茂約秦、魏而攻楚。楚之相秦者屈蓋〔一〕爲楚和於秦，秦啓關而聽楚使〔二〕。

甘茂謂秦王曰：「怵〔三〕於楚，而不使魏制和〔四〕，楚必曰〔五〕：『秦鬻〔六〕魏。』不悦〔七〕，而合於楚。楚、魏爲一，國恐傷〔八〕矣。王不如使魏制和。魏制和，必悅。王不惡於魏，則寄地必多矣〔九〕。」

〔箋證〕

〔一〕高誘云：「屈蓋，楚臣也。楚仕於秦，使秦相之也。」金正煒云：「按屈蓋相秦無考，且與楚王問范環章不合。置楚臣以爲秦相，恐亦非楚所能得於秦也。史記六國年表楚懷王十七年，『秦敗我將屈丐』。索隱云：『「丐」音「蓋」，楚大夫。』疑即此策屈蓋。『相秦』當爲『拒秦』之譌。蓋未爲秦虜之先，謀和於秦。」〔按〕戰國時，諸國用外國臣爲相者，其事屢見，且策文明言「楚之相秦者」，不當有疑。金説非。屈丐被虜在秦惠王後十三年，當周赧王三年（前三一二）。此策時代雖不可考（顧觀光國策編年繫於赧王三年，作爲附章，云：「是年秦敗楚於藍田，魏又襲楚至鄧，故附此。」蓋亦不敢肯定。其實與此策並不符合），然當在甘茂秉政之時（武王二年至昭王元年），鮑氏繫之武王之下，可以相信。是屈蓋，疑非屈丐。

〔二〕〔按〕「聽」猶「受」。關，函谷關。

〔三〕鮑彪改「怵」爲「訹」，云：「訹，誘也。若『怵』，則驚耳。」吴師道云：「策『訹』、『怵』字通。」于鬯云：「按漢書食貨志顔注引李奇曰：『怵，誘也。』又賈讓傳注引孟康曰：『怵，爲利所誘怵也。』亦用『怵』字。怵、訹本同聲假借通例。」

〔四〕鮑彪云：「制，謂主之。」關修齡以下「楚」字屬此句讀，云：「秦約魏攻楚，獨聽於楚，而不使魏制楚和於秦。」〔按〕關讀雖義亦可通，但下文並云「魏制和」，則「楚」字仍當屬下讀爲是。

〔五〕鮑彪云：「以讋魏之言告魏。」横田惟孝云：「『楚』疑當作『魏』。」〔按〕如作「魏」，下文當云「秦讋吾」。今不然，知「楚」字不誤。鮑注可通。

〔六〕鮑彪云：「鬻，賣也，如賣友云。言始約而終背之。」

〔七〕鮑彪於「不」字上補「魏」字。吳師道云：「恐缺一『魏』字。」安井衡云：「不悦者魏也。不言魏者，蒙上省文。鮑補一『魏』字，似是而非。」〔按〕安井説是。

〔八〕高誘云：「傷，害也。」〔按〕國，謂秦國。

〔九〕鮑彪云：「言魏且割地與秦。時地未入，故言『寄』。」〔按〕説文「寄」字云：「託也。」

15　陘山之事

陘山之事〔一〕，趙且與秦伐齊。齊〔二〕懼，令田章以陽武〔三〕合於趙，而以順子爲質〔四〕。趙王〔五〕喜，乃案〔六〕兵，告於秦曰：「齊以陽武賜弊邑，而納順子，欲以解伐〔七〕。敢告下吏〔八〕。」

秦王使公子他之趙，謂趙王曰：「齊與大國救魏而倍約〔九〕，不可信恃。大國不義〔一〇〕，以告弊邑〔一一〕，而賜之二社之地〔一二〕，以奉祭祀，今又〔一三〕案兵，且欲合齊而受其地〔一四〕，非使臣之所知也。請益甲四萬，大國裁之〔一五〕！」

蘇代爲齊獻書穰侯曰〔一六〕：「臣聞往來之者（者之）〔一七〕言曰：『秦且益趙甲〔一八〕四

萬人以伐齊。』臣竊必〔一九〕之弊邑之王〔二〇〕曰：『秦王明而熟於計，穰侯智而習於事，必不益趙甲〔二一〕四萬人以伐齊。』是何也？ 夫三晉相結，秦之深讎也〔二二〕。三晉百背秦，百欺秦〔二三〕，不爲不信，不爲無行〔二四〕。今破齊以肥趙，趙〔二五〕，秦之深讎〔二六〕，不利於秦。一也。秦之謀者，必曰：『破齊弊晉（楚）〔二七〕，而後，制晉、楚之勝〔二八〕。』夫齊罷〔二九〕國也，以天下〔三〇〕擊之；譬猶以千鈞之弩潰癰也〔三一〕。秦王安能制晉、楚哉〔三二〕？二也。秦少出兵，則晉、楚不信〔三三〕；多出兵，則晉、楚爲制於秦。齊恐，則必〔三四〕不走於秦，且走晉、楚〔三五〕。三也。齊割地以實晉、楚〔三六〕，則晉、楚安。齊舉兵而爲之頓劍〔三七〕，則秦反受兵。四也。是晉、楚以秦破〔三八〕齊，以齊破秦〔三九〕，何晉、楚之智，而齊、秦之愚〔四〇〕？五也。秦得安邑〔四一〕，善齊以安之，亦必無患矣。秦有安邑，則韓、魏必無上黨哉〔四二〕。夫取三晉之腸胃〔四三〕，與出兵而懼其不反也，孰利？故臣竊必之〔四四〕弊邑之王曰：『秦王明而熟於計，穰侯智而習於事，必不益趙甲四萬人以伐齊矣〔四五〕。』

〔箋證〕

〔一〕高誘云：「陘山蓋趙井陘塞也。事，役也。」鮑彪云：「穰侯傳：『魏背秦，與齊從親。秦使穰侯攻趙、韓、魏於華陽下。且益趙以兵伐齊。』則此役也。陘山在密。後志注云：『史記秦破魏華陽，地亦在縣。』則此策書陘山，史書華陽，一役也。事在（昭襄王）三十四年。」吳師道云：「大事記：華陽之役，秦救韓而繫趙、魏。年表、列傳或云得三晉將，或云攻趙、韓、魏，皆記者之誤。按大事記：『赧王四十一年，魏背秦，與齊從親。秦魏冉伐魏，拔四城。』明年，『趙、魏伐韓，秦魏冉救韓，敗趙、魏，且與趙觀津，益趙以兵伐齊』。陘山見前。大事記：『華陽，亭名，在密陽。』」鍾鳳年云：「此事依史記言之，即秦破趙、魏於華陽之役，與魏策三秦敗魏於華陽走芒卯章及韓策三趙魏攻華陽章，俱相後先事。蓋華陽近於陘山，故此章舉地遂異。」〔按〕陘山之事即秦敗三晉於華陽事。陘山爲韓地。史記蘇秦説韓宣王曰：「韓南有陘山。」集解引徐廣云：「密縣有陘山。」韓世家釐王二十三年「趙、魏攻我華陽，韓告急於秦。……（秦）敗趙、魏於華陽之下」。正義引司馬彪云：「華陽，山名，在密縣。」是陘山與華陽實屬一地。高注以趙之井陘塞當之，大誤。此役秦助韓敗趙、魏，穰侯傳言「攻趙、韓、魏」者，誤。

〔二〕〔按〕初學記二十二引「齊」下有「王」字。

〔三〕高誘云：「陽武，齊邑也。和，合也。」鮑彪云：「屬河南，此時屬齊。」吴師道云：「此指開封陽武，非齊地。當考。」程恩澤云：「按漢志陽武屬河南。今爲開封府蘭儀縣。是時齊地據有曹、濮，距蘭儀不遠。既云以陽武合於趙，當必與趙接壤之處。未可以鮑注爲非。」張琦謂：「或章武之譌。陽、章音相近也。章武，今（河北）天津府地。」〔按〕韓非子外儲説右下篇「田鮪教其子田章曰」云云，當即此田章。田氏爲齊公族。

〔四〕高誘云：「順子，齊公子。質，保也。」〔按〕説文：「質，以物相贅。」此以人爲信物。左氏隱三年傳云：「周、鄭交質，王子狐爲質於鄭，鄭公子忽爲質於周。」釋文：「『質』音『致』。」

〔五〕鮑彪以「趙王」爲「惠文王」。

〔六〕〔按〕「案」同「按」。吕氏春秋期賢篇：「衛以十人者按趙之兵。」高注云：「按，止也。」

〔七〕高誘云：「解趙使不與秦俱伐齊。」

〔八〕高誘云：「下吏，秦吏。」鮑彪云：「不斥王，故言告吏。」〔按〕此外交謙遜之辭，猶稱執事、左右之類。

〔九〕鮑彪云：「齊背二國。」〔按〕穰侯傳昭王三十二年，穰侯圍大梁，須賈説穰侯云：「願君逮楚、趙之兵未至於梁，亟以少割收魏。」救魏殆指此事。但史言楚、趙，不及齊，或時齊亦救魏，史失之歟？ 又：「明年，魏背秦，與齊從親。」倍約之事疑謂此。

〔一〇〕姚宏云：「『不』，一作『弗』。錢、劉一作『不以爲義』。若下注作『弗』，則上當作『弗義』。」高誘云：「大國，趙也。弗義，不以爲義也。」

〔一一〕高誘云：「弊邑，秦自謂也。」鮑彪云：「告以伐齊。」

〔一二〕鮑彪云：「邑皆有社，二社，二邑也。」吳師道云：「未詳戰國之制。」横田惟孝云：「司馬貞曰：『古者二十五家爲里，里各立社。』據之，則『二社』僅五十家耳，或脱『百』字歟？ 抑戰國之制異也。」金正煒云：「管子乘馬篇：『方六里名之曰「社」。有邑焉名之曰「央」。』此云『二社』，當是方十二里之地。」〔按〕説文云：「周禮二十五家爲『社』。」即司馬貞所本。晏子春秋内篇雜上云：「景公予魯君地山陰數百社。」亦謂社地。然合之此策，「二社」爲五十家或十二里（乘馬篇説），皆恐未當，祇能存疑。

〔一三〕姚宏云：「劉、錢『又』作『有』。古人『有』多作『又』。」

〔一四〕高誘云：「地，陽武也。」

〔一五〕〔按〕淮南子主術訓高注云：「裁，度。」此脅趙之言，使不得受地按兵。

〔一六〕高誘云：「蘇代，蘇秦弟。穰侯，秦相也。」〔按〕蘇代見前。穰侯，魏冉，秦昭王母宣太后弟，以功封穰侯，相昭王，史記有傳。穰侯傳云：「齊襄王懼，使蘇代爲齊陰遺穰侯書。」

〔一七〕姚宏云：「錢、劉一作『往來之言者』。」鮑彪改「之者」作「者之」。吳師道云：「宜作『者之』。史無『之』字。」〔按〕鮑改是也，初學記二十二、太平御覽三百五十五引正作「者之」，今從正。

〔一八〕〔按〕初學記引「甲」下有「兵」字。穰侯傳無「兵」字。

〔一九〕〔按〕初學記引「必」下有「是」字。

〔二〇〕鮑彪云：「必者，意其然。王，襄王。」

〔二一〕〔按〕初學記、御覽引「甲」下有「兵」字。

〔二二〕高誘云：「深，重也。」

〔二三〕〔按〕後漢書班彪傳李賢注云：「百，言非一也。」

〔二四〕金正煒云：「『爲』與『謂』，古通用。言三晉雖屢背秦欺秦，不自謂不信、無行也。」〔按〕「爲」猶「以爲」，不必通借。

〔二五〕姚宏云：「史記有『趙趙』二字，曾、劉無。」

〔二六〕鮑彪云：「此（昭王）二十七年，敗趙，取代（吳本「代」作「伐」，形近而誤。鮑單注本不誤，史記秦本紀同，今正）光狼。」

〔二七〕鮑彪云：「此晉、趙也。以趙破齊，齊破，趙亦敝。」横田惟孝云：「『晉』下恐脱『楚』字。」〔按〕下文並云「晉、楚」，是此「晉」下當有「楚」字，否則不相應矣。穰侯傳作「晉、楚」，可證，今補。

〔二八〕鮑彪云：「二國破敝，秦無後慮，可以南制楚。」中井積德云：「前文無『楚』，而代書中連稱『晉、楚』，是以是役爲秦率晉、楚伐齊者也。皆臆度之言。」〔按〕鮑注曲折，恐非。中井説或然。

〔二九〕鮑彪云：「罷，疲同。」

〔三〇〕横田惟孝云：「不曰『晉、楚』，而曰『天下』，大之也。」

〔三一〕姚宏云：「錢、劉『弩』下有『射』字。」吳師道云：「史作『決潰癰』。」

〔三二〕鮑彪云：「夫能制人，必其威武足以屈人。今攻罷國勝之，非武也，安能制人？」〔按〕此謂秦助晉、楚攻齊，本欲破齊弊晉、楚以收利，今齊是罷國，不待晉、楚之弊而已破，故云「安能制晉、楚哉」，鮑注未允。

〔三三〕鮑彪云：「不信其伐齊。」

〔三四〕吴本無「必」字。

〔三五〕鮑彪云：「兵多則非獨齊見制，懼晉、楚亦見制。齊畏秦，故不趨秦；而與晉、楚同患，故趨晉、楚。」

〔三六〕金正煒云：「禮記雜記：『使某實。』注：『「實」當爲「至」，此讀周、秦人聲之誤也。』『至』與『致』通。」〔按〕淮南子精神訓高注云：「實，幣帛貨財之實。」此作動詞用，猶賂也，言以地賂晉、楚。不必改讀。穰侯傳「實」作「啖」。

〔三七〕鮑彪云：「二國惡秦而齊先伐，故既合，則齊爲二國出兵。頓，下也。此以小言之。」横田惟孝云：「頓，壞也。謂爲晉、楚强戰也。」〔按〕史記賈生傳：「莫邪爲頓兮。」索隱云：「頓，鈍也。」「頓劍」即「鈍劍」，劍爲之鈍，意猶苦戰。此言二國受齊賂而相安，齊舉兵攻秦，則且助之力戰，故云「秦反受兵」，又云「晉、楚以齊破秦」。

〔三八〕鮑本、吴本「破」作「伐」。鮑彪云：「晉亦趙也。初與秦伐齊。」穰侯傳作「晉、楚案之以兵，秦反受敵」。

〔三九〕鮑彪云：「爲之頓劍是也。」

〔四〇〕高誘云：「齊、秦爲晉、楚所帥，故謂之愚也。」

〔四一〕鮑彪云：「此攻華陽時得之。安邑，魏地，亦屬韓，猶上黨兩屬也。白起傳：取韓安邑。」吴師道云：「按起傳『取韓安邑以東到乾河』，在取魏城六十邑前一年，昭王之十七年也。索隱云：『韓故地。』又魏以安邑入秦，在昭王二十一年，恐非此時得之。」張琦云：「華陽、安邑相去千里，（鮑）以爲此役得之，斯謬矣。……年表取魏城六十一，在昭王十八年，秦紀不書。據起傳，取韓安邑在十四年，明年取魏城六十一，與年表不合。吴氏云十七年，亦非。」程恩澤云：「策文亦未見其定是韓地，（鮑）蓋只大概言其兩屬耳。」〔按〕魏安邑，見前泠向謂秦王章。

〔四二〕姚宏云：「『哉』，劉作『矣』。」安井衡謂「矣」字是。〔按〕「哉」猶「矣」，見經傳釋詞。高誘云：「秦將取之，故曰『無上黨哉』也。」〔按〕穰侯傳「韓魏」作「韓氏」。上黨三屬，說見西周策。

〔四三〕高誘云：「腸胃，喻腹心也。」鮑彪云：「安邑、上黨如之。」

〔四四〕姚宏云：「曾、集『之』上有『爲』字。」

〔四五〕吴師道云：「於是穰侯不行，引兵而歸。」〔按〕語本穰侯傳。

16　秦宣太后愛魏醜夫

秦宣太后愛魏醜夫〔一〕。太后病，將死〔二〕，出令曰：「爲我葬〔三〕，必以魏子爲殉〔四〕。」魏子患之。

庸芮爲魏子說太后〔五〕曰：「以死者爲有知乎？」太后曰：「無知也。」曰：「若太后之神靈，明知死者之無知矣，何爲空以生所愛〔六〕葬於無知之死人哉？若死者有知，先王積怒之日久矣〔七〕，太后救過不贍〔八〕，何暇乃私魏醜夫乎〔九〕？」太后曰：「善。」乃止〔一〇〕。

〔箋證〕

〔一〕高誘云：「惠王之后，昭襄王母，故曰太后也。」鮑彪云：「(醜夫)魏人，仕秦。」〔按〕宣太后非惠王之后，史記穰侯傳云：「秦武王卒，無子，立其弟爲昭王。昭王母，故號爲羋八子，及昭王即位，羋八子號爲宣太后。宣太后非武王母，武王母號曰惠文后。」「八子」乃女官名，秦制，位在美人、良人之下。見漢書外戚傳。宣太后在惠文王時位僅八子，其後以子即位而貴。高注誤。藝文類聚卷三十五引「宣」作「皇」，誤。魏醜夫疑是虚擬人名，意爲魏之醜夫，非其人之真名氏。下文「魏子」亦猶言魏人某。今姑從人名氏讀。太平御覽卷五百五十三引「醜夫」作「餘夫」。

〔二〕〔按〕史記秦本紀：「昭王四十二年，十月，宣太后薨，葬芷陽酈山。」御覽引「將」作「且」。

〔三〕〔按〕「爲」猶「如」，假設之詞，見經傳釋詞。類聚、御覽引作「我死」二字。

〔四〕高誘云：「殉，殺人以葬。」〔按〕秦風行以人殉葬，穆公卒，三良從死，黃鳥之詩千古傳哀。至始皇葬驪山，從死者甚衆，並及工匠(見秦始皇本紀)，可謂慘矣。

〔五〕高誘云：「庸芮，秦臣也。」姚宏云：「十二國史作『虞其爲醜夫説太后』。」〔按〕類聚、御覽引無「魏子」二字。

〔六〕〔按〕御覽引作「何乃空以生之所愛」。

〔七〕高誘云：「怒，詬。」〔按〕御覽引作「先王之積怒久矣」。先王，謂惠王。

〔八〕〔按〕吕氏春秋順民篇高注云：「『贍』猶『足』也。」此言太后自彌過失尚恐不足。類聚、御覽引作「太后救過不暇」。

〔九〕姚宏云：「『乃』，曾、錢、劉作『及』。」吴師道云：「元無『乃』字。」〔按〕類聚引作「何得更殉魏醜」。御覽引作「何得私魏子」。

〔一〇〕高誘云：「止，不以魏醜夫爲殉者也。」

戰國策卷五

秦三

1 薛公爲魏謂魏冉

薛公〔一〕爲魏謂魏冉曰〔二〕：「文聞秦王欲以呂禮收齊〔三〕，以濟天下〔四〕，君必輕矣。齊、秦相聚〔五〕以臨三晉，禮必相之〔六〕，是君收齊以重呂禮也。齊免於天下之兵，其讎君必深〔七〕。君不如勸秦王令弊邑卒攻齊〔八〕之事。齊破，文請以所得封君。齊破晉〔九〕强，秦王畏晉之强也，必重君以取晉〔一〇〕。齊予晉弊邑而不能支秦〔一一〕，晉必重君以事秦。是君破齊以爲功，操晉〔一二〕以爲重也。破齊定封〔一三〕，而秦、晉皆重君。若齊不破，呂禮復用〔一四〕，子必大窮矣〔一五〕。」

〔箋證〕

〔一〕鮑彪云：「(薛公)田文。」

〔二〕〔按〕魏冉即穰侯，見前。史記孟嘗君傳云：「呂禮嫉害於孟嘗君，孟嘗君懼，乃遺秦相穰侯魏冉書曰云云。」即此策。呂禮相齊，見東周策謂薛公曰周最章。

〔三〕鮑彪云：「『收』猶『取』也。禮時相齊，親禮所以取齊。昭十三年，禮奔魏，其相齊見周策及孟嘗君傳，後至十九年，歸秦。明年，齊伐宋，伐宋後，文乃相魏。此事合在禮歸秦之前。此時文未相魏，其言『爲魏』，意親之矣。」吴師道云：「(鮑氏)失考，辨並見周策。」〔按〕鮑説是據史記秦本紀及孟嘗君傳。呂祖謙大事記解題繫於周赧王二十九年，當秦昭王二十一年，以田文時在魏，云：「孟嘗君若未去齊，豈敢召穰侯之兵乎？考之戰國策孟嘗去齊相魏，蓋在齊滅宋以前；又載薛公爲魏相，謂魏冉曰云云。其辭與史記孟嘗君遺穰侯書皆同，然則此書乃孟嘗君爲魏相時所遺也。」吴氏據大事記，故謂鮑爲「失考」。但策只言「爲魏」，大事記「魏」下增一「相」字，與原文參差。秦紀呂禮復歸秦，在昭王十九年，吴氏以爲紀誤，見東周策周最謂呂禮章。然詳繹策文，考之當時情勢及昭王伐齊之事，呂説爲長。黄式三周季編略亦從大事記，云：「田文遺魏冉書在去齊相魏之時，意者矢在弦上，不得不發乎？……若史記孟嘗君傳遺魏冉書在未適魏之前，則大謬也。」鍾鳳年據孟嘗君傳以吴言鮑失考爲誤，亦未詳核，今不取。

〔四〕關修齡云：「濟，成也。秦王欲用禮合齊，以成取天下也。」〔按〕「濟」猶「齊」，「濟」從「齊」聲，可通借。莊子逍遥游篇釋文：「『濟』一本作『齊』。」齊，一也，平也。「濟天下」即「一天下」或「平天下」。

〔五〕〔按〕「相聚」猶「相合」。史記孟嘗君傳「聚」作「取」。「聚」從「取」聲，「取」是「聚」之借字。

〔六〕鮑彪云：「相齊及秦。」

〔七〕鮑彪云：「齊讎冉也，欲得陶故，故下章曰『攻齊不成，陶爲鄰恤』。然齊未免於兵，亦不敢爾。」吳師道云：「齊無兵患，則可以肆志於冉，與『秦得天下則伐齊深』，文意同，但言其事理當爾。」〔按〕穰侯傳云：「魏冉相秦，欲誅呂禮，禮出奔齊。」是禮與冉有隙。今禮得重於秦、齊，而齊又免於兵，則其讎冉而欲去之之必深。鮑、吳並疑未允。

〔八〕鮑彪云：「(弊邑)薛也。文以此(昭王)十三年奔薛。」關修齡云：「秦不援齊，則魏得勝之，故曰『卒攻齊』也。」以「弊邑」爲魏。金正煒云：「『弊邑』謂魏也。此薛公相魏時事，篇首明言爲魏。鮑注於文不合。」〔按〕鮑氏因孟嘗君傳而誤，説見上。此當爲魏。

〔九〕鮑彪云：「晉，謂魏。」

〔一〇〕鮑彪云：「文親魏而重冉，故欲取晉，必重冉。」

〔一一〕鮑本「予」作「與」。鮑彪云：「薛雖文舊封而屬齊，齊破畏魏，且取薛予魏。魏得薛，秦必害之，而魏實弱不能當秦。」關修齡云：「恐衍『邑』字，雖魏敗齊而亦弊，故曰『齊與晉弊』，是以魏不能支秦。」(于鬯、金正煒同關説。)橫田惟孝云：「『敝』(〔按〕橫田本「弊」作「敝」。)疑當作『城』，蓋涉上文而誤也。言齊雖惡魏合於秦，與之城邑而不能支秦取魏也。」〔按〕關説較長。予、與通用。荀子大略篇「然而有所共予也」，楊倞注「『予』讀爲『與』」。鮑讀爲「齊予晉弊邑，而不能支秦」，又以「弊邑」爲「薛」，文義不貫，當非。

〔一二〕鮑本、吳本「操」作「採」。吳師道云：「『採』字訛，義不通。」黃丕烈云：「史記是『挾』字。」安井衡云：「操，謂操縱之。鮑本作『採』，非。」〔按〕「採」乃「操」之形譌。俗書「操」或作「摻」，與「採」相似。操，執持也。「操晉」與史記「挾晉」義近。

〔一三〕姚宏云：「一本〔「破」上〕無『君』字。」〔按〕「封」即上文「文請以所得封君」。

〔一四〕鮑彪云：「禮雖亡秦之齊，秦方以禮收齊，則復親之。今齊不破，是秦收齊之功遂也，禮爲有功於秦，秦必用之，並相齊、秦也。」

〔一五〕〔按〕孟嘗君傳云：「於是穰侯言於秦昭王伐齊，而吕禮亡。」

2 秦客卿造謂穰侯

秦客卿造〔一〕謂穰侯曰：「秦封君以陶〔二〕，藉〔三〕君天下數年矣。攻齊之事成，陶爲萬乘〔四〕，長小國〔五〕，率以朝天子〔六〕，天下必聽，五伯之事也。攻齊不成，陶爲鄰恤〔七〕，而莫之據也〔八〕。故攻齊之於陶也，存亡之機也。君欲成之〔九〕，何不使人謂燕相國〔一〇〕曰：『聖人不能爲時〔一一〕，時至而〔一二〕弗失。舜雖賢，不遇堯也〔一三〕，不得爲天子。湯、武雖賢，不當桀、紂不王。故以舜、湯、武之賢，不遭時〔一四〕，不得帝王。令（令）（天下）〔一五〕攻齊，此君之大時也已〔一六〕。因天下之力，伐讎國之齊〔一七〕，報惠王之恥〔一八〕，成昭王之功〔一九〕，除萬世之害，此燕之長利，而君〔二〇〕之大名也。書（詩）云〔二一〕，樹德莫如滋〔二二〕，除害莫如盡。吴不亡越，越故亡吴〔二三〕。齊不亡燕，燕故亡齊〔二四〕。齊亡於燕，吴亡於越，此除疾不盡也。以非（非以）〔二五〕此時也，成君之功，除君之害，秦卒〔二六〕有他事而從齊〔二七〕，齊、趙〔二八〕合，其讎君必深矣〔二九〕。挾君之讎，以誅於燕〔三〇〕，後雖悔之，不可得也已。君悉燕兵而疾僭〔三一〕之，天下之從君也，若報父子之讎。誠〔三二〕能亡齊，封君於河南〔三三〕，爲萬乘，達途〔三四〕於中國，南與陶爲鄰，世世無患。願君之專志於攻齊而無他慮也！』」〔三五〕

〔箋證〕

〔一〕鮑彪云：「造，其名也。」〔按〕周禮鄭玄注云：「故書『造』作『竈』。杜子春謂『竈』爲『造次』之『造』。書亦或爲『造』。」釋名釋宫室云：「竈，造也，造創食物也。」可證「造」與「竈」，古通用。

〔二〕鮑彪云：「冉别封也。」越記注：「陶，今濟陰定陶。」張琦云：「冉别封，當是今（山西）蒲州府北三十里之陶城。從來説者皆主定陶，然定陶宋地，後屬齊，無由取異國之地以封其相也。齊欲以宋地封涇陽君，而秦不受。穰侯欲越韓、魏伐齊剛、壽，以廣陶封，范雎譏之。設冉果有定陶，非越韓、魏矣。廣陶封者，正雎所云戰勝攻取，利歸於陶耳。魏策云：『攻楚得宛、穰以廣陶，攻齊得剛、博以廣陶，得許、鄢陵以廣陶。』相比參驗，非廣其私邑可知。水經注定陶有魏冉冢，恐後人依類僞託。或冉免相出關，後卒於此，因葬焉。決非其本邑矣。」〔按〕張説未然。史記穰侯傳須賈説穰侯云：「割晉國，秦兵不攻，而魏必效絳、安邑，又爲陶開兩道（魏策三作「又爲陰啓兩機」），幾盡故宋。」是陶原屬宋地，故魏可爲「開兩道，幾盡故宋」。又「穰侯言客卿竈，欲伐齊取剛、壽，以廣其陶邑。於是魏人范雎自謂張禄先生，譏穰侯之伐齊，乃越三晉以攻齊也，以時奸説秦王」。是陶與剛、壽鄰近，故伐齊以廣其地。正義云：「故剛城在兖州龔邱縣界。壽張，鄆州縣也。」龔邱縣在今山東寧陽縣東；鄆州縣，在今山東壽張縣東南，其地並離定陶不遠。此策言「攻齊之事成，陶爲萬乘」，正可互證。魏策所言，范雎所譏，並謂其越韓、魏攻齊、楚以廣陶邑。韓非子定法篇：「穰侯越韓、魏而東攻齊，五年而秦不益一尺之地，乃成其陶邑之封。」韓非時代接近，所言亦合，更可信。張氏云：「非廣其私邑。」則「廣陶」又作何解？而范雎之間又何以得入？張氏致疑於定陶爲齊地，不能封冉，又定陶與冉封地穰（在今河南鄧縣）殊遠。按穰侯傳：「封魏冉於穰，復益封陶。」益陶乃因封穰之文而連及之，封邑不在同時，而穰與陶亦不必地相接近。吳師道以爲穰侯有陶，在齊滅宋兩年而爲五國所破之時（見趙策一齊攻宋章注）則取齊地以封冉，説亦可通。故陶仍當從舊注定陶爲是（沈濤銅熨斗齋隨筆卷四以穰侯傳之「陶」從徐廣本作「陰」爲是，即漢書地理志京兆華陰之陰；又謂即地理志南陽之陰。核與策、史不合，今不取）。又馬王堆出土帛書戰國縱横家書有此文亦作「陶」，明「陰」字之非。

〔三〕鮑彪云：「借以制天下之權。」〔按〕漢書五行志：「故籍秦以爲驗。」注：「籍，假借。」籍、藉同字。縱横家書「藉」作「假」，義亦通用。

〔四〕鮑彪云：「國大也。」〔按〕謂爲萬乘之國。

〔五〕〔按〕言爲小國之長。長，讀上聲，作動詞用。

〔六〕中井積德云：「所謂『天子』指秦王。業已稱王，王，即天子矣。」〔按〕秦非特稱王，昭王十九年曾與齊湣王并稱帝（史記秦本紀），其後魏遣辛垣衍説趙王尊秦昭王爲帝（趙策三），則其臣下自應尊稱爲天子矣。縱横家書無「天子」二字。

〔七〕鮑彪云：「言近於憂。」（安井衡從鮑説）吳師道云：「言攻齊不成，成則陶且有爲鄰國得之之憂。」關修齡云：「鄰，指齊也，謂有爲齊所伐之憂也。」于鬯引沈濤經云：「與冉争陶者趙奉陽君李兑，則『鄰』不定指齊。説文心部『恤』下又有『收也』一訓，蓋謂陶爲鄰國收有之。又周禮大宗伯職云：『以恤禮哀寇亂。』鄭注云：『鄰國相憂。』則謂陶遭寇亂而爲鄰國恤。」于氏引關、横田（同關説）、沈三家，云：「諸説未詳誰是。」金正煒云：

「疑『恤』或爲『殈』之譌。禮記樂記：『卵生者不殈。』鄭注：『「殈」猶「裂」也。』言陶地將爲鄰國分裂，故下云『存亡之機也』。」〔按〕縱横家書「鄰恤」作「廉監」，注釋引此策文云：「廉、鄰聲近，監、恤形近而誤。『廉監』即『磏礛』，磨玉的粗石。説文：『磏，厲石也。』……『礛』音『濫』，即『礛諸』，亦作『厱諸』，是青色的礪石。淮南子説山訓：『玉待礛諸而成器。』……這是比喻，有了陶邑而不攻齊，等于没有磨出寶玉，就只是不值錢的礪石了。」兩文不同，所解迥異。不能强斷，今姑并存之。

〔八〕鮑彪云：「無援國可恃。」横田惟孝云：「謂不能據有陶也。」安井衡云：「據，依也。詩云：『亦有兄弟，不可以據。』莫之據者，言莫所依賴也。」吴曾祺云：「據，安也。言陶受鄰患，而莫之安也。」金正煒云：「文選鄒陽上吴王書：『張耳、陳勝連從兵之據。』李注：『廣雅曰：據，引也。言相引以爲援也。』」〔按〕若從縱横家書廉監（磏礛）解，則「據」作「據有」解，言無人欲據有之也。

〔九〕〔按〕謂欲攻齊之事成。

〔一〇〕縱横家書「何」作「侯」，同聲通借。〔按〕此假設對燕相國之詞，下文「報惠王之耻」，則在燕惠死後之時。史記燕世家：「惠王七年卒。」索隱云：「按趙世家惠文王二十八年燕相成安君公孫操弑其王。樂資以爲即惠王也。」則此「相國」或即公孫操也。

〔一一〕鮑彪云：「時，天時，非人所能爲。」

〔一二〕鮑本、吴本無「而」字。縱横家書「而」作「亦」。

〔一三〕〔按〕縱横家書作「非適禺堯，不王也」。禺、遇通借。

〔一四〕〔按〕縱横家書作「不曹時」，曹、遭通借。

〔一五〕鮑本、吴本、盧本「令」作「今」。此當譌，今從正。縱横家書作「今天下攻齊」。「今」下當有「天下」二字，始與下文「因天下之力」相應。今據補。

〔一六〕鮑彪云：「得時之利，無大於此。」〔按〕「已」爲語終之辭，與「矣」同義（見經傳釋詞）。縱橫家書無「已」字。

〔一七〕〔按〕自齊宣王伐燕，燕昭王報之，田單又敗燕兵，復齊國，故燕、齊爲世讎。

〔一八〕鮑彪云：「田單破燕，燕惠王之初。」吳師道云：「『惠王』字疑有誤，且不當在昭王前。」黄丕烈云：「吳説非也，此不誤，便文而不依世次也。」于鬯云：「按報惠之耻，即是成昭之功，於文自合先言惠文，並非便文而然。」〔按〕縱橫家書文與此同，明惠、昭之次不誤；「耻」作「聭」。考趙世家惠文王二十八年燕將武安君、公孫操弒其王。索隱：「樂資云：其王即惠王。」燕世家：「惠王七年卒，韓、魏、楚共伐燕。燕武成王立。」索隱：「武成即惠王子。」惠王爲臣下所弒。韓、魏、楚又乘亂而伐之。齊與燕爲讎國，地界接鄰，疑當時亦起兵侵燕，史失記其事耳（梁玉繩史記志疑謂「楚」字當作「齊」字，是也。但據燕策三齊韓魏伐燕章證爲一事，則非）。惠王末年身弒國侵爲燕之大耻，故説燕相以雪耻，如昭王之報齊也。此可以據史載推理得之。又徐中舒論戰國策的編寫及有關蘇秦的諸問題謂「此惠王明爲昭王之父，知即爲燕王噲的稱號。戰國時代，燕國可能還没有謚法，所以燕君名號多前後複出」（歷史研究一九六四年第一期）。假設惠王爲燕王噲的别稱，並無明證，純出臆斷，不足辨矣。

〔一九〕鮑彪云：「燕昭王二十八年，樂毅伐齊，入臨淄。三十二年，下齊七十餘城。明年，田單復之。」鍾鳳年云：「此章殆説燕武成王者。……或因惠王復見敗於田單，乃令穰侯説燕使法昭王，更爲之雪恨耳。」〔按〕縱橫家書「昭王」作「昭襄王」。戰國謚法常兩字，秦昭王亦作秦昭襄王，例同。儀禮士虞禮鄭注云：「成，畢也。」此以昭王伐齊，垂成而卒，惠王又爲齊所敗，故勸言報惠王之耻，以竟昭王之功，意謂滅齊也。策稱惠王，當在燕武成王時。武成王元年，當秦昭王三十六年，此蓋在其即位之初時。

〔二〇〕鮑彪云：「君，謂燕相。」

〔二一〕鮑本「書」作「詩」，云：「逸詩。」吴師道云：「泰誓：『樹德務滋，除惡務本。』」黄丕烈云：「非也，東晉古文以爲泰誓耳。策文當本作『詩』，後人誤依古文改作『書』也。此與范雎稱詩曰『本實繁者披其枝』，黄歇稱詩云『大武遠宅不涉』，趙武靈王稱詩云『服難以勇，治亂以知，事之計也。立傅以行，教少以學，業之經也』，及謂秦王稱詩云『行百里者，半於九十』同例，『詩』字皆有譌。遠宅不涉者，周書大武『遠宅不薄』也。高誘注『逸詩』，當亦有誤。」〔按〕縱横家書「書」亦作「詩」，黄説是，今從正。左氏哀公元年傳：「伍員曰：『不可。臣聞之樹德莫如滋，去疾莫如盡。』」與此文相類，疑是當時流傳成語。

〔二二〕鮑彪云：「滋，益也。」〔按〕縱横家書「滋」作「玆」，假借字。

〔二三〕〔按〕此謂越王句踐滅吴事。

〔二四〕鮑彪云：「齊閔八年，蘇代爲齊説燕噲讓子之，燕幾亡矣，而不卒功，故有樂毅臨淄之役。」吴師道云：「齊宣二十七年。注『讓子之』下，宜云『於是燕亂，齊伐之』云云。」金正煒云：「『故』與『顧』通。司馬錯與張儀争章高注：『顧，反也。』」〔按〕鮑據史記，吴據大事記，故年次不同。然齊伐燕之役，實在宣王時，史記誤，不能從。

〔二五〕鮑彪改「以非」作「非以」。吴師道云：「『以非』至『之害』句。或『以』、『已』字通，屬上句。上下文兩有此。」

〔按〕縱横家書「以非」作「非以」，鮑改與之合，今從改。

〔二六〕鮑彪云：「卒，猝同，忽也。」

〔二七〕安井衡云：「『從』讀『縱』。縱，舍也，謂舍而不伐。」〔按〕同策四物至而反章：「縱而伐齊。」高注云：「從，合也。」

〔二八〕鮑彪改「趙」作「秦」。　〔按〕不能輕改。縱橫家書亦作「趙」。

〔二九〕關修齡云：「秦從齊已合矣，齊又合趙，則齊有秦、趙之援而不畏燕，故深讎其相國。」

〔三〇〕鮑彪云：「讎謂齊。使燕誅相。」　橫田惟孝云：「君之讎，讎君也。誅，責也。謂責相之罪於燕也。」　金正煒云：「說文：『誅，討也。』國語晉語：『小國散，大國入焉，曰誅。』」　〔按〕橫田說是。此謂齊挾恨相國策伐齊之讎，以討罪於燕。鮑注未是。縱橫家書無「誅」字，蓋脫。

〔三一〕鮑彪改「僣」爲「攻」。盧本從之。吳師道云：「（僣）字誤，當作『從』，下文可證。」　安井衡云：「『僣』讀爲『替』，聲之誤也。爾雅釋言：『替，滅也。』鮑改爲『攻』，形聲俱遠。」　金正煒云：「『僣』當爲『僨』。爾雅釋言舍人注：『僨，背踣意也。』此言當疾兵以踣齊。」　金其源云：「漢書王子侯表：『或替差失軌。』師古云：『替，古「僣」字也。』」下引爾雅同安井。　鍾鳳年云：「『僣』字無解，殆『熸』之訛。孔叢子廣詁篇云：『熸，滅也。』左傳襄二十六年『楚師大敗，王夷師熸』句可爲例。」　〔按〕「僣」字從「替」。「替」字本作「𪞶」，或作「普」，或作「暜」。見說文。二字音不同部（安井以爲聲誤，非），但因字形或同，古字常通用。書大誥：「不敢普上帝。」漢書翟方進傳「普」作「僣」。「熸」亦「暜」之轉借，故訓爲「滅」。僣、暜、熸并爲一字通借，非有訛誤。縱橫家書此字作「贊」，「贊」有助意，助者非主方，於下文「天下之從君也」似不諧。「贊」亦「替」之形譌。

〔三二〕〔按〕「誠」猶「若」也，見裴學海古書虛字集釋。縱橫家書「誠」下脫「能亡」至「與陶」十九字。

〔三三〕鮑彪云：「亦河之南，非郡，此蓋寓封。」〔按〕燕在河北，齊地多在河南，此謂以齊地分封相國。

〔三四〕關修齡云：「達途，謂通使於諸侯。」

〔三五〕姚宏云：「『無』，一作『毋』。」　〔按〕無、毋字通。縱橫家書「專」作「剸」，同。此章當是秦昭王三十六年事。魏冉聽造說，因欲伐齊取剛、壽以廣其陶邑。

3　魏謂魏冉曰公聞

魏〔一〕謂魏冉曰〔二〕：「公聞東方之語〔三〕乎？」曰：「弗聞也。」曰：「辛張、陽毋澤〔四〕說魏王〔五〕、薛公〔六〕、公叔〔七〕也，曰：『臣戰，載主契國〔八〕，以與王〔九〕約，必無患矣。若有敗之者，臣請挈領〔一〇〕。然而臣有患也。〔夫楚王之以其臣請挈領，然而臣有患也〕〔一一〕。夫楚王〔一二〕之以其國依冉也，而事臣之主〔一三〕，此臣之甚患也〔一四〕。』今公東，而因言於楚〔一五〕，是令張〔儀〕之言爲禹〔一六〕而務敗公之事也〔一七〕。公不如反公國〔一八〕，德楚〔一九〕，而觀薛公之爲公也〔二〇〕。觀三國之所求於秦而不能得者，請以號三國以自信也〔二一〕。觀張〔儀〕〔二二〕與澤〔二三〕之所不能得於薛公者〔也〕〔二四〕，而公請之以自重也〔二五〕。」

【箋證】

〔一〕姚宏云：「曾、錢本（「魏」下）有『文』字。」鮑彪「魏」上補「爲」字。吳師道曰「魏」下空一字。今章題從吳本。

〔二〕鮑彪繫此章於秦武王下張儀欲以漢中與楚章後，云：「（魏冉）楚人，宣太后弟，後封穰侯。傳言其用事武王時。此時冉欲如楚，魏恐其合也。」顧觀光繫此章於周赧王五年（前三一〇），當秦武王元年。云：「此章首有缺文。」〔按〕穰侯雖用事於惠王、武王之時，然未任要職，其秉秦政，實在昭王時。鮑、顧並因下文有「張儀」字，遂繫於武王時。但「張儀」字有訛衍，且與史蹟亦不符，不能爲據，説詳見下。

〔三〕鮑彪云：「東，山東。」〔按〕魏、齊、韓在秦之東，故稱「東方」。字林云：「論難曰『語』。」（禮部韻略引）

〔四〕鮑彪云：「辛，疑韓人。張，張儀。毋澤疑齊人。」吴師道云：「此章多難通，此類尤難知。下文云『觀張儀與澤』，又不云毋澤。當闕。」横田惟孝云：「辛張、陽毋澤，蓋二人姓名，皆魏臣也。」（于鬯、金正煒、鍾鳳年亦并以爲二人姓名。）安井衡云：「下文云『觀張儀與澤之所不能得於薛公者』，則『張』是『張儀』，『陽毋』是澤姓。以此推之，『辛』必亦人姓。下文獨序『澤』，而不復言『辛』歟？」〔按〕此當是二人，鮑因下文「張儀」而誤謂三人。以下文「觀張儀與澤之所不能得於薛公者也」推之，此二人不必是魏臣，疑或齊臣。此類不能穿鑿，缺疑爲是。

〔五〕吴師道謂「魏王」即「襄王」。〔按〕此亦不能强斷。

〔六〕鮑彪云：「（薛公）田嬰。」〔按〕薛公，田文也。國策稱嬰爲靖郭君，稱文爲薛公。鮑以田文後於張儀，故謂爲田嬰，不知與史實不符，説見下。

〔七〕〔按〕公叔，韓公子，時爲韓相。

〔八〕鮑彪云：「（戰）與楚戰。主，木主，軍行載之，禱且告焉。契，言以國爲約。」横田惟孝云：「契，約令也。……言臣臨戰陳，載遷廟主，申令國都。」于鬯云：「『戰』字疑即涉『載』字而衍。『載』蓋謂記載契約事，静字作動字用。若云載某某主，契某某國，謂約結諸侯也。與『戰』義當無關。」金正煒云：「『戰』字即『載』之誤衍。『契』與『挈』通，亦涉下文『契領』互誤。」鍾鳳年云：「『戰』字甚無解，蓋『蘄』字之譌。……蘄古通『祈』。句始以其君國爲質以與魏約也。」〔按〕「戰」謂伐秦，非誤衍。「載」讀爲「戴」（詩絲衣「載弁俅俅」，爾雅釋言注引「載」作「戴」。二字古通用）。「載主」即「戴主」，謂奉戴主君。「契」同「窫」，同聲通借。説文：「窫，静也。」玉篇引蒼頡篇云：「窫，安也。」「契國」猶「安國」，與「戴主」相對。又周禮春官太祝云：「大師宜於社。」賈疏：「宜於社者，軍將出，宜祭於社，即將社主行。」則「載主」謂「載社主」，亦通。

〔九〕鮑彪云：「王，魏王。」

〔一〇〕鮑彪云：「領，項也。言欲請誅，持其項以受鈇鉞。」王念孫云：「案：『挈』讀爲『栔』；栔，斷也。猶言臣請斷頸耳。説文：『栔，刻也。』爾雅：『契，絶也。』郭注曰：『今江東呼刻斷物爲「契斷」。』釋文：『契，字又作「挈」。』……栔、挈、契并字異而義同。」横田惟孝云：「『挈領』猶『刎頸』也。説苑：『契領於庭，以遂吾行。』……言若敗軍，臣請刎頸而死。」金正煒云：「晏子春秋内篇：『皆反其桃，挈領而死。』後漢書注引作『契領』。又管子大匡篇：『朝之争禄相刺，裚領而刎頸者不絶。』注：『「裚」謂挈斷之也。』『裚』亦與『契』同。」〔按〕挈、契、栔并從「㓞」聲，古相通用，王説是。横田引説苑，見立節篇。

〔一一〕姚宏云：「一無以上十六字。」鮑彪衍「夫楚」下十六字。〔按〕依文義當無，此蓋涉上下而衍，今從一本衍。

〔一二〕鮑彪以「楚王」爲「懷王」。

〔一三〕鮑彪云：「事，征伐也。臣，辛、張、陽。主，韓、魏、齊也。此三（鮑、吴合注四部叢刊本作「二」，此據鮑注單行本）人之辭，非説冉者，故名冉。」于鬯云：「按（鮑云）『三人』實『二人』。楚世家云：『倍齊而合秦，秦厚賂於楚，楚往迎婦。』正在是年。明年，懷王入，與秦昭王盟約於黄絲。」金正煒云：「『事臣之主』當爲『事以之主』。古書『以』作『㠯』，與『臣』字形相近，又涉上下文『臣』字而譌也。漢書劉向傳注：『以，由也。』淳于長傳注：『主，專也。』又吕覽禁塞篇『以告制兵者』注：『制者主也。』則『主』亦猶『制』也。言楚王以其依冉，而事皆由冉爲之主斷，是則臣所甚患也。」〔按〕金釋較長，「臣」爲「㠯」之形譌。于據楚世家，在懷王二十四年，當秦昭王二年，與此事並不相應，不足爲據。此蓋恐、楚、秦之合。

〔一四〕鮑本、吴本「之」下有「所」字。鮑彪云：「此下乃説者之辭。」

〔一五〕鮑彪云：「『公』謂『冉』。東，東之楚也，因與楚好言。」〔按〕言，謂言好。

〔一六〕姚宏云：「一本無『儀』字。」鮑彪云：「儀以武二年死。……禹善謨，今儀言楚依冉，而冉果與楚合，是儀之謀侔於禹也。」横田惟孝云：「『儀』當作『澤』，蓋依『張』字誤也。」于鬯從一本無「儀」字，云：「按：張，辛張也。但舉張而不及澤，蓋省辭。禹言必有驗，今其言驗，故曰『爲禹』。疑是戰國時習語。」金正煒云：「『張』即辛張，無『儀』字者是也。……『禹』字未詳，疑是『病』字之譌。論語雍也篇：『堯、舜其猶病諸。』皇疏：『「病」猶「患」也。』」鍾鳳年謂「儀」當作「澤」，同横田，又云：「『禹』字蓋由『禼』字既誤而又誤者。……禼，合也。句言令辛張、陽毋澤之説符合也。」〔按〕張儀年代不合，且與本文不相應（下句「張儀」亦誤），必誤。今從一本衍「儀」字。「張」謂辛張。「禹」字當從本文，不必改，于氏之言或然。鍾以爲「禼」誤。按説文「禼」訓爲「蟲」。又殷商先祖名「禼」，或作「契」。「禼」不訓合。殆鍾氏借「禼」爲「契」，因訓爲「合」。

〔一七〕〔按〕吕氏春秋士節篇高注云：「務，勉也。」此謂三國必勉力敗冉之事。

〔一八〕鮑彪云：「（國）謂秦。」横田惟孝云：「冉封於陶，公國，謂陶。」〔按〕魏冉封於穰，復益封陶，在昭王十六年之後。此時尚未封穰，故策稱「魏冉」。國，當謂秦，横田説非。

〔一九〕鮑彪云：「但施恩惠而不之楚。」中井積德云：「『楚』疑當作『齊』。」〔按〕「楚」字義可通，謂陰施德於楚。

〔二〇〕鮑彪云：「觀其於冉如何。」〔按〕「爲」猶「於」也，見經傳釋詞。

〔二一〕鮑彪云：「爲韓、魏、齊請其所欲於秦，因宣言之，所以信於三國。」〔按〕三國謀伐秦而意有所欲，今爲請之以號召三國，使其信冉。

〔二二〕姚宏云：「一本無『儀』字。」横田惟孝、于鬯、金正煒、鍾鳳年并衍「儀」字。今從一本正。

〔二三〕于鬯云：「毋澤單稱『澤』，奚（侗）以陽毋爲複姓以此。然毋，語辭也，古人名此例甚多，名毋澤亦不礙單稱澤。」

〔二四〕鮑彪云：「衍『也』字」。吴師道云：「恐衍。」〔按〕以修辭言之，此「也」字當衍。今從鮑本。

〔二五〕鮑彪云：「薛公所不與儀者，冉爲之請而得，則儀重冉。儀時相魏，爲儀請，亦所以爲魏，魏亦重冉也。」〔按〕謂三國既信冉，又爲辛張、陽毋澤請於薛公以遂其欲，使二人重冉。此章當是田文合韓、魏謀伐秦之事，而說者議之於魏冉也。史記孟嘗君傳云：「孟嘗君怨秦，將以齊爲韓、魏攻楚，因與韓、魏攻秦。」六國表秦昭王九年，齊、韓、魏三國，策言「魏王、薛公、公叔」，其合一也。秦昭王九年，當韓襄王十四年，其時魏冉相秦（尚未封穰，故策稱魏冉），公叔秉政於韓，而田文爲齊相，與策内人物時代無舛，其合二也。伐齊之役，田文爲主。此策亦言「觀薛公之爲公也」，「觀張〔儀〕與澤之所不能得於薛公者也」，其合三也。孟嘗君傳言「將以齊爲韓、魏攻楚」，是三國與楚不協。楚自懷王受秦欺背齊，齊、楚失歡。懷王二十八年，秦昭王六年，秦、韓、魏、齊四國敗楚軍於重立，距三國伐秦僅三年，故此策猶言恐「楚王之以其國依冉也」，楚王疑是頃襄王。是時懷王被拘留於秦，魏冉之東，意或至楚議和也。其合四也。由上述所證，此策當在秦昭王八、九年間，三國策謀伐秦之時審矣。鮑氏惑於「張儀」之譌文，遂次此策列於秦武王時，不悟於史實無據，且相牴牾，今爲辨正之。

4　謂魏冉曰和不成

謂魏冉曰〔一〕：「和不成〔二〕，兵必出，白起者且〔三〕復將戰。勝必窮〔四〕公，不勝必事趙從公，公又輕〔五〕。公不若毋多〔六〕，則疾到〔七〕。」

〔箋證〕

〔一〕鍾鳳年云：「穰侯傳云：『白起者，穰侯之所任舉也，相善。』是二人交必固，非常人所敢間。又白起傳云：『長平之役，蘇代爲趙説范睢，而秦和於趙，起因與睢有隙。』……此辭雖較略，而命意則相同，似亦繫説范睢者，『魏冉』譌。」〔按〕冉與白起相得，不聞有間，此策誠可疑。但舊本如此，又無他書可證，不能輕改，存疑而已。

〔二〕鮑彪云：「與趙和秦也。此(昭襄王)二十七年，白起繫趙，因伐光狼。」〔按〕鮑據史記秦本紀及白起傳，但於此策無徵。顧觀光編年次此策於周赧王四十二年(前二七三)，當秦昭王三十四年，趙、魏攻華陽，韓告急於秦之時(韓策三)，亦未能合。此類不必强定。

〔三〕鮑本、吴本無「且」字。

〔四〕〔按〕窮，困也，見前秦惠王死章高注。〔按〕且，又也，見經傳釋詞。

〔五〕鮑彪云：「不能窮冉，故從冉而和。然先和則冉重，今不勝而和，故輕。」關修齡云：「以和趙爲事，而從冉欲和。和因起成，則起重；雖冉不窮，而又輕。」金正煒以「從」字上屬「趙」讀句，云：「上『公』字當作『從』，爲一讀。公、從音近，又本重上字而誤複下文也，從成則秦輕，故曰『公又輕』。」鍾鳳年云：「『公』字蓋因下『公』字而衍。且此語字多倒置，恐無作『趙必事從』。言白起敗，趙必將約從矣。」略同金説。〔按〕鮑注可通，不必改字。

〔六〕鮑彪云：「謂專志於和，毋他務也。」安井衡云：「『多』，謂割地。」于鬯云：「『多』下當脱『割』字。後策謂應侯有『不如因而割之』語。此言『毋多割』，猶魏策須賈謂穰侯『可以少割收』者。彼雖爲魏，非爲趙，而在敗華陽後，却與顧編此策可參。」金正煒云：「周禮：『戰功曰「多」。』毋多，猶言當速和。」(金其源説同)〔按〕此謂議和從寬，要款毋多也。文自明，不必補「割」字。

〔七〕姚宏云：「『到』，恐作『封』字。」鮑彪云：「趙歸我也。此蓋冉欲和而起欲戰也。起，冉所薦，其言窮公，起似不爾。」吴師道云：「語不可曉，有缺誤。」横田惟孝云：「則疑『割』誤，到疑『和』誤。蓋言和不速成，冉有窮與輕之恐。不如無多割趙地而疾和也。」（依此校讀作「公不若毋多割，疾和」。）安井衡云：「言無多割地，則趙人疾來而和成矣。」金正煒云：「『到』作『封』，當是。此策蓋爲趙解伐，託於爲冉慮封耳。」鍾鳳年以「則」爲「割」誤，同横田，又云：「『到』字蓋『致』字之譌。……句言毋令趙多割地而疾致之也。」金其源云：「二句承上，謂冉當專志於和，不若毋待戰功，而就速成和議。……廣雅釋言：『則，即也。』……國語周語注：『疾，速也。』爾雅釋詁：『到，至也。』吕覽權勳注：『「至」猶「成」也。』」〔按〕此二句意義，諸家所説，大致相近，但文字疑有訛，不能强定。

5　謂穰侯曰

謂穰侯曰：「爲君慮封〔一〕，若〔二〕於除。宋罪重，齊怒須〔三〕，殘伐亂宋〔四〕，德强齊，定身封，此亦百世之（一）〔五〕時也已〔六〕。」

【箋證】

〔一〕鮑彪云：「謀所以定其封。」〔按〕吕氏春秋安死篇高注：「慮，謀也。」

〔二〕鮑彪改「若」作「苦」。吴師道云：「此連下有缺誤。」

〔三〕鮑彪讀作「苦於除宋罪」，句；「重齊怒」，句；云：「宋，齊所惡也，故除宋罪則齊怒，齊怒則冉之封不定，故以爲苦。除，解免也。」吳師道云：「『須殘』字有衍誤。趙策作『宋罪重，齊怒深，殘伐亂宋』云云；又作『宋之罪重，齊之怒深，殘亂宋』云云；凡兩見。彼言爲秦陽君定封。」王念孫云：「鮑説甚謬。『若』上當有『莫』字，『除』當爲『陶』字之誤也（自注：隸書『陶』字或作『隂』，與『除』字相似）。『須』當爲『深』。『莫若於陶』爲句，『宋罪重』爲句，『齊怒深』爲句。陶，宋邑也。伐宋以德齊，而取陶以定封，計之上者也。故曰『爲君慮封，莫若於陶』。上文秦客卿造謂穰侯曰『秦封君以陶』是也。趙策曰：『客謂奉陽君曰：君之春秋高矣，而封地不定，不可不孰圖也。……宋罪重，齊怒深，殘伐亂宋，定身封，德强齊，此百代之一時也。』又曰：『臣爲足下使公孫衍説奉陽君曰：君之身老矣，封不可不早定也。爲君慮封，莫若於宋，他國莫可。秦人貪，韓、魏危，燕、楚辟，中山之地薄，莫如於陰（自注：『陰』亦當爲『陶』。隸書『陶』或作『隂』，『陰』或作『隂』，二形相似）。宋之罪重，齊之怒深。殘亂宋，德大齊，定身封，此百代之一時也。』楚策曰：『虞卿謂春申君曰：爲主君慮封者，莫如遠楚。今燕之罪大，而趙怒深，故君不如北兵以德趙，踐亂燕，以定身封，此百代之一時也。』以上三條，足與本條互相證明矣。」（黄丕烈説同王氏，二人竝時，不審孰先，唯王説較詳明，今據之。）横田解亦同，但以「除」是「陰」之訛，云：「『陰』即『陶』，穰侯所封也。」（按）王校是也。此當在齊湣王伐宋（周赧王二十九年，秦昭王二十一年）之前。

〔四〕金正煒云：「『殘』與『踐』通。書序：『遂踐奄。』鄭注『「踐」讀爲「翦」，翦，滅也。』史周本紀作『殘』，可爲此證。楚策正作『踐亂燕以定身封』。『伐』字疑衍。或由一本作『殘』，一本作『伐』，傳寫誤併入文。此皆以三言爲句也。」（按）「殘」即「剗」之聲借。小爾雅廣詁：「剗，滅也。」「剗」亦通作「翦」，詩召南甘棠：「勿翦勿伐。」釋文引韓詩「翦」作「剗」。「殘伐」即「翦伐」或「剗伐」。趙策亦作「殘伐亂宋」，「伐」字不必衍。宋康王暴虐，國人大駭，見宋策，故稱「亂宋」。

〔五〕鮑本、吳本、盧本「之」下有「一」字。金正煒云：「百世之時，當作『百世之一時』。楚、趙策皆有『一』字，於義乃完。」今據補。

〔六〕鮑本、吴本無「也」字。　鍾鳳年云：「疑此與韓策三韓人攻宋章同時，蓋因穰侯權重秦室，故並説及之。」

6　謂魏冉曰楚破秦

謂魏冉曰：「楚破，秦不能與齊縣衡矣〔一〕。秦三世積節於韓、魏〔二〕，而齊之德新加〔三〕，與齊、秦交争〔四〕，韓、魏東聽〔五〕，則秦伐〔六〕矣。齊有東國之地，方千里。楚苞九夷〔七〕，又方千里，南有符離之塞〔八〕，北有甘魚之口〔九〕。權縣宋、衛〔一〇〕，宋、衛乃當阿、甄耳〔一一〕。利有千里者二〔一二〕，富擅越隸〔一三〕。秦烏能與齊縣衡〔一四〕？韓、魏支分方城膏腴之地〔一五〕以薄鄭〔一六〕，兵休復起，足以傷秦，不必待齊。」

〔箋證〕

〔一〕鮑彪「秦」下補「秦」字，讀「楚破秦」爲句，云：「懸衡，輕重等也。此言秦輕於齊。」吴師道云：「『秦』下宜復有『秦』字。」張琦讀「楚破秦」句，「不能與齊權衡」句，云：「言當楚若爲齊破。鮑屬下『秦』字讀，於下句又補一『秦』字，至通篇所解都謬。前策云『齊破，文請以所得封君』。『楚破』與『齊破』句法一例。」金正煒云：「此文當以『楚破』爲句，言楚爲齊破也。後文皆設言齊得併楚之害，故復申言秦不能與齊縣衡。文義自明，鮑、吴並失本旨。韓非飾邪篇：『自以爲與秦提衡。』漢書張湯杜周傳贊：『相與提衡。』臣瓚曰：『衡，平也。言二人齊也。』『縣衡』與『提衡』，爲義並同。」鍾鳳年讀同于、金二氏，云：「按之史記，此即齊湣王三十八年既滅宋，復取楚淮北事也。其時穰侯方重於秦，説者殆欲爲楚藉其力以制齊，因故作此危言以聳其聽。鮑、吴……既昧事實，且與下文『齊利有千里者二』及『韓、魏支分方城膏腴之地』二語俱作楚被分裂之義相牴牾，足證所補殊謬。」〔按〕于、金等説是，今讀從之。荀子王霸篇謂齊湣王「南足以破楚，西足以詘秦，北足以敗燕，中足以舉宋」。亦見前張儀説秦王章。

〔二〕鮑彪云：「『節』猶『事』也，言累有戰伐之事。」劉辰翁云：「積往來之節也。」（吴師道注引）關修齡云：「節，符信也，行者所執也。言結好通使，既積三世。」中井積德云：「節，謂相與相助之勢，如『臣節』之『節』。」〔按〕關説爲是。西周策雍氏之役章：「而焚周之節，不通其使。」高注云：「節，符信也。」淮南子主術訓高注云：「積，委也。」周禮地官遺人：「掌邦之委積。」鄭玄注：「少曰『委』，多曰『積』。」「積節」猶「委節」，已歷三世故云「積」。三世，惠文王、武王、昭襄王。言秦與韓、魏通使約好已歷三世。

〔三〕鮑彪云：「加於韓、魏。」

〔四〕姚宏云：「『與』，一作『焉』。」横田本從一本作「焉」，屬上句讀。鮑彪云：「衍『齊』字。」金正煒云：「廣雅釋言：『與，如也。』司馬相如子虛賦：『楚王之獵孰與寡人。』郭注：『「與」猶「如」也。』此文『與』字當屬下句。」〔按〕金讀「與」字屬此句，是，但訓「與」爲「如」，恐猶未愜。「與」猶「是」也（見裴學海古書虛字集釋），此言秦三世通好於韓、魏，而齊又新加惠於二國，是齊、秦交争也。

〔五〕鮑本「魏」下重「魏」字，又於下「魏」字上補「韓」字，讀作「與秦交争韓、魏，韓、魏東聽」。云：「謂聽齊。」〔按〕原文自通，不必增衍，鮑讀誤。

〔六〕〔按〕伐，謂被伐，指受齊兵。

〔七〕吴師道云：「索隱曰：屬楚之夷。」横田惟孝云：「下文『富擅越隸』句，當在此下。」〔按〕「九夷」詳見魏策一楚許魏六城章。

〔八〕鮑彪云：「屬沛。」張琦云：「符離故縣在今（安徽）鳳陽府宿州北二十五里。」

〔九〕鮑彪云：「未詳，疑爲濟陰高魚。」王應麟云：「左氏昭十三年傳：『楚公子比次於魚陂。』注云：『竟陵縣城西北甘魚陂。』……按戰國多用水攻，故楚守甘魚之口。祝氏鎰曰：『蓋自方城以南，武關之東，秦、楚之地表裏控帶。』」張琦云：「甘魚陂在安陸府天門縣西北。按『南北』二字恐上下互易。」金正煒云：「甘魚陂……其地不得稱口，疑『口』本作『曰』。韻補：『苦貢切，音孔，古書所以識闕文也。』」〔按〕符離在安徽，甘魚陂在湖北，方位南北相反，張謂互易，當是。否則甘魚口非甘魚陂。要處稱口，習常用之，金説似泥。

〔一〇〕鮑彪云：「（權縣）言較其輕重。」安井衡云：「權，錘也。楚權重，權縣宋、衛，謂收而有之。」吴曾祺云：「此『權縣』二字與上『縣衡』異讀。上『縣』讀作『懸』。此『縣』字作本義，言權以宋、衛爲縣。」〔按〕以下句「當阿、甄」語推之，吴説可通。此當謂齊權縣宋、衛，故下文以阿、甄比之。

〔一一〕鮑彪云：「莊十三年（傳）注：『阿，今濟北東阿，齊之阿邑。』甄，屬濟陰。莊十四年『會於鄄』，史作『甄』。此言二國如齊邑爾。」張琦云：「東阿故城在今（山東）泰安府東阿縣西二十五里。鄄城在曹州府濮州東二十里。」

〔一二〕鮑彪云：「謂齊、楚。」吴師道云：「恐非，此句正指楚。」金正煒云：「謂東國之地千里，楚苞九夷之千里，齊人兼而有之也。范雎至章：『昔者齊伐楚，戰勝，破軍殺將，再闢千里。』當即指此。」〔按〕金説爲是。吴説非。

〔一三〕鮑彪云：「越，句踐國。隸猶禮之秋官肆隸，征伐所獲之民也。擅，專有之事。」吴師道云：「越有三，皆屬楚。隸，徒隸，賤稱。」張琦云：「楚威王滅越，今浙、閩之地盡屬楚，兩廣亦隸焉。」横田惟孝以此句當在上文「楚苞九夷」下。中井積德云：「越隸，賤之稱，猶言胡虜。」于鬯云：「越隸，亦指地言，故曰『富擅』。東越在楚東，故楚策云『東有越纍』。然則亦在齊南，故齊可以擅其富。此在利有二千里之外者。」金正煒云：「楚策：『越亂，故楚南察瀨湖而墅江東。』史記越世家：『楚威王興兵伐越，盡取故吴地，至浙江。』此謂齊既破楚，將擅故楚之富。」〔按〕于説較長。「越纍」猶「越隸」，古音定紐字常與來紐字通轉。

〔一四〕鮑本無下「魏」字，以「韓」字屬上，讀「秦烏能與齊縣衡韓」爲句。吴師道云：「此句與策首不同，當與上『權縣宋、衛』爲比。一本『權懸韓、魏』者是。『支分』字上或缺『楚』字。」張琦從鮑本，云：「此疑錯文，應在章末，與『不能與齊』句相首尾。『韓』字衍。」〔按〕鮑本字讀並誤，吴、張所論亦非，説見下。此句正與上文「秦不能與齊縣衡矣」相呼應。下文則言韓、魏亦足以傷秦，文義貫通，無誤。

〔一五〕鮑彪云：「支，言細散取之。胅，腹肥也，言肥沃如之。」于鬯云：「此言齊破楚後，則韓、魏亦得分楚地耳。」金正煒云：「『支分』猶『支解』。又大戴禮保傅篇注：『「支」猶「計」也。』韓、魏支地而分，以楚新破，力弗能救耳。」〔按〕方城，楚之要塞，見西周策韓魏易地章。

〔一六〕鮑彪云：「『薄』猶『迫』也。鄭屬長安，在秦、韓（鮑、吴合注四部叢刊本誤作「漢」，此據鮑注單行本）之間。」吴師道云：「西都咸林，鄭舊封，去方城遠。新鄭、滎陽，是時已爲韓。策凡言鄭者，韓也。」程恩澤云：「按此『鄭』當是西鄭。漢志京兆尹有鄭縣，……本名咸林。雖距方城較遠，然策云『韓、魏支分方城以薄鄭』，若非華州之鄭，於秦何傷？此考之本文而即知其不然也。……今在同州府華州西北三里。」于鬯云：「廣雅釋言云：『薄，附也。』謂支分楚地以附益其國。『鄭』即『韓』也。楚地入韓爲便，如宛、葉以北皆與韓接。魏稍遠，故略魏。」金正煒云：「此章當在秦取漢中章之後，疑即三國攻楚，秦不出兵，或爲楚説魏冉也。惟穰侯相秦之時，韓已併鄭，此云『薄鄭』，當是『鄧』字之譌。左氏昭十三年傳：『召二子而盟於鄧。』杜注：『潁川召陵縣西南有鄧城。』」〔按〕程説較長。言「薄鄭」乃誇張戰伐之迫，不嫌地遠。秦取楚漢中章乃秦昭王六年秦、韓、魏、齊四國攻楚之事，與此章不符。此當在齊湣王强大，滅宋之際。秦昭王二十一年。金説非。

7　五國罷成睪

五國罷成睪〔一〕，秦王欲爲成陽君求相韓、魏〔二〕，韓、魏弗聽。秦太后爲魏冉〔三〕謂秦王曰：「成陽君以王之故，窮而居於齊〔四〕，今王見其達而收之，亦能翕其心乎〔五〕？」王曰：「未也。」太后曰：「窮而不收，達而報之〔六〕，恐不爲王用。且收成陽君，失韓、魏之道也〔七〕。」

〔箋證〕

〔一〕鮑本、吴本「睪」作「皐」，盧本譌作「罕」。黄丕烈云：「『睪』即『皐』字也。」〔按〕「睪」是「皐」之俗字，亦作「睾」。列子天瑞篇：「望其壙，睪如也。」殷敬順釋文本作「睾」，云：「音『皐』。」集韻「皐」字云：「俗作『睾』。」王仁昫刊謬補缺切韻「皐」字亦云：「俗『睾』。」漢韓勅造孔廟漢禮器碑碑陰「成皐」作「成睾」。是「睾」又「睪」之楷變。鮑彪云：「（成睪）屬河南。詳見趙策。惠文十三年，此（昭襄王）二十一年也，史不書。」吴師道云：「成皐，故虎牢，亦名『制』，左傳所謂『巖邑也』。正義引括地志云：『成皐故縣在洛州汜水縣西南。』」張琦云：

「成皋城在今(河南)開封府汜水縣西北。」〔按〕此謂李兑約五國兵以伐秦，無功而還事，見趙策四齊欲攻宋章、五國伐秦無功罷於成皋章。

〔二〕鮑彪云：「以趙、魏策知爲韓人。此(昭襄王)十七年入朝，時在其國。」金正煒云：「趙策：『天下爭秦，秦王内韓珉於齊，内成陽君於韓。』魏策：『成陽君欲以韓、魏聽秦。』韓策：『成陽君爲秦去韓。』則成陽君固韓之有秦重者，故爲之求相二國也。」〔按〕史記秦本紀：「昭襄王十七年，城陽君入朝。」鮑注據之。又趙策一秦王謂公子他章：「(秦)乃起兵，一軍臨滎陽，一軍臨太行。韓恐，使陽城君入謝於秦，請效上黨之地以爲和。」鮑氏謂陽城「疑當作『成陽』」。即此人。

〔三〕鮑彪以「秦太后」爲「宣太后」，云：「冉，后弟，時主五國之成，后恐成陽害其事，故爲之言。」

〔四〕横田惟孝云：「言成陽以秦不用故，窮而去於齊。」

〔五〕鮑彪云：「『翕』猶『收』也，言收之晚。」〔按〕爾雅釋詁云：「翕，合也。」此謂能使成陽君合意乎？

〔六〕金正煒云：「韓珉相齊，令逐成陽君，即此所云『窮而不收』也。禮記樂記注：『「報」讀爲「褒」，「褒」猶「進」。』又祭義注：『「報」皆當爲「褒」，聲之誤。』」〔按〕窮而不收，即上文「以王之故，窮而居於齊」，非謂被逐於齊，金説未允。

〔七〕鮑彪云：「其窮在齊，亦必韓、魏所惡。」〔按〕上文云「達而收之」，達而報之，明成陽君時正顯達，鮑言「其窮在齊」，失之。此言韓、魏不喜成陽君，而秦欲相之，非但不能收成陽君，且失二國之交。

8 范子因王稽入秦

范子〔一〕因王稽入秦〔二〕，獻書昭王曰〔三〕：

「臣聞明主莅正〔四〕，有功者不得不賞，有能者不得不官。勞大者其祿厚，功多者其爵尊，能治衆者其官大。故不能者不敢當其職焉，能者亦不得蔽隱。使以臣之言爲可，則行而益利〔五〕其道。若將弗行〔六〕，則久留臣無爲〔七〕也。

「語曰：『人主〔八〕賞所愛而罰所惡。明主則不然，賞必加於有功，刑必斷於有罪。』今臣之胸不足以當椹質〔九〕，要不足以待斧鉞〔一〇〕，豈敢以疑事嘗試於王乎？雖以臣爲賤而輕辱臣，獨不重任臣者後無反覆於王前耶〔一一〕？

「臣聞周有砥厄〔一二〕，宋有結緑，梁有懸黎〔一三〕，楚有和璞〔一四〕。此四寶者，工之所失〔一五〕也，而爲天下名器。然則聖王之所棄者〔一六〕，獨不足以〔一七〕厚〔一八〕國家乎？

「臣聞『善厚家者取之於國，善厚國者取之於諸侯〔一九〕』。天下有明主，則諸侯不得擅厚〔二〇〕矣。是何故也？爲其凋榮也〔二一〕。良醫知病人之死生，聖主明於成敗之事，利則行之，害則舍之，疑則少嘗之〔二二〕。雖堯、舜、禹、湯復生，弗能改已。語之至〔二三〕者，臣不敢載之於書；其淺者又不足聽也。意者臣愚而不闔於王心耶〔二四〕？已〔二五〕其言臣者〔二六〕將賤而不足聽耶？非若是也，則臣之志〔二七〕，願少賜遊觀之間〔二八〕，望見足下〔二九〕而入之！」

書上，秦王説之，因謝王稽，説〔三〇〕使人持車召之〔三一〕。

〔箋證〕

〔一〕鮑彪云：「(范子)名雎，字叔，後封應侯。凡范皆晉舊姓，故史云魏人。」〔按〕范雎，史記有傳。范姓不必盡晉人，春秋時楚大夫有范山，見左氏文公十年傳，在晉隨會之前。左氏文公十年傳楚有范巫矞似，杜注云：「矞似，范邑之巫。」是亦以地名爲氏。鮑説未然。楚策有范環，疑亦是楚之范氏。但雎是魏人。

〔二〕鮑彪云：「(王稽)秦謁者令，時使魏還。」〔按〕范雎先事魏中大夫須賈，從使於齊。齊襄王賜雎金及牛酒，雎不敢受。須賈以爲雎持魏國陰事告齊，歸告魏相魏齊。齊大怒，使舍人笞擊雎，折骨摺齒。雎佯死得脱，魏人鄭安平匿之，更名姓。時秦昭王使謁者王稽於魏，鄭安平詐爲卒侍王稽，薦其賢。王稽即載范雎入秦。詳見史記范雎傳。

〔三〕〔按〕范雎傳云：「王稽遂與范雎入咸陽，已報使，因言曰：『魏有張禄先生(范雎化名)，天下辯士也，曰：秦王之國，危於累卵，得臣則安，然不可以書傳也。臣故載來。』秦王弗信，使舍食草具，待命歲餘，……范雎乃上書。」

〔四〕鮑彪云：「史(正)作『政』，字通。」〔按〕前衛鞅之魏入秦章云：「莅政。」同此「莅正」。高注云：「莅，臨也。」

〔五〕鮑彪云：「『利』猶『達』。」

〔六〕〔按〕「將」猶「必」，見裴學海古書虚字集釋。此謂若必弗能用其言。

〔七〕鮑彪「爲」改作「謂」。黄丕烈云：「按史記作『爲』，鮑改誤。」〔按〕爲、謂，古通用，但此文應作「爲」字。無爲，猶言「無用」。

〔八〕姚宏云：「後語作『庸主』。」吳師道云：「庸主，史同。」安井衡云：「此與下文『明主』對，作『庸』是也。」〔按〕吕氏春秋有度篇：「夫以外勝内，匹夫徒步不能行，又況乎人主。」高誘注云：「人主，謂俗主。」是「人主」義自通，不必據史記爲言。

〔九〕鮑彪云：「集韻：『椹，斫木鑕。』『鑕，鐵椹。』質、鑕同。」〔按〕范睢傳索隱云：「椹者，莝椹也。質者，莝刀也。腰斬者當『椹質』也。」

〔一〇〕鮑彪云：「『鉞』亦『斧』也。」〔按〕「要」即「腰」字。

〔一一〕鮑本、吳本「王前」作「前者」。鮑彪云：「保任（鮑、吳合注四部叢刊本作「作」，此據鮑注單行本）人必保其後，後不如言，則爲反覆，此任人者所重也，王豈得輕之？」橫田惟孝云：「秦法，任人必保其後，後不稱所言，則爲反覆，罪其薦者。後無反覆於前者，謂薦任得人也。」安井衡云：「『任臣』者謂王稽。『反覆』謂丁寧反覆以論人才。王若不用臣，王稽後不復丁寧反覆以論人才王前。則天下之人才無由而進，此獨不可重乎？」〔按〕鮑注爲是。史記范睢傳作「獨不重任臣者之無反覆於王耶」。傳又云：「秦之法：任人而所任不善者，各以其罪罪之。」此言保任之人（指王稽），如所舉不善，後坐其罪，不復能反覆於王前，豈可不重視之乎！意謂對保舉己之人負重大責任，應重視之。

〔一二〕〔按〕太平御覽卷八百二引「厄」作「阨」，同。史記作「砥砨」。藝文類聚卷八十三引脱「厄」字。

〔一三〕〔按〕類聚引「黎」作「犂」。范睢傳作「縣藜」。集解引薛綜云：「縣藜，一曰美玉。」

〔一四〕鮑彪云：「卞和之璞。皆美玉名。」

〔一五〕鮑彪云：「失，謂不能別之，故卞和三刖也。」橫田惟孝云：「史記『工』上有『良』字，此恐脱落。」〔按〕韓非子和氏篇云：「楚人和氏得玉璞楚山中，奉而獻之厲王。厲王使玉人相之，玉人曰：『石也。』王以和爲誑，而刖其左足。及厲王薨，武王即位，和又奉其璞而獻之武王。武王使玉人相之，又曰：『石也。』王又以和爲誑，而刖其右足。武王薨，文王即位，和乃抱其璞而哭於楚山之下。……王使人問其故，……和曰：『吾非悲刖也，悲夫寶玉而題之以石，貞士而名之以誑，此吾所以悲也。』王乃使玉人理其璞而得寶焉，遂命曰和氏之璧。」

工之所失，若和璞之類，餘則未詳。鮑注「三刖」之「三」當作「二」。

〔一六〕金正煒云：「『聖王』疑當作『世主』，涉下文『聖主』而誤也。『世』字篆文與『正』相似，『正』又『聖』字音近，因致誤『聖』。『王』則『主』字之譌。管子心術篇：『夫聖人無求也。』今本『聖』誤爲『正』，可以借證。」〔按〕金説未是。聖王，謂秦王；所棄者，雎自謂也。史記亦作「聖王」，明策文不誤。

〔一七〕吴本脱「以」字。

〔一八〕鮑彪云：「厚，言使之重。」

〔一九〕鮑彪云：「皆取其人。」横田惟孝云：「大夫稱『家』，諸侯稱『國』。」安井衡云：「『厚』猶『富』也。善富家者，暗指穰侯。善富國者，范雎自謂。言穰侯取於國以富其家耳。王若相己，將取於諸侯以富秦國也。昭王未見雎，故不敢斥言。」〔按〕此引當時成語以喻意。取之，財富亦可，不必僅是人。

〔二〇〕〔按〕擅厚，謂擅厚其國。

〔二一〕姚宏云：「『凋榮』，曾、錢、劉一作『凋弊』，史記『割榮』，後語『害榮』。」鮑彪云：「凋，傷也；榮，草華也。此喻厚重，彼有擅之，則此無有。」安井衡云：「凋榮，猶利害也。明主之於諸侯，欲利之則利之，欲害之則害之，唯意所欲爲，故不得擅富。」〔按〕謂如諸侯擅厚其國，則有害於明主統治天下之權，如榮華之受凋傷。范雎傳作「割榮」，其義亦同。安井説未允。

〔二二〕〔按〕「少嘗之」謂「少嘗試之」。

〔二三〕〔按〕范雎傳正義云：「『至』猶深也，『極』也。」此暗指太后、穰侯擅權事。

〔二四〕姚宏云：「史記『闔』作『概』。」鮑彪云：「闔，合同。」吴師道云：「索隱引策作『闔』。」金正煒云：「『闔』當作『開』，史作『概』，一聲之轉也。索隱引策作『闢』，開、闢古字多互譌。禮記檀弓：『曩者爾心或開予。』注：『開，謂諫争有所發啓。』〔按〕索隱引「闓」作「關」，云：「謂關涉於王心也。」則唐本或作「關」，與今本異。「闓」字義亦通，不必改字。

〔二五〕姚宏云：「『已』，錢作『亡』，一作『以』，一作『抑』，曾作『亡』。」鮑彪改「已」作「亡」，云：「『亡其』猶『得亡』。」吴師道云：「亡，史同。『亡其』猶亡『乃』。」横田惟孝、安井衡、金正煒並以「亡」爲是。金引吕氏春秋審爲篇云：「君將攫之乎亡其不與？」〔按〕「已」字不誤，乃「一」之聲轉。「一」猶「或」也，見經傳釋詞。「一」與「抑」，亦聲之轉，故一本「已」作「抑」。或「已」字乃「乙」字之形誤，「乙」與「一」同音通用。

〔二六〕安井衡云：「言臣者，謂王稽。」

〔二七〕吴師道云：「史『自非然者，臣願』云云。按：自非然者，即策『非若是也』。臣願，即策『則臣之志願』云云。」

〔二八〕鮑彪云：「間，暇隙也。」

〔二九〕鮑彪云：「不斥王，故指其『足下』之人，猶『陛下』也。」〔按〕顧炎武日知録卷二十四云：「（足下）乃戰國時人主之稱。如蘇代遺燕惠王書、蘇厲與趙惠文王書，皆稱足下。」范雎傳「足」下作「顔色」。

〔三〇〕姚宏云：「一無『説』字。」鮑彪云：「且謝且説，説其未用之故。」吴師道云：「謝其得人，而説其欲見之意。」金正煒云：「鮑、吴説並非也。禮記曲禮：『若不得謝。』注：『謝，聽也。』……此謂因雎上書，乃聽王稽之説耳。一本無『説』字，亦脱誤也。」〔按〕諸説多强。「説」字疑涉上「説」字而衍。范雎傳亦無「説」字，今從一本。謝，致歉意。

〔三一〕金正煒云：「漢書梁孝王傳：『景帝使使持乘輿駟迎梁王於關下。』又『人』字疑本爲『以』。……『持』或『特』字之譌。爾雅釋水：『士特舟。』此云『特車』，猶近人言『專車』。」〔按〕范雎傳作「使以傳車召范雎」。集解引徐廣云：「一云：使持車。」索隱云：「使持車，戰國策之文也。」則六朝、唐本作「使持車召之」，無「人」字。持車，猶御車。金説非。

9 范睢至

范睢（睢）至〔一〕，秦王庭迎。謂〔二〕范睢（睢）曰：「寡人宜以身受令〔三〕久矣。今者義渠之事急〔四〕，寡人日自請太后。今義渠之事已〔五〕，寡人乃得以身受命。躬竊閔然不敏〔六〕，敬執賓主之禮。」范睢（睢）辭讓。是日見范睢（睢）見〔七〕者，無不變色易容者。

秦王屏〔八〕左右，宫中虚無人。秦王跪而請〔九〕曰：「先生何以幸教寡人〔一〇〕？」范睢（睢）曰：「唯，唯〔一一〕。」有間〔一二〕，秦王復請，范睢（睢）曰：「唯，唯。」若是者三。

秦王跽曰〔一三〕：「先生不幸教寡人乎？」范睢（睢）謝曰：「非敢然也。臣聞始時〔一四〕吕尚之遇文王也，身爲漁父，而釣於渭陽之濱耳〔一五〕。若是者交疏也〔一六〕。已一説而立爲太師〔一七〕，載與俱〔一八〕歸者，其言深也。故文王果收功於吕尚，卒擅〔一九〕天下，而身立爲帝王。即使文王疏吕望〔二〇〕而弗與深言，是周無天子之德，而文、武無與成其王也。今臣羈旅之臣也，交疏於王，而願陳者，皆匡君之〔二一〕之事，處〔二二〕人骨肉之間。願以陳臣之陋忠，而未知王心也。所以王三問而不對者是也。臣非有所畏而不敢言也，知今日言之於前，而明日伏誅於後，然臣弗敢畏也。大王信行臣之言，死不足以爲臣患；亡〔二三〕不足以爲臣憂；漆身而爲厲〔二四〕，被髮而爲狂，不足以爲臣耻。五帝之聖〔二五〕而死，三王之仁〔二六〕而死，五伯之賢〔二七〕而死，烏獲之力〔二八〕而死，奔、育之勇焉而死〔二九〕。死者，人之所必不免也〔三〇〕。處必然之勢，可以少有補於秦，此臣之所大願也，臣何患乎？伍子胥橐載而出昭關〔三一〕，夜行而晝伏，至於淩水〔三二〕，無以餌〔三三〕其口。坐行蒲服〔三四〕，乞食於吴市。卒興吴國，闔廬爲霸〔三五〕。使臣得進謀如伍子胥，加之以幽囚〔三六〕，終身〔三七〕不復見，是臣説之行也，臣何憂乎？箕子〔三八〕、接輿〔三九〕，漆身而爲厲，被髮而爲狂，無益於殷、楚。使臣得同行於箕子、接輿，〔漆身〕〔四〇〕可以補所賢之主，是臣之大榮也，臣又何耻乎？臣之所恐者，獨臣死之後，天下見臣盡忠而身蹷〔四一〕也，是以杜口裹足，莫肯即秦耳〔四二〕。足下上畏太后之嚴，下惑姦臣之態〔四三〕，居深宫之中，不離保傅之手〔四四〕，終身闇惑，無與照〔四五〕姦。大者宗廟滅覆，小者身以孤危，此臣之所恐耳。若夫窮辱之事，死亡之患，臣弗敢畏也。臣死而秦治，賢於生也。」秦王跽曰：「先生，是何言也夫〔四六〕？秦國僻遠，寡人愚不肖，先生乃幸至此，此天以寡人慁〔四七〕先生，而存先王之廟〔四八〕也。寡人得受命於先生，此天所以幸先王〔四九〕而不棄其孤也，先生奈何而言若此！事無大小，上及太后，下至大臣，願先生悉以教寡人，無疑寡人也。」

范睢（睢）再拜〔五〇〕，秦王亦再拜。范睢（睢）曰：「大王之國，北有甘泉、谷口〔五一〕，南帶涇、渭〔五二〕，右隴、蜀〔五三〕，左關、坂〔五四〕，戰車千乘，奮擊百萬〔五五〕。以秦卒之勇，車騎之多，以當〔五六〕諸侯，譬若馳〔五七〕韓盧〔五八〕而逐蹇〔五九〕兔也，霸王之業可致。今反閉（關）〔六〇〕而不敢窺兵於山東者，是穰侯爲國〔六一〕謀不忠，而大王之計有所失也。」王曰：「願聞所失計〔六二〕。」睢（睢）曰：「大王越韓、魏而攻强齊，非計也。少出師則不足以傷齊，多之則害於秦。臣意〔六三〕王之計，欲少出師〔六四〕而悉韓、魏之兵，則不義〔六五〕矣。今見與國之不可親〔六六〕，越人之國而攻，可乎？疏於計矣。昔者齊人伐楚〔六七〕，戰勝，破軍殺將，再闢千里〔六八〕，膚寸之地無得者〔六九〕，豈齊不欲地哉？形弗能有也。諸侯見齊之罷露〔七〇〕，君臣之不親，舉兵而伐之〔七一〕，主辱軍破，爲天下笑。所以然者，以其伐楚而肥韓、魏也。此所謂藉賊兵而齎盜食者也〔七二〕。王不如遠交而近攻〔七三〕，得寸則王之寸，得尺亦王之尺也。今舍此而遠攻，不亦繆乎？且昔者中山〔七四〕之地方五百里，趙獨擅之〔七五〕，功成名立則附，則〔七六〕天下莫能害〔七七〕。今韓、魏中國之處，而天下樞也。王若欲霸，必親中國，而以爲天下樞〔七八〕，以威楚、趙。趙彊則楚附，楚彊則趙附〔七九〕，楚、趙附，則齊必懼，懼必卑辭重弊（幣）〔八〇〕以事秦，齊附而韓、魏可虛也〔八一〕。」

王曰：「寡人欲親魏。魏，多變之國也，寡人不能親。請問親魏奈何？」范睢（睢）

曰：「卑辭重幣以事之，不可，削地而賂之，不可，舉兵而伐之〔八二〕。」於是舉兵而攻邢丘〔八三〕。邢丘拔〔八四〕而魏請附。

曰〔八五〕：「秦、韓之地形相錯如繡〔八六〕，秦之有韓，若木之有蠹，人之病心腹。天下有變，爲秦害者莫大於韓。王不如收韓〔八七〕。」王曰：「寡人欲收韓〔八八〕，不聽，爲之奈何？」范睢（雎）曰：「舉兵而攻滎陽〔八九〕，則成睪之路不通〔九〇〕。北斬〔九一〕太行之道〔九二〕，則上黨之兵不下。一舉而攻榮（滎）陽〔九三〕，則其國斷而爲三〔九四〕。〔魏〕〔九五〕韓見必亡，焉得不聽？韓聽而霸事可成也。」王曰：「善〔九六〕。」

范睢（雎）曰〔九七〕：「臣居山東，聞齊之內〔九八〕有田單〔九九〕，不聞其王〔一〇〇〕。聞秦之有太后、穰侯、涇陽〔一〇一〕、華陽〔一〇二〕、（高陵）〔一〇三〕，不聞其有王。夫擅國之謂王，能專利害之謂王，制殺生之威之謂王。今太后擅行不顧〔一〇四〕，穰侯出使不報〔一〇五〕，涇陽、華陽擊斷無諱〔一〇六〕，（高陵進退不請）〔一〇七〕四貴備而國不危者，未之有也。爲此四者下〔一〇八〕，乃所謂無王已。然則權焉得不傾，而令焉得從王出乎〔一〇九〕？臣聞善爲國者，內固其威，而外重其權。穰侯使者操王之重〔一一〇〕，決裂諸侯，剖符於天下〔一一一〕，征敵伐國，莫敢不聽。戰勝攻取，則利歸於陶國，弊御於諸侯〔一一二〕。戰敗，則怨結於百姓，而禍歸社稷。詩曰：『木實繁者披其枝〔一一三〕，披其枝者傷其心〔一一四〕。』大其都者危其國〔一一五〕，尊其臣者卑其主。淖齒管齊之權〔一一六〕，縮閔王之筯（筋）〔一一七〕縣之廟梁，宿昔〔一一八〕而死。李兑用趙，減食主父〔一一九〕，百日而餓死〔一二〇〕。今秦太后、穰侯用事，高陵〔一二一〕、涇陽（華陽）〔一二二〕佐之，卒〔一二三〕無秦王，此亦淖齒、李兑之類已〔一二四〕。臣今見王獨立於廟朝矣。且臣將恐後世之有秦國者，非王之子孫也。」

秦王懼，於是乃廢太后〔一二五〕，逐穰侯，出高陵〔一二六〕，走涇陽、（華陽）〔一二七〕於關外〔一二八〕。

昭王謂范睢（雎）曰：「昔者齊公〔一二九〕得管仲時，以爲仲父〔一三〇〕。今吾得子，亦以爲父〔一三一〕。」

〔箋證〕

〔一〕吴師道云：「『睢』音『雖』。」（上章注）〔按〕國策各本作「范睢」。資治通鑑胡三省注云：「『睢』音『雖』。」與吴注同，亦是從目旁作「睢」。史記「范睢」，張文虎札記云：「『睢』字，宋本、毛本作『雎』，漢書人表同。它本『睢』、『雎』雜出。」〔按〕漢武梁石室畫像題記有「范且」。錢大昕跋云：「戰國、秦、漢人多以『且』爲名，讀子余切，如穰且、豫且、夏無且、龍且皆是。且旁或加『隹』，如范雎、唐雎，文殊而音不殊也。」（潛研堂金石文跋尾續卷一）雎、睢字形相似，傳寫最易混淆，石刻作「且」，明漢人作「雎」或「且」，不從目作「睢」也，最爲可信。錢氏論證頗碻，今從之。本書「睢」並改作「雎」，不復。或讀「至」字下屬「秦」爲句「范雎至秦」，非。此承上文「使人持車召之」而言，「至」者謂應召至宫也，當句。

〔二〕鮑本、吳本無「謂」字。黃丕烈云：「考史記，『謂』或『謝』字誤也。」〔按〕史記范睢傳云：「范睢乃得見於離宮，詳爲不知永巷而入其中。王來，而宦者怒逐之曰：『王來。』范睢繆爲曰：『秦安得王？秦獨有太后、穰侯耳。』欲以感怒昭王。昭王至，聞其與宦者争言，遂延迎，謝曰。」史與策詳略多殊，不能據以訂字。

〔三〕〔按〕「令」即「命」，下文「以身受命」，與此相應。「令」與「命」金文常通用（容庚金文編云：「令，孳乳爲命。」）范睢傳作「命」，可證。

〔四〕鮑彪云：「蓋修李帛之怨。」吳師道云：「大事記：『赧王四十四年，秦滅義渠。』漢匈奴傳：『秦昭王時，義渠戎王與宣太后亂，有二子。太后詐殺王於甘泉。』」〔按〕鮑云「李帛之怨」，見前義渠君之魏章。匈奴傳又云：「於是秦有隴西、北地、上郡，築長城以拒胡。」是宣太后預於滅義渠之密謀，昭王所言正其事矣。

〔五〕〔按〕吕氏春秋知分篇高注云：「已，竟也。」

〔六〕鮑彪云：「『閔』猶『傷』。敏，疾也。自傷其見睢之晚。」〔按〕論語顔淵篇云：「回雖不敏，請事斯語矣。」皇侃義疏云：「敏，達也。」漢書景帝紀：「朕既不敏。」顔注云：「敏，謂材識捷疾也。」「不敏」爲古時習用之歉語，鮑注未允。范睢傳索隱云：「『閔』猶『昏闇』也。」義亦較長。

〔七〕鮑彪云：「下『見』，賢遍反。」〔按〕吕氏春秋適威篇高注云：「見，謁也。」又禮記曲禮：「見父之執。」孔疏云：「自下朝上曰『見』。」下「見」字義同之。

〔八〕鮑彪云：「博雅：『屏，除也。』此謂去（鮑、吳合注四部叢刊本誤作「法」，據鮑注單行本正）之。」

〔九〕吳本「請」作「進」。顧炎武云：「古人之坐，皆以兩膝着席，有所敬，引身而起，則爲長跪矣。」（日知録卷二十八）

〔按〕范睢傳「跪」作「跽」。

〔一〇〕鮑彪云：「以教之爲寵。」

〔一一〕〔按〕禮記曲禮：「唯而起。」鄭注云：「應辭，唯恭於諾。」

〔一二〕鮑彪云：「亦『隙』也。」吴師道云：「『間』猶『頃』也。」

〔一三〕鮑彪云：「跽，長跪也。」金正煒云：「按史記項羽紀集解：『跽，小跪也。』……亦與『啓』通，詩小雅：『不遑啓處。』鄭云：『小跽也。』項安世曰：『古者席地，「跽」即起身。』是『跽』蓋有欲起之勢。秦王先跪而請，至是變而爲跽，范雎乃謝。因與跪有別矣。」〔按〕「跪」乃通稱，「跽」是析名。范雎傳三請並作「跽」，是「跽」與「跪」亦無大異。「跽」或作「䐈」，史記滑稽列傳：「帣韝鞠䐈。」集解云：「『䐈』與『跽』同，謂小跪也。」玉篇又作「具」字，云：「長跪也。」

〔一四〕〔按〕范雎傳「始時」作「昔者」。

〔一五〕鮑彪云：「渭水出隴西首陽。此渭水之陽，詩注在咸陽之地。」吴師道云：「正義引吕氏春秋云：『太公釣於兹泉。』酈道元云：『磻溪中有兹泉水，源出岐州岐山縣西南凡谷，北流十二里，注於渭。』」張琦云：「水出岐州岐山縣凡谷者，正義引括地志文也。吴氏闌入所引酈注，誤矣。磻溪在今（陝西）鳳翔府寶雞縣東南八十里。」〔按〕史記齊世家云：「吕尚蓋嘗窮困，年老矣，以漁釣姦周西伯。西伯將出獵，卜之曰：『所獲非龍非彲，非虎非羆。所獲霸王之輔。』於是周西伯獵，果遇太公於渭之陽。與語大説，……載與俱歸，立爲師。」鮑注云詩者，見秦風渭陽鄭箋。吴注所引正義，乃兼採齊世家及范雎傳，而有訛誤。自「兹泉水」以下二十二字，並是括地志文。其引酈道元語有脱誤，原文云：「磻溪中有泉，謂之兹泉。泉水潭積，自成淵渚，即太公釣處，今人謂之凡谷。石壁深高，幽篁邃密，林澤秀阻，人跡罕及。東南隅有石室，蓋太公所居也。水次有磻石可釣處，即太公垂釣之所。其投竿跪餌，兩膝遺跡猶存，是有磻溪之稱也。其水清流神異，北流十二里，注於渭。」又按吕氏春秋首時篇云：「太公望，東海之士也，欲定一世，而無其主，聞文王賢，故釣於渭以觀之。」高注云：

「渭，水名，近豐鎬文王所邑也。」

〔一六〕鮑彪讀「也」字句，云：「絶句。」

〔一七〕姚宏云：「曾作『已而立爲太師』。」金正煒云：「『已』與『以』同，不必省一説。」〔按〕范雎傳無「一」字。

〔一八〕鮑本「俱」下有「南」字。吴師道云：「姚本無『南』字，史同。」

〔一九〕〔按〕吕氏春秋貴生篇高注云：「擅，專也。」范雎傳「擅」作「王」。

〔二〇〕盧本「望」作「尚」。黄丕烈云：「史記『作尚』。」金正煒云：「依上文當作『尚』，『即』猶『若』也。」

〔二一〕姚宏云：「（之）『臣』字。」鮑本、吴本「之」作「臣」。黄丕烈云：「按史記無『臣』字。」金正煒云：「『匡君』下疑脱『二』字，昔人連作兩點，以識其闕，遂誤爲草書『之』字。鮑本作『臣』，於義不合。」〔按〕「之」字當從范雎傳衍。匡君臣，義不通，恐非。

〔二二〕鮑彪云：「『處』猶『在』也，謂欲言太后及穰侯等。」

〔二三〕横田惟孝云：「亡，放逐也。」

〔二四〕鮑彪云：「（厲）音『賴』，惡疾也。」吴師道云：「豫讓傳索隱云：『凡漆有毒，近之者多患瘡腫若賴然。故以漆塗身，令若癩然。』厲、賴聲近，古多借。」〔按〕范雎傳索隱亦云：「『厲』音『賴』，癩病也。言漆塗身，生瘡如病癩。」

〔二五〕姚宏云：「『錢』『聖』下有『焉』字。」〔按〕文選西京賦注、檄豫州文注引下文作「烏獲之力焉而死，夏育之勇焉而死」及此下文云「賁育之勇焉而死」例之，則「聖」字下當有「焉」字，此蓋探下文而省。范雎傳並有「焉」字。

〔二六〕姚宏云：「『錢』『仁』下有『焉』字。」

〔二七〕姚宏云：「『錢』『賢』下有『焉』字。」〔按〕五帝、三王、五伯，見前蘇秦始將連横説秦惠王章。

〔二八〕姚宏云：「錢『力』下有『焉』字。」鮑彪云：「秦紀，烏獲，武王力士。然自孟子時稱之，則其以力聞久矣。」梁玉繩云：「烏獲始見孟子、秦、燕策、荀子富國篇，秦武王力士。……按文子自然篇老子曰：『用衆人之力者，烏獲不足恃。』是古有烏獲，後人慕之以爲號也。」（漢書人表考卷五）〔按〕此猶善醫者稱扁鵲，善相馬者稱伯樂。文選西京賦注、檄豫州文注引「力」下有「焉」字。呂氏春秋用衆篇高注云：「烏獲，有力人，能舉千鈞。」淮南子主術訓高注：「烏獲，秦武王之力士也。」是漢時固有二說。

〔二九〕鮑本、吴本無「焉」字。鮑彪云：「史注『孟奔、夏育，皆勇士。育之力能舉千鈞。』」吴師道云：「皆衛人。」于鬯云：「西京賦及豫州檄注引『奔』並作『夏』。孟奔、夏育爲二人，若『奔』作『夏』，則爲一人。以上文『烏獲』準之，亦未始非文例。而如廣韻魂韻謂『賁姓，古有勇士賁育』。則『賁育』亦有一人說矣。」金正煒據文選注（同于鬯引），以「奔育」爲誤。〔按〕文選羽獵賦注引亦並作「夏育」，是唐本如此。依「烏獲」句例之，似作「一人」較長。廣韻之賁姓有賁育，王應麟困學紀聞已議其非，不足爲據。焉，猶於是，見經傳釋詞。以上句中諸「焉」字並如是訓。呂氏春秋用衆篇高注云：「孟賁，古大勇士。」

〔三〇〕鮑本、吴本無「也」字。

〔三一〕鮑彪云：「（昭關）楚關名。」吴師道云：「後語注云：『（橐），韋橐。』」張琦云：「（昭關）今安徽和州含山縣北二十里小峴山是。」〔按〕史記伍子胥傳云：「伍胥乃與（太子建子）勝俱奔吴，到昭關，昭關欲執之。伍胥遂與勝獨身步走，幾不得脱。」吴越春秋卷二云：「伍員與勝奔吴，到昭關，關吏欲執之。伍員因詐曰：『上所以索我者，美珠也。今我已亡矣，將去取之。』關吏因舍之。」事亦見韓非子説林上篇，惟不云昭關。並不言橐載事，蓋傳聞不同。

〔三二〕姚宏云：「史記作『陵水』。」鮑本作「菱夫」，注云：「地缺。」〔按〕索隱引劉氏云：「陵水即栗水也。」正義引杜預云：「昭關在淮北，陵水在臨淮。」吳越春秋卷三云：「子胥行至吳，疾於中道，乞食溧陽。適會女子擊綿於瀨水之上，筥中有飯。子胥遇之，謂曰：『夫人，可得一餐乎？』」女子……發其簞筥，飯其盎漿，長跪而與之。」瀨水、陵水、栗水，並一聲之轉，在今江蘇溧水縣。

〔三三〕〔按〕范睢傳「餌」作「餬」。廣雅釋詁云：「餌，食也。」餌、餬義近。說文：「餬，寄食也。」

〔三四〕鮑彪云：「匍、匐同，飢困故。」〔按〕「蒲伏」見前蘇秦始將連横章。坐行，猶跪行，言飢不能起。禮記曲禮：「坐而遷之。」孔疏云：「『坐』亦『跪』也。『坐』通名『跪』，『跪』名不通『坐』也。」范睢傳作「膝行」，義同。

〔三五〕〔按〕吳王闔廬用伍子胥，破楚稱霸，見史記吳世家及伍子胥傳。

〔三六〕〔按〕呂氏春秋孝行篇高注云：「加，施也。」此言如吾得進謀如伍子胥之於吳王闔廬，雖以終身幽囚之罪施於吾，若吾說得行，吾亦不憂。

〔三七〕吳本脱「終身」二字。

〔三八〕〔按〕史記宋世家云：「箕子者，紂親戚也。紂始爲象箸，箕子歎曰：『彼爲象箸，必爲玉桮。爲桮，則必思遠方珍怪之物而御之矣。輿馬宫室之漸自此始，不可振也。』紂爲淫泆，箕子諫，不聽。……乃被髮詳狂而爲奴。」

〔三九〕鮑彪云：「高士傳楚人陸通，字接輿。」〔按〕接輿見論語微子篇、莊子逍遥游篇、人間世篇。韓詩外傳卷二云：「楚狂接輿躬耕以食。……楚王使使者齎金百鎰，造門曰：『……願請先生治河南。』接輿笑而不應，使者遂不得辭而去。……乃夫負釜甑，妻戴紝器，變易姓字，莫知其所之。」亦見列女傳賢明篇。

〔四〇〕姚宏云：「一本無『漆身』字。」〔按〕「漆身」二字於文義不合，當衍。范睢傳亦無「漆身」二字，今從一本。

〔四一〕鮑彪云：「蹷，僵也。」

〔四二〕〔按〕淮南子繆稱訓高注云：「即，就也。」「是以」猶「因以」。范睢傳作「因以是杜口裹足，莫肯鄉秦耳」。

〔四三〕金正煒云：「荀子臣道篇：『是態臣者也。』注：『以佞媚爲容態。』」〔按〕文選西京賦：「要紹修態。」薛綜注云：「態，嬌媚意也。」

〔四四〕鮑彪云：「女保、女傅，非大臣也。」

〔四五〕〔按〕范睢傳「照」作「昭」，同。正義云：「昭，明也。無與明其姦惡。」

〔四六〕〔按〕「也夫」乃訝歎之辭。史記商君傳贊云：「卒受惡名於秦，有以也夫！」句例相同，義稍有殊。

〔四七〕姚宏云：「『慁』，後語作『授』。」鮑彪云：「慁，溷同，亂也，濁貌。」〔按〕此歎辭。

〔四八〕横田惟孝云：「史記『廟』上有『宗』字，此恐脱落。」〔按〕無「宗」字亦通，不必據史記訂。説文「廟」字云：「尊先祖皃也。」

〔四九〕盧本「先王」誤作「先生」。金正煒云：「呂覽至忠篇注：『幸，哀也。』燕策：『此天之所以哀燕而不棄其孤也。』與此文同。」

〔五〇〕〔按〕説文：「拜，首至手。」顧炎武云：「古人之拜，如今之鞠躬。……平禮上是一拜再拜，即人臣於君亦止再拜。」（日知録卷二十八）

〔五一〕鮑彪云：「文記注在雲陽。雲陽屬馮翊。」張琦云：「按雲陽故城在今（陝西）西安府涇陽縣西北三十里。甘泉山在縣西北百二十里。谷口故城在今醴泉縣東北七十里，當九嵏山之東。漢志左馮翊下云：『九嵏山在西』是也。」

〔五二〕鮑彪云：「涇水出安定涇陽。」張琦云：「今涇水自甘肅平凉府西開頭山之涇谷，東經涇州，又經陝西之長武、汾州，東南經淳化、永壽、醴泉、咸陽、涇陽、高陵而入渭。渭水自甘肅蘭州府渭源縣南谷山，經鳥鼠而東，經鞏昌府北寧遠、伏羌、通渭、秦州、清水，又經陝西之隴州、寶雞、岐山、扶風、郿縣、乾州、武功、盩厔、興平、鄠縣、咸陽、西安府北臨潼、高陵、華州、華陰而入大河。」

〔五三〕鮑彪云：「隴西有隴坻，即隴阪。」張琦云：「大隴山在今隴州北六十里。關中四塞，此爲西面之險。又小隴山即州西八十里之關山。方輿紀要曰：岷山，即隴山之南首，故曰隴蜀。」

〔五四〕鮑彪云：「函谷關，隴阪。」張琦云：「『關坂』當作『商坂』，蓋字譌也。即今商州之商洛山，秦、楚之險塞。或以爲崤坂，恐非所指。鮑云更非。」〔按〕史記刺客列傳：鞠武曰：「秦地遍天下，威脅韓、魏、趙氏，北有甘泉、谷口之固，南有涇、渭之沃，擅巴、漢之饒，右隴、蜀之山，左關、殽之險。」與此所述相同。「關坂」作「關殽」，則「坂」當是「殽坂」審矣，張氏失考。

〔五五〕姚宏云：「劉『萬』下有『馳』字。」〔按〕藝文類聚卷二十五引「擊」作「卒」。御覽卷四百六十引作「奮卒數百萬」。「奮擊」見前蘇秦始將連横章，又見魏策，作「卒」者誤。

〔五六〕〔按〕御覽引「當」作「赴」。范雎傳作「治」。

〔五七〕鮑本、吴本「馳」作「施」。〔按〕類聚、御覽引「馳」作「放」。御覽同卷又引作「施」。范雎傳作「馳」，與此同。

〔五八〕鮑彪云：「俊犬名。博物志：韓有黑犬名曰盧。」〔按〕韓盧疾犬，見齊策三齊欲伐魏章。

〔五九〕鮑本、吴本「蹇」作「駑」。〔按〕説文「蹇」字云：「跛也。」類聚、御覽引「蹇」作「狡」，非。御覽同卷又引作「駑」。范雎傳同此本。

〔六〇〕姚宏云：「李善引有『關』字。」鮑彪「閉」下補「關」字。〔按〕類聚引亦有「關」字。范雎傳同。今從鮑本補。李善引見文選西京賦注。

〔六一〕〔按〕類聚、御覽引「國」作「秦」。

〔六二〕〔按〕范雎傳此下有「然左右有竊聽者，范雎恐，未敢言内，先言外事，以觀秦王之俯仰」一段，語較周至，殆司馬遷所補。

〔六三〕姚宏云：「（意）劉一作『以』。」鮑彪云：「以意測之。」金正煒云：「漢書賈誼傳：『口不能言，請對以意。』師古曰：『「意」宜音「億」。』論語先進篇：『億則屢中。』釋文：『億，度也。』」

〔六四〕姚宏云：「曾、錢一作『臣計王之少出師』。」

〔六五〕鮑彪云：「義，宜也。已少出師而使人悉出，非宜。」金正煒云：「『則』猶『即』也。『不義』當爲『不議』，猶言無論也。義，議古得通用。」〔按〕以上下文推之，鮑注爲是。金説未允。

〔六六〕姚宏云：「錢（不可親）作『可親』。」鮑彪云：「與，謂韓、魏。」瀧川資言云：「按（下）『攻』字承『與國』，則『與國』謂齊，『人之國』斥韓、魏。鮑説非是。」〔按〕此與上文「越韓、魏而攻强齊」語相應，瀧川説是。

〔六七〕鮑彪云：「閔二十三年，敗楚重丘，大有功。」〔按〕見史記六國表及田完世家。

〔六八〕鮑彪云：「闢，拓地也。」關修齡云：「『再』字不見所指，又與下文不協，疑當作『且』。」横田惟孝云：「按史記『闢』下有『地』字，此恐脱落。」〔按〕再闢千里，即前魏冉曰楚破章之「利有千里者二」，語意相近。謂齊地方千里之大國，今破楚，是又闢地千里，故云「再」。關説未審。

〔六九〕姚宏云：「『者』，一作『也』。」鮑彪云：「集韻：側手曰『扶』，通作『膚』。春秋傳：『膚寸而合。』」〔按〕鮑引春秋傳見公羊傳僖公二十一年。何休注云：「側手爲膚，按指爲寸。」此極言地之微少。

〔七〇〕鮑彪云：「罷，疲同。在野曰『露』。」金正煒云：「方言、廣雅並云『露，敗也』。齊策：『其百姓罷而城郭露。』爲義並同。鮑注非是。」〔按〕前張儀説秦王章：「士民潞病於内。」高注云：「路羸於内。」露、潞同，聲轉爲「羸」。「罷露」猶「疲弱」。

〔七一〕鮑彪云：「魏昭十二年，與秦、趙、韓、燕伐齊，敗之。」〔按〕鮑注據史記魏世家。此燕昭王約四國破齊事，參見齊策及燕策。

〔七二〕〔按〕藉，借也。「齎」同「資」。周禮天官外府鄭注云：「齎，資同耳，其字以『齊』、『次』爲聲，從貝變易。」兵，兵械。文選李斯上秦王書注引「食」作「糧」。荀子大略篇云：「非其人而教之，齎盜糧而借賊兵也。」與此語同。

〔七三〕吴師道云：「遠交近攻，秦卒用此術破諸侯，並天下。」林之奇云：「六國之於秦，其地則六倍之地，其兵則六倍之兵，其食則六倍之食。所以卒並於秦者，蓋秦知天下之勢，而六國不知故也。秦之所以知之者，其謀出於范雎遠交近攻之策，取韓、魏以執天下之樞。既在我矣，則齊、楚安得而不滅哉？」

〔七四〕鮑本本作「山中」，改作「中山」。吴師道云：「當作『中山』。」〔按〕范雎傳作「中山之國」。

〔七五〕鮑彪云：「武靈二十七年，亡中山。」〔按〕見史記趙世家。

〔七六〕鮑彪從史記改「則」作「焉」，屬上句讀。吴師道以爲「然」。金正煒云：「『則』猶『而』也，詳經傳釋詞。」

〔七七〕鮑彪云：「此言近攻之利。」

〔七八〕高誘云：「樞，要也。」（據文選袁陽源倣白馬篇詩注引補）鮑彪云：「言出入來往所由。」胡三省云：「以門户爲喻。門户之闔闢，皆由於樞。」

〔七九〕鮑彪云：「言雖不能兼制，必有一附。」

〔八〇〕鮑本、吴本、盧本「弊」作「幣」。〔按〕下文亦作「卑辭重幣」，此顯誤，今從正。

〔八一〕鮑彪云：「可使爲丘墟。」〔按〕後物至而反章：「虚桃人。」高注云：「虚，空也。」可虚，謂可滅亡其國使之空。

〔八二〕吴師道云：「大事記：親魏者，豈誠愛魏哉？孤韓黨耳。」茅坤云：「始而親韓、魏，陽子之以爲聯屬。楚、趙、齊既已内附，則兵入韓、魏，而彼三國者不我衡也，此亦破從之術也。未幾而收魏收韓，蓋未嘗及親之也已。」穆文熙云：「雎謂親魏，非真親魏，伐乃真伐也。惟親之乃可伐之。」

〔八三〕鮑彪云：「（邢丘）在河南平皋。」吳師道云：「史廩丘、鄄丘、即邢丘也。正義云：『漢置平皋縣，在懷州武德縣南。』」梁玉繩云：「邢丘，當依魏世家作『鄄丘』，此（秦本紀）與范雎傳同誤。邢丘之地，久入於秦，不待是時。表作『廩丘』，尤誤。」程恩澤云：「按秦本紀：『昭王四十一年，攻魏，取邢丘、懷。』范雎傳先取懷，後二年取邢丘。並與策文應。惟六國表作『廩丘』，魏世家作『鄄丘』，本是誤文，但當各存其說。廩丘爲今山東范縣。鄄丘，或云今東阿縣。距邢丘絶遠，吳乃合而爲一之，謬甚。」「邢丘今在（河南）懷慶府河内縣東南一百里。」

〔八四〕鮑彪云：「四十一年夏，取邢丘。」又云：「按史拔邢丘，在親魏説後二年，此三十八年也。攻宜陽（鮑本下文「滎陽」作「宜陽」）説亦在拔邢丘前。則此邢丘拔，要終言之也。」〔按〕范雎傳云：「乃拜范雎爲客卿，謀兵事。卒聽范雎謀，使五大夫綰伐魏，拔懷。後二歲，拔邢丘。」

〔八五〕鮑彪云：「雎復説也。」金正煒云：「『秦、韓』以下，據本傳非同時之言，當從史補『雎復説昭王曰』六字。」（鍾鳳年説同）〔按〕此乃承上文雎説秦王而省主語，古書多此例，不必補。司馬遷乃據策文而有所增益，亦不能盡從。

〔八六〕〔按〕吕氏春秋仲秋篇高注云：「青與赤五色備謂之繡。」此言如五色之相錯。

〔八七〕鮑本無「王不如收韓」五字。

〔八八〕姚宏云：「劉下更有二『韓』字。」鮑彪補「韓」字。吳師道云：「史同。」〔按〕此亦承上而省，不必補。

〔八九〕鮑本、吳本「滎」誤作「榮」。鮑彪云：「屬河南。」張琦云：「今縣，屬開封府。」〔按〕類聚卷七引「舉」上有「王」字。「滎陽」之「滎」，古當從火作「熒」，段玉裁説文解字注焱部下辨之甚詳。續封泥考略有「熒陽丞印」，亦可助證。

〔九〇〕鮑本「罣」作「臯」，同，見前。〔按〕范睢傳作「翠成臯之道不通」。正義云：「言宜陽、陝、虢之師不得下相救。」

〔九一〕〔按〕類聚引「斬」作「壍」，白氏類帖卷二作「塹」。「塹」、「壍」同字，説文「塹」字云：「阬也。」「塹」字從土，斬聲，與「斬」字可通用。此言爲阬道以斷之。范睢傳「斬」作「斷」，義亦近。

〔九二〕鮑彪云：「河内山陽唐有此山，晉隘也。」張琦云：「太行起河南懷慶府北二十里，接山西澤州府南界，北過恒山，至於燕、薊，綿亘數千里，爲天下之脊。在懷、澤間，尤爲南北之險隘，其道即謂羊陽道也。」〔按〕太行爲古代九山之一。淮南子墜形訓高注云：「太行在今上黨太行關，直河内野王縣是也。」吕氏春秋有始篇高注略同。鮑注「唐」字有誤，當作「野王」。

〔九三〕盧本「榮」作「滎」。鮑本「榮」作「宜」。吴師道云：「『宜』一本作『榮』，史同。是時宜陽之拔久矣。」安井衡云：「上有舉兵而攻滎陽之文，鮑蓋以爲重複，故改『滎』爲『宜』耳。不知此覆説見大勢，以斷韓必聽，與上文不相礙也。」〔按〕拔宜陽在秦武王時，見前章，「宜」字顯非。「榮」乃「滎」之形譌，今正。類聚引「一」作「王」。白帖引「舉」下有「兵」字。

〔九四〕張琦云：「史正義曰：『新鄭以南一，宜陽二，澤潞三。』按宜陽久已入秦，蓋新鄭、成臯、澤潞也。」

〔九五〕鮑彪云：「『衍』『魏』字。」吴師道云：「疑衍。」黄丕烈云：「按史記作『夫韓』，爲是。」安井衡云：「上文云『邢丘拔而魏請附』，則是魏即附秦矣，『魏』字當定爲衍文。」〔按〕依複辭偏義之例言，不礙有「魏」字。但下文云「韓聽而霸事可成也」，則「魏」字宜衍，今從衍。

〔九六〕吴師道云：「大事記秦昭王三十六年，范睢爲客卿。三十九年，拔懷。四十一年，拔邢丘。史拔邢丘後，睢復說攻韓。則此自是兩節，策附載爲一章也。昭王四十四年，攻韓，取南陽，絶太行道，皆行睢之謀也。」

〔九七〕鮑本、吴本「范睢曰」下別爲一章。鍾鳳年云：「史睢此説已在秦昭四十二年，即因是而代穰侯相，應提。」〔按〕此策始自范睢見秦王，終言寵任爲相，乃記叙范睢用秦之事，固不必拘於年月。且攻魏攻韓之策，亦不在同時，並未分章，則此段文字亦不必別提也。范睢傳作「范睢日益親，復説用數年矣，固請間説曰」。

〔九八〕姚宏云：「一無『内』字。」

〔九九〕姚宏云：「『單』，後語一作『文』。」鮑彪云：「（田單）齊之疏屬，後爲相，封安平君。史云田文，非也。文去齊，至是已二十餘年，不得近舍單，遠論文也。」吴師道云：「愚謂舉齊事言，不必一時。」〔按〕田單，史記有傳，亦見齊策。范睢傳作「田文」，王念孫引張載魏都賦注引史記作「田單」（讀書雜志），正與國策同。是今本史記誤。范睢傳言范睢從須賈使於齊，見齊襄王，所謂「居山東之時」殆指此，亦可證是「單」非「文」。

〔一〇〇〕鮑本、吴本、盧本「其」下有「有」字。黄丕烈云：「按史記有。詳此句當以『不聞其王』爲是。其者，其齊也。下句當云『不聞有王』，衍『其』字。『王』即秦王也。史記二句皆云『其有』，各誤衍一字。」〔按〕有、其二字，有無並通，黄説似泥。

〔一〇一〕鮑彪云：「昭王母弟。」吴師道云：「涇陽，雍州縣。」〔按〕穰侯傳云：「昭王同母弟曰高陵君、涇陽君。」范睢傳云：「涇陽君、高陵君，皆昭王同母弟也。」涇陽君名市，見秦本紀索隱。涇陽之封地，説見下。

〔一〇二〕吴師道云：「正義云：『華陽，亭名，在洛州密縣。故華城在鄭州管城縣南。』杜注：『新城，密也。』故（芈）戎又號新城君。」張琦云：「涇陽、華陽，皆其稱號，非必其封邑。秦紀昭十六年，封公子市宛，公子悝鄧。二十一年，涇陽君封宛。四十五年，葉陽君悝出之國。一作『華陽』。則涇陽封在宛，華陽封在鄧，非在密決矣。」〔按〕穰侯傳云：「宣太后同父弟曰芈戎爲華陽君。」

〔一〇三〕原文無「高陵」二字。吳師道云：「四貴者，穰侯、涇陽、華陽、高陵也。史『涇陽、華陽擊斷無諱』下有『高陵進退不請』一句，策下文出『高陵』，則此有缺文。」金正煒云：「當從史補『高陵』。」橫田本有「高陵」二字，當是據史記補，非原本有異。〔按〕「高陵」脱文，吳氏所論是也。下文曾本有「高陵進退不請」六字，又有「高陵、涇陽佐之」，明此處當脱「高陵」二字。否則上下文不相照矣。今補。于鬯謂秦紀之葉陽君悝即高陵君，説見後。

〔一〇四〕鮑彪云：「不顧王也。」

〔一〇五〕鮑彪云：「『報』猶『白』也。言不白王而擅遣使於外。」

〔一〇六〕鮑彪云：「擊斷，謂刑人。無諱，言不避王。」

〔一〇七〕姚宏云：「曾（諱）下有『高陵進退不請』六字。」安井衡云：「按下文曰『四貴備』，又曰『爲此四者下』。秦王爲太后下，非所宜耻，則『四貴』謂穰侯、涇陽、華陽、高陵。……曾本是。」金正煒亦謂當從史記補「高陵」下六字。〔按〕橫田本及吳汝綸評點本並從曾本有此六字，是也。今亦從曾本補。橫田惟孝云：「進退，進退人也。」

〔一〇八〕〔按〕舉國並爲此四貴之下。

〔一〇九〕〔按〕范雎傳二「焉」字並作「安」。焉，安一聲之轉，見經傳釋詞。

〔一一〇〕關修齡云：「使者，謂使用事者也。」〔按〕「使者」猶言「執事」，不斥言之。下策「今太后使者」，與此同。操王之重，謂執持王之重權。

〔一一一〕鮑彪云：「『剖』猶『分』。符，信也，謂軍符。漢制以竹長六寸，分而相合。」吳師道云：「竹長六寸，説文説也。漢文紀云：『郡國守相爲銅虎符，竹使符。』索隱云：『漢舊儀，銅虎符發兵，竹使符出入徵發。』此

「剖符」承上「決裂」而言，謂擅封爵也。」

〔一一二〕鮑彪讀作「則利歸於陶，國弊御於諸侯」，云：「『國』謂秦。『御』言爲諸侯所制。」吴師道云：「下章『利盡歸於陶，國之幣帛』云云。恐此有缺誤。」陸隴其從其讀。黄丕烈云：「按史記文同，小司馬讀『弊御於諸侯』爲句。當如吴氏讀『陶』字句絶者爲是。」金正煒亦從此讀云：「下章『戰勝攻取，利盡歸於陶。國之幣帛，竭入太后之家』。則此文『弊』即『幣』也。弊、幣古通用。……廣雅釋詁：『御，進也。』諸侯謂華陽、涇陽之屬。」臧勵龢讀作「則利歸於陶，國弊，御於諸侯」。説從鮑。横田惟孝、安井衡、吴汝綸從索隱並讀作「則利歸於陶國，弊御於諸侯」。司馬貞云：「『弊』者斷也。御，制也。言穰侯執權以制御，制斷於諸侯也。」安井衡云：「穰侯封於陶，勢如列國，故稱陶國，以悚動秦王之心。説士之用心，可謂至險矣。」瀧川資言云：「『弊』與『利』對言，病也。『御』訓爲『嚮』，猶『歸』也。」〔按〕二句相對爲文，索隱讀是，今從之。文義亦以索隱訓爲長。周禮大宰：「以弊邦治。」鄭注云：「弊，斷也。」與此義近。韓非子定法篇云：「穰侯越韓、魏而東攻齊，五年而秦不益尺土之地，乃城其陶邑之封。」與此文可相參。

〔一一三〕鮑彪云：「實，木子。披謂褫之。」吴師道云：「披，折也。」〔按〕吕氏春秋博志篇云：「果實繁者木必庳。」與此句義近。

〔一一四〕鮑彪云：「逸詩。」孫詒讓云：「按逸周書周祝篇云：『葉之美也解其柯，柯之美也離其枝，枝之美也致其本。』與此文相近。古書引書或通稱詩，策四引詩云：『大遠武宅不涉（史記春申君傳、新序善謀篇同），即周書大武篇之遠宅不薄。是其證也。」〔按〕下策作「木實繁者枝必披，枝之披者傷其心」。桂馥札樸卷二云：「古者謡諺皆謂之詩。其采於道人者，如國風是也。未采者，傳聞里巷。凡周、秦諸書引詩不在四家編内者，皆得之傳聞，故曰逸詩。或謂逸詩皆夫子所删，此淺學之臆説也。」王利器以爲「古人稱韻語，皆謂之詩，不必指定孔子所要删或刊落者也」（上海大公報一九四六年十二月二十五日文史周刊十一期韻語稱詩考）。此恐未盡然。即如此文並未協韻，亦稱「詩」也。

〔一一五〕鮑彪云：「此因詩申之也。」吴師道云：「恐此四語皆詩，非必逸詩，古有此語爾。」〔按〕由文義推之，鮑説爲是。左氏隱公元年傳云：「都城過百雉，國之害也。」

〔一一六〕高誘云：「管，典也。」（據范雎傳索隱引補）鮑彪云：「（淖齒）楚將。楚使救齊，因相之。『管』猶『管摧』之『管』，專之也。」〔按〕淖齒相齊，見史記田完世家。

〔一一七〕鮑本、吴本、盧本「筯」作「筋」，范雎傳同，此誤，今從正。安井衡云：「『縮』讀『摍』。摍，抽也。抽出閔王之筋，以懸之廟梁。」〔按〕縮、摍並從「宿」聲，字相通用。朱駿聲説文通訓定聲「摍」字云：「詩巷伯傳：『縮屋而繼之。』疏謂『抽』也。國策：『縮閔王之筋。』皆以『縮』爲之。」與安井説同。

〔一一八〕鮑彪云：「集韻：宿，夜也。通作『昔』。事在閔四十年。」〔按〕見史記田完世家及齊策六齊負郭之民有孤狐咺章。詩周頌有客：「有客宿宿。」毛傳云：「一宿曰宿。」「宿昔」猶「一夜」。

〔一一九〕鮑彪云：「減主父食。」

〔一二〇〕鮑彪云：「趙惠文四年。」〔按〕趙武靈王立其子何爲王，欲分趙而王章於代，計未決。主父遊沙丘，公子章即以其徒作亂。李兑與公子成起兵討之，殺公子章，因圍主父於沙丘宫。主父欲出不得，又不得食，探雀鷇而食之，三月餘，遂餓死。事見史記趙世家。韓非子姦劫弑臣篇云：「李兑之用趙也，餓主父，百日而死。卓齒之用齊也，擢湣王之筋，懸之廟梁，宿昔而死。」難一篇云：「湣王一用淖齒，而手（王先慎云：「『手』爲『身』之誤。」）死乎東廟；主父一用李兑，減食而死。」外儲説右下篇云：「淖齒之用齊也，擢湣王之筋。李兑之用趙也，餓殺主父。」又云：「武靈王使惠文王莅政，李兑爲相。武靈王不以身躬親殺生之柄，故劫於李兑。」並以淖齒與李兑並舉，與此相同。

〔一二一〕鮑彪云：「亦昭王母弟。」黄式三以高陵君名顯。于鬯云：「高陵悝也。悝爲涇陽母弟，疑爲葉陽。趙策諒毅曰：『趙豹、平原君，親寡君之母弟也，猶大王之有葉陽、涇陽君也。』則葉陽爲昭王母弟，且亦與涇陽連稱。秦紀：『昭王四十五年，葉陽君悝出之國。』則葉陽正名悝。若如黄略定爲二人，則高陵固應名顯，不當從小司馬名悝之説。然高陵君顯，史項羽紀有其人，乃齊王田市之使者，豈與秦公子同封號同名邪？」〔按〕穰侯傳索隱云：「高陵君名顯。」黄氏據之。但索隱於秦二公子名亦有參差，秦本紀「封公子悝鄧」下云：「悝號高陵君。」已復不同。穰侯傳「涇陽君」下云：「涇陽君名悝。」而秦本紀「涇陽君質於齊」下又云：「名市。」互相歧異，難以信從。嘗以史記本文考之，四貴之名，當是穰侯名冉，華陽君名戎，涇陽君名市，高陵君名悝。吕祖謙大事記解題亦以葉陽君爲高陵君，據趙策諒毅之言，于説本之。

〔一二二〕姚宏云：「曾(涇陽)下有『華陽』二字。」〔按〕范雎傳亦有，今從補。

〔一二三〕〔按〕爾雅釋詁云：「卒，盡也。」

〔一二四〕吴本「已」作「也」，同范雎傳。

〔一二五〕吴師道云：「按雎傳雎相在昭王四十一年。秦紀：明年，太后薨，葬芷陽驪山。九月，穰侯出之陶。是太后初未嘗廢。穰侯雖免相而未就國，太后葬後，始出之陶。此辯士增飾非實之辭。」全祖望云：「宣太后以憂死是實，但未必顯有黜退之舉。蓋觀穰侯尚得之國於陶，無甚大譴。其所謂逐者如此，則所謂廢者，亦只是奪其權也。」(經史問答)〔按〕大事記：「周赧王四十九年，秦免魏冉相國，奪宣太后權。」解題云：「范雎傳書廢太后。……按本紀，明年，宣太后葬芷陽驪山。九月，穰侯出之陶。是宣太后之殁，書薨書葬，初未嘗廢。魏公子無忌諫魏王親秦之辭，止曰：『太后母也，而以憂死。』未嘗言其廢也。穰侯雖免相，猶以太后之故未就國，及太后既葬之後，始出之陶耳。范雎傳所載，特辯士增飾之辭，欲誇范雎之事，而不知甚昭王之惡也。」吳氏本之，全説亦與之同。

〔一二六〕〔按〕秦本紀：「昭王四十五年，葉陽君悝出之國，未至而死。」吕祖謙、于鬯並謂葉陽君即高陵君之別名。于鬯又謂：「頗疑前文『出華陽』字，並『葉陽』之誤。正『高陵』爲『華陽』別名，故前出葉陽，後出高陵，明一人也。」説恐未然。

〔一二七〕姚宏云：「曾（涇陽）下有『華陽』二字。」黄丕烈云：「上策文『高陵、涇陽佐之』，史記作『高陵、華陽、涇陽佐之』。此文史記作『逐穰侯、高陵、華陽、涇陽於關外』也。」〔按〕有之爲是，今從曾本補。大事記書「秦華陽君芈戎、王弟涇陽君市出就封」，在周赧王四十九年（秦昭工四十一年）奪宣太后權之後。

〔一二八〕吳師道云：「雎欲言太后、穰侯，先已摩切秦王。王曰：『上及太后，下至大臣，願先生悉心以教寡人。』宜可言矣，而且陳遠交近攻之策，至是始極所欲言，此策士之深術也。史所謂『未敢言內，先言外，以觀秦王之俯仰』，雎豈不能屏左右言乎？」

〔一二九〕横田惟孝云：「『齊』下恐脱『桓』字。」

〔一三〇〕〔按〕韓非子外儲説左下篇云：「齊桓公將立管仲，令羣臣曰：『寡人將立管仲爲仲父。』」

〔一三一〕金正煒云：「當作『亦以爲叔父』。叔，雎之字也。史記雎傳：『今范君亦寡人之叔父也。』可證。尚父、仲父、叔父皆就其字以爲尊稱，此無『叔』字，蓋誤脱耳。穀梁傳云：『「父」猶「傅」也。』後章『秦王師君』，不云『父事』，其義可見。」〔按〕古人常稱男女之字曰「某父」、「某母」，與父母之本義有別。王國維女字説云：「按士冠禮記男女之字『曰伯某甫，仲叔季唯其所當』。注云：『甫者，男子之美稱。』説文『甫』字注亦云：『男子美稱也。』然經典男女之字多作『某父』，彝器則皆作『父』，無作『甫』者，知『父』爲本字也。男子字曰『某父』，女子曰『某母』。蓋男子之美稱，莫過於父，女子之美稱，莫過於母。男女既冠笄，有爲父母之道，故以某父某母字之也。」（觀堂集林卷三）是「父」爲當時對丈夫之通稱，但君以稱臣，則爲殊禮。顏氏家訓音辭篇云：「『甫』者男子之美稱，古者多假借爲『父』字，北人遂無一人呼爲『甫』者，亦所未喻。惟管仲、范增之號須依字讀耳。」顏氏之論「父」讀爲「甫」是也，但以管仲（仲父）、范增（亞父）之「父」須依本字讀，猶未盡然。詩大雅大明：「維時尚父。」毛傳：「尚父，可尚可父。」孔疏：「父亦男子之美號。」由「尚父」之例觀之，則仲父、亞父之稱亦猶是也。故管仲字仲稱仲父，范睢字叔稱叔父，「父」讀爲「甫」，非親族之仲父叔父也。昭王之稱范睢爲叔父，此云「亦以爲『父』」，猶後世之字而不名或稱爲「某老」，所以示尊敬。漢文帝稱馮唐爲父（說詳日知録卷二十四）意亦相類。「父」上不必有「叔」字。近人有據史記「叔父」之文以考證范睢之年齒者，恐於古今稱謂之殊有閡。

10　應侯謂昭王曰

應侯〔一〕謂昭王曰：「亦聞恒思〔二〕有神叢與〔三〕？恒思有悍少年，請與叢博〔四〕曰：『吾勝叢，叢籍我神三日〔五〕。不勝叢，叢困我。』乃左手爲叢投〔六〕，右手自爲投〔七〕，勝叢，叢籍其神。三日，叢往求之，遂弗歸。五日而叢枯，七日而叢亡。今國者，王之叢勢者，王之神。籍人以此，得無危乎？

「臣未嘗聞指大於臂，臂大於股。若有此，則病必甚矣。百人輿瓢而趨〔八〕，不如一人持而走疾〔九〕。百人誠輿〔一〇〕瓢，瓢必裂〔一一〕。今秦國，華陽用之，穰侯用之，太后用之，王亦用之。不稱瓢爲器則已已〔一二〕，稱瓢爲器〔一三〕，國必裂矣。

「臣聞之也〔一四〕，木實繁者枝必披，枝之披者傷其心。都大者危其國，臣强者危其主。其令〔一五〕邑中自斗食以上〔一六〕至尉、内史〔一七〕及王左右，有非相國〔一八〕之人者乎？國無事則已，國有事，臣必聞見〔一九〕王獨立於庭也。臣竊爲王恐，恐萬世之後有國者，非王子孫也。

「臣聞古之善爲政也，其威内扶〔二〇〕，其輔〔二一〕外布，四治政不亂不逆〔二二〕。使者〔二三〕直道而行，不敢爲非。今太后〔二四〕使者分裂諸侯，而符布天下。操大國之勢，强徵兵，伐諸侯。戰勝攻取，利盡歸於陶。國之幣帛〔二五〕，竭入太后之家，竟〔二六〕内之利，分移華陽。古之所謂危主滅國之道，必從此起。三貴〔二七〕竭國以自安，然則令何得從王出？權何得毋分？是〔我〕〔二八〕王果處三分之一也〔二九〕。」

〔箋證〕

〔一〕吴師道云：「秦紀應亭。索隱云：『在河東臨晉。』又應爲太后養地。徐云：『潁川父城縣應鄉。』又作『大城』。按括地志之應鄉，在汝州魯山縣東。後策『應侯失韓之汝南』，説者謂與應鄰，則在汝者爲是。」張琦云：「應有二。古應國在今(河南)汝州魯山縣東三十里，即徐廣所謂之潁川父城之應鄉。父城在今郟縣西四十里，地相接地。秦紀之應亭，方輿紀要曰：「即古臨晉，在今(陝西)同州府朝邑縣西南二里。」〔按〕范雎傳云：「秦封范雎以應，號爲應侯。當是時，秦昭王四十一年也。」吴氏以應爲汝州之應鄉，説本正義。應爲太后養地，見周本紀。鍾鳳年云：「此章後半辭意同於上文，疑緣記事非自一人而然。」

〔二〕程恩澤云：「按路史國名紀：『恒先國常也，衛康叔孫封之。』世本云：『後有常氏、恒氏，老子師常從。楚有恒思公，宜爲恒山，亦作「常」。』其説不甚明瞭，未知即此否。」

〔三〕高誘云：「叢祠，叢神祠。叢樹也。」(據史記陳涉世家索隱引補。) 鮑彪云：「灌木中有神靈托之。」吴師道云：「墨子(原本「墨」誤作「黑」，文見墨子明鬼下篇，史記索隱引亦作「墨子」，今正)：『建國必擇木之脩茂者？以爲叢位。』」于鬯云：「史游急就二十五章顔師古注云：『「叢」謂草木岑蔚之所，因立神祠也。一曰：叢者合聚諸神而祭之也。』……趙策蘇秦説李兑曰：『寄宿人田中，傍有大叢。』亦同此『叢』。」金正煒云：「張晏曰：『叢，鬼所憑焉。』此即其義，故謂之『神叢』。急就篇『祠祀社稷叢臘奉』……今鄉僻猶有祀叢爲神之事，非如顔師古所謂草木岑蔚之所，因立神祠者也。」〔按〕吕氏春秋懷寵篇云：「問其叢社大祠。」六韜略地篇云：「冢樹社叢勿伐。」是「神叢」即叢樹之有神者。古人迷信，常以大樹叢林爲神，祈求福佑，如湯禱桑林。唐王建神樹詞云：「我家家西老棠樹，須晴即晴雨即雨。四時八節上杯盤，願神莫離神處所！」又莊子人間世篇言櫟社樹見夢於匠石。即此神叢之類。桂馥札樸卷五云：「今雲南人於神祠殺牛飲血，共相盟誓，謂之牛叢。」蕭雲經史管窺云：「按滇南札記云：『雲南之俗最可患者，莫如牛叢。連山接寨，結黨成羣，於深林孤廟，殺牛飲血，相爲盟誓。』……即神叢之遺蘊也。」

〔四〕鮑彪云：「(博)局戲也，六箸十二棊。」〔按〕楚辭招魂：「行六簙些。」王逸注云：「投六箸，行六棊，故爲六簙也。」鮑注本説文，説文本字作「簙」，通作「博」。

〔五〕鮑彪云：「以神靈借我。」盧文弨云：「今吳、越之俗有所謂起傷者，亦類此。嘗見宋趙復齋名彥肅，行狀云：『調秀州推官。犴多重囚，廉其故，蓋俗多淫祀，兇人欲甘心於仇怨，則挾酒食祭拜乞助，謂之「起傷」。』……按禮記郊特牲：『鄉人裼。』鄭注：『裼，强鬼。』又周禮春官司巫：『凡喪事，掌巫降之禮。』注：『巫下神之禮。今世或死或斂，就巫下禓。』『禓』與『裼』，釋文皆音『傷』。則『起傷』當從示爲正。」（鍾山札記卷一）〔按〕籍、藉同，借也。

〔六〕鮑彪云：「班固奕指曰：『博懸於投，不必慧巧。』顒曰：『投，投瓊。』」〔按〕洪興祖楚辭補注引鮑宏博經云：「所擲頭謂之瓊。瓊有五采，刻爲一畫者謂之『塞』，刻爲兩畫者謂之『白』，刻爲三畫者謂之『黑』，一邊不刻者，五塞之間，謂之『五塞』。」

〔七〕鮑彪云：「右强而便，欲自取勝。」吳師道云：「尚左，尊神也。」〔按〕此論近鑿。蓋謂以左手代神擲投，右手自爲擲，以博勝負，未必别有寓意。

〔八〕鮑彪云：「負之如輿載物。」吳師道云：「輿，載也。」〔按〕瓢不須載，且載亦不至裂。「輿」疑當作「與」。「與」同「舉」，周禮師氏：「王舉則從。」鄭注：「故書『舉』爲『與』。」淮南子説山訓：「百人抗浮，不若一人挈而趨。」高注：「抗，舉也。浮，瓠也。百人共舉，不如一人持之走便也。」與此文正同，是其證。下「輿」字同。

〔九〕姚宏云：「曾、錢、劉一無『疾』字。」

〔一〇〕〔按〕太平御覽卷七百六十二引「誠輿」作「試輿」。「誠」猶「試」，「輿」即「舉」，足證「輿」字之非。

〔一一〕鮑彪云：「以争持者衆。」

〔一二〕鮑本、吳本無下「已」字。金正煒云：「下『已』字，語終之辭。」〔按〕下「已」字猶「矣」，見經傳釋詞。或屬下讀，「已」猶「既」，亦通。

〔一三〕鮑彪云：「『稱』猶『等』也。謂比國於瓢。」鍾鳳年云：「二『瓢』字疑應作『國』。按『瓢必裂』上，乃自爲譬喻語；自『今秦國』下，應折爲論事實矣。『不稱瓢爲器則已』，即爲回應『今秦國』云云，兼啓下文而決其結果者也。『已稱瓢爲器』，則爲肯定語，而引出『國必裂矣』，以言事之所必至也。……是以斷不宜以『瓢』字代『國』，以致虛實無別，語義不貫。此蓋或以『國』字不應稱曰『器』，因依上文譬喻語之『瓢』字而妄改者。」〔按〕鍾説未是。「器」猶「利器」（老子：「民多利器。」河上公注云：「利器者，權也。」），又「神器」（文選東京賦：「竊弄神器。」薛綜注云：「神器，帝位也。」），疑當時習語以器比擬國或權。此文「器」字即謂「國」，從下文云「國必裂矣」可知。稱瓢爲器，猶言等瓢於國耳。

〔一四〕鮑本、吳本無「也」字。

〔一五〕吳本「其令」作「且今」。鮑注單刻本與此同。〔按〕作「且今」爲長。范睢傳范睢説秦王云：「今自有秩以上至諸大吏，下及王左右，無非相國之人者。」與此文相近，可證「令」是「今」之形誤。「其」猶「且」，互通，見古書虛字集釋。

〔一六〕鮑彪云：「漢官表歲俸不滿百斛，計日而食一斗二升。」金正煒云：「漢書外戚傳：『上家人子，中家人子，視有秩斗食云。』師古曰：『斗食謂佐史也。謂之斗食者，言一歲不滿百石，日食一斗二升。』」

〔一七〕鮑彪云：「秦有郡縣，有內史，郡國官也。」〔按〕董説七國考秦職官有國尉、廷尉、都尉、中尉、軍尉、衛尉。漢書百官公卿表言秦官有郡尉、關都尉。以此與內史並列推之，殆指郡尉。

〔一八〕鮑彪云：「相國，穰侯。」

〔一九〕鮑本、吳本、盧本無「聞」字。安井衡云：「已去秦則聞之，未去秦則見之，故『聞見』並言。鮑削『聞』字，非也。」

〔按〕「聞見」二字爲複辭偏義，猶言「聞或見」也。今人猶言「聞」爲「聽見」，亦此義。安井説嫌未愜。

〔二〇〕鮑彪云：「『扶』猶『持』也，言不顛仆。」

〔二一〕鮑彪云：「輔，謂股肱之臣。」關修齡云：「『輔』恐『權』字訛。蓋言其威持内，其權施行。」〔按〕輔，謂輔佐，本義自通，關説未然。

〔二二〕鮑彪改「四」作「而」。盧本從之。吳師道云：「(四)字誤，宜作『而』言。」金正煒云：「疑『四』下或脱『時』字。左氏昭二十五年傳：『爲政事庸力行務，以從四時。』管子版法解：『象四時之行，以治天下。』蓋順四時以治政，故言『不亂不逆』。」安井衡讀此文作「其威内挾其輔，外布四治，政不亂不逆」，云：「善爲政者，不失其威，内扶其輔臣，使之直道。外布四方之治，故其政不亂不逆也。鮑『扶』字、『布』字句，『四』作『而』，非。」〔按〕「四」下疑有誤脱，鮑、吳、金所訂並嫌未愜，不敢强解，姑存疑。安井説亦屬牽强不安。

〔二三〕〔按〕使者，謂執事之人。

〔二四〕横田惟孝云：「據前章，『今太后』當作『穰侯』。」〔按〕從下文觀之，横田説殆是。

〔二五〕横田惟孝「國」字屬上句讀，云：「之幣帛，猶其弊帛也。」〔按〕「陶」下當斷句，説見上章。

〔二六〕鮑本、吳本「竟」作「境」，同。

〔二七〕鮑彪云：「據上文，不及涇陽、高陵。」〔按〕上章言「四貴」，不數太后，此章以太后、穰侯、華陽爲「三貴」。明二章所記同事，然非出一人之手，傳聞互異。

〔二八〕姚宏云：「劉本無『我』字。」鮑彪云：「衍『我』字。」〔按〕依國策文例，不當有「我」字，今從劉本衍。

〔二九〕横田惟孝云：「上太后用之，下穰侯、華陽用之，中王亦用之。是王處三分之一也。」于鬯云：「據上文，王竟處四分之一，四、三或因積畫而誤。」〔按〕「四」古或作「亖」，易誤爲「三」，于説或然。

11 秦攻韓圍陘

秦攻韓，圍陘〔一〕。

范睢（雎）謂秦昭王曰：「有攻人者，有攻地者〔二〕。穰侯十攻魏而不得傷者〔三〕，非秦弱而魏强也，其所攻者地也。地者，人主所甚愛也。人主者，人臣之所樂爲死也。攻人主之所愛，與樂死者鬬，故十攻而弗能〔四〕勝也。今王將攻韓圍陘，臣願王之毋獨攻其地而攻其人也。王攻韓圍陘，以張儀〔五〕爲言。張儀之力多〔六〕，且削地〔七〕而〔八〕以自贖於王，幾割地而韓不盡？張儀之力少，則王逐張儀〔九〕，而更與不如張儀〔一〇〕者市〔一一〕，則王之所求於韓者，言〔一二〕可得也。」

〔箋證〕

〔一〕鮑彪云：「（左氏）僖四年，『次於陘』。注：『楚地，潁川召陵南有陘亭。』此時屬韓。韓桓惠九年，秦拔我陘。此（昭襄王）四十三年也。」吴師道云：「召陵陘亭者，陘山也，非此陘。史韓世家：『秦拔我陘城汾旁。』正義云：『陘故城在絳州曲沃縣西北，汾水之旁。』白起傳作『邢丘』，亦誤。大事記據世家爲文。」程恩澤云：「按此『陘』字未必定是陘山，亦未必定是汾陘。爾雅：『山絶陘。』凡連山中斷者皆可稱陘，故河北凡有八陘，其軹關陘、太行陘、白陘、滏口陘，皆在韓境，不知其何指也。」〔按〕范睢傳亦云：「昭王四十三年，秦攻韓汾陘，拔之。」

據史記，則此陘當是汾陘。

〔二〕橫田惟孝云：「攻人，謂以人爲言而攻，攻地，謂欲得地而攻。」

〔三〕姚宏云：「『得』，一作『能』。」〔按〕秦本紀昭襄王四年，取（魏）蒲阪。十四年，左更白起攻韓、魏於伊闕，拔五城。十五年，白起攻魏，取垣。十六年，左更錯取（魏）軹及鄧。十八年，錯攻（魏）垣、河雍，決橋，取之。二十一年，錯攻魏河内。二十四年，秦取魏安城。三十一年，白起伐魏，取兩城。三十二年，穰侯攻魏，魏入三縣請和。三十三年，客卿胡傷攻魏卷、蔡陽、長社，取之。擊芒卯華陽，破之。此並穰侯秉政時事。

〔四〕鮑本、吳本無「能」字。

〔五〕鮑彪云：「儀死至雎之相，四十四年矣，儀亦未嘗在韓。此必誤。」田汝成云：「張儀代遠，此或別一張儀。」于鬯云：「按韓策秦攻陘，言及陳軫，軫却與張儀同時。不知策何緣兩處有誤，而誤又巧合也？」鍾鳳年云：「按留侯世家稱張良者，其先韓人也。……父平相釐王、悼惠王（即桓惠）。悼惠王三十三年，平卒。」則秦攻陘，正是平相桓惠時，策之張儀蓋即張平之誤。」〔按〕鍾説或是。前魏謂魏冉章亦以辛張誤爲張儀。

〔六〕橫田惟孝云：「力多，謂得志。」

〔七〕鮑彪改「削」作「割」。吳師道云：「疑即下文『割』字。」〔按〕「削」字自通，不必改。

〔八〕姚宏云：「錢、劉本無『而』字。」

〔九〕橫田惟孝云：「力少，謂不得志。言不得志，則不能割地，因責而逐之。」

〔一〇〕鮑本、吳本無「張」字。黃丕烈云：「按無者當是，上文『張』字皆有譌。」〔按〕「張」字不誤，「儀」字或誤，説見上。

〔一一〕鮑彪云：「智不如耳，非力也。」〔按〕史記項羽本紀「以市於齊」集解引張晏云：「市，貿易也。」

〔一二〕鮑本、吳本、盧本「言」作「盡」。金正煒云：「廣雅釋詁：『言，從也。』謂所求從此可得也。亦與『云』同，發語詞也，説詳經傳釋詞。」

12 應侯曰鄭人

應侯曰〔一〕：「鄭人謂玉〔二〕未理者〔三〕璞，周人謂鼠未腊者朴〔四〕。周人懷璞〔五〕過鄭賈〔六〕曰：『欲買〔七〕朴乎？』鄭賈曰：『欲之。』出其朴，視之〔八〕，乃鼠也，因謝不取〔九〕。今平原君〔一〇〕自以賢顯名於天下，然降其主父沙丘而臣之〔一一〕。天下之王尚猶尊之，是天下之王不如鄭賈之智也〔一二〕。眩〔一三〕於名，不知其實也。」

〔箋證〕

〔一〕于鬯云：「此策疑上有斷簡，蓋言平原君事也。考史范雎傳云：『雎相秦二年，秦昭王之四十二年，昭王聞魏齊在平原君所，欲爲雎報仇。乃詳爲好書遺平原君，平原君入秦。』……黄略采雎傳事，而附此策於後云：『范雎怒平原君勝之匿魏齊也而毀之。』與下文似可比附。」

〔二〕〔按〕文選王文憲集序注引「玉」下有「之」字。

〔三〕高誘云：「理，治也。」（文選注引補）〔按〕説文「理」字云：「治玉也。」文選注引「者」下有「爲」字。

〔四〕盧本「朴」作「樸」，同。高誘云：「鼠未燥腊者，號之爲璞。」（文選注引補）〔按〕文選注引「鼠」下有「之」字，

「朴」作「璞」，二「璞」字無別。尹文子二字亦並作「璞」，無別。此蓋方言有別，故二物名同而實異。朴、璞雖可通用，但此「朴」宜作「璞」，意始顯。

〔五〕盧本「璞」作「樸」。鮑彪改「璞」爲「朴」。吴師道云：「當作『朴』。」黄丕烈云：「此當與下『出其朴』互易，作『懷朴』。」〔按〕璞、朴本取同音，不拘字別。尹文子、文選注「朴」並作「璞」，可證。

〔六〕〔按〕文選注引「鄭賈」下有「問」字。

〔七〕〔按〕文選注「買」作「賈」。

〔八〕鮑本、吴本無「視之」二字。〔按〕尹文子亦有「視之」二字。

〔九〕鮑彪云：「謝，辭去也。」〔按〕文選注引「謝」下有「而」字。吴師道云：「説亦見伊文子及漢應奉傳。」〔按〕後漢書應劭傳云：「昔鄭人以乾鼠爲璞，鬻之周。」吴説謂此。

〔一〇〕鮑彪云：「趙公子勝，惠文王弟，後相孝成，見魏無忌傳。」〔按〕趙策四秦攻魏取寧邑章諒毅對秦王曰：「趙豹、平原君，親寡君之母弟也。」史記平原君傳云：「諸子中勝最賢，喜賓客，賓客蓋至者數千人。相趙惠文王及孝成王。」

〔一一〕鮑彪云：「降，貶損之也。鉅鹿有沙丘亭。趙紀不書此，未詳。」吴師道云：「趙紀書公子成、李兑，非平原也。『平原』字必有誤。」横田惟孝云：「按史記趙公子成號安平君，與李兑並圍主父。此『平原』或『安平』訛。」張琦云：「沙丘臺在今（河北）廣平府平縣東北二十里。」黄式三云：「趙主父被弑，惠文王年祇十六。平原爲惠文同母弟，年必幼，此事不可苛責平原君。……范睢以善復仇名，因言平原君之不復父仇也。」（黄氏此句作「李兑弑主父於沙丘，而猶臣之」。）金正煒云：「『平原』當爲『安平』之譌。降臣主父事未詳。」鍾鳳年云：「年表趙惠文王元年，稱以公子勝爲相，封平原君。四年，圍殺主父。可證策不誤。此殆正譏勝操相權，不救君父之難，故弗得爲賢公子。若公子成，何曾聞以賢名顯示天下哉？」〔按〕主父餓死沙丘，見范雎至章。此誠如黄氏周季編略謂范雎毀平原君之語，不必盡符史實。趙武靈王立王子何爲王，臨朝，是爲惠文王，自號爲主父（趙世家）。惠文王元年，封公子勝爲平原君，復以爲相（六國表）。主父至四年而餓死。平原君時年雖幼，名爲相國，佐惠文王南面臨朝，故雎毀爲「降其主父沙丘而臣之」。字無脱訛。

〔一二〕鮑本、吴本無「也」字。

〔一三〕鮑彪云：「眩，目無常主也，故爲惑。」

13 天下之士合從

天下之士合從，相聚於趙，而欲攻秦。秦相應侯曰：「王勿憂也，請令〔一〕廢之。秦於天下之士，非有怨也。相聚而攻秦者，以己欲〔二〕富貴耳。王見大王之狗，卧者卧，起者起，行者行，止者止，毋〔三〕相與鬬者。投之一骨，輕起相牙〔四〕者，何則？有争意也。」於是唐雎載音樂〔五〕，予之五十（千）金〔六〕，居武安〔七〕，高會〔八〕相與飲。謂〔九〕：「邯鄲〔一〇〕人誰來取者？」於是其謀者，固未可得予也〔一一〕。其可得與〔一二〕者，與之昆弟矣〔一三〕。公與秦計功者〔一四〕，不問金之所之。金盡者，功多矣。今〔一五〕令人復載五十（千）〔一六〕金隨公。

唐雎行，行〔一七〕至武安，散不能三千金〔一八〕，天下之士大相與鬬矣〔一九〕。

【箋證】

〔一〕王念孫云：「『令』當爲『今』字之誤。『今』猶『即』也。言請即廢之也。史記汲黯傳索隱曰：『「今」猶「即」今」也。』」

〔二〕鮑本、吴本「欲」作「有」。〔按〕長短經七雄略注無「已」字。已、以同字，疑原作「已」字，或旁注「以」字，傳寫誤入。

〔三〕〔按〕長短經注「毋」作「無」，同。

〔四〕鮑彪云：「輕，猶忽也。牙，言以牙相噬。」〔按〕長短經注「輕」上有「則」字，「牙」作「呀」。「呀」當是「牙」之俗字。説文新附字云：「呀，張口貌。」謂張口以争。揚雄太玄經争上九云「飛虎相牙」，義與此類。

〔五〕鮑彪「於是」下補「使」字。〔按〕長短經注作「今令載五千金隨唐雎，並載奇樂」，疑此下脱「令」字。鍾鳳年謂「是」爲「昔」字之誤，説多支離，今不取。此唐雎，秦臣，與楚策、魏策之唐且非一人。

〔六〕鮑本、吴本「十」作「千」。黄丕烈云：「按『十』字是。下『復載五十金』同。」〔按〕下文云「散不能三千金」，明「十」是「千」之誤。且散天下之士聚謀，豈五十金所能成功？黄説於理亦礙。長短經注作「五千金」，亦其證。今從鮑本。

〔七〕鮑彪云：「〔武安〕屬魏郡。趙奢傳注：在邯鄲西。」〔按〕武安見前蘇秦始將連横章。

〔八〕鮑彪云：「〔史記〕高紀注：大會也。」

〔九〕横田惟孝云：「謂，應侯謂唐雎也。」〔按〕横田説是。上文乃令唐雎載金至武安，此是囑咐語。

〔一〇〕鮑彪云：「邯鄲，趙國都。」張琦云：「漢志趙國邯鄲下云：『趙敬侯自中牟徙此。』今（河北）廣平府邯鄲縣西南二十里有古邯鄲城，俗呼趙王城。」

〔一一〕鮑彪云：「用金少，故未能動謀者。」横田惟孝云：「言邯鄲之人，誰來取金者，於來取金者，於來取時，其謀攻秦者，固未可得盡予金也。」金正煒云：「其謀者，謂方謀攻秦之士，此未能即與之金，慮其不受也。」〔按〕「於是」二字不連屬，「是」乃「是非」之「是」。是其謀者，謂以攻秦之謀爲是者。對於秉此等主見之人，固不應以金予之。諸説未允。

〔一二〕鮑本、吴本「與」作「予」。〔按〕與、予字通。與，謂結合。

〔一三〕鮑彪云：「謀人之昆弟。」吴師道云：「言與之和好若昆弟矣。此下有缺文。」黄丕烈云：「按此當讀『與之』上屬，而缺在『昆弟矣』上。」吴曾祺云：「當以五字爲句，猶言視之若昆弟也。」金正煒云：「與其昆弟，因以動其人。『之』與『其』義同。」〔按〕此謂對於可以結合之人，即無主見而祇欲富貴者，與其相親如兄弟。既以分散合從之謀，亦動摇謀攻秦者之心。鮑、金並以「之」作領格其字訓，非。

〔一四〕鮑彪云：「應侯教唐雎云。」横田惟孝云：「公，指唐雎也。『與』讀如『爲』。言雎爲秦計功者，則不問金之所出入，其可得予者多而金盡，則雎之功多矣。」（金正煒説同）于鬯云：「疑此或讀『公與』二字爲句，言公儘與之勿惜也。秦計功者，范雎自言秦國内他日計功。如此，則以上文爲范雎語，此句却可接。」〔按〕横田説長。與猶爲，見經傳釋詞。

〔一五〕金正煒云：「孫炎注爾雅釋詁曰：『「即」猶「今」也。』則『今』亦猶『即』。策文言『今』，義多與『即』同。」

〔一六〕鮑本、吴本「十」作「千」，今從之，説見上。

〔一七〕鮑本、吴本「行」字不重。

〔一八〕〔按〕淮南子修務訓：「不能被德承澤。」高注云：「能，猶及也。」

〔一九〕鮑彪云：「士得金，復爲秦，故其謀不協。」

〔附論〕吴師道云：「秦紀尉繚説秦王曰：『願大王毋愛財物，賂其豪臣以亂其謀。不過亡三十萬金，則諸侯可盡。』大事記云：『前此范雎之散合從，後此陳平之間項羽，同出一術。』……愚謂郭開之間李牧，晉鄙客之讒信陵，后勝之勸王建，秦卒亡此三國者，皆應侯之術也。」

14　謂應侯曰君禽

謂應侯曰〔一〕：「（武安）君〔二〕禽馬服乎〔三〕？」曰：「然。」「又即圍邯鄲乎？」曰：「然。」「趙亡〔四〕，秦王王矣，武安君爲三公〔五〕。武安君所以〔六〕爲秦戰勝攻取者七十餘城，南亡鄢、郢、漢中〔七〕，禽馬服之軍，不亡一甲，雖周〔八〕呂望之功，亦不過此矣。趙亡，秦王王，武安君爲三公，君能爲之下乎？雖欲無爲之下，固不得之矣。秦嘗攻韓邢〔九〕，困於〔一〇〕上黨，上黨之民皆返爲趙〔一一〕。天下之民不樂爲秦民之日固久矣。今攻〔一二〕趙，北地入燕，東地入齊，南地入楚、魏〔一三〕，則秦所得不一幾何〔一四〕。故不如因而割之〔一五〕，因以爲武安功〔一六〕。」

〔箋證〕

〔一〕〔按〕史記白起傳以此爲蘇代之辭。王懋竑白田雜著卷五云：「蘇代主從約，未嘗入秦。……據戰國策只云應侯曰，不云蘇代也。」但王説未洽，本策前甘茂亡秦章蘇子爲茂西説秦王云云，高注：「蘇子，蘇代也。」史記作「蘇代」，是代未嘗不入秦也。唯此事於代之時期不合，疑非。

〔二〕黄丕烈云：「案史記作『武安君禽馬服子乎』，此文『君』上有脱。」關修齡、横田惟孝、金正煒、鍾鳳年並從史記白起傳「君」上有「武安」二字。〔按〕有之爲是，今據補。武安君即白起。

〔三〕鮑本、盧本「服」下有「君」字。安井衡云：「武安，秦將，故稱君；馬服，趙將，故不稱君；主客之辭也。鮑本『服』下補『君』字，非也。」鮑彪云：「（馬服）趙括也，襲其父稱。」吴師道云：「史白起傳：『昭王四十八年，秦復定上黨，分軍爲二：王齕攻虎牢，拔之；司馬梗定太原。韓、趙恐，使蘇代説應侯。』大事記引服虔曰：『「馬服」猶言「服馬」也。』崔浩曰：『馬服，官名，言服武事也。』」〔按〕白起破趙括軍事，詳見白起傳及廉頗藺相如傳。括父奢封馬服君。胡三省資治通鑑卷五注引括地志「邯鄲縣西北有馬服山」，似以馬服爲趙奢封地名。考廉頗藺相如傳集解：「張華曰：『趙奢冢在邯鄲西山上，謂之馬服山。』」則馬服山乃以馬服君葬此而名，非封地名馬服也。古未聞以官名封君，是馬服亦非官名。服虔之説殆是。漢郎中馬江碑云：「世在趙國，以功封趙，賜號馬服，因遂氏焉。」（隸釋卷八）此以爲「馬服」爲封號。

〔四〕鮑本「趙亡」上補「曰」字。

〔五〕〔按〕秦制無「三公」官，此蓋衍古稱。三公，太師、太傅、太保。或以司馬、司徒、司空爲三公。見漢書百官公卿表。

〔六〕姚宏云：「一無『以』字。」〔按〕白起傳無「以」字。

〔七〕鮑彪云：「南郡宜城注：故鄢。江陵注：郢都。又郢，故郢。」張琦云：「故鄢城在今（湖北）襄陽府宜城縣東南九里。郢城，今荆州府北十里紀南城，即故郢也，楚文王所都。府東北三里，又有故郢城，則平王所築，自頃襄以上皆居此。」〔按〕郢詳秦策一張儀説秦王章。

〔八〕姚宏云：「錢、劉(周)下有『邵』字。」安井衡云：「案周顯於治績，未嘗以軍功稱。此『周』指國號，有『邵』字非也。」〔按〕白起傳「周」下有「召」字，與錢、劉本合，此並可通，安井説過泥。

〔九〕姚宏云：「一本(邢)下有『丘』字。劉本無『邢丘』二字。」鮑彪云：「趙國襄國注：『故邢國。』此字當作『陘』。」吴師道云：「上章秦攻韓，圍陘。史桓惠王九年，秦拔我陘汾旁。十年，秦擊我太行，我上黨郡守以郡降趙。事正相應也。」黄丕烈云：「史記作『邢丘』，鮑説未是。」程恩澤云：「吴以陘即汾陘，故爲此説，本非定論。且此處自是『邢』字，只可依文立義，何得從鮑本妄改作『陘』？左傳：『晉人與之邢。』杜注：『邢，晉邑。』地理志：『趙國襄國縣，故邢國。』後滅於衛，其地入晉，秦以爲信都，今爲(河北)順德府邢臺縣，距上黨亦不甚遠。韓嘗有之，未可知也。或云：『即邢丘。』非是。邢丘，魏邑，在今河内縣，與此非一地。或云：『即耿。』亦非。耿，趙邑，在今河津縣，去此尤遠。不可混而爲一。」〔按〕白起傳作「圍邢丘」，集解、正義並以平皋當之。胡三省通鑑卷五注云：「(赧王)四十九年，通鑑書『秦拔魏邢丘』，豈其時邢丘之地屬韓邪？」已致疑於此。王念孫史記雜志以「邱」字爲衍文，引此策以證，云：「『邢』即『陘』之借字也。上文曰：『昭王四十三年，白起攻韓陘城，拔五城。』……秦策曰：『秦攻韓，圍陘。』韓策曰：『秦攻陘，韓使人馳南陽之地。』范雎傳曰：『昭王四十三年，秦攻韓汾陘，拔之。』韓世家曰：『桓惠王五年，秦拔我陘城汾旁。十年，秦擊我於太行，我上黨郡守以上黨降趙。』即此所謂攻韓圍邢困上黨，上黨之民皆反爲趙者也。……邢邱爲魏地，非韓地，不得言攻韓圍邢邱也。」又謂策「邢」字上脱「圍」字。其言與鮑、吴説同。以史實證之，「邢」當是「陘」，聲之通借。范雎傳索隱云：「陘音刑。」陘、邢二字音同相通。孟子之「宋牼」，荀子非十二子篇作「宋鈃」，是從「巠」之字與從「幵」之字亦可相通。程氏以邢臺縣當之，於史無徵，未允。

〔一〇〕〔按〕王念孫史記雜志引此策謂「於」字衍。

〔一一〕鮑彪云：「馮亭事。」〔按〕見趙策一秦王謂公子他章。

〔一二〕關修齡云：「史『攻』作『亡』。按『趙亡』兩見，史似長。」

〔一三〕鍾鳳年云：「案趙不與楚鄰，起傳作『韓、魏』，近是。」

〔一四〕姚宏云：「劉改『不一』作『無幾何』。」鮑本改「一」作「能」，盧本從之。吳師道云：「字誤，史作『所得民亡幾何』。此蓋『亡』字誤分。」于鬯云：「不一幾何，猶言無幾也。依文亦通。」金正煒云：「古書『不』或作『丕』，說詳經傳釋詞。此文『不一』乃『丕』字誤分爲二。『丕』猶『不』也。」〔按〕金說較長。

〔一五〕鮑彪云：「許趙割地來和。」

〔一六〕吳師道云：「（因以爲）史『無以爲』。此『因』字非。」金正煒云：「史記『因』作『無』。此本作『毋』，故誤爲『因』。」〔按〕金說近是。白起傳此下云：「於是應侯言於秦王曰：『秦兵勞，請許韓、趙之割地以和，且休士卒。』王聽之，割韓垣雍、趙六城以和。正月，皆罷兵。武安君聞之，由是與應侯有隙。」

15 應侯失韓之汝南

應侯失韓之汝南〔一〕。秦昭王謂應侯曰：「君亡〔二〕國，其憂乎？」應侯曰：「臣不憂。」王曰：「何也？」曰：「梁人有東門吳者，其子死而不憂。其相室〔三〕曰：『公之愛子也〔四〕，天下無有。今子死〔五〕不憂，何也？』東門吴曰：『吾嘗無子，無子之時不憂。今子死，乃即與無子時同也〔六〕，臣奚憂焉？』臣亦嘗爲子〔七〕，爲子時不憂。今亡汝南，乃與即爲〔八〕梁餘子同也〔九〕，臣何爲憂？」

秦王以爲不然，以告蒙傲〔一〇〕曰：「今也寡人一城圍，食不甘味，卧不便〔一一〕席。今應侯亡地而言不憂，此其情〔一二〕也？」蒙傲曰：「臣請得其情。」

蒙傲乃往見應侯曰：「傲欲死。」應侯曰：「何謂也？」曰：「秦王師君，天下莫不聞，而況於秦國乎？今傲勢得〔一三〕秦，爲王將將兵〔一四〕。臣以韓之細也，顯逆誅〔一五〕，奪君地，傲尚奚生？不若死〔一六〕。」應侯拜蒙傲曰：「願委之卿。」

蒙傲以報於昭王。自是之後，應侯每言韓事者，秦王弗聽也，以其爲汝南虜也〔一七〕。

〔箋證〕

〔一〕鮑彪云：「（汝南）豫（鮑、吴合注四部叢刊本誤作「梁」，今據鮑注單行本正）州郡，近應國，應侯嘗取得之。」張琦云：「汝南屬楚，不得繫韓。應至汝南三百餘里，不得云近，范雎無由取之。漢汝南郡，分秦潁川置。當時無汝南之名。蓋汝水之南耳，即應鄉矣。策文曰君亡國，曰亡汝南與爲梁餘子同，曰應侯亡地，明即其封邑也。本周地入秦，今爲韓所侵奪，故曰『韓之汝南』。」顧觀光云：「韓非子定法篇：『應侯攻韓八年，成其汝南之封。』秦策亦云：『應侯失韓之汝南。』則汝南，韓地也。而蘇秦説魏曰：『大王之地，南有汝南。』蓋韓、魏接壤處。」

〔按〕張以汝南爲應鄉，與韓非子語相合。但史記無范雎失封事。下蔡澤見逐於趙章蔡澤説范雎亦云：「長爲應侯，世世稱孤。」是睢實未嘗亡國。疑此汝南指應之一部分地傍汝水者。

〔二〕姚宏云：「一本（亡）下有『汝南』二字。」

〔三〕鮑彪云：「室家之相。此女也，男曰家老。」〔按〕「相室」即「家相」。禮記曲禮下：「士不名家相長妾。」孔疏：「家相，謂助知家事者。」未言男女，鮑説無據。

〔四〕吴本「公之」作「公子」，非。鮑彪云：「衍『也』字。」〔按〕列子力命篇亦無「也」字。

〔五〕鮑本「死」下有「而」字。

〔六〕金正煒云：「列子力命篇作『乃與嚮無子同』。此由『鄉』誤『即』，復誤乙『與』字上。」〔按〕下文「鄉」亦誤作「即」，但「與」、「即」二字不倒，可證。「鄉」之誤「即」，蓋損半字而然。

〔七〕鮑彪云：「此臣，應侯。子，餘子也。此時無地。」金正煒云：「禮記喪大記注：『子謂凡庶子也。』趙策：『寡人始行縣，過番吾，當子爲子之時。』是子之爲稱，蓋不爲後之支庶也。」

〔八〕姚宏云：「劉一無『即爲』二字。」鮑彪改「與即」作「即與」。潘和鼎云：「『即』當是『鄉』字形近之譌。范睢至章：『即使文王疏吕尚』，『莫肯即秦。』二『即』字史皆作『鄉』，可證。乃與鄉爲梁餘子同也，與上『今』字正相呼應。」（于鬯注引）金正煒説同。

〔九〕鮑彪云：「大司徒可任之餘爲餘子。」吴師道云：「周禮小司徒：『致餘子。』注：『餘子，謂羨也。』傳晉有公族、餘子。杜云：『嫡子之母弟也。』吕氏春秋：『張儀魏氏餘子。』索隱云：『支庶也。』莊子注：『不應丁夫爲餘子。』趙策亦有『餘子』字。」〔按〕王引之經義述聞卷八云：「『餘子』即民之子弟，孟子滕文公篇所謂餘夫也。……逸周書糴匡篇：『成年，餘子務藝。年儉，餘子務穡。年饑，餘子倅運。』管子問篇：『餘子父母存不養而出離者幾何人，餘子之勝甲兵有行伍者幾何人。』莊子秋水篇：『壽陵餘子學行於邯鄲。』司馬彪注曰：『未應丁夫爲餘子。」漢書食貨志：「餘子亦在於序室。」蘇林曰：「未任役爲餘子。」是也。」其説甚碻。此言失汝南封地，則與嚮時在魏爲餘子時相同。吴引吕氏春秋，在報更篇。

〔一〇〕吴師道云：「『傲』恐即『驁』，始皇七年死，此時相及。」黄丕烈云：「李善注求自試表引作『驁』。傲、驁同字。」〔按〕史記蒙恬傳：「恬大父蒙驁自齊事秦昭王，官至上卿。」年代相合，吴説是，但「傲」、「驁」字通，不誤。

〔一一〕〔按〕説文：「便，安也。」

〔一二〕姚宏云：「一本（情）下有『何』字。」鮑彪云：「問其心誠然否。」〔按〕吕氏春秋侈樂篇高注云：「情，實也。」淮南子繆稱訓高注云：「情，誠也。」「也」猶「邪」，發問辭，此昭王疑范雎言之不誠。

〔一三〕鮑本「得」下有「爲」字。〔按〕禮記禮運鄭注：「執，執位也。」

〔一四〕姚宏云：「一本無『爲』字。」鮑彪改「爲王」作「王爲」。吴師道云：「當作『王爲』。」安井衡云：「案『秦』字句。勢得秦，威行於秦國也。『爲王』以下，語所以勢得秦也。下『將』，率也。」金正煒云：「此文疑本作『今傲得爲秦王將將兵』。增省『爲』字，並非。」〔按〕安井説可通，今從其讀。但釋「勢」爲「威」則非，勢得秦，謂勢位顯於秦，猶言得秦王寵任。

〔一五〕鮑彪讀「逆」字句，云：「言其國小而逆節著。」吴師道云：「顯逆亂之誅，又作顯違誅戮。義亦通。」横田惟孝云：「『細』謂小國。『逆』猶『犯』。言韓以小國，顯逆犯誅責，奪汝南。」金正煒云：「『顯逆』二字誤倒。」〔按〕横田説較長。

〔一六〕〔按〕傲謂以死爲雎收復汝南地。

〔一七〕姚宏云：「錢一無『虜』字。」鮑彪云：「汝南民爲韓虜獲也。」關修齡云：「『虜』恐『慮』字訛，云：『慮，謀也。……秦王疑其將藉事報韓，因以復汝南，故於韓事不復聽其言，以其爲汝南謀，將不顧秦之大計也。」安井衡云：「欲汝南之情爲蒙傲所獲，猶爲敵所生獲，故云爲汝南虜也。」于鬯云：「言睢因汝南而失信於王，若爲汝南所虜獲耳。此古文用字法。」〔按〕鮑注非是。于説較長，金説亦通。

16　秦攻邯鄲十七月

秦攻邯鄲，十七月不下〔一〕。莊〔二〕謂王稽曰：「君何不賜軍吏乎〔三〕？」王稽曰：「吾與〔四〕王也，不用人言〔五〕。」莊曰：「不然，父之於子也，令有必行者，必〔六〕不行者。曰：『去貴妻〔七〕，賣愛妾。』此令必行者也〔八〕。因曰：『毋敢思也。』此令必不行者也〔九〕。守閭嫗曰〔一〇〕：『其（某）〔一一〕夕某懦（孺）子〔一二〕内某士〔一三〕。』貴妻已去，愛妾已賣，而心不有〔一四〕。欲教之者，人心固有〔一五〕。今君雖幸於王，不過父子之親〔一六〕。軍吏雖賤，不卑於守閭嫗〔一七〕。且君擅〔一八〕主輕下之日久矣。聞三人成虎〔一九〕，十夫楺椎〔二〇〕。衆口所移，毋翼而飛〔二一〕。故曰不如賜軍吏而禮之。」王稽不聽。軍吏窮，果惡王稽、杜摯〔二二〕以反。

秦王大怒，而欲兼誅范睢（雎）〔二三〕。范睢（雎）曰：「臣東鄙之賤人也〔二四〕。開罪於楚、魏〔二五〕，遁逃來奔。臣無諸侯之援，親習之故〔二六〕，王舉臣於羈旅之中，使職〔二七〕事，天下皆聞臣之身〔二八〕與王之舉也。今遇惑，或〔二九〕與罪人同心，而〔三〇〕王明誅之，是王過〔三一〕舉顯於天下，而爲諸侯所議也。臣願請藥賜死，而恩以相葬臣〔三二〕。王必不失臣之罪〔三三〕，而無過舉之名。」王曰：「有之〔三四〕。」遂弗殺，而善遇之。

【箋證】

〔一〕〔按〕此文可疑。秦圍趙邯鄲在昭王四十八年九月，至五十年，以楚、魏救趙而解圍，見秦本紀及六國表。王稽被誅，表在昭王五十二年，距解邯鄲圍已二年，時不相涉，此其一。邯鄲之役，秦將爲王陵、王齕、鄭安平，而王稽爲河東守，不聞與其事，此其二。詳此策下文，均與攻邯鄲事無涉。又言「軍吏窮，果惡王稽、杜摯以反」。史記范雎傳亦言：「王稽爲河東守，與諸侯通，坐法誅。」明稽之得罪，非因攻邯鄲也，此其三。竊疑「秦攻邯鄲十七月不下」九字乃他策之文，誤衍於此。又疑攻邯鄲時稽主軍需，中有尅奪，軍心懈怠，久攻不下，故莊勸其賜軍吏也。

〔二〕鮑彪云：「人名也。」

〔三〕〔按〕范雎傳云：「王稽拜爲河東守，三歲不上計。」是其人貪黷可知。此語着其平時掊克待下，故莊勸以賜軍吏。

〔四〕〔按〕周易釋文咸卦引鄭注云：「『與』猶『親』也。」

〔五〕〔按〕此謂王親信己，人不得間也。

〔六〕〔按〕曾慥類説引「必」上有「有」字。

〔七〕〔按〕「貴妻」與「愛妾」並舉，義相近，互文以見。荀子正論篇：「下安則貴上。」楊倞注云：「『貴』猶『愛』也。」

〔八〕〔按〕大戴禮本命篇云：「婦有七去：不順父母，去。」封建社會家長之權特重，故言「令必行者」。

〔九〕金正煒云：「此文與尹文子大道下篇同。惟『因曰』以下作『汝毋敢恨，汝毋敢恩，此令必不行者也』，小異。」

〔一〇〕鮑本「曰」下重「曰」字，疑衍。鮑彪云：「嫗，母也。」〔按〕吕氏春秋仲夏紀高注云：「閭，里門也。」

〔一一〕鮑本「其」作「某」。〔按〕「某」字較長。今從改。

〔一二〕原本「孺」作「懦」，姚宏云：「曾云：『恐作「孺」。』劉作『孺』。」鮑本亦「孺」，今從改。鮑彪云：「孺子乳也，婦之嘗乳者。亦婦人之美稱，齊策：『王有七孺子。』」〔按〕齊策三高注云：「孺子，幼艾美女也。」此承貴妻愛妾言之。」韓非子八姦篇：「貴夫人，愛孺子，便僻好色，此人主之所惑也。」劉寶楠愈愚録三云：「孺子，貴妻之名。……趙策：『所謂桑雍者，便僻左右之人及夫人優愛孺子也。』……漢書藝文志顔注：『孺子，王妾之有品號者也。』」又俞正燮釋小補義云：「王公至士民妾通名孺子，合之小童，知古人謙在幼小。」（癸巳類稿七）據此，「孺子」爲賤妾之名，以其地位低年齡稚，故比之於小童耳。

〔一三〕鮑彪云：「內，私之也。言嫗之言亦有必行者。」穆文熙云：「此處有缺文，『某士』以下似有『此言有必行也』。」（戰國策纂）〔按〕此文疑有脱字。「內」同「納」，此引申爲「私納」。

〔一四〕鮑彪云：「『有』猶『欲』也。言父雖令之，而非其所欲，故令之勿思，則必不行。」于鬯讀連下「欲」字句，云：「『有』字當衍。」吴曾祺云：「不有，有也。」金正煒云：「『不有』疑爲『不肯』，涉下『固有』而譌。肯，可也。言去之賣之而心仍不以爲可也。」〔按〕鮑注自通，不必改字。此承上父令勿思貴妻愛妾而言。

〔一五〕鮑彪云：「『教』猶『告』也。孺子内士，人心固欲其告。雖非至親，令必行也。」于鬯云：「言以某孺子内某士之言告其父，其父必疑其有是情也。」金正煒云：「『教』或爲『收』。篆文『收』作『』，『教』作『』，二形相似，因以致誤。雖去雖賣，猶欲收之，此亦人心之所固有，故守閭嫗得以惡之也。」〔按〕鮑解固當，但義猶未

暢。貴妻愛妾之出，非心所欲，雖父之親，不能禁其勿思。但或揭發姦私情事，則雖守閭嫗之疏，猶欲其告而聽信之，乃人心所固有。此承上守閭嫗謂孺子内士而言。于、金二説未允。

〔一六〕鮑彪云：「言王之令亦能奪其所貴愛，有不必行者。」

〔一七〕鮑彪云：「言且告稽。」

〔一八〕〔按〕呂氏春秋貴生篇高注云：「擅，專也。」

〔一九〕〔按〕三人言市有虎，人必信之，見魏策二龐葱與太子質於邯鄲章。

〔二〇〕鮑本、盧本「楺」作「揉」。〔按〕楺、揉同字。玉篇木部「楺」字云：「如酉切。屈木。」引易：「楺木爲耒。」今周易繫辭「楺」作「揉」。説文「椎」字云：「擊也。齊謂之終葵。」段注：「考工記：『大圭長三尺，抒上終葵首。』注曰：『終葵，椎也。』」此「椎」字依語氣殆指鐵椎。朱亥袖四十斤鐵椎，椎殺晉鄙（史記魏公子傳）。張良得力士，爲鐵椎百二十斤，擊秦始皇博浪沙（史記留侯世家）。時代相近，詞義當同，非謂終葵。此言椎雖堅，十人之力能屈之。

〔二一〕〔按〕「毋」同「無」，類説引作「無」。淮南子説林訓云：「衆議成林，無翼而飛。三人成市虎，一里能撓椎。」

〔二二〕鮑彪云：「摯，稽之副也。雎傳言稽與諸侯通。則此所惡，亦其實也。」〔按〕「惡」讀去聲。漢書鄒陽傳注云：「惡，謂讒毀也。」秦孝公時有杜摯，與商鞅論辯。見史記秦本紀。此又一杜摯。

〔二三〕鮑彪云：「稽始薦雎，雎後任稽守河東。」吳師道云：「史王稽爲河東守，三歲不上計。鄭安平降趙，應侯請罪。秦法，任人而所任不善者，以其罪罪之。於是應侯當收三族，昭王恐傷其意，加賜益厚。後二歲，稽與諸侯通，坐誅。應侯益以不懌。昭王臨朝歎息，應侯懼，不知所出。此策雎曰云云，當在此時。所謂秦王大怒而欲兼誅雎者，則非，當從史。」

〔二四〕鮑彪云：「魏在秦東。」

〔二五〕鮑彪云：「衍『楚』字。」盧本從之。吴師道云：「恐衍。」安井衡云：「蓋睢嘗得罪於楚，故云『開罪於楚、魏』。但其事不至如魏甚，故史不傳耳。鮑輒削『楚』字，妄甚。」

〔二六〕鮑彪云：「『習』猶『狎』。故，舊也。言非王近習之舊。」

〔二七〕鮑彪云：「『職』猶『主』。」

〔二八〕〔按〕禮記哀公問：「身也者親之枝也。」爾雅釋言：「身，親也。」此言親近如一身。

〔二九〕鮑彪改「遇」作「愚」，又云：「衍『或』字。」盧本從之。吴師道云：「（遇）當作『愚』。（或）衍。」安井衡云：「遇惑，爲人所惑也。或，未定之辭。睢本不與王稽同心，但秦法峻，不敢直言抗論，欲使秦王得之言意之表，故其言如此。『惑』字『明』字，上下相照，筆力千鈞。鮑改『遇』爲『愚』，又削『或』字，則爲自稱之辭，是睢自甘陷罪人也。有此理乎？不思甚矣。」金正煒謂「遇」、「愚」通借，「或」乃「惑」之異字誤衍。〔按〕安井説義長，且不改字。

〔三〇〕金正煒云：「『而』猶『如』也，見易明夷彖傳虞注。」

〔三一〕鮑彪云：「『過』猶『誤』也。昔舉而今誅之，是舉之誤。」

〔三二〕鮑彪云：「既殺之，而加恩以國相禮葬之。」

〔三三〕鮑彪云：「已殺之。」

〔三四〕鮑彪云：「然其過舉之言。」金正煒云：「『有』字當讀爲『宥』。禮記文王世子：『公曰：宥之。』注：『宥，寬也。』」〔按〕「有之」猶言有其事。秦王護短，恐爲諸侯笑，睢言得其心，故然之。但金説亦可通。

17 蔡澤見逐於趙

蔡澤見逐於趙〔一〕，而入韓、魏，遇奪釜鬲〔二〕於涂。聞應侯任鄭安平〔三〕、王稽〔四〕，皆負重罪，應侯內慙，乃西入秦。將見昭王，使人宣言以感怒應侯曰：「燕客蔡澤，天下駿雄弘辯之士也。彼一見秦王，秦王必相之，而奪君位。」應侯聞之，使人召蔡澤。

蔡澤入，則揖應侯。應侯固不快，及見之，又倨。應侯因讓〔五〕之曰：「子常〔六〕宣言〔七〕代我相秦，豈有此乎？」對曰：「然。」應侯曰：「請聞其說。」蔡澤曰：「吁，何君〔八〕見之晚也！夫四時之序，成功者去〔九〕。夫人生手足堅强，耳目聰明聖〔一〇〕知，豈非士之所願與？」應侯曰：「然。」蔡澤曰：「質〔一一〕仁秉義，行道施德〔一二〕於天下，天下懷樂敬愛，願以爲君王，豈不辯智之期〔一三〕與？」應侯曰：「然。」蔡澤復曰：「富貴顯榮，成理〔一四〕萬物，萬物各得其所。生〔一五〕命壽長，終其年而不夭傷〔一六〕。天下繼其統〔一七〕，守其業，傳之無窮。名實純粹〔一八〕，澤流千世〔一九〕，稱之而毋絶，與天下終〔二〇〕。豈非道之符〔二一〕，而聖人所謂吉祥善事與？」應侯曰：「然。」

澤曰：「若秦之商君，楚之吳起〔二二〕，越之大夫種〔二三〕，其卒亦可願矣〔二四〕？」應侯知蔡澤之欲困己以說，復曰〔二五〕：「何爲不可？夫公孫鞅事孝公，極身毋二〔二六〕，盡公不還私〔二七〕，信賞罰以致治。竭智能〔二八〕，示情素〔二九〕，蒙怨咎〔三〇〕，欺舊交〔三一〕，虜魏公子卬〔三二〕。卒爲秦禽將破敵軍〔三三〕，攘地千里。吳起事悼王，使私不害公，讒不蔽忠；言不取苟合，行不取苟容，行義不固毀譽〔三四〕，必有〔三五〕伯主强國，不辭禍凶。大夫種事越王，主離〔三六〕困辱，悉忠而不解〔三七〕。主雖亡絶，盡能而不離〔三八〕。多功而不矜，貴富不驕怠。若此三子者，義之至，忠之節也。故君子殺身以成名。義之所在，身雖死，無憾悔〔三九〕。何爲〔四〇〕不可哉？」蔡澤曰：「主聖臣賢，天下之福也。君明臣忠，國之福也。父慈子孝，夫信婦貞，家之福也。故比干忠〔四一〕，不能存殷；子胥知〔四二〕，不能存吳；申生孝，而晉惑〔四三〕亂。是有忠臣孝子，國家滅亂，何也？無明君賢父以聽之。故天下以其君父爲戮辱〔四四〕，憐其臣子。夫待死而後可以立忠成名，是微子不足仁〔四五〕，孔子不足聖，管仲不足大也〔四六〕。」於是應侯稱善。

蔡澤得少間〔四七〕，因曰：「商君、吳起、大夫種，其爲人臣，盡忠致力〔四八〕，則可願矣。閎夭事文王〔四九〕，周公輔成王也，豈不亦忠〔五〇〕乎？以君臣〔五一〕論之，商君、吳起、大夫種其可願孰與閎夭、周公哉〔五二〕？」應侯曰：「商君、吳起〔五三〕、大夫種不若也。」蔡澤曰：「然則君之主，慈仁任〔五四〕忠，不欺舊故，孰與秦孝公、楚悼王、越王乎？」應侯曰：「未知何如也。」蔡澤曰：「(今)主固親忠臣〔五五〕，不過秦孝、越王、楚悼。君之爲主〔五六〕正亂，批〔五七〕患折難，廣地殖穀，富國足家强主，威蓋海内，功章〔五八〕萬里之外，不過商君、吴起、大夫種。而君之禄位貴盛，私家之富，過於三子，而身不退，竊爲君危之。語曰：『日中則移，月滿則虧。』物盛則衰〔五九〕，天之常數也。進退、盈縮、變化，聖人之常道也。昔者齊桓公九合諸侯〔六〇〕，一匡天下。至葵丘之會〔六一〕，有驕矜之色，畔者九國〔六二〕。吴王夫差無適〔六三〕於天下，輕諸侯，凌〔六四〕齊、晉，遂以殺身亡國。夏育、太史啓〔六五〕叱〔六六〕呼駭三軍，然而身死於庸夫。此皆乘至盛不及〔六七〕道理也。夫商君爲孝公平權衡，正度量，調輕重，決裂阡陌〔六八〕，教民耕戰〔六九〕。是以兵動而地廣，兵休而國富，故秦無敵於天下，立威諸侯。功已成(矣)〔七〇〕，遂以車裂〔七一〕。楚地持戟百萬，白起率數萬之師〔七二〕，以與楚戰，一戰舉鄢、郢，再戰燒夷陵〔七三〕，南並蜀、漢〔七四〕。又越韓、魏，攻强趙，北阬馬服，誅屠四十餘萬之衆〔七五〕，流血成川，沸聲若雷，使秦業帝〔七六〕。自是之後，趙、楚懾〔七七〕服，不敢攻秦者，白起之勢也〔七八〕。身所服〔七九〕者，七十餘城，功已成矣，賜死於杜郵〔八〇〕。吴起爲楚悼罷無能，廢無用，損不急之官〔八一〕，塞私門之請，壹楚國之俗，南攻楊、越〔八二〕，北並陳、蔡〔八三〕，破横散從〔八四〕，使馳説之士無所開其口。功已成矣，卒支解〔八五〕。大夫種爲越王墾草剏〔八六〕邑，闢地殖穀，率四方士上〔八七〕下之力，以禽勁吴，成霸功。勾踐終棓〔八八〕而殺之。此四子者，成功〔八九〕而不去，禍至於此。此所謂信而不能詘〔九〇〕，往而不能反者也。范蠡知之，超然避世，長爲陶朱〔九一〕。君獨不觀博者乎？或欲〔分〕〔九二〕大投〔九三〕，或欲分功〔九四〕，此皆君之所明知也。今君相秦，計不下席，謀不出廊廟，坐〔九五〕制諸侯。利施三川〔九六〕，以實宜陽〔九七〕，決羊腸〔九八〕之險，塞太行之口，又斬范中行之途〔九九〕，棧道〔一〇〇〕千里〔一〇一〕於蜀、漢，使天下皆畏秦。秦之欲得矣，君之功極矣，此亦秦之分功之時也。如是〔一〇二〕不退，則商君、白公〔一〇三〕、吳起、大夫種是也。君何不以此時歸相印，讓賢者授之，必有伯夷之廉〔一〇四〕。長爲應侯〔一〇五〕，世世稱孤，而有喬、松之壽〔一〇六〕。孰與以禍終哉〔一〇七〕？此則君何居焉？」應侯曰：「善。」乃延入坐，爲上客。

後數日，入朝，言於秦昭王曰：「客新有從山東來者蔡澤，其人辯士。臣之見人甚衆，莫有及者，臣不如也。」秦昭王召見，與語，大説之，拜爲客卿。應侯因謝病〔一〇八〕，請歸相印。昭王彊起應侯，應侯遂稱篤〔一〇九〕，因免相。昭王新説蔡澤計畫，遂拜爲秦相，東收周室〔一一〇〕。

蔡澤相秦王數月，人或惡之，懼誅，乃謝病，歸相印，號爲剛成君〔一一一〕。（居）〔一一二〕秦十〔一一三〕餘年，（事）昭王〔一一四〕、孝文王、莊襄王，卒事始皇帝。爲秦使於燕〔一一五〕，三年〔一一六〕，而燕使太子丹入質於秦。

〔箋證〕

〔一〕〔按〕史記蔡澤傳云：「蔡澤者，燕人也。遊學於諸侯，小大甚衆，不遇。……去之趙，見逐。」

〔二〕姚宏云：「劉無『鬲』字。」鮑彪云：「人奪之也。」〔按〕爾雅釋器：「款足者謂之『鬲』。」郭注云：「鼎，曲脚也。」釜、鬲並是烹飪器。

〔三〕鮑彪云：「魏齊困范雎，安平匿之。時安平擊魏，以二萬人降趙。」〔按〕鄭安平事見史記范雎傳。安平擊趙，爲趙所圍而降，鮑注稍誤。呂氏春秋無義篇：「鄭平於秦王，臣也，其於應侯，交也。欺交反主，爲利故也。方其爲秦將也，天下所貴之，無不以者，重也。重以得之，輕必失之。去秦將，入趙、魏，天下所賤之，無不以也。」

〔四〕鮑彪云：「通諸侯也。」〔按〕王稽事見上章。

〔五〕〔按〕小爾雅廣義云：「詰責以辭謂之『讓』。」

〔六〕鮑本、吳本「常」作「嘗」，同。

〔七〕姚宏云：「一本下有『欲』字。」

〔八〕姚宏云：「劉(何君)一作『君何』。」鮑本亦作「君何」，同史記。

〔九〕凌約言云：「此一篇主意，後反覆議論，要不外此。」

〔一〇〕橫田惟孝云：「史記『聖』上有『而心』二字，此恐脱落。」金正煒説同。〔按〕有之爲長。

〔一一〕鮑彪云：「『質』猶『體』(鮑、吳合注四部叢刊本誤作『禮』，此據鮑注單行本正)。」

〔一二〕〔按〕史記「德」下有「得於」二字。

〔一三〕鮑彪云：「『期』猶『志』也。辯智者志期得此。」

〔一四〕鮑彪云：「理，治也。」

〔一五〕〔按〕史記「生」作「性」，古通用。

〔一六〕〔按〕「傷」與「殤」同。夭殤，並訓短折。釋名釋喪服云：「未二十而死曰殤。殤，傷也。」文選補亡詩李善注云：「年未三十而死曰夭。」

〔一七〕鮑彪云：「統，紀（鮑、吴合注四部叢刊本誤作「絶」，此據鮑注單行本正）也。」〔按〕漢書宣帝紀注：「統，緒也。」

〔一八〕鮑彪云：「言其兩全美。」

〔一九〕〔按〕史記作「澤流千里」，重「世」字，屬下讀。

〔二〇〕鮑本無「與天下終」四字。金正煒云：「史作『與天地終始』。此文『下』即『地』之譌，又脱『始』字。宋策：『威服天下鬼神。』新序『下』作『地』，可爲此證。」

〔二一〕鮑彪云：「言行道之效。」〔按〕淮南子本經訓高注云：「符，驗也。」

〔二二〕鮑彪云：「（吴起）衛人，仕魏，後相楚而死。」〔按〕史記有傳。吕氏春秋執一篇高注：「吴起，衛人，爲楚將。又相魏，爲西河太守。」商君見本策一衛鞅亡魏入秦章。

〔二三〕鮑彪云：「（大夫種）姓（鮑、吴合注四部叢刊本誤作「如」，據鮑注單行本正）文，越王勾踐之相。」〔按〕種見史記越王勾踐世家及吴越春秋。吕氏春秋當染篇高注：「大夫種，姓文氏，字禽，楚之鄒人。」

〔二四〕鮑彪改「矣」作「與」，蓋本史記。金正煒云：「國語晉語：『惡其所好，其能久矣？』魏策：『於是觀之，地形險阻，奚足以霸王矣？』『矣』字亦與『歟』同義，不必改從史文。」〔按〕「矣」猶「乎」也，見吴昌瑩經詞衍釋。

〔二五〕横田惟孝云：「史記『復』下有『謬』字，此恐脱落。」金正煒云：「左氏昭六年傳『復書曰』注：『復，報也。』此與上文『蔡澤復曰』義爲申言者有别。」

〔二六〕鮑彪云：「『極身』猶『竭己』。」〔按〕史記「毋二」作「無貳慮」三字。

〔二七〕鮑彪云：「還，反顧也。」橫田惟孝云：「還、環通用。荀子：『比周以環主。』又云：『比周環主。』注云：『還，繞也。』管子：『兼上下以環其私。』」吳闓生云：「還、環同字。環，營也。」金正煒云：「左氏昭二十年傳：『無所還忌。』注：『「還」猶「顧」也。』王念孫云：『「還」讀爲「營」。』惟此與荀子比周還主之文有別，鮑注自通。」〔按〕荀子君道篇：「不還秩。」王念孫讀書雜志讀「還」爲「營」，引此策云：「不還私，不營私也。『還』字或作『環』，韓子五蠹篇曰：『古者蒼頡之作書也，自環者謂之私。』説文『厶』字解引作『自營爲厶』。」吳闓生説本之。史記「還」作「顧」，鮑注據之，金氏亦依之爲説。但策文與史不必盡同。此「還」作「營」解，義較爲長。

〔二八〕〔按〕文選獄中上書注引「智能」作「心謀」，聖主得賢臣頌注引作「知謀」。史記作「披腹心」。

〔二九〕吳師道云：「素、愫通，誠也。」

〔三〇〕鮑彪云：「蒙、冒同。鞅嘗刑太子之傅，知必見怨咎，猶冒爲之。」

〔三一〕〔按〕舊交，謂公子卬。史記「交」作「友」。鹽鐵論非鞅篇：「(商鞅)欺舊交以爲功。」論衡禍虛篇：「商鞅欺舊交，擒公子卬。」與此策同，則「交」字爲是。

〔三二〕〔按〕史記商君傳云：「衛鞅將西伐魏，魏使公子卬將而擊之。軍既相距，衛鞅遺魏將公子卬書曰：『吾始與公子驩，今俱爲兩國將，不忍相攻。可與公子面相見盟，樂飲而罷兵，以安秦、魏。』魏公子卬以爲然。會盟，已飲，而衛鞅伏甲而襲，虜魏公子卬，因攻其軍，盡破之以歸秦。」亦見呂氏春秋無義篇。

〔三三〕金正煒云：「史無『軍』字，此蓋衍文。」〔按〕姚鼐古文辭類纂亦從史記無「軍」字。

〔三四〕姚宏云：「『固』，曾一作『顧』。」鮑本「固」作「顧」。黄丕烈云：「案史記作『不避難』。徐廣曰：『一云：

不困毀譽。』『固』或『困』字誤耳。」于鬯同黄説，云：「謂行義不爲毀譽所困。」金正煒讀作「行義不固，毀譽必有」句，云：「此本四言對文，但以『不』、『必』二字互易，文義自明。必、不同聲，古書往往互誤。『有』當作『明』，與公忠容凶爲韻。毀譽不明，言毀譽皆聽於人，不以自明也。」〔按〕金讀多改字，義又牽强，且「明」字古音不與「公」、「忠」等字同部，不足信。「固」與「顧」，本同音通用，見經傳釋詞，不必改字。史記集解之「困」字，瀧川資言會注考證云：「策『固』當作『困』。」同黄説。

〔三五〕鮑彪改「有」作「欲」，盧本從之。〔按〕上章「而心不有」，鮑注云：「『有』猶『欲』也。」不必改「有」爲「欲」，義自通。史記「必有」作「然爲」。

〔三六〕鮑本「主」作「王」。鮑彪云：「離、罹同。集韻：『遭也。』」橫田惟孝云：「離，依下文當從史記作『雖』，蓋字之誤。」

〔三七〕鮑彪云：「解、懈同。」

〔三八〕鮑彪云：「『離』猶『去』。」

〔三九〕姚宏云：「劉一作『身雖無咸無悔』。」

〔四〇〕鮑本「爲」下有「而」字。

〔四一〕姚宏云：「錢『忠』下有『而』字。」〔按〕比干諫死事，見史記殷本紀。

〔四二〕姚宏云：「錢本（「知」下）有『而』字。」〔按〕子胥諫死事，見左氏哀公十一年傳及史記伍子胥傳。「知」同「智」。

〔四三〕姚宏云：「『惑』，一作『國』。」金正煒云：「『惑』字當爲『或』，即『國』也。説文：『或，邦也。从口从戈从守一。一，地也。』是『國』字本當作『或』也。此由不辨『或』之爲『國』，又以『惑』、『或』古通，因改爲『惑』，遂失本義。」〔按〕金説是，史記亦作「國」。「惑」蓋涉下文「惑」字而誤。申生遭讒死事，見左氏僖公四年傳及史記晉世家。

〔四四〕姚宏云：「曾本(「辱」下)有『而』字。」鮑彪云：「戮，殺也。賤之如刑戮詬辱之人。」〔按〕史記「戮」作「僇」。瀧川資言考證云：「『僇』字與莊子『爲世大僇』，田單傳『僇及先人』，『僇』字同。」戮、僇同聲相通。「戮辱」猶「辱」。史記楚世家索隱云：「僇，辱也。」鮑注非。

〔四五〕〔按〕微子稱仁，見論語微子篇。比干死，微子去之，故云然。

〔四六〕〔按〕管仲不死公子糾之難，後佐齊桓公稱伯，見史記齊世家及管仲傳。

〔四七〕鮑彪云：「間，言有隙可乘。」金正煒云：「國語晉語：『可以少間。』注：『間，息也。』史作『少得間』。」

〔按〕三義並可，但鮑注較切。

〔四八〕吴本「功」作「力」。

〔四九〕〔按〕尚書君奭：「惟文王尚克修和我有夏，亦惟有若虢叔，有若閎夭，有若散宜生，有若泰顛，有若南宫括。」國語晉語云：「(文王)度於閎夭而謀於南宫。」韋注：「皆周賢臣。」墨子尚賢上篇云：「文王舉閎夭、泰顛於罝網之中，授之政，西土服。」

〔五〇〕姚宏云：「一本(「忠」下)有『聖』字。」〔按〕史記有「聖」字。

〔五一〕鮑本「君臣」二字作「聖」字。安井衡云：「以君臣際遇論之也。鮑改『君臣』爲『聖』，蔡澤雖不聞，豈以商君、吴起、大夫種輩爲聖人哉？可謂妄矣。」〔按〕史記亦作「君臣」。

〔五二〕横田惟孝云：「『其』猶『之』也。是書『之』、『其』互訓。」〔按〕尚書康誥：「朕其弟。」猶「朕之弟」。其、之互通，見經傳釋詞。

〔五三〕姚宏云：「一本(「起」下)有『與』字。」

〔五四〕鮑彪云：「『任』猶『信』。」横田惟孝云：「慈仁任忠，謂慈仁而任忠臣，即下文親忠臣是也。」

〔五五〕〔按〕史記作「今主親忠臣」。句首有「今」字，義長，今從補。秦策一蘇秦始將連横章高注云：「固，必也。」

〔五六〕姚宏云：「曾本(爲主)作『令主』。」

〔五七〕鮑彪云：「批、𢱢同。匹齊切，擊也。集韻：『𢱢』或作『批』。」横田惟孝云：「批，推轉也。折，折止也。」

〔按〕淮南子説林訓高注：「批，擊也。」横田解較長。「批」訓「轉」，見廣雅釋詁。

〔五八〕鮑本、吴本「章」作「彰」，同。

〔五九〕〔按〕周易豐彖傳云：「日中則昃，月盈則食，天地盈虚，與時消息。」與此語義相類。

〔六〇〕鮑本無「九合諸侯」四字。〔按〕管子小匡篇云：「故兵車之會六，乘車之會三，九合諸侯，一匡天下。」是「九合諸侯」爲實數。梁玉繩史記志疑云：「九者，極言之。」則以爲虚數。

〔六一〕張琦云：「今衛輝府考城縣東有葵丘亭。」〔按〕葵丘之會，春秋在僖公九年。

〔六二〕〔按〕公羊僖公九年傳云：「葵丘之會，桓公震而矜之，叛者九國。」

〔六三〕鮑彪改「適」作「敵」。吴師道云：「史作『敵』。『適』通。」

〔六四〕鮑彪改「凌」作「陵」。吴師道云：「『陵』通。史『凌雲』，漢書『陵雲』。」〔按〕吴敗齊師，在魯哀十一年，與晉争長黄池，在魯哀十三年，並見左傳。

〔六五〕姚宏云：「『啓』，曾作『噭』。」高誘云：「夏育爲田博所殺。然太史噭未知爲誰所殺，恐非襄王時太史也。」(史記蔡澤傳索隱引按史記袁盎傳索隱引此策，高誘云：「育爲申繻所殺。」疑「田博」爲「申繻」之誤。) 鮑彪云：「太史，周官，其人未詳。史作『太史嗷(鮑、吴合注四部叢刊本誤作「激」，據鮑注單行本正)』，豈君王后之父邪！」〔按〕據高注，策文亦當作「嗷」。梁玉繩史記志疑亦以爲即齊君王后父，同鮑注。然高誘已疑之，難定。

〔六六〕鮑彪云：「叱，訶也。」

〔六七〕鮑本、吴本「及」作「近」。金正煒云：「『及』當爲『服』，『服』從『及』聲，古或止作『反』，因致誤『及』。或疑爲『反』，又誤爲『近』也。爾雅釋詁：『服，事也。』左氏僖二十四年傳：『子臧之服不稱也。』釋文：『「服」本作「及」。』可爲此證。」〔按〕史記「及」作「返」。疑「及」乃「反」之形誤，反、返同字。

〔六八〕〔按〕史記商君傳云：「爲田開阡陌封疆，而賦税平。平斗桶權衡丈尺。」漢書食貨志云：「秦孝公用商君，壞井田，開仟陌。」顔注：「南北曰仟，東西曰伯。」「仟伯」同「阡陌」。

〔六九〕〔按〕韓非子和氏篇云：「商君教秦孝公以連什伍，設告坐之過。燔詩、書而明法令，塞私門之請，而遂公家之勞。禁遊宦之民，而顯耕戰之士。孝公行之，主以尊安，國以富强。」

〔七〇〕鮑彪「成」下補「矣」字。〔按〕史記有「矣」字。據下文論白起、吴起句例，當有「矣」字。今從鮑本補。

〔七一〕〔按〕見本策一。

〔七二〕陳沂云：「前言商君、吴起、大夫種，此特增一白起，不惟激以事，而且動其心，尤切。」

〔七三〕鮑彪云：「（夷陵）屬南郡。」張琦云：「今（湖北）宜昌府是。」〔按〕史記平原君傳毛遂亦曰：「白起，小竪子耳。率數萬之衆，興師以與楚戰，一戰而舉鄢、郢，再戰而燒夷陵，三戰而辱王之先人。」事在秦昭王二十八年。

〔七四〕梁玉繩云：「按蜀、漢是張儀、司馬錯，不關白起。後廿二年，起始出也，且事在秦惠更元之九年，而叙於昭王廿九年拔鄢、郢之後，豈非誤乎？」（史記志疑）〔按〕南並蜀、漢，即白起傳所云：「武安君因取楚，定巫黔中郡。」秦本紀云：「(昭王)三十年蜀守若伐楚，取巫郡及江南，爲黔中郡。」此概括言之，不必指蜀郡、漢中郡也。蓋謂使蜀、漢地擴大。「并巴、蜀」者，言并於巴、蜀也。

〔七五〕〔按〕謂長平之戰。

〔七六〕鮑彪云：「有帝之業。」〔按〕史記作「使秦有帝業」。此「業」字作動詞用，造句更奇。

〔七七〕鮑彪云：「懾，失氣也。」

〔七八〕金正煒云：「淮南修務篇：『各有其自然之勢。』高注：『勢，力也。』」

〔七九〕金正煒云：「『服』字疑當作『拔』，涉上文『趙、楚懾服』而誤。」

〔八〇〕鮑彪云：「起傳注在咸陽西門十里。」張琦云：「今(陝西)咸陽縣東二十里，有杜郵亭。」〔按〕白起爲范雎所搆，賜死於杜郵，見史記白起傳。

〔八一〕〔按〕韓非子和氏篇：「昔者吴起教楚悼王……絶滅(減)百吏之禄秩，損不急之枝官，以奉進諫之士。悼王行之，期年而薨矣，吴起枝解於楚。」

〔八二〕鮑本、吴本「楊」作「揚」。鮑彪云：「越屬揚州。」王念孫云：「史記『攻』作『收』。案作『收』者是也。南收楊、越，北并陳、蔡，皆謂取其地也。若但言攻，則非其指矣。史記南越傳索隱曰：『案戰國策云：吴起爲楚收楊、越。』是策文本作『收』，與史記同也。」程恩澤云：「楚世家：『熊渠興兵伐庸、楊、越，至於鄂。』張晏曰：『楊州之南越也。』……大約今廣東廣州府等處皆是。」〔按〕楊、揚同字。史記吴起傳云：「南平百越。」吕思勉燕石札記楊越云：「釋言曰：『越，揚也。』禮記聘義鄭注同。樂記注則曰：『揚，越也。』然則『楊越』繫一語，重言之，乃所以博異語，猶『華夏』本一語而連言之耳。……按其地分，似自禹貢荆州而南者，皆稱楊越；而在楊州分者，顧不然也。」

〔八三〕梁玉繩云：「陳滅於楚惠王三十一年，蔡滅於惠王四十二年，何待悼王始并之？此（吴起傳）與蔡澤傳同妄，而實誤仍秦策也。」（史記志疑）張琦云：「楚世家悼王之世，記三晉伐楚者二。蓋陳、蔡爲韓、魏所侵，而起復并之者。故起傳曰：『北并陳、蔡，伐三晉。』也。」〔按〕張説嫌曲。此殆鋪張之辭，未必盡合史實。策中類此之説不一。策士遊説，取其動聽，豈能一一考稽史事乎？讀者不須拘泥。又按齊策五蘇秦説齊閔王章：「（衛鞅説魏王曰）今大王之所從十二諸侯，非宋、衛也，則鄒、魯、陳、蔡。」楚策四莊辛謂楚襄王章謂子發受命乎宣王，繫蔡聖侯以朱絲而見之。其事並在悼王之後，時尚有陳、蔡，則以陳、蔡亡於惠王時者亦未盡然。程恩澤地名考云：「意必有絶而復封，或自立者，今不可考矣。」

〔八四〕〔按〕史記吴起傳亦云：「破馳説之言從横者。」瀧川資言考證云：「按吴起相楚，先蘇秦説趙五十年，秦孝未出，商鞅未用，何有言從横者？」據此則從横之説非自蘇、張始，惟其時言從横者通謂東西或南北聯盟，不如日後專指秦與山東諸侯而言也。瀧川疑之，亦拘於習聞之過。

〔八五〕鮑彪云：「斷其四支。按起傳，宗戚大臣射刺起死。」〔按〕韓非子難言、和氏、問田等篇亦云是「支解」。

〔八六〕姚宏云：「『錢』、劉一（刱）作『仞』，曾一作『入』。」鮑彪云：「墾，耕。刱，造也。」〔按〕史記「刱」作「入」。

〔八七〕鮑彪「方」下補「之」字，「上」上補「專」字。蓋據史記。

〔八八〕鮑本「棓」作「拮」，云：「拮，戛同，擽也。蓋逼之。楚（按當作「越」）記言賜劍死。」黄丕烈云：「史記（棓）作『負』，負、棓聲之轉也。」王念孫云：「按史記越世家越王賜大夫種劍，種自殺。不言『棓而殺之』。『棓』當爲『倍』字之誤也。『倍』與『背』同，言越王背德而殺之也。史記作『句踐負而殺之』，『負』亦『背』也。」〔按〕「棓」即「倍」之借字，並從音聲，例得通借。鮑作「拮」，乃字形之誤。

〔八九〕鮑本、吴本「成功」作「功成」，同史記。

〔九〇〕〔按〕史記索隱云：「『信』音『申』，『詘』音『屈』。謂志已展而不退。」

〔九一〕鮑彪云：「居陶，易姓朱。」張琦云：「此爲濟陰之定陶，今縣屬（山東）曹州府。」〔按〕范蠡去越居陶，爲陶朱公，見史記越世家及貨殖列傳。凌約言云：「歷數四子之不善居功，以致奇禍，而陶朱公獨以見幾令終。一去一不去，得失判然。反覆劇論，要不外成功者退一語。」

〔九二〕姚宏云：「一本無『分』字。」鮑本、吴本無「分」字。黄丕烈云：「史記無，此因下衍耳。」〔按〕無「分」者是，今從一本衍。

〔九三〕鮑彪云：「大，言全勝也。」〔按〕史記集解云：「班固弈指曰：『博縣於投，不必在行。』駰謂投，投瓊也。」

〔九四〕鮑彪云：「分勝者所獲。」安井衡云：「此以賭博爲諭也。貲本萬金，一投盡之，謂之大投，即後世所謂孤注也。分萬爲十，一投千金，謂之分功。大投諭專任一人，分功諭任數人。」〔按〕史記索隱：「言夫博弈，或欲大投其瓊以致勝。或欲分功者，謂觀其勢弱，則投地而分功以救遠也。事具小爾雅也。」今小爾雅無此文。此以博爲諭，但古制不明，不能强解。以上下文義觀之，鮑與安井説並可通。

〔九五〕金正煒云：「漢書霍去病傳：『匈奴可坐虜耳。』師古曰：『言收虜取漢軍人馬，可不費力，故言坐。』」

〔九六〕鮑本原無「利」字，補「利」字。横田惟孝云：「按史記衛綰傳：『劍人之所施易。』如淳曰：『「施」讀曰「移」。』此『施』與之同。蓋言移三川財富，以實宜陽也。」〔按〕史記正義云：「『施』猶『展』也，言伐得三川之地以實宜陽。」瀧川資言考證云：「祕閣本、楓、三本無『利』字，秦策有。無者是。韓世家云：『施三川而歸。』田完世家云：『王以施三川。』」

〔九七〕〔按〕三川、宜陽並見前。宜陽原屬韓地，其時已爲秦所取。

〔九八〕鮑本「決」上有「以」字。〔按〕史記同此文。羊腸、太行並見前。

〔九九〕鮑彪云：「斬謂絶之。此言斷三晉之路。」〔按〕史記會注考證引慶長本標記：「劉伯莊曰：『范中行之塗，蓋當齊、晉之要路也。』」考范、中行氏乃晉六卿之二卿，與趙氏不協，相攻，敗而奔齊，事見左傳。劉氏蓋以此地爲其奔齊之塗，故云然。

〔一〇〇〕鮑彪云：「棧，棚也，施於險絶，以濟不通。」〔按〕淮南了本經訓：「延接棧道。」高誘注：「棧道，飛閣也。」

〔一〇一〕鮑彪「里」下補「通」字，蓋據史記。田藝蘅云：「『棧道千里於蜀、漢』爲一句，不必補『通』字。」〔按〕據此，則蜀中棧道作於范雎時也。

〔一〇二〕鮑本「是」作「時」，云：「時，是也。」（鮑、吳合注四部叢刊本無此句，此據鮑單行本）〔按〕時、是古通。但此作「如是」，自通。

〔一〇三〕〔按〕白公即白起，此避下「吳起」字重複。

〔一〇四〕〔按〕孟子萬章下篇：「伯夷目不視惡色，耳不聽惡聲，非其君不事，非其民不使。治則進，亂則退。……當紂之時，居北海之濱，以待天下之清也。故聞伯夷之風者，頑夫廉，懦夫有立志。」又云：「伯夷，聖之清者也。」

〔一〇五〕〔按〕此勸其歸於封國。

〔一〇六〕鮑彪云：「喬，王子晉。松，赤松子。皆不死。」〔按〕並見列仙傳。楚辭遠遊云：「軒轅不可攀援兮，吾將從王喬而娛戲。」惜誦云：「赤松、王喬皆在旁。」亦以「松」、「喬」並稱。

〔一〇七〕〔按〕太平御覽卷四百六十引作「孰與禍終此哉」。疑下「此」字當在「哉」上，誤倒於下耳。史記下句無「此」字，可證。

〔一〇八〕鮑彪云：「以病辭去。」

〔一〇九〕鮑彪云：「『篤』猶『甚』。」

〔一一〇〕〔按〕秦取西周，在昭王五十二年（前二五五），王稽被誅，亦於是年。取東周在莊襄王元年（前二四九）。范雎罷相，史不記明年月。據睡虎地秦墓竹簡編年記昭王五十二年載「王稽、張禄死」。張禄乃范雎亡魏入秦所改姓名。范雎傳云：「范雎既相秦，秦號曰『張禄』。」故秦人所作編年記猶仍其稱。則范雎免相後未幾即卒。六國表昭王五十二年記王稽棄市，不及雎卒，本傳與秦本紀亦無之，此可補其缺。

〔一一一〕吴師道云：「水經云：『雁門子（按當作「于」）延水東逕罡成南。』澤，燕人，疑此即其所邑與？」張琦云：「此酈注，非經也。……注原文云：『于延水又東逕罡城南。史記蔡澤，燕人也，謝病歸，相秦，號罡城君。疑即澤所邑也。世名武罡城。』趙東潛以秦未並燕地爲疑，而復引寰宇記許昌縣剛成，蔡澤所封。是時許屬魏，逼近韓國都，亦未入秦。皆爲非矣。考史本傳，澤謝病，居秦十餘年，事昭王、莊襄至始皇帝，未嘗去秦。剛成乃其封號，非實邑也。」

〔一一二〕姚宏云：「一本（「君」下）有『居』字。」鮑彪補「居」字，蓋據史記。今從補。

〔一一三〕梁玉繩云：「按『十』字必『廿』字，史仍策誤。不然，蔡澤代相在昭王五十二年，至始皇五年燕太子入質時，凡二十四年，澤爲秦使燕。何云十餘年乎？」

〔一一四〕鮑彪據史記「昭」上補「事」字。〔按〕無之文不完，今從補。

〔一一五〕〔按〕秦策五：「文信侯欲攻趙，以廣河間，使剛成君蔡澤事燕。」即其事。

〔一一六〕鮑彪云：「居燕三年。」

戰國策　卷六

秦四

1　秦取楚漢中

秦取楚漢中〔一〕，再戰於藍田〔二〕，大敗楚軍。韓、魏聞楚之困，乃南襲至鄧〔三〕，楚王引歸〔四〕。後三國〔五〕謀攻楚，恐秦之救也。

或説薛公〔六〕：「可發使告楚曰：『今三國之兵且去楚〔七〕，楚能應而共攻秦，雖〔八〕藍田豈難得哉〔九〕？況於楚之故地〔一〇〕？』楚疑於秦之未必救己也，而今三國之辭去（云）〔一一〕，則楚之應之也必勸〔一二〕。是楚與三國謀出秦兵矣〔一三〕。秦爲知之，必不救也〔一四〕。三國疾攻楚，楚必走秦以（告）〔一五〕急〔一六〕，秦愈不敢出〔一七〕。則是我離秦而攻楚也〔一八〕，兵必有功〔一九〕。」薛公曰：「善。」

遂發重使之楚，楚之應之果〔二〇〕勸。於是三國併力攻楚，楚果告急於秦，秦遂不敢出兵。大臣（勝）〔二一〕有功〔二二〕。

〔箋證〕

〔一〕〔按〕秦取楚漢中地，在秦惠王十三年，楚懷王十七年，見史記秦本紀、楚世家及六國表。

〔二〕〔按〕楚策一張儀爲秦破從連横説楚王章云：「楚嘗與秦搆難，戰於漢中，楚人不勝，通侯執珪死者七十餘人，遂亡漢中。楚王大怒，興師襲秦，戰於藍田，又卻。」

〔三〕張琦云：「（鄧）故城在今襄陽府東北二十里，故鄧國也。」

〔四〕〔按〕楚世家懷王十七年云：「春，與秦戰丹陽，秦大敗我軍，……遂取漢中之郡。楚懷王大怒，乃悉國兵，復襲秦，戰於藍田。大敗楚軍。韓、魏聞楚之困，乃南襲楚，至於鄧。楚聞，乃引兵歸。」

〔五〕高誘云：「三國，齊、韓、魏。」

〔六〕〔按〕薛公，謂孟嘗君田文，時爲齊相。

〔七〕高誘云：「去，舍也。舍楚而往攻秦。」

〔八〕鮑本脱「秦取」以下至「雖」字六十六字。

〔九〕高誘云：「藍田，秦邑也，攻秦則得之矣，故曰『豈難得哉』。藍田，今長安東南。」張琦云：「（藍田）今縣，屬西安府。故城在縣西十一里。」

〔一〇〕鮑彪云：「謂秦且以漢中予楚。」

〔一一〕鮑彪改「去」作「云」，云：「辭云，上所言者。」吳師道云：「（去）當作『云』。」〔按〕鮑改是，「云」與「去」形近而誤。「云」猶「然」也，見經傳釋詞，謂三國之言如此。今從改。

〔一二〕高誘云：「應，和也。勸，進也。」

〔一三〕鮑彪云：「出兵敵三國也，其謀自楚。」〔按〕鮑注非是。出猶去也（見呂覽忠廉篇「殺身出生以徇其君」高注），逐也（見左氏文公十八年傳「遂出武穆之族」賈逵注）。

〔一四〕高誘云：「知楚與三國謀，故必不肯救之。」（姚宏云：「一無『肯』、『之』二字。」）〔按〕經傳釋詞云：「『爲』猶『如』也，假設之辭也。」引此策。

〔一五〕姚宏云：「一本『以』下有『告』字。」〔按〕據高注當有「告」字。今從補。下文亦云「告急於秦」。

〔一六〕高誘云：「走，去也。告急，求救也。」鮑彪云：「趨秦告急。」金正煒云：「『走』當讀如『奏』，謂奔告也。韓非內儲：『齊人有欲爲亂者，恐王知之，因詐逐所愛者，令走王知之。』義與此同。」〔按〕走，趨也（見說文及呂氏春秋期賢篇高注）。「去」與「趨」義近，不必讀走如「奏」。

〔一七〕高誘云：「秦益疑，故不敢出兵。」

〔一八〕高誘云：「離，絶也。使秦疑楚而不救也。」鮑彪云：「我，三國也。」

〔一九〕高誘云：「三國得專勢攻楚，故兵出必有功也。」

〔二〇〕高誘云：「果，竟。」

〔二一〕姚宏云：「『臣』，曾作『勝』。」鮑彪云：「衍『臣』字。」吴師道云：「高注亦作『大勝』。」金正煒云：「『臣』當作『以』。古書『以』作『㠯』，『㠯』、『臣』形似而譌。」〔按〕大㠯有功，古無此句法，不如從曾本作「勝」，今據改。

〔二二〕高誘云：「三國伐楚，大勝有功也。」鍾鳳年云：「秦取楚漢中至楚王引歸諸語，見於楚紀懷十八年。下文則無之，疑即懷二十六年齊、韓、魏共攻楚事。其時楚與秦合，三國爲其負從親而伐之。唯史稱『秦救楚，三國引去』，此言『秦不敢出兵，大勝有功』，爲不合耳。或是策著者爲三國人，所書不盡實也。」〔按〕林春溥戰國紀年繫此策於周赧王十二年「齊、韓、魏伐楚，楚使太子横質於秦，秦救之」下，當秦昭王四年，楚懷王二十六年，與楚世家文並列。鍾説與之同。考楚世家懷王二十年，楚合齊以善韓。二十四年，背齊而合秦。二十五年，秦、楚盟於黄棘，秦復與楚上庸。其事皆在楚敗於藍田之後，核與策文相合。則三國攻楚事在懷王二十六年無疑。至史言「秦乃遣客卿通將兵救楚，三國引兵去」。策謂「秦遂不敢出兵」，乃策士誇大之辭，策中此例頗多，不必致疑。要以史爲準（顧觀光國策編年繫此策於赧王十四年，當懷王二十八年，秦、齊、韓、魏於重邱時，非是）。

2 薛公入魏而出齊女

薛公入魏而出齊女〔一〕。

韓春謂秦王〔二〕曰：「何不取爲妻？以齊、秦劫魏〔三〕，則上黨秦之有也〔四〕。齊、秦合而立負蒭。負蒭立，其母在秦，則魏，秦之縣也已〔五〕。呡欲以齊、秦劫魏〔六〕而困薛公，佐欲定其弟〔七〕，臣請爲王因呡與佐也〔八〕。魏懼而復之〔九〕，負蒭必以魏殁世〔一〇〕事秦。齊女入魏而怨薛公〔一一〕，終以齊奉事王矣〔一二〕。」

〔箋證〕

〔一〕高誘云：「婦人大歸曰『出』。」鮑彪云：「薛公惡齊，故逐之。」黃震雲云：「此謂魏出齊女而秦取之耳，注乃云『婦人大歸曰出』，誤矣。」〔按〕齊女，魏王夫人。孟嘗君惡於齊湣王，奔魏，相魏昭王（見史記孟嘗君傳），故出齊女於齊。

〔二〕高誘云：「秦王，昭王也。」

〔三〕高誘云：「勸使取魏所出齊女以爲妻，而與齊併勢攻魏。」〔按〕「取」同「娶」。

〔四〕高誘云：「攻魏則並得上黨也。」鮑彪云：「此上黨屬魏。」〔按〕上黨詳見東周策。

〔五〕鮑本、吳本「蒭」作「芻」，下同。高誘云：「負蒭，即魏公子。其母，即魏所出齊女也。欲令秦王取之，故曰『其母在秦』，故云『魏，秦之縣也』。」鮑彪云：「言負芻以母故，必事秦。」高、鮑並讀「也」字句，「已」字屬下句。吳師道云：「『已』字句。今連作『已呡』，非。」〔按〕吳讀是也，「已」同「矣」，今從之。

〔六〕鮑本無「劫魏」三字。高誘云：「呡，魏之臣也。劫，脅也。薛公在魏，故欲困苦之也。」鮑彪改「呡」作「珉」（下同），云：「呡，字書無之。而韓呡，韓策作『珉』，今並從之。此魏人也。」吳師道云：「呡、珉，策字相通。恐即韓珉也。」〔按〕韓珉相齊，又以韓助齊攻宋，並見韓策三。其時孟嘗君去齊，珉代文相，故欲困之。策文云云，核與韓策相合，吳説是也。然則「呡」即「珉」，乃韓人，時用於齊。高、鮑注失之。

〔七〕高誘云：「佐，負蒭兄也，故『欲定其弟』。」鮑彪云：「佐，負蒭庶兄也。定，定其位。」

〔八〕高誘云：「臣，韓春自謂也。呡欲困薛，故言『請爲王因呡與佐也』。」

〔九〕高誘云：「復之，齊女。」〔按〕此謂如魏恐齊、秦合而先復齊女。

〔一〇〕高誘云：「『世，身。』」〔按〕「殁世」猶「終身」。

〔一一〕高誘云：「入，還也。齊女還，怨薛公出己也。」

〔一二〕高誘云：「王，秦王也。韓春設此言，言齊女以秦（按「秦」當作「齊」）奉事王矣。秦王不慊韓春計，故其事無効。」鮑彪云：「齊女德秦，而齊其父母國也。齊又與薛公隙，故女能得之以事秦。」〔按〕顧觀光編年繫此策於周赧王二十九年（前二八六）「孟嘗君召秦兵以伐齊」下，在齊湣王滅宋之前（林春溥戰國紀年同，唯次於滅宋之後，蓋從孟嘗君傳）。

3　三國攻秦入函谷

三國攻秦，入函谷〔一〕。秦王謂樓緩〔二〕曰：「三國之兵深〔三〕矣！寡人欲割河東而講〔四〕？」對曰：「割河東，大費也。免〔五〕於國患，大利也。此父兄之任也〔六〕，王何不召公子池〔七〕而問焉？」

王召公子池而問焉〔八〕。對曰：「講亦悔，不講亦悔〔九〕。」王曰：「何也？」對曰：「王割河東而講，三國雖去，王必曰：『惜矣〔一〇〕！三國且〔一一〕去，吾特以三城從之〔一二〕。』此講之悔也。王不講，三國入函谷，咸陽〔一三〕必危。王又曰：『惜矣！吾愛三城而不講。』此又不講之悔也〔一四〕。」王曰：「鈞〔一五〕吾悔也，寧亡三城而悔，無危咸陽而悔也。寡人決〔一六〕講矣。」

卒使公子池以三城講於三國〔一七〕，之兵乃退〔一八〕。

【箋證】

〔一〕高誘云：「三國，齊、韓、魏也。」鮑彪云：「魏紀哀二十一年，與齊、韓共攻秦。此（秦昭襄王）九年也。」（吴師道云：「『哀』當作『襄』。」）〔按〕三國攻秦，以孟嘗君爲主謀，説見西周策薛公以齊爲韓魏攻楚章。

〔二〕鮑彪云：「（樓緩）趙人，見穰侯傳。此九年，相秦而免。」〔按〕史記秦本紀：「（昭襄王）十年，薛文以金受免，樓緩爲相。」薛文即孟嘗君。梁玉繩志疑謂「文之免相在九年，此誤在十年」。司馬光資治通鑑、吕祖謙大事記並以田文免相，樓緩代相，繫於周赧王十七年，當秦昭王九年，鮑注與之同，秦紀誤也。

〔三〕高誘云：「『深』猶『盛』也。」

〔四〕高誘云：「割，分。講，成也（姚宏云：「一『也』字下有『分』字。」）。河東地以卑（按「卑」疑是「畀」之誤）三國，與之成。」鮑彪云：「（河東）大河之東，非地名。」吴師道云：「講、媾通。」

〔五〕鮑本「免」原作「勉」，改作「免」。吴師道云：「策『免』、『勉』通。」

〔六〕曾鞏云：「大利，不入三國。大費失土，大利不亡國，故曰『父兄之任也』。」鮑彪云：「（父兄）謂『公族』。」

〔七〕鮑彪改「池」作「他」（下同），云：「此書多作他。」吴師道云：「『池』即『他』，且當從本文。」金正煒云：「鮑氏所據以陘山之事章及趙策並有公子他也。韓非内儲説上作『公子汜』。字形相似，易致歧誤，當各從本文。」

〔八〕鮑本、吴本「焉」作「之」。

〔九〕高誘云：「悔，恨也。」

〔一〇〕高誘云：「惜河東地也。」

〔一一〕高誘云：「且，將也。」

〔一二〕高誘云：「特，獨也。三城，河東三縣也。」〔按〕韓非子內儲説上「從」作「送」。「特」猶「徒」，謂徒然以三城爲講。

〔一三〕高誘云：「咸陽，秦都也，今長安都渭橋西北咸陽城是也。」張琦云：「故城在今西安府咸陽縣東三十里。」

〔一四〕吴師道云：「緩之不自言，池以兩悔言，皆箝其言之術也。」

〔一五〕鮑彪云：「鈞，均同，平也。」

〔一六〕高誘云：「決，必。」

〔一七〕鮑彪「三國」下復補「三國」二字。吴師道云：「宜復有『三國』二字。」金正煒云：「『講於』二字誤倒。『於講』猶『爲講』，爲、於古通用。又『於』字或爲『於是』之省文。趙策：『於魏王聽此言也甚詘。』『於』亦『於是』也。」〔按〕「三國」二字不必補自通。下「之」字訓作「其」，吕氏春秋音初篇高注：「之，其也。」之兵，猶言「其兵」。

〔一八〕吴師道云：「周策韓慶爲西周説薛公，令臨函谷而無攻，楚割東國以與齊，而秦出楚王以爲和。薛公從之。會公子池來媾，遂罷兵。大事記説見彼章，當參照。按三城者，武遂與韓，封陵與魏，齊城與齊。武遂、封陵在河東。齊城無考。事在年表秦昭九年。下十一年書韓與齊、魏繫秦，與我武遂。大事記謂即此年事，誤分也。通鑑綱目通以爲樓緩、公子池之對者，誤。」程恩澤云：「案六國表攻秦在昭王九年，與韓武遂，與魏封陵在十一年。無割齊城事（秦本紀正義引年表同，韓、魏世家亦然）。吴説不知何據？且齊城決非河東，即武遂亦無確處，當從闕疑。」〔按〕六國表記三國擊秦，一在昭王九年，一在十一年。宋儒多疑是一役，蘇轍古史以攻函谷事移並於十一年，而呂祖謙大事記則以與韓武遂事移並於九年（資治通鑑載十一年鹽氏之役，不載九年函谷之役）。吳氏從大事記，故以與韓武遂事列於是年。其以武遂、封陵當河東三城，亦本大事記。但謂「齊城與齊」，則實有誤解。考大事記解題卷四本文云：「武遂、封陵皆在河外，河外即河東也。獨齊城之名無可考。」蓋謂秦與韓、魏之城爲武遂、封陵，獨與齊之城名無考耳。吳氏失察，以「齊城」爲城名，大誤。程考亦未深究。三國攻秦之役，史記明著爲二，既無新證，實不必紛更。林春溥紀年、黄式三編略並從史記分列函谷與鹽氏二役，是也。林春溥以割河東三城與秦與韓、魏地爲二事。黄式三則謂公子池以河東三城講，三國之兵退，秦悔割地，故三國復伐秦，至於鹽氏，秦乃出地。雖出於推測，以情理度之，或然。

〔附論〕

鍾鳳年云：「韓子内儲説上有。案史此即秦昭十一年秦割河東以講於齊、韓、魏事，非乃韓人，不識何爲竟有此誤。其文恐是後人僞造者。」

〔按〕韓非子此文「秦王」作「韓王」。太田方韓非子翼毳據此策辨之，以其事屬秦昭王十一年。鍾説與之同。但以「入函谷」之言核之，鮑注繫於昭王九年爲是。

4　秦昭王謂左右

秦昭王謂左右曰〔一〕：「今日韓、魏孰與始强〔二〕？」對曰：「弗如也〔三〕。」王曰：「今之如耳〔四〕、魏齊〔五〕孰與〔六〕孟嘗〔七〕、芒卯〔八〕之賢？」對曰：「弗如也。」王曰：「以孟嘗、芒卯之賢，帥強韓、魏之兵以伐秦，猶無奈寡人何也。今以無能之如耳、魏齊，帥弱韓、魏以攻秦，其無奈寡人何，亦明矣。」左右皆曰：「甚然〔九〕。」

中期推琴〔一〇〕對曰：「三(王)〔一一〕之料天下過〔一二〕矣！昔者六晉之時〔一三〕，智氏最強，滅破范、中行〔一四〕，帥〔一五〕韓、魏以圍趙襄子於晉陽〔一六〕。決晉水以灌晉陽〔一七〕，城不沈者三板〔一八〕耳。智伯出行水〔一九〕，韓康子御，魏桓子驂乘〔二〇〕。智伯曰：『始吾不知水之可亡〔二一〕人之國也，乃今知之。』汾水利以灌安邑〔二二〕，絳水利以灌平陽〔二三〕。魏桓子肘韓康子〔二四〕，康子履〔二五〕魏桓子，躡其踵〔二六〕。肘足接於車上〔二七〕，而智氏分矣〔二八〕！身死國亡，爲天下笑〔二九〕。今秦之強不能過智伯，韓、魏雖弱，尚賢在晉陽之下也〔三〇〕。此乃方其用肘足時也，願王之勿易也〔三一〕！」

〔箋證〕

〔一〕原與上章連屬，今從鮑本分提。

〔二〕高誘云：「始，初也。言韓、魏初時強耶？今時強也？」〔按〕經傳釋詞云：「與，如也。」引此策云：「孰與即何如也。」

〔三〕高誘云：「言不如始時強也。」

〔四〕高誘云：「如耳，韓臣。」鮑彪云：「魏人。」吳師道云：「〔按〕『如』，姓。魏有如姬。」〔按〕如耳見史記魏世家，正義云：「魏大夫姓名也。」故鮑云：「魏人。」高謂「韓臣」者以此文如耳、魏齊與孟嘗、芒卯對比，分繫韓、魏，魏齊爲魏相，則知如耳爲韓臣矣。或如耳是時仕韓。又按如耳始見於魏世家哀王八年，實即魏襄王八年（前三一一），而此策則繫於安釐王十一年（前二六六），相距四十五年，是其時年已老耄矣（如耳亦嘗説衛嗣君，見韓非子外儲説右上）。

〔五〕高誘云：「魏齊，魏臣也。」〔按〕魏齊，魏之諸公子，相魏，與范雎有隙，自剄死，見史記范雎傳。

〔六〕盧本「與」作「如」。

〔七〕鮑彪云：「（孟嘗）先時相魏。」〔按〕韓非子難三篇「嘗」作「常」，通用。

〔八〕〔按〕芒卯即孟卯，魏臣，見西周策。孟嘗、芒卯未聞仕韓者，或史籍失載耳（鮑彪以四人並是魏臣，云：「不言韓人，魏主兵也。」解説亦欠當）。

〔九〕鮑本、吴本無「左右皆曰甚然」六字。黄丕烈云：「案史記有，韓子有，『皆』作『對』。説苑有，作『左右皆曰然』。無者非也。高注亦可證。」高誘云：「『甚』謂『誠』也。」

〔一〇〕姚宏云：「史記『中旗憑琴』。注引戰國策作『推琴』，後語『中旗伏琴』，韓子作『推瑟』，説苑作『伏琴』。」（按後語「伏琴」當作「伏瑟」。魏世家索隱及説苑敬慎篇並作「伏瑟」。）鮑彪云：「武王時已出此人，至此是四十四、五年矣。」吴師道云：「『期』，史作『旗』，説苑『中旗』。……愚謂此記其推琴而起對，猶論語記捨瑟也。莊子云：『孔子推琴。』」于鬯云：「案説苑作『申旗伏瑟』，『申』當即『中』字，非『屈申』之『申』。蓋如『用』字從卜中，而古文作『用』。是古文『中』有作『用』者矣，與『申』字相類，實仍『中』字，非『申』字也。」〔按〕「中期」又見於秦策五秦王與中期争論不勝章，鮑次彼策於秦武王下，故謂「武王時已出此人」。然細按其文，不著秦王爲武王，又乏他書旁證，則鮑説不足信，中期當爲秦昭王時人。姚氏所云注引云云者，見魏世家索隱。今韓非子作「推琴」，與策同，異於唐本。瀧川資言會注考證云：「中期」，官名。韓非子云：「『中期之所官，琴瑟也。』可證。」此言有誤。中期，人名，爲秦樂官，故韓非子云：「中期之所官，琴瑟也。絃不調，弄不明，中期之任也。」言「所官」，則其非官名也甚明。瀧川説未允。又汪中述學外篇伯牙事考據「中期憑琴」之文，以爲「中期」即「鍾期」，即知音之鍾子期。徒取音諧，更無旁證，殆好奇之過。

〔一一〕鮑本、吴本、盧本「三」作「王」，是，今從正。

〔一二〕高誘云：「料，數也。過，謬也。」

〔一三〕高誘云：「六卿分晉，智氏、范、中行氏、中韓氏、趙氏，乘周之衰，僭號皆曰諸侯，謂六晉也。」（姚宏云：「曾、劉皆作『六晉者，無咎滅趙氏、魏氏』。」按姚本此注文多誤脱，不可讀。高注「范」下疑脱「氏」字。「中韓氏」之「中」字，疑涉上「中行氏」之「中」而衍。「趙氏」下脱「魏氏」二字。姚注亦多誤衍。「趙氏、魏氏」四字是羨文，「魏氏」二字當是高注之脱文而衍於此。）鮑彪云：「智、范、中行、韓、魏、趙，晉卿也，實分晉國。」〔按〕高注多誤脱，不可讀，應以秦策五謂秦王曰章爲正。智、范、中行氏並未僭號諸侯，高注誤。

〔一四〕高誘云：「范、中行氏於晉最薄而苛峭，故智伯瑶先破滅也。」〔按〕事見左氏定公十三年傳。新序卷一記祝簡對中行寅曰：「今主君有革車百乘，不憂德義之薄也，唯憂車之不足也。夫舟車飾則賦斂厚，賦斂厚則民怨謗詛矣。」故高注謂其薄而苛峭。

〔一五〕鮑本、吴本「帥」上有「又」字。黄丕烈云：「案史記、説苑有。韓子作『而從韓、魏』。」

〔一六〕高誘云：「智伯殺范、中行氏，志意驕盈，求地於諸侯。趙襄子不與地，故帥韓、魏二君伐趙氏，圍晉陽。晉陽，趙襄子邑。」〔按〕事見趙策。高注「殺」字當作「滅」。

〔一七〕吴師道云：「正義引括地志云：『晉水出并州晉陽縣西，東南流注汾水。』」程恩澤云：「地理志『晉陽有龍山，晉水所出，東入汾。』水經注：『昔智伯遏晉水以灌晉陽，因分二流。北瀆即智氏故渠，其瀆乘高東北注，入晉陽城，周迴灌溉。東南出城，流入於汾。其南瀆經城南，亦注焉。』……今出山西太原府西南十里懸甕山。」

〔一八〕高誘云：「沈，没也。廣二尺曰『板』。」

〔一九〕鮑彪云：「行，按視也。」〔按〕韓非子無「行水」二字。

〔二〇〕高誘云：「三人共載曰『驂乘』。」鮑彪云：「（莊子）徐無鬼疏：『在左爲「驂」，在右爲「御」。』」横田惟孝云：「驂乘，車右也。兵車，將居中，御居左，居右爲車右也。」〔按〕莊子徐無鬼釋文謂：「驂乘，車右也。」兵車之制，大將居中，車右在右，御者在左。如非大將，則御者居中，左人持弓，右人持矛。説見左氏三十三年傳疏。此文智伯爲主帥，則魏桓子驂乘居右，韓康子爲御居左。横田解是。魏世家作「魏桓子御，韓康子爲參乘」。韓非子難三篇、説苑敬慎篇同，惟「桓子」作「宣子」（淮南子人間訓亦作「魏宣子」）。考趙策、魏策作「魏桓子」。桓、宣並從亘聲，古可通用（朱駿聲説文通訓定聲乾部「亘」字云：「經傳多以『桓』以『宣』爲之。」「亘」字可借爲「桓」與「宣」，明「桓」、「宣」二字亦可互借）。中論亡國篇「昔齊桓公立稷下之官」，「桓公」當作「桓王」，齊桓王即齊宣王。後人不審「桓」爲「宣」之通借，以齊無桓王，因誤改「王」作「公」也。

〔二一〕高誘云：「亡，滅。」

〔二二〕高誘云：「安邑，魏桓子邑。」吴師道云：「漢志：『汾水出太原汾陽縣北山，至河東汾陰（原本「陰」作「陽」，按漢志汾陽屬太原郡，河東郡有汾陰，「陽」當爲「陰」之誤，今改）縣入河。』正義云：『安邑在絳州夏縣。汾水東北歷安邑西南（按原本「南」誤作「河」，從史記正義改）入河。』」程恩澤云：「山海經管涔之山，汾水出焉。淮南子汾出燕京，蓋取異名。説文、水經並同漢志。惟汾陰爲今榮河縣，其地在安邑之西北，並非西南，且中隔聞喜縣，相距尚遠。謂可以灌安邑，頗覺難通。故酈道元亦深致疑，而近儒以爲互文見意（狄子奇注：

「閻若璩、高士奇説。」)。然絳水即與汾水合流，亦與安邑無涉。惟涑水出聞喜縣黍葭谷西南，過安邑縣西，最爲偪近，可引以灌城。或者傳寫有訛歟？」(張琦亦云：「涑水經夏縣安邑西北，其上流即絳水。灌安邑者，殆謂此也？」) 洪亮吉曉讀書齋初録卷上云：「汾水東北歷安邑西南入河，則灌安邑可用汾水。」按洪説嫌牽强。〔按〕疑古河道改變，不能以後代之地理釋。

〔二三〕高誘云：「平陽，韓康子邑。」吴師道云：「晉遷新田，今絳縣，謂平陽爲故絳。正義引括地志云：『絳水一名白水，今名弗泉，源出絳山。』」張琦云：「水經澮水注云：『絳水出絳縣西南，西北流注於澮。』今絳水不入澮。其出今絳縣東北者，澮之別源也。出絳山之絳水西南至聞喜，爲涑水。安邑故城在今縣西二里。平陽，即今(平陽)府治。晉穆侯徙都於絳，後改爲翼，今翼城是也。……獻公始城絳都，所謂故絳，今(山西)絳州是也。新田即今曲沃。故絳、新絳皆在漢晉絳邑縣界中。……吴以平陽爲故絳，謬矣。酈道元曰：『絳水灌平陽，未識所由。』括地志遂有接引之説。閻百詩引梁書韋叡傳云：『汾水灌平陽，絳水灌安邑。』斯爲得之。……蓋『汾』、『絳』二字，上下誤次，史記、通鑑遂承之耳。」〔按〕此文古今論者頗衆，疑張説「汾」、「絳」二字互易或然。

〔二四〕鮑彪云：「不敢正語，以肘築之。」

〔二五〕〔按〕韓非子「履」作「踐」。

〔二六〕鮑彪云：「躡，蹈。踵，跟也。」

〔二七〕姚宏云：「曾、劉本云：『魏桓子肘韓康子，康子躡其踵，踵肘接於車上。』」

〔二八〕高誘云：「韓、魏兆其肘踵之謀，破智伯於車上。智氏貪暴滅亡，三家卒共分之。故曰『智氏分也』。」

〔二九〕高誘云：「智伯身死，爲襄子所殺也。身死，國爲三家所分，天下共笑也。」

〔三〇〕高誘云：「賢於趙襄子見圍於晉陽也。『賢』猶『勝』也。」鮑本、吴本「賢」下有「其」字。黄丕烈云：「史記、説苑有。韓子作『未至如其在晉陽之下也』。」

〔三一〕高誘云：「勿，無。易，輕也。」〔按〕此策魏世家繫於安釐王十一年，當秦昭王四十一年，周赧王四十九年（前二六六）。

5 楚魏戰於陘山

楚、魏戰於陘山〔一〕，魏許秦以上洛〔二〕，以絶秦於楚〔三〕。魏戰勝楚，敗於南陽〔四〕。秦責賂〔五〕於魏，魏不與。

營淺〔六〕謂秦王曰：「王何不謂楚王〔七〕曰：『魏許寡人以地，今戰勝，魏王〔八〕倍〔九〕寡人也。王何不與寡人遇〔一〇〕？魏畏秦、楚之合，必與秦地矣。是魏勝楚而亡地於秦也〔一一〕。是王以魏〔一二〕地德寡人〔一三〕，秦之楚者多資矣〔一四〕。魏弱〔一五〕。若不出地，則王攻其南，寡人絶其西〔一六〕，魏必危〔一七〕。』」秦王〔一八〕曰：「善。」

以是告楚，楚王揚言〔一九〕與秦遇。魏王聞之，恐，效上洛於秦〔二〇〕。

【箋證】

〔一〕鮑彪云：「魏記、蘇秦傳注（陘山）在密縣，密屬河南。楚記：威王卒，魏因喪取我陘山。」吴師道云：「徐廣云：『召陵有陘亭，密縣有陘山。』正義云：『括地志云：在鄭州新鄭縣西南。』大事記取鮑氏所引召陵。韓策（按「韓策」下疑脱「注」字）引正義又謂楚北有汾陘之塞，即此。皆一地也。」顧觀光云：「正義引括地志云：『陘山在鄭州新鄭縣西南三十里。』今新鄭屬（河南）許州府，而郾城縣東南亦有陘山。蓋此山縣亘甚遠，楚、韓皆恃爲險要。故蘇秦説楚曰：『北有陘塞。』説韓曰：『南有陘山。』在楚爲北塞者，在韓爲南塞也。徐廣曰：『陘，山絶之名。』」

〔二〕鮑彪云：「（上洛）屬弘農。」程恩澤云：「今陝西商州有上洛廢縣。」張琦云：「孝公封衛鞅，即此上洛，入秦舊矣。此云許秦以上洛，效上洛於秦，恐有譌誤。」〔按〕秦封衛鞅於商，見秦策一衛鞅亡魏入秦章。吴注引盧藏用春秋後語注云：「今商州上洛之地。」張氏據此，故謂「入秦舊矣」。然按古本竹書紀年：「梁惠成王三十年，秦封衛鞅於鄔，改名曰商。」「鄔」即「於」，是於、商爲一地。於、商，據史記商君傳正義謂「在鄧州内鄉縣東七里」（説詳秦策一），則非上洛地矣。策文不誤，張説未允。顧觀光云：「上洛本秦、楚、魏三國接壤之處。水經丹水注引竹書紀年曰：『晉烈公三年，楚人伐我南鄙，至於上洛。』秦策魏許秦以上洛以絶秦於楚是也。燕策蘇代曰：『西河之外，上雒之地。』是『雒』與『洛』通。漢志屬弘農，今商州也。」

〔三〕高誘云：「魏許賂秦以上洛，絶秦，便（按疑是「使」之形譌）不助楚。」

〔四〕高誘云：「南陽，陘山所在也。」鮑彪云：「荆州郡，非修武所謂。」〔按〕荆州南陽郡，説見西周策韓魏易地章。

〔五〕高誘云：「賂，上洛也，不與上洛也。」鮑彪云：「責，求也。」

〔六〕姚宏云：「曾『嘗』或作『管』。」鮑本「嘗」作「管」，云：「秦人。」

〔七〕〔按〕楚王爲懷王。

〔八〕〔按〕魏王爲惠成王，時初即位。
〔九〕鮑本、吴本「倍」作「背」，同。
〔一〇〕高誘云：「遇，合也。」鮑彪云：「『遇』猶『會』。」
〔一一〕高誘云：「謂失上洛。」
〔一二〕鮑本無「魏」字。
〔一三〕鮑彪云：「秦因楚會得地，楚之惠也。」
〔一四〕高誘云：「之，至也。資，財幣也。」鮑彪云：「言將以厚幣往結楚好。」
〔一五〕吴師道云：「劉辰翁云：『多「弱」字，即「若」。』愚謂以『弱』句，義亦善。」〔按〕吴説是。此謂如此則魏弱矣。劉以「弱」字爲羨文，非。
〔一六〕鮑本、吴本「絶」作「攻」。横田惟孝云：「謂絶魏通秦之道而不救也。」
〔一七〕高誘云：「危，亡。」
〔一八〕高誘云：「（秦王）昭王也。」〔按〕高氏以魏王爲魏惠王，魏惠不與秦昭並時，此注必誤。「昭」當作「惠」。
〔一九〕鮑彪云：「（揚言）揚，顯言之。」
〔二〇〕鮑本、吴本「效」作「効」，同。高誘云：「魏惠王。效，致也。」〔按〕鮑氏從史記魏世家繫於襄王六年。史記魏國世繫有誤，惠王改元誤爲襄王元年，又誤增哀王一代。此事楚世家繫於威王卒年，正當魏惠王後元七年，秦惠王九年。高注是。但以秦王爲昭王則誤。

6　楚使者景鯉在秦

楚使者景鯉在秦〔一〕，從秦王與魏王遇於境〔二〕，楚怒〔三〕。秦合（令）周冣爲楚王曰：「魏請無與楚遇而合於秦〔四〕，是以鯉與之遇也〔五〕。弊邑之於與遇善之，故齊不合也〔六〕。」楚王因不罪景鯉而德周、秦〔七〕。

〔箋證〕

〔一〕原本連屬上章，今從鮑本分提。

〔二〕高誘云：「遇，合。境，秦界也。」吴師道謂魏王爲魏惠王。

〔三〕吴師道云：「楚策元在韓（按謂高注本在韓策）曰：『齊、楚之交善，秦與魏遇，且以善齊，而絶齊乎。楚景鯉之秦，與於遇。楚王怒，恐秦以楚爲有陰於秦、魏也，且罪鯉云云。』」

〔四〕鮑單注本脱「楚怒」至「合於秦」二十字。吴師道據别本補足，「合」作「令」，「冣」作「最」，「爲」作「謂」，云：「姚本『楚怒秦合最爲楚王曰魏王遇於境楚使者是以』云云，其文缺誤，不如别本明白。」景宋鈔本與吴氏引姚本合，而與此姚本異。黄丕烈云：「乃姚氏一本耳。」彭翔生云：「以二本異文言之，高本（按謂梁溪高氏本即此姚本）文雖順適，實與上下文不應。安（按即梁溪安氏本）即景宋鈔本。較爲近實，而『楚使者』下，疑尚有『又未至』三字爲舊本所遺脱。蓋據上文『楚使者景鯉在秦』句，似鯉在秦，尚在楚王揚言將與秦遇之前。及魏聞楚王揚言，乃先遇合於秦，時楚之使者尚未至，而秦以景鯉爲從，蓋詐爲楚謀與秦遇之使，以見信於魏也。迨楚怒景鯉之從，故秦令周最説楚王以釋其罪。其文當合吴引別本及此鈔定之（按「鈔」亦謂景宋鈔本），爲「楚怒秦令最謂楚王曰：魏王遇於境楚使者又未至」二十字。蓋由本章上下文及字數校之，似舊本每行二十字，而鮑所脱適得二十字，當爲其第十一行也。考最之説，乃謂楚雖將與秦遇，秦實未知。魏王既遇於境，而楚使未至。秦從景鯉與魏遇者，因魏方敗楚而懼楚之有所合也，將以遇秦合齊孤楚之交。今秦、魏遇而景鯉從，爲使齊疑楚、魏之平，以敗魏、齊之合。乃所以利楚也。」高誘云：「遇之合也。」黄丕烈云：「別本『合』作『令』，『爲』作『謂』，是。『冣』作『最』者非。」横田惟孝云：「『於秦』之『秦』，當作『齊』。楚策（按即姚本韓策，下同）所謂『秦、魏之遇也，將以合齊、秦，而絶齊於楚也』是也。」中井積德云：「『與楚』之『楚』，疑當作『齊』。」〔按〕「合」當是「令」之形譌，據下高注「秦使周冣解説」云云，亦可證，今從別本改正。「爲」與「謂」相通，見經傳釋詞。此策與韓策一韓公仲相齊楚之交善章（鮑本移於楚策）大同，當是一事。彼策謂謀「合齊，而絶齊於楚」，横田解據以訂「於秦」之「秦」作「齊」，與下文「故齊不合也」相應，殆是。景宋鈔本所作頗費解。彭翔生雖曲爲彌縫，然補字出於臆測，難以信從。且此章與上章事並不相屬。考楚策二齊秦約攻楚章：「昭雎謂景翠曰：秦恐，且因景鯉、蘇厲而效地於楚。」又楚襄王爲太子之時章：「懷王薨，太子辭齊而歸。……齊使車五十乘來取東地於楚，楚王……遣景鯉西索救於秦。」是景鯉在懷王、頃襄王時，爲親秦之人。陘山戰當懷王即位之初，與頃襄繼位相距三十年，鯉恐未必歷事如是之久。史記楚世家懷王十六年，秦遣張儀破楚、齊從親，楚絶於齊。十八年，秦與楚和親。二十年，復絶秦，合齊以善韓。二十四年，倍齊而合於秦。二十五年，楚、秦盟於黄棘。二十六年，齊、韓、魏三國伐楚，秦遣兵救楚。以此策事跡核之，殆在懷王二十四、五年之間。彭氏以陘山之戰合爲一談，非是（林春溥戰國紀年以秦、魏之遇當秦本紀、魏世家「秦、魏會於應，在同年楚、魏戰於陘山之前，亦失考）。「周最」之「最」當作「冣」。

〔五〕橫田惟孝云：「將絶齊於楚，是以鯉與魏遇，使齊疑之也。楚策所謂『今鯉與於遇，齊無以信魏之合已於秦而攻於楚也』是也。」

〔六〕吳師道云：「敝邑，秦自稱。謂鯉與秦、魏遇此以爲善。蓋二國之遇，將以善齊，而絶齊於楚，而楚使在焉，故齊疑之，而不與合也。」橫田惟孝云：「善之，謂秦於與鯉遇魏時善待鯉也。言齊既疑楚使與於遇，又見秦善待楚使，故不合於秦也。」

〔七〕高誘云：「秦使周最解說楚王與魏遇之意，故不罪景鯉，而弟德周與秦也。」〔按〕據高注則周最似代表周說楚者，與文義不合，疑「周」下脫「最」字。

7 楚王使景鯉如秦

楚王使景鯉如秦〔一〕。客謂秦王曰：「景鯉，楚王〔使景〕〔二〕所甚愛，王不如留之以市〔三〕地。楚王聽，則不用兵而得地。楚王不聽，則〔四〕殺景鯉，更不與〔五〕。不如景鯉留〔六〕。是便〔七〕計也。」秦王乃留景鯉。

景鯉使人說秦王曰：「臣見王之權輕天下〔八〕，而地不可得也。臣之來使也，聞齊、魏皆且割地以事秦。所以然者，以秦與楚爲昆弟國。今大王留臣，是示天下無楚也，齊、魏有何重於孤國也〔九〕？楚知秦之孤，不與地，而外結交諸侯〔一〇〕以圖〔一一〕，則社稷必危。不如出臣。」秦王乃出之〔一三〕。

〔箋證〕

〔一〕鍾鳳年云：「此稱『如秦』，上章稱『在秦』，二章若同時，則此應在前。」鮑彪謂楚王爲懷王。

〔二〕姚宏云：「一本無『使景』二字。」鮑本亦衍此二字，今從之。

〔三〕高誘云：「市，求也。」

〔四〕于鬯云：「此『則』字當作『若』字解，與趙策『彼則肆然而爲帝』，燕策『則不可，因而刺之』。兩『則』字同，說詳王引之釋詞。」

〔五〕鮑彪衍「不」字，盧本從之。吴師道云：「疑衍。」于鬯云：「言秦若殺景鯉，則楚更不與地於秦矣。」

〔六〕姚宏云：「『留』，曾、劉一作『者』。」鮑彪改「留」作「者」。吴師道云：「作『者』是。」王念孫云：「案『者』字是也。作『留』者，涉上下文『留』字而誤。『者』下當有『市』字。『更與不如景鯉者市』，即承上『市地』而言。上文范雎謂昭王曰：『王攻韓，以張儀爲言。張儀之力多，且割地而以自贖於王。張儀之力少，則王逐張儀，而更與不如儀者市。』語意正與此同。今脱去『市』字，則文不成義。」于鬯云：「王説甚謬。按張儀在韓而秦市之，故曰『逐張儀』，故曰『不如張儀者市』，義自可通。此景鯉在秦，亦云『殺景鯉，更與不如鯉者市』，豈可通邪？」鍾鳳年讀作「更不與，不如景鯉留」，同于鬯，云：「『留』字，曾、劉、鮑、吴似俱誤。竊謂宜如今所絶句。案此節乃言秦留景鯉，楚王聽，因可得地；不聽則殺之，堅不以與楚，故景鯉留，爲便於計。如前賢所說，秦果殺景鯉，則楚雖弱，亦必怒絶秦，更何能遣使入秦，而畏之若此乎？信然，是楚唯命是聽，則雖不留質而向之索地，楚亦必不敢不聽矣，又奚必多此一舉？況秦留楚王所甚愛，猶未必聽，謂殺之而易不若者，益不爲楚所顧惜，更何謂使於計？……依上各事理度之，前賢所改必盡誤。」〔按〕于、鍾二解優於舊説，今句讀從之。竊謂「不如景鯉留」猶「不如留景鯉」，賓語倒置於動詞之前，惟賓語非代詞爲偶見耳。本策或爲六國説秦王章「而天下乃齊釋」，亦其例。説詳彼。

〔七〕鮑彪云：「『便』猶『利安』。」

〔八〕鮑彪云：「『權』猶『勢』也。天下所輕。」

〔九〕高誘云：「言留臣則秦（姚宏云：「一本下有『與楚』二字。」）絶。秦無楚援，則爲孤國，故齊、魏不復尊重秦也。」鮑彪云：「『有』猶『又』。」吳師道云：「二字古通用。後策陳軫云『何重孤國』，即此文。」

〔一〇〕鮑本、吳本無「諸侯」二字。

〔一一〕鮑彪云：「（圖）圖秦。」

〔一二〕高誘云：「出，遣景也，景鯉還楚也。」

8 秦王欲見頓弱

秦王欲見頓弱〔一〕，頓弱曰：「臣之義不參拜〔二〕。王能使臣無拜，即〔三〕可矣。不，即不見也。」秦王許之〔四〕。

於是頓子曰：「天下有（有）〔五〕其實而無其名者，有無其實而有其名者，有無其名又無其實者，王知之乎？」王曰：「弗知。」頓子曰：「有其實而無其名者，商人是也。無把銚〔六〕推耨〔七〕之勢，而有積粟之實，此有其實而無其名者也〔八〕。無其實而有其名者，農夫是也。解凍而耕，暴背而耨〔九〕，無積粟之實，此無其實而有其名者也。無其名又無其實者，王乃是也已。立〔一〇〕爲萬乘，無孝之名；以千里養，無孝之實〔一一〕。」秦王悖〔一二〕然而怒。

頓弱曰：「山東戰國有六。威不掩於山東而掩於母〔一三〕，臣竊爲大王不取也。」秦王曰：「山東之建（戰）〔一四〕國，可兼〔一五〕與？」頓子曰：「韓，天下之咽喉，魏，天下之胸腹〔一六〕。王資臣萬金而遊〔一七〕，聽之韓、魏，入其社稷之臣於秦〔一八〕，即韓、魏從。韓、魏從〔一九〕而天下可圖也〔二〇〕。」秦王曰：「寡人之國貧，恐不能給〔二一〕也。」頓子曰：「天下未嘗無事也，非從即横也。横成則秦帝，從成即〔二二〕楚王〔二三〕。秦帝，即以天下恭養〔二四〕。楚王，即王雖有萬金，弗得私〔二五〕也。」秦王曰：「善。」

乃資萬金，使東遊韓、魏，入其將相；北遊於〔二六〕燕、趙，而殺李牧〔二七〕。齊王〔二八〕入朝，四國必〔二九〕從，頓子之説也〔三〇〕。

【箋證】

〔一〕高誘云：「秦王，始皇趙正也。即位二十六年乃稱帝，故曰秦王。」鮑彪云：「（頓弱）秦人。」〔按〕淮南子人間訓云：「秦王趙政，兼併天下而亡。」高注云：「趙政，始皇。生於趙，故名趙政。」與此注可互證（「正」與「政」，字通）。後漢書蔡邕傳注引「秦王」作「秦昭王」。據下文所言乃始皇時事，李賢注顯誤。元和姓纂九引風俗通云：「頓氏，頓子國，今南頓是也。後爲楚所滅，子孫以國爲氏。」頓弱蓋其苗裔。

〔二〕〔按〕廣韻「叅」字云：「叅，覲也。」

〔三〕鮑本、吴本「即」作「則」。〔按〕二字古通。

〔四〕文廷式云：「戰國時處士積重，故雖始皇之威，尚能容不拜之士。」

〔五〕姚宏云：「一本『有』字下更有『有』字。」鮑彪「有」下補「有」字。〔按〕有之爲長，今從一本補。

〔六〕高誘云：「銚，芸苗器也。音『括』。」姚宏云：「銚，姚、調二音，古田器。」〔按〕管子海王篇：「耕者必有一耒一耜一銚。」尹注云：「大鋤謂之『銚』。」「銚」有五音：謡音（方言卷十三郭璞注、廣雅釋器曹憲音、詩周頌臣工釋文引沈氏音遥。管子注音羊昭反，廣韻宵韻音餘昭切。並同）。七遥切（詩周頌臣工釋文及莊子外物篇釋文音），大弔切（廣雅釋器曹憲音。廣韻嘯韻音徒弔切，同），他堯切（莊子外物篇釋文又音。廣韻蕭韻音吐彫切，同），士堯切（詩周頌臣工釋文引何氏音）。並與注「音『括』」不合。且「銚」從兆聲，「括」從昏聲（「括」字古作「捪」），聲亦不類。「括」當是「怊」之誤。「怊」與「捪」字形相近而譌。「怊」音與七堯切音合。

〔七〕吴師道云：「『耨』亦芸田器。莊子作『鎒』。」〔按〕莊子外物篇云：「銚鎒於是乎興。」亦以「銚、耨」並稱。

〔八〕〔按〕韓非子五蠹篇云：「商工之民，修治苦窳之器，聚弗靡之財，蓄積待時而侔農夫之利，……邦之蠹也。」法家雖排斥商賈，亦反映當時商業之興起，至列爲五蠹之一。

〔九〕〔按〕「暴」同「曝」。此「耨」字作動詞用。淮南子氾論訓：「摩蜃而耨。」高注云：「耨，耨除苗穢也。」

〔一〇〕横田惟孝云：「『立』疑『位』訛。」金正煒云：「『立』或爲『主』字之譌，本在『萬乘』下，誤淆於上也。『爲萬乘主』與『以千里養』，亦對文。」〔按〕橫田説是，但「立」乃「位」之古字。周禮春官小宗伯：「掌建國之神位。」鄭注：「故書『位』作『立』。鄭司農云：『立』讀爲『位』。古者『立』、『位』同字。」金文中屢見之，非訛字。

〔一一〕橫田惟孝云：「言王獨兼有尊富，而遷母於雍，孝之名實共無，不如農、商也。」

〔一二〕鮑彪云：「悖、艴同。語：『色艴如也。』」吳師道云：「艴如，説文文。今論語作『勃』。」〔按〕孟子公孫丑上：「曾西艴然不悦曰。」趙岐注云：「艴然，愠怒色也。」

〔一三〕高誘云：「秦王名正也，以母婬通於嫪毒，閉之於雍門宫。故頓弱曰『不能掩威於六國，而掩威於母也。』」吳師道云：「大事記：『茅焦説秦王曰：秦方以天下爲事，而大王有遷母太后之名；恐諸侯聞之，由此倍秦。』頓子告始皇：『山東戰國有六，威不掩於山東，而掩於母。』始皇所重者，獨兼併諸侯耳。茅焦所以能復太后者，特以諸侯背秦恐之，非能以母子天性感悟之也。」愚按：頓弱雖有『威掩於母』之一言，其下即説以兼併行詐，未嘗正諫遷母之失，又非茅焦比。」〔按〕始皇母通嫪毒。嫪毒作亂，始皇發兵平之，遷母太后於雍，以茅焦諫迎還咸陽。事見史記秦始皇本紀。説苑正諫篇作「遷之於萯陽宫」，與高注「雍門宫」不同。

〔一四〕鮑本、吳本「建」作「戰」。〔按〕以上文「山東戰國有六」核之，「建」當作「戰」，今從改。

〔一五〕高誘云：「兼，併。」

〔一六〕〔按〕蔡邕傳注引「腹」作「臆」。文選吳都賦注引「喉下、腹下」並有「也」字。

〔一七〕高誘云：「資，給。遊，行。」鮑彪云：「資、齎同。」

〔一八〕高誘云：「入，納也。」橫田惟孝云：「社稷之臣，即下文『將相』是也。」

〔一九〕鮑本不重「韓魏從」三字。

〔二〇〕高誘云：「(從)從於秦。圖，取。」

〔二一〕高誘云：「給，供。」

〔二二〕鮑本、吴本「即」作「則」。〔按〕二字通用。

〔二三〕〔按〕蘇秦説楚威王曰：「故從成則楚王，横成則秦帝。」（楚策一）此語與之同。然始皇之時，楚已大削弱，迥非昔比。此不過説士襲用從横家習語，非其時之實況。

〔二四〕鮑彪云：「（恭養）且敬且養。」横田惟孝云：「『恭』當作『供』。」金正煒云：「尚書甘誓：『今予惟恭行天之罰。』傳：『恭，奉也。』又『恭』字古作『共』，『供』字亦作『共』。此文本作『以天下共養』，傳寫爲『恭』耳。」〔按〕「恭」與「供」並從共聲，古字通用。荀子修身篇：「行而供冀。」楊倞注：「供，恭也。『冀』當爲『翼』。」是其證。鮑訓「恭」爲「敬」，非。「即以」之「即」猶若，下文「即」字訓「則」，並見經傳釋詞。

〔二五〕高誘云：「私，愛也。」

〔二六〕鮑彪云：「衍『於』字。」

〔二七〕高誘云：「李牧，趙將。」鮑彪云：「（李牧）趙良將，幽王七年殺之。此（始皇）十八年。」〔按〕趙殺李牧事見秦策五文信侯出走章、趙策四秦使王翦攻趙章。

〔二八〕鮑本無「王」字。

〔二九〕鮑彪改「必」作「畢」。黄丕烈云：「鮑改非也。古或借『必』爲『畢』字。」金正煒云：「管子版法篇：『往事必登。』今本『必』作『畢』。禮記月令：『寢廟畢備。』吕氏春秋仲春紀作『必備』。是『必』、『畢』字古通用。」〔按〕蔡邕傳注引「必」作「畢」。高誘云：「四國，燕、趙、韓、魏。」鮑彪云：「齊、魏、燕、趙也。殺牧時，已虜韓。」吴師道云：「高注是。上已言齊矣，殺牧是要終言之。」

〔三〇〕鍾鳳年云：「案始皇本紀令秦行間金以離山東君臣者爲尉繚。」〔按〕此策與尉繚説秦王計略同。沈欽韓云：「頓弱與尉繚是一人，記異耳。」（漢書疏證）始皇本紀云：「大梁人尉繚來，説秦王曰：『以秦之彊，諸侯譬如郡縣之君。臣但恐諸侯合從，翕而出不意，此乃智伯、夫差、湣王之所以亡也。願大王毋愛財物，賂其豪臣，以亂其謀，不過亡三十萬金，則諸侯可盡。』秦王從其計。見尉繚亢禮，衣服食飲與繚同。繚曰：『秦王爲人……少恩而虎狼心，居約易出人下，得志亦輕食人。……不可與久遊。』乃亡去。秦王覺，固止，以爲秦國尉，卒用其計策。」

9　物至而反

頃襄王二十年，秦白起拔楚西陵，或〔一〕拔鄢、郢、夷陵，燒先王之墓。王徙東北，保於陳城。楚遂削弱，爲秦所輕。於是白起又將兵來伐。楚人有黄歇者，游學博聞，襄王以爲辯，故使於秦。説昭王曰：「天下莫强於秦、楚。今聞大王欲伐楚，此猶兩虎相鬬，而駑犬受其弊。不如善楚。臣請言其説。臣聞之〔二〕：

「物至而反，冬夏是也〔三〕。致至〔四〕而危，累碁〔五〕是也。今大國之地半天下，有二垂〔六〕。此從生民以來，萬乘之地，未嘗有也〔七〕。先帝〔八〕文王、莊王，王之身〔九〕，三世而不〔一〇〕接地於齊，以絶從親之要〔一一〕。今王三使盛橋〔一二〕守事於韓，盛橋以北入燕〔一三〕。

是王不用甲，不伸威，而出〔一四〕百里之地。王可謂能矣。王又舉甲兵而攻魏，杜〔一五〕大梁〔一六〕之門，舉河内〔一七〕，拔燕〔一八〕、酸棗〔一九〕、虚〔二〇〕、桃人〔二一〕。楚、燕之兵〔二二〕，云翔〔二三〕不敢校〔二四〕。王之功亦多矣。王申息衆〔二五〕，二年然後復之〔二六〕，又取蒲〔二七〕、衍〔二八〕、首垣〔二九〕，以臨仁〔三〇〕、平兵（丘）〔三一〕，小黄、濟陽〔三二〕嬰城〔三三〕，而魏氏服矣。王又割濮〔三四〕、磨（磿）〔三五〕之北屬之燕〔三六〕，斷齊、秦之要，絶楚、魏之脊〔三七〕，天下五合六聚而不敢救也〔三八〕。王之威亦憚〔三九〕矣。王若能持功守威〔四〇〕，省攻伐之心〔四一〕，而肥仁義之誠〔四二〕，使無復後患〔四三〕，三王不足四，五伯不足六也〔四四〕。王若負〔四五〕人徒之衆，材（杖）兵甲〔四六〕之强，壹毀魏氏之威〔四七〕，而欲以力臣天下之主〔四八〕，臣恐有後患。詩云：『靡不有初，鮮克有終〔四九〕。』易曰：『狐濡其尾〔五〇〕。』此言始之易，終之難也〔五一〕。

「何以知其然也？智氏見伐趙之利，而不知榆次之禍也〔五二〕。吴見伐齊之便，而不知干隧之敗也〔五三〕。此二國者，非無大功也，設（没）〔五四〕利於前，而易患於後也〔五五〕。吴之信越也，從而伐齊〔五六〕。既勝齊人於艾陵〔五七〕，還爲越王禽於三江之浦〔五八〕。智氏信韓、魏，從而伐趙，攻晉陽之城，勝有日矣〔五九〕。韓、魏反之，殺智伯瑶於鑿臺〔六〇〕之上。今王妬〔六一〕楚之不毀〔六二〕也，而忘毀楚之强魏也〔六三〕，臣爲大王慮而不取〔六四〕。詩云：『大武遠宅不涉〔六五〕。』從此觀之，楚國援〔六六〕也，鄰國敵〔六七〕也。詩云：『他人有心，予忖度之。

躍躍毚兔，遇犬獲之〔六八〕。』今王中道而信韓、魏之善王也〔六九〕，此正吴信越也〔七〇〕。臣聞敵不可易〔七一〕，時不可失。臣〔七二〕恐韓、魏之卑辭慮患〔七三〕，而實欺大國也。此何也〔七四〕？王既無重〔七五〕世之德於韓、魏，而有累世之怨矣〔七六〕。韓、魏父子兄弟接踵而死於秦者百世〔七七〕矣。本國殘〔七八〕，社稷壞，宗廟隳〔七九〕，刳腹折頤〔八〇〕，首身分離，暴〔八一〕骨草澤。頭顱僵仆〔八二〕，相望於境。父子老弱繫虜〔八三〕相隨於路。鬼神狐祥無所食〔八四〕，百姓不聊〔八五〕生，族類離散流亡爲臣妾，滿海内矣。韓、魏之不亡，秦社稷之憂也。今王之攻楚〔八六〕，不亦失乎？

「是〔八七〕王攻楚之日，則惡〔八八〕出兵？王將藉路於仇讎之韓、魏乎？兵出之日，而王憂其不反〔八九〕也。是王以兵資於仇讎之韓、魏。王若不藉路於仇讎之韓、魏〔九〇〕，必攻（隨）〔九一〕陽右壤〔九二〕。隨陽右壤〔九三〕此皆廣川大水，山林谿谷，不食之地〔九四〕，王雖有之，不爲得地〔九五〕。是王有毀楚之名，無得地之實也。且王攻楚之日，四國必〔應〕〔九六〕悉起應王〔九七〕。秦、楚之〔九八〕構〔九九〕而不離，魏氏將出兵而攻留〔一〇〇〕、方與〔一〇一〕、銍〔一〇二〕、胡陵〔一〇三〕、碭〔一〇四〕、蕭〔一〇五〕、相〔一〇六〕，故宋必盡〔一〇七〕；齊人南面，泗北必舉〔一〇八〕。此皆平原四達膏腴之地也〔一〇九〕，而王使之獨攻〔一一〇〕。王破楚，於〔一一一〕以肥韓、魏於中國而勁齊。韓、魏之强，足以校於秦矣〔一一二〕。□〔一一三〕齊南以泗爲境〔一一四〕，東負〔一一五〕海，北倚〔一一六〕河，而無後患〔一一七〕。天下之國，莫强於齊〔一一八〕。齊、魏得地葆〔一一九〕利，而詳事下吏〔一二〇〕，一年之後爲帝。若未能，於以禁王之爲帝有餘〔一二一〕。夫以王壤土之博，人徒之衆，兵革之强〔一二二〕，一舉衆（事）〔一二三〕而注地於楚〔一二四〕，詘令韓、魏，歸帝重於齊〔一二五〕，是王失計也。

「臣爲王慮，莫若善楚。秦、楚合而爲一，臨以（以臨）〔一二六〕韓，韓必授首〔一二七〕。王襟以山東之險〔一二八〕，帶以河曲之利〔一二九〕，韓必爲關中之候〔一三〇〕。若是，王以十（萬）成（戍）鄭〔一三一〕，梁氏寒心〔一三二〕，許、鄢陵〔一三三〕嬰城，上蔡、召陵〔一三四〕不往來也〔一三五〕。如此，而魏亦關内候矣〔一三六〕。王一善楚，而關内二萬乘之主〔一三七〕注地於齊〔一三八〕。齊之右壤〔一三九〕可拱〔一四〇〕手而取也。是王之地一任兩海〔一四一〕，要絶天下也〔一四二〕。是燕、趙無齊、楚，（齊、楚）〔一四三〕無燕、趙也〔一四四〕。然後危動燕、趙〔一四五〕，持齊、楚〔一四六〕，此四國者，不待痛而服矣〔一四七〕。」

【箋證】

〔一〕金正煒云：「『或』猶『又』也，説見經傳釋詞。非謂別將。」

〔二〕姚宏云：「此段首有闕文，史記、新序、後語皆有之，文亦小異。今以後語聊足此段之闕。」鮑本無此段文，文首有「説秦王曰」四字，注云：「按史比春申君未封時書，在擊芒卯後，此（昭襄王）三十四年也。」吳師道據姚本補此段，云：「案此當下接『物至』云云，而章首『説秦王曰』四字已在此段内，當爲衍文。」黄丕烈云：「吴説非也。策文但當作『説秦王曰：物至而反』云云，並無闕文。高注『秦王名正』，不以爲黄歇説昭王，與史記不同。新序、後語皆本於史，不據此。以爲此段首有闕文者，出於姚氏，其實不得高意。李善注文選辨亡論引『楚、魏之兵，雲翔而不敢與校』，以爲頓子説秦王，蒙上章爲説，必戰國策舊讀。且策即實爲黄歇説，亦止當駁高注耳。正文作『説秦王曰』自足，前後多如此例。」吴汝綸點勘本從黄説删去姚增「頃襄王二十年」一段，補「説秦王曰」四字於首。　于鬯云：「黄説甚辨，然姚本當原無『説秦王曰』四字，而高注無所繫屬，故謂策首有闕文。觀文選注引蒙上章以爲頓子語，尤足證所據本亦無『説秦王曰』四字。蓋使原有四字，姚氏豈不見前後通例，而漫獨補此耶？然則姚謂有闕文，實未嘗誤，特所補無當耳。高既以爲説始皇，則此段決不可用。從鮑本著四字於策首，猶爲可也。下文云『先帝文王、莊王之身』，則以此秦王爲始皇，實於策有驗，非高臆説。然則即實爲黄歇説，亦説始皇，非説昭王。劉氏編次在此，異其所輯新序，郤亦不謬。史公作春申君傳，誤爲説昭王。」　金正煒云：「按高注，則策文本作『説秦王』。……此文亦見史記春申君傳，故姚氏取後語作『昭王』。惟策文稱『先帝文王、莊王』，又秦定酸棗、燕虚，在始皇五年，則高注固爲有據。史記於戰國時事每多牴牾，不得據春申傳執爲高注之誤也。」

〔按〕姚氏據後語補此段闕文，實與高注不合，黄氏等辨之是也。此策史記春申君傳謂爲黄歇上秦昭王書，而高誘則以秦王爲始皇，二説互異。各書多從史記，鮑彪次此策於秦昭王下；司馬光資治通鑑繫於周赧王四十二年（前二七三），當秦昭王三十四年，林春溥戰國紀年、黄式三周季編略從之；顧觀光國策編年繫於赧王四十三年，當秦昭王三十五年，問題似可肯定。然細考策文，多有與昭王時不合者。策云「先帝文王、莊王之身」，文王爲孝文王，莊王爲莊襄王，乃昭王之子孫，始皇之父祖。稱先帝，則秦王當爲始皇矣。此其一（于鬯、金正煒並言之）。策云「王三使盛橋，守事於韓」，盛橋即史記始皇紀「王弟長安君成蟜」，説見後。亦足證王之爲始皇也。此其二。

策云「拔燕、酸棗、虚桃人」。秦取酸棗、燕、虚，在始皇五年（前二四二）。此其三（金正煒亦言之）。策云「又取蒲、衍、首垣」。魏景湣王五年，秦取垣、蒲陽、衍，魏世家當秦始皇九年（前二三八）。此其四。策云：「齊人南面，泗北必舉。」泗北原爲魯境。魯頃公十九年，楚伐魯，取徐州，當楚考烈王九年，秦昭王五十三年（前二五四）；又二十四年，楚滅魯，魯世家當楚考烈王十四年，秦莊襄王元年（前二四九）。若在秦昭王時，楚安有泗北之境？齊亦無從舉之。此其五。據此，史記作黄歇説秦昭王，實亦謬。而高誘以爲始皇，信而有徵。推其時間，此策殆在秦始皇九年，楚考烈王末年，東徙都壽春之後。今將姚所補文低一格分出，以示區别。

〔三〕高誘云：「秦王名正，莊王楚之子。冬至生，夏至殺，故曰『反』也。」〔按〕史記春申君傳正義云：「至，極也，極則反也。冬至陰之極，夏至陽之極。」吕氏春秋似順論篇云：「至長反短，至短反長，天之道也。」高注云：「夏至極長，過至則短，故曰『至長反短』。冬至極短，過至則長，故曰『至短反長』也。」與此意同。高以此策爲説始皇，説見上。據此注，則原文首當有「説秦王曰」四字，今脱去。

〔四〕高誘云：「至，極也。」鮑彪云：「『致』言取物置之物上。」胡三省云：「『致』亦『極』也。極其至則危也。」〔按〕新序善謀篇「至」作「高」。

〔五〕俞樾云：「黄歇曰：『臣聞物至則反，冬夏是也。致至則危，累棊是也。』蔡澤曰：『日中則移，月滿則虧，物盛則衰，天地之常數也。』趙高曰：『秋霜降者草花落，水搖動者萬物作。』此皆黄老之説。蓋自河上丈人傳安期生，安期生三傳而至樂巨公，樂巨公傳蓋公，爲曹參師，而田叔亦學黄老於樂毅公。戰國、楚、漢之際，相傳不絶。漢初崇尚黄老，其來有自矣。」（湖樓筆談卷三）〔按〕「累碁」猶「累卵」。史記范雎傳：「秦王之國危於累卵。」正義引説苑云：「晉靈公造九層之臺，費用千金，謂左右曰：『敢有諫者斬。』荀息聞之，上書求見。靈公張弩持矢見之。曰：『臣不敢諫也。臣能累十二博棊加九雞子其上。』公曰：『子爲寡人作之。』荀息正顔色，定志意，以棊子置下，加九雞子其上。左右懼慴息，靈公氣息不續。公曰：『危哉危哉！』荀息曰：『此殆不危也，復有危於此者。』公曰：『願見之。』荀息曰：『九層之臺三年不成，男不耕，女不織，國用空虛，鄰國謀議將興，社稷亡滅，君欲何望！』靈公……即壞九層臺也。」文選魏都賦注引略同。今説苑佚此文。

〔六〕鮑彪云：「（垂）邊陲。」胡三省云：「秦國之地有天下西北之一垂也。」〔按〕史記「有」下有「其」字。

〔七〕高誘云：「未嘗有地也。」〔按〕謂萬乘之國未嘗有地如此之廣。

〔八〕鮑彪云：「（先帝）尊稱之耳，時未爲帝。」〔按〕顧炎武日知録二十四云：「文王、武王（從鮑本）獨稱先帝者，曲禮曰：措之廟，立之主，曰『帝』。」梁玉繩史記志疑云：「文、武二王未嘗稱帝而曰先帝者，特尊稱之耳。蓋以昭王曾爲西帝，故並呼其先爲帝。」梁説同鮑注。考趙策三建信君貴於趙章魏牟謂趙王曰：「且王之先帝駕犀首而驂馬服。」趙先君固未嘗有稱帝者，是當時習用對國君之尊稱，不必究其禮制。

〔九〕高誘云：「文王，始皇祖；莊王，始皇父，故曰『三世』。今之王，古之帝，故咸言『先帝』。」鮑彪改「莊王」作「武王」，云：「（文王）惠文王，非孝文。史秦輕楚頃襄王，歇乃上書説秦昭王，則史與此策書此爲莊王，謬也。」吳師道云：「『莊』當作『武』。」黄丕烈云：「鮑改吴補皆非也，高注可證。史記亦是『莊』字。新序無此下三句，或以其不合而削之也。」

〔一〇〕史記「不」下有「忘」字。姚鼐云：「以文義應有之。」

〔一一〕鮑彪云：「要，約也。」胡三省云：「索隱曰：『「要」讀曰「腰」。』以言山東合從，韓、魏是其腰。」……余謂索隱説是。金正煒云：「按秦至文、莊以後，齊君王后事秦謹。秦地得接於齊，則要絶天下，韓非所謂『荆、趙之意絶，趙危而荆孤也』。魏策：『梁者，山東之要也。』秦之連年伐魏，意即在此。若昭王時，齊方與秦争帝，説者不爲此言矣。……南北爲從，東西爲横，秦、齊接地，則南北要絶也。」

〔一二〕鮑本、吴本、盧本無「三」字，「盛」作「成」。黄丕烈云：「史記、新序皆無『三』，當衍也；皆作『盛橋』，此下文云『成橋』。當是策文作『成』，史記作『盛』，成、盛同字。新序出史記。」金正煒云：「趙策：『秦三以虞卿爲言。』則『三』之義猶頻煩也，不必爲『王』字誤衍。」〔按〕前秦昭王謂左右章「王之料天下過矣」，「王」譌作「三」。此策疑原作「三」字，後人校注「王」字於旁，傳寫遂二字並入。鮑彪云：「（盛橋）秦人。『守』猶『待』。」梁玉繩云：「盛橋，當依始皇紀作『成蟜』。」〔按〕日本慶長本史記春申君傳標記云：「始皇八年，王弟長安君成蟜將軍擊趙，反死屯留。」然則盛橋始皇弟也，非昭王時也。此又可爲高注始皇之一證。

〔一三〕高誘云：「燕入朝秦也。」吴師道云：「史作『盛橋以其地入秦。』爲是，新序同。此言韓入地，下言取魏地也。」金正煒云：「『北』乃『地』字形似而譌。『燕』當作『秦』，涉下文『拔燕』而誤也。若謂盛橋自韓入燕，即與不用兵而出地之文不屬。」〔按〕據高注，此文不誤。

〔一四〕鮑彪云：「出，言割地。」〔按〕史記、新序「出」作「得」。

〔一五〕鮑本「杜」作「社」，因屬上讀。吴師道云：「姚本作『杜』，是。」

〔一六〕高誘云：「大梁，魏惠王所都也。今陳留浚儀西大梁城是也。」張琦云：「在今（河南）開封府城西北。」〔按〕魏惠王六年，徙都於大梁，見古本竹書紀年。小爾雅廣詁云：「杜，塞也。」

〔一七〕高誘云：「『舉』猶『得』也。」吴師道云：「正義云：『即懷州也。在河南之北，西河之東，東河之西。』」程恩澤云：「河内有數解。一云：自蒲州以東至懷、衛。一云：河從龍門，南至華陰，東至衛州，即東北入海，曲繞冀州，故言河内。一云：古帝王之都，多在河東、河北，故呼河北爲河内，河南爲河外。俱見史記正義。……此章實指懷州言。地理志：『河内郡懷縣，莽曰河内。』是也。」

〔一八〕高誘云：「燕，南燕。」張琦云：「南燕故城在今（河南）衛輝府延津縣東北二十五里。」

〔一九〕高誘云：「酸棗，今屬陳留。」張琦云：「酸棗故城在延津縣北十五里。」

〔二〇〕高誘云：「虛，空也。」鮑彪云：「徐注：『始皇五年，取酸棗、燕、虛。』又蘇代曰：『決宿胥之口，魏無虛、頓丘。』按此則『虛』，魏地也。」吴師道云：「虛，正義云：『謂殷虛，今相州所理。』大事記解始皇紀引正義云：『姚虛在濮州雷澤縣東。』二地不同。」程恩澤云：「按高注不以爲地名，固謬。然其實無的處。郡國志魏郡墟縣，故沙鹿。在今大名府元城縣。索隱：『虛、頓丘，地名，與酸棗相近。』則又當在延津、濬、滑之間。顧祖禹曰：『在今胙城縣（狄子奇注云：「今有入延津。」）東南。秦始皇五年，蒙驁攻魏，拔虛，即此。』合酸棗、頓丘推之，其説似可信。」〔按〕水經濟水注引此策「酸棗、虛、桃」四字，酈道元亦解作地名，高注當誤。

〔二一〕高誘云：「桃人，邑名，處則未聞。」鮑彪云：「桃人，史作『㚖』。注：『燕縣有桃城。』今按任城有桃聚。」黄丕烈云：「史記『人』字誤作『入』，乃連『入邢』爲讀。新序『人』作『仁』，人、仁同字，可知劉向時史記不作『入』也。」程恩澤云：「案郡國志東郡燕縣有桃城。劉昭注引此爲證。水經注：『濮渠東北逕燕城內，爲陽清湖。又逕桃城南，即戰國策所謂酸棗、虛、桃者。』索隱：『今東郡燕縣東有故桃城。』是也。……今在延津縣北故胙城縣東三十里。」〔按〕史記始皇本紀索隱引此策亦作「桃人」，則策有「人」字，與史記不同。

〔二二〕吴師道云：「史作『魏之兵』。意此上皆魏地，當作『魏之兵』。不然，燕、楚以來援者言之。」黄丕烈云：「案李善引『燕』作『魏』。史記、新序皆作『邢、魏之兵』，『邢』當作『荆』。徐廣曰『平皋有邢丘』者，非。即策文之楚也。」金正煒云：「『人楚』本爲『入邢』，『邢』誤爲『荆』，復誤爲『楚』。范雎所云『邢丘拔而魏請附』，是也。楚、燕未嘗合兵救魏，當從史記、新序作『魏之兵』。『燕』字蓋涉上文『燕虛』而誤。」〔按〕策與史記此文本異，黄氏改史從策，但「荆、魏」仍與「楚、燕」有别。金氏又從史改策，説更曲折難信。不如各存本文。

〔二三〕鮑本、吴本「云」作「雲」，同；「翔」下有「而」字。黄丕烈云：「李善引作『雲翔而』。史記、新序皆同。」

〔二四〕高誘云：「云翔（姚宏云：「史作『雲翔』。」）猶解於（姚宏云：「於，一本作『散』字。」按「於」字疑誤）不與秦校戰，故曰『王之功亦多矣』。」鮑彪云：「雲翔，散也。論語注：『包曰：校，報也。』」吳師道云：「爾雅：『其飛也翔。』注：『布翅翺翔。』按翔有高起貌。」安井衡云：「戰交曰『校』。不敢校，不敢與秦師交戰也。」金正煒云：「『云』字有回轉之義。考工記矢人注：『翔，回顧也。』云翔，猶言回旋反顧。不必改字爲『雲』。校，當從史作『救』。」〔按〕「校」字自通，金改非。又按顧觀光武陵山人雜著云：「文選注引『楚、魏之兵雲翔而不敢校』，蒙上秦王欲見頓弱章，以爲頓子説秦王。『國權輕於鴻毛，而積禍重於山岳』，蒙上唐且見春申君章，以爲唐且謂楚王。『鴻毛之輕也，而不能自舉』，蒙上秦圍趙之邯鄲章，以爲魯連説張相國。必戰國策舊説如此。自鮑氏紊亂舊章以後，知此義者絶少，可見古書篇次，不容擅改也。」其言似是而並不盡然。古人引書固多可校正今本之誤，但乖舛淆亂者亦不乏其例。即如文選注引此文與上章頓弱之言相蒙，然究其内容，實與上章渺不相涉，出於李善引書之疏失，豈可反據之以訂今本乎？總之，校書要察其全文，不能執一二異字，沾沾自喜。此亦佞古之一蔽。選注之辨，黄丕烈札記已論之，見前。

〔二五〕高誘云：「申，洛也。」鮑彪改「申」作「休申」二字，云：「今從史。」吳師道云：「史文雖順，此作重義，自通。」于鬯云：「案（高注）『申』訓『洛』，未悉其義。或云：注文『洛』字蓋『數』字之誤。左哀二十六年傳杜解云：『「申」言「數」也。』亦不知然否？」金正煒云：「史記、新序並作『王休甲息衆』。『申』當爲『甲』之誤，上脱『休』字。又『申』之義猶『復』也，見淮南地形篇注。則作『申』義亦自通。」〔按〕高注「洛」字疑有誤。

〔二六〕高誘云：「休衆二年，而後復用之。」〔按〕「二年」史記作「三年」。

〔二七〕鮑彪云：「河東蒲坂。注：『故蒲。』」王應麟云：「左傳注：『蒲在陳留長垣縣西南。』輿地廣記：『古蒲邑在開封府長垣縣。』今按魏有蒲坂，有蒲陽，此當長垣之蒲。」（通鑑地理釋卷八）吳師道亦以蒲爲長垣之蒲，同王說。〔按〕長垣縣今屬河南。

〔二八〕鮑彪云：「蘇代（按當作「蘇秦」）曰：『北有河外卷、衍。』注不地。今按屬魏，故魏記（鮑、吳合注四部叢刊本「記」誤作「地」，今從鮑單行本正）書拔我卷、垣、蒲陽、衍。而張儀說魏王：秦據卷、衍。又南燕有杜衍。」吳師道云：「索隱云：衍在河南，與卷近。正義云：屬鄭州。」張琦云：「衍城在今鄭州北三十里。」

〔二九〕鮑彪云：「垣，元作『恒』。河東有首山、首垣。」吳師道云：「索隱云：『「首」蓋牛首，「垣」即長垣，非河東之垣也。』」王應麟云：「戰國策韓傜謂秦王曰：『進齊、宋之丘至首垣，遠薄梁郭。』趙世家：『公子刻攻魏首垣。』水經注：『竹書紀年梁惠成王十三年，鄭釐侯致平邱、户牖、首垣諸邑。』又云：『長垣縣故首垣，秦更名。』今按正義以首垣爲二邑（自注：「首，即牛首。……垣，即長垣。……鮑氏亦以首垣爲二。」），愚謂魏有王垣，有新垣。此首垣，戰國策謂『遠薄梁郭』，當從水經注爲陳留之長垣。」

〔三〇〕鮑彪云：「（臨）兵臨之。仁，地缺。」張守節云：「『仁』一本作『任』。今任城縣屬濟州。地志云：任城屬東平國。」金正煒云：「按春秋時鄭羽頡奔晉，爲任大夫。國夏伐晉，取邢、任、欒、郭。則晉固有任邑，後或爲魏所分。此文『仁』當爲『任』。」按地理志廣平國有任縣，顔注即引鄭皇頡奔晉爲任大夫事。王先謙補注引一統志：「故城在今任縣東南。」其地距並舉各邑遠，恐非。程恩澤云：「按魏收地形志：蕭梁時，於漢已吾縣置仁州。今爲（河南）歸德府寧陵縣。彼時取名，必有所據。上云『取蒲、衍、首垣』，首在今睢州，與寧陵接境，又與長垣相近，則仁應在寧陵。」

〔三一〕鮑彪改「兵」作「丘」，與史記、新序合，今從正。司馬貞云：「按地理志平丘屬陳留，今不知所在。」王應麟云：「春秋昭十三年，盟平丘。注云：『在陳留長垣縣西南。』」程恩澤云：「寰宇記平邱在封邱縣東四十里，又在陳留縣西北五十里。今在陳留縣西北五十里（錢坫說），封邱縣東四十里（洪亮吉說），又在長垣縣西南五十里（顧祖禹説），蓋皆地相接也。」

〔三二〕高誘云：「（仁平丘小黄濟陽）當戰國時，皆魏邑也。」鮑彪云：「（平丘、小黄、濟陽）地並屬陳留。」吳師道云：「按燕策：『決白馬之口，魏無黄、濟陽。』史作『外黄』。正義云：『故黄城在曹州考城縣東。濟陽故城在曹州宛朐縣西南。』大事記云：『水經注河水舊在白馬縣南，泆通黄溝。趙世家拔魏黄城。』正義引括地志云：故黄城在魏州冠氏縣南十里，因黄溝爲名。舊注陳留外黄者，非。」張琦云：「正義所云故黄城在考城者，外黄也，即今開封府杞縣東北六十里之外黄。故城在冠氏者，黄城也，在今東昌府冠縣南。……此策以平邱、濟陽並言，當是外黄。吳氏兼引二地，而亦以陳留外黄爲非，殆未審矣。濟陽故城在今開封府蘭陽縣北（按嘉慶一統志一百八十七云：「濟陽故地在今儀封縣北五十里。」儀封與蘭陽東西毗鄰，故亦可謂蘭陽縣北也）五十里。」

〔三三〕鮑彪云：「『嬰』猶『縈』也。蓋二邑環兵自守。」（按）索隱云：「仁及平丘，二縣名。謂以兵臨此二縣，則黄及濟陽等自嬰城而守也。」鮑注本之。正義則云：「嬰城未詳。」蓋誤以爲地名。錢大昕史記考異云：「下文云許、鄢陵嬰城，皆謂嬰城自守，不敢戰也。『嬰城』非地名。」新序作「甄城」。與史、策並異。程恩澤云：「二書俱出劉向，而其文如是，或別有所據。」金正煒云：「甄地屬齊，不得謂爲魏邑。嬰城固守，亦見漢書蒯通傳。孟康云：『嬰，以城自繞。』」

〔三四〕鮑彪云：「周紀注（濮）在江、漢之南。楚紀注建寧郡南有濮夷。」吳師道云：「『江漢南之濮，乃書所謂彭濮之濮，沮水、磨城遠不相涉。下文『北屬之燕』，可見濮即衛之濮上，水出東郡濮陽，南入鉅野者也。」張琦云：「漢志：濮水於酸棗首受河，東至鉅野入齊，今延津、開州、濮州有故渠是也。」

〔三五〕鮑彪云：「後志當陽縣注：荆州記沮水西有磨城，子胥所造。」吳師道云：「索隱云：『磨地近濮。』按史

〔三五〕表有磨侯程黑。索隱云：「表作歷。歷縣在信都。地邑並無磨。」愚按此字作「磨」（按當作「磨」），「磨」與「歷」通），與「歷」通。猶樂毅書「磨室」之類。新序正作「濮歷」，則其字甚明。」張琦云：「濮磨之北，今東昌、大名二府地。」〔按〕吴以「磨」爲「磨」之譌，是也，但字當作「磨」，與「磨」更形近易譌。王國維齊魯封泥集存序云：「古地名有『歷』字者，字均作『磨』，如秦策及史記春申君列傳之『濮磨』，史記侯表之『磨侯』，樂毅列傳之『磨室』，今本皆轉譌作『磨』。今封泥有『磨城丞印』，足證上三『磨』字皆『磨』之譌。」（觀堂集林卷十八）今據改。

〔三六〕〔按〕史記、新序無「屬之燕」三字。

〔三七〕鬬修齡云：「此說秦王，不宜謂『秦』，或『韓』字誤。魏已服矣，當依史作『趙』。『要』爲人身上下之中，『脊』爲左右之中也。蓋言秦中斷四國，令不得相救也。」金正煒云：「『秦』字疑當作『趙』。」〔按〕史記作「注齊、秦之要，絶楚、趙之脊」。新序略同。以文義推之，「秦、魏」二字疑有誤。

〔三八〕高誘云：「天下五合，六國集聚，不敢救助。」橫田惟孝云：「五六，猶五次六次也。」〔按〕橫田說長。

〔三九〕高誘云：「憚，難也。六國諸侯皆有畏難秦王之威也。」吴師道云：「憚，史作『單』，是。新序同。殫，盡也。」王念孫云：「憚者，盛威之名。莊子外物篇曰：『憚赫千里。』義與此『憚』字同。此言秦之威盛，非謂六國憚秦之威也。高以『憚』爲『畏難』，失之。史記春申君傳『憚』作『單』者，古字假借耳。小司馬以『單』爲『盡』，亦失之。」陳士芑云：「案『憚』字凡有數訓，畏難自是本訓，然加於王之威下，殊覺未安。此『憚』字當讀作『單』。說文：『單，大也。』言秦王之威甚大也。……『憚』亦可借爲『嘽』。『嘽』字有赫盛之義，詩：『王旅嘽嘽。』毛傳：『嘽，盛貌。』……憚、單、嘽三字，古音義俱相近，故可互爲通假也。」文廷式云：「『憚』當係『燀』字之誤。」〔按〕此與上文「王之功亦多矣」相應，「憚」字自爲狀秦王之威，訓「盛」訓「大」並通。「燀」爲熾盛，義亦合。憚、嘽、燀並從「單」聲，可互爲通借。文以爲字誤，則非。

〔四〇〕吴師道云：「『守威』疑『守成』。」黄丕烈云：「史記、新序皆作『威』。吴説未是。」〔按〕「持功守威」即承上文「王之功亦多矣」，「王之威亦憚矣」而言。吴説顯誤。

〔四一〕高誘云：「省，減。」〔按〕史記作「絀攻取之心」，新序作「挾戰功之心」。

〔四二〕高誘云：「『肥』猶『厚』也。『地』猶『道』。」姚宏云：「『誠』字一本作『誠』字。」鮑彪云：「高注云云，則此『誠』字元作『地』也。」吴師道云：「史『誠』作『地』，新序同。」黄丕烈云：「此『地』作『誠』，必不知者所改耳。高注甚明。」〔按〕鮑、黄説是。

〔四三〕高誘云：「厚宣仁義之道，則天下皆仰之，復何（姚宏云：「一本『何』字下有『後』字。」）患之有，故曰『使無復後患』。」

〔四四〕高誘云：「言不足，小畜之也。」碕哲夫云：「『三王五霸不足爲也，何與彼爲六也。』按『三王』、『五伯』比喻語，古書習見語。以顯功業之高大。碕氏失之泥。

〔四五〕高誘云：「負，恃也。」

〔四六〕姚宏云：「一本無『材』字。」鮑本「兵甲」作「甲兵」，改「材」作「恃」，云：「史作『仗』。」黄丕烈云：「史記作『仗兵革』。此『材』者『杖』之譌。新序無此字。」安井衡云：「一本無『材』字，是也。」金正煒云：「『材』當從史作『杖』。『杖』與『仗』通。文信侯出走章：『故使二人爲木杖以接手。』今作『木材』，誤與此同。」〔按〕「材」與「杖」形近而譌，今從金説改。

〔四七〕高誘云：「毁，敗也。」鮑彪改「壹」作「一」，云：「前勝魏有威矣，今自挫毁，不持守也。」吴師道云：「史（壹）作『乘』，新序同。從『乘』字義明。」安井衡云：「壹，專也。鮑本作『一』，非。」〔按〕鮑注於文義不貫，安井説是。

〔四八〕高誘云：「臣，服也。主，謂諸侯。」

〔四九〕高誘云：「詩大雅之首章。靡，無也（姚宏云：「一本『也』字下有『鮮少也』三字。」）。言人初始，無不爲誠信，少能有終也。」〔按〕語見大雅蕩篇。

〔五〇〕鮑彪云：「未濟注：『小狐不能涉大川，雖濟而無餘力，將濡其尾，不能終也。』」〔按〕易未濟象辭云：「小狐汔濟，未出中也。濡其尾，無攸利，不續終也。」鮑引易注爲王弼注。

〔五一〕高誘云：「言秦强威可以克定天下，恐不能終持之，若狐濡其尾，故難在後也。故曰『終之難也』。」

〔五二〕姚宏云：「一本無『也』字。」 高誘云：「智伯瑶但貪趙襄子晉陽之地，而不知襄子與韓、魏之陰謀，卒殺於鑿臺之上，葬之於榆次。謂（姚宏云：「一本無『謂』字。」）設（按「設」當作「没」，説見後）利於前而禍隨其後也。」（姚宏云：「一本無『也』字。」） 鮑彪云：「榆次屬太原，智伯葬處。」 吴師道云：「索隱云：『敗於榆次。』正義云：『屬并州縣。』」〔按〕高誘、鮑彪並以榆次爲智伯葬處。司馬貞索隱謂是敗處，中井積德、臧勵龢同。水經洞過水注云：「（洞過水西過榆次縣）榆次縣故涂水鄉，晉大夫智徐吾之邑也。……縣南側水有鑿臺，韓、魏殺智伯瑶於其下，割腹絶腸折頸摺頤處也。」然則榆次即鑿臺，智伯敗死於此。此與下文「殺智伯瑶於鑿臺之上」相應，高注「葬之於榆次」，蓋謂死葬處。

〔五三〕姚宏云：「一本無『也』字。」 高誘云：「吴王夫差自見服越王爲前，而心復廣貪齊之寶而伐之。又欲取伯名於晉，而越奄殺之於干隧。亦貪利前而凶在後也。」 鮑彪云：「道應注：『干隧在臨淮。』豈此耶？ 蓋或越王逐北至是。」 吴師道云：「正義云：『出萬安山西南一里太湖，即夫差自剄處。在蘇州吴縣西北四十里。』」 張琦云：「今（江蘇）蘇州府西北四十里萬安山，一名陽山。山之別阜曰隧山，即其地也。」〔按〕索隱云：「干隧，吴之敗處地名。」不著明何處。高誘以干隧即三江之浦，見下注。鮑注據淮南子道應訓高注，但彼原文云：「荊有佽非，得寶劍於干隊，還反度江。」注云：「干國，在今臨淮。」核與此策地不相合。正義之説當有所據。又呂氏春秋適威篇云：「此夫差所以自殁於干隧也。」淮南子道應訓「殁」作「剄」。高注云：「爲越所破，自剄於干隧。」淮南子道應訓又云：「越王句踐與吳戰而不勝，國破身亡，困於會稽……然而請身爲臣，妻爲妾，親執戈，爲吳兵先馬走，果擒之於干遂。」干隊與干國不同。疑道應訓「得寶劍於干隊」「隊」字應衍，高注可證，鮑氏據之，非。葉適云：「古以桀、紂爲監，戰國藉口則有夫差、智伯。當時説士，亦欲以此禁制秦者，非愛之也，乃求利之一塗耳。」〔按〕戰國説士常以夫差、智伯爲喻者，以其時相近而人習知，説易動聽也。策五謂秦王曰章亦然。又新出土中山譽鼎銘：「昔者吳人併雩（越），雩人斂（修）斆（教）備信，五年復（覆）吳，克併之。」（從張政烺釋文，見古文字研究第一輯）亦以吳、越事爲戒。

〔五四〕姚宏云：「『設』字，劉本一作『没』字。」鮑彪改「設」作「没」。今從正。高誘云：「設（姚宏云：「劉本作『没』字。」），貪也。」安井衡云：「高注云云，據此，高本原作『没』矣，今本誤耳。」金正煒云：「晉語：『不没爲後。』注：『没，貪也。』此文及注（設）並爲『没』字之譌。」〔按〕金説是。史記、新序亦並作「没」。錢大昕史記考異云：「『没』與『昧』同。趙世家『昧死以聞』，戰國策作『没死』。」

〔五五〕高誘云：「但見目前之利而問伐，不見後患，故曰『易患於後也』。」吳師道云：「『易』音亦。前之利易後之患也。」安井衡云：「易，鮑如字，非也。或易豉反，訓爲輕易，亦未是。『易』與『施』通。施，延也。」金其源云：「『易』不當音『亦』，當讀以豉切，即下『敵不可易』之『易』。左傳昭公十八年：『土不可易。』注云：『易，輕也。』言溺利於前，輕患於後也。」〔按〕金釋較切。

〔五六〕高誘云：「從，合也。信越人之卑服，舍之，北師伐齊，曰干隧也。」金正煒云：「以注義求之，『合也』當是『舍也』之譌。則『從』字宜讀如『縱』。廣雅釋詁：『縱，置也。』正與『舍之』同訓。惟後文『智氏信韓、魏，從而伐趙』，與趙策『智伯從韓、魏兵以攻趙』，文義並合。『從而伐齊』又與『從而趙』爲列舉之詞，不得同文而異義。按史記仲尼弟子列傳載越王請以士卒三千人從吴伐齊。……則此文兩『從』字並當訓爲『領』也。又漢書外戚傳注：『從，因也。』『從而』猶『因而』，繼事之詞。」横田惟孝云：「從、縱通，謂縱舍不戒也。」即本高注而釋「從」爲「縱舍」。〔按〕索隱引劉氏云：「『從』猶『領』也。」但此「從而」作「因而」解爲是。左傳襄公三十年：「大人之名儉者，從而與之；泰侈者，因而斃之。」「從而」與「因而」爲互文，義相同。

〔五七〕鮑本、吴本「既勝」作「遂攻」。高誘云：「艾陵，邑也。」吴師道云：「艾陵在兗州博縣南。」〔按〕吴注據正義。然左傳哀公十一年：「齊國書帥師及吴戰於艾陵。」杜注：「艾陵，齊地。」不言其處。又隱公六年：「公會齊侯，盟於艾。」杜注：「泰山牟縣東南有艾山。」正義以艾陵與艾山，謂爲一地，高士奇春秋地名考略已辨其非。艾陵地不可詳，故高注僅言「邑也」。吴注未然。張琦謂「今泰安府萊蕪縣東北有艾陵亭，即其地」。亦不知其然否。

〔五八〕高誘云：「還自黄也（按「也」疑是「池」之誤缺），爲越所殺（姚宏云：「『殺』字一本作『禽』字。」）也。浦，厓也（原本「浦厓」作「流尾」，今從姚引本改），即干隧也。」胡三省云：「吴地記：松江東北行七十里，得三江口。東北入海爲婁江，東南入海爲東江，併松江爲三江。」〔按〕史記、新序「三江」作「三渚」。正義云：「吴俗傳云：越軍得子胥夢，從東入伐吴。越王即從三江北岸，立壇，殺白馬祭子胥，杯動酒盡。乃開渠由示浦入，破吴王於姑蘇，敗干隧也。」

〔五九〕高誘云：「日，謂明當勝也。」鮑彪云：「其日可期。」

〔六〇〕高誘云：「晉陽下臺名。鑿地作渠，以灌晉陽城，因聚土爲臺而止其上，故曰鑿臺也。」〔按〕鑿臺在榆次，見上。新序作「叢臺」，非。

〔六一〕姚宏云：「『妬』字，曾本一作『姤』字。」

〔六二〕鮑彪云：「(不毁)謂無傷。」

〔六三〕鮑彪云：「楚毁，不能侵之，故强。考下文宜有『韓』字。」吴師道云：「史作『韓、魏』，新序同。」〔按〕毁楚强韓、魏，説見於下文，鮑注未然。

〔六四〕吴師道云：「『取』下有『也』字，文順。」黄丕烈云：「新序有。」

〔六五〕高誘云：「逸詩。」孫詒讓云：「即周書大武篇『遠宅不薄』也。古書引書，或通作詩。」于鬯云：「古詩、書或通稱，如墨子明鬼篇云：『周書大雅有之。』此以書爲詩，猶彼以詩爲書矣。前策引『木實繁者披其枝』云云，趙策言服『難以勇』云云，亦書也，而稱詩。」金正煒云：「大武解『遠宅不薄』，『薄』訓爲『迫』，與『涉』義同。墨子兼愛篇引書『王道蕩蕩』，本洪範篇文，亦稱周詩。蓋古有韻之文，皆得謂之詩。」〔按〕此文即大武解「遠宅不薄」，盧文弨校逸周書已言之。彼文列此爲五和之一。孔晁注云：「雖遠居皆厚之。」是「薄」作「如」字解，與此「涉」字義不侔。金訓「薄」爲「迫」，近是。蓋言對遠居者不迫之，乃遠交近攻之意，故下文云「楚國援也，鄰國敵也」。

〔六六〕高誘云：「援，助。」

〔六七〕高誘云：「敵，讎。」〔按〕鄰國，謂韓、魏。

〔六八〕高誘云：「詩巧言之四章。他人有毁害之心，已忖度之。躍躍，跳走也。毚，狡也。喻狡兔騰躍躍(姚宏云：「一本無『躍』字。」)以爲難得也，或時遇犬獲之。喻讒人如毁傷人，遇明君則治女罪也。」〔按〕見詩大雅巧言篇。

〔六九〕横田惟孝云：「敗韓、魏而不卒功，既而信之，故曰『中道而信』也。」

〔七〇〕高誘云：「越不可信，而吳信之。」

〔七一〕〔按〕史記、新序「易」作「假」。

〔七二〕盧本「臣」作「正」。

〔七三〕鮑彪云：「以慮患，故卑辭。」金正煒云：「疑『慮患』當作『虛意』（按即「億」字），形似而譌也。」〔按〕史記、新序「慮」作「除」，張文虎謂乃「徐」之誤。説文：「徐，緩也。」

〔七四〕鮑本、吳本無「此何也」三字。按史記、新序作「何則」二字。

〔七五〕鮑彪云：「『重』猶『累』。」

〔七六〕鮑本、吳本「矣」字作「焉夫」二字，「夫」字屬下讀。黄丕烈云：「史記、新序皆作『焉夫』。『矣』或『夫』字之譌也。」〔按〕黄説是。高注原在「怨」字下，可證「怨」字斷句，「矣」當作「夫」，屬下句讀。高誘云：「『累』猶『重』也。」瀧川資言云：「『累世』宜言『累代』，不宜並用『重世』、『累世』。唐人諱『世』皆作『代』，後人改復焉。但誤改其不當改者，亦間有之，此類是也。」

〔七七〕姚宏云：「『百』，一作『累』。」（吳師道以此爲高注，誤。）吳師道云：「史作『將十世』，新序同。」金正煒云：「按禮記曲禮：『去國三世。』釋文引盧、王曰：『世，歲也。萬物以世爲歲。』則『百世』固非誤。」

〔七八〕王念孫云：「朝廷者，一國之本，故曰『本朝』。漢書李尋傳曰：『宜固志建威，閉絶私路，拔進英雋，退不任職，以强本朝。夫本强則精神折衝，本弱則招殃致凶。』是其義也。秦策曰『韓、魏本國殘』云云。『國』謂之『本國』，猶『朝』謂之『本朝』也。」（經義述聞）黄式三編略亦云：「本國，國之本根重地也。」義同。

〔七九〕〔按〕吕氏春秋必已篇高注云：「隳，廢也。」

〔八〇〕高誘云：「折，斷。」鮑彪云：「（頤）頷也。」

〔八一〕鮑彪云：「暴，日乾也。」

〔八二〕鮑彪云：「顚，首骨。僵，僨；仆，倒也。」

〔八三〕鮑彪云：「繫壘爲虜。虜，獲也。」

〔八四〕鮑彪云：「（狐祥）狐之爲妖者。（無所食）無人爲之依也。」吳師道云：「（狐祥）史『狐傷』，是。新序作『潢洋』二字。楚辭後語注：潢，户廣反。洋，音養。」姚鼐云：「言鬼無所歸，而爲妖祥如狐也。」横田惟孝云：「狐祥，史記作『狐傷』，新序作『潢洋』。蓋三者古音與『彷祥』相通。彷祥，徘徊也。」吳曾祺云：「漢書五行志：妖孽自外至謂之『祥』。」金正煒云：「莊子庚桑篇『而孽狐爲之「祥」』。釋文引李注『祥，怪也』。」〔按〕朱起鳳辭通亦引莊子庚桑楚篇，云：「蓋鬼神爲正祀，狐祥乃滛祀，今並無所食，宜乎民不聊生矣。」説較明析。

〔八五〕高誘云：「聊，賴。」

〔八六〕〔按〕史記作「今王資之與攻楚」，新序「資」作「齎」，同。以下文「王攻楚之日，則惡出兵」推之，策文爲長。

〔八七〕鮑本、吳本「是」作「且」。黄丕烈云：「史記、新序作『且』。」〔按〕「是」猶「且」也。墨子節葬篇云：「爲人子者，求其親而不得不孝，子必是怨其親矣。爲人臣者，求之君而不得不忠，臣必且亂其上矣。」「必是」與「必且」爲互文，可證。

〔八八〕鮑彪云：「惡，安也。」

〔八九〕高誘云：「反，還。」

〔九〇〕吳本脱「王若不藉路於仇讎之韓、魏」十一字。

〔九一〕姚宏云：「一本『攻』字下有『隨』字。」今從補。

〔九二〕高誘云：「隨陽、右壤，皆楚邑也。」吳師道云：「索隱云：楚都陳，隨水之右壤，蓋在隨之西。今鄧州之西多山林者是也。」胡三省云：「右壤，蓋其地在楚都之右。」張琦云：「今德安府隨州，其西則鄧州，古鄧林之險也。」〔按〕史記、新序「隨陽」作「隨水」。右壤，高以爲邑名。下文云「齊之右壤可拱手而取也」，則「右壤」非邑名，高注誤。今從索隱。

〔九三〕鮑本不重「隨陽右壤」四字。〔按〕，史記亦不重。

〔九四〕胡三省云：「記檀弓：『成子高曰：死則擇不食之地而葬。』注云：『不食，謂不墾耕。』」

〔九五〕高誘云：「與不得地無異。」

〔九六〕姚宏云：「一本無『應』字。」鮑彪云：「衍『應』字。」〔按〕史記、新序並無「應」字，今從衍。

〔九七〕高誘云：「四國，趙、韓、魏、齊也。」鮑彪云：「方言南攻，故不及燕。應，言以兵從之，蓋躡秦也。」〔按〕史記、新序「起」下有「兵以」二字。

〔九八〕鮑彪「之」下補「兵」字。〔按〕史記、新序有「兵」字。

〔九九〕高誘云：「構，連。」〔按〕謂構兵。

〔一〇〇〕鮑彪云：「(留)屬楚國。」張琦云：「故留城在今(江蘇)徐州府沛縣東南五十里。」

〔一〇一〕鮑彪云：「方與，胡陵，屬山陽。」張琦云：「方與城在今(山東)濟寧州魚臺縣城北。」

〔一〇二〕張琦云：「銍城在今(安徽)宿州南四十六里。」

〔一〇三〕張琦云：「湖陵城在今沛縣北五十里。」

〔一〇四〕鮑彪云：「碭屬梁國。餘屬沛。」張琦云：「碭，今碭山。」

〔一〇五〕張琦云：「蕭，今縣屬徐州府，故城在縣西北十里。」

〔一〇六〕張琦云：「相城在宿州西南九十里。」

〔一〇七〕高誘云：「七邑，宋邑也。宋，戰國時屬楚，故言『故宋必盡』也。」張琦云：「史正義曰：『徐州西，宋州東，兖州南，並故宋地。』按此爲楚分宋之地。」

〔一〇八〕鮑彪云：「濟陰乘氏，注：泗水入淮。魯國卞縣，注……入沛。」胡三省云：「時楚蠶食魯國，有泗上之地。」程恩澤云：「言泗北，則爲今山東兖州、濟寧等處矣。此皆齊地，意必有與楚境相錯者。」〔按〕史記「泗北」作「泗上」。楚考烈王九年，楚伐魯取徐州。十四年，楚滅魯，當秦莊襄王元年。其時楚已掩有泗北魯地，與齊接壤，故曰「泗北必舉」。程考非，胡氏之言亦未盡合，蓋皆囿於此爲上秦昭王書而然。

〔一〇九〕高誘云：「廣平曰原，野也，爲膏潤腴美也。」〔按〕史記貨殖傳云：「鴻溝以東，芒碭以北，屬鉅野，此梁、宋也。陶、睢陽亦一都會也。……其俗猶有先王遺風，重厚多君子，好稼穡。雖無山川之饒，能惡衣食，致其蓄藏。」此一帶平原地區，由於水道開通，農商業發展，戰國時已稱富庶矣。

〔一一〇〕鮑彪云：「秦與楚戰，不暇救七邑及泗北。二國攻之，兵勢無所分也。」〔按〕索隱云：「若秦、楚構兵不休，則魏盡故宋，齊取泗上。是使齊、魏獨攻伐而得其利也。」

〔一一一〕姚宏云：「劉本無『於』字。」吴師道云：「史、新序無『於』字。」〔按〕「於」同「于」，「于」猶「是」也，見經傳釋詞。

〔一一二〕高誘云：「『校』猶『亢』也。」鮑彪云：「校，較同，直也。言與之敵。」

〔一一三〕鮑本、吴本空格作「而」字。盧本無空格。黄丕烈云：「史記、新序無。」

〔一一四〕高誘云：「以泗水爲南界。」

〔一一五〕高誘云：「負，背也。」

〔一一六〕高誘云：「『倚』猶『依』也。」

〔一一七〕高誘云：「患，難也。」

〔一一八〕〔按〕史記、新序「齊」下有「魏」字，據下句「齊、魏得地葆利」，此下當有「魏」字。

〔一一九〕鮑彪云：「葆、保同。」〔按〕新序「葆」作「保」。關修齡謂「此惟謂齊，恐衍『魏』字」。按史記、新序並作「齊、魏」，關說非。

〔一二〇〕鮑本「下」作「不」。黄丕烈云：「史記、新序作『下』，『不』字譌。」高誘云：「事，治。」吴師道云：「詳其事以下於吏，慎重之意。應上『葆利』言。」横田惟孝云：「詳、佯同。下吏，猶下執事也。謂齊慮患佯事秦也。」（孫詒讓說同）金正煒亦云：「陘山之事章：『齊以陽武賜弊邑而納順子，欲以解伐，敢告下吏。』注：『不斥王，故言下吏。』……此言佯爲事秦。」金其源從鮑本「下吏」作「不吏」，云：「按漢書董仲舒傳：『故詳延特起之事。』注：『詳，盡也。』……『詳』之轉訓爲『窮』。孟子公孫丑：『天吏也。』注：『天吏，天使也。』是『吏』即『使』也。詳事，窮治也。不吏，不受指使也。言窮治不受指使也。」〔按〕横田等說爲長。吴氏及金其源說並非。

〔一二一〕姚宏云：「劉本『餘』字下有『矣』字。」〔按〕史記、新序「於以」作「其於」。高誘云：「言齊、魏未能爲帝也，然强大足以禁秦，使不得稱爲帝，有餘力也。」

〔一二二〕高誘云：「衆，多也。强，盛也。」

〔一二三〕鮑本、吴本無「一舉衆」三字。黄丕烈云：「史記、新序『衆』作『事』，此『衆』字必不知者所改耳。高注云云，其字甚明。鮑無此三字者，非。」〔按〕黄說是也，今據高注正。

〔一二四〕高誘云：「事，戰事。注，屬。」吴師道云：「史作『樹怨於楚』，新序同。（注）『注瀉』之『注』。」姚鼐云：

「注地，言地偏注於楚也。」」關修齡云：「注地，蓋因下文『注地於齊』而誤。『地』當依史作『怨』。」金正煒云：「『地』當作『怨』。『怨』損半字，因誤爲地。管子大匡篇：『公若先反，恐注怨焉。』又周策：『吾得將爲楚王屬怨於周。』義與此同。」〔按〕關、金或然。

〔一二五〕高誘云：「詘，反。」吴師道云：「魏，句。屈命令於韓、魏，歸爲帝之重於齊。言齊、韓、魏皆强，而齊尤甚也。」姚鼐云：「詘令，言令下而韓、魏不聽，爲所詘也。」〔按〕吴説是，「令」從其讀。「令」下省「於」字。若從高注，則「魏」字連下讀，謂反使韓、魏尊齊爲帝，文義不協。史記「詘」作「遲」，徐廣云：「一作『還』。」金正煒謂「高注『詘，反』，疑文注本並作『還』」。但新序作「出」，出、詘互通，是「詘」字未誤。

〔一二六〕姚宏云：「（臨以）劉本作『以臨』。」鮑彪改作「以臨」，與史記、新序合，今從正。

〔一二七〕鮑彪云：「言其服而請誅。」黄丕烈：「（授首）史記作『斂手』，新序作『拱手』，古或借『首』爲『手』字。授、受二字皆有誤。」金正煒云：「按左氏襄二十五年傳：『陳知其罪，授手於我，用敢獻功。』此由『首』、『手』同音而誤。」〔按〕「授手」即「授首」。阮元左傳校勘記云：「授手於我，家語作『授首于我』。惠棟云：『手，古首字。』儀禮大射儀、士喪禮並以『手』爲古文『首』字。」黄説非，金説亦未然。

〔一二八〕姚宏云：「劉本『襟』字作『施』字。曾作『襟』。」〔按〕史記、新序「襟」作「施」。史記「山東」作「東山」。胡三省云：「東山，謂華山以至崤塞諸山，皆在咸陽之東。」姚鼐謂「策作『山東』，非」。鮑彪云：「蔽障如襟。」

〔一二九〕鮑彪云：「圍繞如帶。」張琦云：「左文十二年：『戰河曲。』注曰：『在河東蒲坂縣南。』今蒲州府東南五里有蒲坂故城，即河曲也。當大河轉屈處。」〔按〕史記、新序「河曲」作「曲河」。姚鼐云：「策作『河曲』，非。蓋言帶以，則於義當謂河水，非謂河曲之地也。」此説似迂。

〔一三〇〕高誘云：「爲秦察諸侯動喻也。」（按依下注例，「喻」當作「靜」。）鮑彪云：「比之候吏。」〔按〕史記、新序「關中之候」並作「關内之侯」。據高注，策文明是「候」字。横田解從史記以秦爵關内侯釋之，非。淮南子兵略訓：「前後知險易，見敵知難易，發斥不忘遺，此候之官也。」高注云：「軍候，候望者也。」此謂爲秦作關中之軍候。

〔一三一〕鮑彪「十」下補「萬」字，「成」改作「戍」。盧本從之。吴師道云：「史『十』下有『萬』字，是，新序同。成，史作『戍』，是。新序作『伐』。」今從鮑本補正。〔按〕鄭、韓之國都，見前。

〔一三二〕高誘云：「梁氏，魏也。寒心，懼也。」〔按〕魏都大梁，故稱梁氏。

〔一三三〕鮑彪云：「（許、鄢陵）並屬潁川。」張琦云：「今許州故城在州東三十里。鄢陵，今縣，屬許州。故城在縣西南四十里。」

〔一三四〕鮑彪云：「（上蔡召陵）並屬汝南。」張琦云：「上蔡今屬（河南）汝寧府。故城在縣西南十里。」〔按〕召陵見於左傳僖公四年「盟於召陵」。高士奇春秋地名考略云：「括地志：『召陵故城在郾城縣東四十五里。』今同。」史記、新序「上蔡」上有「而」字。

〔一三五〕高誘云：「不往來於魏也。」胡三省云：「魏都大梁，其境南至汝南，許、鄢陵居其間。二邑皆脅於秦兵，嬰城自守，則楚之上蔡、召陵不能與大梁往來矣。」

〔一三六〕盧本「候」作「侯」，與史記、新序同，説見上。高誘云：「魏爲秦察諸侯動静也。」

〔一三七〕金正煒云：「『内』當讀如『納』，與上文關中『關内』爲義不同。荀子臣道篇：『時關内之。』『關内』故爲連文。前章：『入其社稷之臣於秦。』高注：『入，納也。』彼言入其臣，此則内其君。關内云者，謂其舉爲内臣，比諸侯之列也。」〔按〕關内，謂使韓、魏二國君爲關内之侯，作動詞用。俞正燮癸巳類稿卷十一關内侯説引此文以作「侯」爲是，云：「『關』是封疆之界。」恐未然。

〔一三八〕鮑彪改「齊」作「秦」。吳師道云：「當作『秦』。」黄丕烈云：「非也。史記：『注地於齊。』索隱曰：『謂以兵裁之也。』新序作『注入地於齊』。皆可證此字之不當作『秦』。」安井衡云：「注，屬也。屬，連也。韓、魏爲關内侯。則秦地直連於齊矣。」

〔一三九〕高誘云：「壤，地。」〔按〕正義云：「右壤，謂濟州之南北也。」胡三省通鑑注云：「謂濟西之地也。」

〔一四〇〕鮑彪云：「拱，斂手。」

〔一四一〕姚宏云：「一『注東海』。」（或以此爲高注。如作高注，文義費解。此蓋姚氏校語謂一本作「一注東海」也。）鮑彪改「任」作「注」。吳師道云：「史作『經』，是。」盧本作「經」，同史記。金正煒云：「按作『經』義勝。此正廻應篇首『三世不能絶從親之要』，又起下『燕、趙無齊、楚，齊、楚無燕、趙』之文也。」鮑彪云：「（兩海）東南。」吳師道云：「索隱云：『西海至東海。』」安井衡云：「兩海，東海、北海也。齊之右壤，北臨渤海。」〔按〕索隱説長。胡三省亦云：「兩海，東海、西海也，謂自西海至東海，其地一爲秦所有也。」鮑氏蓋以西陲無海，故改釋爲「東南」，自後世地理知識言之，固然。但古書言「四海」與「西海」者屢見，皆稱其廣遠，不必真有海也。且塞外謂河爲海，則與大海之海又異矣。

〔一四二〕高誘云：「要，取。」鮑彪云：「『要』謂『中』。」〔按〕「要」即「腰」字。秦取齊地，東西相接，則南北腰絶矣，故云「要絶天下」。史記、新序「絶」作「約」。

〔一四三〕鮑彪「楚」下補「齊、楚」二字。吳師道云：「宜從史疊『齊、楚』字，是。」新序同。」今從補。

〔一四四〕余有丁云：「謂四國不得相救也。」（史記會注考證引）

〔一四五〕鮑彪云：「以危亡之事恐動之。」

〔一四六〕鮑彪云：「持，劫之也。」吴師道云：「史『直揺齊、楚』，新序同，通鑑綱目從之。」

〔一四七〕高誘云：「痛，急也。不待急攻而服從也。」鮑彪云：「痛，言攻伐之酷。」金正煒云：「趙策『今足下功力非痛加於秦國』，與此『痛』字義同。又（痛）或爲『病』。病，困也。韓策『故欲病之』，錢、劉作『痛之』，可爲此證。」

10　或爲六國説秦王

或爲六國説秦王〔一〕曰：「土廣不足以爲安，人衆不足以爲强。若土廣者安，人衆者强，則桀、紂之後將存〔二〕。昔者趙氏亦嘗〔三〕强矣。」

曰：「趙强何若？」「舉左案齊〔四〕，舉右案魏，厭案萬乘之國二，國千乘之宋也〔五〕。築剛平〔六〕，衛無東野，芻牧薪采，莫敢闚東門〔七〕。當是時，衛危於累卵。天下之士相從謀曰：『吾將還其委質〔八〕，而朝於邯鄲之君乎？』於是天下有稱伐邯鄲者，莫不令〔九〕朝行。魏伐邯鄲〔一〇〕，因退爲逢澤之遇〔一一〕。乘夏車〔一二〕稱夏王〔一三〕，朝爲天子〔一四〕，天下皆從〔一五〕。齊太公〔一六〕聞之，舉兵伐魏，壤地兩分，國家大危〔一七〕。梁王身抱質〔一八〕執璧，請爲陳侯臣〔一九〕。天下乃釋梁。郢威王〔二〇〕聞之，寢不寐，食不飽，帥天下百姓以與申縛〔二一〕遇於泗水之上，而大敗申縛〔二二〕。趙人聞之，至枝桑〔二三〕。燕人聞之，至格道〔二四〕。格道不通，平際絶〔二五〕。齊戰敗不勝〔二六〕，謀則不得，使陳毛釋劍掫委南聽罪〔二七〕。西説〔二八〕趙，北説燕，内喻其百姓，而天下乃齊釋〔二九〕。於是夫積薄而爲〔三〇〕厚，聚少而爲〔三一〕多，以同言郢威王於側紂之間〔三二〕。臣豈以郢威王爲政衰謀亂以至於此哉？郢爲强〔三三〕，臨天下諸侯，故天下樂伐之也〔三四〕。」

【箋證】

〔一〕高誘云：「王，王正也，已爲始皇帝。」〔按〕鮑彪從高注，列於始皇下。然其事可疑，説見後。

〔二〕高誘云：「言王者以仁義爲安强，雖土廣人衆，而無仁義，猶將危亡，故桀、紂不能自存也。」

〔三〕姚宏云：「（亦嘗）曾作『嘗亦』。」

〔四〕鮑彪云：「言舉兵於左則齊下。案，下也。」中井積德云：「舉左，猶言舉左手也。以身體爲喻也。」〔按〕「案」同「按」，抑也。

〔五〕鮑彪讀「萬乘之國」句，云：「厭言案之不一。」又云：「宋於七國時爲千乘，今使齊、魏如之。」吴師道云：「厭，益涉反，培壓也，又伏也。」張居正云：「『二國千乘之宋也』，此句有誤。或者以『壓案萬乘之國二』爲一句，下作『困千乘之宋也』。」（戰國策纂以此語作陸深説，文略異）（横田惟孝從之）于鬯云：「戴文光云：『二國本萬乘，案之如千乘之宋耳。』按如戴説，言齊、魏當宋，猶前策言『宋當阿甄耳』。或云：『「二」字上當復有「二」字，屬上讀。』」金正煒改國字爲「由」，云：「據注原文當爲『厭案萬乘之國二，由千乘之宋也』。『由』與『猶』通。俗書『國』作『国』，與由形近似而誤。厭案，謂抑制之。」〔按〕鮑讀「厭」爲「厭倦」之「厭」，顯誤，吴正是也。于引戴説疑是。張改「國」爲「困」，較金改義順，惜改乏依據，乏困宋之證。史記趙世家：「敬侯二年，敗齊於靈丘。三年，救魏於廪丘，大敗齊人。六年，借兵於楚，伐魏取棘蒲。八年，拔魏黄城。九年，伐齊。」即此策所謂「厭案萬乘之國二」者。

〔六〕鮑彪云：「（剛平）趙地，缺。趙敬侯四年，築剛平以侵衛。五年，齊、魏爲衛取我剛平。」吴師道云：「正義云：蓋在河北。」程恩澤云：「剛平當在趙之河東，蓋本衛地而趙取之，後又屬衛也。顧祖禹曰：『今直隸大名府清豐縣東南有剛平城。』」

〔七〕高誘云：「剛平，衛地，趙築之以爲邑，故衛無東野，故衛人芻牧不敢出於東門。」鮑彪云：「芻，草也，以食馬。牧，養牛人也。大者薪，小者採。」

〔八〕鮑彪云：「還，反。言改事也。僖二十三年注：『委質，屈膝也。』」吴師道云：「質、贄通，即下文『抱質』，孟子『傳質』是也。委，致也。」安井衡云：「委，置也。凡贄幣必手授受之，唯見君則置而不授，故謂仕君曰『委贄』。還，轉也。轉委贄，謂改仕他君。」

〔九〕鮑彪「不」下補「夕」字，盧本從之。黄丕烈云：「此當衍『不』字。『莫』即『暮』字也。」〔按〕黄讀「莫」爲「暮」，是也，但「不」字非衍。「不」爲發語之詞，無義，經傳或作「丕」，例見經傳釋詞。此文「莫不令」猶「暮令」。

〔一〇〕鮑彪云：「魏惠三十年伐趙，趙告急齊，是以有馬陵之敗。」〔按〕趙世家「（成侯）二十一年，魏圍我邯鄲，與魏盟漳水上。」魏世家亦載於惠王十七年、十八年及二十年。魏策三秦敗魏華章云：「初時惠王伐趙，戰勝乎三梁，十萬之軍拔邯鄲。趙氏不割，而邯鄲復歸。」亦謂此事。馬陵戰在後，鮑注誤。

〔一一〕高誘云：「遇，會。」鮑彪云：「開封東北有逢池。或曰：宋之逢澤。」吴師道云：「按大事記周顯王十六年，魏惠十八年，齊威二十六年，趙成侯二十二年，魏拔趙邯鄲，服十二諸侯，遂稱王。齊乘其敝，敗之桂陵。二十七年，秦孝公會諸侯於逢澤以朝王。策謂魏伐邯鄲，遂爲逢澤之遇。按魏既克邯鄲，即爲齊、楚所襲，天下未嘗皆從。當據史書「秦」。」于鬯云：「吴説非也。彼據秦紀『孝公二十年，秦使公子少官率師會諸侯逢澤，朝天子』而言，不知彼『秦』字當作『魏』，若爲秦，秦紀可不煩著『秦』字。且彼下年言齊敗魏馬陵，亦據魏事，可會也。然則史誤魏事爲秦事，非策誤秦事爲魏事。韓策云：『魏王爲九里之盟，且復天子。』即此所謂逢澤之遇。九里蓋即逢澤，一地而異名，或小大名。又後策云：『梁君驅十二諸侯以朝天子於孟津。』亦即此事。逢澤又豈與孟津爲一地與？又齊策云：『魏王拔邯鄲，從十二諸侯朝天子，以西謀秦。』」〔按〕魏爲逢澤之會，于氏辨之，是也。雷學淇竹書紀年義證卷三十八亦據秦策、齊策及韓策之文，云：「據此諸説，是惠王於勝韓、趙之後，即率十二諸侯朝天子於孟津，因鄭君弗聽，秦又説之使行王服，於是齊與秦始起而敗之。核以紀年之文，年表之顯王二十五年，會諸侯，實即惠王之事。蓋十八年敗齊拔趙，二十三年伐燕，二十四年及二十五年伐楚，二十六年敗韓，此實惠王極盛之時。其明年，即顯王之二十五年矣，魏之會諸侯，朝天子，在此年無疑。」雷氏以魏爲逢澤之會在惠王二十七年，説頗有理。雷氏又云：「逢忌之藪，一名逢澤，乃圃田之餘波，被於梁城東北者，非宋之逢澤矣。秦本紀……正義引括地志云：『逢澤亦名逢池，在汴州浚儀縣東南十四里。』……考浚儀故城在今開封西北，逢池即在今開封市北。」

〔一二〕鮑彪云：「夏，取其文，禮有夏篆。」吴師道云：「乘夏車者，言中夏之車，下文可徵。」于鬯云：「『夏』本訓『大』，故『夏屋』爲『大屋』，『夏臺』爲『大臺』，並見淮南本經訓高注。『夏車』蓋猶『夏屋、夏臺』之稱，王者之車，其大可知。不名大車而曰夏車，尊其名，且取别於任載之大車也。」安井衡云：「夏車，蓋夏后氏之車。」

〔按〕安井説近之，參下注。

〔一三〕鮑彪云：「夏，中國也。」吴師道云：「大事記又謂魏爲逢澤之遇，天下皆從；又梁君驅十二諸侯以朝天子。語雖不可盡信，但魏自拔邯鄲後稱王，則無可疑者。」張尚瑗云：「安邑，夏禹舊都。魏都安邑，故稱夏王。」安井衡云：「魏即天子之位，改國號夏，因乘夏侯氏之車，自稱夏王也。及齊伐之，便去王，復本號，故他書不言耳。」〔按〕安井說鑿。是時魏已徙都大梁，張說無據。魏自惠王稱王。魏世家：「（惠王）三十六年，惠王卒，子襄王立。襄王元年，與諸侯會徐州，相王也。」索隱：「按紀年，惠成王三十六年，改元稱一年，未卒也。」史記誤以惠王改元一年爲襄王元年，但「相王」一説，當有所據。惠王與諸侯相王，故改三十六年爲一年，猶秦惠文君稱王，改十四年爲後元年，其例正同。若是，惠王蓋在三十六年稱王，但在逢澤之會及馬陵之敗後，與此文不符。據此策，疑梁惠稱王在改元之前。齊策五蘇秦説齊閔王章云：「魏王説於衛鞅之言也，故身廣公宮，製丹衣，柱建九斿，從七星之旟。此天子之位也，而魏王處之。」與「乘夏車，稱夏王」相似，可證「夏王」之義，舊説未安。或釋「夏」爲「大」，「夏王」猶「大王」。然戰國稱王者多，而「夏王」之名不別見，故亦未愜。考春秋戰國之際，列國曆法有所變動，最重大者改周正爲夏正。日本新城新藏戰國秦漢之曆法云：「a當著作左傳之時，普通已採周正之曆法，惟其當時恐魏國似已採用夏正者焉。按左傳襄公三十年（前五四三年）所載關於計算絳縣老人年齡之逸話，晉國於魯文公十一年（前六一六年）之春秋時代似已採用夏正之曆法。惟此恐左傳之著者見當時之魏國已自數十年前以來採用夏正，而誤斷春秋以來亦繫若斯者歟。b由杜預之春秋經傳集解後序、竹書紀年繫記載魏襄王二十年（前二九九年）終之魏國史，以夏正之曆法記載史事者，似毋容疑焉。」又參考其他論證（從略）作結論云：「（一）以周正改爲夏正者，恐在六國稱王之時，即恐大體在西元前三百三十年前後歟？（二）惟僅魏國未審依何理由先於他國三四十年，始用夏正者歟？」（東洋天文學史研究沈璿譯本頁五七二——五七四）新城氏推算六國改夏正之時期大約當魏國梁惠王之時，魏國改曆在他國之先，則此文「稱夏王」者可得解焉。蓋惠王始改用夏正，自稱夏王，謂用夏正之王也。其後列國多倣之，此稱遂不復存。改曆法有改正朔之含義，正表示魏惠王野心之大。由此亦可證「乘夏車」之爲夏后氏之車也。論語衛靈公篇：「行夏之時，乘殷之輅，服周之冕。」「夏車」猶「殷輅」，惟一則斟酌三代，一則改用夏制不同耳。

〔一四〕鮑彪「朝」上補「二」字，盧本從之。吳師道云：「即驅十二諸侯朝天子看。『爲』字疑衍。」王念孫云：「『爲』與『于』同，爲、于二字古同聲而通用。謂魏惠王朝于天子，而天下皆從也。」〔按〕王説是也。

〔一五〕高誘云：「皆從其化。」

〔一六〕鮑彪改「太公」作「宣王」，云：「太公和時無此事。」黄丕烈云：「策文本作『太公』，高注即其證矣。鮑改非其意。」高誘云：「太公，田和也，始伐（姚宏云：『伐』一本作『代』字。」按作「代」爲長）吕氏，齊侯謚爲太公，齊威王之祖父也。」〔按〕此當爲齊威王，策誤。鮑據史記，亦誤。

〔一七〕鮑本無「壤地兩分國家大危」八字。黄丕烈云：「高注可證，無者脱耳。」高誘云：「兩分魏之壤地。」

〔一八〕鮑彪云：「質，贄同，羔雁之屬。」

〔一九〕高誘云：「陳侯，齊侯也。陳氏篡，吕氏絶，故曰陳侯也。」吳師道云：「顯王二十八年，魏惠三十年，齊宣二年，魏伐韓。齊伐魏以救韓，敗魏於馬陵。……其後惠王用惠施之言，朝齊以怒楚。魏策有。……今以此考之……敗魏馬陵而魏朝之者，齊宣王也。『舉兵伐魏』一語在會逢澤後，則亦指馬陵之役。而上文『伐邯鄲』，乃敗桂陵時事。天下皆從，指服泗上十二諸侯言之。」〔按〕陳氏即田氏。田完世家索隱云：「敬仲奔齊，以『陳』、『田』二字聲相近，遂以爲田氏。」古本竹書紀年記齊敗魏於馬陵，在魏惠王二十八年（見魏世家索隱引），當齊威王三十四年。吳説本史記，但史記於田齊世次多誤，不如紀年之可信。

〔二〇〕高誘云：「威王，懷王父也。郢，楚都也。」

〔二一〕盧本「縛」作「縳」。黄丕烈云：「『縳』即『縛』字，下同。」

〔二二〕高誘云：「(威王)怒齊人之臣伏魏王，故帥百姓以與申縛遇而敗之也。申縛，齊將也。」鮑彪云：「楚威七年，伐齊，敗之徐州。」〔按〕鮑本楚世家。魏策二齊魏戰於馬陵章謂魏王用惠施謀，朝齊，「趙氏醜之。楚王怒，自將而伐齊，趙應之，大敗齊於徐州」。申縛亦見齊策一楚威王戰勝於徐州章。楚威王七年，據紀年當齊威王二十四年，魏惠王後元三年。說苑尊賢篇楚王問田忌齊、楚爭戰，爲之奈何？對曰：「齊使申孺將，則楚發五萬人，使上將軍將之，至禽將軍首而反耳。」申縛疑即申孺，字有誤。

〔二三〕鮑彪云：「(枝桑)地缺。趙紀注：『根桑，一曰平桑。』疑即此。此魏地也，蓋赴魏之難。」程恩澤云：「據策上下文義，當是齊地。以遇於泗水之上推之，尤信。鮑非是。」

〔二四〕高誘云：「燕、趙怒齊之臣魏王，故出兵至枝桑、格道，將伐也。」程恩澤云：「(格道)此亦齊地。」

〔二五〕姚宏云：「一本無『際』字。」鮑彪云：「(格道、平際)二地缺。」程恩澤「平」字作「乎」，連上讀，以「際絕」爲地名，云：「俟考。」于鬯云：「平際與格道地蓋相近，故格道不通，則平際絕也。中山策齊欲割平邑以賂燕、趙。其地正燕、趙至齊出入之路，似可合。未知平際即平邑否？又齊策云：『魏攻平陸。』亦齊地，與泗水之上不遠。奚世幹從上文『枝桑』鮑注『平桑』之說，以爲『平際』即『平桑』之誤。格道、平桑並承應上文言。」鍾鳳年云：「『際』字恐是『陸』字之譌。平陸爲齊地。齊策六燕攻齊章『魏攻平陸，齊無南面之心』可證。……齊因攻魏，而楚與天下伐之，故趙至枝桑，平陸遂不通於齊。又田完世家稱『盛烈王二十三年，與趙王會平陸』。今合策文觀之，蓋趙、魏俱近於平陸。後漢郡國志東平陸，注云：『六國時曰平陸。』即今山東之汶上縣。」〔按〕「平際」疑是「平陰」之譌。水經濟水注云：「濟水又北逕平陰城西。……」京相璠曰：「平陰，齊地也。在濟北盧縣故城西南十里。平陰城南有長城，東至海，西至濟，河道所由，名防門，去平陰三里。齊侯塹防門，即此也。其水引濟，故瀆尚存。」史記楚世家正義引括地志云：「長城西北起濟州平陰縣。」是平陰臨濟水，爲齊之要塹，前張儀説秦王章所謂「清濟濁河，足以爲限，長城、巨防，足以爲塞」是也。其地西與魏鄰，北近燕（樂毅報燕惠王書云：「河北之地，隨先王舉而有之於濟上。濟上之軍，奉令擊齊。」「濟上」即指平陰一帶地區而言）。故燕出兵至格道，而平陰警備，遂與外絶。以地理考之如此。「陰」與「際」字形相近致誤。格道當離平陰地不遠。

〔二六〕王念孫云：「『敗』與『不勝』，詞意相複。『敗』當『則』字之誤也。戰則不勝，謀則不得，相對爲文。」（横田説同）

〔二七〕鮑彪云：「掫，夜戒有所擊引也。釋二者不自衛，示卑也。委去南面之尊。」（鮑讀「使陳毛釋劍掫，委南聽罪」。）吳師道云：「『聽罪於楚。』」横田惟孝云：「『掫』疑『履』訛。『釋履』即『徒跣』也。釋劍徒跣，示卑服也。南，楚也。委楚之所爲而聽罪也。」孫詒讓云：「疑『掫』當『撮』之譌。詩小雅：『使都人士，臺笠緇撮。』毛傳云：『緇撮，緇布冠也。』孔疏云：『緇布冠制小，故言撮。』禮記鄭注云：『委武，冠卷也，秦人曰委，齊人曰武。』此『撮委』即爲『布冠』。蓋常禮帶劍冠帛，今以聽罪殺服，故釋劍而布冠，正自卑損之意。」于鬯云：「疑『掫委』二字誤倒。委，棄也，『委掫』與『釋劍』對文。或讀『掫』爲抽矢菆之菆，尤順。」（鍾鳳年説略同）金正煒云：「掫委，當作『拊委』。掫、拊篆文相似，義亦得通。楚策『撫委而服』，『撫』與『拊』同。」（按下謂秦王曰章：「梁君伐楚勝齊，制韓、趙之兵，驅十二諸侯以朝天子於孟津。後子死，身布冠而拘於秦。」「布冠」爲卑損之服，正與孫説相證。但「緇撮」訓爲「緇布冠」，「撮委」恐不能徑訓爲「布冠」。孫所引證，猶嫌不足。于説較長。「掫」與「菆」同從取聲，本可互通。菆，矢之善者。（左傳宣公十二年杜注）釋劍委掫，猶言放下武器。横田謂是「履」訛。二字形不相近。且「履」字古書作動詞用，若用作名詞，則作「屨」字，見説文段注。故横田説非。

〔二八〕鮑彪云：「説，使人解之。」

〔二九〕高誘云：「釋，舍。」鮑彪云：「不攻齊也。」王念孫云：「『齊釋』當爲『釋齊』，上文『天下乃釋梁』，即其證。」〔按〕此爲賓語倒置。同例見前楚王使景鯉如秦章「不如景鯉留」句。殷契卜辭中有外動詞的賓語倒置動詞之前例，見管燮初殷虚甲骨刻辭的語法研究，與此相同，可證。不必從上文例改動，自通。

〔三〇〕姚宏云：「曾、劉本無『爲』字。」鮑本「夫」作「天下」二字，盧本從之。安井衡云：「『夫』猶言『夫人』，言天下丈夫人人皆積薄而爲厚，聚少而爲多，以爲伐楚之資也。鮑改『夫』爲『天下』，妄甚。」〔按〕安井説是。「夫」猶「凡」也，「衆」也，見經傳釋詞。

〔三一〕姚宏云：「曾、劉本無『爲』字。」

〔三二〕高誘云：「『紂』當爲『牖』，聲之訛也。」吴師道云：「同言郢威王云云，言天下又欲謀楚也。」關修齡云：「『紂』當作『陋』。書堯典曰：『揚側陋。』疏云：『側陋者，僻側賤陋之處。』」于鬯云：「同言於側牖，謀之密也。」

〔三三〕金正煒云：「『爲』猶『若』也。」〔按〕此言楚爲强國，不必訓作「若」。

〔三四〕吴師道云：「此章先言趙强而魏伐之，魏强而齊伐之，齊强而楚伐之，楚强而諸侯又謀之。言强者之不足恃，召天下之所惡而欲共攻之者也。言此欲以止秦之攻，故云爲六國説也。」潘和鼎云：「言因强而被伐者至郢威王而止，則非始皇時。不然，六國之君始强終弱者，莫如齊閔王，何不借以殷鑑乎？」（于鬯注引）鍾鳳年云：「此既稱爲六國説秦，則不應專論餘國恃强致敗也非計，而反無一字及秦，僅託於諷喻爲止。疑論秦文今脱佚。又説者所舉盡前於始皇百年以上事，較近者若宋康、齊湣之驕横致禍，皆舍而未及。高誘、鮑彪斷被説者爲始皇，恐未當。」〔按〕潘、鍾説有理，此文疑有脱佚。否則高注據何而知此爲説始皇？又楚自白起拔鄢、郢，頃襄王走保於陳城，已不能與秦争。至始皇時，楚益弱。若策文無脱，則所云「楚爲强，臨天下諸侯」，與當時形勢大異，故知不然也。

戰國策 卷七

秦五

1 謂秦王曰

謂秦王曰〔一〕：「臣竊惑王之輕齊易楚而卑畜韓也。臣聞王兵勝而不驕〔二〕，伯主約而不忿〔三〕。勝而不驕，故能服世；約而不忿，故能從鄰〔四〕。今王廣德〔五〕魏、趙而輕失齊，驕也。戰勝宜陽〔六〕，不恤楚交〔七〕，忿也。驕忿，非伯主〔八〕之業〔九〕也，臣竊爲大王慮之而不取也。詩云：『靡不有初，鮮克有終〔一〇〕。』故先王之所重者，唯始與終〔一一〕。

「何以知其然〔一二〕？昔知伯瑶殘范中行，圍逼〔一三〕晉陽，卒爲三家笑〔一四〕。吳王夫差棲越於會稽〔一五〕，勝齊於艾陵〔一六〕，爲黄池之遇〔一七〕，無禮於宋〔一八〕，遂與〔一九〕句踐禽〔二〇〕，死於干隧〔二一〕。梁君伐楚勝齊，制趙、韓〔二二〕之兵，驅十二諸侯以朝天子於孟津〔二三〕，後子死〔二四〕，身布冠而拘於秦〔二五〕。三者，非無功也，能始而不能終〔二六〕也。今王破宜陽，殘三川〔二七〕，而使天下之士不敢言〔二八〕。雍天下之國〔二九〕，徙兩周之疆〔三〇〕，而世主不敢交陽侯之塞〔三一〕，取黄棘〔三二〕，而韓、楚之兵不敢進。王若能爲此尾〔三三〕，則三王不足四，五伯不足六〔三四〕。王若不能爲此尾，而有後患〔三五〕，則臣恐諸侯之君，河、濟〔三六〕之士，以王爲吴、智之事也〔三七〕。詩〔三八〕云：『行百里者〔三九〕，半於九十。』此言末路之難〔四〇〕。今大王皆〔四一〕有驕色。以臣之心〔四二〕觀之，天下之事，依世主之心〔四三〕，非楚受兵必秦也〔四四〕。

「何以知其然也？秦人援魏以拒楚，楚人援韓以拒秦〔四五〕，四國之兵敵〔四六〕，而未能復戰也〔四七〕。齊、宋在繩墨之外以爲權〔四八〕，故曰先得齊、宋者伐〔秦〕〔四九〕。秦先得齊、宋，則韓氏鑠〔五〇〕；韓氏鑠，則楚孤而受兵也〔五一〕。楚先得齊〔五二〕，則魏氏鑠；魏氏鑠，則秦孤而受兵矣〔五三〕。若隨此計而行之，則兩國者必爲天下笑矣〔五四〕。」

【箋證】

〔一〕高誘云：「〔秦王〕秦始皇也。」鮑彪以「王」爲秦武王，次此章於武王下。于鬯云：「此章鮑次在武王時，不從高注，甚爲有見。篇内言『戰勝宜陽，不恤楚交』；又云『今王破宜陽，殘三川』。則明指武王破宜陽矣。……且始皇時，宋滅已久，策何以云『齊、宋繩墨之外以爲權』乎？尤可見高氏此注必不合矣。」鍾鳳年説同。

〔二〕高誘云：「驕，慢。」〔按〕「王兵」猶王者之師。但「王兵」與「伯主」對舉似不合，「兵」疑當作「者」，下高注云「王者德大不驕逸」，承此而語，可證。

〔三〕高誘云：「忿，怨也。伯主約儉勞謙，故不有所忿怨。」鮑彪云：「（約）主天下之要約。」吴師道云：「（約）斂約也。」安井衡云：「與諸侯要約，而不忿其不從。」金正煒云：「『約』爲『主約』，策文屢見。齊策『約而好主怨，伐而好挫强也』，正與此文同。管子大匡篇『不可以約取也』，注：『不可以盟取信也。』『主約』亦猶『主盟』，主約之得省稱『約』，猶兵勝之可簡言『勝』也。」〔按〕依下文「故能從鄰」句推之，「約」訓「要約」爲是。

〔四〕高誘云：「王者德大不驕逸，故能服鄰國。（姚宏云：「一本作『服世從鄰』。」）服，慊也。」鮑彪云：「（從鄰）使鄰國服從。」

〔五〕姚宏云：「（德）曾一作『得』，劉一作『失』。」横田本從曾本「德」作「得」。鮑彪云：「（廣德）大施恩惠。」安井衡云：「德，曾本作『得』，『得』與下文失對，曾本是也。」金正煒云：「『廣』字疑當爲『重』，篆文近似而誤。『德』與『得』通，『重得』與『輕失』爲對文。」〔按〕鮑注亦可通，不必改字改讀。

〔六〕〔按〕宜陽之役，見秦策二各章。

〔七〕金正煒云：「秦王用馮章之策，許楚漢中而背之，即此所云『不恤楚交』也。」〔按〕事見秦策二宜陽之役馮章謂秦王章。

〔八〕鮑本、吴本「主」作「王」。〔按〕與上文相應，作「王」爲是。

〔九〕高誘云：「業，事。」

〔一〇〕鮑彪云：「大雅蕩詩。」〔按〕亦見前。

〔一一〕鮑本、吴本「始」、「終」二字互易。高誘云：「先王，聖王也。敬始慎終，故曰『唯始與終』也。」

〔一二〕鮑本、吴本「然」下有「也」字。

〔一三〕鮑本、吴本無「逼」字。

〔一四〕高誘云：「智伯，智襄子也。殘，滅也。范，范吉射，昭子也。中行，中行寅，文子也。二子之後以苛爲察，以尅下爲功，於晉六卿中，薄德前衰。智伯滅而兼之，志意驕盛，求地於趙襄子，襄子不與，故率韓（按下當脱「魏」字）圍晉陽以伐趙氏。趙氏與韓、魏通謀，韓、魏爲反間，令趙氏□得殺智伯。故曰『三家笑』也。」〔按〕見前秦王謂左右曰章及趙策。

〔一五〕鮑彪云：「（會稽）故越國揚州郡。亦山名。事見（左傳）哀元年。」張琦云：「（會稽）山在今紹興府東南十二里。」

〔一六〕〔按〕艾陵見前物至而反章箋證。

〔一七〕鮑彪云：「（黄池）陳留外黄，注：『縣有黄溝。』又魏内黄，注：『吴會諸侯於黄池，今黄溝是。』哀十三年。」吴師道云：「哀十三年杜注：『陳留封丘縣南有黄亭，近濟水。』按外黄、小黄、封丘皆屬陳留。外黄有黄溝，故指爲黄池，而内黄隸相者亦有黄溝。水經注所謂河水決通濮、濟、黄溝者也。相與封丘殊遠，當以杜注爲正。」張琦云：「在今（河南）開封府封邱縣七里。」

〔一八〕鮑彪云：「並哀十三年。吴欲伐宋，殺其大夫，囚其婦人。」金正煒云：「國語吴語：『吴王既會，越聞愈章。恐齊、宋之爲己害也，乃命王孫雒先與勇獲帥徒師以爲過賓於宋，以焚其北郛焉而過之。』正所謂『無禮於宋』之事。」〔按〕鮑注據左傳，但傳言：「王欲伐宋云云，太宰嚭曰：『可勝也。而弗能居也。』乃歸。」是吴王欲之而未行，不能爲證。金以吴語事實之，是。

〔一九〕姚宏云：「劉（與）作『爲』。」鮑彪改「與」作「爲」。吴師道云：「當作『爲』。」〔按〕「與」猶「爲」也，説見經傳釋詞。

〔二〇〕姚宏云：「（句）劉作『勾』。」〔按〕句、勾同字。「禽」同「擒」。

〔二一〕姚宏云：「(隧)一作『隊』。」鮑本無「於干隧」三字。吳師道云：「一本『死於干遂』。」高誘云：「吳王夫差伐越，勝之。勾踐奔走，棲於會稽山之上。遂北伐齊，勝長求平。勾踐起兵伐其國，遽救之。越人殺之干隧。干隧，邑名。」〔按〕事見左傳哀公二十二年。干隧見前物至而反章。

〔二二〕鮑本、吳本「趙韓」作「韓趙」。

〔二三〕高誘云：「梁君，梁惠王也。伐楚、齊，勝之。制御趙、韓之兵。驅使十二諸侯，魯、衛、曹、宋、鄭、陳、許之君，朝天子於孟津。」鮑彪云：「(孟津)在河内河陽縣南。魏紀惠王二年，敗韓於馬陵，敗趙於懷。十五年，魯、衛、宋、鄭君來朝。二十八年，中山君爲相。不見齊、楚及朝天子事。」張琦云：「孟津在(河南)懷慶府孟縣西南三十里，亦名富平津，故河陽縣也。」〔按〕史記田完世家威王「六年，晉伐我，至博陵」。晉即魏，資治通鑑作「魏」，是。齊威王六年，當梁惠王二年(此據古本竹書紀年。六國表當魏武侯十四年，誤)，此伐齊也。水經汝水注引竹書紀年云：「魏章帥師及鄭師伐楚，取上蔡。」今本紀年繫於惠王二十五年，此伐楚也。朝天子於孟津即逢澤之會，説見上章。十二諸侯，齊策五蘇秦説齊閔王章，云：「昔者魏王擁土千里，帶甲三十六萬，其强而拔邯鄲，西圍定陽，又從十二諸侯朝天子，以西謀秦。」又云：「衛鞅見魏王曰：今大王之所從十二諸侯，非宋、衛也，則鄒、魯、陳、蔡，此固大王之所以鞭箠使也。」與此策相應，國名與高注互有出入，並不足十二之數。劉寶楠愈愚録卷四謂戰國所稱十二諸侯有二説：一爲宋、衛、鄒、魯、陳、蔡，增入曹、鄭、許；一爲泗上十二諸侯，在齊東南一方，不數宋、衛、陳、蔡、曹、鄭、許，惟魯、鄒、費、邳當在數内。惟高注中曹、鄭(此當指鄭國，若七國之韓亦稱鄭，不在十二諸侯之列)、陳、許等國，恐非當時所有。

〔二四〕鮑彪云：「(子)太子申也。(惠王)三十年，齊敗我馬陵，虜申。」〔按〕鮑注本魏世家，據古本竹書紀年，在惠王二十八年。太子申事見魏策二魏惠王起境内衆章及宋策魏太子自將章。孟子梁惠王上篇亦云：「東敗於齊，長子死焉。」

〔二五〕高誘云：「後東伐齊，敗於馬陵，太子見殺，故布冠而拘執於秦也。」鮑彪云：「（布冠）以喪禮自居也。」金正煒云：「呂覽不屈篇：『故惠王布冠而拘於鄄，齊威王幾弗受。』魏策：『魏王大恐，跣行。按兵於國，而東次於齊。』此策文注『秦』字並當爲『齊』之誤。」〔按〕金説是也。但「秦」、「齊」形不近，疑當作「鄄」。「鄄」、「秦」聲相近而誤（「垔」聲與「秦」聲同部）。馬陵之戰，爲魏伐韓而齊救之，高注謂「伐齊」，非也。

〔二六〕高誘云：「終，終難也。」

〔二七〕高誘云：「初，秦昭王滅東、西周，置宜陽及三川郡，故曰『破宜陽殘三川』也。」〔按〕破宜陽殘三川，與置郡不同，焉能合爲一談。高氏蓋誤以「徙兩周之疆」爲滅東□西周也（説見下）。且即如高説，則此王亦當爲秦昭王，非始皇也。高此注多謬，辨見前于注。

〔二八〕高誘云：「言，議。」

〔二九〕高誘云：「雍，有也。」鮑彪云：「雍、擁同。」金正煒云：「『雍』與『壅』通。此言天下之國皆爲秦所壅隔，不得合從。」

〔三〇〕高誘云：「兩周，東、西周也。杅宜陽界而東之，故曰『徙（景宋抄本「徙」作「復」）兩周之疆』也。」鮑彪云：「侵逼之」。〔按〕宜陽地逼洛陽，秦破宜陽，殘三川，則二周之疆受逼。前秦武王謂甘茂章云：「車通三川，以窺周室。」又司馬錯與張儀爭論章云：「攻新城、宜陽，以臨二周之郊。」並與此語可互證。徙，謂遷改也（荀子禮論篇楊倞注）。言兩周之邊疆受侵而遷改也。

〔三一〕高誘云：「世主，謂諸侯也。諸侯懾怖畏秦，不敢交會。陽侯，諸侯（姚宏云：「一下有『之』字。」）。塞，隘處也。」鮑本、吴本「交」作「窺」。按據高注當作「交」。鮑彪云：「河東陽，注：『陽侯國。』」安井衡云：

「『交』讀爲『胶』。胶，邪視也。言諸侯畏秦，不敢邪視陽侯之塞。」于鬯云：「（陽侯之塞）程考列於秦地。顧地理考列入韓地中。據韓策『塞漏舟而輕陽侯之波』，彼謂公叔語，宜稱韓地。陽侯之塞，蓋即陽侯水上之塞，似顧是。」金正煒讀「交」字句云：「世主不敢交，與天下之士不敢言、韓、楚之兵不敢進文同。『交』當讀爲『校』，交，校古蓋通用。……前章『足以校於秦矣』，高注：『「校」猶「亢」也。』」又云：「『陽侯之塞』，當作『塞陽侯』，與『取黄棘』爲對文。『塞』字誤淆於下，又衍『之』字。……陽侯，隘道。塞，斷絶也。」〔按〕金校讀是也。此文「不敢交」與「不敢言」、「不敢進」正上下相舉比例。而「破宜陽，殘三川」、「雍天下之國，徙兩周之疆」，兩兩對舉，如從金校作「塞陽侯，取黄棘」，正與上文相合。又陽侯爲韓地（從顧觀光説），黄棘爲楚地，亦與「韓、楚之兵不敢進」相應。由此可證「陽侯之塞」爲「塞陽侯」之誤衍無疑。惟改動太多，今仍原文而著其説。

〔三二〕鮑彪云：「秦紀、楚紀，懷王與昭王盟於黄棘，皆不地。」吴師道云：「正義云：蓋在房、襄二州。」張琦云：「方輿紀要曰：『棘陽城在新野縣東北七十里，或曰黄棘。秦、楚盟黄棘，即此。』」〔按〕黄棘原爲楚地，武王時奪取，地當秦、楚交界，故昭王與懷王盟於其處。其時秦强，楚王入秦邊境而盟。若從高注，此文爲説始皇，時黄棘入秦已久，尚何云取？亦可證其不然。

〔三三〕高誘云：「尾，後也。」鮑彪云：「言善其後。」吴師道云：「尾，終也，即上文能終之説。」

〔三四〕高誘云：「言王爲策討之，始得之矣。如能終卒没，則王伯之道立也，故曰『三王不足四，五伯不足六』。」

〔三五〕高誘云：「有滅亡之患也。」〔按〕「而」猶「則」，見經傳釋詞。

〔三六〕鮑彪云：「濟水在温西北，此言中國爾。」吴師道云：「濟水出絳州垣曲縣王屋山，伏流至孟州濟源縣出，二源合流，至温縣入河。出河南溢而爲滎，自鄭以東貫滑、曹、鄆、濟、齊、青，入於海。」〔按〕河濟，謂齊、韓、魏等地。

〔三七〕高誘云：「吴，吴王夫差；智，智伯也。事，滅亡之事。」

〔三八〕金正煒云：「『詩』字疑當作『語』。語，古語也。」〔按〕此不必改。古人引詩、書及謡諺皆稱「詩」。說見秦策三范雎至章箋證。

〔三九〕〔按〕文選謝宣遠於安城答靈運詩注引「行」上有「日」字。

〔四〇〕高誘云：「逸詩。言之百里者已行九十里，適爲行百里之半耳。譬若强弩至牙上，甫爲上弩之半耳。終之尤難，故曰『末路之難』也。」姚範云：「此言行九十里，於百里所餘十里耳，然其難猶敵九十里也。注非。」〔按〕末路，謂路程之尾，猶今言終點。姚說可通。

〔四一〕金正煒云：「『皆』字古與『比』通用。史記吕后紀索隱：『「比」猶「頻」也。』」

〔四二〕金正煒云：「『心』當爲『愚』，損半字，又涉下文作『世主之心』而誤也。」

〔四三〕高誘云：「心，驕約之心也。」鮑彪云：「『依』猶『據』。」〔按〕世主之心，謂當時諸侯之心，高注非。

〔四四〕高誘云：「言不伐楚，則伐秦也，秦、楚之驕侈故也。」

〔四五〕鮑本「秦」下原有「王」字，再衍「王」字。高誘云：「援，助。」〔按〕甘茂約秦、魏而攻楚（見秦策二），此秦人援魏以拒楚也。秦攻宜陽，楚畔秦而合於韓（亦見秦策二），此楚人援韓以拒秦也。

〔四六〕高誘云：「敵，强弱等也。」鮑彪云：「（四國）秦、楚、韓、魏也。韓、魏雖弱，以得援，故與之敵。」

〔四七〕高誘云：「未，無也。」鮑彪云：「敵故不敢輕戰。」金正煒云：「『未』字或本爲『末』，故高氏以『無』爲訓。今文注並誤。若故書爲『末』，即無煩出注矣。」

〔四八〕高誘云：「權，援助之勢也。」鮑彪云：「外，言四國不以爲意。權，言能輕重四國。」關修齡云：「繩墨，蓋喻盟約。言二國在盟約之外也。」〔按〕權，謂二國之舉足輕重，若權之衡物也。

〔四九〕鮑彪云：「此言韓、魏得之。」吴師道云：「下文楚先得齊，可見。」關修齡云：「恐衍『曰』字。『秦』恐『矣』字誤。」安井衡云：「『伐』字句，下衍一『秦』字。」于鬯云：「『奚世幹云：『秦』字疑因下句首「秦」字而誤重。』鬯謂上文言『未能復戰』，此言『伐』，則謂能戰矣。」金正煒、鍾鳳年亦以「秦」字涉下「秦」字而衍，同奚説。金氏云：「左氏莊二十八年傳：『且旌君伐。』注：『伐，功也。』此言先得齊、宋者，即有功伐。」

〔按〕「秦」字當衍，今從之。「伐」從金訓爲長。

〔五〇〕高誘云：「鑠，消鑠也，言其弱。」

〔五一〕高誘云：「韓弱而楚失援，故『孤而受兵』。」

〔五二〕鮑本、吴本「齊」作「之」。金正煒云：「當從鮑本作『楚先得之』。之，謂齊、宋也。劉向謂策字誤以『齊』爲『立』。此由『之』誤爲『立』，後人以『立』字義不可通，因據向説改『齊』。當從鮑本訂正。」鍾鳳年云：「『齊』下必脱一『宋』字。上二語既兼言齊、宋，此語豈可獨缺？」〔按〕當補「宋」字，或從鮑本「齊」作「之」。

〔五三〕高誘云：「魏爲秦與國，魏弱，故秦失援而孤，受諸侯兵也。」

〔五四〕高誘云：「兩國，秦、楚也。」〔按〕此策引吴王、智伯、梁君事爲喻，與上物至必反章、或爲六國説秦王章相類，且並以楚爲説，似互有聯繫，故高注皆以爲説始皇。然按之内容，物至必反章是説始皇無疑；此策當從鮑注爲説秦武王；上章則無從懸揣。劉向編策，或以其説喻相近而類列歟？

2 秦王與中期争論

秦王與中期〔一〕争論，不勝，秦王大怒。中期徐行而去。或爲〔二〕中期説秦王曰：

「悍〔三〕人也。中期〔四〕適遇明君故也。向者遇桀、紂，必殺之矣〔五〕。」秦王因不罪〔六〕。

〔箋證〕

〔一〕高誘云：「中期，秦辨士也。」鍾鳳年云：「此與同策四秦王謂左右章之中期當是一人。揆彼章所言，尚不失爲直言正諫之臣。高注謂爲秦辨士，似未當。」〔按〕據秦王謂左右章此「王」當亦爲秦昭王，鮑彪以爲是武王，無據。

〔二〕吴本「爲」作「與」。〔按〕藝文類聚卷二十五引「或」作「人」。「與」猶「爲」也，見經傳釋詞。

〔三〕鮑彪云：「悍，勇也。勇者多迕。」〔按〕類聚及太平御覽卷四十六引「悍」上並有「此」字。鮑注本説文，但於此文不協。荀子大略篇云：「悍戇好鬬，似勇而非。」楊倞注：「悍，兇戾也。」吕氏春秋處方篇高注亦云：「悍，兇也。」

〔四〕吴師道云：「當曰『中期悍人也』，有錯文。」黄丕烈云：「中期下屬爲句，吴説未是。」

〔五〕高誘云：「有人爲中期説，言遭遇明君，不罪勝己臣，故不見誅也。若其遇桀、紂，則必（姚宏云：「一下有『誅』字。」）殺也。」

〔六〕高誘云：「言桀殺逢蒙，紂殺比干，惡其勝己也。秦王耻襲桀、紂之關，故不罪。」〔按〕類聚、御覽引「不」作「弗」。高注「逢蒙」二字疑倒誤，「蒙」又「豢」字之形譌。豢逢即關龍逢（梁玉繩漢書人表考云：「關龍逢，『關』又作『豢』。……亦曰『關逢』。」）。吕氏春秋自知篇：「魏文侯燕飲，皆令諸大夫論己。或言君之智也。至於任座，任座曰：『君，不肖君也。得中山不以封君之弟，而以封君之子，是以知君之不肖也。』文侯不説，知於顏色。任座趨而出。次及翟黄，翟黄曰：『君賢君也。臣聞其主賢者其臣之言直。今者任座之言直，是以知君之賢也。』」

或人之言，有類翟黃。

3 獻則謂公孫消

獻則謂公孫消曰〔一〕：「公，大臣之尊〔二〕者也，數伐有功〔三〕；所以不爲相者，太后不善公也〔四〕。辛（芈）〔五〕戎者，太后之所親也〔六〕，今亡於楚，在東周〔七〕。公何不以秦、楚之重，資而相之於周乎〔八〕？楚必便之矣〔九〕。是辛（芈）戎有秦、楚之重，太后必悦公，公相必矣〔一〇〕。」

〔箋證〕

〔一〕高誘云：「皆公孫消。」（盧本「皆」作「秦」。按此注有誤，盧改亦非。）鮑彪云：「（獻則）楚人，爲芈戎游説者。（公孫消）秦人。」〔按〕公孫消疑即公孫郝。「郝」字或作「捇」，篆文作「」，「消」字篆文作「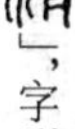」，字形相近而誤（或「捇」先譌作「捎」，再譌作「消」）。爲秦武王所信用，與甘茂争權（見本策二及韓策），故云「公大臣之尊貴者也」。郝在武王時未得爲相。武王四年而卒，弟昭王即位，宣太后當權，郝猶未相，故獻則説之重芈戎以求相也。以時代及史實考之，殆是其人。

〔二〕高誘云：「公，謂公孫消也。尊，重也。」

〔三〕高誘云：「數行戰伐，有功勞也。」

〔四〕高誘云：「太后，楚女，孝文皇后，莊襄王母也。號華陽夫人者也。」「不爲秦相者，不爲芈太后不（按「不」字疑涉上「不」字而衍）善者也。」鮑彪云：「（太后）宣太后。」〔按〕下文「芈戎者」云云，則太后爲宣太后無疑。鮑説是也。秦太后有權者，無如宣太后，孝文后未聞也，高注顯誤。

〔五〕鮑彪改「辛」作「芈」。吴師道云：「當作『芈』，下同。」黄丕烈云：「此形近之譌。韓策謂芈戎曰廢公叔，不誤。」今從之。

〔六〕鮑彪云：「穰侯傳后同父母弟芈戎，爲華陽君。凡芈皆楚人。」〔按〕索隱云：「芈戎後又號新城君。」

〔七〕高誘云：「辛（芈）（按此注亦誤，今正）戎，楚人，自楚王（按「王」當是「亡」之音譌）在東周。東周，洛陽成周也。」

鮑彪云：「戎時未入秦，知爲昭王初也。」〔按〕「於」猶「自」也，高注可證。

〔八〕高誘云：「使辛（芈）戎爲周相也。」

〔九〕鮑彪云：「戎雖以罪去楚，楚既與秦共資之，必爲楚用，故楚利之。」

〔一〇〕高誘云：「公，公孫消也，言必見用爲秦相也。」

4　樓啎約秦魏

樓啎〔一〕約秦、魏，魏太子爲質〔二〕。紛彊欲敗〔三〕之，謂太后曰：「國與還者也〔四〕。敗秦而利魏，魏必負之〔五〕。負秦之日，太子爲糞矣〔六〕！」太后坐王而泣〔七〕。王因疑於太子〔八〕，令之留於酸棗〔九〕。樓子患之。昭衍爲周之梁，樓子告之〔一〇〕。昭衍見梁王。梁王曰：「何聞？」曰：「聞秦且伐魏〔一一〕。」王曰：「爲期與我約矣〔一二〕。」曰：「秦疑於王之約，以太子之留酸棗而不之秦。秦王〔一三〕之計曰：『魏不與我約，必攻我。我與其處而待之，見攻〔一四〕，不如先伐之。』以秦强，折節而下與國〔一五〕。臣恐其害於東周〔一六〕。」

〔箋證〕

〔一〕姚宏云：「『啎』，管子七臣七主篇云：『事無常而法令申，不啎，則國失勢。』注：『啎，古「伍」字，謂偶合也。言雖申布法令，於事不合。』他字書無之。」鮑彪云：「（樓啎）魏人。後又作『梧』。」吳師道云：「按玉篇無『啎』字，有『牾』字。策後作『梧』。韻書，牾、忤；啎、午。荀子『午其軍蘁』。莊子『牾』。燕策『韓子迕』。前漢『走迕』、『遻梧』、『牾』、『捂』、『梧』、『枝梧』，凡十一字，典籍往往通借。」金正煒云：「按魏之樓廓欲合秦，翟彊欲合齊，屢見於策。吳師道以字書無『廓』字，謂當作『鼻』。此文作『啎』，疑亦『鼻』之譌誤。『紛彊』或即『翟彊』。」

〔按〕樓梧見魏策四樓梧約秦魏章。

〔二〕高誘云：「質於秦也。」鮑彪云：「此（魏哀王）十一年朝秦。」吳師道云：「（魏）世家，襄王（按史記原作「哀王」，此爲吳氏所改）十二年，太子朝於秦。秦來拔（按當從史記作「伐」）我皮氏，未拔而解。此策云『太子爲質』，既而留於酸棗。昭衍説後，不去復遣，當缺。」（按「不去」之「去」，當是「云」譌。）〔按〕吳訂鮑注，是也。漢印有「啎」字，有「王啎」、「程啎」、「張啎」等印，見羅福頤漢印文字徵。「啎」同「牾」，與「梧」、「捂」等字並從吾聲，可通借也。林春溥編年、顧觀光編年仍從鮑説繫此策於周赧王八年，當魏襄王十二年，秦武王四年，亦未有據。

〔三〕高誘云：「紛彊，魏臣也。敗，害也。」

〔四〕高誘云：「還，周旋於利也。」鮑彪云：「『還』猶『反』也。兩國相與好惡，循環不定。」關修齡云：「言兩國相校，我以害人，人亦將反之。」中井積德云：「『還』音『旋』。謂彼親則我與之親，彼倍則我亦與之倍也。」金正煒云：「廣雅釋言：『與，如也。』『還』與『環』同。儀禮士喪禮：『布中環幅。』注：『古文「環」作「還」。』言謀國者如環之不定也。」〔按〕「還」讀作「營」。（詩齊風還篇「子之還兮」，漢書地理志「還」作「營」。荀子成相篇「比周還主黨與施」。王念孫云：「『還』讀爲『營』。」）「與」猶「爲」，見經傳釋詞。謂國各自爲謀營，擇利而趨。無信可恃，故下言「敗秦而利魏，魏必負之」。諸説疑非。

〔五〕高誘云：「負，昔也。」鮑彪云：「負，言魏得利而强，將不事秦，所謂還反。」〔按〕高注「昔」字疑是「背」之形訛。

〔六〕鮑彪云：「即所謂糞之。」吴師道云：「糞，棄除也。」王念孫云：「『糞』下當有『土』字。下章呂不韋謂秦質子異人曰：『今子無母於中，外託於不可知之國，一日敗約，身爲糞土。』語意正與此同。」横田惟孝云：「『爲糞』猶言化爲糞壤，諱言其死也。」〔按〕鮑、吴訓「糞」作動詞解。據下章「身爲糞土」句，則作名詞解爲長。

〔七〕盧本「王而」二字誤倒。鮑彪云：「使王坐而泣於前。」關修齡云：「王泣，猶『爲王泣』。」于鬯云：「小戴玉藻記孔義云：『坐，跪也。』曲禮義云：『「坐」亦「跪」也。「坐」通名「跪」，「跪」名亦通「坐」也。』按『坐』與『跪』不甚别，故『跪』即稱『坐』。凡禮經言『坐』，半皆『跪』義。或云太后使王跪而自泣，則以母不應跪子前。」金正煒云：「左氏桓十二年傳：『楚人坐其北門。』注：『坐，守也。』」〔按〕于訓「坐」爲「跪」，義長。但引或云太后使王跪，則非。古人席地而坐，有所請則跪，無别尊卑。秦昭王見范雎，跪而請。君可以跪臣，豈母不可以跪子乎？太后，謂魏太后。

〔八〕高誘云：「疑，不欲令太子質秦。」金正煒云：「周書王佩篇：『時至而疑。』注：『疑，猶豫不果也。』」

〔九〕高誘云：「留，止。」〔按〕酸棗，魏地，見前。

〔一〇〕高誘云：「告昭衍魏太子止酸棗意。」

〔一一〕高誘云：「梁，魏都也，故將伐魏。」

〔一二〕姚宏云：「期，曾作『其』。」吳師道云：「言與我結約矣，何爲而伐？」横田惟孝云：「猶言爲與我約和之期也。」

〔一三〕鮑彪以「王」爲秦昭王，吳師道云：「無考。」

〔一四〕〔按〕呂氏春秋功名篇高注云：「處，居也。」「見攻」謂「被攻」也。

〔一五〕鮑彪云：「與與國共伐魏。」金正煒云：「與國，謂東周也。設言秦約東周攻魏，周無敢不從。又慮結魏之怨，故云恐害東周。」〔按〕折，屈也。折節，謂屈改原意。史記張儀傳亦云：「楚王使勇士北罵齊王，齊王大怒，折節而下秦。」與此句同。與國，泛稱，不必指東周。

〔一六〕高誘云：「昭衍不欲正言害魏也，故詭言恐害東周也。秦來伐，必徑東周故也。」〔按〕此策鮑彪改隸於魏策，吳師道云：「交載秦、魏事，從舊可。」

5 濮陽人呂不韋

濮陽人呂不韋賈於邯鄲〔一〕，見秦質子異人〔二〕。歸而謂父〔三〕曰：「耕田之利幾倍？」

曰：「十倍〔四〕。」「珠玉之贏幾倍〔五〕？」曰：「百倍。」「立國家之主〔六〕贏幾倍？」曰：「無數〔七〕。」曰〔八〕：「今力田疾作，不得煖衣餘〔九〕食。今建〔一〇〕國立君，澤可以遺世〔一一〕，願往事之〔一二〕。」

秦子異人質於趙，處於戼城〔一三〕。故〔一四〕往説之曰：「子傒〔一五〕有承國之業，又有〔一六〕母在中〔一七〕。今子無母於中〔一八〕，外託於不可知之國〔一九〕，一日倍約，身爲糞土〔二〇〕。今子聽吾計，事求歸〔二一〕，可以有秦國。吾爲子使秦必來請子〔二二〕。」

乃説秦王后〔二三〕弟陽泉君曰〔二四〕：「君之罪至死，君知之乎〔二五〕？君之門下〔二六〕無不居高尊位，太子〔二七〕門下無貴者。君之府藏珍珠寶玉，君之駿馬盈外廐，美女充後庭。王之春秋高〔二八〕，一日山陵崩〔二九〕，太子用事〔三〇〕，君危於累卵〔三一〕，而不壽於朝生〔三二〕。説有可以一切〔三三〕，而使君富貴千萬歲〔三四〕，其〔三五〕寧於太山四維〔三六〕，必無危亡之患〔三七〕矣。」陽泉君避席〔三八〕，請聞其説。不韋曰：「王年高矣，王后無子。子傒有承國之業，士倉又輔〔三九〕之。王一日山陵崩，子傒立，士倉用事，王后之門必生蓬蒿〔四〇〕。子異人賢材也〔四一〕，棄在於趙，無母於内，引領西望，而願〔四二〕一得歸。王后誠〔四三〕請而立之，是子異人無國而有國，王后無子而有子也。」陽泉君曰：「然〔四四〕。」入説王后，王后乃請趙而歸之。

趙未之遺，不韋説趙曰：「子異人秦之寵子也〔四五〕，無母於中，王后欲取而子之〔四六〕。使秦而欲屠趙〔四七〕，不顧一子以留計〔四八〕，是抱空質也〔四九〕。若使子異人歸而得立，趙厚送遣之，是不敢倍德〔五〇〕畔施，是自爲德講〔五一〕。秦王老矣，一日晏駕〔五二〕，雖有子異人，不足以結秦〔五三〕？」趙乃遣之〔五四〕。

異人至，不韋使楚服而見〔五五〕。王后悦其狀〔五六〕，高其知〔五七〕，曰：「吾楚人也。」而自子之〔五八〕，乃變其名曰楚。

王使子誦〔五九〕。子曰：「少棄捐在外，嘗無師傅所教學，不習於誦〔六〇〕。」王罷之，乃留止〔六一〕。間〔六二〕曰：「陛下嘗軔車於趙矣〔六三〕，趙之豪傑得知名者不少〔六四〕。今大王反國，皆西面〔六五〕而望大王。無一介之使以存〔六六〕之，臣恐其皆有怨心。使邊境早閉晚開〔六七〕。」王以爲然，奇其計〔六八〕。王后勸立之。王乃召相，令之曰：「寡人子莫若楚，立以爲太子。」

子楚立〔六九〕，以不韋爲相，號曰文信侯，食藍田十二縣〔七〇〕。王后爲華陽太后。諸侯皆致秦邑〔七一〕。

〔箋證〕

〔一〕鮑彪云：「（濮陽）屬東郡。」〔按〕史記呂不韋傳作「陽翟大賈人」。陽翟屬潁川郡（漢書地理志），與此不同。

濮陽，戰國時屬衛，故城在今河南濮陽縣西南。周禮大宰注：「行曰商，處曰賈。」而薛綜注西京賦云：「行者爲賈。」然則「行」、「處」並可稱賈。邯鄲，趙都，見前。史記貨殖傳云：「邯鄲亦漳河之間一都會也。北通燕、涿，南有鄭、衛。」則其地亦爲商業之大埠。

〔二〕高誘云：「異人，秦昭襄王（按「昭」原本作「莊」，顯誤，今正）之孫，孝文之子。昭王時質於趙，時不韋賈邯鄲而見也。」鮑彪云：「（異人）子楚初名。」〔按〕吕不韋傳云：「安國君（即孝文王）有子二十餘人。……中男名子楚。」

〔三〕姚宏云：「曾本（「父」下）有『母』。」〔按〕史記正義引「父」上有「其」字。

〔四〕〔按〕下文云「今力田疾作，不得煖衣餘食」，是當時農民生活艱苦之至，何言贏利十倍？蓋亦誇大之辭耳。否則指大地主階級而言。

〔五〕高誘云：「贏，利。」〔按〕此言商販之利。

〔六〕〔按〕正義引作「立定國之主」。太平御覽卷四百八十引作「立主定國」。

〔七〕高誘云：「多不可數也。」

〔八〕〔按〕正義引「曰」作「不韋曰」三字。

〔九〕高誘云：「餘，饒。」〔按〕正義引「餘」作「飽」。據高注「飽」字誤。

〔一〇〕〔按〕正義引「建」作「定」。

〔一一〕高誘云：「世，後世也。」鮑彪云：「『遺』猶『貽』。」〔按〕正義引「世」上有「後」字，疑涉高注而衍。澤，恩澤。

〔一二〕鮑彪云：「『事』猶『爲』。」横田惟孝云：「願往事之，此句錯簡，宜在『房城』下。事，奉也。」〔按〕此是不韋自決之辭，文氣自足。未安。

〔一三〕吴師道云：「字書無『⿸户卯』字。龍龕手鑑云：『音聊。』」程恩澤云：「策札、史記呂不韋傳正義引此作『聊』，則當爲今東昌府聊城縣。」〔按〕御覽引「⿸户卯」亦作「聊」。東昌府聊城，漢書地理志屬東郡，其地時屬齊，非趙境，異人何能居此？程考非。⿸户卯城是趙邑，其地當離邯鄲不遠，故不韋賈於邯鄲而見之。呂不韋傳云：「子楚爲秦質子於趙。秦數攻趙，趙不甚禮子楚。子楚，秦諸庶孽孫，質於諸侯，車乘進用不饒，居處困，不得意。」

〔一四〕〔按〕「故」與「乃」同義，見經傳釋詞。

〔一五〕盧本「傒」作「溪」。高誘云：「傒子（于鬯云：「注文：『傒子』或刊倒，否則高本策文亦作『傒子』。」按景宋抄本作「傒子」，盧本改作「子傒」。史記索隱引正文及高注並作「子傒」。據下注亦作「子傒」，則此「傒子」二字當倒），秦太子也，異人之異母兄弟。」

〔一六〕〔按〕索隱引無「有」字。

〔一七〕高誘云：「『中』猶『内』也。」〔按〕此謂子傒之母有寵於安國君也。

〔一八〕鮑彪云：「異人母曰夏姬，無寵，如無母然。」〔按〕鮑説據史記，然策此文與史異，不如依本文直解可也。

〔一九〕高誘云：「謂秦託子於趙，安危吉凶，不可知也。」安井衡云：「趙之於秦，利則親之，害則敗之，其情不可預知也。」

〔二〇〕鮑彪云：「棄死且賤也。」

〔二一〕高誘云：「事，治。」鮑彪云：「以求歸爲事。」吴師道云：「劉辰翁云：『計事，猶謀事。』求歸，別句。」〔按〕鮑注爲是，「事」猶「從事」。劉讀未安。

〔二二〕高誘云：「子，異人也。言必使秦來請子於趙。」

〔二三〕高誘云：「秦皇后，孝文皇帝華陽夫人也（按「皇」字當作「王」）。時昭王時也。或言后耳。」〔按〕吕不韋傳云：「安國君（孝文王）有所甚愛姬，立以爲正夫人，號曰華陽夫人。」國策與史記記此事不合，策以王爲孝文王，太子爲子傒，史以王爲昭王，太子爲安國君（孝文王）。核以事理，史記爲是，但不必强國策以就史耳。此王后爲華陽夫人，據史記時尚未爲后，故高注云云。

〔二四〕〔按〕不韋傳作「説華陽夫人姊」。

〔二五〕高誘云：「不韋云：君有不遠圖之罪，知不？」

〔二六〕横田惟孝云：「門下，屬官。」

〔二七〕高誘云：「太子，子傒。」〔按〕子傒未立爲太子，不應云然，當云安國君之愛子。

〔二八〕高誘云：「言昭王年老也。」鮑彪云：「春秋舉成歲，此言其年高。」〔按〕依文義觀之，此「王」指孝文王。高以太子爲子傒，而以王爲昭王，悖矣。

〔二九〕高誘云：「『一日』猶『一旦』也。山陵，喻尊高也。崩，死也。」

〔三〇〕高誘云：「用事，即位治國事。」

〔三一〕高誘云：「君，謂陽泉君也。累卵，至危也。」〔按〕「累卵」見前。

〔三二〕高誘云：「朝生，太（按盧本改作「木」，是）菫也，朝榮夕落，真爲短命不壽也。命將不至終日也。」〔按〕莊子逍遥游篇：「朝菌不知晦朔。」釋文引支遁云：「（朝菌）一名『舜英』，朝生暮落。」又引潘尼云：「木槿也。」此言壽不比木菫長，極言死且不測。

〔三三〕鮑彪云：「權宜也。」横田惟孝云：「一切，謂不問他也。」

〔三四〕〔按〕正義引作「今有計可以使君富貴千萬」。

〔三五〕鮑彪云：「衍『其』字。」〔按〕鮑衍非。「其」猶「將」也，「乃」也，見經傳釋詞。

〔三六〕高誘云：「四維，持之也。」鮑彪云：「四方之隅，不可移也。」吴師道云：「以太山爲四維。」安井衡云：「太山寧矣，而又四維之，極言其寧也。」〔按〕「四維」謂「地維」（地維見淮南子天文訓）。吴説恐非。

〔三七〕高誘云：「患，憂。」

〔三八〕鮑彪云：「離席前請。」

〔三九〕高誘云：「『輔』猶『明』也。」〔按〕「輔」無「明」義，且於文不合，必誤。吕氏春秋慎行篇高注云：「輔，助也。」此「明」字亦當作「助」。 横田惟孝云：「按『士倉』當作『土倉』，韓子有杜倉，即此人。焦氏筆乘『土』即古『杜』省文。」〔按〕此説亦無他據。疑士倉爲子傒之師傅。

〔四〇〕横田惟孝云：「生蓬蒿，無人跡也。」

〔四一〕高誘云：「子異人，名。」

〔四二〕盧本「西」譌作「四」。〔按〕正義引「而願」二字作「欲」字。

〔四三〕高誘云：「王后，華陽夫人耳。」〔按〕誠，若也，如也，見經詞衍釋補遺。六國表集解云：「文王后曰華陽君，生莊襄王子楚。」

〔四四〕〔按〕正義引「然」作「諾」。

〔四五〕金正煒云：「按下文云『無母於中』，又云『秦欲屠趙，不顧一子以留計』，皆言異人之無寵。『寵』字必有譌誤。疑當爲『中』，音近而譌也。……『中子』猶『衆子』。漢書文帝、武帝，皆稱『中子』，以其爲諸姬所出，正與子異人同。」〔按〕寵子，謂王后所寵，故欲取而子之，義自通，不必改字。

〔四六〕高誘云：「（子之）欲爲己子。」

〔四七〕〔按〕坑卒屠民，戰國始有之，侵略戰爭之慘毒益烈。

〔四八〕鮑彪云：「留，不決也。」〔按〕留，止也（見上高注）。言不以一子質趙而止其屠趙之計。

〔四九〕高誘云：「抱，持。」鮑彪云：「此質本以交好，今不能然，故曰『空』。」

〔五〇〕高誘云：「德，恩。」

〔五一〕高誘云：「講，誠。」（姚宏云：「曾本作『誠講』。」）鮑彪云：「必以德絶講好於趙。」吴師道云：「『講』即『媾』字。」〔按〕高注「誠」當作「成」，同策四三國攻秦入函谷章注：「講，成也。」可證。

〔五二〕高誘云：「晏，晚也。日暮而駕，歸火陰也，謂死亡也。」鮑彪云：「天文志：『天子當早作而方崩隕，臣子之心猶謂宫車晚出。』」

〔五三〕高誘云：「結，固。」〔按〕雖，豈也（見經詞衍釋）。言秦王一旦晏駕，異人即位，豈尚不足以結秦好乎。

〔五四〕鮑彪云：「不韋傳秦圍邯鄲，趙欲殺子楚，子楚脱亡歸。與此駁。」〔按〕不韋傳子楚歸在昭王五十年。

〔五五〕高誘云：「楚服，盛服。」鮑彪云：「以王后楚人，故服楚製以説之。」〔按〕鮑説爲是，今標點從之。

〔五六〕高誘云：「狀，皃。」

〔五七〕高誘云：「高，大。」〔按〕「狀」言其外，「知」言其内。「知」同「智」。

〔五八〕高誘云：「夫人楚女也，故曰吾楚人。而自子之，以異人爲己子。」金正煒云：「禮記檀弓：『而曰然。』鄭注：『「而」猶「乃」也。』」

〔五九〕高誘云：「（誦）誦經。」鮑彪云：「誦所習書。」葉適云：「雖秦與戎狄同俗，其君亦未嘗不誦書。」〔按〕説文言部：「誦，諷也。」「諷，誦也。」周禮大司樂注：「倍（按同背）文曰諷，以聲之曰誦。」此謂使子楚背誦書。此秦王當爲安國君。

〔六〇〕高誘云：「習，曉。」吳師道云：「大事記：『不習於誦，此焚（原本「焚」誤作「楚」）書之兆也。』愚按昭王問荀卿，儒無益於人之國，其來久矣。」（葉適習學記言之論同大事記） 姚範云：「孝文王未質於趙，使誦之事，當是始皇有之。聽者不審，遂以爲子楚事。」（援鶉堂筆記）〔按〕姚説雖出推測，亦有其理。史稱始皇年十三歲，莊襄王死。莊襄僅四年，孝文王時已九歲矣，正就傅之年。而此王又恐是指莊襄王，情事始合。

〔六一〕姚宏云：「『止』，曾作『請』。」鮑彪云：「止宮中。」〔按〕「留」與「止」同義，不當重複。「止」疑是「之」字之譌。篆文「之」作「㞢」，「止」作「止」，形似易訛。

〔六二〕高誘云：「間，須臾也。」鮑彪云：「間，政事之隙。」〔按〕鮑注爲長。「間」猶「隙」也。

〔六三〕高誘云：「陛下，謂孝文王也，昔嘗質趙。軔車，止仕（景宋抄本「仕」作「任」）也。不欲言其質，故住車，故止於趙敢國。」（按高注末句不能讀，當有訛文。疑下「故」字衍，「敢」爲「敵」之形誤。）鮑彪云：「軔，礙車木。」〔按〕顧炎武日知録卷二十四云：「蔡邕獨斷：『陛，階也，所由升堂也。天子必有近臣執兵陳於陛側，以戒不虞。謂之陛下者，羣臣與天子言，不敢指斥天子，故呼在陛下者而告之，因卑達尊之義也。上書亦如之。』……據此，則『陛下』猶言『執事』。」

〔六四〕鮑彪云：「以名見知於王。」

〔六五〕高誘云：「面，向。」

〔六六〕高誘云：「存，勞問也。」鮑彪云：「昭二十八年注：一箇，單使也。」〔按〕鮑據左傳昭二十八年「君亦不使一箇辱在寡人」，以「一介」爲「一箇」，正義本作「介」。「箇」即「介」字別體也。

〔六七〕鮑彪云：「有警則然。」于鬯云：「無警如是，預防計密。」

〔六八〕鮑彪云：「子楚之計平平耳。孝文稱爲奇而立之，非老悖乎？」金正煒云：「異人所言，不得爲計，二句亦不相屬。疑『計』字當爲『材』，草書相似而訛也。王奇其材，故王后勸王立之。上文『子異人賢材也』。漢書劉向傳上亦奇其材。晁錯傳孝文雖不盡聽，然奇其材。並與此文同。」〔按〕子楚之言，似有未盡，疑「早閉晚開」下有脱文。若如今本，孝文何能奇之？

〔六九〕鮑彪云：「是爲莊襄王。」

〔七〇〕高誘云：「(食藍田十二縣)官祿。」〔按〕不韋傳作「封爲文信侯，食河南雒陽十萬户」，與此不同。

〔七一〕鮑彪云：「致邑爲太后養地也。」王念孫云：「『秦』當爲『奉』字之誤也。奉邑爲太后之養邑也。魏策：『王嘗抱葛、薛、陰、成以爲趙養邑。』『養邑』猶『奉邑』也。史記吴世家曰：『吴予慶封朱方之縣以爲奉邑。』越世家：『句踐表會稽山以爲范蠡奉邑。』趙世家：『奉邑牟於諸侯。』」金正煒云：「『秦』當爲『養』字譌也。西周策：『以應爲太后養地。』……此文致於太后，當云『養邑』，不得云『奉邑』。」〔按〕「致秦邑」猶言「致邑於秦」，「秦邑」二字爲雙賓語。義自通，不必改字。

〔附論〕

鮑彪云：「按此是子楚以孝文立後，不韋説使歸之。不韋傳則言孝文爲安國君時歸。與此駁。」

〔按〕吕不韋傳索隱云：「按戰國策記其事蹟，多與此傳不同。班固雖云太史公採戰國策，然爲此傳，當別有所聞見，故不全依彼説。或者劉向定戰國策時，以已異聞改彼書，遂令不與史記合也。」高誘吕氏春秋序述不韋交子楚事，多依史記，與策殊異。

6　文信侯欲攻趙

文信侯欲攻趙，以廣河間〔一〕，使剛成君蔡澤事燕。三年，而燕太子質於秦〔二〕。文信侯因請張唐相燕〔三〕，欲與燕共伐趙，以廣河間之地〔四〕。張唐辭曰：「燕者必徑〔五〕於趙。趙人得唐者，受百里之地〔六〕。」文信侯去〔七〕而不快。少庶子甘羅〔八〕曰：「君侯何不快甚也？」文信侯曰：「吾令剛成君蔡澤事燕三年，而燕太子已入質矣。今吾自請張卿〔九〕相燕，而不肯行。」甘羅曰：「臣（請）行之〔一〇〕。」文信君叱去曰〔一一〕：「我自行之而不肯，汝安能行之也！」甘羅曰：「夫項橐生七歲而爲孔子師〔一二〕。今臣生十二歲於茲矣，君其試臣，奚以遽言叱也〔一三〕？」

甘羅見張唐曰：「卿之功孰與武安君〔一四〕？」唐曰：「武安君戰勝攻取，不知其數。攻城墮邑，不知其數。臣〔一五〕之功不如武安君也。」甘羅曰：「卿明知功之不知武安君歟？」曰：「知之。」「應侯之用秦〔一六〕也，孰與文信侯專〔一七〕？」曰：「應侯不如文信侯專。」曰：「卿明知爲不如文信侯專歟？」曰：「知之。」甘羅曰：「應侯欲伐趙，武安君難之，去咸陽七里，絞而殺之〔一八〕。今文信侯自請卿相燕，而卿不肯行，臣不知卿所死之處矣〔一九〕！」唐曰：「請因孺子而行〔二〇〕。」令〔二一〕庫具車，廄具馬，府具幣，行有日矣。

甘羅謂文信侯曰：「借臣車五乘，請爲張唐先報趙〔二二〕。」見趙王〔二三〕，趙王郊迎。謂趙王曰：「聞燕太子丹之入秦與？」曰：「聞之。」「聞張唐之相燕與？」曰：「聞之。」「燕太子入秦者，燕不欺秦也。張唐相燕者，秦不欺燕也。秦、燕不相欺，則伐趙〔二四〕，危矣！

燕、秦所以不相欺者無異故〔二五〕，欲攻趙而廣河間也。今王齎臣五城以廣河間，請歸燕太子，與强趙攻弱燕。」趙王立割五城以廣河間。歸燕太子〔二六〕。趙攻燕〔二七〕，得上谷〔二八〕三十六縣，與秦什一〔二九〕。

【箋證】

〔一〕張琦云：「是時秦已取榆次三十七城，置太原郡，欲遂取太行以東至河也。」〔按〕文信侯即吕不韋。河間，漳水之間，今河北河間縣等地。又趙策三説張相國曰章：「趙萬乘之强國也，前漳、滏，右常山，左河間，北有代。」是河間原爲趙地，是時入秦。下章「前日秦下甲攻趙，趙賂之以河間十二縣」，亦見同策一張儀説秦王章。

〔二〕高誘云：「太子，燕僖王之子子丹也。」〔按〕事見同策三蔡澤見逐於趙章。高注「燕僖王」，史記六國表、燕世家作「燕王喜」，世本同（顔氏家訓書證篇引）。燕策三亦作「燕王喜」，則「僖王」二字當倒，僖、喜通用。

〔三〕姚宏云：「（相燕）曾作『往相燕』。」鮑彪云：「（張唐）秦人。」

〔四〕鮑本無「欲與」下十二字。黄丕烈云：「無者是也。策文在首，史記取之而移於此。有者，乃依史記添入而誤複耳。」

〔五〕鮑彪云：「徑者，道所出也。」横田惟孝云：「史記『燕者』上有『之』字，此恐脱落。」

〔六〕〔按〕史記甘羅傳：「張唐謂文信侯曰：臣嘗爲秦昭王伐趙，趙怨臣，曰得唐者與百里之地。」

〔七〕關修齡云：「據下曰『自請』，蓋文信就請張唐也。去，謂去唐歸其家。」安井衡云：「去，使之去。」金正煒同安井説，云：「吕覽離俗篇：『却而去，不自快。』劉奉世漢書郭詡傳注：『去者，遣之令去。』」〔按〕「去」字本爲自動詞，亦可作他動詞用，則爲使役動詞，其後常有賓語，如前甘茂亡秦章「處女相與語，欲去之」是。此文「去」

下無賓語，則非使役動詞可知。且依文義，亦闕説爲長。高誘齊策注云：「去，離也。」即此義。

〔八〕高誘云：「少庶子，官名。甘羅，文相（按吳師道引「相」作「信」，是。此誤）家臣也。」鮑彪云：「禮庶子掌諸卿大夫之庶子。羅，茂之孫。」吳師道云：「索隱引策甘羅事呂不韋爲庶子，即指此也。（鮑）注以周制言秦官，誤。」張文爜云：「按庶子掌諸侯卿大夫之庶子，周制、秦制未必盡合。秦自有中庶子官，『少』字疑是『中』字之誤。或別有少庶子。高以爲文信家臣，亦牽合。」金正煒云：「周禮冢宰宮伯注引鄭司農云：『庶子，宿衛之官。』禮記文王世子注：『庶子，司馬之屬。』凡言庶子官無稱少者。高氏蓋以商君傳有中庶子，因以少庶子爲官名，疑非確義。左氏昭三十年傳：『敝邑之少卿也。』注：『少，年少也。』羅時方十二歲，故云少耳。」〔按〕此「庶子」當爲卿相家臣之官名，魏策一魏公叔痤病章：「痤有御庶子公孫鞅。」（史記商君傳作「中庶子」）公孫鞅爲公叔痤家臣猶甘羅爲呂不韋家臣，情況相同。韓非子内儲説上：「商太宰使少庶子之市。」又：「卜皮爲縣令，其御史污穢而有愛妻，卜皮乃使少庶子佯愛之。」又内儲説下：「濟陽君有少庶子者不見知。」此並是家臣，皆稱少庶子，當爲官名，非年少之稱。金説未確。俞正燮癸巳類稿卷三周官庶子義謂：「（庶子）此漢人所謂童騎，梁書沈瑀傳所謂縣僮，五代、遼、金、元人所謂孩兒班、寢殿小底、著户郎君及諸王以下祗候小底，明所謂門子，今所謂小茶房，乃周官儀禮之正名庶子也。」俞氏所擬後世之名，未必確符。但庶子乃微官，可以無疑。至中庶子則爲侍御左右之官（見韓策韓公叔與幾瑟争國章吳師道補注），恐與家臣不同。甘羅傳云「事秦相文信侯呂不韋」，明是家臣，高注本之，不能謂爲牽合。

〔九〕高誘云：「張卿即唐。」金正煒云：「史記刺客傳：『衛人謂之慶卿。』索隱云：『卿者，時人尊重之號，猶如相尊美而稱子然也。』」

〔一〇〕姚宏云：「一本『臣』下有『請』字。」〔按〕「行之」謂「使之行」。太平御覽卷四百六十引「臣」下有「請」字，史記同。家臣對主之詞，有之爲是，今補。

〔一一〕鮑彪改「君」作「侯」。吴師道云：「以羅所事言，故稱『君』。」〔按〕上下文並作「文信侯」，則此不當作「君」。姚宏云：「（去曰）曾作『曰去』，劉作『去曰』。」吴師道云：「曾作『曰去』，語勝。」黄丕烈云：「史記作『文信侯叱曰去』。」金正煒云：「韓非内儲説：『夷射叱曰：去。』乾道本亦誤倒『叱曰』二字。」横田本從曾本作「曰去」。

〔一二〕鮑本、吴本「橐」作「槖」。按御覽卷三百八十四引作「項槖」。姚宏云：「史記作『大項槖』。司馬貞音『託』，尊其道德故曰『大』。」鮑彪云：「列子有問日出者，豈其人乎？」（吴師道云：「無稽。」）金正煒云：「淮南説林訓：『項槖使嬰兒矜。』注：『項槖年七歲，窮難孔子而爲之作師。』鮑氏引列子，亦因高氏窮難之説而傳之也。漢書董仲舒傳：『此無異於達巷黨人不學而知也。』孟康曰：『人，項槖也。』其説不知所本，亦不足據。」〔按〕俞正燮癸巳類稿一項槖考列二説：一漢書董仲舒傳及孟康語，此策鮑注，而據淮南子説林訓高注以明鮑所本（金釋悉同，疑據之）。又云：「（達巷黨人）司馬遷加童子之稱，遷必有所據。遷既曰童子，孔子因其言而思執御。國策又言七歲爲孔子師。董仲舒又言：『黨人不學而自知。』論衡實知篇又云：『項託七歲教孔子。』七歲未入小學，性自知也。指事求理，人語略同，『黨人』爲項槖信矣。」劉師培達巷黨人考云：「項槖或曰大項槖。漢儒以項槖釋達巷黨人者，則以『大項』即『達巷』轉音。知者，杜臺卿玉燭寶典四引清潔法行經云：『幼而敏悟，大項是也。』又引關尹内傳：『大項顔淵，非無小舛，俱曰聖童。』杜氏釋曰：『大項，惟史記甘羅云大項槖七歲爲孔子師。論語：達巷黨人者，鄭注：達巷，黨名。董仲舒對策云：良玉不琢，無異於大巷黨人，不學而自知也。注云：大項槖也。』……據杜氏所引，是史記故本作『大』，不作『夫』。漢書董傳亦作『大巷』，今作『達巷』，乃是後儒所更。孟注『大項槖』，今本易『大』爲『人』，尤爲乖舛。竊以論語『達巷』，董生所據，『達』亦作『大』。考之說文辵部『達』字，重文作『达』。又羊部『羍』字注曰：『從羊大聲，讀若達。』是『達』、『大』聲近古通。……『項巷』兩字，古亦同部。淮南子精神訓曰：『澒濛鴻洞。』文選長笛賦則曰：『港洞坑谷。』港、澒互通，即『項』、『巷』同字。……蓋『橐』爲其名，『達巷』則以地爲氏。言有轉歧，則爲『大項』，實則一也。……新序所云『秦項橐』，『秦』乃『泰』訛。泰、太、大古通。」（左盦外集卷三）新序雜事五之「秦項橐」或涉秦甘羅而訛爲秦人（俞正燮亦以爲秦人），然孔子未嘗入秦，何能遇之？劉氏改「秦」爲「泰」，可存一說。又「項橐」亦作「后橐」。隸釋卷十漢童子逢盛碑「才亞后橐」，洪氏云：「趙廣漢傳『銗筩』之『銗』，音『項』。……后，銗偏旁相類。『銗』有『項』音，故借『后』爲『銗』，又借『銗』爲『項』也。」項橐爲孔子師事，後來民間輾轉相傳，演爲孔子項託相問書變文（敦煌變文集卷三），則涉於里巷雜談矣。

〔一三〕高誘云：「奚，何。叱，呵。」金正煒云：「詩葛覃：『言告師氏。』傳：『言，我也。』謂何爲遽叱我也。」〔按〕金釋於文義固順，但戰國時用「言」作「我」者，其例罕見，不如依本字解，亦通。

〔一四〕高誘云：「武安君，秦將白起。」〔按〕漢書韓安國傳注：「『孰與』猶言『何如』也。」

〔一五〕〔按〕劉寶楠愈愚録卷四云：「古人自謙得稱臣，……雖尊貴於卑賤者亦然。……甘羅見張卿云云。……嚴仲子謂聶政曰：『臣有仇；又臣之仇韓相俠累；臣欲使人刺之。……』甘羅年方十二，爲呂不韋舍人，張卿爲秦將，嚴仲子乃韓相，聶政乃市民，……而皆自稱臣，此尊貴於卑賤者稱臣也。張晏曰：『古人相與語，多自稱臣，自卑下之道也。若今人相與言，自稱僕也。』是也。」

〔一六〕鮑彪云：「（用秦）見用於秦。」〔按〕應侯，范睢。

〔一七〕高誘云：「專，權重也。」

〔一八〕高誘云：「難應侯，二萬衆還歸於酈陽（姚宏云：「曾作『二萬衆解於酈陽』。」），賜死於杜郵也。」鮑彪云：

「起傳言『賜劍』。」金正煒云：「去咸陽七里，史作『十里』，水經注作『十七里』，並與此異。」〔按〕此文與白起傳異：「十里」作「七里」，「賜劍自裁」作「絞而殺之」，要以起傳爲正。甘羅傳「七里」同，「絞而殺之」作「而立死於杜郵」。高注首段費解，疑有脱訛。咸陽，秦都，見同策四三國攻秦章。

〔一九〕高誘云：「言白起死於杜郵，但未知卿死何處。」（姚宏云：「『處』，一作『所』。」）〔按〕御覽卷四百六十引作「臣不知卿死所矣」。

〔二〇〕高誘云：「請，聽也。言行（姚宏云：「『行』，一作『因』。」）之燕也。」鮑彪云：「因之請於文信侯。離婁注：『孺子，童子。』」〔按〕御覽引「因」作「聽」，蓋涉高注而誤。「孺子」謂甘羅。

〔二一〕吳本「令」誤作「今」。

〔二二〕高誘云：「報，口也（按盧本「口」作「白」，當是）。往爲張唐先説趙王也。」

〔二三〕鮑彪謂「趙王」爲「悼襄王」。〔按〕甘羅傳謂文信侯言於始皇，使甘羅報趙，趙襄王郊迎甘羅。

〔二四〕金正煒云：「『伐』字疑『代』之譌。韓非飾邪篇：『趙、代先得意於燕，後得意於齊。』皆由一本作『趙』，一本作『代』，傳寫誤併入文耳。又或以代近燕，趙近秦，秦、燕合，故趙、代俱危。」〔按〕金説疑是，但「代」字非誤併入文，代屬趙，近燕，代、趙連稱，猶言趙也。如作「伐趙」，則與下文「攻趙」重複，故知不然。史記亦作「伐」。

〔二五〕高誘云：「異，怪。」〔按〕高此注非。吕氏春秋上農篇注：「『異』猶『他』也。」

〔二六〕横田惟孝云：「史記『歸燕太子』上有『秦』字，此恐脱落。」

〔二七〕鮑彪「趙」上補「與」字。黄丕烈云：「案史記無，鮑補誤。」安井衡云：「趙獨攻燕，故與秦所得什一，而秦不敢違。若秦出師，則秦爲兵主，趙安得與之什一，而秦亦肯聽之哉？鮑補謬甚。」

〔二八〕鮑彪云：「（上谷）幽州郡。」程恩澤云：「今（河北）宣化府及順天府之昌平州皆其地。其郡治沮陽，則今之懷來縣也。」

〔二九〕姚宏云：「史記：『得上谷三十城，令秦有十一。』後語：『三十餘城，令秦有其十二。』」鮑彪云：「以十之一與秦也。羅傳有。」吴師道云：「索隱云：『謂以十一城予秦也。』二説未知孰是。」

〔附論〕

司馬光云：「甘羅以稚子名顯於世，非有他奇略，正以勢攻張唐耳。」

7 文信侯出走

文信侯出走〔一〕，與司空馬之趙〔二〕，趙以爲守相〔三〕。秦下甲〔四〕而攻趙。

司空馬説趙王〔五〕曰：「文信侯相秦，臣事之，爲尚書〔六〕，習秦事。今大王使守〔七〕小官，習趙事。請爲大王設〔八〕秦、趙之戰，而親觀其孰勝。趙孰與秦大？」曰：「不如。」「民孰與之衆？」曰：「不如。」「金錢粟孰與之富？」曰：「弗如。」「國孰與之治？」曰：「不如。」「相孰與之賢？」曰：「不如。」「將孰與之武？」曰：「不如。」「律令孰與之明？」曰：「不如。」司空馬曰：「然則大王之國，百舉而無及秦者，大王之國亡。」趙王曰：「卿不遠趙而悉（惠）教〔九〕以國事，願於因計〔一〇〕！」司空馬曰：「大王裂趙之半以賂秦。秦不接刃〔一一〕而得趙之半，秦必悅。内惡趙之守〔一二〕，外恐諸侯之救，秦必受之〔一三〕。秦受地而郄(却)〔一四〕兵，趙守半國以自存。秦銜〔一五〕賂以自强，山東〔一六〕必恐。亡趙自危〔一七〕，諸侯必懼。懼而相捄〔一八〕，則從事可成〔一九〕。臣請大王約〔二〇〕從。從事成，則是大王名亡趙之半，實得山東以敵秦，秦不足亡〔二一〕。」趙王曰：「前日秦下甲攻趙，趙賂以河間十二縣〔二二〕，地削兵弱，卒不免秦患。今又割趙之半以强秦，力不能自存，因以亡矣。願卿之更計〔二三〕！」司空馬曰：「臣少爲秦刀筆〔二四〕，以官長而守小官〔二五〕，未嘗爲兵首〔二六〕。請爲大王悉趙兵以遇〔二七〕。」趙王不能將〔二八〕。司空馬曰：「臣效愚計，大王不用，是臣無以事大王。願自請〔二九〕。」

司空馬去趙，渡平原。平原津令〔三〇〕郭遺勞而問：「秦兵下趙，上客〔三一〕從趙來，趙事何如？」司空馬言其爲趙王計而弗〔三二〕用，趙必亡。平原令曰：「以上客料〔三三〕之，趙何時亡？」司空馬曰：「趙將武安君，期年而亡〔三四〕。若殺武安君，不過半年。趙王之臣有韓倉者，以曲〔三五〕合於趙王，其交甚親，其爲人疾〔三六〕賢妬功臣。今國危亡，王必用其言，武安君必死〔三七〕。」

韓倉果惡之〔三八〕，王使人代〔三九〕。武安君至，使韓倉數之曰〔四〇〕：「將軍戰勝，王觴將軍〔四一〕。將軍爲壽於前〔四二〕而捍匕首〔四三〕，當死。」武安君曰：「緰〔四四〕病鉤〔四五〕，身大臂短，不能及地。起居不敬〔四六〕，恐懼死罪於前〔四七〕，故使工人爲木材以接手〔四八〕。上若不〔四九〕信，繓請以出示〔五〇〕。」出之袖中，以示韓倉，狀如振捆〔五一〕，纏之以布。「願公入明之！」韓倉曰：「受命於王，賜將軍死，不赦。臣不敢言〔五二〕。」武安君北面再拜賜死〔五三〕，縮劍將自誅〔五四〕，乃曰：「人臣不得自殺宫中。」遇（過）司〔空〕馬門〔五五〕，趣甚疾，出諏門〔五六〕也，右舉劍，將自誅〔五七〕，臂短不能及，銜劍，徵之於柱以自刺〔五八〕。武安君死。五月趙亡〔五九〕。

平原令見諸公，必爲言之〔六〇〕，曰：「嗟嗞〔六一〕乎司空馬！」又以爲〔六二〕司空馬逐於秦，非不知也；去趙，非不肖也。趙去司空馬而國亡〔六三〕。國亡者，非無賢人，不能用也〔六四〕。

【箋證】

〔一〕鮑彪云：「始皇十年，（吕不韋）免相就國。十二年，徙蜀，飲酖死。」〔按〕出走，謂其徙蜀。

〔二〕鮑彪云：「（司空馬）不韋吏也。」吴師道云：「説文：『與，黨與也。』馬爲文信黨人，故文信走而馬亦亡，吴氏疑衍，非也。又始皇本紀：『不韋死，竊葬。其舍人臨者晉人也，逐出。』司空馬逐於秦，則亦三晉人也。」〔按〕「司空」本爲官名，漢書百官公卿表注引如淳云：「律，司空主水及罪人。賈誼曰：輸之司空，編之徒官。」此是漢制。睡虎地秦墓竹簡中有傜律及司空律，亦説明秦有其官，主管工程及刑徒。又「司空」爲姓氏，通志氏族略云：「士蔿爲晉司空，因氏焉。晉大夫胥臣號司空季子，又司空靖、司空督。惟晉官備司空，餘國無之。」言司空氏者係出於晉。」此「司空馬」或是官司空而名馬者。若如金釋所據始皇本紀所言，與「司空氏係出於晉」合，則司空馬當爲姓名矣。

〔三〕高誘云：「守相，假也。」鮑彪云：「守相，假也。」鮑彪云：「守，假官也，馬爲之。」橫田惟孝云：「據下文曰『守小官』，則非國相。」〔按〕史記趙世家：「（孝成王）十七年，假相大將武襄君攻燕。」又廉頗傳：「趙以尉文封廉頗爲信平君，爲假相國。」「守相」疑即「假相」、「假相國」之類。以其官爲代署，非真除。故高注云：「假也。」下云「小官」或是謙詞。

〔四〕高誘云：「甲，兵。」

〔五〕〔按〕趙王，爲趙幽繆王。

〔六〕鮑彪云：「（尚書）秦官，屬少府。」〔按〕見漢書百官公卿表。

〔七〕姚宏云：「『守』，一作『臣』。」

〔八〕鮑彪云：「設者，無其事施陳爲之。」〔按〕「設」猶「假設」。

〔九〕鮑本、吳本「悉」作「惠」。盧本「教」譌作「敵」。〔按〕不遠趙，謂不以趙爲遠。「悉」當從鮑作「惠」，今改。

〔一〇〕高誘云：「『因』猶『受』也。」鮑彪云：「『因』非正爲之，猶秦王謂陳軫以其餘爲寡人計也。」橫田惟孝云：「『於因』疑倒，當作『因於計』。『因』猶『依』也，言依於馬計謀也。」安井衡云：「於，爰。願爰因前所論而計之。」金正煒云：「策文『於』、『爲』通用，『於』猶『爲』也。又爾雅釋詁：『於，代也。』說文：『因，就也。』言願司空馬因趙之國勢而爲計也。」〔按〕「於」猶「以」也。（見經詞衍釋）謂願以受計。管子心術上篇云：「因也者舍己而以物爲法者也。」舍己則能受，故高訓爲「受」。

〔一一〕〔按〕「接刃」猶「交戰」。孟子梁惠王上篇：「填然鼓之，兵刃既接。」趙岐注：「兵刃已交。」

〔一二〕鮑彪云：「秦雖悦於得地，趙猶有守之者，秦所患也。」張居正云：「『内惡』以下，再度秦之詞。」〔按〕此謂秦雖攻趙，但又畏趙之堅守及諸侯之救，故知其必受地。鮑注非。中井積德亦云：「是就未割時言之。」是也。

〔一三〕姚宏云：「『之』，一作『地』。」鮑彪云：「患於有守有救，則其受之不得不急。」

〔一四〕姚宏云：「『郄』，一作『却』。」鮑彪改「郄」作「却」。吴師道云：「此書『却』通。姚本作『郄』，同。」〔按〕字當作「却」，今正。

〔一五〕横田惟孝云：「『銜』疑『得』訛。」〔按〕「銜」字狀其吞噬而口銜之，義自通，不必字訛。

〔一六〕〔按〕山東，諸山東諸侯。程恩澤云：「凡殽、函以東，皆山東也。」

〔一七〕高誘云：「亡，失。」鮑彪云：「趙亡，則五國有脣亡之憂。」

〔一八〕鮑本、吴本「捄」作「救」，同。

〔一九〕吴本「可」作「有」。高誘云：「山東六國相親，從（姚宏云：「一上有『則』字。」）事可成。」

〔二〇〕鮑本、吴本「請」下有「爲」字。高誘云：「約，結。」

〔二一〕高誘云：「言輕之也。」（姚宏云：「一言上有『不足』二字。」）〔按〕此是誇辭。六國數合從，未嘗危秦，況當始皇之時，秦益强大乎？

〔二二〕〔按〕趙賂秦河間十二縣，史記不載，疑即上章甘羅説趙割五城以廣河間事。

〔二三〕鮑本、吴本無「之」字。鮑彪云：「『更』猶『易』。」吴師道云：「王之言是，馬之言非。更如字可。」田汝成曰：「促國恃援，策不可用。然馬亦先爲不可用者以言趙王，蓋本欲得趙兵而將之，與秦角也。」

〔二四〕姚宏云：「（刀笔）一本作『奉笔』。」鮑本、吴本「笔」作「筆」。〔按〕「笔」乃「筆」之或字。鮑彪云：「謂爲尚書也。筆以書札，刀削其不當者。」〔按〕漢書蕭何傳顔注：「刀所以削書也。古者用簡牒，故吏皆以刀筆自隨也。」

〔二五〕鮑本「小官」作「小吏」。鮑彪云：「其官之長，任之屬吏。」潘和鼎云：「以當是之。『官長』二字不當連文。『臣少爲秦刀筆之官，長而守小吏』句，義順。此（小吏）姚本作『小官』，不誤。疑上『官』字或有作『吏』者；鮑本作『小吏』，乃校者誤屬之下耳。刀筆稱吏，史記蕭何世家贊、張釋之傳可證。」（于注引）中井積德云：「『以官長』一句，疑衍文。」鍾鳳年云：「上『官』字義難通，疑爲隸書『克』字之譌。原作『𠂤』，極似『官』字。詩大雅云：『克長克君。』此蓋言以克勝任而守小官也。」〔按〕潘校較長。

〔二六〕鮑本「首」作「百」，改作「臣」；讀「兵」字句，「臣」屬下讀。關修齡云：「『兵首』猶『戎首』，此謂將也。謙言惟守小官，未嘗爲將也。」金正煒云：「説文『首』作『𦣻』，與『百』相似，因以致誤。於文當爲『兵百』。『百』與『伯』通。爾雅釋詁：『伯，長也。』周書武順解：『四卒成衛曰伯。』呂覽簡選篇：『齊桓公良車三百乘，教卒萬人，以爲兵首。』高注：『首，始也。』與此文不合。」〔按〕關説可通。

〔二七〕高誘云：「遇秦敵也。」金正煒云：「荀子大略篇：『無用吾之所短，遇人之所長。』注：『遇，當也。』齊策：『以與王遇。』注：『遇，敵也。』並與此同。高注『秦』字疑本在正文『遇』下，誤淆於注中。釋『遇』爲『敵』，正與齊策注合。正文得『秦』字，於義乃完。」

〔二八〕高誘云：「趙不（姚宏云：「一本『趙』下有『王』字。」）能用司馬（姚宏云：「一作『司空馬』。」）爲將。」〔按〕「將」猶「將之」，此省賓語。

〔二九〕高誘云：「自請而去。」

〔三〇〕鮑彪云：「列女傳有趙津吏，蓋此官也。」程恩澤云：「按史記正義，德州平原縣南六十里，有張公故城，城東有水津焉，後名張公渡。恐此平原郡古津也。漢志，篤馬河至平原東北入海，此蓋津渡處。顧祖禹曰：『今山東平原縣西南有平原津，黃河津濟之所也。』」

〔三一〕高誘云：「上客，尊客。」

〔三二〕鮑本「弗」原作「勿」，改作「不」。吳師道云：「一本作『弗』，勝。」

〔三三〕高誘云：「料，數。」

〔三四〕高誘云：「武安君，李牧也。趙若用之爲將，可期（按「期」下疑脱「年」字。或作「朞」，謂「朞年」）而亡。」王鏊曰：「齊之亡也，得一田單，而田單再昌。李牧之賢，不遜於田單，馬謂雖將武安，期年而亡者，大厦之傾，固非一木所支也。」

〔三五〕高誘云：「曲，邪。」

〔三六〕〔按〕「疾」同「嫉」。

〔三七〕高誘云：「韓倉必讒殺武安也。」

〔三八〕鮑彪云：「（惡之）惡牧。」

〔三九〕鮑本、吳本「使」作「令」。高誘云：「人代武安君爲將也。」〔按〕史記李牧傳：「趙王使趙蔥及齊將顔聚代李牧。」

〔四〇〕高誘云：「數，讓。」鮑彪云：「數列其罪。」

〔四一〕高誘云：「觴，酒爵也。」〔按〕此「觴」作動詞用，謂飲人以酒。魏策二「梁王魏嬰觴諸侯於范臺」，正與此同。高注非。

〔四二〕鮑彪云：「（壽）上趙王壽。」〔按〕謝飲稱壽。

〔四三〕姚宏云：「『捍』，劉一作『捭』。」吳師道云：「按李善注文選引此（作「捭」）。說文『捭』，兩手擊也。希賈反。」黃丕烈云：「此謝靈運之郡初發都詩注，李：音希賈反。『捭』字是也。作『捍』者，形近之譌耳。」鮑彪云：「（匕首）刃名，蓋其首如匕。漢鹽鐵論：『荆軻懷數年之謀而事不就者，尺八匕首，不足恃也。』捍，衛也。誣其以匕首自衛，如欲刺王然。」安井衡云：「此舉往事而數之也。」〔按〕捍、捭二字蓋可通，但從下文「使工人爲木材以接手上」語觀之，「捭」字爲長。鬼谷子注：「捭，撥動也。」此以李牧臂短，纏木接手，以便起拜，乃誣其手撥匕首於王前也。

〔四四〕高誘云：「繓，李牧名。」吳師道云：「繓，子活反。說文：結也。」〔按〕吳不以「繓」爲牧名，則於下「繓請以出示」難解。當從高注。王引之經義述聞卷二十三春秋名字解詁下云：「『繓』當爲『棷』古『藪』字。……秦策亦是，『棷』譌爲『樶』，傳寫者又譌爲『繓』耳。名藪字牧者，天官大宰九職，四曰藪牧，養蕃鳥獸。」

〔四五〕鮑彪云：「短傴如鉤。」吳師道云：「病鉤，即所謂臂短也。」金正煒云：「『鉤』與『拘』通。素問生氣通天論：『緛短爲拘。』」

〔四六〕安井衡云：「言拜起不能如禮。」

〔四七〕鮑彪云：「不敬者其罪死，故以死懼。」王念孫云：「文選謝靈運初發都詩注引此『懼』作『獲』，於義爲長。」

〔四八〕高誘云：「接，續。」王念孫云：「文選注引此『材』作『杖』，於義爲長。『木杖』必使工爲之，故曰『使工人爲木杖』。若作『木材』，則非其恉矣。『杖』與『材』疑以形近而誤。」

〔四九〕金正煒云：「以『上』爲『君』，雖見經傳注疏。然如周禮司書：『凡上之用財用，必考於司會。』注：『上謂王與冢宰。』呂覽審應篇：『其不如在上也。』注：『上，謂官。』是『上』之爲稱，猶未專屬一尊也。其以『上』爲尊位所在，但言『上』，不敢言尊號，蓋自秦、漢以來，周末猶無可徵。此文『上』字疑是『王』之缺損。」〔按〕文選之郡初發都詩注引「不」作「弗」。

〔五〇〕〔按〕文選注此句作「請視之」。

〔五一〕姚宏云：「『捆』，曾作『桐』。」鮑本「捆」作「梱」，盧本作「梱」。鮑彪云：「捆，就也。蓋爲木接手，可以就地，因以舉身也。集韻「梱」，門橛也。又「棞」，衵也；與「楎」同，音衮，犂轅也。疑此木類此，故名。」吳師道云：「一本『梱』，集韻以『因』爲『梱』。今鮑本作『梱』，而說乃作『梱』，恐刊本誤。『梱』乃木名，鮑先據『梱』字，以就地因舉身爲說，迂曲。又以爲『梱』，苦本反，門橛也；此字頗近而通。既又引『棞』、『楎』爲言，則汩矣。蓋牧右臂短，故爲木材接之，如振動梱橛也。匕首挾以刺人，牧爲壽王前，不敢出其振梱，有若捍匕首，故以挾匕首罪。」（吳曾祺云：「以字義求之，當以『梱』字爲近。」）黃丕烈云：「吳說亦非也。此『捆』字乃『捆』字形近之譌，讀當以『捆纏之以布』爲句。狀如振，振乃狀木材所如之物者。其字亦有誤，當闕。」（此讀「振」字句，「捆」屬下讀。）橫田惟孝云：「『振捆』未詳，要之必器材名。」安井衡云：「按『梱』與『因』同。曾本作『桐』；桐，橫木。皆不可通。鮑讀爲『梱』，差近矣，但其三訓皆非也。竊謂『梱』，叩也。『振梱』蓋織屨之具。振其緻密，故名『振梱』。」〔按〕「振、捆」是一物，「捆」當從吳說作「梱」。「振」疑當作「桭」（唐人寫書，從木從扌不分）。文選甘泉賦：「日月纔經於柍桭。」注：「服虔曰：桭，屋梠也。」「屋梠」即「屋檐」，借喻爲「屋宇」。「桭梱」猶謂「門橛」。

〔五二〕高誘云：「言不敢明將軍。」

〔五三〕鮑彪云：「拜賜死之命。」

〔五四〕高誘云：「縮，取。」鮑彪云：「『縮』當作『摍』。集韻『引』也，『抽』也。」

〔五五〕姚宏云：「劉一作『過司馬門』。」鮑彪改「遇」作「過」，衍「空」字。今從之。鮑彪云：「（司馬門）宮門。」金正煒云：「司馬門者，宮之外門。」〔按〕齊有司馬門，見新序卷二齊有婦人極醜章及列女傳卷六齊鍾離春篇。賈子新書卷五荀齊篇：「天子宮門曰司馬，……諸侯宮門曰司馬。」

〔五六〕鮑本「諔」原作「訹」，改作「誃」，注云：「誃，别也。」（按鮑本「訹」字即「諔」字，草書「叔」字與「升」字形似，故「諔」誤爲「訹」也。）盧本從作「誃」。　吳師道云：「未詳。」　關修齡云：「誃、謻通，離也。東京賦云：『謻門曲榭。』是別有門也。」　于鬯云：「此趙宮門，『諔』其名也，……實與所謂『謻門』者殊不涉也。」　金正煒云：「『諔』當爲『誎』。説文『宋』或作『誎』。『誎門』即『棘門』也。杜預左傳注：『古字音同，皆相假借。』……鮑改爲『誃』，『誃』與『謻』同。東京賦『謻門曲榭』，……無定處也。司馬門之外，故知當爲棘門。鮑改殊不足據。」〔按〕「諔門」乃趙宮門名，不必妄生推測。

〔五七〕姚宏云：「『誅』，一作『殺』。」

〔五八〕鮑彪云：「『徵』猶『驗』也。口銜劍，不自知其可死，即柱以爲驗也。」　吳師道云：「銜劍於口，因柱以自刺，驗其手之不能及也。」　關修齡云：「『徵』讀爲『承』，言承劍首於柱也。」　横田惟孝云：「『徵』義未詳，疑當作『質』。惠文王策（按即趙策）：『吳干之劍，質之石上而擊之，則碎爲百。』柱蓋謻門之柱也。」黄式三編略改「徵」作「入」。　安井衡云：「徵，證也；證，質也。質劍把於柱以自刺，以臂短也。」　于鬯云：「此『徵』字當讀爲『懲』。詩沔水篇毛傳云：『懲，止也。』後漢書王充傳李注引作『銜刀於柱以自殺』。」〔按〕鮑、吳説迂曲不合。關説較長。徵、承同韻部，音近相通。左氏昭二十一年傳：「子皮承宜僚以劍而訊之。」又哀十六年傳「承之以劍」，吕氏春秋貴生篇「右抽劍以自承」，並因此義。

〔五九〕高誘云：「亡，滅也。上所謂不過半年，秦將王翦破趙爲郡也。」　鮑彪云：「此（幽王）七年，誅牧。八年，邯鄲爲秦。」

〔六〇〕鮑本、吳本「言之」作「之言」。

〔六一〕姚宏云：「劉一無『嗞』。」盧本「嗞」作「兹」。王引之云：「說文『嗞，差言也。』廣韻：『嗞嗟，憂聲也。』倒言之則曰『嗟嗞』，或作『嗟兹』，或作『嗟子』。詩綢繆曰：『子兮子兮。』毛傳曰：『子兮者，嗟兹也。』管子小稱篇曰：『嗟兹乎，聖人之言長乎哉！』」又引此策（經傳釋詞卷八）。

〔六二〕鮑彪改「爲」作「謂」。〔按〕爲、謂古字通，不必改。

〔六三〕鮑本「國亡」作「亡國」。張居正云：「趙亡本不繫司空馬之去，故於李牧之死，事猶加詳。末獨歸重於司空馬，乃結法當然耳。」

〔六四〕鮑彪移此章於趙策幽王下。

〔附論〕

鮑彪云：「從横之說，皆有所偏，而從人欲合六弱以攻一强，其勢若可爲也，患諸侯之不一耳。使諸侯而明於事變，不惑小利，不修小怨，併力合慮而西，雖不可以大有爲，其於蹙秦有餘。惜乎，當時不知此也！自蘇秦死，從終不堅。秦兵四出，諸侯挫於走北，其氣奪矣。司空馬欲以此時割趙之半說秦而反其兵，因以復合天下之從，豈不謬哉？夫以全趙，猶惴惴不自保，安能守半趙以自存乎？秦有併吞天下之心，雖得半趙，不盡不止（鮑、吳合注四部叢刊本「止」誤作「正」，此據鮑單注本），而何以說之？諸侯勢去，自春申不能從以難秦，司空馬獨能之乎？故趙幽之亡，罪在用韓倉而殺李牧，無與司空馬。平原令非篤論也。」

吳師道云：「秦策秦王資頓弱以金，北遊燕、趙，而殺李牧。史稱秦多與趙王寵臣郭開金，爲反間而殺牧。而廉頗傳稱頗之仇郭開與使者金，使毁頗。及張釋之傳云：『趙用李牧，幾霸。會趙王遷立，其母倡也。遷用郭開讒，卒誅李牧。』列女傳云：『趙悼后者，邯鄲倡女，前嫁，亂一宗族。既寡，悼襄王以其美而娶之。李牧諫云，不聽。後生子遷，立爲幽閔王。后通於春平君，多受秦賂，而使王誅其良將李牧。趙亡後，大夫怨倡后之譖太子喜、殺李牧，乃殺倡后，滅其家。」諸説皆可互考。但史因廉頗不受代事，而誤以爲牧。恐郭開、韓倉亦有差互耳。」

全祖望經史問答卷八云：「趙策（按全據鮑本，故云然）中此篇最足感動人，令讀者流涕，史記不知何以不用。吳禮部曰：『蓋因廉頗不受代事而誤加之牧。』是也。須知牧既不受代，當時趙將誰復能捕之者？其妄明矣。」

〔按〕史記李牧傳謂趙王使人代李牧，李牧不受命，趙使人微捕得李牧，斬之。與此策不同。呂祖謙云：「按戰國策載司空馬去趙，謂平原令曰趙將武安君云云。其恭如此。李牧傳乃謂李牧不受命，趙使人因捕得，斬之。非也。使不受命，韓倉安得而數之？豈非以廉頗不受代事而誤載乎？」（大事記解題卷六）吳氏謂因廉頗事誤爲牧，即本之。秦賂郭開金，使反間殺李牧，亦見趙策四秦使王翦攻趙章，蓋傳聞異辭也。

8　四國爲一

四國爲一〔一〕，將以攻秦。秦王召羣臣賓客六十人而問焉，曰：「四國爲一，將以圖秦，寡人屈〔二〕於內，而百姓靡於外〔三〕。爲之奈何？」羣臣莫對。姚賈〔四〕對曰：「賈願出使四國，必絶其謀而安〔五〕其兵。」乃資〔六〕車百乘，金千斤，衣以其衣冠，舞（帶）以其劍〔七〕。姚賈辭行〔八〕，絶其謀，止其兵，與之爲交以報秦〔九〕。秦王大悦賈，封千户，以爲上卿〔一〇〕。韓非知〔一一〕之，曰：「賈以珍珠重寶，南使荆、吳，北使燕、代〔一二〕之間，三年。四國之交未必合也，而珍珠重寶盡於內。是賈以王之權，國之寶〔一三〕，外自交於諸侯。願王察之！且梁監門子〔一四〕，嘗盜於梁，臣於趙而逐〔一五〕。取世監門子〔一六〕，梁之大盜，趙之逐臣〔一七〕與同知社稷之計〔一八〕，非所以厲〔一九〕羣臣也。」

王召姚賈而問曰：「吾聞子以寡人財交於諸侯，有諸？」對曰：「有〔二〇〕。」王曰：「有何面目復見寡人？」對曰：「曾參孝其親，天下願以爲子。子胥忠於君，天下願以爲臣。貞女工巧〔二一〕，天下願以爲妃〔二二〕。今賈忠王而王不知也。賈不歸四國，尚焉之？使賈不忠於君，四國之王尚焉用賈之身〔二三〕？桀聽讒而誅其良將〔二四〕，紂聞〔二五〕讒而殺其忠臣〔二六〕，至身死國亡〔二七〕。今王聽讒〔二八〕，則無忠臣矣！」王曰：「子監門子，梁之大盜，趙之逐臣。」姚賈曰：「太公望齊之逐夫〔二九〕，朝歌之廢屠〔三〇〕，子良之逐臣〔三一〕，棘津之讎不庸〔三二〕，文王用之而王〔三三〕。管仲其鄙人之賈人〔三四〕也〔三五〕，南陽之弊幽〔三六〕，魯之免囚〔三七〕，桓公用之而伯。百里奚虞之乞人，傳賣以五羊之皮，穆公相之而朝西戎〔三八〕。文公用中山盜而勝於城濮〔三九〕。此四士者，皆有詬醜，大誹天下〔四〇〕，明主用之，知其可與立功〔四一〕。使若卞隨、務光、申屠狄〔四二〕，人主豈得其用哉？故明主不取其汙，不聽其非，察其爲己用〔四三〕。故可以存社稷者，雖有外誹者不聽。雖有高世之名，無咫〔四四〕尺之功者不賞。是以羣臣莫敢以虛願望於上〔四五〕。」秦王曰：「然。」

乃可〔四六〕復使姚賈，而誅韓非〔四七〕。

【箋證】

〔一〕高誘云：「四國，燕、趙、吳、楚也。」鮑彪云：「荆、齊、燕、代，見下文。」〔按〕高注即據下文「荆、吳、燕、代」，荆即楚，代即趙。鮑注改「吳」作「齊」，無據。辨見後。四國爲一以伐秦，史記不載，殆以秦用姚賈策，其謀未成也。

〔二〕高誘云：「屈，客。」鮑彪云：「財力困也。」〔按〕高注「屈客」無義，「客」字當誤。吕氏春秋慎勢篇注云：「屈，竭也。」此「客」或是「空」之形誤，空、竭義近。荀子禮論篇：「案屈然已。」楊倞注云：「屈然，空然也。」亦其證。

〔三〕高誘云：「靡，盡。」〔按〕謂民服軍役已盡。

〔四〕姚宏云：「『姚』，劉、曾本皆作『桃』。」高誘云：「姚賈譏周公誅管、蔡不仁不知者，在孟子之篇也。」鮑彪云：「（姚賈）魏人（鮑、吳合注四部叢刊本「人」誤作「安」，此據鮑單注本）。」又云：「高誘妄人也，注此書謬妄非處。如此策以姚賈爲陳賈，不考其歲月。賈乃與李斯同時，安得見於孟子之書？」吳師道云：「考之趙策，趙使姚賈約韓、魏。時雖不可考，其云趙使，則趙臣也。魏策周冣入齊，秦王怒，令姚賈讓魏王。秦武、魏襄時也（按鮑本魏策此章在哀王下，吳改「哀王」爲「襄王」，但當秦武之世則一，故云）。其云秦令，則秦臣也。此策姚賈梁監門子，則魏人仕秦，並始皇、李斯時者，殆非一姚賈矣。姚以舜姓得爲陳，高不爲無據。使誠孟子書所稱，當與秦武、魏襄相及，並始皇、李斯者則非。然未知的爲一人，而高輒以此姚賈爲孟子書譏周公不仁不智者，固非矣。」〔按〕高據孟子，見公孫丑下篇，作「陳賈」。

〔五〕高誘云：「絶，斷。安，止。」鮑彪改「安」作「案」。黄丕烈云：「鮑改誤也，高注即其證矣。」〔按〕「安」與「案」通用，不必改。

〔六〕〔按〕「資」即「齎」，見前。

〔七〕姚宏云：「『舞』，劉本作『帶』。」鮑本無「冠」字，讀「衣」字句，注云：「以王衣衣之，寵之也。古者飲則以劍舞，今以王劍賜之，使爲舞時用。」黄丕烈云：「按齊策有冠舞其劍，正同。舞者，『帶』字俗作『帶』而譌也。」王念孫云：「此文當作『衣以其衣，冠以其冠，帶以其劍』。謂衣以王之衣，冠以王之冠，帶以王之劍也。今本脱去『以其冠』三字，『帶』字又譌作『舞』。隸書『帶』字或作『帶』，因譌而爲『舞』。」金正煒云：「『其』當爲『王』，古字『其』作『亓』，形相近而誤。」〔按〕「帶」字常譌作「舞」，齊策「舞其劍」（見後），論衡謝短篇「佩刀於右，舞劍於左」（説見孫詒讓札迻）。「舞」並是「帶」之譌。此文亦然。今從正。但黄讀「冠舞」爲句，王謂「冠」下有脱文，恐非。齊策一靖郭君善齊貌辨章：「衣盛王之衣冠，舞（帶）其劍。」（王氏亦以「冠」下脱「其冠」二字）與此相同，言「衣」不言「冠」者，乃探下而省，猶言衣冠其衣冠也。

〔八〕〔按〕辭行，謂辭而去。

〔九〕〔按〕二「其」字及「之」字，並謂四國。

〔一〇〕姚宏云：「（賈封）劉一作『封賈』。」〔按〕史記韓非傳集解引作「封姚賈千户以爲上卿」。則「賈封」字當倒，而讀「秦王大説」句。

〔一一〕姚宏云：「『知』，一作『短』。」史記注引戰國策曰：「姚賈、韓非知之。」横田本從一本作「短」。高誘云：「韓非，韓公子也，著刑名之書十餘萬言。是時在秦，故知（姚宏云：「『知』，一作『短』。」）之也。終死於譖姚賈也。」〔按〕高注據此策而言，但韓非之死，當從史記死於李斯、姚賈之讒。

〔一二〕鮑彪改「吳」作「齊」，云：「此四國後亡者也，三晉滅久矣。」吳師道云：「無考，當從舊。」黃丕烈云：「按韓詩外傳云：『昔吳、楚、燕、代爲一，舉而欲伐秦。姚賈，監門之子也，爲秦往使之。』是策文本如此。」程恩澤云：「按韓詩外傳云云，足徵鮑改之妄。惟其事有可疑者，史記秦始皇十九年滅趙，趙公子嘉率其宗數百人之代，自立爲代王，東與燕合兵，軍上谷。二十三年滅荆，荆將項燕立昌平君爲荆王，反秦於淮南。二十四年，王翦、蒙武攻荆，破荆軍，昌平君死。項燕遂自殺。二十五年滅燕，還攻代，虜代王嘉。所謂荆及燕、代，當即指此。獨吳無考，鮑改爲『齊』，蓋以此時齊尚存耳。然策云『復使姚賈而誅韓非』。韓非死於始皇十四年，在四國爲一之前，則仍不合。始皇本紀二十五年虜代定荆之下，有『降越君，置會稽郡』七字。越本兼有故吳地，當即與諸國遥爲聲援，似即策文所言之『吳』。」安井衡云：「吳亡而言吳，猶宋亡而言宋，越亡而言越。蓋其遺民有自君長於邨落間者，因稱爲吳耳。」金正煒云：「按吳已先亡，疑當作『越』。墨子節葬篇：『南有楚、越之王，而北有齊、燕之君。』非攻篇『越』亦亦誤爲『吳』。黃札謂策文本如是，則是吳入於越而猶稱吳，亦猶代併於趙而仍稱代也。鮑氏改『吳』爲『齊』，大謬。齊是時事秦謹，秦亦不得稱齊爲南。」〔按〕戰國國名有時以地名代稱，猶魏稱梁，韓作鄭，楚稱郢。此文「代」當稱「趙」，故高注於文首以燕、趙、吳、楚釋「四國」。韓非子飾邪篇：「趙代先得意於燕，後得意於齊，非趙龜神而燕龜欺也。」稱「趙」爲「趙代」，亦其證。鮑謂「三晉滅久矣」，無據。與程恩澤地名考以「四國爲一」爲「四國爲秦所并一」同謬。秦殺韓非在始皇十四年，姚賈解四國兵更在其前。三晉韓最先亡，在始皇十七年，亦後於此策，何能謂爲已滅？致譌之由，蓋以代爲趙公子嘉之代國，其實非也。吳亦以地名稱國。古本竹書紀年云：「於粤子翳遷於吳。」越遷都於吳，故亦稱其國曰「吳」。越世家言楚威王敗越「殺王無疆，盡取故吳地，至浙江」。然越實未亡，諸王君猶濱於江南海上，此或仍以其舊都名而稱之歟？程、金之説未盡。黃引韓詩外傳，見卷八魯哀公問冉有章。

〔一三〕鮑本無「國之寶」三字。

〔一四〕鮑彪云：「監門卒也，賈其子。」〔按〕齊策四齊宣王見顔斶章：「下則鄙野監門閭里，士之賤也亦甚矣。」荀子榮辱篇：「或監門御旅。」楊倞注云：「監門，主門也。」史記魏公子傳：「侯嬴爲大梁夷門監者。」漢書高祖紀：「酈食其爲里監門。」注引蘇林云：「監門，門卒也。」監門卒，當時之賤役。此以姚賈出身微賤，故稱之爲「梁監門子」。史記集解引「梁」上有「賈」字。

〔一五〕高誘云：「嘗盜竊於大梁，爲趙臣而見逐者。」金正煒云：「趙策趙使姚賈約韓魏章舉茅勸趙王勿逐姚賈。當即非之所謂也。」（鍾鳳年亦引趙策云：「其下無趙王復召賈之文，或即因是而入秦。是臣於趙而逐之語，不爲無據。」）〔按〕趙策之文，吴氏亦引之，見上。

〔一六〕高誘云：「父死子繼曰『世』。言世世監門卒子耳。」〔按〕漢書賈誼傳注：「取，謂所擇用也。」周禮司門：「祭祀之牛牲繫焉，監門養之。」鄭注：「監門，門徒。」史記酈食其傳：「家貧落魄，無以爲衣食業，爲里監門吏。」齊策四齊宣王見顔斶章亦云：「下則鄙野監門閭里，士之賤也亦甚矣。」可見監門地位之低賤。言世者，譏其出身於賤民家庭也。

〔一七〕〔按〕世監門子、梁之大盜、趙之逐臣，並以稱賈，醜詆之。

〔一八〕金正煒云：「呂覽長見篇：『三年而知鄭國之政。』注：『「知」猶「爲」也。』」

〔一九〕鮑彪云：「厲、礪同，䃺也。」横田惟孝云：「厲，勵同。」〔按〕横田解是。史記集解引作「勵」。

〔二〇〕姚宏云：「（有）劉作『有之』。」

〔二一〕鮑彪云：「有婦功也。」〔按〕列女傳卷四楚昭貞姜篇云：「貞女之義不犯約。」史記田單傳贊：「王蠋曰：貞女不更二夫。」言女子有貞節者，人所樂娶也。

〔二二〕鮑彪云：「妃，匹也。」刻本「匹」作「四」，誤。

〔二三〕吴師道云：「曾參止之身云云，即陳軫之説。」〔按〕陳軫語見同策一田莘之爲陳軫説秦惠王章及陳軫去楚之秦章，略同。但彼策以張儀譖陳軫貳楚，以之楚爲驗，故秦王問之。軫答以「不之楚，何適乎」，文義自合。此策秦王責以財交四國之事，而賈乃謂「臣不歸四國，尚焉之」，答非所問，竊疑此段文字亦策士勦襲之説耳。

〔二四〕高誘云：「殺關龍逢也。」

〔二五〕鮑彪改「聞」作「聽」。

〔二六〕高誘云：「剖比干之心。」

〔二七〕高誘云：「亡，失天下。」

〔二八〕高誘云：「言韓非譖。」

〔二九〕高誘云：「太公，吕尚望，爲老婦之逐。」〔按〕太公望封於齊營丘，始有齊國。此言齊，乃追稱之耳。

〔三〇〕高誘云：「賣肉於朝歌，肉上生臭，不售，故曰『廢屠』。」吴師道云：「楚辭：『師望在肆昌何識？鼓刀揚聲后何喜？』集注云：『吕望鼓刀在列肆，文王親往問之。望曰：下屠屠牛，上屠屠國。文王喜，載與俱歸。此與獵渭濱而得之説不同，蓋當時好事者之言，猶伊尹、百里奚自鬻之比。』」程恩澤云：「漢志河南郡有朝歌縣，紂所都居。今（河南）衛輝府淇縣北關西社有朝歌城，在濬縣西南七十里。」

〔三一〕高誘云：「子良不用而斥逐也。」鮑彪云：「未聞。」

〔三二〕高誘云：「釣魚於棘津，魚不食餌。賣庸作，又不能自售也。」鮑彪云：「後志琅邪西海，太公所出。又釣於棘津，今存。讎、售同。」程恩澤考棘津有七，郡國志西海之棘津，在今山東諸城縣，引閻若璩云：「太公本海西縣人，其地爲今之莒州日照等處，與諸城相近。」舊注未爲不是。孫詒讓云：「此當作『棘津之不讎庸』，故高注云『賣庸作不能自售也』。今本『讎不』二字誤倒，與注不相應，當乙正。」横田惟孝云：「高誘曰：『賣庸作不能自售也。』是『庸』讀爲『傭』。果然，（讎不庸）宜作『庸不讎』。」（金正煒説同，又引抱朴子備闕篇「故姜牙賣煦無所讎」以證。）〔按〕韓詩外傳云：「太公望賃於棘津。」「賃」即「賣庸」。横田校爲長。

〔三三〕高誘云：「王有天下也。」〔按〕韓詩外傳卷七云：「吕望行年五十，賣食棘津；年七十，屠於朝歌；九十乃爲天子師，則遇文王也。」又卷八云：「太公望少爲人壻，老而見去，屠牛朝歌，賃於棘津，釣於磻溪，文王舉而用之，封於齊。」説苑尊賢篇云：「太公望故老婦之出夫也，朝歌之屠佐也，棘津迎客之舍人也，年七十而相周，九十而封齊。」史記齊世家索隱引譙周曰：「吕望嘗屠牛於朝歌，賣飲於孟津。」抱朴子逸民篇云：「吕尚之未遇文王也，老婦逐之，賣傭不售，屠釣無獲。」並可與此文互證。唯子良之逐臣無考。

〔三四〕姚宏云：「一無『人』字。」

〔三五〕高誘云：「爲市賣儈，求其小利於其鄙人。鄙人，邑名。」鮑彪云：「五酇爲鄙。蓋酇鄙之人爲賈者。仲嘗與鮑叔賈。」吳師道云：「『鄙』下『人』字疑衍。」（黄丕烈云：「吳説非也。高注即其證矣。」）姚範云：「注：『鄙人，邑名。』按此高誘之謬注。左昭二十四年傳『劉子取牆人、直人』，杜亦不注何地。」金正煒云：「『其』字當爲『齊』，聲之誤也。『鄙人』之『人』當從一本省。吕覽云：『管仲與鮑叔同賈南陽。』故曰『齊鄙之賈人』。」鍾鳳年云：「高注：『鄙人，邑名。』是管仲爲鄙人之人而賈於故里也。然管晏列傳稱『管仲夷吾者，潁上人也』，可證其誤。吳補云云，是。蓋『其』字乃地名，古同『箕』。考春秋時有『箕邑』，杜注云：『在太原。』又漢地志瑯琊郡亦有箕邑。……太原之箕似不合。……瑯琊於春秋適爲齊地，疑『仲』即賈於箕之鄙。」〔按〕「鄙人」義雖不能確知，然以左氏傳「牆人、直人」例之，高誘以爲地名，自通（姚氏既據左氏傳文，又譏高注之謬，不審其旨爲何）。「人」字恐非衍文（金氏據一本衍「人」字。按一本乃無「賈人」之「人」，非「鄙人」之「人」），不能爲據）。至於瑯琊箕邑，更出臆測，羌無依據。鄙人，仍從舊注爲地名。其，乃也，見經傳釋詞。

〔三六〕高誘云：「弊，隱也。幽潛不見升用，貧賤於南陽，故曰『南陽之弊幽』。」鮑彪云：「修武，南陽也。仲潁上人，嘗以貧困隱此。弊，困；幽，隱也。」于鬯云：「『幽』有囚義。易履卦『幽人』，李鼎祚集解引虞翻曰：『訟時二在坎獄中，故稱「幽人」。』然則『幽人』即『囚人』。……弊幽者，弊囚也，與下文『免囚』之『囚』異其文，義則一也。而『弊』字或當讀爲『疲』，或爲罷。」〔按〕此文賈人、弊幽、免囚並列，則「弊幽」不當與「免囚」異文同義。且管仲嘗幽縶於魯，未聞拘於南陽（左傳僖公二十五年，王與晉陽、樊、温、原、欑、茅之田，晉於是始啓南陽。南陽屬晉，在管仲死後。仲時南陽屬周，與公子糾事地不相涉，故知不然）。于説近鑿。説苑尊賢篇云：「管仲故成陰之狗盜也，天下之庸夫也，齊桓公得之以爲仲父。」與策文不同。高注「弊隱也」，「弊」下疑脱「困幽」二字，「弊」訓「困」，「幽」訓「隱」，與下文「幽潛」、「貧賤」相應。鮑訓疑即本高注。

〔三七〕高誘云：「（管仲）於公子糾，不死其難，爲魯所束縛而歸齊，故曰『魯之免囚也』。」鮑彪云：「見（左傳）莊二十九年。」

〔三八〕高誘云：「百里奚，虞臣。虞君不用，傳之門，自鬻於秦，號五羊大夫。於穆公伯西方，戎來朝也。傳曰：『五羖用而秦霸。』此之謂也。」〔按〕百里奚事見史記秦本紀。韓詩外傳卷八云：「百里奚齊之乞者也，逐於齊（按二「齊」字並當作「虞」），西無以進，自賣五羊皮，爲一軛車，見秦繆公立爲相，遂霸西戎。」

〔三九〕高誘云：「傳曰：『晉文公用咎犯之謀，破楚成王於城濮。』此云中山之盜，則未聞也。」吴師道云：「文公用中山盜而勝於城濮，與上句『穆公相之而朝西戎』文意同。此但言用人不問其出於賤惡，而卒有如是之功耳。按文公有寺人披斬袪、豎頭須竊藏二事。鄒陽書文公親其讎而强伯諸侯。注以爲寺人勃鞮。新序文公用其盜，以爲里鳧須，即豎頭須也。二事皆可通。」程恩澤云：「（城濮）今曹縣北十八里有莘仲集，距濮州不甚遠，疑即其地。」〔按〕城濮之戰見左氏僖公二十八年傳。

〔四〇〕姚宏云：「（天下）曾作『於天下』。」橫田本從曾本補「於」字。　高誘云：「詬，辱。醜，耻。」

〔四一〕鮑彪「功」下補「也」字。

〔四二〕高誘云：「卞隨、務光，湯時隱士。湯伐桀，以天下讓之，二人曰：『爾爲不義，欲以慢我也。』自沈於清泠之淵。申屠不忍見紂之無道，抱石自沈於淍水。故曰『人主豈得用哉』？」〔按〕卞隨、務光見莊子讓王篇，但謂卞隨自投於稠水，瞀光（「瞀」即「務」）自沈於廬水。投清泠之淵者爲北人无擇，亦見讓王篇，高注恐誤。申屠即申徒狄，見莊子大宗師篇。釋文：「殷時人，負石自沈於河。」與高注合。

〔四三〕鮑彪云：「『汙』者『非』者，雖『不取』、『不聽』，知其爲用，則或所取。察，言聽取之。」

〔四四〕鮑彪云：「八尺曰『咫』。」（按「尺」當是「寸」之譌，見説文。）

〔四五〕高誘云：「明主，爲明君，賞有功，不賞有高名。虛，空。無功用於國者，不敢望賞於君者也。」　鮑彪云：「無功而願賞，虛願也。」　吳師道云：「魏無知之論陳平曰：『今有尾生、孝己之行，而無益勝負之數，王何暇用之乎？』即姚賈之説也。燕策蘇秦、蘇代之説，亦此類。」

〔四六〕姚宏云：「劉無『可』字。」　鮑彪云：「衍『可』字。」　金正煒云：「『可』即『乃』之誤複，草書『乃』、『可』二形相似也。」

〔四七〕高誘云：「誅，殺也。賞功不賞名者也。」（姚宏云：「一無『者也』二字。」）　張文燿云：「按史記以李斯遺非藥，使自殺，韓非欲自陳，不得見，遂死。此則以秦王誅韓非。未知孰是。」〔按〕姚賈止四國兵事，於史無徵。且策語亦多誇飾，又類於陳軫、蘇秦、蘇厲之辭。韓非之死，要以史記所記得其實。

戰國策 卷八

齊一

〔釋題〕

張琦云：「齊之盛時自今山東濟南、泰安以東，北有直隸（今河北）之天津、滄景，南有沂州，兼得兗州之寧陽、汶上、陽穀、壽張及鄒、鄧二縣之南境。漢志云：『分宋得濟陰東平。』則今曹州府及濟寧州也。東平本魯地，屬齊。」

〔按〕戰國之齊出於陳公子完，完臣於齊，以陳字爲田氏（田、陳古音同聲）。其後至田和取齊而代之，歷田侯剡（此據古本竹書紀年，史記無此一世）桓公、威王、宣王、湣王、襄王及王建凡八世。亡於秦。

1 楚威王戰勝於徐州

楚威王戰勝於徐州〔一〕，欲逐嬰子於齊〔二〕，嬰子恐。張丑〔三〕謂楚王曰：「王戰勝於徐州也，盼子〔四〕不用也。盼子有功於國〔五〕，百姓爲之用。嬰子不善，而用申縳〔六〕。申縳者，大臣與百姓弗爲用〔七〕，故王勝之也。今嬰子逐〔八〕，盼子必用。復整其士卒，以與王遇〔九〕，必不便〔一〇〕於王也。」楚王因弗逐〔一一〕。

〔箋證〕

〔一〕鮑本、吴本「徐」作「俆」。高誘云：「威王，楚元王（按「元」當作「宣」）之子，懷王之父也。『徐州』或作『舒州』，是時屬齊。」鮑彪云：「後志魯之薛，六國時曰徐州。」吴師道云：「正義云：『紀年梁惠王三十（按「十」下脱「一」字）年，下邳遷於薛，改名徐州。』」黄丕烈云：「按史記作『俆』，徐州是也，多誤爲『徐』者。」程恩澤考徐州有三：一爲地理志渤海郡東平舒縣，齊之極北與燕界者；一爲山東滕縣南薛城；一即説文：「䣄，邾下邑。魯東有䣄城。」其地近薛而非即薛也。……國策之徐州本䣄也，非薛也。䣄、徐聲近。凡史記齊世家「楚圍我徐州」，楚世家「敗齊於徐州」，越世家「與齊、晉諸侯會於徐州」，魯世家「楚伐我取徐州」，皆指䣄言。此當從後説。〔按〕徐、俆二字難判，本字當作「䣄」。説文「俆」字，段注云：「齊世家田常執簡公於徐州。索隱曰：『徐廣音「舒」，其字从人。左氏作「舒」，説文作「䣄」。』按魯世家作『俆』。」考楚世家及孟嘗君傳亦作「俆」，則「徐」、「俆」互通久矣，黄氏强爲甲乙，未然。楚威王敗齊於徐州事，亦見於秦策四或爲六國説秦王章及魏策二齊魏戰於馬陵章。楚世家繫此策於威王七年，當齊威王二十四年。

〔二〕高誘云：「嬰子，田嬰也，號爲靖郭君，而封於薛也。」鮑彪云：「逐，使齊逐之。田嬰時未封，故曰嬰子，猶盼子。」〔按〕楚世家云：「田嬰欺楚，楚威王伐齊，敗之於徐州。」孟嘗君傳云：「田嬰相齊，齊宣王（「宣王」乃「威王」之譌）與魏襄王（「襄王」乃「惠王」之譌）會徐州而相王也。楚威王聞之，怒田嬰。明年，楚伐，敗齊師於徐州。」田嬰欺楚，故威王欲逐之。但與秦、魏二策不相合。越世家言越王無彊北伐齊，齊威王使人説之，遂釋齊伐楚，楚威王興兵大敗越，殺王無彊，北破齊於徐州。其事又異，不能詳矣。閻若璩四書釋地又續云：「人名下繫以『子』字者，當時有此稱。田嬰爲嬰子，田文爲文子，魏冉爲冉子，匡章爲章子，田盼稱盼子亦是。」

〔三〕高誘云：「張丑，齊臣也。」吴師道云：「丑又見韓、魏、燕、中山等策。」〔按〕潛夫論志氏姓篇云：「魏有張儀、張丑。」是丑爲魏人，其見於諸國者不可詳，恐非一人。

〔四〕高誘云：「盼子，田盼子也。」〔按〕魏策二魏惠王起境内衆章云：「田盼，宿將也。」史記田完世家：「齊威王曰：吾臣有盼子者，使守高唐，則趙人不敢東漁於河。」又六國表齊表：「敗魏馬陵，田忌、田嬰、田盼將，孫子爲帥。」古本竹書紀年惠王二十四年「齊田朌敗梁馬陵」。二十九年「齊田朌及宋人伐我東鄙」。「盼」并作「朌」，此當是形近而譌。田盼，乃田氏公族之名臣。

〔五〕姚宏云：「一『國』下有『而』字。」

〔六〕姚宏云：「(申縳)史記作『申紀』。」吴本「縳」誤作「縛」，下同。高誘云：「嬰子不善盼子，故不用之，而用申縳。」〔按〕申縳見前秦策四或爲六國説秦王章。説苑尊賢篇作「申孺」(見後)。

〔七〕姚宏云：「一本(與)作『弗與』。」鮑彪「與」上補「弗」字，讀「與」字句。〔按〕楚世家作「大臣不附，百姓不爲用」。高誘云：「言大臣與百姓不爲申縳致力盡用也。」

〔八〕姚宏云：「『逐子』(盧本無「逐子」二字。景宋抄本有。按文義當衍)，曾本『今王逐嬰子矣』。」

〔九〕高誘云：「遇，敵也。」〔按〕楚世家「整」作「搏」(史記舊本作「搏」，見張文虎札記)。

〔一〇〕高誘云：「便，利也。」

〔一一〕高誘云：「弗逐田嬰。」〔按〕説苑尊賢篇：「田忌去齊奔楚，楚王郊迎，至舍，問曰：『楚……齊……常欲相并，爲之奈何？』對曰：『……齊使申孺將，則楚發五萬人，使上將軍將之，至禽將軍首而反耳。……齊使眄子將，楚發四封之內，王自出將而忌從，相國上將軍爲左右司馬，如是則王僅得存耳。』於是齊使申孺將，楚發五萬人，使上將軍，至禽將軍首反。於是齊王忿然，乃更使眄子將。楚王悉發四封之內，王自出將，……僅得免耳。至舍，王北面正領齊祛，問曰：『先生何知之早也？』田忌曰：『申孺爲人也，侮賢者而輕不肖者，賢不肖者俱不爲用，是以亡也。……眄子之爲人也，尊賢者而愛不肖者，賢不肖俱負任，是以王僅得存耳。』」申孺即申縛，眄子即盼子（盧文弨羣書拾補校云：「『眄』疑『盼』。」）。敗申孺即威王戰勝徐州事。至盼子後將與楚戰，策、史並不載，疑非實事。其言徐州之勝，繫於齊不用眄子而用申孺，可與此策互證。

2 齊將封田嬰於薛

齊將封田嬰於薛〔一〕，楚王聞之〔二〕，大怒〔三〕，將伐齊。齊王有輟志〔四〕。公孫閈〔五〕曰：「封之成與不，非在齊也，又將在楚。閈説楚王令其欲封公也，又甚於齊〔六〕。」嬰子曰：「願委之於子〔七〕。」

公孫閈爲〔八〕謂楚王曰：「魯、宋事楚，而齊不事者，齊大而魯、宋小。王獨利魯、宋之小，不惡齊大，何也〔九〕！夫齊削〔一〇〕地而封田嬰，是其所以弱也。願勿止〔一一〕！」楚王曰〔一二〕：「善。」因不止〔一三〕。

【箋證】

〔一〕鮑彪云：「定封在此（閔王）三年。」吴師道云：「宣王二十年。」〔按〕史記田完世家、六國表、孟嘗君傳並謂田嬰封薛在齊湣王三年，鮑彪從之。但孟嘗君傳索隱云：「紀年以爲梁惠王後元十三年四月，齊威王封田嬰於薛；十月，齊城薛；十四年，薛子嬰來朝；十五年，齊威王薨。」則以爲封在齊威王時。資治通鑑則繫於齊宣王十二年。大事記爲宣王二十二年。吴注喜援大事記，此注「二十」下疑脱「二」字。然其於下靖郭君善齊貌辨章又援索隱引紀年之文，云：「嬰之封薛，則實威王之世也。」前後語互牴。考史記田完世家世次多誤，不如紀年可信，即以策文證之，亦與史記不合。雷學淇竹書紀年義證卷三十九云：「戰國策齊策曰：『威王崩，宣王立，靖郭君之交大不善於宣王，辭而之薛。』又曰：『昭陽請以數倍之地易薛，靖郭君曰：受薛於先王，雖惡於後王，吾獨謂先王何？』呂氏春秋知士篇亦載其事，辭與策同。夫宣王立而嬰辭之薛，則薛封於威王可知。當宣王時，而曰『受薛於先王』，則薛爲威王所封更可知。」此辨頗晰，足見策與紀年相符，而史記爲非也。

〔二〕〔按〕從古本竹書紀年，此爲楚懷王六年。

〔三〕〔按〕上章言楚威王欲逐嬰子，此又懷王怒之，田嬰不得楚歡。因何而怒，策無明文，不能妄測。

〔四〕高誘云：「輟，止也。」

〔五〕高誘云：「公孫閈，齊之公孫，田氏也。」

〔六〕高誘云：「公，謂田嬰也。使楚王欲封公，甚於齊之欲封公也。」

〔七〕高誘云：「委，付也。子，公孫閈也。」

〔八〕姚宏云：「劉無『爲』字。」〔按〕爲，謂爲田嬰。

〔九〕〔按〕此「何也」爲驚訝語。
〔一〇〕鮑本、吴本「齊」下有「之」字。高誘云：「削，分。」
〔一一〕高誘云：「弱，小也。齊分薛以封田嬰，則所以使齊小，故曰『勿止』。」
〔一二〕盧本脱「曰」字。
〔一三〕高誘云：「不復止齊封田嬰。」〔按〕嬰之子文後代立於薛，是爲孟嘗君。孟嘗君傳云：「齊襄王立，而孟嘗君中立於諸侯，無所屬。齊襄王新立，畏孟嘗君，與連和，復親薛公。文卒，諸子争立，而齊、魏共滅薛。」公孫閈爲田嬰游説求封，初不意弱齊之言乃有驗於後也。

3　靖郭君將城薛

靖郭君將城薛〔一〕，客多以諫〔二〕。靖郭君謂謁者〔三〕「無爲客通〔四〕」。齊人有請〔五〕者曰：「臣請三言而已〔六〕矣。益一言，臣請烹〔七〕。」靖郭君因見之。客趨而進曰：「海大魚〔八〕。」因反〔九〕走。君曰：「客有，於此〔一〇〕。」客曰：「鄙臣不敢以死爲戲〔一一〕。」君曰：「亡，更言之〔一二〕。」對曰：「君不聞（海）大魚〔一三〕乎？網不能止〔一四〕，鈎不能牽〔一五〕，蕩〔一六〕而失水，則螻蟻得意〔一七〕焉。今夫齊，亦君之水〔一八〕也。君長有齊陰〔一九〕，奚〔二〇〕以薛爲？夫（失）齊〔二一〕，雖隆薛之城到於天，猶之無益也〔二二〕。」君曰：

「善。」乃輟〔一三〕城薛。

【箋證】

〔一〕鮑彪云：「（靖郭君）田嬰謚。」吳師道云：「此據史文。索隱云：『靖郭，或封邑號，漢齊王舅父駟鈞封靖郭侯。』」程恩澤云：「史記惠景間侯者年表有清郭（按史表，作「清都」，此蓋據索隱本言）。如淳曰：『邑名，六國時齊有靖郭君。』錢大昕曰：『杜佑謂戰國之際，權設班寵，有加賜邑封邑封君者，蓋加其位號，或空受其爵，如靖郭、武安之類。以言武安則可，以言靖郭則不可。』」〔按〕孟嘗君傳正義亦以「靖郭」爲邑名，但未詳其地。雷學淇云：「郭乃近漷邑名。左傳莊十一年『公敗宋師於郭』。襄公十九年『取邾田自漷水』。水經注謂漷水西南流入邾國，經鄒山東南，又西南逕蕃縣，乃西逕薛城及仲虺城北。據此，則『郭』亦漷南之邑可知。『靖』謂安靜之，生時稱號也。」此可備一説。齊魯封泥集存十九頁有「請郭邑丞」封泥。四十四頁有「請郭丞印」封泥。疑「請郭」即「靖郭」。請、靖並從「青」聲，爲通借字。然則「靖郭」爲邑名，非稱號也。高誘淮南子人間訓注云：「靖郭君，齊威王之子也，封於薛。」語本史記孟嘗君傳。但索隱引王劭説已辨其非，不具録。孟子梁惠王下篇：「滕文公問曰：齊人將築薛，吾甚恐。」周廣業孟子出處時地考引此策云：「薛本有城，靖郭君欲更築而崇隆之。……滕文公言齊人將築薛，……『曰將』，則固其初議也。」考古本竹書紀年「梁惠王三十一年，邳遷於薛，改名徐州」。又「梁惠王後十三年，四月，齊威王封田嬰於薛。十月，齊城薛」。惠王三十一年當齊威王之十七年（前三四〇），後十三年當齊威王之三十四年（前三二三）。田嬰受封之當年即城薛。此策謂聽客言而輟城薛，或始輟而繼又城之，或此云城薛，乃因舊受封所築之城而隆之，不可詳矣。孟子滕文公言齊人將築薛，則疑當齊威封嬰初城薛之時。又靖郭君非卒後之稱，梁玉繩志疑亦辨之云：「策、史稱靖郭、孟嘗者甚多，如閔王（按此據鮑注，實非）謂齊貌辨曰：『子靖郭君之所聽愛。』又曰：『靖郭君之於寡人一至此。』貌辨亦三稱靖郭。……非皆見存之辭乎？蓋謚者號也，不作謚法解。」雷説與之同。又沈濤銅熨斗齋隨笔卷四、崔適史記探源卷七亦並以「靖郭」爲號，沈説尤詳，讀者可參。

〔二〕高誘云：「諫，止之也。」

〔三〕鮑彪云：「謁者，掌賓贊受事延引也。」（按此注原在先生王斗章，今移前。）〔按〕秦亦有謁者王稽，見范雎傳。

〔四〕高誘云：「無通欲諫者也。」

〔五〕〔按〕韓非子説林下篇、淮南子人間訓「請」下有「見」字。

〔六〕高誘云：「已，止也。」〔按〕「三言」猶「三字」。新序雜事篇二作「臣願一言」，則「言」訓作「句」。

〔七〕高誘云：「『益』猶『過』也。過言請烹。烹，煮，謂死。」鮑彪云：「（烹）所謂鼎鑊之誅。」

〔八〕〔按〕此隱語也。文心雕龍諧隱篇云：「伍舉刺荊王以大鳥，齊客譏薛公以海魚。」謂此。齊威王喜隱，淳于髡以隱語諫，見史記滑稽傳，蓋當時習尚如此。

〔九〕高誘云：「反，還。」

〔一〇〕高誘云：「於此，止無走也。」鮑彪云：「言此言外應復有。」安井衡云：「言客於此事，猶有所欲言，願爲盡之。」金正煒云：「『有』與『又』通。」金其源同。〔按〕高、鮑義殊。此因客説三言而反走，靖郭君欲聞其説而止之，狀當時語氣之急促，其言未完，故曰「客有，於此」。猶謂客尚有言，請止此。高、鮑知其一不知其二。韓非子作「請聞其説」。新序作「請少進」。語意雖明，不如策文之狀真。且客已反走，靖郭君未止之而請聞其説，文義亦欠周。淮南子則作：「靖郭君止之曰：願聞其説。」有「止之」二字。

〔一一〕姚宏云：「淮南子『戲』作『熙』。」按二字通用。

〔一二〕高誘云：「亡，無。」鮑彪云：「亡、無同。言無此也。」〔按〕韓非子作「願爲寡人言之」。淮南子作「先生不遠道而至此，爲寡人稱之」。新序作「寡人毋得已，試復道之」。並不如策文簡潔。

〔一三〕〔按〕「大魚」上當脱「海」字。「海大魚」與上文相應。且「網不能止，鈎不能牽」，亦與海中大魚相稱也。文選弔屈原文注、太平御覽卷九百三十五引「大魚」上正有「海」字，淮南子、新序亦作「海大魚」，並其證。今補。韓非子與此同，亦脱「海」字。

〔一四〕高誘云：「止，禁。」

〔一五〕高誘云：「牽，引。」姚宏云：「韓非子『繳不能絓』。」〔按〕御覽引「鈎」作「釣」，淮南子同。新序「鈎」作「繳」。乾道本韓非子作「繳不能絓」。

〔一六〕鮑彪云：「集韻：『蕩，放也。』言自放肆。」〔按〕吕氏春秋論威篇高注云：「蕩，動也。」釋名釋言語云：「蕩，盪也，排盪去穢垢也。」論語陽貨篇皇疏：「蕩，無所據也。」新序「蕩」作「碭」，同聲通用。

〔一七〕高誘云：「得意者，飽滿也。」鮑彪云：「螻，螻蛄，一曰『螜』，天螻。」

〔一八〕〔按〕御覽引無「夫」字。韓非子「水」作「海」，淮南子作「淵」。

〔一九〕姚宏云：「别本無『陰』字。」鮑本此句作「君長齊」，注云：「(長)『雄長』之『長』」，與此不同。黄丕烈云：「按韓子作『君長有齊』，新序作『君已有齊』，與策文不同。此『有』者，當讀『陰』爲『蔭』。」金正煒云：「禮記祭義：『陰爲野土。』注：『「陰」讀爲「依蔭」之「蔭」。』」

〔二〇〕高誘云：「奚，何。」

〔二一〕吴師道云：「按新序(夫齊)作『無齊』。是蓋『夫』無音訛，又因上『夫齊』字混。」黄丕烈云：「吴説非也。『夫』乃『失』字形近之譌。韓子作『君失齊』，淮南子人間訓亦同。」(横田惟孝、安井衡同黄説。朱亦棟云：

「『夫』乃『失』字之訛，與上『失水』句相應，非音訛也。」）奚世榦云：「『夫』蓋『无』字之誤，形聲相似。『无齊』對上『有齊』。」（于鬯注引）〔按〕「夫」爲「无」或「失」之訛，均通。但「失齊」與上「失水」句相應，較長，今從正。

〔一二〕高誘云：「隆，高也。到，至也。高薛城至於天，猶無益也。」

〔一三〕高誘云：「輟，止。」

4 靖郭君謂齊王曰

靖郭君謂齊王曰〔一〕：「五官之計，不可不日聽（也）而數覽（也）〔二〕。」王曰說五而厭之〔三〕，今與靖郭君〔四〕。

〔箋證〕

〔一〕高誘云：「齊王，威王也，宣王之父。」鮑彪以齊王爲閔王。〔按〕鮑據史記。從下章「威王薨，宣王立，靖郭君之交大不善於宣王」語考之，則田嬰得政在威王時也，高注是。威王，齊之霸主，此當是其晚年事。（通鑑繫於宣王，亦非。）

〔二〕吴師道云：「『也』字當在『覽』下。」（孫詒讓同）〔按〕資治通鑑作「不可不日聽而數覽也」，即據策文，吴校從之。疑司馬光所見策文如此，今從正。高誘云：「計，簿書也。聽，治也。覽，視。」鮑彪云：「曲禮：司徒、司空、司馬、司士、司寇，典司五衆，計其事之凡也。」吴師道云：「注家謂此殷制，非策所指。按記曾子問：『諸侯出，命國家五官而後行。』注云：『五官，五大夫典事者。』」胡三省通鑑注亦據曾子問文，云：「余謂此『五官』，蓋亦言典事五大夫也。」金正煒云：「管子揆度篇：『五官之數，不籍於民。』」

〔三〕姚宏云：「一本作『王曰日説五官吾厭之』。」鮑本「五」作「吾」，注云：「言汝既説我，則不得自厭，故以委之。」吴師道云：「有缺誤。」横田惟孝云：「『説』當作『諸』。『五』當作『已』。蓋亦字之誤也。通鑑作『已』。」潘和鼎云：「『説』是『諾』之誤，即韓非『王曰諾也』。『五』，鮑作『吾』，實當作『我』。吾、我皆施身自謂，其字通用，傳寫易改。説文云：『或説：我頃，頓也。』『我頃』即『俄頃』。我而厭，即韓非『俄而王已睡也』。」（于鬯注引安井衡云：「『王曰』以下，異日之言，此文自通。」孫詒讓云：「當作『王曰日聽一官（自注：姚校别本作「王曰日説五官」。「説」即「聽」之誤）。五日而厭之。』一本『五』作『吾』，鮑本同，即『五日』二字之合併而誤者。言王因靖郭君言，每日聽一官之計，至五日而王厭倦不復聽也。」金正煒亦以「説」爲「諾」之誤，引韓非子以證，同潘氏；「五」下有「日」字，同孫氏。鍾鳳年云：「『曰』即『日』字之誤。『五』字下依上文『五官之計』句應有『官』字。句作『王日説五官而厭之』，似較姚所援爲簡賅。」〔按〕諸説各成理（鮑注牽强），竊以潘校較長。姚引一本讀作：「王曰：日説五官，吾厭之。」勝於原文。

〔四〕姚宏云：「『令』，一作『今』。」横田本從作「今」。吴曾祺衍「令」字。金正煒云：「『令』猶『即』也，作『今』者誤。」高誘云：「與靖郭君使聽治也。」〔按〕韓非子外儲説右下篇亦載此事，辭意並有出入，附録以備參考。文云：「田嬰相齊，人有説王者曰：『終歲之計，王不一以數日之間自聽之，則無以知吏之姦邪得失也。』王曰：『善。』田嬰聞之，即遽請於王而聽其計。王將聽之矣。田嬰令官具押券斗石參升之計，王自聽計，計不勝聽。罷食後復坐，不復暮食矣。田嬰復謂曰：『羣臣所終歲日夜不敢偷怠之事也，王以一夕聽之，則羣臣有爲勸勉矣。』王曰：『諾。』俄而王已睡矣。吏盡揄刀削其押券升石之計。王自聽之，亂乃始生。」又外儲説左上篇：「魏昭王欲與官事，謂孟嘗君曰：『寡人欲與官事。』君曰：『王欲與官事，則何不試習讀法？』昭王讀法十餘簡而睡卧矣。王曰：『寡人不能讀此法。』」事亦相類。

5 靖郭君善齊貌辨

靖郭君善齊貌辨〔一〕。齊貌辨之爲人也多疵〔二〕，門人弗説〔三〕。士尉以証〔四〕靖郭君，靖郭君不聽〔五〕。士尉辭而去。孟嘗君又竊〔六〕以諫，靖郭君大怒曰：「剗而類〔七〕，破吾家〔八〕，苟可慊齊貌辨者，吾無辭爲之〔九〕。」於是舍之上舍〔一〇〕，令長子御〔一一〕，旦暮〔一二〕進食。

數年，威王薨，宣王立〔一三〕。靖郭君之交，大不善於宣王〔一四〕，辭而之薛，與齊貌辨俱〔一五〕。留無幾何〔一六〕，齊貌辨辭而行〔一七〕，請見宣王。靖郭君曰：「王之不説嬰甚，公往，必得死焉。」齊貌辨曰：「固〔一八〕不求生也。請必行。」靖郭君不能止。

齊貌辨行至齊，宣王聞之，藏〔一九〕怒以待之。齊貌辨見宣王，王曰：「子靖郭君之所聽愛夫〔二〇〕！」齊貌辨曰：「愛則有之，聽則無有〔二一〕。王之方爲太子之時，辨謂靖郭君曰：『太子相不仁。過頤豕視〔二二〕，若是者信反〔二三〕。不若廢太子，更立衛姬嬰兒郊師〔二四〕。』靖郭君泣而曰：『不可，吾不忍也〔二五〕。』若聽辨而爲之，必無今日之患也〔二六〕。

此爲一。至於薛，昭陽〔二七〕請以數倍之地易薛，辨又曰：『必聽之〔二八〕。』靖郭君曰：『受薛於先王〔二九〕，雖惡於後王〔三〇〕，吾獨謂先王何乎〔三一〕！且先王之廟在薛〔三二〕，吾豈可以先王之廟與楚乎？』又不肯聽辨。此爲二〔三三〕。」宣王大息，動〔三四〕於顔色，曰：「靖郭君之於寡人，一至此乎〔三五〕！寡人少，殊不知此〔三六〕。客肯爲寡人來靖郭君乎〔三七〕！」齊貌辨對曰：「敬諾〔三八〕。」

靖郭君〔三九〕衣威王之衣冠，舞(帶)其劍〔四〇〕。宣王自迎靖郭君於郊，望之而泣。靖郭君至，因請相之〔四一〕。靖郭君辭不得已而受〔四二〕。七日，謝病强辭〔四三〕，靖郭君辭不得〔四四〕，三日而聽〔四五〕。

當是時靖郭君可謂能自知人矣！能自知人，故人非之不爲沮〔四六〕。此齊貌辨之所以外生樂患趣難者也〔四七〕。

〔箋證〕

〔一〕姚宏云：「『昆辨』(盧本「昆」作「貌」，是。此「昆」字疑「皃」之譌)，古今人表作『昆辨』。師古曰：『齊人也，靖郭君所善，見戰國策，而呂覽作「劇(盧本「劇」作「劑」)貌辨」。』元和姓纂：『昆，夏諸侯昆吾氏之後，齊有崑弁(盧本「崑」作「昆」，是)，見戰國策。』」吳師道云：「按一本標云：修文御覽、北堂書鈔同。呂覽作『劇貌辨』，元和姓纂『崑弁』。」黄丕烈云：「『吳引姚校，而以此十四字自注於古今人表下，謂其同作『昆』也。今刻本誤入正文。吳本注中有注，刻時多誤混。」〔按〕梁玉繩漢書人表考云：「繹史本作『皃辨』，即古『貌』字。各本皆作『昆辯』，

〔昆〕疑「皃」之誤，故師古不説。而今吕氏春秋知士作『劑貌辯』，蓋亦誤『劇』爲『劑』。……然廣韻注：『昆姓，夏諸侯昆吾之後，戰國策有齊賢昆辯。』元和姓纂、通志氏族略二並同，豈古國策有二本耶？」（畢沅吕氏春秋新校正略同）今稽北堂書鈔卷三十四、太平御覽卷三百六十八引「貌」並作「昆」，與漢書人表、元和姓纂、廣韻諸書相合。疑國策本作「昆」，譌寫作「皃」，又爲改成今體作「貌」。顔師古所見國策本作「昆辨」，故注不及異文，而僅舉吕覽，明策與漢書同也。梁氏反以漢書之「昆」爲「皃」之誤，傎矣。史記孟嘗君傳索隱引作「齊貌辨」，疑亦同誤。吕氏春秋知士篇作「劑貌辨」，「劑」與「齊」聲同可通，漢書注引作「劇」，疑形近之誤，梁説亦未然。「齊貌（或「昆」）辨」爲人姓名，故下文並三字連舉，吕氏春秋同，而人表、元和姓纂等姓氏書並以「昆辨」爲姓名，以「齊」爲國名，恐非。御覽作「静郭君」，吕氏春秋同。静、靖同字。

〔二〕高誘云：「疪，闕病也。」姚宏云：「『疪』作『訾』，見吕覽。」吴師道云：「此人蓋有奇節而不脩細行者。」

〔按〕書鈔、御覽引「疪」作「疵」，非。「疪」與「訾」通用。

〔三〕〔按〕御覽引作「門下不説」。「門人」蓋謂「門下客」。

〔四〕高誘云：「証，諫也。」鮑彪云：「（士尉）齊人。」

〔五〕高誘云：「聽，受。」

〔六〕高誘云：「孟嘗君，田嬰子田文也，號孟嘗君。」吴師道云：「孟，字（按原本「字」誤作「子」，今從索隱改）。嘗，邑名，在薛旁。按詩『居常與許』，即此嘗也。」〔按〕吴説本史記孟嘗君傳索隱。吕氏春秋高注：「竊，私。私諫静郭君，使聽士尉之言而止其去。」

〔七〕高誘云：「剗，滅也。而，汝也。」鮑彪云：「類，族類。」

〔八〕高誘云：「言汝破吾家。」姚宏云：「吕覽：『揆吾家。』高誘注云：『揆度吾家，試可以足劑貌辨者，吾不辭也。』」〔按〕「破吾家」與「剗而類」並舉，言縱翦滅汝輩，破壞我家，苟於齊貌辨有利，吾亦不辭。高注未然。

〔九〕高誘云：「『慊』猶『善』也。善齊貌辨者，吾不辭爲之。」〔按〕呂氏春秋「慊」作「傔」，高注：「傔，足也。」傔、慊同聲通用。莊子天運篇：「盡去而後慊。」釋文引李注：「慊，足也。」

〔一〇〕高誘云：「上舍，上傳也。一曰甲第也。」吴師道云：「按田文傳『傳舍、幸舍、代舍』。索隱云：『並當上、中、下三等之客所舍之名。』以此推之，則『代舍』乃『上舍』也。」〔按〕「上舍」字乃動詞，謂使之居。

〔一一〕鮑本、吴本「御」下有「之」字。高誘云：「御，侍也。」吴師道云：「爲之御也。」金正煒云：「荀子儒效篇：『隨其長子，事其便辟。』『長子』與『便辟』對舉，非謂世子可知。疑當爲『侲子』之譌。揚子方言：『燕、齊之間，養馬者及官婢女厮謂之「娠」，亦曰「侲」。』張衡東京賦：『侲子萬童。』薛綜曰：『「侲」之爲言善也。善童幼子也。』蓋即趙策所謂優笑孺子之屬。使之侍辨，皆所以務慊其意也。」〔按〕靖郭君使長子侍御辨，正所以示尊異之殊，「長」字不必改，義自通。「御」字與下句「旦暮進食」相應，高注訓「侍」，是也。吴氏作「駕御」解，不如舊訓。

〔一二〕高誘云：「旦暮，朝夕也。」

〔一三〕高誘云：「宣王，孟軻所見以羊易釁鍾之牛者也。」鮑彪改「威王」作「宣王」，「宣王」作「閔王」，下同，云：「嬰之封薛，在閔王初。下言之薛，則此不得言宣王立也。」〔按〕鮑氏據史記田完世家及孟嘗君傳而擅改策文，吴氏亦辨其非，説詳下。宣王以羊易牛事，見孟子梁惠王上篇。

〔一四〕高誘云：「宣王不善之也。」〔按〕呂氏春秋高注：「交，接也。大不爲王所善也。」

〔一五〕〔按〕呂氏春秋高注：「俱，偕。」

〔一六〕高誘云：「貌辨、靖郭君俱止於薛，無幾何。」

〔一七〕高誘云：「行，去也。去至齊也。」

〔一八〕高誘云：「固，必。」金正煒云：「『固』與『故』通。」〔按〕「故」爲本然之詞，字或作「固」，見經傳釋詞。高注未安。

〔一九〕高誘云：「藏，懷。」

〔二〇〕鮑本無「王」字，「曰子」原作「子曰」，改作「曰子」。高誘云：「夫，辭。」鮑彪云：「愛而聽用其言。」金正煒云：「呂覽審應篇：『申子説我而戰，爲吾相也夫。』高注：『夫，不滿之辭。』」〔按〕「夫」猶「乎」也，見經傳釋詞。御覽引「夫」作「者乎」二字，與高注不合，疑引書者所改。呂氏春秋「夫」作「也」，「也」與「邪」同。

〔二一〕〔按〕御覽引二「則」字並作「即」，同。呂氏春秋高注：「徒見愛耳，言則不見從也。」

〔二二〕鮑彪云：「『過』謂『豐頤過人』。豕多反（鮑、吴合注四部叢刊本「反」誤作「及」，據鮑單注本正）視。」吴師道云：「呂氏春秋：『過頤豕視。』注：『頤豕，不仁之人。』其説未詳。劉辰翁云：『過頤，即俗所謂耳後見腮。豕視，即相法所謂下邪偷視。』」中井積德云：「豕視，蓋望羊之類，取其形似也。」安井衡云：「『過』讀爲『薖』。薖，大也。」〔按〕今呂氏春秋「頤」作「䏰」。畢沅新校正云：「字書無『䏰』字。注……不知何據。」黄丕烈札記云：「吴氏讀呂氏春秋誤也。高彼注云：『過，甚也。太子不仁甚於頤豕，視若此者倍反，不循道理也。』讀『豕』句絶，『視』下屬。此文亦當同。」是黄讀此文從呂氏春秋，以「視」字下屬爲句。然而呂氏春秋此文恐有誤字，高注亦不易明，不能輕從。今仍從舊注。

〔二三〕高誘云：「反，叛。」鮑彪云：「始信後反。」黄丕烈云：「『信』即『倍』字譌。太平御覽引此作『背』，是其證。」王引之據呂氏春秋亦以「信」是「倍」之譌云：「凡隸書從『言』從『音』之字多相似，故『倍』譌作『信』。」安井衡云：「倍，不爽也，猶言必。」金正煒云：「國語晉語：『信反必斃。謂反乎信也。』此文無反信之徵，當作『倍反』，義勝。」〔按〕黄、王校爲長。

〔二四〕高誘云：「郊師，衛姬之子，宣王庶弟。」〔按〕御覽引「衛姬」下有「子」字；「郊」作「投」，「投」當是「校」之形譌，吕氏春秋作「校師」，可證。郊、校字通。高注吕氏春秋：「嬰兒，幼小之稱。」

〔二五〕〔按〕御覽引作「吾弗忍爲」。

〔二六〕高誘云：「患，謂不見善，出走薛也。」〔按〕御覽引「也」作「矣」。

〔二七〕高誘云：「昭陽，楚將。」〔按〕昭陽見同策二昭陽爲楚伐魏章。吕氏春秋高注謂「楚相也」，蓋昭陽爲將，復又爲令尹。

〔二八〕高誘云：「聽與楚易地也。」

〔二九〕高誘云：「先君王也。」鮑彪云：「封嬰於薛，閔王也，而曰受於先王，蓋宣王有旨封之。」吴師道云：「史以田嬰之封在湣王三年。從通鑑則在宣王二十二年。按嬰自威王時任職用事，而文之言曰：『君用事相齊，至今三王矣。』三王者，威、宣、閔也。故大事記以嬰卒文立，附見於閔王元年。此策曰：『受薛於先王，先王之廟在薛。』則是威王之世，嬰已受封，史亦不合。索隱引紀年梁惠後元十三年四月，齊威王封田嬰於薛。十月，齊城薛。十四年，薛子嬰來朝。十五年，齊威王薨。考之史，梁惠王後元十三年，在今封嬰前一年，不得爲威王之世，亦皆不合。惟梁惠前十三年，則正當威王時。疑此處有差互，而嬰之封薛，則實威王之世也。」〔按〕史記於魏世家、田齊世家世次年代紊淆，與先秦古籍多不相符。蓋秦始皇焚書，燒六國史記，至司馬遷纂史，僅據秦紀綴撰（見六國年表序），未遑深考，每排比失次，前後矛盾，實由於文獻之不足。然尚幸有先秦史料，如戰國策、古本竹書紀年等，可以訂其失。乃鮑彪注國策，不加考辨，盡信從史記，史、策如有差互，不惜改策文以從史，寧爲佞臣，不作諍友。其例屢見。即如此策，威王、宣王，策文明白無誤，吕氏春秋知士篇同。鮑氏逕改威、宣爲宣、閔，又以史稱封嬰於薛在閔王時，與「受薛於先王」語亦不合，乃謂「宣王有旨封之」。逞臆之辭，吴氏駁之是也。惜其即從索隱引紀年考出田嬰封薛之歲在威王時與策文相合，而又囿於通鑑、大事記之編年，滋生疑問，不能徹底解決。若據古本竹書紀年，梁惠王後十三年，爲齊威王三十四年，是年封田嬰於薛。齊威王卒在梁惠王後十五年（參見拙著古本竹書紀年輯校訂補後附戰國年表），並無差互也。林春溥開卷偶得卷九亦據竹書紀年、吕氏春秋及戰國策此文以辨史記之誤，斥鮑彪之妄改，同，從省。高誘吕氏春秋注：「先王，威王也。」

〔三〇〕高誘云：「言爲後王（姚宏云：「劉無此四字。」按當衍）。言爲後王小惡。」〔按〕吕氏春秋注：「見惡於後王。」

〔三一〕鮑本、吴本無「乎」字。高誘云：「『謂』猶『奈何』也。」鮑彪云：「言無以告於先王。」

〔三二〕高誘云：「起威王之廟在薛。」〔按〕左氏莊二十八年傳云：「凡邑有宗廟先君之主曰『都』，無曰『邑』。」薛有宗廟，亦都城立廟之義。

〔三三〕高誘云：「二不聽辨也。」〔按〕依此注例，上文「此爲一」下，當有注「一不聽辨也」五字。疑脱去。吕氏春秋高注於二句下云：「此一不見聽也。」「二不見聽。」亦其證。

〔三四〕高誘云：「『動』猶『發』也。」〔按〕「大」同「太」，「大息」即「太息」。吕氏春秋注：「動，變也。」

〔三五〕〔按〕吕氏春秋高注：「『一』猶『乃』也。」

〔三六〕高誘云：「少，小也。殊不知也。」林春溥據此語云：「則史（孟嘗君傳）以嬰爲宣王庶弟，亦未然。索隱謂諸田之別子，近之矣。」（開卷偶得）

〔三七〕高誘云：「『肯』猶『可』也。能爲寡人致靖郭君身來不乎也。」

〔三八〕〔按〕吕氏春秋高注：「諾，順。」

〔三九〕高誘云：「從薛至齊也。一曰『必能使靖郭君來』。」〔按〕呂氏春秋作「靜郭君來」。

〔四〇〕姚宏云：「『舞』，劉作『帶』。」鮑彪云：「先時所賜。」〔按〕呂氏春秋作「衣威王之服，冠其冠，帶其劍」。「舞」當作「帶」，説見秦策五四國爲一章。今從劉本改。

〔四一〕高誘云：「請以爲相也。」

〔四二〕鮑本、吴本「受」下有「之」字。高誘云：「受相印也。」

〔四三〕高誘云：「以病謝相位。『强』猶『固』。」

〔四四〕鮑本、吴本無「靖郭君辭」四字。黄丕烈云：「呂氏春秋無『靖郭君辭不得』六字，爲是。」〔按〕此疑涉上文而衍。安井衡謂「辭不得命，後三日而始聽政也」。意却相反，核與呂氏春秋不合，恐非。

〔四五〕鮑彪云：「王聽其辭。」〔按〕呂氏春秋高注：「聽，許。」

〔四六〕高誘云：「沮，止。」〔按〕呂氏春秋「沮」作「阻」，同。

〔四七〕高誘云：「『外』猶『賤生』，謂觸難而行見宣王也（按「外」下疑脱「生」字）。樂解人之患，趣救人之難，令宣王相靖郭君也。」鮑彪云：「（外生）以生爲外物，無所愛也。」吴師道云：「『趣』即『趨』。」〔按〕呂氏春秋「樂患趣難」作「樂趨患難」。高注：「外棄其生命，樂解人之患，往見宣王，不辟難之故也。」顧觀光編年次此章於周慎靚王元年（前三二〇），是也。

6　邯鄲之難

邯鄲之難〔一〕，趙求救於齊。田侯〔二〕召大臣而謀，曰：「救趙，孰與〔三〕勿救？」鄒子〔四〕曰：「不如勿救。」段干綸〔五〕曰：「弗救則我（且）不利〔六〕。」田侯曰：「何哉？」「夫〔七〕魏氏兼〔八〕邯鄲，其於齊何利〔九〕哉！」田侯曰：「善。」乃起兵，曰〔一〇〕：「軍於邯鄲之郊〔一一〕。」段干綸曰：「臣之求利且不利者〔一二〕，非此也。夫救邯鄲，軍於其郊，是趙不拔而魏全也〔一三〕。故不如南攻襄陵以弊魏〔一四〕。邯鄲拔而承〔一五〕魏之弊，是趙破而魏弱也。」田侯曰：「善。」

乃起兵南攻襄陵。七月，邯鄲拔〔一六〕，齊因承魏之弊，大破之桂陵〔一七〕。

〔箋證〕

〔一〕高誘云：「邯鄲，趙都。難，爲魏所攻，故求救於齊。」〔按〕史記魏世家：「（惠成王）十七年，圍趙邯鄲。」當趙成侯二十一年。魏攻邯鄲亦見秦策四或爲六國説秦王章。

〔二〕高誘云：「田侯，齊侯也。田成子殺簡公，吕氏絶祀，田氏有之，故曰『田侯』。宣王也。」〔按〕高以「田侯」爲「宣王」，誤。此是威王，史記田完世家亦有之。其時威王尚未稱王（威王稱王，田完世家在威王二十六年，齊敗魏於桂陵之後。按齊之稱王，當在周顯王三十四年齊威、魏惠會徐州相王之時，史記誤繫其事於齊宣、魏襄。然桂陵之役前，齊固未稱王，各書無異文），故曰「田侯」。陳侯因資敦及陳侯因資戈即齊威王所製器，「陳侯」即「田侯」（陳、田古音通），因資，威王名（史記作「因齊」），威王稱侯，是其證。若宣王，齊已稱王多年，不應稱田侯。鮑彪次此章於威王下，是。

〔三〕〔按〕經傳釋詞：「孰與，即『何如』也。」

〔四〕高誘云：「鄒子，齊臣鄒忌。」〔按〕鄒忌以鼓琴説齊威王，爲相，封成侯。

〔五〕高誘云：「段干，姓。綸，名也，齊臣。」吴師道云：「史作『朋』，後語作『萌』。」〔按〕田完世家索隱謂「戰國策作『段干綸』」，同今本，是策、史文本異。

〔六〕高誘云：「且，將。」王念孫云：「『不利』上當有『且』字，故高注曰：且，將。史記田完世家作『不救則不義且不利』。」金正煒云：「田完世家：『不救則不義且不利。』此文『我』字疑即『義』之脱損半字，原文當與史同。後人以『不我』義不可通，因並奪『不』字以成文。」〔按〕王説是也，今補「且」字與高注相應。

〔七〕鮑彪「夫」上補「對曰」二字。吴師道云：「史有『對曰』二字。」〔按〕無之亦明，不必補。

〔八〕高誘云：「『兼』猶『并』也。」

〔九〕姚宏云：「一無『利』字。」

〔一〇〕鮑本「曰」作「甲」。吴師道云：「一本『甲』作『曰』，是。言將屯於其郊，故後云，乃起兵南攻。」安井衡云：「軍於邯鄲之郊，齊王命將之辭，故云『曰』。」

〔一一〕高誘云：「軍，屯也。郊，境也。」吴師道云：「凡言軍於某地者，猶言師於某也。」

〔一二〕鮑彪云：「『且』猶『與』。」金正煒云：「『求』或當讀如『救』。周禮大司徒：『正日景以求地中。』注：『故書「求」爲「救」。』『求』之爲『救』，猶『救』之爲『求』也。此文本作『臣言救利且不利』。草書『吉』與『之』字相似，因以致誤。『且』猶『抑』也，説詳經傳釋詞。」〔按〕「求」字義自通，金釋故求深解，非。禮記檀弓鄭注云：「且，未定之辭。」

〔一三〕鮑彪云：「兩國不戰故。」〔按〕史記「拔」作「伐」。

〔一四〕高誘云：「襄陵，魏邑也，河東縣。弊，罷也。」鮑彪云：「攻之使魏困。」程恩澤云：「襄陵有二。漢志河東郡有襄陵縣，……在今（山西）平陽府襄陵縣東二十里。又云陳留郡有襄邑縣。……在今（河南）歸德府睢州西一里。師古曰：襄邑，宋地，本承匡襄陵鄉也。……是襄邑本名襄陵也。此云『南攻』，在魏之南，當主襄邑言。」〔按〕正義謂襄陵在兗州鄒縣，胡三省通鑑注已辨其非。今從程考。張琦説同。

〔一五〕鮑彪云：「承，言繼其後。」〔按〕下章高注：「承，受。」

〔一六〕〔按〕魏世家：「（惠成王）十八年，拔邯鄲。」當趙成侯二十二年。田完世家「七月」作「十月」。

〔一七〕高誘云：「桂陵，魏邑名。」吴師道云：「正義云：桂陵在曹州乘氏縣東北。」張琦云：「桂陵，在今曹州府曹縣西北五十里。」（此説據讀史方輿紀要）〔按〕此策田完世家次於威王二十六年，下云：「使田忌南攻襄陵。十月，邯鄲拔。齊因起兵擊魏，大敗之桂陵。」考古本竹書紀年：「惠成王十七年，宋景敾、衛公孫倉會齊師，圍我襄陵。十八年，王以韓師敗諸侯師於襄陵。齊侯使楚景舍來求成。趙敗魏桂陵。」記襄陵之戰，與策、史稍異，桂陵之戰則齊、趙合師敗魏，故策、史稱齊，紀年稱趙。雷學淇竹書紀年義證卷三十七：「戰國齊策曰：『邯鄲之難云云。』趙世家曰：『成侯二十一年，魏圍我邯鄲。二十二年，魏惠王拔我邯鄲，齊亦敗魏於桂林。』即此事。紀云邯鄲之師者，主兵者趙也。齊出師助趙，豈有趙師不出者？『桂林』即『桂陵』，音相近故誤。」據紀年此戰在齊威王四年，史記有誤。梁玉繩史記志疑疑拔邯鄲之事。趙世家瀧川資言考證又據吕氏春秋不屈篇（原誤作「淫辭篇」，今正）叙魏惠王事云：「圍邯鄲三年而弗能取，士卒罷潞，國家空虚。」以申其説，謂「得其實矣」。然吕氏春秋言「弗能取」，可作「不能有」之解。惠王拔邯鄲而弗能有，既而歸趙，本無牴牾。楚策一邯鄲之難章亦記趙、魏此役，云：「楚因使景舍起兵救趙，邯鄲拔，楚取睢、濊之間。」魏策三秦敗魏於華章須賈説穰侯曰：「初時惠王伐趙，戰勝乎三梁，十萬之軍拔邯鄲。趙氏不割，而邯鄲之復歸。」與此章及史記所載並合，則魏拔邯鄲之事固無疑矣。銀雀山出土漢簡孫臏兵法擒龐涓篇記桂陵之戰亦爲齊救趙敗魏，但云「孫子弗息而擊之桂陵，而擒龐涓」，不以馬陵之戰淆爲一役，則與策、史及紀年並異。

7 南梁之難

南梁之難〔一〕，韓氏請救於齊。田侯〔二〕召大臣而謀曰：「早救之，孰與晚〔三〕救之便？」張丏〔四〕對曰：「晚救之，韓且折〔五〕而入於魏，不如早救之。」田臣(臣)思〔六〕曰：「不可。夫韓、魏之兵未弊而我救之，我代韓而受魏之兵，顧反〔七〕聽命於韓也。且夫魏有破韓之志，韓且見亡，必東愬〔八〕於齊。我因陰〔九〕結韓之親，而晚承〔一〇〕魏之弊，則國可重，利可得，名可尊矣。」田侯曰：「善。」乃陰告〔一一〕韓使者而遣之。韓自以專〔一二〕有齊國，五戰五不勝，東愬於齊。齊因起兵擊魏，大破之馬陵〔一三〕。魏破韓弱，韓、魏之君因田嬰〔一四〕北面而朝田侯〔一五〕。

〔箋證〕

〔一〕高誘云：「梁，韓邑也，今南河梁也，大梁，魏都，在北，故曰『南梁』也。難，魏攻之也。」鮑彪云：「魯國蕃縣有南梁水。此(宣王)二年，魏伐趙，趙與韓共擊魏，趙不利，敗於南梁。」吳師道云：「正義引括地志云：『故梁在汝州西南。稱南梁者，別於大梁、少梁。』大事記：『此魏伐韓也。謂伐趙者，往歲桂陵之戰與此混而誤爾。』」張琦云：「南梁故城在今(河南)汝州西南四十五里，亦曰上梁。」〔按〕鮑注援田完世家，而魏世家惠王三十年又云：「魏伐趙，趙告急齊。」正義辨之云：「孫臏傳云：『魏與趙攻韓，韓告急齊。』此文誤耳。魏伐趙，趙請救齊，齊使孫臏救趙，敗魏桂陵，乃在（惠王）十八年也。」大事記説與之同。證以此策，其説是也。魏世家索隱云：「按紀年（惠王）二十八年，與齊田肦戰於馬陵。又上二年，魏敗韓馬陵。」馬陵地在衛國東北，魏不能敗韓於其處，疑索隱引文有誤。然由此可證魏、韓攻伐之事。雷學淇亦云：「國策謂梁君制韓、趙之兵（按語見秦策五謂秦王曰章），此與南梁之役，即所謂制韓者已。」（竹書紀年義證卷三十八）

〔二〕高誘云：「田侯，齊宣王也。」〔按〕高注同史記，然據古本竹書紀年馬陵之戰在梁惠王二十八年，當齊威王十四年。其時齊尚未稱王，故策言「田侯」，正相符合，宜從紀年。田完世家索隱引王劭曰：「齊威王時未稱王，故戰國策謂之田侯。今此（史記）以田侯爲宣王，謬矣。」亦從紀年之説。餘詳前章。

〔三〕高誘云：「早，速也。晚，徐也。」

〔四〕〔按〕田完世家索隱引作「張田」。

〔五〕高誘云：「折，分也，猶從也。」

〔六〕高誘云：「田臣思，齊臣。」吴師道云：「索隱云：『策作「田期思」。』必别本也。『紀年謂之徐州子期，即田忌也。』」黄丕烈云：「『臣』當是『𦣝』字譌。𦣝、期、忌，同字也，説在嘉定錢先生大昕史記考異。吴氏以爲别本者，非是。周策『陳臣思』，同此。」〔按〕錢校是也，𦣝、臣形近而譌，今從正。田完世家張丏語作「田忌」，田臣思語作「孫臏」，「張丏」上又有「騶衍子曰不如勿救」八字，與策不一。

〔七〕橫田惟孝云：「『顧』亦『反』也。」金正煒云：「『管子白心篇：『去善之言，爲善之事，事成而顧反無名。』『顧反』猶言『轉』也。」

〔八〕高誘云：「愬，告。」

〔九〕高誘云：「陰，私。」〔按〕史記「陰」作「深」。

〔一〇〕高誘云：「承，受。」

〔一一〕鮑彪云：「告者，許之也。」

〔一二〕鮑本、吴本無「專」字。高誘云：「自恃有齊國之助，故五與魏戰而五不勝。」王念孫云：「『專』當爲『恃』字之誤也。專、寺相近，又脱去『心』旁。高注云云，則策文本作『恃』明矣。田完世家作『韓因恃齊，五戰不勝』，即本於策文也。」安井衡云：「凡國策言有者，皆謂親好。」金正煒云：「廣雅釋言：『專，擅也。』史記田完世家：『馮因摶三國之兵。』集解引徐廣曰：『「摶」音「專」。』專，謂并合制領之也。』漢書荆燕吴傳：『王專并收其兵。』此文『專』字固不誤。若改爲『恃』，上即不當有『以』字。」〔按〕金説爲是。

〔一三〕高誘云：「馬陵，齊邑也。齊殺魏將龐涓，虜魏太子申，故曰『魏破韓弱』也。」吴師道云：「虞喜云：『馬陵在濮州鄄城東北六十里，有澗峻，可以置伏。龐涓敗即此。』徐廣云：『在魏州元城縣東南。』司馬彪引杜預説亦然。按齊使田忌將，直達大梁，龐涓聞之，去韓而歸，齊軍已過而西，則從汴州、外黄退至濮州東北六十里是也。豈合更渡河至元城哉？」張琦云：「（吴氏）此文盡本魏世家正義而稍節其辭，但無司馬彪引杜預句。鄄城今濮州，元城今大名府縣。馬陵道在元城東南十里，接濮州境，至故鄄城東北，本一地也。……竊意（孫臏傳）直走大梁者，孫子先聲後實之法，宣言將走大梁，非已至矣。（龐）涓由外黄而東，將阨之於境上，比至齊境，而齊軍已道阿鄄入，故曰既已過而西。鄄本衛地，時服屬於魏。自東阿至鄄二百里而入馬陵道，減竈示怯，涓遂墮其術而不知也。」〔按〕馬陵戰是齊、魏争霸之役，詳見史記孫臏傳。

〔一四〕姚宏云：「劉無『田嬰』二字。」〔按〕文選過秦論引無「田嬰」二字。依史記當有。

〔一五〕鮑彪云：「齊記有，爲兩章：一爲桓公、臣思；一爲宣王、孫子。」吴師道云：「今按桓公、田臣思事，自與邯鄲之難及韓齊爲與國二章相亂，非此章也。說見後章。」〔按〕田完世家繫此策於宣王二年，又桓公午五年秦、魏攻韓，韓求救於齊，桓公從田臣思謀，與同策二韓齊爲與國章相同，誤淆爲一事，非析此策爲二章也。吳氏辨之，是。田完世家作「其後三晉之王皆因田嬰朝齊王於博望，盟而去」。

8 成侯鄒忌爲齊相

成侯鄒忌〔一〕爲齊相，田忌爲將，不相說。公孫閈〔二〕謂鄒忌曰：「公何不爲王謀伐魏？勝，則是君之謀也〔三〕，君可以有功〔四〕。戰不勝，田忌不進戰而不死，曲撓而誅〔五〕。」鄒忌以爲然，乃說王而使田忌伐魏〔六〕。

田忌三戰三勝。鄒忌以告公孫閈。公孫閈乃使人操十金〔七〕而往卜於市，曰：「我田忌之人也。吾三戰而三勝，聲威天下〔八〕，欲爲大事，亦吉否？」卜者〔九〕出，因令人捕爲人卜者〔一〇〕，亦〔一一〕驗其辭於王前〔一二〕。田忌遂走〔一三〕。

〔箋證〕

〔一〕高誘云：「成，邑；侯，爵也，鄒忌封也。」吳師道云：「按史曰，封以下邳，號爲成侯。」程恩澤云：「按成本魯地，……爲孟氏邑，在齊南魯北境。……史記齊宣公四十八年，田和取魯成邑，即此。漢置鉅平縣，屬泰山郡。……今（山東）兖州府寧陽縣東北九十里，有鉅平城。或鄒忌先封於此，又益封下邳也。」

〔二〕吴師道云：「『閈』，史作『閔』。」黄丕烈云：「索隱云：戰國策作『公孫閎』。」〔按〕初學記卷二十引作「公孫閈」，同今本。閈見前齊將封田嬰於薛章，其人蓋始黨鄒忌後附田嬰者。

〔三〕高誘云：「用君之謀而得勝也。」

〔四〕高誘云：「有勝魏之功也。」

〔五〕高誘云：「誅，戮。」鮑彪云：「曲撓，言師不直前而敗。」李東陽云：「曲撓而誅，謂以逗撓不進坐誅也。」横田惟孝讀「田忌不進」句，「戰而不死」句，云：「戰而不死，謂雖戰而軍敗不死也。言不進不死，以曲撓而坐誅也。」吴闓生云：「當云『不進戰而死，必曲撓而誅。』」〔按〕吴説爲長。田完世家作「戰不勝，非前死則後北」，義亦相近。「不死」之「不」疑涉上「不」字而衍。

〔六〕〔按〕田完世家鄒忌説王使田忌伐魏，下即云：「大敗之桂陵。」

〔七〕高誘云：「二十兩爲一金。」〔按〕孟子公孫丑下篇趙注云：「古者以一鎰爲一金。」史記燕世家：「子之因遺蘇代百金。」正義引臣瓚云：「秦以一鎰爲一金。」是「一金」即「一鎰」，故高注謂爲二十兩。

〔八〕高誘云：「聲，勢。威，震。」吴師道云：「其聲畏懼天下。」

〔九〕吴師道云：「（卜者）公孫閈所使者。」

〔一〇〕鮑彪云：「捕，取也。」〔按〕「爲人卜者」即「卜師」。

〔一一〕姚宏云：「一無『亦』字。」〔按〕初學記引「亦」作「而」。

〔一二〕高誘云：「驗，信。」

〔一三〕吴師道云：「史以公孫閈爲鄒忌云云，附戰桂陵之前，文小異。『操十金卜市』以下在成王三十五年，下云：『田忌聞之，率其徒襲攻臨淄，求成侯，不勝而奔。』宣王召復位，遂有馬陵之戰。按策言忌伐魏三戰三勝。忌戰可見者，桂陵、馬陵二役，策併言之也。後章記忌繫太子申，禽龐涓，孫子謂忌曰：『若是則齊君可正，成侯可走。』忌不聽，遂不入齊。又記田忌亡齊之楚，楚封之江南。則忌之出奔，在戰馬陵後宣王之世，明矣。史載其奔在前，故謂召復位。忌既襲齊，豈得再復？成侯猶在，豈宜並列？而馬陵後忌無可書之事，知其必有誤也。以威王之明，成侯、公孫閈之詐，豈能行其間？其爲宣王無疑也。大事記謂桂陵、馬陵二事多混，而書忌出奔在威王時，亦仍史之舊耳。」梁玉繩史記志疑卷二十四、黄式三周季編略卷六上並從吴注以田忌之奔在宣王世馬陵之戰後。〔按〕吴氏謂忌之奔當在戰馬陵後，其言是也。但以爲當宣王之世，則又拘於田完世家馬陵戰在宣王二年之誤。若依古本竹書紀年，馬陵戰固在威王十四年，與策並不牴牾。然則田完世家謂忌奔在威王時不誤，誤在繫馬陵戰於宣王時也。林春溥戰國紀年，以馬陵戰繫於齊威王三十八年，次此策於同年，云：「田世家威王三十五年田忌奔楚，宣王二年乃召而復之，遂有馬陵之戰，誤也。忌若奔在馬陵之前，則不得云『三戰三勝』，而策所云『孫子説之，不聽，果不入齊』之語，俱不合矣。」于鬯戰國策年表以馬陵戰在齊威王十六年，次此策於同年。雖威王之年數尚不合，較之吴注又進一步矣。吴氏謂田忌出奔齊無召復之事（梁玉繩、林春溥、黄式三同），恐亦未然。同策二韓齊爲與國章有田臣（巨）思勸齊王因燕王噲讓國子之事伐燕，正當齊宣王時。田臣（巨）思即田忌，若出奔未復，何以與於伐燕之謀？故知忌在宣王時返國，當有此事，田完世家不誤，語仍在馬陵戰之失次。

9 田忌爲齊將

田忌爲齊將，繫梁太子申，禽龐涓〔一〕。孫子〔二〕謂田忌曰：「將軍可以爲大事〔三〕

乎？」田忌曰：「奈何？」孫子曰：「將軍無解兵而入〔四〕齊，使彼罷弊〔於〕先（老）弱守於主〔五〕。主者循軼之途也〔六〕，鍺擊摩車〔七〕而相過。使彼罷弊先（老）〔八〕弱守於主，必一而當十〔九〕，十而當百，百而當千。然後背太山〔一〇〕，左濟〔一一〕，右天唐〔一二〕，軍重踵高宛〔一三〕，使輕車鋭騎衝雍門〔一四〕。若是，則齊君可正而成侯可走〔一五〕。不然，則將軍不得入於齊矣〔一六〕。」田忌不聽，果不入齊〔一七〕。

【箋證】

〔一〕高誘云：「申，梁惠王太子也。龐涓，魏將也。田忌與戰於馬陵而繫獲之也。故梁惠王謂孟子曰：『寡人東伐，敗於馬陵，太子死，龐涓禽。』此之謂也。」〔按〕今孟子梁惠王篇作「及寡人之身，東敗於齊，長子死焉」，無「龐涓禽」語。高注所引，殆是憑記憶而述之，未必是孟子異文。龐涓與孫臏同學兵法，後害之，斷其兩足。臏潛之齊，從田忌伐魏，計殺龐涓於馬陵，見史記孫臏傳。

〔二〕高誘云：「孫子，孫臏也，齊將也。」〔按〕孫臏傳：「孫臏以刑徒陰見，説齊使者。齊使以爲奇，竊載與之齊。齊將田忌善而客待之。……忌進孫子於威王，威王問兵法，遂以爲師。」其時從田忌爲軍師。臏傳謂「臏生阿鄄之間」，阿鄄爲齊地，則是齊人。高此注不言何國人。而吕氏春秋不二篇「孫臏貴勢」，高注：「孫臏，楚人，爲齊臣。」潛夫論賢難篇亦云：「孫臏脩能於楚。」與史記不同，當別有所本。

〔三〕高誘云：「大事，兵事。傳曰：國之大事，在祀（刻本「祀」誤作「記」）與戎。」金正煒云：「大事即上章所謂『欲爲大事』，後文『無解兵而入齊』也。左氏昭元年傳：『令尹將行大事。』注：『謂將殺君。』國語晉語：『吾欲作大事。』注：『大事，廢適立庶也。』並與此文義同。高注於文不合。」〔按〕大事，謂舉兵正君，則高注亦通，不必泥。高引傳語，見左氏成十三年傳。

〔四〕高誘云：「入，還。」

〔五〕姚宏云：「先，曾作『老』。」吴師道云：「恐上句多『於』字。謂以罷敝老弱守險敵衆，而以精兵攻齊，下云『輕車鋭騎』者也。」〔按〕横田惟孝、黄式三、于鬯、安井衡、金正煒並從曾作「老」，從吴衍「於」字。黄丕烈從吴多「於」字。金正煒云：「六朝人書『老』作『𠒋』，北魏張猛龍新碑『張老』作『張𠒋』，此蓋傳寫之譌。」今從曾本正。下同。又按下文「使彼罷弊先（老）弱守於主」，與此句相同，「罷弊」下無「於」字，此蓋因下「於」字而衍，吴説是也。從衍。高誘云：「『彼』謂『魏』也。」鮑彪讀「先」字句，其解盡誤，今略；又云：「主，地缺，蓋齊險隘。」横田惟孝云：「『彼』謂忌所帥之卒。」于鬯云：「『彼』者謂罷弊老弱之卒也。……後策云：『至闈陽晉之道，經亢父之險，車不得方軌，馬不得並行，百人守險，千人不能過也。』『主』地疑在此。」潘和鼎云：「『主』疑即『華不注』，此或省言之爲一字耳。『注』諧『主』聲，例得通借。華不注在高宛之西，下言『軍重踵高宛』，則於此者，防自後襲其踵也。」（于鬯注引）金正煒云：「彼者，謂非將軍自將，故爲外詞，猶云『夫』也。……『主』疑或爲『任』之誤。『任』損爲『壬』，復誤爲『主』。蘇秦爲趙合從章：『經亢父之險。』高注：『今任城縣。』其言『車不得方軌，馬不得並行，百人守險，千人不能過也』，與此文正相類。開山圖：『泰山在右，亢父在左。』……下文云『然後背泰山，左濟，右天唐』，則作『任』當近是。」〔按〕高注「彼」字，非，于、金説爲長。水經濟水篇「（濟水）又東過方與縣北爲菏水。」注：「菏水又東與鉅野黄水合，菏澤别名也。……黄水又東南逕任城郡之亢父縣故城西，夏后氏之任國也。漢章帝元和元年别爲任城。」漢書地理志東平國有任城縣，云：「故任國。」任國見於春秋（左氏僖公二十一年傳），不知滅於何時。孟子告子下篇：「季任爲任處守。」趙注：「任，薛之同姓小國。」是孟子時其國尚存。高士奇春秋地名考略因云：「任至戰國時猶存，爲齊附庸。」馬陵戰在孟子遊梁適齊之前，亢父之險固在任國，則稱其地爲任，理尚近是，金説可通。任、壬本可通用，不必字損。疑策文本作「壬」，形譌爲「主」。任城在今山東濟寧市東。

〔六〕高誘云：「軼途，轍之道也。」鮑彪云：「軼、轍同，車跡也。言其險狹不得方軌，適相循耳。」關修齡云：「險隘不可方軌，乃後車循前車行跡。」

〔七〕高誘云：「鎋，轂閡也。『摩』猶『比』也。」鮑彪云：「鎋，舝（按原本誤作「牽」，今正）同，車軸耑鍵也。路狹車密，故相擊相摩。」横田惟孝云：「或云：『摩車，倒。』非也。古文有如此者，齊俗訓：『今之國都，男女切踦，肩摩於道。』是也。」

〔八〕姚宏云：「『先』，曾作『老』。」今從正。

〔九〕鮑彪云：「得地利故。」〔按〕「而」讀如「能」，下同（古書多以「能」爲「而」）。

〔一〇〕鮑彪云：「（太山）在太山博縣西北。」張琦云：「在今（山東）泰安府北五里。」

〔一一〕〔按〕「濟」即「濟水」。秦策一張儀説秦王章：「（齊）濟清河濁，足以爲限。」

〔一二〕高誘云：「天，大也。唐，防也。」鮑彪云：「蓋盼子所守所謂高唐，屬平原。」張琦云：「古高唐在今（山東）濟南府禹城縣西四十里。漢之高唐，則今州也。」程恩澤亦引錢坫説以禹城縣之高唐爲此策之天唐。狄子奇云：「未知所據，似即本鮑注，恐未可信。」〔按〕田完世家：「（威王曰）吾臣有盼子者，使守高唐，則趙人不敢東漁於河。」鮑注據此。然高唐地在齊之西北境，距臨淄較遠。田忌自馬陵還軍，馬陵在臨淄之西南。孫子勸其舉兵嚮國都，何必北取高唐？此理之不可通者，鮑注非是。高注釋天唐爲大防。大防即鉅防，張儀説秦王章所謂「長城鉅防，足以爲塞」。其地在濟水之南，泰山之西，又爲齊之要塞，馬陵還臨淄所經之道，與策文較合。高注或是。

〔一三〕高誘云：「踵，至也。高宛，縣名也，今屬樂安也。」鮑彪云：「重，輜重也。」張琦云：「（高宛）故城在今（山東）青州府高苑縣東北。」

〔一四〕高誘云：「輕，便。鋭，利。衝，突。雍門，齊西門名也。」鮑彪云：「始皇紀注（雍門）在高陵。」吴師道云：「左傳襄十八年有雍。去聲。」〔按〕雍門，此自是齊城門，即左傳襄公十八年晉人伐齊，「伐雍門之萩」。杜注：「雍門，齊城門。」説苑奉使篇：「昔燕攻齊，遵雒路，渡濟橋，焚雍門。」始皇紀之「雍門」，在咸陽，鮑注淆而爲一，大謬。同策六齊王建入朝於秦章有雍門司馬。于欽齊乘卷四臨淄古城下引齊記補：「齊古城，周五十里，高四丈。十三門，其西雍門，韓娥鬻歌之地（韓娥事見説苑）。」田忌在馬陵戰後，孫子勸之政變，回師東嚮，首及臨淄雍門。王建朝秦，自東嚮西，亦出雍門，明雍門之爲齊之西門。

〔一五〕高誘云：「成侯，鄒忌也，田忌所不説。」鮑彪云：「『正』猶『制治』。」金正煒云：「周禮宰夫：『歲終，則令羣臣正歲會。』注：『「正」猶「定」也。』……謂忌可定齊之君位也。若以『正』爲匡正其君之失，則與『行大事』一語不相應矣。」〔按〕「正」猶「証」。前靖郭君善齊貌辨章：「士尉以証靖郭君。」高注：「証，諫也。」此謂舉師以諫君之失，猶後世所稱兵諫也（鬻拳兵諫楚王，兵，謂武器，與此異）。其時威王信鄒忌之譖，故孫子作是言。

〔一六〕吴師道云：「使田忌無間於齊，孫子曷爲而有是言？必公孫閈、成侯讒搆之時也。」

〔一七〕高誘云：「聽，從。」〔按〕史記田完世家謂田忌「率其徒襲攻臨淄，求成侯，不勝而奔」。孟嘗君傳則云：「襲齊之邊邑，不勝亡走。」並與策不合。上章吴注云：「忌既襲齊，豈得再復？」雖所解尚未確（見上），其駁史記此語頗有理。忌不聽孫子之勸，又在宣王時召復，則決無襲齊之事，當從國策。

〔附論〕

鍾鳳年云：「此章恐爲著者本傳聞之誤，附會上事而復重者。案孫子傳稱『虜魏太子申以歸，孫子以此名顯天下』。孫子若教田忌舉大事，忌既不聽而出亡，則孫子亦必不敢歸齊。見策事必虛。」

10　田忌亡齊而之楚

田忌亡齊而之楚，鄒忌代之相〔一〕。齊恐田忌欲以楚權復〔二〕於齊。杜赫〔三〕曰：「臣請爲（君）留（之）楚〔四〕。」

謂楚王〔五〕曰：「鄒忌所以不善楚者，恐田忌之以楚權復於齊也。王不如封田忌於江南〔六〕，以示田忌〔七〕之不返齊也〔八〕，鄒忌以齊厚〔九〕事楚。田忌亡人也，而得封，必德〔一〇〕王，若復於齊，必以齊事楚〔一一〕。此用二忌〔一二〕之道也。」楚果封之於江南〔一三〕。

〔箋證〕

〔一〕吴師道云：「前云鄒忌爲相，田忌爲將，田忌走。此云『代之相』，恐有差誤。」

〔二〕高誘云：「權，勢也。復，還也。」

〔三〕〔按〕杜赫見東周策。

〔四〕原本無「君」字、「之」字。姚宏云：「一『爲』下有『君』字，『留』下有『之』字。」横田本從一本補「君」字、「之」字。

〔按〕依高注當有「君」字與「之」字，今從一本補。高誘云：「君，謂鄒忌。留之楚，爲鄒忌留田忌於楚，不使得來也。」

〔五〕鮑彪以楚王爲威（元刊吴本「威」作「成」，鮑單注本作「威」。按楚成王在春秋前期，不合。今正）王。〔按〕田忌出走即在馬陵戰後，依古本竹書紀年其時當爲楚宣王。

〔六〕〔按〕江南見秦策一張儀説秦王章。

〔七〕鮑本、吴本無「田」字。

〔八〕高誘云：「返，還。」

〔九〕高誘云：「厚，重也。」鮑彪「忌」下補「必」字。吴師道云：「當有缺字。」〔按〕不補義亦可通。

〔一〇〕高誘云：「德，恩。」〔按〕「德」作動詞用，謂感恩。

〔一一〕高誘云：「田忌後曰若得還齊，亦必以重事楚。」鮑彪云：「言此，示不爲鄒忌遊説也。」

〔一二〕横田惟孝云：「二忌，鄒忌、田忌也。」〔按〕此以二人同名而合稱之，猶左氏莊二十八年傳稱外嬖梁五與東關嬖五爲「二五」也。

〔一三〕高誘云：「從杜赫之言也。」

11　鄒忌事宣王

鄒忌事宣王，仕人衆，宣王不悦〔一〕。晏首〔二〕貴而仕人寡，王悦之〔三〕。

鄒忌謂宣王曰：「忌聞以爲有一子之孝〔四〕，不如有五子之孝〔五〕。今首之所進仕者以幾何人〔六〕？」宣王因以晏首壅塞之〔七〕。

【箋證】

〔一〕高誘云：「衆，多也。嫌其作威福，故不悦也。書曰：『無有作威作福。』」鮑彪云：「（仕人）薦於王，使之仕。」〔按〕説苑臣術篇：「齊威王遊於瑶臺，成侯卿來奏事，從車羅綺甚衆。……王曰：『國至貧也，何出之盛也？』……對曰：『忌舉田居子爲西河，而秦、梁弱。忌舉田解子爲南城，而楚人抱羅綺而朝。忌舉黔涿子爲冥州，而燕人給牲，趙人給盛。忌舉田種首子爲即墨，而於齊足究。忌舉北郭刁勃子爲大士，而九族益親，民益富。舉此數良人者，王枕而卧耳，何患國之貧哉？』」其言或誇而失實，然鄒忌仕人之衆，可與此策相證。忌信用於威王時，擅權久，至宣王而益重，仕人益衆，故王不悦之。高引書語，見洪範篇。

〔二〕鮑彪云：「（晏首）齊人。」〔按〕廣韻諫韻「晏」字下云：「姓。左傳齊有晏氏，代爲大夫。」或晏嬰之後。

〔三〕高誘云：「悦不作威福也。」

〔四〕横田惟孝云：「『以爲』二字恐衍。」安井衡云：「『以爲』亦所聞之言，古人以爲也。」

〔五〕横田惟孝云：「是以父子喻君臣，言寡不如衆。」

〔六〕姚宏云：「『以』，一作『亦』。一『人』下有『矣』字。」

〔七〕高誘云：「壅，弊。塞，斷。弊斷仕者而不進也。」吴汝綸云：「此文未有脱字。」〔按〕「以」猶「謂」，見經傳釋詞。「謂」即「以爲」（吴昌瑩經詞衍釋云：「凡言『以爲』者，皆曰『謂』、『爲』也。」）。高注「弊」字同「蔽」。

12　鄒忌脩八尺有餘

鄒忌脩〔一〕八尺有餘，身體昳麗〔二〕，朝服衣冠，窺鏡〔三〕，謂其妻曰：「我孰與城北徐公美〔四〕？」其妻曰：「君美甚，徐公何能及公〔五〕也？」城北徐公，齊國之美麗者也。忌〔六〕不自信，而復〔七〕問其妾曰：「吾孰與徐公美？」妾曰：「徐公何能及君也？」旦日〔八〕，客從外來，與坐談，問之客曰〔九〕：「吾與徐公孰美？」客曰：「徐公不若君之美也〔一〇〕。」明日，徐公來，孰〔一一〕視之，自以爲不如。窺鏡而自視，又弗如遠甚〔一二〕。暮寢而思之〔一三〕，曰：「吾妻之美我者，私〔一四〕我也。妾之美我者，畏〔一五〕我也。客之美我者，欲有求〔一六〕於我也。」

於是〔一七〕入朝，見威〔一八〕王曰：「臣誠知不如〔一九〕徐公美，臣之妻私臣，臣之妾畏臣，臣之客欲有求於臣，皆以美於徐公。今齊地方千里，百二十城〔二〇〕。宮婦左右莫不私王，朝廷之臣莫不畏王，四境之内莫不有求於王。由此觀之，王之蔽甚矣〔二一〕！」王曰：「善。」

乃下令：「羣臣吏民能〔二二〕面刺寡人之過者，受上賞〔二三〕。上書諫寡人者，受中賞。

能謗議於市朝〔二四〕，聞寡人之耳者，受下賞。」令初下，羣臣進諫〔二五〕，門庭若市。數月之後，時時而間進〔二六〕。期〔二七〕年之後，雖欲言，無可進者〔二八〕。燕、趙、韓、魏聞之，皆朝於齊。此所謂戰勝於朝廷〔二九〕。

〔箋證〕

〔一〕高誘云：「脩，長。」

〔二〕鮑本、吴本「身體」作「而形貌」。高誘云：「昳，讀曰『逸』。」鮑彪云：「昳，徒結切，日側也，故有光艷意。又疑作『佚』。」安井衡云：「『昳』音『逸』。……『逸』猶『絶』也。其麗絶人，……故謂『絶麗』爲『逸麗』也。」金正煒云：「上言體脩，此當作『形貌』。『昳』字疑『晈』之譌，『晈』即『姣』之借字也。呂覽達鬱篇：『公姣且麗。』注：『姣麗，皆好貌也。』」〔按〕昳、佚同字，楚辭離騷：「見有娀之佚女。」王逸注：「佚，美也。」「昳麗」猶「美麗」，鮑後説是也。「佚」又與「逸」通，故高注謂「讀曰『逸』」。藝文類聚卷七十、太平御覽卷五百二十引「昳」並作「逸」，疑從高注而改。金説迂曲。

〔三〕高誘云：「自窺視於鏡也。」

〔四〕高誘云：「美，好也。」姚宏云：「（徐公）十二國史作『徐君平』。」

〔五〕姚宏云：「一無『公』字。」鮑本、吴本「公」作「君」。金正煒云：「按爾雅釋親：『夫之兄爲公。』婦人於壻，無稱公之禮，當從鮑本作『君』。」〔按〕「公」爲尊稱，何嫌於婦人稱夫？金説似泥。

〔六〕姚宏云：「一無『忌』字。」

〔七〕姚宏云：「一無『復』字。」

〔八〕鮑彪云：「旦，明也。」〔按〕史記倉公傳：「當旦日日夕死。」索隱：「旦日，明日也。」

〔九〕鮑本無「客曰」二字。姚宏云：「一無『客』字。」安井衡云：「談有戲謔意。詩云『不敢戲談』，是也。問己美醜，非莊語所宜，故言談耳。」〔按〕「之」猶「於」也，見經傳釋詞。説文「談，語也」，不必戲謔。安井説未安。

〔一〇〕姚宏云：「一無以上（之美也）三字。」

〔一一〕橫田惟孝云：「孰、熟同。」〔按〕大事記解題卷三引「孰」作「熟」。

〔一二〕姚宏云：「一無『又』字。」〔按〕類聚、御覽引「弗如遠甚」作「不如遠矣」。高誘云：「遠猶多也。」

〔一三〕橫田惟孝云：「思之，思妻、妾、客所以美我之故。」

〔一四〕高誘云：「私，愛。」鮑彪云：「『私』猶『親』。」

〔一五〕高誘云：「畏而愛之。」

〔一六〕高誘云：「求，索。」

〔一七〕姚宏云：「一無『於是』二字。」

〔一八〕姚宏云：「一無『威』字。」

〔一九〕姚宏云：「劉作『臣知情不如』。」

〔二〇〕〔按〕燕攻齊，下七十餘城，唯獨莒、即墨不下，見同策六、燕策二及史記樂毅傳。威王之時，齊土廣不及湣王時，何列城反多於後日？或郡縣有廢置之變，轄境有大小之異。否則此爲誇詞耳。

〔二一〕高誘云：「下人蔽王甚矣。」

〔二二〕姚宏云：「一無『能』字。」

〔二三〕高誘云：「刺，舉也。舉寡人之過失者，與重賞也。」

〔二四〕吴本「議」作「譏」，疑字形之誤（鮑單注本作「議」，同此本）。横田惟孝云：「『市朝』猶『市井』也。朝，『朝暮』之『朝』。……閔王策曰：『市朝則滿，夕則虚，非朝愛市而夕憎之也，求存故往，亡故去。』説山（按「山」是「林」之誤）訓曰：『朝之市則走，夕過市則步，所求者亡也。』可以見市以朝爲期矣。……孟嘗君傳：『日暮之後過市朝。』既爲通稱，則無妨矣。」〔按〕周禮地官鄉師：「凡四時之徵令有常者，以木鐸徇於市朝。」釋文：「朝，直遥反。」孫詒讓正義云：「『市』謂國中及郊野之市，『朝』爲鄉師視事之朝，衆之所聚。」孟嘗君傳索隱亦云：「『朝』音『潮』，謂市之行位，有如朝列，因言市朝耳。」此「市朝」義相近，「朝」不讀「朝暮」之「朝」。又按周禮地官司市：「大市日昃而市，百族爲主。朝市，朝時而市，商賈爲主。夕時而市，販夫販婦爲主。」周易繫辭亦云：「日中爲市。」是市不必朝集也。横田説未安。

〔二五〕姚宏云：「一無『諫』字。」

〔二六〕鮑彪云：「進諫者有暇隙。」

〔二七〕鮑本、吴本「期」作「朞」，同。

〔二八〕高誘云：「改脩（原本作「循」，姚宏云：「曾作『脩』。」今從曾本改）端嚴（按「嚴」即「莊」字，避漢諱改），無可復諫者也。」

〔二九〕高誘云：「言與敵國戰，勝之於朝廷之内也。老子曰：『脩之身，其德乃真。』此之謂也。故能使四國盡來朝之。」鮑彪云：「坐朝廷之上，四國朝之，不待兵也。」吴師道云：「大事記，威烈王二十二年。按外紀，宋昭公出亡，謂其御曰云云。事與此類。又新序齊有田巴先生，賢，王聘而問政，巴改製新衣，拂節（按「節」疑「飾」訛）冠帶，顧謂其妾云云。恐與鄒忌事有訛舛。」〔按〕王應麟困學紀聞卷十一云：「新序云：『齊有田巴先生，行脩於外，王聞其賢，聘之，將問政焉。田巴改製新衣，拂飾冠帶，顧謂其妾。妾曰：佼。將出門，問其從者，從者曰：佼。過於淄水，自照視，醜惡甚焉。遂見齊王。齊王問政，對曰：今者大王召臣，臣問妾，妾愛臣，諛臣曰：佼。問從者，從者畏臣，諛臣曰：佼。臣至臨淄水而觀，然後知醜惡也。今王察之，齊國治矣。』與鄒忌之言略同。」此與吳注所引同，此文今新序佚去，亦見御覽卷三百八十二引。又呂氏春秋達鬱篇云：「列精子高聽行乎齊湣王，善衣東布衣，白縞冠，顙推之履，特會朝雨，袪步堂下，謂其侍者曰：我何若？侍者曰：公姣且麗。列精子高因步而窺於井，粲然惡丈夫之狀也。喟然歎曰：侍者爲吾聽行於齊王也，夫何阿哉！又況於所聽行乎萬乘之主，人之阿之亦甚矣！而無所鏡，其殘亡無日矣！」與此亦略同。黃式三編略次此策於周顯王十二年云：「今按史表是年趙侯如齊，明年宋公、趙侯會平陸；又明年魏侯朝齊。皆與策合，足見能受諫者之效，策語不虛也。齊威王二十二年。」〔按〕黃本史記。若依古本紀年，則顯王十二年，當桓公十九年，明年威王始即位，與此不符矣。且諸侯朝齊，本非同年事，意當在馬陵戰後齊强大之時。策文多誇美，此類語不必一一考實，否則將失之鑿。

13　秦假道韓魏以攻齊

秦假道韓、魏以攻齊〔一〕，齊威王使章子〔二〕將而應〔三〕之。與秦交和而舍〔四〕，使者數相往來，章子爲變其徽章〔五〕，以雜秦軍。

候者言：「章子以齊入秦〔六〕。」威王不應〔七〕。頃之間〔八〕，候者復言：「章子以齊兵降秦。」威王不應。而此者三〔九〕。有司〔一〇〕請曰：「言章子之敗者，異人而同辭，王何不發〔一一〕將而擊之？」王曰：「此不叛寡人明〔一二〕矣，曷爲〔一三〕擊之？」頃間，言：「齊兵大勝，秦軍大敗〔一四〕。」於是秦王拜〔一五〕西藩之臣而謝於齊〔一六〕。

左右曰：「何以知之〔一七〕？」曰：「章子之母啓〔一八〕得罪其父，其父殺之，而埋馬棧之下〔一九〕。吾使者〔二〇〕章子將也，勉之曰：『夫子〔二一〕之强，全兵而還，必更葬將軍之母。』對曰：『臣非不能更葬先妾〔二二〕也。臣之母啓得罪臣之父，臣之父未教〔二三〕而死。夫不得父之教而更葬母，是欺死父也〔二四〕，故不敢。』夫爲人子而不欺死父，豈爲人臣欺生君哉？」

〔箋證〕

〔一〕高誘云：「自秦往齊，路出韓、魏，故假之也。」

〔二〕鮑彪云：「以名『子』之，猶嬰子、文子。章，匡章。」（此鮑注原在濮上之事章下，鮑本與姚本編次不同，今移於此。）〔按〕匡章見孟子離婁下篇。

〔三〕高誘云：「應，擊。」〔按〕此就策文而釋，非「應」之義有「擊」也。

〔四〕高誘云：「交，俱。」鮑彪云：「孫子，兩軍相對曰『交和』。楚紀注：『軍門曰「和」。』」横田惟孝云：「按孫子軍争篇曰：『將受命於君，合衆聚衆，交和而舍。』」于鬯云：「沈豫雜義云：『和是和好。彼此猜忌胥忘，如華元之於子反，陸抗之於羊祜。若不過兩軍相對，亦安能使者數相往來？』」〔按〕交和而舍，與孫子語相脗合，鮑注是也。兩軍對壘，未戰之前，何害其使者往來？沈説未允。孫臏兵法十問篇並以「交和而舍」發問，亦謂兩軍對壘未戰之時。

〔五〕高誘云：「徽，幟（原本作「熾」，今從盧本改）名也。傳曰：『揚徽者公徒也。』通白曰『章幅』（姚宏云：『「幅」一作『幟』』。）」按原本二「幅」字並作「偪」，今從盧本改。盧本「幟」字譌作「偪」）。變易之使與秦旗章同，欲以襲秦。」鮑彪云：「徽，幟也，以絳帛著於背。章其別也。」吳師道云：「此（鮑注）引説文。又左傳『揚徽』，注：『若今救火衣。』又按王莽傳『殊徽幟』，注：『通謂旌旗屬。』」金正煒云：「『爲』當讀如『僞』，爲、僞古蓋通用。尉繚子兵教篇：『將異其旗，卒異其章。左軍章左肩，右軍章右肩，中軍章胸前。書其三軍曰：某甲某士。』又墨子旗幟篇：『城中吏卒民男女皆辨其衣章微。』『微』與『徽』同。」〔按〕説文「徽」作「微」，在巾部，二字通用。「章」亦旗常之屬。周禮春官司常：「掌九旗之物名，各有屬，以待國事。」鄭注：「屬謂徽識也。大傳謂之『徽號』。今城門僕射所被及亭長著絳衣，皆其舊象。」是服飾亦可稱徽章。高注引傳，見左氏昭公二十一年傳。

〔六〕高誘云：「候軍者以章子爲然。」鮑彪云：「（候者）齊之偵者。」橫田惟孝云：「『齊』下恐脱『兵』字。」〔按〕因其變易徽章，故誤爲入秦。「入」猶「納」也，見前秦策高注。「入」與下「降」字爲互文，義近。無「兵」字，義自通，不必與下文「齊兵」相同。候，斥候，「候者」猶言偵察兵。

〔七〕高誘云：「應，答。」

〔八〕鮑彪云：「衍『之』字。」吳師道云：「有頃之間也，句奇。下頃間，變文。」

〔九〕高誘云：「而，如也。如此者三。」〔按〕「而」與「如」同屬日紐，古音又同歸泥紐，例可通轉。

〔一〇〕〔按〕儀禮士冠禮：「有司如主人服。」鄭注：「有司，羣吏有事者。」此蓋泛指官吏。

〔一一〕高誘云：「發，遣。」鮑本「發」作「廢」，注云：「廢，謂罷之。」吳師道云：「『廢』，一本作『發』。是既降矣，安用廢爲？」〔按〕吳駁是也。依高注，明是「發」字，作「廢」必誤。廢、發二字雖可通借，但此處作「發」爲長。

〔一二〕高誘云：「明，審。」

〔一三〕鮑本、吳本「爲」下有「而」字。

〔一四〕吳本「軍」作「兵」。鮑本作「軍」，同此。張尚瑗云：「馮異與赤眉會戰，使壯士變服與赤眉同，伏於道側。大戰，日昃，伏兵猝起，衣服相亂，敵遂驚潰。與章子之策同。」

〔一五〕鮑彪改「拜」作「稱」。安井衡云：「秦王拜稱西藩之臣也。不言『稱』者，言『拜』義可推也。鮑改『拜』爲『稱』，亦以今文律古文耳。」金正煒云：「『稱』字篆文亦作『爯』，上『爪』缺損，即與『[illegible]』近似，固誤爲『拜』。」

〔按〕安井説可通，此是誇詞，不必改字。

〔一六〕高誘云：「（秦王）秦惠王之子武王也（原本「也」下重「也」字，今從盧本衍）。謝，謝攻齊之罪。」鮑彪云：「按威王與秦獻公、孝公同時，齊雖强，而秦不弱。此語未詳。」〔按〕鮑注據史記，若據紀年威王之世，則與秦孝公、惠王同時。秦自孝公變法以後，國日强大，霸於西土，而齊、秦壤土不接，威王雖强，亦不能威脅其國，秦何爲降稱西藩？此又策士誇辭，不必過泥。餘詳見後。高注以秦王爲武王，與史記及紀年並不合，恐非。

〔一七〕〔按〕左右問王何以知章子之不叛，文章簡净之至。

〔一八〕鮑彪云：「（啓）其母名。」

〔一九〕高誘云：「馬棧，牀也。」鮑彪云：「棧，爲棚以立馬。」吳師道云：「章子通國稱不孝，孟子以爲父子責善而不相遇者，恐因此事也。（馬棧之下）後語『馬屎之中』。」張文爟云：「按孟子稱匡章以責善得罪於父，兹記其殺妻事，則其父之凶悖甚矣。母死不葬，此生人大慘。出妻屏子，蓋尤有甚不安者，不止爲不得近父也。」

〔按〕孟子離婁下篇：「公都子曰：『匡章通國皆稱不孝焉，夫子與之遊，又從而禮貌之，敢問何也？』孟子曰：『夫章子子父責善而不相遇也。責善，朋友之道也。父子責善，賊恩之大者。夫章子豈不欲有夫妻子母之屬哉？爲得罪於父，不得近。出妻屏子，終身不養焉。』」全祖望經史問答卷七云：「(孟子)所云責善，蓋必勸其父以弗爲已甚，而父不聽，遂不得近。此自是人倫大變。」與策文可相參。

〔二〇〕姚宏云：「一『吾』下有『之』字，無『者』字。」鮑彪云：「衍『者』字。」于鬯云：「古『者』字有但作語辭者。墨子耕柱篇『諸言善者』，『者』皆語辭也。莊子讓王篇『恐聽者謬者』，亦語辭。吾使者章子，猶言吾使章子也。」〔按〕者、諸同字，諸，語助也，見經傳釋詞。又小爾雅廣訓：「諸，乎也。」義亦通。

〔二一〕〔按〕君稱臣下爲「夫子」，以示尊禮。孟子梁惠王上篇齊桓晉文之事章齊宣王稱孟子爲「夫子」。

〔二二〕〔按〕顧炎武日知録卷二十四云：「人臣對君，稱父爲『先臣』，則亦可稱母爲『先妾』。」引此策。

〔二三〕姚宏云：「『教』，劉作『葬』。」鮑彪云：「未有教命。」吴師道云：「(未教)後語『未赦』。」

〔二四〕高誘云：「死父欲使之説也。」高誘云：「威王以此知章子之情，故曰豈欺生君哉。」全祖望經史問答云：「章子之事，未必在威王之世。威王未嘗與秦交兵。……齊、秦之鬬在宣王時，而伐燕之役，將兵者正是章子，則恐其爲誤編於威王策(按此據鮑本言)中者。即不然，亦是威王末年。」黄式三編略繫此策於周顯王二十一年云：「齊威王三十一年，蘇秦言秦欲深入齊，恐韓、魏之議其後。策言假道於韓、魏，則伐齊在韓、魏既服之後，與赧王四十四五年攻齊剛壽同。」〔按〕章子事見於國策者尚有二章。同策濮上之事章：「贅子死，章子走。」史記六國表周赧王三年(前三一二)魏擊齊，虜聲子於濮，即此事。依古本紀年當齊宣王九年。燕策一燕王噲既立章：「(齊宣)王因令章子將五都之兵……以伐燕。」事在周赧王元年(前三一四)，當紀年齊宣王七年。又按史記秦本紀昭襄王「八年，使將軍芊戎攻楚，取新市。齊使章子，魏使公孫喜，韓使暴鳶共攻楚方城，取唐昧」(此事亦見呂氏春秋慎小篇)。殿本考證據年表與各世家考「八年」爲「六年」之誤，是也。秦昭王六年，即周赧王十四年(前三〇一)，紀年當齊湣王元年。此策又言「齊威王使章子將」，是章子用於齊國，歷事威、宣、湣三朝。鮑氏、全氏據史記並以此策之威王爲疑，若依古本紀年，則威王與秦孝公、惠王並時。威王之世，齊名將有田忌、田盼。章子之用，疑在田忌出亡、田盼不用之時，全氏謂「是威王末年」，殆然。黄氏謂「伐齊在韓、魏既服之後」，於理當然，否則無從假道。但繫此策於周顯王二十一年(前三四八)，則不合。顯王二十一年，當秦孝公十四年，是時秦方變法，魏尚强大，豈容假道？秦世家：「(惠王後元)三年，韓、魏太子來朝。」當周顯王四十七年(前三二二)，紀年齊威王三十五年，其時韓、魏臣服於秦，假道攻齊，疑在此年前後不遠。依章子之事跡論之，假定威王三十五年(前三二二)敗秦軍。宣王七年(前三一四)將兵伐燕。宣王九年(前三一二)軍敗於濮上。湣王元年(前三〇一)與韓、魏軍共攻楚方城。前後相距二十一年，始終爲齊將，事相銜接，於理不悖。孟子所言，似在其爲將之前，其不葬母之事未白，故通國皆稱不孝，則亦當威王之時也。此役疑是秦出偏師嘗試之戰，爲齊所敗。秦未滅韓、魏，固不敢大舉師以伐齊。策言「拜西藩之臣」，乃誇辭，説見上。于鬯戰國策年表列此策於周顯王三十五年(前三三四)，當秦惠王四年，齊威王二十三年，未詳所據，恐非。

14 楚將伐齊魯親之

楚將伐齊，魯親之〔一〕，齊王患〔二〕之。張丏〔三〕曰：「臣請令魯中立〔四〕。」

乃爲齊見魯君〔五〕。魯君曰：「齊王懼乎？」曰：「非臣所知也。臣來弔足下〔六〕。」

魯君曰：「何弔？」曰：「君之謀過〔七〕矣。君不與勝者而與不勝者〔八〕，何故也？」魯君曰：「子以齊、楚爲孰勝哉？」對曰：「鬼且不知也。」「然則子何以弔寡人？」曰：「齊、楚之權敵也〔九〕，不用有魯與無魯〔一〇〕。足下豈如令（全）衆而合二國之後哉〔一一〕？楚大勝齊，其良士選卒〔一二〕必殪〔一三〕。其餘兵足以待天下〔一四〕；齊爲〔一五〕勝，其良士選卒亦殪。而君以魯衆合戰勝後，此其爲德也亦大矣〔一六〕。其見恩德亦其大也〔一七〕。」魯君以爲然，身退師〔一八〕。

〔箋證〕

〔一〕高誘云：「魯親楚也。」

〔二〕高誘云：「患，憂。」〔按〕鮑彪以「齊王」爲「威王」。

〔三〕鮑彪云：「（張丐）齊人，疑即張丑。」〔按〕張丐見前南梁之難章。張丑見前楚威王戰勝於徐州章，鮑次於宣王策。此張丐，鮑以爲張丑，不詳所據。顧觀光編年次此策與楚威王戰勝章並爲周顯王三十六年（前三三三）齊、楚徐州之役，疑是從鮑以張丑、張丐爲一人而推定之。然此策楚伐齊是否爲徐州之役，究乏佐證。此類事不如闕疑爲善。

〔四〕高誘云：「魯中立，言能使魯不親楚而絶齊也。」

〔五〕鮑彪云：「（魯君）康公。」吴師道云：「無考。」〔按〕史記六國表魯康公元年當齊威王二十七年，其末年當齊威三十五年。鮑既次此策於威王世，因以魯君爲康公，出於臆測，不足從。

〔六〕〔按〕禮記曲禮上篇：「知生者弔，知死者傷。」鄭注云：「弔傷，皆謂致命辭也。雜記曰：『諸侯使人弔，辭曰：寡君聞君之喪，寡君使某，如何不淑？』此施於生者。」「弔」不止於喪事，凶災亦弔。稱君爲「足下」，見秦策三范雎至章。

〔七〕高誘云：「過，失。」

〔八〕高誘云：「『與』猶『助』也。」鮑彪云：「楚時未敗，而云然者，蓋楚有勝齊之勢。楚雖勝，士卒多死，魯合齊以兩國擊之，楚必敗，故言其不勝。」横田惟孝云：「不待勝者而與，而始偏與楚，則楚不勝而亦與之。是不與勝者而與不勝者也。是其所以弔也。」安井衡云：「齊、楚既戰，與勝者合，是與勝者也。未戰而合，所合或不勝，是與不勝者也。欲令魯中立，故其言如此。」〔按〕安井説較長。張丏欲魯君聽其説，故先以危辭動之。

〔九〕吴師道云：「言其力適均。」

〔一〇〕横田惟孝云：「不以有魯無魯爲强弱。」

〔一一〕姚宏云：「『令』，一作『全』。」鮑本、吴本「令」作「全」。〔按〕觀高注字本作「全」，今從之。高誘云：「『全衆』爲中立，無以爲助也。」横田惟孝云：「不如中立全衆，而二國戰後合於勝者。」

〔一二〕鮑彪云：「（選卒）材（鮑、吴合注四部叢刊本「材」誤作「林」，據鮑注單行本正）武見選者。」

〔一三〕鮑彪云：「殪，死也。」

〔一四〕中井積德云：「『足』上疑脱『不』字。」金正煒云：「『足以』當爲『亡以』，『亡』與『無』同，『亡』字篆文與『足』字下形相近，因此致誤。或『足』上本有『不』字而挩。國語晉語：『厚戒箴國以待之。』注：『待，備也。』」

〔按〕此句作反詰語，義可通。

〔一五〕〔按〕「爲」猶「如」也，假設之詞，見經傳釋詞。

〔一六〕高誘云：「觀二國交戰之後，勝者其良士選卒治一（按「治」疑是「殆」之形誤。「一」當作「壹」，即「殪」之借字。壹、一同字，因傳寫作「一」），君以全衆助負敗者擊之。」鮑彪云：「合，合敗者也。勝者雖合之，不必見德。今以全衆合敗者，彼勝者既士卒多死，可勝也。敗者因見德矣。（德）德敗者。」橫田惟孝云：「魯以其衆合勝者助其危。」安井衡云：「同一戰勝也，而於楚言其餘兵足以待天下者，楚雖遠乎，國大兵衆，魯合之，齊不能害之，特不重見恩德乎。齊則既勝之後，無餘兵以待天下，魯合之，其德魯甚大。欲令魯重合齊，故其言如此。鮑云：『合，合敗者云云。』不知丏言良士選卒必殪者，正爲見德張本也。且若如其說，丏欲合魯與不勝者，何前後之相矛盾也？」于鬯云：「此謂楚勝合楚，齊勝合齊，故曰『合戰勝後』。」〔按〕此謂以魯衆合戰勝者，策文明白，高、鮑注均失之。

〔一七〕姚宏云：「『其』，曾作『甚』。」鮑本、吳本作「其見恩德也亦甚大矣」。鮑彪云：「敗者德之。」王念孫云：「其見恩德亦甚大也，乃高注語，在『助負敗者擊之』下，今誤入正文，遂與上句相複。」金正煒讀「爲德之」「德」作「得」，「恩德」之「德」如字，「其讀若『綦』。綦，極也」。〔按〕以文義度之，王說爲長。其、綦可通借。

〔一八〕鮑本、吳本「身」作「乃」。高誘云：「退師，不復親楚也。」安井衡云：「身自退師也。鮑改『身』爲『乃』，非。」金正煒云：「『身』疑『即』字之譌。淮南兵略篇：『即今國有難，願請子將而應之。』藝文類聚、太平御覽『即』並作『身』，可爲此證。」〔按〕安井說是。爾雅釋言：「身，親也。」

15 秦伐魏陳軫合三晉

秦伐魏，陳軫合三晉而東〔一〕。

謂齊王〔一〕曰：「古之王者之伐也，欲以正天下，而立功名以爲後世也。今齊、楚、燕、趙、韓、梁六國之遞〔三〕甚也，不足以立功名，適足以强秦而自弱也。非山東之上計也。能危山東者，强秦也。不憂强秦，而遞相罷〔四〕弱，而兩歸其國於秦〔五〕，此臣之所以爲山東之患。天下爲秦相割，秦曾不出力（刀）〔六〕。天下爲秦相烹，秦曾不出薪〔七〕。何秦之智而山東之愚耶？願大王之察也！古之五帝、三王、五伯〔八〕之伐也，伐不道者。今秦之伐天下不然，必欲反之〔九〕，主必死辱，民必死虜〔一〇〕。今韓、梁之目未嘗乾〔一一〕，而齊民獨不也，非齊親而韓、梁疏也，齊遠秦而韓、梁近。今齊將近矣。今秦欲攻梁絳、安邑〔一二〕，秦得絳、安邑以東下河，必表裏河〔一三〕而東攻齊，舉齊屬之海〔一四〕，南面而孤楚、韓、梁〔一五〕，北嚮而孤燕、趙，齊無所出〔一六〕其計矣。願王熟慮〔一七〕之！今三晉已合矣，復爲兄弟〔一八〕，約而出鋭師以戍梁絳、安邑〔一九〕，此萬世之計也。齊非急以鋭師合三晉，必有後憂。三晉合，秦必不敢攻梁，必南攻楚，楚、秦構〔二〇〕難。三晉怒齊不與己也，必東攻齊，此臣之所謂齊必有大憂〔二一〕。不如急以兵合於三晉。」

齊王敬諾，果以兵合於三晉〔二二〕。

〔箋證〕

〔一〕高誘云：「軫時仕魏，故合三晉而東也。」金正煒云：「此文當以『合三晉』句絶。禮記檀弓：『而曰然。』鄭

注：『「而」猶「乃」也。』」〔按〕從舊讀，文義自通，今仍之。

〔二〕高誘云：「去著（姚宏云：「『去著』二字，古本作『走齊』。」按此均有誤）而宣王也。」（姚宏云：「一本作『齊王』。」）〔按〕高注此文不可讀，當有譌字。此策若從吳注繫於周赧王十六年（前二九九），則「齊王」當爲「湣王」。秦爲昭襄王，魏爲襄王。

〔三〕高誘云：「遞，更。」鮑彪云：「遞，言其更相伐。」

〔四〕鮑彪云：「罷，疲同。」

〔五〕鮑彪云：「兩，彼，我也。」關修齡云：「六國更伐，相與疲弱，而彼此皆歸遺其國於秦。」

〔六〕高誘云：「割，分也。自相剥割以附益强秦。秦不自出力用力也。」鮑彪云：「以割肉喻其相伐。」吳師道云：「北山何先生標大事記云：『「力」一作「刀」。』」黄丕烈云：「『刀』字是也，此形近之譌。」金正煒云：『曾』猶『乃』」，詳經傳釋詞。」〔按〕穆文熙戰國纂本、横田正解本「力」並作「刀」。「刀」與「割」相應，猶下「薪」與「烹」相應，義較長。高注「出力用力」，「力」疑亦當作「刀」。今從吳校改。

〔七〕高誘云：「爲秦自相烹置（按「置」疑是「煮」之誤），秦則不出薪然火也。」

〔八〕高誘云：「五帝，黄帝、顓頊（姚宏云：「一本無『顓頊』字。」）、高辛、帝嚳、堯帝（姚宏云：「一無『帝』字。」）、舜也。三王，夏、殷、周也。五伯，昆吾、大彭、豕韋、齊桓、晉文者（姚宏云：「一無『者』字。」）也。」〔按〕戰國時所稱之「五伯」，當以齊桓、晉文、秦穆、宋襄、楚莊者爲是，說詳閻若璩四書釋地三續。

〔九〕高誘云：「反之，反五帝、三王、五伯之伐也。」

〔一〇〕高誘云：「秦欲肆虎狼之心，以吞諸侯，故曰『主必死辱，民必死虜』也。」〔按〕死辱，謂死於辱；死虜，謂死於虜，以示秦之暴虐。

〔一一〕高誘云：「乾，㷋（按「㷋」即「燥」字，下同）也。目不㷋，言悲泣也。」鮑彪云：「戰死者多也。」

〔一二〕鮑彪云：「絳屬河東。」程恩澤云：「晉之故絳在翼城，今在山西平陽府翼城縣東南十五里。其曲沃縣西南之絳城，則晉新田邑，今絳州亦其地。而絳州所屬之絳縣，則漢聞喜縣地，又因聞喜爲古曲沃而被以絳名也。戰國時或統此數名爲絳，未可知也。」〔按〕安邑見秦策一泠向謂秦王章。

〔一三〕鮑彪「河」下補「山」字。黄丕烈云：「此『表裏』專就河言之，與左氏傳文迥不相涉。鮑所補乃準彼，謬甚矣。」程恩澤云：「按地理通釋：『河至慈州文城縣孟門山，是爲入龍門口。至絳州、汾州、合河之上，是爲出龍門口。』柳子厚晉問：『晉之故封，黄河迤之。』是也。秦與魏以河爲界，秦以河西爲裏，河東爲表；魏以河東爲裏，河西爲表。秦若得魏絳、安邑地，則内外皆河，故曰『必表裏河』。鮑不得其解，補一『山』字，謬甚。」文廷式云：「表裏河，猶言夾河也。」〔按〕程釋明白，文説籠統。

〔一四〕高誘云：「舉，得。屬，至。」横田惟孝云：「取地至海，言盡取其地也。」

〔一五〕高誘云：「（南面）面嚮南。」鮑彪云：「（楚、韓、梁）三國在秦之南。」吴師道云：「諸國勢不得合，故曰『孤』。」

〔一六〕高誘云：「『出』猶『生』也。」

〔一七〕高誘云：「慮，度。」

〔一八〕高誘云：「言兄弟相親也。」〔按〕趙、韓、魏本自晉國分出，今重相親好，故言「復爲兄弟」。横田謂「蘇秦嘗從親之約，今復爲之」。非。

〔一九〕高誘云：「鋭，精鋭。戍，守也。」〔按〕約，謂從親之約。大事記解題引「以戍梁絳安邑」作「以戍卒守安邑」。據高注「卒守」二字疑是後增。

〔二〇〕高誘云：「構，連。」

〔二一〕關修齡云：「三晉怒齊不出師合己，乃間秦、楚構難，必以攻齊，所謂後憂是也。」

〔二二〕高誘云：「從陳軫策也。」鮑彪云：「秦惠後七年，韓、趙、魏、燕、齊共攻秦。此（湣王）六年。」吴師道云：「按大事記顯王四十七年，當秦惠後三年，魏惠後十三年，齊宣二十一年，秦伐魏，取曲沃、平周。解題：『軫説齊不知在何年，以其説明切，附見於此。軫與張儀相惡，去秦事楚，而懷王合六國伐秦，距此四歲。軫説或在此時，未可知也。』愚嘗按趙策謂趙王章、韓策或謂韓王章、燕策或獻書燕王章皆勸三晉諸國合從。其論秦之情與從國事勢，曉暢深切。如虎即禽、魚比目、引車、同舟之譬，説殊而義合；如秦之欲伐韓、梁，東闚周室甚，惟寐忘之；如約山東皆以鋭師戍韓、梁；如秦見三晉之堅，必南伐楚；其言皆合，是必一時之事，一人之言也。考之此策，秦伐魏，陳軫合三晉而東謂齊主，其論山東之愚，秦之智，爲秦相割而秦不出力，爲秦相烹而秦不出薪，則亦三策之取譬也。秦欲攻梁絳、安邑，今三晉已合約，出鋭師以戍梁，三晉合，秦必南攻楚，則亦三策所言之事也。況策無説楚、魏之辭，而説四國者皆有戍梁之約，攻楚之料，於是竊信其並爲陳軫之言無疑也。楚懷王受張儀商於之欺，軫諫不聽，諫攻秦又不聽；其後懷王入秦，屈平、昭睢諫而軫無言，意其必已去楚矣。今言楚王入秦，正誘會武關之時，而軫力爲魏説諸侯，是時固在魏也。軫善楚者，約從獨遺楚，又勸三晉之移禍於楚，豈略不爲楚計哉？蓋其知楚謀之不可爲，入秦之不可止，而諸國之擯秦，非特爲魏，所以爲楚，所謂陽擠而陰助之者歟？蘇氏兄弟稱説多浮辭，數策非軫不能。大事記既著軫説附於顯王四十七年，於韓策謂論秦最得其情，因其言梁絳、安邑，附見於赧王二十九年魏獻安邑之後，皆不能的指其時。今徵以楚王入秦一言，當在赧王十六年。蓋秦取曲沃、平周，距五國伐秦前四年。慎靚王三年，五國合從，實懷王爲長，蘇秦之約，而無與於軫也。懷王入秦，次年田文合韓、魏伐秦，猶能成一戰之功，未必不因軫之説也。反覆參合，可決其爲軫矣。獨燕策言秦伐韓而中山亡，此事據史乃中山未亡四年之前。且年表滅中山在主父死後，而世家先一年，大事記取世家。史遷所記，固不能無失。趙武靈王十九年，初胡服。二十年、二十一年、二十三年、二十五年，連歲攻中山，略地得城邑；二十六年，復攻中山，攘地北至燕、代，西至雲中、九原；二十七年，傳國子何，稱主父，欲略胡地，襲咸陽，遂詐入秦；是後已不言攻中山矣。惠文三年，乃書滅中山，遷其王於膚施。意者攘地之時，中山已定，而未廢其君，後四年始遷其君，如西周既滅，次年遷其君於𢠸狐之類。通鑑綱目武靈二十五年書中山君奔齊，而魏策云：『齊、魏伐楚，而趙亡中山。』正是年事。則是其國已亡，特其君未得，後乃得之，燕策所謂中山亡，非舛也。故愚並著其説，以俟知者考焉。」〔按〕吴氏考辨此策與趙、韓、燕三策年代頗詳，具有卓識，故林春溥紀年、顧觀光編年、黄式三編略、于鬯年表並從之。至於燕策「秦伐韓而中山亡」，考資治通鑑周赧王十四年「趙王伐中山，中山君奔齊」。綱目即本之。同年又書「秦人取韓穰」；又書「秦庶長奂會韓、魏、齊兵伐楚」，正與燕策、魏策之言相合。王先謙鮮虞中山國事表云：「按(趙)世家無奔齊事，惟見通鑑。然則前蘇秦所謂臣於齊者(按見齊策蘇秦説齊閔王章)，或即此奔齊之中山君，而趙滅中山遷之膚施者，又其繼立之王也。」可與吴説相發明，因吴注而附焉。

16　蘇秦爲趙合從説齊宣王

蘇秦爲趙合從〔一〕，説齊宣王〔二〕曰：「齊南有太山，東有琅邪，西有清河，北有渤海〔三〕，此所謂四塞之國也〔四〕。齊地方二千里〔五〕，帶甲數十萬，粟如丘山。齊車〔六〕之良，五家之兵〔七〕，疾如錐矢〔八〕，戰如雷電〔九〕，解如風雨〔一〇〕。即有軍役，未嘗倍〔一一〕太山，絶清河，涉渤海也〔一二〕。臨淄〔一三〕之中七萬户，臣竊度之，下户〔一四〕三男子，三七二十一萬，不待發〔一五〕於遠縣，而臨淄之卒固以〔一六〕二十一萬矣。臨淄甚富而實，其民無不吹竽鼓瑟〔一七〕，擊筑〔一八〕彈琴，鬭雞〔一九〕走犬，六博〔二〇〕蹹踘〔二一〕者。臨淄之途，車轚（轂）擊〔二二〕，人肩摩〔二三〕，連衽成帷〔二四〕，舉袂〔二五〕成幕，揮汗成雨〔二六〕，家敦而富〔二七〕，志高而揚〔二八〕。夫以大王之賢，與齊之强，天下不能當〔二九〕，今乃西面事秦，竊爲大王羞之〔三〇〕。

「且夫韓、魏之所以畏秦者〔三一〕，以與秦接界也。兵出而相當〔三二〕，不至十日，而戰勝存亡之機〔三三〕決矣。韓、魏戰而勝秦，則兵半折〔三四〕，四境不守〔三五〕。戰而不勝〔三六〕，以亡隨其後〔三七〕。是故〔三八〕韓、魏之所以重與秦戰而輕爲之臣也。今秦攻齊則不然。倍韓、魏之地〔三九〕，至闈（衛）〔四〇〕陽晉〔四一〕之道，徑亢父〔四二〕之險，車不得方軌〔四三〕，馬不得並行，百人守險，千人不能過也。秦雖欲深入，則狼顧〔四四〕，恐韓、魏之議其後也，是故恫疑虚猲〔四五〕，高躍〔四六〕而不敢進。則秦不能害齊亦已〔四七〕明矣。夫不深〔四八〕料秦之不奈我何也，而欲西面事秦，是羣臣之計過也〔四九〕。今無臣〔五〇〕事秦之名，而有强國之實，臣固〔五一〕願大王之少留計〔五二〕！」

齊王曰：「寡人不敏〔五三〕，今主君以趙王之教詔之〔五四〕，敬奉社稷以從〔五五〕。」

〔箋證〕

〔一〕高誘云：「合山東六國之親也。」 鮑彪云：「趙肅侯十七年，此（齊宣王）當十年。」〔按〕鮑據史記。蘇秦說六國，別有考，此從略，下五策同。趙爲從主，故云「爲趙」，見秦策一蘇秦始將連横章。

〔二〕〔按〕史記蘇秦傳索隱：「（宣王）世本名辟彊，威王子也。」

〔三〕高誘云：「清河，今甘陵，漢改也。」 鮑彪云：「（琅邪）徐州郡。（清河）冀州郡。（渤海）幽州郡。」 吴師道云：「孟子注：『琅邪，齊東南境上邑。』（清河）正義云：『今貝州。』（渤海）正義云：『今滄州。』」 張琦云：「下云『四塞之國』，則泰山、琅邪、清河、渤海，皆以山川形勢言，鮑以郡邑當之，非也。琅邪山在今（山東）青州府諸城縣東南百四十里。海自登、萊以西，皆謂之渤海，齊北境也。」 程恩澤云：「清河亦水名。水經注：『淇水自館陶清淵東北過廣宗縣東爲清河。又東北逕清陽縣故城西，漢高帝置清河郡，治此。……』則清河之爲郡，固以水名矣。」〔按〕泰山等地指山川形勢而言，張説爲是。秦策四物至而反章：「齊南以泗爲境，東負海，北倚河。」亦以自然地理言之。史記高祖本紀田肯説高祖曰：「齊東有琅邪、即墨之饒，南有泰山之固，西有濁河之限，北有渤海之利。」與此文相同，惟「清河」作「濁河」，而以「河」爲「黄河」。考國策言齊之要塞，常稱「清濟濁河」（見秦策一張儀説秦王章、燕策一蘇秦死章）。王應麟通鑑地理通釋：「（清濟）蔡氏曰：李賢謂濟自鄭以東，貫滑、曹、鄆、濟、齊、青以入於海。樂史謂今東平、濟南、淄川、北海界中有水流入海，謂之清河。」是清濟亦可稱清河，此策「清河」疑指其處，似非謂清河郡之清河也。又胡渭禹貢指錐卷十六云：「濟水自東平以下，唐人謂之清河。按戰國策燕王謂蘇代曰：『齊有清濟濁河以爲固。』郭緣生曰：『清河首受洪水，北流濟。或謂清則濟也。』酈道元曰：『濟水通得清之目，亦水色清深，用兼厥稱矣。』此清河之名所自來也。」以此策文證之，則濟稱清河，戰國已然，其來久矣。文選蜀都賦劉逵注引作「西有河」，無「清」字。

〔四〕高誘云：「言牢固也。」鮑彪云：「言四方皆有險固。」

〔五〕吳師道云：「〔二千里〕史『三千餘里』。」〔按〕今史記作「二千餘里」。高祖紀田肯亦言「地方二千里，持戟百萬」。

〔六〕〔按〕史記「齊車」作「三軍」。

〔七〕高誘云：「五家，五國。」鮑彪云：「管仲軍令，始於五家爲軌。」于鬯云：「國語云：『管子於是制國五家爲軌，軌爲之長。……』亦見小匡。此言『五家之兵』，蓋即管子之遺法也。潘和鼎云：『齊軍之良，指帥言之。五家之兵，指卒言之。』」〔按〕五家之兵，亦見齊世家、集解引國語，又見管子小匡篇。

〔八〕高誘云：「錐矢，小矢，喻勁疾也。」鮑彪云：「錐，鋭也。」吳師道云：「呂氏春秋：『所貴錐矢者，爲其應聲而至。』」〔按〕史記「錐矢」作「鋒矢」。今呂氏春秋貴卒篇「錐」作「鏃」。淮南子兵略訓：「疾如錐矢。」高注：「錐，金簇箭羽之矢也。」王引之云：「『錐』當爲『鍭』。爾雅：『金鏃翦羽謂之鍭。』」又引此文云：「『錐矢』亦是『鍭』矢之誤。高注以『錐矢』爲『小矢』，非也。」

〔九〕高誘云：「雷電喻威大也。」〔按〕史記「電」作「霆」。

〔一〇〕高誘云：「風雨喻解散速疾。」〔按〕淮南子兵略訓：「疾如錐矢，合如雷電，解如風雨。」脩務訓云：「子發之戰進如激矢，合如雷電，解如風雨。」並與此文同。又兵略訓云：「擊之如雷霆，斬之若草木，燿之若火電，欲疾以遬。」亦言用兵之速疾。荀子議兵篇謂：「齊人隆技擊。」技擊貴迅巧，故其兵士輕疾也。

〔一一〕〔按〕胡三省云：「『倍』與『背』同，『鄉倍』之『倍』也。」

〔一二〕吳師道云：「『渤海』，後語『北海』。今青州北海是也。」〔按〕正義云：「言臨淄自足也。絶、涉，皆度也。……齊有軍役，不用度河取二部。」

〔一三〕高誘云：「臨淄，齊鄙（按「鄙」疑「都」之譌）。」吳師道云：「青州臨淄縣，古營丘地，城臨淄故云，見正義及水經注。」張琦云：「故齊城在今臨淄縣北，周四十里。」〔按〕今山東臨淄縣齊故城猶存遺址。齊策引齊補記云：「齊古城周五十里，高四丈，十三門。」據山東省文物管理處試掘簡報稱，調查「古城四角皆已找到，大致可繪出原來古城址的範圍，惟城西南角與南牆西部尚不明確」（考古一九六一年第六期）。其後山東省文化主管部門獲各方面協助，進行普探，自一九六四年夏至六五年五月告一段落。一九七二年發表臨淄齊國故城勘探紀要（文物一九七二年第五期），謂「故城包括大城和小城兩部分，小城在大城的西南方，其東北部伸進大城的西南隅，兩城銜接。大城南北近九華里，東西七華里餘；小城南北四華里餘，東西近三華里。兩城的總面積達六十餘平方華里」。詳見該文。

〔一四〕吳師道云：「（下）史『不下』。」橫田惟孝云：「下户，户有上下，此就其下者而度之。」

〔一五〕橫田惟孝云：「發，徵發也。」

〔一六〕鮑本、吳本、盧本「以」作「已」。〔按〕以，已通用。

〔一七〕鮑彪云：「（竽）似笙，三十六簧。（瑟）似琴，二十五弦。」〔按〕曹植箜篌引云：「齊瑟和且柔。」

〔一八〕鮑彪云：「（筑）以竹曲五弦之樂。」〔按〕史記刺客列傳索隱云：「筑似琴，有弦，用竹擊之，取以爲名。」

〔一九〕〔按〕鬭雞春秋時已有之。左氏昭公二十五年傳：「季郈之雞鬭，季氏介其雞，郈氏爲之金距。」其後風尚漸盛。漢書眭弘傳：「（弘）少時好俠，鬭雞走馬。」曹植名都篇：「鬭雞東郊道，走馬長楸間。」

〔二〇〕吳師道云：「王逸云：投六箸，行六棊，謂之『六博』。」〔按〕胡三省通鑑注云：「説文曰：『六博，局戲也。六箸十二棊，烏曹所作。』楚辭：『菎蔽象棊有六博。』鮑宏博經曰：『琨蔽，玉箸也。各投六箸，行六棊，故曰「六博」。用十二棊，六棊白，六棊黑。所擲頭謂之瓊。瓊有五采，刻爲一畫者謂之塞，刻爲兩畫者謂之白，刻爲三畫者謂之黑，一邊不刻者五塞之間，謂之五塞。」」與洪興祖楚辭補注同。餘見秦策三應侯謂昭王章。近年湖北雲夢睡虎地秦墓、湖北江陵鳳凰山西漢墓、北京大葆台西漢墓等均有實物出土，然多散缺不完，以一九七三年長沙馬王堆三號西漢墓出土者爲最完備，詳文物一九七九年第四期。

〔二一〕鮑本、吴本「蹹」作「鞠」。鮑彪云：「劉向別録：『蹵鞠，黄帝作。蓋因娛戲以練武士。』『蹹』即『蹵』也。」吴師道云：「『蹹』，史作『蹋』。説文徒盍反，即『蹹』字。」〔按〕集解：「劉向別録曰：蹴鞠者，傳言黄帝所作。或曰起戰國之時。蹋鞠，兵勢也。所以練武士，知有材也。皆因嬉戲而講練之。」索隱：「崔豹云：起黄帝時，習兵之教。」史記衛將軍驃騎列傳：「驃騎尚穿域蹋鞠。」正義：「按蹴鞠書有域説篇，即今之打毬也。」漢書作「蹋鞠」。顔師古注：「鞠，以皮爲之，實以毛，蹵蹋而戲也。」

〔二二〕姚宏云：「『轚』，劉作『轂』。」鮑彪改「轚」作「轂」。吴師道云：「『轚』者『轚』之訛。説文：轚，車牽相擊也。周禮：『舟車轚互。』穀梁傳：『轚者不得入。』釋文：『音計，又古的反。』此章史作『轂擊』。按秦策：『車轂擊馳。』説苑：『齊人好轂擊。』揚雄書：『辨者轂擊。』讀亦通。」黄丕烈云：「『轚擊』不誤，『轚』者『轂』之別體字，猶『穀』字之別體作『槃』也。轚、擊同字，不得疊見。……其(吴)説非也。秦策讀當以『使車轂擊』爲一句，『馳言相結』爲一句。」〔按〕「轂」字从殸作「轚」，猶「穀」作「槃」、「穀」作「槃」，而俗皆譌作「轚」、「槃」、「槃」，黄謂別體，非也。今正。高誘云：「途，道。擊，相當。」〔按〕「擊」即「轚」之借字。晏子春秋内篇雜下：「齊人甚好轂擊相犯以爲樂。」説苑政理篇本之。轂擊爲一種競技運動，齊人特好之。

〔二三〕高誘云：「摩，相摩。」

〔二四〕鮑本、吴本「帷」作「幃」，同。鮑彪云：「(幃)帳屬在旁者。」

〔二五〕鮑彪云：「袂，袖也。」

〔二六〕高誘云：「揮，振也。言人衆多。」〔按〕晏子春秋内篇雜下：「臨淄三百閭，張袂成陰，揮汗成雨，比肩繼踵而在。」與此文相類。

〔二七〕吴師道云：「（敦）史作『殷』。」黄丕烈云：「史作『家殷人足』。」

〔二八〕高誘云：「高，大也。揚，發揚。」〔按〕史記作「志高氣揚」。上文極誇齊國之富侈。漢書地理志云：「齊地……其俗彌侈，織作冰紈綺繡純麗之物，號爲冠帶衣履天下。」又云：「臨甾，海岱之間一都會也，其中具五民云。」王應麟困學紀聞卷十據説苑載墨子言謂「齊俗之侈，蓋自景公始」。臨淄佔天然條件之利兼饒桑魚鹽，物産富庶，成一大都會，蓋自春秋時已然。

〔二九〕高誘云：「當，敵。」

〔三〇〕茅坤云：「齊無患於秦，故特以事秦辱之。」

〔三一〕鮑本無「之」字、「以」字。鮑彪「所」下補「以」字。〔按〕史記有「之」字、「以」字，同此本。

〔三二〕姚宏云：「『當』，劉作『攻』。」

〔三三〕高誘云：「機，要。」〔按〕史記「至」作「出」。胡三省通鑑注云：「而戰，句斷。『勝』下當有『負』字。」瀧川資言史記考證云：「『戰勝』當作『勝敗』。」

〔三四〕鮑彪云：「『折』猶『敗』。以秦敵强，雖勝猶爲失半也。」横田惟孝云：「半折，謂折耗兵之半也。」

〔三五〕〔按〕謂士卒損半，無力以守四境。

〔三六〕〔按〕此與上「戰而勝秦」二而字並作「如」解，假設之辭。

〔三七〕〔按〕吴昌瑩經詞衍釋云：「『以』猶『則』也。禮記『則燕則譽』，大戴禮作『以燕則譽』。是『以』與『則』同義也。」又引策此文。史記作「則國已危亡隨其後」。

〔三八〕鮑本「故」原作「後」，改作「故」。吴師道云：「史同。」

〔三九〕鮑彪云：「倍，言二國在其後。」〔按〕「倍」同「背」。

〔四〇〕姚宏云：「『至闈』，一作『過衛』。」鮑彪改「闈」作「衛」。吴師道云：「史作『衛』。」〔按〕陽晉，衛地，「闈」字當誤，今從一本正。惟「闈」字从「韋」聲，與「衛」古亦可通用。

〔四一〕鮑彪云：「魏襄十六年，秦拔魏蒲坂、陽晉。張儀傳『劫取衛陽晉』。注皆不地。蓋衛地，時屬魏也。」吴師道云：「正義云：衛曹、濮等州。陽晉在曹州乘氏縣西北。」程恩澤云：「按策屢言陽晉，皆連『衛』字爲文，則陽晉屬衛，灼然無疑。胡三省曰：『是時魏亦有陽晉，故稱衛以别之。』則衛與魏各自爲地，尤不容相混。水經注：陽晉城在廩丘城東南十餘里，與都關爲左右。括地志：陽晉在乘氏縣西北三十七里。索隱：陽晉蓋通齊之道，在衛國之西（狄子奇注：似當作「東」）南。此皆衛之陽晉也。今在（山東）曹州府鄆城縣西。或曰在曹縣北。」于鬯云：「按史廉頗傳云：『趙惠文王十六年，伐齊取陽晉。』索隱云：『陽晉，衛地，後屬齊，今趙取之。』據此則陽晉本衛地，繼爲齊地，終爲趙地。魏策張儀説魏王劫取晉陽，『晉陽』即『陽晉』誤倒。彼張儀連横時，陽晉猶屬衛，明此蘇秦説時，陽晉固猶屬衛矣。」〔按〕鮑注：「秦拔魏蒲坂、陽晉。」本集解引徐廣説，正義已辨其非。鮑氏未見正義，故云「注皆不地」。

〔四二〕高誘云：「亢父，今任城縣也。」（吴師道引高注作「任城縣南」。）鮑彪云：「屬東平。」張琦云：「史正義曰：『在任城南五十一里。』今（山東）濟寧州治，古任城也。亢父城在州南五十里。」

〔四三〕高誘云：「車兩輪間爲『軌』。」鮑彪云：「爾雅：『方舟，併（吴本「拼」作「得」，今從鮑單注本）兩舟。』則此亦『兩』也。軌，車轍。」〔按〕正義云：「言不得兩車並行。」「方」猶「竝」也。

〔四四〕鮑彪云：「（狼顧）驚貌。」吴師道云：「狼性怯，走常還顧。」〔按〕胡三省云：「爾雅翼：狼猛而敏給，能自顧其後。蓋狼行而屢顧，恐人掎其後故也。」

〔四五〕高誘云：「猲，喘息，懼貌。」（按索隱引高注「猲」上有「虛」字。）鮑彪改「猲」作「喝」，云：「恫，痛也。言疑之甚。集韻：喝，呵也。」吴師道云：「史作『喝』。索隱云：亦作『猲』，並呼合反。竊謂作『恐猲』亦通。」安井衡云：「按『恫、疑』各一義，則『虛、猲』亦各一義。『虛』當讀爲『嘘』。……嘘，志怯也。」金正煒云：「史記燕世家：『百姓恫恐。』王念孫曰：『恫恐、恫疑，義同，「疑」亦「恐」也。』廣韻：『猲，恐也。』漢書王莽傳：『各爲權勢，恐猲良民。』」〔按〕索隱引劉氏云：「秦自疑懼，不敢進兵，虛作恐怯之詞，以脅韓、魏也。」

〔四六〕吴師道云：「（高躍）史作『驕矜』。」横田惟孝云：「高躍，言虛示杜勇。」金正煒云：「『高躍』猶云『作勢』，義亦與『驕矜』同。」

〔四七〕鮑本、吴本無「已」字，同史記。

〔四八〕鮑本、吴本無「深」字。

〔四九〕鮑本、吴本無「也」字。盧本「計過」作「過計」。〔按〕史記作「計過也」。

〔五〇〕鮑本、吴本、盧本「無臣」作「臣無」。〔按〕史記作「無臣」。安井衡云：「『臣』即上文『輕爲之臣』之『臣』。」

〔五一〕鮑彪改「固」作「故」。吴師道云：「策『固』、『故』通。」

〔五二〕鮑彪云：「留意計之。」〔按〕史記作「少留意計之」。

〔五三〕鮑彪云：「此『敏』謂猶『明』。明則疾於事。」吴師道云：「一本注：『晁本此下有云：遠守海，窮道東境之國也，未嘗得聞餘教。』」〔按〕史記此下有此文，惟「遠」上有「僻」字。

〔五四〕高誘云：「主君，謂蘇秦也。詔，告。」吴師道云：「『主君』稱蘇秦，恐衍『主』字。史作『足下』。」黄丕烈云：「吴説非也，高注可證。後策文楚、魏、韓、燕皆云『主君』。史記韓、魏、楚同，小司馬曰：『主君，稱蘇秦也。禮卿大夫稱主，今嘉蘇子合從諸侯，褒而美之，故稱曰「主君」。』其字不誤甚明，吳失檢耳。」金正煒云：「左氏昭十九年傳：『齊侯使高張來唁公，稱主君。』杜注：『比公於大夫。』墨子貴義篇：『且主君亦嘗聞湯之説乎。』主君，墨子之稱楚臣穆賀也。時趙封蘇秦以武安君，故得稱主君。」〔按〕大夫稱「主君」，黄、金二説已詳。但「主君」亦用稱諸侯，如秦策二秦武王謂甘茂章：「樂羊再拜稽首曰：此非臣之功，主君之力也。」主君，謂魏文侯。魏策二梁王魏嬰觴諸侯章：「今主君之尊，儀狄之酒也；主君之味，易牙之調也；……今主君兼此四者，可無戒與！」主君，謂梁惠王。

〔五五〕鮑彪云：「凡蘇、張從横之説，本傳皆有。此在説燕、趙、韓、魏後。」

17 張儀爲秦連横説齊王

張儀爲秦連横〔一〕(説)齊王〔二〕曰：「天下强〔三〕國，無過齊者；大臣父兄〔四〕，殷〔五〕衆富樂，無過齊者。然而爲大王計者，皆爲一時説，而不顧〔六〕萬世之利。從人説大王者〔七〕，必謂齊西有强趙，南有韓、魏，負海之國也。地廣人衆，兵强士勇，雖有百秦，將無奈我何。大王覽〔八〕其説，而不察其至實〔九〕。

「夫從人朋黨比周〔一〇〕，莫不以從爲可。臣聞之，齊與魯三戰而魯三勝，國以危，亡隨其後〔一一〕，雖有勝名，而有亡之實〔一二〕。是何故也？齊大而魯小。今趙之與秦也，猶齊之於魯也〔一三〕。秦、趙戰於河漳之上〔一四〕，再戰而再勝秦〔一五〕；戰於番吾〔一六〕之下，再戰而再勝秦。四戰之後，趙亡卒數十萬，邯鄲僅〔一七〕存，雖有勝秦之名而國破矣。是何故也？秦强而趙弱也。

「今秦、楚嫁子取婦〔一八〕，爲昆弟之國。韓獻宜陽〔一九〕，魏效河外〔二〇〕，趙入朝黽池〔二一〕，割河間以事秦〔二二〕。大王不事秦，秦驅韓、魏攻齊之南地；悉趙涉河關〔二三〕，指摶（博）關〔二四〕，臨淄、即墨〔二五〕非王之有也。國一日被攻，雖欲事秦，不可得也〔二六〕。是故願大王熟計之！」

齊王曰：「齊僻陋隱居，託〔二七〕於東海之上，未嘗聞社稷之長〔二八〕利。今大客〔二九〕幸而教之，請奉社稷以事秦。」獻魚鹽之地三百於秦也〔三〇〕。

〔箋證〕

〔一〕高誘云：「張儀，魏氏之餘子，仕爲秦相也。連關中之謂『横』，合關東之謂『從』，説齊王也。」鮑彪云：「儀傳，連横在鄭袖出儀後，説楚，説韓、齊、趙，卒説燕，歸報而惠王死。」〔按〕「連横」見秦策一蘇秦始將連横章。高注「魏氏之餘子」，本吕氏春秋報更篇。

〔二〕鮑彪「横」下補「説」字。吴師道云：「此處當有『説』字。」〔按〕鮑補是，今從之。高誘云：「（齊王）齊宣王也。」〔按〕史記張儀傳作「説齊湣王」。吴師道目録有「説」字，當據鮑補。

〔三〕高誘云：「强，大。」

〔四〕〔按〕瀧川資言史記會注考證云：「父兄，同姓老臣也。孟子滕文公篇『父兄百官』。」

〔五〕高誘云：「殷，盛。」

〔六〕高誘云：「顧，念。」

〔七〕高誘云：「從人合關東六國爲從，謂蘇秦也。」〔按〕下文云「從人朋黨比周，莫不以從爲可」，則「從人」乃是泛指，非謂蘇秦一人而已。

〔八〕高誘云：「覽，受。」〔按〕史記「覽」作「賢」。

〔九〕王念孫云：「『至』即『實』字也。雜記：『使某實。』鄭注曰：『「實」當爲「至」，此讀周、秦之人聲之誤也。』……『實』與『至』聲相近而亦相通。『不察其至』即『不察其實』也。今本作『不察其至實』者，一本作『至』，一本作『實』，而後人誤合之耳。史記張儀傳作『不計其實』，是其明證矣。」

〔一〇〕鮑彪云：「比周，親周相比也。」〔按〕左氏文公十八年傳：「是與比周。」杜注：「比，近也。周，密也。」

〔一一〕鮑彪云：「魯戰勝齊，史傳不書。時魯故在，有亡形耳。」吴師道云：「此取譬之説，猶孟子言鄒人與楚人戰。與下文不同。」梁玉繩云：「取譬之説，或當然也。」〔按〕楚考烈王八年滅魯，當秦昭王五十二年（前二五五），張儀以連横説諸侯，在秦惠王後元十四年（前三一一），相距五十六年，不能云亡。蓋其時魯已削弱，降比滕、薛諸國，誇大言之，謂「亡隨其後」，非實亡也。説齊王舉齊、魯之戰以喻，必有徵實，否則何能使人聽信？恐非虚言取譬之類。

〔一二〕吴汝綸點勘本從史記改作「雖有戰勝之名，而有亡國之實」。

〔一三〕横田惟孝云：「『與秦』猶『於秦』也。」〔按〕史記作「今秦之與齊也，猶齊之與魯也」。齊無勝秦之事，且與下文不應，史非。「與」猶「于」也，「於」也。見經詞衍釋。

〔一四〕高誘云：「河漳，漳水。」鮑彪云：「史不書。說文：濁漳出（鮑、吴合注四部叢刊本「出」誤作「史」，據鮑注單行本正）上黨長子鹿谷山，東入清漳。清漳出沾山大要谷，北入河。南漳出南郡。」張琦云：「清濁二漳水，至河南林縣北交漳口而合，東經臨漳縣，又東北經直隸成安、廣平、曲周、雞澤、平鄉、廣宗入大陸澤。廣平以下即禹河之道也。」程恩澤云：「以河漳爲漳水，在齊策則可，在本章則河爲大河，漳爲漳水。」

〔一五〕鮑彪誤讀「勝」字絶句，吴師道已正之。

〔一六〕鮑彪云：「不書。蘇秦傳注常山有蒲吾。」張琦云：「今正定府平山縣東南二十里蒲吾故城是。」程恩澤云：「番吾本非蒲吾。且蘇秦、張儀俱云涉河踰漳，據番吾，迎戰邯鄲之下。平山在邯鄲正北三百餘里，秦若由懷慶渡河，由彰德踰漳而來，固萬萬不必至平山。即由蒲漳濟河，由澤、潞踰漳而至邯鄲，亦無庸繞道平山也。方輿紀要載一説云：『番吾即今廣平府之磁州，在邯鄲正南七十里。』此乃秦自河、漳至邯鄲必經之路，當從之。」梁玉繩史記志疑云：「此兩戰史亦不書。史仍國策，疑有譌。但趙却秦番吾，實有其事，在王遷四年。豈作策者誤以後事爲前事歟？」〔按〕此類只能存疑。史記載戰國事多缺略，不能因其不書而疑有譌。且此必當時衆知之事，故舉以爲喻，不類虚妄。然蘇、張從横之説亦出後人擬作，故於地理史實常有顛倒，不可盡爲據。

〔一七〕高誘云：「僅，裁。」

〔一八〕鮑彪云：「儀説懷王亦云然。」〔按〕楚策一張儀爲秦破從連横章儀説楚王曰：「臣請秦太子入質於楚，楚太子入質於秦，請以秦女爲大王箕箒之妾。」儀連横之説始於楚，此以其約楚之詞爲言，縱横家習於詭誇，以求其説之行，此固不必徵實也。下文亦然。楚迎婦於秦，在秦昭王二年，楚懷王二十四年，後此六年。史記「子」作「女」。「女」亦可稱「子」，「嫁子」猶「嫁女」。

〔一九〕梁玉繩云：「韓策亦有效宜陽語，其實秦取宜陽之時，儀死四年矣。」〔按〕秦取宜陽在武王時，見秦策三。

〔二〇〕高誘云：「河外，河南。」程恩澤云：「按正義：『河外，謂華州以東至陜虢。』索隱：『河外，河之南邑，對河内而言也，若曲沃、平周等是。』……王應麟曰：『晉以河東爲河外，魏以河南爲河外。此春秋戰國之分也。』胡三省謂：『秦以河東爲河外，梁以河西爲河外。張儀所云，自秦言之也。』蓋指魏獻河西上郡而言。然此事距張儀連横時已二十年，而其後又有取梁陜、焦、曲沃、平周等事，正古河外地，仍依舊説爲是。」（按胡三省謂「秦以河東爲河外，張儀自秦言之」，則非指魏獻河西上郡事，程説微誤。）

〔二一〕高誘云：「趙入秦，朝於黽池也。」鮑彪云：「（黽池）屬弘農。」吴師道云：「今河南府黽池縣。水經注：『穀水出崤東馬頭山穀陽谷，東北流歷黽池川。』漢景帝因崤黽之地以目縣。」陸隴其云：「説趙則云齊已獻魚鹽之地，説齊則云趙已入朝澠池，真所謂恫疑虚喝。」張琦云：「今縣屬河南府，故城在縣西。」

〔二二〕鮑彪云：「據此則説趙當在齊前。」〔按〕趙策二張儀爲秦連横説趙王章云：「（趙王）於是以車三百乘入朝澠池，割河間以事秦。」燕策一張儀爲秦破從連横章亦云：「今趙王已入朝澠池，效河間以事秦。」此並遊説虚誇之辭，不能信爲事實。全祖望經史問答卷八云：「秦所取六國之地，韓、魏最先，次之者楚，其後及趙。然所取者必其爲秦之界上而後得有之。今策言張儀一出，趙以河間爲獻，燕以常山之尾五城爲獻，齊以魚鹽地三百里爲獻，非不識地理之言乎？河間、常山，秦亦何從得而有之，況齊人海右魚鹽之地乎？以秦之察，豈受此愚？又累言文信侯欲取趙河間，以廣其封。文信封河南，當在韓、周之交，何從得通道於河間。吾不知作策者何以東西南北之不諳而爲此謬語也。」所辨固有理，而未免失之泥。

〔二三〕鮑彪云：「悉，悉起其兵。河關屬金城。史作『清河』，是也。」吴師道云：「河之關，亦通。」程恩澤云：「此趙之東界，蓋於清河之上，設關以防守。當在今廣平府清河縣西境。」于鬯云：「或曰：『此「關」字蓋衍，關不可涉也。涉河即謂涉清河。』案趙策云：『秦攻齊，則趙涉河漳博關。』彼言救齊，此言攻齊，要其地理一也。下文云『指博關』，則以此『關』字爲涉而衍，頗可說。漢地理志金城郡有河關縣，鮑遽據以當此，謬甚。彼在今甘肅，安得相及邪？」鍾鳳年云：「『關』字蓋因下文而誤重者。」〔按〕此「關」字疑衍。

〔二四〕姚宏云：「『搏』，曾作『博』。」景宋鈔本「搏」作「搏」。鮑本、吴本作「博」，同史記，今從正。鮑彪云：「蘇秦傳注：齊威王六年，晉伐齊，至博陵。東郡有博平，以爲博關。今按泰山有博，亦近齊也。」吴師道云：「後語注云：『今兖州博城縣有古關，是博關。』司馬貞云：『在博州。』」（〔按〕吴引小司馬語，今見正義。或索隱本亦有之歟？）程恩澤云：「胡三省曰：『博關在濟州西界之博陵。』今山東東昌府博平縣西北三十里，有故博平城，即齊博陵也。」

〔二五〕鮑彪云：「（即墨）屬膠東國。」吴師道云：「今萊州即墨縣。」程恩澤云：「今平度州東南六十里有即墨故城，即古即墨也。今萊州府所屬之即墨縣，則隋開皇十六年始置，注引此以證齊邑，謬矣。」〔按〕正義云：「趙兵從貝州度黄河，指博關，則漯河南臨淄、即墨危矣。」

〔二六〕楊慎云：「直以威恐喝之。」戰國策纂標注云：「『攻』作『破』。」〔按〕「攻」字自是，不能妄改。

〔二七〕高誘云：「託，附。」

〔二八〕高誘云：「長，久。」

〔二九〕高誘云：「大客，謂張儀也。」鮑彪云：「禮，大行人掌大客之儀。」〔按〕鮑引禮見周禮秋官大行人。鄭注云：「大客，謂其（諸侯）孤卿。」

〔三〇〕姚宏云：「曾（『百』下）有『里』字。」鮑彪云：「（三百）三百里也。」張琦云：「獻其所入。」于鬯云：「趙策蘇秦説趙曰：『齊必致魚鹽之地。』是『魚鹽之地』爲海隅之地，其不能與秦地相接明矣。故張釋云云。

然誠獻其所入，則何必言地？曰『獻地』，必非獻其所入也，此尤越國履遠之顯據矣。」金正煒云：「按齊、秦地隔，此蓋致其魚鹽之利，而非入其土地人民於秦，故不名地而曰獻。三百謂歲貢之數，是不當有『里』字。趙策……義與此同，亦非謂割取之也。」〔按〕此是策士誇辭，未必有其事。若求義解，則張、金二說較通。

戰國策 卷九

齊二

1 韓齊爲與國

韓、齊爲與國〔一〕，張儀以秦、魏伐韓〔二〕。齊王〔三〕曰：「韓，吾與國也，秦伐之，吾將救之。」田臣（臣）思〔四〕曰：「王之謀過矣，不如聽之〔五〕。子噲與子之國〔六〕，百姓不戴，諸侯弗與。秦伐韓，楚、趙必救之。是天［下］〔七〕以燕賜我也〔八〕。」王曰：「善。」乃許韓使者而遣〔九〕之。

韓自以得交於齊，遂與秦戰，楚、趙果遽起兵而救韓。齊因起兵攻燕，三十日〔一〇〕而舉燕國〔一一〕。

〔箋證〕

〔一〕高誘云：「(與國)相與爲黨與也，有患難相救助也。」

〔二〕鮑彪云：「儀復相時。」　吳師道云：「伐韓下有缺文，必著韓之請救，以下文『許韓使者』知之。」〔按〕此策當周赧王元年(前三一四)，秦惠王後元十一年。史記秦本紀：「(惠王後元)八年，張儀復相秦。」故鮑注云然。韓之請救，因下文「許韓使者」自明，古文省略如此，不必有缺文，吳説恐未然。

〔三〕高誘云：「(齊王)宣王也。」〔按〕高注與孟子、古本竹書紀年合，是也。鮑注從史記次於湣王下。此事歷代學者多辨史記之誤，已爲定論，今不贅述。

〔四〕高誘云：「田臣(叵)思，齊臣也。」〔按〕田叵思即田忌，「臣」乃「叵」之形譌，今正，並見上卷。田忌在威王時出奔楚，是時已復歸齊。

〔五〕高誘云：「(聽之)聽伐韓也。」

〔六〕高誘云：「子噲，燕易王子，昭王之父也。子之，其相也。蘇代爲子之説之於子噲曰：『堯以天下讓許由，許由不受，堯有讓天下之名。』子噲慕之，故與子之國也。」〔按〕事見燕策一燕王噲既立章。

〔七〕姚宏云：「劉無『下』字。」　吳師道云：「『下』字衍。一本無，大事記從之。」〔按〕無「下」字是也，今從劉本衍。

〔八〕高誘云：「我，臣(叵)思自謂也。」鮑彪云：「我，我齊。」〔按〕高注非。

〔九〕鮑本「遺」作「還」。吳師道云：「一本作『遺』，是。」

〔一〇〕吳師道云：「此齊宣王所謂五旬而舉之者。大事記改『三』爲『五』。」　黄丕烈云：「此當各依本書，改者非。」

〔按〕今聚珍本大事記仍作「三十日」，同此策。

〔一一〕高誘云：「舉，拔也。孟子曰：『子噲無王命而與子之國，子之無王命擅受子噲國。』故齊宣王伐而取之也。」吴師道云：「按史田齊世家：『桓公五年，秦、魏攻韓，韓求救於齊。桓公召大臣而謀，騶忌曰：不若勿救。段干朋曰：不救則韓且折而入於魏。田臣思曰：秦、魏攻韓，楚、趙救之，是天以燕與齊也。因襲燕，取桑丘。』策即本章。『齊威王二十六年，魏圍邯鄲，趙求救於齊。威王召大臣而謀』云云。策邯鄲之難章，『威王』作『田侯』，『段干朋』作『綸』，餘略同。『宣王二年，魏伐趙』，『趙』當作『韓』，説見前。『趙與韓親，共擊魏，趙不利。戰於南梁，韓請救於齊，宣王召大臣而謀』云云。策『南梁之難，韓請救於齊。田侯召大臣而謀，張丏曰：不如早救。田臣思曰云云』。餘皆略同。史凡三節，與策三章互有同異。邯鄲之難與威王條合；南梁之難與宣王條合，但史爲張丏、田臣思，策爲騶忌、孫子。唯桓公取桑丘，與威王伐魏、宣王伐燕相亂。按威王二十一年，騶忌始相，上距桓公取桑丘之歲二十餘年，忌豈得已爲大臣？史誤以邯鄲一章勦入之明矣。田臣思即田忌，宣王二年戰馬陵後出奔，至二十九年之、噲之役，凡二十七年，不應復見。使忌果在齊，則王安得棄之而將章子？策或誤載其名也。且桓公時秦、魏攻韓，楚、趙救之，齊不救，因而襲燕；宣王時秦、魏伐韓，楚、趙救之，齊不救，因而舉燕；何其事之脗合如此？是必可疑。考之桓公時，秦、魏攻韓事無見。年表，魏、韓、趙伐齊，至桑丘；齊伐燕，取桑丘。意者齊取桑丘，而韓、魏、趙伐之。韓且與趙、魏攻齊，則與求救於齊之文戾。且田臣思之辭曰：『是天以燕與齊。』而僅爲取桑丘乎？是史亦誤以宣王伐燕章附之桓公也。故大事記書韓、魏、趙伐田齊至桑丘，而不書齊取桑丘；於宣王伐燕，則引策之文。謂秦伐韓，楚、趙救韓，即岸門之戰；而齊之取燕，雖因之、噲之亂，亦由諸侯連兵不解，無與競者也。故愚具列史、策所載，而著大事記之説，俾覽者得以考正焉。」〔按〕吴辨史記田完世家之誤甚晰，梁玉繩志疑亦從之。惟謂田臣思不應復見於伐燕之役，則非。田忌之出奔，在馬陵戰後，據古本紀年，當齊威王十四年（前三四三），而伐燕之役當齊宣王七年（前三一四）。田完世家：「宣王二年，宣王召田忌復故位。」竊疑史記此事不誤，誤在繫馬陵之戰於是年也。若是則伐燕之役，忌歸國纔五年，正應見此。至於不使之將而伐燕，不能視爲致疑理由。忌去國二十九年，假定馬陵戰時年三十五左右（爲國大將，成侯與之爭權，必非少年之時），再加返國後五年，合計忌年當在七十左右。或者因年老不使之將，而軍政大事，則以元老備諮議，故與於伐燕之謀。考之策文前後，理可推合，此策不誤。吳氏致誤之由，一以爲田忌出奔不反；再以威、宣二王年次從大事記，不考古本紀年也。餘見同策一成侯鄒忌爲齊相章。高注引孟子語，見孟子公孫丑下篇，文稍異。

2　張儀事秦惠王

張儀事秦惠王。惠王死〔一〕，武王立。左右惡張儀，曰：「儀事先王不忠〔二〕。」言未已，齊讓又至〔三〕。

張儀聞之〔四〕，謂武王曰：「儀有愚計，願效之王〔五〕！」王曰：「奈何〔六〕？」曰：「爲社稷計者，東方有大變〔七〕，然後王可以多割地〔八〕。今齊王甚憎〔張〕儀〔九〕，儀之所在，必舉兵而〔一〇〕伐之。故儀願乞不肖身而之梁〔一一〕，齊必舉兵而〔一二〕伐之。齊、梁之兵連於城下〔一三〕，不能相去〔一四〕。王以其間〔一五〕伐韓，入三川，出兵函谷〔一六〕而無伐以臨周〔一七〕，祭器必出〔一八〕。挾天子，案圖籍，此王業也〔一九〕。」王曰：「善。」乃具革車三十乘納之梁〔二〇〕。

齊果舉兵伐之，梁王〔二一〕大恐。張儀曰：「王勿患，請令罷齊兵〔二二〕。」乃使其舍人馮喜〔二三〕之楚，藉使之齊〔二四〕，齊、楚之事〔二五〕已畢。因謂齊王：「王甚憎張儀，雖然，厚矣王之託儀於秦王也！」齊王曰：「寡人甚憎儀，儀之所在，必舉兵伐之。何以託儀也？」對曰：「是乃王之託儀也。儀之出秦，因〔二六〕與秦王約曰：『爲王計者，東方有大變，然後王可以多割地。齊王甚憎儀，儀之所在，必舉兵伐之。故儀願乞不肖身而之梁，齊必舉兵伐梁。梁、齊之兵連於城下，不能去。王以其間伐韓，入三川，出兵函谷而無伐以臨周，祭器必出。挾天子，案圖籍，是王業也。』秦王以爲然，舉革車三十乘，而〔二七〕納儀於梁。而果伐之，是王內自罷而伐與國〔二八〕，廣鄰敵以自臨〔二九〕，而信儀於秦王也〔三〇〕。此臣之所謂託儀也。」王曰：「善。」乃止〔三一〕。

【箋證】

〔一〕高誘云：「惠王，秦孝公之子也。」〔按〕秦惠王死年，當周赧王四年（前三一一）。

〔二〕〔按〕史記張儀傳云：「武王自爲太子時，不說張儀。及即位，羣臣多讒張儀曰：『無信，左右賣國以取容。秦必復用之，恐爲天下笑。』」

〔三〕高誘云：「已，畢也。齊王使赴（姚宏云：「一無『赴』字。」）責於秦武王任用張儀之罪（姚宏云：「一罪下有『也』字。」），又使至（姚宏云：「一無『又使至』字。」）。」鮑彪云：「儀嘗曰：『儀之所甚憎，無大齊王。』則儀，齊所惡也，而秦任之，故齊以此責秦。」〔按〕鮑所引張儀言，見秦策二齊助楚攻秦章。然彼乃儀勸楚懷王絕齊之辭，懷王絶齊，齊、秦交合，則所云憎齊王，亦虚詞耳。又儀以連横説齊王，即在秦惠王卒年。若齊果惡儀，何能聽其辭？且儀久爲秦相，惠王時不聞齊責，何獨於武王即位而責之？秦、齊不接壤，此時秦强大非齊偶，秦又何畏於齊讓哉？策此言可疑。總之，張儀出走，實由於武王之不説與左右之謗言。其言齊讓者，託詞耳，未必是實。韓策一鄭彊之走張儀於秦章云：「（彊）因而請秦王曰：『張儀使人致上庸之地，故使使臣再拜謁秦王。』秦王怒，張儀走。」與此不同，疑别是一事。

〔四〕鮑本無「聞之」二字。

〔五〕高誘云：「效，致。」〔按〕敦煌本春秋後語「愚」作「遇」，無「王」字。「遇」乃「愚」之誤，或是借字。史記張儀傳亦無「王」字。

〔六〕〔按〕「奈何」即「如何」。如，奈聲之轉。

〔七〕鮑彪云：「（大變）言有兵。」〔按〕東方，謂山東諸國。胡三省通鑑注云：「韓、魏皆在秦之東。」

〔八〕高誘云：「割，取。」鮑彪云：「割諸侯地。」

〔九〕姚宏云：「一無『張』字。」鮑彪云：「衍『張』字。」〔按〕史記、敦煌本後語無「張」字。下文馮喜重述儀言亦無「張」字。此儀自述語，無者爲是，今從一本衍「張」字。

〔一〇〕鮑本、吴本無「而」字，同史記。

〔一一〕高誘云：「梁，魏都也。」〔按〕梁，大梁，見前。胡三省云：「不肖，謙言無所肖似也。」楚辭九辯：「願賜不肖之軀而别離兮。」漢書武帝紀注：「肖，似也。不肖者，令無所象類，謂不材之人也。」

〔一二〕鮑本、吴本無「而」字。

〔一三〕高誘云：「於梁城下。」鮑彪云：「連，謂不解。」

〔一四〕高誘云：「去，離。」〔按〕胡三省云：「言兵交不解，各欲去而不能也。」

〔一五〕〔按〕左氏哀二十七年傳：「君臣多間。」賈逵注：「間，隙也。」

〔一六〕高誘云：「三川，宜陽邑也。從函谷關東出也。函谷在弘農城北，故言出函谷關。」〔按〕三川見前，函谷見西周策。秦武王蓄志「欲車通三川以闚周室」（秦策二秦武王謂甘茂章）久矣，故張儀迎合其意以動之。

〔一七〕高誘云：「周，西周王城也，天子所都。」〔按〕其時東、西周分治，赧王已徙都西周（見史記周本紀）。

〔一八〕鮑彪云：「周有先周宗社禮器，諸侯所不備，今必出以賂秦。」

〔一九〕高誘云：「以兵臨之，祭器可出，而挾天子，案其圖籍，故曰『此土業也』。」〔按〕張儀勸秦惠王伐韓亦云：「攻新城宜陽，以臨二周之郊，……周自知不救，九鼎寶器必出。據九鼎，按圖籍，挾天子以令天下，天下莫敢不聽，此王業也。」（秦策一司馬錯與張儀爭論章）與此文同意。其後武王車通三川，拔韓宜陽，實現此侵略計劃。

〔二〇〕高誘云：「革車，兵車也。納張儀於梁也。」

〔二一〕吳師道云：「（梁王）後語作『魏襄王』。」黃丕烈云：「史記作『哀王』。恐史記之哀王，世本謂之襄王，後語依世本也。」〔按〕後語與古本紀年合。秦武王元年，當魏襄王九年。

〔二二〕高誘云：「患，憂也。言今能令齊兵罷去也。」金正煒云：「據（高）注『令』本爲『今』，涉注文『能令』而誤。『今』猶『即』也。秦策：『王勿憂也，請今廢之。』……與此文同。說詳王氏讀書雜志。」

〔二三〕〔按〕史記索隱：「此與戰國策同，舊本作『熹』者誤。」是史記舊本有作「馮熹」者。正義：「馬喜，戰國策作『馮喜』。」是史記正義本作「馬喜」。舍人，謂門下客。史記春申君傳：「李園求事春申君爲舍人。」李斯傳：「李斯乃求爲秦相文信侯呂不韋舍人。」藺相如傳：「宦官令繆賢曰：臣舍人藺相如可使。」張儀傳又有「蘇秦之舍人」。秦始皇本紀嫪毐作亂，「發縣卒及尉卒、官騎、戎翟君公、舍人」。是「舍人」乃貴族公卿之家臣。漢書曹參傳：「告舍人趣治行。」顔注：「『舍人』猶『家人』也。一說私屬官主家事者也。」史記平原君傳：「門下有毛遂者。」毛遂從平原君使楚，「楚王謂平原君曰：『客何爲者也？』平原君曰：『是勝之舍人也。』」明「舍人」即是「門客」。

〔二四〕橫田惟孝云：「謂借楚使事之齊也。」〔按〕史記、敦煌本後語「藉」作「借」，同。胡三省云：「不敢徑遣人使齊，而往楚借使。借使，言借楚人以爲使。」

〔二五〕鮑彪云：「事，使事。」

〔二六〕姚宏云：「『因』，劉作『固』。」

〔二七〕鍾鳳年云：「『而』下蓋脱一『王』字。」〔按〕「而」猶「乃」。文義自明，不必補字。

〔二八〕鮑彪云：「（罷）疲者，勞師故。」〔按〕索隱：「謂齊之伐梁也。梁之與齊，先相許與約從爲鄰，故云『與國』也。」

〔二九〕橫田惟孝云：「『以自臨』當作『外自』。」〔按〕橫田說恐非。史記作「廣鄰敵以內自臨」。鄰敵，謂魏。

〔三〇〕高誘云：「使儀言信於秦王也。」

〔三一〕高誘云：「止，不伐梁也。」吳師道云：「大事記秦惠王死，公孫衍欲窮張儀，見秦策。儀之逐，其衍之力歟？」〔按〕史記此下云：「張儀相魏一歲，卒於魏也。」林春溥紀年云：「魏策云：『張儀以秦相魏，齊、楚怒而欲攻魏，雍沮爲儀說齊、楚。』與此小異。」

3　犀首以梁爲齊戰

犀首以梁爲〔一〕齊戰於承匡〔二〕，而不勝。張儀謂梁王〔三〕：「不用臣言以危國。」梁王因相儀〔四〕。儀以秦、梁之齊合橫親〔五〕。

犀首欲敗(之)〔六〕，謂衛君〔七〕曰：「衍非有怨於儀也〔八〕，值所以爲〔九〕國者不同耳。君必解衍〔一〇〕。」衛君爲告儀，儀許諾，因與之參〔一一〕坐於衛君之前。犀首跪行，爲儀千秋之祝〔一二〕。明日，張子行，犀首送之，至於齊疆。齊王聞之，怒於儀曰：「衍也吾讎〔一三〕，而儀與之俱〔一四〕，是必與衍〔一五〕鬻〔一六〕吾國矣。」遂不聽〔一七〕。

【箋證】

〔一〕鮑本、吴本「爲」作「與」。〔按〕經傳釋詞：「『爲』猶『與』也。」引此文云：「言以梁與齊戰也。」

〔二〕高誘云：「犀首，公孫衍也。梁，魏惠王所都。承匡，邑名。」鮑彪云：「(承匡)本宋地，見陳留襄邑注。」吴師道云：「大事記：襄陵，故宋之承匡，襄牛之地，宋襄公所築，故曰襄陵。」張琦云：「漢志陳留襄邑。師古曰：『應説以爲襄牛，誤。』大事記所云乃正顔監之所糾者。故承匡城在今睢州西三十里。」〔按〕襄陵在今河南睢西縣。

〔三〕吴師道謂「梁王」即「襄王」。

〔四〕姚宏云：「(梁王)曾、劉作『魏王』。」鮑彪云：「魏九年，此(湣王)十四年。」吴師道云：「此(湣王)四年。」〔按〕鮑以此策繫於張儀出走相魏之後，亦無所據，辨見下。湣王年次之舛互，鮑據史記，吴據通鑑、大事記，實皆有誤。

〔五〕高誘云：「合秦之横與山東六國從親也。」横田惟孝云：「言儀以二國之重而之齊，結連横之親也。」〔按〕「之」猶「與」也，見經傳釋詞。趙策秦圍趙之邯鄲章：「昔者鬼侯之鄂侯、文王，紂之三公也。」首「之」字亦與「與」

義同，可證。

〔六〕高誘云：「欲敗張儀合横親之事也。」王念孫云：「『敗』下當有『之』字。秦策：『樓啎約秦、魏，紛彊欲敗之。』趙策：『楚王令昭應奉太子以委和於薛公，主父欲敗之。』魏策曰：『楚許魏六城，與之伐齊而存燕，張儀欲敗之。』皆其證也。」〔按〕王説有理，「敗」爲外動詞，其下當有賓語，今據補。

〔七〕鮑彪云：「(衛君)嗣君。時儀過衛。」〔按〕儀自魏至齊，路過衛國。其時犀首與齊戰而不勝，或駐軍其境。

〔八〕鮑本、吴本無「也」字。

〔九〕高誘云：「爲，理。」鮑彪云：「值，適當也。」安井衡云：「值、直通。直，但也。」〔按〕安井説是。漢書霍去病傳注：「『直』讀曰『值』。」趙岐孟子題辭：「值炎劉之未奮。」音義引丁音「值」作「直」。淮南子精神訓高注：「『值』猶『但』也。」

〔一〇〕高誘云：「解説衍於張儀也。」

〔一一〕高誘云：「參，三人並也。」

〔一二〕高誘云：「祝，祈。」〔按〕此猶言上壽。韓非子顯學篇：「今巫祝之祝人曰：使若千秋萬歲。」「千秋」同「千歲」。

〔一三〕高誘云：「讎，仇。」鮑彪云：「衍嘗與齊戰故。」

〔一四〕高誘云：「俱，偕。」

〔一五〕鮑本「衍」作「儀。」吴師道云：「(與儀)一本『與衍』。」

〔一六〕高誘云：「鬻，賣。」

〔一七〕姚宏云：「一本『聽』下有『也』字。」鮑彪云：「此在衍術中而不悟，是以知儀之踈也。故其智暗於秦，其辨屈於(陳)軫，而此謀敗於衍也。」〔按〕公孫衍與張儀相傾事，屢見於策，多其徒增飾之詞，未可盡信。鮑彪次此策於張儀出奔相魏之後，顧觀光編年從之，不詳所據。黄式三編略以戰承匡在儀相魏前，而公孫衍敗儀合横事在相魏之後，蓋亦因鮑氏説而整比之。考之上章儀入梁，齊舉兵伐之，梁王大恐。而此策謂「犀首以梁爲齊戰於承匡而不勝，張儀謂梁王：不用臣言以危國」。儀爲齊王所憎，故入魏而齊舉兵伐之。若公孫衍與齊戰，乃有助於儀，何爲反言「不用臣言以危國」？儀既不悦於齊王，又安敢親至齊國合横事哉？疑此策與上章並不同時。鮑氏次爲先後者，或因「梁王因相儀」一語而然。但儀先於魏惠王、襄王時亦相魏，見史記張儀傳及魏世家(史記誤以惠王爲襄王，襄王爲哀王，今正)。則此云「相儀」者，殆惠、襄時也。林春溥紀年、于鬯年表並繫此策於周慎靚王四年(前三一七)，當魏襄王二年。考張儀傳云：「魏襄王卒，哀王立(「襄」當作「惠」，「哀」當作「襄」)，張儀復説哀(襄)王，哀(襄)王不聽。於是張儀陰令秦伐魏，魏與秦戰，敗。明年，齊又來，敗魏於觀津。」與此策情事相近，似是。然觀津與承匡地不同。觀津，梁玉繩志疑謂：「當依趙、齊兩世家作『觀澤』。正義引括地志云：『觀澤在魏州頓丘縣東。』」以儀、衍相見於衛君之前推度，觀澤近之。

4　昭陽爲楚伐魏

昭陽〔一〕爲楚伐魏，覆軍殺將，得八城〔二〕，移兵而攻齊。陳軫爲齊王使〔三〕，見昭陽，再拜〔四〕賀戰勝。起而問：「楚之法，覆軍殺將，其官爵何也？」昭陽曰：「官爲上柱國，爵爲上執珪〔五〕。」陳軫曰：「異貴於此者何也〔六〕？」曰：「唯令尹耳〔七〕。」陳軫曰：「令尹貴矣，王非置兩令尹也〔八〕。臣竊爲公譬，可也〔九〕？楚有祠者〔一〇〕，賜其舍人〔一一〕巵酒〔一二〕。舍人相謂曰：『數人飲之不足，一人飲之有餘。請〔一三〕畫地爲蛇，先成者飲酒。』一人蛇先成，引酒且飲之〔一四〕，乃左手持巵，右手畫蛇，曰：『吾能爲之足。』未成〔一五〕。一人之蛇成，奪其巵曰：『蛇固〔一六〕無足，子安能爲之足？』遂飲其酒。爲蛇足者終亡其酒。今君相楚〔一七〕而攻魏，破軍殺將，得八城，不弱兵〔一八〕，欲攻齊。齊畏公甚，公以是爲名〔居〕〔一九〕足矣。官（冠）之上〔二〇〕非可重也。戰無不勝而不知止者，身且死，爵且後歸〔二一〕，猶爲蛇足也。」昭陽以爲然，解軍而去〔二二〕。

〔箋證〕

〔一〕高誘云：「昭陽，楚懷王將。」

〔二〕高誘云：「覆魏將，得八城。」鮑彪云：「楚懷六年，此（湣王）元年。」鍾鳳年云：「韓策二襄陵之役章謂畢長説韓公叔令昭陽勿戰。疑此章即繼韓策以後事。」〔按〕依紀年，當齊威王三十四年。史記楚世家懷王六年：「楚使柱國昭陽將兵而攻魏，破之於襄陵，得八邑。」魏世家襄（惠）王十二年「楚敗我襄陵」。黃式三編略云：「孟子書惠王自言南辱於楚，即此。」近安徽壽縣出土之鄂君啓節銘辭首云：「大司馬邵𨝦敗晉帀（師）於襄陵之戢（歲）。」（文物參考資料一九五八年第四期）「邵𨝦」即「昭陽」，「晉師」謂「魏師」，即指此役。由此銘知昭陽時爲大司馬。楚制，司馬亞於令尹，掌軍事重權。策言「官爲上柱國」，又言貴於此者「唯令尹」，與之相合。節銘以軍功名歲，可見楚人對此戰役之重視。

〔三〕鮑彪衍「使」字云：「史言軫爲秦使齊，齊王（鮑、吴合注四部叢刊本無「王」字，鮑單注本有之，與楚世家合，今從之）問之，爲齊見陽。」黄丕烈云：「讀以『使』字句……鮑誤。」

〔四〕〔按〕藝文類聚卷七十三、太平御覽卷七百六十一引「拜」下有「謝」字。

〔五〕横田惟孝云：「（淮南子）道應訓注：楚爵功臣賜以圭，謂之『執圭』。此附庸之君。」〔按〕説詳秦策。

〔六〕鮑彪云：「問此外復有貴者不。」

〔七〕高誘云：「言獨令尹最貴耳。」鮑彪云：「（令尹）楚相也。」〔按〕索隱云：「令尹乃尹中最尊。」顧棟高春秋大事表卷二十三云：「莊四年，『（楚）武王伐隨，卒於樠木之下。令尹鬬祁、莫敖屈重除道梁溠，營軍臨隨。』『令尹』與『莫敖』並稱，亦不知其尊卑何别也。嗣後莫敖之官，或設或不設，間與司馬並列令尹之下。而令尹以次相授，至戰時猶相其君。其官大都以公子或嗣君爲之，他人莫得與也。」

〔八〕鮑本、吴本「王」作「主」。〔按〕藝文類聚二十五引「令尹貴矣」作「令子貴矣」，「王」亦作「主」。史記楚世家作「今君已爲令尹矣」，與策文不合。昭陽其時未爲令尹，證之鄂君啓節銘「大司馬邵（昭）剔（陽）」最爲可信，足證策文爲是。至於秦策一陳軫去楚之秦章「昭陽賢相也」，則時間稍後於此，不容置疑。

〔九〕姚宏云：「『也』，劉作『乎』。」〔按〕類聚及御覽卷四百六十引「譬」下有「之」字，「也」作「乎」。長短經卷五七雄略注亦作「譬之可乎」。「也」猶「邪」，見經傳釋詞，自通。高誘云：「公，昭陽。譬，喻。」

〔一〇〕高誘云：「祠，祭。」鮑彪云：「祠，春祭。」〔按〕鮑注據爾雅釋天、説文、公羊桓八年傳。

〔一一〕鮑彪云：「始皇紀注：『主廐内小史。或云：侍從賓客者。』」吴師道云：「顔師古曰：『舍人，親近左右之通稱（按原本脱「稱」字，據漢書注補），後遽以爲私屬官號。』」〔按〕「舍人」説見上。長短經作「同舍人」，非。

〔一二〕鮑彪云：「卮，器也。」王念孫云：「『卮』上當有『一』字。以酒僅一卮，故下文曰『數人飲之不足，一人飲之有餘』也。……藝文類聚雜器物部、鱗介部、太平御覽器物部及後漢書袁紹傳注引此並作『酒一卮』。史記楚世家作『一卮酒』。」〔按〕御覽卷九百三十三引作「酒一卮」，長短經亦同。然定語「一」數之詞例可省略，則「酒一卮」與「卮酒」相同，亦不必拘。御覽卷九百三十三又引注云：「卮，酒器也，受四升。」疑是高注佚文。

〔一三〕〔按〕後漢書袁譚傳注引「請」下有「各」字。

〔一四〕鮑本、吴本無「之」字。

〔一五〕〔按〕類聚卷二十五、七十三、九十六，御覽卷四百六十、九百三十三引「未成」上並有「爲足」二字。御覽卷七百六十一引「未成」上有「足」字。長短經亦有「足」字。

〔一六〕〔按〕類聚卷二十五、九十六引「固」作「故」，通用。

〔一七〕〔按〕類聚卷二十五引「君」作「公」。長短經亦作「公」。「相楚」之「相」訓「助」，不作「相國」解，説見上。

〔一八〕鮑彪云：「(不弱兵)言恃其强。」〔按〕類聚卷二十五、御覽卷四百六十引「不弱兵」作「又移師」。史記作「今又移兵而攻齊」。

〔一九〕姚宏云：「一本去『居』字。」鮑彪改「居」作「亦」。吴師道云：「因下『足』字衍而訛。」金正煒云：「易繫辭傳：『噫，亦要存亡吉凶，則居可知矣。』鄭、王注並云：『居，辭也。』或爲『名』字誤衍。」〔按〕當從一本去「居」字。「居」疑涉「名」字而誤衍。類聚卷二十五、御覽卷四百六十引並無「居」字，可證。今從衍。鮑改、金釋，未然。

〔二〇〕安井衡云：「官之上，謂令尹。重，疊也。言令尹不可置二人。」吴汝綸云：「『官』當爲『冠』。」于鬯云：「『官』當讀爲『冠』，冠、官疊韻，例可通借。……楚世家作『冠之上不可以加矣』。且彼上文又有『國冠之上』語，皆可證。」〔按〕「官」是「冠」之音訛，非疊韻借字。類聚、御覽引「官」並作「冠」。長短經亦作「冠之上非可重也」。並與史記合，是其證。今從正。

〔二一〕鮑彪云：「言身死後，爵歸於國。故史言爵奪。」横田惟孝云：「言身死，爵將歸後人。」〔按〕類聚、御覽〔二引〕引「爵且後歸」作「爵且偃」三字，與上句「身且死」對舉。「爵且偃」與史記「爵奪」義亦近，似是。長短經作「爵且歸」，殆本春秋後語。疑策本作「偃」，一本作「歸」，傍注異文，後人誤合爲一，又因「偃歸」二字不詞，遂改「偃」爲「後」也。

〔二二〕〔按〕類聚引「去」作「歸」。御覽卷九百三十三引作「解甲而歸」，「甲」疑「軍」之形譌。

5　秦攻趙令樓緩

秦攻趙，趙令樓緩以五城求講於秦〔一〕，而與之伐齊。齊王恐，因使人以十城求講於秦。樓子恐，因以上黨二十四縣許秦王〔二〕。趙足〔三〕之齊，謂齊王曰：「王欲秦、趙之解乎？不如從合於趙，趙必倍秦〔四〕。倍秦，則齊無患矣。」

〔箋證〕

〔一〕高誘云：「五城，趙邑。講，和。」〔按〕樓緩見秦策四三國攻秦入函谷章。史記趙世家武靈王十八年（前三〇八），召樓緩謀變胡服。二十年（前三〇六）使樓緩之秦。其後緩爲秦相，在秦昭王十年（前二九七），至十二年（前二九五）免去（見史記秦本紀），其人蓋親秦者。趙策四秦攻趙長平章載樓緩勸趙王割六城於秦，與此文相類；彼章趙王從虞卿説賂地於齊，此章令樓緩以城講於秦，則又殊。蓋各爲一事，不相屬也（顧觀光編年以此策附於秦攻趙長平下，恐非），而趙策之「樓緩」亦有譌，説詳彼。

〔二〕鮑彪以秦王爲惠文王。〔按〕上黨，謂趙之上黨。此言虚也。若在趙惠文王時，秦尚未取韓野王，何能有趙之上黨地？若在孝成王時，則趙固因受韓上黨地，而秦、趙搆兵，邯鄲被圍矣，豈肯輕易割其自有地乎？鮑以秦王爲惠文王，不明所據。若以武靈王十八年之樓緩核之，亦當秦武王三年。餘則並當秦昭王時矣。

〔三〕鮑彪云：「凡趙，皆趙人。」〔按〕趙足，亦見於燕策二蘇代爲奉陽君説燕章及帛書戰國縱横家書第一、二章。其人爲趙臣，與奉陽君李兑並時，由此可推知此章約當趙惠文王、秦昭王及齊湣王之時。而「上黨二十四縣」語不可信。

〔四〕鮑本、吴氏「倍」作「背」，下同。〔按〕倍、背字通。

6 權之難齊燕戰

權之難，齊、燕戰〔一〕，秦使魏冉之趙〔二〕，出兵助燕擊齊。

薛公使魏處〔三〕之趙，謂李向〔四〕曰：「君助燕擊齊，齊必急。急必以地和於燕，而身與趙戰矣。然則是君自爲燕東兵〔五〕，爲燕取地也〔六〕。故爲君計者，不如按兵勿出，齊必緩〔七〕，緩必復與燕戰。戰而勝，兵罷弊〔八〕，趙可取唐、曲逆〔九〕。戰而不勝，命懸於趙〔一〇〕。然則吾〔一一〕中立而割窮齊與疲燕也〔一二〕。兩國之權歸於君矣〔一三〕。」

【箋證】

〔一〕高誘云：「權，地名（姚宏云：「一下有『也』字。」）。齊、燕所戰，故曰『之難』也。」鮑彪云：「後志南郡編注：『闞緍以權叛。』又當陽注：『縣東南有權城，楚地也。』蓋燕自北進，齊自東進，而戰於楚境。燕策爲文公時。」吴師道云：「大事記：『燕、齊交兵，必非此地。』按記合燕策並載，而取鮑三說，『文公末年』云云，『並屬中山』云云，『燕、齊合』云云，故於此條著其說而斥其非者，不著鮑氏，取長棄短之意也。」程恩澤云：「元和志：『恒州真定縣北二十里，有故權城，即古之犍鄉也。後漢建武元年，賈復與五校戰於真定，大破之，即此地。今在正定府正定縣北二十里。』」〔按〕此章鮑據燕策定爲燕文公末年，其後呂祖謙大事記、顧觀光編年、黃式三編略、于鬯年表並從之，次於周顯王三十六年（前三三三），當燕文公二十九年（據六國表）無異議。然考之策、史，實多可疑之點，列舉如下：史記穰侯傳言魏冉「自惠王、武王時任職用事」。燕文公末年，當秦惠王五年（前三三三），冉如已任事，假定時年二十左右；至昭王元年（前三一一），冉年當四十三。而穰侯就國，在昭王四十一年（前二六五），以此合算，年當八十五六，卒年尚不知。恐未必如此高壽。信或如此，尚何必貪戀勢權而待范睢之間哉？而睢攻冉之辭，何無一言及其昏耄應退乎？此其一。宣太后爲魏冉之姊，卒於秦昭王四十二年，若依此推算，則年將九旬，何姊弟俱享高壽乎？秦策二謂宣太后愛魏醜夫，臨死，欲以爲葬。九旬老嫗，縱甚荒淫，恐亦不能有此事。此其二。田嬰封薛，據古本竹書紀年在齊威王三十四年，當周顯王四十六年（前三二三），燕易王十年。此策言「薛公使魏處之趙」，明在嬰封薛之後。若此事在燕文公末年，則不相侔矣。此其三。燕策之文亦有訛誤，別辨於彼。此策疑當在燕易王時，説詳於燕策。真定縣，今河北正定縣南。

〔二〕鮑彪云：「冉傳言自惠王時任事，然則此役文公末年也。」鍾鳳年云：「燕策一權之難章……云在燕文公時。案年表文公二十九年卒，於秦當惠文前元五年。穰侯傳雖稱冉於惠文時已任職用事，然以冉於昭四十二年初逐之期計之，距惠前五年，相去已六十八年。又考秦昭即位三年而冠，計其生時，爲惠後二年。惠亦即位三年而冠，至後二年，年三十二。而昭王母宣太后爲惠文之姬，其年必甚少於惠文。冉又爲宣太后弟。惠文前元五年，甫二十二，則冉於時殆不及十齡，何能使趙？故此章決不能有其人，冉必誤。況權之難又未必即在文公末年邪？」又云：「鮑謂事在惠文末年，却未審。若信然，則已在燕文身後二十年，此事合而□又大謬矣。仍當是魏冉有誤。」〔按〕鍾疑是也，餘詳上。

〔三〕高誘云：「薛公，田嬰也。魏處，人名。」（姚宏云：「一本有『之主也』三字。」）鮑彪云：「嬰時未封，後人稱之耳。嬰傳言自威王時任職。」〔按〕鮑氏以曲就其繫於燕文公末年爲説，非也，説見上。鮑引嬰傳即史記孟嘗君傳。

〔四〕鮑彪云：「趙人。」吳師道云：「大事記：趙用事者也。」

〔五〕鮑本、吳本「東」作「東」，盧本同（景宋鈔本作「東」）。鮑彪（據「東」字）云：「『東』猶『斂』。燕、齊和成，斂兵不戰。」于鬯云：「趙爲燕出兵東敵齊，而燕坐得齊地，故曰爲燕東兵取地。」金正煒（據「東」字）云：「『東兵』與『自爲』義不相屬，『東』當爲『速』之譌。速，召也。此本作『東』，又『東』之再誤。」〔按〕于説可通，「東」作動詞解。若作「東」字，則「東」乃「速」之借字，周易需卦：「不速之客。」釋文引馬注：「速，召也。」金訓亦可通，但以爲字譌，則非。

〔六〕鮑彪云：「(取地)取齊地。」

〔七〕鮑彪云：「趙之助燕不力，故齊無危急之勢。」

〔八〕鮑本、吴本「弊」作「敝」，同。鮑彪云：「罷、疲同。」〔按〕「而」猶「如」，假設之辭，下「戰而不勝」之「而」，同。

〔九〕高誘云：「唐，今盧奴北盧縣也。曲逆，今蒲陰也。是時屬燕，故勸取之。」鮑彪云：「(唐、曲逆)並屬中山國。言二國戰，不暇北顧，趙可以其間取中山也。」程恩澤云：「(鮑)此説謬甚。春秋昭十二年：『齊高偃帥師納北燕伯於陽。』左傳作『唐』。杜預曰：『陽即唐也。燕別邑。』則唐爲燕地，自春秋時已然。趙策『通於燕之唐、曲吾』，即此唐、曲逆也。是在本策又有明證。二地於前後漢志並屬中山國，此乃漢時郡國之名，與戰國之中山無涉。……今唐縣屬保定府。……(曲逆)今在保定府完縣東南二十里。」〔按〕高注「盧縣」之「盧」當作「唐」，涉上「盧奴」而誤。盧奴、唐並屬中山國，見漢書地理志；唐縣在盧奴縣之北。今並在河北保定市附近。

〔一〇〕鮑彪云：「懸，繫也。」橫田惟孝云：「言齊不勝，則必從趙而聽命，爲趙所制也。」

〔一一〕鮑彪云：「吾，吾趙。」橫田惟孝云：「『吾』恐『君』字誤。」鍾鳳年説同。〔按〕此設爲代趙之辭，故云「吾」，字不誤。

〔一二〕吴師道云：「割齊、燕地。」

〔一三〕鮑本、吴本「歸」作「懸」。高誘云：「君，李向也。」

7　秦攻趙長平

秦攻趙長平〔一〕，齊、楚〔二〕救之。秦計〔三〕曰：「齊、楚〔四〕救趙，親〔五〕則將退兵，不親則且遂攻之。」

趙無以食，請粟於齊，而齊不聽。蘇秦〔六〕謂齊王曰：「不如聽之，以却秦兵。不聽，則秦兵不却，是秦之計中〔七〕，而齊、燕之計過〔八〕矣。且趙之於燕、齊〔九〕，隱蔽也〔一〇〕，齒〔一一〕之有脣也，脣亡則齒寒〔一二〕。今日亡趙，則明日及齊、楚〔一三〕矣。且夫救趙之務〔一四〕，宜若奉漏罋沃燋〔一五〕釜。夫救趙，高〔一六〕義也；却秦兵〔一七〕，顯名也。義救亡趙，威却强秦兵〔一八〕。不務爲此，而務愛粟，則爲國計者過矣〔一九〕。」

〔箋證〕

〔一〕盧本「攻」作「破」，誤。姚宏云：「一本無『長平』二字。」鮑彪云：「此（王建）五年。」〔按〕史記田完世家無「長平」二字，一本與之同。

〔二〕吴汝綸云：「（楚）當作『燕』。下并同。」〔按〕詳下黄丕烈説。

〔三〕〔按〕言秦人謀之。

〔四〕姚宏云：「一本無『楚』字。」

〔五〕鮑彪云：「（親）其交親。」

〔六〕姚宏云：「（蘇秦）史記『周子』。齊之謀臣，史失其名。戰國策以『周子』爲『蘇秦』，而『楚』字皆作『燕』。然此時蘇秦死久矣。」鮑彪改「秦」作「子」。吴師道云：「（秦）字誤。」安井衡云：「『秦』字必誤。然讀書之法，疑以傳疑，鮑改爲『子』，亦非。」〔按〕蘇秦死固久矣。若改爲「蘇子」，謂是「代」或「厲」，亦不能及長平之役。不如存疑。姚云「齊之謀臣」下，乃田完世家索隱語。鮑彪又云：「齊記有云周子。謂最是也。此最時三十餘年矣。」吴師道云：「索隱云：『史失其名。』不必强爲之説。」

〔七〕高誘云：「中，得。」〔按〕中，讀去聲。

〔八〕高誘云：「過，失。」鮑彪改「燕」作「楚」。吴師道云：「史作『楚』，通鑑從之。」黄丕烈云：「鮑改誤甚。索隱引此文云：『而「楚」字皆作「燕」。』可見此文上『齊、楚救之，秦計曰：齊、楚救趙』，下『則明日及齊、楚矣』，三『楚』字皆本作『燕』，不知者以史記改之耳。」安井衡云：「史『蘇秦』作『周子』，『燕』作『楚』，必别有所據，不必强牽策合史也。」

〔九〕鮑彪改「燕齊」作「齊楚」，同史記。按説見上。

〔一〇〕姚宏云：「一本無『也』字。」高誘云：「隱蔽，蕃蔽。」鮑彪云：「趙居二國西北，秦攻二國，必先經趙。趙存，則二國得以自隱而有蔽障。」〔按〕鮑説於燕、齊之地勢相合，然其本文已改爲「齊、楚」，秦之伐楚，何必經趙？注非。或本就燕、齊爲説，及改本文爲「齊、楚」，而注失改正邪？趙不能爲楚隱蔽，史文似不如策作「燕」是。正義云：「此時秦伐趙上黨，欲克，無意伐齊、楚，故言趙之於齊、楚爲扞蔽也。」説亦迂曲。

〔一一〕鮑本、吴本「齒」上有「猶」字，同史記。

〔一二〕〔按〕「脣亡齒寒」乃當時諺語，亦見左氏僖公五年傳及趙策一知伯帥韓魏而伐范中行氏章。

〔一三〕〔按〕此「齊楚」之「楚」依上下文義亦當作「燕」。

〔一四〕鮑彪云：「務，趣也，事也。」

〔一五〕鮑本、吴本「罋」作「甕」，同。鮑彪云：「喻救之急。」〔按〕胡三省通鑑注云：「『奉』讀曰『捧』。言惟恐不及也。」説文「沃」字云：「溉灌也。」「燋」即「焦」字。

〔一六〕高誘云：「高，大。」

〔一七〕姚宏云：「劉本無『兵』字。」

〔一八〕金正煒云：「却秦兵，却强秦兵，兩『兵』字並因上文『聽之以却秦兵』而衍。」〔按〕史記作「義救亡國，威却彊秦之兵」。此「秦」字下疑脱「之」字。

〔一九〕高誘云：「過，誤失也。」

8 或謂齊王曰

或謂齊王曰：「周、韓西有强秦，東〔一〕（北）有趙、魏。秦伐周、韓之西，趙、魏不伐，周、韓爲割〔二〕，韓却周害也〔三〕。及韓却周割之（後）〔四〕，趙、魏亦不免與秦爲患矣〔五〕。今齊（應）〔六〕秦伐趙、魏，則亦不果於趙、魏之應秦而伐周、韓〔七〕。令齊入於秦而伐趙、魏〔八〕，趙、魏亡之後，秦東面而伐齊，齊安得救天下乎〔九〕？」

〔箋證〕

〔一〕鮑本、吴本「東」下有「北」字。〔按〕有之義長，今從補。

〔二〕鮑彪云：「（不伐）不從秦伐周、韓。（爲割）割地與趙、魏。」吴師道云：「（爲割）割地與秦。」横田惟孝云：「『不伐』之『不』，疑『又』字訛。爲割，言二國伐周、韓，爲秦割取其地，下文所謂『應秦而伐周、韓』也。」金正煒云：「『不伐』當作『亦伐』。『趙、魏亦伐周、韓』爲句，或有『之東』二字而佚，即後文所謂『趙、魏之應秦』也。『爲割韓却周害也』，『割』與『却』當涉下文而衍。趙、魏應秦，是爲韓、周害也。」〔按〕「不伐」二字疑有誤，横田解似是。金讀改字太多，未安。

〔三〕鮑彪云：「言趙、魏徒不伐而不救韓，則韓兵必却，周有秦害。」横田惟孝云：「『却』疑『刦』字訛。謂周、韓見刦害也。」〔按〕「害」即「割」字，下句可證。割、害同聲，字通借。此言韓兵敗而周割地。

〔四〕鮑彪改「割」作「害」，「之」下補「後」字。吴師道云：「害、割字恐有誤混。」吴汝綸點勘本從鮑本補「後」字。于鬯云：「承上句（割）宜作『害』，古『害』、『割』通用。」〔按〕下文云「趙、魏亡之後」，與此句例相似，鮑補「後」字，當是，今從補。割、害通用，上句「害」字讀作「割」，鮑改疑倒。

〔五〕鮑彪云：「秦以其不應己，又無周、韓之捍，秦伐必及。」安井衡云：「患，難也。爲難，謂與之戰。章首至此，譬喻也。『今齊』以下，乃入正意。」

〔六〕鮑彪「齊」下補「應」字。吴師道云：「『今齊』下恐有缺字。」〔按〕依下句「趙、魏之應秦而伐周、韓」例之，鮑補「應」字是也。王念孫亦從鮑本補「應」字，今亦從之。

〔七〕鮑彪云：「趙、魏近秦，其應秦不得不果。齊則遠矣，應秦必不果也。」王念孫云：「『果』當爲『異』字之誤也。此言趙、魏應秦而伐周、韓，及韓却周割之後，趙、魏亦不免於秦患。故曰『今齊應秦伐趙、魏，則亦不異於趙、魏之應秦而伐周、韓』也。」横田惟孝亦云：「『果』疑『異』字訛。」

〔八〕鮑彪云：「令，就令也。入，言應之果。」吴師道云：「令，恐亦『今』字。」横田本「令」作「今」。于鬯云：「不必複出『今』字，吴説非，作『就令』解是。上文『今齊、秦伐趙、魏』，本將然之事，故此言『就令』果如此也。」金正煒云：「入秦，謂合於秦。」鍾鳳年云：「語與上文『今齊、秦伐趙、魏』句文義重複。且有此語，上下文反覺隔闕難通。恐元爲高注，傳寫者誤竄入正文，宜改爲注。」〔按〕于鬯鮑注，文義明白，是也。此章高注無一字，疑是佚去。此句亦不類注文。鍾氏妄測，非。

〔九〕鮑本原作「齊安得於天下乎」，「得」下補「救」字。吴師道云：「一本有『救』字，是；下無『於』字，非。」黄丕烈云：「吴說未是。此猶魏策云『雖欲行千里而助人，可得乎』也。救天下，不誤。」安井衡云：「言齊於天下，無所得救也。」金正煒云：「言趙、魏亡則齊隨見伐，安所得救於天下乎。」鍾鳳年云：「蕘翁（黄丕烈）說固是，唯其意似亦誤認爲齊救天下。案此語宜如元文，唯不應視作『齊無從救天下』，宜視爲問語，作『齊何從得救天下耶』？以近賢倒字例言之，即爲『齊安得天下救』？」〔按〕鍾說可通。又古書中常於被動句動詞下省去「於」字，例見楊樹達高等國文法（此從略），故此句「安得救於天下」也。

〔附論〕

鮑彪云：「此言趙、魏近秦，畏之，不得不應。齊不可以其應而伐之也。」

吴師道云：「此士之策，正謂秦伐周、韓，趙、魏雖不應秦，然周、韓既割，而趙、魏亦不免。況齊可以不應秦，今應秦伐趙、魏，趙、魏既亡，而齊亦不免矣。所以言此者，欲齊之援趙、魏也。」

横田惟孝云：「此策蓋齊將應秦而伐趙、魏，或爲趙、魏說齊也。」

戰國策 卷十

齊三

1 楚王死太子在齊質

楚王死〔一〕，太子在齊質〔二〕。蘇秦〔三〕謂薛公〔四〕曰：「君何不〔五〕留楚太子以市其下東國〔六〕？」薛公曰：「不可。我留太子，郢〔七〕中立王，然則是我抱空質〔八〕而行不義於天下也。」蘇秦曰：「不然。郢中立王，君因謂其新王曰：『與我下東國，吾爲王殺太子。不然〔九〕，吾將與三國共立〔一〇〕之。』然則下東國必可得也。」

蘇秦之事〔一一〕，可以請行；可以令楚王亟入〔一二〕下東國；可以益割〔一三〕於楚；可以忠太子而使楚益入地；可以爲楚王走太子；可以忠太子，使之〔一四〕亟去；可以惡蘇秦於薛公；可以爲蘇秦請封於楚；可以使人說〔一五〕薛公以善蘇子；可以使蘇子自解於薛公〔一六〕。

蘇秦謂薛公曰：「臣聞謀泄者事無功，計不決者名不成。今君留太子者〔一七〕，以市下東國也。非亟得下東國者，則楚之計變〔一八〕。變則是君抱空質而負名於天下也〔一九〕。」薛公曰：「善。爲之奈何？」對曰：「臣請爲君之楚，使亟入下東國之地。楚得成〔二〇〕，則君無敗矣。」薛公曰：「善。」因遣之。（故曰：可以請行也。）〔二一〕

謂楚王〔二二〕曰：「齊欲奉太子而立之〔二三〕。臣觀薛公之留太子者，以市下東國也。今王不亟入下東國，則太子且倍〔二四〕王之割而使齊奉己〔二五〕。」楚王曰：「謹受命。」因獻下東國。故曰：可以使楚亟入地也。

謂薛公曰：「楚之勢可多割也。」薛公曰：「奈何？」「請告太子其故〔二六〕，使太子謁之，君以忠太子〔二七〕。使楚王聞之，可以益入地。」故曰：可以益割於楚。

謂太子曰：「齊奉太子而立之，楚王請割地以留太子，齊少其地〔二八〕。太子何不倍楚之割地而資〔二九〕齊，齊必奉太子。」太子曰：「善。」倍楚之割而延〔三〇〕齊。楚王聞之恐，益割地而獻之，尚恐事不成。故曰：可以使楚益入地也。

謂楚王曰：「齊之所以敢〔三一〕多割地者，挾太子也。今已得地而求不止者，以太子權王也〔三二〕。故臣能去太子〔三三〕。太子去，齊無辭，必不倍於王也〔三四〕。王因馳强齊而爲交〔三五〕，齊辭必聽王〔三六〕。然則是王去讎〔三七〕而得齊交也。」楚王大悦，曰：「請以國因。」〔三八〕故曰：可以爲楚王使太子亟去也。

謂太子曰：「夫剬〔三九〕楚者王也，以空名市者太子也，齊未必信太子之言也，而楚功見矣〔四〇〕。楚交成，太子必危矣。太子其圖之！」太子曰：「謹受命。」乃約車而暮去〔四一〕。故曰：可以使太子急去也。

蘇秦使人請〔四二〕薛公曰：「夫勸留太子者，蘇秦也。蘇秦非誠以爲君也，且以便楚〔四三〕也。蘇秦恐君之知之，故多割楚以滅跡〔四四〕也。今勸太子〔四五〕者又蘇秦也，而君弗知，臣竊爲君疑之。」薛公大怒於蘇秦。故曰：可〔四六〕使人惡蘇秦於薛公也。

又使人謂楚王曰：「夫使薛公留太子者，蘇秦也；奉王而代立楚太子者〔四七〕，又蘇秦也；割地固約者〔四八〕，又蘇秦也；忠王而走太子者，又蘇秦也。今人惡蘇秦於薛公〔四九〕，以其爲齊薄而爲楚厚也。願王之〔五〇〕知之！」楚王曰：「謹受命。」因封蘇秦爲武貞君〔五一〕。故曰：可以爲蘇秦請封於楚也。

又使景鯉〔五二〕請薛公曰：「君之所以重於天下者，以能得天下之士而有齊權也〔五三〕。今蘇秦天下之辯士也，世與少有〔五四〕。君因（固）〔五五〕不善蘇秦，則是圍〔五六〕塞天下士而不利説途〔五七〕也。夫不善君者，且奉蘇秦，而於君之事殆〔五八〕矣。今蘇秦善於楚王而君不蚤親，則是身與楚爲讎也〔五九〕。故君不如因而親之，貴而重之，是君有楚也。」薛公因善蘇秦。故曰：可以爲蘇秦說薛公以善蘇秦〔六〇〕。

〔箋證〕

〔一〕高誘云：「(楚王)懷王也，爲張儀所欺，西與秦昭王會武關，秦脅與歸而死於秦也。」〔按〕事詳史記楚世家，亦見楚策二秦敗楚漢中章。

〔二〕鮑彪云：「楚(懷)二十九年，使太子質於齊，名橫，是爲頃襄王。按史楚三十年，懷王入秦，秦留之。明年，頃襄王立。立三年，懷王乃死。與此駁。」胡三省云：「『質』音『致』。」〔按〕楚太子質齊，又見楚策二齊秦約攻楚章。楚策二楚襄王爲太子之時章亦言「懷王薨，太子辭於齊王而歸」。楚世家謂懷王留秦，楚大臣謀立太子，「乃詐赴(「赴」同「訃」)於齊」。則所謂「楚王死」者，乃詐赴之辭耳。

〔三〕鮑彪改「蘇秦」作「蘇子」，下並同，云：「秦死至是二十年矣。此非代則厲也。」吳師道云：「(秦)字誤，下並同。」〔按〕此章本爲辯士虛擬之言，資爲揣摩，假時事以發之耳，不必以史實徵之。稱蘇秦者，即太史公所謂「異時事有類之者，皆附之蘇秦」也。

〔四〕高誘云：「薛公，田嬰也，田文之父。」鮑彪云：「(薛公)田文。」〔按〕楚懷王入秦，當齊湣王之世，時嬰已死。而孟嘗君嘗合三國攻秦，以出楚王爲辭，見西周策及史記孟嘗君傳。高注顯誤。

〔五〕〔按〕太平御覽卷四百八十引「何不」作「不如」。

〔六〕高誘云：「『市』猶『求』也。下東國，楚東邑，近齊也。」鮑彪云：「楚策云：『與我東地。』蓋楚國之東，其地近齊。楚地高而此下。」胡三省通鑑注云：「楚滅陳、蔡，封畛於汝，滅越取吳故地，並有故徐夷之地，皆在淮北，即楚所謂下東國。」横田惟孝云：「東國，國都之東，居下流，故曰『下東國』。昭十四年左傳：『楚子使然册簡上國之兵，使屈罷簡東國之兵。』疏云：『以水皆東流，西方居上流，故謂之上國。西爲上，則東爲下。』是也。蓋東國近齊。」〔按〕楚世家「下東國」作「淮北」，其實一地，詳胡注。或作「東國」，同策四蘇秦謂齊王章：「（齊）有淮北，則楚之東國危。」西周策薛公以齊爲韓魏攻楚章：「欲王令楚割東國以與秦。」楚策又作「東地。」正義云：「楚之下國最在東，故云下東國。即楚淮北。」（張尚瑗説略同）

〔七〕高誘云：「郢，楚都也。」〔按〕見前。

〔八〕高誘云：「楚自立王，質之無益，故曰『抱空質』也。」

〔九〕〔按〕御覽引「不然」下有「則」字。

〔一〇〕鮑彪云：「齊嘗與秦、韓、魏敗楚，三國，謂此。（立）重立。」〔按〕立，謂立太子。

〔一一〕鮑彪云：「此著書者叙説。」姚範云：「此等皆非事實，疑縱横家設一端，以極其辯詐揣摩之術。」横田惟孝云：「『蘇子之事』以下至章末，記者擬設之辭。」〔按〕姚説是也。「事」猶「謀」。

〔一二〕高誘云：「亟，速也。『入』猶『致』也。」鮑彪云：「（楚王）並新王。」横田惟孝云：「楚王，非楚實有王。齊留太子，楚若立王，則使其王然也。」

〔一三〕高誘云：「益，多。割，取。」

〔一四〕姚宏云：「一本無『之』字。」

〔一五〕姚宏云：「一本無『人説』二字。」

〔一六〕陸深云：「一事而反覆作十段，節節呼唤，亦叙事之一法。」李蓘云：「前總叙，後逐段解而應之，此文之法也。」

〔一七〕高誘云：「太子，懷王太子也。」鮑彪「太子」上補「楚」字。〔按〕此蒙上文自明。下文並作「太子」，無「楚」字，鮑補非。據高注策原文本無「楚」字。

〔一八〕高誘云：「變，改也。」

〔一九〕高誘云：「負天下不義之名。」

〔二〇〕鮑彪云：「『得』猶『與』也。齊求地而楚與之爲得成。」横田惟孝云：「楚得成，楚之事得成也。」

〔二一〕原本此七字作注文。姚宏云：「曾此七字不作注。」鮑彪改作正文，云：「此七字元作注字。此類亦著書者叙説。」吴師道云：「叙説者分其文而屬之，故以此著例。」于鬯云：「作正文則與下每段結語同例。苟爲注語，則下文亦悉當作注語，然後可也。」〔按〕此是正文誤淆入注，古書多其例，今從曾本正。

〔二二〕鮑彪云：「（楚王）以爲懷王，則上言已死；以爲頃襄，時頃襄即太子也；以爲新立王，則頃襄外無他王。未詳。」〔按〕即謂楚新立之王，下文「楚王」同，乃假設之詞，非實有其王。鮑於上文「楚王」注「並新王」，此注乃猶豫其詞，失之。

〔二三〕高誘云：「蘇秦請行，至楚説楚王曰：所立頃襄王也。言楚所欲立懷王。」〔按〕太子即懷王之子，歸國爲頃襄王，此時尚留齊。高注此文不明，疑有譌字。

〔二四〕鮑彪云：「倍，多於前。」

〔二五〕高誘云：「己，太子也。使齊奉己，立以爲王也。」

〔二六〕高誘云：「告，致。致故，謂太子倍割楚以許齊也。」鮑彪云：「謂告蘇子辭也。告以楚獻地之故。」

〔二七〕高誘云：「謁，告。告齊君也。齊得割，則歸太子，故曰『以忠太子』。」鮑彪云：「君，薛公也。使太子白以亦欲割地。」〔按〕此上下句鮑注爲長。

〔二八〕高誘云：「割地與齊，使留太子，齊嫌其少也。」

〔二九〕高誘云：「資，與。」

〔三〇〕高誘云：「『延』猶『饒』也，『及』也。」鮑彪云：「延，長行也，故有饒益意。」横田惟孝云：「延，引也。謂引齊附己也。」安井衡云：「延，進也，猶言納。」金正煒云：「延，緩也。倍割以緩齊之聽楚。又或當讀如『誕』。誕，詐也。太子無地而倍楚之割，是誕齊也。」〔按〕「延」訓「引」（呂氏春秋順説篇：「莫不延頸舉踵。」高注：「引頸也。」）或「進」（爾雅釋詁），較高注爲順。金説非。

〔三一〕吴本無「敢」字，鮑單注本有，疑脱。

〔三二〕高誘云：「（權）權重。」鮑彪云：「權者，輕重所在。」〔按〕猶言以太子制王。

〔三三〕鮑彪云：「使人去齊。」〔按〕鮑注「人」字疑是「之」誤。

〔三四〕高誘云：「齊無立太子辭，必不倍求地於王也。」

〔三五〕姚宏云：「（而爲交）一作『而爲交於齊』。」鮑彪云：「馳，亟往。」金正煒云：「韓策：『韓使人馳南陽之地。』王念孫曰：『「馳」讀爲「移」。移，易也。』此『馳』字亦當讀『移』，義猶『易』也。」〔按〕金釋未安，不如舊注。

〔三六〕鮑彪云：「（齊辭）齊之説。」横田惟孝云：「『齊辭』之『辭』，恐衍。」金正煒云：「『辭』字涉上文『齊無辭』而衍。」

〔三七〕高誘云：「讎，爲太子。」

〔三八〕鮑彪云：「（因）因蘇子交齊。」

〔三九〕鮑彪云：「剬，斷齊也，猶『制』。」吴師道云：「剬，本多凡反。史、漢作『制』字，正義論字例云。」于鬯云：『剬』即古『制』字。張守節史記論字例云：『「制」字作「剬」。』是史記亦當依古體作『剬』。『制』者，『剬』之變體也。若今所用『剬』，其實是『剸』字。」

〔四〇〕高誘云：「齊未必信太子言也，而楚便致地，故曰『楚功見』。」鮑彪云：「功，謂入地。」

〔四一〕横田惟孝云：「暮去，謂不待朝而急去也。」

〔四二〕金正煒云：「爾雅釋詁：『請，告也。』」

〔四三〕鮑彪云：「（便）太子去，楚之便也。」〔按〕「且」猶「抑」，見經傳釋詞。便楚，謂使楚便利。

〔四四〕鮑彪云：「（滅跡）没其便楚之跡。」

〔四五〕鮑彪「太子」下補「去」字。吴師道云：「一本標：『晁本有。』」

〔四六〕鮑本、吴本「可」下有「以」字。

〔四七〕鮑彪云：「代太子立爲王。」横田惟孝云：「『代、立』疑倒置。『楚』字衍。」于鬯引潘和鼎云：「『太子』二字疑涉下文『太子者』而衍。」〔按〕從鮑注可通。「代立楚太子者」即「代楚太子而立者」。

〔四八〕鮑本、吴本「固」作「因」。

〔四九〕鮑本、吴本「薛公」下有「之」字，連屬爲句。何洛文云：「『之』字下或有闕文。或『之』字作『者』字。」〔按〕鮑本誤衍，不必疑。

〔五〇〕姚宏云：「劉無『之』字。」

〔五一〕高誘云：「武貞，楚邑。」鮑彪云：「封以美名，非邑。」〔按〕此本虛設之詞，鮑注爲長。

〔五二〕高誘云：「景，姓；鯉，名也。楚懷王相也。」〔按〕景鯉見秦策四。楚策二齊秦約攻楚章：「且因景鯉、蘇厲而效地於楚。」此言景鯉，故或疑蘇子是蘇厲。

〔五三〕高誘云：「言薛公所見重於天下者，能得天下士之心，故有齊國權勢也。」

〔五四〕鮑彪云：「言如之者少。」金正煒云：「『世與』當爲『與世』。楚辭初放：『舉世皆然兮。』注：『舉，與也。』」〔按〕「與」猶「爲」也，見經傳釋詞。金釋非。

〔五五〕姚宏云：「〔因〕劉作『固』。」安井衡云：「作『固』，是也。」〔按〕「固」同「顧」。顧，反也。義長，今從改。

〔五六〕金正煒云：「『圍』當爲『圉』，字形相似而誤。爾雅釋言：『圉，禁也。』」

〔五七〕高誘云：「途，道。」

〔五八〕高誘云：「於，治。」姚宏云：「曾本無此二字注。」鮑彪云：「『於』猶『與』。」〔按〕「於」讀如字，鮑注非。「於」無「治」訓，高注疑誤。吕氏春秋直諫篇高注：「殆，危也。」

〔五九〕鮑彪云：「此亦非薛公之恐。楚王立，未能自定，安能難齊哉？」吴師道云：「謂不親楚，則與楚爲讎，以事理言爾。」

〔六〇〕高誘云：「蘇秦巧辭反覆，且在此以上也。」鮑彪云：「按此則懷王死，楚立新王，太子卒不得立，而頃襄非太子也。史不謂然，故其書東國之事亦略。」吴師道云：「史稱懷王入秦，而頃襄立。策獨以爲懷王死而頃襄立，前後屢見。竊以事勢言之，楚人知懷王之必不歸，而秦要之以割地，故立王以絶君；而喪君有君，所以靖國。頃襄之立，非懷王死後，明矣。史謂當時以詐赴之，策猶仍之爾。特所謂新王及太子，不可曉。然以逐節考之，皆有事實，又非飾説也。或者太子未返之時，郢中立王邪？姑缺所疑。」張尚瑗云：「此篇云可以爲楚王走太子，可以忠太子而使楚益入地。似太子之外別有一楚王者。蓋頃襄未歸時，昭睢曾詐赴於齊，齊有隘太子求割東地之事，詐赴者郢中立王之説也，齊固嘗疑楚之有王，楚大臣亦嘗相與謀立庶子者也。」〔按〕此章自「蘇秦之事」以下本爲虚擬之詞，姚薑塢所謂「縱横家設一端，以極其辯詐揣摩之術」，得之。鮑、吴諸氏考史徵實以求之，誤矣。楚策二楚襄王爲太子章言太子辭歸，齊求割東地五百里，許之，歸即位爲王。此策首亦未言齊留太子不歸，特蘇秦獻策留之以求割地耳，本不相悖。故楚世家亦取此策首文而稍易其辭。

〔附論〕

于鬯云：「此下尚當有『蘇秦自解於薛公』一段。吳氏謂楚策女阿謂蘇子章乃此策之脱簡。審其筆法則似也，然語意不盡合。」

〔按〕吳説見楚策。依上總叙十段，此止九段，當脱一段。張洲謂「應止九段，即莊子九淵而止言淵之意」，則明人强作解事，不足辨。

2　齊王夫人死

齊王夫人死〔一〕，有七孺子，皆近〔二〕。薛公欲知王所欲立〔三〕，乃獻七珥〔四〕，美其一。明日，視美珥所在，勸王立爲夫人〔五〕。

〔箋證〕

〔一〕高誘云：「齊威王子宣王也。鮑次此章於湣王下，以齊王爲湣王。」〔按〕此章薛公爲田嬰（説見下），則齊王當爲威王或宣王。韓非子外儲説右上篇作「齊威王夫人死」，可證。鮑次誤。

〔二〕吳本「子」下有「者」字，鮑單注本無之，疑衍。高誘云：「孺子，幼艾美女也。近，幸也。」金正煒云：「漢書外戚傳太子有妃，有良娣，有孺子妻妾，凡三等。藝文志：『詔賜中山靖王子噲及孺子妾冰未央才人歌詩四篇。』師古曰：『孺子，王妾之有品號者。』漢制多因周、秦，據此策則戰國時孺子惟下夫人一等，並爲王之妃嬪。韓非子八姦篇：『貴夫人，愛孺子，使僻好色。』亦以『孺子』與『夫人』並舉。……高注恐非。」〔按〕春秋繁露爵國篇：「次國一夫人、世婦、左右婦，三良人，二孺子。」小國同。孺子解詳見秦策三秦攻邯鄲章。金説亦通。韓非子作「有十孺子皆貴於王」。劉寶楠愈愚録卷三云：「古『七』字多書作『十』。論語『作者七人』，鄭本作『十人』。……『十』字、『七』字今不能定，宜兩存之。」又匋齋藏石記卷一有古玉測景日晷，上刻數字，「七」並作「十」。考釋云：「鐘鼎古文，凡『十』字作『十』，或作『丨』作『七』作『丨』。……其有文作『十』形者，均係古文『七』字。秦器及西漢之器，莫不均然。東漢初年，『七』字仍沿古體，厥後『七』字行而『十』字廢。」是「十」乃「七」之古文。甲骨文「七」亦作「十」。武威漢簡儀禮其簡書編號，「七」字亦作「十」，是西漢時隸書猶如此也。後人或誤認作隸之「十」字而未改書，實當作「七」。淮南子道應訓下「七珥」作「十珥」，「十」亦當作「七」。

〔三〕高誘云：「(立)立爲夫人。」〔按〕淮南子道應訓作「薛公欲中王之意」。高注：「薛公，田嬰也。」鮑氏無注，繫此策與上章相屬，知其以薛公爲田文。考韓非子引二説，一作「靖郭君」，一作「薛公」，知薛公之爲靖郭君，亦即田嬰。高注是。

〔四〕鮑彪云：「(弭)瑱也，所以充耳。」〔按〕韓非子、淮南子「七」作「十」，説見上。北堂書鈔卷一百三十五、太平御覽卷七百十八引作「七美珥」。楚策四楚王后死章作「五雙珥」，不同。

〔五〕高誘云：「服美弭，則知王之所愛矣，故勸王立之也。」吴師道云：「與楚策謂昭魚云云，類。」

3　孟嘗君將入秦

孟嘗君將入秦〔一〕，止者千數而弗聽〔二〕。蘇秦〔三〕欲止之，孟嘗〔四〕曰：「人事者吾已盡知之矣。吾所未聞〔五〕者，獨鬼事耳。」蘇秦曰：「臣之來也，固不敢言人事也，固且以鬼事見君〔六〕。」孟嘗君見之。

謂孟嘗君曰：「今者臣來〔七〕，過於淄上〔八〕，有土偶人與桃梗〔九〕相與語。桃梗謂土偶人曰：『子西岸之土也，挻（梃）〔一〇〕子以爲人。至歲八月，降雨下〔一一〕，淄水至〔一二〕，則汝殘〔一三〕矣。』土偶曰：『不然。吾西岸之土也，土〔一四〕，則復西岸耳。今子東國之桃梗也〔一五〕，刻削子以爲人。降雨下，淄水至，流子而去，則子漂漂者將何如〔一六〕耳？』今秦四塞之國〔一七〕，譬若〔一八〕虎口，而君入之，則臣不知君所出矣〔一九〕。」孟嘗君乃止〔二〇〕。

〔箋證〕

〔一〕姚宏云：「（孟嘗君）一作『孟嘗』。」高誘云：「孟嘗君，薛公田嬰靖郭君子（姚宏云：『「子」一作「又」。』）文，號孟嘗君也。」〔按〕史記孟嘗君傳言：「秦昭王聞其賢，乃先使涇陽君爲質於齊，以求見孟嘗君。孟嘗君將入秦。」

〔二〕〔按〕風俗通義祀典篇引作「諫者數千而弗聽」。

〔三〕鮑彪本「蘇秦」作「蘇代」，下同，云：「元作『秦』，今並從傳。」吳師道云：「字誤，宜作『代』，下同。後語並作『代』。」盧本並從作「代」。黄丕烈云：「風俗通祀典引此文亦作『秦』。鮑以史記孟嘗君列傳改爲『代』，未是也。李善注文選引『蘇秦說孟嘗君曰：秦四塞之國』。高誘注云：『四面有山關之固，故曰四塞之國也。』在此篇，亦其證。說苑載作『客』，當是改也。」〔按〕藝文類聚卷八十六、白氏類帖卷三十、太平御覽卷三十七、三百九十六引並作「蘇秦」。策文原如此，與史記不同。鮑改未允。

〔四〕鮑本、吴本「嘗」下有「君」字。

〔五〕高誘云：「聞，知。」

〔六〕〔按〕類聚引「君」下有「矣」字。

〔七〕吴本無「者」字，鮑本有，疑脱。黄丕烈云：「風俗通作『臣之來也』。説苑同。」

〔八〕鮑彪云：「淄水出太山萊蕪原。」程恩澤云：「水經注：『淄水出泰山萊蕪縣西南原山下，世謂之原泉，東北流出萊蕪口逕牛山西，又東逕臨淄縣故城南……又東北逕馬井城北，與時澠之水合，又東北至皮邱沈入於海。』……洪亮吉曰：『今淄水出博山縣岳陽山，從長峪道逕益都、臨淄樂安至壽先縣界，合清水泊入海。』」〔按〕説苑正諫篇「淄上」作「淄水」。淄水所經在今山東境。

〔九〕鮑彪云：「偶，相人也，此土爲之。集韻：『梗，略也，荒也。』此蓋枯木。」吴師道云：「索隱云：『偶，類於人也。』梗，枝梗也。趙策蘇秦説李兑作『土梗木梗』。謂木梗曰：『汝非木之根則木之枝。』是『枝』、『根』皆可言『梗』。此謂刻桃木爲人也。史及説苑作『土偶人木偶人』。」〔按〕吴注是。下文「今子東國之桃梗也，刻削子以爲人」，則「桃梗」即謂「木偶人」。今説苑作「木梗人」，下高注亦謂刊桃梗爲荼與、鬱雷之首。

〔一〇〕盧本「挺」作「梃」（古文辭類纂從之），景宋抄本同。高誘云：「挺，治。」鮑彪云：「挺，拔也，拔於土中。」吴師道云：「挺，他鼎反，有也。藝文類聚及晁本作『埏』。」黄丕烈云：「案風俗通引作『埏』。此字當作『埏』。挺、埏同字，形近而譌作『挺』耳。説苑作『持』，亦誤字。」横田本從吴校「挺」作「埏」，吴汝綸點勘本從黄校作「埏」。〔按〕白帖引「挺」作「埏」。朱駿聲説文通訓定聲「埏」字云：「字林：『埏，柔也。』按今字作『揉』，猶『煣』也。凡柔和之物，引之使長，搏之使短，可析可合，可方可圓，謂之『埏』。陶人爲坯，其一耑也。老子『埏埴以爲器』，注：『和也。』字亦誤作『埏』。管子任法：『猶埴之在埏也。』又誤作『挻』。荀子性惡：『故陶人挻埴而爲器。』以土爲偶人，必挻之後合，猶挻埴爲器。「埏」乃「挻」之別字，朱氏以爲誤字，乃據説文而言。説文無「埏」字。「挺」乃「挻」之形誤。淮南子説山訓：「譬猶陶人爲器也，揲挻其土。」亦作「挻」。黄説是也。今從正。高注「挺」亦「挻」之誤。至「梃」字又「挺」之形誤，古人抄書從「木」從「扌」之字常相淆也。

〔一一〕鮑彪云：「降，大雨自上下也，異於飄灑。」姚範云：「按云歲八月，降雨下，則今之六月矣。亦周改月之證。蓋月令所云大雨時行也。」橫田惟孝云：「書『降水』。孟子作『洚水』，曰：『洪水也。』降、洚通。降雨，大雨也。」于鬯云：「鮑注『大』字蓋當讀斷，以『大』釋『降』。呂氏古樂紀高注亦云：『降，大。』蓋讀爲『洚』爲『洪』。」〔按〕「降」讀如「洚」，是也。説苑作「遇天大雨」，是「降雨」即「大雨」，亦其證。姚謂八月爲周正八月，當夏正六月。新城新藏戰國秦漢之曆法謂戰國時代已改周正而採用夏正，時期「恐在六國稱王之時，即恐大體在西元前三百三十年前後歟」（東洋天文學研究，沈璿譯）。孟嘗君時代稍後，依新城氏之説，則已改用夏正。然按此文，與孟子梁惠王上篇「七八月之間旱，則苗槁矣，天油然作雲，沛然下雨，則苗浡然興之矣」相類，似指夏正六月。齊在今山東東北部。「華北地區雨量集中夏季，因此時本區爲夏季風所波及，空中水汽豐富，而日射旺盛，熱力對流作用亦極顯著也。其東南邊緣，夏季爲極峰廻旋之區，七八月雨量尤稱豐沛。……雨量曲線最高點多在七八月，亦有見於八月者。……九月以後，則見急減」。（盧鋈編中國氣候總論）陽曆七八月即夏曆六七月。則此文「八月」，正謂夏正六月也，姚氏説是。而戰國時改用夏正，又有地域先後之參差，新城之説不過從其大體言之，不必拘也。管子度地篇：「當秋三月，山川百泉踴，降雨下，山水出。」所云秋三月亦指周正七、八、九月（下文云：「當冬三月，天地閉藏，暑雨止。」暑雨即指降雨，可證），與此策語亦合。

〔一二〕〔按〕謂淄水漲溢也。説苑作「水潦並至」。

〔一三〕高誘云：「殘，壞。」〔按〕類聚、白帖、御覽卷三百九十六引「汝」作「子」。

〔一四〕姚宏云：「（土）一作『吾殘則』。」（按「則」字應衍）王念孫云：「此承上『則女殘矣』而言，則作『吾殘』者是也。……風俗通義祀典篇、藝文類聚果部、太平御覽土部引此並作『殘則復西岸』。」

〔一五〕高誘云：「東海中有山，名曰度朔，上有大桃，屈槃三千里。其卑枝間東北曰鬼門，萬鬼所由往來也。上有二神人，一曰荼與，一曰鬱雷，主治害鬼。故使世人刊此桃梗，畫荼與與鬱雷首，正歲以置門户，辟號之門（按「號」疑是「鬼」之誤）。荼與、鬱雷皆在東海中，故曰『東國之桃梗也』。」〔按〕鮑彪注亦載此文作海外經。論衡訂鬼篇、風俗通義、後漢書禮儀志劉昭注並引此文作山海經，今山海經佚去。類聚、白帖引「國」作「園」。説苑亦作「東園」。然按高注「國」字爲是，風俗通引作「國」，與此同。王觀國學林卷四云：「今人正月旦以桃木爲版，書神荼、鬱壘於版而置於門，謂之桃符，即桃梗也。戰國策言土偶人與桃梗語，是也。桃梗即木偶人也。謂之梗者，削桃爲人形，以其粗有人形大略而已。……高誘注戰國策引度朔山事以釋桃梗，乃誤析山海經句讀，皆不成文。」

〔一六〕鮑本、吴本「何如」作「如何」。鮑彪云：「如，往也。不知其所在。」吴師道云：「如，恐止是語助。」〔按〕風俗通引作「洪子而汎，將何如矣」。何如、如何同。史記作「未知所止息也」。説苑作「不知所止」。鮑訓「如」爲「往」，即本之，亦不可非。吴注亦通。白帖引「者」作「然」。

〔一七〕高誘云：「四面有山關之固，故曰『四塞之國』也。」程恩澤云：「徐廣曰：『東函谷，南武關，西散關，北蕭關。』故曰『四塞』，亦曰『關中』。」〔按〕説苑善説篇張禄説孟嘗君亦曰：「夫秦者，四塞國也。」史記項羽本紀：「人或説項王曰：『關中阻山河四塞，地肥饒，可以霸。』」

〔一八〕吴本「若」作「如」，鮑單注本作「若」，同此本。〔按〕類聚引作「如」。

〔一九〕〔按〕類聚引「出」作「如」。風俗通引作「則不知其可」。

〔二〇〕高誘云：「『止』猶『還』也。」〔按〕此策與趙策一蘇秦説李兑章相似。

4 孟嘗君在薛

孟嘗君在薛〔一〕，荆人攻之。淳于髡〔二〕爲齊使於荆，還反，過薛，而孟嘗〔三〕令人體貌而親郊迎之〔四〕。謂淳于髡曰：「荆人攻薛，夫子弗憂，文無以復侍矣〔五〕。」淳于髡曰：「敬聞命〔六〕。」

至於齊，畢報〔七〕。王曰：「何見於荆？」對曰：「荆甚固〔八〕，而薛亦不量其力。」王曰：「何謂也？」對曰：「薛不量其力而爲先王立清廟〔九〕，荆固而攻之，清廟必危。故曰：薛不量力而荆亦甚固。」齊王〔一〇〕和（知）其顔色〔一一〕曰：「譆〔一二〕！先君之廟在焉。」疾興兵救之。

顛蹶之請，望拜之謁，雖得則薄矣〔一三〕。善説者陳其勢，言其方〔一四〕，人之急也，若自在隘窘之中，豈用强力哉〔一五〕？

〔箋證〕

〔一〕鮑彪云：「史言文代立在薛。」吳師道云：「代立在薛，歸老亦在薛，此不可知爲何時。」〔按〕以淳于髡之年代核之，鮑注近是。呂氏春秋報更篇亦云：「孟嘗君前在於薛。」可證。

〔二〕〔按〕淳于髡亦見孟子與史記。史記孟子荀卿列傳云：「淳于髡，齊人也，博聞强記，學無所主。其諫説，慕晏嬰之爲人也。然而承意觀色爲務。」髡事齊威王、宣王，爲稷下先生。

〔三〕姚宏云：「（孟嘗）一作『孟嘗君』。」鮑彪『嘗』下補「君」字。

〔四〕姚宏云：「『體』，一作『禮』。劉作『體』。」鮑本、吳本無「親」字。鮑彪云：「（體貌）有禮容也。」于鬯云：「體、禮本同，通用。」金正煒云：「漢書賈誼傳：『所以體貌大臣而厲其節。』注：『體貌，謂加禮容而敬之。』鮑注即從其義。」〔按〕呂氏春秋作「令人禮貌而親郊送之」。

〔五〕高誘云：「文，孟嘗君名也。」鮑彪云：「言且死。」安井衡云：「無復侍於髡，言將與之絶。」〔按〕呂氏春秋高誘注云：「侍，侍見也。」

〔六〕姚宏云：「（命）下一有『矣』字。」按呂氏春秋有「矣」字。

〔七〕鮑彪云：「以使事悉報齊王。」

〔八〕鮑彪云：「（固）言其不通。」〔按〕呂氏春秋注云：「因護以侵兼人。」

〔九〕高誘云：「先王，威王。」〔按〕前靖郭君善齊貌辨章齊貌辨説宣王亦云：「先王之廟在薛。」高注：「起威王之廟在薛。」與此合。「清廟」即「宗廟」，稱「清」者美德之辭。詩周頌清廟序：「清廟，祀文王也。」鄭箋云：「清廟者，祭有清明之德者之宫也。」

〔一〇〕高誘云：「（齊王）齊宣王也，威王之子。」〔按〕吕氏春秋注同。鮑本次此策於湣王下。孟嘗君傳言田氏代立於薛，在湣王時，鮑即據之。然史記宣王、湣王之世多訛淆，不足從。如田嬰封薛，古本紀年在梁惠王後元十三年，當齊威王三十四年，而史記謂湣王三年。田嬰以宣王即位不悦之而辭歸於薛，明著於策（靖郭君善齊貌辨章）。若如史記，則不侔矣。田文立時雖不能詳，策謂宣王但聽齊貌辨言，重用田嬰，嬰不久强辭相位去。據此，嬰退老於薛在宣王初年。宣王在位十九年，嬰之卒，文之立應在其間。則高注謂此王是宣王，是也。但此清廟當爲田嬰所立，非孟嘗君立之也。

〔一一〕吴師道云：「和其顔色，聽其言也。痛而呼之，傷宗廟也。初不相礙。」王念孫云：「吕氏春秋報更篇作『齊王知顔色』。高注訓『知』爲『發』，謂『發動』也。知其顔色者，急先王之廟而顔色爲之動也，故下文曰：『嘻，先王之廟在焉。』……齊策又曰：『宣王大息，動於顔色。』高注曰：『動猶發也。』趙策曰：『趙王不説，形於顔色。』或言『形』，或言『動』，或言『知』，皆『發動』之謂也。……僖二十八年左傳：『晉侯聞之而後喜可知也。』杜注曰：『喜見於顔色。』管子心術篇曰：『見於形容，知於顔色。』内業篇作：『和於形容，見於膚色。』『和』亦『知』之誤。……與此同意。」〔按〕由下文「宣王曰嘻」觀之，王説是也。「知」與「和」形近易訛，今從改。

〔一二〕〔按〕禮記檀弓上篇鄭注云：「嘻，悲恨之聲。」「嘻」同「譆」。

〔一三〕高誘云：「言雖顛蹶而走，請救於齊；望仰而訴告之，而得齊救，比淳于之辭則爲薄也。」鮑彪云：「此著書者詞也。言善説者不勞而功。顛，倒；蹶，僵也，言其請救之遽，望而拜之，言謁之恭。（雖得則薄）言他人請，謂雖有得，不如髡之厚。」安井衡云：「『謁』亦『請』也。言不善説者，雖亦急盡敬，所得則薄矣。」金正煒云：「吕覽作『坐拜之謁』。……坐，跪也。顛蹶、坐拜，並以駢字爲對文，作『坐』義勝。」

〔一四〕鮑彪云：「方，大略也。」安井衡云：「（方）方嚮也。言其所宜方嚮。」〔按〕吕氏春秋必己篇：「如此其無方也。」高注：「方，術也。」

〔一五〕高誘云：「言辨者之説，人急其如己自在阨窘之中，欲速免脱也。故曰『豈强力也哉』。」〔按〕吕氏春秋「阨窘」作「危厄」。此下尚有「强力則鄙矣。説之不聽也，任不獨在所説，亦在説者」。

5　孟嘗君奉夏侯章

孟嘗君奉夏侯章〔一〕以四馬、百人之食〔二〕，遇之甚懽。夏侯章每言，未嘗不毁孟嘗君也〔三〕。或以告孟嘗君，孟嘗君曰：「文有以事夏侯公矣，勿言〔四〕。」董之繁菁〔五〕以問夏侯公。夏侯公曰：「孟嘗君重〔六〕非諸侯也，而奉我四馬百人之食。我無分寸之功而得此，然吾毁之，以爲之也〔七〕。君所以得爲長者〔八〕，以吾毁之者〔九〕也。吾以身爲孟嘗君，豈得持言也〔一〇〕。」

【箋證】

〔一〕鮑彪云：「（夏侯章）齊人。」吴師道云：「無考。下同。」（按謂董之繁菁。）〔按〕元和姓纂卷七「夏侯」云：「（杞）簡公爲楚惠所滅，弟他奔魯。魯悼公以夏侯受爵爲侯，因氏焉。後去魯之沛，居譙，遂爲郡人。」沛郡之譙縣，戰國時屬楚。

〔二〕鮑彪云：「言饗之厚。」〔按〕「四馬」即「駟車」。

〔三〕鮑本「孟嘗君」三字作「之」字。吳本「未」誤作「不」。高誘云：「毀，謗。」

〔四〕高誘云：「言，道也。」鮑彪云：「言事之厚，彼不害我。」

〔五〕姚宏云：「『菁』，曾作『青』。」鮑本、吳本「繁」作「蘩」。鮑彪云：「（董之繁菁）齊人。」

〔六〕高誘云：「重，尊。」

〔七〕高誘云：「欲以爲分寸之功也。」

〔八〕鮑彪云：「（長者）賢有容之稱。高祖曰：『爲其母不長者。』」〔按〕韓非子詭使篇云：「重厚自尊，謂之長者。」漢書趙廣漢傳顔注：「長者，有名德之人也。」鮑注引高祖語見史記楚元王世家。

〔九〕鮑本無「者」字。吳師道云：「『者』字恐是『長者』字下脱衍在此。」高誘云：「以吾毀之無憾言，故得爲長者。」

〔一〇〕姚宏云：「劉作『豈特言也哉』。」吳師道引姚注「特」作「待」。鮑彪「持」改作「待」。吳師道云：「『持』者『待』之訛，『得』者『待』之訛衍。」關修齡云：「持，執持也。持言，謂不言也。言吾不顧身死以報孟嘗君厚意，豈得持言不謗也哉。」（安井說略同）于鬯云：「言所持者身，非言也。蓋毀人而人容之，足見其人之量而適形已之隘也。」〔按〕于說較通。「持」同「恃」。莊子徐無鬼篇：「恃源而往者也。」釋文本作「持」。此言報德以身，不賴言語頌美。

6　孟嘗君讌坐

孟嘗君讌坐〔一〕，謂三先生〔二〕曰：「願聞先生有以補之闕者〔三〕，」一人曰：「訾天下之主有侵君者〔四〕，臣請〔五〕以臣之血湔〔六〕其衽。」田瞀〔七〕曰：「車軼〔八〕之所能至，請掩足下之短者〔九〕，誦足下之長。千乘之君與〔一〇〕萬乘之相，其欲有〔一一〕君也，如使而弗及也〔一二〕。」勝胥〔一三〕曰：「臣願以足下之府庫財物，收天下之士，能爲君決疑應卒〔一四〕，若魏文侯之有田子方、段干木也〔一五〕。此臣之所爲君取矣〔一六〕。」

〔箋證〕

〔一〕鮑彪云：「讌，合語也。」吳師道云：「『讌』即『燕』。」〔按〕鮑注本集韻，非此義。「讌坐」猶「燕居」。禮記仲尼燕居，孔疏引鄭目録云：「退朝而處曰『燕居』。」

〔二〕高誘云：「先生，長老先己以生者也。」

〔三〕姚宏云：「劉無『有』字。一本（補下）有『文』字。」鮑本、吳本「補之闕者」作「補文闕者也。」〔按〕之，其也，「補之闕者」猶言「補其闕者」。本文自通。高誘云：「願聞賢者之善言，常補己闕失也。」

〔四〕鮑彪云：「訾，不稱意也。言孟嘗有不得意於諸侯。侵，凌之也。」橫田惟孝云：「訾，思也。趙策訾然使趙王悟而知文也。」安井衡云：「訾、諮通，問也。」文廷式云：「訾，語辭。」金正煒云：「『訾』字當斷爲句。呂覽權勳篇：『子反叱曰：訾，退酒也！』韓非十過篇『訾』作『嘻』。鮑注雖本毛傳，惟謂孟嘗君不得意於諸侯，恐非。又荀子非十二子篇：『離蹤而跂訾者也。』注：『「訾」讀爲「恣」。』此言任天下之主有侵君者皆以血湔其衽，不問孰誰也。」〔按〕呂氏春秋知度篇：「量小大而知材木矣，訾功丈而知人數矣。」高注云：「訾，相也。」此言相度諸侯有欺侮君者。諸訓嫌未安。

〔五〕姚宏云：「請，集、曾、劉作『輕』。」

〔六〕高誘云：「湔，汙也，湔灑。」鮑彪云：「湔、濺同。」

〔七〕高誘云：「⿱谷目晉（音）鄭游販。」（景宋鈔本「販」作「眅」。盧本作「『⿱谷目』讀『鄭游販』之『販』。」按此注「晉」乃「音」之形訛。謂「⿱谷目」音如「游販」之「販」也。據下文姚注可知。今正。）姚宏云：「⿱谷目，恐作『⿱般目』。春秋傳鄭游販字子明，或作『⿱般目』。」鍾鳳年云：「高注五字，蓋元爲『勝⿱般目』下注文，本作『⿱般目晉鄭游販』。殆或誤以之錯入上文，復以『⿱般目』字與上文不合，因改爲『⿱谷目』者。」〔按〕游販見左氏襄公二十二年傳。此三先生之一。

〔八〕高誘云：「軼也，轍日軼。」〔按〕盧本注作「軼，轍也。」此注文亦有訛，當作「轍曰軼」也。

〔九〕鮑彪云：「衍『者』字。」吴師道云：「疑（者）當在『至』字下。」金正煒云：「『者』字或當爲『若』，形似而譌也。老子：『寵辱若驚。』顧歓注：『若，而也。』」〔按〕吴説爲長。

〔一〇〕吴本無「與」字，鮑單注本有，疑脱。

〔一一〕姚宏云：「『有』或作『又』。」鮑彪云：「有，言欲得之。」

〔一二〕鮑彪云：「若有使之，如恐弗及。」關修齡云：「疑『如』、『而』字錯置，當作『而使如弗及也』。如弗及，猶言如恐將不及。」安井衡云：「使，去聲。如爲君使而不及於期，言惟恐其後於人也。」

〔一三〕鮑彪改「勝」爲「滕」，「⿱般目」爲「臀」，云：「元作『⿱般目』，字書無之。亦可作『股』。齊人。」黃丕烈云：「所改未是。」安井衡云：「『⿱般目』即『盤』字，蒲官反，音盤。鮑不知『月』爲『舟』省，輒改爲『臀』，妄甚。」金正煒云：「墨子魯問篇有勝綽，吕覽精諭篇有勝書，史記酷吏傳有勝屠公。鮑改無取。」〔按〕五經文字卷上云：「石經變『舟』作『月』。」故「盤」或作「⿱般目」。安井説是。此又一先生。

〔一四〕鮑彪云：「（卒）與『猝』同。」

〔一五〕高誘云：「文敬（盧本「敬」作「侯」，當是。此蓋涉下「敬」字而誤）交田子方而敬段干木也。」〔按〕田子方亦見魏策一。史記魏世家：「文侯客段干木，過其閭，未嘗不軾也。」呂氏春秋當染篇云：「田子方學於子貢，段干木學於子夏。」又下賢篇云：「魏文侯見段干木，立倦而不敢息。」

〔一六〕鮑彪云：「求以此爲孟嘗所取。」吳師道云：「爲孟嘗取此人也。」

7　孟嘗君舍人

孟嘗君舍人有與君之夫人相愛〔一〕者，或以問〔二〕孟嘗君曰：「爲君舍人而内與夫人相愛〔三〕，亦甚不義矣，君其殺之〔四〕。」君曰：「睹貌而相悦者，人之情也。其錯〔五〕之，勿言也。」

居朞年，君〔六〕召愛夫人者而謂之曰：「子與文游久矣，大官未可得，小官公又弗〔七〕欲。衛君〔八〕與文布衣交〔九〕，請具車馬皮幣〔一〇〕，願君以此從衛君〔一一〕。」遊於衛，甚重。

齊、衛之交惡〔一二〕，衛君甚欲約天下之兵以攻齊。是人謂衛君〔一三〕曰：「孟嘗君不知臣不肖，以臣欺君〔一四〕。且臣聞齊、衛先君刑馬壓羊〔一五〕，盟曰：『齊、衛後世無相攻伐。有相攻伐者，令其命如此〔一六〕。』今君約〔一七〕天下之兵以攻齊，是足下倍〔一八〕先君盟約而欺孟嘗君也。願君勿以齊爲心〔一九〕！君聽臣，則可。不聽臣，若臣不肖也〔二〇〕，臣輒以頸血湔足下衿〔二一〕。」衛君乃止。

齊人聞之曰：「孟嘗君可語（謂）〔二二〕善爲事矣，轉禍爲功〔二三〕。」

【箋證】

〔一〕高誘云：「『愛』猶『通』也。」鮑彪云：「夫人，姬媵之過稱，非其配也，與下『十妃』同。」張尚瑗云：「信陵君姊爲平原君夫人。夫人之號正應卿相之妻。田文之汙檢踰閑，於此具見。」金正煒云：「左氏僖十一年傳：『內嬖如夫人者六人。』則姬媵不得過稱，明矣，鮑説無據。論語憲問篇皇疏：『愛，慕也。』孟嘗以睹貌相悦爲人情，高注亦誤。」〔按〕依策文「夫人」誠不能明其是姬媵。考漢書外戚傳云：「漢興因秦之稱號，……適稱皇后，妾皆稱夫人。」此雖衍秦之制，但安知戰國時諸侯公卿之非然乎！鮑謂「姬媵之過稱」，未必不是。依情理度之，亦以姬妾爲近。鮑注據同策四魯仲連謂孟嘗君章「後宮十妃」（亦指孟嘗君）擬之，是也。張、金説未安。「舍人」見前。金訓「愛」爲「慕」。下文云「不義」，曰「殺之」，如僅相慕，罪何至此？明不然也。

〔二〕姚宏云：「（問）曾作『聞』。」高誘云：「問，告。」〔按〕太平御覽卷四百七十五引「問」作「聞」。「問」作使役動詞解，謂使之聞，亦通。

〔三〕鮑本、吴本「愛」下有「者」字。

〔四〕高誘云：「傳曰：『淫爲大罸。』故曰『殺之』。」〔按〕高引傳語見左氏成公二年傳。「其」猶「尚」也，庶幾也，見經傳釋詞。

〔五〕高誘云：「錯，置。」鮑彪云：「錯，措同也。」

〔六〕〔按〕御覽引「君」作「乃」。

〔七〕〔按〕御覽引「弗」作「不」。

〔八〕鮑彪云：「（衛君）嗣君。」〔按〕史記衛世家：「平侯八年卒，子嗣君立。嗣君五年，更貶號曰君，獨有濮陽。」

〔九〕鮑彪云：「（布衣交）言交於未貴時。」〔按〕此以「布衣」爲喻。二人並出身於貴族，非真布衣也。

〔一〇〕高誘云：「皮，鹿皮。幣，束帛也。」鮑彪云：「皮，羔狐之屬。宗伯：『孤執皮帛。』」吴師道云：「『羔』乃生贄，『狐皮』無據。禮注：『皮帛者，束帛而表以虎豹皮爲飾。』宗伯之制，恐難引以言此。」〔按〕高誘注淮南子時則訓：「皮謂鹿皮也，幣謂玄纁束帛也。」注呂氏春秋仲春紀同，與此注合。孟子梁惠王下篇：「事之以皮幣。」趙注云：「皮，狐貉之裘。幣，繒帛之貨也。」鮑注「狐皮」當據之，吴駁失考。然彼文謂太王事狄：「狐貉爲豳地所有，故趙氏以皮爲狐貉之皮也。」（焦循孟子正義）於此不合。「羔贄」見儀禮士相見禮。鮑、吴所引宗伯及禮注，並見周禮春官宗伯。

〔一一〕鮑彪「君」下補「遊舍人」三字，讀「遊」字句，「舍人遊於衛」句。安井衡云：「『君』字句絶。策文以簡潔勝。」〔按〕本文自通，不煩補字。安井讀較長，今從之。

〔一二〕高誘云：「惡，不睦也。」

〔一三〕鮑本、吴本無「衛」字。〔按〕御覽引作「衛君」，同此本。

〔一四〕鮑彪云：「欺者，已不肖而孟嘗言其賢也。」

〔一五〕高誘云：「殺馬羊，喢出其血以相盟誓也。『壓』亦『殺』也。」姚範云：「按『壓羊』即歃用牲也，而注漫云『「壓」亦「殺」也』，殊疏。」〔按〕説文：「壓，壞也。」引申之爲「殺」，高注自通。「壓羊」與「刑馬」對舉，壓、刑義亦相近。黄以周禮書通故卷三十云：「盟用牛，亦用馬與羊。戰國策：『齊、衛先君刑馬壓羊，盟曰：後世有相攻者如此牲。』説苑奉使篇：『齊、魯之先君相與刳羊而約。』約，亦盟類。楚、趙同盟，毛遂兼取雞、狗、馬，非古也。孔疏：『盟之爲法，先鑿地爲方坎，殺牲於坎上。割牲左耳，盛以珠盤；又取血，盛以玉敦。用血爲盟，書成，乃歃血而讀書。』墨子明鬼篇云：「人共一羊，盟齊之神社，於是泏洫，摋羊而漉其血。」王引之云：「『摋』即『剄』字也。廣雅曰：『剄、刑、刻，劉也。』……作『摋』者或字耳。」「壓羊」亦猶「摋羊」。

〔一六〕高誘云：「如此馬與羊也。」

〔一七〕高誘云：「約，結。」〔按〕御覽引「君」作「若」。

〔一八〕鮑本、吳本「倍」作「背」，同。

〔一九〕高誘云：「無以伐齊爲心。」

〔二〇〕鮑彪云：「言或以此人爲不肖。」吳師道云：「『若』疑『者』字訛。」橫田惟孝云：「不聽臣若，疑當作『若不聽臣』。言若不聽臣，則臣不肖而不知所爲。」安井衡云：「言若臣本是不肖之人也。將言頸血，故先言此。……吳疑字誤，未是。」〔按〕史記禮書正義云：「若，如此也。」猶言如此則以臣是不肖人也，故不聽其言。諸說並未諦。

〔二一〕鮑彪云：「(衿)交衽也。」〔按〕此與上章「以臣之血湔其衽」相同，猶言死之。

〔二二〕姚宏云：「(語)集、劉作『謂』。」鮑彪讀「語」字句，云：「言可與語。」吳師道云：「姚云：『「語」劉作「謂」。』宜至『矣』字句。」〔按〕作「謂」爲是。鮑注非。今從集、劉本改。

〔二三〕高誘云：「不殺其舍人，是『轉禍』。使齊不伐，是『爲功』。」

8 孟嘗君有舍人而弗悅

孟嘗君有舍人而弗悅〔一〕，欲逐之。魯連〔二〕謂孟嘗君曰：「猿獮猴錯木據水，則不若魚鼈〔三〕。歷險乘危，則騏驥不如狐狸〔四〕。曹沫之奮三尺之劍，一軍不能當〔五〕。使曹沫釋其三尺之劍，而操銚鎒〔六〕，與農夫居壠〔七〕畝之中，則不若農夫。故物舍其所長，之〔八〕其所短，堯亦有所不及矣〔九〕。今使人而不能，則謂之不肖；教人而不能，則謂之拙。拙則罷之，不肖則棄之。使人有棄逐，不相與處〔一〇〕而來害相報者〔一一〕，豈非世之立教首也哉〔一二〕？」孟嘗君曰：「善。」乃弗逐。

〔箋證〕

〔一〕高誘云：「悅，敬。」〔按〕高此注未的。楚辭天問：「而黎服大說。」王逸注云：「說，喜也。」

〔二〕鮑彪云：「（魯連）齊人，仲連。」〔按〕魯連，史記有傳。

〔三〕高誘云：「錯，置也。據，處也。猿獮猴置木而處於水，則不如魚鼈之便也。」鮑彪本「鼈」下原有「處」字，注云：「『據』猶『處』，下衍『處』字。」吳師道云：「或上『據』字訛而脱在此。」黄丕烈云：「此高注字之誤入正文者。」金正煒云：「高注『猿獮猴』，策文『獮』字蓋涉注而衍。又『猿猴』與『騏驥』爲對文。」〔按〕此文及注「猿」字疑衍。「獮猴」二字當在下句「則」字下，與下文「則騏驥不如狐狸」爲對文。册府元龜卷八百八十九作「錯木據水，則獮猴不若魚鼈，歷險乘危，則騏驥不如狐狸」，是其證。「獮猴」即「沐猴」，見漢書西域傳注。「獮」亦作「獼」。

〔四〕高誘云：「各有所宜。」橫田本「騏驥」二字在「歷險」上，云：「從一本。」〔按〕今所見各本皆如此，未詳橫田所據一本爲何本。殆依上文「猿獮猴錯木據水」句而校也。

〔五〕高誘云：「曹沫，魯莊公士也。傳曰曹劌也。」鮑彪云：「魯記莊公與齊桓公會柯，沫持匕（鮑、吴合注四部叢刊本「匕」誤作「巳」，據鮑單注本正）首劫桓公，歸魯侵地。」〔按〕曹沫事見史記齊、魯世家及刺客列傳。左氏莊公十年傳作「曹劌」。曹劌劫盟亦見管子大匡篇、呂氏春秋貴信篇(作「曹翽」)。沫，刺客傳索隱音亡葛反，乃是「沬」字音。錢大昕史記考異云：「『沫』從未，讀荒内切。……『劌』字宜讀如『鸞聲噦噦』之『噦』(呼惠切)，乃與『沬』音相近。」

〔六〕吳師道云：「銚，七遥反，與『鍬』同。鎒，呼高反。説文：『拔去田草也。』即『薅』。」〔按〕見秦策四秦王欲見頓弱章。册府元龜「銚」作「銑」。

〔七〕鮑彪云：「壠，田埒。」

〔八〕高誘云：「舍，收也。『之』猶『用』也。」鮑彪云：「『之』猶『於』。」金正煒云：「孟子告子篇：『則六師移之。』注：『之，就之也。』漢書律曆志：『能者養㠯之福。不能者敗㠯取禍。』注：『之，往也，往就福也。』此文之訓爲『就』，正與『舍』相對爲文。」〔按〕册府元龜「之」作「取」。「舍」同「捨」。

〔九〕高誘云：「收所長者，用所短者，故堯有所不能及爲也。」

〔一〇〕鮑彪云：「言黨友以此士見棄逐，不屑與處。」〔按〕此言假如人見棄逐，不與共處。

〔一一〕鮑彪云：「棄逐者必之他國，自彼來而害我，報其棄逐之怨。」

〔一二〕鮑彪云：「言後人視此爲戒。」〔按〕立教育，爲立教以此爲首戒。

9 孟嘗君出行國

孟嘗君出行(五)國〔一〕，至楚，獻象牀〔二〕。郢之登徒直使送之，不欲行〔三〕。見孟嘗君門人公孫戌(戍)〔四〕曰：「臣，郢之登徒也，直送象牀。象牀之直〔五〕千金，傷此若髮漂〔六〕，賣妻子〔七〕不足償之。足下〔八〕能使僕無行，先人有寶劍，願得獻之！」公孫曰：「諾〔九〕。」

入見孟嘗君曰：「君豈〔一〇〕受楚象牀哉？」孟嘗君曰：「然。」公孫戌(戍)曰：「臣願君勿受。」孟嘗君曰：「何哉？」公孫戌(戍)曰：「小國〔一一〕所以皆致相印於君者，聞君於齊能振達貧窮，有存亡繼絶之義。小國英桀之士〔一二〕皆以國事累〔一三〕君，誠説君之義〔一四〕，慕君之廉也。今君到〔一五〕楚而受象牀，所未至之國，將何以待〔一六〕君？臣戌(戍)願君勿受！」孟嘗君曰：「諾〔一七〕。」

公孫戌(戍)趨而去，未出，至中閨〔一八〕，君召而返之，曰：「子教文無受象牀，甚善〔一九〕。今何舉足之高、志之揚也〔二〇〕？」公孫戌(戍)曰：「臣有大喜三，重〔二一〕之寶劍一。」孟嘗君曰：「何謂也？」公孫戌(戍)曰：「門下百數，莫敢入諫，臣獨入諫，臣一喜。諫而得聽，臣二喜。諫而止君之過，臣三喜。輸〔二二〕象牀，郢之登徒不欲行，許戌(戍)以先人之寶劍。」孟嘗君曰：「善。受之乎？」公孫戌(戍)曰：「未敢。」曰：「急受之。」因書門版曰：「有能揚文之名，止文之過，私得寶於外者，疾入諫〔二三〕。」

〔箋證〕

〔一〕鮑彪云：「(行)『按行』之『行』，兼相他國故。」王念孫「行」下補「五」字，云：「今本脱，兹據初學記器用部所引補。……吳引春秋後語亦作『五國』。」〔按〕資治通鑑作「孟嘗君聘於楚」。行國，謂出聘他國。下文「所未至之國」，明非一國也，則有「五」字爲長，今從王校補。

〔二〕鮑彪云：「(象牀)象齒爲牀。」鍾鳳年云：「『獻』字上當有『楚』字，不然則義爲孟嘗君獻牀於楚矣。」〔按〕文選登徒子好色賦注、太平御覽卷四百六十七引「楚」下重「楚」字，文義明析。然古書常蒙上而省主語，「楚」字亦不必補，下文自明。初學記卷二十五引作「獻象牙牀」，「牙」字疑後人所添。象牀者以象牙飾牀也。

〔三〕高誘云：「直，當曰『直使』也。登徒直使，不欲行送象牀。」鮑彪云：「(登徒)楚官也。好色賦登徒子注以爲姓，非。」吳師道云：「屈平爲左徒。考烈王以左徒爲令尹。鮑見此，故以『登徒』爲官名，未見所據。然彼云：『大夫登徒子。』則非官名。」王念孫衍「使」字，云：「『使』字因與高注内『登徒直使』四字相涉而衍。……下文『直送象牀』，『直』下亦無『使』字。今據太平御覽人事、服用二部所引删。」于鬯云：「『登徒』本官名，而或以官爲姓。即如司徒官名，而姓司徒者以官爲姓。」金其源云：「大夫登徒子誠非官名，然曰『郢之登徒』，則亦非指姓名之詞。姓譜：『登徒，舜嘗爲堯司徒，支孫氏焉。』則『登徒』即『司徒』，猶史記留侯世家『以良爲韓申徒』。徐廣曰：『即司徒耳。』但語音訛轉，故字亦隨改，或謂姓，或指官，第觀其所在耳。」〔按〕以「登徒」爲官名，終屬推測之詞。通鑑作「登徒直送之」，亦無「使」字。胡三省注云：「登徒，姓也。直，其名。」以「直」爲名，當誤。「直」猶「値」，當也，故高注云：「直使。」

〔四〕吳師道云：「『戌』音『恤』。」〔按〕「門人」猶「門客」，據策文可知。戌，原文作「戍」，下同，據吳音當作「戌」，通鑑亦作「戌」，戌、戍字常淆，御覽卷四百六十七引「戌」作「戊」，下同；卷七百六引又作「成」。戊、成疑並「戌」之形訛。

〔五〕〔按〕「直」同「值」，價值。

〔六〕姚宏云：「(髮漂)別本『髮標』，通鑑『毫髮』。」鮑彪云：「漂、飄同。言其細若絲髮。」王引之云：「『漂』讀爲『秒』。『髮秒』皆言其微細也。說文：『秒，禾芒也。』字或作『標』，又作『蔈』，通作『翲』，又通作『票』。……今本作『漂』，別本作『標』，鴻烈作『篻』，又作『標』，史記作『翲』，說苑作『票』，皆『秒』之異文耳。」〔按〕御覽卷四百六十七引「漂」作「標」。

〔七〕〔按〕御覽卷四百六十七、七百六引「妻子」作「妻息」。

〔八〕高誘云：「足下，謂公孫戍(戌)。」

〔九〕高誘云：「獻，獻公孫戍(戌)也，故曰『諾』。」鮑彪「公孫」下補「戍」字。〔按〕御覽卷四百六十七引「孫」下有「戍」字。

〔一〇〕金正煒云：「『豈』字古與『幾』通用。史記黥布傳：『人相我當刑而王，幾是乎？』徐廣曰：『幾，一作「豈」。』可證。易小畜：『月幾望。』虞注：『幾，近也。』」

〔一一〕吴師道云：「『小國』疑當作『大國』。後語作『五國』，蓋首句作『出行五國』也。」王念孫云：「『小』亦『五』之誤。太平御覽人事部引此正作『五國』。」〔按〕通鑑作「小國」，同此文。

〔一二〕吴本「桀」作「傑」，鮑單注本作「桀」，同此。「桀」與「傑」通用。高誘云：「才勝萬人曰『英』，千人曰『桀』。」金正煒云：「當作『五國英傑之主』。『士』與『主』形近而譌。」〔按〕金説可參。

〔一三〕高誘云：「累，屬。」鮑彪云：「『累』猶『諉』。諉之以事，所以累之。」

〔一四〕鮑本、吴本無「誠」字。

〔一五〕〔按〕御覽卷四百六十七引「到」作「至」，通鑑同。

〔一六〕高誘云：「『待』猶『共』也。」（按「共」同「供」。）

〔一七〕〔按〕御覽引「諾」作「然」，通鑑同。

〔一八〕高誘云：「閨，閤也。」鮑彪云：「（閨）特立之户，上圓下方。」〔按〕鮑注據說文。爾雅釋宮：「宮中之門謂之『闈』，其小者謂之『閨』。」

〔一九〕高誘云：「善，快。」

〔二〇〕〔按〕御覽引作「今舉足高志氣高何也」。

〔二一〕鮑彪云：「重，言三喜外復有此。」

〔二二〕鮑彪云：「『輸』亦『送』也。」

〔二三〕司馬光云：「孟嘗君可謂能用諫矣。苟其言之善也，雖懷詐諼之心，猶將用之，況盡忠無私以事其上乎？」（資治通鑑）

10 淳于髡一日而見七人

淳于髡一日而見七人〔一〕於宣王，王曰：「子來。寡人聞之，千里而一士，是比肩而立〔二〕；百世〔三〕而一聖，若隨踵而至也〔四〕。今子一朝而見七士〔五〕，則士不亦衆乎？」淳于髡曰：「不然。夫鳥同翼者而聚居〔六〕，獸同足者而俱行〔七〕。今求柴葫、桔梗於沮澤〔八〕，則累世不得一焉。及之睪黍、梁父之陰〔九〕，則郄（郤）車而載耳〔一〇〕。夫物各有疇〔一一〕，今髡賢者之疇也。王求士於髡，譬若〔一二〕挹〔一三〕水於河，而取火於燧也〔一四〕，髡將復見之〔一五〕，豈特七士也？」

〔箋證〕

〔一〕姚宏云：「『人』一作『士』。」〔按〕太平御覽卷九百九十三引「見七人」作「見七士」。「見」讀如「現」。左氏昭公二十年傳：「乃見鱄設諸焉。」釋文：「見，賢徧反。」孔疏：「見，謂爲之紹介，使之見光。」是見有「薦」義。

〔二〕鮑彪云：「比，謂肩相次也。言士難得，千里有一，猶爲並肩也。」〔按〕御覽卷六百三十二引「而立」作「相望」，九百九十三引作「而相望」。

〔三〕〔按〕文選陶徵士誄注引「世」作「代」，蓋避唐諱改。

〔四〕姚宏云：「『曾』『至』一作『生』，劉作『主』。」高誘云：「言雖中也。」關修齡云：「士曰千里，猶在同時；聖曰百世，必待異代。言其難得之甚。」〔按〕文選讓吏部封侯表注、御覽七十二、九百九十三引之作「生」。高注「雖」字疑是「難」之訛。「中」讀去聲，得也。見同策二秦攻趙長平章高注。猶謂「言難得也」。

〔五〕〔按〕文選讓吏部封侯表注引「士」作「人」。

〔六〕〔按〕御覽卷九百九十三引「居」作「飛」。

〔七〕高誘云：「俱，侶。」吳師道云：「後語：『鳥同異者聚飛，獸同足者俱亡。』」〔按〕「亡」字疑有誤。穆文熙國策纂本，張文燿戰國策譚棷本並作「行」，似是。

〔八〕高誘云：「桔梗，山生之草也（姚宏云：「曾作『生山之上也』，集作『山之中』。」按御覽卷七十二引作「山中之草」）。於沮澤求之，雖累世不能得其一也。」鮑彪云：「（柴葫、桔梗）二草山生，而沮，水也，故求不可得。孟子注：『沮，澤生草者。』水名，出漢中。」吳師道云：「『沮澤』但言潮濕之地，如漢書所謂生於沮澤之中者。不必因下文求地名以實之。」〔按〕本草經云：「茈胡……，一名地薰，一名山菜，一名茹草葉，一名芸蒿。辛香可食，生弘農山（原譌作「川」，據國經本草改）谷及冤句。」「桔梗，……一名利如，一名房圖，一名白藥，一名梗草，一名薺苨。生嵩高山谷及冤句。」二物並屬山草。禮記王制：「居民山川沮澤。」鄭注云：「『沮』謂『菜沛』。」釋文：「沮，沮洳也。」孔疏：「何胤云：沮澤，下濕地也。草所生爲菜，水所生爲沛。言沮地是有水草之處也。」「沮」或作「菹」，鮑先引孟子注（見滕文公下篇趙岐注）是也，彼注下又云：「今青州謂澤有草者爲『菹』。」齊地屬青州，則「沮澤」亦齊語耳。

〔九〕高誘云：「睪黍、梁父，皆山名也。山北曰『陰』。桔梗生焉。」鮑彪云：「（睪黍）地缺，疑爲負黍。蓋此與梁父，皆東地也。梁父在泰山。」吳師道云：「『皋』字或作『睪』。」張琦云：「梁父，在泰山東六十里。」程恩澤云：「負黍在陽城，今河南登封縣，距梁父絕遠。且其字各異，未可援以爲說。」〔按〕御覽卷六十三引「及之」作「若求之」三字，「父」作「甫」，同。

〔一〇〕高誘云：「言饒多也，故曰『郄（郤）車載』也。」鮑彪云：「郄、却同，言多獲，車重不前。」關修齡云：「郄車而載，猶言載而車郄也。列子曰：『視舟之覆，猶其車郄也。』此『郄』亦可爲覆。」于鬯云：「『郄』爲『却』之俗字，而『却』之俗字作『郄』。二字實異，但同聲得假借耳。」文廷式云：「『郄』即老子『郤走馬以糞』之『郤』，言退車而載耳。凡唐以前用『郤』字，皆有退反之意。」金正煒云：「『郄』當爲『郤』。方言：『郤，倦也。』廣雅釋詁：『郤，極也。』又云：『勞也。』謂以車載而皆罷極，盛言其饒多也。」〔按〕說文「郤」在邑部，

「晉大夫叔虎邑也」。「郤」在卩部，「節欲也」；義亦不同。廣韻陌韻「郤」字云：「俗從𠫤。」音綺戟切。藥韻「卻」字云：「退也。」俗作「却」，音去約切。音又不同。然「郤」、「卻」字形既似，音又相近，故書傳常「郤」、「卻」不分。此文「郄」字疑本作「卻」，或寫作「却」，又傳寫易俗體爲「郄」字爾。今從正字正。御覽卷六百三十二、九百九十三引「郄」作「卻」，可證。卻車而載，謂載重使車退不前。鮑注爲是。

〔一一〕高誘云：「疇，類。」鮑彪云：「（疇）耕治之田，禾所聚也，故爲類。」〔按〕「疇」即「儔」字，同音通借，漢碑「儔」常作「疇」。御覽卷六百三十二引此作「儔」。下同。鮑注誤。

〔一二〕鮑本、吴本無「譬」字。〔按〕御覽引「若」作「如」。

〔一三〕鮑彪云：「挹，酌也。」

〔一四〕鮑彪云：「夫燧鑒也。」〔按〕周禮秋官司烜氏：「掌以夫遂取明火於日，以鑒取明水於月。」鄭注云：「夫遂，陽遂也。……」鄭司農云：「夫，發聲。」賈疏：「日者太陽之精，取火於日，故名陽遂。」「遂」與「燧」字通。鮑注「鑒也」二字有誤。淮南子天文訓：「陽燧見日，則燃而爲火。」高注云：「陽燧，金也。取金杯無緣者，熟摩令熱，日中時，以當日下，以艾承之，則燃得火也。」此古代取火之法。

〔一五〕高誘云：「言將復見士於王也。」

11　齊欲伐魏淳于髡

齊欲伐魏，淳于髡謂〔一〕齊王曰：「韓子盧〔二〕者，天下之疾〔三〕犬也。東郭逡〔四〕者，海內之狡〔五〕兔也。韓子盧逐東郭逡，環〔六〕山者三，騰山〔七〕者五。兔極於前，犬廢〔八〕於後，犬、兔俱罷〔九〕，各死其處。田父見〔一〇〕之，無勞勸之苦〔一一〕，而擅其功〔一二〕。今齊、魏久相持，以頓〔一三〕其兵，弊其衆，臣恐强秦大楚承其後〔一四〕，有田父之功〔一五〕。」齊王懼，謝將休士也〔一六〕。

〔箋證〕

〔一〕鮑本「謂」原作「爲」，改作「謂」。吳師道云：「此書『爲』、『謂』字通用。」

〔二〕〔按〕文選西京賦注引「子」作「國」。初學記卷二十九、白氏類帖卷二十九引無「子」字。文選求自試表注引高誘曰：「韓國之盧犬，古之名狗也。」廣雅釋畜犬屬有「韓獹」。王引之云：「獹，通作『盧』。齊風盧令篇傳云：『盧，田犬也。』秦策韓盧之取兔也，上觀下獲。」應劭云：「韓盧，六國時韓氏之黑犬也。」

〔三〕〔按〕禮記少儀疏、藝文類聚卷九十四、文選求自試表注、初學記卷二十九、後漢書馮衍傳注、太平御覽卷九百四引「疾」並作「壯」。文選西京賦注、白帖引「疾」作「駿」。

〔四〕鮑彪云：「逡、㕙（鮑、吳合注四部叢刊本誤作「魏」，據鮑注單行本正）同，狡兔名。」〔按〕初學記、曾慥類說引「逡」作「㕙」，又引作「俊」。文選求自試表注引作「俊」。白帖引作「狻」，下同。韓愈毛穎傳：「居東郭者曰『㕙』，狡而善走，與韓盧爭能。」（昌黎先生集卷三十六）廣韻淳韻「㕙」字云：「東郭㕙，古之狡兔也。」皆據國策此文。逡、俊、狻、㕙，並同音通用。藝文類聚作「兔」，下同，疑是「㕙」字半損，或是「逡」字之誤。

〔五〕鮑彪云：「集韻：狡獪也，疾也。」

〔六〕高誘云：「環，旋。」

〔七〕〔按〕西京賦注引「山」作「岡」。

〔八〕〔按〕藝文類聚、初學記、類説引「廢」作「疲」。

〔九〕〔按〕「罷」同「疲」。

〔一〇〕〔按〕藝文類聚引「見」作「獲」。

〔一一〕高誘云：「苦，勤。」

〔一二〕鮑彪云：「擅者，無與争也。」〔按〕吕氏春秋貴生篇高注云：「擅，專也。」

〔一三〕鮑彪云：「頓，亦勞敝。」

〔一四〕〔按〕謂秦承魏，楚承齊之後。

〔一五〕〔按〕藝文類聚作「而有田父之功獲」。

〔一六〕鮑本、吴本無「也」字。鮑彪云：「謝，辭去之，言不用也。」吴師道云：「此與蘇代鷸蚌、陳軫虎争人之説異而同者也。」〔按〕藝文類聚引及御鑑卷九百四「將休」二字互倒。由策文觀之，謂聽謝其言而將休兵，鮑注疑非。

12 國子曰

國子〔一〕曰：「秦破馬服君之師，圍邯鄲〔二〕。齊、魏亦佐秦伐邯鄲，齊取淄鼠，魏取伊是〔三〕。公子無忌爲天下循便計〔四〕，殺晉鄙，率魏兵以救邯鄲之圍，使秦弗有，而失天下〔五〕。是齊入於魏，而救邯鄲之功也〔六〕。安邑者，魏之柱國〔七〕也；晉陽者，趙之柱國也；鄢郢者，楚之柱國也。故三國欲〔八〕與秦壤界〔九〕，秦伐魏取安邑〔一〇〕，伐趙取晉陽〔一一〕，伐楚取鄢郢矣〔一二〕。福三國之君〔一三〕，兼二周之地〔一四〕，舉韓氏，取其地〔一五〕，且〔一六〕天下之半。今又劫趙、魏，疏中國，封（封）〔一七〕衛之東野〔一八〕，兼魏之河南〔一九〕，絶趙之東陽〔二〇〕，則趙、魏亦〔二一〕危矣。趙、魏危，則非齊之利也。韓、魏、趙、楚之志〔二二〕，恐秦兼天下而臣其君，故專兵一志以逆〔二三〕秦。三國之與秦壤界而患急〔二四〕，齊不與秦壤界而患緩，是以天下之勢不得不事齊也〔二五〕，故秦得齊，則權重於中國；趙、魏、楚得齊，則足以敵秦。故秦、趙、魏〔二六〕得齊者重，失齊者輕。齊有此勢，不能以重於天下者何也？其用者過也〔二七〕。」

〔箋證〕

〔一〕原本與上章連屬。今從鮑本別爲一章，另起行。高誘云：「國子，齊大夫也。」〔按〕春秋時齊卿有國氏，見春秋釋例世族譜，此疑其後人。

〔二〕高誘云：「馬服君，趙括也。秦將白起阬括四十萬衆於長平，而進圍邯鄲。括父奢將有功，賜號馬服，因以爲氏，故曰『馬服君之師』也。」〔按〕見秦策三謂應侯曰章。

〔三〕高誘云：「淄鼠、伊是，皆趙邑也。」鮑彪云：「皆趙地，缺。」洪亮吉云：「伊是即上黨郡之伊氏（按「伊」當作「陭」或「猗」），以音近而轉。」（曉讀書齋四録卷上）程恩澤云：「地理志梁國有己氏縣，郡國志屬濟陰郡。……豈即此所云伊是？」金正煒云：「淄鼠疑即區鼠，六國表韓、趙會於區鼠。區、淄音近而歧。」〔按〕漢書地理志梁國之己氏縣距趙境遠，當非其地。上黨郡之猗氏縣（在今山西安澤縣東南），爲趙、魏壤界，或是。「是」與「氏」古通用。趙世家武靈王「四年，與韓會於區鼠」。正義：「蓋在河北。」或其地。

〔四〕鮑彪云：「循，行順也。」吳師道云：「行便宜之計，言竊符奪兵事。」安井衡云：「循，依也，依從也。」

〔五〕高誘云：「秦圍邯鄲，魏使晉鄙帥師救趙，畏秦不敢進軍，軍次蕩陰。趙國急，平原君勝使責信陵君公子無忌。無忌乃竊魏王所與晉鄙符信，以攝取其軍。晉鄙疑之，不肯授。乃使朱亥椎殺晉鄙，取軍救趙，故爲天下備循計。（姚宏云：「曾無此七字。劉『循』作『修』。」按此句疑當作「故曰『爲天下循便計』」。）解邯鄲圍，故曰『使秦不有而失天下』也。」吳師道云：「按史年表、魏世家、公子無忌傳公子矯殺晉鄙，破秦兵，皆在（魏）安釐王二十年。通鑑以矯殺晉鄙在前一年。」〔按〕安釐王二十年當周赧王五十八年（前二五七），秦昭王五十年，齊王建八年。

〔六〕鮑彪云：「齊與魏親，初雖佐秦，今魏救趙，亦同救也。」〔按〕同策二「秦攻趙長平，齊、楚救之」，疑即此事。

〔七〕高誘云：「柱國，都也。」鮑彪云：「言其於國，如室有柱。」金正煒云：「鶡冠子王鈇篇：『鄉十五日報縣，縣三十日報郡，郡四十五日報柱國。』又墨子號令篇：『有能入深至主國者。』『主國』亦即『柱國』之省，並爲高注之證。」〔按〕此指魏之舊都，下趙、楚二國同。

〔八〕鮑彪云：「衍『欲』字。」盧本從之。吳師道云：「疑『欲』字即『故』字，而上衍『故』字。故者，舊也。」〔按〕吳說較長。

〔九〕高誘云：「『界』猶『此』也。」（按「比」猶「毗」。）鮑彪云：「壤，土；界，境也。言其地相接。」潘和鼎云：「如高說，『界』是虛義。策文本意，『壤』是虛義，『界』是實義。楚策張儀說秦王曰：『今秦之與楚也，接境壤界。』趙策秦王謂公子他曰：『秦與韓接境壤界。』『接境壤界』連文策中屢見，見『壤界』即『接境』也。魏策昭忌曰：

「夫秦强國也，而韓、魏壤。」韓、魏壤者，謂與秦相接也。」（于鬯注引。）

〔一〇〕〔按〕史記秦本紀昭王「二十一年（前二八六），錯改河内，魏獻安邑」。亦見六國表。當魏昭王十年。

〔一一〕〔按〕趙世家孝成王「二十年（前二四六），秦王政初立，秦拔我晉陽」。亦見秦始皇本紀、六國表。

〔一二〕〔按〕白起攻楚，拔郢，在秦昭王二十九年（前二七八），當楚頃襄王二十一年，見秦本紀、楚世家、六國表。

〔一三〕姚宏云：「（福）曾一作『覆』，劉一作『逼』。」鮑彪改「福」作「覆」，「君」作「軍」。吴師道云：「按『福』乃『偪』之訛，『偪』義長。」〔按〕福、偪、逼並從「畐」聲，字可通用。漢書古今人表：「福陽子，妘姓。」顔注云：「即偪陽也。」左氏襄公十年傳作「偪陽子」。漢書賈誼傳：「疏者或制大權以福天子。」顔注：「福，古『偪』字。」「偪」與「逼」同，迫也。鮑改非。

〔一四〕〔按〕周赧王五十九年（前二五六），秦滅西周，遷西周公於𢠸狐。秦莊襄王元年（前二四九），滅東、西周。見周本紀、秦本紀、六國表。

〔一五〕〔按〕秦始皇本紀：「十七年（前二三〇），内史騰攻韓，得韓王安，盡納其地。」亦見韓世家、六國表。

〔一六〕鮑彪云：「『且』猶『幾』。」

〔一七〕姚宏云：「（封）用别本改作『封』，下同。」（盧本「封」作「封」。黄丕烈云：「誤。」）王念孫云：「高注訓爲『取』，則『封』爲『割』之譌也。上文『然後王可以多割地，可以益割於楚』，高注並曰：『割，取也，』是其證。」〔按〕從姚校語，正文「封」字當作「封」。原本上有小注「封」字，由此可知姚本改「封」字作「封」，而注原來「封」字於下，故云：「用别本改作『封』。」下文高注云：「封，取。」王氏誤以「封」作「封」，因疑爲「割」之譌，非。足證高本原作「封」，此亦姚氏改字之原因。盧本改「封」作「封」，是其校字之功，雖於佞宋之黄氏視爲不合原本而譏其誤；然又改小注「封」字作「封」，則非。今從姚校改。

〔一八〕高誘云：「封，取。」鮑彪云：「封，割也。東野，猶『東地』。」吴師道云：「封，疆之也。」〔按〕「封」無割義，疑鮑本原亦作「封」（即姚氏所謂別本），刻譌爲「封」耳。吴從「封」本義解之，亦通。然依高注則字當作「封」。左氏僖十五年傳：「士封羊。」釋文：「封，苦圭反，刺割也。」魏世家：「（景湣王）二年，秦拔我朝歌，衛徙野王。」六國表同。當秦始皇六年（前二四一），衛元君二十五年（衛世家作元君十四年，梁玉繩已辨之，今從其説）。此謂封衛之東野殆指野王。韓非子五蠹篇：「衛離魏爲衡，半歲而亡。」與策、史互異。

〔一九〕鮑本、吴本「南」作「内」。程恩澤云：「按河南即河外。然上云『封衛之東野』，下云『絶趙之東陽』，則其地似不在陝、虢等處。鮑本改作『河内』，殆亦有見於此而疑之歟？」〔按〕秦始皇本紀言「（衛君）徙居野王，阻其山川，以保魏之河内。」從上文「封衛之東野」觀之，似作「河内」爲是。

〔二〇〕〔按〕趙世家悼襄王「五年（前二四〇），慶舍將東陽河外師守河梁。」正義云：「東陽屬貝州，在河北岸也。河外，河南岸，魏州地也。」東陽在今河北太行山地區，此並言秦滅韓之後，將進窺趙、魏也。

〔二一〕姚宏云：「一本『亦』下有『已』字。」

〔二二〕〔按〕廣雅釋詁：「志，意也。」

〔二三〕高誘云：「逆，距。」〔按〕「距」猶「拒」。

〔二四〕高誘云：「三國，趙、魏、楚。界，比也。患，憂也。」

〔二五〕〔按〕齊自爲燕破之後，國勢削弱，諸侯何爲事之？且玉篇「争」字古文作「事」，與「事」字形似，因以致誤。「不得不争齊」與下文言「得齊者重，失齊者輕」相應。

〔二六〕鮑彪「秦」下補「楚」字。吴師道云：「疊舉，上文宜有『楚』。」黄丕烈云：「上文『楚』字在『魏』下。」

〔二七〕吳師道云：「始皇十八（按當作「七」）年滅韓。自秦人行遠交近攻之術，善齊而不加兵。君王后謹事秦，王建不修戰備，不助五國，其墮秦計中久矣。……士之爲齊謀者，其智非不及此，而卒不用。宜其及於亡也！」

〔按〕國子此議疑爲王建而言，策文首尾或有脱殘。

戰國策　卷十一

齊四

1　齊人有馮諼者

齊人有馮諼〔一〕者，貧乏不能自存，使人屬〔二〕孟嘗君，願寄食門下。孟嘗君曰：「客何好〔三〕？」曰：「客無好也。」曰：「客何能？」曰：「客無能也。」孟嘗君笑而受之曰：「諾。」左右以君賤之也，食以草具〔四〕。居有頃，倚柱彈其劍〔五〕，歌曰：「長鋏歸來乎〔六〕，食無魚！」左右以告，孟嘗君曰：「食之比門下之(魚)客〔七〕。」居有頃，復彈其鋏〔八〕，歌曰：「長鋏歸來乎，出無車〔九〕！」左右皆笑之，以告，孟嘗君曰：「爲之駕，比門下之車客〔一〇〕。」於是乘其車，揭〔一一〕其劍，過其友曰：「孟嘗君客我〔一二〕。」後有頃，復彈其劍鋏，歌曰：「長鋏歸來乎，無以爲家〔一三〕！」左右皆惡之，以爲貪而不知足。孟嘗君問：「馮公有親乎？」對曰：「有老母。」孟嘗君使人給其食用，無使乏。於是馮諼不復歌〔一四〕。

後孟嘗君出記〔一五〕，問門下諸客：「誰習計會〔一六〕，能爲文收責於薛者乎〔一七〕？」馮諼署〔一八〕曰：「能。」孟嘗君怪之〔一九〕，曰：「此誰也？」左右曰：「乃歌長鋏歸來者也。」孟嘗君笑曰：「客果有能也〔二〇〕，吾負之，未嘗見也。」請而見之，謝曰：「文倦於事〔二一〕，憒於憂〔二二〕，而性懧〔二三〕愚，沉〔二四〕於國家之事，開罪於先生〔二五〕。先生不羞，乃有意欲爲收責於薛乎？」馮諼曰：「願之。」於是約車治裝，載券契而行〔二六〕。辭曰：「責畢收〔二七〕，以何市而反〔二八〕？」孟嘗君曰：「視吾家所寡有者。」驅而之薛，使吏召諸民當償〔二九〕者悉來合券〔三〇〕，券遍合。起〔三一〕，矯命以責賜諸民〔三二〕，因燒其券。民稱：「萬歲〔三三〕！」長驅〔三四〕到齊，晨而求見〔三五〕。孟嘗君怪其疾也，衣冠而見之，曰：「責畢收乎？來何疾也！」曰：「收畢矣。」「以何市而反〔三六〕？」馮諼曰：「君云『視吾家所寡有者』，臣竊計，君宮中積珍寶〔三七〕，狗馬實外廐，美人充下陳〔三八〕，君家所寡〔三九〕有者以義〔四〇〕耳，竊以爲君市義。」孟嘗君曰：「市義奈何？」曰：「今君有區區之薛，不拊愛子〔四一〕其民，因而賈利之〔四二〕，臣竊矯君命以責賜諸民，因燒其券，民稱萬歲。乃臣所以爲君市義也。」孟嘗君不〔四三〕說曰：「諾，先生休矣〔四四〕。」

後朞年〔四五〕，齊王謂孟嘗君曰：「寡人不敢以先王之臣爲臣〔四六〕。」孟嘗君就國於薛，未至百里，民扶老攜幼，迎君道中〔四七〕。孟嘗君顧謂馮諼〔四八〕：「先生所〔四九〕爲文市義者，乃今日見之！」馮諼曰：「狡兔有三窟〔五〇〕，僅〔五一〕得免其死耳。今君有一窟〔五二〕，未得高枕而卧也。請爲君復鑿二窟。」孟嘗君予車五十乘，金五百斤，西遊於梁。謂惠王〔五三〕曰：「齊放其大臣孟嘗君〔於諸侯〕〔五四〕，諸侯先迎之者（國）富〔五五〕而兵强。」於是梁王虚上位，以故相爲上將軍〔五六〕，遣使者黄金千斤、車百乘，往聘孟嘗君。馮諼先驅，誡孟嘗君曰：「千金，重幣也；百乘，顯使也；齊其聞之矣。」梁使三反，孟嘗君固辭不往也。

齊王聞之，君臣恐懼，遣太傅賫黄金千斤〔五七〕、文〔五八〕車二駟、服劍一，封書〔五九〕謝孟嘗君曰：「寡人不祥〔六〇〕，被於宗廟之祟〔六一〕，沈於諂諛之臣，開罪於君。寡人不足爲也。願君顧先王之宗廟，故反國，統萬人〔六二〕乎！」馮諼誡孟嘗君曰：「願請先王之祭器，立宗廟於薛〔六三〕。」廟成，還報孟嘗君曰：「三窟已就，君姑〔六四〕高枕爲樂矣。」

孟嘗君爲相數十年，無纖介〔六五〕之禍者，馮諼之計也〔六六〕。

〔箋證〕

〔一〕鮑本「諼」作「煖」。鮑彪云：「史作『驩』，並況袁反。」吴師道云：「『煖』即『諼』。故『諼』或作『喧』。」〔按〕北堂書鈔卷一百六、史記陳丞相世家索隱引「諼」作「煖」，同鮑本。册府元龜卷八百七十八亦作「馮煖」，注云：「許袁反。」史記孟嘗君傳集解云：「『復作『煖』，音許袁反。」鮑音與之合。「諼」、「煖」並從「爰」聲，可通用。

〔二〕鮑彪云：「屬，囑同。」

〔三〕〔按〕詩小雅鹿鳴篇：「人之好我。」鄭箋：「好，猶『善』也。」釋名釋言語云：「好，巧也。」此猶言客有何長。

〔四〕鮑彪云：「草，不精也。具，饌具。」吴師道云：「草，菜也。陳平傳『惡草具』，注：『去肴肉云。』」金正煒云：「史記范雎傳：『使舍食草具。』索隱：『草具，謂麁食草菜之饌具也。』漢書陳平傳：『更以惡草具進楚使。』音義：『草，粗也。』鮑注不誤，吴正無取。」〔按〕金引范雎傳及陳平傳，朱翌猗覺寮雜記已言之。

〔五〕姚宏云：「一本無『其』字。」吴師道云：「以下文例之，疑當有『鋏』字。」黄丕烈云：「此文三句各不同，吴説未是。」〔按〕藝文類聚卷六十引作「彈劍鋏而歌」。太平御覽卷五百七十一引作「澤其劍鋏」。是古本「劍」下有「鋏」字，吴説未誤。

〔六〕鮑彪云：「鋏，劍把也。欲與俱去。」吴師道云：「莊子音義：鋏，從棱向刃。」〔按〕王引之經傳釋詞云：「來，句中語助也。莊子大宗師篇：『嗟來桑户乎！』『嗟來』猶『嗟乎』也。」此例略同，『歸來』猶『歸』也。此呼長鋏而思歸。程瑶田考工劍物小記桃氏爲劍考謂「鋏」即莊子説劍篇「韓、魏爲夾」之「夾」，「夾言包裹，則夾者其室也。」引此策云：「鋏爲劍室，故呼長鋏。劍把安得謂之長乎？」其説勝於舊注，當是。阮元古劍鐔臘圖考據一古劍柄「莖上之臘作器出長鬣形，……此則『臘』之所以名『臘』，獵獵然如長鬣者，乃可見也。……莊子書所謂『劍夾』，即『臘』也，以其夾劍身也。戰國策馮煖所彈之長鋏，即夾也，臘也。左傳所謂長鬣者相，即其義也。」(揅經室一集卷五)以「鋏」爲「鐔」，與程説不同。然按之今所見出土之春秋、戰國古劍，其臘絶少有作四出長鬣形者。劍臘似亦不得謂之長。仍當以程説爲長。楚辭九章涉江云：「帶長鋏之陸離兮。」劍插於鋏中，「帶長鋏」猶言帶長劍也。故王逸注：「其所握長劍，楚人名曰『長鋏』也。」

〔七〕姚宏云：「一本『客』上有『魚』字。」横田本從之補「魚」字。〔按〕依下句例，有「魚」字爲長。今從一本補。御覽引無「魚」字。吳師道云：「列士傳孟嘗君厨有三列：上客食肉，中客食魚，下客食菜。」〔按〕史記作「遷之幸舍」。以傳舍、幸舍、代舍當下、中、上三等之客（語本索隱）。「食」讀去聲，音「嗣」。

〔八〕〔按〕御覽引「鋏」上有「劍」字。

〔九〕〔按〕史記「車」作「輿」。北堂書鈔卷一百六引此歌作：「大丈夫歸去來兮乘無車，大丈夫歸去來兮食無魚。」與今本大異。

〔一〇〕鮑彪云：「（車客）乘車之客。」

〔一一〕鮑彪云：「集韻：揭，舉也，擔也。」〔按〕説文「揭」字云：「高舉也。」

〔一二〕鮑彪云：「（客我）待我以客。」

〔一三〕吳師道云：「吳氏韻補：家，叶工乎反。」〔按〕顧炎武日知録卷二十一云：「三章章各二句，而合爲一韻，古未之有也。始見於孟嘗君傳：『長鋏歸來乎，食無魚；長鋏歸來乎，出無車；長鋏歸來乎，無以爲家。』是也。」「家」音「姑」，與乎協，並與上二章「乎魚」、「乎車」協韻。古韻「歌」、「麻」同部。

〔一四〕〔按〕史記「無以爲家」下作「孟嘗君不説」，與策異。史言：「孟嘗君客無所擇，皆善遇之，人人各自以爲孟嘗君親己。」據此，則策文較長，正示孟嘗好客之宏度。

〔一五〕鮑彪云：「記，疏也。」張南瑗云：「文符曰『記』。後漢鍾離意封還府記。先見於此。」（按此本後漢書鍾離意傳注。）

〔一六〕鮑彪云：「計會，會總合也。」吳師道云：「會，古外反。周禮司會注：大計也。小宰『要會』注：計最之簿書，月計曰要，歲計曰會。」〔按〕文選答東阿王書注引「計會」作「會計」。

〔一七〕鮑彪云：「責、債同。集韻：逋財也。」〔按〕史記：「孟嘗君時相齊，封萬户於薛。其食客三千人，邑入不足以奉客，使人出錢於薛。歲餘不入，貸錢者多不能與其息，客奉將不給。孟嘗君憂之，問左右：『何人可使收債於薛者？』」文選注、北堂書鈔卷一百五十七引「責」作「債」，下同。

〔一八〕鮑彪云：「署，書也。」

〔一九〕〔按〕孟嘗君已忘其名，故怪之，與下文「吾負之，未嘗見也」相應。

〔二〇〕鮑彪云：「言『果』，則孟嘗固意其能也。」〔按〕此與上文「客無能也」相應。

〔二一〕鮑本「事」作「是」，注云：「『是』謂『國事』。」吳師道云：「一本『是』作『事』，蓋因音而訛。」金正煒云：「作『是』者是也。國語楚語：『或譖王孫啓於成王，王弗是。』韋注：『是，理也。』『是』即『諟』之省。又通作『視』。……荀子解蔽篇：『是其庭可以搏鼠。』注：『「是」蓋當爲「視」。』……此本作『事』，亦與『視』同。漢書翟方進傳：『方遣掾行事。』官本作『視』，可證。」〔按〕「是」與「事」通，新序雜事篇二云：「寡人未得所以爲國是也，……君臣不合，國是無道定矣。……夏桀、殷紂不定國是。」諸「國是」即「國事」。然鮑訓「國事」，嫌與下「國家之事」重複，「事」宜作「常事」解，或從金説訓爲「視」。册府元龜卷九百一「事」亦作「是」。

〔二二〕鮑彪云：「憒、貴同。憒，亂也，以憂思昏亂。」〔按〕鮑注「貴」字疑「聵」之誤。

〔二三〕鮑彪云：「『懧』當作『儜』。集韻：弱也。」横田本從之，改「懧」作「儜」。〔按〕字書無「懧」字。「儜」字亦見切韻、廣韻，注同集韻。

〔二四〕吳師道云：「沉，没溺也。」

〔二五〕鮑彪云：「得罪於煖，自我啓之。」〔按〕此以向未尊禮諼，故謙言「開罪」。

〔二六〕鮑彪云：「『券』亦『契』。契，别書之，以刀判其旁。」〔按〕周禮天官小宰：「聽稱責以傅别。……聽取予以書契。」鄭注：「别，别爲兩，兩家各得一也。……書契，符書也。」鄭玄注：「傅别，謂爲大手書於一札，中字别之。書契，謂出予受入之凡要，凡簿書之最目，獄訟之要辭，皆曰『契』。」是「券」即借據，「契」即簿録。御覽卷四百三十引慎子：「折券契，屬符節，賢不肖用之。」文選注引作「約車促裝單衣載契而辭」。

〔二七〕〔按〕文選注、北堂書鈔作「問曰收責畢」。又書鈔卷一百四引無「收」字。

〔二八〕〔按〕文選注、書鈔卷一百五十七引無「以」字。謂市何物而歸。

〔二九〕〔按〕書鈔引「償」下有「債」字。

〔三〇〕鮑彪云：「凡券，取者與者各收一，責則合驗之。」

〔三一〕鮑本「起」作「赴」，屬上讀，注云：「（券）遍合矣，乃來聽命。」吴師道云：「一本『赴』作『起』，則『起』屬下文，謂作起而矯命也，合讀，起句，亦通。」〔按〕書鈔引「起」作「乃」。

〔三二〕鮑彪云：「汲黯傳注：矯，託也。託言孟嘗之命。」〔按〕文選注引「民」作「人」，蓋避唐諱。

〔三三〕鮑彪云：「祝孟嘗也。」〔按〕顧炎武日知録卷二十四人臣稱萬歲條歷引此策及後漢書韓棱傳、馬援傳、馮魴傳、東觀記云：「亦當時人慶幸之通稱。」

〔三四〕鮑彪云：「（長驅）行不留也。」

〔三五〕〔按〕吕氏春秋適威篇云：「顔闔入見。」高注：「見，竭也。」

〔三六〕鮑彪云：「孟嘗問也。」

〔三七〕〔按〕書鈔引作「君宫中珍寶滿内府」，與下文相偶，似長。

〔三八〕鮑彪云：「『陳』猶『列』。」〔按〕書鈔引「下陳」作「後宫」。

〔三九〕〔按〕文選注引「寡」作「乏」。

〔四〇〕横田惟孝云：「以義，猶以爲義也。」金正煒云：「『以』當爲『乃』，篆文相似而誤。」〔按〕「以」字本義自通

〔「以」猶「爲」，見經傳釋詞〕，不必改字。文選注及書鈔引無「以」字。

〔四一〕鮑彪云：「拊，循，猶『摩』也。」〔按〕書鈔引「拊」作「撫」，同。「子」作動詞用，謂視以爲子。

〔四二〕〔按〕放債剥削猶賈人之侔利。

〔四三〕吴本「不」作「乃」。吴師道云：「一本作『不』。」〔按〕今所見嘉靖杜詩刊鮑單注本作「不」，文選注、書鈔引同。以文義推之，亦當作「不」。「乃」字疑誤。

〔四四〕鮑彪云：「休，息也。」〔按〕不愉之意，躍然紙上。

〔四五〕王念孫云：「按文選答東阿王書注引此曰：『後有毁孟嘗君於薛，孟嘗君就國於薛。』據此，則『後朞年』下當有毁孟嘗君於湣王之事，而今本脱去也。蓋湣王聽讒，是以使孟嘗君就國。」

〔四六〕吴師道云：「此遣其就國而爲之辭，猶漢世所謂列侯，亦無由教訓其民。」〔按〕「先生」謂宣王。於此可證孟嘗君繼立在宣王之世，而史記孟嘗君傳謂湣王「三年，封田嬰於薛」，而田文代立，又在其後者，誤也。由此語推之，孟嘗君遣國當在湣王即位之初，故託詞以謝。其後田甲劫王，孟嘗君奔薛，當别爲一事。

〔四七〕鮑本「中」下有「正日」二字，又改「正」爲「終」。吴師道云：「一本無此二字。」〔按〕文選注、書鈔引並無此二字。文選注「君」作「於」。

〔四八〕姚宏云：「劉作『顧謂馮諼曰』。」〔按〕文選注、書鈔引「諼」下亦有「曰」字。

〔四九〕〔按〕書鈔引「所」下有「謂」字。

〔五〇〕〔按〕陸佃埤雅卷三：「俗云：兔營窟必背丘相通，所謂狡兔三穴。」

〔五一〕鮑本「僅」原作「今」，改作「僅」。

〔五二〕鮑本、吴本無「君」字。〔按〕文選注、書鈔引並有「君」字。御覽卷五十五引作「君始一窟」。册府元龜卷八百七十八「君」作「止」。

〔五三〕鮑彪改「惠」作「梁」，云：「昭。」吴師道云：「文奔魏在昭王時，此固辭不往，事必在前。史作『秦王』。」〔按〕齊湣王不與梁惠王並時，此「惠」字當誤。然據古本紀年，湣王三年當梁襄王末年，孟嘗就國，或在湣王初年，亦未可知。則此梁王爲襄爲昭，難以懸測，鮑注未安。

〔五四〕鮑彪云：「（孟嘗君）此非當時所稱，追書云爾。」〔按〕鮑氏從史記孟嘗君傳以孟嘗爲謚，故謂爲追書。其實孟嘗非謚，索隱已辨之。梁玉繩史記志疑云：「策、史稱孟嘗君者甚多。……馮驩謂梁王曰：『齊放其大臣孟嘗君。』舍人謂衛君曰：『孟嘗君不知臣不肖。』又曰：『足下欺孟嘗君。』此傳（孟嘗君傳）載馮驩亦九稱孟嘗君，非皆見存之辭乎？」「於諸侯」三字於文義不合，疑涉下文「諸侯」而衍，又衍「於」字。書鈔及御覽卷五十五引並無此三字，可證。鮑注在「孟嘗君」字下，疑所據本亦無「於諸侯」三字。（今衍）譚椒本、策纂本無「下諸侯」三字。

〔五五〕金正煒云：「『富』上疑脱『國』字。」〔按〕書鈔引「富」上有「國」字，有之義足，今據補。

〔五六〕吴師道云：「徙故相爲上將軍，而虚相位以待孟嘗也。」金正煒云：「史記越世家范蠡稱上將軍。魏世家使龐涓將而令太子申爲上將軍。戰國時有此位號也。」〔按〕戰國時齊、楚、魏、燕並有上將軍，見董説七國考。史記白起傳：「秦聞馬服子將，乃陰使武安君白起爲上將軍。」是秦亦有此號。孫子軍争篇：「五十里而争利，則蹷上將軍。」老子：「偏將居左，上將軍居右。」是此稱由來久矣。

〔五七〕鮑彪云：「（太傅）本周官，此齊大臣也。」〔按〕燕策有太傅鞠武，此亦六國時通官。册府元龜「斤」作「鎰」，名異而輕重制同。

〔五八〕鮑彪云：「文，彩繪也。」

〔五九〕鮑本「書」下有「一」字，讀作「服劍一，封書一」，注云：「（服劍）王所自佩者。」吳師道云：「一本『書』下無『一』字，則上當以『封』字句。」黄丕烈云：「『封書』連文，吳說未是。」安井衡從吳讀，云：「服劍一封者，封劍以贈之。必封之者，以爲敬也。」〔按〕安井說近鑿。今仍從鮑讀。元龜「封書」下亦有「一」字。「服劍」猶「佩劍」。服，古讀重脣音近「佩」，通用。

〔六〇〕〔按〕吕氏春秋謹聽篇：「不祥莫大焉。」高注：「祥，善也。」

〔六一〕〔按〕説文「祟」字云：「神禍也。」

〔六二〕鮑彪云：「集韻：統，攝理也。」〔按〕「人」當作「民」，乃避唐諱所改。文選注引作「民」，可證。

〔六三〕鮑彪云：「前自靖郭君時既立廟矣，今又請立，則所謂宗廟者，非一王也。」〔按〕靖郭君所立廟者乃成王之廟，今所請立，爲宣王之廟，義自不複。

〔六四〕姚宏云：「集、曾本無『姑』字。」〔按〕文選注引「君姑」作「請君」。

〔六五〕鮑彪云：「介，獨也。獨則不衆，故爲微細之詞。一説喻草芥也。」吳師道云：「介、芥通。」〔按〕元龜「介」作「芥」。鮑前説非。

〔六六〕吳師道云：「史文稍異，末無三窟之説爲勝。」〔按〕書鈔引「計」作「力」。

〔附論〕

葉適習學記言卷十九云：「（史記）馮驩事與戰國策馮煖事稍殊，史記蓋別有所本，其義爲勝也。」方苞云：「史記馮煖事異國策，蓋秦、漢間論戰國權變者非一家，所傳各異。」二説略同。梁玉繩史記志疑云：「國策所説馮事亦異。……（史記）多有不合。如無家之歌，左右惡之爾，而此以爲孟嘗君不悦，削去給馮老母一段，則無以見孟嘗君待客之周，一也。煖矯令燒券，反齊求見，而此以爲得息錢大會，不能與息者燒券，孟嘗聞之，怒而召驩，情節全乖，二也。孟嘗去相，煖説梁復位，而此以爲説秦又説齊，三也。孟嘗復用，欲殺齊士大夫，譚拾子有趨市之喻（按此見後章）。而此以爲客背孟嘗君，驩爲客謝語，四也。其爲倣撰無疑。」〔按〕梁説比較史、策異同是也，然謂史出倣撰，恐未的。又孟嘗君傳：「孟嘗君相齊，其舍人魏子爲孟嘗君收邑入，三反而不一入。孟嘗君問之，對曰：『有賢者，竊假與之，以故不致入。』孟嘗君怒而退魏子。居數年，人或毁孟嘗君於齊湣王曰：『孟嘗君將爲亂。』及田甲劫湣王，湣王意疑孟嘗君，孟嘗君迺奔。魏子所與粟賢者聞之，乃上書言孟嘗君不作亂，請以身爲盟，遂自剄宫門，以明孟嘗君。湣王乃驚而蹤跡驗問，孟嘗君果無反謀，乃復召孟嘗君。孟嘗君因謝病，歸老於薛，湣王許之。」馮諼燒券與魏子之不致邑入相類，説梁聘孟嘗君則與蘇代説秦迎甘茂（秦策三）近似。策士摹倣擬説，此類豈可盡信？

2　孟嘗君爲從

孟嘗君爲從〔一〕。公孫弘〔二〕謂孟嘗君曰：「君不以〔三〕使人先觀秦王。意者〔四〕秦王帝王之主也，君恐不得爲臣〔五〕，奚暇從以難之〔六〕？意者秦王不肖之主也，君從以難之未晚〔七〕。」孟嘗君曰：「善，願因請公往矣。」公孫弘敬諾，以車十乘之秦。昭王聞之，而欲媿之以辭〔八〕。

公孫弘見，昭王曰：「薛公之地，大小幾何？」公孫弘對曰：「百里。」昭王笑而曰：「寡人地數千里，猶〔九〕未敢以有難〔一〇〕也。今孟嘗君之地方百里，而因欲難寡人，猶可〔一一〕

乎？」公孫弘對曰：「孟嘗君好人〔一二〕，大王不好人。」昭王曰：「孟嘗君之好人也奚如？」公孫弘曰：「義不臣〔一三〕乎天子，不友乎諸侯，得志〔一四〕不慚爲人主，不得志不肯爲人臣，如此者三人。而治〔一五〕可爲管、商之師〔一六〕，説義聽行〔一七〕，能致其（主霸王）〔一八〕，如此者五人。萬乘之嚴主也，辱其使者，退而自刎〔一九〕，必以其血洿其衣〔二〇〕，如臣者十人〔二一〕。」昭王笑而謝之曰：「客胡爲若此？寡人直〔二二〕與客論耳。寡人善孟嘗君，欲客之必諭寡人之志也〔二三〕。」公孫弘曰：「敬諾。」

公孫弘可謂不侵矣〔二四〕！昭王，大國也；孟嘗，千乘也〔二五〕。立千乘之義而不可陵〔二六〕，可謂足使矣〔二七〕！

〔箋證〕

〔一〕鮑彪云：「文以襄王初中立爲諸侯。楚頃襄二十三年，天下合從。此（襄王）八年。」吳師道云：「文以襄王五年中立爲諸侯，其後遂卒。襄王八年，諸侯無合從事。此閔王十六年，文怨秦，約韓、魏伐秦事也，當秦昭九年。鮑見策有薛地百里之文，遂以爲文中立爲諸侯時，誤矣。」〔按〕鮑彪編此策於襄王下，吳氏糾其誤，是也。然謂此策在秦昭王九年（前二九八），即周赧王十七年，三國合從伐秦時，亦未然。史言孟嘗君自秦免相歸，怨秦，以齊與韓、魏攻秦。孟嘗相秦在昭王八年（前二九九），明年免相，合從攻秦。此策言公孫弘請使人先觀秦王，而後定取舍，明在入秦之前。若已爲秦相，審知秦王爲人，復何用遣使觀察乎？黃式三編略次此策於周赧王十三年（前三〇二），而於策首改作「齊孟嘗君田文先爲從約，以楚之自約而未成，魏、韓遂服於秦，至是欲復約之」。此亦無據呂氏春秋不侵篇與策文相同)。全出臆度。試問是年韓、魏正與秦親(六國表赧王十三年,魏王朝秦,秦歸魏蒲坂。韓太子嬰與秦王會臨晉),田文安能約之伐秦? 知必不然。馬驌繹史卷一百三十一據今本竹書紀年「魏襄王十九年(前三〇〇),薛侯來,會王於釜邱」,「二十年(前二九九)王與齊王會於韓」,云:「薛侯蓋孟嘗君也,於此時合從伐秦矣。」因次此策於下。今本紀年之文,前則見於水經濟水注引古本紀年,後則見於六國表。林春溥紀年從之,次此策於周赧王十五年(前三〇〇),云:「按明年齊與魏會韓,以兵合於三晉,因使孟嘗君入秦,即此策所謂『孟嘗君爲從』,先觀秦王之謀也。及秦覺其詐,孟嘗君幾不免,歸遂與韓、魏伐敗秦軍。史但稱孟嘗君怨秦之將殺己,而不知其謀從非一日也。參考羣書,情事自見。」雖亦測度之詞,核比前後史實觀之,理似可通。于鬯年表亦次於赧王十六年,並較舊説爲長,今從之(顧觀光編年從吳注次於赧王十七年,辨見上)。

〔二〕鮑彪云:「(公孫弘)齊人。」

〔三〕姚宏云:「劉本作『君何不使人先觀秦王』。」鮑彪改「以」作「如」,盧本同。〔按〕吳昌瑩經詞衍釋云:「『以』猶『如』也,『若』也。禮記『差若毫釐,繆以千里』,漢書司馬遷傳作『差以毫釐』。兩處均是引易,一作『以』,是『以』亦『若』義『如』義也。」此文「以」字,呂氏春秋不侵篇作「若」,例正相同,明「以」猶「若」也。鮑改非。

〔四〕鮑彪云:「(意者)設疑之詞。」

〔五〕鮑彪云:「(爲臣)爲秦臣。」

〔六〕〔按〕呂氏春秋高注云:「言不能成從以難秦也。」

〔七〕〔按〕呂氏春秋高注云:「晚,後。」

〔八〕鮑本「媿」作「愧」,注云:「使弘愧。」黄丕烈云:「按呂氏春秋作『醜』。『媿』即『醜』字。無鹽醜女,武梁祠堂畫像作『媿女』,是其證。鮑本作『愧』者,誤。」〔按〕「媿」、「愧」同字。廣雅釋詁:「媿,耻也。」媿之以辭,謂以言語恥辱之。「醜」義亦相近（高注「醜」或作「恥」，恥，辱也），各存本文，不必謂鮑本作「愧」者誤。

〔九〕鮑本「猶」原作「由」，改作「猶」，下同。　吳師道云：「由、猶通。」

〔一〇〕鮑彪云：「（難）爲人之難。」

〔一一〕鮑本、吳本「欲」下有「以」字，同呂氏春秋。　金正煒云：「『因』當爲『由』，『由』與『猶』通。……『猶可』當爲『獨可』。呂覽自知篇：『夫人故不能自知，人主猶其。』御覽引作『人主獨甚』。『猶』、『獨』二形相似，易以致誤。」〔按〕因『由』聲之轉，本可通用，然此文「因」、「猶」二字各依本字解自通，不煩紛紛改字。

〔一二〕鮑彪云：「人，賢人。」〔按〕呂氏春秋「人」作「士」，下同。「士」字較長。

〔一三〕姚宏云：「（不）臣，曾本作『不忠』。劉本作『不忠』。此武后字，恐非劉校。」〔按〕「忠」即「臣」字，武后前已有之，説見前。

〔一四〕〔按〕呂氏春秋「志」作「意」，下同。

〔一五〕吳師道云：「『而』字疑衍。『治』當屬下句，或『而』字上有缺文。」　黃丕烈云：「吳説未是。呂氏春秋作『能』。而、能同字。」　金正煒云：「孟子萬章篇：『奚而不知也。』趙注：『何爲不知。』左氏襄十四年傳『射爲禮乎』，御覽引作『射而禮乎』。並而爲通用之證。『而治』猶『爲治』，『爲治』猶云『爲政』也。」

〔一六〕鮑彪云：「（管商）管仲、商鞅。」

〔一七〕鮑彪云：「所説有義，或能聽而行之。」　橫田惟孝云：「言人主悦其義，聽其行。」　安井衡云：「聽，斷也。聽斷君所爲之可否。」〔按〕橫田説長。

〔一八〕鮑本、吳本、盧本其下有「主霸王」三字。　黃丕烈云：「有者是也。呂氏春秋作『其能致主霸王』。」今從補。

〔一九〕鮑彪云：「集韻：『刎，斷也。』」

〔二〇〕〔按〕言致死於君前。呂氏春秋「洿」作「汙」，同。前策三先生之一人謂「以臣之血湔其衽」，舍人謂衛君「輒以頸血湔足下衿」，今公孫弘又曰「必以其血洿其衣」，皆孟嘗君之客。孟嘗君傳贊所謂「孟嘗君招致天下任俠姦人入薛中」，信然。

〔二一〕〔按〕呂氏春秋作「七人」。古字「七」作「十」，與「十」常淆，説見前。

〔二二〕〔按〕「直」猶「特」、「但」也，「直」、「特」古同聲。見經傳釋詞。

〔二三〕鮑彪云：「以己之志曉告孟嘗。」〔按〕呂氏春秋高注云：「諭，明。」

〔二四〕鮑彪云：「著書者美其不可侵辱。」

〔二五〕〔按〕「千乘」謂千乘之國，地方百里，出兵車千乘。孟嘗君封薛，比於諸侯（古本紀年稱「薛侯來，會王於釜邱」是也），故云。

〔二六〕〔按〕呂氏春秋高注云：「淩，侮。」「淩」與「陵」同。

〔二七〕鮑彪云：「『足』猶『能』。」〔按〕呂氏春秋作「可謂士矣」。

3　魯仲連謂孟嘗君曰

魯仲連謂孟嘗（君曰）〔一〕：「君好士也〔二〕？雍門養椒，亦陽得子養〔三〕，飲食衣裘與之同之〔四〕，皆得其死。今君之家富於二公〔五〕，而士未有爲君盡游者也〔六〕。」君曰：「文不得是二人〔七〕故也。使文得二人者，豈獨不得盡？」對曰：「君之廄馬百乘，無不被繡衣而食菽粟者，豈有騏驎騄耳〔八〕哉？後宮十妃〔九〕，皆衣縞紵〔一〇〕，食粱〔一一〕肉，豈有毛廧、西施〔一二〕哉？色與馬取於今之世，士何必待古哉〔一三〕？故曰君之好士未也。」

〔箋證〕

〔一〕姚宏云：「別本（嘗下）有『君曰』二字。」鮑本「嘗」下有「君曰」二字，讀「曰」字句。黄丕烈云：「此讀以『魯仲連謂孟嘗』爲一句，孟嘗即孟嘗君也。」〔按〕長短經論士篇注「嘗」下亦有「君曰」二字。有之義顯。今從鮑本補。

〔二〕鮑彪「士」下補「未」字。盧本從之。黄丕烈云：「『君好士也』別爲一句，也、邪同字。與下『君之好士未也』不相涉，鮑誤用下補耳。」〔按〕下文「故曰君之好士未也」，稱「故曰」，明有所承應，則鮑注補字亦有理。長短經注「士」下有「未」字，可證。但黄讀亦通，姑從之。

〔三〕鮑彪「雍門」下補「子」字，讀「椒亦」句，云：「（雍門下）此士以所居爲稱。『養』猶『公養』之『養』。椒，姓；亦，名；雍門子之所養。」又讀「陽得子養」句，云：「此下脱所養人。」吴師道云：「雍門下有缺文，説苑有雍門子狄、雍門子周，今曰『雍門子』，則亦無考。（椒亦）未知果椒姓亦名不？」黄丕烈云：「此多脱字，但所補未是。」于鬯云：「此魯連引古人，故下文云『士何必待古』。雍門子狄因越甲至齊，刎頸而死，見立節苑（按謂説苑立節篇，原書如此）。其事固在孟嘗前，然與養士無涉。……鮑説於策義無戾，縱未得實，其意當不出此。」金正煒云：「『君好士也』上猶當有脱文，蓋舉昔人之好士者，非謂孟嘗也。雍門養椒猶説苑之雍門子周，陽得子養猶左傳之梁餘子養，（自注：「『陽得』字或有譌誤。」）並爲人名，即孟嘗所云不能得之二人。『亦』當爲『與』，音近而誤。漢書司馬相如傳贊此亦詩之風諫何異。『亦』猶『與』也。鮑義並未安。（下文）『富於二公』當爲『富於王公』。……後文云『士何必待古哉』，則仲連所稱述，自非當時之事。」〔按〕此文多訛脱，不可强通。鮑補未必是，但釋義大致無差。金釋亦出臆度，改字過多，姑録以存異。又按讀「雍門養椒」句，「亦陽得子養」句，亦可。雍門、椒、亦陽、子養，並爲人姓名，「養」與「得」並爲動詞，互文。猶言昔雍門氏之養椒與亦陽氏之得子養。雖無旁證，與下文「二公」相應。姑從此標點。

〔四〕鮑本、吴本無下「之」字。

〔五〕鮑彪云：「(二公)雍門、陽得。」〔按〕疑謂雍門與亦陽。

〔六〕鮑彪云：「『游』猶『友』也。言不盡於交游之道。」關修齡云：「士未有以爲君能待之盡交游之道者也。」

〔七〕鮑彪云：「(二人)椒、亦等。」〔按〕疑是椒與子養。

〔八〕鮑本、吴本「騏」作「麒」。盧本「驎」作「麟」。〔按〕商君書畫策篇：「騏驎騄駬，每一日走千里。」「驎」同「麟」，「駬」同「耳」。史記秦本紀：「造父以善御幸於周繆王，得驥、温驪、驊駠、騄耳之駟。」集解：「郭璞曰：紀年云：北唐之君未見，以一驪馬，是生騄耳。」

〔九〕〔按〕「妃」謂「姬妾」。

〔一〇〕鮑彪云：「縞，鮮色繒也。紵，檾屬細者。」吴師道云：「書注：縞，白也。」〔按〕縞紵二物，猶下言「粱肉」，鮑注不誤，吴説非。漢書司馬相如傳：「揄紵縞。」顔注云：「紵織紵也。縞，鮮支也。今之所謂素者也。」

〔一一〕鮑彪云：「粱，米名。本草注：青粱，粟類。」吴師道云：「粱，米之善者，有黄、青、白三種。」〔按〕「粱」同「粱」。

〔一二〕〔按〕文選七發注、七啓注引「西」作「先」。長短經注「嫱」作「嬙」，同。愼子外篇：「毛嬙、西施，天下之至姣也。」管子小稱篇：「毛嬙、西施，天下之美人也。」（淮南子脩務訓同）「西」、「先」二字古音同（見古韻標準），可通用。

〔一三〕鮑彪云：「君之廄馬至此，與王斗云云合。」〔按〕王斗云云，見本策下先生王斗章。

〔附論〕

吳師道云：「孟嘗君之門，高者如馮驩、魏子，能免難市譽而已。昔人譏其未嘗得士，特雞鳴狗盜之雄。世以爲名言。今觀魯連曰『君之好士未也』，則當時已有是論矣。」鍾鳳年云：「（孟嘗君）傳稱『文說嬰曰：君用事相齊，至今三王矣。齊不加廣，而君私家富累萬金，門下不見一賢者。文聞將門必有將，相門必有相。今君後宮蹈綺縠，而士不得短褐』云云。疑此章乃附會是類傳說而誤述者。魯連爲當時明達士，似不宜輕妄責人如此。」〔按〕吳引昔人云云，謂王安石之讀孟嘗君傳，見臨川集。魏子自剄，明孟嘗君不反，事見史記孟嘗君傳。

4 孟嘗君逐於齊而復反

孟嘗君逐於齊而復反〔一〕。譚拾子迎之於境〔二〕，謂孟嘗君曰：「君得無有所怨齊士大夫？」孟嘗君曰：「有。」「君滿意殺之乎〔三〕？」孟嘗君曰：「然。」譚拾子曰：「事有必至，理有固然，君知之乎？」孟嘗君曰：「不知。」譚拾子曰：「事之必至者，死也。理之固然者，富貴則就之，貧賤則去之。此事之必至，理之固然者。請以市諭〔四〕。市，朝則滿，夕則虛，非朝愛市而夕憎之也，求存故往〔五〕，亡故去〔六〕。願君勿怨！」孟嘗君乃取所怨五百牒〔七〕削去之，不敢以爲言〔八〕。

【箋證】

〔一〕鮑彪云：「此（湣王）三十年，孟嘗奔薛。此言『復反』，傳言『王召之，因謝病，老於薛』，與此駮。」吴師道云：「（湣王）二十年。」〔按〕鮑説據六國表及孟嘗君傳，吴以湣王之紀年推從通鑑。此策既與史駮，安能斷爲同事？且孟嘗君傳記馮驩事，謂孟嘗復位，怨客之背己，驩爲解諭，與此文大同。惟一作馮驩，一作譚拾子，當由傳聞異辭耳。是此策當與前齊人有馮諼章相屬（鮑氏亦次此章於馮諼章後）。馮諼章記孟嘗君去位，與傳言田甲劫湣王、孟嘗奔薛事不相同，又安能淆爲一談？此疑在湣王初年孟嘗復反之時，别詳馮諼章。

〔二〕鮑彪云：「（譚拾子）齊人。」〔按〕風俗通窮通篇「譚拾子」作「譚子」，「境」作「澅」。「澅」同「畫」，齊邑，即孟子去齊，宿於晝（公孫丑下篇）之「晝」。趙注：「齊西南近邑也。」

〔三〕鮑彪云：「拾子借以殺之爲愜乎。」〔按〕風俗通作「如意則殺之乎」。

〔四〕〔按〕册府元龜卷九百一「諭」作「論」。風俗通亦作「論」。

〔五〕鮑彪云：「所求者存，故往趨之。」〔按〕風俗通「存」作「在」。

〔六〕〔按〕淮南子説林訓云：「朝之市則走，夕過市則步，所求者亡也。」與此相類。史記孟嘗君傳作：「君獨不見夫趣朝市者乎。平明側肩争門而入。日暮之後，過市朝者掉臂而不顧。非好朝而惡暮，所期物亡其中。」索隱：「期物，謂所期之物利，故平明側肩争門而入。今日暮所期亡其中。亡者，無也。……言日暮物盡，故掉臂不顧也。」此「亡」字亦同「無」。此「市」蓋指朝市，見周禮地官司市。

〔七〕鮑彪云：「牒，札也，書所怨人。」〔按〕風俗通作「於是削所怨者名而已」。

〔八〕鮑彪云：「馮驩傳略同。以此策及驩傳考之，蓋反而後謝病也。」〔按〕馮驩傳即孟嘗君傳。策、史本不同，鮑氏强爲調和，非。藝文類聚卷六十五引魯連子云：「孟嘗君逐於齊，譚子曰：『富貴則就，貧賤則去，物之必至，而理固然也。願君勿怨，請以市論。市朝則盈，夕則虛。非朝愛而夕則憎之也，勢使然。』」（文選張景陽雜詩注及女史箴注引同）史記廉頗傳：「廉頗之免長平歸也，失勢之時，故客盡去。及復用爲將，客又復至。廉頗曰：『客退矣。』客曰：『吁，君何見之晚也！夫天下以市道交。君有勢，我則從君；君無勢，則去，此固其理也。有何怨乎？』」又汲黯鄭當時列傳：「鄭莊、汲黯始列爲九卿，廉，内行修絜。此兩人中廢，家貧，賓客益落。」太史公論贊云：「夫以汲、鄭之賢，有勢則賓客十倍，無勢則否，况衆人乎？」並引翟公謝客之辭「一死一生，乃知交情；一貧一富，乃知交態；一貴一賤，交情乃見」，深致感慨。又於主父偃傳論贊曰：「偃當路，諸公皆譽之。及名敗身誅，士争言其惡。悲夫！」皆與此類同。

5 齊宣王見顔斶

齊宣王見顔斶〔一〕，曰：「斶前！」斶亦曰：「王前〔二〕！」宣王不悦。左右曰：「王，人君也。斶，人臣也。王曰『斶前』，亦〔三〕曰『王前』可乎？」斶對曰：「夫斶前爲慕勢，王前爲趨〔四〕士。與〔五〕使斶爲趨勢，不如使王爲趨士。」王忿然作色曰：「王者貴乎？士貴乎？」對曰：「士貴耳。王者不貴。」王曰：「有說乎？」斶曰：「有。昔者秦攻齊，令曰〔六〕：『有敢去柳下季壟五十步而樵采者〔七〕，死〔八〕不赦。』令曰：『有能得齊王頭者，封萬戶侯，賜金千鎰。』由是觀之，生〔九〕王之頭，曾不若死士之壟也。」宣王默然不悅。

左右皆曰：「斶來，斶來！大王據千乘〔一〇〕之地，而建千石鐘〔一一〕，萬石簴〔一二〕，天下之士，仁義皆來役處〔一三〕，辯知並進，莫不來語。東西南北，莫敢不服。求〔一四〕萬物（無）不備具〔一五〕，而百（姓）無不親附〔一六〕。今夫士之高者，乃稱匹夫〔一七〕，徒步而處農畝；下則鄙野〔一八〕，監門閭里〔一九〕。士之賤也亦甚矣！」斶對曰：「不然。斶聞古大禹之時，諸侯萬國〔二〇〕。何則？德厚之道，得貴士之力也〔二一〕。故舜起農畝，出於野鄙，而爲天子〔二二〕。及湯之時，諸侯三千〔二三〕。當今之世，南面稱寡者乃二十四〔二四〕。由此觀之，非得失之策與〔二五〕？稍稍誅滅，滅亡無族〔二六〕之時，欲爲監門閭里，安可得而有乎〔二七〕哉？是故易傳不云乎〔二八〕：『居上位未得其實，以喜其爲〔二九〕名者，必以驕奢爲行；據慢驕奢則凶〔三〇〕從之。是故無其實而喜其名者削〔三一〕，無德而望其福者約〔三二〕，無功而受其祿者辱，禍必握〔三三〕。』故曰：『矜功不立〔三四〕，虛願不至〔三五〕。』此皆幸樂其名，華而無其實德者也。是以堯有九佐〔三六〕，舜有七友〔三七〕，禹有五丞〔三八〕，湯有三輔〔三九〕。自古及今，而能虛成名於天下者無有。是以君王無羞亟〔四〇〕問，不媿下學〔四一〕。是故〔四二〕成其道德而揚功名於後世者，堯、舜、禹、湯、周文王是也〔四三〕。故曰：『無形者形之君也〔四四〕，無端者事之本也〔四五〕。』夫上見其原，下通其流〔四六〕，至聖人明學〔四七〕，何不吉之有哉？老子曰：『雖貴，必以賤爲本；雖高，必以下爲基。是以侯王稱孤、寡、不穀，是其賤之本與〔四八〕？』非夫〔四九〕？孤寡者人之困賤下位也，而侯王以自謂，豈非下人〔五〇〕而尊貴士與？夫堯傳舜，舜傳禹，周成王任周公旦〔五一〕，而世世稱曰明主，是以明乎士之貴也。」

宣王曰：「嗟乎！君子焉可侮哉？寡人自取病耳〔五二〕。及今〔五三〕聞君子之言，乃今聞細人〔五四〕之行，願請受〔五五〕爲弟子！且顏先生與寡人游〔五六〕，食必太牢〔五七〕，出必乘車，妻子衣服麗都〔五八〕。」顏斶辭去曰：「夫玉生於山，制則破〔五九〕焉，非弗寶貴矣〔六〇〕，然夫（大）〔六一〕璞不完。士生乎鄙野，推選則祿焉〔六二〕，非不得尊遂〔六三〕也，然而形神不全〔六四〕。斶願得歸，晚食以當肉〔六五〕，安步以當車〔六六〕，無罪以當貴，清靜貞正以自虞〔六七〕。制言〔六八〕者王也，盡忠直言者斶也。言要道已備矣，願得賜歸，安行而〔六九〕反臣之邑屋！」則再拜而辭去也〔七〇〕。

斶知足矣〔七一〕。歸反撲〔七二〕，則終身不辱也〔七三〕。

〔箋證〕

〔一〕原本此章與上章連接，今從鮑本分提。鮑彪云：「集韻（斶）音『觸』，引呂氏春秋齊有顏斶。」吳師道云：

「春秋後語作『王蠋』。」黄丕烈云：「按古今人表中上作『顔歜』。其『王歜』別在後，未知後語何據，乃以爲一人也。」〔按〕陶淵明集聖賢羣補録、後漢書蔡邕傳注引「斶」作「歜」。廣韻「歜」字云：「齊宣王時有高士顔歜，或作『斶』。」是「歜」、「斶」同字。王歜，齊湣王時人，燕入齊，歜自經死，見説苑立節篇，史記田單傳作「王蠋」。明是二人，後語合爲一人，非。長短經論士篇作「顔觸」，册府元龜卷七百七十八、東坡志林卷四作「顔蠋」，下並同。

〔二〕鮑彪云：「（前）使之即己。」〔按〕命之趨前。

〔三〕鮑本、吴本、盧本「亦」上有「斶」字。景宋抄本無「斶」字，同此本。安井衡云：「此蒙上省文。」

〔四〕鮑彪云：「趨，就也。」

〔五〕〔按〕「與」猶「與其」，謂如其，常與寧、不若、不如等詞連用。國語晉語：「與余以狂疾賞也，不如亡。」吕氏春秋貴直篇：「與吾得革車千乘也，不如聞行人燭過之一言。」與此句法同例。餘見經傳釋詞。長短經「趨」作「慕」，下句「不如」作「不若」。

〔六〕鮑本、吴本無「曰」字。

〔七〕鮑彪云：「魯展禽字季，食采柳下，亦云居之。壟，其冢埒。秦伐齊，先經魯，故云。」〔按〕莊子盜跖篇「柳下季」，釋文云：「柳下惠姓展，名獲，字季禽，一云字子禽。居柳下而施德惠。一云：『惠，謚也。』一云：『柳下，邑名。』」左傳僖公二十六年孔疏：「氏展名獲字禽。柳下是其所食邑名。謚曰惠。……莊子云柳下季者，季是五十字（按謂五十以伯仲也），禽是二十字。」白氏類帖卷十九引「季」作「惠」。文選求立太宰碑表注、謝修下忠貞墓啓注引「有敢」作「敢有」。碑表注「壟」作「墓」。

〔八〕〔按〕文選求立碑表注、謝修墓啓注、白帖、太平御覽五百五十七引「死」上並有「罪」字。長短經亦有「罪」字。

〔九〕吴本「生」作「先」，鮑單注本作「生」，同此本。

〔一〇〕金正煒云：「『千乘』當爲『萬乘』，涉下文『千石』而誤。」

〔一一〕鮑彪云：「一石百二十斤。」〔按〕呂氏春秋仲春紀：「鈞衡石。」高注：「石，百二十斤。」小爾雅廣衡：「鈞四謂之石。」鈞，三十斤。此言立重千石之巨鐘。

〔一二〕鮑本、吳本「簴」作「篪」，盧本作「虡」。鮑彪云：「（篪）鐘鼓之桴。」〔按〕「簴」、「篪」同字，本字作「虡」。說文「虡」字云：「鐘鼓之柎也，飾爲猛獸，從虍異形，其下足。」司馬相如上林賦：「撞千石之鐘，立萬石之虡。」張揖注：「虡獸重百二十萬斤以俠鐘。」「俠」同「夾」。此可見虡之制。

〔一三〕鮑本「仁義皆來役處」作「皆爲役處」四字，注云：「役，爲之使。處，在其位。」吳師道云：「恐『仁義』字當在『之士』上。」橫田惟孝云：「言仁者義者皆來爲使役而處左右也。」安井衡云：「『仁義』與『辯知』對，則亦指仁義之人。天下之士，總仁義辯知而言之。」金正煒云：「『仁義』上下當有脫字。」〔按〕依文自解，不必有脫。此文以「簴」、「處」與下「語」字協韻，在古韻魚部（見江有誥先秦韻讀）。

〔一四〕鮑彪改「服求」作「來服」，句。吳師道云：「『求』屬下句。」今從吳讀。金正煒云：「『莫敢不服求』當作『莫不來服』，『求』即『來』字之譌。『敢』當作『故』，本在『萬物』句上，誤淆次於前。」〔按〕長短經亦作「莫敢不服」，不可輕改。

〔一五〕鮑本、吳本、盧本「物」下有「無」字。今從補。鍾鳳年云：「疑此語自有倒字，元作『萬物不求備具』，言不待求皆自至，方合佞幸諂諛口吻。」〔按〕鍾說嫌牽强。

〔一六〕鮑本、吳本、盧本「百」下有「姓」字，今從補。安井衡云：「『百』謂其多。言萬物之中，或有不備具者，齊王求之，雖多至百品，無不親來附與之。鮑補文雖差順，改竄已多，非也。」〔按〕安井篤守舊文，不輕改字，固善，但所釋迂曲，不能令人愜意。鮑彪「無」、「姓」二字並非自補，乃其所據本如此，豈可以其異於姚本，而斥爲改竄乎？附辨於此。「北」、「服」協韻，在之部。「具」、「附」協韻，在侯部。

〔一七〕〔按〕孟子梁惠王下篇：「君所爲輕身以先於匹夫者，以爲賢乎？」「匹夫」謂孟子。趙注：「匹夫，一夫也。」

〔一八〕鮑彪云：「五酇爲『鄙』，郊外曰『野』，亦所處也。」吳師道云：「鄙，五百家。」金正煒云：「此承上文。士之高者但爲匹夫而處農畝，下之則爲鄙野之人，惟當監門閭里耳。」〔按〕鮑注本周禮地官遂人。吳注據天官宰夫注。五家爲鄰，五鄰爲里，四里爲酇，故五酇即五百家。「鄙」亦與「野」同義，國語齊語：「參其國而伍其鄙。」韋注：「鄙，郊以外也。」公羊桓公十一年傳：「遷鄭焉而野留。」何注：「野，鄙也。」周禮地官大司徒鄭注引「野」作「鄙」。

〔一九〕鮑彪云：「閭在鄉，里在野，並五百家，皆有門。」吳師道云：「周禮大司徒五家爲比，五比爲閭。遂人五家爲鄰，五鄰爲里。閭、里皆二十五家。鄉謂之『閭』，遂謂之『里』。二十五家共有巷，巷首有門。」〔按〕閭里，經傳並言二十五家，鮑注有誤。監門，見秦策五。「畝」（明以反）、「里」及下「矣」字協韻，在之部。

〔二〇〕〔按〕左氏哀公七年傳：「禹合諸侯於塗山，執玉帛者萬國。」杜注：「諸侯執玉，附庸執帛。」

〔二一〕鮑彪云：「言能貴士故德厚。」

〔二二〕〔按〕傳説舜耕歷山，漁雷澤，陶河濱，後堯禪位爲帝，見史記五帝本紀。孟子告子下亦云：「舜發於畎畝之中。」

〔二三〕〔按〕尚書大傳：「湯放桀而歸於亳，三千諸侯大會。」

〔二四〕程恩澤云：「史記商鞅傳：『淮、泗之間，小國十餘。』（按商君傳無此語，疑程氏誤引。）是戰國除七雄及宋、衛、中山外，其僅存者尚有十餘國，所謂泗上十二諸侯是也。」安井衡云：「二周、七雄及宋、衛、中山並泗上十二諸侯爲二十四。」〔按〕十二諸侯見秦策。

〔二五〕鮑彪云：「昔諸侯多，由得策也。今失策，故誅滅而寡。得策，貴士也。」金正煒云：「『策』本作『筴』。史記五帝紀『迎日推筴』。集解：『筴，數也。』」

〔二六〕姚宏云：「晁去『滅亡無族』四字，三本同。一有四字，集無。」

〔二七〕鮑本、吴本「乎」作「也」。

〔二八〕文廷式云：「此戰國以前之易傳，蓋真商瞿以後之微言。居上位云云，蓋釋上爻之辭也。」

〔二九〕鮑彪改「以」作「而」。吴師道云：「恐當作『而』。」金正煒云：「『以』與『已』古通用。……『爲』字涉下『爲行』而衍。」〔按〕「以」猶「而」也，見經傳釋詞。不必改字。

〔三〇〕鮑本、吴本「凶」下有「必」字。吴師道云：「『倨』、『据』通借。」

〔三一〕吴師道云：「削，弱也。」

〔三二〕鮑彪云：「約，窮也。」〔按〕禮記坊記：「小人窮斯約。」鄭注：「『約』猶『窮』也。」長短經「無」下有「其」字，下句「無功」亦作「無其功」。與上文相應，疑是。「削」、「約」協韻，在宵部。

〔三三〕姚宏云：「高士傳（握）作『渥』。」鮑彪云：「言禍辱隨之不捨也。」孫詒讓云：「『渥』義較長。此當讀『無功而受其禄者辱』，句；『禍必渥』，三字句。言其得禍必重也。易鼎九四爻辭云：『其形渥。』周禮鄭注引作『其形剭』。……握、渥、剭並聲同字通。」〔按〕孫説是。鮑以「握」爲「握持」，故讀解並誤。「辱」、「握」協韻，在侯部。

〔三四〕鮑彪云：「言徒有矜大好功之志而不爲，故功不立。」

〔三五〕鮑彪云：「不求不爲而欲得之，虛願也，物不自至。」横田惟孝云：「此言失志之害。」

〔三六〕鮑彪云：「（九佐）九官也。」〔按〕淮南子道應訓：「昔堯之佐九人。」高注：「禹、皋陶、稷、契、伯夷、倕、益、夔、龍也。」陶潛集聖賢羣輔録堯九官同（箋注陶淵明集卷八）。

〔三七〕姚宏云：「陶元亮集聖賢羣輔録引戰國策舜有七友。雄陶、方回、續牙、伯陽、東不訾、秦不虛、靈甫。」（鮑注略同。）吴師道云：「雄陶云云，又見皇甫謐逸士傳。『不訾』或云『不識』，『不虛』或云『不空』。尸子無『靈甫』。愚謂此類皆不可深考，或後人所妄造。」〔按〕道德訓：「舜之佐七人。」高注：「皆與堯同臣其七人也。」是高氏以「七友」即「九佐」中之七人。然漢書古今人表有雒陶、續身、柏陽、東不訾、秦不虛五人，別有方回。顔注云：「雒陶已下，皆舜之友也。『身』或作『耳』，『虛』或作『宇』。並見尸子。」則傳來已久。韓非子説疑篇有續牙、晉伯陽、董不識。顧廣圻謂「晉」字當衍。董不識即東不訾。此類疑並是尸子所假託者，猶莊子之王兒、齧缺、許由、巢父，非實有其人，故高注淮南不取。長短經「七」作「十」，乃字訛。

〔三八〕鮑彪云：「楚辭『八師』，三后外有益、稷、皋陶、垂、益（鮑、吴合注四部叢刊本無「益」字，據鮑單注本補）。」〔按〕鮑引楚辭，見東方朔七諫。王逸注：「『八師』謂禹、稷、契、皋陶、伯夷、倕、益、夔也。」鮑注尾「益」疑是「夔」之誤。「益」已見上，不當復出。「稷」在三后之列，當作「契」。吕氏春秋求人篇：「（禹）憂其黔首，顔色黧黑，竅藏不通，步不相過，以求賢人，欲盡地利，至勞也。得陶、化益、真窺、橫革、之交五人佐禹，故功績銘乎金石，著於盤盂。」荀子成相篇：「禹傅土，天下平；躬親爲民行勞苦；得益、皋陶、橫革、直成爲輔。」困學紀聞卷十謂「（吕覽）陶即皋陶也，化益即伯益也，真窺即直成也，橫革即橫革也，皆禹輔佐之名。之交，未詳」。盧文弨校云：「『⿰貞見』與『成』音同，與『窺』形似。吕氏春秋蓋本作『⿰貞見』，傳寫誤爲『窺』耳。『直』與『真』亦形似。」此與本文之「五丞」相合。鮑引「八師」，不切。

〔三九〕鮑彪云：「商書伊、虺二相外，有誼伯、仲伯、咎單。豈此？未詳。」

〔四〇〕鮑彪云：「『亟』猶『數』。」

〔四一〕鮑彪云：「(下學)學於臣下。」

〔四二〕姚宏云：「『故』下，曾、劉本有『能』字。」

〔四三〕〔按〕上文無「周文王」，疑有脱文。

〔四四〕鮑本二「形」字原作「刑」，改作「形」。吴師道云：「當作『形』，古書字通。」碕哲夫云：「『君』猶『本』。」〔按〕春秋繁露深察名號篇云：「『君』者『原』也。」此與下文「本」字互文。

〔四五〕吴師道云：「無形、無端，皆指實德言。」碕哲夫云：「無端，無始也，言事之未有始也。言有形出於無形，有事生於無事也。」

〔四六〕横田惟孝云：「原、流，亦指實德功名言也。」

〔四七〕鮑彪云：「衍『人』字。」盧本從之。鮑彪云：「明學，學之明者，言上見下通聖明之事。」〔按〕「聖人」謂如堯、舜、禹、湯、周文王。「明學」即上文所謂「不愧下學」。「明」作動詞用。鮑注非。

〔四八〕關修齡云：「『之』下恐脱『爲』字。」中井積德云：「宜言『是賤其本歟』。若『賤之本』，理不通。」〔按〕今老子作：「故貴以賤爲本，高以下爲基，是以侯王自謂孤、寡、不穀，此非以賤爲本耶。」此文「之」猶「爲」也，見吴昌瑩經詞衍釋。「賤之本」即「賤爲本」，不煩改字。

〔四九〕姚宏云：「曾本無『非』字。」鮑彪讀「非夫」句，云：「猶言『非邪』。」吴師道云：「疑『非』字當在『歟』字上，而『夫』音『扶』，屬下句，與下文『豈非下人而尊貴士歟，夫堯』云云同。一本作『本歟』，無『非』字，義明。」金正煒以「非」字上屬讀，云：「漢書終軍傳：『此言與實反者非。』師古曰：『重問之。』與此文正相類。」〔按〕曾本無「非」字爲是，然鮑讀亦可通，姑從之。

〔五〇〕鮑彪云：「(下人)以身下人。」

〔五一〕〔按〕周成王任周公旦，見尚書及史記周本紀、魯世家。

〔五二〕吴師道云：「自取病，謂屬言士貴王賤。」

〔五三〕横田惟孝云：「『及』當作『乃』，字之誤也。」（金正煒説同。）〔按〕下句「乃今」云云，此若作「乃今」，不辭。「及今」自通。

〔五四〕鮑彪云：「細人，王自稱。」吴師道云：「細人，前所謂無實德不貴士者。」金正煒云：「『聞』猶『知』也，見吕覽異寳篇注。」〔按〕禮記檀弓上篇：「細人之愛人也以姑息。」孔疏：「細小之人。」鮑注非。今字疑涉上句「及今」而衍。

〔五五〕姚宏云：「劉本無『受』字。」

〔五六〕金正煒云：「『顔』當爲『願』，字形相似而誤。言願爲弟子，復願先生留與同游。」〔按〕後漢書蔡邕傳注引作「願先生與寡人游」，可證金説。又「且」猶「若」也，吴昌瑩經詞衍釋引此文以證，亦通。

〔五七〕鮑彪云：「牛、羊、豕具爲太牢。」

〔五八〕鮑彪云：「（麗都）皆美稱。」〔按〕詩鄭風有女同車：「洵美且都。」毛傳：「都，閑也。」疏：「都者，美好閑習之言。」

〔五九〕姚宏云：「曾本（制則）作『制取』。集『無取』。」鮑彪云：「制，裁斷之。」〔按〕禮記月令鄭注：「『制』，謂截割。」此謂割玉爲器。今字非「製」。後漢書注引「破」作「毁」。

〔六〇〕〔按〕後漢書注引「弗」作「不」，「矣」作「也」。

〔六一〕鮑本、吴本「夫」作「大」。〔按〕秦策三應侯曰章：「鄭人謂玉未理者璞。」册府元龜「夫」作「大」。東坡志林趙本無「夫」字，商本「夫」作「太」，「大」音「太」也。「大」字較長，今從改。

〔六二〕〔按〕禮記王制：「命鄉論秀士，升之司徒，曰選士。司徒論選士之秀者而升之學，曰俊士。升於司徒者不征於鄉，升於學者不征於司徒，曰造士。……大樂正論造士之秀者以告於王，而升諸司馬，曰進士。司馬辨論官材，論進士之賢者，以告於王而定其論。論定然後官之，任官然後爵之，位定然後祿之。」王制作於秦、漢之際，其論選士之制，戰國時當與相近。又管仲佐齊桓公，定三選之制，進用賢能，見國語齊語。田齊選士，或亦遵用其遺制歟？

〔六三〕鮑本、吳本無「得」字。鮑彪云：「『遂』猶『達』。」〔按〕後漢書注引亦無「得」字，「尊」作「貴」。東坡志林無「得」字。

〔六四〕〔按〕此段文以「焉」、「完」、「焉」、「全」協韵，在元部。形神不全，謂有害於養生。

〔六五〕鮑彪云：「晚，言飢而食也，其美比於食肉。」吳師道云：「當，敵也，如字。」〔按〕元龜「晚」作「蔬」。

〔六六〕〔按〕藝文類聚卷七十二引「步」作「行」。蘇軾顏蠋巧於安貧云：「戰國之士，未有如魯連、顏蠋之賢者也。然而未聞道也。晚食以當肉，安步以當車，是猶有意於肉於車也。晚食自美，安步自適，取其美與適足矣，何以當肉與車馬哉？雖然，蠋可謂巧於居貧者也。未飢而食，雖八珍猶草木也。使草木如八珍，惟晚食爲然。蠋固巧矣。然非我之久於貧，不能知蠋之巧也。」（志林卷四）

〔六七〕鮑彪云：「虞，娛同，樂也。」〔按〕後漢書注、東坡志林「虞」作「娛」。黃式三編略引東坡志林戰國有一方，藥四味云云，與此異。此文見志林卷一贈張鶚，乃蘇軾舉撮顏屬四語改寫，先後顛倒，字句參互，文章求其明意，例不拘也。觀於同書卷四論顏蠋，首段用國策文，與今本相同，明所見本無大異。黃氏據改寫文以校字，非。此段以「車」、「虞」協韻，在魚部。

〔六八〕鮑彪云：「言，謂命令。」橫田惟孝云：「制言，裁制屬之言也。」〔按〕此與下句「盡忠直言」相應，橫田解是。

〔六九〕鮑本、吴本無「而」字。

〔七〇〕鮑彪云：「衍『而』字。」無「也」字。〔按〕「則」猶「即」，見經傳釋詞。

〔七一〕鮑本「斶」上有「曰」字，「曰」上補「君子」二字。吴師道云：「曰者，斶既辭而又自言也。」〔按〕「斶知足矣」以下是著書者之評語，猶言「斶可謂知足矣」。此例策屢見。吴據鮑本有「曰」字，故以爲斶自言，然不如姚本之明。元龜「斶」上亦有「曰」字。

〔七二〕鮑彪「歸」下補「真」字，「撲」作「璞」。盧本「撲」作「樸」。吴師道云：「上言『大璞不完』，以喻士之形神不全，故曰『歸反璞』云云。文意甚明，添字謬。」王念孫云：「足、樸、辱爲韻。後漢書蔡邕傳注引作『歸反於樸，則終身不辱』，句法較爲完善。」〔按〕「撲」、「樸」、「璞」並從「菐」聲，通用。

〔七三〕鮑本、吴本無「也」字。許應元云：「顔斶非辨士者流，蓋老、莊之徒也。」〔按〕老子云：「知其榮，守其辱，爲天下谷。常德乃足，復歸於樸。」結尾三句本之。葉適習學記言云：「顔斶學兼孔、老，而能自持其説，不屈其身。」王守仁云：「顔斶之論，蓋出於田子方。」〔按〕史記魏世家：「子擊逢文侯之師田子方於朝歌，引車避，下謁，田子方不爲禮。子擊因問曰：『富貴者驕人乎？且貧賤者驕人乎？』子方曰：『亦貧賤者驕人耳。夫諸侯而驕人，則失其國，大夫而驕人，則失其家。貧賤者行不合，言不用，則去之楚、越，若脱躧然，奈何其同之哉？』子擊不懌而去。」亦見韓詩外傳卷九。與此策士貴王貴之論相類。

6　先生王斗

先生王斗〔一〕造門而欲見〔二〕齊宣王，宣王使謁者延〔三〕入。王斗曰：「斗趨見王爲好勢，王趨見斗爲好士。於王何如？」使者復還報。王曰：「先生徐之〔四〕，寡人請從〔五〕。」宣王因趨而迎之於門。

與入，曰：「寡人奉先君之宗廟，守社稷。聞先生直言正諫不諱〔六〕。」王斗對曰：「王聞之過〔七〕。斗生於亂世，事亂君〔八〕，焉敢直言正諫？」宣王忿然作色，不說。

有間，王斗曰：「昔先君桓公〔九〕所好者（五）〔一〇〕，九合諸侯，一匡天下，天子受〔一一〕籍〔一二〕，立爲大伯〔一三〕。今王有四焉。」宣王說，曰：「寡人愚陋，守齊國，唯恐失抎之〔一四〕，焉能有四焉？」王斗曰：「否〔一五〕。先君好馬，王亦好馬；先君好狗，王亦好狗；先君好酒，王亦好酒；先君好色，王亦好色〔一六〕。先君好士，是〔一七〕王不好士。」宣王曰：「當今之世無士，寡人何好？」王斗曰：「世無騏驎、騄耳〔一八〕，王〔一九〕駟已備矣。世無東郭俊、盧氏之狗〔二〇〕，王之走狗已具矣〔二一〕。世無毛嬙、西施〔二二〕，王宮已充矣。王亦不好士也，何患無士？」王曰：「寡人憂國愛民，固願得士以治之。」王斗曰：「王之憂國愛民，不若王愛尺縠〔二三〕也。」王曰：「何謂也？」王斗曰：「王使人爲冠，不使左右便辟〔二四〕而使工者，何也？爲能之也〔二五〕。今王治齊，非左右便辟無使也。臣故曰：不如愛尺縠也。」宣王謝曰：「寡人有罪國家。」

於是舉士五人，任官，齊國大治。

〔箋證〕

〔一〕鮑彪云：「(王斗)齊人。」吴師道云：「一本標文樞鏡要作『王升』。」黄丕烈云：「按『升』字當是也。古今人表中上作『王升』。今高士傳作『王斗』，亦非。」〔按〕「斗」、「升」二字，錢大昕漢書考異、梁玉繩人表考並謂古文「斗」、「升」字每相亂，不作肯定。北堂書鈔卷三十四、太平御覽卷六百八十四引作「王升」，御覽卷八百十六引又作「王斗」，同今本。文選齊竟陵文宣王行狀注引作「王叔」，世説新語言語篇注引伏滔論青州人物有王叔，次在顔歜、黔子、於陵仲子之後，當即此王斗。「斗」亦作「叔」。御覽卷四百五十六又引作「王歜」(古今人表別有王歜，即史記田單傳之王蠋，而春秋後語又與顔斶混爲一人)。疑本作「王叔」，音訛作「歜」。斗、升、叔三字相淆，究爲孰是？竊意當作「斗」字。許慎譏當時俗書：「人持十爲斗。」(説文序)今所見漢隸字「斗」作「升」，故「王斗」隸作「王什」。「什」與「升」形似，楷化遂訛作「升」。草書「升」作「廾」，「叔」作「[illegible]」，二字形似，又訛「升」作「叔」。其實皆出於「斗」字之演訛。册府元龜卷二百四十一作「王斗」，注云：「一作『王蜀』。」「蜀」又「歜」之誤。

〔二〕〔按〕御覽卷四百五十六引「而」下有「歌」字，「見」下有「於」字。文選注引亦有「於」字。宋策犀首伐黄章高注云：「造，詣也。」

〔三〕鮑彪云：「謁者掌賓贊受事。延，引也。」〔按〕鮑注本漢書百官公卿表，墨子號令篇：「守必謹微，察視謁者、執盾、中涓及婦人侍前者。」秦有謁者王稽，載范雎入秦者。

〔四〕吴師道云：「(徐之)使無趨至。」〔按〕文選注引「之」作「入」。

〔五〕鮑彪云：「(從)就之也。」

〔六〕〔按〕王言尚未盡，下接王斗之語，蓋不待言盡而對。

〔七〕鮑彪云：「不如所聞。」〔按〕「過」猶「誤」。

〔八〕真德秀云：「『生亂世，事亂君』之語，失之太峻。」許應元云：「『生亂世，事亂君』，所謂激怒之。」

〔九〕鮑彪云：「此桓公雖非田氏之先，斗，齊人也，得稱爲『先』。」

〔一〇〕鮑彪「者」下補「五」字。吴師道云：「一本標文樞鏡要有『五』字。」〔按〕有者是。御覽卷四百五十六引亦有「五」字，今從補。

〔一一〕鮑彪改「受」作「授」。吴師道云：「當作『授』，字通借。」

〔一二〕鮑彪云：「（籍）土地人民之籍。猶賜履也。」孫詒讓云：「『籍』當讀爲『胙』。即指左傳僖九年王使宰孔賜齊侯胙之事。史記商君傳集解引新序云：『秦孝公周室歸籍。』索隱云：『「籍」音「胙」，字合作「胙」，誤爲「籍」耳。』按本紀周歸文、武胙於孝公，是也。此以『籍』爲『胙』，與新序正同。『授籍』即『歸胙』也。『籍』、『藉』古音與『胙』同，詳顧炎武唐韻正。」〔按〕淮南子氾論訓：「履天子之籍。」王念孫云：「『籍』猶『位』也。」（讀書雜志）彼書高注亦誤以「籍」爲「國籍」。「籍」通作「胙」。國語齊語：「反胙於絳。」韋注引賈待中云：「胙，位也。」「授籍」即「授位」，與下文「立爲方伯」語相應。「籍」疑非「賜祭胙」之「胙」。孫氏以爲此指僖九年葵丘之會事，殆是。

〔一三〕鮑彪云：「（伯）『二伯』之『伯』。」〔按〕「大伯」爲諸侯之長。周禮春官宗伯：「九命作伯。」鄭注：「上公有功德者，加命爲二伯，得征五侯九伯者。」禮記王制：「分天下以爲左右，曰二伯。」鄭注引春秋傳：「自陝以東，周公主之。自陝以西，召公主之。」鮑注本之。國語齊語：「葵丘之會，天子使宰孔致胙於桓公。……（桓公）受命賞，服大路、龍旗、九旒、渠門、赤旗，諸侯稱順焉。」即此立爲大伯事。御覽引「大」作「方」。

〔一四〕姚宏云：「（失）曾、集本作『夫』字。」鮑本、吴本「失」作「夫」，文章正宗同。鮑彪云：「抎，失也。春秋傳：「抎子辱矣。」關修齡云：「抎、隕通。『失隕』猶『失墜』。」于鬯云：「説文云：抎，有所失也。是『失』、『抎』同義，自是連語。」金正煒云：「墨子天志篇：『抎失社稷。』又大戴禮曾子立事篇：『戰戰唯恐失損之。』『損』亦『失』也。古書故多複詞，作『夫』者誤。」〔按〕「抎」與「損」實同字（見朱駿聲説文通訓定聲），大戴記之「失損」即此「失抎」。「抎」與「隕」通，亦見楚策四莊辛謂楚襄王曰章。

〔一五〕吳本脱「否」字，鮑本有。

〔一六〕〔按〕孟子梁惠王下篇載宣王自謂「寡人有疾，寡人好貨」，「寡人好色」，是亦自知其疾而不能改之。

〔一七〕姚宏云：「劉本無『是』字。曾有。」鮑彪改「是」作「而」。金正煒云：「『是』與『祇』同義，説見經傳釋詞。……鮑改亦嫌無據。」〔按〕御覽亦無「是」字。但有之語氣方足。説苑尊賢篇淳于髡説齊宣王曰：「古者好馬，王亦好馬；古者好味，王亦好味；古者好色，王亦好色。古者好士，王獨不好士。」與此相類，末句亦變文，以加重語氣，可證。裴學海古書虛字集解以此「是」字猶「而」，不如訓「祇」爲長。

〔一八〕姚宏云：「劉本（騄耳下）有『之馬』字，集無。」〔按〕「騏驎、騄耳」，見前魯仲連謂孟嘗君章。御覽引「驎」作「驥」。

〔一九〕鮑彪「王」下補「之」字。〔按〕不補亦明，且無據。文章正宗從鮑本有「之」字，非。

〔二〇〕吳師道云：「（俊）一本作『逡』，前有。」于鬯云：「前策淳于髡曰：『韓子盧者天下之疾犬也，東郭逡者海內之狡兔也。』據此，東郭俊乃兔名，非狗名。蓋與『盧氏』連言，古書多有此例。」文廷式云：「東郭俊不得爲狗名，此三字疑有誤。」〔按〕御覽引作「世無東郭、盧氏之犬」。

〔二一〕〔按〕御覽引作「王走犬已備」。

〔二二〕〔按〕毛嬙、西施，已見前魯仲連章。御覽引「施」下有「之妓」二字。

〔二三〕鮑彪云：「縠，細繗也。」吳師道云：「增韻：縠，縐紗。齊三『服官輕綃』，注：今紗。下章曳綺縠。又章帝省齊冰紈，方空縠，知齊産善也。説文：縠，細縛。恐此注字誤。」〔按〕説文段注云：「今之縐紗，古之縠也。周禮謂之沙。注謂之沙縠。疏云：輕者爲沙，縐者爲縠。」鮑注「繗」字乃字訛。一切經音義卷二十引作「不如愛尺之縠也」。原本玉篇系部「縠」字下引同，無「也」字。御覽卷八百十六引作「不如一尺之縠」，上文「尺縠」亦作「一尺之縠」。

〔二四〕鮑彪云：「便，順其所好；辟，避其所惡。」横田惟孝云：「便辟，近習嬖幸之人。」〔按〕「便辟」即孟子梁惠王上篇「便嬖不足使令於前與」之「便嬖」。「辟」與「嬖」通。邵晉涵南江札記卷二：「説文云：便嬖，愛也。」「便辟」爲雙聲謰詞，鮑注非。

〔二五〕姚宏云：「集本無『也』字。三同。」

〔附論〕

吳師道云：「宣王喜文學游説之士，賜列第爲上大夫者七十六人，不治而議論。稷下學士至數百千人。士非不盛也，然鄒衍、淳于髡之徒，類皆詼誕無實，不治而議。所養非所用，國何賴焉？故顔斶勸以貴士，王斗譏其不好士，有以也。然若斗與斶者，亦未知其何如也。」〔按〕此策首段好勢好士之説，同於上章顔斶之言；中間五好四好之論，同於説苑尊賢篇淳于髡之説；騏驎騄耳之對，同於前魯連謂孟嘗之詞；末段尺縠之喻，又與趙策三魏牟之譏建信君相類。雷同之故，或由於傳聞異辭，或由於互相摹擬，難以究其孰是。王斗之事，未可遽信爲實。

7　齊王使使者問趙威后

齊王使使者問趙威后〔一〕。書未發〔二〕，威后問使者曰：「歲亦無恙〔三〕耶？民亦無恙耶？王亦無恙耶？」使者不說曰：「臣奉使使威后〔四〕，今不問王而先問歲與民，豈先賤而後尊貴者乎？」威后曰：「不然。苟無歲，何以〔五〕有民？苟無民，何以有君？故有問〔六〕，舍本而問末者耶？」

乃進而問之曰：「齊有處士曰鍾離子〔七〕，無恙耶？是其爲人也，有糧者亦食，無糧者亦食〔八〕，有衣者亦衣，無衣者亦衣〔九〕。是助王養其民〔一〇〕也，何以至今不業〔一一〕也？葉陽子〔一二〕無恙乎？是其爲人，哀鰥寡，卹孤獨〔一三〕，振〔一四〕困窮，補不足。是助王息〔一五〕其民者也，何以至今不業也？北宮之女嬰兒子〔一六〕無恙耶？徹其環瑱〔一七〕，至老不嫁，以養父母。是皆率民而出於孝情〔一八〕者也，胡爲至今不朝也〔一九〕？此二士弗業，一女不〔二〇〕朝，何以王齊國、子萬民乎？於陵子仲尚存乎〔二一〕？是其爲人也，上不臣於王，下不治其家，中不索交諸侯。此率民而出於無用者，何爲至今不殺乎〔二二〕？」

【箋證】

〔一〕鮑彪云：「惠文后，孝威太后。」金正煒云：「『威』爲尊嚴之稱。見文選魯靈光殿賦注。」〔按〕史記趙世家惠文后無號「孝威太后」之文。遍考諸書，亦無是稱，鮑注不明所據。策言「威后」，鮑謂「孝威太后」，添一「孝」字，尤所不詳。鮑意似以「孝威」爲趙后之謚。考戰國時王后皆從君稱謚，不別立號。杜預春秋釋例卷四云：「婦人無外行，於禮當繫夫之謚，以明所屬。詩稱莊姜、宣姜，即其義也。」此例亦適用於戰國。惠文后爲惠文王之后，即從夫謚，不應別有「威」稱，而趙君又無謚威者，知不然也。廣雅釋親：「姑謂之威。」王念孫疏證云：「說文：

威，姑也。引漢律婦告威姑。威姑即爾雅所謂君姑也。『君』與『威』古聲相近。説文：「莙，從艸君聲，讀若『威』。」是其例也。」據此，「威」與「君」古音相近通用。威后猶言君后，趙威后亦猶齊之君王后，乃當時對王后之稱，非謚號也。故下文齊使者曰：「臣奉使使威后。」明「威后」之非謚稱，故使者當面直稱。鮑注非，金釋未然。知威后之爲惠文后者，趙世家：「孝成王元年，趙王新立，太后用事。」與此相合。

〔二〕吴師道云：「未發其封。」

〔三〕鮑彪云：「恙，憂也。」〔按〕説文「恙」字段注云：「古相問曰不恙，曰無恙，皆謂無憂也。」

〔四〕鍾鳳年云：「『威』字當趙后之謚，今使者對生人，無面稱其謚之理，宜衍。」〔按〕「威」字非謚，説見上。鍾誤解。

〔五〕鮑本、吴本無「以」字，下同。姚宏云：「劉本有兩『以』字。」〔按〕姚注云云，則姚所據原本亦無「以」字。

〔六〕姚宏云：「一無『問』字。」横田本「故有問舍」作「惡有舍問」，云：「『從』一本。」吴闓生云：「無（「問」字）者是也。『故』與『胡』同字，胡有，何有也，猶焉有也。」（金正煒説同，惟以「故」爲「胡」之譌。）〔按〕「問」字逗，不必衍。「故」與「顧」通（此例屢見，詳經傳釋詞），「顧」猶「豈」也。（見助字辨略）故有問，即豈有問，反詰之辭。至此稍頓，再接下語，正狀威后語氣之從容舒緩。

〔七〕鮑彪云：「鍾離，屬九江。」吴師道云：「路史云：沂之承（原注：音懲。）有鍾離城，乃晉、吴會處。成十五年，杜云：淮南縣今屬濠州者，非。應劭云：鍾離子國在九江，蓋其後徙於此，吴滅之。」〔按〕此以地名爲氏者。元和姓纂卷一鍾離姓云：「世本云：『與秦同祖，嬴姓也。』戰國策齊賢人鍾離子。」

〔八〕〔按〕二「食」字讀去聲，音「飼」。

〔九〕〔按〕「亦衣」之「衣」讀去聲。

〔一〇〕鮑彪「民」下補「者」，蓋據下例補。盧本從之。

〔一一〕鮑彪云：「（不業）言不得在位，成其職業。」〔按〕爾雅釋詁：「業，事也。」「不業」猶言「無事」。

〔一二〕鮑彪云：「諸書葉陽皆不地。范睢傳注：『華』一作『葉』。」吴師道云：「正義云：葉陽，今許州葉縣。又見魏策。」〔按〕此亦以地名爲氏者。元和姓纂卷十有葉陽姓，謂是秦太后弟葉陽君之後。然葉陽君，策、史並作「華陽君」。且葉陽子是齊人，與華陽君並時，姓纂之言，亦不足據。

〔一三〕〔按〕孟子梁惠王下篇「老而無妻曰『鰥』，老而無夫曰『寡』，老而無子曰『獨』，幼而無父曰『孤』。此四者，天下之窮民而無告者也。」

〔一四〕〔按〕説文：「振，舉救也。」今或作「賑」。

〔一五〕鮑彪云：「息，生也。」

〔一六〕〔按〕錢大昕潛研堂文集答問六：「問：孟子書有北宫黝、北宫錡，趙氏注以錡爲衛人，而黝獨未詳。亦可考否？曰：黝事固不可考，然淮南子有云握劍鋒以離北宫子，……高誘注：『北宫子，齊人也，孟子所謂北宫黝也。』誘生於漢世，所見書籍尚多，以黝爲齊人，宜可信。春秋之世，衛亦有北宫氏，世爲正卿。戰國策趙威后問齊使云：北宫氏之女嬰兒子無恙，則齊亦有北宫氏。」

〔一七〕鮑彪云：「集韻：撤，去也。通作『徹』。」〔按〕詩衛風淇奥：「充耳琇瑩。」毛傳：「『充耳』謂之『瑱』。」

〔一八〕鮑彪云：「『情』猶『誠』。」〔按〕「皆」字疑衍。或「皆」同「階」，小爾雅廣詁：「階，因也。」

〔一九〕鮑彪云：「命婦則朝。」

〔二〇〕姚宏云：「不，一作『弗』。」

〔二一〕鮑彪云：「於陵，屬濟南，皆以所居爲號。此自一人，若孟子所稱，路（按策纂本作「已」）。此疑「略」之誤）是（鮑、吴合注四部叢刊本「是」誤作「見」，據鮑注單行本正）七八十年矣。」吴師道云：「路史於陵今淄之長山。

此言於陵仲子之行，與孟子所稱者合，恐即此人也。趙惠文王與齊閔王同時，惠文后用事實孝成之世。其在惠文時，則仲子猶相及。」張宗泰（魯巖所學集四）云：「於陵子仲當即陳仲子。……竊疑是時仲子雖没，爲時尚未甚久，文人借作波致以生情耳。（鮑）注遂疑其爲二人，似未爲得解也。」〔按〕於陵子仲即陳仲子，居於陵，見孟子滕文公下篇。周柄中四書典故辨正引此策鮑注辨之云：「按陳仲子齊宣王時，趙威后齊王建時。考六國表自宣王元年至王建元年，凡七十有九年。仲子若壽考，何妨是時尚在。」今檢周氏所考年數與鮑略同，亦有未覈。趙惠文后用事在孝成王元年（前二六五），當齊襄王十九年；其卒在孝成王二年（前二六四），當齊王建元年。此策當是威后初用事時，鮑本次於王建下，恐未安，吳師道已辨之。此其一。六國表於齊之紀年多誤，如依古本竹書紀年推算，齊宣元年（前三二〇）至齊襄末年（前二六五），實祇五十五年。此其二。假定齊宣元年，仲子年三十左右，至時年八十許，則固「何妨是時尚在」。況威后問「尚存乎」，正含有「老而不死」之意。是於陵子仲爲一人，無疑。孟子謂：「仲子，齊之世家也。兄戴，蓋禄萬鍾。以兄之禄爲不義之禄，而不食也，以兄之室爲不義之室，而不居也。避兄離母，處於於陵。身織屨，妻辟纑。」淮南子氾論訓：「季襄、陳仲子立節抗行，不入洿君之朝，不食亂世之食，遂餓而死。」高注：「陳仲子，齊人，孟子弟子。」韓非子外儲説左篇：「齊有居士田仲（按「田」、「陳」古音通用）者，宋人屈穀見之曰：『穀聞先生之義，不恃人而食。然亦無益人之國，亦堅瓠之類也。』」而荀子非十二子篇亦譏其「忍性情，綦谿利跂」。並與此策所言合。齊乘卷一云：「長白山，長山縣南三十里。元和志云：『於陵城西長白山，高二千九百丈，周六十里。晉陳仲子夫妻隱此山。』」長白山在今山東鄒平縣南。

〔二二〕鮑彪次此策於王建下。吳師道云：「問王而不及后，必非君王后、王建時。」文廷式云：「齊自太公誅狂矞、華仕後，不容隱士。晏子一書，亦再三詆之。趙威后習其國事，故所言如是，非於陵子果有可殺之罪也。」

〔按〕太公誅狂矞、華士，出於戰國法家者流假託，不能據爲史實。然威后之論，與之相同，蓋受法家學說之影響。此策當在齊襄王末年，鮑誤次，說見上。

8　齊人見田駢曰

齊人見田駢〔一〕曰：「聞先生高議〔二〕，設爲不宦，而願爲役〔三〕。」田駢曰：「子何聞之？」對曰：「臣聞之鄰人之女。」田駢曰：「何謂也？」對曰：「臣鄰人之女，設爲不嫁，行年三十，而有七子。不嫁則不嫁，然嫁過畢矣〔四〕。今先生設爲不宦，訾養千鍾〔五〕，徒〔六〕百人。不宦則然矣，而富過畢也。」田子辭〔七〕。

〔箋證〕

〔一〕鮑彪云：「（田駢）齊處士。」〔按〕史記孟子荀卿列傳：「田駢，齊人，……學黃、老道德之術，因發明序其指意。」莊子天下篇：「田駢學於彭蒙。」釋文：「田駢，齊人也。遊稷下，著書十五篇。慎子云：名廣。」漢書藝文志道家有田子二十五篇，云：「名駢，齊人，遊稷下，號天口駢。」

〔二〕盧本「議」作「誼」。吴師道云：「（議）恐是『義』字。」〔按〕曾慥類說引「議」作「誼」。「義」、「誼」同字。「議」從「義」聲，乃「義」之借字。

〔三〕鮑彪云：「設者，虛假之辭。（役）爲駢給使。」金正煒云：「鮑說非也。呂覽不二篇：『陳駢貴齊。』高注：

『陳駢，齊人也。作道書二十五篇。貴齊，齊生死、等古今也。』陳駢即田駢，齊之諸田，亦稱陳氏。此云不宦而願爲役，蓋亦許行之流。然祇譁衆取寵，言行不相顧，故是人譏以不嫁而多子也。」〔按〕此謂其抗言不宦，而實溺情祿養。金説得之。

〔四〕鮑彪云：「『畢』猶『已』。言過於嫁已矣。」横田惟孝云：「言假令不嫁而有七子，則與他人嫁者無異，可謂既過畢矣。」〔按〕類説引「畢」作「之」，下同。畢，盡也，竟也，引申爲極，爲多。「嫁過」爲倒裝詞。此謂不嫁而有七子，則過於嫁者多矣，極言之。俞正燮癸巳存稿卷七巫兒事證云：「漢書地理志云：初桓公兄襄公淫亂姑姊妹，不嫁。於是令國中民家長女不得嫁，名曰巫兒，爲家主祠，嫁者不利其家。民至今以爲俗。……是其俗至漢猶然。巫兒以令不得嫁，則必贅婿。齊人賤贅婿，以其爲巫兒婿，無夫道。……齊策齊人謂田駢云云，此亦巫兒依令設爲不嫁，而贅婿生子之證。」此可備一説。

〔五〕鮑彪云：「訾，資同。（訾食）所資養也。昭三年（傳）注：四豆爲區。自四以登至於釜，十則鍾。又㮚氏注：四升爲豆。則鍾凡六斛四斗也。」

〔六〕鮑彪云：「徒，從車者。」

〔七〕鮑彪云：「（辭）謝之也。」金正煒云：「呂覽士容篇：『田駢聽之畢而辭之。』注：『辭，遣也。』此亦當有『之』字而誤脱。」〔按〕史記田完世家稱：「宣王喜文學游説之士，自如騶衍、淳于髡、田駢、接予、慎到、環淵之徒七十六人，皆賜列第爲上大夫，不治而議論。」又淮南子人間訓謂陳駢子奔薛，孟嘗君迎之，「養以芻豢粱五味之膳，日三至。冬日被裘罽，夏日服絺紵，出則乘牢車，駕良馬」。田駢在當時之養尊處優，與此策可互證。又孟子滕文公下篇載彭更問曰：「後車數十乘，從者數百人，以傳食於諸侯，不以泰乎？」呂氏春秋不屈篇載匡章譏惠子於魏王前曰：「蝗螟，農夫得而殺之。奚故？爲其害稼也。今公行，多者數百乘，步者數百人；少者數十乘，步者數十人。此無耕而食者，其害稼亦甚矣。」此可見戰國君主一時養士之特殊風氣，游士生活豪侈，雖賢如孟軻尚不能免，不獨於田駢然也。

9　管燕得罪齊王

管燕〔一〕得罪齊王，謂其左右曰：「子孰而與我赴諸侯乎〔二〕？」左右嘿然莫對。管燕連然〔三〕流涕曰：「悲夫，士何其易得而難用也！」田需〔四〕對曰：「士三食不得饜〔五〕，而君鵝鶩〔六〕有餘食。下宮糅羅紈〔七〕，曳綺〔八〕縠，而士不得以爲緣〔九〕。且財者君之所輕，死者士之所重。君不肯以所輕與士〔一〇〕，而責士以所重事君，非士易得而難用也〔一一〕。」

【箋證】

〔一〕鮑彪云：「（管燕）齊人。」吴師道云：「無考。新序作『燕相』。」〔按〕韓詩外傳卷七作「宋燕相齊」，與策合。新序雜事二作「燕相」者誤。

〔二〕姚宏云：「一本無『而』字。」鮑彪云：「而，辭也。」〔按〕真德秀文章正宗「而」作「能」。太平御覽卷四百七十五、九百十九引「而」並作「能」。「而」、「能」古音同紐相通。易屯卦彖辭：「宜建侯而不寧。」釋文：「鄭讀『而』曰『能』。」呂氏春秋去私篇：「其誰可而爲之。」高注：「而，能也。」淮南子原道訓高注同。前孟嘗君爲從章：「而治可爲管、商之師。」呂氏春秋不侵篇「而」作「能」，並其證。鮑注誤。韓詩外傳作「諸大夫有能與我赴諸侯者乎」，説苑「諸」作「士」，餘同。新序作「有能從我出者乎」。並有「能」字，一本無「而」字者，亦非。「與」猶「爲」也，見經傳釋詞。此燕詢客誰能爲其赴諸侯求援也。

〔三〕鮑彪云：「『連』與『漣』同，泣下也。」〔按〕御覽卷四百七十五引「連」作「漣」。漣然，泣下之貌。

〔四〕吳師道云：「田需見魏策，與公孫衍並相者，豈即此人歟？説苑宗衛相齊，罷歸，召田饒等問。饒對亦與此合。」〔按〕韓詩外傳作「陳饒」，陳饒即田饒（「陳」與「田」古通）。新序僅稱大夫，不著名。此恐非魏相田需。

〔五〕鮑彪云：「（饜）飽也。」〔按〕御覽引「饜」作「厭」，同。

〔六〕鮑彪云：「鶩，舒鳧。」田藝蘅云：「即孟子『狗彘食人食』之謂。」〔按〕鮑注本爾雅釋鳥，郭璞注：「鴨也。」

〔七〕鮑彪云：「下宮，後宮，下列。糅，雜。紈，素也。」〔按〕御覽引「糅」作「蹈」。下宮即後宮。

〔八〕鮑彪云：「綺，文繒。」

〔九〕鮑彪云：「緣，衣純。」

〔一〇〕盧本「士」作「亡」，誤。

〔一一〕〔按〕意林引魯連子云：「財者君之所輕，死者士之所重。君不能以所輕與士，欲得士之所重，不亦難乎！」與此文同。

10 蘇秦自燕之齊

蘇秦〔一〕自燕之齊，見於華章〔二〕南門〔三〕。齊王曰：「嘻〔四〕！子之來也。秦使魏冉致帝〔五〕，子以爲何如？」對曰：「王之問臣也卒〔六〕，而患之所從生〔七〕者微〔八〕。今不聽，是恨秦也〔九〕；聽之，是恨天下也。不如聽之以卒秦〔一〇〕，勿庸〔一一〕稱也，以爲天下。秦稱之，天下聽之，王亦稱之。先後之事，帝名爲無傷也〔一二〕。秦稱之，而天下不聽，王因勿稱，其於〔一三〕以收天下，此大資也。」

蘇秦謂齊王〔一四〕曰：「齊、秦立爲兩帝，王以天下爲尊秦乎？且尊齊乎？」王曰：「尊秦。」「釋帝〔一五〕，則天下愛齊乎？且愛秦乎？」王曰：「愛齊而憎秦。」「兩帝立〔一六〕，約伐趙，孰與伐宋之利也？」(王曰：「不如伐宋。」)〔一七〕對曰：「夫約〔然〕〔一八〕與秦爲帝，而天下獨尊秦而輕齊；齊釋帝，則天下愛齊而憎秦；伐趙不如伐宋之利。故臣願王明釋帝以就天下，倍約儐〔一九〕秦，勿使爭重〔二〇〕，而王以其間舉宋。夫有宋，則衛之陽城〔二一〕危；有淮北〔二二〕，則楚之東國〔二三〕危；有濟西〔二四〕，則趙之河東〔二五〕危，有陰〔二六〕、平陸〔二七〕，則梁門不啓〔二八〕。故釋帝而貳之以伐宋之事〔二九〕，則國重而名尊，燕、楚以形服〔三〇〕，天下不敢不聽，此湯、武之舉也。敬秦以爲名〔三一〕，而後使天下憎之，此所謂以卑易尊者也。願王之熟慮之也〔三二〕！」

〔箋證〕

〔一〕鮑彪改「秦」作「子」云：「元作『秦』，史作『代』，是。」吳師道云：「字誤。」〔按〕史記田完世家作「蘇代自燕來入齊」。

〔二〕鮑本「華章」作「章華」。吳師道云：「姚及一本作『華章』。」〔按〕史記作「章華」。齊乘卷四臨淄古城：「周五十里，高四丈，十三門……北曰章華門，史記蘇代自燕入齊，見於章華門者是也。」

〔三〕鮑彪云：「（南門）史作『東門』。注：齊都賦『小城北門』，不知是一門非也？」吳師道云：「括地志，齊城東有閭門、武鹿、章華之門。」程恩澤云：「據史記則爲東門，據齊都賦注則爲北門，據國策文則爲南門，皆非也。顧祖禹曰：『章華，齊宮門名，蓋宮門之南門也。』以見字審之，良信。」〔按〕于欽齊乘以爲北門（見上）。見王於宮，例不言門，顧以爲宮門名，無據，程氏從之，恐非。

〔四〕吳師道云：「（嘻）歎聲。」

〔五〕鮑彪云：「致帝號於齊。」〔按〕是時魏冉爲秦相。韓非子内儲説下篇云：「穰侯相秦而齊强。穰侯欲立秦爲帝而齊不聽，因請立齊爲東帝，而不能成也。」即指此事。

〔六〕鮑彪云：「（卒）與『猝』同。」

〔七〕鮑本「生」作「往」。吳師道云：「一本作『生』，是。」〔按〕史記作「來」。

〔八〕鮑彪云：「患在後，故言從往，與從來異也。今未著，故言微。」〔按〕鮑注依正文作從往解。

〔九〕鮑彪云：「違秦，秦恨之。」金正煒云：「『恨』當讀爲『很』。説文：『很，不聽從也。』晏子内篇：『君歉然與子邑，必不受以恨君，何也。』王念孫曰：『「恨」乃「很」之假字。』」〔按〕「恨」謂使之恨，亦通。若作「很」讀，則與上「不聽」義重，恐非。

〔一〇〕鮑彪改「卒」作「爲」，云：「『爲』猶『善』。」吳師道云：「（卒秦）卒成秦之事。」安井衡云：「卒，終也。聽之，則交秦之事終矣。」于鬯云：「謂使秦卒稱之。蓋齊若不聽，則秦亦不稱。」金正煒云：「『卒』當爲

『誶』。爾雅釋詁：「誶，告也。」〔按〕「卒」疑是「崒」之借字。説文：「崒，危高也。」崒秦猶崇秦或尊秦。

〔一一〕鮑彪云：「庸，用也。」

〔一二〕鮑彪云：「雖稱有先後，無害於帝。」

〔一三〕姚宏云：「一本無『其』字。」鮑彪云：「衍『其』字。」中井積德云：「『其』、『於』並衍文，史可證。」安井衡云：「『其』指聽而勿稱。有者是。」〔按〕「其」與「於」同，韓非子外儲説左篇「既雕既琢，還反其璞」，淮南子原道訓作「已雕已琢，還反於璞」。秦策一「子胥忠其君，天下皆欲以爲臣」，秦策五作「子胥忠於君，天下願以爲臣」。是其證。此文當緣一本作「其」，一本作「於」，校者旁注於外，誤併入正文也。「其」猶「且」，「於」亦猶「且」也，見經詞衍釋。策、史異文，不能據訂。

〔一四〕鮑彪改「秦」作「子」，又自「蘇秦謂齊王」下別爲一章，云：「今詳上章猶欲聽秦，此章決欲儐之，非一日之誤，爲二章可也。」盧本亦從分爲二章。于鬯云：「辭義似上章方致帝時，齊實未稱帝，故云『秦使魏冉致帝，子以爲如何』，而代對皆是未稱時語也。此則既稱矣，故下文曰『願王明釋帝』。今依鮑本提行。」鍾鳳年云：「國策説辭，類皆前後貫徹。此章首尾雖似矛盾，蓋因帝爲世主所共欲，湣王又好大喜功之君。此必蘇子初難測其真意所在，因先姑作聽秦之論，以窺其隱。繼見其無所可否，方折而抒出己見，力陳利害，以決其失計。緣先後有虛實之分，故所言遂不一致，惟必繫一日之談。若强分爲二，則反似出爾反爾，莫衷一是，尚何足稱智辨之雄哉？」〔按〕此下與上文有關聯。策載蘇秦勸齊王不稱帝而伐宋，雖非一日之談，而事相聯繫，合爲一章，自是。史記亦併爲一章，惟省「蘇秦謂齊王曰」數字，逕接上文蘇代之言下。今仍原本不分章，惟於「蘇秦謂齊王」下別分節，以示説之先後。于謂釋帝爲既稱帝而釋之，恐未是。釋帝與不稱帝義同，不能據此以證既帝。吴汝綸點勘本去「蘇秦謂齊王曰」六字，從史記補「且」字。改策從史，非。

〔一五〕鮑彪云：「蘇子問。」〔按〕釋帝，猶言不稱帝。

〔一六〕鮑彪云：「亦問辭。」

〔一七〕原本無此六字。姚宏云：「劉本有『王曰不如伐宋』。」鮑彪補「對曰伐宋利」五字。姚氏辭類纂補「王曰伐宋利」五字。〔按〕史記作「王曰伐桀宋利」。今從劉本補。

〔一八〕姚宏云：「一本無『然』字。」鮑彪讀「然」字句，云：「然其伐宋之約。」吳師道云：「史作『夫約鈞然』。言齊、秦俱相約如此。一本無『然』字。愚恐『約』、『鈞』字訛，無『然』字，而以『約』與連下文讀爲是。」横田惟孝云：「(對曰)『對』字恐衍。」吳汝綸從史記「約」下補「鈞」字。安井衡云：「『夫約』指與秦約之事，『然』字句。以後世文言，『然』下當有一『然』字，古文簡潔，不疊『然』字。」于鬯云：「『約』下當有闕字。」金正煒云：「『約然』二字蓋誤乙也。夫指事之詞。『約』字當屬下爲句。周書大聚解：『夫然，則關夷市平，財無鬱廢。』文與此同。」〔按〕從一本無「然」字，較長，今從一本衍。金説亦可參。

〔一九〕鮑彪云：「倍，背同。儐，擯同；集韻：棄也。」吳師道云：「擯、儐、賓，古通用。策多有，後倣此。」〔按〕史記作「賓」，亦「擯」之借字。

〔二〇〕于鬯云：「齊、秦兩帝，必相争重。今釋帝，則使秦勿與齊争重也。或曰：『使』有『與』義，齊勿與秦争重。」〔按〕史記無「使」字。「争重」猶「争長」。

〔二一〕鮑彪云：「(陽城)汝南、潁川皆有。」吳師道云：「(汝南、潁川)非衛地。史作『陽地』。注：『濮陽之地。』」張琦云：「史正義：衛此時河南獨有濮陽。」〔按〕濮陽縣在今河南。

〔二二〕鮑彪云：「淮水之北。淮出平氏桐柏。」吳師道云：「淮出南陽平氏縣胎簪山。禹自桐柏導之東，會泗、沂入海。」〔按〕史記正義云：「淮北，徐、泗也。」今江蘇徐州、安徽泗縣地區。

〔二三〕〔按〕正義云：「東國，謂下相、僮、取慮也。」亦稱下東國，見前同策三楚王死章。

〔二四〕鮑彪云：「莊十八注：濟水之西。」張琦云：「濟西，今菏澤、鄆城、壽張之地。」〔按〕在今山東境內。

〔二五〕鮑彪云：「（河東）趙河之東，非郡也。」張琦云：「趙河之東，今臨清以西，趙之邊邑也。文主舉宋言，淮北、濟西、陶、平陸，皆故宋地。」〔按〕史記「河東」作「阿東國」。

〔二六〕鮑彪云：「陰屬南陽。」吳師道云：「陰即陶，說見趙策。」程恩澤云：「陰當爲定陶近地，非即陶也。」〔按〕史記「陰」作「陶」。穰侯傳：「復益封陶。」集解：「徐廣曰：一作『陰』。」故吳氏謂「陰」即「陶」。說見後。

〔二七〕張琦云：「平陸，故魯中都也，今汶上縣是。」〔按〕今屬山東。

〔二八〕鮑彪云：「（梁門）大梁之門。」程恩澤云：「此章皆言伐宋。既得宋地，則衛、楚、趙、魏皆震動，故勸齊取之。凡淮北、濟西、陰、平陸等處，皆宋地。蓋王偃時，東伐齊取五城，南敗楚取地三百里，西敗魏軍，故能跨有諸侯之境。其後齊與楚、魏共滅之，三分其地。魏得其梁、陳留，齊得其濟陰、東平，楚得其沛，沛即淮北也。濟陰、東平即濟西、陰、平陸也。」

〔二九〕鮑彪云：「貳，不與秦合也。秦約伐趙，而此伐宋。」安井衡云：「貳，副也，猶言加。言不徒釋帝，而又加之以伐宋之事也。」〔按〕左氏僖十五年傳「其卜貳圉也」，杜注：「貳，代也。」史記作「貸」，亦即「代」之借字。此言釋稱帝，以伐宋之事代之。

〔三〇〕鮑本「形」作「刑」，云：「『刑』猶『威』也。言畏威而服。」横田惟孝云：「形，形勢，即國重名尊是也。」〔按〕「形」、「刑」古字雖通，但此文當從「形」本字解爲是。横田說較長。史記亦作「形」。

〔三一〕鮑彪云：「非實敬之。」

〔三二〕〔按〕此策史記田完世家在湣王三十六年，云「王爲東帝，秦昭王爲西帝，蘇代自燕來」云云，此下又云：「於是齊去帝復爲王，秦亦去帝位。」秦、齊稱帝事，亦見秦本紀、六國表、穰侯傳，當秦昭王十九年（前二八八），實齊湣王十四年也。

戰國策　卷十二

齊五

1　蘇秦説齊閔王曰

蘇秦〔一〕説齊閔王〔二〕曰：「臣聞用兵而喜先天下者憂〔三〕，約結而喜主怨者孤〔四〕。夫後起者藉〔五〕也，而遠怨者時也〔六〕，是以聖人從事，必藉於權〔七〕，而務興於時〔八〕。夫權藉者，萬物之率也〔九〕；而時勢者，百事之長也。故無權藉，倍〔一〇〕時勢，而能事成者寡矣。今雖干將、莫邪〔一一〕，非得人力，則不能割劌〔一二〕矣。堅箭利金〔一三〕，不得弦機〔一四〕之利，則不能遠殺矣。矢非不銛〔一五〕，而劍非不利也，何則？權藉不在焉。何以知其然也？昔者趙氏襲衛，車舍人不休〔一六〕，傳（傅）衛國，城割（剛）平〔一七〕，衛八門土〔一八〕，而二門墮〔一九〕矣。此亡國之形也。衛君跣行，告遡〔二〇〕於魏。魏王身被甲底劍〔二一〕，挑趙索戰，邯鄲之中鶩〔二二〕，河、山之間〔二三〕亂。衛得是藉也，亦收餘甲而北面，殘剛平，墮中牟之郭〔二四〕。衛非〔二五〕强於趙也，譬之衛矢而魏弦機也，藉力〔二六〕魏而有河東之地〔二七〕。趙氏懼，楚人救趙而伐魏，戰於州西〔二八〕，出梁門〔二九〕，軍舍林中〔三〇〕，馬飲於大河。趙得是藉也，亦襲魏之河北〔三一〕，燒棘溝〔三二〕，隊黄城〔三三〕。故剛平之殘也，中牟之墮也，黄城之墜也，棘溝之燒也，此皆非趙、魏之欲也，然二國勸〔三四〕行之者，何也？衛明於時權之藉也。今世之爲國者不然矣。兵弱而好敵强，國罷而好衆怨〔三五〕，事敗而好鞠之〔三六〕，兵弱而憎下人也〔三七〕，地狹而好敵大，事敗而好長〔三八〕詐，行此六者而求伯，則遠矣。

「臣聞善爲國者〔三九〕，順民之意而料兵之能，然後從〔四〇〕於天下。故約不爲人主怨，伐不爲人挫强〔四一〕，如此則兵不費，權不輕，地可廣，欲可成也。昔者齊之與韓、魏伐秦、楚也〔四二〕，戰非甚疾也〔四三〕，分地又非多韓、魏也〔四四〕，然而天下獨歸咎於齊者，何也？以其爲韓、魏主怨也。且天下遍用兵矣，齊、燕戰而趙氏兼中山〔四五〕，秦、楚戰韓、魏不休，而宋、越專用其兵〔四六〕。此十國者皆以相敵爲意，而獨舉心〔四七〕於齊者，何也？約而好主怨，伐而好挫强也。

「且夫强大之禍〔四八〕，常以王人〔四九〕爲意也，夫〔五〇〕弱小之殃，常以謀人爲利也〔五一〕，是以大國危小國滅也。大國之計，莫若後起而重伐不義〔五二〕。夫後起之藉，與多而兵勁〔五三〕，則事以衆强適〔五四〕罷寡也，兵必立也〔五五〕。事不塞天下之心〔五六〕，則利必附矣。大國行此，則名號不攘〔五七〕而至，伯王不爲而立矣。小國之情，莫如僅〔五八〕静而寡信諸侯〔五九〕。僅静則四鄰不反〔六〇〕，寡信諸侯則天下不賣。外不賣，内不反，則擯禍〔六一〕。朽腐而不用，幣帛矯蠹而不服矣〔六二〕。小國道〔六三〕此，則不祠而福矣，不貸而見足〔六四〕矣。故曰〔六五〕：『祖仁者王，立義者伯，用兵窮者亡。』何以知其然也？昔吴王夫差以强大爲天下先，〔强〕〔六六〕襲郢〔六七〕而棲越，身從諸侯之君〔六八〕，而卒身死國亡，爲天下戮〔六九〕者，何也？此夫差平居而謀王，强大而喜先天下之禍也。昔者萊〔七〇〕、莒好謀，陳、蔡好詐，莒恃越而滅，蔡恃晉而亡〔七一〕，此皆内長詐外信諸侯之殃也。由此觀之，則强弱大小之禍，可見於前事矣。語曰：『麒〔七二〕驥之衰也，駑馬先之；孟賁之倦也，女子勝之。』夫駑馬、女子，筋骨力〔七三〕勁，非賢於騏驥、孟賁也。何則？後起之藉也。今天下之相與也，不並滅〔七四〕，有而〔七五〕案兵而後起，寄怨而誅不直，微用兵而寄於義〔七六〕，則亡天下可蹻足而須也〔七七〕。明於諸侯之故，察於地形之理者，不約親、不相質〔七八〕而固，不趨而疾，衆事〔七九〕而不反，交割〔八〇〕而不相憎，俱彊而加以親。何則？形同憂而兵趨利也〔八一〕。何以知其然也？昔者齊、燕戰於桓之曲〔八二〕，燕不勝，十萬之衆盡。胡人襲燕樓煩數縣〔八三〕，取其牛馬〔八四〕。夫胡之與齊，非素親也，而用兵又非約質而謀燕也，然而甚於相趨者〔八五〕，何也？〔何〕則〔八六〕形同憂而兵趨利也。由此觀之，約於同形則利長，後起則諸侯可趨役也〔八七〕。

「故明主察相〔八八〕誠欲以伯王也〔八九〕爲志，則戰攻非所先。戰者，國之殘也〔九〇〕，而都縣〔九一〕之費也。殘費已先，而能從諸侯者，寡矣。彼戰者之爲殘也，士聞戰則輸私財而富軍，市〔九二〕輸飲食而待死士，令折轅〔九三〕而炊之，殺牛而觴〔九四〕士，則是路君之道也〔九五〕。中人禱祝〔九六〕，君翳釀〔九七〕，通都小縣置社〔九八〕，有市之邑，莫不止事而奉王〔九九〕，則此虛中之計也〔一〇〇〕。夫戰之明日，尸死〔一〇一〕扶傷，雖若有功也。軍出費，中哭泣，則傷主心矣。死者破家而葬，夷傷者空財而共藥〔一〇二〕，完者內酺而華樂〔一〇三〕，故其費與死傷者鈞〔一〇四〕。故民之所費也，十年之田〔一〇五〕而不償也。軍之所出，矛戟〔一〇六〕折，鐶弦絕〔一〇七〕，傷弩破車罷馬，亡矢之大半。甲兵之具，官之所私出也〔一〇八〕，士大夫之所匿，廝養〔一〇九〕士之所竊，十年之田而不償也。天下有此再費者而能從諸侯，寡矣。攻城之費，百姓埋禬蔽〔一一〇〕，舉衝櫓〔一一一〕，家雜總〔一一二〕，身窟穴〔一一三〕，中罷於刀金〔一一四〕，而士困於土功〔一一五〕，將不釋甲，期數而能拔城者爲亟耳〔一一六〕。上倦於教，士斷於兵〔一一七〕，故三下城而能勝敵者，寡矣。故曰：『彼戰攻者非所先也。』何以知其然也？昔智伯瑤攻范、中行氏，殺其君〔一一八〕，滅其國，又西圍晉陽，吞兼二國，而憂一主〔一一九〕，此用兵之盛也。然而智伯卒身死國亡，爲天下笑者，何謂〔一二〇〕也？兵先戰攻而滅二子患也〔一二一〕。曰〔一二二〕者中山悉起而迎燕、趙，南戰於長子〔一二三〕，敗趙氏；北戰於中山，克燕軍，殺其將〔一二四〕。夫中山千乘之國也，而敵〔一二五〕萬乘之國二，再戰北（比）〔一二六〕勝，此用兵之上節〔一二七〕也。然而國遂亡，君臣於齊者〔一二八〕，何也？不嗇〔一二九〕於戰攻之患也。由此觀之，則戰攻之敗〔一三〇〕可見於前事〔一三一〕。

「今世之所謂善用兵者，終〔一三二〕戰比勝，而守不可拔〔一三三〕，天下稱爲善，一國得而保之〔一三四〕，則非國之利也。臣聞戰大勝者，其士多死，而兵益弱；守而不可拔者，其百姓罷，而城郭露〔一三五〕。夫士死於外，民殘於內，而城郭露於境，則非王之樂也。今夫鵠的〔一三六〕，非咎〔一三七〕罪於人也。便弓引弩而射之〔一三八〕，中者則善〔一三九〕，不中則愧，少長貴賤，則同心於貫之者，何也？惡其示人以難也〔一四〇〕。今窮戰比勝而守必不拔，則是非徒示人以難也，又且害人者也。然則天下仇之必矣。夫罷士露國，而多與天下爲仇，則明君不居也。素用强兵而弱之〔一四一〕，則察相不事〔一四二〕。彼明君察相者，則五兵〔一四三〕不動而諸侯從，辭讓〔一四四〕而重賂至矣。故明君之攻戰也，甲兵不出於軍〔一四五〕，而敵國勝；衝櫓不施，而邊城降；士民不知，而王業至矣〔一四六〕。彼明君之從事也，用財少，曠日遠，而爲利長者〔一四七〕。故曰：『兵後起，則諸侯可趨役也。』

「臣之所聞〔一四八〕，攻戰之道非師〔一四九〕者，雖有百萬之軍，比（北）之堂上〔一五〇〕；雖有闔閭、吳起之將〔一五一〕，禽之戶內；千丈之城〔一五二〕，拔之尊俎〔一五三〕之間；百尺之衝，折之衽席之上〔一五四〕。故鐘鼓竽瑟之音不絕，地可廣而欲可成；和樂倡優侏儒之笑〔一五五〕不之（乏）〔一五六〕，諸侯可同日而致也。故名配天地不爲尊，利制海內不爲厚〔一五七〕。故夫善爲王業者，在勞天下而自佚，亂天下而自安〔一五八〕，〔諸侯無成謀，則其國無宿憂也。何以知其然？〕〔一五九〕佚〔一六〇〕治在我，勞亂在天下，則王之道也。銳兵來則〔一六一〕拒之，患至則趨〔一六二〕之，使諸侯無成謀〔一六三〕，則其國無宿憂矣〔一六四〕。何以知其然矣〔一六五〕？昔者魏王〔一六六〕擁土千里，帶甲三十六萬，其强而拔邯鄲〔一六七〕，西圍定陽〔一六八〕，又從十二諸侯朝天子〔一六九〕，以西謀秦。秦王〔一七〇〕恐之，寢不安席，食不甘味，令於境內，盡堞〔一七一〕中爲戰具，竟爲守備〔一七二〕，爲死士置將，以待魏氏。衛鞅謀於秦王曰：『夫魏氏其功大，而令行於天下，有〔一七三〕十二諸侯，而朝天子，其與必衆。故以一秦而敵大魏，恐不如。王何不使臣見魏王，則臣請必北魏矣。』秦王許諾。衛鞅見魏王曰：『大王之功大矣，令行於天下矣！今大王之所從十二諸侯，非宋、衛也，則鄒、魯、陳、蔡〔一七四〕，此固大王之所鞭箠〔一七五〕使也，不足以王天下。大王不若北取燕，東伐齊，則趙必從矣。西取秦，南伐楚，則韓必從矣。大王有伐齊、楚心，而從天下〔一七六〕之志，則王業見矣。大王不如先行王服〔一七七〕，然後圖齊、楚。』魏王説於衛鞅之言也，故身廣公宮，製丹衣，柱建九斿〔一七八〕，從七星之旟〔一七九〕，此天子之位也，而魏王處之。於是齊、楚〔一八〇〕怒，諸侯奔齊，齊人伐魏，殺其太子，覆其十萬之軍。魏王大恐，跣〔一八一〕行，按兵於國，而東次於齊〔一八二〕，然後天下乃舍之。當是時，秦王垂拱，受西河之外〔一八三〕，而不以德魏王。故〔曰〕〔一八四〕衛鞅之始與秦王計也，謀約不下席，言於尊俎之間，謀成於堂上，而魏將以〔一八五〕禽於齊矣。衝櫓未施，而西河之外〔一八六〕入於秦矣。此臣之所謂比（北）〔一八七〕之堂上，禽將户内，拔城於尊俎之間，折衝席上者也〔一八八〕。」

〔箋證〕

〔一〕姚宏云：「（蘇秦）一本無上二字。」鮑彪改「秦」作「子」，盧本從之。吴師道謂：「字誤。無章首二字者，是矣。」説詳章末。〔按〕文選非有先生論注引此策文作「蘇代説齊王」。太平御覽卷三百二十二引作「或説齊閔王」。

〔二〕〔按〕閔王，齊宣王子，名地（史記田完世家），世本作「名遂」（索隱引）。「閔」，史記作「湣」，同。

〔三〕鮑彪云：「爲天下先。」

〔四〕鮑彪云：「爲約以結與國而伐人，人必怨之，又爲之主，衆所不與也，故孤。」金正煒云：「國語晉語：『不若使齊，秦主楚怨。』注：『主楚怨，爲怨主也。』」〔按〕「主」作動詞用，謂爲怨之主。此與上句「先天下」之「先」爲互文，素問陰陽類論云：「先至爲主。」

〔五〕鮑彪云：「藉，言有所資權是也。」

〔六〕鮑彪云：「得其時也。人怨之，則雖欲乘時不能也。」

〔七〕鮑彪云：「權者，事之宜，重之所在也。上言後起者藉，藉此而已。」〔按〕此以「權衡」之「權」爲喻。藉權而動，不爲天下先。「權」與「時」相對爲文，此亦孟子所謂乘勢待時之意。

〔八〕横田惟孝云：「應時會而興，故人不怨也。」

〔九〕鮑彪云：「率，帥同，猶『長』也。」横田惟孝云：「『權藉』即藉於權也。韓子八經：『權藉不失，兄弟不侵。』」

〔一〇〕鮑彪云：「倍，背同。」

〔一一〕鮑彪云：「博物志：干將，陽，龍文。莫邪，陰，漫理。此二劍，吴王使干將作。干將，越人。莫邪，其妻，亦善作劍。」姚鼐云：「此下承後起説。」〔按〕干將鑄劍事，見吴越春秋闔閭内傳。廣雅釋器：「干將、鏌釾，劍也。」「鏌釾」同「莫邪」。王念孫疏證：「案干將、莫邪，皆連語以狀其鋒刃之利，非人名也。王褒九懷云：『舒余佩兮緋纚，竦余劍兮干將。』是干將爲利刃之貌。莫邪，疊韻字，義亦與干將同。」

〔一二〕鮑彪云：「劌，利傷也。」

〔一三〕横田惟孝云：「金，鏃也。」金正煒云：「孟子離婁下篇：『抽矢叩輪，去其金。』趙注：『叩輪去簇。』」

〔一四〕〔按〕「弦」謂「弓弦」，「機」謂「弩機」，皆所發矢。墨子備高臨篇：「强弩之技機藉之。」周禮夏官司弓矢云：「掌六弓、四弩、八矢之法。……中春獻弓弩，中秋獻矢箙。……凡弩，夾、庾利攻守，唐、大利車戰、野戰。」我國弓弩之製，今人徐中舒弋射與弩之溯原及關於此類名物之考釋（見中央研究院史語所集刊第四本第四分册）據古代象形文字及壁畫，斷定中國史前時代已有之。戰國時對射遠武器製造已極精巧。蘇秦説韓王云：「天下之强弓勁弩皆自韓出。」（韓策一）可證。

〔一五〕鮑彪云：「（銛）集韻：利也。」

〔一六〕鮑彪讀下「傳」字句云：「（車舍人）主車者。傳，驛遞也，言其警急。」安井衡云：「車舍，句。車，輜重也。人，兵卒也。輕兵襲衛，故輜重就舍，而兵卒兼行不休。」金正煒云：「『車舍』當爲『車不舍』。此四句並以三言爲對文也。」〔按〕鮑讀非，今從王校「傳」屬下讀。「車」下金補「不」字，疑是。

〔一七〕王念孫云：「『傳』當爲『傅』，『割』當爲『剛』，皆字之誤也。『傅衛國』爲句，『城剛平』爲句。傅衛國者，傅，附也，言兵附於國都。故下文曰『衛八門土而二門墮矣』。隱十一年左傳曰：『公會齊侯、鄭伯伐許；庚辰，傅於許。』是也。城剛平者，剛平，邑名，城此邑以偪衛，若晉人城虎牢以偪鄭也。秦策曰：『趙築剛平，衛無東野。』高注曰：『剛平，衛地，趙築之以爲邑。』是其證也。下文曰：『衛君跣行，告遡於魏，魏王身被甲底劍，挑趙索戰。衛得是藉也，亦收餘甲而北面，殘剛平，墮中牟之郭。』是趙城剛平以偪衛，衛得魏之助，因收餘甲而殘剛平也。史記趙世家曰：『敬侯四年，築剛平以侵衛。』即此所謂『城剛平』也。又曰：『五年，齊、魏爲衛攻趙，取我剛平。』即下文所謂『殘剛平』也。」〔按〕王説明晰，今從正。墨子備城門篇十二攻中有「蟻傅」（道藏本誤作「傳」，一本作「附」），即此「傅」。又旗幟篇：「寇傅攻前池外廉。」林春溥開卷偶得亦謂「『割平』當即『剛平』之譌。『傳』讀爲『傅』。」

〔一八〕横田惟孝云：「『土』恐『杜』訛，謂門杜而不通也。」〔按〕林春溥偶得云：「『土』即『杜』字，塞也。古『土』、『杜』通。」

〔一九〕吴師道云：「墮，許規反。」〔按〕「墮」同「隳」。吴音相合。

〔二〇〕鮑彪云：「遡，愬同。」

〔二一〕姚宏云：「（底）一作『砥』。」鮑彪云：「底、砥同，礪也。」吴師道云：「（魏王）魏武侯也。時未稱王，此辯士之詞，猶下稱孝公爲秦王。」〔按〕趙敬侯五年，齊、魏爲衛攻趙，取剛平。當魏武侯十五年（據古本紀年）。

〔二二〕鮑彪云：「鶩，亂馳也。」〔按〕謂趙都震驚不安。

〔二三〕金正煒云：「史記趙世家：『燕、秦謀王之河山間三萬里而通矣。』或爲河關，聲近而誤。張儀爲連横説齊章：『悉趙涉河關。』河關在趙之東，故下文云衛『藉力魏而有河東之地』。」〔按〕河山之間，謂黄河、太行之間，趙、衛接壤地。

〔二四〕鮑彪云：「中牟屬河南，趙獻侯自耿徙此。」吴師道云：「此據地理志，瓚（按原本誤作「讚」，今從趙世家集解正及索隱以爲非。）正義云：『中牟，趙邑，在今彰德府湯陰縣西五十里。』漢志謂河南之中牟，蓋誤。」〔按〕趙世家集解引汲郡古文云：「齊師伐趙東鄙，圍中牟。」以策文證之，殆即敬侯五年齊、魏助衛攻趙之戰。洪頤煊校正竹書紀年、陳逢衡竹書紀年集證、朱右曾汲冢紀年存真、雷學淇竹書紀年義證並以爲趙肅侯十八年事，恐非。中牟在今河南南樂、河北大名、山東聊城之間。

〔二五〕姚宏云：「一本『非』下有『有』字。」

〔二六〕姚宏云：「曾『力』下有『於』字。」

〔二七〕張琦云：「濬、滑之東，衛故地也。」

〔二八〕鮑彪云：「州屬河内。」張琦云：「今懷慶府東五十里故武德城，古州城也。」〔按〕在今河南沁陽附近。

〔二九〕姚宏云：「一本『出』下有『於』字。」金正煒云：「『出』字亦疑『杜』字之譌。秦策：『杜大梁之門。』」〔按〕「出」字自通，不必與秦策同字。

〔三〇〕鮑彪云：「魏記注：宛有林鄉。」張琦云：「今新鄭縣東二十五里有故林鄉城。」〔按〕新鄭爲韓都，今河南新鄭，林鄉在其東，魏都大梁之南。

〔三一〕鮑彪云：「(河北)屬河東。」張琦云：「蓋趙河之北，爲魏所侵者，此時趙復襲得之。非河東縣也。」

〔三二〕鮑彪改「溝」作「蒲」，下同，云：「敬侯六年，借兵楚，取魏棘蒲。不注。宣二年注：大棘在陳留襄邑南。蒲，南蒲，蒲坂也。謂此。」吴師道云：「史趙世家(溝)作『蒲』。正義云：『今趙州平棘縣，古棘蒲邑。』」張琦云：「今趙州治，即古棘蒲。」〔按〕正義本漢書地理志應劭説，但顔師古謂棘蒲、平棘非一處。策作「棘溝」，與史記又不同，未詳孰是。

〔三三〕鮑彪云：「(敬侯)八年，拔魏黄城。陳留外黄是。」吴師道云：「正義云：『括地志：故黄城在魏州冠氏縣南十里，因黄溝爲名。按陳留外黄城，非隋所别也。』大事記從上説，當考。」程恩澤云：「策明言河北，彪乃舉河南外黄爲證，其謬固不待言。然河北之黄亦有二。」顧祖禹曰：「志云：『蘇秦所言之黄城，當是内黄縣，今屬彰德府。』則以爲在今東昌府冠縣者，仍非定論也。」〔按〕「隊」同「墜」。

〔三四〕横田惟孝云：「勸，力也。」〔按〕説文：「勸，勉也。」

〔三五〕鮑彪云：「罷、疲同音，下同。(衆怨)樂與衆爲怨。」金正煒云：「『衆』當爲『聚』，形似而譌也。鮑注非是。」〔按〕衆，説文：「衆，多也。」引申之爲「聚」爲「叢」，不必改字。

〔三六〕鮑彪云：「鞠，窮也。言遂事。」金正煒云：「『之』與『志』同。説文無『志』字，古或借『之』爲『志』，如墨子『天志』作『天之』是也。」〔按〕鮑意謂事已敗不改而至於窮盡。又詩小雅蓼莪毛傳：「鞠，養也。」方言卷一：「鞠，養也。陳、楚、韓、鄭之間曰養。」依此訓，則謂養存舊過誤而不肯改變，亦通。

〔三七〕姚宏云：「曾本無『也』字。」鮑彪云：「衍『也』字。」金正煒云：「『也』蓋下句『也』字之誤衍。」

〔三八〕鮑彪云：「長，益之。」〔按〕「長」作動詞用，讀去聲。

〔三九〕姚鼐云：「此下承遠怨言。」

〔四〇〕鮑彪云：「『從』謂後之。」安井衡云：「從事於求天下之策。」〔按〕「從」與下文「從諸侯」之「從」同，謂使之從，猶言率從。

〔四一〕鮑彪云：「不以兵爲人挫强敵。」穆文熙云：「不主怨，不挫强，乃一篇主本。始終千餘言，皆不外此。」

〔按〕與上文「敵强衆怨」語相應。

〔四二〕鮑彪云：「衍『秦』字。」吴師道云：「齊閔王十一年，楚懷二十六年，齊與韓、魏爲楚負其從親而合秦，遂共伐楚。閔王十六年，合韓、魏以伐秦，秦昭王九年也。」〔按〕吴據大事記，實當齊宣王十六年（前三〇三）及湣王四年（前二九八）。鮑删「秦」字，非。

〔四三〕金正煒云：「疾，力。見吕覽尊師篇注。」

〔四四〕鮑彪云：「言得地等耳。」

〔四五〕〔按〕王先謙鮮虞中山國事表云：「楚自懷王二十八年，連歲受秦伐，而中山無楚援，故趙策蘇厲曰：昔者楚人久伐而中山亡。韓襄十一年，秦伐韓，取穰，而中山無韓援，故燕策曰：秦之伐韓，故中山亡。魏哀十八年，伐楚。齊湣二十三年亦伐楚。而中山失齊、魏援，故魏策曰：中山恃齊、魏以輕趙，齊、魏伐楚而趙亡中山。……惟齊策云：齊、燕戰而趙氏兼中山。齊、燕前後數年戰事，於史無考。」

〔四六〕鮑彪云：「未詳。」關修齡云：「疑『越』當作『衛』。言宋、衛無四國之虞，故能得專用其兵。」〔按〕黄以周史越世家補並辨云：「無彊立，好用兵，與宋争地。」自注：「齊策秦、楚戰韓、魏，而宋、越專用其兵。當在王無彊時，未詳何年。」（儆季雜著三史説略）别無他證。宋專用其兵，疑謂宋王偃滅滕伐薛，取淮北之地（見宋策宋康王之時章）事。

〔四七〕于鬯云：「舉心，猶言矚目。」

〔四八〕姚鼒云：「此下皆言後起而遠怨，意即寓其內。」

〔四九〕鮑彪云：「（王人）欲爲人王。」橫田惟孝云：「『王』疑當作『上』。」金正煒云：「『王』疑『亡』之譌。楚策：『且大王嘗與吳人五戰三勝，而亡之陳卒盡矣。』『王』又譌爲『亡』，正可互證。作『王』義亦自通，惟王伯是圖，非必爲禍。」〔按〕「王」字不誤，鮑注是也。下文「此夫差平居而謀王，强大而喜先天下之禍也」，與此相應。「王人」猶言「王於人」，「王」作動詞用。

〔五〇〕姚宏云：「一無『夫』字。」

〔五一〕吳師道云：「恃謀人以爲利而致殃。」

〔五二〕鮑彪云：「不義雖可伐，亦不可輕。」吳師道云：「主於後起藉權，不以伐不義爲急也。」

〔五三〕鮑彪云：「（與多）人與之多。」橫田惟孝云：「與謂與國。」（安井衡、金正煒同）〔按〕橫田説長。

〔五四〕姚宏云：「劉本（事）作『是』字。」鮑彪改「事」作「是」，「適」作「敵」。吳師道云：「敵、適通。」金正煒云：「『是』作『事』，古書通借，不煩改字。」

〔五五〕吳師道云：「（『立』下）疑有缺字。」橫田惟孝云：「謂兵權必立。」安井衡云：「立，成也。兵事成也。」金正煒云：「『兵』疑當爲『名』。秦策：『功成名立利附，則天下莫能害。』『兵』、『名』音近，又涉上文『兵勁』而誤。」經傳釋詞：「『也』猶『矣』也。」金其源云：「後漢書周章傳：『孔子稱可與立，未可與權。』注：『立謂立功立事也。』必立言必立功也。」〔按〕金其源説可通。

〔五六〕吳曾祺云：「『塞』猶『逆』也。」臧勵龢云：「『事』猶『務』也。言務不杜塞天下歸往之心。」〔按〕呂氏春秋論人篇：「不可塞也。」高注：「塞，遏也。」「遏」、「逆」義近。此謂行事而不違逆天下之人心。

〔五七〕鮑彪云：「『攘』猶『取』。」

〔五八〕鮑彪改「僅」作「謹」。下同。　吴師道云：「字訛，疑『謹』，下同。」〔按〕「僅」、「謹」並從「堇」聲，古字通用，不必改字。

〔五九〕鮑彪云：「『信』猶『恃』也。莒、蔡是矣。」　歸有光云：「寡信諸侯，言無輕信要約也。」〔按〕歸説是。

〔六〇〕金正煒云：「『反』當爲『犯』，聲之誤也。」

〔六一〕鮑彪改「擯禍」作「穡積」。　吴師道云：「改『穡積』亦當是『積穡』。此書多『穡』字。」　安井衡云：「擯，斥也。禍，讀爲貨，聲之誤也。所擯斥之貨，謂丢不用者。鮑改『擯禍』爲『穡積』，形聲俱遠，非也。」　金正煒云：「鮑改非也。此以『外不賣，内不反，則擯禍』爲句。内外正以遠近言。『朽腐』上有脱文。韓非外儲：『管仲曰：蓄積有腐棄之財。』鮑補於此句上，則得矣。」　鍾鳳年云：「擯禍，疑爲當時武器之總稱，其字當是元文。」〔按〕金説較長。「朽」上有缺字。

〔六二〕鮑本無「而不服矣」四字。吴本據姚本及别本補。　鮑彪云：「矯，揉箭箝也，故有變意，此言變其初也。『蠹』猶『蝕』。」　吴師道云：「别本注：『矯』一作『矯』(按當作『燆』)，火行也。」　黄丕烈云：「此以『矯』爲『槁』字也，作『燆』非。」　金正煒云：「荀子禮論篇注：『槁，骨貝也。』古者以貝爲幣，故得言槁。莊子列禦寇篇『槁項黄馘』者。釋文：『槁，本作「矯」。』可爲此證。」〔按〕説文：「服，用也。」

〔六三〕鮑彪云：「『道』猶『行』。」　横田惟孝云：「道，由也。」

〔六四〕鮑彪云：「『貸』音『貣』，從人求物也。」　金正煒云：「『見』即『足』字誤衍。」〔按〕「見」字自通，不必衍。鮑注「『貸』音『貣』」。吴本注與正文「貸」並作「貸」，顯有一誤。惜陰軒刻吴本注「貸」作「代」，恐出後人所改。考説文貝部「貸」字云：「施也。」「貣」字云：「從人求物也。」正是鮑注所本。由此可推知鮑本原書正文作「貣」，而注音作「貸」也。　鮑單注本注作「貣」者，猶未盡然也。　段玉裁説文注云：「代、弋同聲，古無去入之别，求人施人，古無貣、貸之分。由『貣』字或作『貸』，因分其義，又分其聲。……經史內貣、貸錯出，恐皆俗增人旁。」其說明白。又五經文字云：「『貸』相承或借爲『貣』字。」則唐時已二字相淆久矣。

〔六五〕金正煒云：「史記魏世家：『故曰君終無適子，其國可破也。』索隱云：『此蓋古人之言及俗語，故云「故曰」。』」〔按〕此以「王」、「亡」協韻。

〔六六〕姚宏云：「曾本無『强』字。」鮑彪亦衍「强」字。〔按〕「强」字涉上「强」字而衍。今從曾本衍。

〔六七〕〔按〕史記吳世家「（闔廬）十一年，吳王使太子夫差伐楚，取番。楚恐而去郢徙鄀。」此殆謂其事。

〔六八〕鮑彪云：「諸侯從之。」金正煒云：「史記春申君傳索隱：『從』猶『領』也。」〔按〕此謂黃池爭長之事。

〔六九〕〔按〕廣雅釋詁：「戮，辱也。」字或作「僇」。謂爲越所滅。

〔七〇〕鮑彪云：「（萊）東萊，故萊子國。」吳師道云：「春秋齊侯滅萊。傳萊恃謀也。」張琦云：「今（山東）萊州府治。」〔按〕吳引春秋傳見襄公六年。

〔七一〕鮑彪云：「莒、蔡皆恃遠忽近而亡。」金正煒云：「左氏宣十三年傳：『齊師伐莒，莒恃晉而不事齊也。』墨子非攻篇：『東方有莒，其爲國甚小，間於大國之間，不敬事於大，大國亦弗之從而愛利。是以東者越人夾削其地，西者齊人兼而有之。』莒蓋恃晉而非恃越，明矣。稽古録：『周敬王二十六年，楚子圍蔡，蔡人聽命。師還，蔡遷於吳。』竹書紀年楚滅蔡，當晉敬公五年，於時吳已滅而越方强，晉久衰弱。則蔡亦恃越而非恃晉也。此文本作『莒恃晉而滅，蔡恃越而亡』，傳寫誤淆耳。」〔按〕莒滅於齊，其年雖不詳，但已在春秋之後，安能據宣十三年傳爲證？且其時晉已衰弱，越方新興，則「恃越」與當時情勢相合。稽古録之文乃本左氏哀元年傳，當晉定公十年（前四九四）。此云「恃晉而亡」，蔡侯先謀與晉伐楚（見定三年左傳），繼與吳共伐楚。故楚人怨之，至楚惠王四十二年（前四四七）遂滅蔡。推其原因，謂恃晉而亡，與史實不戾。金氏曲爲附會，擅易策文，非。

西周策宫他謂周君章亦云：「郯、莒亡於齊，陳、蔡亡於楚，此皆恃援國而輕近敵也。」餘詳彼策。御覽卷四百九十五引「恃晉」作「信晉」。

〔七二〕鮑本、吴本、盧本「麒」作「騏」。〔按〕御覽引亦作「騏」，同。

〔七三〕鮑本、吴本「骨力」作「力骨」。

〔七四〕鮑彪云：「『與』猶『恃』也。言與之相恃，亦不皆亡，在所處耳。」横田惟孝讀「不並滅有」，句，云：「與，如也。相如，謂相類也，孟子所謂地醜德齊，莫能相尚之意。不並滅有，謂彼此不並滅之，以有其地。」安井衡以「相與」爲「相與戰」，餘同横田。〔按〕横田解較長，但「有」字當屬下讀。「不並滅」謂彼此不能滅之。

〔七五〕鮑彪改「而」作「能」。吴師道云：「字或誤衍。」黄丕烈云：「鮑改吴補皆非。而、能同字，策文多以『而』爲『能』，如上文『子孰而與我赴諸侯乎』，下文『而解此環不』之屬，是也。」横田惟孝云：「『而』讀爲『如』，若也。」〔按〕横田讀亦通，但不如讀「而」爲「能」，較長。

〔七六〕鮑彪云：「寄，言假乎於人，不爲主也。（寄於義）猶『假』也。」吴師道云：「寄怨而誅不直者，使人誅之而已不主怨，即所謂重伐不義也。微用兵而寄於義者，隱其用兵之真情，而寄寓於義以爲名也。」又云：「此策談兵主於後起，藉權不爲人主怨。其云案兵而後起，寄怨而誅不直，微用兵而寄於義，最其術之深者。」横田惟孝云：「寄怨，託怨於人也，謂不主怨。」安井衡云：「微，小也。小用兵，不大戰也。」金正煒云：「『寄怨』二句，本作『微怨而誅不直，用兵而主於義』。杜預左傳注：『微，匿也。』韓非内儲説：『桓公藏蔡怒而攻楚，義於名而利於實。』正即此文之意。文衍『寄』字，『微』字又淆次於下句，本義遂晦。」〔按〕吴注可通。餘備參考。

〔七七〕盧本「亡」作「霸」。鮑彪云：「跼，不伸也。」王念孫云：「訓『跼』爲『不伸』，則與『而須』二字義不相屬。

今案「踊」與「蹻」同。蹻足，舉足也。……漢書高祖紀：「亡可蹻足待也。」文穎曰：「『蹻』猶『翹』也。」晉灼曰：「許慎云：蹻，舉足小高也。音橋。」……蹻、踊聲相近，故「蹻」通作「踊」。史記河渠書：「山行即橋。」漢書溝洫志「橋」作「梮」，是其例矣。」〔按〕「須」猶「待」也。

〔七八〕鮑彪云：「質，質子。」〔按〕「質」讀去聲。下「約質」同。

〔七九〕鮑彪云：「『衆事』猶『共事』。」

〔八〇〕鮑彪云：「『交』言彼此割地。」金正煒云：「『交割』當爲『交勁』。『勁』誤爲『到』，復誤爲『割』。『交勁』謂互爲聲援。」〔按〕金說或是。

〔八一〕吳師道云：「衆事宜反覆，交割地者宜相憎，俱强者宜不相下，今皆不然，以其同憂趨利故也。」

〔八二〕鮑本、吳本「齊燕」作「燕齊」。鮑彪云：「家語所謂桓山，蓋在齊、魯之間。」程恩澤云：「家語所謂桓山，今在徐州府東北二十七里，下臨泗水。……齊、燕戰處不應在此。」狄子奇云：「史記梁孝王世家有桓邑侯。索隱曰：『地理志桓邑，闕。』未知即此否？」〔按〕今人徐中舒論戰國策的編寫及有關蘇秦諸問題以此即權之戰，謂「『權』與『桓』古音同在元部，故得相通。」（歷史研究一九六四年第一期）權之難，見同策二。此說缺乏旁證，俟考。

〔八三〕鮑彪云：「樓煩屬雁門。」程恩澤云：「漢志雁門郡有樓煩縣。……胡氏曰：樓煩本匈奴，所居地在北河之南。此蓋因漢名，或後代所僑置，非即故地也。……古樓煩國則在今雁門關北。策云『胡人襲燕樓煩數縣』，則燕有樓煩，實有明證。然亦第服屬其國而已，未必能全有其地也。」〔按〕史記匈奴傳云：「燕北有東胡山戎。」樓煩部落在今山西寧武、岢嵐等地。

〔八四〕鮑彪云：「此蓋之、噲敗時。」〔按〕鮑說無據。

〔八五〕金正煒云：「『趨』讀如『趣』。」

〔八六〕鮑彪衍「何」字。　姚氏辭類纂删「何則」二字。　横田惟孝云：「『何則』二字，因上文誤衍。」〔按〕「何也」、「何則」連用，不詞，必有衍文，今從鮑衍「何」字。

〔八七〕鮑彪云：「可使趨我，而爲我役。」　金正煒云：「荀子議兵篇：『湯、武之誅桀、紂也，拱揖指麾，而强暴之國莫不趨使。』注：『誅其元惡，其餘懭悍者皆化而來臣服也。』據楊注其文本亦作『趨役』，與此同。」

〔八八〕鮑彪云：「(察相)相之明察者。」　姚鼐云：「此下極言用兵之害，不能後起而致怨者。」

〔八九〕姚宏云：「劉本(王也)作去『也』字。」　鮑彪云：「衍『也』字。」

〔九〇〕鮑彪云：「有害於國。」

〔九一〕鮑彪云：「隱元年注：『邑有宗廟之主曰都。』周制，二千五百家爲縣。」　吴師道云：「周禮：四甸爲縣，四縣爲都。又五鄙爲縣。又禮：小曰邑，大曰都。」

〔九二〕鮑彪云：「(市)士衆所聚，有市井焉。」　關修齡「市」字屬上讀，云：「疑『市』當作『卒』。」〔按〕鮑注可通。

〔九三〕姚宏云：「集本作『折轅』，曾本作『析骸』。」　鮑彪云：「轅，輈也。」〔按〕此非圍城，作「析骸」者誤。

〔九四〕鮑彪云：「觶實曰『觴』，蓋以飲之。」　横田惟孝云：「飲人以酒曰『觴』。」

〔九五〕鮑彪云：「『路』疑作『露』。言國中所有悉出於路。又疑作『路窘』，言財用窘於道路。」　吴師道云：「正是『道路』之『路』。」　黄丕烈云：「路，羸也，下作『露』。秦策用『潞』字，又用『露』字。鄭箋詩『串夷載路』，趙岐注孟子『是率天下而路也』，字同此。『君』是『軍』字之誤。下文『是虚中之計也』，二句文相對。下文又云『軍出費，中哭泣』，亦以『軍』與『中』相對，可爲證。」　安井衡云：「路，疲也。戰攻則上下殘費，是疲弊國君之道。」　金正煒云：「君、軍同音，因以致誤。『君』又或爲『羣』字之損，士輪私財數語，皆民之所費，故爲『路羣』也。」

〔按〕「路」即「露」，或作「潞」、作「羸」，並一聲之轉。君，羣也，見爾雅釋言及白虎通義。此文「君」當訓「羣」，非字損也。

〔九六〕鮑彪云：「國中之人爲行者祈。」金正煒云：「管子君臣篇注：中人，謂百吏之屬。」

〔九七〕鮑彪云：「翳，華蓋也，故有隱義，言釀於中以待飲至。」關修齡云：「『翳釀』當作『禜禳』，亦禱祝之事也。左傳有禜祭山川星辰之神。彼疏賈逵以爲禜攢用幣，其祭臨時營其地，立攢表也。禳者，周禮女祝注云：『却變異曰禳。禳，攘也。』」安井衡云：「翳，舞者所持。言君釀酒奏舞，以祈戰勝也。」孫詒讓云：「『翳釀』當讀爲『瘞禳』，並聲近字通。詩大雅鳧鷖孔疏引爾雅孫炎注：『瘞者翳也。既祭，翳藏地中也。』大戴禮記曾子天圓篇云：『割裂禳瘞。』『翳釀』猶言『禳瘞』也。蓋古者國君軍禮有禳四望山川社稷諸地示，皆用瘞薶之禮，故云『君翳釀』，明臣民所不得舉也。」吳曾祺云：「揚子方言：『翳，掩也。』謂取死者而掩埋之也。『釀』宜作『禳』，祭也。」金正煒云：「『翳釀』疑是『侯禳』之譌。『侯』字或書作『矦』，與『医』相似。『医』與『翳』通。因傳寫爲『翳』。『釀』、『禳』亦形似而誤。周禮小祝：『將事，侯禳禱祠之，祝號以祈福祥，順豐年，遂時雨，寧風旱，彌災兵，遠辠疾。』注：『之屬。』」〔按〕諸説紛紜，孫説爲長，方言卷六：「瘱，審也。」郭璞注：「瘞埋，又翳。」此讀「瘱」爲「瘞埋」之「瘞」，或音「翳」，可證「翳」、「瘞」同音，古字通用。此述戰前之事，故知『翳』爲瘞薶之禮，非掩屍也。周禮春官司巫鄭注云：「『瘞』謂若祭地祇，有埋牲玉者也。」「釀」、「禳」並從「襄」聲，例可通用，亦非字誤。墨子迎敵祠篇云：「祝史乃告於四望山川社稷，先於戎。」即此翳釀之禮。安井解「翳」爲「舞翳」，巫覡舞翳以祈福佑，亦通。

〔九八〕鮑彪云：「(置社)戮不用命者。」吳師道云：「亦言禱祀之事。」陸隴其云：「『置社』二字當連下讀，注俱誤。」關修齡云：「社陰主刑殺，故臨時祭之。」孫詒讓云：「置社者，禮記祭法云：『大夫以下成羣立社，曰置社。』然社爲恒祀，非用兵時始置此，於義難通。『置』疑當爲『塞』。『置』俗或作『寘』，與『塞』形近而誤。史記封禪書云：『冬塞禱祠。』索隱云：『「塞」與「賽」同。賽，今報神福也。』此云『塞社』，亦謂『報社』也。」于鬯讀連下「有市之邑」爲句，云：「此當依陸說，十字爲一句。小戴記祭法云：『大夫以下成羣立社，曰置社。』鄭注云：『大夫不得特立社，與民族居，百家以上則共立一社，今時里社是也。』『置社』與『有市』爲對，猶『通都』與『小縣』爲對，皆平列之文也。」金正煒云：「『社』謂軍社。周禮小宗伯：『若大師，則帥有司而立軍社。』……又『置』或爲『宜』。左氏定四年傳：『君以軍行，拔社釁鼓。』注：『師出，先有事祓禱於社，謂之宜社。』」〔按〕鮑注顯誤，不論。孫以爲「塞社」，但塞是報福之祭，此尚未戰，不用先塞，且塞於軍祀無聞。于氏讀十字爲句，以「通都小縣」與「置社有市」爲平列之文，然「通都小縣之邑」義亦不順。比較衆說，金氏後說殆是。「置」字或作「寘」，二形與「宜」字並形近易訛。爾雅釋天：「起大事，動大衆，必先有事乎社而後出，謂之宜。」即杜注所本。郝懿行義疏：「孫炎曰：『大事，兵也。有事，祭也。』……謂之宜者，緐正義曰：『兵凶戰危，慮有負敗，祭之以求其福宜，故謂之宜。』……周禮大祝云：『大師，宜乎社。』」此言通都小縣出兵，並先宜祭於社也。

〔九九〕鮑本「止」作「正」，注云：「『事』謂財賦警備之事。」　闞修齡云：「謂止其職事，而惟奉王事。」　安井衡云：「鮑本誤。」

〔一〇〇〕闞修齡云：「虛中之計，謂虛耗國中之術。」

〔一〇一〕吳本「尸」作「屍」，鮑單注本作「尸」。吳本非。　鮑彪云：「尸未殮也。」　金正煒云：「說文：『尸，陳也。』『死』即『屍』省文。漢書酷吏傳：『安所求子死桓東少年場。』師古曰：『死謂屍也。』」

〔一〇二〕鮑彪云：「夷亦傷。共、供同。」　金正煒云：「左氏成十六年傳：『察夷傷。』服注：『金創爲夷。』」

〔一〇三〕鮑彪云：「酺，大飲也。『華』猶『奢』。」金正煒云：「『内酺』疑『大酺』之譌。『大』、『内』篆文相近，故『大』誤爲『内』。漢書文帝紀：令天下大酺。趙武靈王滅中山，酺五日，此即其事。『華』疑『譁』字之省。説文：『譁，讙也。』」〔按〕説文『酺』字云：「王悳佈大飲酒也。」此謂以戰勝而賜國内酺飲，相與譁樂。

〔一〇四〕鮑彪云：「（鈞）與『均』同。」

〔一〇五〕〔按〕漢書高帝紀注：「田，謂耕作也。」

〔一〇六〕鮑彪云：「矛，酋矛也，兵車所建。」吴師道云：「詩『二矛』注，酋矛長二丈，夷矛長二丈四尺。」〔按〕酋矛見詩秦風小戎。周禮考工記：「酋矛常有四尺，夷矛三尋。」八尺曰尋，倍尋曰常，詩注本之。又考工記云：「凡兵，句兵欲無彈，刺兵欲無蜎。」鄭注：「句兵，戈戟屬。刺兵，矛屬。」説文：「戟，有枝兵也。」「戟」亦見於考工記。矛戰之制，程瑶田通藝録考工創物小記内廬人刺兵疏證、冶氏爲戈戟考論之頗詳，可參。

〔一〇七〕鮑本、吴本「弦」作「絃」。「絃」是「弦」之借字。鮑彪云：「鐶，刀鐶。」

〔一〇八〕鮑本「官」作「宫」，注云：「『宫』如『父子異宫』之『宫』。古者寓兵於農，故私家出之。」黄丕烈云：「宫，誤字也。鮑所説全謬。」横田惟孝云：「『私』疑『給』訛。」金正煒云：「『私』字當在『官』字之下。」〔按〕金説疑是。私出甲者，秦昭王以百姓買牛擅禱，訾（猶「罰」）二甲，見韓非子外儲説右下篇。知當時民有貯甲者。

〔一〇九〕鮑彪云：「厮，析薪養馬者。」〔按〕史記張耳陳餘列傳：「有厮養卒。」集解：「如淳曰：『厮，賤者也。』公羊傳曰：『厮役扈養。』韋昭曰：『析薪爲厮，炊烹爲養。』」

〔一一〇〕鮑彪云：「襜，衣蔽前者。襜蔽，疊言也。言士作苦，衣易蔽，故亟治之。」安井衡云：「襜，帷也。兵士所以自掩蔽也，故名襜蔽。」金正煒云：「墨子備城門篇：『城上之備渠譫。』淮南氾論篇高注：『幨，幰；

所以禦矢也。』『譫』、『幨』與『襜』，古書通借，實一物也。廣雅釋詁：「蔽，障也。」六韜軍用篇：「其營壘蔽櫓也。」呂覽貴直篇：「又居於犀蔽屏櫓之下。」『襜蔽』與『衝櫓』對文，鮑注未得其義。」（橫田惟孝説同，金氏説較備，故取之。）〔按〕孫詒讓墨子閒詁（備城門篇）引此策亦云：「『襜蔽』即高注所云『幨，幰；所以禦矢也』。」

〔一一一〕鮑彪云：「衝，陷陣車，正作『⿰車童』。」吳師道云：「城上露屋爲櫓，戰陣高巢車亦爲櫓。此與衝並言，亦車也。」金正煒云：「墨子備梯篇：『持衝十人。』備城門篇：『百步爲櫓，櫓廣四尺，高八尺，爲衝術。』若如鮑、吳説，即不得言舉。」〔按〕逸周書小明武解：「具行衝梯。」説文：「櫓，大盾也。」

〔一一二〕鮑彪云：「全家併作。」橫田惟孝云：「家，家人。雜總，謂雜作總至也。」于鬯云：「或云：書禹貢傳云：禾稾曰總，入之供飼國馬。」安井衡云：「雜，同也。『總』、『緫』多相亂，緫，絲數，猶言升。……言家人相聚，同治絲麻，以爲征衣。」吳曾祺云：「猶言一家編入士伍之中。」〔按〕廣雅釋詁：「襍，聚也。」「襍」、「雜」同字。「總」疑是「熜」之借字。説文：「熜，然麻烝也。」此言家聚麻熜以備火攻也。「熜」字或作「爈」，廣雅釋器云：「爈，炬也。」墨子備穴篇：「善攻者穴土而入，縛柱施火，以壞吾城。」下文言「身窟穴」，即謂穴攻。雜總亦所以備穴攻施火也。

〔一一三〕盧本「窟」作「屈」。鮑彪讀連下「中」字句，云：「謂地道。」黃丕烈云：「此以『窟』爲『掘』字。連下『中』字讀者非。」橫田惟孝「窟」亦作「屈」，云：「屈，掘通，穿也。」孫詒讓云：「『窟』當如字，『身』當爲『穿』。墨子備城門篇：『侯亓穿井且通。』『穿』今本亦譌作『身』，與此同。」〔按〕「窟」、「屈」並與「掘」（或「⿰扌窟」）通。齊策三客有馮諼章「狡兔有三窟」，慧琳一切經音義引「窟」作「⿰扌窟」，可證。「身窟穴」與上「家雜總」對舉，「身」字不誤。孫説非。

〔一一四〕鮑彪云：「(刀金)兵器也。」橫田惟孝云：「『中』疑『吏』訛。刀，錢也，謂罷於軍賦也。」于鬯云：「『中』即上文『中人虛』、『中哭泣』之『中』。刀金，刀布也。」金正煒云：「『中』當爲『衆』。俗書『衆』作『币』，與『中』字相類。『衆』與士爲對文。……『刀金』疑本作『金力』，字譌而復倒也。『金力』謂兵革之役，與『土功』對舉。」〔按〕于説爲是。金氏『金力』之釋，非。

〔一一五〕〔按〕「土功」謂修城築壘之事。

〔一一六〕鮑本、吳本「期」作「朞」。鮑彪云：「數，數月。」橫田惟孝云：「朞，朞月。」于鬯云：「約一年之數而拔城，尚爲速也。」吳曾祺云：「(亟)速也。言刻期而能拔城者已爲速也。」〔按〕「數」讀入聲。爾雅釋草釋文：「數，猶『促』也。」謂期限近而能拔城者爲急。

〔一一七〕鮑彪云：「『斷』音『短』，截也。」〔按〕上文極言戰争之禍害。淮南子覽冥訓云：「晚世之時，七國異族，……縱横間之，舉兵而相角。攻城濫殺，覆高危安，掘墳墓，揚人骸，大衝車，高重京，除戰道，便死路，犯嚴敵，殘不義，百往一反，名聲苟盛也。是故質壯輕足者爲甲卒，千里之外。家老羸弱，悽愴於內。厮徒馬圉，軵車奉饟。道路遼遠，霜雪亟集，短褐不完，人羸車弊，泥塗至膝，相攜於道，奮首於路，身枕格而死。所謂兼國有地者，伏尸數十萬，破車以千百數，傷弓弩矛戟矢石之創者，扶舉於路。故世至於枕人頭，食人肉，菹人肝，飲人血，甘之於芻豢。」狀戰國時侵略戰争之酷烈，與此文可互證。

〔一一八〕〔按〕左氏哀五年傳：「晉圍柏人，荀寅、士吉射奔齊。」是范、中行氏未被殺。此言殺其君者，誇辭。

〔一一九〕鮑彪云：「(二主)趙襄子。」〔按〕事具趙策一。

〔一二〇〕〔按〕「謂」同「爲」。

〔一二一〕鮑彪「子」下補「之」字，盧本從之。鮑彪云：「患在滅二子。」金正煒云：「莊子應帝王篇：『已滅矣。』

釋文引崔注：『滅，不見也。』此言智伯不見韓、魏二子之能爲己患耳。」〔按〕金氏曲説，非。「二子」明謂范、中行氏。此言智伯滅二國後勢强，故爲三家所謀耳。

〔一二二〕姚宏云：「(日)一作『昔』。」鮑本、吴本「日」作「昔」。

〔一二三〕〔按〕王先謙鮮虞中山國事表云：「長子，趙地，漢縣屬上黨郡；今山西潞安府長子縣西南有長子城。中山與趙戰，不應遠越至此，疑莫能明。或以爲房子之譌也。」

〔一二四〕〔按〕王先謙表次此事於周赧王八年(前三〇七)，趙武靈王十九年，云：「此事若在武靈胡服前，則武靈必不舍新敗之耻，而遠徵鄗事。若武靈二十一年後，中山疆土日蹙，更無遠涉取勝之理。故列於此。」王説非也。此乃燕王噲讓位於子之，燕國内亂，齊起兵伐之，中山王譽亦從而侵燕，奪其地，獲勝。此事史失載，新出土中山王譽鼎、壺銘記其功，正與此文合。王氏限於時代，不及見新史料，無怪其於年代失據也。

〔一二五〕鮑本、吴本「敵」作「攻」。

〔一二六〕姚宏云：「(北)一作『比』。」鮑本、吴本並作「比」，今從正。鮑彪云：「比，相次。」〔按〕「比勝」猶「連勝」。

〔一二七〕鮑彪云：「『節』猶『等』。」

〔一二八〕姚宏云：「三本(臣)同作『叀』。」鮑彪云：「此(閔王)二十九年，書佐趙滅中山。」吴師道云：「説見前(秦伐魏陳軫合三晉章)及燕策。」〔按〕鮑注據田完世家，與策文不合。資治通鑑赧王十四年(前三〇一)「趙王伐中山，中山君奔齊」。實當齊湣王元年。而趙滅中山，遷其王於膚施，在赧王十九年(前二九六)，趙惠文王三年。王先謙表云：「蘇秦所謂臣於齊者，或即奔齊之中山君。而趙滅中山遷膚施者，又其繼立之王也。」

〔一二九〕鮑彪云：「嗇，吝也。」〔按〕韓非子解老篇：「少費謂之『嗇』。」

〔一三〇〕金正煒云：「『敗』當爲『效』之譌。」〔按〕「敗」謂敗事，金説未然。

〔一三一〕鮑彪「事」下補「矣」字，盧本從之。吴師道云：「『事』下或有缺字。」

〔一三二〕鮑彪云：「『終』謂窮兵。」横田惟孝云：「『終』當作『窮』，蓋以同韻誤，下文可徵矣。」金正煒云：「下文『今窮戰比勝而守必不拔』，則此亦當爲『窮』。『終』、『窮』古蓋通用。」〔按〕「終」、「窮」音同部，古或通用。莊子逍遥游篇「窮髮之北」，列子湯問篇作「終髮」，是其證。

〔一三三〕鮑彪云：「守城期於不拔。」

〔一三四〕鮑彪云：「得所稱爲善者保恃之。」〔按〕「保」同「寶」，易繫辭：「聖人之寶曰位。」孟喜本「寶」作「保」，可證。鮑注非。

〔一三五〕鮑彪云：「外無居人，故暴露。」金正煒云：「方言、廣雅並云：『露，敗也。』下文『罷士露國』，義同。鮑注不可通。」〔按〕上文「路君之道」之「路」字亦同義。字或作「潞」，見秦策。

〔一三六〕姚宏云：「（的）一作『杓』。」鮑彪云：「『的』即『鵠』也，所謂侯中。」吴師道云：「栖皮曰『鵠』。」〔按〕「的」、「杓」同聲通用。見吴注本禮記射義鄭注。

〔一三七〕姚宏云：「（咎）一作『柩』。劉『咎』作『喜』。」吴師道注「喜」作「善」。吴師道云：「按吕氏春秋亦有『柩罪於先王』之語。」〔按〕「咎」、「柩」同音通用。

〔一三八〕鮑彪云：「『便』謂巧，審弓得便巧乃發。」于鬯云：「『便』疑『使』字之誤。又『便』、『引』疊韻，或二字異文同義。」

〔一三九〕鮑彪云：「（善）人善之。」吴師道云：「一云：『劉作「喜」。』」〔按〕「喜」與「愧」相對，義較長。

〔一四〇〕鮑彪云：「的以難中，人争欲貫之；如惡之然。人如的者，人所惡也。」

〔一四一〕鮑彪云：「『素』猶『常』也。言兵常用，雖强必弱。」安井衡云：「素，空也。天下相與戰，而不并滅有，是空强兵也。」金正煒云：「『素』疑『累』字之譌。……『累用强兵』即窮戰比勝之意。兵久用則罷敝，故强者轉而爲弱。」〔按〕「素」讀「索」。索，盡也（呂氏春秋下賢篇高注）。謂竭用兵力久而爲弱也。尚書孔序：「八索九邱。」釋文：「索，本作『素』。」是「素」、「索」古相通。

〔一四二〕鮑彪云：「（不事）不從事於此。」吳師道云：「『事』下當有『也』字。」吳汝綸點勘本據補「也」字。

〔一四三〕鮑彪云：「五戎，注：『刀、劍、矛、戟、矢。』」吳師道云：「此據淮南子注。今按諸説不一，周禮司右、月令注：『弓（原文脱「弓」字，據月令注補）矢、殳、矛、戈、戟。』司兵車注：『戈、殳、戟、夷矛、酋矛。』穀梁注：『矛、戟、鉞、楯、弓矢。』」〔按〕淮南注見時則訓。呂氏春秋季秋紀高注同。吳注「司兵車」之「車」字，據周禮作「司兵」，「車」字當衍。

〔一四四〕金正煒云：「『辭讓』下有脱字，或爲『辭讓未終』。此二句亦對文。」〔按〕文義自足，不必過求偶句，金説恐未然。

〔一四五〕横田惟孝云：「『軍』疑當作『庫』。或『於軍』二字衍。」（金正煒亦謂「『於軍』二字疑衍。」）〔按〕依下文例，「於軍」二字恐衍。

〔一四六〕〔按〕「至」同「致」（禮記禮器「有放而不致也」。釋文：「『致』本作『至』。」又大學：「致知在格物。」鄭注：「『致』或爲『至』。」可證二字通用）。此文「敵國勝」、「邊城降」、「王業至（致）」即勝敵國、降邊城、致王業也。賓語倒置於動詞之前，古漢語中不限於否定句、疑問句及代詞作賓語等條件者，商、周文詞後爲例。

〔一四七〕鮑彪云：「曠，闊也。日雖闊遠，其利不窮。」

〔一四八〕姚鼐云：「此下言用謀之利，明於權藉時勢者。」〔按〕長短經卷五七雄略注「臣之所聞」作「臣聞」二字。

〔一四九〕鮑彪云：「師，旅也。（非師）言不用師。」横田惟孝云：「『非師』二字恐衍。」吴曾祺云：「謂攻戰之道有不必用師者。」金正煒云：「漢書蕭望之傳注引服虔曰：『非，不也。』又或爲『弗』字譌誤。『師』疑當作『帥』，『帥』與『率』通。率，循也。『非帥』猶弗率、不率。」〔按〕長短經注「攻戰」作「戰攻」，餘同今本。御覽卷三百二十二引「非師」作「於師」，則「非師」二字非衍文，「師」字亦不誤。鮑注不誤，何爲多滋疑惑。

〔一五〇〕鮑彪云：「言謀之於堂，彼自敗也。」吴師道云：「『比』當作『北』。諸本皆作『比』，不知何故？此注亦作敗釋矣。章本字同。」姚氏辭類纂「比」作「北」。金其源云：「（比）不當作『北』。『比』之所以釋『敗』者，周禮大胥：『比樂官。』注：『「比」猶「校」也。』秦策：『足以校於秦矣。』注：『「校」猶「亢」也。』左傳宣公十三年：『而亢大國之討。』注：『亢，禦也。』比之堂上，猶曰禦之堂上，與下『禽之户内』、『拔之尊俎之間』、『折之衽席之上』義同，皆是戰勝廟堂之謂也。」〔按〕「比」、「北」二字形似，常相互淆。上文「再戰比勝」，「比」譌作「北」，猶此文「北」誤作「比」也。長短經、御覽此文亦誤作「比」。但章末「比之堂上」，長短經「比」作「北」，可推證此文之誤。今從吴注正。金氏迂曲求解，然「比」無「亢」義，周禮注訓「比」爲「校」，乃「比校」之「校」，與「亢」義不同，焉能轉相附會？不足信。吕氏春秋先己篇：「魯哀公（謂孔子）曰：『有語寡人曰：爲國家者，爲之堂上而已矣。寡人以爲迂言也。』孔子曰：『此非迂言也。丘聞之，得之於身者得之於人，先之於身者先之人。不出於門户而天下治者，其唯知反於己身者乎？』」則「堂上」之喻，由來已久。此又申之以「户内」、「席上」，而廣其義。

〔一五一〕鮑彪云：「闔閭將孫武也，此以君臣互言之。」吴師道云：「將若闔閭之善用兵。」金正煒云：「吕覽用兵篇：『闔廬之用兵也，不過三萬；吴起之用兵也，不過五萬。』闔廬亦能軍，故與吴起並舉。」〔按〕御覽引「闔閭、吳起」作「孫吳」二字。

〔一五二〕〔按〕墨子號令篇：「千丈之城。」孫詒讓閒詁云：「『千丈』爲方五里有奇，蓋邑城之大者。尉繚子守權篇：『千丈之城，則萬人守之。』戰國策趙策云：『今千丈之城，萬家之邑相望也。』」

〔一五三〕鮑彪云：「俎，肉在豆上。」〔按〕禮記樂記云：「鋪筵席，陳尊俎，列籩豆，以升降爲禮者。」孔疏云：「此等物所以飾禮。」御覽引「尊」作「罇」，同。俎豆，蓋謂外交朝聘之會，借用物以喻之修辭格。

〔一五四〕吳本正文及注「衽」並作「袵」。下同。按二字相同，下省。姚宏云：「一無『衽』字，無『之』字。」鮑彪云：「鄭玄記注：衽，卧席也。」〔按〕鮑引鄭注見曲禮。周禮天官玉府：「掌王之燕衣服衽席。」注引鄭司農云：「衽席，單席也。」長短經作「折之於席上」。同一本。

〔一五五〕鮑彪云：「倡優，倡樂也。侏儒，短小人。」〔按〕侏儒，當時統治階級取短人習倡樂以供戲弄，故與倡優並稱。史記滑稽列傳：「優旃者，秦倡朱儒也。」漢書徐樂傳：「俳優朱儒之笑，不乏於前。」

〔一五六〕鮑本、吳本、盧本「之」作「乏」。吳汝綸云：「（之）當作『乏』。」鍾鳳年云：「『之』疑爲『止』字之誤，篆書形極相近……而譌。……實質之物或缺，可稱曰『乏』，言笑乃虛聲，『乏』字義似不當。」〔按〕長短經亦作「乏」。今從鮑本等正。鍾説未然，徐樂傳亦作「不乏」，可證。

〔一五七〕鮑彪云：「言其功德之崇，雖名利若此，猶不足稱也。」

〔一五八〕〔按〕下文云「佚治在我」，與此二句相應，此「安」字疑當作「治」。

〔一五九〕王念孫云：「自『諸侯』至此凡十七字，皆涉下文而衍。」（横田惟孝、安井衡説同）〔按〕王説是也。長短經亦不重「諸侯」下十七字，可證。今從衍。

〔一六〇〕姚宏云：「一無『佚』字。」

〔一六一〕姚宏云：「一本以『則』爲『而』。」

〔一六二〕姚宏云：「『則趨』一作『而移』。」鮑彪云：「『趨』言往應之。」

〔一六三〕鮑彪云：「圖我之謀不成。」（按原注在上衍文下，今移此。下句注同。）

〔一六四〕鮑彪云：「言無一夕之憂。」吴師道云：「宿，留也。猶宿諾。」

〔一六五〕鮑彪改「矣」作「也」。吴師道云：「上文例，當作『也』。」盧本從作「也」。〔按〕「矣」與「也」同。經傳釋詞云：「『也』、『矣』一聲之轉，故『也』可訓爲『矣』，『矣』亦可訓爲『也』。」鮑改非是。長短經「矣」作「耶」。「耶」亦聲之轉，義同。

〔一六六〕鮑彪謂「魏王」爲「惠王」。

〔一六七〕鮑彪「其」上補「恃」字，盧本從之。黄丕烈云：「此亦以『而』爲『能』字。鮑補謬甚。」金正煒云：「『而』字當爲『北』，『北拔』與『西圍』相對爲文。」〔按〕此「而」字似不作「能」讀，黄説恐未然，鮑補不必非。金改字欠妥。

〔一六八〕鮑彪云：「（定陽）屬上黨。」張琦云：「漢志屬上郡，『黨』應『郡』之譌。定陽故城在今陝西鄜州洛川縣北。」

〔一六九〕〔按〕秦策四或爲六國説秦王章：「魏伐邯鄲，因退爲逢澤之遇，乘夏車，稱夏王，朝爲天子，天下皆從。」又秦策五謂秦王曰章：「梁君伐楚勝齊，制趙、韓之兵，驅十二諸侯，以朝天子於孟津。」同謂此事，詳見彼策。

〔一七〇〕鮑彪云：「（秦王）此孝公也。此史秦人，故尊稱之。」吴師道云：「説見前。」〔按〕此後人因後王而追尊稱之，其例甚多，不煩舉。

〔一七一〕鮑彪云：「堞，城上女牆。」

〔一七二〕鮑彪改「竟」爲「競」。　吴師道云：「（竟）即上文『境』字也。堞中爲戰具，境内爲守備。」

〔一七三〕王念孫云：「『有』下當有『從』字，『有』讀爲『又』。上文云『又從十二諸侯朝天子』是也；下文亦云『今大王之所從十二諸侯』。今本無『從』字者，後人誤讀『有』爲『有無』之『有』，則與『從』字義不相屬，因删去『從』字耳。」〔按〕「有」字義自順，不必從上下文例補「從」字。

〔一七四〕程恩澤云：「（陳）至湣公爲楚惠王所滅，自後無聞。然秦策云：『吴起爲楚悼王南攻揚越，北併陳、蔡。』悼王爲惠王曾孫，在春秋後。而此策以陳、蔡爲十二諸侯之二，則在魏惠王時尚未亡也，意必有絶而復封，或自立者，今不可考矣。」又云：「蔡雖一滅於靈王，再滅於惠王，復併於悼王，其後仍國於楚之西境。……楚世家云：『宣王六年，三晉益大，魏惠王尤彊。』故蔡亦往朝之，與乎十二諸侯之列。迨至子發獲蔡侯歸，而蔡乃真不祀矣。」〔按〕秦策高注：「十二諸侯魯、衛、曹、宋、鄭、陳、許之君。」與此稍異。

〔一七五〕鮑彪云：「箠，馬策。」　金正煒云：「所，得訓爲『可』，詳經傳釋詞。管子樞言篇：『天下不可改也，而可以鞭箠使也。』文正與此同。」

〔一七六〕鮑彪云：「（從天下）使天下從。」

〔一七七〕鮑彪云：「（王服）王者服飾。」

〔一七八〕鮑彪讀「製丹衣」連下「柱」字句，云：「以丹帛爲柱衣。（斿）旗旒。」　吴師道從其讀，云：「『丹柱』猶衣之也。」王念孫云：「製丹衣柱，文不成義。『柱』當爲『旌』字之誤也，『旌』字隸書或作『栓』，與『柱』相似。『旌』字當在『建』字下。『製丹衣』爲句，『建旌九斿』爲句。若無『旌』字，則『建九斿』三字，亦文不成義。記言『龍旂九斿』。而此言『旌』者，『旌』、『旂』對文則異，散文則通。樂記曰『龍旂九旒，天子之旌』是也。廣公宫，製丹衣，建旌九斿，從七星之旟，皆言其宫室衣服車旗之擬於天子也。」　金正煒云：「原文當作『建九斿之旌』，與『七星之旗』爲對文。」〔按〕王説是。惟「旌」字不必倒在「建」下，義亦通。揚雄羽獵賦：「建九旒。」則無「旌」字亦可。金榜禮箋卷一九旗篇云：「天子大常，龍章而設日月，十有二斿。爾雅（釋天）不言日月，下又云：練旒九。蓋周、秦間之儒，往往以諸侯禮制上説天子。故樂記亦云龍旂九斿，天子之旌。」孫詒讓九旗古義述云：「荀子禮論篇、史記禮書並云天子龍旂九斿，所以養信也。國策齊策亦云魏王行王禮，建九斿。並以『九斿』屬王旌，蓋皆戰國時沿襲之誤也。」

〔一七九〕鮑彪云：「鳥隼爲旟，又繪星焉。」吳師道云「按考工記並注：『龍旂九斿，諸侯（原誤作「使」）所建。鳥旟七斿，鳥隼爲旟，州里所建。弧旌枉（元本誤作「柱」，今從考工記正，下同）矢，畫枉矢。』此與曲禮合。『龍旂』即『青龍』，『鳥隼』即『朱雀』，『枉矣』恐即『招摇』，注所謂『畫七星』者。又禮：『百官載旟。』此言『七星之旟』，而又以天子言，戰國不可以古制準也。」〔按〕吳據曲禮注以「七星」爲北斗七星，畫於旗上。北堂書鈔卷一百二十、御覽卷三百四十、廣韻之韻引作「建七星之旗」。長短經「旟」亦作「旗」。穆天子傳卷六穆王葬盛姬有日月之旗，七星之文。」郭注：「言旗上畫日月及北斗七星也。」即此七星旗。考工記輈人：「龍旂九斿，以象大火也。鳥旟七斿，以象鶉火也。熊旗六斿，以象伐也。龜蛇四斿，以象營室也。」禮記曲禮疏引雀靈恩云：「此旌之旒數，皆放其星。龍旗則九旒，雀則七旒，虎則六旒，龜蛇則四旒，皆放星數以法天也。」

〔一八〇〕金正煒云：「『楚』字當作『人』，涉上文『伐齊、楚』、『圖齊、楚』而誤。」

〔一八一〕鮑彪云：「跣，足親地也。」

〔一八二〕鮑彪云：「過信爲次，往服齊也。」〔按〕此事互見秦策五、六。

〔一八三〕鮑本、吳本「拱」下有「而」字。鮑彪云：「垂衣拱手，言無所事。西喪地於秦，謂此敗？」〔按〕史記秦本紀：「（孝公）二十一年，齊敗魏馬陵。二十二年，衛鞅擊魏，虜魏公子卬。」即其事。依古本紀年馬陵戰當秦孝公十九年，秦擊魏，當二十年。長短經作「拱手受河西之地」。

〔一八四〕姚宏云：「一無『曰』字。」鮑彪云：「衍『曰』字」。〔按〕長短經亦無「曰」字。今從一本衍。

〔一八五〕姚宏云：「(以)一作『已』。」鮑本、吴本「以」作「已」。

〔一八六〕鮑彪「外」下補「已」字。安井衡云：「蒙上省文，鮑補『已』字，非。」〔按〕長短經亦有「已」字，與鮑補合。

〔一八七〕吴師道云：「見上。」姚氏辭類纂「比」作「北」。〔按〕吴氏上文注以「比」當作「北」，此亦云然。上衛鞅言「臣請必北魏矣」，正與此語相應，可知「比」當爲「北」。長短經正作「北」，今從正。

〔一八八〕吴師道云：「蘇秦佯爲得罪燕而亡走齊，説湣王厚葬以明孝，高宫室，大苑囿，以明得意，欲敝齊而爲燕，蘇代繼之，實祖秦之故智。大事記云：『齊之伐宋也，蘇代實啓之。秦之救宋也，蘇代復止之。代爲燕反間，驕其君，勞其民，而速其亡也。』其説燕曰『齊王長主也，而自用也。南攻楚五年，蓄積散；西困秦三年，民憔悴，士罷弊；又以餘兵舉五千乘之勁宋，而包十二諸侯。此其君之欲得也，其民力竭也』云云。此策之謀既中，而勸燕伐齊也。此策舊爲『蘇秦』，實誤。前章，『代』誤爲『秦』，或遂以此爲『代』，則亦不然。代之謀如彼，豈能勸齊王後戰哉？一本無章首二字者，是矣。抑是言也，當在滅中山後，取淮北、滅宋、侵三晉之前。此士之明，蓋已逆知閔王之敗矣。」又云：「策文甚佳，首以用兵後起、約結遠怨二端爲言，而以權藉時勢明之。『今雖干將』以下止『求霸則遠矣』，言先天下之禍，後藉之得也。『臣聞善爲國』以下止『好挫强也』，言遠怨之得、主怨之禍也。『且夫』以下至『强弱大小之禍可見於前事矣』爲一節，『語曰』以下至『戰攻之敗可見前事』爲一節，『今世所謂善用兵』以下至篇終爲一節。三節皆推言用兵不爲天下先之意，而不主怨之意在其中。錯綜起應，變化不窮。只『何以知其然也』一語六用，而不覺其複。」姚鼐云：「此篇末引商鞅見魏王之語，正如秦、代所以愚齊之計，若借衛鞅以發其情而寤愍王焉者，豈非齊之忠臣乎？篇首『蘇子』字蓋誤，不則或蘇厲之辭。當齊湣、燕昭之時，代常居燕，厲常居齊。齊國既破，趙將與秦攻其遺燼，其危亟矣，厲獨爲書與趙王止之。豈厲猶忠於爲齊謀者，有異於其兩昆耶？」〔按〕吴論頗當。姚疑爲蘇厲，恐未然。此策林春溥紀年次於周赧王三十年（前二八五）湣王滅宋之後，黄式三編年、于鬯年表次於赧王二十七年（前二八八）齊、秦稱帝之時。策文無絶對年月可考，依内容觀之，當由湣王稱强黷武、故客以後起藉權戒之。其在赧王二十年（前二九五）中山滅國後，赧王二十六年湣王稱帝之前乎？策文分節，今從姚氏，吴説録此備考。

戰國策卷十三

齊六

1 齊負郭之民有狐咺者

齊負郭〔一〕之民有〔孤〕狐咺〔二〕者，正議，閔王斮之檀衢〔三〕，百姓不附。齊孫室子陳舉〔四〕，直言，殺之東閭〔五〕，宗族離心。司馬穰苴爲政者也〔六〕，殺之，大臣不親。以故燕舉兵，使昌國君〔七〕將而擊之。齊使向子〔八〕將而應之〔九〕。齊軍破，向子以輿〔一〇〕一乘亡〔一一〕，達子收餘卒，復振，與燕戰，求所以償〔一二〕者，閔王不肯與，軍破走，王奔莒〔一三〕。淖齒數〔一四〕之曰：「夫千乘〔一五〕、博昌〔一六〕之間，方數百里，雨血沾衣，王知之乎？」王曰：「不知。」「嬴、博〔一七〕之間，地坼至泉，王知之乎？」王曰：「不知。」「人有當闕〔一八〕而哭者，求之則不得，去之則聞其聲，王知之乎？」王曰：「不知〔一九〕。」淖齒曰：「天雨血沾衣者，天以告也。地坼至泉者，地以告也。人有當闕而哭者，人以告也。天地人皆以告矣，而王不知戒焉，何得無誅乎？」於是殺閔王於鼓里〔二〇〕。

太子〔二一〕乃解衣免服，逃太史之家爲溉園〔二二〕。君王后，太史氏女〔二三〕，知其貴人，善事之。田單以即墨之城，破亡餘卒，破燕兵，紿騎劫〔二四〕，遂以復齊〔二五〕。遽〔二六〕迎太子於莒，立之以爲王〔二七〕。襄王即位，君王后以爲后〔二八〕，生齊王建〔二九〕。

【箋證】

〔一〕高誘云：「負，背；郭，居也。」（史記陳丞相世家索隱引）〔按〕史記蘇秦傳：「且使我有雒陽負郭田二頃。」索隱：「負者，背也，枕也，近城之地。」

〔二〕姚宏云：「古今人表：狐爰。師古曰：即狐咺也，齊人，見戰國策。」吳師道云：「孤狐咺，『孤』因『狐』字誤衍，大事記去之。呂氏春秋貴直論狐援云云，即謂此正議也。」黄丕烈云：「咺、援、爰，皆聲之轉也。」〔按〕呂氏春秋高注云：「狐援，齊臣也。」資治通鑑亦去「孤」字。吳以爲誤衍，當是。今從衍。

〔三〕鮑彪云：「斮，斬也。檀衢蓋齊市名。」〔按〕胡三省通鑑注云：「左傳齊簡公與婦人飲酒於檀臺。檀衢，意其地爲通檀臺之衢路也。」狄子奇謂：「此説似未的。齊檀臺似在公宫内。史記正義謂在臨淄縣東一里，恐未可信。」呂氏春秋貴直篇：「狐援説齊湣王曰：『殷之鼎陳於周之廷，其社蓋於周之屏，其干戚之音在人之游。亡國之音不得至於廟，亡國之社不得見於天，亡國之器陳於廷，所以爲戒。王必勉之，其無使齊之大呂陳之廷，無使太公之社蓋之屏，無使齊音充人之游。』齊王不受。狐援出而哭國，三日，其辭曰：『先出也衣絺紵，後出也滿囹圄。吾今見民之洋洋然東走，而不知所處。』齊王問吏曰：『哭國之法若何？』吏曰：『斮。』王曰：『行法。』吏陳斧質於東閭，不欲殺之，而欲去之。狐援聞而蹶往過之。吏曰：『哭國之法斮，先生之老歟？昏歟？』狐援曰：『曷爲昏哉？』於是……斮之東閭。」此云「斮之檀衢」，而下陳舉則殺之東閭，與呂氏春秋異。

〔四〕鮑彪云：「（孫室子）公孫家子，猶宗室云。」于鬯云：「案下文言『宗族離心』，又陳氏即田氏，故鮑知其宗室。或謂『孫』即『氏』。潛夫志氏姓所謂孫氏者，即王孫之班也，或諸孫之班也。謂孫室子所陳舉於王前者皆直言。陳舉，非氏名。義似遜。」金正煒云：「呂覽知分篇注：『公孫氏，齊羣公子之子，故曰公孫氏公黨也。』齊封田嬰章高注：『公孫閈，齊之公孫，田氏也。』故此文以孫室爲宗室。」〔按〕于引或謂陳舉非氏名，未是。

〔五〕〔按〕胡三省通鑑注：「左傳：『晉圍齊，州綽門於東閭。』杜預注曰：『齊東門。』」

〔六〕姚宏云：「子由古史以此爲閔王時事，删史記穰苴傳。通鑑全引此段，不入穰苴事。」鮑彪云：「田完之裔，爲景公將，去此時遠甚，蓋誤其名。」吳師道云：「大事記引蘇氏謂史稱齊景公時，晉伐阿、鄄，燕侵河上，晏嬰薦穰苴，斬監軍莊賈，因以成功。春秋左氏無此事。意穰苴嘗爲閔王却燕、晉，而戰國雜記妄以爲景公時。」金正煒云：「趙策：『而將非有田單、司馬之慮也。』是穰苴固非景公時人，史傳蓋誤。」〔按〕東坡志林（商濬本）卷四云：「史記司馬穰苴，齊景公時人也。其事至偉，而左氏不載，余嘗疑之。戰國策云：『司馬穰苴爲政者，閔王殺之，大臣不親。』則其去景公也遠矣。太史公取戰國策而作史記，當以戰國策爲信。」知蘇轍之論亦本於其兄。此處葉適習學紀言、全祖望經史問答、張尚瑗讀戰國策隨筆並從其說。惟梁玉繩史記志疑云：「吳起傳李克曰：『起用兵，司馬穰苴不能過。』晏子春秋雜上、説苑正諫云：『景公飲酒，移於穰苴之家。』似又非湣王時人。疑以傳疑，未敢遽定。」

〔七〕鮑彪云：「（昌國君）樂毅，魏樂羊之後。」〔按〕樂毅，史記有傳。毅封昌國君，在破齊之後，此是記者追言之。

〔八〕鮑彪云：「（向子）及下達子，史不書。」吳師道云：「呂氏春秋作『觸子』。」金正煒云：「燕策作『蜀子』，

「向」即「蜀」字之缺損。」〔按〕蜀、觸，同聲通借。

〔九〕鮑彪云：「後起爲應。」

〔一〇〕吴本脱「以」字。　金正煒云：「輿、與古字通，『輿』猶『以』也。此由一本作『輿』，一本作『以』，傳寫誤併入文。鮑本無『以』字，是。」〔按〕鮑本原有「以」字，此是吴本脱去，金氏未見鮑單注本而誤，故言如此。且此文自作「輿」字，與「與」不同。説文「輿」字云：「車輿也。」「以輿一乘」猶言「以車一乘」，何必以訓作「與」？

〔一一〕〔按〕吕氏春秋權勳篇：「昌國君將五國之兵以攻齊，齊使觸子將，以迎天下之兵於濟上。齊王欲戰，使人赴觸子，恥而訾之曰：『不戰，必剗若類，掘若壟。』觸子苦之，欲齊軍之敗，於是以天下兵戰。戰合，擊金而却之，卒北，天下兵乘之。觸子因以一乘去，莫知其所，不聞其聲。」

〔一二〕鮑彪改「償」作「賞」，盧本從之。　吴師道云：「吕氏春秋作『賞』。」　黄丕烈云：「此以『償』爲『賞』耳，不當輒改。」〔按〕「償」是「賞」之借字。

〔一三〕程恩澤云：「齊有二莒：一爲東境邑，……一爲故莒國，……此是故莒國。舊城有三重，皆崇峻，……閔王獨保此以爲固，而燕亦並力攻之而不能下也。今爲沂州府莒州。」〔按〕吕氏春秋權勳篇：「達子又率其餘卒，以軍於秦、周，無以賞，使人請金於齊王。齊王怒曰：『若殘豎子之類，惡能給若金？』與燕人戰，大敗，達子死，齊王走莒，燕人逐北，入國，相與爭金於美唐，甚多。」高注：「達子，齊人也。莒，邑也。」莒，今山東莒縣。

〔一四〕〔按〕淖齒，楚將相齊者，見秦策三范雎至章。　胡三省通鑑注：「（數）數其罪也。」

〔一五〕鮑彪云：「（千乘）青州郡。」　張琦云：「千乘故城在今高苑縣北二十五里。」〔按〕在今山東高青縣高苑鎮北。

〔一六〕鮑彪云：「（博昌）屬千乘。」　張琦云：「博昌故城在今博興縣南二十里。」

〔一七〕鮑彪云：「(嬴、博)二縣屬泰山。」吴師道云：「禮檀弓注，今泰山縣。」程恩澤云：「後漢書注，嬴故城在博城縣東北。今在泰安府萊蕪縣西北四十里。……博即博城縣，在今(山東)泰安縣東南三十里。」

〔一八〕鮑彪云：「闕，門觀。」

〔一九〕吴師道云：「三『不知』字，春秋後語皆作『知之』。」金正煒云：「據後之淖齒責王不知戒，則作『知之』義勝。」

〔二〇〕鮑彪云：「(鼓里)莒中里也。」〔按〕胡三省通鑑注：「鼓里，莒地名，近齊廟。」太平御覽卷八百七十七引此策作：「齊湣王三十一年，侵伐鄰國，窮兵極武，外怨於諸侯，内失於百姓。燕將樂毅連五國兵以伐之，湣王出走。楚淖齒救齊。淖齒謂王曰：『大千乘、博昌間，地方數百里，雨血沾衣；嬴、博之地坼及至泉；有人當闕而哭，求之不得，去則又聞其聲。王悉知之乎？』王曰：『不知。』淖齒曰：『天地人皆以告矣，而王不知，何得無誅？』遂殺湣王，以與燕鬬而敗。」與今本頗異，疑首節所引非策文。淮南子氾論訓：「湣王專用淖齒，而死於東廟。」高誘注：「淖齒，楚將，奔齊爲臣。湣王無道，淖齒殺之，擢其筋，縣廟門之梁，三日而死。見戰國策。」

〔二一〕鮑彪云：「(太子)名法章，是爲襄王。」

〔二二〕鮑彪云：「溉，灌注。」〔按〕下齊閔王之遇殺章云：「爲莒太史家庸夫。」

〔二三〕鮑本「氏」上有「后」字，注云：「后，姓也。以其姓后，不可曰后后，故曰君王后也。」吴師道云：「後策正云太史氏。」〔按〕史記亦不言君王后爲后氏女，鮑所據本有誤。

〔二四〕鮑彪云：「紿，欺也。劫，燕將代樂毅者。毅傳言單設詐誑燕軍。」〔按〕田單以即墨破燕，復齊七十餘城，見史記田單傳。燕惠王信齊人反間，使騎劫代樂毅將，見燕策二昌國君樂毅章。

〔二五〕鮑彪云：「襄五年。」

〔二六〕〔按〕左氏僖三十三年傳：「且使遽告於鄭。」杜注：「遽，傳車。」孔疏引孫炎曰：「傳車，驛馬也。」

〔二七〕鮑彪云：「時立五年矣，迎而立之齊耳。」〔按〕莒人立法章爲襄王，見後章。史記田世家云：「襄王在莒五年，田單以即墨攻破燕軍，迎襄王於莒，入臨菑。」

〔二八〕姚宏云：「（位）一作『立』。」鮑彪「君」上補「立」字。吴師道云：「『位』下有缺字。」金正煒云：「『以爲后』當作『乃爲后』。『以』、『乃』篆文形相似而誤。或『位』即『立』字之譌。」〔按〕「立」、「位」二字古通用。此「位」字連下句作「立」解，亦可。鮑補多餘。

〔二九〕田藝蘅云：「當與後齊閔王之見殺一段相接。」

2　王孫賈年十五

王孫賈〔一〕年十五，事閔王，王出走，失王之處。其母曰：「女朝出而晚來〔二〕，則吾倚門而望。女暮出而不還，則吾倚閭而望〔三〕。女今事王，王出走，女不知其處，女尚何歸〔四〕？」

王孫賈乃〔五〕入市中，曰：「淖齒亂齊國，殺閔王〔六〕，欲與我誅者袒右〔七〕。」市人從者四百人，與之誅淖齒，刺而殺之〔八〕。

〔箋證〕

〔一〕〔按〕王孫賈，漢書古今人表有之。稱「王孫」，乃齊之宗室。

〔二〕〔按〕太平御覽卷一百七、三百八十四、八百二十七引「女」作「汝」，下同。「女」、「汝」同字。卷三百八十四「來」作「還」。

〔三〕〔按〕胡三省通鑑注云：「閭，里門也。」此言望之更切。

〔四〕鮑彪云：「責其親王不如我之親女。」

〔五〕姚宏云：「一本添『反』字。」

〔六〕鮑彪云：「衍『閔』字。」吳師道云：「追書之辭。」金正煒云：「書堯典：『堯曰：有鰥在下曰虞舜。』馬注：『舜謚也。舜死後，賢臣録之，臣子爲諱，故變名言謚。』此文稱『閔王』，亦齊人追書之辭。」

〔七〕鮑彪云：「（右）右肩。」吳師道云：「袒，蕩旱反，今循習作徒案反。説文：裼也。露臂。」〔按〕史記陳涉世家記陳勝起事云：「袒右，稱大楚。」漢書顏注云：「袒右者，脱右肩之衣，當時取異於凡衆也。」呂后本紀記周勃誅諸呂，「入軍門，行令軍中曰：爲呂氏右襢，爲劉氏左襢。軍中皆左襢爲劉氏」。正義：「『襢』音『但』，與『袒』同。」與王孫賈事相類，皆起兵號召，以覘衆心，又所以示識別也。

〔八〕金正煒云：「詩瞻卬：『天何以刺。』傳：『刺，責。』」

3 燕攻齊取七十餘城

燕攻齊，取七十餘城，唯莒、即墨不〔一〕下。齊田單以即墨破燕，殺騎劫。初，燕將〔二〕

攻下聊城[三]，人或讒之[四]。燕將懼誅，遂保守聊城，不敢歸。田單攻之，歲餘，士卒多死，而聊城不下。魯連乃書[五]，約之矢[六]，以射城中，遺燕將曰：

「吾聞之智者不倍[七]時而棄利，勇士不怯[八]死而滅名，忠臣不先身而後君。今公行一朝之[九]忿，不顧燕王之無臣，非忠也；殺身亡聊城，而威不信[一〇]於齊，非勇也；功廢名滅，後世無稱，非知[一一]也。故知者不再計，勇士不怯死[一二]。今死生榮辱，尊卑貴賤，此其一時也[一三]，願公之詳計而無與俗同也！

「且楚攻南陽[一四]，魏攻平陸[一五]，齊無南面之心，以爲亡南陽之害[一六]，不若得濟北之利[一七]，故定計而堅守之[一八]。今秦人下兵[一九]，魏不敢東面[二〇]，横秦之勢合[二一]，則楚國之形危。且[二二]棄南陽，斷右壤[二三]，存濟北，計必爲之[二四]。今楚、魏交退[二五]，燕救不至[二六]，齊無天下之規[二七]，與聊城共據[二八]朞年之弊，即臣見公之不能得[二九]也。齊必決之於聊城，公無再計[三〇]。彼燕國大亂，君臣過[三一]計，上下迷惑。栗腹以百[三二]萬之衆，五折於外，萬乘之國，被圍於趙，壤削主困，爲天下戮[三三]，公聞之乎？今燕王方寒心獨立，大臣不足恃，國弊既多[三四]，民心無所歸。今公又以弊聊[三五]之民，距[三六]全齊之兵，朞年不解，是墨翟之守也[三七]；食人炊骨，士無反北[三八]之心，是孫臏、吴起[三九]之兵也；能以[四〇]見於天下矣。故爲公計者，不如罷兵休士，全車甲，歸報燕王，燕王[四一]必喜。士民見公如見父母，交游攘臂〔四二〕而議於世，功業可明矣。上輔孤主，以制羣臣，下養百姓，以資説士〔四三〕，矯國革俗於天下〔四四〕，功名可立也。意者〔四五〕亦捐燕棄世〔四六〕，東游於齊乎？請裂地定封，富比陶、衛〔四七〕，世世稱孤寡〔四八〕，與齊久存〔四九〕，此亦一計也。二者顯名厚實也，願公熟計而審處一也〔五〇〕！

「且吾聞傚小節者不能行大威，惡小耻者不能立榮名。昔管仲射桓公中鈎〔五一〕，篡也；遺公子糾而不能死〔五二〕，怯也；束縛桎桔（梏）〔五三〕，辱身也。此三行者，鄉里不通〔五四〕也，世主不臣也。使管仲終窮抑〔五五〕幽囚而不出，慙耻而不見，窮年没壽，不免爲辱人賤行矣。然而管子并〔五六〕三行之過，據齊國之政，一匡天下，九合諸侯，爲伍伯〔五七〕首，名高天下，光照鄰國。曹沫爲魯君將〔五八〕，三戰三北，而喪地千里〔五九〕。使曹子之足不離陳，計不顧後，出必死而不生〔六〇〕，則不免爲敗軍禽將。曹子以敗軍禽將，非勇也；功廢名滅，後世無稱，非知也；故去三北之耻，退而與魯君計也。〔曹子以爲遭。〕〔六一〕齊桓公有天下〔六二〕，朝諸侯，曹子以一劍之任，劫桓公於壇〔六三〕位之上，顔色不變，而辭氣不悖，三戰之所喪，一朝而反之〔六四〕，天下震動〔六五〕驚駭，威信吴、楚〔六六〕，傳名後世。若此二公者，非不能行小節死小耻也，以爲殺身絶世，功名不立，非知也。故去忿恚〔六七〕之心，而成終身之名；除感忿〔六八〕之耻，而立累世之功，故業與三王争流，名與天壤相敝也〔六九〕。公其圖之！」

燕將曰：「敬聞命矣。」因罷兵，到讀〔七〇〕而去。

故解齊國之圍，救百姓之死，仲連之説也〔七一〕。

【箋證】

〔一〕鮑本、吳本「不」作「未」。

〔二〕鮑彪云：「（燕將）史亦不名。」

〔三〕鮑彪云：「（聊城）屬東郡。高紀注在平原。」吳師道云：「括地志云：故聊城在博州聊城縣西。」張琦云：「今（山東）東昌府縣是。」

〔四〕姚宏云：「三同。集無此（初燕將攻下聊城人或讒之）十一字，史記有。」吳師道云：「姚氏曰云云，則知此章首有誤脱。」黄丕烈云：「按史記無『燕攻齊』至『殺騎劫』，有『燕將攻下聊城人或讒之』，當是策文本與史記不同，校者以史記文記其異同，遂羼入也。」〔按〕此策首文與魯連書史事不合，史記魯仲連傳又以此事在秦解邯鄲圍後二十餘年，與策不同。學者對此，議論不一，詳見章後。黄氏以「初燕將攻」下十一字爲涉史記而衍，然去此十一字，下文「燕將懼誅，遂保守聊城」語無所承，恐未然。

〔五〕鮑彪「書」上補「爲」字，乃本史記魯仲連傳，盧本從之。〔按〕「書」謂「作書」，不必從史記補字。

〔六〕鮑彪云：「纏束書於矢上。」

〔七〕鮑彪云：「倍，背同。」

〔八〕吳師道云：「（怯）史記作『却』。」黄丕烈云：「按單本索隱是『却』字。王震澤本是『怯』字。」（按黄善夫本史記亦作「怯」。)

〔九〕姚宏云：「(之)一作『亡』。」　橫田惟孝云：「行一朝之忿，謂忿讒不敢歸。」

〔一〇〕〔按〕「信」讀爲「伸」。

〔一一〕〔按〕「知」同「智」。

〔一二〕姚宏云：「錢、劉『勇士不再劫』。」　吳師道云：「一本云晁本無此二句，而云『此三者世主不臣，說士不載』。」黃丕烈云：「史記作『三者世主不臣，說士不載，故智士不再計，勇士不怯死』。」　吳汝綸點勘本「故知」上補「此三者世主不臣，說士不載」十一字。〔按〕「此三者」云云，似皆據史記以補。

〔一三〕鮑彪云：「此釋上不再計，故云『時不再至』。」

〔一四〕鮑彪云：「史云齊之南陽，然則此荆州郡，時屬齊。」　吳師道云：「索隱云：南陽，即齊淮北、泗上之地也。」程恩澤云：「此南陽在泰山之南。趙岐孟子注：『泰山之南，謂之南陽。』貨殖傳：『泰山其陽則魯，其陰則齊。』當是其地。在今新泰寧陽一帶，正與平陸相近，故牽連言之。公羊傳：『高子將南陽之甲。』孟子：『遂有南陽。』皆此也。」〔按〕魯連傳正義引魯連子云：「齊辯士田巴服狙立，議稷下。……有徐劫者，其弟曰魯仲連，年十二，號千里駒。往請田巴曰：『臣聞堂上不奮，郊草不芸，白刃交前，不救流矢，急不暇緩也。今楚軍南陽，趙伐高唐，燕人十萬，聊城不去，國亡在旦夕，先生奈之何？』」所云南陽者同此，然非指一事。

〔一五〕〔按〕平陸見同策四蘇秦自燕之齊章。

〔一六〕鮑彪云：「楚、魏在齊之南，齊有燕難，不急此二縣，故不南面與爭。」　吳師道云：「正義云：齊無南面攻楚、魏之心，以爲南陽、平陸之害小，不如聊城之利大。」

〔一七〕〔按〕史記「害」下有「小」字，「利」下有「大」字。　索隱云：「(濟北)即聊城之地。」

〔一八〕横田惟孝云：「守，圍守也。」〔按〕史記作「故定計審處之」。

〔一九〕鮑彪云：「此時齊善秦，故下兵救之。」

〔二〇〕鮑彪云：「不攻齊也。」

〔二一〕鮑彪云：「齊善秦爲横。」

〔二二〕姚宏云：「一本（「且」下）添『齊』字。」〔按〕史記「且」作「齊」。

〔二三〕鮑彪云：「（右壤）謂平陸。『斷』亦『棄』也。」〔按〕平陸爲齊右壤之地。

〔二四〕〔按〕齊計利害輕重，尚必爲之，謂必得聊城。

〔二五〕鮑彪云：「言其皆退。」〔按〕謂齊、秦連横，秦助齊，故楚、魏皆退兵。索隱：「『交』者『俱』也。」

〔二六〕鮑彪云：「不救聊城。」

〔二七〕鮑彪云：「『規』猶『謀』也。秦救之，而楚、魏退，無謀齊者。」

〔二八〕鮑彪云：「據，相持也。」

〔二九〕姚宏云：「錢、劉（得）一作『待』。」鮑彪云：「（不能得）不能勝齊。」金正煒云：「作『待』是也。『待』猶『禦』也，見韋昭國語解。」〔按〕「即」同「則」。

〔三〇〕〔按〕謂此時不能再改計矣，應上「智者不再見」。

〔三一〕鮑彪云：「『過』猶『失』。」〔按〕史記作「失」。

〔三二〕鮑本、吴本「百」作「十」。鮑彪云：「（栗腹）燕將。」〔按〕史記亦作「十萬」。作「十」爲長。

〔三三〕鮑彪云：「按燕王喜四年，趙孝成十五年，廉頗圍破燕，殺栗腹。在（按「在」疑「去」字之誤。鮑謂殺栗腹事距殺騎劫齊、燕攻守聊城相差二十八年，以明其非。餘詳章末注）齊襄、燕惠聊城事二十八年，以爲此時，則自騎劫敗死外，不書他將及趙國也。」吳師道云：「說見章末詳之。」〔按〕集解：「徐廣曰：此事去長平十年。」餘詳後。「戮」同「僇」，辱也。史記作「僇笑」。

〔三四〕〔按〕史記作「國敝而禍多」。「旤」同「禍」。

〔三五〕鮑本「弊聊」作「聊城」。安井衡云：「『弊聊』上承『期年之弊』，下與『全齊』對，鮑作『聊城』，非。」〔按〕史記亦作「敝聊」，與此同。

〔三六〕鮑彪云：「距，拒同，捍也。」

〔三七〕鮑彪云：「墨子曰：『公輸般爲雲梯，將以攻宋。墨子聞之，見般，以帶爲城，以牒爲械。般九設機變，墨九距之。般之械盡，墨之守固有餘。』」

〔三八〕〔按〕「北」同「背」。史記「北」作「外」。

〔三九〕〔按〕史記無「吳起」二字。正義云：「孫臏能撫士卒，士卒無二心也。」吳起爲將，與士卒同衣食。卒有病疽者，起爲吮之。卒母聞而哭曰：「往年吳公吮其父，其父戰不旋踵，遂死於敵。吳公今又吮子，不知其死所矣！」見史記吳起傳。起之得士死心可見，故以爲此。

〔四〇〕鮑本、吳本「以」作「已」，同。〔按〕史記無此字。

〔四一〕姚宏云：「三本同。一『燕王』字。」

〔四二〕鮑彪云：「攘言推臂前也。」吳師道云：「漢書鄒陽傳『攘袂』，顏云：『猶今人言將臂。』按『攘臂』字見孟子，即此義。」〔按〕吳注「將」字疑當作「捋」。今見漢書顏注作「掉臂」。

〔四三〕鮑彪云：「辯說之士，資以藉口。」〔按〕正義云：「資給說士，以招賢良，用彊國也。」

〔四四〕鮑彪云：「矯革，言變其國俗。」〔按〕史記無「於天下」三字。關修齡、安井衡並以「於天下」屬下讀，爲倒句法，猶「功名可立於天下也」。然「功名可立」與上文「功業可明」爲對文，此三字恐不應相屬。今仍從舊讀。

〔四五〕姚宏云：「曾無『意者』字，史記有。」〔按〕史記作「亡意」。

〔四六〕鮑彪云：「『捐』亦『棄』。」金正煒云：「『世』當作『代』。『代』、『世』義同通用，唐諱『世』之字爲『代』，其後遂多回改之誤。燕、代接壤，故舉燕並及於代。棄世則無游齊之可言矣。」〔按〕「棄世」謂其不仕。諱言招降，故爲隱飾之辭。金説未然。

〔四七〕姚宏云：「延篤注戰國策云：陶，陶朱公也。衛，衛公子荆也。非也。王邵曰：魏冉封陶，商君姓衛。『富比陶、衛』謂此。」鮑彪云：「陶，穰侯邑。衛自梁襄王後稱君。」〔按〕姚注全據索隱。陶、衛，謂陶朱公范蠡與衛賜（子貢），並以貨殖致富。若以穰侯、衛鞅當之，與情事不侔。

〔四八〕姚宏云：「錢（孤寡）作『寡人』。」鮑本無「孤」字。〔按〕史記無「寡」字。稱孤寡，猶言爲封君。

〔四九〕姚宏云：「劉作『左齊據右』。」

〔五〇〕吴師道云：「下無歷數之辭，疑『一』字訛或衍。」黄丕烈云：「吴誤讀也。指上所云二者。史記作『而審處一矣』，可證。」

〔五一〕〔按〕左氏僖二十四年傳：寺人披曰：「齊桓公置射鉤而使管仲相。」管子大匡篇：「魯人伐齊，納公子糾，戰於乾時，管仲射桓公，中鉤。」

〔五二〕鮑彪云：「遺，忘也。」〔按〕索隱云：「遺，棄也。謂棄公子糾而事小白也。」

〔五三〕景宋鈔本、鮑本「梏」作「桔」，盧本作「梧」。鮑彪云：「桎，足械。梏，手械。」〔按〕「梏」字是也，「桔」乃形譌，今正。

〔五四〕金正煒云：「漢書夏侯勝傳：『先生通正言，無懲前事。』注：『「通」謂陳道之。』」

〔五五〕鮑彪云：「抑，按也。人所按，故爲困。」

〔五六〕鮑本、吴本無「而」字。吴師道云：「一本云：『并』，晁作『棄』。」〔按〕史記「并」作「兼」。「并」、「兼」義近。又莊子天運篇釋文：「并，棄除也。音必領反。」則與「棄」義同。

〔五七〕鮑本、吴本「伍伯」作「五霸」，同。

〔五八〕〔按〕史記作「曹子」。曹沫見同策三孟嘗君有舍人章。

〔五九〕〔按〕史記作「亡地五百里」。淮南子氾論訓亦作「亡地千里」。此是誇辭，魯地安得如此之廣。張宗泰云：「禮記明堂位封周公於曲阜，地方七百里。蓋兼山林川澤言之，實則百里之封耳。由春秋至戰國，中間侵併弱小，亦不過方百里者，安得千里之地而喪之？考公羊傳莊公七柯之盟，亦祇言請歸汶陽之田。知喪地千里之説，爲策士誇誕之詞無疑也。」（魯巖所學集四）

〔六〇〕鮑彪云：「出，計所出也。」〔按〕史記作「計不反顧，議不還踵，刎頸而死」。淮南子氾論訓作「計不顧後，足不旋踵，刎頸於陳中」。

〔六一〕姚宏云：「曾無此（也曹子）三字。」吴師道云：「『遭』字句。謂曹沫忍耻而與魯君計，以爲遭遇也。史無此句，則尤明。」中井積德云：「此疑衍。」安井衡云：「『曹子以爲』四字，疑與下文相涉而衍。」于鬯云：「五字殊不可通，恐是衍文。」鍾鳳年云：「曾校無『也曹子』三字。依曾之説，不若並『以』字删去，作『退而與魯君計，爲遭桓公』云云。言沫方與魯君圖興復，適值齊桓公會諸侯之機可乘。」〔按〕鶡冠子世兵篇：「曹沫爲魯將，與齊三戰，而亡地千里。……故退與魯君計。桓公合諸侯，曹子以一劍之任，劫桓公於壇位之上，顔色不變，辭氣不悖，三戰之所亡，一旦而反。」與策文大同，亦無「曹子以爲遭」五字。疑「曹子以爲」四字涉上文「曹子以敗軍禽將」而衍。今從史記衍此五字。

〔六二〕吳師道云：「『有』字恐誤。史作『朝天下會諸侯』。朝天下，謂率天下朝王也。」金正煒云：「『有』即『朝』之壞字。『下』當『子』，策及史並誤。」〔按〕「有天下」猶「得天下」，即指稱霸事，義可通，不必改字。

〔六三〕〔按〕史記「壇位」作「壇坫」。禮記祭法：「一壇一墠。」鄭注：「除地曰『墠』。」壇，祭壇。於墠築土曰『壇』，是『壇』、『墠』有別。然二字古音近相通。

〔六四〕〔按〕公羊莊十三年傳：「公會齊侯盟於柯。……莊公升壇，曹子手劍而從之。管子進曰：『君何求乎？』曹子曰：『城壞壓竟，君不圖與？』管子曰：『然則君將何求？』曹子曰：『願請汶陽之田。』管子顧曰：『君許諾。』桓公曰：『諾。』曹子請盟，桓公下，與之盟。已盟，曹子摽劍而去之。」又見管子大匡篇、呂氏春秋貴信篇及史記刺客列傳。何焯義門讀書記云：「曹沫之事，亦戰國好事者爲之，春秋無此風也。」

〔六五〕姚宏云：「別本（『動』下）有『諸侯』二字。」〔按〕史記有「諸侯」二字。

〔六六〕于鬯云：「『吳、楚』猶謂蠻夷耳。」〔按〕史記作「威加吳、越」。「信」猶「伸」。

〔六七〕鮑彪云：「恚，恨也。」

〔六八〕王念孫云：「上既言『忿恚』，下不當復言『感忿』。荀子議兵篇：『善用兵者，感忽悠闇，莫知其所從出。』楊倞曰：『感忽悠闇，謂倏忽之間也。』魯連子曰：『棄感忽之恥，立累世之功。』所引魯連子，即是遺燕將書之文，然則『感忿』當是『感忽』之譌。『忿』字隸書與『忽』相似，故『忽』譌爲『忿』。史記魯仲連傳……『感忿』亦『感忽』之譌。考正義：忿，敷粉反之音……在下文『忿悁』之下，則上文之本作『感忽』，明矣。」

〔六九〕鮑彪云：「言天壤敝，此名乃敝。」〔按〕鮑注同正義。黃式三編略改「敝」作「比」，注云：「比，並也。尸子勸學曰：惟德行與天地相比也。與此正同。策作『敝』，『敝』、『比』聲同。鮑注失之。」然史記亦作「弊」，注義自通，黃說未是。

〔七〇〕鮑彪改「到讀」爲「倒韣」，注云：「韣，弓衣。倒，示無弓。」吴師道云：「未詳。或誤字衍文。」盧本讀作「櫝」。文章正宗「讀」從鮑本作「韣」。黄丕烈云：「『到』即『倒』字。又以『讀』爲『櫝』字耳。不當輒改。」横田惟孝作「到櫝」，云：「『到』恐『倒』訛。『櫝』、『韇』通，箭箙也。倒櫝，示無矢也。」于鬯云：「『讀』、『櫝』並是借字，其本字爲『韇』。説文：『韇，弓矢韇也。』字又作『韥』、『皾』。方言云：『所以藏箭弩謂之「箙」，弓謂之「鞬」，或謂之「韥丸」。』廣雅釋器云：『皾丸，矢藏也。』王念孫疏證：『韥丸，蓋矢箙之圓者也。』」

〔七一〕鮑彪云：「此章引栗腹之事，説聊城之將，……蓋好事者聞約矢之説，惜其書不存，擬爲之以補亡。而其人意氣横溢，肆筆而成，不暇檢校細處。太史公亦愛其千里，而略其牝牡驪黄。至於今二千歲，莫有知其非者也。又按燕昭二十八年，書齊之不下者，惟聊、莒、即墨。聊即聊城也。徐廣注：『此栗服事，去長平十年。』而不論其在聊城事後。蘇氏古史亦因之，疏矣，故備論之。」吴師道云：「魯仲連説燕將，下聊城，史不著年。其書引栗腹之敗，此事在其後，故通鑑、大事記載於秦孝文元年，當燕王喜五年，齊王建十五年。自赧王三十一年燕率五國伐齊，閔王死，襄王立。三十六年，燕昭王卒。明年，惠王立。越武成王、孝王而至王喜，凡三十四年。此蓋二事誤亂爲一。自『燕攻齊』止『殺騎劫』二十五字，或他策脱簡。而『初燕將』止『纔之』十一字，亦他本所無也。且單由即墨起，七十餘城，即復爲齊，不聞聊城尚爲燕守。以齊之事勢，豈有舍之三十餘年而不攻，單之兵力，三十餘年而不能下歟？今曰攻之歲餘不下，可見爲此時燕將守聊城事也。史稱毅破齊不下者，獨莒、即墨。單縱反間，亦言二城。而燕世家書聊、莒、即墨，策亦有三城不下之言，果一時事，則聊城亦爲齊守，而非燕將爲燕守者。此誤因聊城不下而引與莒、即墨亂也。考之單傳，自復齊之後，無可書之事。齊襄王十九年，當趙孝成王元年，趙割地求單爲將，次年遂相趙，必不復返齊矣。距聊城之役凡十六年，單豈得復爲齊將哉？此因歲餘不下之言，聊、莒、即墨之混，而誤指以爲單也。夫仲連之言，正謂栗腹敗，燕國亂，聊城孤守，齊方併攻，勢將必拔。其言初不涉湣、襄、昭、惠之際。所謂楚攻南陽，魏攻平陸，閔王時楚取淮北，單復齊後，蓋已復之，不聞楚、魏交攻之事，二事必在後也。燕將被讒懼誅，連書亦無此意，此因樂毅而訛也。史又稱燕將得書自殺，單遂屠聊城。尤非事實。齊前所殺燕將，惟騎劫爾，不聞其他，此因騎劫而訛也。連之大意，在於罷兵息民。而其料事之明，勸以歸燕降齊，亦度其計之必可者，排難解紛，又素所蓄積也。迫之於窮而致之於死，豈其心哉？夫其勸之，正將以全聊城之民，而忍坐視屠之哉？燕將死，聊城屠，連何功美之稱，而齊欲爵之哉？策所云解兵去者，當得其實，而史不可信也。故論此事者，一考之仲連之書，則史、策之舛誤殽混者，皆可得而明矣。……史誤因策，通鑑、大事記稱田單，誤因史。」陸隴其云：「（吴注）謂王建之世，不應有田單爲齊將，則不然。安知單不自趙復歸齊，再攻聊城耶？」姚鼐云：「按魯仲連此書，史記本傳所敘載爲當，國策則誤矣。……國策謂與燕將書在殺騎劫之時，其舛已甚。……燕將攻下聊城，是燕王喜時偶以兵攻齊，才得一城耳。燕將死而齊田單復取聊城，其與襄王法章時復齊七十餘城事不相及也。……吴文正注國策謂單相趙後，必不還齊而復聊城，此何據而云然耶？仲連是書，意頗滑稽。其勸燕將反國及東游於齊，皆非其誠語。魯連，戰國奇偉士也，彼以齊爲本國，誼當爲齊，夫何愛於燕將？吴氏……謂史記言燕將得書自殺爲不可信，……不知魯連之意，不足爲史記難也。」〔按〕下聊城事，史、策互異，吴氏辨之詳矣。資治通鑑、大事記、通鑑綱目、陳厚耀春秋戰國通表、黄式三周季編略、顧觀光國策編年並次此事於秦孝文王元年（前二五〇），馬驌繹史、陸隴其戰國策去毒雖不編年，亦次於燕王喜使栗服攻趙之後，實同。此與魯連本書合，又與史記魯仲連傳徐廣注合（本傳謂在解邯鄲圍後二十餘年，徐廣據年表以爲攻聊城在長平後十餘年）。鮑彪以書爲後人擬作，據策首之文，編於齊襄王復國之首。張尚瑗讀戰國策隨筆亦從其説。林春溥戰國紀年因次於周赧王三十六年（前二七九），而删去書中栗腹之敗一段語，于鬯戰國策年表次於周赧王三十七年（前二七九），相差一年，蓋一據攻聊之始，一據下聊之日，其實相同。此則與策首之文相合，而與魯連本書牴牾。推究策文，記事與書辭相謬戾，而史、策對照，記事又不一，書辭則相同。蓋記事出於後撰，或由傳聞異辭及錯簡訛文而淆。書辭乃魯連自作，最足徵信，苟不能確證其僞，理應以此爲據。鮑氏反以魯連書爲擬作，而取策首記事，亦失於倫次。故論此策年代，吴注爲當，應從通鑑次於秦孝文王元年。吴氏謂田單相趙，必不復返齊，因疑攻聊之將誤指爲單。陸隴其、姚鼐（見上）、錢大昕（史記考異云：「孟嘗君相秦而歸，復爲齊相，此其證也。」）、張琦（戰國策釋地）並非之。戰國時諸國先後互相一人，此例頗多。張儀相秦，又相魏，歸復相秦，繼相楚，歸又相秦，卒於相魏，亦其證。田單爲田氏宗族，有大功於齊，相趙出於趙國之請，非獲罪於本國，焉有不歸之理？故謂田單攻聊，本不必疑，而此策正因單之攻聊，遂與其破燕殺騎劫事相淆也。魯連傳謂燕將自殺，單屠聊城，與策異。姚鼐、錢大昕並從史記。吴注從策。梁玉繩史記志疑引孫侍御（疑是孫志祖）云：「聊城齊地，田單齊將，何以反屠聊乎？」此足伸吴説，當以策爲是。又燕世家昭王二十八年「齊城之不下者，獨唯聊、莒、即墨。」後漢書李通傳論注引史記無「聊」字，則「聊」字疑是衍文。因鮑、吴注所引，附及之。

4　燕攻齊齊破

燕攻齊，齊破，閔王奔莒，淖齒殺閔王。田單守即墨之城，破燕兵，復齊墟〔一〕。襄王爲太子，徵〔二〕。齊以〔三〕破燕，田單之立疑〔四〕，齊國之衆皆以田單爲自立也〔五〕。

襄王立，田單相之。過菑水〔六〕，有老人涉菑〔七〕而寒，出不能行，坐於沙中。田單見其寒，欲使後車分〔八〕衣，無可以分者，單解裘而衣之。

襄王惡之，曰：「田單之施〔九〕，將欲以取我國乎！不早圖〔一〇〕，恐後之〔一一〕。」左右顧無人〔一二〕，巖下〔一三〕有貫珠者〔一四〕。襄王呼而問之曰：「女聞吾言乎？」對曰：「聞之。」王曰：「女以爲何若？」對曰：「王不如因以爲己善。王〔一五〕嘉單之善，下令曰：『寡人憂民之飢也，單收而食〔一六〕之。寡人憂民之寒也，單解裘而衣之。寡人憂勞百姓，而單亦憂之，稱〔一七〕寡人之意。』單有是善，而王嘉之，善單之善，亦王之善已〔一八〕。」王曰：「善。」乃賜單牛酒，嘉其行。

後數日，貫珠者復見王曰：「王至朝日，宜召田單而揖之於庭，口勞之。乃布令，求百姓之飢寒者收穀〔一九〕之。」乃使人聽於閭里，聞丈夫之相與語，舉曰〔二〇〕：「田單之愛人，嗟，乃王之教澤也！」

【箋證】

〔一〕〔按〕禮記檀弓下篇鄭注：「凡舊居，皆曰『虚』。」「虚」同「墟」，此謂復齊舊地。

〔二〕鮑彪云：「『徵』猶言『信』也。太子初易姓名爲庸，人疑之，至是始有狀可信也。」横田惟孝云：「碕哲夫曰：『「徵」恐「微」字。』……是也。太子始逃亡，隱於太史家，故曰『微』。」孫詒讓、金正煒亦以「徵」爲「微」之譌，金云：「爾雅釋詁注：『「微」謂逃藏也。』太子逃太史敫家爲溉園，故云『微』也。」

〔三〕鮑本、吴本「以」作「已」，同。

〔四〕鮑彪云：「（疑）人疑單也。」　安井衡云：「田單之立君，遲疑不速決，故齊人以單爲自立也。」　金正煒云：「疑，謂單未得太子，疑於所立，與漢書五行志：『立嗣子疑。』義同。」〔按〕金説爲是。

〔五〕碕哲夫云：「『齊國』以下十二字，恐注文誤入本文。」（横田解引）〔按〕碕氏從鮑注以上文「疑」字爲人疑，故疑此十二字爲注文，非。此由於田單立王審慎，延緩時日，故國人疑之。後來襄王對之有芥蔕，亦基於此。此十二字不能少。

〔六〕鮑彪云：「菑、淄同。」〔按〕水經淄水注、北堂書鈔卷三十九、藝文類聚卷五、太平御覽卷四百七十七引「菑」作「淄」，下同。

〔七〕姚宏云：「（菑）曾一作『菑水』。」〔按〕御覽卷三十四引作「淄水」。

〔八〕姚宏云：「一本（分）下有『之』字。」

〔九〕〔按〕藝文類聚、御覽卷三十四引「施」上有「厚」字。長短經卷二君德篇注亦有「厚」字。

〔一〇〕鮑本、吴本「圖」下有「之」字。〔按〕御覽卷七十四引「不」作「弗」。

〔一一〕鮑彪云：「恐單先發。」〔按〕御覽引「後」下有「悔」字，又注云：「疑單有異心也。」疑是高注佚文。

〔一二〕唐順之云：「左右顧而無人，將誰語乎？即心疑内訟，不應聞於巖下之人。著書者欲文致其詞，遂相矛盾。」〔按〕唐不解巖下之義，故妄生訾議耳。左右顧，襄王既言而悔，恐人泄之於田單。

〔一三〕姚宏云：「别本『巖』字作『聲』，句絶。通鑑作『巖下』。」吴注引姚注，句絶下有「無下字」三字。〔按〕胡三省通鑑注云：「巖下，殿巖之下也。昔舜遊巖廊。是也。」漢書董仲舒傳：「游於巖廊之下。」注引文穎云：

「巖廊，殿下小屋也。」説文「巖」字云：「厓也。」（據段改）段注引戰國策此文及漢書「遊於巖廊之上」，云：「皆謂殿下小屋。如厓巖之下可居也。天子之堂九尺，諸侯七尺，其上曰巖廊，其下曰巖下。」析義明白。曾慥類説此策「巖」作「堂」。

〔一四〕姚宏云：「元和姓纂引戰國策齊有貫殊，則貫姓殊名，非貫珠者。」鮑彪云：「（貫珠者）齊人。」碕哲夫云：「『貫珠』下文亦有『者』字，不似姓名。蓋古有以貫珠作器裝爲業者。」（横田解引）安井衡説同。于鬯云：「姚定爲人姓名，於此文固可通。至下『貫珠』下似不必復加『者』字，其亦著『者』字，則竟似『貫珠』非姓名。」〔按〕藝文類聚引亦作「貫珠」。廣韻「貫」字下貫姓：「漢有趙相貫高。」（唐韻殘卷同）無「貫殊」，疑姓纂誤爲人姓名也。

〔一五〕姚宏云：「（「王」下）劉『曰：奈何？曰』。」

〔一六〕〔按〕「食」音「飼」。

〔一七〕鮑彪云：「稱猶副。」

〔一八〕盧本「已」作「也」。金正煒云：「善單之善，上『善』字涉上下而衍。」〔按〕通鑑作「單之善，亦王之善也」。然有上「善」字，作動詞解，義亦通。

〔一九〕鮑彪云：「『穀』猶『養』。」

〔二〇〕原本「相」下空一格，「舉」下空三格，盧本不空。黄丕烈云：「所空，疑本有姚氏校語而删去者。」鮑本亦不空，「舉」在「與」上，衍「舉」字。吴師道云：「此因『與』字誤衍在此。」金正煒云：「左氏襄六年傳：『君舉不信於羣臣乎。』注：『舉，皆也。』」〔按〕御覽卷四百七十七引「丈夫」作「大夫」，無「舉」字；卷三十四引亦無「舉」字。通鑑作：「聞大夫之相與語者曰。」此文「丈夫」當作「大夫」，乃鄉大夫。「舉」字義自通，鮑本原淆於上，則非。

5 貂勃常惡田單

貂勃〔一〕常惡田單，曰：「安平君〔二〕，小人也。」安平君聞之，故爲酒〔三〕而召貂勃，曰：「單何以得罪於先生，故常見譽於朝〔四〕？」貂勃曰：「跖之狗吠堯〔五〕，非貴跖而賤堯也，狗固吠非其主也。且今使公孫子賢而徐子不肖〔六〕，然而使公孫子與徐子鬭，徐子之狗猶〔七〕時攫公孫子之腓而噬〔八〕之也。若乃得去不肖者而爲賢者狗，豈特攫其腓而噬之耳〔九〕哉！」安平君曰：「敬聞命。」明日，任之於王〔一〇〕。

王有所幸臣九人之屬，欲傷安平君〔一一〕，相與語於王曰：「燕之伐齊之時，楚王使將軍將萬人而佐齊〔一二〕。今國已定，而社稷已安矣，何不使使者謝於楚王？」王曰：「左右孰可？」九人之屬曰：「貂勃可〔一三〕。」貂勃使楚，楚王受而觴之，數日不反。九人之屬相與語於王曰：「夫一人〔一四〕身而牽留萬乘者，豈不以據勢也哉〔一五〕？且安平君之與王也，君臣無禮〔一六〕，而上下無別。且其志欲爲不善〔一七〕，內牧〔一八〕百姓，循撫其心，振〔一九〕窮補不足，布德於民；外懷戎、翟，天下之賢士〔二〇〕，陰結諸侯之雄俊豪英〔二一〕，其志欲有爲也。願王之察之！」異日，而〔二二〕王曰：「召相單來〔二三〕。」田單免冠徒跣肉袒〔二四〕而進，退而請死罪。五日，而王曰：「子無罪於寡人，子爲子之臣禮，吾爲吾之王禮而已矣。」貂勃從楚來，王賜諸前〔二五〕，酒酣〔二六〕，王曰：「召相田單而來。」貂勃避席稽首曰：「王惡〔二七〕得此亡國之言乎？王上者孰與周文王？」王曰：「吾不若也。」貂勃曰：「然，臣固知王不若也。下者孰與齊桓公？」王曰：「吾不若也。」貂勃曰：「然，臣固知王不若也〔二八〕。然則周文王得吕尚〔二九〕以爲太公〔三〇〕，齊桓公得管夷吾以爲仲父〔三一〕，今王得安平君，而獨曰單。且自天地之闢〔三二〕，民人之治（始）〔三三〕，爲人臣之功者，誰有厚於安平君者哉？而王曰單，單〔三四〕，惡得此亡國之言乎？且王不能守先〔三五〕王之社稷，燕人興師而襲齊墟〔三六〕，王走而之城陽之山中〔三七〕。安平君以惴惴〔三八〕之即墨，三里之城，五里之郭〔三九〕，敝卒七千，禽其司馬〔四〇〕，而反千里之齊，安平君之功也。當是時也，闔城陽而王〔四一〕，城陽天下〔四二〕莫之能止。然而計之於道，歸之於義，以爲不可。故爲棧道木閣〔四三〕，而迎王與后於城陽山中〔四四〕，王乃得反，子臨百姓。今國已定，民已安矣，王乃曰單〔四五〕，且嬰兒之計不爲此〔四六〕。王不亟殺〔四七〕此九子者以謝安平君，不然，國危矣。」王乃殺九子而逐其家，益封安平君以夜邑萬户〔四八〕。

〔箋證〕

〔一〕鮑彪云：「（貂勃）齊人。」〔按〕説苑奉使篇有刁勃對楚使語，刁勃即貂勃。「刁」字本作「刀」。文選檄吴將校部曲文注引此策作「刁勃」。獄中上書自明注引作「刀鞮」。

〔二〕吴師道云：「(安平)徐廣云：此海東安平。正義云：在青州臨淄縣東，古紀國之酅邑。索隱云：單初起安平，故以爲號。」張琦云：「故城在今(山東)臨淄縣東十九里。」〔按〕史記田單傳：「襄王封田單，號曰安平君。」

〔三〕〔按〕「爲酒」猶「治酒」。

〔四〕姚宏云：「(譽)曾一作『惡』。」鮑彪云：「不欲正言其毀。」金正煒云：「『故』猶『乃』也，説見經傳釋詞。」

〔五〕鮑彪云：「跖，柳下季之弟盜跖。」吴師道云：「此莊生寓言，惠、跖時不相及。蒯通之言出於此。」〔按〕鮑注據莊子盜跖篇。釋文引李奇漢書注曰：「跖，秦之大盜也。」史記伯夷傳正義又云：「蹠者黄帝時大盜之名。」是其人之爲魯爲秦，黄帝時或春秋時，初無定説。要之，跖爲古時著名「大盜」，曾起義暴動，其事跡雖不可考，然名屢見於戰國、先秦諸書中，時代當不相遠。莊子以跖與孔子相問答，固出於寓言，但前人因此而謂跖無其人，則非也。鄒陽獄中自明書云：「桀之狗可使吠堯，而跖之客可使刺由。」意亦相同。李善注引此文「吠」上有「或」字，「吠」作「哦」，云：「哦音吠，同。」又史記淮陰侯傳：「蹠之狗吠堯，堯非不仁，狗固吠非其主。」漢書蒯通傳同，吴説指此。

〔六〕于鬯云：「(公孫子、徐子)此二人者必亦被召者，當時在飲酒，故即借言之。」〔按〕于氏臆説。田單欲解於貂勃，豈有多召客而問之乎？此不過假設某某如今人言張三李四而爲喻耳，何必同飲者？

〔七〕鮑彪改「由」作「猶」。盧本亦作「猶」。吴師道云：「『由』、『猶』通，一本作『猶』。」

〔八〕鮑本、吴本「時」作「將」。姚宏云：「(腓)錢、劉一作『肥』。」鮑彪云：「攫，持。腓，脛腨。噬，啗也。」吴師道云：「噬，齧也。」〔按〕長短經卷八詭順篇注「猶時」二字作「因」字。

〔九〕〔按〕「特」猶「但」，「耳」猶「而已」。

〔一〇〕鮑彪云：「白王使任用之。」金正煒云：「策文多言仕，如鄒忌事宣王章：『仕人衆。』楚策：『君先仕臣爲郎中。』魏策：『吾將仕之以五大夫。』足證此文(任)亦當作『仕』。」〔按〕通鑑：「田單任貂勃於王。」胡三省注：「任，保也。」此文自作「任」，不必拘於一例。

〔一一〕〔按〕胡三省注云：「傷，潛毀也，害也，損也。」秦策三范雎至章：「范雎曰：臣居山東，聞齊之内有田單，不聞其王。」可見單之功大望重，襄王懷疑不安，故九人者乘間而毀之。

〔一二〕鮑彪云：「(楚王)頃襄。(將軍)淖齒也。」〔按〕下「將」字讀去聲，作動詞用，領也。淖齒亂齊，幾亡齊國，齊豈肯遣使謝楚？此當是田單復國之時，楚曾遣將助齊也。

〔一三〕鮑彪云：「欲去單之助。」

〔一四〕姚宏云：「一本(人)下有『之』字。」

〔一五〕鮑彪云：「言勃據單勢。」〔按〕胡三省注云：「謂貂勃以安平君之重，楚王留而禮遇之也。」

〔一六〕吴師道云：「通鑑：『君臣無異。』」

〔一七〕鮑彪云：「(不善)謂反畔。」

〔一八〕鮑本、吴本「牧」作「收」。〔按〕荀子成相篇：「請牧基。」楊注：「牧，治。」

〔一九〕鮑彪云：「振，舉救也。」

〔二〇〕鮑彪云：「懷翟與士。」〔按〕通鑑「天下」上有「禮」字，讀「翟」爲句。文義較順。

〔二一〕鮑彪云：「諸侯之人。」

〔二二〕〔按〕通鑑無「而」字。

〔二三〕横田惟孝云：「名，賤之也。」

〔二四〕鮑彪云：「肉袒，露肢體，示欲受刑。」吳師道云：「『袒』即『裼』也，去上衣曰『裼』。」〔按〕胡三省注云：「徒跣，徒行而跣足也。」

〔二五〕吳師道云：「（一）本『王觴賜諸前』。愚恐『賜』乃『觴』之訛。」金正煒云：「『賜』當從吳説作『觴』。穆天子傳：『觴天子於盤石之上。』」〔按〕太平御覽卷四百五十六引作「王賜諸酒酣」。讀「酒」字句，「酣」字句。儀禮士昏禮注：「諸，之也。」蓋謂王賜之飲酒，酣樂。通鑑作「王賜之酒，酒酣」。疑前字衍。

〔二六〕鮑彪云：「酣，酒樂。」

〔二七〕〔按〕「惡」音「烏」，何也。下同。

〔二八〕鮑本無「貂勃曰然臣固知王不若也」十一字。吳本據姚本增。

〔二九〕鮑本、吳本「尚」作「望」。

〔三〇〕〔按〕史記齊太公世家：「周西伯獵，果遇太公於渭之陽，與語大説，曰：『自吾先君太公曰：「當有聖人適周，周以興。」子真是邪？吾太公望子久矣。』故號之曰太公望。」

〔三一〕〔按〕見秦策三范雎至章。

〔三二〕鮑彪云：「（闢）開也。」

〔三三〕姚宏云：「（治）曾作『始』字。」〔按〕通鑑作「始」。由上句「天地之闢」推之，「始」字義長，今從曾本改。

〔三四〕王念孫云：「此衍一『單』字。」吳汝綸云：「重言單者，狀其輕忽之態。」〔按〕吳説是也。

〔三五〕鮑本、吳本「先」作「乎」。〔按〕通鑑無「先」字。

〔三六〕金正煒云：「『墟』字涉上下章『復齊墟』之文而誤衍也。」〔按〕金説或然。通鑑無「墟」字，可證。

〔三七〕鮑彪云：「城陽，兖州國，莒其縣也。」張琦云：「即今莒州。」〔按〕説苑奉使篇：「（楚）使者曰：『昔燕攻齊，遵雒路，渡濟橋，焚雍門，擊齊左而虚其右。……王與太后奔於莒，逃於城陽之山。」」

〔三八〕鮑彪云：「惴惴，憂懼也。」金正煒云：「『惴』當作『偳』，廣韻：小也。字亦作『顓』。漢書賈捐之傳：『顓顓獨居一海之中。』師古曰：『「顓」與「專」同，專專猶區區也。』」〔按〕胡三省注：「（惴惴）危恐之貌。」義自通。惴、偳、顓，並從「耑」聲，字可通用，金釋亦通。

〔三九〕〔按〕下章田單曰「五里之城，七里之郭」，互異。此不過狀即墨城之小，不必拘。

〔四〇〕鮑彪云：「（司馬）主兵之官，謂騎劫。」

〔四一〕鮑彪云：「不通王而自王。」吴師道云：「春秋後語『闔』作『舍』。」于鬯云：「疑『陽』字衍。『闔城』者所以拒外兵也。『城』或即即墨城，上文所謂『三里之城』。抑既言反千里之齊，謂臨淄城亦可。要與城陽不涉。」〔按〕闔，閉也，引申爲禁拒，義自通。闔城止於一地，豈能王齊？于説非。通鑑「闔」亦作「舍」。

〔四二〕鮑彪云：「城陽與天下之人。」吴師道云：「『城陽』二字因上文衍。」〔按〕通鑑無此「城陽」二字。

〔四三〕鮑彪云：「木閣，閣道。（棧道木閣）皆以通險。」〔按〕胡三省注云：「架木通路曰『棧道』。」此正狀城陽山道路之阻塞。

〔四四〕鮑本「山中」原作「中山」，改爲「山中」。吴師道云：「當作『山中』。」

〔四五〕鮑彪「單」下補「單」字。盧本亦重「單」字。吴師道云：「與前連舉不同。」

〔四六〕〔按〕猶言嬰兒之計且不爲此。通鑑無「且」字。

〔四七〕横田惟孝云：「『不亟』上疑脱『何』字。或『不』字衍。」金正煒云：「王不亟殺，本『王其亟殺』之譌。古書『其』作『亓』，因誤爲『不』。」〔按〕通鑑無「不」字。「不」字當衍。

〔四八〕姚宏云：「『夜』，一作『劇』。」鮑彪云：「『夜』，一作『劇』，屬淄川。又東萊有掖，有不夜。疑『夜』字爲『掖』

不全，或『不夜』省『不』。」吳師道云：「括地志，劇城在青州壽光縣南三十里。顏師古云：齊地記，古有日夜出，見於東萊，故萊子立此邑以不夜爲名。」程恩澤云：「說苑引此（夜）正作『掖』。楚漢春秋有夜侯蟲達，即掖縣。通鑑注：『夜邑，戰國策作「掖邑」。』是『夜』、『掖』古字通用，當以今（萊州府）掖縣爲是。（劇邑）今青州府壽光縣東（原注：似當作「西」。）三十里有劇故城。」狄子奇云：「以單封安平考之，劇邑較夜邑爲近。」〔按〕下章云：「今將軍東有夜邑之奉。」謂此。彼文，說苑作「掖邑」，故程氏據之。掖縣在今山東東部，西北臨渤海萊州灣。漢封泥印有「夜丞之印」及「夜印」，王國維考「夜」爲東萊掖縣，以證齊策此文及下章「東有夜邑之奉」，是也（觀堂集林卷十八齊魯封泥集存序）。

6 田單將攻狄

田單將攻狄〔一〕，往見魯仲子〔二〕。仲子曰：「將軍攻狄，不能下也。」田單曰：「臣以五里之城，七〔三〕里之郭，破亡餘卒，破萬乘之燕，復齊墟〔四〕。攻狄而不下，何也？」上車，弗謝而去。遂攻狄，三月而不克之也。

齊嬰兒謠曰：「大冠若箕〔五〕，修劍拄頤〔六〕，攻狄不能下，壘枯丘〔七〕。」田單乃懼，問魯仲子曰：「先生〔八〕謂單不能下狄，請聞其說。」魯仲子曰：「將軍之在即墨，坐而織蕢〔九〕，立則丈插〔一〇〕，爲士卒倡〔一一〕曰：『可往矣〔一二〕，宗廟亡矣，云（今）曰尚矣〔一三〕，歸於何黨矣〔一四〕！』當此之時，將軍有死之心，而士卒無生之氣，聞若〔一五〕言，莫不揮〔一六〕泣奮臂而欲戰。此所以破燕也。當今將軍東有夜邑之奉〔一七〕，西有菑上之虞〔一八〕，黄金横帶，而馳〔一九〕乎淄、澠之間〔二〇〕，有生之樂，無死之心，所以不勝者也〔二一〕。」田單曰：「單有心，先生志〔二二〕之矣。」明日，乃厲氣〔二三〕循城，立於矢石之所乃（及）〔二四〕，援枹〔二五〕鼓之，狄人乃下。

【箋證】

〔一〕盧本「狄」作「翟」，下同。　鮑彪讀「將」字句，「狄」字句，云：「（將）爲大將。狄，北胡。」　吴師道云：「史田儋狄人。徐廣注今樂安臨淄縣。正義云：淄州高苑縣西北，狄故城。」　張琦云：「故狄城在今高苑縣西北二十里。」〔按〕「將」讀如字，非「爲將」之「將」。太平御覽卷三百十一引作「齊上將田單率師將攻狄」。册府元龜卷九百一作「田單，齊將也，將攻狄」。説苑指武篇作「田單爲齊上將軍，興師十萬，將以攻翟」。可證「將攻狄」三字連屬，「將」字不應句。北胡不在齊地，田單何以攻之？　胡三省通鑑注亦以「狄」爲高苑縣之狄城。　鮑注並非。高苑在今山東博興西南。

〔二〕鮑彪云：「（魯仲子）連也。」〔按〕御覽引作「魯仲連子」，説苑同。册府元龜、通鑑作「魯仲連」。

〔三〕〔按〕説苑「七」作「十」。「七」、「十」二字篆文隸書並形似易淆。

〔四〕〔按〕册府元龜作「復齊社稷」。通鑑作「復齊之墟」。齊墟，見上燕攻齊章。

〔五〕鮑彪云：「簣，簸器。」〔按〕胡三省通鑑注云：「大冠，武冠也。」

〔六〕景宋鈔本「拄」作「柱」。　横田惟孝云：「修，長。拄，支也。謂容飾之嚴。」〔按〕北堂書鈔卷一百五十七引

「修」作「長」。「修」猶「長」。

〔七〕姚宏云：「『能』音『泥』，『丘』音『谿』，古叶音。晁改作『壘於梧丘』，説苑同。」鮑彪云：「壘，單壁也。言大不能降一壘，小不能枯一丘，言無人物。」吳師道云：「吳氏韻補『能』叶年題反；『丘』叶祛（按原本誤作「法」，今從韻補正）其反。廬陵劉氏讀『壘枯丘』，謂空守一丘爲壘。説苑：『攻狄不能下（原本引作「攻狄而能下」，顯誤），壘於梧丘。』齊景公田於梧，地名也。一本引北堂書鈔同説苑，無『能』字。一本『壘枯骨成丘』，通鑑從之。各有不同，似『梧丘』義長。」王念孫云：「鮑、劉説皆謬。一本作『壘枯骨成丘』，亦後人臆改。此當從説苑作『攻狄不下，壘於梧丘』，於文爲順，於義爲長。北堂書鈔引策文正與説苑同。今策文作『攻狄不能下』，『能』字因上文『將軍攻狄不能』下而誤衍耳。韻補以『能』字絶句，而以下『壘』連讀，則文不成義矣。」〔按〕此八字讀解頗不一。姚注及吳棫韻補讀作「攻狄不能，下壘枯丘」。鮑注八字連讀爲一句。劉氏讀作「攻狄不能下，壘枯丘」。一本及資治通鑑則作「攻狄不能下，壘枯骨成丘」。説苑作「攻狄不能下，壘於梧丘」。吳注是之。北堂書鈔卷一百五十七引國策作「攻狄不下，壘於梧丘」。王氏從之。依文義解之，鮑注牽强，餘俱可通，而以王説較長。册府元龜亦作「攻狄不下，纍在石丘」，無「能」字。「纍」爲「壘」之借字。「石」疑「古」或「吾」之形誤，「古丘」即「枯丘」，「吾丘」即「梧丘」。梧丘，齊地名，説苑辨物篇：「齊景公畋於梧丘。」地在不詳，當距狄城不遠。若作「枯丘」，枯丘亦是地名。此謂田單攻狄不下，將退壘於梧丘也。此謡以「箕」、「頤」、「丘」爲韻。古韻「尤」部一部分字入「咍」（之）部，故「丘」音近「溪」，與「箕」、「頤」相叶。

〔八〕〔按〕册府元龜「先生」上有「日者」二字。

〔九〕鮑彪云：「蕢，草器。」金正煒云：「『而』與『則』同，説詳經傳釋詞。」〔按〕御覽引「而」作「即」。「即」亦同「則」。説苑、通鑑並作「則」。

〔一〇〕鮑本、吳本「丈」作「杖」。鮑彪云：「插、鍤同，刺土器。」〔按〕御覽引「則丈」作「即杖」。說苑「丈插」作「杖臿」，册府元龜作「杖鍤」，通鑑作「仗鍤」。「丈」與「杖」、「仗」，「插」與「臿」、「鍤」，字並通用。史記田單傳「（田單）乃身操版插，與士卒分功」，即謂守即墨時。

〔一一〕鮑彪云：「倡，導也。」許應元云：「此『倡』是韻語，蓋作勢之詞，若後人帳中歌也。」

〔一二〕盧本「可」作「何」。姚氏辭類纂亦作「何」。橫田惟孝云：「言可往戰矣。」〔按〕「可」當讀作「何」，不必改字。與別本之「無可往矣」義近。

〔一三〕姚宏云：「（云曰）一作『去日』。」鮑本、吳本、盧本「云曰」作「亡日」，鮑彪云：「『尚』猶『久』也，言見亡之兆，其日已久。」黃丕烈云：「此『曰』字當作『白』，云白者魂魄之省文。『尚』讀爲『黨』，即說苑之『魂魄喪矣』也。作『亡日』者非。」〔按〕通鑑作「今日尚矣」。胡注云：「尚，庶幾也。言單於其時蓋言曰：今日之事尚庶幾矣。」此「云曰」二字有誤，黃說雖巧，然非激勵士氣之意，不必以說苑爲據也。宜從別本作「今日」，同通鑑。今從改（惟「曰」、「日」二字漢隸書常不別，今仍原文，讀作「日」）。或從鮑本作「亡日尚矣」，言致死之日今庶幾矣。鮑訓「尚」爲「久」，非。册府元龜無此句。

〔一四〕姚宏云：「別本『無可往矣，宗廟亡矣，今日尚矣，歸何黨矣』。」自注：「叶音『往』、『尚』皆有平聲。『黨』亦當平讀。說苑：『宗廟亡矣，魂魄喪矣，歸何黨矣。』」鮑彪云：「『黨』猶『鄉』也。言無所歸。」橫田惟孝云：「何休注公羊傳云：『黨，所也，齊人語。』」〔按〕通鑑此文同別本。

〔一五〕鮑彪云：「若，如此也。」〔按〕御覽引「若」作「是」。通鑑「若」作「君」。

〔一六〕〔按〕御覽引「揮」作「掩」。

〔一七〕姚宏云：「說苑作『掖邑』。」〔按〕夜邑見上章。御覽引「奉」作「封」。北堂書鈔卷一百二十九「夜邑」作「夜冠」，疑字誤。

〔一八〕〔按〕藝文類聚卷六十七引「菑」作「淄」，「虞」作「娛」，並通用。長短經卷三是非篇「虞」亦作「娛」。御覽引「虞」作「賓」，說苑同。胡三省云：「夜邑在安平東，淄水在安平西。夜邑有租賦之奉，淄上有遊觀之樂，故魯連云然。」

〔一九〕姚宏云：「說苑作『馳騁』。」〔按〕藝文類聚引「馳」作「騁」。

〔二〇〕鮑彪云：「昭十二年注，澠水出臨淄，入時水。」張琦云：「澠水出今臨淄縣西之申池，北流至博興縣界，入時水。」〔按〕淄水見前孟嘗君將入秦章。

〔二一〕〔按〕御覽引「所以」上有「此」字。藝文類聚引「者」作「狄」。

〔二二〕黃式三云：「志、識，古今字。」（編略自注）

〔二三〕鮑彪云：「厲，激昂也。」〔按〕御覽引「厲氣」作「結髮厲氣」。

〔二四〕姚宏云：「（乃）劉本作『及』。」〔按〕從劉本，「及」字屬上讀，義較長，今從之。說苑、册府元龜、通鑑並不作「及」。

〔二五〕鮑彪云：「枹，擊鼓杖。」吳師道云：「『枹』音『浮』。」

〔附論〕

吳師道云：「按史趙孝成王元年，田單將攻燕，拔中陽。又攻韓注，又拔之。次年，單爲相。孝成之元年，齊襄之十九年也。趙王新立，秦攻趙，求救於齊。齊人使以長安君爲質，齊師乃出，秦師退。又策云：趙王割濟東三城城邑市五十七與齊，求安平君爲將攻燕，亦是年事，蓋齊、趙方睦也。考之史，單自復齊之後，唯有伐狄之戰。大事記併書於一年。而襄王十年，趙、燕、周取齊昌國、高唐。十三年，藺相如伐齊，至平邑。秦客卿竈暨楚仍歲攻剛壽。以單之在齊，而喪地被兵，不聞其却戰而克敵也。而一爲趙用，遂以立功。意者單以功高被讒，齊襄雖爲之殺譖者，所以任單者不能展盡歟？不然，則單之懼禍持怯而自晦也。秦策云：「田單將齊之良，横行於中十四年，終身馳於封内。」考之殺騎劫之歲至襄王十八年，凡十四年。次年而單爲趙將。是年襄王死，單不復返齊，明年遂爲相。然單之在趙，自二戰之後，不聞他功。蓋既試其端，而亦終不忍背宗國以爲趙用也。單之心亦可見矣。」

〔按〕吴氏以田單相趙不返，故論尾云然，辨見前燕攻齊章。此策年代不可考，故通鑑併上二章附載於田單迎襄王復位之後。

7　濮上之事

濮上之事〔一〕，贅子〔二〕死，章子〔三〕走。盼子〔四〕謂齊王曰：「不如易餘糧於宋，宋王必說〔五〕，梁氏〔六〕不敢過宋伐齊。齊固弱〔七〕，是以餘糧收宋也。齊國復强，雖復責之宋，可〔八〕。不償，因以爲辭而攻之，亦可〔九〕。」

〔箋證〕

〔一〕鮑彪云：「此東郡濮水之上，實衛地。」程恩澤云：「水經注：瓠子河出濮陽縣北，河東至句陽爲新溝水，又東北過廪丘縣爲濮水。瓠子北有都關縣故城，縣有羊里亭，殆即所云濮上歟？」〔按〕史記六國表周赧王三年（前三一二）「魏擊齊，虜聲子於濮」，即此事。實當魏襄王七年（表作「魏哀王」），齊宣王九年（表作「齊湣王十二年」），鮑氏列此策於齊威王之首，誤。林春溥戰國紀年、顧觀光國策編年並據六國表改正。濮上謂濮水之上，史記樂書：「(衛靈公)之晉，至於濮水之上，舍。」正義引括地志云：「在曹州離狐縣界。」故離狐縣，在今山東菏澤縣西。

〔二〕〔按〕六國表作「聲子」，林春溥、顧觀光並謂「贅」是「聲」字之誤。然考魏世家哀王七年徐廣注引年表作「贅子」，與策文合，疑今本表之「聲」字乃「贅」之誤。

〔三〕〔按〕章子即匡章，見前秦假道韓魏章。

〔四〕鮑彪云：「(盼子)田盼也。威王言使守高唐者，並齊將。」〔按〕盼子見前。此戰當齊宣王時，盼子已年老不任用，備顧問之職而已。

〔五〕鮑彪云：「(宋王)辟公。」吴師道云：「桓公未嘗稱王，宋偃十一年稱王。」〔按〕鮑氏以此策爲威王九年以前事，故以宋王爲辟公。吴氏以宋王爲王偃，是也。六國表次宋自立爲王於齊湣王六年，實當齊宣王三年(前三一八)，年代相合。其時疑宋值歉歲，故易餘糧而悦。

〔六〕〔按〕梁氏謂魏國。

〔七〕鮑彪云：「『固』猶『信』。」林春溥云：「『固』疑『國』之訛，觀下文可見。」(戰國紀年自注)横田惟孝、金正煒説同。〔按〕「固」與「故」字通。爾雅釋詁：「故，今也。」王引之經義述聞云：「(禮記)哀公問曰：『君之及此言也，百姓之德也，固臣敢無辭以對。』『固』與『故』同，言今臣敢無辭以對乎。」此「固」字義正相同，言齊國今弱，(新遭兵敗)，與下「復强」相應。

〔八〕鮑彪云：「可責其償。」

〔九〕鮑彪云：「盼子，威王臣。威自九年後，未嘗敗撓，此言二子死，蓋九年前也。」吴師道云：「盼子雖見稱於威王，宣王二年，馬陵之役，盼爲將。十年，楚敗齊，令齊逐田嬰，張丑説楚王云：『嬰逐，盼子必用。』則盼尤著於宣王之世。伐燕之役，章子將兵，亦宣王時。且策有齊國復强之言，決非威王時也。」〔按〕吴糾鮑誤，是也。惜其未考六國表，不能知此策之史實。詳見上。又策言「聱子死，章子走」，是章子未死於戰，鮑氏言二子死，亦誤。

8　齊閔王之遇殺

齊閔王之遇殺〔一〕，其子法章變姓名，爲莒太史家庸〔二〕夫。太史敫女〔三〕，奇法章之狀貌，以爲非常人，憐而常竊衣食之〔四〕，與〔五〕私焉。莒中及齊亡臣〔六〕相聚，求閔王子，欲立之，法章乃自言於莒，共立法章爲襄王。襄王立，以太史氏女爲王后，生子建。太史敫曰：「女無謀〔七〕而嫁者，非吾種也，汙吾世矣。」終身不覩。君王后〔八〕賢，不以不覩之故，失人子之禮也。襄王卒，子建立爲齊王。君王后事秦謹，與諸侯信，以故建立四十有餘年不受兵〔九〕。

秦始皇〔一〇〕嘗使〔一一〕使者遺君王后玉連環〔一二〕，曰：「齊多知，而〔一三〕解此環不？」君王后以示羣臣，羣臣不知解。君王后引椎〔一四〕椎破之，謝秦使曰：「謹以解矣〔一五〕。」及君王后病且卒〔一六〕，誡建曰：「羣臣之可用者某。」建曰：「請書之！」君王后曰：

「善。」取筆牘〔一七〕受言，君王后曰：「老婦已亡〔一八〕矣。」

君王后死後，后勝〔一九〕相齊，多受秦間金玉〔二〇〕，使賓客入秦，皆爲變辭〔二一〕，勸王朝秦，不修攻戰之備。

【箋證】

〔一〕原本此策與上章連屬，今從鮑本分提。盧本亦分爲二章。

〔二〕鮑彪云：「傭、庸同，均直也。」〔按〕「傭」即前齊負郭之民章所云「爲溉園」。

〔三〕姚宏云：「（敫）劉作『徼』。」鮑彪云：「『敫』，音『躍』。」吴師道云：「徐廣云：一音『皎』。」

〔四〕〔按〕竊，私也。「衣食」並作動詞用，讀去聲，謂私以衣衣之，以食食之。

〔五〕姚宏云：「曾（「與」下）添『之』字。」

〔六〕鮑彪云：「（亡臣）臣之出亡者。」金正煒云：「莒中謂莒中人民，史記田世家作『莒中人』。齊，謂其國都。」

〔七〕姚宏云：「（謀）一作『媒』。」鮑本、吴本作「媒」。〔按〕「媒」、「謀」相通。説文：「媒，謀也，謀合二姓。」

〔八〕姚宏云：「劉下更有『君王后』三字。」〔按〕劉本同史記田完世家，以此「君王后」三字屬上讀。

〔九〕鮑彪衍「四」字。吴師道云：「此要其終而言之，建立字可見。建四十四年爲秦虜。秦遠交齊而善之，故齊事秦謹，不悟其計也。與諸侯信，此恐未然。史稱齊亦東邊海上，秦日夜攻三晉、燕、楚，五國各自救，以故四十餘年不受兵，此實録也。齊與諸侯信，則安得不助五國乎？」

〔一〇〕鮑彪改「始皇」爲「昭王」，云：「后卒於莊襄王之元，不逮始皇也。」吴師道云：「字誤。」〔按〕太平御覽卷七百六十三引亦作「始皇」。策與史不合，未敢輒改。田完世家君王后卒在王建十六年，當秦莊襄王元年（前二四九)，鮑注據之。

〔一一〕鮑本、吳本「使」作「遣」。

〔一二〕鮑彪云：「(連環)兩環相貫。」

〔一三〕姚宏云：「别本(而)作『能』。」〔按〕御覽引亦作「能」。古字「而」、「能」同聲通用。「而」上「知」字同「智」，謂智士。

〔一四〕鮑本、吳本「椎」作「錐」。錐、椎同字。

〔一五〕〔按〕御覽引「以」作「已」，同。楊慎升庵集卷六十八云：「此著書者聞其事，而不詳其事，謬云引鐵錐破之。若如此，則一愚婦人能之，何以稱多智而服强秦哉？今按連環之制，玉人之巧者爲之，兩環互相貫爲一，得其關捩，解之爲二，又合而爲一。今有此器，謂之九連環，以銅或鐵爲之，以代玉，閨婦孩童以爲玩具。」愚謂不然。玉連環本不可解，故齊羣臣不知解，而君王后以椎破之。環若可解，解環小智，解之不足書於策，況不能解而破之，豈不貽秦人之笑，尚何稱於當時？此蓋秦王戲弄齊人，襲名家堅白之智，僅言「解環」，初未别於解之以完或破也。君王后窺其用心，以椎解環，明智斷決，足以禦侮，故策特著之。吕氏春秋君守篇云：「魯鄙人遺宋元王閉(高注：閉，結不解者)，元王號令於國，有巧者皆來解閉。人莫之能解。兒説之弟子請往解之，乃能解其一，不能解其一，且曰：非可解而我不能解也，固不可解也。問之魯鄙人，鄙人曰：然，固不可解也。」秦王之連環亦猶魯鄙人之不可解閉也。楊氏乃謂著書者不詳其事，失本意矣。張尚瑗云：「北齊神武嘗令諸子各理亂絲，高洋獨抽刀斬之曰：亂者必斬。此與椎環之智暗合。」雖於策意稍閡，大體近之。又莊子天下篇述惠施之言有「連環可解也」。惠施所論，多與常識相反，以逞其辯辭。若連環真可解，則與上下文所記各條不合，亦不足以著説。明連環本不可解，而惠子説之相反(成玄英疏謂：「環之相貫，貫於空虚，不貫於環。是以兩環貫空，不相涉入，各自通轉，故可解也。」此釋雖不審與本旨如何，大抵近之），此是名家學派逞辯之術，與堅白之論相類，其實連環仍不可解也。疑秦王亦習聞惠施學派「連環可解」之論，故以實物玉連環戲弄齊后解之。

〔一六〕金正煒云：「『卒』當作『革』，形相似而誤。禮記檀弓：『夫子之病革矣。』注：『革，急也。』」〔按〕「卒」義自通。通鑑作「且死」。

〔一七〕鮑彪云：「牘，書版也。」〔按〕韓詩外傳卷七周舍對趙簡子亦曰：「墨筆操牘。」牘之制，詳於王國維簡牘檢署考。

〔一八〕鮑本、吴本、盧本「亡」作「忘」。黄丕烈云：「趙策有此『亡』字。」〔按〕「亡」、「忘」古字相通。詩邶風緑衣：「曷維其亡。」鄭箋：「『亡』之言『忘』也。」

〔一九〕鮑彪云：「（后勝）疑即后之族。」〔按〕鮑誤以君王后爲后氏（見前齊負郭之民章），故疑后勝爲后族，恐非。胡三省通鑑注云：「姓譜：后本郈氏，其後去邑。」

〔二〇〕策纂本、盧本「玉」作「王」，屬下讀。安井衡、吴曾祺並以作「王」爲是。〔按〕史記李斯傳：「（秦王）聽其計，陰遣謀士，齎持金玉，以游説諸侯。諸侯名士可下以財者，厚遺結之。」即謂其事，「金玉」二字連用本通。田完世家言：「后勝相齊，多受秦間金，多使賓客入秦，秦又多予金，客皆爲反間，勸王去從朝秦。」「使賓客」上亦無「王」字，可證策「玉」字不誤。又秦始皇本紀云：「二十六年，齊王建與其相后勝發兵守其西界，不通秦。秦使將軍王賁從燕南攻齊，得齊王建。秦初併天下，令丞相御史曰：……齊王用后勝計絶秦，使欲爲亂，兵吏誅，虜其王，平齊地。」與田完世家及策語異，蓋此秦史官所記。秦人諱言用間，欲示滅國有名，掩飾侵略，其詞多誣，不足信。

〔二一〕鮑彪云：「變故之辭，蓋使者還以恐動王也。」

9　齊王建入朝於秦

齊王建入朝於秦〔一〕，雍門司馬〔二〕前曰：「所爲立王者，爲社稷耶？爲王立王耶？」王曰：「爲社稷。」司馬曰：「爲社稷立王，王何以去社稷而入秦〔三〕？」齊王還車而反。即墨大夫與〔四〕雍門司馬諫而聽之，則以爲可〔可〕〔五〕爲謀，即入見齊王曰：「齊地方數千里，帶甲數百〔六〕萬。夫三晉大夫皆不便秦，而在阿、鄄之間者百數〔七〕，王收而與之百〔八〕萬之衆，使收三晉之故地，即臨晉〔九〕之關可以入矣。鄢、郢大夫不欲爲秦〔一〇〕，而在城南下〔一一〕者百數，王收而與之百萬之師，使收楚故地，即武關〔一二〕可以入矣。如此，則齊威可立，秦國可亡。夫〔一三〕舍南面之稱制〔一四〕，乃西面而事秦，爲大王不取也。」齊王不聽。秦使陳馳〔一五〕誘齊王內之〔一六〕，約與五百里之地。齊王不聽即墨大夫而聽陳馳，遂入。秦處之共松柏之間〔一七〕，餓而死。先是，齊爲之歌曰：「松邪栢邪？住建共者客耶〔一八〕？」

【箋證】

〔一〕〔按〕此是秦始皇二十六年（前二二一），秦已滅韓、魏、趙、楚、燕五國，召齊王建入朝。

〔二〕王念孫云：「雍門司馬（下）……今脱去『横戟當馬』四字。北堂書鈔武功部戟類下出『横戟當馬』四字，引戰國策曰：齊王建入朝於秦，雍門司馬横戟當馬前。太平御覽兵部戟類所引亦如此。司馬横戟當馬前而諫，故齊王還車而反，事相因而文亦相承也。」〔按〕雍門是齊城門，但此疑以地爲氏。説苑善説篇有雍門子周以琴見孟嘗君。説見前。司馬，官名，主掌軍旅，前齊有負郭之民章有司馬穰苴。書鈔與御覽並在戟類中引此文，則古本應有「横戟」云云，今見本脱去，王説是也。

〔三〕〔按〕「社」是土神，「稷」是穀神，此以祭祀代表國家之稱。禮記曲禮下篇：「國君去其國，止之曰：奈何去社稷也？」又云：「國君死社稷。」雍門司馬之言本之。

〔四〕姚宏云：「（與）一作『聞』。」鮑彪改「與」作「聞」。黄丕烈云：「當作『以』。」〔按〕「與」猶「以」也，説見經傳釋詞，與下文「以爲」爲互文。言即墨大夫見齊王還，以爲聽納雍門司馬之諫。即墨大夫，守即墨之大夫。或即墨是姓，史記儒林列傳有「齊人即墨成」。正義：「即墨，姓。成，名。」世説新語言語篇注引伏滔論青州人物有即墨大夫。

〔五〕姚宏云：「（可）一作『以』。」鮑彪衍下「可」字，云：「又疑『可爲謀』，本注字。」黄丕烈云：「（可）當作『與』。」〔按〕「可爲謀」即「可與謀」，「爲」猶「與」，亦見經傳釋詞。鮑衍爲是。今衍下「可」字。

〔六〕鮑彪改「百」爲「十」。〔按〕此不當改。即墨大夫誇稱以壯氣，猶言全國皆兵。

〔七〕〔按〕阿、鄄并齊地，見秦策三謂魏冉曰章。通鑑「鄄」作「甄」，胡注云：「甄當鄄。」謂三晉雖爲秦亡，其遺族大夫逃亡於齊者甚衆。

〔八〕鮑彪改「百」作「十」。吴師道云：「通鑑作『數』，下同。」〔按〕今所見四部叢刊景宋本通鑑及元刊本胡注通鑑並作「百萬人」，下同，與策文合，疑吴據誤本。此亦不當輒改。

〔九〕鮑彪云：「臨晉，屬左馮翊。」張琦云：「即蒲津，在蒲州府西門外。渡河即同州府朝邑縣也。」〔按〕胡三省云：「收三晉兵自河東攻秦，則入臨晉關。」蒲津古黄河津渡，在今山西永濟西蒲州附近。

〔一〇〕鮑彪云：「不屬之也。」

〔一一〕鮑彪云：「（城）齊城。」〔按〕胡三省云：「城南下，即南城之下。南城，齊威王使檀子所守者。」

〔一二〕鮑彪云：「始皇紀注：『武關，秦南關，在析西弘農東。』」張琦云：「在今商州東南百八十里，南陽府淅川縣西百七十里。」〔按〕胡三省云：「楚攻秦，自南陽入武關。」其地在今陝西丹鳳東南。

〔一三〕鮑本、吴本「夫」作「矣」，屬上讀。盧本無「夫」字。

〔一四〕鮑彪云：「（稱制）此亦秦人之辭，時未有此。」吴師道云：「謂其棄王而爲臣也。」金正煒云：「楚策：『以承大王之明制。』禮記曲禮『士死制』，注：『制謂君教令使爲之。』則以君之教令爲『制』，不始於秦，但未著之成典耳。」

〔一五〕鮑彪云：「（陳馳）齊客之入秦者。」吴師道云：「上章謂齊賓客入秦皆爲變辭，又陳爲齊姓，故云然。不可考。」

〔一六〕〔按〕「内」同「納」，言納地降秦。

〔一七〕姚宏云：「地里志河内有共縣。」吴師道云：「衛州共城縣。」張琦云：「即今（河南）衛輝府輝縣。」〔按〕處之松柏之間，與外人隔絶。淮南子泰族訓云：「齊王建有三過人之巧（高注：「力能引强，走先馳馬，超能越高。」）而身虜於秦者，不知賢也。」高誘注云：「任用后勝之計，不用淳于越之言也。」秦始皇本紀有博士齊人淳于越，當即其人，蓋亦嘗諫王建降秦者。

〔一八〕姚宏云：「史記：『松耶栢耶，住建共者客耶？』司馬貞音『邪』，謂是建之邪客，説王狂言，遂致失策，令建遷共……柏，古音逋莫切。客，古音恪，古音亦叶。史記歌云云，疾建用客之不詳也。」鮑彪云：「『客』謂陳馳，自秦稱之曰『客』。」吴師道云：「（客）專指陳馳，非，自齊稱之曰『客』爾。史謂建聽姦人賓客以亡。秦策秦王資頓弱以遊，齊王入朝。知『客』非一也。」

10 齊以淖君之亂秦

齊以淖君之亂秦〔一〕，其後秦欲取齊〔二〕，故使蘇涓之楚，令任固之齊〔三〕。

齊明謂楚王曰：「秦王〔四〕欲楚，不若其欲齊之甚也。其使涓來，以示齊之有楚〔五〕，以資固於齊〔六〕。齊見楚〔七〕，必受固，是王〔八〕之聽涓也，適爲固驅以合齊、秦也〔九〕。齊、秦合，非楚之利也。且夫涓來之辭〔一〇〕，必非固之所以之齊之辭也〔一一〕。王不如令人以涓來之辭謾固於齊〔一二〕，齊、秦必不合。齊、秦不合，則王重矣。王欲收齊以攻秦，漢中可得也。王即欲以秦攻〔一三〕齊，淮、泗之間亦可得也。」

〔箋證〕

〔一〕姚宏云：「一本(「亂」下)添『讎』字。」鮑彪移此章於楚策，「亂」下補「事」字。許應元云：「淖君之亂，疑即淖齒，蓋楚將之救齊而殺湣王者。楚討之，故親秦也。」黄丕烈云：「鮑所補謬甚，與下文全不合。此有脱，但未詳。」横田惟孝從一本添「讎」字，云：「淖君蓋淖齒，然不可以『君』稱，『君』當作『齒』。……然以齒之亂讎秦，亦不通。『秦』當作『楚』。淖齒，楚將而殺閔王，故齊讎楚也。」安井衡亦以添「讎」字爲是。顧觀光編年改「秦」作「惡楚」二字，云：「因言以秦攻齊，淮、泗之間可得，故附此。」次於赧王三十九年楚復取江旁十五邑下。

于鬯云：「淖齒殺閔王，在周赧三十一年，而下文云『故秦漢中可得』，似當在楚初失漢中後。楚失漢中在赧三年，至赧三十一年遠矣，然則此淖君未必定齒。關（修齡）補云：『齊以「君」稱「齒」，必無是理。』或云：『楚策有齊明説卓滑云云，卓滑即趙策淖滑，此下文亦涉齊明，明淖君者或是滑。』然亦他無可證。頗疑此實楚策之首，而誤爲齊策終篇。果彼策首，則淖君者非齒又可見矣。」又云：「『餓秦』與下文可合，但若以淖君爲淖齒若淖滑，並楚人，於秦又何餓？……或謂當以『齊以淖君之亂秦』七字作一句。『以』者猶『使』也，『之』者猶『往』也，言齊使淖君往亂秦國也。策文却不必增字改字，然亦究不可從。」金正煒亦疑作「餓楚」，云：「故秦欲取齊，必使蘇涓之楚，以資任固於齊也。淖齒之亂，齊無因餓秦。」鍾鳳年云：「（淖君）此或齒曾分據齊地，故曰淖君歟？」

〔按〕此句文義不全，有脱文無疑，所補字以「餓」字爲長。淖君，鮑、吳本未言是淖齒，自許應元以下始有疑是齒者，然考核策文，實不相侔。（一）淖齒不應稱君。（二）淖齒之亂，於秦何涉？此二點前人已言之，見上舉。（三）淖齒之亂在赧王三十一年（前二八四），而齊襄王復位在赧王三十七年（前二七八），秦欲取齊當更在其後。赧王三十七年，秦白起攻楚，拔郢，楚襄走保陳。此策乃云「漢中可得也」「淮、泗亦可得也」，明與當時情勢不合。若在赧三十七年之前，齊地幾盡爲燕有，何暇餓秦或事秦，秦亦何須取齊？顧觀光編年附次此策於赧王三十九年（前二七六）楚襄王收東地兵，復江旁十五邑。按楚之東地，胡三省謂「淮、汝之地」，即此策之淮、泗。楚襄收東地兵，明淮、泗久爲楚有，故破亡之餘，收其兵以復失地。此策所言楚尚未得淮、泗，何能附次於其下乎？（四）楚因淖齒之亂，取齊淮北，見史記六國表及楚世家。此策云：「王即欲以秦攻齊，淮、泗之間亦可得也。」明是楚取淮北前之言。（五）齊明見於東周策東周與西周爭章，本與上章相連，該章據周本紀在赧王八年（前三〇七）；又見於楚策四齊明説卓滑章，內云：「明之來也，爲樗里疾卜交也。」樗里疾相秦，在赧王六年（前三〇九），秦武王二年。又見於趙策四趙使趙莊合從章，明説趙王貴趙莊，據吳師道補考爲趙武靈王十三年，周赧王二年（前三一二)前事。又韓策二齊明謂公叔章記其爲公叔謀逐幾瑟於楚事。幾瑟事據韓世家在襄王十二年，當周赧十五年(前三〇〇)。考四策所言時期相近，此策恐不應遠越三十年也。由此可證淖君必非淖齒，而改「君」爲「齒」，或改「秦」爲「楚」，亦不能通。淖君之事，史無可考，只能缺疑。此策所言當在周赧王三年(前三一二)秦取漢中之後，赧王三十一年(前二八四)楚取淮北之前。

〔二〕鮑彪云：「與齊合。」横田惟孝云：「取，謂取交也。」〔按〕「取」疑「收」字之誤，下文「王欲收齊以攻秦」，與此相應，可證。

〔三〕姚宏云：「(令)三本同作『合』。」鮑彪云：「涓、固，皆秦人。」

〔四〕鮑彪以秦王爲昭襄王。〔按〕此亦難斷。

〔五〕鮑彪云：「以有楚之親示齊。」

〔六〕鮑彪云：「(資固)爲任固資。」横田惟孝云：「爲齊受固之資。」

〔七〕姚宏云：「(見)一作『有』。」鮑彪云：「見其納涓。」金正煒云：「禮記祭義注『見』當爲『覸』，字之誤也。齊覸楚，謂視楚之聽涓與否。」

〔八〕鮑本無「王」字，補「楚」字。

〔九〕鮑彪云：「所謂資固。」

〔一〇〕鮑本無「之辭」二字，吴本據一本補二字。〔按〕據下鮑注原本應有「之辭」二字，疑刻本脱去。

〔一一〕鮑彪云：「涓之辭必厚楚而薄齊，固之辭必厚齊而薄楚。」

〔一二〕鮑本、吴本無「來」字。鮑彪云：「謾，欺也。以涓薄齊之辭告齊，則固言厚齊者非實，齊必以固爲欺己。」

〔一三〕鮑本原無「攻」字，補「攻」字。吴師道云：「一本有『攻』字。」

戰國策　卷十四

楚一

〔釋題〕

鮑彪云：「今之南郡、江夏、零陵、桂陽、武陵、長沙、漢中、汝南，皆其分也。江陵故郢都，西通巫、巴，東有雲夢之饒。」

張琦云：「陳爲楚都，豈容不數？又滅越滅魯，分宋之沛。自今河南陳州、汝寧二府、光州、信陽，陝西之漢中、興安，山東之泰安、兖州，兩湖、兩江、浙、閩、兩廣皆有楚地。」

程恩澤云：「楚，芈姓。熊繹封於丹陽，在今湖北宜昌府歸州東南七里。武王（自注：一作文王）始都郢，在今（湖北）荆州府江陵縣北十里紀南城。平王更城郢，在今江陵縣東北三里（自注：或曰即紀南城）。昭王遷都，在今（湖北）襄陽府宜城縣西南九十里。襄王保陳城，即故陳國，在今河南陳州府。考烈王遷鉅陽，即今安徽潁州府西北四十里細陽城；又徙壽春，在今（安徽）鳳陽府壽州。後三世至負芻，爲秦所滅。」

〔按〕楚國受封甚早，其見於本策者始自宣王，歷威王、懷王、頃襄王、考烈王、幽王、哀王、負芻，凡八世，亡於秦。幽王以下不載於策。楚在戰國七雄中疆土最廣。

1 齊楚構難

齊、楚構難，宋請中立〔一〕。齊急宋〔二〕，宋許之。子象〔三〕爲楚謂宋王〔四〕曰：「楚以緩失宋，將法齊之急也。齊以急得宋〔五〕，後將常急矣。是從齊而攻楚〔六〕，未必利也。齊戰勝楚，勢必危宋〔七〕；不勝，是以弱宋干强楚也〔八〕。而〔九〕令兩萬乘之國，常以急求所欲，國必危矣〔一〇〕。」

【箋證】

〔一〕吴師道云：「『請』字宜在『急』下，殺脱於此。中立豈待請邪？」横田惟孝云：「齊、楚皆乞宋援，故宋請中立。」金正煒云：「按齊策：『臣請令魯中立。』韓策：『願公之復求中立於秦也。』曰『令』曰『求』，則此文言『請』固不誤，吴氏非也。」

〔二〕鮑彪云：「告急於宋。」穆文熙云：「『急宋』猶言迫脅之，與下文方合。注非。」（横田惟孝解同）金正煒云：「增韻：『急，迫也。』宋人本請中立，而齊迫使從之，故子象云『楚將法齊之急』。又云『齊以急得宋，後將常急矣』。東周策：『今東周之兵不急西周。』趙策：『請無急秦王。』韓策：『魏必急韓氏。』並與此策義同。鮑注大謬。」

〔三〕鮑彪云：「（子象）楚人。」〔按〕韓非子內儲説下篇：「楚王謂干象曰：吾欲以楚扶甘茂而相之秦，可乎？干象對曰云云。」甘茂相秦，在秦武王二年（前三〇九），宋自立爲王，在秦惠王後七年（前三一八），並當楚懷王之世，核其時代相近。「干」、「子」二字又形似易淆，疑干象、子象乃一人。楚王族多稱「子某」，如本策之子華、子良、子發等（此例他國亦有之，蓋公子之省稱，子某者猶言公子某也）。此「干」字疑是「子」誤。若然，則此策當在懷王時。

〔四〕姚宏云：「劉作『楚王』，一作『宋王』。」鮑本原無「宋」字，鮑補「宋」字，云：「（宋王）公剔成。」吴師道云：「剔成未嘗稱王，此偃也，與懷、襄相接。」〔按〕鮑次此策於宣王下，故以宋王爲宋公剔成，説見後。

〔五〕横田惟孝云：「緩，急之反。失、得，皆謂援。」

〔六〕鮑本、吴本「楚」下有「之」字，上下連屬爲句。〔按〕墨子經説下篇：「且，猶『是』也。」則「是」亦猶「且」，秦策四物至而反章：「是王攻楚之日，則惡出兵。」史記春申君傳「是」作「且」，此其證。此文「是」亦當訓「且」，非承上文而言，乃起下言勝與不勝之皆不利宋，義較鮑本爲長。

〔七〕吴師道云：「言齊强必併宋。」

〔八〕鮑彪云：「言以助齊犯楚之怒。」

〔九〕金正煒云：「周禮旅師『而用之』，注：『「而」讀爲「若」。』詩猗嗟疏：『「而」與「若」義並通也。』」

〔一〇〕〔按〕以急求所欲，謂以威迫求得所欲。此章鮑次於宣王之首，不明所據。吴氏因策言「宋王」，以爲即王偃，當楚懷、襄之時是也。考楚襄世，齊滅宋之前，齊、楚不聞用兵。惟懷王之世，齊、楚數有糾紛，親惡屢易，按其情勢近之。顧觀光編年附次此策於周赧王二年（前三一三）楚絶齊，齊舉兵伐楚（秦策二）之後，當不遠。又子象疑即干象，亦可證此策之當懷王時，説見上。鍾鳳年云：「疑此即齊、楚戰徐州時事，因徐州近於宋也。」按徐州之戰是楚威王事，其時宋尚未稱王，與策文不合。明非。

2 五國約以伐齊

五國約以伐齊〔一〕，昭陽〔二〕謂楚王曰：「五國以破齊〔三〕，秦必南圖楚〔四〕。」王曰：「然則奈何？」對曰：「韓氏輔（轉）國〔五〕也，好利而惡難。好利可營〔六〕也，惡難可懼也。我厚賂之以利，其心必營；我悉兵以臨之，其心必懼我〔七〕。彼懼吾兵而營我利，五國之事必可敗也。約絶之後，雖勿與地可。」楚王曰：「善。」乃命大公事〔八〕之韓，見公仲曰：「夫牛闌之事〔九〕，馬陵之難〔一〇〕，親王之所見也〔一一〕。王苟無以〔一二〕五國用兵，請效列城五。請悉楚國之衆也以廧於齊〔一三〕。」齊（韓）之反趙、魏之後〔一四〕，而楚果弗與地。則五國之事困也〔一五〕。

〔箋證〕

〔一〕姚本「以」原作「㠯」，鮑本、吴本作「以」。〔按〕「㠯」爲篆書之隸化，楷化作「以」，實爲一字。今皆通行「以」字，因徑改作「以」，以下同。姚宏云：「劉（約）作『約秦』。」鮑本「齊」下有「秦」字，衍「齊」字云：「秦惠後七年，趙、韓、魏、燕、齊共攻秦，此（懷王）十一年。」吴師道據鮑本亦有「秦」字，云：「（齊）字疑誤衍。五國伐秦可考，策併言齊，不可考。懷王爲從長，率五國伐秦之明年，齊敗魏、趙於觀津，即策所謂齊反趙、魏者歟？」横田惟孝云：「五國，蓋秦、趙、韓、魏、燕也。」金正煒云：「此策疑是秦昭襄十一年齊、韓、魏、趙、宋、中山五國共伐秦，至鹽氏而還，秦與韓、魏河北及封陵以和，故昭陽謂五國已破秦也（按此從鮑本）。史以中山屬趙，亦稱五國。又按孟嘗君傳：『孟嘗君怨秦，將以齊爲韓、魏攻楚，因與韓、魏攻秦。』……與鹽氏之役吻合。疑此策當作齊約五國以伐秦，而文字誤淆耳。否則五國伐秦，何知其必南圖楚哉？」〔按〕五國伐齊，獨有周赧王三十一年（前二八四）燕樂毅約五國師破齊事，然與此策不合，餘則無聞。故鮑注以爲是周慎靚王三年（前三一八）五國伐秦，吳注、林春溥紀年、顧觀光編年、于鬯年表並從之。今考校策文，頗多與此役不合。五國攻秦，楚爲從長（見韓策一及史記楚世家），楚何以自敗其從約？不合者一。楚爲盟長，兵尚未交，何因先慮秦勝而圖楚？若是又何必約攻秦？此不合者二。大公事説韓，舉「牛闌之事，馬陵之難」，牛闌事雖不可考，馬陵之難則謂齊救韓敗魏馬陵之戰，舉之正以示齊之有德於韓，勸其勿與伐齊。然於秦何涉？此不合者三。反之，若從姚本作「五國伐齊」，則理有可通。五國伐齊，楚不與之（橫田所列五國，不能必其盡然，但不列楚在内，當是）。故破齊之後，秦將藉口以圖楚，一也。楚慮齊破受侵，因先説韓以敗約，二也。舉牛闌、馬陵之事，以動韓之顧念舊好而不與伐齊，三也。綜上所述，鮑注未然，姚本作「伐齊」者爲是。或以史無五國伐齊事爲疑，竊謂五國伐齊，本爲謀約，未成事實，其後因楚説韓敗之，故史不載。且戰國之事，記載闕略，史所不詳者甚多，豈必此策？疑此事在齊、楚交善之時，亦當楚懷世也。

〔二〕〔按〕昭陽，楚相。已見秦、齊策。

〔三〕鮑本、吳本無「齊」字。

〔四〕鮑彪讀「圖」字句，「楚」屬下文。　吳師道讀「楚」字句。　今從吳讀。

〔五〕姚宏云：「（輔國）錢、集『轉國』。」　鮑彪云：「（輔國）言可爲楚之助。」　橫田本從錢本作「轉國」，注云：「謂轉變無定之國。」　于鬯云：「輔國，言其國小不能自立，不輔秦即輔楚，與轉義可通。」　吳曾祺云：「（輔）爲輔車相依也。」金正煒云：「下文云『好利惡難』，則不得以國言。疑此本作『韓珉專國也』。『珉』損爲『民』，復誤爲『氏』。『輔』當從錢作『轉』。廣雅釋言：『專，轉也。』因借『轉』爲『專』。其心必營，其心必懼，皆謂珉也。故楚王遂命大公事之韓見公仲，即珉字。」〔按〕「輔」字從錢本作「轉」爲長。「轉國」謂其無決心，與下「好利而惡難」相應，今從改。

〔六〕鮑彪云：「『營』猶『求』，可使求我。」横田惟孝云：「營，熒通，營惑也。」〔按〕横田解是。呂氏春秋尊師篇高注：「營，惑也。」

〔七〕鮑本、吴本無「我」字。

〔八〕鮑彪云：「（大公事）楚人。」吴師道云：「無考。一本『大』作『太』。」鍾鳳年云：「『大公事』三字既不類官名，復不類人名，恐有誤。」〔按〕古今姓氏書辯證卷三十一引世本有「大公叔穎」，則此爲人名似有據。

〔九〕鮑彪云：「（牛闌之事）未詳。」横田惟孝云：「疑齊嘗破韓於牛闌。」于鬯云：「續漢郡國志南陽郡魯陽縣有牛蘭累亭。劉注引謝沈書云：『牛蘭山也。』『蘭』、『闌』通用，牛蘭即牛闌矣。水經滍水酈注云：『滍水東逕魯陽縣故城南，有魯山，昔在於楚，文子守之，與韓遘戰。』倘即此所云牛蘭之事，故彼下文即言『滍水又東北合牛蘭水，水發縣南牛蘭山，東南逕魯陽城東，又東南逕魯山南，南注於滍。』今河南汝州魯山縣仍有牛蘭水入滍水，戰國時爲楚境。蓋韓伐楚，與韓戰於此，必楚勝韓敗，引之所以懼韓也。淮南覽冥訓云：『魯陽公與韓搆難，戰酣，日暮，援戈而撝之，日爲之反三舍。』亦即此事。」（程恩澤地名考亦引郡國志魯陽縣牛蘭山。）〔按〕牛蘭史實失考，地處難必，于氏亦出懸揣，無以徵信。魯陽公，高誘注謂「楚平王之孫，司馬子期之子，國語所稱魯陽文子也」。稽其時期，韓尚未稱侯，則所謂「與韓搆難」，只能解爲「與晉之韓氏搆難」，與此策不侔，豈能附會爲一事？據下「馬陵之難」語以觀，當是韓與他國戰，而齊助之。若謂是齊破韓，舉之徒增韓仇恨之忿，何以止其不與伐齊？若謂是楚破韓，引之所以懼韓，則下文引「馬陵之難」，不將使韓懼齊乎？意不侔矣。可證橫田與于氏之說不能通。

又按下文云「親王之所見也」，則牛蘭之事當距馬陵戰時不遠。

〔一〇〕〔按〕魏攻韓，韓告急於齊，齊遣兵救之，敗魏於馬陵，見齊策一南梁之難章。

〔一一〕鮑本、吳本「王」作「主」。鮑彪云：「『主』謂公仲。」吳師道云：「『親』字疑當在『見』字上。一本『主』作『王』。」〔按〕「王」、「主」二作並通。如作「主」，則下「王」字亦當作「主」。「親」字不必移，此是倒序文法，猶言王之所親見也。

〔一二〕〔按〕「以」猶「與」也，見經傳釋詞。

〔一三〕鮑彪衍「也」字，「廧」作「啚」，改作「圖」。吳師道云：「字訛，當作『圖』，上有『圖楚』。」盧本從作「圖」。孫詒讓云：「『啚』當爲『菑』。漢隸『菑』或作『蕃』，與『啚』、『廧』形近，因而致誤。考工記鄭司農注云：『泰山、平原所樹立物爲菑。』……字或作『傳』，又作『事』。釋名釋言語云：『事，傳也。傳，立也。』……史記張耳傳云：『蒯通曰：莫敢剚刃公之腹中。』……此云以菑於齊，猶云以傳刃於齊耳。」于鬯云：「『廧』、『牆』同有扞禦之義。此句上蓋有脱字，觀兩『請』字複疊可見。若云不然，則悉楚兵爲齊扞禦以拒敵，所謂懼之也。……『也』字或在『齊』下。」鍾鳳年云：「『廧』字於此疑爲壁師之意，……宜存原字。」〔按〕于説是也。「廧」同「牆」。釋名釋宮室：「牆，障也，所以自障蔽也。」此作動詞用，猶言爲障蔽於齊，此即以兵懼之。句上不必有脱，二「請」字，一嘗以利，一懼以兵，不嫌重疊。「也」字不移亦通。

〔一四〕鮑本、吳本「之」作「人」。鮑彪云：「（自「齊之」下）此下著書者云。」關修齡云：「此乃覆説約絶之後，則『齊』當作『韓』。」金正煒云：「『齊』當作『韓』，承上『齊』字而誤。『之』當從鮑本作『人』。『反』與後章『恐反人以入於秦』義同。言韓人入楚之説，反趙、魏之後，而楚果弗與五城也。」〔按〕「齊」當作「韓」，今改。「之」與

「則」互通，「則」猶「即」也（之、則、即三字聲之轉）。「反」謂反約。反趙、魏之後，其事不詳，或當時五國謀約未成，趙、魏已有離心，韓復從之歟？

〔一五〕于鬯云：「句上似有脱文。」鍾鳳年云：「五國之事困也，乃論斷口吻，不類記事語。……殆原爲昭陽説辭『約絶之後』句下之脱簡，……應移上。」〔按〕此句文義不通，必有誤脱。

3 荆宣王問羣臣曰

荆〔一〕宣王問羣臣曰：「吾聞北方之畏昭奚恤〔二〕也，果誠何如？」羣臣莫對。江一〔三〕對曰：「虎求百獸而食之，得狐。狐曰：『子無敢食我〔四〕也。天帝使〔五〕我長百獸，今子食我，是逆天帝命也。子以我爲不信，吾爲子先行，子隨我後，觀百獸之見我而敢不走乎？』虎以爲然，故遂與之行。獸見之皆走。虎不知獸〔六〕畏己而走也，以爲畏狐也。今王之地方五千里，帶甲百萬，而專屬之〔七〕昭奚恤。故北方之畏奚恤也〔八〕，其實畏王之甲兵也，猶百獸之畏虎也〔九〕。」

〔箋證〕

〔一〕姚宏云：「劉一無『荆』字。」〔按〕「荆」爲「楚」之别稱。

〔二〕〔按〕敦煌本春秋後語楚語云：「宣王立，以昭奚恤爲相諸侯畏之。」昭氏爲楚王族三姓之一（見王逸離騷序）。

新序雜事一有昭奚恤對秦客觀楚寶事，與令尹子西、葉公子高、司馬子反同列（渚宮舊事卷三作「太宰子敖、葉萊公、司馬子發」。疑唐時所見新序本如此，或舊事據他書訂正）。考子西、子高在楚昭、惠之世，子反在楚莊、共之世，昭奚恤則相宣王，時代相距既遠，何能共處一朝？　新序殆採諸雜書傳説，顯有舛訛，不足資信。然奚恤有名當時，秦客稱爲「賢臣」，則與策可互證。　初學記卷二十九引「之」下有「民」字。

〔三〕鮑本、吴本、盧本「一」作「乙」。〔按〕下各章亦作「江乙」，初學記、後漢書恩倖傳論注引亦作「乙」，漢書古今人表作「江乙」。「一」與「乙」字通。　鮑彪云：「乙，魏人，……後乃仕楚。故其譖昭奚恤曰：『臣居魏知之。』」吴師道云：「據『居魏』語，以爲魏人，未知果不。」〔按〕列女傳卷六楚江乙母篇亦作「江乙」。

〔四〕吴師道云：「一本標十二國史、春秋後語『食我』作『噉我』。」

〔五〕〔按〕初學記引「使」作「令」。後漢書注引作「命」。新序雜事一、敦煌本後語並作「令我長百獸」。

〔六〕〔按〕後漢書注引「獸」下有「之」字。敦煌本後語亦有「之」字。

〔七〕〔按〕後漢書注、太平御覽卷三百三十引「之」下有「於」字。新序作「專任之於」，敦煌本後語作「專任於」，亦有「於」字。

〔八〕〔按〕後漢書注、御覽引「奚恤」上有「昭」字。

〔九〕吴師道云：「（一本標十二國史、春秋後語）又云『人臣見畏者，君威也，君不用而威亡矣』。注：『尹文子有。』大事記：『江乙之言如此，則昭奚恤爲敵國所畏可知。』」〔按〕新序此下亦有「故人臣而見畏者，是見君之威也，君不用，則威亡矣」。敦煌本後語無「猶百獸之畏虎也」句，作「故人臣見者畏（按「者畏」二字當倒）君威也，君若不用則威亡矣」。今本尹文子無此語。又按渚宮舊事卷三云：「江乙爲郢大夫，有盗入王宫，令尹昭奚恤以罪乙。」亦見列女傳卷六楚江乙母篇。則江一與昭奚恤有隙。故屢毁詆之。

4 昭奚恤與彭城君議於王前

昭奚恤與彭城君〔一〕議於王前，王召江乙而問焉。江乙曰：「二人之言皆善也，臣不敢言其後〔二〕，（言其後）此謂慮賢也〔三〕。」

〔箋證〕

〔一〕鮑彪云：「彭城屬楚，知爲楚人。」程恩澤云：「（史記）正義：『彭城，徐州所理縣也。州東外城，古之彭國。』今（江蘇）徐州府銅山縣即其地也。」

〔二〕姚宏云：「一本下更有『言其後』三字。」横田本從補三字。〔按〕有之，詞氣明順。今補。

〔三〕鮑彪云：「『慮』猶『疑』也。賢者言善，己復言之，將使王疑彼思慮之也。」吳師道云：「謂使我疑慮賢者，爲疑詞以兩傾之也。」關修齡云：「言人有善言，而己亦言於其後，此謂慮己賢人也。江乙此言，特開楚王狐疑之心。」于鬯云：「此『慮』字蓋如小戴世子記『不與國人慮兄弟』之『慮』。……廣雅釋詁云：『慮，議也。』」〔按〕「謂」同「爲」。慮，從于訓爲長。

5 邯鄲之難昭奚恤

邯鄲之難〔一〕，昭奚恤謂楚王曰：「王〔二〕不如無救趙，而以强魏〔三〕，魏强，其割趙必深矣。趙不能聽，則必堅守，是兩弊也〔四〕。」景舍〔五〕曰：「不然，昭奚恤不知也。夫魏之攻趙也，恐楚之攻其後。今不救趙，趙有亡形而魏無楚憂，是楚、魏共趙也〔六〕，害〔七〕必深矣。何以〔八〕兩弊也？且魏令兵以深割趙〔九〕，趙見亡形，而有楚之不救己也〔一〇〕，必與魏合，而以謀楚。故王不如少出兵以爲趙援，趙恃楚勁，必與魏戰。魏怒於趙之勁，而見楚救之不足畏也，必不釋趙。趙、魏相弊而齊、秦應楚〔一一〕，則魏可破也。」

楚因使景舍起兵救趙。邯鄲拔〔一二〕，楚取睢、濊之間〔一三〕。

〔箋證〕

〔一〕姚宏云：「劉連。」（謂劉本此策連接上章。）鮑彪云：「趙成侯二十一年，魏拔邯鄲。此（宣王）十六年。」吳師道云：「大事記：昭奚恤爲相，附宣王十五年，謂此章争論乃明年事。按史年表圍邯鄲在此年（宣王十六年）；拔邯鄲，齊敗魏，在次年。」〔按〕魏攻趙邯鄲，見齊策一邯鄲之難章。圍邯鄲在周顯王十五年（前三五四），明年拔之。

〔二〕鮑本「王」作「里」，鮑改作「王」。金正煒云：「『里』即『王』字誤與上『曰』字併爲一文。」

〔三〕鮑彪云：「（强魏）使魏爲强。」金正煒云：「秦策：『不如與魏以勁之。』注：『勁，强也。』『强魏』猶云『勁魏』。」

〔四〕鮑彪云：「兩國相持，必俱敝。」

〔五〕〔按〕景舍，楚之公族，景氏爲楚宗室三族之一，亦見竹書紀年。又按景舍即楚將子發，爲宣王時名臣。淮南子道應訓記子發好伎道之士，使偷卒竊取齊將之簪。又子發攻下蔡，獲蔡侯歸。渚宮舊事「子發」並作「景舍」。荀子彊國篇：「子發將西伐蔡，克蔡，獲蔡侯。歸致命曰：『蔡侯奉其社稷而歸之楚，舍屬二三子而治其地。』又子發辭賞曰：『臣舍不宜以衆威受賞。』」楊倞注：「舍，子發名。」子發之爲景舍，此其明證。

〔六〕鮑彪云：「如與魏共攻之。」

〔七〕鮑彪云：「（害）趙之害。」碕哲夫云：「害，割誤。」（横田解引）金正煒説同。〔按〕「害」乃「割」之借字，讀作「割」。尚書堯典：「湯湯洪水方割。」釋文云：「割，馬本作『害』。」廣雅釋言：「害，割也。」可證。此與上文「其割趙必深矣」，下文「魏令兵以深割趙」相應。鮑注誤。

〔八〕金正煒云：「以，由也。」

〔九〕鮑本、吴本無「深」字。關修齡云：「『令』恐『合』字訛。」横田惟孝從之云：「魏始恐楚之攻其後，分兵以當之。今知楚之不救，而合兵攻趙也。」金正煒云：「『令』當作『全』。齊策『足下豈以全衆而合二國之後哉』，『全』亦誤爲『令』。」〔按〕「令」疑「合」訛。

〔一〇〕姚宏云：「『有』，劉作『知』。」鮑彪云：「言雖有楚而不見救。」吴師道云：「『見』、『有』二字恐淆亂，上下文可證。」横田本從劉本「有」作「知」。金正煒云：「『有』疑『省』字之譌。省，審也。『省』字草書與『有』相似，因此致誤。或讀如『又』，而下奪『知』字。」〔按〕「有」即「又」，古文同字。文義自明，不必改字添字。上有「見」字，此正蒙上而省，謂趙又見楚之不救己也。

〔一一〕鮑彪云：「應，言乘此起兵耳，非與楚合也。」

〔一二〕鮑彪云：「楚兵少故。」

〔一三〕鮑彪云：「後志梁國睢陽，注：『征北記南淮有睢陵，梁國有濊陽，南臨濊水。』」吴師道云：「大事記『取濊陽」作「睢陽」。濊，呼外、烏外反。」程恩澤云：「睢、濊，二水名。……二水之間，當在今（河南）商丘（古睢陽縣）、寧陵、睢州一帶，魏之東南境，楚之東北境也。」〔按〕魏拔邯鄲在惠成王十八年。而水經淮水注引竹書紀年有是年「王以韓師敗諸侯師於襄陵。齊侯使楚景舍來求成」。呂祖謙大事記解題疑之，謂是「魏史曲筆」。雷學淇竹書紀年義證卷三十七云：「是時韓與魏合，趙與齊合。惠王十七年遣兵伐趙，圍邯鄲。趙求救於齊，齊用段干朋之計，使田忌南攻襄陵，宋、衛以師會齊圍襄陵也。及此年，王以韓敗諸侯師，而邯鄲之圍猶不得解。適楚使景舍救趙，亦未會齊師，而齊及宋、衛之師已敗於魏。於是景舍亦不往救趙，而和齊、梁；梁王乃并力於趙，以拔邯鄲，而景舍亦攻其不備，取睢、濊而去；趙亦即謀於齊，敗魏於桂陵也。」分析合於當時情勢，可參。

〔附録〕

戰國縱横家書「麛皮對邯鄲君章」。

〔　〕□□□□〔邯〕鄲□□□□□□□未將令（命）也〔一〕，工（江）君奚洫〔二〕曰：「子之來也，其將請師耶？彼將□□□重此□，如北兼邯鄲，南必□□□□□□□城必危，楚國必弱，然則吾將悉興以救邯〔鄲〕。吾非敢以爲邯鄲賜也，吾將以救吾□□。」〔麛〕皮曰：「主君若有賜〔三〕，興□兵以救敝邑，則使臣赤（亦）敢請其日以復於□〔四〕君乎！」工（江）君奚洫曰：「大（太）緩救邯鄲，邯鄲□□□鄲，進兵於楚，非國之利也。子擇其日歸而已矣，師今從子之後。」

廦（麛）皮歸，復令（命）於邯鄲君曰：「□□□□□和於魏，楚兵不足侍（恃）也。」邯鄲君曰：「子使，未將令（命）也，人許子兵甚俞〔五〕，何爲而不足侍（恃）〔也〕？」廦（麛）皮曰：「臣之□□〔不足〕侍（恃）者以其俞也。彼其應臣甚辯，大似有理。彼非卒（猝）然之應也，彼笥（伺）齊□□□□守其□□□利矣。□□□兵之日不肯告臣。頽然進其左耳而後其右耳〔六〕。台乎其所後者〔七〕，必其心與□□□□□俞許［我］兵，我必列（裂）地以和於魏，魏必不敝。得地於趙，非楚之利也。故俞許我兵者，所勁吾國，吾國勁而魏氏敝，［楚］人然後舉兵承吾國之敝。主君何爲亡邯鄲以敝魏氏，而兼爲楚人禽（擒）戈（哉）？故薆（數）和爲可矣〔八〕。」

邯鄲君榣（搖）於楚人之許己兵而不肯和。三年，邯鄲偻〔九〕，楚人然後舉兵，兼爲正乎兩國。若由是觀之，楚國之□雖□□〔一〇〕，其實未也。故□□應，且曾聞其音以知其心。夫類然見於左耳，麛（靡）皮已計之矣。（凡□號示闕文，［　］示補字，（　）號示通借字，從原書例。）

〔一〕原注：「未將命，没有奉命求救。」

〔二〕原注：「當即昭奚恤，封於江地，在今河南省正陽縣。」

〔三〕原注：「主君，指江君。」

〔四〕〔按〕此闕文疑是「寡」字。寡君指趙君。

〔五〕原注：「俞，通愉，愉快。此處是許諾很快的意思。」

〔六〕原注：「類然，未詳。一説『類』疑爲『㚇』的别體，音『頁』。廣韻：『㚇，頭邪。』因爲歪了頭，所以左耳在前右耳在後。」

〔七〕原注：「台，通怡，快樂。」

〔八〕原注：「數，通速。」

〔九〕原注：「（偻）字未詳，意思是邯鄲拔。」〔按〕「偻」疑「僕」之别體，「僕」可通「仆」，「仆」猶「踣」。僕、仆、踣與拔，又一聲之轉。「邯鄲仆」謂「邯鄲拔」也。

〔一〇〕〔按〕此二闕字疑爲「俞許」。此文正承策文昭奚恤之謀而言之，今趙、楚二策皆不載，因附此章後。

6 江尹欲惡昭奚恤於楚王

江尹〔一〕欲惡昭奚恤於楚王，而力不能〔二〕，故爲梁山陽君〔三〕請封於楚〔四〕。楚王曰：「諾。」昭奚恤曰：「山陽君無功於楚國，不當封。」江尹因得山陽君，與之共惡昭奚恤。

【箋證】

〔一〕鮑彪云：「（江尹）乙也。」〔按〕縱横家書虞皮對邯鄲君章稱「江君奚恤」，是昭奚恤曾封於江，故曰「江君」。疑江乙爲江尹，在其屬下，嘗得罪（見列女傳及渚宫舊事），有隙，故屢搆之於宣王。此「江尹」之「江」字兼地名與氏名言。

〔二〕姚宏云：「曾（能）下有『之』字。」

〔三〕鮑彪云：「山陽屬魏，知爲魏人。」許應元云：「山陽君，蓋去梁而奔楚者。」

〔四〕鮑彪云：「知其無功，奚恤必諫，而山陽怨，可以爲黨。」

7 魏氏惡昭奚恤

魏氏惡昭奚恤於楚王〔一〕，楚王告昭子。昭子曰：「臣朝夕以事聽命〔二〕，而魏入吾君臣之間〔三〕，臣大懼。臣非畏魏也。夫泄吾君臣之交〔四〕，而天下信之，是其爲人也近苦〔五〕矣。夫苟不難爲之外〔六〕，豈忘爲之内乎〔七〕？臣之得罪無日矣〔八〕。」王曰：「寡人知之，大夫何患〔九〕？」

〔箋證〕

〔一〕鮑彪云：「以山陽君故。」吴師道云：「（魏氏）疑即山陽君。」中井積德云：「雖惡言由山陽，而發之非山陽，故曰『魏氏』。是君臣之泛稱。」〔按〕下文云「魏入吾君臣之間」，又云「臣非畏魏也」。此「魏氏」似指國稱。江乙與山陽君皆曾仕魏，共構昭奚恤，又資助於魏國以傾之。又魏惡昭奚恤之辭直，故楚王易辨而告之。若是山陽君，以羈旅之臣，構公族之望，其辭必微婉隱深，豈敢直言，王亦無從告之，知不然也。

〔二〕鮑彪云：「言其親近。」

〔三〕鮑彪云：「以惡奚恤之言入。」

〔四〕〔按〕夫，彼也。魏惡昭奚恤之辭，必有舉楚君臣密言以間之者，故昭子疑有人泄之。

〔五〕横田惟孝云：「『苦』恐『君』誤。言泄君臣之交者，必君左右親近之人也。」金正煒亦以爲「君」字之譌，云：「言其人已得近幸於君側。」〔按〕「苦」當作「君」。此暗指江乙、山陽君輩泄其言於魏也。

〔六〕鮑彪云：「爲其泄外，謂魏也。」

〔七〕吴曾祺云：「『内』謂朝臣之欲害己者。」〔按〕「内」謂構讒於内。言彼江乙輩泄言於外尚爲之，豈有不興謗於君前者。

〔八〕鮑彪云：「（無日）無幾日也。」〔按〕無日，謂時迫近也。

〔九〕鍾鳳年以此與上章併爲一章，云：「詳『魏氏云云』下，奚恤所謂『夫泄吾君臣之交』及『夫苟不難爲之外，豈忘爲之內乎』諸語，皆指前半江尹通於魏而言也。若分爲二章，則後者無從見其『爲外』之跡，奚恤便似無的放矢矣。」〔按〕此與上章有關，故編次相連，文詞亦易明，不必連爲一章。

8　江乙惡昭奚恤

江乙惡昭奚恤，謂楚王曰：「人有以其狗爲有執而愛之〔一〕。其狗嘗溺井〔二〕。其鄰人見狗之溺井也，欲入言之。狗惡之，當門而噬之。鄰人憚之，遂不得入言。邯鄲之難，楚進兵，大梁取矣〔三〕。昭奚恤取魏之寶器〔四〕，以（臣）〔五〕居魏知之。故昭奚恤常惡臣之見王。」

〔箋證〕

〔一〕鮑彪云：「執，言善守。」金正煒云：「『執』當爲『埶』之譌。『埶』與『詐』義相近，此蓋以其狗爲黠而愛之也。荀子脩身篇：『體倨固而埶詐。』今本『埶』亦誤『執』。」〔按〕莊子應帝王篇云：「執斄之狗來藉。」釋文引司馬云：「藉，繫也。」又天地篇云：「執留（釋文「留」本又作「貓」，一本作「狸」）之狗成思。」穆天子傳：「天子之狗走百里，執虎豹。」郭注：「言觔力壯猛也。」有執，謂其善於執捕也，蓋獵狗之類。鮑注誤，金說亦未妥。

〔二〕吳師道云：「（溺）奴弔反。」〔按〕謂遺溺於井。

〔三〕姚宏云：「（取）曾作『拔』。」〔按〕邯鄲之難見前章。言魏攻邯鄲，是時如楚進兵攻取，則魏之大梁已拔矣。

〔四〕〔按〕謂昭奚恤受魏賂，故止兵不攻。

〔五〕姚宏云：「（以）曾作『以臣』。」鮑本、吴本「以」作「臣」。〔按〕「目」（篆文「以」字），「臣」字之形譌，今從鮑本正。

9　江乙欲惡昭奚恤於楚

江乙欲惡昭奚恤於楚，謂楚王曰：「下比周則上危，下分争則上安〔一〕，王亦知之乎？願王勿忘也！且人有好揚人之善者，於王何如？」王曰：「此君子也，近之。」江乙曰：「有人好揚人之惡者，於王何如？」王曰：「此小人也，遠之。」江乙曰：「然則且有子殺其父臣弑其主者，而王終已〔二〕不知者，何也？以王好聞人之美，而惡聞人之惡也。」王曰：「善。寡人願兩聞之〔三〕。」

〔箋證〕

〔一〕鮑彪云：「分則不比，争則不周，爲揚惡張本。」

〔二〕姚宏云：「已，曾、劉作『已』。」〔按〕通鑑作「終已」，胡三省注云：「終已，猶言終身也。」此作「終已」，「已」同「以」。諸宮遺事卷三無「已」字。

〔三〕吳師道云：「大事記曰：『乙之言，術數家之論也。下比周，上固危矣。苟下皆分爭，如齊之田、闞，唐之牛、李，上亦豈能安乎？』愚按此與言諸侯云云意同。」

10　江乙說於安陵君

江乙說於安陵君〔一〕，曰：「君無咫尺之地〔二〕，骨肉之親，處尊位，受厚祿，一國之衆見君，莫不斂衽〔三〕而拜，撫委而服〔四〕。何以也？」曰：「王過舉而已〔五〕。不然，無以至此。」江乙曰：「以財交者，財盡而交絕；以色交者，華落而愛渝〔六〕。是以嬖女不敝席〔七〕，寵臣不避軒〔八〕。今君擅楚國之勢，而無以深〔九〕自結於王，竊爲君危之。」安陵君曰：「然則奈何〔一〇〕？」「願君必請從死，以身爲殉〔一一〕。如是必長得重於楚國。」曰：「謹受令！」三年而弗言，江乙復見曰：「臣所爲君道，至今未效〔一二〕。君不用臣之計，臣請不敢復見矣。」安陵君曰：「不敢忘先生之言，未得間也〔一三〕。」

於是楚王遊於雲夢〔一四〕，結駟〔一五〕千乘，旌旗蔽日。野火之起也若雲蜺〔一六〕，兕虎嘷（之）之（嘷）聲若雷霆〔一七〕。有狂兕牂〔一八〕車依〔一九〕輪而至，王親引〔二〇〕弓而射，壹發而殪〔二一〕。王抽旃旄〔二二〕而揤（抑）〔二三〕兕首，仰天而笑〔二四〕曰：「樂矣，今日之遊也！寡人萬歲千秋之後，誰與樂此矣〔二五〕？」安陵君泣數行〔二六〕而進曰：「臣入則編席〔二七〕，出則陪乘。大王萬歲千秋之後〔二八〕，願得以身試黃泉，蓐螻蟻〔二九〕，又何如得此樂而樂之〔三〇〕？」王大說，乃封壇爲安陵君〔三一〕。

君子聞之〔三二〕曰：「江乙可謂善謀，安陵君可謂知時矣。」

〔箋證〕

〔一〕鮑彪云：「（安陵君）名壇，失其姓，楚之幸臣。按魏記注『召陵有安陵』，應屬楚。而魏策亦有同號者，別一人也。」吳師道云：「按說苑作『安陵纏』，藝文類聚同。『壇』、『纏』字有訛。彼以爲得幸於楚共王，今次之宣王（鮑本次此策於宣王下），非也。正義云：『鄢陵故城在許州鄢陵縣西北，李奇謂六國時爲安陵。』按鄢陵、召陵皆屬魏。又按元和姓纂安陵小國，後氏之。安陵纏，楚王妃。則以爲女子。」張琦云：「鄢陵、召陵皆有安陵。鄢陵屬魏，召陵屬楚。徐廣以召陵釋魏安陵，故正義主鄢陵以糾其失。吳氏援以說楚，又曰『鄢陵、召陵皆屬楚（魏）』，誤矣。……召陵故城在今郾城縣東四十五里。」顧觀光云：「楚策有安陵君及鄢陵君，蓋以封邑得名。古音『安』與『鄢』近，疑一地也。」〔按〕下文「封壇爲安陵君」，是江乙說時尚未封，記事者追稱之。漢書古今人表作「安陵繵」。顏注云：「『繵』即『纏』字。」渚宮舊事卷三亦作「纏」。纏、繵同字，繵、壇古亦同聲通用，非字訛也。周禮地官序官「廛人」。鄭注：「故書『廛』爲『壇』。杜子春讀『壇』爲『廛』。」「廛」之爲「壇」，猶「纏」之爲「壇」。今本元和姓纂無「安陵」一姓，蓋佚去。通志氏族略有此姓，文同吳注引姓纂。張澍姓氏辨誤云：「元和姓纂以安陵纏是楚王妃，以爲女子，蓋忘國策有『之父』二字。」然檢國策無纏爲楚妃之父之文，張說亦誤。李慈銘越縵堂日記（光緒乙酉十月十八日）以此安陵君與楚策四莊辛所說之鄢陵君爲一人。按「安」、「鄢」字固相通。然江乙在楚宣王時，此策「王」即謂宣王（渚宮舊事作「安陵君有寵於宣王」）。莊辛所説之鄢陵君在楚襄王時，中隔威、懷二王，年代殊遠，何能指爲一人？李説誤。又説苑謂「得幸楚共王」，共王在春秋時，而江乙在宣王朝，策有明文，吴氏反據以訂鮑次，亦非。「説」同「悦」。

〔二〕鮑彪改「地」作「功」。安井衡云：「無咫尺之地，言素貧賤。鮑改『地』爲『功』，非所以告嬖童也。」〔按〕渚宮舊事「地」作「功」。説苑權謀篇云：「子之先人，豈有矢石之功於王乎？」則鮑改「功」字亦有據，於義爲長。

〔三〕吴師道云：「袥，衣衿也。」

〔四〕鮑彪云：「撫物委物，必下其手，皆卑下意。」吴師道云：「『撫』猶『傴』也。委，曲也。」横田惟孝云：「『撫委』或『撫衣』之訛。説苑顔燭趨進撫衣待之。服，伏也。」于鬯云：「撫委，蓋狀倒地。草木倒地曰『蕪萎』，亦此意。」奚世幹曰：「『委』疑讀爲『緌』。撫委伏地……與上斂袥對文。」吴曾祺云：「委，禮衣也。左傳『弁冕端委』是也」。（鍾鳳年亦以「委」爲「端委」之「委」。）金正煒云：「禮記雜記：『委武元縞而后蕤。』注：『委武，冠卷也。秦人曰「委」，齊東曰「武」。』撫，持也。『撫委』與『斂袥』爲對文。」〔按〕「委」即「緌」之借字，奚説是也。禮記内則篇：「冠緌纓。」鄭注：「緌，纓之飾也。」孔疏云：「結纓頷下以固冠，結之餘者散而下垂謂之『緌』。」伏地則冠緌下垂，故用手撫之，正與上「斂袥」相對。渚宮舊事作「撫綏」。「綏」同「緌」字。禮記檀弓篇：「喪冠不緌。」釋文：「緌，本作『綏』。」是其證。亦可證「委」之讀爲「綏」也。舊注多誤。

〔五〕姚宏云：「曾『已』作『已』，一作『色』。」鮑本「已」作「色」，鮑改「而」作「以」，云：「言謬以色見舉。」吴師道云：「一本『而已』。按『已』、『以』通，『色』、『已』字類，恐當作『而以色』爲文。」〔按〕「而已」猶「耳」，言王過舉耳，文義自明。嬖臣寧肯自言以色見舉？「色」字蓋涉下文「以色交者」而誤。渚宮舊事作「王過舉而色之」謂賜以顔色，與策文義殊。

〔六〕鮑彪云：「華，菁華。渝，變也。」〔按〕詩衛風氓小序云：「華落色衰，復相棄背。」史記呂不韋傳云：「以色事人者，色衰而愛弛。」意相似。

〔七〕鮑本、吴本「女」作「色」。鮑彪云：「嬖，賤而幸者。席不及敝而愛弛。」

〔八〕姚宏云：「『不敝席』言不久之意。『不避』是『敝』字無疑。真誥曰：『女寵不弊席，男愛不盡輪。』或出於此。『軒』、『輪』相近。」鮑彪云：「『避』猶『退』。軒，曲輈藩車也。車敝則退去，今不及然。」横田惟孝云：「『避』疑當作『罷』，蓋音近而誤也。……罷、疲同。猶『敝』也。」〔按〕姚説爲是，渚宫舊事正作「寵臣不敝輪」。「避」乃「敝」之音訛。李慈銘越縵堂日記（光緒乙酉十月十二日）從姚説，云：「不敝軒，謂所乘之軒未敝，而恩已奪也。曹共公乘軒者三百人，衛懿公鶴有乘軒者，人臣以軒爲重也。」

〔九〕鮑本、吴本並無「深」字。

〔一〇〕姚宏云：「曾（何）下有『江乙曰』三字。」〔按〕渚宫舊事此下有「曰」字。

〔一一〕鮑彪云：「此乙辭。」

〔一二〕姚宏云：「三同『未有效』。」〔按〕渚宫舊事「未」下亦有「有」字。

〔一三〕〔按〕間，隙也。此謂未得時機。説苑謂江乙「不悦而去」。

〔一四〕鮑彪云：「（雲夢）澤名，在南郡華容。」吴師道云：「楚辭集注：雲夢，澤名，方八、九百里，跨江兩岸。雲在江北，今玉沙、監利、景陵等縣是也。夢在江南，今公安、石首、建寧等縣是也。」邵晉涵云：「或以漢志編縣有雲夢宫，江夏西陵縣有雲夢宫，疑郭注（今南郡華容縣東南巴丘湖）爲疏漏。案春秋以來，楚地日開，益廣苑囿。戰國策楚王遊於雲夢，結駟千乘。宋玉高唐賦云：楚王與宋玉遊於雲夢之臺。是當日離宫别苑，俱稱雲夢。水經注引雲夢城，則宫囿所在，必增置城隍。司馬相如子虚賦云：雲夢者方九百里。雖賦家誇大之辭，亦可見後世遊觀之侈，非復殷、周藪澤之舊。故班志於華容曰：「雲夢澤，荆州藪。」謂之澤，謂之藪者，所以釋爾雅、職方之藪澤也。於編、西陵俱曰雲夢宫。謂之宫者，所以存楚宫之故蹟也。」（爾雅正義）程恩澤云：「爾雅十藪，楚有雲夢。郭璞曰：『巴邱湖也。』……胡渭曰：『杜注宣四年夢中云：夢，澤名，江夏安陸縣東南有雲夢城。則夢在江北。注定四年雲中云：入雲夢澤中，所謂江南之夢。則雲在江南。注昭三年江南之夢云：楚之雲夢跨江南北。則南雲北夢單稱合稱，無所不可。並無江北爲雲、江南爲夢之説。』顧棟高曰：『今荆州府之監利、石首、枝江，安陸府之荆門、沔陽，黄州府之蘄州、黄岡、麻城，德安府之安陸，俱有雲夢之稱。蓋雲夢綿地甚廣，後世悉爲邑居聚落。故地以雲夢名者非一，而安陸之雲夢爲尤著云。』」〔按〕雲夢爲楚國著名之澤，吕氏春秋有始覽、淮南子墬形訓高注並云：「雲夢在南郡華容。」雲夢有雲中、夢中和雲夢宫、雲夢澤之稱，此策文所述爲楚王遊獵之地，當指雲夢澤。戰國時雲夢澤之今地，説有歧異。譚其驤近著雲夢與雲夢澤一文，考證較詳，云：「方『九百里』的雲夢澤，北以漢水爲限，南則『緣以大江』，約當今監利全縣、洪湖西北部、沔陽大部分及江陵、潛江、石首各一部分地。」（復旦學報一九八〇年增刊歷史地理專輯頁八）餘詳原文。

〔一五〕吴師道云：「結，連也。四馬曰『駟』。」

〔一六〕鮑本「蔽日」作「蔽天」。鮑彪云：「蜺，虹也。」〔按〕「野火之起」謂火獵。爾雅釋天：「火田爲狩。」郭注：「放火燒草。『獵』亦爲『狩』。」詩鄭風大叔于田：「叔在藪，火烈具舉。襢裼暴虎，獻於公所。」鄭藪圃田，猶楚藪雲夢，並爲田獵之所。吕氏春秋義賞篇云：「焚藪而田，豈不獲得。」又揚雄羽獵賦云：「舉熢烈火，轡者施技。」皆言火獵。太平御覽卷八百六十八引及渚宫舊事「蜺」作「霓」，同。

〔一七〕鮑彪云：「兕，若牛而青。」吴師道云：「一角，重千斤。」〔按〕兕虎嘷之聲，語不順，「嘷之」二字當倒，兕虎之嘷聲若雷霆，與上文相對舉。藝文類聚卷三十三引作「兕虎之嘷若雷霆」，「嘷」即「嘷」字。渚宫舊事同（「嘷」

作「嗥」)。御覽卷八百九十引作「兕虎之聲若雷霆」。説苑亦云「虎狼之嗥若雷霆」。並其證。今據正。李慈銘越縵堂日記以「兕」字爲衍，非。

〔一八〕鮑彪改「牂」作「䍧」，云：「集韻『䍧』音『詳』，趨行也。若『牂』，則羊耳。」盧本從作「䍧」。吴師道云：「字書有『牂』字，兹郎反。又『戕』與『牂』通，杙也。」〔按〕御覽卷三百九十一引「牂車」作「觸車」。疑「牂」字本作「觵」，「觵」即「觸」之或字，形誤爲「牂」耳。説苑云：「有狂兕從南方來，正觸王左驂。」亦其證。鮑、吴改字並非。北堂書鈔卷一百四十一引「牂」作「轉」，亦誤。

〔一九〕盧本「依」作「衣」，字誤。〔按〕御覽引「依」作「徑」。北堂書鈔、藝文類聚、渚宫舊事並作「依」，同今本。「徑」字當誤。

〔二〇〕〔按〕北堂書鈔、藝文類聚卷九十五、御覽卷三百九十一、卷八百九十引「引」作「彎」。類聚卷三十三又引「引」作「扜」。

〔二一〕吴師道云：「宋玉招魂『青驪結駟兮齊千乘，懸火延起兮玄顔烝』云云。『與王趨夢兮課後先，君王親發兮憚青兕。』文頗與此合。」〔按〕吕氏春秋至忠篇：「荆莊哀王獵於雲夢，射隨兕，中之。」亦言楚王獵雲夢射兕，惟彼文謂射隨兕者有殃，似不應王親射兕。説苑作「王舉旌旄而使善射者射之，一發，兕死車下」。則於楚之傳統忌諱，不牴，而統治者之自私心理亦可隱見。

〔二二〕鮑彪云：「旃，曲柄旗。旄，幢也。」吴師道云：「爾雅：旄牛尾著竿頭。」

〔二三〕鮑本、吴本、盧本「抑」作「抑」。于鬯云：「作『抑』是也。説文印部云：『印，按也。』俗作『抑』。若『抑』訓『捫』，見集韻，與『抑』異字，而唐人或溷書。」〔按〕渚宫舊事「抑」亦作「抑」。今從鮑本正。

〔二四〕〔按〕藝文類聚卷九十五引「笑」作「歎」。與下文「樂矣」不合，非。

〔二五〕鮑彪云："問安陵與誰。"〔按〕藝文類聚卷三十三、御覽卷八百九十引"樂"上有"同"字。文選恨賦注引作"子誰與爲樂也"。渚宫舊事"矣"作"乎"。説苑作"顧謂安陵纏曰：吾萬歲之後，子將誰與斯樂乎"。

〔二六〕鮑本、吴本"行"下有"下"字。

〔二七〕鮑彪云："編，次簡也。言與王相次如之。"〔按〕藝文類聚引"編"作"侍"。"侍席"與"陪乘"對舉，義長。御覽卷三百九十一引作"入則侍綸席，出則陪萬乘"。亦作"侍"。

〔二八〕楊慎作"萬歲千秋之夜"，云："『夜』如左傳注『窀穸厚夜』之『夜』，最見人臣不敢斥言之意。今本改『夜』作『後』，不見古人立言之妙矣。"〔按〕楊説無稽。此承上文"萬歲千秋之後"而云，有何忌諱，不敢斥言之乎？各本及説苑、渚宫舊事無一作"夜"者，楊蓋據譌本而附會曲説也。

〔二九〕姚宏云："錢、劉『試』一作『式』。李善引『願得式黄泉，蓐螻蟻』。延叔堅戰國策論曰：『爲王先用填黄泉，爲王作蓐以御螻蟻。』藝文類聚引安陵君纏拭黄泉，驅螻蟻。"鮑彪云："願爲蓐以辟二物。蓐，陳草也。"〔按〕試、式、拭，三字通用，本字作"拭"。爾雅釋詁："拭，清也。"潔清黄泉，言以身填之也，故延篤論云："爲王先用填黄泉。"渚宫舊事"試"正作"拭"。李善引見文選求立太宰碑表注。黄泉，左氏隱元年傳杜注："地中之泉，故曰『黄泉』。"

〔三〇〕金正煒云："如，從也。説苑作『安知樂此者誰』，則此文『如』當爲『知』。"〔按〕藝文類聚引無"如"字。渚宫舊事作"又何得此樂乎"。

〔三一〕〔按〕藝文類聚引"壇"作"纏"，"纏"即"纏"字，安陵君名，見上。説苑作"乃封安陵纏於車下三百户"。

〔三二〕〔按〕渚宫舊事無"聞之"二字。

11 江乙爲魏使於楚

江乙爲魏使於楚，謂楚王曰：「臣入竟〔一〕，聞楚之俗不蔽人之善，不言人之惡〔二〕，誠有之乎？」王曰：「誠有之。」江乙曰：「然則白公之亂得無遂乎〔三〕？誠如是，臣等之罪〔四〕免矣。」楚王曰：「何也？」江乙曰：「州侯相楚〔五〕，貴甚矣，而主斷〔六〕，左右俱曰無有〔七〕，如出一口矣〔八〕。」

【箋證】

〔一〕鮑本、吴本「竟」作「境」，二字通用。

〔二〕〔按〕與同策之六章江尹語相類。

〔三〕鮑彪云：「『遂』猶『成』。白公，太子建子勝。哀十六年，建以讒奔鄭，鄭殺之。勝請伐鄭，子西不從。勝怒，殺子西，劫惠王。」〔按〕白公叛楚事，見左氏哀十六年傳。太子建出奔，見昭公二十年傳。鮑注據哀十六年傳文，不明。得無遂乎，猶言安得無成。此以楚事動之。

〔四〕〔按〕渚宫舊事卷三「臣等之罪」作「臣罪」。此「臣」當指楚臣，時乙爲魏使，知此「臣」非自謂也。

〔五〕張琦云：「楚世家考烈王納州於秦。索隱曰：『南郡有州陵城。』今荆州府監利縣東有州城，古州國也。」金正煒云：「荀子臣道篇『齊之蘇秦，楚之州侯，秦之張儀，可謂態臣者也』。」〔按〕荀子所云州侯是「態臣」，非專斷之臣，與此不合。楊倞注亦以爲「楚襄王佞臣也」。舉國策莊辛説襄王「左州侯」爲證。是也。此「州侯」乃楚宣王臣。金説非。韓非子内儲説下篇云：「州侯相荆，貴而主斷，荆王疑之，因問左右。左右對曰：『無有。』如出一口也。」與策文相合，即此州侯。陳奇猷集釋據太田方説亦誤以當頃襄王時之州侯。

〔六〕鮑彪云：「謂其專決（鮑、吴合注四部叢刊本「決」作「夾」，此據鮑單注本）。」

〔七〕鮑彪云：「言世無如之。」〔按〕此言左右謂無主斷之事，韓非子可證。戰國策纂云：「無有，正是不言其惡。注非。」

〔八〕〔按〕渚宫舊事此下有「安得問之」四字，策疑脱。

12　郢人有獄

郢人有獄三年不決者，故令（人）〔一〕請其宅，以卜其罪〔二〕。客因爲之謂〔三〕昭奚恤曰：「郢人某氏之宅，臣願之！」昭奚恤曰：「郢人某氏不當服罪，故其宅不得。」〔四〕客辭而去。昭奚恤已而悔之，因謂客曰：「奚恤得事公，公何爲以故與〔五〕奚恤？」客曰：「非用故也。」曰：「謂（請）〔六〕而不得，有説色，非故如何也〔七〕？」

〔箋證〕

〔一〕鮑本、吴本「令」下有「人」字。〔按〕有之意足。「人」即下文之「客」，昭奚恤之友。今從鮑本補。

〔二〕鮑彪云：「有罪則宅入官，故可請。卜，測知之也。」

〔三〕姚宏云：「錢『客因謂』。劉『客因請之』。」鮑本「爲之謂」三字作「謂之」二字，鮑改「謂」作「請」。

〔四〕姚宏云：「（不得）一作『不可得』。」

〔五〕鮑彪云：「故，謂設事以探己意。」孫詒讓云：「『故』猶『詐』也。大戴禮記文王官人篇云：『以故取利。』荀子王制篇云：『幽險詐故。』淮南子主術訓云：『是以上多故則下多詐。』高注云：『故，詐。』是其義也。」（横田惟孝亦謂：「故，荀子『好作詐故』之『故』。」惟不如孫訓明析。）金正煒云：「呂覽論人篇：『釋智謀，去巧故。』注：『巧故，僞詐是也。』與，如『以禮相與』之『與』。」

〔六〕姚宏云：「『謂』，曾、劉作『請』。」鮑本、吴本「謂」作「請」。按「請」字爲晰，今從改。

〔七〕吴師道云：「『如』猶『而』。」〔按〕此言昭奚恤之機智，察人於微。韓非子内儲說下篇云：「昭奚恤之用荆也，有燒倉廥窌者，而不知其人。昭奚恤令吏執販茅者而問之，果燒也。」與此可互證。

13　城渾出周

城渾出周〔一〕，三人偶行〔二〕，南遊於楚，至於新城〔三〕。城渾說其令〔四〕曰：「鄭、魏者，楚之𤆍（耎）〔五〕國；而秦，楚之强敵也。鄭、魏之弱，而楚以上梁〔六〕應之。宜陽之大也〔七〕，楚以弱新城圍之〔八〕。蒲反〔九〕、平陽相去百里〔一〇〕，秦人一夜而襲之，安邑不知〔一一〕。

新城、上梁相去五百里，秦人一夜而襲之，上梁亦不知也。今邊邑之所恃者，非江南、泗上也〔一二〕，故楚王何不以新城爲主郡也〔一三〕，邊邑甚利之〔一四〕。」新城公〔一五〕大説，乃爲〔一六〕具駟馬乘車、五百金之楚〔一七〕。

城渾得之，遂南交於楚，楚王〔一八〕果以新城〔一九〕爲主郡。

【箋證】

〔一〕鮑彪云：「（城渾）周人。（出周）自周出。」吴師道云：「『出周』下連『三人』之文，疑爲人名，有誤字，故大事記止云『城渾南遊於楚』。」

〔二〕鮑彪改「三」作「二」，云：「偶、耦同，二人曰『耦』，兩也。此蓋一人先，二人後。」吴師道云：「『二』字恐有誤。」横田惟孝云：「四字疑他策錯簡。」金正煒云：「爾雅釋詁：『偶，合也。』以無車馬，故結曹偶以行。鮑注過泥。」〔按〕金説可通。

〔三〕鮑彪云：「莊六年注：新城，鄭新密，今滎陽密也。漢北海、河南皆有，此屬楚，蓋河南密也。」吴師道云：「『僖』作『莊』，誤。下章言『新城、陽人』，陽人在汝州，當是與此近者。」張琦云：「新城，韓地，久已入秦，豈後爲楚所有歟？」程恩澤云：「新城有四，俱在今河南省。……此新城與周相近，在宜陽（今宜陽縣）、陽人（在今汝州）之間，當是洛陽（新城）。括地志洛州伊闕縣，本漢新城縣，在州南七十里。其地正當汝州之北，宜陽之東，楚南境也。」（按「南」當作「北」）。

〔四〕吴師道云：「周顯王十九年，秦置令丞。趙策受馮亭上黨，亦云『千户封縣令』。今楚亦有此稱，變古者非特秦矣。」〔按〕荀卿亦爲楚蘭陵令（史記孟子荀卿列傳），是楚官有令。其他國亦有之，如西門豹、史起爲魏鄴令，王登爲趙中牟令（並見韓非子）。然此下文云「新城公」，「公」謂縣公，則「令」恐是後人叙事所用詞，未必即當時之稱。

〔五〕鮑本、吴本「㶣」作「耎」。吴曾祺云：「字宜作『耎』，譌作『㶣』。」〔按〕五音集韻緩韻有「㶣」字，爲「暖」、「煖」之俗作，與此文音義並不合，當誤。今從鮑本正（于鬯謂「㶣」是「耎」之俗書。無明據）。鮑彪云：「集韻：耎，弱也。」文廷式云：「『耎』當作『需』，『需』與『懦』通。秦策『其需弱者來使，則王必聽之』。『需』亦『懦』字也。」〔按〕漢書司馬遷傳：「僕雖怯耎。」顏注：「耎，柔弱也。」廣雅釋詁：「耎，弱也。」「耎國」與「强敵」對舉，猶言「弱敵」。「耎」與「懦」義相近，不必改字。

〔六〕鮑彪云：「此山陽、濟陽，故梁，近楚故也。」吴師道云：「故梁在汝州西南，……此云上梁，非是。」張琦云：「上梁，即南梁（按南梁在汝州，見齊策一南梁之難章）。山陽、濟陰皆宋地，宋之滅在頃襄十三年，滅宋後亦止得沛，未得濟陰、山陽也。又漢志山陽、濟陰二郡下並云『故梁』，此漢之梁。……鮑氏……以爲楚之上梁，失之甚者。」程恩澤云：「策云『新城、上梁相去五百里』。新城在洛陽南七十里，距汝州不及百里，則此上梁非汝州梁縣可知。……以今考之，當在河南歸德府，亦漢梁國地，距新城約五百里，秦爲碭郡，故楚地。漢初改稱梁國，必非無因也。」

〔七〕鮑彪云：「時秦已得之。」〔按〕秦拔宜陽，在周赧王八年（前三〇七），秦武王四年，楚懷王二十二年。

〔八〕鮑彪改「圉」作「圖」。安井衡云：「『圉』當『圉』，字之誤也。」〔按〕安井説是。「圉」同「御」。「圉之」與上「應之」相應。

〔九〕鮑本、吴本「反」作「坂」。〔按〕「反」、「坂」字通用，亦作「蒲阪」。

〔一〇〕張琦云：「蒲坂、平陽相去四百五十里，新城、上梁相去百餘里。疑『新城』句五字應次『蒲坂』句，傳寫之譌也。」程恩澤云：「按此以蒲坂在河東（按指張釋）。……（史記）正義云：『前秦取蒲坂，後以與魏，魏以爲垣。今又取魏垣以爲蒲坂、皮氏。』其後又歸魏，魏復以爲垣。是當時屢經更名，並非無因。蓋垣爲今長垣縣，本衞之蒲邑，秦嘗取之，後復歸魏，而又歸秦。故秦人以爲蒲反，而魏則仍其故名曰垣。此自爲一地，與舜都（河東蒲坂）全不相涉。國策所云蒲坂，蓋即指此。綱目摭實云：『滑縣東南五十里有平陽城，即左傳衞侯飲孔悝酒處。』距長垣幾及百里，所謂『蒲坂、平陽相去百里』者，殆謂是歟？」〔按〕程以蒲反爲漢志陳留郡之長垣，求合「相去百里」之語。考長垣在魏之東部，距離安邑甚遠，秦何能深入魏地而襲之？秦、魏屢易蒲坂，則其地當在二國接壤處，決非長垣所在。程説非。蒲坂、平陽、安邑並屬漢河東郡，然蒲坂距平陽不止百里，亦從大概言之，不必泥。古本竹書紀年梁惠成王「二十九年，齊田盼及宋人伐我東鄙，圍平陽」。乃魏東鄙之平陽，近齊，與此非一地。

〔一一〕鮑彪云：「此言百里之地不相知，況於五百里邪？」

〔一二〕鮑彪云：「漢志：楚分野，言江南地廣。云此皆遠哉，故非所恃。漢志言楚分野，云江南平地，故知其稽。」吳師道云：「策語難曉，注强解尤甚。」張琦云：「言新城之可恃，甚於江南、泗上也。」于鬯云：「疑此『也』字當讀爲『邪』，蓋當是江南、泗上已爲主郡。江南郡即黔中郡。」金正煒云：「此言上梁不能應援新城，江南、泗上又遠，不可恃。……『上梁』疑當爲『上蔡』。」〔按〕鮑注後段費解，疑有譌字。泗上，楚北境。江南，見秦策一張儀説秦王章。張説爲長。

〔一三〕姚宏云：「『故』，劉作『則』。」鮑彪衍「楚」字，云：「『主』猶『守』也。爲郡則士馬盛，可以備秦。」吳師道云：「大事記：郡者縣之主，故謂之『主郡』。」横田惟孝云：「主郡，謂昇縣爲郡，爲邊邑之主也。」安井衡云：「此與新城令言，故曰楚王，鮑以『楚』字爲衍，非。」

〔一四〕鮑彪云：「此渾言其欲説楚王大意。」

〔一五〕鮑彪云：「楚縣尹稱『公』。」

〔一六〕鮑本「爲」下有「王」字，又衍「王」字。

〔一七〕鮑本「楚」下有「盡」字，鮑衍「盡」字。吴師道云：「曋也，字通借。」金正煒云：「『楚』謂楚之國都。作『楚』作『盡』，於義並通。」

〔一八〕姚宏云：「曾、錢一無『王』。」

〔一九〕鮑彪云：「『城』，書（疑『舊』之形訛）作『成』。」吴師道云：「當作『城』，從改文。」

14 韓公叔有齊魏

韓公叔有齊、魏〔一〕，而太子有楚、秦〔二〕，以争國〔三〕。鄭申〔四〕爲楚使於韓，矯以新城、陽人予太子〔五〕。楚王怒，將罪之。對曰：「臣矯予之，以爲國也。臣爲太子得新城、陽人，以與公叔争國而得之〔六〕，齊、魏必伐韓。韓氏急，必懸命於楚，又何新城、陽人之敢求？太子不勝〔七〕，然〔八〕而不死，今將倒冠而至〔九〕，又安敢言地？」楚王曰：「善。」乃不罪也〔一〇〕。

【箋證】

〔一〕鮑彪云：「得二國之援。」〔按〕公叔亦韓襄王子，主立公子咎爲太子，因與幾瑟爭國。

〔二〕鮑彪云：「太子，幾瑟也。韓襄十二年，蘇代曰：『公叔、伯嬰恐秦、楚之納幾瑟。』是也。此（懷王）二十九年。」

〔三〕吴師道云：「公叔主咎，公仲主幾瑟也。伯嬰，説見韓策。」

〔四〕〔按〕韓策二作「鄭强」。鍾鳳年云：「疑『申』即『彊』之誤。殆元書作『畺』，適字殘而誤。」

〔五〕鮑彪云：「秦紀注：南陽縣有陽人聚。」吴師道云：「正義引括地志云：『陽人在汝州葉縣西。』」張琦云：「在今（河南）汝州西南八十里。」〔按〕謂矯楚王命以二地許予幾瑟助之，實未予地。

〔六〕鮑彪云：「（得之）得其國事。」

〔七〕鮑彪云：「不勝公叔。」

〔八〕鮑彪改「然」作「幸」。横田本據韓策改作「走」。〔按〕「然」字自通，何必改？

〔九〕鮑彪云：「言其歸（鮑、吴合注四部叢刊本「歸」誤作「韓」，此據鮑注單刻本）楚之疾。」横田惟孝云：「『倒』冠猶『倒屣』也，急遽之狀。」〔按〕詩齊風：「東方未明，顛倒衣裳。顛之倒之，自公召之。」謂「羣臣顛倒衣裳而朝」，狀其怱遽之至。此文「倒冠」亦如之，言怱遽不及正冠也。「今」猶「即」也，見經傳釋詞。

〔一〇〕鮑彪云：「韓襄策語同。」〔按〕謂韓策二韓公叔與幾瑟爭國章。

15　楚杜赫説楚王

楚杜赫〔一〕説楚王以取趙〔二〕，王且予〔三〕之五大夫〔四〕，而令私行〔五〕。

陳軫謂楚王曰：「赫不能得趙，五大夫不可收也，得(是)〔六〕賞無功也。得趙而王無加焉，是無善〔七〕也。王不如以十乘行之，事成予之五大夫。」王曰：「善。」乃以十乘行之〔八〕。杜赫怒而不行。陳軫謂王曰：「是不能得趙也。」

【箋證】

〔一〕〔按〕杜赫見東周策。

〔二〕許應元云：「取趙，謂講於趙，使親楚。」横田惟孝云：「『取』猶『收』也。」

〔三〕鮑本、吳本「且予」作「曰與」。吳師道云：「一本作『且與』。」安井衡云：「且，將也。鮑本作『曰』，非也。」

〔四〕鮑彪云：「(五大夫)楚官。」金正煒云：「墨子號令篇丞及吏比於丞者，賜爵五大夫。趙策僕官之丞相，爵爲五大夫。魏策吾將仕之以五大夫。列國皆有此官，不獨楚也。」〔按〕秦爵九級曰「五大夫」，見漢書百官公卿表。顔師古云：「大夫之尊也。」亦見商君書境内篇。吕氏春秋長見篇：荆文王賞莧譆，直言爵之五大夫。是春秋時楚已有此爵號。

〔五〕横田惟孝云：「私行，謂不以王命私自行也。」〔按〕謂未正式任命，而私許以五大夫名義使趙。

〔六〕姚宏云：「『得』一作『是』。」鮑彪改「得」作「是」。〔按〕「得」字疑涉上下文「得」字而誤。今從一本正。

〔七〕鮑彪云：「不賞其善，如不有之。」金正煒云：「無，古作『亡』，忘，亦作『亡』。此本作『亡』善，傳寫爲『無』，遂失本義。亡善，言忘人之善也。」

〔八〕吳本脱「事成予之五大夫王曰善乃以十乘行之」十六字。鮑本不脱。

16 楚王問於范環

楚王問於范環〔一〕曰：「寡人欲置相於秦，孰可〔二〕？」對曰：「臣不足以知之。」王曰：「吾相〔三〕甘茂，可乎？」范環對曰：「不可。」王曰：「何也？」曰：「夫史舉，上蔡〔四〕之監門也，大不如〔五〕事君，小不如處室，以苛廉聞於世〔六〕，甘茂事之順焉〔七〕。故惠王之明，武王之察〔八〕，張儀之好譖〔九〕，甘茂事之，取十官而無罪。茂誠賢者也，然而不可相秦。秦之有賢相也，非楚國之利也。且王嘗用滑於越〔一〇〕，而納句章〔一一〕，昧之難〔一二〕，越亂，故楚南察瀨胡〔一三〕而野江東〔一四〕。計王之功，所以能如此者，越亂而楚治也。今王以用之於越矣，而忘之於秦，臣以爲王鉅速忘矣〔一五〕。王若欲置相於秦乎？若公孫郝〔一六〕者可。夫公孫郝之於秦王，親也，少與之同衣，長與之同車，被王衣以聽事〔一七〕，真大王之相已〔一八〕。王相之，楚國之大利也〔一九〕。」

〔箋證〕

〔一〕姚宏云：「史記作『范蜎』。徐廣一作『蠉』。」黄丕烈云：「按索隱曰：『戰國策云作「蝝」也。』考此『蝝』字當是『蠉』字誤。小司馬以徐廣云一作『蠉』而云然也。蠉、蜎同，字壞作環耳。韓子作『干象』，不與此同。」〔按〕

「環」、「蜎」音近通用，史記孟子荀卿列傳環淵，漢書藝文志、文選七發注引七略「環」並作「蜎」，是其證。「蠉」與「環」亦同聲通用，黄氏謂字壞作「環」，未然。

〔二〕吴師道云：「史楚懷王新與秦婚而懽，秦聞甘茂在楚，使人謂楚王曰：願送甘茂於秦云云。」〔按〕史記甘茂傳記此事在茂被向壽、公孫奭之讒，亡秦奔齊之後。

〔三〕姚宏云：「（吾相）一作『吾欲相』。」

〔四〕吴師道云：「『上蔡』，史俱作『下蔡』。」〔按〕韓非子内儲説下篇作「上蔡」，同策。

〔五〕姚宏云：「『如』，一作『知』。」下同。鮑彪改二「如」字並作「知」。金正煒云：「『如』猶『宜』也。墨子貴義篇：『則子如勸我者也。』太平御覽引作『子宜勸我』。王念孫云：『「如」字古訓爲「宜」。』可爲此證。」〔按〕史記作「大不爲事君，小不爲家室。」韓非子作「大不事君，小不事家」。

〔六〕鮑彪云：「苛，小草。」金正煒云：「史記田叔傳：『叔爲人刻廉自喜。』苛廉、刻廉，義同。」〔按〕苛，細刻也（漢書成帝紀注）。苛廉，言廉之至。韓非子作「苛刻聞天下」，史記作「苛賤不廉聞於世」（陳仁錫云：一本不作「苛」），義相近。鮑訓「苛」從本義，非，此乃引申義。

〔七〕鮑彪云：「言大不失其意。」

〔八〕〔按〕韓非子無「武王之察」四字。武王時，甘茂爲左丞相。

〔九〕〔按〕史記、韓非子「好譖」並作「辯」。史記云：「（茂）因張儀、樗里子而求見秦惠王，王見而説之。」

〔一〇〕鮑彪「滑」上補「召」字，云：「召滑，見甘茂傳。」盧本亦作「召滑」。黄丕烈云：「按韓子有『邵』字。滑即召滑，不當補。李善注文選過秦論『召滑』引韓子、史記，而不引策。策本無『召』字，其明證也。賈誼新書作『召滑』，秦本紀作『昭滑』，後策作『卓滑』，趙策作『淖滑』。召、昭、卓、淖，聲之轉。」于鬯云：「裴駰引徐廣曰：『滑，一作「滑」。』……史始皇紀作『昭滑』，索隱云：『楚人。』楚族有昭、屈、景三族，自以『昭』爲正。用滑於越者，使滑爲越相也。惟説者據越世家云『楚威王大敗越王無彊，盡取吳地至浙江，而越以此散』。以是爲即越亡在威王時。懷王之世不宜有越。而不知世家所言至浙江，則浙江以南仍越地也。且彼下文又言諸侯子爭立，或爲王，或爲君，濱於江南海上。所謂江南者，即浙江之南矣。故後策張儀曰：『大王嘗與吳人五戰三勝而亡之。』吳實越也。又後策杜赫言『東有越纍』。楚世家昭睢語王東取地於越。並在懷王之世，則越固存而未亡矣。下文云：『納句章。』句章在浙江之南。則威王取越地至浙江，至懷王始跨有其南。」〔按〕黄以周儆季雜著史越世家補並輯考證楚威王滅越事有舛誤（按其考證年代多本史記，亦有誤），滅越在楚懷王之二十二年（前三〇七）。考次越之世代，云：「（王無彊）四十五年，楚懷王使召滑之越，以謀其國。……四十九年，越用召滑，國内大亂。楚遂舉兵襲之，大敗越師，殺王無彊，遂取江淮南故吳地，至浙江。」逕以威王敗越王無彊爲懷王事，亦據此策，然説與于異。以下文「納句章」之語觀之，于説似長。又黄氏序滅越之年亦未安。張儀説楚連横在懷王十八年（前三一一），其言云：「且大王嘗與吳人五戰三勝而亡之，陳卒盡矣；有偏守新城，而居民苦矣。」下又以「逆强秦之心」脅之。由此推論，滅越必在楚懷十八年之前，但相距不大遠，大約不過五年耳，故儀言如此。

〔一一〕鮑彪云：「（句章）屬會稽。」張琦云：「今（浙江）寧波府慈谿縣西南三十五里有句章故城。」〔按〕謂納句章之地於楚。

〔一二〕鮑彪云：「昧，唐昧，楚將。此（懷王）二十八年，秦、齊、韓、魏共攻楚，殺昧。」張琦云：「左、史、策凡如此類句，並以地言，無以人名者。昧蓋越地。後文云『越亂楚治』，則非秦、齊、韓、魏攻楚之時矣。」于鬯云：「鮑以昧爲唐昧，必非，昧死尚在後四年（按唐昧敗在楚懷二十八年），此不得豫述之。案張説甚是，惟未指昧地之所在，蓋越地未見有名昧者。鬯疑即姑蔑也。『蔑』、『昧』一聲之轉。左哀十三年傳：『見姑蔑之旗。』杜解云：『姑蔑，越地，今江東太末縣。』是越有蔑矣。『姑蔑』或單稱『蔑』，又通作『眛』。猶魯地亦有姑蔑，左定十二年傳『敗諸姑蔑』是也，而隱元年則云『盟於蔑』，解云：『蔑，姑蔑，魯地。』則單稱『蔑』矣。公、穀作『盟於眛』，則通作『眛』矣。魯地之姑蔑既單稱『蔑』而通作『眛』，則越地之姑蔑，安知不亦單稱『蔑』而通作『昧』乎？『昧』、『眛』同『末』聲，一也。晉太末縣屬東陽郡，漢志屬會稽郡，今故城爲浙江衢州府新游縣治，其北有姑蔑城。所謂『昧之難』者，儻即追述敗越取地至浙江之後，以下文『江東』知之。蓋南戰於昧，而北收其江東之地。」〔按〕「昧」、「蔑」通用，楚世家之「唐昧」，荀子議兵篇、吕氏春秋處方篇並作「唐蔑」，亦可證。于氏以「昧」爲「姑蔑」，説可以通（金正煒以「昧之難」爲竹書紀年於越太子諸咎殺其君翳事。考古本紀年君翳被弒，在魏武侯二十年，當楚肅王四年，與此年代不合，又無旁證，僅憑臆測，必非。附辨於此）。史記此句作「而内行章義之難」。集解：「徐廣曰：一云『内句章昧之難』。」索隱引此策作「納章句之難」。今本與索隱所引不合，而同徐廣所云一本（史記文頗費解，索隱釋「章義」爲「佯章恩義」，正義釋爲「章句定義」，「内」並作「如」字解，俱難通。黄以周史越世家補並辨以召滑爲越人，云：「『章儀』謂魏章、張儀，皆魏人賣父母之邦以爲敵用者也，故以爲比。」改「義」作「儀」，字可通用。然説亦牽强，不足憑信。疑史記字有誤，故徐廣舉一本以證。此當從策文爲正）。又洪亮吉四史發伏云：「句章，地名，屬會稽。昧，楚將唐昧。謂二十八年齊、秦、韓、魏共攻楚殺昧也。當以（徐）廣説爲是。」其説亦非。

〔一三〕鮑本、吴本「胡」作「湖」。鮑彪云：「『察』猶『治』也。言楚有而治之。南陽有厲，音賴。」吴師道云：「史作『塞厲門』。地皆未詳，恐有誤字。『察』作『塞』，勝。」黄丕烈云：「徐廣曰：『一作「瀨胡」。』『厲』、『瀨』同字，『胡』、『門』形相近也。」張琦云：「劉伯莊云：『厲門度嶺南之要路。』鮑引南陽有厲，謬。」程恩澤云：

「寰宇記按滕公廟記云：古固城是吳瀨諸(同「渚」)縣地。……顧祖禹曰：『固城在今江寧府高淳縣南十五里，春秋時吳所築瀨渚邑。漢置溧陽縣於此，其西南五里爲固城湖。』殆即此所謂瀨湖也。此於戰國時爲越地，又與金陵邑相近。自此以東則江東矣。」顧觀光疑瀨湖是瀨溪，在溧水縣南溧陽縣北。〔按〕横田惟孝、吳汝綸、金正煒並以「察」當作「塞」，是也。安井衡謂「察，覆審也，謂定其境」。解殊勉强，不足憑。

〔一四〕鮑彪云：「以江之東爲野。」程恩澤云：「(史記)春申君列傳：『因並獻淮北十二縣，請封於江東，因城故吳墟，以自爲都邑。』……以今考之，凡元和志之江南東道，輿地廣記之江南東路，皆古江東地。」〔按〕史記「野」作「郡」。野、郡，義並可通。正義云：「吳、越之城，皆爲楚之都邑。」黄以周儆季雜著以江東爲故吳地，同程考。韓非子此節作「前時王使邵滑之越，五年而能亡越」。與策、史文殊。

〔一五〕鮑彪云：「鉅，大也。」吳師道云：「鉅、詎通。」吳闓生云：「速忘，史作『過』，策是也。『鉅』與『大』同，猶云大早計。」〔按〕韓非子「鉅速忘」作「太亟亡」。「太」同「大」，「亡」同「忘」，「亟」、「速」義同。然則「鉅」字訓當如鮑。又「鉅」可通作「詎」。「矣」同「也」(經傳釋詞)，也、邪，聲之轉。此句作反詰口氣讀，亦通。

〔一六〕吳師道云：「(公孫郝)史作『向壽』。」黄丕烈云：「韓子云：『不如相共立。』一云『公子赫』。」〔按〕公孫郝即公孫奭，亦作公孫顯，與樗里子共事秦武王。譖甘茂者，見秦策二。然公孫奭黨於韓，且與甘茂並得用於秦武王，似與此策不合。共立之名，未見。史記作「向壽」，又云：「向壽者，宣太后外族也，而與昭王少相長，故任用。」與下文「少與之同衣，長與之同車」相合，疑是。

〔一七〕鮑彪云：「言其素重。」金正煒云：「『被』疑當爲『彼』。彼王，謂秦王也。『衣』當爲『依』，涉上文『同衣』而誤。依，恃也。上章『依輪而至』，今本『依』誤爲『衣』，可爲此證。」〔按〕韓非子作「被王衣，含杜若，握玉環，以聽於朝」。俞樾諸子平議以「王」即「玉」字，「古人於美好之物皆曰『玉』」。然美衣何必特著？「王」字當作如字解，被王衣，正言其僭服，以示得王寵幸之重。金釋非。

〔一八〕鮑彪云：「秦相而曰『王之相』，蓋楚相之，必右楚也。」

〔一九〕吳師道云：「（史記）末云『楚使使請秦相向壽，茂竟不得入，卒於魏』。」

17 蘇秦爲趙合從説楚威王

蘇秦爲趙合從〔一〕，説楚威王曰：「楚，天下之强國也。大王，天下之賢王也。楚地西有黔中、巫郡〔二〕，東有夏州〔三〕、海陽〔四〕，南有洞庭〔五〕、蒼梧〔六〕，北有汾陘之塞〔七〕、郇陽〔八〕。地方五千里，帶甲百萬，車千乘，騎萬匹，粟支十年，此霸王之資也。夫以楚之强與〔九〕大王之賢，天下莫能當也。今乃欲西面而事秦，則諸侯莫不南（西）〔一〇〕面而朝於章臺〔一一〕之下矣。秦之所害於天下，莫如楚。楚强則秦弱，楚弱則秦强，此其勢不兩立〔一二〕。故爲王至計〔一三〕，莫如從親以孤秦。大王不從親，秦必起兩軍，一軍出武關〔一四〕，一軍下黔中〔一五〕。若此，則鄢、郢動矣〔一六〕。臣聞治之其未亂，爲之其未有也。患至而後憂之，則無及已〔一七〕，故願大王之早計之！

「大王誠能聽臣，臣請令山東之國，奉四時之獻，以承大王之明制〔一八〕。委社稷宗廟〔一九〕，練士厲兵，在大王之所用之。大王誠能聽臣之愚計，則韓、魏、齊、燕、趙、衛〔二〇〕之妙音美人，必充後宮矣。趙〔二一〕、代良馬橐他〔二二〕，必實於外廐。故從合則楚王，横成則秦帝。今釋霸王之業，而有事人之名，臣竊爲大王不取也。

「夫秦虎狼之國也，有吞天下之心。秦，天下之仇讎也。横人皆欲割諸侯之地以事秦，此所謂養仇而奉讎者也。夫爲人臣而割其主之地，以外交强虎狼之秦，以侵天下，卒〔二三〕有秦患，不顧其禍。夫外挾强秦之威以内劫其主，以求割地，大逆不忠，無過此者。故從親則諸侯割地以事楚，横合則楚割地以事秦〔二四〕。此兩策者，相去遠矣，有億兆之數〔二五〕。兩者大王何居焉？故弊邑趙王〔二六〕使臣效愚計，奉明約，在大王命之。」

楚王曰：「寡人之國，西與秦接境，秦有舉巴、蜀并漢中之心〔二七〕。秦虎狼之國，不可親也，而韓、魏迫於秦患，不可與深謀〔二八〕，恐反人以入於秦〔二九〕，故謀未發而國已危矣。寡人自料，以楚當秦，未見勝焉，内與羣臣謀，不足恃也。寡人卧不安席，食不甘味，心摇摇如懸旌〔三〇〕，而無所終薄〔三一〕。今君〔三二〕欲一天下，安諸侯，存危〔三三〕國，寡人謹奉社稷以從〔三四〕！」

〔箋證〕

〔一〕鮑彪云：「此在連横儀入秦後，當爲（威王）七或八年。」吴師道云：「大事（記）在威七年。」〔按〕激張儀入秦事見史記張儀傳，其事可疑。

〔二〕鮑彪云：「(巫郡)屬南郡。」吳師道云：「徐廣云：黔中，今武陵。巫郡，南郡之西界。」程恩澤云：「漢志南郡有巫縣。水經注秦省立縣，以隸南郡，蓋即楚巫郡也。地據巫山之險，因以爲名。……(故城)今在(四川)巫山縣東，而湖北宜昌府之巴東、施南府之恩施、建始三縣，皆其地也。」〔按〕黔中見秦策一。

〔三〕鮑彪云：「車胤云：『夏口城上有洲，曰夏州。』」吳師道云：「左傳楚莊伐陳，鄉取一人焉以歸，謂之夏州。即此。正義云：『夏水口在荊州江陵縣。』一本標盧藏用注後語云：『屈原離騷過夏口而西浮，蓋是山也。』」程恩澤云：「注謂此即左傳夏州，甚是；惟謂在荊州江陵縣，則誤甚。蓋漢水自今江陵縣至今漢陽縣，通謂之夏。其中有可居者曰州。盛弘之曰：『夏州首尾長七百餘里。』孔穎達曰：『大江中洲』是也。其在江陵者謂之夏水口，乃夏水之首，江之汜也，亦名夏首。……在漢陽者謂之睹口，乃夏水之尾，江之沱也，亦名夏浦。……策云『東有夏州』，其地在楚東境，當指(今湖北)漢陽言。」〔按〕鮑引車胤、吳引左傳，並見史記蘇秦傳集解。

〔四〕鮑彪云：「(海陽)海之南耳，非遼西郡也。」吳師道云：「盧藏用云：『在廣陵東，今揚州海陵縣。』劉氏云：『楚之東境。』」程恩澤云：「史記功臣侯表有海陽。索隱曰：『海陽，亦南越縣地。』劉伯莊云：『楚併吳、越地，東至海。海陽蓋楚之東南境。』……地理通釋：『楚威王六年，敗越，盡取吳故地，至浙江。左傳楚奄征南海。』則自春秋以來，楚已跨及蠻越矣。若僅以今揚州府泰州(漢海陵縣)當之，似不足以盡其疆域，唯於『東』字差合耳。」〔按〕周書王會篇：「海陽大蟹。」何秋濤箋釋云：「海陽後爲楚地，……當在今江蘇蘇州府常熟縣北，蕭齊嘗於此置海陽縣，屬南徐州晉陵郡。所以知其然者。……按吳越春秋云：『越王追奔攻吳，兵入於江陽松陵，欲入胥門，望吳南門，見伍子胥頭。……明日，更從江出入海陽於三道之翟水，乃穿東南隅以達越軍，遂圍吳。』……吳越春秋漢人所作，其時近古，於古地名，當不舛錯。所云海陽，在吳之東，正常熟之海陽也，與楚東之形勢正合。凡蘇秦所言列國地名，皆舉其最顯著者。王會篇之海陽即此無疑矣。」彼雖釋周書，而於策文亦合。兼備一説參考。

〔五〕吴師道云：「洞庭在今巴陵。」〔按〕已見秦策。

〔六〕鮑彪云：「交州郡。」吴師道云：「正義云：『蒼梧山在道州南。』按此乃楚、粤窮邊處，交州、蒼梧則粤地也。」張琦云：「古蒼梧，漢零陵郡也。今（湖南）永州府至廣西全州地。」

〔七〕姚宏云：「錢、劉作『陘』，集作『陸』。」鮑彪云：「陘，召陵陘亭。」吴師道云：「陘見秦策。汾陘乃韓地，此句有誤。四字連『郇陽』讀，亦不順。史作『陘塞』，是。大事記亦謂即陘山也。」黄丕烈云：「徐廣云：『一本北有汾涇之塞也。』」張琦云：「王伯厚曰：『左傳楚子庚治兵於汾。』注云：『襄城縣東北有汾邱城。』據此，則吴氏説非，襄城即今縣。」程恩澤云：「陘山在今郾城縣，汾邱在今襄城縣，俱屬（河南）許州。陘山在東北，汾邱在西南，相距不過百里，當其間者，即所謂汾陘之塞也。」〔按〕初學記卷七引作「汾陘之塞」，同此本。策自與史不同，不必改策從史。

〔八〕鮑彪云：「徐注：『今順陽。屬汝南。』」吴師道云：「正義云：『順陽故城在鄧州穰縣西。』索隱云：『郇音「荀」。』郇陽當汝南潁川之界，當是新陽，聲近字變爾。汝南有新陽縣，在新水之陽。徐説蓋疏。」張琦云：「王伯厚曰：『地理志漢中有旬陽縣。今金州之洵陽。郇、旬、洵，古字通也。徐廣曰順陽，索隱曰新陽，皆非。』按今（陝西）興安府故金州也，洵陽縣東旬水上有關，或即楚郇陽。」

〔九〕鮑本無「與」字。吴師道云：「一本『與大王』。」

〔一〇〕鮑彪改「南」作「西」。〔按〕史記作「西」，今從正。

〔一一〕鮑彪云：「（章臺）秦臺，在咸陽，見楚紀。」〔按〕史記楚世家懷王三十年：「西至咸陽，朝章臺，如蕃臣。」檮里子傳：「葬於渭南章臺之東。」索隱：「在漢長安故城西。」宋敏求長安志卷三：「章臺、上林皆在渭南。」此秦之章臺，班班可考。而程恩澤地名考謂：「既云『西面事秦』，又云『南面朝章臺』，殊參差不合。……竊疑策文『不』字蓋衍，言楚既西面事秦，則諸侯無南面事楚者，所謂秦强則楚弱也。」猶以此爲楚之章臺，失之拘矣。

〔一二〕劉辰翁云：「當時山東之國，惟齊、楚之强，可與秦抗衡。而齊不近秦患，楚則近秦患，故言其强不當事秦雖同，而楚則以勢不兩立激之。此其異也。」

〔一三〕鮑本、吴本「王至」作「大王」，同史記。　金正煒云：「『至』即『王』字誤衍。」〔按〕「至計」猶言「上計」。

〔一四〕〔按〕武關見齊策六齊王建入朝於秦章。

〔一五〕張琦云：「史正義曰：『秦兵出武關，則臨鄢；下黔中，則臨郢。』按『黔中』疑當作『漢中』。時秦未舉巴、蜀，無緣至辰、沅也。」

〔一六〕吴師道云：「鄢、郢見前。」（按見秦策四物至而反章。）

〔一七〕吴本「已」作「矣」。〔按〕老子六十四章云：「爲之於未有，治之於未亂。」即此語所本。賈誼新書審微篇亦引老聃曰：「爲之於未有，治之於未亂。」此語當時流行較廣。

〔一八〕姚宏云：「（承）一作『奉』。」〔按〕史記「制」作「詔」。

〔一九〕鮑彪云：「言諸侯輕去其國以從楚。」吴師道云：「委置其宗廟社稷，以託於楚。」〔按〕吴注是。史記作「委社稷，奉宗廟」，「委」、「奉」義近爲互文。

〔二〇〕吴本脱「衛」字。

〔二一〕姚宏云：「（趙）一作『燕』。」〔按〕史記作「燕」。

〔二二〕鮑本、吴本「他」作「駝」。景宋鈔本「他」作「地」，當是形誤。鮑彪云：「（橐駝）匈奴奇畜。」金正煒云：

「漢書趙充國傳：『以一馬自佗負三十日食。』注：『凡以畜産載負物者皆爲佗。』史記匈奴傳：『其奇畜則橐駝、驢、驘。』索隱本作『槖他』。」〔按〕「駝」、「佗」並從「它」聲，通用。

〔二三〕横田惟孝云：「卒、猝通。」

〔二四〕〔按〕與上「從合則楚王，横成則秦帝」語相呼應。

〔二五〕横田惟孝云：「有億兆之數，謂相去太遠。」〔按〕史記無此句。

〔二六〕鮑彪云：「（趙王）肅侯。」

〔二七〕徐孚遠云：「漢中楚地，巴、蜀非楚地，連言之者，勢相接也。」

〔二八〕姚宏云：「史記、集、劉下更有『與深謀』三字。曾無。」

〔二九〕關修齡云：「反人，猶言背反於我。」吴曾祺云：「恐反以楚之謀入告於秦。」〔按〕「反」同「叛」。

〔三〇〕鮑彪云：「旄，析羽注竿首，以精進士卒。」〔按〕今説文「竿首」作「旄首」。爾雅釋天：「注旄首曰旌。」郭注：「載旄於竿頭，如今之幢，亦有旒。」詩王風黍離篇疏、文選思玄賦注、張景陽雜體詩注、太平御覽卷三百四十引「摇摇」下並有「然」字。史記亦有，此疑脱。詩黍離篇毛傳：「摇摇，憂無所愬。」

〔三一〕鮑彪云：「薄，泊同。」横田惟孝云：「『薄』猶『止』也。」〔按〕詩疏引無「終」字。文選雜體詩注引作「終無所泊」。「泊」、「薄」同音通用。

〔三二〕姚宏云：「（今君）曾作『今主君』。」景宋鈔本、盧本「今」作「令」，當誤。

〔三三〕盧本「危」作「亡」。景宋鈔本作「危」，同此本，盧本當誤。

〔三四〕鮑彪云：「（蘇秦）傳有，在説五國後。」

18　張儀爲秦破從連横説楚王

張儀爲秦破從連横〔一〕，説楚王曰：「秦地半天下，兵敵四國〔二〕，被山帶河〔三〕，四塞以爲固〔四〕。虎賁〔五〕之士百餘萬，車千乘，騎萬疋，粟如丘山。法令既明，士卒安難樂死〔六〕，主嚴以明，將知〔七〕以武。雖無出兵甲〔八〕，席卷常山〔九〕之險，折天下之脊〔一〇〕，天下後服者先亡。且夫爲從者，無以異於驅羣羊而攻猛虎也。夫虎之與羊，不格〔一一〕明矣。今大王不與猛虎，而與羣羊，竊以爲大王之計過矣。

「凡天下强國，非秦而楚，非楚而秦〔一二〕。兩國敵侔〔一三〕交争，其勢不兩立〔一四〕。而〔一五〕大王不與秦，秦下甲兵，據宜陽，韓之上地〔一六〕不通。下河東，取成皋〔一七〕，韓必入臣於秦。韓入臣〔一八〕，魏則從風而動。秦攻楚之西，韓、魏攻其北，社稷豈得無危哉？且夫約從者，聚羣弱而攻至强也。夫以弱攻强，不料敵而輕戰，國貧而驟舉兵，此危亡之術也。臣聞之，兵不如者勿與挑戰，粟不如者勿與持〔一九〕久。夫從人者飾辯虚辭〔二〇〕，高主之節行〔二一〕，言其利而不言其害，卒有楚禍〔二二〕，無及爲已。是故願大王之熟計之也！

「秦西有巴、蜀，方船〔二三〕積粟，起於汶山〔二四〕，循江而下，至郢三千餘里。舫船〔二五〕載卒，一舫載五十人，與三月之糧，下水而浮，一日行三百餘里〔二六〕，里數雖多，不費馬汗之勞〔二七〕，不至十日而距扞關〔二八〕。扞關驚，則從竟陵已東〔二九〕盡城守矣。黔中、巫郡，非王之有已。秦舉甲出之武關〔三〇〕，南面而攻則北地絶〔三一〕。秦兵之攻楚也，危難在三月之内，而楚恃〔三二〕諸侯之救，在半歲之外，此其勢不相及也。夫恃弱國之救，而忘强秦之禍，此臣之〔三三〕所以爲大王之患也。且大王嘗與吴人五戰，三勝而亡之〔三四〕，陳卒盡矣〔三五〕。有偏守新城〔三六〕，而居民苦矣。臣聞之，攻大〔三七〕者易危，而民弊者怨於上。夫守易危之功，而逆强秦之心，臣竊爲大王危之。

「且夫秦之所以不出甲於函谷關十五年以攻諸侯者〔三八〕，陰謀〔三九〕有吞天下之心也。楚嘗與秦構〔四〇〕難，戰於漢中，楚人不勝，通侯執珪〔四一〕死者七十餘人，遂亡漢中。楚王〔四二〕大怒，興師襲秦〔四三〕，戰於藍田，又却〔四四〕。此所謂兩虎相搏者也〔四五〕。夫秦、楚相弊，而韓、魏以全制其後，計無過〔四六〕於此者矣。是故願大王熟計之也！

「秦下兵攻衛陽晉〔四七〕，必開〔四八〕扃天下之匈〔四九〕。大王悉起兵〔五〇〕以攻宋，不至數月而宋可舉。舉宋而東指，則泗上十二諸侯〔五一〕盡王之有已。凡天下所信約從親堅者蘇秦〔五二〕，封爲武安君而相燕〔五三〕，即陰與燕王謀破齊，共分其地。乃佯有罪，出走〔五四〕入齊，齊王因受而相之。居二年而覺，齊王大怒，車裂蘇秦於市〔五五〕。夫以一詐僞反覆之蘇秦，而欲經營天下，混一諸侯，其不可成也亦明矣。

「今秦之與楚也，接境壤界，固形親之國也〔五六〕。大王誠能聽臣，臣請秦太子入質於楚，楚太子入質於秦。請以秦女爲大王箕箒之妾〔五七〕，效萬家之都，以爲湯沐之邑〔五八〕，長爲昆弟之國，終身無相攻擊。臣以爲〔五九〕計無便於此者〔六〇〕。故敝邑秦王使使臣獻書大王之從車下風〔六一〕，須以決事。」

楚王曰：「楚國僻陋，託東海之上。寡人年幼〔六二〕，不習國家之長計。今上客幸教以明制〔六三〕，寡人聞之，敬以國從！」

乃遣使車百乘〔六四〕，獻雞（駭）駭（雞）之犀〔六五〕、夜光之璧〔六六〕於秦王〔六七〕。

【箋證】

〔一〕鮑彪云：「在鄭袖出儀後。」〔按〕鮑據張儀傳言。

〔二〕鮑彪云：「（四國）四方之國。」

〔三〕鮑彪云：「被，寢衣也。喻其亘延。」安井衡云：「被，覆也。帶，佩也。時秦境及河東，故云『帶河』。」〔按〕「被」、「帶」並作動詞用。謂以山爲被，以河爲帶。史記張儀傳「山」作「險」。

〔四〕鮑本無「四塞」二字，「以爲固」屬上讀。吴師道云：「姚及别本有『四塞』字，史同。」〔按〕史記蘇秦傳：「説惠王曰：『秦四塞之國，被山帶渭。』」正義：「東有黃河，有函谷、蒲津、龍門、合河等關，南山及武關、嶢關，西有大隴山及隴山關、大震、烏蘭等關，北有黃河南塞，是四塞之國。」又范睢傳對秦昭王曰：「大王之國，四塞以爲固，北有甘泉、谷口，南帶涇、渭，右隴、蜀，左關、坂，……此王者之地也。」（秦策三范雎至章無「四塞以爲固」句。）

〔五〕鮑彪云：「漢官儀虎賁戴鶡冠，屬中郎將。」吴師道云：「牧誓注：『若虎賁獸，言其猛也。』周禮有虎賁氏。非始漢。」〔按〕周禮之「虎賁氏」，漢官儀之「虎賁」（屬虎賁中郎將），乃宿衛之近臣，與策不同。此「虎賁」爲士卒武勇者之稱，説見王引之經義述聞卷三十一。鮑、吴説未然。

〔六〕鮑彪云：「死難，兵革之事。」

〔七〕鮑本、吴本「知」作「智」，同。

〔八〕金正煒云：「雖，假令也。漢書貨殖傳注：『孟康曰：無，發聲助也。』此言假令秦出兵甲，則席捲常山之險，折天下之脊，天下後服者，必且先亡。王氏釋詞云：『惟亦作雖。』引此策文：『惟無出兵，出兵則天下不能當也。』王氏嘗譏注家增文成義，是亦自蹈其失矣。」〔按〕王氏説亦見於讀書雜志史記雜志，云：「不更言出甲者，蒙上而省也。」又引留侯世家：「楚唯無彊，六國立者復橈而從之。」集解引漢書音義曰：「唯當使楚無彊，彊則六國弱而從之。」以示省文之例，意與此同。蒙上下文省例，古書恒見，王解可通，並非增文成義，金氏譏之，未是。又金引漢書注以「無」爲發聲語助，無義。此文亦見於史記貨殖傳：「寧爵毋刁。」「無」作「毋」，同。集解引漢書音義曰：「奴自相謂曰：寧欲免去作民有爵邪？將止爲刁氏作奴乎？毋，發聲語助。」「寧」與「毋」爲選擇連詞，非僅是發聲語助也，與策文例不合。則所説亦無當矣。

〔九〕鮑彪云：「收取之如卷席之易，無遺也。恒山屬趙之元氏。此作『常』，劉向避文帝諱也。」吴師道云：「正義云：『常山在鎮州西。』史記已作『常』，漢時傳寫所改。」〔按〕常山見趙策二蘇秦從燕之趙始合從章。

〔一〇〕關修齡云：「脊，膂脈，即背中也。蓋言中斷六國，以割其交，如折於人背中也。」張琦云：「常山在今（河北）定州曲陽縣西北百四十里，與太行相連，故曰『折天下之脊』。」〔按〕史記索隱云：「常山於天下在北，有若人之背脊也。」

〔一一〕鮑彪云：「『格』猶『敵』。」胡三省云：「劉伯莊曰：『格，其字宜從手。』余據字書，格，擊也，鬭也。從木亦通。」（資治通鑑注）

〔一二〕〔按〕二「而」字並訓「則」，説見經傳釋詞。

〔一三〕鮑彪云：「侔，齊等也。」安井衡云：「敵侔，力相敵勢相等也。」〔按〕史記無「敵侔」二字。

〔一四〕戰國策楓本「立」作「利」，非。姚鼐云：「『凡天下』以下二十五字（按姚氏連下「而」字亦計在內），係從人語，與下文義不貫，疑衍。」〔按〕此與上章蘇秦曰「秦之所害於天下，莫如楚，楚强則秦弱，楚弱則秦强，此其勢不兩立」語相髣髴，故姚氏疑之。然六國中楚最强大，堪與秦爭雄，説士不過就當時實際形勢言之，固無害於其爲横説也。姚氏失之過泥。

〔一五〕金正煒云：「『而』讀爲『若』，見周禮旅師注。」

〔一六〕鮑彪云：「（上地）上流之地。」吴師道云：「後語作『上黨地』。」横田惟孝云：「荀子，韓之上地方數百里。注：『上黨之地。』是也。」〔按〕史記正義云：「上地，上郡之地。」上郡屬魏（趙亦有上郡）。正義疑非。王應麟通鑑地理通釋以上黨、上地爲一地，同春秋後語。

〔一七〕程恩澤云：「自秦言之，潼關以東，皆河東也。殆由蒲津渡河而東，據其要塞耳。」〔按〕成皋見秦策三五國罷成睪章。

〔一八〕姚宏云：「（入臣）錢作『臣秦』。」

〔一九〕鮑彪云：「持，相持。」

〔二〇〕鮑彪云：「飾，緣飾，非實也。」王念孫云：「『虚辭』本作『曼辭』。……文選報任少卿書：『今雖欲自彫琢曼辭以自飾。』李善注：『如淳曰：曼，美也。戰國策夫從人飾辯曼辭。「曼」音「萬」。』據此，則策文本作『曼辭』，與史記異也。」

〔二一〕〔按〕高主之節行，謂不事秦。

〔二二〕姚宏云：「(楚)曾一作『秦』。」鮑彪云：「(楚禍)秦伐楚之禍。史作『秦禍』，意同。」〔按〕「卒」同「猝」。

〔二三〕〔按〕史記「方」作「大」。方船，謂並船，亦作「舫船」，説見下。

〔二四〕鮑彪云：「(汶)屬蜀郡(鮑、吴合注四部叢刊本「郡」作「都」，此據鮑注單行本)湔氏道，即岷山。故唐志茂州汶山，注有岷山。」張尚瑗云：「史記西南夷傳冉駹爲汶山郡。應劭注曰：『今蜀郡嶓山，本冉駹地。』……史記夏本紀引禹貢『岷、嶓既藝』，諸『岷』字皆作『汶』。蓋漢時古字通用。」張琦云：「在今(四川)茂州西北五百里。」〔按〕史記正義云：「『汶』音『泯』。」汶、岷，音同字通，故汶山即岷山。燕策二秦召燕王章：「(秦)正告楚曰：蜀地之甲，輕舟浮於汶，乘夏水而下江，五日而至郢；漢中之甲，乘舟出於巴，乘夏水而下漢，四日而至五渚。」與此相似，計日稍有參差。

〔二五〕姚宏云：「劉一作『方舡』。」鮑彪云：「舫，平音，併舟也。」〔按〕索隱本「舫」作「枋」，云：「『枋』音『方』，謂竝兩船也。亦音『舫』。」洪亮吉釋舟云：「併船謂之『方』。爾雅：『舫，舟也。』郭璞注：『併兩船。』」又引此策及史記酈食其傳：「蜀、漢之粟，方船而下。」(卷施閣文甲集卷三)又云：「『方舟』又謂之『斻』。」「斻」即「航」字。

〔二六〕〔按〕通鑑作「五百餘里」。

〔二七〕鮑本、吴本、盧本「馬汗」作「汗馬」。〔按〕史記作「不費牛馬之力」。

〔二八〕鮑彪云：「『距』本雞足，故訓『至』。楚紀晉伐楚，楚爲扞關以距之。儀傳注：『巴郡魚復有扞水關。』」吴師道云：「徐廣云：『魚復有扞水關。史楚肅王四年蜀伐楚，取茲方，於是楚作扞關拒之。』」張琦云：「古扞關在今（湖北）宜昌府長陽縣南七十里。或曰即夔州府東之瞿塘關。」〔按〕正義云：「（扞關）在硤州巴山縣界。」

〔二九〕鮑本、吳本「已」作「以」，同。　鮑彪云：「（竟陵）後志屬江夏郡。」吳師道云：「竟陵在郢州長壽縣南，今復州亦其地。」程恩澤云：「正義：『故城在長壽縣南百五十里。』長壽今（湖北）安陸府鍾祥縣。然云在縣南百五十里，則當在今天門縣西北七十里。」〔按〕史記作「則從境以東」。

〔三〇〕〔按〕史記無「之」字。武關見齊策六齊王建入朝於秦章。

〔三一〕鮑彪云：「（北地）北境之地，非幽州郡。」胡三省云：「楚北境之地，陳、蔡、汝、潁是也。」（通鑑注）張琦云：「信陽以北也。」

〔三二〕金正煒云：「『恃』當從史作『待』。此涉下文『恃弱國之救』而誤。」〔按〕史記此及下文二「恃」字並作「待」。

〔三三〕鮑本、吳本無「之」字，同史記。

〔三四〕鮑彪云：「史不書。」徐孚遠云：「懷王時，吳之屬楚久矣，安得與吳人五戰？此言誤。」橫田惟孝云：「『吳』字必誤。」〔按〕吳即越，越滅吳，奄有吳地，王翳遷吳，故越亦可稱吳。古本竹書紀年魏武侯二十年「吳人立孚錯枝爲君」。吳人即越人也，是其證。楚懷王滅吳之事，説詳上楚王問於范環章。舊説未諦。

〔三五〕姚宏云：「『陳』，曾作『陣』。」鮑彪云：「『陳』猶『故』。」吳師道云：「陳，古『陣』字。」安井衡云：「陳，舊也。舊卒，從前所用之卒。」金正煒以「而亡之陳卒盡矣」句，云：「『亡』當爲『王』，聲誤也。古書『陣』作『陳』，説詳顏氏家訓書證篇。」〔按〕「陳」當從吳注。謂楚之戰士死於伐吳之役者幾盡。史記無「而亡之」三字，然懷王取越，見於前章，當有其事，則「亡」字不誤，金説非。

〔三六〕姚宏云：「一本無『有』字。」鮑彪云：「一偏之戍，繕築之城。」横田惟孝云：「『有』音『又』。又使居民偏守新得之城。」安井衡云：「『偏』當爲『徧』。新城，新所得吴地之城也，其民未服，故徧守之。」〔按〕索隱云：「新城當在吴、楚之間。」正義云：「新攻得之城。」横田、安井二説俱本之正義。愚意新城即上城渾出周章「宜陽之大也，楚以弱新城圍(圉)之」之新城。新城在楚北境，所以禦北兵。楚時興師伐越，又偏守北境之新城，以備秦、韓之乘虚侵入，一方攻伐，一方繕守，故云「居民苦矣」。「有」與「又」同。史記無「有」字。

〔三七〕吴師道云：「『攻大』即下『功』字。」〔按〕史記「攻」作「功」。「攻」、「功」通用。釋名釋言語：「功，攻也。」荀子議兵篇：「械用兵革攻完便利者彊。」盧文弨云：「『攻』與『工』、『功』古多通用。」可證。

〔三八〕吴師道云：「不出甲函谷關十五年，此辯士誇詞，非實。史作『攻齊、趙』。按此前二年、五年、六年，皆有攻趙之事，而攻齊則無之。若云不攻齊，則猶可通也。」中井積德云：「十五年語，蘇、張傳皆有之。在蘇傳謂之誇詞可也，若張儀必不誇敵讎之功也，蓋實有是事也。但論大師而不數小侵伐耳。」〔按〕吕祖謙大事記解題云：「張儀説辭亦多後世辯士所增飾，如秦兵不敢出函谷關十五年之類，皆非當時之實。」同吴注。中井之説，與王懋竑(白田雜著卷四)説略同。蘇、張從横説辭多有可疑，後來增飾，不可盡據以考史實。

〔三九〕吴師道云：「一本無『謀』字。」

〔四〇〕姚宏云：「(構)一本作『角』。」

〔四一〕鮑彪云：「(通侯)徹侯，漢諱武帝作『通』，此亦劉向所易也。」〔按〕楚世家：「(懷王)十七年(前三一二)春，與秦戰丹陽，秦大敗我軍，斬甲士八萬，虜我大將軍屈匄、裨將軍逢侯丑等七十餘人，遂取漢中之郡。」即此戰。執珪，見東周策秦攻宜陽章。秦爵二十級曰「徹侯」，「徹侯金印紫綬，避武帝諱曰『通侯』，或曰『列侯』」(見漢書百官公卿表)。此是秦制，疑列國亦有此號。史記「通侯」作「列侯」。

〔四二〕鮑彪云：「此處與上章所稱楚王，皆後人追書耳。」徐孚遠云：「當言『大王』，今言『楚王』，亦誤也。」（于鬯、鍾鳳年説同）〔按〕鮑説是也，此類古書中時有之。鮑云「上章」，即同策二楚王將出張子章。

〔四三〕鮑本無「興師襲秦」四字，吴依諸本增。

〔四四〕鮑彪云：「秦惠十三年，取漢中，又敗之藍田。此（懷王）十七年。」

〔四五〕王引之云：「太平御覽兵部引此『搏』作『據』，『據』字是也。『據』讀若『戟』，謂兩虎相挶持也。説文曰：丮，持也，讀若『戟』。又曰：挶，戟持也。……文選江淹雜體詩：『幽并逢虎據。』李善注引此策『兩虎相據』，尤其明證矣。史記張儀傳載此文，當亦作『兩虎相據』，集解引徐廣『音戟』，正是『據』字之音。……今本史記作『兩虎相搏』，蓋後人……改『據』爲『搏』。若本是『搏』字，不得有『戟』音矣。」

〔四六〕姚宏云：「（過）一本作『危』。」〔按〕史記作「危」。此與秦策二楚絶齊章陳軫舉管莊子刺虎之喻相類。

〔四七〕〔按〕衛陽晉見齊策一蘇秦爲趙合從説齊宣王章。

〔四八〕姚宏云：「（晉必開扃）一作『晉必大開』。曾『大開』，一作『闗』。」鮑彪改「開」作「闗」。吴師道云：「史同（作「闗」）。按諸本多作『開』，或作『大開』，不若『闗』義長。」黄丕烈云：「史記作『必大闗天下之匈』。徐廣曰：『「闗」一作「開」。』此當是策文作『必扃天下之匈』。『開』、『闗』字皆所記史記異文而誤入者。『闗』、『扃』同義。」

〔四九〕鮑彪云：「上二邑天下之中也，故喻之匈。秦下兵二邑，必拒之，則閉不通，故楚可以此時舉宋。」吴師道云：「索隱云：『以常山爲天下脊，則衛及陽晉當天下匈。其地是秦、晉、齊、楚之交道也，據之是闗天下匈，他國不得動也。』」〔按〕陽晉乃衛邑，鮑云「二邑」，非。正義云：「陽晉在曹州乘氏縣，與濮、滑相近，皆衛地。常山爲天下脊，陽晉爲天下胸。」

〔五〇〕姚宏云：「集無『兵』字，三同。」

〔五一〕〔按〕十二諸侯見秦策。

〔五二〕金正煒云：「『堅』疑『賢』字之誤。言天下所信約從親之賢者爲蘇秦。」〔按〕「堅」字義自通，不必改字。史記亦作「堅」。「蘇秦」上省「以」字，此例古書多見，詳楊樹達高等國文法（頁四九〇）。

〔五三〕〔按〕此句蒙上文省主語「蘇秦」。

〔五四〕吴本「走」作「奔」。

〔五五〕鮑彪云：「按史，秦事覺在其死後。儀以此明其以詐死耳。」吴師道云：「蘇秦爲客所刺，設計以取賊，故車裂而得賊。今儀言如此，蓋借事爲説破從親也。」〔按〕史記蘇秦傳：「蘇秦詳爲得罪於燕而亡走齊。……説湣王厚葬以明孝，高宫室，大苑囿，以明得意，欲破敝齊而爲燕。……其後齊大夫多與蘇秦争寵者，而使人刺蘇秦，不死，殊而走。齊王使人求賊不得。蘇秦且死，乃謂齊王曰：『臣即死，車裂臣以徇於市曰：「蘇秦爲燕作亂於齊。」如此則臣之賊必得矣。』於是如其言，而殺蘇秦者果自出，齊王因而誅之。」

〔五六〕鮑彪云：「其勢當親。」

〔五七〕鮑彪云：「帚，糞也。以灑掃之役自居。」吴師道云：「大事記：其説諸侯，皆曰事秦，獨楚曰云云，以楚最强故爾。」〔按〕國語吴語：「越王命諸稽郢行成於吴曰：『一介嫡女，執箕箒以晐姓於王宫。』」史記高祖本紀呂公謂高祖曰：「臣有息女，願爲季箕帚妾。」是「箕帚」爲納女之泛稱，不分貴賤。禮記曲禮下篇云：「納女於天子，曰『備百姓』；於國君，曰『備灑漿』；於大夫，曰『備埽灑』。」「埽灑」與「箕帚」義同，則又爲納女大夫之稱矣。

〔五八〕〔按〕禮記王制篇：「方伯爲朝天子，皆有湯沐之邑。」鄭注：「給齋戒自絜清之用，浴用湯，沐用潘。」

〔五九〕鮑本、吳本「爲」作「謂」，同。

〔六〇〕姚宏云：「史記『此』後有『屈原諫止』之辭。」

〔六一〕吳本脱「大王」二字。　鮑彪云：「書，國書，非此書。將迎之際，必有風焉，不敢當立，故言『下風』。」姚範云：「使臣獻書，則説者亦以書也。」　關修齡云：「從車下風，不敢斥王也。」劉良注鄒陽上書云：『言王之美行及人，如風之馳下也。』」吳曾祺云：「不敢言獻書楚王，故言『從車下風』，猶之上書必言執事也。」

〔按〕左氏僖十五年傳晉大夫對秦伯曰：「羣臣敢在下風。」亦示謙敬之意。

〔六二〕鮑彪云：「言其爲從時。」〔按〕此語有謬。蘇秦合從時爲楚威王，與懷王無涉。且詳下文，亦非追訴前約之意。然張儀連横，懷王在位已十八年，豈能稱年幼？此乃撰策者修辭之失，不必曲爲飾辨。

〔六三〕鮑彪云：「（明制）秦王之制詔。」

〔六四〕王念孫云：「遣使車百乘，文不成義，當作『遣車百乘』。今本有『使』字者，因上文『使使臣獻書』而誤衍也。……北堂書鈔政術部，太平御覽人事部、珍寶部、獸部引此俱無『使』字。」

〔六五〕鮑彪云：「抱朴子通天犀中有一白理如綫，置米其上以飼雞，見之驚却，名『駭雞犀』。」王念孫云：「『雞駭之犀』當爲『駭雞之犀』。楚辭九歎：『棄駭雞於筐簏。』王注曰：『駭雞，文犀也。』文選吳都賦：『駭雞之珍。』李善注引孝經援神契曰：『神靈滋液，則犀駭雞。』後漢書西域傳大秦國有『駭雞犀』。……又書鈔政術部、（藝文）類聚獸部引此策並作『駭雞』。又御覽人事部、珍寶部、獸部引此策亦作『駭雞』。」〔按〕「駭雞犀」即通天犀角。陶弘景本草注云：「通天犀角上有一白縷，直上至端，此至神驗。或云是水犀角，出水中。漢書所云『駭雞犀』者。以置米中，雞皆驚駭不敢啄。」段公路北户錄卷一亦作「駭雞犀」。王説是也，今正。

〔六六〕鮑彪云：「鄒陽言魏文侯歸白圭夜光之璧。」〔按〕見史記、漢書鄒陽傳及文選獄中上書。

〔六七〕吴師道云：「大事記：『六國連衡，魏先聽儀説事秦，故楚赦儀之後，所説止五國。』儀説楚王與秦和親，楚王既得張儀而重出黔中地，欲許之。屈平諫，不聽，卒許。儀遂説韓、齊、趙、燕，皆聽。儀歸報，未至，惠王薨，而約亦解。」姚鼐云：「蘇、張之説，非當日本辭，爲從衡學者爲之耳。爲此文者蓋以爲説頃襄王，若面對楚懷王，不應云『楚王大怒』云云也。又『東海之上』乃楚遷壽春後語，於懷王時不合。蓋爲此文者，未計張儀之年不能及懷王後也。」〔按〕楚王大怒，説見上。此文尾節楚王之語，確與懷王不合，史記不載，或亦以其牴疑而删之歟？敦煌本春秋後語殘卷於儀説辭之後，亦僅云：「於是楚王亦重出黔中地，遂復與秦從親。」

19　張儀相秦謂昭睢

張儀相秦〔一〕，謂昭睢〔二〕曰：「楚無鄢、郢、漢中，有所更得乎〔三〕？」曰：「無有。」曰：「無昭睢（過）〔四〕、陳軫，有所更得乎？」曰：「無所更得〔五〕。」張儀曰：「爲儀謂楚王逐昭睢（過）、陳軫，請復鄢、郢、漢中〔六〕。」昭睢歸報楚王，楚王説之。

有人謂昭睢（過）曰：「甚矣，楚王不察於争〔七〕名者也！韓求相工陳籍而周不聽〔八〕，魏求相綦母恢〔九〕而周不聽，何以也？周（曰）〔一〇〕：『是列縣畜我也〔一一〕。』今楚萬乘之强國也，大王天下之賢主〔一二〕也。今儀曰逐君與陳軫，而王聽之，是楚自行〔一三〕不如周，而儀重於韓、魏之王也。且儀之所行〔一四〕有功名者秦也〔一五〕，所欲貴富者魏也〔一六〕。

欲爲攻於魏〔一七〕，必南伐楚。故攻有道〔一八〕，外絶其交〔一九〕，内逐其謀臣。陳軫夏〔二〇〕人也，習於三晉之事，故逐之，則楚無謀臣矣。今君能用楚之衆，故亦逐之，則楚衆不用矣。此所謂内攻之者也，而王不知察。今君何不見臣於王，請爲王使齊交不絶。齊交不絶〔二一〕，儀聞之，其效鄢、郢、漢中必緩矣〔二二〕，是昭雎之言不信也，王必薄之。」

〔箋證〕

〔一〕鮑彪云：「復相時。」〔按〕史記秦本紀、六國表儀復相秦在惠王後八年（前三一七）。下文言「復鄢、郢、漢中」，秦取漢中在惠王後十三年（前三一二），此更在其後，疑在連横説楚之前。

〔二〕吴汝綸云：「（雎）一作『過』。」〔按〕此「昭雎」之「雎」各本並無作「過」者，鮑本下文「昭雎陳軫」之「雎」作「過」。或吴氏以此「昭雎」亦當作「過」，如于鬯所引或説（見下）之見而輒改之歟？然恐未允，詳見下。

〔三〕鮑彪云：「此皆楚之要地，無此則危亡，安能有他。」

〔四〕鮑本、吴本「雎」作「過」。下「逐昭雎」、「謂昭雎」、「雎」並作「過」。黄丕烈云：「三『雎』字皆作『過』者爲是。下文三『君』字皆稱『過』也，故下文云『是昭雎之言不信也』。若謂『雎』，何得云爾？可爲明證。作『雎』者相涉至誤耳。」于鬯云：「或云：『昭雎、陳軫皆表見於戰國者，若昭過則無聞，不得與軫並舉，儀亦何所憚而欲使楚逐之？』姚本通篇無一作『昭過』，鮑本中間有三『昭過』。竊恐二本並有誤。上文謂『昭雎』，下文『昭雎歸報楚王』，『是昭雎之言不信』，三『昭雎』乃當作『昭過』，鮑本適反之，而中間三『昭雎』，姚本却不誤也。按據史楚世家雎其後諫懷王入秦，又主謀立太子，是其人固智士，堪與陳軫並稱，而宜爲儀所忌憚者。或説似未當以無據斥之。惟後策却言『儀善雎』，與此『欲逐雎』反背，戰國人情果不可測與？」〔按〕下楚王令昭雎之秦重張儀章明言「儀善睢」，是二人曾相善也，則此策儀所欲逐之「昭睢」字有誤無疑。鮑本此與下文三「昭睢」並作「昭過」，是也，今從正。下同。又昭過名不見於他書。漢書古今人表上下智人闌有昭廷。梁玉繩人表考云：「按國策楚昭氏顯者頗多，獨未聞廷。疑即懷王之良臣昭過也。『廷』字或寫作『迋』，與『過』形近而誤歟？昭廷爲智人，正足與陳軫相匹矣。」梁氏之言存參。

〔五〕鮑彪云：「二臣，楚之良也，無此二臣，不能復得良臣。此儀爲秦謀去楚謀臣也。」

〔六〕鮑彪云：「秦惠十三年，取漢中，故至是許復之。鄢、郢此時不書此策。儀知楚王重地輕人，故使睢言之。二人逐，則楚無良臣，睢必得其處也。」〔按〕秦拔鄢、郢在楚襄王時，此時秦未得其地，何能言復？策文有誤，或「鄢郢」三字涉上文而衍。上文之「鄢、郢、漢中」乃舉楚之要地並言之，與此不同。

〔七〕吴本無「争」字，鮑本有，疑脱。

〔八〕鮑彪云：「周策『陳』作『師』。求周使相之。」横田惟孝云：「按工師籍二見東周策，蓋是人也。『陳』或『師』訛。」金正煒云：「古書『師』作『师』，因致誤『陳』。」

〔九〕〔按〕綦母恢見西周策犀武敗於伊闕章。

〔一〇〕姚宏云：「（周是）一作『周曰是』。」鮑彪「周」下補「曰」字。〔按〕有之爲是，今據補。

〔一一〕鮑彪云：「待我如縣吏。」

〔一二〕鮑本、吴本「主」作「王」。

〔一三〕鮑彪改「行」作「待」，盧本從之。吴師道云：「當是『待』字。」〔按〕公羊桓公十四年傳：「行其意也。」何解云：「以己從人曰『行』。」此謂楚王之聽從秦欲，尚不如周之於韓、魏也。

〔一四〕安井衡云：「言且觀儀平生所行。」金正煒云：「『行』字疑本爲『欲』，『欲』與『行』草書相似，又涉上文『行』

而謁也。」〔按〕「所行有功名」與「所欲貴富」對舉，安井讀「行」字句，非。又「行」猶「用」也，見國語吴語韋注。與「欲」義亦近，不必改字。

〔一五〕鮑彪云：「欲立功名於秦。」

〔一六〕鮑彪云：「取富貴於魏。」

〔一七〕鮑彪云：「爲魏伐人。」橫田惟孝云：「『爲攻』之『攻』當作『功』。」金正煒云：「孟子滕文公篇：『將爲君子焉。』趙注：『爲，有也。』『攻』與『功』通。」〔按〕上章「攻大者易危」，史記張儀傳「攻」作「功」。策文「攻」、「功」通用，亦其證。

〔一八〕橫田惟孝云：「『道』猶『術』也。言儀攻楚有術，外絶齊交，内逐二人。」

〔一九〕鮑彪云：「『交』謂與國。」〔按〕據下文「交」爲齊交。

〔二〇〕鮑彪云：「夏，中國也。」文廷式云：「稱中原爲夏，蓋猶沿春秋諸夏之稱。」〔按〕孟子滕文公上篇：「吾聞用夏變夷者。」下文又云：「北學於中國。」夏亦指中國，與策同。

〔二一〕鮑本、吴本不重「齊交不絶」四字。

〔二二〕鮑彪云：「齊、楚大國也，儀惡其合。今合而與之地，則楚益勁，儀必不爲也。」〔按〕此「鄢郢」二字疑亦衍文。

20 威王問於莫敖子華

威王問於莫敖〔一〕子華曰：「自從先君文王以至不穀之身〔二〕，亦有不爲爵勸，不爲禄勉，以憂社稷者乎？」莫敖子華對曰：「如華〔三〕不足〔四〕知之矣。」王曰：「不於大夫，無所聞之。」莫敖子華對曰：「君王將何問者也？彼有廉其爵，貧其身，以憂社稷者；有崇其爵，豐其祿，以憂社稷者；有斷脰〔五〕決腹，壹瞑（瞑）〔六〕而萬世不視，不知所益〔七〕，以憂社稷者；有勞其身，愁其志，以憂社稷者〔八〕；亦有〔九〕不爲爵勸，不爲祿勉，以憂社稷者。」王曰：「大夫此言，將何謂也〔一〇〕？」

莫敖子華對曰：「昔令尹子文〔一一〕，緇帛〔一二〕之衣以朝，鹿裘以處，未明而立於朝，日晦而歸食，朝不謀夕，無一月之積〔一三〕。故彼廉其爵、貧其身、以憂社稷者，令尹子文是也〔一四〕。

「昔者葉公子高〔一五〕身獲於表薄，而財於柱國〔一六〕，定白公之禍〔一七〕，寧楚國之事，恢先君以揜方城之外〔一八〕，四封不侵〔一九〕，名不挫於諸侯〔二〇〕。當此之時也，天下莫敢以兵南鄉。葉公子高食田六百畛〔二一〕。故彼崇其爵，豐其祿，以憂社稷者，葉公子高是也。

「昔者吳與楚戰於柏舉〔二二〕，兩御〔二三〕之間夫卒交〔二四〕。莫敖大心〔二五〕撫其御之手，顧而大息曰：『嗟乎子乎〔二六〕！楚國亡之月（日）〔二七〕至矣！吾將深入吳軍，若扑〔二八〕一人，若捽〔二九〕一人，以與大心者也，社稷其爲〔三〇〕庶幾乎〔三一〕？』故斷脰決腹，壹瞑而萬世不視，不知所益，以憂社稷者，莫敖大心是也〔三二〕。

「昔吳與楚戰於柏舉，三戰入郢，寡君身出〔三三〕，大夫悉屬〔三四〕，百姓離散。棼冒勃蘇〔三五〕曰：『吾被堅執鋭〔三六〕，赴强敵而死，此猶一卒也，不若奔諸侯〔三七〕。』於是贏糧潛行，上峥山〔三八〕，踰深谿，蹠穿膝暴〔三九〕，七日〔四〇〕而薄秦王〔四一〕之朝。雀（隺）立不轉〔四二〕，晝吟宵哭，七日不得告，水漿無入口，瘨而殫〔四三〕悶，旄〔四四〕不知人。秦王聞而走之〔四五〕，冠帶不相及〔四六〕，左奉〔四七〕其首，右濡其口〔四八〕，勃蘇乃蘇〔四九〕。秦王身問之：『子孰誰也？』棼冒勃蘇對曰：『臣非異〔五〇〕，楚使，新造盩棼冒勃蘇〔五一〕。吳與楚人戰於柏舉，三戰入郢，寡君身出，大夫悉屬，百姓離散。使下臣來告亡，且求救！』秦王顧令不〔五二〕起〔五三〕，『寡人聞之，萬乘之君，得罪一士，社稷其危。今此之謂也。』遂出革車千乘，卒萬人，屬之子滿〔五四〕與子虎，下塞以東，與吳人戰於濁水而大敗之〔五五〕，亦聞於遂浦〔五六〕。故勞其身，愁其思，以憂社稷者，棼冒勃蘇是也〔五七〕。

「吳與楚戰於柏舉，三戰入郢，君王身出，大夫悉屬，百姓離散。蒙穀〔五八〕給（結）鬭於宫唐〔五九〕之上，舍鬭奔郢，曰：『若有孤〔六〇〕，楚國社稷其庶幾乎？』遂入大宫〔六一〕，負雞次之典〔六二〕，以浮於江，逃於雲夢之中。昭王反郢，五官〔六三〕失法，百姓昏亂。蒙穀獻典，五官得法，而百姓大治。此蒙穀之功多〔六四〕，與存國相若。封之執圭，田六百畛〔六五〕。蒙穀怒曰：『穀非人臣，社稷之臣。苟社稷血食〔六六〕，餘（余）豈悉（患）〔六七〕無君乎？』遂自棄於磨（磨）山〔六八〕之中，至今無冒〔六九〕。故不爲爵勸，不爲禄勉，以憂社稷者，蒙穀是也〔七〇〕。」

王乃大息曰：「此古之人也。今之人焉能有之耶？」莫敖子華對曰：「昔者先君靈王好小要，楚七（士）〔七一〕約食，馮〔七二〕而能立，式而能起〔七三〕。食之可欲，忍而不入。死之可惡，然〔七四〕而不避。章〔七五〕聞之，其君好發〔七六〕者，其臣抉拾〔七七〕。君王直〔七八〕不好，若君王誠好賢，此五臣者，皆可得而致之。」

【箋證】

〔一〕鮑彪云：「（莫敖）楚官。」〔按〕董説七國考云：「楚改司空爲莫敖。」顧棟高春秋大事表卷二十三云：「楚自桓公六年武王侵隨，始見左傳。其時鬭伯比當國主謀議，不着官稱。十一年，莫敖屈瑕盟貳軫，敗鄖師於蒲騷。時則莫敖爲尊官，亦未有令尹之號。至莊四年武王伐隨，卒於樠木之下。『令尹』與『莫敖』並稱，亦不知其尊卑何別也。嗣後莫敖之官，或設或不設，間與司馬並列令尹之下。」莫敖爲楚貴官之一，亞於令尹。然其官春秋時尚數見之，戰國則僅見此策。或威王之後不設此官歟？下文「莫敖大心」，淮南子脩務訓「莫敖」作「莫囂」。高誘注云：「莫，大也；囂，衆也；主大衆之官，楚卿大夫。」官長主大衆者多矣，何獨莫敖爲然？高注未了，恐亦出於望文增義耳。

〔二〕〔按〕楚自文王至威王，凡十八世。

〔三〕姚宏云：「孫本『華』作『章』。」横田本從孫本「華」作「章」，注云：「章，子華名也。」金正煒云：「作『章』者是也。後文『章聞之』可證。」〔按〕此亦不然，說見後。

〔四〕鮑本、吳本「足」下有「以」字。

〔五〕盧本「脰」作「頭」，下同。鮑彪云：「脰，項也。」

〔六〕鮑本、吳本、盧本「壹瞑」並作「一瞑」。〔按〕下文亦作「壹瞑」。壹、一同字。「瞑」是形誤，今正。鮑彪云：「瞑，不視也，謂死。」

〔七〕鮑彪云：「志於死耳，不求利也。」

〔八〕吳本無「有勞其身愁其志以憂社稷者」十二字，鮑本有，當脱。

〔九〕鮑本原無「有」字，鮑補「有」字。

〔一〇〕鮑彪云：「言謂誰。」

〔一一〕鮑彪云：「（令尹子文）鬬穀於菟。」〔按〕子文爲楚成王令尹。

〔一二〕盧本「帛」作「布」。〔按〕渚宫舊事卷三「緇帛」作「繒帛」。

〔一三〕鮑彪改「月」作「日」。盧本從作「日」。金正煒云：「國語楚語：『無一日之積。』則此文『月』當作『日』。」〔按〕渚宫舊事無「朝不謀夕，無一月之積」句，作「食於王宅，服於天府，行不避人」。

〔一四〕〔按〕左氏莊公三十年傳云：「鬬穀於菟爲令尹，自毁其家，以紓楚國之難。」國語楚語云：「昔鬬子文三舍令尹，無一日之積，恤民之故也。成王聞子文之朝不及夕也，於是乎每朝設脯一束，糗一筐，以羞子文。……成王每出子文之禄，必逃，王止而後復。」潛夫論遏利篇云：「昔鬬子文三爲令尹，而有飢色，妻子凍餒，朝不謀夕。」

〔一五〕鮑彪云：「（子高）名諸梁。」〔按〕國語楚語亦稱「沈諸梁」。韋注：「楚司馬沈尹戌之子，葉公子高也。」莊子人間世釋文云：「姓沈，名諸梁，字子高。」稱葉公者，子高爲葉縣縣公（楚縣令稱「縣尹」或「縣公」），故名。

論語孔安國注謂「食采於葉，僭稱公」。恐非。

〔一六〕鮑彪云：「表，野外。薄，林也。言其初賤。財、材同。柱國以子高爲材。」關修齡云：「表，外也。薄，疏也。財，裁通。柱國，都也。蓋言葉公舉於縣令疏外，而裁制國都也。」于鬯云：「柱國，本楚官名。表薄，或亦小官名，存疑。」安井衡云：「財，裁通。言爲柱國以裁制楚國之事也。」吳曾祺云：「『薄』疑作『著』。表著，朝臣所立處也（按「表著」見漢書五行志及注）。」金正煒云：「按諸梁爲沈尹戌之子，不得言『初賤』。『表薄』未詳，或爲『長薄』之誤。楚辭招魂『路貫廬江兮左長薄』，注：『長薄，地名也。』此舉葉公行事，惜無考證，惟當闕疑。柱國，都也。財於柱國，或富可敵國之意。」〔按〕諸說多窒，「表薄」無的解，待考。「柱國」訓「國都」，見齊策三國子曰章高注。

〔一七〕鮑彪云：「見哀公十六年。」〔按〕左傳哀十六年云：「（白公）遂作亂。秋七月，殺子西、子期於朝，而劫惠王。……葉公在蔡方城之外，……聞其殺齊管修也而後入，……使與國人以攻白公。白公奔山而縊。……諸梁兼二事（杜注：二事，令尹、司馬），國寧。乃使寧爲令尹（子西之子），使寬爲司馬（子期之子），而老於葉。」

〔一八〕鮑彪云：「恢，大也。集韻：拚，覆取也。言取地以大先君之封。」關修齡云：「言恢弘先君之德，以被於方城外也。」〔按〕關說爲長。

〔一九〕鮑本「侵」作「廉」。吳師道云：「一本『四封不侵』。」〔按〕渚宮舊事亦作「不侵」，同此本。鮑本「廉」字當從陸深（「廉薄」之「廉」）、孫詒讓（「廉」讀爲「謙」）訓，勝舊注（金其源從考工記輪人「揉牙之內不廉而外不挫」，鄭注「廉，絶也」，以訓此「不廉」，謂「喻葉公治楚之能內順而外寧也」）。

〔二〇〕〔按〕渚宮舊事作「威播於諸侯」。

〔二一〕鮑彪云：「畛，井田間陌。」吳師道云：「周禮：十夫有溝，溝上有畛。」朱子曰：「溝間千畝，畛爲阡。」

〔按〕渚宮舊事「畛」作「頃」，下又有「賜六十邑」。

〔二二〕鮑彪云：「定四年注：（柏舉）楚地。」〔按〕春秋定四年經：「冬十有一月庚午，蔡侯以吴子及楚人戰於柏舉，楚師敗績。……庚辰，吴入郢。」高士奇春秋地名考略云：「今（湖北）麻城縣東六十里有龜峯山，……即舉水之源也，一名龜頭山。又縣東三十里有柏子山，柏舉之名，蓋合柏山舉水而得。」

〔二三〕鮑本無「御」字，鮑補「軍」字。盧本「御」作「軍」。安井衡云：「兩御，兩將車之御也。言賈勇鏖戰，將車相接。」〔按〕渚宮舊事「御」作「師」。

〔二四〕鮑彪云：「（夫）千夫、百夫之『夫』。」金正煒云：「左氏哀元年傳：『夫屯晝夜九日。』注：『夫猶兵也。』」〔按〕舊事「夫卒交」作「矢石卒交」。

〔二五〕〔按〕淮南子脩務訓高注云：「大心，楚成得臣子玉之孫。」王紹蘭辨其不合，見淮南鴻烈集解。

〔二六〕吴師道云：「一本『子』作『予』。」〔按〕王引之經傳釋詞云：「説文：『嗟，𧦝也。』廣韻：『嗞嗟，憂聲也。』倒言之則曰『嗟嗞』，或作『嗟茲』，或作『嗟子』。詩綢繆曰：『子兮子兮，如此良人何！』毛傳曰：『子兮者，嗟茲也。』……秦策曰：『嗟嗞乎司空馬！』」又引此策文（文廷式、金正煒同王説，今略）。

〔二七〕姚宏云：「月一作『日』。」鮑彪改「月」作「日」。〔按〕作「日」字更切，今從一作改。

〔二八〕鮑彪云：「若，猶。抃，擊也。」吴師道云：「若，發語辭。抃，普卜反。」横田惟孝云：「『若』猶『或』也。言或抃一人，或捽一人。」〔按〕横田解是，「若」猶「或」，詳見經傳釋詞。

〔二九〕鮑彪云：「捽，持髮也。」

〔三〇〕鮑本、吴本無「爲」字。〔按〕渚宮舊事無「爲」字。

〔三一〕鮑彪云：「以是爲可以厲衆也。」〔按〕淮南子脩務訓大心語作「戰而身死，卒勝民治，全我社稷，可以庶幾乎」。此謂以死鼓勵士氣。

〔三二〕鮑彪云：「傳不書。」吳師道云：「左傳柏舉之戰，楚大夫史皇以其乘廣死。司馬沈尹戌傷而死，句卑剄而裹之。司馬戌即大心也，葉公諸梁之父也。王氏應麟謂鮑失考。」〔按〕王應麟語見困學紀聞，吳注本之。漢書古今人表莫敖大心列中中闌，沈尹戌列中下闌，則以爲二人，王說恐未然。

〔三三〕鮑彪云：「（寡君）昭王。」田藝蘅云：「『寡君』猶『孤君』也，故臣言之。後稱『君王身出』。」姚鼐云：「（寡君）當作『君王』。」王念孫云：「『寡君』當爲『君王』，此涉下棼冒勃蘇之詞而誤也。……下文述蒙穀之事，正作『君王身出』。」（横田惟孝說同）〔按〕舊事「寡君」作「先君」（舊事無下「君王身出」句），與上文「恢先君以揜方城之外」相合，亦通。「寡」字必誤。

〔三四〕鮑彪云：「屬，連。俱亡。」

〔三五〕鮑彪云：「定四年以爲申包胥。」吳師道云：「『棼冒』即『蚡冒』。『勃蘇』、『包胥』聲近。豈蚡冒之裔歟？」黄丕烈云：「吳說本困學紀聞，是也。申包胥爲蚡冒氏，猶鬭子文之言若敖氏。」朱亦棟云：「『棼冒』乃『包』字之切音，『勃蘇』乃『胥』字之切音。棼冒勃蘇即包胥也，與左傳之『蚡冒』同而異。」于鬯云：「『勃』爲『包』之轉，『蘇』、『胥』古通。錢大昕以『棼』爲『楚』之譌，『冒』爲『𦥔』之譌，古文『申』字。亦非。子華以楚臣稱述楚臣，何頻冠『楚』字？且下文云『楚使棼冒勃蘇』，不成曰『楚使楚』，可乎？」〔按〕當以吳注（本困學紀聞卷六）爲是。朱言切音，「包」字尚可通，「胥」字古今音並與「勃」聲不合，何以能切？不可信。

〔三六〕鮑彪云：「（堅銳）堅甲銳兵也。」〔按〕舊事「被」作「披」。

〔三七〕〔按〕淮南子脩務訓云：「申包胥竭力以赴嚴敵，伏尸流血，不過一卒之才。不如約身卑辭，求救於諸侯。」

〔三八〕鮑彪云：「崢嶸之山。」

〔三九〕鮑彪云：「蹠，足下。暴，傷也。」

〔四〇〕〔按〕文選求通親親表注、初學記卷七、太平御覽卷四百十八引「七」作「十」。「七」與「十」隸書形似易誤。舊事作「七」，同今本。淮南子亦云「七日七夜至於秦庭」。則「十」字當誤。

〔四一〕鮑彪云：「（秦王）襄公。」安井衡云：「『薄』猶『至』也。」

〔四二〕鮑彪云：「雀立，踊也。」王引之云：「『雀』當爲『隺』，字之誤也。『隺』與『鶴』同，一切經音義卷二曰：『鶴，古文作「隺」。』……『鶴立』謂竦身而立也。文選求通親親表：『實懷鶴立企佇之心。』李善注引此策：『鶴立不轉。』初學記人事部、太平御覽人事部引此並與文選注同。鴻烈脩務訓曰：『申包胥鶴跱而不食，晝吟夜哭。』皆其明證也。」（橫田惟孝説同。）〔按〕舊事亦作「鶴立不轉」。今據王説正。

〔四三〕鮑彪云：「瘨，狂。殫，氣絶也。」吴師道云：「詩：『瘨我。』注：『病也。』非『癲狂』之『癲』。」金正煒云：「『瘨』與『蹎』同。『殫』亦『癉』之借字，説文：『癉，勞病也。』」〔按〕金説長。

〔四四〕鮑彪云：「旄、眊同，無目也。」吴師道云：「旄、眊、耄字通，並昏也。」

〔四五〕鮑彪云：「走，去音，疾趨也。」〔按〕「走」猶「趨」也。舊事作「聞而趨之」。

〔四六〕〔按〕初學記、御覽引「冠帶」並作「冠劍」。王者冠劍而朝，似「劍」字爲勝。不相及，言其匆遽不及佩戴也。舊事作「冠帶」，同此本。

〔四七〕〔按〕「奉」同「捧」。

〔四八〕〔按〕言以水漿濡口。

〔四九〕鮑彪云：「蘇，死更生也。」

〔五〇〕鮑彪云：「言非他人。」

〔五一〕鮑彪云：「（新造盩）楚官。」吴師道云：「鮑見秦官有上造、大良造，遂爲此謬説。按字書，盩，張留反，引擊也；山曲曰『盩』。此無義。『盭』音『戾』，字通。又音『列』，罪也。當是此字，『新造盭』似言始搆難、今降戾之云。文當有訛舛，或在『吴』字下。」安井衡云：「盩，罪也。勃晝吟宵哭於秦庭，自以爲罪，故曰『新爲罪棼冒勃蘇』。」吴曾祺云：「『盩』即『戾』字，訓『罪』，猶之自稱罪臣也。」説亦略同。文廷式云：「『新造盩』當是官名，猶『大良造』之類。」于鬯云：「吴説甚迂曲，不如從鮑。」〔按〕諸説紛紜，起自吴氏。舊事作：「楚使新造盩尹勃蘇。」「新造盩」下著一「尹」字，則爲官名無疑，可以息諸家之訟。楚以「尹」名官極多，令尹、左尹、右尹之外，有寢尹、宫尹、樂尹、宫廐尹、中廐尹、監馬尹、環列之尹及各郡縣之尹（並見左傳）。「新造盩尹」何官，則不得詳矣。

〔五二〕鮑彪改「不」作「之」。吴師道云：「（不）字誤，或衍。」盧本「不」作「之」。安井衡云：「秦王見勃蘇之憊，命之不起。鮑改謬甚。」金正煒云：「『顧』與『固』通，謂堅令之，而不起。」〔按〕安井説可通。

〔五三〕鍾鳳年云：「『不起』下宜有『曰』字。此處無發語辭，即逕接秦王之言，界劃似欠分明。」〔按〕古人行文質樸，省略發語辭之例時有之，從上下文義推之可知，無嫌欠明。

〔五四〕吴師道云：「子滿，左傳子蒲。」〔按〕新序節士篇作「子滿」，與此同。

〔五五〕鮑彪云：「（濁水）出齊郡廣之嬀山東，蓋齊、楚壤界。」田藝蘅云：「濁水不應與齊接壤界，蓋齊去楚遠，非吴、楚戰地。乃濁漳也，與楚、魏相接，今之湖廣境也。」張琦云：「秦、吴之戰，不得至齊郡，亦非齊、楚界壤。水經注滍水右合濁水，俗謂之弱溝水。上承白水，流逕鄧縣故城南。按左傳秦敗吴後，子期、子蒲滅唐。唐故城在今隨州西北八十里。唐、鄧相近，應在此水也。」〔按〕淮南子脩務訓：「擊吴濁水之上。」高注：「濁水蓋江水。傳曰：敗吴於公壻之谿。公壻之谿，楚地。」

〔五六〕鮑彪云：「（遂浦）楚地，缺，或是夫遂也。蓋聞一説在彼，一在此。」吳師道云：「（左傳）云在稷與沂。注：『楚地。』當考。」橫田惟孝云：「『亦聞』疑當作『亦鬬』。」程恩澤云：「遂浦或係别名，疑即在襄、鄖等處，但無的據耳。」鍾鳳年云：「『聞』字疑爲『⿵門賓』字之誤，因形近而誤也。『⿵門賓』同『擯』。」

〔五七〕〔按〕左氏定公四年傳云：「昭王在隨，申包胥如秦乞師，……立依於庭牆而哭，日夜不絕聲，勺飲不入口，七日。秦哀公爲之賦無衣，九頓首而坐。秦師乃出。」又五年傳云：「楚子入於郢，……王賞鬬辛、……申包胥，……申包胥曰：『吾爲君也，非爲身也。君既定矣，又何求？』……遂逃賞。」

〔五八〕鮑彪云：「（蒙穀）楚將。」

〔五九〕鮑本、吳本、盧本「給」作「結」。鮑彪云：「『結』猶『交』。宮唐豈高唐邪？」于鬯云：「或云：『給』當讀爲『合』。魏策云：王遊人而合其鬬。是『鬬』稱『合』之證。」程恩澤云：「今江西撫州府臨川縣東南四十里有工塘，或即宮唐之訛。」金正煒云：「『給』當從鮑本作『結』。淮南氾論訓注：『結』猶『聚』也。『宮唐』疑是『高庫』之譌，見呂覽分職篇。」〔按〕舊事亦作「結鬬」。「結」字義長，今從鮑本改。

〔六〇〕鮑彪云：「時未知昭王存亡，故意其子。」〔按〕舊事作「君而有孤」。

〔六一〕姚宏云：「曾一無『大』字。」關修齡云：「大宮，蓋楚始祖廟也。」

〔六二〕姚宏云：「（雞）一本作『離』。」鮑彪云：「（雞次之典）楚國法也。『雞』一作『離』，是所以治離局者。」吳師道云：「（離次）是時典守者皆離其局，故負其典以逃。」〔按〕後漢書李通傳論注引「雞次」作「離次」，舊事同。「雞次」或「離次」，當是法典之名，鮑、吳説似鑿。章學誠信摭云：「此與左氏春秋『晉修執秩』之類相似。古人名書，當日必有取義，其説至今亦有可解，亦有不可解者，正當以不解解之，不必盡通。以後世之説晉乘、楚檮杌舊解，亦在可用不可用之間。」又通雅卷三云：「當以『離次』爲正。古『離』猶『麗』也；次，次第也。一曰：『書有『畔官離次』，因立法治之。遂爲書名。』此亦出於臆測，姑備一說參考。

〔六三〕〔按〕五官，見齊策一靖郭君謂齊王曰章。

〔六四〕王念孫云：『『此』當爲『比』，言比校其功，與存國相等也。後漢書李通傳注引此作『校蒙穀之功』，是其證。』〔按〕秦策一之九章高注：『戰功曰『多』。』舊事無『此』字。

〔六五〕〔按〕舊事『畛』作『畝』。執圭，楚爵，見東周策。

〔六六〕鮑彪云：『『血』謂牲牢。』〔按〕言祭祀。

〔六七〕姚宏云：『（餘豈悉）一作『余豈患』。』鮑本『悉』作『患』。吴師道云：『『餘』當作『余』。』〔按〕後漢書注引『餘』作『余』，『悉』作『患』，渚宫舊事同。今從一本改。

〔六八〕姚宏云：『（磨山）漢注引『歷山』。』鮑彪云：『後志：磨城，子胥所造，蓋以此山名城也。』張琦云：『今（湖北）荆門州當陽縣東四十里有磨城，荆州記以爲子胥所造。』程恩澤云：『地理志：充縣歷山，澧水所出。在今湖南澧州安福縣西。』（程氏以歷山之注爲高氏，大謬。高注此卷久佚，何獨留此文？所謂『漢注』，即後漢書李賢注可知。姚氏校注有時冠『續』字，有時不冠，於高注各卷之下，往往混溷不分。然二者體例不同，苟細心閲讀，固可按而别也。）〔按〕『磨』當作『磿（或作『㽁』）』，二字形似，古書常淆，但音不同。此策一作『磿山』，一作『歷山』，由音辨知『磨』爲『磿』之譌也，今正。説詳秦策四物至而反章注。舊事作『磨山』，同此本，『磨』亦『磿』之訛。

〔六九〕鮑彪云：『『冒』謂犯法。』吴師道云：『一本『無位』。』姚鼐云：『『冒』者言覆冒，子孫田禄之類。或作『位』，非是。』（安井衡同姚説）王引之云：『『冒』當爲『胄』字之誤也。冒，俗作『冐』，比『胄』字只少一筆。『無胄』謂『無後』也。周語：『晉懷公無胄。』韋注曰：『胄，後也。』』（横田惟孝説同）金正煒云：『王志是也。惟『無胄』亦非謂『無裔胄』。國語晉語：『以定晉國而無後，其子孫不可不崇也。』注：『無後，子孫無在顯位者。』此『無胄』之義即與之同，故亦作『無位』。」〔按〕姚、王二義並通，惟王説較長。諸宫舊事「無冒」作「無返」。

〔七〇〕姚宏云：「漢李通傳論曰：『昔蒙穀負書，不徇楚難。』注引戰國策吴、楚戰於柏舉，蒙穀奔入宫，負離次之典，浮江逃於雲夢之中云云，苟利社稷血食，余豈患無君乎，遂棄於歷山也。」

〔七一〕鮑本、吴本、盧本「七」並作「士」，顯是字誤，今正。

〔七二〕鮑彪云：「馮，依也。」

〔七三〕鮑彪云：「式，小低貌。」吴師道云：「軾，車前横木，有所敬，則俯馮之。據而後能立，馮而後能起，言以約食，故無力也。或疑士不（元刊本「不」作「下」，當是字損誤，今依惜陰軒本正）當言細腰。荀子云：『楚莊王好細腰，故朝有餓人。』一本標墨子云：『楚靈王好細腰，故其臣皆三飯爲節，脅息而後帶，淵牆而後起。』尹文子、韓非子皆言一國有飢色餓人。今按墨子三卷中無此文。三卷者别本也，古墨子篇數不止此。」〔按〕墨子文見今兼愛上篇（墨子書，隋、唐、宋志並著録爲十五卷，今本同。吴氏所云三卷者，當即直齋書録解題著録之三卷存十三篇本，故缺脱獨多也）。晏子春秋外篇、韓非子二柄篇並謂「楚靈王」，與策同。尹文子作「楚莊愛細腰」，同荀子君道篇。管子七臣七主篇則云：「楚王好小腰，而美人省食。」泛稱楚王，而愛細腰爲愛女子細腰。

〔七四〕姚宏云：「（然）一作『就』。」〔按〕舊事作「食之可欲，忍而弗内；死之可惡，斷而弗避」。

〔七五〕鮑彪改「章」作「華」。吴師道云：「當作『華』。」黄丕烈云：「鮑改吴補皆非也。『章』當是子華之名，上文『如華』，姚校云：『孫本作「章」』，是其證。」〔按〕「章」、「華」二字難定。安知孫本不是據此「章」字以改前文乎？諸宫舊事作「華聞」云云，則鮑改亦不能輕詆。

〔七六〕鮑彪云：「發，發矢。」〔按〕說文：「發，發射也。」

〔七七〕鮑本、吳本「抉」作「決」，同（周禮夏官繕人作「抉拾」，可證）。鮑彪云：「車攻注：『決，鉤弦。拾，遂也。』遂，發也。」吳師道云：「決，以象骨爲之，著於右手大指，所以鉤弦闓體。拾，以皮爲之，著於左臂以遂弦，亦名遂。」横田惟孝云：「吳語：『一人善射，百人決拾。』荀子：『君射則臣決。』謂上行則下效也。」〔按〕鮑注本詩小雅車攻毛傳。吳注本儀禮鄉射禮鄭注。

〔七八〕〔按〕「直」猶「特」，但也。

戰國策 卷十五

楚二

1 魏相翟强死

魏相翟强〔一〕死。爲甘茂謂楚王曰：「魏之幾相者，公子勁也〔二〕。勁也〔三〕相魏，魏、秦之交必善〔四〕。秦、魏之交完，則楚輕矣。故王不如與齊約，相甘茂於魏〔五〕。齊王好高人以名，今爲其行人請魏之相〔六〕，齊必喜。魏氏不聽，交惡於齊。齊、魏之交惡，必爭事楚。魏氏聽，甘茂與樗里疾，貿首之讎也〔七〕，而魏、秦之交必惡〔八〕，又交重楚也〔九〕。」

〔箋證〕

〔一〕〔按〕翟强見魏策。

〔二〕鮑彪云：「〈公子勁〉秦人。」〔按〕史記秦本紀昭襄王八年「魏公子勁、韓公子長爲諸侯」。校其年代，與此策合，是勁乃魏之公子，鮑注誤。其人親秦，故秦紀記其爲侯之歲。惟水經汝水注云：「汲冢古文謂衛將軍文子爲子南彌牟。其後有子南勁。紀年勁朝於魏，後惠成王如衛，命子南爲侯。」其事與秦紀所記相近。但秦昭王八年當魏襄王二十年（前二九九），與魏惠成王不合。又子南勁爲衛將軍文子後，氏子南，與「魏公子勁」亦不合（徐文靖竹書紀年統箋謂：「『魏』當作『衛』，字譌也。」恐未然）。疑公子勁與子南勁爲二人，而策之「公子勁」則與秦紀爲一人也。秦紀勁爲諸侯在樗里疾卒後一年，此策所言當其爲侯之前。

〔三〕姚宏云：「劉一無下『也』字。」

〔四〕鮑彪云：「勁，秦人而魏相之故。」吳師道云：「俱無考。」〔按〕鮑氏臆説無據，詳見上。

〔五〕〔按〕甘茂自秦亡入齊，齊賜之上卿，見秦策二。此時茂在齊，故客説楚與齊相之於魏。

〔六〕鮑彪云：「楚爲齊請如其使者。禮，行人使適四方。」横田惟孝云：「爲，使也。使齊行人請魏相甘茂。」〔按〕「行人」謂甘茂。史記甘茂傳云：「齊使甘茂於楚。」請相當在茂使楚之時，故云：「爲其行人請魏之相。」舊注非。

〔七〕鮑彪云：「貿，言欲易取其首。」〔按〕樗里子構甘茂，亦見秦策二。

〔八〕鮑彪云：「疾相秦，茂相魏故。」

〔九〕〔按〕此蓋因楚王用范環言，不相甘茂於秦（見同策一楚王問於范環章），故客爲之求相於魏。茂是否相魏，策、史皆不記。然甘茂傳云：「甘茂竟不得復入秦，卒於魏。」疑茂因齊、楚之請相魏，不久即卒也。

2　齊秦約攻楚

齊、秦約攻楚，楚令景翠以六城賂齊〔一〕，太子爲質〔二〕。昭雎謂景翠曰：「秦恐，且因景鯉、蘇厲而效地於楚。公出地以取〔三〕齊，鯉與厲且以收地取秦〔四〕，公事必敗。公不如令王重賂景鯉、蘇厲，使〔五〕入秦，秦（齊）恐〔六〕，必不求地〔七〕而合於楚。若齊不求，是公與約也〔八〕。」

【箋證】

〔一〕姚宏云：「一本（齊）下有『以』字。」

〔二〕鮑彪云：「此（懷王）二十九年。太子，横。」〔按〕楚世家：「（懷王）二十九年，秦復攻楚，大破楚，楚軍死者二萬。殺我將軍景缺。懷王恐，乃使太子爲質於齊以求平。」太子名横，即頃襄王。

〔三〕姚宏云：「『取』，一作『收』。別本作『牧』。」鮑彪云：「『取』猶『收』，猶『悦』。」

〔四〕鮑彪云：「收前所效者。蓋二人之辭曰：楚出地取齊，楚既弱矣，何足與地？秦收所效，必悦二人也。」吴師道云：「景鯉乃楚臣，秦可因之以責地。見楚弱而勸秦收所效之地，恐非。」横田惟孝云：「言秦恐齊、楚合，因二人而效地於楚。是翠出地以取齊交，二人取地以取秦交，楚王必不爲出地取齊，翠事必不成。」〔按〕横田解是。

〔五〕横田惟孝云：「重賂，重賂秦也。使，使者也。」

〔六〕秦恐。姚宏云：「一本（秦）下有『齊』字。」吴師道云：「『秦』字疑當作『齊』，謂重賂二人入秦，則齊知秦、楚之和，恐，不敢求所賂之地。」横田惟孝云：「一本有『齊』字，蓋注字謂『秦』當作『齊』也。」〔按〕依文義，「秦」當作「齊」。疑「齊」字或作「亝」（見碑別字），疑字損上半，殘存下半「二」，適在上文「秦」字下，傳寫因譌爲「秦」之重文。今從吴説改。

〔七〕鮑彪云：「不收所效。」〔按〕「地」謂賂齊之地，即六城。

〔八〕鮑彪云：「兩國各不取地而止攻，是約者復和也。『與』如『與國』之『與』，和好也。言翠能和兩國之約。」〔按〕「也」猶「矣」，見經傳釋詞。與約，與之約和。

〔附論〕

吳師道云：「戰國之時秦之割地希矣。惟赧王十七年割三城和齊、韓、魏一事爾。懷王末年，楚益以弱，雖合齊，秦未必遽懼而割也。效地於楚者，令楚效地。恐者，恐或如此之辭也。景翠必與景鯉、蘇厲不合者，故雖言翠既以地賂齊，則秦恐或且因蘇厲、景鯉而令楚效地，是翠出地取齊，而二人收所出之地以取秦，翠事豈不敗乎？」

〔按〕此文本明白易解，而鮑、吳皆以秦强不應有效地於楚之事，因曲求别義，致扞格難通。不知説士假設之辭，意求利害曉暢，固無拘於實際情勢如何。況秦取楚漢中，又嘗欲分漢中之半以和楚（見楚世家），則秦恐齊、楚之合，效地以與楚和，何必不可？吳説過泥。

3　術視伐楚

術視〔一〕伐楚，楚令昭鼠以十萬軍漢中。昭雎勝秦於重丘〔二〕。

蘇厲謂宛公昭鼠〔三〕曰：「王欲昭雎之乘〔四〕秦也〔五〕，必分公之兵以益之。秦知公兵之分也，必出漢中〔六〕。請爲公令辛戎謂王〔七〕曰：『秦兵且出漢中。』則公之兵全矣〔八〕。」

〔箋證〕

〔一〕鮑彪云：「（術視）秦人。」

〔二〕姚宏云：「別本『丘』作『兵』。」鮑彪云：「（重丘）屬平原。」張琦云：「通鑑注曰：『春秋時有二重丘，衛孫蒯飲馬於重丘。杜注：曹邑。同盟於重丘。杜注：齊邑。楚境皆不至此。』呂氏春秋曰：『齊令章子與韓、魏攻荆，荆使唐蔑將兵應之，夾泚而軍。章子夜襲之，斬蔑於是水之上。』水經注曰：『泚水又西，澳水注之。水北出茈丘山，南入於泚水。意者重丘即茈丘也。』按泚水在今（河南）南陽府唐縣北，齊重丘在今（山東）東昌府東五十里。曹重丘應在今（山東）曹州府。……又按楚懷末年，屢敗於秦，無勝秦之事。此策云『勝秦於重丘』，未詳。」程恩澤云：「楚世家云：『殺將軍唐昧，取我重丘而去。』此云『勝秦於重丘』，恐非一地，當從闕疑。」〔按〕鮑注同史記樂毅傳集解，並據地理志。敗唐昧重丘，荀子議兵篇又作「垂沙」。重丘、茈丘、垂沙，或一地而異名。此策云「昭鼠以十萬軍漢中」，約在楚懷十七年（前三一二）丹陽之戰前。其時楚未衄敗，國勢方强，昭雎敗秦之事，正可補史闕，不必疑之。又按太平御覽卷四百六十引戰國策「遊騰爲（淖）齒說王曰：『秦有上郡午者，重丘之戰，謂秦王曰：必無與戰。王曰：何也？對曰：南方火也，西方金也，金之不勝火必矣。秦不聽，果戰不勝。』」（此文今國策佚去）亦見余知古渚宮舊事卷三。可證楚敗秦重丘之實有其事。張氏從鮑本次年以爲懷王末年事而疑之。程氏又以重丘已失，因謂與敗唐昧之重丘非一地，皆由未考策文年代而誤。

〔三〕鮑彪云：「鼠爲宛尹。」

〔四〕鮑彪云：「王，楚王。『乘』猶『淩』。」

〔五〕鮑本、吳本無「也」字。

〔六〕鮑彪云：「出兵伐此。」

〔七〕鮑彪改「辛」爲「芈」，注云：「戎，楚人，貴於秦，如以私告楚王者。」吴師道云：「（辛）當作『芈』。」〔按〕芈戎爲秦宣太后弟華陽君。秦本紀：「（昭襄王）八年，使將軍芈戎攻楚，取新市。」是芈戎雖楚人，未必有私於楚。鮑改亦無的據，終嫌武斷，不如存舊文。

〔八〕鮑彪云：「欲其備秦，故不分其兵。」

4　四國伐楚

四國伐楚〔一〕，楚令昭雎將以距〔二〕秦。楚王欲擊秦，昭侯〔三〕不欲。桓臧〔四〕爲昭雎謂楚王曰：「雎戰勝〔五〕，三國惡楚之强也，恐秦之變而聽楚也，必深攻楚以勁秦〔六〕。秦王怒於戰不勝，必悉起而擊楚，是王與秦相罷〔七〕而以〔八〕利三國也。戰不勝秦，秦進兵而攻。不如益昭雎之兵，令之示秦必戰。秦王惡與楚相弊而令天下〔九〕，秦可以少割而收〔害〕也〔一〇〕。秦、楚之合，而燕、趙、魏不敢不聽，三國可定也。〔一一〕」

〔箋證〕

〔一〕鮑彪云：「楚紀（懷王）二十八年，秦、齊、韓、魏共攻楚。」顧觀光云：「按策文乃秦、燕、趙、魏四國，恐别一事。」〔按〕鮑據楚世家以此爲敗楚重丘事，四國既異，而史云「楚將唐昧」，策云「昭雎將」，亦復不同。林春溥戰國紀年雖從鮑説次於周赧十四年，亦疑之云：「按説與史異，豈昭雎不欲戰而使唐昧代之，以致敗耶？」似非同事。

〔二〕鮑彪云：「（距）拒同。」

〔三〕鮑本、吳本「昭侯」作「昭雎」。

〔四〕鮑彪云：「（桓臧）楚人。」

〔五〕姚宏云：「一本（勝）下有『秦』字。」〔按〕此即謂上章重丘之役。

〔六〕鮑彪云：「堅其伐楚之心。」

〔七〕鮑彪云：「（罷）音『疲』。」

〔八〕姚宏云：「一本無『以』字。」

〔九〕鮑彪「下」下補「利」字，盧本從之。吳師道云：「令天下，謂以相弊令於天下使知。」黃丕烈云：「『令』乃『全』字之誤。吳説亦未是。」鍾鳳年云：「『令』字與上文『利』字，乃相對之詞。兩字之釋義亦同。蓋著者爲力避重複，故著字有異耳。」〔按〕「令」疑是「利」之聲譌。「令」與「利」同聲紐。「利天下」與上文「利三國」相應。

〔一〇〕鮑彪云：「秦見楚將必戰，必割地與楚和，戰伐之害可息也。『收』猶『息』。」吳師道云：「秦惡與楚相敝而不戰，則楚可以少割地而收秦。一本無『害』字，是。」黃丕烈云：「此因上文『割』字而誤衍，『害』、『割』同字。」關修齡云：「『收』猶『止』也。言可以少割地與秦而可以止其戰伐之害也。」（金正煒云：「收，斂也。『斂害』謂禍害得以收束。」略與關同。）〔按〕吳注爲長，「害」字今從一本衍。

〔一一〕金正煒云：「『之』猶『若』也，『而』猶『則』也，並詳經傳釋詞。『定』疑『走』字之譌。」〔按〕「定」謂三國止兵，不必改字。

5　楚懷王拘張儀

楚懷王拘張儀〔一〕，將欲殺之。靳尚〔二〕爲儀謂楚王曰：「拘張儀，秦王必怒。天下見楚之無秦也，楚必輕矣。」

又謂王之幸夫人鄭褏〔三〕曰：「子亦自知且賤於王乎？」鄭褏曰：「何也？」尚曰：「張儀者，秦王之忠信有功臣也，今楚拘之，秦王欲出之。秦王有愛女而美，又簡擇宮中佳翫〔四〕麗好翫習音者以懽從之〔五〕，資之金玉寶器，奉以上庸〔六〕六縣爲湯沐邑〔七〕，欲因張儀內〔八〕之楚王。楚王必愛秦女〔九〕，依强秦以爲重，挾寶地以爲資，勢〔一〇〕爲王妻以臨于楚〔一一〕。王惑於虞〔一二〕樂，必厚尊敬親愛之，而忘子，子益賤而日疏〔一三〕矣。」鄭褏曰：「願委之於公！爲之奈何？」曰：「子何不急言王出張子。張子得出，德子無已時，秦女必不來，而秦必重子。子內擅楚之貴，外結秦之交，畜張子以爲用，子之子孫必爲楚太子矣。此非布衣之利也〔一四〕。」

鄭褏遽說楚王出張子〔一五〕。

〔箋證〕

〔一〕鮑彪云：「以其欺楚以商於故。」〔按〕張儀以商於地六百里欺楚，使絶齊，事見秦策二齊助楚攻秦章。史記楚世家：「(懷王)十八年，秦使使約復與楚親，分漢中之半以和楚。楚王曰：『願得張儀，不願得地。』張儀聞之，請之楚。秦王曰：『楚且甘心於子，奈何？』張儀曰：『臣善其左右靳尚，靳尚又能得事於楚王幸姬鄭袖，袖所言，無不從者。……且大王在，楚不宜敢取儀。』……儀遂使楚，懷王不見，因而囚張儀，欲殺之。」張儀傳同。

〔二〕鮑彪云：「(靳尚)楚人。」〔按〕史記屈原傳與屈原争寵之上官大夫，新序節士篇、王逸離騷序謂是靳尚。

〔三〕鮑本、吴本「傁」作「褏」。下同。吴曾祺云：「(傁)字宜作『褏』。」〔按〕「傁」即「褏」，乃「褏」之俗作，猶「褒」字之俗作「褎」也。褏，古「袖」字。

〔四〕鮑彪云：「衍『翫』字。」吴師道云：「一本無。」〔按〕此蓋涉下「翫」字而衍。太平御覽卷四百九十四引作「又簡擇宫中佳麗習音者」。「佳」下亦無「翫」字。今從一本衍。

〔五〕鮑彪云：「(好翫)人之可好可翫者。書曰：『翫人喪德。』『習音』所謂『懽』也，以從愛女。」吴師道云：「(習音)習於音聲者。」田藝蘅云：「以懽從之，乃以懽悦從之，即媵也。」闕修齡云：「按國語秦伯歸女五人曰：『不敢以禮致之，歡之故也。』義與此同。蓋言令其從之，以懽於是女。」横田惟孝云：「『好翫』二字疑當在『賓器』下。」中井積德云：「懽，恐衍文。」金正煒云：「好翫，言佳聲、而又好翫習音者。『翫』、『習』二字蓋連語。『懽』或爲『勸』。莊子天運篇：『淫樂而勸是。』釋文：『勸，司馬本作「倦」，讀曰「隨」。』此言秦以佳麗翫習音者是隨其愛女也。」〔按〕好翫，鮑注可通，金説可備考。「懽」訓闕説爲長。御覽引無「懽」字。

〔六〕張琦云：「(上庸)漢志屬漢中郡。今(湖北)鄖陽府竹山縣東四十里，有上庸故城。」〔按〕上庸屬漢中地，原爲楚有，秦奪取之。

〔七〕鮑彪云：「以邑爲女湯沐之具。」〔按〕湯沐邑，見前。

〔八〕〔按〕「内」同「納」。

〔九〕鮑彪讀「愛」字句。吴汝綸讀「女」字句。〔按〕「愛」爲他動詞，應有賓語。下文「依强秦以爲重」云云，蒙上文而省主語「秦女」二字，此例古書中多有之。今從吴讀。金正煒謂「『愛』當爲『受』」。非。

〔一〇〕鮑彪「勢」下補「必」字。吴師道云：「此下疑有缺字。」黄丕烈云：「此無缺，讀以（勢爲王妻以臨於楚）八字爲一句。」

〔一一〕金正煒云：「『于』爲『子』字之譌，『楚』字當屬下句，文義自明。」〔按〕原文自通。但金釋可備一説。

〔一二〕〔按〕「虞」同「娱」。

〔一三〕〔按〕御覽引「疏」下有「必」字。

〔一四〕鮑彪云：「利在爲王。」横田惟孝云：「非布衣之利，言子孫爲太子，其利甚大也。」

〔一五〕吴師道云：「史『楚願得張儀而獻黔中，秦王欲遣之，口弗忍言。儀請行曰：臣善靳尚，尚得事鄭褎，褎所言皆從。遂使楚。』儀固已料是謀之必中矣。」〔按〕吴注據張儀傳。又屈原傳云：「（儀）如楚，又因厚幣用事者臣靳尚，而設詭辯於懷王之寵姬鄭袖。」

6　楚王將出張子

楚王將出張子〔一〕，恐其敗〔二〕已也。靳尚謂楚王曰：「臣請隨之。儀事王不善，臣請殺之。」

楚小臣，靳尚之仇也，謂張旄〔三〕曰：「以張儀之知，而有秦、楚之用，君必窮矣。君不如使人微要靳尚而刺之〔四〕，楚王必大怒儀也。彼儀窮，則子重矣。楚、秦相難，則魏無患矣。」張旄果令人要靳尚刺之。楚王大怒秦〔五〕，構兵而戰，秦、楚爭事魏，張旄果大重〔六〕。

【箋證】

〔一〕鮑本此章與上章連屬。吳本從姚本分出。

〔二〕姚宏云：「敗，一作『欺』。」

〔三〕鮑彪云：「（張旄）魏之用事者。」〔按〕張旄亦見魏策四魏王問張旄曰章。

〔四〕鮑彪云：「微，不顯也。使若儀殺之。」〔按〕漢書文帝紀注引文穎云：「要，劫也。」「微要而刺之」，猶今言暗殺。

〔五〕鮑彪讀「怒」字句，「秦」下補「楚」字，屬下讀。吳師道云：「怒秦，句。」〔按〕吳讀是。楚王以爲秦殺靳尚，故怒之。

〔六〕鮑彪云：「張旄欲窮儀，則如殺儀斯已矣。今不殺儀，顧從説者殺尚，以儀之智爲足以免於死也？」鍾鳳年云：「案史記儀此行當秦惠文臨終之年，於時不聞秦、楚相攻，事可疑。」〔按〕韓非子內儲説下篇云：「犀首與張壽爲怨。陳需新入，不善犀首，因使人微殺張壽。魏王以爲犀首也，乃誅之。」顧廣圻識誤云：「張壽，張旄也。陳需，田需也。大致與戰國楚策所云『張旄果令人要靳尚刺之』爲一事，傳之不同也。」

〔附論〕呂祖謙大事記解題云：「靳尚之出張儀，欲以求福也。反以殺身，事變之來亦安可迎隨哉？此可爲小臣之戒。」吴師道云：「屈原曰：『前大王（原訛作「臣」，今正）見欺於張儀，儀至，臣以爲大王烹之。』吁！豈惟屈原，雖庸人孰不謂然。懷王聽靳尚，隨袖之言而出之。既出之，又恐其欺己而使尚隨之，不悟其詐。尚之見殺，則雖怒而終不能誅儀也。杜忠言，惑邪説，玩弄於儀掌股之上，召寇衄師，喪國亡身，死有餘責。特以爲秦人詐誘，天下反從而憐之。計其愚闇强愎，六國之主無與輩也。」

7　秦敗楚漢中

秦敗楚漢中〔一〕，楚王入秦，秦王留之〔二〕。遊騰爲楚謂秦王曰：「王挾楚王而與天下攻楚，則傷行矣〔三〕。不與天下共攻之，則失利矣。王不如與之盟而歸之。楚王畏〔四〕，必不敢倍盟，（倍盟〔五〕）王因與三國攻之，義也。」

〔箋證〕

〔一〕鮑彪云：「此（懷王）三十年，秦伐我，取八城。宜得漢中。」〔按〕楚失漢中在懷王十七年。十八年，秦分漢中之半以和楚。當時懷王欲殺張儀，不欲得地。其後卒。釋張儀，見楚世家。疑秦終以漢中之半和楚。此謂敗楚漢中者，當指其地也。

〔二〕〔按〕秦昭王遺楚懷王書，約會武關相盟，楚王如約，秦遂閉關劫之咸陽，見史記楚世家。

〔三〕橫田惟孝云：「挾王而攻其國，不義也，故曰『傷行』。」

〔四〕鮑彪云：「畏，畏秦。」

〔五〕鮑本「倍」作「背」，同。「盟」下補「背盟」二字。吳師道云：「宜復有『背盟』二字。」〔按〕「倍盟」二字重文，或書作「倍〻盟〻」，因傳寫脱去「倍盟」二字下之重文。依文義當有，今從鮑補。

8 楚襄王爲太子之時

楚襄王爲太子之時，質於齊。懷王薨，太子辭於齊王而歸〔一〕。齊王隘之(曰)〔二〕：「予我東地〔三〕五百里，乃〔四〕歸子。子不予我，不得歸。」太子曰：「臣有傅，請追(退)〔五〕而問傅。」傅慎子〔六〕曰：「獻之。地所以爲身也〔七〕。愛地不送死父，不義，臣故曰獻之便〔八〕。」太子入，致命〔九〕齊王曰：「敬獻地五百里。」齊王歸楚太子。

太子歸，即位爲王。齊使車五十乘來取東地於楚。楚王告慎子曰：「齊使來求東地，爲之奈何？」慎子曰：「王明日朝羣臣，皆令獻其計。」上柱國子良入見，王曰：「寡人之得求(來)反王(主)墳墓〔一〇〕、復羣臣、歸社稷也，以東地五百里許齊。齊令〔一一〕使來求地，爲之奈何？」子良曰：「王不可不與也。王身出玉聲，許强萬乘之齊[一二]。而[一三]不與，則不信，後不可以約結諸侯。請與而復攻之！與之信，攻之武。臣故曰與之。」子良出，昭常入見。王曰：「齊使來求東地五百里，爲之奈何？」昭常曰：「不可與也。萬乘者以地大爲萬乘，今去東地五百里，是去戰國之半也[一四]，有萬乘之號，而無千乘之用也[一五]，不可。臣故曰勿與。常請守之！」昭常出，景鯉入見。王曰：「齊使來求東地五百里，爲之奈何？」景鯉曰：「不可與也。雖然，楚不能獨守。王身出玉聲，許萬乘之强齊也而不與，負不義於天下。楚亦不能獨守[一六]，臣請西索救於秦！」景鯉出，慎子入，王以三大夫計告慎子曰：「子良見寡人曰：『不可不與也，與而復攻之。』常見寡人曰：『不可與也，常請守之。』鯉見寡人曰：『不可與也，雖然楚不能獨守也，臣請索救於秦。』寡人誰用於三子之計？」慎子對曰：「王皆用之。」王怫然作色曰[一七]：「何謂也？」慎子曰：「臣請效其說，而王且見其誠然也。王發上柱國子良車五十乘，而北獻地五百里於齊。發子良之明日，遣昭常爲大司馬，令往守東地。遣昭常之明日，遣景鯉車五十乘，西索救於秦。」王曰：「善。」乃遣子良北獻地於齊。遣子良之明日，立昭常爲大司馬，使守東地。又遣景鯉西索救於秦。

子良至齊，齊使人以甲受東地。昭常應齊使曰：「我典主[一八]東地，且與死生[一九]。

悉五尺至六十〔二〇〕三十餘萬，弊甲鈍兵，願承下塵〔二一〕。」齊王謂子良曰：「大夫來獻地，今常守之，何如？」子良曰：「臣身受命弊邑之王，是常矯〔二二〕也。王攻之！」齊王大興兵攻東地，伐昭常，未涉疆〔二三〕。秦以五十萬臨齊右壤〔二四〕曰：「夫隘楚太子弗出，不仁。又欲奪之東地五百里，不義。其縮甲〔二五〕則可；不然，則願待戰。」齊王恐焉，乃請子良南道楚〔二六〕，西使秦。解齊患，士卒不用，東地復全。

〔箋證〕

〔一〕〔按〕此事見齊策三楚王死太子在齊質章。懷王留秦，其時未薨，楚人欲召太子還立之，使告於齊，謂王已薨也。

〔二〕鮑彪云：「『隘』猶『阻』。未即許，求地也。」吴師道云：「『隘』從『阨』音，下同。」鍾鳳年云：「『齊王隘之』句下，疑……脱一『曰』字。」〔按〕「之」下應有「曰」字。太平御覽卷三百八十八、卷四百八十引作「齊王曰」，並有「曰」字。渚宫舊事卷三作「齊閔王曰」，亦有「曰」字。今據補。

〔三〕〔按〕御覽引「予」作「與」，舊事同。「予」、「與」通用。「東地」即「下東國」，見齊策三。

〔四〕〔按〕御覽引「乃」作「則」，舊事同。

〔五〕鮑彪改「追」作「退」。吴師道云：「（追）『退』字訛。」盧本「追」亦作「退」。〔按〕鮑改是也，「退」與「追」形近而譌，今從改。御覽卷三百八十八引作「請問傅」，文有節略。

〔六〕〔按〕黄式三周季編略「慎子」作「慎到」，是以楚傅慎子與齊稷下先生之慎到爲一人。今慎子書載此事，黄氏蓋據之。然慎子書乃明人所薈輯，非漢、唐舊本，此文又全鈔國策，文字且與鮑本無異，益可證明人所輯，不能爲據。慎到與孟子並時，魯嘗欲使爲將軍（見孟子告子下篇）。當齊宣王世與淳于髡、環淵、接子、田駢等集於稷下，著書干主（見史記孟子荀卿列傳）。其年代雖可與楚頃襄相接，但未聞其爲楚傅。風俗通姓氏篇：「慎到爲韓大夫。」史記孟子荀卿列傳正義：「慎子，……戰國處士。」亦不及楚。鮑、吴此下並無注，蓋亦疑其與慎到不合也。又鹽鐵論論儒篇謂：「（齊）湣王……南舉楚淮，北并巨宋，苞十二國，……矜功不休，百姓不堪。諸儒諫不從，各分散，慎到、接子亡去。」是慎到去齊，在湣王末年。楚襄歸國，當齊湣初年，孟嘗秉政，距滅宋（楚襄十三年）相去十三年，其時慎到在齊，何能爲楚太子傅乎？可證此慎子之決非慎到也。黄説不足據。梁玉繩漢書人表考以此策之慎子爲襄王傅與慎到非一人，是也。又以孟子之慎子亦别爲一人，則恐非。

〔七〕横田惟孝云：「謂爲身愛地也。」

〔八〕姚宏云：「便，一作『使』。曾作『便』。」

〔九〕鮑彪云：「致命，歸誠之言。」吴師道云：「送致命令，如項羽使人致命懷王。」金正煒云：「『致命』猶云『反命』也。國語吴語：『董褐既致命。』亦謂『復命』，正與此同。鮑注近是，吴正大非。」

〔一〇〕鮑本、吴本、盧本「王」作「主」。鮑彪云：「（得求反）求反國而得。（復）復見之。」王念孫云：「『求』當爲『來』，謂得來反於楚也。隸書『來』字作『来』，『求』字或作『来』，二形相似。……太平御覽人事部引此正作『來反』。」金正煒云：「『求』當爲『來』字之譌也。公羊隱五年傳注：『齊人名求得爲得來。』」〔按〕「王」當作「主」，「主墳墓」謂主祭掃墳墓，即君位之謙辭，與下「復羣臣、歸社稷」並舉。御覽卷四百八十引亦作「主」。今從鮑本正。安井衡以「反王墳墓，謂歸國葬懷王」，説殊牽强，不取。「求」亦宜從王校作「來」，訓從金釋。

〔一一〕姚宏云：「『令』，一作『今』。」〔按〕御覽引作「今」。

〔一二〕金正煒云：「『强』字當在『齊』字上，後文可證，此誤淆也。」〔按〕御覽卷三百八十八引無「强」字，諸宫舊事同。

〔一三〕金正煒云：「『而』讀爲『若』。」

〔一四〕横田本「戰國」作「我國」，謂從一本。潘和鼎云：「六國楚地最大，江乙曰：『今王之地方五千里。』蘇秦曰：『地方五千里。』襄王流揜於城陽，莊辛曰：『楚國雖小，絶長補短，猶以數千里。』然則去東地百里，非去國之半。竊疑『戰國』是『東國』之訛。『東』、『戰』字形不相近，或『東』誤爲『單』，校者又加『戈』旁耳。……楚東國地有千里，然則去東地五百里，非割東國之半乎？楚地方五千里，去東地五百里，是去十分之一，故下文曰『有萬乘之號，而無千乘之用』，言以萬乘之國而少千乘之地也。」（于鬯注引）金正煒云：「『戰』字疑衍。或『國』爲『葡』（按同『備』字）字之譌。」鍾鳳年云：「『戰國』二字於此無解。疑此語有倒字，且有脱文。『戰』字當在『去』字上，而其上又脱一『不』字，句作『是不戰去國之半也』。」〔按〕渚宮舊事作「是去國之半」，無「戰」字。潘説雖有理，但改字終嫌無據。此類詞句多有誇飾，不能看得死板。下文有「萬乘之號」云云，謂有大國之名，而無大國之實，亦非十分去一之意。

〔一五〕金正煒云：「管子權修篇：『外不可以應敵，内不可以固守，故曰有萬乘之號，而無千乘之用。而求權之無輕，不可得也。』昭常蓋援管子之文，以申其説。」〔按〕管子輕重乙篇桓公問管子曰：「寡人之國，五分而不能操其二，是有萬乘之號，而無千乘之用也。」以是知此二句爲當時成語，故管子書引之，昭常亦引之。金氏以爲申管子之説，未然。

〔一六〕姚宏云：「曾圈去以上（「王身出玉聲」云云）二十七字。」〔按〕渚宮舊事記景鯉語有節略，但云「不與，負不義於天下」，即在曾圈二十七字中，可見唐本並不如此。

〔一七〕鮑彪云：「『佛，鬱也。』」吴師道云：「『佛』音『拂』，當與孟子『艴然』之『艴』同義，怒變色也。」〔按〕「佛」讀如「勃」，古無輕脣音，故「佛」讀作「勃」。孟子萬章篇「王勃然變乎色」，與此義同。論語鄉黨篇「色勃如也」，説文引「勃」作「艴」。「怫」、「艴」同從「弗」聲，通用。

〔一八〕鮑彪云：「『典』猶『職』。『主』猶『守』。」

〔一九〕鮑彪云：「地有則生，失地死之。」〔按〕且，將也。

〔二〇〕陸深云：「悉五尺至六十，或作『率吾之士卒』。」田藝蘅云：「五尺之童，自年十五以上者。」（横田解從之）金正煒云：「古人以二歲半爲一尺。後漢書明帝紀注、李燮傳注並云：『六尺謂年十五以下也。』墨子旗幟篇：『五尺童子爲童旗。』言無小大皆當自爲戰備。又周禮司徒：『一曰慈幼。』疏：『鄉大夫職，國中自七尺，野自六尺，皆不從徵。』則十五從徵，十四以下不從徵，可知。又王制：『六十不與戎服。』此云『悉五尺至六十』，蓋徵發及於老弱耳。」〔按〕「五尺」爲未成年童子之稱，孟子滕文公上篇：「雖使五尺童子適市。」荀子仲尼篇：「仲尼之門人，五尺之豎子。」皆其證。周禮地官鄉大夫：「國中自七尺以及六十，野自六尺以及六十有五，皆徵之。」賈疏：「『七尺』謂年二十。……『六尺』謂年十五。」是「六尺」非童豎，始受徵役。又大司徒保息六：「一曰慈幼。」鄭注：「十四以下不從徵。」孫詒讓正義：「鄭意『十四以下』爲『五尺以下』。」是「五尺」爲十四以下。前人謂尺數昇降皆五年（吴昌宗四書經注集證），或謂二歲半爲「一尺」（陸深春風堂隨筆），皆與鄭義不合，恐非。說苑權謀篇云：「（齊）起兵伐莒，魯下令，丁男悉發，五尺童子皆至。」亦言徵發及於老弱。

〔二一〕鮑彪云：「凡人相趨則有塵，戰亦有塵。不敢與齊抗，故言『下』。」横田惟孝云：「『下塵』猶『下風』也。」〔按〕此外交用之辭令，意謂不避一戰。

〔二二〕横田惟孝云：「矯，託也。託上命也。」

〔二三〕王念孫云：「『未涉』下當有『泗』字。寫者脱去耳。『疆』當爲『彊』，字之誤也。『彊秦』二字下屬爲句。……史記楚世家：『齊湣王謂其相曰：不若留太子以求楚之淮北。』……淮北之地，亦即此篇所謂『東地五百里』也。

地在淮北，則爲泗水所經，故齊改楚之東地，必涉泗水也。」吴汝綸云：「涉疆，如左傳『涉吾地』。」王〔説〕……非是。」金正煒云：「未涉疆，謂未入東地之界。『涉』猶『入』也。穀梁昭元年傳：『疆之爲言猶竟也。』元文自通，非有脱誤。且此爲記事之詞，不當稱『疆秦』。」〔按〕吴、金二説是。渚宫舊事作「未涉境」，「境」與「疆」同義，可證文無誤脱，王説未允。

〔二四〕〔按〕秦策四物至而反章：「注地於齊，齊之右壤可拱手而取也。」史記正義云：「右壤，謂濟州之南北也。」通鑑注云：「謂濟西之地。」與此「右壤」同。非平陸之右壤。

〔二五〕鮑彪云：「縮，蹙也，蓋東之。」金正煒云：「史記天官書：『退舍曰縮。』賈子新書耳痺篇：『吴王不忍，縮師與成。』縮甲，縮師義同。」〔按〕「其」猶「尚」也，庶幾也，見經傳釋詞。

〔二六〕横田惟孝云：「道，言也。使子良言楚以不攻東地。」金正煒云：「『請』當爲『謝』，字之譌也。廣雅釋詁：『道，説也。』此與秦策『西説趙北説燕』文同。」

〔附論〕

鮑彪云：「此四臣皆國士也，襄王無若人，豈能反國？慎子能兼用之，其最優乎？方之晉五臣，其舅犯歟？此書三書懷王薨而太子歸，史記獨謂太子歸而王乃薨，又謂王逃歸不達，薨。夫秦能劫留之，豈不能衛之？孟嘗之逃，先以計免，猶危不脱，楚王何以能逃？可疑也。楚王亡死，太子在外，郢中必立王以絶秦望。太子以齊之重歸，義嗣也，其誰敢干之？於是王乃定（下略）。」

吴師道云：「頃襄之辭於齊，齊隘之以割地，雖不讎，非不信也。齊使之來，當直拒之。昭常之不與，是矣。然不知出地而較計於大小之間，抑末矣。子良之與而復攻，繆矣。景鯉爲之索救於秦，夫不共戴天之讎，在所當絶，尚忍乞哀而求援哉？鯉罪特甚也。慎子不知擇其是非，決以大義，請皆用之，則兼其失矣。且秦之責齊曰：『隘楚太子，不仁；奪東地，不義。』斯言也，出於雠國之口，而四人皆無一語及之，尚何足稱乎？餘説並見齊策。春秋、戰國之時，在他國而逃歸者多矣，豈無衛之者邪？以此疑懷王之逃，不可也。」

〔按〕鮑氏從策以懷王薨而太子歸，又以爲太子質齊，郢中立王，太子歸而更位，並有誤，説見齊策三。黄式三周季編略云：「是時懷王在秦，楚君臣者何能絶秦？楚王立，秦抱空質。説秦之拒齊，策士相機行之耳。若如策言懷王薨而太子歸立，則秦、楚真不共戴天之仇，楚斷不可索救於秦矣。」此調和策、史二説，爲乞秦援辯護。愚謂此策當與史記不合。而同策四長沙之難章謂齊、韓、魏三國攻楚東國，楚用昭蓋計，令屈署爲和於齊以動秦，秦果許出兵助楚，亦與此策有異。蓋傳聞異辭，加以策士誇飾，遂致失實。此類只能各從本文，不必强爲統一，反生穿鑿也。

9　女阿謂蘇子曰

女阿〔一〕謂蘇子曰：「秦栖〔二〕楚王，危太子者，公也。今楚王歸〔三〕，太子南〔四〕，公必危。公不如令人謂太子曰：『蘇子知太子之怨已也，必且務不利太子。太子不如善蘇子，蘇子必且爲太子入矣〔五〕。』」蘇子乃令人謂太子，太子復請善於蘇子〔六〕。

〔箋證〕

〔一〕鮑彪云：「(女阿)未詳。」黄丕烈云：「女阿者，太子之阿，内則所謂『可』者。」安井衡云：「女阿，蓋楚人姓名。」〔按〕禮記內則：「擇於諸母與可者。」鄭注：「『可』者，傳御之屬也。」「可」與「阿」可通用，故黃氏以當「女阿」。然楚太子爲質於齊，有師傅相隨，阿母是否亦從，制不可考。此解終欠分明。古人於婦女名常於「女」下繫其名，則「女阿」爲婦女名「阿」者解可推。但殷商臣有女鳩、女方（見尚書商書序），晉臣有女寬（見左傳昭公二十八年），並爲男子。是女阿或爲男子名，亦未可知。

〔二〕姚宏云：「『栖』，別本作『西』。」鮑彪云：「懷王見劫。客秦如栖。」金正煒云：「凡失國而寓於外者皆爲棲。詩大雅：『如彼棲苴。』傳：『水中浮草曰「棲苴」。』或即其義。」〔按〕「西」即「栖」或「棲」之本字。横田解謂「見劫西入秦」，大謬。「棲」即「棲越於會稽」之「棲」。鳥所止宿曰「棲」（史記吳世家索隱），此謂覊之如棲鳥也。

〔三〕鮑彪云：「以此書及史考之，王皆不歸。今此，蓋其喪歸。」吳師道云：「此謀度之言。」〔按〕吳説是。「今」猶「若」，見經傳釋詞。言若楚王得歸，太子南反，則蘇子必危矣。

〔四〕鮑彪云：「自齊歸楚爲南。」

〔五〕鮑彪云：「入，言其歸之之深。」吳師道云：「使太子得入也。」中井積德云：「『太子入』當作『太子人』。」金正煒云：「按上文言『太子南』，是太子已歸楚，不待蘇子爲之求入。疑『入』字或爲『人』之譌。」〔按〕鮑、金等並不知「今」訓「若」，誤以「太子南」爲實事，故於此「入」字求别義或改字。此謂助太子得反國，否則將不利於太子，以利害恐之，故太子復善蘇子。若謂爲「太子之人」，只是泛示親善之意，何能反怨爲善？知必不然。鮑注牽强，不待辨。

〔六〕吳本「請」下脱「善」字。吳師道云：「疑此乃齊策蘇子説薛公章脱簡，首『女阿』二字又他章錯脱。又説薛公策末欠蘇子自解於薛公一節，此爲蘇子自解於太子也，疑亦有差舛。」黃丕烈云：「與齊策不相涉。」〔按〕依文意推之不合，吳説恐未然。

戰國策 卷十六

楚三

1 蘇子謂楚王曰

蘇子謂楚王〔一〕曰：「仁人之於民也，愛之以心，事之以善言〔二〕。孝子之於親也，愛之以心，事之以財〔三〕。忠臣之於君也，必進賢人以輔之。今王之大臣父兄，好傷賢以爲資〔四〕，厚賦斂諸臣〔五〕百姓，使王見疾於民，非忠臣也。大臣播王之過於百姓〔六〕，多賂諸侯以王之地，是故退王之所愛〔七〕，亦非忠臣也。是以國危。臣願無聽羣臣之相惡也，慎大臣父兄〔八〕，用民之所善，節身之嗜欲以〔九〕百姓。人臣莫難於無妬而進賢。爲主死易，垂沙之事〔一〇〕，死者以千數〔一一〕。爲主辱易，自令尹以下事王者以千數。至於無妬而進賢，未見一人也。故明主之察其臣也，必知其無妬而進賢也。賢(臣)〔一二〕之事其主也，亦必無妬而進賢。夫進賢之難者，賢者用且使己廢，貴且使己賤，故人難之。」

【箋證】

〔一〕鮑次此策於威王下，以「楚王」爲「威王」，云：「此策本次蘇秦之楚之上，知蘇子，秦也。然不可先於之楚，故次之此。」吴師道云：「蘇子未知果秦否，序次無據。」〔按〕下文言「垂沙之事」，在懷王時（見下），則鮑編誤也。顧觀光編年據荀子文改編，附隸於「四國敗楚重丘」之下，當懷王之世。蘇子是厲或代。鍾鳳年謂：「立言始終不失於正，……迥非縱横者流所能道及。……未必出自秦、代輩。」亦屬主觀推測，無據。

〔二〕横田惟孝云：「『事』字疑當作『使』。以善言，謂喻以善言。」中井積德云：「『事』疑當『作』字。」〔按〕事，治也。見秦策高注。與下「事之以財」之「事」不同，本文義自通，不煩改字。

〔三〕横田惟孝云：「謂養以財賄也。」

〔四〕鮑彪云：「（資）爲己資藉。」關修齡云：「傷，毀謗也。言毀賢令不用，以爲自利之資。」

〔五〕鍾鳳年云：「『臣』字不宜有，試觀下文一言『使王見疾於民』，再言『播王之過於百姓』，而獨不及諸臣，即可見其必誤。此『諸』字應作『之』字『於』字解。蓋或視作『衆』字解，因於其下妄補『臣』字。」〔按〕鍾説是也，而有未盡。儀禮士昏禮記鄭注：「諸，之也。」（例詳古書虚字集釋）「臣」當作「㠯」，字之譌也。「㠯」即「以」字，「以」猶「於」也，見經詞衍釋。此文猶「厚賦斂之於百姓」，亦猶「厚賦斂諸百姓」。或以「諸」爲「之於」之合音，「諸」下不應再有「㠯」字爲疑。按左氏僖公十三年傳：「晉荐饑，使乞糴於秦。秦伯謂子桑與諸乎？……謂百里與諸乎？」「與諸乎」猶「與之乎」或「與諸」。「諸」亦爲「之乎」二字合音，然「諸」下繫「乎」字，則「諸」作「之」用，與此例正同。又揚子法言問道篇云：「聖人之治天下也，礙諸以禮樂。」「諸」下繫「以」字，與此例亦同，惟彼文「以」不作「於」訓耳。由此可證「臣」爲「目」譌無疑。

〔六〕關修齡云：「播，如盤庚所謂『播告』之『播』，揚也，布也。」安井衡云：「上『大臣』，父兄爲大臣者。此則異姓大臣，故下文云『亦非忠臣也』。」

〔七〕鮑彪云：「王所愛者，必不播割，與大臣異趣，故大臣退之。」金正煒云：「『是故』當爲『且故』，涉下『是』而譌。」

〔八〕鮑彪云：「言不輕用之。」

〔九〕鮑彪「以」下補「與」字，盧本從之。吳師道云：「此（以）下有缺文。」吳汝綸云：「以、與同字，鮑補非也。吳謂缺文，亦非。」〔按〕後吳説可通。又：以，爲也，見玉篇。訓此更順。

〔一〇〕鮑彪云：「未詳。（淮南子）兵略訓『楚兵殆於垂沙』，亦不注。」横田惟孝云：「荀子『兵殆於垂沙，唐蔑死』。史記楚懷王二十八年，秦與齊、韓、魏共攻楚，殺楚將唐昧。『昧』與『蔑』同。據之，此章當在懷王策。」（程恩澤説同）于鬯云：「史記禮書云：『兵殆於垂涉，唐昧死焉。』然韓詩外傳、淮南兵略訓並作『垂沙』。商君弱民篇作『乑沙』，『乑』即『垂』字，無異。故或以史文『涉』爲『沙』字，形近之誤。後策云『長沙之難』，即此『垂沙之事』，則垂沙又名長沙，長、垂，一聲之轉也。」〔按〕荀子議兵篇楊倞注云：「垂沙，地名，未詳所在。漢地理志沛郡有垂鄉，豈垂沙乎？」程恩澤謂「垂沙當在方城内外，……非沛郡蘄縣之垂鄉」。不能確言其處。朱師轍商君書解詁據吕氏春秋處方篇及水經注謂：「『垂沙』若果爲地名，當在比水之濱。」其説蓋同於俞正燮癸巳存稿卷七楚唐昧篇。史記六國表、楚世家、樂毅傳作「重丘」，疑是一地異名。秦本紀作「攻楚方城」。

〔一一〕吳師道云：「爲主死易，止千數。下句同，如此則意明。」〔按〕以千數，謂死以千數計，言死者衆，喻爲主死易。下文「未見一人」，言進者寡，喻進賢之難。吳注故求深解，殆非本義。

〔一二〕鮑本、吳本「賢」下有「臣」字。〔按〕「賢臣」與「明主」對稱，有者是，今據補。

2 蘇秦之楚三日

蘇秦之楚，三日(月)〔一〕，乃得見乎王。談卒，辭而行。楚王曰：「寡人聞先生，若聞古人〔二〕。今先生乃不遠千里而臨寡人，曾不〔三〕肯留，願聞其說。」對曰：「楚國之食貴於玉，薪貴於桂，謁者難得見如鬼，王難得見如天帝〔四〕。今令臣食玉炊桂，因鬼見帝，(其可得乎)〔五〕？」王曰：「先生就舍，寡人聞命矣〔六〕。」

〔箋證〕

〔一〕吳師道云：「一本標後語、十二國史(三日)皆作『三年』。」王念孫云：「『三日』當作『三月』。藝文類聚火部、太平御覽飲食部及文選張協雜詩注引此並作『三月』。據下文云『王難得見如天帝』，則當作『三月』明矣。」〔按〕王說是。三日見君，何爲「難得見」？後語等作「三年」，又不應如此遲緩，且「年」與「日」字形不近，何由致誤？白氏類帖卷五引作「三日」，譌與今本同。今從王校改。

〔二〕關修齡云：「若聞古人，言欽慕之甚，直如恐不及見之。」〔按〕詩邶風綠衣篇：「我思古人，實獲我心。」「古人」謂「古之君子」(毛傳)，與此同義。

〔三〕〔按〕藝文類聚卷八十、文選張景陽雜詩注、太平御覽卷八百四十七引「不」作「弗」。

〔四〕〔按〕類聚、御覽引「如鬼」、「如帝」二「如」字並作「於」。「如」猶「於」，見經傳釋詞。「於」爲比較之詞。言謁者比鬼難得見，王比天帝難得見。「謁者」見前注。

〔五〕王念孫云：「因鬼見帝，語意未了，其下必有脱文。類聚、御覽、文選注引此並有『其可得乎』四字，當是也。」

〔按〕王校是也，今從補。

〔六〕吴師道云：「一本標類要引百乘書鈔作『宣王』。」〔按〕此策鮑次在威王下蘇秦合縱説楚之前。蘇秦合縱，史記在周顯王三十六年（前三三三），當楚威七年。百乘書鈔作「宣王」，則更在楚威之前。所屬雖不同，然並以爲蘇秦早年遊説楚國之事。考蘇秦早歲未聞遊楚。其名顯著，則始於説趙。此策楚王曰：「寡人聞先生，如聞古人。」似秦名已著，與策、史所傳蘇秦事蹟不符。若以爲合從之後，秦已顯貴，不難見楚王，更爲不符。策記蘇秦常與代、厲相淆，頗疑此策亦非秦事，或爲厲也（厲嘗遊於秦、楚間，見策）。

3　楚王逐張儀於魏

楚王逐張儀於魏〔一〕。陳軫曰：「王何逐張子？」曰：「爲臣不忠不信〔二〕。」曰：「不忠，王無以爲臣。不信，王勿與爲約。且魏臣不忠不信，於王何傷？忠且信，於王何益？逐而聽則可，若不聽，是王令困也〔三〕。且使萬乘之國免其相，是城下之事也〔四〕。」

〔箋證〕

〔一〕鮑彪云：「使魏逐之。儀初相魏時，此（懷王）七年。」

〔二〕〔按〕史記張儀傳云：「相魏以爲秦，欲令魏先事秦，而諸侯效之。魏王不肯聽儀。秦王怒，伐取魏之曲沃、平周，復陰厚張儀益甚。」所謂「不忠不信」，殆指此類事。

〔三〕鮑本、吴本「令」作「今」。橫田惟孝云：「令困，謂命令困屈也。」

〔四〕鮑彪云：「此言魏耻之。桓十三年（吴征：十二年）注：『城下之盟，諸侯所耻。』」〔按〕左氏宣十五年傳宋華元曰：「城下之盟，有以國斃，不能從也。」可見當時認爲奇耻大辱。

4　張儀之楚貧

張儀之楚，貧〔一〕，舍人怒而(欲)〔二〕歸。張儀曰：「子必以衣冠之敝故欲歸。子〔三〕待我，爲子見楚王。」

當是之時，南后〔四〕、鄭褎〔五〕貴於楚。張子見楚王，楚王不説〔六〕。張子曰：「王無所用臣，臣請北見晉君〔七〕。」楚王曰：「諾。」張子曰：「王無求於晉國乎？」王曰：「黄金珠璣犀象出於楚〔八〕，寡人無求於晉國。」張子曰：「王徒不好色耳。」王曰：「何也？」張子曰：「彼鄭、周之女〔九〕，粉白墨黑〔一〇〕，立於衢閭，非知而見之者以爲神。」楚王曰：

「楚，僻陋之國也，未嘗見中國之女如此其美也，寡人之〔一一〕獨何爲不好色也？」乃資之以珠玉。南后、鄭褎聞之大恐，令人謂張子曰〔一二〕：「妾聞將軍〔一三〕之晉國，偶有金千斤，進〔一四〕之左右，以供芻秣〔一五〕。」鄭褎亦以金五百斤。張子辭楚王曰：「天下關閉〔一六〕不通，未知見日也。願王賜之觴。」王曰：「諾。」乃觴之。張子中飲〔一七〕，再拜而請曰：「非有他人於此也，願王召所便習〔一八〕而觴之。」王曰：「諾。」乃召南后、鄭褎而觴之。張子再拜而請曰：「儀有死罪於大王。」王曰：「何也？」曰：「儀行天下徧矣，未嘗見人如此其美也〔一九〕。而儀言得美人，是欺王也。」王曰：「子釋〔二〇〕之。吾固以爲天下莫若是兩人也〔二一〕。」

〔箋證〕

〔一〕鮑彪云：「初至，王未之重。」

〔二〕鮑本、吴本而下有「欲」字。〔按〕「舍人」見前，此謂其隨從之人。「而」下當有「欲」字，下文「必以衣冠之敝故欲歸」可證。今從補。

〔三〕鮑本、吴本無「子」字。

〔四〕鮑彪云：「（南后）懷王后。」

〔五〕鮑彪云：「（鄭褎）美人。」吴師道云：「袖、褎同。周紫芝楚辭説云：『鄭國之女多美而善舞，楚懷王幸姬鄭袖當是善舞，故名。袖者所以舞也。』」〔按〕梁玉繩漢書人表考以鄭袖、南后爲一人。下策文明云「莫若是兩人也」，梁說誤。

〔六〕鮑彪云：「前嘗欲逐之於魏。」吳師道云：「彼此前後不可考，疑此爲初見楚王時事，當在前。」

〔七〕〔按〕晉謂魏（說見前），但從下文「鄭周」觀之，則似指韓（韓時都鄭，國或稱鄭）。韓、魏、趙號三晉，則稱韓爲鄭亦無不可。

〔八〕鮑彪云：「璣，珠不圓者。」〔按〕史記貨殖列傳云：「江南出枏、梓、薑、桂、金、錫、連、丹沙、犀、瑇瑁、珠璣、齒、革。」江南爲楚地。

〔九〕〔按〕後漢書班固傳注、太平御覽卷三百八十引「鄭周」作「周鄭」。史記司馬相如傳正義、漢書司馬相如傳注引作「鄭之美女」。文選西都賦注引「鄭周」作「鄭國」。鄭、周境鄰接，故並稱之。又李斯上秦王書云：「必秦國之所生然後可，則是鄭、衛之女不充後宮。」亦以鄭國多佳麗也。

〔一〇〕姚宏云：「別本（墨黑）作『黛黑』。」鮑彪云：「黑言其髮。」吳師道云：「別本作『黛』，畫眉墨也。」王念孫云：「別本是也。說文：『黱，畫眉也。』玉篇『黛』同『黱』。楚辭大招及列子周穆王篇、鴻烈脩務訓並云：『粉白黛黑。』郭璞子虛賦注、文選西都賦注、史記司馬相如傳正義、後漢書班固傳注、藝文類聚人部、太平御覽人事部引策文並作『粉白黛黑』。」〔按〕容齋四筆卷三引「墨」亦作「黛」，同別本。「墨黑」與「黛黑」，義本可通。此文「粉、墨」或「粉、黛」二字當作動詞解。說文：「粉，傅面者也。」「粉」猶「傅」，粉、傅一聲之轉。「黛」同「黱」，畫眉也。粉白黛黑，謂傅面而白畫眉而黑也。賈子新書勸學篇作「傅白黱黑」，鹽鐵論國病篇作「傅白黛青」，是其證。墨，說文「書墨也」。引申之，凡以墨色書寫塗染皆可謂之墨。「墨」與「抹」或「描」，亦一聲之轉。墨黑，猶抹黑或描黑，與「黱黑」義近。新書匈奴篇又作「傅白墨黑」，與策文此本相同，知「墨黑」與「黱黑」義可相通也。王氏區分甲乙，似亦未然。或者別墨妝、黛妝爲二，以「黛」字爲非，則由視「墨」、「黛」二字爲不詞而誤也。

〔一一〕鮑彪「之」上補「見」字。吳師道云：「此當有『見』字。」盧本有「見」字。黄丕烈云：「此無缺，讀以十字爲一句。」安井衡云：「『人』下有『之』字，以延句耳，義與無『之』字同。」金正煒云：「『之』蓋『亦』字之譌。秦策『猶連雞之不能俱止於棲之明矣』，魏策『且君之嘗割晉國取地也，何必以兵哉』，誤並與此同。」〔按〕「之」與「亦」草書相似，金説疑是。裴學海古書虚字集釋謂「之」猶「亦」，以諸例按之，似爲誤字或異義，裴説恐未然。今不取。

〔一二〕〔按〕（令人謂張子曰）「令」上疑脱「南后」二字。下文云「鄭褏亦以金五百金」，可證此爲南后之詞。

〔一三〕金正煒云：「『將軍』當爲『君將』。策文『君』、『軍』往往互誤，此文因『君』誤爲『軍』，後人遂乙將字於上，而本義失矣。」〔按〕金説是也。御覽卷三百八十引正作「聞君將之晉」，可證。然儀曾爲秦將，則稱「將軍」亦可。

〔一四〕金正煒云：「『偶』亦『竊』之壞字。『進』與『賮』通。漢書高帝紀：『蕭何爲主吏，主進。』師古曰：『「進」本作「賮」，又作「贐」。』」

〔一五〕鮑彪云：「秣，飼馬。」〔按〕周禮大宰：「七曰芻秣之式。」鄭注：「芻秣，養牛馬禾穀也。」此謙詞。

〔一六〕吳本「闔閉」作「閉闔」。

〔一七〕吳師道云：「上林賦『酒中樂酣』，注：『飲酒半醉半醒也。』中，直衆反。」〔按〕呂氏春秋報更篇：「晉靈公欲殺宣孟，伏士於房中以待之。因發酒於宣孟，宣孟知之，中飲而出。」「中飲」謂飲酒方半，吳注疑非。

〔一八〕鮑彪云：「便，所安者。習，所昵（鮑、吳合注四部叢刊本「昵」誤作「能」，據鮑單注本正）者。」吳師道云：「『便習』猶『便嬖』。」

〔一九〕鮑本、吴本無「也」字。

〔二〇〕鮑彪云：「『釋』猶『置』。」

〔二一〕鮑彪云：「儀自辱於楚相，未嘗至楚。其至楚，在復相秦之四歲，此（懷王）十六年。」吴師道云：「不可考。大事記引蘇氏云：『儀之所以求用者，其術至此。此所以言必信而功多也。可不悲乎！』愚謂此正孟子所謂妾婦之道，莊生所謂所治愈下，則所得愈多者也。」〔按〕大事記引蘇氏語見蘇轍古史卷四十一。此策應非事實，亦出於縱横家附會增飾之辭耳。

5 楚王令昭雎之秦

楚王令昭雎之秦，重張儀〔一〕。未至，惠王死，武王逐張儀〔二〕，楚王因收昭雎以取齊〔三〕。

桓臧〔四〕爲雎謂楚王曰：「横〔五〕親之不合也，儀貴惠王而善〔六〕雎也。今惠王死，武王立，儀走，公孫郝、甘茂貴。甘茂善魏，公孫郝善韓，二人固不善雎也，必以秦合韓、魏。韓、魏之重儀〔七〕，儀有秦，而雎以楚重之。今儀困秦而雎收〔八〕楚，韓、魏欲得秦，必善二人〔九〕。〔二人〕者〔一〇〕，將收韓、魏，輕儀而伐楚〔一一〕，方城〔一二〕必危。王不如復〔一三〕雎，而重儀於韓、魏。儀據楚勢，挾魏重〔一四〕，以與秦争。魏不合秦，韓〔一五〕亦不從，則方城無患。」

〔箋證〕

〔一〕鮑彪云：「説秦使重之。」〔按〕懷王聽張儀連横説，許與秦親，使昭雎之秦如約，即所以重張儀。張儀見重於秦惠，何待楚説？鮑注未然。

〔二〕〔按〕事見齊策二張儀事秦惠王章。

〔三〕鮑彪云：「收，捕繫之也。雎善儀而齊惡儀，秦既逐儀，楚故捕繫雎以外儀而合於齊。」吴師道云：「以『收』爲『捕繫』，則與『收韓、魏』字義頓異，恐有差誤。」金正煒云：「『收』字疑『放』之譌。放，棄也，謂棄置不用。故桓臧説王復雎。無罪不得捕繫。下文『今儀困秦而雎收楚』，亦當作『放』。」

〔四〕鮑彪云：「（桓臧）楚人。」〔按〕已見前，疑是昭雎之客。

〔五〕鮑彪改「横」作「縱」。黄丕烈云：「鮑改誤甚，此『横親』指秦、韓、魏也。」

〔六〕鮑彪云：「（貴惠王）爲王所貴。」〔按〕「貴」、「善」二字下並省「於」字。

〔七〕鮑彪云：「言昔重之。」

〔八〕鮑彪云：「『困』謂見逐於秦。」〔按〕「困」、「收」下亦並省「於」字。

〔九〕鮑彪云：「（二人）郝與茂。」

〔一〇〕姚宏云：「一本有兩『二人』字。」鮑彪「者」下補「二人者」三字，屬下讀。〔按〕重「二人」字義順，今從一本補。

〔一一〕鮑彪云：「以楚嘗重儀故。」〔按〕「輕儀」謂使儀輕。

〔一二〕〔按〕方城見西周策。

〔一三〕鮑彪云：「（復）復其位。」

〔一四〕〔按〕儀時出相魏，故云「挾魏重」。

〔一五〕姚宏云：「『韓』，三同，舊作『王』。」鮑本、吳本「韓」作「王」。鮑彪云：「(不從)不從秦。」吳師道云：「(作「韓」)此義長。」

6　張儀逐惠施於魏

張儀逐惠施於魏〔一〕，惠子之楚，楚王受之。馮郝〔二〕謂楚王曰：「逐惠子者，張儀也，而王親與約〔三〕，是欺儀也。臣爲王弗取也。惠子爲儀者來〔四〕，而惡王之交於張儀，惠子必弗行也〔五〕。且宋王〔六〕之賢惠子也，天下莫不聞也。今〔七〕之不善張儀也，天下莫不知也。今〔八〕爲事之故，棄所貴於讎人〔九〕，臣以爲大王輕矣。且爲事耶〔一〇〕？王不如舉惠子而納之於宋〔一一〕，而謂張儀曰：『請爲子勿納也。』儀必德王〔一二〕。而惠子窮人，而王奉之，又必德王。此不失爲儀之實，而可以德惠子。」楚王曰：「善。」乃奉惠子而納之宋〔一三〕。

〔箋證〕

〔一〕鮑彪云：「儀時隙秦相魏。此(懷王)十九年。」〔按〕鮑說無據。楚懷十九年當秦武王元年(前三一〇)，張儀自秦入魏，齊王欲興師伐之，遣馮喜說解，僅幸自免(見齊策二)始得相魏。是歲五月，儀卒(據古本紀年)。史記張儀傳謂：「相魏一歲，卒於魏也。」蓋舉約數。皇皇栖栖，既失秦重，又逼齊脅，焉能逐惠施？且儀已失勢，楚王何憚於納惠子？知必不然。儀之逐惠施，當在其初相魏時。史記秦本紀：「（惠王後元）三年，韓、魏太子來朝，張儀相魏。……八年，張儀始相秦。」是張儀相魏凡五歲。秦惠後三年，當魏惠王後十四年（前三二二），八年，當魏襄王二年（前三一七）。張儀傳：「儀相秦四歲，立惠王爲王（按惠文君立爲惠文王，改元爲元年，即後元之始）。居一歲，爲秦將，取陜。……其後二年，……免相，相魏以爲秦。欲令魏先事秦，而諸侯效之，魏王不肯聽儀。秦王怒，取魏之曲沃、平周。……（儀）留魏四歲，而魏襄王卒，哀王立。張儀復説哀王，哀王不聽。於是張儀陰令秦伐魏，魏與秦戰敗。明年，齊又來，敗魏於觀津。……而張儀復説魏王云云。哀王於是乃倍從約，而因儀請成於秦。」史記之「襄王」當作「惠王」，「哀王」當作「襄王」，前人已辨之。紀、傳所記相合。惟魏世家誤以張儀歸秦在襄王卒年。魏策一：「張儀欲以合於秦、韓而攻齊、楚，惠施欲以魏合於齊、楚以案兵，人多爲張子於王所。」此説明張、惠之争政於魏，而儀之得勢也。惠施久相魏惠王，而魏數兵敗，（呂氏春秋不屈篇云：「惠子之治魏，爲本其治不治。當惠王之時，五十戰而二十敗，所殺者不可勝數，大將愛子有禽者也。大術之愚爲天下笑。」）故儀得乘其隙。施之免相當在儀入魏之年（前三二二），然惠王亦不聽儀，而施仍居魏，其被逐當在襄王即位初年。何以明之？魏策二魏惠王死章謂襄王聽惠公説而更葬日。惠公即惠施（呂氏春秋開春篇高注）。是惠王死時，施固居魏未去，且以先朝老臣，見重於新王。張儀之見重於魏，在秦、齊敗魏之後。秦本爲儀援，齊則爲施所善，今亦攻魏，是魏、齊之交惡，而儀得挾秦重以攻施也。由此論之，施之見逐於魏當在魏襄二年（前三一七），當楚懷之十二年。鮑注誤。呂氏春秋淫辭篇高注：「惠子，惠施，宋人也。仕魏，爲魏王相也。」莊子天下篇云：「惠施多方，其書五車，其説舛駁。」施與莊子並時，爲當時著名辯士。

〔二〕鮑彪云：「（馮郝）楚人。」

〔三〕鮑彪云：「與施相結。」

〔四〕鮑彪改「者來」作「來者」。盧本從之。

〔五〕鮑彪云：「此設辭也。施以儀逐之而來，必有惡儀之言。使施善儀，爲儀而來，豈行此惡儀之言哉？」吴師道云：「謂逐惠施者張儀，而王與施結約，則是欺儀，臣所以爲王不取。惠施爲儀逐，來歸，而使王與儀交惡，施亦不必行此。」于鬯云：「策言『必弗』，猶言『不必』。吴義當非。關（修齡）補云：『「行」猶「爲」也，謂必不爲也。』」〔按〕吴注「不必」二字疑是倒誤。

〔六〕鮑彪云：「（宋王）君偃。」

〔七〕鮑彪云：「『今』謂施。」

〔八〕鮑彪云：「『今』爲楚國事。」

〔九〕鮑彪云：「『貴』謂儀，『讎』謂施不善儀也。楚王嘗貴儀，而今受施，是爲儀之讎而棄儀也。」

〔一〇〕鮑彪云：「誠有意爲國事者。」〔按〕「且」猶「其」，見經詞衍釋。「其」與「豈」一聲之轉。

〔一一〕横田惟孝云：「『舉』疑當作『奉』。」金正煒同横田説，云：「後文『惠子窮人而王奉之』，又云『乃奉惠子而納之宋』，並與此文相應。」

〔一二〕鮑本「儀」作「今」，注云：「『今』謂儀。」吴師道云：「一本儀必君（惜陰軒本作「德」）王。」

〔一三〕〔按〕吕氏春秋順説篇有惠盎見宋康王云云，高誘注：「惠盎者宋人，惠施族也。」康王即宋君偃。或以爲惠盎即惠施。考之此策「宋王之賢惠子也，天下莫不聞也」，但惠施之術與盎有異，並不相合，似非一人。且高誘漢人，去古未遠，所言必有據也。

7　五國伐秦魏欲和

五國伐秦，魏欲和〔一〕，使惠施之楚。楚將入之秦〔二〕，而使行和。杜赫謂昭陽曰：「凡爲伐秦者，楚也〔三〕。今施以魏來，而公入之秦，是明楚之伐而信魏之和也。公不如無聽惠施，而陰使人以請聽〔四〕秦。」昭子曰：「善。」因謂惠施曰：「凡爲攻秦者魏也〔五〕。今子從楚爲和，楚得〔六〕其利，魏受其怨〔七〕。子歸，吾將使人因魏而和。」

惠子反，魏王不說。杜赫謂昭陽曰：「魏爲子先戰，折〔八〕兵之半。謁病〔九〕不聽，請和不得，魏折而入齊、秦〔一〇〕，子何以救之〔一一〕？東有越纍〔一二〕，北無晉〔一三〕，而交未定於齊、秦，是楚孤也。不如速和〔一四〕。」昭子曰：「善。」因令人謁〔一五〕和於魏。

〔箋證〕

〔一〕吴師道云：「大事記：此六國既敗，求和於秦之事也。」〔按〕史記楚世家：「（懷王）十一年，蘇秦約從山東六國，共攻秦，楚懷王爲從長。至函谷關，秦出兵擊六國，六國兵皆引而歸，齊獨後。」六國伐秦，齊獨後，不數在内，故策言「五國」。楚懷十一年當秦惠七年（前三一八）。此策言魏使惠施之楚，又言杜赫謂昭陽。惠施相魏，在魏惠王時，至魏襄二年去魏（見上章）。昭陽爲相在楚懷早期，核之楚世家六國攻秦之年相合（周慎靚王三年，楚懷十一年，魏襄元年）。故大事記解題次此事於慎靚王三年也。然蘇秦約從伐秦之事，近代學者考證皆對之懷疑，策、史俱難盡信。此問題目前尚不能定論，姑從史記等書證之如此。此章但言「五國伐秦」，初未及蘇秦約從事，至呂祖謙始合策文於其年耳。梁玉繩史記志疑以此役即趙策四李兑約五國伐秦之事，云：「時蘇秦已死四年，約六國者李兑也，國策甚明。」然李兑約伐秦當周赧王二十九年（前二八六，從大事記），與惠施、昭陽之年代不相當，而策文中又無可取證者，亦可疑也。

〔二〕鮑彪云：「納施於秦。」

〔三〕吴師道云：「指爲從長而言。」

〔四〕姚宏云：「『聽』，劉作『德』。」鮑彪云：「以和請於秦而聽其命。」金正煒云：「作『德』者是也。『請』亦當爲『講』字之譌。」〔按〕大事記解題引「請」下有「和」字，疑涉鮑注而補。

〔五〕横田惟孝云：「謂先戰。」〔按〕謂四國爲助魏而攻秦。

〔六〕鮑本「得」元作「將」，鮑改作「得」。吴師道云：「當作『得』。」〔按〕大事記引「得」作「受」。

〔七〕横田惟孝云：「謂秦德楚而怨魏也。」

〔八〕吴師道云：「『折閲』之『折』，減損也。食列反。」

〔九〕横田惟孝云：「謁，告也。病，疲敝也。」

〔一〇〕鮑彪云：「此『折』猶『屈』。」金正煒云：「五國伐秦，齊居其一，魏不得言折而入齊，『齊』字蓋衍。」〔按〕史言六國攻秦，齊獨後，則齊不在五國之列，策與史合。當時齊師未至，五國疑之，故下文言「交未定於齊、秦」。明「齊」字不衍，金説非。

〔一一〕鮑彪云：「救其折。」安井衡云：「魏折而入齊、秦，則楚孤也，將何以自救？」〔按〕「救」謂不使魏折入齊、秦。

〔一二〕鮑彪改「纍」作「累」，注云：「此言越有傷楚之心。越近楚故。」吴師道云：「此書『纍』、『累』通。」金正煒云：「『以下皆推言魏折入秦之害。秦策：『此國累也。』高注：『累，憂也。』『纍』與『累』同。」〔按〕楚懷之時，越尚爲楚憂，其後懷王使召滑之越而亂之，遂襲其地，説詳前楚王問於范環章。

〔一三〕横田惟孝云：「晉即魏也，下疑脱『援』字。」金正煒云：「『北無晉』三言於義未完，『而交』二字當乙轉。『北無晉交』與『東有越纍』爲對文。晉即魏也，既入於秦，則無楚交矣。『而』當爲『西』之誤，西未定於秦，亦衍『齊』字。」〔按〕金乙「而交」二字，可備一説。然改「而」爲「西」，又衍「齊」字，恐非。

〔一四〕鮑彪云：「赫此言蓋兩忠楚、魏。」吴師道云：「赫陳楚陰請秦之謀以誑魏，今恐魏之折入秦而復爲是説，非有忠魏之心也。」

〔一五〕譚椒本「謁」作「請」。陸深云：「『請』，一作『謁』。」

8　陳軫告楚之魏

陳軫告〔一〕楚之魏，張儀惡之於魏王〔二〕曰：「軫猶善楚，爲求地甚力。」左爽〔三〕謂陳軫曰：「儀善於魏王，魏王甚信之，公雖百説之，猶不聽也。公不如以儀之言爲資〔四〕，而得復楚〔五〕。」陳軫曰：「善。」因使人以儀之言聞於楚〔六〕。楚王喜，欲復之〔七〕。

〔箋證〕

〔一〕鮑彪改「告」作「去」，盧本從之。吳師道云：「恐當作『去』。」金正煒云：「史記高帝紀『常告歸』，集解引李斐：『休謁之名，吉曰告，凶曰寧。』又索隱引戰國策延篤注：『告歸，今之歸寧也。』魏策：『今臣無事，請謁而往。』與此正相類。」〔按〕金説雖辯，然下文云「楚王喜，欲復之」，則與「告歸」之義不合（高帝紀索隱引韋昭云：「告，請歸乞假也。」）。不如鮑改爲長。

〔二〕鮑彪以「魏王」爲「哀王」，「哀王」當作「襄王」。吳師道謂「當是惠王」。〔按〕鮑以此是張儀後相魏時事（前三一〇），吳以爲儀初相魏時（前三二二——三一八）事，故相分歧。事無他證，不審孰是。若從下章秦伐宜陽，陳軫在楚事觀之，則鮑説近之。

〔三〕鮑彪云：「（左爽）未詳。」

〔四〕鮑彪云：「儀言已爲楚，因以其言聞之楚。」

〔五〕鮑彪云：「楚聞其爲楚，故復之。」

〔六〕〔按〕長短經卷八詭順篇注「楚」下有「王」字。魏策一張儀惡陳軫章作「因使人先言於楚王」。亦有「王」字。

〔七〕姚宏云：「（喜欲）劉作『果欲』。」金正煒云：「『欲』字譌誤，疑當作『故』。」〔按〕下章秦伐宜陽，陳軫在楚，其時張儀初卒，知軫終復於楚。此與魏策一張儀惡陳軫章相同。

9 秦伐宜陽楚王

秦伐宜陽〔一〕，楚王謂陳軫曰：「寡人聞韓侈〔二〕巧士也，習諸侯事，殆能自免也〔三〕。

爲其必免〔四〕，吾欲先據之〔五〕，以加德焉。」陳軫對曰：「舍之，王勿據也。以韓侈之知，於此困矣〔六〕。今山澤之獸，無黠於麋〔七〕。麋知獵者張罔〔八〕，前而驅己也，因還走而冒人〔九〕，至數〔一〇〕。獵者知其詐僞，舉罔而進之〔一一〕，麋因得矣。今諸侯明知此多詐僞，舉罔而進者必衆矣。舍之，王勿據也。韓侈之知於此困矣。」楚王聽之，宜陽果拔。陳軫先知之也〔一二〕。

【箋證】

〔一〕鮑彪云：「此（懷王）二十一年。」〔按〕宜陽役見秦策二。

〔二〕鮑彪改「侈」作「朋」，下同。注云：「此策亦可作『韓侈』，以公仲實守宜陽，故作『朋』。」〔按〕韓朋即韓相公仲，秦策二作「公仲侈」。史記甘茂傳同。集解引徐廣曰：「『侈』，一作『馮』。」錢大昕戰國策序云：「韓朋即公仲侈。『侈』與『朋』，聲不協，當是『倗』之誤。隸書多似『朋』，故『倗』譌爲『侈』。倗、朋本一字，『朋』與『憑』聲相近，故亦稱韓憑矣。」而沈濤銅熨斗齋隨筆卷四謂：「公仲名朋，不名侈，朋、侈字形相近，是以誤耳。韓策云：『韓相公仲使韓侈之秦。』明韓侈別是一人。」今檢韓策三，姚本作「韓相公仲珉」，鮑本無「珉」字。吴師道云：「公仲即公仲侈。此云公仲死後韓侈云云，則韓侈別是一人也。文亦多難通，宜缺。」沈説據之。然史記韓世家：「公仲謂韓王曰。」索隱亦云：「韓相國名侈。」此策之韓侈，由策、史證之並是公仲，是韓侈爲公仲無疑。疑韓策之「韓侈」字有譌誤。「侈」當從錢説爲「倗」字之誤。

〔三〕鮑彪云：「免於危亡也。公仲時守宜陽。」

〔四〕金正煒云：「『爲』猶『若』也，説詳經傳釋詞。上云『殆能自免』，故此云『若其必免』也。」

〔五〕〔按〕廣雅釋詁：「據，引也。」此謂以兵援之。

〔六〕〔按〕「知」同「智」。「於此困」猶「困於此」。

〔七〕鮑彪云：「（麋）鹿屬。」吳師道云：「黠，慧也。慧者，儇敏也。」〔按〕「麋」謂麋鹿，俗稱四不像。白虎通鄉射篇云：「麋之言迷也。」「迷」言迷惑，與「黠」義相類。

〔八〕鮑本、吳本「罔」作「網」，同，下同。

〔九〕鮑彪云：「蒙犯即人，不趨網。」

〔一〇〕吳師道云：「『數』音『朔』。」于鬯云：「（至數）不止一二也。」

〔一一〕鮑彪云：「僞舉網使其進而即人，乃以網網之。」

〔一二〕〔按〕東周策秦攻宜陽章言景翠以楚衆救韓，是楚王仍遣兵援之，惟心存觀望，伺利以進。蓋用陳軫之言，非真心助韓矣。

10 唐且見春申君

唐且〔一〕見春申君〔二〕曰：「齊人飾身修行得爲益〔三〕，然臣羞而不學也。不避絶江河，行千餘里來，竊慕大君之義〔四〕，而善君之業〔五〕。臣聞之，賁、諸懷錐刃〔六〕，而天下爲〔七〕勇；西施衣褐〔八〕，而天下稱美。今君相萬乘之楚，禦中國之難，所欲者不成，所求者不得，臣等少也〔九〕。夫梟棊〔一〇〕之所以能爲〔一一〕者，以散〔一二〕棊佐之也。夫一梟之不如不勝五散〔一三〕，亦明矣。今君何不爲天下梟，而令臣等爲散乎〔一四〕？」

【箋證】

〔一〕吴本且下誤衍「旦」字。　鮑彪改「且」爲「雎」，注云：「從秦策。」〔按〕鮑改無據。秦策三天下之士合從章：范雎遣唐雎挾金至武安敗從，與此不相涉，焉能知此唐且之即爲唐雎乎？魏策有唐且，年九十餘，爲魏使求救於秦；又有唐且，爲安陵君之臣，與此亦不合，恐各爲一人。鮑氏並改「且」爲「雎」，同爲無據。戰國人名「且」者常見，字或作「雎」，如范雎，武梁祠畫像題記作「范且」。魏策之「唐且」，敦煌本春秋後語作「唐雎」。「雎」常誤作「睢」，猶「范雎」之多作「范睢」。鮑改「且」爲「雎」，則「且」、「雎」同字，不必改。若爲「睢」字，則別無佐證，更不足信。

〔二〕鮑彪云：「（春申君）黃歇，楚相。」　金正煒云：「春申與孟嘗、信陵、平原並稱四公子，當亦楚之疏屬，故朱英説以代立。韓非姦邪弒臣篇謂爲楚莊王之弟，自注：『莊王即襄王。後章莊辛謂楚襄王，荀子作「楚莊王」，可證。』其言當必有據。」〔按〕金説是。史記游俠列傳序云：「近世延陵、孟嘗、春申、平原、信陵之徒，皆因王者親屬，藉於有土卿相之富厚，招天下賢者，顯名諸侯。」與韓非子合。而春申君傳乃云：「游學博聞，事楚頃襄王。」則似爲游説之士，誤也。黃歇非有大功於楚，若非王族，何能相楚二十五年？知不然也。

〔三〕鮑彪云：「『益』謂有禄位。」〔按〕據此言，疑且爲齊人，或嘗居於齊，故下文云：「不避絶江河，行千餘里來。」

〔四〕鮑彪云：「大，言其高義。」　金正煒云：「『大君』與後章『唯大君能之』義同，猶『王』之稱『大王』也。」〔按〕此與下章「大君」義有殊，恐非。「大君」、「善君」之「大」與「善」當作動詞解，説明己之見春申君欲大其義而善其業也。

〔五〕金正煒云：「『善』上疑奪『欲』字。善君之業，言欲佐之以成相業也。」

〔六〕鮑彪云：「(賁、諸)孟賁、專諸。諸，吴人，刺王子慶忌者。言二人不待盛兵而後稱勇。」〔按〕孟賁見秦策。專諸刺吴王僚，見左傳昭公二十七年、史記吴世家。刺王子慶忌者爲要離，非專諸，鮑誤。

〔七〕吴師道云：「『爲』當作『謂』。」〔按〕「爲」猶「謂」，見經傳釋詞。

〔八〕鮑彪云：「褐，粗衣。」吴師道云：「説文：編枲韤。一曰：粗衣。詩豳風、孟子注、禹貢傳注並云：毛布。」

〔九〕横田惟孝云：「功業宜成而不成者，以無衆士之佐故也。」〔按〕言如臣之輩少也。

〔一〇〕姚宏云：「一無『基』字。」

〔一一〕鮑彪改「能爲」作「爲能」。吴師道云：「正義云：博頭有刻梟鳥形者。」横田惟孝云：「六博得梟者勝。能爲，謂勝也。」安井衡云：「能爲，能有爲也，猶言成功。」

〔一二〕鮑彪云：「『散』謂衆棊。」潘和鼎云：「一棊曰『梟』，五棊曰『散』也。漢書高帝紀『梟騎』，注引張晏曰：『梟，勇也，若六博之梟也。』魏策鮑注云：『散則非梟勇。』此一棊名『梟』五棊名『散』之義。」

〔一三〕姚宏云：「劉無『不如』二字。」鮑彪云：「獨善不如衆智。」吴師道云：「當云『一梟之不勝不如五散』。」横田本從吴説「不如不勝」作「不勝不如」。吴曾祺云：「梟，幺也，六博得梟者勝。五散即五白，自二至六之名。惟得五白可以勝梟，故楚詞成梟而牟，呼五白些。」金正煒云：「『不』猶『無』也。如，當也。言梟雖無能爲敵，然一梟則仍不勝五散。」〔按〕梟散之喻，其意易知。然其究爲何戲，解者紛歧不一。以余考之，疑爲簺法。古者簙、簺(或作「博、塞」)並稱不分，魏策三華軍之戰章：「博者之用梟，欲食則食，欲握則握。」韓非子外儲説左下匡倩對齊宣王云：「博者貴梟，勝者必殺梟。」此並稱「博」，不明其爲簙或簺也。説文「簺」字云：

「行棊相塞謂之簺。」「簙」字云：「局戲也，六箸十二棊也。」二者顯有不同。漢書吾丘壽王傳云：「以善格五召待詔。」注引蘇林云：「博之類，不用箭，但行梟散。」稱「博之類」，則非「簙」也；稱「梟散」，則與此文合。又劉德曰：「格五棊行簺法曰『塞』。白乘五至五格不得行，故云『格五』。」師古云：「即今戲之簺也。」是格五即簺戲，唐時猶有之。劉德、蘇林爲漢、魏時人，見聞更近，當得其實。李慈銘云：「後漢書梁冀傳注引鮑宏簺經曰：簺有四采，塞白乘五是也。至五即格不能行，故謂之『格五』。是塞白乘五者，簺四采之名。其制則不得詳。又引鮑宏博經曰：瓊有五采，刻爲一畫者謂之『塞』，刻爲兩畫者謂之『白』，刻爲三畫者謂之『黑』。由此推之，則『塞白乘五』亦皆刻畫之異名。『簺』即格五也，與『博』異。『博』用六棊六箸，亦謂之『六箭』，總曰『十二棊』。其擲頭謂之『瓊』，瓊有五采。格五所行者謂之『簺』，簺有四采。舊唐書經籍志載鮑宏簺經、鮑宏小簙經各一卷。」（漢書補注引）所辨甚析。總之，「簺」爲簙戲之一種，通言之皆爲「簙」，析言之則簙、簺有別。或者謂楚辭招魂：「菎蔽象棊，有陸博些。分曹並進，遒相迫些。成梟而牟，呼五白些。」此明言「陸博」戲，又有梟牟（倍勝曰「牟」），則策文之「梟」當屬陸博戲。考鮑宏博經記陸博戲法有所謂竪「驍棊」（殷敬順列子釋文及洪興祖楚辭補注引），長沙馬王堆西漢墓出土有博局一副，木質「骰」（從原文之稱，不能定其與「瓊」爲一物）十八面，十六面刻數字一至十六，尚有二面，一刻驕字，一刻⿱畏女字（見文物一九七九年第四期，熊傳新馬王堆三號西漢墓出土的陸博）。驍、驕與「梟」同韻部，熊傳新謂「（驕）當是『梟』字的同音假借字」。是也。考古實物證明陸博戲中有「梟」與招魂相合。然此並不排斥「簺」戲中亦有「梟」。但從博經中所記博法觀之，與楚辭王逸注尚相近，却不合於國策，而蘇林之解與國策合。我又疑「散」與「塞」爲一聲之轉，「散棊」猶言「塞棊」。「五散」即簺經所云「塞白乘五」，「至五即格不得行，故謂之格五」。古戲久廢，其法不得而詳，姑抒管見如上，以俟博雅教之。

〔一四〕橫田惟孝云：「言宜用己也。」

戰國策箋證

[西漢]劉向 集録
范祥雍 箋證
范邦瑾 協校

下册

上海古籍出版社

〔八〕鮑彪云：「墨、默同。『化』猶『治』也，言治之其未著。」吴師道云：「墨墨之化，言變化無形，惟大君能之者，言其轉旋變化之妙，又非勇智者所可及也。新序：『晉平公謂師曠：甚矣，子之墨墨也！曠曰：天下有五墨墨。』史商君傳：『殷紂墨墨以亡。』漢書竇嬰傳：『墨墨不得意。』皆同此字，義或有異。」

〔九〕横田惟孝云：「唯大德之君而後能之也，蓋言非楚王所能及也。」

〔一〇〕鮑彪云：「『貫』猶『通』。」

〔一一〕鮑彪云：「『偏』猶『專』也。『死』謂患難。」

〔一二〕鮑彪云：「專於衛生，如（鮑、吴合注四部叢刊本「如」誤作「加」，據鮑注單行本正）兩臂重於天下者。」

〔一三〕吴師道云：「載，承也。不專一於致死，不專一於求生者，不足以承載大名。」

〔一四〕鮑彪云：「寇，外兵。艾，己所懲創。横，言莫之敵。」吴師道云：「『寇』猶賊害。『艾』即『刈』。不遭賊害而懲創，則不足以横行於世。」〔按〕漢書刑法志注：「『寇』謂攻剽。」「寇」與「艾」（刈）並列爲文，義亦相近，謂無所攻伐翦取，則不能横行於世。舊注未協。

〔一五〕鮑彪云：「集韻：嚂，聲也。言聲説所利之事。」吴師道云：「嚂，力暫反。食貌。」關修齡云：「嚂，疑作『濫』。濫，溢也，蓋言溢口言得利之機。」〔按〕關説可通，嚂、濫通用。又「嚂」同「啗」，廣韻鑑韻「啗」字云：「利也。」嚂口即利口，與下「利機」爲對文。

〔一六〕吴師道云：「利機者，利其發動之機。」〔按〕「利機」與「嚂口」並列，意爲巧機，謂善用時機。

〔一七〕鮑彪云：「牟，取也。」

〔一八〕鮑彪云：「『舉』謂舉措。」横田惟孝云：「謂公爲天下舉措，而私爲己取利。」

〔一九〕吴師道云：「此主從而黜横者之説，然意多未詳。」横田惟孝云：「言諸侯不知横人欺己，聽受其説，而制命於秦，是以國權輕而積禍重心。」鍾鳳年云：「此章結末戛然而止。且依原文段落觀之，銜接處文義復患不相應，疑多有錯簡。當以『夫秦捐德絕命』至『禍重於丘山』爲第一段，言連横之不便也。次以『夫因詘爲信』至『不足以横世』爲第二段，言事有因禍爲福者也。再次以『臣聞從者』至『聽之也』爲第三段，即因禍爲福之道也。似較元次有序。」〔按〕文選讓宣城郡公表注引「丘山」作「山岳」。鍾説雖無證，可備參考。

2　魏王遺楚王美人

魏王遺楚王美人，楚王説〔一〕之。夫人鄭褎知王之説新人也，甚愛新人。衣服玩好，擇其所喜而爲之；宫室卧具，擇其所善〔二〕而爲之，愛之甚於王。王曰：「婦人所以事夫者色也，而妬者其情也。今鄭褎知寡人之説新人也，其愛之甚於寡人，此孝子之所以事親，忠臣之所以事君也。」

鄭褎知王以己爲不妬也，因謂新人曰：「王愛子美矣，雖然，惡子之鼻。子爲見王〔三〕，則必揜〔四〕子鼻。」新人見王，因揜其鼻。王謂鄭褎曰：「夫新人見寡人則揜其鼻，何也？」鄭褎曰：「妾知〔五〕也。」王曰：「雖惡，必言之。」鄭褎曰：「其似惡聞君王之臭也〔六〕。」王曰：「悍〔七〕哉！」令劓〔八〕之，無使逆命〔九〕。

〔箋證〕

〔一〕〔按〕「説」同「悦」，下同。

〔二〕姚宏云：「善，一作『喜』。」

〔三〕鮑彪云：「爲此惡鼻故。」王念孫云：「『爲』猶『如』也，假設之詞也。」引韓子內儲説下篇及此策（見經傳釋詞）。

〔四〕〔按〕「揜」同「掩」。

〔五〕〔按〕依下文義，「知」上當有「不」字，否則語不相應。韓非子內儲説下篇作「對曰：『不已知也。』王强問之，對曰：『頃嘗言惡聞王臭。』」亦有「不」字。

〔六〕吴本無「君」字。鮑彪云：「王蓋有臭疾。」〔按〕讒言豈必有實，鮑注亦臆斷。

〔七〕〔按〕吕氏春秋處方篇高注：「悍，兇也。」

〔八〕〔按〕尚書吕刑鄭注：「劓，截鼻。」

〔九〕横田惟孝云：「若使新人自理，是使逆王命也。」〔按〕亦見韓非子。

3 楚王后死

楚王后死〔一〕，未立后也。謂昭魚〔二〕曰：「公何以不請立后也？」昭魚曰：「王不聽，是知困而交絶於〔三〕后〔四〕也。」「然則(何)不〔五〕買五雙珥，令其一善，而獻之王。明日視善珥所在，因請立之」〔六〕。

【箋證】

〔一〕鮑彪次此策於懷王下，列上章之後，云：「自張儀拘時，獨言鄭褏，則后死久矣。」吴師道云：「無據。使真爲懷王，鄭褏必不待視珥所在矣。」〔按〕懷王有南后，與鄭褏並有寵。若此王后爲南后，則鄭褏繼立，固不容疑矣。吴駁是也。

〔二〕〔按〕當是楚相。湖北江陵縣馬山區滕店公社發掘楚墓有木槨板上刻「邵吕竽」印章，方壯猷釋爲「昭閭于」或「昭閭魚」，徐中舒等以爲即戰國策之楚相昭魚（文物一九八一年第六期頁二十四）。邵、昭通用，竽、魚同音。但「吕」字何解？姑存參考。

〔三〕鮑本「於」作「立」。吴師道云：「一本『立』作『於』。」

〔四〕鮑彪云：「(后)新所立后。」

〔五〕吴師道云：「『不買』上宜有『何』字。」横田惟孝云：「『不』上非脱『何』字，則『不』字必衍。」金正煒云：「『不』當爲『盍』，『蓋』字脱損半字，因致誤『不』。盍，何不也。」〔按〕「不」上當有脱字，今從吴説補「何」字。

〔六〕吴師道云：「説見齊策。」〔按〕此與齊策三齊王夫人死章事同，蓋傳聞異辭，編者兩存之。

4 莊辛謂楚襄王曰

莊辛謂楚襄王〔一〕曰：「君王左州侯，右夏侯，輦從鄢陵君與壽陵君〔二〕，專淫逸侈靡，不顧國政，郢都必危矣！」襄王曰：「先生老悖乎〔三〕？將以爲楚國祆祥〔四〕乎？」莊辛曰：「臣誠見其必然者也，非敢以爲國祆祥也。君王卒幸四子者不衰，楚國必亡矣。臣請辟於趙，淹〔五〕留以觀之！」莊辛去之趙，留五月〔六〕，秦果舉鄢、郢、巫、上蔡、陳之地〔七〕，襄王流揜於城陽〔八〕。於是使人發騶〔九〕，徵〔一〇〕莊辛於趙，莊辛曰：「諾。」

莊辛至，襄王曰：「寡人不能用先生之言，今事至於此，爲之奈何？」莊辛對曰：「臣聞鄙語〔一一〕曰：『見菟〔一二〕而顧犬，未爲晚也。亡羊而補牢〔一三〕，未爲遲也〔一四〕。』臣聞昔湯、武以百里昌〔一五〕，桀、紂以天下亡。今楚國雖小，絶長續短，猶以數千里，豈特百里哉？王獨不見夫蜻蛉〔一六〕乎？六足四翼，飛翔乎天地之間，俛啄蚉䖟〔一七〕而食之，仰承甘露而飲之。自以爲無患，與人無争也。不知夫五尺童子，方將調鈆（飴）〔一八〕膠絲〔一九〕，加己乎四仞〔二〇〕之上，而下爲螻蟻食也。

「蜻蛉其小者也〔二一〕，黄雀因是以〔二二〕。俯噣〔二三〕白粒，仰棲茂樹，鼓翅〔二四〕奮翼，自以爲無患，與人無争也。不知夫公子王孫，左挾彈，右攝丸〔二五〕，將加己乎十仞之上，以其類（頸）爲招〔二六〕。晝游〔二七〕乎茂樹，夕調乎酸醎〔二八〕，倏忽之間，墜於公子之手〔二九〕。

「夫雀〔三〇〕其小者也，黄鵠〔三一〕因是以。游於江海，淹乎大沼，俯噣鰋鯉〔三二〕，仰嚙蔆衡〔三三〕，奮其六翮〔三四〕，而凌清風，飄摇乎高翔。自以爲無患，與人無争也。不知夫射者方將脩其苻盧〔三五〕，治其繒〔三六〕繳〔三七〕，將加己乎百仞之上，彼礛〔三八〕磻〔三九〕，引微繳〔四〇〕，折清風而抎矣〔四一〕。故晝游乎〔四二〕江河，夕調乎鼎鼐〔四三〕。

「夫黄鵠其小者也，蔡聖侯之事因是以〔四四〕。南游乎高陂〔四五〕，北陵乎巫山，飲茹溪(之)流〔四六〕，食湘波之魚〔四七〕，左抱〔四八〕幼妾，右擁嬖女，與之馳騁乎高蔡之中〔四九〕，而不以國家爲事。不知夫子發方受命乎宣王〔五〇〕，繫己以〔五一〕朱絲而見之也。

「蔡聖侯之事其小者也，君王之事因是以。左州侯，右夏侯，輩(輦)〔五二〕從鄢陵君與壽陵君，飯封祿〔五三〕之粟，而戴方府之金〔五四〕，與之馳騁乎雲夢〔五五〕之中，而不以天下國家爲事。不知夫穰侯方受命乎秦王〔五六〕，填黽塞之内，而投己乎黽塞之外〔五七〕。」

襄王聞之，顔色變作〔五八〕，身體戰慄〔五九〕。於是乃以〔六〇〕執珪而授之〔六一〕，爲陽陵君〔六二〕，與淮北之地也〔六三〕。

【箋證】

〔一〕姚宏云：「荀子：莊辛謂楚莊王。」鮑彪云：「(莊辛)楚人。」吴師道云：「元和姓纂：莊辛，楚莊王之後，以謚爲號。」〔按〕莊辛，漢書古今人表作「嚴辛」，避漢諱而改。莊姓多楚人，史記越世家有莊生，范蠡之友；西南夷傳有莊蹻，楚威王將。韓非子喻老篇亦有莊蹻，爲盜於楚境。姓纂語本西南夷傳。説苑善説篇云楚大夫莊辛(惟莊周蒙人，見史記本傳，蒙地，漢地理志屬梁國，劉向別録謂宋之蒙人)。荀子臣道篇楊倞注引此策作「莊辛諫襄王」。荀子本書不及莊辛，姚注有誤。

〔二〕鮑彪云：「皆楚之寵幸臣也。輦從，謂輦出則二人從之。」〔按〕前江乙爲魏使於楚章亦有州侯，與此別是一人，封號相同。荀子臣道篇云：「楚之州侯，可謂態臣者也。」當即此人。呂氏春秋高義篇：「（荆）嘗有鄭襄、州侯之避矣。」王念孫雜志云：「『襄』當作『褱』。『避』讀爲『辟』，謂淫辟也。」此州侯亦爲一人。州、夏、鄢陵、壽陵當是封地名。程恩澤、金正煒以鄢陵君與江乙説於安陵君之安陵君疑爲一人，「鄢」與「安」音近，或可通。然安陵君在楚宣王時，此鄢陵君則在頃襄王時，明非一人。新序雜事二「鄢陵君」作「新安君」，下同。

〔三〕鮑彪云：「悖，背道也。」吳師道云：「悖，亂也，言老而耄亂也。」〔按〕新序雜事二作「先生老悖歟」。

〔四〕吳曾祺云：「（祥）孽也。」

〔五〕鮑彪云：「『淹』亦『留』。」

〔六〕金正煒云：「史記楚世家：頃襄王二十一年，秦將白起遂拔我郢，楚襄王兵散，遂不復戰，東北保於陳城。二十二年，秦復拔我巫黔中郡。秦本紀載昭王二十八年取鄢、鄧，二十九年取郢，與（白）起傳同。是楚失鄢、郢不在一歲，此云『五月』，蓋誤，疑當作『五年』。」〔按〕「留五月」謂距白起興師拔郢之時止五月，非從辛召歸之日計之。策與史無牴，金説未然。

〔七〕鮑彪云：「此（頃襄王）二十一年，白起拔郢，置南郡。」張琦云：「『上蔡、陳』，疑衍字，是時王亡走陳也。」〔按〕史記秦本紀：「（昭襄王）二十八年，大良造白起攻楚，取鄢、鄧。」（楚世家作「拔我西陵」。）當楚襄二十年（前二七九）。又：「二十九年，大良造白起攻楚，取郢爲南郡，楚王走。」當楚襄二十一年（前二七八）。又：「三十年，蜀守若伐楚，取巫郡及江南，爲黔中郡。」當楚襄二十二年（前二七七）。是秦舉鄢、郢、巫不在一年，策蓋連言及之。新序作「不出十月，王果亡巫山、江、漢、鄢、郢之地」。無「上蔡、陳」三字，此疑誤衍。

〔八〕鮑彪改「城」作「成」，云：「『流』謂『走』。揜，覆也。謂自匿。成陽屬汝南；若城陽，乃齊也。」吳師道云：

「史東北保於陳城，當是指此城爾。」關修齡云：「鄭玄注表記云：『拚猶困迫也。』言王流轉而困迫於成陽也。」張琦云：「成陽故城在今（河南）光州息縣西界，北距陳三百餘里。蓋自成陽而至陳，非成陽即陳也。」孫詒讓云：「『拚』與『淹』通，言流徙而淹留於城陽也。左傳襄二十六年云：『君淹恤於外。』杜注云：『淹，久也。』即此『流拚』之義。」〔按〕「拚」字，關、孫二訓並通。

〔九〕鮑彪云：「騶，廄御也。」〔按〕禮記月令篇：「班馬政，……命僕及七騶咸駕。」鄭注：「七騶，謂趣馬，主爲諸官駕説者也。」孔疏引皇氏云：「天子馬有六種，種別有騶，則六騶也。又有揔主之人，并六騶爲七。」呂氏春秋季秋紀高注亦云：「『七騶』於周禮當爲『趣馬』，掌良馬駕税之任。」左氏成十八年傳：「程鄭爲乘馬御，六騶屬焉，使訓羣騶知禮。」杜注：「六騶，六閑之騶。」此言發騶官駕御以徵莊辛。

〔一〇〕鮑彪云：「『徵』謂召索。」

〔一一〕〔按〕太平御覽卷四百九十五引「語」作「諺」，長短經卷五七雄略同。

〔一二〕鮑本、吳本「菟」作「兔」，同。

〔一三〕鮑彪云：「牢，閉養之圈。」

〔一四〕〔按〕新序作「亡羊而固牢，未爲遲；見兔而呼狗，未爲晚」。

〔一五〕〔按〕孟子梁惠王上篇云：「地方百里而可以王。」趙注：「言古聖人以百里之地以致王天下，謂文王也。」下客説春申君章亦云：「湯以亳，武王以鄗，皆不過百里，以有天下。」新序、長短經「昌」作「王」。

〔一六〕鮑彪云：「（蜻蛉）蟲，一名『桑根』。」〔按〕新序作「青蛉」，同。古今注：「『蜻蛉』一名『青亭』，一名『胡蝶』，色青而大者是也。」今稱「蜻蜓」。

〔一七〕〔按〕新序作「蚊虻」，同字。長短經「蚉」作「蝱」，同。莊子天運篇：「蚊虻噆膚，則通昔不寐矣。」

〔一八〕鮑彪改「鈆」作「飴」。盧本從之。吴師道云：「當作『飴』。」〔按〕鮑改是也，長短經「鈆」正作「飴」。今從正。安井衡謂「鑄鉛爲小丸，繫之絲兩頭，又膠其絲，投之空中。蜻蛉以爲蚊䖟之屬，來將啄之，身與絲相觸，則兩丸激轉，以纏繞之，故云加己乎四仞之上也」。此説雖不改字，然無證。「飴」有粘性，故童子膠絲以捕蜻蛉，於理爲得。若鉛丸之製，則未之聞也。且鉛何能稱「調」？安井曲説，不足信，附辨之。

〔一九〕鮑彪云：「飴，米蘖所煎，調以餌之，又施膠於絲以繫之。」吴師道云：「顏師古急就章注以蘖消末取汁而煎之，渜弱者爲飴，形怡怡然。此謂調以膠絲也。淮南子：『柳下惠見飴曰：可以養老。盜跖見飴曰：可以黏牡。』吕氏春秋：『仁人得飴以養疾侍老。跖、蹻得飴以開閉取楗。』皆以黏也。一本標：『膠』或作『繆』，言糾繆纏繞也。」〔按〕吴注爲是。膠絲以黏其翼，猶童子之掇蟬。

〔二〇〕鮑彪云：「八尺曰『仞』。」

〔二一〕鮑本、吴本無「蜻蛉其小者也」六字。〔按〕文章正宗「蜻」上有「夫」字。新序、長短經並有此句。

〔二二〕〔按〕文選詠懷詩注引延叔堅戰國策論云：「因是已，因事已，復有是也。」王引之經傳釋詞云：「因，猶也，亦聲之轉也。」引此策云：「按『已』字絶句。因是，猶是也。已，語終詞也。黄雀之自以爲無患，亦猶之蜻蛉也。下文曰『夫黄雀其小者也，黄鵠因是已』，『夫黄鵠其小者也，蔡聖侯之事因是已』，『蔡聖侯之事其小者也，君王之事因是已』，義並與此同。文選詠懷詩注引延篤戰國策論云云。所解雖未了，而其以『已』字絶句甚明。今本改『已』爲『以』，而以『黄雀因是以』五字連下句讀之，則義不可通矣。下文皆放此。」王説是也，今從其讀。以、已字通。

〔二三〕鮑彪云：「噣，啄也，蓋以喙啄。」吴師道云：「一本『噣』作『囑』。」〔按〕文選西京賦注、詠懷詩注、藝文類聚卷九十二、御覽卷九百二十二引「噣」作「啄」，新序、長短經同。噣、啄字通。

〔二四〕鮑彪云：「翅，强羽。」

〔二五〕鮑彪云：「攝，引持也。」〔按〕説文：「彈，行丸也。」説苑善説篇惠子對梁王曰：「彈之狀如弓，而以竹爲弦。」管子輕重丁篇云：「新冠五尺，請挾彈懷丸游水上，彈翡燕小鳥。」輕重戊篇云：「衆鳥居其上，丁壯者胡丸操彈居其下，終日不歸。」左氏宣二年傳云：「晉靈公不君，……從臺上彈人，而觀其辟丸也。」是好彈之風，春秋、戰國已肇其端矣。

〔二六〕吳師道云：「一本標後語云：以其頸爲的。『的』或爲『招』。」黄丕烈云：「『類』字形近之譌也。李善注詠懷詩引作『以其頸爲的』。的、招同義。齊策所謂『今夫鵠的』，魏策所謂『兵爲招質』者也。」王念孫云：「『類』當爲『頸』字之誤也。招，的也。言以其頸爲準的也。文選阮籍詠懷詩注引此作『以其頸爲的』。藝文類聚鳥部、太平御覽羽族部並引此云左挾彈，右攝丸，以加其頸。……招、的古聲相近，故字亦相通也。凡從『勺』聲之字，古音皆屬『宵』部，故『的』從『勺』聲而通作『招』。」横田惟孝云：「謂以其類招誘之，所謂鳥媒也。」安井衡云：「招，鳥媒也，蓋羈其足，使之不得飛去，以招其類，故名『招』耳。」于鬯云：「如其（横田）説，即周禮翨氏職所云『攻猛鳥各以其物爲媒而掎之』，及説文口部所云『率鳥者繫生鳥以來之，名曰「囮」』者，義亦似可通，但與上文未協，以媒誘者用網羅，不用彈丸。當從王、黄爲是。」〔按〕長短經「類」作「頰」，「招」作「鏑」。「頰」字義亦可通。「鏑」疑「的」之音訛（的、鏑同屬「錫」部，音都歷切，見廣韻。此是切韻音系之音，與古音不同）。從上下文觀之，「類」作「頸」爲長，于説是也，今從王改。

〔二七〕〔按〕長短經「游」作「棲」。

〔二八〕鮑彪云：「以爲饌也。」

〔二九〕姚宏云：「三同，集無以上十字。曾本云：『一本有此十字。』」王念孫云：「無此十字者是也。一本有者，後人妄加之耳。夕調乎酸鹹，謂烹之也。既烹之矣，何又言『倏忽之間，墜於公子之手』乎？下文說黃鵠之事，至晝游乎江湖，夕調乎鼎鼐，以下更不贅一語，此獨於『夕調乎酸鹹』之下加二語，以成蛇足，甚無謂也。文選詠懷詩注及藝文類聚、太平御覽引戰國策並無此十字。新序雜事篇亦無此十字。」金正煒云：「『倏忽』以下十字當在『晝游』句上，誤淆於下，不必爲衍文。」〔按〕長短經亦無「倏忽」以下十字。

〔三〇〕姚宏云：「（夫雀）一本『夫黃雀』。」〔按〕文章正宗「雀」上有「黃」字。文選注引「夫雀」作「黃雀」，長短經同。

〔三一〕鮑彪云：「鵠，鴻也。」吳師道云：「水鳥也。」〔按〕新序「黃鵠」作「鴻鵠」。說文：「鵠，鴻鵠也。」陸璣毛詩草木鳥獸蟲魚疏云：「鴻鵠，羽毛光澤純白，似鶴而大，長頸。」鴻常水棲，故屬水鳥。

〔三二〕鮑彪改「鯺」作「鰭」，云：「字書無『鯺』字。」王念孫云：「『鯺鯉』當從新序作『鰋鯉』。小雅、周頌皆以『鰋鯉』連文。……類聚鳥部、御覽羽族部引此並作『鰋鯉』。」安井衡云：「『鯺』當爲『鰟』，字誤也。玉篇：『鰟』音『盛』，魚也。」〔按〕敦煌本修文殿御覽殘卷引作「府喙鯺鯉」。「府」同「俯」。「喙」當作「啄」，同「噣」。

〔三三〕鮑彪云：「衡，香草。」吳師道云：「周禮：『蔆，芰蔆。』蔆、蔆字通。凡將篇『蔆』從『遴』。今俗書作『菱』。武陵記云：『四角、三角曰芰，兩角曰菱。』『衡』與『菱』並言，即荇接余，水草也。」〔按〕鮑以「衡」爲杜衡，故云香草。然杜衡爲山草，不應「蔆衡」並言，吳氏糾之是也。藝文類聚卷九十、御覽卷九百十六引「蔆衡」作「菱藕」。

〔三四〕鮑彪云：「翮，羽本。」〔按〕說文：「翮，羽莖也。」段注：「莖，枝柱也，謂衆枝之柱。翮，亦謂一羽之柱。莖、翮雙聲。」

〔三五〕鮑本「茾」作「弆」，下同。又改「弆」作「碆」，盧本從之。鮑彪云：「字書無『弆』字，『碆』與『弆』聲近。集韻：碆可爲鏃。盧、旅同，黑弓也。」吳師道云：「下文『磻』即『碆』，此不當復有。弣，弓把中，恐是此字形聲訛。」

黃丕烈云：「『⿱艹弁』當讀爲『蒲』，左氏所謂『董澤之蒲』也。新序作『脩其防翳』，不與此同。」于鬯云：「『⿱艹弁盧』同聲類，止是一物，猶下文『繒繳』雙聲，亦在物二而一也。……或即『鹿盧』之聲轉。『鹿盧』蓋所以卷收繒繳者也。」〔按〕淮南子俶真訓云：「『蘆苻』之原通『無整』。」高注：「蘆，葦也。苻，蘆之中白苻，言其薄。」「⿱艹弁盧」即「蘆⿱艹弁」，中爲箭材，此代言矢。「苻」與「蒲」同音。「盧」即「蘆」之借字。于說「⿱艹弁盧同聲類」，「⿱艹弁盧」同韻部，不同聲類。類聚、御覽引「⿱艹弁盧」作「弧矢」。

〔三六〕鮑彪改「繒」作「矰」，盧本從之。吳師道云：「『矰』通，見三輔黃圖。」〔按〕御覽引作「繒」，新序同。文選子虛賦注引作「矰」。

〔三七〕鮑彪云：「矰，弋射矢。繳，生絹縷。」吳師道云：「『繳』音『灼』。」〔按〕淮南子俶真訓：「今矰繳機而在上，罔罟張而在下。」高注：「矰，弋射身短矢也。」又兵略訓云：「爲鴻鵠者，則可以矰繳加也。」呂氏春秋功名篇：「善弋者下鳥乎百仞之上。」高注：「弋，繳射之也。」史記楚世家：「弱弓微繳加歸雁之上者。」正義：「繳，弋射也。」並以「弋射」解「繳」。周禮夏官司弓矢亦云：「矰矢、茀矢，用諸弋射。」論語述而篇：「弋不射宿。」皇侃義疏云：「解『繳射』者多家。一云：古人以細繩繫丸而彈，謂爲繳射也。一云：取一杖，長一二尺許，以長繩繫此杖而橫颺以取鳥，謂爲繳射也。鄭玄注周禮司弓矢云：結繳於矢謂之矰。矰，高也。詩云：弋鳧與雁。司弓矢又云：田弋，充籠箙矢，共繒矢。注云：籠，竹箙也。矰矢不在箙者，爲其相繞亂，將用乃共之也。侃案：鄭意則繳射是細繩繫箭而射也。」其言較詳。甲骨文有字，羅振玉云：「此字象以二繳聯一矢。一矢不須二繳，但取象繳形。……此疑即『繳』之古文。」王襄云：「疑『弋』字，象以絲繫矢之形。」（從甲骨學文字編轉引）徐中舒弋射與弩之溯原及關於此類名物之考釋亦謂：「據甲骨文之象形字言之，殷代確已有矰繳之弩之存在。」（中央研究院歷史語言研究所集刊第四本第四分册）關於戰國時代之弋射真相，近代出土銅器有生動圖紋可見，今選録摹圖二幅於後以備覽，詳見宋兆麟戰國弋射圖及弋射溯源（文物一九八一年第六期）。又清人桂馥晚學集有説隿一文，亦可參考。

附圖

成都百花潭戰國銅壺上的弋射圖

戰國宴樂紋銅壺上的弋射圖

〔三八〕鮑本、吴本「彼」作「被」。　鮑彪改「礛」爲「劆」，云：「無『礛』字。集韻：劆，利也。」吴師道云：「廣韻：礛，力甘反，治玉之石。」安井衡云：「彼，鮑作『被』，是也，形相涉而誤。璼，集韻音『藍』，玉名。凡從『玉』之字，古或從石，則『礛』蓋『璼』之或體。」〔按〕今所見唐寫本切韻三、王仁昫切韻及覆宋本廣韻談韻，盧甘反下皆無「礛」字，吳注有誤。切韻三銜韻古銜反下有「礛」字，云：「礛𥗿，青礪。」廣韻、集韻同。敦煌本王仁昫切韻作「礛𥗿，青礪，可以攻玉」。「礛」是石名，與「磻」意相合。「彼」是「被」之借字。

〔三九〕姚宏云：「磻，補左、補何二切，以石維繳也。」

〔四〇〕金正煒云：「『微』當讀如『徽』。說文：『徽，三糾繩也。』『徽繳』與『礛磻』，皆以駢語爲對文，與新序作『引纖繳，揚微波』有別。」

〔四一〕鮑彪云：「以繫矢從高。集韻：抎，下也。如折然。」吳師道云：「抎，……按呂氏春秋與『隕』同。」〔按〕新序「抎」作「殞」，同。

〔四二〕姚宏云：「集一無『乎』字。」下句同。

〔四三〕鮑彪云：「鼐，鼎絶大者。」〔按〕鼎鼐，爲烹飪器。

〔四四〕鮑彪改「聖」作「靈」，下同，云：「春秋及史無聖侯。」吳師道云：「『聖』當作『靈』，或者古通稱歟？下同。」黄丕烈云：「新序作『蔡侯』，詠懷詩注引作『蔡聖侯因是已』。」金正煒云：「『聖』當作『聲』，一聲之轉也。史記蔡滅於聲侯後十年。謚法不生其國曰聲。疑聖侯先虜於楚，後乃盡滅其國耳。」〔按〕鮑誤以楚靈王滅蔡當此事，故改「聖侯」作「靈侯」，「宣王」作「靈王」，說見下。蔡之再滅在楚惠王世，其時蔡君爲聲侯之孫侯齊。金謂「聖」當作「聲」，聖侯不當楚宣王時，年代並違，與策文亦不合，非。荀子彊國篇楊注引作「蔡聖侯因是以」，長短經同。

〔四五〕鮑彪云：「陂，阪也。」吳師道云：「池也。」程恩澤云：「二義並本說文，一主山言，一主水言，未知何指。新序引作『高陵』。」

〔四六〕姚宏云：「後語：『飲茹溪之疏。』注云：『茹溪，巫山之溪。』」橫田本「溪」下有「之」字。鮑彪云：「茹，飲馬也。」　程恩澤云：「水經注：『澧水又東，茹水注之。水出龍茹山，水色清徹，漏石分沙。莊辛說楚襄王所謂「飲茹溪之流」者也。』初學記引荆州記：『茹溪源出茹龍山，水極清徹。』……其地爲臨澧、零陽二縣西北，與巫山相近。」〔按〕文章正宗「茹溪」下有「之」字。文選詠懷詩注、謝玄暉郡内登望詩注引作「飲茹溪之流」，長短經同，並與春秋後語合。「茹溪之流」與「湘波之魚」爲對文，孔衍、酈道元所見國策皆有「之」字，是古本如此，今從補。姚引後語「疏」字疑「流」之譌。

〔四七〕鮑彪云：「湘水出零陵，屬長沙。」張琦云：「湘水出今廣西興安縣海陽山，北經湖南永州府、衡州、長沙諸府，入洞庭湖。此假設馳騁之辭，非其實也。」程恩澤云：「其地似與茹溪、巫山遠不相及。然湘波之魚，乘流上下，固無不可至也。或曰：『湘』蓋『江』字之訛。」〔按〕新序無「飲茹溪」下二句。茹溪、湘波二地可疑，說詳下。

〔四八〕〔按〕荀子彊國篇注引「抱」作「枕」，長短經同。

〔四九〕鮑彪云：「（高蔡）即上蔡。」程恩澤云：「當在今湖北之巴東建始一帶，故曰『北陵巫山，飲茹溪流，食湘波魚』。而荀子亦云『西伐蔡』也。若是上蔡、下蔡，則其地並在楚之東南，何得言西？且距巫山絶遠，又何有茹溪、湘波之可言乎？」狄子奇云：「新序以高蔡爲囿名，亦似有見，然必與（蔡）國都相近。」〔按〕荀子注引「中」作「間」。新序作「高蔡之囿」。新序下文云：「子發受令宣王，厄在淮水，填以巫山。」是高蔡當在淮河區域，非巴東、建始一帶。巫山不止一處，漢書地理志安邑亦有巫山。左傳襄十八年：「齊侯登巫山以望晉師。」杜注：「在盧縣東北。」皆不近淮瀆，然安知不別有名巫山者乎？此類當以缺疑爲是，不必深考。

〔五〇〕鮑彪改「宣」作「靈」，云：「昭十一年，楚子誘蔡侯般，殺之於申。經傳不書子發，蓋使子發召之。楚子，靈王。若宣王，蔡滅八十年矣。道應訓子發伐蔡，宣王郊迎。人間訓又言獲罪威王者，皆失考也。」吳師道云：

「『宣』當作『靈』。」黃丕烈云：「吳氏說非，新序作『宣』。此策文本作『聖侯、宣王』，非春秋蔡靈侯、楚靈王事。子發事楚宣，高誘注淮南子有其證。」程恩澤云：「（鮑）改『聖侯』爲『靈侯』，『宣王』爲『靈王』，尤爲武斷。荀子：『子發將西伐蔡，克蔡，獲蔡侯歸，致命曰：「蔡侯奉其社稷而歸之楚，舍屬二三子而理其地。」既楚發其賞，子發辭。』淮南子：『子發攻蔡，踰之。宣王郊迎，列田百頃，而封之執圭。子發辭不受。』二說相符，並與策文合。又云：『其後子發爲上蔡令，盤罪威王而出奔。』威王，宣王子也，於時亦非不相及，惟以爲上蔡，其地似稍差。然子發所伐是高蔡，所宰爲上蔡，不害其爲兩地也。蓋蔡雖一滅於靈王，再滅於惠王，復並於悼王，其後仍國於楚之西境。……楚世家云：『宣王六年，三晉益大，魏惠王尤强。』故蔡亦往朝之，與乎十二諸侯之列（自注：秦、齊二策所言十二諸侯，皆無「泗上」二字）。迨至子發獲蔡侯歸，而蔡乃真不祀矣。然則以荀子、淮南、史記證之國策，其人其地其時，無不若合符節，與春秋楚滅蔡事，毫不相涉。」〔按〕程考頗詳，所引荀子，見彊國篇，引淮南子前見道應訓，後見人間訓。胡玉搢許廎學林卷九答問亦有論鮑注此條，略同程說，云：「莊辛楚人，對楚王言楚事，斷不致有舛誤。春秋昭八年，楚靈王滅陳；十一年滅蔡；十三年，平王復封蔡。疑惠王時蔡爲所滅，其後簡、聲諸王或援平王故事而復封之，故至宣王又有攻蔡之舉，特書缺有間耳。且蔡叔度始封於蔡，爲今河南汝寧府上蔡縣。平王徙新蔡，爲汝寧府新蔡縣。昭侯徙州來，謂之下蔡，爲安徽鳳陽府壽州境。莊辛言聖侯馳騁乎高蔡之中，鮑注『即上蔡』（按此條，程氏亦辨其非，見上）。是非復州來之地。昭侯時州來屬吳，後或因吳滅復遷，或楚新封，皆未可知。莊辛蓋即近事以儆襄王，故襄王聞之，顏色變作，身體戰慄。若靈侯爲靈王誘殺，乃使公子棄疾圍蔡，由詭道非由正義，不足以儆襄王，辛不當言之。」可以稍補程說，因附及之。子發即景舍，說見同策一邯鄲之難章。

〔五一〕姚宏云：「三同，無『以』字。」

〔五二〕鮑本、吴本、盧本「輩」作「輂」。姚宏云：「一無此『輩』字。」〔按〕荀子彊國篇楊注引無「輩」字。又臣道篇注引「輩」作「輂」。依上文「輩」當作「輂」，形近而誤。今從鮑本正。俞正燮釋「輂」爲「橋」，即轎，亦稱肩輿，見癸巳類稿卷十四轎釋名。

〔五三〕鮑彪云：「（封禄）所封之禄。」横田惟孝云：「封禄，蓋倉名，以封藏穀禄名也。」

〔五四〕鮑本、吴本、盧本「戴」作「載」。鮑彪云：「方，四方。金，其所貢。」横田惟孝云：「方府，府名，猶『長府』，以形名也。」金正煒云：「方府，當是楚之藏名，猶魯之『長府』。沈約爲柳世隆上銅表：『南楚陋其方府，西京鄙其部内。』」〔按〕荀子臣道篇注引「戴」作「載」。「戴」與「載」古常通用。禮記月令：「戴勝降於桑。」釋文：「『戴』本亦作『載』。」爾雅釋山：「石戴土。」釋文亦云：「『戴』本作『載』。」釋名釋姿容云：「戴，載也。」方府，楚藏金之所。吕氏春秋分職篇：「葉公乃發太府之貨、高庫之兵以賦民。」淮南子道應訓作「大府之貨」，新論貪爰篇作「大府之財」。大、太同字。「方府」疑即「太府」。

〔五五〕〔按〕雲夢見前江乙説於安陵君章。

〔五六〕〔按〕時穰侯爲秦相，白起爲將。

〔五七〕鮑彪云：「填，兵滿也。江夏有鄳，即魏（按本在韓策，鮑改次於魏）策鄳隘之塞。」吴師道云：「燕策亦有。按左氏定四年，左司馬戌謂子常『直轅冥阨』。注：『漢東隘道。』史春申傳：『秦踰黽隘之塞而攻楚。』蘇秦傳：『塞鄳阨。』正義云：『申州羅山縣本漢鄳縣，州有清平關，蓋古鄳縣之阨塞。』又云『石城山』，楚世家『涉鄳塞』，亦指此。而正義誤以爲河東大陽鄳城，初不與楚相涉，何遽忘前説也？大事記作鍾山縣。按唐志，申州有鍾山、羅山兩縣。申州，今信陽軍也（即唐申州）。黽、鄳字同，漢萌反。『隘』當從『阨』音。」張琦云：「左傳還塞大隧、直轅、冥阨。注：『三者皆漢東隘道。』……皆與信陽州接界。填黽塞之内，謂破鄢、郢，燒夷陵，在黽塞之南，故曰『內』。投已乎黽塞之外，謂東北保於陳，在黽塞之北，故曰『外』。楚世家：『涉鄳塞。』正義主大陽鄍城者，蓋以上云『漢中析酈可得而有』，爲已近商、洛之境；下云『山東、河南』，爲指陝、虢、懷州，則非中州之地，故以徐說江夏爲非。」〔按〕新序作「寘之以黽厄」。「內」、「外」自楚人言之，黽塞之南爲內，其北爲外。

〔五八〕金正煒云：「『作』即『怍』之借字。禮記曲禮『容毋怍』。注：『怍，顔色變也。』」〔按〕文章正宗「作」作「怍」。

〔五九〕〔按〕文章正宗「慄」作「栗」。

〔六〇〕姚宏云：「一本無『以』字。」

〔六一〕〔按〕「執珪」是楚爵名，見前。然此文「執珪」似爲珪名。詩商頌長發：「受小球大球。」毛傳：「球，玉。」鄭箋云：「受小玉，謂尺二寸圭也。受大玉，謂珽也，長三尺。執圭搢珽，以與諸侯會同。」孔疏：「考工記玉人云：『大圭長三尺，杼上終葵首，天子服之。鎮圭尺有二寸，天子守之。』所服所守，唯此二玉，故知也。春官典瑞云：『王搢大圭，執鎮圭。』」然則「執珪」謂朝會所執之珪，亦即鎮珪。楚僭王制，故以執珪錫其臣下以寵之，因以名其爵歟？

〔六二〕姚宏云：「曾『爲』上有『封之』二字。」〔按〕新序作「乃封莊辛爲成陵君而用計焉」。

〔六三〕鮑本、吳本無「也」字。吳師道云：「『與淮北』云云，句上有缺文。新序曰：『與舉淮北之地十二諸侯。』後語云：『而與謀秦，復取淮北之地。』」關修齡云：「疑『與』當作『舉』。」（吳汝綸說同。）程恩澤云：「策文『與』字蓋『舉』字之訛，非有缺也。」于鬯云：「淮北地大，楚實未嘗全失於宋，故田世家仍云『南割楚之淮北』。然齊割不久，而破於燕，則仍爲楚有，所謂取齊淮北，六國表、楚世家均載。依史襄王十五年，以策考之實十二年，至是襄王二十二年，以策考之實十九年。雖經秦難，而淮北當無恙也。既不失於秦，又何以云舉？且楚世家云：『襄王二十三年，收東地兵，得十餘萬，復西取秦所拔我江旁十五邑以爲郡，距秦。』云『收東地兵』，明東地未失，即淮北未失矣。云『西取江旁十五邑』，則失於秦而復舉者，明江旁十五邑非淮北也。竊恐策文與新序、後語不必盡同。『與』即『賜』也。淮北在其後可以賜春申君，安見其前不曾以賜陽陵君乎？然則『與』字依本義自通，並不煩讀『與』爲『舉』。」〔按〕于説恐有未安。莊辛規辭雖善，究非實際之功，何能遽賜以地？且其時楚初經喪亂，偏居一隅，未見恢復之功，亦不應即以淮北之地賜臣下也。此不能與春申賜地同例視之。國策、新序，並出劉向，例可互參。孔衍後語，多本策文，而此事史記不載，則後語所記正據國策。豈可謂策文與之不必盡同？長短經亦云：「與之謀秦，復取淮北之地。」語同後語，即本國策。則「與」當讀如「舉」無疑。周禮師氏：「王舉則從。」注：「故書『舉』爲『與』。」杜子春云：「當爲『與』。」舉淮北之地，所以明用莊辛之效。淮北地在先，取江旁十五邑在後，於義亦可兩通，不必拘泥。

〔附論〕

鮑彪云：「此策天下之善規也。襄王雖失之東隅，而收之桑榆，故其季年保境善鄰，差爲無事也，此策爲有力焉。」

吴師道云：「大事記：楚襄既失郢都，復召莊辛，聞其言，至於色變體慄，此其所以能稍復故地也。復取江南十五邑，在頃襄二十三年。新序又載：楚襄用莊辛計，舉淮北之地十二諸侯。蓋喪亂之後，補敗扶傾之計，皆出於辛，特不能大有所爲耳。劉辰翁極詆辛小人，謂何策之有？皆失考。」

陸隴其云：「此篇設喻從小而至大，從物而至人，從外而至內，緩而不驟，最善爲詞令。但當時教楚王必更有經濟實著，惜史不傳，決不是只此一番虚話而已，此篇只是一箇冒頭。」

姚鼐古文辭類纂列此策於辭賦類，云：「此與漁父、宋玉對楚王、東方客難同類，並是設辭，乃太史公、褚先生、劉子政悉載敘之，以爲事實，爲失其旨矣。」

〔按〕姚氏以爲設辭，非是。此策首尾所記合於史實，莊辛又見於說苑，州侯亦見於荀子，宣王滅蔡，正與荀子、淮南子相合，可補史缺，豈能以辭賦家之設辭擬之？姚編不倫矣。又此篇史記不載，劉向新序有之，姚氏謂太史公、諸先生並載叙之，亦失考。

5　齊明說卓滑以伐秦

齊明〔一〕說卓滑〔二〕以伐秦，滑不聽也。齊明謂卓滑曰：「明之來也〔三〕，爲樗里疾卜交也。明說楚大夫以伐秦，皆受明之說也，唯公弗受也。臣有辭以報樗里子矣。」卓滑因重之〔四〕。

【箋證】

〔一〕〔按〕齊明見齊策六。亦見東周、趙、韓等策。

〔二〕鮑彪云：「疑即淖滑。」〔按〕近人有謂卓滑趙策作淖滑，即昭滑（見賈誼過秦論上），亦即謀亂越之邵滑（按見楚策一楚王問於范環章），或作召滑。召、邵、淖、卓、昭古音通假（文物一九八一年第六期古代楚蜀的關係）。從古音假借上說得通，是否確實，尚缺乏他證。

〔三〕鮑彪云：「蓋自秦來。」

〔四〕鮑彪云：「此明因敗爲成之說也。樗里，滑之所欲交也。滑不聽明，明懼見輕，爲善於疾而言以此報疾，故滑重之。」橫田惟孝云：「唯滑不受伐秦之說，是善秦者也，疾可以交焉，故曰『有辭以報樗里子』。蓋明非實爲疾卜交也，其說不行，懼以輕，故以此取重也。」

6 或謂黃齊曰

或謂黃齊曰：「人皆以謂公不善於富摯〔一〕。公不聞老萊子〔二〕之教孔子事君乎？示之其齒〔三〕之堅也，六十而盡，相靡也〔四〕。今富摯能〔五〕，而公重〔六〕不相善也，是兩盡也〔七〕。諺〔八〕曰：『見君之乘，下之〔九〕。見杖，起（趨）之〔一〇〕。』今也王愛富摯而公不善也，是不臣也〔一一〕。」

〔箋證〕

〔一〕鮑彪云：「（黃齊、富摯）皆楚人。」〔按〕渚宮舊事卷三作「富摯有寵於懷王，黃齊惡之，楚人說齊曰」云云。

〔二〕鮑彪云：「（老萊子）楚有道之士。」〔按〕說見下。

〔三〕姚宏云：「一本（齒）下有『曰齒』二字。」

〔四〕鮑彪云：「靡，摩同，研也。」吳師道云：「說苑常摐告老子曰：『舌之存也，豈非以其柔邪？齒之亡也，豈非以其剛邪？』孔叢子云：『老萊子謂子思曰：子不見夫齒乎？雖堅剛，卒盡相摩。舌柔順，終以不敝。』按史記及漢志並云孔子與老子、老萊子同時。孔叢子所記舛也。」〔按〕史記老子傳：「或曰：老萊子亦楚人也，著書十五篇，言道家之用，與孔子同時。」正義云：「太史公疑老子或是老萊子，故書之。」而仲尼弟子列傳敘云：「孔子之所嚴事，於周則老子，……於楚老萊子。」是太史公明以老子與老萊子爲二人也。莊子外物篇謂：「老萊子之弟子出薪，遇仲尼。」大戴禮記衛將軍文子篇孔子告子貢云：「德恭而行信，終日言不在尤之内，在尤之外，貧而樂也，蓋老萊子之行也。」可見其與孔子並時，與此策合。又淮南子繆稱訓云：「老子學商容，見舌而知守柔矣。」高注：「商容，神人也。商容吐舌示老子，老子知舌柔齒剛。」一事而異説，先秦古籍多如此。王應麟困學紀聞卷十亦引孔叢子，云：「漢藝文志老萊子與孔子同時，當從國策。」吴説與之同。

〔五〕鮑彪云：「(能)有材能。」金正煒云：「韓非有度篇：『數至能臣之門。』三守篇：『人主不心藏而漏之近習能人。』此云『富摯能』，當即此義。惟韓子所謂『能人』，即荀子書『態臣』之譌，此文『能』當爲『寵』，亦字之譌也。寵，愛也。下云『王愛富摯』，正與『寵』字相應。」〔按〕金説是也。然「能」當作「龍」，「龍」即寵字(詩商頌長發「何天之龍」。大戴禮衛將軍文子篇作「何天之寵」。史記仲尼弟子列傳「公孫龍」，索隱：「家語或作『寵』。」並其證)。後人不明「龍」爲「寵」之借字，遂以爲「能」之形譌而妄改耳。

〔六〕鮑彪云：「『重』猶『甚』。」〔按〕漢書韓安國傳：「重作事也。」注：「『重』猶『難之』也。」

〔七〕吴師道云：「謂兩强俱斃，若齒之相摩以就盡也。」

〔八〕鮑彪云：「傳言曰『諺』。」

〔九〕鮑彪云：「(乘)乘馬也，在車則下。」

〔一〇〕鮑彪云：「在坐則起。」吴師道云：「『下』音『户』。『起』音『去』，上聲。」横田惟孝云：「言車杖雖微，而君之所御，臣猶敬之。」〔按〕「起」古音亦不與「下」同部。此二句無韻，吴協音去以諧韻，非。渚宫舊事作「見君之車則下，見君之位則趨」。於韻爲諧。起、趨形亦相近，今從改。

〔一一〕橫田惟孝云：「失爲臣之道也。」

7 長沙之難

長沙之難〔一〕，楚太子橫〔二〕爲質於齊。楚王死，薛公〔三〕歸太子橫，因與韓、魏之兵隨而攻東國〔四〕。太子懼，昭蓋曰：「不若令屈署以新東國〔五〕爲和於齊以動秦。秦恐齊之敗東國而令行於天下也〔六〕，必將救我。」太子曰：「善。」遽令屈署以東國爲和於齊〔七〕。秦王聞之，懼，令辛戎〔八〕告楚曰：「毋與齊東國，吾與〔九〕子出兵矣。」

〔箋證〕

〔一〕鮑彪云：「長沙，荆州國。懷二十九年，秦大破楚，楚王恐，使太子質齊。楚蓋破於此。」張琦云：「長沙，今府是。秦紀：昭九年，取楚八城，殺楚將景缺。年表作襄城，則非長沙矣。所未詳也。」〔按〕懷王之世，楚未失郢，秦何能敗之於更南之長沙乎？此長沙當非漢志之長沙國地。于鬯謂長沙即垂沙，長、垂一聲之轉（見同策第三蘇子謂楚王章）。垂沙之事，即懷王二十八年（前三〇一）四國敗楚於重丘之戰。明年，秦復伐楚，懷王乃使太子質於齊。則謂長沙之難即垂沙之事，其説可通。秦取楚八城，在懷王三十年（前二九九，當秦昭王八年，秦紀誤差一年），其時楚太子已質於齊，不應相涉，張説未是。

〔二〕〔按〕楚頃襄王名橫。

〔三〕〔按〕楚王謂懷王，薛公謂孟嘗君。説見齊策三楚王死太子在齊質章。

〔四〕〔按〕「東國」即同策二楚襄王爲太子之時章之「東地」，齊策三楚王死太子在齊質章之「下東國」。

〔五〕鮑彪云：「『新』字疑衍。」關修齡云：「凡曰『東國』者五，惟於致齊則加『新』字。意新東國似非太子許齊之東國矣。」横田惟孝云：「新東國，蓋楚新得之地也。」于鬯云：「齊策言『下東國』即東國也。蓋東國或稱『下東國』，或稱『新東國』耳。以『新』字爲衍，亦非。」金正煒云：「『爲』與『僞』通。……『新東國』即齊策之『下東國』，蓋楚復得之東地，故或言『下』，或言『新』以别之。」

〔六〕鮑彪云：「上言齊興兵攻故地，此恐其敗。」金正煒云：「『敗』當爲『取』，字形相似而誤。楚以新東國和齊，則兩國將不搆兵，不得言『敗』。」〔按〕金説疑是。

〔七〕鮑彪云：「此即子良之策，蓋與署偕。」〔按〕此自傳聞異辭，鮑説無據。

〔八〕鮑彪改「辛」作「芈」。吴師道云：「當作『芈』。」〔按〕辛戎見前術視伐楚章，鮑亦改爲「芈戎」，説見彼章。此辛戎疑是芈戎，即華陽君。史記秦本紀：「（昭王）八年，使將軍芈戎攻楚。」昭王八年，當楚懷三十年（前二九九），距楚襄返國僅一年。戎爲楚人，故使告於楚。

〔九〕横田惟孝云：「『與』讀如『爲』。」〔按〕經傳釋詞引此策訓「與」猶「爲」。此與前楚襄王爲太子之時章所記略同，而文相參差。當是中書互有異文，劉向並録之以存考耳。此例策中時見，下不贅述。

8　有獻不死之藥於荆王者

有獻不死之藥於荆王者，謁者操以入。中射之士〔一〕問曰：「可食乎？」曰：「可。」

因奪而食之。王怒，使人殺中射之士。

中射之士使人説王曰：「臣問謁者，謁者曰可食，臣故食之。是臣無罪，而罪在謁者也。且客獻不死之藥，臣食之而王殺臣，是死藥也〔二〕。王〔三〕殺無罪之臣，而明人之欺王。」〔四〕王乃不殺。

〔箋證〕

〔一〕鮑彪云：「射人之在中者。」吳師道云：「韓非子注：中射士官，有上、中、下。」横田惟孝云：「『中射』亦作『中謝』，射、謝通。楚官名也。吕子去宥篇：荆威王好制，有中謝佐制者。史記張儀傳：後陳軫舉中謝，對楚王云云。索隱曰：『中謝，蓋謂侍御之官。』」〔按〕吳引韓非子注，見十過篇。孫詒讓札迻校韓子云：「按吕覽（去宥篇）高注云：『中謝，官名也。』『謝』與『射』通，字當以『射』爲正，蓋即周禮之射人也（自注：「楚策亦有『中射之士』」）。鮑彪注云云。鮑不引周禮，則似謂能射之人在中者，與余説微不同。」）。中射者，射人之給事宫内者，猶涓人之在内者謂之中涓，庶子之在内者謂之中庶子矣。周禮射人與大僕並掌朝位。又大喪與僕人遷尸。禮記檀弓云：『扶君，卜人師扶右，射人師扶左。』鄭注云：『「卜」當爲「僕」，聲之誤也。』僕人、射人皆平生時贊正君服位者，是射人與僕人爲聯，故後世合二官以爲侍御近臣之名曰僕射。」王先愼韓非子集解從孫説，謂舊注誤。

〔二〕〔按〕韓非子説林上篇此下有「是客欺王也」句。

〔三〕〔按〕太平御覽卷九百八十四引「王」下有「乃」字。韓非子「王」作「夫」。

〔四〕金正煒云：「禮記檀弓注：『「而」猶「乃」也。』言殺無罪之臣，乃適以明人之欺王耳。」〔按〕韓非子此下有「不如釋臣」句。

〔附論〕

吴師道云：「自齊威、宣、燕昭使人入海求三神山，而方士盛。楚臣有獻不死之藥者，知當時此術蔓延浸淫，不獨燕、齊然也。屈平遠遊之篇曰：『一氣孔神兮於中夜，存虛以待之兮無爲之先。』長生久視之方，無以易此，惜乎楚王之不知也！此策時亦無考。」

張尚瑗云：「孔叢子有人聞遠方能不死術者，裹糧往從之。及至，而其人死矣。然猶歎恨不得聞其道，可與此語參看。」

〔按〕山海經海内西經：「開明東有巫彭、巫抵、巫陽、巫履、巫凡、巫相，夾窫窳之尸，皆操不死之藥以距之。」又：「開明北有不死樹。」文選思玄賦李善注引作「有不死樹，食之長壽」。楚辭遠遊篇：「仍羽人於丹丘兮，留不死之舊鄉。」是皆反映當時求長生不死方之風之興起，至秦皇、漢武而彌侈矣。又按韓非子外儲說左上：「客有教燕王爲不死之道者，王使人學之，所使學者未及學而客死，王大怒，誅之。」亦見列子説符篇。張引孔叢子，見士義篇，大略相同。山海經海内經：「流沙之東，黑水之間，有山名不死之山。」郭注：「即員丘也。」郝懿行箋云：「員丘山上有不死樹，食之乃壽，見海外南經注。」按遠遊爲楚辭，海外南經有「不死民」，吕氏春秋求人篇「禹南至不死之鄉」，並在南方。所言不死民、不死鄉，當與不死藥有關，可見戰國時方士求長生之説行於楚也，不止燕、齊一隅也。又楚辭天問：「何所不死？」王逸注引括地象云：「有不死之國。」列子與孔叢出於僞託，殆皆本之韓非子。

9　客説春申君曰

客説春申君曰：「湯以亳〔一〕，武王以鄗〔二〕，皆不過百里，以有天下。今孫子〔三〕天下賢人也，君藉之以百里〔四〕勢，臣竊以爲不便於君，何如？」春申君曰：「善。」於是使人謝孫子。孫子去之趙〔五〕，趙以爲上卿〔六〕。

客又說〔七〕春申君曰：「昔伊尹去夏入殷，殷王而夏亡。管仲去魯入齊，魯弱而齊强。夫賢者之所在，其君未嘗不尊，國〔八〕未嘗不榮也。今孫子，天下賢人也，君何辭之〔九〕？」春申君又曰：「善。」於是使人請孫子於趙。

孫子爲書謝曰：「癘人憐王〔一〇〕，此不恭之語也。雖然〔一一〕，不可不審察也，此爲劫弑死亡之主言也。夫人主年少而矜材，無法術以知奸，則大臣主斷國私〔一二〕，以禁誅於已也〔一三〕。故弑賢長而立幼弱，廢正適而立不義〔一四〕。春秋戒之曰〔一五〕：楚王子圍聘於鄭，未出竟〔一六〕，聞王病，反問疾，遂以冠纓絞王殺之，因自立也〔一七〕。齊崔杼之妻美，莊公通之。崔杼帥其君〔一八〕黨而攻莊公〔一九〕。請與分國，崔杼不許；欲自刃於廟，崔杼不許。莊公走出，踰於外牆，射中其股，遂殺之，而立其弟景公〔二〇〕。近代所見，李兌用趙，餓主父於沙丘，百日而殺之。淖齒〔二一〕用齊，擢〔二二〕閔王之筋，縣於其廟梁，宿夕而死〔二三〕。夫癘雖癰腫胞疾〔二四〕，上比前世，未至絞纓射股，下比近代，未至擢筋而〔二五〕餓死也。夫劫弑死亡之主也，心之憂勞，形之困苦，必甚於癘矣。由此觀之，癘雖憐王可也〔二六〕。」因爲賦曰〔二七〕：「寶珍隋珠，不知佩兮〔二八〕。禕（褘）布與絲，不知異兮〔二九〕。閭姝、子奢，莫如媒兮〔三〇〕。嫫母求之，又甚喜之兮〔三一〕。以瞽爲明，以聾爲聰。以是爲非〔三二〕，以吉爲凶。嗚呼上天！曷惟其同〔三三〕？詩曰：「上天甚神，無自瘵也〔三四〕。」

【箋證】

〔一〕鮑彪云：「(亳)皇覽：今梁穀熟。」吳師道云：「史正義引括地志云：『宋州穀熟縣西南南亳故城，即湯都。宋州北大蒙城爲景亳，湯所盟地，所謂北亳。河東偃師爲西亳，帝嚳及湯所都，盤庚亦徙都云。』湯即位後都南亳，後徙西亳。」張琦云：「湯居亳，即漢濟陰薄縣，在今(山東)曹州府曹縣境。北亳、南亳之稱，始於皇甫謐，又以偃師爲西亳，以合尚書三亳之文，甚謬。考穀熟從無亳稱，漢書偃師下亦未云西亳也。」〔按〕尚書序云：「自契至於成湯，八遷，湯始居亳，從先王居。作帝告、釐沃。」亳地所在，古今説者不一(見書正義及程恩澤國策地名考)。張説本於漢書音義臣瓚之言(見史記封禪書集解、書正義及漢書地理志注)，王國維説亳舉三證以明其是(文載觀堂集林中，今從略)。又俞正燮癸巳類稿卷一湯從先王居義亦斥皇甫謐説，謂湯起於亳之亳「在洛西」，不明指何地。

〔二〕鮑彪改「鄗」作「鎬」，注云：「屬京兆。」吳師道云：「(鄗)鎬通。史復都豐、鄗。國語杜伯射王於鄗。……按鄠縣上林，即今長安縣昆明池北鎬陂。」張琦云：「後志：鎬在長林苑中。方輿紀要十道志：鎬池在長安城西昆明池北，即周故都。地志云：在咸陽西南二十五里。」

〔三〕鮑彪云：「(孫子)荀卿。」吳師道云：「『荀』作『孫』，避(漢)宣帝諱也。」〔按〕吳説本史記孟子荀卿列傳索隱。謝墉荀子箋釋序後云：「考漢宣名詢，漢時尚不諱嫌名。且如後漢李恂與荀淑、荀爽、荀悦、荀彧，俱書本字，豈反於周時人名，見於載籍者而改稱之？若然，則左傳自荀息至荀瑶多矣，何不改耶？……蓋『荀』音同

『孫』，語遂移易，如荆軻在衛，衛人謂之慶卿，而之燕，燕人謂之荆卿。……『荀』之爲『孫』，正如此比。以爲避宣帝諱，當不其然。」梁玉繩漢書人表考云：「『荀』之爲『孫』，語音之轉也。……漢不避嫌名，宣帝是名詢爾。」

〔四〕鮑彪「里」下補「之」字。〔按〕韓詩外傳卷四作「君藉之百里之勢」。「藉」猶「借」。

〔五〕鮑彪云：「史言孫子、春申君死而貧困，家蘭陵，不言之趙。」〔按〕劉向荀子叙録云：「孫卿適楚，楚相春申君以爲蘭陵令。人或謂春申曰：湯以七十里云云。春申君謝之，孫子去之趙。」與策文同。説詳後。

〔六〕姚宏云：「荀子未嘗爲上卿。後語作『上客』，當是。」金正煒云：「韓詩外傳亦云：孫子去而之趙，趙以爲上卿。此策不必爲誤。荀子嘗議兵於趙孝成王前。墨子耕柱篇（按原文誤作「小取篇」，今據墨子書正）：『子墨子使管黔敖游高石子於衛，衛君致禄甚厚，設之於卿。』史記田世家：『賜列第爲上大夫，不治而議論。』漢書陳平傳：『賜爵卿。』張晏曰：『禮秩如卿，不治事。』孟、荀之上卿，蓋致禄而已，非任之也。齊策：『賜之上卿，命而處之。』即此類也。」

〔七〕〔按〕此「客又説」乃又有客説春申君也。客非前客。

〔八〕〔按〕長短經卷三是非篇「國」上有「其」字，韓詩外傳同。

〔九〕〔按〕長短經「何」下有「爲」字。韓詩外傳作「何謂辭而去」，「謂」同「爲」。

〔一〇〕姚宏云：「韓非子：諺曰，癘憐王。」鮑彪云：「癘雖惡疾，猶愈於劫弑，故反憐王。」吴師道云：「癘，癩也。劉辰翁曰：『此韓非語，孫不應用。』不知非正用孫語也。」〔按〕「癘」、「癩」一聲之轉，即麻瘋病。韓詩外傳作「鄙語曰：癘憐王」。此自是當時成語，孫子引以起喻。此至下「癘雖憐王可也」，亦見韓非子姦劫弑臣篇。俞正燮癸巳存稿卷十二云：「此荀子語。韓非顯學云：有孫氏之儒。則韓非得見荀卿書。……而宋劉辰翁批國策云云。妄也。」

〔一一〕吴師道云：「一本此下有『古無虚諺』四字。」〔按〕如一本，「癘人」上當有「諺曰」二字，始相呼應。韓非子姦劫弑臣篇有此四字。

〔一二〕鮑彪讀「國」字句，云：「專斷其國。」中井積德云：「『國』疑衍文。公則主斷，私則誅禁，是兩事作對。」吴汝綸點勘本讀「國私」句。金正煒云：「韓詩外傳：『即大臣以專斷圖私，以禁誅於己也。』此文『國』蓋『圖』字之誤。」〔按〕韓非子作「大臣猶將得勢，擅事主斷而各爲其私急，而恐父兄豪傑之士，借人主之力以禁誅於己也」。文雖稍繁，而意義則一。「國」當是「圖」譌，今從吴、金讀。

〔一三〕鮑彪以「私」字屬下讀云：「察其私，則恐人誅己，故主斷以禁之。」穆文熙從鮑讀，云：「大臣專斷於國，其跡若爲公家，其私則恐人發己陰私被誅，而以是禁之，猶言假公濟私也。」安井衡從鮑讀，云：「言大臣自私，己所不欲則禁之，己所憎則誅之。」〔按〕也猶者，見經傳釋詞。言大臣擅權謀私，以禁止誅於己者。

〔一四〕横田惟孝云：「『不義』謂不宜立者。」〔按〕「適」同「嫡」。

〔一五〕〔按〕韓非子作「春秋記之曰」。韓詩外傳作「春秋之志曰」。

〔一六〕〔按〕「竟」同「境」。王子圍即楚靈王。

〔一七〕鮑彪云：「(左傳)昭元年。」

〔一八〕横田惟孝云：「『君』字恐衍。」金正煒云：「『君』當爲『羣』，劉向所謂脱損半字也。」〔按〕韓非子作「崔子之徒賈舉率崔子之徒而攻公」。汪中述學補遺荀卿子通論引此文「君」改作「羣」，金説與之同。「羣」從「君」聲，古可通用。

〔一九〕鮑本、吴本「莊公」下重「莊公」二字。〔按〕韓非子作「公入室，請與之分國」。

〔二〇〕鮑彪云：「(左傳)襄二十五年。」

〔二一〕〔按〕韓非子「淖」作「卓」。淖、卓通用。漢書古今人表淖齒，顔注云：「『淖』或作『卓』。」

〔二二〕鮑彪云：「擢，引也。」

〔二三〕〔按〕李兑、淖齒語見秦策三范雎至章。淖齒事又見齊策五。

〔二四〕關修齡云：「胞，胎衣，無所取義，疑『疱』字訛。『疱』亦腫疾也。」横田惟孝云：「韓子作『癰腫疕瘍』。周禮天官醫師『疕瘍者造焉』，注云：『疕，頭痛，亦謂秃也。身傷曰瘍。』『胞疾』疑『疕瘍』訛。」中井積德云：「『胞疾』疑當作『抱疾』。」〔按〕韓詩外傳「胞疾」作「痂疵」。素問風論篇云：「癘者有榮氣熱胕，其氣不清，故使其鼻柱壞而色敗，皮膚瘍潰。」王冰注云：「其氣不清，潰亂也。然血脈潰亂，榮復挾風，陽脈盡上於頭，鼻爲呼吸之所，故鼻柱壞而色惡，皮膚破而潰爛也。」據此，癘疾有面部腫壞，皮膚潰爛之現象。此文「胞」字當爲「皰」之借字（「疱」又「皰」之或作）。説文「皰」字云：「面生氣也。」段注云：「淮南潰小皰而發痤疽。高曰：『皰，面氣也。』玄應引作『靤』。」是「皰」爲面皮起泡，乃鼻柱壞而色惡之先狀。「疾」當依韓非子作「瘍」，謂皮膚瘍潰，正是癘疾之症象。

〔二五〕横田惟孝云：「『而』字恐衍。」〔按〕韓非子、韓詩外傳並無「而」字。「而」猶「與」，義通。

〔二六〕〔按〕胡元儀郇卿别傳云：「蓋李園之包藏禍心，李園女弟之陰謀，郇卿早知其必發，故以書刺之也。」胡氏以荀卿去楚之趙在李園女弟得進之後。考李園説春申君在「君相楚王二十餘年」之時，已當考烈王晚年。其後進女弟於春申君，有孕而再進之王，其事甚秘，決不使外人知之。荀卿何能刺之？若謂在李園用事之日，則考烈王死，春申君即被殺，焉有謝卿召卿之餘時？胡説出於附會，不足信。

〔二七〕姚宏云：「亦見荀子賦篇、韓詩外傳。」

〔二八〕吴本「佩」作「俾」。〔按〕荀子賦篇、韓詩外傳並作「摇珠不知佩」。鮑本亦作「佩」，吴本誤。鮑彪云：「隋侯見大蛇傷，療而愈之，蛇銜明珠報之。世之所寶所珍。」〔按〕李斯上書諫逐客云：「有和、隨之寶。」李善文選注引墨子「和氏之璧，隨侯之珠」（語見耕柱篇）。史記正義引説苑隨侯療蛇事，略同鮑注。隋、隨同字。竊謂「隋珠」謂隋侯所得之美珠特異，猶和氏所獻之璧最寶也。療蛇酬珠，乃後來之增飾語耳。

〔二九〕姚宏云：「『禕』，孫作『褋』。」鮑本、吴本「布」作「衣」，盧本「絲」作「縣」。鮑彪云：「禮：后服禕衣。謂畫袍。」王念孫云：「鮑説甚謬。孫朴本作『褋』是也。荀子及外傳並作『褋布與錦』。此策『錦』作『縣』。蓋『錦』譌爲『綿』，轉寫爲『緜』，又譌爲『縣』耳（隸書『縣』字或作『緜』，『緜』字或作『縣』，二形相似，故『緜』譌爲『縣』）。……鴻烈本經篇『緜聯房植』，史記孝文記『歷日緜長』。今本『緜』字並譌作『縣』）。褋布與錦不知別異，言美惡不分也。」又荀子雜志云：「此謂布與錦褋陳於前，而不知別異。説文：『布，枲織也。』言美惡不分也。」橫田惟孝云：「禕衣，王后畫雉衣。絲，絲衣，祭服也。詩曰：絲衣其紑。皆衣之貴者。異，謂異於他衣也。荀子『褋布與錦』，一美一惡，似義長。」吴汝綸云：「禕、韋同字。」〔按〕王據盧本爲説，然姚本及景宋抄本皆作「絲」，則盧本乃刊誤，不足憑。「絲」與「布」亦美惡爲對，義自可通，不必改字矣。「禕」字當以孫本作「褋」爲長（「禕」疑「褋」之形訛），今從改。荀子楊注謂「雜布，麤布」。王氏訓「褋」爲動詞，二義並可通。

〔三〇〕鮑彪云：「姝，好也。『奢』即子都，美人也。」吴師道云：「荀子作『閭娵』。韋昭云：『梁王魏嬰之美女。』楚辭注云：『奢』或作『都』。故以爲鄭之美人。」王念孫云：「『莫知媒』當從荀子、外傳作『莫之媒』。『之』與『知』聲相溷，又與上文兩『不知』相涉而誤。言無人爲之媒也。」〔按〕吴注本荀子注。楊倞注謂「子奢當爲子都，鄭之美人。詩曰不見子都」。後語作（明娵）子都莫之媒。楚辭七諫：「謂閭娵爲醜惡。」王逸注云：「閭娵，好女。」娵、姝古音相同通用。字又作「娶」，集韻虞韻音「須」，引荀子作「閭娶子奢」。韓詩外傳「子奢」作「子都」，與後語同。「奢」與「都」並從「者」聲，古可通用，楊氏以爲字譌，非。詩鄭風山有扶蘇：「不見子都。」

毛傳云：「子都，世之美好者也。」朱熹楚辭後語注云：「（子都）然則乃讀男子也。」按下文「嫫母力父（原誤作「求之」）」亦以男女並舉，則閭姝子奢亦當爲美男女，與之相應。

〔三一〕鮑彪云：「嫫母，都醜也。」吳師道云：「（嫫母）醜婦人。楚辭注云：『黄帝妻。』」王念孫云：「荀子、外傳並作『嫫母力父是之喜』。此策『求之』二字未詳何字之譌。又即『父』之譌，篆文『父』字作『』，又作『』，二形相似。甚喜之，當從荀子、外傳作『是之喜』。言惟嫫母力父是喜也。『是』與『甚』，字之誤。隸書『是』字作『是』，『甚』字或作『甚』，二形相似。……『是之喜』與『莫之媒』，相對爲文。『喜』讀平聲，與『媒』爲韻也。」金正煒云：「『求』當爲『力』。篆文『力』作『』，『求』作『』，二形相似，因此致誤。『之』字涉上下文而衍。」〔按〕文當從荀子、外傳改，王、金二説是。吕氏春秋遇合篇：「嫫母執乎黄帝。」高注：「黄帝悦之。」漢書古今人表作「悔母」，云：「黄帝妃。」顔注：「即嫫母也。」楚辭注所本。此「嫫母」借謂醜婦人，非指黄帝妻，猶上文「閭姝、子奢」借爲美人之通稱。故楚辭九章惜往日：「嫫母姣而自好。」王逸注云：「醜嫗。」力父，荀子一本作「刀父」，並未詳。錢大昕十駕齋養新録卷十二云：「（刀父）疑即齊之豎刀。亦作『貂』，刀有貂音，後人刀、刁爲二字。」梁玉繩漢書人表考黄帝臣力牧下云：「按荀子賦篇、韓詩外傳四，有『力父』與『嫫母』並稱，疑是力牧。」並屬推測之詞，姑存以備考。

〔三二〕按荀子「以是爲非」作「以危爲安」。

〔三三〕鮑彪云：「言舉世皆然。」吳師道云：「朱子謂：『此言衰亂之極，人懷私意，乖異反易，至於如此，故呼天而問之曰：何爲而可使之同乎？同則合乎天理之公。是非善惡，皆當於理，而天下治矣。明天意悔禍，則轉禍爲福，撥亂反正不難矣。』」〔按〕吳引朱子語，見楚辭後語注。

〔三四〕鮑彪云：「瘵，病也。言天理甚明，如是者必有患禍。」吳師道云：「按『詩曰』以下，荀子無之。二句乃菀柳之辭。神，詩作『蹈』，傳謂當從策。也，詩作『焉』。本言人誰不欲朝事王，而王甚神，朝之無不自取病。今借以言天之威神甚可畏，不可不畏天而自取禍也。」王念孫云：「荀子無『詩曰』以下三句，外傳有之。外傳每章之末，必引詩爲證，若戰國策則無此例也。『詩曰』以下三句，蓋後人取外傳附益之耳。又案菀柳之詩曰：『上帝甚蹈，無自瘵焉。』毛傳曰：『蹈，動也。』正義曰：『言王心無恒，數變動也。』此引詩，『上帝』作『上天』，因與上文『嗚呼上天』相涉而誤。『甚蹈』作『甚神』，『神』者『慆』之壞字，故外傳引詩作『上帝甚慆』。一切經音義五曰：『詩云上帝甚陶。陶，變也。』義與毛傳孔疏同。陶、慆、蹈，古同聲而通用也。……集傳據此策，遂謂詩之『蹈』字當作『神』，竊所未安。」〔按〕汪中荀卿子通論云：「引事説詩，韓嬰書之成例。國策載其文而不去其詩，此故奏之葛龔也。」説同王氏。陳喬樅魯詩遺説考以此策所引詩文定爲魯詩，説亦有理。不必從毛、韓詩異文訂正之。

〔附論〕

鮑彪云：「春申君之愚昏甚矣。人惟不知賢，故不能用。豈有知之，以一人言去之，又以一人言召之，其特操安在也？荀卿絶之，宜哉。卿書蓋知之矣。」

吳師道云：「朱子謂：『黄歇亂人，卿乃以爲託身行道之所，則(原本作「別」，引之誤，今正)已誤矣。』愚謂卿雖非孟子比，然以詩、書、禮義言治，禁暴除害言兵，要爲異於戰國之士者。此篇不載於其書，賦即佹詩末章。其言弑賢良而立幼弱，廢正適而立不義，遠引楚圍、崔杼，近述李兑、淖齒，剴切春申甚。然首以法術知奸爲言，則亦出申、商，可謂惑流俗而不篤於自信者也。策獨載此，而不及其他，其人又可知矣。史：『荀卿年五十，始游學於齊。襄王時最爲老師。齊尚修列大夫之缺，而卿三爲祭酒。』劉向曰：『方齊宣王、威王之時，聚天下賢士於稷下，尊寵之，若鄒衍、田駢、淳于髠之屬，號曰列大夫。是時荀卿年十五，始游學。至襄王時最爲老師。齊尚修列大夫之缺，而卿三爲祭酒焉。』據二書之文，則襄王時三爲祭酒也。大事記取史文，書卿爲列大夫祭酒，在襄王五年，是也。朱子采劉向而文稍異，曰：『卿少游學於齊，歷威、宣至襄王，三爲稷下祭酒。』按史，春申君死而卿家蘭陵。春申之死，在考烈王二十五年，齊王建之二十七年也。上歷襄王二十九年，湣王、宣王通五十九年，乃及威王之世。自王建二十九年至宣王元年，已爲一百有五年，卿之不逮事威王明矣。蓋向之言，但爲歷叙威、宣之多士，其言猶先宣而後威，不主爲卿言也。祭酒者，古人飲食必祭，席中之尊者一人當祭，後因以爲官號。髠、衍爲列大夫之時，卿年尚小。其徒既死，齊修其缺，而卿與焉。故卿在襄王時，最爲老師，而三處衆士之上也。向之言視史猶明，朱子偶未之察耳。史云『五十始游學』，向云『十五』，史字倒置無疑，朱子改之當矣。」

〔按〕吳注引朱子語，見楚辭後語。史記孟子荀卿列傳云：「齊人或讒荀卿，荀卿乃適楚，而春申君以爲蘭陵令。春申君死，而荀卿廢，因家蘭陵。」此言荀卿仕楚後，未嘗去楚之趙，與策文不合。劉向荀子叙録云：「（孫卿）乃適楚，楚相春申君以爲蘭陵令。人或謂春申曰：湯以七十里云云（文略同策，今略）。春申君謝之，孫卿去之趙。後或謂春申君曰：伊尹去夏云云。春申君使人聘孫卿，孫卿遺春申君書，刺楚國，因爲歌賦以遺春申君。春申君恨，復固謝孫卿，孫卿乃行，復爲蘭陵令。春申君死，而孫卿廢，因家蘭陵。」風俗通窮通篇略同，亦云：「春申君使請孫況，況遺春申君書，刺楚國，因爲歌賦以遺春申君。因不得已，乃行，復爲蘭陵令焉。」此乃兼採史、策而折衷之説，以爲荀卿之趙而復歸於楚。朱熹楚辭後語成相與佹詩叙兩存史、策之文，云：「未知其果孰是云。」是不從劉向、應劭之說。後人對於此策多有爭論，要點一爲書賦是否爲荀卿答春申之辭，一爲荀卿是否之趙復反楚。今分別論之。此策之一書一賦，賦辭見於荀子本書，書辭則本書未載，雖吳氏謂「首以法術知奸爲言，則亦出申、商」。含有微詞。但學者多信之。全祖望經史問答卷八云：「國策拒春申君之書，其辭醇古，非荀子不能爲也。」僅憑主觀從文辭判斷，不能使人信服。汪中述學荀卿子通論始懷疑之，云：「按春申君請孫子，孫子答書，或去或就，曾不一言。而泛引前世劫殺死亡之事，未知其意何屬？且靈王雖無道，固楚之先君也，豈宜向其臣子斥言其罪？不知何人鑿空爲此？韓嬰誤以説詩。劉向不察，採入國策，其叙荀子新書又載之，斯失之矣。此書自『癘憐王』以下乃韓非子姦劫弑臣篇文，其言刻覈，舞知以禦人，固非之本志。其賦詞乃荀子佹詩之小歌，見於賦篇。由二書雜采成篇，故文義前後不屬。幸本書具在，其妄不難破爾。」此謂策文乃抄合韓非子與荀子佹詩而成篇，不信書辭出荀卿之手。胡元儀郇卿别傳論駁之云：「書之旨，言春申將有劫殺之禍，指李園女弟之謀與親信李園也。故其詞隱，其意微，言外有去而不就之心，何得以去就不言爲疑邪？其説靈王也，直據春秋所記之事言，非斥其罪。國策載之，韓詩外傳載之。劉向校孫卿書，雖未載其謝書，然云謝春申書，以刺楚國，事必不誣也。韓非、郇卿弟子，其書援引師説，又何足怪？因韓非引之，即斥爲刻覈，舞知禦人。今讀其書，心情悱惻，諷刺深遠，並無舞知禦人之事，何其誣也？……郇卿遺春申君書與歌賦，本屬二事，何得云文義不屬邪？但國策所載歌賦不全，今賦篇末佹詩一篇皆是也。乃云詞賦乃郇子佹詩之小歌，何其知二五而不知有十邪？」（見荀子集解附録）二説相異，究屬誰是？愚謂此書徵論劫殺死亡之事，與謝書意不涉，誠有可疑，如汪氏所言者。胡氏謂爲指李園女弟之事，非也，辨見上。然韓詩外傳傳之，戰國策録之。韓嬰書引荀卿語以説詩者四十餘事，必有所授，汪氏通論亦云：「韓詩，荀子之别子也。」此篇又與國策相應，胡能概謂之誤采？劉向、應劭並云「遺春申君書，刺楚國」，雖不載書辭，而從「刺楚國」語推之，恐即此書。是流傳有緒，豈可輕易否定之？韓非爲荀卿弟子，自「癘憐王」以下見於其姦劫弑君篇之末，安知不轉録師説，附於篇末以見意乎？荀卿生於戰國，其學雖出於儒，兼綜名法，故韓非、李斯並出其門，則語及知術防奸，並不足怪。賦詞爲佹詩之第二篇，由賦詞内容觀之，確饒遭讒幽憤之意，與去楚適趙之事相合。故汪氏謂雜采二書以成篇，終覺武斷。疑書詞本有辭謝春申君之語，或簡策脱去；或編書者録存其刺楚之辭，而省去其謝楚之文耳（書首有「孫子爲書謝曰」六字，「謝」字已可明意，故略其詞歟）。綜上所論，汪氏之論似難成立，書賦當從舊說爲荀卿謝楚之詞。其次荀卿是否去楚適趙？此與上一問題相聯繫。汪氏不信書賦，故完全否定適趙之說，云：「孫卿自爲蘭陵令，逮春申之死，凡十八年，其間實未嘗適趙，亦無以荀卿爲上卿之事。本傳稱齊人或讒荀卿，荀卿乃適楚。詩外傳、國策所載或說春申君之詞，即因此以爲緣飾。周、秦間記載，若是者多矣。」篤守史記本傳，而謂詩外傳、國策乃因史記齊人或讒荀卿而緣飾。此言未免厚誣古人。國策出於劉向編定，或可强謂爲向所緣飾。若韓嬰生太史公前，何緣見其書而緣飾之乎？又荀子議兵篇明載荀卿與臨武君議兵於趙孝成王前，何能謂爲「未嘗適趙」？全祖望經史問答云：「荀子書中有與臨武君論兵於孝成王前一事。荀子久於齊，事在孝成王之前，由齊如楚，即爲蘭陵令，則何由見孝成乎？」此言是也。汪氏亦知此說之未安，乃於荀卿子年表次議兵事於趙孝成王元年（前二六五）。若然，則荀卿已自齊之趙，又何解於「齊人或讒荀卿，荀卿乃適楚」？汪氏云：「齊王建初年，荀卿復自趙來齊，故曰三爲祭酒。」說殊牽强。趙孝成王元年，王年尚幼，太后用事（見趙世家），何能議兵於是時？考下天下合從章春申君欲以臨武君爲將，即議兵篇之臨武君。春申合從，在考烈王二十二年（前二四一），當趙悼襄王三年，然則臨武君之貴於趙，當在孝成王後期，平原君死後（孝成王十五年）乎？核與策言荀卿去楚適趙之時相合。荀卿爲蘭陵令，據春申君傳在考烈王八年（前二五五），當趙孝成王十一年。其適趙之年不明，愚意當在孝成王十五年（前二五一）平原君死之後。不然，荀卿入趙，決無不見平原君之理。荀子臣道篇云：「平原君之於趙也，可謂輔矣。」乃對平原君歿後之美辭，非二人相見之言。汪氏年表謂「荀子歸趙，疑當孝成王九年十年時，故臣道篇亟稱平原、信陵之功」亦誤。既證荀卿去楚之趙之確有其事，從而亦可證爲書謝楚之可信矣。荀卿適趙後是否復歸楚國？策與詩外傳並不言返，而劉向、應劭則言復返。此問題學者亦有異議。全祖望經史問答云：「或者荀子辭春申而去，及春申死，荀子以甘棠之舊，復游蘭陵而卒焉。亦未可定。」游移其辭，謂春申君死後再歸楚，出於臆測，不足憑。一般學者多從劉向、應劭之說。黄式三周季編略不信此說，云：「按荀子稱荀卿，因卒爲趙卿而名之，猶虞卿也。則其自楚反趙之卿，信矣。荀子是時年已八十餘，反趙之後，無棄趙再仕蘭陵之理。且觀答春申君大概可見。……劉向荀子後序云，因召還楚，復爲蘭陵令。唐韓子亦有廢死蘭陵之語。蓋皆附會史傳而言之也。」又云：「書賦之辭嚴厲，無應召之意矣。」胡玉搢許廎學林荀卿年歲考略同黄說。從書賦觀之，略無返楚之意，黄氏之論，理自應爾。然荀卿老死蘭陵，自史記以下無異詞，書乏他證，姑備一說。

又按荀卿適趙疑或在趙孝成王十九年（前二四七），楚考烈王十六年左右，其時平原君已卒，信陵君自趙返魏，敗秦師於河外（前二四七）。荀卿似未與二君相見。臣道篇云：「平原君之於趙也，可謂輔矣。信陵君之與魏也，可謂拂（同弼）矣。」頌美二人，乃對當時人物之評騭，不能視爲相晤見之證。其稱美信陵君爲魏拂，當指其反魏立功而言。汪氏謂「荀子歸趙，疑當孝成王九年、十年時，故臣道篇亟稱平原、信陵之功。是時信陵故在趙也」。是不然。信陵矯奪晉鄙兵救趙，雖立奇功，然於魏有咎，故留趙不敢反。豈能稱爲「魏拂」？惟至秦遣蒙驁攻魏，信陵反國，率五國兵敗秦師，轉危爲安，有大功於魏，名聞諸侯，故荀子稱爲魏拂，情理始合。荀卿爲蘭陵令在楚考烈王八年（前二五五），則其適趙當在去楚後也。風俗通荀卿入秦於適趙之後，云：「應聘於秦。」汪氏年表繫於秦昭王四十一年（前二七四）之後，考之荀子書，風俗通誤也。儒效篇載與秦昭問答之語，彊國篇又載與應侯答問。應侯封於昭王四十一年，而免相於昭王五十二年（前二五五），入秦當在此時期中，而爲適楚之前無疑。若在趙之時聘秦，已非昭王之世，應侯久不在位，何能與之相見？吴注引劉向語：「荀卿年十五，始游學。」今荀子叙録作「年五十」。晁公武郡齋讀書志引作「十五」，同吴注。史記本傳作「年五十」，風俗通作「年十五」。盧文弨、黄式三、黄以周皆主「年十五」爲是。然顔氏家訓勉學篇述晚學之士，云：「荀卿五十，來游學，猶爲碩儒。」則顔氏所見史記或劉向叙録古本作「五十」也。此問題涉及荀子年歲，當別考。

10 天下合從趙使魏加

天下合從〔一〕，趙使魏加〔二〕見楚春申君曰：「君有將乎？」曰〔三〕：「有矣，僕欲將臨武君〔四〕。」魏加曰：「臣少之時好射，臣願以射譬之，可乎？」春申君曰：「可。」加曰：「異日〔五〕者，更羸〔六〕與魏王處京臺〔七〕之下，仰見飛鳥。更羸謂魏王曰：『臣爲〔八〕王〔九〕引弓虛發而下鳥！』魏王曰：『然則射可至此乎！』更羸曰：『可。』有問〔一〇〕，雁從東〔一一〕方來，更羸以虛發而下之。魏王曰：『然則射可至此乎〔一二〕！』更羸曰：『此孽〔一三〕也。』王曰：『先生何以知之？』對曰：『其飛徐而鳴悲。飛徐者，故瘡痛也〔一四〕。鳴悲者〔一五〕，久失羣也。故瘡未息而驚心未至（去）〔一六〕也，聞弦音引〔一七〕而高飛，故瘡隕也〔一八〕。』今臨武君嘗爲秦孽〔一九〕，不可爲拒秦之將也。」

〔箋證〕

〔一〕〔按〕史記春申君傳：「（考烈王）二十二年，諸侯患秦攻伐無已時，乃相與合從，西伐秦。而楚王爲從長，春申君用事。至函谷關，秦出兵攻諸侯兵，皆敗走。」

〔二〕鮑云：「（魏加）趙人，全晉舊姓。」吳師道云：「鮑見策云趙使，故云爾，無據。」

〔三〕〔按〕荀子議兵篇楊倞注引「曰」上有「春申君」三字。

〔四〕鮑彪云：「未詳。」吴師道云：「荀子議兵篇『臨武君與卿議兵於趙孝成王前』，注：『楚將。』劉向稱『卿至趙與孫臏議兵於孝成王前』。臏爲齊宣王軍師，世遠，非是。」金正煒云：「據史傳荀子亦齊宣時人，又嘗議兵趙孝成王前，劉説當亦有據。惟孫臏爲楚將及兵敗於秦，並無可考，故當闕疑。」〔按〕金説謬。孫臏爲齊威王將，史記有誤。荀子游學於齊，本傳亦未嘗明言齊宣王時。縱荀卿在齊能及見孫臏，亦不能與議兵於趙孝成王之前。豬飼彦博荀子補遺云：「劉向（後）叙云：『荀卿至趙，與孫臏議兵趙孝成王前。……新序載此事，亦言臨武君，不言孫臏，後叙偶誤爾。』」此言是也。臨武君當是趙將，議兵篇可證。春申君欲將之者，此時諸侯合從，因對趙使言欲以趙人爲將。金謂「爲楚將及兵敗於秦」，又誤。

〔五〕〔按〕「異日」猶言「昔日」。

〔六〕鮑彪云：「（更羸）人姓名。」朱亦棟云：「按左太沖魏都賦：『控弦簡發，妙擬更羸。』與上『纓』字叶，則『羸』字乃『羸』字之訛也。及讀楚詞遠遊篇：『召黔羸而見之兮，爲余先乎平路。』司馬相如大人賦：『左玄冥而右黔雷兮，前長離而後矞皇。』張揖曰：『黔雷，黔羸也，天上造化神名也。楚詞召黔羸而見之。或曰：水神也。』按『更羸』之『羸』，猶可曰『羸』字之誤。若『黔羸』之『羸』，史記作『靁』，漢書作『雷』，必非『羸』字之訛也。自張揖以爲『黔羸』，而後人收入八庚韻，誤也。恐『更羸』亦猶是耳。」于鬯云：「更羸與黔羸原屬兩人，分別讀之，又何不可？且依説文女部云：『嬴，羸省聲。』則兩字並在通借之例。惟近論字音諸家皆以『羸省聲』爲不合，許或有傳誤耳。列子湯問篇云：『甘蠅古之善射者，彀弓而獸伏鳥下。』張注引此『更羸虛發而鳥下』以證彼，則『更羸』又作『甘蠅』，甘、更，蠅、羸，並一聲之轉。」〔按〕胡刻文選魏都賦作「妙擬更羸」，注引策文同作「羸」，與上「纓」字叶韻。同書西都賦注、鮑明遠東門行詩注、王元長策秀才文注及荀子注引並作「更羸」。唯文選子虛賦注引作

「更嬴」。嬴、嬴字形近似易溷，疑此以作「嬴」爲是。

〔七〕鮑彪云：「京，高也。」吴師道云：「或臺名。」〔按〕楚亦有强臺，見魏策二。强、京古字通用，則當是臺名。太平御覽卷七百四十四引作「廡臺」。

〔八〕〔按〕「爲」上當有「能」字。荀子注、文選西都賦注、子虚賦注引並有「能」字，可證。

〔九〕吴本「王」作「君」，誤。

〔一〇〕〔按〕文選東門行詩注、策秀才文注引「間」作「鴻」，連下讀。又魏都賦注、御覽引無「間」字。

〔一一〕〔按〕魏都賦注引「東」作「南」。

〔一二〕〔按〕東門行詩注引作「射之精可至此乎」。荀子注引作「射之精乃至於此乎」。較今本爲長。

〔一三〕鮑彪云：「有隱痛於身猶孽子。」吴師道云：「徐鍇曰：『妾隸之子曰「孽」。「孽」之言「蘖」也。女没廢而有所生，若木既伐而生枿。故於文子「辥」爲「孽」，「孽」者罪也。』按此則取廢而復生之義，以譬傷弓之鳥。」横田惟孝云：「庶子曰『孽』，取易驚之義也。」金正煒云：「吕覽遇合篇：『賢聖之後，反以孽民。』注：『孽，病也。』」〔按〕此以「孽」稱傷鳥，疑當時習用之詞，故下魏王問何以知之。

〔一四〕〔按〕「故瘡」謂「舊創」，「瘡」與「創」通。荀子注引「其飛徐者，其創痛也」。東門行詩注引「故瘡」亦作「其創」。

〔一五〕景宋抄本、盧本「鳴悲」作「悲鳴」。〔按〕東門行詩注引亦作「悲鳴」。依文義，「鳴悲」爲長。荀子注引作「其鳴悲者」。

〔一六〕鮑本、吴本、盧本「至」作「去」。吴師道云：「（未去）一本『未忘』。」〔按〕荀子注及文選策秀才文注引「至」作「去」。今從鮑本等改。又文選東門行詩注引「至」作「忘」。息，止也，此言舊創未復。「至」又疑「止」之音訛。

〔一七〕鮑本「音引」二字作「者音烈」三字，注云：「烈，猛也。高飛，欲避箭。」吴師道云：「姚及一本無『者』字，

『烈』作『引』，其義爲是。者，『音』之訛而衍也。」黃丕烈云：「『烈』者『裂』之誤，當本在『瘡』字下，云故『瘡裂而隕』也。各本皆有錯脱。」〔按〕荀子注引「引」作「烈」，與鮑本同。鮑本「者」字當衍。此言聞弦音猛烈，驚而高飛，鮑注未誤，黄説未是。此本作「引」，義亦通。

〔一八〕鮑彪云：「以瘡痛而墜。」

〔一九〕鮑彪云：「嘗敗於秦，未詳。」

11　汗明見春申君

汗明〔一〕見春申君，候問〔二〕三月，而後得見〔三〕，談卒〔四〕，春申君大説之。汗明欲復談，春申君曰：「僕已知先生〔五〕，先生大息〔六〕矣。」汗明憱焉〔七〕曰：「明願有問君而恐，固〔八〕不審君之聖孰與堯也？」春申君曰：「先生過矣，臣何足以當堯！」汗明曰：「然則君料臣孰與舜？」春申君曰：「先生即舜也。」汗明曰：「不然，臣請爲君終言之。君之賢實不如堯，臣之能不及舜。夫以賢舜事聖堯，三年而後及相知也〔九〕。今君一時〔一〇〕而知臣，是君聖於堯而臣賢於舜也。」春申君曰：「善。」召門吏爲汗先生著客籍〔一一〕，五日一見。

汗明曰：「君亦聞驥乎？夫驥之齒至〔一二〕矣，服鹽〔一三〕車而上大行〔一四〕，蹄申膝折〔一五〕，尾湛胕潰〔一六〕，漉汁〔一七〕灑地，白汗交流〔一八〕。中阪遷延〔一九〕，負轅不能上〔二〇〕。伯樂〔二一〕遭之，下車，攀而哭之，解紵衣以冪〔二二〕之。驥於是俛而噴〔二三〕，仰而鳴，聲達〔二四〕於天，若出金石聲者〔二五〕，何也〔二六〕？彼見伯樂之知己也。今僕之不肖，阨於州部〔二七〕，堀穴窮巷〔二八〕，沈洿〔二九〕鄙俗之日久矣，君獨無意湔拔〔三〇〕僕也，使得爲君高鳴屈於梁乎〔三一〕？」

【箋證】

〔一〕鮑彪云：「（汗明）未詳。」

〔二〕姚宏云：「（候問）一作『候間』。」〔按〕太平御覽卷四百五引「問」作「間」，同一本。候間，猶候其間隙也。候問，義亦通。

〔三〕〔按〕「而後」猶「然後」。「而」與「然」聲之轉。

〔四〕張尚瑗云：「戰國時有談有説。説是説事，利誘之，勢禁之，儀、秦之徒是也。談是談理，……戰國有談天雕龍，鄒衍、公孫龍之屬；有稷下之談，蓋以孟嘗、平原爲宗主。春申亦好客，而汗明以談進。」〔按〕張説近鑿。蘇秦見趙王於華屋之下，抵掌而談（見秦策一）。又至楚見楚王，談卒辭而行（見楚策三）。安見「説」之不可名「談」乎？談、説二字義本相同，故説文「説」字云：「説，釋也。……一曰談説。」莊子則陽篇釋文引李云：「譚，説也。」譚、談同字。

〔五〕〔按〕太平御覽引「先生」下有「意矣」二字，長短經卷一論士篇同。

〔六〕鮑彪云：「(大息)異於小休。」王念孫云：「鮑説甚謬。先生息矣，猶孟嘗君言先生休矣。『息』上不當有『大』字，此因上文『大』字而誤衍耳。太平御覽人事部引此無『大』字。」吴曾祺云：「『大息』猶『休息』也。」金正煒云：「漢書枚乘傳：『兵不得下壁，軍不得大息。』漢紀『大』作『休』。當由『休』誤作『伏』，隸續『伏』與『大』字同。」〔按〕「大」字當衍。

〔七〕姚宏云：「『慽』，劉作『慨』。」鮑彪改「慽」作「蹙」，云：「字書無『慽』字。蹙踖，驚貌。」吴師道云：「(慽)即『蹴』(元本「蹴」誤作「僦」，今正)，不安貌。『踧踖』之『踧』，非『蹙』。」〔按〕御覽引「慽焉」作「慨然」。

〔八〕鮑彪讀「固」字句，注云：「固，陋也。」諸書多從其讀。〔按〕鮑讀非也。「固」猶「乃」也，發問之語常用之，例見經傳釋詞、經詞衍釋。恐，恐得罪，言願有所問而恐得罪於君，示恭謙之意。當讀「恐」字句。

〔九〕〔按〕尚書舜典：「帝曰：格汝舜，詢事考言，乃言底可績，三載，汝陟帝位。」「帝曰」之「帝」即「堯」。

〔一〇〕鮑本、吴本「時」作「旦」。〔按〕御覽引「時」亦作「旦」。

〔一一〕吴師道云：「著其名字於賓客之籍。」横田惟孝云：「門吏，門下之吏也。」

〔一二〕鮑彪云：「至，言可服乘之時。」關修齡云：「至，猶『長』也。」〔按〕馬歲視齒，「驥之齒」猶言「驥之歲」。

〔一三〕鮑本「鹽」原作「檻」，改作「鹽」。鮑彪云：「服，在車前。」吴師道云：「(檻)字訛，當作『鹽』。」〔按〕文選七發注引「鹽」作「檻」，但劉越石答盧諶詩注、三國名臣序贊注、弔屈原文注引並作「鹽」。各書引此策亦多作「鹽車」。賈誼弔屈原文云：「驥垂兩耳兮服鹽車。」當以作「鹽」爲是。

〔一四〕〔按〕水經河水注、初學記卷八引「大行」作「虞坂」。文選求自試表注、劉越石答盧諶詩注、三國名臣序贊注引作「吴坂」。曹植陳審舉表云：「昔騏驥之於吴阪，可謂困矣，及其伯樂相之，孫郵御之，形體不勞而坐取千里。」亦作「吴阪」（阪、坂同）。「虞」與「吴」字通用。但文選七發注、廣絶交論注、史記賈生傳索隱、藝文類聚卷九十三、御覽卷八百九十六引作「大行」，同今本。是唐初已傳二本，一作「吴坂」，一作「大行」。河水注云：「河水又東，沙澗水注之。水北出虞山，東南逕傅巖。……傅巖東北十餘里，即巔軨坂也。……東北有虞原，原上道東有虞城。……其城北對長坂二十許里，謂之虞坂。戴延之曰：『自上及下，七山相重。』」引此策云：「此蓋其困處也。」太平寰宇記卷四十六解州安邑縣下云：「中條山在縣西南二十里，其山西連華嶽，東接太行山，名曰虞坂。昔騏驥駕鹽車，即此坂也。」此本寓言，虞坂乃太行山脈之一處，二者意同。「虞」從「吴」聲，吴、虞二字同音通用，故「虞坂」，亦作「吴坂」也。

〔一五〕鮑彪云：「『申』猶『展』，皆用力故然。」關修齡云：「申，舒也。蓋蹄舒無力也。折，謂蹎而屈膝，恐非折損。」〔按〕鮑、關注並非。淮南子原道篇：「約車申轅。」高注：「申，束也。」此言驥之蹄破約束，不能展也。膝折，狀其負重疲憊，非真折損也。

〔一六〕鮑彪云：「湛，沈同。汗多故然。『胕』當作『肤』，與『膚』同。亦汗出於膚如漬。」關修齡云：「湛，重也。蓋尾重而垂也。胕，胕臟也。漬，亂也。勞力故然。」横田惟孝云：「疑『胕漬』當作『胸喘』。漢書王褒傳『匈喘膚汗』是也。」于鬯引沈壽經云：「『湛』讀如『浸』，當如鮑汗多之説。」〔按〕鮑注可通，惟「漬」訓未安。「漬」讀如詩周南卷耳「我馬虺隤」之「隤」（隤、潰並從「貴」聲，通用）。毛傳：「虺隤，病也。」廣雅釋詁：「隤，壞也。」此言膚敗壞也。

〔一七〕鮑彪改「汁」爲「汗」，注云：「滲漉之汗。」吴師道云：「下有『汗』字。『汁』與『汗』對，『汁』言其重者。」〔按〕素問瘧論篇：「無刺漉漉之汗。」王冰注：「漉漉，言汗大出也。」藝文類聚引「漉」作「漉」，非。

〔一八〕鮑彪云：「白汗，不緣暑而汗也。」吴師道云：「『白』言其色。」關修齡云：「窮力致勞，則汗爲白沫也。」

金正煒云：「淮南子精神篇『鹽汗交流』，注：『白汗鹹如鹽，故曰鹽汗。』」〔按〕淮南子脩務訓：「挈一石之尊，則白汗交流。」

〔一九〕姚宏云：「『中』，一作『外』。」鮑本、吴本作「外」。鮑云：「阪，坡也。遷延，不進貌。」關修齡云：「中阪，謂半於阪也。」〔按〕文選廣絶交論注、弔屈原文注、史記賈生傳索隱、御覽卷八百九十六引作「中坂」，同此本。關説通。

〔二〇〕姚宏云：「索隱引戰國策，改『棘』作『轅』。」鮑本、吴本作「負棘」，「不」上有「而」字。盧本作「負棘」。鮑彪云：「負，所戴也。棘，言步蹇。」〔按〕據姚注，其原本亦作「負棘」。水經河水注、文選求自試表注、劉越石答盧諶詩注、廣絶交論注、弔屈原文注、藝文類聚、御覽引並作「負轅」，當以「轅」字爲是。説文：「轅，輈也。」文選三國名臣序贊注引「轅」作「軛」。

〔二一〕吴師道云：「伯樂，姓孫名陽，秦穆公時人。」〔按〕吕氏春秋觀表篇云：「古之善相馬者，……若趙之王良，秦之伯樂、九方堙，尤盡其妙矣。」趙亦有伯樂，説詳俞正燮癸巳存稿卷七伯樂異同考。

〔二二〕鮑彪云：「冪，覆也。」〔按〕楚辭東方朔七諫云：「驥躊躇於敝輦（一作「輂」）兮，遇孫陽而得代。」即本此策。

〔二三〕〔按〕玉篇「噴」字引此文「俛」作「僶」，疑形譌，云：「（噴）鼓鼻也。」

〔二四〕〔按〕藝文類聚引「達」作「造」。

〔二五〕吴師道云：「此『聲』字宜衍。」金正煒讀「聲者何也」句，云：「『聲』當作『然』，此涉上『聲』字而誤。管子國蓄篇：『然者何也？國多失利，而臣不盡其忠，士不盡其死矣。』趙策：『然者何也？以從爲有功也。』並與此文同。」〔按〕原文可通。

〔二六〕鮑彪云：「問其聲何以然。」

〔二七〕鮑彪云：「集韻：部，統也，界也。」橫田惟孝云：「謂阨窮於州閭部伍也。韓子：『州部之吏操官兵。』」金正煒云：「孫休賓於鄉里，逐於州部。」

〔二八〕姚宏云：「三同，『堀』上有『陪』字。」鮑彪云：「堀，窟也，以窮巷爲窟穴。」橫田惟孝云：「堀穴，賤者之居。主術訓：『民無堀穴狹廬所以託身者。』」〔按〕「堀穴窮巷」猶秦策一蘇秦始將連橫説秦惠王章之「窮巷堀門」。言其窮居所處，鮑注非。

〔二九〕鮑彪云：「洿，濁滀也。」

〔三〇〕姚宏云：「（湔）音『薦』。」鮑本、吴本、盧本「拔」作「祓」。鮑云：「湔，手浣也。祓，去惡也。」黄丕烈云：「按『祓』誤也。李善引作『拂』，拂、拔同字。」于鬯云：「廣絶交論『翦拂使其長鳴』，注引策亦作『湔拔』，云：『湔拔、翦拂，音義同也。』是李所引策初不作『拂』。拂、祓亦得假借，謂『祓』誤，尤非也。」〔按〕「湔」與「翦」，「拔」與「祓」、「拂」並可通用，「湔拔」義同「翦拂」。汗明以驥服鹽車爲喻，此仍以馬自比。鮑注非。

〔三一〕鮑彪云：「聲已之屈。梁，南梁。」吴師道云：「高鳴屈於梁，疑明嘗困於梁者。一本標云：『類要「高鳴」作「長鳴」。』李善注廣絶交論曰：翦拂使其長鳴。引策云。』」金正煒云：「『屈』字疑本在『梁』字上，淆次於前。屈、梁並楚地也。左氏昭二十五年傳：楚子使薳射城州屈。國語楚語：惠王以梁與魯陽文子。」〔按〕文選劉越石答盧諶詩注、求自試表注引「高鳴」亦作「長鳴」。高鳴屈於梁，鮑、吴説皆義不可通。金釋較長。高士奇春秋地名考略云：「州屈在今鳳陽府附郭鳳陽縣西。」梁地未詳。二地不見他策，未知然否，姑備一説。

12　楚考烈王無子

楚考烈王[一]無子[二]，春申君患之，求婦人宜子者進之，甚衆，卒無子。趙人李園持其女弟[三]，欲進之楚王，聞其不宜子，恐又[四]無寵。李園求事春申君爲舍人，已而謁歸，故失期[五]。還謁[六]，春申君問狀[七]。對曰：「齊王[八]遣使求臣女弟，與其使者飲，故失期。」春申君曰：「聘入[九]乎？」對曰：「未也。」春申君曰：「可得見乎？」曰：「可。」於是園乃[一〇]進其女弟，即幸[一一]於春申君。知其[一二]有身，園乃與其女弟謀。園女弟承間説春申君曰：「楚王之貴幸君，雖兄弟不如。今君相楚王二十[一三]餘年，而王無子，即[一四]百歲後，將更立兄弟。即楚王更立[一五]，彼亦各貴其故所親[一六]，君又安得長有寵乎？非徒然也[一七]，君用事久，多失禮於王兄弟。兄弟誠立[一八]，禍且及身，奈何[一九]以保相印、江東之封[二〇]乎？今妾自知有身矣，而人莫知。妾之幸君未久，誠以君之重而進妾於楚王，王必幸妾。妾賴天而有男[二一]，則是君之子爲王也，楚國封盡可得[二二]。孰與其[二三]臨不測之罪乎？」春申君大然之。乃出園女弟謹舍[二四]，而言之楚王。楚王召入，幸之，遂生子男，立爲太子，以李園女弟立爲王后。

楚王貴李園，李園用事。李園既入其女弟爲王后，子爲太子，恐春申君語泄而益驕，陰養死士，欲殺春申君以滅口，而國人頗有知之者。

春申君相楚二十五年，考烈王病。朱英〔二五〕謂春申君曰：「世有無妄〔二六〕之福，又有無妄之禍。今君處無妄之世，以事無妄之主，安不有無妄之人乎？」春申君曰：「何謂無妄之福？」曰：「君相楚二十餘年矣，雖名爲相國，實〔二七〕楚王也。五子皆相諸侯。今王疾甚，旦暮且崩，太子衰弱，疾而不起，而君相少主，因而代立〔二八〕當國，如伊尹、周公〔二九〕。王長而反政，不即〔三〇〕遂南面稱孤，因而有楚國。此所謂無妄之福也。」春申君曰：「何謂無妄之禍？」曰：「李園不治國〔三一〕，王之舅〔三二〕也，不爲兵將，而陰養死士之日久矣。楚王崩，李園必先入，據本議〔三三〕，制斷君命〔三四〕，秉權而殺君以滅口。此所謂無妄之禍也。」春申君曰：「何謂無妄之人？」曰：「君先仕臣爲郎中〔三五〕。君王崩〔三六〕，李園先入，臣請爲君剸〔三七〕其胸殺之。此所謂無妄之人也。」春申君曰：「先生置之，勿復言已〔三八〕。李園軟弱人也，僕又善之，又何至此？」朱英恐，乃亡去〔三九〕。

後十七日，楚〔四〇〕考烈王崩，李園果先入，置死士，止於棘門〔四一〕之內。春申君後入，止棘門。園死士夾刺春申君，斬其頭，投之棘門外。於是使吏盡滅春申君之家。而李園女弟初幸春申君有身而入之王所生子者遂立爲楚幽王也〔四二〕。

是歲，秦始皇立九年矣，嫪毒（毐）〔四三〕亦爲亂於秦〔四四〕，覺，夷三族，而吕不韋廢〔四五〕。

〔箋證〕

〔一〕鮑彪云：「襄王子。」吴師道云：「名完。」

〔二〕吴師道云：「此時無子也。古史云：『楚幽王悍卒，同母弟猶立。猶庶兄負芻之徒襲殺猶，而立負芻。』司馬貞云：『猶有庶兄負芻及昌平君。』列女傳：猶乃考烈王遺腹子。」〔按〕司馬貞説見史記春申君傳索隱。梁玉繩志疑云：「考幽王悍即李園妹初幸春申君有身所生者。哀王猶是悍同母弟。列女傳云遺腹子，則亦園妹所生。李妹未進之前，固無有也。而昌平君之稱考烈子，未見確據。始皇紀書昌平君先爲秦相，繼爲荆王，蓋楚之諸公子耳。若以考烈子實之，則紀尚有昌文君，又誰人乎？惟楚王負芻，莫知生於何時，世家謂猶庶兄，疑生悍之後。然列女傳作考烈王弟，今不可詳矣。」

〔三〕關修齡云：「『持』如『矜持』之『持』，言其心持女弟之色美。」

〔四〕姚宏云：「曾『又』作『久』。」〔按〕史記春申君傳「又」作「久」，同曾本。

〔五〕鮑彪云：「（失期）後於所期日。」〔按〕言故意誤歸期，以啓春申君之問。「謁歸」猶言「假歸」。

〔六〕鮑彪云：「自趙還，入謁。」

〔七〕鮑彪云：「狀，事狀。」〔按〕問其失期之由。

〔八〕鮑彪云：「詭言（齊）王建。」

〔九〕〔按〕聘入，謂受昏聘之禮。禮記内則云：「聘則爲妻。」鄭注：「聘，問也。」荀子富國篇：「男女之合，夫婦之分，婚姻聘内送逆無禮，如是則人有失合之憂。」楊注：「聘，問名也。」史記「聘」作「娉」，同。

〔一〇〕姚宏云：「一無『乃』字。」

〔一一〕張尚瑗云：「蔡邕獨斷曰：『幸者，宜幸也，世俗謂幸爲僥倖。車駕所至，臣民被其德澤以僥倖，故曰幸也。』『御者，進也。凡衣服加於身，飲食入於口，妃妾接於寢，皆曰御。親愛者曰幸』。」（所引獨斷文據海源閣刊蔡中郎集本訂。）

〔一二〕姚宏云：「一無『其』字。」

〔一三〕姚宏云：「一無『王』字。」〔按〕列女傳「二十」作「三十」，誤。春申君相楚，自考烈王元年至卒，凡二十五年。

〔一四〕金正煒云：「（即）猶『則』也。」

〔一五〕鮑彪云：「王，後王。」金正煒云：「『即』猶『若』也。」〔按〕史記作「則楚更立君」，列女傳同，「則」作「即」。

〔一六〕鮑本、吳本無「故」字。〔按〕列女傳無「故」字，史記有。故所親，謂舊時所親信者。

〔一七〕〔按〕言非但如此。

〔一八〕吳師道云：「『兄』上恐亦當有『王』字，疊上文。」黄丕烈云：「史記無，吳說未是。」〔按〕列女傳亦同。

〔一九〕姚宏云：「（奈何）一無『奈』字。」

〔二〇〕吳師道云：「後語云：『江東十二縣之封。』湖州圖經有春申君封邑。」〔按〕春申君傳云：「考烈王元年，以黄歇爲相，封爲春申君，賜淮北地十二縣。後十五歲，……（黄歇）獻淮北十二縣，請封於江東，考烈王許之。春申君因城故吳墟，以自爲都邑。」正義云：「（故吳墟）今蘇州也。」十二縣謂淮北地，江東之封不詳縣數，疑後語誤承淮北之封爾。

〔二一〕〔按〕謂賴天之佑而生子男。

〔二二〕姚宏云：「一無『盡』字。」鮑彪云：「四封之內。」〔按〕史記、列女傳並無「封」字。疑策文本作「楚邦盡可得」，漢諱「邦」作「國」，故史記列女傳改之，而劉向編策旁注「國」字以改，傳寫誤併入正文。「邦」與「封」古字相通，論語季氏篇：「且在邦域之中矣。」釋文：「『邦』本作『封』。」尚書康誥疏：「古字『邦』、『封』同。」

〔二三〕〔按〕史記、列女傳「其」作「身」。

〔二四〕横田惟孝云：「謹舍，謂别爲館舍以居之，奉衛甚謹也。」

〔二五〕鮑彪云：「（朱英）楚人。」吳師道云：「後語云：『觀人朱英。』……班志：信都國觀津縣。觀，古玩反。正義以爲魏州觀城縣觀音館者，非是。又見韓策觀鞅章，鮑移在魏，作『魏鞅』。」〔按〕史記作「觀津人朱英」，後語據之。

〔二六〕鮑彪云：「無妄，言可必。」吳師道云：「朱子解易無妄云：史作『毋望』，謂無所期望而有得焉者，義亦通。」金正煒云：「春申君傳『無妄』並作『毋望』。正義云：『「無望」猶不望而忽至也。』按『無』與『勿』通；勿，非也。漢書李廣傳：『而諸妄校尉以下，材能不及中。』張晏曰：『「妄」猶「凡」也。』『無妄』猶言『非凡』。妄、望古亦通用。」〔按〕黄式三周季編略作「無望」，云：「『無望』猶『不測』也。易『無妄』本作『無望』，言天命不祐之時，難測禍福也。」揚子法言重黎篇謂：「（淳于越）仕無妄之國，食無妄之粟，分無妄之橈。」與此文句例相類。汪榮寶義疏：「漢書谷永傳云：『陛下承八世之功業，當陽數之標季，涉三七之節紀，遭無妄之卦運。』後漢書崔駰傳云：『吾生無妄之世，值澆、羿之君。』又李通傳論云：『倡狂無妄之福。』吳志王樓賀韋華傳評云：『此數子處無妄之世，而有名位。』是皆以『無妄』爲『毋望』之義。毋望，猶言不虞也。」「不虞」與「不測」義近。鮑注誤。金釋「非凡」，未安。

〔二七〕姚宏云：「一本『實』下有『如』字。」

〔二八〕鮑彪云：「（代立）謂『攝』也。」

〔二九〕〔按〕謂如伊尹相太甲，周公相成王。

〔三〇〕鮑彪云：「不，不反政。」〔按〕「不即」猶「否則」，鮑注未允。

〔三一〕姚宏云：「錢、劉（國）下有『而』字。」鮑彪云：「（不治國）言非將相。」于鬯云：「不治國，謂其用事而不治國事，而專爲私謀，即陰養死士是也。」〔按〕鮑注「非將相」蓋兼下文「不爲兵將」而言。然「不治國」與「不爲兵將」非對文。不治國，蓋言其不秉國政。

〔三二〕金正煒云：「園爲后兄，不得曰舅。國語晉語『舅所病也』，注：『諸侯謂異姓大夫曰舅。』此言園既不治國，又非公族。……或『王』下脱『子』字。」〔按〕史記作「而君之讎」。索隱云：「戰國策作『君之舅』，謂爲王之舅，意異也。」是唐本已作「舅」。説文「甥」字云：「母之兄弟爲甥，妻之父爲外甥。」白虎通三綱六紀篇云：「尊如父而非父者甥也。」李園爲嗣王之母舅，王非指考烈王言。金釋未審。

〔三三〕鮑彪云：「據，言不移。議，欲殺春申也。」關修齡云：「本議，謂朱英爲春申之謀。」横田惟孝云：「一本『本』作『主』。」〔按〕本議，謂本所計謀。鹽鐵論有本議篇，謂根本計議，與此義不同。史記作「李園必先入據權」。

〔三四〕鮑彪云：「制斷，矯也。君，楚王也。」〔按〕朱英對言所稱之君，並謂春申君，楚王則稱王或君王。此「君」字亦不例外，謂將制春申君之命。鮑注誤。

〔三五〕〔按〕郎中，官名。史記刺客列傳：「諸郎中執兵，皆陳殿下。」索隱：「郎中，若今宿衛之官。」

〔三六〕鮑彪云：「此章惟楚王更立，楚王可曰『楚王』。餘皆後人稱之。」吴師道云：「策中有當曰『王』，當曰『楚王』，亦有兩稱皆通者。」

〔三七〕吴師道云：「⿰童刂，玉篇作『⿰重刂』，尺庸反，刺也。」

〔三八〕鮑本、吴本「已」作「也」。

〔三九〕横田惟孝云：「恐，恐禍及身心。」〔按〕史記傳贊云：「(春申君)後制於李園，旄矣。語曰：『當斷不斷，反受其亂。』春申君失朱英之謂邪！」余有丁云：「(黄)歇之旄，不在於失朱英，而在於惑園妹也。」

〔四〇〕鮑彪云：「衍『楚』字。」〔按〕此叙事之文，不必衍。史記亦有「楚」字。

〔四一〕鮑彪云：「宫門以棘衛之。」横田惟孝云：「棘、戟通。棘門，蓋宫門以戟守者，與周禮掌舍棘門以戟爲門者異。」金正煒云：「周禮掌舍注引鄭司農云：『棘門，以戟爲門。』左氏隱十一年傳『子都拔棘以逐之』，注：『棘，戟也。』鮑説非是。史記正義以爲壽州城門，亦誤。」

〔四二〕姚宏云：「越絶記：『昔楚考烈王相春申君也，吏李園。園女弟環謂園曰：我聞王老無嗣，可見我於春申君，我欲假於春申君。我得見於春申君，徑得幸於王矣。園曰：春申君貴人也，千里佐，吾胡敢託言？女環曰：即不見我，汝求謁於春申君才人，告有遠道客，因謂歸待之。彼必問汝，汝家何等遠道客者？因對曰：園有女弟，聞之(按越絶書「聞」上有「魯相」二字。據下文當有，此脱)使使來求之園。才人使告園也。彼必問：汝女弟何能？對曰：能鼓音，讀詩書，通一經。故彼必見我。園曰：諾。明日，辭春申君才人，有遠道客，請歸待之。春申君果問：汝家何等遠道客？對曰：園有女弟，魯相聞之，使使來求之。春申君曰：何能？對以鼓音，讀詩書，通一經。春申君曰：可得見乎？園曰：可。明日，使待於離亭，園曰：諾。既歸，告女弟環曰：我辭於春申君，與(按越絶書「與」作「許」)我明日夕於離亭。女環曰：園宜先供待之。春申君到，園馳人呼女環到。黄昏，女環至，大縱酒，鼓琴，曲未終，春申君重言善。女環鼓琴而歌，春申君大悦，留宿。明日，女環謂春申君曰：妾聞王老無嗣，屬邦於君。君外淫，不顧政事，使王聞之，君上負於王，使妾兄下負於夫人，爲之奈何？無泄此口，君召而戒之。春申君以告官屬；莫有聞淫女也。皆諾。與女環通，未終月。女環謂春申君曰：妾聞王老無嗣，今懷君子一月矣，可見妾於王。幸產子男，君即王公也，何爲而佐乎？君試念之。春申君曰：諾。念之五日而道之邦中有好女，中相呼（按「呼」當從越絶書作「可」）屬嗣者。烈王曰：諾。即召而可之。烈王大悦，取之。十月，產子男。烈王死，幽王嗣立，女環使園相，春申君相之。三年，然後告園以吴封春申君，使備東邊。園曰：諾。即封春申君於吴。幽王後懷王，使張儀詐殺之。懷王子頃襄王，秦始皇帝使王翦滅之。』越絶書又云：『春申君楚考烈王相也。烈王死，幽王立，封春申君於吴。三年，幽王徵春申君爲楚令尹，春申君自使其子親爲假君，治（按越絶書「治」下有「吴」字，此脱）。十一年，幽王徵假君與春申君，並殺之。二君治吴，凡十四年。』」又云：「越絶書，隋經籍志稱爲子貢作。今雜記秦、漢事，疑後人所羼，不敢盡信。史記、戰國策、列女傳不載女環之名，止見於此。其畫策終始信如此，皆出於女環，尤爲異也。至言烈王死後，李園相，春申君方封於吴，又立其子爲假君，皆與史記、國策不合。聊記於此，以廣異聞。」黄式三云：「策、史言春申君納李園妹，知娠而獻之。據越絶書則云烈王娶李園妹，十月，產子男。則策、史之説非矣。夫春申君果知娠而出諸謹宫，言諸王而入幸之，則事非一月，安必其十月後生子乎？生而果男乎？行不可知之詭計，春申君何愚？此必負芻謀弑哀王猶之誣言也。」〔按〕越絶書爲後漢袁康所撰（見四庫總目提要及抱經堂集題越絶後），辭多踳駁，不足據信。此文與策、史歧異，姚氏已論之。而謂幽王後懷王，爲張儀殺之，秦滅楚，爲頃襄王（見姚氏所引），並與史實乖戾，豈能信之？姚氏録以廣聞，黄氏乃據之以疑策、史，謬矣。且越絶記女環自言有身一月以求進於楚王，初與策、史無異。其言十月產子男，詞亦含糊，似與上文「懷君子一月矣」相承，謂懷孕十月而生子。即如黄氏作考烈王納環後十月而生子解，則懷娠十一、二月而始產者多有之，不能必其非有身而入宫也。越絶採集雜説成書，於年代世次尚多淆亂，何能獨核於月日？黄氏信之，非也。又按韓非子姦劫弑臣篇云：「楚莊王之弟春申君，有愛妾曰余。春申君之正妻子曰甲。余欲君之棄其妻也，因自傷其身以視君，而泣曰：『得爲君之妾甚幸，雖然，適夫人非所以事君也；適君非所以事夫人也。身故不肖，力不足以適二主，其勢不俱適。與其死夫人所者，不若賜死君前，妾以賜死。若復幸於左右，願君必察之，無爲人笑！』君因信妾余之詐，爲棄正妻。余又欲殺甲，而以其子爲後，因有裂其親身衣之裏以示君，而泣曰：『余之得幸君之日久矣，甲非弗知也，今乃欲强戲余。余與争之，至裂余之衣而此。子之不孝，莫大於此矣。』君怒而殺甲也。」此事類於後母之間伯奇，驪姬之搆申生。由此可見春申多内寵，易惑溺，卒墮李園之術，身死族滅。因附於此後以備覽。

〔四三〕鮑本、吴本、盧本「毒」作「毐」，與史記合，此誤，今正。鮑彪云：「(嫪毐)吕不韋所進以説始皇母帝太后者也。」〔按〕史記吕不韋傳云：「(秦)始皇帝益壯，太后淫不止。吕不韋恐覺，禍及己，乃私求大陰人嫪毐以爲舍人。……詐令人以腐罪告之，……拔其鬚眉爲宦者，遂得侍太后。太后私與通，絶愛之。」秦始皇本紀索隱：「嫪姓，毐字。按漢書嫪氏出邯鄲。」崔適史記探源謂「毐」非字，「『毐』之爲言猶姦也、淫也，人豈有字姦、字淫者乎？史稱嫪毐曰『毐』，此言其無行也」。按魏策四秦攻魏急章或謂魏王曰：「今王割地以賂秦，以爲嫪毐功。卑體以尊秦，以因嫪毐。」其時嫪毐勢正盛，魏將因之以事秦，豈有稱惡名之理？則索隱以「毐」爲字不誤。崔説非。

〔四四〕鮑彪云：「不韋傳毐與太后私亂，生子二人，與后謀曰：王即薨，以子爲後。」

〔四五〕吴師道云：「策於章末並叙嫪毐之事，豈無意哉？二國宗姓已滅絶，吕政雖一天下，世僅再傳，奚異楚幽也。趙與秦同姓，王遷母倡，族類不正，亦以滅亡。蓋倫紀瀆亂，其不永也固宜。抑諸國運盡祚窮，乖戾併於一時也歟？」田藝蘅云：「結引此爲證，天下事未嘗無對也。」〔按〕秦始皇本紀：「九年，……長信侯毐作亂而覺，矯王御璽及太后璽以發縣卒及衛卒、官騎、戎翟君公、舍人，將欲攻蘄年宮爲亂。王知之，令相國昌平君、昌文君發卒攻毐，戰咸陽，斬首數百，皆拜爵。……毐等敗走。即令國中，有生得毐，賜錢百萬，殺之五十萬。盡得毐等，……車裂以徇，滅其宗。……十年，相國呂不韋坐嫪毐免。」

〔附録〕

戰國縱横家書李園謂辛梧章〔一〕

秦使辛梧〔二〕據粱（梁），合秦、粱（梁）而攻楚，李園憂之。兵未出。

謂辛梧〔三〕：「以秦之强，有粱（梁）之勁，東面而伐楚，于臣〔四〕也楚不侍（待）伐，割摯（縶）馬免而西走〔五〕。秦餘（與）楚爲上交，秦禍案環（還）中粱（梁）矣〔六〕。將軍必逐於粱（梁），恐誅於秦。將軍不見井忌〔七〕乎？爲秦據趙而攻燕，拔二城〔八〕。燕使蔡鳥股符胠璧〔九〕，奸（間）趙入秦，以河間十城封秦相文信侯。文信侯弗敢受，曰：『我無功。』蔡鳥明日見，帶長劍，案（按）其劍，舉其末〔一〇〕，視文信侯曰：『君曰我無功。君無功，胡不解君之璽以佩蒙敖（驁）、王齮〔一一〕也？秦王以君爲賢，故加君二人之上。今燕獻地，此非秦之地也，君弗受，不忠。』文信侯敬若（諾），言之秦王，秦王令受之。餘（與）燕爲上交，秦禍案環（還）歸於趙矣。秦大舉兵東面而齎（劑）趙，言毋攻燕。以秦之强，有燕之怒，割勺（趙）必突（深）。趙不能聽，逐井忌，誅於秦。今臣竊爲將軍私計，不如少案（按）〔一二〕之，毋庸出兵。秦未得志於楚，必重粱（梁）；粱（梁）未得志於楚，必重秦，是將軍兩重。天下之人無不死者，久者壽，願將軍之察之也！粱（梁）兵未出，楚見粱（梁）之未出兵也，走秦必緩。秦王怒於楚之緩也，怨必深。是將軍有重矣。」

粱（梁）兵果六月乃出。

〔一〕楚策止於李園殺春申君事，不及李園執政，史記楚世家及春申君傳亦未載。縱横家書有此章記幽王時李園當政事可補史闕，因附於章後。

〔二〕原注：「辛梧，當是秦將。據史記六國表秦始皇帝十二年，『發四郡兵助魏擊楚』。魏景湣王八年，『秦助我擊楚』。楚幽王三年，『秦、魏擊我』。當即此事。」

〔三〕〔按〕此謂客爲李園游説魏王。客不具名，此例戰國策中常見。

〔四〕原注：「『于』字和『以』字義同。臣，李園自稱。」按「臣」乃客自稱，注誤以當李園。豈有執政大臣輕赴敵國以説客將之理？

〔五〕原注：「割縶馬免而西走，形容很快就投奔秦國。」按説文：「走，趨也。」

〔六〕原注：「『案』字與『乃』字義同。還，轉過來。中，讀去聲。趙策一説：『秦與韓爲上交。秦禍安移於梁矣。』又：『秦與梁爲上交，秦禍案攘於趙矣。』句法並同。」

〔七〕原注：「井忌，當是秦將。」

〔八〕原注：「此事史書所無。……此事必在公元前二四九年之後，前二四四年之前。」

〔九〕原注：「股符胠璧，是把作信物的符藏在大腿旁，璧藏在腋下，用以偷越趙國。」

〔一〇〕原注：「按劍把，舉劍末，是準備從鞘中拔劍的姿勢。」

〔一一〕原注：「蒙驁、王齮，並秦名將。」

〔一二〕〔按〕「案」猶「據」也，見荀子不苟篇楊倞注。與上文「據梁」相應。

13　虞卿謂春申君曰

虞卿〔一〕謂春申君曰：「臣聞之春秋〔二〕：『於〔三〕安思危，危則慮安。』今楚王之春秋高矣，而君之封地不可不早定也。爲主君慮封〔四〕者，莫如遠楚。秦孝公封商君，孝公死，而後(王)〔五〕不免殺之。秦惠王封冉子，惠王死，而後王奪之。公孫鞅功臣也，冉子親姻也〔六〕，然而不免奪死者，封近故也。太公望封於齊，邵公奭封於燕〔七〕，爲其遠王室矣。今燕之罪大而趙怒深〔八〕，故君不如北兵以德趙，踐亂燕〔九〕以定身封，此百代之一時也〔一〇〕。」君曰：「所道〔一一〕攻燕，非齊則魏。魏、齊新怨楚〔一二〕，(楚)君〔一三〕雖欲攻燕，將道(何)何(道)哉〔一四〕？」對曰：「請令魏王可〔一五〕！」君曰：「何如？」對曰：「臣請到魏，而使(便)所以信(言)之〔一六〕。」

迺謂魏王曰〔一七〕：「夫楚亦强大矣，天下無敵，乃〔一八〕且攻燕。」魏王曰〔一九〕：「鄉也子云天下無敵，今〔二〇〕也子云乃且攻燕者，何也？」對曰：「今爲馬多力則有矣〔二一〕，若曰勝千鈞〔二二〕，則不然者〔二三〕。何也？夫千鈞，非馬之任也。今謂楚强大則有矣，若越趙、魏而鬬兵〔二四〕於燕，則豈楚之任也我(哉)〔二五〕？非楚之任，而楚爲之，是敝楚也。敝楚，見(是)强魏也〔二六〕。其於王孰便也〔二七〕？」

〔箋證〕

〔一〕鮑彪云：「(虞卿)史不書何所人。」〔按〕史記虞卿傳：「虞卿者游説之士也，躡蹻檐簦，説趙孝成王。一見，賜黄金百鎰，白璧一雙。再見，爲趙上卿，故號爲虞卿。」集解：「譙周曰：『食邑於虞。』」梁玉繩漢書人表考非之，云：「虞乃氏也。」虞卿所著書曰虞氏春秋，則虞非食邑。梁説是。

〔二〕吴師道云：「（春秋）此二字恐因下文衍。」文廷式云：「按春秋當時傳記之名，非必春秋經之古師説也。」金正煒云：「公羊莊七年傳：『不修春秋。』注：『謂史記也。』古者謂『史記』爲『春秋』，墨子明鬼篇有周之春秋、魯之春秋、宋之春秋、齊之春秋。王應麟以『春秋』爲各國史之大名。此云『聞之春秋』，猶言前史耳，非謂孔子所修魯史也。」〔按〕馬王堆帛書戰國縱横家書有此文，無「春秋」二字。此或涉下文而衍。虞卿傳謂卿著書「上采春秋，下觀近世」（十二諸侯年表序同），是虞卿熟於春秋，故其書亦名虞氏春秋。此文所述，查春秋左氏傳襄十一年：「居安思危，有備無患。」雖非全同，大意相近。此出於春秋經之古師説，春秋爲編年之體，乃史記之一種。章炳麟春秋左氏疑義答問云：「春秋之名，始見管子。法法篇：『春秋之記，臣有弑其君，子有弑其父者矣。』山權數篇：『春秋者，所以記成敗也。』今觀十二諸侯年表，始自共和，知前此但有尚書，更無紀年之牒。墨子歷述春秋，亦以宣王爲始。是知始作春秋者，宣王之史官，蓋尹氏、辛氏、史籀之倫也。」

〔三〕金正煒云：「吕覽期賢篇高注：『於』猶『在』也。」

〔四〕〔按〕慮，猶謀。「慮封」亦見秦策三謂穰侯曰章。

〔五〕鮑彪「後」下補「王」字。金正煒云：「『不免』二字當作『王』，涉下文『然而不免奪死』而誤。」〔按〕依下文例「後」下當有「王」字。今從鮑補。

〔六〕鮑彪云：「（冉子）穰侯也，猶田曰嬰子、文子。」〔按〕「秦孝公」下諸句，縱横家書作：「秦孝王死，公孫鞅殺；惠王死，襄子殺。公孫央（鞅）功臣也，襄子親因（姻）也。」注亦以襄子爲穰侯（魏冉）。考魏冉雖任事於惠文王時，然權重於昭王之世。昭王十六年封冉於穰，益封陶，號穰侯，距惠王之死已二十年。昭王四十二年，范雎用事，出冉於陶，未聞奪其封，更不足言殺。冉封於陶，又非近封。冉爲宣太后之弟，惠王時宣太后爲八子，位尚未尊，而冉年歲猶少，縱使親姻，不得受封。綜上所論，此冉子必非魏冉（穰侯）也，當别是一人爲惠王所寵信者。檢韓策二錡宣之教韓王取秦章有云：「因令公仲謂秦王曰：……王何不試以襄子爲質。」「因以出襄子而德太子」。秦王謂秦惠王，核之年代與人事並符（説詳彼章）。然則「冉子」當從縱横家書作「襄子」爲是。惠王親信襄子之事，亦可補史之缺文。鮑注以齊之嬰子、文子爲喻，故曰「猶田」，田謂田齊也。

〔七〕吴本「爽」作「鄭」，同。〔按〕太公封齊，召公封燕，見史記周本紀、齊世家、燕世家。

〔八〕鮑本「怒」作「怨」，乃形近而譌。縱横家書亦作「怒」，與此本同。鮑彪云：「趙自燕王喜以栗腹之謀伐趙起，燕四年至十二年，無歲不戰。十二年，此（考烈王）二十一年。」吴師道云：「不可考。」〔按〕説詳後。

〔九〕鮑彪云：「『踐奄』之『踐』。」横田惟孝云：「踐、剪通。」〔按〕縱横家書作「淺𤔔燕國」。「𤔔」即「亂」。尚書序：「成王東伐淮夷，遂踐奄。」鄭玄注：「『踐』讀曰『翦』。翦，滅也。」史記周本紀「踐」作「殘」。踐、淺、殘、翦，並同聲通用。

〔一〇〕吴師道云：「此數語與秦策謂穰侯章、趙策齊將攻宋章、齊攻宋章皆相類。」

〔一一〕〔按〕縱横家書無「君曰」二字。「道」謂假道。

〔一二〕鮑彪云：「昭陽救燕之役。」吴師道云：「燕策齊、韓、魏共攻燕，楚使景陽救之（自注：「昭」字誤。昭陽稍前。）攻魏雍丘以與宋云云。時猶有宋，去此時遠甚。鮑指以爲懷王二十七年，此爲考烈王二十一年，就使果然，則相去亦皆遠。策固云魏、齊新怨楚，豈得爲彼時事哉？」〔按〕縱横家書「怒」作「惡」。鮑注「昭」字乃「景」字之誤。景陽救燕，原在燕策，鮑移次於楚策頃襄王下，以爲頃襄王二十七年。吴注誤襄王爲懷王。鮑次二策，一爲襄王二十七年，一爲考烈王二十一年，皆有附會。但以景陽救燕附合「魏、齊新怨楚」語，未必盡非。楚世家：「考烈王六年，秦圍邯鄲，趙告急楚，楚遣將軍景陽救趙。」則景陽正與春申君共事楚考烈王，不能謂

「相去皆遠」。惟燕策之「攻魏雍丘以與宋」，計年不合，字疑有誤。鮑注之失，由於過求絶對年月，每多附會史文，不免穿鑿。説餘詳下。長短經七雄略篇注「怨」作「惡」。

〔一三〕鮑彪改「君」作「軍」。王念孫云：「『君』字因上下文而誤衍耳。」金正煒云：「攻燕之策發自虞卿，則以『君』爲春申之稱卿，於義亦得。『楚』字涉上文而誤複也。」〔按〕長短經注作「將何道哉」。金釋較長，今從衍「楚」字。

〔一四〕王念孫云：「『將道何哉』當作『將何道哉』。道，從也，見禮器注。言楚欲攻燕，兵何從出也。」〔按〕縱横家書「雖」作「唯」，二字古常通用，見經傳釋詞。「將道何哉」作「將何道戋」，「戋」即「哉」字，與王校合。今從改。

〔一五〕鮑彪云：「可，言聽其道魏。」

〔一六〕鮑彪云：「爲所可信者。」〔按〕縱横家書此句作「便所以言之」。策文「使」乃「便」之形訛，「信」當作「言」，今從正。

〔一七〕〔按〕縱横家書「迺謂」作「乃胃」，同。帛書此句下殘脱。

〔一八〕横田惟孝云：「乃，難辭也。公羊傳：乃者何？難也。」

〔一九〕吴師道云：「『王曰』以下脱簡，誤衍在前章。」〔按〕前章指韓策一王曰向也章，鮑併上韓公仲相章移於楚策懷王下，吴從鮑本，故云爾。

〔二〇〕横田惟孝云：「『鄉』猶『前』，『今』猶『後』也。」

〔二一〕鮑本、吴本「爲」作「謂」。〔按〕韓策作「謂」。長短經注同。爲、謂字通。長短經量過篇及七雄略篇注「有」下有「之」字。縱横家書作「今胃馬多力，則有」，「胃」同「謂」。

〔二二〕鮑彪云：「鈞，三十斤。」

〔二三〕金正煒讀「不」字句，「然者」二字屬下，云：「此文當以『則不』句絶。管子大臣篇：『以臣則不。』『不』猶『否』也。『然』者『何』也，猶云『如是者何也』。管子國蓄篇：『然者何也？國多失利，則臣不盡其忠，士不盡其死矣。』與此文同。」〔按〕金讀亦可。然舊讀自通，可兩存之。

〔二四〕〔按〕縱横家書「鬬兵」作「闋甲」。注云：「闋，通『擐』，擐甲。」

〔二五〕姚宏云：「『我』，一作『哉』。」鮑彪改「我」作「哉」。〔按〕韓策亦作「哉」，長短經量過篇及七雄略注同。今從改。縱横家書作「𢦏」，亦同。

〔二六〕姚宏云：「一本『敝楚見强魏也』作『强楚敝楚』。」鮑本、吴本「見」作「是」。〔按〕「見」當作「是」，形近之譌，今從改。韓策作「强楚弊楚」，同一本。長短經七雄略篇注「見」作「則」。縱横家書作「敝楚强楚」，無「見」字。

〔二七〕姚宏云：「曾云：此下恐欠。」于鬯云：「韓策亦止此，則不欠。曾意儻謂有楚伐燕事實。然春申徙封江東，正是遠楚之謀。未聞封燕，則此説終或不行。虞卿固特爲趙，豈真爲春申哉？」〔按〕長短經注此下有「魏王曰：善。從之」六字，疑即策之脱文。但縱横家書此章亦止此。以全文觀之韓策與此章皆似欠脱。吴師道云：「按史考烈王元年，封歇春申君，賜淮北地。後十五年，以地邊齊，言於王以爲郡，請封江東，因城吴故墟。大事記謂利吴之安富也。此策言楚王春秋高，君之封地不可不早定，則在未封之前，頃襄之時乎？頃襄之三十四年，趙嘗伐燕，豈或此時，勸以踐燕定封，亦欲其取地於他國，如魏冉乎？淮北邊齊猶難之，況燕地乎？亦非計之便也。然遠楚徙封，卒用於城吴之時，皆斯言有以啓之也。」〔按〕此章鮑謂在考烈王二十一年（前二四二），吴謂在頃襄王時，三十四年（前二六五）以後，考之於史，並有未合。虞卿説春申君定封遠楚，春申徙封江東，在考烈王十五年（前二四八），距楚都已遠，不應於六年之後再説以踐燕定封。此鮑説之不合也。黄歇從太子完質秦數年，頃襄王三十六年（前二六三），歇始返國，三月而王卒。虞卿何能於頃襄之時説其踐燕以定封乎？此吳說之不合也。愚意此章當在考烈王時春申徙封之前。策云春申君，爲黃歇已受封之稱，明其在考烈之時。其時楚都於陳，歇封淮北，離地非遠，故虞卿以遠楚說之。策云「君之封地不可不早定」，蓋謂其封地不安，非尚未受封也。秦策三謂穰侯章「爲君慮封，莫若於陶（從王念孫校）」，亦爲魏冉謀定封於陶，非謂冉尚未封，與此同例。策云「楚王春秋高」，「春秋高」不必解爲年老，謂年長亦可。吳氏據此斷爲頃襄時未封之前，失之於泥。再論其相對之年。趙敗於長平之後，燕王喜聽栗腹言乘危攻之，趙大懷恨，故屢年興伐。策云「燕之罪大而趙怒深」，鮑氏以栗腹事比附之，是也（吳氏疑之，非）。但徙下限至燕王喜十二年（前二四二），當考烈王二十一年則非。栗腹之事，在趙孝成王十五年（前二五一）。趙世家：「（孝成王）十六年，圍燕，以樂乘爲武襄君。十七年，假相大將武襄君攻燕，圍其國。」孝成王之十六、十七年，當楚考烈王十三、十四年（前二五〇—前二四九），春申君徙封江東之前一二年，虞卿之說殆在其時乎？虞卿傳謂卿棄趙相，與魏齊偕亡，困於梁，自此不得意，乃著書。魏齊亡死，據范雎傳在秦昭王四十三年（前二六五），當楚襄王三十四年。傳又記卿爲趙畫策謀事皆在秦破長平之後，長平戰在秦昭王四十七年（前二六〇），則前後不侔矣。故蘇轍古史、全祖望經史問答皆以爲卿再相趙。平原君傳云：「虞卿欲以信陵君之存邯鄲，爲平原君請封。」邯鄲圍解，在秦昭王五十年（前二五七），其時卿尚在趙。虞卿再去趙之時不可考，意者在趙孝成王十四年（前二五二）平原君卒（據六國表及趙世家）之後乎？游楚當在其時，以此策推之，時亦相合。

戰國策 卷十八

趙一

〔釋題〕

鮑彪云：「初分晉，得趙國。北有信都、真定、常山、中山，又得涿郡之高陽、鄚州鄉；東有廣平、鉅鹿、清河、河間、渤海之東平、舒、中邑、文安、束州、成平、章武河以北；南至浮水、繁陽、内黄、斥丘；西有太原、定襄、雲中、五原、上黨。」

張琦云：「代、雁門二郡亦屬趙，自今直隸（今河北）廣平、順德、正定、河間、保定、深、冀、祁、定、晉、蔚等府州，及大名之磁州、南樂，山東之臨清、恩縣，河南之臨漳、内黄、武安、涉縣，山西之遼沁、趙城、石樓以北，兼有陝西之榆林府、河套等地。」

程恩澤云：「趙，嬴姓，與秦同祖。……（晉）趙夙邑於耿，今（山西）絳州河津縣。成子居原，……今河南懷慶府濟源縣。簡子居晉陽，今山西太原府太原縣。獻侯治中牟，今河南彰德府湯陰縣，後復居晉陽。肅侯徙都邯鄲，今直隸廣平府邯鄲縣。」

〔按〕趙自襄子與韓、魏攻智伯分其地，傳桓子及獻侯。獻侯子籍立爲諸侯，歷武公、敬侯、成侯、肅侯、武靈王、惠文王、孝成王、悼襄王、幽繆王，爲秦所滅。自獻侯至幽繆王凡十世。

1　知伯從韓魏兵以攻趙

知伯〔一〕從韓、魏兵以攻趙〔二〕，圍晉陽而水之〔三〕，城〔下〕〔四〕不沉者三板〔五〕。郄（郗）疵〔六〕謂知伯曰：「韓、魏之君必反矣。」知伯曰：「何以知之？」郄疵曰：「以其人事知之。夫從韓、魏之兵〔七〕而攻趙，趙亡，難必及韓、魏矣。今約勝趙〔八〕而三分其地，今城不沒者三板，臼竈生鼃〔九〕，人馬相食，城降有日，而韓、魏之君無憙（喜）志〔一〇〕而有憂色，是非反如何〔一一〕也？」

明日，知伯以告韓、魏之君曰：「郄（郗）疵言君之且反也〔一二〕。」韓、魏之君曰：「夫勝趙而三分其地，城今且將拔矣。夫三（二）〔一三〕家雖愚，不棄美利〔一四〕於前，背信盟之約，而爲危難不可成之事，其勢可見也。是疵爲趙計矣，使君疑二主〔一五〕之心，而解〔一六〕於攻趙也。今君聽讒臣之言，而離二主之交〔一七〕，爲君惜之！」趨而出。郄（郗）疵謂知伯曰：「君又何以疵言告韓、魏之君爲〔一八〕？」知伯曰：「子安知之？」對曰：「韓、魏之君視疵端而趨疾〔一九〕。」

郄（郗）疵知其言之不聽，請使於齊〔二〇〕，知伯遣之。韓、魏之君果反矣。

〔箋證〕

〔一〕〔按〕知伯名瑶，宣子申之子，晉卿，謚襄子。

〔二〕鮑彪云：「(從)二國兵從之。」金正煒云：「『從』猶『領』也。」〔按〕攻趙事見下章。「從」猶「帥」，下章云「知伯帥二國之君伐趙」，與此句例同。

〔三〕〔按〕水之，猶「灌之」，謂引水灌之。

〔四〕鮑彪改「下」作「之」。吴師道云：「(下)疑衍，或是『之』字。」横田惟孝云：「『下』字恐衍，史記作『城不浸』。」金正煒云：「『下』字即『不』之誤衍。」〔按〕下文云：「今城不没者三板。」説苑權謀篇亦無「下」字。今衍。

〔五〕〔按〕史記趙世家正義：「何休云：八尺曰『版』。」胡三省通鑑注：「高二尺爲一版。三版，六尺。」版、板同字。秦策四高注：「廣二尺曰『板』。」禮記檀弓上篇：「今一日而三斬板。」鄭注云：「板蓋廣二尺，長六尺。」此從其廣度言之。

〔六〕姚宏云：「元和姓纂：『郗，已姓，青陽氏之後。趙有郗疵。』」鮑彪云：「晉人。」吴師道云：「郄，刺黎反。孫本作『郗』，説文作『絺』。」〔按〕説苑、資治通鑑並作「絺疵」。絺、郗同音通用。廣韻陌韻「郤」字云：「俗从⿱龹厶。」是「郄」即「郤」字，音「隙」(集韻「郄」爲「郤」之或作)。郤、郗爲二姓(元和姓纂郤爲晉大夫郤文之後)，音又不同(「郗」音丑飢切)，吴注淆爲一字，誤。據各書此「郄」字當作「郗」，形近而誤。姚注引姓纂，似其原本作「郗」也。下同。今正。譚椒本「疵」作「疪」，誤。

〔七〕鮑本「夫」作「矣」，屬上讀句，「兵」作「君」。吴師道云：「一本作『夫』。『夫』當屬下句。」〔按〕從上文「兵」字爲長。

〔八〕姚宏云：「四本無『勝趙』二字。」

〔九〕〔按〕國語晉語云：「(趙襄子)乃走晉陽，晉師圍而灌之。沈竈産鼃，民無畔意。」韋昭注：「産鼃，鼃生於竈也。鼃，蝦蟆。」藝文類聚卷八十引「鼃」作「蛙」，同。「生鼃」猶「産鼃」。

〔一〇〕鮑本、吴本「憙」作「喜」。盧本作「憙」。〔按〕喜、憙同字，「憙」當是「憙」之别字。今正。「憙志」猶「喜意」。

〔一一〕吴師道云：「(如)猶『而』。」〔按〕通鑑「如何」作「而何」。而、如聲同相通。

〔一二〕鮑彪云：「智伯至是眩於得而不顧其禍，殆天奪其魄者，至以謀人之言質人以反。夫非狂昏癡瞢，孰肯自承其反哉？」楊慎曰：「鮑注非知伯之心。豈真謂韓、魏將反而質之乎？深信其不反，而謬以郄(郗)疵之言告之，以暴己無疑志也。」

〔一三〕姚宏云：「『三』，錢、劉作『二』。」鮑彪改「三」作「二」。〔按〕作「二」爲是。説苑、通鑑亦作「二家」。今正。二家，韓、魏自謂也。

〔一四〕吴師道云：「『愚』下恐當有『必』字。」黄丕烈云：「吴説未是。」〔按〕吴以後代文法論之，非也。「不」猶「無」，與「雖」字相應。尚書洪範「無偏無黨」，史記張釋之傳贊引作「不偏不黨」。經傳訓「不」作「無」者屢有，見經傳釋詞。説苑亦作「不棄美利」。

〔一五〕鮑彪云：「二(鮑、吴合注四部叢刊本「二」誤作「元」，據鮑單注本正)主自稱曰主，亦非當時語。」金正煒非之，見下。

〔一六〕鮑彪云：「解、懈同。」

〔一七〕金正煒云：「上句(使君疑二主之心)就郄(郗)疵言，固得稱主。『離二主之心』，『二』當爲『三』，謂智、韓、魏三氏交親爲疵言所間離也。」〔按〕説苑二句皆作「二主」，同策文。金説恐非。

〔一八〕〔按〕爲，疑問詞，猶「焉」。

〔一九〕鮑彪云：「視端，畏之。趨疾，避之。恐疵要之與見知伯而辭屈也。」

〔二〇〕〔按〕胡三省通鑑注云：「疵請出使，以避禍也。」說苑云：「智伯出，欲殺絺疵，絺疵逃。」與策異。

2 知伯帥趙韓魏而伐范中行氏

知伯帥趙、韓、魏而伐范、中行氏〔一〕，滅之。休數年，使人請地於韓，韓康子〔二〕欲勿與。段規〔三〕諫曰：「不可。夫知伯之爲人也，好利而鷙復〔四〕，來請地，不與，必加兵於韓矣。君其與之。與之〔五〕，彼狃〔六〕，又將請地於他國；他國不聽，必鄉之以兵〔七〕。然則韓可以免於患難，而待事之變。」康子曰：「善。」使使者致萬家之邑一於知伯。知伯說，又使人請地於魏，魏宣子〔八〕欲勿與。趙葭〔九〕諫曰：「彼請地於韓，韓與之；請地於魏，魏弗與，則是魏内自强〔一〇〕而外怒知伯也，然則其錯〔一一〕兵於魏必矣。不如與之。」宣子曰：「諾。」因使人致萬家之邑一於知伯。知伯說，又使人之趙，請蔡（藺）皐狼〔一二〕之地，趙襄子弗與〔一三〕。知伯因陰結韓、魏，將以伐趙。

趙〔一四〕襄子召張孟談〔一五〕而告之曰：「夫知伯之爲人，陽親而陰疏，三使韓、魏，而寡人弗與〔一六〕焉，其移兵寡人必矣。今吾安居而可？」張孟談曰：「夫董閼安于〔一七〕簡主〔一八〕之才臣也，世治晉陽〔一九〕，而尹澤〔二〇〕循之〔二一〕，其餘政教猶存。君〔二二〕其定居晉陽。」君曰：「諾。」乃使延陵王（生）將車騎〔二三〕先之晉陽，君因從之。至，行城郭，案〔二四〕府庫，視倉廩〔二五〕。召張孟談曰：「吾城郭之完，府庫足用，倉廩實矣〔二六〕。無矢奈何？」張孟談曰：「臣聞董子之治晉陽也，公宮之垣〔二七〕，皆以狄蒿苫（苦）楚廧之〔二八〕，其高至丈餘，君發而用之。」於是發而試之，其堅則箘簬〔二九〕之勁不能過也。君曰：「足矣。吾銅少，若何〔三〇〕？」張孟談曰：「臣聞董子之治晉陽也，公宮之室，皆以鍊銅爲柱質〔三一〕。請發而用之，則有餘銅矣。」君曰：「善。」號令以定，備守以具〔三二〕。三國之兵乘晉陽城，遂戰。三月不能拔，因舒軍而圍之，決晉水而灌之〔三三〕。

圍晉陽三年〔三四〕，城中巢居而處，懸釜而炊，財食將盡，士卒病羸。襄子謂張孟談曰：「糧食匱，城力盡〔三五〕，士大夫病，吾不能守矣。欲以城下〔三六〕，何如？」張孟談曰：「臣聞之，亡不能存，危不能安，則無爲貴知士也〔三七〕。君釋此計，勿復言也。臣請見韓、魏之君！」襄子曰：「諾。」

張孟談於是陰見韓、魏之君曰：「臣聞脣亡則齒寒，今知伯帥二國之君伐趙，趙將亡矣，亡〔三八〕則二君爲之次矣。」二君曰：「我知其然。夫知伯之爲人也，麁〔三九〕中而少親，我謀未遂而知，則其禍必至，爲之奈何？」張孟談曰：「謀出二君之口，入臣之耳，人莫之知也。」二君即與張孟談陰約三軍〔四〇〕，與之期日〔四一〕，夜，遣入晉陽。張孟談以報襄子，襄子再拜之。

張孟談因朝知伯而出〔四二〕，遇知過〔四三〕轅門之外〔四四〕。知過入見知伯曰：「二主殆將有變。」君〔四五〕曰：「何如？」對曰：「臣遇張孟談於轅門之外，其志矜，其行高〔四六〕。」知伯曰：「不然，吾與二主約謹〔四七〕矣，破趙三分其地，寡人所親之〔四八〕，必不欺也。子釋之，勿出於口。」知過出見二主，入說知伯曰：「二主色動而意變〔四九〕，必背君，不如令殺之〔五〇〕。」知伯曰：「兵箸〔五一〕晉陽三年矣，旦暮當拔之而饗其利〔五二〕，乃有他心？不可，子慎勿復言。」知過曰：「不殺，則遂親之。」知伯曰：「親之奈何？」知過曰：「魏宣子之謀臣曰趙葭，（韓）康子〔五三〕之謀臣曰段規〔五四〕，是皆能移其君之計。君其與二君約，破趙則封二子者各萬家之縣一。如是則二主之心可不變，而君得其所欲矣。」知伯曰：「破趙而三分其地，又封二子者各萬家之縣一，則吾所得者少，不可。」知過見君之不用也，言之不聽〔五五〕，出，更其姓爲輔氏〔五六〕，遂去不見。

張孟談聞之，入見襄子曰：「臣遇知過於轅門之外，其視有疑臣之心。入見知伯，出更其姓。今暮不擊，必後之矣〔五七〕。」襄子曰：「諾。」使張孟談見韓、魏之君曰：「夜期〔五八〕。」殺守堤之吏，而決水灌知伯軍。知伯軍〔五九〕救水而亂，韓、魏翼而擊之〔六〇〕，襄子將卒犯其前，大敗知伯軍，而禽知伯。知伯身死，國亡地分，爲天下笑，此貪欲無厭也。夫不聽知過，亦所以亡也。知氏盡滅〔六二〕，唯輔氏存焉。

【箋證】

〔一〕吳師道云：「范氏，士會之後。荀林父將中行，後因以官爲氏。」陸隴其云：「按范、中行之滅，在魯哀公五年，距智伯瑤圍晉陽時已三十餘年，且係瑤之祖荀躒之事。作書者不知考核，連而言之，乖謬甚矣。」〔按〕事見秦策四秦昭王謂左右章。韓非子十過篇作「知伯瑤」，同此誤。

〔二〕〔按〕國語晉語韋昭注：「康子，韓宣子之曾孫，莊子之子虎也。」

〔三〕鮑彪云：「（段規）韓人。晉舊姓，故魏亦有。」吳師道云：「姓譜：段，鄭共叔段之後。」〔按〕晉語：「三卿宴於藍臺，知襄子戲韓康子而侮段規。」韋注：「段規，魏桓子之相。」以此策證之，韋注誤也。魏有段干木，故鮑言「魏亦有」。

〔四〕姚宏云：「四本只作『復』，劉作『愎』。」鮑彪讀「鷙」字句，「復」屬下讀，云：「鷙，殺鳥也，喻其殘忍。」吳師道云：「韓子作『鷙愎』。」于鬯云：「『愎』、『復』同諧『复』聲，說文無『愎』字，『復』即『愎』之借。」〔按〕今韓非子十過篇作「鷙愎」，與吳引稍異。于說是也，鮑讀非。管子五輔篇：「下愈覆鷙而不聽從。」王念孫雜志云：「『覆』讀爲『愎』。『愎』字從心复聲，故與『覆』通。廣雅：愎鷙，很也。」「復」之通「愎」，猶「覆」之通「愎」。通鑑作「好利而愎」。左氏哀二十七年傳：「鄭駟弘曰：知伯愎而好勝。」與此可互證。

〔五〕鮑本、吳本「與之」二字不重。〔按〕韓非子有，同此策。

〔六〕鮑彪云：「狃，犬性驕也。」吴師道云：「狃，習也。」〔按〕韓非子舊注云：「狃，習也。得地於韓，將生心他求也。」左氏桓十三年傳杜注：「狃，忕也。」

〔七〕〔按〕鄉之以兵，謂以兵嚮之。「鄉」同「嚮」。

〔八〕鮑彪改「宣」作「桓」，下同。吴師道云：「韓子、説苑亦並作『宣』，恐『桓』字訛。下同。」〔按〕秦策四秦昭王謂左右章、魏策一知伯索地於魏桓子章作「魏桓子」。桓、宣並從「亘」聲，可以通用，説見秦策。桓子名駒，魏襄子之子，見世本。

〔九〕鮑彪云：「（趙葭）魏人，亦晉舊姓。」〔按〕魏策作「任章」，韓非子説林上篇同。

〔一〇〕横田惟孝云：「自强，謂自恃其强。」

〔一一〕〔按〕韓非子十過篇「錯」作「措」，同，置也。

〔一二〕鮑彪改「蔡」作「藺」，云：「蔡非趙地。皋狼屬西河。」吴師道云：「恐名偶同。漢志西河郡有皋狼縣，又有藺縣。『蔡』或『藺』字訛。」張琦云：「藺城在今（山西）永寧州西，皋狼城在州西北。」〔按〕胡三省通鑑注亦云：「古文『藺』字與『蔡』字近，或者『蔡』字其『藺』字之訛也。」趙世家：「（武靈王曰）我先王……屬阻漳、滏之險，立長城，又取藺郭狼。」王應麟通鑑地理通釋謂「『郭狼』疑是『皋狼』」。郭、皋同聲，王説是也。由此可證「蔡」字是「藺」字之訛，鮑改當是，今從之。韓非子作「蔡皋狼」，同誤。

〔一三〕〔按〕襄子名毋卹，趙簡子之子。趙世家云：「知伯益驕，請地韓、魏，韓、魏與之。請地趙，趙不與，以其圍鄭之辱。」圍鄭之辱，見左傳哀公末年云：「（魯）悼之四年，晉荀瑶帥師圍鄭。……入南里，門於桔柣之門。……將門，知伯謂趙孟（即趙襄子）入之。對曰：『主在此。』（杜注：「主謂知伯也。」）知伯曰：『惡而無勇，何以爲子？』（杜注：「惡，貌醜。簡子廢嫡而立襄子，故知伯言其醜且無勇，何以立爲子。」）對曰：『以能忍耻，庶無害趙宗乎？』知伯不悛，趙襄子由是惎知伯（杜注：「惎，毒也。」），遂喪之。」趙世家所記異於此，今從左傳。

〔一四〕姚宏云：「曾、錢無下『趙』字。」

〔一五〕〔按〕胡三省通鑑注云：「風俗傳云：『張、王、李、趙，黄帝所賜姓也。』又晉有解張，字張侯，自此晉國有張氏。」史記作「張孟同」，索隱謂：「談者，史遷之父名，遷例改爲同。」

〔一六〕鮑彪云：「他日陰疏，今則顯矣。」〔按〕韓非子舊注云：「三使，陰以相約，知有異志也。」弗與，謂未使於趙。

〔一七〕王念孫云：「『閼』與『安』一字也。定十三年左傳及晉語、吕氏春秋愛士篇、史記趙世家、漢書古今人表並作『董安于』，韓非子十過篇及鴻烈道應篇並作『董閼于』，是『閼于』即『安于』也。安與焉古同聲而通用，『閼于』之爲『安于』，猶『閼逢』之爲『焉逢』也。今作『董閼安于』者，一本作『閼』，一本作『安』，而後人誤合之耳。」〔按〕韓非子内儲説上篇作「董閼于」，難言篇、觀行篇及説苑建本篇、臣術篇、政理篇並作「董安于」。王説是。

〔一八〕鮑本「主」作「子」。吴師道云：「一本作『主』。」〔按〕韓非子十過篇作「主」，同此本。簡子名鞅，景叔之子。

〔一九〕吴師道云：「大事記：晉陽，漢太原郡所治，龍山在西北，晉水所出。」〔按〕説苑政理篇云：「董安于治晉陽，問政於蹇老。蹇老曰：『曰忠，曰信，曰敢。』董安于曰：『安忠乎？』曰：『忠於主。』曰：『安信乎？』曰：『信於令。』曰：『安敢乎？』曰：『敢於不善人。』董安于曰：『此三者足矣。』」韓非子「世」作「其」。晉陽城遺址在今山西太原市西南晉陽縣。據文物一九六二年四、五期合刊謝元璐、張頷晉陽古城勘察記所記，古城遺址東西綫殘長六二六·四米，寬三〇米。西北城角至西南城角約長二七〇〇米（北牆探索未竟）。從資料和東城角方位來看，古城南北長約四五〇〇米，包括現在晉陽縣、晉陽堡、古城營村的一半和古城營附近古城遺址在内。

〔二〇〕鮑本「尹澤」作「君澤」，注云：「君澤，趙臣，繼安于者。」吴師道云：「一本『尹澤』。大事記謂『澤』字誤。韓子、國語作『尹鐸』。」黄丕烈云：「案：澤、鐸同字耳。」〔按〕黄説是。澤、鐸並從「睪」聲，古同聲通用。

〔二一〕姚宏云：「曾、錢(循)皆作『脩』。」〔按〕循之，謂循依董安于之治。晉語：「趙簡子使尹鐸爲晉陽，請曰：『以爲繭絲乎？抑爲保障乎？』簡子曰：『保障哉。』尹鐸損其户數。簡子誡襄子曰：『晉國有難，而無以尹鐸爲少，無以晉陽爲遠，必以爲歸。』」又云：「襄子出，曰：『吾何走乎？』從者曰：『長子近，且城厚完。』襄子曰：『罷民力以完之，又斃以守之，其誰與我？』從者曰：『邯鄲之倉庫實。』襄子曰：『浚民之膏澤以實之，又因而殺之，其誰與我？其晉陽乎？先主之所屬也，尹鐸之所寬也，民必龢矣。』乃走晉陽。」與此稍異。

〔二二〕鮑彪云：「君，謂襄子。」

〔二三〕鮑彪改「王」作「君」(盧本從之)，云：「此襄子臣，不得稱王。」吴師道云：「當作『生』(按此三字景元本戰國策校注作鮑注。鮑已改「王」作「君」，不應再云「當作『生』」。若果是鮑語，吴氏不應謂其失考。明刊鮑注單本無此三字，是也。明吴氏注淆爲鮑注，今正)。韓子云：『趙襄子召延陵生令將云云。』浚儀王氏謂鮑失考。」程恩澤云：「地理志：代郡有延陵縣。應劭曰：『在當城西北。』水經注延鄉水東逕延陵縣故城北。『延』音『征』。史記趙世家『延陵鈞』。徐廣注引此文。説文廴部『延，行也，从廴正聲。』諸盈切。漢武帝延和年號用此，則『延』字从『正』不从『正』，與『延陵』異。路史乃謂延陵有五，一在代，即此。竟以延陵爲延陵，疏矣。」于鬯云：「(元和)姓纂仙韻云：『吴王子季札居延陵，因氏焉。趙襄子有謀臣延陵正，是其後也。』按姓纂已作『延陵』，且云吴季札後，則其誤不始於羅泌。然延和年號有或作『征和』之證，『延陵』則亦無實據。程又引水經注，……今㶟水酈注無『音征』之語，且字皆作『延』，不知程考所據何本。要之姓纂謂季札後固屬附會，而漢地理志代郡之延陵縣，古或本讀爲『延陵』，未可必也。今故城在山西大同府天鎮縣北。」〔按〕「延陵」之作「延陵」、作「延陵」，不能區别，于氏辨之詳矣，今仍舊文。「王」字從韓非子正。但姓纂「生」作「正」，又未詳孰是。

吴引王氏説見困學紀聞卷十。「車騎」之名始見，是春秋、戰國之間，趙氏已雜用騎兵矣，至武靈王胡服騎射而益廣。

〔二四〕鮑彪云：「案、按同，行也。」

〔二五〕〔按〕韓非子作：「君至，而行其城郭及五官之藏。城郭不治，倉無積粟，府無儲錢，庫無甲兵，邑無守具。襄子懼，乃召張孟談曰：『寡人行城郭及五官之藏，皆不備具，吾將何以應敵？』張孟談曰：『臣聞聖人之治藏於臣，不藏於府庫；務修其數，不治城郭。君其出令。令民自遺三年之食，有餘粟者入之倉；遺三年之用，有餘錢者入之府；遺有奇人者，使治城郭之繕。』君夕出令，明日倉不容粟，府無積錢，庫不受兵。居五日，而城郭已治，守備已具。」與策異，其詞涉誇，不如策信。

〔二六〕金正煒云：「『之』字、『用』字皆衍，此以三言列舉爲文。或『之』字本在『城郭』上，誤淆於下。」〔按〕「之」猶「已」也。國語晉語：「（醫龢曰）八年之謂多矣。」韋注：「已爲多矣。」正訓「之」爲「已」。韓非子作「吾城郭已治」，亦其證。金説未然。

〔二七〕鮑彪云：「垣，牆也。」

〔二八〕鮑本、吴本「狄」作「荻」。盧本「苦」作「楛」，「之」下有「有楛」二字。譚棫本「苦」作「苦」。横田本「苦」作「楛」。鮑彪云：「荻，萑葦屬。爾雅『蕭荻』，注：『即蒿。』又繁醜荻爲蒿（按此文疑有誤，釋草云：『蘩，皤蒿。蒿，菣。』）。苦，蓋也。楚，荆也。以是爲牆，廧、牆同。」黄丕烈云：「韓子作『皆以荻蒿楛楚牆之，有楛高至於丈』。此『苦』字當作『苦』，即韓子之『楛』字。韓子『有楛』二字依此策文當衍，今（盧）本反依之添入，誤也。」横田惟孝云：「楛，似荆而赤莖，中矢幹。」于鬯云：「上文既云『公宫之垣』，則公宫自有牆矣。謂牆内更以狄蒿苦楚附之，故曰『廧之』也。」金正煒云：「『廧』疑當作『廩』。廩，藏也，治也。『廩』字古文作『㐭』，因致誤『廧』。又管子度地篇：『樹以荆棘上相穡著者，所以爲固也。』注：『穡，夠也。』俞樾云：『「穡」與「嗇」通，方言：嗇，合也。』此或『嗇』字之譌。」〔按〕桂馥札樸卷七云：「『荻』當爲『萩』。監本爾雅『蕭萩』。釋文『音秋』。唐石經作『萩』。左傳『伐雍門之萩』是也。鮑注引爾雅作『萩』，蓋據譌本。」但此文之「狄」或「荻」（狄、荻通用），不必是「秋」或「萩」之譌。「荻」爲蘆葦屬，其狀如竹，可作箭材。「蒿」謂萩蒿，郝懿行爾雅義疏謂：「葉白似艾而多歧，莖尤高大如蔞蒿，可丈餘。」顧廣圻韓非子識誤謂：「『蒿』讀爲『槀』。」亦通。「苫」當作「苦」，「楛」之借字，今改。荻、蒿、楛、楚，四者皆爲箭材。廧從鮑注可通。韓非子「廧」作「牆」。太田方翼毳引管子度地篇同金釋。

〔二九〕吴師道云：「『箘』音『窘』，『簬』即『簵』，見禹貢。」橫田惟孝云：「箘簬，美竹也。」

〔三〇〕鮑本「足矣」上有「矢」字，吴本同。〔按〕「若何」猶「奈何」。韓非子作「奈無金何」。

〔三一〕鮑彪云：「質，礎也。」橫田惟孝云：「質、礩通。（淮南）説林訓注：『礎，柱下石礩。』」〔按〕太平御覽卷一百八十八引作「公之堂皆以黄銅爲柱礩」。公宫之室，韓非子作「公宫公舍之堂」。

〔三二〕鮑本、吴本「以」字作「已」，通用。〔按〕葉適習學記言云：「發矢於公宫之垣，取兵於公室之銅，蓋其備豫積實如此。而晉語乃言尹鐸爲保障，爲繭絲，損其户數，故沈竈産鼃而民不叛，余固疑其所載之非實。蓋當時苟得所以受敵之地，上下相守以待變足矣，烏有能寬民而求其不叛者乎？」

〔三三〕〔按〕趙世家謂「三國攻晉陽歲餘，引汾水灌其城」，與策異。韓非子「晉水」作「晉陽之水」。晉水見秦策四秦昭王謂左右章。

〔三四〕金正煒云：「高誘吕覽義賞篇注：『智伯率韓、魏之君，圍趙襄子於晉陽三月。』此文『年』當爲『月』之譌。」〔按〕韓非子亦作「三年」。邵雍皇極經世書卷五繫圍晉陽事於乙酉至丁亥，周貞定王十四至十六年（前四五六一四五四年。皇極書紀年較六國表差遲一年），蓋據此策。但疑此爲誇大之辭，不可信。六國表記此事在一年中。

〔三五〕鮑彪「城」改作「財」。黄丕烈云：「韓子（城）作『財』。」〔按〕淮南子人間訓作「城中力已盡，糧食匱乏，大夫病」。與此文略同，則「城力」亦通，不必從韓非子改。

〔三六〕鮑彪云：「謂將降。」〔按〕楊倞荀子成相篇注：「下，降也。」

〔三七〕金正煒云：「國語吴語：『危事不可以爲安，死事不可以爲生，則無爲貴智矣。』鬼谷子謀篇：『亡不可以爲存，而危不可以爲安，然而無爲貴智矣。』並無『士』字。淮南人間篇作『何爲貴智』。韓非十過篇作『則無爲貴智矣』。足證此文『士』字爲衍。」〔按〕淮南子作「何謂貴智士」，王念孫校謂「士」字衍，引趙策亦云誤衍，金説與之同。

〔三八〕〔按〕韓非子、淮南子「亡」上並有「趙」字。

〔三九〕鮑本、吴本「麄」作「麤」。鮑彪云：「麤、粗同，疏也。」吴師道云：「粗厲少仁愛。」金正煒云：「史記王翦傳：『夫秦王怚而不信人。』徐廣曰：『「怚」一作「粗」。』此文亦當作『怚』。説文：『怚，驕也。』」〔按〕「麄」爲「麤」之或字，見廣韻。韓非子作「麤」，淮南子作「粗」，並同。金説本顧廣圻韓非子識誤，義長。疑「怚」訛作「粗」，又易作「麄」或「麤」，輾轉而失其本義矣。

〔四〇〕〔按〕三軍，謂三家之軍。

〔四一〕鮑本無「曰」字，讀「期」字句；下補「日」字，與「夜」爲句，云：「『日』既『夜』。」黄丕烈云：「『曰』，韓非作『日』。」横田惟孝讀「曰」如字，「夜」字句，云：「期曰夜，言期夜擊之。」于鬯曰：「古『日』、『曰』二字並作四方形。期日者，期某日也。」〔按〕于説是。漢隸「日」、「曰」二字形相同（説見金石文字記）。此文「曰」字實為「日」字，韓非子可證。通鑑亦云「為之期日而遣之」。今從此讀。

〔四二〕鮑彪云：「兵交，使在其間，胡得朝之？」于鬯云：「(韓子)十過篇『張』上有『二君以約遣』五字。顧(廣圻)識誤云：『「以」讀為「已」。今策脱去「二君已約遣」五字，遂誤屬張孟談於下句，當依此訂。』按十過篇讀『遣張孟談』為句，即承上文『遣入晉陽』也。因朝智伯，謂二君朝智伯也。下句『而出遇智過於轅門之外』，謂二君遇智過也。策讀『張孟談因朝智伯』為句，則謂張孟談朝智伯也。下句謂孟談遇智過也，故下文智過言『臣遇張孟談於轅門之外』，孟談言『臣遇智過於轅門之外』。其義甚顯。韓非下文止言二君，更不及張孟談，然則韓非自當有此五字，策自不當有此五字。顧謂當依彼訂此，謬矣。」〔按〕張孟談朝智伯，疑是偽為乞降之使而朝也。

〔四三〕姚宏云：「一云『知果』。」鮑彪云：「『過』一作『果』，知伯之族。」吴師道云：「晉語：『智宣子將以瑶為後，知果曰：「不知宵也。」弗聽。知果别族於太史，為輔氏。』通鑑取此，與策先後不同。」陸隴其云：「按國語，智果之别族為輔氏也，在宣子之世，距智伯之亡已遠，恐是二人。」〔按〕漢書古今人表「知過」，顔注云：「即知果。」文選阮元瑜為曹公與孫權書注、後漢書蘇竟傳注引作「知果」。後漢書注又云：「『果』或作『過』。」是過、果為一人無疑。改族為輔氏，策與晉語舛異，古書此類頗多，不能定為孰是。陸説未允。

〔四四〕鮑彪云：「以車為門，而轅外向。」

〔四五〕鮑彪云：「君，知伯。」

〔四六〕許應元云：「志矜而行高，喜於説行。」

〔四七〕金正煒云：「『謹』當讀如『結』，一聲之轉也。公羊桓三年傳『結言而退』，穀梁傳作『謹言而退』。結、謹故得通用。」〔按〕謹，謂盟約勑慎，下文所云「三分其地，寡人所親之」，是也。金釋可備一説。

〔四八〕鮑彪云：「言親與二國約。」金正煒云：「親，躬親也。淮南道應篇：『天下莫不知而莫之能行，越王親之，故霸中國。』此言親與二國約。」

〔四九〕許應元云：「色動而意變，憂其情露。」

〔五〇〕王念孫云：「『令』當爲『今』。『今』猶『即』也，言不如即殺之也。」

〔五一〕鮑彪云：「箸，言附其城。」

〔五二〕鮑本、吴本無「之」字。〔按〕後漢書蘇竟傳注引作「旦暮將拔之」，韓非子同。「饗」同「享」。韓非子作「嚮」，「饗」之借字。

〔五三〕鮑彪「康」字上補「韓」字。吴師道云：「恐缺『韓』字。」〔按〕韓非子有「韓」字。依上句「魏宣子之謀臣」例當有「韓」字，今補。

〔五四〕鮑彪云：「（魏宣子、韓康子）二謚皆非當時語。」〔按〕左氏隱四年傳「（石碏）曰：『陳桓公方有寵於王。』」亦生時稱謚，與此相類。史家記事，或有此追謚之弊，詳見日知録卷二十三生稱謚條。

〔五五〕王念孫云：「君之不用，言之不聽，語意相複。此本作『知過見言之不聽』，其『君之不用也』五字衍文耳。文選爲曹公與孫權書注、後漢書蘇竟傳注引此並作『智果見言之不聽』，韓非子十過篇作『智過見其言之不聽也』，皆無『君之不用』句。」〔按〕策文本通，「君之不用也」五字不必衍。文選注、後漢書注引多有節略，此恐省文耳。韓非子與策間有差異，不能以彼改此。王説恐未安。

〔五六〕〔按〕稱氏爲姓，乃戰國以下有之，此不當云「更其姓」。韓非子「姓」作「族」。晉語亦云：「知果別族於太史爲輔氏。」並不稱更姓。此文「姓」字當作「族」，下同。元和姓纂引風俗通云：「智果以智伯剛愎，必亡，其別輔氏。」

〔五七〕鮑彪云：「恐智伯以過之去之決，有感動矣。」

〔五八〕鮑本、吳本「曰」作「日」。 横田惟孝云：「言夜期方至。」 于鬯云：「謂期於今夜。上文言『期日』，今則不及期而行之。……鮑本『曰』作『日』，恐非。夜期者，孟談語也。」 安井衡從鮑作「日」，云：「日夜者，言是日既夜也。」鍾鳳年同。 金正煒云：「『曰』當作『邑』，以夜爲期，正應上文『今暮不擊必後之矣』。」〔按〕諸説並略可通，今據姚本，姑從横田與于氏讀。又疑「曰」即「日」字（説見上），「期」字當在「日」上，誤乙於下。期日夜，謂至期日之夜，與上文「期日」相應。韓非子作「至於期日之夜」。淮南子人間訓作「至其日之夜」，「其」即「期」之借字。並其證。

〔五九〕鮑本原無「軍」字，鮑補「軍」字。

〔六〇〕鮑彪云：「左右夾擊。」 金正煒云：「文選七命：『縱輕翼於中荒。』注：『左右甄也。』」

〔六一〕〔按〕史記秦本紀：「（厲共公）二十四年，晉亂，殺智伯，分其國與趙、韓、魏。二十五年，智開與邑人來奔。」六國表同。正義：「開，智伯子。伯被趙襄子等滅其國，其子與從屬來奔秦。」六國表秦厲共公二十九年，又有「晉大夫智寬率其邑人來奔」。是知氏並未盡滅，策亦大略言之。

3 張孟談既固趙宗

張孟談既固趙宗〔一〕，廣〔二〕封疆，發五百〔三〕，乃稱簡之塗〔四〕，以告襄子曰：「昔者前國地君之御有之曰〔五〕：五百〔六〕之所以致天下者，約〔兩〕〔七〕主勢能制臣，無令臣能制主。

故貴爲列侯〔八〕者，不令在相位。自將軍以上，不爲近大夫〔九〕。今臣之名顯而身尊，權重而衆服，臣願捐〔一〇〕功名、去權勢以離衆〔一一〕。」襄子恨〔一二〕然曰：「何哉！吾聞輔主者名顯，功大者身尊，任國者權重，信忠在己而衆服焉。此先聖之所以集〔一三〕國家安社稷乎〔一四〕。子何爲然？」張孟談對曰：「君之所言，成功之美也。臣之所謂，持國之道也。臣觀成事，聞往古，天下之美同，臣主之權均之能美，未之有也〔一五〕。前事之不忘，後事之師。君若弗圖，則臣力不足。」愴然有決色〔一六〕。襄子去之〔一七〕。

卧三日，使人謂之〔一八〕曰：「晉陽之政，臣下不使〔一九〕者，何如？」對曰：「死僇〔二〇〕。」張孟談〔二一〕曰：「左司馬見使〔二二〕於國家，安社稷，不避其死，以成其忠。君其行之〔二三〕！」君曰：「子從事。」乃許之〔二四〕。張孟談便厚以便名〔二五〕，納地釋事以去權尊，而耕於負親之丘〔二六〕。故曰「賢人之行，明主之政也〔二七〕」。

耕三年，韓、魏、齊、燕〔二八〕負親以謀趙〔二九〕，襄子往見張孟談而告之曰：「昔者知氏之地，趙氏分則多，十城復來〔三〇〕。而今諸侯孰謀我〔三一〕，爲之奈何？」張孟談曰：「君其負劍而御臣以之國〔三二〕，舍臣於廟〔三三〕，授吏大夫〔三四〕，臣試計之。」君曰：「諾。」張孟談乃行。其妻之楚〔三五〕，長子之韓，次子之魏，少子之齊，四國疑而謀敗〔三六〕。

〔箋證〕

〔一〕金正煒云：「『宗』謂宗社。又或爲『家』字之譌。書盤庚中篇『永建乃家』，傳：『卿大夫稱家。』是時趙未列於諸侯，故簡、襄皆稱主。上章亦云『二家』也。……此文『固趙家』於義爲長。」〔按〕「宗」字自通，不必改字。左傳哀公末年趙襄子對知伯曰「庶無害趙宗乎」，可爲此證。

〔二〕鮑本「廣」作「廟」，與上「宗」字連屬爲句。吳師道云：「一本『廟』作『廣』，是。」〔按〕「廟」字或作「庿」，與「廣」形近，故「廣」誤作「廟」。

〔三〕鮑彪改「百」作「霸」，注云：「伯業不振，今復發之。」吳師道云：「（百）即『伯』，古通。」安井衡云：「發，舉也。舉五伯之道，以告襄子。」此以「五百」爲「五伯」。關修齡云：「五百者，供導引驅除之役。『發』是『徵發』之『發』。」此從「五百」本字解。橫田惟孝云：「『五百』疑當作『阡陌』；下『五百』當作『五佰』。『阡陌』舊作『千百』，劉向所謂半字也。傳寫誤依下『千』作『五』，依上『伯』作『百』也。廣封疆，發阡陌，即商君傳所謂『開阡陌封疆』也。豈孟談先商鞅而爲此歟？」此以「五百」爲「阡陌」之譌。金正煒云：「發，去也。又或作『癹』，說文：『以足蹋夷草也。』左氏隱六年傳：『癹夷蘊崇之。』今本『癹』作『芟』。『五百』當爲『知百』，涉下文而誤，『百』與『伯』通。」此以「五百」當作「知百」，即「知伯」。鍾鳳年云：「疑『五』字爲古文『政』字之譌，下同。原作『㐅』（按鍾說欠明，「政」字說文無古文，金文「政」字亦無作「㐅」者。說文「正」字古文作「𤴓」，又作「𤴔」。金文甲骨文及古文四聲韻無作「㐅」形者，此「㐅」疑作「正」）極似說文『五』字，蓋由或不之識而誤。句言布政百端也。」此又以此及下文「五百」並爲「政百」之譌。〔按〕諸說紛歧，莫衷一是，皆難愜達。推之下文「五百之所以致天下者」，似鮑說較長。姑並存諸說以備覽。又北堂書鈔卷六十一引韋昭辨釋名云：「『五百』字本爲『伍佰』。伍，當也；佰，道也。使之導引當道佰中以驅除也。今俗呼行杖人爲『五百』。」鬭説蓋據之。古今注云：「伍伯，一伍之伯也。五人曰伍，伍長爲伯，故稱『伍伯』，一曰『户伯』。……漢諸公行，則户伯率其伍以導行也。」與韋昭之言相似，然此是漢制，未必合於戰國，且與策文不協。

〔四〕鮑彪云：「稱者，舉其説也。此士（之塗）國地君之御。」横田惟孝云：「『簡』下疑脱『子』或『主』字。簡子，襄子父也。塗，道也。蓋謂簡子治國家之道。」吴曾祺云：「此語及下『君之御有之』，俱疑有缺文。」金正煒云：「『簡』謂簡子，襄子父也。『塗』當爲『迹』，『迹』誤爲『途』，因復傳寫作『塗』。凡前人所遺留者曰『迹』，武靈王平晝章：『念簡、襄之迹。』義與此同。」鍾鳳年云：「（簡之塗）疑係稱道其發政簡略之原因也。」〔按〕金説較長。

〔五〕鮑彪云：「國地，猶武安之類。御，則之塗。」關修齡云：「『前』猶『先』也，蓋簡子未爲諸侯，故稱『國地君』。」（按此説近鑿）于鬯云：「既云『昔』者，又云『前』，似複。或『前國地』三字連讀。或云：『之』疑『言』字之誤，草書相似。」金正煒云：「『前』當爲『簡』，隸書從『竹』之字並從『丷』。『簡』與『前』字形相近，因以致誤。『地』當作『主』，古書『主』作『㞷』，『地』作『坔』，故『主』譌爲『地』。『國』字當在『君』字之下，誤淆於上也。釋名釋言語：『御，語也。尊者將有所欲，先語之也。』語、御一聲之轉，字亦得通。魯語『主亦有以語肥也』，禮記坊記疏作『御』，可證。『簡主君國之御』，謂簡子君臨趙國之遺訓。此蓋孟談稱述簡子之言以告襄子。」鍾鳳年云：「『前國地』三字，爲指智氏之地而言。『曰』字恐是『日』字之譌。君之御有曰，言據而臨治之日。句言昔者，故智伯之地爲襄子據有之日。」〔按〕此文有譌，不能强通。鮑解「國地君」無據。金釋改字太多。姑録諸説備考。

〔六〕鮑彪改「百」作「霸」，同上。〔按〕「百」、「伯」字通，不必改。

〔七〕鮑彪云：「衍『兩』字」，盧本從之。鮑云：「約者，自斷之辭。」吴師道云：「(兩)恐字有誤。」横田惟孝云：「約，與諸侯盟約。下即盟約之詞。」安井衡云：「兩、倆通（按「倆」當「緉」，「緉」有約束義。「倆」字後出，義亦非，當誤，下同）。倆，整飭也。言與天下相約，整飭主勢，令之能制臣。」金正煒云：「約兩，猶言約有兩端，即下云『主勢能制臣，無令臣能制主』，凡兩言。又『兩』或『而』字之譌，下有脱文；意或爲『要』，言五伯所以致天下，其道簡要也。」鍾鳳年以「約」字屬上讀，云：「『兩』字蓋即『而』字之誤。此句轉承上文之語。」〔按〕諸説屈折難通。「兩」字或誤或衍，不能强定，姑從鮑衍。

〔八〕横田惟孝云：「列侯，謂如薛侯、應侯等。」

〔九〕横田惟孝云：「近大夫，親近大夫。」〔按〕此言握軍權者不得兼政事。

〔一〇〕鮑本「捐」作「損」。吴師道云：「一本作『捐』。」

〔一一〕横田惟孝云：「是孟談欲以循簡子之御也。」

〔一二〕横田惟孝云：「恨，恨舍己而去也。」金正煒云：「『恨』字疑『悢』之誤。廣雅釋詁『悢，悵也』。或即爲『悵』。漢書谷永傳『悢然失望』。」

〔一三〕金正煒云：「『集』與『輯』通。」

〔一四〕姚宏云：「劉改（乎）作『也』。」横田惟孝云：「『乎』猶『也』也，説苑：不可以不進周公之廟乎。」〔按〕「也」猶「乎」，作疑問之詞，策文常見。此「乎」猶「也」，作決定之詞，例詳見裴學海古書虚字集釋。

〔一五〕鮑彪云：「(天下之美同)有美而同，必相嫉。」吴師道云：「(均之)外紀『之』作『而』。」關修齡云：「古今天下所美皆同，未有臣主權均之美也。」金正煒云：「『天』字疑當作『上』。古書『上』作『二』，因致誤『天』。『美』當爲『義』，涉下文而誤。如禮少儀『言語之美』，注：『「美」當爲「儀」。』蓋『美』乃『義』之譌，『義』即古『儀』

字也。之能美,『之』猶『是』也,此言如是而能美,未之有也。」〔按〕關説可通。

〔一六〕鮑彪云:「雖欲決去,而猶愴然,明不得已也。一説『決』猶『别』。」横田惟孝云:「愴,傷也。言君若弗以前事圖後事,則臣力不足强解説,雖心傷去,而有決去之色。」〔按〕此叙事之詞,言孟談語畢,愴然有訣去之色。決、訣同字。

〔一七〕金正煒云:「秦策文信侯去而不快。義與此同。或爲『却』字之損,此言『却之』,下言『許之』,文正相應。」〔按〕此謂襄子離去之也,未允其請。

〔一八〕〔按〕言孟談卧三日不視事,使人謂趙襄子也。

〔一九〕鮑彪云:「(不使)不爲上用。」金正煒云:「爾雅釋詁:『使,從也。』『不使』猶『不從』也。」

〔二〇〕鮑彪云:「僇,戮同。」〔按〕此襄子之言。

〔二一〕金正煒云:「此文『張孟談』上當有『爲』字,蓋或爲孟談言於襄子也。」〔按〕上文云「使人謂之」,此不應張孟談自語。金增「爲」字亦嫌與上文重複。疑「張孟談」三字本在「左司馬」下,誤淆於上;或「張孟談」三字本是「左司馬」之旁注,誤衍入正文「曰」字上。

〔二二〕鮑彪云:「(左司馬)失其名。」吴師道云:「左司馬,恐孟談自謂之辭。」關修齡云:「左司馬,蓋孟談自指也。使,與不使反。」〔按〕左司馬指孟談,非自謂之辭。

〔二三〕鮑彪云:「『行』猶『用』也。疑當作『任』。」吴師道云:「行之者,許之。」關修齡云:「言不使者以罪被僇,其使者宜以勞受賞,然則許其欲去,亦賞之之類已。」金正煒云:「詩菀柳箋:『「行」亦「放」也。』『行之』猶後世所謂放歸田里。」

〔二四〕鮑彪云:「使談自從其所欲之事。以其薦賢自代,故許其去。」〔按〕鮑誤以張孟談薦左司馬自代,故云爾。

此謂襄子聽客言，許孟談退也。

〔二五〕鮑彪云：「此下著書者美之也。便，安；厚，重也。去權所以安其重，損名所以安其名。」于鬯云：「呂氏忠廉紀高注云：『「便」猶「成」也。』亦可解此兩『便』字。」金其源云：「『厚』不當作『重』解，當如莊子列御寇『勇動多怨』注『怯而静，乃厚其身耳』之『厚』作『後』解。莊子釋文『乃厚其身耳』，元嘉本作『後』，一本作『乃後恒無怨』。禮樂記『事成而後』，注：『「後」謂位在下也。』位在下則去權尊，去權尊所以遠怨，遠怨可以免謗。故曰『便厚以便名』。」〔按〕金説較善，「便厚」謂安於退讓；「便名」謂保全令譽。

〔二六〕鮑彪云：「（負親之丘）趙地，缺。」碕哲夫云：「『負親』恐『負郭』，涉下『負親』誤。」于鬯云：「爾雅釋丘：負丘。錢坫釋地四篇注引此以證。然則『負親之丘』即『負丘』與？晉語云：『吾命之以負蔡之田七十萬』，『蔡』、『親』一聲之轉，或『負親』即『負蔡』。而潛夫氏姓論謂張孟談耕於肙山。則此『負』字又似當作『肙』，『肙』、『負』形近，又涉下文而誤。」（金正煒引潛夫論，同以「負」爲「肙」之譌。林春溥紀年亦引潛夫論）〔按〕于氏等説較長。

〔二七〕鮑彪云：「此美襄子。」

〔二八〕鮑彪改「燕」作「楚」。吴師道云：「下文有楚無燕，必有一誤。」〔按〕以地理言之，楚、趙不相接，故恐「楚」是「燕」誤，鮑改疑非。

〔二九〕鮑彪云：「言五國昔約親，今背之。」吴師道云：「上言『負親之丘』，不應此義頓異。恐『負親』字衍，或上有缺文。」金正煒云：「五國伐秦罷於成皋章『合負親之交』，秦攻趙長平章『今臣爲足下解負親之攻』，曰『交』曰『攻』，皆爲『負親』，則鮑説未能悉通矣。當時連横以事秦者曰『横親』，合從以擯秦者曰『從親』。其非從非横而成權輿之國，或即爲『負親』歟？史記虞卿傳索隱云『爲足下解負擔而親自攻之』，其説尤謬。疑策文史傳本或爲『員』，作『負』者形似而誤。『員』與『圓』同。圜，周也。韓、魏、齊、燕適處趙之四周，故謂『圜親以謀趙』。」

趙之外無言圜親者，以趙爲中央之國也。『員親』亦猶從親、横親，形勢之别耳。」〔按〕此文鮑注自通。金釋牽强，姑備一説。其謂趙爲中央之國（語本韓非），實不然，韓、魏於當時諸國中不更處中央乎？

〔三〇〕鮑彪云：「言分地多自與，韓、魏嘗以爲言矣，今復來也。」吴師道云：「『復來』字恐舛誤在上，當云『而今諸侯復來』，句似順。」碕哲夫、關修齡並謂「復來」二字衍文。安井衡讀「多」字句，「來」字句，云：「言昔分知氏之地，趙氏則多於韓、魏二家。其後十城復來屬趙。」金正煒云：「『則』猶『即』也。『來』疑『求』字之譌，二形相近，易以致譌。復求者，如知伯之請地於韓、魏也。」〔按〕安井説義長，今從其讀。

〔三一〕鮑彪云：「衍『孰』字。」吴師道以「復來」二字屬「諸侯」下爲句，「孰謀之」三字爲句，云：「孰爲我謀？」安井衡云：「孰，古『熟』字。熟，爛也，熟爛謀之，謂深謀之。」金正煒云：「『孰』當爲『就』。逸周書謚法篇：『就，會也。』就謀我，謂會聚而謀我也。……又按周禮典瑞（鄭）司農注：『一市謂一就。』上文『員親』，此作『就』，正與『員』義相應。」〔按〕安井説較長。

〔三二〕鮑彪云：「君自爲御。」吴曾祺云：「（負劍）謂俯其身如負劍然。曲禮：負劍辟珥，是也。」〔按〕「負劍」謂「背劍」，猶燕策三「王負劍」。背劍而爲御，示尊賢也。曲禮「負劍」，鄭注：「負，謂置之於背，劍，謂挾之於旁」，與此義不合，吴説非。

〔三三〕金正煒云：「晏子問篇：『知其能足以安國濟功，故迎之於魯郊，自御，禮之於廟。』孟談以是爲請者，欲四國知其復用，乃得行妻子以敗其謀。」

〔三四〕鮑彪云：「授談之吏，以爲大夫，示尊顯之也。」關修齡云：「按竹書紀年：邯鄲命吏大夫奴遷於九原。蓋吏大夫，趙官名，此言示於授官孟談令爲國政也。」

〔三五〕鮑彪云：「使妻之楚。」〔按〕「楚」或是「燕」之譌，見上。婦人爲使，當時所罕聞，惜未傳其事蹟，又遺其姓名，列女傳亦失載之！

〔三六〕鮑彪云：「談，趙之謀臣，而其妻子分適四國，故四國更相疑，以爲厚趙也。」

4　晉畢陽之孫豫讓

晉畢陽〔一〕之孫豫讓，始事范、中行氏而不説，去而就知伯〔二〕，知伯寵之。及三晉分知氏，趙襄子最怨知伯，而將（漆）其頭以爲飲器〔三〕。豫讓遁逃山中，曰：「嗟乎！士爲知己者死，女爲悦己者容〔四〕。吾其報知氏之讎矣〔五〕！」乃變姓名爲刑人〔六〕，入宫塗厠，欲以刺襄子。襄子如厠，心動，執問塗者，則豫讓也。刃其扞（杅）〔七〕，曰：「欲爲知伯報讎！」左右欲殺之，趙襄子曰：「彼義士也，吾謹避之耳。且知伯已死，無後，而其臣至爲報讎，此天下之賢人也。」卒釋之〔八〕。豫讓又漆身爲厲〔九〕，滅鬚〔一〇〕去眉，自刑以變其容，爲乞人而往乞〔一一〕。其妻不識，曰：「狀貌不似吾夫，其音何類吾夫之甚也〔一二〕？」又吞炭爲啞〔一三〕，變其音。其友謂之曰〔一四〕：「子之道〔一五〕甚難而無功。謂子有志則然矣，謂子智則否。以子之才，而善事襄子〔一六〕，襄子必近幸子。子之〔一七〕得近而行所欲，此甚易而功必成。」豫讓乃笑而應之曰：

「是爲先知報後知，爲故君賊新君，大亂君臣之義者無此矣〔一八〕。凡吾所謂〔一九〕爲此者，以明君臣之義〔二〇〕，非從易也。且夫委質〔二一〕而事人，而求弑之，是懷二心以事君也。吾所爲難，亦將以愧天下後世人臣懷二心者。」

居頃之，襄子當出〔二二〕，豫讓伏所當過橋下〔二三〕。襄子至橋而馬驚。襄子曰：「此必豫讓也。」使人問〔二四〕之，果豫讓〔二五〕。於是趙襄子面數〔二六〕豫讓曰：「子不嘗事范、中行氏乎？知伯滅范、中行氏，而子不爲報讎，反委質事知伯。知伯已死，子獨何爲報讎之深也？」豫讓曰：「臣事范、中行氏，范〔二七〕、中行氏以衆人遇臣，臣故衆人報之。知伯以國士遇臣〔二八〕，臣故國士報之〔二九〕。」襄子乃喟然歎泣曰：「嗟乎豫子！豫子〔三〇〕之爲知伯，名既成矣；寡人舍〔三一〕子，亦以〔三二〕足矣。子自爲計，寡人不舍子。」使兵環之。豫讓曰：「臣聞明主不掩人之義，忠臣不愛死以成名。君前已〔三三〕寬舍臣，天下莫不稱君之賢。今日之事，臣故〔三四〕伏誅，然願請君之衣而擊之，雖死不恨。非所望也〔三五〕，敢布腹心！」於是襄子義之，乃使使者持衣與豫讓。豫讓拔劍三躍，呼天擊之〔三六〕，曰：「而可以報知伯矣〔三七〕。」遂伏劍而死〔三八〕。死之日，趙國之士聞之〔三九〕，皆爲涕泣。

【箋證】

〔一〕鮑彪云：「（畢陽）畢萬之後。」吳師道云：「無明據。晉語：伯宗索士庇州犂，得畢陽。及欒弗忌之難，諸大夫害伯宗，畢陽實送州犂於荆。讓乃其孫，義烈有自來矣。」〔按〕潛夫論志氏姓篇亦云：「畢陽之孫豫讓事智伯。」不謂是畢萬之後；又舉魏氏至豫氏云：「皆畢氏，本姬姓。」蓋系出於畢公高。王應麟通鑑答問亦云：「畢陽亦義士，事見晉語，讓無忝厥祖矣。」此章本與上章連屬，今從鮑本、吴本、盧本分提。

〔二〕〔按〕去而就知伯，似謂范、中行氏未滅而去之。賈子新書諭誠篇作「豫讓事中行之君，智伯滅中行氏，豫讓徙事智伯」。則謂中行氏滅後始事知伯，稍異。以趙襄子數讓之語推之，似讓事智伯在范、中行氏亡後。又據賈子及説苑復恩篇讓始事中行氏，不及范氏。

〔三〕吴師道云：「史『漆其頭』。説苑：『異日，智伯與襄子飲，而灌襄子之首。後敗智伯，漆其首爲飲器。』索隱云：案：大宛傳，匈奴以月氏王頭爲飲器。裴氏引韋昭云：椑榼也。晉灼曰：虎子也。皆非。椑榼所以盛酒，非用飲者。晉以韓子、呂氏春秋並云『漆智伯頭以爲飲器』故也。」董份云：「飲器決非盛酒。死骨，人所諱者，何以飲酒乎？蓋怨深而辱之，爲溲器耳。」洪亮吉云：「韓非子喻老篇云：『漆其頭以爲溲器。』呂覽又作『溲杯』。夫襄子既深怨智伯，則以其頭爲椑榼，似爲不足泄憤。明當以韓非等説爲是。」（曉讀書齋二録卷下。）金正煒云：「『而』猶『乃』也。『將』當『𤖹』，字形相似而誤。説文：『𤖹，酢𤖹也。』俗作『漿』。『漆』與『漿』、『將』，其用並爲『塗』，字異而義同。」〔按〕「將」當作「漆」字之誤。太平御覽卷三百六十三、卷四百八十三、卷七百六十六引「將」並作「漆」。史記刺客傳同。是其證。今從正。飲器，或以爲椑榼，或以爲溲器。顏師古漢書張騫傳注謂：「匈奴嘗以月氏王頭與漢使歃血盟（按事見匈奴傳），然則（飲器）飲酒之器是也。」王觀國學林新編卷四同。刺客傳正義：「劉云：酒器也。每賓會設之，示恨深也。」此又一説，究爲孰是？呂氏春秋義賞篇云：「（趙襄子）擊智伯，斷其頭以爲觴。」高注：「觴，酒器也。」韓非子難三篇云：「此知伯之所以國亡而身死，頭爲飲杯之故也。」並以飲器爲酒觴或飲杯。韓非子喻老篇：「漆其頭以爲溲器。」王先慎集解云：「説苑建本篇作『酒器』。

說文：「浚，浸沃也。」浸沃，若今人之浚麴。士虞禮：「明齊浚酒。」鄭注：「明齊，新水也。言以新水浚釀此酒也。」「浚器」即釀酒之器。……後人不識「浚」字本義，遂以晉語「少浚於豕牢而得文王」之「浚」釋之。」然則「浚」爲「浚沃」，非「浚溺」之「浚」；「浚器」猶「酒器」耳，洪氏失察。又淮南子道應訓：「大敗知伯，破其首以爲飲器。」高注：「飲，溺器，椑榼也。」莊逵吉云：「疑此『酒』字誤『溺』。」考之呂氏春秋高注，則「溺」當是「酒」字之誤，且「飲」亦不得訓「溺」，莊說是也。綜上所證，則「飲器」之爲「酒器」無疑矣。

〔四〕鮑彪云：「修其容色。」吳師道云：「司馬子長用此語，『死』作『用』。」〔按〕李善文選報任少卿書注引策文「死」亦作「用」。賈子新書作「死」，同此。吳云司馬子長者，即其報任少卿書。

〔五〕王念孫云：「『之讎』二字，後人所加也。『吾其報知氏』者，承上『爲知己者死』言之，謂『報知氏之恩』，非謂『報知氏之讎』也。下文曰『知伯以國士遇臣，臣故國士報之』，又曰『而可以報知伯矣』，並與此句同義。後人以下文多言『爲知伯報讎』，故加『之讎』二字。不知彼自言『報讎』，此自言『報恩』也。史記刺客傳曰：『今智伯知我，我必爲報讎而死，以報智伯。』此雖兼『報讎』言之，而『報智伯』三字，仍謂『報恩』，非謂『報讎』也。太平御覽人事部引此策有『之讎』二字，則所見本已誤。文選報任少卿書注引此正作『吾其報知氏』矣。」〔按〕王氏說自成理，但「報知氏之讎」，文義可通，不必衍字。「其」猶「將」也。

〔六〕金正煒云：「『刑』當爲『圬』，古文『刑』作『㓝』，與『圬』近似而誤。刑人非可變姓名而爲也。左氏襄三十一年傳：『圬人以時塓館宮室。』注：『圬人，塗者。』」〔按〕刑人，謂罪徒之服勞役者。周禮秋官司隸：「掌五隸之法，……役國中之辱事。」史記亦作「刑人」。說苑復恩篇云：「（豫讓）又盜爲抵罪被刑人，赭衣，入繕宮。」明「刑」字不誤，金說非。

〔七〕姚宏云：「曾本（扞）作『抙』。」鮑彪云：「『扞』、『銲』同。集韻：矛鐏謂之『銲』。刄，施刄其端。」林春溥開卷偶得卷九云：「『扜』即『杅』字之譌。説文『杅，所以塗也，從木。秦謂之「杅」，關東謂之「槾」。』又其杅，謂以鐵爲杅而加刃焉，所以爲利器也。」「杅」即「杇」字（横田惟孝、安井衡、金正煒説同）。〔按〕説文「杇」字段注云：「此器今江、浙以鐵爲之，或以木。」引此策，云：「『杇』今本皆作『扜』，侯旰切，繆甚。刃其杇，謂皆用木，而獨刃之。」林氏以下諸説與之同，是也。今從正。史記作「内持刀兵。」

〔八〕〔按〕史記作「卒醳去之」。索隱：「『醳』音『釋』，字亦作『釋』。」

〔九〕吴師道云：「索隱曰：癩，惡瘡。凡漆有毒，近之多患疥腫，若癩病然。故讓以漆塗身，令若癩。厲、癩聲近假借。」〔按〕通鑑「厲」作「癩」。「厲」即麻瘋病。亦見楚策四客説春申君曰章。

〔一〇〕横田惟孝云：「患癩者鬚眉皆脱，故爾。」〔按〕御覽卷三百六十五引「鬚」作「鬢」。呂氏春秋恃君篇、史記並作「滅鬚」，與此同。作「鬢」者誤。

〔一一〕吴師道云：「史（往）作『行』。」黄丕烈云：「史記作『行乞於市』。與此策文多不同也。」〔按〕史記索隱引「爲乞人而往乞」作「爲乞食人」。呂氏春秋恃君篇作「爲乞人而往乞於其妻之所」。

〔一二〕〔按〕索隱引作「何其音之甚相類也」。

〔一三〕王念孫云：「原文本作『又吞炭以變其音』，今本『爲啞』二字，乃後人據史記加之也。不知爲啞即是變其音，故戰國策言『變音』而不言『爲啞』，史記言『爲啞』而不言『變音』也。史記索隱引此策曰：『豫讓吞炭以變其音。』呂氏春秋恃君篇曰：『豫讓滅鬚去眉，自刑以變其容。又吞炭以變其音。』鴻烈主術篇曰：『豫讓漆身爲厲，吞炭變音。』皆其明證也。」横田惟孝云：「吞炭自敗音聲如啞，非謂瘖病。」金正煒云：「『啞』本訓笑聲，義不同。此當作『瘂』。一切經音義引埤倉：『瘂亦瘖也。』」〔按〕索隱：「啞，謂瘖病。」「啞」乃「瘂」之借字。謂其聲敗似瘖病，非謂真瘖不能言也。下文云「變其音」，又與友人及襄子答話可知。御覽卷四百八十一引「吞炭爲啞」，同今本。説苑復恩篇作「吞炭更聲」。

〔一四〕董份云：「妻不識而友識者，妻熟其形，友知其心耳。然此非心知之友，則讓亦必不以謀告之。」史記作「行見其友，其友識之曰：汝非豫讓也？曰：我是也。其友爲泣曰云云」。

〔一五〕〔按〕吕氏春秋「道」上有「所」字。

〔一六〕〔按〕吕氏春秋「善」作「索」。此稱襄子之謚，亦後人追叙之詞。

〔一七〕金正煒云：「國語晉語：『若夫二公子而立之。』韋注：『若，之也。』『若』訓爲『之』，則『之』亦可訓爲『若』。」〔按〕「之」猶「若」也，訓見經傳釋詞。吕氏春秋無「之」字。

〔一八〕吴師道云：「『無』字下恐有缺字。」横田惟孝云：「無此，猶言無如此也。魏策：『彼翟子之所惡於國，無公矣。』」（金正煒説同）安井衡云：「無此，言無此道也。」吴曾祺云：「猶言無過此矣。」〔按〕御覽卷四百八十一引「無」作「必」，恐非。吕氏春秋作「無此失（「失」疑「矣」之形譌）」。畢沅新校正引此策亦云：「無此，猶言無如此。」横田等説與之同，當是。

〔一九〕〔按〕吕氏春秋「所謂」作「所爲」。「謂」猶「爲」。

〔二〇〕〔按〕吕氏春秋作「所以明君臣之義也」。

〔二一〕〔按〕左氏僖二十三年傳：「（狐突曰）策名委質，貳乃辟也。」國語晉語：「臣委質於狄之鼓。」韋注：「質，贄也。士質以雉，委質而退。」

〔二二〕横田惟孝云：「『當出』猶『將出』也。儀禮特牲饋食禮：『佐食當事，則户外南面。』注云：『當事，將有事而未至。』」

〔二三〕鮑本無「當」字。吴本「所當」二字作「以」字。吴云：「一本『伏所當過』。」〔按〕藝文類聚卷九、御覽卷七十三引作「伏於橋下」。疑今本「伏」下脱「於」字。史記作「伏於所當過之橋下」。正義云：「汾橋下架水，在并州晉陽縣東一里。」

〔二四〕〔按〕藝文類聚卷九、卷三十三、御覽卷七十三引「問」作「求」。

〔二五〕〔按〕吕氏春秋序意篇云：「趙襄子遊於囿中，至於梁，馬却不肯進。青荓爲參乘。襄子曰：『進視梁下，類有人。』青荓進視梁下，豫讓却寢，佯爲死人，叱青荓曰：『去，長者，吾且有事。』青荓曰：『少而與子友，子且爲大事，而吾言之，是失相與友之道。子將賊吾君，而我不言之，是失爲人臣之道。如我者，惟死爲可。』乃退而自殺。」所記多異，似不足信，姑附此以廣覽。

〔二六〕〔按〕「數」猶「責」。

〔二七〕鮑本原無「范」字，鮑補「范」字。

〔二八〕鮑彪云：「國士，名蓋一國者。」〔按〕左氏成十六年傳：「伯州犂以公卒告王，苗賁皇在晉侯之側，亦以王卒告，皆曰：國士在，且厚，不可當也。」「國士」指公卒及王卒（公謂晉厲公，王謂楚共王），蓋官左右宿衛軍士。爲一國之選，故云「國士」。此「國士」亦如之，謂知伯選讓爲親信侍衛之士，讓故感恩報之。鮑注失之。

〔二九〕鮑彪云：「爲國士所爲以報之。」〔按〕吕氏春秋不侵篇云：「豫讓之友謂豫讓曰：『子之行何其惑也？子嘗事范氏、中行氏，諸侯盡滅之，而子不爲報。至於智氏，而子必爲之報，何故？』豫讓曰：『我將告子其故。范氏、中行氏，我寒而不我衣，我饑而不我食，而時使我與千人共其食，是衆人畜我也。夫衆人畜我者，我亦衆人事之。至於智氏則不然。出則乘我以車，入則足我以養，衆人廣朝，而必加禮於我所，是國士畜我也。夫國士畜我者，我亦國士事之。』」賈子新書諭誠篇云：「人謂豫讓曰：『子不死中行，而反事其讎，何無耻之甚也。今必碎身糜軀，以爲智伯，何其與前異也？』豫讓曰：『我事中行之君，與帷而衣之，與關而枕之。夫衆人畜我，我故衆人事之。及智伯分吾以衣服，餡吾以鼎實，舉被而爲禮。大夫國士遇我，我固國士爲之報。』」並與此異。「遇臣」之四「臣」字，類聚卷三十三引並作「我」。

〔三〇〕姚宏云：「劉去『豫』字。」鮑本原無「豫」字，又衍下「子」字。〔按〕史記無「豫」字。

〔三一〕〔按〕類聚引「舍」作「赦」，史記亦作「赦」。下「寬舍」之「舍」同。

〔三二〕鮑本、吴本「以」作「已」。類聚引作「已」，史記同。「以」、「已」通用。

〔三三〕盧本「已」作「以」，同。

〔三四〕吴師道云：「故，固通。」〔按〕類聚引「故」作「固」，史記同。

〔三五〕鮑彪云：「言有此心，望不及此。」〔按〕此爲請求之詞。左氏宣十二年傳鄭伯對楚子曰：「君之惠也，孤之願也，非所敢望也，敢布腹心。」與此同。

〔三六〕姚宏云：「錢無『呼天』二字。劉作『呼天而擊之』。」〔按〕類聚引作「拔劍三躍而擊之」。御覽卷四百八十一引無「呼天」二字。敦煌本春秋後語作「拔劍三踴呼而擊之」。「天」與「而」篆文相似，疑「天」是「而」之譌。

〔三七〕鮑彪云：「而，自呼也。」横田惟孝云：「『曰』、『而』恐倒置。」金正煒云：「『而』當爲『亦』，篆文相似而誤。秦攻趙長平章『趙雖不能守而不至失六城』，新序『而』作『亦』，誤與此同。」〔按〕而，乃也。於義亦通，不必改字。類聚引作「吾可以下報知伯矣」，同史記。敦煌本後語作「吾可以報知伯矣」。

〔三八〕姚宏云：「司馬貞引戰國策『衣盡血，襄子回車之輪未周而亡』。此不言衣出血者，太史公恐涉怪妄，故略之耳。今本無此，乃後人所删。」〔按〕史記六國表：襄子五年，敗智伯，三分其地。豫讓報仇，不明何年，當距智伯之死不遠。襄子在位三十三年卒，豈有回輪未周而亡之事？此語誇誕而涉誣妄，删之是也。水經汾水注云：「魏土地記曰：（晉陽）城東有汾水南流。……水上舊有梁，青荓殞於梁下。豫讓死於津側，亦襄子解衣之所在也。」青荓事出吕氏春秋，見上。賈子新書諭誠篇云：「趙襄子破智伯，豫讓釁面而變容，吞炭而爲啞，乞其妻所，而妻弗識。乃伏刺襄子，五起而弗中。襄子患之，食不甘味，一夕而五易卧，見不全身。」又淮難篇云：「豫讓爲智伯報趙襄子，五起而不取。」説苑復恩篇云：「襄子將出，豫讓僞爲死人，處於梁下，駟馬驚不進。襄子動心，使使視梁下，得豫讓。襄子重其義，不殺也。又盜爲抵罪被刑人，赭衣入繕宫。襄子動心，則曰：『必豫讓也。』襄子執而問之曰：『子始事中行君，智伯殺中行君，子不能死，還反事之。今吾殺智伯，乃漆身爲厲，吞炭爲啞，欲殺寡人。何與先行異也？』豫讓曰：『中行君衆人畜臣，臣亦衆事之。智伯朝士待臣，臣亦朝士爲之用。』襄子曰：『非義也，子壯士也。』乃自置車庫中，水漿毋入口者三日，以禮豫讓。讓自知，遂自殺也。」所記互有舛異，蓋傳聞不同也。豫讓報知伯事，傳爲義烈。新序義勇篇：「知伯嚚之時，有士曰長兒子魚，絶知伯而去之。三年，將東之越，而道聞知伯嚚之見殺也，謂御曰：『還車反，吾將死之。』御曰：『夫子絶知伯而去之三年矣，今反死之，是絶屬無别也。』長兒子魚曰：『不然，吾聞仁者無餘愛，忠臣無餘禄。吾聞知伯之死而動吾心，餘禄之加於我者，至今尚存，吾將往依之。』反而死。」知伯嚚即知伯瑶，「瑶」與「嚚」一聲之轉。長兒子魚之報知伯略同豫讓，而絶去三年，尚以死報，尤爲獨行之殊。因豫讓事附載之。

〔三九〕〔按〕御覽卷四百八十一引「之」作「者」。

〔附論〕

鮑彪云：「襄子、豫子皆千載人也。豫子能報舊君，能厲天下後世之爲臣。使他人爲之，必一失於此矣。或以其無成事爲空自苦。夫壯士能行其志而已，成不成則有命焉，吾何以必之哉！」

吴師道云：「讓義士也，史遷列之刺客，而蘇轍氏古史亦謂之非賢，失之矣。朱子綱目附見於三晉始命之下，則以其事在前，不得特書以表之爾。大事記解題略見，而紀不書，未知吕子之旨。」

〔按〕淮南子道應訓：「魏文侯觴諸大夫於曲陽，飲酒酣，文侯喟然歎曰：『吾獨無豫讓以爲臣乎！』」（亦見説苑尊賢篇）可徵當時對豫讓風烈之欽重。韓非子姦劫弒臣篇云：「豫讓爲智伯臣也，上不能説人主使之明法術度數之理，以避禍難之患；下不能領御其衆，以安其國。及襄子之殺智伯也，豫讓乃自黔劓，敗其形容，以爲智伯報襄子之仇。是雖有殘形殺身以爲人主之名，而實無益於智伯若秋毫之末，此吾所以爲下也。」豫讓之事，歷代論者頗多，今僅著韓子，餘從略。韓子法家之言，其論時涉於刻，此以其先秦之書而取之。知人論世，讀者自審之。吳汝綸謂此篇「後人據史記爲之，非國策本文」。考刺客傳與策文多有出入，取勘即知，何能謂爲據史記爲之？策原本有「衣盡出血」云云之誇誕語，豈亦據史記而爲之耶？吳氏惑於今本戰國策後人取太史公書充入之成見，所言多非。

5 魏文侯借道於趙攻中山

魏文侯借道於趙，攻中山〔一〕，趙侯〔二〕將不許。趙利〔三〕曰：「過矣。魏攻中山，而〔四〕不能取，則魏必罷〔五〕，罷則趙重。魏拔中山，必不能越趙而有中山矣。是用兵者魏也，而得地者趙也。君不如許之。許之大勸〔六〕，彼將知矣（趙）〔七〕利之也，必輟。君不如借之道，而示之不得已。」

〔箋證〕

〔一〕鮑彪云：「魏（文侯）十七年，此（烈侯）元年。」〔按〕魏攻中山當趙襄子四十六年，非烈侯時，説見中山策。

〔二〕〔按〕趙侯乃襄子，此追稱爾。史記趙世家：「烈侯元年，魏文侯伐中山，使太子擊守之。」韓非子説林上篇作「趙肅侯」，並誤。

〔三〕〔按〕韓非子作「趙刻」。鍾鳳年云：「趙世家肅侯七年確有『公子刻』其人；但不能與魏文侯同時。韓子文恐誤。」

〔四〕〔按〕「而」猶「如」。

〔五〕鮑彪云：「(罷)音『疲』。」

〔六〕横田惟孝云：「『勸』疑當作『歡』。宋策亦有『許救甚勸』之語，韓子皆作『歡』。言與使者歡也。」吴曾祺云：「勸，猶力也。」金正煒云：「秦策：『則楚之應之也必勸。』宋策：『荆王大悦。許救甚勸。』並與此義同。韓非作『歡』，字之誤也。」〔按〕顧廣圻韓非子識誤亦云：「『歡』當從策作『勸』。」横田説非。

〔七〕姚宏云：「劉無『矣』字。」鮑本「矣」作「趙」。吴師道云：「此本『趙利』又舉人姓名，皆難解，疑有外誤。」黄丕烈云：「韓子有此事，云彼將知君利之也。『趙』字當是。吴氏失考也。」吴曾祺云：「似『矣』爲『君』之誤。」〔按〕「矣」字不諧，今從鮑本改。

6 秦韓圍梁

秦、韓圍梁〔一〕，燕、趙救之。謂山陽君〔二〕曰：「秦戰而勝三國〔三〕，秦必過周、韓而有梁。三國而勝秦，三國之力，雖不足以攻秦，足以拔鄭〔四〕。計者〔五〕不如構三國攻秦〔六〕。」

【箋證】

〔一〕鮑彪云：「衍『韓』字。」云：「秦獻公二十三年，戰少梁。此（魏惠王）九年。」吳師道云：「據鮑説以爲魏敗韓、趙於澮之年。少梁，即獲公叔痤之戰，不聞燕、趙之救也。時方敗趙，趙豈得救之？此皆無據之言。且策云『圍梁』，不云『少梁』。圍梁必惠王徙都大梁後，不可考矣。徙都大梁在惠王三十一年。」〔按〕魏惠王九年（前三六二），與秦戰少梁，見史記魏世家，當趙成侯十三年。趙世家：「（成侯）十二年（前三六三），秦攻魏少梁，趙救之。」則趙有救魏之舉，同爲秦、魏戰於少梁，惟相差一年耳。吳氏謂「不聞燕、趙之救」，亦失考。古本竹書紀年謂「惠成王六年四月甲寅，徙都於大梁」。一作「九年」（詳拙著訂補）。是其時稱魏爲梁，亦無不合。但古本竹書紀年：「（惠王）八年，伐邯鄲，取列人。伐邯鄲，取肥。」紀年魏史，記魏事當可信，不應一年之中二伐邯鄲，而趙反救魏之急也。疑趙世家言或誤。因此，鮑氏定爲少梁之戰，究乏明證，不足信。顧觀光編年以此章附於魏策三秦將伐魏章後，繫於周赧王三十二年（前二八三）。于鬯年表從之。以下山陽君考之，疑是。

〔二〕鮑彪云：「楚宣策言此人，正同時也。」横田惟孝云：「山陽君，魏人，見楚宣王策。蓋是時在韓用事，而客謂之也。」顧觀光云：「按此山陽君乃韓臣，明見韓策，鮑以『韓』字爲衍文，謬甚。」（國策編年）〔按〕顧説是，見韓策三謂山陽君曰章。横田審其爲韓臣，又與楚策之山陽君相淆，亦非。

〔三〕〔按〕「而勝」之「而」猶「如」，下同。三國，謂梁、燕、趙。

〔四〕鮑彪云：「（鄭）新鄭。鄭近梁，故云。」吳師道云：「韓哀侯二年已滅鄭，此鄭即謂韓。」闕修齡云：「言三國勝秦，其力雖不足以攻秦，秦亦不能救韓，故足以取鄭。」

〔五〕鮑彪云：「爲梁計。」〔按〕鮑誤以山陽君爲魏臣，故云爾。「梁」當改爲「韓」。

〔六〕鮑彪移此章於魏策。吳師道云：「證據不明，且當從舊。」中井積德云：「山陽君韓人，是章當在韓策。」（鍾鳳年同）〔按〕鮑氏以楚策「梁山陽君」與此「山陽君」爲一人，故誤爲魏臣，又移編於魏策。依内容言之，此章當屬韓策，中井説是。「構」同「媾」，謂與三國媾和共攻秦也。

7 腹擊爲室而鉅

腹擊〔一〕爲室而鉅，荊敢〔二〕言之，主謂腹子曰：「何故爲室之鉅也？」腹擊曰：「臣羈旅也，爵高而祿輕，宮室小而帑不衆〔三〕，主雖信臣，百姓皆曰：『國有大事〔四〕，擊必不爲用。』今擊之鉅宮〔五〕，將以取信於百姓也。」主君曰：「善。」〔六〕

〔箋證〕

〔一〕鮑彪云：「（腹擊）他國人，仕趙。」

〔二〕鮑彪云：「（荊敢）楚人，仕趙。」吴師道云：「無據。荊軻衛人，『荊』豈專爲楚姓。」

〔三〕鮑彪云：「帑，金幣所藏。」吴師道云：「帑、孥通，詩注：子孫也。『金幣』與『衆』義不協。」金正煒云：「韓非亡徵篇：『羈旅僑士，重帑在外。』此文『衆』當爲『重』，聲之誤也。又『重』、『衆』二文並有多義，故字亦得通用。」〔按〕吴説爲是。

〔四〕關修齡云：「大事，謂戎兵之事。」

〔五〕姚宏云：「曾改（宮）作『室』。」〔按〕曾據上文「爲室而鉅」而改，但「宮」猶「室」也，作「宮」自通，不必改字。

〔六〕鮑彪云：「此曰『主』，曰『主君』，主父故在也。」（按鮑次此章於惠文王初，故云然）吳師道云：「齊侯使高張唁公，稱主君。子家子曰：『齊卑君矣。』主君，大夫之稱也。秦策甘茂引樂羊曰『主君之功』。魏策魯侯擇言稱主君之尊云云。蓋三晉以大夫爲諸侯，故猶仍之。趙稱襄主、簡主是也。策後亦多稱『主』。武靈自稱『主父』，與稱『主』者不同。此策時不可考，鮑妄置於惠文時，故爲之説。」又云：「鉅宫以信百姓，誑主甚矣。」〔按〕此章不明年代，然稱「主」與「主君」，則當在武靈稱王之前。鮑氏繫於惠文王時，謬矣。

8　蘇秦説李兑曰

蘇秦〔一〕説李兑〔二〕曰：「雒陽〔三〕乘軒車（里）〔四〕蘇秦家貧親老，無罷車駑馬〔五〕，桑輪蓬篋〔六〕，羸縢〔七〕，負書擔橐〔八〕，觸塵埃，蒙霜露，越漳河〔九〕，足重繭〔一〇〕，日百而舍〔一一〕，造外闕〔一二〕，願見於前，口道天下之事！」李兑曰：「先生以鬼之言見我則可，若以人之事〔一三〕，兑盡知之矣。」蘇秦對曰：「臣固以鬼之言見君，非以人之言也。」

李兑見之，蘇秦曰：「今日臣之來也暮，後郭門〔一四〕，藉席〔一五〕無所得，寄宿人田中，傍有大叢〔一六〕。夜半，土梗與木梗鬬〔一七〕曰：『汝不如我。我者〔一八〕乃土也，使我逢疾風淋雨壞沮〔一九〕，乃復歸土。今汝非木之根，則〔二〇〕木之枝耳。汝逢疾風淋雨，漂入漳河，東流至海，氾濫〔二一〕無所止。』臣竊以爲土梗勝也〔二二〕。今君殺主父而族之〔二三〕，君之立於天下，危於累卵。君聽臣計則生，不聽臣計則死。」李兌曰：「先生就舍，明日復來見兌也。」蘇秦出。李兌舍人謂李兌曰：「臣竊觀君與蘇公談也，其辯過君，其博過君，君能聽蘇公之計乎？」李兌曰：「不能。」舍人曰：「君即〔二四〕不能，願君堅塞兩耳，無聽其談也。」

明日復見，終日談而去。舍人出送蘇君，蘇秦謂舍人曰：「昨日我談粗〔二五〕而君動，今日精而君不動，何也？」舍人曰：「先生之計大而規高，吾君不能用也。乃我請君塞〔二六〕兩耳，無聽談者。雖然，先生明日復來，吾請資先生厚用。」

明日來，抵掌而談。李兌送蘇秦明月之珠〔二七〕，和氏之璧〔二八〕，黑貂之裘，黃金百鎰〔二九〕。蘇秦得以爲用，西入於秦〔三〇〕。

〔箋證〕

〔一〕鮑彪改「秦」作「子」，下同。吳師道云：「字誤，下同。」〔按〕北堂書鈔卷九十八、卷一百二十九、初學記卷二十六等書引並作「蘇秦」，是策文本爾，不當改。

〔二〕〔按〕李兌，趙臣，惠文王初年，與公子成同專國政。

〔三〕姚宏云：「元和姓纂：洛陽蘇秦之後今無聞。」〔按〕史記蘇秦傳：「蘇秦者，東周雒陽人也。」

〔四〕吳師道云：「（乘軒車）一本『乘軒里』。既曰『乘軒車』，而下又云『無罷車駑馬』，則此作『里』字爲是。河南志：洛陽城東御道北孝義里西北隅有蘇秦冢。」黃丕烈云：「史記正義引策云：『蘇秦，洛陽乘軒里（按原脱「乘」

字，今據蘇秦傳正義補）之人也。』則張守節所見本是『里』字，可證一本之善也。」横田本從一本「車」作「里」。〔按〕一本是，今從正。

〔五〕鮑彪云：「『罷』、『疲』同，猶『敝』也。車勢敗敝。」横田惟孝云：「碕哲夫曰：『「罷車」恐「罷牛」。』按下『桑輪蓬篋』言車，則碕説或然。」〔按〕横田説非，詳下。此言家貧無車馬也。

〔六〕關修齡云：「桑輪，蓋揉桑爲輪也。篋，蓋輿也。織蓬爲輿也。」〔按〕篋，未聞有訓「輿」者，關氏臆説，非。桑輪，揉桑爲之，殆貧窶者所用之車。上文言「無車」，此云「桑輪」，以其粗陋不成車也，義不抵觸。又疑「輪」是「輂」之誤。説文「輂」字云：「一曰一輪車，从車，𤇾省聲。」蓬篋，謂織蓬爲篋笥也。秦策一「（蘇秦）夜發書陳篋數十」，與此正相應。

〔七〕鮑彪改「贏」作「羸」。吴師道云：「説見秦策蘇秦章。」〔按〕秦策一蘇秦始將連横章作「羸縢履蹻」，説詳彼。

〔八〕鮑本「橐」作「囊」。〔按〕秦策一作「擔橐」，同此。

〔九〕鮑彪改「漳河」作「河漳」。吴師道云：「濁漳合清漳，東北至阜城，入北河。漢初，漳猶入河，其後河徙日東，而漳自入海。策中凡言漳河、河漳者，以漳入河相連也。此下又有『漳河』字。」程恩澤云：「（漳河）此則專指漳水。」

〔一〇〕鮑彪云：「繭，足胝也。」

〔一一〕鮑彪云：「日行百里乃就舍。」〔按〕宋策：「（墨子）百舍重繭，往見公輸般。」高注：「百舍，百里一舍。重繭，累胝也。」

〔一二〕〔按〕宋策高注：「造，詣也。」吕氏春秋仲冬篇高注：「闕，門闕也，於周禮爲象魏。」「外闕」猶「闕外」。

〔一三〕鮑本、吴本無「之」字。〔按〕據下文，「事」疑當作「言」。

〔一四〕鮑彪云：「郭門後至，不及其開時。」金正煒云：「呂覽長利篇：『戎夷違齊如魯，天大寒，而後門。』高注：『後門，日夕門已閉也。』與鮑注義合。」〔按〕韓非子外儲說左下篇：「梁車新爲鄴令，其姊往看之，暮而後，門閉。」與此同義。

〔一五〕鮑彪云：「藉，謂『借』。」關修齡云：「藉席，謂借宿逆旅也。舍者借席，故列子有舍者與之争席。」金正煒云：「儀禮士虞禮『藉用葦席』注：『「藉」猶「薦」也。』鮑注非是。」〔按〕金説是。「藉席」猶言「借宿」。

〔一六〕吳師道云：「『叢』見秦策。」〔按〕「大叢」猶「神叢」，詳秦策三應侯謂昭王曰章。

〔一七〕鮑彪云：「『土』亦言『梗』，因木爲類也。」吳師道云：「説見齊策。」金正煒云：「『土』不得言『梗』，疑當作『塊』，與『梗』形似，又涉『木梗』而誤。塊，堛也。或兩『梗』字並爲『偶』之譌。『鬬』當爲『鬩』。孟子梁惠王下篇『鄒與魯鬩』注：『鬩，鬬聲也。』」〔按〕土堛（或塊）與下文「乃復歸土」不合，金説非。「土梗」當從齊策三作「土偶」。

〔一八〕姚宏云：「曾去『者』字。」吳師道云：「有『者』字語勝。」

〔一九〕吳本「沮」誤作「阻」。鮑彪云：「淋，言其大能沃物。」金正煒云：「『淋』與『霖』通。左氏隱九年傳：『凡雨自三日以往爲霖。』沮，壞也，敗也。」〔按〕鮑注望文生義，非。

〔二〇〕〔按〕「則」猶「即」。

〔二一〕〔按〕氾濫，水盛貌。孟子滕文公上篇：「洪水横流，氾濫於天下。」

〔二二〕鮑彪云：「此喻不切於兑之事，蓋以鬼事發其言耳。」〔按〕此篇可疑，喻尤不切於事，非齊策之比。鮑謂發言，猶是曲辭。

〔二三〕鮑彪云：「殺在（惠文王）四年。言族，則其宗多死者。」〔按〕李兑與公子成殺公子章，餓死趙主父（武靈王），見趙世家。韓非子外儲説右下篇云：「武靈王使惠文王莅政，李兑爲相。武靈王不以身躬親殺生之柄，故劫於李兑。」

〔二四〕金正煒云：「『即』猶『若』也。」

〔二五〕〔按〕太平御覽卷三百六十六引「粗」作「薄」。下文言「精」、「薄」字恐非。

〔二六〕鮑本、吴本「塞」上有「堅」字。

〔二七〕鮑彪云：「覽冥訓注：隋侯珠云。」

〔二八〕鮑彪云：「卞和所獻楚文王者。」吴師道云：「趙得楚和氏璧，秦昭王欲以十五城易之。李兑所送必非。」〔按〕卞和獻璧事，見韓非子和氏篇。趙惠文王得楚和氏璧，見史記藺相如傳。此自是後人誇飾之辭，言其珍貴，不必究實。初學記卷二十六引此四字。

〔二九〕鮑彪改「溢」作「鎰」。〔按〕溢、鎰通用。

〔三〇〕吴師道云：「蘇秦之死，在慎靚王四年，去主父見殺時遠甚。此策言殺主父事，非秦明矣。其代、厲與？首尾亦與秦策蘇秦章類，抑本言秦事而勦入後事與？土梗木梗之喻，與齊策止田文説同，彼亦秦死後事而指爲秦，皆不合。太史公所謂異時事有類之者，皆附之蘇秦。其此類邪？」〔按〕此章首言「雒陽乘軒里蘇秦家貧親老」，末言李兑送黑貂之裘，黄金百鎰，資蘇秦入秦，與秦策一蘇秦事相應，則爲秦事，決非代、厲之誤。惟所記年代不合，而鬼事又與齊策雷同，喻亦不切，自出於縱横家流雜采異時事有類似者附之於蘇秦耳，不能信。

9　趙收天下且以伐齊

趙收天下，且以伐齊〔一〕，蘇秦〔二〕爲齊上書説趙王曰：「臣聞古之賢君，德行非施於海内也；教順慈愛非布於萬民也〔三〕，祭祀時享非當於鬼神也。甘露降，風雨時至〔四〕，農夫登〔五〕，年穀豐盈〔六〕。衆人喜之〔七〕，而賢主惡之〔八〕。今足下功力〔九〕，非數痛加於秦國〔一〇〕，而怨毒積惡，非曾深凌於韓（齊）也〔一一〕。臣竊外聞〔一二〕大臣及下吏之議，皆言主前專據〔一三〕，以秦爲愛趙而憎韓（齊）〔一四〕。臣竊以事觀之，秦豈得愛趙而憎韓（齊）哉〔一五〕？欲亡韓吞兩周之地，故以韓（齊）爲餌〔一六〕。先出聲於天下，欲鄰國聞而觀之也〔一七〕。恐其事不成，故出兵以佯示趙、魏〔一八〕。恐天下之驚覺，故微韓以貳之〔一九〕。恐天下疑〔二〇〕己，故出質以爲信。聲德於與國，而實伐空韓〔二一〕。臣竊觀其圖之也，議秦以謀計〔二二〕必出於是〔二三〕。且夫說士之計，皆曰：韓亡三川，魏滅（亡）晉國〔二四〕，恃韓未窮而禍及於趙〔二五〕。

「且物固有勢異而患同者，又有勢同而患異者。昔者楚人久伐而中山亡〔二六〕。今燕盡韓（齊）之河南〔二七〕，距沙丘而至鉅鹿之界〔二八〕三百里〔二九〕；距於扞關，至於榆中千五百里〔三〇〕。秦盡韓、魏之上黨，則地與國都邦屬而壤挈者七百里〔三一〕。秦以三軍强弩坐羊唐〔三二〕之上，即地去邯鄲二十里〔三三〕。且秦以三軍攻王之上黨而危其北〔三四〕，則句注〔三五〕之西，非王之有也。今魯（增）〔三六〕句注，禁常山而守〔三七〕，三百里通於燕之唐、曲吾〔三八〕，此代馬胡駒不東〔三九〕，而崐山之玉不出也〔四〇〕。此三寶者，又非王之有也。今從於彊秦國之伐齊〔四一〕，臣恐其禍出於是矣〔四二〕。

「昔者五國之王嘗合横而謀伐趙〔四三〕，參分〔四四〕趙國壤地，著之盤盂〔四五〕，屬之讎柞〔四六〕。五國之兵（出）〔四七〕有日矣，韓（齊）〔四八〕乃西師以禁〔四九〕秦國，使秦發令素服而聽〔五〇〕。反温、枳〔五一〕、高平〔五二〕於魏，反三公、什清於趙〔五三〕，此王之明知也。夫韓（齊）〔五四〕事趙，宜正爲上交〔五五〕，今乃以抵〔五六〕罪取伐，臣恐其後事王者之〔五七〕不敢自必也。

「今王收（齊），天下必以王爲得〔五八〕，韓（齊）危（抱）〔五九〕社稷以事王，天下必重王。然則韓（齊）義〔六〇〕，王以天下就之，下至韓（齊）慕（逆），王以天下收之〔六一〕。是一世之命，制於王已。臣願大王深與左右羣臣卒計而重謀，先事成慮而熟圖之也〔六二〕！」

〔箋證〕

〔一〕吴師道謂「『伐齊』、『爲齊』有誤」，説見章末。黄丕烈云：「策文本皆作『韓』，或以史記『齊』字亂之。」吴汝綸云：「『齊』當作『韓』。」〔按〕帛書戰國縱横家書有此章，但無起句八字，文較簡。

〔二〕鮑彪改「秦」作「厲」。〔按〕蓋從史記趙世家。

〔三〕横田惟孝云：「『順』疑當作『訓』。」〔按〕史記作「教順非洽於民人也」。張文虎札記云：「『順』讀爲『訓』，古通。」同横田説。順、訓並從「川」聲，古可通用。

〔四〕〔按〕縱横家書「風雨時至」作「時雨至」，與上句「甘露降」相對。

〔五〕鮑彪云：「穀熟曰『登』。」横田惟孝云：「『農夫』、『年穀』易地，當作『年穀登，農夫豐盈』。」安井衡云：「登，成也。農夫之事成，謂無水旱風蟲之災。」〔按〕「登」謂登進。禮記月令「農乃登麥」、「農乃登黍」。鄭注並云：「登，進也。」横田説非。縱横家書無此句。

〔六〕〔按〕縱横家書此句作「禾穀絳盈」。「絳」字从「夅」，同「豐」。此文「年」當從作「禾」。「年」字古作「秊」，與「禾」形近而譌。

〔七〕鮑本「喜」作「善」。吴師道云：「一本『喜之』。」〔按〕史記作「善」。縱横家書作「喜」。

〔八〕鮑彪云：「惡，心不安也。以其無以致之故。」横田惟孝云：「是皆不可至而至者，故可惡而不可喜也。」金正煒云：「『惡』猶『耻』也，或爲『惪』之譌。説文：『惪，愁也。』爾雅釋詁：『惪，思也。』史作『賢主圖之』。『惪』與『圖』，義亦相近。」〔按〕「惡」字自通，不必改字爲説。縱横家書亦作「惡」，「主」作「君」。

〔九〕鮑彪云：「(功力)謂『戰伐』。」横田惟孝云：「功力，謂勳功勤力也。」〔按〕「功力」猶「功業」，横田説近是。史記「功力」上有「賢行」二字。稱「君」爲「足下」，説見秦策三范子因王稽入秦章。

〔一〇〕〔按〕縱横家書無「痛」字，「國」作「也」。史記亦無「痛」字。漢書田蚡傳顔注：「痛，猶『甚』也。」此謂趙王之功業非甚過於秦也。

〔一一〕姚宏云：「曾本『非素深於韓齊也』。」吴師道云：「『曾』恐即『增』。」横田惟孝云：「陵於韓，爲韓所陵也。言非韓嘗深陵趙，則趙怨毒積惡亦不深也。」于鬯云：「此『曾』字作語辭，自可不煩易讀。」金正煒云：「此策本蘇子爲齊上書，當從史(韓)作『齊』。」〔按〕「陵」與「加」爲互文，義相近。左氏隱三年傳「少陵長」孔疏：「陵，加尚之也。」此言趙非有怨毒積惡深加於韓也。横田釋「陵」爲被動詞，恐非。縱横家書作「怨竺積怒非深於齊」。「竺」與「毒」古音同通用(如「天竺」亦作「身毒」)。「韓」作「齊」，與趙世家同，則策文「韓」字譌。其下有十「齊」字，策並譌作「韓」，今皆據正。

〔一二〕橫田惟孝云：「在他邦聞，故曰『外聞』。」

〔一三〕橫田本「主」作「王」。　鮑彪云：「（專據）言行之不疑。」　橫田惟孝云：「前，前日也。　言王前日專依據秦者。」

〔一四〕〔按〕愛趙而憎韓，縱橫家書作「夏趙而曾齊」。「夏」當是「𢙵」之誤，即「憂」字。「曾」同「憎」。

〔一五〕〔按〕縱橫家書「豈」作「幾」，「愛」作「夏」（𢙵），「韓」作「齊」。

〔一六〕鮑彪云：「趙時惡韓，故秦以亡韓悦趙，趙遂以爲愛己也。」　吴師道云：「秦兩『憎韓』，及『以韓爲餌』之『韓』，史並作『齊』，説見後。　且『亡韓吞兩周』，文義明，作『齊』則不順。」〔按〕史記作「秦、趙與國，以彊徵兵於韓，秦誠愛趙乎，其實憎齊乎；　物之甚者，賢主察之；　秦非愛趙而憎齊也，欲亡韓而吞二周，故以齊餤天下。」與策舛異，姚鼐從史記有説，詳見後。　縱橫家書作「欲以亡韓呻（吞）兩周，故以齊餌天下」，同史記。

〔一七〕鮑彪云：「觀其愛趙。」

〔一八〕鮑彪云：「虚以伐韓示之。」〔按〕縱橫家書「佯示」作「割革」。　史記作「恐事之不合，故出兵以劫魏、趙」。

〔一九〕鮑彪「微」下補「伐」字，盧本從之。　鮑云：「『貳』猶『疑』。」　吴師道云：「『微』下有缺文。　史作『徵兵於韓以威之』。」　安井衡云：「微，隱也。　秦以韓爲餌，故始出兵，佯示趙、魏以伐韓，既而恐天下之驚覺其伐韓實欲伐三晉，故今又隱伐韓之跡，以貳天下。……言秦變無窮，不可恃其言以爲愛己也。」〔按〕「微」疑當從史作「徵」，字形之誤。「徵韓」謂「召韓」，示與韓言成。　貳，謂攜貳。　鮑補恐非。

〔二〇〕〔按〕史記「疑」作「畏」。

〔二一〕鮑彪云：「如上文，則伐韓非秦所急也，此言『實伐』者，韓之在秦掌握中物耳，故不急於伐。　恐趙不以爲德，故終伐之。其伐之，亦欲以吞周，而非愛趙也。」吳師道云：「實欲伐空虛之韓。」橫田惟孝云：「與國，謂趙也。」〔按〕空韓，縱橫家書作「鄭韓」。鄭爲韓都，亦爲國稱，鄭韓即爲韓。

〔二二〕鮑彪云：「『議』猶『意』。」吳師道云：「一本『議以爲秦計謀』。」橫田本從一本作「議以爲秦計謀」，云：「其，其秦也。」金正煒云：「『議』字疑『詳』之譌，當屬上爲句。公羊宣十二年傳注：『善用心曰「詳」。』史作『臣以秦計爲必出此』。此文『秦以』二字誤乙，以，猶以爲也。」〔按〕「議」字可從鮑注。餘字從一本爲是。

〔二三〕橫田惟孝云：「是，指上文而言。」〔按〕縱橫家書作「以秦之計必出於此」。

〔二四〕鮑彪云：「晉國，謂安邑。」程恩澤云：「按元和志晉遷新田，今平陽絳邑縣也。戰國時屬魏。邵晉涵曰：『三家分晉，魏得晉之故都，故獨稱晉國。』舊説非是。正義謂河北之地，安邑河内。亦未析。」〔按〕縱橫家書「魏滅」作「魏亡」，史記同。「亡」猶「失」，「亡晉國」，謂失去舊晉之地。若作「滅」，義不倫矣。今從改。六國表魏納安邑及河内於秦，在魏昭王十年（前二八六），趙惠文王十三年。此文趙世家在惠文王十六年，則晉國明非安邑地。正義與鮑注並誤。

〔二五〕鮑彪改「恃」作「是」，盧本從之。鮑云：「三晉脣齒之國，故韓（鮑、吳合注四部叢刊本「韓」誤作「晉」，從鮑單注本正）亡則魏滅，魏滅而禍及於趙，不待韓滅盡也。」安井衡讀「魏滅」句，「晉國恃韓未窮」句，云：「言韓若亡三川，魏國必滅，以三川險而韓當秦衝也。晉國指趙、魏。趙、魏恃韓未甚窮，不救之，而秦禍已及於趙矣。下仍引『楚人久伐而中山亡』，以證趙與天下伐齊，則秦必滅韓、魏，而其禍及於趙。」金正煒云：「史作市朝未變而禍已及矣。市、恃音近，朝、韓形似，因以致誤。『窮』與『終』通，市朝未終，亦猶未變也。」〔按〕此文有誤，諸説難愜。疑「恃」當作「待」，字形之誤。呂氏春秋審時篇：「辟米不得恃。」高注：「『恃』或作『待』。」與此例同。窮，終也，盡也。言不待韓終而禍已及於趙矣。縱橫家書作「市朝未罷，過（禍）及於趙」，大同於史記，則此「恃韓」又恐爲「市朝」之訛矣。

〔二六〕鮑彪云：「此言楚受秦伐，趙無秦患，故破中山滅之。故秦昭八年再敗楚，遂言趙破中山。」吳師道云：「大事記：中山恃魏，楚、魏久連兵，中山失助而亡。今詳此言亦失考。年表：武靈王二十五年攻中山，而秦、韓、魏、齊擊楚，敗唐昧亦此時也。説見燕、魏等策。」〔按〕史記此下有「今齊久伐而韓必亡；破齊，王與六國分其利也；亡韓，秦獨擅之；收二周，西取祭器，秦獨私之；賦田計功，王之獲利，孰與秦多」等語。

〔二七〕鮑彪云：「盡，言得其地。」吳師道讀「盡韓之河」句，云：「史作燕盡齊之北地。」張琦云：「燕無由盡韓之河南，距於扞關。」程恩澤云：「案河南即河外也，但與燕地不相及，故史作『齊之北地』，而吳亦以『河』字絶句，以『南』字屬下讀。然云『盡韓之河』，其疆域仍未分明。」金正煒云：「文當從史作『燕盡齊之北地』。」〔按〕縱横家書「韓」作「齊」，同史記。一字之誤，致諸説糾繞難通。

〔二八〕鮑彪云：「鉅鹿，冀州郡。」程恩澤云：「括地志：『沙丘臺在邢州平鄉東北二十里。』今同。鉅鹿故城，今順德府平鄉縣也。」金正煒云：「『距』猶『起』也。」〔按〕縱横家書「沙」作「莎」，「鉅」作「巨」，並通用。「界」作「囿」。

〔二九〕鮑彪云：「自此皆言近趙。」〔按〕史記作「斂三百里」，正義「斂，減也」。

〔三〇〕鮑彪衍「千」字，云：「(榆中)屬金城。」吳師道云：「距於云云，史作『秦之上郡近扞(按今本史記作「挺」)關，至於榆中千五百里。』……自上郡至榆中，則千五百里爲是。楚有扞關，説見前策。大事記云：『「扞」者「扞敵」之「扞」，非關名也。』此趙扞敵之關，非獨楚有之。趙之扞關，陸地之關；楚之扞關，水道之關也。」張尚瑗云：「秦始皇紀：『西北斥逐匈奴，自榆中並河以東，屬之陰山，以爲三十四縣。』項羽傳：『蒙恬爲秦將，開榆中地數千里。』注：『在上郡。』即今之榆林。廣記：『榆林縣南有榆溪塞，蒙恬侵胡，植榆爲塞。』是也。」張琦云：「榆中，即榆谿舊塞。鮑……非。」程恩澤云：「趙世家作『秦之上郡』云云。以地形考之，趙之扞關，當在今陝西膚施縣一帶。此本趙地，而亦秦上郡邑，設關於此，所以扞秦、胡也。或曰：趙扞關在晉陽以西。」又云：「漢志金城郡有榆中縣，但此乃秦、漢縣名，非戰國之榆中也。……始皇紀：『西北斥逐匈奴，自榆中並河以東屬之陰山，以爲三十四縣。』項羽紀：『蒙恬爲秦將，北逐戎人，開榆中地數千里。』蘇林曰：『在上郡』……趙之榆中，自當在今陝西榆林府榆林縣邊城外。今甘肅全縣之榆中故城，則漢縣也。」〔按〕扞關，本非關之專名，但地有專指，遂沿爲關名，猶長城、方城之類。縱横家書作「麇關」，其地未詳。挺關，地亦不詳。

〔三一〕鮑彪云：「國，謂趙。（邦屬而壤挈）言爲秦所取。挈，言取之易。」張琦云：「上黨去趙國都非七百里。」横田惟孝云：「『挈』與『携』同，亦連屬之義。謂秦地與趙國都邦壤連屬也。」安井衡云：「『邦』、『封』同，『封』猶『境』也。屬，連也。挈，提挈，猶言接也。言秦若盡取韓、魏之上黨，則其地與趙國都封境相連，壤地相接者七百里，守禦極艱。」于鬯云：「沈壽經明經云：『國都……不必指趙都。此「壤」字當讀爲「攘」。蓋秦所攘挈七百里之中，有地有國都有邦屬耳。』」金正煒略同横田、安井之説，云：「劉熙釋名：『挈，結也。』史記楚世家：『西結境於趙。』」〔按〕横田等説義較長（關修齡訓「挈」爲「絶」，謂「地與國都，以邦則連，而壤界隔絶者七百里。」説似迂曲，非）。沈説亦無據。縱横家書「邦屬壤挈」作「布屬壤芥」。「布」疑「邦」之聲訛。「芥」同「界」，壤界，言壤土接界。本策之秦王謂公子他曰章「韓與秦接境壤界」，可證。「挈」與「界」疑同聲假借。

〔三二〕鮑彪改「唐」作「腸」。黄丕烈云：「（鮑）因史記有羊腸之西而改耳。此多不同，未是。」横田惟孝云：「『坐』猶『守』也。」〔按〕鮑改是也，縱横家書亦作「羊腸」。但「唐」與「腸」音同部，可以通借，「羊唐」即「羊腸」，險阪之名，見秦策一張儀説秦王章。

〔三三〕〔按〕「即」猶「則」。此言秦害更迫。縱横家書作「則地去邯鄲百廿里」。

〔三四〕〔按〕此謂趙之上黨，見秦策一。縱横家書「危」作「包」，當是。

〔三五〕鮑彪云：「(句注)屬雁門。」吴師道云：「括地志云：句注山在雁門縣西北。」張琦云：「句注，即雁門山，在今代州西北二十五里。」〔按〕縱横家書「句注」作「注」，疑句注之省稱。

〔三六〕鮑彪改「魯」作「踰」，盧本從之。吴師道云：「字義未詳。」安井衡云：「『魯』讀爲『虜』，同音假借。虜，掠也。」于鬯云：「沈壽經明經云：(魯)當作『旅』。史周紀『魯天子之命』。書序作『旅』。論語『旅於泰山』。何解引馬曰：『旅，祭名。』句注，山名。則『魯』者謂祭山也。」金正煒云：「『魯』當讀爲『旅』。古文『魯』、『旅』字同作『㫋』，詳説文『旅』字解。太平御覽引風俗通：『旅，拒也。』」〔按〕鮑改從史記。縱横家書作「增」，注：「指加强防守。」是也。「增」或書作「曾」，與「魯」形近而訛，今從正。諸家以未睹帛書古資料，故所解多歧也。

〔三七〕鮑彪云：「『守』猶『閉』。」〔按〕常山即恒山，見前。史記作「斬常山而守之」。縱横家書「禁」作「茝」，注：「『疑』與『蹝』字通，當『超踰』講。」「常山」作「恒山」，尚未避漢文帝諱改。

〔三八〕鮑本無「燕之」二字，改「吾」作「遇」。盧本「吾」作「遇」。吴師道云：「(吾)當作『逆』。曲遇，史注中牟曲遇聚，鄭州縣，非此所指。按齊策權之難章云：『燕戰勝兵罷，趙可以取唐、曲逆。』唐即唐縣；曲逆，蒲陰縣，並屬中山，此『曲』下必『逆』字也。一本止作『唐曲』，亦缺誤。」黄丕烈云：「吾、逆，聲之轉也，當存舊。史記無『之唐曲吾』四字，文不同。」王念孫云：「釋名曰：『逆，遻也。』『遻』音『寤』。……『逆』字古讀若『遻』，與『吾』聲相近，故『曲逆』或作『曲吾』，不煩改『吾』爲『逆』也。」〔按〕王先謙鮮虞中山國事表疆域圖説云：「唐、曲逆一屬燕，一屬中山。……趙策云燕之唐曲遇。此則在惠文王時已滅中山之後，蓋燕佐趙滅中山，遂收唐地也。史記趙世家載此文，直云『三百里通燕』，亦爲唐曲逆後並屬燕之明證。」縱橫家書「唐曲吾」作「陽曲逆」。「陽」與「唐」音同部，通用。春秋經昭公十二年「齊高偃帥師納北燕伯於陽」。杜注：「陽即唐也。燕別邑。」可證。地在今河北唐縣東北。

〔三九〕吳師道云：「胡駒，史作『胡犬』。郭璞云：胡地野犬，似狐而小也。」〔按〕秦策一蘇秦始將連橫章亦云：「北有胡貉代馬之用。」戰國策篹眉注云：「『東』或作『畜』。」縱橫家書「駒」作「狗」。

〔四〇〕鮑彪云：「後志：金城臨羌有崑山。」吳師道云：「禹貢：『雍州貢球琳、琅玕。』爾雅：『崑崙虛之璆琳琅玕』。李斯傳：『崑山之玉。』正義云：『崑岡在于闐國東北，出玉。』按武帝以于闐山出玉，故號玉所出曰崑崙。」〔按〕崑崙山出玉，亦見山海經西山經。縱橫家書「崐山」作「綸山」，「綸」同「崘」，亦言崐崘也。

〔四一〕鮑彪改「國」作「與」，盧本從之。黃丕烈云：「史記作『王久伐齊，從彊秦攻韓』。」安井衡云：「九字一氣讀，元文自通。至此方下一『齊』字，前文皆動。」吳汝綸云：「(伐齊)當作『伐韓』。」于鬯云：「此作『國』，當有誤。或『之』字作『以』，抑古『之』字有作『以』字義者。莊子德充符篇云『資刖者之屨』，謂資刖者以屨也。」金正煒云：「『國』、『與』二字形聲不相近，無因致誤。疑(國)當作『圖』，形似而譌也。『之』猶『與』，説詳釋詞。」〔按〕縱橫家書無「國」字，「之」作「久」。

〔四二〕橫田惟孝云：「以上言伐齊之害。」

〔四三〕鮑本無「昔者」二字。鮑彪云：「(五國)齊、楚、魏、韓、燕。」〔按〕史記作：「天下屬行以謀王也，燕、秦之約成，而兵出有日矣，五國三分王之地。」正義：「(五國)謂秦、齊、韓、魏、燕。」較鮑多秦少楚。下文云「韓乃西師以禁秦國」，則秦當在內，正義爲是。五國謀趙亦稱合橫，則橫又不獨用於與秦合也。縱橫家書「王」作「主」。

〔四四〕鮑本、吳本「參」作「三」，同。橫田惟孝云：「『三』疑『五』訛。」〔按〕「參分」猶言「羣分」。「參」是虛數，汪中釋三九上篇云：「凡一二之所不能盡者，則約之三，以見其多。」史記亦作「三分」。横田訓過泥。縱横家書作「疏分」。

〔四五〕鮑彪云：「取太公爲武王作盤盂之銘。」吴師道云：「言其日見而不忘。」横田惟孝云：「盤盂皆盛物器，朝夕所用，言勤功於此器。」〔按〕盤盂爲盛水之器，勒銘於上，如虢季子白盤銘、兮甲盤銘之記武功，散氏盤銘之記表田也。鮑引大戴禮武王踐阼篇諸銘辭爲擬，與此不合。縱横家書作「飯竽」，同音通借。

〔四六〕鮑彪云：「『讎柞』、『酬酢』同。言其相屬伐趙於酬酢之間。」孫詒讓云：「疑『讎柞』當讀爲『疇籍』。讎、疇，柞、籍，並聲近假借字。『讎』從『雔』聲，説文雔部云：『「雔」讀若「醻」。』『籍』古音同『胙』。淮南子氾論訓：『履天子之籍。』高注云：『「籍」或作「阼」。』柞、胙、阼，聲類同。古典册篇章或謂之『疇』。書洪範云：『天乃錫禹洪範九疇。』漢書五行志釋之云『天乃錫禹大法九章』是也。著之盤盂，屬之讎柞，謂五國約誓之言，書之彝器與册籍也。」于鬯云：「（讎柞）當即承『盤盂』而言。盤盂者，酬酢時所用器也，二句似平實側。」（横田惟孝、安井衡、金正煒並從鮑説爲「酬酢」）〔按〕「讎柞」與「酬酢」同聲通用，義亦可通，鮑注未誤。孫説迂折求證，不能暢達，且「疇籍」二字亦嫌無據。縱横家書作「祝譜」，注云：「祭祀的簿籍。」

〔四七〕〔按〕縱横家書「兵」下有「出」字，史記同。依文義當有，今據補。

〔四八〕鮑彪改「韓」作「齊」。横田本並有「齊韓」二字。安井衡云：「韓國小兵弱，不能獨禁秦國，當以史爲正。」〔按〕史記作「齊倍五國之約，而殉王之患，西兵以禁彊秦」。鮑改據之，下同。縱横家書亦作「齊」，今從正。

〔四九〕鮑彪云：「禁，閉拒之。」〔按〕縱横家書「禁」作「唫」，音近通借。

〔五〇〕鮑彪云：「今令其國素服者，兵敗，以喪禮自居也。史不書。」横田惟孝云：「素服，謂縞素也。魏策『服縞素避舍』是也。」金正煒云：「史作『秦廢帝請服』。此文『發令』二字疑即『廢帝』之譌。」〔按〕金説是，而有未盡。「廢」從「發」聲，古「廢」、「發」二字通用。論語微子篇：「廢中權。」釋文：「鄭作『發』。」左傳哀十年疏引紀年「梁惠王廢逢忌之藪以賜民」。漢書地理志注引「廢」作「發」。是其證。「令」或寫作「令」，與「帝」形相近而譌。秦昭王與齊湣王並稱帝，既而去之，見齊策四蘇秦自燕之齊章及史記秦本紀、田世家，即其事。「素」疑當作「索」，形聲相近之譌。「索服」猶「求服」，與史「請服」義近。秦未聞有大敗，何至縞素以聽命？鮑注非。縱横家書作「廢令疏服而聽」。注：「廢去稱帝的令。」大意不錯，但有增字釋文之嫌。「疏」與「素」、「索」同聲，可通借。又疑「素服」謂「投降」，誇飾之詞。

〔五一〕姚宏云：「一作『根柔』。」鮑彪改「枳」作「軹」，云：「（温軹）並屬河内。」張琦云：「温，今縣西南二十里故温城是。軹在今（河南）濟源縣南十五里。」〔按〕「枳」、「軹」通用，不煩改字。史記「温枳」作「根柔」，與一本合。縱横家書作「温軹」。

〔五二〕鮑彪云：「高平屬臨淮，安定亦有。」吴師道云：「括地志云：『高平故城在懷州河陽縣西。』言臨淮者繆。安定秦地，亦非。温、枳皆河内，故當以懷州者爲正。」程恩澤云：「案高平本向邑，周蘇忿生采地。晉啓南陽，遂有其土。竹書紀年：『魏襄王四年，鄭使韓辰歸晉陽及向。二月，城陽、向，更名陽爲河雍，向爲高平。』此向名高平之所由來也。徐廣曰『向在枳西』即此。今（河南）懷慶府濟源縣西南有向城。」（按程引今本竹書紀年，趙世家集解徐廣注引紀年同）

〔五三〕姚宏云：「史記改『三公什清』作『巠分先俞』。」鮑彪云：「『公』字疑誤。安定有三水，朔方有三封，勃海有三户，皆近趙。張儀塞什谷之口，當屯留之道。則什近屯留。後志中牟注有清口。皆趙地也。」吴師道云：「『三公』二字有誤。史云：『反高平根柔於魏，反巠分先俞於趙。』根柔未詳。□文已明。括地志云：『句注山一名正陘山。』爾雅云：『北陵西踰、鴈門。』疑此巠分乃巠山，先俞即西俞也。」黄丕烈云：「按徐廣注云：「（巠分）一作「王公」。」即出於此，當各依本文。吳氏專以張守節說爲據，未是也。」張琦云：「史作『巠分』。徐廣曰：『一作「王公」。』正義曰：『「巠」音「形」，「分」當作「山」。括地志：句注山一名西陘山。』則『陘山』譌作『巠分』，又譌『三公』也。張儀傳徐廣曰：『「什」一作「尋」，鞏縣有尋口。』索隱曰：『尋、什聲相近，故惑也。』前、後志中牟皆在河南，非趙之中牟，則什口、清口，皆非趙地。史作『先俞』，正義以爲即雁門也。」程恩澤云：「水經注引王隱晉書地道記趙國元氏縣有三公山。趙地也，然亦未知是否？」（按元氏縣三公山，亦見錢大昕史記考異）〔按〕縱横家書作「王公符逾」。「王公」與徐廣一作合。「符逾」與史記「先俞」，疑有字譌，疑史記之「先」字應作「无」，與「符」音近，又形訛作「先」也。

〔五四〕鮑彪改「韓」作「齊」，譚棷本、横田本並作「齊韓」。〔按〕鮑改據史記，縱横家書亦作「齊」，是也。

〔五五〕鮑本、吳本、盧本無「正」字。鮑彪云：「以其有志爲趙閉秦。」金正煒云：「『正』當爲『王』字之譌，本在『爲』字下，誤淆於上。」〔按〕史記無「正」字；「交」作「佼」，通用。縱横家書亦有「正」字，同此本。

〔五六〕鮑本「抵」作「邸」，云：「邸、抵同，坐也。」吳師道云：「抵，當也。」金正煒云：「管子小問篇：寡人之抵罪也久矣。」

〔五七〕鮑本無「者之」二字。吳師道云：「一本（元本「本」作「王」，顯是「本」誤，今改）事王者之云云。」

〔五八〕鮑彪「收」下補「齊」字，「韓」改作「齊」屬此讀。黄丕烈云：「史記作『今王母與天下攻齊，天下必以王爲義』。」横田惟孝從鮑本「收」下補「齊」字，云：「天下必以王爲得，疑當作『齊必以王爲德』。蓋『天下』涉下文而誤。『得』字音之誤也。」安井衡云：「鮑『收』下補『齊』字，是也。『得』讀爲『德』。言王不攻齊，天下必以王爲有德之君也。鮑『得』下補『齊』字，非也。」（金正煒說同）〔按〕安井說是，以王爲得，猶以王爲義。得、德字通。縱横家書正作「今王收齊，天下必以王爲義」。今據補。鮑讀誤，詳下。

〔五九〕姚宏云：「曾『危』作『抱』。」鮑彪「危」上補「齊」字，「韓」改作「齊」，屬上讀。黄丕烈云：「鮑讀誤也。史記作『齊抱社稷以厚事王』。史記『齊』，即此文『韓』，不得上屬。」横田本從曾本「危」作「抱」，云：「抱社稷以事，言舉國事之。」安井衡云：「危，曾本作『抱』，史同，是也。襄二十五年左傳：『鄭師入陳，陳侯免，擁社。』杜注云：『擁社，抱社主示服。』是也。」（金正煒説同）〔按〕縱横家書「韓」作「齊」，鮑補是也，但誤以「韓」屬上讀。今正。「危」作「抱」，即「抱」字，同曾本，今亦從改。

〔六〇〕鮑彪改「韓」作「齊」，云：「趙得天下之交而屈就齊，故齊以爲義。」金正煒讀「韓義」，頓，云：「謂其西師以禁秦也。」〔按〕鮑改是也。縱横家書正作「齊義」。今據正。

〔六一〕鮑彪改「韓」作「齊」，云：「就之上也，故收言下。」吴師道云：「就者，屈就之；收者，收結之。」黄丕烈云：「史記作：『王以天下善秦，秦暴，王以天下禁之。』此策文有誤字。」横田惟孝云：「『下至』二字疑衍文。」金正煒云：「『韓慕』當作『齊慕』，或從史作『秦暴』。『下至』疑是『不幸』之譌。『以』猶『與』也。言不幸而秦肆其暴，則王合天下以禁之也。」〔按〕「下至」與「然則」相應，非衍文。「下至」疑猶「乃至」。「慕」疑是「暴」之形訛。縱横家書作「齊逆」。逆、暴義近，與上「齊義」反義相對。今從正。

〔六二〕縱横家書尾句作「臣願王與下吏羊（詳）計某言而竺（篤）慮之也」。姚宏云：「此段與史記文多不同，蓋訛謬，當用史記全篇觀之。」吴師道云：「史趙世家：『惠文十五年，燕昭王與趙、韓、魏、秦共擊齊，齊敗走。燕獨深入，取臨淄。十六年，秦復與趙數擊齊，齊人患之。蘇厲爲齊遺趙王書云云。於是趙乃輟，謝秦，不擊齊。』大事記：『是時齊地皆入燕，獨莒、即墨僅存。蘇厲之書皆不及之，恐非此時事。』按策多爲韓言，乃趙將擊韓，而厲爲韓止之者。其間事實皆明爲韓，而首云伐齊、爲齊，殊不合，決有誤。而史一切以韓爲齊，抑馬遷之所改歟？然趙伐韓事亦不知在何時？其文及地名亦多舛異不同，强爲之説。鮑專據史文輒改，大不然也。」姚鼐云：「吴師道疑(蘇)厲爲韓説，而『齊』字爲司馬子長所改。此大誤也。蘇代云『秦欲攻韓，恐天下救之，則以齊委於天下』，正此時情事，故爲齊説而語及韓。國策誤本乃盡以『齊』字作『韓』，豈可據耶？事當在齊湣敗走，燕未盡取齊七十城時。大事記疑非此時事，亦不然也。」(古文辭類纂卷二十四蘇厲爲齊遺趙惠文王書「故以齊餤天下」下夾注。金正煒校釋「故以韓爲餌」下引燕策蘇子語，説略同)梁玉繩史記志疑云：「惠文十六即齊襄保莒之歲，田單守即墨未下，餘地盡入燕，則當時之齊，僅存二城，秦何利而數擊之？秦即欲擊，復何畏而必共趙擊之？秦果欲共趙擊齊，趙又何敢謝之？其謬不辨自明也。國策亦稱蘇厲爲齊説趙，而書中俱爲韓言，與篇首相戾，蓋言齊，誤耳。乃史公反改『韓』作『齊』，書辭亦不同，未知所據。」張琦云：「史趙世家惠文十六年云云。其文多與此異，『韓』並作『齊』。按厲本爲齊而言。當從史爲是，策因欲伐空韓而譌也。注輾轉曲説不可通。吴氏反以史作『齊』爲文義不順，且以此爲爲韓而言，篇首『伐齊、爲齊』爲誤，過矣。厲蓋揣秦之情，欲藉伐齊之名以收韓，故曰『以齊餤天下而實伐空韓』，正蘇代所云『秦欲攻韓，恐天下救之，以齊委於天下』者也。若如策文，既曰非憎韓，又曰以韓爲餌，又曰實伐空韓，首尾刺謬，必不然矣。」又云：「吴譏鮑專據史文輒改，然鮑於此章止篇末改數『齊』字，其前之深淩於韓，憎韓，以韓爲餌，俱曲説遷就，及此節文義地勢不可强通者，類未正以史文，皆其疏處，正病其不能專據史文也。又吴氏引大事記云云，特未考史文耳。『燕盡齊之北地』，則已包全燕。此主趙邯鄲、鉅鹿言，故但云北地耳。」中井積德云：「蘇厲之書，當在惠文十五年趙方伐齊之時，而此書不效也。史誤在次年。書中不言齊之傾覆，其證明甚。」(史記會注考證引)

〔按〕總結諸説，姚宏、鮑彪、姚鼐、張琦並從史記趙世家爲蘇厲止伐齊之書，策文訛謬，宜從史改。吴師道、梁玉繩、黄丕烈、吴汝綸(黄、吴二説見此章首條)並以策爲韓言，與史不同，章中「伐齊、爲齊」等語字有誤。全祖望經史問答歷舉五繆糾史記趙世家之失。究竟孰是？自近出土馬王堆帛書戰國縱横家書發現，載有其文，而後知今本策文「齊」字多訛作「韓」（史記亦有未然者），致主賓易位，文義不通。諸家爲之曲解，治絲益棼。此書蘇秦（史作蘇厲）爲齊説趙王，非爲韓也，史記所言大抵可信，惟年代有待商榷耳。一字譌文，歷千百年而莫決。若非地下資料發現，焉能豁蒙於一旦乎？今據縱横家書考訂其文如上云。

10 齊攻宋奉陽君不欲

齊攻宋，奉陽君〔一〕不欲。客謂奉陽君曰：「君〔二〕之春秋高矣，而封地不定，不可不熟圖也。秦之貪，韓、魏危，衛、楚正〔三〕，中山之地薄〔四〕，宋罪重，齊怒深。殘伐亂宋，定身封，德强齊，此百代之一時也〔五〕。」

【箋證】

〔一〕〔按〕奉陽君，李兑。齊攻宋在周赧二十九年（前二八六），當趙惠文王十三年。

〔二〕〔按〕君，謂奉陽君。

〔三〕鮑彪改「衛」作「燕」，改「正」作「僻」，云：「蓋『僻』、『匹』聲近，『匹』又訛作『正』字。」鍾鳳年云：「『正』字疑爲『乏』字之譌，篆書『乏』作『[illegible]』，爲『正』之反文，傳寫未能識而誤。」〔按〕鮑依同策四齊將攻宋而秦楚禁之章公孫衍説文改，「僻」原作「辟」，同。僻，謂僻遠。

〔四〕安井衡云：「言秦之貪惏，韓、魏與之切近，是以其國危急，不暇顧他。燕、楚則僻遠，中山雖國近無事，其地瘠薄乏財，皆不能禁齊伐宋。」〔按〕中山，謂中山國故地，其時中山已亡。

〔五〕關修齡云：「此章似前章（按即趙策四齊將攻宋章，鮑本次在前，關從鮑本，故云「前章」）殘缺，意者舊或載事同文異者，而後人刊落，亦不可知也。」〔按〕此章與同策四齊將攻宋章重複，詳彼章。

11　秦王謂公子他曰

秦王謂公子他〔一〕曰：「昔歲殽下之事〔二〕，韓爲中軍，以與諸侯攻秦。韓與秦接境壤界，其地不能千里〔三〕，展轉不可約〔四〕。日者，秦、楚戰於藍田〔五〕，韓出鋭師以佐秦。秦戰不利，因轉與楚〔六〕。不固信盟，唯便是從。韓之在我，心腹之疾。吾將伐之，何如？」公子他曰：「王出兵韓〔七〕，韓必懼，懼則可以不戰而深取割。」王曰：「善。」乃起兵，一軍臨熒陽〔八〕，一軍臨太行。

韓〔九〕恐，使陽城君〔一〇〕入謝於秦，請效上黨之地以爲和。令韓陽告上黨之守靳黈〔一一〕曰：「秦起二軍以臨韓，韓不能有〔一二〕。今王〔一三〕令韓興兵〔一四〕以上黨入和於秦，使陽言之太守〔一五〕，太守其效之！」靳黈曰：「人有言：挈瓶之知〔一六〕，不失守器〔一七〕。王則有令，而臣太守〔一八〕，雖王與子亦其猜焉〔一九〕。臣請悉發守〔二〇〕以應秦，若不能卒〔二一〕，則死之。」韓陽趨以報王，王曰：「吾始已諾於應侯〔二二〕矣，今不與，是欺之也。」乃使馮亭代靳黈。

馮亭守三十日，陰使人請趙王曰：「韓不能守上黨，且以與秦，其民皆不欲爲秦，而願爲趙。今有城市之邑七十〔二三〕，願拜内〔二四〕之於王，唯王才之〔二五〕！」

趙王喜，召平原(陽)君〔二六〕而告之曰：「韓不能守上黨，且以與秦，其吏民不欲爲秦，而皆願爲趙。今馮亭令使者以與寡人，何如？」趙豹對曰：「臣聞〔二七〕聖人甚禍無故之利〔二八〕。」王曰：「人懷吾義，何謂無故乎？」對曰：「秦蠶食〔二九〕韓氏之地，中絶〔三〇〕不令相通，故〔三一〕自以爲坐受上黨也。且夫韓之所以内趙者，欲嫁其禍也。秦被其勞，而趙受其利，雖强大不能得之於小弱，而小弱顧能得之强大乎？今王取之，可謂有故〔三二〕乎？且秦以牛田，水通糧〔三三〕，其死士皆列之於上地〔三四〕，令嚴政行，不可與戰。王自圖之〔三五〕！」王大怒曰：「夫用百萬之衆攻戰〔三六〕，踰年歷歲，未見一城也〔三七〕。今不用兵，而得城七十，何故不爲？」趙豹出，王召趙勝、趙禹而告之曰：「韓不能守上黨，今其守以與寡人，有城市之邑七十。」二人對曰：「用兵踰年，未見一城。今坐而得城〔三八〕，此大利也。」乃使趙勝往受地。

趙勝至，曰：「敝邑之王使使者臣勝，太守〔三九〕，有詔〔四〇〕使臣勝謂曰：請以三萬户之都〔四一〕封太守，千户封縣令〔四二〕。諸吏皆益爵三級〔四三〕，民能相集者，賜家六金。」馮亭垂涕而勉〔四四〕曰：「是吾處三不義也。爲主守地而不能死，而以與人，不義一也。主内之秦，不順主命，不義二也。賣主之地而食〔四五〕之，不義三也。」辭封而入韓〔四六〕，謂韓王曰：「趙聞韓不能守上黨，今發兵已取之矣。」

韓告秦曰：「趙起兵取上黨。」秦王怒，令公孫起、王齮〔四七〕以兵遇趙於長平。

〔箋證〕

〔一〕〔按〕秦王，昭襄王。公子他見秦策二陘山之事章。

〔二〕鮑彪云：「即秦惠七年，五國攻函谷事。函、殽地近，故云。」吴師道云：「按趙世家孝成二年，受韓上黨。長平之敗在七年。秦惠七年五國攻秦，至孝成二年，凡五十四年。秦惠十三年敗楚藍田，距此四十九年。又韓襄王十四年與齊、魏共擊秦於函谷，河、渭絶一日，距孝成二年爲三十五年，稍近。然遠引前事者，只欲言韓之不可不伐耳。年表破長平在孝成六年，與世家異。」〔按〕韓非子存韓篇云：「先時五諸侯共伐秦，韓反與諸侯先爲雁行，以嚮秦軍於關下矣。」即指此役。又云：「韓與荆有謀，諸侯應之，則秦必復見崤塞之患。」崤塞之患，即殽下之事。

〔三〕横田惟孝云：「不能，猶不足也。」〔按〕韓非子存韓篇云：「韓居中國，地不能滿千里。」

〔四〕鮑彪云：「展轉，猶反覆。」金正煒云：「管子大匡篇：『不可以約取也。』注：『不可以盟取信也。』」〔按〕韓非子云：「韓則居中國，展轉不可知。」與此語同。言反覆不可與信約。

〔五〕鮑彪云：「秦惠文後十三年。」

〔六〕〔按〕史記楚世家：「懷王十七年春，與秦戰丹陽，秦大敗我軍，……遂取漢中之郡。楚懷王大怒，乃悉國兵，復襲秦，戰於藍田，大敗楚軍。韓、魏聞楚之困，乃南襲楚至於鄧。楚聞，乃引兵歸。」與策文舛異，或别是一役。楚策二術視伐楚章有云「昭雎勝秦於重丘」，在楚懷王之時，或指此戰。韓初與秦而轉助楚耶？

〔七〕鮑彪云：「軍於其地。」

〔八〕鮑本「熒」作「滎」，吴本作「榮」。安井衡云：「凡熒陽、熒澤之屬，皆以作『熒』爲正。」〔按〕左氏閔二年傳「戰於熒澤」、宣十二年傳「及熒澤」，杜注：「熒澤在熒陽縣東。」字並從火作「熒」。王先謙漢書地理志補注云：「熒，古从火作『熒』。左隱元年傳釋文本或作『滎』，非。詳古文尚書撰異。」撰異爲清儒段玉裁著。段氏注説文水部「滎」字亦云：「若熒澤、熒陽，古皆作『熒』，不作『滎』。唐碑宋槧尚多不誤，近今乃皆作『滎』。」其説是也。漢封泥璽有「熒陽丞印」（見周明泰續封泥考略），字作「熒」，可補一證。然熒、滎同音，例可通用，其來久矣。秦策三范雎説秦王曰：「舉兵而攻滎陽，則成睪之路不通。北斬太行之道，則上黨之兵不下」，即此「一軍臨熒陽，一軍臨太行」之策。韓世家「桓惠王十年，秦擊我於太行」。

〔九〕鮑本原無「韓」字，鮑補「韓」字。

〔一〇〕鮑彪云：「（陽城）疑當作『咸陽』，秦昭十七入朝者也。」黄丕烈云：「鮑以爲秦本紀昭十七年城陽君入朝者。今考集解、索隱無説，正義亦不以爲韓。鮑所説殊無據。其謬多此類。」〔按〕成陽君亦見魏策四成陽君欲以韓魏章，又見韓策三韓珉相齊章，爲韓臣之親秦者，時代可以相及，鮑之假定不爲紕繆。黄氏失考。

〔一一〕鮑彪改「⿰黄重」作「黈」，云：「字書無此字。下同。」黄丕烈云：「此字有誤，但（鮑）所改未是。」金正煒云：「吕覽去私篇：『墨者有鉅子腹䵍。』高注『「䵍」讀爲「車笔」之「笔」』。禮記檀弓『孺子䵒』。『䵒』與『䵍』同。『享』字古文作『亭』，與『重』字形相似。古人名多相襲，疑當作『䵍』。」〔按〕鮑、金改字未安，此字從黄重聲，與

「黈」從主聲，「䵍」從享聲不同。古文字不見於後代字書者多矣，人地專名更難識，闕疑可也。

〔一二〕鮑本、吴本、盧本「有」作「支」。〔按〕「有」疑本作「又」，乃「支」字之壞損。後人以「又」字不可通，而「又」、「有」通用，故改爲「有」也。

〔一三〕鮑彪云：「（王）桓惠。」

〔一四〕鮑彪讀「兵」字句，云：「（韓興兵）恐守不效地故。」横田惟孝云：「韓興兵，疑當作『陽城君』。」于鬯云：「或云：蓋陽城君之名而字或誤。或云：三字當衍。」金正煒云：「『令韓興兵』，疑當作『全韓興兵』。興、與形似而誤也。『與』亦與『餘』通。楚將伐齊魯親之章『其餘兵不足以待天下』。平原君謂馮忌章『因以其餘兵圍邯鄲之城』。此言王欲全韓餘兵，因以上黨入和於秦也。」〔按〕「韓興兵」三字有譌。

〔一五〕吴師道云：「索隱云：『漢景帝時始稱太守。「太」者衍字。』愚按史文止一稱太守，故索隱云然。此策凡五言之，決非衍。當時已有此稱矣。」徐昂發云：「通考諸書皆謂郡守秦官，秦滅諸侯，以其地爲郡，置郡守，漢景帝中元二年，更名郡守爲太守者；恐亦失於詳考耳。」（畏壘筆記）金正煒云：「墨子號令篇『非時而行者唯守』及『摻太守之節而使者』，是戰國時已有此稱，索隱以爲衍，恐非。」〔按〕戰國郡縣制各國推行，其地方長官有守有長。吴起爲魏西河守，董閼于爲趙上地守（並見韓非子内儲説上篇），及此韓上黨守，皆爲郡守，即太守（縣令從略）。近睡虎地出土秦簡秦律封診式䙴（遷）子條有云：「成都上恒書太守處，以律食。」此太守即蜀郡守，可證「太守」戰國已有之，非始於漢景帝也。

〔一六〕鮑彪云：「挈瓶之人之智。」

〔一七〕鮑彪云：「所守之器，謂『瓶』。」〔按〕左氏昭七年傳：「人有言曰：雖有挈瓶之知，守不假器。」杜注云：「挈瓶，汲者，喻小知。爲人守器，猶知不以借人。」此蓋當時成語，靳黈亦引之，以喻守官不能以地與人。

〔一八〕盧本、横田本「太」作「失」。　黄丕烈云：「此吴所數之一，不得改去。」〔按〕「則」猶「即」，即使也，假設之詞。

〔一九〕鮑彪改「亦其」爲「其亦」，云：「嫌其不能守。」　安井衡云：「此文自通，鮑改非。」〔按〕「其」猶「將」，見經傳釋詞。

〔二〇〕鮑彪云：「（發）發兵。」　吴師道云：「悉發守兵。」

〔二一〕鮑彪云：「言戰敗不終事。」

〔二二〕〔按〕應侯，秦相范雎。

〔二三〕吴師道云：「史（七十）作『十七』，下同。」　王念孫云：「案作『十七』是也。秦策曰『上黨十七縣，皆秦之有也』，是其證。」

〔二四〕鮑本、吴本「内」作「納」，同。

〔二五〕鮑彪云：「『才』、『財』、『裁』同。」〔按〕史記白起傳云：「（昭王）四十五年，伐韓之野王，野王降秦，上黨道絶，其守馮亭與民謀曰：『鄭道已絶，韓必不可得爲民。秦兵日進，韓不能應，不如以上黨歸趙。趙若受我，秦怒，必攻趙。趙被兵，必親韓，韓、趙爲一，則可以當秦。』因使人報趙。」

〔二六〕鮑彪改「原」作「陽」，云：「史作平陽君趙豹是也。若果平原，下文不應復云召趙勝。」　吴師道云：「『原』當作『陽』。」〔按〕趙世家：「惠文王二十七年，封趙豹平陽君。」同策四秦攻魏章「諒毅曰：『趙豹、平原君，親寡君之母弟也。』」白起傳亦云：「趙孝成王與平陽君、平原君計之。」此文「原」是「陽」之譌無疑，今從鮑改。

〔二七〕吴本無「臣聞」二字。　〔按〕趙世家亦無之。

〔二八〕鮑彪云：「無故得利，聖人以爲禍。」

〔二九〕〔按〕史記正義云：「蠶食桑葉，漸進而盡也。」

〔三〇〕〔按〕中絶者，即白起傳「野王降秦，上黨道絶」是也。

〔三一〕横田惟孝云：「『故』、『固』通。」

〔三二〕〔按〕「有故」與上文「無故」相應。

〔三三〕姚宏云：「錢、劉（田）作『甲』。」鮑彪云：「牛田，秦地，缺。因其水爲漕。」吴師道云：「牛耕積穀，水漕通糧。秦從渭水漕運入河洛。或以爲漢世始用牛耕。竊以爲古用木耜，未有金耜。用人耕，未用牛耕。耦耕者，二人並耕，或一人一牛亦可。漢始專用牛耕也。字書『犂』從牛。冉耕字伯牛，司馬牛名犂，不可謂牛耕非古也。」穆文熙云：「牛田，秦地，蓋近上黨。」程恩澤從鮑注以牛田爲地名。〔按〕詳繹文義，「牛田」似非地名，吴説爲長。史記正義亦以「牛田」爲「牛耕種穀」。牛田水通糧，此言秦重農漕，國以富庶。漢書食貨志謂「（秦）急耕戰之賞」，是也。用牛耕田之起源甚早，山海經海内經云：「稷之孫曰叔均，是始作牛耕。」世本云：「胲作服牛。」（初學記卷二十九引）胲即殷先祖王亥（見王國維殷卜辭中所見先公先王考），「服牛」殆指駕車或服犂也。韓非子外儲説右下篇云：「秦昭王有病，百姓裏買牛而家爲王禱。……王曰：訾之人二甲。」此「牛」疑爲耕牛。秦重耕戰，今無故殺耕牛以禱，故昭王罰之人二甲。牛耕推行未廣，而秦擅其用，故趙豹云然也。

〔三四〕鮑彪云：「（上地）韓之上流。」吴師道云：「地之上者。」安井衡云：「上地，膏腴之田也。死士食邑，皆列於膏腴之地，言俸給優渥，得其死力也。」〔按〕安井説是。

〔三五〕金正煒云：「『自』當作『其』。古書『其』或作『甘』，與『自』字形相似而誤。」

〔三六〕姚宏云：「三本（戰）同作『齊』。」

〔三七〕王念孫云：「『見』當爲『尋』。尋，古『得』字，形與『見』相近，因譌爲『見』。下句曰『今不用兵而得城七十』，即其證也。趙世家正作『未得一城』。」

〔三八〕鮑彪「城」下補「七十」二字。　吴師道云：「史此有『十七』(按原作「七十」，今從史記正)二字。」

〔三九〕鮑彪「勝」下補「告」字，連「太守」爲句，盧本從之。　吴師道讀「太守有詔」句，云：「詔，告也，謂太守有告。」黄丕烈從吴氏，云：「史記無此句，策文本如此不誤，述馮亭所云也。下文『使臣勝謂曰』，方是告馮亭。鮑補誤甚。」〔按〕鮑補固非，吴、黄所讀疑亦未然。此文「太守」爲中插語，平原君先明言本人爲趙王使臣，再呼馮亭而告之，下述趙王之詔語，文義明白。今讀「勝」字句，讀「太守」句。

〔四〇〕鮑彪云：「有詔，秦人語耳。」〔按〕詔，謂趙王之詔，鮑誤。

〔四一〕〔按〕史記「三萬户之都」作「萬户都三」。

〔四二〕吴師道云：「縣令，説見楚策。」〔按〕史記作「千户都三封縣令」。

〔四三〕金正煒云：「墨子號令篇：『男子有守者爵人二級。』則爵級不始於秦制。」

〔四四〕鮑彪改「勉」作「免」，云：「免，辭也。」　吴師道云：「此書『勉』、『免』通。」　黄丕烈云：「此以『勉』爲『俛』字也。吴説未是。」〔按〕黄説是。「俛」同「俯」。史記作「馮亭垂涕不見使者」。

〔四五〕鮑彪云：「食，食封户也。」

〔四六〕吴師道云：「漢書：趙封馮亭爲華陽君，與趙將括距秦，戰死長平。與此異。」〔按〕吴引漢書，見馮奉世傳。史記白起傳亦云：「因封馮亭爲華陽君。」與策異。

〔四七〕吴師道云：「公孫起即白起。史王齕，非齮。秦將有桓齮，此恐訛舛。」　黄丕烈云：「吴説非也。白起傳曰：『乃陰使武安君白起爲上將軍，而王齕爲尉裨將。』秦始皇紀：『王齮、麃公等』，徐廣注：『一作「齕」。』索隱曰：『王齮即王齕。昭王二十九年代大夫陵伐趙者。』六國表：『秦莊襄王三年，王齮擊上黨』，徐廣亦注：『一作「齕」。』是王齮即王齕，其證甚明，與桓齮迥不相涉，吴失考也。」

12　蘇秦爲趙王使於秦

蘇秦爲趙王使於秦〔一〕，反，三日不得見。謂趙王曰：「秦乃者〔二〕過柱山〔三〕，有兩木焉，一蓋呼侶，一蓋哭〔四〕。問其故〔五〕，對曰：『吾已大矣，年已長矣。吾苦夫匠人且以〔六〕繩墨案規矩刻鏤我。』一蓋曰：『此非吾所苦也，是故吾事也〔七〕。吾所苦夫鐵鉆〔八〕然，自入而出夫人者〔九〕。』今臣使於秦，而三日不見，無有謂臣爲鐵鉆者乎〔一〇〕？」

〔箋證〕

〔一〕鮑彪云：「本傳不書。」鍾鳳年云：「案（蘇）〔燕〕秦傳季子自約從後，更無入秦事，亦必無敢入秦之理。考白起傳稱『秦昭王四十八年，司馬梗定太原，韓、趙恐，使蘇代厚幣説秦相應侯』。此章『秦』或『代』之誤歟？」〔按〕蘇秦合從拒秦，秦王深惡之，未必有使秦之事，疑代或厲也。

〔二〕〔按〕「乃」猶「曩」。爾雅釋言：「曩，鄉也。」郝懿行義疏云：「『曩』之聲轉爲『乃』。趙策蘇秦謂趙王曰：『秦乃者過柱山。』漢書曹參傳云：『乃者我使諫君也。』集注：『乃者，猶言曩者。』是『曩』、『乃』聲轉義同也。」秦，蘇秦自謂也。

〔三〕鮑彪云：「（柱山）蓋砥柱。」吴師道云：「無考。」

〔四〕鮑彪云：「（呼侶）招其徒。」中井積德云：「一蓋，『蓋』謂木上枝葉蓊鬱如車蓋者。」朱亦棟云：「呼侶，謂伐木而人呼邪許也。一木被伐，行將及已，故一木哭也。」于鬯云：「朱説似與下文未愜。」安井衡云：「木不能言，蘇秦推度其言，故曰『蓋』。一曰：……凡老木偃然爲蓋。下文云吾已大矣，年已長矣。蘇秦見其木之狀，故言『一蓋』耳。此二説疑不能決，姑兩存之。」金正煒云：「孝經孔傳：『蓋者，辜較之辭也。』劉炫述義云：『辜較，猶梗概也。』此言一約略呼侶，一約略哭耳。」〔按〕「一蓋」之「蓋」，中井謂爲「樹蓋」，金氏謂爲「約略」，安井兩存其義，並嫌未愜。吴昌瑩經詞衍釋云：「『蓋』猶於是也，則也。」引此策云：「『蓋』並『則』義。」其説較長。呼侶，謂一木哭，一木呼之也。侶，謂哭木。

〔五〕姚宏云：「一本『秦問其故』。」

〔六〕安井衡云：「且，將；以，用也。」

〔七〕鮑彪云：「『事』猶『分』。」吴師道云：「『故』、『固』通。」

〔八〕鮑彪改「鉆」作「銛」，下同，云：「銛，言鐵之利。若鉆，則鐵鉗也，義不合此。」吴師道云：「鉆，玉篇其沾、敕淹二反。『鉗』音『鑷』。後漢章帝詔有鉆鑽字。蒼頡篇：『鉆，持也。』蓋字與『鉗』同，以鐵有所劫束也。」關修齡云：「説文：『鉆，膏車鐵鑽。』正字通：『凡器兩頭交合，用鐵片固之，或轉角處，鐵片兩頭拘定之，皆曰「鉆」。』言木爲拘束也。然讀如焉。」黄丕烈云：「吴氏以爲(鉆)與『鉗』同者，亦非也。聞諸金壇段先生玉裁云：『「鉆」與「櫼」同，説文「楔」也。』其説得之矣。」朱亦棟云：「『鉆』與『椹』同。玉篇：『鐵椹，斫木櫍也。』亦作『枯』。鮑改『鉆』作『銛』，非是。……胡文英吴下方言考：『吴人凡前物入穴不得出者，以物擊搥令出曰「鉆」。』此足以證自入出人之意。」金正煒云：「作『銛』當是。韓非八説篇：『搢笏干戚，不適有方鐵銛。』説文：『銛，鍤屬也。』然上疑遺『鉿』字。太玄經注：『鉿，陷聲也。』銛、鉿字形相類，因致誤脱。」（中井積德亦以「銛」字爲是，其説牽迂，今從略）〔按〕黄引段説，見説文解字注「櫼」字下，云：「木工於鑿枘相入處，有不固，則斫木札楔入固之，謂之櫼。『櫼』亦作『鉆』。」引此策云：「鉆自入而出，謂以大鐵鉆釘入大樹一邊，既析破，乃取樹之一邊爲用。……今四川建昌山中取杪方，皆以楔釘入，取陽面一塊，而樹尚卓立。」其説明白，當是。朱讀爲「椹」或「枮」。椹、枮音知林切，見廣韻。段注説文謂江浙語讀「櫼」「正作知林切」，二音相同，字亦通用。鐵鉆，比喻讒臣。

〔九〕鮑彪讀上句「自入」句，此句「而出夫人者」句，云：「人，謂木屑，自鐵言之爲人。」吴師道云：「難通，其義未詳。」黄丕烈云：「『自入而出夫人者』爲一句，言櫼入而木出也，故云『謂臣爲鐵鉆者』。秦言其人自入而出臣，有似於楔也者。」安井衡云：「人如生哭人之人，木自謂也。錐鑿入（按安井似以「鉆」爲「錐」）而木屑出，猶新臣進而舊臣去，故譬讒者入而欲出己也。」〔按〕黄説是也，今從其讀。

〔一〇〕姚宏云：「集、錢、劉（謂）作『爲』。」鮑彪改「謂」作「爲」，云：「無有，言得無有也。」〔按〕「謂」、「爲」字通。下「爲」字疑涉上文而衍。此言得無有人爲臣之鐵鉆者耶，謂將逐之出也。

13 甘茂爲秦約魏以攻韓宜陽

甘茂爲秦約魏以攻韓宜陽〔一〕，又北之趙。冷向〔二〕謂强國〔三〕曰：「不如令趙拘甘茂，勿出，以與齊、韓、秦市。齊王欲求救宜陽〔四〕，必效縣狐氏〔五〕。韓欲有〔六〕宜陽，必以路涉、端氏〔七〕賂趙。秦王欲得宜陽，不愛名寶〔八〕。且拘茂也，且以置公孫赫、樗里疾〔九〕。」

〔箋證〕

〔一〕鮑彪云：「秦武王三年，此（武靈王）十八年。」〔按〕事見秦策二。

〔二〕〔按〕冷向見秦策一。

〔三〕鮑彪云：「（强國）趙人。」

〔四〕金正煒云：「周禮大司徒注：『故書「求」爲「救」。』又古音讀『救』爲『求』，故『救』亦時誤爲『求』。此由一本作『求』，一本作『救』，誤併入文也。齊王欲救宜陽，與下文『韓欲有宜陽』、『秦王欲得宜陽』，文乃一律。」〔按〕東周策、秦策並謂楚救宜陽，此言齊救，或韓先乞救於齊乎？「求救宜陽」猶「謀救宜陽」，義可通，不可改字。

〔五〕鮑彪云：「縣（狐氏）地缺。」程恩澤云：「縣，邑也。狐氏，地名。史記建元以來侯者年表有瓡。索隱曰：『縣名，志屬北海。顏師古曰：即「狐」字。』疑即此地。」金正煒云：「禮記檀弓：『與之邑裘氏與縣潘氏。』蓋謂裘氏之邑及潘氏之縣也。鄭注以『縣潘』連文，恐不足據。此云『縣狐氏』，與『縣潘氏』文同。晏子內篇：『以管仲爲有力，邑狐與穀，以共宗廟之鮮。』狐氏或即其地。」〔按〕漢北海郡地傍勃海，不近趙，齊何能效之？程說無據。

〔六〕鮑本、吳本有作「存」。横田惟孝云：「『韓』下恐脱『王』字。」

〔七〕鮑彪云：「（路涉）地缺。（端氏）屬河東。」程恩澤云：「漢志：河東郡有端氏縣。……寰宇記：端氏縣西北三十里即漢理，三晉分晉，封晉君於此。趙肅侯元年又奪其地，徙之屯留。不知何時又入於韓。洪亮吉曰：『今在澤州府沁水縣東北六十里。』」

〔八〕鮑彪云：「〔名寶〕寶之名世者。齊、韓之賂，欲拘茂敗其約也。秦賂，則欲出之。」

〔九〕鮑彪云：「茂不還秦，則二人用。」〔按〕上「且」字猶「抑」也，「又」也。下「且」字猶「則」也，「乃」也。公孫赫、樗里疾二人與甘茂爭權者，見秦策二。

14 謂皮相國曰

謂皮相國〔一〕曰：「以趙之弱，而據之建信君〔二〕、涉孟之讎〔三〕，然者何也〔四〕？以從爲有功也。齊不從〔五〕，建信君知從之無功。建信者〔六〕安能以無功惡秦哉〔七〕？不能以無功惡秦，則且出兵助秦攻魏，以楚、趙分齊〔八〕，則是强畢〔九〕矣。建信、春申，從則無功而惡秦〔一〇〕；〔秦〕分〔齊〕齊亡魏，則有功而善秦〔一一〕，故兩君者奚擇有功之無功爲知哉〔一二〕？」

【箋證】

〔一〕鮑彪云：「〔皮相國〕趙相。」于鬯云：「此因建信君、春申君合從，齊不從而説之從。皮相國蓋齊相，此實齊策也。」〔按〕于説可通，然嫌無據。此爲横人爲秦破從之詞亦通，則皮相國爲趙相可也，不必移編。

〔二〕鮑彪讀「建信君」句，云：「『據』猶『任』。建信，趙幸臣。」

〔三〕鮑彪云：「〔涉孟〕蓋爲横者，與建信異趣，故趙讎之。」吴師道云：「『涉孟之讎』四字，未詳。或言建信、涉孟二人以其反有害於趙，故以『儲』稱。」橫田惟孝云：「言以趙之弱，而據於建信君，以儲涉孟。」安井衡云：「建信君、涉孟，蓋皮相國之儲而主從者也。」孫詒讓云：「『儲』亦與『儔』通。爾雅釋詁郭注云：『「儲」猶「儔」也。』廣雅釋詁云：『儲，輩也。』涉孟與建信君蓋皆趙臣。鮑説失之。」（金正煒説同）〔按〕孫義爲長，今從其讀。

〔四〕吴師道云：「然者，下章亦有此文法，當至『也』字句。」橫田惟孝亦讀「然者何也」句，云：「所以然者何也。」安井衡同，云：「然，如此也。如此者何也。」于鬯云：「後策『趙守而不可拔者』句，鮑本『者』上有『然』字，即吴所指。如孫（詒讓）説，則（涉孟）文連上『建信君』，應『儲』字讀斷。『然者』二字起下，然者，蓋言若是者，其説似較可通。」（金正煒亦讀「然者何也」句，説略同上）〔按〕管子國蓄篇：「是故萬乘之國，有萬金之賈；千乘之國，有千金之賈。然者何也？」亦有此句法。

〔五〕鮑彪讀「齊不從建信君」句，云：「此『從』如字。」吴師道讀「從」字句。〔按〕吴讀是，此言齊不合從。「從」讀如「縱」。是時齊君王后事秦謹（見齊策六），故不與諸侯合從伐秦。春申君合楚、趙、魏、韓、衛五國軍伐秦，齊不與從，可證。

〔六〕姚宏云：「（者）一作『君』。」

〔七〕鮑彪云：「『惡』猶『害』也。從有功，乃能害秦爾。」橫田惟孝云：「言建信君安能以無功之從，惡交於秦哉？」〔按〕依下文「無功而惡秦」與「有功而善秦」對舉，則橫田説是也。惡秦，猶得罪於秦。

〔八〕鮑彪云：「爲從無功，則反助秦，不則分齊。齊雖不爲從，然與秦争衡，故助秦則分齊之地。分，分其地。」吴師道云：「怒齊之不從，則合楚以分齊。」橫田惟孝云：「『分』猶『離』也。言離齊而合秦也。」金正煒云：「『以』猶『與』也。『趙』字涉下而衍。助秦攻魏，與楚分齊，並對舉之詞。」〔按〕分齊，爲齊之不合從而報之，吴説是也。齊時國勢削弱，僅圖自守，豈能與秦争衡？鮑説非。橫田釋「分」爲「離」，以楚、趙離齊，文義不通，且於下文「强」字無應，亦誤。金訓以爲「與」，衍「趙」字，文義固勝。然「以」訓「用」也、「由」也，原文自通。或「趙」字原在下文「是」字下，誤淆於上。若然，「以」當從金訓「與」。

〔九〕鮑彪云：「言建信圖强之計盡於此。」金正煒云：「『是』疑『趙』之壞文。『畢』爲『必』之借字，畢、必古通用。」〔按〕疑上文「楚、趙」之「趙」字，即此「是」字下之脱文，誤衍於上。

〔一〇〕鮑彪云：「春申（趙）悼襄四年主從約，發議於此時也。言楚、趙合則雖未見功，有害秦之形。」（鮑讀「建信春申從」句，「則無功而惡秦」句）〔按〕此與下「分齊亡魏（從吴校）則有功而善秦」爲對舉，又與上「建信君知從之無功，建信者安能以無功惡秦哉」語相應。言建信與春申如合從，而齊不從，是從則無功而徒惡於秦也。鮑注誤。

〔一一〕鮑彪改「分」作「合」，云：「秦見二國合，亦與齊合。齊本不從建信，今秦來合，故助之攻魏以善之。」吴師道云：「秦分齊，齊亡魏，語不可解，疑有舛誤，當是『分齊亡魏』，而衍『秦齊』二字。……分齊亡魏，則有功而可以善秦，此助秦之策也。」黄丕烈云：「吴説是也。上文『則且出兵助秦攻魏，以楚、趙分齊』，即其事。」〔按〕吴説是，「秦」、「齊」二字並涉上文而誤複。上言合從拒秦，則無功而見惡於秦。此言助秦，則可以分齊亡魏，有功而見善於秦。並舉利害以動之，蓋横人爲秦説者之詞。

〔一二〕鮑彪「之」下補「與」字，云：「兩，齊、趙也。趙知據建信，而不知其不合楚，不能成功。齊不從建信，而不知其合楚足以成功，不知所擇也。」吴師道云：「『之』字疑當在『無功』下。兩君，指皮相國、建信君，或指建信君、涉孟。將何所擇於有功無功二者而爲智哉？」關修齡云：「『之』猶『與』，不必補『與』字。」金正煒説同。横田惟孝云：「兩君，謂建信、春申也。」安井衡云：「（兩君者奚擇）當作『兩者君奚擇』，『者』、『君』二字誤倒耳。兩者，謂無功而惡秦與有功而善秦也。」〔按〕「兩君」當指建信、春申（横田説）。或從安井説「君」、「者」

二字倒。「之」猶「與」也，見經傳釋詞。此言連横則有功，合從則無功，將何所擇而爲智哉？鮑彪列此策於孝成王下，而其後又次魏使人因平原君諸章，並有平原君事。平原君卒於孝成王十五年（前二五一），則鮑以此事在十五年前也。顧觀光編年次此章於秦始皇六年（前二四一）、趙悼襄王四年，春申君合五國兵伐秦之下。以策語考之，顧編爲是。建信君用事雖不詳何年，同策三希寫見建信君章「建信君曰：文信侯之於僕也，甚無禮」。下章亦言文信、河間封不定事。文信侯即吕不韋，封侯在秦莊襄王初，免相在秦始皇十年（前二三七）。由此推之，建信君寵貴當在孝成王末年（平原君卒後）、悼襄王初年之間，鮑次非也。建信君欲從，或亦以文信侯遇之無禮之故歟？鍾鳳年據同策三秦攻趙章「建信君果先言横」以證「君非主從者」，因謂開端脱去主語「春申君」，「句應作『春申君以趙之弱而據之』。據，援也。次語應以『建信君涉孟之讎』爲句。『涉孟』必非人名，『孟』字殆即『血』字之譌。同策四燕封宋人章有『茹肝涉血之仇邪』句，與此語正同，可證『孟』字必誤。唯建信君其人不見於他書，故與春申相讎事無可考。」〔按〕鍾氏多逞臆見，竄改舊文，甚謬。即如其説，建信君主横，與春申君爲讎，下文各句，何以疏通？而「建信、春申從則無功而惡秦」又作何解？戰國之士干求利禄，從横本無定見，故蘇秦先言連横，而後以合從著聞，何必於建信君而疑諸？附辨於此。

15　或謂皮相國曰

或〔一〕謂皮相國曰：「魏殺吕遼〔二〕而衛兵〔三〕，亡其北陽〔四〕而梁危。河間封不定而齊危〔五〕。文信不得志〔六〕，三晉倍之憂也〔七〕。今魏耻〔八〕未滅，趙患〔九〕又起，文信侯之憂大矣〔一〇〕。齊不從〔一一〕，三晉之心疑矣〔一二〕。憂大者不計而構〔一三〕，心疑者事秦急〔一四〕，秦、魏之構不待割而成〔一五〕。秦從楚、魏攻齊，獨吞趙〔一六〕，齊、趙必俱亡矣〔一七〕。」

〔箋證〕

〔一〕鮑本、吳本無「或」字。于鬯云：「此亦齊策也。」〔按〕說見上。

〔二〕鮑彪云：「（呂遼）魏臣，秦所重者。」吳師道云：「魏臣無考。後章作『呂遺』，未知孰是。又言『收河間，何異殺呂遺』，則呂爲秦重者。」〔按〕殺呂遺見同策三苦成常謂建信君曰章，鮑改「遺」作「遼」。

〔三〕吳師道云：「衛兵，句。衛附魏者也。衛兵，衛被兵也。兵，秦兵也。」〔按〕魏策三魏將與秦攻韓章云：「（秦）又長驅梁北，東至陶、衛之郊。」是衛兵者，謂魏之東地亦受兵矣。

〔四〕姚宏云：「（北）一作『比』。」鮑本作「比陽」。吳師道云：「一本『比』作『北』。」鮑云：「屬南陽。」（鮑讀「而衛兵亡其比陽」句，謂「衛附秦者也，故魏殺秦重，衛爲之亡魏之鄙以危之」。按衛嘗從春申君與韓、魏等伐秦，正在此時前後，何謂附秦？鮑說非，今從吳氏）張琦云：「（比陽）今（河南）南陽府唐縣是。」潘和鼎云：「北陽即濮陽。水北曰陽，謂之北陽，猶山南曰陽，謂之南陽也。始皇六年，秦併濮陽郡，即策所謂『亡其北陽』矣。」（于鬯注引）〔按〕史記秦始皇本紀：「六年，韓、魏、趙、衛、楚共擊秦，取壽陵。秦出兵，五國兵罷。拔衛，迫東郡，其君角率其支屬徙居野王。」魏世家：「元君十四年，秦拔魏東地，秦初置東郡，更徙衛野王縣，而併濮陽爲東郡。」與策文相合，潘說是也。但「北」疑是「濮」之聲譌，「比」又「北」之形譌。

〔五〕鮑彪改「齊」作「趙」，云：「時魏、趙欲以封文信而不果。」吳師道云：「河間近齊，後言『攻齊』，必此時併欲攻齊。」又云：「秦策所謂不果攻趙，趙賂以河間十二縣，在前事也。戰國封地，往往取之他國。是時秦以河間地封不韋，秦策稱『不韋欲攻趙以廣河間』是也。時趙方與諸侯合從，欲收河間，故言『封不定』。」〔按〕呂氏春秋孝行篇高注「定，安也」。張琦辨河間地封呂不韋事爲非，詳見秦策五。

〔六〕鮑彪云：「文信，呂不韋也。莊襄元年封，此(孝成王)十七年也。未得河間，故不得志。」吳師道云：「按史，封文信侯食河南洛陽十萬户。河間後封。」〔按〕不得志，謂河間之封未定。

〔七〕鮑彪云：「文信欲得河間，必伐趙。韓、魏、趙之與國，故其憂倍。」吳師道云：「倍，猶『背』也。三晉之憂也。『倍』字疑『信』字訛衍。」金正煒云：「言文信之不得志，以三晉倍之爲憂也。『倍』與『背』同。」〔按〕金説是。

〔八〕鮑彪云：「言嘗分魏之憂。」吳師道云：「見上文。」〔按〕「魏耻」即上文「魏殺呂遼而衛兵，亡其北陽而梁危」諸事，鮑注誤。

〔九〕鮑彪云：「患文信也。」〔按〕趙患，謂趙收河間之患。

〔一〇〕鮑彪云：「文信爲三晉之憂。」吳師道云：「文信之憂，未詳，恐字有誤。」〔按〕文信之憂，謂魏欲雪耻，趙欲收河間，三晉倍秦，故云「憂大矣」。字不誤，吳疑非。

〔一一〕鮑彪云：「不與山東約從。」

〔一二〕鮑彪云：「疑從之不可合。」〔按〕比與上章「齊不從，建信君知從之無功」相應。言三晉疑從之無功也。

〔一三〕鮑彪改「構」作「講」，下同，云：「言趙必求和於秦，不待計也。」吳師道云：「下文言『秦、魏』，無『趙』。」〔按〕此承「文信之憂大矣」而言。憂大者，謂文信侯急於破三晉之從，故不待商計而構和矣。「構」、「媾」通，亦與「講」通，不必改字。鮑注謂趙求和於秦，甚謬。

〔一四〕〔按〕此承上「三晉之心疑矣」而言。心疑者，謂三晉疑合從之無功，故急於事秦。

〔一五〕鮑彪云：「凡『講』必割地，今急於成，不待已割，蓋先講也。」〔按〕言雙方並急於媾和，故不待割地而約成。

三晉獨言魏者，此爲説趙之詞，時趙雖有疑心，猶主合從，故不言趙也。不數韓者，趙、魏與秦怨大，韓則僅爲與國，非主謀，故略之耳。

〔一六〕鮑彪云：「趙近秦，秦攻之不待楚、魏。」〔按〕「從」猶「順」，謂楚、魏攻齊，秦不阻之。鮑注未允。

〔一七〕鮑彪云：「此説欲趙以河間廣文信封也。」〔按〕此與上章相涉，疑亦是横人爲秦破從，以危詞恫之，非爲文信廣封之詞。鮑注非。

16　趙王封孟嘗君以武城

趙王封孟嘗君以武城〔一〕。孟嘗君擇舍人以爲武城吏，而遣之曰：「鄙語豈不曰『借車者馳之，借衣者被之』哉〔二〕？」皆對曰：「有之。」孟嘗君曰：「文甚不取也。夫所借衣車者，非親友則兄弟也。夫馳親友之車，被兄弟之衣，文以爲不可。今趙王不知文不肖，而封之以武城。願大夫之往也，毋伐樹木，毋發〔三〕屋室，訾然使趙王悟而知文也〔四〕，謹使可全而歸之〔五〕。」

〔箋證〕

〔一〕鮑彪云：「（武城）屬清河，即下東武城北。當田文奔薛後。」吴師道云：「無考。」程恩澤云：「按以東武城爲孟嘗君所封，似乎合理。然謂武城即東武城，實説不去。地理志定襄郡有武城縣。應劭曰：『定襄有武城，故清河武城加「東」字。』則清河之有東武城，正以定襄武城而名，不得謂武城即東武城也。且趙東武城乃平原君封邑，未必有以封田文。今山西朔平府平魯縣西北，塞外有漢武城故城。其田文封此與否，固難決斷，然定襄武城實在此地。」〔按〕孟嘗君入趙，本傳不載，此蓋趙王賜封地以結好，不必至趙。

〔二〕姚宏云：「(被)平聲，葉音。」 鮑彪云：「借車與衣，固將馳且被也，今云然，蓋常常馳而弗愛也。」 文廷式云：「『被』通作『破』，言破裂之不甚惜也。」〔按〕「被」固與「破」可通用，然借衣者破之，似太魯率，且與上文「馳之」語氣亦不諧。「被」當讀作「披」(姚讀平聲，即是「披」音)，方言卷六：「披，散也。」廣雅釋詁：「披，張也。」謂借衣者散亂其衣，不愛惜也。與「借車者馳之」義相應。馳、披協韻。

〔三〕吴師道云：「一本標御覽『發』作『廢』。」 金正煒云：「淮南原道篇注：『發，動也。』或讀爲『廢』，廢，壞也。」

〔按〕「發」、「廢」通用，見前。此文「發」作如字解，亦通。

〔四〕鮑本無「也」字。吴師道云：「一本『知文也』。」 鮑彪云：「訾，不思稱意也。言其不期得知而見知，知其善任人也。」 横田惟孝云：「訾，思也。齊策：『訾天下之主有侵君者』云云，言思使趙王悟善治武城，而知文之用心也。」 中井積德云：「訾，疑當作『自』。」 安井衡云：「訾、咨通。訾然，歎貌。」 金正煒云：「荀子非十二子篇『訾然』注：『與「孳」同。』則此猶云『勉焉』也。『悟』疑當作『悮』，『知』疑當作『短』。悮，謂過聽也。短者，不足之辭。此言王或悮於人言而不慊於文，則當全所受而歸之也。」〔按〕訾然，爲形況之詞，諸説並未安。「訾」爲「泚」之借字，詩邶風新臺：「新臺有泚。」毛傳：「泚，鮮明貌。」韓詩「泚」作「漼」，説文引詩作「玼」，同。泚然，亦猶「皭然」。言使趙王泚然明悟而知田文之用心也。

〔五〕鮑彪讀「謹使」句，云：「遣吏之辭。」 吴師道云：「『謹使』屬下句，『使』如字。一本標御覽『謹』作『僅』。」

〔按〕「謹」是表示謙敬之詞。「全而歸之」，謂全其地而歸於趙。吴讀爲長，今從之。

17　謂趙王曰三晉

謂趙王曰〔一〕：「三晉合而秦弱，三晉離而秦强，此天下之所明〔二〕也。秦之有燕而伐趙〔三〕，有趙而伐燕；有梁而伐趙，有趙而伐梁；有楚而伐韓，有韓而伐楚；此〔四〕天下之所明見也。然山東不能易其路，兵弱也〔五〕。弱而不能相壹〔六〕，是何楚（秦）〔七〕之知，山東之愚也？是臣所爲山東之憂也。虎將即禽〔八〕，禽不知虎之即己也，而相鬭兩罷〔九〕，而歸其死於虎〔一〇〕。故使禽知虎之即己，決不相鬭矣。今山東之主，〔不〕知〔一一〕秦之即己也，而尚相鬭兩敝，而歸其國於秦，知不如禽遠矣。願王熟慮之也！

「今事有可急〔一二〕者，秦之欲伐韓、梁，東闚於周室甚，惟寐亡之〔一三〕。今南攻楚者，惡三晉之大合也〔一四〕。今攻楚休而復之〔一五〕，已五年矣〔一六〕，攘地千餘里。今謂楚王：『苟來，舉玉趾〔一七〕而見寡人，必與楚爲兄弟之國，必爲楚攻韓、梁，反楚之故地〔一八〕。』楚王美秦之語，怒韓、梁之不救己，必入於秦。有謀〔一九〕故殺（發）〔二〇〕使之趙，以燕餌趙〔二一〕，而離三晉〔二二〕。今王美秦之言，而欲攻燕，攻燕，食未飽而禍已及矣。楚王入秦，秦、楚爲一，東面而攻韓。韓南無楚，北無趙，韓不待伐，割挈馬免（兔）〔二三〕而西走〔二四〕。秦與韓爲上交，秦禍安移於梁矣〔二五〕。以秦之强，有楚、韓之用，梁不待伐矣〔二六〕，割挈馬兔（免）而西走。秦與梁爲上交，秦禍案攘於〔二七〕趙矣。以强秦之有韓、梁、楚，與燕之怒〔二八〕，割〔二九〕必深矣，國之舉〔三〇〕。此臣之所爲來，臣故曰事有可急爲者〔三一〕。

「及楚王之末入也，三晉相親相堅〔三二〕，出鋭師以戍韓、梁西邊。楚王聞之，必不入秦，秦必怒而循攻〔三三〕楚，是秦禍不離楚也，便於三晉〔三四〕。若楚王入〔三五〕，秦見三晉之大合而堅也，必不出楚王〔三六〕，即多割〔三七〕，是秦禍不離楚也，有利於三晉〔三八〕。願王之熟計之也！急〔三九〕。」

趙王因起兵，南戍韓、梁之西邊〔四〇〕。秦見三晉之堅也，果不出楚王卬〔四一〕而多求地〔四二〕。

〔箋證〕

〔一〕〔按〕吴師道據齊策一秦伐魏章謂説者爲陳軫，詳見章末。

〔二〕吴師道云：「『明』下疑有缺字。」横田惟孝云：「『明』下疑脱『見』字，下文可見。」〔按〕「明」下或脱「知」字，「明知」、「明見」對舉爲文。横田説未允。但不補字，義亦可通。

〔三〕吴師道云：「有者，善之也。」横田惟孝云：「『有』猶『得』也。」〔按〕「有」當讀爲「又」，儀禮鄉射禮鄭注：「古文『有』作『又』。」禮記内則「三王有乞言」，鄭注：「『有』讀爲『又』。」凡「十有一月」、「十有二月」之「有」字，金文並作「又」，是其證。「又」即「右」字，篆文同作「」。説文「又」字段注云：「此即今之『右』字。」此言右燕而伐

趙，右趙而伐燕云云者，魏策三田需死章「必右秦而左魏」，高注：「右，親也。」說文「右」字云：「助也。」（說文別出「右」字）謂親燕助燕而伐趙，或親趙助趙而伐燕云云也。舊注失之。

〔四〕盧本「此」作「而」。〔按〕上文亦作「此天下」云云，盧本誤。

〔五〕鮑彪云：「（易其路）言易橫秦之路，以合三晉。」吴師道云：「山東六國不能易其合秦之道以合。」于鬯云：「弗聽其伐與國也。雖欲弗聽之而不能，則以各國兵弱耳。」〔按〕吴説爲長。横田解以「兵」爲「而」訛，謂「言諸侯不能易强秦之道而自弱也」，非。

〔六〕鮑本、吴本「壹」作「一」，同。

〔七〕鮑彪改「楚」作「秦」，盧本從之。吴師道云：「當作『秦』。」〔按〕鮑改是，今從之。

〔八〕鮑彪云：「（禽）走獸總名。」〔按〕白虎通田獵篇：「禽者何？鳥獸之總名，明爲人所禽制也。」即，就也。

〔九〕吴師道云：「（罷）音『疲』。」

〔一〇〕〔按〕言爲虎所殺。

〔一一〕〔按〕山東之主，如不知秦之即己而相鬭，則與禽相若，下文不應云「知不如禽遠矣」。此「不」字當衍，言其知秦之即己而猶相鬭，則其知出於禽下矣。「知」正與上文「此天下之所明也」相應。若作「不知」，意義乖矣。「不」字蓋由涉上「禽不知虎之即己也」而誤衍。

〔一二〕横田惟孝云：「『急』下疑脱『爲』字，下文可見。」

〔一三〕姚宏云：「劉本（亡）作『忘』。」鮑彪改「亡」作「忘」。黄丕烈云：「此以『亡』爲『忘』字耳。」〔按〕「亡」、「忘」通用。「亡」亦同「無」。

〔一四〕大合，鮑、吴合注四部叢刊本作「相合」，鮑單注本作「大合」。鮑彪云：「合，合楚也。楚强晉弱，先攻其强，則弱者沮，不敢合矣。」〔按〕鮑説誤。大合，謂三晉之相合。此言秦所以南攻楚者，以三晉相合勢强，不敢攻之也。齊策一秦伐魏陳軫合三晉章陳軫曰「三晉合，秦必不敢攻梁，必南攻楚」，可爲此證。閔修齡以句有舛錯，易作「惡三晉之大合也，今南攻楚者」，又衍下「今攻楚」三字，大謬。

〔一五〕鮑彪云：「休，罷兵。復，復攻。」金正煒云：「復者，謂除其賦役也，見漢書高帝紀注。鮑氏誤。」〔按〕楚世家懷王二十四年倍齊合秦，其後迎婦於秦，盟於黄棘，楚太子入質，秦、楚相好無攻伐。至二十八年，秦與齊、韓、魏四國攻楚，殺唐眛；二十九年，秦復攻楚，殺景缺；三十年，復伐楚，取八城。乃遺楚王約會武關，即下文「今謂楚王苟來」云云。則「休而復之」，謂休兵而復攻也，鮑注不誤，金説非。

〔一六〕鮑彪云：「先是秦取漢中，取召陵，又敗之重丘。」〔按〕秦取楚漢中，在楚懷十七年；取召陵，在十八年；敗之重丘，在二十八年，事不相屬，與「休而復之」語不合。此蓋指楚懷二十八年至三十年，秦攻無已而言。「五」疑或「三」之誤。

〔一七〕〔按〕左氏僖二十六年傳：「寡君聞君親舉玉趾，將辱於敝邑。」釋文：「『趾』音『止』，足也。」示敬之詞。

〔一八〕鮑彪云：「楚懷三十年，秦昭云然。此（武靈王）二十七年。」〔按〕楚世家：「秦昭王遺楚王書曰：始寡人與王約爲兄弟，盟於黄棘，太子爲質，至驩也。太子陵殺寡人之重臣，不謝而亡去。寡人誠不勝怒，使兵侵君王之邊。今聞君王乃令太子質於齊以求平。寡人與楚接境壤界，故爲婚姻，所從相親久矣。而今秦、楚不驩，則無以令諸侯。寡人願與君王會武關，面相約，結盟而去。寡人之願也，敢以聞下執事！」

〔一九〕鮑彪「有謀」上補「秦」字，盧本從之。黄丕烈云：「此讀『有謀』連下，以『有』爲『又』字也。鮑補，於『謀』字句，誤甚。」（安井衡亦以「有」爲「又」）于鬯云：「此有闕字，但補一『秦』字，尚未足，『於謀』字句，未可非。」〔按〕有、又同字，黄説爲長，今從其讀。又謀者，謂秦又謀也。

〔二〇〕姚宏云：「（殺）劉作『發』。」鮑彪改「殺」作「發」。横田惟孝云：「故，特也。」金正煒云：「『故』當作『攻』，『殺』當作『殽』，蓋因形似而譌也。……秦王謂公子他章：『昔歲殽下之事，韓爲中軍，與諸侯攻秦。』韓策楚圍雍氏章：『秦師不下殽。』此策秦方謀韓，則是殽尚屬韓時也。」〔按〕劉作「發」字是也，今從之。金説牽强附會，不值一駁。

〔二一〕鮑彪云：「言欲與趙攻燕。」〔按〕即上文所謂「有趙而伐燕。」

〔二二〕鮑彪云：「韓、魏時不合秦，而趙合之，必不善趙。」

〔二三〕姚宏云：「（兔）曾作『免』。」吴師道云：「一本作『免』，下同。」今從改，説詳下。

〔二四〕鮑彪云：「割地挈而走秦，疾於馬兔。」于鬯云：「恐『割』、『挈』二字並列。割，割地。挈，謂挈其國也。東周策云『兔興馬逝』，是『馬兔』狀其疾。」金正煒讀「挈馬兔而西走」句，「割」字上屬，云：「周禮春官田僕『凡田，王提馬而走』，注：『「提」猶「舉」也。』廣雅釋詁：『挈，提也。』『挈馬』與『提馬』義同。『兔』當從曾作『免』，『免』與『俛』通。言韓不待伐割，即將挈而俛入於秦也。又（挈馬）或爲『挈國』之譌。……秦策：『臣載主挈國以與王約。』挈國西走，猶言舉國爲内臣。」鍾鳳年云：「『割』字不辭，……恐是『則』字之誤。又馬兔初非重器，何足挈以事秦？疑『馬』爲『彝』字之譌。古文『彝』字間有略似説文『馬』字者。『兔』字疑『兕』字之譌。二者於古俱爲寳器，似較元文義長。」〔按〕戰國縱横家書第二十五章有「楚不待伐，割摯馬兔而西走」，與此句正相同。蓋當時習有此比喻語。注讀「摯」爲「縶」，云：「縶，縛住馬的繩索。兔，脱跑。割縶馬兔而西走，形容很快就投奔秦國。」並引此策文云：「『縶』作『挈』，是字形之誤。」可移釋於此。惟「挈」字，釋名釋姿容云：「結也，結束也，束持之也。」則義於「縶」近，亦可以通，不必字誤。從曾本「免」字正與之合，今從改，下同。諸説紛異，未諧。

〔二五〕姚宏云：「改『安』作『案』。荀子：『上不能好其人，下不能隆禮，安特將學雜識志順詩書而已耳。則末世窮年，不免爲陋儒而已。』注：『安，語助，猶言「抑」也，或作「案」。』荀子多用此字。禮記三年問作『焉』。戰國策謂趙王曰：『秦與韓爲上交，秦禍按移於梁矣。』『秦與梁爲上交，秦禍按攘於趙矣。』呂氏春秋吳起謂商文曰：『今置質爲臣，其主安主（按「主」當作「重」）？釋璽辭官，其主安輕？』蓋當時人通以『安』爲語助，或方言耳（下略）。」 鮑彪云：「禍，兵禍。安，言其不勞。」又云：「案、安同。故荀卿書多用『案』字。」〔按〕姚引荀子及楊注，並見勸學篇。王引之經傳釋詞云：「安，猶於是也，乃也，則也。字或作『案』，或作『焉』，其義一也。」下引諸例以證，又引此策文，云：「言秦禍於是移於梁也。」鮑注非。姚引荀子注「抑也」，與此亦不合。

〔二六〕姚宏云：「一無『矣』字。」鮑彪云：「衍『矣』字。」

〔二七〕鮑本「攘於」作「環中」。鮑彪云：「此言秦視趙在其度内，如物在環中。『環中』一作『移於』字，可也。」吳師道云：「『攘』即『移』字訛，當作『移於』，鮑未説是。」黄丕烈云：「吳説未是，楊倞荀子注引作『攘』字。」安井衡云：「攘，推也，言推移於趙。」孫詒讓云：「以文義校之，鮑説雖非，而其本則似不誤。『環』與『還』通。環中趙，言還中於趙，與上『移於梁』意同而文則異。後卷蘇秦合從説趙王亦云：『秦無韓、魏之隔，禍中於趙矣。』」金正煒云：「攘，却也。攘於趙，猶云自梁折而入趙也。」〔按〕荀子注引此文亦作「攘於」，則姚本不訛。「攘」即「讓」字。禮記曲禮上篇：「左右攘辟」，鄭注：「攘，古『讓』字。」讓，辭也（王逸楚辭懷沙注）。言秦禍於是讓於趙矣。「攘於」與「移與」義同。諸家釋誤。鮑本異文，則孫説可用。

〔二八〕鮑彪云：「秦有三國，趙之患也，燕又怒之。」

〔二九〕鮑彪云：「（割）秦割趙地。」

〔三〇〕鮑彪讀連下「此」字句，云：「國，謂趙。舉，猶行。」金正煒讀同鮑，云：「『舉』當爲『與』、『于』二字併合而譌也。與，及也。于，於也。」　關修齡以「矣」字誤淆於上，云：「疑作『割必深，國之舉矣』。言趙割地必深，國爲之舉矣。」　于鬯以爲文有誤訛，云：「恐『國之舉』有脱文。或三字衍文，此字屬『臣之』讀。或云：『「國之」二字當在上文「與」字上，「舉」即「與」字涉衍。彼文以「强秦」下（以强秦之有韓、梁、楚國之與燕之怒）十四字讀作一句。』不知然否。」　安井衡云：「『舉』字句。『舉』如『五旬而舉』之『舉』。言其割地必深矣，殆將舉趙國。」

〔按〕諸家讀並釋多訛，安井釋是，猶嫌未晰。「之」猶「其」也，「且」也，例見經詞衍釋。「且」猶「將」也。國，謂趙。「國之舉」猶「國且舉」。此謂割地必深，趙國將爲舉拔。極言危急之至，故下文云：「此臣之所爲來。」文本無誤，徒以「之」字未得其解而紛紜生歧也。

〔三一〕橫田惟孝云：「結前起後，下文即所『可急爲者』，乃易路之方也。」

〔三二〕鮑彪云：「（堅）堅其約。」

〔三三〕鮑彪云：「循前而攻。」　橫田惟孝云：「『循』疑『復』誤。」

〔三四〕中井積德云：「『是秦禍不離楚也便於三晉』十一字，疑衍。」　〔按〕此言楚王不入與入，並與三晉有利，故此云「便於三晉」，互舉相承。中井説非。

〔三五〕鮑彪讀「入秦」句，「秦」下補「秦」字。　黄丕烈云：「此讀『入』句絶。魏策：『支期曰：王視楚王，楚王入。』又曰：『楚王不入。』皆可爲證。鮑補誤也。」〔按〕黄説是，今從之。

〔三六〕鮑彪云：「恐其合晉。」

〔三七〕鮑彪云：「楚求出故。」　〔按〕「即」猶「則」。

〔三八〕金正煒云：「『有』與『又』通。此承上文『是秦禍不離楚也，便於三晉』，故云『又』。」

〔三九〕鮑彪云：「重言急，以促之。」　吴師道云：「一本無『急』字，是。此下蓋敘述者之辭。」　橫田惟孝云：

「『急』字疑當移『因』字下。」〔按〕「急」字正狀語之鄭重，文氣有力。無與移之，並非。

〔四〇〕鮑本「戍」作「伐」，「伐」下有「山戎翟」三字，「西」作「惡」。鮑彪改「翟」作「戎」，改「惡」作「西」，云：「戎近秦，伐之以偪秦。」吳師道云：「一本（翟）作『戎』，（惡）作『西』。」安井衡云：「此時秦禍方急，安暇伐山戎哉？且山戎在趙東北，又不當言南。鮑本非。」

〔四一〕姚宏云：「劉改『卬』作『印』。」鮑彪云：「衍『卬』字。」吳師道云：「字誤衍。」黃丕烈云：「此與上文『即多割』，『即卬』二字皆有誤，但衍者未是。」沈壽經云：「『卬』疑懷王名，與史名熊槐不同。」（于鬯注引）金正煒云：「『卬』疑『即』之譌，與上文『必不出楚王，即多割』相應。爾雅釋詁：『即，尼也』。『尼』詁爲『止』，則『即』亦猶『止』也。謂止楚王而要以多割。又即，就也。此言就其在秦而刼之，使多出地耳。」金其源云：「說文『卬，望也，欲有所庶及也』，段注云：『庶及，猶庶幾也。』淮南原道訓『而以少正多』，注：『而，能也。』卬而多求地者，言庶幾能多求地也。並非誤衍。」〔按〕沈說無他證，終屬臆測。後金解雖不改字，「卬」訓「終」嫌乏旁證。黃引上文「即多割」之「即」字爲同誤，非。前金釋較長。

〔四二〕吳師道云：「此策自『割必深矣』以上，其論從横之利害當矣。自『事有可急者』以下，勸三晉之相堅而移禍於楚，亦未得爲盡善。蓋陳軫不得已之計也。愚考齊策秦攻魏陳軫合三晉而東章及韓、燕策與此章多合。此章言楚王入秦，正秦誘懷王武關之歲，在赧王十六年。」

戰國策 卷十九

趙二

1 蘇秦從燕之趙始合從

蘇秦從燕之趙〔一〕，始合從，説趙王曰：「天下之卿相人臣乃至〔二〕布衣之士，莫不高賢大王之行義，皆願奉教陳忠於前之日久矣。雖然，奉陽君妬〔三〕，大王不得任事，是以外賓客〔四〕遊談之士，無敢盡忠〔五〕於前者。今奉陽君捐館舍〔六〕，大王乃今然後得與士民相親，臣故敢獻其愚，效愚忠〔七〕。

「爲大王計，莫若安民無事，請無庸有爲〔八〕也。安民之本，在於擇交〔九〕。擇交而得，則民安；擇交不得，則民終身〔一〇〕不得安。請言外患。齊、秦爲兩敵〔一一〕，而民不得安；倚秦攻齊，而民不得安；倚齊攻秦，而民不得安。故夫謀人之主，伐人之國，常苦出辭斷絶人之交〔一二〕，願大王慎無出於口也。請屏左右，曰(白)言所以異〔一三〕，陰陽〔一四〕而已矣。大王誠能聽臣，燕必致氈裘狗馬之地，齊必致海隅魚鹽之地，楚必致橘柚雲夢之地，韓、魏皆可使致封地〔一五〕湯沐之邑〔一六〕，貴戚父兄皆可以受封侯。夫割地效實〔一七〕，五伯之所以覆軍禽將而求也。封侯貴戚，湯、武之所以放殺而爭也〔一八〕。今大王垂拱而兩有之〔一九〕，是臣之所以爲大王願也。

「大王與秦，則秦必弱韓、魏；與齊，則齊必弱楚、魏。魏弱則割河外〔二〇〕，韓弱則效宜陽〔二一〕。宜陽效則上郡絶〔二二〕，河外割則道不通〔二三〕，楚弱則無援。此三策者，不可不熟計也。夫秦下軹道〔二四〕，則南陽〔二五〕動；劫韓包周，則趙自銷鑠〔二六〕；據衛取淇〔二七〕，則齊必入朝。秦欲已得行〔二八〕於山東，則必舉甲而向趙。秦甲涉河踰漳，據番吾〔二九〕，則兵必戰於邯鄲之下矣。此臣之所以爲大王患也。

「當今之時，山東之建國，莫如趙强。趙地方二〔三〇〕千里，帶甲數十萬，車千乘，騎萬匹，粟支十年，西有常山〔三一〕，南有河、漳，東有清河，北有燕國〔三二〕。燕固弱國，不足畏也。且秦之所畏害於天下者〔三三〕，莫如趙。然而秦不敢舉兵甲而伐趙者，何也？畏韓、魏之議〔三四〕其後也。然則韓、魏，趙之南蔽也。秦之攻韓、魏也，則不然，無有名山大川之限〔三五〕。稍稍蠶食之，傅之國都而止〔三六〕矣。韓、魏不能〔三七〕支秦，必入臣。韓、魏臣於秦〔三八〕，秦無韓、魏之隔，禍中〔三九〕於趙矣。此臣之所以爲大王患也。

「臣聞堯無三夫之分〔四〇〕，舜無咫尺之地，以有天下。禹無百人之聚，以王諸侯。湯、武之卒不過三千人，車不過三百乘〔四一〕，立爲天子。誠得其道也。是故明主外料其〔四二〕敵國之强弱，内度其士卒之衆寡、賢與不肖，不待兩軍相當，而勝敗存亡之機節〔四三〕，固已見於胸中矣。豈掩〔四四〕於衆人之言，而以冥冥決事哉？臣竊以天下地圖案之〔四五〕。諸侯之地，五倍於秦，料諸侯之卒，十倍於秦，六國并力爲一，西面〔四六〕而攻秦，秦〔四七〕破必矣。今見破於秦〔四八〕，西面而事之，見臣於秦。夫破人之與破於人也，臣人之與臣於人也，豈可同日而言之哉？夫横人〔四九〕者，皆欲割諸侯之地以與秦成。與秦成，則高臺〔榭〕〔五〇〕，美宮室，聽竽瑟〔五一〕之音，察五味之和，前有軒轅〔五二〕，後有長庭〔五三〕，美人巧笑。卒〔五四〕有秦患，而不與其憂。是故横人日夜務以秦權恐猲〔五五〕諸侯，以求割地。願大王之熟計之也。

「臣聞明王絶疑去讒，屏流言之跡，塞朋黨之門，故尊主廣地强兵之計，臣得陳忠於前矣。故竊爲大王計，莫如一韓、魏、齊、楚、燕、趙，六國從親，以儐畔〔五六〕秦。令天下之將相，相與會於洹水〔五七〕之上，通質〔五八〕，刑白馬以盟之，約曰：秦攻楚，齊、魏各出鋭師以佐之，韓絶食道，趙涉河、漳，燕守常山之北〔五九〕。秦攻韓、魏，則楚絶其後〔六〇〕，齊出鋭師以佐之，趙涉河、漳，燕守雲中〔六一〕。秦攻齊，則楚絶其後，韓守成皋，魏塞午道〔六二〕，趙涉河、漳、博關〔六三〕，燕出鋭師以佐之。秦攻燕，則趙守常山，楚軍武關，齊涉渤海〔六四〕，韓、魏出鋭師以佐之。秦攻趙，則韓軍宜陽，楚軍武關，魏軍河外，齊涉渤海〔六五〕，燕出鋭師以佐之。諸侯有先背約者，五國共伐之。六國從親以擯〔六六〕秦，秦必不敢出兵於函谷關以害山東矣。如是，則伯業成矣。」

趙王曰：「寡人年少，莅國之日淺〔六七〕，未嘗得聞社稷之長計。今上客有意存天下，安諸侯，寡人敬以國從！」乃封蘇秦爲武安君，飾車〔六八〕百乘，黄金千鎰，白璧百雙，錦繡千純〔六九〕，以約諸侯。

〔箋證〕

〔一〕鮑彪云：「此（肅侯）十六年。」〔按〕蘇秦説趙肅侯合從，史記趙世家不書，蘇秦傳未記何年。燕世家、六國表以秦説燕在燕文公二十八年，當趙肅侯之十六年（前三三四）。資治通鑑次説趙合從事在周顯王三十六年（前三三三），當趙肅侯之十七年。姚鼐古文辭類篹此篇下注云：「恐即蘇秦説燕年，肅侯之十六年」，則同鮑注。

〔二〕〔按〕荀子臣道篇注引「臣乃」作「君及」。史記蘇秦傳「乃至」二字作「及」字。

〔三〕鮑彪云：「秦傳言肅侯其弟成爲相，號奉陽君。妬，嫉賢也。」吴師道云：「按史蘇秦傳趙肅侯令其弟成爲相，號奉陽君。弗説秦，秦去之燕。奉陽君死，秦復説肅侯，稱奉陽君捐館舍。而張儀之説武靈王，亦謂『先王時奉陽君相，專權擅勢，蔽晦先王』。然武靈胡服，請於公叔成，而成與李兑弑主父，則是肅侯之世，成未亡。何其前後相戾邪？故大事記從古史定以奉陽君爲公子成，而削去捐館之語。考之策屢言奉陽君，而趙策尤著，見於李兑約五國伐秦後謀取宋之時。蘇秦説趙，當肅侯十六年，而五國伐秦，在惠文十三年，相去五十年，公子成執國柄何久也？史、策明言捐館舍，豈得皆誤？武靈易服之請，猶惓惓敬事，其答張儀，豈得公言其罪而無所諱哉？荀子以奉陽君爲篡臣，而楊倞注亦疑非公子成。蘇秦所值者，必別一奉陽君，非公子成明矣。」（此注原在本策四齊將攻宋而秦楚禁之章下，今節取其一段移此）梁玉繩史記志疑同吳説，云：「號同人異，非可强合。六國時封號多重，如蘇秦封武安君，後又有李牧，是其類也。」〔按〕荀子臣道篇注引後語謂「肅侯之弟奉陽君爲相，不悦蘇秦」，不著奉陽君之名。又引盧藏用注「奉陽君名成」，則本於史記。楊注又云：「公子成，武靈王時猶不肯胡服，即公子成非奉陽君也。」略與吳同。「奉陽君妬」云云，本策一蘇秦説李兑章蘇秦説李兑，兑不用之，贈資入於秦，與秦策一蘇秦始將連横説秦惠王章蘇秦始以連横説秦王及此章相應，則奉陽君當是李兑。又馬王堆出土戰國縱横家書一章「封秦也，任秦也，比燕於趙，令秦與兊……」，三章「奉陽君使周納告寡人曰：燕王請毋任蘇秦以事」。其中一章之「秦」即蘇秦自稱，「兊」同「兑」，即李兑。奉陽君李兑約五國以伐秦，亦見於本策四，其人在武靈王、惠文王之時，蘇秦與之並時，且發生過關係。但距史記所記蘇秦合從年代不合，顯有舛訛。此與蘇秦事跡問題有關，近人已多論之，別詳拙作蘇秦合從年代考辨。

〔四〕姚宏云：「錢、劉去『賓』字。」鮑彪云：「外，疏之也。」王念孫云：「外賓客遊談之士，句法頗累，錢、劉去『賓』字是也。外客，謂外來之客。……史記蘇秦傳作『賓客遊士』，此作『外客遊談之士』，文本不同。今本作『外賓客遊談之士』者，後人據史記旁記『賓』字，因誤入正文耳。」楊倞注荀子臣道篇引此有『賓』字，則所見本已誤。文選蜀都賦注、上吳王書注引此並無『賓』字。」〔按〕「賓」字亦通，不必衍。

〔五〕〔按〕文選蜀都賦注、鄒陽上書吳王注引「盡忠」作「自進」。史記作「自盡」。

〔六〕鮑彪云：「禮：婦人死曰『捐館舍』。蓋亦通稱。」楊慎云：「奉陽當國，不免專權，而肅侯亦有惡之之意，故揣之而爲此言，以微激之也。」

〔七〕鮑本、吴本「獻」作「進」，無「效愚」二字。黄丕烈云：「史記作『進其愚慮』。此策當是『獻其愚』下脱『慮』字，『效愚忠』三字别爲句。」安井衡云：「『獻』字是也。愚、效二字當定爲衍文。」金正煒云：「此文當作『獻其愚，效其忠』。次『愚』字涉上而誤。」〔按〕文義可通，不必補衍。

〔八〕横田惟孝云：「庸，用也。有爲，謂攻伐。」

〔九〕鮑彪云：「與諸侯交。」

〔一〇〕鮑彪云：「(終身)終趙王身。」〔按〕策文明謂「民終身」，不必如此曲解。

〔一一〕鮑彪云：「(兩敵)爲趙敵。」

〔一二〕鮑彪云：「苦，言其力。横人蓋然。」横田惟孝云：「『苦』猶『病』也。言常病謀伐之辭出於口，人聞之而斷絶其交。謀貴密之意。」金其源云：「莊子天道及淮南道應訓『疾則苦而不入』，高誘注云：『苦，急意也。』方言：『苦，快也。』『快』與『急』同義。言急於出口，下云『願大王慎無出於口也』者，以勿急戒之也。」〔按〕横田説較長，與下「請屏左右」云云相應。

〔一三〕吴師道云：「史作『請别白黑所以異』。大事記謂當從策。按索隱引策(曰言)作『白言』，尤明。」黄丕烈云：「此『曰』即『白』之譌。」横田本從索隱「曰」改作「白」。〔按〕「白」字爲長，今從改。

〔一四〕鮑彪云：「陰陽，言事止有兩端，指謂從横。」〔按〕秦策一張儀説秦王章：「陰燕陽魏。」銀雀山漢簡書孫臏兵法：「陰陽所以聚衆合敵也。」與此義同，「陰陽」以喻「開闔」，詳秦策箋證。

〔一五〕鮑彪云：「(封地)封内之地。」吴師道云：「下文『封侯』之類。」

〔一六〕〔按〕湯沐之邑，見楚策一張儀爲秦破從連横説楚王章。

〔一七〕鮑彪云：「實，如氊裘之類。」

〔一八〕〔按〕謂湯放桀，武王殺紂，又並封建子弟爲諸侯國也。

〔一九〕〔按〕尚書孔疏：「説文云：『拱，斂手也。』垂拱，……謂所任得人，人皆稱職，手無所營，下垂其拱。」史記作「高拱」。此與上文「請無庸有爲也」相應。兩有之，謂割地效實與封侯貴戚。

〔二〇〕吴師道云：「正義云：『河外，同、華等地。』此即西河之外也。」〔按〕齊策一張儀爲秦連横説齊王云：「魏效河外。」高注：「河外，河南。」胡三省通鑑注：「秦蓋以河東爲河外，梁則以河西爲河外。」是自魏言之，河南或河西皆可稱河外。魏世家：「（襄王）五年，予秦河西之地。」襄王五年乃魏惠王後元六年之誤，當周顯王三十九年（前三三〇），在蘇秦合從之後。則此文「河外」，當謂河西，吴注是也。

〔二一〕鮑彪云：「皆以地與秦。」

〔二二〕鮑彪云：「（上郡）并州郡。」吴師道云：「正義云：『上郡在同州西北。』則廣記云：今鄜、延安、丹、坊部銀夏、綏德、保安之地。」姚鼐云：「上郡是韓地在河北者，非魏西河之外後入於秦之上郡。」（吴點勘本引）張琦云：「『上郡』疑當作『上黨』。宜陽與上黨隔河連近。若上郡更在同州府北，去宜陽遠矣。」黄以周儆季襍箸上地考云：「韓地不至上郡，且上郡與宜陽又遠不相近。……張氏改『上郡』爲『上黨』。考韓上黨道由懷慶，不由宜陽，則亦非也。上郡當上地。效宜陽則韓之上地絶。韓策張儀説韓曰：『秦下甲據宜陽，斷絶韓之上地。』是其明證也。」〔按〕黄説疑是。

〔二三〕〔按〕黄以周上地考謂：「河外者，河之南，即今開封府汜水縣等處。……云『道不通』者，承上『上地』言。」此説未然。此文河外當指河西而言，見上。此句承上「魏弱則割河外」而言，與「上地」（即上郡）句不相涉也。

〔二四〕鮑彪云：「（軹道）秦紀注：亭名，在霸陵。」吴師道云：「故軹城在懷州濟源縣東南，以下言修武之南陽知之。按大事記，顯王十一年，韓使計息以枳道易鹿於魏。水經注、年表，赧王三十六年秦伐魏至軹，取城大小六十一。皆魏之軹也。軹、枳通，策又作『咫』。蘇秦傳云『秦下軹道則南陽危』，又云『我下軹道、南陽、封、冀』，亦指此。其言秦者在雍州萬年縣東北，去霸水百步。軹道亭，秦王降處也。蘇代云『楚得枳而國亡』，則巴郡之枳也。」張琦云：「此軹自應主秦，正義所謂『下軹道，從東渭橋歷北道，過蒲津，攻韓，則南陽危』是也。若懷慶之軹，則已入南陽，與『動』字不合。軹道亭在今西安府東，東渭橋在府東北五十里。」程恩澤、顧觀光從吳説以軹道爲濟源之故軹城。〔按〕張守節（史記正義）、鮑彪、張琦謂軹道屬秦，即萬年縣之軹道亭，吳師道、程恩澤、顧觀光謂屬魏，即濟源縣之故軹城。兩説歧異，言各成理。愚謂歧異之由，在於「下」字之解釋不同。張守節等釋「下」爲下兵，「下軹道」謂從軹道下兵，故軹道屬秦。然此「下」字恐非此義，「下」當釋爲攻下。蘇秦傳：「（蘇代曰）我舉安邑，塞女戟，韓氏太原、卷。我下軹道、南陽、封、冀。」「下」與此「下」字相同，「下」與「舉」對舉，則爲「攻下」義無疑。秦攻下軹道，則魏之南陽危動。文義明白，軹道不屬秦無疑。據此，吳氏等以爲濟源之故軹城，是也。

〔二五〕鮑彪云：「（南陽）修武者。」張琦云：「南陽屬魏。史正義曰『屬韓』，非。」

〔二六〕張琦云：「史正義曰：『周都雒陽，秦若劫取韓南陽，是包裹周都也。趙都邯鄲，故須危，起兵自守。』按宜陽、新城在周西，滎陽、成皋在周東，劫韓則包周，非但取南陽，遂包裹周都也。趙都邯鄲，去韓殊遠，『趙』疑當作『魏』。劫韓則逼魏，故自銷鑠。下云『秦欲已得乎山東，則必舉甲而向趙』，明此主韓、魏言，不主趙矣。秦兵自韓及齊，亦不容遺魏不數也。」〔按〕史記作「則趙氏自操兵」。

〔二七〕張琦云：「正義曰：『衛，濮陽也。』按漢志，『淇水至黎陽入河』，此云『取淇』，蓋指黎陽也。黎陽故城在今（河南）濬縣西二里。」

〔二八〕姚宏云：「錢、劉去『行』字。」

〔二九〕吴師道云：「正義云：『「番」音「婆」，又音「蒲」，音「盤」。』徐廣云：『常山蒲吾縣。』」張琦云：「史正義曰：『漳水在潞州。言秦兵渡河，歷南陽，入羊腸，經澤、潞，渡漳水，守蒲吾城，則與趙戰於都城下矣。』按此當是由黎陽北出，渡河踰漳，直走邯鄲，遊兵循太行而北，據番吾，塞井陘，以絶代郡、太原之援。不必復自南陽至澤、潞渡漳水，而後守番吾也。番吾今平山，在邯鄲北五百里。謂守番吾而後與趙戰都城下，疏矣。」程恩澤云：「策云『涉河踰漳』云云。當自潼關出兵，由懷慶渡河，再由彰德渡河而後至也。」又以番吾從方輿紀要，説爲廣平府之磁州，在邯鄲正南七十里，見齊策一張儀爲秦連横説齊王章。〔按〕張儀説齊王亦曰：「秦、趙戰於河、漳之上，再戰而再勝秦。戰於番吾之下，再戰而再勝秦。」與此相同，非平山之番吾。此番吾在今河北磁縣境，距邯鄲近。

〔三〇〕吴本「二」誤作「三」。

〔三一〕張琦云：「此據趙國都言，若四封，則此時西至河也。」

〔三二〕〔按〕武靈王平晝章云：「今吾國東有河、薄落之水，與齊、中山同之，而無舟楫之用。自常山以至代、上黨，東有燕、東胡之境，西有樓煩、秦、韓之邊，而無騎射之備。」趙世家武靈王召樓緩謀曰：「今中山在我腹心，北有燕，東有胡，西有林胡、樓煩、秦、韓之邊。」並武靈王時，與此年代相近。又同策三説張相國曰章云：「今趙萬乘之强國也，前漳、滏，右常山，左河間，北有代。」

〔三三〕鮑彪云：「言秦於天下，獨畏趙害己。」横田惟孝云：「害，忌也。」金正煒云：「淮南修務篇注：害，患也。」〔按〕鮑訓「畏害」二字誤，横田與金釋並可通。史記無「畏」字，或此「畏」字涉上文而衍。

〔三四〕〔按〕廣雅釋詁：「議，謀也。」

〔三五〕〔按〕魏策一蘇秦爲趙合從説魏王章云：「（魏）埊四平，諸侯四通，條達輻湊，無有名山大川之阻。」

〔三六〕鮑彪云：「傅、附同。止，兵止於此。」

〔三七〕姚宏云：「錢、劉本無『能』字。」

〔三八〕鮑本、吴本無「韓魏臣」三字。〔按〕史記亦無此三字，「於秦」二字上屬讀。

〔三九〕鮑本、吴本「中」上有「必」字。鮑彪云：「（中）猶射中的。」〔按〕史記有「必」字。「中」讀去聲。

〔四〇〕鮑彪云：「一夫有田百畝，此未爲唐侯時。」吴師道云：「此説士無據之辭。且舜、顓頊後，有國於虞，其側微特在下爾。禹乃崇伯鯀子，亦有國土者。今曰云云，豈足信哉？枚乘書：『舜無立錐之地，禹無十户之聚。』李善注又引韓子云云，皆此類。」〔按〕路史後紀卷十：「（帝堯）年十有七，諉以侯伯恢踐帝。」羅苹注云：「董仲舒亦云堯發於諸侯。而蘇秦説趙肅侯云：『堯無三夫之分，舜無咫尺之地，以有天下。禹無百人之聚，以王諸侯。』淮南子云：『堯無百夫之郭，舜無植錐之地，禹無十人之衆。』作文者之常蔽。」亦辨其非，與吴説同。羅引淮南，見氾論訓，今本「百夫」作「百户」，「植錐」作「置錐」（宋本淮南子作「植錐」），置、植古通用。

〔四一〕〔按〕淮南子泰族訓云：「湯、武革車三百乘，甲卒三千人，討暴亂，制夏、商。」孟子盡心篇云：「武王之伐殷也，革車三百兩，虎賁三千人。」吕氏春秋貴因篇亦云：「武王選車三百，虎賁三千。」「虎賁」即「甲卒」也。史記作「湯、武之士，不過三千，車不過三百乘，卒不過三萬」。與策異，史誤，王念孫有訂文。

〔四二〕姚宏云：「一本無『其』字。」

〔四三〕姚宏云：「一本無『節』字。」鮑彪云：「節，節目。」横田惟孝云：「機，樞機。節，節度。」中井積德云：「史無『節』字，疑衍。」安井衡亦以無「節」字爲是。

〔四四〕姚宏云：「錢、劉（掩）作『闇』。」鮑彪云：「掩，猶『蔽』。」

〔四五〕金正煒云：「淮南時則篇『案程度』，注：『案，視也。』」〔按〕周禮地官司徒云：「掌建邦之土地之圖。以天下土地之圖，周知九州之地域廣輪之數，辨其山林川澤丘陵墳衍原隰之名物。」鄭注：「土地之圖，若今司空郡國輿地圖。」又夏官職方氏云：「掌天下之圖，以掌天下之地，辨其邦國都鄙，四夷八蠻七閩九貉六狄之人民與其財用九穀六畜之數要，周知其利害。」此可徵周時不但有本國之都邑地圖，且有各民族分佈之地圖，不但有繪山川都邑之自然與政治地圖，且有表識農穀之經濟地圖。管子地圖篇云：「凡兵主者，必先審知地圖，轘轅之險，濫車之水，名山通谷經川陵陸丘阜之所在，苴草林木蒲葦之所茂，道里之遠近，城郭之大小，名邑廢邑困殖之邑，必盡知之。地形之出入相錯者盡藏之，然後可以行軍襲邑，舉錯知先後，不失地利。此地圖之常也。」此則又類於後世之軍事地圖矣。荆軻入秦，獻燕之督亢之地圖（見燕策）。知戰國時，地圖因政治，外交與軍事之需要而日趨發展矣。

〔四六〕金正煒云：「尚書鄭注：『面，猶迴向也。』」〔按〕史記「面」作「鄉」。

〔四七〕鮑本原不重「秦」字，鮑補「秦」字。吴師道云：「一本復有。」

〔四八〕姚宏云：「一本無此（見破於秦）四字。」鮑本無此五字，鮑補「今」字。吴師道云：「一本『今見破於秦西面』云云。」安井衡云：「按下文云『夫破人之與見破於人也』，則有四字爲長。」金正煒云：「一本無者是也。今西面而事之，疑當作『今乃曲而事之』。古書『乃』作『廼』，因損而爲『西』，『面』與『曲』形亦相似，又因上文『西面』而誤也。曲，折也。」〔按〕安井説是。金喜改字，往往於不必改字亦改之，此其大病。此文自通，改字徒滋糾纏而已。史記無「見破於秦」四字。

〔四九〕〔按〕索隱云：「衡人，即遊説從横之士也。東西爲從，南北爲横。」衡與横通。

〔五〇〕鮑彪「臺」下補「榭」字，云：「臺有木曰『榭』。」〔按〕鮑補據史記。此與「美宫室」對舉，當有「榭」字，今據補。

〔五一〕鮑本「竽瑟」作「竽笙琴瑟」四字。吴師道云：「一本無『笙』、『琴』字。」

〔五二〕鮑彪云：「天文志：權軒轅象後宫。此言美人之所處也。」〔按〕史記作「前有樓闕軒轅」。顧炎武日知録卷二十七云：「『軒轅』當作『軒縣』。周禮小胥：『正樂縣之位，王宫縣，諸侯軒縣。』注：『軒縣者，闕其南面。』」（横田惟孝引顧説。金正煒同顧説，而失其名，疏矣）此謂横人由謀成而受封賞，僭擬諸侯。鮑注非。

〔五三〕姚宏云：「一本改『庭』作『姣』。」〔按〕史記作「姣」。

〔五四〕鮑彪云：「卒、猝同。」

〔五五〕鮑彪改「猲」作「喝」。吴師道云：「喝、猲通，見齊策。此章史作『愒』，相恐脅也。前王子侯表：坐恐猲。並許葛反。」

〔五六〕黄丕烈云：「此句『儐』字當是因下句而衍，史記無。」安井衡云：「儐、擯通，斥也。畔，離也。」

〔五七〕吴師道云：「洹水，見秦策。」〔按〕正義云：「『洹』音『桓』。洹水出相州林慮縣西北。」餘詳秦策四物至而反章。

〔五八〕〔按〕索隱云：「（通質）以言通其交質之情。」疑「質」讀「贄」，通贄，謂聘問通好。

〔五九〕張琦云：「索隱曰：『韓絶糧道，謂擁嶢關之外，又守宜陽也。』按是時秦未有巴、蜀、漢中，伐楚必出武關。韓自宜陽道盧氏而西，可絶其食道。嶢關在今藍田縣二十里，武關内四百里，索隱説非也。燕守常山，恐秦聲言伐楚，忽指燕、趙。」

〔六〇〕〔按〕索隱云：「謂出兵武關，以絶秦兵之後。」

〔六一〕鮑彪云：「（雲中）并州郡。」〔按〕在今山西大同西北。

〔六二〕鮑彪云：「王莽傳注：『今京城直南山有谷通漢梁道者名子午谷。又宜州西、慶州東，有山名子午嶺，南北直相當。此則北山是子，南山是午，共爲子午道。』詳此，則午道秦南道也。塞之使不得通，莽所通者因秦也。」吴師道云：「索隱云：『當在趙東齊西。午道，地名也。鄭玄云：一從一横爲「午」（吴本訛作「道」，今據索隱本文改），謂交道也。』按下張儀説趙王章亦有。」張琦云：「魏無緣能塞子午道。秦攻齊，乃塞入梁、漢之道，亦舛也。吴所引索隱，乃張儀傳注。……蘇秦傳作『其道』，索隱曰：『即河内之道。戰國策作「午」。』則索隱於此不主趙東齊西也。」

〔六三〕吴師道云：「博關見齊策。」〔按〕見張儀爲秦連横説齊王章。

〔六四〕張琦云：「史正義曰：『齊涉渤海，謂從滄州渡河至瀛州。魏軍河外，謂同、華等州也。』按攻燕而楚軍武關，攻趙而韓軍宜陽，楚軍武關，魏軍河外，皆攻其所必救也。瀛州，今河間府。」〔按〕此時秦雖强，尚不能越國以攻燕、趙，此乃蘇秦擬議之詞。

〔六五〕王念孫云：「齊之救趙，無煩涉渤海。史記『渤海』作『清河』，是也。蘇秦説齊王曰：『齊西有清河。』説趙王曰：『趙東有清河。』是清河在齊、趙之間，齊、趙相救，必涉清河。……今作『渤海』者，因上文有『齊涉渤海』而誤。」〔按〕王説是也，齊救趙，無涉渤海之理。

〔六六〕鮑彪改「擯」作「儐」。吴師道云：「説已見前。」〔按〕史記「儐」作「賓」。儐、賓、擯字並通用，不必改。

〔六七〕〔按〕是時肅侯在位十七年（或十六年），不可謂「莅國之日淺」。史言「肅侯令其弟成爲相，號奉陽君」。蘇秦謂「奉陽君妬，大王不得任事」，則奉陽君似非少年不更事者。今奉陽君已死，肅侯乃其兄，親政，而曰「寡人年少」，亦所不解。或爲禮貌上自謙之詞。

〔六八〕闞修齡云：「飾，蓋謂陳設。言陳設四物於庭，以資蘇子約諸侯也。」〔按〕「飾」當爲「飭」。「飭」、「飾」二字，隸書並从芳作「餝」，混而爲一，顔師古匡謬正俗卷八已辨之。飭，整也，治也。「飭車」猶「約車」。闞氏望文增義，非。史記亦誤作「飾」。

〔六九〕高誘云：「(純)音『屯』。屯，束也。」(史記蘇秦傳索隱引戰國策注)

2 秦攻趙蘇子爲謂秦王

秦攻趙〔一〕，蘇子爲〔二〕謂秦王曰：「臣聞明王之於其民也，博論而技藝之〔三〕，是故官無乏事而力不困；於其言也，多聽而時用之〔四〕，是故事無敗業而惡不章。臣願王察臣之所謁〔五〕，而效之於一時之用也〔六〕。

「臣聞懷重寶者不以夜行，任大功者不以輕敵。是以賢者任重而行恭，知者功大而辭順〔七〕。故民不惡其尊，而世不妒〔八〕其業。臣聞之：百倍之國者〔九〕，民不樂後也〔一〇〕；功業高世者，人主不再行也〔一一〕；力盡之民，仁者不用也；求得而反靜，聖主〔一二〕之制也；功大而息民，用兵之道也。今用兵終身不休，力盡不罷，趙怒(怒趙)必於其己邑〔一三〕，趙僅存哉〔一四〕，然而四輪〔一五〕之國也〔一六〕。今雖得邯鄲，非國之長利也〔一七〕。意者地廣而不耕，民羸而不休，又嚴之以刑罰〔一八〕，則雖從而不止矣〔一九〕。語曰：『戰勝而國危者，物不斷也〔二〇〕。功大而權輕者，地不入也〔二一〕。』故過任之事，父不得於子〔二二〕；無已之求，君不得於臣。故〔二三〕微之爲著者强，察乎息民之爲用者伯，明乎輕之爲重者王〔二四〕。」

秦王曰：「寡人案兵息民，則天下必爲從，將以逆〔二五〕秦。」蘇子曰：「臣有以知天下之不能爲從以逆秦也。臣以田單、如耳爲大過也〔二六〕。豈獨田單、如耳爲大過哉？天下之主亦盡過矣。夫慮收亡齊〔二七〕、罷楚〔二八〕、敝魏與不可知之趙〔二九〕，欲以窮秦折韓〔三〇〕，臣以爲至愚也。夫齊威、宣〔三一〕，世之賢主也，德博而地廣，國富而用民（民用）〔三二〕，將武而兵强。宣王用之，後富韓威魏〔三三〕，以南伐楚，西攻秦，爲齊兵困於殽塞之上〔三四〕，十年攘地〔三五〕，秦人遠跡不服〔三六〕，而齊爲虚戾〔三七〕。夫齊兵之所以破，韓、魏之所以僅存者，何也〔三八〕？是則伐楚攻秦而後受其殃也。今〔三九〕富非有齊威、宣之餘也，精兵非有富韓勁魏之庫也〔四〇〕，而將非有田單、司馬之慮〔四一〕也，收破齊、罷楚、弊魏、不可知之趙，欲以窮秦折韓，臣以爲至誤。臣以從一不可成也〔四二〕。客有難者，今臣有患於世〔四三〕。夫刑名之家〔四四〕，皆曰白馬非馬〔四五〕也已。如白馬實馬，乃使有白馬之爲也〔四六〕，此臣之所患也〔四七〕。昔者秦人下兵攻懷〔四八〕，服其人，三國從之〔四九〕。趙奢、鮑佞將〔五〇〕，楚有四人〔五一〕起而從之，臨懷而不救，秦人去而不從〔五二〕。不識三國之憎秦而愛懷邪？忘其〔五三〕憎懷而愛秦邪？夫攻而不救，去而不從，是以〔五四〕三國之兵困，而趙奢、鮑接之能也〔五五〕，故裂地以敗於齊〔五六〕。田單將齊之良〔五七〕，以兵横行於中十四年〔五八〕，終身不敢設兵以攻秦折韓也，而馳於封内〔五九〕，不識從之一成惡存也〔六〇〕？」

於是秦王解兵，不出於境，諸侯休，天下安，二十九年不相攻〔六一〕。

〔箋證〕

〔一〕鮑彪移此章於秦策昭襄王下。

〔二〕姚宏云：「一本無『爲』字。」鮑本、吴本無「爲」字。

〔三〕鮑彪云：「試之以事。」

〔四〕横田惟孝云：「多聽而時用之，言多聽受其言，而以時施用之。」

〔五〕〔按〕章同彰。秦策高注：「謁，白也。」

〔六〕横田惟孝云：「即所謂『多聽而時用之』也。」

〔七〕鮑彪云：「皆不伐也。」

〔八〕鮑本「姤」原作「姤」，鮑改作「姤」。吴師道云：「當作『姤』。」

〔九〕鮑彪云：「(百倍之國)謂地廣也。」金正煒云：「吕覽至忠篇『子培賢者也，又爲王百倍之臣』，注：『子培之賢，百倍於人。』此即其義。」〔按〕鮑、金二義相近。

〔一〇〕鮑彪云：「争先附之。」吴師道云：「地既廣矣，民不樂其後之復有事也。」闕修齡云：「『後』恐『從』字訛。」横田惟孝云：「『後』恐『復』誤。言地既廣矣，民不樂復有事也。」〔按〕以下句「人主不再行也」推之，横田説較長。「後」與「復」，字形之訛。「不樂復」與「不再行」義近。

〔一一〕鮑彪云：「一舉成之，不待後。」吴師道云：「大功不再。」

〔一二〕鮑本、吴本「主」作「王」。鮑彪云：「(反静)復於無事。」〔按〕反同返。

〔一三〕鮑彪改「趙怒」爲「怒趙」，云：「必欲戰服，使爲己邑。」吴師道云：「(趙怒)當作『怒趙』。」黄丕烈云：「此有誤字。」安井衡云：「言趙衰弱，雖怒敵國，不能出兵以伐之，必於其己邑而已。」于鬯云：「『必』上當有『不』字。謂趙四輪之國，故怒而敵秦，不必專求於己邑也。」吴曾祺云：「謂趙不敢出兵境外，故曰『必於己邑』。」金正煒云：「『趙怒』當作『怒趙』，鮑説是也。『己邑』疑是『亡邑』。古文『亡』字从一从亡，故『亡』誤爲『己』也。趙惠文王三十年章：『即君之齊亡。』今本『亡』作『己』，誤亦略同。左氏昭二十四年傳：『此行也，楚必亡邑。』可爲此證。又邑亦國也。如鮑氏之説，則『於其』二字當乙爲『其於』。於，猶『爲』也。」〔按〕鮑改「趙怒」作「怒趙」，是也，今從之。「於」猶「爲」也，見經傳釋詞。「其己」本一字，詩王風揚之水「彼其之子」，鄭箋：「其，或作『記』，或作『已』。」此因一本作「其」，一本作「已」，誤併入文。怒趙必於其(或「己」)邑，猶怒趙，必爲其邑也。

〔一四〕鮑彪云：「言所存無幾。」〔按〕此危之之詞。

〔一五〕景宋抄本、盧本、横田本「輪」作「輸」。吴師道云：「姚本作『四輪』，是。」黄丕烈云：「『作「輸」』者，姚别本。」

〔按〕黄所謂姚别本，即指梁溪安氏所藏之宋槧本，景宋抄本、盧本從之出者。

〔一六〕鮑彪云：「『輪』猶『通』。言其民於適四方，無所不通，故下言從而不止。」許應亨云：「『四輪之國，猶言輻輳四國皆得救之，秦伐之難成功也。』」安井衡云：「『四輪者，四方平易皆通車輪，無險可守也。』(以上解「四輪」者)」吴師道云：「(四輪)言四面輪寫之國。」横田惟孝云：「『四輪，謂通達四方也。』」金正煒云：「『燕策：『趙四達之國也。』輪、達義同。」(以上解「四輪」者)〔按〕「四輪」解嫌轉折，不如「四輪」爲長。秦策一張儀説秦王章張儀説秦王「趙氏中央之國也」，即謂其通達四方，故亦稱「四輸之國」。

〔一七〕鮑彪云：「時攻邯鄲不拔，故曰『今雖』。」横田惟孝云：「今雖得其國，兵頓力盡，四方來伐，非秦國長久之利也。」

〔一八〕鮑彪云：「新民未服故。」

〔一九〕鮑彪云：「言且去之。」〔按〕爾雅釋詁郭注：「止，亦定。」

〔二〇〕鮑彪云：「物，事也。斷，猶止。言戰事不止。」鍾鳳年云：「『斷』字無解，疑爲『繼』字之訛。句言物力不繼也。其字殆舊從古文作『𢇍』，或誤以『斷』字之殘文而妄補者。」〔按〕鍾説或是。

〔二一〕吴師道云：「戰勝國宜安，而愈戰則國危。功大權宜重，而愈求功則權輕。危，故物不止；輕，故地不入。不斷不入，因上文『用兵不休』與『雖從而不止』言之。」〔按〕吴從鮑注而發揮。但「物」訓爲戰事，終覺不妥。此言戰勝國宜安，而反危者，物力不繼也，承上「地廣而不耕，民羸而不休」言。餘可通。

〔二二〕鮑彪云：「雖父責之其子使必爲，不可得也。」

〔二三〕吴師道云：「此下當有缺字，以下句推之可見。」策纂本、横田本故下並有「識乎」二字，不明所據。但依下文句例推之，「故」下當脱二字。

〔二四〕鮑彪云：「不伐人，人所輕也，重莫大焉。」

〔二五〕吴本「逆」作「迎」。金正煒云：「逆、迎古音相近，往往通用。」〔按〕逆、迎義亦相近。但此字鮑本作「逆」，吴本當是刊誤。下文作「逆秦」可證。從，合從。

〔二六〕吴師道云：「如耳見前。此時必二人欲爲從，故云然。」中井積德云：「田單，疑並作『魏齊』。」〔按〕秦策四秦昭王謂左右章：「今以無能之如耳、魏齊帥韓、魏以攻秦，其無奈寡人何。」是如耳爲爲從以拒秦者。田單爲齊相，亦爲趙相，但爲從伐秦事未聞。中井疑「田單」爲「魏齊」，即據秦策，然亦無證。

〔二七〕姚宏云：「曾改『亡』作『破』。」鮑彪云：「言世主志慮欲爾。」吴師道云：「亡齊，指其嘗亡於燕言之。下作『破齊』。」關修齡云：「亡齊，謂有亡形也。」〔按〕曾據下文「破齊」而改。但「亡齊」自通，不必改也。亡齊，吴注是。

〔二八〕鮑彪云：「罷音疲。」

〔二九〕鮑彪云：「未亡而有亡形。」吴師道云：「言其存亡不可知。」

〔三〇〕許應元云：「窮秦折韓，是時韓、秦方睦，故以秦、韓並説。」

〔三一〕鮑本、吴本「宣」下有「者」字。〔按〕威、宣，謂齊威王、宣王。

〔三二〕鮑彪改「用民」作「民用」，云：「民爲之用。」吴師道云：「當作『民用』。」〔按〕「民用」與上「地廣」、下「兵强」並舉，鮑乙當是，今從之。

〔三三〕鮑彪改「富」作「破」。吴師道云：「字因下誤，疑爲『逼』。」安井衡云：「『富』當爲『逼』，聲之誤也。」于鬯云：「逼、富並諧『畐』聲，例可假借，但正以下文有『富韓勁魏』句，恐不必改。西周策所謂强韓、魏者，得無是乎？」金正煒云：「『後』當爲『故』，承上『德博地廣』而言。『富』字古音讀如『偪』。小宛詩與『克』爲韻。故『偪』誤爲『富』。威，史記孫武傳『北威齊、晉』。當謂以威力服之也。或爲『威』之譌，威，滅也。左氏昭二十三年傳注：『國雖存，君死，曰滅。』魏之太子死而君拘於鄄，故亦可謂『威』。」〔按〕説文無「偪」字與「逼」字，通作「畐」。此「富」字本作「畐」，後人加「宀」而誤也。于以富作如字解，未是。金初釋「威」字自通，又改爲「威」，蛇足矣。且魏太子死乃齊威王事，非宣王也。

〔三四〕鮑彪「爲」上補「秦」字，「塞」作「函」。吴師道云：「宜復有『秦』字。按秦惠後七年，五國擊秦，齊師獨後，不敗。他戰無考。一本『殽塞之上』。」安井衡云：「殽，秦地，爲齊兵困於殽塞之上，爲秦可知，故『爲齊』上不言『秦』。鮑補『秦』字，非。」于鬯云：「吴據秦惠後七年事，欲合上宣王耳，實周慎靚三，依史齊湣六，依竹書則齊宣三年也。但承南伐楚而言，似不必拘。且上文明著一『後』字，可會。究當從薛公攻秦事爲確。」〔按〕「秦」字當係承上而省，不補亦明。六國表周慎靚王四年（前三一七），齊敗魏、趙觀澤。周赧王十四年（前三〇一），齊與秦擊楚，使公子將，大有功。十七年（前二九八），齊、韓、魏共擊秦於函谷，河、渭絶一日。依古本竹書紀年推合，慎靚四年當齊宣之四年，赧十四年當齊湣之元年，十七年（紀年止十六年）當齊湣之四年。于氏謂薛公攻秦即三國擊秦函谷事。

〔三五〕鮑彪云：「攘，推也，猶拓（鮑、吴合注四部叢刊本「拓」誤作「招」，據鮑注單行本正）。」關修齡云：「『十年』屬上，『攘地』恐衍。『年』下承以『秦人』，文理自順。」于鬯云：「所謂齊困十年者，猶所言『秦兵不敢出函谷關十五年』與下言『不相攻二十九年』之類，不必無其事，不可徵其實也。『十年』二字，誠如關謂屬上爲句法完善。『攘地』二字上下或有闕文，遂謂二字衍，斯近武斷矣。」〔按〕十年攘地，猶言攘地十年也，文義自通，今從舊讀。但關、于説亦可參考。

〔三六〕鮑彪云：「遠跡，畏而避之也。然終不服。」横田惟孝云：「服，疑當作『報』。」金正煒云：「『不服』當作『下服』。下服，猶言西服。」〔按〕服、報字形之譌，横田説近是。

〔三七〕鮑彪云：「戰敗，其地爲虚，其名爲戾。戾，疾也。按齊記及表不書秦敗齊，唯秦記惠十三年東攻齊；昭二十二年伐齊河東爲九縣；三十六年攻齊，取剛壽，不至是也。此樂毅入臨淄之役也，秦與五國共敗之。」吴師道云：「趙策亦有社稷爲虚戾之語。莊子：『國爲虚厲。』釋文：『虚，如字，又音「墟」。』李云：居宅無人曰虚，死而無後爲厲。』恐此『戾』即『厲』也。」〔按〕吴引莊子，見人間世篇。

〔三八〕鮑彪讀「破韓、魏」云云連屬爲句，云：「破韓、魏宜能强，而適足自存者何？」吳師道云：「齊宜强而反遭破，韓、魏宜亡而乃僅存，何也？故下文言齊之受殃。注讀句誤。」〔按〕吳讀是，今從之。

〔三九〕鮑彪云：「今，謂世主。」

〔四〇〕吳曾祺云：「此『富』字亦宜從上作『偪』。『庫』疑『軍』之誤。」金正煒云：「『富韓勁魏』即上文所云『富韓威魏』也。『富』當從吳作『偪』。『勁』疑當爲『劫』，謂以威劫之也。『精兵』謂器仗之屬，承上『富』言，於義自適。惟下句論將，則此『兵』字當爲士卒，疑『庫』或『軍』字之誤，與爲『將』爲對文，且與上句義不相複。」〔按〕吳、金説疑是。「庫」當作「軍」，言精兵不及偪韓威魏之軍耳。

〔四一〕鮑彪云：「司馬穰苴，以齊言之耳，非威、宣將。」吳師道云：「説見齊策。」横田惟孝云：「『田單』疑當作『田文』。」于鬯云：「策上言司馬，固不定是穰苴。穰苴見齊策，在閔王時，則與上文事亦可會。鮑意穰苴在齊景公時，則非也。」金正煒云：「田單在齊威、宣時未嘗爲將，或是田忌，涉上文『田單如耳』而誤。」〔按〕田文爲孟嘗君，雖約從三國攻秦，然非以將著名。疑作「田忌」爲長。然田單亦通，不必泥於威、宣。穰苴見齊策六齊負郭之民有狐咺者章。慮，謀也。

〔四二〕吳本「以」下有「爲」字。鮑彪云：「（從一）合從爲一。」吳師道云：「當作『一不可成』。下文『從之一成』，可見。」横田惟孝云：「『從一不可成也』一句，結上起下。」〔按〕下文「從之一成」句字有誤倒，見下，吳據未安。

〔四三〕吳本「臣」誤作「人」。鮑彪云：「難者如刑名家，蘇子所患也。」

〔四四〕鮑彪云：「（刑名之家）申、韓之徒。」金正煒云：「刑與形，古字通。漢書藝文志有名家，有形法家。」〔按〕刑名家即名家，謂惠施、公孫龍之徒。刑與形通。鮑舉申、韓，乃法家，與下文「白馬非馬」不合。金舉名家與刑法家並釋，亦非。且漢志作「法家」，不作「刑法家」也。

〔四五〕〔按〕公孫龍子有白馬論篇，辨白馬非馬之義。墨子經下篇：「牛馬之非牛，與可之同，説在兼。」經説下篇又申述其義。即白馬論之所自。

〔四六〕鮑彪云：「如使白馬實馬，必有白馬之爲，而天下之馬不皆爲白馬，故曰非馬。」于鬯云：「戴文光云：白馬原非馬，六國原不從。使名之爲白馬，實有白馬，則六國言從，實成其從。似此方可患耳。今都不然。或云：白馬之馬，非畜名，如投壺立馬之馬，故曰非馬，不能有馬之爲。案或説似太淺，以孔叢子高與公孫龍辨白馬非馬，似意主於馬。蓋龍之説欲溷黑白耳，故秦所患。」金正煒以「已」字屬此讀，云：「『已』當作『亡』，『亡』與『無』同。言刑名之家雖執白馬非馬之説，無如白馬之實馬也。『爲』猶『謂』也。」〔按〕「如」猶「然」也，「而」也，見經傳釋詞。「乃」猶「故」也，見經傳釋詞補。言形名家謂白馬非馬，然白馬實馬，故使有白馬之謂也。鮑注誤。金説可通，但嫌於改字耳。戴及或説亦曲，姑備參考。

〔四七〕鮑彪云：「言難者皆無端若此，故可患，而今非若此也。」横田惟孝云：「此（「客有難者」止「臣之所患也」）四十二字，疑他章錯簡。」

〔四八〕鮑彪云：「（懷）屬河内。」〔按〕懷故城，今河南武陟縣西南。魏世家：「（安釐王）九年，秦拔我懷。」當秦昭王三十九年（前二六八），趙惠文王三十一年。此殆指其役。

〔四九〕鮑彪云：「（三國）趙，趙奢；齊，鮑佞；并楚爲三。」金正煒云：「周書克殷篇：『周車三百乘陳於牧野，帝辛從』，注：『紂出朝歌三十里而迎戰也。』」

〔五〇〕姚宏云：「（佞）一作『接』。」〔按〕趙奢，趙將，史記有傳。鮑佞未詳。

〔五一〕鮑彪云：「（四人）不名告之。」鍾鳳年云：「語恐有誤。疑有字衍，『四人』字倒，句作『楚人四起而從之』。」

〔按〕此疑有誤，鍾改恐非。

〔五二〕鮑彪云：「趙、鮑、楚四人本起救懷而不救，又聽秦之自去，不隨擊也。」金正煒云：「書序『夏師敗績，湯遂從之』，傳：『從，謂遂討之。』」

〔五三〕鮑本、吴本「忘」作「亡」。鮑彪云：「亡其，猶亡亦云。」横田惟孝云：「亡其，猶亡乃也。」（安井説同）文廷式云：「作『亡』者是。『亡』讀爲『無』，此抑揚之詞，漢以前書多有之。」金正煒云：「『亡』與『忘』同。忘其，轉語詞。」〔按〕「忘」從「亡」聲，通用。「亡」猶「無」。

〔五四〕鮑彪「以」下補「知」字。吴師道云：「此下或有缺文。」〔按〕不必補字。

〔五五〕鮑本、吴本「接」作「佞」。横田本「能」作「罷」，云：「從一本。」鮑彪云：「以不救不從爲能，知秦之不可當也。」策纂本標注云：「能，猶不能。」金正煒云：「『能』下當有脱文，或『也』爲『弛』之缺損半字。弛，毁也。『能弛』亦猶『能絶』也。」鍾鳳年云：「疑『之』字下脱『無』字，作『無能也』。」〔按〕「能」字當誤，横田本作「罷」，與上文「困」字相應，似是。惜所云一本，不審何本也？「鮑佞」、「鮑接」，先後參差，不詳孰是。

〔五六〕鮑彪云：「此下申言上殽函之敗。」吴師道云：「裂地敗齊，當是指五國伐齊之事。三國之不救懷，卒裂地以敗齊，皆言從之不能合。」金正煒云：「敗於齊，於文不合，疑當作『裂地以效於秦』。效、敗字形相近。『齊』字涉下句『將齊之良』而誤。」鍾鳳年云：「此語應援倒字例視作『以敗於齊故裂地』。又此語之上文明言三國與秦戰，今兹乃稱敗於齊，豈非張冠李戴？且下文更稱『田單將齊之良，……終身不敢以兵攻秦折韓也，而馳於封國』，是齊初未與當時之事，尤不應有三國裂地以與之之理。『齊』字必誤，應作『秦』。」〔按〕金、鍾並以「齊」爲「秦」誤，疑是。鮑、吴説未然。

〔五七〕鍾鳳年云：「將齊之良，與次語『以兵』之義重複，殆『將齊』字倒。」〔按〕「將齊」二字不倒，或恐「兵」字涉上下文而衍。

〔五八〕于鬯云：「自田單起兵復齊至秦攻懷時，當有十四年之數，然則此承上攻懷而言。下文且言終身，是單已死而溯前事也。而上文言田單、如耳爲大過，彼田單爲可疑矣。若謂此時單未死，正與如耳謀合從，則『十四年』或當作『二十四年』，脱『二』字。」〔按〕中，謂封内。此言十四年，爲田單相齊之歲。單以趙孝成王元年（前二六五）將趙師攻燕中陽，二年，爲趙相，見趙世家。溯其破燕之歲爲齊襄王五年（前二七九），至襄王十九年（前二六五）爲趙將攻燕，綜計爲齊將正十四年也。下言「終身」者謂終爲齊將之年。據此，上文言田單、如耳者，疑當時單正相趙也。于説誤。又同策三趙惠文王三十年（前二六九）相都平君田單云云。依此推算，則田單至趙在惠文王時，與史記不侔。然策文不明示其爲趙相，所謂「相」恐指齊相。吴師道疑「三十年」下有缺文，愚疑「三十」下脱「三」字。若然，與趙世家及此策語正合矣。

〔五九〕鮑彪云：「言不出戰，所謂『横行於中』。」

〔六〇〕横田惟孝云：「結上文兩節，言從之不成也。」金正煒云：「『之一』二字誤倒，當據上文乙正。『存』疑『在』字之譌。田單且不敢設兵以攻秦折韓，則從一惡在能成乎？『惡在』猶『何在』也。」

〔六一〕鮑彪云：「以此策爲蘇秦合從時，則所稱趙奢、惠文、孝成將也，蘇秦不當稱之。自（秦）昭訖始皇定天下，無年不戰，則天下不相攻之説，不可曉也。今定爲孝成九年邯鄲圍後説。是後秦獨攻取兩周，猶息兵五、六年，前此後此，皆無解兵之事。」吴師道云：「二十九年不相攻，必有誤字。辯士增飾之詞固多，然不應如此之甚。」田藝蘅云：「此所謂虚説也，非實有其事。二十九年是何時邪？即（齊策）四十年不加兵之謂。」于鬯云：「案中山策言（秦）昭王息民繕兵，正在長平之役之後、邯鄲之役之前，則即此時也，是故暫不相攻矣。然正有疑者。長平之役在周赧五十四、五十五、五十六三年。邯鄲之役在周赧五十六、五十七、五十八三年。秦紀昭王四十八年，即周赧五十六年，言正月兵罷。又言其十月，五大夫陵攻趙邯鄲。然則正月罷兵，而十月復攻，中間息兵僅八月耳。若依白起傳『十月』作『九月』，中間又少一月，僅七月耳。而中山策言昭王復欲伐趙，武安君曰：『不可。』王曰：『前年國虛民飢，君不量百姓之力，求益軍糧以滅趙。今寡人息民以養士，蓄積糧食，三軍之俸有倍於前。而曰不可，其説何也？』武安君曰：『今王發軍雖倍其前，臣料趙國之守備，亦已十倍矣。趙自長平以來，君臣憂懼，早朝晏退，卑辭重幣，四面出嫁，結親燕、魏，連好齊、楚，積慮并心，備秦是務。其國内實，其交外成，當今之時，趙未可伐也。』……如彼所云，豈是七、八月間事？今戰國編年繫事，前半猶有竹書可參，而已不能不以史記補助。後半舍史記之外，更有何書？竊謂史公特西漢一文章之家，史記一書筆法不可及，而事實之鹵莽，不可究詰。時時散見於古書者，動與史記乖誤。長平之後、邯鄲之前，所謂昭王息民繕兵，雖不敢決二十九年之數，必不僅七、八月也。既無可徵實其事，則自不得不仍依史記。學者心知其未必然可耳。御覽引作『不相攻二十九年』，與今策文倒。或者疑『二十九年』乃別策之起語，御覽連引云。」〔按〕二十九年不相攻，自是策士增飾語，不足辨。策言「田單、如耳爲大過」，又言「田單以兵横行於中十四年」，則當在趙孝成王二年田單相趙之後。鮑彪定爲孝成九年（前二五七）邯鄲圍解之後，于鬯定爲孝成七年（前二五九）長平戰之後，然文内均未涉及。此類大戰，如策文正是其時，不應隻字無及，恐鮑、于所定並非也。疑此策在長平戰役之前。蘇子不知是代或厲，或別一説士附之蘇子者。于譏史記，未得其平，其所疑長平戰後休兵事，亦多影響之詞。近出土睡虎地秦簡編年紀載昭襄王四十七年「攻長平」，五十年「攻邯鄲」，與史記六國年表相合。司馬遷記秦事本秦紀，得地下資料證印而益信，豈可輕誣前賢？

3 張儀爲秦連橫説趙王

張儀爲秦連橫，説趙王曰〔一〕：「弊邑秦王使臣敢獻書於大王御史〔二〕。大王收率天下以儐〔三〕秦，秦兵不敢出〔四〕函谷關十五年矣〔五〕。大王之成，行於天下〔山東〕〔六〕。弊邑恐懼懾伏，繕〔七〕甲厲兵，飾〔八〕車騎，習馳射，力田積粟，守四封之内，愁居懾處〔九〕，不敢動摇。唯大王有意督過之也〔一〇〕！今秦以大王之力〔一一〕，西舉巴、蜀，并漢中〔一二〕，東收兩周，而西遷九鼎〔一三〕，守白馬之津〔一四〕。秦雖辟〔一五〕遠，然而〔一六〕心忿悁含怒之日久矣〔一七〕。今宣（寡）〔一八〕君有微（敝）〔一九〕甲鈍兵，軍於澠池〔二〇〕，願渡河踰漳，據番吾〔二一〕，迎戰邯鄲之下。願以甲子之日合戰，以正殷紂之事〔二二〕，敬使臣先以聞於左右〔二三〕！

「凡大王之所信以爲從者，恃蘇秦之計。熒〔二四〕惑諸侯〔二五〕，以是爲非，以非爲是，欲反覆齊國而不能，自令車裂於齊之市〔二六〕。夫天下之不可一，亦明矣。今楚與秦爲昆弟之國，而韓、魏稱爲東蕃之臣〔二七〕，齊獻魚鹽之地，此斷趙之右臂也。夫斷右臂而求與人鬬，失其黨而孤居，求欲無危，豈可得哉〔二八〕？今秦發三將軍：一軍塞午道〔二九〕，告齊使興師度清河，軍於邯鄲之東；一軍軍於成皋，歐〔三〇〕韓、魏而軍於河外〔三一〕；一軍軍於澠池。

約曰：『四國爲一以攻趙，破趙而四分其地。』是故不敢匿意隱情，先以聞於左右。

「臣切〔三二〕爲大王計，莫如與秦遇於澠池，面相見而身相結也。臣請案兵無攻，願大王之定計〔三三〕！」

趙王曰：「先王之時，奉陽君相，專權擅勢，蔽晦先王，獨制官事〔三四〕。寡人宫居，屬於師傅〔三五〕，不能與國謀。先王棄羣臣，寡人年少，奉祠祭之日淺，私心固竊疑焉，以爲一從〔三六〕不事秦，非國之長利也。乃且〔三七〕願變心易慮，剖地〔三八〕謝前過以事秦。方將約車趨〔三九〕行，而適聞使者之明詔。」於是乃以車三〔四〇〕百乘入朝澠池，割河間以事秦〔四一〕。

〔箋證〕

〔一〕〔按〕據史記張儀傳，説趙在説齊之後。

〔二〕鮑彪云：「（御史）周宗伯屬官，秦因之，而趙亦有。言此者，不斥王也。」吴師道云：「御史，周官，以中士、下士爲之，時小臣之傳命者。戰國其職益親，故此云云。秦、趙之會，御史書事。而淳于髡亦云御史在前（按「前」當作「後」，見史記滑稽列傳），掌記事糾察之任也。秦益重矣。」横田惟孝云：「下文『聞於左右』，亦同。」〔按〕御史，蓋近御之臣，不斥言王，猶云「執事」、「左右」，當時習用敬詞。戰國縱横家書第十七章謂起賈曰：「願御史之孰慮之也」，亦指起賈而言之敬詞。原注：「可能是他（起賈）在秦國所任的官」，非。

〔三〕〔按〕儐同擯。史記作「賓」。

〔四〕鮑本「出」原作「去」，鮑改作「出」。吴師道云：「疑『出』字。」

〔五〕〔按〕説見楚策一張儀爲秦破從連横章。

〔六〕吴師道云：「一本無『山東』二字。」〔按〕史記無「天下」二字。此疑由一本作「天下」，一本作「山東」，本是旁注異文，傳寫誤併入文。今從一本衍。

〔七〕姚宏云：「(繕)一作『綴』。」〔按〕慧苑華嚴音義引珠叢：「凡治故造新，皆謂之繕也。」

〔八〕安井衡云：「『飾』讀爲『飭』，整也。」〔按〕安井説是，詳上蘇秦自燕至趙章。史記正義「『飾』音『勑』」，即爲「飭」字之音。

〔九〕金正煒云：「禮記鄉飲酒義注：『愁讀爲揫。』爾雅釋詁：『揫，斂也。』慴與攝通，攝猶屈也。斂居屈處，正與『不敢動揺』相應。」

〔一〇〕鮑彪云：「高紀注：督，視責也。」金正煒云：「此文『唯』或『唯恐』之省。」〔按〕「唯」猶「以」也，見經傳釋詞。史記索隱：「督者，正其事而責之。督過，是深責其過也。」此言以趙王有意責過於秦。

〔一一〕鮑彪云：「因畏趙而飾兵故。」〔按〕瀧川資言史記考證云：「猶曰『賴大王神靈』，語婉。」得之。

〔一二〕〔按〕秦本紀：「(惠王後元)九年(前三一六)，司馬錯伐蜀，滅之。」「十三年，攻楚漢中，取地六百里，置漢中郡。」李斯傳云：「惠王用張儀之計，拔三川之地，西併巴、蜀，北收上郡，南取漢中。」

〔一三〕鮑彪云：「史不書。」吴師道云：「遷鼎之説，大言之也。」〔按〕梁玉繩史記志疑亦云：「包兩周，遷九鼎，此不過大言之爾。收取兩周，非惠王；遷鼎，亦無其事。」

〔一四〕〔按〕白馬津見秦策一張儀説秦王章。

〔一五〕鮑本、吴本「辟」作「僻」，同。

〔一六〕姚宏云：「三本同無『而』字。」

〔一七〕鮑彪云：「『悁』亦『忿』。」〔按〕史記無「悁」字。此言秦王久蓄報趙之心。

〔一八〕鮑彪改「宣」作「寡」。吴師道云：「字訛，當作『寡』。」金正煒云：「易説卦：『其爲人也寡髮。』釋文：『寡，本又作「宣」。』唐人書『寡』字作『宣』，如李邕書李思訓碑『寡欲』作『宣欲』，二形相似，傳寫易譌。」〔按〕鮑改是也，今從之。

〔一九〕鮑彪改「微」作「敝」。吴師道云：「史作『敝』。」〔按〕「微」乃「敝」之形誤，今從鮑改。

〔二〇〕〔按〕「澠池」或作「黽池」，見齊策一張儀爲秦連横説齊王章。

〔二一〕〔按〕胡三省通鑑注云：「言欲自澠池北渡河，又自此東踰漳水而進據番吾。此亦張聲勢以臨趙也。」番吾等並見齊策一。

〔二二〕横田惟孝云：「武王以甲子之日亡紂，今以趙王比紂。」〔按〕周武王以甲子日克殷，見尚書牧誓、史記周本紀、漢書律曆志及吕氏春秋貴因篇等。

〔二三〕〔按〕此以戰伐恫嚇之。

〔二四〕鮑彪「熒」上補「秦」字。吴師道云：「史有『蘇秦』字。」〔按〕此蓋蒙上而省。

〔二五〕鮑彪云：「熒，火光也，猶眩。」横田惟孝云：「『熒』亦『惑』也。」〔按〕史記孔子世家：「匹夫而熒惑諸侯者。」索隱：「熒惑，謂經營而惑亂也。」「熒」亦作「營」。荀子宥坐篇：「言談足以飾邪營衆。」楊注：「『營』讀爲『熒』，熒衆，惑衆也。」鮑訓未盡。

〔二六〕〔按〕見楚策一張儀爲秦破從連横説楚王章。

〔二七〕鮑本「蕃」作「藩」，同；無「之臣」二字。吴本「爲」誤作「於」。吴師道云：「一本『東藩之臣』，史同。」

〔二八〕茅坤云：「擯秦者趙爲首，故儀之説趙，獨以秦所銜者恐喝之。」

〔二九〕吴師道云：「説見前章。」〔按〕史記正義引劉伯莊云：「道蓋在齊、趙之交。」

〔三〇〕鮑本、吴本「歐」作「毆」。鮑彪云：「毆、驅同。」〔按〕歐，即「毆」字。「毆」亦從「區」聲，通用。

〔三一〕吴師道云：「正義云：河外，謂鄭滑州，北臨河。」張琦云：「河外對河内而言，凡河之南皆是，隨文所指，各不同耳。……鄭，今州。滑，今懸。」〔按〕胡三省云：「此河外亦因趙而言之。」

〔三二〕鮑彪改「切」作「竊」。〔按〕「切」乃「竊」之俗字，見宋元以來俗字譜。

〔三三〕楊慎云：「説趙王之詞又與説齊、楚者異矣。蓋遣(蘇)秦爲從者趙王也，趙王爲宗盟之主，故言秦王之積忿含怒於趙，而以合兵請戰之詞脅之於前，又以面相見身相結之計怵之於後。故趙王懼而割地謝過也。」

〔三四〕中井積德云：「據是文，似奉陽君聽蘇秦爲合從者。然按蘇秦傳奉陽君不悦秦，而秦之合從在奉陽君死之後。是等或記載之誤耳。」(史記會注考證引)〔按〕史記作「獨擅綰事」。「官」與「綰」通，亦同「管」，謂管轄也。奉陽君見上，此語顯相抵迕，見蘇、張縱横之文可疑。

〔三五〕〔按〕此言爲太子，就學於師傅。

〔三六〕〔按〕「一從」二字，史記同。上章「臣以從一不可成也」，作「從一」。

〔三七〕金正煒云：「吕覽義賞篇注：『「乃」猶「裁」也。』『乃且』與下文『方將』文異而義同。」

〔三八〕〔按〕史記「剖地」作「割地」。「剖」與「割」義同。

〔三九〕鮑彪云：「趨、趣同。」

〔四〇〕鮑本、吴本「三」作「二」。

〔四一〕鮑彪云：「此(武靈王)十五六年。」〔按〕史記無「朝澠池割河間」語。此乃張儀説齊之誇辭，固非事實，此策襲爲記事之語，誤矣。史公不采入傳，是也。

4 武靈王平晝間居

武靈王平晝間居[一]，肥義侍坐[二]，曰：「王慮世事之變，權[三]甲兵之用，念簡、襄[四]之跡，計胡、狄之利乎[五]？」王曰[六]：「嗣立[七]不忘先德，君之道也；錯質務明主之長[八]，臣之論也。是以賢君靜而有道[九]民便事之教，動[一〇]有明古先世[一一]之功；爲人臣者，窮有弟長辭讓之節[一二]，通有補民益主之業。此兩者，君臣之分也。今吾欲繼襄主[一三]之業，啓胡、翟之鄉[一四]，而卒世不見也[一五]。敵弱[一六]者，用力少而功多，可以無盡百姓之勞，而享往古[一七]之勳。夫有高世之功者，必負遺俗之累[一八]；有獨知之慮者，必被庶人之恐[一九]。今吾將胡服騎射[二〇]，以教百姓，而世必議寡人矣[二一]。」肥義曰：「臣聞之，疑事無功，疑行無名。今王即定負遺俗[二二]之慮，殆毋[二三]顧天下之議矣。夫論至德者不和於俗，成大功者不謀於衆[二四]。昔舜舞有苗[二五]，而禹袒入裸國[二六]，非以養欲而樂志也，欲以論德而要功也[二七]。愚者闇[二八]於成事，智者見於未萌[二九]，王其遂行之[三〇]！」王曰：「寡人非疑胡服也，吾恐天下笑之。狂夫之樂，知者哀焉。愚者之笑，賢者戚焉[三一]。世有順我者[三二]，則胡服之功未可知[三三]也。雖毆[三四]世以笑我，胡地[三五]

中山〔三六〕，吾必有之。」王遂胡服。

使王孫緤告公子成〔三七〕曰：「寡人胡服，且將〔三八〕以朝，亦欲叔之服之也。家聽於親，國聽於君，古今之公行也。子不反〔三九〕親，臣不逆主，先王之通誼也。今寡人作教易服，而叔不服，吾恐天下議之也。夫制國有常，而利民爲本；從政有經，而令行爲上〔四〇〕。故明德在於論(論)賤〔四一〕，行政在於信貴〔四二〕。今胡服之意，非以養欲而樂志也〔四三〕。事有所出〔四四〕，功有所止〔四五〕，事成功立，然後德且見也〔四六〕。今寡人恐叔逆從政之經〔四七〕，以輔公叔之議〔四八〕。且寡人聞之，事利國者行無邪，因貴戚者名不累。故寡人願募〔四九〕公叔之義，以成胡服之功，使緤謁之叔〔五〇〕，請服焉！」公子成再拜曰：「臣固聞王之胡服也，不佞〔五一〕寢疾，不能趨走，是以不先進。王今命之，臣固敢竭其愚忠。臣聞之，中國者，聰明叡知之所居也，萬物財用〔五二〕之所聚也，賢聖之所教也，仁義之所施也，詩書禮樂之所用也，異敏〔五三〕技藝之所試也，遠方之所觀赴也，蠻夷之所義行也〔五四〕。今王釋此而襲〔五五〕遠方之服，變古之教，易古之道，逆人之心，畔學者，離中國，臣願大王圖之！」

使者報王，王曰：「吾固聞叔之病也。」即之公叔成家，自請之曰：「夫服者，所以便用也；禮者，所以便事也。是以聖人觀其鄉而順宜，因其事而制禮，所以利其民而厚其國也。被髮〔五六〕文身〔五七〕，錯臂左衽〔五八〕，甌越〔五九〕之民也。黑齒雕題〔六〇〕，鯷冠秫縫〔六一〕，大吴〔六二〕之國也。禮服不同，其便一也。是以鄉異而用變，事異而禮易。是故聖人苟可以利其民，不一其用；果可以便其事，不同其禮〔六三〕。儒者一師而禮異〔六四〕，中國同俗而教離〔六五〕，又況山谷之便〔六六〕乎？故去就之變，知者不能一；遠近之服，賢聖不能同。窮鄉多異，曲學多辨〔六七〕。不知而不疑〔六八〕，異於己而不非者，公於求善也。今卿〔六九〕之所言者，俗也，吾之所言者，所以制俗也。今吾國東有河、薄洛之水〔七〇〕，與齊、中山同之，而無舟檝之用〔七一〕。自常山以至代、上黨，東有燕、東胡之境〔七二〕，西有樓煩、秦、韓之邊〔七三〕，而無騎射之備〔七四〕。故寡人且聚舟檝之用，求水居之民，以守河、薄洛之水；變服騎射，以備其（燕）〔七五〕參胡、樓煩、秦、韓之邊〔七六〕。且昔者簡主不塞晉陽以及上黨〔七七〕，而襄王兼戎取代，以攘諸胡〔七八〕，此愚知之所明也。先時中山負齊之强兵侵掠吾地〔七九〕，係累〔八〇〕吾民，引水圍鄗〔八一〕。非社稷之神靈，即鄗幾不守。先王〔八二〕忿之，其怨未能報也。今騎射之服〔八三〕，近可以備上黨之形〔八四〕，遠可以報中山之怨。而叔也順中國之俗，以逆簡、襄之意，惡變服之名，而忘國事之耻〔八五〕，非寡人所望於子。」公子成再拜稽首曰：「臣愚不達於王之議〔八六〕，敢道世俗之間〔八七〕。今欲繼簡、襄之意，以順先王之志，臣敢不聽令（令）〔八八〕。」再拜。乃賜胡服〔八九〕。

趙文進諫曰：「農夫勞〔九〇〕而君子養焉，政之經也。愚者陳意而知者論焉，教之道也。臣無隱忠，君無蔽言〔九一〕，國之祿〔九二〕也。臣雖愚，願竭其忠！」王曰：「慮無惡擾〔九三〕，忠無過罪〔九四〕，子其言乎？」趙文曰：「當世輔俗〔九五〕，古之道也；衣服有常〔九六〕，禮之制也；脩（循）〔九七〕法無愆，民之職也。三者，先聖之所以教。今君釋此而襲遠方之服，變古之教，易古之道，故臣願王之圖之！」王曰：「子言世俗之間〔九八〕。常民溺於習俗，學者沉於所聞。此兩者所以成〔九九〕官而順政也，非所以觀遠而論始也〔一〇〇〕。且夫三代不同服而王，五伯不同教而政〔一〇一〕。知者作教，而愚者制焉；賢者議俗，不肖者拘焉。夫制於服之民，不足與論心；拘於俗之衆，不足與致意〔一〇二〕。故勢與俗化〔一〇三〕，而禮與變俱，聖人之道也。承教而動，循法無私〔一〇四〕，民之職也。知學之人，能與聞遷〔一〇五〕；達〔於〕禮之變〔一〇六〕，能與時化。故爲己者不待人，制今者不法古。子其釋之！」

趙造〔一〇七〕諫曰：「隱忠不竭，姦之屬也；以私誣國，賤（賊）〔一〇八〕之類也。犯姦者身死，賤（賊）國者族宗〔一〇九〕。反〔一一〇〕此兩者，先聖之明刑，臣下之大罪也。臣雖愚，願盡其忠，無遁其死！」王曰：「竭意不諱〔一一一〕，忠也。上無蔽言，明也。忠不辟〔一一二〕危，明不距人〔一一三〕，子其言乎？」趙造曰：「臣聞之，聖人不易民而教，知者不變俗而動。因民而教者，不勞而成功；據〔一一四〕俗而動者，慮徑而易見也〔一一五〕。今王易初不循俗，胡服不顧世，非所以教民而成禮也。且服奇者志淫，俗辟者亂民〔一一六〕。是以莅國者不襲奇辟之服，中國不近蠻夷之行，非所以教民而成禮者也〔一一七〕。且循法無過，脩（循）〔一一八〕禮無邪，臣願王之圖之！」王曰：「古今不同俗，何古之法？帝王不相襲，何禮之循？宓戲〔一一九〕、神農教而不誅，黃帝、堯、舜誅而不怒〔一二〇〕。及至三王，觀時而制法，因事而制禮，法度制令，各順其宜；衣服器械〔一二一〕，各便其用。故禮（理）世不必一其道〔一二二〕，便國不必法古。聖人之興也，不相襲而王；夏、殷之衰也，不易禮而滅。然則反古未可非，而循禮未足多也〔一二三〕。且服奇而志淫，是鄒、魯無奇行也〔一二四〕；俗辟而民易，是吳、越無俊民也。是以聖人利身之謂服，便事之謂教，進退之謂〔一二五〕節。衣服之制〔一二六〕，所以齊常民，非所以論賢者也。故聖與俗流〔一二七〕，賢與變俱。諺曰：『以書爲御者，不盡於馬之情。以古制今者，不達於事之變。』故循法之功，不足以高世；法古之學，不足以制今。子其勿反也〔一二八〕！」

〔箋證〕

〔一〕鮑彪云：「（平晝）無事之日，猶平日。」橫田惟孝云：「『平晝』猶『正晝』也。」〔按〕武靈王名雍，肅侯子。禮記有孔子閒居篇，疏引鄭目録云：「退燕避人曰『閒居』。」釋文：「『閒』音『閑』。」

〔二〕鮑彪云：「（肥義）趙相也。餘並公族。」吳師道云：「（餘並公族）鮑指公子成、王孫緤、趙文、趙造言。文、造無他據。」元和姓纂引策云：「肥義，趙賢人。」〔按〕史記趙世家稱「先王貴臣肥義」，是義爲肅侯之重臣，趙國之元老。又「(武靈王)十九年春正月，大朝信宮，召肥義與議天下，五日而畢」，即商議胡服事。義後死於公子章之難。

〔三〕鮑彪云：「『權』猶『度』。」

〔四〕〔按〕簡，簡子；襄，襄子；並趙之先主。

〔五〕姚宏云：「曾本添『乎』字。」鮑本、吳本無「乎」字。

〔六〕姚宏云：「曾本添『曰』字。」

〔七〕〔按〕立，古「位」字。

〔八〕鮑彪云：「『錯』猶『委』。」横田惟孝云：「錯質，謂仕。」于鬯云：「荀子大略篇『錯質之臣』，楊注：『錯，置也』。「質」讀爲「贄」。孟子曰：「出疆必載質。」蓋古字通耳。置贄，謂執贄而置於君。士相見禮曰：「士大夫奠贄於君，再拜稽首。」或曰：「置質」猶言「委質」也。』案鮑即本楊後一説。然商君書作『錯法務民主張』，則『錯質』義並似未然。」吳曾祺云：「錯，交也，交相質證，以明主之長。」金正煒云：「『主之長』，『之』字疑衍，此與『嗣立』句爲對文。魏策：『梁王長主也。』燕策：『今夫齊王長主也，而自用也。』此文疑亦當爲『長主』，而字誤倒置。『明』字亦疑『期』字之誤。言委質爲臣者，務期得長主而事之。」〔按〕「之」字當衍。商君書更法篇「錯法務民主張」，據孫詒讓札迻校作「錯法務明主長」，與此文句法相類。而「錯質」、「錯法」不同，可以兩存，不必拘牽爲義。若訓「質」爲「鑕」，與法義相近，然終與文義扞格。「錯質」可從鮑注作「委質」解，自通。「明主長」不誤，商君書可證，金説謬。

〔九〕姚宏云：「一本無『而』字。」横田本從之，無「而」字。〔按〕道同導。

〔一〇〕鮑彪「動」下補「而」字。

〔一一〕鮑彪云：「『先』猶『高』。」　關修齡云：「明古，明於往古也。先世，先於一世也。」

〔一二〕鮑彪云：「弟，順也。」〔按〕弟同悌。荀子王制篇：「能以事兄謂之弟。」「長」讀上聲。弟長，猶敬長。史記作「寵有孝弟長幼順明之節」。

〔一三〕鮑本、吴本「主」作「王」。　黄丕烈云：「『王』誤也。史記作『主』。」

〔一四〕〔按〕啓，猶開拓。史記「啓」作「開」，避漢諱而改。趙世家：「（襄子）未除服，北登夏屋請代王，使厨人操銅枓……擊殺代王及從官，遂興兵平代地。」又言襄子得神遺竹節書云：「余將賜女林胡之地。……至於休溷諸貉，南伐晉别，北滅黑姑。」當指此。銅枓殺代王事亦見燕策一張儀爲秦破從連横謂燕王章。

〔一五〕鮑彪云：「卒世，猶『舉世』。言舉世無能察此。」　吴師道云：「正義云：『卒，盡也。』愚謂猶言没世。」　關修齡云：「卒世，猶言終吾世。不見，謂不見成功也。」　金正煒云：「於文鮑説爲長，惟『卒』無『舉』訓，或由俗書『舉』作『夆』，因誤爲『卒』。」〔按〕正義解「卒世」爲「盡世間」，與鮑注義合。淮南子修務訓高注：「『見』猶『知』也。」易略例：「以所見。」釋文：「見，本作『知』。」卒世不見，猶言盡世不知。史記亦作「卒」，金以爲字誤，非。

〔一六〕鮑彪云：「（敵弱）與弱爲敵，謂胡、翟。」

〔一七〕〔按〕「往古」與上文「明古」相應。史記正義：「往古，謂趙簡子、襄子也。」

〔一八〕鮑彪云：「（遺俗）不與俗同，俗所遺也。」　金正煒云：「疑此文本爲『必遺負俗之累』。正義本亦作『遺留』也。並屬傳寫之譌。『遺』故訓『留』，『負』字則無『留』義。越絶書：『有高世之材者，必有負俗之累。』漢書武帝紀：『士或有負俗之累，而立功名。』晉灼云：『負俗，被世議論也。』」〔按〕廣雅釋詁：「遺，離也。」吕氏春秋下賢篇高注：「『遺』猶『舍』也。『負』猶『被』也，言有被離俗之憂累。」鮑注非。「負俗」別自有義，不能爲據。金説亦未然。商君書更法篇云：「且夫有高人之行者，固見負於世，有獨知之慮者，必見訾於民。」略似此文。

〔一九〕鮑彪云：「所謂黎元懼焉。」吴師道云：「一本標『恐』，劉作『怨』。」〔按〕史記作「任驁民之怨」。

〔二〇〕〔按〕趙世家：「（有人當道語趙簡子曰）及主君之後嗣，且有革政而胡服，并二國於翟。」正義：「（胡服）今時服也，廢除裘裳也。」王國維胡服考考爲袴褶之服，云：「唐之時服有常服、袴褶二種，今定以爲上褶下袴，即以後世所謂袴褶服當之者，由胡服之冠帶履知之也。漢書武五子傳：『故昌邑王衣短衣大袴，冠惠文冠。』則惠文者袴褶服之冠也。晉書輿服志、宋書禮志皆云：『袴褶之服，腰有絡帶以代鞶革。』絡帶者，具帶之胡名。則具帶者袴褶服之帶也。隋書禮儀志：『履則諸侯皆用，惟褶服以鞾。』則鞾者袴褶服之履也。趙武靈王所服胡服，冠褶服之冠，束褶服之帶，履褶服之履，則其服爲袴褶可知。此可由制度推之者也。褶者上衣，士喪禮：『襚者以褶，則必有裳。』『褶』與『裳』對文言之。釋名：『褶，襲也，覆上之言也。』又：『留幕，冀州人所名大褶下至膝者也。』大褶至膝，則小者較膝爲短矣。顔師古注急就篇云：『褶，重衣之最在上者也，其形若袍，短身而廣袖。』皆褶爲上衣之證也。袴者，説文云：『絝，脛衣也。』釋名云：『袴，跨也，兩股各跨別也。』蓋特舉其異於裳者言之。上短衣而下跨別，此古服所無也。古衣褻衣亦有襦袴。内則：『衣不帛，襦袴。』左氏傳：『徵褰與襦。』褰亦袴也。然其外必有裳若深衣以覆之，雖有襦袴，不見於外。以袴爲外服，自袴褶服始。然此服之起，本於乘馬之俗。蓋古之裳衣，本乘車之服。至易車而騎，則端衣之聯諸幅爲裳者，與深衣之連衣裳而長且被土者，皆不便於事。趙武靈王之易胡服，本爲習騎射計，則其服爲上褶下袴之服可知。此可由事理推之者也。雖當時尚無袴褶之名，其制必當如此。張守節廢裳之説，殆不可易矣。」（觀堂集林卷二十二）是袴褶之服亦即騎射之服。劉熙釋名釋衣服云：「鞾，跨也，兩足各以一跨騎也。本胡服，趙武靈王服之。」（畢沅疏證本）鞾即馬鞾，所以跨騎，益證胡服乃以便騎射。趙在襄子之時已有車騎（見趙策一之二章），但騎兵似尚爲車陳之配合，非主要兵種。武靈王變服騎射，爲軍事上作戰方式之變革，習武强國，亦由於趙鄰胡、翟，胡善騎戰，勢不得不然也。顧炎武日知録卷二十九云：「春秋之世，戎、翟之雜居於中夏者，大抵皆在山谷之間，兵車之所不至。齊桓、晉文僅攘而却之，不能深入其地者，用車故也。中行穆子之敗翟於大鹵，得之毁車崇卒。而智伯欲伐仇猶，遺之大鍾，以開其道。其不利於車，可知矣。勢不得不變而爲騎。騎射所以便山谷也，胡服所以便騎射也。是以公子成之徒諫胡服而不諫騎射，意騎射之法，必有先武靈而用之者矣。」其説蓋是，然猶未悟胡服與騎射關係之密切也。

〔二一〕姚宏云：「曾本改『矣』字作『奈何』二字。」

〔二二〕鮑彪云：「定，言自定於心，不爲俗遺。」〔按〕「負遺俗」見上，鮑訓未然。

〔二三〕金正煒云：「經傳釋詞：『「其」猶「殆」也。』『殆』與『其』同義，故或以『其殆』連文。」〔按〕「其」有「殆」義，非「殆」同於「其」也，金説未是。「殆」爲將然之詞，文義自通。「毋」同「無」。

〔二四〕〔按〕商君書更法篇：「郭偃之法曰：『論至悳者不和於俗，成大功者不謀於衆。』」即此語所本。郭偃即卜偃，晉掌卜大夫。

〔二五〕鮑彪云：「不用兵而舞干羽，欲以服人，亦異於俗。」吴師道云：「舞羽非爲服苗，苗格非因舞羽。舜修德教，苗至適當其時。」中井積德云：「舜舞有苗，蓋別有所傳也，謂觀苗民之舞耳。不得據尚書作解。」（史記會注考證引）金正煒云：「此文似謂舜效有苗之舞羽，與經訓不同，未詳所出。干以自蔽扞，羽以自蔽翳，疑皆造自苗民，猶蚩尤作兵。舜故效而舞之，爲師夷制夷之計。周末去古未遠，所持之説，當有師承也。」〔按〕

舜舞干羽於兩階而有苗格，見僞古文尚書大禹謨，與此文義不合，中井等説或是。然文獻無徵，缺疑可也。

〔二六〕鮑彪云：「非中國之禮。」〔按〕吕氏春秋貴因篇：「禹之裸國，裸入衣出，因也。」淮南子原道訓：「禹之裸國，解衣而入，衣帶而出，因之也。」高注：「裸國在南方。」

〔二七〕安井衡云：「有苗、裸國，非論德之地。『論』當爲『諭』，與上『論至德』相涉，字又形近，故譌爲『論』耳。要，求也。」〔按〕史記作「務以論德而約功也」。此「德」字同「得」，論德，猶論得失也。安井説未允。

〔二八〕鮑本「闇」作「暗」，同。吴本「闇」作「昧」。〔按〕章尾吴注引此作「闇」，則「昧」爲字誤。

〔二九〕〔按〕商君書更法篇有此二句，作「語曰」云云，知亦古人成語。

〔三〇〕〔按〕左氏襄二十三年傳：「其然，將具敝車而行。」杜注：「其然，猶必爾。」訓「其」爲「必」，此同。史記作「愚者闇成事，智者覩未形」。

〔三一〕鮑彪云：「以此異趣，知俗必見遺。」〔按〕商君書更法篇：「愚者之笑（原作「笑之」，據孫詒讓札迻校改），智者哀焉；狂夫之樂，賢者喪焉。」與此語同。

〔三二〕安井衡云：「順我者，順我胡服也。」

〔三三〕横田惟孝云：「未可知，謂其功無極。」

〔三四〕鮑本、吴本「毆」作「歐」。〔按〕史記作「驅世」。正義云：「驅，盡也。謂盡一世以笑我也。」（此條見於會注考證本，他本正義無之）毆、歐、驅並從區聲，通用。

〔三五〕鮑本「地」原作「服」，鮑改作「地」。〔按〕如作「服」字句，「中山」屬下讀。史記亦作「胡地」。

〔三六〕〔按〕言中山者，志先仇也，見下文。

〔三七〕〔按〕史記蘇秦傳謂「趙肅侯令其弟成爲相」，是公子成爲武靈王之叔父，與此相合。惟秦傳以成死在肅侯之時，則誤，見前蘇秦從燕章。

〔三八〕安井衡云：「『且』當爲『旦』，字形相涉而誤。」〔按〕安井説可通。但「且將」連文，古書習見，不改亦通。史記無「且」字。

〔三九〕〔按〕反同叛。

〔四〇〕〔按〕淮南子氾論訓：「治國有常，而利民爲本。政教有經，而令行爲上。」高注：「本，要。經，常也。上，最也。」

〔四一〕横田本「論」作「諭」，考異云：「諸本作『論』，今從一本。」金正煒云：「『論』當爲『諭』，形似而譌也。諭，曉也。」〔按〕横田所據一本，未詳何本。史記作「明德先論於賤」。瀧川資言考證引楓山本、三條本「論」並作「諭」。「論」字較長。今從改。胡三省通鑑注云：「德欲其下及，故先論於卑賤。」

〔四二〕鮑彪云：「信、伸同。所謂行法自近始。」吴師道云：「信，如字。言必行於貴者。」金正煒云：「『信』當讀如『伸』，謂不撓曲也。吴正非是。」〔按〕史記作「行政先信於貴」。信同伸，信貴，即伸於貴也，鮑注是。

〔四三〕〔按〕此與上文「非以養欲而樂志也」相應。

〔四四〕姚宏云：「曾本『出』改作『止』。」

〔四五〕姚宏云：「曾本『止』改作『出』。」鮑彪云：「『止』猶『至』。」吴師道云：「曾本改互『出』、『止』字。愚按，此據史文。」關修齡云：「『出』猶『始』也，『止』猶『成』也。言事有所始，則功有所成。」金正煒云：「『出』疑當爲『詘』，『止』疑當爲『上』，並形似而誤也。詘與屈同。周禮庭氏注：『嘻嘻詘詘。』釋文：『「詘」本亦作「出」。』可爲此證。事有所詘，即所謂有高世之功者，必負遺俗之累也。上與尚通。功有所上，即所謂苟可以利其民，不一其用，果可以使其事，不同其禮也。」〔按〕關説義長。於文自通，不必改字。

〔四六〕鮑本、吳本「且」作「可」。金正煒云：「『且』猶『乃』也。」〔按〕此與上文「欲以論德而要功也」相應。

〔四七〕吳師道云：「『叔』字疑衍。」黄丕烈云：「吳説非也，史記有。」〔按〕「從政之經」應上「從政有經」。

〔四八〕關修齡云：「曰叔，曰公叔，語有輕重而已。」横田惟孝云：「言羣臣輔公叔不胡服之議。」中井積德云：「『公叔』當作『世俗』。」金正煒云：「『公叔』當『公族』，叔、族音近，又涉下文『願募公叔之義』而誤。『公族』蓋如趙燕之屬。」〔按〕金説可參。史記無「公」字。

〔四九〕鮑本、吳本「募」作「慕」。〔按〕募、慕並從「莫」聲，通用。史記作「慕」。

〔五〇〕吳師道云：「索隱句。」〔按〕「之」猶「於」也，見經傳釋詞。

〔五一〕〔按〕左氏成十六年傳：「諸臣不佞。」杜注：「佞，才也。」此公子成自稱。

〔五二〕鮑本、吳本「用」作「貨」。

〔五三〕鮑彪云：「異，出類。敏，疾於事也。」

〔五四〕鮑彪云：「以中國爲有義有行。」吳師道云：「自『中國者』至此，似周官大司徒文。」金正煒云：「『義』當讀爲『儀』。周禮典命注：『故書「儀」作「義」。』『行』當爲『刑』，聲之誤也。禮記緇衣：『臣儀行。』鄭注：『儀當爲義。』毛本『行』誤作『刑』。與此文正可互證。」〔按〕資治通鑑此句改作「蠻夷之所則效也」。以義行爲則效，則義亦作儀釋也。行字自通，不必改。

〔五五〕〔按〕文選西京賦：「張甲乙而襲翠被。」薛綜注：「襲，服也。」

〔五六〕姚宏云：「(被)三本同作『祝』。」吳師道云：「史作『翦』。」〔按〕左氏僖二十二年傳：「辛有適伊川，見被髮而祭於野者，曰：『不及百年，此其戎乎！』」杜注：「被髮而祭，有象夷狄。」禮記王制：「西方曰戎，被髮衣皮，有不粒食者矣。」

〔五七〕吴師道云：「吴世家『斷髮文身』，應劭注：『常在水中，故以象龍子，不見傷害。』劭語本説苑。」〔按〕祝髮即斷髮，又爲吴俗。

〔五八〕姚宏云：「錢、劉無『錯臂』二字。『錯臂』一作『拃面』。孔衍作『右臂左衽』。右袒其臂也。」鮑彪云：「（錯臂）以兩臂交錯而立，言無禮容。」吴師道云：「索隱云：『錯臂亦文身，謂以（原本「以」訛作「其」，不可通，今從索隱本文正）丹青錯畫其臂。』……愚謂既言文身，則畫臂爲複，恐（孔衍）説是。『錯』或『袒』字訛。」于鬯云：「『錯』作『袒』，臆説不可從。」〔按〕錯臂，殆猶交脛國之爲人交脛（見山海經海外南經），鮑説似長。論語憲問篇：「微管仲，吾其被髮左衽矣。」皇侃義疏云：「左衽，衣前從右來向左也。」邢昺疏：「衽謂衣衿。衣衿向左謂之左衽。」與皇疏相合。禮記喪大記：「小斂、大斂祭服不倒，皆左衽。」鄭注：「左衽，衽向左，反生時也。」孔疏：「衽，衣襟也。生鄉右，左手解抽帶，便也。死則襟向左，示不復解也。」亦以「左衽」爲衣襟向左，雖一言異俗，一言死服，其爲「左衽」則同也。顧炎武日知録卷二十八云：「宋周必大二老堂詩話云：『陳益爲奉使金國屬官，過滹沱光武廟，見塑像左衽。』岳珂桯史云：『至漣水，宣聖殿像左衽。泗州塔院設五百應真像，或塑或刻，皆左衽。』此制蓋金人爲之。」是女真之俗衣左衽也。北史王紘傳云：「行臺侯景與人論掩衣法爲當左右。尚書敬顯儁曰：『孔子云：微管仲，吾其被髮左衽！以此言之，右衽應是。』紘進曰：『國家龍飛朔野，雄步中厚，五帝異儀，三五殊制，掩衣左右，何足是非？』」是鮮卑俗亦左衽。近見顧頡剛先生史林雜識初編有論「被髮左衽」一文，謂左衽是左袖。引蒙藏地區民服穿左袖爲證。按「衽」固有「袖」義（廣雅釋器云：「衽，袖也。」「衽，袂也。」「袂」亦「袖」也。王氏疏證引列女傳魯季敬姜云「文伯引衽攘捲而親饋之」以證），但習用多訓衣衿，衣左襟之俗又多見於後世，則舊解「左衽」爲衣襟左開未可輕改（顧文後引童書業言：「吉林輯安縣通溝出土六朝墓壁畫中之高句麗服飾多作被髮左衽狀，男女俱同。所謂『左衽』之『衽』乃襟非袖，與舊說合。」)。

〔五九〕姚宏云：一(甌)一作『林』。後語(甌越)作『臨越』。注云：『「臨」亦百越之一名也。戰國策作「林」。』今俗尚稱林奴。臨林，今雷州左側。」鮑彪云：「即漢東甌、閩、粤。」吳師道云：「漢東甌，閩中地。輿地志：交趾，周爲駱越，秦爲西甌。索隱云：『今珠崖儋耳謂之甌人，是有甌越。』文選『三越』注：『吴越、南越、閩越。』東甌即閩越。駱越、甌人，即南越也。」〔按〕索隱以甌越爲珠崖儋耳(即今海南島)，正義以爲交趾，鮑注以爲漢東甌、閩越。劉師培釋漚國云：「佚周書王會篇載伊尹爲四方獻令，於正東有漚及越漚，於正南有甌。又載周成王時，甌人以蟬蛇，且歐以文蜃。甌、歐、漚均從『區』聲，古字通用。蓋歐區三類，有在今浙省東南者，即山海經所謂『甌居海中』也。爲漢初東甌所封，王會篇之越漚及甌人均指此言。有在今閩省北境者，與贛、浙二省接，即山海經郭注所謂西甌也。王會篇之漚及且歐均指此言。若正南之甌，其地尤廣。……蓋『甌』從『區』聲，『區』爲踦區藏匿之所，从『區』之字均有『曲』義。故凡山林險阻之地，均謂之甌。南方多山，故饒林木，古謂之『甌』，因名其人爲甌人。」(左盦集卷五)此策之甌越似非指南甌，當泛指東甌、西甌而言，鮑注得之。

〔六〇〕鮑彪云：「史注：(黑齒)以草染齒爲黑。雕題者，刻其肌以丹青涅之。」〔按〕史注「黑齒」，據劉逵吳都賦注，「雕題」據鄭玄禮記注。山海經海外東經有黑齒國「爲人黑齒」(原文脱「齒」字，據太平御覽引補)。逸周書王會篇云：「黑齒白鹿白馬。」山海經海内南經又有雕題國，「在鬱水南」。郭璞注云：「點涅其面，畫體爲鱗采，即鮫人也。」王會篇伊尹四方令：「正西雕題。」此文「黑齒雕題」乃泛指南方之民俗，非國名。楚辭招魂：「雕題黑齒，得人肉以祀，以其骨爲醢些。」王逸注：「雕，畫也。題，額也。言南極之人，雕畫其額，齒牙盡黑。」

〔六一〕姚宏云：「曾作『鯷冠秫縫』。一作『鮭冠黎緤』。史記作『却冠秫絀』。注：『戰國策作「秫縫」。亦「縫紩」之別名。鉥(按字書無「鉥」字，「鉥」乃「鉥」之譌。今史記集解作「秫」)者，綦鍼也。古字多假借，故作「秫絀」耳。

蓋言女工鍼縷之麤拙也。』」鮑彪云：「緹，大鮎，以其皮爲冠。秫，綦鍼也。言女工之拙。」吴師道云：「『秫』即『鉥』字通借，時橘反。緹，太計反。」

〔六二〕金正煒云：「『大』疑『干』字之譌。趙惠文王三十年章『夫吴干之劍』。吴干，即干吴也。」〔按〕文選吴都賦注引亦作「大吴」，史記同。金説非。長短經卷三是非篇「大吴」作「犬戎」。戰國策纂眉注云：「『大吴』作『犬戎』。」黑齒雕題，鯷冠秫縫，與犬戎之俗不侔，長短經誤。吴國已亡，此名其地，習用舊稱。金釋臆決，恐非。

〔六三〕〔按〕商君書更法篇：「聖人苟可以强國，不法其故；苟可以利民，不循其禮。」語亦略同。

〔六四〕文廷式云：「禮家之説，各有異同，蓋在秦、漢以前。」〔按〕先秦儒家説禮之異，讀檀弓一篇，即略知其梗概。

〔六五〕横田惟孝云：「『離』猶『別』也。」〔按〕史記此二句「禮」、「俗」二字互易。

〔六六〕姚宏云：「（便）孫作『士』。」〔按〕淮南子原道訓高注：「便，習也。」

〔六七〕鮑彪云：「異，異俗。」〔按〕長短經作「窮鄉多異俗，曲學多殊辨」。商君書更法篇云：「吾聞窮巷多恡，曲學多辨。」與此同。劉逵吴都賦注：「『曲』謂『僻』也。」

〔六八〕鮑彪云：「言各不知其異而不疑之。」横田惟孝云：「言以己之不知而不疑人。」〔按〕横田説是。

〔六九〕盧本「卿」誤作「鄉」。〔按〕史記作「叔」。

〔七〇〕鮑彪云：「史注（鮑、吴合注四部叢刊本誤作「史記」，據鮑單注本正）：『安平涇縣西有漳水津，名薄洛津。』後志：安定烏枝谷名。」吴師道云：「淮南子『嶢山崩而薄洛之水涸』，注謂『薄洛在馮翊臨晉』。今按本文，謂在趙東，與齊、中山同之，恐皆非此所指。」程恩澤云：「郡國志：安平國涇縣西有漳水津，名薄洛津。劉昭注引此爲證。水經注：『漳水又歷涇縣故城西，水有故津，謂之薄洛津。』寰宇記：『落漢水在平鄉縣西南十八里，古薄津也，語訛故爲落漢。』胡三省曰：『薄洛水在趙之東，與齊、中山同此地險。』漢涇縣爲今直隸（今河北省)順德府廣宗縣，正在趙之東境，與齊、中山皆接壤。鮑……本不錯，乃以安定郡烏枝有薄洛谷，爲涇水所出，遂訛涇縣爲涇水。吴知其非，而不能是正，反引淮南以亂之，疏矣。」〔按〕顧祖禹讀史方輿紀要、張琦戰國策釋地又以趙州寧晉縣之大陸澤(一名廣阿澤)當此薄洛水。今從程考。

〔七一〕〔按〕史記正義：「爾時齊與中山相親。中山、趙共薄洛水，故言與齊、中山同之，須有舟檝之備。」

〔七二〕〔按〕史記匈奴傳索隱：「服虔云：『東胡，烏丸之先，後爲鮮卑，在匈奴東，故曰東胡。』」按續漢書曰：「漢初，匈奴冒頓滅其國，餘類保烏桓山，以爲號。」(吴注引史記此注多誤，今略)東胡族居燕之北。白鳥庫吉東胡考云：「自春秋時代以迄漢代，自陝西之北邊鄂爾多斯之地沿東長城達遼東之北境之塞外一帶地方，悉爲胡族之根據地。其中以遊牧於陰山之匈奴爲其宗族，漢人單稱之爲胡，而稱其東據遼水上游之胡之一派曰東胡，以與匈奴相別。」(東胡民族考頁一一，方壯猷譯)周書王會篇伊尹四方令云：「正北東胡。」正北實指東北。張琦以東胡爲林胡，非，説見下。

〔七三〕吴師道云：「正義曰：『林胡，樓煩即嵐勝之北也。嵐勝以南，石州、離石、藺等趙邊邑也，秦隔河也。晉、洛、潞、澤等州，皆七國時韓地，趙西境也。』」張琦云：「今大同東北，即燕、林胡之地，東胡，即林胡也。樓煩故城在今靜樂縣東北。藺、離石隔河爲秦地。澤、潞，韓地，與趙共據太行。」〔按〕張氏謂此東胡即林胡，非也。趙世家武靈王召樓緩謀曰：「北有燕，東有胡，西有林胡、樓煩、秦、韓之邊」，明林胡與東胡非一，林胡在趙之西，而東胡則在趙之東也。

〔七四〕〔按〕趙之東北及西境，多山谷之地，須有騎射之備以守。

〔七五〕鮑彪改「其」作「燕」。吴師道云：「史作『燕』。」金正煒云：「『其』字即『燕』之缺損。」〔按〕今從鮑改。

〔七六〕姚宏云：「史：備燕、三胡、秦、韓之邊。」鮑彪云：「言參錯居其邊地。」吴師道云：「參，史作『三』，因音而訛也。據上文，則『參』當作『東』，字訛。」策纂本、横田本從吳説「參」作「東」。金正煒云：「路史『參胡，妘姓韓也』。惟據上文，『參胡』似當作『東胡』。」〔按〕「參」即「三」字。論語泰伯篇「三以天下讓」。釋文本作「參」，云：「『參』本今作『三』。」史記索隱：「林胡、樓煩、東胡，是三胡也。」不必拘上文改「參」爲「東」。

〔七七〕姚宏云：「集、錢、劉作『簡主實晉陽而襄主兼戎取代』。」鮑彪云：「不塞者，志在遠略。」關修齡云：「據此（姚引集、錢、劉三本）似無『以及上黨』四字。」于鬯云：「按下文云：『近可以備上黨之形』，則此『以及上黨』四字似不可無，惟義不甚曉。徐孚遠史記測議云：『言先時不塞此險，欲以并戎胡，蓋爲攻計，非爲守計。』即鮑義。」〔按〕鮑注可通。

〔七八〕〔按〕趙襄子以銅科擊殺代王，取其地，見上箋證。又呂氏春秋慎大篇云：「趙襄子攻翟，勝老人、中人。」高注：「今盧奴西山中有老人、中人城也。」

〔七九〕金正煒云：「『兵』字疑當爲『與』。篆『與』作『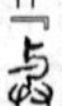』，『兵』作『』，二形相似而誤。言恃齊爲强大之與國。」〔按〕史記亦作「兵」，金説非。諸書「兵」字多屬上讀，今屬此讀，文義似較明顯。中山自稱王之後，又與齊伐燕之役（參中山策箋證），擴張領土。趙爲其鄰國，不免有衝突，武靈王資爲藉口，未必真有大侵伐也。

〔八〇〕鮑彪云：「累、纍同。」

〔八一〕鮑彪云：「（鄗）屬常山。」吳師道云：「光武即位於此，改高邑。」張琦云：「故城在今（河北）趙州柏鄉縣北二十二里。」

〔八二〕横田惟孝云：「獻侯以後，列爲諸侯，故曰先王。」

〔八三〕金正煒云：「趙世家『服』作『備』，古者相通。」〔按〕服、備固可通用，但下有「備」字，與史記不同，此「服」字當作習服解。

〔八四〕〔按〕史記「備」作「便」。形，形勢，謂可以備守上黨形勢之地。

〔八五〕〔按〕國事之耻，史記作「鄗事之醜」。即指鄗幾不守事。疑「鄗」與「郭」形近而譌，又音訛作「國」也。

〔八六〕〔按〕史記「議」作「義」，通用。議同誼，謂本誼。

〔八七〕姚宏云：「(間)一作『聞』。」鮑本「間」作「聞」。吴師道云：「一本『聞』作『間』，與下文同。」關修齡云：「(間)俗間常言。」金正煒云：「後漢書鄧禹傳注：『間，私也。』」〔按〕「聞」字爲長，間，疑字形之譌。史記亦作「聞」。又按莊子齊物論：「小知間間。」釋文：「間間，有所間別也。」此「間」或即其義。

〔八八〕鮑本、吴本「令」作「令」。黄丕烈云：「『令』字是也。史記作『命』。」今從正。

〔八九〕按史記此下云：「明日，服而朝，於是始出胡服令也。」

〔九〇〕鮑彪「勞」下補「力」字。吴師道云：「『勞』下恐有缺字。」〔按〕依下文例「勞」下當脱一字，鮑補近是。

〔九一〕鮑彪云：「『蔽』猶『伏』。」橫田惟孝云：「謂壅蔽忠言。」

〔九二〕鮑彪云：「『禄』猶『福』。」

〔九三〕鮑本、吴本「惡」作「變」。鮑彪云：「言能定慮，則不亂於物。」金正煒云：「薛綜東京賦注：『「無」猶「不」也。』古以『無』、『不』通用。」〔按〕謂竭慮則不憎其擾亂。

〔九四〕鮑彪云：「過者，罪之小者。」金正煒云：「廣雅釋詁：『過，責也。』『過罪』與『惡擾』對文，鮑注非也。」〔按〕謂盡忠則不責其罪失。「惡擾」與「過罪」並爲動賓結構詞。

〔九五〕鮑彪云：「『當』猶『順』。」關修齡云：「『當』猶『任』也，即知當國之義，謂莅政也。輔俗，謂輔治風俗也。」〔按〕「當」讀去聲，高誘注呂氏春秋大樂篇、審己篇、執一篇，並云：「當，合也。」「輔」猶「助」也。爲順適世俗。

闕注未是。

〔九六〕吴本「常」作「裳」。〔按〕常、裳可通用，袴褶之服無下裳，中國服制則上衣下裳，故云然。

〔九七〕鮑彪改「脩」作「循」。吴師道云：「商君傳正作『循』。朱子韓文考異著方氏説云：『唐人書「脩」近「循」。』楚辭亦有誤者。則此字古已混矣。此下文兩有『循法』字，爲『循』無疑。」金正煒云：「隸續云：『「循」「脩」二字，隸法只争一畫，書碑者好奇，所以從省借用。』此又『脩』即『循』之誤也。」〔按〕鮑改是，今從正。

〔九八〕鮑本「子」作「卿」。鮑彪云：「言其所言，不能出俗。」〔按〕商君書更法篇：「子之所言，世俗之言也。」

〔九九〕闕修齡云：「『成』猶『守』也。」

〔一〇〇〕鮑彪云：「若今胡服，自我始也。」闕修齡云：「遠，謂未至。始，謂未有也。」

〔一〇一〕鮑彪云：「政，言治行於下。」横田惟孝云：「政，謂爲政於天下也。」〔按〕文選策秀才文注引「教」作「俗」。下文「制於服之民」、「拘於俗之衆」，與此二句相應，則俗是也。「教」蓋涉下文「知者作教」而誤。

〔一〇二〕横田惟孝云：「致，盡也。」〔按〕淮南子氾論訓云：「聖人作法，而萬物制焉；賢者立禮，而不肖者拘焉。制法之民，不可與遠舉；拘禮之人，不可使應變。」高注：「『制』猶『從』也。『拘』猶『檢』也。」商君書更法篇有此段文，與「常民溺於習俗」下止此，略相似。亦大同於商君傳，見下吴注引，今從略。

〔一〇三〕横田惟孝云：「勢與俗化，疑當作『俗與勢化』，蓋傳寫之誤也。」

〔一〇四〕鮑彪云：「不敢用私意。」

〔一〇五〕鮑彪云：「有所聞，則改前之爲。」

〔一〇六〕姚宏云：「一無『於』字。」〔按〕達禮之變與「知學之人」對文，一本爲是，今從衍「於」字。

〔一〇七〕〔按〕文選曹子建與吴季重書注引「趙造」作「趙告」。史記作「趙造」。

〔一〇八〕姚宏云：「劉改『賤』作『賊』。」鮑彪云：「賤，謂輕國。」〔按〕「賊」與「姦」相對，劉改是也，今從改。

〔一〇九〕姚宏云：「劉改『賤』作『賊』。」鮑彪云：「族，滅其宗。」金正煒云：「『族』當爲『請謚與族』之『族』。鮑恐非。『宗』字或爲『誅』，一聲之誤。誅，討也。」〔按〕「賤」當作「賊」，説見上。族宗，鮑注自通，不必拘於與上文「身死」爲對文而改字。

〔一一〇〕姚宏云：「劉本無『反』字。」鮑彪改「反」作「有」。金正煒云：「『反』本爲『友』，即『有』之借字。論語學而篇『有朋自遠方來』。釋文：『「有」本作「友」。』」〔按〕「反」當是「又」之形譌，「又」即古「有」字。

〔一一一〕鮑本「諱」作「讓」。吴師道云：「一本『讓』作『諱』。」

〔一一二〕〔按〕辟同避。

〔一一三〕〔按〕距同拒。謂不拒諫。

〔一一四〕鮑彪云：「『據』猶『依』。」

〔一一五〕鮑彪云：「徑以步道，喻其省便。」〔按〕自「聖人不易民而教」止此，商君書更法篇有，略同，商君傳亦有，見下吴注引，今略。

〔一一六〕鮑本、吴本「辟」作「僻」，同。横田惟孝云：「亂民，恐顛倒。且下文作『民易』，必有一誤。」金正煒云：「『民』字疑當作『萌』。民、萌古通用，故『萌』誤爲『民』。」〔按〕金釋頗巧，然於下文「俗辟者民易」更不合，非也。横田説較善。

〔一一七〕〔按〕此謂奇辟之服，蠻夷之行，非所以教民而成禮也。蒙上文而省「奇辟之服」等字。或「非」字涉上「非所以教民而成禮也」句而衍。

〔一一八〕姚宏云：「（脩）一作『循』。」〔按〕下云「何禮之循」，正承此句，明「脩」當作「循」。今從一本正。「脩」、「循」

字湑，說見上。

〔一一九〕鮑本「宓戲」作「虙羲」，吳本「伏羲」，通用。

〔一二〇〕〔按〕淮南子氾論訓云：「昔者神農無制令而民從，唐、虞有制令而無刑罰。」高注：「無制令，結繩以治也。有制令，焕乎其有文章也。」朱師轍商君書解詁云：「伏羲教畜牧，神農教耒耜，皆以教民興利爲主，不用刑罰，所謂教而不誅也。黄帝誅蚩尤，堯刑四凶，舜征有苗，雖用兵刑爲民除害，然仍重在教化，所謂誅而不怒也。周語『怨而不怒』，注：『怒，作氣也。』廣雅釋詁：『怒，多也。』」

〔一二一〕〔按〕史記正義云：「内盛曰器，盂椀之屬。外盛曰械，刀鋸之屬也。」

〔一二二〕姚宏云：「（禮）一作『理』。一本無『其』字。劉作『後世不一其道』。」鮑本、吳本無「必」字。鮑彪云：「禮施於世。」吳師道云：「（禮世）宜從商君傳作『治世』。」黄丕烈云：「史記作『禮也不必一其道』。」安井衡云：「『理世』與『便國』相對爲文，作『理』是也。」金正煒云：「此文本當爲『治世』，唐人避『治』之字易爲『理』，因轉爲『禮』。無『其』字者是也。」〔按〕金釋「禮」字之訛，是也。史記「禮也」亦「理世」之誤，王念孫讀書雜志已言之。商君書更法篇作「治世不一道」。今從一本改。

〔一二三〕〔按〕自「古今不同俗」下止此，商君書更法篇有其文，略同，商君傳亦有，見下吳注引，今省。淮南子氾論訓云：「夫夏、商之衰也，不變法而亡；三代之起也，不相襲而王。故聖人法與時變，禮與俗化，衣服器械，各便其用，法令制度，各因其宜。故變古未可非，而循俗未足多也。」與此文亦略相類。

〔一二四〕姚宏云：「（奇行也）錢改『奇』作『衺』。曾、集無『也』字。」吳師道云：「『趙造言服奇者志淫，俗辟者亂民，莅國者不襲奇辟之服，中國不近蠻夷之行，故此舉其言而詰之。按索隱云：『鄒、魯好長纓，是奇服也。服非其志皆淫辟也，而有孔門顏、冉之屬，豈無奇行哉？方俗僻處山谷，而人皆改易，不通大化，則是吳、越無秀士，何得有季札、大夫種之屬哉？』今欲略改云『方俗僻陋』，刊『處山谷』三字。」董份云：「鄒、魯逢掖儒衣也，何以謂之奇服？所云二『奇』字，皆奇邪之意。言服奇志淫，則鄒、魯儒服不奇者，邪之行哉（按「邪」上疑脱「豈無」二字）？蓋當時鄒、魯之服雖儒，而漸漸衰亂奇行實多故也。」（横田解、金正煒釋略同董説）〔按〕董説是也。王念孫史記雜志云：「服奇、奇行兩『奇』字皆當讀爲『奇衺』之『奇』。此言服正者志未必正，服奇者志未必淫。若謂服奇者志必淫，則是鄒、魯之士，儒冠儒服，必無奇衺之行也。中國未必無秀民，蠻、夷未必無俊民。若謂俗辟者民易，則是吴、越風俗邪辟，必無秀異之士也。」説更明晰。鮑、吴並非。錢改「奇」作「袤」，「袤」疑是「衺」之譌。若然，則錢氏已以「奇行」爲「衺行」矣。服奇而志淫，與下「俗辟而民易」，二「而」字並訓「則」。莊子天下篇：「鄒、魯之士，搢紳先生，多能明之。」釋文：「鄒，莊由反，孔子父所封邑。」鄒即郰或鄹，孔子所生地。

〔一二五〕横田惟孝云：「『謂』疑衍文。」〔按〕此據吴説，見下。

〔一二六〕鮑本「之」下有「謂」字。吴師道云：「史：進退之節，衣服之制。無兩『謂』字，按下文，爲是。」

〔一二七〕鮑彪云：「言其順俗。」横田惟孝云：「『俗』疑當作『時』。『流』猶『移』。即上文『觀時而制法』之意。」〔按〕史記作「齊民與俗流，賢者與變俱」，與上「所以齊常民，非所以論賢者」相應。此句義不合，疑「聖」當作「民」。民與俗流，即上文「常民溺於習俗」也。或「俗」字有誤，從横田改「時」字。

〔一二八〕鮑彪云：「趙記十九年有，無二趙諫詞。」横田惟孝云：「勿反，猶言勿復言也。」〔按〕史記作「子不及也」。疑「反」字乃「及」之形譌。子其勿反也，猶言子勿及此也，戒其勿言。

〔附論〕

吴師道云：「史衛鞅傳與此章多同，今考列於後：衛鞅曰：『疑事無功，疑行無名。』肥義曰，同。『有高人之行者，固見非於世，有獨知之慮者，必見敖於民。』王曰：有高世之功者，必有遺俗之累；有獨智之慮者，必被庶人之恐。『愚者闇於成事，智者見於未萌。』『論至德者不和於俗，成大功者不謀於衆。』肥義曰，同。『聖人苟可以强國，不法其故；苟可以利民，不循其禮。』王曰：聖人苟可以利其民，不一其用；果可以便其事，不同其禮。甘龍曰：『聖人不易民而教，智者不變法而動。因民而教者，不勞而成功；緣法而治者，吏習而民安之。』趙造曰：聖人不易民而教，智者不變法而動。因民而教者，不勞而成功；據俗而動者，慮徑而易見。衛鞅曰：『龍之所言，世俗之言也。常人安於故俗，學者溺於所聞。以此兩言居官守法可也，非所以論於法之外也。三代不同禮而王，五伯不同法而霸。智者作法，愚者制焉。賢者更禮，不肖者拘焉。』王曰：卿言世俗之間。常民溺於習俗，學者沉於所聞。此兩者所以成官而順政也，非所以觀遠而論始也。且夫三代不同服而王，五伯不同教而政。智者作教，而愚者制焉；賢者議俗，不肖者拘焉。杜摯曰：『法古無過，循禮無邪。』趙造曰：循法無過，脩禮無邪。衛鞅曰：『治世不一道，便國不法古。湯、武不循古而王，夏、殷不易禮而亡。反古者不可非，而循禮者不足多。』王曰：禮世不一其道，便國不必法古。聖人之興也，不相襲而王；夏、殷之衰也，不易禮而滅。然則反古未可非，而循禮不足多也。衛鞅、趙武靈所稱民不可慮始，治不必相襲者，初不全非，但所以行是言者悖耳。商君傳語，策具有之，唯民不可與慮始而可與樂成語，不襲用而用其意也。史遷於趙世家所不載者，二趙諫詞耳。二事皆變古者也，當時記載與遷所録，固不能無混歟？……史云：『趙文、趙造、周袑、趙俊皆諫。』按周袑即後章周紹傅王子何者。紹辭傅而未嘗諫易服也。趙俊即趙燕後服者，王讓之，即受服。史謬云諫也。牛贊嘗有諫，而史不言。」

王應麟通鑑答問卷二云：「晉俗之變於狄久矣。春秋傳曰：『晉人無信。』又曰：『晉人虎狼也。』又曰：『晉所以霸，師武臣力也。』風俗於此可見。蓋晉，戎狄之與鄰，拜戎不暇。自曲沃兼宗國，獻公好攻戰。……晉分爲趙。漢志云：『趙北迫近胡寇，民俗懻忮，好氣爲姦，自全晉時已患其慓悍，而武靈王又益厲之。……趙俗既如此，重之以胡服騎射，純乎狄矣。昔者晉獻使申生伐皋落氏，衣之尨服，而戎服已變。荀吴毁車崇卒，以敗狄於大鹵，而車乘已變。此胡服騎射之漸也。」

〔按〕武靈王胡服騎射與商鞅變法爲戰國史上二大事，皆爲變古革新之舉，遭受保守派之反對，意圖相近，故辯論多同，語有相襲者勢也，不足爲異。胡服騎射吸收他族之長，不特使趙强大，對當時之軍事亦一大改革，影響深遠。

5 王立周紹爲傅

王立周紹〔一〕爲傅〔二〕，曰：「寡人始行縣〔三〕，過番吾〔四〕，當子爲子之時〔五〕，踐石以上者〔六〕皆道子之孝。故寡人問〔七〕子以璧，遺子以酒食，而求見子，子謁〔八〕病而辭。人有言子者曰：『父之孝子，君之忠臣也。』故寡人以子之知慮，爲辨足以道〔九〕人，危足以持〔一〇〕難，忠可以寫〔一一〕意，信可以遠期〔一二〕。詩云〔一三〕：『服難以勇，治亂以知，事之計也。立傅以行〔一四〕，教少以學，義之經也〔一五〕。循計之事〔一六〕失而(不)累〔一七〕，訪議之行，窮而不憂〔一八〕。』故寡人欲子之胡服以傅王乎(子)〔一九〕！」周紹曰：「王失論矣，非賤臣所敢任也。」王曰：「選子莫若父，論臣莫若君。君，寡人也〔二〇〕。」周紹曰：「立傅之道六。」王曰：「六者何也？」周紹曰：「知慮不躁達於變，身行寬惠達於禮，威嚴不足以易於位〔二二〕，重利不足以變其心〔二三〕，恭於教而不快〔二三〕，和於下而不危〔二四〕。六者，傅之才，而臣無一焉〔二五〕。隱中不竭〔二六〕，臣之罪也。傅命僕官〔二七〕，以煩有司，吏之恥也〔二八〕。王請更論！」王曰：「知此六者，所以使子。」周紹曰：「乃國未通於王胡服〔二九〕。雖然，臣，王之臣也，而王重命之，臣敢不聽令乎？」再拜，賜胡服〔三〇〕。

王曰：「寡人以王子爲子任，欲子之厚愛之，無所見醜〔三一〕。御道之以行義，勿令溺苦於學〔三二〕。事君者順其意，不逆其志；事先者〔三三〕明其高，不倍其孤〔三四〕。故有臣可命〔三五〕，其國之祿〔三六〕也。子能行是，以〔三七〕事寡人者畢矣。書云：『去邪無疑，任賢勿貳〔三八〕。』寡人與子，不用人矣〔三九〕。」遂賜周紹胡服衣冠，具帶，黄金師比〔四〇〕，以傅王子也〔四一〕。

〔箋證〕

〔一〕〔按〕史記趙世家作「周紹」。集解「徐廣曰：戰國策『紹』作『紹』」，與今本同。

〔二〕〔按〕爲傅，爲王子傅。禮記文王世子篇：「凡三王教世子必以禮樂。……立太傅少傅以養之，欲其知父子君臣之道也。太傅審父子君臣之道以示之，少傅奉世子以觀太傅之德行而審諭之。」史記謂紹傅王子何，説詳章末。

〔三〕〔按〕周禮州長：「若國作民而師田行役。」賈疏：「行，謂巡狩。」行縣，謂巡視郡縣。

〔四〕〔按〕韓非子外儲説左上篇：「趙主父令工施鈎梯而緣播吾，刻疏人跡其上，廣三尺，長五尺，而勒之曰：主父常遊於此。」主父即武靈王。播吾即番吾也。番吾見前。武靈王嘗遊其處，施梯勒石於山顛。

〔五〕闞修齡云：「『子』猶『卿』也。爲子，是有父之稱，謂周紹幼時。」〔按〕爲子之時，不必幼年，且踐石以上皆道其孝，王又遺之璧求見，亦非幼時事。闞說微失。

〔六〕鮑彪云：「踐石，謂能騎乘者。禮『洗王石』，注：『乘馬石。』」闞修齡云：「周禮隸僕有乘石。是乘車所踐之石也。此蓋指大夫以上。」安井衡云：「踐石以上，謂童子能乘石以戲遊者。」小雅白華：『有扁斯石，履之卑兮。』傳：『王乘車履石。』箋：『王后出入之禮，與王同。』乘車踐石，唯王與后。其餘婦人，則履几以乘。士昏禮云『婦乘以几』是也。未聞男子有踐石騎乘者。」于鬯云：「（鮑引）禮，見周禮隸僕職。惠士奇禮說云：『石，升車之石。淮南齊俗訓注：人君升車有乘石。是也。一名「踐石」。』引此文，而云：『謂國之有司，不獨人君爲然。』林頤山云：『踐石即洗馬也。趙置乘馬，即倣秦置洗馬。漢百官表太子太傅、少傅屬官有先馬。顔注：先或作「洗」。』按林蓋因洗石，即以當洗馬，恐屬附會。……或謂踐石，疑戰國時趙所置小官，亦不必據周禮乘石爲說。」金正煒云：「踐石以上，猶云歷階而升，謂番吾之謁王者耳。」〔按〕鮑、闞注可通。「踐石」代表官位，其位級依文義推之，當屬中、下級官員。

〔七〕鮑彪云：「問，以禮遺之。」〔按〕「問」猶「遺」也，見禮記曲禮上篇鄭注。

〔八〕横田惟孝云：「謁，告也。」

〔九〕〔按〕道同導。

〔一〇〕鮑彪云：「危，言有危苦之節。」吴師道云：「危，高狀也。」金正煒云：「廣雅釋詁：『危，正也。』鮑、吴說並非。」〔按〕吴訓「危」爲「高狀」，即高峻，亦通。又論語憲問篇：「邦有道，危言危行。」集解引包咸曰：「危，厲也。」「厲」猶「礪」，訓此亦通。文選東京賦：「西朝顛覆而莫持。」薛綜注：「持，扶也。」

〔一一〕鮑彪云：「『寫』猶『宣』。」

〔一二〕鮑彪云：「（遠期）久而不渝。」

〔一三〕鮑彪改「詩」作「諺」。關修齡云：「古詩記載此六句，引風雅逸篇云：此全與古詩體裁不同，姑依本文有『詩曰』字録之。」〔按〕古書引用成語，往往亦稱爲詩，如秦策三范雎至章「詩云：樹木實繁者披其枝，披其枝者傷其心」。呂氏春秋行論篇「詩曰：將欲毀之，必重累之；將欲踣之，必高舉之」。並不合詩體，當非三百篇外之逸詩也。古人用語例如此（説詳秦策箋證），鮑改失之。

〔一四〕鮑彪云：「（行）去音。」〔按〕謂品行。

〔一五〕吴師道云：「此言勇智爲事之計，指胡服。言行學爲事之經，指立傅。」

〔一六〕鮑彪云：「先計而順行之。」

〔一七〕鮑彪改「失」作「佚」，「累」上補「不」字。盧本「累」上有「不」字。吴師道云：「以下句例之，此恐缺『不』字。」金正煒云：「失與佚古通用，此不煩改。」〔按〕鮑補「不」字，是，今從之。「失」讀如字，見下吴注。

〔一八〕鮑彪云：「窮，言盡事之情。」吴師道云：「言循計謀之事雖有過失而無累。訪謀議之行，雖有窮急而不憂。『訪議』又疑『放義』，謂放於義也。」〔按〕訪議之行，與上「義之經也」相應，猶「循計之事」與上「事之計也」相應同。吴後説以「訪議」爲「放義」，是也。訪議、放義，字之同聲通借。

〔一九〕鮑彪改「乎」作「子」。吴師道云：「『乎』當作『子』。大事記改。」〔按〕子、乎形似之誤，今從鮑改。

〔二〇〕横田惟孝云：「君寡人也，猶言寡人即君也。言其所論不失。」

〔二一〕鮑彪云：「素位而行，不爲威嚴所移。」

〔二二〕横田惟孝云：「言威武不能屈，富貴不能淫也。」〔按〕此句「其」字與上句「於」字爲互詞，「其」猶「於」也，見經詞衍釋。

〔二三〕鮑彪云：「怏，謂縱逸。」横田惟孝云：「不怏，謂不苟從。」〔按〕「怏」字費解，鮑與横田訓牽强，疑「快」字之誤。説文「怏」字云：「不服，懟也。」段玉裁注：「『怏』蓋倔强之意。……集韻於陽韻曰：『怏然，自大之意。』考王逸少蘭亭序曰：『快然自足』，自來石刻如是，本非『怏』字。」今檢唐摹墨跡及各石刻蘭亭序皆作「快然」，而諸選文刊本並改作「怏然」。此蓋不解「快」義，以爲筆誤而妄改也。此文「怏」字亦復如是，因形近而誤，字當作「快」。謂恭於教而不自大也。

〔二四〕安井衡云：「『危』讀爲『詭』。詭，詐也。」〔按〕此「危」字當訓高峻，「不危」謂不自高也，與上句「不怏」爲對文。

〔二五〕〔按〕周禮地官師氏：「以三德教國子：一曰至德，以爲道本；二曰敏德，以爲行本；三曰孝德，以知逆惡。教三行：一曰孝行，以親父母；二曰友行，以尊賢良；三曰順行，以事師長。」三德三行，亦爲六者，然内容不同。蓋一從傅才言，一主教學言，所以異也。國語楚語莊王使士亹傅太子葴，士亹對辭亦多明教之詞，與周紹所對不侔。荀子致士篇云：「師術有四，而博習不與焉。尊嚴而憚，可以爲師；耆艾而信，可以爲師；誦説而不陵不犯，可以爲師；知微而論，可以爲師。故師術有四，而博習不與焉。」亦異。

〔二六〕鮑本「竭」作「謁」。鮑彪云：「隱，自匿也。中，謂情實。此疑與趙造諫本一説。」吴師道云：「不謁，一作『不竭』。中，一作『忠』。即趙造語。」〔按〕中、忠古通用。漢張遷碑「中謇於朝」，魏横海將軍吕君碑「君以中勇」，「中」並「忠」之借字。書仲虺之誥：「建中。」釋文：「『中』本或作『忠』。」

〔二七〕鮑彪云：「傅、附同，比也。『僕』猶『辱』。」横田惟孝云：「（傅命）立傅之命。非其人，是辱官也。」中井積德云：「『傅』命疑當作『傅命』。」安井衡云：「傅，付。僕，著也。此謂受命爲官。」〔按〕僕，謂僕御，禮記禮運篇：「仕於公曰臣，仕於家曰僕。」孔疏云：「謂卿大夫之僕，又賤於臣。若仕於大夫之家，自稱曰僕，彌更卑賤也。」紹自喻卑賤如家僕也。「傅」字當從横田解。此言以師傅之尊而命家僕官之，謂極不稱也。

〔二八〕横田惟孝云：「此王之耻也，不欲斥言王，故曰吏也。」

〔二九〕鮑彪「王」下補「之」字。横田惟孝云：「乃國，猶其國也。未通，言國人未通於王之所以胡服之意。」于鬯云：「自武靈與肥義始議胡服，至是七年矣，國中猶未通，可見變俗之難。」〔按〕「乃」爲轉語詞，横田訓「其」，未然，餘通。其語未完。

〔三〇〕横田惟孝云：「『賜胡服』三字，疑依上章而誤衍。」〔按〕下文云「賜周紹胡服衣冠」，此句嫌複，疑衍。

〔三一〕吴師道云：「醜，言惡事也。謂厚愛教之，毋使見醜事。」張居正云：「無所見醜，猶言幸勿露醜也。」安井衡云：「無所被人醜惡。」〔按〕張義近吴注，惟謂露醜，則「見」讀如「現」。安井訓「見」爲「被」，似長。

〔三二〕鮑彪云：「溺、苦，皆勞也。勞於學，以無導之者故也。」吴師道云：「學，言誦習也。（謂）以行義導之，毋沉溺困苦於誦習之末也。」〔按〕蓋謂王子之學重在行義，不在誦習。

〔三三〕鮑彪云：「先，先君。」中井積德云：「先者，武靈自叙己死後之事也。」〔按〕此當是古語如此，武靈引之以喻命紹傅王子之意耳。

〔三四〕〔按〕「倍」同「背」。論語泰伯篇：「可以託六尺之孤，可以寄百里之命，臨大節而不可奪也。」集解引孔安國云：「六尺之孤，幼少之君。」即此意。「孤」指王子。

〔三五〕〔按〕命，謂受顧託之命。

〔三六〕〔按〕其，猶是也、此也。禄，猶福也。

〔三七〕鮑彪「以」上補「所」字。〔按〕文義自通，不煩增字。

〔三八〕鮑彪云：「禹謨。」文廷式云：「此趙武靈王引書，未必出自尚書，戰國時人引詩，亦多不類三百篇。凡此類者，未可據爲逸詩、逸書也。」〔按〕語見僞古文尚書大禹謨，蓋即據此纂入。

〔三九〕金正煒云：「秦策：『吾與王也，不用人言。』謂人不問之，文義正同。又呂覽貴直篇：『王何不能與野人乎。』注：『「與」猶「用」也。』」

〔四〇〕姚宏云：「史記匈奴傳：漢遺單于有黃金飾具帶一。漢書要義（按「要」疑當作「音」）曰：『要中大帶。』黃金胥紕一。徐廣曰：『或作「犀毗」。』注引戰國策趙武靈王賜周紹貝帶黃金師比。延篤云：『胡革帶鉤也。』則此帶鉤亦名師比。則『胥』、『犀』與『師』並相近，而説各異耳。」鮑彪云：「（具帶）帶飾之備也，猶『具劍』。（師比）未詳，蓋衣章。（淮南子）主術訓：『武靈王具帶鵔鸃而朝。』注：『「鵔鸃」讀曰「私鈚頭」三字。』與此小異。」吳師道云：「（具帶）史記匈奴傳：黃金具帶。音義云：『要中大帶。』淮南子云：『趙武靈王貝帶鵔鸃而朝。』此以『具』作『貝』。漢書佞幸傳：孝惠時郎侍中皆冠鵔鸃貝帶。注：『以貝飾帶。』（師比）漢書『黃金犀比』。師古云：『胡帶之鉤也。』延篤説同。大事記引又謂：師比，史記『胥紕』。師、犀、胥一也。」〔按〕王國維胡服考云：「具帶、貝帶，國策、淮南互異，史記及漢書匈奴傳皆云：『黃金飾具帶一。』（姚宏戰國策續注引漢書作『貝帶』）賈誼新書匈奴篇云：『繡衣具帶。』而漢佞幸傳及今本穆天子傳均作『貝帶』。二字形相近，故傳寫多訛。顏師古注漢書佞幸傳云：『貝帶，海貝飾帶。』然此帶本出胡制，胡地乏水，得貝綦難。且以黃金飾，不容更以貝飾，當以作具爲是。具帶者，黃金具帶之略，猶漢書雋不疑傳之『櫑具劍』，王莽傳之云『玉具劍』也。古大帶革帶皆無飾，有飾者胡帶也。……黃金師比者，具帶之鉤，亦本胡名。楚辭大招作『鮮卑』。王逸注：『鮮卑，緄帶頭也。』史記匈奴傳作『胥紕』，漢書作『犀毗』，高誘淮南注作『私鈚頭』，皆『鮮卑』一語之轉。延篤所謂胡革帶鉤是也。……用黃金師比爲帶鉤，當自趙武靈王始矣。」（觀堂集林卷二十二）「師比」爲帶鉤之胡名。班固與竇將軍牋云：「賜犀比金頭帶」，即此黃金師比也。淮南主術訓之「鵔鸃」，高注讀爲「私鈚頭」，並云二字三音也，破漢字單音節之例，且與「師比」、「胥紕」等音不諧。唐蘭以爲出於高誘「附會」，「『頭』字和譯語的本身是無關的」（中國文字學頁三十三）。又按武靈王胡服之内容見於戰國策者止於斯。應劭漢官儀（平津館叢書輯逸本）謂：「侍中金蟬左貂。金取堅剛百鍊不耗，蟬居食潔，目在腋下。貂内勁悍而外温潤。貂蟬不見傳記者，因物論義。予覽戰國策，乃知趙武靈王胡服也。其後秦始皇破趙，得其冠以賜侍中。高祖滅秦，亦復如之。」檢今國策無貂蟬文，殆漢本有之，後來佚去，因附記於此。

〔四一〕鮑本、吴本無「也」字。吴師道云：「大事記書趙惠后卒，使周袑胡服傅王子。解題云：『惠后，吴娃也。娃方死，憐其子，而將立之。廢長立少之意，已見於此。而其論傅，時有古之遺言。』愚謂命胡服而誦古之遺言，豈其然乎？」〔按〕趙世家：「（武靈王）二十五年（前三〇一）惠后卒。使周袑胡服傅王子何。」大事記本之。索隱以惠后爲太子章之母，錢大昕史記考異、梁玉繩史記志疑並辨其誤，而大事記解題已正之，諸家失引。武靈王寵吴娃孟姚而生子何，欲立爲太子，故使袑傅之。言詞諄諄，隱含託孤之意。至二十七年（前二九九），遂傳國於何，立爲惠文王，命肥義爲相國，並傅王。自號爲主父，封長子章爲代安陽君。

6　趙燕後胡服

趙燕後胡服〔一〕，王令讓之曰：「事主之行，竭意盡力，微諫而不譁〔二〕，應對而不怨，不逆上以自伐〔三〕，不立私以爲名。子道順而不拂，臣行讓而不爭。子用私道者家必亂，臣用私義者國必危。反親以爲行，慈父不子；逆主以自成，惠主〔四〕不臣也。寡人胡服，子獨弗服，逆主，罪莫大焉。以從政〔五〕爲累，以逆主爲高，行私莫大焉。故寡人恐親犯刑戮之罪〔六〕，以明有司之法〔七〕。」趙燕再拜稽首曰：「前〔八〕吏命胡服，施及賤臣。臣以失令過期，更不用侵，辱教〔九〕，王之惠也。臣敬循（脩）〔一〇〕衣服以待今日〔一一〕。」

〔箋證〕

〔一〕鮑彪云：「服後於衆。」〔按〕吳師道以趙燕即趙世家之趙俊（見上）。

〔二〕鮑彪云：「（諱）讙也。」關修齡云：「諱，即顯諫。」于鬯云：「微諫，猶論語里仁篇『幾諫』。彼何解引包曰：『幾者，微也。』小戴禮記云：『爲人臣之禮不顯諫。』」

〔三〕〔按〕高誘淮南子修務訓注：「伐，自矜大其善。」

〔四〕鮑彪云：「『惠』猶『慈』。」〔按〕惠主，猶仁君。

〔五〕鮑彪云：「政，胡服之政。」

〔六〕鮑彪云：「燕，公族也，故稱『親』。」吳師道云：「親身犯之也。」〔按〕鮑説是。

〔七〕横田惟孝云：「有司明法以行刑。」

〔八〕鮑彪云：「前，前日。」

〔九〕姚宏云：「（更）一作『吏』。」鮑彪讀「侵辱教」連屬，云：「『更』猶『反』。侵辱，刑也。言己宜服刑，王反不刑而教之。」吳師道云：「更，改也。侵辱教，刑也。」横田惟孝改「更」作「吏」，云：「從一本。言吏不以失令過期侵僇。」讀「侵」爲句。于鬯云：「鮑、吳並恐未然。此蓋於『侵』字爲句。侵，或指刑。辱教，即指上文王語。」

安井衡云：「『侵』字句。侵，朘削也，謂貶爵削邑。言不加刑罰而辱教之。」金正煒云：「『吏』當從一本作『史』。『史』即上所云『吏命胡服』之『吏』。儀禮士冠禮注：『羣吏有事者。』疏：『吏、史亦一也。』故此文或言『吏』或言『史』也。『侵』當爲『㑴』，形似而誤。玉篇：『㑴，古文「辟」字。』辟，誅也，法也。吏不用辟，謂吏不用其法也。」〔按〕横田等讀是，今從之。

〔一〇〕姚宏云：「(循)一作『脩』。」横田本作「脩」。安井衡云：「『脩』、『循』多相誤，此當以作『脩』爲正。『脩』猶『製』也。」〔按〕「脩」字爲是，今從一本改。脩即修也。

〔一一〕鮑本、吴本「今」作「令」。盧本、横田本「今日」作「令甲」。鮑彪云：「令，善也。」關修齡云：「漢有令甲、令乙、令丙，即令也。戰國時已有焉。」安井衡云：「今日，謂王再命之日。」于鬯云：「當謂以舊服脩改胡服需時，今日脩完，固將服之，故云然。盧刻『今日』作『令甲』，惠士奇禮説云『朝廷出令曰「令甲」』，引此，又云：『漢有金布令甲之篇。』」金正煒云：「『令』當爲『命』，『日』字疑衍。」〔按〕今日、令日，其義皆可通。盧本作「令甲」，不明所據，景宋抄本固作「今日」也。雖有巧解，恐如郢書燕説，非其本義。通雅卷四十九謂：「今日即另日，即異日也。」但古書「令」字無此義，「另」是後起之字，不能以聲訓爲解，恐非。

7　王破原陽以爲騎邑

王破原陽〔一〕以爲騎邑〔二〕。牛贊〔三〕進諫曰：「國有固籍〔四〕，兵有常經〔五〕。變籍則亂，失經則弱。今王破原陽以爲騎邑，是變籍而棄經也。且習其兵者輕其敵〔六〕，便其用者易其難〔七〕。今民便其用，而王變之，是損君而弱國也〔八〕。故利不百者不變俗，功不什者不易器〔九〕。今王破卒散兵，以奉騎射，臣恐其攻獲之利，不如所失之費也。」王曰：「古今異利，遠近易用，陰陽不同道，四時不一宜。故賢人觀時而不觀於時〔一〇〕，制兵而不制於兵。子知官府之籍，不知器械之利；知兵甲之用，不知陰陽之宜〔一一〕。故兵不當於用，何兵之不可易？教不便於事，何俗之不可變〔一二〕？昔者先君襄主與代交〔一三〕地，城境封之〔一四〕，名曰無窮之門〔一五〕，所以昭〔一六〕後而期遠也。今重甲循（脩）兵，不可以踰險〔一七〕；仁義道德，不可以來朝〔一八〕。吾聞信不棄功，知不遺時。今子以官府之籍，亂寡人之事，非子所知〔一九〕。」牛贊再拜稽首曰：「臣敢不聽令乎？」至（王）遂胡服率騎入胡〔二〇〕，出於遺遺之門〔二一〕，踰九限之固，絶五俓之險〔二二〕，至榆中〔二三〕，辟地千里〔二四〕。

〔箋證〕

〔一〕鮑彪云：「（原陽）屬雲中。」程恩澤云：「水經注：『芒干水西南逕武臯縣，又南逕原陽縣故城西。』在今（山西）朔平府右玉縣西北邊城北。」

〔二〕鮑彪云：「（騎邑）居騎士於此。」吳師道云：「破者，破卒散兵以爲奇（騎）。」〔按〕下云「破卒散兵以奉騎射」，與此句相應。此「破」，意謂改易。呂祖謙大事記解題云：「蓋始教一邑，然後遍行之於境内。」則猶今言試點也。

〔三〕鮑彪云：「（牛贊）趙人。」〔按〕趙世家有牛翦，翦、贊聲之轉，蓋一人。

〔四〕鮑彪云：「固，言不變。籍，猶令甲。」吴師道云：「固、故通。」〔按〕籍，謂官府之籍，下文可證，蓋簿籍也。「固籍」猶「舊籍」。

〔五〕横田惟孝云：「經，法也。」

〔六〕鮑彪云：「習於敵人之兵，則玩而易之。」安井衡云：「言習熟其兵器者，心有所恃，故輕敵不怖。鮑謬。」〔按〕習其兵者，謂習於用兵者。輕其敵，謂不畏敵人。此言便習之利，故知輕敵非玩易也。鮑釋「兵」爲敵人之兵，固非。安井釋爲兵器，則與下「用」字義複，知不然也。此句上「其」字與下句「便其用者」之「其」字，並訓作「於」。「其」猶「於」也，見經詞衍釋。

〔七〕鮑彪云：「(用)此言本國械用。」〔按〕謂便於械用者以難爲易。

〔八〕姚宏云：「(損)一作『捐』。」金正煒云：「『君』字疑本爲『羣』，脱損半字而誤也。此言自棄其衆。」〔按〕「君」字不誤。民變其便習，不能應敵難，是有損於君也。「損君」與「弱國」並舉，義近。又「君」有「羣」義，見韓詩外傳、春秋繁露、白虎通義等書。「損君」亦即「損羣」。

〔九〕吴師道云：「此亦(史記)商君傳杜摯語。『俗』作『法』。」〔按〕商君書更法篇「杜摯曰：臣聞之，利不百不變法，功不十不易器」。此是古語，故杜摯、牛贊並引之。百，百倍；什，十倍。

〔一〇〕鮑彪云：「『時』猶『俗』也。視俗而變，不爲俗所窺。」〔按〕此與下句謂争主動而不被動。

〔一一〕鮑彪云：「趙居胡之南，陽也。欲攻胡而用趙兵，非其宜也。」吴師道云：「陰陽之宜，言天地氣化之運、人事剛柔之節。其詳則若范蠡之所以答越王者，語見國語。」横田惟孝云：「謂不知兵制之不一定，如陰陽之異宜也。」〔按〕鮑注近鑿。「陰陽」見前蘇秦自燕之趙章。

〔一二〕横田惟孝云：「所謂觀時制兵者。」

〔一三〕鮑彪云：「『交』猶『接』。」

〔一四〕鮑彪云：「築城境上，爲之封域。」

〔一五〕橫田惟孝云：「蓋言并代至無窮，必自此門而始也。」程恩澤云：「史記云：『遂至代，北至無窮。』胡三省曰：『自代北出塞外，大漠數千里，故曰無窮。』引國策云云。此説非是。窮與終通，無窮謂無終，即左傳無終子國也。漢志右北平郡有無終縣。……顧炎武曰：『據漢書樊噲傳擊陳豨，破得綦毋卬尹潘軍於無終廣昌，則其初境當在雲中、代郡之間。』江永曰：『晉自荀吳敗無終及羣狄，漸擴代北之地。其後趙氏盡得代地，而無終之國乃在右北平。』是無終本與代鄰，故曰：『遂至代，北至無窮。』策謂：『與代交地，城境封之，名曰無窮之門。』正與史合。無窮即無終，當在今直隸（今河北省）廣昌縣。」（金正煒亦以無窮即無終，較程疏略）〔按〕梁玉繩史記志疑亦疑無窮爲無終，程考或本之。莊子逍遥遊「窮髮之北」，列子湯問篇殷敬順釋文本作「終髮之北」，可證「終」、「窮」二字通用也。無窮之門謂望無窮之門，非無窮本地也。門當在趙、代之界，題此名者，所以示欲并代至於無窮也。此顯示襄子之侵略野心，至武靈王繼續擴張武力，「遂之代，北至無窮」，實現其先君之願望。吕氏春秋長攻篇云：「趙簡子病，召太子（襄子）而告之曰：『我死已葬，服衰而上夏屋之山以望。』太子敬諾。簡子死，已葬，服衰。……襄子上於夏屋，以望代俗，其樂甚美。於是襄子曰：『先君必以此教之也。』及歸，慮所以取代。」是襄子侵代，亦秉其先人之遺志。趙氏世代以侵略弱小而强大，武靈之胡服騎射不過逞其野心，豈真恤民哉？

〔一六〕鮑彪改「昭」作「詔」。金正煒云：「釋名釋典藝：『詔，昭也。』昭、詔義通，不煩改也。」

〔一七〕姚宏云：「（循）一作『脩』。」鮑彪云：「趙甲重，不若新甲之輕。循，言其因舊。」吴師道云：「循，行也。言被重甲執兵而行，不可以踰險。不若胡服騎射之便利。」關修齡「循」作「脩」，云：「脩，長也，長兵，謂殳矛屬。」安井衡云：「作『脩』是也。脩，長也。長兵，夷矛、酋矛之屬。」于鬯云：「重甲循兵，謂兵之常經也。」〔按〕「循」當從一本作「脩」，今改。兵車之制，用長兵。周禮夏官司兵：「司兵掌五兵五盾。」鄭司農云：「五兵者，戈、殳、戟、酋矛、夷矛。」此五者皆爲長兵。重甲脩兵，即謂車戰。車戰不利於山谷險塞之地，故云「不可以踰險」。

〔一八〕鮑彪云：「此言胡也。」横田惟孝云：「『朝』疑當作『胡』。」〔按〕來朝，謂使之來朝，「來」同「徠」。横田説非。

〔一九〕吴本「知」作「智」。〔按〕此「知」讀如字。吴本非。

〔二〇〕姚宏云：「集、劉（至）作『王』。」于鬯云：「作『王』與史合。惟王自去年胡服矣，『遂』字當貫下『率騎入胡』爲義。依策文『遂胡服』屬牛贊言，似勝。而『至』字不甚曉，儻謂牛贊後至乎？或『至』字上下有脱，而下文悉屬牛贊事，與史殊。」〔按〕「王」字爲長，今從改。此謂王胡服率騎入胡，非謂始胡服也，于氏誤解。

〔二一〕鮑彪云：「此門義取胡者古今所遺。」吴師道云：「（鮑注）無據而謬。」横田惟孝云：「『遺遺』之義未詳，竊疑或『無窮』之訛。」于鬯云：「『遺遺』當是胡言也。」金正煒云：「『遺遺之門』未詳，疑上文所云『無窮之門』。故書殘缺二字，昔人於其間連注遺字以識之，與作□□例同，後人乃誤併入文耳。正字通『「遺遺」與「委蛇」通』，引策注『言其路逶迤也』。恐非。」〔按〕遺遺之門似是上無窮之門，其訛未詳。

〔二二〕鮑本、吴本「俓」作「徑」。田藝蘅云：「太行山有九陘，此第五陘在趙也。陘、徑同。」黄丕烈云：「此（俓）當是『陘』之假借耳。」程恩澤云：「按顧祖禹曰：『今陝西榆林鎮廢勝州北有榆谿塞者，漢曰廣長榆塞，即國策所云出於遺遺之門，踰九限之固，絶五徑之險者也。』……雖非確詁，而大意不甚相遠也。」金正煒云：「『九限』疑本作『九阮』，即九原也。趙世家：『武靈王攘地北至燕、代，西至雲中、九原。』漢志代郡五原關，説文作『五阮關』，故『九原』亦或作『九阮』，『限』又『阮』之譌也。……『五徑』或爲『五陘』之譌。呂氏春秋『天下九塞』，井陘其一。地記『太行八陘』，其第五陘曰『土門關』，即井陘也。趙世家：『武靈王二十一年，使趙希并將胡、代，趙與之陘。』正義：『并將代、趙之兵與諸軍向井陘之側。』」〔按〕「九限」不詳。續漢書郡國志「常山國九門」。劉昭注：「戰國策云：在縣界。」趙世家：「（武靈王）十七年，王出九門爲野臺。」正義：「戰國策云：本有宮室而居，趙武靈王改爲九門。」太平御覽卷一百六十一引戰國策同。此文不見於今本國策，而其語又不類策文。疑此「九限」乃「九門」之譌，而正義等所引策語爲高注逸文也。五侄，或如田、金之説。

〔二三〕鮑本、吴本「榆」作「胡」。吴師道云：「胡中，一本『榆中』。世家：『二十年，王西略胡地，至榆中。』正義云：『勝州所治榆林。』」張琦云：「史正義云：『勝州北河北岸。』與吴氏所引異。故勝州在今榆林府東北四百五十里，其北有榆谿塞，即榆中也。」〔按〕史記正義所説地在今内蒙古河套東北岸。

〔二四〕吴師道云：「大事記謂：賜周紹胡服衣冠，具帶黄金師比，此胡服也。又引水經注竹書紀年：『邯鄲命將軍、大吏、適子、代吏皆貂服。』即胡服之事。按胡廣曰：『趙武靈王改胡服，以金璫飾前，前摇貂尾爲貴職。』或以北土多寒，胡人以貂皮温額，後代效之。亦曰惠文。漢曰武弁，曰文冠（按此「文」字有誤，當作「漢曰武弁大冠」），見續漢書輿服志），武官冠之。侍中、中常侍加黄金璫，附蟬爲文，貂尾爲飾。漢官儀又名鵔鸃冠。愚謂貂服者此類也。今之靴，亦武靈所製云。一本標春秋後語云：『武靈王十九年春正月，大朝信武宫，乃召肥義與議天下事，五日而畢。遂北略中山，登黄華之上。』注云：『黄華，山名也。』戰國策云：武靈王遊於大陵，夢見處女鼓瑟而歌，登黄華之上。』今按史十六年遊大陵，夢處女。又十九年大朝信宫，召肥義議事，略中山至房子，之代（原本「代」誤作「伐」）地至無窮，西至河，登黄華之上。先後不同。所載戰國策云云者，今缺，姑記以廣聞。」〔按〕辟同闢。趙世家：略胡地，至榆中，在武靈王二十年（前三〇六）。變服騎射，在十九年。竹書紀年（水經河水注引）邯鄲貂服在今王十七年，當武靈王二十四年（前三〇一），時有先後參差。疑十九年始議胡服，二十年令行於全國也。貂蟬爲胡服，應劭漢官儀（孫星衍輯本）云：「侍中金蟬左貂。……貂蟬不見傳記者，因物論義。予覽戰國策乃知趙武靈王胡服也。其後秦始皇破趙，得其冠，以賜侍中。高祖滅秦，亦復如之。」今國策不著貂蟬之文，獨竹書紀年有之，疑策有脱也。管子立政篇云：「度爵而制服，量禄而用財……百工商賈不得服長鬈貂，刑餘戮民不敢服絻。」「長鬈貂」疑亦貂服，不詳其形制是否相同。吳注：「靴，亦武靈所製。」馬縞中華古今注卷上云：「靴者，蓋古西胡（按此下疑脱「服」字）也。昔趙武靈王好胡服，常服之。其制短靿黄皮，閒居之服。」「靴」亦作「鞾」，亦見上武靈王平晝章。

戰國策 卷二十

趙三

1 趙惠文王三十年

趙惠文王三十年，相都平君田單〔一〕問趙奢〔二〕曰：「吾非不説將軍之兵法也。所以不服者，獨將軍之用衆。用衆者，使民不得耕作，糧食輓賃〔三〕不可給也，此坐而自破之道也，非單之所爲也。單聞之，帝王之兵，所用者不過三萬，而天下服矣〔四〕。今將軍必負十萬、二十萬之衆乃用之，此單之所不服也。」

馬服〔五〕曰：「君非徒不達於兵也，又不明其時勢〔六〕。夫吴、干之劍〔七〕，肉試則斷牛馬，金試則截盤匜〔八〕。薄〔九〕之柱上而擊之，則折爲三，質〔一〇〕之石上而擊之，則碎爲百〔一一〕。今以三萬之衆而應强國之兵，是薄柱擊石之類〔一二〕也。且夫吴、干之劍材，難〔一三〕夫毋〔一四〕脊之厚而鋒不入，無脾之薄而刃不斷〔一五〕，兼有是兩者〔一六〕，無鈞（鉤）罕鐔蒙須之便〔一七〕，操其刃而刺，則未入而手斷。君無十餘〔一八〕、二十萬之衆，而爲此鈞（鉤）罕鐔蒙須〔一九〕之便，而徒以三萬行於天下，君焉能乎？且古者四海之内，分爲萬國。城雖大，無過三百丈〔二〇〕者；人雖衆，無過三千家者，而以集〔二一〕兵三萬距，此奚難哉？今取古之爲萬國者，分以爲戰國七〔二二〕，能具數十萬之兵，曠日持久數歲，即君之齊已〔二三〕。齊以二十萬之衆攻荆，五年乃罷。趙以二十萬之衆攻中山，五年乃歸〔二四〕。今者齊、韓相方〔二五〕，而國圍攻焉〔二六〕，豈有敢曰：『我其以三萬救是者乎哉？』今千丈之城、萬家之邑相望也〔二七〕。而索〔二八〕以三萬之衆，圍千丈之城，不存其一角〔二九〕，而野戰不足用也〔三〇〕。君將以此何之〔三一〕？」

都平君喟然太息曰：「單不至也〔三二〕！」

【箋證】

〔一〕鮑彪改「都平」作「平都」，下同，云：「按史單無都平之稱，魏策三言平都，今從之。又按孝成元年，單將趙師攻燕。二年，爲相。蓋相平都而將之，實自惠文，至孝成乃攻燕復相也。」吳師道云：「史趙世家，惠文王三十三年卒。孝成王元年，田單將趙師攻燕及韓。二年，田單爲相。此稱都平君，是仍齊相之稱。都平，即安平也，故大事記俱作『安平君』。魏策長平之役，平都君云云，不言是田單也。惠文三十年，正趙奢破秦軍閼與後一歲，單未至趙也。疑『三十年』下有缺文。」中井積德云：「『都平』疑當『安平』，訛文耳。」金正煒云：「『相』上疑脱

『齊』字，是時單猶未相趙也。」〔按〕下文趙奢答單詞曰「即君之齊已」，明單時爲齊臣，未相趙也。金以爲「相」上脱「齊」字，或是。鮑誤。田單以孝成元年爲趙攻燕，與史記正合。田單封安平君。安平，漢書地理志爲東安平，屬甾川國。疑「都平」爲「東安平」之聲轉。然以同策四燕封宋人榮蚠爲高陽君章考之，則「都平」當作「安平」也。

〔二〕〔按〕趙奢，見同策二秦攻趙蘇子爲謂秦王章。

〔三〕鮑彪云：「賃，所税於民者。」關修齡云：「車曰輓，人曰賃。謂轉送車餉。」金正煒云：「『賃』與『任』通。任，負戴也。詩黍苗：『我任我輦。』箋：『有負任者，有輓輦者。』即此所云『輓任』也。」〔按〕關、金説是。由此可徵知當時戰爭徵發農民，强迫服役之苦。

〔四〕〔按〕吕氏春秋用民篇云：「民無常用也，無常不用也，唯得其道爲可。闔廬之用兵也，不過三萬，吴起之用兵也，不過五萬。萬乘之國，其爲三萬、五萬尚多。今外之則不可以拒敵，内之則不可以守國，其民非不用也，不得所以用之也。」此亦不主用衆，然可證當時戰爭動員額之增多，已非三萬、五萬所能限。

〔五〕鮑本、吴本「服」下有「君」字。黄丕烈云：「馬服，即馬服君也，後有。」〔按〕趙奢封馬服君，見秦策三謂應侯曰君禽章。

〔六〕鮑彪云：「『兵』則吴干之喻，『時勢』則萬國、七國之異。」〔按〕兵，謂用兵，非下「吴干之劍」爲喻，鮑誤。

〔七〕姚宏云：「荀子注引作『吴干將之劍』。」鮑彪云：「吴王使干將鑄之，故云。」〔按〕吕氏春秋疑似篇：「相劍者之所患，患劍之似吴干者。」高注：「吴干，吴之干將者也。」疑國策高注原亦如之，今佚去。楊倞荀子彊國篇注引或涉注文而衍「將」字。干將，劍名，吴地所鑄，見齊策五蘇秦説齊閔王曰章。但此疑謂吴、干之地所出劍。管子小問篇「昔者吴、干戰」，吴、干並爲國名。周禮考工記：「吴、粤之劍，遷乎其地而弗能爲良。」莊子刻意篇：「夫有干、越之劍者，押而藏之，不敢用也。」是吴、干並以出良劍名。舊注未允。

〔八〕鮑彪云：「匜，盥器。」〔按〕荀子彊國篇：「(莫邪)砥礪之，則劙盤盂，刎牛馬忽然耳。」楊注引此策「匜」作「盂」，云：「劙盤盂，刎牛馬，蓋古用試劍者也。盤盂，皆銅器。」

〔九〕鮑彪云：「『薄』猶『迫』。」吳師道云：「薄音搏。」

〔一〇〕鮑彪云：「質，以石爲鑕。」〔按〕質，椹也，此作動詞用。

〔一一〕吳師道云：「言劍雖利，然薄之於柱，質之於石而擊之，則不敵於柱石之堅，必折且碎。」

〔一二〕鮑本、吳本「類」作「謂」。吳師道云：「一本『之謂』作『之類』。」

〔一三〕鮑彪云：「材，謂脊脾之類，不易得也。」姚範云：「鮑彪以『材難』絶句，疑非。按『脊脾』皆言劍，須具此厚薄二者，而後鋒刃可試。」黄丕烈以「難」字屬下讀，謂「連上者非」。金正煒云：「黄讀義亦未安。」〔按〕此言吳、干之劍可貴，難在於「毋脊之厚」云云。姚、黄之説爲長，今從其讀。

〔一四〕鮑彪改「毋」作「無」。吳師道云：「(毋)無通。」黄丕烈云：「吳亦未是也。下句乃以『無』爲『毋』。」〔按〕毋同無，古通用，不礙其上作「毋」下作「無」。

〔一五〕鮑彪云：「脾，近刃處。」關修齡云：「(毋脊之厚而鋒不入)言脊厚而鋒能入。」于鬯云：「疑此『入』字當如『卷』字義。蓋『毋脊之厚』即『脊薄』也，脊薄則劍末尖鋒易卷，今不卷故難也。」安井衡云：「脊厚矣，而鋒必入，脾薄矣，而刃必斷，所以爲利劍也。」〔按〕莊子説劍篇「天子之劍，以燕谿、石城爲鋒，……晉、魏爲脊。」程瑶田考工創物小記桃氏爲劍考云：「鋒者，其耑也。自注：『説文作「鏠」，兵耑也。』按耑同端……脊者身中隆者也。」「脾」從鮑注。此言劍不具脊厚脾薄，則鋒刃不能入斷物。于説非。

〔一六〕吳本「兩」作「二」。〔按〕謂兼有脊厚脾薄兩者。

〔一七〕姚宏云：「(須)曾作『頃』。」景宋鈔本、盧本「鈞」作「鈎」。鮑本、吳本「鈞罕」作「鈎罕」，鮑改「罕」作「竿」。下同。鮑彪云：「鈎，劍頭鐶。竿與桿同，集韻：柄也。鐔，珥鼻也。蒙須，疑爲劍繩，猶蒯緱也。爾雅草有夫須，蓋以草爲繩。」吴師道云：「(罕)一本作『罕』，即『咢』字，鍔同，刃鋒也。鈎，亦劍屬。」横田惟孝云：「字書無『罕』字，疑『夾』之訛。『夾』與『鋏』通，劍柄所握者。莊子『周、宋爲鐔，韓、魏爲夾』。鐔，劍口以旁横出者。『須』疑『頭』之訛，蓋謂以三物蒙劍首也。」安井衡云：「釣、鈎形近之譌。曲鐵曰鈎，蓋劍把頭之鐵也。罕，罕之正字，古不分四聲，當讀爲『杆』。杆，木挺也。蓋謂劍把。蒙，裹也。須，夫須薹也，以薹裹把。鮑云猶蒯緱，是也。」孫詒讓云：「此方論劍把削之物，不當及鋒鍔，吴説非也。鮑改爲『竿』，尤爲專輒。竊疑『罕』、『罕』並當作『票』，即『鏢』之省。説文金部云：『鏢，刀劍削末銅也。』廣韻四宵云：『鏢，刀劍鞘下飾也。』鏢爲劍削之飾，正與鈎鐔蒙須等同類，故兼舉之。」〔按〕上言「脊脾鋒刃」，爲劍之身。此謂「鈎罕鐔蒙須」，則當爲自臘以上之劍首。「釣」當是「鈎」之誤，今從景宋抄本等正。下同。漢書韓延壽傳：「延壽又取官銅物，……鑄作刀劍鈎鐔。」鐔爲劍鼻，見説文及釋名釋兵。則鈎亦當爲同類之物，顔注謂是「兵器，似劍而曲，所以鈎殺人也」，恐未是。「罕」字不詳，孫釋爲「鏢」，但「罕」、「票」二字形聲並遠。以劍首形制推之，「罕」疑即考工記桃氏爲劍「以其臘廣爲之莖」之「莖」。鄭司農云：「莖，謂劍夾，人所握，鐔已上也。」莖即劍把。安井説或是。程瑶田桃氏爲劍考云：「首也者，劍鼻也。劍鼻謂之鐔，鐔謂之珥，又謂之鐶，一謂之劍口，有孔曰口。視其旁如耳然，曰珥。面之，曰鼻。對末言之，曰首。」蒙須，鮑注謂「蒯緱」，或是。蒯緱見史記孟嘗君傳。程瑶田云：「莖設後以容指者，中間最短，容中指也。近臘一間，長於中間，蓋大指食指繞而容之。近首一間最長，所以容無名指與季指也。……設其後者何？後之言緱也，以繩纏之爲緱。緱之言喉也，當莖之中，設之以容指，而因以名其所纏之繩。」(考工創物小記)纏緱以蒯繩，所以便於握持刺擊。

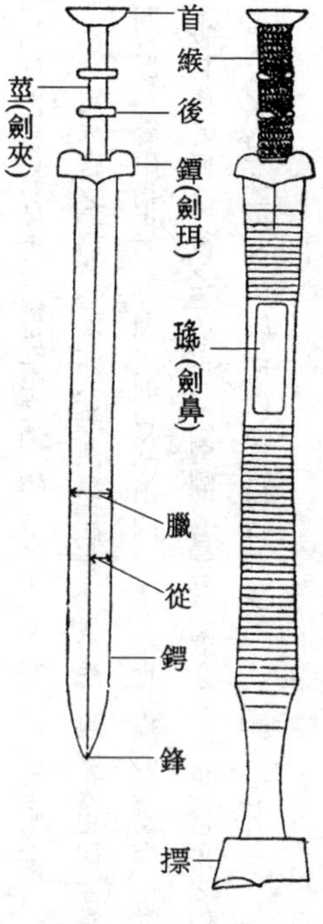

對古劍部位定名的理解

〔一八〕吴師道云：「(餘)恐即上文『萬』字。」黄丕烈云：「吴説未是也，此不當改。」策纂本、横田本「十餘」作「十萬」。〔按〕蘇轍古史卷四十四「十餘」作「十萬」，與上文相應。疑策一本作「十萬」，吴注未可非。

〔一九〕姚宏云：「(須)曾作『頃』。」金正煒云：「『而』猶『以』也，説詳(經傳)釋詞。」

〔二〇〕姚宏云：「集(三百丈)作『三丈』。」〔按〕左氏隱元年傳云：「都城過百雉，國之害也。」杜注：「方丈曰堵，三堵曰雉。一雉之牆長三丈，高一丈。侯伯之制，城方五里，徑三百雉，故其大都不得過百雉。」與此相合，集賢院本作「三丈」者，誤脱「百」字。

〔二一〕鮑彪云：「集，言平時團集非烏合也。」

〔二二〕〔按〕此與秦策四秦王欲見頓弱章頓弱曰「山東戰國有六」，並當時人稱七國爲戰國。燕策一蘇秦死章蘇代説燕王亦曰「凡天下之戰國七」，與此同。又後鄭同北見趙王章：「非戰國守圉之具，其將何以當之。」是戰國謂攻戰之國，猶後世之言軍國。此時七國强大，並習攻戰，故稱之爲戰國。

〔二三〕鮑彪「能」上補「不」字，云：「言以三萬拒數十萬，必敗亡也。齊嘗爲燕昭所破，故云。」吴師道云：「『能具』云云，即下云『齊以二十萬衆攻荆五年』之事。」安井衡云：「田單以民不得耕作，糧食輓賃不可給，難趙奢用衆，故奢以此答之。言齊亦具數十萬兵，能曠日持久數歲，何獨怪我用衆也。下仍引齊攻荆與趙攻中山以證齊、趙用衆持久正同也。鮑補謬甚。」〔按〕安井説是。古史「曠日持久數歲」作「食能支數歲」。

〔二四〕鮑彪云：「此言雖衆猶不亟得志，況三萬乎？」〔按〕趙自武靈王二十年（前三〇六）略中山地，至惠文王三年（前二九六）滅中山，中間屢有攻戰，不詳何時。同策四三國攻秦趙攻中山章亦云：「趙攻中山，取扶柳，五年，以擅呼沲。」可以互證。

〔二五〕鮑彪云：「『方』猶『比』，猶『敵』。」于鬯云：「言『今者』，正指當今時事而言。但如齊、韓相敵，則單本齊人，似與下文『豈有』句語氣不合。且齊、韓事是年亦無見。疑『齊』當作『秦』。秦策秦攻韓，圍陘。正此年事。」鍾鳳年云：「『相方』二字無解，恐是『方相』之倒置。」〔按〕鮑注可通。此或假設之語，不必考實其事。

〔二六〕吴本、横田本「而」作「兩」。鮑彪云：「兩國或圍或攻。」

〔二七〕〔按〕戰國之時戰伐頻繁，互相兼併，各國行政區域有所改變，多推行郡縣制，轄境既廣，人口亦衆。其時又因戰爭擴大，進攻武器日精，防禦工事隨之講求，各國間皆築長城（屢見於史記及古本竹書紀年）以禦敵，「長城巨防，足以爲塞」（秦策一張儀説秦王章），所謂「千丈之城，萬家之邑相望也」，正反映此情況。

〔二八〕鮑彪云：「『索』猶『求』。」〔按〕「而」猶「若」也，見經傳釋詞。

〔二九〕鮑彪云：「言城大兵少，曾不處（鮑、吴合注四部叢刊本「處」誤作「梁」，據鮑單注本正）城之一角，豈能合圍？」

〔三〇〕鮑彪云：「既不能圍，亦不可戰。」金正煒云：「『而』猶『則』也。……『也』猶『矣』。」

〔三一〕横田惟孝云：「何之，言攻城野戰皆不可用，以三萬之兵無所可之。」

〔三二〕鮑彪云：「『至』猶『及』也。言慮不及此。」

〔附論〕

鮑彪云：「彪謂兵不期少多，商（商）敵爲數耳。單也以少擊衆，奇兵也。奢也以衆敵衆，正兵也。論兵者當以正爲常，而用之則務出奇，奇不可論也。單也狃（鮑、吴合注四部叢刊本「狃」誤作「四」，據鮑單注本正）於即墨之勝，欲以奇爲常而廢正，此其論所以屈也。」

吴師道云：「兵不期多少，商（商）敵爲數，此論是矣，而有所未盡，以其論兵而不論將也。單之破燕，蓋乘衆之憤懈而設奇駭之。奢之救閼與曰：『道遠險狹，猶兩鼠鬭穴中，將勇者勝。』其後卒以計敗秦。而長平之役，括以四十五萬之衆而不免於白起。將善則能以少而勝，不善則雖多而亦敗爾。雖然，人知少之害，而未知多之累。曹操以八十萬而敗於赤壁，將非不善也。故韓信之論高帝曰『不過能將十萬』，而多多益辦，獨信能之。論兵者可以不知將哉？」

許應元云：「吴氏論將，亦有未盡。王翦伐齊（按「齊」當作「楚」），請以六十萬人，翦豈不善將哉？所處之勢然也。韓信國士無雙，亦曰多多益辦。信亦不貴少也。如徒泥曹公赤壁之敗，苻堅淝水之奔，鮮不以寡致敗矣。」

張洲云：「談兵者或主少，或主多，雖各有一理。而以戰國事勢論之，則地醜德齊，權力相尚，强者勝，怯者敗，兵多者强，兵少者怯。馬服之言是已。」

張尚瑗云：「穎濱（蘇）氏云：王翦與始皇議滅楚，非六十萬不行。始疑其過，及觀田單與趙奢論兵，乃知老將之言不妄。時至戰國，天下趍於用兵，殺人盈野，所焚坑之數，至於四十萬、二十四萬之酷。而所將之兵，亦嘗領六十萬、五十萬之衆。迨韓信將兵，更有多多益善之説。以少兵當之，侯嬴所謂肉投餒虎者也。……論兵於三代以下，誠如馬服君之云『明其時勢』而已矣。」

〔按〕戰國時戰争規模之大，兵數之衆，遠過前代。楊寬戰國史云：「戰國初期，用兵的數量還在十萬左右。據説

『吴起之用兵也，不過五萬』（呂氏春秋用民篇）。魏惠王進攻趙都邯鄲，魏太子申和齊相戰於馬陵，都不過『十萬之軍』（戰國策魏策三）。墨子也説：『君子必且數千，徒倍十萬，然後足以師而動矣。』（非攻下篇，「君子」下原多「庶人也」三字）到戰國中期以後，參戰的軍隊，數量既多，死傷也多。公元前二九三年秦白起進攻韓、魏，伊闕之役，『大破二國之軍，流血漂鹵，斬首二十四萬』（古史引戰國策）。公元前二七三年秦白起攻魏於華陽，斬首十五萬（史記秦本紀、魏世家，白起傳作「十三萬」）。公元前二六〇年秦攻趙長平之役，竟俘虜了趙軍四十多萬，都活埋了。公元前二五一年燕攻趙，起兵多至六十萬，『令栗腹以四十萬攻鄗，使慶秦以二十萬攻代』（戰國策燕策二）。公元前二二三年秦攻楚，先用將軍李信帶二十萬人攻楚，被楚擊敗，於是不得不改用王翦帶六十萬人再度攻楚，結果大破楚軍（史記王翦列傳）。這時各國軍隊人數的增多，固然一部分由於人口增加，更主要的是由於士兵主要成分的變更。這時已普遍實行郡縣徵兵制度，幾乎强迫徵發了全體農民的壯丁參加。」（頁一三五—一三六）趙奢之論，所謂明其「時勢」也。其後奢子括以四十餘萬衆，敗死於長平，兵非不衆也，則藺相如謂「括徒能讀其父書傳，不知合變也」，已先言其敗徵，此又不能泥於兵數衆寡之論矣。田單以即墨破齊，當時稱之。荀子議兵篇云：「齊之田單，……世俗之所謂善用兵者也。」此章記其論屈於趙奢，而自歎「不至」，則單之能虚己聽人，從善如流，亦不可及也。

2 趙使机郝之秦

趙使机（仇）郝〔一〕之秦，請相魏冉。宋突〔二〕謂机（仇）郝曰：「秦不聽，樓緩必怨公〔三〕。公不若陰辭樓子曰〔四〕：『請無急秦王〔五〕。』秦王見趙之相魏冉之不急也，且不聽公言也。是事而不成〔六〕，魏冉固德公矣〔七〕。」

〔箋證〕

〔一〕鮑彪改「机郝」作「仇赫」，下同，云：「史作『仇液』。」黄丕烈云：「東周策有仇赫之相宋，鮑所據也。此文史記作『仇液』。索隱曰：『戰國策作「仇郝」，蓋一人而記別也。』考後策有『齊人戎郭宋突謂仇郝曰』，又有『令仇郝相宋』，即此。『机』者『杌』之別體，於『仇』爲同字。郝、赫、液，聲之轉也。」〔按〕「机」乃「杌」之形譌。黄謂別體無據。方言卷三：「杌，仇也。」郭注：「謂怨仇也，音舊。」是「杌」與「仇」通，周祖謨方言校箋據萬象名義集文謂「杌」字疑「扏」字之誤。然於姓氏當作「仇」也。今從索隱引正。下同。「郝」與「赫」同，不必改。史記趙世家、穰侯傳並作「仇液」。

〔二〕鮑彪云：「（宋突）齊人，郝客。」吴師道云：「（鮑）無據。史作『宋公』。索隱引策云『宋交』。」

〔三〕鮑彪云：「秦時已相緩。」横田惟孝云：「言雖秦不聽，緩必怨郝。」

〔四〕鮑本、吴本無「曰」字。鮑彪云：「辭，告之也。」〔按〕史記穰侯傳亦有「曰」字。

〔五〕鮑彪云：「（秦王）昭王。言爲緩故請之不力。」

〔六〕鮑彪「成」下，補「以德樓子事成」六字。吴師道云：「史此下有『以德樓子事成』六字，恐策有脱文。」〔按〕事，謂爲趙請秦相魏冉之事。史記此句作「公言而事不成」。依文義，「成」下當有脱文。鮑補是也。

〔七〕鮑彪云：「穰侯傳有云：『秦昭七年。』此（武靈王）二十六年。」吴師道云：「史趙人樓緩來相秦，趙數（按今史記「不」上有「趙」字，無「數」字）不利，乃使仇液云云。於是仇液從之，而秦果免樓緩而魏冉相。」

3　齊破燕趙欲存之

齊破燕〔一〕，趙欲存之〔二〕。樂毅〔三〕謂趙王曰：「今無約而攻齊，齊必讎趙〔四〕。不如請以河東易燕地於齊〔五〕。趙有河北，齊有河東〔六〕，燕、趙必不爭矣〔七〕，是二國親也。以河東之地强齊〔八〕，以燕以趙輔之〔九〕，天下憎之〔一〇〕，必皆事王以伐齊，是因天下以破齊也。」王曰：「善。」乃以河東易齊。楚、魏憎之，令淖滑〔一一〕、惠施之趙〔一二〕，請伐齊而存燕〔一三〕。

〔箋證〕

〔一〕鮑彪云：「之噲之亂，燕（王噲）七年，此（武靈王）十二年。」〔按〕事詳燕策一燕王噲既立章。

〔二〕〔按〕趙惡齊兼燕强大，故欲存之以分其勢。

〔三〕吴師道云：「大事記：按樂毅傳『毅賢，好兵，趙人舉之。及武靈王有沙丘之亂，乃去趙適魏』。毅嘗事趙也。」

〔四〕鮑彪云：「不約與國而獨攻齊，故齊怨。若有與同攻，則怨有所分矣。」

〔五〕鮑彪云：「齊破燕，所謂地近趙，趙以河東易之。」〔按〕齊策四蘇秦自燕之齊章：「（齊）有濟西，則趙之河東危。」河東近齊，故趙以之易燕地。

〔六〕鮑彪云：「此二（河北、河東）非郡。」張琦云：「河北，謂漁陽、涿郡；河東，謂清河、勃海諸邑近齊者。」〔按〕河北兼所易燕地言，謂二國以河爲界，河，疑指清河或漳河。

〔七〕橫田惟孝云：「言齊、趙易地，燕以爲二國相親，故必不與趙争河北之地。」金正煒云：「燕、趙必不争，當爲『齊、趙必不争』，故云『二國親也』。燕地入於趙，無所得以償失，何知其無争而與趙親乎？」〔按〕此言齊、趙易地，燕、趙地接。燕時經侵伐，必不能與趙相争，且怨齊，故二國反得相親。金説未允。

〔八〕鮑彪云：「言齊得河東則益强。」

〔九〕姚宏云：「劉去（以趙）『以』字。」鮑彪云：「與之易地，是助之也。」金正煒云：「燕爲齊破，趙與齊親，是以燕、趙輔之也。或『以燕』二字誤衍。」〔按〕金前説可通。

〔一〇〕鮑彪云：「（憎之）害其强。」

〔一一〕〔按〕淖滑即卓滑，楚臣，見楚策四齊明説卓滑以伐秦章。

〔一二〕〔按〕惠施，魏臣。施爲張儀逐於魏，楚王納之於宋，見楚策三，約在魏襄王二年（前三一七），説見彼策。距齊破燕時（前三一四）僅三年，蓋惠施由宋復歸於魏矣。施相魏惠王久，乃魏之老臣。

〔一三〕吴師道云：「（大事記）又云：趙納公子職於燕，（燕）世家不書其立，蓋燕人不受也。」〔按〕魏策一「楚許魏六城，與之伐齊而存燕」。與此楚、魏請伐齊相應。顧觀光編年云：「此即（齊）宣王所謂諸侯多謀伐寡人者。」（按語見孟子梁惠王下篇）趙立公子職爲燕王，使樂池送之，見趙世家及竹書紀年（集解引）。公子職即燕昭王，燕策及史記並譌爲太子平，説詳燕策一。

4　秦攻趙藺離石祁拔

秦攻趙，藺、離石、祁拔〔一〕。趙以公子郚〔二〕爲質於秦，而請内焦〔三〕、黎〔四〕、牛狐之城〔五〕，以易藺、離石、祁於趙（秦）〔六〕。趙背秦，不予焦、黎、牛狐。

秦王怒，令公子繒請地。趙王乃令鄭朱對曰：「夫藺、離石、祁之地曠遠於趙，而近於大國，有先王之明與先臣之力，故能有之。今寡人不逮〔七〕，其〔八〕社稷之不能恤，安能收恤藺、離石、祁乎？寡人有不令〔九〕之臣，實爲此事也，非寡人之所敢知〔一〇〕。」卒倍秦〔一一〕。

秦王大怒，令衛胡易（易）〔一二〕伐趙，攻閼與〔一三〕。趙奢將，救之〔一四〕，魏令公子咎以鋭師居安邑以挾秦〔一五〕。秦敗於閼與，反攻魏幾〔一六〕。廉頗〔一七〕救幾，大敗秦師〔一八〕。

〔箋證〕

〔一〕〔按〕藺、離石、祁，見西周策蘇厲謂周君曰章。

〔二〕吴師道云：「（部）音『吾』。」

〔三〕姚宏云：「（焦）一作『應』。」下同。　鮑彪云：「弘農陝有焦城。」　吴師道云：「大事記據此。愚疑非此地。」　張琦云：「弘農本魏地，入秦東郡，亦非趙地，所未詳也。」〔按〕應地亦不屬趙，此當闕疑。「内」同「納」。

〔四〕鮑彪云：「東郡有黎，即黎陽。」　張琦云：「漢志注臣瓚曰：『黎陽在魏郡。』非黎縣也。鮑説誤。」　程恩澤云：「黎有四。一在今山西潞安府壺關縣，黎本國也……一在今黎城縣，晉所重立之黎國也。……一在今山東曹州府鄆城縣，黎侯寓衛地，地理志東郡有黎縣是。一在今河南衛輝府濬縣，地理志魏郡有黎陽縣是。以此『焦黎』並稱，當在黎陽。」

〔五〕鮑彪云：「（牛狐）地缺。」　程恩澤云：「漢志東郡有離狐縣，在今曹州，與黎相近。未知是否？」　金正煒云：

「若以焦、狐爲東郡之地，則牛狐或即離狐，牛、離一聲之謁也。」〔按〕此亦難定。又案三地當亦趙之要城，故趙始請以易藺、離石、祁而繼又悔之。疑不在漢東郡。

〔六〕鮑彪改「趙」作「秦」，盧本從之。金正煒云：「此文『以易』當屬上爲句，『於趙』上脱『歸』字。鮑改非也。」〔按〕如金改，則藺、離石、祁歸於趙而趙背之，據下文知不然也。蓋趙始欲以地相易，既而悔之，遂不願易地，非入地而不予秦地也。以秦之强大，趙焉敢受地而不出地乎？而秦亦豈易受欺哉？金説非。鮑改爲是，今從之。

〔七〕鮑彪云：「（不逮）不及先王。」〔按〕祁本晉大夫祁氏邑，三家分晉，趙有其地。太平寰宇記卷四十并州祁縣有「趙襄子城，在縣西六里」。藺、離石，見於趙世家成侯、肅侯之世。是並趙之舊地，今皆失之，故云「不逮」。

〔八〕〔按〕「其」猶「殆」也（見經傳釋詞），疑而含肯定之詞。

〔九〕横田惟孝云：「不令，不善也。」〔按〕此諉責於臣下。

〔一〇〕吴師道云：「鄭朱之對，辭氣類左氏。」

〔一一〕鮑本、吴本「倍」作「背」，同。

〔一二〕吴師道云：「秦紀『中更胡傷』，説見後。」黄丕烈云：「『易』當作『昜』。昜、傷同字。」〔按〕黄説是也。「傷」從昜聲（説文「傷」從煬省聲。「煬」亦從昜聲，則「傷」實從昜聲），與「易」通用。胡易即胡傷也。今改。「衛」乃官名，漢書百官公卿表：「衛尉，秦官，掌宫門衛屯兵。」衛，當即衛尉。史記秦本紀作「中更」，中更，乃爵名（百官公卿表「左更」列秦爵之十三級）。一從官名，一從爵名，不相悖也。

〔一三〕鮑彪云：「後志：上黨涅有閼與。」吴師道云：「大事記：潞州銅鞮縣西北閼與聚（按原誤作「震」，今從大事記正）。閼，阿葛切。『與』音『預』。」張琦云：「此（閼與）在（今河南）彰德府武安縣西南五十里者。非沁州之閼與也。」〔按〕鮑注同史記秦本紀集解引孟康説，即沁州之閼與。閻若璩以爲「此韓之閼與也」，故張氏謂非此。張守節正義謂潞州銅鞮縣及儀州和順縣之閼與，「二所未詳」。又云：「閼與山在洺州武安縣西南五十里，趙奢拒秦軍於閼與，即山北也。」張説本此。但程恩澤地名考引東海公曰：「若在武安，去邯鄲僅六十里，何須卷甲而趨二日一夜至乎？當以潞州爲是。」潞州即清之沁州。韓、趙連境，趙奢傳「秦伐韓，軍於閼與」，策謂「伐趙攻閼與」，記載雖殊，而同爲趙奢敗秦軍之事，地當爲一。據此，鮑注未必誤也。

〔一四〕鮑彪云：「此（惠文王）二十九年，破趙閼與下。」〔按〕太平御覽卷二百九十二引戰國策「秦師圍趙閼與，趙將趙奢救之。去趙國都三十里，不進。秦間來者，善食遣之。間以報，秦將以爲奢師怯弱而止不行。奢即隨而卷甲，趨秦師，擊破之。」（又卷二百九十三、卷三百三十二亦引戰國策趙奢救閼與事，文略同史記。今國策無此文，疑或高注此下佚文）

〔一五〕鮑彪云：「挾，牽制之。」吴師道云：「（挾）夾持之。」關修齡云：「『挾』當作『夾』，言咎救趙，夾秦軍以制之。」〔按〕夾、挾字通，禮記檀弓篇：「賓主夾之也。」釋文：「『夾』本作『挾』。」關説是。秦本紀：「（昭襄王）二十一年，錯攻魏河内，魏獻安邑，秦出其人。募徙河東，賜爵，赦罪人遷之。」秦昭二十一年，當魏昭王十年（前二八六），趙惠文王之十三年，在救閼與十六年前，安邑已歸於秦。此言「居安邑」猶「軍於安邑」，或「居」本作「趨」，聲之轉訛。吕祖謙大事記解題云：「赧王二十八年，魏已獻安邑於秦，豈戰國之時，城邑往來不常，是時或屬魏與？」恐非。

〔一六〕鮑彪云：「（魏幾）魏將。」吴師道云：「幾，邑名。正義云：『或屬齊，或屬魏，當在相、潞之間。』『幾』音『機』，一音『祁』。」程恩澤云：「大事記謂幾本屬齊，廉頗取之，自是屬趙。此説本史記（廉頗藺相如列傳），與策不合。策明言魏幾，則幾爲魏地無疑。洪亮吉曰：『幾城在今大名府元城縣東南。』」

〔一七〕〔按〕廉頗，趙將，史記有傳。

〔一八〕吳師道云：「按西周策蘇厲謂周君曰：『敗韓、魏，殺犀武，攻趙取藺、離石、祁者，皆白起。』則此舉乃起將也。按（周）顯王四十一年，秦敗趙，殺趙相，取離石。赧王二年，秦拔趙藺，虜趙莊。藺弓（按二字有誤，各本並如此），而此言取二城在伊闕戰後，史載於赧王三（按伊闕戰在二十二年，此「三」字疑「二」之誤）十二年。豈戰國地里不常，後復屬趙，而今爲秦所拔與？赧之三十四年當惠文十八年，前一年秦拔我兩城，是年秦拔我石城，豈即此三邑，而石城即離石邪？末言戰閼與攻幾事皆因此。按史趙奢攻秦閼與，在惠文二十九年，廉頗攻幾，在惠文二十三年。今策戰閼與而後攻幾，前後不同。大事記謂幾本屬魏，廉頗取之，自是遂屬趙。秦師既爲趙奢所敗，師還，因擊幾，故下文稱『救幾』也。又按秦紀，中更胡傷攻趙閼與，在趙奢破秦次年。年表秦擊我閼與城，不拔。是再攻閼與也，與策亦舛。大事記從史書之而不辨，當詳之。」〔按〕史記與策記秦攻藺、離石、祁與攻閼與、攻幾事前後舛異，吳氏已詳舉之，不必强合。趙世家記秦取離石，在肅侯二十二年（前三二八）。拔藺，在武靈王十三年（前三一三）。據此策秦取二城則當在惠文王時。呂氏春秋審應篇云：「趙惠王謂公孫龍曰：『寡人事偃兵十餘年矣，而不成，兵不可偃乎？』公孫龍對曰：『偃兵之意，兼愛天下之心也。……今藺、離石入秦，而王縞素布總。東攻齊得城，而王加膳。……所非兼愛之心也。』」謂藺、離石入秦在趙惠文王世，正與策合。戰國人記近時事，當得其實。竊疑二城秦、趙所争，數經得失，史有所遺記也，而策正可以補其闕。高誘呂氏春秋注謂：「（藺、離石）二縣叛趙自入於秦也。」不詳所據。又西周策蘇厲謂取趙藺、離石、祁者，「白起之力也」。史記繫彼策於赧王三十四年（前二八一）當趙惠文十八年，徵列近事，當相距不遠。而白起爲將，自秦昭王十三年（前二九四）始，當趙惠文五年。則藺、離石之復失，在趙惠文時無疑矣。梁氏志疑反疑非白起之功，謂史有誤，亦失考。

5 富丁欲以趙合齊魏

富丁〔一〕欲以趙合齊、魏，樓緩欲以趙合秦、楚〔二〕。富丁恐主父〔三〕之聽樓緩而合秦、楚也。司馬淺〔四〕爲富丁謂主父曰：「不如以順齊〔五〕。今我不順齊伐秦，秦、楚必合而攻韓、魏〔六〕。韓、魏告急於齊，齊不欲伐秦〔七〕，必以趙爲辭〔八〕，則（不）〔九〕伐秦者趙也，韓、魏必怨〔一〇〕趙。齊之兵不西〔一一〕，韓必聽秦違齊〔一二〕，違齊而親〔一三〕，兵必歸於趙矣。今我順而齊不西〔一四〕，韓、魏必絶齊，絶齊則皆事我。且我順齊，齊無而（不）〔一五〕西。日者樓緩坐魏〔一六〕三月，不能散齊、魏之交〔一七〕。今我順而齊、魏果西，是罷〔一八〕齊敝秦也，趙必爲天下重國〔一九〕。」

主父曰：「我與三國〔二〇〕攻秦，是俱敝也。」曰：「不然。我約三國而告之〔秦〕〔二一〕以未構中山也〔二二〕。三國欲伐秦之果也，必聽我，欲和我〔二三〕。中山聽之，是我以王（三）因（國）〔二四〕饒中山而取地也〔二五〕。中山不聽，三國必絶之，是中山孤也。三國不能和我，雖少出兵可也。我分兵而孤樂中山〔二六〕，中山必亡〔二七〕。我已亡中山，而以餘兵與三國攻秦，是我一舉而兩取地於秦、中山也〔二八〕。」

〔箋證〕

〔一〕鮑彪云：「(富丁)趙人。」

〔二〕〔按〕史記趙世家：「(武靈王)二十年，王略中山地，至寧葭。……歸，使樓緩之秦，仇液之韓，王賁之楚，富丁之魏，趙爵之齊。」富丁親魏、齊，樓緩親秦、楚，故各欲以趙合之。

〔三〕〔按〕武靈王以二十七年傳國於王子何，自號主父。則此當惠文王初年事也。

〔四〕鮑彪云：「(司馬淺)趙人。」

〔五〕鮑彪云：「齊本欲伐秦，今順之。」金正煒云：「以下疑脱『國』字。」

〔六〕鮑彪云：「無齊之難，因得取其鄰也。」

〔七〕鮑彪云：「上言『順齊伐秦』，此又言『齊不欲伐』者，前時秦、楚未合，今合故也。」中井積德云：「齊若與趙及韓、魏伐秦，則齊必有利，故欲之。若秦攻韓、魏而齊救之，是代韓、魏與秦戰也，未見其利，故不欲也。非以楚事。」〔按〕此本假設之詞，不必深究其由。但中井説較通。

〔八〕鮑彪云：「以趙不順齊伐秦告三國。」

〔九〕鮑彪「則」下補「不」字。吴師道云：「宜有『不』字。」〔按〕鮑補是也，今從之。

〔一〇〕吴本「怒」作「恐」，非。

〔一一〕鮑彪云：「(不西)不伐秦。」

〔一二〕鮑彪云：「畏秦故。」〔按〕「韓」下疑脱「魏」字。

〔一三〕鮑彪云：「秦親韓。」横田本「親」下有「秦」字，考異云：「從一本。」金正煒云：「『親』下當補脱『秦』字。」〔按〕親，謂相親，指秦、韓，文義自明，不必有「秦」字。横田所據一本，不明何本？

〔一四〕金正煒云：「『順』下當有『齊』字而誤脱也。下文『今我順而齊、魏果西』，『順』下亦脱『齊』字。」〔按〕此章所云「順」，並爲順齊。或作「順齊」，或省「齊」字，乃脩辭之變化，金説過泥。

〔一五〕鮑彪改「而」作「不」。盧本從之。吴師道云：「字訛，或上文有誤。」〔按〕以文義求之，鮑改當是。今從之。

〔一六〕鮑彪云：「（日者）言昔日。（坐魏）時欲離齊、魏。坐，言有所待。」金正煒云：「廣雅釋詁：『坐，止也。』又左氏桓十二年傳：『楚人坐其北門。』注：『坐，守也。』」

〔一七〕鮑彪云：「言二國本親，宜與之伐秦。」

〔一八〕鮑彪云：「罷、疲同。」

〔一九〕横田惟孝云：「言齊、秦罷敝，則天下必重趙，故曰『重國』。」

〔二〇〕鮑彪云：「韓、魏、齊爲三。」

〔二一〕鮑彪云：「衍『秦』字。」吴師道云：「恐衍。」〔按〕鮑衍當是，今從之。

〔二二〕鮑彪避宋諱改「構」作「講」，云：「此言可以少出兵也。此（武靈王）二十七年，趙破中山，未滅也。趙宜自備。」〔按〕謂與中山未構和不能多出兵也。構、媾、講字並通用。

〔二三〕鮑彪云：「使趙與中山講。」

〔二四〕鮑彪改「王因」作「三國」，云：「原作『王因』。」吴師道云：「當作『三國』，字訛。」〔按〕鮑改是也，今從之。

〔二五〕鮑彪云：「『饒』猶『益』也。以三國欲和我，故益得取地於中山。」王念孫云：「『饒』當爲『撓』，字之誤也。『撓』如『撓亂我同盟』之『撓』。以三國撓中山而講，則中山不得不聽，不得不割地，故曰『中山聽之，是我以三國撓中山而取地也』。魏策曰：『今韓受兵三年矣，秦撓之以講，韓知亡，猶弗聽。』是其證。」于鬯云：「『饒』即『撓』之借字，猶『搆』即『講』字。王氏精於小學，何以云誤？趙時攻中山，必欲得地，然後與中山講。故上言

『構』，此言『取地』。」〔按〕王説是。但「饒」、「撓」並從「堯」聲，古字通用，不必改字。呂氏春秋別類篇高注：「撓，弱曲也。」國語晉語韋注：「撓，屈也。」此言三國屈弱中山以與趙和。

〔二六〕鮑彪云：「衍『樂』字。」吳師道云：「字誤，或衍。」關修齡云：「『樂』疑作『伐』。更當作『伐孤中山』。」安井衡云：「樂，轢之壞字。轢，蹂躪之也。」金正煒云：「『孤』字因上文『是中山孤也』而衍。『樂』即『爍』之缺損。秦策『秦先得齊、宋，則韓氏爍』注：『爍，消爍也。』五國伐秦章：『即趙自消爍矣。』」鍾鳳年云：「『樂』字宜在『孤』字上，因此語即爲回應上文『是中山之孤也』句而生者。又『樂』字不辭，疑爲『鑠』之殘文。」下引秦策同金釋。〔按〕金、鍾並以「樂」爲「鑠」字，爍、鑠同字。是也。但「樂」爲「鑠」之借字，非字之壞損。「孤鑠」三字誤倒，當作「鑠孤中山」。「孤中山」與上文相應。鍾説是。

〔二七〕鮑本「亡」作「之」，讀「我」字句。吳師道云：「一本『之』作『亡』，是。」

〔二八〕鍾鳳年云：「此所論蓋在秦昭九年（趙惠文元年）齊、韓、魏共攻秦之際。越二年，趙、宋亦合於三國而攻之。同年趙紀稱『滅中山』，又與此策所謂『我已亡中山，而以餘兵與三國攻秦，是我一舉而兩取地於秦與中山也』相合。」

6　魏因富丁且合於秦

魏因富丁且合於秦〔一〕，趙恐，請效地於魏而聽薛公〔二〕。教子欬〔三〕謂李兑〔四〕曰：「趙畏横之合也〔五〕，故欲效地於魏而聽薛公。公不如令主父以地資周最（冣）而請相之於魏。周最(冣)以天下辱秦者也〔六〕，今相魏，魏、秦必虛矣〔七〕。齊、魏雖勁，無秦不能傷趙。魏王(不)聽，是輕齊也〔八〕。秦、魏雖勁，無齊不能得趙。此利於趙而便於周最(冣)也〔九〕。」

〔箋證〕

〔一〕此章原與上章連屬，今從鮑本分提。鮑彪云：「丁本欲以趙合齊、魏，今魏欲因以合秦，趙不聽故。」鍾鳳年云：「上章稱『富丁欲以趙合齊、魏，樓緩欲以趙合楚、秦』，復稱『樓緩坐魏』，則魏欲和秦，不應舍樓緩而因富丁。……疑丁爲緩之誤。」

〔二〕鮑彪云：「文時合齊、魏。」〔按〕薛公，孟嘗君田文。此時孟嘗君怨秦，爲從以擊秦。齊策四云：「孟嘗君爲從。」西周策云：「薛公以齊爲韓、魏攻楚，又與韓、魏攻秦。」並其事。田文善魏故言及之。又史記孟嘗君傳謂孟嘗君如魏，「魏昭王以爲相」，則年代較後矣。

〔三〕鮑彪云：「(教)或者教之。敎，趙人。」吳師道云：「(敎)無考。」橫田惟孝云：「教，富丁教之也。」金正煒云：「呂覽無義篇『趙急求李敎、李言』。疑『子敎』即『李敎』之譌。」〔按〕無義篇之李敎得罪於趙而亡入衛，不明何時？金以「敎」字相同，疑爲一人，涉於附會。戰國時稱子某者猶謂公子某也，如呂不韋說陽泉君謂秦王子子傒、子異人(後改爲子楚)之例。此子敎疑亦是趙之貴族。

〔四〕〔按〕李兌見前。是時主父猶在，兌尚未專政。

〔五〕鮑彪云：「合秦故言『橫』。」

〔六〕鮑本、吳本「辱」作「厚」。黃丕烈云：「『厚』字誤。」金正煒云：「辱，惡也，逆也。」〔按〕東周策：「謂齊王曰：逐周冣，聽祝弗，相呂禮者，欲深取秦也。」可徵周冣爲秦之所惡。「厚」字非。「周最」之「最」當作「冣」，音聚，說見東周策。

〔七〕鮑彪云：「二國不合。虛，言其不合也。」于鬯云：「爾雅釋詁云：『虛，間也。』郭注云：『有間隙。』」金正煒云：「『虛』疑『虖』字之譌。『虖』即『㙤』之省文也。說文『㙤，坼也』。玉篇『裂也』。易象傳鄭注『坼，呼也』。陸德明音義『呼』音大訝反。蓋即『㙤』字。古人讀『㙤』爲『呼』，故此文作『虖』。」〔按〕「虛」字從于注自通，不煩改字。

〔八〕鮑彪云：「(輕齊)齊亦惡最故。」吳師道云：「最於齊厚，語見周策。魏用(原本「用」作「周」，疑字形之誤)齊所厚以爲相，是輕齊也。」安井衡云：「周最厚齊，策有明文，魏王聽而相之，見重齊，非輕之也。且上文云相魏，是魏王聽趙也。此言其反，不宜復言聽。疑『聽』上脱『不』字。」于鬯云：「『輕』當讀爲『勁』。勁、輕並諧『巠』聲，故得通借。東周策云：『周最於齊王厚也。』魏策云：『周最善齊、魏，相齊。』所厚善者必合齊矣，是勁齊也。」金正煒云：「『王』當爲『不』之譌。上言魏相最，則齊、魏無秦。此言秦、魏無齊，自以魏不聽爲言也。燕策『燕不與齊謀趙，則與趙謀齊』，鮑本『不』誤爲『王』，正與此同。」鍾鳳年亦以「聽」上脱「不」字，略同安井。〔按〕安井與金氏說並是。上言魏聽而相最，則齊、魏合而秦絶，此言魏不聽相最，則秦、魏合而齊離，皆有利於趙。一正一反，對照成文。今從安井說補「不」字。

〔九〕橫田惟孝云：「言周最相魏，則趙有利而最得位也。」

7　魏使人因平原君請從於趙

魏使人因平原君請從於趙，三言之，趙王不聽。出遇虞卿，曰：「爲入〔一〕，必語從。」

虞卿入，王曰：「今者平原君爲魏請從，寡人不聽。其〔二〕於子何如？」虞卿曰：「魏過矣。」王曰：「然，故寡人不聽。」虞卿曰：「王亦過矣。」王曰：「何也？」曰：「凡强弱之舉事〔三〕，强受其利，弱受其害。今魏求從而王不聽，是魏求害而王辭利也，臣故曰魏過，王亦過矣〔四〕。」

〔箋證〕

〔一〕鮑彪云：「爲，爲我。」〔按〕經傳釋詞「『爲』猶『如』也，假設之辭也」，引此策。史記虞卿傳：「魏請爲從，趙孝成王召虞卿謀。」新序善謀篇同。虞卿應召入見，平原君遇之，故言「如入，必語合從」。鮑注未安。

〔二〕〔按〕「其」猶「將」也，見經傳釋詞。或「其」爲指事之詞，猶「彼」，指魏請從事，亦可。

〔三〕〔按〕「舉」當讀爲「與」。周禮地官師氏：「王舉則從。」鄭注：「故書『舉』爲『與』。」是舉、與相通。「與事」猶「共事」。周禮大卜：「三曰與。」鄭注：「與，謂所與共事也。」此言强國與弱國共事。

〔四〕〔按〕史記下有「王曰善。乃合魏爲從」。新序同。此不詳何年事。

8 平原君請馮忌曰

平原君請〔一〕馮忌〔二〕曰：「吾欲北伐上黨〔三〕，出兵攻燕，何如？」馮忌對曰：「不可。夫以秦將武安君公孫起〔四〕乘七勝〔五〕之威，而與馬服之子〔六〕戰於長平之下，大敗趙師，因以其餘兵圍邯戰（鄲）〔七〕之城。趙以亡敗之餘衆，收破軍之敝守〔八〕，而秦罷於邯鄲之下。趙守而不可拔者〔九〕，以攻難而守者〔一〇〕易也。今趙非有七克〔一一〕之威也，而燕非有長平之禍也。今七敗之禍未復，而欲以罷〔一二〕趙攻强燕，是使弱趙爲强秦之所以攻，而使强燕爲弱趙之所以守，而强秦以休兵〔一三〕承趙之敝，此乃强吴之所以亡而弱越之所以霸〔一四〕。故臣未見燕之可攻也。」平原君曰：「善哉〔一五〕！」

【箋證】

〔一〕姚宏云：「劉本『請』作『謂』。」鮑本、吴本「請」作「謂」。金正煒云：「儀禮聘禮注：『「請」猶「問」也。』則作『請』固不誤。」〔按〕北堂書鈔卷一百十三、太平御覽卷三百十七引「請」並作「謂」。

〔二〕鮑彪云：「（馮忌）後稱外臣，知非趙人。」

〔三〕張琦云：「長平之役，上黨盡入於秦，或平原欲復取之。但上黨在邯鄲之西，非北伐也，與出兵攻燕非一事。馮忌之言絶不及上黨，疑衍句耳。」于鬯云：「御覽引『寡人欲出兵攻燕，何如。』無『北伐上黨』四字，則張以爲衍，却有證。」鍾鳳年云：「上黨地居趙之西南，趙若伐之，豈宜曰北？燕位於趙之東北，去上黨甚遠，且方位懸殊，趙何能自上黨出兵攻燕？……『上黨』字必誤，當是『上谷』之譌。上谷亦爲燕地，近於趙之代郡。燕策一蘇秦將爲從章有『過代上谷』之語，可證二地相接。」〔按〕書鈔引有「北伐上黨」四字，同此，御覽當是節引省去耳，于氏以爲衍文之證，非是。上黨或如鍾説上谷之誤。

〔四〕吴師道云：「（公孫起）即白起，前有。」〔按〕見前秦王謂公子他章。

〔五〕鮑彪云：「（七勝）勝趙。」〔按〕御覽引「七勝」作「十勝」。七、十篆文形近之譌。

〔六〕王念孫云：「馬服之子，本無『之』字，後人以趙括爲趙奢之子，因加『之』字耳。不知當時人稱趙括爲馬服子，沿其父號而稱之也。馬服子猶言馬服君。秦策『君禽馬服君乎』，史記白起傳作『馬服子』。韓世家曰『秦殺馬服子卒四十餘萬於長平』。皆其證也。太平御覽兵部引此策正作『馬服子』。」

〔七〕據文意，此「戰」字當爲「鄲」字之誤，從下文正。

〔八〕鮑彪云：「敝守，守邯鄲。」王念孫云：「『亡敗』當爲『七敗』。上言秦七勝，故此言趙七敗，下文曰『今七敗之禍未復』，是也。亡、七字相近，故『七』譌爲『亡』。此時趙猶未亡，不得言亡敗之餘衆也。『敝守』二字文不成義。此本作『趙以七敗之餘，收破軍之敝。』『敝』亦『餘』也。收破軍之敝，所謂收合餘燼也。……『守』字因下文『數守』而衍。後人因於上句加『衆字』以成對文耳。御覽引此作『趙以十敗之餘，收破軍之弊』，無『衆守』二字。」金正煒云：「王以『衆守』二字爲衍，恐非。下『之』字猶『而』也，國語晉語：『罷民力完之，又斃以守之。』斃與敝通。」

〔九〕鮑本、吴本「者」上有「然」字，「然者」二字讀句。鮑彪云：「言所以然。」〔按〕御覽引無「然」字，同此本。姚氏辭類纂「者」作「然」，屬下句讀，似未安。

〔一〇〕鮑本、吴本無「以」字。橫田惟孝云：「『守者』之『者』疑衍。」〔按〕「者」字疑涉上「者」字而衍。御覽引無「以」字、「者」字，可證。

〔一一〕〔按〕御覽引「七」作「十」。書鈔引作「七剋」。剋同克。

〔一二〕鮑彪云：「罷音疲。」

〔一三〕鮑彪云：「（休兵）休息之兵。」

〔一四〕〔按〕御覽引「霸」下有「也」，文氣似强。

〔一五〕〔按〕秦解邯鄲圍在趙孝成王九年（前二五七）。趙世家：「（孝成王）十年，燕攻昌壯，五月拔之。趙將樂乘、慶舍攻秦信梁軍，破之。」平原君欲北攻燕，其爲報昌壯之役乎？疑當在趙破秦信梁軍之後。平原君卒於孝成十四年（前二五二）（六國表、平原君傳作「十五年」），明年栗腹爲燕將攻趙，廉頗破之。師直爲壯，勢不同也。

9　平原君謂平陽君曰

平原君謂平陽君〔一〕曰：「公子牟〔二〕遊於秦，且東〔三〕，而辭應侯。應侯曰：『公子將行矣，獨無以教之乎？』曰：『且微君之命命之也〔四〕，臣固〔五〕且有效於君。夫貴不與富期而富至，富不與粱肉期而粱肉至，粱肉不與驕奢期而驕奢至，驕奢不與死亡期而死亡至。累世以前，坐此者多矣〔六〕。』應侯曰：『公子之所以教之者厚矣。』僕〔七〕得聞此，不忘於心。願君之亦勿忘也！」平陽君曰：「敬諾。」

【箋證】

〔一〕〔按〕平原君趙勝，平陽君趙豹，並見前秦王謂公子他曰章。同策四秦攻魏取寧邑章諒毅對秦王曰：「趙豹、平原君，親寡君之母弟也。」

〔二〕鮑彪云：「（公子牟）魏公子，即下魏牟。若莊子所稱中山者，不與應侯同時。」吴師道云：「按莊子中山公子牟謂瞻子下云：『魏牟，萬乘之公子也。』是中山公子牟即魏牟，非二人也。又云『公孫龍問於魏牟』。公孫龍，平原君之門，正應侯同時也。史赧王四十九年，范睢爲相，封應侯。赧王之元年，之噲死，莊子書及稱之噲。則魏牟之上及莊子，下及應侯，無疑。說苑載此以爲公子牟謂穰侯。」〔按〕公子牟見莊子秋水篇、讓王篇、列子仲尼篇、荀子非十二子篇，呂氏春秋審爲篇及淮南子道應訓。或作「中山公子牟」，或作「魏牟」，實爲一人，吳注是。公子牟之年代，說者不一。漢書藝文志道家有公子牟四篇，云：「魏之公子，先莊子，莊子稱之。」謂在莊子之先。楊倞荀子注駁此說云：「今莊子有公子牟稱莊子之言，以析公孫龍，據即與莊子同時也。」是也。高誘呂氏春秋開春篇注云：「子牟，魏公子也，作書四篇。魏伐得中山，公以邑子牟，因曰『中山公子牟也』。」魏伐中山在文侯之世，故張湛注列子因云：「公子牟，文侯子，作書四篇，號曰道家。魏伐得中山，以邑子牟。」即沿高說。文侯當戰國之初，而封中山者爲太子擊，即魏武侯，核之各書不合。楊倞又云：「據年代非也。」亦是也。莊子釋文引司馬彪云：「魏公子封中山，名牟。」此不明言年代。但考魏文侯遣樂羊滅中山，封子擊，其後中山復國（見史記樂毅傳），不知何時。史記趙世家：「（敬侯）十年與中山戰於房子。」當魏武侯之二十年（前三八二），其時中山已復國，故趙與之戰。魏封公子當在其先，則與魏牟年代亦不合也。或謂中山並未復國，後來之中山，乃魏之別封彊大爲國者，而魏仍爲其宗國。此出於臆測，無據可證，不足信。愚考莊子秋水篇、列子仲尼篇並言涉牟與公孫龍之學。漢書人表列公子牟於第六等，在公孫龍之次。則牟、龍同時無疑。此策謂其與應侯對言，韓詩外傳卷四以范睢、魏牟並列（荀子非十二子篇「范睢」作「它囂」），亦可證二人並時。說苑敬慎篇有此文，作牟謂魏冉，年代亦合。各書並無舛異。惟謂其與莊子同時，恐未然。莊子書自外篇以下多弟子增益之詞，牟與龍皆後於莊子，其書中涉及者，乃後人所掇輯，非莊子本人之文。至魏牟之稱中山公子牟者，疑中山封邑與中山國非一地，或中山是號稱，非封地名，猶田嬰封於薛而號靖郭君也。

〔三〕鮑彪云：「（且東）東歸魏。」〔按〕「且」猶「將」也。

〔四〕金正煒云：「廣雅釋詁：『且，借也。』公羊隱元年傳何注：『且如，假設之辭。』且微君之命，猶云『設無君之命」也。管子小稱篇：「微君之命臣也，故臣且謁之。」此文省上「且」字，義亦自明。」

〔五〕吳本「固」作「故」，同。

〔六〕歸有光云：「石碏曰：『驕奢淫泆，所自邪也。四者之來，寵祿過也。』君子處寵利之地，不可不鑑。」關修齡云：「累世以前，言自今以前，不止一世。」

〔七〕鮑彪云：「僕，平原自稱。」

〔附論〕

吳師道云：「魏牟嘗言：『身居江海，心在魏闕。』瞻子告以重生則利輕。則曰雖知而未能自勝。於是又得夫重傷之說焉。故莊子許其『雖未至道，可謂有其意』。其人可知矣。所以告范雎者亦以富貴驕奢警之。是時雎方擅秦權，廣身封，快意恩讎，沈於富貴。公子特自其所急者言之，其微旨固非雎所得聞也。」

〔按〕魏牟與瞻子之問答，見莊子讓王篇，亦見呂氏春秋審爲篇、淮南子道應訓。「瞻子」作「詹子」，同。

10　秦攻趙於長平

秦攻趙於長平，大破之，引兵而歸，因使人索六城於趙而講〔一〕。趙計未定。樓緩〔二〕新從秦來，趙王與樓緩計之曰：「與秦城何如？不與何如〔三〕？」樓緩辭讓曰：「此非人臣〔四〕之所能知也。」王曰：「雖然，試言公之私〔五〕。」樓緩曰：「王亦聞夫公甫文伯母〔六〕

乎？公甫文伯官於魯，病死。婦人爲之自殺於房中者二八〔七〕。其母聞之，不肯哭也。相室〔八〕曰：『焉有子死而不哭者乎？』其母曰：『孔子，賢人也，逐於魯，是人不隨〔九〕。今死，而婦人爲死者十六人〔一〇〕。若是者，其於長者薄而於婦人厚。』故從母言之，之爲賢母也〔一一〕，從婦言之，必不免爲妬婦也〔一二〕。故其言一也，言者異，則人心變矣。今臣新從秦來，而言勿與，則非計也；言與之，則恐王以臣之爲秦也，故不敢對。使臣得爲王計之，不如予〔一三〕之。」王曰：「諾。」

虞卿聞之，入見王，王以樓緩言告之。虞卿曰：「此飾説〔一四〕也。」「秦既解邯鄲之圍而趙王入朝，使趙郝約事於秦，割六縣而講。」〔一五〕王曰：「何謂也？」虞卿曰：「秦之攻趙也，倦而歸乎？王以〔一六〕其力尚能進，愛王而不攻乎？」王曰：「秦之攻〔一七〕我也，不遺餘力矣，必以倦而歸也〔一八〕。」虞卿曰：「秦以其力攻其所不能取，倦而歸。王又以其力之所不能攻以資之，是助秦自攻也。來年秦復攻王，王無以救矣。」

王又以虞卿之言告樓緩〔一九〕。樓緩曰：「虞卿能盡知秦力之所至乎〔二〇〕？誠知秦力之不至〔二一〕，此彈丸之地〔二二〕，猶不予也。令秦來年復攻，王得無割其內而媾〔二三〕乎？」王曰：「誠聽子割矣，子能必來年秦之不復攻我乎？」樓緩對曰：「此非臣之所敢任也。昔者三晉之交於秦，相善〔二四〕也，今秦釋韓、魏而獨攻王，王之所以事秦必不如韓、魏也。

今臣爲足下解負親之攻〔二五〕，啓關通敝〔二六〕，齊交韓、魏〔二七〕。至來年而王獨不取於秦〔二八〕，王之所以事秦者，必在韓、魏之後也。此非臣之所敢任也。」

王以樓緩之言告。虞卿〔二九〕曰：「樓緩言不媾〔三〇〕，來年秦復攻，王得無更割其内而媾。今媾，樓緩又不能必秦之不復攻也，雖割何益？來年復攻，又割其力之所不能取而媾也，此自盡之術也。不如無媾。秦雖善攻，不能取六城；趙雖不能守，而〔三一〕不至失六城。秦倦而歸，兵必罷。我以五城收天下〔三二〕，以攻罷秦，是我失之於天下，而取償於秦也。吾國尚利。孰與坐而割地，自弱以强秦？今樓緩曰：『秦善韓、魏而攻趙者，必王之事秦不如韓、魏也。』是使王歲以六城事秦也，即坐而地盡矣。來年秦復求割地，王將予之乎？不與，則是棄前貴〔三三〕而挑秦禍也〔三四〕。與之，則無地而給之。語曰：『强者善攻，而弱者不能自守。』今坐而聽秦，秦兵不敝而多得地，是强秦而弱趙也。以益愈〔三五〕强之秦，而割愈弱之趙，其計固不止矣〔三六〕。且秦虎狼之國也，無禮義之心，其求無已，而王之地有盡。以有盡之地，給無已之求，其勢必無趙矣。故曰此飾説也。王必勿與〔三七〕。」王曰：「諾。」

樓緩聞之，入見於王，王又以虞卿言告之。樓緩曰：「不然，虞卿得其一，未知其二也。夫秦、趙構難而天下皆説，何也？曰：我將因强而乘〔三八〕弱。今趙兵困於秦，天下之賀戰（勝）〔三九〕者，則必盡〔四〇〕在於秦矣。故不若亟割地求和，以疑天下〔四一〕，慰秦心。不然，天下將因秦之怒，秦（乘）〔四二〕趙之敝而瓜分之〔四三〕。趙且亡，何秦之圖？王以此斷之，勿復計也。」

虞卿聞之，又入見王曰：「危矣，樓子之爲秦也〔四四〕！夫趙兵困於秦，又割地爲和，是愈疑天下〔四五〕，而何慰秦心哉？是不亦大示天下弱乎？且臣曰勿予者，非固勿予而已也。秦索六城於王，王以五城賂齊〔四六〕。齊，秦之深讎也〔四七〕，得王五城，并力而西擊秦也〔四八〕，齊之聽王，不待辭之畢也。是王失於齊而取償於秦〔四九〕，一舉結三國之親〔五〇〕，而與秦易道也〔五一〕。」趙王曰：「善。」

因發虞卿東見齊王，與之謀秦。虞卿未反，秦之使者已在趙矣。樓緩聞之，逃去〔五二〕。

【箋證】

〔一〕鮑本「講」作「構」，避宋諱作「講」。云：「史書此事在邯鄲圍解後。按邯鄲之圍，非秦德趙而解也，趙賴魏之力爾，何事朝秦而講以六城？此策以長平破，懼而賂之，是也。」〔按〕中山策云：「（秦）昭王既息民繕兵，後欲伐趙。」亦言長平戰後，秦休兵引歸，與此可互證。史記秦本紀：「昭王四十七年（前二五九）大破趙於長平。四十八年（前二五八）司馬梗北定太原，盡有韓上黨。正月，兵罷，復守上黨。」白起傳：「昭王四十八年十月，秦復定上黨郡，……韓、趙恐，使蘇代厚幣説秦相應侯。……於是應侯言於秦王曰：『秦兵勞，請許韓、趙之割地以和，且休士卒。』王聽之，割韓垣雍、趙六城以和。」索六城而講，當此時也。太平御覽卷四百五十引「講」作「購」，亦通用。

〔二〕〔按〕此樓緩與秦策四三國攻秦入函谷章之樓緩非一人。彼樓緩爲趙武靈王使於秦者，繼爲秦相，在秦昭十至十二年（前二九七—二九五）。而於趙武靈十九年（前三〇七）曾與議變服之策。計核年代，相距五十年，恐不相合。徐孚遠史記測議亦於武靈王之樓緩，云：「此樓緩别一人，非孝成王時樓緩也。」史記始皇本紀索隱以樓緩爲魏文侯之弟，誤，辨見下。御覽引「樓」作「婁」，下「樓緩」省作「緩」。樓、婁字通。又按文選過秦論注引戰國策：「秦王伐楚，魏王不欲。樓緩謂魏王曰：不與秦攻楚，楚且與秦攻王。王不如令秦、楚戰，王交制之。」高誘曰：「樓緩，魏相也。」疑即此樓緩。緩爲魏臣而善於秦，此或使秦而歸，魏使之説趙割城以講，猶使新垣衍説趙以帝秦也。

〔三〕王念孫云：「此以『與秦城』爲句，『何如不與』爲句。『不與』下本無『何如』二字。齊策田侯召大臣而謀曰：『救趙，孰與勿救。』猶此言『與秦城，何如不與』也。廣雅：『與，如也。』『孰與』猶『何如』也。後人誤讀『與秦城何如』爲句，因於『不與』下加『何如』二字，而不知其謬也。太平御覽人事部引此作『與秦地何如勿與。』」〔按〕王説固有理，惟今本亦通。

〔四〕鮑彪云：「衍『人』字」。黄丕烈云：「史記、新序無。」金正煒云：「『人臣』疑是『外臣』之謂，『外』損半字，因譌爲『人』。魏策『爲疾謂楚王曰，外臣疾使臣謁之』。史記始皇紀索隱：『樓緩，魏文侯之弟，所謂樓子也。』故稱外臣。」〔按〕始皇紀索隱所言，乃據許慎説而誤。史記李斯傳：「是故城高五丈，而樓季不輕犯也。」集解引許慎曰：「樓季，魏文侯之弟。」許謂樓季，索隱誤與樓緩淆爲一人。金釋又附會爲此樓緩，大謬。魏文侯之末年（前三九六）距此幾一百四十年，而謂其季弟尚存且遊説秦、趙，信乎？然其謂「人」爲「外」誤，可備一説。御覽引無「人」字。疑「人」因涉「臣」音訛而衍。

〔五〕〔按〕史記虞卿傳正義云：「試言緩之私情何如。」

〔六〕〔按〕國語晉語韋昭注：「文伯，魯大夫季悼子之孫，公父穆伯之子公文歜也。母，穆伯之妻敬姜也。」列女傳母儀傳：「魯季敬姜者，莒女也，號戴己，魯大夫公父穆伯之妻、文伯之母。」

〔七〕譚椒本「二八」作「二人」，蓋從吴説以改，説見下。

〔八〕吴師道云：「正義云：『相室，傅姆之類。』」〔按〕相室見秦策三應侯失韓之汝南章。

〔九〕鮑彪云：「稱『是人』，不子之也。」〔按〕俞正燮癸巳類稿卷二書魯語後引此策云：「蓋定五年陽虎囚文伯，又逐之，奔齊。哀公三年，始復見於魯。方逐文伯時，孔子在魯。定十三年，孔子去魯，或文伯已反國。文伯世臣，非被逐，不得棄宗廟從孔子外遊。敬姜言孔子賢者，文伯逐而是賢不隨，則文伯素於賢薄。所謂『逐於魯』者，正指文伯，所謂『是人』者，正指孔子賢人也。孔叢子記義篇采之，誤謂文伯不隨孔子。……孔子未嘗逐於魯，且世臣隨賢而逸之，則是不孝，非儒者所宜言也。」以「是人不隨」爲孔子不隨文伯，與下文「今死而婦人爲死者十六人」相對比，説自成理。然以文法合之，策文「是人」應謂文伯，鮑注不必誤。

〔一〇〕吴師道云：「按檀弓文伯之喪，敬姜據其牀而不哭曰云云，與樓緩之言相出入。辨士之言或過。史及新序並作二人，是。上文『八』字乃『人』字之訛。」黄丕烈云：「吴説非也，史記、新序『二人』皆『二八』之譌。」安井衡云：「吴據史記及新序謂『二八』當作『二人』，蓋以二八爲過多也。坊本遂依吴説改作『二人』。按下文云『婦人爲之死者十六人』，即此文『二八』也。吴考索頗精，而不知二八之爲十六人，欲改『八』爲『人』，何也？」金正煒又申吴説云：「孔叢子記義篇作『二人』。此文『八』字蓋誤。下云『十六人』，亦從此而譌。」〔按〕上云「二八」，此云「十六人」，不應有誤。左氏襄十一年傳：「女樂二八。」杜注：「十六人。」山海經海外南經：「有神人二八，連臂爲帝司夜於此野。……盡（按「盡」疑當作「晝」）十六人。」楚辭招魂：「二八侍宿，射遞代些。」王逸注：「言使好女十六人侍君宴宿。」是十六人稱二八，乃當時習用之語。且「二八侍宿」，正爲妾侍之數，亦可反映貴族生活之荒淫，不必疑其過多而改也。史記、新序前後並作「二人」，孔叢僞書，本據史記，自與策文不同。各存本文，不須據改。國語魯語云：「公父文伯卒。其母戒其妾曰：吾聞之，好内，女死之，好外，士死之。今我子夭死，吾惡其以好内聞也。二三婦之辱共先祀者，請無瘠色、無洵涕、無掐膺、無憂容、有降服、無加服，從禮而静！是昭吾子也。」禮記檀弓下篇云：「文伯之喪，敬姜據其牀而不哭，曰昔者吾有斯子也，吾將以爲賢人也。吾未嘗以就公室。今及其死也，朋友諸臣未有出涕者，而内人皆行哭失聲。斯子也，必多曠於禮矣夫！」並無婦人自殺於房中事，疑此是因「好内女死之」語而增飾之詞。崔述考信録提要舉「原有是事而衍之者例」亦云：「公父文伯之卒也，見於國語者不過其母惡其以好内聞，而戒其妾無瘠容、無洵涕、無掐膺而已。載記述之，而遂謂其母據牀大哭，而内人皆行哭失聲。樓緩又衍之，遂謂婦人自殺於房中者二八矣。」

〔一一〕鮑本、吴本無下「之」字。金正煒云：「詩蓼莪『欲報之德』箋：『之猶是也。』史記正作『故從母言之，是爲賢母』。」〔按〕之，爲指示代詞。新序善謀篇作「故從母言，是爲賢母」。

〔一二〕黄丕烈云：「史記作『故從母言之，是爲賢母；從妻言之，是必不免爲妬妻』。新序有兩『是』字，無兩『之』字。此當必上脱一『之』字。」

〔一三〕〔按〕御覽引「計之」作「計焉」，「予」作「與」。

〔一四〕鮑彪云：「（飾説）猶『飾辯』。」

〔一五〕姚宏云：「（趙郝）音釋（郝）作『赦』。」鮑彪衍「秦既解邯鄲」下二十四字。吴師道云：「此二十四字脱簡誤在此。史以爲章首者，此策實非邯鄲圍解後事也。」黄丕烈云：「史記以此篇列後秦趙戰長平趙不勝篇之下，首有此二十四字。此下至『其勢必無趙矣』，『樓緩』盡爲『趙郝』，列於前；下接『趙計未定』至『此飾説也』，下接『王必無與』至末。新序亦如此。考此乃策文先後本不與史記同，或就此間標史記文而誤入正文，遂致與『趙計未定』上文複出。吴氏以爲脱簡者，非是。當删此二十四字。其餘次序仍策文之舊。」〔按〕黄説是也。又王懋竑白田雜著卷五云：「按秦未嘗即圍邯鄲，趙王亦未嘗入秦，此自戰國策之誤。史記虞卿傳『秦既解邯鄲圍而趙王入朝，使趙郝約事於秦』。此承戰國策之誤，而未及正。」謂史記承戰國策之誤，不如黄説之晰，今從鮑衍。

〔一六〕姚宏云：「錢、劉去『王以』字，添『亡』字。」

〔一七〕盧本「攻」作「伐」。

〔一八〕〔按〕中山策昭王謂武安君曰「前年國虚民飢」，即指長平戰後。范雎勸秦王休兵，亦曰：「秦兵勞。」即此策所云「倦而歸也」。

〔一九〕鮑彪云：「史云樓緩事。」吴師道云：「史云趙郝，新序同，止『其勢必無趙矣』。」黄丕烈云：「策文與史記不同，策無趙郝。新序出史記。」

〔二〇〕鮑彪云：「『至』猶『及』也。虞卿言秦力倦而歸，謂秦力所及止是耳。秦力豈止是而已乎？」

〔二一〕鮑彪「誠」下補「不」字，「不」字改作「所」。盧本「誠」下有「不」字，「之」下有「所」字。黄丕烈云：「史記新序作『誠知秦力之所不至』。」（按「至」當作「進」）〔按〕誠，爲設辭，猶若也。言若知秦力之不及，不及，謂不能再進。則雖彈丸小地，尚且勿與也。原文自通，鮑改殊嫌蛇足。

〔二二〕横田惟孝云：「『彈丸之地』喻小，即謂六城也。」〔按〕「此」猶「則」也，見楊樹達詞詮。「彈丸之地」乃泛喻，非謂六城（瀧川資言史記會注考證引盧藏用曰：「趙界廣遠，割六城之地，如彈丸之土也。」亦以彈丸地爲六城，横田説與之合。盧説疑出春秋後語注）。横田解恐非。

〔二三〕鮑彪改「媾」作「講」，通用。横田惟孝云：「内，内地也。」

〔二四〕〔按〕新序「善」作「若」。

〔二五〕鮑彪云：「趙嘗親秦而復負之，故秦攻之。今爲媾，所以解也。」吴曾祺云：「『負親』言近也。下篇『合負親之攻』，意同。」〔按〕鮑注義長。

〔二六〕鮑彪改「敝」作「弊」，盧本從之。吴師道云：「當作『幣』。」黄丕烈云：「新序作『幣』，史記作『弊』。」〔按〕敝、弊、幣三字通用。此言外交通使。

〔二七〕鮑彪云：「使其交秦與韓、魏等。」

〔二八〕鮑彪云：「（不取於秦）不爲秦所取。」横田惟孝云：「取，收也。」

〔二九〕鮑彪以「虞卿」二字屬上讀，下補「虞卿」二字。吴師道云：「史此下復有『虞卿』字。」〔按〕新序亦重「虞卿」二字。但不重亦通。

〔三〇〕鮑彪改「媾」作「講」，下同。

〔三一〕鮑彪改「而」作「亦」。黄丕烈云：「史記作『終不失』，新序作『亦不失』。」〔按〕「而」猶「然」也，常語。又「而」猶「猶」也，見經詞衍釋。義並可通，鮑改非是。

〔三二〕鮑彪改「五」作「六」，云：「（罷）並音『疲』。」吴師道云：「此『五城』，與後『五城賂齊』、『得王五城』之『五』，且當從本文。」黄丕烈云：「史記作『六城』，新序作五『縣』。考此當策文作『城』，史記作『縣』，新序出史記。今本史記城、縣錯出。新序後二處亦作『六城』，皆有誤。」安井衡云：「按以五城收天下，與割六城與秦，彼此相較，收天下猶少一城。此虞卿微意所在。鮑輒改爲『六城』，妄矣。」（金正煒略同安井説）

〔三三〕鮑彪改「貴」作「資」。吴師道云：「恐作『資』。史作『功』。」黄丕烈云：「新序作『功』。」安井衡云：

『貴』讀爲『饋』，『饋』猶『歸』也。前饋，謂前所將歸秦之地。」金正煒云：「『貴』疑『責』字之譌，『責』與『債』同，猶秦策所云契折於秦矣。」〔按〕資，貴形近易譌，鮑改疑是。

〔三四〕鮑彪云：「史記挑戰爲致師。則此言禍自我致也。」

〔三五〕鮑彪云：「衍『愈』字。」吴師道云：「新序同，史作『益强』。然有『愈』字亦通。益，謂增益之。」

〔三六〕鮑彪云：「言割不止。」橫田惟孝云：「其計，謂求地之計。」

〔三七〕吴師道云：「按此『飾説』二字與前相應，則文有亂脱無疑。」〔按〕此遥與上文相應。史記、新序以「王以虞卿之言告樓緩」以下文「樓緩」作「趙郝」，而自此以上文前後又互易，故無「故曰此飾説也」下十字。吴氏以爲策文有亂脱，恐未然。

〔三八〕鮑彪云：「『乘』猶『陵』。」

〔三九〕鮑彪「戰」下補「勝」字。吴師道云：「史有『勝』字。」黄丕烈云：「新序有。」〔按〕下秦趙戰於長平章亦作「天下之賀戰勝者」，有「勝」字，此脱。今從鮑補。

〔四〇〕鮑本、吴本無「盡」字。黄丕烈云：「史記、新序有(「盡」字)。」

〔四一〕〔按〕胡三省通鑑注云：「緩謂趙與秦和，則天下疑趙有秦之援，將不敢乘弱而圖之。」

〔四二〕姚宏云：「(秦)一作『乘』。」鮑本、吴本「秦」作「乘」。〔按〕史記、新序並作「乘」。「乘」字義長，今從改。

〔四三〕鮑彪云：「分其地如破瓜然。」

〔四四〕鮑彪云：「爲秦計深，而趙勢危。」金正煒云：「『爲』猶『比』也。『危』當讀如『詭』。」〔按〕此言聽樓緩之議則危，以其爲秦計也。「危」讀如字，金説非。

〔四五〕橫田惟孝云：「『愈』恐當作『何』。」〔按〕胡三省通鑑注云：「謂趙與秦和，則天下愈疑而不肯親趙也。」是虞卿之言「疑天下」與樓緩不同，説亦可通。史記、新序並與策同，横田説非。

〔四六〕鮑彪改「五」作「六」，下同。説見上。〔按〕御覽引作「王取五城賂齊」，下「五城」同。是策本作「五城」，與史記、新序異也。

〔四七〕鮑彪云：「（齊秦）嘗争爲帝。」吴師道云：「不特此。」〔按〕胡三省通鑑注云：「齊自宣、湣以來，親楚而讎秦。孟嘗君嘗率諸侯伐秦，至函谷。」然考其時當齊王建六年，君王后秉政謹事秦。且齊經喪亂之後，亦不足與秦抗衡。虞卿所言，追叙齊、秦之舊讎，可以援助，欲壯趙王之氣，其意固不止乞齊援也。

〔四八〕姚宏云：「劉本去『也』字。」〔按〕御覽引無「也」字。史記、新序亦無。

〔四九〕姚宏云：「孫本抹去此（是王失於齊而取償於秦）十字。」鍾鳳年謂「不待辭之畢也」下有脱簡，云：「應依史於『不待辭之畢也』下補入『王以此發聲，兵未窺於境，臣見秦之重賂至趙而反媾於王也』二十四字，方得以見趙失地於齊而取償於秦之事實，而有所依據。」〔按〕史記、新序「不待辭之畢也」，並接「則是王失之於齊而取償於秦也」句，與此同。鍾氏所補文，又在其後。此文語氣不屬，疑有譌脱。但鍾補終嫌臆決，姑録以備考。下同。

〔五〇〕鮑彪云：「韓、魏本趙與國，與齊爲三。」金正煒云：「『三國』，謂趙與齊、秦也。趙得齊，則可不割而媾於秦，故云『一舉結三國之親』。此即後章『秦疑天下合從，媾乃可爲』之意。秦知趙無外援，則媾不可成，今以結齊得媾於秦，是爲易道於秦也。此策不涉韓、魏，鮑説支離。」鍾鳳年謂「而取償於秦」下有脱簡，云：「應依史補入『從秦爲媾，韓、魏聞之，必盡重王，重王必盡出重寶以先於王，則是王』二十六字，則『結三國之親』一語方有着落。」〔按〕鮑據史記爲説，故以「三國」爲韓、魏、趙。金釋雖就策文求解，終覺文義不明。「一舉」上疑有脱文。

〔五一〕張居正云：「與秦易道，若言勝在趙而不在秦也。」横田惟孝云：「『易道』猶『易地』，謂强弱相易也。趙始困於秦，將割地爲和。今取地於秦，而結三國之親，是趙强而秦弱也，故曰『與秦易道也』。」安井衡云：「趙割地與秦講，五國賀秦，而趙孤矣。趙割地與齊，則三國助趙，即秦孤矣。是趙與秦易道也。」〔按〕安井説長。

〔五二〕鮑彪云：「虞卿傳有，次第不同。先云『秦既解邯鄲』，與今所衍二十四字同。次『虞卿謂趙王曰：秦之攻王也，倦而歸乎』，止『勢必無趙矣』。次『趙王計未定，樓緩從秦來』，止『此飾説也』。次『王必勿與，樓緩聞之』，止『緩聞之逃去』。」〔按〕王懋竑白田雜著卷五云：「長平之敗，趙王與樓緩、虞卿論事，戰國策皆樓緩語，史記虞卿傳以前爲趙郝語，後爲樓緩語。考其文義，戰國策爲順。」姚氏辭類纂選此文，舉史記、國策之辭異，亦依國策。王氏又云：「秦本紀『四十八年十月韓獻垣雍』，而不言趙獻六城，疑因虞卿之言而止。此所謂不聽秦者，而邯鄲之圍亦以此。」王謂邯鄲圍以此，非。考齊策二「秦攻趙長平，齊、楚救之」。史記田世家次此事於王建六年（前二五九），即趙孝成王七年，長平戰後秦索地而講之時，但世家言齊不貸粟於趙，「秦破趙於長平四十餘萬」。是齊救趙在長平戰急之時，當在王建五年（前二六〇）也。據此，長平之戰，齊曾出兵救趙而不力。虞卿此次乃重結齊好以抗秦國也。虞卿傳云：「卿既以魏齊之故，不重萬户侯卿相之印，與魏齊間行。卒去趙，困於梁。魏齊已死，不得意，乃著書。」魏齊死在長平之戰前，而策、史所記虞卿事多在其後。蘇轍古史云：「太史公所記虞卿與趙謀事，皆秦破長平後。而卿爲魏齊棄相印走梁，則前此矣。意者魏齊死，卿自梁還相趙，而太史公失言之耳。」餘詳楚策四虞卿謂春申君章。崔適史記探源改「長平」作「華陽」，以「孝成王」爲「惠文王」，核與策、史所載卿事並不合。臆決之説，今不辨。

11　秦攻趙平原君使人請救

秦攻趙，平原君使人請救於魏。信陵君發兵至邯鄲城下，秦兵罷〔一〕。虞卿爲平原君請益地，謂趙王曰：「夫不鬬一卒，不頓〔二〕一戟，而解［二］〔三〕國患者，平原君之力也〔四〕。用人之力，而忘人之功，不可。」趙王曰：「善。」將益之地。

公孫龍〔五〕聞〔六〕之，見平原君曰：「君無覆軍殺將之功〔七〕，而封以東武城〔八〕，趙國豪傑之士，多在君之右〔九〕，而君爲相國者，以親故〔一〇〕。夫君封以東武城，不讓無功〔一一〕；佩趙國相印，不辭無能。一解國患，欲求益地。是親戚受封，而國人計功也〔一二〕。爲君計者，不如勿受便。」平原君曰：「謹受令〔一三〕！」乃不受封。

〔箋證〕

〔一〕〔按〕趙孝成王九年（前二五七）魏信陵君救趙，解邯鄲圍。

〔二〕鮑彪云：「『頓劍』之『頓』。」　横田惟孝云：「頓，壞也。」

〔三〕横田惟孝云：「『二』字疑衍。」〔按〕横田説是。下文「一解國患，欲求益地」，可證。今衍。

〔四〕鮑本無「也」字。　吴師道云：「一本有『也』字。」

〔五〕鮑彪云：「（公孫龍）趙人，著守白論，莊子稱之。　距是遠甚，豈同姓名如公孫弘者乎？」　吴師道云：「莊子稱公孫龍之學，合同異，離堅白。而史平原傳稱公孫龍善爲堅白同異之辨。荀卿傳末以爲趙人。又見列子等書，同此人也。史稱莊子與梁惠、齊宣同時，楚威王欲以爲相。威王元年當（周）顯王三十年，故大事記以楚相之事附見下。至赧王十七年趙勝封平原君，則周距平原未遠也。莊子書稱之噲，之噲事當宣王末年、赧王元年也。下至魏破秦軍邯鄲時，以爲赧王五十八年，則周之稱公孫龍，龍之在平原君門，皆相及也。惟以爲仲尼弟子公孫龍者則誤，蓋相去遠爾。」〔按〕公孫龍説燕昭王偃兵，見呂氏春秋應言篇；説趙惠王偃兵，見同書審應篇；客於平原君，見公孫龍子跡府篇、呂氏春秋淫辭篇、史記平原君傳；嘗與魏牟論説，見莊子秋水篇、列子仲尼篇。燕昭王在位年（前三一一—前二七九）與趙惠文王（在位年前二九八—前二六六）同時。平原君相趙惠文王及孝成王，時代並合。公孫龍幼年可能與莊周相及，但莊子所著書不應稱引稚齒之龍，鮑彪疑之，不爲無理。吳氏附會比合，不能解決問題。考龍名見於莊子書者爲秋水及天下二篇。先秦諸子書往往羼見後出人名及事物，乃其門生或後學增益之詞，不必出於僞撰，此例習見。莊子書中有龍名者，亦爲後來所附益，非莊子自著書有之也。由此論之，龍之年代，各書並無乖舛，可以不疑。唯史記孟荀列傳索隱謂「（公孫龍）即仲尼弟子名也」，即吳注所斥者，誤以仲尼弟子傳公孫龍子石與趙人公孫龍淆爲一人，則大謬。

〔六〕姚宏云：「劉添『聞』字。」鮑本原無「聞」字，補「聞」字。吳師道云：「史有。」

〔七〕鮑彪云：「言初封時以公子耳。」

〔八〕程恩澤云：「地理志清河郡有東武城縣。正義貝州武城縣外城，七國時趙邑。寰宇記蓋以定襄有武城，同屬趙，故此加『東』也。……今山東臨清州武城縣西十里有東武城故城，即平原君封邑也。」

〔九〕鮑彪云：「右者，人道所尊。」吳師道云：「秦、漢以前，用右爲上，如云位在廉頗右。」〔按〕此言趙國豪傑之士其才多在平原之上。上言功，此言能。

〔一〇〕鮑彪「親」下補「也」字。吴師道云：「故，句。史作『親戚故也』。」

〔一一〕鮑彪云：「(不讓無功)不以無功辭之。」

〔一二〕鮑彪云：「國人受封，必計其功，與平原異。」吴師道云：「勝本無功，嚮之受封也，已不當得，今又欲益地，是在親戚則無功受封，國人則計功乃受賞，輕重不倫也。漢光武封陰不識引此語。」〔按〕史記虞卿傳「受封」作「受城」，敦煌本春秋後語作「受地成」。

〔一三〕〔按〕周禮夏官大司馬鄭注：「『令』猶『命』也。」

12　秦趙戰於長平

秦、趙戰於長平，趙不勝〔一〕，亡一都尉〔二〕。趙王召樓昌〔三〕與虞卿曰：「軍戰不勝，尉復死〔四〕，寡人使卷甲而趍之〔五〕。何如？」樓昌曰：「無益也。不如發重使而爲媾〔六〕。」虞卿曰：「夫言媾者，以爲不媾者軍必破，而制〔七〕媾者在秦。且王之論秦也，欲破王之軍乎？其不邪？」王曰：「秦不遺餘力矣，必且破趙軍〔八〕。」虞卿曰：「王聊〔九〕聽臣，發使出重寶以附楚、魏。楚、魏欲得王之重寶，必入吾使。趙使入楚、魏，秦必疑天下合從也，且〔一〇〕必恐。如此，則媾乃可爲也。」

趙王不聽，與平陽君爲媾〔一一〕，發鄭朱入秦，秦内〔一二〕之。趙王召虞卿曰：「寡人使平陽君媾秦，秦已內鄭朱矣。子以爲奚如？」虞卿曰：「王必不得媾，軍必破矣。天下之賀戰勝者，皆在秦矣。鄭朱，趙之貴人也，而入於秦，秦王與應侯必顯重以示天下〔一三〕。楚、魏以趙爲媾，必不救王。秦知〔一四〕天下不救王，則媾不可得成〔一五〕也。」

趙卒不得媾〔一六〕，軍果大敗。王入秦。秦留趙王，而後許之媾〔一七〕。

〔箋證〕

〔一〕鮑本無「不勝」二字。〔按〕史記虞卿傳、新序善謀篇並有，同此本。

〔二〕鮑彪云：「（都尉）軍尉也。」于鬯云：「此二都尉，或謂即指裨將茄。惟鮑於下文以『尉』名係，不名茄。而（白起）傳又云：『六月，陷趙軍，取二障四尉。七月，又取二尉。』然則不止亡二都尉。」〔按〕都尉，武官名。應劭漢官儀云：「都尉，秦官也，本名郡尉。掌佐太守，典其武職。秩比二千石。孝景時更名都尉。」〔孫輯本〕應氏謂漢更名爲都尉，證之此策，則戰國已有此稱，非自漢景帝改也。史記王翦傳：「荆人……大破李信軍，入兩壁，殺七都尉，秦軍走。」華陽國志蜀志：「周慎王五年秋，秦大夫張儀、司馬錯、都尉墨等從石牛道伐趙。」是秦在惠文王時已有此官矣。應氏失考。唯其典秩是否與漢官相同，不詳。

〔三〕〔按〕樓昌，趙將，見趙世家。

〔四〕鮑本「復」作「係」，云：「係，尉名。」吳師道云：「（復）史同。」黃丕烈云：「新序作『係』。」徐廣注史記云：「『復』一作『係』。」

〔五〕鮑彪云：「（卷甲而趍之）襲之也。」〔按〕史記、新序「卷」作「束」。

〔六〕鮑彪改「媾」作「講」，下同。〔按〕新序作「構」。媾、構、講字通用。史記集解：「求和曰媾。」

〔七〕鮑彪云：「制，言聽否由之。」

〔八〕〔按〕且，讀如「其」（且、其互通，詳見古書虛字集解），「其」猶「期」。言必欲破趙軍也。

〔九〕安井衡云：「聊，毛傳訓『願』。此聊亦當訓『願』。」

〔一〇〕〔按〕此「且」猶「將」也。

〔一一〕鮑彪云：「與，從之也。」關修齡云：「與（平陽君）豹相議爲媾。」于鬯云：「上文言樓昌，此言平陽君，一似平陽君即昌者。然平陽君爲趙豹，既見於前策，亦見史趙世家，當無可疑。豹本主不受韓上黨者，則此時主與秦媾，如其爲人。然則昌，豹黨也。」

〔一二〕〔按〕內同納，下同。鄭朱見前。

〔一三〕横田惟孝云：「顯重，謂顯重鄭朱，以示講於天下。」

〔一四〕姚宏云：「一本去『秦知』字。」〔按〕史記有，同此本。新序無此句。

〔一五〕姚宏云：「一無『成』字。」〔按〕新序無「成」字。

〔一六〕〔按〕史記云：「應侯果顯鄭朱，以示天下賀戰勝者，終不肯媾。」

〔一七〕〔按〕王懋竑白田雜著卷五云：「按趙王未嘗入秦，此自戰國策之誤。……秦自誘執楚懷王，天下視秦，真如虎豹豺狼之不可嚮邇。故趙與秦會澠池，廉頗請三十日不還，立太子以絶秦望。其畏秦也如此。況自長平敗後，秦有滅趙之心，趙王安敢入朝於秦？且既入朝，又何以使趙郝約事於秦（按此從虞卿傳，詳見上秦攻趙長平章）？此必無之理。趙世家不言入朝，而云『趙王還，不聽秦』。『還』字亦無所承，蓋其誤也。」所論允當。但此疑是策士誇詞，不必以實事論。此章言趙王入秦而後秦許之媾，與上秦攻趙長平章秦索六城而講及虞卿使齊而秦使在趙，亦相矛盾，知其爲增飾之詞矣。其實，秦戰長平，有滅趙之意，其言媾和者，不過欲休整士卒而懈趙之備耳。虞卿獨知其陰謀，故始終主合齊、楚、魏等從抗衡。媾和卒不成，不數月而有邯鄲之圍，秦之野心於是益顯。

13 秦圍趙之邯鄲

秦圍趙之邯鄲〔一〕，魏安釐王〔二〕使將軍晉鄙救趙。畏秦，止於蕩陰〔三〕，不進〔四〕。魏王使客將軍新垣衍間入〔五〕邯鄲，因平原君謂趙王曰：「秦所以急圍趙者，前與齊湣〔六〕王爭强爲帝，已而復歸帝，以齊故〔七〕。今齊湣王已益弱〔八〕，方今唯秦雄天下，此非必貪邯鄲，其意欲求爲帝。趙誠發使尊秦昭王〔九〕爲帝，秦必喜，罷兵去。」平原君猶豫未有所決。此時魯仲連〔一〇〕適遊趙，會秦圍趙，聞魏將欲令趙尊秦爲帝，乃見平原君曰：「事將奈何〔一一〕矣？」平原君曰：「勝也何敢言事？百萬之衆折於外〔一二〕，今又内圍邯鄲，而不能去〔一三〕。魏王使將軍〔一四〕辛垣衍令趙帝秦〔一五〕，今其人在是。勝也何敢言事？」魯連曰：「始吾以君爲天下之賢公子也，吾乃今然後知君非天下之賢公子也〔一六〕。梁客辛垣衍安在？吾請爲君責而歸之！」平原君曰：「勝請召而見之〔一七〕於先生！」

平原君遂見辛垣衍曰：「東國有魯連先生〔一八〕，其人在此，勝請爲紹介〔一九〕而見之於將軍〔二〇〕！」辛垣衍曰：「吾聞魯連先生，齊國之高士也。衍人臣也，使事有職〔二一〕，吾不願見魯連先生也。」平原君曰：「勝已泄〔二二〕之矣。」辛垣衍許諾。

魯連見辛垣衍而無言。辛垣衍曰：「吾視居北（此）〔二三〕圍城之中者，皆有求於平原君者也。今吾視先生之玉貌，非有求於平原君者，曷爲久居此〔二四〕圍城之中而不去也？」魯連曰：「世以鮑焦無從容而死者，皆非也〔二五〕。令（令）〔二六〕衆人不知，則爲一身〔二七〕。彼秦者，棄禮義而上首功之國也〔二八〕。權使其士，虜使其民〔二九〕，彼則肆然而爲帝，過而遂正於天下〔三〇〕，則連有赴東海而死矣〔三一〕，吾不忍爲之民也！所爲見將軍者，欲以助趙也。」辛垣衍曰：「先生助之奈何？」魯連曰：「吾將使梁及燕助之，齊、楚則〔三二〕固助之矣。」辛垣衍曰：「燕則吾請以從矣〔三三〕。若乃梁，則吾乃梁人也，先生惡能使梁助之耶？」魯連曰：「梁未睹秦稱帝之害故也，使梁睹秦稱帝之害，則必助趙矣。」辛垣衍曰：「秦稱帝之害將奈何？」魯仲連曰：「昔齊威王嘗爲仁義矣，率天下諸侯而朝周。周貧且微，諸侯莫朝，而齊獨朝之。居歲餘，周烈王崩〔三四〕，諸侯皆弔，齊後往。周怒，赴〔三五〕於齊曰：『天崩地坼，天子下席〔三六〕，東藩之臣田嬰齊〔三七〕後至，則斮〔三八〕之！』威王勃然怒曰：『叱嗟〔三九〕，而母婢也〔四〇〕！』卒爲天下笑。故生則朝周，死則叱之，誠不忍其求也。彼天子固〔四一〕然，其無足怪。」

辛垣衍曰：「先生獨未見夫僕乎？十人而從一人者，寧力不勝、智不若耶？畏之也〔四二〕。」魯仲連曰：「然〔四三〕梁之比於秦若僕耶？」辛垣衍曰：「然。」魯仲連曰：「然〔四四〕吾將使秦王烹醢梁王〔四五〕。」辛垣衍怏然不悦曰：「噫，亦太甚矣，先生之言也〔四六〕！先生又惡能使秦王烹醢梁王？」魯仲連曰：「固也，待吾言之。昔者鬼侯〔四七〕之〔四八〕鄂侯〔四九〕、文王，紂之三公〔五〇〕也。鬼侯有子而好，故入之於紂。紂以爲惡，醢鬼侯。鄂侯爭之急，辨之疾，故脯鄂侯。文王聞之，喟然而歎，故拘之於牖里之車（庫）〔五一〕百日，而欲舍之死〔五二〕。曷爲與人俱稱帝王〔五三〕，卒就脯醢之地也？齊閔王將之魯，夷維子執策〔五四〕而從，謂魯人曰：『子將何以待吾君？』魯人曰：『吾將以十太牢待子之君〔五五〕。』維子〔五六〕曰：『子安取禮而來待吾君？彼吾君者，天子也。天子巡狩，諸侯辟舍，納於筦鍵〔五七〕，攝衽抱几〔五八〕，視〔五九〕膳於堂下。天子已食，退而聽朝也〔六〇〕。』魯人投其籥〔六一〕，不果納，不得入於魯。將之薛〔六二〕，假涂於鄒〔六三〕。當是時，鄒君死，閔王欲入弔。夷維子謂鄒之孤曰：『天子弔，主人必將倍殯柩〔六四〕，設北面於南方，然後天子南面弔也〔六五〕。』鄒之羣臣曰：『必若此，吾將伏劍而死。』故不敢入於鄒〔六六〕。鄒、魯之臣，生則不得事養，死則不得飯含〔六七〕，然且欲行天子之禮於鄒、魯之臣，不果納。今秦萬乘之國，梁亦萬乘之國。俱據萬乘之國〔六八〕，交有稱王之名，賭（睹）〔六九〕其一戰而勝，欲從而帝之，是使三晉〔七〇〕之大臣不如鄒、魯之僕妾也！且秦無已，而帝〔七一〕，則且變易諸侯之大臣。彼將奪其所謂不肖，而予其所謂〔七二〕賢；奪其所憎，而與其所愛。彼又將使其子女讒妾爲諸侯妃姬，處梁之宫，梁王安得晏然而已乎？而將軍又何以得故寵乎〔七三〕？」於是辛垣衍起，再拜謝曰：「始以先生爲庸人，吾乃今日而〔七四〕知先生爲天下之士也。吾請去，不敢復言帝秦。」

秦將聞之，爲却軍五十里〔七五〕。適會魏公子無忌奪晉鄙軍以救趙擊秦〔七六〕，秦軍引而去。

於是平原君欲封魯仲連，魯仲連辭讓者三，終不肯受。平原君乃置酒，酒酣，起前，以千金爲魯連壽〔七七〕。魯連笑曰：「所貴於天下之士者〔七八〕，爲人排患、釋難、解紛亂而無所取也。即〔七九〕有所取者，是商賈之人也，仲連〔八〇〕不忍爲也。」遂辭平原君而去，終身不復見。

【箋證】

〔一〕鮑彪云：「此（孝成王）九年。」

〔二〕〔按〕安釐王，魏昭王之子，世本「名圉」（魏世家索隱引）。

〔三〕姚宏云：「錢、劉改『蕩』作『湯』。」鮑彪云：「（蕩陰）屬河内。」吳師道云：「正義云：蕩，天郎反。相州縣。」　張琦云：「今（河南）湯陰縣。」

〔四〕〔按〕史記信陵君列傳云：「魏安釐王二十年，秦昭王已破趙長平軍，又進兵圍邯鄲。公子姊爲趙惠文王弟平原君夫人，數遺魏王及公子書，請救於魏。魏王使將軍晉鄙將十萬衆救趙。秦王使使者告魏王曰：『吾攻趙，旦暮且下。而諸侯敢救者，已拔趙，必移兵先擊之。』魏王恐，使人止晉鄙，留軍壁鄴，名爲救趙，實持兩端以觀望。」

〔五〕鮑本、吳本「新」作「辛」。　鮑彪云：「稱客，則衍他國人仕魏也。間，謂微行。」　吳師道云：「元和姓纂：衍，畢公高之後。」　黄丕烈云：「史記作『新』，此涉之而誤也。下文盡作『辛』。」　金正煒云：「此稱辛垣衍爲魏來之使客，非謂其爲魏之客將也。故或稱梁客，或稱魏將。鮑以『客』字連下讀，恐非。」〔按〕董説七國考以「客將軍」爲魏官，引應劭曰：「魏有客將軍官。」考戰國有客卿，客將軍除此策（史記魯仲連傳同此策文）外，其他未見。史記索隱、正義皆不注，是否爲官名，誠有疑問。董引應劭説，又不著出處。觀下文「而將軍又何以得故寵乎」，則似非他國人仕魏者。金説或是。吳引姓纂，今佚其文。廣韻「新」字云：「陳留風俗傳云：畢公封於新垣，後因氏焉。魏將新垣衍，改爲梁垣氏。」史記正義云：「新垣，姓；衍，名。漢有新垣平。」間入，謂從間道入也。新、辛同音通用。

〔六〕鮑本、吳本「湣」作「閔」。　黄丕烈云：「史記作『湣』，此涉之而誤也。齊策作『閔』。」

〔七〕鮑彪云：「由齊不稱，秦亦失之。」　〔按〕事見齊策四蘇秦自燕之齊章。

〔八〕鮑本無「已」字，鮑衍「湣王」二字，云：「今乃襄王爾，史亦誤。」　吳師道云：「謂今之齊視閔王已益弱。」　鍾鳳年云：「此殆策、史於『湣王』上均脱一『視』字。」〔按〕「已」疑當作「亡」，字形近似之誤。讀作「今齊湣王亡，益弱」。公羊桓十五年傳：「祭仲亡矣。」何休注：「亡，死亡已。」益弱者，謂齊益弱也。邯鄲圍在齊王建八年，鮑云襄王，亦誤。

〔九〕鮑彪云：「稱謚非當時語。」吳師道云：「追書之辭。」姚鼐云：「（昭王）二字衍。」（古文辭類纂）橫田惟孝云：「『昭』字恐衍。」金正煒云：「或本旁注，誤入正文。」鍾鳳年云：「原文未必如此，恐爲或所妄加。『昭』字宜衍。」〔按〕生稱謚之例，古書中常見，同策一：「知過曰：魏宣子之謀臣曰趙葭，康子之謀臣曰段規。」亦此類。此出於後人追爲之辭，有此疏失，顧炎武日知録卷二十三已論之。又按金文及詩、書中常見文、武、成、康、昭考、穆考等皆爲生稱美號，非謚也。王國維遹敦跋列舉各證，云：「此皆生而稱穆公、武公，是周初天子諸侯爵上或冠以美名，如唐、宋諸帝之有尊號矣。」（觀堂集林卷十八）

〔一〇〕〔按〕魯仲連見齊策。

〔一一〕〔按〕「奈何」即「如何」，奈、如一聲之轉。下各「奈何」義同。

〔一二〕〔按〕史記魯仲連傳作「前亡四十萬之衆於外」。策辭誇大。此謂長平之敗。

〔一三〕姚宏云：「曾本添『能』字。」鮑本、吳本無「能」字。橫田惟孝云：「不能去，謂不能秦兵去也。」金正煒云：「『能』字本或爲『罷』。曾據別本旁注『罷』字，後遂併入正文，又誤爲『能』耳。」〔按〕史記有「能」字，曾添蓋據之。「去」爲他動詞，謂使之去，下省「之」字。金説恐非。

〔一四〕鮑本、吳本「將軍」上有「客」字。〔按〕史記有「客」字。

〔一五〕〔按〕帝秦，謂尊秦爲帝。「帝」作動詞。

〔一六〕張洲云：「魯連深責平原志氣消沮，不足與天下大計。」錢鍾書管錐編一云：「『乃今然後』四字，乍視尤若堆疊重複，實則曲傳躊躇遲疑，非所願而獲已之心思語氣。」（頁三三一）

〔一七〕姚宏云：「（召而見之）錢、劉作『爲召而見之』。」鮑本、吳本「請」下有「爲」字。黃丕烈云：「史記（請召）作『請爲紹介』。」橫田惟孝云：「『召』當作『紹』，或古字通。」金正煒云：「『召』蓋『紹』之省，即下文『紹介』

之『紹』也。」

〔一八〕鮑彪云：「東國，謂齊。」吳師道云：「一本『先生者』。」〔按〕史記「生」下有「者」字。

〔一九〕鮑彪云：「郭璞曰：紹介，相佑助也。」吳師道云：「索隱曰：禮，賓至，必因介以傳辭。紹者繼也。故禮云：介紹而傳命。」

〔二〇〕姚宏云：「錢、劉作『請爲紹交之於將軍』。」〔按〕史記作「請爲紹介，交之於將軍」。

〔二一〕〔按〕謂已有使命在身，不能見客。

〔二二〕鮑彪云：「泄，言已白之。」

〔二三〕鮑本、吳本、盧本「北」作「此」。黄丕烈云：「『此』字是也。史記作『此』。」今從正。

〔二四〕鮑本「此」原作「若」，鮑改作「此」。吳師道云：「『若』疑『居』字訛衍。史作『此』，無亦可。」王念孫謂「『若』猶『此』也」。〔按〕鮑改、吳疑皆非。

〔二五〕鮑彪云：「（鮑焦）周之介士，見莊子。其人介，故人謂之然。」吳師道云：「韓詩外傳云：周時隱者，無子胤，不臣天子，不友諸侯。」張尚瑗云：「新序：『鮑焦挈畚將蔬，遇子貢於道。子貢曰：非其世者不生其國，污其君者不履其土。今吾子污其君而立其土，非其世而食其蔬，此誰之有哉？鮑焦乃棄其蔬而立，槁死於洛水之上。』故引之以爲不肯帝秦，欲赴東海發端。」金正煒云：「無，不也。從容，猶須臾也。」〔按〕莊子盜跖篇：「鮑焦飾行非世，抱木而死。」史記「容」作「頌」。索隱：「從頌者，從容也。世人見鮑焦之死，皆以爲不能自寬容而取死，此言非也。」金釋未是。

〔二六〕鮑本、吳本、盧本「令」作「今」。〔按〕史記無「令」字。依文義，作「今」爲是。今從之。

〔二七〕鮑彪云：「不知者，以其抱木死爲無以自養，不知其非世也。明己今亦然。」金正煒云：「『今』猶『若』也，說見釋詞。」〔按〕謂今衆人不知鮑焦之志，則以其爲一身而死，以喻己亦非爲一身而圖存也。今從本義，自通。

〔二八〕鮑本、吴本無「者」字。　鮑彪云：「秦制爵二十，戰獲首級者，計功受爵。時所尊上也。」〔按〕集解引譙周曰：「秦用衛鞅計，制爵二十等，以戰獲首級者，計而受爵。是以秦人每戰勝，老弱婦人皆死，計功賞至萬數，天下謂之上首功之國。皆以惡之也。」考秦紀孝公七年，公子卬與魏戰，斬首八萬。惠王後七年庶長疾敗韓、趙等軍，斬首八萬二千。十一年樗里疾敗韓岸門，斬首萬。昭王六年，庶長奂伐楚，斬首二萬。十四年左更白起攻韓、魏於伊闕，斬首二十四萬。三十二年相穰侯攻魏，斬首四萬。三十三年擊魏芒卯華陽，斬首十五萬。四十三年白起攻韓，斬首五萬。四十七年，白起破趙長平，四十餘萬盡殺之。此並在邯鄲圍之前，可見秦尚首功之一斑。

〔二九〕鮑彪云：「視民如所虜獲。」〔按〕索隱：「言秦人以權詐使其戰士，以奴虜使其人，言無恩以恤下。」鹽鐵論論功篇引魯連言，「虜」作「虐」。權，當指威權。

〔三〇〕鮑彪云：「過，猶不幸。」吴師道云：「正義云：『舊讀「帝過」句。謂偏行天子之禮。過，失也。』愚按此句亦難通。過即過其之義。史作『過而爲政』。」　關修齡云：「過，謂不惟稱帝於國，而及他邦也。」　横田惟孝云：「遂正，史記作『爲政』，當從。言秦縱肆爲帝，不惟於其國，而爲政於天下。」〔按〕史記「則」作「即」，字通。「則」猶「若」也，見經傳釋詞（引此策云：「言彼若肆然而爲帝也。」）。肆然，索隱：「猶肆志也。」此爲狀語。王念孫史記雜志云：「高誘注吕氏春秋知士篇曰：『「過」猶「甚」也。』言秦若肆然而爲帝，甚而遂爲政於天下。『過』與『大』義亦相通。……魏策曰：『吾所賢者無過堯舜，吾所大者無大天地。』『大』亦『過』也。……然則『過而爲政於天下』，猶言大而爲政於天下耳。……『甚』與『大』義亦相通。」「過」訓當從之。吕氏春秋君守篇：「可以爲天下正。」高誘注：「正，主。」廣雅釋詁：「正，君也。」禮記緇衣篇：「昔吾有先正。」鄭注：

「先正，先君長也。」「主」與「君」義近。過而遂正於天下，謂甚而遂爲君於天下也。諸家釋義未盡。

〔三一〕鮑彪改「矣」作「耳」。吴師道云：「史作『耳』。」〔按〕史記「赴」作「蹈」。魯連齊士，故曰「赴東海」。

〔三二〕鮑本、吴本無「則」字。〔按〕齊、楚助趙，説見上章。

〔三三〕金正煒云：「類篇：『請，受言也。』謂燕之從趙，亦姑承其説也。」

〔三四〕〔按〕集解引徐廣曰：「烈王十年崩，威王元七年。」正義云：周本紀及年表云：「烈王七年崩，齊威王之十年也。與徐不同。」疑集解之「十」、「七」二字當互易。考史記田世家謂威王即位以來，「九年之間，諸侯並伐，國人不治」。其擊趙敗魏稱霸，乃在十年之後，則周烈王崩前，齊威安能率天下諸侯朝周？此徵之史文有不合者。依古本竹書紀年，齊威在位之年並當周顯王世，不及烈王，與此更不合。蘇時學爻山筆話謂：「此蓋烈王后而死於顯王之世，據竹書紀年齊威王自即位迄卒，均在顯王之世，不得與烈王之崩相值。故此文『烈王』下顯脱『后』字。」此蓋由下文「而母婢也」，史記正義「罵烈王后」，而生義也。似可調和其矛盾。但周顯王爲烈王之弟，則烈王后乃其嫂也，如天子爲顯王，威王所詈之「而母婢也」決非爲烈王后矣。此其一。又王后之死，徵之春秋、戰國之世，無諸侯會葬之例。而后死亦不應赴曰「天崩地坼」也。則此言崩者，決非烈王后矣。此其二。據此，蘇説雖新，不能信從。愚意戰國學士，師承多憑口耳傳授，記憶易誤。史册藏於官府，非民間所得傳覽，故當時多歧説。魯連之言，亦出於傳聞異辭，不必據以爲事實。

〔三五〕吴師道云：「正義云：赴，告也。今文作『訃』。」

〔三六〕吴師道云：「索隱云：下席，言其寢苦居廬。謂烈王太子安王驕也。」〔按〕安王驕爲周威烈王太子，非烈王子也。吴注仍索隱之誤，未正。

〔三七〕安井衡云：「史記（田嬰齊）作『因齊』。蓋『因』訛爲『田』，遂衍『嬰』字耳。『因』如『逢伯陵因之』之『因』。田氏因吕氏之齊，故謂『之因齊』也。史遷以『因齊』爲威王名，則失之。」〔按〕史記六國表、田世家、魯仲連傳威王名並作「因齊」，此策作「嬰齊」，因、嬰乃聲之轉。齊姓田氏，故名曰「田嬰齊」。安井説非是。傳世銅器陳侯因𦟛敦、陳侯因𦟛戈，「陳侯」即「田侯」，「因𦟛」即「因齊」（古次、齊相通，「𦟛」字从肉次聲，亦「叓」字之異文，與「齊」通用），亦即「嬰齊」也。安井誤。

〔三八〕〔按〕集解：「公羊傳曰：『欺三軍者其法斮。』何休曰：『斮，斬也。』」

〔三九〕鮑彪云：「嗟，咨也。」横田惟孝云：「叱嗟，怒斥聲。」

〔四〇〕吴師道云：「正義云：而母婢，罵烈王后也。」〔按〕而，汝也。

〔四一〕鮑彪云：「『固』猶『必』。」安井衡云：「固、故通，猶言從來。」（金正煒説同）

〔四二〕〔按〕索隱：「（畏之也）畏懼其主耳。」

〔四三〕〔按〕史記「然」作「嗚呼」二字。「然」義見下。

〔四四〕鮑彪「然」下補「則」字。黄丕烈云：「史記無『然』字。凡古言『然』，與今言『然則』同，鮑補誤。」金正煒云：「吕覽應言篇『墨者師曰然』注：『然，如。』是『然』字文義自是。」〔按〕然，猶然則，黄説是也，説詳楊樹達詞詮。晏子春秋内篇雜上：「公曰：『請進服裘？』對曰：『嬰非君茵席之臣也。敢辭。』公曰：『然夫子之於寡人何爲者也？』」「然」亦同「然則」。

〔四五〕鮑彪云：「醢，肉醬也。」董份云：「比之於僕，所以甚辱而激之。衍既甘處爲僕，則義分不能激矣，故以死生而駭急之。」

〔四六〕吴師道云：「嘻，歎言也，句。」〔按〕「亦太甚矣」下詞序顛倒，正當作「先生之言亦太甚矣」。倒言之，正表示辛垣衍聞言激動，語詞失序也。摹寫逼真。

〔四七〕鮑彪云：「徐(廣)曰：鄴縣有九侯城。『九』一作『鬼』。」張琦云：「史正義曰：『九侯城在相州滏陽縣西南五十里。』滏陽，今磁州也。」〔按〕「九」與「鬼」聲近字異(史記殷本紀索隱：「鄒誕生(九)音『仇』也。」)。

〔四八〕鮑本、吴本無「之」字。黄丕烈云：「史記無(「之」字)。」安井衡云：「之，與也。鬼侯是主，鄂侯、文王是從，故言『與』。」〔按〕「之」猶「與」也，見經傳釋詞。又草書「與」作「」，同「之」形近，或是字訛。

〔四九〕鮑彪云：「鄂屬江夏。」吴師道云：「左傳隱六年『納諸鄂』注：『晉別邑。』路史云：『在大夏。』世本云：『叔虞居鄂。』未知即此否？」程恩澤云：「殷本紀注徐廣曰：『「鄂」一作「邘」。野王有邘城。』史記『文王伐邘』，即此。武王以封其子，所謂邘、晉、應、韓是也。……今在(河南)懷慶府西北三十里。但文王所伐之邘，必是助紂爲惡者，而鬼、鄂二國爲商賢侯，方與文王同心輔政。乃謂文王伐邘，即是伐鄂，恐未可信。」〔按〕鄂地有數處，徐注謂野王邘城，當有所據。鄂侯被紂所殺，其國或亦廢替。然則文王所伐之邘，非鄂侯之子孫矣，程氏疑之未是。韓非子難言篇又作「翼侯」。王先慎集解據左氏隱六年傳「納諸鄂」，謂「翼、鄂地近，故相通稱」。則同吴注。存之備考。

〔五〇〕〔按〕漢儒釋「三公」，今古文家異説。今文家以爲天子三公：司徒、司馬、司空。古文家以太師、太傅、太保爲三公。此並承周制而言，殷制不得而詳。策所云恐亦從周制言耳。

〔五一〕鮑本、吴本「車」作「庫」。鮑彪云：「牖里在蕩陰。」張琦云：「今蕩陰縣北有羑里城。」于鬯云：「今本竹書：『文丁十一年，季歷執諸塞庫。』彼『塞庫』或亦作『塞車』。」〔按〕史記作「羑里之庫」。羑里即牖里。車，今從鮑本正。

〔五二〕姚宏云：「錢本添『舍』字。」鮑本、吴本「舍」作「令」。〔按〕舍，居也、受也。舍之死，猶受之死。史記「舍」

作「令」，同鮑本。史記殷本紀：「（紂）以西伯昌、九侯、鄂侯爲三公。九侯有好女，入之紂。九侯女不憙淫，紂怒殺之，而醢九侯。鄂侯争之彊，辨之疾，并脯鄂侯。西伯昌聞之竊歎，崇侯虎知之以告紂，紂囚西伯羑里。西伯之臣閎夭之徒，求美女奇物善馬以獻紂，紂乃赦西伯。」韓非子難言篇云：「文王説紂，而紂囚之，翼侯炙，鬼侯腊。」呂氏春秋行論篇云：「昔者紂爲無道，殺梅伯而醢之，殺鬼侯而脯之。文王流涕而咨之，紂恐其畔，欲殺文王而滅周。文王曰：『父雖無道，子敢不事父乎？君雖不惠，臣敢不事君乎？孰王而可畔也？』紂乃赦之。」又過理篇云：「刑鬼侯之女而取其環。」高注：「聽妲己之譖，殺鬼侯之女以爲脯，而取其所服之環也。」淮南子俶真訓云：「醢鬼侯之女，葅梅伯之骸。」高注：「梅伯説鬼侯之女美好，令紂妻之。至，紂以爲不好，故醢鬼侯之女，葅梅伯之骸也。一曰：紂爲無道，梅伯數諫，故葅其骸也。」

〔五三〕横田惟孝云：「『帝』字疑衍。」〔按〕「帝王」二字乃複字單義之例，猶言王也。謂魏如尊秦王爲帝，終將如鬼侯受脯醢之禍。「卒」猶「終」也，横田解非。

〔五四〕鮑彪云：「策，馬策也。」吴師道云：「索隱云：『維，東萊之邑，其居夷也，號夷維子。故晏子爲萊之夷維人。』愚按『維』即維（按疑當作「濰」）地，志：維水出密州莒縣東北維山北，至今維州昌邑入海。萊夷即今萊州也。」〔按〕正義：「（夷維）蓋因邑爲姓。子者，男子之美號。」又云：「子，爵也。」

〔五五〕張尚瑗云：「周禮：『王合諸侯而饗禮，則具十二牢。』康成注：『饗諸侯而用王禮之數。』是天子之禮十二牢也。上公九牢，侯伯七牢，子男五牢。魯以十太牢待閔王，蓋視上公爲加等，不肯事以天子之意。」

〔五六〕鮑本、吴本「維」上有「夷」字。〔按〕史記有「夷」字。

〔五七〕鮑彪云：「衍『于』字。」云：「筦，鑰也。鍵，其牡。避納者，示不敢有其國。」吴師道云：「（于）疑衍。史無。」〔按〕「于」猶「其」也，見助字辨略，不必衍。下文「魯人投其籥」，與此相應。鹽鐵論禁耕篇云：「天子適諸侯，升自阼階，諸侯納管鍵，執策而聽命，示莫爲主也。」索隱：「辟音避，避正寢。案禮，天子適諸侯，必舍於祖廟。」禮記坊記云：「故天子四海之内無客禮，莫敢爲主焉。故君適其臣，昇自阼階，即位於堂，示民不敢有室也。」亦此意。

〔五八〕鮑彪云：「几，所據也。」〔按〕正義云：「袵，卧席也。」

〔五九〕吴本「視」誤作「親」。

〔六〇〕鮑本「退」字在「聽」下。吴師道云：「一本『天子已食退而聽朝也』。史同，退上有『乃』字。」

〔六一〕鮑彪云：「籥、鑰同。關下牡也。投者，下其牡。」〔按〕索隱云：「謂闔内門不入齊君。」鮑注本説文。方言五云：「户鑰，自關之東，陳、楚之間謂之鍵，自關之西謂之鑰。」戴震注：「『鑰』本亦作『籥』，月令：『脩鍵閉，慎管籥。』鄭注云：『鍵牡閉牝也。管籥，搏鍵器也。』周禮司門鄭注云：『管，謂籥也，鍵，謂牡。』」

〔六二〕〔按〕史記正義云：「薛侯故城在徐州滕縣界也。」即田嬰所封邑，見前。

〔六三〕〔按〕此鄒當是曹姓之國，亦作邾或邾婁。國策地名考引劉薈鄒山記云：「鄒城在山南，去山二里有繹山。文公自鄒遷繹，蓋稍北數里。戰國穆公復其故號曰鄒，後爲楚所滅。」

〔六四〕鮑彪云：「倍，言背之去。」吴師道云：「索隱云：『主人不在殯東，將背其殯棺，立西階上，北面哭，是倍也。天子乃於阼階上，南面弔之也。』」張尚瑗云：「柩在西，主人在東，嚮柩。天子由阼階升，南面而弔之。主人在西北面，故曰『倍殯柩』。倍、背同。」

〔六五〕張尚瑗云：「喪大記：『大夫之喪，將大斂。君至，主人迎，先入門右。君即位於序端，主人房外南面。卒斂，宰告。主人降，北面於堂下。君撫之，主人拜稽顙。』夷維子所引正是君弔臣之禮，而鄒人不服。」

〔六六〕〔按〕錢大昕史記考異云：「據世家則之魯、之鄒兩事，俱在失國之後。」檢田世家：「湣王出亡之衛，衛君辟宫舍之，稱臣而共具。湣王不遜，衛人侵之。湣王去走鄒、魯，有驕色，鄒、魯君弗内。」新序雜事五同。

〔六七〕鮑彪云：「齊時强，二國不納，必見伐，國人不得養老事幼。以珠玉實死者之口曰（鮑、吴合注四部叢刊本脱「曰」字，鮑單注本有）含。此謂鄒。」吴師道云：「索隱云：謂時君弱臣强。鄒、魯君生時，臣不得盡事養，死不得行賻襚之禮。然齊欲行天子禮於鄒、魯，其臣皆不果納之，是猶秉禮而有大體也。」徐孚遠云：「言鄒、魯國小而貧，不備生死之禮。」（史記測議）姚鼐云：「鄒、魯兩國是時俱亡矣。是於其君不能奉養飯含也。當齊湣經過兩國，兩國距其亡無幾時耳，亦微甚矣。而尚不肯以天子奉人也。史記、國策，凡注家皆失其解。」（古文辭類纂）〔按〕徐説得之，此亦誇辭，不必過泥。姚謂鄒、魯兩國是時俱亡，非是。楚考烈王八年（前二五五）取魯，在邯鄲圍解後二年。鄒不詳亡年（漢書地理志魯國騶縣云：「二十九世爲楚所滅。」），但齊湣王末年其國猶在也。周禮春官典瑞云：「大喪，共飯玉、含玉、贈玉。」鄭注：「飯玉，碎玉以雜米也。含玉，柱左右顛及口中者。」白虎通義喪服篇：「所以有飯唅何？緣生食，今死不欲虚其口，故唅。」史記「飯玉」作「賻襚」。

〔六八〕鮑本、吴本無「俱據萬乘之國」六字。

〔六九〕鮑本、吴本、盧本「賭」作「睹」。〔按〕史記亦作「睹」，今從之。此言魏睹秦長平之勝。

〔七〇〕〔按〕三晉，本謂趙、韓、魏三國，但戰國常專魏言之。

〔七一〕鮑彪云：「無已，言無止之者。」吴師道云：「無已，必欲爲之而不止也。」〔按〕舊以「且秦無已而帝」六字連讀，故義解有殊。今分讀二句。「且秦無已」，謂秦貪求無已也。「而帝」（「而」猶「如」，見經傳釋詞），謂秦如稱帝，則將變易諸侯之大臣也。舊注誤。

〔七二〕吴師道云：「史無兩『謂』字。」

〔七三〕余有丁云：「衍庸下人也，雖睹國利害，猶未已。至以寵任予奪言，彼方恐懼而驚拜也。」

〔七四〕姚宏云：「曾本無『而』字。」〔按〕史記亦無。

〔七五〕吴師道云：「秦將聞仲連之言，爲却軍五十里，説者以爲辨士誇辭。愚竊以爲信。蓋仲連毅然不肯帝秦，則魏救必至。聲天下之大義，以作三軍之氣，不戰而自倍矣。是時公子無忌且至，連之智足以知其事之克濟。不然，則且有俶儻非常之畫，以佐趙之急。彼秦將者必聞其言而憚其謀，故爾。不然，豈爲虚言却哉？」田汝成云：「秦將聞之爲却軍五十里，『十』字當衍。」〔按〕司馬光通鑑考異云：「仲連所言，不過論帝秦之利害耳。使新垣衍慚怍而去則有之，秦將何預而退軍五十里？此亦遊談者之誇大也。」吴注所云説者指此。然吴説勉强，殊不足取。信陵救趙，出於矯奪，魯連何由事先知之？衍之辭屈而去，亦安能必魏救之至？至言且有非常之畫以佐趙，更爲臆決無據。田氏改「五十里」爲「五里」，不知可疑在於秦將何爲聞連言而却軍，固不在里數之多寡也。愚意司馬氏之説爲是。

〔七六〕鮑本、吴本無「魏」字。〔按〕公子無忌用侯嬴謀，竊魏王兵符，椎殺晉鄙，矯奪其軍以救趙，擊秦軍，秦軍解去，見史記信陵君列傳。

〔七七〕金正煒云：「春秋繁露循天之道篇：『壽之言猶讎也。』讎與酬通。漢書劉澤傳：『用金二百斤爲田生壽。』注：『因飲酒獻壽而與之金。』」〔按〕古有飲酒上壽之儀。史記滑稽列傳：「（淳于髡曰）若親有嚴客，……侍酒於前，時賜餘瀝，奉觴上壽。」又云：「秦始皇時，置酒……殿上上壽呼萬歲。」又陸賈傳：「陳平用其計，乃以五百金爲絳侯壽，厚其樂飲。太尉亦報如之。」此蓋飲酒之酣，獻金上壽耳。金引劉澤傳及注亦此義。「壽」如本義，不當通「酬」。

〔七八〕鮑彪改「所」作「此」。吴師道云：「史作『所』。」〔按〕鮑改非。天下之士，與上文「吾乃今日而知先生爲天下之士也」相應。言人所貴重於天下之士者。

〔七九〕金正煒云：「『即』猶『若』也。」〔按〕敦煌本春秋後語「即」作「則」，通用。

〔八〇〕姚鼐去「仲」字，云：「魯仲，氏也；連，其名也。國策誤有『仲』字。」（古文辭類纂）〔按〕史記魯仲連傳：「魯仲連者，齊人也」，不言氏魯仲。國策稱魯仲連：魯連、魯仲子。姓氏書並無魯仲之氏。姚氏以「魯仲」爲氏，不明所據，或以齊策稱「魯仲子」，因謂其氏魯仲也。然伯、仲、叔、季乃字之通稱，詩鄭風「將仲子兮」，毛傳以仲子爲祭仲。而禮記檀弓有公儀仲子。鄭注：「公儀，氏。仲子，字。」以此例之，魯仲子，魯爲氏，而仲子其字也，猶子服景伯之稱子服伯子（亦見檀弓）。姚説誤。敦煌本後語亦作「仲連」，同策。

〔附論〕

司馬遷云：「魯連其指意雖不合大義，然余多其在布衣之位，蕩然肆志，不詘於諸侯，談説於當世，折卿相之權。」

鮑彪云：「仲連，孔子之所謂逸民，非周衰辯者之囿也。太史公贊之，貶矣。夫説人者不可一槩，或委而順之，若觸讋；或折而服之，若仲連，然後濟天下之務。不然，諛且愎矣。」

吴師道云：「史遷論仲連，謂『指意不合大義』，固未當。鮑以爲孔子所謂逸民，連雖貧賤肆志，然時出而救時，亦非逸也。大事記引蘇氏曰：『辯過儀、秦，氣凌髡、衍，從横之利不入於口，因事放言，切中機會，排難解紛，不終日而成功，逃避爵賞，脱屣而去，戰國一人而已！』斯言蔑以加矣。愚謂仲連事皆可稱，而不肯帝秦一節尤偉。戰國之士，皆以勢爲强弱，而連獨以義爲重輕，此其所以異爾。」

〔按〕葉適習學記言云：「魯仲連不肯帝秦，是戰國一大節目事。蓋當是時士莫知耻，而仲連能耻之也。」吴説略同。

14 説張相國曰

説張相國曰〔一〕：「君安能少趙人而令趙人多君〔二〕？君安能憎趙人而令趙人愛君乎？夫膠漆至勠〔三〕也，而不能合遠。鴻毛至輕也，而不能自舉。夫飃於清風，則横行四海〔四〕。故事有簡而功成者，因也〔五〕。今趙萬乘之强國也，前漳、滏〔六〕，右常山，左河間，北有代，帶甲百萬，嘗抑强齊四十餘年，而秦不能得所欲〔七〕。由是觀之，趙之於天下也不輕。今君易萬乘之强趙，而慕思不可得之小梁〔八〕，臣竊爲君不取也。」君曰〔九〕：「善。」自是之後，衆人廣坐之中，未嘗不言趙人之長者也，未嘗不言趙俗之善者也。

〔箋證〕

〔一〕鮑彪云：「（張相國）蓋梁人，相趙，嘗懷梁而鄙趙者。」吴師道云：「無考。」〔按〕審策文，此似客爲趙交而説張相國者，故入於趙策，而張相國非趙相，亦不能必其爲梁人也。其人蓋初主合魏輕趙者。若是趙相，不必著其「未嘗不言趙人之長，未嘗不言趙俗之善」。若是梁人，説者不應面詆其故國爲「小梁」。由此可知鮑説非是。文選吴質答東阿王書注引「鴻毛」句作「魯仲連説張相國曰」。疑由於唐本此章與上章連屬不分，引書者涉上「魯仲連説」而誤益，猶秦策四物至而反章，文選注引亦涉上章而作「頓子説秦王」也。鍾鳳年以爲今本誤脱「魯仲連」，恐未然。

〔二〕鮑彪云：「少多，猶厚薄。」

〔三〕鮑本、吳本「䵑」作「黏」。吳師道云：「黏，一本作『䵑』，女乙反。」周禮注：「䵑，黏也。」〔按〕見考工記弓人。字本作「昵」，或作「樴」。

〔四〕鮑彪云：「舉鴻毛以見膠漆。」〔按〕此即舉此以見彼例。

〔五〕闕修齡云：「『因』猶『依』也，言有所依託，若鴻毛飄於風也。」〔按〕吕氏春秋貴因篇極論「因」義。

〔六〕鮑彪云：「後志：滏水在鄴。」程恩澤云：「淮南墬形訓：『釜出景。』高誘曰：『景山在邯鄲西南。』水經注：『滏水出鄴西北石鼓山南巖下，冬温夏冷，東流注於漳，謂之合口。』……今出直隸（今河北）廣平府磁州西鼓山，東北流經邯鄲、永年、曲周、雞澤、平鄉而入大陸澤，復由鉅鹿南流至威縣，合於漳。」

〔七〕鮑彪改「强齊」作「强秦」，云：「此言蘇秦從時也。」吳師道云：「此不可知爲何時。考之史，自慎靚王四年齊敗魏、趙觀津，（齊）宣二十六，（趙）武靈九年。是後趙伐齊則有之。惠文之世，而不聞齊伐趙也。所謂『强齊』，當是指閔王。蘇秦約從擯秦，不久而解。趙雖强，非秦敵，不得所欲，亦大言耳。然與抑强齊之言，不能無輕重矣。」〔按〕「抑强齊」與「秦不得所欲」是二事，鮑改專輒，吳辨是也。

〔八〕鮑彪云：「不可復得歸也。意者相國以罪亡梁歟？」吳師道云：「無考。」〔按〕疑謂相國欲合魏而不得。鮑注非，辨見上。

〔九〕鮑彪云：「『君』字誤。」吳師道云：「相國稱君。」

15　鄭同北見趙王

鄭同北見趙王〔一〕。趙王曰：「子南方之傳（博）士〔二〕也，何以教之？」鄭同曰：「臣南方草鄙之人也〔三〕，何足問？雖然，王致〔四〕之於前，安敢不對乎？臣少之時，親嘗教以兵。」趙王曰：「寡人不好兵〔五〕。」鄭同因撫〔六〕手仰天而笑之曰：「兵固天下之狙喜〔七〕也，臣故〔八〕意大王不好也。臣亦嘗以兵説魏昭王〔九〕，昭王亦曰：『寡人不喜。』臣曰：『王之行能如許由乎〔一〇〕？許由無天下之累，故不受〔一一〕也。今王既受先王之傳，欲宗廟之安，壤地不削，社稷之血食乎？』王曰：『然。』今有人操隨侯之珠〔一二〕，持丘之環〔一三〕，萬金之財，時宿於野〔一四〕。內無孟賁之威，荆慶〔一五〕之斷，外無弓弩之禦〔一六〕，不出宿夕〔一七〕，人必危之矣。今有强貪之國，臨王之境，索王之地，告以理則不可，説以義則不聽。王非戰國守圉〔一八〕之具，其將〔一九〕何以當之？王若無兵，鄰國得志矣〔二〇〕。」趙王曰：「寡人請奉教！」

〔箋證〕

〔一〕鮑彪云：「同，鄭人，鄭在趙之南。」又以趙王爲惠文王。〔按〕是時鄭亡已久，當云韓人，然亦不能定。

〔二〕姚宏云：「（傳）一作『博』。」鮑本、吳本「傳」作「博」。鮑彪云：「博士，辯博之士。」吳師道云：「秦官有博士。或戰國儒士有此稱。」橫田惟孝云：「閻若璩曰：『史記循吏列傳：公儀休者，魯博士也，以高第爲魯相。博士名官，始見於此。秦因之。』」孫詒讓云：「『傳』疑當爲『儒』。隸書『儒』或作『偄』，與『傳』形近而誤。墨子非儒下篇：『儒者迎妻。』今本『儒』亦誤作『傳』，與此正同。」金正煒云：「史記循吏傳：『公儀休者，魯博士也。』又新序雜事四篇載魏文侯之言曰：『博通士也者，國之尊也。』戰國學者故有此稱，秦因以名官。宋書百官志：『六國時有博士，掌通古今。』傳、博二形相似，易以致譌。」〔按〕「博」字爲是，今從一本（博學之士，不必官名）。孫以「傳」爲「儒」誤，然儒士恐與下文説兵不合。荀卿固嘗議兵於趙孝成王前，但與鄭同所論不同。同言兵論守禦，其意較善，終非儒士之言。

〔三〕鮑彪云：「『鄙』猶『野』。」〔按〕儀禮士相見禮：「自稱於君，……在野則曰草茅之臣。」

〔四〕〔按〕説文：「致，送詣也。」

〔五〕吴師道云：「故爲反辭也。」〔按〕吕氏春秋審應篇：「趙惠王謂公孫龍曰：寡人事偃兵十餘年矣。」是惠王雖非真能息戰，然亦愛偃兵之名，故自云「不好兵」。吴説未當。

〔六〕鮑彪云：「撫，摩也。」

〔七〕鮑彪云：「狙，玃屬而狡黠。言兵家如之而可喜。」吴師道云：「狙，猶揚雄所謂狙詐也。言此固詐者之所喜。」横田惟孝云：「或曰：『狙喜』當作『狂器』，字音之訛。晉語董安于以戰功爲狂疾。愚謂此説得之。」中井積德云：「狙喜，『喜』疑衍。」于鬯云：「『狙喜』蓋古語，若言『戲』耳。」金正煒云：「『狙』疑當爲『駔』。廣雅釋言：『奘，駔也。』郭注：『今江東呼「大」爲「駔」。』或作『怚』，方言：『劇也。』『喜』當作『害』，字形相似，又涉下文『寡人不喜』而誤。墨子非攻篇：『此實天下之巨害也。』與此文正同。」〔按〕各説似以吴注較長。横田「狂器」之解不詞。

〔八〕姚宏云：「（故）一作『固』。」吴師道云：「故、固通。」

〔九〕鮑彪云：「昔日。」〔按〕昭王，魏襄王之子（史記誤作「哀王子」），名遬（魏世家索隱引世本）。

〔一〇〕〔按〕堯以天下讓許由，許由不受，見莊子讓王篇。

〔一一〕鮑彪改「受」作「愛」。黄丕烈云：「受堯天下也，鮑改誤甚。」安井衡云：「許由不以天下累其心，故不受堯傳也。此『受』與下『今王既受先王之傳』之『受』相照，鮑改爲『愛』，非。」〔按〕黄與安井説是。

〔一二〕鮑彪云：「此（今有人云云）下同對。」〔按〕隨侯珠見前。

〔一三〕鮑彪云：「（持）下脱一字。」黄丕烈云：「『持丘』不可考，二字與上『隨侯』爲對文。」横田惟孝云：「持丘，蓋地名也。」安井衡云：「持丘，蓋名環之名。上『操』字總管三句，鮑讀『持』爲『執』，故云『持』下脱一字，非也。」金正煒云：「慎子内篇有此文，作『持百丘之環』。」〔按〕黄與安井説爲是。今慎子乃明人所輯録，非原書，所有此文，即據國策，「持」下有「百」字，疑因鮑注而增，不足信。

〔一四〕吴師道云：「一本標（時）作『特』。」黄丕烈云：「『特』字當是。特宿，謂獨宿。」金正煒云：「『時』當從一本作『特』。或爲『將』字之誤。管子五輔篇：『慎將宿。』廣雅釋詁：『將，行也。宿，止也。』」〔按〕「時」猶「而」也。史記馮唐傳：「吾獨不得廉頗、李牧時爲吾將。」王念孫雜志云：「『時』讀爲『而』。……而、時聲相近，故字相通。」此「時」字亦如之。太平御覽卷八百三引作「露野」二字。

〔一五〕鮑彪云：「荆，成荆。范雎傳注：古勇士。又『慶』、『卿』古字通。（道）應訓（按原脱「道」字，今據淮南子補）：荆有佽非斬蛟，孔子聞之。博物志以爲荆軻，非也。又或是成荆、慶忌二人。説林訓曰：『王子慶忌，足躡麋鹿，手搏兕虎。』」吴師道云：「吴越春秋：慶忌，吴王僚子。」

〔一六〕〔按〕御覽引「禦」作「衛」。

〔一七〕鮑彪云：「二宿一夕。夕，初夜。」

〔一八〕鮑本、吴本「圉」作「圄」。鮑彪云：「『圄』亦『守』。」〔按〕圉、圄字通，詳説文段注。「戰國」即攻戰之國，見前趙惠文王三十年章。

〔一九〕鮑本、吴本無「將」字。

〔二〇〕〔按〕此爲鄭同對辭，文意雙關，既以答魏昭王，亦以答趙王。

16　建信君貴於趙

建信君貴於趙。公子魏牟〔一〕過趙，趙王迎之。顧反至坐〔二〕。前有尺帛，且令工以爲冠，工見客來也，因辟〔三〕。趙王曰：「公子乃驅後車〔四〕，幸以臨寡人，願聞所以爲天下〔五〕！」魏牟曰：「王能重王之國若此尺帛，則王之國大治矣。」趙王不說〔六〕，形於顏色，曰：「先生(王)〔七〕不知寡人不肖，使奉社稷，豈敢輕國若此？」魏牟曰：「王無怒，請爲王説之！」曰，王有此尺帛〔八〕，何不令前郎中〔九〕以爲冠？」王曰：「郎中不知爲冠。」魏牟曰：「爲冠而敗之，奚虧〔一〇〕於王之國？而王必待工而後乃使之。今爲天下之工〔一一〕或非也。社稷爲虛戾〔一二〕，先王〔一三〕不血食，而王不以予工〔一四〕，乃與幼艾〔一五〕。且王之先帝〔一六〕，駕犀首而驂馬服〔一七〕，以與秦角〔一八〕逐，秦當時適其鋒〔一九〕。今王憧憧〔二〇〕，乃輦建信〔二一〕，以與强秦角逐，臣恐秦折王之椅也〔二二〕。」

〔箋證〕

〔一〕〔按〕公子魏牟見前平原君謂平陽君章。文章正宗「公子魏牟」作「魏公子牟」。

〔二〕鮑彪云：「迎客面之，有顧則反。」横田惟孝云：「顧反，猶還反也。韓子：『商太宰使少庶子之市，顧反而問之。』還反而至席坐者。」于鬯云：「(太平)御覽帛覽引策作『趙王坐前有尺帛』。彼雖節文，然承上『過趙』，必不當以『趙王坐』三字爲句。然則『坐』字似當讀爲『座』，屬下文。沈濤經明經云：『顧反者，王先反也。至，謂牟至也。』惟王先反，故下文言『令工以爲冠』，又言『見客來』。若王與牟俱反，無令時客來亦王來矣。『坐』允屬下。」金正煒云：「顧，還也。呂覽觀表篇：『顧反過而不辭。』韓非内儲説：『顧反而問之。』淮南人間篇：『顧反取其出之者。』皆謂還反也。」〔按〕横田及金釋訓「顧反」爲「還反」，是也。于以「坐」屬下讀，恐非，御覽節文，不足爲據，而謂王先反，牟後至，説亦牽强。豈不許王出尺帛命工爲冠，未畢命或工未至而出迎乎？今仍舊讀。

〔三〕鮑本、吴本「辟」作「避」，同。

〔四〕横田惟孝云：「言驅後車者，不敢斥其乘車，謙也。」〔按〕孟子滕文公下篇：「後車數十乘，從者數百人，以傳食於諸侯。」閻若璩四書釋地三續云：「詩緜蠻講義云：『古人惟尊貴有後車，微賤則無之。』……後車，即弟子所乘者。不然，從者徒步矣。」可見戰國遊士生活之侈。此「後車」亦似之。稱「後車」猶言左右、執事之類，示謙敬。于引沈濤經説，以驅後車，證趙王驅前車先反，附會生訓，失本旨矣。

〔五〕〔按〕吕氏春秋舉難篇：「説桓公以爲天下。」高注：「爲，治也。」

〔六〕〔按〕「説」同「悦」。

〔七〕姚宏云：「(生)一作『王』。」鮑彪改「生」作「王」。〔按〕「王」字爲是，今從一作。文章正宗亦作「王」。

〔八〕〔按〕此仍是魏牟之語，乃一人之辭而加「曰」字之例，説見古書疑義舉例。

〔九〕吳師道云：「郎中，官，不獨秦。」橫田惟孝云：「前郎中，指郎中在王前者。」〔按〕同策四春召春平侯章「世鈞曰：『春平侯者，趙王之所甚愛也，而郎中皆妬之。』」並可證趙有此官。太平御覽卷八百十八引無「前」字。

〔一〇〕鮑彪云：「『虧』猶『損』。」

〔一一〕鮑彪云：「所與治國之人。」

〔一二〕吳師道云：「虛戾，見秦策。」〔按〕御覽引「虛戾」作「丘虛」。

〔一三〕〔按〕御覽引「王」作「人」。

〔一四〕〔按〕御覽引「予」作「與」，通用。工，謂爲天下之工。

〔一五〕鮑彪云：「趙岐曰：艾，美好。」吳汝綸云：「幼艾，如孟子所謂『少艾』，蓋指建信君。」〔按〕閻若璩四書釋地又續云：「炳燭齋隨筆曰：『古人呼男色爲艾。左傳：「既定爾婁豬，盍歸吾艾豭。」國語：「國君好艾大夫殆，好内適子殆。」戰國策：「魏牟謂趙王曰：今爲天下之工，而王不以予工，乃與幼艾。」此數「艾」字正可解孟子「少艾」之義。』楚辭少司命『幼艾』，指女色，戰國策『幼艾』，指建信君，男色，各不同。」幼艾，謂年青美好者，男女兼可言。但此暗指建信君，則屬男色。

〔一六〕鮑彪云：「帝、王、皇，人君之尊稱，此與稱秦孝公爲先王者同也。」

〔一七〕鮑彪云：「駕、驂，以御馬喻也。陳軫傳言（公孫）衍與燕、趙之王有故。蓋衍雖相魏，實趙任之爲外相也。」于鬯云：「按『犀首』本官名，不知果指公孫衍否？若果衍，則武靈時矣。馬服，趙奢，則在惠文時。此以犀、馬爲偶對，因借用『駕驂』字，見文法之工。」〔按〕犀首即公孫衍（集解引司馬彪云：「魏官名。」），嘗佩五國相印，爲約長；趙奢以敗秦軍功，封馬服君，並見史記本傳。此以駕御犀馬爲喻，乃諧音雙關語運用之始，遠在六朝民歌之前。

〔一八〕鮑彪云：「『角』有鬬争意。」

〔一九〕鮑彪改「適」作「避」。吳師道云：「『適』恐當作『避』。」黄丕烈云：「『適』即『敵』字。此以車爲喻，或『鋒』字有誤。」横田惟孝云：「言先王有犀首、馬服之良，以與秦競逐，而秦能當其鋒也。言秦强也。」吳闓生云：「『當』，讀爲『尚』，適，讀爲『摘』。」金正煒云：「『當時』上『秦』字疑衍。當或『尚』字之譌。言趙用犀首、馬服與秦角逐，猶時避其鋒，以見用建信君之無幸也。疑『鋒』字或本作『䡫』，傳寫之誤。集韻『䡫』（按「䡫」當作「䡫」，集韻音虚江切，字從「夅」聲，不從「夆」聲），擊也。避其䡫，謂避車轂之相擊。」〔按〕黄訓「適」作「敵」，是。吳闓生讀「當」爲「尚」（當、尚通用，金以爲字訛，非），「適」爲「摘」，亦通。金謂「鋒」爲「䡫」之誤，則從黄札而爲説，義殊牽强，不足取。「適」從「商」聲，敵、摘亦同，故相通用。此文以「敵」爲長，謂力相敵也。

〔二〇〕鮑彪云：「（憧憧）往來不絶貌。」金正煒云：「憧憧，意不定也。又集韻與『惷』同，騃昏也。」〔按〕易咸云：「憧憧往來。」釋文：「馬云：（憧憧）行貌。王肅云：往來不絶貌。廣雅云：往來也。劉云：意未定也。」此蓋狀趙王忙於國事不絶。

〔二一〕〔按〕「輂建信」與上「駕犀首而驂馬服」相應，謂建信君爲輂從。楚策四莊辛謂楚襄王曰章「輂從鄢陵君與壽陵君」。意同。

〔二二〕鮑彪改「椅」作「輢」，云：「輢，車旁也，以輂喻，故云。」吳師道云：「詩『猗重較兮』。猗，隱綺反。注：依也。此『椅』字雖不同，然義亦當與『輢』通。」黄丕烈云：「此以『椅』爲『輢』字耳。」吳曾祺云：「椅，木名，與此不合。輢，説文訓車旁也。此上二句皆以車爲喻，似車旁之義得之。」金正煒云：「『椅』疑當作『軸』。或謂建信君章：『葙之軸今折矣。』『軸』與『逐』爲韻。」〔按〕椅、輢同聲通用，不煩改字。金改作「軸」，形聲俱遠，非。此文不協韻，謂與「逐」爲韻，不足據。此以車爲喻，言將爲秦所破敗。魏牟尺帛之喻，亦見齊策四先生王斗章。後客見趙王章買馬之喻，與此類似。孟子云：「今有璞玉於此，雖萬鎰，必使玉人雕琢之。至於治國家，則曰：姑舍女所學而從我。則何以異於教玉人雕琢玉哉！」（梁惠王下篇）義亦相近。

17　衛靈公近雍疸彌子瑕

衛靈公〔一〕近雍疸（疽）〔二〕、彌子瑕〔三〕，二人者，專君之勢以蔽左右。復塗偵〔四〕謂君曰：「昔日〔五〕臣夢見君。」君曰：「子何夢？」曰：「夢見竈君〔六〕。」君忿然作色曰：「吾聞夢見人君者夢見日，今子曰夢見竈君〔七〕而言君也。有説則可，無説則死。」對曰：「日，並燭天下者也，一物不能蔽也〔八〕。若竈則不然，前之人煬〔九〕，則後之人無從見也〔一〇〕。今臣疑人之有煬於君者也〔一一〕，是以夢見竈君。」君曰：「善。」於是，因廢雍疸（疽）、彌子瑕〔一二〕，而立司空狗〔一三〕。

【箋證】

〔一〕鮑彪移此章於衛策。吴師道云：「舊本衛靈公近瘫疽彌子瑕章在此（建信君貴於趙）章之後，下章之前。今按二臣皆衛幸臣，亦建信之類。宜屬上下章，不應自爲章也。鮑以其章置之衛，非是。」唐順之云：「衛靈公在春秋時，非戰國時也。……此策蓋後之人僞爲之。」黄丕烈云：「此公子牟引衛事以告王，宜連上。衛靈公未入戰國也。」橫田惟孝云：「蓋策士引靈公事以告時君也，首尾必有闕文。鮑移誤矣。」于鬯云：「策既列入趙，自是引古。但併入上章，亦無結束；若入下章，又無引起。且以幸臣方建信固合，而意義不甚熨貼。」〔按〕此章首尾當有闕文，橫田說是。鮑誤以記衛靈公事入之衛策，諸家辨之詳矣。靈公名元，襄公子。

〔二〕鮑本、吴本「雍疸」作「癰疽」。下同。〔按〕韓非子難四篇作「雍鉏」，孟子萬章上篇作「癰疽」，說苑至公篇作「雍睢」。雍、癰字通。鉏、疽、睢並從「且」聲，轉相通用。而史記孔子世家與漢書古今人表、司馬遷傳報任安書作「雍渠」，亦聲近通借。「疸」字聲不合，顯爲「疽」之形譌，今從鮑本改。下同。鮑彪云：「孟子有其人，蓋醫之幸者。」吴師道云：「癰疽，瘍醫。」〔按〕趙岐孟子萬章上篇注：「癰疽，癰疽之醫也。」鮑、吴注據之。錢大昕潛研堂文集卷九答問云：「孔子世家：『衛靈公與夫人同車，宦者雍渠參乘出，使孔子爲次乘。』又報任安書云：『衛靈公與雍渠同載，孔子適陳。』即孟子所謂癰疽也。趙氏以爲癰疽之醫者，似是臆說。」（俞樾謂：「雍，饔人之官。疽，名也。」亦屬臆度之詞。梁玉繩人表考引或說同，梁氏亦以爲非）韓非子內儲說下篇無雍疽，有彌子瑕。

〔三〕鮑彪云：「（彌子瑕）靈公幸臣，其妻與子路之妻兄弟，亦見孟子。」〔按〕鮑注亦據萬章上篇。彌子瑕見左氏定六年傳，杜注：「彌子瑕，衛嬖大夫。」韓非子說難篇云：「彌子瑕有寵於衛君。」

〔四〕鮑彪云：「（復塗偵）衛人。」吴師道云：「韓非子亦有此文而稍異，云：侏儒善假夢以見主道。恐此『復塗偵』字或『侏儒』之訛。」〔按〕韓非子內儲說下篇及難四篇並作「侏儒」。

〔五〕橫田惟孝云：「昔日，猶言夕者。」

〔六〕金正煒云：「『君』字蓋涉下句『君忿然作色』而衍。韓非內儲上及難四（原本「四」訛作「三」，今正）皆無『君』字。黄帝死爲竈神，說見淮南子。竈君之稱，於古無徵。或本與韓非同文，『君』即『者』字之誤，下脫『爲見公』也。」並以下各「竈君」之「君」字爲衍。〔按〕此文「竈君」三見，「君」字決非衍文。韓非子內儲説篇作「夢見竈爲見公也」，難四篇作「夢見竈者爲見公也」。「公」即「君」也。竈君非竈神，若是竈神，與衛君何涉？故知必非。竈君，竈與君，謂夢見竈與君也。韓非子作「爲見公也」，「爲」猶「與」，義正相合。金説非。

〔七〕〔按〕此「君」字疑涉上下文「竈君」而衍。「夢見竈而言君也」，正指對其夢竈君而言。

〔八〕〔按〕內儲説篇此下有「人君兼燭一國，一人不能擁也」（難四篇「燭」作「照」，「擁」作「壅」）。

〔九〕鮑彪云：「煬，炙燥也。」吴師道云：「煬，餘亮反。莊子：『煬者避竈。』釋文：『炊也。』蓋炊而嚮竈者。」

〔按〕吴引莊子，見盜跖篇。內儲説篇舊注云：「煬，然也。」

〔一〇〕關修齡云：「後之人無從見，猶言無從見後之人也。」〔按〕內儲説篇舊注云：「一人煬則蔽竈之光，故後人不見之。」舊注爲是。

〔一一〕〔按〕內儲説篇注云：「此譏彌子瑕專蔽君之明也。」

〔一二〕許應元云：「此豈色衰寵弛之時耶？不然，靈公非二人食不甘，寢不寐，而烏能以竈君一夢動兩嬖也。」

〔按〕韓非子説難篇謂彌子瑕聞母病，竊駕君車以出，又嘗食桃而甘，以其半啗君，君並嘉之；「及彌子色衰愛弛，得罪於君。君曰：是故嘗矯駕吾車，又嘗啗我以餘桃」。是彌子瑕因色衰而愛弛，復塗偵之隱諫適會其時爾。

〔一三〕〔按〕漢書古今人表中中闌有司馬狗。顔注云：「衛宣公臣也，見魯連子。」梁玉繩考云：「表列狗於衛靈公世，而宣公在春秋初，時代不合。得毋靈公臣司空狗之誤歟？」梁説殆是。

〔附録〕

鍾鳳年從黄丕烈説，以上章與此章合爲一章，而改次如下：建信君貴於趙，公子魏牟過趙，趙王迎之。顧反至坐，前有尺帛，且令工以爲冠，工見客來也，因辟。趙王曰：「公子乃驅後車，幸以臨寡人，願聞所以爲天下！」魏牟曰：「王能重王之國若此尺帛，則王之國大治矣。（中略）而王不以予工，乃與幼艾。〔衛靈公近雍疸、彌子瑕，二人者，專君之勢以蔽左右。……君於是因廢雍疸、彌子瑕，而立司空狗。〕且王之先帝，駕犀首而驂馬服，（中略）臣恐秦折王之椅也。」釋云：「『乃與幼艾』以上諸語，爲此說之開端。『衛靈公』云云，爲比喻語。『且王之先帝』下，方入規戒正文。似以如此聯貫，始有次序。」録之備考。

18　或謂建信君

或謂建信：「君〔一〕之所以事王者，色也；葺〔二〕之所以事王者，知也。色老而衰，知老而多，以日多之知，而逐衰惡之色，君必困矣。」建信君曰：「奈何？」曰：「並驥而走者，五里而罷〔三〕。乘驥而御之，不倦而取道多。君令葺乘獨斷〔四〕之車，御獨斷之勢，以居邯鄲。令之內治國事，外刺〔五〕諸侯，則葺之事有不言者矣〔六〕。君因言王而重責之，葺之軸今折矣〔七〕。」建信君再拜受命，入言於王，厚任葺以事能〔八〕重責之。未期年而葺（葺）〔九〕亡走矣。

〔箋證〕

〔一〕鮑彪「信」下補「君」字。吳師道云：「當有缺字。或曰『君』下有『曰』字。」黃丕烈云：「此『謂建信』句絶，

『君』下屬。建信即建信君也。上有『建信者安能以無功惡秦哉』可證。橫田本『信』下有『君曰』二字，考異云：『從一本。疑從吳注。』」〔按〕黄説可通，今從其讀。此與齊策四魯仲連謂孟嘗章「君好士也」讀同。

〔二〕姚宏云：「（萺）一作『葺』。」鮑彪云：「萺，趙人名。」吳師道云：「字書解『萺』字蓋『葺』。儀禮注：咠，俗作『咠』。晉、唐人書『咠』多作『冐』。前章（按指同策四趙太后新用事章，吳從鮑本次在前，故云前章）『盛氣冐之』，一本『揖之』。魏策『冐中』，一本『咠中』。一本『咠亡』，一本『冐亡』。韓策『咠夫』，一本『冐臣』。蓋『月』、『耳』字易混也。」

〔三〕鮑彪云：「（罷）音『疲』。」

〔四〕鮑彪云：「（獨斷）不與之分治。」〔按〕君，謂建信君。

〔五〕鮑彪云：「刺，言探候其事。」橫田惟孝云：「『刺』當作『制』，字之誤也。言制斷諸侯之事。」金正煒云：「漢書丙吉傳：『至公車刺取。』注：『刺，謂探候之也。』」

〔六〕鮑彪云：「所治者多，不暇悉言於上。」關修齡云：「有不言者，猶有不可言者也。言萺負內外重任，獨斷治事，必過失多大，有不可言者矣。」吳曾祺云：「謂其事必敗，不待言也。」〔按〕關説爲是。

〔七〕鮑本、橫田本「今」作「令」。鮑彪云：「不勝多事之任。」安井衡云：「今，急辭也，言不久將折。」金正煒云：「『今』猶『即』也。」〔按〕軸，謂車軸，應上「獨斷之車」。

〔八〕鮑彪改「能」作「而」。吳師道云：「『能』字句，猶言『爲』。」吳闓生云：「『能』讀爲『乃』。」金正煒云：「『能』讀爲『而』。經傳釋詞云：『「能」猶「而」也。「能」與「而」古音相近，説見唐韻正。』」〔按〕金説是。

〔九〕原本「萺」誤作「葺」，今從上文正。

19 苦成常謂建信君曰

苦成常〔一〕謂建信君曰：「天下合〔二〕從，而獨以趙惡秦〔三〕，何也？魏殺呂遺〔四〕而天下交之〔五〕。今收河間〔六〕，於是與殺呂遺何以異〔七〕？君唯釋虛僞疾，文信猶且知之也〔八〕。從而有功乎，何患不得收河間？從而無功乎，收河間何益也〔九〕？」

〔箋證〕

〔一〕吳本「苦」誤作「晉」。鮑彪云：「（苦成常）未詳。」金正煒云：「左氏成十四年傳『苦成家其亡乎』。常當是郤讐之後耳。」

〔二〕鮑本、吳本「合」作「公」，吳師道云：「一本『公』作『合』。」

〔三〕鮑彪云：「言從者皆惡秦也，而世獨言趙。」橫田惟孝謂：「秦特以爲趙惡秦者。」〔按〕依下文觀，似以趙惡秦者指秦。

〔四〕鮑彪改「遺」作「遼」，盧本從之，下同。吳師道云：「上章作『遼』，未知孰是？」〔按〕見同策三或謂皮相國章。

〔五〕鮑彪云：「天下惡秦，秦重遼，故殺遼而諸國交之，然則秦惡魏深矣。」吳師道云：「『交』下當有缺字，即上章衛兵之事。」金正煒云：「『交』當『笑』。漢書『笑』多作『关』。『交』與『关』形聲並近，因誤爲『交』。魏殺呂遺而衛受兵，故天下笑之。」〔按〕或謂皮相國章：「魏殺呂遼而衛兵，亡其北陽而梁危。」此指其事。「交」同「校戰」

之「校」。小爾雅廣言：「交、校，報也。」又「校、戰，交也」。疑謂魏殺呂遼而受秦兵，諸侯又乘之也。鮑注恐非。

〔六〕鮑彪云：「不封文信。」吳師道云：「（呂）不韋欲攻趙以廣河間，趙欲收河間。」

〔七〕姚宏云：「一無『於』字。」鮑彪云：「文信亦秦所重，今不與地，秦必惡趙。」

〔八〕鮑本疾作侯，改「釋」作「飾」，讀「虛」字句，「信」字句，「也」字句，云：「（君唯飾虛）懼秦覺也。（僞侯文信）虛與之河間。（猶且知之也）如是秦猶知其不善己。況收河間乎？」吳師道云：「一本『侯』作『疾』，亦難通。疑『侯』字當在『文信』下，殺亂。上文從『僞』字句，意明。」從其讀，作「君唯釋虛僞，文信侯猶且知之也」。釋云：「君唯釋虛僞，謂合從之國虛僞難信，君獨釋而不合，則文信侯猶且知之也。上言天下合從，獨以趙惡秦，故此言文信侯知趙之不合，猶可以免攻也。」黃丕烈云：「吳說未是，此以『疾』字句。文信即文信侯也，上有『文信不得志』，可證。」譚棫本「僞疾文信」作「僞文信侯」。橫田惟孝本「信」下有「侯」字，讀作「僞」字句、「侯」字句、「也」字句，云：「言舍虛僞而實以河間急封文信侯，如是則秦猶且知趙不惡秦也。」安井衡讀同橫田，唯「文信」下無「侯」字，同此本，而解又不同云：「言君唯舍虛僞，誠心合從，獨惡文信，天下猶將知其誠，不必待收河間也。」于鬯、金正煒、吳闓生讀「唯」爲「雖」。金正煒從黃讀「疾」字句，云：「『釋虛』疑當作『釋慮』。慮者，計慮。僞疾，猶言託疾。謂趙以收河間聞於一時，今雖內釋慮而外託疾，以示不復有收河間之志，然文信侯猶將知之，以見從之不可緩也。」〔按〕諸家讀解紛歧，今從黃讀。「唯」與下「猶」字相應，當讀如「雖」，説見經傳釋詞。「釋虛僞疾」費解，疑字有誤，闕疑。文信猶且知之，謂呂不韋猶將知其非誠意也。

〔九〕橫田惟孝云：「言從而有功，則河間可必得矣。無功，則趙且亡矣，今收之，而何益於趙也。」〔按〕苦成勸趙勿收河間以惡秦，蓋爲秦説者。

20 希寫見建信君

希寫〔一〕見建信君，建信君曰：「文信侯之與僕也，甚無禮。秦使人來仕，僕官之丞相，爵五大夫〔二〕。文信侯之於僕也，甚矣其無禮也〔三〕！」希寫曰：「臣以爲今世用事者，不如商賈。」建信君悖然曰：「足下卑用事者而高商賈乎？」曰：「不然。夫良商不與人争買賣之賈〔四〕，而謹司時〔五〕。時賤而買，雖貴已賤矣。時貴而賣，雖賤已貴矣〔六〕。昔者文王之拘於牖里〔七〕，而武王羈於玉門〔八〕，卒斷〔九〕紂之頭而縣於太白〔一〇〕者，是武王之功也。今君不能與文信侯相伉以權〔一一〕，而責文信侯少禮，臣竊爲君不取也。」

〔箋證〕

〔一〕鮑彪云：「（希寫）趙人。」〔按〕從策文觀之，希寫似爲秦之使趙者，故建信告以文信侯之無禮於己。鮑注恐無據。

〔二〕鮑彪云：「（官之丞相）使爲丞相官屬。」吳師道云：「秦武王二年，初置丞相。秦爵，五大夫第九。劉昭曰：『軍吏也。』據此策，則不特秦官，趙亦有之。戰國改制，遞相效也。」金正煒云：「禮記雜記注：『「官」猶「仕」也。』言仕之於丞相，得爵五大夫。」〔按〕魏策二田需死章蘇代答昭魚：「三人者……皆將務以其國事魏，而欲丞相之璽。」是魏亦有丞相之官。

〔三〕鮑彪云："言已待之厚，彼不宜無禮。"〔按〕重言之，見其深怨於呂不韋也。

〔四〕〔按〕買賣之賈，"賈"同"價"。

〔五〕鮑彪云："司，伺同。"横田惟孝云："司時，謂伺物價貴賤之時。"

〔六〕〔按〕二"已"字猶"亦"，"已"與"亦"一聲之轉（古書虚字集釋："'亦'猶'已'也。""亦"可訓"已"，則"已"亦可訓"亦"也）。此謂物賤之時而買，雖貴物亦價賤矣。物貴之時而賣，雖賤物亦售高價矣，即賤買貴賣之意。横田惟孝訓"已"爲"甚"，云："言伺時察賤而買之，雖買之貴，而比於貴時則甚賤矣。察貴而賣之，雖賣之賤，而比於賤時，則甚貴矣。"亦通。

〔七〕鮑彪云："衍'之'字。"〔按〕牖里事見前秦圍趙之邯鄲章。

〔八〕鮑彪云："項羽紀成皐北門。注：'玉門。'此事不經見。"程恩澤云："韓非子喻老篇：'文王見詈於玉門。'吕氏春秋首時篇作'王門'，即'玉門'也。淮南道應訓：'文王歸，乃爲玉門，築靈臺，相女童，擊鐘鼓。'則其事非不經見，但舊説俱屬之文王，且語各小異，與策不相應耳。水經注：'河水南對玉門。'顧祖禹曰：'玉門，成皐西門也。宋時西闗門亦曰玉闗。國策武王有玉門之難，即此。'……今河南汜水縣西二里，有古崤關，即虎牢也。玉門在此。"〔按〕古本竹書紀年："殷紂作瓊室，立玉門。"高誘道應訓注云："玉門，以玉飾門，爲柱樞也。"是"玉門"原非地名。紂作玉門，文王亦爲玉門，則玉門非一。依策文觀之，此指紂之玉門爲是。各書玉門爲文王事（庾信齊王憲神道碑亦云："囚箕子於塞庫，羈文王於玉門。"），與策殊。武王不應有被羈事（顧廣圻韓非子識誤謂策"羈"當即"詈"之譌。金正煒説同，亦未然），疑策文"武王"二字當在"玉門"之下，誤倒於上。原文當作"昔者文王之拘於牖里而羈於玉門，武王卒斬紂之頭"云云。

〔九〕鮑本、吴本"斷"作"斬"。

〔一〇〕鮑彪云：「(太白)旗名。」〔按〕逸周書克殷篇：「王既誓，以虎賁戎車馳商師，商師大崩。商辛奔内，登於鹿臺之上，屏遮而自燔於火。武王乃乎大白之旗以麾諸侯。……先入，適王所，乃克射之。三發，而後下車，而擊之以輕吕，斬之以黄鉞，折懸諸大白。」史記周本紀同。「太白」即「大白」。經傳「太」並作「大」，此疑本亦作「大白」。

〔一一〕鮑本、吴本「伉」作「抗」，通用。〔按〕相伉以權，謂以權力相抗衡。

21 魏魀謂建信君

魏魀〔一〕謂建信君曰：「人有置係蹄者〔二〕而得虎，虎怒，決蹯而去〔三〕。虎之情，非不愛其蹯也，然而不以環寸之蹯，害七尺之軀者，權〔四〕也。今有國〔五〕，非直〔六〕七尺軀也，而君之身於王，非環寸之蹯也〔七〕。願公之熟〔八〕圖之也！」

〔箋證〕

〔一〕鮑彪改「魀」作「尬」云：「音『介』。魀，字書無之。」吴師道云：「一本標或作『魀』(按當作「鬿」)。楚辭『九魀』，北斗星名。説文(按「説」原本誤作「記」，今正)：尬，尲尬，行不正貌。公介、公轄二反。字亦不從允。」王念孫云：「説文、玉篇、廣韻、集韻、類篇皆無『魀』字。『魀』當爲『魁』。『魁』隸或作『鬿』，其右畔與『介』字相近，故譌而爲『魀』。吴云一本作『鬿』。楚辭九歎『訊九鬿與六神』，『鬿』一作『魁』，皆其證也。文選陳琳檄吴將校部曲文注引此正作『魏魁』。」

〔二〕鮑彪云：「用繩以罥（按原本誤作「骨」）獸蹄。」〔按〕文選檄吳將校部曲文注引延叔堅曰：「係蹄，獸絆也。」（即延篤戰國策論文）

〔三〕鮑彪云：「蹯，獸足。」〔按〕桂馥札樸卷五云：「萊州獵者以繩罥獸足，初縱之，既復牽制之，待其疲而後獲之。嘗罥一貔，貔急，自齧斷其脛亡去。」引此策，事正相類。

〔四〕〔按〕權，謂權衡輕重。

〔五〕〔按〕文選注引「有國」作「國家」。

〔六〕〔按〕非直，猶非特、非但。

〔七〕鮑彪云：「言王且以愛國故去之。」

〔八〕〔按〕文選注引「熟」作「早」。

22　秦攻趙鼓鐸之音

秦攻趙，鼓鐸之音聞於北堂〔一〕。希卑〔二〕曰：「夫秦之攻趙，不宜急如此。此召兵也〔三〕，必有大臣欲衡〔四〕者耳。王欲知其人，旦日，贊〔五〕羣臣而訪之，先言横者，則其人也。」建信君果先言横〔六〕。

〔箋證〕

〔一〕關修齡云：「北堂，蓋深宮也。」戴文光云：「北堂近城公廟。」（于鬯注引）〔按〕周禮大司馬鄭注引司馬法：「鼓聲不過閶，鼙聲不過闒，鐸聲不過琅。」黄以周軍禮司馬法考徵云：「琅，古通『閬』。……閬之高不及闒，闒之高不及閶，以遠近言之。閶者門之高而遠者，謂大門也，字亦作『闛』。……『闒』字亦作『闥』，韓詩傳云：門屏之間曰闥。琅，古『廊』字，申屠剛傳注：廊，殿下屋。此明鼓鼙與鐸聲大小。」是鼓鐸聲高者不過大門，低者不過殿下。詩衛風伯兮孔疏云：「婦人所常處者堂也，故知北堂。士昏禮云：婦洗在北堂。有司徹云：致爵於主婦，主婦北堂。注皆云：北堂，堂半以北爲北堂。堂者，房室所居之地，總謂之堂。房半以北爲北堂，房半以南爲南堂也。」北堂爲婦人所處，乃内宫之地，今鼓鐸之音聞之，狀秦兵軍盛而聲喧，蓋欲以聲勢懾趙也。

〔二〕鮑彪云：「（希卑）趙人。」

〔三〕鮑彪云：「兵，趙兵内應者，蓋以鼓鐸爲信。」横田惟孝云：「召兵，言内應者召秦兵。」（金正煒説同）詳下文吴注亦似謂建信君爲内應召兵，鮑注非。

〔四〕鮑彪云：「衡即横。」

〔五〕鮑彪云：「贊者，美其事以開説者。」横田惟孝云：「『賛』當作『贊』，字之誤也。説苑粱王贊其羣臣而議其過。贊，聚也。」金正煒云：「漢書孔光傳注：『贊，進也。』顏師古急就章注：『贊，見也。』鮑説未安。旦日，謂明日，見史記司馬穰苴傳注。」〔按〕金説是。

〔六〕吴師道云：「魏牟謂趙王曰：『王之先帝，駕犀首，驂馬服，今王乃輦建信君。』則在孝成之時明矣。建信始欲合從。今先言横，爲國召兵，罪不容誅。然以嬖幸小人，委國聽之，罪在王爾。大事記謂孝成雖有上黨將趙括之失，猶能用頗、牧以持國。李伯之事，猶能駕御豪傑。愚觀其時秦兵日至，疆宇日蹙，客所謂賊在内者，切中其病。未有内治而國不强者也。」〔按〕以前後策文考之，建信似先爲從而後爲横者。策云「先言横」者，指其召秦兵之時而言。何以明之？苦成常謂「天下合從而獨趙惡秦」，因勸建信不「收河間」以逆文信侯，此可證其先爲從也。建信之爲從，疑其不慊於文信侯對之無禮。其後又主横者，或屈於秦之彊與文信之勢歟？觀苦成常、希寫之言，略可推知矣。吕不韋封文信侯在秦莊襄王元年（前二四九），當趙孝成王十七年。六國表秦莊襄二年，「秦擊趙，得三十七城」。意此事正當其時。秦攻邯鄲，挾内應以達割地之目的。

23　齊人李伯見孝成王

齊人李伯見孝成王，成王説之，以爲代郡守。而〔一〕居無幾何，人告之反。孝成王方饋，不墮食〔二〕。無幾何，告者復至，孝成王不應。已，乃使使者〔三〕言：「齊舉兵擊燕，恐其以擊燕爲名，而以兵襲趙，故發兵自備。今燕、齊已合，臣請要其敝〔四〕，而〔五〕地可多割。」自是之後，爲孝成王從事於外者，無自疑於中者〔六〕。

〔箋證〕

〔一〕金正煒云：「『而』猶『乃』也。」

〔二〕鮑彪云：「饋，餽同。方食而祭，不墮失匕筯，異矣。」吴師道云：「大事記：『不驚，故食不墮也。』愚謂墮祭食，猶放下也，見儀禮。墮，許規反。」王念孫云：「鮑、吴二説皆非也。高注鴻烈詮言篇曰：『饋，進食也。』又注呂氏春秋必已篇及鴻烈説林、脩務二篇，並曰：「墮，廢也。」此言孝成王方進食，聞告反之言，而不爲之廢食耳。「饋」非謂「祭」，「墮」亦非儀禮「墮祭」之「墮」也。」安井衡云：「將食品祭於豆間，謂之墮。埋餘祭，亦謂之墮。此皆非其義。「墮」與「隋」同，落也。不廢落手所執食，言不止食也。」〔按〕儀禮士虞禮：「祝命佐食墮祭。」鄭注：「下祭曰『墮』，墮之言猶墮下也。周禮曰：既祭則藏其墮，謂此也。今文『墮』爲『綏』。……齊、魯之間謂『祭』爲『墮』。」吴注本此。依義，王説爲是。

〔三〕鮑彪云：「（使者）伯之使。」

〔四〕鮑彪云：「兩國戰，必有一疲，因以兵邀擊之。」〔按〕要同邀，遮也。

〔五〕金正煒云：「『而』猶『則』也，詳釋詞。」

〔六〕〔按〕此類似齊威王之不信章子降秦事（見齊策一秦假道韓魏以攻齊章）。

戰國策　卷二十一

趙四

1　爲齊獻書趙王

爲齊獻書趙王〔使臣與復丑〕〔一〕曰：「臣一見而能令王坐而天下致名寶〔二〕。而臣竊怪王之不試見臣而窮〔三〕臣也。羣臣必多以臣爲不能者，故王重〔四〕見臣也。以臣爲不能者非他，欲用王之兵成其私〔五〕者也。非然〔六〕，則交有所偏〔七〕者也。非然，則知不足者也。非然，則欲以天下之重恐王而取行於王〔八〕者也。臣以齊循〔九〕事王，王能亡燕，能亡韓、魏，能攻秦，能孤秦〔一〇〕。臣以〔爲〕〔一一〕齊致尊名於王，天下孰敢不致尊名於王？臣以齊致地於王，天下孰敢不致地於王？臣以齊爲王求名〔一二〕於燕及韓、魏，孰敢辭之？臣之能也，其前可見已〔一三〕。齊先重王，故天下盡重王。無齊〔一四〕，天下必盡輕王也。秦之彊，以無齊之〔一五〕故重王。燕〔一六〕、魏自以無齊故重王。今王無齊，獨安得無重天下〔一七〕？故勸王無齊者，非知不足也〔一八〕，則不忠者也。非然，則欲用王之兵成其私者也。非然，則欲輕王以天下之重取行於王者也。非然，則位尊而能卑者也〔一九〕。願王之熟慮無齊之利害也〔二〇〕！」

〔箋證〕

〔一〕姚宏云：「曾無此以上（使臣與復丑）五字。」鮑本亦無此五字。吴師道云：「其文未詳，恐他簡脱誤。」金正煒云：「『與』猶『爲』也。復者，重有言也。『丑』蓋『王』字之譌。使臣既獻書，又爲齊復言於王也。吕覽行論篇：『使者報言燕王之甚恐懼而請罪也畢，又復之以矜左右官實。』此策所言，皆使臣致命畢而以私意陳於王者。」〔按〕此五字當從曾本、鮑本衍。金以爲使言於王之辭，考策文云：「臣竊怪王之不試見臣而窮臣也。」明是説者未得見王，乃獻書陳説，猶范雎之獻書秦昭王也。金説謬。

〔二〕鮑彪改「寶」作「實」，云：「即下『致地』。」横田惟孝從之云：「『名』，尊名。實，土地也。」金正煒云：「名寶，猶東周策所云名器重寶。鮑改非也。」〔按〕東周策之一章「存危國，美名也。得九鼎，厚寶也」。景宋抄本「寶」作「實」。此文「寶」疑當作「實」。名實，即美名厚實。亦即下文「致尊名於王」與「致地於王」。但金釋亦通。

〔三〕鮑彪云：「『窮』猶『困』也。困於不得見。」

〔四〕鮑彪云：「『重』猶『難』。」

〔五〕鮑本、吴本無「成其私」三字。〔按〕成其私，謂不爲趙謀。

〔六〕鮑本、吴本無「非然」二字。〔按〕下文又二「非然」，則此「非然」當有，此以助文勢。

〔七〕横田惟孝云：「偏，謂偏黨於一國。」〔按〕謂偏交於齊。

〔八〕鮑本、吴本無「於王」二字。鮑彪云：「王畏懼之，必行其説。」横田惟孝云：「取行於王，謂取己説行於王也。」

〔九〕姚宏云：「（循）曾作『脩』。」〔按〕高誘淮南子俶真訓注：「循，順也。」

〔一〇〕于鬯云：「沈壽經明經云：『（秦）疑當作「楚」。』按兩言秦，固可疑，然下文亦却遺楚。」〔按〕趙、楚壤不相接，故不及之，非遺也。兩言秦者，殆以秦特彊，最爲勁敵，重言以申意耳。

〔一一〕鮑彪云：「衍『爲』字。」〔按〕下文「臣以」下無「爲」字，宜前後一律，今從鮑本衍。

〔一二〕金正煒云：「『名』下當有『實』字而誤脱也。」〔按〕此自指求致尊名一事言，不與篇首語相應。金説非。

〔一三〕鮑彪云：「言可見於未效之前。」〔按〕其前可見已，謂其前效可見矣（「已」猶「矣」，見經傳釋詞）。前，即「臣以齊致尊名於王」云云。鮑注非。

〔一四〕鮑本「無齊」上又有「重王」二字，鮑衍「重」字。以「王」屬此句首。

〔一五〕鮑彪云：「衍『之』字。」〔按〕義自可通，不必衍。

〔一六〕鮑彪「燕」下補「韓」字，云：「趙得齊，故四國無齊。」

〔一七〕鮑彪云：「猶四國重趙。」横田惟孝云：「言趙無齊，則不得不重有齊之國。」即申述鮑義。鍾鳳年云：「『無』字宜衍。有之，則義爲趙雖無齊，亦見重於天下。與上文『無齊則天下必盡輕王』之義不合矣。」〔按〕鍾誤解文義，故衍「無」字。此言無齊，王不得不重天下，正與上「天下必盡輕王」相應。鮑義爲有齊則四國重趙，無齊則趙重天下，同此意。

〔一八〕鮑本、吴本無「也」字。

〔一九〕吴師道云：「能卑者，才能卑下也。」〔按〕此數語正與上文相對，反譏羣臣。

〔二〇〕吳師道云：「此策時不可考。」

2 齊欲攻宋秦令起賈禁之

齊欲攻宋〔一〕，秦令起賈〔二〕禁之，齊乃捄〔三〕趙以伐宋〔四〕。秦王怒，屬怨於趙。李兑約五國以伐秦〔五〕，無功，留天下之兵於成皋，而陰構〔六〕於秦；又欲與秦攻魏，以解其怨〔七〕而取封〔八〕焉。魏王不説。

之齊〔九〕，謂齊王曰：「臣爲足下謂魏王曰：『三晉皆有秦患，今之攻秦也，爲趙也〔一〇〕。五國伐趙〔一一〕，趙必亡矣。秦〔一二〕逐李兑，李兑必死〔一三〕。今之伐秦也，以救李子之死也。今趙留天下之甲於成皋，而陰鬻之於秦。已講，則令〔一四〕秦攻魏以成其私封。王之事趙也何得矣〔一五〕？且王嘗濟於漳，而身朝於邯鄲，抱陰、成〔一六〕，負蒿〔一七〕、葛薜（薛）〔一八〕以爲趙蔽〔一九〕，而趙無爲王行也。今又以何（河）〔二〇〕陽〔二一〕、姑密〔二二〕封其子〔二三〕，而乃令秦攻王，以便取陰〔二四〕。人比，然而後如（知）〔二五〕賢不如〔二六〕。王若用所以事趙之半收齊，天下有敢謀王者乎？王之事齊也，無入朝之辱，無割地之費。齊爲王之故，虚國於燕、趙之前〔二七〕，用兵於二千里之外，故攻城野戰，未嘗不爲王先被矢石也〔二八〕。

得二都，割河東〔二九〕，盡效之於王。自是之後，秦攻魏，齊甲〔三〇〕未〔三一〕嘗不歲至於王之境也。請問王之所以報齊者，可乎〔三二〕？韓呡〔三三〕處於趙〔三四〕，去齊三千里，王以此疑齊〔三五〕，曰有秦陰〔三六〕。今王又挾故薛公以爲相〔三七〕，善韓徐以爲上交〔三八〕，尊虞商以爲大〔三九〕客，王固可以反疑齊乎〔四〇〕？』於〔四一〕魏王聽此言也甚詘〔四二〕，其欲事王也甚循〔四三〕，其怨於趙〔四四〕。臣願王之曰（重）聞魏而無庸見惡也〔四五〕，臣請爲王推其怨〔四六〕於趙。願王之陰重趙〔四七〕，而無使秦之見王之重趙也。秦見之，且亦重趙〔四八〕。齊、秦交重趙，臣必見燕與韓、魏亦且重趙也，皆且無敢與趙治〔四九〕。五國〔五〇〕事趙，趙從親以合於秦，必爲王高矣〔五一〕。臣故欲王之偏（徧）〔五二〕劫天下，而皆私甘之也〔五三〕。王使臣以韓、魏與燕劫趙，使丹也甘之〔五四〕；以趙劫韓、魏〔五五〕，使臣也甘之；以三晉劫秦，使順也甘之〔五六〕；以天下劫楚，使呡也甘之。則天下皆偪秦〔五七〕以事王而不敢相私也。交定，然後王擇焉〔五八〕。」

【箋證】

〔一〕鮑彪云：「此（惠文王）十三年。」〔按〕齊湣王伐宋在周赧王二十九年（前二八六）、湣王十六年。當在其時。

〔二〕鮑彪云：「（起賈）人姓名。」金正煒云：「呂覽應言篇：『秦令起賈爲孟卯求司徒於魏王。』孟卯稱賈爲秦客，則賈當爲秦人。」〔按〕戰國縱横家書第十七章記游士爲與武安君（蘇秦）説起賈，時賈在魏，主「天下伐齊」事。

〔三〕姚宏云：「（捄）一作『收』。」鮑彪改「捄」作「援」。吴師道云：「大事記『取』。」〔按〕今聚珍本大事記「捄」作「收」，同一作。「捄」當是「逑」之通借，詩大雅民勞：「以爲民逑。」毛傳：「逑，合也。」鄭箋：「合聚也。」謂齊欲合趙以伐宋。

〔四〕鮑彪云：「以趙自助。」吴師道云：「齊欲攻宋，乃收趙以助宋，宋未伐也。故趙李兑合五國以伐秦。大事記赧王二十九年，先書趙李兑約五國伐秦，後書齊滅宋。解題云：『此大事也，見於策者前後非一章。史遺略不載，策亦不載伐秦之年。然兵端起於秦怨趙助齊伐宋，故附齊滅宋年。』」

〔五〕鮑彪云：「（五國）韓、趙、魏、燕、齊也。史不書，獨趙策見之。」吴師道云：「大事記書楚、齊、趙、韓、魏。按魏策五國約而攻秦，楚王爲從長，不能傷秦，兵罷而留成皋。與此李兑約五國攻秦無功，留天下兵於成皋語合。又謂『兑雖主謀，楚猶以大國爲從長』，據此故也。按楚王爲從長，乃懷王十一年蘇秦約楚、齊、趙、韓、魏、燕伐秦也。秦紀無楚，年表無齊，故以五國稱。楚世家書特詳，諸侯至函谷關擊秦，不勝而歸，其事又相類。兵罷留成皋一語，記者遂誤附之，非李兑合從時也。按兑伐秦時，當楚頃襄王十二年。十年楚迎婦於秦，十四年與秦昭王好會於宛，中間未嘗搆兵。大事記據下章書楚、齊、趙、韓、魏，又據魏策，因遂長楚。考之下章，雖有楚，而不明言在五國之數。後亦屢言燕，是時固有燕矣。又此章勸齊劫天下，未及秦而後楚。下章云：『齊將攻宋，秦、楚禁之。』可見秦、楚方睦，必無楚伐秦之事矣。鮑以五國爲韓、趙、魏、燕、齊者得之，然趙當首書。」鍾鳳年云：「李兑約從事，鮑曰史不書。今就策察之，其事於秦、趙、魏、韓諸篇屢見不鮮，頭緒復甚繁。第史公及見當時之史記，設有此等大事，豈能略而不書？且考之趙紀，趙於其時乃連年伐齊（惠文十二至十四年），是必無結齊以伐秦之理。則又終不能令人無疑矣。今唯有各存其説，不必强求相合。況戰國讎睦無定，乃所恒有，亦不足爲異也。」又云：「李兑所約之五國，依五國伐秦無功章『趙欲搆於秦，楚與韓、魏將應之，齊弗欲』之文言之，可見應爲齊、趙、楚、韓、魏。」以證大事記爲是。〔按〕吴注甚辨，然所引魏策當作韓策。横田惟孝又據下五國伐秦章及韓策五國約而攻秦章以楚列五國之數，實襄大事記，吴氏已辨之。今不論。李兑約從伐秦之事見於策文者多篇，戰國縱横家書亦載之，此事當不虚。而史記獨遺不書，誠爲可疑。近代學者多疑蘇秦約從事爲李兑之誤，言之雖成理，尚無定論。姑從金釋各存異文。縱横家書第十二章云：「自勺（趙）獻書於齊王曰：『臣以令告奉陽君曰：寡人之所以有講慮者有：寡人之所爲功（攻）秦者，爲梁（梁）爲多。梁（梁）氏留齊兵於觀，數月不逆，寡人失望，一。擇（釋）齊兵於熒陽、成臯，數月不從而功（攻）宋，再。寡人之吶（仍）功（攻）宋也，請於梁（梁）閉關於宋而不許。寡人已舉（與）宋講矣，乃來諍（爭）得，三。今燕、勺（趙）之兵皆至矣，俞（愈）疾功（攻）菑，四。寡人有（又）聞梁（梁）入兩使陰成於秦，……寡人恐梁（梁）氏之棄與國而獨取秦也，是以有溝（講）慮。』」此藉齊王之令以示意，可覘其時諸侯分心，各有私慮，不獨趙、魏也。與此可互證。

〔六〕姚宏云：「（構）曾作『講』字。」鮑彪改「構」作「講」。吴師道云：「大事記同，以下有『已講』字故也。」〔按〕策文「構」、「講」字多通用。南宋人又避諱改「構」作「講」，其實一字。

〔七〕鮑彪云：「解秦怨。」〔按〕指上文「屬怨於趙」。

〔八〕鮑彪云：「（封）『自封』之『封』，非封地。」吴師道云：「下文言『取陰定封』。」〔按〕封，即下文「以成其私封」之「封」，吴説爲是。

〔九〕鮑彪「齊」下補「人」字。吴師道云：「大事記魏王不説，齊人謂王云云。愚謂之『齊』上有缺文，當是人姓名。」于鬯云：「闕補云：『之，往也。上含或字。』或云：之齊，即人姓名。然當非。」〔按〕「之」上當有脱字。燕策一奉陽君李兑甚不取於蘇秦章云：「今君之齊，非趙之利也。」「之齊」二字與此義同，其上脱人名。

〔一〇〕鮑彪云：「（爲趙也）本以秦屬怨於趙故。」

〔一一〕鮑彪云：「此設辭也。言趙初約伐秦，今乃與秦講，若同伐趙，趙可亡也。」橫田惟孝云：「『五國』疑當作『四國』。」〔按〕此「五國」，疑去趙加秦，與上文不同。謂四國不助趙攻秦，而與秦伐趙，則趙必亡。

〔一二〕鮑本「秦」作「齊」。〔按〕大事記解題作「秦逐」，同姚本。

〔一三〕橫田惟孝云：「按下章，趙助齊伐宋者，李兑自爲取陰定封而爲之也，故秦怒而逐之也。」

〔一四〕金正煒云：「『令』當作『合』。上文所云與秦攻魏，以解其怨，即合之之義也。後文而乃令秦攻王，亦當作『合秦』。」

〔一五〕橫田惟孝云：「言諸侯爲趙盡力，而趙無信如此，魏雖事趙，而何有所得。」

〔一六〕鮑彪云：「成屬涿郡。又孔子世家注：太山鉅平有武城。」吳師道云：「陰成未詳，鮑注皆非魏地。」程恩澤云：「〔陰〕左傳宣二年：『遂自陰地及諸侯之師侵鄭。』杜注：『晉河南山北，自上洛以東至陸渾，其地南阻終南，北臨大河，故曰陰地。』則陰之爲地廣矣。……又昭二十二年帥師軍於陰。顧棟高曰：『陰即平陰，晉師在平陰是也。』……今爲河南府孟津縣。又哀四年蠻子赤奔晉陰地。江永曰：『今陝州盧氏縣東北有陰地城，蓋即命大夫屯戍之所。』是陰地凡有二處，皆在魏境，但不知何指耳？（成）據策當是魏地，但不知所在。路史漢有陰成國，屬趙郡，或以陰成二字連讀作一地，亦可備一説。」于鬯云：「葛孽自一地，有趙世家可證，則陰成亦不當分。建元王子侯表有陰成侯，豈即此與？」又引路史國名記同程考。〔按〕陰成爲一爲二，不能定，姑從程説標讀。史記正義以葛孽爲二地，見下。

〔一七〕鮑彪云：「地缺。」吳師道云：「抱、負，言其勢。按魏策葉陽君約魏，魏王將封其子，謂魏王曰：王嘗身濟漳，朝邯鄲，抱葛、薛、陰、成以爲趙養邑。據此文則『蒿』字因『葛』而誤衍。四邑皆魏地。」程恩澤同吳説，又云：「或曰：『負蒿』乃『負黍』之訛，在今河南府登封縣西南，與陰、成相近。未知是否？」橫田惟孝云：

「抱、負，猶奉持也。」〔按〕「藁」字義不能定，姑從地名讀。

〔一八〕鮑本「薛」原作「薜」，鮑彪改「薜」作「孽」，云：「趙記注：（葛孽）在馬丘。又葛城在高陰，屬涿郡。」吳師道云：「（薛）當作『孽』。……趙世家：遇於葛孽。則知此文『薛』字誤也。……正義引括地志云：『魏縣西南。』」黄丕烈云：「『薛』即『孽』字也。」〔按〕今趙世家正義云：「葛、孽，二城名。」與吳注所引不同。依史記文，葛孽似爲一地名。顧祖禹謂在山西垣曲縣西南；高士奇謂在大名府魏縣南二十里；洪亮吉謂在廣平府肥鄉縣西南二十里。（見國策地名考引）衆説各異，未詳孰是。「薜」乃「薛」之形譌，「薛」、「孽」同聲通借，今從鮑本原作改。

〔一九〕鮑本、吳本無「以」字。〔按〕廣雅釋詁：「蔽，障也。」戰國縱横家書第八章謂齊王曰：「薛公相脊（齊）也，伐楚九歲，功（攻）秦三年，欲以殘宋，取進（淮）北；宋不殘，皆效地，欲以取勺（趙），勺（趙）是（氏）不得。身率粱（梁）王與成陽君北面而朝奉陽君於邯鄲，而勺（趙）是（氏）不得。」記魏王朝邯鄲之事與此策文及魏策三葉陽君約魏章相合，當爲一事，史記亦失載。

〔二〇〕鮑本、吳本、盧本「何」作「河」，今從正。

〔二一〕鮑彪云：「（河陽）屬河内。」張琦云：「故城在今（河南）孟縣西南三十里。」

〔二二〕鮑彪云：「密，蔑同。魯卞縣有姑蔑城。」張琦云：「下亦非魏地。」

〔二三〕鮑彪云：「（子）兑子。」吳師道云：「説見後。」

〔二四〕吳師道謂「陰」當作「陶」，定陶，宋地（吳注元本多訛脱，今節取大意，餘略）。張琦云：「陰，即謂陰講於秦。下曰『有秦陰』，是也。」程恩澤云：「陰，當爲定陶近地，非即陶也（説見秦策）。但無端的之處耳。是時齊欲伐宋而趙不願，故説奉陽君以取陰定封。大意皆如此。」〔按〕陰，當是地名，張説未然。下章「爲君慮封，莫若於宋，……莫如於陰」。又下五國伐秦章「謂奉陽君曰：『天下散而事秦，秦必據宋，魏冉必妬君之有陰也。』」與此相應，並其證。陰、陶二字隸書相似，多淆誤。史記穰侯傳：「復益封陶。」集解：「徐廣曰：（陶）一作『陰』。」索隱：「陶，即定陶也。徐廣云作『陰』。陶、陰字本易惑也。王劭按定陶見有魏冉冢，作『陰』誤也。」又劉向別録叙尚書云：「古文或誤以『陶』爲『陰』。」吴注據之，當是。

〔二五〕鮑本、吴本「如」作「知」，是也。此涉下「如」字而誤。今從正。

〔二六〕鮑彪讀「不」字句，「如」屬下讀，云：「言人必以類相比乃可知。」下文「如王」下云：「言如今王者。」吴師道讀「王」字句，云：「下有『若』字，『如王若用』不成，當以『王』字句。言人以類相比（元本「比」作「此」，字訛），知賢不（元本「不」作「以」，疑刊誤）如王。」黄丕烈云：「吴説未是，此『如若』二字，當衍其一。」横田惟孝讀「如」字句，云：「『不如』猶『不肖』也。……言比方而後知賢不肖。」（安井衡讀同，釋「賢不如」爲「勝與不及」，義亦相近）〔按〕張文虎舒藝室隨筆卷六云：「『比』字當讀爲『比較』之『比』。『然』字衍，『如』字絶句。賢不如，猶言賢不肖。謂人當比較而後知賢不肖，以喻事比較而後知利弊也。」讀同横田，而以「然」字爲衍。于鬯讀亦同，謂：「然而後，即然後也。」今從其讀。「然而」二字同聲紐，或衍一字。但「然而」與「然」可互通。荀子議兵篇「然而秦師至而鄢、郢舉」。韓詩外傳卷四「然而」作「然」。則「然而後」猶「然後」，于説是也。金正煒從鮑讀「不」字句，謂下「若」字「猶或也」。未是。

〔二七〕鮑彪云：「虚國，謂悉出兵。」安井衡云：「凡人南面爲正，齊在燕、趙之南，故云『燕、趙之前』。」〔按〕謂出兵伐燕、趙。安井解近鑿。

〔二八〕〔按〕左氏襄十年傳：「荀偃、士匄帥卒攻偪陽，親受矢石。」孔疏：「服虔云：『古者以石爲箭鏃。』引國語有隼集於陳侯之庭，楛矢貫之石砮，以證石爲箭鏃。若石是箭鏃，則猶是矢也，何須矢石並言？……周禮職金：

凡國有大故而用金石，則掌其令。鄭玄云：用金石者作槍雷之屬。『雷』即『礌』也。兵法守城用礌石以擊攻者。」

〔二九〕于鬯云：「疑此二句與上文燕、趙蓋不相涉，當别指一事。豈即三國攻秦之役與？故下文云『自是之後，秦攻魏』，然則河東即秦策所言割河東而講者。魏所得者，河外封陵，事在周赧十九年。」〔按〕于説疑是。齊、韓、魏三國攻秦即擊函谷之役。此役史記在周赧十七年（前二九八），十九年爲鹽氏之役。于鬯戰國策年表以三國攻秦始於赧十七年，終於赧十九年秦割城以講，故此云然。

〔三〇〕鮑本無「甲」字。吴師道云：「一本『齊甲』。」

〔三一〕姚宏云：「曾、劉（未）作『不』。」

〔三二〕關修齡云：「此客設辭，謂齊爲魏盡力如之。請問魏所以報齊，乃下文是也。」安井衡云：「『可』當作『何』，形聲相涉而誤。王引之謂『可、何古通用』。恐未然。」〔按〕可，讀如何。石鼓文「其魚隹可」，猶「其魚維何」也。安井謂作「何」，是，惟以爲字誤，則非。王引之説見經義述聞。

〔三三〕姚宏云：「劉『呡』一作『岷』。」鮑彪改「呡」作「珉」，云：「從韓策，後並同。」吴師道云：「珉、呡未知孰訛，且當各依本文。」〔按〕戰國縱横家書又作「韓量」。各異字皆聲音之通轉。

〔三四〕姚宏云：「劉『趙』作『楚』。」鮑彪云：「珉下皆齊人之去齊者。」吴師道云：「韓呡必韓人。韓策云：『呡相齊。』趙將有韓徐，趙世家惠文十三年。虞商無見。除薛公爲齊人，餘無考。」

〔三五〕鮑彪云：「珉處趙，意别有謂魏以（鮑、吴合注四部叢刊本「以」字誤屬句末，據鮑單注本正）其在趙，疑齊親趙。」

〔三六〕鮑彪云：「疑齊親趙，因私於秦，以趙嘗講秦也。」横田惟孝云：「按秦策云：『呡欲以齊、秦而困薛公。』蓋呡善齊、秦者，而今處趙，趙陰講於秦，故魏疑齊與秦有陰私。」

〔三七〕鮑彪云：「史稱（田）文去齊如魏，在閔王三十八年後。按此，則其如魏，以齊王驕也，伐宋前已去齊矣。」〔按〕大事記解題亦云：「故薛公，孟嘗君也。以此言考之，孟嘗君去齊爲魏相，在五國伐秦之前明矣。」鮑言閔王年數據史記，有誤，辨見年表。薛公與齊王惡，魏以之爲相，示魏不善齊。

〔三八〕〔按〕趙世家有韓徐，見上吴注。大事記解題云：「韓徐乃今年（周赧二十九年）爲趙將伐齊者，蓋齊之所怒也。」戰國縱横家書第一章：「秦陽君、徐爲不信臣（蘇秦），甚不欲臣之之齊也。」第二章：「奉陽君、徐爲之視臣（蘇秦）益善，有遺臣之語矣。」徐爲即韓徐，與奉陽君並不善齊者。又第三章：「勺（趙）以用薛公、徐爲之謀謹（防範之意）齊」，「所見於薛公、徐爲，其功（攻）齊益疾」。第四章：「後薛公、乾（韓）徐爲與王（燕王）約功（攻）齊。」可與此策文互參。

〔三九〕姚宏云：「劉『大』作『上』。」〔按〕虞商亦齊之所憎者，其人與事不詳。

〔四〇〕鮑本、吴本「疑」下有「於」字。鮑彪改「固」作「顧」，云：「用齊之所不善，失在魏也，安可疑齊？」黄丕烈云：「此當是『疑』下有『於』字，錯在『乎』下。」〔按〕固、顧通用，見經傳釋詞。大事記解題引此策「疑」下亦無「於」字，此蓋省「於」字。黄以下「於」字誤錯，非。

〔四一〕吴師道云：「此（於）下恐當有『是』字。」金正煒云：「於者，於是之省文。」

〔四二〕鮑彪云：「此下此士自陳其説魏之效。『詘』猶『順』。」吴師道云：「韻書：詘，辭塞也。」〔按〕「詘」同「屈」。

〔四三〕姚宏云：「曾『循』作『脩』。」

〔四四〕鮑彪讀十一字句，云：「言其事齊比於怨趙，則又順也。」吴師道云：「愚謂以『甚循』句，文勢順。『於趙』下有缺文。或『其怨於趙』句因下文衍。」黄丕烈云：「『其』字乃『甚』之誤，四字爲一句。」安井衡云：「意魏怨趙而不敢質言，故曰『其』。」金正煒云：「『其欲事王也』下，疑有脱文。『循』當從曾作『脩』。其欲亟於事齊將脩怨於趙也。」〔按〕吴讀「甚循」句，是，今從之。「循」猶「順」也。「其怨」之「其」讀如「綦」。荀子王霸篇：「目欲綦色，耳欲綦聲，口欲綦味，鼻欲綦臭，心欲綦佚。」楊倞注：「綦，極也。『綦』或爲『其』。」是其證。猶言甚怨於趙，黄説非。

〔四五〕鮑彪改「曰」作「亟」，云：「（聞魏）與魏相聞。」吴師道云：「一本（曰）作『重』，是。」金其源以此「曰」字作「日」，云：「説文：『日，實也。』言願王之以其説實聞於魏，而勿使見惡也。」金正煒云：「『曰』蓋『日』字之誤。齊不善魏則惡言魏，今魏甚欲事齊，故願王聞魏而無庸見惡也。」〔按〕漢隸「日」、「曰」二字不分，非字誤，説見金石文字記。然依下文例，一本作「重」爲長，今從改。

〔四六〕鮑彪云：「『推』猶『移』。怨，魏怨。」

〔四七〕鮑本「重」原作「日」，改作「重」。吴師道云：「上例，字當是『重』。」金正煒云：「『願王之陰重趙』以下，與此策不類一人一時之言，似别爲一章，誤併於此耳。」

〔四八〕鮑彪云：「天下得趙則强。使秦知齊重趙，恐齊强，亦必重之。」

〔四九〕鮑彪云：「『治』猶『校』。」金正煒云：「漢書韓安國傳注：『治，謂當敵也。』」〔按〕「當敵」與「校」義亦近。

〔五〇〕鮑本「五國」作「三國」。〔按〕據下文，「五國」爲秦、齊、燕、韓、魏，「三」字當誤。

〔五一〕鮑彪云：「言趙居齊上。」于鬯云：「『高』蓋『商』之誤。商，敵之省。」〔按〕爲，於也（見經傳釋詞），「於」猶「比」也。爲王高，猶言比王高或高於王。鮑義可通，不必改字。

〔五二〕鮑本、吴本「偏」作「徧」。〔按〕依文義當作「徧」，此是形誤。今從改。

〔五三〕鮑彪云：「私，則所謂無使見也。甘，言説之。」吳師道云：「偏劫者，衆脅之以威。私甘者，獨説之以言。」横田惟孝云：「言使諸侯相劫，而齊竊遣人甘言和之也。」〔按〕戰國縱横家書第八章云：「雖然，成臣（蘇秦）之事者，在王之循甘燕也。王雖疑燕，亦甘之；不疑，亦甘之。」與此文「甘」字義同。

〔五四〕鮑彪云：「丹、順，皆人名。」横田惟孝云：「『臣』字疑衍。」〔按〕戰國縱横家書第四章云：「公玉丹之勺（趙）致蒙，奉陽君受之。」丹，即指公玉丹，齊王使丹致蒙地於奉陽君以甘之。又第三章：「奉陽（君）□□丹若得也，……講，請以齊爲上交。」丹亦疑是公玉丹。

〔五五〕鮑彪云：「此下皆且甘且劫。」

〔五六〕〔按〕韓策一五國約而攻秦章謂魏順爲市丘君説楚王不攻市丘，在五國攻秦罷兵成皋之時。魏順爲説士，與此所記時事相合，疑順即魏順也。

〔五七〕鮑彪云：「（偪秦）自以見偪於秦也。秦於天下，有偪而已，不如齊之有劫有甘也。」吳師道云：「（偪秦）相與偪秦也。『偪』者，侵迫也。」横田惟孝云：「偪秦，謂偪塞秦而不通。」金正煒云：「『偪』當爲『⿰片畐』，説文『判也』。謂與秦分離。」〔按〕金説是。「偪」讀如「副」。説文：「副，判也。」「偪」、「⿰片畐」、「副」並從畐聲，古字通用。此言諸侯將畔秦而事齊。

〔五八〕鮑本、吳本「然」作「而」。鮑彪云：「此章亦可爲齊，姑因舊。」關修齡云：「『交定而後』當作『而後交定』。言天下事王而不敢私講秦，而後齊與天下交定矣。王擇，言五國事趙與天下事王，於王孰利？宜擇此二者焉。」〔按〕謂天下事王而後王擇交焉。關説亦可備考。此策大事記列於周赧二十九年（前二八六）齊滅宋之前，顧觀光編年、黄以周編略從之。林春溥紀年次五國伐秦事於周赧二十七年（前二八八）與二十九年，云：「大事記於赧王二十九年，先書趙李兑約五國伐秦，後書齊滅宋。……謂二事並在一年，亦恐未然。今合諸策，次其先後，以史記爲準，而分附於數年之内，庶得其實。」于鬯年表從之。

3 齊將攻宋而秦楚禁之

齊將攻宋，而秦、楚〔一〕禁之。齊因欲與趙，趙不聽。齊乃令公孫衍〔二〕説李兑以攻宋而定封焉。李兑〔三〕乃謂齊王曰：「臣之所以堅三晉以攻秦者，非以爲齊得利秦之毀也〔四〕，欲以使攻宋也〔五〕。而宋置太子以爲王，下親其上而守堅，臣是以欲足下之速歸休士民也。今太子走，諸善太子者皆有死心〔六〕，若復攻之，其國必有亂。而太子在外，此亦舉宋之時也〔七〕。臣爲足下使公孫衍説奉陽君〔八〕曰：『君之身老矣，封不可不〔九〕早定也。爲君慮封，莫若於宋，他國莫可。夫秦人貪，韓、魏危〔一〇〕，燕、楚辟〔一一〕，中山之地薄〔一二〕，莫如於陰〔一三〕。失今之時，不可復得已。宋之罪重，齊之怒深。殘亂宋〔一四〕，得大齊〔一五〕，定身封，此百代之一時也以〔一六〕。』奉陽君甚食之〔一七〕。唯得大封，齊無大異〔一八〕。臣願足下之大發攻宋之舉，而無庸致兵，姑待已耕，以觀奉陽君之應足下也〔一九〕！縣陰以甘之〔二〇〕，循有燕以臨之〔二一〕，而臣待忠之封〔二二〕，事必大成。臣又願足下有地效於襄安君以資臣也〔二三〕！足下果殘宋，此兩地之時也〔二四〕，足下何愛焉〔二五〕？若足下不得志於宋，與國何敢望也〔二六〕？足下以此資臣也，臣循燕觀趙〔二七〕，則足下擊潰而決天下矣〔二八〕。」

【箋證】

〔一〕姚宏云：「（楚）一作『陰』。」〔按〕疑作「陰」爲是。魏策二魏惠王死章有「其後齊欲伐宋，而秦禁之」，亦無「楚」字。

〔二〕吳師道云：「公孫衍爲秦相，而逐在秦武王四年、武靈王之十九年也。後爲魏所殺，雖不知何年，然去李兑合從時已遠。此公孫衍恐非犀首也。」〔按〕此公孫衍必非犀首，疑「衍」字有誤。

〔三〕吳師道云：「下『李兑』二字必誤。下云『使公孫衍説奉陽君』，即述上文『令公孫衍説李兑』也。其下豈得爲兑言乎？又後有『循燕觀趙』語，以爲兑言則不通。」黄丕烈云：「吳氏定奉陽君爲李兑，其説最確。元和顧廣圻曰：『此下皆當爲蘇代謂齊王語，當是「李兑」下有缺文也。』説詳其所著思適齋筆記。」安井衡云：「此以下兑聽公孫衍，爲齊王周旋其事，令衍歸報之言。下文『臣令公孫衍説奉陽君』，即其事也。吳謂奉陽君即李兑，……以此『李兑』二字爲衍文。果如其説，『臣之所以堅三晉以攻秦』以下，竟爲誰言？上云『令公孫衍説李兑』，下云『臣爲足下使公孫衍説奉陽君』，分明是兑爲齊王使衍説奉陽君。……吳説謬甚。」鍾鳳年説同。〔按〕吳以李兑、奉陽君爲一人，黄氏主之，安井衡駁之。吳氏舉徵甚明，見下，安井僅據此策誤文以辨，過矣。此文「李兑」上有脱文，爲説士之名氏，但必非「公孫衍」。觀下章趙欲構於秦，蘇代説奉陽君絶和於秦，與此策「臣之所以堅三晉以攻秦者」語相應，疑此説士亦蘇代（縱横家書作「蘇秦」）。唐蘭據縱横家書逕謂李兑是蘇秦之誤（司馬遷没有見過的珍貴史料，見戰國縱横家書附載）。中井積德謂：「趙先後有三奉陽君。前奉陽君，蘇秦云妬，云捐館舍是也。其名不傳，史謬云公子成。中奉陽君，武靈王請服公子成也，公叔同。後奉陽君，殺主父、約五國伐秦李兑也。」奉陽君應是一人，惟史記與策文皆有訛淆，中井强分別之，臆説難信。

〔四〕鮑彪云：「不以毀秦爲齊之利。」安井衡讀「得」字句，云：「『得』讀爲『德』，下文『得大齊』同。……言始攻，不足信。秦者，非欲以施德於齊國，自利秦之毀壞耳。」〔按〕依文義論之，鮑讀爲是。

〔五〕關修齡云：「趙攻秦，則不能救宋，故齊得攻宋也。」金正煒云：「『使』當作『便』，字形相似而譌也。」

〔六〕鮑彪云：「太子爲王及走，史不書。太子爲王矣，而走，必王之黨逐之，故太子之人以死報之。」〔按〕然則太子之初立爲王，非宋王本意也，迫於勢耳，故太子不得久在位。此時宋内不和，下文因云「國必有亂」。其事不見於宋世家及先秦他書。

〔七〕鮑本、吴本「也」下有「已」字。〔按〕疑姚本原有「已」字，作「目」(即「以」字)，與「臣」字形似而誤脱。

〔八〕鮑彪云：「蘇秦從時，已言奉陽死，豈或襲稱如馬服者乎？」吴師道辨蘇秦所見奉陽君乃别一人，非公子成，詳見趙策二蘇秦從燕之趙始合從章。又云：「然則奉陽君果公子成乎？曰：謂奉陽君爲公子成，亦史遷之言，而策無明文也。五國攻秦時，成、兑方並用，以成爲奉陽君，其時則可矣。愚嘗反覆策文而有疑焉。趙策言『李兑約伐秦，無功，陰講於秦，欲與秦攻魏以解怨，取陰以定封』。又云『齊令公孫衍説李兑以攻宋定封』。又云『公孫衍説奉陽君封地莫善於宋，莫如於陰』。又『蘇代謂齊王，臣爲足下説奉陽君，天下散而争秦，陰必不可得』。既言李兑取陰，又言奉陽君取陰，不應爲二人事。竊以爲李兑即奉陽君也。何以明之？趙策説魏之辭曰：『李兑留天下之甲於成臯，令秦攻魏，以成其私。』『王嘗身朝邯鄲，抱陰、成，負葛孽，爲趙蔽。今又以河陽、姑密封其子。』魏策則曰：『葉陽君約魏，魏王將封其子。』謂魏王曰』云云，正與前同。則知『葉陽』者『奉陽』之訛。奉陽君之爲李兑，其徵一也。趙策蘇代説奉陽之辭曰：『五國願得趙，與韓氏大吏東勉齊王必無召(自注：元作名，有説，見本條)民(按文「民」當作「氓」，原本如此，姑仍舊)。』燕策蘇代舉奉陽君之辭曰：『齊王使公王曰：命說曰：必不反韓氓，今召之矣。』其事亦同。奉陽自稱說，『說』者『兑』之訛。奉陽君之爲李兑，其徵二也。燕策又有奉陽君李兑甚不取蘇秦之言。奉陽君李兑者，並舉其封邑姓名言之也。其下誤以蘇代爲蘇秦，則亦因蘇秦所云而然，說見本條。奉陽君之爲李兑，其徵三也。按趙世家公子成、李兑既殺公子章(原本「章」誤作「成」，今據趙世家正)、田不禮而定王室，公子成爲相，號安平君。則安平君乃成之封，史表安平屬涿郡。後(原本作「吾」，乃「后」之形誤，「后」同「後」，今正。)志深州(一作「青州」)有安平縣，元屬定州，皆趙地也(按吴補此段字多誤。後漢書郡國志冀州安平國下有安平縣，云：「故屬涿。」其地戰國時屬趙，公子成蓋封於此。深州、青州字皆訛)。奉陽則未有考，而非奉陽矣。史遷不明奉陽君爲二(按此「二」字當作「一」)。吴氏上文云：「竊以爲李兑即奉陽君也。」此又舉三徵以明之，以糾史誤，謂其不察先後「奉陽君」之實爲一人也。若作二人，則義不侔矣)人，又誤以爲公子成，是以紛紜殽舛，論者莫知所從。今以策文考之而得其說如此。」〔按〕奉陽君之爲李兑，吴氏辨之已詳。戰國縱横家書蘇秦信札中屢及奉陽君，其自稱有曰「莌」(第一章)、曰「挩」(第十二章)，莌、挩皆從「兑」聲，與「兑」通用，確爲一人，更無疑問矣。但此文有誤，說見上。

〔九〕鮑本、吴本「不」下有「可」字。〔按〕此涉上文而衍。

〔一〇〕鮑彪云：「(韓魏危)近秦故。」

〔一一〕鮑彪改「辟」作「僻」。黄丕烈云：「辟、僻同字，鮑改非。」

〔一二〕吴師道云：「時中山已滅，此言其故地爾。」

〔一三〕張琦云：「『此』『陰』當作『陶』，宋定陶也。近趙，故可爲奉陽之封。」〔按〕陰即陶，說見上章。

〔一四〕金正煒云：「『殘』讀如『翦』。」〔按〕殘同剗，即「翦」也。宋内不和，太子出走，故云「亂宋」。

〔一五〕鮑彪改「得」作「德」。吴師道云：「『得』字訛。」〔按〕得、德通用（論語泰伯篇：「民無得而稱焉。」釋文：「『得』本作『德』。」），不必改字。得大齊，同策一齊攻宋章作「德强齊」。謂施德於齊也。

〔一六〕鮑本、吴本「以」作「已」。〔按〕「以」與「已」本同，語終之詞，説見經傳釋詞。吴師道云：「趙策説奉陽君取陰之辭，自『宋罪重』以下至『百世之一時已』，凡兩見。而秦策亦有之，以爲謂穰侯。趙策又曰：『魏冉必妬君之有陰。』按陰即陶，宋地，冉所封也。秦記昭王十二年：『樓緩免，穰侯魏冉爲相。』十六年，冉免。封公子市宛，公子悝鄧，魏冉陶，爲諸侯。』冉傳云：『免樓緩而魏冉相。冉謝病免，以燭壽爲相。燭免，復相冉。乃封於穰，後益封陶，號曰穰侯。』大事記先書穰侯魏冉爲相，從本紀（原本脱「紀」字，今從惜陰軒本補）。後書復以魏冉爲丞相，封於穰與陶，謂之穰侯；又封公子市爲宛侯，公子悝爲鄧侯，從傳。又謂：『三子之封，皆取於鄰國。秦去年取宛，今年取鄧。穰、陶雖不載何年得之，蓋亦近歲。』按赧王十四年秦伐韓，取穰，大事記已書之矣。獨以陶爲近歲所取，則眩於史文，未考其實。且據秦紀，則冉始相已封穰，後相，封陶。於傳則復相時封穰，後益以陶。已有不合。大事記從之，亦偶未察。獨見於策者可考，李兑約五國伐秦，後欲取陰定封。説穰侯者亦勸之。策文容有復混，而其事實並一時。是時齊欲攻宋，秦禁之，齊欲與趙，故説者勸李兑。上距冉復相秦五歲爾。使冉已封陶，兑安得欲之？而言者亦安得云冉妬君之有陰？因此言而知冉之未封陶而欲得之也。其後齊滅宋兩年，而爲五國所破，趙既不取陶，而齊亦卒不能有。穰侯之取陶，在此時歟？或謂魏策謂穰侯云：『君攻楚，取宛、穰以廣陶封。』以封陶在前。竊謂秦之取穰，冉之封穰，固無疑矣。獨取陶定封，歲月不載，而史所謂『後益封陶，號曰穰侯』者，辭亦不明。意者陶之封大而入厚，冉國於陶，如取剛壽之類，皆云廣陶封，故魏策之言如此。而宛亦非冉封，不足據信。使冉封陶，當曰陶侯，而稱穰侯，知始封穰，必非誤也。」（此吴注原在趙策一之十章齊攻宋下，鮑本次於惠文王此章之後，因二文相關，移列此下）

〔一七〕鮑彪改「食」作「貪」。　吴師道云：「恐『貪』字訛。」　安井衡云：「食，啗也。啗以利，故言食耳。甚食之，深納之也。」　金其源云：「漢書谷永傳：『不食膚受之愬。』注：『食，猶受納也。』言甚受納公孫衍之説，並非『貪』訛。」〔按〕金與安井説相近，亦可。

〔一八〕姚宏云：「曾(唯)作『雖』。」　鮑彪云：「言奉陽欲得陰以大其封，而齊待之未有異數，不可。」　關修齡云：「無大異，謂兑之待齊，必無大異於前。」　金正煒云：「『唯』讀如『雖』。曾作『雖』，此作『唯』，其實一也。言奉陽君雖得大封，於齊舉宋無大差異。」〔按〕金説爲是。「唯」、「雖」通用，詳經傳釋詞。

〔一九〕鮑本、吴本無「姑待已耕」四字。　横田惟孝云：「致兵於宋。」　安井衡云：「『致』猶『聚』也。言大發攻宋之舉，而無庸聚衆，姑待百姓耕畢，以觀察奉陽君之應齊與否也。」

〔二〇〕鮑彪云：「許之而未與，故曰『縣』。」　關修齡云：「縣，若『縣賞』之『縣』，示也。甘，悦樂也。」〔按〕之，謂奉陽君。

〔二一〕鮑彪云：「循，言與燕順。臨，猶制也。不徒甘之，必或制之。」　關修齡云：「恐衍『有』字。蓋言循燕收之以臨趙。」　横田惟孝云：「循，『撫循』之『循』。有，『保有』之『有』。謂撫循燕而爲援與以臨趙。」　金正煒云：「『循有』當乙爲『有循』，『有』讀如『又』。」〔按〕「有燕」猶「有周」、「有夏」之類，爲國名上之冠首語助。不必衍，亦不必乙倒。

〔二二〕鮑彪云：「『待』猶『將』。『忠』猶『實』也。王許(原本「許」作「待」，從鮑單注本改)之封，而已實之。」　吴師道云：「勸之定封，故曰『臣且將忠之以封』。」　關修齡云：「『臣』疑作『目』。蓋言……待兑忠於齊以封之。」　金正煒云：「此皆趣趙應齊之策也。……『待』疑『時』字之譌。『忠』與齊策『以忠太子』義同。言既縣陰以爲餌，又循燕以迫之，而臣時復以定封忠之，則奉陽君必將應齊也。」〔按〕「待」讀如「特」，漢書韓延壽傳：「延壽遂待用之。」王念孫讀書雜志云：「『待』讀爲『特』。」（待、特並「寺」聲，字相通用）此言臣特以封地忠之也。

〔二三〕鮑彪云：「（襄安君）蓋趙人。」吳師道云：「無考。」關修齡云：「襄安蓋燕人。言效地於襄安，約爲與國以資臣。」（按）戰國縱横家書第四章蘇秦自齊獻書於燕王云：「王使襄安君東，以便事也。」東，謂至齊。又云：「庫之死也，王辱之。襄安君之不歸哭也，王苦之。」庫，張庫，燕王派遣助齊攻宋之將，齊王殺之，燕不報，反遣使謝罪（事詳呂氏春秋行論篇）。襄安君之不歸哭，當在張庫死後，疑爲齊所留也。此謂「有地效於襄安君」，蓋所以慰燕而欲得其助也。襄安君爲燕之王族貴臣。關説得之，然若無縱横家書佐證，不能肯定也。地下資料之重要性，豈可忽諸！

〔二四〕鮑彪云：「言有齊，又得宋。」吳師道云：「兩地，言齊與趙可並得宋地。此謂齊王言，豈得言有齊乎？」關修齡云：「宋方今時，齊與秦、趙相争欲得，無適爲主，非我則彼，故曰『兩地』。」中井積德云：「兩地，猶言『倍地』也。則小封不足惜也。」金正煒云：「『時』當爲『封』，即上文所云『縣陰以甘奉陽君』及『效地於襄安君』也。封，説文作『㞷』；時，古文作『旹』，二形相近而誤。」（按）金説疑是，但以「時」爲「封」誤，恐非。「時」疑當讀如「待」。易歸妹「遲歸有時」，象傳作「有待」。釋文：「一本『待』作『時』。」是「時」、「待」通用。周禮天官外府：「而待邦之用。」鄭注：「『待』猶『給』也。」言此不過兩地之給與。

〔二五〕金正煒云：「愛，嗇也。」

〔二六〕鮑彪云：「與國，趙也。言奉陽、襄安不敢望封。」關修齡云：「與國，蓋燕也，以『循燕』知之。」（按）可兼指燕、趙。

〔二七〕鮑彪云：「觀，言其無所事。」關修齡云：「觀，若『觀兵』之『觀』，示威武也。」（按）觀，即上文「以觀奉陽君之應足下也」之「觀」，謂觀其動静。關説非。

〔二八〕鮑彪云：「潰，潰癰也，蓋喻其制天下之易也。『決』猶『制』。」

4　五國伐秦無功

五國伐秦，無功，罷於成皋。趙欲搆〔一〕於秦，楚與魏、韓將應之，秦（齊）〔二〕弗欲。蘇代謂齊王曰：「臣以〔三〕爲足下見奉陽君矣。臣謂奉陽君曰：『天下散而事秦〔四〕，秦必據宋〔五〕，魏冉必妬君之有陰也〔六〕。秦王貪，魏冉妬，雖陰不可得已矣。君無搆，齊必攻宋。齊攻宋，則楚必攻宋，魏必攻宋，燕、趙助之。五國據〔七〕宋，不至一二月，陰必得矣。得陰而搆，秦雖有變，則君無患矣〔八〕。若不得已而必搆〔九〕，則願五國復堅約〔一〇〕！願得趙足下（以）雄飛〔一一〕，與韓氏大吏東免〔一二〕，齊王必無召〔一三〕呡也〔一四〕，使臣守約〔一五〕。若與〔一六〕有倍〔一七〕約者，以四國攻之。無倍約者，而〔一八〕秦侵約，五國復堅而賓〔一九〕之。今韓、魏與齊相疑也，若復不堅〔二〇〕約而講，臣恐與國之大亂也。齊、秦非復合也，必有踦重者矣〔二一〕。後合〔二二〕與踦重者，皆非趙之利也。且天下散而事秦〔二三〕，是秦制天下也。秦制天下，將何以天下爲〔二四〕？臣願君之蚤〔二五〕計也！天下争秦〔二六〕有六舉，皆不利趙矣。天下争秦，秦王受負海内〔二七〕之國，合負親之交〔二八〕，以據〔二九〕中國，而求利於三晉。是秦之一舉也。秦行是計，不利於趙，而君終不得陰。一矣〔三〇〕。天下爭秦，秦王内韓珉於齊，内成陽君於韓，相魏懷於魏〔三一〕，復合衍交兩王〔三二〕，王賁、韓他之曹〔三三〕皆起而行事。是秦之一舉也。秦行是計也，不利於趙，而君又〔三四〕不得陰。二矣〔三五〕。天下爭秦，秦王受齊受趙，三疆（彊）〔三六〕三親〔三七〕，以據魏而求安邑〔三八〕。是秦之一舉也。秦行是計，齊、趙應之，魏不待伐，抱安邑而信秦〔三九〕。秦得安邑之饒，魏爲上交，韓必入朝秦，過趙已安邑矣〔四〇〕。是秦之一舉也〔四一〕。秦行是計，不利於趙，而君必不得陰。三矣〔四二〕。天下爭秦，秦堅燕、趙之交以伐齊，收楚與韓呡而攻魏〔四三〕。是秦之一舉也。秦行是計，而燕、趙應之。燕、趙伐齊兵始用〔四四〕，秦因收楚而攻魏〔四五〕，不至一二月，魏必破矣。秦舉安邑而塞女戟〔四六〕，韓之太原〔四七〕絶，下軹道〔四八〕、南陽、高〔四九〕，伐魏絶韓，包二周，即趙自消爍〔五〇〕矣。國燥（爍）〔五一〕於秦，兵分於齊〔五二〕，非趙之利也，而君終身不得陰。四矣〔五三〕。天下爭秦，秦堅三晉之交攻齊，國破曹（財）屈〔五四〕，而兵東分於齊。秦桉兵攻魏〔五五〕取安邑。是秦之一舉也。秦行是計也，君桉救魏〔五六〕，是以攻齊之已弊〔救〕〔五七〕與秦爭戰也。君不救也，韓、魏焉免西合〔五八〕？國在謀之中〔五九〕，而君有〔六〇〕終身不得陰。五矣〔六一〕。天下爭〔六二〕秦，秦按爲義〔六三〕，存亡繼絶，固危扶弱，定無罪之君〔六四〕，必起中山與勝〔六五〕焉。秦起中山與勝，而趙、宋同命〔六六〕，何暇言陰？六矣〔六七〕。

故曰君必無講，則陰必得矣〔六八〕。』奉陽君曰：『善。』乃絶和於秦，而收齊、魏，以成取陰〔六九〕。」

〔箋證〕

〔一〕鮑彪改「搆」作「講」。下同。吴師道云：「本文『惟堅約而講』，『君必無講』二處作『講』字。今當悉從舊。」〔按〕搆、講可通用，但鮑改疑避宋諱。

〔二〕鮑本、吴本「秦」作「齊」。〔按〕趙欲搆於秦而秦弗欲，則搆事不成，蘇代何須説奉陽君以絶和於秦？上「齊欲攻宋章李兑陰搆於秦，亦無「秦弗欲」語。此「秦」字顯誤，今從鮑本正。齊以秦、趙之搆，恐禁其伐宋，故弗欲也。

〔三〕鮑本、吴本「以」作「已」，同。

〔四〕鮑本「事」作「争」。鮑彪云：「争一作『事』，争先事之。」〔按〕玉篇「争」字古文作「事」，與「事」字形似，二字易淆。下文「争秦」「事秦」錯出，恐由於此。散，謂從約解散。

〔五〕横田惟孝云：「據宋，謂伐宋而據有其地也。」中井積德云：「據，攻圍守之也。」〔按〕秦禁齊伐宋，豈可反攻取而據有其地？且宋地與秦壤不接，秦亦不能久有也。横田等説非。此謂天下散而事秦，齊不能伐宋，宋必親秦而聽命也，故云「秦必據宋」。説文：「據，杖持也。」

〔六〕〔按〕魏冉亦欲得陰(陶)封，嫉奉陽君之先得。説詳前章。

〔七〕〔按〕此「據」謂「攻取」。

〔八〕鮑本、吴本無「則」字。鮑彪云：「趙非不可以與秦講，而不可獨講。獨講則示秦弱，秦必輕之。今助四國攻宋而得陰，是五國爲一也，不懼秦矣。」中井積德云：「未得地而講，則土地據本分，竟無由得地也。若伐宋取陰而講，則陰亦入其分矣，秦必不奪焉。是節只論講之先後也，未言講之可否獨衆之義。」

〔九〕鮑彪云：「據此時趙可以無講，故云。」吳師道云：「不得已而必搆，非可以無搆也。疑此句『已』字誤。上句『得陰而搆』，此句當云『不得陰而必搆』，乃順。」横田惟孝云：「已，語助。列子：『白公不得已，遂死於浴室。』」〔按〕吴説疑是。「陰」、「以」同屬影紐，聲近而訛。但「不得已」義亦可通。

〔一〇〕鮑彪云：「同伐秦也。先伐後講，則不示弱。」横田惟孝云：「言願五國復堅約和親而講於秦也。」

〔一一〕鮑彪「願」上補「五國」二字，讀「趙」字句，「飛」字句，云：「（五國願得趙）時趙强故。（雄飛）雄者，衆雌所從。」横田本「下」作「以」，考異云：「從一本。」云：「『以』讀如『與』。趙足，人姓名，見齊、燕策。雄飛，蓋亦人姓名，皆趙臣也。」于鬯録横田説，又云：「或疑『下』正『與』字之譌也，亦未可知。鮑謂『雄者衆雌所從』，必不然。」金正煒以「願」字涉上文而衍，「得趙」二字屬上讀，云：「『得趙』猶言『親趙』。」〔按〕此章蘇代稱齊王爲足下，稱奉陽君爲君。而自「天下散而事秦」下，並爲對奉陽君語，又燕策奉陽君告朱讙、趙足「必不反韓珉，今召之矣」。戰國縱横家書第一章蘇秦獻書燕王云：「始臣甚惡事，恐趙足□□□□□□。」第二章云：「奉陽君甚怒於齊，使勺（趙）足問之臣。」是趙足爲奉陽君之親信人。與此下文相合。據此，則「趙足」爲人名，而非「足下」二字爲詞明矣。横田本從一本「下」作「以」，疑是，今從之。但不審一本爲何本？雄氏雖有其姓，然「雄飛」恐非人名。此似言願得遣趙足以展其雄才，與韓氏之臣東説齊王以無召韓珉也。

〔一二〕鮑彪改「免」作「勉」。吳師道云：「免即勉，通。」横田惟孝云：「大吏，吏之貴者。」鍾鳳年云：「『吏』字恐有誤，因『大吏』二字古不經見。魏策四魏攻管章有『遣大使之安陵』一語，此處之『吏』字，蓋爲『使』字之殘文。」〔按〕「使」從「吏」聲，字可通用。東，謂東至齊。

〔一三〕鮑本「召」作「名」，鮑改作「禁」。吳師道云：「此『名』字訛，當作『召』。」燕策蘇代説燕之辭曰：奉陽君告朱謹與趙足曰：『齊王云云。必不反韓珉，今召之矣。』此『名』字當作『召』，無疑。」

〔一四〕鮑彪改「岷」作「珉」，下同。 吴師道云：「前策言韓珉處趙，魏疑齊有秦私。韓策秦王曰：『韓珉與我交。』又云：『韓珉相齊。』此下文云：『天下爭秦，秦內韓珉於齊。』珉蓋韓人之善於齊、秦者。今代勸奉陽君合諸侯，與韓氏大吏勉齊王共合從，則齊必不召珉也。」〔按〕韓珉，戰國縱横家書作乾（韓）㬊。㬊善於秦，其時疑爲齊使入秦。縱横家書第七章云：「（齊王）甚懼而欲先天下，慮從楚取秦，慮反乾（韓）㬊，有（又）慮從勺（趙）取秦。」「慮反韓㬊」與此「免（勉）齊王必無召珉」正相對，皆在齊王決策未定之時而言。又㬊不主合趙，蘇秦謂齊王曰：「㬊謂臣曰：傷齊者必勺（趙）也。秦雖彊，終不敢出塞涑（溯）河絶中國而功（攻）齊。」（縱横家書第八章）故蘇代之言如此。

〔一五〕横田本「臣」作「秦」，考異云：「從一本。」 金正煒云：「『臣』當『堅』之壞文。下云：『無倍約者而秦侵約，五國復堅而擯之。』以其言復，而見此文之爲堅也。」〔按〕「臣」當從横田本作「秦」，疑昔近而誤。謂五國堅約，雖不得已而搆，使秦不敢背約。下文云「而秦侵約，五國復堅而賓之」，申説堅約之利。「侵約」與「守約」相應，知「臣」之當作「秦」也。唯横田所據一本，不審何本。

〔一六〕鮑本、吴本、盧本「與」下有「國」字。 鮑彪讀「使臣守約若與國」句，云：「秦本非與，今講必使之如與也。」吴師道云：「與國，言五國也，故云『有倍約者，則四國攻之，無倍約者，而秦侵敗約，則五國復堅擯之』。」〔按〕鮑讀解俱誤，吴正是也，但未正其讀。與，即與國。

〔一七〕鮑彪云：「『倍』並音『背』。」

〔一八〕〔按〕「而」猶「如」，見經傳釋詞。

〔一九〕鮑彪改「賓」作「儐」。 吴師道云：「（賓）擯通。莊子賓於鄉里。」

〔二〇〕姚宏云：「曾無『堅』字。」

〔二一〕鮑彪改「踦」作「觭」，云：「角一俯一仰曰『觭』。言有一重。」吴師道云：「公羊傳：『踦閭。』何休説：開一扇，閉一扇，一人在内，一人在外曰『踦』。説苑『切踦』之『踦』即『倚』字，義皆訓『偏』。」〔按〕説文「踦，一足也。」段注：「管子：『俈、堯之時，一踦腓，一踦屨而當死。』……引伸之，凡物單曰『踦』。方言『倚、踦，奇也。自關而西，凡全物而體不具謂之「倚」，梁、楚之間謂「踦」。雍、梁之西郊，凡嘼支體不具者謂之「踦」。』……戰國策：『必有踦重者矣。』踦重，偏重也。」申明吴説，鮑改非是。此言五國如不堅約，齊、秦不復合則必四國交有偏重。

〔二二〕吴師道云：「後合，即上復合。」黄丕烈云：「『後』乃『復』形近之譌耳。」〔按〕黄説是。

〔二三〕鍾鳳年云：「『事』字上蓋脱一『争』字。無之，……與下文『凡七言天下争事秦』之語不相應矣。」〔按〕此假設之詞，「事」字義已足，無庸補字。下文或作「争秦」，或作「事秦」，不作「争事秦」。「争」、「事」二字多淆（説見上），此文義可兩通，亦不能彊斷也。

〔二四〕鮑彪云：「天下自爲秦用，趙無所用之也。」金正煒云：「『爲』是助語。莊子逍遥篇『予無用天下爲』，正與此文同。鮑注非也。」〔按〕金説是。此謂趙將何用天下乎？

〔二五〕〔按〕蚤同早。

〔二六〕吴師道云：「争秦，一本此下皆作『事秦』。」吴汝綸云：「『争』皆當爲『事』。以下並同。」横田惟孝云：「『秦』下疑脱『秦』字。」鍾鳳年同，云：「試觀下文六『天下争秦』句，每句下必繼曰秦將如何應付天下，而有一『是秦之一舉也』，可見元語必有作『秦有六舉』，始上下相應。」

〔二七〕鮑彪衍「内」字，云：「山東皆負海。」吴師道云：「三晉非負海也，恐『負』字因下文衍。」横田惟孝從鮑作

「負海」，云：「負海，謂齊也，下文受齊是也。中山策：『今五國相與王也，負海不與焉。』」（金正煒同）〔按〕横田説可參。

〔二八〕鮑彪云：「天下嘗横而親秦矣，已而負之，今復合之。」

〔二九〕金正煒云：「據，謂跨之。秦、齊合而臨三晉，故曰『據』也。」

〔三〇〕穆文熙云：「首言秦求利三晉，必及於趙，故不利。」

〔三一〕鮑彪云：「此皆其國人之與秦事者，故秦納之。」吴師道云：「韓呡，非齊人。」〔按〕内同納。史記秦本紀：「（昭襄王）十七年城陽君入朝。」魏策四：「成陽君欲以韓、魏聽秦。」城陽即成陽，與此爲一人，蓋韓臣之親秦者。戰國縱横家書第八章「（薛公）身率梁王與成陽君北面而朝奉陽君於邯鄲」，疑亦此成陽君。

〔三二〕姚宏云：「（衍）劉作『術』。」鮑彪讀「復合衍」句，「交兩王」句，云：「公孫衍時相魏，雅不善秦。今相懷，因使合之。（兩王）秦、魏。」吴師道云：「（衍）公孫衍，非犀首，説見前。（兩王）上言齊、韓、魏，此『兩王』謂『燕、趙』也。」于鬯云：「此『合』疑『令』字之譌也。或云：此校策者以『合』字爲衍文，故『合』下旁注『衍』字，遂誤入正文耳。復交兩王，本四字句。存參。」金正煒云：「復合衍交，義不可曉，作『術』亦非。（衍）疑當作『衡』，衡與横同。言復合横親之交也。『衡』與『衍』形似而誤。『兩』當爲『而』之譌，『王』字誤複。」〔按〕于先説較長。「合」與「令」形近而誤。「兩王」當從吴注。

〔三三〕鮑彪改「曹」作「楚」，句，云：「（王賁、韓他）此皆秦人。」吴師道云：「曹，輩也，下有『皆』字，文勢宜然。五國必無楚。韓他恐韓人。餘無考。」〔按〕吴説是。詩大雅公劉篇：「乃造其曹。」毛傳：「曹，羣也。」孔疏：「周語曰：『民所曹好。』漢書每云『吾曹』。曹者，輩類之言。」趙世家武靈王二十年「使王賁之楚，寧之魏」。當周赧九年（三〇六），去李兑伐秦之時（前二八六）二十年，時代相及，疑與此王賁爲一人。王賁爲趙使楚而後又親秦，戰國說士多變，此亦不足爲異。

〔三四〕鮑本、吴本無「又」字。

〔三五〕穆文熙云：「二言秦用其所親，必謀趙，故不利。」

〔三六〕鮑本、吴本「疆」作「强」，盧本作「彊」。〔按〕「疆」是「彊」之形誤，彊、强同字。今正。

〔三七〕鮑彪云：「此三皆强國，自相親。」金正煒云：「『三親』之『三』，疑當作『已』。呂覽察傳篇：『夫「已」之與「三」相近。』此由『已』譌爲『己』，復爲『三』也。」

〔三八〕鮑彪云：「據，猶臨之。（求安邑）秦求之。」〔按〕以，因也。又「以」猶「乃」也。訓並詳古書虚字集釋。

〔三九〕鮑本「信」作「倍」，注云：「此倍，益也。」横田惟孝云：「抱，猶奉持也。言魏奉持安邑而致之，使秦信己也。」金正煒云：「『信』當從鮑本作『倍』，正與『饒』義相應。左氏僖三十年傳：『焉用亡鄭以倍鄰。』注：『倍，益也。』與此義同。」〔按〕二字義並可通，「倍」字較長。

〔四〇〕鮑彪云：「『過』猶『勝』也。言秦行此策，不論其他，止得安邑已勝於趙矣。」吴師道云：「已、以通。言秦之勝趙以得魏之安邑。按魏獻安邑在赧王二十九年。大事記書於五國伐秦之前，據此策則伐秦後事也。」中井積德云：「過，咎之也。已，以同。秦以得安邑而恐失魏之心，乃歸罪於趙。」安井衡云：「秦經過趙也。趙已爲魏安邑矣，言亦不待伐而爲秦有也。」于鬯云：「此『矣』字蓋反辭，猶『乎』也。古『乎』多用『矣』，見王引之釋詞，策亦屢見之。秦策云：『其卒亦可願矣！』韓策云：『計將安出矣？』並猶言『乎』也。」沈壽經明經云：「『秦得安邑又無韓、魏之患，則秦伐趙即可徑由安邑進兵。故曰「秦過趙以安邑矣」。猶言秦伐趙以安邑爲過塗。或字有脱譌。』說亦可存。」金正煒云：「『過』猶『責』也。秦將以魏納安邑責望於趙也。」〔按〕諸說多歧，金釋較長。

〔四一〕姚宏云："一本無上(是秦之一舉也)六字。" 鮑本無此六字。 横田惟孝云："是秦之一舉也，秦行是計，二句，蓋錯簡，宜移下『趙、宋同命』下。" 〔按〕此六字宜衍。

〔四二〕穆文熙云："三言秦得韓、魏，則秦强趙弱，故不利。"

〔四三〕鮑彪云："伐齊得之，則珉爲用。" 吴師道云："前言内韓珉於齊者，謀如此也。珉自善於秦者，前時魏疑其有秦私，必不合於魏，故使之攻魏。" 横田惟孝云："『珉』字恐衍。" 金正煒云："『珉』字涉上文『内韓珉』而衍。" 〔按〕下文"秦因收楚而攻魏"，不及韓。又云"伐魏絶韓包二周"，是韓亦在攻取之列。此文"韓珉"不誤，横田及金説未允。韓珉親秦，爲齊使於秦者，戰國縱横家第十三章乾(韓)㬊獻書於齊曰："秦悔不聽王以先事而後名。今秦王請侍(待)王以三四年。齊不收秦，秦焉受晉國。齊、秦復合，使㬊反(返)，且復故事，秦卬曲盡聽王。"㬊即韓珉，可見其善於齊、秦之間。

〔四四〕鮑彪云："(兵始用)交鋒之初。"

〔四五〕鮑彪云："三國交鋒，勢不得解，故得以此時收攻二國。"

〔四六〕鮑彪云："(女戟)地缺。" 吴師道云："女戟，地名，在太行西。" 程恩澤云："此本索隱劉伯莊説。彼以太原爲太行，故有此論。當以闕疑爲是。"

〔四七〕吴師道云："太原，正義以爲太行，當是。" 程恩澤云："此説本之劉伯莊，似未可據以爲信。韓既分得安邑，亦無難兼有太原也。此等處不宜輒改。"

〔四八〕鮑彪改"軹"作"咫"。 〔按〕軹道説見同策二蘇秦從燕之趙始合從章。

〔四九〕鮑彪改"高"作"而"。盧本從之。 吴師道云："疑(高)字有誤。" 于鬯云："或云：『高』下疑脱『平』字。前策：『反温枳高平於魏。』高平與軹連稱。"

〔五〇〕姚宏云：「劉本無『爍』字。」

〔五一〕姚宏云：「（燥）一作『爍』。」鮑彪云：「『燥』猶『爍』。」〔按〕此承上「消爍」而言，字當作『爍』，『燥』疑是形譌。鮑注恐非，今從一本正。

〔五二〕姚宏云：「（分）一作『孤』。」關修齡云：「兵分於齊，燕、趙伐齊是也。」

〔五三〕穆文熙云：「四言秦連横伐齊，因而攻楚攻魏，絶韓包周，趙自消爍，故不利。」

〔五四〕鮑彪改「曹」作「財」。盧本從之。吴師道云：「一本（曹）作『財』。」〔按〕「曹」疑「財」之聲訛。今從一本。

鮑彪云：「三晉破屈也。」金正煒云：「漢書鄭當時傳：『財力益屈。』注：『屈，盡也。』」

〔五五〕鮑彪云：「此與上始用兵而攻收同。」吴師道云：「不同。」王念孫云：「秦按兵攻魏，『兵』字後人所加。秦按攻魏者，按，語詞，猶言『於是』也。言秦使三晉攻齊，國破財屈而兵分，秦於是攻魏取安邑，則三晉不能救也。下文云『秦行是計也，君按救魏，是以攻齊之已弊與秦交争戰也』；又曰『天下事秦，秦按爲義，存亡繼絶，固危扶弱』。秦按攻魏，君按救魏，秦按爲義，三『按』字義並同也。『按』字或作『案』，又作『安』，又作『焉』。」（按「按」訓又別詳於經傳釋詞）〔按〕王説義長。

〔五六〕鮑彪云：「按，謂安然。」吴師道云：「即上文『按兵』之『按』。」横田惟孝云：「按，止也。君按救魏，謂趙止攻齊之兵以救魏也。」〔按〕按，當從王念孫説訓「於是」（見上）。

〔五七〕鮑彪「救」下補「之而」二字。吴師道云：「一本無『救』字。『救』即『敉』字訛衍。」〔按〕吴説是，今從一本衍。

〔五八〕鮑彪云：「合，合秦。」横田惟孝云：「謂韓、魏不支，必合於秦也。」〔按〕「焉」猶「安」也（見廣雅）。秦居西方，故云「西合」。

〔五九〕鮑彪云：「（在謀之中）在秦謀中。」中井積德云：「『謀』疑當作『敵』。」〔按〕鮑注可通。「敵」與「謀」形聲俱遠，中井説非。

〔六〇〕姚宏云：「劉（有）作『又』。」鮑彪云：「『有』猶『又』。」〔按〕有、又古同字。

〔六一〕穆文熙云：「五言秦連横伐齊則趙疲，按兵攻魏，則趙不敢救，故不利。」

〔六二〕姚宏云：「（爭）一作『事』。」

〔六三〕金正煒云：「『爲』當讀如『僞』。言秦於是僞行義於天下也。」〔按〕爲、僞二字通用。禮記月令篇：「毋或作爲淫巧。」鄭注：「今月令作『爲』，『爲』作『僞』。」詩唐風采苓篇：「人之爲言。」孔疏：「王肅諸本皆作『爲言』，定本作『僞言』。」是其證。下述其僞義之事。

〔六四〕中井積德云：「定，謂反置之。」〔按〕爾雅釋天郭注：「定，正也。」尚書堯典「以閏月定四時」，史記五帝本紀作「以閏月正四時」。此言正無罪被亡之君，使其復立。

〔六五〕鮑彪云：「勝，中山之後。」吴師道云：「無據。」于鬯云：「中山既亡於趙，未聞有勝者存其後，且『與』字之義何著？鮑義必不可從。林紀謂『勝』恐『滕』字之誤。策謂宋王偃滅滕。是時滕已亡，故云爾。此説甚得。史惠景間侯者表滕侯。索隱引劉氏作『勝』，可證。『滕』、『勝』本同聲通借字，並不當謂誤。但國名或不應用借字耳。」（金正煒説同）〔按〕林春溥、于鬯等辨「勝」當爲「滕」，是也。宋王滅滕，見於宋策。下文云「趙、宋同命」，正與「起中山與滕」相應。「勝」當讀爲「滕」無疑。王先謙鮮虞中山國事表乃云：「（中山）其後有名勝者，不知所終。」蓋亦承襲鮑注之誤耳。

〔六六〕鮑彪云：「此時宋小弱。言趙失中山，聽命於秦，與宋同也。」〔按〕謂趙失中山、宋失滕，故言「同命」。鮑誤。

〔六七〕穆文熙云：「六言秦封列國，則趙失疆土，故不利。」

〔六八〕許應元云：「始言終不得陰，必不得，既而曰終身不得，曰又終身不得，卒之曰何暇言陰。辨博收縱，無際可尋。只一言曰：君必無講，陰必得矣。使奉陽聽之，不覺傾倒。」

〔六九〕吳師道云：「蘇代爲燕反間，勸齊伐宋，將以敝齊。其勸趙之共攻者，恐趙之合秦，而齊、秦方惡爾。然趙卒不合齊伐宋者，害齊之驕而止歟？抑別有故也？按燕策：蘇代説燕於趙以伐齊，奉陽君不聽。乃入齊惡趙，令齊絶於趙。又代謂燕昭王曰：『臣離齊、趙，齊、趙已孤矣。』趙之不合齊，其後竟合燕以破齊，殆以此歟？」又云：「大事記：齊湣王與魏、楚滅宋，三分其地。魏得其梁、陳留，齊得其濟陰、東平，楚得其沛。考之史年表、齊、魏世家皆止言齊滅宋。獨宋世家稱與楚、魏伐宋，三分其地，此大事記所據也。按蘇代説燕之辭曰：『齊王南攻楚，西困秦，又以其餘兵舉五千乘之勁宋。』謂秦之辭曰：『攻宋所以爲王也。齊强，輔之以宋，楚、魏必恐，恐必西事秦。』使當時齊與楚、魏合，其言豈若是乎？史稱齊既滅宋，南割楚之淮北，西侵三晉，是其乘滅宋之强，併奪楚、魏地。而謂與之分宋地，豈其實哉？樂毅勸燕昭王約趙、楚、魏伐齊，其言曰：『主若欲攻齊，莫若結於趙。且又淮北宋地，楚、魏之所欲也。』年表燕破齊之年，書楚、趙取齊淮北。大事記因之。按此言，則楚、魏分地，當是樂毅破齊後事。宋世家所記者，豈非誤邪？」〔按〕吳氏辨宋世家、大事記之誤。林春溥戰國紀年亦謂與魏、楚伐宋之非，同吳説。黄式三周季編略則云：「楚、魏因齊之破宋也，亦起兵分其地」，從宋世家。史記記戰國事，因當時資料殘失，多舛異，不能盡從。齊、楚、魏所得宋地，見漢書地理志，大事記本之。此章所言陰即陶，説見前。蘇代爲燕昭行反間，勸齊伐宋以敝之，策、史並同，但戰國縱横家書則作蘇秦，别詳拙著蘇秦兄弟事迹考實。

5 樓緩將使

樓緩將使，伏事辭行〔一〕，謂趙王曰：「臣雖盡力竭知，死不復見於王矣。」王曰：「是何言也？固且爲書而厚寄卿〔二〕。」樓子曰：「王不聞公子牟夷之於宋乎〔三〕？非肉不食〔四〕。文張〔五〕善宋〔六〕，惡公子牟夷，寅然〔七〕。今臣之於王，非宋之於公子牟夷也，而惡臣者過文張，故臣死不復見於王矣。」王曰：「子勉行矣！寡人與子有誓言矣。」樓子遂行。後以中牟反入梁〔八〕。候者來言，而王弗聽，曰：「吾已與樓子有言矣〔九〕。」

〔箋證〕

〔一〕鮑彪云：「『伏』猶『隱』也。將出使，恐王疑之，於辭日以隱伏之事要王，使信己也。」吳師道云：「伏事，句。隱祕之事也。」安井衡云：「『使』字句。伏，隱也，隱伏其意中之事以辭行也。所伏之事即下文『以中牟反入梁』是也。」于鬯云：「或云：『伏』本作『伕』，右角誤加一點。漢大尉公墓畫像首曰伕尉公。洪适隸續引字書有『伕』字，與『大』同音。伏事者，大事也。」此讀「事」字句。金正煒云：「管子任法篇：『百官伏事者，離法而治則不祥。』注：『服行也。』鮑、吳恐非。下文云『緩以中牟反入梁』，疑『伏事』或本作『代吏』。史記襄子立代成君子浣爲太子，是爲獻子。獻子少即位，治中牟。襄子弟嘉逐浣而自立於代。緩所反入梁者當屬代。此言緩將奉使爲代吏也。事，古文作『叓』，與『吏』形似而誤。『伏』即『代』字之譌。」此亦讀「事」字句。〔按〕諸説各異，安井説爲長，今讀從之。唯謂伏事即以中牟反入梁之事，恐非。伏事謂匿事，疑即下辭王之言。金後説謬。中牟不屬代，何能謂爲反入梁者屬代。又王謂「固且爲書而厚寄卿」，亦非任事於國内之言。此事不詳年代，樓緩爲武靈王時使秦而爲相者抑孝成王時與虞卿議割地媾秦者，不能定也。鮑彪次此策於惠文王三十年之前，亦無據。

〔二〕横田惟孝云：「致書於所使之國而厚託緩，令以無憂也。」

〔三〕鮑彪云：「（公子牟夷）宋公子。」〔按〕牟夷疑即目夷，「牟」、「目」同聲通借。目夷爲宋襄公之庶兄，字子魚，其後爲魚氏，世爲宋左師，見左氏僖八、九年傳。目夷無被讒事。説苑立節篇云：「宋襄公茲父爲桓公太子，桓公有後妻子曰公子目夷，公愛之。茲父爲公愛之也，欲立之。請於公曰：請使目夷立，臣爲之相兄以佐之。……公許之，將立公子目夷。目夷辭……乃逃之衛。」事與左傳異。此或戰國傳聞異説，因其逃衛而訛爲被讒歟？

〔四〕鮑彪云：「言其貴。莊十年注：『肉食，在位者。』」〔按〕非肉不食，謂其侈於口腹，以喻驕貴。鮑引杜注，與此不合。

〔五〕鮑彪云：「（文張）他國人。」吴師道云：「無考。」

〔六〕鮑彪云：「（善宋）宋王善之。」吴師道云：「此引前事。」〔按〕謂文張善於宋君。

〔七〕鮑彪改「寅」作「宋」，「然」下補「之」字，云：「言牟夷之親，而文張以遊客能使宋聽其説，況已乎？」吴師道云：「寅然，上下有缺誤。」于鬯云：「『寅』蓋讀爲『瞚』字，亦作『瞬』。瞬然，猶言一瞬耳。然則下有缺文，上當無缺亦無誤。沈濤經明經云：『寅然，形其當日被刑之貌也。』則不謂有缺文。」金正煒云：「『寅』字或書作『寊』。『賓』字古文作『寊』，此或『賓』之譌也。『賓』或作『擯』，棄也。『然』猶『焉』也。『寅然』猶『賓焉』。」金其源云：「説文：『寅，髕也。』徐鍇云：『擯斥之意，人陽氣鋭而出，上閡於宀臼，所以擯之也。』禮檀弓：『穆公召孫子而問然。』注：『然之言焉也。』是『寅然』猶『擯焉』。」〔按〕二金説雖較長，亦嫌迂折。「寅」當「賓」字之譌，徐鍇之説似不足據。此文疑有脱訛，不可曲解。

〔八〕鮑彪云：「史不書。」吴師道云：「中牟，趙邑也，見前策。以中牟反入梁，或者祕謀之事歟？」

〔九〕鮑彪云：「此言姦人不可盡信。」〔按〕樓緩對趙王之言，有類於甘茂曾參殺人之説，龐葱市虎之喻，然懷謀不同。策著之，亦見聽言之不可不慎也。

6　虞卿請趙王曰

虞卿請〔一〕趙王曰：「人之情寧朝人乎？寧朝於人也〔二〕？」趙王曰：「人亦寧朝人耳，何故寧朝於人？」虞卿曰：「夫魏爲從主，而違者范座〔三〕也。今王能以百里之地，若〔四〕萬户之都，請殺范座於魏。范座死，則從事可移於趙〔五〕。」趙王曰：「善。」乃使人以百里之地，請殺范座於魏。魏王許諾，使司徒〔六〕執范座而未殺也。

范座獻書魏王曰：「臣聞趙王以百里之地，請殺座之身。夫殺無罪范座，〔座〕〔七〕薄故〔八〕也，而得百里之地，大利也，臣竊爲大王美之。雖然，而有一焉，百里之地不可得，而死者不可復生也，則主(王)〔九〕必爲天下笑矣。臣竊以爲與其以死人市，不若以生人市使

（便）也〔一〇〕。」

又遺其後相〔一一〕信陵君書曰：「夫趙、魏，敵戰之國也，趙王以咫尺之書〔一二〕來，而魏王輕爲之殺無罪之座。座雖不肖，故魏之免相〔望〕〔一三〕也，嘗以魏之故，得罪於趙。夫國内〔一四〕無用臣〔一五〕，外雖得地，勢不能守。然今能守魏者，莫如君矣。王聽趙殺座之後，强秦襲趙之欲〔一六〕，倍趙之割，則君將何以止之？此君之累也。」信陵君曰：「善。」遽言之王而出之〔一七〕。

【箋證】

〔一〕鮑彪移此章於魏策安釐王下。姚宏云：「（請）一作『謂』。」鮑本、吳本「請」作「謂」。黄式三編略改「虞卿」作「趙客」，云：「虞卿不應爲此謀。」

〔二〕姚宏云：「曾（也）作『乎』。」〔按〕「也」讀如「邪」。

〔三〕鮑本、吳本「座」作「痤」，下同。鮑彪云：「（范座）魏相。」吳師道云：「一本（痤）作『座』，史與此（痤）同。」黄丕烈云：「古今人表中下亦作『座』。」横田惟孝云：「違，違趙志也，言使趙不爲從主。」〔按〕説苑善説篇「座」作「痤」，同鮑本。座、痤字通。

〔四〕金正煒云：「『若』猶『或』也，詳（經傳）釋詞。」

〔五〕鮑彪云：「趙主從也。」横田惟孝云：「言趙爲從主，而可以朝人也。」

〔六〕姚宏云：「曾、劉（徒）作『空』。」鮑彪云：「（司徒）本周卿，此時主徒隸者耳。」〔按〕魏策三芒卯謂秦王曰：

「王之所欲於魏者，長芋、王屋、洛林之地也，王能使臣爲魏之司徒，則臣能使魏獻之。」據此，魏之司徒職位不卑，非主徒隸之事，鮑注恐非。此疑是主刑法之官，司徒或司空似皆不合，或字有誤。

〔七〕姚宏云：「劉無下『座』字。」鮑彪衍下「痤」字。吳師道云：「（痤）字衍。」今從衍。

〔八〕鮑彪云：「薄故，猶細事。」

〔九〕鮑本、吳本、盧本「主」作「王」。吳汝綸云：「當作『王』。」〔按〕「王」字長，今從改。

〔一〇〕姚宏云：「一本無『使』字。」鮑彪改「使」作「便」。〔按〕鮑改當是，「使」乃「便」之形譌。今從改。史記魏世家此節作「趙使人謂魏王曰：『爲我殺范痤，吾請獻七十里之地。』魏王曰：『諾。』使吏捕之，圍而未殺。痤因上屋騎危，謂使者曰：『與其以死痤市，不如以生痤市。有如痤死，趙不予王地，則王將奈何。故不若與先定割地，然後殺痤。』魏王曰：『善。』」說苑善說篇同，與策稍異。

〔一一〕關修齡云：「痤免相之後，以信陵爲相，故云『後相』也。」

〔一二〕關修齡云：「咫尺，猶尺一也。」〔按〕咫尺之書，謂書牘。王國維簡牘檢署考云：「牘長一尺。漢書遊俠傳：『陳遵與人尺牘，主皆藏去以爲榮。』說文七：『牘，書版也。』後漢書北海靖王興傳、蔡邕傳注皆云：『說文曰：牘，書版也，長一尺。』蓋通行之制也。唯天子詔書獨用尺一牘。史記匈奴傳：『漢遺單于書牘以尺一寸。』漢舊儀之尺一板，漢儀之尺一詔，獨斷之尺一木，皆是也。」所考雖是漢制，離戰國不遠，當亦相近。說文：「咫，中婦人手長八寸謂之咫，周尺也。」王國維謂：「周尺二種，一以十寸爲尺，一以八寸爲尺。」（同上書）是「咫尺之書」猶言「尺書」也。

〔一三〕姚宏云：「劉（望）作『室』。」鮑彪衍「望」字。吳師道云：「史無。」金正煒云：「作『室』者當是。管子地圖篇：『相室之任也。』漢書五行志『易相室』，注：『相室，猶言相國。』又（望）或爲『向』，音義並近而譌。秦策『即使文王疏吕望而弗與深言』。史記作『尚』。『尚』之爲『望』，猶『向』之爲『望』也。『向』與『嚮』同。」〔按〕說苑亦無「室」字。國策數見「相室」之名，皆爲家臣之稱，與此不合，鮑衍「望」字爲是，今從之。金氏後說改「望」爲「向」，以「向也」屬下句讀，義似通，但「望」之譌「向」，形聲不近。所引「吕望」作「吕尚」之證，按史記齊世家「太公望吕尚者」。據索隱太公望是號，尚是其名。則史記易「望」作「尚」，乃名號互易，非音近通借，不足爲據。

〔一四〕鮑本無「内」字。吴師道云：「一本『國内無用』，是。」

〔一五〕鮑彪云：「用，言可任者。」金正煒云：「『用』疑當爲『周』。周，親也。周臣，猶親臣也。」〔按〕「用臣」可通，不必改字。

〔一六〕姚宏云：「劉（欲）作『俗』。」鮑彪云：「襲，言猶因趙之故態。」金正煒云：「『欲』疑『故』之譌。國語魯語『非故也』，注：『故，故事也。』」〔按〕依鮑注，似「欲」字原亦作「故」，同金說。史記、說苑並作「欲」，同此本。說文：「欲，貪欲也。」今多作「慾」。「俗」乃「欲」之借字。此言因襲趙之貪欲。金說未是。

〔一七〕鮑彪云：「（魏世家安釐王）十一年有。」

7　燕封宋人榮蚠爲高陽君

燕封宋人榮蚠爲〔一〕高陽君，使將而攻趙。趙王因割濟東三城，令盧〔二〕、高唐〔三〕、平原陵地城邑市五十七〔四〕，命以與齊，而以求安平君而將之〔五〕。

馬服君〔六〕謂平原君曰：「國奚無人甚哉！君致安平君而將之，乃割濟東三(令)〔七〕城市邑五十七以與齊，此夫子(予)與〔八〕敵國戰，覆軍殺將之所取割地於敵國者也。今君以此與齊而求安平君而將之，國奚無人甚也〔九〕！且君奚不將奢也？奢嘗抵罪居燕，燕以奢爲上谷守〔一〇〕，燕之通谷要塞，奢習知之。百日之内，天下之兵未聚，奢已舉燕矣。然則君奚求安平君而爲將〔一一〕乎？」平原君曰：「將軍釋之矣，僕已言之僕主矣，僕主幸以〔一二〕聽僕也。將軍無言已。」馬服君曰：「君過矣。君之所以求安平君者，以齊之於燕也，茹旰(肝)〔一三〕涉血之仇耶〔一四〕。其於奢不然〔一五〕。使安平君愚，固不能當榮蚠；使安平君知，又不肯與燕人戰。此兩言者，安平君必處一焉。雖然，兩者有一也〔一六〕，使安平君知，則奚以趙之强？爲趙强〔一七〕，則齊不復霸矣。今得强趙之兵，以杜〔一八〕燕將，曠日持久數歲，令士大夫餘子〔一九〕之力盡於溝壘，車甲羽毛𧙗敝〔二〇〕，府庫倉廩虚，兩國交以習(敝)〔二一〕之，乃引其兵而歸〔二二〕。夫盡兩國之兵，無明此者矣〔二三〕。」夏軍也，縣釜而炊〔二四〕，得三城也〔二五〕，城大無能過百雉者〔二六〕。果如馬服之言也。

〔箋證〕

〔一〕鮑本、吳本無「爲」字。吳師道云：「蚠，符分反。」

〔二〕鮑彪改「令」作「合」，云：「(盧)屬太山。」程恩澤云：「今在(山東)濟南府長清縣西南二十五里。」

〔三〕鮑彪云：「（高唐）屬平原。」程恩澤云：「今在（山東）濟南府禹城縣西南四十里。」

〔四〕姚宏云：「一本無『陵』字。」鮑本、吳本「邑市」作「市邑」。鮑彪云：「平原屬青州。」張琦云：「平原故城在今縣西南五十里。濟東以下皆齊地，不聞趙嘗取之。求一將而割城市五十七，均未曉也。」程恩澤云：「按三城今俱屬濟南府，其實皆在濟北，而曰濟東者，皆趙自濟西觀之，則皆在濟水之東也。」〔按〕疑三城本爲齊地，樂毅合五國破齊之時，趙乘機取之，殆齊素故地於趙，平原君以拒燕兵爲交換條件歟？

〔五〕〔按〕安平君，田單，嘗大破燕軍，故趙求以爲將。

〔六〕〔按〕馬服君，趙奢。

〔七〕姚宏云：「一本無『令』字。」鮑彪「三」下補「城」字，「令」改作「合」。吳師道云：「大事記去『令』字。」〔按〕「令」字當衍，今從一本。

〔八〕鮑本「子」作「予」。鮑彪云：「夫，辭也，謂三城。」吳師道云：「大事記並删『夫予』二字。」關修齡云：「夫子，指平原君也。當語往時稱『夫子』，方今則稱『君』。」安井衡云：「夫子，必有所指，在當時其事自明，故直言夫子而不舉姓名耳。」金正煒云：「此章馬服之稱平原君皆曰君，自稱皆曰奢，不應復爲異稱。疑即士大夫餘子之省文。」〔按〕「夫子」當從鮑本作「夫予」，「與」字疑衍。「予」、「與」通用，詩齊風雞鳴篇：「無庶予子憎。」釋文：「定本『予』作『與』。」此文「此夫予」，或旁注「與」字，示「予」與「與」通，傳寫誤併入文爾。「夫」猶「彼」也，指取割地於敵國者，非謂三城。諸説並誤。

〔九〕鮑本「也」作「哉」。吳師道云：「一本此作『甚也』。應上『甚哉』，蓋反覆歎惜之辭。」

〔一〇〕〔按〕上谷見秦策五文信侯欲攻趙章。奢爲燕上谷守，史傳失載其事。

〔一一〕姚宏云：「劉本添『將』字。」

〔一二〕鮑本、吳本「以」作「已」，同。

〔一三〕鮑本、吳本「盰」作「肝」。〔按〕大事記解題亦作「肝」。「盰」乃「肝」之形譌，「茹肝」與「涉血」對舉，今從鮑本正。

〔一四〕鮑彪云：「謂即墨之役。」安井衡云：「茹，食也。言齊怨燕，欲食其肝。」金正煒云：「呂覽節喪篇：『涉血盩肝以求之。』注：『盩，古抽字。』易泰：『拔茅茹。』注：『茹，相牽引之貌。』是『茹肝』猶『抽肝』。非服食之義。」〔按〕「涉」讀如「喋」。文選與陳伯之書：「朱鮪涉血於友于。」李善注：「涉，丁牒切，與『喋』同。」

〔一五〕鮑本、吳本「奢」下有「也」字。鮑彪云：「奢於燕非(鮑、吳合注四部叢刊本「非」誤作「之」，據鮑單注本正)仇。」吳師道云：「奢以爲不然。」〔按〕吳說是。

〔一六〕姚宏云：「曾、劉(兩)作『然』。」中井積德云：「雖然有一，重複不可讀，削此七字可也。」〔按〕此反覆重申之詞，正狀語氣鄭重。中井說未然。

〔一七〕〔按〕以，用也。爲，猶如，假設之詞，見經傳釋詞。

〔一八〕鮑彪云：「『杜』猶『拒』。」金正煒云：「『杜』當作『拄』，字形相近而誤。拄，距也。」〔按〕杜，謂杜塞，引伸爲「拒」，鮑義可通。

〔一九〕〔按〕周禮地官小司徒：「凡國之大事，致民。大故，致餘子。」鄭注：「餘子，卿大夫之子當守於王宮者也。」

〔二〇〕鮑彪云：「羽毛，謂箭。『⿰衤列』即『裂』字。」吳師道云：「羽毛即羽旄。」〔按〕吳說是。

〔二一〕姚宏云：「曾、劉(交以習)作『交敝』。」鮑彪云：「習，言玩其兵。」關修齡云：「此言交習，知安平不肯與戰。」橫田本「交以習之」作「交以敝」。金正煒云：「『習』字當讀如『慴』，廣韻：『伏也。』集韻：『懼也。』此言燕、趙之兵俱罷，即皆慴伏於齊。」〔按〕「習」當從曾、劉本作「敝」爲長，今改。

〔二二〕金正煒云：「其兵，蓋單將以助趙之齊人。謂之其者，以別於趙。歸，謂歸齊。」

〔二三〕〔按〕謂消耗趙、燕二國之兵力。未有明於此事者。

〔二四〕鮑彪改「夏」作「是」。盧本從之。吳師道云：「未詳，恐上下文有缺誤。懸釜而炊，前章圍晉陽云。此時或有水害。大事記無『夏』止『炊』七字，云：『已而得三城。』」安井衡云：「軍，屯也。夏月駐軍，時正雨潦，縣釜而炊，軍終無功。鮑改『夏』爲『是』。無『夏』字，縣釜而炊，上無所頂。且聞『是役』，未聞『是軍』。非也。」

〔按〕此趙奢料戰之言，當夏出軍，正值雨季，軍中懸釜而炊，必無大獲，得三城而已。

〔二五〕鮑彪衍「也」字。金正煒云：「趙世家：『孝成元年，齊安平君田單將趙師而攻燕中陽，拔之。又攻韓注人，拔之。』此云『三城』，疑韓即燕師所完之韓城。」〔按〕金説出臆度，無據。呂祖謙大事記解題云：「此即趙世家今歲（周赧五十年）所載之事也，但載所得之城微不同耳。」

〔二六〕鮑彪云：「隱元年注：『方丈曰堵，三堵爲雉。』」〔按〕百雉之城在春秋初爲大城，至戰國則「千丈之城，萬家之邑相望」（趙策三趙惠文王三十年章）百雉城不過中城耳。言其所獲小。此事當在惠文王三十年田單與趙奢論兵（趙策三趙惠文王三十年章）之前。

8　三國攻秦趙攻中山

三國攻秦〔一〕，趙攻中山，取扶柳〔二〕。五年以擅呼沲〔三〕。齊人戎郭。宋突〔四〕謂仇郝〔五〕曰：「不如盡歸中山之新埊〔六〕，中山案此〔七〕，言於齊曰：『四國〔八〕將假道於衛，以過章子之路〔九〕。』齊聞此，必效鼓〔一〇〕。」

〔箋證〕

〔一〕鮑彪云：「魏哀（按「哀」當作「襄」）二十一年，與齊、韓共攻秦。此（惠文王）元年。」〔按〕三國攻秦即孟嘗君約從擊秦入函谷事，參同策三富丁欲以趙合齊魏章。

〔二〕鮑彪云：「（扶柳）屬信都。」吴師道云：「漢志其地有扶澤，澤中多柳，故名。」張琦云：「故城在今（河北）冀州西南八十里。」

〔三〕鮑彪云：「擅，言固有之。」〔按〕呼沲即呼沱河，見秦策張儀説秦王章。王先謙鮮虞中山國事表云：「先是富丁欲以趙合齊、魏，司馬淺爲富丁説主父順齊與韓、魏攻秦云云（按文見前策，此略）。至惠文元年，三國攻秦，趙遂乘間攻中山，取扶柳，擅呼沱，是富丁説行矣。擅者，全有之。」

〔四〕鮑彪云：「（戎郭、宋突）雖齊人，而倍齊。」于鬯云：「或謂：『戎』蓋讀爲『崇』，崇、戎疊韻假借。崇郭，崇高其城郭也。齊畏趙在呼沱，故崇高其城郭以爲備。或云：『戎』當作『戍』，形近而譌。郭，齊地。説文邑部所謂齊之郭氏虚是也。或謂：『戎』蓋『伐』字之誤，則郭不得爲齊地，當即虢。虢亦稱郭，此或爲東郭耳。東郭即成臯。或云：郭當趙地。齊人伐趙，方與策義合，蓋即郭狼也。郭狼即臯狼。諸説未知孰是。」金正煒云：「以全章文義求之，疑當作『齊人戍郭』，郭即下文所謂鼓也。説文：『鼓，郭也。』又爲一聲之轉，故二字得通用。後漢郡國志鉅鹿下曲陽有鼓聚。齊以趙擅呼沱，故戍鼓以逼趙。」〔按〕詳繹文義，「戎郭」二字當非人名，似是動賓結構之詞。「郭」爲地名，不詳何地。「戎」字當譌，但不能定，故存諸説備考。愚意作「戍」、作「伐」爲近。今讀從之，「戎」字仍舊。宋突已見同策三趙使机郝之秦章。

〔五〕鮑彪改「郝」作「赫」。〔按〕郝、赫通用。

〔六〕姚宏云：「(埊)新唐史、集韻皆以爲武后所製字。竇革作唐史釋音，乃云『古「地」字，見戰國策』。抑別有所據？然今國策中『地』字甚多，間作『埊』字，安知非自武后時傳寫相承，如『臣』作『恵』？以謂曾、劉所校，亦所未喻。然古文『地』字乃作『坔』。又鶡冠子、亢倉子皆有『埊』字，姑存之以俟博識。」鮑彪改「埊」作「地」，云：「武后時字耳，今並從古。此(新地)謂扶柳。」吳師道云：「按鄭氏書略籀文『地』作『坔』，武后蓋有所本。意本書『坔』，而後轉從『埊』歟？」〔按〕錢大昕姚本戰國策序、段玉裁說文注(「臣」字)並以「埊」、「恵」等字爲六朝別字，但今所見六朝碑誌「地」字尚無作「埊」者。

〔七〕鮑彪云：「『案』猶『據』。」橫田惟孝云：「(案此)謂據有扶柳、呼沱。」金正煒云：「『案』猶『乃』也。『此言』疑本『呰』字，誤分爲二。相毀曰『呰』。歸地中山，使之流言於齊，故謂之呰。或爲『誂』之譌，篆文『誂』作『[illegible]』，『訿』作『[illegible]』，二形相近，因誤爲『呰』。史記吳王濞傳：『使中大夫應高誂膠西王。』謂以微言動之也，與此文正合。」〔按〕鮑及橫田說似可通，姑讀從之。金釋備考。

〔八〕鮑彪云：「(四國)趙與上三。」橫田惟孝云：「四國，蓋趙、魏、韓與中山。」金正煒云：「鮑注四國『趙與上三。』其釋上文『三國』，以爲『魏與齊、韓』，則是中山所言於齊過章子之路者，乃併齊言之，弗思甚矣！此文『三國攻秦』，固即……韓、魏與齊，惟文云『五年以擅呼沱』，則攻秦之師寧有久而不解者？『四』字疑『西』之誤。中山在齊、趙之間，固可謂趙爲西國也。」〔按〕鮑注之誤，金釋辨之，是也。橫田以「四國」爲三晉與中山，則言於齊者不能爲中山，當別有遣使，但策文不明。又韓、魏此時爲齊與國，何以忽與趙合而沮齊，殊屬可疑。故此說恐未然。金以「四」爲「西」誤，西國指趙，按之文義，其說殆是。然引「五年以擅呼沱」，謂「攻秦之師寧有久而不解」，一若此事在三國攻秦五年之後者，則大謬。三國攻秦，當趙惠文王元年（前二九八）。閱五年當爲趙惠六年。然趙世家「（惠文王）三年（前二九六），滅中山，遷其王於膚施」。田世家「（湣王）二十九年，齊佐趙滅中山」，當趙惠四年（前二九五）。六國表趙惠四年「與齊、燕共伐中山」。不論其爲趙惠三年或四年，中山不能遲至惠王六年其國尚存。而從此策文觀之，是時中山猶未亡，則至遲不能在趙惠四年之後，故知「五年以擅呼沱」，乃終言之，非謂策所記事在五年之後也。金氏誤解。

〔九〕鮑彪云：「地缺。蓋章子以齊軍守此。」吴師道云：「無考。」于鬯云：「或謂據上文『假道於衛』，則當即衛之道路通齊者，蓋即齊策所謂陽晉之道也。陽、章疊韻，晉、子雙聲，字得通借。然陽晉雖本屬衛，而此時恐亦屬齊矣。」金正煒云：「『過』當爲『遏』之誤。此謂遏章子之歸路。章子或即戍鼓之將。」（鍾鳳年亦以「過」爲「遏」字之譌）〔按〕金以「過」爲「遏」之誤，疑是。章子，齊將，即孟子之匡章。齊威王使章子將以擊秦，見齊策一。齊宣王因燕子之之亂，令章子將五都之兵伐燕，見燕策一。前人無説，或以其年不相及，不以爲一人歟？按史記秦本紀：「（昭襄王）八年，使將軍芈戎攻楚，取新市。齊使章子、魏使公孫喜、韓使暴鳶共攻楚方城，取唐眛。」（呂氏春秋處方篇亦有記章子攻荆，殺唐蔑事）六國表在秦昭王六年（前三〇一）。秦昭六年距趙惠元年（前二九八）僅三歲，則知此章子即爲取唐眛之將也。章子爲齊將，歷事威、宣、湣三朝，依古本紀年推算，統其年歲，約三十年左右。若假定其初將時爲三十歲，則此時當年六十許，亦無不合也。

〔一〇〕姚宏云：「曾、劉（效）作『放』。」鮑彪云：「莒鼓里是也。齊南又有二鼓。」（按據漢書地理志濟南郡有土鼓，鮑注「齊」當作「濟」，「二」當作「土」，並字誤）程恩澤云：「六國表樂毅破齊，趙取昔陽。應劭曰：『鉅鹿郡下曲陽，今鼓聚昔陽亭是。』水經注：『昔陽，故鼓國也。』隋開皇十八年改昔陽曰鼓城，以此。在今直隸（河北）晉州。是時齊地北與趙鄰，則此鼓或指昔陽言。」〔按〕鼓蓋春秋時之鼓國，即昔陽，地在中山之南，壤界毗鄰，當時齊或嘗據有之。效鼓，謂效其地於趙。若依金正煒前釋「郭」爲「鼓」，則上下文可相應。

9　趙使趙莊合從

趙使趙莊合從〔一〕，欲伐齊〔二〕，齊請效地。趙因賤趙莊。齊明爲〔三〕謂趙王曰：「齊畏從人〔四〕之合也，故效地。今聞趙莊賤，張懃〔五〕貴，齊必不效地矣。」趙王曰：「善。」乃召趙莊〔六〕而貴之。

【箋證】

〔一〕鮑彪次此章孝成王下。吳師道云：「按史年表：武靈王十三年，秦拔我藺，虜將趙莊。此策必未虜之前，豈得爲孝成王將哉？」〔按〕吳説是。趙世家同，秦本紀作「趙將莊」，樗里子傳作「莊豹」。

〔二〕關修齡云：「齊不合從，故趙欲伐之。」鍾鳳年云：「韓子五蠹篇曰：『從者，合衆强以攻一强也，而衡者，事一强以攻衆弱也。』……今依此章又樂毅傳『諸侯害齊湣王之驕暴，皆争合從與燕伐齊』之文，可見合從之舉，並非專對秦而言。」〔按〕此謂合從伐齊，故齊恐效地。南北爲從，齊處東隅，猶秦居西方，諸侯約從伐之，並可稱合從，不必專對秦而言。下文「齊畏從人之合也」可證。關説非。鍾説亦未了。

〔三〕姚宏云：「劉本無『爲』字。」

〔四〕姚宏云：「劉本無『人』字。」

〔五〕姚宏云：「劉『懃』作『漢』。」鮑彪云：「懃蓋敗從者。」〔按〕懃疑是說齊效地者。

〔六〕姚宏云：「劉『莊』作『庀』。」〔按〕「庀」疑「庄」之字譌。「庄」即「莊」之俗作。

10 翟章從梁來

翟章〔一〕從梁來，甚善趙王。趙王三延之以相，翟章辭不受。田駟謂柱國〔二〕韓向曰：「臣請爲卿刺之。客〔三〕若死，則王必怒而誅建信君〔四〕。建信君死，則卿必爲相矣。建信君不死，以爲交，終身不敝〔五〕，卿因以德建信君矣〔六〕。」

〔箋證〕

〔一〕〔按〕此翟章與建信君同時，與古本紀年魏襄王時之翟章非一人。

〔二〕鮑彪云：「柱國，楚官，蓋趙亦有。」〔按〕依下文，其官蓋次於相國者。韓非子說林上篇有田駟，謂其「東欺齊侯，南欺荆王」，與惠施並時。此田駟並建信君時，年代不合。

〔三〕鮑彪云：「客，謂章。」

〔四〕鮑彪云：「疑其殺章欲以專事。」

〔五〕鮑彪云：「以殺章故，建信交之。」橫田惟孝云：「交，謂王與建信之交也。言建信畏章爲相奪權，而今見其死，以爲己與王之交，終身不敝。」〔按〕此謂如建信不死，則以殺章事德建信以爲交，可以終身不渝。橫田解似迂。

〔六〕〔按〕「德」讀如「得」。謂因此以得建信君之信任。或如字，解作以此使建信君感德於己。

11　馮忌爲廬陵君謂趙王

馮忌〔一〕爲廬陵君〔二〕謂趙王曰：「王之逐廬陵君，爲燕也？」王曰：「吾所以重者，無燕、秦也〔三〕。」對曰：「秦三〔四〕以虞卿爲言，而王不逐也〔五〕。今燕一以廬陵君爲言，而王逐之，是王輕强秦而重弱燕也。」王曰：「吾非爲燕也，吾固將逐之。」「然則王逐廬陵君又不爲燕也。行〔六〕逐愛弟，又兼無燕、秦〔七〕，臣竊爲大王不取也。」

〔箋證〕

〔一〕姚宏云：「一本（忌）作『恖』。曾本無此注。」吴師道云：「一本『忌』作『愚』。」（按黄札引吴補「愚」作「恖」，與姚注合。黄所據吴注爲元至正刊本，與四部叢刊底本同。但叢刊本似複印，字有漫漶，疑此「愚」字乃描誤，當作「恖」。）〔按〕馮忌亦見前平原君請馮忌章。

〔二〕鮑彪云：「（廬陵君）孝成母弟，見趙記。」吴師道云：「趙記未見。」〔按〕趙世家只見長安君。鮑據下文「行逐愛弟」而定之。

〔三〕鮑彪云：「無如二國。」吴師道云：「言不畏之也。」關修齡云：「無，若『無獻子之家』之『無』，言不有二國也。」橫田惟孝云：「言吾所以爲諸侯所尊重者，以不有二國故也。以明非爲燕也。」

〔四〕鮑本「三」作「王」。吴師道云：「一本『秦三以』。以下文『一以』字推之，當是。『王』字誤。」〔按〕三，謂三次，或爲虚數，表示屢次。字不誤。

〔五〕鮑彪云：「前事爾，非今。」

〔六〕鮑彪云：「行，所行。」

〔七〕金正煒云：「『秦』字涉上文諸『秦』字而衍。」〔按〕「燕、秦」應上文而言，「秦」字不衍，金釋非。

12 馮忌請見趙王

馮忌請見趙王，行人〔一〕見之。馮忌接手〔二〕免〔三〕首，欲言而不敢。王問其故。對曰：「客有見人於服子〔四〕者，已而請其罪。服子曰：『公之客獨有三罪。望我而笑，是狎〔五〕也。談語而不稱師，是倍〔六〕也。交淺而言深，是亂也。』客曰：『不然，夫望人而笑，是和〔七〕也。言而〔八〕不稱師，是庸説也〔九〕。交淺而言深，是忠也。』昔者堯見舜於草茅之中，席隴畝而廕庇桑〔一〇〕，陰移而授天下〔傳〕〔一一〕。伊尹負鼎俎而干湯，姓名未著而受三公〔一二〕。使夫交淺者不可以深談，則天下不傳而三公不得也。」趙王曰：「甚善。」馮忌曰〔一三〕：「今外臣交淺而欲深談，可乎？」王曰：「請奉教！」於是馮忌乃談〔一四〕。

〔箋證〕

〔一〕〔按〕行人，官名，周禮秋官有大行人、小行人，掌賓客朝聘之禮。趙簡子有行人燭過，見韓非子難一篇、呂氏春秋貴直篇。又晉有行人子員、子朱，見左氏襄二十六年傳，蓋主通接賓客之事。

〔二〕鮑彪云：「（接手）交兩手。」金正煒云：「接，交也。禮記表記『故君子之接如水』，注：『「接」或爲「交」。』漢書武五子傳『諸侯交手事之』，注：『交手，謂拱手也。』」

〔三〕鮑彪改「免」作「俛」，盧本從之。吴師道云：「此書『俛』、『免』通。」

〔四〕鮑彪云：「（服子）未詳。」〔按〕淮南子齊俗訓「服子」作「宓子」。高誘注云：「宓子，子賤。」宓與服，古同音通用，宓羲氏之「宓」或作「伏」，伏、服同字，可證。宓子賤，孔子弟子。

〔五〕〔按〕廣雅釋詁：「狎，輕也。」淮南「狎」作「攓」。（高注：「攓，慢也。」）義相近。

〔六〕鮑彪云：「倍，言背其師。」〔按〕淮南「倍」作「返」。返同反，與叛通。

〔七〕〔按〕淮南「和」作「公」。

〔八〕吴本「而」作「是」，疑涉下「是」字而誤。

〔九〕鮑彪云：「言之常者，人所同稱，非必師矣。」〔按〕淮南「庸」作「通」。「庸」從「用」聲，「通」從「甬」聲，「甬」亦從「用」聲，古可相通。是「庸説」即「通説」，謂不拘守一師之言。

〔一〇〕鮑彪云：「席，設席。（庇桑）桑之能庇人者，於之取蔭。」關修齡云：「『庇』亦『蔭』也，『庇桑』猶『翳桑』也。」金正煒云：「『庇』當爲『麻』。本作『桑麻』而誤倒。」〔按〕金説非。

〔一一〕姚宏云：「劉去『傳』字。」鮑本、吴本「授」作「受」。黄丕烈云：「『受』字是也。傳、禪同字。」關修齡云：「『陰』乃『寸陰』之『陰』，晷景也。陰移，謂少頃之間。」安井衡云：「無『傳』字是也。此文主堯言之，故云『授天下』。下文主伊尹言之，故云『受三公』。」〔按〕「傳」字疑涉下文「天下不傳」而衍。今從劉本衍。

〔一二〕吳師道云：「伊尹負鼎俎干湯，孟子集注所謂戰國時有爲此説者，指此。説苑『堯、舜相見，不違桑陰』，亦此類。」〔按〕伊尹以烹庖干湯，見墨子尚賢下篇、莊子庚桑楚篇、呂氏春秋本味篇及史記殷本紀。孟子辨之，見萬章上篇。

〔一三〕姚宏云：「一本無此以上(甚善馮忌曰)五字。」鮑本無此五字，鮑衍「趙王曰」三字。吳師道云：「一本有『甚善馮忌曰』五字。」

〔一四〕鮑彪云：「此忌初見之談也。」于鬯云：「當與上策倒轉。」

13 客見趙王曰

客見趙王曰：「臣聞王之使人買馬也，有之乎？」王曰：「有之。」「何故至今不遣？」王曰：「未得相馬〔一〕之工也。」對曰：「王何不遣建信君乎？」王曰：「建信君有國事，又不知相馬。」曰：「王何不遣紀姬〔二〕乎？」王曰：「紀姬婦人也，不知相馬。」對曰：「買馬而善，何補於國？」王曰：「無補於國。」「買馬而惡，何危於國？」王曰：「無危於國。」對曰：「然則買馬善而若〔三〕惡，皆無危補於國。然而王之買馬也，必將待工。今治〔四〕天下，舉〔五〕錯非也，國家爲虛戾，而社稷不血食，然而王不待工而與建信君，何也？」

趙王未之應也〔六〕。

客曰：「燕郭（郭偃）之法〔七〕有所謂桑雍〔八〕者，王知之乎？」王曰：「未之聞也。」「所謂桑雍者，便辟左右之近者及夫人優愛孺子〔九〕也。此皆能乘王之醉昏而求所欲於王者也，是能得之乎〔一〇〕內，則大臣爲之枉法於外矣。故日月暉於外〔一一〕，其賊在於內〔一二〕。謹備其所憎，而禍在於所愛〔一三〕。」

【箋證】

〔一〕鮑本「相」作「買」。吴師道云：「一本『相馬』。」

〔二〕〔按〕紀姬，趙王之妃。姬本爲周姓，春秋時諸女稱姬者，皆謂姬姓之女。至戰國，則以姬爲妃妾之通稱。前秦圍趙之邯鄲章云：「使其子女讒妾，爲諸侯妃姬。」史記孟嘗君傳云：「使人抵昭王幸姬求解。」又吕不韋傳云：「不韋取邯鄲諸姬絶好善舞者與居。」並其證。中山有陰姬、江姬（中山策），魏有如姬（史記魏公子傳），秦莊襄王生母曰夏姬（吕不韋傳），此有紀姬，諸稱姬者類是，非姬姓女也（紀、江並爲姓氏，非國名。紀國姜姓，滅於齊，江國嬴姓，滅於楚，並與策不合，故知非然。餘亦可類推）。

〔三〕〔按〕「若」猶「或」也，見經傳釋詞。

〔四〕鮑本、吴本「治」作「將」。

〔五〕鮑彪云：「舉置也。有舉有置。」

〔六〕〔按〕此與同策三建信君貴於魏章魏牟之言相類。

〔七〕姚宏云：「劉作『法』，曾作『郭偃之淫』。」吴師道云：「一本標劉本作『郭偃之法』。晉掌卜大夫郭偃乃卜偃也。」王念孫云：「『燕』字當在『郭』字下，燕、偃聲相近。郭燕之法，即郭偃之法。商子更法篇引郭偃之法云云，是其證也。」横田本「燕郭」作「郭偃」，云：「韓子曰：『管仲毋易齊，郭偃毋更晉，則桓、文不霸矣。』商鞅亦嘗引郭偃之法曰『論至德者不至於俗』云云，見新序。蓋其書當時有存者也。」安井衡云：「燕郭，蓋名醫姓名；法，其所著書也。」〔按〕王説爲長。「燕郭」爲「郭偃」之誤倒，今從曾本正。安井説鑿。

〔八〕姚宏云：「曾（桑）作『柔』。」鮑彪云：「雍，癰同，桑中有蠹，則外碨磈如人之癰。」吴師道云：「桑中有蠹，以膏液流於外如癰潰然。」王念孫云：「作『柔癕』者是也。『癕』即『癰疽』之『癰』。便辟左右夫人孺子，皆柔媚其君以爲患於内，故曰『柔癕』。『癕』、『雍』字之通，『柔』、『桑』字之誤耳。」中井積德云：「中有蝕，則外必臃腫，故名焉。非碨磈流液之故。」安井衡云：「柔癕是也。蓋謂内癰，故以譬便嬖左右也。」〔按〕作「柔雍」説爲長。

〔九〕鮑本「近者」二字作「人」字。鮑彪云：「優，饒也，言愛之甚。一曰：倡。」吴師道云：「一本『便嬖左右之近者』。孺子見秦、齊策。」金正煒云：「韓非子内儲説：『費無極，令尹之近者也。』八姦篇：『何謂同牀？曰：貴夫人，愛孺子便辟好色。』『優愛』當爲『優笑』。國語齊語『優笑在前』，注：『優笑，倡俳也。』『愛』字涉下文『禍在於所愛』而誤。」〔按〕「孺子」詳秦策箋證。

〔一〇〕鮑本、吴本「乎」作「於」。

〔一一〕姚宏云：「東坡本『日月彫暉於外』。」〔按〕商濬本東坡志林引此文作「日月煇煇於外」。而類説本仇池筆記作「日月暉於外」，同此本，與姚引東坡本殊。

〔一二〕鮑彪云：「（淮南）説林訓：『月照天下，食於蟾蠩。』」吴師道云：「朱子云：『晦朔而日月之合，東西同度，南北同道，則月揜日而日食。望而日月之對，同度同道，則月亢日而月食。』又謂：『蟾兔桂樹之説，其惑久矣。』然策政以此爲喻。」横田惟孝云：「『暉』當作『暈』，或古同字。」孫詒讓云：「説文日部云：『暉，光也。』今字作『暈』。韓非子備内篇云：『故日月暈圍於外，其賊在内。』與此文同。吕氏春秋明理篇高注云：『暈氣圍繞日周匝，有似軍營相圍守，故曰「暈」也。』」吴曾祺云：「『暉』與『煇』通，暈也。周禮：『日月薄蝕暈珥。』釋文『暈』作『煇』。」

〔一三〕鮑彪云：「王斗、魏牟及此三士，其言若出一口，所謂理義人心之所同然者與？」〔按〕此殆出於策士相襲相揣摩之故。

14　秦攻魏取寧邑

秦攻魏，取寧邑〔一〕，諸侯皆賀。趙王使往〔二〕賀，三反不得通。趙王憂之，謂左右曰：「以秦之强，得寧邑以制齊、趙，諸侯皆賀。吾往賀而獨不得通，此必加兵我，爲之奈何？」左右曰：「使者三往不得通者，必所使者非其人也。曰〔三〕諒毅者，辨士也。大王可試使之！」

諒毅親〔四〕受命而往。至秦，獻書秦王曰：「大王廣地寧邑，諸侯皆賀。敝邑寡君亦竊嘉之，不敢寧居，使下臣奉其幣物三至王廷，而使不得通。使若無罪，願大王無絶其歡；若使〔五〕有罪，願得請之〔六〕！」秦王使使者報曰：「吾所使趙國者，小大皆聽吾言〔七〕，則受書幣。若不從吾言，則使者歸矣。」諒毅對曰：「下臣之來，固願承大國之意也，豈敢有難？大王若有以令之，請奉而〔西〕〔八〕行之，無所敢疑。」

於是秦王乃見使者，曰：「趙豹、平原君數欺弄寡人，趙能殺此二〔九〕人則可，若不能殺，請今〔一〇〕率諸侯受命邯鄲城下〔一一〕。」諒毅曰：「趙豹、平原君，親寡君之〔一二〕母弟也，猶大王之有葉陽、涇陽君也〔一三〕。大王以孝治〔一四〕聞於天下，衣服〔使〕〔一五〕之便於體，膳啗〔使〕〔一六〕之嗛〔一七〕於口，未嘗不分於葉陽、涇陽君。葉陽君、涇陽君之車馬衣服〔一八〕，無非大王之服御者。臣聞之有〔一九〕：覆巢毀卵，而鳳皇不翔，刳胎焚夭〔二〇〕，而騏驎不至〔二一〕。今使臣受大王之〔二二〕令以還報，敝邑之君畏懼不敢不行，無乃傷葉陽君、涇陽君之心乎？」秦王曰：「諾。勿使從政！」諒毅曰：「敝邑之君有母弟，不能教誨，以惡大國，請黜之，勿使與政事，以稱〔二三〕大國！」秦王乃喜，受其弊〔二四〕而厚遇之。

〔箋證〕

〔一〕鮑彪次此章於孝成王下，云：「秦昭五十年拔寧，魏地邑。徐（廣）以爲趙，非也。後志：朝歌有寧鄉。蓋秦圍邯鄲，魏信陵救之。秦怒，故解邯鄲而取寧。此（孝成王）九年。」吳師道云：「按秦紀：王齕取邯鄲，不拔，還奔汾軍，攻汾城，即從唐拔寧新中，寧新中更名安陽。正義云：『今相州外城。』年表止書新中，大事記因之。又書『韓、魏、楚救趙新中』。此策『秦攻魏，取寧邑』，非寧新中也。寧鄉在朝歌，屬魏，或如鮑所云。然以策文稱趙豹、平原君爲母弟推之，知爲惠文之世，而與孝成邯鄲圍後取寧新中事不相涉也。秦昭王少而魏冉爲政，葉陽、涇陽貴。四十一年冉免，而二貴衰。趙惠文王元年，平原始封。二十七年豹封平陽君。此策不稱豹封，則在其未封之前。按魏策『秦拔寧邑，魏冉曰』云云。此策正冉用事時也。鮑誤次於孝成之世，而不察母弟之云，何也？」程恩澤云：「魏世家通韓上黨於其甯。徐廣曰『朝歌有寧鄉』，即用郡國志語。故先儒謂寧邑即甯，以二字本通也。然朝歌在今（河南）淇縣，距修武尚遠，似非一地。當兩存其説。」顧觀光云：「秦本紀：『昭襄王二十一年，魏獻安邑。』趙策：『秦攻魏，取寧邑，諸侯皆賀。』蘇氏古史載於趙惠文王十二年，『寧邑』作『安邑』。考趙惠文王十二年冬正當秦昭襄王二十一年春。是時魏冉用事，葉陽、涇陽方貴，故魏策有魏冉語，而趙策諒毅曰……猶大王之有葉陽、涇陽君也。……『寧』與『安』義相近，故有二名。」又編年次於周赧二十九年（前二八六）魏獻安邑下，説略同。　林春溥戰國紀年亦次此策於是年，云：「古史以『寧邑』作『安邑』，載在趙惠文王十二年，必有所據。」〔按〕鮑注之誤，吴氏辨之碻矣，但寧邑之地未詳。顧氏從古史以爲安邑。考策文，寧邑當是魏之大郡，不然，諸侯何賀？　安邑本爲魏都，其後徙梁，而安邑猶是魏之重鎮，故齊策三國子曰：「安邑者，魏之柱國也。」從疆土之重要觀之，與此相合。又魏獻安邑之時（詳見顧説），核之策文，亦不矛盾。疑顧説爲是。然「寧」字疑是「安」字之譌（「寧」字草書與「安」相近，故譌），似非義相近而有二名。

〔二〕鮑本、吴本無「往」字。

〔三〕鮑彪云：「『曰』猶『有』。」横田惟孝云：「『曰』當作『有』。下文『有覆』之『有』當作『曰』，互誤也。」〔按〕古書虚字集釋云：「『曰』猶『有』也。『曰』訓『有』猶『爲』訓『有』也。」（例略）「曰」與「有」一聲之轉。

〔四〕姚宏云：「一本無『親』字。」

〔五〕鮑本、吴本「使」下有「者」字。

〔六〕横田惟孝云：「（請之）言請罪狀。」

〔七〕横田惟孝云：「言小事大事皆從其所令也。」

〔八〕鮑彪衍「西」字。吴師道云：「疑『西』字訛或衍。」于鬯云：「(西)即形涉『而』字而衍。」(金正煒説同)

〔按〕「西」字非，今從鮑衍。

〔九〕〔按〕藝文類聚卷二十五、太平御覽卷四百六十引「二」作「兩」。

〔一〇〕鮑本、吴本「今」作「令」。〔按〕「今」猶「即」也，見經傳釋詞。類聚、御覽引無「今」字。

〔一一〕鮑彪云：「欲戰而言受命，謙辭也。」〔按〕此爲外交辭令，含有恫喝意，豈是謙詞。

〔一二〕景宋抄本、盧本無「之」字。

〔一三〕鮑彪云：「史注『葉陽』一作『華陽』。華陽，芈戎也，此言葉陽爲王之母弟，則非戎矣，『葉』不可作『華』。」吴師道云：「葉陽，公子悝；涇陽，公子市。大事記謂范雎論四貴，王弟二人，曰高陵，曰涇陽，獨無所謂葉陽者。高陵或其別名。又按趙惠文王元年封公子勝爲平原君，二十七年封趙豹爲平陽君。魏公子傳稱勝爲惠文王弟，而豹無紀，其爲王弟，以策知之也。武靈王元年陽文君趙豹相，彼又一趙豹歟？不然，則有舛誤也。大事記解題引此，而止云平原君親寡君之母弟，豈有所疑而刪(元本「刪」誤作「則」，今正)之歟？」〔按〕類聚、御覽引「葉陽」作「華陽」，下同。范雎論四貴，穰侯、華陽、高陵、涇陽。史記范雎傳云：「穰侯、華陽君，昭王母宣太后之弟也，而涇陽君、高陵君，皆昭王同母弟也。」則華陽非葉陽，與此不同，説詳秦策三范雎至章。

〔一四〕〔按〕類聚、御覽引「孝治」作「孝悌」。

〔一五〕姚宏云：「劉本無『使』字。」鮑彪衍「使」字。〔按〕類聚及御覽引亦無「使」字，當衍。今從劉本。

〔一六〕姚宏云：「劉本無『使』字。」鮑本、吴本無「使」字。〔按〕類聚、御覽引亦無。今衍。

〔一七〕鮑彪云：「啗，食也。膳之可食者。集韻：慊，愜也。」吴師道云：「嗛，口簟反，口有所啣也，鳥獸頰貯食。

通作『慊』。」安井衡云：「膳亦食也。膳啗，謂凡可食物。」

〔一八〕〔按〕類聚引「慊」作「兼」。「兼」讀如「慊」。類聚、御覽引「車馬衣服」作「輿馬衣裘」。

〔一九〕横田惟孝謂：「『有』當作『曰』。」中井積德云：「『有』字疑衍文。」〔按〕有、曰一聲之轉。上文曰「諒毅者」，「曰」猶「有」，此文「有」猶「曰」。

〔二〇〕鮑彪云：「夭，么同，小皃。」吴師道云：「王制『不殀夭』注：『殀，斷殺。少長曰夭。』夭，烏老反。少，詩照反。又『毋殺胎夭』，疏：『胎，腹中未出者。夭，胎已出者。』」

〔二一〕鮑本、吴本「騏驎」作「麒麟」，字通用。吴師道云：「『麟』、『鳳』兩語，史孔子世家將西見趙簡子，聞竇鳴犢、舜華之死，亦云。梅福書『蔵鵲遭害，則仁鳥增逝』，類此。」横田惟孝云：「『不翔』『不至』者，惡傷其類，且恐其及己也。」〔按〕吕氏春秋應同篇云：「夫覆巢毀卵，則鳳凰不至。刳獸食胎，則麒麟不來。乾澤涸漁，則龜龍不往。」此蓋古時成語，故多引之。

〔二二〕〔按〕類聚、御覽引「之」下有「嚴」字。

〔二三〕横田惟孝云：「稱，謂稱其意也。」

〔二四〕鮑本、吴本無「其」字，「弊」作「幣」。盧本「弊」亦作「幣」。〔按〕「弊」乃「幣」之借字，説見前。

〔附論〕

吴師道云：「惠文王之世，趙勢尚强，秦雖屢奪趙地，而趙亦屢伐秦。閼與之敗，秦終不能逞志於趙。當時之臣，外則廉頗、趙奢爲之禦侮，内則藺相如之徒，一璧之微，一鼓瑟之耻，爲之死争。令而告其使曰：必殺而二母弟以聽命！則雖垂亡之國，猶有所不受，而秦豈能必趙之從哉？特大言以虚喝之耳。諒毅之對，婉而不迫，稱譬當於人心。秦知其不可奪，故轉而言曰『勿使從政』，其情亦窮矣。毅因而順其意，則未免失辭（下略）。」

〔按〕左氏成二年傳晉敗齊師於䍐，齊侯使賓媚人致賂言和，「晉人不可，曰：『必以蕭同叔子爲質。』對曰：『蕭同叔子非他，寡君之母也。若以匹敵，則亦晉君之母也。……且是以不孝令也。詩曰：孝子不匱，永錫爾類。若以不孝令於諸侯，其無乃非德類也乎？』」晉終許之和。諒毅之對，略與之同。

15 趙使姚賈約韓魏

趙使姚賈〔一〕約韓、魏，韓、魏以友之〔二〕。舉茅〔三〕爲姚賈謂趙王曰：「賈也，王之忠臣也，韓、魏欲得之，故友〔四〕之，將使王逐之，而己因受之。今王逐之，是韓、魏之欲得，而王之忠臣有罪也。故王不如勿逐，以明王之賢，而折韓、魏招（之）之（招）〔五〕。」

【箋證】

〔一〕吳師道云：「姚賈，說見秦策。此章時不可考。」〔按〕秦策五韓非譏賈之辭云：「（賈）梁監門子，嘗盜於梁，臣於趙而逐。」此蓋其臣趙之事。

〔二〕姚宏云：「劉（友）作『反』。」鮑彪衍「以」字。張洲云：「欲得之，故友之，以疑間於趙。范睢爲魏使齊，而齊厚禮之，用此術也。」安井衡云：「劉本作『反』，是也。反，反其約也。」金正煒云：「作『反』者是也。說文：『返，還也。』反之，還之，謂拒而不納也。又反，背叛也。小爾雅『以』與『尋』同詁。『以反之』猶云『尋反之』。言韓、魏與姚賈約，尋即反之，故知趙王必且罪賈也。『以』字亦與『已』通，『已』猶『已而』。」〔按〕作「友」、作「反」並可通。如作「友」字，「以」猶「因」也，不必衍。金釋「反」字，後説爲長。

〔三〕鮑彪改「舉茅」作「茅舉」，盧本從之。鮑云：「趙人。」〔按〕鮑改不詳所據，殆以舉氏鮮見改之乎？然姓解有舉姓，云：「椒舉之後。」安見舉茅之不氏舉耶？

〔四〕姚宏云：「劉(友)作『反』。」

〔五〕姚宏云：「劉點此(招之)二字。曾作『之招』。」鮑彪改「招之」作「之招」。横田惟孝云：「言折斷二國招之也。」〔按〕「之招」義順，今從曾本。據秦策韓非之言，賈終見逐於趙也。

16　魏敗楚於陘山

魏敗楚於陘山，禽唐明〔一〕。楚王懼，令昭應奉太子以委和於薛公〔二〕。主父欲敗之〔三〕，乃結秦連楚〔四〕、宋之交，令仇郝相宋〔五〕，樓緩相秦〔六〕。楚王禽〔七〕趙、宋、魏之和卒敗。

〔箋證〕

〔一〕鮑彪云：「楚威十一年，魏敗我陘山，時武靈未立。懷二十八年，秦、齊、韓、魏攻楚，殺唐昧。此(武靈王)二十五年。明豈昧之字邪？」〔按〕此即重邱之戰。「明」與「昧」聲之轉，或作「唐蔑」，亦同。

〔二〕鮑彪云：「懷二十九年，使太子質於齊。」　金正煒云：「此疑薛公相魏時事，非質太子於齊，故策文不及齊。鮑注恐誤。且下文明言和議事敗，亦不必求其事以實之。」〔按〕孟嘗君相魏當在周赧王二十一年（前二九四）之後，而趙王主父死於周赧王二十年，當趙惠文王四年。此策言主父欲敗之，明非孟嘗相魏時事，金説誤。薛公相齊，策言薛公，猶謂齊也。

〔三〕横田惟孝云：「蓋楚與齊、魏和，在趙有不利者，故欲敗之也。」

〔四〕姚宏云：「曾去『楚』。」　金正煒云：「『楚』字當在『魏之和』句上，誤淆於『結秦連宋』句中也。」〔按〕金以薛公爲魏，故云爾，辨見上。

〔五〕鮑彪改「郝」作「赫」。　吴師道云：「（郝）即赫。」〔按〕史記趙世家：「（武靈王）二十年使樓緩之秦，仇液之韓。」梁玉繩志疑云：「策『仇液』作『机郝』，又作『机赫』，蓋一人而記別也。但策云『主父令仇赫相宋』，不言之韓，豈有誤邪？」按相宋事在之韓之後，策、史不抵，梁失察。仇郝相宋，亦見東周策。

〔六〕〔按〕史記穰侯傳云：「昭王七年，樗里子死，而使涇陽君質於齊。趙人樓緩來相秦。」秦昭七年（前三〇〇）當趙武靈王之二十六年，爲重邱戰之明年。而秦本紀樓緩爲相，在昭王十年（前二九七），當趙惠文二年，以武靈王稱主父推之，似秦紀爲近是。但是時楚懷已死於秦，頃襄在位二年，又與上文不合。姑從穰侯傳定爲秦昭七年，「主父」之稱，疑出後人追改。

〔七〕鮑彪改「禽」作「合」，讀「宋」字句，云：「楚與二國合。」又改「魏」作「齊」，云：「楚得二國之援，故不與齊和。」吴師道云：「（禽）字恐訛。『楚王禽』以下有缺誤。」　盧本從鮑「禽」作「合」。　横田惟孝從鮑「禽」作「合」，讀「趙」字句，云：「『宋』疑當作『齊』。蓋楚見趙有秦、宋，而與之合，是以齊、魏之和卒不成也。」　吴汝綸讀「禽」字句，云：「楚王禽者，懷王入秦之事。」　金正煒云：「『禽』當作『會』，乃涉上文『禽唐明』而誤。魏策：『魏王遇秦信韓，伐齊之事遂敗。』與此略同，皆以兩君會遇疑敵也。」〔按〕文有誤缺，又乏史事可證，諸說亦未圖通，不能强斷。若敗楚陘山即重邱之役，四國伐楚，趙不在内，何以欲敗其和？又連宋何意？並所不明。今姑從吴汝綸説讀「禽」字句。

17　秦召春平侯

秦召春平侯〔一〕，因留之。世鈞〔二〕爲之謂文信侯曰：「春平侯者，趙王之所甚愛也，而郎中〔三〕甚妬之，故相與謀曰：『春平侯入秦，秦必留之。』故謀而入之秦。今君留之，是空絶趙而郎中之計中也〔四〕。故君不如遣春平侯而留平都侯〔五〕。春平侯者言行於趙王，必厚割趙以事君而贖平都侯。」文信侯曰：「善。」因與接意而遣之〔六〕。

〔箋證〕

〔一〕鮑彪云：「（春平）及平都，皆趙人。」吴師道云：「徐廣引年表云：『太子從質秦歸。』正義云：『太子即春平君也。』」金正煒云：「列女傳：『趙悼后通於春平侯，多受秦賂，而使王誅良將李牧。』吴引正義，非也。」〔按〕史記趙世家「侯」作「君」。小校經閣金文卷十、一百三頁有春平侯劍文云：「三年相邦春平侯左軍攻肖（趙）□□事□執齊。」又一百五頁又有春平侯劍。疑即此人。

〔二〕鮑彪改「世」作「泄」，盧本從之。鮑彪云：「（泄鈞）秦人。」吴師道云：「史作『泄』。」黄丕烈云：「世、泄同字。韓非子云：『衛嗣君重如耳，愛世姬。』楊倞注荀子引作『泄姬』，可證也。鮑改誤。」〔按〕史記正義：「泄鈞，人姓名也。」鮑謂秦人，無據。

〔三〕金正煒云：「韓非有度篇『勢在郎中』，注：『郎，近侍之官也。』」

〔四〕金正煒云：「周官師氏職：『掌國中失之事。』鄭注：『故書「中」爲「得」。』呂覽行論篇：『以中帝心。』高注：『中猶得。』」〔按〕空絶趙，無益而絶趙，猶言徒絶趙。「計中」之「中」讀去聲。

〔五〕程恩澤云：「地理志上郡有平都縣。正義曰：『輿地志平都縣在今新興郡，與陽周縣相近。』……其地當在（今陝西）安定。」〔按〕史記無「侯」字。

〔六〕鮑彪云：「趙記（悼襄王）二年有。」吴曾祺云：「（接意）以厚意相接也。」

18 趙太后新用事

趙太后〔一〕新用事〔二〕，秦急攻之〔三〕，趙氏求救於齊。齊曰：「必以長安君爲質〔四〕，兵乃出。」太后不肯，大臣强諫〔五〕。太后明謂左右〔六〕：「有復言令長安君爲質者，老婦必唾其面。」

左師觸讋（龍言）〔七〕願見太后，太后盛氣而揖（胥）〔八〕之。入而徐趨〔九〕，至而自謝曰：「老臣病足，曾不能疾走〔一〇〕，不得見久矣。竊自恕〔一一〕，而恐太后玉體之有所郄（郤）〔一二〕

也，故願望見太后。」太后〔一三〕曰：「老婦恃輦而行〔一四〕。」曰：「〔日〕食飲〔一五〕得無衰乎？」曰：「恃鬻〔一六〕耳。」曰：「老臣今者〔一七〕殊不欲食，乃自强步，日三四里，少益耆〔一八〕食，和〔一九〕於身也。」太后曰：「老婦不能。」太后之色少解。

左師公曰：「老臣賤息舒祺〔二〇〕最少，不肖〔二一〕，而臣〔二二〕衰，竊愛憐之，願令得補黑衣〔二三〕之數，以衛王官（宮）〔二四〕，没死〔二五〕以聞！」太后曰：「敬諾〔二六〕。年幾何矣？」對曰：「十五歲矣。雖少，願及未填溝壑而託之〔二七〕！」太后曰：「丈夫亦愛憐其少子乎？」對曰：「甚於婦人。」太后笑〔二八〕曰：「婦人異甚〔二九〕。」對曰：「老臣竊以爲媪之愛燕后〔三〇〕賢〔三一〕於長安君。」曰：「君過矣，不若長安君之甚。」左師公曰：「父母之愛子，則爲之計深遠。媪之送燕后也，持其踵爲之泣〔三二〕。念悲其遠也〔三三〕，亦哀之〔三四〕矣。已行，非弗思也。祭祀必〔三五〕祝之，祝曰：『必勿使反〔三六〕。』豈非計久長有〔三七〕子孫相繼爲王也哉？」太后曰：「然。」

左師公曰：「今三世以前，至於趙之爲趙〔三八〕，趙主之子孫侯者〔三九〕，其繼有在者乎？」曰：「無有。」曰：「微〔四〇〕獨趙，諸侯有在者乎？」曰：「老婦不〔四一〕聞也。」「此其近者禍及身〔四二〕，遠者及其子孫。豈人主之子孫〔四三〕則必不善哉？位尊而無功，奉〔四四〕厚而無勞，而挾重器〔四五〕多也。今媪尊長安君〔四六〕之位，而封之〔四七〕以膏腴之地，多予之重器，而不及〔四八〕今令有功於國，一旦山陵崩〔四九〕，長安君何以自託於趙？老臣以媪爲長安君計短也〔五〇〕，故以爲其愛不若燕后。」太后曰：「諾。恣〔五一〕君之所使之。」於是〔五二〕爲長安君約車百乘，質於齊，齊兵乃出。

子義〔五三〕聞之曰：「人主之子也，骨肉之親也，猶不能恃無功之尊，無勞之奉，而守金玉之重也，而況人臣乎〔五四〕？」

〔箋證〕

〔一〕鮑彪云：「（趙太后）惠文王威后。」〔按〕鮑以惠文后爲趙威后，蓋據齊策四齊王使使者問趙威后章，説見彼注。太后爲趙惠文王之后。

〔二〕〔按〕史記趙世家云：「孝成王元年（前二六五），趙王新立，太后用事。」戰國縱横家書第十八章載此，「新」作「規」。注云：「『規』疑是『親』字之誤。親和新字通。」但「規」字説文云：「有法度也。」謂其依法執政，亦通。

〔三〕〔按〕趙世家：「秦伐我，拔三城。」

〔四〕鮑彪云：「長安，孝成母弟。」吴師道云：「索隱云：『趙亦有長安，今地缺。』按趙世家：『封長安君以饒。』正義云：『即饒陽也。明長安是號。』」〔按〕史記正義云：「長安君者，以長安善，故名也。」悼襄王六年封長安君以饒，明長安是號，非其封邑，故正義復云爾。縱横家書作「必（以）大（太）后少子長安君來質」。

〔五〕〔按〕縱横家書「强諫」作「强之」。

〔六〕〔按〕胡三省通鑑注云：「明謂左右者，顯言之也。」縱横家書「謂」作「胃」，同。

〔七〕姚宏云：「一本無『言』字。」鮑彪云：「（左師）官名。」吴師道云：「觸讋，史亦作（觸）龍。按説苑，魯哀公問孔子：『夏桀之臣有左師觸龍者，諂諛不正。』人名或有同者，此當從讋以別之。」黃丕烈云：「吳說非也，當作『龍』。古今人表中下云『左師觸龍』，即此。『言』字本下屬『願見』讀，誤合二字爲一。史記云『觸龍言願見』，不誤。」王念孫云：「此策及趙世家皆作『左師觸龍言願見太后』。今本『龍言』二字誤合爲『讋』耳。……據姚云『一本無「言」字』，則姚本有『言』字明矣，而今刻姚本亦無『言』字，則後人依鮑本改也。漢書古今人表正作『左師觸龍』。又荀子議兵篇注曰：『戰國策趙有左師觸龍。』太平御覽人事部引此策曰『左師觸龍言願見』。皆其明證矣。」金正煒云：「姚云『一本無「言」字』，蓋謂一本『讋』去『言』字作『龍』，與後文『鬻』字下注云『一本去「鬲」字』，同，非如王說也。」〔按〕王、黃二氏並以「讋」爲「龍言」二字之誤合。而桂馥札樸卷七乃謂「龍言」乃「讋」字誤析爲二，說正相反。但以他書證之，王、黃說爲是。姚云：「一本無『言』字。」疑姚本「讋」字本爲「龍言」二字，寫板者誤合爲一也。金據「鬻」字之例，謂無「言」字乃「讋」去「言」字作「龍」。按「鬻」字下云「一本去『鬲』字」，此云無，不云去，明非「讋」字去「言」矣，金說亦未是。戰國縱横家書亦作「觸龍言」，此最有力之證。今從正。胡三省通鑑注云：「春秋時有左右師，上卿也。趙以觸龍爲左師，蓋冗散之官，以優老臣者也。」

〔八〕鮑本、吳本不重「太后」二字。吳師道云：「（揖之）史云『胥之』。『胥』字當是。」王念孫云：「吳說是也。集解曰：『胥猶須也。』御覽引此策作『盛氣而須之』。隸書『胥』字作『肙』，因譌而爲『咠』，後人又加手旁耳。下文言『入而徐趨』，則此時觸龍尚未入，太后無緣揖之也。」〔按〕王說是。魏策三芒卯謂秦王章「臣聞明王不肙中而行」。「肙」即「胥」之俗字。鮑本「肙」原作「咠」，亦可證「肙」之誤「咠」也。戰國縱横家書「太后」二字不重；「咠」正作「胥」，今從正。

〔九〕姚宏云：「一本無『而』字。」吳師道云：「（入而徐趨）史云：『胥之，入徐趨而坐。』」

〔一〇〕〔按〕「曾」音「增」，乃也。「疾走」與上「徐趨」相應。

〔一一〕鮑彪云：「久不見，宜得罪，今自寬而求見。」中井積德云：「恕者，自推其衰，恐太后之衰也。」安井衡云：「恕，忖也。」金正煒云：「『恕』字疑當作『怨』。言以病足久不得見，私以爲恨也。」〔按〕會注考證本史記引劉伯莊云「自恕，猶言自忖度也」，是唐初本已作「恕」，金説非。縱横家書作「竊自□老」。空格一字，注云：「疑是『赦』字。『赦』與『恕』音義俱近。」但愚疑此脱字爲「恕」，與策、史合。

〔一二〕鮑本、吴本無「而」字。鮑彪云：「郄、卻同。以己病足，因恐後不能前，亦自恕以及人也。」王念孫云：「鮑未解『卻』字之義。『卻』字本作『㑥』，讀如『煩劇』之『劇』，謂疲羸也。言恐太后玉體之疲羸，故願望見也。廣雅：『困、疲、羸、券、㑥，極也。』皆謂困極也。……趙世家作『恐太后玉體之有所苦也』。『苦』與『卻』同義，則『卻』爲『倦㑥』之『㑥』明矣。」吴曾祺云：「『郄』訓『隙』，猶言不堅固也。」〔按〕「郄」字從「邑」，同「隙」，「𠨚」字從「卩」，同「卻」，二字音義不同而形相似，易淆。此文當作「𠨚」，同「㑥」，王説是也。今正。吴説非。縱横家書作「與恐玉體之有所谻也」。與同與，猶爲也，見經傳釋詞。體同體。「谻」從「㕁」聲，亦「𠨚」之古字也。

〔一三〕鮑本、吴本不重「太后」二字。

〔一四〕〔按〕趙世家索隱引束皙語謂「太后纔三十有奇」，司馬貞以太后爲武靈王后吴娃，計其入宫之年假定爲二十，至此亦六十左右。俞正燮癸巳存稿卷七辨之云：「惠文以武靈十六年以後生，盡二十七年，爲十二歲，又自紀年三十二，則惠文年止四十四，其后不得老。不知老是太后常稱，恃輦是儀注，恃粥亦飲食之常。……且吴娃爲惠文之母，豈得謚爲惠文后？語妄可知矣。」縱横家書「恃」作「持」，「輦」作「連」，同音通用。「行」作「睘」，「睘」即「還」，「還」音「旋」，周旋。

〔一五〕金正煒云：「『日』即『曰』字之誤衍。」〔按〕史記無「日」字，無「飲」字。縱横家書亦無「日」字。古隸「日」、「曰」二字常不分，此殆原作「日」字，校者旁注「曰」字以示别，誤併入正文耳。今從衍「日」字。

〔一六〕姚宏云：「一本（鬻）去『鬲』字。」吳師道云：「鬻、粥同。」〔按〕史記「鬻」作「粥」。縱橫家書作「鬻、鬻」二字，「鬻」當是「鬻」字之省寫。

〔一七〕〔按〕縱橫家書「今者」作「間者」，義近。

〔一八〕鮑本、吳本「耆」作「嗜」。〔按〕史記亦作「嗜」，同。

〔一九〕〔按〕縱橫家書「和」作「智」。注云：「智通知。方言三：『知，愈也。南楚病愈者或謂之知。』這是說有益身體。」

〔二〇〕鮑彪云：「息，其子。舒祺，名也。」〔按〕縱橫家書「左師公」作「左師觸龍」。「舒祺」作「評旗」，同音通用。

〔二一〕〔按〕縱橫家書「肖」作「宵」，通用。

〔二二〕〔按〕縱橫家書無「臣」字。

〔二三〕鮑本、吳本無「得」字。鮑彪云：「（黑衣）尸祝之服，所謂袨服。又蕭望之傳注：『朝時皆著皁衣。』」吳師道云：「袨服，韻書：『好衣也。』按晉輿服志秦人以袀玄爲祭服。鮑其誤以袀爲袨乎？增韻：『黑衣，戎服。』左氏：『均服振振。』『均』即『袀』。以下文『衛王宮』推之，戎服是也。敷，史作『缺』。願令，一本『願得』。」張尚瑗云：「漢書張敞傳，備皁衣二十餘年。谷永傳，擢之皁衣之吏。如淳注：『羣臣雖有五時服，至朝皆著皁衣。』詩緇衣注：『黑色。卿士聽朝之正服。』」姚鼐云：「古者軍禮上下服同色，玄衣玄裳，故曰『袀服』。宿衛者用軍禮，故皆黑衣。」〔按〕「黑衣」或云「戎服」，或云「朝服」，此似以「戎服」爲是。胡三省通鑑注云「黑衣，衛士之服也」，即據本文而言。

〔二四〕姚宏云：「（官）一作『宮』。」鮑本、吳本「官」作「宮」。〔按〕史記作「宮」，御覽卷四百五十六引同。縱橫家書「衛」作「衞」。「官」亦作「宮」，今從改。

〔二五〕姚宏云：「（没）一作『昧』。」鮑彪云：「没者，沉溺之辭。」吴師道云：「没，史作『昧』。」〔按〕縱横家書「没」作「昧」。「没死」、「昧死」猶冒死。没、昧、冒，並同聲通借，鮑注謬。

〔二六〕〔按〕縱横家書「諾」作「若」，通用。

〔二七〕鮑彪云：「死則填壑。」〔按〕縱横家書「填溝壑」作「寘叡谷」，寘同填，叡同壑。填溝壑，謂死而埋葬也。胡三省云：「言願及未死而託少子也。」

〔二八〕鮑本、吴本無「笑」字。〔按〕縱横家書亦無「笑」字。

〔二九〕鮑彪云：「異於丈夫而有甚焉。」

〔三〇〕鮑彪云：「媼，女老稱。后，太后女。」吴師道云：「一本標『媼』，一本作『太后』。太后稱媼，非也。春秋後語並作『太后』。」黄丕烈云：「吴説非也，史記並作『媼』。考高祖紀云：『母曰劉媼。』漢書孟康注引此，又云：『禮樂志：地神曰媼。媼，母别名也。』最爲得之。小司馬云：『近有人云母温氏。』此不達『媼』字義耳。其所云班固泗水亭長古碑，必出贋造。不然，固既云爾，何其撰漢書乃仍云媼也？」〔按〕縱横家書亦作「媼」，可證「媼」爲當時對老婦之尊稱。

〔三一〕〔按〕瀧川資言考證云：「『賢』猶『多』也，『勝』也。詩：『我從事獨賢。』孟子：『我獨賢勞。』『賢』字與此同。」

〔三二〕姚宏云：「（爲之泣）劉作『而泣之』。」戴文光云：「（持其踵）送之升，故持其踵。」于鬯云：「（持其踵）不過暫止其行意耳。『持其身』即『止其踵』，不可泥解。」〔按〕周禮考工記輈人：「五分其（輈）頸圍，去一以爲踵圍。」鄭注：「踵，後承軫者也。」戴震考工記圖釋車云：「輈端謂之頸，後謂之踵。」輈爲車轅。此謂新婦登車，持其轅而泣，不忍離之。縱横家書作「攀其踵」，益可證踵是車軫。若是足踵，豈能攀乎？戴、于説並誤。

〔三三〕姚宏云：「（念悲其遠也）劉作『甚悲念其遠也』。」鮑彪云：「（念悲）念且悲。」〔按〕史記無「悲」字。縱橫家書同。

〔三四〕〔按〕縱橫家書無「之」字。

〔三五〕〔按〕御覽引「必」作「則」，史記及縱橫家書同。

〔三六〕鮑彪云：「失意於燕，乃反爾。」〔按〕反，謂大歸，爲燕國逐出。

〔三七〕姚宏云：「曾（有）作『爲』。」〔按〕御覽引「久長有」作「長久爲」。史記「有」作「爲」。「有」猶「爲」，見經傳釋詞。縱橫家書「豈」作「剴」，同，無「有」字。

〔三八〕橫田惟孝云：「趙之爲趙，上趙氏，下趙國也。謂晉卿爲諸侯。」金正煒云：「爲，成也。三世以前，謂肅侯猶未稱王之時。」〔按〕史記無「趙之爲趙」四字。此謂趙氏有國之初。「三世以前」謂孝成王前三世也，故云「今」，金說非。

〔三九〕鮑本、吴本「主」作「王」。黄丕烈云：「史記作『主』。」橫田惟孝云：「主，謂簡子、襄子。」金正煒云：「當以作『主』者爲是。『在』猶『存』也。」〔按〕縱橫家書作「趙主」，無「孫」字。子孫侯者，謂其子孫封侯者。

〔四〇〕鮑彪云：「『微』猶『非』。」

〔四一〕〔按〕縱橫家書「不」作「弗」。

〔四二〕〔按〕史記「此其」上有「曰」字。縱橫家書「此」上亦有「曰」字，「身」上有「其」字。

〔四三〕鮑本「孫」作「侯」。吴師道云：「一本（侯）作『孫』。」黄丕烈云：「史記作『侯』。」金正煒云：「『則』上當有『侯』字而脱耳。於文亦不得省『孫』字，上文『趙王之子孫侯者，其繼有在者乎』，此正與前相應。」〔按〕縱橫家書「孫」亦作「侯」。作「子孫侯」爲長，金說是。

〔四四〕〔按〕胡三省云：「『奉』讀曰『俸』。凡『奉禄』之『奉』皆同音。」下「奉」字同。

〔四五〕鮑彪云：「重器，謂名位金玉。」吳師道云：「『位』字上下文可考。」〔按〕重器。謂金玉，下文「以守金玉之重」，正承此言。

〔四六〕鮑本、吳本無「君」字。〔按〕縱横家書無「君」字。

〔四七〕鮑本、吳本無「之」字。

〔四八〕〔按〕縱横家書「及」作「汲」，通借用。

〔四九〕〔按〕山陵崩，死之諱辭，謂太后，説見秦策五濮陽人吕不韋章。縱横家書無「一旦」二字；「崩」作「堋」，同。

〔五〇〕田藝蘅云：「『計短』應前『計久長』。」〔按〕縱横家書「計」下有「之」字。

〔五一〕〔按〕縱横家書「諾」作「若」，「恣」作「次」，並同聲通借。吕氏春秋重己篇：「而牛恣所以之。」高注：「恣，從也。」御覽引「恣」作「惟」。

〔五二〕〔按〕縱横家書「於是」作「于氏」，同音通用。

〔五三〕鮑彪云：「（子義）趙之賢人。」

〔五四〕吳師道云：「程子釋易『納約自牖』曰：『左師觸讋因其明而導之，故其聽也如響。』謂張良招四皓輔太子，亦然。愚謂二事同傳可也。燕策陳翠説太后章與觸讋類，亦可並觀。」〔按〕縱横家書「而況」作「然兄」，並同音通借。

19 秦使王翦攻趙

秦使王翦攻趙〔一〕，趙使李牧、司馬尚禦〔二〕之。李牧數破走秦軍，殺秦將桓齮〔三〕。王翦惡之，乃多與趙王寵臣郭開〔四〕等金，使爲反間曰：「李牧、司馬尚欲與秦反趙，以多取封於秦。」趙王疑之，使趙葱〔五〕及顏㝡〔六〕代將，斬李牧〔七〕，廢司馬尚。後三月〔八〕，王翦因急擊，大破趙，殺趙軍（葱）〔九〕，虜趙王遷及其將顏㝡〔一〇〕，遂滅趙〔一一〕。

〔箋證〕

〔一〕〔按〕史記秦始皇本紀：「十八年，大興兵攻趙。王翦將上地，下井陘；端和將河内，羌瘣伐趙。」當趙王遷七年（前二二九）。

〔二〕鮑本「禦」原作「御」，鮑改作「禦」。吳師道云：「『禦』通。詩『亦以御冬。』」

〔三〕〔按〕桓齮，秦將，數攻伐趙，李牧殺之，史記牧傳僅言「走秦將桓齮」，不云「殺」，與此異。索隱「『齮』音『蟻』。」

〔四〕〔按〕郭開曾譖廉頗，使不得復反趙，見史記廉頗傳。

〔五〕鮑本「葱」作「蔥」。吳師道云：「一本『蔥』作『思』，注：一作『忩』。」〔按〕史記李牧傳作「趙蔥」，趙世家作「趙怱」。吳注「思」字疑當作「悤」，並同聲通借。

〔六〕盧本「㝡」誤作「最」。鮑彪云：「（㝡）史作『聚』。」黃丕烈云：「史記（趙）世家、（李牧）列傳皆作『聚』。聚、㝡同字也。」〔按〕李牧傳作「齊將顏聚」，趙世家同。馮唐傳亦作「顏聚」。索隱云：「漢書作『㝡』。」「㝡」亦「聚」字。

〔七〕〔按〕史記作「李牧不受命，趙使人微捕得李牧，斬之」。全祖望、梁玉繩並辨其誣。李牧之死當以秦策五文信侯出走章所言得其實，參見彼章。

〔八〕鮑彪改「三」作「五」。吴師道云：「據(秦策)司空馬云云，則當作『五』。」黄丕烈云：「鮑、吴皆誤也。列傳亦云『後三月』，不得專據秦策。」

〔九〕吴師道云：「(趙軍)史作『趙葱』。」横田惟孝云：「『趙軍』當作『趙葱』。」金正煒云：「此或由『葱』誤『葷』，因致誤『軍』。當從史文。」〔按〕「軍」不能稱殺，作「趙葱」爲是。今改。

〔一〇〕〔按〕牧傳同。趙世家謂「顔聚亡去」。通鑑從世家。

〔一一〕〔按〕此秦始皇十九年(前二二八)，趙王遷八年事。史記馮唐傳「(唐曰)臣大父言，李牧爲趙將居邊，軍市之租皆自用饗士，賞賜決於外，不從中擾也。委任而責成功。故李牧乃得盡其智能。……是以北逐單于，破東胡，滅澹林，西抑彊秦，南支韓、魏。當是之時，趙幾霸。其後會趙王遷立，其母倡也。王遷立，乃用郭開讒，卒誅李牧，令顔聚代之。是以兵破士北，爲秦所禽滅。」

戰國策　卷二十二

魏一

〔釋題〕

鮑彪云：「自高陵以東盡河東、河內，南有陳留及汝南之召陵、隱彊、新汲（程恩澤云：「應作『新息』。新汲屬潁川。」按此文據漢書地理志如此）、西華、長平、潁川之舞陽、郾、許、傿陵，河南之開封、中牟、陽武、酸棗、卷。」張琦云：「魏地自今陝西華州以北，同州、延安、鄜州以北，山西蒲州府解、絳、吉、隰等州，平陽之太平，澤州之鳳臺、陽城，河南之陝州、懷慶、衛輝、開封、歸德、許州及彰德府南境裕州之舞陽，北有直隸（今河北）大名，山東濮州、菏澤皆是。」

〔按〕魏自畢萬封魏，世爲晉卿，至桓子與趙、韓攻知伯而分其地。桓子孫斯立爲侯，是爲文侯。傳武侯、惠王、襄王、昭王、安釐王、景湣王，亡於秦。自文侯至景湣王凡七世。魏初都安邑（今山西夏縣西）惠王徙都大梁（今河南開封市）。

1　知伯索地於魏桓子

知伯索地於魏桓子〔一〕，魏桓子弗予。任章〔二〕曰：「何故弗予？」桓子曰：「無故索地，故弗予。」任章曰：「無故索地，鄰國必恐。重欲無厭〔三〕，天下必懼。君予之地，知伯必憍〔四〕。憍而輕敵，鄰國懼而相親。以相親之兵，待輕敵之國，知氏〔五〕之命不長矣。周書曰：『將欲敗之，必姑輔之。將欲取之，必姑與之〔六〕。』君不如與之，以驕知伯。君何釋〔七〕以天下圖知氏，而獨以吾國爲知氏質〔八〕乎？」君曰：「善。」乃與之萬家之邑一。

知伯大説，因索蔡（藺）、臯梁於趙〔九〕，趙弗與，因圍晉陽。韓、魏反於外，趙氏應之於内，知氏遂亡〔一〇〕。

〔箋證〕

〔一〕〔按〕韓非子説林上篇、淮南子人間訓、説苑權謀篇作「魏宣子」，桓、宣並從「亘」聲，可通用，説見秦、趙策。史記魏世家：「魏侈之孫曰魏桓子。」正義：「世本云：『襄子侈生桓子駒。』」

〔二〕鮑彪云：「（任章）魏人。」〔按〕胡三省通鑑注云：「魏桓子之相也。」趙策一勸與地者爲趙葭，與此不同。淮南子人間訓「任章」作「任登」，説苑權謀篇作「任增」。登、增與「章」，古並讀舌頭音，一聲通轉。韓非子説林上篇、漢書古今人表作「任章」，與策同。梁玉繩人表考以呂覽知度篇之「任登」，韓非子外儲説左上篇之「王登」，與此疑是一人。按彼爲趙臣，此乃魏臣，所記非一事，當非。

〔三〕鮑彪云：「『重』猶『多』。」〔按〕厭同饜。

〔四〕鮑彪改「憍」作「驕」。黄丕烈云：「韓子作『驕』。憍即驕字，下文『君不如與之，以驕知伯』，疑本亦是『憍』。」

〔五〕〔按〕韓非子「知氏」作「智伯」。

〔六〕吴師道云：「王應麟曰：『周書云云，此豈蘇秦所讀周書陰符者歟？老氏之言出於此。朱子曰：老子爲柱下史，故見此書。』」張居正云：「『輔』一作『歸』。」〔按〕老子云：「將欲歙之，必固張之。將欲弱之，必固强之。將欲廢之，必固興之。將欲奪之，必固與之。」與此相類，故王氏云爾。王語見困學紀聞。

〔七〕鮑彪云：「『釋』猶『舍』也。何舍此而不爲？」

〔八〕鮑彪改「質」作「資」，云：「舍此不圖，適足爲知氏來伐之資。」吴師道云：「（質）當音『致』。與之以地，猶質也。」盧本質下注云：「一作『資』。」黄丕烈云：「吴説亦未是。質，的也。下卷『兵爲招質』，與此同義。吴氏以爲『招質』未詳，非也。韓子有此文，亦作『質』。又存韓篇有『則秦必爲天下兵質矣』之語，皆可互證也。」〔按〕胡三省通鑑注云：「質，謂椹質也，質的也。椹質受斧，質的受矢，言智伯怒魏桓子，必加兵於魏，如椹質之受斧，質的之受矢也。」黄説與之同。金正煒云：「策文『招質』屢見，質，準的也，胡説爲勝。」又按荀子勸學篇「是故質的張而弓矢至焉」意同。古舌上音讀作舌頭音，故「質」讀如「的」。

〔九〕鮑彪改「梁」作「狼」。吴師道云：「趙策作『狼』。」〔按〕「梁」、「狼」聲之通借，不必改字。「蔡」當作「藺」，詳見趙策一知伯帥趙韓魏而伐范中行氏章箋證。

〔一〇〕〔按〕事詳趙策一。

2　韓趙相難

韓、趙相難，韓索兵於魏曰：「願得借師以伐趙。」魏文侯〔一〕曰：「寡人與趙兄弟，不敢從〔二〕。」趙又索兵以攻韓，文侯曰：「寡人與韓兄弟，不敢從。」二國不得兵，怒而反。已乃知文侯以講〔三〕於己也〔四〕，皆朝魏〔五〕。

【箋證】

〔一〕〔按〕文侯，魏桓子之孫，名斯。世本以文侯爲桓子之子。

〔二〕〔按〕韓非子説林下篇作「不可以從」。

〔三〕鮑本「以」作「已」。吳師道云：「一本『以講』。」〔按〕韓非子「講」作「搆」。顧廣圻識誤云：「搆、講同字。」

〔四〕鮑彪云：「二國不伐，知魏和之。」

〔五〕〔按〕黄式三周季編略云：「魏文侯之世，魏與韓、趙不交兵。」

3　樂羊爲魏將而攻中山

樂羊爲魏將〔一〕，而攻中山〔二〕。其子在中山，中山之君烹其子而遺之羹。樂羊坐於幕下而啜〔三〕之，盡一盃。文侯謂覩師贊〔四〕曰：「樂羊以我之故，食其子之肉〔五〕！」贊對曰：「其子之肉尚食之〔六〕，其誰不食〔七〕？」樂羊既罷中山〔八〕，文侯賞其功而疑其心〔九〕。

【箋證】

〔一〕〔按〕史記樂毅傳云：「其先祖曰樂羊。樂羊爲魏文侯將，伐取中山。」漢書古今人表作「樂陽」，陽、羊同音，古字通。唐書宰相世繫表謂羊是（春秋）宋樂喜裔孫。

〔二〕〔按〕魏伐中山，史記、資治通鑑等書並在周威烈王十八年（前四〇八），依古本紀年當魏文侯三十九年。史記魏世家作「文侯十七年伐中山。」則當周考王十一年（前四三〇），正當趙襄子之世。中山策「魏文侯欲殘中山，常莊談謂趙襄子云云」，與之相合。故知文侯十七年伐中山，不誤，史記誤在周之繫年爾。説詳中山策。

〔三〕鮑彪云：「啜，飲也。」

〔四〕姚宏云：「後語（覩）作『堵』。」鮑彪云：「（覩師贊）魏人。」吴師道云：「按左傳褚師段。宋共公子石食采於褚，其後可師號褚師，後因氏焉。又有堵師比。堵亦姓也，鄭有堵汝父。但此作『堵師』，則恐字有訛。」〔按〕韓非子説林上篇作「堵師贊」，同後語（敦煌本後語同）。太平御覽卷八百六十一引此文作「褚師贊」。覩、堵、褚並從「者」聲，聲同通借（古舌上、舌頭音不分，故「褚」音讀如「堵」或「覩」）。吴以爲字誤，非）。

〔五〕〔按〕敦煌本春秋後語「肉」作「宍」，下同。「宍」即「肉」之古作。

〔六〕姚宏云：「一本無此（之肉尚）三字。」〔按〕韓非子作「其子而食之」。

〔七〕姚宏云：「（其）一作『且』。」〔按〕韓非子「其」作「且」。「且」猶「其」也，「且」、「其」互相爲訓，説見經詞衍釋。敦煌本後語作「其誰宍而不食」。

〔八〕歐大任云：「『罷』一作『拔』。」〔按〕御覽引「罷」作「下」，與歐説一作相近，但不悉所據何本。王先慎韓非子集解云：「吴語韋注：『罷，歸也。』謂樂羊歸自中山也。」

〔九〕〔按〕樂毅傳云：「魏文侯封樂羊以靈壽。樂羊死，葬於靈壽，其後子孫因家焉。」此事又互見於中山策。又淮南子人間訓云：「魏將樂羊攻中山，其子執在城中，城中縣其子以示樂羊。樂羊曰：『君臣之義，不得以子爲私。』攻之愈急。中山因烹其子而遺之鼎羹，與其首。樂羊循而泣之曰：『是吾子已！』爲使者跪而啜三杯。使者歸報中山曰：『是伏約死節者也，不可忍也。』遂降之。魏文侯大開地有功。自此之後，日以不信。此所謂有功而見疑者也。」說苑貴德篇同。與策稍異。

4 西門豹爲鄴令

西門豹爲鄴令〔一〕，而辭乎魏文侯。文侯曰：「子往矣〔二〕，必就子之功，而成子之名〔三〕。」西門豹曰：「敢問就功成名，亦有術乎？」文侯曰：「有之。夫〔四〕鄉邑老者而先受坐之士〔五〕，子入〔六〕而問其賢良之士而師事之，求其好掩人之美而楊人之醜者而參驗之〔七〕。夫物多相類而非也，幽莠之幼也似禾〔八〕，驪牛之黄也似虎〔九〕，白骨疑象〔一〇〕，武夫類玉〔一一〕。此皆似之而非者也〔一二〕。」

【箋證】

〔一〕鮑彪云：「鄴屬魏郡。」程恩澤云：「鄴本齊桓公所置，管子『築五鹿、中牟、鄴，以衛諸夏』，是也。後屬晉，魏文侯七年得其地，改曰魏，尋復爲鄴，西門豹爲鄴令是也。後又與趙，趙世家『悼襄王六年，魏與趙鄴』，是也。……今在河南彰德府臨漳縣西二十里。」〔按〕史記魏世家：「（文侯）任西門豹守鄴，而河內稱治。」又翟璜曰：「君（文侯）內以鄴爲憂，臣進西門豹。」漢書溝洫志云：「魏文侯時，西門豹爲鄴令，有令名。」豹治鄴事，見韓非子外儲説左篇、淮南子人間訓、史記河渠書及滑稽傳補。

〔二〕吴師道云：「一本『子往子往矣』。」

〔三〕〔按〕「就」猶「成」。説苑政理篇作「必全功成名布義」。

〔四〕鮑本「夫」作「矣」，屬上讀。吴師道云：「一本『有之夫』。夫屬下句。」

〔五〕鮑彪云：「（先受坐之士）老者坐先於衆。」横田惟孝云：「『而』讀爲『如』，若也。先受坐之士，謂才德爲衆所尊重者。」

〔六〕横田惟孝云：「『入』猶『就』也，言就其室而問也。」

〔七〕姚宏云：「『曾』、劉無『者』字。」吴師道云：「夫子曰：『不如鄉人之善者好之，其不善者惡之。』文侯之言亦此類。而曰『求其好掩人之美而揚人之醜者參驗之』，則其好賢也不誠，而且將以來讒賊之徒，意則異矣。」〔按〕説苑作「是無邑不有賢豪辯博者也，無邑不有好揚人之惡蔽人之善者也。往必問豪貴者，因而親之，其辯博者，因而師之。問其好揚人之惡蔽人之善者，因而察之。不可以特聞從事」。

〔八〕鮑彪云：「莠，禾下生草，幽，言其色茂。」吴師道云：「説文本云：『禾粟下揚生草莠。』今狗尾也。」〔按〕段注説文云：「禾粟下，猶言禾粟間。禾粟者，今之小米。莠，今之狗尾草。莖葉采皆似禾，故曰『惡莠，恐其亂苗』。苗者，禾也。」

〔九〕鮑彪改「驪」作「黧」，云：「黧，黑黄色也。驪，乃深黑馬耳。」吴師道云：「驪牛，猶言犛牛、狸牛，不必拘以色論。」金正煒云：「牛之似虎以黄，則不得不以色論。字林：『黧，黄黑色也。』字或借『驪』爲『黧』。吴正非。」

〔按〕驪牛即犂牛。三國志魏書文帝紀注引獻帝傳載魏王令曰：「犂牛之駮似虎，莠之幼似禾，事有似是而非者。」即本此策。是古訓以「驪牛」爲「犂牛」也。山海經東山經：「鱅之魚其狀如犂牛。」郭璞注：「牛似虎文者。」論語雍也篇：「犂牛之子騂且角。」何晏注：「犂，雜文也。」驪、犂同音通借。驪牛之似虎正以其文駮耳，吳說未是。鮑改亦多餘。

〔一〇〕文廷式云：「此言疑象齒也。以人骨僞象齒，至今有之。」〔按〕「白骨」蓋謂「獸骨」。早年曾見市肆中牛骨製器物僞作象齒者。文謂人骨，大悖於理。

〔一一〕鮑彪云：「武夫，石似玉。」吳師道云：「武夫，即武砆。」〔按〕山海經南山經：「會稽之山……其下多砆石。」郭注：「砆，武夫石，似玉。今長沙臨湘出之，赤地白文，色蘢蔥不分明。」淮南子氾論訓：「玉工眩玉之似碧盧者。」高注：「碧盧，或云碔砆。」文選子虛賦注引作「碔砆類玉」，又四子講德論注、演連珠注引同此策文。

〔一二〕〔按〕「夫物多相類而非」以下，說苑作「夫耳聞之，不如目見之，目見之不如足踐之，足踐之不如手辨之。人始入官，如入晦室，久而愈明。明乃治，治乃行」。與策文異。

5　文侯與虞人期獵

文侯與虞人期獵〔一〕，是日飲酒樂，天雨〔二〕。文侯將出，左右曰：「今日飲酒樂，天又雨，公〔三〕將焉之？」文侯曰：「吾與虞人期獵，雖樂，豈可不一會期哉〔四〕？」乃往，身自罷之〔五〕。魏於是乎始强。

【箋證】

〔一〕鮑彪云：「虞人，掌山澤之官。」吴師道云：「孟子注：（虞人）守苑囿之吏。鮑誤以書注『虞』言之。」〔按〕文侯將獵，先期約令虞人完準備之務。

〔二〕〔按〕韓非子外儲説左上篇作「明日，會天疾風」。

〔三〕〔按〕藝文類聚卷六十六、太平御覽卷四百六十八引「公」作「君」。

〔四〕姚宏云：「曾（不）作『無』。」鮑彪云：「昔與之期，今往會之。」横田惟孝云：「言不可不一往會其所期也。」

〔五〕〔按〕韓非子作「遂自驅車往，犯風而罷虞人」。此「罷之」謂「罷獵」。

6　魏文侯與田子方飲酒

魏文侯與田子方〔一〕飲酒而稱樂〔二〕，文侯曰：「鐘聲不比〔三〕乎？左高〔四〕。」田子方笑。文侯曰：「奚笑？」子方曰：「臣聞之，君明則樂官〔五〕，不明則樂音。今君審〔六〕於聲，臣恐君之聾於官也〔七〕。」文侯曰：「善，敬聞命！」

【箋證】

〔一〕吴師道云：「大事記：『史以田子方爲文侯師。説苑載翟璜謂子方曰：公孫成進子夏而君師之，進段干木而君友之，進先生而君敬之。蓋得其實。故書曰：「晉魏斯好賢，師卜商，友段干木，敬田子方。」」〔按〕田子方名無擇（見莊子田子方篇）。魏成子薦於文侯，文侯師之（見史記魏世家）。吕氏春秋舉難、察賢篇並云：「文侯友田子方。」吕氏春秋當染篇云：「田子方學於子貢。」蓋爲孔門再傳弟子。

〔二〕横田惟孝云：「（稱樂）謂張樂也。」〔按〕吕氏春秋孟春篇：「不可以稱兵。」高注：「稱，舉也。」

〔三〕鮑彪云：「『比』猶『協』。」吴師道云：「『比』音『毗』。不毗（按依策文當作「比」，吴注涉上文「音毗」而誤），言不和也。」〔按〕漢書公孫弘傳：「聲比則應。」顔注：「『比』亦『和』也。」

〔四〕鮑彪云：「（左）言左方之聲。」〔按〕胡三省通鑑注云：「此蓋編鍾之懸左高，故其聲不和。」

〔五〕鮑彪云：「（樂）音『洛』。以治官爲樂。」吴師道云：「通鑑無兩『則』字，『樂』仍音『岳』，下文二語甚明，可推。愚恐『則』乃『明』字訛衍。」黄丕烈云：「此不誤，吴説非是。」〔按〕胡三省云：「明樂官知其才不才，明樂音知其和不和。五聲合和然後成音。」以樂官、樂音爲詞，與吴注相合。然策有「則」字，鮑注可通。通鑑雖無「則」字，義亦當同。此二「樂」字有雙關意。

〔六〕鮑彪云：「審，言聽之察。」

〔七〕横田惟孝云：「聾於官，謂不能審諦於官也。」

7 魏武侯與諸大夫浮於西河

魏武侯〔一〕與諸大夫浮於西河〔二〕，稱曰：「河山之險，豈〔三〕不亦信固哉！」王鍾

（錯）〔四〕侍王〔五〕曰：「此晉國〔六〕之所以强也。若善脩之，則霸王之業具矣。」吳起對曰：「吾君之言，危國之道也，而子又附之，是（重）危〔七〕也。」武侯忿然曰：「子之言有說乎？」吳起對曰：「河山之險，信不足保〔八〕也，是〔九〕伯王之業，不從此也。昔者三苗之居〔一〇〕，左〔一一〕彭蠡〔一二〕之波，右〔有〕〔一三〕洞庭之水，文山在其南〔一四〕，而衡山在其北〔一五〕。恃此險也，爲政不善，而禹放逐之〔一六〕。夫〔一七〕夏桀之國，左天門〔一八〕之陰，而右天谿之陽〔一九〕，廬睪〔二〇〕在其北，伊、洛出其南〔二一〕。有此險也，然爲政不善，而湯伐之。殷紂之國，左孟門〔二二〕而右漳、釜〔二三〕，前帶河〔二四〕，後被山〔二五〕。有此險也，然爲政不善，而武王伐之。且君親從臣而勝降城〔二六〕，城非不高也〔二七〕，人民非不衆也，然而可得并者，政惡故也。從是觀之，地形險阻，奚足以霸王矣？」武侯曰：「善，吾乃今日聞聖人之言也。西河之政，專委之子矣〔二八〕。」

〔箋證〕

〔一〕〔按〕武侯名擊，文侯斯之子。

〔二〕吳師道云：「正義云：『西河即龍門河也。』」〔按〕王逸楚辭哀郢注：「舩獨流爲浮。」

〔三〕鮑本、吳本無「豈」字。

〔四〕姚宏云：「（鍾）一作『錯』。」〔按〕當作「王錯」。呂氏春秋長見、觀表篇並言：「吳起治西河之外，王錯譖之於魏武侯。」錯與吳起不協，與此文相合，當即其人。魏世家：「武侯卒，……子罃與公中緩爭爲太子。公孫頎……

謂韓懿侯曰……今魏罃得王錯，挾上黨，固半國也。」徐廣注引汲冢紀年：「惠王二年，魏大夫王錯出奔韓。」亦爲一人。唐書宰相世系表謂周太子晉生宗敬，宗敬八世孫錯爲魏將，生貴。是錯乃周室之裔。今從一本改。

〔五〕鮑彪改「王」作「坐」。

〔六〕〔按〕晉國，謂故晉國。

〔七〕鮑本、吴本是下有「重」字。黄丕烈云：「有者當是。」〔按〕「重危」始與上「危」字相合，今從鮑本補。

〔八〕姚宏云：「一本無『信』字。」金正煒云：「『保』猶『恃』也。」〔按〕「信」猶「誠」也。

〔九〕姚宏云：「一本無『是』字。」金正煒云：「『是』當作『且』。」〔按〕「是」猶「夫」也、「被」也，見經傳釋詞及經詞衍釋。又「是」與「且」可互訓（例見古書虛字集釋），「是」字不誤（古書虛字集釋訓此「是」字作「而」，似未安）。

〔一〇〕〔按〕山海經海外南經：「三苗國在赤水東，其爲人相隨。」淮南子墬形訓「三苗民」，高誘注：「三苗國民也，在豫章之彭蠡。」即據此策。

〔一一〕鮑彪「左」下補「有」字。吴師道云：「姚云：『下句一本無「有」字。』是。按史及下文可見。」〔按〕史記吴起傳、説苑貴德篇作「左洞庭，右彭蠡」，太平御覽卷四百五十九引韓非子佚文作「左洞庭而右彭蠡」，並無「有」字，而「左」、「右」二字與策相反。韓詩外傳卷三云：「左洞庭之波，右彭蠡之水。」與策亦互歧。史記五帝紀正義云：「以天子在北，故洞庭在西爲左，彭蠡在東爲右。」據此，則「左」、「右」字宜從史記等書爲正。

〔一二〕鮑彪云：「彭蠡湖在豫章彭澤。」張琦云：「在今（江西）九江府湖口縣城西南。」

〔一三〕姚宏云：「一本無『有』字。」金正煒云：「『有』即『右』之誤衍。」〔按〕水經湘水注云：「（洞庭）湖之右岸有山，世謂之笛烏頭石。石北右會翁湖口水，上承翁湖，左合洞浦，所謂三苗之國左洞庭也。」且依上句例，此「有」字衍，金説是也。今從之。

〔一四〕鮑彪改「文」作「汶」。吴師道云：「文，未詳。史以『岷』作『汶』，此或遠言之。」黄丕烈云：「文山即汶山，見管子、國語。又韓詩外傳云『岐山在北』。『岐』字譌。」張琦云：「汶山太遠，非在南，衡山亦不得在北，蓋『山』爲『江』之譌，而『南』、『北』字上下誤次也。」〔按〕張謂「南」、「北」字上下誤次，疑是。以「山」爲「江」之譌，則非。史記封禪書：「瀆山蜀之汶山也。」漢書郊祀志「汶」作「岷」。文同汶，汶與「岷」同聲通借。山海經中山經：「岷山，江水出焉。」郭注：「岷山今在汶山郡廣陽縣西，大江所出。」此遠言及之，不必拘泥。

〔一五〕鮑彪云：「衡，南嶽，在長沙湘南。」張琦云：「衡山在今衡州府衡山縣西北三十里。」〔按〕徐炳昶中國古史的傳説時代引此策文云：「彭蠡即今鄱陽，左彭蠡，右洞庭，則在今湖南、江西北境。『衡』之爲言『横』也，所以凡東西行的山多叫做衡山，禹貢荆州在衡山的陽，就是山南面。吴起所説的衡山，大約就是這個衡山，未知爲今何山。但非指今日湖南省衡陽縣的山，却可斷定。史記、通鑑引國策文，皆删去此南北二界，大約因爲兩司馬全覺得衡山不應在北的緣故。……韓詩外傳三及説苑君道洞庭、彭蠡的左右與國策互倒。此無大關係，因地仍在二湖之間，並不指一别地。衡山仍在江北，不在江南。吴芮初封衡山，都城在江北的邾(今湖北黄岡縣境)。他以後被改封江南，衡陽的衡山屬於境内，却改稱了長沙王。這一點已經可以證明。『苗』轉爲『蠻』。周時常説的荆蠻，是指荆山附近(湖北西部)的蠻族説的。」此又一説，録之存考。又俞偉超先楚與三苗文化的考古學推測(文物一九八〇年第十期)亦可參考。

〔一六〕〔按〕史記五帝本紀：「三苗在江、淮、荆州，數爲亂。於是舜歸而言於帝，……遷三苗於三危。」正義云：「今江州、鄂州、岳州，三苗之地也。」墨子非攻下篇云：「昔者三苗大亂，天命殛之，日妖宵出，雨血三朝，龍生廟，犬哭乎市，夏冰，地坼及泉，五穀變化，民乃大振。高陽乃命玄宫，禹親把天之瑞令，以征有苗。四電誘祇，有神人面鳥身，若瑾以侍搤矢有苗之祥。苗師大亂，后乃遂幾。」此言舜、禹伐三苗。逸周書史記篇：「外内相間，下撓其民，民無所附，三苗以亡。」不言舜、禹伐之。郭璞海外南經注云：「昔堯以天下讓舜，三苗之君非之，帝殺之。有苗之民，叛入南海，爲三苗國。」此說不詳所據，與經傳所記異。

〔一七〕鮑彪衍「夫」字。

〔一八〕鮑彪云：「後志高都有天井關。注云：『戰國策桀居天門，即此關也。』」程恩澤云：「元和志，天井關在晉城縣南四十五里，太行山上。」

〔一九〕鮑彪云：「今按天門，即史太華伊闕。彼言右，故此言左之陰。天谿即河、濟，彼言左，故此言右之陽。」吳師道云：「按史『左河、濟，右泰（自注：即「太」）華，伊闕在其南，羊腸在其北。』文不同。」程恩澤云：「（上黨天井關）此地正在桀都安邑之東，鮑據以注策，未爲不可。惟既引漢志，又引史記泰華，似乎兩歧。且連伊闕爲文，尤未合。」〔按〕御覽引韓子佚文同史記。

〔二〇〕姚宏云：「曾（廬）作『盧』。」鮑本「廬」作「盧」。鮑彪云：「（盧睪）地缺。」吳師道云：「一本『盧』作『廬』。未詳。」程恩澤云：「通雅云：『（楊）升庵曰：盧睪即盧溝也。睪，古「皋」字，則今桑乾河矣。』……此地距桀都甚遠，未知升庵何據？以史記羊腸在北考之，盧睪恐是山名，當在太原交城等處。」〔按〕「盧溝」之名後出，楊慎大約以音近釋策文盧睪，別無所據。慎矣。

〔二一〕鮑彪云：「孔曰：伊水出陸渾，洛水出（原本誤作「之」，從尚書僞孔傳正）上洛。」吳師道云：「伊水出今商州上洛縣南熊耳山，至洛陽縣入洛。洛水出今商州洛南縣冢領山，至鞏縣入河。」程恩澤云：「伊有二源：一出汝州伊陽縣。……此鮑注所本也。一出陝州盧氏縣……其發源處與商州上洛相近，此吳注所本也。流合原分，各就所見言之，故其說不同。洛見韓策。」

〔二二〕鮑彪云：「（孟門）太公世家注晉山陰。」吳師道云：「索隱云：『在朝歌東北。』」程恩澤云：「孟門有三：

一在今山西吉州西六十里，……即龍門之上口；一在今同州府韓城縣東北八十里，即龍門之下口；一在今汾州府永寧州西一百二十里，……有孟門關。……但此皆與紂都朝歌不相及。劉伯莊云：『紂都朝歌。則孟門在其西。今言左，則東邊別有孟門也。』司馬貞謂孟門在朝歌東北，乃望文生義，其實此地無山以應之。胡渭曰：『凡與太行連舉者皆非吉州之孟門也。孟門者太行隘道之名。』疑即今輝縣之白陘。高士奇曰：『紂都朝歌，太行如屏擁其西北二陘（白陘、太行陘）分列左右，可恃以爲固也。』〔按〕胡三省通鑑注云：「孟門在朝歌西北恐不可言左。索隱曰：『孟門別一山，在朝歌東邊。』此特『左』、『右』二字之差而誤耳。」其言較平允。

〔二三〕鮑彪改「釜」作「滏」。吳師道云：「（釜）『滏』通借。」〔按〕漳水、滏水，見趙策。

〔二四〕程恩澤云：「河自龍門出潼關，折而東流，歷經陝州、河南、開封以至大名、曹州諸府，皆在朝歌之南，故曰『前帶河』。」

〔二五〕程恩澤云：「此即太行山也。」〔按〕御覽引韓子佚文作「左孟門，右太行，常山在其北，大河經其南」，史記同。

〔二六〕于鬯云：「蓋謂武侯爲太子時嘗從起攻伐。」

〔二七〕姚宏云：「劉本添『也』字。」鮑本、吳本無「也」字。

〔二八〕吳師道云：「（史記）起傳與説苑文同。末云：『由此觀之，在德不在險。君若不修德，舟中之人盡爲敵國也。』……史遷曰：『吳起説武侯以形勢不如德，然行之於楚，以刻暴少恩亡其軀。』揚雄曰：『美哉言乎！使起之用兵每若斯，則太公何以加諸？』二子論之當矣。然其言不可以人廢也。西河、龍門之河，地即同、華等州，魏之險阨也。一傳惠王，其地日削於秦，至納上郡之時盡矣。險豈足恃也哉？起之言於是乎驗矣。」〔按〕起傳謂起事魏文侯，「文侯以吳起善用兵，廉平盡能，得士心，乃以爲西河守，以拒秦、韓」。是起於文侯時已守西河，故武侯曰：「西河之政，專委之子矣。」言不更委他人也。但起傳於吳起對問，武侯稱善下云：「即封吳起爲西河守，甚有聲名。」若再任起爲西河守者。梁玉繩志疑辨之云：「守不可言封。且起已守西河。『即封』二字衍。」以策語考之，梁説爲是。

8 魏公叔痤爲魏將

魏公叔痤〔一〕爲魏將，而與韓、趙戰澮北〔二〕，禽樂祚〔三〕。魏王説，迎郊〔四〕，以賞田百萬禄〔五〕之。公叔痤反走，再拜辭曰：「夫使士卒不崩，直而不倚〔六〕，撓揀而不辟者〔七〕，此吳起餘教也，臣不能爲也。前脈形埊之險阻〔八〕，決利害之備，使三軍之士不迷惑者，巴寧、爨襄〔九〕之力也。縣賞罰於前，使民昭然信之於後者，王之明法也。見敵之可也，鼓之不敢怠倦者，臣也。王特爲臣之右手不〔一〇〕倦賞臣，何也？若以臣之〔一一〕有功，臣何力之有乎〔一二〕！」王曰：「善。」於是索吳起之後，賜之田二十萬〔一三〕，巴寧、爨襄田各十萬。

王曰：「公叔豈非長者哉？既爲寡人勝强敵矣，又不遺賢者之後，不揜能士之跡。公叔何可無益乎？」故又與田四十萬〔一四〕，加之百萬之上，使百四十萬。故老子曰：「聖人無積〔一五〕，盡〔一六〕以爲人，己愈有〔一七〕。既〔一八〕以與人，己愈多〔一九〕。」公叔當之矣〔二〇〕。

【箋證】

〔一〕〔按〕史記商君傳：「魏相公叔痤。」太平御覽卷八百二十一引「痤」作「座」，下同。「痤」、「座」古字通用。

〔二〕鮑彪云：「説文：『澮水出霍山，西南入汾。』此（惠王）二年，敗韓馬陵，敗趙於懷。」張琦云：「今澮水出平陽府翼城縣澮高山，西經曲沃縣至絳州南王澤入於汾。史表敗趙、韓於澮，在魏惠九年。鮑引『二年』，與戰澮乖矣。」〔按〕魏惠王九年（前三六二），敗趙、韓於澮，亦見趙、韓、魏世家，張説是。

〔三〕鮑彪云：「（樂祚）趙將。」〔按〕不詳所據。或樂羊之後居靈壽，故鮑氏以樂氏爲趙人乎？然靈壽屬中山，其時尚未歸趙。又樂氏亦不盡出樂羊之後，安知其非韓將？恐當缺疑。

〔四〕鮑本、吴本「迎郊」作「郊迎」。〔按〕迎郊，迎於郊，省「於」字。

〔五〕鮑彪云：「（賞田）閒田以待賞有功者。」金正煒云：「周禮載師（鄭）司農注：『賞田，賞賜之田。』詩瞻彼洛兮箋：『賞賜爲禄。』」〔按〕「禄」作動詞用，猶「賞」也。

〔六〕鮑彪云：「直，直前。倚，邪行。」

〔七〕姚宏云：「一本無『而』字。」鮑本、吴本「撓揀」作「棟撓」。盧本作「揀撓」。鮑彪云：「撓，折也，喻敵之壓己。」陸深云：「棟撓，以屋壓喻。」闕修齡云：「揀，擊；撓，亂也。蓋言擊亂敵兵不避去也。」奚世幹云：「『揀』字唯見集韻，曰：『擊也。』此處蓋亦作『撓』義。然此字或即『撓』之誤衍。直而不倚，撓而不辟，偶列爲文。」（于鬯注引）金正煒亦云：「撓，弱曲也。『撓而不辟』與上『直而不倚』爲對文。『揀』乃『撓』之誤衍，故鮑注不及。『撓』、『揀』連文無據。」〔按〕御覽引作「撓揀不辟者」，同一本。「揀」字疑當作「撞」。説文「𠃨，擣也」，謂受擣擊無所避。「辟」同「避」。」安井衡（讀）「撓」字上屬爲句，則一本無「而」字者將讀爲「撓不辟者」，不成句矣，非。

〔八〕鮑本、吳本「形埶」作「地形」，盧本作「埶形」。鮑彪云：「脈，見其幽。形，見其顯。」横田惟孝云：「『前』猶『豫』也。脈猶察也。」金正煒云：「脈，視也。『形埶』當爲『形勢』。呂覽期賢篇『寡人先乎地』，淮南修務篇及李善注魏都賦『地』並作『勢』，可爲此證。形勢、利害，正爲對文。」

〔九〕姚宏云：「（巳）一作『已』。」鮑彪云：「二人，下所謂能士。」〔按〕古今姓氏書辨證有巳姓，云：「出自黄帝子。」有巴姓，巴郡南郡蠻。不能定其孰是。

〔一〇〕横田惟孝云：「右手執桴，故云爾。」金正煒云：「鼓非一手之力，『右』當讀爲『有』。『有手』正與『有功』相應。」〔按〕御覽引「不」作「之」。以「右手」代示擊鼓，此乃修詞一格，金説過泥。

〔一一〕金正煒云：「『之』猶『爲』也。陳軫爲秦使於齊章『無久，向五之期』，言以『旬五』爲期也，與此『之』字義同。」

〔一二〕〔按〕御覽引「乎」作「焉」。

〔一三〕吳師道云：「按史，田文既死，公叔爲相，而害吳起，以計疑起於武侯。起懼得罪，而去之楚。公叔即痤也。澮北之戰，痤乃歸功於起之餘教，而使其嗣受賞，何其前後之戾耶？」〔按〕張照云：「戰國策公叔痤爲魏將云云。則非害吳起者也。此（史記吳起傳）與國策參差不同。」（殿本史記考證）黄式三周季編略云：「（起傳）前言公叔與吳起隙，國策注以爲一人。意者隙固甚微與？抑或生則疑之，死則知之與？」此並有疑於史、策舛異，同吳注者。考呂氏春秋長見篇云：「吳起治西河之外，王錯譖之於魏武侯，武侯使人召之。吳起至於岸門，止車而望西河，泣數行而下。……吳起果去魏入楚。」觀表篇同。又執一篇云：「（吳起）勝於西河，而困於王錯。」並謂起因王錯之譖而去魏。王錯嘗附和武侯矜河山之險，起面折之，見上章。起、錯不協，亦可窺其端。

則錯之譖起，情理乖合。此策記公叔痤辭賞田，下章記公叔痤舉衛鞅，其人非嫉賢妒能者，謂之害起，不協於情。況進稱起之餘教，豈有隙者所肯言？然則史記之公叔疑有誤，或與公叔痤非一人（索隱謂公叔「韓之公族」，則非痤矣，與吳注異。索隱之言當有所據）。吳起死於楚悼王二十一年（前三八一），魏武侯之十六年，至惠王九年（前三六二），距其死已十九年矣，其子孫猶有在魏者。

〔一四〕〔按〕御覽引作「二十萬」。依上文「何可無益」及下文「百四十萬」，此「四十萬」是，御覽誤。

〔一五〕〔按〕今老子作「聖人不積」。王弼注：「無私自有，唯善是與，任物而已。」

〔一六〕姚宏云：「劉（盡）作『既』。」〔按〕今老子「盡」作「既」。

〔一七〕〔按〕王弼注云：「物所尊也。」

〔一八〕鮑彪云：「『既』亦『盡』也。」

〔一九〕〔按〕王弼注：「物所歸也。」

〔二〇〕吳師道云：「大事記：顯王七年，魏公孫痤敗韓師、趙師於澮。秦庶長國伐澮，獲其將公孫痤。史記秦本紀及魏世家云：『虜公孫痤。』惟趙世家秦、魏年表云：『虜太子痤。』孟子梁惠王：『長子死焉。』蓋太子申戰沒於齊者也。凡史記是年言秦虜太子痤者，非。」〔按〕秦本紀與魏世家並謂戰少梁，秦虜公孫痤。六國表作「虜太子」，趙世家作「太子痤」。史記自相乖異，當有訛誤。公孫痤與公叔痤非一人。

9　魏公叔痤病

魏公叔痤病，惠王〔一〕往問之曰：「公叔病，即不可諱〔二〕，將奈社稷何？」公叔痤對曰：「痤有御庶子〔三〕公孫鞅，願王以國事聽之也。爲弗能聽〔四〕，勿使出竟〔五〕。」王弗應，出而謂左右曰：「豈不悲哉！以公叔〔六〕之賢，而謂寡人必以國事聽鞅，不亦悖乎〔七〕？」公叔痤死，公孫鞅聞之，已葬〔八〕，西之秦，孝公受而用之〔九〕。秦果日以强，魏日以削。此非公叔之悖也，惠王之悖也。悖者之患，固以不悖者爲悖〔一〇〕。

〔箋證〕

〔一〕〔按〕惠王名罃，武侯之子。

〔二〕鮑彪云：「（不可諱）死者人之所不能避，故云。」横田惟孝云：「『即』猶『若』也。後漢桓榮傳注：『死者人之常』，故言『不諱也』。」

〔三〕鮑彪云：「（御庶子）此公族官，別於國官及太子官。」吴師道云：「公叔曰痤有御庶子，知爲痤之家臣，如甘羅爲文信侯少庶子之比。」金正煒云：「商君傳索隱引戰國策云『衛庶子也』。鞅本衛之諸庶子，義勝。『有』與『友』古通用，此由『衛』、『御』字形相近，鞅又適爲中庶子，因以致誤。」〔按〕史記商君傳作「痤之中庶子」。吕氏春秋長見篇作「臣之御庶子」，同此策。高誘注：「御庶子，爵也。」據此，「御」字不誤，索隱所引「衛」字恐是「御」之形譌。御庶子之名，不見他書。疑「御」謂御者，「庶子」爲官名。鞅爲公叔痤家庶子，爲痤駕御，故曰「痤有御庶子公孫鞅」。吕氏春秋注以「御庶子」爲爵，恐誤。秦策一高注述魏惠王視公叔痤病，作「痤曰：臣庶子鞅可也」，無「御」字，亦可證高氏並不以「御庶子」連文，而吕覽注之「御」字或涉正文而衍也。商君傳：「鞅少好刑名之學，事魏相公叔座，爲中庶子。」是鞅爲痤家臣，金讀「有」爲「友」，乖矣。

〔四〕横田惟孝云：「爲，若也。」〔按〕經傳釋詞云：「『爲』猶『如』也，假設之詞也。」吕氏春秋作「爲不能聽」。太平御覽引「爲」作「若」。

〔五〕鮑本、吴本「竟」作「境」。〔按〕竟、境通用。高誘呂氏春秋注云：「言不能用鞅者，必殺之，無令他國得用之也，故曰『勿使出境』。」

〔六〕吴本「公叔」誤作「公孫」。〔按〕悲，悲其疾重悖亂。

〔七〕吴師道云：「史載鞅之言曰：『彼不能用君之言任臣，又安能用君之言殺臣乎？』由是觀之，公叔知鞅而不能進，將死之言，上不能量其君之聽否，下不能測鞅之去就，非悖而何？」横田惟孝云：「王固不知鞅，以爲痤有別所薦舉，而薦其家臣，故其言如是。」〔按〕索隱云：「（悖）疾重而悖亂也。」呂氏春秋蕩兵篇高注：「悖，惑也。」吴氏之論近苛，未允。

〔八〕姚宏云：「（已葬）劉作『出奔』。」吴師道云：「大事記：顯王八年，公孫痤卒。解題：痤去年爲秦所獲，尋歸之，而終於相位也。今年衛鞅自魏適秦，則痤死必在今年。」〔按〕公孫痤與公叔痤二人，大事記誤以爲一人，辨見上章。然其考公叔痤死於顯王八年（前三六一），是也。

〔九〕〔按〕衛鞅入秦説孝公變法事，詳見商君書更法篇及史記商君傳。

〔一〇〕〔按〕呂氏春秋高注云：「悖者，不自知爲悖，故謂『不悖者爲悖』。」

10 蘇子爲趙合從説魏王

蘇子爲趙合從，説魏王〔一〕曰：「大王之埊，南有鴻溝〔二〕、陳〔三〕、汝南〔四〕，有〔五〕許〔六〕、鄢〔七〕、昆陽〔八〕、邵陵〔九〕、舞陽〔一〇〕、新郪〔一一〕，東有淮、潁（潁）〔一二〕沂、黄〔一三〕、煮棗〔一四〕、海鹽〔一五〕、無踈〔一六〕，西有長城之界〔一七〕，北有河外、卷、衍、燕、酸棗〔一八〕。墬方千里，墬〔一九〕名雖小，然而廬田廡舍〔二〇〕，曾無所芻牧牛馬之地〔二一〕。人民之衆，車馬之多，日夜〔二二〕行不休已，無以異於三軍之衆〔二三〕。臣竊料之，大王之國，不下於楚。然横人謀王〔二四〕，外交强虎狼之秦，以侵天下，卒有國患〔二五〕，不被其禍。夫挾强秦之勢，以内劫其主，罪無過此者〔二六〕。且魏天下之强國也，大王天下之賢主〔二七〕也，今乃有意西面而事秦，稱東藩，築帝宫〔二八〕，受冠帶〔二九〕，祠春秋〔三〇〕，臣竊爲大王媿之。

「臣聞越王勾踐以散卒〔三一〕三千，禽夫差於干遂〔三二〕。武王卒三千人，革車三百乘，斬紂於牧之野〔三三〕。豈其士卒衆哉？誠能振〔三四〕其威也。今竊聞大王之卒，武力〔三五〕二十餘萬，蒼頭二千（十）萬〔三六〕，奮擊〔三七〕二十萬，厮徒〔三八〕十萬，車六百乘〔三九〕，騎五千疋〔四〇〕，此其過越王勾踐、武王遠矣。今乃劫於辟臣〔四一〕之説，而欲臣事秦。夫事秦必割地效質〔四二〕，故兵未用而國已虧矣。凡羣臣之言事秦者，皆姦臣，非忠臣也。夫爲人臣，割其主之墬以求〔四三〕外交，偷〔四四〕取一旦之功而不顧其後，破公家而成私門，外挾彊秦之勢，以内劫其主，以求割墬，願大王之熟察之也！周書曰：『緜緜〔四五〕不絶，縵縵〔四六〕奈何？毫毛不拔〔四七〕，將成斧柯〔四八〕。』前慮不定，後有大患，將奈之何？大王誠能聽臣，六國從親，專心并力，則必無彊秦之患。故敝邑趙王使使臣獻愚計，奉明約，在大王詔之！」魏王曰：「寡人不肖，未嘗得聞明教。今主君〔四九〕以趙王之詔詔之，敬以國從！」

【箋證】

〔一〕〔按〕史記蘇秦傳作「魏襄王」，鮑注據之。若依古本紀年繫年當爲魏惠王，但蘇秦合從事繫年可疑。

〔二〕鮑彪云：「（史記）項羽紀注詳，在滎陽。」張琦云：「鴻溝即狼宕渠。漢志在河南滎陽東南，至陳入潁。宋以前汴河是其道，今謂之賈魯河。」〔按〕項羽紀集解引文穎曰：「於滎陽下引河東南爲鴻溝，以通宋、鄭、陳、蔡、曹、衛，與濟、汝、淮、泗會。」語本漢書溝洫志。水經陰溝水注云：「（陰溝右瀆）東南至大梁，合蒗蕩渠。梁溝既開，蒗蕩渠故瀆實兼陰溝、浚儀之稱。……東南逕大梁城北，左屈與梁溝合，俱東南流，同受鴻溝沙水之目。」又渠水注云：「（渠水）東逕大梁城南，……又北屈，分爲二水。續述征記曰：『汳沙到浚儀而分也。汳東注，沙南流。』其水更南流，逕梁王吹臺東。……渠水於此有陰溝、鴻溝之稱焉。項羽與漢高指是水以爲東西之別。蘇秦説魏襄王曰：『大王之地南有鴻溝。』是也。」

〔三〕吴師道云：「陳宛丘，豫州界。」張琦云：「魏地不及陳，蓋誇言之。」

〔四〕鮑彪讀「汝」字句，云：「汝水出弘農，入淮。」吴師道云：「恐連下南字，汝南郡也。而下衍『有』字。」黄丕烈云：「（吴補）是也。史記正義作『陳、汝南、許』，可證。」張琦云：「汝水出今嵩縣南山，東北過伊陽、汝州，又東南經郟縣、保豐、襄城、堰城，又東南爲過河。……吴以汝爲汝南，非。」〔按〕史記作「汝南」，無「有」字，吴注本之。漢書地理志：「魏地……自高陵以東，盡河東、河內，南有陳留及汝南之召陵、濦彊、新汲、西華、長平，潁川之舞陽、郾、許、傿陵，河南之開封、中牟、陽武、酸棗、卷，皆魏分也。」汝南立郡，雖在漢高四年，但地名久舊，非自漢始。秦策三「應侯失韓之汝南」,可證。汝南謂汝水之南,此一帶近地皆可稱爲汝南,故韓、魏並有汝南。鮑、張之讀恐非,今從吳讀。程恩澤地名考以汝南爲是,然又載汝水一條,云:「不敢質也。」似涉模棱。

〔五〕盧本無「南有」二字。張琦云:「『南有』二字衍。」〔按〕「有」字當衍。史記無「有」字。説見上。陸隴其去毒上「南有鴻溝」,「南」作「東」,此作「南有」,下「東有」云:「『南』下復有『東』者,乃『東南』也。」輒改舊文,無據,不足信。

〔六〕張琦云:「許,今(河南)許州。」

〔七〕鮑彪云:「鄢下(至舞陽)並屬潁川。」張琦云:「鄢,今(河南)鄢陵。」程恩澤云:「在今鄢陵縣西北十八里,地理志潁川郡有傿陵縣是也。」〔按〕鄢即鄢陵,此與「許」並列,秦策四物至而反章「梁氏寒心,許、鄢陵嬰城」,可相證二地鄰近。春秋時晉敗楚於此地,原屬鄭,戰國入魏。一九六一年河南省文化局文物工作隊在今鄢陵縣城西北九公里前步村周圍發見古城一座。據報告謂:「推測此次調查的古城即爲春秋時代的鄢城。」(考古一九六三年第四期河南鄢陵古城址的調查)並繪有古城範圍示意圖,今轉附於後。

〔八〕張琦云:「昆陽故城,在今葉縣北二十五里。」

〔九〕程恩澤云:「(邵陵)今在郾城縣東三十五里,即春秋召陵也。」

〔一〇〕張琦云:「舞陽故城,在今縣南。」

〔一一〕鮑彪云:「(新郪)屬南陽。」吳師道云:「索隱云:『屬汝南郡,即郪丘。』(郪)七思反,又音『妻』。史有『新都』字。新都屬南陽,鮑誤入。」姚鼐云:「後漢郡國志:汝南宋公國,周名郪丘,漢改名新郪。然則此『新』字衍。抑當依史記作『新都』。」張琦云:「新郪故城,在今(安徽)潁州府東南八里。昆陽以下,或屬楚,或屬韓,蓋三國之邊邑,此時屬魏也。」程恩澤云:「王應麟曰:『蘇秦曰:南有新郪,則非漢改是名也。』此説甚辨。」顧觀光云:「在今潁州府城西北,乃楚、魏接壤處。以邢邱亦名郪邱,故加『新』以別之。」〔按〕金文有

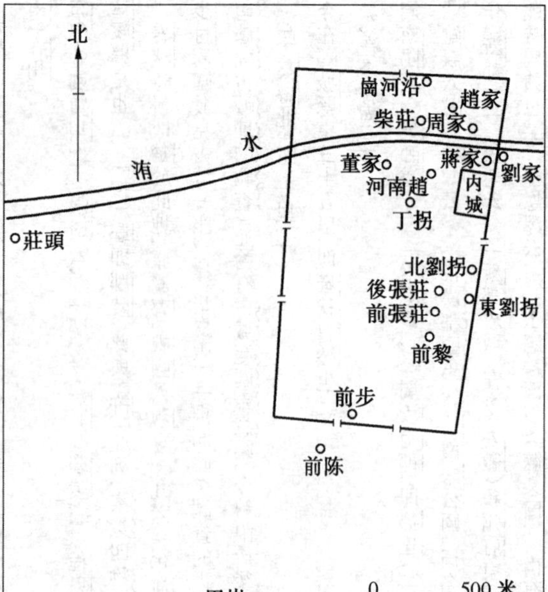

鄢陵縣古城範圍示意圖

秦新郪虎符，則「新郪」地名決非漢始。新郪屬魏，後入秦，王國維考謂：「（秦）昭王五十四年楚徙鉅陽，始皇五年又徙壽春，新郪入秦，當在此前後。」（觀堂集林卷十八）

〔一二〕鮑本、盧本「潁」作「頴」。（鮑、吴合注四部叢刊本仍作「潁」，此據鮑單注本作「頴」）鮑彪云：「（潁）水出潁川陽城。」張琦云：「頴水出今（河南）登封縣東陽乾山，經禹州、許州、襄城，亦謂之渚河。又經臨頴、西華至商水，合汝河。魏地不至淮。正義謂『淮陽、頴川二郡』，非。」程恩澤云：「按水經注淮水出南陽平氏縣胎簪山，東北過桐柏山，至廣陵淮浦縣入於海。以今地言之，歷經河南之南陽、汝、寧、光州，安徽之頴州、鳳陽、泗州，江蘇之淮安等處，距魏都頗遠。然是時魏有新鄭，爲今之頴州，正淮水所經之地。則以爲東有淮、頴，非虛語也。」又云：「正義曰：『淮謂淮陽郡，頴爲頴川郡也。』然於下文『沂』字便說不去。似仍作水名爲是。」〔按〕史記「頴」作「潁」。說文有「潁、穎」，無「頴」字。「頴」乃「穎」之俗字（碑別字作穎，即「頴」之或作）。此謂頴水，當作「潁」，今從鮑本。

〔一三〕鮑彪云：「（沂）水出泰山蓋縣。（黃）即陳留外黃。」吳師道謂黃是黃溝（見秦策四物至而反章）。張琦云：「史無『沂黃』字。鮑說沂尤謬，外黃亦屬宋。蓋『沂黃』字衍。」程恩澤云：「按水經注『沂水出泰山蓋縣艾山，東南流逕下邳縣北，分爲二，俱入於泗』。以今地言之，歷經山東之沂水、蘭山、郯城、江蘇之邳州等處，皆非魏地。豈淮北泗上之邑，魏固有時得之耶？」又云：「此『黃』字次於淮、頴、沂之下，當是水名。而水以黃名者甚多，相其地望，當在魏之東境，故以黃溝爲近是。」

〔一四〕吳師道云：「徐廣曰：『煮棗在濟陰宛句。』正義云：『冀州信都縣東北有煮棗田。宛句者在河南，信都者在河北。』」程恩澤云：「策言東有煮棗，當以濟陰爲是。」〔按〕吳引徐廣及正義之說，並見田世家。但蘇秦傳此文下正義云：「煮棗在宛朐。按宛朐，曹州縣也。」與徐說本無異，吳氏舍近求遠，滋生紛歧，失之。

〔一五〕鮑本，吳本無「海鹽」二字。程恩澤云：「地理通釋引此亦然，據云：『未詳。解州安邑有鹽地。』策言海鹽在魏之東，且與煮棗連文，必非安邑。當是近齊海濱產鹽之所。晉書地理志東平國有無鹽縣（自注：無鹽故城在今山東東平州東二十里），正與煮棗相近，疑即其地。或與下文『無踈』有訛謬字。」〔按〕史記無「海鹽」二字。魏境不瀕海，何來「海鹽」地名？可疑。

〔一六〕姚宏云：「曾作『海鹽、無胥』。」吳師道云：「曾作『無胥』，史同。按蘇代曰：『決宿胥之口，魏無虚、頓丘。』徐廣云：『紀年：魏救山塞集胥口。』正義云：『魏志：武帝於清淇口東，因宿胥故瀆，開白溝道清淇二水入焉。』」程恩澤云：「吳以宿胥口作無踈，謬甚。索隱云：『地闕。』地理通釋亦然。其地本不可考，惟寰宇記載一説，陳州商水縣東南十二里。」

〔一七〕鮑彪云：「滎陽卷縣有長城，經陽武到密。」吳師道云：「大事記：今開封陽武縣。魏惠王十二年魏龍賈帥師築長城於西邊。長城即上所指。又十九年魏築長城，塞固陽。正義云：『自鄭濱洛，北庭（按魏世家正義作「達」，此疑形譌）銀州，至勝州固陽縣爲塞。固陽有連山，東至（按原作「西」，從魏世家正義改）黄河，西南至夏、會等州。』按蘇秦説合從，在惠王後二年。後七年納上郡地，則此時固陽之長城猶魏地也。」張琦云：「故卷有長城，韓、魏之界也。自鄭濱洛以北至固陽，秦、魏之界也。」程恩澤云：「竹書：龍賈所築之長城，即固陽長城也。若郡國志所云卷有長城，經陽武到密者，自在其後。元和志：『魏長城在硤石縣北二十二里，惠王十九年築。東南起崤山，西北至河三十七里。』似即郡國志所云，而其地有别。疑當時魏長城本自卷築起，直至崤山大河而止，故曰長城。後來傾圮不全，故各就所見言之，然與固陽長城無涉也。水經注以此即龍賈所築，而舊注從之，非是（自注：劉昭補注引蘇秦説爲證，亦似誤）。顧祖禹曰：『秦本紀魏築長城，自鄭濱洛以北，有上郡、固陽。今陝西榆林衛北有稠陽塞。鄭即華州，治洛。洛水，雍州浸也。上郡，今延安府綏德州。初河西之地，皆魏有也。其後乃築長城於滎陽、陽武間。』則固陽長城在前，滎陽長城在後，前人已有定論矣。」

〔一八〕吳師道云：「正義云：『河外，謂河南地。卷（自注：丘權反）在鄭州原武縣北。』衍、燕、酸棗見秦策。史無『燕』字。按張儀説魏，亦云秦下兵攻河外、拔卷、衍、燕、酸棗。正義謂：河外即其地也。」姚鼐云：「魏以大梁、鄴夾河南北，並以爲都。其正北乃韓之上黨，不可舉也。此云『河外』，乃河既折而北流爲東河，其東南曰『外』，乃秦、漢之東郡地，在大梁東北者耳。卷、衍不知何處？……此卷、衍亦東郡左右地耳。……並非正南河之南地。」程恩澤云：「水經注：『河水經卷縣北，又東至酸棗、延津二邑，皆河津之要也。』……今(原武縣)屬(河南)懷慶府。古時卷、酸棗俱在河南，今俱在河北，蓋河流遷徙故也。」

〔一九〕鮑本、吴本無「峚」字。

〔二〇〕姚宏云：「(廬田廡舍)曾作『田舍廬廡』。」鮑彪云：「廬，田間屋。廡，廊下周屋。」〔按〕史記作「然而田舍廬廡之數」。

〔二一〕鮑彪云：「居人多故。」金正煒云：「『所』猶『可』，詳(經傳)釋詞。」〔按〕胡三省通鑑注云：「魏民居蕃庶，無刈芻放牧之地也。」

〔二二〕張居正云：「『夜』一作『下』。」不詳所據何本。

〔二三〕鮑彪云：「行人多，故如軍陣。」〔按〕漢書食貨志：「李悝爲魏文侯作盡地力之教。以爲地方百里，提封九萬頃，除山澤邑居，參分去一，爲田六百萬畮。治田勤謹，外畮益三升(臣瓚曰：當言『三斗』，謂治田勤，外畮加三斗。師古從瓚説)；不勤，外損亦如之。地方百里之增減，輒爲粟百八十萬石矣。(中略)故雖遇饑饉，糴不貴而民不散，取有餘以補不足也。行之魏國，國以富强。」其時尚承其沾澤，故庶民富裕。

〔二四〕鮑彪改「謀」作「訹」，云：「史作『怵』。」吴師道云：「怵音黜，恐也。訹音恤，誘也。策字通，見前。然作『謀』自可，謂横人爲王謀。」金正煒云：「此策下云『外挾强秦之勢，以内劫其王』，則作『怵』爲勝。然『謀王』義亦自通，不必改字。」

〔二五〕鮑彪云：「國，謂魏。」〔按〕卒同猝。史記「國」作「秦」。楚策一蘇秦爲趙合從説楚威王章蘇秦説楚威王曰：

「夫爲人臣而割其主之地，以外交强虎狼之秦，以侵天下，卒有秦患，不顧其禍。」與此文相同，似以作「秦」爲是。但「國」字義亦可通。

〔二六〕姚宏云：「曾、集、劉無此以上（罪無過此者）五字。」

〔二七〕盧本「主」作「王」。黄丕烈云：「史記作『王』。」

〔二八〕鮑彪云：「爲秦築宫，備其巡幸。」

〔二九〕鮑彪云：「（受冠帶）受服於秦。」

〔三〇〕鮑彪云：「（祠春秋）助秦祭。」

〔三一〕鮑彪云：「（散卒）散，則非梟勇。」横田惟孝云：「散，若『散人、散木』之『散』。散卒，謂罷敝不稱用之卒。」〔按〕散卒，史記作「戰敝卒」。横田解近之。

〔三二〕〔按〕吴敗於干遂，見秦策四物至而反章。

〔三三〕程恩澤云：「郡國志河内郡朝歌縣南有牧野。……水經注：自朝歌以南，暨清水，土地平衍，據皋跨澤，悉牧野矣。……今（河南）衛輝府汲縣也。大約自汲縣至淇縣，故朝歌城中間七十餘里，皆可謂之牧野。」

〔三四〕〔按〕史記「振」作「奮」，義同。

〔三五〕吴師道云：「史記注：『魏氏武卒衣三屬之甲，操十二石之弩，負矢五十，置戈其上。冠冑帶劍，贏三日之糧，日中而趨百里。』大事記：荀卿所謂魏之武卒也。」〔按〕史記「武力」作「武士」。集解引漢書刑法志，實本荀子議兵篇。

〔三六〕鮑本、吴本「千」作「十」，史記亦作「十」，今從正。鮑彪云：「（蒼頭）蓋以青帊首。項紀注：士卒皂巾。」〔按〕索隱云：「謂以青巾裹頭，以異於衆。荀卿：魏有蒼頭二十萬，是也。」項羽本紀：「異軍蒼頭突起。」索隱：

「晉灼曰：殊異其軍爲蒼頭，謂著青帽。」

〔三七〕〔按〕奮擊，見秦策一。

〔三八〕吴師道云：「正義云：『廝徒，謂烹炊供養雜役。』『廝』音『斯』。」

〔三九〕姚宏云：「曾、劉無『乘』字。」

〔四〇〕姚宏云：「曾、劉無『疋』字。」〔按〕胡三省云：「古者用車戰，戰國始用騎兵。車騎異用而並用矣。」説詳秦策一蘇秦始將連横説秦惠王章。

〔四一〕鮑本、吴本、盧本「辟」作「群」。黄丕烈云：「史記作『群』，蓋不與策文同。」金正煒云：「辟臣、群臣，義雖並通，證以下文『凡群臣之言事秦者皆姦臣，非忠臣也』，則宜作『群』。」〔按〕辟同僻，謂邪僻，或同「嬖」，謂嬖幸，並通。然作「群」爲長。

〔四二〕姚宏云：「劉（質）作『實』。」〔按〕「質」音「致」。史記「質」作「實」。索隱：「謂割地獻秦，以效己之誠實。」

〔四三〕鮑本、吴本無「求」字。

〔四四〕鮑彪云：「偷，苟且也。」

〔四五〕鮑彪云：「緜，薄弱也。」吴師道云：「詩：『緜緜瓜瓞。』傳：『不絶貌。』」

〔四六〕鮑彪改「縵縵」作「蔓蔓」，云：「蔓，延也。」吴師道云：「蔓、縵字通借。」〔按〕史記作「蔓蔓」，周書和寤篇同。

〔四七〕鮑彪云：「喻樹之萌。」〔按〕周書作「毫末不掇」。

〔四八〕鮑彪云：「柯，斧柄。」吴師道云：「家語孔子觀周廟，金人之銘曰『焰焰不滅，炎炎若何？涓涓不壅，終爲江河。緜緜不絶，或成網羅。豪末不札，將尋斧柯』云云。策謂周書，其指此歟？」黄丕烈云：「此所引周書四句，乃和竊解文，吳氏以爲家語，非也。」中井積德云：「『成』當作『尋』，史作『用』。」金正煒云：「呂覽長攻篇：『反鬭而擊之一成，腦塗地。』注：『一成，一下也。』」鍾鳳年云：「蘇秦傳(成)作『用』，義較當。」〔按〕周書亦作「成」。此言木萌蘖之時不去，既大勢必以斧伐去其柯。「斧」猶「伐」，用作動詞。「成」字不誤，不必改字。孔晁周書注云：「言防患在微也。」吳引家語，見觀周篇，亦見說苑敬慎篇。但家語僞書，此亦襲自他書者，不足據。

〔四九〕〔按〕索隱云：「(主君)指蘇秦也。禮：卿大夫稱主。今嘉蘇子合從諸侯，褒而美之，故稱曰主。」考戰國時主君多稱人君，如同策二梁王魏嬰觴諸侯章魯君擇言曰：「今主君之尊，儀狄之酒也，主君之味，易牙之調也。」主君謂魏惠王。秦策二秦武王謂甘茂章樂羊曰：「此非臣之功，主君之力也。」主君謂魏文侯。此稱秦爲主君，尊敬之也。

11　張儀爲秦連橫說魏王

張儀爲秦連橫說魏王曰：「魏地方不至千里，卒不過三十萬人〔一〕。埊四平，諸侯四通，條達輻湊〔二〕，無有名山大川之阻〔三〕。從鄭至梁，不過百里，從陳至梁，二百餘里〔四〕，馬馳人趨，不待倦而至〔五〕。梁南與楚境，西與韓境，北與趙境，東與齊境〔六〕，卒戍四方〔七〕，守亭障者參列〔八〕。粟糧漕庾〔九〕，不下十萬。魏之埊勢，故〔一〇〕戰場也。魏南與楚而不與齊，則齊攻其東；東與齊而不與趙，則趙攻其北；不合於韓，則韓攻其西；不親〔一一〕於楚，則楚攻其南。此所謂四分五裂之道也。

「且夫諸侯之爲從者，以安社稷、尊主、强兵、顯名也。合〔一二〕從者一天下約爲兄弟，刑白馬以盟於洹水之上〔一三〕，以相堅也。夫親昆〔一四〕弟同父母，尚有争錢財。而欲恃詐僞反覆蘇秦之餘謀〔一五〕，其不可以成亦明矣。大王不事秦，秦下兵攻河外，拔卷、衍〔一六〕、燕〔一七〕、酸棗，劫衛取晉陽〔一八〕，則趙不南。趙不南，則魏不北；魏不北，則從道絶〔一九〕；從道絶〔二〇〕，則大王之國欲求無危，不可得也。秦挾韓而攻魏，韓劫於秦，不敢不聽。秦、韓爲一國〔二一〕，魏之亡可立而須也。此臣之所以〔二二〕爲大王患也。爲大王計，莫如事秦，事秦則楚、韓必不敢動。無楚、韓之患，則大王高枕而卧，國必無憂矣。

「且夫秦之所欲弱莫如楚，而能弱楚者莫若魏。楚雖有富大之名，其實空虚。其卒雖衆，多言〔二三〕而輕走，易北，不敢堅戰。魏〔二四〕之兵南面而伐，勝楚必矣。夫虧楚而益魏，攻楚而適〔二五〕秦，内嫁禍〔二六〕安國，此善事也。大王不聽臣，秦甲出而東〔二七〕，雖欲事秦，而不可得也。

「且夫從人多奮辭〔二八〕而寡可信，説一諸侯之王〔二九〕，出而乘其車，約一國而反，成而〔三〇〕封侯之基。是故天下之遊士，莫不日夜搤腕〔三一〕，瞋目切齒〔三二〕，以言從之便，以説人主。人主覽其辭〔三三〕，牽其說，惡得無眩哉？臣聞積羽沈舟，羣輕折軸，衆口鑠金〔三四〕。故願大王之熟計之也〔三五〕！」

魏王曰：「寡人惷愚〔三六〕，前計失之。請稱東藩，築帝宫，受冠帶，祠春秋〔三七〕，效河外〔三八〕！」

【箋證】

〔一〕何洛文云：「『人』一作『又』。」〔按〕史記張儀傳及敦煌本春秋後語並無「人」字。何引一本，不詳所據。若作「又」字，當屬下讀。

〔二〕鮑彪云：「如木枝分布，而四方湊之如輻於轂。」關修齡云：「條，條直，大道也。達，通也。言諸侯四集，自大道達梁，如輻湊於轂。」中井積德云：「條達，謂其途直達無迂回。」〔按〕史記無「條達」二字。「條達」與「輻湊」對舉，狀道路之暢達。承上「諸侯四通」言之，鮑注是也。史記酈生傳：「夫陳留天下之衝，四通五達之郊也。」亦其義。陳留屬魏。

〔三〕鮑本、吳本「阻」作「限」。〔按〕史記作「限」。

〔四〕〔按〕史記作「從鄭至梁二百餘里」，無「不過百里，從陳至梁」八字。王應麟通鑑地理通釋云：「九城志：鄭州至東京（大梁）一百四十里，陳州至東京二百四十五里。當以國策爲正。」

〔五〕鮑彪云：「言陳、鄭所至皆平地。」〔按〕舊讀下「梁」字屬此爲句，今從張琦、横田惟孝讀「至」字句，「梁」字下屬。

〔六〕張琦云：「魏地，今扶溝、西華、舞陽，與楚接界；許州、臨潁、襄城及鄭州之北，與韓接界；彰德之安陽、大名之元城，與趙接境。東至齊，懸隔宋、衛，然是時衛服屬於魏，則亦爲魏境，今濮州以東即齊境也。時同、華、上郡入秦，尚有蒲府吉、隰與秦分河。此不言者，文不備。」

〔七〕鮑彪云：「他國境或有山川關塞，惟梁無之，皆以卒戍守。」

〔八〕鮑彪云：「十里一亭。障，隔也，築城壘爲之。」吴師道云：「障，關塞邊候。開封有古夷門關。」

〔九〕盧本「漕庾」作「糟庚」，「庚」字形誤。鮑彪云：「漕，水運。庾，水漕倉。」關修齡據盧本「糟庚」，云：「『庚』疑作『康』，『糠』通。」〔按〕景宋抄本亦作「漕庾」，盧本顯譌。關據誤字爲解，益訛。

〔一〇〕横田惟孝云：「故、固通。」

〔一一〕姚宏云：「劉（親）作『合』。」

〔一二〕横田惟孝云：「合，史記作『今』，此恐誤。」〔按〕「合」字自通，策、史各存本文可也。

〔一三〕〔按〕見趙策二蘇秦從燕之趙始合從章。

〔一四〕盧本「昆」作「兄」。

〔一五〕〔按〕據蘇秦列傳，時蘇秦已死，故云「餘謀」，猶言「遺謀」。

〔一六〕田汝成云：「一本『衍』下有一『破』字。」

〔一七〕姚宏云：「曾（燕）作『點』。」〔按〕史記無「燕」字。

〔一八〕吴師道云：「史（晉陽）作『陽晉』。正義云：『陽晉故城在曹州乘氏縣西北。』」程恩澤云：「按陽晉衛地，晉陽魏地。竹書紀年：赧王十二年，秦拔魏蒲坂、晉陽、封谷。六國表同。括地志：蒲州虞鄉縣西有晉陽故城，今名晉城，是也。亦有作『陽晉』者，然與衛陽晉非一地。……此言取晉陽則趙不南，與齊、楚二策所言近於齊、宋者不同。疑『衛』乃『魏』之訛。古魏城在今芮城縣北，陽晉在今虞鄉縣西，正是接壤，爲趙、魏南北往來之道。因與衛地字音相同，輾轉流傳，遂致斯誤。」于鬯云：「竹書秦拔晉陽。在魏世家亦作『陽晉』。……改

『衛』爲『魏』，不免强古就已。竊恐此『晉陽』爲『陽晉』倒，即衛陽晉。劫衛陽晉而趙不南，於地勢亦無大戾。衛屬於魏，稱衛與稱魏，猶之稱鄭即稱韓，實不用細别。」〔按〕于説較長。

〔一九〕鮑彪云：「主從者趙，故不言其他。」

〔二〇〕鮑本不重「從道絶」三字。吳師道云：「一本復有『從道絶』三字，史同。」

〔二一〕陸深云：「『秦、韓爲一國魏之亡』八字，一本作『秦、韓爲一國之危亡』。」王士性云：「去『國』字。」横田惟孝云：「史記無『國』字，此恐衍。」〔按〕無「國」字，文義爲長。

〔二二〕鮑本、吳本無「以」字，史記同。

〔二三〕鮑本、吳本「言」作「然」，「多」字上屬爲句。黄丕烈云：「史記(言)作『然』。詳策文當讀『衆』字句絶，『多言』下屬。多言，謂囂也。史記不與策文同，鮑本誤。」金正煒云：「國語晉語：『且其士卒在陳而譁，四間也。夫衆聞譁則必懼，五間也。』韋注：『譁，囂也。』楚兵多言固有據，不必從史。」〔按〕鮑本同史，本有所出，不能斥爲誤。

〔二四〕鮑彪「魏」上補「患」字。吳師道云：「史作『悉』。」横田本從吳説作「悉」。〔按〕「患」字於義不合，鮑補當亦據史，則「患」乃「悉」之形譌耳。但此文不補亦可通。

〔二五〕鮑彪云：「『適』猶『歸』。」王念孫云：「適者，悦也。言攻楚而悦秦也。一切經音義六引三蒼曰：『適，悦也。』……韓策張儀説韓王曰『夫攻楚而私其地，轉禍而説秦，計無使於此者』是其證。」横田惟孝云：「『適』如莊子『適人之適』之『適』。秦之所欲弱，今攻之而適其所欲也。」〔按〕王訓「適」，是也，横田説意亦近。

〔二六〕張居正云：「『内』作『乃』。」横田惟孝云：「史記無『内』字，此恐衍。移魏禍於楚，故曰『嫁禍』。」金正煒云：「疑『内』當爲『而』。漢書武帝紀『内長文』。困學紀聞云：『古寫本作「而肆赦」。』而與内字形相似，易以致誤。『而』猶『以』也，説詳(經傳)釋詞。」〔按〕内、乃聲近，内、而形似，並可致誤，二説俱通。

〔二七〕鮑本、吴本「東」下有「伐」字，史記同。

〔二八〕鮑彪云：「(奮辭)猶『大言』。」金正煒云：「呂覽去宥篇：『將奮於説以取少主也。』注：『奮，彊也。』」

〔二九〕金正煒云：「『王』當爲『主』。」〔按〕其時諸侯並稱王，則「王」字自通，金釋贅。

〔三〇〕鮑本「反成」二字倒，「反而」下補「取」字。盧本從之，「反成而」三字作「成反而取」四字。黄丕烈云：「史記云『而成封侯』。可見『取』字係臆補。」金正煒云：「『反』與『出』相對爲文，當從鮑本乙正。『而』猶『則』也。」

〔按〕「成而」二字疑倒。鮑補字無據。

〔三一〕鮑彪云：「搤，把。腕，手也。」

〔三二〕鮑彪云：「瞋，張目也。(切齒)言之力也。」吴師道云：「(切齒)荆軻傳索隱云：『齒相摩切，奮怒意。』」

〔按〕切齒，言激動，鮑注是也。吴引索隱，於此不切。

〔三三〕〔按〕史記「覽其辭」作「賢其辯」。

〔三四〕吴師道云：「周語『衆口鑠金』注：『衆口所毁，雖金石猶可銷。』史下又有『積毁銷骨』一句。江淹書：『積毁銷金，積讒磨骨。』」〔按〕國語周語伶州鳩引諺曰云云。衆口鑠金，語亦見史記鄒陽傳、漢書中山靖王傳，明是古語相傳，故此云「臣聞」。鄒陽傳索隱引風俗通云：「或説有美金於此，衆人或共詆訿，言其不純金。賣者欲其必售，因取鍛燒，以見其真。是爲衆口鑠金也。」(太平御覽卷八百十一引風俗通略同)此又一説，似不及韋注之得。

〔三五〕〔按〕史記此下有「且賜骸骨辟魏」一句。史以張儀相魏而説魏王，此句疑其所增。

〔三六〕姚宏云：「曾、劉無『愚』字。」吴師道云：「惷，愚也。書容、抽江、丑用、陟降四反，義並同。」〔按〕禮記哀公問：「寡人惷愚冥煩。」

〔三七〕〔按〕此與上章蘇秦之言相應，説見上。

〔三八〕鮑彪云：「儀傳在諸國之先。彪謂魏邇秦而無阻固，凡橫人之辭若可聽，唯魏也。故儀先之魏，一摇而諸國動矣。」吴師道云：「史張儀留魏四歲而襄王卒（自注：實惠王），哀王立（自注：實襄王）。張儀復説王，王不聽。於是儀陰令秦伐魏。魏與秦戰，敗。明年，齊又敗魏觀津。秦復欲攻魏，先敗韓申差，諸侯震恐。張儀復説魏王云云。王乃倍從約，而因儀請成於秦。事在（魏）襄王二年。」又云：「顯王三十六年，蘇秦約六國合從。次年，秦使犀首欺齊、魏以伐趙，而從約解。愼靚王三年，蘇秦約六國伐秦，再申前約也。兵至函谷關，秦擊之而走。次年齊敗魏、趙觀津，則齊敗約矣。既而韓與魏、趙伐秦而敗。張儀留魏六年，説而不聽。今因其兵敗從散而説之，得其隙矣，魏不得不聽也。魏非不知從之利，而秦之不可信也，劫於秦之强，而患於與國之不一。後三年魏復背秦合從，其情可見矣。惜其自同連雞，中兄弟争財之料，而相與以趨於亡！從之不可合，合之不可久，其勢則然矣。」〔按〕愼靚王三年（前三一八）蘇秦約從六國伐秦，見楚世家，與蘇秦傳有牴牾。蘇轍古史、姚寬西漢叢話、梁玉繩史記志疑並論之。蘇秦合從張儀破從之説多出於後人增益，自史記、國策已踳駁乖舛，諸書雖多方彌縫，終難圓通解決，不如仍舊文以傳疑可也。

12　齊魏約而伐楚

齊、魏約而伐楚，魏以董慶爲質於齊。楚攻齊，大敗之，而魏弗救。田嬰怒，將殺董慶。

盰夷〔一〕爲董慶〔二〕謂田嬰曰：「楚攻齊，大敗之，而不敢深入者，以魏爲將内之於齊〔三〕而擊其後。今殺董慶，是示楚無魏也。魏怒合於楚，齊必危矣。不如貴〔四〕董慶以善魏，而疑之於楚也〔五〕。」

〔箋證〕

〔一〕姚宏云：「(盰夷)劉作『干夷』。」鮑本「盰」作「盱」。鮑彪云：「(董慶、盱夷)皆魏人。」吴師道云：「一本『盱』作『吁』。」黄丕烈云：「史記孟荀列傳有吁子，作『吁』亦可通。」〔按〕盱、吁可通，但與盰、干不合，當是形譌，不審孰是。漢書藝文志有芋子十八篇。注云：「名嬰，齊人，七十子之後。」史記孟荀列傳：「阿之吁子。」阿屬齊，張守節正義以爲即漢志之芋子。「芋嬰」與「盱夷」音近，並爲齊人，以時代稽之(七十子之後)亦相近，疑似一人。若然，則「盰」當從鮑本作「盱」矣。

〔二〕鮑本、吴本無「爲董慶」三字。

〔三〕鮑彪云：「言縱楚使深入，乃擊之也。」横田惟孝云：「『魏爲』疑當作『爲魏』。」

〔四〕姚宏云：「(貴)一作『舍』。」

〔五〕鮑彪次此策於哀王(實襄王)下。吴師道云：「時不可考。」金正煒云：「此策當即犀首説梁王陽與齊而陰結楚時事。田嬰怒魏不救齊，其爲徐州之役可知。」〔按〕林春溥紀年、顧觀光編年、黄式三編略、于鬯年表並次此章於周顯三十六年(前三三三)楚敗齊徐州之役，以策文考之，是也。魏惠王以馬陵之敗，用惠施與犀首之謀而臣事齊，田嬰納之。楚威王怒而伐齊，敗之徐州。事見下徐州之役章、同策二齊魏戰於馬陵章、齊策一楚威王戰勝於徐州章、秦策四或爲六國説秦王章。所謂齊、魏約而伐楚者，蓋楚伐齊，魏僞與齊約而應之也。大敗之，即敗之於徐州。其時當魏惠王後元三年，齊威王二十四年，楚威王七年。鮑、吴失考。

13　蘇秦拘於魏

蘇秦〔一〕拘於魏〔二〕，欲走而之韓（齊）〔三〕，魏氏閉關而不通齊使。蘇厲〔四〕爲之謂魏王曰：「齊請以宋地封涇陽君〔五〕，而秦不受也。夫秦非不利有齊而得宋埊也〔六〕，然其所以不受者，不信齊王與蘇秦也〔七〕。今秦見齊、魏之不合〔也〕〔八〕如此其甚也，則齊必不欺秦，而秦信齊矣。齊、秦合，而涇陽君有宋地，則非魏之利也。故王不如復東〔九〕蘇秦，秦必疑齊而不聽也。夫齊、秦不合，天下無憂〔一〇〕，伐齊成則埊廣矣〔一一〕。」

〔箋證〕

〔一〕鮑彪改「秦」作「代」，下同。盧本從之。吴師道云：「燕策及史作『代』。」〔按〕戰國縱横家書蘇秦勸齊伐宋，屢往來於趙、魏之間，策下文亦云「蘇秦」，則「秦」不當改「代」也。

〔二〕〔按〕燕策一作「蘇代過魏，魏爲燕執代」。史記蘇秦傳同。

〔三〕鮑彪改「韓」作「齊」。盧本「韓」上有「齊」字，誤。〔按〕依文義「韓」字不涉，且下文「復東蘇秦」亦可證其之齊。

鮑改是。今從改。

〔四〕〔按〕燕策一、史記「蘇厲」並作「齊使人」。厲爲代弟。

〔五〕鮑彪云：「（宋地）時未舉宋，此侵伐所得耳。」吴師道云：「正義云：『涇陽君，秦（昭）王弟悝也。齊蘇子告秦共（原本「共」作「兵」，今從正義改）伐宋，以封涇陽君。然齊假設此策以救代。』」

〔六〕鮑本、吴本無「也」字。

〔七〕鮑彪改「秦」作「代」，云：「疑其善魏。」吴師道云：「燕策及史（秦）作『子』，下同。」

〔八〕鮑彪衍「也」字。〔按〕燕策及史記作「今齊、魏不和」。依文氣當衍「也」字，今從鮑本。

〔九〕鮑彪云：「（東）使得之齊。」〔按〕東，謂使東適。

〔一〇〕吴師道云：「（憂）一本標『一作變』。」金正煒云：「（憂）作『變』是也。東周策『無變，王遂伐之』，即與此文同義。」〔按〕燕策及史記並作「無變」。

〔一一〕鮑彪云：「齊無秦而魏伐之，可以得地。」吴師道云：「燕策及史曰：『魏爲燕執代（原本作「伐」，疑誤）齊使人謂魏王曰云云，於是出蘇代，代之宋。』」〔按〕燕策及史記此句作「伐齊之形成矣」。

14 陳軫爲秦使於齊

陳軫爲秦使於齊〔一〕，過魏，求見犀首〔二〕，犀首謝〔三〕陳軫。陳軫曰：「軫之所以來者，事也〔四〕。公不見軫，軫且行，不得待異日矣。」犀首乃見之。

陳軫曰：「公惡〔五〕事乎？何爲飲食而無事？無事必來〔六〕。」犀首曰：「衍不肖，不能得事焉，何敢惡事？」陳軫曰：「請移天下之事於公！」犀首曰：「奈何？」陳軫曰：「魏王使李從〔七〕以車百乘使於楚，公可以居其中而疑之。公謂魏王曰：〔八〕『臣與燕、趙故矣〔九〕，數令人召臣也，曰無事必來。今臣無事，請謁而往〔一〇〕。無久〔一一〕，旬五之期〔一二〕。』王必無辭以止公。公得行，因自言〔一三〕於廷曰：『臣急使〔一四〕燕、趙，急約車爲行具〔一五〕。』」犀首曰：「諾。」

謁魏王〔一六〕，王許之。即明言使燕、趙。諸侯客聞之，皆使人告其王曰：「李從以車百乘使楚，犀首又以車三十乘使燕、趙。」齊王聞之，恐後天下得魏〔一七〕，以事屬犀首。犀首受齊事，魏王止其行使〔一八〕。燕、趙聞之，亦以事屬犀首。楚王聞之，曰：「李從約寡人，今燕、齊、趙皆以事因犀首〔一九〕。犀首必欲寡人，寡人欲之。」乃倍李從，而以事因犀首〔二〇〕。魏王曰：「所以不使犀首者，以爲不可〔二一〕。令（今）〔二二〕四國屬以事，寡人亦以事因焉。」犀首遂主天下之事，復相魏〔二三〕。

【箋證】

〔一〕〔按〕史記陳軫傳作「陳軫（爲楚）使於秦」，繫於軫去秦之後，與策異。梁玉繩志疑謂：「疑是策誤。」

〔二〕〔按〕犀首，公孫衍。

〔三〕鮑彪云：「（謝）辭不之見。」

〔四〕〔按〕史記作「吾爲事來」。

〔五〕〔按〕「惡」讀去聲，憎也。下同。

〔六〕鮑彪衍「無事必來」四字。吴師道云：「四字恐因下文衍。」黄丕烈云：「史記作『公何好飲也？犀首曰：無事也』。此當有誤。」金正煒云：「『來』字疑『求』之譌。言當求其有事也。」〔按〕依金説，於下犀首答語亦不相應。愚意吴説爲是。

〔七〕鮑彪云：「（李從）諸多趙人。」吴師道云：「軫傳以李從爲田需。」

〔八〕鮑彪云：「軫教衍。」

〔九〕鮑彪云：「言與之故。」横田惟孝云：「故，謂舊好也。」

〔一〇〕横田惟孝云：「謁，告也，謂告暇也。」〔按〕見楚策四楚考烈王無子章。

〔一一〕鮑彪云：「（無久）言不久於彼。」

〔一二〕鮑彪云：「期以十日、五日。」戴文光云：「旬五，止十五日也。」（于鬯注引）〔按〕之，是也，旬五之期，猶旬五是期，謂期以旬五日也。又「之」猶「爲」也，見經詞衍釋，亦通。

〔一三〕金正煒云：「（自言）左氏哀七年傳注：『無君命故言自。』又或爲『明』之壞字，與下文『明言使燕、趙』相應。」

〔一四〕鮑彪云：「（急使）言有急事出使。」

〔一五〕鮑彪云：「（行具）行所當具。」

〔一六〕〔按〕謂見魏王請謁。

〔一七〕鮑彪云：「恐得魏後於諸侯。」

〔一八〕吴本無「行」字。盧本無「使」字。鮑彪云：「初以無事請行，今有齊事，魏亦且任之，故止之。」黄丕烈云：「（行使）二字當複，衍其一。」金正煒云：「衍（按原本誤作「軫」，今正）以請謁行，非王使之，不得言止其使。『使』疑『事』字之譌。古書『事』作『吏』，因致誤『使』。行事，謂治行之事，上所云約車爲行具也。」

〔一九〕鮑彪云：「魏爲主約，故諸侯因衍以合魏。」

〔二〇〕鮑彪云：「從與衍皆爲魏約耳，而因衍者衆，故楚亦因之。背從者，欲專於衍也。」

〔二一〕鮑彪云：「（不可）不可任。」

〔二二〕鮑本、吴本「令」作「今」，「令」當是形之訛，今從改。

〔二三〕鮑彪云：「復，言得四國，又相魏也。非已相，罷而又復。衍傳（按即陳軫傳）有，在張儀初相之後。」吴師道云：「陳軫過犀首而不見，宜若有憾焉，而必見之，又教之以收天下之事任，何也？二人皆不善於張儀者也，激犀首以重任，皆所以傾儀而已。……犀首相在惠王時。」〔按〕陳軫傳與策多舛異。梁玉繩志疑云：「史公或别有所本。……此（史記）言田需約楚，策言李從；此言楚王怒田需，不聽約，故犀首行燕、趙、齊三國相事，策言楚亦以事因犀首，故云四國屬事。其餘字句亦不同，未知孰實？」

15　張儀惡陳軫於魏王

張儀惡陳軫於魏王曰：「軫善事楚，爲求壤埊也甚力之〔一〕。」

左華〔二〕謂陳軫曰：「儀善於魏王，魏王甚愛之，公雖百説之，猶不聽也。公不如

(以)〔三〕儀之言爲資，而反於楚王〔四〕。」陳軫曰：「善。」因使人先言於楚王〔五〕。

【箋證】

〔一〕鮑彪衍「之」字，盧本從之。黄丕烈云：「楚策無（「之」字）。」横田惟孝云：「按楚策，『善』上有『猶』字。言軫雖在魏，猶善事楚，爲楚求地甚力。」金正煒云：「『事』疑『於』字之譌。『壤』當爲『攘』。攘，推也。芒卯謂秦王章：攘地必遠大。此即其義。」〔按〕陳軫告楚之魏，張儀惡之於魏王曰：「軫猶善楚，爲求地甚力。」此文自通，不必改字改讀。之猶焉，語已之詞（見古書虚字集釋），亦不必衍。

〔二〕鮑彪云：「（左華）未詳。」吴師道云：「楚策作『左爽』。」

〔三〕鮑彪「如」下補「以」字，盧本從之。吴師道云：「『如』下宜有『以』字，楚策有。」〔按〕當有，今從補。

〔四〕鮑彪云：「反，言報之。（楚）王，懷王。」王念孫云：「『楚』下本無『王』字，此因下有『楚王』而誤衍耳。……反，訓爲『歸』，非訓爲『報』。楚策記此事曰：『公不如以儀之言爲資而得復楚。』是其證。」（横田惟孝説同）〔按〕下文「使人先言楚王」，鮑本無「王」字，蓋語衍於此。而姚本當如王説因下「楚王」而誤衍。

〔五〕鮑本、吴本無「王」字。當脱，説見上。鮑彪云：「軫自是如楚。」吴師道云：「楚策云：『楚王喜，欲復之。』未知即以此時如楚否？策云『儀善於魏王（原文「王」上有「魏」字，此引漏），王甚愛之』，當是惠王時事。」

16 張儀欲窮陳軫

張儀欲窮陳軫〔一〕，令魏王召而相之，來將悟〔二〕之。將行，其子陳應止其公〔三〕之行，曰：「物之湛者〔四〕，不可不察也。鄭彊出秦曰應爲知〔五〕。夫魏欲絶楚、齊，必重迎公〔六〕。郢中不善公者，欲公之去也，必勸王多公之車。公至宋，道稱疾而毋行。使人謂齊王〔七〕曰：『魏之所以迎我者，欲以絶齊、楚也。』」

齊王曰：「子果〔八〕無之魏而見寡人也，請封子！」因以魯侯之車迎之〔九〕。

【箋證】

〔一〕鮑彪云：「（軫）時在楚。」

〔二〕姚宏云：「曾（悟）作『梧』。」鮑彪改「悟」作「倍」，云：「（倍）音『背』。」吴師道云：「（悟）字誤。」黄丕烈云：「此以『悟』爲『圄』字耳。」關修齡云：「『悟』當作『牾』，逆也。」安井衡云：「管子七臣七主篇：『不啎則國失勢。』劉績云：『「啎」或作「悟」。』啎者牾之正字。是牾、悟通用之明證。……悟、牾皆以『吾』爲聲，故互相假借。此『悟』亦當讀爲『牾』。」金正煒云：「山海經海内西經：『帝乃梏之疏屬之山。』注：『梏，猶繫縛也。』……初學記：『圄，悟也。令罪人入其中自悔悟也。』梏、圄於義並通。又或爲『錮』音近而譌。韓策：『公仲數不信於諸侯，諸侯錮之。』」〔按〕黄説爲長。悟、圄並從『吾』聲，字可通借。

〔三〕鮑彪云：「公，翁同。項羽紀注：（翁）謂父。」〔按〕廣雅釋親：「翁、公，父也。」方言卷六云：「周、晉、秦、隴謂之公，或謂之翁，南楚謂之父，或謂之父老。」

〔四〕鮑彪云：「湛，謂其謀之深。」關修齡云：「『湛』疑作『甚』。以相召之，亦甚者，是可以察矣。」于鬯云：「『湛』諧『甚』聲，本可通借。物之甚者，猶言物之尤矣。」安井衡云：「『湛』、『耽』通，説文作『媅』，樂也。魏王召而相之，其言可樂，故云『物之可湛者』。」〔按〕關、于説較長。

〔五〕姚宏云：「曾(知)作『之』。」鮑彪云：「(鄭彊出秦)彊自秦出在楚。(曰應爲知)言能止其父。」吴師道云：「韓策鄭彊載金入秦請伐韓，此云出秦也。」橫田惟孝云：「(應爲知)以應止行爲智也。以下皆彊之言。」中井積德云：「『鄭彊出秦』至『爲知』八字，當在章末，此錯出耳。」于鬯云：「按韓策彊入秦，蓋在周赧十五年，當後此。彼策又載鄭彊走張儀於秦，事涉楚大宰，在周赧五年，僅此與？則此策亦以在周赧五年者是矣。然此句(鄭彊出秦)及下凡八字究可疑，或上下尚有脱文，或他策錯入，未可强説。鄭彊載金請伐韓，鮑韓策注以彊爲韓人，當不然，蓋是楚人，故韓策又言鄭彊爲楚王使於韓。一説『鄭彊』以下當别爲章。姚本『鄭彊』本提行，不連上，特上行適到末，而下文語又與上章若可合，遂溷爲一策。『知』字當依曾作『之』，『曰』字蓋在『之』字下，爲、謂通。言鄭彊出秦之楚，陳應謂之也。下文諸言公，皆指彊，非指軫。此因上章陳應止軫之行而類編陳應謂鄭彊之語，不可以爲一章也。存參。」金正煒云：「彊自秦出，知儀之謀，故以應止其公爲知。此夾叙之文，非當時語也。」〔按〕「鄭彊」下八字於上下文不相屬，中井謂爲章末文錯出於此，疑是。

〔六〕鮑彪云：「軫在楚，必合齊，而魏欲離之，故迎軫。」

〔七〕吴師道云：「大事記張儀相魏，在惠王後十三年，尋以公孫衍代。襄王二年，因請成於秦，爲秦相。後八年，秦出之魏，次年死。其在位多惠王時，與齊宣相涉。」

〔八〕鮑本、吴本、盧本「果」作「東」。〔按〕如作「東」，則讀「子東」爲句，謂東之齊也。

〔九〕鮑彪云：「(魯侯之車)以嘗所迎魯侯者迎之，重之也。」(按：鮑、吴合注四部叢刊本無此注，鮑單注本有)橫田惟孝云：「此言齊待之必然。」〔按〕此句似爲記事之語。料度齊王以車相迎可也，安能必其爲以魯侯之車迎之乎？疑此有脱文。若從中井説移上「鄭彊出秦曰應爲是」八字於下，義較順。楚策三謂「陳軫告楚之魏」，是軫猶應召赴魏也。此當次在上章之前。

17 張儀走之魏

張儀走之魏〔一〕，魏將迎之。張丑〔二〕諫於王，欲勿內，不得於王。張丑退，復諫於王曰：「王亦聞老妾事其主婦〔三〕者乎？子長色衰，重家而已〔四〕。今臣之事王，若老妾之事其主婦者。」魏王因不納張儀〔五〕。

〔箋證〕

〔一〕鮑彪云：「傳言秦武元年，羣臣惡之，乞之梁。此（哀王，實襄王）九年。」吴師道云：「按襄王九年，儀走魏，魏納而相之。此云不內，恐非是時事。」〔按〕顧觀光編年附次於周顯四十七年（前三二二）張儀初相魏之下，但策云「不内」，亦與其時事不合。或始不納，後受之歟？則亦不能斷其在魏惠或魏襄之時。

〔二〕〔按〕張丑見於齊策一楚威王戰勝於徐州章，當楚威王時。又見燕策三張丑爲質於燕章，不詳其時代。此張丑與張儀並時，爲魏臣。疑三人名偶相同耳，未必一人。

〔三〕金正煒云：「『主婦』當爲『主父』之譌。俗讀『父』、『婦』音同，因以致誤。」〔按〕「主婦」猶「主母」。妾事主母，本文自通。但以下文「子長色衰重家」語核之，金訂似有理。

〔四〕姚宏云：「一本（家）作『嫁』。」鮑本、吴本「家」作「嫁」。鮑彪云：「『重』猶『再』。」黄丕烈云：「『嫁』字當是。」關修齡云：「以子長將立，而已老不可事人，故惟其家爲重而已。」〔按〕「家」爲「嫁」之借字。言子長色衰，爲主婦所出，唯有重嫁而已，以喻己之爲王所棄亦如是。關解「家」作如字，非。

〔五〕鮑彪云：「丑之自比若此，豈可望於士君子之行哉？哀王聽其説，是亦魏媪之耄者耳。」鍾鳳年云：「魏不納儀事，恐不確。此章所言不近事理，故不足信。」

18 張儀欲以魏合於秦韓

張儀欲以魏合於秦、韓而攻齊、楚，惠施欲以魏合於齊、楚以案兵〔一〕。人多爲張子於王所〔二〕。惠子謂王曰：「小事也，謂可者謂不可者正半，況大事乎？以魏合於秦、韓而攻齊、楚，大事也，而王之羣臣皆以爲可。不知是其可也，如是其明耶？而〔三〕羣臣之知術也，如是其同耶？是其可也未如是其明也，而羣臣之知術也又非皆同也。是有其半塞也〔四〕，所謂劫主〔五〕者失其半者也〔六〕。」

〔箋證〕

〔一〕〔按〕案，抑也。韓非子内儲説上篇「案兵」作「偃兵」，義同。舊注云：「以齊、荆（楚）爲援，則秦、韓不敢加兵，故兵可偃也。」

〔二〕鮑彪云：「『所』猶『處』。」

〔三〕鮑本、吴本「而」作「亡」。鮑彪云：「亡，得矣也。」吴師道云：「（而）下文有。」黄丕烈云：「『亡』字當是，此不與下句同。秦策、趙策、韓策皆有此字，可證也。」金正煒云：「『而』當從鮑本作『亡』。經傳釋詞『亡，轉語也。與「抑」義同』。」〔按〕而、亡二字並通，可以並存。

〔四〕鮑本、吳本「有其」二字互倒。鮑彪云：「塞，不明。」横田惟孝云：「塞，雍蔽也。言有半以爲不可者雍蔽而不通也。」于鬯云：「謂言不可者爲言可者塞之也。」金正煒云：「管子明法解：『下情不上通謂之「塞」。』鮑注非也。」〔按〕横田解是。韓非子作「今一國盡以爲可，是王亡半也」。

〔五〕鮑本、吳本「主」作「王」。黄丕烈云：「『王』字誤，韓子作『主』，可證。」

〔六〕鮑彪云：「事不明而欲王必從，是劫王也。王而從之，失其半矣。」吳師道云：「此策言小事，人可否者且正半，而此大事，人皆同聲，必非皆知其可而智術之皆同者，則明與不明者居半也。彼劫王以必從，失其明者之半也。此策云欲以魏合於秦、韓，亦當是惠王時。」安井衡云：「言是羣臣之爲大臣所雍而不通於王者居半，即古所謂人主爲權臣所劫者，失其臣之半者也。」〔按〕安井説是。韓非子作「劫主者，固亡其半者也」。

19　張子儀以秦相魏

張子〔一〕儀以秦相魏，齊、楚怒而欲攻魏。雍沮〔二〕謂張子曰：「魏之所以相公者，以公相則國家安，而百姓無患。今公相而魏受兵，是魏計過也。齊、楚攻魏，公必危矣。」張子曰：「然則奈何？」雍沮曰：「請令齊、楚解攻！」

雍沮謂齊、楚之君曰：「王亦聞張儀之約秦王〔三〕乎？曰：『王若相儀於魏，齊、楚惡儀，必攻魏。魏戰而勝，是齊、楚之兵折而儀固得魏矣。若不勝，〔魏〕〔四〕魏必事秦以持〔五〕其國，必割地以賂王。若欲復攻〔六〕，其敝不足以應秦〔七〕。』此儀之所以與秦王陰相結也。今儀相魏而攻之，是使儀之計當於秦也，非所以窮儀之道也。」齊、楚之王曰：「善。」乃遽〔八〕解攻於魏〔九〕。

〔箋證〕

〔一〕姚宏云：「劉去『子』字。」鮑彪亦衍「子」字。

〔二〕鮑彪云：「（雍沮）魏人。」

〔三〕鮑彪以秦王爲惠文王。

〔四〕鮑彪衍「魏」字。〔按〕當衍，今從鮑本。

〔五〕〔按〕吕氏春秋慎大篇高注：「『持』猶『守』。」

〔六〕吴師道云：「言魏割地合於秦，齊、楚復攻魏而秦救之，則齊、楚罷敝不足以應秦。此策亦當在（魏）惠王時。」

〔七〕鮑彪云：「二國嘗戰，今必弊，故不能當秦。」

〔八〕鮑本、吴本「遽」作「遂」。

〔九〕吴師道云：「齊策：秦惠王死，儀乞之梁，以致齊伐。儀使馮喜說齊王云云。其言頗與雍沮類。」〔按〕此章爲儀初相魏時事，當魏惠世，齊策爲儀後相魏時事，當魏襄世。而攻魏之事與雍沮、馮喜說齊、楚之辭相類，疑傳聞異辭，記載參差，劉向編策並存之耳。

20　張儀欲并相秦魏

張儀欲并相秦、魏〔一〕，故謂魏王曰：「儀請以秦攻三川，王以其間約南陽〔二〕，韓氏〔三〕亡。」

史厭〔四〕謂趙獻〔五〕曰：「公何不以楚佐儀，求相之於魏。韓恐亡，必南走楚〔六〕。儀兼相秦、魏，則公亦必并相楚、韓也〔七〕。」

【箋證】

〔一〕吴師道云：「(儀相魏)秦惠後三年，魏惠後十三年。」〔按〕魏惠後十四年，詳表。史記張儀傳云：「儀相秦四歲，立惠王爲王。居一歲，爲秦將，取陜，築上郡塞。其後二年，使與齊、楚之相會齧桑。東還而免相，相魏以爲秦。」秦本紀：「(惠文王後元)三年，張儀相魏。」魏世家繫之於魏惠王十三年，誤。

〔二〕鮑彪云：「約，謂使韓以此與魏。」關修齡云：「『約』猶『急』，謂迫窘也。言張儀攻三川，魏乘其間隙以急伐南陽也。」于鬯云：「下策云：『則韓之南陽舉矣。』約，蓋即舉儀。或云：『約』猶『收』也。」〔按〕「約」讀如「要」(見漢書禮樂志注)，秦策：「要絶天下。」高注：「要，取也。」鮑注誤。諸家釋亦未愜。三川、南陽並韓地，見秦策一及西周策。

〔三〕金正煒云：「『韓氏』下疑脱『必』字。下章張儀已合秦魏矣，其言曰：『魏攻南陽，秦攻三川，韓氏必亡。』即爲此文之證。」〔按〕文義自順，不必補。

〔四〕鮑彪以「韓氏亡史厭」五字連文，云：「韓氏之亡史名厭。」橫田惟孝、安井衡並讀「亡」字絶句。安井衡云：「(史厭)厭，蓋楚史官。」金正煒云：「厭，謂獻之言，蓋即儀所風使。『史』或『使』字之損，厭，其使者之名也。又周策有史黶，一作『史厭』，似即一人。則『謂』上補『爲』字。」〔按〕鮑讀未安，今不取。史厭當即東周策之史黶，是周史官。時周弱附韓，韓亡周及，故史厭爲之説楚也。

〔五〕鮑彪云：「(趙獻)與厭俱在楚。」吴師道云：「無考。」橫田惟孝云：「趙獻，蓋楚臣。」金正煒云：「『趙獻』亦疑『昭獻』，一聲之譌。韓策『楚昭獻相韓』。與此文并相韓、楚正合。」鍾鳳年説同。〔按〕金説疑是。

〔六〕吴師道云：「走音奏。」

〔七〕鮑彪云：「儀因獻得相，必德獻。楚得韓，儀必緩攻，韓亦德獻也。」

21 魏王將相張儀

魏王將相張儀，犀首弗利〔一〕，故令人謂韓公叔〔二〕曰：「張儀以〔三〕合秦、魏矣，其言曰：『魏攻南陽，秦攻三川，韓氏必亡。』且魏王所以貴張子者，欲得埊〔四〕，則韓之南陽舉矣。子盍少委焉〔五〕，以爲衍功〔六〕？則秦、魏之交可廢矣〔七〕。如此，則魏必圖秦而棄儀〔八〕，收韓而相衍。」公叔以爲信〔九〕，因而委之，犀首以爲功，果相魏〔一〇〕。

【箋證】

〔一〕吴師道云：「大事記：魏惠王後十三年，張儀相魏，魏不事秦，以公孫衍代相。」

〔二〕〔按〕公叔，韓相。

〔三〕姚宏云：「(以)一作『已』。」鮑本、吴本「以」作「已」。〔按〕史記犀首傳亦作「已」。「以」、「已」通用。

〔四〕鮑本、吴本「埊」下有「也」字，史記同。

〔五〕鮑彪云：「請以事委衍。」

〔六〕鮑彪云：「有功，魏乃任之。」吴師道云：「大事記：令韓以與魏南陽，爲公孫衍之功。」〔按〕吴説亦出臆度，於策、史本文並無徵。

〔七〕鮑彪云：「魏任衍，則聽其所爲。」〔按〕史記「廢」作「錯」。

〔八〕金正煒云：「『圖』當爲『嗇』。俗書『圖』作『啚』，與『嗇』形似而譌。……『嗇』即『塞』之借字，塞，絶也。魏得願於韓，而觖望於秦，則絶秦而棄儀矣。」〔按〕史記亦作「圖」，圖秦，謂與秦不合而謀之，文義自通。金改非。

〔九〕姚宏云：「(信)曾作『便』，劉作『信』。」

〔一〇〕吴師道云：「大事記：『魏王不聽儀者，公孫衍間之也。衍傳稱衍相魏，張儀去，則不然。以儀傳考之，儀蹔無以歸報，留魏四歲而魏王卒，復説其嗣君。久之始去魏相秦爾。』愚謂儀説魏合秦，襄王久而後聽。惠王之崛强，猶未入其言，故公孫衍之間，易爲力也。」

22　楚許魏六城

楚〔一〕許魏六城，與之伐齊而存燕。張儀欲敗之，謂魏王曰：「齊畏三國〔二〕之合也，必反燕埊〔三〕以下楚〔四〕，楚、趙〔五〕必聽之，而不與魏六城，是王失謀於楚、趙〔六〕，而樹怨〔而〕〔七〕於齊、秦也。齊遂伐趙〔八〕，取乘丘〔九〕，收侵地，虛、頓丘危〔一〇〕。楚破〔一一〕南陽、九夷〔一二〕，内沛〔一三〕，許、鄢陵〔一四〕危。王之所得者，新觀〔一五〕也，而道塗宋、衛爲制〔一六〕。事敗爲趙驅〔一七〕，事成功縣宋、衛〔一八〕。」魏王弗聽也。

張儀告公仲，令以饑故，賞韓王以近河外〔一九〕。魏王懼，問張子。張子曰：「秦欲救齊，韓欲攻南陽〔二〇〕。秦、韓合而欲攻南陽，無異〔二一〕也。且以遇卜王〔二二〕，王不遇秦，韓之卜也決矣〔二三〕。」魏王遂尚遇秦〔二四〕，信韓，廣魏救趙〔二五〕，尺〔二六〕楚人遽於萆下〔二七〕，伐齊之事遂敗。

【箋證】

〔一〕鍾鳳年謂「楚」下脱「趙」字，説詳下。

〔二〕鮑彪云：「(三國)楚、魏、燕。」〔按〕三國，謂楚、趙、魏。其時齊已破燕，佔有其地，不得列燕於内。

〔三〕鮑彪云：「(燕地)此齊宣因喪伐燕所得。」吴師道云：「按史易王初立，齊宣王因喪伐我，取十城。蘇秦説齊，使復歸燕十城，必非此時。策云伐齊存燕，蓋齊人破燕後事也。」〔按〕此即燕之子之亂，齊人入燕之事，鮑注誤。

〔四〕横田惟孝云：「下楚，謂卑下於楚也。」金正煒、鍾鳳年並謂「楚」下脱「趙」字，詳下。〔按〕下，謂退之。

〔五〕鮑彪衍「趙」字。安井衡云：「許魏六城者楚也，而并言趙者，趙與楚同謀，觀下文齊遂伐趙可見矣。」金正煒云：「按趙策齊破燕趙欲存之章：楚、魏憎之，令淖滑、惠施之趙，請伐齊而存燕，則『失謀於楚』句下當奪『趙』字。『以下楚』句亦當補『趙』字。」鍾鳳年云：「趙策三有齊破燕趙欲存之章。考六國表齊破燕事，在秦惠王後元十一年，其時張儀尚在，與此魏策所記蓋同時事。故此章之『楚、趙必聽之』及『是王失謀於楚、趙』二語，鮑本衍上『趙』字及次語元無『趙』字，恐誤。竊以此殆『楚許魏六城』與『必反燕地以下楚』之二『楚』字下，各脱一『趙』字，因致下文之二『趙』字轉若無根據矣。又……與趙策『楚、魏……令淖滑、惠施之趙，請伐齊而存燕』之語相較，此言楚、趙來結魏，彼云楚、魏往約趙，事實微有不同，蓋著書者所聞異辭。策於此類固間有之。」〔按〕金、鍾之説疑是。

〔六〕鮑本、吴本無「趙」字，非，説見上。横田惟孝云：「失謀，謂欲得六城而不得也。」

〔七〕鮑彪衍「而」字，盧本從之。吴師道云：「疑衍。」〔按〕此涉上「而」字而衍，今從正。

〔八〕鮑彪云：「趙，魏鄰也，伐之以動魏。」金正煒云：「此言三國果合而圖齊，則齊必將伐趙。假設之辭也。」鍾鳳年云：「『趙』字恐有誤。因上文甫云楚、趙聽齊，此不應遽言伐之。」〔按〕金説疑是。

〔九〕鮑彪云：「（乘丘）屬泰山。」吴師道云：「正義云：乘丘故城在兖州瑕丘縣西北。」張琦云：「今曹縣東北五十里漢乘氏城，古乘邱也。與嵫陽之乘邱，皆非趙地。疑『斥邱』之譌。漢志魏郡有斥邱，今邱縣北有故城。」程恩澤云：「趙乘邱在今曹州府曹縣東北五十里。郡國志濟陰郡乘氏侯國。高士奇曰：『此國策所云趙乘邱也。』以下云『虚、頓丘危』推之，其説確不可易。」〔按〕程説近之。乘丘本非趙地，伐齊取之，故下文云「收侵地」也。

〔一〇〕吴師道云：「虚，謂殷虚，今相州所理。頓丘故城在魏州頓丘縣東北。括地志：二城時屬魏。餘見秦策。」

〔一一〕金正煒云：「（楚破）此謂楚地爲秦所破，亦儀設辭。」讀「楚破」句絶。鍾鳳年云：「『楚』字宜作『秦』，因南陽、九夷俱楚地。……楚豈有自破己地之理？足知其必有誤。」〔按〕此亦假設之詞，言如三國圖齊，楚兵將破齊奪其地也，於魏不利，與上齊伐趙，於魏不利相應。原文不誤，金、鍾二説未然。「南陽」等皆爲齊地名，説詳下。

〔一二〕鮑彪云：「（九夷）疑當爲『九嶷』。」吴師道云：「此南陽、堵（自注：「赭」同）陽屬荆州者。以下文連九嶷、許、鄢言之故也。大事記李斯書云：『惠王用張儀計，南取漢中，包九夷，制鄢、郢。』九夷即屬楚之夷，方孔子在陳、蔡，相去不遠，所以有欲居九夷之言。此與集注異。愚謂此言破南陽之九夷也。」金正煒云：「（九夷）非即李斯書所云也。……淮南齊俗篇：『越王句踐霸天下，泗上十二諸侯率九夷以朝。』是九夷地近泗上，時已屬楚。鮑疑爲『九嶷』，則去許、鄢陵遠矣。」鍾鳳年云：「秦策四楚魏戰於陘山章稱：『楚敗於南陽。』秦策三謂魏冉曰楚破章稱：『楚苞九夷。』可爲二者乃楚地之證。」〔按〕諸説未然，辨見下。

〔一三〕鮑彪云：「（沛）豫州郡。內，言入其地。」吴師道云：「內沛，地名，必非豫州者。」程恩澤云：「當以鮑注爲正。漢志沛郡有沛縣。……今徐州府沛縣治東南微山下有沛故城。」金正煒云：「漢志：沛故秦泗水郡。正近九夷。」〔按〕此南陽當爲齊地，春秋時原屬魯，後爲齊奪。公羊閔二年傳：「高子將南陽之甲。」何休注：「南陽，齊下邑。」孟子告子下篇：「遂有南陽。」趙岐注：「山南曰陽，岱山之南謂之南陽也。」則其地在今山東泰山之南。九夷乃泛稱，或直言九種夷族，或「九」爲虛數，表示夷族之衆。齊、楚二國皆有夷族雜居，但此處當指齊言之。沛，疑即史記齊太公世家「（襄公）遂獵沛丘」之沛丘（左傳莊八年作「貝丘」），在今山東博興縣南。左傳昭二十年「齊侯田於沛」。亦即其地。沛又爲水名。章炳麟春秋左傳讀謂：「沛在齊、魯界上，凡水草相半者皆曰沛，非必一地也。」此可備一説。總之，諸地皆爲齊地，與「楚破南陽」相合。諸家誤以爲楚地，紛紛改字、補字，曲爲之説，治絲益棼，窒礙難通，今爲釐正如上。

〔一四〕〔按〕許、鄢陵並魏地，見前。

〔一五〕鮑彪云：「（新觀）屬魏郡。」吴師道云：「正義引括地志：觀津在冀州棗陽。一云武邑縣東南。本趙邑，今屬魏。今詳名新觀者，恐以此。大事記主屬清河。又云：魏惠王三年，齊伐魏，取觀津。赧王四十二年，魏冉敗趙、魏，取趙觀津。所屬不常。」張琦云：「前後志魏郡並無新觀。考漢志東郡有畔觀，今（山東）曹州府觀城縣是。又（河北）大名府清豐縣南有觀澤城。新觀或當在此。若冀州之觀津，在今武邑縣東南三十里，與『宋、衛爲制』不合。然詳上下文義，當是受之楚者，闕疑可耳。」程恩澤云：「上云『伐齊存燕』，下云『道塗宋、衛爲制』，則新觀當是齊地，與宋、衛相近，何得以觀津當之耶？郡國志：東郡衛公國，本觀故國，姒姓。元和志：澶州東北二十四里有觀城縣，古之觀國。……今屬曹州府。疑即其地。然『新觀』二字，不見諸地理書，未可武斷也。」〔按〕諸説多異，不能强定，兼存備考。

〔一六〕鮑彪云：「言雖得新觀，路所從出，又限二國。」

〔一七〕鮑彪云：「敗，謂楚不與也。楚不與，則齊伐趙，亡將反魏，故奔走援之。」横田惟孝云：「事敗，謂政不行，民不和也。驅，逐散也。言魏雖得新觀，而道歷二國，遥爲節制，政不行，民不和，則趙必得之，是爲趙驅民也。」金正煒云：「事敗，謂伐齊之事敗也。」〔按〕金説是。此謂伐齊事敗，魏不能保新觀，終爲趙有，是猶爲趙先驅也。

〔一八〕鮑彪云：「成，謂楚與之地。受地必由二國。縣，言輕重繫之。」〔按〕事成，謂伐齊之事成。縣同懸，謂懸隔也。漢書高帝紀「縣隔千里」，是其義。此言雖得新觀，爲宋、衛縣隔。

〔一九〕姚宏云：「劉連上，曾題。」鮑本、吴本並與上合爲一章。按此與前文相應，不當分，今從鮑本合之。鮑彪云：「『賞』猶『勸』也。韓時饑，因勸之就粟於河外。河外近魏，故魏恐。」吴師道云：「此句不可解。恐『韓王』字當在『令』下，而衍一『以』字。謂公仲令韓王以饑故，賞賜近河外之民。」安井衡云：「『賞』字句。賞，貽也。令以饑故貽民粟。韓王行施之，已近河外也。以、已通。」于鬯云：「或云：此謂秦賞韓也。或云：讀當『韓』字句。」金正煒云：「此文以注求之，『王』當爲『𡈼』之誤，『𡈼』即唐武后所造『人』字也。『近』當爲『迻』。迻，遷徙也，與孟子移民於河東同義。」金其源云：「淮南子說林篇：『以賞越人章甫。』注：『賞，遺也。』詩大雅板『及爾出王』，傳：『王，往也。』禮檀弓『則豈不得已』，注：『「以」與「已」字本同。』此謂張儀告公仲，令以饑故，將粟遺韓之因饑流亡往魏而已近河外者，所以使魏聞而懼秦、韓之合也。」鍾鳳年云：「『令』字蓋『今』字形近而譌者。『賞』字疑爲『償』字之殘文。今觀下文『張子曰：秦、韓合而欲攻南陽』之語，蓋張儀因韓之方饑，償韓王以近河外地，藉爲秦結以攻魏。」〔按〕諸說多異，不可以定。愚意鮑注較善，唯「韓王」上不得言「賞」，疑「王」字當如金說爲「𡈼」之形譌，「𡈼」即「人」字。儀告公仲今以韓饑民就食於近魏河外之地，使魏王疑韓之襲己，故下文儀詭言「韓欲攻南陽」，以秦、韓合謀恐魏也。

〔二〇〕吳師道云：「（南陽）此河內修武。」〔按〕此魏之南陽，與上「南陽」異。

〔二一〕鮑彪云：「（無異）言無他。」

〔二二〕鮑彪云：「兩君相遇，則講信修睦，故遇者，相好也。」王祖嫡云：「『卜』一作『于』。」橫田惟孝云：「言二國合，而韓欲攻南陽者，無異故也。將以王遇秦厚薄，卜其向背。」

〔二三〕鮑彪云：「決，無他疑。韓以魏不與秦遇，知其惡我，必合秦而攻魏。」

〔二四〕鮑彪云：「尚，言欲之甚。」金正煒云：「尚，曾也，義與『乃』同，詳釋詞。」于鬯讀「遇」字句絕。〔按〕「遇秦」與上「王不遇秦」相應，于讀未是。

〔二五〕鮑彪云：「廣，猶心廣體胖，云樂之也。此著書者述其遇秦之效。魏昔懼而今心廣，又豈能止齊伐趙也？」

吳師道云：「寬，廣也。寬魏之憂也。」安井衡云：「鄰國和，則魏人往來任心，是廣魏於天下也。不受楚地，則齊亦不怨趙，是救趙也。」于鬯云：「或云：『趙』當作『齊』。」金正煒云：「『廣』或本爲『厲』，形似而譌。上言齊遂伐趙者，擬議之詞，故此云厲魏，以備救趙，非即有是事。爾雅釋詁：『厲，作也。』」鍾鳳年云：「以『廣魏』二字度之，『救』殆『攻』字之譌。言魏攻趙以廣地也。」〔按〕諸説並未愜意，疑文有訛闕，姑録存參。

〔二六〕鮑彪改「尺」爲「斥」。吳師道云：「未詳。」安井衡云：「尺、斥同音，鮑讀爲『斥』，是也。」金正煒云：「『尺』即『斥』之借字。文選七啓：『山鷄斥鷃。』注：『斥與尺，古字通。』」金其源云：「易『尺蠖』。周禮考工記作『斥蠖』。是尺、斥古通。」

〔二七〕鮑本「萆」作「革」。鮑彪云：「(革)地缺。『革』豈『鬲』耶？遽，傳遽。楚以傳來許地，魏斥之也。」吳師道云：「『遽』，未詳，恐有缺誤。『革』疑『華』。」程恩澤云：「史記淮陰侯列傳：『從間道萆山面望趙軍。』萆下似即萆山之下。然舊注解爲蔽覆，其地亦不相及。」(安井衡引漢書韓信傳同)金正煒云：「斥楚人遽者，不内其來議伐齊之使。……萆下，吳説近是。韓非顯學篇：『是以魏任孟卯之辯，而有華下之患。』秦策：『天下有比志而軍華下。』或即其地。」〔按〕尺(斥)楚人遽，不詞，疑「人遽」二字倒誤。國語晉語：「遽人來告。」韋注：「遽，傳也。」列子説符篇「使遽人來謁之」是其證。遽人，謂傳命之人。尺楚遽人，即斥楚之使者。「萆下」或「革下」，缺疑可也。鍾鳳年讀「尺楚人」句，「遽於萆下」句，謂「『尺』字疑爲『尸』字之譌。……尸楚人者，蓋謂戮楚使而陳其尸也。……『萆』字疑非地名。類篇云：『萆，一名蓑衣。』此殆謂陳楚使之尸，掩以萆具，而傳送之楚也」。按魏用張儀説，不合於楚，然二國固未有隙，何至戮其使者以啓楚釁？又如以萆爲掩尸萆具，則「遽於萆下」將訓爲「傳送於掩尸萆具之下」，成何文義？顯不可通，附辨於此。

23 徐州之役

徐州之役〔一〕，犀首謂梁王曰：「何不陽與齊而陰結於楚。二國恃王，齊、楚〔二〕必戰。齊戰勝楚，而與乘之〔三〕，必取方城之外〔四〕。楚戰勝，齊敗〔五〕，而與乘之，是太子之讎報矣〔六〕。」

〔箋證〕

〔一〕鮑本、吴本「徐」作「徐」，通用。〔按〕事見齊策一楚威王戰勝於徐州章。此當惠王後三年（前三三三）。

〔二〕鮑本無「楚」字，鮑衍「齊」字。吴師道云：「一本有『楚』字。」金正煒云：「既言二國，不當重言『齊楚』。鮑本無『楚』字，是也。『齊』字非衍，蓋『濟』之省。濟，益也，猶今人言接濟。後人不辨『齊』之爲『濟』，因增『楚』字，遂失本義。荀子王霸篇：『以國齊義。』注：『「齊」當爲「濟」。』與此正同。」〔按〕如金説，從鮑本無「楚」字，「齊」字上屬爲句。

〔三〕鮑彪云：「與齊乘楚。」

〔四〕〔按〕方城，楚地，見西周策。

〔五〕姚宏云：「一本無『敗』字。」鮑彪衍「敗」字，「齊」屬上讀。吴師道云：「即楚敗齊將申縛泗上之役，見秦策。」

〔六〕〔按〕此當時假設之詞，敗申縛乃後事。吴注未了。

〔六〕鮑彪云：「(太子)太子申。」〔按〕謂齊敗魏馬陵之役，虜太子申。見同策二齊魏戰於馬陵章及宋策魏太子自將章。此與前齊魏約而伐楚章相應。

24　秦敗東周與魏戰於伊闕

秦敗東周，與魏戰於伊闕，殺犀武〔一〕。魏令公孫衍乘勝而留於境，請卑辭割埊以講於秦〔二〕。

爲竇屢〔三〕謂魏王曰：「臣不知衍之所以聽於秦之少多，然而臣能半衍之割，而令秦講於王。」王曰：「奈何？」對曰：「王不若與竇屢關內侯〔四〕，而令(之)〔五〕趙，王重其行而厚奉之。因揚言曰：『聞周、魏令竇屢以割魏於奉陽君而聽秦矣〔六〕。』夫周君、竇屢、奉陽君之與穰侯，貿首之仇也〔七〕。今行和者，竇屢也；制割者，奉陽君也。太后〔八〕恐其不因穰侯也，而欲敗之〔九〕，必以少割請合於王〔一〇〕，而和於東周與魏也。」

【箋證】

〔一〕鮑彪云：「此(昭王)三年。」〔按〕見西周策秦攻魏將犀武於伊闕及犀武敗於伊闕章。劉向編策次於西周，此言東周(史記韓世家言「率周、魏攻秦」，不著東西)，疑編次有誤。

〔二〕鮑彪云：「乘，言因秦勝我，留而與之講；若秦既去，則無及已。」吳師道疑公孫衍别是一人，詳見同策二田需死章。　關修齡云：「魏敗於秦，而令衍乘勝割地講秦，恐無是理。蓋此句倒錯，當作『乘勝而留於境，魏令公孫衍請卑辭割地以講於秦』，文義方順。留境，言秦將復伐魏，故魏恐，請割地以講也。」（横田惟孝、于鬯從之。金正煒説亦同）〔按〕關説是。公孫衍在惠王時已著名，距此年代似遠。下文有「割魏於奉陽君而聽秦」。奉陽君即李兑，而趙策四齊將攻宋章「齊乃令公孫衍説李兑以攻宋」。公孫衍與李兑同時，與此章相合，似是一人，但決非惠、襄王時之犀首也。

〔三〕鮑彪云：「（竇屨）魏人。」

〔四〕鮑彪云：「侯於關内耳，此時未爲爵。」　吴師道云：「『關内侯』之稱，不獨起於秦。」　金正煒云：「『侯』當作『侯』。又韓非顯學篇：『故敵國之君王，雖説吾義，吾弗入貢而臣。關内之侯，雖非吾行，吾必使執禽而朝。』則『關内侯』似亦不必秦爵。故管、墨書皆有此名。賈子新書耳痺篇：『孤身爲關内諸侯。』蓋即此義。」〔按〕此「關内侯」當是官爵之名，與秦策四物至而反章之「關内侯」（史記「侯」作「侯」）不同。秦爵十九級爲關内侯，沈欽韓漢書疏證亦謂：「魏、楚（按當作「秦」）策，管、墨，已有之，秦世所竄入也。」俞正燮癸巳類稿卷十四書管子後云：「大匡云：『魯去國二十里而爲之關，請比於關内侯，以從於齊。』吕氏春秋貴信篇云：『魯請比關内侯以聽。』國皆有關，如言封内食采耳。管書文義自明。」卷十一關内侯説亦辨之，云：「蓋戰國時大臣實封稱君，如孟嘗、昌國、安陵、龍陽、平原、信陵等，皆通名關内侯，故商君因其名。所謂『關』者，凡國皆有關。」

〔五〕鮑本、吴本「令」下有「之」字。　黄丕烈云：「有者當是。此讀『趙』字句絶，『王重』以下别爲句。」　關修齡則以「之」字誤衍，云：「言魏令趙王重竇屨之秦而厚奉遺之。」〔按〕魏安能必趙王之重屨而厚奉之？　關説不通。今從鮑本補字。

〔六〕鮑彪云：「因地講秦。」　吴師道云：「奉陽君即李兑。」

〔七〕吴師道云：「此言（奉陽君）與穰侯貿首之仇，則二人欲取陰（按原本「取陰」作「陰取」，二字蓋誤倒。取陰定封，數見於策，今正）以定封之事也。」關修齡云：「以此易彼謂之『貿』，『抱布貿絲』是也。言相仇之深，欲貿其首而死。」〔按〕楚策二魏相翟强死章「甘茂與樗里疾，貿首之讎也」。貿首之讎，當時習用語。

〔八〕鮑彪云：「后，穰侯之姊。」〔按〕太后。即宣太后，秦昭王母。其時太后專政。

〔九〕〔按〕敗奉陽君、竇屢之事。

〔一〇〕横田惟孝云：「請合於王，謂太后以合周、魏請秦王也。」

25　齊王將見燕趙楚之相於衛

齊王將見燕、趙、楚之相於衛，約外魏〔一〕。魏王懼，恐其謀伐魏也，告公孫衍。公孫衍曰：「王與臣百金，臣請敗之！」王爲約車，載〔二〕百金。犀首期齊王至之曰〔三〕，先以車五十乘至衛。間齊，行以百金〔四〕，以請先見齊王。乃得見，因久坐，安從容談〔五〕。三國之相怨，謂齊王曰：「王與三國約外魏。魏使公孫衍來，今久與之談，是王謀三國也也〔六〕？」齊王曰：「魏王聞寡人來，使公孫子勞寡人，寡人無與之語也〔七〕。」三國之不（相）相（不）〔八〕信齊王之遇〔九〕，遇事遂敗〔一〇〕。

〔箋證〕

〔一〕鮑彪云：「(外魏)不親之。」

〔二〕姚宏云：「孫(載)作『齎』。」

〔三〕鮑本、吳本、盧本「曰」作「日」。鮑彪云：「度其至衛之日。」中井積德云：「期，謂計其期日。」安井衡云：「期，限也。預探知齊王至衛之期限也。」〔按〕「日」、「曰」二字漢碑字不分，見金石文字記。此「曰」即「日」字也。

〔四〕鮑彪「行」下補「人」字，盧本從之。鮑彪云：「間，私見之。」吳師道云：「間，居諫反，投間隙也。行以百金，猶云行幾金於某。」安井衡云：「『間』讀爲『覸』。先期至衛，以覸齊王之至。」金正煒云：「間，私也。管子小匡篇：『隰朋爲行。』注：『行，謂行人也。』此言衍欲先見齊王，故私齎行以百金。吳説於文不合。」〔按〕金説爲長。

〔五〕李元齡云：「安，一作『與』。」橫田惟孝云：「安，安閒也。從容，閒暇也。」〔按〕經傳釋詞曰：「安，猶於是也，乃也，則也。」引此策云：「言犀首見齊王而久坐，於是從容與王談也。」橫田解未是。

〔六〕鮑本、吳本、盧本「也」字不重。黃丕烈云：「下『也』字當是『已』字之誤。輒删者未是。」〔按〕下「也」字猶「邪」，疑問之詞。顔氏家訓音辭篇云：「邪者，未定之詞。……而北人即呼爲『也』。」二「也」字不同，非重。

〔七〕〔按〕無與之語，謂未與之言遇事。

〔八〕鮑彪改「不相」作「相不」，盧本從之。吳師道云：「字殽次，當作『相不』。」今從正。

〔九〕金正煒云：「『遇』字疑本作『語』。『語』、『遇』一聲之轉，又涉下『遇』字而誤。」

〔一〇〕鮑彪云：「按上章(按謂前陳軫爲秦使章，鮑次於此章之上)張儀將相魏，犀首以計去之，乃得相。而儀相魏四歲，則所謂以計去之，在儀欲相之初。衍得相，宜在儀復相秦之時也。」吳師道云：「大事記書魏惠王後十二年秦張儀免相，相魏。魏不事秦，以公孫衍代相。解題云：衍傳稱衍相魏，儀去。則不然。儀慙無以歸報，留魏四歲而惠王卒。後魏襄王二年，始去魏復相秦。」〔按〕此章不能繫年，當在公孫衍相魏，惠王晚年時也。齊王疑是威王或宣王。

26　魏令公孫衍請和於秦

魏令公孫衍請和於秦〔一〕，綦母恢教之語曰：「無多割。曰〔二〕和成，固有秦重，和以與王遇〔三〕。和不成，則後必莫能以魏合於秦者矣〔四〕。」

〔箋證〕

〔一〕吳師道云：「此策惠、襄之世不可定。」〔按〕此即上秦敗東周章伊闕之敗，魏令公孫衍割地以講秦事。魏昭王三年（前二九三）綦母恢爲周臣，此役秦敗周、韓、魏聯軍，故魏使講和，周亦與知。西周策：「犀武敗於伊闕，周君之魏求救。……綦母恢謂周君曰云云。」與衍請和於秦正同時。顧觀光編年以此章與秦敗東周章同繫於周赧二十二年，是也。鮑（次於哀王策）、吳失考。又此公孫衍恐非犀首，説見前。

〔二〕鮑本無「曰」字。吳師道云：「一本有『曰』字。乃教衍説秦之辭。」〔按〕「曰」字乃以別更端之語（見經傳釋詞及古書疑義舉例），解釋「無多割」之理。吳説於文義不合，誤。

〔三〕吳師道云：「一本標孫本無『和』字。」黄丕烈云：「無者是也。」關修齡「和」字上屬爲句，云：「無多割，而和成，則秦重和也。」安井衡「和」屬下讀，云：「既和，宜以與王遇也。」吴汝綸云：「(和)衍字。」于鬯云：「或云：『和以與王遇』五字，疑尚有脱，非衍也。否則五字悉衍，不得止去一『和』字。」〔按〕「和」字疑涉上下文而衍。言和成則得秦重以與王合也。

〔四〕鮑彪云：「衍已相秦故。」横田惟孝云：「和不成，則秦重地，人惡其貪冒，必莫令魏割地以合於秦。」

27 公孫衍爲魏將

公孫衍爲魏將，與其相田繻〔一〕不善。季子〔二〕爲衍謂梁王曰：「王獨不見夫服牛驂〔三〕驥乎？不可以行百步〔四〕。今王以衍爲可使將，故用之也，而聽相之計，是服牛驂驥也〔五〕。牛馬俱死〔六〕，而不能成其功。王之國必傷矣，願王察之〔七〕！」

〔箋證〕

〔一〕鮑彪改「繻」作「需」，云：「從下章及史。」吴師道云：「(繻)即『需』。」

〔二〕鮑彪云：「(季子)未詳。」〔按〕莊子則陽篇：「魏瑩與田侯牟約，田侯牟背之。魏瑩怒，將使人刺之。犀首聞而耻之曰：『君爲萬乘之君也，而以匹夫從讎。衍請受甲二十萬，爲君攻之，……』季子聞而耻之曰：『築十仞之城，城者既十仞矣，則又壞之，此胥靡之所苦也。今兵不起七年矣，此王之基也。衍亂人，不可聽也。』」釋文：「季子，魏臣。」魏瑩即梁惠王瑩。季子爲梁惠王臣，與犀首並時，此章正相合，當是一人。荀子成相篇：「慎、墨、季、惠百家之説誠不詳。」楊倞注引或説季即季子，又引韓侍郎云：「或曰季梁也。」季梁見本策四魏王欲攻邯鄲章。

〔三〕横田惟孝云：「車衡中兩馬曰『服』，其外兩馬曰『驂』。」

〔四〕關修齡云：「牛驥性異，遲疾不同，固不相得，而責同車之任，乃所以不能百步也。」

〔五〕姚宏云：「(也)一作『之道』。」

〔六〕金正煒云：「『死』當爲『獘』，缺損而誤。獘與弊通。」

〔七〕吴師道云：「此策若作魏將，則恐在襄王時。」〔按〕顧觀光編年附次此章周顯王三十七年(前三三二)齊、魏伐趙之下，當魏惠王後元四年。考史記魏世家「(哀王)九年，魏相田需死」。敦煌本春秋後語魏語云：「襄王十六年卒，子哀王立。哀王以田需爲相。」史記及後語之襄王，即魏惠王後元之年，哀王實即襄王。此章田繻即田需，則當在襄王之世田需任相之時。依紀年推算，在周慎靚及赧王之世也。

戰國策 卷二十三

魏二

1 犀首田盼欲得齊魏之兵以伐趙

犀首、田盼欲得齊、魏之兵以伐趙〔一〕，梁君與田侯〔二〕不欲。犀首曰：「請國出五萬人，不過五月而趙破。」田盼曰：「夫輕用其兵者，其國易危。易用其計者，其身易窮。公今言破趙大易，恐有後咎。」犀首曰：「公之不慧也。夫二君者固已不欲矣，今公又言有〔三〕難以懼之，是趙不伐而二士〔四〕之謀困也。且公直言易，而事已去矣〔五〕。夫難搆而兵結，田侯、梁君見其危，又安敢釋卒不我予乎〔六〕？」田盼曰：「善。」遂勸兩君聽犀首。犀首〔七〕、田盼遂得齊、魏之兵。兵未出境，梁君、田侯恐其至而戰敗也，悉起兵從之，大敗趙氏。

〔箋證〕

〔一〕鮑彪次此章於哀王（實襄王）。吴師道云：「事在齊宣十一年，魏惠後二年，趙肅侯十八年。公孫衍欲敗從，田盼本非與謀，故其聞衍之説，猶能以用兵難之。既而訹於其言，勸兩君以聽衍，而身將齊、魏之兵，蓋狃於戰鬭之習，墮衍計中，以成其欺，以敗和好，快讐秦之欲，皆盼之爲也。觀馬陵之役，魏客之言，張丑説楚之辭，知盼爲鄰國所畏，百姓所服。今以此事觀之，盼亦優於勇而短於謀者也。」〔按〕史記趙世家：「（肅侯）十八年，齊、魏伐我，我決河水灌之，兵去。」吴氏以此策當之。肅侯十八年，當周顯王三十七年（前三三二），其去年，即蘇秦説六國合從之歲，故吴氏又深責公孫衍、田盼之敗從。蘇秦合從之事與年世，多有疑問，難作信據。即以齊、魏伐趙之事核之，亦有不合。策言「大敗趙氏」，史云「決河水灌之，兵去」，不足以證二國之獲勝也。雖策多誇辭，然僅據齊、魏伐趙之文，傅會爲一，亦不能使人信之。考趙世家：「（肅侯）二十三年（前三二七），韓舉與齊、魏戰，死於桑丘。」集解引徐廣曰：「韓舉，韓將。」蓋以韓世家宣惠王八年（前三二五）之韓舉爲一人。梁玉繩志疑云：「韓舉，趙將，而與韓將同姓名者。」按梁説是也。如韓與齊、魏戰，與趙無涉，不必列入趙世家。若二韓舉爲一人，則舉已死於桑丘之戰，不應後二年復爲魏敗（見韓世家）。古本竹書紀年：「（魏惠王後元）十年，齊田盼及邯鄲韓舉戰於平邑，邯鄲之師敗逋，獲韓舉，取平邑、新城。」（水經河水注引及通鑑外紀並譌作「晉烈公十年」，朱右曾汲冢紀年存真已辨之）魏惠王後十年（前三二六）當趙肅侯之二十四年，與趙世家相差一年，疑戰役始於歲尾，終於明歲之春，而周正夏正或有參差，故所記稍異。由此推之，紀年與趙世家所記爲一事，而韓舉之爲趙將無疑。再以此策較之，齊、魏伐趙，其合一。田盼爲將，其合二。獲趙將韓舉，取平邑、新城，「大敗趙氏」，其合三。則此策爲惠王後元十年平邑之役審矣。吴考未諦。田盼，即盼子，見齊策。

〔二〕〔按〕梁君，惠王；田侯，齊威王。以平邑之役考之，魏惠王後十年當齊威王三十二年。魏世家：「襄王元年，與諸侯會徐州相王也。」六國表同。史記之魏襄王年世實爲魏惠王後元元年，襄王元年即惠王後元元年（前三三五）。蓋惠王與諸侯會徐州，稱王改元，可以理推。田世家：「（威王）二十六年，……於是齊最彊於諸侯，自稱爲王。」齊威二十六年當魏惠後元五年（前三三一）。而於宣王九年云：「與魏襄王會徐州，諸侯相王也。」六國表同，當魏襄之元年。史記於田齊之世次有誤脱，威、宣、湣三世之紀年亦多誤（説詳拙著古本竹書紀年輯校訂補後附戰國年表），宣王九年，實爲齊威王二十三年（前三三四），而徐州稱王當爲魏惠王三十六年，同年改元，則當齊威之二十二年（前三三五），史記又誤後一年。若是，齊威之世豈不稱王二次乎？竊謂田世家威王二十六年之「自稱爲王」，本爲泛稱，並不指定是年，與宣王九年之「相王」不同。疑史公以稱齊威爲王，多見於先秦傳記諸書，既乏追尊之據，當是生前稱王，但無年數可稽，因於桂陵戰後，姑綴此語，亦推想之詞爾。故齊威之稱王，當與魏惠同時，早於平邑之戰九年。然則何以此文稱「梁君」與「田侯」？按秦本紀：「（惠文王）十三年（前三二五），魏君爲王，韓亦爲王。」其時魏惠稱王已十一年（韓世家：宣惠王「十一年，君號爲王」。則又後此三年。六國表繫於宣惠王十年，文多參差）。雷學淇竹書紀年義證於「惠王三十六年，王會諸侯於徐州，改元稱一年」下云：「此時諸國雖未稱王，而齊、魏之稱諸國，則皆曰王矣。齊、魏因諸國未稱王，雖自王國中，而稱於諸國，亦未必自曰王也。至顯王四十四年（前三二五），魏將公孫衍復致王號於秦、趙、韓、燕、中山，秦先受之，稱號改元。戰國策曰：『犀首立五王。』周本紀曰：『顯王四十四年，秦惠王稱王，其後諸侯皆稱王。』秦本紀曰：『惠王十三年四月戊午，魏君爲王，韓亦爲王。』即謂此也。蓋魏自此稱王於諸國，而韓亦自王於國中也。」此説雖不必的，亦言之成理，可爲解答。此文殆出於他國人手，其時齊、魏稱王未久，他國尚不習聞，故仍沿「梁君」、「田侯」之稱爾。

〔三〕姚宏云：「曾添『有』字。」鮑本、吳本無「有」字。

〔四〕姚宏云：「（士）一作『君』。」鮑彪云：「二士，衍、盼。」

〔五〕關修齡云：「言謀困之後，雖直言易，而事機已去矣，不可復用也。」于鬯云：「事已去，當指將兵已出境。」金正煒云：「『且』猶『是』也。『易』上疑脱『不』字，或『易』爲衍文。」〔按〕關説爲是。「且」猶「則」也。

〔六〕横田惟孝云：「釋，舍也。卒，二士所帥之卒也。言二君見其危，必與援兵。」

〔七〕鮑本原無此「犀首」二字，鮑補之。

2　犀首見梁君

犀首見梁君〔一〕曰：「臣盡力竭知，欲以爲王廣土取尊名〔二〕，田需〔三〕從中敗君（臣）〔四〕，王又聽之，是臣終無成功也。需亡，臣將侍；需侍，臣請亡！」王曰：「需，寡人之股掌之臣〔五〕也，爲子之不便也，殺之亡之，（外之）毋謂天下何〔六〕？內之無若羣臣何也〔七〕？今吾爲子外之〔八〕，令毋敢入〔九〕子之事。入子之事者，吾爲子殺之亡之，胡〔一〇〕如？」犀首許諾，於是東見田嬰〔一一〕，與之約結，召文子而相之魏〔一二〕，身相於韓〔一三〕。

蘇代爲田需説魏王曰〔一四〕：「臣請問文之爲〔一五〕魏，孰與其爲齊也？」王曰：「不如其爲齊也。」「衍之爲魏，孰與其爲韓也？」王曰：「不如其爲韓也〔一六〕。」而〔一七〕蘇代曰：「衍將右韓而左魏〔一八〕，文將右齊而左魏，二人者將用王之國，舉事於世，中道而不可〔一九〕，王且無所聞之矣〔二〇〕。王之國雖滲樂而從之，可也〔二一〕。王不如舍〔二二〕需於側，以稽二人者之所爲。二人者曰：『需非吾人也〔二三〕。吾舉事而不利於魏，需必挫我於王。』二人者必不敢有外心矣。二人者之所爲之〔二四〕利於魏與不利於魏，王厝需於側以稽之〔二五〕。臣以爲〔身利而〕便於事〔二六〕。」王曰：「善〔二七〕。」果厝需於側。

〔箋證〕

〔一〕〔按〕依下文「君」當作「王」。

〔二〕金正煒云：「魏王欲攻邯鄲章：『恃王國之大，兵之精鋭，而攻邯鄲以廣地尊名。』此文『取』字疑衍。」〔按〕文自通，不必衍。

〔三〕姚宏云：「前作『田繻』，今直言『需』。」〔按〕「需」、「繻」聲借相通。

〔四〕吴師道云：「一本標『君』一作『臣』，又作『之』。」盧本「君」作「臣」。今從一本改。

〔五〕鮑彪云：「（股掌）猶『股肱』。」金正煒云：「股掌之臣，言可玩之股掌之上者。」〔按〕金説是。國語吴語：「大夫種勇而善謀，將還玩吴國於股掌之上。」韋注：「『脛』本曰『股』。」此云「股掌之臣」，蓋輕易之詞。若如鮑注，則與下文不侔矣。

〔六〕吴師道云：「（『亡之』下）一本標云：有『外之』字。」黄丕烈云：「有者當是。此讀『外之毋謂天下何』七字爲一句，與下『内之』爲對文，涉『今吾爲子外之』而脱。」横田本從一本有「外之」二字。今亦從一本補。

〔七〕鮑彪云：「内，謂親之稱。羣臣，則衍與焉。」吴師道云：「言殺之亡之，天下之人與内之羣臣皆不以爲然也。」關修齡云：「『毋』恐衍文。」横田惟孝云：「史記貨殖傳『甯爵毋刀』，注：『漢書音義云：毋，發聲語助。』此

『毋』或亦然。言外之天下，内之羣臣，皆不可以解説也。」〔按〕毋同無。「謂」與「若」並猶「如」。此言外之無如天下何，内之無如羣臣何也。鮑、吴注並非。

〔八〕〔按〕此「外之」謂「擯之於外」，與上「外之」義不同。金正煒謂「外之」二字淆次於下，因衍此「外之」二字，非。

〔九〕舊注：「『入』猶『與』也。」（姚宏云：「曾、劉無此注。」）〔按〕此注依本書例，應爲高誘注，但曾鞏校本高注僅存十卷，而此卷與下卷二十五並不在其數内。注語又顯與姚注有別，當屬高注殘文。因無的證，姑名「舊注」以存疑。以下同。

〔一〇〕鮑彪云：「『胡』猶『何』。」

〔一一〕〔按〕田嬰，齊相。

〔一二〕鮑彪云：「（文子）田文。」吴師道云：「田文爲魏相，蓋犀首約結於（原本「於」作「人」，恐誤。）嬰，召其子而相之也。下章（按即下蘇代爲田需云云）與此同事，宜在襄王時，非文奔魏相昭王事也。」〔按〕梁玉繩史記志疑卷二十四云：「魏有田文，爲武侯相，見吴起傳，吕氏春秋執一篇所謂商文也。又有魏文子，相襄王，見魏策。與齊孟嘗爲三人。因名偶同於孟嘗，而孟嘗又有奔魏事，故國策誤以文子爲薛公。」（按當指鮑注）不以文子爲田文。但考下魏文子田需周宵相善章犀首謂魏王曰：「嬰子言行於齊王，王欲得齊，則胡不召文子而相之，彼必務以齊事王。」即謂此事。可見文子與田嬰關係之切近，唯文爲嬰之子，故文相魏而齊、魏之交必善。又下田需死章蘇代曰「薛公相魏，必右齊而左魏」，與此「文將右齊而左魏」語相合。雖二章年世不同，而情形猶無異也。據此，則鮑、吴以文子爲孟嘗，是也，梁辨未然。史記孟嘗君傳不及嬰在時文相魏事，此可補其缺。

〔一三〕吴師道云：「身相韓，衍欲相韓也。下言置田需以稽二人，則衍仍留魏矣。」

〔一四〕此下原本别爲一章。姚宏云：「曾題，劉（與上章）連。」鮑本亦連上章。吴師道云：「一本此下别爲一章。」〔按〕二章本爲一事，應連，今從劉本。

〔一五〕舊注：「爲，助也。」（姚宏云：「曾、劉無此注。」）

〔一六〕鮑彪云：「衍，陰晉人，時屬韓，故下蘇代説昭魚亦云。」吴師道云：「陰晉，魏地，衍實魏人，其善韓非以此。」〔按〕此謂其相於韓，故爲韓。

〔一七〕鮑彪衍「而」字。金正煒云：「『而』猶『乃』也。（經傳釋詞：『「乃」猶「於是」也。』）」

〔一八〕舊注：「右近左遠。」（姚宏云：「曾、劉無此注。」）吴師道云：「時尚右，説見趙策。」〔按〕下田需死章蘇代亦云：「犀首相魏，必右韓而左魏。」

〔一九〕鮑彪云：「『中道』猶『中立』也，言不能兩全二國。」横田惟孝云：「中道，半途也。言文、衍先齊、韓而後魏，以是用魏舉事，半途而不可。若王左右無人，則無所聞知也。」于鬯云：「不可，謂有所不利於魏也。」〔按〕謂二人用事，如半途而有不利於魏者。

〔二〇〕鮑彪云：「不聞所以救之。」吴師道云：「彼有外心，王不得而聞之。」〔按〕「且」猶「則」。

〔二一〕鮑本「涤」作「滲」，同。姚宏云：「曾（從）作『後』。」鮑彪讀「滲」字句，云：「（滲）言浸微浸弱，如漏器然。言如漏器尚足樂，雖從二子可也。然從二子必亟亡，不得如是也。」吴師道云：「滲樂，未詳。」黄丕烈云：「此（涤樂）當作『操藥』，形近之譌也。言國病甚。」横田惟孝云：「此十一字疑他章錯簡。」關君長曰：「『滲』當作『湛』，移置章末（而便於）「事」下，文意方順。』愚謂若然，則『之國』二字衍文。」安井衡從鮑讀，云：「『可』亦當讀爲『何』，形聲相涉而誤。言文右齊，衍右韓，王之國雖滲漏，亦樂而從之，何也？」金正煒云：「『滲樂』當是『消爍』之誤。『滲』、『消』義文近似。『樂』即爲『爍』之損也。『消爍』字，策屢見。從，隨也。言用二子，則國將隨之消爍矣。」〔按〕黄説爲長。「操」之譌「滲」，猶「懆」之譌「慘」（詩陳風月出「勞心慘兮」）。

「慘」與「照」、「燦」、「紹」協韻。戴震詩考正云：「（慘）音義皆於詩不協，蓋『懆』字轉寫譌爲『慘』耳。……今詩中正月篇『憂心慘慘』，北山篇『或慘慘劬勞』，抑篇『我心慘慘』，皆『懆懆』之譌。釋文於北山篇云：字亦作『懆』。於白華篇『念子懆懆』云：亦作『慘慘』。蓋未能決定二字音義。」此例略同）。「樂」乃「藥」之省或缺損。山海經海內西經：「皆操不死之藥以距之。」操藥拒病以喻國之危急。「雖」猶「唯」，説見經傳釋詞。又安井説亦可備考。石鼓文「其魚隹可」，「可」即「何」字，非形聲之譌。

〔二二〕鮑彪云：「『舍』猶『厝』。」

〔二三〕鮑彪云：「需非二人之黨。」

〔二四〕姚宏云：「劉去『之』。」金正煒云：「『之』猶『其』也，見呂覽音初篇注。」〔按〕金訓是也，但「之」作結構助詞解，亦可。

〔二五〕鮑彪云：「厝，措同。」碕哲夫以「二人者之所爲」下二十三字爲「上文『舍需於側，以稽二人者之所爲』十二字之注也，誤入本文」。〔按〕此説恐非。

〔二六〕姚宏云：「劉去『身利』字。一本無『而』字。」吳師道云：「似義長。」鮑本「而」下有「國」字。鮑彪云：「身，王身。」金正煒云：「『身』疑當爲『甚』，一聲之譌。鮑本『而國』二字誤倒，於文當爲『甚利國而便於事』。」〔按〕從劉及一本無「身利而」三字者爲長，今據衍。

〔二七〕盧本「善」作「然」。〔按〕景宋鈔本作「善」，「然」字當訛。

3　史舉非犀首於王

史舉〔一〕非犀首於王，犀首欲窮之，謂張儀曰：「請令王讓先生以國〔二〕，王爲堯、舜矣。而先生弗受，亦許由也〔三〕。衍請因令王致萬户邑於先生〔四〕！」張儀説，因令史舉數見犀首〔五〕。王聞之而弗任也〔六〕，史舉不辭而去〔七〕。

【箋證】

〔一〕鮑彪云：「（史舉）即甘茂所事。」〔按〕見楚策一楚王問於范環章。

〔二〕鮑彪云：「衍以此説儀，使之爲己解舉，故舉後見之。」横田惟孝云：「先生，指史舉。」〔按〕鮑注不明，横田解非。舉蓋儀之黨，而其非衍當是儀陰使之。衍知之，故悦儀以封邑，以解於舉。「先生」指張儀無疑。

〔三〕吴師道云：「據此，讓國之説，不特鹿毛壽之愚燕噲也。」〔按〕堯、舜以天下讓，許由不受堯讓，並見前。燕噲事見燕策。吕氏春秋不屈篇：「魏惠王謂惠子曰：『上世之有國，必賢者也。今寡人實不若先生，願得傳國。』惠子辭。王又固請曰：『寡人莫有之國於此者也，而傳之賢者，民之貪争之心止矣。欲先生之以此聽寡人也。』惠子曰：『若王之言，則施不可而聽矣。王固萬乘之主也，以國與人猶尚可。今施，布衣也，可以有萬乘之國而辭之，此其止貪争之心愈甚也。』」惠王兄弟争位，豈肯以國位讓人？蓋亦欲博傳讓之美名耳。故吕氏春秋作者明其意云：「惠王謂惠子曰：『古之有國者，必賢者也。』夫受而賢者，舜也，是欲惠子之爲舜也；夫辭而賢者，許由也，是惠子欲爲許由也；傳而賢者堯也，是惠王欲爲堯也。」與此章可相證。亦可見戰國時讓國之説侈行，反映人民苦厭争奪之戰，渴望堯、舜盛世。乃世主反欲詐取美名以愚民，不知正所以自愚也。

〔四〕鮑彪云：「弗受國，故致邑。」

〔五〕錢福云：「史舉蓋張儀羽翼，故數使見衍，以求萬户之邑。」〔按〕令史舉見衍以示和好，不必即爲求邑。

〔六〕鮑彪云：「『任』猶『信』也。舉既非之而數見之，故王疑之。」〔按〕「而」猶「乃」也。

〔七〕吴師道云：「此恐惠王時事。」〔按〕此在衍、儀交惡著明之前，吴以爲在惠王時，是。鮑誤次於哀王（實襄王）策下。

4 楚王攻梁南

楚王攻梁南〔一〕，韓氏因圍葍（薔）〔二〕。成恢〔三〕爲犀首謂韓王曰：「疾攻薔，楚師必進矣。魏不能支，交臂〔四〕而聽楚，韓氏必危，故王不如釋薔。魏無韓患，必與楚戰。戰而不勝，大梁不能守，而又況存薔乎？若戰而〔五〕勝，兵罷〔六〕敝，大王之攻薔易矣〔七〕。」

〔箋證〕

〔一〕〔按〕同策一張儀爲秦連横章「梁南與楚境」。張琦謂「今扶溝、西華、舞陽，與楚接界」。

〔二〕姚宏云：「一本（葍）作『薔』。」盧本作「薔」。鮑彪改「葍」作「黄」，下同。吴師道云：「未詳。一本作『薔』。」程恩澤云：「左傳昭二十三年劉子取牆人、直人。彙纂：『「牆」一作「嗇」。路史：「嗇，廧也。」今河南府新安縣東北有白牆村，疑是其處。』『薔』與『嗇』、『廧』、『牆』並是一字。……王符潛夫論帝堯之後有薔氏，蓋以邑爲姓名。」〔按〕字書無「葍」字，下文並作「薔」。「薔」字俗寫作「蔷」，因譌爲「葍」。今從一本正。山海經西山一經：「臯塗之山，薔水出焉。」（郭注：「（薔）音『色』。或作『蕒』，又作『蓄』。」）吴曾祺據以釋此「薔」，以爲水名。但西山一經所記各山多爲今之秦嶺山脈，西至於甘肅之南境（據徐旭生讀山海經札記），與韓、魏國境渺不相涉，不能以其「薔」字偶同，附會爲一（況郭注「或作『蕢』，又作『蓄』」，本無定字）。附辨於此。

〔三〕鮑彪云：「（成恢）魏人。」

〔四〕横田惟孝云：「交臂，謂交手拜之。」

〔五〕姚宏云：「劉添『而』字。」鮑本、吴本無「而」字。

〔六〕鮑彪云：「罷音疲。」

〔七〕吴師道云：「此策時不可考。」〔按〕此當在犀首相魏之時。

5　魏惠王死

魏惠王死〔一〕，葬有日矣。天大雨雪，至於牛目〔二〕，壞城郭，且爲棧道〔三〕而葬。羣臣多諫太子者，曰：「雪甚如此而喪行，民必甚病之。官費又恐不給。請弛期更日〔四〕！」太子曰：「爲人子而以民勞與官費用〔五〕之故，而不行先王之喪，不義也〔六〕。子勿復言！」羣臣皆不敢言，而以告犀首。犀首曰：「吾未有以言之也〔七〕，是其唯惠公乎〔八〕？請告惠公〔九〕。」

惠公曰：「諾。」駕而見太子曰：「葬有日矣。」太子曰：「然。」惠公曰：「昔王季歷葬於楚山之尾，欒水嚙其墓〔一〇〕，見棺之前和〔一一〕。文王曰：『嘻！先君必欲一見羣臣百姓也夫〔一二〕！故使欒水見之。』於是出而爲之張於朝〔一三〕，百姓皆見之，三日而後更葬。此文王之義也〔一四〕。今葬有日矣，而雪甚及牛目，難以行。太子爲及日之故，得毋嫌於欲亟葬乎？願太子更日！先王必欲少留而扶〔一五〕社稷、安黔首〔一六〕也，故使雪甚。因弛期而更爲〔一七〕日，此文王之義也。若此而弗爲，意者羞法文王乎？」太子曰：「甚善。敬弛期，更擇日〔一八〕！」

惠子非徒行其説也，又令魏太子未葬其先王，而因又説〔一九〕文王之義。説文王之義以示天下，豈小功也哉？

【箋證】

〔一〕〔按〕魏惠王死於周慎靚王二年（前三一九），據古本紀年。

〔二〕鮑彪云：「駕車用牛，故以及其目爲深候。」關修齡云：「（鮑）注若謂葬車駕牛乎？戰國雖禮不行，必無是事。況葬有期日，而未及發行乎？」戴文光云：「牛目，離地約四尺，故舉爲雪深之證。」（于鬯注引）金正煒云：「『牛目』疑是『半月』之譌。雨雪及十五日之久，故至壞城郭，將爲棧道而葬也。」〔按〕呂氏春秋開春篇及敦煌本春秋後語並作「牛目」，同策文。北堂書鈔卷一百五十二引策亦同，則「牛目」顯不誤，金説非。「牛目」之解，戴説於理可通，惟乏他證耳。

〔三〕〔按〕「且」猶「將」也。棧道爲行柩車之道，非通險之閣道。儀禮既夕禮：「賓奠幣於棧左服出。」鄭注：「棧，謂柩車也。……今文『棧』作『輚』。」賈疏：「『棧車』即『蜃車』。四輪迫地無漆飾，故言『棧』也。」

〔四〕鮑彪云：「弛，解也。昔約今解。」關修齡云：「『弛』猶『展』也。謂展限更期葬日也。」孫詒讓云：「『弛』當訓爲『易』。弛期，猶云改易葬期。韓非子内儲説上篇云：『應侯謂秦王曰：上黨之安樂，其處甚劇，臣恐弛而不聽，奈何？王曰：必弛易之矣。』此下文云『因弛期而更爲日』，又云『敬弛期而更擇日』。是『弛』者易故期，『更』者更擇新日也。」〔按〕關、孫二訓並通。

〔五〕金正煒云：「『用』字疑衍。『民勞』與『官費』爲對文，上文『官費』亦無『用』字。」〔按〕敦煌本後語無「用」字。但吕氏春秋作「官費用」，同策文。

〔六〕姚宏云：「一本無『也』字。」

〔七〕鮑彪云：「未得其説以説。」〔按〕吕氏春秋「未」作「末」。高注：「『末』猶『無』也。」敦煌本後語作「末」，同策文。

〔八〕姚宏云：「（惠公）一作『薛公』。」旁出云：「一本皆『惠子』。』然其後與此本皆直言『惠子』，恐『惠子』者是。」鮑彪云：「（惠公）施也。」〔按〕敦煌本後語作「惠子」，下同。吕氏春秋高注云：「言唯惠公能諫之也。惠公，惠王相惠施也。」惠施時不爲相，高言其故相。

〔九〕姚宏云：「（公）一作『子』。」下同。

〔一〇〕姚宏云：「（楚山）吕氏春秋作『渦山』。一本無『之』字。（欒水）後語作『蠻水』。注：盛弘之荆楚（盧本「楚」作「州」）記曰：『宜都縣有蠻水，即烏水也。今襄州南有烏水。』按古公亶父以修德爲百姓所附，遂杖策去之，與太姜踰梁山而止於岐山之陽。故詩曰：『率西水許，至於岐下。』是爲太王。太王生季歷，季歷卒，葬鄠縣之南，今之葬山名。而皇甫謐云：『楚山一名潏山，鄠縣之南山也。』縱有楚山之名，不宜得蠻水所齧。雖惠子之書五車，未爲稽古也。」又云：「『欒』音『鸞』。説文云：『漏流也。一曰漬也。』墓爲漏流所漬，故曰『欒水齧其墓』，不必譏惠子也。」鮑彪云：「欒，漏流也。」同姚注。吳師道云：「呂氏春秋作『葬於渦水之尾』。後云：天故使明水見之。——初學記引。一作『渦山』，論衡作『滑山』。」程恩澤云：「水經注引淮南子及漢書音義並云：『岐水一名大欒水，出石橋山，東南流，合漆水，又合杜水，逕岐山而屈逕周城南。』寰宇記云：『商洛山亦名楚山，在商洛縣南一里。』長安志：『周王季墓在山南。』畢沅曰：『即扈山也。』……則扈山即楚山，欒水即岐水也。」〔按〕論衡死僞篇「楚山」作「滑山」，呂氏春秋作「渦山」。孫人和論衡舉正云：「疑『渦』即『滑』字之譌。楚山其別名也。……皇甫謐云：『楚山一云潏山。』『潏』、『滑』音近。」敦煌本後語「欒」作「巒」，與姚見本異。欒水，或以漏流，或以爲水名，二説並可通。今從程考。

〔一一〕鮑彪云：「和，棺兩頭木。」吳師道云：「玉篇：耕，胡戈、户卧二反。廣韻作『牀』。皆云：『棺頭也。』此作『和』，蓋音通。」〔按〕呂氏春秋高注「棺題曰『和』」。章炳麟新方言卷六云：「今浙江猶謂棺之前端曰『前和頭』，音如『華』。」

〔一二〕〔按〕呂氏春秋「夫」作「天」，屬下讀。王念孫讀書雜志謂「天」當從策作「夫」，「夫」屬下讀。俞樾諸子平議及古書疑義舉例亦謂「天」當作「夫」，屬上句讀。夫，乃嗟歎之辭，俞讀爲長，今從之。敦煌本後語無「夫」字。

〔一三〕姚宏云：「（張於朝）後語：張帳以朝。」鮑本無「於」字。鮑彪云：「張幕帟如朝廷然。」吳師道云：「按周禮掌次『以待張事』。」黄丕烈云：「（張於朝）呂氏春秋、論衡作『張朝』。」横田惟孝云：「張朝，陳設朝位於墓上，使羣臣百姓見之也。韓子：『燕王曰：今吾任子之，天下未之聞也。於是明日張朝而聽子之。』」安井衡云：「鬼神貴幽暗，故張帳於朝以安柩。」〔按〕敦煌本後語作「張幕朝以百姓」，與姚所見本異。「張朝」同「張於朝」，横田謂「張朝於墓上」，與鮑義相近；安井謂「張帳於朝」，二説不同。策云「張於朝」，當以安井説爲是。張同帳。説文：「帳，張也。」周禮天官掌次：「以待張事。」釋文：「張，劉音『帳』。」史記袁盎傳：「乃以刀決張。」集解：「音帳。」索隱本「張」作「帳」，云：「軍幕也。」此作動詞用，謂「設帳」。

〔一四〕張尚瑗云：「春秋宣八年十月己丑，葬小君敬嬴，雨，不克葬。庚寅，日中而葬。三傳皆以爲禮。惟庶人縣封，不爲雨止，見於王制。雨雪至於牛目，弛期更日，又何疑焉？」

〔一五〕〔按〕呂氏春秋「扶」作「撫」。

〔一六〕鮑彪云：「秦稱民『黔首』，非此時語也。」吳師道云：「禮祭義亦有『黔首』字，非始於秦。」于鬯云：「秦制大都本於六國，蓋魏民率以黑巾覆頭。若以從軍，則改覆青巾，故曰蒼頭。」〔按〕黔首，亦見呂氏春秋振亂、懷寵、開春等篇，並在秦始皇二十六年改名民曰黔首之前。

〔一七〕鮑彪云：「『爲』猶『撰』。」

〔一八〕田藝蘅云：「弛期更日，凡三變言之。」

〔一九〕鮑本、吳本「而因又」作「而又因」。〔按〕説同悦，下同。

6 五國伐秦無功而還

五國伐秦〔一〕，無功而還。其後齊欲伐宋，而秦禁之。齊令宋郭〔二〕之秦，請合而以伐宋，秦王許之。魏王畏齊、秦之合也，欲講於秦。

謂魏王曰：「秦王謂宋郭曰：『分宋之城，服宋之强者，六國也〔三〕。乘宋之敝，而與王爭得者〔四〕，楚、魏也。請爲王毋禁楚之伐魏也〔五〕，而王獨舉宋。王之伐宋也，請剛柔而皆用之〔六〕。如宋者，欺之不爲逆者〔七〕，殺之不爲讎者也〔八〕。王無與之講以取埊〔九〕，既已得埊矣〔一〇〕，又以力攻之，期於啗〔一一〕宋而已矣。』臣聞此言，而竊爲王悲〔一二〕，秦必且用此於王矣〔一三〕。又必且曰〔一四〕王以〔一五〕求埊。既已得埊，又且以力攻王，又必謂王曰〔一六〕使王輕齊。齊、魏之交已醜〔一七〕，又且收齊以更索〔一八〕於王。秦嘗用此於楚矣，又嘗用此於韓矣，願王之深計之也！秦善魏，不可知也已〔一九〕。故爲王計，太上伐秦，其次賓秦〔二〇〕，其次堅約而詳講，與國無相離也〔二一〕。秦、齊合，國不可爲也已。王其聽臣也，必無與講〔二二〕。

「秦權重魏，魏再（冉）明孰〔二三〕，是故又爲〔二四〕足下傷秦者，不敢顯也〔二五〕。天下可令伐秦，則陰勸而弗敢圖也〔二六〕。見天下之傷秦也，則先鬻與國而以自解也〔二七〕。天下可令賓秦，則爲劫於與國而〔二八〕不得已者。天下不可，則先去〔二九〕，而以秦爲上交以自重也。如是人者，鬻王以爲資者也，而焉〔三〇〕能免國於患？免國於患〔三一〕者，必窮三節〔三二〕而行其上。上不可，則行其中；中不可，則行其下；下不可，則明不與秦而（兩）生，以殘秦〔三三〕，使秦皆無百怨百利，唯已之曾安〔三四〕。令足下鬻之以合於秦〔三五〕，是免國於患者之計也，臣何足以當〔三六〕之？雖然，願足下之論臣之計也〔三七〕！

「燕，齊讎國也〔三八〕，秦，兄弟之交也〔三九〕。合讎國以伐婚姻〔四〇〕，臣爲之苦矣〔四一〕。黄帝戰於涿鹿之野，而西戎之兵不至。禹攻三苗〔四二〕，而東夷之民不起〔四三〕。以燕〔四四〕伐秦，黄帝之所難也。而臣以致燕甲而起齊兵矣〔四五〕。臣又偏〔四六〕事三晉之吏，奉陽君、孟嘗君、韓呡〔四七〕、周㝡、〔周〕韓餘爲徒從而下之〔四八〕。恐其伐秦之疑也，又身自醜於秦，扮之〔四九〕，請焚天下之秦符者，臣也；次傳焚符之約者，臣也〔五〇〕；欲使五國約閉秦關者，臣也〔五一〕。奉陽君、韓餘爲既和〔五二〕矣，蘇脩、朱嬰既皆陰在邯鄲〔五三〕，臣又說齊王而往敗之〔五四〕。天下共講，因使蘇脩遊天下之語〔五五〕，而以齊爲上交。兵請伐魏〔五六〕，臣又爭之以死，而果西因蘇脩重報〔五七〕。臣非不知秦勸〔五八〕之重也，然而所以爲之者，爲足下也〔五九〕。」

〔箋證〕

〔一〕鮑彪云：「成皋之役，此（昭王）十年。」〔按〕事見趙策四齊將攻宋而秦楚禁之章：「五國伐秦無功，罷於成皋，趙欲構於秦，楚與魏、韓將應之。」

〔二〕〔按〕帛書戰國縱横家書第三章及第六章有「宋竅」，一則曰「今齊王使宋竅謂臣曰」，一則曰「齊使宋竅、侯濡謂臣曰」（「臣」並爲蘇秦自謂），則竅是齊臣。二章所言皆與李兑伐秦及勸齊伐宋事有關，疑與此宋郭爲一人。「郭」與「竅」聲近相通。

〔三〕横田本「六」作「大」，考異云：「從一本。」解云：「大國，指齊也。」安井衡云：「宋偃暴，世謂之桀宋，故六國皆欲分其城，服其强也。」〔按〕横田本作「大國」，似長，但所從一本，不詳何本。服同伏。

〔四〕鮑彪云：「王，齊閔。」〔按〕楚、魏並與宋鄰，故欲與齊争得。史記宋世家：「齊湣王與楚、魏伐宋，殺王偃，遂滅宋，而三分其地。」此乃後事。

〔五〕李蓘云：「『禁』一作『合』，『魏』一作『宋』。」横田惟孝云：「毋禁楚之伐魏者，二國構難，則不能與齊争宋也。」〔按〕楚伐魏無史實可考，但横田説似通。趙策四五國伐秦章蘇代謂齊王曰：「（秦）收楚與韓呡而攻魏。」則其時楚、魏有隙可間，齊欲與二國伐宋，或爲之和解，秦王因説以「毋禁」。「楚之伐魏」，疑是假設將然之詞，不必已有其事。李所引「一作」，不知據何本。如彼作，文義雖順，然「合楚」遺魏，與上文「與王争得者楚、魏也」不相應，恐非。

〔六〕鮑彪云：「（剛柔而皆用之）宋强宋弱，皆必伐之。」中井積德云：「强禦爲剛，順服爲柔，是謂彼之施設也，非論彼國之强弱也。」安井衡云：「剛，謂殺之攻之，柔，謂欺之講之，言多方而誤之。」金正煒亦云：「剛柔皆用者，教齊啗宋之術即下文所云『欺之殺之』之類。」〔按〕安井説是。余藏明刻本國策有舊批（不知名氏）云：「與之講以取地，是柔；又以力攻，是剛。」亦同此義。

〔七〕姚宏云：「曾添『者』字。」鮑本、吴本無「者」字。

〔八〕姚宏云：「曾（不爲）作『而無』。」横田惟孝云：「不爲逆，不爲讎，謂宋弱小，不能逆讎齊也。」金正煒云：「『不』猶『無』也。爲，讀去音。『不爲』猶『無爲』，皆言宋之失助也。」〔按〕金説長。此言宋爲諸國所惡。

〔九〕安井衡云：「言彼請講，無與之講，必割地然後許之。故云：『無與之講，以取地也。』『取地』下不言講者，言取地，則講可知也。」

〔一〇〕姚宏云：「劉添『矣』字。」

〔一一〕横田惟孝云：「啗，食也，謂吞滅也。」

〔一二〕鮑彪改「悲」作「患」。安井衡云：「秦果用此策，魏必將亡，故曰『悲』。」金正煒云：「『悲』字自通，不必改『患』。」

〔一三〕鮑彪云：「用楚伐魏。」〔按〕用此於王，謂用教齊啗宋之策於魏也。鮑注誤。

〔一四〕鮑彪改「曰」作「劫」。黄丕烈云：「『曰』當作『因』，形近之譌也。鮑改非。」金正煒云：「『曰』當爲『白』，『迫』之損也。」鍾鳳年云：「(曰)疑乃爲『困』字之譌。」〔按〕「曰」字有誤，但不敢强定其字。依下文「曰」字例，黄説較長。

〔一五〕吴本「以」誤作「必」。

〔一六〕鮑彪衍「曰」字。黄丕烈云：「『謂』當作『講』，『曰』當作『因』，形近之譌也。」(金正煒從黄説)

〔一七〕鮑彪云：「(醜)惡也。」

〔一八〕鮑本「更」作「東」。吴師道云：「一本『更索』。」

〔一九〕鮑彪云：「(不可知也已)言不可信。」横田惟孝云：「言秦善魏，而情僞難知，不可以信也。」

〔二〇〕吴師道云：「此『賓』即『擯』。」〔按〕下「賓秦」同。

〔二一〕鮑本、吴本、盧本「離」作「讎」。吴師道云：「一本作『離』。」又云：「詳、佯通，史多有。『媾』(講)字句。佯媾於秦，此即趙策所謂不得已而必媾，則願五國復堅約者。」安井衡讀「國」字句，云：「詳，審議也。言若不能擯秦，當相與堅約審議，以講與國，無相離散也。」〔按〕吴説爲長，今讀從之。安井説亦可備考。

〔二二〕鮑彪云：「(與講)與秦講。」

〔二三〕鮑本、吴本「再」作「冉」。鮑彪改「孰」作「熟」，讀「是」字句，云：「言(魏冉)慮此明且熟。」吴師道云：「(孰)

即『熟』。」黄丕烈云：「此當讀『秦權重』爲一句，『魏冉明』爲一句。『魏』字誤複，『孰』字亦有誤，『是』字屬下句讀。」横田惟孝讀「孰」字句，云：「重魏，謂重於魏也。或『魏』字衍。」安井衡亦讀「孰」字句，「再」如字，云：「『權』猶『假』也。……言秦多詐而暴，彼假重魏，當再三明察熟慮，不宜輕信之。」金正煒云：「此文當以『秦權重魏』爲句，言秦權重於魏也。『魏冉明孰』爲句。陘山之事章『秦王明而熟於計，穰侯智而習於事』，與此文略同。孰之與熟，字通用，不煩改作。」鍾鳳年讀「是」字句，云：「（權）於此應作『權時』之義。二語乃言秦若權時重魏，魏再辨明何施而可。原文並未誤。」其解「權」字，「再」作如字，略同安井。〔按〕金説爲長。「再」字從鮑本改正。安井及鍾解嫌迂曲。

〔二四〕鮑彪改「又爲」作「有謂」。吴師道云：「又、有通。」黄丕烈云：「爲，當去聲讀。鮑所改，誤甚。」

〔二五〕鮑彪云：「恐秦覺之。」

〔二六〕横田惟孝云：「陰勸而弗敢圖，所謂『不敢顯』也。」

〔二七〕鮑彪云：「言與國爲之，非我也。」〔按〕謂出賣與國，以自解於秦。

〔二八〕金正煒云：「『爲』讀如『僞』。」〔按〕「而」猶「如」。

〔二九〕鮑彪云：「背（鮑、吴合注四部叢刊本誤作「皆」，據鮑單注本正）諸國也。」横田惟孝云：「不可，謂不可伐且賓也。去，去與國也。」

〔三〇〕横田惟孝云：「下文『今（令）足下鬻之以合於秦』九字，疑當在『而焉』間。鬻之，謂爲之所鬻也。」

〔三一〕姚宏云：「曾、劉無此以上（免國於患）四字。」

〔三二〕吴師道云：「三節，即上文太上、其次之説。」

〔三三〕姚宏云：「（而）一作『兩』。」鮑彪云：「『生』猶『進』，言伐之不已。」吴師道云：「不能伐，不能擯，又不能媾，必爲秦所伐，則誓鬬而必死，不與秦俱生以殘秦。」安井衡云：「『而』作『兩』，是也。兩生，並生也。」于鬯云：「作『兩』，當『生』字句。不兩生，猶不兩立。說似長。至於下不可，則不能堅約與國矣，謂魏獨自殘害秦也。」金正煒云：「『明』對『佯講』而言。或爲『期』之誤，與上文『期於啗宋』義同。……『而』當從一本作『兩』。『生』當作『立』。燕策：『當此之時也，燕、齊不兩立。』此即其義。」〔按〕「兩」字爲長，今從一本。

〔三四〕鮑彪云：「已，止。曾，則也。言使秦見殘，不擇利害，唯務止魏之殘以自安也。」于鬯云：「闕補云：『已，「彼已」之「已」。』按此蓋謂我志不伸，無問我與秦之怨與利，唯我志所安而已。伸則安，屈則不安。」金正煒云：「百疑當爲可，已疑當爲亡，並字之譌也。『可』猶『所』也。秦有所怨，有所利，皆使天下不安。必使之怨利皆無，則唯亡之乃安耳。曾，則也，乃也。」〔按〕鮑注可通。

〔三五〕鮑彪「令」上補「無」字，改「足」作「天」，云：「所謂嚮王以秦爲上交者。」吳師道云：「『令』字上恐有缺誤。」盧本「令」作「今」，橫田本從之。橫田惟孝以此九字爲錯簡，在上文「而焉能免國於患」之「而焉」之間，見上。安井衡云：「嚮之以合於秦，乃不能免國於患者之所爲，此明有脫文。鮑『令』上補『無』字，是也。令足下者，自免國於患者言之也。鮑改『足』爲『天』，……魏王安能無令天下嚮以合於秦哉？迂亦甚。」金正煒云：「嚮之，猶言舍是，承上文三節及殘秦而言。鮑改與上下文義不屬。」〔按〕諸說終嫌於文義不合，或有缺誤。疑此爲反詰句，不必添字足義。

〔三六〕金正煒云：「『當』與『黨』古通用，方言：『黨，知也。』呂覽當賞篇：『昔者聖王先德而後力，晉公其當之矣。』『當』猶『知』也。」〔按〕下秦召魏相信安君章「忠不必當」，一本「當」作「黨」。可補金證，「黨」猶今俗語「懂」。

〔三七〕〔按〕以上爲客說魏王毋與秦講之論。縱橫家書第十二章有傳齊王令於奉陽君曰：「寡人之所以有講慮者有：寡人之所爲功（攻）秦者，爲粱（梁）爲多，粱（梁）氏留齊兵於觀，數月不逆，寡人失望，一。擇（釋）齊兵於滎陽、成皋，數月不從，而功（攻）宋，再。寡人之吻（仍）功（攻）宋也，請於粱（梁）閉關於宋而不許。寡人已舉（與）宋講矣，乃來諍（爭）得，三。今燕、勺（趙）之兵皆至矣，俞（愈）疾功（攻）菑，四。寡人有（又）聞粱（梁）入兩使陰成於秦。且君（按：指奉陽君）嘗曰：『吾縣免（勉）於粱（梁）是（氏），不能辭已。』雖乾（韓）亦然。寡人恐粱（梁）氏之棄與國而獨取秦也，是以有溝（講）慮。今曰不女（如）□之，疾之，請從。功（攻）秦，寡人之上計，講，最寡人之大（太）下也……與韋非約曰：『若與楚遇，將與乾（韓）粱（梁）四（按：「四」指四國，即楚、韓、梁、趙，因其對趙而言，故省之）遇，以約功（攻）秦。若楚不遇，將與粱（梁）王復遇於圍地，收秦等，㒸（遂）明（盟）功（攻）秦。大（太）上破之，其（次）賓（擯）之，其下完交而□講，與國毋相離也。』此寡人之約也。」此述齊、魏之相疑與五國之不合作較詳，可以比較互參，俾知其梗概。

〔三八〕鮑彪云：「兩國（齊、燕）自宣閔、易昭再世相讎。」

〔三九〕鮑彪云：「（兄弟之交）燕、齊與秦。」　横田惟孝云：「婚姻謂之兄弟。蘇秦曰：今燕雖弱小，秦王之少壻也。是秦、燕婚姻之國也。燕於齊讎國，於秦兄弟也。」〔按〕鮑注有誤，黄丕烈辨之，見下。

〔四〇〕鮑彪云：「（婚姻）猶『兄弟』也。此士欲爲魏合燕、齊以伐秦。」〔按〕此僅言燕合齊以伐秦，不及魏。

〔四一〕鮑彪云：「言伐秦之難，而已爲之。」　横田惟孝云：「言合讎國以伐婚姻，帝王之所難，而已爲之，此其所以苦也。」〔按〕苦，謂勞苦。

〔四二〕〔按〕涿鹿、三苗，並見秦策一蘇秦始將連横説秦惠王章。

〔四三〕鮑彪改「起」作「赴」，盧本從之。鮑云：「言帝王用兵，猶有不從者。不經見。」　王念孫云：「鮑改非也。不起者，謂不起兵以應禹也。」（安井説同）

〔四四〕鮑彪「燕」下補「齊」字。　黄丕烈云：「按上策文云：『燕，齊讎國也，秦兄弟之交也。』『燕』字逗，乃總下二句，故此云『以燕伐秦，黄帝之所難也』。下云『而臣以致燕甲而起齊兵矣』，以見其能使燕忘齊爲讎國之意耳。鮑讀之不審，乃以『燕、齊』二字爲連文，説『秦兄弟之交也』云：『燕、齊於秦。』遂於此補『齊』字，其誤甚矣。」

〔四五〕鮑本、吴本「以」作「已」，同。〔按〕此蘇代爲燕破齊之謀。燕策一齊伐宋章蘇代遺燕昭王書曰：「今王欲轉禍而爲福，因敗而爲功乎？則莫如遥伯齊而厚遵之，使使盟於周室，盡焚天下之秦符，約曰：夫上計破秦，其次長賓之秦。……秦王必患之。秦五世以結諸侯，今爲齊下，秦王之志，苟得窮齊，不憚以一國都爲功。」即其事。

〔四六〕鮑本、吴本『偏』作『徧』。〔按〕依文義當作「偏」。「偏」蓋「徧」之假借。易益象傳：「偏，辭也。」釋文：「(偏)孟作『徧』。」

〔四七〕鮑彪改作「眠」作「珉」。〔按〕「眠」、「珉」字通，見前。

〔四八〕鮑彪云：「爲徒，與爲徒友。」吴師道云：「韓餘，疑即趙策韓徐。『周、韓』之間有脱字，不然，衍『周』字。『爲徒從而下之』句，謂徒黨合從也。又恐『從』『徒』字訛衍。」黄丕烈云：「吴説未是。當云『徒爲從而下之』。徒，但也。從，合從。」横田惟孝云：「(韓餘爲)餘爲複名，下文可以見矣。燕策有韓爲，豈此人乎？」安井衡云：「『徒』字句，不特以諸人爲徒友，又從而卑下之，言得其歡心。」于鬯云：「(周韓餘)『周』字即涉『周冣』之『周』字而衍。『韓餘爲』三字當一人，下文亦言『韓餘爲』可證。趙策止言韓徐，省稱耳。『徐』、『餘』並余聲，因通用也。」金正煒云：「孟嘗君嘗相魏，故亦稱三晉之吏。吴以『周、韓』之間有脱字，是也。就策文所及，或周霄歟？韓餘當即韓徐，見趙世家。徒，黨也。(吕覽)慎人篇：『讓賢而下之。』下之，謂身爲之下也。」〔按〕「周韓餘」之「周」字當衍。「韓餘爲」三字連文，即韓徐，戰國縱横家書有徐爲，屢見於各章，與於五國伐秦之役，即其人。「徐」、「餘」並從余聲，可通用。其人蓋韓人，故稱韓餘爲或韓徐。横田及于氏之説是也，得帛書證明而益信。此言奉陽君、孟嘗君、韓呡、周㝡、韓餘爲輩，即上文「三晉之吏」。

〔四九〕舊注：「（扮）博幻（盧本「幻」作「幼」）切，握也。」鮑彪云：「（自醜於秦）與秦惡。扮，併也，握也，言合諸國。」黄丕烈云：「扮之請焚天下之秦符者臣也，次傳焚符之約者臣也。『扮』當作『初』，形近之譌也。二句是一事，上云初，下云次，自爲對文。」横田惟孝云：「『醜』猶『羞』也。『扮』疑當作『紛』。言恐奉陽君之徒伐秦之不決，又身自羞秦，紛亂從約，故挺身敢爲如下文。」于鬯云：「或云：扮，蓋人名，齊前田盼，亦稱盼子。『盼』、『扮』並諧分聲，字得通借。則此扮爲名，固不足異矣。蓋請焚符者扮也，而此士實使之，故曰『臣也』。」〔按〕「扮」疑是「忿」之借字，廣雅釋詁：「忿，怒也。」「忿」字或作「㤋」（列子黄帝篇：「㤋然而封戎。」「㤋」疑是「忿」之或作）與「扮」音形並近。忿之，謂使之怒。此舊注音切，不如高注文，疑出後人附益。

〔五〇〕鮑彪云：「傳之諸國。」

〔五一〕鮑彪改「欲」爲「次」。盧本「使」誤作「伐」。鮑彪云：「不通秦。」吴師道云：「燕策蘇代謂焚天下之秦符，上計破秦，其次長賓之。皆與此合。」金正煒云：「『欲』字當從鮑作『次』，皆承『自醜於秦』而言。」

〔五二〕横田惟孝云：「既和，同於伐秦也。」

〔五三〕鮑彪云：「（蘇脩、朱嬰）此皆三晉之吏也。」〔按〕戰國縱横家書第三章：「蘇脩在齊，使□□□□□□□予齊，勺（趙）矣。」注：「蘇脩，楚國使者。」奉陽君、韓餘爲乃趙、韓之秉政者，而此又爲策士説魏之文，則蘇脩、朱嬰「陰在邯鄲」，決非「三晉之吏」矣，鮑注誤。蘇脩疑是楚使在趙謀合齊、趙以攻魏者。朱嬰不詳。

〔五四〕鮑彪云：「（敗）敗宋郭合秦之約。」〔按〕疑謂敗楚、趙攻魏之謀。

〔五五〕鮑彪云：「遊，揄揚之。」横田惟孝云：「『遊』字未詳，恐當作『要』，蓋謂要諸侯盟約之語。」〔按〕謂因蘇脩以「天下共講」之語遊揚之。

〔五六〕鮑彪云：「兵，齊兵。」橫田惟孝云：「『兵』疑『齊』訛。謂齊請伐魏於秦也。」黃式三云：「『兵請伐魏』當作『楚兵伐魏』，承上『無禁楚之伐魏』而言。」（周季編略）鍾鳳年云：「『兵』字不辭，蓋『共』字之因形似而譌者。此語乃承上文『天下共講』而生者，言因共講始同請伐魏。」〔按〕鮑說可通，黃說備考。

〔五七〕鮑彪云：「脩，在邯鄲，齊之西也。報以齊不伐魏。」

〔五八〕鮑彪改「勸」作「權」。吳師道云：「恐作『權』，上有。」于鬯云：「『權』、『勸』並藿聲，通借字。」

〔五九〕鮑彪云：「此非蘇代不能也，故史言代復約從親如蘇秦時。獨所謂行其上不可，則行其中，下爲不可用也。夫伐秦不勝，竄走求成之不給，安能賓之？諸侯見其敗，輕之矣，豈有聽其堅約之說哉？蓋代之計，專以伐之爲上，而遊辭見其多策耳，計不出於此也。」吳師道云：「按趙策五國伐秦章蘇代說奉陽君云云，中有與此章出入者，知此必代之辭也。三策並陳，上則伐之，中則擯之，下則媾之，未及伐之敗也。鮑說謬矣。」〔按〕此疑是策士載筆之異。

7 魏文子田需周宵相善

〔魏〕文子〔一〕、田需、周宵〔二〕相善，欲罪犀首。犀首患之，謂魏王曰：「今所患者，齊也。嬰子言行於齊王，王欲得齊，則胡不召文子而相之？彼必務以齊事王〔三〕。」王曰：「善。」因召文子而相之。犀首以倍田需、周宵〔四〕。

〔箋證〕

〔一〕鮑彪衍「魏」字，云：「（文子）田文。」吳師道云：「提魏事也。」金正煒云：「『文子』二字涉下文而衍。鮑衍『魏』字恐非。又疑此文或本作『魏犀首齊文子相善，田需、周宵欲罪犀首，犀首患之』，故説王召相文子，以倍田需、周宵。」〔按〕據前犀首見梁君章，金前説以「文子」二字衍，似是。惟文子若與需、宵二人無關繫，則召文子爲相何能「以倍田需、周宵」？故以從鮑本衍「魏」字爲長，今據衍。

〔二〕鮑本、吳本「宵」作「霄」。鮑彪云：「（周霄）孟子時有此人。」吳師道云：「田文前相魏，當襄王時，孟子見梁襄王相去不遠也。」〔按〕孟子滕文公下篇作「周霄」，趙注云：「魏人也。」同策四又作「周肖」。宵、霄、肖三字同音通用。

〔三〕關修齡云：「彼，指嬰也。言其言行於齊王，而魏相其子，則必以齊事王。」

〔四〕鮑彪云：「二人雖善文，今衍薦文，文必善衍，善衍，則復背其所善。」〔按〕「以」猶「與」，見經傳釋詞。倍同背，謂行事相背。此言衍與文背田需、周宵也。

8　魏王令惠施之楚

魏王令惠施之楚〔一〕，令犀首之齊，鈞二子者乘數；鈞，將測交也〔二〕。〔楚王聞之〕〔三〕，施因令人先之楚，言曰：「魏王令犀首之齊，惠施之楚，鈞二子者，將測交也〔四〕。」

楚王聞之，因郊迎惠施。

〔箋證〕

〔一〕吴師道云：「施屢見策文，蓋（魏）惠、襄時人。此策不可考。」〔按〕此疑在犀首相魏之前。

〔二〕鮑彪讀「者」字句，「鈞」字句，云：「（鈞二子者）言恩禮之等。（乘數鈞）車乘之數（鮑、吴合注四部叢刊本脱「數」字，據鮑單注本補）。『測』猶『卜』也。視何國厚吾使，因知其厚我。」横田本「之齊」下有「乘數鈞」三字，謂下「鈞二子者乘數鈞將測交也」是「誤衍」。安井衡云：「『鈞二子者』，官爵，乘數亦鈞。一説『乘數』連上爲句，下『鈞』字衍。亦通。」金正煒以「鈞將測交也」五字「涉後文而誤衍」。〔按〕如鮑讀解，文義不順。「鈞將測交也」句，讀「鈞」字逗，猶言鈞乘數者，將以測交之厚薄。

〔三〕鮑彪衍「楚王聞之」四字。吴師道云：「四字恐因下文衍。」（横田、金正煒等並從之）〔按〕衍之是，今從之。

〔四〕鮑彪云：「施欲楚之厚己。」

9　魏惠王起境内衆

魏惠王起境内衆，將太子申而攻齊〔一〕。客謂公子理〔二〕之傳（傅）〔三〕曰：「何不令公子泣王、太后〔四〕，止太子之行？事成則樹德〔五〕，不成則爲王矣。太子年少，不習於兵。田盼〔六〕宿將也，而孫子〔七〕善用兵。戰必不勝，不勝必禽〔八〕。公子争〔九〕之於王，王聽公子，公子不(必)〔一〇〕封；不聽公子，太子必敗。敗，公子必立，立必爲王也。」

【箋證】

〔一〕〔按〕魏惠王二十八年(前三四三)事。

〔二〕鮑彪云：「(公子理)申弟也。」吳師道云：「注以下説推之，無明徵。」

〔三〕鮑本、吳本「傳」作「傅」。黄丕烈云：「『傅』字是也。」今從正。

〔四〕關修齡云：「王，謂惠王，后，乃惠王之后，太子母也。『太』疑作『與』，或衍。」〔按〕泣王、太后，謂泣於王與太后前。

〔五〕關修齡云：「(樹德)樹德於太子。」

〔六〕鮑本、吳本、盧本「肦」作「盼」。〔按〕肦、盼字通，説見齊策。是時肦爲齊將，見古本竹書紀年。宿將，老將。

〔七〕舊注：「(孫子)孫臏也。」〔按〕是時孫臏爲齊軍師。

〔八〕鍾鳳年云：「評論事實，應先叙事理，然後決定何以應之。……是策自『太子年少』至『不勝必禽』諸語，乃説者所持之理由。而『事成則樹德，不成則爲王矣』二語，乃論斷辭，説者必無未陳叙理由，而先下斷語之理。故自『何不令公子泣王太后』至『不成則爲王矣』二十五字，恐係錯簡，應移置於『不勝必禽』句下，方覺語有次序。」〔按〕原文自通，論事不必循一定公式，有前後易次者。然鍾訂可備參。

〔九〕横田惟孝云：「争音諍。」

〔一〇〕鮑本、吳本、盧本「不」作「必」。今從正。

10 齊魏戰於馬陵

齊魏戰於馬陵〔一〕，齊大勝魏，殺太子申，覆十萬之軍。魏王召惠施而告之曰：「夫齊，寡人之讎也，怨之至死不忘。國雖小，吾常欲悉起兵而攻之，何如？」對曰：「不可。臣聞之，王者得度〔二〕，而霸者知計。今王所以告臣者，疏於度而遠於計。王固先屬怨於趙，而後與齊戰〔三〕。今戰不勝，國無守戰之備，王又欲悉起而攻齊，此非臣之所謂〔四〕也。王若欲報齊乎？則不如因變服〔五〕，折節而朝齊〔六〕，楚王必怒矣。王遊人而合其鬭〔七〕，則楚必伐齊。以休楚而伐罷〔八〕齊，則必爲楚禽矣。是王以楚毀齊也。」魏王曰：「善〔九〕。」

乃使人報於齊，願臣畜而朝〔一〇〕。田嬰許諾。張丑〔一一〕曰：「不可。戰不勝魏，而得朝禮〔一二〕，與魏和而下楚，此可以大勝也〔一三〕。今戰勝魏，覆十萬之軍，而禽太子申，臣萬乘之魏，而卑秦、楚〔一四〕，此其暴於戾定矣〔一五〕。且楚王之爲人也，好用兵而甚務名，終爲齊患者必楚也。」田嬰不聽，遂內魏王而與之並朝齊侯〔一六〕再三。趙氏醜之。楚王怒，自將而伐齊，趙應之〔一七〕，大敗齊於徐州〔一八〕。

〔箋證〕

〔一〕〔按〕見齊策一南梁之難章。

〔二〕鮑彪云：「(度)法度。」中井積德云：「度，謂所行合乎宜，是自然之權度耳，非法度。」

〔三〕〔按〕魏伐趙，拔邯鄲，齊承其弊破魏，即惠王十八年(前三五三)桂陵之戰事，見齊策一邯鄲之難章。惠王爲太子，與公子緩争立，其後公子緩如邯鄲以作難(見古本竹書紀年)。故惠王初年，與趙屢有戰伐，所謂屬怨者，殆指此。

〔四〕鮑彪云：「謂，謂得度知計。」

〔五〕吴本「因」誤作「固」。鮑彪云：「(變服)不爲人君服。」

〔六〕〔按〕即秦策四或爲六國説秦王章：「梁王身抱質執璧，請爲陳侯臣。」

〔七〕鮑彪云：「遊，謂使人遊二國之間也。」金正煒云：「詩青蠅『構我二人』，箋：『「構」猶「合」也。』管子大匡篇：『乃遊公子開方於衛，遊季友於魯，遊蒙孫於楚。』秦策：『王資臣萬金而遊。』高注：『遊，行也。』合、鬬如子貢之亂齊弊吴也。」

〔八〕鮑彪云：「罷音疲。」

〔九〕葉適云：「惠王所以告惠施悉起兵攻齊者，即其所以告孟子願一洒之者也。而惠施之言如彼，其效如彼。孟子之言如此，惠王迂之，不聽也。」(習學記言)

〔一〇〕鮑彪云：「畜，自比犬馬也。」横田惟孝云：「臣畜，謂以臣畜之也。」安井衡云：「『畜』猶『待』也。願齊以臣禮待己而朝。」文廷式云：「『畜』當作『妾』，形近而誤。」金正煒云：「畜，容也。漢書匈奴傳：『其民不可臣而畜也。』與此義同。」〔按〕鮑注顯謬，文改字亦未安。餘説並通。

〔一一〕〔按〕張丑見齊策一楚威王戰勝於徐州章。

〔一二〕鮑彪云：「(戰不勝魏)此設辭也。」于鬯云：「戰不勝魏，謂兩無勝敗，非謂魏勝齊敗也。關補云：『齊、魏和平而得諸侯相朝之禮。』蓋是。」安井衡云：「不勝而得朝禮，是魏伏德，而諸侯不我忌。」金正煒云：「戰魏不勝，何由得朝禮？疑『不』字當在『得』字上，誤淆於『戰』字下耳。」〔按〕此「朝禮」與上「臣畜而朝」不同，乃謂諸侯相會。穀梁桓九年傳及僖五年傳並云：「諸侯相見曰朝。」即此義。又禮記王制云：「耆老皆朝於庠。」鄭注：「『朝』猶『會』也。」亦可通。關説得之。

〔一三〕鮑彪云：「勝，謂不敗耳，非戰勝。」金正煒云：「『以』猶『謂』也，説見(經傳)釋詞。」〔按〕大勝，謂全勝。

〔一四〕鮑本「卑」作「甲」，注云：「居二國之上。」〔按〕卑，謂卑下，此作使役動詞用，謂使秦、楚卑下也。

〔一五〕姚宏云：「曾添『於』字。」鮑本、吴本無「於」字。鮑彪云：「言二國謂齊暴戾決矣。」吴師道云：「定，止也。謂齊之怒止。」横田惟孝云：「『定』猶『極』也。」于鬯云：「此似謂適以自殘害之意。」金正煒云：「『暴戾』間補『於』字，無義。今文『戾定』二字疑有譌誤。」鍾鳳年云：「曾氏之意蓋欲示人『暴』字爲『暴露』之義，恐或誤視作『兇虐』解也。」〔按〕鍾釋「暴」爲「暴露」，可通。

〔一六〕横田惟孝云：「内音納。『侯』疑當作『王』。」〔按〕是時齊尚未稱王，「侯」字不誤。秦策四亦稱「陳侯」，「陳」、「田」古同音，陳侯即田侯，亦齊侯也。

〔一七〕〔按〕即秦策四所謂「趙人聞之，至枝桑」也。

〔一八〕鮑本、吴本「徐」作「俆」，同。〔按〕徐州之役亦見同策一一及齊策一。

11　惠施爲韓魏交

惠施爲韓、魏交〔一〕，令太子鳴〔二〕爲質於齊。王〔三〕欲見之，朱倉〔四〕謂王曰：「何不稱病？臣請説嬰子曰：『魏王之年長矣，今有疾！公不如歸太子以德之。不然，公子高在楚〔五〕，楚將内而立之。是齊抱空質而行不義也〔六〕。』」

〔箋證〕

〔一〕鮑彪改「韓」作「齊」。盧本「爲」作「謂」。安井衡云：「韓者，齊之與國也。馬陵之戰本以救韓，今欲爲韓、魏交，恐齊禁之，故令太子鳴質於齊。但史不載此事，又未聞魏太子有名鳴者，姑依原文可，鮑改未是。」〔按〕太平御覽卷四百六十引亦作「韓、魏」，此類不可輒改。

〔二〕鮑彪云：「魏紀唯申及赫名，餘不名。」〔按〕太子申死後，魏世家：「（惠王）三十一年，以公子赫爲太子。」梁玉繩疑赫即襄王。索隱引世本：「襄王名嗣。」趙世家：「武靈王元年，……梁襄王與太子嗣來朝信宫。」趙武靈元年，實當梁惠王後十一年，襄王當爲惠王，則太子嗣即襄王也，與公子赫爲二人無疑。此太子鳴豈襄王前又有一太子乎？抑爲襄王之異名乎？姑缺疑。

〔三〕鮑彪云：「（王）魏王。」

〔四〕鮑彪云：「（朱倉）魏人。」

〔五〕鍾鳳年云：「韓策二襄陵之役章有『楚欲置公子高於魏』，與此公子高當是一人。」

〔六〕横田惟孝云：「楚納高而立之，則是齊抱空質也。王病，留太子而不歸，則是不義也。」黎民表云：「此策未全。」〔按〕御覽引此下有「王從之，太子得歸」七字。

12 田需貴於魏王

田需〔一〕貴於魏王。惠子曰：「子必善左右〔二〕！今夫楊，横樹之則生，倒樹之則〔三〕生，折而樹之又〔四〕生。然使十人樹楊〔五〕，一人拔之，則無生楊矣〔六〕。故〔七〕以十人之衆，樹易生之物，然而不勝一人者，何也？樹之難而去之易也。今子雖自樹於王，而欲去子者衆，則〔八〕子必危矣〔九〕。」

〔箋證〕

〔一〕〔按〕韓非子説林上篇「田需」作「陳軫」，誤。

〔二〕〔按〕初學記卷十八引作「勉哉」。敦煌本春秋後語「善」下有「事」字，韓非子亦有。

〔三〕姚宏云：「劉（倒）作『側』。」〔按〕韓非子亦作「倒」，「二則」字作「即」，通用。

〔四〕〔按〕初學記引「又」作「亦」。

〔五〕〔按〕初學記引「楊」作「之」，韓非子同。

〔六〕〔按〕韓非子「無」作「毋」，字通。淮南子俶真訓：「今夫樹木者灌以瀿水，疇以肥壤，十人養之，一人拔之（原文「十、一」二字互易，今從王念孫校改），則必無餘枿。」義本此。

〔七〕〔按〕初學記引「故」作「且」，韓非子作「至」，敦煌本後語作「夫」。

〔八〕姚宏云：「曾去『則』字。」〔按〕韓非子無「則」字。

〔九〕吴師道云：「此與孟子『雖有天下易生之物』云云語相類，而意在自樹。又云『子必善左右』，則君子小人之用心，可見矣。」

13 田需死

田需死〔一〕，昭魚〔二〕謂蘇代曰：「田需死，吾恐張儀、薛公〔三〕、犀首〔四〕之有一人相魏者〔五〕。」代曰：「然則相者以〔六〕誰，而君便之也？」昭魚曰：「吾欲太子〔七〕之自相也。」代曰：「請爲君北見梁王，必相之矣。」昭魚曰：「奈何？」代曰：「君其爲〔八〕梁王，代請説君！」昭魚曰：「奈何？」

對曰：「代也從楚來，昭魚甚憂。代曰：『君何憂？』曰：『田需死，吾恐張儀、薛公、犀首有一人相魏者。』代曰：『勿憂也。梁王，長主〔九〕也，必不相張儀〔一〇〕。張儀相魏，必右秦而左魏；薛公相魏，必右齊而左魏；犀首相魏，必右韓而左魏〔一一〕。梁王，長主也，必不使相也〔一二〕。』代曰：『莫如太子之自相〔一三〕。是三人皆以〔一四〕太子爲非固〔一五〕相也，皆將務以其國事魏，而欲丞相之璽〔一六〕。以魏之强，而持〔一七〕三萬乘之國輔之，魏必安矣。故曰不如太子之自相也。』」

遂北見梁王，以此語告之，太子果自相〔一八〕。

〔箋證〕

〔一〕原本與上章連屬。鮑本、吴本、盧本分提，今從之。　〔按〕史記魏世家需死在哀王九年，哀王實襄王。

〔二〕〔按〕史記作「楚相昭魚」。索隱：「昭奚恤也。」昭奚恤相楚宣王，此在楚懷十九年，距宣王末年已三十年，恐非。魚已見楚策四楚王后死章，亦不能明其時代，然從其進美珥而請立后一事觀之，決非昭奚恤所爲。益知索隱之誤。又按史記韓世家：「（楚圍雍氏；秦使公孫昧對公仲曰）甘茂與昭魚遇於商於。」索隱：「戰國策謂之昭獻。」今韓策二誤作「昭獻」。楚威王圍雍氏，是昭魚爲威王相國，與此章時代相合，更可證魏世家索隱之誤。

〔三〕鮑彪云：「（薛公）嬰。」　吴師道云：「史索隱以爲田文。按嬰卒於閔王之世，大事記附見於閔元年。此事在四年後。」〔按〕史記田世家：「（湣王）三年，封田嬰於薛。」若依六國表紀年推算，距此時亦十一年，焉能必薛公之尚爲嬰乎？若依古本竹書紀年推算，惠王後十三年（前三二二）四月，齊威王封田嬰於薛。距襄王九年（前三一〇）十二年。嬰死雖無考，但齊策一靖郭君善齊貌辨章謂宣王即位免相。後用齊貌辨復迎爲相，既而辭歸薛，蓋在齊宣初年，此後無聞。魏襄九年當齊宣十一年（史記誤爲齊湣），疑嬰已卒於前，而田文繼位矣。嬰於宣王初年已辭相歸薛，何於十年之後反欲爭魏相乎？此亦事理之不通者。則索隱以薛公爲田文者是也，鮑注非。薛公即前章所云文子。前稱文子，爲子之時；此稱薛公，繼位之時。儀、文、衍三人並曾相魏，故需死，楚恐其復爲相。

文是時繼位薛公，尚未相齊，自可爲魏相。梁玉繩志疑謂「是時孟嘗方相齊」，無據。

〔四〕吴師道云：「大事記赧王八年書秦逐公孫衍，謂『衍既去秦，事不復見。韓非子載犀首與張壽爲怨，陳需新入，不善犀首，因使人微殺張壽。魏王以爲犀首也，乃誅之。然則衍去秦後終爲魏所殺也』。愚按陳需即策中田需，而策以田需死後，魏欲相犀首，其説不同。當考。又赧王二十二年伊闕之敗，策云『公孫衍割地和秦』。大事記猶著其名，豈别一人耶？李兑約五國攻秦時，亦有公孫衍，去此又九年。上距犀首爲秦大良造時幾五十年，嘗疑其甚遠。説見趙策。」〔按〕陳需謀去犀首事，見韓非子内儲説下篇。其云「乃誅之」。查廣雅釋詁：「誅，責也。」「誅」之訓「責」，多見於經傳注、疏。周易蠱疏云「責，謂兼通責讓之罪，非專謂誅殺也」，此訓明白。則大事記似誤解「誅」字，遂謂殺衍，其實未必然也，證之此策可知。

〔五〕〔按〕敦煌本春秋後語云：「相田需死，而張儀、犀首、薛公並在於魏，楚相昭魚不善三子。」

〔六〕姚宏云：「一本無『者以』字。」〔按〕史記「以」作「欲」。

〔七〕〔按〕索隱：「太子，即襄王也。」世家繫此事於哀王（實襄王），則太子安得爲襄王，「襄」蓋「昭」之誤。然亦不能必太子之果爲昭王，此類不如缺之，可也。

〔八〕鮑本、盧本「君」作「若」。鮑云：「若，汝也。」吴師道云：「一本『君其爲』。考下文是。」〔按〕史記作「君」，同此本。

〔九〕横田惟孝云：「長主，謂才德優長之主。」〔按〕廣雅釋詁：「長，善也。」長主，猶賢主。

〔一〇〕〔按〕此張儀謂張儀、薛公、犀首諸人，蓋探下文而省耳。

〔一一〕舊注：「右，親也。左，疏外也。」

〔一二〕鮑彪此下據史記補「王曰然則寡人孰相」八字。吴師道云：「史有此八字。按此乃蘇代請昭魚爲王而設爲説王之辭，無此句可也。」黄丕烈云：「史亦設辭，但不必與策文同耳。」吳汝綸云：「此脱，當依（史）補。」

〔按〕依文義有之爲順。

〔一三〕吳汝綸云：「史重『太子之自相』五字，當從之。」

〔一四〕鮑本「皆」作「不」。吳師道云：「不以，一本作『皆以』。史同。」

〔一五〕舊注：「固，久也。」〔按〕史記「固」作「常」，義近。

〔一六〕鮑彪云：「（璽）印也。」吳師道云：「秦武王初置丞相，用樗里子、甘茂，在張儀死後。此云丞相璽，則魏已有此名。」金正煒云：「丞與承通。承，受也。」〔按〕秦武初置丞相，或亦倣效他國，不必自秦始。趙亦有丞相，見趙策三希寫見建信君章。應劭漢官儀（孫星衍輯本）云：「相國、丞相，皆六國時官。」金讀「丞」爲「承」，非。

〔一七〕姚宏云：「一本無『持』字。」〔按〕史記無「持」字。

〔一八〕徐孚遠史記測議云：「前代未有用太子爲相者。後以太子録尚書及爲尚書令，蓋本此也。」張尚瑗云：「世家（哀王，實襄王）十二年，太子朝秦。……其相魏亦不久矣。按六國未有以適嗣兼將相者，惟魏以太子申將而攻齊，又以太子嗣田需爲相。」

14 秦召魏相信安君

秦召魏相信安君〔一〕，信安君不欲往〔二〕。蘇代爲説秦王曰：「臣聞之，忠不必當，當必不忠〔三〕。今臣願（爲）大王〔四〕陳臣之愚意，恐其不忠於下吏〔五〕，自使有要領〔六〕之罪，願大王察之！

「今大王令人執事於魏〔七〕，以完其交，臣恐魏交之益疑也。將以塞趙也〔八〕，臣又恐趙之益勁也〔九〕。夫魏王之愛習魏信〔一〇〕也甚矣，其智能〔一一〕而任用之也厚矣，其畏惡〔一二〕嚴尊秦也明矣。今〔一三〕王之使人入魏而不用，則王之使人入魏無益也。若用〔一四〕，魏必舍所愛習而用所畏惡〔一五〕，此魏王之所以〔一六〕不安也。夫舍萬乘之事而退〔一七〕，此魏信之所難行也。夫令人之君處所不安，令人之相行所不能，以此爲親，則難久矣。臣故恐魏交之益疑也。且魏信舍事〔一八〕，則趙〔一九〕之謀者必曰：『舍（合）〔二〇〕於秦，秦必令其所愛信者用趙，是趙存而我亡也，趙安而我〔二一〕危也。』則上有野戰之氣〔二二〕，下有堅守之心，臣故恐趙之益勁也〔二三〕。

「大王欲完魏〔二四〕之交而使趙小心乎？不如用魏信而尊之以名。魏信事王，國安而名尊；離王〔二五〕，國危而權輕。然則魏信之事主（王）〔二六〕也，上所以爲其主者忠矣，下所以自爲者厚矣，彼其事王必完矣。趙之用事者必曰：『魏氏之名族不高於我，土地之實不厚於我。魏信以（韓）〔二七〕魏事秦，秦甚善之，國得安焉，身取尊焉。今我講〔二八〕難於秦，兵爲招質〔二九〕，國處削危之形，非得計也。結怨於外，主〔三〇〕患於中，身處死亡之埊，非完事也。』彼將傷其前事，而悔其過行；冀其利，必多割埊以深下〔三一〕王。則是大王垂拱之割埊以爲利重〔三二〕，堯、舜之所求而不能得也。臣願大王察之！」

〔箋證〕

〔一〕鮑彪云：「（信安君）史不書。」

〔二〕橫田惟孝云：「按下文，秦欲召信安而別置相，故不欲往。」

〔三〕姚宏云：「（當）一本作『黨』。」鮑本二「當」字並作「黨」，「必不」作「不必」，注云：「爲信安説疑於黨之。」橫田惟孝云：「『當』，謂當於心。」（「必不」從鮑本作「不必」）安井衡云：「此蘇代明己忠於秦而非黨於魏。言忠或似黨而不必黨，若有所黨，則必不忠矣。參驗其所言，忠黨自明。若作『黨不必忠』，黨亦有時而忠，豈有此理？」金正煒云：「方言：『黨，知也，楚謂之黨。』……此言忠者不必皆智，智者不必皆忠，鮑本不誤，而注則非。莊子天下篇：『公而不當。』釋文：『「當」本作「黨」。』與此同。」〔按〕依姚本，安井説爲長。「當」、「黨」音近通用。

〔四〕鮑彪「願」下補「爲」字。　吳師道云：「『願』下有缺字。」　關修齡云：「因下文誤衍『大王』字。」〔按〕依文義當有，今從鮑補。

〔五〕橫田惟孝云：「下吏，不斥言王也。」

〔六〕鮑彪云：「要領，斬刑也。」〔按〕謂腰斬梟首之刑。

〔七〕鮑彪云：「謂別置相以代（吳本「代」誤作「伐」，今從鮑單注本）信安。」

〔八〕鮑彪云：「信安必右趙者，秦召而代之，欲魏不通趙。」　安井衡云：「『塞』猶『窮』也。」

〔九〕鮑彪云：「（益勁）交魏益堅。」〔按〕「勁」猶「强」。言秦欲窮趙，恐趙不聽秦命而益强，觀下文可知。

〔一〇〕鮑彪云：「魏信即信安，省言之。」

〔一一〕陸深云：「智能，以爲知能也。」〔按〕陸説是。此「智能」爲形容詞用作動詞，言以魏信爲智能。

〔一二〕鮑彪云：「『惡』猶『憚』。」

〔一三〕姚宏云：「曾（今）作『令』。」金正煒云：「『令』猶『若』也，見（經傳）釋詞。」

〔一四〕鮑彪云：「（用）用秦所使。」

〔一五〕〔按〕愛習，信安君。畏惡，秦之使人。

〔一六〕姚宏云：「劉添『以』字。」鮑本、吴本無「以」字。〔按〕「以」猶「爲」，見經傳釋詞。

〔一七〕鮑彪云：「（退）謂去相位。」

〔一八〕横田惟孝云：「舍事，即『舍萬乘之事而退』。」〔按〕廣雅釋詁：「且，借也。」此言即令魏信舍事而退。

〔一九〕鮑彪改「趙」作「魏」。自吴師道以下諸家皆不從之。〔按〕此自指趙之謀事者言，下文可明。鮑改粗率，此下因之牽强爲説，多不可通，今略。

〔二〇〕横田惟孝云：「『舍』疑當作『合』。」〔按〕「舍」疑「合」之形譌。下章「見亡矣必舍。」「舍」一作「合」，與此正同。今據改。吴注從「舍」（見下），不如作「合」義長。

〔二一〕横田惟孝云：「我，謀者自我也。」

〔二二〕鮑彪云：「將與秦戰。」

〔二三〕吴師道云：「趙之謀事者曰：『魏信見舍於秦，秦亦將易置趙之臣，令其所愛信者用於趙。我之權去勢奪，是趙存而我已亡，趙安而我獨危。』則必戰必守，不聽秦命，是趙益以强。」

〔二四〕鮑本原無「魏」字，鮑補「魏」字。

〔二五〕鮑彪云：「（離王）不事之。」

〔二六〕鮑本、吴本「主」作「王」。黄丕烈云：「『王』字是也。」〔按〕王謂秦王，「主」字顯譌，今從正。

〔二七〕鮑彪衍「韓」字。吴師道云：「疑衍。」黄丕烈云：「此『韓』當作『輔』，形近之譌也。」〔按〕衍者爲是，今從之。

〔二八〕鮑彪改「講」作「構」，盧本從之。吴師道云：「宜從『構』讀。」〔按〕講、構古字通，但此作「構」釋。

〔二九〕鮑彪云：「言於用兵，爲招爲質。招，言召兵；質，猶本也，爲之張本。」横田惟孝云：「招質，皆的也。房玄齡管子注云：『招者的也，所以招射者也。』桓子策（按即魏策一）曰：『爲智氏質乎？』是也。言秦兵獨伐趙，猶矢集的也。」（安井衡、于鬯、金正煒釋「招質」，略同）〔按〕楚策四莊辛謂楚襄王章：「以其類爲招。」吴注引一本標語引春秋後語「招」作「的」。「質」見同策一（横田已引）。淮南子原道訓：「先者，則後者之弓矢質的也。」高注：「質的，射者之準執也。」「招質」即「質的」。招質，雙聲字，與「的」字古音同紐，複言爲「招質」，單言爲「的」（或招或質），其實一也。兵，謂趙兵。

〔三〇〕鮑本、吴本「主」作「生」。安井衡云：「主，掌也。此趙用事者之言，故曰『主患』。」〔按〕主患猶言禍主。又「主」讀爲「注」。（荀子宥坐篇：「主量必平似法。」楊注：「『主』讀爲『注』。」）秦策高注：「注，屬也。」

〔三一〕鮑彪云：「『下』亦『事』也。」

〔三二〕姚宏云：「（之）一作『多』。」鮑本、吴本「之」作「多」。鮑彪云：「得地則益重。」金正煒云：「淮南氾論訓『則不待户牖之行』，太平御覽引（之行）作『而行』。趙策『之能美未之有也』，外紀作『而能美』。此文『之』字亦當爲『而』。」〔按〕「之」猶「而」也（例見古書虚字集釋），不必改字。

15　秦楚攻魏圍皮氏

秦、楚攻魏，圍皮氏〔一〕。爲魏謂楚王曰：「秦、楚勝魏，魏王之恐也見亡矣〔二〕，必舍(合)〔三〕於秦。王何不倍秦而與魏王？魏王喜，必內太子〔四〕。秦恐失楚，必效城埊於王，王雖復與之攻魏，可也。」楚王曰：「善。」乃倍秦而與魏，魏內太子於楚。

秦恐，許楚城埊，欲與之復攻魏。樗里疾怒〔五〕，欲與魏攻楚，恐魏之以太子在楚不肯也。爲疾謂楚王曰：「外臣疾使臣謁之曰：敝邑之王欲效城埊〔六〕，而爲魏太子之尚在楚也，是以未敢。王出魏質〔七〕，臣請效之，而復固秦、楚之交，以疾攻魏〔八〕！」楚王曰：「諾。」乃出魏太子，秦因合魏以攻楚〔九〕。

【箋證】

〔一〕鮑本無「魏」字。鮑彪云：「亦(哀王，實襄王)十三年。」吳師道云：「一本『攻魏圍皮氏』。(皮氏)屬河東。」

〔按〕魏世家：「哀王(實襄王)十二年，秦來伐我皮氏，未拔而解。」六國表作「十三年」(樗里子傳作「昭王元年」，秦昭元年當魏襄之十三年)，鮑蓋據之。古本竹書紀年：「今王(襄王)十二年，秦公孫爰帥師伐我，圍皮氏。翟章帥師救皮氏圍。」魏史記本國事可信，則當在襄王十二年(前三〇七)。但睡虎地出土秦簡書編年紀記昭王二年攻皮氏，當魏襄之十四年，與紀年及六國表又不合。疑此乃秦再次攻皮氏。皮氏，魏邑。見秦策。

〔二〕鮑彪衍「也」字，改「矣」作「也」。　吴師道云：「下章（按即同策三魏太子在楚章，鮑本次於此章後，故吴注云然）有此句法。」　安井衡云：「言魏王明見其亡矣，故恐也。下魏太子在楚章『魏王之懼也見亡』。獻書秦王章『山東見亡必恐』。皆謂明見亡形而恐懼。」

〔三〕姚宏云：「（舍）一作『合』。」　鮑本、吴本「舍」作「合」。義長，今從之。

〔四〕〔按〕魏世家「（哀王）十二年，太子朝於秦」，在秦伐皮氏之前。蓋太子歸而秦、楚攻魏也。内同納，謂爲質於楚。

〔五〕〔按〕疾時爲秦相，怒楚之反覆。

〔六〕鮑彪云：「（城埊）前許之，未入也。」

〔七〕姚宏云：「（質）曾作『太子』。」按姚校原在「臣」字下（與本文不相應），非。今上移於「質」字下。

〔八〕鮑彪云：「（疾）此疾速也，非名。」　吴師道云：「（疾）作名，通。」　〔按〕「疾」字如作人名，「以」當訓「與」，亦通。

〔九〕吴師道云：「大事記：『赧王九年，秦甘茂、樗里疾伐魏皮氏，未拔。甘茂棄軍奔齊。樗里疾與魏和，罷兵。』按茂傳茂言秦昭王以武遂歸韓，向壽、公孫衍（按『衍』當作『奭』）怨讒茂，茂輟伐魏云。」　〔按〕策、史所記皮氏之役稍異，不必强合。而合魏攻楚事，史亦不載。此事可參本策三魏太子在楚章。

16　龐葱與太子質於邯鄲

龐葱〔一〕與太子〔二〕質於邯鄲，謂魏王曰：「今一人言市有虎，王信之乎？」王曰：「否。」「二人言市有虎，王信之乎？」王曰：「寡人疑之矣。」「三人言市有虎，王信之乎？」

王曰：「寡人信之矣。」龐葱曰：「夫市之無虎明矣，然而三人言而成虎〔三〕。今邯鄲去大梁〔四〕也遠於市，而議臣者過於三人矣。願王察之矣〔五〕！」王曰：「寡人自爲知〔六〕。」於是辭行，而讒言先至。後太子罷質，果不得見〔七〕。

【箋證】

〔一〕姚宏云：「孫(葱)作『恭』。」〔按〕韓非子內儲說上篇及新序雜事篇二並作「龐恭」，下同。顧廣圻韓非子識誤謂：「『恭』字是。……下文有『龐敬縣令也』，當是一人。」「葱」與「恭」或音近而訛。但宋人諱「敬」，改「敬」作「恭」，然則「敬」乃本字，「敬」與「葱」音形並遠，不能强斷其是。顧說嫌未安。

〔二〕鮑彪云：「(太子)魏太子。」

〔三〕〔按〕淮南子說山訓：「三人成市虎。」高注：「三人從市中來，皆言市中有虎。市非虎處而人信以爲有虎，故曰『三人成市虎』。」

〔四〕〔按〕韓非子、新序「大梁」作「魏」。

〔五〕鮑彪改「矣」作「也」。〔按〕「矣」猶「也」也，見經傳釋詞，不必改。新序「矣」作「也」。韓非子無「矣」字。

〔六〕鮑彪云：「(自爲知)言不信人。」安井衡云：「『知』如『父母之年不可不知』之『知』，謂記憶之。言寡人自爲子記憶之。」〔按〕新序作「寡人知之矣」。

〔七〕姚宏云：「曾作『於是辭行，而讒言先至，後果不得見魏君矣』。劉作『於是辭行，而讒言先至，後果不見龐君』。『王曰：寡人自爲知。太子罷質，果不得見。』」橫田惟孝云：「先至，謂身猶在途，而讒言先至也。」金正煒云：「此文當作『於是辭行，而讒言先後至，太子罷質，果不得見』。諸本皆誤倒『至後』二字。又『至』或爲『生』。

國語晉語：『驪姬既遠太子，乃生之言。』韋注：「生，生讒言也。」〔按〕新序作「及龐恭自邯鄲反，讒口果至，遂不得見」。此文「先至」謂讒言先葱歸而至，横田解是。金多竄改，恐非。

〔附論〕

鮑彪據此章舊次梁王魏嬰觴諸侯章前，因繫於惠王策。

吴師道云：「此策言『邯鄲去大梁也遠』，則徙都大梁以後事。惠王三十一年，秦虜公子卬後徙梁。而韓、宋、魯、衛之朝，乃惠王十五年也。舊次恐不以此。」

〔按〕古本竹書紀年：惠成王六年（或作九年）四月甲寅，徙都於大梁，則與范臺之會無牴。然舊次本不編年，此章又無史實可徵，何能據以繫之惠王時？顧廣圻謂龐恭即龐敬（見上）（宋人諱「敬」，改作「恭」）若從其説，檢韓非子内儲説上篇「龐敬縣令也」一則，亦無文可徵知其年代。此類只能缺疑。

17 梁王魏嬰觴諸侯於范臺

梁王魏嬰〔一〕觴諸侯於范臺〔二〕，酒酣，請魯君舉觴〔三〕。魯君興，避席擇言〔四〕曰：「昔者帝女〔五〕令儀狄〔六〕作酒而美，進之禹。禹飲而甘之，遂疏儀狄，絶旨酒，曰：『後世必有以酒亡其國者。』齊桓公夜半不嗛〔七〕，易牙〔八〕乃煎敖〔九〕燔炙〔一〇〕，和調五味而進之。桓公食之而飽，至旦不覺〔一一〕，曰：『後世必有以味亡其國者。』晉文公得南之威〔一二〕，三日不聽朝，遂推南之〔一三〕威而遠之，曰：『後世必有以色亡其國者。』楚王登强臺〔一四〕而望崩山〔一五〕，左江而右湖，以臨彷徨〔一六〕，其樂忘死，遂盟强臺而弗登，曰：『後世必有以高臺陂池亡其國者〔一七〕。』今主君〔一八〕之尊，儀狄之酒也；主君之味，易牙之調也；左白台〔一九〕而右閭須〔二〇〕，南威之美也；前夾林而後蘭臺〔二一〕，强臺之樂也。有一於此，足以亡其國。今主君兼此四者，可無戒與？』梁王稱善相屬〔二二〕。

〔箋證〕

〔一〕鮑彪云：「（嬰）史作『罃』，音相近。」〔按〕太平御覽卷四百六十八引「嬰」作「罌」，音同。

〔二〕鮑彪云：「此（惠王）十五年魯、衛、宋、鄭君來朝。」吴師道云：「大事記書韓、宋、魯、衛爲序。解題云：是時魏惠王方强，諸侯相率而朝之也。索隱按紀年魯恭侯、宋桓侯、衛成侯、鄭釐侯。桓侯即公剔成，釐侯即昭侯。」許應元云：「范臺於志無所考，今汴州有樊臺，疑『范』、『樊』相誤也。」金正煒云：「國語晉語：『三卿宴於藍臺。』注：『地名。』『范』、『藍』音近，或即一地。」〔按〕古本竹書紀年：四國朝魏，在惠王十四年（前三五七）。御覽引「范臺」作「蘭臺」，與下「前夾林而後蘭臺」語相應。而與晉語之藍臺亦合。但北堂書鈔卷一百四十八引作「范臺」，同今本。范臺地無考。雷學淇竹書紀年義證：「或曰：即開封府南繁臺也。」考繁臺即次臺。太平寰宇記東京開封縣下云：「陳留風俗傳：『縣有蒼頡師曠城，其城上有列仙吹臺。梁孝王亦增築焉。』……其後有繁氏居其側，乃以姓呼之。」是繁臺乃後來之稱，非范臺明矣。許氏言樊臺，汴州無此地名，疑「樊」乃「繁」之誤。

〔三〕鮑彪云：「（魯君）魯共公。」吴師道云：「李善注文選（七啓）引、北堂書鈔皆作『舉觴』。大事記：『魯君舉觴，古者於旅也語，於是道古，即晉所謂杜舉也。』」〔按〕禮記檀弓下篇：「知悼子卒，未葬，平公飲酒，師曠、李調侍，鼓鐘。杜蕢自外來，……歷階而昇，酌曰：『曠飲斯。』又酌曰：『調飲斯。』又酌，堂上北面坐飲之。降，趨而出。平公呼而進之曰：『……爾飲曠何也？』曰：『子卯不樂，知悼子在堂，斯其爲子卯也大矣。曠也大師也，不以詔，是以飲之也。』……平公曰：『寡人亦有過焉，酌而飲寡人。』杜蕢洗而揚觶。公謂侍者曰：『如我死，則必無廢斯爵也。』至於今，既畢獻，斯揚觶，謂之『杜舉』。」鄭注：「此爵遂因杜蕢爲名。畢獻，獻賓與君。」此是晉之舊事，魏承晉制，在燕禮畢獻之後，請賓舉觴陳善以規，故魯君敢直言而無罪，當時之禮尚如此。林西仲乃謂：「酒以成禮，既酣矣，復請一舉觴，以涉於甘酒。」失其旨矣。

〔四〕鮑彪云：「（擇言）擇善而言。」

〔五〕鮑彪云：「（帝女）蓋堯、舜女。」吴師道云：「無考。」〔按〕帝女，謂天帝之女。山海經中山經：「洞庭之山，……帝之二女居焉。」郭璞云：「天帝之二女而處江爲神。」又「姑媱之山，帝女死焉，其名曰女尸，化爲䔄草」。水經江水注云「巫山，帝王居焉，宋玉所謂天帝之季女，名曰瑶姬」並其證。帝女令儀狄作酒，此自是上古傳説，不必指實其人，鮑注未是。俞樾湖樓筆談卷七乃謂：「昔堯之禪舜也，先以二女女之。及舜禪禹，未聞有此事，然戰國魏策曰：『昔者帝女令儀狄作酒而美進之禹。』此『帝女』何人？意者舜亦以女女禹，如堯故事乎？」則又承鮑説而變本加厲矣。

〔六〕姚宏云：「一本無『令』字。」鮑彪云：「（儀狄）博物志言禹時人。」〔按〕御覽及一切經音義卷八十二、北堂書鈔卷一百四十八、廣韻「酒」字注引無「令」字，是以儀狄爲帝女之名，恐非。淮南子泰族訓云：「儀狄爲酒，禹飲而甘之，遂疏儀狄而絶旨酒，所以遏流湎之行也。」

〔七〕舊注：「（嗛）快也。」鮑彪云：「嗛，口有所銜也。言不善食。」〔按〕荀子正名篇：「故嚮萬物之美而不能嗛也。」楊倞注：「嗛，足也，快也。史記樂毅曰：『先王以爲嗛於志。』嗛，口簟反。」與舊注合。「嗛」又作「慊」，吕氏春秋知接篇：「易牙烹其子以慊寡人。」高注亦云：「慊，快。」鮑據說文，義亦可通。不嗛，謂食不厭快也。

〔八〕鮑彪云：「（易牙）太公世家注『雍（鮑、吳合注四部叢刊本「雍」誤作「維」，今從左傳注正）巫字』。」吳師道云：「知味者。」〔按〕左氏僖十七年傳：「雍巫有寵於衛共姬，因寺人貂以進羞於公，亦有寵。」杜注：「雍巫，雍人名巫，即易牙。」大戴禮保傅篇作「狄牙」，「易」古讀爲「狄」，字通。

〔九〕鮑彪改「敖」作「熬」，盧本從之。吳師道云：「（敖）熬，古字通。」

〔一〇〕鮑彪云：「燔，火爇物。」吳師道云：「有汁而乾曰『煎』，乾煎曰『熬』，肉爇之曰『燔』，近火曰『炙』。」

〔一一〕鮑彪云：「飽而寢安。」

〔一二〕鮑彪云：「（南之威）未詳。」〔按〕文選七啓注、初學記卷十九、白氏類帖卷七、御覽卷三百八十引並無「之」字。章炳麟序種姓上篇云：「山海經有威姓。……國在山海經者，皆不能正言其地。……威氏有南威，不知其女出何國也？」又云：「女子舉姓，南之威猶莊子齊物論言麗之姬也。尋說文：威，姑也。漢律曰：婦告威姑。然則威姑即君姑。……訓『威』爲『姑』，殊非本義。……竊以『威』本人姓，故其字從『女』爾。」（檢論卷一）威姓見山海經大荒北經，謂是少昊之子。然則南威者，威姓之女，其國未詳。

〔一三〕姚宏云：「一本無『之』字。」

〔一四〕姚宏云：「（强）一作『荆』。」黄丕烈云：「『荆』、『强』聲之轉也。」〔按〕文選七發注引「强」作「京」，藝文類聚卷二十八、白氏類帖卷七引作「彊」。彊、强同字。荆、京、强音近通用。

〔一五〕姚宏云：「（崩山）一作『崇山』，藝文類聚引。」〔按〕文選注引「而」作「南」，「崩」作「獵」，同說苑。白帖引作「崇山」。

〔一六〕姚宏云：「（彷徨）一作『方湟』，藝文類聚引。」鮑彪云：「自上觀下曰『臨』。」集韻：彷徨，彷佯。彷佯，徙倚也。」吳師道云：「説苑云：『楚昭王欲之荆臺，司馬子綦進諫曰：荆臺之遊，左洞庭之波，右彭蠡之水，南望獵山，下臨方淮，其地使人遺老而忘死。王不可遊也。』後漢邊讓遊章華臺賦云：『楚王遊雲夢之澤，息於荆臺之上，前方淮之水，左洞庭之波，右顧彭蠡之隩，南眺巫山之阿，延目廣坐，騁觀終日。顧謂左史倚相曰：盛哉斯樂，可以遺老而忘死也。』荆臺即章華也。淮南子云：『令尹子佩請飲莊王，莊王許諾云云。莊王曰：吾聞子樂於强臺。强臺者南望料山，以臨方皇，左江而右淮，其樂忘死。若吾薄陋之人，不可以當此樂也。』注：『料，山名。方皇，水名。』右三説，聊記以廣聞。」黄丕烈云：「獵、料聲之轉也。二『淮』字皆當作『湟』，形近之譌也。徨、皇、湟同字耳。」程恩澤云：「據此，則强臺即荆臺，章華臺也。崩山即巫山、獵山、料山也。江即洞庭，湖即彭蠡。彷徨即方淮、方皇也。其地則雲夢也。杜注：『華容有章華臺。』夢溪筆談：荆州江陵、長林、監利皆有章華臺，皆雲夢所在也。蓋皆一地數名，傳聞各異。」〔按〕白帖引「彷徨」作「方皇」。文選與滿公琰書注引淮南子「强臺」作「京臺」。又引高注：「京臺，高臺也。方皇，大澤也。」今道應訓注無此文。楚靈王爲章華臺，莊王時不應有之（鮑注亦以此爲莊王事），則强臺恐非章華也。

〔一七〕鮑彪云：「書注『澤障曰「陂」。停水曰「池」。』蓋莊王云。」〔按〕鮑或據淮南子而云然。

〔一八〕呂祖謙云：「主君，卿大夫之稱，尚仍其日之號也。」（大事記解題）金正煒云：「左氏昭二十九年傳：『齊侯使高張來唁公，稱主君。子家子曰：齊卑君矣。』杜注：『比公於大夫。』是時魏大，列於諸侯，不當復稱主君。周禮司儀：『主君郊勞。』禮記郊特牲注：『大饗，謂諸侯相朝，主君饗賓。』此蓋其義。」

〔一九〕〔按〕白台，美人名。「台」當讀作「怡」。「台」字從「巳」，蓋即「巳」之借字。世本云：「巳姓，出自少皞。」（左傳昭十七年正義引）國語晉語云：「黄帝之子二十五人，其同姓者二人而已，唯青陽與夷彭皆爲巳姓。」「白」疑「伯」之借字。白台即伯巳，巳姓六長女，猶齊女之孟姜、叔姜也。春秋時莒及郯爲巳姓國。莒爲楚簡王所滅，地歸於齊，在魏惠之前。古本紀年晉幽公十五年：「於粵子朱勾滅郯，以郯子鴣歸。」是郯滅亦惠王前。然史記楚世家楚人以弋説頃襄王曰：「且魏斷二臂，顛越矣。膺擊郯國，大梁可得而有也。」其時當魏昭之世，後惠王范臺之會七十餘年，尚有郯國，則越雖滅郯，未有其地，既而復國，爲魏之附庸，故楚説者云然也。疑此白台即郯國之女也。

〔二〇〕吳師道云：「閭須，見荀子。」〔按〕荀子賦篇：「閭娵、子奢，莫之媒也。」楊注引漢書音義：「韋昭曰：閭娵，梁王魏嬰之美女。」是韋氏以閭娵即閭須也。「娵」、「須」古音同部可通。楚策四客説春申君章作「閭姝」。

〔二一〕鮑彪云：「臺、林地缺，各在其國。」程恩澤云：「楚世家：『王請繳蘭臺，飲馬西河，定魏大梁。』正義曰：『蘭臺，相山之別名。』當即指此。」金正煒云：「魏世家：『從林鄉軍以至於今。』索隱引劉云：『林，地名，蓋春秋時鄭地之棐林，在大梁之西北。』左氏傳『棐林』，公羊作『斐林』。『斐』、『夾』字形相近，或即其地歟？」〔按〕此或是晉語「三卿宴於藍臺」，「蘭」、「藍」聲近而字歧歟？

〔二二〕横田惟孝云：「相屬，屬酒相勸也。」于鬯云：「屬諸侯無忘魯君之言。」安井衡云：「屬，續也。再三稱善。」〔按〕于説爲是。屬同囑。

戰國策 卷二十四

魏三

1　秦趙約而伐魏

秦、趙約[一]而伐魏，魏王患之。芒卯[二]曰：「王勿憂也，臣請發張倚[三]。」使謂趙王曰：「夫鄴[四]，寡人固刑[五]弗有也[六]。今大王收秦而攻魏，寡人請以鄴事大王[七]！」趙[八]王喜，召相國而命之曰：「魏王請以鄴[九]事寡人，使寡人絶秦。」相國曰：「收秦攻魏，利不過鄴[一〇]。今不用兵而得鄴，請許魏！」張倚因謂趙王曰：「敝邑之吏效城者已在鄴矣，大王且何以報魏？」趙王因令閉關絶秦，秦、趙大惡。

芒卯應趙使曰：「敝邑所以事大王者，爲完鄴也[一一]。今郊（效）[一二]鄴者，使者之罪也，卯不知也。」趙王恐魏承秦之怒，遽割五城，以合於魏而支秦[一三]。

【箋證】

〔一〕鮑本、吴本「趙約」作「約趙」。

〔二〕吴師道云：「(芒卯)淮南子『孟卯』。注『齊人』。引策『芒卯』。」〔按〕芒卯見秦策四秦昭王謂左右章。吴引淮南注見氾論訓。戰國縱横家書十五章亦作「孟卯」。「芒」、「孟」同聲通借。

〔三〕鮑彪云：「(張倚)魏人。」

〔四〕〔按〕鄴爲魏邑，西門豹所治，見前。

〔五〕姚宏云：「(刑)一作『形』。」鮑彪改「刑」作「形」。吴師道云：「此書『刑』、『形』字通。」

〔六〕鮑彪云：「『形』猶『勢』也。高注爲刑法，雖通，而此書多作『形』。」(按據此則鮑所見本此卷，亦存高注）横田惟孝云：「『固』、『刑』疑倒誤，當作『計固』，言計固不能有也。燕策曰：『雖得燕城，秦計固不能守也。』」于鬯云：「横田解非。西周策『周君形不利事秦』，可證此『刑』字。」吴曾祺云：「『形』猶『示』也，固示人以弗有也。」吴闓生云：「『刑』猶『規』也，今語之擬。」〔按〕鮑注可通。刑弗有，猶言勢不能有。

〔七〕金正煒云：「按下文云『魏王請以鄴事寡人，使寡人絶秦』，則此當作『今大王絶秦而收魏』。『今』猶『若』也，説見(經傳)釋詞。『絶』作『收』，『收』作『攻』，涉下文『收秦攻魏利不過鄴』而誤。」〔按〕「收秦而攻魏」正謂二國約伐魏事，魏度不能有鄴。今，指其時。「以事大王」，不逕言絶秦，而意在其中矣。文氣自順。金改非是。

〔八〕姚宏云：「一本無『趙』字。」

〔九〕姚宏云：「(鄴)曾、劉一作『國』。」

〔一〇〕横田惟孝云：「言戰勝之利，不過得鄴。」

〔一一〕〔按〕完鄴，謂完守鄴邑，含用兵拒趙意。

〔一二〕姚宏云：「（郊）孫一作『效』。」鮑彪改「郊」作「効」，盧本從之。吴師道云：「當從交文。」黄丕烈云：「作『效』自是。」〔按〕「郊」、「效」並從交聲，「郊」乃「效」之借字。今從孫一作改。

〔一三〕鮑彪云：「此（昭王）六年書卯以詐重者此也。」〔按〕此章記芒卯詐趙，與魏世家昭王六年予秦河東地不合，鮑蓋以下章入秦地事而類次及之，詳見彼。

2　芒卯謂秦王曰

芒卯謂秦王曰：「王之士未有爲之中〔一〕者也。臣聞明王不（必）胥〔二〕中而行。王之所欲於魏者，長羊〔三〕、王屋〔四〕、洛林〔五〕之地也，王能使臣爲魏之司徒〔六〕，則臣能使魏獻之。」秦王曰：「善。」因任之〔七〕以爲魏之司徒。

謂魏王曰：「王所患者，上地〔八〕也，秦之所欲於魏者，長羊、王屋、洛林之地也，王獻之秦，則上地無憂患。因請以下兵東擊齊，攘地必〔九〕遠矣。」魏王曰：「善。」因獻之秦〔一〇〕。

地入數月，而秦兵不下。魏王謂芒卯曰：「地已入數月，而秦兵不下，何也？」芒卯曰：「臣有死罪。雖然，臣死則契折於秦〔一一〕，王無以責秦。王因赦其罪，臣爲王責約於秦。」乃之秦，謂秦王曰：「魏之所以獻長羊、王屋、洛林之地者，有意欲以下大王之兵東擊齊也。今地已入，而秦兵不可下，臣則死人也〔一二〕。雖然，後山東之士無以利事王者矣〔一三〕。」秦王懼然〔一四〕曰：「國有事，未澹下兵也〔一五〕，今以兵從。」後十日，秦兵下。芒卯並將秦、魏之兵，以東擊齊，啓地二十二縣〔一六〕。

【箋證】

〔一一〕鮑彪云：「中，謂用事於諸國之中，猶内應云。」中井積德云：「爲之中，特以魏言之，非涉他國。中，猶言内主也。」金正煒云：「穀梁桓九年傳：『爲之中者，歸之也。』注：『中，謂關與婚事。』此謂通内之所欲於外，猶言居間也。」

〔一二〕鮑本「肙」原作「咠」。鮑彪改作「背」，盧本從之。吴師道云：「一本作『肙』，俱未詳。」安井衡云：「肙，古胥字，此非其義。疑當爲肙，肙，空也。……不空中，謂置人於敵國中。」金正煒云：「『肙』即『胥』也，六朝人書『胥』多作『肙』。『不』當作『必』，一聲之譌。」（鍾鳳年説同）吴闓生云：「『不』上當有『無』字。」〔按〕金説是也。肙即胥字，「胥」猶「須」也。「不必」二字聲近易誤，同策二魏惠王起境内衆章「公子不封」，鮑本「不」作「必」，是其證。今從改。

〔一三〕鮑彪改「羊」作「平」，下同，云：「（長平）屬汝南。」吴師道云：「（長羊）地未詳，或字誤。」程恩澤云：「地理志魏南有汝南之長平。則長平爲魏地無疑。但舊本俱作『羊』，且與王屋、洛林連文，地必相近。……恐未便擅改。」張琦云：「長平、洛林與王屋並言，地必相近。『平』原作『羊』，二地應在今濟源西北，山西垣曲、陽城之間。」

〔四〕鮑彪云：「(王屋)在河東垣縣東北。」張琦云：「王屋故城在今(河南)濟源縣西八十里。」

〔五〕鮑彪云：「(洛林)即蘇代所謂林中，河南宛陵林鄉也。」張琦云：「林鄉故城在(新鄭)縣東二十五里，……逼近韓國都，……非魏地。……應在今濟源西北山西垣曲、陽城之間。」

〔六〕鮑彪云：「(司徒)本周官。此所謂『爲之中』。」〔按〕董說七國考卷一云：「按左傳『晉以僖侯廢司徒』，注：『僖侯名司徒，故廢司徒爲中軍。』魏有司徒，知三晉之官，非晉舊也。」

〔七〕鮑本、吴本無「之」字。

〔八〕鮑彪云：「(上地)上流之地，近秦。」吴師道云：「未知所指。」程恩澤云：「上地，似即上郡之地，是時已入秦，故吴以爲未詳。然其地亦必近秦，故以秦爲患。或即上洛左右界秦之處歟？」横田惟孝云：「上地，上黨之地。……上黨，韓、魏兩屬，趙策『秦盡韓、魏之上黨』是也。」〔按〕芒卯以魏河東地予秦，在魏昭六年(前二九〇)。魏世家：「(昭王)三年(前二九三)佐韓攻秦，秦將白起敗我軍伊闕。」西周策：「犀武敗於伊闕，周君之魏求救，魏王以上黨之急辭之。」伊闕之戰距入地秦時僅三年，上黨之失，乃魏之所患，則横田謂上地爲上黨，證之史、策，似是。但謂上黨地兩屬韓、魏者誤，三晉併有上黨地，史記正義云：「韓有潞州及澤州之半，半屬趙、魏。」

〔九〕吴本「必」下誤有「不」字。

〔一〇〕〔按〕吕氏春秋應言篇：「魏令孟卬(畢沅云：「乃孟卯之譌也。」)割絳、窌、安邑之地以與秦王，王喜，令起賈爲孟卬求司徒於魏王。魏王不説，應起賈曰：『卬，寡人之臣也，寡人寧以臧爲司徒，無用卬。願大王之更以他人詔之也。』起賈出，……孟卬入見，謂魏王曰：『秦客何言？』王曰：『求以女爲司徒。』孟卬曰：『王應之謂何？』王曰：『寧以臧，無用卬也。』孟卬太息曰：『宜矣，王之制於秦也！王何疑秦之善臣也？以絳、窌、安邑令負牛書與秦，猶乃善牛也。卬雖不肖，獨不如牛乎？且王令三將軍爲臣先，曰：視卬如身，是重臣也。

今（原本作「令」，從陳昌齊呂氏春秋正誤改）二，輕臣也。令臣責，卬雖賢，固能乎？』居三日，魏王乃聽起賈。」所記孟卬爲司徒事與策稍異，入秦之地亦不同。（黄式三周季編略謂：「以芒卯所獻之地爲安邑，誤也。魏失安邑在後。」）

〔一一〕鮑彪云：「折，毀也，言不可有責於秦。」横田惟孝云：「契，券也。券毀，謂無徵。」

〔一二〕〔按〕謂將獲罪而死。

〔一三〕金正煒謂：「當作『後山東之主，無以割事王者矣』。『士』之爲『主』，『利』之爲『割』，並以形似而譌也。」〔按〕此自芒卯本人言之，故云「山東之士」，與上文「王之士未有爲之中者也」語亦相應。利事王，謂有利於事秦，亦自策士言之。文自無誤。金釋未然。

〔一四〕鮑本「懼」作「懼」。横田惟孝云：「懼，遽視也。」〔按〕「懼然」猶「瞿然」（懼、瞿字通），禮記檀弓上篇：「曾子聞之，瞿然曰：吁！」蓋驚視之貌。

〔一五〕鮑彪改「澹」作「贍」，云：「贍，給也。」吴師道云：「（澹）即『贍』。前漢志『澹用』。」金正煒云：「下兵，謂出兵而東也。國語晉語：『公以二軍下，次於陽樊。』注：『東行曰「下」。』」

〔一六〕黄式三云：「魏世家云：『昭王六年，予秦河東地，方四百里。芒卯以詐見重。』穰侯傳云：『穰侯爲秦將攻魏，魏獻河東地，方四百里。』則魏策、魏世家、穰侯傳之爲一事，可知也。鮑注以芒卯欺趙得地一事爲以詐見重，固矣。於擊齊得地事，不言以詐見重之由，以篇次聯合，不待言也。」〔按〕韓非子外儲説左下篇云：「秦、韓攻魏，昭卯（俞樾平議云：『「昭」當作「明」，明卯即孟卯也。』）西説而秦、韓罷。齊、荆攻魏，卯東説而齊、荆罷。魏襄王養之以五乘將軍。」亦可證卯之以詐見重。又淮南子氾論訓云：「孟卯妻其嫂，有五子焉，然而相魏，寧其危，解其患。」

3　秦敗魏於華走芒卯

秦敗魏於華，走芒卯，而圍大梁〔一〕。須賈〔二〕爲魏謂穰侯曰：「臣聞魏氏大臣父兄〔三〕皆謂魏王曰：『初時惠王伐趙，戰勝乎三梁〔四〕，十萬之軍〔五〕拔邯鄲〔六〕。趙氏不割，而邯鄲復歸。齊人攻燕，殺子之，破故國〔七〕。燕不割，而燕國復歸〔八〕。燕、趙之所以國全兵勁而地不并〔九〕乎諸侯者，以其能忍難而重出地也。宋、中山數伐數割，而隨以亡。臣〔一〇〕以爲燕、趙可法，而宋、中山可無爲也。夫秦貪戾之國而無親，蠶食魏，盡晉國〔一一〕，戰勝睪（暴）子〔一二〕，割八縣〔一三〕，地未畢入而兵復出矣。夫秦何厭〔一四〕之有哉？今又走芒卯，入北地〔一五〕。此非但攻梁也，且劫王以多割也〔一六〕，王必勿聽也！今王循楚、趙而講〔一七〕，楚、趙怒而與王爭事〔一八〕秦，秦必受之。秦挾楚、趙之兵以復攻，則國救亡不可得也已〔一九〕。願王之必無講也！王若欲講，必少割而有質〔二〇〕。不然必欺〔二一〕。』是臣之所聞於魏也，願君之以是〔二二〕慮事也！」

「周書曰：『維命不于常〔二三〕。』此言幸之不可數也。夫戰勝睪（暴）子而割八縣〔二四〕，此非兵力之精，非計之工〔二五〕也，天幸爲多矣。今又走芒卯，入北地，以攻大梁，是以天幸自爲常也，知者不然。」

「臣聞魏氏悉其百縣〔二六〕勝兵〔二七〕以止（上）戍大梁〔二八〕，臣以爲不下三十萬。以三十萬之衆，守十仞之城，臣以爲雖湯、武復生，弗易攻也。夫輕信（倍）楚、趙之兵〔二九〕，陵十仞之城，戴（戰）〔三〇〕三十萬之衆，而志必舉之。臣以爲自天下（地）之始分〔三一〕以至於今，未嘗有之也〔三二〕。攻而不能拔，秦兵必罷〔三三〕，陰必亡〔三四〕，則前功必棄矣。今魏方疑〔三五〕，可以少割收也。願之（君）及〔三六〕楚、趙之兵未任（莅）於大梁也〔三七〕，亟以少割收魏，（魏）〔三八〕方疑，而得以少割爲和，必欲之，則君得所欲矣。楚、趙怒於魏之先己講也〔三九〕，必争事秦。從是以散〔四〇〕，而君後擇焉〔四一〕。且君之嘗割晉國取地也〔四二〕，何必以兵哉〔四三〕？夫兵不用〔四四〕，而魏效絳、安邑〔四五〕。又爲陰啓兩機〔四六〕，盡故宋，衛效尤憚（單父），秦兵已令（全）〔四七〕，而君制之，何求〔四八〕而不得？何〔四九〕爲而不成？臣願君之熟計而無行危也！」

穰侯曰〔五〇〕：「善。」乃罷梁圍〔五一〕。

【箋證】

〔一〕鮑彪云：「（華）華山，在弘農華陰。秦紀作『華陽』，注：亭名，在密縣。事在此（安釐王）二年。」吴師道云：「大事記：『周赧王四十年，秦昭三十二，魏安釐二，韓釐二十一，趙惠文二十四年，秦以魏冉爲相國，伐魏（原脱

「魏」字，據大事記補）。韓暴鳶救魏，魏冉破之，斬首四萬，鳶走開封，魏割八縣以和。魏冉復伐魏，走芒卯，入北宅，遂圍大梁，魏割温以和。四十一年，魏背秦，與齊從親。秦魏冉伐魏，拔四城，斬首四萬。四十二年，趙、魏伐韓華陽。秦魏冉、白起、客卿胡傷救韓，敗魏將芒卯華陽，斬首十三萬，取卷、蔡陽、長社。又敗趙將賈偃，沈其卒二萬於河，取觀津。魏予秦南陽以和。以其地爲南陽郡，遷免臣居之。』通鑑綱目書略同。不著暴鳶、芒卯等及以地爲南陽郡一節。按史魏安釐王二年、三年、四年，連歲魏冉將兵來伐。二年之戰，韓暴鳶救魏敗走。年表、秦紀、魏世家、魏冉傳皆云兵至大梁。次年之戰不地。最後華陽之戰，趙、魏伐韓，秦救韓，敗趙、魏，走芒卯。但史所載有差互。紀以擊芒卯華陽，傳以走暴鳶，並爲次年事。華陽之戰，或云得三晉將，或云攻趙、韓、魏。八縣、三縣之殊，十萬、十五萬之舛。故大事記參定書之。今考此策須賈之辭，謂『戰勝暴子，割八縣地未畢而兵復出』。此大事記所以書此役繼於走暴鳶之後。但策首書『秦敗魏於華』，恐『於華』二字因下章誤衍也。」張琦云：「穰侯傳載須賈云云，在三十二年。明年復攻魏，走暴鳶，蓋誤次也。華陽之役，秦紀在三十三年，年表在三十四年，魏世家同。此策首句有誤。」程恩澤云：「案下云『走芒卯而圍大梁』，則華當與大梁相近，似不得在華陰。國語虢、鄶八邑，其一爲華（今本作「莘」），則鄭自有華地，不必以華陽連稱始爲韓邑也。水經注：『黄水東南流，逕華城西。』又云：『紫光溝水出華陽城東北。』分華城與華陽城爲二。蓋華本山名，當其地者爲華城，而華陽則在其南歟？郡國志劉昭注秦破魏華陽，地在密縣。今新鄭縣東南有華城，蓋即秦敗魏處。」〔按〕帛書戰國縱横家書十五章作「華軍，秦戰勝魏，走孟卯，攻大粱（梁）」。孟卯即芒卯（下同），與此策文大同。然稽之史實有參差（見上吴注）。林春溥紀年、顧觀光編年、黄式三編略並以秦伐魏，敗韓暴鳶援師，復伐魏，走芒卯，即此章事，繫於周赧王四十年（前二七五）；華陽之役繫於四十二年（前二七三），同大事記。唯于鬯年表即以此章爲華陽之戰，繫走芒卯圍大梁事於周赧四十一年（前二七四），須賈説穰侯解圍於四十二年，繫秦戰勝暴子於四十年。如此雖合於策文，終嫌史實有出入。稽睡虎地秦墓竹簡編年記載昭王「卅二年攻啓封」，啓封即開封（漢避文帝諱，改「啓」爲「開」，後皆稱開封），亦即大梁。「卅四年攻華陽」，即華陽之戰事。秦昭王卅二年當周赧王四十年（前二七五），卅四年當周赧四十二年（前二七三）。秦攻魏大梁，敗暴鳶在周赧四十年，而華陽之戰走芒卯在周赧四十二年。此材料出秦人當時所記，最爲可信，足解諸家之紛。此策所記秦昭三十四年「攻華陽」之事。華軍，謂華陽之軍。「圍大梁」非指「三十二年攻啓封」之事，此乃策士設辭，猶言將圍大梁不必實有其事。又「而」猶「若」，與如、若同聲；「而」可訓爲「如」，亦可訓爲「若」（見經傳釋詞）。

〔二〕鮑彪云：「（須賈）魏人。」〔按〕穰侯傳作「梁大夫」。

〔三〕戰國縱横家書「魏氏大臣父兄」作「魏長吏」三字。

〔四〕鮑彪云：「春秋秦取梁。漢夏陽也。河内有梁，周小邑也。陳留浚儀大梁爲三，皆魏地。」吴師道云：「索隱云：『三梁（按原本「三」作「云」，據索隱本文正）即南梁。』」張琦云：「此主伐趙拔邯鄲三梁，應在趙地。今（河北）廣平府東北有曲梁城，恐『三』爲『曲』之譌。水經注：『漳水又東逕肥鄉故城北，竹書紀年梁惠成王八年伐邯鄲，取肥者也。』肥鄉故城在今肥鄉縣西南三十里，正與曲梁相近。」程恩澤云：「鮑以三梁爲三地，不能轉戰於三處也。吴以三梁即南梁，此韓地，在今（河南）汝州，與趙遠不相涉。水經注博水又東南逕三梁亭南，疑即古勺梁也。竹書紀年燕人伐趙，圍濁鹿。趙武靈王及代人救濁鹿，敗燕師於勺梁。今廣昌東嶺之東有山，俗名濁鹿邏，城地不遠，土勢相鄰，以此推之，或近是矣。」〔按〕索隱以三梁爲南梁，蓋據田世家「（宣王）二年，魏伐趙，趙與韓親，共擊魏，趙不利，戰於南梁」。徐廣注亦引之。然史文「魏伐趙」、「趙」當作「韓」，梁玉繩志疑已辨之，則此三梁非南梁明矣。三梁當是趙地，張、程二説皆可存。

〔五〕金正煒云：「『十萬之軍』上疑脱『覆』字。」〔按〕此言魏以十萬之軍拔邯鄲也。馬陵之戰，齊敗魏，覆十萬之軍，魏王折節朝齊（見前齊魏戰於馬陵章）。由此推之，知魏惠以十萬軍攻趙，猶以十萬軍敗於齊也，並爲主力之戰。故敗後一蹶難振。謂趙覆十萬之軍，策、史並無據，非是。縱横家書無此文。

〔六〕吴師道云：「魏惠王十八年，拔趙邯鄲。二十年，歸趙邯鄲。」〔按〕見齊策一邯鄲之難章。縱横家書「鄲」作「戰」，下同。鄲、戰並從單聲，古音通用。

〔七〕〔按〕縱横家書此二句作「拔故國殺子之」。

〔八〕〔按〕事見燕策。史記「燕」並作「衛」，「子之」作「子良」。索隱云：「戰國策恐非也。」策、史異辭，未詳孰是。索隱之言不明所據。縱横家書「燕」作「故」，「歸」作「反」。

〔九〕〔按〕縱横家書「國全兵勁」作「國大兵强」，「并」作「兼」。

〔一〇〕姚宏云：「曾本無『臣』字。」鮑彪云：「此『臣』，魏大臣所稱。」

〔一一〕〔按〕索隱云：「河東、河西、河内並是魏地，即故晉國。今言秦蠶食魏氏，盡晉國之地也。」

〔一二〕姚宏云：「（睪子）史記作『暴子』。」鮑彪云：「（睪子）地缺。」吴師道云：「臯，工（按原本誤作「上」）刀反；睪，羊益反，又『滜』作『澤』。古書三字皆通，此未有據。史『睪』作『暴』，下同。徐廣云：『暴鳶也。』大事記作『暴吏』，未詳。」（按今大事記作「暴子」，同史記）王念孫云：「作『暴』者是也。……策作『睪子』者，説文：『㬥，晞也。』『暴，疾有所趣也。』此策『暴子』之『暴』蓋本作『㬥』字，隸省作『㬥』（自注：漢武都太守李翕西狹頌『强不㬥寡』，即『㬥』字也。『㬥』之省作『㬥』，猶『㬥』之省作『㬥』），又省作『𣋟』，形與『臯』字相似。俗書『臯』字作『睪』，故『暴子』誤爲『睪子』矣。」〔按〕王説是也。暴鳶，韓將（穰侯傳誤作魏將）。帥師救魏，爲秦所敗，見韓世家及秦本紀。縱横家書亦作「暴」。今據正，下同。

〔一三〕〔按〕史記秦本紀：「穰侯攻魏，至大梁破暴鳶，斬首四萬，鳶走。魏入三縣請和。」此與縱横家書作「八縣」，未詳孰是。

〔一四〕〔按〕厭同饜。

〔一五〕鮑彪云：「（北地）梁之北，非郡。」吳師道云：「史記（地）作『宅』，策字訛，下同。正義引竹書云：『宅陽，一名北宅。』」括地志云：『故城在鄭州滎陽縣西。』」〔按〕縱横家書作「北宅」，同史記，下同。「宅」古讀如「度」，（漢書韋元成傳注臣瓚曰：「古文『宅』、『度』同。」）與「地」同聲紐，北地即北宅。又疑「地」是「託」之形譌。儀禮士相見禮鄭注：「今文『宅』或爲『託』。」水經濟水注：「（滎澤）有垂壠城，濟瀆出其北。……瀆際有故城，世謂之水城。史記秦昭王三十二年，魏冉攻魏，走芒卯，入北宅，即故宅陽城也。」

〔一六〕金正煒云：「『割也』當爲『割地』之損。」〔按〕原文自通，不必字損之譌。縱横家書無「也」字。

〔一七〕鮑彪云：「『循』猶『順』也。以下文考之，秦時蓋合楚、趙，共攻魏。魏見二國爲秦用，遂欲講秦，不反覆思之也。」吳師道云：「『循』即『徇』。」黄丕烈云：「史記『循』作『有』，謂魏方有楚、趙之救。此當與之同意，『循』必誤字也。下句『楚、趙怒而與王爭事秦』，史記『而』下多『去王』二字，意尤明。」横田惟孝云：「『循』當作『倍』。史記作『背』可以證矣。」金正煒云：「『循』當讀爲『遁』，爾雅釋詁：『遁，欺也。』中山策『中山必遁燕、趙』，與此義同。……史作『有』，亦『背』字之誤也。」（于鬯引或説亦云：「『循』讀爲『遁』。」鍾鳳年以「循」爲「遁」之誤，説略同）〔按〕金説殆是。所見景宋黄善夫本及殿本史記「循」並作「背」，黄札謂作「有」，當據別本。

〔一八〕縱横家書無「事」字。

〔一九〕鮑彪衍「也」字。〔按〕史記無「已」字。縱横家書「救亡」作「求毋亡」三字，意同。

〔二〇〕鮑彪云：「亦事驗也。」吳師道云：「索隱云：『少割地而求秦質子。』」〔按〕縱横家書「少」作「小」，下同。

〔二一〕〔按〕史記「必欺」作「必見欺」。索隱云：「必被秦欺也。」

〔二二〕〔按〕縱横家書「是」作「氏」，古通用。

〔二三〕〔按〕語見尚書康誥篇。禮記大學篇亦引此語，說之云：「道善則得之，不善則失之矣。」縱横家書「于」作「爲」，與經傳釋詞所釋合。

〔二四〕〔按〕縱横家書「縣」下有「之地」二字。

〔二五〕鮑本、吳本「工」作「功」，縱横家書作「攻」，並通用。

〔二六〕姚宏云：「曾本(縣)作『姓』。」

〔二七〕關修齡云：「勝兵，蓋丁男勇力能勝於人者。」〔按〕勝，讀平聲，猶「任」也。勝兵，謂民之能勝任持兵者。關說非。史記及縱横家書作「勝甲」，義同。

〔二八〕關修齡云：「止，謂止而不遷。」安井衡云：「止，史記作『上』。大梁，魏王所居，故曰『上』，當以史爲正。」金正煒云：「『止』當爲『上』之誤。呂覽似順篇：『簡子上之晉陽。』蓋晉陽在晉國之西也。韋昭國語解：『東行曰「下」。』故此以西戍爲『上』。」〔按〕「止」當作「上」，但所釋未然，金説尤謬。大梁不在魏西，百縣非盡在大梁東，豈有悉其兵以西戍乎？此當以「勝兵以上」連讀，謂悉發其百縣之民，自勝任持兵以上者，皆戍衛於大梁也。縱横家書「止」亦作「上」，今從改；「戍」上有「以」字，義更明。

〔二九〕横田惟孝云：「『信』當作『倍』，史記作『背』，亦可以證矣。楚、趙救兵在後，故曰『倍』。」(金正煒說同)〔按〕横田說是。「倍」、「信」字形相近而誤。「倍」、「背」同字。縱横家書正作「倍」，可證，今據改。

〔三〇〕吳師道云：「一本標孫(戴)作『戰』。」黄丕烈云：「作『戴』者誤也。史記作『戰』。」關修齡云：「任在首曰『戴』。言衆在十仞之城而仰攻之。」(横田惟孝、安井衡說略同)〔按〕「戴」乃「戰」之形誤。關說迂曲。縱横家書作「犯」。今據孫本改。

〔三一〕橫田惟孝云：「『下』當作『地』，史記作『地』。」安井衡云：「天下之始分，謂諸侯分争，亦通。但上文云『雖湯、武復生，弗易攻』，此更進一層，『下』疑當作『地』。」〔按〕縱橫家書亦作「天地」，今從改。

〔三二〕〔按〕「未嘗有之也」，縱橫家書作「未之嘗有也」。

〔三三〕鮑彪云：「（罷）音『疲』。」

〔三四〕鮑彪云：「陰，穰侯別邑。」吴師道云：「陰即陶，説見趙策。」張洲云：「陰必亡，以私計動之。」〔按〕史記「陰」作「陶邑」。正義云：「定陶近大梁，穰侯攻梁兵疲，定陶必爲魏伐。」縱橫家書「陰」亦作「陶」。「陶」一作「陰」，見史記穰侯傳集解引徐廣説。

〔三五〕〔按〕疑，謂魏王疑於大臣父兄之言而未決也。

〔三六〕鮑彪「願」下補「君」字，盧本從之。吴師道云：「史『願君逮楚、趙』。」于鬯云：「或此『之』字即『君』之誤。」〔按〕縱橫家書「之」作「君」，與史記合，今從改。「及」作「逯」，「逯」即「逮」，與「及」義同。

〔三七〕鮑彪云：「（未任於大梁）未以攻梁自任。」橫田惟孝云：「『任』當作『至』。史記作『至』。」金正煒云：「『任』當爲『莅』之譌。周禮肆師注：『故書「位」爲「莅」。』此策蓋由『位』誤『任』。」〔按〕策文不必同於史，金説爲是，今從改。鮑由上文「輕信楚、趙之兵」「信」字譌文而誤解。縱橫家書「任」作「至」，與史合。

〔三八〕鮑本、吴本「魏」下重「魏」字。黄丕烈云：「重者當是。」〔按〕史記及縱橫家書重「魏」字。重者義著，今從補。

〔三九〕鮑彪云：「已兵未至，而與秦講。」〔按〕縱橫家書無「講」字。

〔四〇〕鮑彪云：「（從）『從橫』之『從』。」〔按〕史記作「從以此散」。縱橫家書作「從已散」。「已」猶「以」，從，謂從約。

〔四一〕鮑彪云：「擇其所與於散從之後。」橫田惟孝云：「『君後』當作『後君』。」

〔四二〕金正煒云：「『之』當爲『亦』，草書相似而誤。」〔按〕「之」可訓「亦」，見古書虛字集釋，不必改字。晉國謂魏。縱橫家書此句作「且君之得地也」。「割晉國」三字在「豈必以兵哉」下作「割晉國也」四字。

〔四三〕鮑彪云：「先割取時不用兵。」

〔四四〕〔按〕縱橫家書「夫」作「秦」。「用」作「功」。

〔四五〕張琦云：「魏納安邑，在秦昭二十一年，此蓋指嘗割取晉地，非謂效於今也。」金正煒云：「此謂孟卯割地與秦事，見呂覽應言篇。」〔按〕見上章注引。

〔四六〕〔按〕機，縱橫家書作「幾」。「機」、「幾」疑並是「畿」之借字。穰侯傳作「開兩道，幾盡故宋」。「啓兩畿」與「開兩道」義近。

〔四七〕姚宏云：「（衛效尤憚，秦兵已令）史『衛效單父，秦兵已全』。」鮑本「尤憚」原作「憚尤」，鮑改作「尤憚」。「令」作「合」。鮑彪讀「啓」字句，「盡」字句，「效」字句，「兵」字句，「合」字句。注云：「（又爲陰啓）言得亡國以拓陰之封地。（兩機盡）兩，謂得縣啓封。盡，無遺也。（故宋、衛效）魏自比小國。二國，小國也。（尤憚秦兵）出地而小，故愈畏秦。（已合）魏合秦。」吳師道云：「史云『又爲陶開兩道，幾盡故宋，衛必效單父，秦兵可全』云云。按此文明順，姚注亦宜引從之（按「宜引」二字疑倒）。正義云：『故宋及單父，是陶南道；魏安邑及絳，是陶北道。』索隱云：『穰侯封陶，魏效絳、安邑，是得河東地。言從秦通陶，開河西、河東之兩道。此時宋已滅，是秦將盡得宋地也。』愚謂可全即上言不用之意。」張琦謂：「史文恐傳寫致誤，文義遂別。爲陰啓者，兵不用而得地，將益其封邑。」又不信索隱、正義之說。程恩澤從姚、吳據史記之說，云：「『父』字篆形與『尤』相近。『單』字或添『心』旁，又倒其文，遂致斯誤。（尤憚）當作『單父』爲是。漢志山陽郡有單父縣，本春秋時魯邑。

……戰國屬衛，與曹、濮相近，南接虞城縣界，故宋地也。……今在曹州府單縣南一里。」關修齡讀「機」字句，以「盡故宋，衛效」爲兩機。橫田惟孝云：「史記『兩』下有『道』字，此恐脱落。……秦既得地，而冉又爲陰啓兩道，故曰『又』。『令』當作『全』，史記作『全』。」安井衡亦讀「機」字句，云：「啓兩機，謂開盡故宋與衛效尤憚之機。盡故宋，句。宋既亡，故曰『故宋』。尤憚，衛邑。」于鬯亦云「兩」下脱「道」字，機與幾通，屬「盡故宋」爲句，又云：「亦有疑者，以策上言『魏效絳、安邑』，明承『嘗割』而言，則前溯赧二十九年事。……而此文以下當指今事。若仍承上而言，則下文無收束矣。妄謂『又爲』上含一『今』字，或本有『今』字脱去，亦未可知。然則『啓兩道』者，正不必援絳、安邑言之，蓋即所謂『入北地』者，於陶得開有兩道也。未知是否？」〔按〕「又爲」下數句諸解紛紜，讀亦多歧。縱橫家書作「有爲陶啓兩機，盡故宋，而率效蟬尤，秦兵苟全而君制之」。參比史、策之文以訂之。「啓兩機盡故宋」已釋如上。「率」當從策、史作「衛」。「蟬尤」與鮑本原作「憚尤」同（蟬、憚並從「單」聲，可通用），史記作「單父」。單與蟬、憚並同聲通用，「尤」字篆文與「父」形近而訛，當以單父爲正，稽之地理亦合（見程考）。「全」字與史同，可訂策文「令」之誤。今並正之。字句既訂，文義自通，不煩再費辭矣。

〔四八〕〔按〕縱橫家書「求」作「索」，義同。

〔四九〕〔按〕縱橫家書「何」作「奚」，義同。

〔五〇〕〔按〕縱橫家書「穰侯曰」作「君曰」二字。

〔五一〕鮑彪云：「賈之説不足以已秦也，爲其爲魏也過深，而説秦者不切。夫以秦爲天幸而欲其無行危也，秦豈信之哉？秦行是，何危之有？且其爲魏之過深也，適足以疑秦，豈沮於是哉？梁圍之解，將別有故，非賈力也。」吴師道云：「大事記略載此章及穰侯攻大梁章，謂同一術。愚謂魏利於少割，穰侯喜得此地而罷兵，亦無不可。」〔按〕秦本紀：「（昭王）三十三年，客卿胡傷攻魏卷、蔡陽、長社，取之。擊芒卯華陽，破之，斬首十五萬。魏入南陽以和。」即指此役(説見上)。梁玉繩志疑云：「梁圍之罷，因獻南陽，何曾是須賈説穰侯而罷乎？」可申鮑注。此策士所説固不可盡信。

4 秦敗魏於華魏王且入朝

秦敗魏於華，魏王且入朝於秦〔一〕。周訢〔二〕謂王曰：「宋人有學者，三年反而名其母。其母曰：『子學三年，反而名我者，何也？』其子曰：『吾所賢者無過堯、舜，堯、舜名。吾所大者無大天地，天地名。今母賢不過堯、舜，母大不過天地，是以名母也。』其母曰：『子之於學〔三〕者，將盡行之乎？願子之有以易名母也。子之於學也，將有所不行乎〔四〕？願子之且以名母爲後也！』今王之事秦，尚有可以易入朝者乎？願王之有以易之，而以入朝爲後！」魏王曰：「子患寡人入而不出邪？許綰〔五〕爲我祝〔六〕曰：『入〔七〕而不出，請殉寡人以頭。』」周訢對曰：「如臣之賤也，今人有〔八〕謂臣曰，『入不測之淵而必出。不出，請以一鼠首爲女殉』者，臣必不爲也。今秦不可知之國也，猶不測之淵也，而許綰之首猶鼠首也。内王於不可知〔九〕之秦，而殉王以鼠首，臣竊爲王不取也。且無梁孰與無河内急？」王曰：「梁急。」「無梁孰與無身急？」王曰：「身急。」曰：「以三者身上也，河内其下也。秦未索其下，而王效其上，可乎？」

王尚未聽也。支期曰：「王視楚王。楚王入秦，王以三乘先之[一〇]。楚王不入，楚、魏爲一，尚足以捍秦。」王乃止。王謂支期曰：「吾始已諾於應侯矣。今不行者，欺之矣。」支期曰：「王勿憂也，臣使長信侯[一一]請無内王。王待臣也。」

支期説於長信侯曰：「王命召相國。」長信侯曰：「王何以臣爲？」支期曰：「臣不知也。王急召君。」長信侯曰：「吾内王於秦者，寧以爲秦邪？吾以爲魏也。」支期曰：「君無爲魏計，君其自爲計，且安死乎？安生乎？安窮乎？安貴乎[一二]？君其先自爲計，後爲魏計。」長信侯曰：「樓公將入矣[一三]，臣今從[一四]。」支期曰：「王急召君，君不行，血濺君襟矣。」

長信侯行，支期隨其後，且見王。支期先入，謂王曰：「僞病者乎而見之[一五]，臣已恐之矣。」長信侯入見王，王曰：「病甚，奈何？吾始已諾於應侯矣，意雖道死[一六]，行乎？」長信侯曰：「王毋行矣，臣能得之於應侯[一七]。願王無憂！」

〔箋證〕

〔一〕〔按〕此章鮑氏從舊次在穰侯罷梁圍之後，林春溥紀年、黄式三編略並列於周赧四十二年（前二七三）華陽之戰後，而删去「王謂支期曰：吾始已諾於應侯矣」以下文。顧觀光編年改繫於周赧五十六年（前二五九），云：「注家並以爲赧王四十二年，秦敗趙、魏於華陽事。然策言應侯，而范雎封應侯在赧王四十九年，則策文不可通矣。按呂氏春秋亦載此事，而言秦雖大勝於長平，三年然後決。又言此時兩周尚全。故長平戰後，至秦滅西周，中隔三年，而後二年秦以全力攻趙，不應有敗魏之事，則當在此年（五十六年）無疑。」（于鬯年表亦列于周赧五十六年，當從顧說）顧氏以策言應侯，不應在周赧四十二年華陽之戰時，是也。呂氏春秋應言篇云：「秦王立帝宜陽，令許綰誕魏王，魏王將入秦。魏敬謂王曰：『以河内孰與梁重？』王曰：『梁重。』又曰：『梁孰與身重？』王曰：『身重。』又曰：『若使秦求河内，則王將與之乎？』王曰：『弗與也。』魏敬曰：『河内三論之下也，身三論之上也，秦索其下而王弗聽，索其上而王聽之，臣竊不取也。』王曰：『甚然。』乃輟（原本「輟」上有「輒」字，按「輒」乃「輟」之誤衍，今從畢沅校本删）行。秦雖大勝於長平，三年然後決，士民倦糧食。當此時也，兩周全，其北存。魏舉陶削衛，地方六百，有之勢是，而入大蚤，奚待於魏敬之說也？夫未可以入而入，其患有將可以入而不入。入與不入之時，不可不熟論也。」略同此策，顧氏又據之繫於長平戰後二年，亦是。然策首謂「秦敗魏於華」，顧編從之，是秦、魏華陽之役先後有二矣，既乏他證，恐非。秦、趙長平之戰，秦雖獲勝，而國力虚耗，不得不息民繕兵（見中山策），不久又興師圍邯鄲。此數年中，秦全力攻趙，不與他國攻伐，史、策可據。豈容是時復有敗魏之戰？又華陽乃韓地。華戰本爲趙、魏攻韓，秦救之而生。長平戰後，不聞魏有伐韓之師，更無魏、韓合兵攻秦之事，秦安能復敗魏於華？若魏師果在長平戰後敗於秦，則秦圍邯鄲，魏王又安敢遣軍援趙乎？再按策内周訢、支期之言，無及兵敗於秦事，而魏王亦僅以「諾於應侯」爲慮。然則策首「秦敗魏於華」語誠可疑矣。愚意此五字當是涉上章首文而衍。策言「魏王且入朝於秦」，殆秦勝長平，「天下之賀戰勝者，必盡在於秦」（趙策三秦攻趙於長平章樓緩語）之時乎？

〔二〕鮑本「訢」作「訴」。吴師道云：「一本『訴』作『訢』，是。」〔按〕呂氏春秋「周訢」作「魏敬」。

〔三〕鮑彪云：「（於學）於其所學。」

〔四〕鮑本、吴本「乎」作「也」。

〔五〕唐順之曰：「許綰當是勸王朝秦者。」〔按〕吕氏春秋：「令許綰誕魏王。」高注：「許綰，秦臣也。」孫志祖云：「此疑是新序刺奢篇説魏王罷起臺之許綰，魏臣，非秦臣也。」（吕氏春秋集釋引）許綰若是秦臣，則何能取信於魏王勸之朝秦乎？而殉頭之事更無著落。孫氏以爲魏臣，是也，高注恐非。新序之許綰亦直諒之臣，未知與此是否一人。

〔六〕〔按〕禮記郊特牲：「詔祝於室。」孔疏：「祝，呪也。」後漢書馬援傳注引此文「祝」正作「呪」。呪，猶詛誓。

〔七〕〔按〕後漢書注引「入」上有「若」字。

〔八〕〔按〕後漢書注引「人有」作「有人」。

〔九〕〔按〕内同納，下同。後漢書注引「不可知」作「不測」。

〔一〇〕鮑彪云：「（先之）先楚至秦。」關修齡云：「三乘，輕使也。言先楚王未入秦，以輕使急結和於楚。」〔按〕先之，謂先於楚王朝秦也。關説未是。

〔一一〕鮑彪云：「（長信侯）魏相之善應侯者。」許應元云：「長信侯疑即許綰也。許綰相魏不見史，然長信侯亦無名，故疑爲一人。詳『入王於秦』句可見。」

〔一二〕鮑彪云：「（安）問何所安。」王引之云：「『安』猶『於』也。」引此策云云，「言於死於生於窮於貴也。鮑注失之」（經傳釋詞）。金正煒辨之云：「論語爲政篇『察其所安』。孟子公孫丑上篇丑問孟子『敢問所安』。孟子告以『其所願則學孔子也』。是『安』之義於『願』相近。又『安』猶『寧』也。吕覽貴信篇『君寧死而又死，其寧生而又生乎』，文與此同。鮑注自通，王説轉晦。」

〔一三〕鮑彪云：「(樓公)緩也。佚其入，欲與之議。」吳師道云：「(樓公)無考。樓緩、樓鼻，韓策並見樓梧，皆此時人。」于鬯云：「入，謂入宮見，鮑義似非。」

〔一四〕〔按〕「今」猶「即」也，見經傳釋詞。此欲佚樓公入而共見王，推諉之詞。

〔一五〕鮑彪云：「令王見而辭疾。」橫田惟孝云：「『乎』疑當作『呼』。蓋僞病者，呼之於病牀而見之也。」金正煒云：「廣雅釋詁：『乎，極也。』謂疲極也。『乎』字古與『呼』通。」

〔一六〕姚宏云：「(意雖道死)曾本作『雖欲道死』，劉本作『意雖死』。」鮑彪云：「雖死於路，猶將行。」橫田惟孝云：「『意』、『抑』古通用。」金正煒云：「『意』猶『抑』也。詩十月之交：『抑此皇父。』釋文引韓詩：『抑，意也。』」〔按〕橫田及金氏釋是。

〔一七〕鮑彪云：「能使應侯止王之行。」〔按〕據此，長信侯乃魏臣之親秦爲之用者，故所言如此。

5 華軍之戰

華軍〔一〕之戰，魏不勝秦。明年，將使段干崇〔二〕割地而講。孫臣〔三〕謂魏王曰：「魏不以敗之上〔四〕割，可謂善用不勝矣。而秦不以勝之上割，可謂不能〔五〕用勝矣。今處期年乃欲割，是羣臣之私〔六〕，而王不知也。且夫欲璽〔七〕者段干子也，王因使之割地。欲地者秦也，而王因使之受〔八〕璽。夫欲璽者制地，而欲地者制璽，其勢必無魏矣〔九〕。且夫姦臣〔一〇〕

固皆欲以地事秦。以地事秦，譬猶抱薪而救火也，薪不盡則火不止。今王之地有盡，而秦之求〔一一〕無窮，是薪火之説也。」魏王曰：「善。雖然，吾已〔一二〕許秦矣，不可以革〔一三〕也。」對曰：「王獨不見夫博者之用梟〔一四〕邪？欲食則食，欲握則握〔一五〕。今君劫於羣臣而許秦，因曰不可革，何用智之不若梟也？」魏王曰：「善。」乃案其行〔一六〕。

【箋證】

〔一一〕姚宏云：「一本（「華」下）有「陽」字。」鮑本、吴本「華軍」作「華陽」。

〔一二〕〔按〕史記魏世家作「魏將段干子」。又老子傳云：「老子之子名宗。宗爲魏將，封於段干。」集解：「段干應是魏邑名也。而魏世家有段干木、段干子，田完世家有段干朋。疑此三人是姓段干也，本蓋因邑爲姓，左傳所謂邑亦如之，是也。風俗通氏姓注云：姓段，名干木，恐或失之矣。」姚範援鶉堂筆記援此策「將使段干崇割地而講」語，謂「崇疑即宗也。計崇之年，似不爲老子之子」。或據唐書宗室世系表作「（李聃）其後有李宗」，以證宗非聃之子。李宗是否老聃之子，爲另一問題。但史云「封於段干」，則以邑爲氏，自宗始。故三輔決録云：「段氏，李老君之自出。」（元和姓纂卷九引）（漢儒誤以段干爲段氏，辨見史記注）若宗即崇，崇爲魏安釐王將，而文侯時已有段干木，齊威王臣有段干綸，皆先於崇多年，不相合矣。又老子傳自宗至其後裔假，凡七世。假仕於漢孝文帝。計魏安釐至漢文初年僅達百年，世不足二十年，亦不合（若自老子至假爲八世，則年世未免太遠，知史記此文多有疏略）。姚氏以崇爲宗，恐未安。又周密齊東野語卷一云：「史記聃之子宗爲魏將，封於段干。抱朴子亦云伯陽有子名宗，事魏有功，封於段干。審此段干，乃邑名耳。然孟子有段干木，列子有段干生，史記魏世家有段干子，田敬仲世家有段干朋，戰國策有段干綸、段干崇、段干越人。意者因邑以爲姓，故木與朋，綸與崇、越人，皆其名，而子與生，則男子之通稱耳。風俗通姓氏注以爲姓段名干木，恐或失之。蓋戰國時自有段規。」其説亦可參。又按敦煌P.t1291號古藏文譯本戰國策「段干崇」還譯作「段干與子崇二人」（青海民族學院學報一九八三年第三期王堯、陳踐敦煌吐蕃文書P.t1291號戰國策藏文譯文證補），疑其涉史記文而誤譯作二人，非唐時本有異也。

〔三〕〔按〕史記「孫臣」作「蘇代」。代之事蹟著於燕王噲、昭王之時。魏安釐五年（前二七二）距燕昭之死七年，恐策爲是。又古藏文譯本還譯亦作「蘇代」，蓋由藏文譯者據史記而改。

〔四〕鮑彪云：「上，謂當其時。」金正煒云：「淮南覽冥篇：『引類於太極之上。』注：『「上」猶「初」也。』」

〔五〕鮑本、吴本「能」作「善」。

〔六〕鮑彪云：「（私）計不及也。」横田惟孝云：「私，謂自爲計。」

〔七〕鮑彪云：「（欲璽）得秦封，受其璽。」

〔八〕鮑彪改「受」作「授」。〔按〕古「受」、「授」二字通用，不必改。

〔九〕横田惟孝云：「無魏，言魏地盡。」〔按〕史記作「魏氏地不盡則不知已」。

〔一〇〕吴本「臣」作「人」，非。

〔一一〕吴本「之求」作「求之」。

〔一二〕吴本「已」作「以」，通用。

〔一三〕鮑彪云：「革，更也。」〔按〕史記「革」作「更」。

〔一四〕吴師道云：「正義云：『博頭有刻爲梟鳥形者，擲得梟者，合食其子。若不便，則爲餘行也。』」于鬯云：「考工記輪人記鄭注引司農云：『博立梟棊爲畜；匡，枉也。』賈釋云：『博戲時立一子於中央，謂之梟棊。』

韓非外儲説云：『博貴梟，勝者必殺梟。』」（按博棋貴梟，説見前）〔按〕敦煌古藏文譯本還譯作「大王未見梟鳥乎？梟鳥每一食物，爲不被他鳥搶去，必圖安泰而食之。不得安泰住處，得食亦不食」。還譯者注云「戰國策舉例以『博之所以貴梟』，博者，六博之博之戲，史記正義云：『博頭』」云云。看來藏文譯者未取此義，逕譯作「梟鳥」，並演繹出梟鳥得食時力求安泰之義，與漢文原文異。此藏文譯文顯有誤解，非據本有異。

〔一五〕鮑彪云：「握，不食也。食者行棊，握，不行也，故史曰：『便則行，不便則止。』」于鬯云：「食者，似即古博經所謂驍棊入水食魚。然止能食魚，非能握也。近儒考古博法，言人人殊。蓋古博本非一法，無所執中。」

〔一六〕鮑彪云：「『案』猶『止』。」〔按〕魏世家在安釐王四年（前二七三）華陽戰後，無「魏王曰善，乃按其行」語。六國表云：「與秦南陽以和。」秦本紀亦言「魏入南陽以和」（惟繫於秦昭三十三年（前二七四），當魏安釐三年，與表及世家差互）。然則魏終割地與秦以和，策言失實，恐是誇炫説術之效。資治通鑑載此事，云：「魏王不聽，卒以南陽爲和。」

6　齊欲伐魏

齊欲伐魏〔一〕，魏使人謂淳于髡曰：「齊欲伐魏，能解魏患，唯先生也。敝邑有寶璧二雙、文馬二駟〔二〕，請致之先生！」淳于髡曰：「諾。」

入説齊王曰：「楚，齊之仇敵也。魏，齊之與國也〔三〕。夫伐與國，使仇敵制其餘敝〔四〕，名醜而實危〔五〕，爲王弗〔六〕取也。」齊王曰：「善。」乃不伐魏。

客謂齊王曰：「淳于髡言不伐魏者，受魏之璧、馬也。」王以謂淳于髡曰：「聞先生受魏之璧、馬，有諸？」曰：「有之。」「然則先生之爲寡人計之何如？」淳于髡曰：「伐魏之事不便，魏雖刺髡，於王何益〔七〕？若誠〔不〕便〔八〕，魏〔九〕雖封髡，於王何損？且夫王無伐與國之誹，魏無見亡之危，百姓無被兵之患，髡有璧、馬之寶，於王何傷乎〔一〇〕？」

〔箋證〕

〔一〕此章鮑彪改次於齊策宣王下。吴師道云：「爲魏而説，當從舊。」

〔二〕鮑彪云：「文，毛色成文。馬四匹爲駟。」〔按〕文馬即媽馬。説文「媽」字云：「春秋傳曰：『媽馬百駟。』畫馬也。」今左氏宣二年傳作「文馬」。杜注亦云：「畫馬爲文。」孔疏：「謂文飾雕畫之，若朱其尾鬣之類也。」

〔三〕鮑彪云：「魏策馬陵之敗，魏請臣畜朝齊。楚王怒，伐齊。則此所言也。」〔按〕苟如鮑言，則此疑是齊敗於徐州，怒魏之背約弗救（見前齊魏約而伐楚章）而欲伐之也。若是，則當魏惠王后元四五年，齊威二十六七年間時。

〔四〕鮑彪云：「言楚將因齊兵勞而伐之。」

〔五〕横田惟孝云：「伐與國，故名醜。楚乘弊，故實危。」

〔六〕〔按〕藝文類聚卷二十五、太平御覽卷四百六十引「弗」作「不」。

〔七〕鮑彪云：「伐魏不便，魏所欲也，而髡止之，故魏刺之。雖刺髡，而齊實不便，非益也。此設辭也。」吴師道云：「强注，終不通。……當無『不』字，義乃通。恐有訛舛。」王念孫云：「吴説是也。藝文類聚寶玉部、太平御覽引此並作『伐魏之事便』。」横田惟孝云：「言伐魏之事不利於齊，則魏雖殺髡，於王無益矣。言其伐之不利自若也。」鍾鳳年亦主舊文，駁吳、王之説云：「吳氏之過，蓋在狃於行文一反一正之慣例而存成見之故，殊不知此語實違於常例。故若作『伐魏之事便』，是齊必當獲利於魏矣，然合下文『於王何益』之語釋之，則自見上下文義相鑿枘而不符矣。蓋髠於此説乃言『伐魏之事不便』，魏雖怒其不能諫止而刺之，唯齊已因伐魏而蒙不利，則髠雖死，亦無補於齊，故曰『於王何益』。」〔按〕鮑注固曲，吳、王衍「不」字，未允，而横田與鍾氏之釋此文，恐亦不當。姚鼐古文辭類纂亦作「伐魏之事不便」，解之云：「(伐魏之事)髠所説不伐魏之事也。」而於下文「若誠不便」，從劉本作「若誠便」。如此，上下相呼應，文義通順，無煩多言，當是。

〔八〕姚宏云：「劉無『不』字。」横田惟孝云：「言若誠不利於齊，止而不伐，則魏雖封髠，於王無損矣。言其不伐之利自若也。」〔按〕「不」字當衍，今從劉本，説見上。

〔九〕姚宏云：「曾無『魏』字。」

〔一〇〕〔按〕此與齊策三齊欲伐魏章疑是一事而傳聞異辭。

7　秦將伐魏

秦將伐魏，魏王聞之，夜見孟嘗君，告之曰：「秦且攻魏，子爲寡人謀，奈何？」孟嘗君曰：「有諸侯之救，則國可存也。」王曰：「寡人願子之行也！」重爲之約車百乘。孟嘗君之趙，謂趙王曰：「文願借兵以救魏！」趙王曰：「寡人不能。」孟嘗君曰：

「夫敢借兵者，以忠王也。」王曰：「可得聞乎？」孟嘗君曰：「夫趙之兵非能彊於魏之兵〔一〕，魏之兵非能弱於趙也。然而趙之地不歲危而民不歲死，而魏之地歲危而民歲死者，何也？以其西爲趙蔽也〔二〕。今趙不救魏，魏歃〔三〕盟於秦，是趙與强秦爲界也〔四〕，地亦且歲危，民亦且歲死矣。此文之所以忠於大王也。」趙王許諾，爲起兵十萬、車三百乘。

又北見燕王曰：「先日公子常約兩王之交矣〔五〕。今秦且攻魏，願大王之救之！」燕王曰：「吾歲不熟二年矣，今又行數千里而以助魏，且奈何？」田文曰：「夫行數千里而救人者，此國之利也。今魏王出國門而望見軍〔六〕，雖欲行數千里而助人，可得乎？」燕王尚未許也。田文曰：「臣效便計於王，王不用臣之忠計，文請行矣。恐天下之將有大變也。」王曰：「大變可得聞乎？」曰：「秦攻魏，未能克之也，而臺已燔、游已奪矣〔七〕。而〔八〕燕不救魏，魏王折節割地，以國之半與秦，秦必去矣。秦已去魏，魏王悉韓、魏之兵，又西借秦兵，以因趙之衆，以四國攻燕，王且何利？利行數千里而助人乎？利出燕南門而望見軍乎？則道里近而輸又易矣〔九〕。王何利〔一〇〕？」燕王曰：「子行矣，寡人聽子。」乃爲之起兵八萬、車二〔一一〕百乘，以從〔一二〕田文。

魏王大説曰：「君得燕、趙之兵甚衆且亟矣。」秦王大恐，割地請講於魏〔一三〕。因歸燕、趙之兵，而封田文〔一四〕。

〔箋證〕

〔一〕姚宏云：「曾無『能』字」，下同。安井衡云：「無『能』字，是也。」金正煒云：「非，不也。能，任也。言以趙之兵彊於魏，趙弗任也。以魏之兵弱於趙，魏亦弗任也。」

〔二〕鮑彪云：「魏在趙西，爲之蔽秦。」

〔三〕鮑彪云：「歃，歠（鮑、吴合注四部叢刊本誤作「之」，據鮑單注本正）血也。」

〔四〕横田惟孝云：「言魏合於秦，則趙與秦接界。」

〔五〕鮑本、吴本「常」作「嘗」，同；「王」作「主」。鮑彪云：「（公子）稱其父嬰。」關修齡云：「恐衍『曰』字。文稱其父，當曰『先公子』。」安井衡云：「公子，蓋燕公子，常，其名也。」金正煒云：「孟嘗不得稱其父爲『公子』。疑『常』爲『牟』字之譌。或『公子』下有脱字，别有其人。」〔按〕此追稱燕、魏之交，田嬰相齊，亦未嘗約燕、魏之交，鮑注顯誤。此對燕王言，公子，當指燕公子，安井説是。唯「常」是否其名，或「公子」下有脱字，不能强定。金氏以爲公子牟，牟未聞主魏政，臆説不足信。

〔六〕横田惟孝云：「國見伐，故出國門而望見敵軍。」

〔七〕鮑彪云：「（游已奪矣）不暇游觀。」横田惟孝云：「游，游觀之所。或『游』、『囿』音近而誤也。」金正煒云：「周禮天官叙官：『閽人，……囿游亦如之。』注：『游，離宫小苑游觀處也。』此文『游』與『臺』對舉，其義可見。鮑注非也。奪，取也，於文不合，當爲『毁』字之譌。『奪』字古作『敓』，俗書『毁』作『毁』，二形相似而誤。」〔按〕金釋「游」字是也，但「奪」字自通，言秦軍奪之也，不煩改字。

〔八〕金正煒云：「『而』猶『如』也。」

〔九〕鮑彪云：「輸以餉軍。」横田惟孝云：「四國來伐，燕出兵拒之，故曰道近輸易，以反燕王言行數千里而助魏也。」

〔一〇〕姚宏云：「曾(「利」下)添『入乎』字。」

〔一一〕鮑本、吴本「二」作「三」。

〔一二〕姚宏云：「一本無『從』字。」吴闓生云：「『以』猶『與』也。」

〔一三〕姚宏云：「一本(「魏」下)添『魏』字。」

〔一四〕吴師道云：「孟嘗相魏，在齊滅宋前。大事記附見於(魏)昭王十年，詳見周策。此事實昭王十三年。秦紀秦昭二十四年，取魏安城，至大梁，燕、趙救之，秦軍去。」

8 魏將與秦攻韓

魏將與秦攻韓，朱己〔一〕謂魏王曰：「秦與戎翟同俗，有虎狼之心，貪戾好利而無信〔二〕，不識〔三〕禮義德行，苟有利焉，不顧親戚兄弟，若禽獸〔四〕耳，此天下之所同知也，非所施厚積德也〔五〕。故太后母也，而以憂死〔六〕。穰侯舅〔七〕也，功莫大焉，而竟〔八〕逐之。兩弟無罪，而再奪之國〔九〕。此於其親戚兄弟若此，而又況於仇讎之敵國也〔一〇〕？今大王與秦伐韓，而益近秦(患)〔一一〕，臣甚或〔一二〕之。而王弗識也〔一三〕，則不明矣。羣臣知之，而莫以此諫，則不忠矣〔一四〕。

「今夫韓氏以一女子承一弱主〔一五〕，內有大亂〔一六〕，外安能〔一七〕支强秦、魏之兵，王以爲不破〔一八〕乎？韓亡，秦盡〔一九〕有鄭地〔二〇〕，與大梁鄰，王以爲安乎？王欲得故地〔二一〕，而今負强秦之禍也〔二二〕，王以爲利乎？秦非無事之國也，韓亡之後，必且便事〔二三〕，便事必就易與利，就易與利必不伐楚與趙矣。是何也？夫越山踰河，絶韓之上黨〔二四〕而攻强趙，則是復閼與之事也〔二五〕，秦必不爲也。若道河內，倍鄴、朝歌〔二六〕，絶漳、滏〔二七〕之水，而以與趙兵決勝於邯鄲之郊〔二八〕，是受智伯之禍也〔二九〕，秦又不敢。伐楚，道涉〔而〕谷〔三〇〕，行三十(千)〔三一〕里，而攻危(黽)隘之塞〔三二〕，所行者甚遠，而所攻者甚難，秦又弗爲也。若道河外，背大梁〔三三〕，而右上蔡、召陵〔三四〕，以與楚兵決〔三五〕於陳郊，秦又不敢也。故曰秦必不伐楚與趙矣，又不攻衛與齊矣〔三六〕。韓亡之後，兵出之日，非魏無攻矣。

「秦故有懷地〔三七〕、刑丘〔三八〕、元(安)城〔三九〕、垝津〔四〇〕，而以之臨河內，河內之共、汲〔四一〕，莫不危矣〔四二〕。秦有鄭地，得垣雍〔四三〕，決熒澤〔四四〕而水大梁〔四五〕，大梁必亡矣〔四六〕。王之使者大過矣，乃惡安陵氏於秦〔四七〕，秦之欲許之久矣〔四八〕。然而秦之葉陽、昆陽〔四九〕與舞陽、高陵鄰〔五〇〕，聽使者之惡也，隨安陵氏而欲亡之〔五一〕。秦繞〔五二〕舞陽之北以東臨許，則南國必危矣〔五三〕。南國雖無危，則魏國豈得安哉〔五四〕？且夫憎韓不受(愛)安陵氏〔五五〕，可也；夫不患秦之不愛南國，非也〔五六〕。異日者〔五七〕，秦乃在河西晉國〔五八〕，之去梁也千里有餘〔五九〕，河山以蘭之〔六〇〕，有周、韓而間之。從林軍〔六一〕以至于今，秦十（七）〔六二〕攻魏，五入國中〔六三〕，邊〔六四〕城盡拔，文臺墮〔六五〕，垂都焚〔六六〕，林木伐，麋鹿盡，而國繼以圍〔六七〕。又長驅梁北，東至陶、衛之郊〔六八〕，北至乎闞〔六九〕，所亡乎秦者，（山南、）山北〔七〇〕、河外、河内〔七一〕大縣數百，名都數十〔七二〕。秦乃在河西晉國，之去大梁也尚千里，而禍若是矣。又況於使秦無韓而有鄭地〔七三〕，無河山以蘭〔七四〕之，無周、韓以間之，去大梁百里，禍必百此〔七五〕矣。

「異日者從之不成矣〔七六〕，楚、魏疑而韓不可得而約也。今韓受兵三年矣〔七七〕，秦撓之以講〔七八〕。韓知亡猶弗聽〔七九〕，投質於趙〔八〇〕，而請爲天下雁行頓刃〔八一〕。以臣之〔八二〕觀之，則楚、趙必與之攻矣〔八三〕。此何也〔八四〕？則皆知秦之無窮〔八五〕也，非盡亡天下之兵而臣海内之民〔八六〕，必不休矣。是故臣願以從事乎王〔八七〕！王速受楚、趙之約，而挾韓［魏］之質〔八八〕，以存韓爲務，因求故地於韓〔八九〕，韓必效之。如此則士民不勞而故地得〔九〇〕，其功多於與秦共伐韓，然而無〔九一〕與强秦鄰之禍。夫存韓安魏而利天下，此亦王之大時已〔九二〕。

「通韓之上黨於共、莫（甯）〔九三〕，使道已通，因而關之〔九四〕，出入者賦之〔九五〕，是魏重質韓以其上黨也〔九六〕。共〔九七〕有其賦，足以富國，韓必德魏、愛魏〔九八〕、重魏、畏魏，韓必不敢反魏，韓是〔九九〕魏之縣也。魏得韓以爲縣，則衛大梁〔一〇〇〕，河外〔一〇一〕必安矣。今不存韓，則二周必危，安陵必易〔一〇二〕，楚、趙〔楚〕〔一〇三〕大破〔一〇四〕，衛（燕）、齊甚畏〔一〇五〕，天下之西鄉而馳秦入朝爲臣之日不久〔一〇六〕。」

〔箋證〕

〔一〕鮑彪云：「（朱已）史作『無忌』。」吳師道云：「史魏王以秦救之故，欲親秦而伐韓，以求故地。無忌謂魏王曰云云。大事記據之，以其辭云秦太后母也，以憂死，故附載於宣太后之薨之後，在赧王五十年。按『朱已』即『無忌』，字訛也。」黄丕烈云：「策文『無』多作『无』，故形近而譌也。已、忌同字。」王念孫云：「楊倞注荀子彊國篇引此（史記）『無忌』作『朱忌』。案作『朱忌』者是也，作『無忌』者後人以意改之耳。……魏策作『朱已謂魏王曰』。已、忌古同聲，則史記之本作『朱忌』，甚明。」于鬯云：「（朱已）不特非信陵君，而並非魏臣。玩策義是爲韓説魏，則朱已者乃韓臣也。且如下文云『羣臣知之而莫以此諫，則不忠矣』，必是外臣之言，不合魏臣而作此語，猶秦策言謀臣皆不盡其忠，必非秦臣之言也。」〔按〕王、于説殆是。帛書戰國縱横家書有此章，首句作「謂魏王曰」，不著説士姓名。注云：「文中説『今韓受兵三年』。按秦用范雎遠交近攻之策，史記范雎蔡澤列傳説：『范雎相秦二年，秦昭王之四十二年（前二六五）東伐韓少曲、高平，拔之。昭王四十三年，秦攻韓汾涇，拔之。』白起列傳也説：『四十三年白起攻韓涇城，拔五城，斬首五萬。四十四年，白起攻韓南陽，太行道絶之。』那末，韓受兵的第三年當爲公元前二六三年。」計其時在周赧王五十二年、秦宣太后死後二年。與秦太后「以憂死」語亦相合。

〔二〕〔按〕縱横家書無「而」字，「信」作「親」。

〔三〕〔按〕縱横家書「識」作「試」（下同）。

〔四〕〔按〕縱橫家書「獸」作「守」。守同狩。經傳「獸」字多作「狩」。公羊桓四年傳何注：「狩猶獸也。」漢張遷碑「問禽狩所有」，亦以「狩」爲「獸」。「守」又「狩」之通借字。

〔五〕姚宏云：「（厚）劉作『惠』。」〔按〕史記魏世家「非」下有「有」字。此言秦唯擇利，非有施積厚德之意。

〔六〕鮑彪云：「秦昭四十二年，此（安釐王）十二年。」

〔七〕〔按〕縱橫家書「舅」作「咎」，同音通用。春秋晉大夫「舅犯」亦作「咎犯」。

〔八〕〔按〕縱橫家書「竟」作「諒」。「諒」從「京」聲，與「竟」音近通借。

〔九〕金正煒云：「之，其也。」〔按〕秦昭王廢太后，逐穰侯，出高陵，走涇陽，見秦策三范雎至章。縱橫家書「奪」作「捝」，同音通用。

〔一〇〕吴師道云：「一本標『也』作『乎』。」〔按〕史記「也」作「乎」。此「也」可讀作「邪」。縱橫家書無「兄弟」二字，「而又況於」作「而兄」（「兄」、「況」通用）二字，「也」作「乎」。

〔一一〕〔按〕史記「秦」下有「患」字。縱橫家書無「益」字，「秦」下亦有「患」字，今從補。

〔一二〕鮑本、吴本「或」作「惑」。黄丕烈云：「史記作『惑』。或、惑同字。」〔按〕縱橫家書亦作「惑」。

〔一三〕金正煒云：「『而』讀如『若』。」〔按〕縱橫家書無『也』字。

〔一四〕〔按〕縱橫家書無「矣」字，無「知之而」三字。

〔一五〕吴師道云：「大事記云：『韓世家不載其事，必是時韓王少，母后用事也。』愚按是時秦宣太后、趙惠文后、齊君王后皆專政，韓亦然也。」〔按〕縱橫家書「承」作「奉」，義同。

〔一六〕〔按〕縱橫家書「亂」作「𤔔」。

〔一七〕〔按〕縱橫家書無「安能」二字。

〔一八〕〔按〕縱橫家書「破」作「亡」。

〔一九〕鮑本、吴本無「盡」字。〔按〕史記及縱橫家書亦無「盡」字。

〔二〇〕鮑彪云：「時鄭亡，屬韓。」〔按〕韓滅鄭，都於新鄭，因亦稱鄭，猶魏之稱梁也。

〔二一〕吴本脱「王」字。鮑彪云：「蓋嘗喪地於韓，今欲取（鮑、吴合注四部叢刊本誤作「耶」，據鮑單注本正）之。」

〔二二〕吴師道云：「史：『負强秦之親（按原本「親」誤作「説」，據史記原文正）』。據此，則『負』當從『恃』訓。從策文，則負任在背以爲喻也。史義長。」黄丕烈云：「吴説未是，此不與策文同耳。下文『然而無與强秦鄰之禍』語相應。當各依本書。」〔按〕縱橫家書亦作「禍」，同策文。史記誤。燕策一齊伐宋章「破宋肥讎，而世負其禍矣」。與此「負强秦之禍」語相類，吴説非。

〔二三〕吴師道云：「便事，史並作『更事』（按原本「事」誤作「字」，據史記原文正）。」姚鼐云：「史是。」（古文辭類纂）關修齡云：「（便事）言因便從事。」〔按〕縱橫家書作「更事」，同史記，義較長。但「便」謂「便利」、「便宜」，與下文「就易與利」語相應，義亦可通。

〔二四〕吴師道云：「史作『絶上黨』。正義云：『韓上黨從太行山西北澤、潞等州是也。』」〔按〕今所見各本史記並有「韓」字，縱橫家書亦作「韓上黨」。疑吴誤。

〔二五〕鮑彪云：「先時趙奢敗秦於此。」〔按〕閼與之戰，史記趙世家、趙奢傳謂秦攻韓，軍於閼與，趙使趙奢救之，敗秦軍於閼與。趙策三秦攻趙章謂秦王令胡易伐趙，攻閼與，趙奢救之。一謂攻韓，一謂攻趙，史、策不同。以此策語證之，則當是秦攻趙而敗於閼與，故朱已援以明秦不肯越山踰河而攻趙之理，因云「是復閼與之事也」。若秦攻韓而趙救之，則與此語不侔矣。縱橫家書「則是」二字作「氏」。氏同是。

〔二六〕鮑彪云：「『倍』音『背』。」〔按〕鄴、朝歌見前箋。

〔二七〕〔按〕縱横家書「溢」作「鋪」，音近通借。

〔二八〕〔按〕縱横家書「郊」作「鄗」，音近通借。下同。

〔二九〕縱横家書作「氏知伯之過也。」

〔三〇〕鮑彪改「而」作「山」。盧本從之。黄丕烈云：「今史記作『伐楚道涉山谷』。衍『山』字也。索隱作『道涉谷』，云：『「道」猶「行」也。涉谷，是往楚之險路。』策文亦本云『道涉谷』，衍『而』字，鮑乃依今史記改，誤甚。」張琦云：「此即春申君所謂隨水右壤，廣川大水，山林谿谷，不食之地也。出武關東南，即至宛、鄧。劉伯莊以爲從褒、斜入梁州，即至申州攻石城。迂矣。」王念孫云：「道，從也。上文曰『道河内，倍鄴、朝歌』，下文曰『道河外，倍大梁』，義並與『道涉谷』同。韓策曰：『道於南鄭、藍田以入攻楚。』大荒西經：『風道北來。』郭璞曰：『「道」猶「從」也。』」〔按〕史記索隱單刻本作「道涉谷」，縱横家書亦作「道涉谷」，無「而」字。「而」字蓋涉下文而衍。今正。

〔三一〕吴師道云：「『三十』，史作『三千』者，是。」（横田本作「三千」，考異不著所本，蓋亦從史）〔按〕縱横家書「十」亦作「千」，今從正。

〔三二〕姚宏云：「劉（塞）作『國』。」吴師道云：「危隘，史作『冥阨』，即黽阨也，説見楚策。大事記：秦向楚有兩道：涉山谷是西道，河外是東道。此是採索隱、正義之文。」王念孫云：「『危』當爲『黽』字之誤也。草書『卮』字作『危』，『黽』字作『黾』，二形相似，故『黽』誤爲『危』。」（黄丕烈説同）〔按〕縱横家書作「冥卮之塞」。冥與鄍、黽，卮與厄、阨、隘，並同音通用。「危」字爲「黽」之形誤，王氏説是，今正。

〔三三〕吴師道云：「大事記引正義云：從河外出函谷門（應作「關」），歷同州，南至鄭州，東向陳州，則背大梁也。」張琦云：「(正義)『同』當作『陝』。已出函谷關，豈合東至同州？南至鄭州當作『東』，東向陳州當作『南』，亦傳刻之譌。」

〔三四〕吴師道云：「史『右蔡左召陵』。正義云：『上蔡縣在豫州北，召陵故城在豫州郾（原本「郾」誤作「鄢」，今從正義正，「鄢」乃音近而誤）城縣東，並在陳州西。從汴州南行向陳州之西郊，則上蔡、召陵在南面向東，皆身之右，定無「左」字也。』」（張琦云：「按『汴州』當作『鄭州』。」）〔按〕「召陵」上不當有「左」字，張守節辨之已明。而金正煒復據史記「召」上補「左」字，乖矣。縱横家書作「右蔡、召。」蔡即上蔡，召即召陵，與策文相合。

〔三五〕〔按〕縱横家書「決」作「夬」，通用。

〔三六〕吴師道云：「衛、齊皆在趙、韓、魏之東。」〔按〕縱横家書「衛」作「燕」。注云：「據文義，這裏是不可能把小國的衛與齊國並提的。古書『燕』字常誤爲『衛』。」

〔三七〕吴師道云：「史作『秦固有懷、茅』。固、故通。正義云：『懷州武陟（原本「陟」誤作「陵」，今從正義改）縣西故懷城。』」張琦云：「懷城在今武陟縣西南十一里。」〔按〕縱横家書「懷地」亦作「壞（同「懷」字）、茅」。「地」字當誤，茅在今河南獲嘉縣。

〔三八〕鮑本、吴本「刑」作「邢」，通用。〔按〕邢丘見秦策三范雎至章。縱横家書亦作「刑丘」。「刑」、「邢」通用。

〔三九〕吴師道云：「（之城垝津）史『城、垝津』。索隱引策云『邢丘、安城』。今本無『安』字，恐『之』字即『安』訛也。史此段後有『安城』字。正義云：『在鄭州原武縣東南。』」張琦云：「安城在今原武縣東南二十里。」〔按〕「之」字從索隱引正。縱横家書亦無「之」字，同史記。

〔四〇〕吴師道云：「垝津，索隱云：『在河北。垝，九毁反。』正義引杜預以爲汲郡城南延津。愚按安釐王十一年秦拔我廩丘，或作『邢丘』、『鄆丘』。餘無見，蓋地皆懷界也。」程恩澤云：「垝津有二地。杜預曰：『汲縣内有延津。』孔穎達曰：『即垝津也。』……正義：『「垝」當作「延」。』……其地在今河南衛輝府汲縣南延津縣北，即延津也。……水經注白馬津有韋鄉、韋城。徐廣曰：東郡白馬有圍津。『圍』與『韋』通。顧祖禹曰：『戰國時曰垝津。』其地在今衛輝府滑縣東南五十里。荀子云：『圍津去大梁百二十里。』九域志：『滑州至東京二百二十里。』以里數核之，似以延津爲是。」〔按〕縱横家書注以「城垝津」爲句，云：「城垝津，是在垝津筑城。」引荀子彊國篇楊注爲據。其説亦同於梁玉繩史記志疑。今與索隱説並存之。

〔四一〕吴師道云：「索隱云：『共、汲，皆縣名，屬河内。』共，居庸反。」程恩澤云：「（共故城）今在（河南）衛輝府輝縣東北九里。（汲）今在衛輝府汲縣西南二十五里。」〔按〕縱横家書「共、汲」作「共、墓」，與策、史不合。細勘上下文，「墓」非地名，乃「莫」之借字，屬下句讀。「共」下疑脱「汲」字。縱横家書注引一説：「『墓』爲『汲』字之誤，『汲』字形誤作『没』，『没』、『墓』音近，轉寫成『墓』。」其説似嫌迂曲。

〔四二〕〔按〕莫不危矣，縱横家書作「墓（原讀與「共」連文，今移下屬，詳上）必危」三字。「必」乃「不」之音誤。

〔四三〕鮑彪云：「秦紀注：河内卷有垣雍城。」吴師道云：「正義引括（地志）云：『垣雍故城在鄭州原武縣西北。』」張琦云：「（垣雍）故城在今（河南）原武縣西北五里。」

〔四四〕鮑本、吴本「熒」作「滎」。鮑彪云：「（滎澤）屬滎陽。書注在敖倉東南。」吴師道云：「『史（滎）作『熒』，一本同。」〔按〕「熒澤」之「熒」當從火作「熒」，説見前。縱横家書亦作「熒」。

〔四五〕〔按〕縱横家書無「而水大梁」四字。

〔四六〕吴師道云：「正義云：言韓亡後，秦有鄭地，得垣雍城，從滎澤決灌，歷雍灌大梁也。大事記云：始皇滅魏，果用此策。」張琦云：「此即所謂狼宕渠也。水經注渠水云：秦始皇二十二年，王賁斷故渠，引水東南出，以灌大梁。謂之梁溝也。」〔按〕王賁攻魏，引河溝水灌大梁，見史記秦始皇本紀。

〔四七〕鮑彪云：「安陵，魏之不欲攻韓者，與羣臣異，故惡之。」吴師道云：「史作『王之使者出，過而惡安陵氏於秦』。大事記引策文，則以策爲明順。正義引括地志云，安陵在鄢陵縣西北。……大事記：『按策：安陵君曰：吾先君成侯受詔襄王，以守此地。蓋安陵趙襄子所封，其後遠別爲十（原本如此，疑當作「小」）國，附庸於魏。今魏反令使者惡之於秦。』」姚鼐云：「策魏攻管篇安陵君對信陵君曰：『吾先君成侯受詔襄王，以守此地。』按襄王者，梁襄王也。成侯者，安陵始封之君，非惠王之子，則襄王之子也。魏至安釐王，去襄王四世（按實三世，姚據史記云然），而安陵益疏絶爲異國，故取惡於魏，欲併韓而亡之。然安陵在魏西南，猶足蔽魏之南國，苟亡之，則南國危矣。吴師道注乃以襄王爲趙襄子，成侯爲趙成侯，不知其爲魏同姓國也。且趙曷爲封子姓於韓、魏間乎？」程恩澤云：「安陵即鄢陵，但其地亦不一。郡國志：汝南郡召陵縣有安陵鄉，征羌侯國有安陵亭。水經注：安陵，一名『富平』。陳留風俗傳：尉氏安陵鄉，故富平也。」横田惟孝云：「安陵，魏之附庸，而合於韓，故魏王使人惡之秦。言使者，不敢斥王也。」〔按〕姚説是。吕祖謙、吴師道以安陵君爲趙之後裔，其誤始自鮑彪，説見本策四魏攻管而不下章。縱横家書作「安陵是」，下同。氏、是通同。

〔四八〕鮑彪云：「許，言聽之。久，言秦之先自惡之。」吴師道云：「許，史作『誅』。」横田惟孝云：「許，故許國，亡屬韓。」〔按〕横田以許爲地名，是也。下文「秦繞舞陽之北以東臨許」，與此相應，可證。史記「許」作「誅」，策、史不同，存異可也。魏亦有許。蘇秦合從説魏王曰：「（魏）南有許、鄢、昆陽、召陵、舞陽、新郪。」程恩澤謂「蓋與韓分據其地」。「之久」之「之」，猶「亦」，例見古書虚字集釋。縱横家書作「秦之欲許久矣」，注以「許」爲地名，今河南許昌，是。但以策文「許之」之「之」爲誤，則未然。

〔四九〕〔按〕縱横家書作「秦有葉、昆陽」。

〔五〇〕鮑彪云：「高陵屬琅邪。此二縣（舞陽、高陵）安陵封地，以與昆陽、葉陽鄰，故秦久惡安陵。」吴師道云：「高陵屬京兆，與下文地不相近。史無『高陵』字，策或誤也。注尤非。正義云：『葉陽，今許州葉縣。昆陽故城在葉縣北。舞陽故城在葉縣東。此時葉陽、昆陽屬秦，舞陽屬魏。』大事記：『葉陽今屬汝州。』」程恩澤云：「鮑説（高陵）固謬，然吳説亦未是。郡國志引地道記曰：『定陵有高陵山，汝水所出。』在今舞陽縣東北，與舞陽、昆陽、葉陽俱相近，的是策文所指。」（葉陽亦見趙策四秦攻魏；昆陽、舞陽，見本策一蘇子爲趙合從章）〔按〕縱横家書無「高陵」二字。

〔五一〕横田惟孝云：「聽，從也。『隨』猶『繼』也。言秦從使者之惡而亡安陵氏，繼之欲亡許也。」〔按〕黄式三讀「隨」爲「墮」，是也。縱横家書「隨」正作「墮」。「隨」、「墮」古讀同音，通用。横田説非。

〔五二〕〔按〕縱横家書「秦繞」二字作「繚」字。

〔五三〕鮑彪云：「周記注：南國，江、漢之間。又曰南陽也。今詳此時屬韓。」吳師道云：「正義云：『南國，今許州許昌縣南西許昌故城，此時屬韓，在魏之南，故言「南國」。』大事記：『安陵在鄢陵縣西北，則去許、汝不遠矣。』愚按韓公云：繞舞陽、葉、襄城，其地皆壤界也，故曰『南國』。」程恩澤云：「案水經注：『洧水東逕許昌縣，故許南國也。』則南國實有其地。但玩策文語氣，似不必限定許昌，或概言魏之南境耳。其地當在舞陽之北、許州之東、開封之南，以爲韓地者非是，以爲江、漢間者尤非。」

〔五四〕〔按〕史記無「南國雖無危」句，「則魏國豈得安哉」作「國無害已」。縱横家書亦無上句，下句作「國先害已」。史記「無」字乃「先」之訛（「先」誤作「无」，又轉寫作「無」）。

〔五五〕吳師道云：「（不受安陵氏）史『不愛安陵氏』，下文可推。」〔按〕「受」當是「愛」之形譌。不愛安陵氏，即上文所謂「乃惡安陵氏於秦」也。「惡」與「愛」正相呼應。横田惟孝謂「『受』猶『容』，不容，謂絶也」。説雖可通，但不如作「愛」義明。縱横家書正作「愛」，今據正。

〔五六〕横田惟孝云：「秦得魏以南之國，則去梁甚近，而不患之，非也。」金正煒云：「『秦』下『之』字，疑草書『又』

字之誤。」〔按〕秦之不愛南國，謂秦欲墮南國。又此「之」字亦可訓「亦」，謂既不患秦，亦不愛南國，與上「憎韓不受安陵氏」對舉。縱横家書無「之」字。

〔五七〕鮑彪云：「『異』猶『他』。」〔按〕此下追述前事。

〔五八〕金正煒云：「『乃』猶『裁』也。」〔按〕縱横家書無「乃」字。

〔五九〕鮑彪云：「（晉國）言都絳、安邑時。」張琦云：「此言自晉界至梁千里也。徙大梁後，尚有河西。鮑説非。」中井積德云：「『晉國之』三字疑衍。」〔按〕史記及縱横家書亦有「晉國」字，明非衍文。正義云：「河西，同州也。晉國都絳州，魏都安邑，皆在河東，去大梁有千里也。」與鮑注略同。然策云「去梁也千里有餘」，明指魏都大梁而言，非謂都絳、安邑時也。又按策語，言秦在河西，去梁尚遠，已多爲魏害。若如正義晉國爲河東，河東自是魏地，秦未佔有，何庸舉以示距梁之里程？文義不合。愚意「晉國」二字當上屬與「河西」連讀，「河西晉國」，猶言河西晉地，即西河之地也。吴起爲西河守，原爲魏有，其後失於秦，魏世家「（襄王）五年（當是惠王後六年）予秦河西之地」是也。此言秦在河西晉國，蓋指魏惠王後事。吕氏春秋音初篇高注云：「之，其。」「之」、「其」互訓，詳見經傳釋詞。

〔六〇〕鮑彪「河山」上補「有」字，「蘭」改作「闌」，云：「『闌入』之『闌』。」吴師道云：「史無上文『餘』字，即以『有』字屬『河山』云云。策文則當有『有』字。按字書：闌，門遮也。欄，閑也，牢也。通作『蘭』。王莽傳：『牛馬同蘭。』師古云：『蘭，謂遮蘭。』則『闌』亦可通。『闌入』之『闌』本作『闌』，亦作『蘭』，於此義不切。」黄丕烈云：「此當是策文衍『餘』字。以『千里』與『百里』相較也，下文云『尚千里』，亦無『餘』之證。史記（蘭）作『闌』，蘭、闌同字。」〔按〕縱横家書無上文「餘」字，有「有」字屬此句讀，同史記。但依策文自通，不必補「有」字，或衍上「餘」字。廣雅釋詁：「闌，遮也。」「蘭」是「闌」之借字。

〔六一〕鮑彪改「林」作「横」，云：「横之軍。」吳師道云：「（林軍）史作『林鄉軍』。林鄉，地名，見芒卯謂秦王章。大事記：自秦伐林鄉以來至于今也。」黄丕烈云：「今史記作『林鄉軍』。考索隱引劉氏云：『林，地名。』是史記亦本無『鄉』字。徐廣曰：『林鄉在宛縣』者，以林鄉解林也，後人因注改正文耳。」横田本「林軍」作「林鄉軍」，云「從盧本」。但盧本無「鄉」字，蓋誤涉史記也。于鬯云：「趙策云：『秦、韓圍梁，燕、趙救之。』前策言『秦將伐魏，魏王聞之，夜見孟嘗君』。此蓋即指彼役，故燕策述彼役，謂兵困於林中。其事在魏昭王十三年，周赧三十二年，以至于今二十二年矣。」〔按〕燕策二秦召燕王章蘇代止燕王曰：「魏棄與國而合於秦，因以塞鄳隘爲楚罪，兵困於林中，重燕、趙，以膠東委於燕，以濟西委於趙。」林中即林鄉。睡虎地秦墓竹簡編年記「（昭王）二十四年，攻林」。即指此役，當周赧王三十二年（前二八三）、魏昭王十三年，與于説合。縱横家書亦作「林軍」。

〔六二〕〔按〕史記「十」作「七」。篆文「七」、「十」二字形近，多誤。縱横家書作「七」，今從改。

〔六三〕〔按〕史記「國中」作「圃中」，縱横家書同。集解：「徐廣曰：（圃）一作『城』也。」索隱云：「圃，即圃田。圃田，鄭藪，屬魏。而戰國策作『國中』。」是唐初所見本已同今本矣。

〔六四〕〔按〕縱横家書「邊」作「櫋」，通用。

〔六五〕吳師道云：「正義引括地志云：『文臺在曹州宛句縣。』索隱云：『文臺，臺名。』大事記不取者，豈以他策有『臺已燔，游已奪』之云與，此類特泛言之邪？」程恩澤云：「宛句，今（山東）菏澤也。」〔按〕縱横家書作「支臺隨」。「支」疑字誤。「隨」乃「墮」之借字。

〔六六〕鮑彪云：「勾陽有垂都亭。」吳師道云：「此引徐廣説，彼文元無『都』字。……索隱云：有廟曰都。」〔按〕索隱：「垂，地名。有廟曰都。並魏邑名。」似以垂、都爲二邑。縱横家書「焚」作「然」，義同。注云：「此（支臺）與垂都，均當是梁囿中地名。」

〔六七〕吴師道云：「大事記：赧王四十年，穰侯圍大梁。」〔按〕見前秦敗魏於華章。秦圍大梁，不止一次，詳參史記。縱橫家書「繼」作「續」，義同。

〔六八〕鮑彪云：「衛在河、淇之間，與陶接，故范蠡亦云。」〔按〕正義云：「陶，曹州定陶也。衛即宋州楚丘縣。……秦兵歷取其郊也。」縱橫家書「驅」作「敺」，同；「至」下有「虖」字，虖同乎。

〔六九〕鮑彪云：「魏記注：（闞）在東平須昌。」吴師道云：「史北至平、監。正義云：『平，即兖州平陸，監，即故闞城，在平陸縣西南。』」黄丕烈云：「案『監』、『闞』同字，見徐廣注也。」程恩澤謂「闞」本有二（汶上與東平），「策言北至平闞，又在陶、衛之北，當以東平爲是」。〔按〕縱橫家書「闞」作「監」，同史記。史記之「平」字，徐廣云：「或作『乎』字。」與策文合。

〔七〇〕鮑彪云：「山，吴、華之屬。」吴師道云：「史『山南、山北』。策無『山南』字，疑缺文。正義云：『山，華山也。華山之東南，七國時鄧州屬韓，汝州屬魏。華山之北，同、華、銀、綏，並魏地也。』」張琦云：「（華）山北，則陝、虢、華陰。若同州以北，後云河外，不得於山北並數之。」〔按〕縱橫家書「山北」上有「山南」字，與史同，與「河外、河内」相應，此疑脱，今據補。縱橫家書注謂「山，當指中條山」，似較華山説長。

〔七一〕吴師道云：「河外，謂華州以東至陝、虢。河内，謂蒲州以東至懷、衛。」〔按〕此亦據正義。河内、河外有多解，詳程恩澤地名考。

〔七二〕吴師道云：「史：『大縣數十，名都數百。』」〔按〕縱橫家書作「大縣數十，名部（「部」疑「都」誤）數百」。或謂部比縣小，嫌乏證據。

〔七三〕横田惟孝云：「『無韓』疑當作『亡韓』。上文『亡韓盡有鄭地』，可以見矣。」〔按〕古「亡」、「無」同字，此作「無」字自通。縱橫家書亦作「無韓」，與下二「無」字相同，可證不誤。横田説非。

〔七四〕鮑彪改「蘭」作「闌」。〔按〕説見上。縱横家書作「闌」。

〔七五〕吴師道云：「史(百此)作『由此』。大事記從策文改。」〔按〕縱横家書作「百此」，同策文。

〔七六〕姚宏云：「劉(矣)作『也』。」鮑彪改「矣」作「也」。吴師道云：「(也)史同。」〔按〕「矣」猶「也」，見經傳釋詞。

〔七七〕鮑彪云：「(受兵)受秦兵。」〔按〕詳見上。縱横家書無「矣」字。

〔七八〕鮑彪云：「以求地擿撓之。」〔按〕撓，曲也。謂屈撓之以割地媾和也。縱横家書無「之」字。

〔七九〕吴師道云：「(韓知亡)史『識亡』。宜從策。」黄丕烈云：「吴説非也，『識』即『知』，見索隱。上文『此天下之所同知也』，下文『則皆知秦之無窮也』，史記亦皆云『識』，是其證矣。」〔按〕吴意蓋謂史無「韓」字，不如策文明順，非指「知、識」二字之異。黄説疑失之。縱横家書作「識亡不聽」，同史記。

〔八〇〕鮑彪云：「質，約也，見下。」

〔八一〕鮑彪云：「雁行，言以次進。」横田惟孝云：「雁行，猶顔行，謂前軍也。頓刃，謂執壞兵刃以戰也。」金正煒云：「漢書嚴助傳：『如使越人蒙死徼幸以逆執事之顔行。』文穎曰：『「顔行」猶「雁行」，在前行故曰「顔」也。』史記越世家：『所求於晉者，不至頓刃接兵。』正義：『頓刃，築營壘也。』」〔按〕金説是也。燕策一燕文公時章「今使弱燕爲雁行，而彊秦制其後」。韓策二楚圍雍氏五月章：「(韓)居爲隱蔽，出爲雁行。」韓非子存韓篇：「先爲雁行以攻關。」史記韓世家：「韓必德王也，必不爲雁行以來。」可證此爲當時習語。又「雁行」爲陣名，見銀雀山漢簡孫臏兵法十陣篇。説云：「雁行之陣者，所以接射也。」「前列若䧿(注：疑爲「貛」)，後列若貍，三……闕羅而自存，此之謂雁陣之任。」又同書威王問篇云：「雁行者所觸側應□也。」解此亦通。頓刃，謂前鋒交接頓壞其刃。横田解非。

〔八二〕鮑彪「之」下補「愚」字。〔按〕「之」字疑涉下「之」字而衍。史記及縱横家書皆無此句。

〔八三〕〔按〕縱横家書此句作「(楚、趙)必疾兵」，史記作「楚、趙必集兵」。「集」疑「疾」之音誤。

〔八四〕〔按〕史記及縱横家書皆無「此何也」三字。

〔八五〕鮑彪「秦」下補「欲」字。吴師道云：「史『之』下有『欲』字，大事記從之。」姚氏辭類篹從鮑本作「秦欲」。吴汝綸點勘本從史記作「秦之欲」。〔按〕縱横家書無「則」字，「知」作「識」，「窮」作「躬」，同聲通借。

〔八六〕〔按〕史記及縱横家書並無「之民」二字。

〔八七〕吴師道云：「史無『乎』字，大事記從策補。」〔按〕縱横家書亦無「乎」字。索隱云：「從，音足松反。從事，言合從事王也。」

〔八八〕鮑彪衍「魏」字。吴師道云：「字衍。史無。」黄丕烈云：「史記作『趙挾韓之質』，與策文不同也。」姚氏辭類篹、横田本並衍「魏」字。〔按〕縱横家書作「偃韓之質」，偃同挾，無「魏」字。魏不應自挾其質，「魏」字當衍，今從之。韓投質於趙，此云「挾韓之質」者，安井衡云：「魏與趙合，則亦可挾其質以責侵地也。」

〔八九〕〔按〕史記及縱横家書皆無「爲務」二字，「因」作「而」，又無「於韓」二字。

〔九〇〕〔按〕縱横家書「得」作「盡反」二字。

〔九一〕〔按〕應上「而今負强秦之禍也」。縱横家書「無」上有「必」字。史記「然而無」三字作「而又與」，句法不同，詳王念孫史記雜志。

〔九二〕吴師道云：「(大時)史作『天時』。大事記從策。」王念孫云：「大時，言存韓安魏而利天下，王之時莫大於此也。秦策曰：『今攻齊，此君之大時也。』是其證。」〔按〕縱横家書亦作「大時」，史記「天」當是「大」之譌。

〔九三〕鮑彪讀下「使」字句，云：「使，去音。通其道，不通他使，將爲關也。」吴師道云：「『莫』句。史(共莫)作『共甯』。下云『使道安城，出入賦之』云云。大事記從之。正義云：『共，衛州共城縣。甯，懷州修武縣。』解題云：『是時秦欲取韓上黨，故蠶食其地，使與韓國中絶。故勸魏假道。使韓得與上黨往來，豈專爲韓而已哉？韓不失上黨，則三晉之勢猶完也。』」〔按〕「莫」當作「甯」，縱横家書亦作「共甯」，可證。今從之。姚氏辭類篹、横田本並從史作「甯」。程恩澤地名考亦作「甯」，云：「此甯地當在修武，正韓通上黨之捷徑也。……江永曰：今(河南)懷慶府修武縣與衛輝府獲嘉縣接境，皆古甯城地。周既改甯爲修武，而猶稱甯，蓋後又復舊名也。」共，見上文。通韓之上黨，吕祖謙大事記解題釋之已明。而陸隴其謂：「赧王五十三年，秦白起伐韓，拔野王，上黨路絶。上黨守馮亭以其地歸趙，正此時。篇中所云通上黨於共、甯，正以其中絶也。」林春溥戰國紀年亦繫此策於白起攻野王之後。考上文言「越山踰河，絶韓之上黨而攻强趙，秦必不爲」。明非秦拔野王斷上黨之時。陸説非是。附辨於此。

〔九四〕于鬯云：「(關)設關。」〔按〕此八字，史記作「使道安成」；縱横家書作「使道安成之□」(原書注：缺文當是「關」字)。張守節正義引括地志：「故安成在鄭州原武縣東南二十里，時屬魏也。」與策文異。

〔九五〕鮑彪云：「賦，征取。」〔按〕史記及縱横家書無「者」字。此謂對商賈征税。

〔九六〕鮑彪云：「質，有要也。」吴師道云：「『質』猶『贄』，韓以上黨爲質也。」〔按〕「質」猶上「役質於趙」之「質」。上言人質，此言地質，故云「重質」。

〔九七〕鮑彪云：「(共)韓、魏共之。」吴師道云：「(共有)史作『今有』。當從策。」〔按〕縱横家書「共」作「合」，義同。史記「今」字當是「合」之形訛。

〔九八〕〔按〕縱横家書無「愛魏」二字。

〔九九〕〔按〕縱横家書「韓是」二字互倒。

〔一〇〇〕鮑彪云：「衛時已附梁。」金正煒云：「『則』猶『而』也。衛，蔽扞也。『衛大梁』當上屬爲句。」〔按〕金釋是也。縱横家書作「以率大梁」，「率」即「衛」之别體字。史記之「衛」字，亦當作「扞衛」解。

〔一〇一〕〔按〕縱横家書「河外」作「河北」。

〔一〇二〕鮑彪云：「(易)秦輕之也。」吴師道云：「易，改易也。」金正煒云：「『必易』疑當作『不易』。『必』、『不』同聲，又涉上文『必危』而誤。左氏昭四年傳：『以歲之不易。』注：『不易，言有難。』」〔按〕史記作「二周、安陵必危。」「易」與「危」義相近。「易」疑是「剔」之借字(史記宋世家「剔成」，索隱引紀年作「宋易城盱」。「易城」即「剔成」。「剔」字從「易」，同聲通用)。莊子馬蹄篇：「燒之剔之。」釋文：「剔，翦也。」此言安陵必爲翦滅。又「易」或讀作「愓」。易乾：「夕愓若厲。」鄭玄注：「愓，懼也。」縱横家書作「貳周、安陵必貤」，貤同弛，弛與易同音，亦與移通，義並近。

〔一〇三〕鮑彪衍「楚」字。吴師道云：「字衍。史無，大事記從。」〔按〕衍者是，史記及縱横家書並無「楚」字，今從之。

〔一〇四〕金正煒云：「『大』當『竝』之損，言二國並將爲秦所破也。又左氏襄十四年傳：『乃命大還。』義亦與『竝』同。」〔按〕史記及縱横家書並作「大」，義自通，金改非。

〔一〇五〕鮑彪云：「(衛、齊)皆爲秦所勝制。」〔按〕縱横家書作「燕、齊甚卑」。上文「又不攻衛與齊矣」，「衛」乃「燕」之誤(説見上)，與此文相應，此「衛」字亦「燕」之誤，今改。「卑」與「畏」形近，字當作「畏」，言二國恐畏也。

〔一〇六〕姚宏云：「集本(「久」下)有『矣』字。」姚鼐云：「國策無『矣』字，史記無『之日』字，以文義皆當有之。」〔按〕縱横家書「鄉」作「舟」，「秦」下有「而」字，無「之日」二字，「久」下有「矣」字。「舟」乃「輈」之假借(據下「馳」字而知)，謂駕車西朝秦。此章魏世家繫於安釐王十一年(前二六六)齊、楚攻魏，秦救魏之後，云：「魏王以秦救之故，欲親秦而伐韓，以求故地。」安釐十一年當秦昭王四十一年。策云「太后母也，而以憂死」。據秦本紀宣太后則死於昭王四十二年十月。大事記因併秦救魏事與此策附次於周赧五十年（前二六五）秦太后死之後。顧觀光編年從史記次於周赧四十九年（前二六六），辨之云：「其時秦曆與魏曆不同，秦正建亥。史於昭襄王四十二年先書十月宣太后薨，繼書九月穰侯出之陶。則此十月乃歲首之十月。魏承晉後，蓋乃建寅。是安釐王之十一年冬，實即襄王之四十二年也。」按顧説甚辨。然穰侯之出，固在四十二年九月，何以解「穰侯舅也，而竟逐之」語乎？秦紀昭襄四十二年先書十月，後書九月，其「十月」二字，據瀧川資言會注考證古鈔本及南監本並作「七月」。「十」、「七」二字，古書多譌，而七月、九月，先後順序。則秦昭四十二年之「十月」實「七月」之譌也，不足爲據。竊意魏世家次此章於秦救魏之後者，史遷亦不能斷其年代，因事相附耳，本非同年事。呂氏移附於秦太后死後，是也，但併秦救魏事而移之，則非。秦救魏事應從世家在安釐十一年，而朱己諫魏王伐韓當在其後一二年間。陸隴其、林春溥謂在周赧五十三年（前二六二）白起攻韓之時，與縱横家書注之公元前二六三年説（見前）相近。

9　葉陽君約魏

葉（奉）陽君〔一〕約魏，魏王將封其子。謂魏王曰：「王嘗身濟漳，朝邯鄲，抱葛、薜（薜）〔二〕、陰、成以爲趙養邑〔三〕，而趙無爲王有也〔四〕。王能〔五〕又封其子問（河）陽姑衣

（密）〔六〕乎？臣爲王不取也。」魏王乃止〔七〕。

【箋證】

〔一〕鮑彪云：「（葉陽君）趙人。」「趙惠文十三年有，與此（策）語同，云封李兑子。則葉陽君，兑之封乎？」吴師道云：「『葉』即『奉』之訛，李兑也。説見趙策。」〔按〕「葉」當作「奉」，從趙策改。

〔二〕姚宏云：「（薜）曾作『薛』。」鮑本原作「薜」，鮑改「薜」作「孽」。吴師道云：「趙世家作『孽』者，是。一本作『薛』，亦非。」黄丕烈云：「『薜』即『孽』字之省。『薛』，形近之譌也。」〔按〕趙策亦作「薜」。今從曾本改。

〔三〕鮑彪云：「（養邑）供養之邑。」

〔四〕金正煒云：「當作『而趙爲王無有也』。『爲』猶『於』也。」〔按〕趙策作「而趙無爲王行也」，義同。

〔五〕横田本「能」作「乃」，云：「從一本。」〔按〕經傳釋詞云：「『能』猶『乃』也，亦聲相近也。」引此策，云：「言王乃又封其子乎？」不須改字。

〔六〕鮑彪改「問」作「河」，「衣」作「密」。盧本從之。吴師道云：「字訛，趙策（問）作『河』，（衣）作『密』。」于鬯云：「草書『問』、『河』二字相似。『密』字當本作『宓』，與『衣』亦略近。」〔按〕「問」、「衣」二字當訛，今從鮑改。

〔七〕〔按〕此章説辭見於趙策四齊欲攻宋秦令起賈禁之章，唯首尾略異耳，蓋亦傳聞異辭而並存之也。

10　秦使趙攻魏

秦使趙攻魏。魏〔一〕謂趙王曰：「攻魏者，亡趙之始也。昔者晉人欲亡虞而伐虢，伐虢者，亡虞之始也。故荀息以馬與璧假道於虞，宫之奇諫而不聽，卒假晉道。晉人伐虢，反而取虞。故春秋書之，以罪虞公〔二〕。今國莫强於趙，而并齊、秦，王賢而有聲者相之，所以爲腹心之疾者，趙也〔三〕。魏者，趙之虢也；趙者，魏之虞也。聽秦而攻魏者，虞之爲也。願王之熟計之也〔四〕！」

【箋證】

〔一〕〔按〕「魏」字疑涉上「魏」字而衍。或「魏」上有「爲」字。

〔二〕〔按〕事見左氏僖二年及五年傳。僖二年公羊傳云：「虞師、晉師滅夏陽。虞微國也，曷爲序乎大國之上？使虞首惡也。曷爲使虞首惡？虞受賂，假滅國者道以取亡焉。」僖五年左氏傳云：「故書曰晉人執虞公。罪虞，且言易也。」

〔三〕鮑本、吳本「腹心」作「心腹」。鮑彪衍「齊」字，云：「『并』猶『兼』。聲，威聲。相，助也。言趙强矣，兼得秦助。」吳師道云：「今國莫强於趙而并（原本「并」作「兼」，據策文當作「并」，今正）齊、秦，句。王賢而有聲者相之，句。言趙强兼齊、秦，王既賢而又有聲望者相之，所以爲秦腹心之疾也。如此乃協。」黄丕烈云：「『而并齊、秦』四字當爲一句。『而』即『能』字，言所能並於二國也。」横田惟孝讀「齊」字句，云：「『并』猶『合』也。聲，名望也。言趙强而又合齊，而秦君臣賢，故知趙爲心腹之疾，而欲亡之。」（安井説同）于鬯亦讀「齊」字句，但以「秦」字應下移「所以」上，云：「蓋字錯也。王賢謂趙王賢，非謂秦王賢。有聲者相之，亦指趙相，非指秦相。據前策云：『秦、趙約而伐魏，魏王患之。芒卯曰：王勿憂也。』史六國表（按當作魏世家）云：『芒卯以詐重。』正在是年。則『相』當指芒卯。有聲者，正以其詐聞矣。」金正煒讀同黄札，又云：「『聲』或『賢』字之譌。趙王既賢，又得賢者相之，故秦以趙爲腹心之疾也。『腹心』上當補『秦』字。」鍾鳳年亦謂「腹心」上脱「秦」字，讀「齊、秦」句，而云：「『齊』字非指齊國。如同策四秦攻韓之管章及次章秦趙搆難而戰章並有『不如齊趙』之語，彼『齊』字俱不得視爲國名之例。此語蓋説者面諛趙王之辭，言其國之强等儕於秦也。」〔按〕吴讀爲是，但「而并」當從黄訓爲「能並」。「腹心」上疑脱「秦」字。于氏以有聲者相之指芒卯，卯爲魏相以詐聞，未嘗相趙，何能附益之？大謬。

〔四〕吴師道云：「此士引喻明切，謂春秋罪虞，亦不悖。秦使趙攻魏之事無見，或因其言而止歟？」〔按〕于鬯年表以此章附合前秦約趙而伐魏章爲一事，繫於魏昭王六年（前二九〇）。

11　魏太子在楚

魏太子在楚。謂樓子於鄢陵〔一〕曰：「公必且待齊、楚之合也，以救皮氏。今齊、楚之理必不合矣〔二〕。彼翟子〔三〕之所惡於國者無公矣〔四〕。其人〔五〕皆欲合齊、秦，外楚以輕公，〔公〕必〔六〕謂齊王曰：『魏之受兵，非秦實首伐之也。楚惡魏之事王也，故勸秦攻魏。』齊王故〔七〕欲伐楚，而又怒其不已善也〔八〕，必令魏以地聽秦而爲和。以張子之强，有秦、韓之重，齊王惡之，而魏王不敢據也〔九〕。今以齊、秦之重，外楚以輕公，臣爲公患之。鈞之出地以爲和於秦也〔一〇〕，豈若由楚乎？秦疾攻楚，楚還兵，魏王必懼〔一一〕，公因寄汾北〔一二〕以予秦而爲和，合親以孤齊〔一三〕。秦、楚重公，公必爲相矣。臣意秦王與樗里疾之欲之也，臣請爲公説之！」

乃請〔一四〕樗里子曰：「攻皮氏，此王之首事也〔一五〕，而不能拔，天下且以此輕秦。且有皮氏，於以攻韓、魏，利也。」樗里子曰：「吾已合魏矣，無所用之〔一六〕。」對曰：「臣願以鄙心意〔一七〕公，公無以爲罪？有皮氏，國之大利也，而以與魏。公終自以爲不能守也，故以與魏。今公之力有餘守之〔一八〕，何故而弗有也？」樗里子曰：「奈何？」曰：「魏王之所恃者齊、楚也，所用者樓廩〔一九〕、翟强也。今齊王謂魏王曰：『欲講攻於齊王兵之辭也〔二〇〕，是弗救矣〔二一〕。』楚王怒於魏之不用樓子而使翟强爲和〔二二〕也，怨顔已絶之矣〔二三〕。魏王之懼也見亡〔二四〕。翟强欲合齊、秦，外楚以輕樓廩〔二五〕。樓廩欲合秦、楚，外齊以輕翟强。公不如按魏〔二六〕之和，使人謂樓子曰：『子能以汾北與我乎？請合於楚，外齊以重公也，此吾事也〔二七〕。』樓子與楚王必疾〔二八〕矣。又謂翟子：『子能以汾北與我乎？必爲〔二九〕合於齊，外於〔三〇〕楚以重公也。』翟强與齊王必疾矣。是公外得齊、楚以爲用，内〔三一〕得樓廩、翟强以爲佐，何故不能有地於河東乎〔三二〕？」

〔箋證〕

〔一〕原本此章與上章連屬，從鮑本分提。鮑彪改「謂」作「爲」，云：「（樓子）廩也，從太子爲質而楚任之。（鄢陵）楚用事者所封。」吴師道云：「此語本記其人與樓子言於鄢陵之地。鄢，楚别都，在宜城。此鄢陵即策所謂『許、鄢陵』者，魏地也。樓廩主合楚之謀，非從太子而楚任之也。」〔按〕吳說爲是，鮑改非。安井衡謂：「鄢陵，楚邑。時翟强用事，樓子從太子在鄢陵，蓋未達楚都，故此人與樓子言於此也。」然廩若在楚，此士何能説之「寄汾北以予秦而爲和，合親以孤齊」？是不然也。魏太子質於楚事，見本策二秦楚攻魏圍皮氏章。

〔二〕横田惟孝云：「言二國於理不合，下文所言即是也。」〔按〕「之」猶「於」也，見經傳釋詞。

〔三〕鮑彪云：「（翟子）强也，魏人仕齊。」吳師道云：「（翟子）魏王所用，下文甚明。楚策：魏相翟强死。」

〔四〕横田惟孝云：「無公，猶言無如公也。趙策大亂君臣之義者無此矣。」（鍾鳳年謂「公」下脱「若」字，義亦近似。無，猶無如，各書言助詞者不及，横田解可以補例）

〔五〕鮑彪云：「人，翟之人。」

〔六〕横田惟孝云：「『公必』之『公』衍字。是翟子之徒告齊王之辭。」金正煒、鍾鳳年並謂「公」字誤複。〔按〕涉上「公」字衍，今從衍。

〔七〕吳師道：「故、固通。」

〔八〕横田惟孝云：「不已善，即謂楚惡魏之事王也。」

〔九〕鮑彪云：「言（張）儀往日。」吳師道云：「此語本謂以儀有秦、韓之重，而齊王惡之，魏王不敢據之以爲安。二國之於儀，猶如此也。」〔按〕秦武王資張儀納之魏，齊王憎儀，舉兵伐之，魏王大恐，見齊策二。此即所謂「魏王不敢據也」。

〔一〇〕鮑彪云：「鈞，言齊與楚。」横田惟孝云：「言出地以和秦，由齊由楚亦皆同。」

〔一一〕鮑彪衍「楚還兵」之「楚」字。吳師道云：「楚還兵者，復兵與秦合攻魏也，故魏王懼。」金正煒云：「此謂秦怨楚之合於魏而疾攻之，楚引兵而還，則魏失楚助，故必懼。此士蓋從太子於楚者，故不知秦有合魏攻楚之謀，猶欲固楚和秦，以重太子於楚。」〔按〕吳說可通。金說存參。

〔一二〕鮑彪改「寄」作「割」，云：「汾北，魏地鄢陵。」吳師道云：「恐字有訛。」張琦云：「（汾北）汾水之北，今絳州河津等地，即謂皮氏也。」安井衡云：「遥與地於秦，故曰『寄』。」〔按〕「寄」猶「委」。論語秦伯篇：「可以寄百里之命。」皇侃疏云：「寄是暫寄，有反之日也。」此義近似。鮑改未是。

〔一三〕鮑彪云：「秦、楚、魏合。」

〔一四〕鮑本、吳本「請」作「謂」。

〔一五〕鮑彪云：「首，言出兵。」吳師道云：「首事，猶言第一事也。」

〔一六〕〔按〕即秦楚攻魏圍皮氏章「樗里疾欲與魏攻楚」。

〔一七〕鮑彪云：「『意』猶『度』。」

〔一八〕姚宏云：「曾（公）作『攻』。」鮑彪云：「於守爲有餘。」于鬯云：「言守之有餘，倒文法。」吳闓生亦云：「此倒句文法。」（鍾鳳年亦謂「有餘守之」四字蓋倒，宜作「守之有餘」）

〔一九〕吳師道云：「⿸广鼻，字書無此字，韓策作『鼻』，即『⿸广鼻』也。策又有管鼻之令翟强與秦事云云，與此事合，疑樓⿸广鼻即管鼻也。」

〔二〇〕鮑彪改「王」作「主」，云：「（欲講攻於齊）言欲講秦攻秦皆於我。夫魏求救，欲講而已，而齊兼言攻，故下言『主兵』。」吳師道云：「『講』當作『搆』。『講攻』猶言『搆兵』。」安井衡云：「言欲講齊乎？將欲攻齊乎？是主兵之辭也。」于鬯云：「『王』字誤。」金正煒云：「『欲講』當作『遫講』。玉篇：遫，籀文『速』字。此由缺損而誤也。『攻』當爲『故』，草書『故』與『攻』形似。『王兵』疑是『止兵』之誤。文以『遫講』句，『故於齊』句。言齊使魏速講於秦，是『止兵』之詞，則其不復出兵以援魏可知矣。」鍾鳳年云：「『齊』字當作『楚』。因此乃齊來告魏之語，則豈有令魏攻己之理？且下文『是弗救也』，乃言齊勿救魏也，亦無魏若攻齊而齊反救之之理。此際與齊争欲得魏者爲楚，今齊既來言於魏，可見所欲攻者必爲楚，故此『齊』必爲『楚』字之譌。」〔按〕「於」猶「從」也。「王」疑當作「止」。言齊謂魏欲講或攻悉從齊。乃止兵不出之辭，故下云「是弗救矣」。諸説恐並未安。姑録以備考。

〔二一〕鮑本、吴本「矣」作「也」。

〔二二〕鮑彪云：「（和）和齊、秦。」

〔二三〕鮑彪云：「怨魏欲絶之，見於顔色。」

〔二四〕鮑彪云：「以有亡形而懼。」〔按〕前秦楚攻魏圍皮氏章「秦、楚勝魏，魏王之恐也見亡矣」。與此同。

〔二五〕鮑彪云：「此强之和。」

〔二六〕姚宏云：「曾（魏）作『親』。」吴師道云：「按，止也。」

〔二七〕鮑彪云：「疾言此事吾所欲爲。」金正煒云：「吾事，謂吾力能爲之事。左氏襄五年傳『有陳非吾事也』，注：『言晉力不能及。』與此文正相反，可以借證。」

〔二八〕鮑彪云：「（疾）言應之速。」

〔二九〕盧本「爲」作「不」，非。

〔三〇〕鮑彪衍「於」字。

〔三一〕鮑彪云：「（内）主魏言之，故言『内』。」

〔三二〕鮑彪云：「言且得皮氏。」

戰國策　卷二十五

魏四

1　獻書秦王曰

(闕文)獻書秦王曰：「昔[一]竊聞大王之謀出事於梁[二]，謀恐不出於計矣[三]，願大王之熟計之也！梁者，山東之要[四]也。有虵於此，擊其尾，其首救；擊其首，其尾救；擊其中身，首尾皆救[五]。今梁王(者)，天下之中身[六]也，秦攻梁者，是示天下要，斷山東之脊也[七]，是山東首尾皆救中身之時也。山東見亡必恐，恐必大合。山東尚强，臣見秦之必大憂[八]，可立而待也。臣竊爲大王計，不如南。出事於南方[九]，其兵弱，天下必(不)[一〇]能救，地可廣大[一一]，國可富，兵可强，主可尊。王不聞湯之伐桀乎？試之弱密須氏[一二]，以爲武教。得密須氏，而湯之[一三]服桀矣。今秦國[一四]與山東爲讎，不先以弱爲武教，兵必大挫，國必大憂。」

秦果南攻藍田、鄢、郢〔一五〕。

〔箋證〕

〔一〕鮑本、吳本「昔」作「臣」。〔按〕廣雅釋詁：「昔，始也。」

〔二〕鮑彪云：「（出事於梁）謂攻之。」横田惟孝云：「『事』如『有事於顓臾』之『事』，謂攻伐也。」

〔三〕鮑彪云：「（不出於計）非得計也。」横田惟孝云：「不出於計，謂不出於王計慮。」金正煒云：「『不』字當爲『者』，本在『恐』字之上，而誤乙於下也。……『出』當爲『詘』，涉上文而譌也。『詘』與『屈』通。」〔按〕不出於計，猶言非計，鮑注得之。横田解未允，金說更迂。

〔四〕鮑彪云：「腰，人身之中。」〔按〕要，俗作「腰」。

〔五〕鮑彪云：「兵法所謂率然。」〔按〕孫子九地篇：「善用兵者，譬如率然。率然者，常山之蛇也。擊其首則尾至，擊其尾則首至，擊其中則首尾俱至。」

〔六〕鮑本「王」作「者」，「中身」作「脊」。吳師道云：「一本『令梁王天下之中身也』。」横田本王從鮑本作「者」。金正煒云：「『王』當爲『國』。俗書『國』作『国』，『王』即『国』之壞文。」〔按〕「王」作「者」爲長，從改。「中身」即「要」。

〔七〕鮑彪讀「要」字不句，云：「要，猶欲。」吳師道云：「要，同上義。山東脊，天下要，與上互言之。示者，顯取之之意。」横田惟孝云：「『示』疑當作『刺』。『下』下疑脱『之』字。秦策曰『斷秦之要，絶楚、魏之脊』，文意正同。天下、山東互言之。要，人身上下之中；脊，左右之中，亦互言之也。」〔按〕横田說近是。「示」疑是「朿」之形譌，「朿」爲「刺」之借字。

〔八〕横田惟孝云：「『必大憂』疑當作『大憂必』。」〔按〕原文自通，不必倒。下文「國必大憂」與此相應。

〔九〕鮑彪云：「（南方）謂楚。」金正煒謂：「（不如南）『南』當爲『亟』。」〔按〕不如南，句，義自通，不須改字。

〔一〇〕鮑彪「必」上補「不」字。吴師道云：「作『必不』語順。又『必』字恐當作『不』。」吴汝綸點勘本從吴前説作「必不」。〔按〕「必」、「不」聲近而譌，策多此例。今從吴後説正。

〔一一〕姚宏云：「曾無『大』字。」鮑彪云：「（地）言秦地。」

〔一二〕鮑彪云：「試，謂先之，以其弱可必克也。周紀注密須在安定陰密。」吴師道云：「密，姞姓國，在今寧州。史周紀西伯伐密須，詩所謂密人不恭者也。此誤以爲湯，又云試之於弱。戰國游士言聖賢事多妄謬，此尤顯然者也。」程恩澤云：「（密須）姞姓，在今甘肅靈臺縣西五十里。」〔按〕吕氏春秋用民篇：「密須之民，自縛其主，而與文王。」尚書大傳：「文王三年伐密須。」（左傳襄王三十一年疏引）亦並謂是周文王事。詩商頌長發篇：「韋、顧既伐，昆吾、夏桀。」是湯伐桀之前，先伐韋、顧、昆吾三國。策全違史實。

〔一三〕鮑本、吴本「之」作「知」。黄丕烈云：「『知』字當是。」關修齡云：「『之』字婉句，言得弱而能服强也。」〔按〕「之」猶「以」也，見經詞衍釋。本字自通，可各存其字。

〔一四〕鮑本、吴本「國」作「欲」。黄丕烈云：「『欲』字當是。」金正煒云：「『國』當爲『圖』字之譌也。」〔按〕「國」古多作「或」，與「欲」疑音近而譌。

〔一五〕鮑彪云：「藍田，秦地，疑衍文。」吴師道云：「秦之攻楚，多道藍田、武關以出攻，如敗楚藍田之云。」程恩澤云：「秦之藍田去咸陽僅百餘里，而距鄢、郢甚遠，決非楚地。當別有一地名藍田者。儲大文曰：漢書王莽傳：南郡張霸，江夏羊牧、王匡等起雲杜緑林，號下江兵。晉灼曰：本起江夏雲杜縣，後分西上，入南郡，屯藍田，故號下江兵。後漢郡國志南郡編縣有藍田口聚（自注：今本作「藍口聚」，無「田」字。晉灼注亦作「藍口」）注云：『下江兵所據。』蓋即其地。今在襄陽府南漳縣西南，又在安陸府荆門州北，正與鄢、郢相近。非今西安府之藍田縣也。」〔按〕漢書王莽傳注藍田，宋景祐本作「藍口」，殿本作「藍田」。後漢書王常傳、郡國志並作「藍口」。藍口即那口，「藍」「那」一聲之轉。則「藍田」是「藍口」之誤，程考恐未然。秦昭王二十八年（前二七九）秦攻楚取鄢，二十九年（前二七八）取郢爲南郡。

2　八年謂魏王曰

八年（闕文）〔一〕，謂魏王曰：「昔曹〔二〕恃齊而輕晉，齊伐釐〔三〕、莒而晉人亡曹〔四〕。繒〔五〕恃齊以悍〔六〕越，齊和子〔七〕亂而越人亡繒〔八〕。鄭恃魏以輕韓〔九〕，伐榆關〔一〇〕而韓氏亡鄭〔一一〕。原恃秦、翟以輕晉，秦、翟年穀大凶而晉人亡原〔一二〕。中山恃齊、魏以輕趙，齊、魏伐楚而趙亡中山〔一三〕。此五國所以亡者，皆其〔一四〕所恃也。非獨此五國爲然而已也，天下之亡國皆然矣。夫國之所以不可恃者多，其變不可勝數也。或以政教不修，上下不輯而不可恃者；或有諸侯鄰國之虞而不可恃者；或以年穀不登，稸〔一五〕積竭盡而不可恃者；或化〔一六〕於利，比〔一七〕於患。臣以此知國之不可必恃也。今王恃楚之强，而信春申君之言，以是質秦〔一八〕，而久不可知〔一九〕。即春申君有變，是王獨受秦患也。即〔二〇〕王有萬乘之國，而以一人之心爲命也。臣以此爲不完，願王之熟計之也！」

〔箋證〕

〔一〕鮑彪「八」上補「十」字，云：「此（安釐王）八年，春申未封（吳本「封」誤作「到」，今從鮑單注本正）。」吳師道云：「追稱之辭。」〔按〕顧觀光編年次此策於秦始皇六年（前二四一）春申君率諸侯伐秦下（于鬯年表同），云：「八年下有闕文。」考策文云：「今王恃楚之强，而信春申君之言，以是質秦。」與春申合從伐秦之事相合，顧説當是。秦始六年當楚考烈王二十二年、魏景湣王二年、趙悼襄王四年、韓桓惠王三十二年，並與「八年」之文不合，姚本「八年」下注「闕文」。疑「八年」二字本爲一章，下文空闕；「謂魏王曰」又別爲一章，傳寫者省併爲一章耳。或「八年」上下並有闕文。安釐八年（前二六九）當楚頃襄王三十年，其時春申隨楚太子質秦，未執楚政，魏安能信之？吳以春申爲追稱之詞，顯非。鮑改爲「十八年」。安釐十八年（前二五九）當秦昭王四十八年，正秦敗趙長平之明年，兵勢方盛，其時亦未聞楚有合從之謀，則鮑改亦未是（鍾鳳年辨吳注追稱之説，但以鮑十八年爲是，亦未諦）。

〔二〕鮑彪云：「曹，今定陶。」程恩澤云：「地理志濟陰郡定陶，故曹國，周武王弟叔振鐸所封。……今山東定陶縣西有故陶城。或曰：曹即曹州也。今爲曹縣，與定陶同屬曹州府，蓋亦其地。」

〔三〕吳師道云：「齊策：『昔者萊、莒好謀，陳、蔡好詐，莒恃越而滅，蔡恃晉而亡。』此『釐』字即『萊』。左傳『公會鄭伯於郲』，杜注：『釐城。』劉向引『來牟』作『釐牟』，古字通。」

〔四〕鮑彪云：「史曹伯陽十五年，背晉，宋滅之。（魯）哀公八年。」吳師道云：「即（魯）僖二十八年晉侯伐曹，分曹、衛田事。凡言亡，非必國滅也。」金正煒云：「韓非飾邪篇：『曹恃齊而不聽宋，齊攻荆而宋滅曹。』史記宋世家：『曹倍宋，又倍晉，宋伐曹，晉不救，遂滅曹。』皆與策文不合，傳聞異辭，但當各從本文。」〔按〕吳以左氏僖二十八年傳「晉侯入曹」事合之，但其時晉伐曹、衛以紓齊、宋（僖二十七年傳「孤偃曰：若伐曹、衛，楚必救之，則齊、宋免矣。」），與策語亦不合，不必强爲比附。

〔五〕鮑彪云：「繒，禹後，屬東海。」吳師道云：「春秋『鄫』，穀梁作『繒』。杜注：『今琅邪鄫縣。』」張琦云：「今（山東）兖州府嶧縣東八十里有故城。」〔按〕「繒」疑當作「滕」，説見下。

〔六〕鮑本「以悍」作「而輕」。〔按〕悍同捍（莊子大宗師：「我則悍矣。」釋文：「『悍』本作『捍』。」）「捍」即「扞」字。漢書董仲舒傳注：「扞，距也。」

〔七〕鮑彪云：「（和子）太公田和。」吳師道云：「恐非。」

〔八〕鮑彪云：「哀六年莒人滅鄫，與此異。」吳師道云：「左氏『莒人城鄫，鄫恃賂也』，注：『鄫有貢賦之賂在魯，恃之而慢莒。』此或訛爲齊。」〔按〕越無滅繒之事。疑「繒」當作「滕」。「繒」、「滕」韻同部。古讀舌上音作舌頭音，澄紐之字入定紐，故「繒」、「滕」同音，因以致誤。古本竹書紀年：「於粤子朱勾滅滕。」滕近於齊（孟子滕文公問曰：「滕小國也，間於齊、楚。」可證），則恃齊以輕越，事理可推。於粤滅滕，在晉烈公元年，當齊宣公四十一年，其時田和尚未立，則所謂「和子」者或如鮑注爲田和，亦未可知。惟和子之亂，史事不詳（滕滅於越，其後復有滕，蓋越滅之而未能有其地，滕之後裔復立爲國，猶魏滅中山，而其後又有中山歟？漢書地理志沛郡公邱注及杜預春秋釋例世族譜謂滕爲齊所滅，宋策又謂宋王偃滅滕，蓋指後滕，説又各異）。

〔九〕鮑彪「韓」下補「魏」字，屬下讀。吳師道云：「此宜有『魏』字。」黄丕烈云：「此因即説本國事，故不更云魏，取便文也。補者非是。」

〔一〇〕鮑彪云：「九域圖（榆關）在平州界。」吳師道云：「大事記：安王三年，楚歸鄭榆關。十一年，魏、韓、趙敗楚師於大梁榆關。正義云：『榆關在鄭之南，大梁西。』」張琦云：「方輿紀要曰：（榆關）在汝州境。」

〔一一〕横田惟孝云：「按西周策『魏攻秦而鄭亡』。韓子『魏攻荆而韓滅鄭』。必有一誤。然則榆關屬秦乎，屬楚乎？未可知也。」〔按〕據史記楚世家及六國表，其時榆關當屬楚，策語與韓非子飾邪篇「魏攻荆而韓滅鄭」合。

〔一二〕鮑彪云：「僖二十五年原降，使趙衰處原。」程恩澤云：「趙衰所處之原乃蘇忿生邑，非國也。策云『此五國所以亡者，皆有所恃也』，則原當是國，不是邑。左傳『原爲文昭』，則原本周之懿親，且其封當在武王之世，而蘇忿生亦武王時司寇，不應甫封即滅，遽歸他姓。疑必別有一地爲原國者，非即濟源之原鄉也。」安井衡云：「鮑引僖二十五年晉人降原以實之，然彼原本周一邑，周王以賜晉文，又無恃秦、翟之事。恐別有其事，而史逸之也。」〔按〕此類存疑可也。

〔一三〕吴師道云：「周策宫他謂周君曰云云，略同。齊、魏伐楚而趙亡中山，此襄王十八年秦、韓、魏、齊共敗楚將唐昧事。大事記謂史稱趙與燕、齊滅中山，齊非中山與國者，亦未然，説見燕、趙等策。」〔按〕趙策一趙收天下且以伐齊章云：「楚人久伐而中山亡。」

〔一四〕鮑彪改「其」作「有」，盧本從之。黄丕烈云：「其者，其五國也。鮑改誤甚。」

〔一五〕鮑本「稸」作「畜」。吴師道云：「一本『畜』作『稸』。此書多作『稸』。」

〔一六〕鮑彪云：「『化』猶『移』。」

〔一七〕鮑彪云：「『比』猶『近』。」

〔一八〕鮑彪改「質」作「賓」。吴師道云：「未詳。」于鬯云：「鮑改似不爲無理，惟後策亦有『以是質秦』語，鮑亦改『賓』，兩處不應同誤，究不當改。竊謂『質』者猶以爲『的』也，言爲秦之的。前策言：『而獨以吾國爲知氏質乎？』」（金正煒説同）安井衡亦云：「質，的也。質秦，以秦爲敵也。」〔按〕于説等爲長。史記春申君傳：

「春申君相二十二年，諸侯患秦攻伐無已時，乃相與合從，西伐秦，而楚王爲從長，春申君用事。」即所謂「質秦也」。

〔一九〕鮑彪云：「『久』猶『後』。」關修齡云：「言日久則其變不可知。」

〔二〇〕鮑彪云：「『即』猶『是』。」〔按〕上「即」字猶「若」，此「即」字猶「則」。

3　魏王問張旄曰

魏王問張旄曰：「吾欲與秦攻韓，何如？」張旄對曰：「韓且坐而胥〔一〕亡乎？且割而從天下乎？」王曰：「韓且割而從天下。」張旄曰：「韓怨魏乎？怨秦乎？」王曰：「怨魏。」張旄曰：「韓强秦乎？强魏乎〔二〕？」王曰：「强秦。」張旄曰：「韓且割而從其所强與所不怨乎？且割而從其所不强與其所怨乎？」王曰：「韓將割而從其所强與其所不怨。」張旄曰：「攻韓之事，王自知矣〔三〕。」

〔箋證〕

〔一〕鮑本「胥」作「胥」，鮑彪云：「胥、胥同，待也。」吴師道云：「一本『胥』作『胥』。」〔按〕胥乃胥之形譌，「胥」即「胥」字。「且」猶「將」也。

〔二〕鮑彪云：「問以何國爲强。」

〔三〕吳師道云：「此恐與信陵所諫同一事。」〔按〕顧觀光編年與魏將與秦攻韓章並次於周赧四十九年。若是，則當次於周赧五十二年，說詳彼章。

4　客謂司馬食其曰

客謂司馬食其〔一〕曰：「慮久以天下爲可一者〔二〕，是不知天下者也。欲獨以魏支秦者，是又不知魏者也。謂茲公〔三〕不知此兩者，又不知茲公者也。然而茲公爲從，其說何也？從則茲公重，不從則茲公輕。茲公之處重也不實爲期〔四〕？子何不疾及三國方堅也〔五〕，自賣於秦〔六〕，秦必受子。不然，横者將圖子，以合於秦〔七〕，是取子之資〔八〕，而以資子之讎也〔九〕。」

〔箋證〕

〔一〕鮑彪云：「（食其）魏人，音『異基』。」吳師道云：「索隱云：酈、審、趙三人並以六國時衛有司馬食其，慕其名也。」〔按〕索隱語見史記項羽本紀，但此說無據，司馬食其未聞賢名，酈、審等何爲慕之？安能與司馬相如之慕藺相如比擬哉？「食其」殆是當時習用命名，故四人並同此名耳。

〔二〕姚宏云：「劉無『久』字。」鮑彪云：「慮久，熟慮也。」安井衡云：「慮久，慮及久遠之後也。可一，謂合從爲一。言合從久而必敗，不可得而一焉。」金正煒云：「漢書賈誼傳：『慮亡不帝制而天子自爲者。』注：『慮，大計也。』劉攽曰：『慮，大率也。』『久』字當從劉省，或爲『又』之譌，又與有通，謂凡有以天下爲可一者，皆不知天下者也。」〔按〕安井説是。金説亦可參考。

〔三〕鮑彪云：「（兹公）指合從之人。」吴師道云：「『兹公，未詳。史『夏侯嬰食兹氏』，注：『太原縣名。』春秋昭五年注莒邑者，又地不相涉。」于鬯云：「沈豫雜義云：『「兹公」即「此公」，因下「此」字嫌複，變文以造句耳。』戴文光謂即暗指食其，似未然。」金正煒云：「國語晉語：『單若有闕，必兹君之子孫實續之，不出於他矣。』注：『兹，此也。』『兹公』或與『兹君』義同。客蓋難言其人，故爲此稱，猶云夫已氏也。」〔按〕此不能强測，不如從舊説作人名爲宜。

〔四〕姚宏云：「一本（「不」下）添『以』字。」鮑彪云：「言期於不可必。」横田惟孝云：「期，必也。言爲從而重則從，不然則否，不以從爲必也。」于鬯云：「戴文光云：不實，無定也。」吴闓生云：「實、寔同字，寔，是也。言兹公之重與否，以是爲期。」〔按〕實、寔、是同字通借，説詳經傳釋詞。吴訓此「實」爲「是」，義長。據此，句當作反詰語，「不實爲期」猶「不是爲期歟」，即「以是爲期也」。

〔五〕横田惟孝云：「三國，蓋三晉。」〔按〕無據。謂三國方堅從約。

〔六〕鮑彪云：「謂陰倍從，以收秦利。」

〔七〕關修齡云：「言横者將圖子之所爲，以合於秦。」横田惟孝云：「横者，魏人欲横者。」〔按〕謂横者將反責之。

〔八〕鮑彪云：「資，謂從。食其所資者，從也。」金正煒云：「資，藉也。此謂食其之所憑藉，將爲横者之所利用也。」

〔九〕鮑彪云：「謂横人將以食其之從惡之於秦。讎，秦也。」横田惟孝云：「讎，横者也。」關君長云：「……是取子合於秦之資，反資横者也。」（金正煒説同）〔按〕關説是。吴師道云：「時與人不可考。」〔按〕顧觀光編年附於秦始皇六年（前二四一）春申君合從伐秦之下。

5　魏秦伐楚

魏、秦伐楚〔一〕，魏王不欲。樓緩〔二〕謂魏王曰：「王不與秦攻楚，楚且與秦攻王。王不如令〔三〕秦、楚戰，王交制之也〔四〕。」

〔箋證〕

〔一〕姚宏云：「（魏、秦）劉作『秦魏』。」　鮑彪云：「秦昭六年與韓、魏共攻楚。」　鍾鳳年云：「此章既言魏與秦伐楚，則次語不應繼以『魏王不欲』，致上下文義相迕。案文選賈誼過秦論注引此作『秦王伐楚，魏王不欲』，是今本字誤，應依之而改。」〔按〕秦昭六年（前三〇一）伐楚，即四國（秦、韓、魏、齊）敗楚重丘之役，當魏襄王之十八年。顧氏編年附次此章於周赧九年（前三〇六）秦伐魏圍皮氏之下，蓋據本策二秦楚攻魏圍皮氏章章末「（楚王）乃出魏太子，秦因合魏以攻楚」語而附合之也。以下樓緩語考之，似鮑説近是。

〔二〕高誘云：「樓緩，魏相也。」（文選過秦論注引）〔按〕史記秦始皇本紀索隱謂：「樓緩，魏文侯弟，所謂樓子也。」誤以緩爲樓季。此樓緩當即趙世家武靈王使「之秦」者，其語右秦。

〔三〕金正煒云：「『令』當爲『合』。齊魏戰於馬陵章：『王游人而合其鬬，則楚必伐齊。』此即其義。」〔按〕「令」字義自通。文選注引亦作「令」，金説非。

〔四〕鮑本、吳本無「也」字。　鮑彪云：「緩時爲秦計耳，故明年相秦。」

6 穰侯攻大梁

穰侯攻大梁，乘北郢〔一〕，魏王且從〔二〕。謂穰侯曰：「君攻楚，得宛、穰以廣陶〔三〕，攻齊，得剛、博〔四〕以廣陶，得許、鄢陵〔五〕以廣陶，秦王不問者，何也？以大梁之未亡也。今日大梁亡，許、鄢陵必議〔六〕，議則君必窮。爲君計者，勿攻便〔七〕。」

〔箋證〕

〔一〕鮑彪改「北郢」作「郢北」，云：「郢，楚别邑，其北近魏。」吴師道云：「北郢，乃楚之宜城，即郡也。史魏冉傳『入北宅，遂圍大梁』，此訛爲『乘北郢』也。」張琦云：「『北郢』蓋『北宅』之譌。正義曰：『竹書宅陽，一名北宅。』……今（河南）滎陽縣東十七里有北宅故城。」横田惟孝云：「郢，疑郭若郊之訛。乘，周人乘黎之乘，勝也。」〔按〕鮑改及注誤。顧觀光編年改「北郢」作「北地」，蓋據前秦敗魏於華章。此當從正義作「北宅」爲是。

〔二〕鮑彪云：「從，順服也。」金正煒云：「周書克殷解：『帝辛從。』注：『紂出朝歌二十里而迎戰也。』又從，服從。此策兩義並通。」

〔三〕吴師道云：「宛、穰廣陶，説見趙策。」（按見趙策一齊攻宋奉陽君不欲章）金正煒云：「魏冉封穰在前，益陶在後。此文『穰』字疑『秺』之譌。漢志定陶與秺同屬濟陰郡，戰國時本爲宋地，三國分宋，秺或入於楚，故穰侯取以益陶。」〔按〕此數語疑有誤，見下張琦説。

〔四〕鮑彪云：「（剛、博）並屬太山。」吴師道云：「正義引括地志云：『故剛城在兖州襲丘縣界。』愚謂剛、博當即是剛、壽。正義云：『壽，鄆州縣。』」張琦釋地從吴注改「剛、博」作「剛壽」。程恩澤云：「今寧陽縣東北三十五里有剛城。」（博見齊策六齊負郭之民有狐咺者章）

〔五〕吴師道云：「『得許』上當有『攻魏』字，缺脱。」「許、鄢陵，魏地，見前。秦得其地，不知何時。」張琦云：「此文多舛誤。宛爲公子市所封，穰爲冉之本邑，此云得宛、穰。一也。穰封在前，益封陶在後，此云廣陶。二也。穰，戰國時屬韓，韓世家、秦紀、年表並云取韓，穰，此云攻楚。三也。軍大梁在秦昭三十二年，取剛、壽在秦昭三十七年，吴氏已辨之。四也。攻許、鄢陵，世家、秦紀皆不書。五也。」〔按〕「得許、鄢陵」殆即須賈謂「君之嘗割晉國取地也」。

〔六〕鮑彪云：「議其不當得。」

〔七〕鮑彪以此章「秦昭二十四年攻魏，至大梁。此（昭王）十三年」。吴師道云：「魏昭王十三年，秦兵至大梁，即取魏安城之役。安釐王二年，秦、魏冉伐魏，走芒卯，入北宅，遂圍大梁，魏割温以和。二役皆冉相時，而敗芒卯則冉將以伐，此策當在其時。大事記載須賈説穰侯云云，『攻而不拔，秦兵必罷，陶邑必亡，前功必棄矣』下注此章，謂『與須賈同一術』，亦以爲此年事矣。然秦攻取剛、壽在秦昭三十六、七年，後此數年，而策已云得剛、壽，而又不可曉也。當考。」〔按〕客卿竈説魏冉伐齊取剛、壽以廣封，見秦策三秦客卿造謂穰侯章，約秦昭王三十六年（前二七一）。史記六國表秦、楚擊齊剛、壽，睡虎地秦簡編年記「□寇剛」，剛即剛壽，次於秦昭三十七年，則此策當稍後於其時。

7　白珪謂新城君曰

白珪[一]謂新城君曰：「夜行者能無[二]爲姦，不能禁狗使無吠己也。故臣能無議君於王，不能禁人議臣[三]於君也[四]。」

【箋證】

〔一〕姚宏云：「劉（珪）作『圭』。」鮑彪云：「（白珪）魏人，孟子稱之。趙岐以爲周人，非也。蓋至是三四十年矣。」（鮑次此章於昭王下）吴師道云：「秦昭王初年，魏冉已用事，則芈戎之貴已久。十二年而當魏昭元年，則其初年猶與魏襄相及，正孟子時也。趙岐以爲周人，何以知其非也？但戰國人姓名多偶同者，鮑以在魏策中，而即爲魏人，謬矣。又按燕策白珪逃於秦，則嘗仕秦。新序孟嘗君問白珪，恐亦此時。史白珪傳首云：『當魏文侯時，李克務盡地力，而白珪樂觀時變。』後復引圭之言曰：『吾治生產如孫、吴用兵，商鞅行法。』則其人在鞅後。首句特與李克對論，非言其世也。以二十取一語孟子，正欲以其貨殖之術施之國家者也。又新序記白珪戰亡六城，爲魏取中山。白珪顯於中山，中山人惡之於魏文侯，投以夜光之璧。則文侯時又一白珪歟？或因史所書而訛舛歟？」〔按〕史記貨殖列傳謂「白圭周人也」，吕氏春秋聽言、先識、舉難諸篇高注同，則趙注語有所本，不能遽斥爲非。閻若璩四書釋地續、梁玉繩漢書人表考並謂戰國前後有二白圭，一在魏文侯時，一當孟子時也（皆以貨殖傳之周人白圭在魏文侯時，不與孟子並時。按史記「當魏文侯時」此語，吴氏已辨之，清儒姚鼐、張文虎亦同此論。以孟子「二十而取一」語核之，當爲一人，與爲魏取中山之白珪不同）。考「白圭戰亡六城，爲魏取中山」，及「魏文侯投以夜光之璧」，語出於鄒陽之書（見史記鄒陽傳、新序雜事篇三、漢書鄒陽傳、文選卷三十九）。然魏文侯伐中山，樂羊與吴起爲將（樂羊見本策及史記魏世家。吴起見韓非子外儲説左上篇、説苑復恩篇），未聞有白圭，恐鄒陽之語有誤。吴氏以爲訛舛，殆是也。又韓非子内儲説下篇「白圭相魏，暴譴相韓」，無年代可驗，究其與暴譴相結之術，似亦非文侯時所有。此外諸書所記，如韓非子喻老篇記白圭之行堤，吕氏春秋聽言、先識、不屈、應言、舉難、知分篇稱白圭與惠施、孟嘗君問答，核與孟子之時代相近，然則白圭當爲一人，非魏文侯時别有一白圭也（漢書人表白圭列於孟子、魏惠王之間，亦其證）。鮑列此章於魏昭王十三年穰侯攻大梁章之次（鮑繫十三年有誤，説見前），據此逆算至惠王末年，相距三十一年，若再逆算至惠王改元之年（鮑從史記以惠王改元後一年爲襄王元年），相距四十六年。故謂自孟子時至是三四十年矣，鮑之繫年，不明所據。顧觀光編年附次於周赧三十四年（前二八一）秦攻魏下，云：「注家以新城君爲芈戎，即魏冉之異父弟，而魏冉復相秦在此年，故附此。」是年當魏昭十五年，秦昭二十六年，與鮑次相近。姑依鮑説新城君爲芈戎，而戎之封新城，史無明文可稽。秦本紀「（昭王）七年，拔新城」，當魏襄王十九年（前三〇〇）。又十三年，「左更白起攻新城」，當魏昭王二年（前二九四）。芈戎封新城，假定在秦昭十三年之後，則鮑次於魏昭時尚爲相近（雖不必在魏昭十三年之後）。然此章與韓策三段産謂新城君章相同，新城君實爲韓人，非芈戎（説詳韓策）。韓新城君之年代雖不可知，但可斷言其在秦昭七年拔新城之前無疑。據此，則此章年代當在魏惠、襄之間，而與孟子時固相近也。鮑次當非。

〔二〕姚宏云：「劉（無）作『不』。」

〔三〕鮑本、吴本無「臣」字。

〔四〕鮑彪云：「（無議君於王）戎貴於秦。王，宜爲秦王。今珪説之，豈非珪使魏，戎來魏。秦策段産語同。」吴師道云：「段産策本在韓。鮑以史注新城君爲芈戎，故曲爲之説，未知即是此人否？」〔按〕此章同韓策段産章而説者一爲白珪，一爲段產，蓋傳聞異辭，並存之爾。新城君當是韓相，故次於韓策（説詳彼策）。此又繫於魏策者，或以白珪嘗仕魏，編者疑新城君爲魏相而入之歟？鮑氏據韓世家徐廣注以新城君爲羋戎，移韓策二章於秦策，而於此章則仍舊次，雖曲爲之説，猶扞格難通，吴氏譏之是也。

8　秦攻韓之管

秦攻韓之管〔一〕，魏王發兵救之。昭忌〔二〕曰：「夫秦强國也，而韓、魏壤〔三〕，梁（秦）〔四〕不出攻則已，若出攻，非於韓也必〔五〕魏也。今幸而〔六〕於韓，此魏之福也。王若救之，夫解攻者必韓之管也，致〔七〕攻者必魏之梁也。」魏王不聽，曰：「若不因〔八〕救韓，韓怨魏，西合於秦，秦、韓爲一則魏危。」遂救之，秦果釋管而攻魏。

魏王大恐，謂昭忌曰：「不用子之計而禍至，爲之奈何？」昭忌乃爲之見秦王〔九〕曰：「臣聞明主之聽也，不以挾私爲政〔一〇〕，是參行也〔一一〕。願大王無攻魏，聽臣也！」秦王曰：「何也？」昭忌曰：「山東之從，時合時離，何也哉〔一二〕？」秦王曰：「不識也。」曰：「天下之合也〔一三〕，以王之不必也；其離也，以王之必也〔一四〕。今攻韓之管，國危矣，未卒而移兵於梁，合天下之從，無精於此考（者）〔一五〕矣。以爲秦之求索，必不可支〔一六〕也。故爲王計者，不如齊趙〔一七〕。秦已制趙，則燕不敢不事秦，荆、齊〔一八〕不能獨從。天下爭敵於秦，則弱矣〔一九〕。」秦王乃止。

〔箋證〕

〔一〕鮑彪云：「後志河南管城。注：在京縣東北。」吴師道云：「鄭州管城縣。」程恩澤云：「在今(河南)鄭州北二里。」

〔二〕〔按〕昭忌疑是楚人仕於魏。

〔三〕鮑彪云：「(壤)言地與秦接。」横田惟孝讀「壤秦」句，云：「二國壤地與秦相接。」金正煒讀「壤梁」句，説見下。〔按〕壤，謂壤界，作自動詞用，鮑讀可通。齊策三國子曰章「三國(楚、趙、魏)之與秦壤界」，義與此同。

〔四〕姚宏云：「劉(梁)作『秦』。」鮑彪改「梁」作「秦」。金正煒讀「梁」上屬爲句，云：「『梁』當爲『梨』之譌，梨與挈通。趙策『邦屬而壤挈者七百里。』」〔按〕作「秦」爲是，今從劉本正。金釋可存一説。

〔五〕鮑本、吴本「必」下有「於」字。

〔六〕姚宏云：「曾(「而」下)添『歸』字。」

〔七〕横田惟孝云：「『解』猶『免』也。致，來也。」

〔八〕姚宏云：「劉無『因』字。」〔按〕「因」猶「即」也(「因」可訓「則」，「則」亦「即」也)。

〔九〕鮑彪以秦王爲昭王。吴師道云：「時不可考。」

〔一〇〕鮑彪云：「(政)與『正』同。」關修齡云：「『爲政』若『疇昔之羊子爲政』之『爲政』。」

〔一一〕鮑彪云：「(參行)以諸國參考而行，言參彼己也。」于鬯云：「此句申上文意，言不挾亦聽，挾私亦聽，是爲參行。」〔按〕「是」猶「祇」也，見經傳釋詞（「祇」字又作「禔」，史記韓長孺傳：「臣以三萬人衆不敵，禔取辱耳。」徐廣云：「『禔』一作『祇』也。」是即「禔」之省）。參行，謂參聽諸説而行之。

〔一二〕鮑本、吴本無「哉」字。

〔一三〕鮑本無「也」字。吴師道云：「一本此下有『也』字。」

〔一四〕鮑彪云：「（不必）猶言不可測也，方攻韓，又攻魏是也。（必）伐一不移伐，則諸國知免，不急於從也。」鍾鳳年云：「『以王之不必也』及『以王之必也』二語，若各合以上文觀之，義適鑿枘。恐彼此錯簡，應互易。此處乃言天下之離合，由秦攻之緩急而定。秦必欲得天下則相合，不必則離。更就下文『今攻韓之管』云云諸語，亦可見元文必如上説，方與此數語相應。」〔按〕不必，謂攻伐不主一國，故諸國相合。必，謂主伐一國，故諸國離而不合。攻韓攻魏之事，正説明此理，鮑注不誤。鍾説誤解，非。

〔一五〕鮑彪云：「『精』猶『明』。」横田惟孝云：「『精』猶『甚』也。」〔按〕吕氏春秋至忠篇及勿躬篇高注並訓「精」爲「甚」，横田解是。又：考，鮑本、吴本並作「者」，二字形近易淆，但此處「考」於義不順，今從改正。

〔一六〕〔按〕國語越語韋注：「『支』猶『堪』也。」

〔一七〕鮑彪改「齊」作「制」。吴師道云：「疑（齊）字誤，或上有缺文。」金正煒云：「鮑改是也，『齊』字涉下而誤。下文云『秦已制趙』，則此當作『制』可知。又爾雅釋言：『翦，齊也。』詩泮水：『實始翦商。』毛傳：『翦，齊也。』則『齊』亦可訓爲『翦』。不如齊趙，猶云不如翦趙，於義亦通。惟作『制』爲勝。」〔按〕「齊」訓「翦」是也，不必改字。

〔一八〕鮑本「齊」作「濟」。鮑彪云：「荆，楚；濟，齊。」吴師道云：「一本『荆、齊』，是。未有稱『齊』爲『濟』者。字多傍水。」

〔一九〕鮑彪云：「言諸國合而競與秦敵，則秦弱。」橫田惟孝讀「天下」上屬爲句，引關修齡説云：「齊、楚並無與國之援，而争敵於秦，則齊與楚兵皆弱矣。」金正煒云：「『敵』當讀爲『適』。適，歸也。天下争歸秦，則從解，而六國日以削弱矣。」〔按〕金説是也。「敵」、「適」並從商聲，字本相通，經傳多以「適」爲「敵」，此則以「敵」爲「適」也。

9 秦趙構難而戰

秦、趙構難而戰〔一〕。謂魏王曰：「不如齊趙而構之秦〔二〕，王不構趙〔三〕，趙不以毀構矣〔四〕。而構〔五〕之，秦、趙必復鬬〔六〕，必重魏〔七〕，是並制秦、趙之事也。王欲焉而收齊、趙攻荆；欲焉而收荆，趙攻齊〔八〕，欲王之東長之〔九〕，待之也〔一〇〕。」

【箋證】

〔一〕鮑彪云：「長平之役，此（安釐王）十七年。」吴師道云：「秦、趙之戰多矣，此策時不可考。」〔按〕策文與長平之役不合，鮑臆測。

〔二〕鮑彪改「齊」作「收」，云：「構者，合其戰也。收趙而助之，趙必與秦合戰。」吴師道云：「『齊』上有脱字，下文言齊，可推。」于鬯云：「下文出『鬭』字，則此『構』字不得作『構戰』義，必『構和』之『構』，非上文『構難』之『構』。蓋謂收趙而和之秦也。」金正煒云：「『齊』當讀如『濟』。濟，益也，濟趙，猶言勁趙。構，交構也。」（鍾鳳年同金說）〔按〕「齊」當如金說讀作「濟」。下文「齊、趙」與此義不同，不可據。構之秦，謂構戰於秦。于訓「構」爲「構和」，則於下文「而構之，秦、趙必復鬬」，義不可通。

〔三〕〔按〕此「構」作「構合」解，構趙，構合於趙。

〔四〕鮑彪云：「毀，折也。言不收趙，趙不能以毀折之兵獨與秦合戰。」于鬯云：「謂趙既止有毀折之兵，秦王若不肯與趙和（按于「讀秦王不構趙」句），趙惟有出於戰，所謂背城借一。此不以毀折之兵請和，亦其勢也。」金正煒云：「謂趙不以殘破之餘與秦構而不離。……惟就上下文求之，似當作『趙必以毀媾矣』。言趙必以國毀而求講於秦矣。『必』、『不』字常互誤。『構』、『媾』策亦通用，因致文義不明。」鍾鳳年云：「言魏不合趙，趙不待毀敗而反合於秦矣。」〔按〕金後說爲長。「不」爲「必」之聲譌，構與媾通。

〔五〕〔按〕「而」猶「如」，見經傳釋詞。構，構戰。

〔六〕鮑本、吴本「鬬」下重「鬬」字，屬下讀。

〔七〕横田惟孝云：「重魏，秦、趙重魏也，故曰並制秦、趙之事也。」

〔八〕鮑彪云：「欲，意或欲也。」横田惟孝云：「言秦、趙重魏之後，魏欲諸侯重己而收齊，則趙因荆無齊之救，爲魏攻之。欲其合魏收荆，則攻齊，亦然。」〔按〕齊、楚爲與國。此言魏若欲收齊則趙攻荆，收荆則趙攻齊，示趙之聽魏也。横田解未合。

〔九〕鮑本、吴本「之」下有「也」字。

〔一〇〕姚宏云：「曾（待）作『待』。」鮑彪云：「荆、齊在魏東，不樂屬秦，而欲魏爲之長。（待之）待魏之東。」吴師道云：「荆、齊、趙皆在魏東。長之，爲之長也。待之，待其事也。欲王者，此士願之之辭，與上『王欲焉』不同也。」戴文光云：「欲王，是齊、趙、荆欲王也。三國俱在魏東，當魏制秦、趙時，三國皆倚重於魏，奉社稷以聽，待王爲之長。」（于鬯注引） 關修齡云：「長之，趙欲魏長於山東也。待之，謂或攻荆或攻齊者，以待長之成。」〔按〕關説爲長。此士蓋爲趙説魏者，故言趙願魏王之爲山東之長也，以甘言誘魏助之也。

10 長平之役平都君

長平之役，平都君〔一〕説魏王曰：「王胡不爲從？」魏王曰：「秦許吾以垣雍〔二〕。」平都君曰：「臣以垣雍爲空割也。」魏王曰：「何謂也？」平都君曰：「秦、趙久相持於長平之下而無〔三〕決，天下合於秦，則無趙；合於趙，則無秦。秦恐王之變也，故以垣雍餌王也。秦戰勝趙，王敢責垣雍之割乎？」王曰：「『不敢〔四〕。』秦戰不勝趙，王能令韓出垣雍之割乎〔五〕？」王曰：「『不能。』臣故曰垣雍空割也。」魏王曰：「善。」

〔箋證〕

〔一〕鮑彪云：「（平都君）田單。」〔按〕鮑據趙策三趙惠王三十年章「相都平君田單」，改「都平」爲「平都」，附合爲單之封號，非，説詳彼策。趙策四秦召春平侯章世鈞謂文信侯：「君不如遣春平侯而留平都侯。」平都侯趙臣，事在悼襄王初，與此相距不遠，疑平都君即平都侯。

〔二〕鮑彪云：「（垣雍）韓所得魏地。」吳師道云：「垣雍見前。」横田惟孝云：「秦許魏以令韓歸之。」

〔三〕姚宏云：「一本（『無』下）添『大』字。」

〔四〕王念孫云：「王曰不敢，王曰不能，兩『王』字皆後人所加也。曰不敢，曰不能，皆平都君之語，與上文自爲問答。是以『秦戰不勝趙』上，『臣故曰』上，皆無『曰』字，而魏王答平都君之語，則必加『魏王曰』三字以別之也。……論語：『懷其寶而迷其邦，可謂仁乎？曰不可。好從事而亟失時，可謂知乎？曰不可。』皆陽貨自爲問答之語，是以『好從事』及『日月逝矣』之上皆無『曰』字，而孔子答陽貨之語，則加『孔子曰』三字以別之（自注：詳見四書釋地），正與此同也。」〔按〕策文問答自明，兩「王」字不必衍。吳闓生以王説爲非。

〔五〕鮑彪云：「韓不畏秦故。」

11　樓梧約秦魏

樓梧約秦、魏〔一〕，將令秦王〔二〕遇於境。謂魏王曰〔三〕：「遇而無相〔四〕，秦必置相。不聽之〔五〕，則交惡於秦。聽之，則後王之臣將皆務事諸侯之能令於王之〔六〕上者。且遇於秦而相秦者〔七〕，是無齊也〔八〕，秦必輕王之强矣〔九〕。有齊者不若〔一〇〕相之，齊必喜。是以有雍（齊）〔一一〕者與秦遇，秦必重王矣〔一二〕。」

〔箋證〕

〔一〕姚宏云：「（梧）一作『部』。」吳師道云：「前有樓牾約秦、魏，即此人此時事也。」〔按〕樓牾約秦、魏，魏太子爲質，見秦策五。太子朝秦，據史記六國表在周赧八年（前三〇七）、秦武王四年，當魏襄王（表作哀王）十二年。

前一年，魏與秦會應，即此策所云「與秦遇」者，事相符合，吴説是也。鮑彪繫於安釐王下，誤。

〔二〕鮑彪以秦王爲昭王。吴師道云：「無據。」〔按〕秦王乃武王。

〔三〕鮑彪云：「或謂非梧。」吴師道云：「未見非梧。」〔按〕以下説辭考之，不應爲梧，金正煒已辨之（見下）。此説士因樓梧約秦、魏事而説魏王，不著名氏，策多其例。

〔四〕鮑彪云：「（無相）無相魏者。」中井積德云：「是時魏蓋適不置相，故云。」〔按〕殆在太子自相之時歟（見本策二田需死章）？稽其年代亦相近。

〔五〕姚宏云：「一本無『之』字。」

〔六〕鮑本無「之」字。鮑彪云：「言處魏上而能使之從令若秦者。」吴師道云：「（王上者）一本『王之上者』。」

〔七〕鮑彪云：「（相秦者）相，秦所置。」横田惟孝云：「相秦者，謂相有秦者。或『相』下脱『有』字。」金正煒亦謂「相」下脱「有」字。安井衡云：「秦者，亦通。但以下文『有齊者』推之，『秦』上恐脱『有』字。」

〔八〕横田惟孝云：「言遇於秦，且相有秦者，無齊親而畏秦故也。」

〔九〕鮑彪云：「無齊助故。」金正煒云：「秦必輕王之强，義不可通。疑『之强』二字本在『有齊者』句上，而誤入於『秦必輕王矣』句中也。魏之樓有秦，翟有齊，屢見於策文。此蓋翟强之徒爲强言於王者。鮑注（謂魏王）或謂非梧，是也。『謂』字上不著何人，策文往往有之，非必上接樓梧而言，且所言亦與梧不類。梧之爲此遇，或即欲以秦重相魏，故强之徒敗之，因以相强説王。吴正殊不足據。『之强有齊者』爲句，言强之有齊者也。『之』可訓『若』，見經傳釋詞。」〔按〕金説「謂魏王」者非梧，是也。其以「之强」二字移於「有齊者」上，以强爲翟强，頗有新見。樓、翟争權，見於本策三魏太子在楚章，按其年代與此章相近，情事亦可附合。但彼章明著與翟强争權者爲樓廩（下管鼻之令翟强與秦事章，吴注以管鼻爲樓鼻。鼻同廩），與此章樓梧不同。「廩」（或「鼻」）、「梧」（或「郚」）或

「牾」)二字形聲並遠,不能證爲一人。故存金説備考。

〔一〇〕鮑本、吴本「者」下有「王」字。鮑彪云:「(有齊者)羣臣能得齊事者。」横田惟孝云:「『不若』二字疑當移『有齊』上。」〔按〕横田説似是。

〔一一〕鮑本、吴本、盧本「雍」作「齊」。金正煒云:「『雍』當從鮑本作『齊』,或讀爲『擁』,言有所挾待者也。」〔按〕「雍」字當誤,今從鮑本正。

〔一二〕吴師道云:「此時必魏合於齊。」

12　芮宋欲絶秦趙之交

芮宋〔一〕欲絶秦、趙之交,故令魏氏收秦太后之養地〔二〕〔秦王〕於秦〔三〕。芮宋謂秦王曰:「魏委〔四〕國於王,而王不受,故委國於趙也。李郝〔五〕謂臣曰:『子言無秦〔六〕,而養秦太后以地,是欺我也。』故敝邑收之。」秦王怒,遂絶趙也〔七〕。

【箋證】

〔一〕鮑彪云:「(芮宋)魏人。」

〔二〕鮑彪云:「(秦太后)宣太后。」張洲云:「太后養地,蓋魏地而割以奉秦者,故收之以激怒秦。」〔按〕周君亦嘗以原爲秦太后養地,見西周策。養地猶湯沐邑。納其歲入以奉之,不必割地。

〔三〕鮑本、盧本「於秦」二字作「怒」字。吳師道云：「姚本與此（鮑本）交有誤，當云『收秦太后之養地於秦，芮宋謂』云云。」〔按〕吳說疑是。下文有「秦王怒」句，此不應有。「秦王」二字涉下文而衍，今從衍。

〔四〕鮑彪云：「委，與之。」

〔五〕鮑彪云：「（李郝）趙人。」〔按〕郝疑趙相。

〔六〕横田惟孝云：「無秦，言不與秦通好。」

〔七〕鮑本、吳本無「也」字。

13　爲魏謂楚王曰

爲魏謂楚王曰〔一〕：「索攻魏於秦〔二〕，秦必不聽王矣，是智困於秦而交疏於魏也。楚、魏有怨，則秦重〔三〕矣。故王不如順天下，遂伐齊〔四〕，與魏便地〔五〕，兵不傷，交不變，所欲必得矣〔六〕。」

〔箋證〕

〔一〕此章原與上章連續，今從鮑本分提。

〔二〕鮑彪云：「楚以攻魏索於秦。」

〔三〕〔按〕秦重，言楚、魏並欲親秦。

〔四〕鮑彪云：「(順天下)天下不欲秦伐魏。」橫田惟孝云：「蓋諸侯欲與楚伐齊，故曰『順天下遂伐齊』。」〔按〕鮑注，非。順天下，謂諸侯欲伐齊，蓋齊閔王滅宋之後。

〔五〕鮑彪云：「言以所得齊地與魏易，兩便也。」橫田惟孝云：「便地，謂勝齊得地以與魏之所便也。」〔按〕「便地」二字費解，疑字當互倒。言不如順天下之欲以伐齊，分地與魏之爲便也。

〔六〕〔按〕顧觀光編年次此章於周赧三十一年(前二八四)五國破齊時。考策言「不如順天下遂伐齊」，及史記楚世家「(頃襄王)十五年，楚王與秦、三晉、燕共伐齊，取淮北」，情事相合，當是。

14　管鼻之令翟强與秦事

管鼻之〔一〕令翟强與秦事〔二〕，謂魏王曰：「鼻之與强，猶晉人之與楚人也。晉人見楚人之急帶劍而緩之，楚人惡其緩而急之〔三〕。令(今)鼻之入秦之傳舍〔四〕，舍不足以舍之〔五〕。强之入，無蔽於秦者〔六〕。强，王貴臣也，而秦若此其甚，安可〔七〕？」

【箋證】

〔一〕鮑彪云：「(管鼻之)魏人。」吳師道云：「注作『鼻之』名，謬。下兩『之』字亦語助。管鼻恐即樓鼻。」〔按〕以前魏太子在楚章證之，吳説疑是。「之」爲結構助詞，常用於指某時某事而言，句尾常隨有「也」字，本句省略耳。此類句式，王力漢語史稿中册謂之仂語結構。

〔二〕鮑彪云：「鼻之不欲，故推之於强。」橫田惟孝云：「『令』疑當作『與』。（與秦事）『與』者『預』。事，使事也。蓋魏王令二人與秦使事，而重鼻輕强，故强不欲使秦，客爲强説魏王如下文也。」〔按〕下文明是客爲强之説辭，鮑注誤。此謂管鼻欲令翟强共與秦事一事。但以鼻有秦重。表面與强合作，實欲敗强，故客爲之説魏王。「令」字可通，不煩改。又重鼻輕强者秦，非魏王輕重之也，橫田説稍誤。

〔三〕橫田惟孝云：「言二人性行相反，若晉人、楚人帶劍緩急不同。」于鬯云：「帶劍與佩韋蓋同意。韓非觀行篇云：『西門豹之性急，故佩韋以緩己。』」〔按〕帶劍緩急，謂帶劍之緊固與舒緩也。此喻二人之不合。

〔四〕鮑本、吳本「令」作「今」，依文義「今」字爲長，今從改。鮑彪云：「（傳舍）酈食其傳注：『止息傳置之舍。』」〔按〕漢書注：「傳舍者，人所止息，前人已去，後人復來，傳相轉也。」

〔五〕鮑彪云：「侍衛之盛，舍不能容。」橫田惟孝云：「舍不之舍，恐衍。」〔按〕上「舍」字名詞，即傳舍，下「舍」字動詞，不必衍。

〔六〕鮑本「蔽」作「蘇」。鮑彪云：「言秦輕之，無與爲樵蘇者。」吳師道云：「一本『蘇』作『蔽』。是言無人從之。」黄丕烈云：「史記刺客傳：『跪而蔽席。』索隱曰：『蔽，匹結反，猶拂也。』此字與彼同。」橫田惟孝云：「無蔽，謂無守衛者。」〔按〕周禮春官巾車鄭注：「蔽，車旁禦風塵者。」無蔽於秦者，言秦不供車衛，輕之也。

〔七〕吳師道云：「翟强欲合齊、秦，外楚以輕樓鼻。樓鼻欲合秦、楚，外齊以輕翟强。鼻、强不合，而謂鼻令强與秦事者，鼻容强爲之。秦入鼻言，故輕强。此士蓋爲强言以激魏王者也。此當在襄王時。」〔按〕謂强爲魏之大臣，而秦輕之如此，詆秦之辭，陰諷鼻挾秦重以惡强，有傷國體也。吳氏謂「爲强言以激魏王」，當是。鮑氏則以鼻言於王，欲王重强以與秦事，其説顯誤，今略。金正煒又不同此説，云：「此蓋鼻之徒毀强於王之辭也。言强見鼻之入秦如彼，乃極意矯之若此，正如晉、楚帶劍之故爲緩急也。然以王之貴臣而於秦若此其甚，則傷於國體，又安可乎？……此當循上文晉、楚之喻以求之，則知言者意之所屬矣。」按晉、楚帶劍之喻，比二人之不合，無害於爲强或爲鼻說者。然以「而秦若此其甚」語觀之，則金說爲不侔矣（金亦自知此句有牴，因謂「『秦』字疑衍，或『而』字下有『入』字而脱也」）。輕易改字，穿鑿之至）。故當以吳說爲正。

15 成陽君欲以韓魏聽秦

成陽君〔一〕欲以韓、魏聽秦，魏王弗利。白圭謂魏王曰：「王不如陰侯（使）〔二〕人說成陽君曰：『君入秦，秦必留君，而以多割於韓〔三〕矣。韓不聽，秦必留君而伐韓矣。故君不如安〔四〕行，求質〔五〕於秦。』成陽君必不入秦。秦、韓不敢〔六〕合，則王重矣。」

【箋證】

〔一〕鮑彪云：「（成陽君）秦昭十七年入朝者。於此知爲韓人不疑。」〔按〕史記秦本紀作「城陽君」。城、成字通。紀言入朝，疑即策所云入秦事。秦昭十七年當魏昭王六年（前二九〇），此策當稍在其前，其時白圭老矣。

〔二〕姚宏云：「（侯）一作『使』。」鮑本、吳本「侯」作「使」。金正煒云：「管子侈靡篇：『侯人不可重也。』注：『候人，謂謁候之來入國者。』又史記項羽本紀：『陰使候始成。』張晏曰：『軍候也。』此文疑脱『使』字，『候人』非誤。」〔按〕「使」字爲順，今從一本。

〔三〕金正煒云：「『於韓』當爲『干韓』，『干』誤爲『于』，因復傳寫爲『於』。干，求也。」〔按〕「於」字自通。但金說可存參。

〔四〕鮑彪云：「『安』猶『徐』。」碕哲夫云：「安，按誤，言止其行而不發。」〔按〕碕說是，但「安」與「案」、「按」同聲假借，非字誤。

〔五〕鮑彪云：「質，事有不留之驗，乃可入。」吳師道云：「『質子』之『質』。」〔按〕吳是。

〔六〕鮑彪衍敢字。金正煒云：「『敢』字當在（上句）『入秦』上，誤淆於下也。」

16 秦拔寧邑

秦拔寧邑〔一〕，魏王令之（人）〔二〕謂秦王曰：「王歸寧邑，吾請先天下構〔三〕。」魏〔魏〕王（冉）〔四〕曰：「王無聽〔五〕。魏王見天下之不足恃也，故欲先構。夫亡寧者，宜割二寧〔六〕以求構。夫得寧者〔七〕，安能歸寧乎？」

〔箋證〕

〔一〕鮑彪云：「此（安釐王）二十年。」吳師道云：「秦昭王四十一年，魏冉已免相。此（安釐王）十一年。餘說見趙策。」〔按〕說詳趙策四秦攻魏取寧邑章。

〔二〕鮑本、吳本「之」作「人」，今從改。

〔三〕鮑本「構」原作「搆」，改作「講」，下同，云：「與秦講。」〔按〕構與搆、講並通用。

〔四〕鮑彪衍二「魏」字，「王」作「冉」。于鬯云：「竊恐此『魏』字亦衍。此時王齕拔寧，『王』字下脱『齕』字也。」〔按〕王齕拔寧、新中，非此寧邑，吳注趙策已辨之。于此説尤鑿，不足信。此文當從鮑本作「魏冉曰」，衍一「魏」字，今據改。

〔五〕鮑彪云：「（無聽）無聽其講。」

〔六〕關修齡云：「二寧，謂一倍之地，如寧者二邑。」〔按〕亡寧者，謂魏。

〔七〕〔按〕得寧者，謂秦。言秦已得寧，安能歸之？

17　秦罷邯鄲攻魏

秦罷邯鄲，攻魏取寧邑〔一〕。吳慶〔二〕恐魏王之構〔三〕於秦也，謂魏王曰：「秦之〔四〕攻王也，王知其故乎？天下皆曰王近也〔五〕，王不近秦〔六〕。秦之所去，皆曰王弱也，王不弱二周〔七〕。秦人去邯鄲，過二周而攻王者，以王爲易制也。王亦知弱之召攻乎〔八〕？」

〔箋證〕

〔一〕鮑彪以此與上章並次於安釐王下。吳師道云：「邯鄲，趙都，凡攻趙皆言邯鄲。此策『罷邯鄲』，必非赧王五十八年解邯鄲圍時事。且秦紀書拔寧、新中，次年赧王五十九年，年表韓、魏、楚救趙新中，而秦兵罷，不聞卒拔也。是歲赧王入秦，而此云『過二周攻王』，是二周無恙時也。決爲在前無疑。寧新中非寧邑，詳見趙策。」〔按〕史記秦本紀：「（昭王五十年）拔寧、新中。」徐廣云：「『寧』作『曼』，此趙邑也。」以六國表三國救趙新中及魏世家不記其事核之，徐説當是，則寧、新中非此寧邑也。又六國表、楚世家皆作「新中」，無「寧」字。

〔二〕鮑彪云：「（吴慶）吴人。」吴師道云：「無考。」〔按〕鮑蓋以吴姓屬之於吴人，無據。

〔三〕鮑本「構」原作「搆」，鮑改「講」，下同。〔按〕構、講通用。

〔四〕姚宏云：「曾無『之』字。」

〔五〕鮑彪云：「近，親也。天下以魏爲親秦，故外之，秦因攻之。」横田惟孝云：「近，『附近』之『近』。」

〔六〕〔按〕謂實則不然，詳下。

〔七〕鮑彪云：「『去』猶『遠』。」「（弱）無秦之助。（不弱二周）言實不弱，視二周猶强也。」吴師道云：「（王不近秦秦之所去）王非親秦，乃秦之所欲攻去者。」横田惟孝云：「言秦之攻王也，天下皆曰王近秦故也，然王實不近秦。秦去而不合，天下皆曰王弱故也，然王實不弱於二周。是慶反天下之言，言魏强猶足以敵秦也。」安井衡云：「二『秦』字衍。此二句與『皆曰王弱也，王不弱二周』相對成文，而下文承之曰『秦人去邯鄲，過二周而攻王』，是秦之所去，明指邯鄲。言秦師在邯鄲，當是之時，秦之於邯鄲近於魏，今不攻而去之，過至弱之二周，來而攻魏，則秦之攻魏，別有所以攻之，不以其弱與近也。」金正煒云：「王不近秦，當爲王不近趙。言魏之於秦不近於趙也。下文『秦去邯鄲，過二周而攻王者，以王爲易制也』，即承上而言，故知此當爲趙。作『秦』者，因下『秦』字而誤。『去』蓋『劫』之壞字，劫，謂威脅之。」〔按〕横田説爲長。此文前後對舉，即「秦之攻王也，天下皆曰王近也，王不近秦；秦之所去（去王也），（天下）皆曰王弱也，王不弱二周」，中間插入「王知其故乎」一句。文意明順，本無誤字。鮑、吴固誤，安井及金氏亦失之。但安井釋下文則是。

〔八〕鮑彪云：「若講於秦，復示弱也。」

18 魏王欲攻邯鄲

魏王欲攻邯鄲，季梁〔一〕聞之，中道而反，衣焦不申〔二〕，頭塵不去〔三〕，往見王曰：「今者〔四〕臣來，見人於大行〔五〕，方北面而持其駕〔六〕，告臣曰：『我欲之〔七〕楚。』臣曰：『君之楚，將奚爲北面？』曰：『吾馬良。』臣曰：『馬雖良，此非楚之路也。』曰：『吾用〔八〕多。』臣曰：『用雖多，此非楚之路也。』曰：『吾御者善〔九〕。』此數者愈善而離楚愈遠耳。今王動欲成霸王，舉欲信於天下，恃王國之大，兵之精鋭，而〔一〇〕攻邯鄲，以廣地尊名。王之動愈數而離王愈遠耳，猶至楚而北行也。」

【箋證】

〔一〕鮑彪云：「(季梁)魏人，非莊子所稱。」吳師道云：「不可考，亦不知何時。」〔按〕鮑注以此章繫於安釐王下，與列子書(鮑作「莊子」，莊子書無季梁，則陽篇言「季子」，亦不審是梁否。疑「莊」是「列」之字譌)所記楊朱之友季梁時代不合，故謂爲二人。黄式三周季編略改繫此章於周顯王十五年(前三五四)魏惠王(十六年)伐趙圍邯鄲之時，云：「按策文本云魏將攻邯鄲。通考前後魏攻邯鄲，此年事爲著，亦關係爲最大也。則季梁言宜録。列子仲尼篇言季梁之死，楊朱望其門而歌。力命篇言楊朱之友季梁病，其子謁醫矯氏、俞氏、盧氏。此季梁非即彼季梁與？」顧觀光編年繫於周顯十六年(前三五三)魏拔邯鄲下，雖無説，意亦與黄氏相似。季梁爲楊朱之友。説苑政理篇稱楊朱見梁王而論治。魏之稱王始自惠王，是楊朱所見梁王當即惠王（若再推後，不應孟子、莊子等書並言楊朱）。據此，季梁可以及見惠王之攻趙，而策與列子所記實爲一人，黄説是也。又莊子則陽篇有季子譏犀首伐齊之議，與此策季梁止魏王伐趙，同主非戰，疑亦是一人。

〔二〕鮑彪云：「此於行路犯風日故焦，焦故不申，需潤乃申耳。」吴師道云：「焦，卷。申，舒展也。文選（詠懷詩注）『申』作『信』。」王念孫云：「焦讀爲潐，廣雅：『潐，縮也。』曹憲『音子笑反』。謂衣縮而不申之也。」文廷式云：「『焦』即今之『皺』字，焦、皺雙聲。」（于鬯注同）〔按〕王、文説並與吴注近。

〔三〕吴師道云：「文選『去』作『浴』。」王念孫云：「作『浴』者是也。凡从『谷』从『去』之字，隸書往往相亂。此是『浴』字譌爲『法』（列子説符篇「白公遂死於浴室」，吕氏春秋精諭篇作「法室」），後人因改爲『去』耳。」

〔四〕盧本「者」作「之」。

〔五〕鮑彪云：「行，道也。」中井積德云：「大行，謂山也，是山名，晉險也。」〔按〕二説並可。

〔六〕高誘云：「面，向也。駕，馬也。」（文選詠懷詩注引）

〔七〕高誘云：「之，至也。」（文選注引）

〔八〕舊注：「用，資也。」〔按〕文選詠懷詩注引「高誘曰：用，資也」。正可與此殘注相印證。惜文選注所引此文高注他語不見殘注中，否則可必其爲高注殘文無疑矣。餘詳魏策二犀首見梁君章箋證。

〔九〕〔按〕文選注引「御者善」作「吾善御」。

〔一〇〕〔按〕文選詠懷詩注及關中詩注引「而」下並有「欲」字。

19　周肖謂宮他曰

周肖〔一〕謂宮他曰：「子爲肖謂齊王曰：『肖願爲外臣〔二〕。』令齊資我於魏。」宮他曰：「不可，是示齊輕也〔三〕。夫齊不以無魏者以害有魏者〔四〕，故公不如示有魏。公曰〔五〕：『王之所求於魏者，臣請以魏聽。』齊必資公矣。是公有齊，以齊有魏也〔六〕。」

〔箋證〕

〔一〕鮑彪云：「（周肖）疑即（周）霄。」吴師道云：「孟子注：魏人。若以爲此人，則非安釐（按鮑次此章於安釐王下）之世矣。」〔按〕周霄見孟子，周宵見本策二魏文子田需周宵相善章。霄、宵、肖同音通用。此策言肖與宮他謀，他與周冣同時（見西周策），冣又欲傷張儀（見下章），以此推算，此周肖與孟子之時代接近，則鮑以爲即霄，是也。但鮑不應次此於安釐王下。其時當在魏惠、襄之間乎？韓非子説林下篇作「周趮」，「趮」與「肖」亦音近通借。

〔二〕横田惟孝云：「身在魏而事齊，故曰『外臣』。」〔按〕韓非子作「請以魏事王」。

〔三〕鮑彪云：「肖，魏臣而假重於外，是示齊以無魏之重。」〔按〕韓非子作「是示之無魏也」。

〔四〕鮑彪云：「所不重爲無，肖是也。」吴師道云：「齊必不以無魏重者而害有魏重者，不可示以無魏重也。」〔按〕韓非子作「齊王必不資於無魏者而以怨有魏者」。義較明。

〔五〕鮑彪云：「令肖以此説齊。」〔按〕此教令周肖之語，説齊者不必肖本人，鮑注未諦。

〔六〕鮑彪云：「因齊之資，以得魏重。」〔按〕韓非子作「因以有齊、魏矣」。

20　周冣善齊

周冣〔一〕善齊，翟强善楚，二子者欲傷張儀於魏〔二〕。張子聞之，因使其人〔三〕爲見者嗇夫，聞(間)見者〔四〕，因無敢傷張子。

〔箋證〕

〔一〕鮑本、吴本、盧本「冣」作「最」。黄丕烈云：「『冣』字是。」〔按〕「冣」即「聚」字，説見東周策。

〔二〕鮑彪云：「此(哀王，按實襄王)九年儀再相魏時。」吴師道云：「無考。」〔按〕鮑説當是。

〔三〕鮑彪云：「(其人)儀之人。」

〔四〕鮑本、吴本「聞」作「間」。鮑彪云：「見者，冣與强見王也。間，以候伺之。」吴師道云：「見，賢遍反。見者，謂引見傳命之臣。儀使其人爲見者之嗇夫，以間伺之。嗇夫，書注：主幣之官。秦制：鄉有嗇夫，職獄訟，收賦税。漢有虎圈嗇夫，所職不同，皆小臣之名。」于鬯辨之云：「惟所職不同，故特名之曰『見者嗇夫』，猶漢稱『虎圈嗇夫』之類，明嗇夫職掌羣臣之入見於王者也。然則即是引見傳命之臣矣。吴以爲見者之嗇夫，則何爲間伺見者乎？惟見者即羣臣，冣、强固在其中矣。鮑義爲勝。」金正煒云：「史記匈奴傳『立斬主客見者』，是見者亦猶謁者。惟此文當以鮑説近是。見者，謂凡謁之人，不必專言冣與强也。儀禮覲禮：『嗇夫承命。』注：『嗇夫，蓋司空之屬。」書注以爲主幣之官者，古者見必執幣，故承命者主之。『聞』當從鮑本作『間』。廣雅釋詁：『間，覗也。』」〔按〕于、金補充鮑、吴之義，略備。睡虎地秦墓竹簡秦律中有嗇夫、縣嗇夫、官嗇夫、苑嗇夫、廄嗇夫、田嗇夫、倉嗇夫、守嗇夫等，可見嗇夫有多名，俱爲下級官吏。裘錫圭有嗇夫初探一文（載雲夢秦簡研究）可參。嗇夫亦見東周策之周共太子死章，六國並有此官，官雖微，而居親近，故儀使其客爲之以伺偵見者。「聞」與「間」形近，又涉上「聞」字而譌也，今從鮑本改。鍾鳳年讀「因使其人爲見者」句，「嗇夫聞見者」句，云：「言張儀故使其所善往與周最、翟强言，則二人必不能面議所善而毁之。儀因令嗇夫聞見者與二人之言於王，故二人無能更傷之矣。」雖仍姚本原文，而解殊牽强，不如鮑義。吴曾祺從鮑以「見者」爲冣與强，讀「爲見者」句、「嗇夫聞」句、「見者因」句，云：「『魏之嗇夫聞二人見儀之一人，疑必有私，故二人之言不行，而無敢傷張子也。」亦曲。

21　周冣入齊

周冣入齊〔一〕，秦王〔二〕怒，令姚賈〔三〕讓魏王〔四〕。魏王爲之謂秦王曰〔五〕：「魏之所以爲王通天下者，以周冣也。今周冣遁寡人入齊，齊無通於天下矣〔六〕。敝邑之事王，亦無齊累矣〔七〕。大國欲急兵〔八〕，則趣趙〔九〕而已。」

【箋證】

〔一〕鮑彪云：「魏不善之。」吴師道云：「周策，爲最謂魏王曰：『王不去周最，合與收齊。』又謂最曰：『魏責合秦伐齊，而公修虛信云云。不如謂王曰：請入齊。』此語在田文相魏昭王時。是最先見逐於齊，今復自魏入齊。詳周策所載，必最後欲之齊而魏聽之，非不善之故也。」

〔二〕鮑彪以秦王爲武王（鮑次此章於哀王下），吴師道以爲昭王，吴説是。

〔三〕鮑彪云：「此姚賈與始皇所問之人相去八十餘年。高誘欲以爲陳賈，若此人者可也。蓋陳，舜後，得爲姚姓，而孟子與秦武、魏哀時猶相及。」吴師道云：「説見秦策。」〔按〕此姚賈與秦策五四國爲一章，韓非所譖者誠非一人。又趙策四「趙使姚賈約韓、魏」，時代不明，不詳其同於上述二人之一，抑别爲一人。詳秦策吴注。疑此姚賈即趙策四「齊欲攻宋，秦令起賈禁之」之起賈，以年代稽之相合，但此説亦難肯定。

〔四〕鮑彪云：「最蓋秦所置以相魏者。」吴師道云：「此（鮑）因下文『爲王通天下』一語生説，無據。」橫田惟孝云：「魏欲與秦伐齊，而今周冣自魏入齊，秦王以爲魏令冣結好於齊，故怒讓之也。」〔按〕冣惡於秦，其入魏，因齊相吕禮（秦人）而逐之也，見東周策，豈是秦所置以相魏者？鮑此説大謬。後注多據此發揮，今略。橫田解是。

〔五〕吴師道云：「是時齊、秦交惡，而秦欲合魏。冣自齊走魏，人言其不忍背齊，而今復之齊，必復爲齊所厚者。魏雖欲合秦，而猶牽於收齊之説。其入齊，蓋魏聽之，故爲之言於秦，其辭亦婉。」

〔六〕姚宏云：「一本（「通」下）添「端」字。」吴師道云：「齊、秦爲敵，齊逐最而魏收之，天下信魏之不與齊，故曰爲王通天下。今最遁入齊，則天下知魏絶最而齊收之，齊何以通於天下乎？」橫田惟孝云：「爲王，疑『爲主』訛。言魏之所以爲從主，通交於諸侯者，以冣主從約也。今最遁魏入齊，則齊、魏交絶，諸侯知齊、魏交絶，則必不從矣。齊無通交於諸侯矣。」金正煒云：「周冣以天下辱秦者也，魏故得以冣通知天下之謀秦。以冣去魏入齊，則無以通於天下矣。『齊』字承上而誤複也。」〔按〕吴説爲是。此是婉詞，對秦王豈能自稱爲從主事？金衍下「齊」字，謂魏無通於天下，則冣之遁魏入齊，有害於秦、魏，説亦不通。

〔七〕吴師道云："冣遁魏入齊而齊收之，則齊、魏之絶明矣。秦可以不疑魏之與齊也。"金正煒云："周策：『臣入齊，則王亦無齊之累也。』冣以此語去魏，魏即以此謝秦，則冣之入齊，固魏所許也。"

〔八〕鮑彪云："（急兵）伐齊。"

〔九〕鮑彪云："（趣趙）促使應秦也。"吴師道云："趣趙，説見周策。"横田惟孝云："若秦欲急伐齊，則趣趙而已，魏固不俟命矣。東周策曰『秦知趙之難與齊戰也』，故曰『趣趙』。"〔按〕"趣"音"促"。參見東周策謂薛公曰章、齊聽祝弗章、爲周冣謂魏王章。

22　秦魏爲與國

秦、魏爲與國〔一〕。齊、楚約而欲攻魏，魏使人求救於秦，冠蓋相望〔二〕。秦救不出。魏人有唐且〔三〕者，年九十餘，謂魏王曰："老臣請出〔四〕，西説秦，令兵先臣出，可乎？"魏王曰："敬諾。"遂約車而遣之。

唐且見秦王，秦王曰："丈人芒〔五〕然乃遠至此，甚苦矣。魏來求救數矣，寡人知魏之急矣。"唐且對曰："大王已知魏之急而救不至者，是大王籌筴之臣無任〔六〕矣。且夫魏一萬乘之國〔七〕稱東藩、受冠帶、祠春秋者〔八〕，以爲秦之强足以爲與也。今齊、楚之兵已在魏郊矣，大王之救不至，魏急，則且割地而約齊、楚。王雖欲救之，豈有及哉？是〔九〕亡一萬乘之魏，而强二敵之齊、楚也。竊以爲大王籌筴之臣無任矣。」秦王喟然愁悟〔一〇〕，遽〔一一〕發兵，日夜赴〔一二〕魏。齊、楚聞之，乃引兵而去。魏氏復全〔一三〕，唐且之説也〔一四〕。

【箋證】

〔一〕舊注：「(與國)相與同禍福之國也。」(按史記項羽本紀索隱引高注同) 〔按〕猶今言「盟國」。

〔二〕横田惟孝云：「冠蓋相望，使者往還不絶也。」

〔三〕鮑彪改「且」作「雎」，下同。吴師道云：「新序同(且)，史作『雎』。」黄丕烈云：「且、雎字同。」〔按〕後漢書崔駰傳「唐且華顛以悟秦」，字亦作「且」。

〔四〕王念孫云：「『請』下不當有『出』字，此涉下文『出』字而誤衍耳。史記魏世家、新序雜事篇俱無『出』字。藝文類聚人部、太平御覽人事部引策文亦無。」吴闓生云：「(『出』字)以文義考之，當有。」〔按〕「出」字有無並通。

〔五〕金正煒云：「孟子公孫丑下篇注：『芒芒，罷倦之貌。』新序作『罔』，字之譌也。」〔按〕新序「罔」字與「芒」同音通用，非字譌。疊音連詞取其音，不拘字形。後漢書崔駰傳注引「芒」作「忙」，亦同。丈人，周易師：「丈人吉。」注：「丈人，嚴莊之稱。」顔氏家訓書證篇云：「丈人，亦長老之目。」

〔六〕舊注：「任，能也。」〔按〕新序雜事篇此及下文「無任」並作「失之」。

〔七〕〔按〕史記此下有「然所以西面而事秦」句。

〔八〕〔按〕本策一張儀爲秦連横説魏王章魏王曰「請稱東藩，築帝宫，受冠帶，祠春秋」者是也。長短經卷五七雄略注「稱東藩」下有「築帝宫」三字，同張儀章。

〔九〕〔按〕後漢書注引「是」下有「王」字。

〔一〇〕金正煒云：「易晉：『晉如愁如。』釋文引鄭注：『愁，變色貌。』（愁悟）或爲『感悟』之譌。史記晏嬰傳『夫子既以感悟而贖我』，新序作『懼然而悟』，正與『感悟』義同。」〔按〕「愁」字自通，不必改。

〔一一〕姚宏云：「（遽）一作『遂』。」

〔一二〕〔按〕後漢書注引「赴」作「救」。

〔一三〕〔按〕太平御覽卷四百六十引「全」作「存」。

〔一四〕〔按〕新序作「唐且一說，定彊秦之筴，解魏國之患，散齊、楚之兵，一舉而折衝消難，辭之功也」。此事魏世家繫於安釐王十一年。

23　信陵君殺晉鄙救邯鄲

信陵君殺晉鄙，救邯鄲，破秦人，存趙國，趙王自郊迎〔一〕。唐且〔二〕謂信陵君曰：「臣聞之曰，事有不可知者，有不可不知者；有不可忘者，有不可不忘者。」信陵君曰：「何謂也？」對曰：「人之憎我也，不可不知也。吾憎人也，不可得而知也〔三〕。人之有德於我也，不可忘也。吾〔四〕有德於人也，不可不忘也〔五〕。今君殺晉鄙，救邯鄲，破秦人，存趙國，此大德也。今趙王自郊迎，卒〔六〕然見趙王，臣願君之忘之也！」信陵君曰：「無忌謹受教〔七〕！」

〔箋證〕

〔一〕〔按〕史記魏公子傳云：「救邯鄲，存趙。趙王及平原君自迎公子於界，平原君負韊矢爲公子先引，趙王再拜。……（公子）意驕矜而有自功之色。」

〔二〕鮑彪改「且」作「雎」，同上章，説見上。鮑云：「唐雎此（安釐王）十一年求救，年已九十餘，至是又十年，其陳誼益高，所謂耄期稱道不亂者歟？賢矣！」吴師道云：「史不云唐且，恐有訛舛。」〔按〕魏公子傳作「客有説公子」。

〔三〕鮑彪云：「（不可得而知）人不能知。」〔按〕不可得而知，應上文「不可知」，先後稍有參差。史記無此二語。

〔四〕按文選座右銘注引「吾」下有「之」字。

〔五〕吴師道云：「史云：『物有不可忘，或有不可不忘。夫人有德於公子，不可忘也。公子有德於人，願公子忘之也。』語尤簡潔。」

〔六〕鮑彪云：「卒、猝同。」

〔七〕〔按〕史記云：「於是公子立自責，似若無所容者。趙王埽除自迎，執主人之禮，引公子就西階。公子側行辭讓，從東階上，自言辠過，以負於魏，無功於趙。」

24 魏攻管而不下

魏攻管而不下，安陵〔一〕人縮高，其子爲管守〔二〕。信陵君使人謂安陵君曰：「君〔三〕其遣縮高〔四〕，吾將仕之以五大夫，使爲持節尉〔五〕。」安陵君曰：「安陵小國也，不能必使其民〔六〕，使者自往請。」使〔七〕道使者〔八〕至縞（縮）高〔九〕之所，復信陵君之命〔一〇〕。縮高曰：「君之幸〔一一〕高也，將使高攻管也。夫以〔一二〕父攻子守，人大笑也〔一三〕。是（見）〔一四〕臣而下，是倍主〔一五〕也。父教子倍〔一六〕，亦非君之所喜也。敢再拜辭！」

使者以報信陵君，信陵君大怒，遣大使〔一七〕之安陵曰：「安陵之地，亦猶魏也〔一八〕。今吾攻管而不下，則秦兵及我〔一九〕，社稷必危矣。願君之生束縮高而致之！若君弗致也〔二〇〕，無忌將發十萬之師，以造安陵之城〔二一〕。」安陵君曰：「吾先君成侯受詔襄王〔二二〕以守此地也，手受大府之憲〔二三〕，憲之上篇〔二四〕曰：『子弑父，臣弑〔二五〕君，有常不赦〔二六〕。國雖大赦，降城亡子〔二七〕不得與〔二八〕焉。』今縮高謹解大位〔二九〕，以全父子之義，而君曰『必生致之』，是使〔三〇〕我負襄王詔而廢大府之憲也。雖死，終不敢行。」縮高聞之曰：「信陵君爲人，悍而自用也，此辭反，必〔三一〕爲國禍。吾已全已，無爲人臣之義矣〔三二〕！豈可使吾君有魏患也？」乃之使者之舍，刎〔三三〕頸而死。

信陵君聞縮高死，素服〔三四〕縞素辟〔三五〕舍，使使者謝安陵君曰：「無忌，小人也，困〔三六〕於思慮，失言於君，敢再拜釋罪〔三七〕！」

【箋證】

〔一〕鮑彪云：「（安陵）魏紀注召陵有安陵。」〔按〕安陵見前魏將與秦攻韓章「乃惡安陵氏於秦」。太平御覽卷四百二十二引「安陵」作「鄢陵」，敦煌本春秋後語同。下同。安與鄢字通，大戴禮記保傅篇「安陵」，盧注：「『安』或爲『隅』。」漢書地理志作「傿陵」，五行志作「隅陵」。隅、傿與鄢同字。

〔二〕吴師道云：「秦攻韓管而得之，縮高之子爲秦守者也。通鑑綱目縮高之子仕於秦。」〔按〕御覽引作「其子仕秦，秦以爲管守」。敦煌本後語作「其子仕於秦，秦以爲管守」。吴注疑有誤，辨見章尾。敦煌古藏文還譯本譯「管守」爲「節兒總管」。還譯者注云：「藏語呼守城之官謂節兒。」

〔三〕姚宏云：「一本無『君』字。」

〔四〕〔按〕御覽引「高」下有「來」字。

〔五〕鮑彪云：「（持節尉）尉之持節者。」〔按〕胡三省通鑑注云：「欲使安陵以君諭其民，以父諭其子也。（執節尉）軍尉之執節者也。周執節以使，漢執節則使且可以專殺矣。」五大夫，爵名；執節尉，官名。秦、楚並有五大夫，魏亦有之，戰國時或相髣也。御覽引及敦煌本後語並無「以五大夫」四字。御覽「節」作「國」，誤。

〔六〕關修齡云：「不能必使其民，猶不能使其民必聽我。」

〔七〕姚宏云：「一本（「使」下）添『吏』字。」（姚本原在下「使」字，誤。今據御覽及後語改正）〔按〕御覽引及後語「使」下有「吏」字。

〔八〕鮑彪云：「使人道之。」〔按〕資治通鑑作「使吏導使者」。「道」同「導」。

〔九〕原本「縮」作「縞」，鮑本、盧本作「縮」。黄丕烈云：「『縮』字是也，古今人表中上有縮高。」今從正。

〔一〇〕鮑彪云：「『復』猶『重』也。信陵言之矣，今申之。」何洛文云：「復，致也。」横田惟孝云：「復，白也。」吴闓生云：「『復』當作『致』。」金正煒云：「小爾雅廣言：『復，白也。』國語齊語：『正月之朔，鄉長復事。』注：『復，白也。』」〔按〕「復」訓「白」爲是。吴改據通鑑，但此自鑑改策文，非策文誤也，不能從。

〔一一〕〔按〕御覽引「幸」作「命」。

〔一二〕姚宏云：「一本無『以』字。」〔按〕後語無「以」字。

〔一三〕鮑彪讀「守人」句，云：「守人，其子之人。」吴師道讀「守」字句，云：「一本標一作『人之所大笑』。」〔按〕吴讀是。御覽引及後語「人」下並有「之」字。通鑑作「人之笑也」。

〔一四〕鮑本、吴本、盧本「是」作「見」。吴曾祺云：「『是』字疑作『因』字。」〔按〕「是」乃「見」之形譌，御覽引亦作「見」，後語及通鑑同。今從鮑本正。

〔一五〕鮑本、吴本「倍主」作「背王」，鮑彪云：「王，魏王。」吴師道云：「（王）秦王。」〔按〕「主」字不誤，御覽引及後語並作「背主」，倍同背。通鑑亦作「倍主」。主，謂所事之主。「王」字非。

〔一六〕鮑本、吴本「倍」作「背」，同。

〔一七〕于鬯云：「御覽引作『遣使謂安陵君』。通鑑作『遣使之安陵君所』。『遣』下俱無『大』字，疑『大』字涉『大怒』衍。」金正煒云：「呂氏春秋七月紀：『出大使。』注：『大使，使命也。』韓非八姦篇：『薄者數内大使以震其君，使之恐懼。』大使，謂重使也。信陵之遣大使，所以重其事。」〔按〕金説是，「大使」正以别於前遣之使者。敦煌本後語作「大使吏」，「吏」字疑涉「使」字而衍，亦有「大」字。御覽蓋脱去。

〔一八〕横田惟孝云：「安陵，魏附庸，故曰『猶魏也』。」〔按〕後語「猶」作「由」，通用。

〔一九〕鮑彪云：「管在秦東，可以捍魏。」吴師道云：「不得秦地，必受秦攻。」〔按〕御覽引及後語並作則「秦兵不返」，「不」字疑「必」之聲譌。返，疑本是「及」字，形譌作「反」，反與返通。傳寫又爲「返」耳。秦兵必及，猶秦兵及我。

〔二〇〕鮑本、吴本無「也」字。

〔二一〕鮑本、吴本「造」作「告」。〔按〕御覽引及後語作「以造君城下」。通鑑作「以造安陵之城下」。「城」下疑脱「下」字。「告」疑「造」之壞字。

〔二二〕鮑彪云：「（成侯）趙主也。安陵屬召陵，召陵屬魏，而此謂成侯爲『先君』，蓋先時兩屬趙、魏，故上曰『猶魏』。（襄王）趙襄子。」張琦云：「成侯，安陵始封之君。襄王，謂魏襄。通鑑注：『安陵本魏地，魏襄王以封其弟。』是也。鮑之悠謬，斯爲最矣。」〔按〕策云「先君成侯受詔襄王以守此地」，明成侯是安陵之先君受封於襄王者，鮑誤以爲趙君，其謬甚著。然吕氏大事記襲其訛，吴氏亦未及辨正，異矣。當從通鑑注。敦煌本春秋後語云：「隱陵君者，魏之族也。」亦其證。

〔二三〕鮑彪云：「大府，謂魏。受詔襄子，而受魏之憲，則此兩屬明矣。憲，法令也。」吴師道云：「大府之憲，即受詔於襄子者。」〔按〕鮑、吴並誤，胡三省通鑑注云：「大府，魏國藏圖籍之府。」後語「大府」作「奉苻」，「奉苻」當是「泰府」之形譌，泰同大（「大」讀如「太」）。

〔二四〕吴師道云：「上篇，猶言第一篇也。」

〔二五〕〔按〕御覽引二「弑」字並作「殺」，後語作「煞」，煞同殺。

〔二六〕鮑彪「常」下補「刑」字。吴師道云：「有常，即常刑也。」金正煒云：「吴正是也。周書大匡篇：『有常不赦。』注：『常，有常刑也。』與此同。」〔按〕御覽引「常」下有「刑」字，疑是後人所添。後語、通鑑並無「刑」字，可證。

〔二七〕鮑彪云：「（降城亡子）以城降人及亡人之子。」吴師道云：「（亡子）亡人。」〔按〕降城亡子，應上「子弑父臣弑君」而言。降城，謂叛臣；亡子，謂逆子。

〔二八〕〔按〕「與」讀如「預」。御覽引「與」作「預」。

〔二九〕鮑本「謹解」作「謹雖辭」。吴師道云：「一本無『謹』字。……『雖』乃『謹』之訛。」〔按〕通鑑作「辭大位」。御覽引作「不受大利」。

〔三〇〕吴本脱「使」字。

〔三一〕〔按〕通鑑「反必」二字互倒。

〔三二〕姚宏云：「一本（己無）作『己之』。」鮑彪改「爲」作「違」。吴師道云：「無違人臣者，不事二君之義。」横田惟孝云：「言吾已全己父子之義，而因我爲國禍，是無爲人臣之義矣。」安井衡云：「按安陵君云：『安陵小國也，不能必使其民。』稱『其民』，則縮高不仕也。且高所全父子之道而已，未及君臣之義。無爲人臣之義，謂辭信陵君之官爵，蓋高尚其志者。」孫詒讓從一本作「己之」，云：「此縮高言己之義已全也。」〔按〕已全已，首「已」字同「以」，下「已」字讀「紀」，即「己」字。御覽引作「吾以全己」。金正煒或以「無」爲衍字，「臣」是「父」之誤，説嫌專輒，不取。鮑改蓋據通鑑，恐不合策意。

〔三三〕〔按〕顔氏家訓音辭篇云：「戰國策音『刎』爲『免』。」錢大昕、段玉裁皆以此爲高誘注音。今缺佚。「刎」之音「免」，周祖謨顔氏家訓音辭篇注補謂：「殆爲漢代青、齊之方音。如釋名釋形體云：『吻，免也。』……劉成國以『免』訓『吻』，取其音近，與高誘音『刎』爲『免』正同。」

〔三四〕鮑彪衍「素」字。吴師道云：「（素）字衍。」金正煒云：「『素』字疑當爲『變』，涉『縞素』而譌。」〔按〕通鑑無「素服」二字。

〔三五〕鮑本、吴本「辟」作「避」。〔按〕二字通用。

〔三六〕鮑彪云：「困，猶不通。」

〔三七〕鮑彪云：「拜，所以謝也，以安陵釋其罪，故謝。」吴師道云：「按上章無忌書謂『王之使者譖安陵於秦（按指本策三魏將與秦攻韓章），而此策云云，未詳。』」〔按〕資治通鑑記此事於秦莊襄王三年（前二四七），魏安釐王三十年信陵君自趙歸魏，率五國師敗秦蒙驁軍於河外之次，朱熹通鑑綱目因之。鮑彪編策從之，次於上章信陵君居邯鄲之後。是攻管之役與敗秦師爲一役，學者無異議（林春溥紀年、顧觀光編年、黄式三編略、于鬯年表並繫於秦莊襄三年魏敗秦師之次）。然按之策文，僅言「魏攻管」，未見與五國敗秦之師相涉，安能必其爲同年同事乎？蒙驁攻魏，自上黨東之高都、汲而入，在大梁之北；信陵敗驁於河外，並與管城地不相近（管在大梁之東，距韓都新鄭不遠）。策云「攻管而不下，則秦兵及我」，與其時情勢，亦不相合。故愚謂攻管與敗秦師非同年事也。孔衍春秋後語（敦煌本）以鄢陵君遣唐雎使秦及此事附載於魏亡之後，而此文首作「初鄢陵人縮高」云云，不繫年世。則知孔氏尚未以此與五國敗秦爲同年事，而通鑑之次實無據也。復次，通鑑又以縮高之子爲秦守管。春秋後語云：「其子仕於秦，秦以爲管守。」通鑑蓋承之。策無「爲秦守管」之文，但有「今吾攻管而不下，則秦兵及我」之語，疑孔氏由此語而推言也。似若可信。然按韓非子有度篇云：「魏安釐王……攻韓拔管，勝於淇下。」信陵君事皆當安釐之世，而管原爲韓地，策有明文（前秦攻韓之管章）。時地兩合，則攻韓拔管者即謂此事。蓋信陵攻管而終下之，故云「攻韓拔管」。若管是秦地，則與韓子之言不侔矣。韓非韓人，及見魏安釐之强時，以當時人言本國事，不容有誤，宜據之。或據吴注「秦攻韓管而得之」，證管是秦地。按策言「秦攻韓之管」，未言「得之」，而彼策又云「秦果釋管而攻魏」，明是秦未下管。吴注不過臆度之耳，不足信。或謂太平御覽引此策作「其（縮高）子仕秦，秦以爲管守」，是策文本言爲秦守管也。按御覽引言，多有訛誤，張冠李戴，亦所常見。即如引此策文，取與敦煌本春秋後語核對，文字大同於後語（詳見上校文中）。是知所引實是後語之文，誤標書名，非策文古本有異也。或謂管若是韓地，則策云「攻管而不下，則秦兵及我」，義不侔矣。按韓偪於秦，自桓惠王世，常合於秦，故韓非子存韓篇謂「韓事秦三十餘年」。此時必秦、韓爲與國，韓急則必求救於秦，秦兵即謂秦救也。若管是秦地，守管者即爲秦兵，攻管，已與秦兵交戰，何言「秦兵及我」？由此益證管之非秦地矣。綜上所論，此章乃記魏安釐王時信陵君攻韓拔管之事（唯策未終言拔管事），縮高之子乃爲韓守管，非爲秦也。後人紛紛議縮高自刎及信陵謝罪之得失，而失稽本事，不幾於盲人斷匾歟？

25　魏王與龍陽君共船

魏王與龍陽君〔一〕共船而釣，龍陽君得十餘魚而涕下〔二〕。王曰：「有所不安乎？如是何不相告也？」對曰：「臣無敢不安也。」王曰：「然則何爲涕出？」曰：「臣爲王（臣）〔三〕之所得魚也。」王曰：「何謂也？」對曰：「臣之始得魚也，臣甚喜。後得又益大〔四〕，今臣直欲棄臣前之所得矣。今以臣（之）凶惡〔五〕，而得爲王拂枕席。今臣爵至人君〔六〕，走人於庭，辟人於途〔七〕。四海之內〔八〕美人亦甚多矣，聞臣之得幸於王也，必褰裳而趨王〔九〕，臣亦猶曩臣之前〔一〇〕所得魚也，臣亦將棄矣！臣安能無涕出乎？」魏王曰：「誤〔一一〕，有是心也，何不相告也？」於是布令於四境之內曰：「有敢言美人者，族〔一二〕。」

由是觀之，近習之人，其摯諂〔一三〕也固矣，其自纂繁〔一四〕也完矣！今由千里之外，欲進美人，所效者庸〔一五〕必得幸乎？假之〔一六〕得幸，庸必爲我用乎〔一七〕？而近習之人相與怨我，見有禍，未見有福；見有怨，未見有德，非用知之術也〔一八〕。

〔箋證〕

〔一〕鮑彪云：「（龍陽君）魏之幸臣。」吴師道云：「（龍陽君）幸姬也。策言美人，又云拂枕席，此非楚安陵君、鄢陵君、壽陵君、趙建信君之比。長孫佐輔、于武陵等詩用『前魚』字，皆以宫人言之。」關修齡云：「（鮑）得之。龍陽蓋封地，若安陵、鄢陵屬。據其曰『臣爵至人君』，及『走辟於人』之類，明其爲幸臣也。然説者以爲王拂枕席，疑爲幸姬。按佞幸傳謂：『以色幸者，與上起卧。』安知不爲拂拭乎？」〔按〕關辨是也。美人不專指婦女。詩邶風簡兮：「云誰之思？西方美人。」美人謂「周室之賢者。」（鄭箋）齊風盧令「其人美且仁」、「其人美且鬈」、「其人美且偲」，其人謂「人君有美德」者（毛傳），皆指男子，是其證。拂枕席，與楚策一江乙説安陵君章安陵君曰「臣入則編席」相類，亦嬖臣燕昵之詞。阮籍詠懷詩云：「昔日繁華子，安陵與龍陽。」陸厥中山王孺子妾歌云：「子瑕矯後駕，安陵泣前魚。」（並見文選）「泣前魚」即用此策龍陽君事，陸誤爲安陵（李善注已辨之）。龍陽君與彌子瑕、安陵君對舉，明阮、陸並以龍陽爲幸臣也。歐陽詢藝文類聚亦録此策於人部寵幸類，前後與彌子瑕、安陵君、鄧通等事並列，則前人固未以龍陽君爲幸姬也。長孫佐輔（古宫怨詩云：「棄前方見泣船魚。」）、于武陵（「一從悲畫扇，幾度泣前魚。」）在中晚唐時，屬辭隸事或不精切，豈足爲據？俞正燮癸巳存稿卷十四駁吴説，以爲長孫與于詩本之陸厥詩，而陸詩乃本於詠懷詩顔注，蓋用安陵事，吴氏誤引，亦未盡然。疑吴氏又因下文數言「美人」而誤也。

〔二〕〔按〕文選中山王孺子妾歌注引「而」下有「棄之」二字，涕作泣。又詠懷詩注引「而涕下」三字作「而棄因泣下沾衣」七字。依文義，「而」下當有「棄之」二字，句；「涕」上當有「因」字，似長。

〔三〕鮑彪改「王」作「臣」。吴師道云：「以己之得魚推言王。」〔按〕藝文類聚卷三十三引「王」作「臣」，鮑改與之合，與下文「臣之始得魚也」云云相應，當是。吴汝綸亦云：「當作『臣』。」今據改。

〔四〕〔按〕文選中山王孺子妾歌注引作「後得益多而大」。詠懷詩注引作「後得益多」。

〔五〕鮑本「臣」下有「之」字。吴師道云：「一本『今以臣凶惡』。按孟子惡人，注謂醜貌人。此疑衍『凶』字，或『之』字訛。」金正煒云：「説文、廣雅並訓『凶』爲『惡』，是凶惡皆謂醜也。」〔按〕藝文類聚引「臣」下有「之」字。有「之」爲長，今從補。「凶惡」字各書所引並然，凶惡，猶言惡也，金訓是（關修齡謂「凶謂行，惡謂貌」，非）。

〔六〕關修齡云：「爵至人君，言封爲龍陽君。」

〔七〕鮑本「辟」作「避」，云：「在庭則人爲之趨走，在途則行者避。」吴師道云：「避，一本作『辟』，宜音『闢』。」横田惟孝云：「走人辟人，謂朝廷道途遇之者皆走辟也。」〔按〕文選注、太平御覽卷八百三十四引「辟」作「避」。「辟」讀作「避」，辟人，謂使人避之也。宋世家索隱引莊子：「桓侯行，未出城門，其前驅呼辟。」司馬彪云：「呼辟，使人避道。」（按今莊子佚此文及注）辟人於途者，即其義。走人，鮑注是，横田解非。

〔八〕姚宏云：「一本（「内」下）添『其』字。」〔按〕文選詠懷詩注、御覽引有「其」字，屬下讀。

〔九〕鮑本、吴本「王」上有「大」字。鮑彪云：「褰，揭也。」〔按〕「必」當爲「畢」之同音借字（秦策四秦王欲見頓弱章「四國必從」。即借「必」爲「畢」），謂盡褰裳而趨王。文選注、御覽卷九百三十五引「必」作「畢」，可證。

〔一〇〕王念孫云：「『曩』即『前』也，上既言『曩』，下不得復言『前』，此因上文『臣前之所得』而誤衍耳。藝文類聚人部、太平御覽資産部及文選詠懷詩注、陸厥中山王孺子妾歌注引此並無『前』字。」吴闓生云：「案此（前）字不可去。諸書節採，不足據。」〔按〕曩，指時間，前，指得魚之次，二者義不複，不應省去。吴説是。

〔一一〕鮑彪云：「（誤）以不告爲誤。」吴師道云：「誤，猶言誤矣，當句。然恐是『譆』字訛。」王引之云：「『誤』

當爲『誒』，形近而譌也。漢書韋賢傳注曰：『誒，歎聲，許其反。』是『誒』與『譆』同。」

〔一二〕鮑彪云：「(族)死及其族。」

〔一三〕鮑彪云：「『摯』猶『進』。」吴師道云：「摯，説文握持也。又字同摯(按疑『贄』之誤)、質，義亦可同。」金正煒云：「謟，藏也。摯者握持，謟者藏匿，與冒覆之義爲對文，謂固寵之術也。」〔按〕謟同搯，説文：「搯，槄也。」摯搯，疑是雙聲聯綿詞(「摯」屬照母，古讀端母，端母聲與透母通轉)，猶言握持。又「摯謟」疑讀作「縶縚」。玉篇：「縶，縷也，相縶也。」小爾雅廣器：「縚，索也。」縷索本名詞，用作動詞，猶言羈縶，與下「纂繁」字亦相應。

〔一四〕舊注：「謂帽覆也。」鮑彪改「纂繁」作「冪縶」(盧本從之)，云：「冪，覆也，言自芘自結於王。」吴師道云：「(繁)恐當作『縶』。高注『帽覆』，似(纂)亦作『冪』義。按纂，組類，固結之義。」安井衡云：「纂，組也。繁，馬腹帶，皆有文采而固結者，故以譬孌童自結於君也。」吴汝綸云：「當作『冪縶』。」〔按〕「纂繁」於義自通，然與舊注「帽覆」不合。疑本作「幕繁」，「幕」與「冪」同字(禮記檀弓：「布幕。」釋文：「幕，本作『冪』。」)，字或作『綦』(莊子盜跖篇：「顧望履幕。」釋文：「幕，司馬本作『綦』。」)，又誤作「纂」也。「繁」同「鞶」(文選東京賦注)，「鞶帶」有繫結之義。「幕繁」亦雙聲聯綿詞(「繁」讀如「盤」。並明二母，古讀通轉)，故注云：「帽覆也。」

〔一五〕〔按〕經傳釋詞：「『庸』與『詎』同意。」

〔一六〕金正煒云：「『之』猶『其』，謂所進之人。」〔按〕金説亦通。

〔一七〕鮑彪云：「我，謂欲進之人。」吴師道云：「爲我用，猶言如我寵。上句言未必得幸，此句言假使得幸，未必如我也。」安井衡云：「此論進美人無益，鮑云是也。」〔按〕吴訓「爲」爲「如」，固可，然此文當依鮑注爲是。此以喻進賢之難。

〔一八〕鮑彪次此章於安釐王下。吴師道云：「此策不知何王，未可以安釐衰季之世，遂附之也。」

26　秦攻魏急

秦攻魏急〔一〕。或謂魏王曰〔二〕：「棄之不如用之之易也，死之不如棄之之易也〔三〕。能棄之，弗能用之〔四〕；能死之，弗能棄之〔五〕，此人之大過也。今王亡地數百里，亡城數十，而國患不解，是王棄之，非用之也。今秦之强也，天下無敵，而魏之弱也甚，而王以是質秦〔六〕。王又能死而弗能棄之〔七〕，此重過也。今王能用臣之計〔八〕，虧地不足以傷國，卑體不足以苦身，解患而怨報〔九〕。秦自四境之内〔一〇〕，執法〔一一〕以下，至於長輓者〔一二〕，故畢〔一三〕曰：『與嫪氏〔一四〕乎？與吕氏乎〔一五〕？』雖至於門閭之下，廊廟之上，猶之〔一六〕如是也。今王割地以賂秦〔一七〕，以爲嫪毒（毐）功〔一八〕，卑體以尊秦，以因嫪毒（毐）。王以國贊嫪毒（毐）〔一九〕，以嫪毒（毐）勝矣〔二〇〕。王以國贊嫪氏〔二一〕，太后之德王也，深於〔二二〕骨髓，王之交最爲天下上矣〔二三〕。秦、魏百相交也，百相欺也〔二四〕，今由嫪氏善秦，而交爲天下上，天下孰不棄吕氏而從嫪氏？天下必合（舍）〔二五〕吕氏而從嫪氏，則王之怨報矣〔二六〕。」

〔箋證〕

〔一〕鮑彪云：「（秦）始皇五年攻魏，取二十城。此（景閔王）元年。」吴師道云：「大事記以此章附見於始皇八年封嫪毐長信侯之下，謂『嫪、吕争權，略見於此』。景閔元年，秦拔二十城。策言亡地數百里，亡城數十，則此在後矣。二年拔朝歌，三年拔汲。大事記所書，則拔汲之年。所謂秦攻魏急者，蓋其時矣。」

〔二〕吴師道云：「孔叢子云：『秦急攻魏，魏王恐。或謂子順曰：如之何？答曰：吾私其計，然豈能賢於執政，故無言焉。魏王聞之，駕如孔氏，親問焉，曰：國亡矣，如之何？對曰云云。』下文並同。」〔按〕吴引孔叢子是論勢篇。

〔三〕鮑彪云：「棄，謂戰而喪地。用，謂割地賂之。死，謂敗死。」吴師道云：「孔叢子注：言棄其地，不如用其地以攻守爲易。死其地，不如棄其地以圖存爲易。蓋當計其勢如何，亦在棄之用之得其宜。」〔按〕用其地以攻守，安得易於棄之？「用之」即下文「割地以賂秦……卑體以尊秦」，鮑注得之。

〔四〕姚宏云：「一本無『之』字。」

〔五〕姚宏云：「劉無『之』字。」金正煒云：「經傳釋詞：『「能」與「寧」一聲之轉。』此文『能』字亦當讀爲『寧』。説文：『寧，願詞也。』下文『王又能死而弗能棄之』，義同。」

〔六〕鮑彪改「質」作「賓」。吴師道云：「孔叢子注云：景閔爲太子時嘗質於秦。」横田惟孝云：「質，『質的』之『質』。質秦，猶云爲秦質也。」〔按〕横田説是。前八年謂魏王曰章有「以是質秦」句，鮑亦改「質」作「賓」，説詳彼。

〔七〕姚宏云：「（之）一本作『也』字。」

〔八〕〔按〕「今」猶「若」也，見經傳釋詞。孔叢子作「若能用臣之計」。此「能」字當「如」字解。

〔九〕鮑彪云：「怨，謂不韋，主攻者也。」〔按〕孔叢子「報」下有「矣」字。

〔一〇〕横田惟孝云：「『自』字宜在『内』下。」〔按〕句自通，不必改。孔叢子無「自」字。

〔一一〕鮑彪云：「（執法）執政之臣。」〔按〕史記滑稽列傳：「（淳于）髡曰：『賜酒大王之前，執法在傍，御史在後。』」「執法」與「御史」並舉，蓋亦侍從之官。孔叢子「執法」作「執政」。

〔一二〕鮑彪云：「（長輓者）長爲輓車之人。」横田惟孝云：「『長』字，非衍則上下必有闕文。」金正煒云：「『長』當爲『倀』，『倀』損爲『辰』，又誤爲『長』也。方言：『燕、齊之間謂養馬者謂之倀。』又官婢女厮謂之倀。倀、輓，皆賤之役，鮑注無義。」

〔一三〕鮑彪云：「『畢』猶『盡』。」

〔一四〕鮑彪云：「嫪毐，秦太后私人。」〔按〕史記秦始皇本紀：「八年，嫪毐封爲長信侯，予之山陽地，令毐居之。宫室、犬馬、衣服、苑囿、馳獵，恣毐。事無小大，皆決於毐。又以河西太原郡爲毐國。」

〔一五〕鮑彪云：「（吕氏）不韋也。此言與嫪氏耳。」〔按〕此言嫪毐與不韋争權，客不歸嫪氏，則歸吕氏。

〔一六〕〔按〕孔叢子「猶之」作「猶皆」。

〔一七〕〔按〕此「今」字亦訓「若」。孔叢子作「今王誠能割地賂秦」。

〔一八〕盧本「以」作「王」，屬上讀。鮑本、吴本、盧本「毒」作「毐」，下同。〔按〕「毒」乃「毐」之形譌。史記作「嫪毐」。「毐」從士毋，讀若「娭」，見説文。今並正。鮑彪云：「因毐而割，故功在毐。」

〔一九〕鮑彪云：「毐貴矣，今又因之以割，是以魏助之也。」

〔二〇〕鮑彪云：「以不敗爲勝。」〔按〕「以」猶「則」也，見經詞衍釋。孔叢子「以」作「則」，亦其證。

〔二一〕鮑本、吴本「氏」作「毐」。横田惟孝云：「孔叢子無下『王以國賛嫪毐』六字，此疑誤衍。」〔按〕此特鄭重言之，不嫌詞複。横田説未是。

〔二二〕〔按〕孔叢子「於」作「如」，義同。

〔二三〕吴師道云：「孔叢子注：言太后德王，則秦不加兵，是乃王以此交秦，爲天下之上矣。」

〔二四〕金正煒云：「『百』字疑當爲『時』，古書『時』作『旹』，與『百』形近而誤。」〔按〕百交百欺，言交欺屢變。百者，極言其多。金改未是。

〔二五〕姚宏云：「(合)一作『舍』。」鮑彪改「合」作「舍」。吴師道云：「(合)恐『舍』字訛。大事記作『舍』。」金正煒云：「『必』亦『畢』之借字。」〔按〕「合」乃「舍」之形誤，今從一本正。金訓「必」爲「畢」，是也。孔叢子此句作「天下皆然」。「畢」與「皆」義近，是其證。「必」乃「畢」之同音借字。今聚珍本大事記「合」作「棄」，「棄」、「舍」義近。

〔二六〕〔按〕吕祖謙大事記解題云：「嫪、吕争權，略見於此。孔叢子載此説，以爲子順之策。子順相魏，進退有聖賢之風，寧忍出此乎？」陸隴其去毒云：「棄之不如用之之易，此言最是。然只以國賛嫪毐，便謂能用之，何其謬也？孔叢子謂此策出於孔子順，……乃知孔叢子確是僞書。」〔按〕陸論不脱理學家之見。

27 秦王使人謂安陵君曰

秦王〔一〕使人謂安陵君〔二〕曰：「寡人欲以五百里之地易安陵，安陵君其許寡人！」安陵君曰：「大王加惠，以大易小，甚善。雖然，受地於先生(王)〔三〕，願終守之，弗敢易。」秦王不説。安陵君因使唐且〔四〕使於秦。

秦王謂唐且曰：「寡人以五百里之地易安陵，安陵君不聽寡人，何也？且秦滅韓亡魏〔五〕，而君以五十里之地存者，以君爲長者，故不錯〔六〕意也。今吾以十倍之地，請廣於君〔七〕，而君逆寡人者，輕寡人與？」唐且對曰：「否，非若是也。安陵君受地於先生（王）而守之，雖千里不敢易也，豈直五百里哉〔八〕？」

秦王怫〔九〕然怒，謂唐且曰：「公亦嘗聞天子之怒乎？」唐且對曰：「臣未嘗聞也。」秦王曰：「天子之怒，伏屍百萬，流血千里。」唐且曰：「大王嘗聞布衣之怒乎？」秦王曰：「布衣之怒，亦免冠徒跣以頭搶地爾〔一〇〕。」唐且曰：「此庸夫之怒也，非士之怒也。夫專諸之刺王僚也〔一一〕，彗星襲月。聶政之刺韓傀也〔一二〕，白虹貫日〔一三〕。要離之刺慶忌也〔一四〕，倉鷹擊於殿上〔一五〕。此三子者〔一六〕，皆布衣之士也，懷怒未發，休祲降於天〔一七〕，與臣而將四矣。若士必怒，伏屍二人，流血五步，天下縞素〔一八〕，今日是也。」挺劍而起〔一九〕。秦王色撓〔二〇〕，長跪而謝之曰：「先生坐，何至於此？寡人諭〔二一〕矣。夫韓、魏滅亡，而安陵以五十里之地存者，徒以有先生也〔二二〕。」

【箋證】

〔一〕〔按〕敦煌本春秋後語作「秦始皇」。其時秦王尚未稱始皇帝，後語追言之爾。

〔二〕〔按〕説苑奉使篇及敦煌本後語「安陵」作「鄢陵」，同。水經洧水注云：「洧水又東逕鄢陵縣故城南。李奇曰：六國爲安陵也。昔秦求易地，唐且受使於此。」唐且即唐雎。

〔三〕鮑本、吴本、盧本「生」作「王」，下同。〔按〕此字顯訛，今從正，下同。後語作「受城地於先王」。

〔四〕鮑彪改「且」作「雎」，下同。黄丕烈云：「説苑作『且』。古今人表中『安陵君唐雎』，即此也。」〔按〕後語作「唐雎」。且、雎同字，説見前。

〔五〕鮑彪云：「（始皇）十八年（滅韓），二十二年（亡魏）。」

〔六〕吴師道云：「錯，置也。」〔按〕後語「錯」作「措」，同。

〔七〕鮑彪云：「（廣）廣其地。」吴師道云：「設辭易地，實欲得之，當識其意。」

〔八〕〔按〕「直」讀如「特」。説苑「直」作「獨」，亦一聲之轉。後語此下有「夫不以義利而割義利（此「義利」疑涉上文而衍）者，固鄢陵君之所不取也」。蓋兼採説苑語。

〔九〕〔按〕「怫」同「艴」，説文：「艴，色艴如也。」今論語鄉黨篇「艴」作「勃」。後語作「勃然作色」。「怫」、「艴」、「勃」古同音通用。

〔一〇〕鮑本、吴本「爾」作「耳」，同。鮑彪云：「搶，突也。」吴師道云：「太史公語本此。説苑作『纇地』。」〔按〕吴引太史公語見報任少卿書。

〔一一〕鮑彪云：「僚，吴王。昭二十七年。」〔按〕左氏昭二十七年傳：「（公子）光伏甲於堀室而享王（僚），王使甲坐於道及其門，門階户席，皆王親也。夾之以鈹。……光僞足疾，入於堀室。鱄設諸寘劍於魚中以進，抽劍刺王，鈹交於胸，遂弑王。」鱄設諸，史記吴世家及刺客列傳作「專諸」。

〔一二〕鮑彪云：「傀，韓相。見韓策及刺客傳。」〔按〕藝文類聚卷二一、文選册魏公九錫文注、史記鄒陽傳索隱引「韓傀」作「韓傀」。後語作「聶政之刺韓相俠累也」。説苑作「聶政刺韓王之季父」。

〔一三〕〔按〕北堂書鈔卷一百五十一引此下有「荆軻欲刺秦王，白虹貫日」十字。太平御覽卷四引此文作「聶政刺韓相，荆軻刺秦王，並白虹貫日」。或者以爲據戰國策佚文。考荆軻事與此竝時，不應且言及之。下文言「此三子者」，亦不應有軻。説苑及後語亦不言荆軻，明策文本無也。鄒陽獄中上梁王書云：「昔者荆軻慕燕丹之義，白虹貫日。」集解、索隱並引列士傳以證，益可證此非國策文也。書鈔「荆軻」云云十字，明陳禹謨本作列士傳文，與史記注相合，知孔廣陶本脱去「列士傳」三字爾。御覽之「荆軻刺秦王」五字，疑編者以「白虹貫日」事相同，比類夾注於下，誤爲正文，又妄加「並」字也。

〔一四〕鮑彪云：「吴越（鮑、吴合注四部叢刊本「越」誤作「趙」，據鮑單注本正）春秋：要離，吴人。吴王闔閭欲殺王子慶忌，要離詐以罪亡，令吴王焚其妻子，走見慶忌，以劍刺之。」〔按〕要離事亦見吕氏春秋忠廉篇。

〔一五〕吴師道云：「倉即蒼。」横田惟孝云：「殿，吴宫殿。殿稱始見於此。」〔按〕類聚卷九十一引「倉」作「蒼」。説苑作「蒼隼擊於臺上」。董説七國考卷四云：「平原君傳：『毛遂定從於楚殿上。』韓詩外傳：『楚成王讀於殿上。』又楚莊王賜其羣臣酒，日暮酒酣，左右皆醉殿上。又樂人優孟入殿門大哭。余按齊景公時有得罪者，景公大怒，縛置之殿下。是春秋已有殿矣。」横田説未允。

〔一六〕吴本無「者」字。黄丕烈云：「説苑無（「者」字）。」

〔一七〕姚宏云：「（休祲降於天）曾、劉作『休烈隆於天』。」鮑彪云：「休，吉徵。祲，戾氣。自三子言之爲吉。」吴師道云：「説文：『祲，精氣感祥也。』此『休』字猶言『祥』。」金正煒云：「『休』當爲『仸』之譌。隸續云：『字書有「仸」字，與「大」同音。漢太尉公墓畫像所云「仸尉公」，蓋是用「仸」爲「大」，即「大尉公」也。』此文『仸祲』，蓋即『大祲』。」〔按〕「休」疑當作「烈」，「休」字或書作「烋」（魏張猛龍碑）或「烋」（魏司馬元興墓志），與

「烈」字形近而譌。後語作「祲烈擊天」，可證（「擊」字恐誤）。曾、劉本作「休烈」者，疑「休」字旁校注作「烈」，誤併入正文，又衍「祲」字。「烈祲」猶「祲烈」，「烈」乃「厲」之借字（左傳昭二十九年「烈山氏」，禮記祭法作「厲山氏」。詩大雅思齊「烈假不遐」，釋文：「烈，鄭作『厲』。」唐公房碑作「厲蠱不遐」。「烈」與「厲」同聲，古多通借）。厲，惡也。「烈祲」猶言「惡祲」，此指自然界之怪變現象而言。説苑作「祲厲於天」，亦可證「烈」之爲「厲」。

〔一八〕横田惟孝云：「縞素，喪服。言天子遇弑，天下服縞素也。」

〔一九〕〔按〕説文「挺，拔也。」説苑作「即案匕首起」。

〔二〇〕吴師道云：「撓，屈也，奴效反。」

〔二一〕鮑彪云：「諭，曉也。」

〔二二〕〔按〕後語「先生」下有「故」字。説苑作「徒用先生之故耳」。

〔附論〕

鮑彪云：「（唐）睢自（安）釐十一年請救，至是（景閔王）五十餘年矣。」

吴師道云：「唐且之名，見於策者不一。秦策應侯（原誤作「應使」，據秦策正）遣唐且載金之武安，散天下士。魏安釐王十一年唐且説秦，是時應侯始相，睢老於魏，不應復爲秦用，又一唐且也。且爲魏説秦時九十餘，至與信陵君語相去十年，已百歲。爲安陵君使秦，有滅韓亡魏之言，魏亡在始皇二十二年，上去説秦凡四十二年，決不存矣，又一唐且也。楚策唐且見春申君，又一唐且也。新序秦攻魏，司馬唐且諫曰：段干木云云。當文侯時，又一唐且也。愚謂此策文甚明，而事多難言，以始皇之兵威，何憚於安陵，而易以五百里地？是特爲之辭而使之納地耳，唐且之使愚矣。雖抗言不屈，豈終能沮之乎？荆軻之見也，匿匕首於圖。秦法，侍者不得操兵，此云挺劍而起，何也？其辭固多誇矣。」

黄丕烈云：「（吴氏）引新序『司馬唐且』，誤，此乃『司馬唐』，衍『且』字。」

〔按〕吴氏辨唐且之非一，是也（所引新序司馬唐且，是雜事篇五文，吕氏春秋期賢篇作「司馬唐」，淮南子修務訓作「司馬庾」，高注云：「或作『唐』。」黄正蓋據之）。其疑「挺劍」語，宋葉適習學記言亦言之，云：「荆軻事，言秦法羣臣侍殿上者，不得操尺寸兵。或者他國使客不禁耶？」總之，此策按之史實與事理皆不相合，當是策士揣摩炫術之詞，不必深辨。又大戴禮記保傅篇云：「安陵任周瞻，而國人獨立。」（賈子新書胎教篇同）盧辨注云：「諸記多爲唐雎。……或云：秦破韓威（疑當作「滅」）魏，而隱陵君獨以五十里存者，周瞻、唐雎之力也。」説苑尊賢篇云：「鄢陵任唐雎，國獨特立。」鄢陵即安陵，與保傅篇合。以周瞻與唐雎並爲安陵之臣。然愚疑周瞻、唐雎實爲一人。篆文「周」作「」，「唐」作「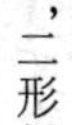」，二形相似。且、瞻並屬照母，聲近。唐且之爲周瞻，殆由形聲之譌。若然，唐且有功於安陵，當是事實，惟必不如策文之所載耳。

戰國策 卷二十六

韓一

〔釋題〕

鮑彪云：「分晉得南陽及潁川之父城、定襄、襄城、潁陽、潁陰、長社、陽翟，東接汝南，西接弘農，得新安、宜陽。」

吴師道云：「鄭（今河南之新鄭）及城皐（元本誤作「皇」），滎陽、潁川之崈（元本作「崇」，今從漢書地理志正。「崈」即「嵩」字）高、城陽（「城陽」當作「陽城」）。」

張琦云：「尚有河東平陽、上黨、澤、潞。自今河南南陽府鄭、汝、裕、禹、鄧五州，開封之新鄭、密、滎陽、汜水，河南府之宜陽、新安、永寧、登封、嵩縣，山西之平陽、澤、潞三府皆是。」

〔按〕韓自武子封於韓原，獻子（厥）從封姓爲韓氏，其後世爲晉卿。至康子與趙、魏共攻智伯而分其地。康子之孫虔立爲諸侯，是爲景侯。傳列侯、文侯、哀侯、懿侯、昭侯、宣惠王、襄王、釐王、桓惠王、王安，亡於秦。自景侯至王安凡十一世。韓初都陽翟（今河南禹縣），韓哀侯滅鄭，遷都新鄭（今屬河南）。

1　三晉已破智氏

三晉已破智氏，將分其地。段規謂韓王〔一〕曰：「分地必取成皋〔二〕。」韓王曰：「成皋石溜之地也〔三〕，寡人無所用之。」段規曰：「不然。臣聞一里之厚而動千里之權者，地利也〔四〕。萬人之衆而破三軍者，不意也〔五〕。王用臣言，則韓必取鄭矣。」王曰：「善。」果取成皋。至韓之取鄭也〔六〕，果從成皋始〔七〕。

【箋證】

〔一〕鮑彪云：「諸稱王，皆非當時語。」〔按〕韓王即韓康子。韓至宣惠始稱王，此追尊之詞。

〔二〕吴師道云：「（成皋）見秦策。」〔按〕水經河水注云：「成皋縣之故城在伾上，縈帶伾阜，絶岸峻周，高四十許丈。城張翕險奇而不平。春秋傳曰：『制，巖邑也，虢叔死焉。』即東虢也。魯襄公二年七月，晉成公與諸侯會於戚，遂城虎牢以逼鄭，求平也。蓋修故耳。」成皋即虎牢。王應麟通鑑地理通釋云：「晉、楚之霸也，争鄭，秦之併六國也，始於韓，以虎牢成皋之險也。秦拔成皋、滎陽，十九年而韓亡。」

〔三〕鮑彪云：「溜，言其無積潤。」吴師道云：「溜，言多山石，水所溜也。」許應元云：「石留，猶言石田，非沃田也。」〔按〕文選魏都賦：「林藪石留而蕪穢。」張載注引此策「石溜」作「石留」，云：「石留之地，喻土地多石，猶人物之有留結也。一曰壤漱而石也，或作『溜』字。」張前訓「留」同「瘤」。「留」、「溜」、「瘤」同音通用。

〔四〕田藝蘅云：「『二里』一作『百里』。」横田惟孝云：「厚，重固，謂險隘也。動，震也。言以一里險隘而震千里之權勢者，地利也。」金正煒云：「秦策『非能厚勝之也』，注：『厚，大也。』」〔按〕權，重也（見齊策高注）。厚權較輕重，一里千里喻大小，言小之可以動大者，得地利故也。

〔五〕鮑彪云：「言地薄，鄭人不備。」吳師道云：「言地險，寡足破衆。」田藝蘅云：「『萬人』一作『千人』。」

〔按〕吳以厚爲險，恐非。

〔六〕吳師道云：「取鄭在哀侯二年。」

〔七〕鮑本、吳本「始」下有「大」字。横田惟孝云：「『大』疑『矣』誤。」〔按〕「大」屬下章「大成午從趙來」之首字，原本二章連屬，「大」字恰在行尾，因以致譌。盧文弨鍾山札記卷二云：「漢書古今人表有大成午，在中中，見韓策大成午從趙來云云。高誘本與上三晉已破智氏一篇相次，鮑彪本……誤截『大』字於三晉已破智氏章末『果從成皋始』，作『果從成皋始大』。此熟於左氏『成子始大』之文，而不知語意之各異也。」段規之意，亦止在得成皋以取鄭，故末二句正著其語之驗而已。且即欲明韓之始大，亦當云『其後果從成皋以取鄭，韓於是乎始大』，不當云『果從成皋始大』也。」

2 大成午從趙來

大成午〔一〕從趙來〔二〕，謂申不害〔三〕於韓曰：「子以韓重我於趙，請以趙重子於韓。是子有兩韓，而我有兩趙也。」

【箋證】

〔一〕盧文弨云："「此大成午，趙世家作『大戊午』，韓非子內儲説下作『大成牛』，各譌一字。唯（漢書）人表與韓策合。」（鍾山札記）〔按〕此章原與上章連屬，今據鮑本分提。鮑本、吴本誤以「大」字屬上章，辨見上。史記趙世家「（成侯）三年，大戊午爲相。」集解："「徐廣曰：『戊』一作『成』。」趙成侯三年當韓懿侯三年（前三七二），而申不害相韓在昭侯八年（世家、六國表同），但韓之紀年，史記有誤，推算實爲昭侯之十年（前三五三），當趙成侯之二十二年，此蓋其時。申子相韓實自昭侯十年至二十六年（前三五七），以下章「魏之圍邯鄲也，申不害始合於韓王」及本傳「昭侯用爲相……十五年」證之可知。

〔二〕王念孫云："「『來』字後人所加也。大成午從趙謂申不害於韓，作一句讀，謂大成午在趙，申不害在韓，而大成午寄言於申不害。非謂從趙來韓而與之言也。……韓子內儲説篇正作『大成午從趙謂申不害於韓』。」（横田亦據韓非子文，疑「來」字衍）

〔三〕吴師道云："「史：申不害者，荆人也，故鄭之賤臣。學術以干韓昭侯，用爲相。」〔按〕吴引史記，見老莊申韓列傳。荆，史記作「京」（呂氏春秋任數篇高注亦作「鄭之京人」），此訛。

3　魏之圍邯鄲也

魏之圍邯鄲也〔一〕，申不害始合於韓王〔二〕，然未知王之所欲也，恐言而未必中於王也。王問申子曰："「吾誰與〔三〕而可？」對曰："「此安危之要，國家之大事也，臣請深惟〔四〕而苦思之！」乃微謂趙卓、韓鼂曰：「子皆國之辯士也。夫爲人臣者，言可〔五〕必用？盡忠而已矣。」二人各〔六〕進議於王以事。申子微視王之所説，以言於王，王大説之〔七〕。

〔箋證〕

〔一〕〔按〕魏圍邯鄲在魏惠王十七年（前三五四），韓昭侯之九年。

〔二〕〔按〕本策三謂鄭王曰章：「昭釐侯，一世之明君也。申不害，一世之賢士也。韓與魏，敵侔之國也。申不害與昭釐侯執珪而見梁君。……申不害之計事曰：我執珪於魏，魏君必得志於韓，必外靡於天下矣，是魏弊矣。諸侯惡魏，必事韓，是我免於一人之下，而信於萬人之上也。夫弱魏之兵，而重韓之權，莫如朝魏。昭釐侯聽而行之，明君也。申不害慮事而言之，忠臣也。」申不害始合於韓王者，謂此事。其時魏惠王强大，昭侯用申子策，屈節事之，卒有馬陵之戰，齊大敗魏，魏由此弱。

〔三〕鮑彪云：「（誰與）與魏耶，趙耶？」

〔四〕鮑彪云：「惟，亦思。」

〔五〕鮑彪云：「可，豈可。」金正煒云：「『可』當讀爲『何』。石鼓文『維何』作『隹可』，是『何』字得省爲『可』也。又史記韓世家：『是可以爲公之主使乎？』則『可』之爲『豈可』猶『敢』之爲『不敢』也。惟讀『何』義明。」

〔六〕鮑單注本「各」下重「各」字。鮑、吴合注四部叢刊本不重「各」字，但「各」上有「因」字。吴師道云：「一本『各進』。」

〔七〕吴師道云：「此術之最下者。」〔按〕韓非子内儲説上篇：「趙令人因申子於韓請兵，將以攻魏。申子欲言之君，而恐君之疑己外市也，不則恐惡於趙，乃令趙紹、韓沓嘗試君之動貌而後言之。內則知昭侯之意，外則有得趙之功。」與此策事同而文稍異。

4 申子請仕其從兄官

申子請仕其從兄官，昭侯不許也，申子有怨色。昭侯曰：「非所謂學於子者也〔一〕？聽子之謁，而廢子之道乎？又亡其行子之術〔二〕，而廢子之謁〔三〕乎？子嘗教寡人循功勞，視次第〔四〕。今有所求此〔五〕，我將奚聽乎？」申子乃辟舍〔六〕請罪曰：「君真其人也〔七〕！」

〔箋證〕

〔一〕姚宏云：「劉無『謂』字。」橫田惟孝云：「『謂』當作『以』。」于鬯云：「『也』讀爲『邪』。」〔按〕「謂」同「爲」，「爲」猶「以」也。

〔二〕橫田惟孝云：「『亡其』猶『無乃』也。」〔按〕經傳釋詞云：「無，轉語詞也，字或作『亡』，或言『亡其』。」引此策，云：「『又』字，後人所加，韓子外儲説篇無『又』字。」〔按〕「又亡」其猶言「抑或」。「又」與「抑」聲之轉，字不必衍。吳曾祺以「又亡」二字衍，謬。韓非子定法篇云：「申不害言術，而公孫鞅爲法。術者人主之所執也，法者人之所師也。」又難三篇云：「法者，編著之國籍，設之於官府，而布之於百姓者也。術者，藏之於胸中，以偶萬端而潛御羣臣者也。故法莫如顯，而術不欲見。」史記韓非傳集解亦云：「申子之書號曰術，商鞅之書號曰法。」辨法、術之異甚晰，此亦申、商之別也。

〔三〕鮑本、吳本「謁」作「請」。

〔四〕〔按〕韓非子外儲說左上篇：「韓昭侯謂申子曰：『法度甚不易行也。』申子曰：『法者見功而與賞，因能而受官。今君設法度，而聽左右之請，此所以難行也。』」下記申子請仕從兄官事。申子所教謂此。

〔五〕鮑彪云：「此，如此。」吳師道云：「『此』當屬下句讀。」橫田惟孝云：「求此，謂請仕也。」〔按〕橫田解是，「此」字句。

〔六〕鮑本、吳本「辟」作「避」，同。〔按〕舍，止也（周禮「司戈盾」鄭注），此引伸爲坐止。

〔七〕橫田惟孝云：「一本『其人』作『聖人』。」〔按〕陳澧東塾讀書記卷十二論上魏之圍邯鄲也章及此章云：「申不害之劣如此，乃稱爲『一世之賢士』，何哉！」

5 蘇秦爲楚合從説韓王

蘇秦爲楚〔一〕合從，説韓王〔二〕曰：「韓北有鞏、洛〔三〕、成皋之固〔四〕，西有宜陽〔五〕、常阪之塞〔六〕，東有宛、穰〔七〕、洧水〔八〕，南有陘山〔九〕，地方千里，帶甲數十萬。天下之强弓勁弩，皆自韓出，谿子〔一〇〕、少府、時力、距來〔一一〕，皆射六百步之外〔一二〕。韓卒超足而射〔一三〕，百發不暇止，遠者達胸，近者掩心〔一四〕。韓卒之劍戟，皆出於冥山〔一五〕、棠谿〔一六〕、墨陽〔一七〕、合伯［膊］〔一八〕。鄧師〔一九〕、宛馮〔二〇〕、龍淵、大阿〔二一〕，皆陸斷馬牛，水擊鵠鴈〔二二〕，當敵即斬〔二三〕。堅甲、盾、鞮鍪〔二四〕、鐵幕〔二五〕、革抉〔二六〕、吠（吷）芮〔二七〕，無不畢具。以韓卒之勇，被堅甲，蹠〔二八〕勁弩，帶利劍，一人當百，不足言也。夫以韓之勁與大王之賢，乃欲西面事秦，稱東藩，築帝宮，受冠帶，祠春秋，交臂〔二九〕而服焉，夫羞社稷而爲天下笑，無過此者矣。是故願大王之熟計之也！」

「大王事秦，秦必求宜陽、成皋。今茲効〔三〇〕之，明年又益求割地。與之，即〔三一〕無地以給之。不與，則棄前功而後更受其禍。且夫大王之地有盡，而秦之求無已。夫以有盡之地，而逆〔三二〕無已之求，此所謂市怨而買禍者也，不戰而地已削矣。臣聞鄙語曰：『寧爲雞口，無爲牛後〔三三〕。』今大王西面交臂而臣事秦，何以異於牛後〔三四〕乎？夫以大王之賢，挾强韓之兵，而有牛後之名，臣竊爲大王羞之！」

韓王忿然作色，攘臂按劍，仰天太息曰：「寡人雖死，必不能事秦。今主君以楚王〔三五〕之教詔之，敬奉社稷以從！」

【箋證】

〔一〕鮑彪改「楚」作「趙」。吴師道云：「（楚）字誤，恐當作『趙』。」金正煒云：「按下章張儀説韓王亦云『逆秦而順楚』，與史又同，則此策（楚）不必爲『趙』之誤。或蘇子自楚之韓耳。」〔按〕齊、楚、魏三策皆作「蘇秦爲趙合從」，此作「爲楚」，蓋蘇秦說楚，奉楚爲從長（說楚策云：「從親則諸侯割地以事楚。」史記楚世家亦云：「蘇秦約從山東六國共攻秦，楚懷王爲從長。」史記事有異，但言楚爲從長則是也），歸而說韓，故云「爲楚合從」也。此文不必與他策同，更不必與史記合也（史記蘇秦傳說秦合從，自趙說韓、魏、齊、楚諸國）。藝文類聚卷二十五引此文亦作「爲楚合從」，明古本如此。鮑改非。

〔二〕鮑彪次此章於昭侯下，云：「（蘇秦）傳在燕、趙後，云『宣惠王』。今按合從在燕文公二十八年、趙肅侯十六年，此（韓昭侯）二十五年。又蘇秦傳說六國後去趙，而從約解。是歲燕（鮑、吳合注四部叢刊本「燕」誤作「無」，據鮑單注本正）易王立。徐注云：『自初說燕，至此三年。』宣惠之元年也，此時從已解。則說從時，非宣惠明矣。」吳師道云：「大事記顯王三十五年蘇秦說燕與趙合從，燕文公納之趙。三十六年蘇秦說趙肅侯以六國合從。按史年表，是歲韓昭侯（原本「侯」誤作「使」）二十六年，高門成而昭侯卒，子宣惠王立。蘇秦說宣惠王，蓋昭侯卒後爾。鮑序次非。」〔按〕蘇秦合從在周顯王三十六年（前三三三），當韓昭侯三十年（史作二十六年，誤），是時爲昭侯。秦游說諸國，自北至南，依當時交通行程計算，非經年不可。說韓又在最後（說見上），則史作宣惠王固不誤也，鮑說非。宣惠十年始稱王，此云王者，亦屬追詞。又秦游說三晉，何爲韓獨在說楚之後？疑是時韓適值君喪，新王未視朝，秦乃先說楚而歸說韓也。此雖無佐證，然可以意得之。由此益證說韓在說楚後，而上句「楚」字非譌字也。蘇秦合從之辭，疑出於策士虛擬，但虛擬亦多比附事實也。

〔三〕鮑彪云：「（鞏、洛）並屬河南。」張琦云：「（鞏）地屬周，言可恃爲固耳。索隱曰『後爲韓邑』，非也。秦紀：『莊襄元年，韓獻成皋、鞏。』正義曰：『爾時秦滅東周，韓亦得其地，又獻於秦。』不得據獻鞏之文，定爲韓邑。」程恩澤云：「此『洛』字當是水名，非洛州洛陽也。……水經注『洛水出京兆上洛縣讙舉山，東北過鞏縣東北入於河』。皆此洛也。」〔按〕史記蘇秦傳無「洛」字。

〔四〕〔按〕下章張儀説韓王曰：「(秦)東取成皋、宜陽，則鴻臺之宫、桑林之苑非王之有已。」又曰：「塞成皋，絶上地，則王之國分矣。」秦策三范睢説秦王曰：「舉兵而攻滎陽，則成皋之路不通。」足證其地之重要。又見本策之首章箋。

〔五〕〔按〕宜陽，韓之大縣，見秦策二。

〔六〕鮑彪云：「常，史作『商』。殷紀注：『商，今上洛是也』。」吴師道云：「正義云：商坂即商山，在商洛縣南。亦曰楚山，武關在焉。」程恩澤云：「索隱：『商坂蓋在商、洛之間，適秦、楚之險塞。』元和志：即晉陰地。……今在陝西商州東南九十里。」

〔七〕鮑彪云：「穰，屬南陽。」張琦云：「宛、穰在南，云『東』未詳。」程恩澤云：「(宛)韓世家：『釐王五年，秦拔我宛。』正義曰：『宛，鄧州縣，時屬韓。』……是時韓又別有一宛。水經注：『淇水逕長社城北，又東南逕宛亭西，鄭大夫宛射犬之故邑也。』長社今爲長葛，屬許州，當是韓地。(穰)韓世家：『襄王十一年，秦伐我，取穰。』正義曰：『穰，楚之別邑。秦初侵楚，封公子悝爲穰侯，後屬韓，秦昭王復取之。』……胡三省通鑑注謂：『以時考之，穰當屬楚。韓得潁川之地，與南陽接境，或者此時屬韓也。』」〔按〕宛、穰，據今人史念海考證謂爲當時重要之經濟都會，云：「宛爲今南陽，在洛陽正南。」「宛富有鐵礦，當地鐵冶業的發展，直可與邯鄲相媲美，這樣就使它具有成爲經濟都會的重要條件。它也爲商賈所聚集，這當然與鐵礦的採掘冶煉有關。」「宛在春秋時代本是楚國的北鄙，……戰國時代，宛正當秦、楚、韓三國之間，其間一度屬韓，最後終於屬秦。」「穰在現在河南鄧縣，正當宛的西南，並且和宛接壤。秦國的奪取宛，和魏冉的策劃很有關係。戰國策上曾經明白記載着，『穰侯攻楚，得宛、穰以廣陶』(見魏策四)。這樣看起來，宛當時所處的形勢是和陶相仿佛的(按史氏以陶爲當時經濟中心之重

要都會），也可以看出宛是一個具有經濟意義的都會。」（河山集頁一二五——一二六）

〔八〕鮑彪云：「洧水出潁川陽城。」張琦云：「漢志陽城下云：『陽城山，洧水所出，東南至長平，入潁。』今洧水出河南府登封縣北陽城山，……東經密縣、新鄭，俗謂之雙洎河。經洧川、鄢陵、扶溝，又南經西華，至商水，入於潁。」

〔九〕〔按〕蘇秦説楚王曰「北有陘塞」，蓋楚、韓界處。

〔一〇〕鮑彪云：「下皆弩名。（淮南子）俶真訓注：谿子，國名，夷名。又谿子陽，匠名。」〔按〕集解引許慎（淮南子注）云：「南方谿子蠻夷柘弩，皆善材。」中井積德謂「許慎所謂南方，不稱於本文，此不得援引。豈谿子蠻所作之弩，韓傚而製焉，因名歟？」（會注考證引）集解又云：「韓有谿子弩。」

〔一一〕〔按〕集解云：「（韓）又有少府所造二種之弩。」案『時力』者，謂作之得時，力倍於常，故名時力也。『距來』者，謂弩勢勁利，足以距來敵也。」（索隱同）是以時力、距來爲弩名，而少府爲製造之所。其釋弩名，亦緣文生義，皆恐未是。王念孫史記雜志云：「『距來』當爲『距黍』，黍、來隸書相近，故『黍』譌爲『來』。……藝文類聚軍器部、武部，初學記，太平御覽兵部並引廣雅曰：『繁弱、鉅黍，弓也。』荀子性惡篇曰：『繁弱、鉅黍，古之良弓也。』時力、距黍，皆疊韻字，故荀子、廣雅並作『鉅黍』。文選閒居賦：『谿子巨黍，異絭同機。』李善注引史記作『巨黍』。距、鉅、巨，古並通用。」阮元揅經室三集卷三商銅距末跋以「距末」即「距來」，「末」、「來」二字並爲「黍」字之譌，則恐未然。此爲韓地所出之强弓弩，不可推之於三代器物也。疑「少府」亦是弩名。四者並列，於文法結構始合。

〔一二〕〔按〕戰國時射遠武器多用勁弩。荀子議兵篇云：「魏氏之武卒，衣三屬之甲，操十二石之弩。」趙策一趙收天下章：「秦以三軍强弩坐羊唐之上。」藝文類聚卷六十引戰國策佚文云：「蘇秦爲楚合從，元戎以鐵爲矢，長八寸，一弩十矢俱發。」傳世有銘文之實物，如左攻殘弩牙、右攻殘弩牙、左工弩機，見貞松堂集古遺文及小校經閣金文，定爲三代物，當爲戰國之器。近長沙南郊掃把塘、東南郊左家塘及常德德山發掘戰國墓中出土物有弩機、弓矢、殘損之銅弩機，其中掃把塘墓出土之弩機最爲完整，詳見於高至善記長沙常德出土弩機的戰國墓——兼談有關弩機弓矢的幾個問題（文物一九六四年第六期）。今附載其弩機復原示意圖於後。又按吳越春秋卷九云：「羿傳（弓矢於）逢蒙，逢蒙傳於楚琴氏。琴氏以爲弓矢不足以威天下，……乃橫弓着臂，施機設樞，加之以力，然後諸侯可服。」徐天祐注云：「釋名：弩，柄曰臂鈎，弦曰牙，牙外有郭，郭外有懸刀，合而名之曰機。」以琴氏改製者爲弩機，是也。然趙曄以弩機始自與夏時逢蒙並世之琴氏，則不足信。春秋時楚尚未聞用弩以攻戰者。

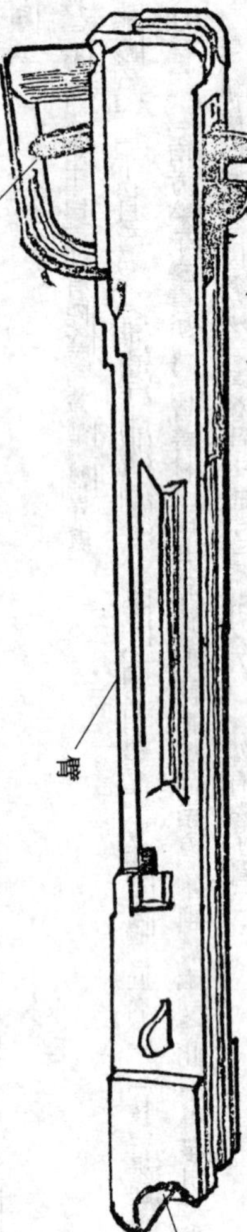

戰國弩機復原示意圖

〔一三〕姚宏云：「（超）劉作『跕』。錢作『帖』。」橫田本從劉作「跕」。〔按〕索隱云：「超足，謂超騰用勢，蓋起足蹋之而射也。故下云『蹠勁弩』，是也。」說嫌迂曲。疑「超」是「趈」之形譌。集韻咸韻有「趈」字，爲「站」之或字。

竊謂此「趈」乃「跕」之借字（「趈」、「跕」並從占聲，可通借），躡足爲跕（漢書地理志注引臣瓚）。此與錢、劉本相合。然「超」字自唐時小司馬所見已如此，或「超足」謂輕捷，如「超乘者三百乘」之「超」。而讀如「能」（見經傳釋詞）。謂韓卒之輕捷能射也，亦通。又按漢書申屠嘉傳「以材蹶張」。注引如淳曰：「材官之多力，能脚踏强弩張之，故曰『蹶張』。律有蹶張士。」補注引錢大昭曰：「説文：趚，距也，从走厈聲。漢令曰趚張百人。蹶張即趚張矣。」此文「超」字疑當作「趚」。趚足而射，猶言蹶張而射。

〔一四〕鮑彪云：「（掩心）箭中心上如掩。」〔按〕史記作「遠者括蔽洞胸，近者鏑弇心」。

〔一五〕鮑彪云：「司馬彪注冥山在相州（按「相」當作「朔」）北。」吴師道云：「朔州北，非韓地。」〔按〕洪亮吉曉讀書齋二録卷上云：「冥山即冥阸，司馬彪以爲在相州，非。今考莊子云『南行至郢，北面而不見冥山』，言其近也。冥阸在韓、楚之界，山南即楚，山北屬韓。」

〔一六〕鮑彪云：「汝南吴房有棠谿亭。」程恩澤云：「寰宇記棠谿在西平縣西南四十里，又在郾城縣南二十五里。蓋自縣南接西平，皆棠谿地也。九域志蔡州有冶鑪城，韓國鑄劍處。顧祖禹曰：『今汝寧府西平縣西北有棠谿村，接郾城縣界，昔時産金甚精，所謂棠谿之金，天下之利也。』」

〔一七〕鮑彪云：「（淮南子）修務訓注：墨陽，美劍名。」吴師道云：「修務訓文云『墨陽之莫邪』，則墨陽地名。」程恩澤云：「方輿紀要：今南陽府内鄉縣北五十里有墨山。墨陽豈其南歟？」〔按〕索隱以墨陽爲匠名，正義以爲地名。鹽鐵論論勇篇云：「强楚勁鄭，有犀兕之甲，棠谿之鋌（史正義引作「劍」）。」又云：「楚、鄭之棠谿、墨陽，非不利也。」以爲劍名，同淮南注。楚辭九歎王逸注亦同。以棠谿例之，則墨陽亦當是地名。其地出利劍，遂以地名名劍耳。

〔一八〕姚宏云：「曾無『伯』字。」鮑本無「膊」字。吴師道云：「合伯，史作『合膊』。」黄丕烈云：「無（膊）者當是。索隱曰：『按戰國策作「合伯」，春秋後語作「合相」。』可證。『伯』、『膊』聲之轉也。『相』當作『柏』，『柏』、『伯』同字，形近之訛耳。此或用史記注膊於旁，乃誤入正文。」〔按〕黄説是，今從衍。鮑彪云：「合伯，地缺。」程恩澤云：「錢坫曰：地理志汝南西平有鐵官。應劭曰：故柏子國，今柏亭，所謂江、黄、道、柏者也。晉太康地記縣有龍泉，可以砥礪刀劍，特堅利。……合伯即伯國也，故置鐵官。古『伯』、『柏』字通用。」正義説略同索隱。此亦望文生義，恐非的解。

〔一九〕鮑彪云：「鄧師，豈南陽鄧耶？猶云洛師。」吳師道云：「索隱云：『鄧國有工鑄劍，因名鄧師。』」〔按〕

〔二〇〕鮑彪云：「滎陽有馮池。」吳師道云：「索隱云：『宛人於馮池鑄劍，故名宛馮。』」程恩澤云：「水經注：礫石溪水出滎陽李澤，澤中有水，即古馮池也。」〔按〕宛地産鐵，故精鍊冶之術，造劍有名。索隱説是。

〔二一〕鮑彪云：「（龍淵大阿）吳越春秋：楚王召風胡子曰：吳有干將，越有歐冶。寡人欲因子，請此二人作劍。風胡見二人，作劍二，其名云。以上類言，以地名。」吳師道云：「晉太康地理記：汝南西平有龍泉，可淬刀劍。」程恩澤云：「水之名龍淵者不一，而此策所稱，則斷以西平爲是。……今屬汝寧府。」〔按〕初學記卷二十二引「龍淵」作「龍泉」，乃唐人避高祖諱改。鮑注本集解，吳注本索隱。但今本吳越春秋無楚王因風胡子請干將、歐冶鑄劍事，而見於越絶書卷十一越絶外傳記寶劍篇。鮑誤記。越絶言歐冶、干將作鐵劍三枚：曰龍淵、泰阿、工布。風胡子狀龍淵、泰阿二劍曰：「欲知龍淵，觀其狀，如登高山，臨深淵。欲知泰阿，觀其鈲，巍巍翼翼，如流水之波。」此謂龍淵、太阿是歐冶與干將所作之二劍名，乃出傅會，不足憑信。索隱引太康記以爲地名，由策文上類推之，是也。太阿，其地不詳，疑是山名，出利舍之處。索隱又云：「故天下之寶劍，韓爲衆，一曰棠谿，二曰墨陽，三曰合伯，四曰鄧師，五曰宛馮，六曰龍泉，七曰太阿，……其劍皆出西平縣，今有鐵官令一，別領户，是古鑄劍之地也。」又按周禮考工記以「鄭之刀，宋之斤，魯之削，吳粤之劍」並稱，鄭在戰國時屬韓，刀劍相類（吳越出良劍，見於越絶書），故並著名。又其時冶鐵煉鋼工業已發達，「棠谿之劍」，漢人猶稱道之（鹽鐵論論勇篇）。今人史念海云：「鄭國後來爲韓國所滅，韓國的兵器名聞一時，可能是在鄭國的冶鐵煉鋼的基礎上發展的。」（春秋戰國時代農工業的發展及其地區的分布，載河山集）武器之銛利，正反映其時冶鐵術之進步。張子高中國化學史稿云：「關於鋼鐵的處理技術，在我國最早文獻中已有記載。如淬水技術，史記天官書說『水與火合爲淬』。漢書王褒傳有『清水淬其鋒』的話。史記蘇秦列傳索隱引太康地理記云：（按引文見前，此略）……」（頁三五）又云：「采用熱處理的方法，變白口鐵爲可鍛鑄鐵以解決白口鐵脆硬易折不好使用的問題，是戰國和兩漢時期的冶鑄技術的又一突出成績。」（頁三八）刀劍之化學成分，考工記記載攻金之工「四分其金而錫居其一，謂之戈戟之齊。參分其金而錫居其一，謂之大刃之齊。」不及劍，當包括在大刃之內（考工記云桃氏爲刃，又云桃氏爲劍，可證其爲一），似嫌簡略。周緯中國兵器史稿僅載法、日二國對周代銅兵化驗結果作爲參考，惜未見劍之化驗也。龍淵、太阿，越絶書紀風胡子所狀，周氏謂「均指刃上之花紋而言也」。「周劍之佳者，皆有天然精美之花紋。」以世界馳名之馬來亞、伊斯蘭教民族及日本之花紋刃爲比，又列舉吳大澂所藏之魚腸劍拓片及瑞典京城遠東博物館所藏中國古銅劍照片爲證，詳見彼書。

〔二二二〕（按）尸子云：「水試斷鵠雁，陸試斷牛馬，所以觀良劍也。」（藝文類聚卷六十引）韓非子顯學篇：「區冶不能以必劍。水擊鵠雁，陸斷駒馬，則臧獲不疑鈍利。」淮南子修務訓：「純鉤、魚腸，……水斷龍舟，陸剸犀甲。」狀利劍略同。初學記及文選扶風歌注、七啟注、七命注、曹植與楊德祖書注引「鵠」並作「鴻」。鵠、鴻同類，即今俗所稱天鵝，義通。考工記云：「鄭之刀，宋之斤，……遷乎其地而弗能爲良，地氣然也。」韓都於鄭，刀劍同類，並爲短武器。故韓地以出良刀劍著名。

〔二二三〕吳師道云：「史云『當敵則斬堅甲，鐵幕革抉㕹芮，無不畢具』。故說者上文以『甲』字句，謂其劍皆能斬之。策文不可從此讀，當以『斬堅』句，而『甲盾』以下屬無不具之文。」〔按〕張文虎舒藝室隨筆卷六云：「史記蘇秦列傳『即』作『則』，無『盾鞮鍪』三字。按『即』、『則』古通用。『斬』字當絶句，承上『劍戟』言之。當敵即斬，猶云所當無不摧折。」張説是，今讀從之。姚鼐亦云：「下文『被堅甲』三句，承上三項，則『堅甲』屬下句讀。與『即斬』屬爲句者，非是。」（古文辭類纂）索隱及太平御覽卷三百五十六引「即」作「則」（安井衡連讀至下「鍪」字句，非）。

〔二四〕鮑彪云：「盾，櫓。鞮，革履。鍪，兜鍪。説文鍪，鍑屬。鍑，大口釜，蓋鍪如之。」吴師道：「韻書：鞮鍪，首鎧也。」安井衡云：「按吷芮，盾也。『甲』下不當言『盾』。『盾』字當定爲衍文。」〔按〕張文虎舒藝室隨筆亦以「盾」爲衍文，同安井説。姚鼐辭類纂從史記去「盾鞮鍪」三字，亦云：「『吷』即『盾』，不宜重。」然鞮鍪、鐵幕、革抉、吷芮，並以名物構詞，何獨於「甲」上綴一狀物之「堅」字？理似難安。索隱及初學記、御覽引此文並作「甲盾」，無「堅」字。可證「盾」字不衍，而衍者當爲「堅」字。甲、盾、鞮鍪，並爲防禦武器，下文「吷芮」與「革抉」對舉，與「盾」有殊，不嫌重複（見下）。「堅」字疑涉下文「堅甲」而衍。或後人傍注史記異文而誤併入文。「鞮鍪」即「兜鍪」，「鞮」、「兜」聲之轉。一切經音義卷十九云：「廣雅：冑，謂兜鍪也。中國行此音。亦言鞮鍪，江南行此音。」

〔二五〕吴師道云：「索隱云：『鐵幕，謂以鐵爲臂脛之衣。』」〔按〕張文虎隨筆云：「『鐵幕』疑即『鞮鍪』之轉聲，讀史者附注於旁，混入正文。」張説恐未然。索隱引策文亦有「鐵幕」字，當非衍文。桂馥札璞卷七云：「（鐵）幕，謂以鎧覆於衣外也。釋名：『留幕，冀州所名大褶至郄者也。留，牢也；幕，絡也；言牢絡在衣表也。』」

〔二六〕吴師道云：「索隱云：『以革爲射決。決，射韝也。』按詩『決拾』，傳：決，以象骨爲之，著右手大指，以鉤弦闓體。拾，以皮爲之，著於左臂以遂弦。恐此『革』即『拾』，『抉』即『決』也。索隱即以爲一物，蓋據説文『韝射臂決」之文也，亦通。」〔按〕周禮夏官繕人「決拾」，鄭注：「（決）天子用象骨與韝扞，著左臂裏，以韋爲之。」韋即革，索隱義合。

〔二七〕鮑本、吳本「吠」作「吷」。吳師道云：「索隱云：『「吷」與「瞂」同，謂「楯」也。「芮」音如字，謂繫楯之紛綬也。』愚按『瞂』音『伐』，即詩所謂『蒙伐』者，字皆通借。」金正煒云：「索隱云云，是以『吷芮』爲二物，與上『鐵幕革決』之文不類，且與『甲盾』句複，恐非確詁。疑『吠芮』或爲『文茵』之譌。詩小戎釋文：『文茵，以虎皮爲茵。茵，車席也。』革抉、文茵並與『鐵幕』爲對文。」〔按〕史記「吠」作「吷」。「吷」從叏聲，故集解、索隱並音「伐」。「吠」從犬聲，（廣韻音「坳」）聲義並遠，乃形似之譌，今正。索隱釋「吷芮」乃指一物，非二物也。吳汝綸點勘云：「吷芮，爲繫楯之物，非謂楯也。」說是。金誤解，又以爲「文茵」之譌，更無據。史、策並作「吷芮」，不應二書並譌也。于省吾詩經新證謂「芮」即小戎「龍盾之合，鋈以觼軜」之「軜」，軜、芮古通。可備一說。

〔二八〕〔按〕蹠，猶言脚踏也，即所謂蹶張。

〔二九〕瀧川資言云：「『交臂』與『交手』同，謂『拱手』也。田完世家『交臂而事齊、楚』。司馬相如傳『單于怖駭，交臂受事，屈膝請和』。義同。」（史記會注考證）

〔三〇〕〔按〕呂氏春秋任地篇：「今茲美禾，來茲美麥。」高注：「茲，年也。」索隱：「鄭玄注禮云：效，猶呈也、見也。」効、效同。

〔三一〕〔按〕藝文類聚卷二十五、御覽卷四百六十引「與」作「予」，下「不與」同。即作則，字並通用。

〔三二〕〔按〕類聚、御覽引「逆」作「應」。

〔三三〕姚宏云：「顏氏家訓引作『寧爲雞尸，不爲牛從』。」鮑彪云：「沈括辨以爲『雞尸牛從』。今按秦稱牛後，蓋以惡語侵韓，故昭侯怒而從之。雞尸牛從，謬誤也。」吳師道云：「正義云：雞口雖小，乃進食；牛後雖大，乃出糞。索隱引延篤云：寧爲雞尸，不爲牛從。尸，雞中主，從，牛子也。沈説亦有所本也。」何孟春云：「『口』作『尸』，『後』作『從』，非是。蓋『口』、『後』韻叶，如『寧爲秋霜，毋爲檻羊』之類。古語自如此。」（朱亦棟羣書札記説同）徐昂發云：「顔氏謂此（史記）是删戰國策耳。延篤戰國策音義曰：尸，雞中之主；從，牛子。然則『口』當爲『尸』，『後』當爲『從』，俗傳寫誤也。愚按延篤音義今不可復見，『雞口』、『牛後』自是韻語。太史公當是改『寧爲雞尸，無爲牛從』兩句作韻語也。若如今本國策仍謂『口』、『後』字，則介正不必云爾矣。」（畏壘筆記）黄丕烈云：「顔氏家訓書證云云，延篤戰國策音義也，姚已引，但不云延篤，非。鮑以爲沈括辨，更非矣。」王念孫云：「顔氏家訓書證篇曰：『太史公記曰：寧爲雞口，無爲牛後。按延篤戰國策音義曰：尸，雞中之主。從，牛子。然則「口」當爲「尸」，「後」當爲「從」，俗寫誤也。』文選爲曹公與孫權書：『昔蘇秦説韓，羞以牛從。』李善注曰：『戰國策：寧爲雞尸，不爲牛從。』延叔堅注曰：尸，雞中主也。從，牛子也。『從』或爲『後』，非也。是策文本作『寧爲雞尸，不爲牛從』，故顔、李、小司馬所引並同。而今本作『寧爲雞口，無爲牛後』，則後人依史記改之也。……雞尸，喻臣人也，牛從，喻臣於人也。故下文曰：『交臂而臣事秦，何以異於牛從乎？』」張尚瑗云：「孫月峯解云：寧爲歃雞血之首，無爲歃牛血之末。愚謂七國會盟，必不僅以丹雞爲誓，而班次至韓，恐亦未必以牛耳推之矣。當仍鮑説。」于鬯云：「以韻言之，作『口』、『後』自是。秦自言是鄙語，則『牛後』之稱亦何嫌？然則豈延本誤與？據傳作『口』、『後』，則史公所據策文或本是『口』、『後』，而延本誤作『尸』、『從』，正未可知。」〔按〕口、後，尸、從之辨，紛論已久，然二義並通，亦不必强斷。藝文類聚卷二十五、御覽卷四百六十引作「雞口」、「牛後」，則唐本策文已多如此（御覽雖出北宋初年，所據多唐類書）。今並存其説。

〔三四〕〔按〕文選爲曹公與孫權書注引「後」作「從」。

〔三五〕鮑彪改「楚」作「趙」。吴師道云：「（楚）字誤，史正作『趙』。」吴汝綸云：「從人以楚、趙爲主，韓近楚，故爲楚説韓。鮑改『爲楚』及此『楚王』爲『趙』字，非是。後張儀説韓，亦曰逆秦而順楚。」〔按〕鮑改非，説詳上。

6　張儀爲秦連横説韓王

張儀爲秦連横説韓王〔一〕曰：「韓地險惡，山居，五穀所生，非麥而豆〔二〕。民之所食，大抵豆飯藿羹〔三〕。一歲不收，民不饜〔四〕糟糠。地方不滿九百里〔五〕，無二歲之所食。料大王之卒，悉之不過三十萬，而厮徒負養〔六〕在其中矣。爲除守徼〔七〕亭鄣塞，見卒〔八〕不過二十萬而已矣。秦帶甲百餘萬，車千乘，騎萬匹，虎摯之士〔九〕，跿跔科頭〔一〇〕，貫頤〔一一〕奮戟者，不可勝計也。秦馬之良，戎兵之衆〔一二〕，探前趹後〔一三〕，蹄間三尋〔一四〕者，不可稱數也。山東之卒，被甲冒胄〔一五〕以會戰，秦人捐甲徒裎以趨敵〔一六〕，左挈人頭，右挾生虜。夫秦卒之與山東之卒也，猶孟賁之與怯夫也；以重力相壓，猶烏獲之與嬰兒也〔一七〕。夫戰孟賁、烏獲之士〔一八〕，以攻不服之弱國，無以異於墮千鈞之重，集於鳥卵之上，必無幸矣〔一九〕。諸侯不料兵之弱，食之寡，而聽從人之甘言好辭，比周以相飾也，皆言曰：『聽吾計，則可以强霸天下。』夫不顧社稷之長利，而聽須臾之説〔二〇〕，詿〔二一〕誤人主者，無過於此者矣！

「大王不事秦，秦下甲據宜陽，斷絶韓之上地〔二二〕，東取成皋、宜陽〔二三〕，則鴻臺之宫、桑林之苑〔二四〕，非王之有已。夫塞成皋、絶上地，則王之國分矣。先事秦則安矣，不事秦則危矣。夫造禍而求福，計淺而怨深，逆秦而順楚〔二五〕，雖欲無亡，不可得也。故爲大王計，莫如事秦。秦之所欲，莫如弱楚，而能弱楚者，莫如韓。非以韓能强於楚也，其地勢然也。今王西面而事秦，以攻楚爲敝邑〔二六〕，秦王必喜。夫攻楚而私其地，轉禍而説秦，計無便於此者也。是故秦王使使臣獻書大王御史〔二七〕，須以決事！」

韓王曰：「客幸而教之，請比郡縣，築帝宫，祠春秋，稱東藩，効宜陽〔二八〕！」

【箋證】

〔一〕鮑彪次此章於襄王。　吴師道云：「此（襄王）元年。」〔按〕敦煌本春秋後語「韓王」作「宣王」。考史記張儀傳言秦敗楚藍田，又要楚易地，遣張儀，楚王囚而欲殺之，尋聽夫人鄭袖言出之，儀遂連横説楚，繼説韓。藍田之戰在周赧三年（前三一二），當韓宣惠王二十一年，是年王卒（見韓世家）。張儀説楚、韓當在明年，故儀傳「懷王赦張儀。張儀既出，未去」，索隱「按此時當秦惠王之後元十四年」。是也。秦惠後元十四年即韓襄王之元年，後語誤。

〔二〕姚宏云：「史記、後語作『非菽而麥』。」　吴師道云：「按此非麥即豆也。」〔按〕「而」猶「則」，見經傳釋詞。「菽」即「豆」，字本作「尗」。

〔三〕姚宏云：「古語只稱『菽』，漢以後方呼『豆』。（豆飯）史記『飯菽』，後語『菽飯』。」　鮑彪云：「藿，菽（鮑、吴合注四部叢刊本作「叔」，從鮑單注本作「菽」）之少者。」　吴師道云：「麥少，又以豆飯。」〔按〕策二「豆」字疑本亦

「菽」、「豆」字後人所改。儀禮公食大夫禮「牛藿」，鄭注：「藿，豆葉。」詩召南草蟲疏引陸璣草木疏云：「藿可作羹，亦可生食，今官園種之，以供宗廟祭祀。」

〔四〕吳本「饜」作「厭」，同。

〔五〕梁玉繩史記志疑云：「蘇秦傳曰：『韓地方九百里。』策作『千里』。而此（張儀傳）云：『不過九百里。』策作『不滿九百』。史仍游士之言，故不同也。」

〔六〕鮑彪云：「（負養）負荷養牧之人。」吳師道云：「索隱云：『負養者，負擔以給養公家。』」〔按〕廝徒，見魏策一蘇秦爲趙合從説魏王章。

〔七〕鮑彪云：「徼，巡也，亦關境上。」吳師道云：「漢書：徼外。顔云：徼，塞也，取徼遮之義。字音『叫』。」〔按〕經傳釋詞云：「『爲』猶『如』也，假設之辭也。」引此文。

〔八〕金正煒云：「漢書王莽傳：『倉無見穀。』注：『見，謂見在也。』」〔按〕見同現。胡三省通鑑注：「見卒，見在之卒。」

〔九〕鮑彪改「摯」作「鷙」，云：「鷙，擊鳥。」吳師道云：「鷙、摯通。禮記：『早摯、摯獸。』凡鳥之勇、獸之猛，皆曰『摯』。」王念孫云：「史記張儀傳『虎摯』作『虎賁』，是也。此蓋『賁』譌爲『贄』，又譌爲『摯』耳。太平御覽兵部引此策正作『虎賁之士』。楚策亦云：『秦虎賁之士百餘萬，車千乘，騎萬匹。』」〔按〕敦煌本後語「虎摯」亦作「虎賁」。但張儀傳索隱引作「虎摯之士」，同今本。「虎摯」義自可通，字不必誤，王説恐未安。虎摯之士，猶言虎士。周禮夏官序官：虎賁氏，虎士八百人。鄭注：「虎士，徒之選有勇力者。」

〔一〇〕鮑彪云：「（跿）音『徒』，（跔）音『俱』。説文：天寒足跔。與此不合。史注：（跿跔）跳躍也。（科頭）不著兜鍪。」吳師道云：「『跿』猶下文『徒裎』，此謂『徒跣』也，義與『科頭』協。」安井衡云：「類篇：跿跔，跣也。

跔，偏舉一足也。擊者偏舉一足，其力乃勁。」金正煒云：「『跿跔』即『徒跣』之譌，與『科』頭爲對文。」〔按〕「跿跔」乃疊韻聯緜詞，其義爲跳躍（史記集解），爲偏舉一足（索隱引韻集），又爲跣（類篇）。此與「科頭」對文，則訓「跣」爲是，義相比協，但構詞不必與之類同。跿跔科頭，與下文「徒裎」相應。

〔一一〕鮑彪云：「（貫頤）貫人之頤。」吴師道云：「此説似與上文不類。索隱曰：『兩手捧頤而直入敵，言其勇。』『貫』與『捧』亦不通。劉辰翁云：『貫頤，謂見射猶奮戟，不顧死也。』則此連下文『奮戟』爲義。」王引之云：「『貫』當讀爲『彎弓』之『彎』。史記伍子胥傳：『伍胥貫弓執矢嚮使者。』索隱曰：『劉氏音「貫」爲「彎」。』謂滿張弓也。』陳涉世家贊『士不敢貫弓而報怨』，漢書作『彎』。是『貫』即『彎』也。頤，弓名也，廣韻作『弬』（音與『頤』同），云：『弓名，出韻略。』古無『弬』字，借『頤』爲之耳。彎弓奮戰，事同一類。」〔按〕此言跣足科頭從軍者，指徒卒（步兵）。「貫頤」宜從王釋。

〔一二〕張文虎云：「上下皆言馬，『戎兵之衆』一句雜出，且上文已言之矣，疑衍。」（史記札記）〔按〕敦煌本後語「戎兵」作「戎馬」。

〔一三〕鮑彪改「趹」作「蹶」，云：「字書無『趹』字。蹶，跳也。」吴師道云：「説文：趹，馬行貌。西都賦『要趹追蹤』。字古穴反。索隱云：『謂馬前足探向前，後足趹於後。趹，謂抉地。言馬走勢疾，前後蹄間一擲而過三尋也。』」關修齡云：「探前趹後，非謂疾走也。按淮南子：有蹏有趹。『趹』訓『踶』，乃踏也。馬走不探前足，蓋言駿馬立地，善探前踏後而欲走也。」于鬯云：「『探』疑『堗』字之譌。『探』依説文作『揬』，與『堗』形似。『堗』即『突』字。」〔按〕此自是狀馬之走，關言駿馬立地，非是。「探」字篆作「揬」，「揬」從「𥤢」聲，古省作「突」。説文「𥤢」字云：「一曰竈突，从穴从火从求省。讀若禮『三年導服』之『導』。」是「𥤢」可讀如「突」。此「探」字當讀如「突」，不必改字也。

〔一四〕姚宏云：「曾（「三尋」下）添『騰者』二字。」吳師道云：「一本此（「尋」下）有『騰』字。八尺曰『尋』。」〔按〕史記「尋」下有「騰」字，敦煌本後語無，同此策文。

〔一五〕鮑彪云：「胄，兜鍪。」

〔一六〕鮑彪云：「裎，裸也。」〔按〕史記及敦煌本後語「徒裎」作「徒裼」。正義云：「言秦人棄甲徒跣袒肩而戰。」

〔一七〕〔按〕孟賁、烏獲，古勇士，並見秦策。

〔一八〕田汝成云：「『戰』一作『率』。」金正煒云：「『戰』當作『載』，字形相近，又涉上文『會戰』而誤。漢書戾太子傳：『發中厩車，載射士。』此其義也。」〔按〕史記及敦煌本後語並作「戰」，同策文。此謂以孟賁、烏獲之士作戰，金改非。

〔一九〕鮑彪云：「幸其不破碎，無是理也。」

〔二〇〕〔按〕敦煌本後語「説」上有「巧」字。太平御覽卷四百六十引「須臾」作「諂諛」。

〔二一〕鮑彪云：「『詿』亦『誤』也。」吳師道云：「漢：　語詿誤，本此。」〔按〕敦煌本後語「詿」作「誑」。「詿」音「卦」。

〔二二〕歐大任云：「上地，即上黨之地。」張琦釋同。〔按〕敦煌本後語「上地」作「上黨」，下同。荀子議兵篇云：「韓之上地，方數百里，完全富足而趨趙，趙不能凝也，故秦奪之。」楊注：「上地，上黨之地。」是其證。

〔二三〕金正煒云：「成皋、宜陽，當從張儀傳作『滎陽』，此涉上文而誤。」〔按〕敦煌本後語「宜陽」亦作「滎陽」。

〔二四〕鮑本、吳本「菀」作「苑」，同。鮑彪云：「桑林，在亳。（淮南子）修務訓言湯禱於桑山之林。則似指言多桑之山，非地名也。」吳師道云：「鴻臺、桑林，韓臺苑，非湯所禱者也。太平御覽（桑林）作『樂林』。」〔按〕史記集解：「徐廣曰：『桑』一作『栗』。」索隱云：「此皆韓之宮苑。」吳引御覽在卷一百九十六，「樂林」疑是「栗林」之聲轉（黃丕烈謂索隱所據之戰國策「桑」作「栗」，誤。敦煌本後語亦作「桑林」）。

〔二五〕鮑彪改「楚」作「趙」。黃丕烈云：「史記作『楚』，下文自可見。鮑改誤甚。」〔按〕敦煌本後語亦作「楚」。説見上章。

〔二六〕鮑彪衍「爲」字，讀「攻楚」句。吴師道云：「（爲）一本無。」黃丕烈云：「史記無『爲敝邑』三字，策文不同。當以此三字别爲句，『爲』讀去聲。」横田惟孝讀「敝邑」句，云：「『爲』猶『助』也。」金正煒説同。今讀從之。

〔二七〕〔按〕大王御史，猶言大王執事，亦猶楚策之「獻書大王之從車下風」，並爲敬辭，不斥言王也。

〔二八〕吴師道云：「甘茂攻宜陽，在後。此云效者，請效之也，儀歸而約敗矣。」〔按〕張儀以連横説各國諸策言「效地、割地」皆爲誇辭，不必實有其事。

7　宣王謂摎留曰

宣王〔一〕謂摎留〔二〕曰：「吾欲兩用公仲、公叔，其可乎？」對曰：「不可。晉用六卿而國分，簡公用田成、監止而簡公弑〔三〕。魏兩〔四〕用犀首、張儀而西河之外亡〔五〕。今王兩用之，其多力者内樹其黨，其寡力者藉〔六〕外權。羣臣或内樹其黨以擅其主〔七〕，或外爲交以裂其地，則王之國必危矣〔八〕。」

〔箋證〕

〔一〕原本此章連上章，今從鮑本分提。姚宏云：「（宣）一作『韓』。」〔按〕韓非子說林上篇、難一篇並作「韓宣王」。

〔二〕鮑彪云：「（摎留）韓人。」吳師道云：「摎，居尤反。漢有摎氏。通鑑、大事記作『繆』。」〔按〕韓非子「摎」作「樛」，同字。

〔三〕鮑彪云：「齊事，見哀十四年。」吳師道云：「『監』即『闞』，魏策『闞』，史作『監』，田齊世家亦作『監止』。」〔按〕韓非子說林上篇作「闞止」。田成，即陳成子恒，事具左氏哀十四年傳。

〔四〕姚宏云：「劉無『兩』字。」

〔五〕鮑彪云：「秦惠八年，魏納河西，儀時爲秦客卿，未相魏也。後至魏襄十三年，相儀，儀留四年，去而衍相，未嘗兩用，未嘗亡也。此豈爲秦良造儀爲客卿時，魏以事聽之邪？」吳師道云：「大事記：魏惠後十三年張儀相魏，魏不事秦，秦以公孫衍代相。儀留衛（按當作「魏」）四歲，後說襄王，久之乃去。三（按當作「二」）人更迭用，衍相儀留，猶兩用也。魏亡河西地，大槩言之，不必兩人爲相時也。大事記：魏惠後五年，以少梁與秦，引此策云：『秦至是盡得河西地，則犀首、張儀之力，是時二人皆信用於秦云云。』」〔按〕秦策一：「楚攻魏，張儀謂秦王曰：『不如與魏以勁之。戰勝，復聽於秦，必入西河之外。不勝，魏不能守，王必取之。』王用儀言，取皮氏卒萬人，車百乘，以與魏。犀首戰勝威王，魏兵罷弊，恐畏秦，果獻西河之外。」亡西河之外者即其事，策文可互證，不必紛引他書。魏用犀首戰楚，又用張儀言而割西河之外於秦，所言兩用，不必指爲魏相言。此舉近事作證。韓非子說林上篇同此。難一篇作「昔魏兩用樓、翟而亡西河，楚兩用昭、景而亡鄢、郢」。樓、翟即樓庳、翟强，二人争權，見魏策。但樓、翟用魏在襄王之中年，其時魏亡西河已久，又當韓宣惠王之後，摎留何能言之？而楚亡鄢、郢，事亦在後，明難一篇有誤，不足信（淮南子氾論訓云：「魏兩用樓翟、吳起而亡西河。」以「樓翟」爲一人，又衍「吳起」

字，則因韓非子而誤也）。

〔六〕景宋抄本「藉」作「籍」。〔按〕韓非子說林上篇「藉」作「借」。藉、籍、借，古字通用。

〔七〕吳師道云：「（擅）韓子作『驕』。」黄丕烈云：「韓子作『以驕主』，無『其』字。」

〔八〕吳師道云：「胡氏管見謂：『摎留之論，似是而非，不可遂以爲法。使所用而賢，則一人而足，不虞其專擅；左右參副，不虞其比黨。使其不賢，則一人足以喪國，又況二三其衆乎？意者留於仲、叔陰有所附，欲國柄歸一而不分，故危言以動其君耳。』大事記云：『韓雖兩用仲、叔，以戰國策考之，仲實專政，叔亦間用事，終不若仲之權寵也。』……按此策宣惠欲兩用，非已用也。當時叔之事不著，意其止於用仲。而仲、叔並用，實襄王之世，以其爭主幾瑟、公子咎知之也。公仲卒不勝公叔，則公叔又重矣。二人争權，摎留之言遂驗。」〔按〕資治通鑑繫此事於周顯王四十八年（前三二一），當韓宣惠王十二年。

8　張儀謂齊王曰

張儀謂齊王〔一〕曰：「王不如資韓朋，與之逐張儀於魏，魏因相犀首〔二〕，因以齊、魏廢韓朋，而相公叔以伐秦〔三〕。公仲〔四〕聞之，必不入〔五〕於齊。據公於魏〔六〕，是公無患〔七〕。」

〔箋證〕

〔一〕鮑彪「張儀」上補「謂」字，「謂齊王」上補「臣」字，又移此章於魏策。吳師道云：「章首有缺文。」又云：「事與公仲、公叔相涉，當從舊（次韓策）。」盧本「齊」作「秦」，誤。于鬯云：「句有譌。闕補云：『齊王可據。或作

「犀首謂齊王」，稍通。蓋客爲犀首設辭也。」按闕説與下文『公仲聞之，必不入於齊』句不可通。還當姑依鮑改。」
〔按〕此句顯有譌字。顧觀光編年删去「張儀」二字，然與下文「公仲聞之」以下語不可通，亦未是。横田解從鮑改。以前後文義求之，鮑改殆近是，下解據之。

〔二〕鮑彪云：「（相犀首）齊使相之。」

〔三〕横田惟孝云：「蓋儀時相魏，韓朋欲逐之，而又與公叔不善，故客言如是。此設辭也。以下乃謂儀之辭。」

〔四〕〔按〕公仲即韓朋，詳下。

〔五〕横田惟孝云：「『入』疑當作『合』。」〔按〕入，内也，與「合」義近，不必改字。

〔六〕鮑彪云：「此士言其效也。齊廢公仲而逐儀，故公仲據儀不合齊。」于鬯云：「詩柏舟毛傳：據，依也。」

〔七〕鮑彪云：「此士計非先逐張儀，不能得衍合魏，非合魏，不能廢朋；朋怒，則復善儀矣。於此然後知公仲之名朋也。」吴師道云：「策有『魏因相犀首』之語，當是（魏）惠王時。」横田惟孝云：「言朋聞客謂齊王之語，則恐己之廢，必不合齊以逐儀，反據儀於魏。如是，則儀無見逐之患。」〔按〕公仲或作公仲侈，「侈」乃「倗」之誤，説見前，倗、朋同字。是韓朋之爲公仲明矣。

9 楚昭獻相韓

楚昭獻相韓〔一〕。秦且攻韓，韓廢昭獻。昭獻令人謂公叔曰：「不如貴昭獻以固楚，秦必曰楚、韓合矣〔二〕。」

〔箋證〕

〔一〕〔按〕東周策「昭獻在陽翟」。陽翟，韓之舊都。

〔二〕鮑彪次此章於宣惠王下。吴師道云：「此策未知何時。按策有云：『幾瑟，公叔之讎，而昭獻，公叔之人也。』又甘茂與昭獻遇於境，在先闔雍氏時，其相韓見周策，必在宣惠之後。」〔按〕公叔柄權，在襄王之世，而楚圍雍氏，亦正當襄王時，則鮑次此於宣惠王，誤矣。

10　秦攻陘韓使人

秦攻陘〔一〕，韓使人馳南陽之地〔二〕。秦已馳〔三〕，又攻陘，韓因割南陽之地〔四〕。秦受地，又攻陘。陳軫謂秦王曰：「國形不便故馳，交不親故割。今割矣而交不親，馳矣而兵不止，臣恐山東之無以馳割〔五〕事王者矣。且王求百金於三川〔六〕而不可得，求千金於韓，一日而具。今王攻韓，是絶上交而固私府也〔七〕，竊爲王弗〔八〕取也！」

〔箋證〕

〔一〕鮑彪次此章於宣惠王下，云：「此時史不書，後至桓惠九年，秦拔我陘。然陳軫、張儀同時，儀死在桓惠九年，四十六年矣，軫必不存。故因舊。」「鮑次上章於宣惠王下，此章從舊本序次銜接，故云然。但上章序次有誤（説見上），此則當是。」〔按〕從策文觀之，其時陳軫尚在秦，當是在張儀惡軫而出之之前。

〔二〕鮑彪云：「馳，反走，示服也。」許應元云：「『馳』當作『弛』，言棄南陽而不守也。詳軫説『馳割』意可見。」王念孫云：「『馳』讀爲『移』。移，易也，謂以南陽之地易秦地也。下文曰『國形不便故馳』，謂兩國之地形不便，故交相易也。竹書紀年：梁惠成王十一年及鄭馳地，我取枳道，與鄭鹿。『馳地』謂『易地』也。」安井衡云：「韓始閉南陽，及秦攻陘，使人許秦馳南陽之地也。」吴曾祺云：「馳，謂假道也。」〔按〕鮑注乖於義，不足辨。王引紀年，文有出入。水經河水注引竹書作「鄭釐侯使許息來致地：平邱、户牖、首垣諸邑及鄭馳道，我取枳道，與鄭鹿」。「馳道」或作「馳地」；句讀又有不一，或「及鄭」連屬上讀，或讀「諸邑」句；姑皆不論。誠如王氏「馳」讀爲「移」，則南陽之地已易，下文何以再言「韓因割南陽之地」，顯有矛盾。安井與吴解疑爲近，但言之不審。馳，闢馳道，謂闢馳道通南陽之地，以利秦之往來，猶近世所謂走廊地帶。秦武王謂「欲車通三川」者，亦此類也。或是時秦有地於韓南陽之東北，須過道以通之。故下云：「國形不便故馳。」（中井積德謂：「『南陽之地』疑衍，蓋因鄰行而誤耳。馳秦，至秦請降也。」語涉臆決，非）

〔三〕鮑彪云：「馳，進也。韓避之而秦進也。」〔按〕謂秦已馳通南陽。

〔四〕〔按〕史記六國表秦昭王四十四年（前二六三）：「秦攻韓，取南陽。」白起傳同（秦本紀作「南郡」，錢大昕史記考異云：「江陵之南郡，楚地，非韓地，當以南陽爲是。」）。當韓桓惠王十年，與此割南陽地不同，又與陳軫説秦王之年世不合。戰國郡縣，得失紛更，疑韓初割南陽，繼秦又歸之歟？或南陽大郡，領十餘城，所割止部分歟？

〔五〕盧本「馳割」作「割地」，與景宋本不合，當誤。

〔六〕〔按〕三川地分屬周、韓，或指洛州，或指宜陽。此與「求千金於韓」對舉，當指周言。百金、千金，喻利之大小。

〔七〕鮑彪云：「言利移於下。」吴師道云：「即所謂『無以馳割事王者矣』。」安井衡云：「固、錮通。求千金於韓，一旦而具，是韓爲秦私府也。今秦攻韓，韓不肯復出金，是自錮私府也。」（金正煒説略同）〔按〕安井説是，但以金爲實物，則泥。此言攻韓將絶交棄利。

〔八〕鮑本、吴本「弗」作「不」。

11　五國約而攻秦

五國約而攻秦，楚王爲從長〔一〕，不能傷秦，兵罷而留於成皋。魏順謂市（市）〔二〕丘君〔三〕曰：「五國罷，必攻市（市）丘〔四〕，以償〔五〕兵費。君資臣，臣請爲君止天下之攻市（市）丘！」市（市）丘君曰：「善。」因遣之。

魏順南見楚王曰：「王約五國而西伐秦，不能傷秦，天下且以是輕王而重秦。故王胡不卜交乎？」楚王曰：「奈何？」魏順曰：「天下罷，必攻市（市）丘，以償兵費。王令之勿攻市（市）丘。五〔六〕國重王，且聽王之言而不攻市（市）丘。不重王，且反王之言，而攻市（市）丘。然則王之輕重必明矣。」故楚王卜交而市（市）丘存。

〔箋證〕

〔一〕鮑彪云：「趙惠文十三年，此（釐王）十年。（楚王）頃襄。」吴師道云：「此（楚）懷王爲從長，合齊、趙、韓、魏、燕及匈奴伐秦時事，在懷王十一年、韓宣惠王十五年，説見趙策。此策文見孔叢子，以爲子順之言。其注謂魏公子無忌率五國兵敗蒙恬，爲尤誤。」〔按〕鮑以此爲韓釐王十年，即周赧王二十九年（前二八六）李兑約五國伐秦事，呂祖謙大事記、于鬯年表、鍾鳳年勘驗從之。吴則以爲是楚懷王十一年，即周慎靚王三年六國合從伐秦事，林春溥紀年、顧觀光編年從之。考吴氏所定以爲周慎靚王三年者，乃據楚世家「（懷王）十一年，蘇秦約從山東六國共伐秦，楚懷王爲從長」，與此策語相合。此事亦見於史記六國表、秦本紀、趙世家、魏世家、韓世家及田齊世家，記載甚備，當爲事實。李兑合從，史記失載，然分見於國策各策中，似亦不虚。惟二事年代有先後，李兑合從在齊湣王約趙謀伐宋之時，而秦禁之（見趙策），其事在後，又楚非從長，與此不合。故當以吴説爲長。吴引孔叢子，見論勢篇。

〔二〕鮑彪改「市」作「沛」，下同。吴師道云：「孔叢子作『市』，大事記作『沛』。」黄丕烈云：「此策文，吴氏以爲見孔叢子，其實孔叢依此以作僞耳。」安井衡云：「凡地名，無確據者，當依元文。」〔按〕「市」蓋「市」之形誤。「市」與「沛」同音通用。

〔三〕鮑彪云：「太公世家：君，其長也。」横田惟孝云：「市丘君蓋韓附庸，而當時屬秦者，故策在此。」〔按〕市丘君猶魏之安陵君，詳下。

〔四〕鮑彪云：「注：沛丘爲貝，曰貝丘，屬清河。」（按鮑注此文刻本有譌，史記齊太公世家遂臘沛丘，集解引杜預説作「貝丘」。此鮑所據也）吴師道云：「成皋與清河絶遠，恐非。」又云：「留成皋而將攻市丘，市丘必韓地。不然，則策當在楚，不在韓。」許應元云：「沛丘必秦屬附庸之國而孤懸者。不然，五國何緣以爲兵端，而自伐其邑？」張琦云：「漢志河南有故市縣，在今鄭州北三十里，或其地也。」（顧觀光同張説）程恩澤列沛邱於諸小國下，云：「水經注：渭水又東逕秦步高宫，世名市丘。與上『攻』字合，然於『罷』字難通。呂覽應言篇：『市丘之鼎。』高注：『市丘，魏邑。』……沛丘，齊地，見齊世家，左傳作『貝丘』。沛、貝同音，省文作『市』，今在博興縣南。……然此地距成皋甚遠。且諸侯即伐齊，不過侵其邊境，不應深入國中，則其説仍未合。」又引孔叢子「子順謂市丘子曰云云」，云：「則又小國矣。未知孰是。」孫詒讓云：「姚本作『市丘』，則爲魏地。吕氏春秋應言篇云：『市丘之鼎。』高注云：『市丘，魏邑也。』鮑本作『沛丘』，讀爲『貝丘』，則爲齊地。左傳莊八年：『齊侯遊於姑棼，遂田於貝丘。』史記齊世家作『沛丘』。……鮑所據也。竊謂此五國攻秦，……無功而將攻市丘，以償兵費，則市丘必小國之中立不與兵事者。若魏、韓、齊三國地，則本在五國之内，何得自攻屬邑，以求償乎？揆之事理，必不可通。其去成皋遠近，可勿論矣。以彼時事勢及地域推之，疑『市丘』當爲『帝丘』。『市』與『帝』形近。吕覽『市丘之鼎』，蔡中郎集薦邊文禮書引作『亟牛之鼎』。宋本校注云：『一作「帝丘之鼎」。』與此可互證。帝丘君即衛君也。漢書地理志東郡濮陽縣，故帝丘也，衛成公自楚丘徙此。史記魏世家云：『嗣君五年，貶號曰君，獨有濮陽。元君十四年，秦徙衛野王縣，而并濮陽爲東郡。』此五國攻秦，即在衛嗣君七年（按孫從吴説以攻秦爲周慎靚王三年，故云），時適貶號，而止有濮陽一縣，濮陽即帝丘也，其地亦正與成皋相近。戰國時多以國都爲稱，若秦策四稱趙王爲邯鄲君，韓策三稱韓王爲鄭君是也。若然，衛治濮陽，其稱爲帝丘君，不亦宜乎？其載於韓策者，則以留兵成皋，成皋時爲韓地故也。吴氏乃因此并疑市丘必爲韓地，固矣。」〔按〕市丘地，或以屬齊，或以屬魏，或以屬韓，或以屬秦，或以爲衛。「市丘」字或作「沛丘」，以字音推之，「巿」當作「市」，今爲改正（「沛」即「巿」字，「巿」與「市」隸書只差一筆之斷連，易以致誤）。或作「貝丘」，「貝」亦「巿」之聲轉；或又改爲「帝丘」。諸説紛紜，莫衷一是。齊、魏、秦與成皋地遠，可以不論。韓之附庸國或衛之帝丘，説較有理。愚意戰國時列國封其子弟爲君，其後列於諸侯者，若齊之薛公，魏之安陵君等，當不少數，市丘君亦此類也。若謂市丘君即是衛君，終嫌證據不足。帝丘固是濮陽之舊名，然策言地名，多舉當時之稱，如梁君、鄭君、邯鄲君之梁、鄭、邯鄲是。濮陽地名見於本策二韓傀相韓章，而帝丘之名策中未見，故謂稱衛君爲帝丘君，恐未必爾，況「帝丘」與「市丘」尚有問題乎？地不能定，姑列叙其説如上。

〔五〕景宋抄本「償」作「賞」，通用。

〔六〕鮑彪云：「『五』當作『四』。」吳師道云：「是役本六國，言五國重王，則楚在外。史年表等書『五國』，故因此稱五國。此明是楚約從時事，大事記改『五』作『四』，遂以此策附注李兑約五國伐秦之年，亦誤。」〔按〕史記年表、世家亦稱五國實爲六國，其例相同。然何以如此？史云「齊獨後」，或以此而言「五國」耶？姑記此存疑。

12　鄭彊載八百金入秦

鄭彊〔一〕載八百金入秦，請以伐韓〔二〕。泠向〔三〕謂鄭彊曰：「公以八百金請伐人之與國〔四〕，秦必不聽公。公不如令秦王疑公叔。」鄭彊曰：「何如？」曰：「公叔之攻楚也，以幾瑟〔五〕之存焉，故言先楚也〔六〕。今已令楚王奉幾瑟以車百乘居陽翟，令昭獻轉而與之處〔七〕，旬有餘，彼已覺〔八〕。而幾瑟，公叔之讎也；而昭獻，公叔之人也。秦王聞之，必疑公叔爲楚也〔九〕。」

〔箋證〕

〔一〕盧本「彊」作「疆」，下同。鮑本作「彊」，同此本。吳師道云：「一本並作『彊』。」（黄丕烈云：「當是鮑作『疆』，故吳校如此。」）鮑彪云：「（鄭彊）鄭公族，韓滅鄭，故爲韓人。」吳師道云：「魏策亦有其人，蓋游説秦、楚之間者。」〔按〕彊亦見魏策一張儀欲窮陳軫章。

〔二〕鮑本「載八百金」作「以金八百」，無「請」字。 吴師道云：「一本『載八百金入秦請以伐韓』。」 鮑彪云：「彊以韓滅故。」 吴師道云：「無據。」 金正煒云：「鄭爲韓併，故其遺民仇韓，不得譏鮑説爲無據。後章彊矯以新城、陽人與幾瑟，以與公叔争國，猶此志也。」 〔按〕金闡發鮑義，似亦有理。 然鄭彊韓襄時人，韓滅鄭在哀侯二年（前三七六），至襄王初年（前三一一）相距六十五年，彊至多不過故鄭公族之後裔，未必具强烈之復仇情緒。 考本策二韓公叔與幾瑟争國章中庶子强説太子（幾瑟）擊公叔，吴注謂强或是鄭彊（强、彊字同），是彊爲幾瑟之黨，故爲楚王使韓，亦以新城、陽人合幾瑟（見本策二）。此時幾瑟已敗，公叔秉國，而秦固助幾瑟者，彊因載金入秦請伐韓，蓋爲幾瑟故也，觀泠向之言可知。若彊請伐韓，與幾瑟事不涉，向又何爲道之，而欲使秦疑公叔？ 參詳策文，雖無明據，事實當不相遠。 鮑、金説非。

〔三〕鮑本、盧本「泠」作「冷」。 吴師道云：「冷向即冷壽（按「壽」當作「向」）。冷向見秦策一）。 秦策高以爲秦臣，詳此章爲信。」

〔四〕鮑彪云：「（與國）韓、秦之與。」

〔五〕鮑彪云：「幾瑟，太子嬰弟，時質楚，公叔所不善。」 吴師道云：「幾瑟，史作『蟣（按元本作「幾」），據史記正）虱』，後並同。」 金正煒云：「史記韓世家公子咎與公子蟣虱争爲太子時，韓無攻楚事。論衡順鼓篇：『攻者責也，責讓之也。』此蓋其義。 謂其持論常抨擊楚也。」 〔按〕幾瑟争國事見後。 周赧十四年（前三〇一），秦、韓、魏、齊敗楚於重丘，當韓襄之十一年，即二公子争國之前一年，不能謂無攻楚事。金説未安。

〔六〕鮑彪改「先」作「伐」。 吴師道云：「以攻楚。」 安井衡云：「先楚，先伐楚也。鮑改非也。」 于鬯云：「去年攻楚，實秦、齊、韓、魏四國，言先楚者，蓋謂韓言先三國而與楚戰也。」 金正煒云：「或『先』爲『无』字之譌。秦策：『子言無秦，而養秦太后以地。』『无楚』即與『无秦』義同。」 〔按〕安井説是，不必改字。

〔七〕鮑彪云：「獻本不善幾瑟，令之回心相善。」金正煒云：「『轉』猶『避』也。謂之轉者，不明自韓至陽翟。此云『轉』，下云『覺』，義正相應。」〔按〕東周策「昭獻在陽翟」，即此事。蓋謂楚王令昭獻與幾瑟處於陽翟。

〔八〕鮑本「覺」作「角」，鮑彪云：「角，言二人均禮。」吳師道云：「作『覺』是。」橫田惟孝云：「『旬有餘彼已覺』六字，疑他章錯簡。」安井衡云：「彼，謂秦，言秦已覺昭獻與幾瑟處也。」金正煒云：「彼，謂幾瑟也。公叔既資昭獻之力，令楚居幾瑟於陽翟，又令昭獻與之處以察之，及旬有餘日，幾瑟已覺昭獻之爲公叔來也。」〔按〕金說爲長。

〔九〕鮑彪云：「幾瑟，韓愛子而在楚，秦固疑其合楚。公叔與幾瑟讎，故秦不疑。今叔所善與之處而禮均，然則秦安得不疑其爲楚？楚，秦所惡也，其伐韓不待請矣。」〔按〕鮑言禮均繫由所據本「彼已角」而然，非。餘是。

13　鄭彊之走張儀於秦

鄭彊之走張儀於秦〔一〕，曰：「儀〔二〕之使者必之楚矣。」故謂〔三〕大宰〔四〕曰：「公留儀之使者〔五〕，彊請西圖儀於秦！」故因而請〔六〕秦王曰：「張儀使人致上庸之地〔七〕，故使使臣再拜謁〔秦〕王〔八〕！」秦王怒，張儀走〔九〕。

【箋證】

〔一〕盧本「彊」誤作「疆」，下同。鮑彪云：「譖之於秦，使逐之。」吳師道云：「此豈以爲韓而走儀，故次之韓歟？」

〔二〕横田惟孝云：「『曰儀』之『曰』猶『謂』也。」〔按〕經傳釋詞：「『曰』猶『爲』也，『謂之』也。」

〔三〕盧本「謂」作「爲」。〔按〕「爲」乃「謂」之借字。

〔四〕鮑彪云：「（大宰）楚官，彊謂之。」〔按〕周制太宰爲六卿之上，但楚非要職。顧棟高春秋大事表卷十云：「楚以令尹、司馬爲要職，太宰之官，非楚所重。」

〔五〕鮑彪云：「留之者，欲詐爲儀使之致地。」

〔六〕姚宏云：「（而）一本作『西』。」鮑本「而」作「西」。横田惟孝云：「『請』疑『謂』訛。」

〔七〕鮑彪云：「秦惠十三年取上庸。今言儀致之楚，欲以怒秦。」

〔八〕鮑彪衍「秦王」二字。云：「彊僞爲楚使，自此於秦。」黄丕烈云：「此當是涉下而衍『秦』字耳。」横田惟孝云：「『秦』疑當作『大』。」〔按〕從黄説衍「秦」字。

〔九〕鮑彪云：「（秦）武元年，此（襄王）二年。」

14　宜陽之役楊達

宜陽之役〔一〕，楊達〔二〕謂公孫顯〔三〕曰：「請爲公以五萬攻西周，得之，是以九鼎印甘茂也〔四〕。不然，秦攻西周，天下惡之，其救韓必疾，則茂事敗矣〔五〕。」

〔箋證〕

〔一〕鮑彪次此章於襄王下，又重出於秦策武王下。云：「秦（武）三年，此（襄王）四年。」吳師道云：「宜依此舊次，刊去秦策所增。」〔按〕是時甘茂爲將攻宜陽，見秦策二。

〔二〕鮑本「達」字此作「侹」，一（秦策所增者，下同）作「達」，同姚本。吳師道云：「『侹』即『達』字訛。」鮑彪云：「（楊達）秦人。」吳師道云：「無據。」

〔三〕吳師道云：「宜陽之役策『公孫衍』，史並作『公孫奭』。又有公孫顯、公孫郝、公孫赫。其云挾韓而議，云善韓，皆仕秦而黨韓者。大事記謂郝、顯、奭爲一人。愚謂赫即郝也，然其事亦多與衍類，又恐衍即顯之訛也。今且當各從本文。」〔按〕顯、赫、郝、奭實爲一人，衍乃字訛，王引之辨之甚詳，見秦策二秦武王謂甘茂曰章。顯與甘茂不合者。

〔四〕姚宏云：「錢、劉（印）作『印』。」鮑本此「印」作「市」，一作「印」，改作「抑」。鮑彪云：「茂與顯爭國，顯得九鼎，其功大，秦必棄茂用顯。」一云：「抑，按也。」于鬯云：「說文印部『印』从反印，即『抑』本字，『抑』爲『印』俗字。……反印於隸體依法不便書，故姚本竟書『印』字，非誤也。」〔按〕說文段注云：「緩言之曰『印』，急言之曰『卬』。……『卬』即『印』之入聲也。」是「印」、「卬」爲同字也。

〔五〕鮑彪云：「言攻而不勝，亦足以敗茂。」

15　秦圍宜陽游騰

秦圍宜陽，游騰〔一〕謂公仲曰：「公何不與趙藺、離石、祁，以質許地〔二〕？則樓緩必敗矣〔三〕。收韓、趙之兵〔四〕以臨魏，樓鼻必敗矣〔五〕。韓（趙）〔六〕爲一，魏必信秦，甘茂必敗矣〔七〕。以成陽資翟强於齊〔八〕，楚必敗之〔九〕，須秦必敗〔一〇〕。秦失魏，宜陽必不拔矣。」

【箋證】

〔一〕〔按〕游騰見西周策及秦策二。

〔二〕鮑彪云：「（藺、離石、祁）趙地，韓嘗取之，今使歸之。（許）韓地，趙嘗取之。質，易地也。」吴師道云：「藺、離石、祁見周、趙策。宜陽之役，去秦前取藺六年。藺、離石、祁不聞屬韓，許亦與趙遠。恐『與趙』下有缺文。以質許地者，以質（音『贄』）子而許之地也。」程恩澤云：「白起列傳：『昭王四十六年秦攻韓緱氏、藺。』則藺嘗屬韓，史有明據。正義謂是綸氏之訛，殊屬臆測。攻地争城，原不必定在一處，又安知『緱氏』二字不有誤耶？況燕策又有別證也？」又據燕策「（秦）已得宜陽、少曲，致藺石」云：「舊説皆以藺、石即藺、離石也。此趙地而韓取之者也。」金正煒亦取燕策文以證地嘗入韓。〔按〕程所據白起傳之「緱氏、藺」是否爲藺、離石、祁之藺，頗有問題。燕策之藺、石爲韓地，可以證此。以質許地，吴解是也。

〔三〕鮑彪云：「緩，害韓者，趙、韓合，故緩敗。」吴師道云：「樓緩欲以趙合秦，嘗勸趙割地事秦，見趙策。」〔按〕樓緩主合秦、趙者。趙策二富丁欲以趙合齊魏章云：「樓緩欲以趙合秦、楚。」趙世家：「（武靈王）二十年，使樓緩之秦。」武靈二十年（前三〇六）當秦昭元年，後宜陽之役二年。是此時緩在趙，而主與秦合，故策云然」，韓、趙合，則樓緩之謀敗矣，鮑注未盡。勸趙割地之樓緩，在趙孝成王時，別爲一人，吴説誤。

〔四〕鮑本「兵」作「地」。吴師道云：「一本『地』作『兵』。」〔按〕「兵」字與「臨」相應，義長。

〔五〕鮑彪改「鼻」作「廩」。吴師道云：「説見魏策。」鮑彪云：「廩亦以魏害韓者。」〔按〕樓鼻欲以魏合秦、楚外齊者（見魏策三魏太子在楚章）。趙、韓合兵臨魏，魏不得不聽，則鼻謀敗矣。

〔六〕姚宏云：「一本作『韓趙爲一』。」鮑彪「韓」下補「趙」字。〔按〕有「趙」字爲是，今從一本補。

〔七〕鮑彪云：「茂攻宜陽，韓得趙、魏，則不易拔，故茂敗。」吳師道云：「一本『茂』作『戊』。後章多同，不復出。」

〔按〕甘茂約魏伐韓，因圍宜陽，見秦策二秦武王謂甘茂章。今魏背之，則茂事敗矣。

〔八〕程恩澤云：「成陽有三，地皆近楚，而亦去齊不甚遠，蓋在淮北宋地之間。以此資齊，則足以强齊而害楚。」狄子奇云：「以此推之，當是固始、息縣之成陽。」

〔九〕鮑彪改「之」作「矣」，云：「齊、楚敵也。齊得地則益强，可以敗楚。時楚助秦，故必敗。」吳師道云：「翟强爲魏合齊、秦，外楚，見魏策。」鍾鳳年云：「翟强乃魏之親齊、秦而惡楚者，故令質翟强於齊，因藉楚以敗之。……鮑改致將自動之楚誤爲被動者。……楚敗，又何關於秦、魏之離？況宜陽之役，策、史俱稱楚救韓，游騰更胡爲反令公仲敗之？所改悉與本文不相應。」〔按〕鍾駁是也。敗之，謂敗翟强。强亦親秦之人，故謀敗之，以離秦、魏之合。

〔一〇〕鮑彪云：「須，言少待。以趙、魏救至而楚不助，故敗。」橫田惟孝云：「此疑錯誤，當作『秦失魏，則秦必敗，宜陽必不拔矣』。須，則之訛也。」金正煒云：「『須』字句絕。須，待也，此言少須，秦即自敗。蓋秦攻宜陽，必先得魏。是策行，則秦失魏，而宜陽可全矣。」鍾鳳年云：「『須』字應作『如此』解。」〔按〕説文「而」字云：「須也，象形。周禮曰：作其鱗之而。」又「需」字云：「䇓也。遇雨不進，止䇓也。从雨而聲。」「䇓」同「須」。是「須而」二字，不特古義相近，聲亦相近。此文「須」即「而」之借字，作語詞用。「而」猶「則」也，見經傳釋詞。

16 公仲以宜陽之故

公仲以宜陽之故仇甘茂。其後秦歸武遂於韓〔一〕，已而秦王固疑甘茂之以武遂解於公仲也〔二〕。杜赫〔三〕爲公仲謂秦王曰：「明（朋）〔四〕也願因茂以事王〔五〕！」秦王大怒於甘茂。故樗里疾大説杜聊（赫）〔六〕。

〔箋證〕

〔一〕鮑彪云：「此（襄王）六年。」吳師道云：「史甘茂傳：『蘇代謂向壽曰：韓氏委國於甘茂，茂許公仲以武遂，反宜陽之民。既而甘茂竟言秦王以武遂復歸之韓，向壽、公孫奭争之不得，由此怨讒茂。』此（襄王）九年秦復取武遂。」程恩澤云：「按顧祖禹云：『今山西平陽府西七十里有武遂城，戰國時韓邑也。』……此乃望文生義，並無明據。揆之策文，往往不驗。……策每以宜陽、武遂連言，其地必相近，惟宜陽在河南，武遂在河北耳。韓世家襄王十六年，秦與我河外及武遂。釐王六年，與秦武遂地二百里。正義曰：『此武遂及上文武遂皆宜陽近地。』前人成説，無言武遂在河東者，豈韓有兩武遂歟？」

〔二〕〔按〕下韓公仲謂向壽章云：「甘茂許公仲以武遂，反宜陽之民。」是先有議約，故秦王疑之。

〔三〕鮑本「赫」作「聊」，鮑彪云：「（杜聊）韓人。」吳師道云：「疑『聊』字誤。」〔按〕下文作「杜聊」，則「赫」與「聊」必有一誤。杜赫屢見於策，然亦不能必「聊」之誤。

〔四〕鮑彪改「明」作「朋」。吴師道云：「當作『朋』。」吴汝綸云：「『明』疑杜赫之名，非也。乃『朋』之誤文，謂公仲朋耳。」〔按〕「明」是「朋」之形誤，下章「公仲明」亦衍此誤。公仲名朋，或作「侈」，乃「倗」之譌，亦作「憑」。朋、倗、憑聲近相通。

〔五〕鮑彪云：「若公仲與茂善，以實秦王之疑。」

〔六〕〔按〕樗里疾讎甘茂，見秦策二，故説赫之言。「聊」字雖不能必其訛，但上下須一律，今從上文改。

17　秦韓戰於濁澤

秦、韓戰於濁澤〔一〕，韓氏急。公仲明（朋）〔二〕謂韓王曰：「與國不可恃〔三〕。今秦之心欲伐楚〔四〕，王不如因張儀爲〔五〕和於秦，賂之以一名都〔六〕，與之伐〔七〕楚。此以一易二之計也〔八〕。」韓王曰：「善。」乃儆公仲之行〔九〕，將西講〔一〇〕於秦。

楚王聞之，大恐，召陳軫而告之。陳軫曰：「秦之欲伐我〔一一〕久矣，今又得韓之名都一而具甲〔一二〕，秦、韓并兵南鄉，此秦所以廟祠而求也。今已得之矣，楚國必伐矣〔一三〕。王聽臣〔一四〕，爲之儆四境之內，選師言救韓〔一五〕，令戰車滿〔一六〕道路；發信臣〔一七〕，多其車，重其幣，使信王之救己也〔一八〕。〔縱〕韓爲不能聽我〔一九〕，韓必〔二〇〕德王也，必不爲雁行〔二一〕

以來。是秦、韓不和，兵雖至，楚國不大病矣。爲能聽我，絶和於秦，秦必大怒，以厚怨於韓。韓得楚救，必輕秦。輕秦，其應秦必不敬，是我困秦、韓之兵〔二二〕，而免楚國之患也。」楚王大説〔二三〕，乃儆四境之内，選〔二四〕師言救韓。發信臣，多其車，重其幣〔二五〕。謂韓王曰：「弊邑雖〔二六〕小，已悉起之矣。願大國遂肆意於秦，弊邑將以楚殉〔二七〕韓！」

韓王大説，乃止公仲〔二八〕。公仲曰：「不可。夫以實告（苦）〔二九〕我者，秦也；以虚名救我者，楚也〔三〇〕。恃楚之虚名，輕絶强秦之敵，必爲天下笑矣〔三一〕。且楚、韓非兄弟之國也，又非素約而謀伐秦矣〔三二〕。秦欲伐楚，楚因以起師〔三三〕言救韓，此必陳軫之謀也。且王以〔三四〕使人報於秦矣，今弗行，是欺秦也〔三五〕。夫輕强秦之禍，而信楚之謀臣，王必悔之矣。」韓王弗聽，遂絶和於秦。秦果大怒，興師與韓氏戰於岸門〔三六〕。楚救不至，韓氏大敗。

韓氏之兵，非削弱也，民非蒙愚也。兵爲秦禽，智爲楚笑，過聽於陳軫，失計於韓明（朋）也〔三七〕。

【箋證】

〔一〕鮑彪云：「長社（鮑、吴合注四部叢刊本誤作「社」，據鮑單注本正）濁澤。」吴師道云：「大事記：韓與趙、魏伐秦，秦使庶長樗里疾與戰脩魚，虜韓將申差。解題云：濁澤即脩魚之戰。」張琦云：「史正義曰：『濁澤蓋誤，當作「觀澤」。年表秦惠王更元八年，與韓戰，斬首八萬。韓宣惠王十六年，秦敗我脩魚，得將軍申差。魏哀王二年，齊敗我觀澤。趙武靈王九年，與韓、魏擊秦，齊敗我觀澤。齊湣王七年，敗魏觀澤。此云「濁澤」，定誤矣。觀澤在魏州頓丘東十八里。」按濁澤，秦敗韓者也。觀澤，齊敗趙、魏者也，年表、齊、魏、趙世家甚明。不知正義何以誤合爲一？……濁澤在今（河南）許州西。」程恩澤云：「（濁澤）在今（河南）長葛縣西南。郡國志潁川郡長社縣有蜀城蜀津，即濁澤是也。此韓地。韓世家宣惠王十六年秦敗我脩魚，虜得韓將鯫、申差於濁澤，即此。策云『秦、韓戰於濁澤』，又云『與韓氏戰於岸門』，均與史合，當以長葛爲是。」〔按〕酈道元水經潩水注、劉昭郡國志注並以長社縣之濁城當濁澤，同史記徐廣注（鮑據徐説），然以魏惠王元年韓、趙伐魏，戰於濁澤當之，則有誤（此濁澤在今山西解州西），顧祖禹讀史方輿紀要已辨之。韓非子十過篇「濁澤」作「宜陽」（胡三省通鑑注從正義作「觀澤」，誤）。帛書戰國縱横家書二十四章記此事作「蜀潢」，蜀、濁字通，潢、澤義近（後漢書郡國志作「蜀津」，「津」亦與「潢」同義），實爲一地。

〔二〕鮑彪改「明」作「朋」，下同。吴師道云：「當作『朋』。大事記：顯王二年，魏公子景賈伐韓，與韓將韓明戰於陽。此人在公仲前。」黄丕烈云：「韓子十過正作『朋』。」〔按〕「朋」誤作「明」，同上章，今正，下同。縱横家書作「公中倗」，下同。「中」即「仲」字，倗、朋亦同。吴引大事記，係據水經濟水注引竹書紀年，彼文作「惠王五年」，疑是「惠王後五年」之誤。韓明即韓朋，「朋」亦誤「明」，説見拙著古本竹書紀年輯校訂補。

〔三〕鮑彪云：「與，謂山東。」〔按〕縱横家書「與」作「冶」，「不」作「非」，「恃」作「持」。冶、持皆音近通借。

〔四〕〔按〕史記韓世家「楚」下有「久矣」二字，與下陳軫語相應。

〔五〕〔按〕縱横家書「如」作「若」，「儀」作「義」，「爲」作「而」，字並通用。

〔六〕〔按〕史記「都」下有「具甲」二字，與下陳軫語相應。縱横家書「路」作「洛」，同聲通借。「都」作「縣」。

〔七〕〔按〕縱橫家書「伐」上有「南」字。

〔八〕〔按〕史索隱云：「一，謂名都也。二，謂使不伐韓，而又與之伐楚也。」縱橫家書「易」作「爲」。

〔九〕鮑彪云：「『儆』猶『戒』。」〔按〕史記、韓非子及縱橫家書「儆」作「警」，通用，下同。縱橫家書無「之行」二字，「公中」下有「倗」字。

〔一〇〕〔按〕史記「講」作「購」。購、媾、講，古字通。韓非子作「和」，義同。縱橫家書「將」下有「使」字。

〔一一〕〔按〕縱橫家書「我」作「王」。

〔一二〕鮑彪云：「以一都之賦爲兵備。」〔按〕縱橫家書「又」作「或」，「名都一」作「一名縣」，無「而」字。

〔一三〕鮑本無「矣」字。吳師道云：「一本『伐矣』。」〔按〕韓非子作「楚害必矣」。縱橫家書無此及上句二「矣」字。

〔一四〕〔按〕縱橫家書「臣」下有「之」，讀作「王聽臣之爲之」。

〔一五〕〔按〕史記「選」作「起」。縱橫家書作「興師救韓」。

〔一六〕〔按〕縱橫家書「滿」作「盈」。此乃劉向避惠帝諱所改。帛書在惠帝前，故「盈」字未諱。

〔一七〕橫田惟孝云：「信臣，使臣也。古人謂使爲信，下襄王策（按橫田據鮑本）『信公孫郝於齊』是也。」〔按〕謂使爲信，其義後起，不合於先秦古籍，此「信臣」謂有重望使人可信之臣。橫田解未是。

〔一八〕鮑本無「也」字。吳師道云：「一本『救已也』。」

〔一九〕鮑彪無「縱」字。吳師道云：「一本『縱韓』。」王念孫云：「無『縱』字是也。韓爲不能聽我，爲能聽我，兩『爲』字並與『如』字同義。言韓如不能聽我，則韓必德我，而不爲戎首。如能聽我而絕秦，則韓必代楚受兵也。……後人不解『爲』字之義，故據史記加『縱』字，不知『爲』與『如』同義。若加『縱』字，則與『爲』字義不相屬矣。史記韓世家作『縱韓不能聽我』，無『爲』字，則『縱』字之義可通。然據索隱單行本亦無『縱』字。」吳闓生云：「國策多以『爲』訓『如』，王説是也。此『縱』字則不可衍。」〔按〕縱横家書作「韓爲不能聽我」，無「縱」字，與王説合，今從衍。

〔二〇〕鮑本「必」作「之」。吴師道云：「一本『韓必德王』。」黄丕烈云：「史記作『必』。考索隱，其本是『之』字。」〔按〕縱横家書「必」亦作「之」。

〔二一〕横田惟孝云：「『雁行』猶『顔行』。管子輕重甲篇：『士争前戰爲顔行。』史嚴助傳：『越人蒙死徼幸，以逆執事之顔行。』前行曰『顔』，通作『雁』，見通雅。」于鬯云：「燕策云：『今使弱燕爲雁行，而强秦制其後。』韓非存韓篇云：『韓反與諸侯先爲雁行。』玩彼『後』字、『先』字，則『雁行』即『前行』義甚顯。」〔按〕「雁行」見魏策。縱横家書「雁行」二字作「逆」。

〔二二〕鮑本、吴本「困」作「因」，同史記。〔按〕李笠史記訂補云：「困，謂困頓秦、韓之兵，是也。」縱横家書亦作「困」。

〔二三〕〔按〕縱横家書作「楚王若」。「若」即「諾」字。

〔二四〕〔按〕縱横家書「選」作「輿」。

〔二五〕鮑本作「多車幣」。吴師道云：「一本復作『多其車重其幣』。」〔按〕史記同此本。縱横家書作「厚其敝」，「敝」同「幣」。

〔二六〕縱横家書「弊邑」作「不穀」，下同。「雖」作「唯」，同。

〔二七〕鮑彪云：「殉，言以死從之。」〔按〕縱横家書「殉」作「隼」，注云：「『隼』與『殉』音同通假。」

〔二八〕〔按〕縱横家書「公仲」下有「之行」二字。

〔二九〕姚宏云：「（告）一作『困』。」〔按〕史記「告」作「伐」，韓非子同此策。顧廣圻識誤云：「『告』當作『苦』，形近之誤。」吳汝綸則謂「『告』是『害』之壞字」（金正煒同顧説）。「告」可讀如「梏」，言繫縛也，義亦通。然作「苦」，義長。縱横家書正作「苦」，與顧校合，今從正。

〔三〇〕金正煒云：「韓非十過篇：『以名救我者楚也。』此策『虚』字涉下而衍。蓋以名、實對舉，非以虚、實爲文也。」〔按〕史文同策。下文「恃楚之虚名」（韓非作「聽楚之虚言」），正承此而言，不必從韓非衍「虚」字。縱横家書亦有「虚」字，金説非。

〔三一〕〔按〕縱横家書此句作「天下必芯王」。「芯」疑「笑」之訛字。

〔三二〕姚宏云：「劉（矣）作『也』。」吳師道云：「一本『矣』作『也』。」黄丕烈云：「史記作『也』。」金正煒云：「國語吳語注：『素，猶豫也。』『矣』猶『也』，見（經傳）釋詞。」〔按〕縱横家書此句作「有（又）非素謀伐秦也」。

〔三三〕吳本無「因」字。黄丕烈云：「史記作『已有伐形因發兵』，此當有誤。」〔按〕縱横家書作「已伐刑（形）因興師」，略同史記。策文亦通。

〔三四〕鮑本、吳本「以」作「已」，史記同。〔按〕以、已通用。

〔三五〕〔按〕「且王」以下十六字，縱横家書無之，疑脱。

〔三六〕鮑彪云：「後志：潁陰有岸亭。事在（宣惠王）十九年，此要終言之也。」吳師道云：「徐廣云：『岸門即岸亭。』正義引括地志云：『在許州長社縣西北。』又韓世家：『太子倉入質於秦以和魏。』年表又書秦走犀首岸門。蓋救韓而敗也。」程恩澤云：「今許州東北二十八里有岸亭，亦曰岸門。」〔按〕水經潩水注云：「潩水又逕東西武亭間，兩城相對，疑是古之岸門，史遷所謂走犀首於岸門者也。徐廣曰：潁陰有岸亭。未知是否？」則酈道元有致疑之詞。縱横家書「與」作「益」。

〔三七〕〔按〕縱横家書此下有「故曰：計聽知順逆，唯（雖）王可」十字。此與秦策二楚絶齊章載陳軫言「計者事之本也，計聽知覆逆者唯（雖）王可也」云云，可參證。

18 顏率見公仲

顏率〔一〕見公仲，公仲不見。顏率謂公仲之謁者曰：「公仲必以率爲陽〔二〕也，故不見率也。公仲好內〔三〕，率曰好士；（公）〔四〕仲嗇於財，率曰散施；公仲無行，率曰好義〔五〕。自今以來〔六〕，率且正言之而已矣〔七〕。」公仲之謁者以告公仲，公仲遽起而見之。

〔箋證〕

〔一〕〔按〕顏率見東周策。

〔二〕姚宏云：「劉（陽）作『傷』。」鮑彪云：「陽，佯同，不實也。」吳師道云：「一本『陽』作『傷』。」中井積德云：「陽，謂浮飾便佞也，不必同『佯』。」于鬯同鮑注，云：「左定十二年傳陸釋云：『「陽」本亦作「佯」。』是『佯』、『陽』通用。」金正煒云：「『陽』當是『易』字之譌也。易，輕易也。『陽』字古作『昜』，與『易』相似，因以致誤。」（鍾鳳年同）〔按〕曾慥類說引「陽」亦作「傷」。長短經卷八說信篇「陽」作「僞」，後文又云：「顏率詐僞，則公仲之福。」此亦以「陽」爲「佯」，「佯」與「僞」義近。金說非。

〔三〕鮑彪云：「齊世家注：內，婦官也。」〔按〕「好內」猶「好色」。

〔四〕鮑本、吳本「仲」上有「公」字。〔按〕依上下句例，當有「公」字。長短經作「公仲」，今補。類說「仲」作「公」，則又誤脱「仲」字。

〔五〕鮑彪云：「所謂不實。」〔按〕率謂己不以實情告人。

〔六〕金正煒云：「易小畜虞注：『以，及也。』此謂自今以及將來。」

〔七〕于鬯云：「上三事相反，就其所好爲之説，故曰『正言』。」〔按〕謂不再爲公仲諱飾。

19　韓公仲謂向壽

韓（爲）公仲謂向壽曰〔一〕：「禽困覆車〔二〕。公破韓，辱公仲，公仲收國復事秦，自以爲必可以封〔三〕。今公與楚解，中封小令尹以桂陽〔四〕，秦、楚合，復攻韓，韓必亡。公仲躬率其私徒，以鬬於秦〔五〕，願公之熟計之也！」向壽曰：「吾合秦、楚，非以當〔六〕韓也。子爲我謁〔七〕之。」公仲曰：「秦、韓之交可合也。」對曰：「願有復〔八〕於公。諺曰：『貴其所以貴者貴〔九〕。』今王之愛習公也，不如公孫郝〔一〇〕，其知能公也，不如甘茂。今二人者皆不得親於事矣，而公獨與王主斷於國者，彼有以失之也〔一一〕。公孫郝黨於韓，而甘戊〔一二〕黨於魏，故王不信也。今秦、楚争强，而公黨於楚，是與公孫郝、甘茂〔一三〕同道也。公何以異之？人皆言楚之多〔一四〕變也，而公必之，是自爲貴也〔一五〕。公不如與王謀其變也，善韓以備之。

若此，則無禍矣。韓氏先以國從公孫郝，而後委國於甘茂，是韓，公之讎也〔一六〕。今公言善韓以備楚〔一七〕，是外舉不辟讎也〔一八〕。」向壽曰：「吾甚欲韓合。」對曰：「甘茂許公仲以武遂，反宜陽之民〔一九〕。今公徒令〔二〇〕收之，甚難。」向子曰：「然則奈何？武遂終不可得已〔二一〕。」對曰：「公何不以秦爲韓求潁川於楚〔二二〕？此乃韓之寄地也〔二三〕，公求而得之，是令行於楚，而以其地德韓也。公求而弗得，是韓、楚之怨不解而交走〔二四〕秦也。秦、楚爭强，而公過楚以攻（收）韓〔二五〕，此利於秦。」向子曰：「奈何？」對曰：「此善事也。甘茂欲以魏取齊，公孫郝欲以韓取齊。今公取宜陽以爲功〔二六〕，收楚、韓以安之，而誅齊、魏之罪〔二七〕，是以公孫郝、甘茂之無事也〔二八〕。」

〔箋證〕

〔一〕鮑本「韓」作「爲」。吳師道云：「一本章首『韓公仲』。據史，韓公仲使蘇代謂向壽。此章首及『仲』字下或有缺文，當云『蘇代爲』，或云『使蘇代』。」黄丕烈云：「此不誤。實使蘇代，而策文但云『韓公仲謂』者省也。」〔按〕句當有誤，雖不必同史記，黄説嫌曲，今從鮑本正。鮑本此章決於秦圍宜陽章之後，吳本誤合二章爲一章。從吳注「章首」一語觀之，知其本別分章，刻本誤併。史記甘茂傳：「秦使向壽平宜陽，而使樗里子、甘茂伐魏皮氏。向壽者，宣太后外族也，而與昭王少相長，故任用。向壽如楚，楚聞秦之貴向壽，而厚事向壽。向壽爲秦守宜陽，將以伐韓。韓公仲使蘇代謂向壽曰云云。」

〔二〕鮑彪云：「禽，所獲獸也，能覆獵者之車，不可忽。」吳師道云：「逐獸困急，猶能奔觸傾覆人車。」于鬯云：

「此古語也。」

〔三〕吳師道云：「史注：公仲自以爲必可得秦封。」〔按〕甘茂傳云：「拔宜陽。韓襄王使公仲侈入謝，與秦平。」即其事。

〔四〕鮑彪讀「解」字句，云：「解，言復好。」以「中」屬下讀，云：「中，言使楚自封之國中。桂陽，荆州郡。」吳師道云：「史：與楚解口地。索隱云：『秦地名，近韓。』桂，史作『杜』。索隱云：『又封楚之小令尹以杜陽。杜陽，秦地，今以封楚令尹，是相合也。』今按策文『中』字恐是『口』字訛。」橫田惟孝云：「解中、桂陽，皆秦地名。」程恩澤云：「郡國志洛陽縣南有大解城，西南有小解城。……高士奇曰：兩解城，即所謂解口也。」又云：「杜陽爲今陝西鳳翔府麟遊縣，秦地也。但策既是桂陽，不得以史記爲説。……今湖南有桂陽州，郴州有桂陽縣，皆其地。」于鬯云：「（解中）此不可改，安知傳文『口』字非『中』字誤邪？」又云：「林頤山云：楚倣周禮六官，有大小，令尹外又置小令尹。」金正煒云：「此文疑本作『今公與楚解韓地』。史缺損『韓』字，以『□』識其闕。『□』誤爲『口』，策復譌爲『中』，又脱『地』字，本義遂湮。國語晉語：『晉文公解曹地以分諸侯。』注：『解，削也。』『桂陽』當從史作『杜陽』。」〔按〕諸家除鮑、金外並以「解中」爲地名，而史記作「解口」，索隱亦不能詳其地。竊以金謂「解口」之「口」乃缺文之「□」爲是。此文當讀「解」字句，解，乃地名，秦與楚者。中封，謂秦以國中地封之，桂陽（或杜陽），秦地。秦以國中地封楚小令尹，疑猶後之湯沐邑，不必實與其地。楚世家：「（懷王）二十四年，信齊而合秦。秦昭王初立，乃厚賂於楚。」即此時事，所謂厚賂者是也。于引林説楚官有大小，無據。「小令尹」之名不見他文，索隱逕謂「楚令尹」，亦未安。

〔五〕橫田惟孝云：「鬭於秦，謂與秦鬭也。」〔按〕甘茂傳「公仲」下有「且」字，「鬭」作「鬩」。私徒，謂大夫私家之徒。

〔六〕〔按〕秦策高注：「當，敵。」

〔七〕〔按〕秦策高注：「謁，白也。」又吕氏春秋慎大篇高注：「謁，告也。」

〔八〕鮑彪云：「復，重言之。」〔按〕禮記曲禮上篇：「願有復也。」鄭注：「復，白也。」（吕氏春秋勿躬篇高注同）史記「復」作「謁」。

〔九〕吴師道云：「（所以貴）所以得貴也。」安井衡云：「自貴己所以貴者，長不失其貴。」

〔一〇〕鮑本「郝」原作「赫」，改作「郝」，下同。吴師道云：「一本（赫）作『郝』。史作『奭』。」〔按〕郝、赫、奭三字相通，説見秦策二。

〔一一〕横田惟孝云：「彼，指郝、茂也。黨於韓、魏，是其所以失之也。」

〔一二〕鮑本、吴本、盧本「戊」作「茂」。〔按〕新出土四川青川縣秦變更田律木牘有「丞相戊」，近人考證戊即甘茂（文物一九八二年第一期青川出土木牘文字簡考），是也。説苑雜言篇：「甘戊使齊，渡河。」甘戊亦即甘茂。「茂」、「戊」古同音通用。

〔一三〕盧本「公孫郝甘茂」作「甘茂公孫郝」。

〔一四〕姚宏云：「（多）劉作『多』。舊作『若』。」

〔一五〕鮑彪云：「（自爲貴）非貴所同貴。」横田惟孝云：「必以爲無變，非所以貴，而獨自爲貴也。」安井衡云：「向壽所以貴於秦，以其無黨也。今以多變之楚爲必可信，是棄己所以貴，而反自爲貴也。」金正煒云：「『貴』當爲『責』，涉上文『貴其所以貴者』而誤。甘茂傳正作『責』。」鍾鳳年云：「甘茂傳作『而公必亡之』。如策文，則是代言楚之多變者，證明其説非虚，不合於黨楚者之口吻矣。『必』字下蓋脱『亡』字，應依史而補。」〔按〕漢書韓信傳：「且漢王不可必。」顔注：「必，謂必信之。」（史記淮陰侯傳正義同）安井解是。史記「必」下有「亡」字，「亡」讀爲「無」，義自通，但不必據之改策。「自爲貴」與上引諺語「貴其所以貴」正相應，言如此乃自爲貴，不合於「貴其所以貴」之道矣。「責」字疑是形誤，金説疑慎。

〔一六〕鮑彪云：「言以韓爲讎。」横田惟孝云：「韓先後委國於郝、茂，而不因壽，是壽之所怨，故曰『公之讎也』。」

〔一七〕鮑本「備」作「待」。吴師道云：「一本『令公善韓以備楚』。」金正煒云：「『言』即『善』之誤衍。」〔按〕史記亦有「言」字，不必衍。

〔一八〕〔按〕左氏襄公二十一年傳：「祁大夫外舉不棄讎，内舉不失親。」

〔一九〕吴師道云：「取其地而還其民也。」横田惟孝云：「『反』疑當作『及』。」〔按〕史記亦作「反」。正義云：「令其民得反歸居之。」「反」字不誤，横田説非。許武遂，參前公仲以宜陽之故章。

〔二〇〕鮑本、吴本無「令」字，同史記。鮑彪云：「徒，言無地與之。」金正煒云：「『令』當爲『欲』，脱損半字而譌也。此與『吾甚欲韓合』相應。」〔按〕「令」疑涉上「令」字而誤衍。

〔二一〕鮑彪云：「與韓地，宜以其所得於韓，若武遂者可也。茂已許之，已無以易之也。」安井衡云：「武遂要地，而近於韓都，秦人尤重之，女雖求反之，終不可得已。」〔按〕甘茂傳謂：「以武遂復歸之韓，向壽、公孫奭争之，不能得。向壽、公孫奭由此怨讒甘茂。」是向壽不主以武遂與韓者，此時秦尚未歸其地，故壽言終不可得以絶之。安井説是，鮑注誤。

〔二二〕鮑本、盧本「潁」作「頴」，史記同。〔按〕「潁」當從水作「潁」，但刻本「潁」、「頴」二字常不分（鮑、吴合注四部叢刊本亦作「頴」），謂爲聲借通用亦可。姑從本文。張琦云：「史正義曰：『潁川，許州也。楚侵韓許州。』按許本韓、魏、楚三國之邊邑，今爲楚所取也。」

〔二三〕鮑彪云：「此本韓地，楚取之，故云。」

〔二四〕吴師道云：「『走』音『奏』。」

〔二五〕鮑彪云：「過，謂以攻韓爲楚罪。」吴師道云：「（攻韓）姚本『收韓』，史同。」黄丕烈云：「吴氏補曰云云。按此當是鮑本作『收』而誤互。」王念孫云：「過楚，謂責楚也。吕氏春秋適威篇注曰：『過，責也。』『攻』當爲『收』。收韓，謂合韓於秦也。上文云『今公徒收之甚難』，下文曰『收楚、韓以安之』，皆其明證矣。史記甘茂傳正作『過楚以收韓』。」横田惟孝云：「過，尤之也。攻，史記作『收』，此恐誤。」〔按〕審鮑注，知其本作「攻韓」無疑，黄謂是誤互，非。吴氏所據姚本，背紙有「寶慶」字（見吴國策後序題識），疑是以公牘紙印者，不必與黄所覆刻姚本相同。錢謙益得宋刊姚本二種：一梁溪安氏本，一梁溪高氏本。高氏本即黄刻之祖本。安氏本雖不存，尚有景抄本流傳（盧刻即從之出，但多竄改原書）。一本取校，間有異文。可知姚本在南宋不止一刻，而吴氏所據者又别爲一本也。黄氏執一以論，未免局隅。此文以作「收」字爲勝。今改。史記集解：「徐廣曰：『過』一作『適』。」「適」讀如「敵」。

〔二六〕鮑彪云：「宜陽，蓋壽議攻而甘茂攻之。」〔按〕甘茂使魏，約伐韓宜陽，向壽輔行，見秦策二秦武王謂甘茂章，是壽與茂共謀攻宜陽也。秦又使壽平宜陽，故云「取宜陽以爲功」。

〔二七〕鮑彪云：「使楚歸潁川，則楚、韓講，故曰『安』。『誅』，猶『求』也，求其過失，以爲郝、茂之罪。」吴師道云：「誅，責也。正義云：公孫奭、甘茂皆欲以秦挾韓、魏而取齊，今向壽取宜陽以爲功，收楚、韓以事秦，而責齊、魏之罪。」

〔二八〕鮑彪衍「之」字，云：「言其失權。」吴師道云：「正義云：二子不得合韓、魏以伐齊也。」黄丕烈云：「史記有『以』字，無『之』字。」金正煒云：「以，用也。無，猶『不』也。謂用二人之所不爲也。『以』、『之』字不必爲衍。」〔按〕是以，猶「是」（左傳僖四年「寡人是徵，寡人是問」。史記齊太公世家作「是以來責，是以來問」），「是」猶「於是」。「之」猶「則」也（見經傳釋詞）。無事，謂失權，鮑注是。

20 或謂公仲曰

或〔一〕謂公仲曰：「聽者聽國〔二〕，非必聽實也〔三〕，故先王聽諺言於市〔四〕。願公之聽臣言也。公求中立於秦〔五〕，而弗能得也。善公孫郝以難甘茂，勸齊兵以勸止魏〔六〕，楚、趙皆公之讎也〔七〕。臣恐國之以此爲患也，願公之復求中立於秦也！」公仲曰：「奈何？」對曰：「秦王以公孫郝〔八〕爲黨於公，而弗之聽。甘茂不善於公，而弗爲公言〔九〕。公何不因行願〔一〇〕以與秦王語？行願之爲秦王臣也公〔一一〕。

「臣請爲公謂秦王曰〔一二〕：『齊、魏合與離，於秦孰利？齊、魏別與合〔一三〕，於秦孰强？』秦王必曰：『齊、魏離則秦重，合則秦輕。齊、魏別則秦强，合則秦弱。』臣即曰：『今王聽公孫郝，以韓、秦之兵應齊而攻魏，魏不敢戰，歸地而合於齊，是秦輕也。臣以公孫郝爲不忠。今王聽甘茂，以韓、秦之兵據魏而攻齊，齊不敢戰，不求割地而合於魏〔一四〕，是秦輕也。臣以甘茂爲不忠。故王不如令韓中立以攻齊〔一五〕，〔齊〕王言救魏以勁之〔一六〕。齊、魏不能相聽，久離兵史〔一七〕。王欲則信公孫郝於齊〔一八〕，爲韓取南陽，易穀川以歸〔一九〕，此惠王〔二〇〕之願也。王欲則信甘茂於魏，以韓、秦之兵，據魏以郄（郤）齊〔二一〕，此武王〔二二〕之願也。臣以爲令韓〔以〕〔二三〕中立以勁齊〔二四〕，最秦之大急〔二五〕也。公孫郝黨於齊而不肯言，甘茂薄而不敢謁也〔二六〕。此二人，王之大患也。願王之熟計之也！」

〔箋證〕

〔一〕姚宏云：「錢有『或』字。」

〔二〕鮑彪云：「（聽國）謂聽於衆。」〔按〕聽國，猶言聽於朝，辨下「聽諺言於市」語可知。

〔三〕鮑彪云：「實，謂見事。」橫田惟孝云：「實，言有實者，謂至言也。商君傳『至言實也』是也。」安井衡云：「『實』當爲『賢』字之誤也。」于鬯云：「戴文光云：『實，謂用事者。』……或云：『實』乃『貴』之誤。」金正煒云：「『實』當爲『貴』，字形相似而譌也。韓非亡徵篇：『聽以爵，不以衆言參驗，用一人爲門户者，可亡也。』『聽貴』猶『聽爵』。」〔按〕此言聽言於朝，不必聽得其實，故先王有聽衆言於市集者。「聽實」二字自通，不必改字。若如安井與金說，「聽國」作「聽於衆」解，義亦通，但終嫌改字不妥，姑録其說備考。

〔四〕橫田惟孝云：「謂聽市井賤俗之言也。」〔按〕此說士以自喻。

〔五〕鮑彪云：「立，謂立於齊、魏之間。此章實右魏。」安井衡云：「『中立』猶『獨立』也。時韓屬秦，求離之獨立，秦不聽也。」

〔六〕鮑本上「勸」字作「歡」。鮑彪云：「郝善齊，故善郝則喜於齊之攻魏。茂善魏，故難茂則可以止魏之攻齊。勸，言茂欲爲之。」吳師道云：「（歡齊兵）一本『勸齊兵』。」橫田惟孝云：「『兵』字及『勸止』之『勸』字恐衍。」沈壽經云：「句有誤。下文言郝應齊而攻魏，茂據魏而攻齊。既云善郝以難茂，則當云助齊以攻魏。」（于鬯注引）金正煒云：「『勸』與『歡』疑皆有誤，或當爲『勤』。勤，勞也。燕策：『深結趙以勁之。』鮑本『勁』作『勤』，

「勁」之爲「勸」，猶「勸」之誤「勸」。「勸止」之「勸」涉上文而衍。此以勸齊兵與上句善公孫郝，以止魏與難甘茂，相對爲文，不當有「勸」字。楚辭九歎注：「止，制也。」〔按〕下「勸」字當涉上文而衍。上「勸」字義自通，不必改字。金訓「止」爲「制」，是。

〔七〕鮑彪云：「詳此，則公仲與齊者也。二國不善齊，故讎公仲。」

〔八〕鮑本「郝」作「赫」，鮑改作「郝」，下同。例見前。

〔九〕〔按〕上章所謂「公孫郝黨於韓而甘茂黨於魏也」。上文言「善公孫郝以難甘茂」。

〔一〇〕鮑彪云：「行願，人姓名。」

〔一一〕鮑彪云：「無私，秦信之，故可因。」

〔一二〕吴師道云：「請行願爲公仲言於秦王。」

〔一三〕鮑彪云：「離，以交言；別，以兵言。」吴師道云：「合離、別合，反覆言之。」安井衡云：「按秦王答離合以輕重，答別合以强弱，鮑説洵是。」

〔一四〕鮑彪改「不」作「亦」，盧本從之。吴師道云：「（不）疑衍。或『求』本『亦』字。」黄丕烈云：「吴説亦未是。此不誤，言齊不求魏割地也。蒙上句爲文。」安井衡云：「齊强而魏弱，故魏之合於齊，歸地而求之。齊之合於魏，必求割地，今事急，故不求割地而與之合。鮑改謬甚。」

〔一五〕鍾鳳年云：「『攻』字應作『勁』，緣下文『臣以爲令韓中立以勁齊』之語，即爲回應此語而作決斷辭者。今上下文不一致，可證其必誤。又説者於上文方以公孫郝、甘茂欲以秦、韓之兵攻魏或攻齊，因斥二人爲不忠，亦無至於抒己見而又主攻齊以自矛盾之理。且依『齊、魏不能相聽』之語言之，設秦攻齊，則齊尚何所聽？將任秦以攻己乎？據上二説，并可見『攻』字必誤。」〔按〕下「臣以爲令韓中立以勁齊」語與此句相應無疑，但一作「攻齊」，一作「勁齊」，二義正相反。鮑氏從此改下句作「攻」，鍾氏從下句改此作「勁」，究爲孰是？ 詳審前後文義，當以作「勁」爲是。 其時齊、魏交惡，各乞助於秦、韓，此客假設説秦王之辭，謂攻齊、攻魏並不利，不如令韓中立不助魏以强齊，而秦又揚言救魏以强魏，如此二國不相下，必搆兵矣。 鍾謂無主攻齊以自矛盾之理，則不然。客言非不攻二國，待其交弊而後圖之耳，下文「據魏以劫齊」，即「攻齊」也。 又引「齊、魏不能相聽」語，亦有誤解。但其據下文改「攻」爲「勁」，是也。

〔一六〕鮑彪衍「齊」字，云：「齊時先以伐魏，故令秦王聲言救魏以勁韓之攻齊。」 吳師道云：「（齊）疑衍。」 安井衡云：「此互文也。韓中立攻齊，則秦亦攻魏，齊王言救魏以勁之，則魏亦言救齊以勁之。而二國皆受兵，不能相救也，故下總承之云齊、魏不能相聽也。」 金正煒以「齊」字上屬爲句，云：「以攻齊齊，當作『以攻齊、魏』，謂使齊魏相攻，猶魏策所謂合其鬭。下『齊』字蓋承上而誤。」〔按〕鮑衍「齊」字是，但謂以勁韓之攻齊，則承上文「攻齊」之誤也，説見上。「勁之」即「勁魏」。 秦策一楚攻魏章「不如與魏以勁之」，「勁之」謂「勁魏」，與此義同。又上文「韓中立」乃承前「求中立於秦」而言，謂不厠足於攻齊、攻魏之事，若謂勁韓之攻齊，尚可謂「中立」乎？ 安井雖仍原文曲爲解説，轇葛難通，語亦多誤，姑録之備説耳。 金改義雖可通，然與下文「臣以爲令韓中立以勁齊」語不相應。 又如此祇秦言救魏，不及勁齊，與下「齊、魏不能相聽」語亦不合。 故亦未安。 今從鮑衍「齊」字。

〔一七〕鮑本「久」作「必」，「必離」二字屬上讀，盧本從之。 鮑彪云：「秦救魏，則魏不憚齊，亦不合於齊。」又「兵史」二字句，改「史」作「交」，盧本從之。 吳師道云：「字誤未詳。」 于鬯云：「（兵史）二字蓋起下之語。」 安井衡云：「離，遇也。『史』當爲『火』字之譌也。 齊、魏久遇兵火，則唯王所欲也。」 金正煒云：「離與罹通。『史』當作『事』，古書『事』作『叓』，因缺損爲『史』。 齊、魏久罹兵事，秦乃得遂武、惠之願。」（鍾鳳年説同）〔按〕

金說是。史記屈原列傳「離騷」。索隱引應劭云：「離，遭也。」「離」、「罹」又同聲相通，「罹」亦「遭」也。

〔一八〕鮑彪云：「欲，言或欲此或欲彼。」橫田惟孝云：「欲者，欲如此也。……魏策：王欲焉而收齊、趙攻荆。」金正煒云：「信，讀如『屈伸』之『伸』，假借字也。」〔按〕「欲」猶「或」，欲、或一聲之轉。說苑談叢篇「蠋欲類蠶，鱓欲類蛇」，即「蠋或類蠶，鱓或類蛇也（劉文典說苑斠補謂兩「欲」字衍，非）」。此言欲則信公孫郝於齊，欲則信甘茂於魏，猶言或則信公孫郝於齊，或則信甘茂於魏也。鮑及橫田說並非。「信」讀如字，不必改讀。公孫郝「應齊而攻魏」，今助齊攻魏取南陽，是信公孫郝於齊也，下「信甘茂」亦同。

〔一九〕鮑彪云：「穀水出澠池。」張琦云：「漢志宏農郡黽池下云：『穀水出穀陽谷，東北至穀城入洛。』今穀水出新安縣西北山，東南會澗水，又東至河南府城，西南入洛。此言爲韓取魏之河內，而以韓之新安與秦也。」

〔二〇〕〔按〕惠王，謂秦惠王。

〔二一〕姚宏云：「（郄）曾一作『欲』，一作『郤』。」鮑本「郄」作「却」。吴本作「拒」。金正煒云：「『郄』當作『卻』。廣雅釋詁：『卻，極也。』卻齊，即伍員亟肆罷楚之意。」〔按〕「郄」當作「郄」，姚注「郤」亦當作「卻」。古書从卩、从邑（阝）之字常淆。「郄」即「卻」之俗字，「却」亦「卻」之俗作，今正。卻，退也。「卻齊」與上文「據魏而攻齊」義相近。

〔二二〕〔按〕武王，謂秦武王。

〔二三〕姚宏云：「劉無『以』字。」〔按〕從上文無「以」字爲長。今從劉本衍。

〔二四〕鮑彪改「勁」作「攻」。吴師道云：「恐當作『攻』，從上文。」〔按〕上文「攻」字誤，此不誤，鮑、吴並非，說見上。

〔二五〕〔按〕大急，謂至急要之事。

〔二六〕鮑彪云：「茂，羇旅之臣，故言『薄』。此欲攻齊，故其辭與茂。」吳師道云：「薄，即上文『不善於公』。『薄』下或有缺字。」金正煒云：「『薄』下有『於魏』二字，文義方完。薄，附也。『薄』與『黨』義相近，二句本爲對文。此策欲使齊、魏相敝，故郝不肯言，茂亦不敢謁，以二人一黨於齊，一薄於魏也。」〔按〕依文義「薄」下當有脱字，金説疑是。

21 韓公仲相

韓公仲相〔一〕，齊、楚之交善。秦秦（與）〔二〕魏遇，且以善齊，而絶齊乎楚。（楚）王〔三〕使景鯉之秦，鯉與於秦、魏之遇〔四〕。楚王怒景鯉，恐齊以楚〔五〕遇，爲有陰於秦、魏也〔六〕，且罪景鯉。

爲謂楚王曰：「臣賀鯉之與於遇也。秦、魏之遇也，將以合齊、秦而絶齊〔七〕於楚也。今鯉與於遇，齊無以信魏之合已於秦而攻於楚也〔八〕。齊又畏楚之有陰於秦、魏也，必重楚。故鯉之與於遇，王之大資也。今〔九〕鯉不與於遇，魏之絶齊於楚〔一〇〕明矣。齊〔楚〕〔一一〕信之，必輕王。故王不如無罪景鯉，以視〔一二〕齊於有秦、魏，齊必重楚，而且疑〔一三〕秦、魏於齊。」王曰：「諾。」因不罪，而益其列〔一四〕。

【箋證】

〔一〕鮑彪移此章於楚策懷王下。吴汝綸云：「此當爲楚策之文。以下四章同。」鮑彪衍「韓公仲相」四字，云：「章内初不涉韓也。」吴師道云：「此(韓公仲相)四字必錯簡。」金正煒云：「此文當以『韓公仲相齊』爲句，『齊』下當重『齊』字。因公仲之相齊，齊、楚之交乃善也。公仲即韓珉，韓珉相齊，屢見於策及史記。若去『韓公仲相』四字，是齊已與秦遇，下云『景鯉與於秦、魏之遇』，不當遺齊矣。」鍾鳳年亦讀「相齊」句，以公仲爲韓珉，又云：「韓珉相齊章稱：『韓珉相齊，令吏逐公疇豎，……謂韓珉曰：公疇豎，楚王善之云云。』二章俱爲同時事，蓋於齊、楚方睦，故楚王所善者居齊，説者恐將失二國之歡，因諫沮珉也。」〔按〕韓珉非公仲，説見後，金、鍾之説亦無據。此疑謂韓公仲爲相，合齊、楚之交，二國因以相善。韓與二國爲鄰，善齊、楚之交，所以助韓拒秦也。三國相親，故秦與魏遇，謀所以離之。此四字不必衍。下四章中或謂魏王章不當爲楚策。

〔二〕鮑本、吴本下「秦」字作「與」。〔按〕「與」字是，今從正。

〔三〕鮑彪「王」上補「楚」字。〔按〕鮑補是，今從之。

〔四〕鮑彪云：「於其遇時與焉。秦策有其事，在(秦)惠九年後、(楚)懷王初也。」〔按〕見秦策四。

〔五〕鮑彪云：「楚，謂鯉。」

〔六〕鮑彪云：「恐齊以此謂楚有私於二國。」

〔七〕姚宏云：「(齊)劉作『和』。」

〔八〕鮑彪云：「將絶齊於楚，而楚使與焉，故齊疑之。」金正煒云：「『攻』字疑本爲『外』。篆書『外』作『[illegible]』，因譌爲

『攻』，復轉爲『攻』也。」〔按〕「攻」字自通，不必改字。

〔九〕金正煒云：「『今』猶『若』也。」

〔一〇〕鮑本、吴本「楚」下有「信」字。金正煒云：「『絶』下『齊』字，衍。」

〔一一〕鮑彪衍「楚」字。吴師道云：「（楚）疑衍。」〔按〕衍者是，今從之。

〔一二〕鮑彪云：「視、示同。示齊以楚有二國。」

〔一三〕鮑彪云：「疑，楚使之疑。」

〔一四〕鮑彪云：「『列』亦『次』也。」〔按〕列，謂位列。

22　王曰向也

王曰：「向也子曰『天下無道』，今也子曰『乃且攻燕』者，何也？」對曰：「今謂馬多力則有矣，若曰勝千鈞，則不然者，何也？夫千鈞非馬之任也。今謂楚强大則有矣，若夫越趙、魏而鬭兵於燕，則豈楚之任也哉？且非楚之任，而楚爲之，是弊楚也。强楚、弊楚，其於王孰便也〔一〕？」

〔箋證〕

〔一〕鮑彪此章與上章連屬，並移於楚策，衍「王曰向也」止「孰便也」。吴師道云：「乃楚策虞卿謂春申之文脱簡誤衍，略有不同。」黄丕烈云：「案下文觀鞅謂春申曰云云，吴氏補曰：『今詳其文，當屬楚。』其説是也。當是自此策文『王曰向也』以下連『或謂魏王』云云，皆本在楚策尾，誤錯入韓策中也。」〔按〕吴、黄説是。此文見楚策四尾虞卿謂春申君章，今略。「天下無道」之「道」字，楚策作「敵」。金正煒云：「『道』當作『適』，讀如『敵』。」是也。

23　或謂魏王王儆四彊

或謂魏王〔一〕：「王儆四彊（疆）之内〔二〕，其從於王者〔三〕，十日之内備，不具者死。王因取其游之舟上擊（繫）〔四〕之。臣爲王之楚，王胥臣反乃行〔五〕。」春申君聞之，謂使者〔六〕曰：「子爲我反，無見王矣〔七〕。十日之内，數萬之衆，今涉魏境〔八〕。」秦使聞之，以告秦王。秦王謂魏王曰〔九〕：「大國有意必來，以是而足矣〔一〇〕。」

【箋證】

〔一〕鮑彪移此章於魏策安釐王下。

〔二〕姚宏云：「錢無『儆』字。」鮑本「儆」作「警」，「彊」作「疆」。儆、警通用，彊乃疆譌，今正。鮑彪云：「將出兵，先令以警之。」〔按〕説文：「儆，戒也。」

〔三〕鮑彪云：「（從於王者）凡兵械當從者。」

〔四〕鮑本、吴本「擊」作「繫」。鮑彪云：「（游）旌旗之旒。之，猶『於』也。亦以楚攻秦。」横田惟孝從鮑本作「繫」，云：「言已儆，因先至而繫旒，待兵聚也。」吳汝綸云：「(擊)當作『繫』。」于鬯云：「鮑本作『繫』，而云『以楚攻秦』，則似其本亦『擊』字。然論策義，又以『繫』字爲是。繫者，繫游也。……或説救楚則謂繫旒於舟上，亦將以舟師往救也。」金正煒云：「此就備具者言。説文：『游，旌旗之流也。』『舟』當爲『輈』之省，車轅也。取游繫之輈上，以張戎車之盛，所以信楚而威秦。」〔按〕「擊」當作「繫」，今從鮑本正。秦、魏之戰，罕聞用舟師，金氏謂「舟」是「輈」之省，疑是。周禮春官司常云：「凡國之大閱，贊司馬頒旗物，王建大常，諸侯建旗。」大常十有二游，旂九游。此言繫游，猶建大常或建旂也。蓋謂王建旗於車上以大閱軍，示將出師。

〔五〕鮑本「胥」作「覔」，「乃」作「而」。吳師道云：「一本(覔)作『胥』。」鮑彪云：「(行)行兵。」〔按〕「胥」即「胥」，待也。「覔」乃「胥」之形譌。

〔六〕鮑彪云：「(使者)即此説者。」

〔七〕鮑彪云：「欲其亟反，不必見考烈。」横田惟孝云：「王，謂楚王也。」

〔八〕〔按〕「今」猶「即」，見經傳釋詞。此言楚即出兵。

〔九〕盧本「魏王」作「魏主」。〔按〕秦遣使謂魏。

〔一〇〕鮑彪云：「秦恐楚、魏合，故言魏兵自足，不待楚也。今詳春申在時，魏歲受秦兵，惟此(魏安釐王)三十年無忌率五國攻秦，可當此語。」吳師道云：「事證未明。」横田惟孝云：「蓋秦示知其情而折之也。」〔按〕顧觀光編年附繫此章於周赧五十八年(前二五七，魏安釐二十年)信陵君解邯鄲圍時。此事年不可考，闕疑可也。

24 觀鞅謂春申

觀鞅謂春申曰〔一〕：「人皆以楚爲强，而君用之弱〔二〕。其於鞅也不然〔三〕。先君者二十餘年未嘗見攻〔四〕。今秦欲踰兵於澠隘之塞〔五〕，不使（便）〔六〕；假道兩周，倍韓〔七〕以攻楚，不可。今則不然，魏且日暮亡矣〔八〕，不能愛其許、鄢陵與梧〔九〕，割以予秦，去百六十里〔一〇〕。臣之所見者，秦、楚鬭之日也已〔一一〕！」

〔箋證〕

〔一〕姚宏云：「（觀）一作『魏』。」鮑本「觀」作「魏」。又鮑彪移此章於魏策安釐王下。吳師道云：「今詳其文，當屬楚。」鍾鳳年云：「細繹説者之辭，雖若陽爲楚謀，而陰則意在令春申君顧及魏危，則楚將有脣亡齒寒之虞，故實不啻爲魏計。且就策而論，疑此乃上章之脱簡，似亦宜改隸魏策。」〔按〕吳説爲是。鍾説申鮑義。鮑彪云：「（魏鞅）魏人，爲魏説。」吳師道云：「一本『觀鞅』。史作『觀津人朱英』，見楚策。史楚考烈王二十二年，諸侯合從西伐秦，楚王爲從長，春申君用事。至函谷關，秦出兵攻，諸侯兵皆敗走。考烈王以咎春申君，以此益疏，客有云云。於是去陳，徙壽春。」黄丕烈云：「觀，觀津也。『鞅』即『英』字，作『魏』者譌。」

〔二〕鮑本、吳本「弱」下有「也」字。

〔三〕〔按〕謂鞅不以爲然。

〔四〕鮑彪云：「（先君者）先春申用事之人。」關修齡云：「先君者，言君不用事之前。」金正煒云：「『先君者』當作『先君時』。古書『時』作『旹』，與『者』字相似，因以致誤。」〔按〕諸説可通。史記春申君傳作「先君時善秦，二十年而不攻楚」。

〔五〕鮑彪改「澠」作「鄳」，云：「（鄳隘）魏紀所謂冥阨。注：楚險塞。或以爲江夏鄳縣。」吳師道云：「『澠』即『鄳』。」關修齡云：「（下）二句追説往時魏爲楚蔽耳，因知『今』字誤衍。」橫田惟孝云：「『今』或無，誤。」

安井衡云：「『今』當爲『令』字之誤。」（鍾鳳年説同） 吴曾祺云：「（今）疑作『昔』，與下文『今』對比。」 金正煒云：「『令』猶『即』也。」 〔按〕『令』猶『若』也，見經傳釋詞。言秦若欲出兵越澠隘也。史記「澠」作「黽」，字同，澠隘之塞即黽塞，見楚策四。

〔六〕吴師道云：「（使）史作『便』，是。『不便』句絶，下與『不可』對文。」 關修齡云：「不使，魏不使秦踰兵於澠隘之塞也。」 安井、金正煒從吴注。或以「不使」二字屬下讀。 〔按〕關説添文生義，非也。若以「不使」屬下讀，則兩周與韓非踰澠隘必由之道（史記正義云：「黽隘之塞在申州。」申州在今河南信陽市南），亦不合。當以吴説爲是，今從史記正。

〔七〕鮑彪云：「倍音背。此昔者所以未嘗見攻。」 〔按〕史記「倍」作「背」，同；「韓」下有「魏」字。鍾鳳年謂：「有『魏』字是。因無此字，則下文『魏且旦暮亡矣』之『魏』字爲無根而生。」

〔八〕〔按〕史記無「且」字。金正煒云：「『且』字即『旦』之誤衍。」説恐不然。「且」猶「將」也，「且旦暮亡」猶「旦暮且亡」，義自通。策、史本異，不必强同。

〔九〕鮑彪云：「梧屬楚國，此時爲魏。」 吴師道云：「漢侯國梧屬彭城，與許、鄢陵不相接。左傳襄十年『晉師城梧及制』。杜注：『皆鄭舊地。』制即虎牢，梧必相近。此時鄭爲韓。」 〔按〕高士奇春秋地名考略云：「隋書滎陽縣有梧桐澗。疑即梧也。」

〔一〇〕鮑彪「去」上補「相」字，云：「言秦伐楚之近，不須假道。」 吴師道云：「按史云：『不能愛許、鄢陵，其許，魏割以予秦，秦兵去陳百六十里。』以此參較，則策有缺誤。徐廣云：『陳在許東南。』蓋此時楚徙都陳也。」 金正煒云：「此承上句『予秦』，誤脱『秦』字，『去』下又脱『陳』字。當據史訂正。」

〔一一〕鮑彪改「也」作「近」。 吴師道云：「史作『秦、楚之日鬬也』。此策『鬬』字淆次在『之日』上。」吴汝綸點勘本從史記乙「鬭」於「日」之下。

25　公仲數不信於諸侯

公仲數不信於諸侯，諸侯錮之〔一〕，南委國於楚〔二〕，楚王弗聽。蘇代爲（謂）〔三〕楚王曰：「不若聽而備於其反〔四〕也。明（朋）〔五〕之反也，常仗〔六〕趙而畔楚，仗齊而畔秦。今四國錮之，而無所入矣，亦甚患之〔七〕，此方其爲尾生之時也〔八〕。」

〔箋證〕

〔一〕鮑本「諸侯」二字原不重，鮑補「諸侯」二字。吴師道云：「一本復有此（諸侯）二字。」鮑彪云：「（錮之）不行其説。」〔按〕左氏成二年傳：「子反請以重幣錮之（申公巫臣）。」杜注：「禁錮勿令仕。」字亦作「固」，曹植求通親親表「禁固明時」，並其義。

〔二〕鮑彪云：「（委國）以國事聽之。」關修齡云：「言公仲請國事從楚進退。」

〔三〕姚宏云：「劉（「爲」下）添『謂』字。」鮑本、吴本「爲」下有「謂」字。〔按〕有者是，今從劉本補。

〔四〕鮑彪云：「反，亦謂不信。」橫田惟孝云：「反，反覆也。」

〔五〕鮑本、吴本「明」作「朋」。〔按〕公仲名朋，「明」乃「朋」之形誤，今從鮑本正。

〔六〕鮑彪改「仗」作「杖」。下同。吴師道云：「仗，倚也。字與『杖』通。」

〔七〕鮑彪云：「（甚患之）公仲甚患。」〔按〕謂甚憂四國之錮之也。

〔八〕鮑彪云：「言公仲自患其反之不利，故欲爲信。尾生，再見燕策蘇代言，名高，蓋論語微生。汎論訓亦云。」吴師道云：「莊子：尾生與女子期於梁下，水至不去，抱梁柱而死。與燕策所載同。一本『微生』。釋文引高誘注：魯人。今注本無。或謂即論語『微生』，古今人表作『尾生高』。」〔按〕吴引莊子，見盜跖篇。釋文所引高誘注乃淮南子汜論訓注文，非策注。

戰國策卷二十七

韓二

1 楚圍雍氏五月

楚圍雍氏，五月〔一〕，韓令使者求救於秦，冠蓋相望也。秦師不下殽，韓又令尚靳〔二〕使秦，謂秦王曰：「韓之於秦也，居爲隱蔽，出爲雁行〔三〕。今韓已病矣，秦師不下殽。臣聞之：脣揭〔四〕者其齒寒。願大王之熟計之！」宣太后〔五〕曰：「使者來者衆矣，獨尚子之言是。」召尚子入。

宣太后謂尚子曰：「妾事先王也〔六〕，先王以其髀〔七〕加妾之身，妾困不疲〔八〕也。盡置其身妾之上，而妾弗重〔九〕也。何也？以其少有利焉〔一〇〕。今佐韓，兵不衆、糧不多，則不足以救韓。夫救韓之危，日費千金，獨不可使妾少有利焉〔一一〕！」尚靳歸書報韓王〔一二〕。

韓王遣張翠[一三]，張翠稱病，日行一縣[一四]。張翠至，甘茂曰：「韓急矣！先生病而來。」張翠曰：「韓未急也，且急矣。」甘茂曰：「秦重國知王[一五]也，韓之急緩[一六]莫不知，今先生言不急，可乎？」張翠曰：「韓急則折而入於楚矣，臣安敢來？」甘茂曰：「先生母(毋)[一七]復言也。」

甘茂入言秦王曰：「公仲柄[一八]得秦師，故敢捍楚。今雍氏圍而秦師不下殽，是無韓也，公仲且抑首[一九]而不朝，公叔且以國南合於楚。楚、韓爲一，魏氏不敢不聽，是楚以三國謀秦也。如此則伐秦之形成矣。不識坐而待伐，孰與伐人之利？」秦王曰：「善。」果下師於殽以救韓[二〇]。

〔箋證〕

〔一〕鮑彪云：「此(襄王)十二年。」吳師道云：「圍雍氏，見周策。」又云：「楚前圍雍氏，在赧王三年，秦惠王猶在位，安得有宣太后？楚後圍雍氏，甘茂出奔已數年。兩者皆不合。」顧觀光繫此章於周赧王八年(前三〇七)，云：「依周本紀及甘茂傳當在此年。韓世家在韓襄王十二年，當周赧王十五年，則甘茂出奔已數年，而策文屢言甘茂，不可通矣。或據田齊世家移此事於赧王三年，時秦惠王猶在，安得有宣太后乎？」〔按〕楚圍雍氏役有三，説詳東周策楚攻雍氏章。馬驌繹史、林春溥紀年、黄式三編略亦並以此章隸周赧八年，是。鮑誤依韓世家。史記甘茂傳載此事，言「秦昭王新立」，可證。索隱引劉氏謂是「當赧王之三年」，非。

〔二〕〔按〕太平御覽卷三百二十五及卷四百五十引「尚靳」作「靳尚」，下同。靳尚楚臣，疑御覽誤。

〔三〕金正煒云：「淮南人間篇：『居爲隱蔽，而戰爲鋒行。』雁行、顔行、鋒行，並文異而義同。」〔按〕「雁行」已見前。

〔四〕鮑彪云：「『揭』猶『反』。」横田惟孝云：「『揭』疑當作『竭』，字音之誤也。」金正煒云：「莊子胠篋、吕覽權勳、淮南説林竝作『脣竭』，『揭』蓋『竭』之借字。素問五藏生成篇：『多食酸，則肉胝腸而脣揭。』王冰注：『脣皮揭舉也。』」〔按〕御覽卷三百二十五引「揭」作「竭」，卷四百五十引作「亡」。「揭」、「竭」並以「曷」聲，例可通用，依素問注，則「竭」恐是「揭」之借字。

〔五〕〔按〕其時秦武王死，昭王初立，母宣太后當國。甘茂傳謂：「太后楚人，不肯救。」

〔六〕鮑本「也」作「日」。

〔七〕鮑彪云：「（髀）股也。」

〔八〕姚宏云：「錢、劉本（疲）作『支』。」鮑本、吴本「疲」作「支」。〔按〕御覽二引「不疲」並作「弗支」。「不」爲發聲語助，本字無義，經傳中屢見之，例詳經傳釋詞。此文「不疲」猶「疲」也，「困不疲」猶言「困而疲」也。後人誤以「不」爲「勿」，因改「疲」作「支」，其實不然。

〔九〕〔按〕弗重，不以爲重。

〔一〇〕吴師道云：「宣太后之言，汙鄙甚矣！以愛魏醜夫欲使爲殉觀之，則此言不以爲耻，可知秦母后之惡有自來矣。」歸有光云：「當時引喻如此類甚多，取其機相發而已。若此説則甚無耻，宣后即淫佚，語檃括其詞以醜之。」〔按〕甘茂傳不載尚靳使秦事，史遷殆以其穢而删之與？

〔一一〕〔按〕御覽引「焉」並作「耶」。此「焉」猶「乎」。

〔一二〕鮑彪讀「歸書」句，云：「（歸書）以書歸。」王念孫云：「此本作『尚靳歸報韓王』。……『歸』下不當有『書』字。太平御覽兵部、人事部引此皆無『書』字。」〔按〕鮑注可通，不必衍「書」字。

〔一三〕〔按〕上言尚靳聞宣太后語歸書報韓，此不當無答而遣張翠。御覽卷三百二十五引作「韓襄王賂於太后，復使張翠」。荀子臣道篇楊倞注引云：「韓有張翠，納賂於宣太后。」此文「韓王」下蓋脱「賂於太后」四字。以文義推之，有四字爲長。又按荀子臣道篇：「韓之張去疾，可謂簒臣也。」楊注云：「蓋張良之祖。漢書：『良其先韓人，大父開地相韓昭侯、宣惠王、襄哀王。』」又引此策。是楊氏以張翠爲張開地或張去疾，不詳所據。

〔一四〕關修齡云：「古百里爲縣，戰國蓋然。此言緩行，以示不急也。」

〔一五〕姚宏云：「錢改（知）作『之』。」鮑本「知」作「智」。吴師道云：「一本『智』作『知』。」（黄丕烈云：「凡『知音』、『智者』，鮑本多即作『智』，此非有異本。」）金正煒云：「『知』與『智』同，亦與『之』通。」〔按〕作「知」爲是。知王即智王，與下「韓之急緩莫不知」語相應。

〔一六〕鮑本、吴本「急緩」作「緩急」。

〔一七〕原本「毋」誤作「母」，今從鮑本等正。

〔一八〕鮑彪云：「『柄』猶『持』。」吴師道云：「史記：『方有得秦』。按字書『枋』與『柄』同，此恐字訛。」安井衡云：「柄、秉通。公仲堅秉必得秦師之説也。」金正煒云：「方言：『其「柄」謂之「矜」。』又云：『「矜」謂之「杖」。』則『柄』猶『杖』也，杖，謂倚任也。」

〔一九〕鮑彪云：「抑首，不意貌。」安井衡云：「抑，按也。憂之疾首，故按其首而不朝聽事。」于鬯云：「（抑首）茂傳作『仰首』，義似勝。前秦拔韓宜陽，公仲入謝，與秦平，亦見茂傳，則公仲固曾朝秦矣。」金正煒亦以「仰」字爲是，云：「荀子儒效篇注：『仰易，反易也。』『仰首』猶『反首』。」〔按〕「抑首」義亦可通，不必從史。

〔二〇〕〔按〕茂傳下云：「楚兵去。」

2　楚圍雍氏韓令冷向

楚圍雍氏〔一〕，韓令冷向〔二〕借救於秦，秦爲發〔三〕使公孫昧〔四〕入韓。公仲曰：「子以秦爲將救韓乎？其不乎？」對曰：「秦王之言曰：『請道於南鄭〔五〕、藍田以入攻楚，出兵於三川以待公。』殆不合軍於南鄭矣〔六〕。」公仲曰：「奈何？」對曰：「秦王必祖張儀之故謀〔七〕。楚威王攻梁，張儀謂秦王曰：『與楚攻梁，魏折而入於楚，韓固其與國〔八〕也。是秦孤也。故不如出兵以勁魏〔九〕。』於是攻皮氏〔一〇〕，魏氏勁。威王怒。楚與魏大戰，秦取西河之外以歸〔一一〕。今也其將揚〔一二〕言救韓而陰善楚。公恃秦而勁，必輕與楚戰。楚陰得秦之不用〔一三〕也，必易與公相支也。公戰勝楚，遂與公乘楚，易三川而歸〔一四〕。公戰不勝楚，塞三川而守之〔一五〕，公不能救也。臣甚惡其事，司馬康三反之郢矣〔一六〕，甘茂與昭獻（獻）〔一七〕，遇於境，其言曰收璽〔一八〕，其實猶有約也〔一九〕。」

公仲恐曰：「然則奈何？」對曰：「公必先韓而後秦，先身而後張儀〔二〇〕。以〔二一〕公不如亟以國合於齊〔二二〕，楚、秦必委國於公以解伐，是公之所以外者儀而已〔二三〕，其實猶之不失秦也〔二四〕。」

〔箋證〕

〔一〕鮑彪此與上章依次列於韓襄十二年，云：「（史記韓）記（襄王）十二年有。」吳師道云：「徐廣云：『秦紀惠王後十三年楚圍雍氏。紀年於此亦說楚景翠圍雍氏，韓宣惠王卒，秦助韓共敗楚屈匄。又云齊、宋圍煮棗。皆與史記年表及田完世家符同。』此是前圍雍氏事也。後圍雍氏是赧王十五年事。大事記書楚景翠圍韓雍氏，秦樗里疾帥師救韓敗楚。解題具載徐說，謂世家合而爲一者誤。又按正義云：『徐見張儀尚存，生此前後之見。此是公孫昧却述張儀時事。』愚謂此策雖曰祖張儀故謀，其下云先身後儀，又云所外者儀，似非儀死後之辭。然楚圍之解，實以秦救，公孫昧之言爲不可信耳。此章宜在前，鮑序次誤。」又云：「大事記云：『韓年表書秦助我攻楚，圍景痤。楚將之名，與紀年不同。蓋紀年云屈匄也。』愚按韓楚世家並云敗楚將屈匄丹陽。夫丹陽之與雍氏，相去遠矣。景痤恐即景翠，聲轉而訛。景痤之敗，雍氏之戰也。屈匄之敗，丹陽之戰也。丹陽之役，其雍氏之後歟？大事記首書丹陽之役，後書景翠圍韓。且丹陽大敗之餘，楚力未蘇，何暇於圍韓哉？」〔按〕雍氏之役說詳東周策。此章韓世家次於襄王十二年，即周赧十五年（前三〇〇），張守節、鮑彪主從之。徐廣謂當在周赧三年（前三一二），呂祖謙、吳師道主從之。其後陳厚耀通表、林春溥紀年、黃式三編略、于鬯年表並從此說。顧觀光編年又以此與上章並爲周赧八年（前三〇七）事。以策文考之，其時甘茂在秦，決非韓襄十二年事。策云「祖張儀故謀」，乃追述之詞，固不能斷其時儀之存否，然審繹此章與上章無相涉之跡，亦難斷其爲同時事。據此，似仍以徐廣說爲長。

〔二〕〔按〕冷向見前，「冷」或作「泠」。

〔三〕安井衡云：「（爲發）史作『未爲發』，此脫『未』字耳。」〔按〕史讀「發」字句。此「發使」連屬，義亦通。

〔四〕吳師道云：「昧當音莫葛反。公子昧、唐昧皆然。」

〔五〕鮑彪云：「(南鄭)屬漢中。」錢坫曰：「(南鄭)，在今漢中府城東二里。」(國策地名考引)

〔六〕鮑彪云：「(不合軍)不與楚戰。」吴師道云：「正義云：『南鄭，梁州縣。藍田，雍州縣。秦言或出雍州西南至鄭，或出雍東南，歷藍田，出嶢關，俱繞楚北境，以待韓使而東救雍氏，如此遲緩，殆不合於楚矣。』按史止作『殆不合矣』，無『軍於南鄭』四字，竊謂史爲是。蓋雍氏在陽翟，而此言合軍南鄭，殊不相涉。且上文請道南鄭，而此曰不合軍於南鄭，豈非誤乎？」黄丕烈云：「按索隱曰：『殆不合於南鄭』，依策文爲説也。詳史記與策文不同，此當讀『殆不合』爲一句，『軍於南鄭矣』爲一句，言待楚、韓之勝也。」張琦云：「據策文蓋言兵分三道：一由漢中；一由商洛，此二道以攻楚；一由殽函，出三川以救韓。味窺秦實無出兵之心，徒爲此言，故曰殆不合矣。……『軍於南鄭』四字衍文。」程恩澤云：「南鄭即新鄭也。是時楚圍雍氏，其地在今開封府扶溝縣之西，禹州之東，與新鄭相近。秦雖聲言救韓，實持兩端，故曰殆不合軍於南鄭。舊注因上云請道於南鄭，藍田以入攻楚，謂此南鄭亦漢中縣；又因史記無『軍於南鄭』四字，以此爲衍文，俱誤。秦策云『楚臨南鄭』，則新鄭稱南鄭，已有明徵矣。」于鬯以程説爲近是，云：「惟新鄭何以稱南鄭？或疑雍氏在新鄭之南，南鄭之稱恐即雍氏之别名，則於文義尤合。」金正煒云：「『南』字涉上文『請道於南鄭』而衍。秦言出兵三川，是不與韓合軍矣，鄭即謂韓，黄札大謬。又雍氏在鄭之南，或本作『殆不合兵於鄭南』，而誤乙也。」〔按〕參稽諸説，以金後説爲長。「南鄭」本作「鄭南」，後人因上「南鄭」而誤乙。史記索隱之「南鄭」疑亦「鄭南」之誤。

〔七〕鮑彪云：「(故謀)昔者所謀。」〔按〕集解：「徐廣曰：祖者，宗之習之謂也。」

〔八〕鮑本無「國」字，鮑云：「韓，魏之與。」吴師道云：「一本『固其與國也』。」

〔九〕鮑彪云：「陽爲助魏，實欲其與楚戰。」

〔一〇〕鮑彪云：「(攻皮氏)楚攻之。」横田惟孝云：「按秦策曰：『王用儀言，取皮氏卒萬人車百乘，以與魏犀首。』據之，『攻』當作『取』，而『皮氏』下必有闕文。」

〔一一〕鮑彪云：「（秦）惠八年。」〔按〕詳秦策一楚攻魏章。

〔一二〕鮑本、吳本「揚」作「陽」。〔按〕史記「將揚」作「壯陽」。「陽」與「陰」相應，此「揚」乃「陽」之借字。

〔一三〕鮑彪云：「（不用）不爲韓用。」金正煒云：「呂覽上德篇注：『得』猶『知』也。」

〔一四〕鮑彪云：「乘困取之也。」横田惟孝云：「易，貿易也。以救韓伐楚之勞而取三川，猶貿易也。」安井衡云：「三川險，地雖屬韓，攻韓亦由之。韓（按原此與「攻韓」之「韓」並誤作「魏」字，顯誤，今正）若勝楚，未可遽滅，故平易險路，以便後攻之。」〔按〕易同埸。易大壯：「喪羊于易。」釋文：「陸作『埸』，謂疆埸也。」周禮地官縣師鄭注：「郊内謂之『易』。」此作動詞用，謂畫疆三川而歸，以三川爲邊埸也。偪其地，與下文「塞三川而守之」相應。諸説並非。史記「易」作「施」，王念孫雜志讀「施」爲「移」，訓移易，以策文爲證，義亦難通。史、策異文，不必拘。

〔一五〕鮑本、吳本「楚」下重「楚」字。黄丕烈云：「史記有（「楚」字），然實衍字，此謂秦塞三川也。鮑本當是誤依史記添入耳。」横田惟孝云：「塞三川而守之，秦因韓疲弊而取之也。」〔按〕横田説是，此較上「易三川」爲更一步之侵略措施。

〔一六〕鮑彪云：「（司馬康）秦人。」吳師道云：「『康』，史作『庚』。」〔按〕集解「徐廣曰：（庚）一作『唐』。」鮑謂康是秦人，無據。疑司馬，官名，康是人名。楚重司馬之官，秦不設司馬。又「三反之郢」（「之」猶「於」），稱「反之郢」，亦非秦人之詞。然則康蓋楚臣也。又按呂氏春秋期賢篇有司馬唐，諫秦君勿攻魏。漢書人表「唐」作「庚」。淮南子脩務訓亦作「司馬庚」。高注：「秦大夫，或作『唐』。」鮑以爲秦人，或本此。但彼在魏文侯時，與此非一人。

〔一七〕〔按〕史記「昭獻」作「昭魚」。索隱：「戰國策謂之『昭歠』。」據此索隱所見國策作「昭歠」，歠同魚。「獻」當是「歠」之形誤。今據正。徐廣曰：「昭魚，楚相國。」若昭獻，楚使相韓者，亦不合。魏策二田需死章載昭魚謂蘇代欲魏太子自相。此事史記魏世家在哀王九年，實爲魏襄九年（前三一〇），當秦武王元年，楚懷王十九年，前此雍氏圍僅三年。則魚爲楚相正是其時，可證「獻」爲「歠」誤無疑。

〔一八〕鮑本、吴本無「曰」字。鮑彪云：「璽，軍符。收之者，言欲止楚之攻韓。」吴師道云：「（收）取也。璽，印也。如楚置相璽之云。索隱以爲昭魚欲得秦官之印璽。」〔按〕蔡邕月令章句云：「秦以前諸侯卿大夫，皆曰『璽』。」（慧苑華嚴音義卷三引。）正義亦云：「擬相秦收其相璽。」其事不可詳。此爲秦、楚大臣相遇對外公開之詞。

〔一九〕鮑彪云：「疑秦、楚約攻韓。」

〔二〇〕吴師道云：「先韓者，急圖其國；後秦者，不望其救。先身者，善己之謀；後儀者，不墮人之詐。」〔按〕張儀，謂張儀之故謀，下「儀」同。

〔二一〕姚宏云：「劉去『以』字。」鮑彪「以」上補「臣」字。黄丕烈云：「史記無『以』字。」横田惟孝云：「『以』恐衍。」安井衡云：「以，謂通，元文自通。」于鬯云：「『以』即『似』字。篆文『似』作『佀』，實即『㠯』字而易其人旁。蓋古無『似』字，『以』即『似』，『目』即『以』也。言似者，措辭不執言之。」金正煒云：「『以』字當從史省。」〔按〕此「以」字猶「故」也，（例見古書虚字集釋。）義自通，不必省改。

〔二二〕鮑彪讀「齊、楚」句。吴汝綸點勘本從之。金正煒讀「齊」字句，云：「此言以國合於齊，則楚、秦陰約無功，必恐失韓而自解伐。鮑於後文注云『雖合齊、楚』云云，是以下句『楚』字上屬爲文，非也。」〔按〕鮑讀蓋從史文，然史記下云「齊、楚必委國於公」，與策文不同，是不能據也。若讀「以國合於齊、楚」，則韓不但屈於楚伐，又事本無與伐之齊，尚何能言「解伐」？味計決不如此，金讀是也，今從之。

〔二三〕吴師道云：「不墮儀之故智，爲外於儀耳。」

〔二四〕鮑彪云：「雖合齊、楚，圖國事耳，秦無辭怨之。」〔按〕鮑注「合齊、楚」，當去「楚」字，説見上。「不失秦」即上文「楚、秦必委國於公以解伐」。此不及楚者，味此對主秦言之，故省楚耳。

3 公仲爲韓魏易地

公仲爲韓、魏易地〔一〕，公叔争之而不聽，且亡。史惕〔二〕謂公叔曰：「公亡，則易必可成矣。公無辭以後〔三〕反，且示天下輕公〔四〕。公不若順之。夫韓地易於上，則害於趙〔五〕，魏地易於下，則害於楚〔六〕。公不如告楚、趙，楚、趙惡之。趙聞之，起兵臨羊腸，楚聞之，發兵臨方城。而易必敗矣〔七〕。」

〔箋證〕

〔一〕鍾鳳年云：「此與西周策韓魏易地章當是一事。」〔按〕以下文詳之，是也。顧觀光編年亦以二章比附。

〔二〕鮑彪云：「（史惕）韓史。」吴師道云：「（史）或姓。」

〔三〕姚宏云：「（後）錢、劉一作『復』。」鮑本、吴本「後」作「復」。

〔四〕橫田惟孝云：「輕公，謂韓輕公叔。」

〔五〕鮑彪云：「上，上流，魏之上。趙、魏鄰也，魏地廣，趙之害也。」吴師道云：「上，謂魏。」

〔六〕鮑本無「地」字。鮑彪云：「下，謂韓。」吴師道云：「（魏易）一本『魏地易。』」安井衡云：「韓在魏西北，皆挾黄河立國，故韓言『上』，魏言『下』。趙在韓北，故易於上，則害於趙。楚在魏南，故易於下，則害於楚也。」〔按〕西周策韓魏易地章云：「魏有南陽鄭地三川，而包二周，則楚方城之外危。韓兼兩上黨以臨趙，即趙羊腸以上危。」是韓以南陽三川地易魏之上黨也。「上」、「下」依黄河西、東言之，安井説是。

〔七〕〔按〕西周策謂樊餘説楚王，「楚王恐，因趙以止易也。」

4　錡宣之教韓王取秦

錡宣〔一〕之教韓王取秦〔二〕曰：「爲公叔具車百乘，言之楚易三川。」因令公仲謂秦王曰：「三川之言〔三〕曰：『秦王必取我〔四〕。』韓王之心不可解矣〔五〕。王何不試以襄子爲質於韓〔六〕，令韓王知〔七〕王之不取三川也〔八〕？」因以出襄子而德太子〔九〕。

【箋證】

〔一〕鮑彪云：「（錡宣）韓人。」

〔二〕鮑彪云：「取，言與之合。」橫田惟孝云：「『取』猶『收』也。謂與秦合。」

〔三〕橫田惟孝云：「三川之言，三川人之言。」

〔四〕鮑彪云：「我，三川也。」

〔五〕鮑彪云：「言其聞三川之言，恐空失地，故來(原本「來」作「夾」，恐誤)與楚易。」橫田惟孝云：「不可解，言韓王恐秦取三川而欲以易於楚之心，不可解説也。」

〔六〕鮑彪云：「王，秦王。襄子，秦諸公子，不善太子者。」吴師道云：「無考。」于鬯云：「此義可見，不待考。太子，秦太子也。若依宣惠二十一年事，則太子即秦武王矣。」〔按〕此章時雖不可考，以「出襄子而德太子」語推之，于説近是(秦武王無子，昭王即位年少，公仲相韓之時，尚未立太子，鮑氏次於韓襄策下，顯非)。又按襄子雖不見於史、策，但檢戰國縱横家書虞卿謂春申君章有云：「(秦)惠王死，襄子殺。」又云：「襄子，親因(姻)也，皆不免。」(楚策四虞卿謂春申君曰章二「襄子」並作「冉子」。)與此襄子當是一人。何以明之？襄子爲秦惠王之臣，與韓宣惠王年代相當，其合一。襄子受秦王信任，又是秦之貴族，韓若得以爲質，可取秦重，其合二。襄子極寵貴，爲太子所不滿，故惠王死而被殺。此云「出襄子而德太子」，明爲惠王在位時之言，其合三。

〔七〕鮑本「知」下原有「之」字，鮑衍「之」字。吴師道云：「一本無(「之」字)。」

〔八〕鮑彪云：「韓之易地，畏秦取之也，今秦入質，則不取可知。」

〔九〕于鬯云：「襄子在國，於太子不利，出之韓，是德太子。」

5　襄陵之役

襄陵之役〔一〕，畢長謂公叔曰：「請母(毋)用兵〔二〕，而楚、魏皆德公之國矣。夫楚欲置公子高〔三〕，必以兵臨魏。公何不令人説昭子〔四〕曰：『戰未必勝，請爲子起兵以之魏〔五〕。子有辭以母(毋)戰。』於是以太子扁〔六〕，昭揚〔七〕、梁王皆德公矣〔八〕。」

【箋證】

〔一〕鮑彪云：「(襄陵之役)史不書。」〔按〕此楚懷六年(前三二三)破魏於襄陵也，見史記楚世家。鮑拘於韓策誤爲韓事，故云爾。説詳後。

〔二〕〔按〕原本「母」顯誤，據鮑本等正，作「毋」。下同。毋用兵，謂韓不出兵助楚或魏。

〔三〕鮑彪改「高」作「咎」，云：「從史，後並同。此書亦或作『咎』。置不立也，事見(襄王)十二年。」吴師道云：「『咎』與『皋』通，『皋陶』作『咎繇』。此爲『高』，音同也。」黄丕烈云：「此未必即韓公子咎也，吴説亦未是。」安井衡云：「高，魏公子，蓋魏人有欲立之爲太子者，楚人欲廢之，故以兵臨魏。若是公子咎，乃韓公子，楚人欲置之，當以兵臨韓，臨魏何爲？而梁王亦何德公叔焉？鮑改妄甚。」金正煒云：「魏策：『惠施爲韓、魏交，令太子鳴爲質於齊。王欲見之。朱倉謂王曰：何不稱疾？臣請説嬰子曰：魏王之年長矣，今有疾，公不如歸太子以德之。不然，公子高在楚，楚將内而立之，是齊抱空質而行不義也。』此策當即楚欲納公子高於魏時事。竹書紀年：惠成後十三年『楚敗我襄陵』。即此所云襄陵之役。鮑、吴皆就韓言，故所注全誤。以兵臨魏，蓋以兵納之。鮑氏改『公子高』爲『公子咎』，釋『置』爲『不立』，其意楚所以立者爲幾瑟也。若如所説，何爲以兵臨魏？即云魏欲立咎，韓令之順楚，因以德公叔；然楚豈徒欲廢咎，韓不立幾瑟，楚何爲而德韓？故知此爲楚欲置君於魏也。」鍾鳳年亦以此公子高與魏策之公子高爲一人，又據楚世家懷王六年「楚使柱國昭陽將兵而攻魏，破之於襄陵，得八邑，又移兵而攻齊」，云：「此章畢長令公叔説昭陽勿與魏戰，事蓋即在史所言時。」〔按〕金釋辨此章頗晰（安井已知鮑改之非，但釋「置」爲「廢」，仍襲鮑誤，又未徵史實，嫌不足），是也。襄陵之役，即齊策二「昭陽爲楚伐魏，覆軍殺將，得八城」之事。近安徽壽縣出土之鄂君啓金節銘云：「大司馬邵陽敗晉師於襄陵之歲（郭沫若釋「歲」）。」邵陽即昭陽。晉師即魏師。以戰役記歲，可見此役之重要，故楚、魏世家及年表並載此事。當時此役著名，人所習知，策首僅言「襄陵之役」，不必再舉楚、魏二國，猶馬陵之戰、雍氏之圍、長平之戰，皆不舉國名，同一例也。鮑、吴此下注多誤，今略。

〔四〕鮑彪云：「（昭子）陽也。」

〔五〕鮑彪云：「韓起兵。」金正煒云：「起兵以之魏，趣魏也。」

〔六〕鮑彪衍「以」字，改「扁」作「與」，謂太子「幾瑟也」。吴師道云：「（扁）此『高』字訛。」黄丕烈云：「吴説亦未是。上文高稱公子，此稱太子，必別一人。」安井衡云：「扁，署也，署定其位也。」于鬯云：「此下有闕簡，未可强説。」金正煒云：「『扁』當爲『屬』。俗書『屬』作『属』，與『扁』字形相似，因以致誤。屬，入也。高以太子入，則楚志得濟，而魏患紓矣，故皆德韓。」鍾鳳年云：「（扁）殆『歸』字之譌。……此語仍是畢長令公叔説昭陽之辭，言令昭陽以太子復歸於楚。……至同是一人，而前稱公子，後稱太子者，蓋前者乃畢長向公叔道之，二人對之無臣主之禮，自應用通稱兼呼其名。後者則向昭陽言之，時公子高方處其軍中，故避其名，且尊之爲太子也。」〔按〕公子、太子，前後殊稱，以爲一人，説終嫌曲。扁同辨，荀子脩身篇：「扁善之度。」楊注：「扁，讀爲『辨』。」（廣雅釋詁：「辨，偏也。」「偏」與「扁」字通）禮記玉藻：「立容辨卑，毋讇。」鄭注：「『辨』讀爲『貶』。」周禮秋官士師：「則以荒辯之灋治之。」鄭注：「『辯』當爲『貶』。」辯、辨同字。「扁」、「辨」、「貶」並爲雙聲，古常假借通用。此文「以太子扁」，猶「以太子貶」，謂貶太子而立公子高也。諸説並未安。

〔七〕鮑彪改「揚」作「陽」。吴師道云：「（揚）即『陽』，音同而訛。」〔按〕陽、揚通用，不必改字。

〔八〕鮑彪云：「陽得毋戰，梁得免兵。」

6　公叔使馮君於秦

公叔使馮君〔一〕於秦，恐留，教陽向説秦王曰：「留馮君以善韓臣（辰）〔二〕，非上知也。主君〔三〕不如善馮君而資之以秦。馮君廣王〔四〕，而不聽公叔以與太子爭〔五〕，則王澤布而害於韓矣〔六〕。」

【箋證】

〔一〕鮑彪云：「（馮君、陽向）並韓人。」吳師道云：「陽向未必韓人。」金正煒云：「馮君無考，疑即公仲馮。史記田世家韓馮。徐廣曰：『即公仲侈。』『憑』與『朋』古字通，故策文『韓朋』，史記作『馮』，其實一人。後人不辨馮即公仲，因以意增『君』字耳。」〔按〕公仲先公叔秉政，位崇於叔，叔安能使仲？策自稱「馮君」，與韓馮不涉。金説近鑿。

〔二〕姚宏云：「集、錢、劉、曾（臣）作『辰』。」鮑彪云：「韓之嫉馮者，以留之爲善。」金正煒云：「『韓臣』作『韓辰』，當是。辰後公仲相韓，見韓相公仲珉使韓侈章。與此文正合。」〔按〕依文義，「韓辰」爲勝，「臣」疑是「辰」之音訛。今從集本等正。

〔三〕横田惟孝云：「『主君』二字恐衍。」金正煒云：「『主』當作『王』，『君』字涉上下文而衍。當時惟小國稱主君，不得施之於秦，且下文固稱王也。」〔按〕魯君稱梁惠王爲主君，（見魏策二梁王魏嬰觴諸侯於范臺章）其時魏正强大，則主君非稱小國之君也。魏王、韓王、齊王稱蘇秦曰主君，是君亦以稱臣也。「主君」乃當時之尊稱，不拘於君臣或國之大小，與春秋時齊高張稱魯昭公主君者有別矣。

〔四〕鮑彪云：「（廣王）恃秦以自大。」吴師道云：「『廣』字未詳，疑有誤。」關修齡云：「漢劉向傳曰：『呂禄、呂産席太后之寵。』顔師古云：『席，因也。』『廣』疑作『席』。此言馮君歸因秦王之寵。」安井衡云：「廣，大也。……馮君必以王德爲廣大。」于鬯云：「蓋有脱。」吴曾祺云：「『廣』疑作『德』字。」金正煒云：「『廣』字本當爲『厲』。厲，附也。『厲』、『廣』字形相似，往往互誤。」金其源云：「史記屈賈列傳：『乃爲賦以自廣。』索隱云：『「廣」猶「寬」也。』言馮君自寬其心於秦王。」〔按〕安井説近於鮑注。關説可參。

〔五〕鮑彪云：「太子争也，時未定所立，故幾瑟、咎、嬰更稱之。」吴師道云：「此太子，指咎也。秦主幾瑟者，此設爲順秦之辭。按大事記云：國策中庶子强謂太子云云。史蘇代謂韓咎曰：幾瑟亡在楚，楚王欲内之甚。然則幾瑟嘗立爲太子，不勝公子咎之徒，乃出奔也。索隱曰：伯嬰即太子嬰。嬰前死，故咎與幾瑟争立。愚謂此大事記所謂不可考者。」于鬯云：「按楚策『太子有楚、秦』。又後策『太子出走』。皆幾瑟也。而後策又云：『公叔將殺幾瑟，謂公叔曰：太子之重公也，畏幾瑟也。』則不得謂太子即幾瑟矣。可見當時太子、公子之稱殊溷。」〔按〕以他策文參之，太子多謂幾瑟，吴、于二氏已列舉其證，然於此文，獨謂太子是公子咎，豈不矛盾？蓋由誤讀「馮君廣王而不聽公叔」句，「以與太子争」句，以爲馮君不聽公叔，因與太子争，此太子當是公子咎矣（咎爲公叔所欲立）。不知此當讀「不聽公叔以與太子争」爲句，謂馮君不從公叔以與太子争，猶不與太子争也。幾瑟有秦、楚者，公叔與幾瑟爲雠，不與太子争即不與幾瑟争，亦即不聽公叔也，此太子明爲幾瑟無疑，如此與他策文亦吻合。後公叔將殺幾瑟章之「太子」謂咎，其時二公子争國已定，咎已立爲太子，理應稱「太子」，與此及他策文固不同。

策文太子、公子之稱前後自有判別，于謂爲溷，失察。

〔六〕鮑彪云：「（害於韓）國不和故。」吳師道云：「『害』疑『善』字。」金正煒云：「『澤』當作『擇』，『害』當作『割』，並字之譌。言韓之大臣不和，則制之在秦矣。或謂韓公仲章：『是公擇布而割也。』蓋爲當時設喻之辭。」〔按〕原文可通（金其源云：「（害）不如依孟子梁惠王『時日害喪』注：『害，大也。』大者，荀子性惡篇『大齊信焉』。注云：『重也。』猶云重於韓也。」按「害」無「大」義，焦循孟子正義謂「趙氏讀『害』爲『曷』，而通其義於『覆』。……『覆』義與『奄』同。」此亦迂曲，不足爲據，金又引申爲「重」，未安）。金釋備考。

7　謂公叔曰公欲

謂公叔曰：「公欲得武遂於秦，而不患楚之能揚河外也〔一〕？公不如令人恐楚王〔二〕，而令人〔三〕爲公求武遂於秦。謂楚王曰：『發重使爲韓求武遂於秦。秦王聽，是令得行於萬乘之主也。韓得武遂以恨〔四〕秦，母（毋）秦患而得〔五〕楚。韓，楚之縣而已〔六〕。秦不聽，是秦、韓之怨深，而交楚〔七〕也。』」

〔箋證〕

〔一〕鮑彪云：「『揚』猶『動』。」吳師道云：「年表襄王五年，秦拔宜陽，涉河城武遂。六年，秦復與我武遂。九年，秦復取之。正義云：『武遂，韓邑也，近平陽，非堯都。』楚昭睢曰：『秦破韓宜陽，而韓猶復事秦者，以先王墓在平陽，而秦之武遂，去之七十里，以故尤畏秦。『揚』疑『傷』字訛。」横田惟孝云：「揚，舉也，謂取之也。」于鬯云：「傷、揚同聲通借。」金正煒云：「揚，傷義並未安，疑當作『易』。言徒患武遂之入秦而欲得之，不思楚能以河外之地，易之於秦，亦足患也。」〔按〕呂氏春秋必已篇高注：「揚，動也。」詩魯頌泮水：「不吴不揚。」毛傳：「（揚）傷也。」小爾雅廣言：「揚，舉也。」依文義求之，三說可通。金改「揚」爲「易」，謂「以河外之地，易之於秦」，是以河外爲楚地也。楚地不至河，安有河外之稱？若是韓地，則楚又安能以韓地與秦易哉？ 此說大謬。程恩澤云：「此河外與武遂連文，蓋即河南宜陽新城之地。」是河外猶言河南，蓋亦承魏地之稱。

〔二〕金正煒云：「『恐』當作『慫』，草書相似而譌。慫，勸也。」鍾鳳年云：「『恐』字義不合，疑爲『訔』字之訛，即俗『辯』字，集韻曰：『巧言也。』此處應作誘説楚王解。」〔按〕「恐」與「慫」音亦相近，金說疑是。鍾謂「訔」字之訛，「訔」當作「䛒」（見顧廣圻校本廣韻），同「辯」。「訔」與「恐」形聲並不近，且「辯楚王」，亦不辭，非。

〔三〕横田惟孝云：「上『人』，公叔之人也。下『人』，楚王之人也。」

〔四〕鮑彪改「恨」作「限」。吴師道云：「（恨）疑『限』。」〔按〕「恨」、「限」並從艮聲，可得通借。漢書叙傳注：「恨，限也。」

〔五〕原本「毋」誤作「母」。鮑彪改「毋」爲「無」，改「得」作「德」。吴師道云：「（毋）無通。（得）當作『德』。」〔按〕「得」、「德」古亦通用。此文義當爲「德」，與上「恨」字相應。

〔六〕鮑彪云：「言役屬於楚。」

〔七〕鮑彪「交」下補「事」字，盧本從之。吴師道云：「恐『交』字下有缺字。」金正煒云：「『交』下當有『走』字。『走』與『楚』字形相似，因致誤奪。交走，策文亦屢見。」〔按〕交楚，猶交於楚，自動詞下省「於」字乃古書中常見通例，不必改字求解也。

8　謂公叔曰乘舟

謂公叔曰〔一〕：「乘舟，舟〔二〕漏而弗塞，則舟沉矣。塞漏舟而輕陽侯之波〔三〕，則舟覆矣。今公自以辯於薛公而輕秦〔四〕，是塞漏舟而輕陽侯之波也。願公之察也！」

【箋證】

〔一〕〔按〕太平御覽卷七十一、卷七百六十八引「謂」上有「或」字。類説引作「畢長謂公叔曰」，疑涉上襄陵之役章而誤。

〔二〕金正煒云：「『乘舟』下『舟』字誤複。」〔按〕金説非。御覽引並重「舟」字。

〔三〕鮑彪云：「説陽侯多矣，今按四八目，伏羲六佐，一曰陽侯，爲江海。蓋因此爲波神歟？」吳師道云：「此出陶潛聖賢羣輔録。『侯』一作『使』。博物志：晉陽國侯（原本「侯」作「俠」，顯誤）溺水，因爲大海之神。」朱亦棟云：「高誘淮南子注：『陽國，陵陽國侯也，溺水而死，其神能爲大波。』博物志本此。論語摘輔象：『伏羲六佐：金堤主化俗；鳥明主建福；視默主災惡；紀通爲中職；仲起爲海陸；陽侯爲江海。六佐出世。』羣輔録本此。當以鮑説爲是。」〔按〕淮南高注見覽冥訓。又説山訓云：「物之先後，各有所宜也。……渡江河而言陽侯之波。」蓋謂失宜。高誘注：「陽陵國侯溺死，其神能爲大波，爲人作害，因號『陽侯之波』。舟人所不欲言。」神話流傳，禁忌如此。漢書揚雄傳云：「楊在河、汾之間。周衰而楊氏或稱侯，號曰楊侯。」地理志河東郡楊縣，爲楊侯國。疑晉陽國侯即楊侯，其君或因治水而溺死，民間因傳爲波神。

〔四〕鮑本、吳本「以」下有「爲」字。「辯」作「辨」。鮑彪云：「『辨』猶『治』也，猶言治於高傒。薛公，田嬰。」于鬯云：

「呂氏淫辭覽高注云：『辨，説也。』但爲『言説』之『説』，而此訓爲『喜説』之『説』，古訓詁例原得不拘。……前策云『仗齊而畔秦』，儻即指此。而彼指公仲，此謂公叔，殆以仲、叔同時秉政歟？」金正煒云：「説文：『辦，致力也。』『辨』、『辦』字古通用。」〔按〕金訓爲長。薛公爲嬰爲文，不能斷。

9 齊令周最使鄭

齊令周最（冣）使鄭〔一〕，立韓擾而廢公叔〔二〕。周最（冣）患之曰：「公叔之與周君交也〔三〕，令我〔四〕使鄭立韓擾而廢公叔。語曰：『怒於室者色於市〔五〕。』今公叔怨齊，無奈何也，必（絶）〔六〕周君而深怨我矣。」史舍〔七〕曰：「公行矣，請令公叔必重公！」

周最（冣）行，至鄭，公叔大怒。史舍入見曰：「周最（冣）固不欲來使，臣竊强之。周最（冣）不欲來，以爲公也；臣之强之也〔八〕，亦以爲公也。」公叔曰：「請聞其説！」對曰：「齊大夫諸子〔九〕有犬，犬猛不可叱，叱之必噬人。客有請叱之者，疾視而徐叱之，犬不動；復叱之，犬遂無噬人之心。今周最（冣）固〔一〇〕得事足下，而以不得已之故來使，彼將禮陳其辭〔一一〕而緩其言。鄭王必以齊王爲不急，必不許也〔一二〕。今〔一三〕周最（冣）不來，他人必來。來使者無交於公，而欲德於韓擾，其使〔一四〕之必疾，言之必急，則鄭王必許之矣。」公叔曰：「善。」遂重周最（冣）。王果不許韓擾。

【箋證】

〔一〕鮑彪云：「韓滅鄭，有其地，故多稱鄭。」吴師道云：「韓滅鄭，徙都之，故稱鄭，猶魏都大梁稱梁。」〔按〕周冣之「冣」，各本誤作「最」。最、冣二字常淆，説具東周策，今正。下同。其時冣事齊。

〔二〕鮑彪云：「（韓擾）韓公子，蓋立爲相。」吴師道云：「無據。」〔按〕此謂齊使冣之任命。

〔三〕鮑彪云：「交，言其相善，已不可以廢之。」安井衡云：「周最周人，故回護周君。」〔按〕欲韓廢公叔，與周君不涉。此僅言公叔與周君交善，冣爲周人，雖爲齊使，有所顧慮也。鮑注誤。

〔四〕鮑本「令」作「今」。吴師道云：「（令我）一本『令我』，從上文。」

〔五〕鮑彪云：「色，作色。」〔按〕左氏昭公十九年傳：「諺所謂室於怒市於色者。」杜注：「人忿於室家，而作色於市。」傳文爲倒句，策文爲順句，實同。

〔六〕鮑本、吴本、盧本「必」下有「絶」字。今從補。

〔七〕鮑彪云：「（史）舍，齊、韓史，與最（冣）同使。」吴師道云：「史，或姓。」

〔八〕鮑本「臣」上有「使」字。吴師道云：「一本『臣之强之也』，上無『使』字，是。」〔按〕鮑本「使」字當在「周冣不欲來」下，誤衍於「臣」字上。

〔九〕金正煒云：「『諸』與『儲』古通用。儲子見孟子及燕策，此其族也。」〔按〕此不能詳。

〔一〇〕金正煒云：「固與故通，『故』猶『舊』也。」

〔一一〕鮑彪云：「以禮陳説，不急也。」

〔一二〕横田惟孝云：「禮陳而緩，應徐叱之。不許，應無噬人之心。」

〔一三〕〔按〕此「今」字義猶「若」，説見經傳釋詞。

〔一四〕横田本從策纂「使」作「視」，謂「應疾視」。〔按〕「視」字無當於義，非。

10 韓公叔與幾瑟争國鄭强

韓公叔與幾瑟争國〔一〕，鄭强〔二〕爲楚王使於韓，矯〔三〕以新城、陽人合世子〔四〕，以與公叔争國。楚〔五〕怒，將罪之。鄭疆（彊）〔六〕曰：「臣之矯與之，以爲國也。臣曰〔七〕：世子得新城、陽人，以與公叔争國而得全，魏必急韓氏〔八〕。韓氏急，必縣命於楚，又何新城、陽人敢索？若戰而不勝，走而不死〔九〕，今且以至〔一〇〕，又安敢言地？」楚王曰：「善。」乃弗罪〔一一〕。

〔箋證〕

〔一〕〔按〕公叔助伯嬰與幾瑟争爲太子，説見後。

〔二〕鮑本「强」作「彊」（吴本誤作「疆」）。强、彊同字。〔按〕楚策一韓公叔有齊魏章作「鄭申」。

〔三〕姚宏云：「劉改『橋』作『矯』。」〔按〕是策文原作「橋」，橋、矯通用，不必改字。

〔四〕鮑本、吴本「合」作「命」。鮑彪云：「（世子）幾瑟也。」金正煒云：「『合』當從鮑本作『命』。『命』猶『許』也。」引儀禮燕禮注。〔按〕楚策作「予太子」。

〔五〕橫田惟孝云：「『楚』下疑脱『王』字。」〔按〕楚策作「楚王」。

〔六〕鮑本「疆」作「彊」。〔按〕當作「彊」，鄭彊數見，彊同强，今正。

〔七〕鮑彪云：「(曰)言其言然。」關修齡云：「『曰』舊作『目』，傳寫誤作『曰』。目，以爲也。」金正煒説同。〔按〕經傳釋詞云：「『曰』猶『爲』也，謂之也。」楚策作「臣爲」，可證。

〔八〕鮑彪云：「魏欲立咎，故急攻之。」〔按〕楚策作「齊、魏必伐韓」。

〔九〕鮑彪改「走」作「幸」。〔按〕謂敗走而不死。鮑改非。

〔一〇〕鮑彪云：「言歸楚。」〔按〕「今」猶「即」。謂幾瑟奔楚。

〔一一〕鮑彪云：「楚策有，大同。」

11　韓公叔與幾瑟争國中庶子强

韓公叔與幾瑟争國，中庶子强〔一〕謂太子曰：「不若及齊師未入〔二〕，急擊公叔。」太子曰：「不可。戰之於國中〔三〕，必分。」對曰：「事不成，身必危，尚何足以圖國之〔四〕全爲？」太子弗聽。齊師果入，太子出走。

〔箋證〕

〔一〕鮑彪云：「『庶子』本周官，秦置中庶子，爲太子官（鮑、吴合注四部叢刊本「官」作「言」，顯誤，據鮑單注本正）。」吴師道云：「新序楚莊王涖（原本誤作「淮」）政云云，中庶子聞之，跪而泣曰：『臣尚衣冠御即十三年矣。』燕策有秦王寵臣中庶子蒙嘉。衛鞅爲公叔痤庶子。甘羅事吕不韋爲庶子。則中庶子者侍御左右之臣，而當時家臣亦有此名，非復周制矣。秦官，太子庶子、中庶子。此云『中庶子强謂太子』，豈亦太子之官歟？强或是鄭强。」〔按〕説苑辨物篇：「扁鵲過趙，王太子（史記扁鵲傳作「虢太子」）暴疾而死，扁鵲造宫門，……中庶子之好方者應之。」是趙亦有中庶子官。太子當是幾瑟，楚欲立以爲韓太子者，故稱「太子」。鄭强楚使以助幾瑟，時爲太子宫也。

〔二〕鮑彪云：「齊助公叔。」〔按〕韓非子内儲説下篇：「公叔相韓而有攻齊（有同又，攻，善也。俞樾説），公仲甚重於王。公叔恐王之相公仲也，使齊、韓約而攻魏，公叔因内齊軍於韓，以劫其君，以固其位，而信兩國之約。」是公叔挾齊助以固權者。所記當即此章事。

〔三〕鮑本、吴本「中」下有「國」字，屬下讀。

〔四〕姚宏云：「（國之）曾作『尚之』。」

12 齊明謂公叔曰

齊明謂公叔曰：「齊逐幾瑟，楚善之。今楚欲善齊甚，公何不令齊王謂楚王：『王爲我逐幾瑟以窮之。』楚聽，是齊、楚合而幾瑟走也。楚王不聽，是有陰於韓也〔一〕。」

【箋證】

〔一〕鮑彪云：「陰，言私厚之，然則公叔不可不備。」安井衡云：「於韓國之事，有陰所謀也。言欲納幾瑟。」金正煒云：「『有』字疑是『齊』之壞文，俗書『齊』作『斉』，因缺損爲『有』。言齊爲韓侵楚，逐幾瑟，楚即不聽，亦疑齊爲有陰於韓，必不亟納幾瑟矣。楚不徇齊請而逐幾瑟，何厚於韓？鮑注未安。」〔按〕安井解是。此齊明自幾瑟走楚之後公叔欲明楚情而言之。謂楚徇齊請，則幾瑟之患除；不徇，則將有陰謀於韓矣。金改字欠通。

13　公叔將殺幾瑟也

公叔將殺幾瑟也〔一〕，謂公叔曰：「太子〔二〕之重公也，畏幾瑟也。今幾瑟死，太子無患，必輕公。韓大夫見王老，冀太子之用事也，固欲事之。太子外〔三〕無幾瑟之患，而內收諸大夫以自輔也，公必輕矣。不如無殺幾瑟，以恐太子，太子必終身重公矣。」

【箋證】

〔一〕〔按〕吴本「也」作「或」，屬下讀。

〔二〕鮑彪云：「太子，咎。」〔按〕幾瑟既走，咎立爲太子，故此「太子」爲咎，與前稱幾瑟者不悖。鮑注據史記。但「太子」疑指伯嬰，説詳下章。

〔三〕鮑彪云：「（幾瑟）時在楚，故言『外』。」

14 公叔且殺幾瑟也

公叔且殺幾瑟也，宋赫爲謂公叔曰：「幾瑟之能爲亂也，內得父兄〔一〕而外得秦、楚也。今公殺之，太子無患，必輕公。韓大夫知王之老而太子定，必陰事之。秦、楚若無韓，必陰事伯嬰〔二〕。伯嬰亦幾瑟也〔三〕。公不如勿殺。伯嬰恐〔四〕，必〔五〕保於公。韓大夫不能必其不入〔六〕也，必不敢輔伯嬰以爲亂。秦、楚挾幾瑟以塞伯嬰〔七〕。伯嬰外無秦、楚之權，內無父兄之衆，必不能爲亂矣。此便於公〔八〕。」

【箋證】

〔一〕吳師道云：「大事記云：內得父兄，指公仲也。」

〔二〕鮑彪云：「（無韓）言小國不之有。秦、楚有韓則事太子，太子韓嗣故也。無韓乃事嬰。」又云：「（韓世家襄王）十二年書太子嬰死。……（伯嬰）豈與太子同名歟？」横田惟孝云：「幾瑟主秦、楚而見殺，則二國無韓之好，必以立伯嬰爲事。」金正煒云：「『若』字或『苦』之譌。苦，患。言秦、楚非愛幾瑟，特患無韓耳。」〔按〕伯嬰即太子，詳前後文可知。下謂芈戎曰章「不如令秦王賀伯嬰之立也」，楚令景鯉入韓章冷向謂伯嬰曰「太子入秦」，皆其證。而韓世家則謂太子嬰死，咎與蟣蝨争爲太子。索隱云：「按戰國策，公叔、伯嬰與蟣蝨及公子咎並是襄王子。然伯嬰即太子嬰，嬰前死，故咎與蟣蝨又争立。」司馬貞拘泥史記曲爲之説，實多扞格。史記叙此事有誤。詳繹策文，與幾瑟争國者乃伯嬰，公叔助嬰。其後幾瑟走楚，嬰立爲太子。嬰死（此從韓世家）而公子咎立。舊説皆依據史記，致太子嬰、幾瑟、公子咎、伯嬰紛亂不清，實與策文牴牾，今不取。

〔三〕〔按〕謂伯嬰得秦、楚之助，必輕公叔，是又一幾瑟也。

〔四〕鮑彪云：「幾瑟在，故嬰恐。」

〔五〕鮑本、吳本「必」下有「陰」字。

〔六〕鮑彪云：「（入）幾瑟入。」〔按〕此韓大夫，謂黨於伯嬰者。其指幾瑟。

〔七〕鮑彪云：「塞，障也，不使與事。」橫田惟孝云：「塞，謂使不得立爲太子也。」〔按〕「塞」猶「阻」也，謂阻伯嬰之擅權。

〔八〕〔按〕此與上章並爲幾蝨説公叔以勿殺者，疑是一事而所記異辭。

15　謂新城君曰公叔

謂新城君曰〔一〕：「公叔、伯嬰恐秦、楚之内幾瑟也，公何不爲韓求質子於楚〔二〕？楚王聽而入質子於韓，則公叔、伯嬰必知秦、楚之不以幾瑟爲事也，必以韓合於秦、楚矣。秦、楚挾韓以窘魏，魏氏不敢東〔三〕，是齊孤也〔四〕。公又令秦求質子於楚〔五〕，楚不聽，則怨結於韓〔六〕。韓挾齊、魏以盼〔七〕楚，楚王必重公矣〔八〕。公挾秦、楚之重，以積德於韓，則公叔、伯嬰必以國事公矣。」

〔箋證〕

〔一〕鮑彪云：「(韓)記(襄王)十二年有，在楚圍雍氏下。」吳師道云：「史以此爲蘇代之言。新城君，芈戎也。」〔按〕韓世家集解：「徐廣曰：(芈戎)號新城君。」芈戎，秦宣太后之同父弟。

〔二〕鮑彪云：「楚不主幾瑟，則必入質，以此卜之。」〔按〕索隱云：「令韓求楚，更以别人爲質，以替蟣蝨也。質子，蟣蝨也。」

〔三〕鮑彪云：「(不敢東)不合齊。」

〔四〕〔按〕以上言楚聽，秦有利。其時秦、楚方與齊、魏争韓，韓合於秦、楚，則齊、魏窘孤矣。

〔五〕鮑彪云：「卜其與秦同否也。」〔按〕史記「令秦」作「爲秦」。索隱云：「令芈戎教秦，於楚索韓所送質子，令入之於秦也。」此與上「公何不爲韓求質子於楚」句同，上句「何不」下探下文而省「令秦」二字，此句「令秦」下蒙上文而省「爲韓」二字，錯綜爲文。

〔六〕鮑彪云：「此韓，皆主公叔、伯嬰爲言。」關修齡云：「怨結於韓，言秦怨楚，結好於韓。」又衍下句「韓」字，云：「蓋言秦事也。」金正煒云：「疑當作『公又令魏求質子於楚，楚不聽，則怨結於魏，秦王挾韓、魏以眄楚，楚王必重公矣』。」〔按〕如關説，當讀「則怨」句，「結於韓」句，其主語應爲「秦」，然核以上文則非也。金説改字過多，尤謬。令秦求質子於楚，蓋謂爲韓求其質子歸也，楚不聽，故怨結於韓。文自明白，諸説反生枝節。

〔七〕鮑本、吳本「眄」作「盻」，盧本作「盼」。鮑彪云：「盻，睥睨也。」吳師道云：「盻，恨視也。五禮反。」中井積德云：「(眄)當作『眄』，『顧眄』之『眄』。」(金正煒説同)鍾鳳年云：「此章止言『齊孤』，並未言齊合於韓，故……『齊』字爲無因而生者，恐有誤，疑應作『秦』字。」又云：「『盻』字即俗『眄』字。」〔按〕公叔得齊、魏，見於本策，此云「韓挾齊、魏」，正相應。何爲疑之？史記亦作「齊、魏」，不應同誤也。「盻」乃「眄」之俗字，見玉篇。鮑作「盻」字，亦「眄」之俗字。履齋示兒編卷二十三引藝苑雌黄云：「顧眄謂之『眄』，其字從『丏』。……今俗多與『盼』字相亂。」眄，説文：「衺視也。」史記「盻」作「圍」。

〔八〕鮑彪云：「新城貴於秦，楚欲秦援之，故重新城。」〔按〕以上言楚不聽，秦亦有利。

16　胡衍之出幾瑟於楚也

胡衍〔一〕之出幾瑟於楚也〔二〕，教公仲〔三〕謂魏王曰：「『太子在楚，韓不敢離楚也〔四〕。』公〔五〕何不試奉公子咎而爲之請太子〔六〕？因令人謂楚王曰：『韓立公子咎而棄幾瑟，是王抱虚質也。王不如亟歸幾瑟，幾瑟入，必以韓權報讎於魏而德王矣〔七〕。』」

【箋證】

〔一〕鮑彪云：「（胡衍）韓人。」〔按〕衍亦見衛策。

〔二〕鮑彪云：「出而歸韓。」〔按〕此言謀出幾瑟，胡衍爲公子咎之人。

〔三〕鮑彪云：「（教）衍教之。」〔按〕公仲不合於伯嬰者，故衍説之。

〔四〕鮑彪云：「懼其爲幾瑟伐韓。」〔按〕太子，謂幾瑟。

〔五〕鮑彪改「公」爲「王」。吴師道云：「謂魏王之言止上二句，言韓所以不敢離楚之故，以解於魏也。公何不試奉公子咎而爲之請太子，此勸公仲之辭，『試』字可見。大事記引此亦去『公』字，反不若存之之明也。」黄丕烈云：「此當『公』字下有缺文，吴説亦未是。」〔按〕下文令人謂楚王「幾瑟入，必以韓權報讎於魏而德王矣」，決非説魏王令人之詞，鮑改「公」爲「王」，顯誤。公，謂公仲，公仲非有意於立咎者，故云「試奉」。吴説是。鍾鳳年從鮑「公」作「王」，而改後文「報讎於魏」之「魏」作「楚」，語多枝蔓，今不辨。

〔六〕鮑彪云：「請韓立之。」

〔七〕吴師道云：「大事記謂：『公仲始主幾瑟，後持兩端，幾瑟既不得入，遂改主咎。』以此章爲證。愚謂勸仲試奉咎者，將以行其謂楚之謀，激楚王之早入幾瑟耳，非果有奉咎之心也。楚既敗雍氏，幾瑟卒不得入，公仲直以勢窮力竭，而遂止耳。」〔按〕公仲主幾瑟者，故衍勸令説楚王歸幾瑟以取韓，使楚信之。公仲是否從其説，策文不詳，大事記據此謂仲持兩端，恐未然。胡衍教公仲之語，實爲公子咎求立，而詭詞爲試奉耳，故策首云「胡衍之出幾瑟於楚也」，明衍亦欲逐幾瑟者。其謂楚之謀，不過迎合仲心，以求咎立。吴説尚未盡。

17 幾瑟亡之楚

幾瑟亡之楚，楚將收秦〔一〕而復之。謂芈戎〔二〕曰：「廢公叔而相〔三〕幾瑟者，楚也。今幾瑟亡之楚，楚又收秦而復之。幾瑟入鄭之日，韓，楚之縣邑〔四〕。公不如令秦王賀伯嬰之立也〔五〕。韓絶於楚〔六〕，其事秦必疾。秦挾韓親魏，齊、楚後至者先亡〔七〕。此王業也。」

【箋證】

〔一〕戰國策箋眉注云：「『秦』字疑『奉』字，以上下二章觀之，自見。」〔按〕秦、楚皆主立瑟者，此謂楚將合秦而復之。「秦」字不誤。

〔二〕〔按〕羋戎即前新城君。

〔三〕吳師道云：「相，助也。」（鮑彪、中井積德並以「相」爲「相國」，非）

〔四〕鮑彪改「邑」作「已」。吳師道云：「策文如此句者，每作『已』。然『邑』字自通。」黄丕烈云：「作『已』是也。」（横田惟孝、吳汝綸説同）〔按〕「邑」字可通。依文氣「已」字爲長。

〔五〕〔按〕謂賀其立爲太子也。

〔六〕鮑彪云：「楚主幾瑟而今立嬰，故絶韓。」

〔七〕關修齡云：「後至於秦，則三國伐之，故先亡。」于鬯云：「楚策張儀説楚曰：『天下後服者先亡。』此襲其語。」

18　冷向謂韓咎曰

冷向謂韓咎〔一〕曰：「幾瑟亡在楚，楚王〔二〕欲復之甚，令楚兵十餘萬在方城之外。臣請令楚築萬家之都於雍氏之旁，韓必起兵以禁之〔三〕，公必將矣。公因以楚、韓之兵，奉幾瑟而內之鄭〔四〕。幾瑟得入而德公，必以韓、楚奉公矣〔五〕。」

〔箋證〕

〔一〕鮑彪云：「史有公子咎，有韓咎。」吴師道云：「史『冷向』作『蘇代』。愚謂咎即太子咎，豈有內幾瑟之理？當是謂公仲之辭。此大事記所謂不可考者。」徐孚遠史記測議云：「公子咎與韓咎是二人，故説韓咎奉幾瑟也。」〔按〕韓咎即公子咎，下章有「韓咎立爲君而未定也」，可證。其時與幾瑟争國者伯嬰，故冷向説咎奉幾瑟，並不相悖。諸家並承韓世家之誤，遂以韓咎與公子咎爲二人，其實不然。

〔二〕鮑彪云：「（楚王）懷。」

〔三〕横田惟孝云：「雍氏韓地，楚築都於其旁，韓怨其逼，故起兵以禁之。」

〔四〕鮑本、吴本無「鄭」字。黄丕烈云：「鄭即韓，無者，必不知而誤删之。」

〔五〕鍾鳳年云：「幾瑟因韓咎得入，以韓奉之，誠爲力之所及。至云兼以楚奉之，未免過當。韓世家於此（奉）字作『封』，義較合。」〔按〕此類誇辭，不可拘論。若謂幾瑟不能以楚奉，則又豈能以楚封之哉？

19　楚令景鯉入韓

楚令景鯉入韓，韓且內伯嬰於秦〔一〕，景鯉患之〔二〕。冷向謂伯嬰曰：「太子〔三〕入秦，秦必留太子而合楚，以復幾瑟也，是太子反棄之〔四〕。」

【箋證】

〔一〕〔按〕謂爲質子於秦。

〔二〕鮑彪云：「楚欲立幾瑟，怨秦立嬰故。」

〔三〕鮑彪云：「（太子）謂伯嬰。」

〔四〕吴師道云：「已若入秦，而秦與楚復幾瑟，反爲自棄也。大事記云：『置嗣不定，大臣外連敵國，相與爲市，國之不亡者幸也。』」〔按〕大事記之論乃承韓世家之誤，其實當時幾瑟走楚，伯嬰爲太子，非別立也。

20 韓咎立爲君而未定也

韓咎立爲君而未定也〔一〕，其弟在周，周欲以車百乘重而送之〔二〕，恐韓咎入韓之不立也〔三〕。綦毋恢〔四〕曰：「不如以百金從之〔五〕，韓咎立，因〔也〕〔六〕以爲戒〔七〕。不立，則曰來効賊也〔八〕。」

【箋證】

〔一〕此章原連屬上章，今從鮑本分提。鮑彪云：「（韓咎）太子咎，即釐王。」吴師道云：「韓襄王十二年，公子咎、公子幾瑟争立，楚圍雍氏。次年，魏襄王與齊閔王會於韓，立咎爲太子。此策必其争立之時。若既即位，則何未定之有。」〔按〕立爲君，非立爲太子。若咎已立爲太子，又何能言立爲君而未定？蓋其時伯嬰死而太子虛位，襄王又卒，大臣議立咎爲君而未定，故策云爾。韓世家有誤，不必拘。

〔二〕鮑本、吴本「以」作「立」，無「重」字。〔按〕鮑本非。韓非子説林下篇作「周欲重之」。此謂周欲重遣其弟以結歡於咎。

〔三〕〔按〕依此文，韓咎似在外而召歸者。此言恐韓咎之歸而不得立。韓非子無「入韓之」三字。横田惟孝讀「韓咎入」句，「韓之不立也」句，謂「恐以咎已入，韓不立其弟也」，大謬。

〔四〕〔按〕綦毋恢，周人，見西周策。

〔五〕金正煒云：「『百金』與下文『以爲戒』及『來效賊也』，文不相應。疑上文『以車百乘』當作『以百金』，此乃當作『以車百乘』，文誤淆也。……韓非説林下篇：『綦毋恢曰：不若以車百乘送之』，可據以訂正。」〔按〕「百金」當從韓非子作「車百乘」爲長，但未必與上文誤淆。

〔六〕姚宏云：「劉改『因』作『曰』。（也）一本添『也』字。」鮑本、吴本無「也」字。王念孫云：「『因也』當爲『因曰』，與下文『則曰』相對爲文。韓子説林篇作『得立，因曰爲戒』，是其證。」〔按〕「也」字當衍。「因以爲戒」即「因曰爲戒」，「以」、「曰」同聲通用。今從鮑本衍。

〔七〕鮑彪云：「所謂兵餽。」于鬯云：「『兵餽』本孟子，即戒備也。」

〔八〕鮑彪云：「得立者以咎弟爲賊。」吴師道云：「公叔、公仲之用事，仲先而叔後。韓咎既立，則公仲之權寵衰矣。伯嬰、幾瑟、咎之争立，伯嬰必先死。」〔按〕效賊，謂爲新君致賊。公仲秉政於宣惠王時，釐王即位，若其尚在，年已衰老，不久於世。吴説亦出臆度。

21　史疾爲韓使楚

史疾爲韓使楚〔一〕，楚王問曰：「客何方所循〔二〕？」曰：「治列子圉寇之言〔三〕。」曰：「何貴？」曰：「貴正〔四〕。」王曰：「正亦可爲國乎？」曰：「可。」王曰：「楚國多盜，正可以圉盜乎？」曰：「可。」曰：「以正圉盜，奈何？」頃間〔五〕，有鵲止於屋上者。曰：「請問楚人謂此鳥何？」王曰：「謂之鵲。」曰：「謂之烏，可乎？」曰：「不可。」曰：「今王之國，有柱國、令尹、司馬、典令〔六〕。其任官置吏，必曰廉潔勝任。今盜賊公行，而弗能禁也，此烏不爲烏，鵲不爲鵲也。」

〔箋證〕

〔一〕鮑彪移此章於楚策考烈王下。吴師道云：「（史疾）爲韓使楚，故在（原本作「有」，疑誤）韓，從舊可。」

〔二〕金正煒云：「淮南脩務篇：『無本業所脩，方術所務。』左氏昭二十九年傳：『官脩其方。』注：『方，法也。』此文『循』字亦當爲『脩』。脩，治也，與『治列子』之言相應。何方所脩，猶云所脩何方也。」〔按〕金説是。循、脩二字隸書相似，多易致誤。横田惟孝亦疑「循」是「脩」誤。

〔三〕〔按〕列子見於莊子逍遥遊及讓王、田子方等篇。「圉寇」或作「御寇」，或作「禦寇」，或作「圄寇」，同。漢書古今人表列於中中，在韓景侯、魏武侯之間，似以爲戰國初期人。讓王篇云：「子列子窮，客言之鄭子陽。」是列子鄭人。

據史記鄭世家子陽死在鄭繻公二十五年，年表當周安王四年（前三九八），韓列侯二年，與人表所次相合。史疾韓人，韓都鄭地，故習列子之言。

〔四〕文廷式云：「今列子書無『貴正』之説，知非周時古書也。」〔按〕爾雅疏引尸子廣澤云：「列子貴虚。」與此不同。下文所論責名效實，所謂貴正也。

〔五〕姚宏云：「曾（間）作『聞』。」

〔六〕鮑彪云：「（柱國、令尹、司馬、典令）皆楚官。」〔按〕楚官爵有柱國、令尹、司馬，皆爲顯職，典令，不詳。

22 韓傀相韓

韓傀相韓〔一〕，嚴遂重於君〔二〕，二人相害也。嚴遂政議直指〔三〕，舉韓傀之過。韓傀以之〔四〕叱之於朝，嚴遂拔劍趨之，以救解〔五〕。於是嚴遂懼誅，亡去遊，求人可以報韓傀者。

至齊，齊人或言：「軹深井里〔六〕聶政，勇敢士也，避仇，隱於屠者〔七〕之間。」嚴遂陰交於聶政，以意厚之。聶政問曰〔八〕：「子欲安用我乎？」嚴遂曰：「吾得爲役之日淺，事今薄〔九〕，奚敢有請？」於是嚴遂乃具酒觴〔一〇〕聶政母前，仲子奉黄金百鎰〔一一〕，前爲聶政母壽。聶政驚，愈怪其厚，固謝〔一二〕嚴仲子。仲子固進，而聶政謝曰：「臣有老母，家貧，客遊以爲狗屠，可旦夕得甘脆〔一三〕以養親，親供養備。義不敢當仲子之賜。」嚴仲子辟〔一四〕

人，因爲聶政語曰：「臣有仇〔一五〕，而行遊諸侯衆矣，然至齊，聞足下義甚高。故直進百金者，特以爲夫人麤糲〔一六〕之費，以交〔一七〕足下之驩，豈敢以有求邪？」聶政曰：「臣所以降志辱身〔一八〕居市井者，徒幸而養老母。老母在〔一九〕，政身未敢以許人也〔二〇〕。」嚴仲子固讓，聶政竟不肯受。然仲子卒備賓主之禮而去。

久之，聶政母死，既葬，除服。聶政曰：「嗟乎！政乃市井之人，鼓刀以屠〔二一〕。而嚴仲子乃諸侯之卿相也，不遠千里，枉車騎而交臣。臣之所以待之，至淺鮮矣〔二二〕，未有大功可以稱者，而嚴仲子舉百金爲親壽。我雖不受〔二三〕，然是深知政也。夫賢者以感忿睚眦之意〔二四〕，而親信窮僻之人〔二五〕，而政獨安可嘿然而止乎？且前日要〔二六〕政，政徒以老母。老母今以天年終，政將爲知己者用。」遂西至濮陽〔二七〕，見嚴仲子曰：「前〔二八〕所以不許仲子者，徒以親在。今親不幸〔二九〕！仲子所欲報仇者爲誰〔三〇〕？」嚴仲子具告曰：「臣之仇，韓相傀〔三一〕，傀又韓君之季父也，宗族盛，兵衛設〔三二〕，臣使人刺之，終莫能就。今足下幸而不棄，請益具車騎壯士，以爲羽翼〔三三〕！」政曰：「韓與衛中間不遠〔三四〕。今殺人之相，相又國君之親，此其勢不可以多人。多人不能無生得失，生得失則語泄〔三五〕，語泄則韓舉國而與仲子爲讎〔三六〕也，豈不殆哉！」遂謝車騎人徒，辭獨行。

仗劍〔三七〕至韓。韓適有東孟〔三八〕之會，韓王及相皆在焉，持兵戟而衛〔三九〕者甚衆。聶政直入，上階，刺韓傀〔四〇〕，韓傀走而抱哀侯〔四一〕，聶政刺之，兼中哀侯。左右大亂。聶政大呼，所殺〔四二〕者數十人，因自皮面抉眼〔四三〕，自屠出腸〔四四〕，遂以死。韓取聶政屍〔四五〕於市，縣購之千金〔四六〕。久之，莫知誰子〔四七〕。

政姊〔四八〕聞之曰：「弟〔四九〕至賢，不可愛妾之軀，滅吾弟之名，非弟意也〔五〇〕。」乃之韓，視之曰：「勇哉，氣矜之隆〔五一〕，是其軼賁、育而高成荊矣〔五二〕！今死而無名〔五三〕，父母既歿矣，兄弟無有，此爲我故也〔五四〕。夫愛身，不揚弟之名，吾不忍也。」乃抱屍而哭之曰：「此吾弟軹深井里聶政也！」亦自殺於屍下〔五五〕。晉、楚、齊、衛聞之曰：「非獨政之能，乃其姊者亦列女也〔五六〕！」聶政之所以名施於後世者，其姊不避菹醢〔五七〕之誅，以揚其名也〔五八〕。

〔箋證〕

〔一〕高誘云：「韓傀，俠累也。」（史記刺客傳索隱引）吴師道云：「（韓傀）史作『韓相俠累』。索隱引高誘云云，今注本無。韓非子『傀』作『廆』。藝文類聚引作『韓傫』。今按『傀』字，呼乖、徒回、姑回、姖鮪、户賄等反不一。傀與俠累，字音有差，互訛轉説。」黄丕烈云：「傀、廆同字，累、傫同字。考索隱在韓世家，單刻本『俠』下有『侯』字。疑『俠侯』是其爵號，『傀』、『累』爲聲之轉。」〔按〕太平御覽卷四百七十三引「傀」亦作「傫」，下同。史記刺客傳索隱引作「韓傀」，同此文。正義引下文作「傫走而抱哀侯」，則又作「傫」。「傫」音力追反（索隱音）。古音「脂」、「灰」同部。「傀」與「傫」又復聲母之轉。集解引徐廣云「俠累名傀」，恐未然也。

〔二〕高誘云：「嚴遂字仲子。」（史記刺客傳索隱引）〔按〕韓非子説林上篇云「嚴遂相而韓傀貴於君」，與此相反。疑遂先曾爲相，其後易相傀，而其寵不衰歟？

〔三〕鮑彪云：「政、正同。」〔按〕廣雅釋詁：「指，語也。」

〔四〕鮑彪云：「（以之）猶『以此』。」

〔五〕鮑彪云：「以救至得解。」

〔六〕鮑彪云：「軹之里名深井。」吴師道云：「軹，即河内軹。正義云：『深井里在懷州濟源縣南三十里。』政時客遊。」張琦云：「今（河南）濟源縣南十三里有軹村，村有深井里。」〔按〕軹屬魏邑，疑齊亦有軹也。

〔七〕〔按〕御覽引「屠者」作「屠肆」，敦煌本春秋後語同。

〔八〕鮑本「問」下有「之」字。吴師道云：「（問之曰）一本『問曰』。」

〔九〕鮑彪云：「『薄』猶『迫』。」中井積德云：「事今薄，疑衍文，上下無所應，徒妨文意。史亦無之。」安井衡云：「『薄，迫也。……通觀一章，『今』字下當有『未』字，今本脱之耳。」于鬯云：「『事，謂奉事，向以意厚，未嘗具物以進，故曰『事今薄』。」金正煒云：「『遂既未敢自請，不當即爲事迫之言。事今薄者，蓋承上句而申言之。事，即上所云『爲役』也；今薄，即上云『日淺』也。詩時邁箋：『「薄」猶「甫」也。』甫，始也。」〔按〕于、金二説相近，可通。

〔一〇〕鮑本「酒」下有「自」字。吴師道云：「一本『具酒觴』。」黄丕烈云：「史記作『自暢』。徐廣曰：『一作「賜」。』索隱云：『作觴，近爲得也。』」

〔一一〕鮑彪云：「仲子，遂字。」〔按〕鎰，解見前。

〔一二〕吴師道云：「一本『固謝』，史、姚同。」黄丕烈謂鮑本「固」作「因」，云：「今鮑本誤爲『固』，即與吴校矛盾也。」

〔一三〕鮑彪云：「（脆）肉之肥美者。」吴師道云：「説文：『甘，美也。』『脆，小耎物易斷也。』」〔按〕史記「脆」作「毳」，索隱「鄒氏音『脆』」，二義相通也。」

〔一四〕鮑彪云：「『辟』猶『屏』，闢去之。」〔按〕辟同闢。

〔一五〕〔按〕爲聶政語，經傳釋詞云：「『爲』猶『與』也。」引此策，云：「言與聶政語也。」臣有仇，此語未完，正狀仲子欲言復止之情。

〔一六〕鮑本「夫人」作「丈人」，云：「丈人，亦尊稱政也。粟十六斗爲一秉，舂米一斛曰糲。」吴本無「爲」字。吴師道云：「（丈人）一本『夫人』。韋昭云：『古者尊大嫗爲夫人。』又或作『大人』。」田藝蘅云：「『丈人』當作『大人』，蓋稱聶政母也，與『百金爲壽』相應。……古父母皆稱大人。」黄丕烈云：「『丈』字當是。顔氏家訓有説。」金正煒云：「史記作『大人』。漢書宣元六王傳：『王遇大人益解，爲大人乞骸去。』『大人』即憲王外祖母也。古詩『三日斷五疋，大人故言遲』是也。此文作『大人』，義勝，蓋稱政母。」〔按〕史記各本作「夫人」，正義本作「大人」，但吴引韋昭語即本正義，是其所見本亦作「夫人」也。敦煌本後語亦作「夫人」。金説全襲正義。丈人爲尊老之稱，鮑謂稱政，似嫌不當。且此與前「爲聶政母壽」語相應，其指政母無疑。顔氏家訓風操篇：「吾嘗問周宏讓曰：『父母中外姊妹，何以稱之？』周曰：『亦呼爲丈人。』自古未見丈人之稱施於婦女。」則稱婦人爲丈人，乃南北朝之習，古未有也。若國策已有此文，之推博學，不應不知，黄氏反謂「丈」字爲是，未允。竊疑此文「夫」字原爲「大夫」二字合文而誤脱字耳。蔡侯鍾「大夫」二字合文作「」（金文編），近出土中山王嚳方壺作「」（中山王嚳器文字編），並其證。山海經中山經「夫夫之山」，明王崇慶釋義本作「大夫之山」。

郝懿行箋疏：「案宋景文筆記曰：『古者「大夫」字便用疊畫寫之，以「夫」有「大」音故也。』莊子、李斯嶧山碑如此。」此文疑原作「夫＝人」，後人習於「夫人」之稱，疑疊畫爲衍而誤删之，不知實當讀「大夫人」也。「大夫人」即「太夫人」。漢書文帝紀七年：「令列侯太夫人、夫人、諸侯王子及吏二千石，無得擅徵捕。」太夫人，謂列侯之母。漢衡方碑「會喪太夫人」，則爲一般之尊稱。此以尊稱聶政之母。

〔一七〕鮑本「交」作「反」。吴師道云：「（反）一本『交』，史、姚（即謂姚本）同。『反』字必誤。」

〔一八〕〔按〕索隱云：「（降志辱身）言其心志與身本應高潔，今乃卑下其志，屈辱其身。論語孔子謂『柳下惠降志辱身』是也。」

〔一九〕鮑本「者」上有「屠」字，無「徒」字，「在」下有「前」字。鮑彪云：「（幸以養老母）以有養爲幸。（老母在前）在未死前。」吴師道云：「一本『居市井者徒幸而養老母老母在』。史同。無『前』字。」〔按〕敦煌本後語亦無「前」字，同此本。

〔二〇〕〔按〕索隱云：「禮記曰：父母存，不許友以死。」

〔二一〕〔按〕正義云：「古者相聚汲水，有物便賣，因成市，故云市井。」楚辭離騷：「吕望之鼓刀兮。」王逸注：「鼓，鳴也。」操刀有聲，故云鼓刀。藝文類聚卷三十三引作「鼓刀之屬」。

〔二二〕鮑本無「鮮」字。吴師道云：「一本『至淺鮮矣』。史同。」闞修齡云：「此政獨處，似不可言臣。一『臣』字疑作『政』。」

〔二三〕鮑本「雖」作「義」。吴師道云：「一本『我雖不受』。史同。」

〔二四〕鮑彪云：「感言動心。睚眦，怒視也。」吴師道云：「師古曰：『「睚」音「厓」，舉眼也。「眦」即「眥」字，謂目匡也。言舉眼相忤者即殺之也。』一説：睚，五懈反，眦，士懈反，瞋目貌。」闞修齡云：「『賢者』猶『貴人』，指仲子也。」金正煒云：「齊策『除感忿之耻』。王念孫謂『感忿』爲『感忽』之譌。此文（感忿）亦當作『感忽』，楊倞所謂倏忽之間也。『意』疑本爲『怨』。」〔按〕此與齊策不同。「感忿」與下「親信」爲對文，明是動詞。謂嚴仲子激忿於睚眦之怨也。「意」字義通，史記亦作「意」，不當改。金説非。敦煌本後語作「感慨睚眥之音」。「音」乃「意」之譌字。睚眦，疊韻連綿詞，吴注後説爲是。史記范雎傳「睚眦之怨必報」。

〔二五〕闕修齡云：「（窮僻之人）窮巷僻邑之人，政自指也。」

〔二六〕〔按〕「要」讀平聲，猶「邀」。

〔二七〕吴師道云：「漢濮陽縣屬東郡，春秋時帝丘也。」〔按〕濮陽，衛都，在今河南濮陽。

〔二八〕鮑本、吴本「前」下有「日」字。〔按〕御覽卷四百七十三引有「日」字，史記亦有。

〔二九〕鮑本「幸」下有「而死」二字。吴師道云：「一本無『而死』二字。」〔按〕類聚引作「今親已亡」。御覽作「親今不幸死」。史記作「老母今以天年終」。敦煌本後語作「今不幸親亡」。

〔三〇〕鮑本無「爲誰」二字。此下有「請得從事焉」五字。吴師道云：「一本『（報）仇者爲誰』。史同。一本無此（請得從事焉）五字。史有。」〔按〕類聚、御覽引並有「爲誰」二字。同此本。敦煌本後語亦有，下有「今願聞命矣」五字。

〔三一〕鮑本「傀」上有「韓」字。吴師道云：「一本『韓相傀』。」

〔三二〕鮑本作「宗族盛多居處兵衛甚設」，云：「設，陳也。」吴師道云：「一本無『多居處甚』四字，史有。」〔按〕敦煌本後語作「宗族甚盛，兵備甚設。」

〔三三〕〔按〕史記「羽翼」作「輔翼」。敦煌本後語同。

〔三四〕鮑本「衛」下有「相去」二字。高誘云：「韓都潁川陽翟，衛都東郡濮陽，故曰間不相遠也。」（史記刺客傳索隱引)鮑彪云：「事泄易間。」吳師道云：「一本『韓與衛中間不遠』，無『相去』二字，史有。」〔按〕韓世家：「(哀侯)二年，滅鄭，因徙都鄭。」依策文「兼中哀侯」，則其時韓都於鄭矣。高謂都陽翟，則似以哀侯爲列侯，說詳後。鄭距濮陽較陽翟更近。

〔三五〕鮑彪云：「(得失)謂相可否。」吳師道云：「索隱云：『(無生得)策作「無生情」。言所將人多，或生異情，語泄。』今本無此文。」王念孫云：「據此(索隱)，則史記本作『生得』。今本『得』下有『失』字，乃後人以意加之也。戰國策本作『生情』，而今本亦作『生得失』，則又後人據史記改之也。」(黃丕烈說同。)〔按〕索隱、正義並釋「生得」作「生擒」，則史記本無「失」字明甚。(公羊昭二十三年傳：「生得曰獲。」)策文自當作「生情」。敦煌本後語作「不能無得失，得失則語泄」。則其誤已久。

〔三六〕〔按〕索隱云：「徐注云：『(鎰)一作「難」。』戰國策、譙周亦同。是此「鎰」字本作「難」，後人據史記而改。

〔三七〕鮑彪云：「仗，兵器也，蓋以劍爲兵。」吳師道云：「仗，執持也。」〔按〕此「仗」字，名詞作動詞用，吳注爲合。

〔三八〕高誘云：「東孟，地名也。」(史記刺客傳索隱引)鮑彪云：「東孟，地缺。」程恩澤云：「元和志云：『韓世家哀侯都酸棗。』水經注：『酸棗有韓王聽訟觀臺。城北爲韓之市地，聶政爲嚴仲子刺韓相俠累於此。』似於徙鄭之後，又會於酸棗，而遭此阨。輿地廣記云：『酸棗戰國時嘗爲韓所都，刺客聶政爲濮陽嚴仲子刺韓相俠累於此。』與水經注略同。則東孟即酸棗無疑，今爲延津縣。」又云：「路史衛有東盂。注云：『即定十四年蒯聵獻齊者。』江永曰：『衛之東境。』古『孟』、『盂』字多混，或者東孟即東盂歟？」〔按〕程考引元和志有誤，原文爲「酸棗故城在(酸棗)縣西南十五里，六國時韓王所理處，舊址猶存」。見卷八滑州酸棗縣下。哀侯都新鄭，元和志亦言之，非酸棗也。酸棗未嘗爲韓都，輿地廣記說非。所引水經注是濟水注文。酸棗地距濮陽頗近，城北市地又傳爲聶政姊哭政屍於此（水經注），則東孟即其地審矣，不必再疑是「東孟」也。

〔三九〕鮑本「衛」下有「侍」字。吳師道云：「一本無『侍』字，史同。」〔按〕今史記及敦煌本後語並有「侍」字。

〔四〇〕鮑本「刺」下有「殺」字。黄丕烈云：「史記『刺殺俠累』。索隱引戰國策『刺韓傀』，無『殺』字。鮑本當是誤用史記添入耳。」〔按〕類聚及御覽引並無「殺」字，同此本。史記無「傀走而抱哀侯」語，故云「刺殺」。此不當有。

〔四一〕鮑彪改「哀」作「列」，下同。鮑彪云：「按釐侯策及傳皆言哀侯，而記及其表皆書列侯。策、傳可爲誤，年不可移也。」黄丕烈云：「此即世家之列侯，策文謂之哀侯，一人耳。世本又作『武侯』，引見索隱，非。」〔按〕索隱引「韓傀」作「傀」，類聚及御覽引作「傫」，皆無「韓」字。史記無韓傀抱哀侯，兼中哀侯事，敦煌本後語同。説詳後。

〔四二〕鮑本「殺」上有「擊」字。吳師道云：「一本無『擊』字。史有。」黄丕烈云：「劉向列女傳無（「擊」字）。」

〔四三〕吳本「皮面」誤作「面皮」。鮑彪云：「（皮面）去面之皮。抉，挑也。」吳師道云：「索隱云：『以刀刺其面皮，欲令人不識。』列女傳作『披』，蓋以刀剺面而去其皮也。（抉）史作『决』。」黄丕烈云：「皮、披同字，抉、決同字。」〔按〕列女傳卷八作「自披其面，抉其目」。水經濟水注（朱箋本）亦作「披面」。廣雅釋言：「皮，剥也。」「皮」乃「披」之借字。敦煌本後語作「破面決眼」。披與破字亦通。

〔四四〕鮑本作「屠腸」二字。吳師道云：「一本『自屠出腸』。史同。」黄丕烈云：「列女傳作『自屠剔』。」〔按〕敦煌本後語作「屠腹」。

〔四五〕鮑本「屍」下有「暴」字。黄丕烈云：「列女傳『韓暴其尸於市』。」金正煒云：「屍與尸通。國語晉語：『殺三郤而尸諸朝。』注：『尸，陳也。』」〔按〕史記「屍」下有「暴」字，則「屍」作「屍體」解。此「屍」字作動詞用，金説爲是。御覽卷四百三十九引「屍」下有「暴」字。

〔四六〕鮑彪云：「縣金募知者。」

〔四七〕鮑本無「子」字。吳師道云：「一本『誰子』。史同。」黄丕烈云：「列女傳『莫知爲誰』。」〔按〕敦煌本後語作「莫知爲誰」。

〔四八〕姚宏云：「劉（姊下）有『嫈』字。」鮑本「姊」下有「嫈」字。吳師道云：「一本無『嫈』字。（嫈）史作『榮』。」黄丕烈云：「索隱云：『戰國策無「榮」字。』有者，當是誤用史記添入耳。列女傳亦無。」〔按〕御覽引及敦煌本後語亦無「嫈」字。史記集解「（榮）一作『嫈』」。

〔四九〕鮑本「弟」上有「吾」字。〔按〕御覽引無「吾」字，列女傳同。

〔五〇〕鮑彪云：「言往哭自吾意耳。」

〔五一〕鮑彪云：「矜，自持也。」金正煒云：「淮南氾論篇：『立氣矜，奮勇力。』『氣矜』猶言『氣勢』。」〔按〕敦煌本後語作「勇哉壯氣矜而隆」。「壯」字疑衍。「之」猶「而」。

〔五二〕鮑本無「而」字。鮑彪云：「軼，車相出也。說文：『成荆，古之勇士。』今對賁、育，復似兩人。」吳師道云：「吕氏春秋：『豫讓必死於襄子，而趙氏皆恐；成荆致死於韓王，而周人皆畏。』按此對豫讓言，則一人也。」〔按〕史記范雎傳「成荆、孟賁、王慶忌、夏育之勇焉而死」。集解「許慎曰：成荆，古勇士」。鮑注本此。裴引許說，是淮南注，非說文文。淮南子齊俗訓：「孟賁、成荆無所行其威。」高注：「成荆，古勇士也。」羣書治要引許注同，可證。吳引吕氏春秋，見論威篇。漢書景十三王傳：「其殿門有成慶畫。」成慶即成荆。敦煌本後語作「是其逸賁、育而高義成矣」。軼、逸同。「義成」疑字誤。吳注引姚語，今見姚本無之。

〔五三〕鮑彪云：「不顯其人。」

〔五四〕鮑彪云：「不顯其名，恐累及姊。」

〔五五〕〔按〕御覽引「屍下」作「屍旁」。敦煌本後語作「政尸傍」。列女傳作「尸下」，同此本。林春溥云：「太平御覽引琴操謂『政父爲韓王治劍，不成，王殺之。政入太山，遇仙人學琴，琴成入韓。王召使琴，遂出刀刺王，其母抱政尸而哭』。與史、策大異，並不足信。」（戰國紀年）陳厚燿云：「御覽引（琴操）牽合聶政、豫讓、高漸離等事爲一，附會明矣。」（春秋戰國異辭）此類事不必辯，姑廣異聞耳。方苞書刺客傳後云：「太史公裁割更易尚書、左傳，或辭意不完。而於國策有遠過本文者。其序聶政事曰：『其姊嫈聞之，乃於邑曰：是吾弟與？嗟夫！嚴仲子知我弟。』蓋韓、衛懸隔，政又自刑以絶蹤，其姊非聞而駭且疑，無緣遂如韓市也。既見政屍，而列其名，並爲嚴仲子死，則他無可言矣，故曰：『乃大呼天者三，卒於邑悲哀而死政之旁。』其本文一切不具，乃曰：『美哉，氣矜之隆可以過賁、育，高成荆矣。』世有乍見所親皮面抉眼屠腸而從容贊美如途人者乎？觀太史公所增損，乃知本文之疏且拙也。」（方望溪文集卷二）所謂本文指戰國策。此持策、史優劣論者之見，固不能以一端定，讀者察焉。

〔五六〕鮑本「政」上有「聶」字，「者」下無「亦」字。吴師道云：「一本『非獨政之能，乃其姊者亦列女也』。列、烈通。」黄丕烈云：「史記：『非獨政能也，乃其姊亦烈女也。』烈女傳：『非獨聶政之勇，乃其姊者烈女也。』」金正煒云：「『之』猶『爲』也。」〔按〕御覽引「政」上有「聶」字，「列」作「烈」。敦煌本後語作「非獨聶政之賢，乃其姊者亦烈女也」。

〔五七〕吴本「醢」作「酢」，據注文當是「醢」，乃刊板之譌。鮑彪云：「菹，酢菜也，言剉斮之如此。」吴師道云：「周禮注疏虀菹之類，菜肉通稱，全物若牒爲菹。記文：醢，肉醬（按「記」疑是「説」之譌。又禮記曲禮疏亦同此文）。」

〔五八〕鮑彪云：「此（列侯）三年書政殺韓相俠累。」吴師道云：「大事記：『按史記韓世家列侯三年，聶政殺韓相俠累。十三（按原本誤作「十一」）年列侯卒。子文侯立，十年卒。子哀侯立，六年，韓嚴弑其君哀侯。聶政之刺俠累與哀侯之弑，相去遠矣。而聶政傳乃謂嚴仲子事哀侯，與韓相俠累有郤，使政刺累，與世家不合。蓋其氏偶同，故刺客傳誤以爲哀侯之時。策曰：東孟之會，韓王及相皆在焉。聶政刺韓傀，兼中哀侯。又曰：聶政刺相，兼中哀侯，許異蹴哀侯而殪之。是故哀侯爲君，而許異終身相焉。考之世家，哀侯既弑，其子懿侯即立，許異將誰相哉？俠累既死，列侯猶在位十年，謂之終身相可也。則此乃列侯三年之事，但戰國策誤以爲哀侯耳。」又烈王五年，韓嚴遂弑哀侯。解題引正義（按當作索隱）云：「紀年：晉桓公邑哀侯於鄭，韓山堅賊其君哀侯而立韓若山。山堅即韓嚴也，若山即懿侯也。」愚按，此事國策誤合二事爲一，司馬遷兩存而不決，故温公與劉道原書、蘇氏古史皆疑之。大事記考之未盡。且史記年表、世家兩書韓嚴，是聶政之事乃嚴遂，而弑哀侯者乃韓嚴。大事記謂氏偶同，又不知『韓嚴遂』『韓嚴』國、氏、名交混也。通鑑書『嚴遂弑哀侯』，大事記因之未改。當從史書『韓嚴』。綱目書『廢遂』下，注哀侯以韓廆爲相，而愛韓遂，二人相害，遂刺廆於朝，併中哀侯。亦仍誤也。」徐昂發云：「聶政之事乃嚴遂，而殺哀侯者則韓嚴，國策之誤止一『哀』字。古書久遠，不無脱落，吴云誤合二事爲一者，未盡然也。而因此一字之訛，轉相承襲，於是史記及通鑑諸書不能不生異同矣。」（畏壘筆記）趙紹祖云：「國策未嘗言聶政殺哀侯，而太史公所載，其年不同，自是兩事也。惟刺客傳云：『嚴仲子事哀侯，與相俠累有隙。』此句實誤，而韓仲子所事乃烈侯也（自注：索隱謂傳聞異辭，太史公欲兩存其説者，非是。觀傳下文政刺殺俠累，殺數十人，並不言刺哀侯，可見此「哀侯」只是「烈侯」傳寫之誤）。又年表書此亦在烈侯三年，後十年而烈侯始卒，是國策所謂並中烈侯，蓋傷而未死（自注：後一篇言刺相兼君，即兼中之事，非謂死也）。故又有謂後一篇之『哀侯』當作『烈侯』，言許異使烈侯佯死，故終烈侯在位之十年，而許異爲相。案是時烈侯立三年矣，如所言，而下文立以爲鄭君不可通（自注：烈侯時韓未滅鄭，亦不可稱鄭君）。意者東孟之會，君相皆在，而哀侯爲烈侯之孫，時或相從在會，當聶政奮擊之際，將及哀侯，故許異蹙而使之佯死，以避其鋒。國策蓋舉其謚而終言之，其實此時哀侯不在君位也。後烈侯卒，文侯立；文侯卒，而許異立哀侯，故德許異而使終身相。如是國策前後兩篇無不皆通矣。……其實使聶政殺韓傀者爲嚴遂，而殺哀侯者韓嚴，以兩人爲一人，又以一人爲兩人，誤之甚也。」（讀書偶記卷四）〔按〕史記六國表及韓世家並書列侯三年，當周安王五年（前三九七），聶政殺韓相俠累；哀侯六年，當周烈王五年（前三七一），韓嚴弑其君哀侯。而刺客列傳謂嚴仲子事哀侯，使聶政刺韓相俠累，與韓策相合，而與表及世家乖矣。究竟政刺韓相，在烈侯世或哀侯世？後代學者議論紛紜。主烈侯世者，如高誘注「誘注已佚，但據索隱所引「韓都潁川陽翟」一語（見上）觀之，當是主烈侯世者」、王充論衡（書虚篇）、孔衍春秋後語（敦煌本）、司馬貞刺客列傳索隱、司馬光資治通鑑、鮑彪注、吕祖謙大事記、朱熹通鑑綱目、吴師道注、馬驌繹史、陳厚燿春秋戰國異辭、王懋竑白田雜著、趙翼陔餘叢考（卷十五）、黄丕烈札記、林春溥戰國紀年（與其開卷偶得互異）、雷學淇竹書紀年義證、黄式三周季編略、顧觀光國策編年及近人鍾鳳年國策勘驗。主哀侯世者，如蘇轍古史、林春溥開卷偶得（與其自著之紀年説互異）、俞樾湖樓筆談（惟誤據鮑本國策「哀侯」改作「列侯」，因謂「國策誤以『哀侯』爲『列侯』。」失察）、于鬯戰國年表及日人瀧川資言史記會注考證（韓世家）。其間言有異同，或以嚴遂即韓嚴，而以嚴仲子别爲一人，或以嚴遂與韓嚴爲二人，刺殺韓相與哀侯爲二事，然大旨不遠，文繁從省。今以戰國策驗之。此云「兼中哀侯」，自徐廣注、司馬貞索隱及歐陽詢藝文類聚所引並同，則策文決不誤（鮑氏改「哀」爲「列」，殊專輒）。後謂鄭王曰章云：「東孟之會，聶政、陽堅刺相兼君。」亦言「兼君」，與此相合。東周策：「嚴氏爲賊，而陽豎與焉，道周，周君留之十四日。」陽豎即陽堅，「豎」與「堅」形近而譌。陽堅與聶政刺哀侯，則與古本竹書紀年「韓山堅賊其君哀侯，而韓若山立」相合。山堅即陽堅。參合前後，詞無牴牾。國策記當時之事，近得其實。此其一。韓非子内儲説下篇云：「韓廆相韓哀侯，嚴遂重於君，二人甚相害也。嚴遂乃令人刺韓廆於朝，韓廆走君而抱之，遂刺韓廆而兼哀侯。」與此策盡合。韓非韓人，生戰國晚期，距時不遠，記宗國之事，言更可信（顧廣圻韓非子識誤謂「『哀侯』即世家之『列侯』，……與世家之『哀侯』非一人也。」强事調護，非）。此其二。據此，聶政刺傀，兼中韓君，韓君爲哀侯無疑。前人遵從史記年表及世家，多誤以爲烈侯也。抑考史記之誤，亦有其因。依古本竹書紀年推算韓之世代，與史記不同。哀侯在位僅三年（見拙著古本竹書紀年輯校訂補所附戰國年表），而史作「六年」。若從紀年，則哀侯三年被殺。疑史遷所據之原始資料或譌「哀侯」爲「列侯」，因繫聶政刺俠累事於列侯三年。又以哀侯爲嚴氏賊殺，記載明白，因繫之於哀侯六年。至其刺客列傳所言，乃本之韓策，不覺前後矛盾。其實聶政刺殺韓相及君乃哀侯三年事，烈侯時並無此事。史遷分爲二事，殆一由於資料之字譌，二由於年世之數誤，因以致誤而不察也。至謂鄭王章「許異蹵哀侯而殪之，立以爲鄭君」。「是故哀侯爲君，而許異終身相焉。」「哀侯」當爲「懿侯」，乃哀侯之子，説詳彼章。頃讀漢武梁祠畫像有聶政故事刻石。圖作四人，一人左向坐，狀甚雄偉，上題曰「韓王」。一人面韓王，坐向右，右手撫琴，左手持刀，作欲刺狀。其後立一人，作傴身持刀狀。此二人上題「聶政」。再後又坐一人，兩手作拊掌狀。此圖前人多視爲聶政刺韓傀故事，然題名何以有韓王而無韓傀？又撫琴亦不見於戰國策及史記，或人疑爲高漸離刺秦皇故事，畫像題名有誤者。如此隨意改文，太屬武斷。惟容庚漢武梁祠畫像考釋引太平御覽卷五七八引大周正樂云：「聶政刺韓王者，聶政之所作也。聶政父爲韓王治劍，過時不成，韓王殺之。時政未生。及壯，問其母曰：『父何在？』母告之。政欲殺韓王，乃學塗，入王宮，拔劍刺韓王，不得，政踰城而出，去入太山，遇僊人，學鼓琴。漆身爲厲，吞炭變其音。七年而琴成。欲入韓國，道逢其妻，妻對之泣下，對曰：『夫人何故泣？』妻曰：『聶政出遊七年不歸，吾嘗夢想。見君對我笑，齒似政齒，故我心恚而泣也。』政曰：『天下之人，齒盡相似耳，胡爲泣乎？』即別去，復入山中，仰天而歎曰：『嗟乎！變容易聲，欲爲父報讎，而爲妻所識，父讎當何時復報？』援石擊落其齒。留山中三年，習琴，持入韓國，人莫知政。政鼓琴闕下，觀者成行，馬牛止聽，以聞韓王。王召政而見之，使之鼓琴，政援琴而鼓之，内刃在琴中。政於是左手持衣，右手出刃以刺韓王，殺之。曰：『烏有使者生不見其父，可得死乎！』政殺國君，罪當及母。即自犂剥面皮，斷其形體，人莫能識知。乃梟磔政形體於市，懸金其側，有知此人者，賜金十斤。遂有一婦人往而哭之曰：『嗟乎，爲父報讎耶！』顧謂市人曰：『此所謂聶政也。爲父報讎，知當及母，乃自屠剥面。何愛一女之身而不揚吾子之名哉！』乃抱政尸而哭，冤結陷塞，遂絶行脈而死。」依正樂所記與畫像所圖對照，容氏之説可信，而與戰國策、史記歧異。聶政行刺一事固無疑問。愚意以爲古時無新聞報道，鉅變異禍，皆由人口相傳，多有歧訛，附會增益，此例習見，不煩辨析。以事理論之，正樂及畫像所傳類出於閭巷俚俗小説，不足與策、史齊觀。但此中不能一筆抹殺，細心觀察，亦存有某些真實反映。例如畫像中「韓王」，以戰國策考之，當爲「聶政刺之（韓傀），兼中哀侯」之「哀侯」（其時韓尚未稱王，後人追稱之耳，古書有此例），而史記刺客列傳失載「兼中哀侯」事，致使後人滋生疑問。今畫像有「韓王」，是漢人相傳本有「韓王」也。此可證國策之信，而補史遷之遺也。至於韓王之爲哀侯抑烈侯，上文已詳論之，此略。若正樂之文涉於荒誕，則齊東野人之語，不必深辨焉。哀侯之死，有關韓國史事，故不憚詞費而重言之。

戰國策 卷二十八

韓三

1 或謂韓公仲曰夫孿子

或謂韓公仲〔一〕曰：「夫孿〔二〕子之相似者，唯其母知之而已。利害〔三〕之相似者，唯智者知之而已。今公國，其利害之相似，正如孿子之相似也。得以〔四〕其道爲之，則主尊而身安。不得其道，則主卑而身危。

「今秦、魏之和成〔五〕，而非公適束之，則韓必謀矣〔六〕。若韓隨魏以善秦，是爲魏從也〔七〕，則韓輕矣〔八〕，主卑矣。秦已善韓，必將欲〔九〕置其所愛信者，令用事於韓以完之〔一〇〕，是公危矣。今公與安成君〔一一〕爲秦、魏之和，成固爲福，不成亦爲福〔一二〕。秦、魏之和成，而公適〔一三〕束之，是韓爲秦、魏之門户〔一四〕也，是韓重而主尊矣。安成君東重於魏而西貴於秦，操右契〔一五〕而爲公責德於秦、魏之主〔一六〕，裂地而爲諸侯，公之事也〔一七〕。若夫安韓、魏而終身相，公之下服〔一八〕，此主尊而身安矣。秦、魏不終相聽者也〔一九〕，齊怒〔二〇〕於不得魏，必欲善韓以塞魏〔二一〕；魏不聽秦，必務善韓以備秦，是公擇布而割也〔二二〕。秦、魏和，則兩國德公。不和，則兩國争事公。所謂成爲福，不成亦爲福者也。願公之無疑也！」

〔箋證〕

〔一〕姚宏云：「(仲)曾作『中』。」〔按〕中、仲字古通。

〔二〕鮑彪云：「孿，一乳兩子。」吴師道云：「孿，嗇患、力員二反。」〔按〕方言卷三云：「陳、楚之間，凡人獸乳而雙産謂之釐孿，秦、晉之間謂之健子，自關而東趙、魏之間謂之孿生。」今俗言雙胞胎。

〔三〕鮑本「利」上有「夫」字。吴師道云：「一本『利害』，無『夫』字。」

〔四〕鮑本、吴本無「以」字。

〔五〕鮑彪云：「轉與二國和(吴本「與」誤作「則」，今從鮑單注本正)。」横田惟孝云：「韓與二國和也。」〔按〕此當從本文直解，非謂韓與之和也。

〔六〕鮑本、吴本、盧本「適」下有「兩」字。鮑彪云：「束，猶『約』。謀，謂和不堅而復議之。」關修齡云：「適，主也。束，攝束也。言和成而公仲不主攝束兩國，則韓必爲人所謀矣。」安井衡云：「束，約結也。今秦、魏之和成矣，非公適約結之，從魏爲和，則韓必爲秦、魏所謀矣。」于鬯云：「秦、魏在兩頭，而韓居中腰，此『束』字之義。或爲『適束』二字雙聲，蓋古語也。」金正煒云：「釋名：『束，促也，相促近也。』無『兩』字義亦自足。韓必謀者，謂秦、魏合而圖韓，與趙策『國在謀之中』，義同。」〔按〕詩衛風伯兮：「誰適爲容。」毛傳：「適，主也。」束同速，謂促速也，此言秦、魏之和，公仲若不促速其成，則和成，韓必爲二國所謀。不必有「兩」字。

〔七〕鮑彪云：「從人而已，非自約之。」中井積德云：「從，謂屬從。」

〔八〕鮑本無「矣」字。吴師道云：「一本『韓輕矣』。」横田惟孝云：「『矣』當作『而』。」〔按〕横田説非。

〔九〕鮑本、吴本無「欲」字。

〔一〇〕鮑彪云：「（完之）全秦之事。」

〔一一〕鮑彪云：「（安成君）韓人。」

〔一二〕横田惟孝云：「此一節（自『今公與安成君』止『爲福』）疑錯簡，當移『（是韓重而主）尊矣』下。」

〔一三〕鮑本、吴本、盧本「適」下有「兩」字。説見上。

〔一四〕鮑彪云：「（門户）喻兩國由之。」

〔一五〕鮑彪云：「左契待合而已，右契可以責取。」金正煒云：「老子：『是以聖人執左契而不責於人。』左右並通，此不必泥。」〔按〕周禮地官質人鄭注：「書契，取予市物之券也。其券之象，書兩札，刻其側。」周易繫辭下傳：「上古聖人易之以書契。」鄭注：「書之於木，刻其側爲契，各持其一，後以相考合。」是券契判分左右，取以驗合，不必有待合、責取之别。故史記虞卿傳云：「且虞卿操其兩權，事成操右券以責。」又田世家蘇代説田軫曰：「公常執左券以責於秦、韓。」是左右券並可以取責。但左右券亦稍有别。田世家正義云：「左券下，右券上也。」曲禮上篇：「獻粟者執右契。」鄭注：「契，券要也。右爲尊。」是右左有上下之分。老子貴守下，故言執左契。而此稱右契，猶上券也。汪師韓讀書録云：「宋蕭参撰希適録有論執券取償一條。史記田敬仲世家蘇代謂田軫曰：公常執左券以責於秦、韓。又平原君傳虞卿操其兩權，事成操右券以責。券者，取其合符之義，曰左曰右皆可。按謂券如合符，是也。謂曰左曰右皆可，非也，蓋古人尚右，右券乃券自人與者，左券乃券自我出者。」其説嫌未析。

〔一六〕鮑本、吴本「主」作「王」。鮑彪云：「公仲制和，爲德於秦，今責其報。」

〔一七〕鮑彪云：「言當務此。」金正煒云：「公之事也，與魏策『此吾事也』義同，猶近人所云分内事耳。」

〔一八〕鮑彪云：「『服』猶『事』。以侯國爲上，則相猶爲下也。」中井積德云：「『下服』猶言『下乘』也。以馬有上下服乘爲喻。」沈濤經云：「初疑此『魏』字衍，然此時魏兵敗於秦，不安甚矣。公仲誠能和於秦，亦可兼相魏。」（于鬯注引）金正煒云：「『下服』猶云『下國』。上言裂地而爲諸侯，則是韓、魏之附庸，故云下服。此言韓、魏，即終身得資以相所封之國。」〔按〕鮑注可通。蓋言上可裂地而爲諸侯，下亦可終身爲相。金謂「得資以相所封之國」，「相」字連下讀，不通。

〔一九〕姚宏云：「劉有『者』字。」鮑彪云：「（秦魏）後必相違。」

〔二〇〕吴師道云：「『齊怒』，詳文意當作『秦怒』。」

〔二一〕横田惟孝云：「塞，謂令魏不得通韓也。」

〔二二〕姚宏云：「錢作『擇豨而劏之』。曾、劉作『擇布』。」鮑彪云：「布，喻齊、魏，劏，喻制之。」關修齡云：「布、豨兩通，布有精粗，豨有肥瘠，擇而劏之，以喻秦、魏有利與害，可以擇其交也。」

2 或謂公仲曰今有

或謂公仲曰：「今有一舉而可以患於主，便於國，利於身，願公之行之也！今天下散而事秦，則韓最輕矣；天下〔一〕合而離秦，則韓最弱矣；合離之相續〔二〕，則韓最先危矣。此君國長民〔三〕之大患也。今公以韓先合於秦，天下隨之，是韓以天下事〔四〕秦，秦之德韓也厚矣。韓與天下朝秦，而獨厚取德焉。公行之〔五〕計，是其於主也至忠矣。天下不合秦，秦令而不聽，秦必起兵以誅不服。秦久與天下結怨構難而兵不決，韓息士民，以待其亹〔六〕。公行之計，是其於國也，大便也。昔者周佼以西周善於秦，而封於梗陽〔七〕。周啟以東周善於秦，而封於平原〔八〕。今公以韓善秦，韓之重於兩周也無計〔九〕，而秦之爭機〔一〇〕也，萬於周之時〔一一〕。今公以韓爲天下先，合於秦，秦必以公爲諸侯，以明示天下。公行之計，是其於身大利也。願公之加務也〔一二〕！」

〔箋證〕

〔一〕鮑本「天下」上有「今」字。橫田惟孝云：「散合，謂從約之散合。」

〔二〕橫田惟孝云：「合離之相續，言六國與秦，一合一離，相續不定。」

〔三〕〔按〕君國長民，謂君於國與長於民者。長讀上聲。

〔四〕姚宏云：「錢（事）作『予』。」

〔五〕鮑彪云：「『之』猶『此』。」

〔六〕鮑彪云：「亹，罅也。」〔按〕亹即釁字。

〔七〕鮑彪云：「太原榆次有梗陽鄉。」張琦云：「今（山西）太原府清源縣，古梗陽也。梗陽、平原皆趙地，而以善於秦封，此等處不可曉。」〔按〕史記趙世家「（惠文王）十一年，秦取梗陽」。當秦昭王十九年（前二八八）始有其地，時公仲不秉韓政（恐已老死），豈能更在前時封周佼哉？若以趙地封人，趙何能聽之？張氏疑之是也。元和姓纂卷七梗陽姓下云：「秦宣太后弟封梗陽君。」此梗陽是秦獲趙地或秦別有其地，今不可詳矣。

〔八〕程恩澤云：「漢志青州有平原郡平原縣。晉灼曰：『即高唐也。』……顧祖禹曰：今山東濟南府平原縣西南五十里，有平原舊城。」〔按〕平原本屬齊，後爲趙有。此云秦封周啟，亦不詳，恐別有其地。

〔九〕鮑本「無」下有「先」字。鮑彪云：「（無先計）在己之計，無先於此。」黄丕烈云：「（無先）策文『無』多作『无』，而誤複衍也。」關修齡云：「言韓有秦好，則其重於二周無計數。」〔按〕黄説是，鮑據訛本爲訓，自誤。

〔一〇〕鮑彪云：「機，言不可失。」

〔一一〕〔按〕周之時，謂二周善秦之時。

〔一二〕〔按〕此與上章並説公仲善秦，蓋爲秦説者。

3　韓人攻宋

韓人攻宋〔一〕，秦王大怒曰：「吾愛宋，與新城、陽晉〔二〕同也。韓珉〔三〕與我交而攻我甚所愛，何也？」

蘇秦爲韓説秦王曰〔四〕：「韓珉之攻宋，所以爲王也。以韓之强，輔之以宋，楚、魏必恐，恐必西面事秦。王不折一兵，不殺一人，無事而割安邑〔五〕，此韓珉之所以禱〔六〕於秦也。」秦王曰：「吾固患韓之難知，一從一橫〔七〕。此其說何也〔八〕？」對曰：「天下固令韓可知也〔九〕，韓故〔一〇〕已攻宋矣。其西面事秦，以萬乘自輔〔一一〕。不西事秦，則宋地不安矣〔一二〕。中國白頭遊敖之士〔一三〕，皆積智欲離秦、韓之交，伏軾結靷〔一四〕西馳者，未有一人言善韓者也。伏軾結靷東馳者，未有一人言善秦者也，皆不欲韓、秦之合者，何也〔一五〕？則晉、楚智而韓、秦愚也〔一六〕。晉、楚合，必伺〔一七〕韓、秦；韓、秦合，必圖晉、楚。請以決事！」秦王曰：「善。」

〔箋證〕

〔一〕鮑彪云：「齊記閔三十八年，書韓爲齊攻。今從史，定爲此（釐王）十年。」又云：「齊記有，『韓』字並作『齊』。」吳師道云：「趙策謂魏王曰：『韓珉處於趙，去齊三千里，王以此疑齊，曰有秦陰。』五國伐秦無功蘇代謂齊王，舉說奉陽君之辭曰：『天下爭秦，秦內韓珉於齊。』又云：『與韓氏大吏東勉齊王必無召珉。』而韓策云：『韓珉相齊。』蓋韓珉爲齊伐宋也。首句不云『韓攻宋』，而云『韓人』，疑『人』即『珉』之訛。」黄丕烈云：「此策文（『韓』字）必本亦作『齊』，史記索隱引此策文異同，不及『韓齊』字，可證。因韓珉而在韓策，後人乃誤改之耳。」吳汝綸云：「此當依史記爲齊攻宋，篇內所言皆齊、秦之勢。」又云：「篇中『韓』字皆當作『齊』。以下並同。」金正煒云：「此爲韓珉相齊時事，吳說是也。『珉』損爲『民』，而『民』、『人』古通用，因轉爲『人』。又唐人諱『民』爲『人』，或由其時轉寫之譌。」鍾鳳年說略同吳、黄。〔按〕先吳及金說是也。此「韓人」乃「韓珉」之誤。「韓珉」或作

「韓民」(「民」與「珉」可通，長短經注下「韓珉」並作「韓氏」，「氏」即「民」之誤可證)，「民」字又因傳寫人不知是人名，避唐諱而改作「人」。韓珉時相齊，爲齊攻宋。以下各「韓」字，除「韓珉」外，皆當從田世家作「齊」。長短經七雄略注作「韓攻宋」，已誤。又秦策一泠向謂秦王章與此前段文相類，而以爲泠向爲齊攻宋，則異。

〔二〕吳師道云：「正義引括地志云：『新城故城在宋州宋城縣界。陽晉故城在曹州乘氏縣西北。』又見楚策。」

〔三〕〔按〕史記「韓珉」作「韓聶」。長短經注作「韓氏」，下同。唐避太宗諱「民」作「人」，而從「民」之字改從「氏」(見陳垣史諱舉例)。此疑是本作「韓珉」，省寫作「氏」，或本作「韓民」，避諱省筆而誤。珉爲秦納於齊者(見趙策)，與秦善。

〔四〕鮑彪從史記改「秦」作「代」。吳師道云：「當作『代』。」又云：「蘇代爲燕反間，勸齊伐宋，將以敝齊而爲燕，恐秦之敗其事，故遊説以止之爾。史記恐有所據，當考。」〔按〕長短經注作「蘇秦」，同策。爲韓，爲韓珉也。此下各「韓」字有作「韓珉」解，有當作「齊」者。珉時相齊，故稱韓猶稱齊也，不一一辨釋。

〔五〕〔按〕史記正義：「年表云：秦昭王二十一年，魏納安邑及河内。」秦昭二十一年(前二八六)即齊滅宋之年。

〔六〕鮑彪云：「禱，言以此求事秦。」

〔七〕横田惟孝云：「一從一横，言離合不定，是所以難定也。」

〔八〕鮑彪云：「韓難知，而代説如此，何也？」

〔九〕鮑本、吳本「也」作「矣」。鮑彪云：「言非獨代知之。」横田惟孝云：「『韓』下疑脱『不』字。言韓欲合於秦，而諸侯惡而離之，故離合不定也。」吳汝綸云：「(固)史作『國』。也，史作『乎』。篇内『韓』字皆當爲『齊』。此云『齊可知』者，非『齊國』之『齊』。『齊』訓爲『皆』。王患齊之難知，故言天下國令豈皆可知。此改『齊』爲『韓』，尤誤。『也』字亦當依史記作『乎』。」安井衡云：「天下不禁韓攻宋，是令韓可知矣。」〔按〕安井説爲長。此與下句相承。史疑有誤，吳反據之，未安。

〔一〇〕鮑本、吳本「故」作「固」。〔按〕固、故通用。

〔一一〕鮑本、吳本無「面」字。　鮑彪云：「萬乘，秦也。」〔按〕謂得强秦以爲助。

〔一二〕鮑彪云：「雖得宋地，不能自安。」

〔一三〕鮑彪云：「敖，出遊也。」〔按〕敖同遨。謂年老足智之遊士。

〔一四〕鮑彪云：「靷，駕牛具在胸者。」〔按〕釋名釋車云：「靷，所以引車也。」詩秦風小戎孔疏云：「靷者，以皮爲之，繫於陰板之上，今驂馬之引。」史記作「結軼」。

〔一五〕〔按〕史記作「何則皆不欲齊、秦之合也」。

〔一六〕〔按〕史記「則」作「何」。此段文，史義較長。晉，謂魏。若依史「韓」作「齊」，則「晉」謂「三晉」。

〔一七〕鮑彪云：「『伺』亦『圖』也，小言之。」　吳師道云：「伺，窺也。」

4　或謂韓王曰秦王

或〔一〕謂韓王曰：「秦王欲出事於梁〔二〕，而欲攻絳、安邑，韓計將安出矣〔三〕？秦之欲伐韓以東闚周室甚，唯寐忘之。今韓不察，因欲與秦，必爲山東大禍矣。秦之欲攻梁也，欲得梁〔四〕以臨韓。恐梁之不聽也，故欲病之〔五〕以固交也〔六〕。王不察，因欲中立〔七〕。梁必怒於韓之不與己，必折爲秦用，韓必舉〔八〕矣。願王熟慮之也！不如急發重使之趙、梁，約復爲兄弟，使山東皆以鋭師戍韓、梁之西邊。非爲此也，山東無以救亡。此萬世之計也。秦之欲并天下而王之也，不與古同〔九〕，事之雖如子之事父，猶將亡之也。行雖如伯夷，猶將亡之也。行雖如桀、紂，猶將亡之也〔一〇〕。雖善事之，無益也，不可以爲存，適足以自令亟亡也。然則山東非能從親合而相堅如一者，必皆亡矣〔一一〕。」

【箋證】

〔一〕姚宏云：「錢添『或』字。」

〔二〕横田惟孝云：「事，謂攻伐也。」〔按〕謂將攻魏。

〔三〕鮑彪云：「謂有齒寒之憂。」横田惟孝云：「言與秦乎？與魏乎？將中立乎？」

〔四〕〔按〕欲得梁，謂欲魏合於秦。

〔五〕姚宏云：「錢、劉（病）作『痛』。」鮑本「病」作「痛」。吴師道云：「一本『固欲病之』。」〔按〕病之，謂使其病。

〔六〕鮑彪云：「攻之深，使之懲創，不敢離秦。」

〔七〕鮑彪云：「（中立）不助秦，亦不救魏。」

〔八〕〔按〕「舉」猶「拔」。言秦、魏合而伐韓，韓必爲拔。

〔九〕〔按〕言秦之欲王天下，與古之王霸不同。

〔一〇〕鮑彪云：「言志於亡之而已，無擇也。」

〔一一〕鮑彪云：「秦之大情，此士陳之，無餘藴矣。非蘇氏兄弟不能也。」吴師道云：「大事記引此策自『秦之』止

『益也』，謂『論秦最得其情』。附見於赧王二十九年魏獻安邑之後。愚以齊、趙、燕策考之，宜附赧王十六年，説見齊策秦伐魏陳軫合三晉而東一章。」鍾鳳年云：「案各章説者同主出師以戍韓、梁之西邊，此章云：『不如急發重使之趙、梁，約復爲兄弟，使山東皆出鋭師以戍韓、梁之西邊。』是則此不徒與吴氏所論爲同時，且約諸國，蓋發端乎此。」〔按〕吴論各策文，除所引齊策一秦伐魏章外，尚有趙策一謂趙王曰三晉合而秦弱章及燕策二或獻書燕王章。林春溥紀年、顧觀光編年從吴説次此事於周赧十六年（前二九九），而繫此策於首，鍾説意與之合。林春溥云：「四策（韓、趙、齊、燕）語意相類，當並爲陳軫之言也。」蓋本齊策吴注。黄式三編略（繫年亦從吴注）則逕以爲陳軫之言。

5　謂鄭王曰昭釐侯

謂鄭王〔一〕曰：「昭釐侯一世之明君也，申不害一世之賢士也。韓與魏敵侔〔二〕之國也，申不害與昭釐侯執珪而見梁君。非好卑而惡尊也，非慮過而議失也。申不害之計事曰：『我執珪於魏，魏君必得志於韓，必外靡於天下矣〔三〕。是魏弊矣。諸侯惡魏，必事韓。是我免〔四〕於一人之下，而信〔五〕於萬人之上也。夫弱魏之兵而重韓之權，莫如朝魏。』昭釐侯聽而行之，明君也〔六〕。申不害慮事而言之，忠臣也。今之韓弱於始之韓，而今之秦强於始之秦〔七〕。今秦有梁君之心矣，而王與諸臣不事爲尊秦〔八〕以定韓者，臣竊以爲王之明爲不〔九〕如昭釐侯，而王之諸臣忠莫如申不害也。

「昔者(秦)穆〔一〇〕公一勝於韓原而霸西州〔一一〕，晉文公一勝於城濮而定天下〔一二〕，此〔一三〕以一勝立尊令、成功名於天下〔一四〕。今秦數世强矣，大勝以千(十)〔一五〕數，小勝以百數，大之不王，小之不霸，名尊無所立，制令無所行〔一六〕，然而春秋〔一七〕用兵者，非以求主尊成名於天下也〔一八〕？

「昔先王之攻，有爲名者，有爲實者。爲名者攻其心〔一九〕，爲實者攻其形〔二〇〕。昔者吳與越戰，越人大敗，保於會稽之上，吳人入越而户撫之〔二一〕。越王使大夫種行成於吳，請男爲臣，女爲妾，身執禽〔二二〕而隨諸御〔二三〕。吳人果聽其辭，與成而不盟〔二四〕。此攻其心者也。其後越與吳戰，吳人大敗，亦請〔二五〕男爲臣，女爲妾，反以越事吳之禮事越。越人不聽也〔二六〕，遂殘吳國而禽夫差。此攻其形者也。今將攻其心乎？宜使如吳。攻其形乎？宜使如越。夫攻形不如越，而攻心不如吳，而君臣、上下、少長、貴賤畢呼霸王，臣竊以爲猶之井中而謂曰：『我將爲爾求火也〔二七〕。』

「東孟之會〔二八〕，聶政、陽堅刺相兼君〔二九〕，許異蹴哀侯而殪之〔三〇〕。立以爲鄭君，韓氏之衆無不聽令者，則許異爲之先也〔三一〕。是故哀侯爲君，而許異終身相焉。而韓氏之尊許異也，猶其尊哀侯也。今日〔三二〕鄭君不可得而爲〔三三〕也，雖〔三四〕終身相之焉。然而吾弗爲云者，豈不爲過謀哉〔三五〕！昔齊桓公九合諸侯，未嘗不以周襄王之命。然則雖尊襄王，桓公亦定霸矣。九合〔三六〕之尊桓公也，猶其尊襄王也。今日天子不可得而爲也，雖爲桓公〔三七〕。吾弗〔三八〕爲云者，豈不爲過謀而不知尊哉〔三九〕？韓氏之士數十萬，皆戴哀侯以爲君，而許異獨取相焉者，無他〔四〇〕。諸侯之君無不任事於周室也，而桓公獨取霸者，亦無他也〔四一〕。今强國將有帝王之亹〔四二〕，而〔四三〕以國先者，此桓公、許異之類也。豈可不謂善謀哉？

「夫先與强國之利。强國能王，則我必爲之霸〔四四〕。强國不能王，則可以辟〔四五〕其兵，使之無伐我。然則强國事成，則我立帝而霸〔四六〕；强國之事不成，猶之厚德我也。今〔四七〕與强國，强國〔四八〕之事成則有福，不成則無患。然則先與强國者，聖人之計也。」

【箋證】

〔一〕鮑彪次此章於釐王下。吴師道云：「此策時不可考。」〔按〕史記韓世家索隱云：「韓既徙都〔鄭〕，因改號曰鄭。故戰國策謂韓惠王曰鄭惠王。」今策文僅此章作「謂鄭王」，索隱所指殆此，則「鄭」下當有「惠」字。韓君謚惠者，有宣惠王及桓惠王。宣惠王，策稱「宣王」（見前宣王謂摎留章），世本同（見史記蘇秦傳索隱）。然則「惠王」蓋謂「桓惠王」，此章所言，與桓惠之世情勢亦相合。顧觀光編年附繫於秦昭王五十三年（前二五）韓王朝秦下，近之。鮑次未是。

〔二〕關修齡云：「敵，對；侔，均；謂等夷也。」

〔三〕鮑彪云：「靡，蔑視之。」吴師道云：「靡，散也。」關修齡云：「靡，無也。」中井積德云：「靡，謂奢靡也。言奢侈示得意也，以驕於天下。」安井衡云：「靡，披靡也，欲外披靡於天下。」金正煒云：「（必得志）『必』字疑當作『內』，與『外靡』句相對爲文。『內』與『必』篆文近似，又涉下『必』字而譌也。」〔按〕「靡」訓不一，似皆未合。秦策：「而百姓靡於外。」高注：「靡，盡也。」句法相似，義亦當同，謂消耗於天下也，與下「魏弊」相應。靡又同糜，禮記少儀：「國家靡敝。」孔疏：「靡爲糜，謂財物糜散凋敝。古字通用。」義亦相近。

〔四〕鮑彪改「免」作「俛」。吴師道云：「此書『免』、『俛』通。」〔按〕「俛」即今「俯」字。「俛」從「免」聲，故與「免」通用。

〔五〕〔按〕「信」讀作「伸」。

〔六〕〔按〕古本竹書紀年：「（惠成王）十四年（前三五七），魯共侯、宋桓侯、衛成侯、鄭釐侯來朝。十七年（前三五四），鄭釐侯來朝中陽。」鄭釐侯即韓昭侯。本策一：「魏之圍邯鄲也，申不害始合於韓王。」即謂昭侯聽申子言朝魏也。

〔七〕吴師道云：「孔叢子：『韓與魏有隙。子順謂韓王曰：昭釐侯一世之明君也，申不害一世之賢相也。韓與魏敵侔之國，而釐侯執珪見梁君者，非好卑而惡尊，慮過而計失也。與嚴敵爲鄰，而動有滅亡之憂。獨動不能支二難，故降心以相從，屈己以求存也。申不害慮事而言，忠臣也。昭釐侯聽而行之，明君也。今韓弱於始之韓，魏均於始之魏，秦强於始之秦，而背先人之舊好，以區區之衆，居二敵之間，非良策也。齊、楚遠而難恃，秦、魏呼吸而至，捨近而求遠，是以虚名自累而不免近敵之困者也。爲王計者，莫如除小忿全大好也。吴、越之人，同舟濟江，中流遇風波，其相救如左右手者，所患同也。今不卹所同之患，是不如吴、越之舟人也。』韓王曰：善。』按此文與策上文略同，其下則異。子順之言，主除忿全好，策文主尊秦，非子順意也。今全録以俟考者。」金正煒云：「始之秦，當作『始之梁』，故下文云『今秦有梁君之心矣』。此與孔叢之文不同。」〔按〕此勸韓事秦，故引昭侯朝魏之事以喻。若孔叢取以説韓與魏除忿全好，則不當矣。詳策文亦無涉魏事，益證孔叢之抄襲而確爲僞書，始之秦，文義自通，「秦」字不誤。金説未然。

〔八〕鮑彪云：「（不事爲尊秦）不以尊秦爲事。」

〔九〕闕修齡云：「『爲不』之『爲』，恐衍。」〔按〕依下句「忠不如申不害」觀之，「爲不」之「爲」當衍。

〔一〇〕鮑彪「穆」上補「秦」字。〔按〕依下「晉文公」、「齊桓公」例當有「秦」字，今從鮑補。

〔一一〕鮑彪云：「晉記『斃於原』註：『晉韓原。』後志：在馮翊夏陽。（西州）猶言『西方』。」張琦云：「今芮城縣東北七里，河北故城有韓亭，即秦、晉戰處。昔人謂韓城縣東南二十里之韓原，非也。秦穆涉河而戰，不得在河西。」（程考引錢坫説同）〔按〕秦、晉戰於韓原，秦獲晉惠公以歸，詳左氏僖公十五年傳。

〔一二〕姚宏云：「曾改『子』作『下』。」金正煒云：「呂覽貴直篇：『城濮之戰，五敗荆人，圍衛取曹，拔石社，定天子之位，成尊名於天下。』此文本應作『（天）子』，曾改無取。」〔按〕晉敗楚師於城濮，見左氏僖公二十八年傳。

〔一三〕鮑本、吴本「此」下有「皆」字。金正煒云：「『此』蓋『比』字之譌。比，皆也。策文『皆』與『比』通用。鮑本『此』亦當作『比』，或注『皆』字於下，而誤併入文也。」

〔一四〕鮑彪讀「立尊」句，云：「尊，謂霸。令，謂使。」吴師道讀「尊令」二字連屬，云：「『立尊令』句。」〔按〕吴讀是也。「立尊令」與「成功名」並列爲文，下文「非以求立（原文「立」誤作「主」，説詳下）尊成名於天下」正與此相應。令，謂制令，下文「名尊無所立，制令無所行」，是也。

〔一五〕鮑本、吴本「千」作「十」。黄丕烈云：「『十』字是也。」安井衡云：「大勝必少於小勝，『千』當爲『十』字之誤也。」今從鮑本正。

〔一六〕鮑彪云：「諸侯不從其令。」

〔一七〕金正煒云：「『春秋』猶云『終歲』。孔穎達春秋正義云：『言春可以兼夏，言秋足以見冬，故舉二字以包四時也。』」（安井衡說同）

〔一八〕鮑本、吳本「名」作「王」。鮑彪云：「言志於尊王而已。」關修齡云：「『主』疑作『立』，蓋上文『立尊成名』也。」（金正煒說同）〔按〕關說是也。「主」爲「立」之形譌。「也」猶「邪」。

〔一九〕鮑彪云：「（攻其心）使之心服而已。」

〔二〇〕鮑彪云：「形，在外者，謂地與民。」

〔二一〕鮑彪云：「（户撫之）遍至其家撫安之。」

〔二二〕鮑彪云：「禽，鳥，小贄也。」吳師道云：「執禽鳥服役。」〔按〕周禮春官大宗伯云：「以禽作六摯，以等諸臣。孤執皮帛，卿執羔，大夫執雁，士執雉，庶人執鶩，工商執雞。」此言「執禽」猶言「執贄」，禽不必是小鳥。又左氏莊公二十四年傳：「男贄大者玉帛，小者禽鳥。」是禽贄於贄禮等級中居下。執贄爲朝君之禮，儀禮士相見禮云：「始見於君，執摯（同「贄」），至下，容彌蹙。」身執禽，猶身爲小臣。

〔二三〕鮑彪云：「（諸御）吳之執事者。」

〔二四〕〔按〕國語吳語：「（越王命諸稽郢行成於吳，吳王）許之成。將盟，越王又使諸稽郢辭曰：『以盟爲有益乎？前盟口血未乾，足以結信矣。以盟爲無益乎？君王捨甲兵之威以臨使之，而胡重於鬼神而自輕也！』吳王乃許之，荒（韋注：荒，空也）成不盟。」

〔二五〕吳本「請」作「謂」，訛。

〔二六〕〔按〕吳語：「越師遂至吳國，圍王宮。吳王懼，使人行成曰：『昔不穀先委制於越君，君告孤請成，男女服從。

孤無奈越之先君何，畏天之不祥，不敢絶祀，許君成，以至於今。今孤不道，得罪於君王，君王以親辱於敝邑。孤敢請成！男女服爲臣御？』越王曰：『昔天以越賜吳而吳不受。今天以吳賜越，孤敢不聽天之命，而聽君之令乎？』乃不許成。」

〔二七〕于鬯云：「自上文『昔先王』起止此（「求火也」），當他策錯簡。」〔按〕攻心之言與上文尊秦亦相應，不必是錯簡。

〔二八〕此下原本别爲一章，鮑本與上章連屬。吳師道云：「姚及一本自爲一章，恐非。」黄丕烈云：「吳説是也，此謂韓王者引前事。」〔按〕此引許異、齊桓之事，以喻尊秦，當爲一人之詞。今從鮑併。

〔二九〕鮑彪云：「堅，政之副，猶秦武陽。」金正煒云：「紀年言山堅，疑即陽堅。」〔按〕陽堅見東周策嚴氏爲賊章（誤作「陽豎」，詳彼策）。周亮工書影卷八駁鮑注云：「聶政告嚴仲子曰其勢不可以多人。未必有副。」然堅實與於刺傀兼君之事，策及古本紀年並言之。其人不必是政之副，疑乃韓臣而陰爲嚴遂報仇者。政能於兵衛甚設之中直入刺傀者，當由堅助之也，此可以意得之。

〔三〇〕鮑本「蹴」作「蹵」。鮑彪改「哀」作「列」，下同，云：「（許異）韓人。蹵猶留侯躡漢王足，蓋使之佯死。」吳師道云：「蹵，一本作『蹴』，字通。説文：『蹴，躡也。躡，蹈也。』」又云：「按哀侯既弑，則無終身相之事。以爲列侯，則又非陽堅爲賊之事。『哀』、『列』二字，訛舛不明，且從本文讀之而已。」横田惟孝云：「『哀侯』疑當作『懿侯』，下同。懿侯，哀侯之子也。」（吳曾祺説同）于鬯云：「（横田）説頗似，『懿』、『哀』一聲之轉，古本多通用。……又況秦紀云『孝公元年，與韓哀云云』。孝公元年當韓懿侯十年，而云『與韓哀』，非韓懿侯稱哀侯一的證乎？又吕氏審爲論高注云：『昭釐，哀侯之子也。』昭釐即昭侯，昭侯爲懿侯之子，而云『哀侯之子』，非韓懿侯稱哀侯又一的證乎？懿侯者，哀侯之子，六國表又作『莊侯』。韓世家索隱引紀年云：『韓山堅賊其君哀侯而立韓若山。』若山即懿侯矣。然則蹴恐但是急促之意，不如留侯躡漢王足事。蓋許異懿侯當時未必在會，聞君相刺，急促往救而欲死之耳。殪，死也。或云：『殪』當讀爲『瘞』。儀禮觀禮鄭注云：古文『瘞』作『殪』。此其證。『瘞』謂『葬』也。蓋哀侯既被刺，故許異蹴哀侯葬之耳。」金正煒云：「竹書紀年：『安王二十一年，韓滅鄭，哀侯入於鄭。』列侯時韓安得有鄭？惟哀侯六年見弒，亦不待許異立之爲君？疑『哀侯』當作『懿侯』。『哀』字古音讀如『衣』，與『懿』一聲之譌。當時君相皆爲賊害，許異因蹴若山佯死，得免於難，而繼立爲鄭君，故許異終身相焉。……呂覽貴直篇：『鮑叔御公子小白僵。』注：『「御」猶「使」也。「僵」猶「偃」也。』與此事正相類。」〔按〕聶政所兼中者爲哀侯，非列侯，詳前韓傀相韓章。若如鮑改作列侯，列侯無被刺殺事；在位之君，亦無須許異立以爲君；其時韓未滅鄭，亦不能謂爲鄭君。其誤甚明。此「哀侯」字自横田以下多疑作「懿侯」，于鬯所舉證尤著，殆是。但于解「蹴而殪之」，迂曲爲説，則非。此言許異救哀侯（懿侯）之事，鮑謂「使之佯死」，是也，而訓釋不明。「而」猶「如」（見經傳釋詞），「之」猶「者」（見經詞衍釋）。此謂足蹴哀侯（懿侯）使如殺死者。哀侯刺殺，而許異佐哀侯（懿侯）繼立爲君，由此蓋證聶政刺傀在哀侯之世無疑。

〔三一〕于鬯云：「哀侯之子不止懿侯一人，許異能立哀侯。爲之先，猶云『爲其先』，以照下文『以國先』者。」〔按〕懿侯之立，當非其次。哀侯在位三年而刺殺（據古本紀年），其時太子恐未立，繼位爲君者未定，混亂之際，許異首策立懿侯，故云「爲之先」。古本竹書紀年云：「韓山堅賊其君哀侯，而韓若山立。」不云「次韓若山立」或「次懿侯立」。紀年於新君即位之初多稱「次某某立」，或「次某公（侯）立」。如：「於粵寺區弟思殺其君莽安，次無顓立。」「鄭昭侯武薨，次威侯立。」是其例」，若有貶辭。明若山之立，非當立，故許異功大而終身相之者，由此也。

〔三二〕吴師道云：「一本『日』作『曰』。」金正煒云：「作『曰』是也，正與下文『云者』相應。」〔按〕「今日」爲是，上舉前事，此喻今情。下文「今日天子不可得而爲也」，前後正對舉相應。金説非。

〔三三〕鮑彪云：「爲，去音，謂蹙之。」吴師道云：「下文『天子不可得而爲』，與此同。則『爲』當如字。」〔按〕吴説是。

〔三四〕〔按〕「雖」猶「唯」，古字通用，詳經傳釋詞。下「雖爲桓公」之「雖」同。

〔三五〕鮑彪云：「言無前日之難而可以久相，而曰『不爲』者，過也。」〔按〕鮑注殊昧於文義，蓋因誤解「雖」字。此謂今日不能爲鄭君，唯有如許異終身爲相而已，然而吾弗願爲云者（「吾」指韓君臣），則其謀豈不過哉！下「今日天子」下語同此意。

〔三六〕鮑本「九合」下有「諸侯」二字。注云：「侯之與於合者。」中井積德據鮑本云：「此『九合』，蓋衍。」〔按〕「九合」猶言「九合諸侯」，可通。

〔三七〕〔按〕謂唯有效桓公尊襄王之事。

〔三八〕鮑彪「吾弗」上補「然而」二字。〔按〕依上文例當有。

〔三九〕鮑彪云：「此欲其尊秦。」

〔四〇〕鮑本、吴本「他」下有「也」字。

〔四一〕鮑彪云：「（無他也）知所尊而已。」

〔四二〕鮑彪云：「（强國）謂秦。」關修齡云：「亹，謂龜裂爲兆，言有帝王之兆。」〔按〕邯鄲之圍，魏使客將軍辛垣衍勸趙帝秦，正當韓桓惠王之世，蓋其時事也。

〔四三〕金正煒云：「而，能。」

〔四四〕金正煒云：「與，從也。『霸』當作『伯』，左氏哀十三年傳：『伯合諸侯。』注：『伯，諸侯長。』」〔按〕霸、伯字通。

〔四五〕鮑本「辟」作「避」。吳師道云：「一本『避』作『辟』，當音『闢』。」黄丕烈云：「凡『辟』音『避』者，鮑本多作『避』，此非異本，亦不音『闢』，吳説皆未是。」

〔四六〕鮑彪云：「立，言彼爲帝由我尊之。」〔按〕此與上文「則我必爲之霸」相應。

〔四七〕鮑彪云：「今，謂韓。」

〔四八〕姚宏云：「曾、劉無下『强國』兩字。」

6 韓陽役於三川

韓陽役〔一〕於三川而欲歸〔二〕，足强〔三〕爲之説韓王曰：「三川服矣，王亦知之乎？役且共貴公子〔四〕。」王於是召諸公子役於三川者而歸之。

〔箋證〕

〔一〕鮑本、吳本「役」作「役」，下同。〔按〕説文殳部有「役」字，云：「古文『役』从『人』。」

〔二〕鮑彪云：「（役）征伐之役。」鍾鳳年云：「趙策一秦王謂公子他曰章『韓恐，……令韓陽告上黨之守靳黈』之語，與此韓陽當是一人。」〔按〕謂戍役。

〔三〕鮑彪云：「（足强）韓人。」

〔四〕鮑彪云：「役，役人。公子，謂陽等輩。貴，言立之爲君。」〔按〕且，將也。此謂戍卒將有變。

7　秦大國也

秦大國也〔一〕，韓小國也，韓甚疏秦，然而〔二〕見親秦，計之，非金無以也〔三〕，故賣美人。美人之賈〔四〕貴，諸侯不能買，故秦買之三千金〔五〕。韓因以其金事秦，秦反得其金與韓之美人。韓之美人因言於秦曰：「韓甚疏秦〔六〕。」從是觀之，韓亡〔七〕美人與金，其疏秦乃始〔八〕益明。故客有説韓者曰：「不如止淫〔九〕用，以是爲金以事秦〔一〇〕，是金必行，而韓之疏秦不明。」美人知内行〔一一〕者也，故善爲計者，不見内行〔一二〕。

〔箋證〕

〔一〕于鬯云：「或云：下文『客有説韓者曰』六字，當在策首。」〔按〕此策首尾當有缺，不可詳。鍾鳳年疑「或亦爲謂鄭王曰章之脱簡」。未見其是。

〔二〕鮑本無「然」字。吳師道云：「一本『然而』。」

〔三〕鮑彪計上補「韓」字，云：「(見親秦)爲秦所親。金，以事秦。」吳師道云：「『然而』止『以也』句。『計之』恐當作『之計』，謂見親於秦之計，非金無以爲親。」黄丕烈云：「依文自通，鮑補吳正皆非。」横田惟孝云：「言韓陰疏秦而陽示親之。計之，以爲非金無以見親。」〔按〕横田解是。「見」讀去聲，同「現」，顯示也，與下文「不見内行」之「見」同。以，猶「由」也。

〔四〕〔按〕賈同價。

〔五〕金正煒云：「言但秦能買之也。『故』與『顧』通，(經傳)釋詞：『「顧」猶「但」也。』」

〔六〕鮑彪云：「美人怨韓賣之，又知韓之情。」

〔七〕鮑本、吴本「亡」作「之」。

〔八〕鮑本「始」下原有「於」字，鮑衍「於」字。　吴師道云：「一本無。」

〔九〕鮑彪云：「淫，侈也。」

〔一〇〕于鬯云：「止淫用，則多金矣。」　金正煒云：「『爲』猶『得』也。」

〔一一〕鮑彪云：「(内行)謂國中隱事。」

〔一二〕鮑彪云：「見，顯示之。」　鮑以此與上章並屬釐王。　吴師道云：「時不可考。」

8　張丑之合齊楚

張丑之合齊、楚講於魏也〔一〕，謂韓公仲曰：「今公疾攻魏之運〔二〕，魏急，則必以地和於齊、楚。故公不如勿攻也。魏緩，則必戰〔三〕：戰勝，攻運而取之易矣〔四〕。戰不勝，則魏且内之〔五〕。」公仲曰：「諾。」

張丑因謂齊、楚曰：「韓已與魏〔六〕矣。以爲不然，則蓋〔七〕觀公仲之攻也？」公仲不攻〔八〕。齊、楚恐〔九〕，因講於魏，而不告韓〔一〇〕。

【箋證】

〔一〕鮑彪次此章於釐王下。吴師道云：「公仲事當附襄王時。」〔按〕公仲於宣惠王時即秉政，張丑曾説楚威王勿逐嬰子於齊（齊策一），則似當屬宣惠王世。

〔二〕鮑彪改「運」作「鄆」，下同，云：「後志：琅邪東莞有鄆亭。」吴師道云：「（鄆亭）非魏地。運，未詳。」張琦云：「方輿紀要曰：『魯有兩鄆：東鄆在（山東）沂州沂水縣東北四十里；西鄆在（山東）鄆城縣東十六里，有故鄆縣城。』按此西鄆，蓋衛邑，屬魏。但韓亦無由攻之，恐有譌誤。」〔按〕「運」與「鄆」雖可通用，但鄆地不能考實，鮑改專輒。

〔三〕鮑彪云：「（戰）與齊、楚戰。」

〔四〕鮑彪云：「勝則兵敝，又無齊、楚之助，韓可取運。」

〔五〕鮑彪云：「內運於韓。」〔按〕內同納。謂不用兵而取運，更易。

〔六〕鮑彪云：「（與魏）與之講。」

〔七〕姚宏云：「三本同作『蓋』，一作『盍』。」鮑本、吴本「蓋」作「盍」。〔按〕蓋、盍同字。

〔八〕鮑彪云：「（不攻）從丑之言。」

〔九〕鮑彪云：「（恐）恐韓、魏合。」

〔一〇〕〔按〕其時蓋三國合而攻魏，丑搆詞以貳之，以解魏難。

9　或謂韓相國曰

或謂韓相國〔一〕曰：「人之所以善扁鵲〔二〕者，爲有𦢊腫〔三〕也。使善扁鵲而無𦢊腫也，則人莫之爲之也〔四〕。今君以所事善平原君者〔五〕，爲惡於秦也〔六〕。而善平原君，乃所以惡於秦也〔七〕。願君之熟計之也！」

〔箋證〕

〔一〕姚宏云：「錢添『或』字。」鮑本無「或」字。鮑彪次此章於釐王下，云：「（韓相國）公仲也。」吴師道云：「無考，未必釐王時。」〔按〕以下平原君惡於秦推之，相國必非公仲。平原惡秦當在趙孝成王世，則此策應屬韓桓惠王時也。

〔二〕〔按〕扁鵲見秦策二。

〔三〕鮑本「𦢊」作「臃」，同。〔按〕釋名釋疾病云：「腫，鍾也，寒熱氣所鍾聚也。癕，壅也，氣壅否結裏而潰也。」王先謙疏證補引葉德炯云：「案『腫』、『癰』亦微别；腫者，疽之未潰者也；癰者，疽之已潰者也。故内經大奇論：『肝滿腎滿肺滿皆實，即爲腫。肺雍，喘而兩胠滿。肝雍，兩胠滿，卧則驚，不得小便。腎雍，脚下至少腹滿。』是『腫』爲未潰癰之證。『雍』者，古『癰』字也。」𦢊同癕（或作「癰」）。

〔四〕鮑彪云：「（莫之爲之）無爲善之。」金正煒云：「（有𦢊腫、無𦢊腫）『有』、『無』二字並衍，或後人以意補者，省之則與下文吻合。（爲之）史記張湯傳「湯傾身爲之」。與此「爲之」義同。」〔按〕文義自通，金説徒生枝節。

〔五〕鮑彪云：「（所事）謂王。」横田惟孝云：「『以所』恐當作『所以』。」金正煒云：「以所事善平原君，當作『所以善平原君』，與上文『所以善扁鵲』、下文『乃所以惡於秦』相應爲文。『所以』二字誤倒，又衍『事』字，文義遂晦。或一本作『事』，一本作『善』，傳寫誤併入文。」

〔六〕鮑彪云：「以見惡於秦，故善之（平原君）以支秦。」

〔七〕鮑彪云：「秦以平原難之，故惡之，而韓與之善，故亦惡韓。」〔按〕趙策四秦攻魏取寧邑章秦王謂趙使者諒毅曰：「趙豹、平原君數欺弄寡人，趙能殺此二人，則可。」是平原爲秦所深惡者，今善之，乃所以惡於秦也。此説士爲秦間韓、趙之交。

10　公仲使韓珉之秦

公仲使韓珉之秦求武隧〔一〕，而恐楚之怒也。唐客〔二〕謂公仲曰：「韓之事秦也，且以求武隧也〔三〕，非弊邑之所憎也。韓已得武隧，其形乃可以善楚〔四〕。臣願有言，而不敢爲楚計〔五〕。今韓之父兄得衆者毋相〔六〕，韓不能獨立，勢必不〔七〕善楚。王曰：『吾欲以國輔韓珉而相之，可乎？父兄惡珉，珉必以國保楚〔八〕。』」公仲説〔九〕，士唐客於諸公〔一〇〕，而使之主韓、楚之事。

〔箋證〕

〔一〕鮑本、吳本「隧」作「遂」，下同。黄丕烈云：「隧、遂同字。」金正煒云：「公仲即韓珉，下云『楚王欲以國輔韓珉而相之，公仲聞之而悦』，足證其爲一人。此文或本作『韓使公仲珉之秦』，『韓使』二字淆次於下，致生疑義。」鍾鳳年云：「公仲即珉，此云『公仲使韓珉』，不合。次章稱『公仲使韓侈』，疑此『珉』亦『侈』之訛。」〔按〕金、鍾二氏並以公仲、韓珉爲一人，蓋據下章「韓相公仲珉使韓侈之秦」語，其實不然（説詳彼章）。即以此章而論，若謂公仲是珉，唐客欲以楚輔珉爲相，乃珉之所願，何爲云「臣願有言而不敢爲楚計」，婉轉以陳詞乎？且求武遂在秦拔宜陽之後，時公仲久已相韓，更何須楚爲之求相？揆諸情事不侔，金、鍾二氏以不誤爲誤，非是。「韓珉」或作「韓㞞」，帛書戰國縱横家書作「乾䝿」，與公仲倗（或「韓倗」）殊稱，顯爲二人。

〔二〕鮑彪云：「（唐客）楚人。」

〔三〕〔按〕「且」猶「將」。事詳前韓公仲謂向壽曰章。

〔四〕中井積德云：「已得武遂，則足以拒秦矣，然後所畏者唯楚，故不可不善楚，所謂『形』是也。」

〔五〕横田惟孝云：「唐客，楚人，恐公仲以爲爲楚計，故云爾。」

〔六〕吳本「母」作「每」。横田惟孝云：「『今韓』上疑脱『謂楚王曰』四字。」于鬯云：「（『今韓』上）當脱『臣謂楚王曰』五字。『今』當作『令』。『母』當作『毋』。」金正煒云：「父兄，謂韓之公族。左氏昭二十年傳：『不能媚於父兄。』注：『華、向公族也，故稱父兄。』」〔按〕此是唐客假設謂楚王之語。「今」當是「令」之形譌。母、毋古字通，用「每」字訛。衆欲親秦，故令得衆者毋相。

〔七〕鮑彪衍「不」字。吳師道云：「疑衍。」金正煒云：「不能獨立，制於衆也。勢必不善楚，求欲善秦也。」〔按〕以文義求之，「不」字當衍。金釋亦可備一説。

〔八〕横田惟孝云：「言珉既無衆，又爲父兄所惡，不能獨立，必以國委楚而自保也。」

〔九〕鮑彪云：「初恐楚怒己使珉，今欲相珉，則不怒也。」

〔一〇〕姚宏云：「錢（士）作『仕』字。」鮑彪改「士」作「仕」，云：「蓋薦之於韓之大臣，乃得仕。」横田惟孝云：「『士』疑當作『事』，音之誤也。言公仲説唐客之言，令之親事大臣。」金正煒云：「『於』字疑衍。論語憲問篇：『與文子同行諸公。』注：『同升在公朝。』疏：『諸，於也。』此文亦謂仕公朝。」〔按〕「士」與「仕」、「事」並可通用，此文似讀「仕」爲長。「於諸」二字，疑一本作「於」，一本作「諸」，旁注異字，誤併入文。「於公」（諸公）當從金訓。

11　韓相公仲珉使韓侈之秦

韓相公仲珉使韓侈之秦〔一〕，請攻魏，秦王説之。韓侈在唐〔二〕，公仲珉死。韓侈謂秦王曰〔三〕：「魏之使者謂後相韓辰〔四〕曰：『公必爲魏罪韓侈。』韓辰曰：『不可。秦王仕之，又與約事〔五〕。』使者曰：『秦之仕韓侈也，以重公仲也。今公仲死。韓侈之秦，秦必弗入，入〔六〕，又奚爲挾之以恨〔七〕魏王乎？』韓辰患之，將聽之矣。今王不召韓侈，韓侈且伏於山中矣〔八〕。」秦王曰：「何意寡人如是之權〔九〕也！」令安伏〔一〇〕召韓侈而仕之客卿〔一一〕。

〔箋證〕

〔一〕此章原與上章連，詳策文與上章顯爲二事，今從鮑本分提。鮑彪衍「珉」字，下同。吳師道云：「公仲珉，策屢各見，此兩言公仲珉，不可曉。公仲即公仲侈，此云公仲死後韓侈之云，則韓侈別是一人也。文亦多難通，宜缺。」〔按〕秦策二甘茂攻宜陽章甘茂曰：「公孫衍、樗里疾挫我於內，而公中以韓窮我於外。」高誘注：「公中，韓侈也。」同策宜陽未得章左成謂甘茂曰：「公內攻於樗里疾、公孫衍，而外與韓侈爲怨。」與前甘茂語相應，是韓侈爲公仲無疑。若如鮑本衍「珉」字，則義不可通。上章「公仲使韓珉之秦」，明珉與公仲爲二人。韓珉亦屢見於策，事多涉李兌約五國伐秦之時，當周赧二十九年（前二八六），韓釐之十年。公仲相於宣惠王時（前三三二—三一二）。以年代考之，不應珉死而公仲猶存。況珉聞相齊，未聞相韓也。如此，則公仲珉又非韓珉。竊疑此文「珉」、「侈」二字當互淆，本作「韓相公仲侈使韓珉入秦」，下文「侈」字並當作「珉」，因首句誤淆，爲後人輒改。韓珉之秦，見於上下二章。其人蓋久主秦、韓之事，後善於秦。前韓人攻宋章秦王曰：「韓珉與我交。」趙策四五國伐秦無功章蘇代説齊王轉述謂奉陽君曰：「秦王內韓珉於齊。」與此「秦王説之」語相合，亦可證其爲一人也。公仲侈之「侈」字乃「倗」字之譌，説見秦策。

〔二〕鮑彪云：「（唐）晉陽注：詩唐國。」吳師道云：「唐，未詳。」金正煒云：「漢書揚雄傳注引鄧展：『唐，道也。』」〔按〕唐當在秦地，非唐國之唐，又非湖北及河北之唐。竊疑「唐」字同「堂」（淮南脩務訓高注：「『唐』猶『堂』。」），詩秦風終南：「終南何有？有紀有堂。」毛傳：「紀，畢也。堂，畢道平如堂也。」鄭箋：「畢也、堂也，亦高大之山所宜有也。畢，終南山之道名，邊如堂之牆然。」疏引郭璞（爾雅注）曰：「今終南山道名畢，其邊若堂之牆。」然「紀」與「堂」並列爲文，與同詩上句「有條有梅」相類，則「有紀有堂」謂有畢道有堂道，舊訓畢道平如堂，似尚未安。堂亦是終南山之道名。此言韓侈（珉）在終南山之堂，下云「韓侈（珉）且伏於山中矣」，與之相應，可證。

〔三〕關修齡云：「韓侈在唐，且似非自説之言，疑『侈謂』脱『使』字。」安井衡云：「『謂』上疑脱『使人』二字。」吴汝綸云：「『韓侈謂秦王』句上，當有『爲』字。此人爲侈説秦王者，設辭以勸秦王召侈，非侈所自言也。」金正煒云：「疑脱『或爲』二字。」〔按〕諸説並可通，但「韓侈」當作「韓珉」。

〔四〕金正煒云：「竹書紀年：鄭侯使韓辰歸晉陽及向。此即其人。」〔按〕古本紀年在今王（魏襄王）四年（前三一五），當韓宣惠王十八年，時公仲爲相。仲死辰繼，當在襄王世，鮑次此於釐王，恐非。仲死，韓、魏復交，故魏使説之。

〔五〕鮑彪云：「（約事）言約攻魏。」

〔六〕姚宏云：「曾有下『入』字。」鮑本無下「入」字。吴師道云：「一本復有『入』字。」金正煒云：「下『入』字即『又』之誤衍。」〔按〕重「入」自通，不必衍。

〔七〕金正煒云：「『恨』讀如『很』，違也。」

〔八〕鮑彪云：「（伏於山中）懼罪。」〔按〕謂將隱遁於終南山中。

〔九〕鮑彪云：「『權』猶『變』也。始説侈而今不入，是變也。」吴師道云：「權，未詳，字疑有誤。」金正煒云：「後漢書周章傳論：『權也者，反常者也。』即鮑注『權變』之義，於文自通。吴氏非也。」金其源云：「按荀子正名篇：『故人無動而不可以不與權俱。』注：『權者，稱之權，所以知輕重者也。』言韓侈之輕重，不以公仲之存亡爲稱也。」〔按〕鮑注可通。吴汝綸點勘本云：「（權）一作『懽』。」不詳所據何本。

〔一〇〕鮑彪云：「安伏，秦人。」吴師道云：「無考。」黄丕烈讀「安伏」句，云：「『令』當作『今』。上文云『且伏於山中』，故此問其今者方安所伏也。」金正煒從黄説。吴闓生云：「安伏即爲韓侈説秦王者。黄説疑非。」

〔按〕依文自通，不必改字破讀。

〔一一〕鮑本、吴本、盧本此章止「仕之」句，「客卿」二字並屬下章。吴汝綸點勘本以「客卿」二字屬此章尾。鍾鳳年同，云：「蓋因公仲死，韓侈窮無所歸，秦王乃召而仕爲客卿。」〔按〕吴、鍾所定爲長，今從之。

12 爲韓謂秦王曰

爲韓謂秦王曰〔一〕：「韓珉之議〔二〕，知其君，不知異君，知其國，不知異國。彼公仲者，秦勢能詘〔三〕之，秦之强首之者，珉爲疾矣〔四〕。

「進齊、宋之兵至首坦（垣）〔五〕，遠薄梁郭，所以不及魏者〔六〕，以爲成〔七〕，而過南陽之道，欲以四國西首〔八〕也。所以不者〔九〕，皆曰以燕亡於齊〔一〇〕，魏亡於秦〔一一〕，陳、蔡亡於楚〔一二〕，此皆絶地形〔一三〕。

「羣臣比周〔一四〕以蔽其上，大臣爲諸侯輕國也〔一五〕。今王位正〔一六〕，張儀之貴，不得議公孫郝〔一七〕，是從臣不事大臣也。公孫郝之貴，不得議甘戊〔一八〕，則大臣不得事近臣矣〔一九〕。貴賤不相事，各得其位，輻湊以事其上〔二〇〕，則羣臣之賢不肖，可得而知也。王之明一也〔二一〕。公孫郝嘗疾齊、韓〔二二〕而不加貴〔二三〕，則爲〔二四〕大臣不敢爲諸侯輕國矣。齊、韓嘗因公孫郝而不受，則諸侯不敢因羣臣以爲能矣。外内不相爲〔二五〕，則諸侯之情僞，可得而知也。王之明二也〔二六〕。公孫郝、樗里疾請無攻韓，陳四辟去〔二七〕，王猶攻之也〔二八〕。甘茂約楚、趙而反敬魏，是其講我，茂且攻宜陽，王猶校之也〔二九〕。羣臣之知，無幾〔三〇〕於王之明者，臣故願公仲之國以侍〔三一〕於王〔三二〕，而無自左右也〔三三〕！」

〔箋證〕

〔一〕此章原本與上章連屬，内容並非一事，今從鮑本分提。鮑本、吳本、盧本章首並有「客卿」二字，吳汝綸、鍾鳳年以二字屬於上章之尾（詳上），今從之。

〔二〕金正煒云：「『議』當讀『義』，古字通也。珉知有其君，不知有異君，知有其國，不知有異國，故謂之『義』。」〔按〕議，謂其議事。但金説亦通。

〔三〕鮑彪云：「詘，貶下也。」〔按〕詘同屈。

〔四〕鮑彪「秦」上補「以」字，云：「首，言以兵向之。珉者公仲所善，公仲受兵，則珉病。」吳師道云：「（珉爲疾）珉之議，爲其國之病也。」關修齡云：「『首』疑作『資』。此下必有缺文。」中井積德云：「（珉爲疾矣）珉以之爲疾患也。」金正煒云：「『首之者』當爲『冒之者』，字形相似，又涉下文『首垣、西首』而誤。冒，犯也。疾，力，見吕覽尊師篇注。」〔按〕後漢書西域傳：「雖有降首。」李賢注：「『首』猶『服』也。」「首之」與上文「詘之」相應。此言秦恃强使公仲聽服，則韓珉疾矣。蓋珉使秦，議事不讓，時公仲爲韓相，故客説秦王以勢脅令公仲聽服，則珉不得争矣。諸説恐非（横田及安井並從鮑本補「以」字爲訓，説又迂曲，今略）。

〔五〕姚宏云：「（坦）曾作『垣』。」鮑本、吳本亦作「首垣」，今從正。鮑彪云：「（進齊宋之兵）韓進之。」吳師道云：「首垣，魏地，見秦策。」關修齡云：「疑『進』當在『兵』下。」〔按〕據下文「欲以四國西首」，則當是韓進齊、宋之兵。關説非。

〔六〕鮑本「及」作「反」。鮑彪云：「反，不合也。兵薄梁郭，疑於不合而合。」吴師道云：「（不反魏）一本『不及魏』，似義長。」安井衡云：「不及魏，不攻之也。三國欲與魏成，故迫其國而不攻之。」金正煒云：「及，鮑本作『反』，於文當爲『拔』，俗書省『拔』爲『犮』，或譌爲『反』。」〔按〕作「及」者是。

〔七〕姚宏云：「劉（成）作『戍』。」鮑彪云：「成，平也，猶和。」

〔八〕鮑彪云：「（四國）韓、宋、齊、魏。」〔按〕南陽，魏地，見前。爾雅釋詁：「首，嚮也。西首，謂攻秦。」

〔九〕鮑彪云：「言欲攻秦而不果者。」吴説異，見下。文廷式云：「所以不者，與論語『予所不者』正同，知論語讀『不』爲『否』者，非是。」

〔一〇〕鮑彪衍「以」字，云：「亡，謂喪地。」吴師道云：「前此（韓襄二年）四年，齊破燕。」中井積德云：「燕、魏之亡，甚言之也，『亡』字與下文同。燕雖興復，而前日一爲齊所亡滅矣。魏棄國都而東遷，亦亡之類。」安井衡云：「時燕、魏未亡，而亦言亡者，燕嘗亡於齊，魏既有亡形也。」〔按〕「曰」猶「以」也（「曰」、「以」一聲之譌），此疑一本作「曰」，一本作「以」，旁注異文而誤衍。燕亡於齊，即子之之亂，齊宣王伐燕事。

〔一一〕鮑彪云：「孟（鮑、吴合注四部叢刊本「孟」作「而」，訛。今從鮑單注本正）子曰：西喪地。」〔按〕史記魏世家：「（惠成王）三十一年，秦將商君詐我將軍公子卬而襲奪其軍，破之。秦用商君，東地至河，而齊、趙數破我。安邑近秦，於是徙治大梁。」索隱引紀年衛鞅伐魏在惠成王二十九年。徙都大梁在九年，則徙都在敗於秦之先多年，不相涉也（商君傳索隱謂：「徙大梁在惠王之二十九年。」則調合紀年、史記之説，不足據）。

〔一二〕鮑彪云：「（亡）此亡國也。」

〔一三〕鮑彪云：「言其大小相絶，而四國輕以小敵大，故亡。」吴師道云：「『所以不者』，再申『不及魏』之説。燕、魏亡地於齊、秦，陳、蔡亡國於楚，則地形已絶，不可復通。韓、齊、宋之於魏，則不然。『絶地形』以下當有缺文，引言秦事。」關修齡云：「此（自「進齊宋之兵」止「地形」）五十九字，前後不續，似他章錯出。」安井衡云：「此指欲西首之四國，韓、魏與秦接壤，今欲西首攻之，是絶地形也。」〔按〕吴以「所以不者」爲申「不及魏」之説，非。「此皆絶地形」句疑未完，不可强通。自「進齊、宋之兵」下止此一段，與上下文意不相屬，關説疑是。

〔一四〕金正煒云：「『羣臣比周』以下與此（「此皆絶地形」）文不相屬，或别爲一章。」

〔一五〕關修齡云：「大臣私助諸侯而輕己國，故羣臣比周大臣以蔽其上也。」

〔一六〕鮑彪云：「（位正）言武王能正貴賤之位。」王念孫云：「『位』讀爲『涖』，『正』讀爲『政』。言自今王涖政以來。……僖三年穀梁傳曰：『莅者位也。』『位』與『涖』義同而聲相近，故字亦相通。周官肆師：『用牲於社宗則爲位。』故書『位』爲『涖』，是也。秦策曰：『臣聞明主莅正。』即『莅政』也。政、正古多通用。」〔按〕王説是。

〔一七〕鮑彪本「郝」原作「赫」。改「赫」作「郝」，下同。〔按〕赫、郝字通，不必改。

〔一八〕鮑本、吴本、盧本「戊」作「茂」，字通。説見秦策二箋證。

〔一九〕姚宏云：「劉本（矣）作『也』。」鮑彪云：「從臣，謂儀；大臣，郝也。事言不得干其事。近臣，謂茂。」吴師道云：「大事記：此秦武王未逐張儀前時事也，『大臣』、『從臣』之名始見於此。大臣者，張儀、甘茂也。從臣者，公孫郝也。秦武不過防其交通，使之互相伺察而已。」關修齡云：「從臣，謂侍從臣，與『近臣』互言也。」〔按〕大事記之言爲是。但詳本文，當在將攻宜陽之時，張儀已去秦，此追言其事。

〔二〇〕關修齡云：「輻凑，以車輻聚轂，喻貴賤相聚以事其上。」

〔二一〕吴師道云：「王之明一也，申羣臣比周蔽上之説。」

〔二二〕鮑彪云：「(疾齊韓)言急於得二國。」吳師道云：「『疾』字恐有誤。」關修齡云：「郝嘗欲以韓取齊者，不可謂疾也，『疾』疑作『收』。」金正煒云：「『疾』字疑當作『挟』，俗書『挾』作『挟』，『疾』作『疾』，二形相近而誤。爲公仲謂向壽章：『韓氏先以國從公孫郝。』又云：『公孫郝欲以韓取齊。』故云挟齊、韓也。」〔按〕鮑注固曲，然「收」、「挟」二字與「疾」字形聲並不近，無由致誤。「疾」疑是「矦」之形誤，「矦」即「侯」之本字(古文作「医」，亦與「疾」形近)。「侯」猶「候」，斥候(周禮職方氏：「其外方五百里曰侯服。」賈疏：「侯之言候，爲王斥候。」)。此言郝嘗以齊、韓爲秦之候，服事於秦。

〔二三〕鮑彪云：「貴，言不厚二國。」吳師道云：「言郝不加厚也。」

〔二四〕關修齡云：「『則爲』之『爲』，恐衍。」

〔二五〕横田惟孝云：「外，諸侯；內，羣臣。」金正煒云：「史記張湯傳：『湯傾身爲之。』韋昭曰：『爲之先後。』漢書(爲之)作『事之』。此與『貴賤不相事』文義並同。」

〔二六〕吳師道云：「王之明二也，申大臣爲諸侯輕國之説。」

〔二七〕鮑彪云：「陳，軍陳，以不攻故解散。」吳師道云：「『四』疑當作『而』。」安井衡云：「陳之四，不聽，遂避而去之。」于鬯云：「疑『陳』者爲『陳辭説』也。『辟去』即『無攻之説』。若云『當辟去者一，當辟去者二』，猶上文『王之明一』、『王之明二』之例。所陳凡四條，故曰『四辟去』。」〔按〕安井解『陳四』亦疑是，但訓『辟去』則非。「辟」讀爲「譬」。「去」猶「除」。謂再四陳辭，譬説消除攻韓之計。樗里疾、公孫郝不主伐韓事，詳秦策二。

〔二八〕鮑彪云：「宜陽之役。」

〔二九〕鮑本「其講」作「且搆」。鮑彪云：「(約楚趙)欲攻魏。(反敬魏)違其初約。初約攻而反敬之，是欲與三國難我也。茂攻宜陽，可以贖前，若他人則置不檢校。」吳師道云：「按史，茂攻宜陽，請約於魏。此言在未攻宜陽之時。茂黨魏者，楚、趙當時蓋與魏不合，茂約結楚、趙而反其敬魏，且將搆難於我，其欲攻宜陽，王猶檢察之。以此二事，稱王之明智。」黄丕烈云：「此有誤字。鮑强爲之説，吴亦然，皆未是也。」關修齡云：「茂黨魏，又約和楚、趙而反敬魏，講三國於韓，蓋説茂私交諸侯也。其攻宜陽，固王之所欲，猶檢校之，蓋猜敬魏而且攻宜陽，又嫌其外交也。」于鬯云：「（是其講我）按秦策楚屈蓋爲楚和於秦，甘茂謂秦王『不如使魏制和』。不知即此否？然彼章似當在明年（王猶校之也）。秦策高注云：『「校」猶「亢」也。』此『校』字似亦『亢』義，謂亢魏也。」金正煒云：「『敬』當讀如『儆』。『是』或爲『使』，音同而誤。搆，結也。儆魏使其搆我，即甘茂使向壽歸報魏聽之事。校之者，謂計攻謀之孰利也。」〔按〕此客疑公仲使之説秦者，故多間語，不必與實事相符。此謂甘茂約楚、趙攻韓，然而反敬禮於魏，魏固與韓合（秦策二甘茂對秦王曰：「請之魏，約伐韓！」王令向壽輔行。重使徑聘，此即所謂「敬魏」。茂欲約魏伐韓，明韓、魏本無怨，故茂親之魏説其合秦。當時秦謀極祕，由外人推測，自可謂其欲魏講於韓），是殆欲因魏講於韓也（經傳釋詞：「其，殆也。」），暗示茂攻宜陽之無把握、無決心。今甘茂將攻宜陽，王雖與之議而未決（校同較，計較利鈍，未決之意）。極稱武王之明，實欲間秦君臣。諸説似皆未安。

〔三〇〕鮑彪云：「幾，猶『近』。」

〔三一〕鮑本、吴本、盧本「侍」作「待」。鮑彪改「國以」作「以國」，云：「待，待其命。」吴師道云：「（國以）當作『以國』。」

〔三二〕金正煒云：「廣雅釋言：『侍，承也。』元文自通，不煩乙改。」〔按〕公仲之國即韓國。但鮑乙改文較順。

〔三三〕鮑彪云：「『自』猶『由』也。欲秦王聽己，勿用左右之説。」吴師道云：「謂公仲一心聽王，不由左右。」金正煒云：「吴説視鮑爲長，惟『自』字當是『因』之譌。上文『諸侯不敢因羣臣以爲能』，此即其義。」

〔附論〕

吴師道云：「大事記引此策在韓襄二年、秦武元年。解題云：『韓客謂向壽曰：今王之愛習公也，不如公孫郝。當時所謂從臣，指愛習而侍從者也。』……愚謂公孫郝挾韓而議，大臣必不得與而争於中，故此士欲王自聽公仲之待事，而不由左右，陳駕御之術，以稔强明猜忌之見爾。」〔按〕此章「韓珉之議」下，「進齊宋之兵」下及「羣臣比周」下，三段文義前後不相貫，疑有脱文或錯簡。

13 韓珉相齊

韓珉相齊，令吏逐公疇豎〔一〕，大怒於周之留成陽君也〔二〕。謂韓珉曰：「公以二人者爲賢人也？所入之國因用之乎？則不如其處小國〔三〕。何也？成陽君爲秦去韓，公疇豎楚王善之，今公因〔四〕逐之，二人者必入秦、楚，必爲公患。且明公之不善於天下〔五〕。天下之不善公者，與欲有求於齊者，且收之以臨齊而市公〔六〕。」

〔箋證〕

〔一〕鮑彪云：「（公疇豎）齊人。」吴師道云：「無考。」金正煒云：「『吏』字疑當作『魯』，聲之譌也。下云『不如其處小國』，則豎不在齊可知。又云『二人者必入秦、楚』，以魯近楚而西周近秦也。」〔按〕漢書藝文志陰陽家者流有公檮生終始十四篇，云：「傳鄒奭（錢大昭云：作終始者是鄒衍，非鄒奭）始終書。」顔注：「『檮』音『疇』，其字從『木』。」公檮生疑即公疇豎，豎是其名。公檮生傳鄒衍之學，殆齊宣湣時稷下之學者，按其時代與此策相近，亦可證爲一人。若然，豎雖不必是齊人，但當居齊，策文本無誤，金改無據。

〔二〕鮑本無「也」字。鮑改「大」作「又」，云：「（成陽）君本在齊，爲秦善之，珉欲使之之秦，過周，周人留之，故怒。」吴師道云：「成陽君，韓人，鮑於魏策已言之。今因此言韓珉相齊而怒之，故又云君本在齊。又因魏策成陽君欲以韓、魏聽秦，故生此説。皆非。」金正煒云：「『大』即『又』之譌。」〔按〕鮑改「大」作「又」，疑是。成陽君之留於周，鮑注甚鑿，吴氏已辨之，從下文「成陽君爲秦去韓」語觀之，疑成陽爲親秦之故失位於韓，去韓過周，周人留之也。成陽君曾入朝於秦，見史記秦本紀。

〔三〕鮑彪云：「（小國）謂周。」

〔四〕〔按〕「因」猶「若」也（訓詳古書虚字集釋）。

〔五〕鮑彪云：「明，顯，猶『示』。二大國惡之，天下不能善也。」關修齡云：「公之不善，謂珉與二人不相善。」〔按〕關説爲是。

〔六〕〔按〕言將收二人，以兵臨齊而逐珉也。市，猶交易。

14　或謂山陽君曰

或謂山陽君〔一〕曰：「秦封君以山陽〔二〕，齊封君以莒〔三〕，齊、秦非重韓，則賢君之行也。今楚攻齊，取莒〔四〕，上及不交齊〔五〕，次弗納於君〔六〕，是棘齊、秦之威而輕韓也〔七〕。」山陽君因使之楚。

〔箋證〕

〔一〕姚宏云：「錢添入『或』字。」鮑本、吴本無「或」字。　鮑彪云：「（山陽君）韓人。」〔按〕山陽君見趙策一秦韓圍梁章。楚策一亦有山陽君，乃魏臣亡於楚者，且當楚宣王時，與此非一人。韓非子内儲説上篇：「陽山君相謂聞王之疑己也，乃僞謗樛豎以知之。」顧廣圻識誤云：「『謂』當作『韓』，『陽山』當作『山陽』。」引此策。然「韓」、「謂」二字形聲不相近，疑「謂」乃「魏」之音訛（趙本「謂」作「衛」，「衛」、「魏」二字常淆），則彼亦魏之山陽君，非此韓人也。顧説恐非。

〔二〕鮑彪云：「（山陽）兖州郡。」　張琦云：「漢志河内有山陽縣。史表魏安釐四年，與秦南陽，當秦昭王三十四年、韓釐二十三年。秦得以山陽封韓臣，當在此時。」〔按〕鮑注之山陽，在今山東，張釋則在河南修武。兖州之山陽，秦不能有，張説疑是。

〔三〕〔按〕莒爲齊之重地，燕入齊臨淄，湣王保此以守，恐不肯輕封外臣。且莒地亦未嘗失於楚。此莒當非漢志城陽國之莒。史記六國表：「楚考烈王八年（前二五五），楚『取魯，魯君封於莒』。」魯世家：「（頃公）二十四年，楚考烈王伐滅魯，頃公亡遷於下邑。」然則六國表之「莒」即下邑也。漢書地理志魯國有卞縣，在今山東泗水縣東，其地近薛，戰國時爲齊之南境，以封外臣，理亦近似。則此莒疑是卞邑之異名。楚之取莒，史不明載。六國表楚頃襄八年（前二九一）取齊淮北，或在其時。然是時五國伐齊，韓亦與之，以策文考之，語氣不合。姑闕疑。

〔四〕〔按〕今楚攻齊取莒，此假設之詞，非實事，詳下文「因使之楚」語可知。「今」猶「若」也，見經傳釋詞。

〔五〕鮑本、吴本無「及」字。　沈壽經云：「『及，至也。言甚則至於失邦交。』（于鬯注引）　金正煒云：「『及』當爲

『反』，本在『不』字下，誤乙於上也。『交』蓋『反』之誤衍。上不反齊，與『次弗納君』爲對文。」〔按〕「及」疑當作「乃」，形似而訛。不交齊，不接交於齊，絶好也。

〔六〕鮑彪云：「弗使（山陽）入莒。」〔按〕謂奪山陽之封。

〔七〕鮑彪云：「『棘』猶『難』也。楚攻齊而以納秦之所封，山陽又韓人，故云。」吴師道云：「棘，義未詳，詩傳多訓『急』。」于鬯云：「朱駿聲説文通訓有『棘』借爲『疢』一義云：『長言曰疢，短言曰棘。』疢，病也，然則謂病齊、秦之威。」金正煒云：「『棘』疑『疎』字之誤。秦大國也章：『韓亡美人與金，其疏秦始益明』此即其義。又莊子逍遥游篇：『湯之問棘也是已。』簡文曰：『棘，狹小也。』則作『棘』義亦自通。」〔按〕「棘」讀如「革」，古字通也。禮記禮器：「匪革其猶。」疏：「今詩本『革』作『棘』。」列子湯問篇：「殷湯問於夏革。」張湛注：「『革』字，莊子音『棘』。」是其證。「革」猶「改」也、「變」也，又有「去故」之義（見周易雜卦傳）。此言改去齊、秦之故威也。

15　趙魏攻華陽

趙、魏攻華陽〔一〕，韓謁急〔二〕於秦，冠蓋相望，秦不救。韓相國〔三〕謂田苓（茶）〔四〕曰：「事急，願公雖疾，爲一宿之行！」

田苓（茶）見穰侯，穰侯曰：「韓急乎？何故使公來？」田苓（茶）對曰：「未急也。」穰侯怒曰：「是何以爲公之王使乎〔五〕！冠蓋相望，告弊邑甚急，公曰未急，何也？」田苓

(荼)曰：「彼韓急，則將變矣〔六〕。」穰侯曰：「公無見王矣，臣請令(今)發兵救韓〔七〕。」

八日中〔八〕大敗趙、魏於華陽之下〔九〕。

〔箋證〕

〔一〕吴師道云：「攻華陽事，見魏策。」

〔二〕鮑彪云：「(謁急)以急告也。」〔按〕太平御覽卷四百六十引「謁」作「告」，史記韓世家同。

〔三〕鮑彪云：「(韓相國)辰也。」吴師道云：「無考。」〔按〕鮑誤以公仲卒於襄王時，韓辰繼仲相，遂以爲辰，非。

〔四〕〔按〕史記作「陳筮」，集解：「徐廣曰：(筮)一作『筌』。」索隱云：「戰國策作『田苓』。」御覽引作「由余」，下同。「由」乃「田」之誤。余與荼古字通。是「苓」當作「荼」。「田」、「陳」古同音相通。今從改。

〔五〕鮑本、吴本「王」作「主」。鮑彪云：「『公』猶『國』也。言其不任。」横田惟孝云：「猶云是何以公爲王使乎。言不使他人。」于鬯云：「公之王即韓王，言不足爲韓王之使，以其言未急也。鮑以『主使』連讀，疑未然。」〔按〕于説得之。史記作「是可以爲公之主使乎」！正義云：「言使甚多，獨筮爲主也。」(此據會注考證本，他本正義無之)似亦以「主使」二字連讀，誤同鮑。

〔六〕吴汝綸云：「史(變)下有『而佗從以未急故復來耳』十字，當依補。」〔按〕此苓(荼)語未盡，穰侯已悟，不待其言竟而即允發兵，策語較史更爲傳真，吴説未允。

〔七〕王念孫云：「『令』當爲『今』(「今」猶「即」也)，言請即發兵救韓也。」〔按〕王説是，史記「令」作「今」，從改。

〔八〕〔按〕史記作「八日而至」。

〔九〕鮑彪云：「(韓)記(釐王)二十三年有。」吴師道云：「與前章張翠説同。」〔按〕張翠對甘茂與田苓(荼)對穰侯之言，乃傳聞異辭，未審孰是。

16　秦招楚而伐齊

秦招楚而伐齊〔一〕。冷向謂陳軫曰：「秦王必外向〔二〕，楚之齊者知〔三〕西不合於秦，必且務以楚合於齊。齊、楚合，燕、趙不敢不聽。齊以四國〔四〕敵秦，是齊不窮〔五〕也。向曰〔六〕秦王誠必欲伐齊乎？不如先收於楚之齊者。楚之齊者先〔七〕務以楚合於齊，則楚必即秦矣。以强秦而有晉、楚〔八〕，則燕、趙不敢不聽，是齊孤矣。向請爲公説秦王〔九〕！」

【箋證】

〔一〕鮑彪移此章於楚策懷王下。鍾鳳年云：「此乃冷向爲秦謀，且事又發之自秦，宜隸秦策。」〔按〕此章無與韓事，疑因向爲韓人而隸之韓策歟？

〔二〕鮑彪云：「(外向)言合他國，不一於楚。」金正煒云：「『外』當爲『謂』，一聲之譌。秦王必謂向，與下文『向曰』，皆設爲問答之詞，故疑之以向請爲公説秦王。」〔按〕如金説作「必謂向」，則上文當有所承，否則「必謂」二字無着落。今無其文，而下文亦不類假設秦王之語，金説非也。外向，用兵外嚮，謂必伐齊。鮑謂「不一於楚」，恐非。

〔三〕鮑彪云：「(楚之齊者)與齊善者。」〔按〕「之」猶「與」，見經傳釋詞，惟此「與」訓「與於」之「與」(「与」與「之」，草書相似。或本是「与」字，誤作「之」）。「知」猶「欲」也（禮記樂記鄭注）。

〔四〕姚宏云：「（四國）三本同去『國』字。」

〔五〕鮑彪云：「（不窮）兵力不屈。」

〔六〕碕哲夫云：「『向曰』上當必有陳軫述秦伐齊語，脱簡。」橫田惟孝云：「『向曰』二字，或是衍文。」〔按〕此向，冷向自謂。「曰」猶「謂」也，以爲也（「曰」與「謂」或「爲」，一聲之轉）。碕氏等説並非。

〔七〕橫田惟孝云：「『先』字當作『無』，『無』古作『无』，无、先似而誤也。」金正煒説同，又云：「『無』猶『不』也。燕策『是以謀者皆從事於除患之道，而先使除患無至者』。『先』亦當爲『无』，誤與此同。」鍾鳳年以此段文有錯淆，改作「秦王誠必欲伐齊乎，楚之齊者先務以楚合於齊。不如先收楚之齊者，則楚必即秦矣」。〔按〕橫田與金説是，此「先」字又涉上「先」字而譌。一字既正，文義自通，不必如鍾氏之前後移次（鮑注謂：「秦能收楚之善齊者，則其初雖欲合齊、楚，今必背齊以合秦。」曲詞疏通，無取）。

〔八〕鮑彪衍「晉」字。關修齡云：「『晉，謂韓也。此章舊在韓策，必當有韓。」〔按〕關説亦有理。然考史、策之文，晉並稱魏，韓、魏、趙稱三晉，韓、魏亦稱二晉，若韓、魏對舉，則韓稱韓，魏稱晉（詳見劉寶楠愈愚録卷四），未有獨稱韓爲晉者。則此晉亦當稱魏。蓋秦已合魏，今又合楚，故云「有晉、楚」。鮑衍專輒，非是。

〔九〕〔按〕是時陳軫在楚，故向言如此。

17 韓氏逐向晉於周

韓氏逐向晉於周〔一〕。周成恢〔二〕爲之謂魏王曰：「周必寬而反〔三〕之，王何不爲之先言？是王有〔四〕向晉於周也。」魏王曰：「諾。」

成恢因爲謂韓王曰：「逐向晉者韓也，而還之者魏也，豈如道韓反之哉〔五〕？是魏有向晉於周，而韓王失之也〔六〕。」韓王曰：「善。」亦因請復之。

【箋證】

〔一〕鮑彪云：「晉，周人，使周逐之。」吴師道云：「無據。」金正煒云：「韓已僭稱王，不當復稱氏，疑亦『韓珉』之譌。『珉』字脱損爲『民』，因譌爲『氏』。逐晉者珉，故成恢得説韓王復之。」〔按〕韓稱韓氏，策所習見，金氏改無據。

〔二〕鮑本、吴本「周」下有「使」字。〔按〕成恢見魏策二楚王攻梁南章，乃魏人，故周使之説魏王。疑「周」字涉上而衍，否則當從鮑本補「使」字。

〔三〕鮑彪云：「『反』謂『還』。」

〔四〕鮑彪云：「有，言得其用。」

〔五〕鮑彪云：「『道』猶『由』。」關修齡云：「『豈如（道韓反之哉）』之句，恐舊在『（韓王失）之也』下。」安井説同。

〔六〕鮑彪云：「不反之，則然。」横田惟孝云：「王，疑衍。」金正煒云：「『韓王』二字，當有一衍。或由一本作『韓』，一本作『王』，校者旁注，傳寫誤併入文。」〔按〕此從關補（見上）爲長。

18　張登請費緤曰

張登〔一〕請（謂）費緤〔二〕曰：「請令公子年〔三〕謂韓王曰：『費緤，西周讎之，東周寶之。此其家萬金，王何不召之以爲三川之守？是緤以三川與西周戒也〔四〕，必盡其家以事王。西周惡之，必效先王之器以止王〔五〕。』韓王必爲之〔六〕。西周聞之，必解子之罪，以止子之事〔七〕。」

〔箋證〕

〔一〕鮑彪云：「（張登）中山人，見其策。」鮑次此章於釐王下。吳師道云：「韓釐王元年趙滅中山。大事記載韓、燕、中山稱王在周顯王四十六年，當宣惠王十年。中山策有張登，去此時甚遠。然此策本不可定爲何王之世，鮑强附之。」〔按〕依中山策，此章當次於宣惠王世。

〔二〕鮑本、吳本「請」作「謂」。鮑彪云：「（費緤）韓人。」〔按〕「謂」字爲是，今從改。「請」字疑涉下「請」字而訛。緤不必是韓人。

〔三〕鮑本「年」作「牟」。吳師道云：「一本『牟』作『年』。」〔按〕此似爲韓公子，非魏公子牟。

〔四〕鮑彪云：「三川近西，西鄰之，故緤有戒心。」關修齡云：「猶爲西周之備。」金正煒云：「說文：『戒，警也。』詩采薇：『豈不日戒。』箋：『戒，警勒軍事也。』」〔按〕金說是。

〔五〕鮑彪云：「止韓勿使爲守。」〔按〕東周策東周與西周戰章云：「西周者，故天子之國也，多名器重寶。」「先王之器」謂此。

〔六〕鮑彪云：「此下登言其效也。」

〔七〕鮑彪云：「守三川，非緤之欲，登云云，解其罪耳。」

19　安邑之御史死

安邑之御史死〔一〕，其次恐不得也〔二〕。輸人〔三〕爲之謂安（邑）令〔四〕曰：「公孫綦爲人請御史於王，王曰：『彼固有次乎，吾難敗其法〔五〕。』」因遽置之〔六〕。

〔箋證〕

〔一〕鮑彪移此章於魏策安釐王下。吴師道云：「魏都安邑，在惠王未徙大梁前。昭王十年獻安邑於秦。章次不當在此（安釐王）。」又云：「大事記、前漢百官表：監御史，秦官，掌監郡。此策云云。六國已遣御史監掌矣，非獨秦也。」〔按〕韓非子内儲説上篇云：「卜皮爲縣令，其御史汙穢而有愛妾。」是郡縣有御史之證，大約類於縣佐。顧觀光附次此章於周赧二十二年，云：「時韓、魏皆有安邑，據白起傳取韓安邑以東到乾河在戰伊闕後，故附此。鮑氏因『安邑』二字，移入魏策，吴注不知糾正，何也？」

〔二〕横田惟孝云：「言其次當爲御史者，恐不得爲御史也。」

〔三〕鮑彪云：「輸，安邑里名。」〔按〕此亦難定。「輸人」或爲官名，如漢之均輸令之類。

〔四〕姚宏云：「三本同無『謂』字。」鮑彪「安」下補「邑」字。吴師道云：「宜有『邑』字，大事記有。」今據補。〔按〕令，謂縣令。韓非子五蠹篇：「今之縣令，一日身死，子孫累世絜駕，故人重之。」可見其時縣令之位甚重。

〔五〕鮑本無「乎」字，「其法」二字作「之」。吴師道云：「一本有『次乎吾難敗其法』。」關修齡云：「彼，指安邑也。言彼固有其次當爲御史者。」〔按〕此「乎」字猶「也」。

〔六〕鮑彪云：「令聞王言，故立其次。」

20 魏王爲九里之盟

魏王爲九里之盟，且復天子〔一〕。房喜〔二〕謂韓王〔三〕曰：「勿聽之也。大國惡有〔四〕天子，而小國利之。王與大國弗聽〔五〕，魏安能與小國立之？」

【箋證】

〔一〕鮑本「九里」作「九重」。鮑彪次此章於釐王下，謂「魏王」爲安釐王，云：「九重，謂王城。欲城之，先盟其衆。」又云：「『赧四十二年，馬犯請梁城周，有『復之』之語，正此（釐王）二十三年。復，復其尊。」吳師道云：「（九重）一本『九里』，大事記引之。」又云：「大事記：『按韓非子魏惠王（原本誤作「公」）爲臼里之盟，將復立天子。彭喜謂鄭君曰：君勿聽云云。戰國策所載與此同，但止言魏王，而不言惠王，以「臼里」爲「九里」，以「彭喜」爲「房喜」，以「鄭君」爲「韓王」。所謂將復立天子者，是時七國既稱王，不以周爲天子也。或者猶咎孟子勸諸侯行王道，何哉？盟不知何年，附載於慎靚王三年魏惠王薨之前。』按此策當屬（魏）惠王。」又駁鮑注云：「周紀『復之』之文，謂許梁以鼎事。正義：『「復」一音扶又反，非謂「復王」』。」黃丕烈云：「『九』、『臼』一聲之轉。」金正煒云：「周書作雒篇：『俘殷獻民，遷於九里。』注：『九里。成周之地，近王化也。』作『重』者誤。」〔按〕魏惠王爲盟以復天子，吳注引大事記辨之已詳。但會於何時？盟於何地？皆在闕疑。雷學淇竹書紀年義證卷三十八論梁惠王朝天子事云：「（史記六國）年表曰：『顯王二十五年，諸侯會。』周本紀謂秦會之，誤。按戰國策秦策曰：『梁君伐楚勝齊，制韓、趙之兵，驅十二諸侯，以朝天子於孟津。』又曰：『魏伐邯鄲，因退而爲逢澤之遇。乘夏車，稱夏王，朝爲天子，天下皆從。』齊策曰：『昔者魏王擁土千里，帶甲三十六萬，恃其强而拔邯鄲，西圍定陽。又從十二諸侯朝天子，以西謀秦。』韓策曰：『魏王爲九重之盟，且復天子。』據此諸説，是惠王於勝韓趙之後，即率十二諸侯，朝天子孟津，因鄭君弗聽，秦又説之使行王服，於是齊與秦始起而敗之。核以紀年（秦會諸侯於逢澤）之文，年表之顯王二十五年會諸侯，實即惠王之事。」其説頗核。則九里之會在周顯王二十五年（前三四四）、梁惠王二十七年、韓昭侯十九年也。于鬯謂：「九里蓋即逢澤，一地而異名，或小大名。」金釋引周書作雒篇之「九里」，今本並作「九畢」。朱右曾逸周書集訓校釋云：「玉海引作『九里』，誤也。」以此「九里」地與朝天子之事核之，地處相合，正恐「九畢」當作「九里」也。若然，九里當在洛陽附近，與逢澤異地（秦本紀集解：「徐廣曰：『開封東北有逢澤。』」）。

〔二〕鮑彪云：「（房喜）韓人。」〔按〕韓非子説林上篇作「彭喜」。顧廣圻識誤云：「『房』當是『旁』之誤，彭、旁同字也。」按「房」古音讀如「旁」，非字誤，顧説非。

〔三〕〔按〕其時爲韓昭侯，此稱「韓王」，乃追詞。

〔四〕姚宏云：「曾本作『惡有』。」〔按〕韓非子同。「惡」讀去聲，憎惡。

〔五〕鮑彪云：「此言韓亦大國。」

21　建信君輕韓熙

建信君輕韓熙〔一〕，趙敖爲謂建信侯（君）〔二〕曰：「國形有之而存，無之而亡者，魏也〔三〕。不可無而從者，韓也〔四〕。今君之輕韓熙者，交善楚、魏也〔五〕。秦見君之交反善〔六〕於楚、魏也，其收韓必重矣。從則韓輕，横則韓重，則無從輕矣〔七〕。秦出兵於三川〔八〕，則南圍鄢，蔡、邵之道不通矣〔九〕。魏急，其救趙必緩矣。秦舉兵破邯鄲，趙必亡矣。故君收韓，可以無亹〔一〇〕。」

〔箋證〕

〔一〕鮑彪云：「（建信君）趙人。」〔按〕韓熙，疑是韓相。

〔二〕鮑彪改「侯」作「君」，今從之。

〔三〕鮑彪云：「趙、魏爲鄰，故其勢如此。」〔按〕趙敖，當是趙人。　横田惟孝云：「趙國形勢，有魏則存，無魏則亡。」

〔四〕鮑彪云：「欲爲從，必得韓。」

〔五〕吴師道云：「謂今君之輕韓熙，因交善於楚、魏故也。」

〔六〕吴師道云：「（之交反善）一本『之交之善』。」

〔七〕鮑彪云：「（從則韓輕）從必得韓，而反輕者，國小不得主從。（横則韓重）最近秦故。（無從輕矣）韓以爲輕。」吴師道云：「無從者輕，指趙言也。」　横田惟孝云：「韓從則無秦而輕，横則有秦而重，則韓必不從輕矣，言韓合於秦。」　金其源云：「從合則楚王，横連則秦帝。韓爲秦之屏蔽，而非楚之屏蔽，故從則秦之視韓也輕，横則秦之視韓也重。夫秦固欲横者也，則其於韓勿使可從輕視也審矣。是三句皆所以申説上句秦之『收韓必重』者也。」〔按〕此三句乃自韓言之，從則韓於諸國爲弱，故輕；横則韓能弱楚，秦之所欲（見張儀爲秦連横説韓王章），故重。較二者之利害，則韓無從輕矣。諸解均有未安。

〔八〕〔按〕史記秦本紀：「莊襄王元年（前二四九）秦界至大梁，初置三川郡。」此時三川已爲秦有，謂自三川出兵也。

〔九〕鮑彪云：「謂潁川鄢陵、汝南二蔡、邵陵。上三邑皆近魏。」吴師道云：「鄢、許屬魏者，策於魏多言許、鄢陵。」

〔一〇〕横田惟孝云：「亹，隙也。言趙合韓，則無爲秦所伐之釁隙也。」

22　段産謂新城君曰

段産謂新城君〔一〕曰：「夫宵行者，能無爲姦，而不能令狗無吠己。今臣處郎中〔二〕，能無議君於王，而不能令人毋議臣於君。願君察之也〔三〕！」

【箋證】

〔一〕鮑彪移此與下章於秦策昭襄王下，云：「（段産）秦人。（新城君）韓襄十二年注：羋戎也。」吴師道云：「（二章）皆不見羋戎寵衰之意，爲秦亦無明徵，當從舊次。」于鬯云：「前策有段規，此産或其後，則韓人也。鮑移入秦策，故謂秦人。蓋以新城君爲羋戎，則産亦秦矣。然韓人仕秦，亦自可説。或謂新城本韓地，後秦有之以封戎。此新城君當爲韓相封號。案新城，韓並不止一處。此新城君爲秦爲韓似未可執。下策段干謂新城君有『於秦亦萬分之一』語，兩策或同一新城君，則秦爲是。」鍾鳳年云：「考文選十六張茂先勵志詩善注引此（下章）作『段干越人謂韓相新城君曰云云』。可證鮑改隸秦策誤。」〔按〕鮑移二章於秦策，主要以新城君爲羋戎。然下章段干越人稱君爲相國，文選注引亦作「韓相新城君」，羋戎未嘗相韓，亦未爲秦相，則此新城君非戎審矣。新城地名同者非一，此自是韓相封號。段産韓人，于説疑是。

〔二〕鮑彪云：「郎、廊同。漢官表注：主郎内諸官。」吴師道云：「『廊』字通作『郎』，不謂『郎』爲『廊』。郎中令，秦官，郎乃其屬。此注在『郎中令』下，非郎職也。大事記謂是時郎中職已親近。」〔按〕郎中之官，秦、齊、楚、趙諸國並有之，見董説七國考。此爲韓官。

〔三〕〔按〕此與魏策四白珪謂新城君曰章語同，以段産爲白珪，蓋傳聞異辭耳。

23　段干越人謂新城君曰

段干越人謂新城君曰〔一〕：「王良之弟子駕〔二〕，云取千里馬〔三〕，遇造父之弟子〔四〕。造父之弟子曰：『馬不千里〔五〕。』王良弟子曰：『馬，千里之馬也；服，千里之服也〔六〕，而不能取千里，何也？』曰：『子纆〔七〕牽長。』故纆牽於事，萬分之一也〔八〕，而難〔九〕千里之行。今臣雖不肖，於秦亦萬分之一也〔一〇〕，而相國見臣不釋塞者〔一一〕，是纆牽長也〔一二〕。」

〔箋證〕

〔一〕鮑彪移此章於秦策，説見上章。鮑彪云：「凡段干皆魏人，今在秦。」吴師道云：「史注：段干，魏邑。路史：段干，李姓邑，初邑段，後邑干，因邑而氏。」鍾鳳年云：「文選（勵志詩）注引此章首句作『段干越謂韓相新城君曰』，義是。因新城君雖爲秦宣太后弟，然案史記君未嘗相秦，而此章下文有『相國見臣不釋塞』之語，是必君嘗相韓，故段干越人始稱之爲相國；應依善注補。又注止作『段干越』，則無從辨古今孰誤；而考扁鵲名秦越人，此似亦應有『人』字。」〔按〕鮑以新城君爲芈戎，因以段干在秦，鍾氏主新城君爲韓相，而又以戎爲韓相，並疑非是。新城君當是韓相，與戎非一人，説見上。魏有段干木（史記魏世家）、段干崇（魏策三），齊有段干綸（齊策一）。史記老子傳：「老子之子名宗，宗爲魏將，封於段干。」路史謂李氏邑者本此。此段干越人疑是韓使有事於秦者，説見下。文選顔延年觀北湖田收詩李善注又引此章作「段干越謂新城君曰」，無「韓相」二字，與勵志詩注同作「段干越」，無「人」字，疑今策衍。鍾引扁鵲名秦越人之例，此據史記扁鵲傳。然今本史記此有脱文，周禮釋文引作：「姓秦，名少齊，越人。」（見秦策二醫扁鵲見秦武王章吴注）是扁鵲不名「越人」，不足爲據。

〔二〕鮑彪云：「良，趙簡子御。駕，馬在車下負軛。」〔按〕王良爲趙簡子御，見孟子。吕氏春秋審分篇云：「王良之所以使馬者，約審之以控其轡，而四馬莫敢不盡力。」高注：「王良，晉大夫郵無正郵良也。」又高誘淮南子覽冥訓注：「王良，晉大夫郵無恤子良也，所謂御良也。一名孫無政，爲趙簡子御。死而託精於天駟星，天文有『王良星』是也。」

〔三〕姚宏云：「一無此（馬）字。」鮑彪讀「千里」句，云：「其言然。」「馬」屬下讀。金正煒亦讀「千里」句，改「馬」作「焉」，屬下讀，云：「『焉』猶『於是』也，『乃』也。」〔按〕詳鮑注當是本亦無「馬」字，而刻本誤衍。否則「馬」屬下讀，不成文理。金改義長。然文選二詩注引並作「王良弟子駕千里之馬」，有「馬」字。疑策文有脱誤，當作「王良之弟子駕千里之馬，云取千里」。今本脱「千里之」三字，「馬」字又誤淆於下耳。釋名釋言語：「取，趨也。」

〔四〕鮑彪云：「造父，周穆王之御，不得與王良同時。然學出於造父者，得稱爲其弟子，非必與之同時也。」横田惟孝云：「造父爲齊王御，見韓子，蓋周末人，此書亦可以證矣。其爲周穆王御者，蓋列子寓言，而史遷疎謬也。其見管子，假託之書，不足信據焉。鮑彪論其不得與王良同時，失考。」〔按〕鮑説本通達，横田横生異議，據韓子（外儲説右篇）之文，而輕詆舊籍爲僞謬，非是。即如其説，韓子「造父爲齊王駙駕」，齊之稱王自威王始。而王良爲趙簡子御，簡子之時，田氏尚未代立，何有齊王？則良與造父亦豈能同時？其實善御者名造父，猶善醫者名扁鵲，不必斷其爲一人也。又勵志詩及觀北湖田收詩注引作「過京父之弟」。則「造父」本作「京父」，又可以息訟矣。「遇」當從文選注作「過」，義長。

〔五〕鮑彪云：「不能然。」金正煒云：「馬不千里，與下文『馬，千里之馬也；服，千里之服也』，文不相應。『馬』當作『駕』。駕，行也。」〔按〕此言馬不能行千里也，鮑注是。金誤解爲馬非千里之馬，改字求通，非。

〔六〕鮑彪云：「駕車馬四，兩服在中央夾轅，兩驂在旁，見大叔于田。言馬言服，馬豈驂邪？」横田惟孝云：「『服』與『服牛』之『服』同，猶『御』也。」中井積德云：「服，猶言車服，謂車及諸物皆可取千里之備。」〔按〕鮑以馬服爲兩驂兩服，非是。此「服」非「服馬」之「服」。服與伏同字，古常通用。史記酷吏列傳：「同車未嘗敢均茵伏。」索隱：「伏，車軾也。」伏即鞦，釋名釋車：「鞦，伏也；在前，人所伏也。」又大車之較，謂之牝服（詳考工記車人及注）。詩小雅大東：「睆彼牽牛，不以服箱。」毛傳：「服，牝服也。箱，大車之箱也。」此服即牝服，亦通。猶言車之鞦（或牝服）亦堪千里。

〔七〕鮑彪云：「纆，索也，以牽馬。」金正煒云：「周禮牛人：『共其兵車之牛與其牽徬。』注：『牽徬，在轅外挽牛者，人御之。居其前曰牽，居其旁曰徬。』」〔按〕纆亦作纆。文選鵩鳥賦：「何異糾纆。」李善注引字林曰：「糾，兩合繩。纆，三合繩。」史記賈生傳「纆」作「纆」。

〔八〕〔按〕謂纆牽之於御事至微小也。

〔九〕姚宏云：「曾（難）作『維』。」〔按〕文選注引亦作「難」，同此本。

〔一〇〕闕修齡云：「言已雖不肖，其於秦事亦有至微之用。」〔按〕於秦，謂與於秦事。疑當時韓有事於秦，越人欲求用之，故云爾。

〔一一〕鮑彪云：「（相國）戎未嘗相，以其傳國事稱之。（不釋塞者）言障之於下不解。」中井積德云：「不釋塞者，謂壅蔽之，使其不上通也。」于鬯讀「不釋」句，「塞」屬下讀，云：「疑相國指穰侯，非芈戎。『臣』當作『君』，君則戎也。『釋』讀爲『懌』。不懌，不悦也。『塞』當作『意』。意者，疑辭也。段干欲戎以己近相國耳。此以纆牽自比，以千里馬比戎。」〔按〕鮑、于並以新城君爲芈戎，於此「相國」不合，故曲辭求解，非是。相國即新城君。「塞」字疑衍。「塞」與「釋」聲近，因以誤衍。文選勵志詩注引作「不懌者」，可證。釋與懌，古字通用。相國見臣不懌，以其無功。

〔一二〕吴師道云：「言相國之短於用己。」〔按〕言己之不能有功者，亦由於纆牽之長，謂受人牽制。

戰國策　卷二十九

燕一

〔釋題〕

張琦云：「燕地自今直隸（河北）保定、霸州（今霸縣）以北，宣化以東，至朝鮮，北有塞外故開平（今隸内蒙古）、大寧（今遼寧西拉拉木倫河以南地區）。」

〔按〕燕亦稱北燕，周召公奭之後，分封於燕，都薊（今北京市）。戰國時七雄之一，歷成公、文公、簡公、桓公、文公、易王、王噲、昭王、惠王、武孝王、孝王、王喜十二世，至王喜爲秦所滅。

1　蘇秦將爲從北説燕文侯

蘇秦將爲從，北説燕文侯〔一〕曰：「燕東有朝鮮、遼東〔二〕，北有林胡、樓煩〔三〕，西有雲中、九原〔四〕，南有呼沱〔五〕、易水〔六〕，地方二千餘里，帶甲數十萬〔七〕，車七百乘，騎六千疋，粟支十年〔八〕。南有碣石、雁門〔九〕之饒，北有棗粟（栗）〔一〇〕之利，民雖不由田作〔一一〕，棗栗之實，足食於民矣。此所謂天府也。夫安樂無事，不見覆軍殺將之憂，無過燕矣。大王知其所以然乎？夫燕之所以不犯寇被兵者，以趙之爲蔽於南也。秦、趙五戰〔一二〕，秦再勝而趙三勝。秦、趙相弊，而王以全燕制其後，此燕之所以不犯難也。

「且夫秦之攻燕也，踰雲中、九原，過代、上谷，彌埊踵道〔一三〕數千里，雖得燕城，秦計固不能守也。秦之不能害燕亦明矣。今趙之攻燕也，發興號令〔一四〕，不至十日，而數十萬之衆軍於東垣〔一五〕矣。度呼沱，涉易水，不至四五日，距國都矣〔一六〕。故曰：秦之攻燕也，戰於千里之外；趙之攻燕也，戰於百里之內。夫不憂百里之患，而重千里之外，計無過於此者〔一七〕。是故願大王與趙從親，天下爲一，則國必無患矣！」

燕王曰：「寡人國小，西迫强秦，南近齊、趙〔一八〕，齊、趙强國也〔一九〕。今主君〔二〇〕幸教詔之合從以安燕，敬以國從！」於是齎〔二一〕蘇秦車馬金帛以至趙〔二二〕。

〔箋證〕

〔一〕鮑彪云：「（文侯）桓公子。」又云：「此（文公）二十八年。」

〔二〕鮑彪云：「（朝鮮）屬樂浪。（遼東）并州郡。」吳師道云：「朝鮮，箕子所封，今高麗國。索隱云：『音「潮汕」。』」〔按〕史記朝鮮列傳云：「自始全燕時，嘗略屬真番、朝鮮，爲置吏，築鄣塞。」索隱云：「始全燕時，謂六國燕方全盛之時。」燕侵朝鮮，史不詳何世，計燕强盛之時，莫如昭王。匈奴列傳云：「燕有賢將秦開，爲質於胡，胡甚信之，歸而襲破，走東胡，東胡却千餘里。」燕略朝鮮及遼東當在秦開破東胡時。開爲隨荆軻刺秦王之秦舞陽之祖，舞陽生燕王喜時，史又述開事在趙武靈王破林胡、樓煩之後，則開破東胡約當昭、惠之世，可以推知。文侯前昭王三世，安能有其地？此是誇詞，非必實有其地，或爲後來策士擬摹之詞。下文略同。箕子所封之朝鮮，非今朝鮮國地。　呂思勉燕石札記朝鮮東徙之迹引此策，謂：「古書叙述地名，大率近者居前，則爲此辭者之意，似尚謂遼東在朝鮮之表。」遼東即朝鮮傳之真番（集解引徐廣曰：「遼東有番汗縣。」）。其説可參。

〔三〕吴師道云：「（林胡樓煩）見趙策。」〔按〕匈奴列傳云：「晉北有林胡、樓煩之戎。……趙武靈王亦變俗胡服，習騎射，北破林胡、樓煩，築長城。」林胡、樓煩二族居燕、趙之間，文侯時亦不能有其地。程恩澤云：「亦第服屬其國而已，未必能全有其地也。」

〔四〕鮑彪云：「（雲中、九原）屬五原。」吴師道云：「正義云：雲中郡城在林榆縣東北。九原郡城在林榆縣西界。二郡皆在勝州。」張琦云：「趙武靈王攘地，北至燕、代，西至雲中、九原。又武靈王欲自雲中、九原，直前襲秦。此誇詞，非實也。」〔按〕錢坫新斠注地理志集釋云：「雲中在今（陝西）榆林府神木縣東北鄂爾都斯界内，黄河東北岸。」「九原，在今榆林府東北鄂爾都斯界内，黄河東岸。」

〔五〕吴師道云：「呼沱，見前。」〔按〕見秦策一張儀説秦王章。錢坫云：「河北之水，惟虖池決溢無常，漸趨而南，無復舊跡矣。」沈垚落帆樓文集卷三漳北滹南諸水考有滹沱水考，考證古滹沱水道頗詳，可參考。文繁從略。太平寰宇記卷六十九引「呼」作「滹」，同。

〔六〕鮑彪云：「（易水）出涿故安。」張琦云：「漢志故安下云：『閻鄉，易水所出，東至范陽，入濡水；亦至范陽，入淶。』師古曰：『言易水又至范陽入淶也。』水經注引漢志作『渠』，以爲淶、渠二號，即拒馬之異名。」

〔七〕鮑本、吳本無「餘」字。〔按〕太平御覽三百三十引作「地方二千里，帶甲十萬」。

〔八〕吳本「十」作「二」。黄丕烈云：「史記（十）作『數』。索隱引戰國策『十年』。『二』字誤。」〔按〕鮑本不誤，吳刊本之譌。

〔九〕鮑彪云：「（雁門）并州郡。」吳師道云：「正義云：『碣石山在平州，燕東南；雁門山在代，燕西南。』」田藝蘅云：「碣石：雁門不得在南，碣石東，雁門北也。」姚鼐云：「碣石在燕東，海中之貨自北入河。雁門在西北，沙漠之貨自此入路。皆達於燕南，故有其饒也。」程恩澤云：「（碣石）在今昌黎縣東、絫縣故城之南。……雁門、碣石皆非燕南境，『南』字疑誤。」〔按〕蘇秦傳索隱：「戰國策碣石山在常山九門縣。」續漢書郡國志劉昭注同。似非國策原文。九門縣之碣石，鄭玄注尚書已疑之，胡渭禹貢錐指亦辨其非。且彼地屬趙，與此不合。查漢書地理志右北平郡驪城下有「大揭石山在縣西南」，遼西郡絫縣下有「碣石水」。二地之故址雖多争論，大抵不外在今河北唐山市東北瀕渤海灣地區。水經濡水注云：「濡水又東南至絫縣碣石山，……漢武帝亦嘗登之以望巨海而勒其石於此。今枕海有石如甬道數十里。當山頂有大石如柱形，往往而見，立於巨海之中，潮水大至則隱。」策文所指當是此地，但方位有誤耳。

〔一〇〕鮑本、吳本、盧本「粟」作「栗」。黄丕烈云：「『栗』字是也。」〔按〕下文作「棗栗」。御覽及寰宇記引亦作「栗」，史記同。此顯誤，今正。我國栽植棗栗頗早，見於詩經及山海經，今各地多有之。據此策則燕地當時培植之繁，足供應民食，尤甲於它地矣。羅願爾雅翼卷十引毛詩義疏曰：「五方皆有栗，周、秦、吳、揚特饒。唯漁陽、范陽栗，甜美長味。」漁陽郡戰國時屬燕，范陽郡屬齊。

〔一一〕鮑本、吳本無「由」字。金正煒云：「『由』即『田』之誤衍。」〔按〕寰宇記引無「由」字。但有「由」字亦通，不必衍。史記作「雖不佃作」。佃同田。

〔一二〕吳師道云：「（秦趙五戰）設辭也。」中井積德云：「五戰，舉舊來之實事也，非虛說。」〔按〕依文氣言之，非設辭。

〔一三〕鮑本、吳本「坔」作「地」，同。鮑彪云：「『彌』猶『亘』，『踵』猶『繫』。」吳師道云：「踵，足後也。徐曰：猶言繼踵也。」橫田惟孝云：「『踵』猶『行』也。言秦攻燕之難也。」金正煒云：「踵，接也。呂覽論威篇：『多者數萬，少者數千，密其躅路，開敵之塗。』即此『彌地踵道』之謂也。」〔按〕史記無「踵道」二字。

〔一四〕鮑本、吳本作「發號出令」，史記同。金正煒云：「漢書宣帝紀：『大發興調關東輕車鋭卒。』策文不必同史文。」

〔一五〕鮑彪云：「『垣』謂『城』。」吳師道云：「正義云：東垣，趙之東邑，在恒州真定縣南，故常山城。」張琦云：「（東垣）故城在今正定府（河北正定附近地區）西八里。」

〔一六〕橫田惟孝云：「（距國都）至燕都也。」

〔一七〕胡三省通鑑注云：「言燕計之過，無甚於此。」

〔一八〕鮑本「南」作「促」。吳師道云：「一本『南近齊魏』。」黄丕烈云：「史記云：『迫强趙，南近齊。』此策文當有誤。」〔按〕秦不迫燕，趙又不在燕南，下文「齊、趙强國也」正承此語，不及秦。疑「秦」當作「趙」，誤衍於下，又衍「秦」字耳。史文不誤，可證。

〔一九〕鮑本無「也」字。吳師道云：「一本有『也』字。」〔按〕此承上文而言，故知「秦」當作「趙」，而「南近齊、趙」之「趙」字爲衍。

〔二〇〕〔按〕史記「主君」作「子」。史言蘇秦説六國，燕爲首。是時秦尚未官，不應稱主君，亦追述之詞爾。

〔二一〕〔按〕齎同資。

〔二二〕鮑彪云：「(蘇秦)傳在説諸國之初。」

2　奉陽君李兑甚不取於蘇秦

奉陽君李兑甚不取於蘇秦〔一〕。蘇秦在燕，「李兑」〔二〕因爲蘇秦謂奉陽君曰：「齊、燕離則趙重，齊、燕合則趙輕。今君之齊〔三〕，非趙之利也，臣竊爲君不取也。」奉陽君曰：「何吾合燕於齊〔四〕？」對曰：「夫制於燕者，蘇子也〔五〕。而燕弱國也，東不如齊，西不如趙，豈能東無齊、西無趙哉？而君甚不善蘇秦，蘇秦能抱弱燕而孤於天下哉？是驅燕而使合於齊也。且燕亡國之餘也〔六〕，其以權立，以重外，以事貴〔七〕。故爲君計，善蘇秦則取(之)〔八〕，不善亦取之，以疑燕、齊〔九〕。燕、齊疑，則趙重矣。齊王疑〔一〇〕蘇秦，則君多資。」奉陽君曰：「善。」乃使使與蘇秦結交。

【箋證】

〔一〕鮑彪次此章於文公下蘇秦説燕之前，衍「李兑」二字，云：「(奉陽君甚不取於蘇秦)傳亦云。」吳師道云：「此策非文公時。」「奉陽君李兑者，通封邑姓名言之也。『蘇秦』當作『蘇代』，因蘇秦稱奉陽君不説之語而訛也。此策有蘇代爲奉陽君説燕於趙以伐齊，奉陽君不聽，乃入齊，即『奉陽君不取蘇秦』之事也。李兑因爲蘇秦云云，此『李兑』二字誤羨也。大事記以此章備載於蘇秦説燕與趙合從之下。又據古史，謂肅侯時奉陽君公子成實未亡，削去捐館之語。愚嘗辨蘇秦所稱奉陽君必别爲一人。奉陽君實李兑，非公子成也。且此章知決爲蘇代者，其言曰：『燕弱國也，東不如齊，西不如趙。』又曰：『燕亡國之餘。』此言正之、噲之役，昭王未破齊之時也。文公據全燕之盛，何得若此言哉？史遷謂『世言蘇秦事多異，異時事有類者，皆附之秦』，則此類也。」于鬯云：「或云：『此乃後人擬策，本不足列。史蘇秦傳言奉陽君弗説之，至蘇秦説趙，猶曰奉陽君妒，又曰令奉陽君捐館舍，則可見奉陽君終身不善蘇秦。擬此策者，以爲能使奉陽君善蘇秦，以自效其説，與楚策楚王死章正同，而不顧事理失實。』又一説也，備考。」〔按〕蘇秦説六國爲從與李兑合五國攻秦事，年代隔越，史記不載李兑事，戰國策兩載之。奉陽君合五國攻秦見於國策者不一，考之年代、事蹟亦相合，不容虚構。反之，蘇秦合從之辭，多與時事矛盾，古今學者頗懷疑之。然拘於史記、國策相同，不敢輕議，如「奉陽君」之爲何人，曲爲疏證，不能使人愜意，今姑舉鮑、吴、于三家爲例，餘略。自一九七三年長沙馬王堆漢墓出土大量帛書，其中戰國縱横家書一種爲戰國史研究提供極重要、極珍貴之資料，爲解決某些糾紛問題開啓新徑。書共二十七章，其第一至十四章載蘇秦之書札及其談話，内六章蘇秦自稱其名。十四章中涉及並時人物，有齊閔王、燕昭王（皆作「齊王」或「燕王」，無謚號，自屬當時人口氣。確知其爲某王者，可從内容審定之）、奉陽君（或稱李兑）、薛公（田文）、徐爲、公玉丹等。所記多爲蘇秦爲燕謀齊，勸齊攻宋，又間齊、趙之交，與國策奉陽君合五國攻秦之内容相應，可信其爲記蘇秦言行之實録。……由此可斷奉陽君之爲李兑固不誤，此章是蘇秦謀合燕於趙而惡齊、趙之交也。若誤以爲趙肅侯時蘇秦約六國合從之前則亦未必然。鮑、吴二家疑此章蘇秦爲燕謀之類如此，史、策往往改「秦」作「代」，由於年代先後淆亂，今辨於此，以後從省。

〔二〕吴師道云：「此『李兑』二字誤羡也。」横田惟孝、吴汝綸説同。〔按〕吴説是也，此涉上文而衍，今從衍。

〔三〕鮑彪云：「（之齊）謂以燕合齊。」横田惟孝云：「『今君之』下，疑脱『合』字，謂合燕於齊。」于鬯云：「大事記改作『今君合燕於齊』。按下文云『何吾合燕於齊』，又云『是驅燕而使合於齊也』，其意則是矣。句有誤。」金正煒云：「『今君』下脱『合燕』二字，下文『何吾合燕於齊』，即與此文相應。『之』猶『於』也，（經傳）釋詞『諸』之一聲之轉。『諸』訓爲『於』，故『之』亦訓爲『於』。」鍾鳳年據下文「是驅燕而使合於齊也」，謂「君」下脱「驅燕」二字。〔按〕句有誤訛，大事記已正之。但疑「之」字上脱「合」字，作「今君合之齊」，「之」爲燕之代詞，猶言合燕於齊也。

〔四〕鮑彪云：「問何以言然。」

〔五〕鮑彪云：「言其制燕。」〔按〕蘇秦能制燕，謂其得燕王信任。此語即可證其與六國合從無關。

〔六〕鮑彪云：「惠公六年，大夫誅其姬，而惠公奔齊。齊、晉入之，至而卒。」吳師道云：「史年表燕惠公欲殺公卿，立幸臣。公卿誅幸臣，公恐，出奔齊。此事在周景王六年，至燕文公二十八年蘇秦説燕之歲，爲二百有五年，不應遠舉此事。此必齊破燕，昭王既立之時也。以此言知非蘇秦約從時事。」姚範云：「按是時齊尚未破燕，安得云亡國之餘？」〔按〕吳正是也。姚疑贅矣。關修齡、横田惟孝以「且燕」下止「事貴」十七字爲他策錯簡，非，蓋皆誤於繫此章於六國合從時。

〔七〕鮑彪云：「（權立）權，謂外與貴也。（以重外以事貴）並謂齊、趙。」吳師道云：「以權立者，謂燕破亡之餘，太子平以權宜立。其勢微弱，必重外，必事貴。外與貴，謂他國，齊、趙之屬也。」金正煒云：「其，謂蘇子也。謂其資燕以立進取之基，非終抱弱燕而孤於天下也。『以重外』當作『以外重』，言將藉外勢以自重。以事貴，言將約從以取貴。」〔按〕吳注是。但燕昭非太子平，乃公子職，説詳下燕王噲既立章。

〔八〕鮑本、吳本「取」下有「之」字。鮑彪云：「取，言與之交。」〔按〕從修辭上觀之，有「之」字爲長，今從補。

〔九〕鮑彪云：「齊不善蘇子，蘇子在燕，而趙人取之，則齊疑燕合趙而外己。齊疑燕，燕亦不能信齊矣。」〔按〕鮑注首二句未是。趙與蘇子善，則齊疑燕合於趙矣。

〔一〇〕鮑彪云：「（疑）疑其合燕於趙（鮑、吴合注四部叢刊本「趙」誤作「楚」，據鮑單注本正）。」

3　權之難燕再戰

權之難〔一〕，燕再戰不勝，趙弗救。噲子〔二〕謂文公曰：「不如以埊請合於齊，趙必救我。若不吾救，不得不事〔三〕。」文公曰：「善。」令郭任以埊請講於齊。趙〔四〕聞之，遂出兵救燕〔五〕。

【箋證】

〔一〕鮑彪云：「與齊戰也。」〔按〕見齊策二權之難章。

〔二〕鮑彪云：「（噲子）文公孫子噲。」〔按〕齊、燕權之戰不當燕文公時，説詳齊策二。噲爲易王之子，稱「噲子」，明其爲太子，非爲公孫。則此「文公」應爲「易王」，下章亦訛「易王」爲「文公」（説見下），與此同。疑是撰策者憑傳聞而譌也。

〔三〕鮑彪云：「燕、齊合則趙輕，雖不救我，後必事我。」關修齡云：「趙若不救我，則不得不事齊，故不如請合於齊。」金正煒云：「不事，猶言無事，無、不字古通用。周禮大司馬『若師不功』。言無功也。趙不救燕，則燕、齊合而趙且不能無事，蓋以合齊怵趙，而策其不能不救燕也。」〔按〕金説爲長。

〔四〕姚宏云：「曾本更添『齊趙』二字。」〔按〕曾添誤。

〔五〕鮑彪云：「齊策此役言及魏冉，知爲文公末年。」〔按〕辨見彼章。

4 燕文公時

燕文公時，秦惠王以其女爲燕太子婦〔一〕。文公卒，易王立，齊宣王因燕喪攻之，取十城。

武安君蘇秦〔二〕爲燕說齊王，再拜而賀，因仰而弔〔三〕。齊王按戈而郤（卻）〔四〕曰：「此一何〔五〕慶弔相隨之速也？」對曰：「人之飢，所以不食烏喙〔六〕者，以爲雖偷充腹〔七〕，而與死同患也。今燕雖弱小，强秦之少婿也。王利其十城，而深與强秦爲仇。今使弱燕爲雁行〔八〕，而强秦制其後，以招天下之精兵〔九〕，此食烏喙之類也。」齊王曰：「然則奈何？」對曰：「聖人之制事也，轉禍而爲福，因敗而爲功〔一〇〕。故桓公負婦人而名益尊〔一一〕，韓獻開罪而交愈固〔一二〕，此皆轉禍而爲福，因敗而爲功者也。王能聽臣，莫如歸燕之十城，卑辭以謝秦〔一三〕。秦知王以己之故歸燕城也，秦必德王；燕無故而得十城，燕亦德王；是棄强仇而立厚交〔一四〕也。且夫燕、秦之〔一五〕俱事齊，則大王號令，天下皆從。是王以虚辭附秦〔一六〕，而以十城取天下也。此霸王之業矣〔一七〕，所謂轉禍爲福，因敗成功者也。」齊王大說，乃歸燕城。以金千斤謝其後〔一八〕，頓首塗中〔一九〕，願爲兄弟，而請罪於秦。

〔箋證〕

〔一〕吳師道云：「史二十八年。」〔按〕此文有誤。燕文公卒年當秦惠王五年（前三三三）。惠王立三年，始冠（見秦本紀），即位時年十九（見秦始皇本紀），冠年二十二。國君冠而後始成婚。惠王於三年始冠，何能越二年即有女爲燕太子婦哉？若云定婚而未娶，則秦女是時年不越晬，易王如在沖齡，固可相配，但考易王在位十二年卒而子噲即位，是易王立時決非童稚，又豈能與襁褓之幼女定婚約哉？況下蘇秦云「强秦之少婿也」，則秦女非惠王之長女，與易王爲婦更不偶矣。由此可知策云「文公」、「易王」皆有誤。竊謂「文公」當作「易王」，而「易王」當作「王噲」。依古本竹書紀年年世推算，易王卒年（前三二一），當秦惠王後元四年、齊宣王十二年，與「齊宣王因燕喪攻之」相合。若在文公末年，則當齊威二十四年（史記於田齊世年多誤，故以此當齊宣王十年，非），不相侔矣。若據史記蘇秦説燕爲從，在文公二十八年。是年文公卒，此時蘇秦方合六國拒秦，姑不論齊何以忽背從取燕城之可疑，試問秦何肯出兵助敵？而蘇秦又安能以此恫齊哉？皆理所不可通，而益徵蘇秦合從之可疑。此文「易王」、「王噲」之譌爲「文公」、「易王」，猶下蘇秦死章「燕昭王」之誤爲「燕王噲」，史記亦同其誤也。陸隴其去毒據黃氏日抄分齊伐燕爲二事，以此當孟子之齊宣王伐燕，説涉支離，不足辨。

〔二〕〔按〕蘇秦封武安君，見於秦策一蘇秦始將連横説秦惠王章及史記蘇秦傳，謂其受趙封在合從六國之時。若此事在文侯卒年，則秦尚未受封，何能稱「武安君」，亦可證其不合。

〔三〕吳師道云：「索隱曰：『當時慶弔應有其辭，史不録耳。』」〔按〕藝文類聚卷二十五引「仰」作「迎」。

〔四〕「郤」乃「卻」之形譌，此本「郤」、「卻」二字常淆，今正。鮑本「卻」作「却」（鮑、吳合注四部叢刊本作「却」），同。鮑彪云：「却秦使退。」金正煒云：「廣雅釋詁（原譌作「言」，今正）：『卻，讓也。』謂責讓也。下云『此一何慶弔相隨之速也』，正即詰讓之詞。」〔按〕金説是。

〔五〕〔按〕經傳釋詞云：「一，語助也。」引此策文。「一」乃「抑」之聲轉，爲疑詞，王説未盡。史記「此一何」三字作「是何」。

〔六〕鮑彪云：「（烏喙）本草烏頭一名云。」〔按〕本草：「烏頭，味辛，甘温，大熱，有大毒。……一名奚毒，一名附子，一名烏喙。」

〔七〕史記「偷」作「愈」。王念孫云：「『愈』即『偷』字也。鄭注表記曰：『偷，苟且也。』言飢人食烏頭，雖苟且充腹，而與餓者同歸於死也。」（史記雜志）〔按〕太平御覽卷四百六十引作「雖愈飢充腹」，疑有增字。

〔八〕金正煒云：「『今』猶『若』也。」〔按〕「雁行」即「顔行」，見魏策。

〔九〕鮑彪云：「此言秦兵爲天下精。」

〔一〇〕金正煒云：「廣雅釋詁：『功，勝也。』禍福勝敗，並相對爲文。後漢馮衍傳：『聖人轉禍爲福，因敗以成勝。』即本此文。」

〔一一〕鮑彪云：「（桓公）齊桓公也。好内而霸。」吴師道云：「齊伐宋章蘇代曰：『智者之舉事也，轉禍而爲福，因敗而成功。齊人紫敗素也，而賈十倍。』正義引韓子云：『齊桓公好服紫，一國盡服紫，當時十素不得一紫。』取惡素帛染爲紫，其賈十倍。」按二章所稱，文意正同。蓋紫者婦人之服，紫敗素，得厚利，所謂名益尊也。」朱亦棟云：「史記管仲列傳：『其爲政也，善因禍而爲福，轉敗而爲功。桓公實怒少姬，南襲蔡，管仲因而伐楚，責包茅不入貢於周室。』據此，則所謂『負婦人而名益尊』者，即蔡姬事也。鮑注云云，即王充論衡所引『齊桓公負婦人以視朝』者是也，然其説頗不經。」横田惟孝、中井積德亦以負婦人爲出蔡姬事，蔡姬事見左氏僖公三年傳。于鬯既以蔡姬之事爲近似，而又云「未見名益尊」，致疑惑焉。金正煒又從吴注，云：「『負』字疑本作『服』，負、服字古通用。」〔按〕齊桓出蔡姬，因攻蔡而伐楚，與此語差可比類（「負」訓爲「背」；負婦人，爲背蔡姬）。但論衡書虚篇云：「傳書言齊桓公負婦人而朝諸侯。」與此策文更爲切合。王充雖譏爲虚妄，朱氏又譏其不經，而當時固有此傳説也。韓非子外儲説右下篇蘇代對燕王曰：「昔桓公之霸也，内事屬鮑叔，外事屬管仲，桓公被髮而御婦人，日遊於市。」説苑尊賢篇云：「（桓公）與婦人同輿，馳於邑中。」所謂負婦人，猶言御婦人（負，謂負載；負婦人即載婦人，故亦謂御婦人）。王充誤以爲負婦人於背，失之。正是戰國時通行之傳説，與此策文可相參證。

〔一二〕鮑彪云：「（左傳）宣十二年，楚伐鄭，許之平，晉救之。荀桓子欲還，彘子不可。韓獻子謂桓子：彘子以偏師陷，子罪大矣，不如進也。戰於邲，晉敗績。成十三年，獻子將下軍，孟獻子曰：晉師乘和，必有大功。十六年，戰於鄢陵，楚敗績。」陸隴其云：「國語：『趙宣子言韓獻子於靈公，以爲司馬。河曲之役，趙孟使人以其乘車干行，獻子執而戮之。衆咸曰：韓厥必不没矣。其主朝升之而莫戮其車，其誰安之？宣子召而禮之曰：吾聞事君者比而不黨。夫周以舉義，比也，舉以其私，黨也。夫軍事無犯，犯而不隱，義也。吾言汝於君，懼汝不能也。舉而不能，黨孰大焉！事君而黨，吾何以從政？吾故以是觀汝，汝必勉之！苟從是行也，臨長晉國者，非汝其誰？皆告諸大夫曰：二三子可以賀我矣，吾舉厥也而中，吾乃今知免於罪矣。』按策中所云當指此事，鮑注未確。」〔按〕事見晉語，張宗泰、朱亦棟、于鬯、金正煒引同。

〔一三〕〔按〕藝文類聚引「秦」作「之」。史記無此句。

〔一四〕〔按〕藝文類聚及御覽卷四百六十引「是」下有「王」字。史記「以厚交」作「得石交」。

〔一五〕金正煒云：「『之』猶『若』也，詳釋詞。」

〔一六〕闕修齡云：「虛辭附秦，即卑辭以謝秦，而不以物隨也，故曰『虛辭』。」

〔一七〕鮑彪衍「矣」字。

〔一八〕陸隴其、吳汝綸並讀「後」字句。于鬯云：「『其後』二字屬上。」今從之。

〔一九〕鮑彪云：「塗，泥也。自卑之甚。」〔按〕此亦誇詞，不足據。

5　人有惡蘇秦於燕王者

人有惡蘇秦於燕王者曰：「武安君天下不信人也。王以萬乘下之，尊之於廷，示天下與小人〔一〕羣也。」武安君從齊來，而燕王不館〔二〕也。

謂燕王曰〔三〕：「臣東周之鄙人也，見足下〔四〕，身無咫尺之功，而足下迎臣於郊，顯臣於廷。今臣爲足下使〔五〕，利得十城〔六〕，功存危燕，足下不聽〔七〕臣者，人必有言臣不信，傷臣於王者。臣之不信，是足下之福也。使臣信如尾生，廉如伯夷，孝如曾參〔八〕，三者天下之高行〔九〕，而以事足下〔不〕可乎？」〔一〇〕燕王曰：「可。」曰：「有此臣亦不事足下矣。」

蘇秦曰〔一一〕：「且夫孝如曾參，義不離親一夕宿於外，足下安得使之之齊？廉如伯夷，不取素〔一二〕飡，汙武王之義而不臣焉〔一三〕，辭孤竹之君〔一四〕，餓而死於首陽之山〔一五〕。

廉如此者，何肯步行數千里，而事弱燕之危主乎？信如尾生，期而不來，抱梁柱而死〔一六〕。信至如此，何肯楊〔一七〕燕、秦〔一八〕之威於齊而取大功乎哉？且夫信行者，所以自爲也，非所以爲人也；皆自覆〔一九〕之術，非進取之道也。夫三王代興，五霸迭盛，皆不自覆也。君〔二〇〕以自覆爲可乎？則齊不益於營丘〔二一〕，足下不踰楚境〔二二〕，不窺於邊城之外。且臣有老母於周，離老母而事足下，去自覆之術，而謀進取之道，臣之趣固不與足下合者。足下皆〔二三〕自覆之君也，僕者進取之臣也，所謂以忠信得罪於君者也。」

燕王曰：「夫忠信，又何罪之有也？」對曰：「足下不知也。臣鄰家有遠爲吏者，其妻私人。其夫且歸，其私之者憂之。其妻曰：『公勿憂也，吾已爲藥酒以待之矣。』後二日，夫至。妻使妾奉卮酒進之。妾知其〔二四〕藥酒也，進之則殺主父，言之則逐主母，乃陽僵〔二五〕棄酒。主父大怒而笞〔二六〕之。故妾一僵而棄酒〔二七〕，上以活主父，下以存主母也〔二八〕。忠至如此，然不免於笞，此以忠信得罪者也。臣之事適不幸而有類妾之棄酒也。且臣之事足下，亢〔二九〕義益國，今乃得罪，臣恐天下後事足下者，莫敢自必也。且臣之説齊，曾不欺之也。使之〔三〇〕説齊者，莫如臣之言也〔三一〕，雖堯、舜之智不敢取也〔三二〕。」

〔箋證〕

〔一〕〔按〕小人，謂蘇秦。

〔二〕姚宏云：「(不館)曾本云：『史作「不官」。』」横田惟孝云：「『館』如聘禮『公館賓』之『館』，謂就其館而見之也。」金正煒云：「『館』、『官』古通用。易隨：『官有渝。』釋文：『官，蜀才本作「館」。』可證。吕覽期賢篇：『於是君請相之，段干木不肯受，則君乃致禄百萬，而時往館之。』注：『時往詣其館也。』此云『不館』，亦謂不一臨存之耳。」

〔三〕〔按〕太平御覽卷四百六十引策作「蘇秦爲燕説齊王歸燕之十城，人有毀蘇秦於燕王左右賣國反臣也，將作亂。蘇秦恐得罪，歸而燕王不復官也，蘇秦説燕王曰」云云。與今策文殊。核其文，實本史記蘇秦傳，誤作國策，非有異文也。「謂」上省「蘇秦」二字。

〔四〕鮑彪云：「(見足下)初見時。」〔按〕此追叙初見燕王時。

〔五〕横田惟孝云：「使，謂使齊。」

〔六〕〔按〕利得十城，與上章相應，時間當相接，史記亦同。然按之情理多有窒礙。且此章所記又與後蘇代謂燕昭王章略同，而一爲蘇秦與易王，一爲蘇代與昭王，人時均殊。總之，史、策記蘇秦事常與史實前後不符，史遷謂「世言蘇秦事多殊。異時事有類之者，皆附之蘇秦」。此其類也。

〔七〕金正煒云：「『聽』當爲『德』字之譌也。」〔按〕「聽」字自通。

〔八〕〔按〕尾生、伯夷、曾參事詳本文。文選鄒陽獄中上書云：「蘇秦不信於天下，而爲燕尾生。」即據此文。

〔九〕鮑本、吴本「行」下有「也」字。

〔一〇〕鮑本無「不」字。金正煒云：「『而』猶『若』也，『不』即『下』字誤衍。」〔按〕「不」字從鮑衍。戰國縱横家書第五篇作：「臣有三資者以事王，足乎？」「足乎」猶「可乎」也。

〔一一〕鮑彪衍「蘇秦曰」三字。于鬯云：「按黄刻姚本每行二十字，而此行自『亦不』止『於外』二十四字，上行自『三者』止『此臣』二十三字。是上行經後校者增入三字，此行乃增入四字。詳觀其增入之字，上行三字，一即『不』字，此實因『高行』下脱一『也』字，而誤於『足下』下增一『不』字也。又『可曰』二字。此行四字，即『蘇秦曰』三字，及下句『且』字。蓋正因脱『可曰』二字，則有此臣句蘇秦之言誤爲燕王之言矣。遂於此增『蘇秦曰』三字，而不顧其語氣之不合。姚本初刻已删此三字。下句『且』字，玩文義亦不宜有，乃又因『曰』字形近而誤衍者，初刻亦已删之，而校者亦并誤補之。奚世幹云：『此本蓋無「曰有此臣亦不事足下矣」十字，後剜補入之，當據刻本有此句者補入，而不删「蘇秦曰」三字，則鹵莽殊甚。然此句疑本下章「則臣不事足下矣」句之誤贅於此者，因又誤變其文。秦傳「王曰足矣」下，即接「蘇秦曰孝如曾參」云云，無此句可證。』此又一説。」〔按〕「蘇秦曰」三字不必衍。此乃示説者於上句「有此臣亦不事足下矣」下故作停頓，重作起語，故下用「且夫」二字開首，以突出下文之詞耳。鮑本原亦有此三字，則決非姚本所校補。姚本於字句異同，多標注於下，此二行不著一字，知各本皆如此也。至於姚本二行字數溢出，乃因刊版誤脱而剜補，古書中習見之，非校者所補也。況姚本宋時亦不止一刻，盧刻祖本不同於黄刻，而黄刻又不同於吴師道所據之本，于氏執一黄刻以爲姚本原刻，失之拘隅。奚説更憑臆測，無取。縱横家書無「蘇秦曰」三字即接下「孝如增（曾）參」句。二書此篇本不同，不必據彼議此也。

〔一二〕鮑彪云：「詩注：『素，空也。』」

〔一三〕鮑本、吴本無「焉」字。黄丕烈云：「焉，於也，屬下讀。」吴汝綸同黄讀。〔按〕「焉」屬句尾自順，不必屬下。

〔一四〕鮑彪云：「爾雅：孤竹，四荒中北國，漢屬遼西令支。」程恩澤云：「寰宇記引地道記云：『孤竹城在肥如縣南十里。』括地志云：『在盧龍城南十二里。故蹟已不可考，城或後人所築，而冠以故名云。』今在直隸永平府城（今河北盧龍附近）西十五里。」〔按〕史記伯夷列傳：「伯夷、叔齊，孤竹君之二子也，父欲立叔齊。及父卒，叔齊讓伯夷，伯夷……遂逃去。叔齊亦不肯立而逃之。」

〔一五〕鮑彪云：「伯夷傳注：（首陽）在蒲坂，華山之北，河曲之中。」〔按〕伯夷傳正義云：「曹大家注幽通賦云：『夷、齊餓於首陽山，在隴西首。』又戴延之西征記云：『洛陽東北首陽山，有夷齊祠。』今在偃師縣西北。又孟子云：『夷、齊避紂，居北海之濱首陽山。』說文云：『首陽山在遼西。』史傳及諸書，夷、齊餓於首陽凡五所（按謂上述四所及蒲坂之首陽），各有案據，先後不詳。」

〔一六〕姚宏云：「史記：信如尾生，與女子期於梁下，女子不來，水至不去，抱柱而死。」

〔一七〕鮑本、吳本、盧本「楊」作「揚」。〔按〕楊、揚通用。唐人寫書，從「木」、從「扌」之字常不分。

〔一八〕吳師道云：「『秦』字疑衍。」黄丕烈云：「上文有其事，吳說誤也。」張琦云：「揚燕、秦之威，正指返十城事。」

〔一九〕鮑彪云：「覆，猶庇護也，自護其名。」〔按〕縱横家書作「自復」，「復」與「覆」同聲，古相通。「自復」有保守之意。

〔二〇〕横田惟孝云：「『君』當作『若』，字之誤也。前後皆曰『足下』，此不可獨曰『君』。」（金正煒說同）

〔二一〕鮑彪云：「（營丘）即北海營陵，太公所封。」張琦云：「漢志齊郡臨淄下云：『師尚父所封。』臣瓚曰：『臨淄，即營邱也。』北海營陵下云：『或曰營丘。』應劭曰：『師尚父封於營丘，陵亦丘也。』臣瓚曰：『營陵，春秋謂之緣陵。』師古曰：『臨淄、營陵，皆營丘地。』按謂營陵爲營丘地，可也，謂營陵即營丘，不可。自當以臨淄爲正。」〔按〕此謂齊始封之地不過營丘。

〔二二〕鮑彪衍「楚」字。吳師道云：「此正以燕、楚相達言之。」安井衡云：「燕未嘗踰楚境，下句『不窺邊城之外』，亦無所頂。當作『足下不踰境，楚不窺邊城之外』。『境』、『楚』誤倒耳。」吴汝綸云：「謷丘數語有脱誤，後蘇代説燕王，其文較明。」于鬯云：「『楚』字究可疑，或有誤脱。」金正煒云：「後章『齊不出謷丘，楚不出疏章』。此文『足』當爲『楚』之壞文。『下』即『不』字之誤衍。『邊城』疑『方城』之譌。或『不窺』上脱『趙』字。」

〔按〕安井説較長。「邊」疑爲「方」之音訛（古讀二字同聲紐）。

〔二三〕王念孫云：「『皆』字義不可通，『皆』當爲『者』。『足下者』與『僕者』相對爲文，令作『皆者』，因上文『皆自覆之術』而誤。」横田本「皆」作「者」，不明言所據本。文廷式云：「『皆』字誤衍。」〔按〕王説是。

〔二四〕鮑本、吴本「其」下有「爲」字。

〔二五〕〔按〕史記「陽」作「詳」。「陽」、「詳」並「佯」之借字。僵，仆也。

〔二六〕鮑彪云：「笞，擊也。」

〔二七〕鮑本作「妾之棄酒」四字。吴師道云：「一本『故妾一僵而棄酒』。」黄丕烈云：「史記作『故妾一僵而覆酒』。」

〔二八〕吴師道云：「陽僵覆酒事，亦見列女傳，云周室大夫妻。」〔按〕劉向列女傳節義傳有周主忠妾傳，即傳此妾，謂「周大夫號主父」。考策云「進之則殺主父，言之則逐主母」，主父主母，猶言男主人、女主人也。傳以爲周大夫之號，乖矣。故劉知幾史通雜説下篇論之云：「蘇秦答燕易王，稱有婦人將殺夫，令妾進其藥酒，妾佯僵而覆之。又甘茂謂蘇代云：貧人女與富人女會績曰：無以買燭，而子之光有餘，子可分我餘光，無損子明。此並戰國之時，游説之士寓言設理，以相比與。及向之著書也，乃用蘇氏之説，爲二婦人立傳，定其邦國，加其姓氏，以彼烏有，特爲指實，何其妄哉！」

〔二九〕鮑彪云：「亢，高極也。言高其義。」

〔三〇〕鮑彪衍「之」字。

〔三一〕金正煒云：「『莫』猶『不』也，言不如臣所説，雖堯、舜之智亦不取。」

〔三二〕鮑彪云：「言無成功者，雖聖智不足取也。」吴師道云：「此與後章蘇代謂燕昭王章同，惟中一段，彼言燕欲伐齊事爲異。記者或有差互，不可考也。」于鬯云：「疑『敢』字即因『取』字誤衍。」瀧川資言云：「鄒陽獄中書云：『蘇秦相燕，燕人惡之於王，王按劍而怒，食以駃騠。』史、策無此事，鄒陽必有所傳。」〔按〕此與本策之蘇代謂燕昭王曰章當爲一事而記載稍異耳。以縱横家書推之，疑爲蘇秦對燕昭之辭。史記秦傳與説齊歸十城事相繫，恐未然。

〔附録〕

戰國縱横家書第五蘇秦謂燕王章。

謂燕王曰：「今日願藉於王前。叚（假）臣孝如增（曾）參，信如尾星（生），廉如相（按當是「栢」之誤，同「伯」）夷，節（即）有惡臣者，可毋擊（慚）乎？」王曰：「可矣。」「臣有三資者以事王，足乎？」王曰：「足矣。」「王足之，臣不事王矣。孝如增（曾）參，乃不離親，不足而益國。信如尾星（生），乃不延（誕），不足而益國。廉如相（伯）夷，乃不竊，不足以益國。臣以信不與仁俱徹，義不與王皆立。」王曰：「然則仁義（注云：「『仁義』疑當作『信義』。」下文「仁義」同）不可爲與？」對曰：「胡爲不可？人無信則不徹，國無義則不王。仁義所以自爲也，非所以爲人也。自復之術，非進取之道也。三王代立，五相（伯）蛇（注云：「『蛇』讀爲『弛』。……弛，易也。」）政，皆以不復其掌（常）。若以復其掌（常）爲可王，治官之主，自復之術也，非進取之路也。臣進取之臣也，不事無爲之主。臣願辭而之周，負籠操臿，毋辱大王之廷。」王曰：「自復不足乎？」對曰：「自復而足，楚將不出雎（沮）、章（漳），秦將不出商、閹（於），齊不出吕、擻（遂），燕不出屋、注，晉將不萮（逾）泰行，此皆以不復其常爲進者。」

〔按〕此與策文本章及後蘇代謂燕昭王章大略相同，然縱横家書文氣似不足，疑出節略，録備參考。

6 張儀爲秦破從連横謂燕王

張儀爲秦破從連横，謂燕王曰〔一〕：「大王之所親，莫如趙〔二〕。昔趙王〔三〕以其姊爲代王妻，欲并代，約與代王遇於句注之塞〔四〕。乃令工人作爲金斗，長其尾〔五〕，令之可以擊人。與代王飲，而陰告厨人曰：『即酒酣樂〔六〕，進熱歠〔七〕，即因反斗擊之。』於是酒酣樂，進取熱歠〔八〕。厨人進，斟羹〔九〕，因反斗而擊之，代王腦塗地〔一〇〕。其姊聞之，摩笄〔一一〕以自刺也，故至今有摩笄之山，天下莫不聞〔一二〕。夫趙王之狼戾〔一三〕無親，大王之所明見知〔一四〕也。

「且以趙王爲可親邪？趙興兵而攻燕，再圍燕都，而劫大王〔一五〕。大王割十城乃郤（卻）〔一六〕以謝〔一七〕。今趙王〔一八〕已入朝澠池，效河間以事秦〔一九〕。大〔二〇〕王不事秦，秦下甲雲中、九原〔二一〕，驅趙而攻燕，則易水、長城〔二二〕，非王之有也。且今時趙之於秦，猶郡縣也，不敢妄興師以征伐。今大王事秦，秦王必喜，而趙不敢妄動矣。是西有强秦之援，而南無齊、趙之患。是故願大王之熟計之也！」

燕王曰：「寡人蠻夷辟〔二三〕處，雖大男子，裁〔二四〕如嬰兒，言不足以求正，謀不足以決事〔二五〕。今大客幸而教之，請奉社稷西面而事秦！」獻常山之尾〔二六〕五城。

【箋證】

〔一〕吴師道云：「儀説在昭元年。」

〔二〕〔按〕古本竹書紀年：今王五年「趙立燕公子職」。公子職即燕昭王，説詳下燕王噲既立章。雷學淇竹書紀年義證引此張儀語，云：「謂此事也。」

〔三〕鮑彪改「王」作「主」，云：「（趙主）襄子也。」吴師道云：「魏策稱襄子謂襄王，即此類。」金正煒云：「此追溯之詞，猶云趙之先王耳。若以襄子未嘗稱王，則其時安有代王？吕覽長攻篇作『代君』，亦當據改此文矣。……吴引魏策亦誤，安陵所稱襄王，非趙之襄子。」〔按〕史記張儀傳作「趙襄子」。敦煌本春秋後語同。鮑改於義爲長。

〔四〕吴師道云：「句注見趙策。」

〔五〕吴師道云：「索隱云：『凡方者爲斗，若安長柄，則名料。尾即鬭之柄，其形若刀者是也。』按韻書『鬭』、『料』音同，索隱皆云鬭。」〔按〕史記趙世家「金斗」作「銅料」。高誘吕氏春秋長攻篇注云：「金斗，酒斗也。」

〔六〕金正煒云：「素問氣交變大論：『其眚即也。』注：『即，至也。』長攻篇：『至酒酣。』注：『酣，飲酒合樂之時。』」〔按〕長攻篇文乃「代君至，酒酣」，與此不同，金引有誤。

〔七〕鮑彪云：「（歠）飲也。」〔按〕史記張儀傳「歠」作「啜」，同。索隱：「謂熱而啜之，是羹也。」

〔八〕横田惟孝云：「『取』猶『受』也，言代王進受熱歠。」金正煒云：「『進取』之『進』，涉上下文而衍。此與戒厨人之詞有別。取者索也，繼乃言進。」〔按〕張儀傳無「取」字。横田説可通。

〔九〕鮑彪云：「斟，注也。」吴師道云：「索隱云：斟，謂羹汁，故名汁曰『斟』。」金正煒云：「張儀傳無『羹』字。此文『斟』即謂『羹』，當從史省『羹』字。又方言云：『斟，益也。』淮南泰族訓：『跪而斟羹。』此釋爲『益』義，亦並通。」〔按〕言厨人進而挹羹。此「斟羹」乃動賓結構，「斟」爲他動詞，史記之「斟」爲自動詞，各通，不必强同。

〔一〇〕鮑本無「之」字，「代王」下有「殺之王」三字，同張儀傳。吴師道引一本作「反斗而擊之代王腦塗地」。鮑彪云：「『塗』猶『污』。」吴師道云：「正義云：反斗，倒柄擊也。」

〔一一〕鮑彪云：「笄，簪也。」

〔一二〕吴師道云：「正義云：『摩笄山在蔚州飛狐縣東北百五十里。』事亦見趙世家。大事記：元王元年，『晉趙無恤滅代。今從外紀古文』。又云：『襄子夏屋之役，見史記。行如虎狼，蓋生於兼併無親之國，而承簡子貪暴之規。遂以爲臨大利，決大計，非用仁義之所也。』」〔按〕趙襄子滅代之事，亦見於吕氏春秋長攻篇及列女傳節義傳。吕氏春秋云：「趙簡子病，召太子而告之曰：『我死，已葬，服衰，而上夏屋之山以望。』太子敬諾。簡子死，已葬服衰，……襄子上於夏屋以望代俗，其樂甚美。於是襄子曰：『先君必以此教之也。』及歸，慮所以取代，乃先善之。代君好色，請以其弟姊妻之。……所以善代者乃萬故。馬郡宜馬，代君以善馬奉襄子。襄子謁於代君而請觴之。……先令舞者置兵其羽中數百人。先具大金斗，代君至，酒酣，反斗而擊之，一成，腦塗地。舞者操兵以鬭，盡殺其從者。因以代君之車迎其妻。其妻遥聞之狀，磨笄以自刺。故趙氏至今有刺笄之山與反斗之號。」可與策文互證。水經灅水注云：「于延水又東南逕鳴雞山西。魏土地記曰：『下洛城東北十五里有延河，東流，北有鳴雞山。』史記曰：『趙襄子殺代王於夏屋而并其土。襄子迎其姊于代，其姊代之夫人也，至此曰：代已亡矣，吾將何歸乎？遂磨笄於山而自殺。代人憐之，爲立祠焉，因名其山爲磨笄山。每夜有野雞羣鳴於祠屋上，故亦謂之爲鳴雞山』。魏土地記云：『代城東南二十五里，有馬頭山，其側有鍾乳穴。趙襄子既害代王，迎姊，姊代夫人。夫人曰：以弟慢夫，非仁也。以夫怨弟，非義也。磨笄自刺而死，使者自殺。民憐之，爲立神屋於山側，因名之爲磨笄之山。』未詳孰是。」代城東南之山即在唐蔚州飛孤縣東北者。張琦云：「山在今保安州（今河北涿鹿縣）西北二十里。」

〔一三〕鮑彪云：「（狼戾）暴戾如狼。」〔按〕漢書嚴助傳顔注云：「狼性貪戾，言狼戾者，謂貪而戾。」鮑注本之，然皆望文生義。廣雅釋詁：「狼戾，很也。」王念孫疏證云：「狼戾者，説文：『很，盭也。』（廣雅）卷四云：『狼、很，盭也。』盭與戾同，狼與戾一聲之轉。」引此策及漢書嚴助傳「今閩越王狼戾不仁」。是「狼戾」爲雙聲連緜詞，猶言「很」也。史記「狼戾」，張文虎校金陵局本改「狼」作「很」，亦未安。

〔一四〕金正煒云：「『知』乃『見』字旁注，誤入正文。」〔按〕史記無「知」字。

〔一五〕鮑彪云：「趙、燕記皆不書。」〔按〕此段是趙援立燕昭而索地於燕，猶齊歸楚頃襄而索地於楚之類。

〔一六〕「郤」乃「卻」之俗訛，今正。

〔一七〕關修齡云：「（乃郤以謝）疑作『以謝乃郤』。」（金正煒説同）〔按〕史記無「乃郤」二字。或策本作「乃郤」，史記作「以謝」，校者注史記異文於旁，傳寫乃誤併入文歟？

〔一八〕鮑本無「今」字。吴師道云：「一本『今趙王』。」

〔一九〕〔按〕此即趙策二張儀爲秦連横説趙王章「以車三百乘入朝澠池，割河間以事秦」。乃張儀誇誕之詞，非實事。而張尚瑗隨筆謂即藺相如傳澠池之會事，且云：「秦御史書之，則以爲趙王入朝矣。」不審張儀以連横説燕，從史記所載在秦惠文王後十四年（前三一一），當趙武靈王十五年，澠池之會在秦昭二十八年（前二七九），當趙惠文二十年，相距甚遠。妄相比附，謬矣。敦煌本後語「入朝」作「入會」。

〔二〇〕鮑本「大」上有「今」字。吴師道云：「一本此句無『今』字。」〔按〕張儀傳有「今」字。「今」猶「若」也。

〔二一〕胡三省云：「雲中、九原，皆在燕之西，秦自上郡、朔方下兵則可至。」（通鑑注）

〔二二〕鮑彪云：「（長城）濟北盧，注云：『東至海。』蓋亦距燕云。」吴師道云：「正義云：『長城在易州界。』」胡三省云：「水經注易水出涿郡故安縣閻鄉西山，東屆關城西南，即燕長城門也。易水又歷長城而東，過范陽、容城、安次、泉州縣南，而東入海。」〔按〕續志濟北國盧之長城爲齊之長城，非燕之長城，鮑誤引。吴氏正之，是也。至匈奴傳所言燕築長城，則在北邊，與此不涉。

〔二三〕鮑本、吴本「辟」作「僻」，同。

〔二四〕吴師道云：「裁，史注音『在』，僅也。」〔按〕「裁」猶「才」，今俗作纔。

〔二五〕金正煒云：「『不』猶『無』也。言燕無人足以求正而決事，承上『蠻夷僻處』而言。」

〔二六〕吴師道云：「『尾』猶『末』也。恒山之東。」胡三省云：「常山即北嶽恒山也。漢文帝諱恒，改曰常山郡。班志常山在常山郡上曲陽縣西北。其尾則燕之西南界。」金正煒云：「國語楚語，夫邊境者，國之尾也。」

7　宫他爲燕使魏

宫他〔一〕爲燕使魏，魏不聽，留之數月。客謂魏王曰：「不聽燕使，何也？」曰：「以其亂也〔二〕。」對曰：「湯之伐桀，欲其亂也。故大亂者可得其埊，小亂者可得其寶。今燕客〔三〕之言曰：『事苟可聽，雖盡寶地，猶爲之也〔四〕。』王何爲不見？」魏王説，因見燕客而遣之〔五〕。

〔箋證〕

〔一〕吴師道云：「西周等策有宫他，未知即此人否？」

〔二〕横田惟孝云：「亂，謂燕亂也。」

〔三〕鮑彪云：「客，即他。」〔按〕客，謂爲宫他説魏王者，若謂他本人，則與下文不諧。

〔四〕吴師道云：「『事苟可聽』云云，語燕客之言，以利誘王使見之也。」

〔五〕鮑彪次此章於昭王下。鍾鳳年云：「此因『以其亂也』一語度之，恐事在子之當國頃。」〔按〕此難定。

8　蘇秦死

蘇秦死，其弟蘇代欲繼之，乃北見燕王噲曰〔一〕：「臣東周之鄙人也，竊聞王義甚高甚順。鄙人不敏，竊釋鉏〔二〕耨而干大王。至於邯鄲，所聞於邯鄲者，又高於所聞東周，臣竊負〔三〕其志。乃至燕廷，觀王之羣臣下吏，大王天下之明主也〔四〕。」王曰：「子之所謂天下之明主者，何如者也？」對曰：「臣聞之，明主者務聞其過，不欲聞其善。臣請謁王之過。夫齊、趙者，王之仇讎也〔五〕；楚、魏者，王之援國也。今王奉仇讎以伐援國，非所以利燕也。王自慮此，則計過。無以諫者，非忠臣也。」王曰：「寡人之於齊、趙也，非所敢欲伐也〔六〕。」曰：「夫無謀人之心而令人疑之，殆；有謀人之心而令人知之，拙；謀未發而聞於外，則危〔七〕。今臣聞王居處不安，食飲不甘，思念報齊，身自削甲扎〔八〕，曰有大數矣〔九〕。妻自組甲絣〔一〇〕，曰有大數矣。有之乎？」

王曰：「子聞之，寡人不敢隱也。我有深怨積怒於齊，而欲報之二年矣〔一一〕。齊者，我讎國也，故寡人之所欲伐也，直患國弊，力不足矣〔一二〕。子能以燕敵〔一三〕齊，則寡人奉國而委之於子矣。」對曰：「凡天下之戰國七，而燕處弱焉。獨戰則不能，有所附則無不重。南附楚則楚重，西附秦則秦重，中附韓、魏則韓、魏重。且苟所附之國重，此必使王重矣。今夫齊王，長主也〔一四〕，而自用也〔一五〕。南攻楚五年，稸積散；西困秦三年〔一六〕，民憔瘁，士罷弊〔一七〕；北與燕戰，覆三軍，獲二將〔一八〕。而又以其餘兵南面而〔一九〕舉五千乘之勁宋〔二〇〕，而包十二諸侯〔二一〕。此其君之欲得也〔二二〕，其民力竭也，安猶取哉〔二三〕？且臣聞之，數戰則民勞，久師則兵弊〔二四〕。」王曰：「吾聞齊有清濟、濁河，可以爲固；有長城、鉅防，足以爲塞〔二五〕。誠有之乎？」對曰：「天時不與，雖有清濟、濁河，何足以爲固？民力窮弊，雖有長城、鉅防，何足以爲塞？且異日也，濟西不役〔二六〕，所以備趙也。河北不師〔二七〕，所以備燕也。今濟西、河北盡以役矣，封內弊矣〔二八〕。夫驕主必不好計，而亡國之臣貪於財。王誠能毋愛寵子母弟以爲質，寶珠玉帛以事其左右，彼且德燕而輕亡宋〔二九〕，則齊可亡已。」王曰：「吾終以子〔三〇〕受命於天矣〔三一〕。」曰：「内寇不與，外敵不可距〔三二〕。王自治其外〔三三〕，臣自報其内〔三四〕，此乃亡之之勢也。」

〔箋證〕

〔一〕吴師道云：「大事記云：『戰國策載蘇代説燕之辭，誤以爲噲。使噲能有志如是，豈至覆國乎？論其世，考其事，皆説昭王之辭也。』按史記誤同。」黄丕烈云：「此策文本如此，今未可專輒。奉陽君甚不取於蘇秦，亦然。」于鬯云：「按蘇秦傳雖止言求見燕王，不言噲，然載此策在齊伐燕殺噲之前，且云『燕立昭王，而蘇代、蘇厲不敢入燕』，則明此亦噲非昭王矣。特觀下文所説，誠有如吕記謂『噲能有志如是，豈至覆國哉』。且言『舉五十乘之勁宋』，則必在齊滅宋後，去噲死甚遠。鬯竊謂上文言『蘇秦死』，即秦死之年數不必定，要在周慎靚之世，蘇代欲繼之，必去秦死不遠。今若此燕王爲昭王，則相去遠絶矣，策文何必追述？故此『燕王噲』信噲非昭也。代説噲之辭，實已亡佚，後半策誤以説昭之辭連繫之。史公所見已然，故史記亦誤。要下文自『大王』以下，決爲説昭之辭，非説噲之辭，讀者宜分别觀之。故以此『噲』爲衍字者妄，以通篇爲説噲者亦誤。」鍾鳳年云：「此必説昭王文。……説苑君道篇記燕昭事郭隗事，稱『蘇子聞之，自周歸之』。當是指代於此時復歸於燕。此章之説，即在斯際。」〔按〕史記蘇秦傳正義已疑此策「文誤」。其後馬驌繹史、錢大昕史記考異並謂是昭王，同大事記，其説甚是。據馬王堆帛書縱横家書整理後第一部分觀之，蘇秦爲勸齊伐宋主要人物，正與燕昭、齊閔同時，與策文不相悖。前人未覩地下資料，無怪其治絲益棼。至於于氏説以説昭之辭連繫説噲之佚詞，審全章文氣不似，況史記亦如此，謂劉向與史遷據同一誤本，未免妄執。蘇代爲燕昭王謀齊，勸齊湣伐宋以敝之，屢見於策。考縱横家書實是蘇秦，史、策並繫之於代。此策云「舉五千乘之勁宋」，明齊已滅宋，則不當是初見燕昭之辭。又齊滅宋之年（周赧二十九年），燕謀伐齊已成熟（越一年樂毅合五國師破齊），與此策語氣亦不合。大抵蘇氏兄弟之事，當時異説不一，復多模擬之作，史遷已有「類附」之慨，劉向編策，不能甄別，或因類兼收，故前後常有矛盾。文獻無徵，不能穿鑿，今祇論其大概而已。又按韓非子説疑篇云：「燕君子噲，邵公奭之後也。地方數千里，持戟數十萬，不安子女之樂，不聽鍾石之聲，內不湮汙池臺榭，外不畢弋田獵。又親操耒耨，以修畎畝。子噲之苦身以憂民，如此其甚也，雖古之所謂聖王明君者，其勤身而憂世，不甚於此矣。」是王噲勤國苦身，與此章所言相近，呂氏謂：「使噲能有志如是，豈至覆國乎？」大不然矣。此以成敗利鈍論事，而失於考實，徐偃、宋襄固嘗行仁義而敗亡。若噲不慕賢傳禪，豈至國亂？故淮南子人間訓云：「燕子噲行義而亡。」但此章代説燕王謀齊復讎及舉齊伐宋之事，究應爲昭王，非王噲也。

〔二〕鮑本、吳本「鉏」作「鋤」，同。

〔三〕中井積德云：「史記『又高』作『絀』一字，則下『負』字爲『背』，義似長。」〔按〕史與策義殊。負，恃也，不訓爲背，與「高於所聞」相應。

〔四〕鮑彪云：「觀其臣，知其主。」

〔五〕〔按〕齊宣王因子之之亂伐燕，見下章。上張儀爲秦破從連横章云：「趙興兵而攻燕，再圍燕都而劫大王，大王割十城乃却。」謂此事，説詳彼章箋證。

〔六〕鮑彪云：「言雖知其讎，以其强，故奉之不敢伐。」關修齡云：「王初見代，不欲露其情也。」〔按〕關注爲長。

〔七〕〔按〕上文「殆」字與「拙」字上並當有「則」字，蓋探下文而省。

〔八〕鮑本、吳本「扎」作「札」，通用。鮑彪云：「札，牒也。甲之革緣如之。」吳師道云：「札，木簡牒之薄者。甲用革緣之。左成十六年『養由基蹲甲而射之，徹七札焉』。注：『言能陷堅。』札，側滑反。」〔按〕武億釋甲云：「甲比謂之札，戰國策『身自削甲札』。太玄『比札爲甲』。札之數多制以七。」（授堂文鈔卷二）

〔九〕鮑本無「曰有大數矣」五字，盧本從之。吴師道云：「一本『曰有大數矣』，與下文同。」黄丕烈云：「兩『曰』字皆讀人質切（按謂讀作「日」）。」關修齡云：「『數』猶『計』也。言削札組絣者，以有報伐齊仇之大計也。是代述王言也。」安井衡云：「『曰』當爲『日』，字之譌也。大數，大略之數也。」金正煒云：「禮記月令：『凡舉大事，毋逆大數。』呂氏春秋作『天數』，高注：『天數，天道。』以弱仇强，故委之天數，即後文『吾終以子受命於天』之意」。〔按〕黄與安井說是。分書「曰」、「日」二字不分，此「日」字書作「曰」也。下文「曰」字同。

〔一〇〕鮑彪云：「絣，綿也，治之爲組以穿札。」吴師道云：「景帝詔纂組。注：『組，今綬，絲條也。』韻書以繩直物曰『絣』。此謂編組穿甲之繩也。絣，悲萌反。鮑因莊子『洴澼絖』之文生義，不知彼字與此不同。」

〔一一〕鮑彪云：「（二年）自即位至是。」吴師道云：「『二年』字必誤。」〔按〕報齊之事，昭王策之長久，可以理喻。下燕昭王收破燕章「燕王弔死問生，與百姓同其甘苦，二十八年燕國殷富士卒樂佚輕戰」，遂合五國伐齊。以之推論，則此「二年」謂是昭王即位之初，自無不可。但下文所述齊王各事，皆當指齊湣王言與燕昭即位初年代不合。而「舉五千乘之勁宋」，當燕昭二十六年，距五國破齊僅差二年，此時伐齊之謀已成熟，何待始爲之策畫乎？「二年」之言更無着落。此類事大抵出於後來策士所擬撰，雜採衆說，對於時間觀念頗多混亂。自太史公時已難言之矣。讀者心知其意可也，不必强定。

〔一二〕金正煒云：「『直』猶『但』也。『矣』與『耳』義同。趙策『則連有赴東海而死矣』，史記魯仲連傳『矣』作『耳』，可爲證。」

〔一三〕鮑本、吴本「敵」作「報」。〔按〕史記「敵」作「伐」。

〔一四〕吴師道云：「司馬貞云：『(長主)年長也。』或謂齊强故稱長主。」 金正煒云：「吕覽正名篇：『齊湣王周室之孟侯也。』注：『孟，長也。』『長主』亦猶『孟侯』。」

〔一五〕吴師道云：「(自用)自恃其强也。」

〔一六〕鮑彪云：「(西困秦)爲秦所困。」 吴師道云：「秦爲齊困。」 〔按〕周赧十四年(前三〇一)齊與秦、韓、魏共伐楚，敗之於重丘；十七年(前二九八)，孟嘗君合齊、韓、魏三國師擊秦函谷關，並齊湣世事，疑謂此。史記樂毅傳云：「齊湣王彊，南敗楚相唐眛於重丘；西摧三晉於觀津；遂與三晉擊秦，助趙滅中山。」

〔一七〕鮑本、吴本「瘁」作「悴」，同。 鮑彪云：「罷音疲。」

〔一八〕〔按〕史記集解：「徐廣曰：齊覆三軍，而燕失二將。」 横田惟孝以「三軍」謂燕軍也，與徐説殊，是。此無考。

〔一九〕鮑本「而」作「西」，疑字誤。

〔二〇〕鮑彪云：「舉宋在齊閔二十八年、燕昭王二十六年，此時未舉也。而下十一章(初蘇秦弟厲章)亦言齊以宋地封涇陽。蓋宋策齊宣也，所拔五城。」 吴師道云：「此言舉五千乘之宋，非僅得其城邑而已。蓋在滅宋之後明矣。」 金正煒云：「廣雅釋詁：『餘，久也。』餘兵，謂久役之兵，即後文所云『久師』也。」 〔按〕荀子王霸篇云：「(齊閔)用彊齊，……南足以破楚，西足以詘秦，北足以敗燕，中足以舉宋。」與策語相合。

〔二一〕吴師道云：「包十二諸侯，即史所謂泗上諸侯、鄒、魯之君，皆稱臣者。」 金正煒云：「穀梁隱五年傳『苞人民』注：『制其人民。』包與苞通。」

〔二二〕鮑彪云：「(欲得)得其欲。」 〔按〕此與下句二「也」字並猶「矣」，説見經傳釋詞。

〔二三〕横田惟孝云：「言民力既竭，無所取用也。」 〔按〕廣雅釋詁：「取，爲也。」言其無所爲。史記作「惡足取乎」。

〔二四〕鮑彪云：「師，兼不戰言之。」

〔二五〕吴師道云：「『清濟』以下，説見秦策。」

〔二六〕鮑彪云：「不役者，養兵以備敵。」〔按〕不役，不調兵役。

〔二七〕吴師道云：「濟西，濟州以西也。河北，謂滄、景等州，在漯河之北者。正義云。」張琦云：「濟西，今（山東）東昌、高唐之地。河北，今（河北）天津、滄、景。」〔按〕「不師」猶「不役」。

〔二八〕徐孚遠云：「謂二境之師不出，專以備燕、趙。今用兵不休，故二境皆發也。」（史記測議）

〔二九〕鮑彪云：「輕者，易爲之。然則前言『舉』，未亡也。」徐孚遠云：「前言『舉五千乘之宋』，此云將『輕亡宋』，是宋尚未滅，齊王意欲圖之，前言其規算也。」〔按〕輕亡宋，輕忽於亡宋，謂亡宋而無儆心也。非謂宋未亡也。若宋未亡，何稱「亡宋」？

〔三〇〕鮑本原無「子」字，鮑補「子」字。吴師道云：「一本有『子』字。」

〔三一〕關修齡云：「以，用也。受命，未必之詞。蓋言吾終用子之教，欲必伐齊，其有勝之者，受命於天矣。」金正煒云：「廣雅：以，與也。」

〔三二〕鮑彪云：「（内寇不與）『寇』猶『亂』。『與』猶『和』。（外敵不可拒）言不能制内，則不可以拒外。」横田惟孝云：「内寇，謂齊在内爲謀者。外敵，謂其士卒也。與，黨與也。」中井積德云：「内寇不與，『與』當作『興』。外敵不可拒，『不』字疑衍。」金正煒云：「廣雅釋詁：『與，生也。』『距』猶『起』也。」〔按〕「内寇外敵」與下「治外報内」相應，則當並指齊言。「與」疑如中井説當作「興」，但下「不」字非衍。謂齊之内寇不起，其外敵不可當也。

〔三三〕鮑彪云：「（治其外）謂謀敵齊。」〔按〕謂屈身事齊以驕之。

〔三四〕鮑彪云：「（報其内）謂亂於内。」吴師道云：「爲燕間齊，敝其内也。」横田惟孝云：「報，應也。……爲内應也。」

9 燕王噲既立

燕王噲既立，蘇秦死於齊。蘇秦之在燕也，與其相子之爲婚，而蘇代與子之交。及蘇秦死，而齊宣王〔一〕復用蘇代。燕噲三年，與楚、三晉攻秦，不勝而還〔二〕。子之相燕，貴重主斷〔三〕。蘇代爲齊使於燕，燕王問之曰：「齊宣王何如〔四〕？」對曰：「必不霸。」燕王曰：「何也？」對曰：「不信其臣。」蘇代欲以激燕王以厚任子之也。於是燕王大信子之，子之因遺蘇代百金，聽其所使〔五〕。鹿毛壽〔六〕謂燕王曰：「不如以國讓子之。人謂堯賢者，以其讓天下於許由，由必不受〔七〕。有讓天下之名，實不失天下。今王以國讓相子之，子之必不敢受，是王與堯同行也。」燕王因舉國屬子之〔八〕，子之大重。或曰：「禹授益〔九〕，而以啓（人）〔一〇〕爲吏。及老，而以啓爲不足任天下，傳之益也。啓與支〔一一〕黨攻益而奪之天下〔一二〕。是禹名傳天下於益〔一三〕，其實令啓自取之。今王言屬國子之，而吏無非太子人者，是名屬子之，而太子用事。」王因收印自三百石吏而效之子之〔一四〕。子之南面行王事，而噲老〔一五〕，不聽政，顧爲臣，國事皆決子之。

子之三年，燕國大亂，百姓恫怨〔一六〕，將軍市被〔一七〕太子平謀將攻子之。儲子〔一八〕謂齊宣王因而仆之〔一九〕，破燕必矣。王因令人謂太子平曰：「寡人聞太子之義，將廢私而立公，飭〔二〇〕君臣之義，正父子之位。寡人之國小，不足先後〔二一〕。雖然，則唯太子所以令之！」太子因數〔二二〕黨聚衆。將軍市被圍公宮，攻子之，不克。將軍市被及百姓乃反攻，太子平，將軍市被死，已殉國〔二三〕。構難數月，死者數萬衆，燕人恫怨〔二四〕，百姓離意。孟軻謂齊宣王曰：「今伐燕，此文、武之時，不可失也〔二五〕。」王因令章子將五都〔二六〕之兵，以因北地之衆〔二七〕以伐燕。士卒不戰，城門不閉，燕王噲死。齊大勝燕，子之亡〔二八〕。二年，燕人立公〔二九〕子平，是爲燕昭王〔三〇〕。

【箋證】

〔一〕鮑彪改「宣」作「閔」。下同。吴師道云：「通鑑、大事記：赧王二年，齊湣王元年。齊伐燕，子之、子噲死，在赧王元年，正宣王時事。策與孟子合，甚明。辨見秦策。」〔按〕周赧元年（前三一四）齊伐燕，當齊宣王七年。通鑑、大事記亦誤，史記燕世家亦作「齊宣王」，不誤。惟策文記蘇秦、蘇代之事舛互，略見於前，此不一一辨之。蘇秦之死當在齊湣王時，策、史均有誤。

〔二〕〔按〕六國表周慎靚王三年（前三一八）五國共擊秦，不勝而還。

〔三〕横田惟孝云：「斷，謂決斷國事。」

〔四〕鮑彪衍「宣」字。黄丕烈云：「此追稱，羣書多矣。史記無，然不必衍。」〔按〕韓非子外儲説右下篇作「齊王亦何如主也」。

〔五〕闞修齡云：「下文鹿毛壽及或人，蓋皆代之所使。」〔按〕韓非子「百金」作「金百溢」，「使」下有「之」字。韓子下云：「潘壽隱（一作「闞」）者，燕使人聘之。」潘壽即鹿毛壽，則似非代之所使。

〔六〕鮑彪云：「鹿，蓋鉅鹿，壽之所居。」吴師道云：「徐廣云：『一作「厝毛」，甘陵縣本名厝（音「昔」）。』索隱云：『春秋後語亦作「厝」。韓子作「潘壽」。』」

〔七〕横田惟孝云：「『由必』之『必』，衍，涉下文而誤也。」〔按〕横田説非。此推度之詞，正以與下文對照。韓非子亦作「必不受」，可證。秦策一衛鞅亡魏章云：「（孝公）疾且不起，欲傳商君，辭不受。」魏策二史舉非犀首於王章犀首謂張儀：「請令王讓先生以國。」吕氏春秋不屈篇亦載魏惠王欲讓國於惠子事。亦言禪讓，其事在燕噲、子之前。則以禪讓邀譽飾僞，當時有此風習，其受儒書之影響乎？

〔八〕鮑彪云：「屬，猶付與。」〔按〕郭象注莊子讓王篇云：「夷、許之徒，足以當稷、契對伊、吕矣。夫居山谷而弘天下者，雖不俱爲聖佐，不猶高於蒙埃塵者乎？其事雖難爲，然其風少弊，故可遺也。曰：夷、許之弊安出？曰：許由之弊，使人飾讓以求進，遂至乎之、噲也。」

〔九〕金正煒云：「『授益』下，疑脱『政』字。」按史記「授」作「薦」。

〔一〇〕鮑本、吴本「啓」下有「人」字。鮑彪云：「以啓臣爲益吏。」黄丕烈云：「有者當是。韓子、史記正有『人』字。索隱曰：『「人」猶「臣」也。』下文『而吏無非太子人者』，可證。」〔按〕黄説是，今從鮑本補。

〔一一〕鮑本「支」作「友」。黄丕烈云：「韓子（支）作『友』，史記作『交』。」

〔一二〕文廷式云：「戰國時言三代事，皆任意比傅，以成其説。汲冢瑣語記太甲放伊尹，亦此類也。」〔按〕「之」猶「其」也。古本竹書紀年：「益干啓位，啓殺之。」與此合。楚辭天問：「啓代益作后，卒然離蠥。」似亦謂啓奪益位。孟子萬章上篇云：「禹薦益於天。七年，禹崩。三年之喪畢，益避禹之子於箕山之陰，朝覲訟獄者，不之益而之啓，謳歌者不謳歌益而謳歌啓。……啓賢，能敬承繼禹之道。」後來史書皆本此説。崔適史記探源以此爲託事，云：「託事者以時事爲主，設爲古人之事以譬喻之，不必古人真有此事也。」古史悠謬，無從徵實矣。

〔一三〕鮑本「益」下有「也」字。　吴師道云：「一本無『也』字。」

〔一四〕吴師道云：「大事記：『以石計禄，始見於此。』」中井積德云：「秦、漢人所記載，故有石數耳。非當時實有之。」金正煒云：「墨子號令篇有『二百石之吏，三百石之吏』。商子境内篇有『千石、八百石、七百石、六百石之令』。大事記失考。」〔按〕董説七國考禄制引此語，又云：「秦范睢曰：『自鬬食以下，有非相國之人者乎？』王翦歸鬬食以下秩，吕不韋舍人六百石以上奪爵。孟子爲齊卿，其禄十萬鍾。七國禄制，僅見於此。」中井説非，金舉證已詳。韓非子同此策，惟「印」作「璽」耳。集解：「鄭玄云：『效，呈也。』以印呈與子之。」

〔一五〕鮑彪云：「以老自休。」〔按〕噲年雖不可知，以燕之世次推之，尚不至於老（七十曰老），蓋謂退休，非真老也。

〔一六〕〔按〕史記「恫怨」作「恫恐」。索隱：「恫音通，痛也。」

〔一七〕〔按〕「市被」下史記有「與」字。

〔一八〕鮑彪云：「（儲子）見離婁下。」吴師道云：「何以知即此人。」〔按〕孟子離婁下篇趙岐注：「儲子，齊人也。」以時期及地域考之，與策相合，鮑説可取，吴正未是。

〔一九〕横田本「仆」作「伐」，不明所據。金正煒云：「漢書鄒陽傳：『卒仆濟。』師古曰：『「仆」音「赴」。』此亦當讀如『赴』。」〔按〕金説是。「仆」、「赴」並從「卜」聲，古通用。史記作「赴」，可證。謂以兵赴之。

〔二〇〕鮑彪云：「飭，戒也，猶正。」

〔二一〕吴師道云：「正義云：先後，並去聲。」〔按〕先後，作動詞用，謂爲之先後。

〔二二〕金正煒云：「左氏襄二十五年傳『數甲兵』注：『閲數。』」〔按〕史記「數」作「要」。

〔二三〕鮑本、吴本「已」作「以」，通用。田藝蘅云：「將軍市被既初謀攻子之，又云及百姓反攻太子，又死以殉國，何舛也？」横田惟孝云：「李光縉曰：及，及至之及，非又及之及。當云將軍市被既攻子之，不克，及至百姓之反攻太子也，市被遂赴鬭，爲太子死難。……或曰：『不克』下，『將軍市被』四字衍。未詳孰是。」安井衡云：「市被反攻太子，不得言殉國，『殉』當爲『徇』字之誤也。」金正煒云：「市被及百姓無反攻太子之理，蓋文之淆誤也。原文當爲『太子因數黨聚衆，將軍市被及百姓圍公宫，攻子之，不克，反攻太子平，將軍市被死已殉國』。文衍『將軍市被』四字。及百姓，語得兩通。」〔按〕此文諸説紛紜，皆不能暢達。古本竹書紀年云：「燕子之殺公子平」，是太子平實死於亂（説又詳下）。後人因下文「燕立公子平，是爲燕昭王」，謂太子平未死，遂致文義齟齬。不知「公子平」乃「公子職」之誤，而此文當讀作「將軍市被及百姓乃反攻，太子平、將軍市被死，已殉國」。反攻者，吕氏春秋察微篇：「（吴）處女桑於境上，戲而傷（楚）卑梁之處女，卑梁人操其傷子以讓吴人，吴人應之不恭，怒，殺而去之。吴人往報之，盡屠其家。卑梁公怒，……舉兵反攻之。」高誘注：「反，更也。」此言市被及百姓復攻子之，太子平與被俱死以殉國。由字譌及句讀之淆亂，遂致市被死乃爲反覆之人，而太子不死復立爲君，與史實相反，今爲辨而白之。「殉」讀如字，史記作「徇」，乃「殉」之借字，正義釋爲「行示」，誤。

〔二四〕鮑本原「怨」作「恐」，鮑改作「怨」。〔按〕史記作「恫恐」。

〔二五〕吴師道云：「此當時所謂孟子勸齊伐燕者也。使無孟子之書，則人將此言之信乎！要之，聖賢決無是事也。推此，則凡後世之誣罔聖賢而無徵者，可知。」倫文叙云：「孟軻勸齊伐燕事，孟子及史俱不見，獨見沈同之問，而此。策謂伐燕，文、武之時不可失，似爲勸之。孟子一書爲門人所成，或抹撥之，未可必。」〔按〕索隱云：「謂如武王成文王之業，伐紂之時。然此語與孟子不同也。」亦以爲疑。孟子公孫丑下篇云：「沈同以其私問曰：『燕可伐與？』孟子曰：『可。子噲不得與人燕，子之不得受燕於子噲。』……齊人伐燕。或問曰：

『勸齊伐燕，有諸？』曰：『未也。沈同問燕可伐與？吾應之曰：可。彼然而伐之也。彼如曰：孰可以伐之？則將應之曰：爲天吏，則可以伐之。今有殺人者，或問曰：人可殺與？則將應之曰：可。彼如曰：孰可以殺之？則將應之曰：爲士師則可以殺之。今以燕伐燕，何爲勸之也？』」焦循正義云：「燕噲之事，君臣易位，其亂極矣。觀燕民簞食壺漿以迎齊師，則燕民之望救如望雲霓矣。例以孔子沐浴而朝，則爲齊贊畫出師，固孟子之心也。而不遽發者，特以握權主事別自有人，萬一齊師既出，未必終其拯救之心，將有如儲子之『破燕必矣』。田臣（臣）思云『天以燕賜我』者，溯厥所由，倡謀有在，形跡已著，分辨未能。迨至沈同私問，未必非陰承王者，將假大賢一言，以爲戡克借端。斯時孟子豈不知之？阻之非拯亂之心，詳之失進言之體，第以『可』應之。言子噲、子之當伐，誠立言之當矣。」其言與策稍異。孟子之言，自當以其書爲準。然策言「文、武之時不可失」，正是勸齊王師文、武弔民伐罪之意，與孟子答宣王：「取之而燕民悅，則取之，古之人有行之者，武王是也。取之而燕民不悅，則勿取，古之人有行之者，文王是也」（梁惠王下篇）相合，并不乖戾。吴氏辨其誣聖，隘矣。

〔二六〕鮑彪云：『都，大邑。』吴師道云：「索隱云：『五都，即齊也。臨淄是五都之一。』」程恩澤云：「周禮四縣爲都，方三十二里。自是大邑。但孟子稱『王之爲都者臣知五人』，而平陸居其一。則齊地之以都計者，當不止此數，而當時特用其五耳。」

〔二七〕鮑彪云：「齊之北近燕。」〔按〕正義云：「謂齊之北境，滄、德等五衆也。」（此據會注考證本正義，他本缺此文）

〔二八〕〔按〕集解：「汲冢紀年曰：齊人禽子之而醢其身也。」

〔二九〕鮑本、吴本「年」下有「而」字。鮑彪改「公」爲「太」。吴師道云：「當作『太』，史有。」〔按〕「公」字不誤，說詳下。

〔三〇〕徐廣云：「年表云：君噲及太子、相子之皆死。」（集解）司馬貞云：「按上文太子平謀攻子之，而年表又云：『君噲及太子、相子之皆死。』紀年又云：『子之殺公子平。』今此文云：『立太子平（史記文如此），是爲燕昭王。』則年表、紀年爲謬也。而趙世家云：『武靈王聞燕亂，召公子職於韓，立以爲燕王，使樂池送之。』裴駰亦以此（燕）世家無趙送公子職之事，當是遥立職而送之，事竟不就。則昭王名平，非職明矣。」（索隱）徐孚遠云：「太子平與昭王當是二人，或昭王名平，太子不名平。」（史記測議）洪亮吉云：「燕昭王與太子平當屬二人，索隱説恐亦未諦。應從紀年及趙世家燕王爲公子職，較是。」（四史發伏）梁玉繩云：「（燕）世家集解、索隱均引年表云『君噲及太子、相子之皆死』，則今本年表脱『太子』二字明矣。而所謂太子者，世家以爲太子平，即昭王。余深疑之。世家稱太子平，年表、紀年稱公子平，家庶不明，疑一。先是太子與子之争權，舉兵攻子之，不克，百姓反攻太子，則其不爲國人所戴可知。賢如昭王，不應有此。疑二。齊並燕二年，燕人共立平。夫既攻之而又立之，於理頗乖。且何以遲至二年復立乎？二年之中，太子安在？疑三。昭王語郭隗曰：『齊因孤之國亂，而襲破燕。』齊之入燕，實藉太子爲内應，今觀昭王之言，殊不合事情。疑四。考趙世家武靈王召公子職於韓，立爲燕王，使樂池送之。諸處俱不書。集解疑趙聞燕亂，遥立職爲燕王，雖使樂池送之，竟不能就。斯乃虚揣之譚，未見確證。而索隱遽舉裴駰得其旨，豈不惑哉！竊意職爲王，時在噲死之後，昭王未立之先。職立二年卒，始立昭王。而昭王並非太子，太子已同君噲及相子之死於齊難矣。」又云：「孫侍御疑昭王即公子職。」（志疑）〔按〕古本竹書紀年云：「趙立公子職」，與史記趙世家合。此策前云「太子平」，此云「公子平」；又謂三年燕人立之，皆可疑，梁氏已辨之。況六國表及紀年並言太子已死，何能立以爲君乎？則此「公子平」顯有誤訛。雷學淇竹書紀年義證云：「燕策『立公子平』句本是『立公子職』之誤，燕世家又承其譌也。」此説與洪、孫二氏之言合，是也。金文有郾王戠戈、郾王戠戟及郾侯戠戟，清同、光間出土於今河北易縣，古燕地，見集古遺文卷十一、十二。據近人考證，即燕昭王之器，「郾」即「燕」（「郾」或作「匽」，與「燕」同音，古相通用。詩邶風「燕燕于飛」，近出土阜陽漢簡詩經「燕燕」作「匽匽」，見文物一九八四年第八期，可證），「戠」即「職」也。是公子職即燕昭王也，此其明證。而昭王之非太子平，太子死於亂，此事顯著，可以息訟矣。又燕子之之亂，齊、趙並侵其地，中山國亦乘機掠奪。最近河北平山縣出土中山王嚳壺及鼎中山國胤嗣好蚉壺銘文並記其事，今人多有考釋。此事古籍失載，可補史闕，足資參考。

10　初蘇秦弟厲因燕質子

初，蘇秦弟厲，因燕質子而求見齊王〔一〕。齊王怨蘇秦〔二〕，欲因厲，燕質子爲謝，乃已。遂委質爲臣。燕相子之與蘇代婚，而欲得燕權，乃使蘇代持〔三〕質子於齊，齊使代報燕。燕王噲問曰：「齊王其伯也〔四〕乎？」曰：「不能。」曰：「何也？」曰：「不信其臣。」於是燕王專任子之，已而讓位。燕大亂，齊伐燕，殺王噲、子之。燕立昭王，而蘇代、厲遂不敢入燕，皆終歸齊，齊善待之。

蘇代過魏〔五〕，魏爲燕執代。齊使人謂魏王〔六〕曰：「齊請以宋封涇陽君，秦不受。秦非不利有齊而得宋埊也，不信齊王與蘇子也。今齊、魏不和，如此其甚，則齊不欺秦〔七〕。

秦信齊，齊、秦合，涇陽君有宋地，非魏之利也。故王不如東蘇子〔八〕，秦必疑而不信蘇子矣〔九〕。齊、秦不合，天下無雙〔一〇〕，伐齊之形成矣〔一一〕。」於是出蘇伐（代）〔一二〕之宋，宋善待之〔一三〕。

〔箋證〕

〔一〕原本此與上章連屬爲一章，今從鮑本提分。吴汝綸云：「此下蘇秦傳。」又於上章云：「此燕世家之文，集國策者掇取子長語，後又掇取蘇秦傳，故其詞複。」〔按〕此章前段與上章詞複而稍殊，蓋傳聞異辭，編者以類比附耳。史記自是據策文，吴説反本爲末，非。

〔二〕鮑彪云：「秦爲燕謀齊故。」〔按〕史記蘇秦傳云：「（齊）湣王厚葬以明孝，高宫室，大苑囿以明得意，欲破敝齊而爲燕。……其後齊大夫多與蘇秦争寵者，而使人刺蘇秦。……蘇秦既死，其事大泄。齊後聞之，乃恨怒燕。」

〔三〕鮑彪改「持」作「侍」。吴師道云：「史作『侍』。」黄丕烈云：「世家索隱引此策文正作『侍』。」于鬯云：「侍，正字；持，借字也。鮑改『持』爲『侍』，要不須。」

〔四〕鮑本「伯」作「霸」，同；無「也」字。〔按〕史記亦無「也」字。

〔五〕吴師道云：「此策自『蘇代過魏』以下，又見魏策，疑自爲一章而復出。姚本别提行。」横田本「蘇代」下别分爲章，蓋從吴説。鍾鳳年云：「吴誤。試觀上文稱『而蘇代、厲遂不敢入燕』，下文繼稱『蘇代過魏，魏爲燕執代』，可證上下文乃相因而生者。若離次之，則上下不互應，無以見魏爲燕執代之原由矣，故不當别提。至姚本則不過『蘇代』二字適當一行之起首，不當依之即謂其别提作行。」又云：「『魏策一蘇秦拘於魏章蓋本此事而誤書者。』

〔六〕姚範云：「魏策云蘇厲爲之謂魏王者，近是。」

〔七〕鮑彪云：「秦所以不信齊，疑其合魏也。」

〔八〕鮑彪云：「（東蘇子）使歸齊。」

〔九〕鮑彪云：「（不信蘇子）疑其合齊、魏。」鍾鳳年據魏策文「疑」下補「齊」字，衍「蘇子」二字。〔按〕史記「疑」下有「齊」字，亦有「蘇子」二字，鍾衍未安。

〔一〇〕鮑彪云：「五國無秦之兵。」

〔一一〕鮑彪云：「時齊、魏相惡，故云。」

〔一二〕鮑本、吳本、盧本「伐」作「代」，是，今據正。鮑彪「代」下補「代」字。吳師道云：「史復有『代』字。」〔按〕「代」字不重亦通。

〔一三〕〔按〕別詳魏策一蘇秦拘於魏章。此章文詞多複且乖於史實，存疑可也。

11　燕昭王收破燕後即位

燕昭王收破燕後，即位，卑身厚幣，以招賢者，欲將以〔一〕報讎。故往見郭隗先生〔二〕，曰：「齊因孤國之亂，而襲破燕，孤極知燕小力少〔三〕，不足以報。然得賢士與共國，以雪先王之耻，孤之願也。敢問以國報讎者奈何？」郭隗先生對曰：「帝者與師處，王者與友處，霸者與臣處，亡國與役處〔四〕。詘指而事之〔五〕，北面而受學，則百已者至。先趨而後息〔六〕，先問而後嘿〔七〕，則什己者至。人趨己趨〔八〕，則若己者至。馮几〔九〕據杖，眄視指〔一〇〕使，則廝役之人至。若恣睢奮擊〔一一〕，呴籍叱咄〔一二〕，則徒隸之人至矣。此古服道〔一三〕致士之法也。王誠博選國中之賢者，而朝其門下，天下聞王朝其賢臣，天下之士必趨於燕矣。」

昭王曰：「寡人將誰朝而可？」郭隗先生曰：「臣聞古之君人（人君）〔一四〕有以千金求千里馬者，三年不能得。涓人〔一五〕言於君曰：『請求之。』君遣之，三月得千里馬，馬已死，買其首〔一六〕五百金。反以報君，君大怒曰：『所求者生馬，安事死馬而捐五百金？』涓人對曰：『死馬且買之五百金，況生馬乎？天下必以王爲能市馬，馬今至矣。』於是不能〔一七〕期年，千里之馬至者三。今王誠欲致士，先從隗始。隗且見事，況賢於隗者乎？豈遠千里哉？」

於是昭王爲隗築宮而師之〔一八〕。樂毅自魏往，鄒衍自齊往，劇辛自趙往〔一九〕，士爭湊〔二〇〕燕。燕王弔死問生，與〔二一〕百姓同其甘苦。二十八年，燕國殷富，士卒樂佚輕戰。於是遂以樂毅爲上將軍〔二二〕，與秦、楚、三晉合謀以伐齊〔二三〕。齊兵敗，閔王出走於外。燕兵獨追北，入至臨淄，盡取齊寶，燒其宮室宗廟。齊城之不下者，唯獨莒、即墨〔二四〕。

【箋證】

〔一〕鮑本無「以」字。吴師道云：「一本此有『以』字。」

〔二〕〔按〕郭隗，燕人，漢書古今人表「中上」有。

〔三〕鮑本無「少」字，吴師道云：「一本此有『少』字。」〔按〕史記燕世家及新序雜事三篇並有「少」字。趙翼陔餘叢考卷三十六云：「老子道化章：『人之所惡，惟孤寡、不穀，而王公以爲稱。』……蓋古人自稱皆從謙詞。按禮記：『庶方小侯，自稱曰孤，諸侯自稱曰寡人。其在凶服曰適子孤。』是孤本小侯之稱，諸侯遭喪則亦稱之，此定制也。晉悼公將立，謂諸大夫曰：『孤始願不及此。』此未爲君之詞，猶沿遭喪稱孤之禮也。諸侯或遇危難，則亦有稱孤者，臧文仲曰：『列國有凶，稱孤，禮也。』晉惠公失國，使郤乞歸，子金教之言曰：『孤雖歸，辱社稷矣！』楚莊王代鄭，鄭伯肉袒牽羊以逆曰：『孤不天，不能事君，孤之罪也。』此皆因危難而有此稱。其他如屈瑕敗於羅，楚子曰：『孤之罪也。』孟明敗於殽，秦伯曰：『孤違蹇叔，以辱二三子，孤之罪也。』則亦以喪敗而自爲貶損之詞，非諸侯本稱也。……戰國時諸侯王猶稱寡人，惟燕昭王謂郭隗曰『孤誠知力不足以報齊』云云。蓋昭王初立，猶是適子孤之遺意。……及秦、漢之間，而孤已爲南面之雄稱，……非復古制適子孤及庶方小侯之詞矣。」策此文「孤」與「寡人」互出，自是國君謙稱，但趙説亦通。

〔四〕鮑彪云：「役，僕役。」〔按〕師、友、臣、役喻禮士之高下與國之盛衰關係。

〔五〕鮑彪云：「（詘指）屈指（鮑、吴合注四部叢刊本「指」誤作「柱」，據鮑單注本正）也。」吴師道云：「（詘）屈也。猶言折節。」張居正云：「『詘指』作『屈己』。」横田惟孝云：「『詘指』猶『拘指』，拱手也。説苑：『北面拘指，逡巡而退以求臣，則師傅之封至矣。』詘指而事之，北面而受學，執弟子之禮也。」中井積德云：「『指』疑當作『節』。」于鬯云：「或云：『指』蓋讀爲『稽』，即稽首。又『詘指』二字疊韻，或古語。」〔按〕「詘指」即「屈指」。

「指」與「恉」通用。説文：「恉，意也。」朱駿聲通訓定聲云：「經傳皆以『旨』以『指』爲之。」廣雅釋詁：「恉，志也。」則「詘指」猶言「屈意」或「降志」也。吴訓折節，義近。中井以爲字譌，謬。説苑君道篇之「北面拘指」亦此義（上文「南面聽朝」、「西面等禮」與此並列爲文，「北面拘指」猶言「北面而屈志」也），横田誤解。鮑、于説並非。

〔六〕鮑彪云：「（先趨而後息）先彼而趨，後之而息。」

〔七〕〔按〕嘿同默。此言多請問。

〔八〕鮑本無「已趨」二字。吴師道云：「一本『人趨已趨』，是。」横田惟孝云：「人趨已趨，不敢異也。」

〔九〕鮑彪云：「馮，據也。」〔按〕藝文類聚卷六十九引「馮几」作「隱几」。莊子釋文：「隱，馮也。」義同。馮同憑。

〔一〇〕〔按〕類聚引「指」作「相」。眄視，衺視也。

〔一一〕鮑彪云：「睢，仰目。」吴師道云：「恣睢，暴戾也。後荀彧傳注：『暴怒貌。』睢，香萃反。唐史音『雖』。」〔按〕史記伯夷傳：「暴戾恣睢。」索隱云：「恣睢，謂恣行爲睢惡之貌也。」奮擊，策屢見，謂奮擊之士，意稍不同。此言奮起擊人。

〔一二〕鮑本、吴本「籍」作「藉」，二字通用。鮑彪云：「呴，呵。籍，踐也。（呴）當從足。集韻：『咄，呵也。』」吴師道云：「呴，呼俱、呼具二反。咄，都活反。下言『叱咄』，上有『呴』字爲復。『呴藉』義亦不類，當是跔藉。見韓策，釋爲跳躍。此謂跳躍蹈藉也。」于鬯云：「『呴』無『呵』詁，疑即『呵』字之誤。漢書食貨志顔注云：『呵，責怒也。』『藉』蓋讀爲『諎』，説文云：『大聲也。』」〔按〕于讀「藉」爲「諎」，是也；改「呴」爲「呵」，則非。文選江賦：「溢流雷呴而電激。」李善注引聲類云：「呴，嗥也。」與諎（大聲）義相近。呴藉叱咄，狀大聲呵叱之貌。吴注未然。

〔一三〕鮑彪云：「『服』猶『事』，事有道者。」

〔一四〕王念孫云：「『君人』當依新序雜事篇作『人君』。藝文類聚居處部、太平御覽資産部及文選論盛孝章書注引此並作『人君』。」吴汝綸點勘本乙作「人君」。〔按〕資治通鑑亦作「人君」。今正。

〔一五〕鮑彪云：「（涓人）謁者也。」吴師道云：「楚世家『鋗人』。見國語，韋昭云：『今之中涓。』漢書顏注：『中涓，官名，居中而涓潔也。』如淳云：『主通書，謁出入命也。』」

〔一六〕安井衡云：「首，疑當作『骨』。」湖北局覆刊姚本改「首」作「骨」。〔按〕新序「首」作「骨」。然藝文類聚、文選論盛孝章書注及太平御覽卷八百二十八引策文並同今本，無作「骨」者。資治通鑑亦作「首」。是策文自作「首」，新序作「骨」，本不同也。孔融論盛孝章書云「燕君市駿馬之骨」，實本新序，李善注引策文，尚未確切。安井等習於買骨之語，或據以改策文，則非。

〔一七〕横田惟孝云：「『不能』猶『不及』也。」〔按〕新序無「能」字。

〔一八〕葉適云：「郭隗以古道説燕昭王發其敬士之機。築宫師事，自其身始，非不讓也。四方聞風，皆以類至，非勝己也。破齊之功，樂毅專之，己無與焉，非無能也。爲人主立致士法，以示後世，非賴寵也。書稱一個臣，非好彦聖者能若是乎？三代以上，帝者之佐，奇舉瑰行，猶一二見於逸書。如隗殆庶幾！蓋非戰國策士所能爲也。」（習學記言）〔按〕類聚卷六十三引「宫」作「館」。孔融論盛孝章書云：「昭王築臺以尊郭隗。」又言築臺。水經易水注：「（濡水）其一水東出。」注：「金臺陂。……陂北十餘步有金臺，臺上東西八十餘步，南北加減。北有小金臺，臺北有蘭馬臺，並悉高數丈，秀峙相對，翼臺左右。水流徑通，長廡廣宇，周旋被浦。棟堵咸淪，柱礎尚存，是其基構，可得而尋。訪諸耆舊，咸言：昭王禮賓，廣延方士，至如郭隗、樂毅之徒，鄒衍、劇辛之儔，宦遊歷説之民，自遠而屆者多矣。不欲令諸侯之客，伺隙燕邦，故修建下都，館之南垂。言燕昭創之於前，子丹踵之於後，故彫牆敗館，尚傳鐫刻之石。」燕下都在今河北易縣東南，位於中易水與北易水之間。其遺址今已發掘，中國歷史博物館考古組曾發表燕下都城址調查報告（載考古一九六二年第一期）。「城址以兩個方形作不規則的結合，東西約八三〇〇米，南北約四〇〇〇米。城牆用黄土版築而成。殘城遺址約寬七——一〇米。城内分東西兩部份。東部主要是宫室、官署及手工業作坊。西部年代較晚。……宫室位於東部的北端中央，有高大的夯土臺，長一三〇——一四〇米，高七點六米，成階梯狀。」（中國古代建築史頁四一）此高大之夯土臺，疑即燕昭王金臺之遺址。

〔一九〕〔按〕燕世家及新序同。説苑君道篇云：「居三年，蘇子聞之，從周歸燕；鄒衍聞之，從齊歸燕；樂毅聞之，從趙歸燕；屈景聞之，從楚歸燕。四子畢至。」又尊賢篇云：「燕昭王得郭隗，而鄒衍、樂毅以齊、趙至，蘇子、屈景以周、楚至。」無劇辛而多蘇、屈。韓詩外傳卷七、大戴禮記保傅篇、賈子新書胎教篇並言「鄒衍、樂毅以齊，魏至」，而無劇辛及蘇、屈。史記樂毅傳：「傳毅於是爲魏昭王使於燕，燕王以客禮待之。樂毅辭讓，遂委質爲臣。」又孟子荀卿列傳：「騶子（衍）重於齊。……如燕，昭王擁彗先驅，請列弟子之座而受業，築碣石宫，身親往師之。」此樂、鄒如燕之事。梁玉繩志疑云：「劇辛自趙來，其年當非幼小。乃至後燕王喜十三年，將兵伐趙，爲趙將龐煖所殺。計去昭王即位時已七十年，恐未必如是之壽。則其來不在此時。」按策文本自統前後言之，不在一時。昭王二十八年，伐齊，劇辛之來若在燕昭二十年左右，計年尚無懸殊。

〔二〇〕横田惟孝云：「湊，聚也。」〔按〕史記「湊」作「趨」，新序作「走」。類聚引「湊」作「走」。淮南子精神訓高注：「湊，趨也。」史記張釋之傳集解：「走，趨也。」湊、趨、走同義。湊、走又音近通用。

〔二一〕姚宏云：「曾、錢（與）作『於』。劉作『與』。」

〔二二〕胡三省通鑑注云：「上將軍，猶春秋之元帥。」

〔二三〕張宗泰（魯巖所學集卷四）云：「後樂毅報燕惠王書，燕所與伐齊者，楚、魏也，趙也，合燕爲四國。毅所自言，當不誤。知合秦、楚、三晉云者，特策士張大之詞耳。」〔按〕燕之謀合秦伐齊，見於蘇代遺燕昭王書（下齊伐宋章）。史記樂毅傳云：「令趙嚪說秦以伐齊之利。」秦本紀：「（昭襄王）二十三年，尉斯離與三晉、燕伐齊。」六國表同。韓世家釐王十二年云「佐秦攻齊」。本策二亦云「昌國君樂毅爲燕昭王合五國之兵而攻齊」。然則秦、韓與於伐齊之役固不誤，毅書所言，舉其主要與國（楚、趙、魏與齊地接境，故毅謀先合之）而論，非謂伐齊爲四國。張説未諦。

〔二四〕吳師道云：「大事記解題引國策、説苑云云。今按説苑（君道篇）文小異。鶡冠子博選篇亦用隗言，此則柳宗元所謂僞書取以充入者也。」〔按〕新序記此事略同，惟文首云：「燕易王時國大亂，齊閔王興師伐燕，屠燕國，載其寶器而歸。易王死，及燕國復，太子立爲燕王，是爲燕昭王。」以君噲爲易王，以昭王爲易王子，與諸書所記皆乖戾。劉向或別有所據，但不足信也。

12　齊伐宋宋急

齊伐宋〔一〕，宋急。蘇代乃遺燕昭王書曰〔二〕：「夫列在萬乘，而寄質於齊〔三〕，名卑而權輕。秦（奉）〔四〕齊。助之伐宋〔五〕，民勞而實費〔六〕。破宋，殘楚淮北〔七〕，肥大齊〔八〕，讎強而國弱也。此三者，皆國之大敗也，而足下行之，將欲以除害取信於齊也〔九〕？而齊未加信於足下，而忌燕也愈甚矣。然則足下之事齊也，失所爲矣。夫民勞而實費，又無尺寸之功，破宋肥讎，而世負其旤矣〔一〇〕。（足下）（夫）〔一一〕以宋加淮北，强萬乘之國也〔一二〕，而齊并之，是益一齊也〔一三〕。北（九）夷方七百里〔一四〕，加之以魯、衛，此所謂强萬乘之國也，而齊并〔一五〕之，是益二齊也。夫一齊之强，而燕猶不能支也，今乃以三齊臨燕，其禍必大矣。

「雖然，臣聞知者之舉事也，轉禍而爲福，因敗而成功者也〔一六〕。齊人紫敗素也〔一七〕，而賈十倍。越王勾踐棲於會稽，而後殘吴，霸天下。此皆轉禍而爲福，因敗而爲功者也。今王若欲轉禍而爲福，因敗而爲功乎？則莫如遥伯〔一八〕齊而厚尊之，使使〔一九〕盟於周室，盡焚天下之秦符〔二〇〕，約〔二一〕曰：『夫上計破秦〔二二〕，其次長賓之〔秦〕。』秦挾賓〔客〕以待破〔二三〕，秦王必患之。秦五世以結〔二四〕諸侯，今爲齊下，秦王之志，苟得窮齊〔二五〕，不憚以一國都爲功〔二六〕。然而王何不使布衣之人〔二七〕，以窮齊之説説秦。謂秦王曰：『燕、趙破宋肥齊，尊齊而爲之下者，燕、趙非利之也。弗利而勢爲之者，何也？以不信秦王也。今王何不使可以信者接收〔二八〕燕、趙。今（令）〔二九〕涇陽君若高陵君先於燕、趙〔三〇〕，秦有變〔三一〕，因以爲質，則燕、趙信秦矣。秦爲西帝，趙爲中帝，燕爲北帝，立爲三帝，而以令諸侯〔三二〕。韓、魏不聽，則秦伐之；齊不聽，則燕、趙伐之；天下孰敢不聽？天下服聽〔三三〕，因驅〔三四〕韓、魏以攻齊，曰：必反宋地而歸楚之淮北。夫反宋地，歸〔三五〕楚之淮北，燕、趙之所同利也；並立三帝，燕、趙之所同願也。夫實得所利，名〔三六〕得所願，則燕、趙之棄齊也，猶釋弊躧〔三七〕。今王之不收燕、趙，則齊伯〔三八〕必成矣。諸侯戴〔三九〕齊，而王獨弗從也，是國伐也〔四〇〕。諸侯戴〔四一〕齊，而王從之，是名卑也。王不收燕、趙，名卑而國危。王收燕、趙，名尊而國寧。夫去尊寧就卑危，知者不爲也。』秦王聞若説也，必如刺〔四二〕心。然〔四三〕則王何不務使知士以若此言〔四四〕説秦，秦伐齊必矣。夫取秦，上交也；伐齊，正利也。尊上交，務正利，聖王之事也。」

燕昭王善其書，曰：「先人嘗有德蘇氏〔四五〕。子之之亂，而蘇氏去燕〔四六〕。燕欲報仇於齊，非蘇氏莫可。」乃召蘇氏〔四七〕，復善待之，與謀伐齊。竟破齊，閔王出走。

〔箋證〕

〔一〕鮑彪云：「此（昭王）二十七年。」〔按〕當爲昭王二十六年。

〔二〕〔按〕帛書戰國縱横家書二十章有此篇，首句作「胃（謂）燕王曰」，無「齊伐宋」云云，不著何人之言。

〔三〕鮑彪云：「『寄』猶『委』也。一説如質子寄寓。」〔按〕鮑訓「寄質」爲「委質」，委質乃爲臣之禮，燕雖事齊，尚不至如是。史記正義云：「燕前有一子質於齊。」燕質子於齊，見上初蘇秦弟厲章，正昭王時事。正義説是。縱横家書「寄」作「奇」，通借。

〔四〕鮑彪改「秦」作「奉」。吴師道云：「史作『奉萬乘助齊』。」姚鼐辭類纂從鮑改「秦」作「奉」。〔按〕「秦」、「奉」形近而譌，鮑改是，今從之。縱横家書亦作「奉」。

〔五〕〔按〕吕氏春秋行論篇：「齊攻宋，燕王使張魁將燕兵以從焉。齊王殺之，燕王聞之，泣數行而下，……縞素辟舍於郊，遣使於齊客而謝焉，曰：『此盡寡人之罪也。大王賢主也，豈盡殺諸侯之使者哉？然而燕之使者獨死，此敝邑之擇人不謹也。願得變更請罪！』使者行至齊，齊王方大飲，左右官實御者甚衆。因令使者進報，使者報言燕王之甚恐懼而請罪也。畢，又復之，以矜左右官實。因乃發小使以反，令燕王復舍。」此即燕昭王助齊伐宋之役。殺張魁，縱横家書四章有之，惟作「張庫」。

〔六〕横田惟孝云：「實，貨財也。」

〔七〕鮑彪云：「楚之淮北，宋鄰也。宋破，則此地殘。」吴師道云：「此已取淮北明矣。下文又曰：必反宋地，而歸楚之淮北。」〔按〕史記田世家：「齊遂伐宋，宋王出亡，死於温。齊南割楚之淮北。」

〔八〕鮑彪云：「肥，亦大也。」金正煒云：「『大』與『肥』義同，故知大亦舊註。後文『肥饑』、『肥齊』，並不言『大』。此後人傳寫誤併入文耳。」〔按〕「大齊」連屬爲文，猶「强秦」之類，非「肥大」二字連屬。史記亦有「大」字，可證。肥大齊，謂肥强大之齊，語更剌激有力。鮑、金説並非。

〔九〕鮑彪云：「宋者齊之害。」横田惟孝云：「除害，謂除齊伐燕之害也。」金正煒云：「『也』讀爲『邪』。『害』猶『忌』也。下云『齊未加信，忌燕愈甚』，正承『除害取信』兩義而言。」〔按〕金説較長。横田説非。

〔一〇〕鮑本、吴本「祇」作「禍」，下同。祇、禍同字。鮑彪云：「『負』猶『荷』。」金正煒云：「此文疑有淆誤，故與下文不相貫注。當作『夫民勞而實費，又無尺寸之功，破宋肥饑，乃世負其禍，然則足下之事齊也，失所爲矣』。末『矣』字當作『夫』，屬下文。」〔按〕原文自通，不必更次。

〔一一〕横田惟孝云：「『足下』二字恐衍。」中井積德云：「足下，史記作『夫』。」金正煒云：「上文『矣』字即此句首『夫』字之誤。『足下』二字，又涉上文而衍。……此節並就齊言，不當復云『足下』。」〔按〕縱横家書亦作「夫」，與史記同，今從衍改補正。

〔一二〕鮑彪云：「宋五千乘國也，又加之淮北，則萬乘而强。」金正煒云：「爾雅釋詁：『强，當也。』……又算家以有餘爲强。此云强萬乘之國，謂比例萬乘而有餘耳。」

〔一三〕〔按〕言齊本萬乘之國，今并有宋及淮北之地，是不啻又增一齊也。縱横家書「并」作「兼」，無「一」字。

〔一四〕鮑彪云：「（北夷）齊之北國。」吴師道云：「索隱云：『北夷，謂山戎（原本脱「戎」字，據下文補）、北狄附齊者。』正義云：『齊桓公伐山戎。』」王念孫（史記雜志）云：「此文言『北夷方七百里，加之以魯、衛』，是北夷之地，去魯、衛不遠。小司馬以山戎、北狄當之，誤矣。『北夷』當『九夷』，字之誤也。……秦策云：『楚苞九夷，方千里。』魏策云：『楚破南陽、九夷。』李斯上始皇書云：『包九夷，制鄢郢。』是九夷之地，南與楚接。此言齊并淮北，淮北即楚地也。齊并宋與淮北，則地與九夷接，故又言齊并九夷也。秦策言『楚包九夷，方千里』，此言九夷方七百里，七百里即在千里之中，故言楚包九夷也。淮南齊俗篇云：『越王句踐霸天下，泗上十二諸侯皆率九夷以朝。』是九夷之地東與十二諸侯接，而魯爲十二諸侯之一，故此言齊并九夷與魯、衛也（蘇秦傳）。上文言『齊舉宋而包十二諸侯』。田完世家言『齊南割楚之淮北，泗上鄒、魯之君皆稱臣』。此言齊并宋與淮北，又言并九夷與魯、衛。以上諸文，彼此可以互證。是今本之『北夷』乃『九夷』之誤，而不得以山戎、北狄當之也。」于鬯云：「王説甚確，但謂字誤，……則恐未然。儻九夷在楚之北，當時自有『北夷』之别稱。至七百里、千里，本策士約舉之數，不煩咀嚼。」〔按〕縱横家書正作「九夷方一百里」，可證王識之卓，今從改。「一百」，據注云：「『一』字殘缺，可能是『七百』。」

〔一五〕〔按〕縱横家書無「此所謂」三字，并作兼。

〔一六〕〔按〕此二語亦見前燕文公時章。

〔一七〕鮑彪云：「『敗』猶『惡』也。素，白繒，染爲紫。」柯維騏云：「敗素雖無用，而齊染紫以售重價。智者舉事，轉敗爲功，正此類也。」于鬯云：「江永鄉黨紫考云：『蓋齊桓公有敗素，染以爲紫。人爭買之，賈十倍。韓非外儲説云：「齊桓公好服紫，一國盡服紫，五素不得一紫。桓公憂之。管仲曰：君何不謂左右曰：吾惡紫之臭。於是左右適有衣紫而進者，公必曰：少却，吾惡紫之臭。於是境內莫衣紫也。」』按彼乃後事，策所言初事，當如江説。蓋初則有敗素而貴紫，後則因紫貴而惡紫也。」〔按〕韓非子所記齊桓貴紫之事，正義已引之。吴注常引索隱、正義以補鮑缺，此獨遺之，何也？

〔一八〕鮑本、吴本「伯」作「霸」，同。縱橫家書「遥」作「招」。「招」、「遥」音近而誤。

〔一九〕鮑本「使使」作「使之」。吴師道云：「一本『使使』。」黄丕烈云：「史記作『使使』。」〔按〕縱橫家書「使」字不重。

〔二〇〕張照云：「符者，節信也。張儀云：『借宋之符。』焚秦符者，絶之也。」（殿本史記考證）〔按〕縱橫家書無「天下之」三字。

〔二一〕〔按〕縱橫家書無「約」字。

〔二二〕〔按〕史記「夫上計」作「其大上計」，縱橫家書作「大上」。

〔二三〕鮑本「賓之」二字作「賓客秦」三字。下「賓」下又有「客」字。吴師道云：「史『長賓之，秦挾賓以待破』，史文爲是。按魏策有此文法。賓即擯，二『客』字因『賓』字誤衍。」橫田惟孝、吴汝綸亦衍「秦」及二「客」字。橫田云：「挾，帶也。挾賓，猶言被擯。」于鬯云：「此承上文而自秦言之，上文言『擯秦』，故曰『秦挾擯』；上文言『破秦』，故曰『秦待破』。」〔按〕縱橫家書「秦」字不重，「賓」下無「客」字，二「賓」字並作「⿱止心」，「⿱止心」乃「擯」之聲借。今據衍「秦」、「客」二字。

〔二四〕〔按〕縱橫家書「結」作「伐」。

〔二五〕金正煒云：「窮，窘也。窮齊，與韓策『窘楚』義同。」

〔二六〕鮑彪云：「將割以賂與國。」〔按〕史記作「不憚以國爲功」。縱横家書作「不難以國臺棲」。注從「棲」同「接」，云：「與下文『接收燕趙』的『接』同。」

〔二七〕金正煒云：「『然而』猶『然則』，詳經傳釋詞。布衣之人，謂於燕無禄位者，以見非燕所使也。」〔按〕史記「然而」作「然則」，「布衣之士」作「辯士」，縱横家書同。

〔二八〕〔按〕縱横家書「今」作「然則」二字，「接」作「棲」。

〔二九〕鮑本、吴本「今」作「令」。黄丕烈云：「『令』字是也。史記作『令』。」今從正。縱横家書「今」作「如」，下「若」字亦作「如」。

〔三〇〕鮑彪云：「二君秦所重，天下信之。」横田惟孝云：「先，謂先行接於二國也。」金正煒云：「『若』猶『或』也。」〔按〕涇陽、高陵乃秦昭王同母弟，見秦策三。縱横家書「燕趙」下有「曰」字。

〔三一〕鮑彪云：「（變）謂背二國。」

〔三二〕〔按〕縱横家書「諸侯」作「天下」。

〔三三〕姚宏云：「（聽）一作『德』。」

〔三四〕姚宏云：「（驅）一作『馳』。」〔按〕縱横家書作「迿」，「迿」從句聲，疑「驅」之借字。

〔三五〕鮑本、吴本「歸」上有「而」字。

〔三六〕〔按〕縱横家書「名」作「尊」。

〔三七〕姚宏云：「（弊躧）一云：『脱屣』也。」鮑彪云：「（躧）革履也。當作『蹝』。」吴師道云：「躧，所綺反。説文：『舞履也。』徐云：『謂足跟不正納履也。』引漢志『邯鄲女跕躧』。字與蹝、屣通。」吴汝綸「躧」下補

「也」字。〔按〕縱横家書作「説沙」，與姚引一本近。説同脱，沙乃屣之聲借字。

〔三八〕鮑本、吴本「伯」作「霸」，同。

〔三九〕〔按〕縱横家書「戴」作「贊」。

〔四〇〕姚宏云：「（伐）曾改作『代』。」鮑彪云：「（國伐）秦受齊伐。」〔按〕史記及縱横家書亦作「伐」，曾改未是。

〔四一〕〔按〕縱横家書「戴」作「伐」，疑有誤。依文義當爲「戴」或「贊」字。

〔四二〕金正煒云：「『若説』猶『是説』也。吕覽振亂篇：『若説爲深。』注：『説若是者。』文義正同。」〔按〕縱横家書「刺」作「諫」，同。

〔四三〕〔按〕「然」字或讀連上句，亦可。

〔四四〕姚宏云：「劉去『此』字。」吴闓生云：「（若此言）當作『此若言』。此若，古人常語。」〔按〕吴説本王念孫史記雜志。史記作「此若言」，王氏校作「此若言」，云：「此若言，猶云此言。……此若者，古人自複語耳。管子山國軌篇曰：『此若言何謂也？』地數篇曰：『此若言可得聞乎？』輕重丁篇曰：『此若言曷謂也？』墨子尚賢篇曰：『此若言之謂也。』禮記曾子問篇曰：『子游之徒有庶子祭者，以此若義也。』荀子儒效篇曰：『此若義信乎人矣。』皆並用『此若』二字。」然策文「若此言」自通，不必改從史記。縱横家書「若此言」三字作「如説」。

〔四五〕鮑彪云：「（有德蘇氏）資秦合從。」〔按〕「燕昭王善其書」以下文縱横家書無之。

〔四六〕〔按〕見上初蘇秦弟厲章。

〔四七〕鮑彪云：「王噲策（初蘇秦弟厲章）言魏出之，之宋，宋善待之。今在宋也。」吴師道云：「按此策文，蓋齊已滅宋，取楚淮北之後，勸之尊齊擯秦，而説秦以伐齊，非將伐宋時事也。策云：『蘇代過魏，魏爲燕執之，齊使人説魏出代，代之宋，宋善待之。』史遂以此策首語接其下。且史紀代事前後固多誤，如『舉五千乘』云云，以爲説子噲之類。代爲燕間齊，勸之伐宋，見於策者可考矣。是宋未滅時，代已至燕，豈至此時尚留宋而爲之説燕哉？此策不能無舛，而史尤失之也。」〔按〕吴氏謂此策在齊已滅宋之後事，未然。章首明言「齊攻宋，宋急」，是宋尚未亡。蘇代之書亦勸燕毋助齊破宋殘楚淮北以肥讎，皆未然之事，故言如此。則當在滅宋之前無疑。但策、史記蘇代爲燕間齊事實多乖舛，蓋由當時傳聞各異，記者又不出一手，史遷纂史，劉向編策，因類比附，並存疑辭，故前後多舛也。又按縱横家書無此章首「齊伐宋」及章末「燕昭王善其書」下語，疑此或出於後人據史記文以附益焉。

13 蘇代謂燕昭王曰

蘇代謂燕昭王曰：「今有人於此，孝如曾參、孝已〔一〕，信如尾生高〔二〕，廉如鮑焦、史鰌〔三〕，兼此三行以事王，奚如？」王曰：「如是足矣。」對曰：「足下以爲足，則臣不事足下矣。臣且處無爲之事，歸耕乎周之上埊，耕而食之，織而衣之。」王曰：「何故也？」對曰：「孝如曾參、孝已，則不過養其親其（耳）〔四〕。信如尾生高，則不過不欺人耳。廉如鮑焦、史鰌，則不過不竊人之財耳。今臣爲進取者也。臣以爲廉不與身俱達〔五〕，義不與生俱立。仁義者，自完之道也，非進取之術也。」

王曰：「自憂〔六〕不足乎？」對曰：「以自憂爲足，則秦不出殽塞，齊不出營丘，楚不出疏章〔七〕。三王代位，五伯改政，皆以不自憂故也。若自憂而足，則臣亦之周負籠〔八〕耳，何爲煩〔九〕大王之廷耶？昔者楚取章武〔一〇〕，諸侯北面〔一一〕而朝。秦取西山〔一二〕，諸侯西面而朝。曩者使燕毋去周室之上〔一三〕，則諸侯不爲別馬而朝矣〔一四〕。臣聞之，善爲事者，先量其國之大小，而揆〔一五〕其兵之强弱，故功可成而名可立也。不能爲〔一六〕事者，不先量其國之大小，不揆其兵之强弱，故功不可成而名不可立也。今王有東嚮伐齊之心，而愚臣知之。」王曰：「子何以知之？」對曰：「矜戟砥劍〔一七〕，登丘東嚮而歎，是以愚臣知之。今夫烏獲〔一八〕舉千鈞之重，行年八十，而〔一九〕求扶持。故齊雖强國也，西勞於宋，南罷於楚，則齊軍可敗，而河間〔二〇〕可取。」

燕王曰：「善。吾請拜子爲上卿，奉子車百乘，子以此爲寡人東游於齊〔二一〕。何如？」對曰：「足下以愛之故與〔二二〕，則何不與愛子與諸舅叔父負床〔二三〕之孫？不得〔二四〕，而乃以與無能之臣，何也？王之論臣，何如人哉？今臣之所以事足下者，忠信也。恐以忠信之故，見〔二五〕罪於左右。」王曰：「安有爲人臣盡其力，竭其能，而得罪者乎？」對曰：「臣請爲王譬！昔周之上埊嘗有之，其丈夫官（宦）〔二六〕三年不歸，其妻愛人〔二七〕。其所愛者曰：『子之丈夫來，則且奈何乎？』其妻曰：『勿憂也，吾已爲藥酒而待其來矣。』已而其丈夫果來，於是因令其妾酌藥酒而進之。其妾知之，半道而立，慮曰：

『吾以此飲吾主父，則殺吾主父。以此事告吾主父，則逐吾主母。與殺吾（主）父〔二八〕、逐吾主母者，寧佯躓而覆之〔二九〕。』於是因佯僵而仆之。其妻曰：『爲子之遠行來之故，爲美酒。今妾奉而仆之！』其丈夫不知，縛其妾而笞之。故妾所以笞者，忠信也。今臣爲足下使於齊，恐忠信不諭於左右也。臣聞之曰：『萬乘之主，不制於人臣。十乘之家〔三〇〕，不制於衆人。疋夫徒步之士，不制於妻妾。』而又況於當世之賢主乎？臣請行矣，願足下之無制於羣臣也〔三一〕！」

【箋證】

〔一〕〔按〕曾參、孝己見秦策。

〔二〕〔按〕梁玉繩漢書人表考云：「尾生高即微生高（論語）。微生，姓，名高，魯人（論語孔注）。别雅曰：『尚書鳥獸孳尾。』史五帝紀作『字微』。二字一音相轉，故多通用。」

〔三〕鮑彪云：「（史鰌）衛卿子魚。」〔按〕鮑焦見趙策三。史鰌即史魚，見論語衛靈公篇，孔子稱其直。大戴禮記保傅篇載其死以屍諫衛靈公事。然而荀子非之，非十二子篇云：「忍情性，綦谿利跂，苟以分異人爲高，不足以合大衆，明大分。然而其持之有故，其言之成理，足以欺惑愚衆，是陳仲、史鰌也。」不苟篇又譏二人「盜名」。陳仲即齊策四趙威后所問之於陵子仲。是二人蓋以廉直著名當世。

〔四〕鮑本、吴本「其」作「耳」。黄丕烈云：「『耳』字是也。」〔按〕依下文例之，「耳」字是也，今從正。

〔五〕鮑彪云：「（廉不與身俱達）不苟取，故多窮。」關修齡云：「廉不苟取，是以身貧，故不俱達。義不苟生，是以身死，故不俱立。」

〔六〕鮑彪云：「『憂』亦『完』也。不完則憂，故曰完，又曰憂。」安井衡云：「憂，愁也。愁，擎也。自擎斂其身者不敢肆行，以修其德也。」金正煒云：「『憂』即『優』之省也。詩長發『敷政優優』。說文引詩作『布政憂憂』。『自憂』即『自完』，鮑說是也。惟云不完則憂，殊非其義。」金其源云：「憂愁字，說文本作『㥑』，『憂』和字作『憂』。今後人以『㥑愁』作『憂』，而以『憂』和字加人旁作『優』，失六書本旨。故詩『敷政優優』，說文引作『布政憂憂』。鄭箋云：『優，寬也。』說文『寬』爲『完』之古文。……是憂即寬也，寬即完也。」〔按〕二金說較晰，惟「憂」乃「優」之本字，先金誤以爲「優」之省；古文以「完」爲「寬」，後金誤以「寬」爲「完」之古文，然於本訓無礙。「自憂」承上「自完」而言。人惡蘇秦章作「自覆」。帛書戰國縱横家書作「自復」。

〔七〕鮑彪云：「（疏章）地缺。」〔按〕史記楚世家：「（熊渠）立其長子康爲句亶王，中子紅爲鄂王，少子執疵爲越章王，皆在江上楚蠻之地。」疏章疑即越章。索隱引世本「越」作「就」。大戴禮帝系篇「越」作「戚」。

〔八〕鮑本、吴本「之周」作「周之」。鮑彪云：「籠，竹器。」關修齡云：「『負籠』猶言『負蓧』，言耕稼也。」金正煒云：「淮南精神篇：『今夫繇者揭钁負籠土。』注：『繇役受土籠也。』又說山篇：『貂裘而負籠。』注同。」〔按〕縱横家書五章作「臣願辭而之周，負籠操臿」，與此義同。則姚本作「之周」爲是。

〔九〕鮑彪云：「煩，浼也。」〔按〕淮南子俶真訓：「以物煩其性命乎？」高注：「煩，辱也。」縱横家書「煩」字正作「辱」。

〔一〇〕鮑彪云：「（章武）屬渤海。」張琦云：「此恐譌誤，楚無由取渤海之邑。」金正煒云：「楚策：『且王嘗用召滑於越，而納句章。』十三州志：『句踐并吴大城句無，以章武功，故名句章。』此云章武，疑即其地。」〔按〕章武必不屬渤海。句章屬越，楚策所云乃懷王時事，楚雖并越，然其時北敗於秦、齊等國，與「諸侯北面而朝」語不合。且「句章」與「章武」名不同也。不如闕疑。

〔一一〕關修齡云：「魏策曰：『君之楚，將奚爲北面？』此當作南面。」金正煒亦疑「北」爲「南」之譌。〔按〕依下文「西面而朝（秦）」例，則「北」當爲「南」。但北面爲人臣朝君之向，文義自通，不當改。

〔一二〕金正煒云：「西山，謂西山之戎，則去戰國遠。疑此蓋謂孝公七年秦敗韓師於西山。秦之復强，實始此役。」

〔一三〕鮑彪云：「『去』猶『失』也。上，上地，燕蓋嘗攻得而不取也。」吴師道云：「此句未詳，恐注非。」張洲云：「燕最小弱，自春秋時尚不得與中國會盟，何能攻得周之上地？蓋言周以上地與燕，其後削弱，失去之耳。苟爲無失此地，則漸可强大以朝諸侯也。」中井積德云：「毋去周，謂繼召公之伯位，不之失也。上，謂朝廷之位。如字。」横田惟孝、安井衡、鍾鳳年説同。〔按〕中井等説是。召公燕之先祖，相周成王，與周公爲二伯，見公羊隱五年傳及史記燕世家。金正煒亦同此説，但改此「上」字及下句首「則」字爲「二伯」連文，非。

〔一四〕横田本「馬」作「駕」，考異云：「諸本『別駕』作『別馬』，一本作『駕』，今從一本。」四部叢刊景元本校注亦作別駕，但細審之，「馬」上「加」字似爲筆添，未覩原本，姑爲存疑。諸明刊吴注本並作「馬」。鮑彪云：「言同軌而朝燕，與朝秦、楚同。」安井衡云：「別，辨也。諸侯欲急朝之，不復暇辨別其馬矣。」〔按〕依文義「馬」作「駕」爲長。謂不爲改駕而朝他國也。安井説近曲。

〔一五〕鮑彪云：「揆，度也。」

〔一六〕姚宏云：「曾（爲）作『其』。」

〔一七〕鮑彪云：「矜，矛柄。戟，蓋爲矜施戟。砥，柔石，所以礪也。」金正煒云：「漢書刑法志：『矜，持也。』後漢書張衡傳注：『矜，竦也。』『矜』與『砥』爲對文，鮑注不合。」〔按〕矜訓持或竦，皆爲狀態之詞，轉作動詞。矜與砥本爲名詞，轉用爲動詞，謂矜其戟，砥其劍。鮑從其本訓，未諧。

〔一八〕〔按〕烏獲，勇士。見秦策。

〔一九〕〔按〕「而」猶「則」也，見經傳釋詞。

〔二〇〕〔按〕河間，謂河、漳之間，爲燕、齊、趙之境，此謂齊之河間地。

〔二一〕鮑彪云：「爲燕間齊。」

〔二二〕吴師道云：「與，平聲。」橫田惟孝云：「與，與車也。」〔按〕吴讀「與」爲「歟」，非。此「與」與下文「則何不與」、「而乃以與」之「與」同。橫田訓是。

〔二三〕鮑本無「則」字。 鮑彪云：「負，言背倚床立，未能行也。」

〔二四〕鮑彪云：「（不得）此屬皆不得不處與車。」陸深云：「不得，蓋畢語反辭，今人猶『然』。」

〔二五〕金正煒云：「『見』當爲『得』。下文『安有爲人臣盡其力，竭其能，而得罪者乎？』正與此語相應。古書「得」字作「㝵」，因誤爲『見』。」〔按〕「見」字自通，不煩改字。

〔二六〕鮑本、吴本「官」作「宦」。黄丕烈云：「『宦』字是也。」今從正。

〔二七〕〔按〕齊策三孟嘗君舍人章「有與君之夫人相愛者」。高注：「『愛』猶『通』也。」此「愛」字同。

〔二八〕鮑彪「父」上補「主」字。吴師道云：「此宜有『主』字。」今據補。

〔二九〕鮑彪云：「躓，跲也。」〔按〕覆之，覆其藥酒。

〔三〇〕〔按〕十乘之家，謂小國之大夫。

〔三一〕吴師道云：「此策説見前蘇秦章。」鍾鳳年云：「國策於説者引喻之辭，間有相同者，蓋各祖舊説，不盡創自一己。二策雖稱引偶同，不可因之遽疑爲一事。」〔按〕此與人有惡蘇秦章不特引喻周妾覆酒之事相同，其他語亦多雷同，且同繫之於蘇氏兄弟，則非各祖舊説者可例。當是一事而傳説各異耳。戰國縱横家書五章亦載其語，惟詳略不同，可見出於同源。鍾說未允。

14　燕王謂蘇代曰

燕王謂蘇代曰：「寡人甚不喜訑〔一〕者言也。」蘇代對曰：「周坓賤媒，爲〔二〕其兩譽也。之男家曰女美，之女家曰男富〔三〕。然而〔四〕周之俗，不自爲取妻〔五〕。且夫處女無媒，老且不嫁。舍媒而自衒，弊〔六〕而不售。順而無敗，售而不弊者，唯媒而已矣。且事非權不立，非勢不成。夫使人坐受成事者，唯訑者耳。」王曰：「善矣。」

〔箋證〕

〔一〕鮑彪云：「沇州謂『欺』曰『訑』。」吳師道云：「訑，徒案反。或作『誕』。」王念孫云：「（詩民勞篇無縱詭隨）詭隨，疊韻字，……謂譎詐謾欺之人也。『詭』古讀若『果』。『隨』讀若『𧬈』，『𧬈』音土禾反，字或作『詑』，又作『訑』，『隨』其假借字也。方言曰：『虔、儇，慧也。秦謂之「謾」，晉謂之「懇」，宋、楚之間謂之「倢」。楚或謂之「𧬈」，自關而東趙、魏之間謂之「黠」，或謂之「鬼」。』說文曰：『沇州謂「欺」曰「詑」。』楚辭九章曰：『或忠信而死節兮，或訑謾而不疑。』燕策曰：『寡人甚不喜訑者言也。』字異而義同。」（廣雅疏證及經義述聞）〔按〕此「訑」字當讀土禾反，音「拕」。

〔二〕盧本「爲」作「謂」。

〔三〕鮑本、吴本「富」作「美」。恐非。

〔四〕姚云：「(而)舊作『乎』，劉又改作『而』。」

〔五〕横田惟孝云：「言必待媒而娶也。」

〔六〕鮑本、吴本「弊」作「敝」，同；下同。鮑彪云：「『敝』猶『敗』，無成事也。」

戰國策 卷三十

燕二

1 秦召燕王

秦召燕王，燕王欲往。蘇代約〔一〕燕王曰：「楚得枳而國亡〔二〕，齊得宋而國亡〔三〕。齊、楚不得以有枳、宋事秦者，何也？是則有功者，秦之深讎也〔四〕。秦取天下，非行義也，暴也。秦之行暴於天下，正告〔五〕楚曰：『蜀地之甲，輕舟浮於汶〔六〕，乘夏水〔七〕而下江，五日而至郢〔八〕。漢中之甲，乘舟出於巴〔九〕，乘夏水而〔一〇〕下漢，四日而至五渚〔一一〕。寡人積甲宛東，下隨〔一二〕，知者不及謀，勇者不及怒。寡人如射隼矣〔一三〕。王乃待天下之攻函谷〔一四〕，不亦遠乎？』楚王爲是之故，十七年事秦。秦正告韓曰：『我起乎少曲〔一五〕，一日而斷太行。我起乎宜陽而觸平陽〔一六〕，二日而莫不盡繇〔一七〕。我離兩周而觸鄭〔一八〕，五日而國舉。』韓氏以爲然，故事秦。秦正告魏曰：『我舉安邑，塞女戟，韓氏太原卷〔一九〕。我〔二〇〕下枳道、南陽，封、冀〔二一〕，包兩周，乘夏水，浮輕舟，强弩在前，銛戈〔二二〕在後。決滎（滎）口〔二三〕，魏無大梁；決白馬之口，魏無濟陽〔二四〕；決宿胥之口，魏無虛、頓丘〔二五〕。陸攻則擊河内，水攻則滅大梁。』魏氏以爲然，故事秦。秦欲攻安邑，恐齊救〔二六〕之，則以宋委於齊曰：『宋王無道，爲木人以寫〔二七〕寡人，射其面。寡人地絶兵遠，不能攻也。王苟能破宋有之，寡人如自得之。』已得安邑，塞女戟，因以破宋爲齊罪。秦欲攻齊（韓）〔二八〕，恐天下救之，則以齊委於天下曰：『齊王〔二九〕四與寡人約，四欺寡人，必率天下以攻寡人者三〔三〇〕。有齊無秦，無齊有秦〔三一〕，必伐〔三二〕之，必亡之。』已得宜陽、少曲，致藺、石〔三三〕，因以破齊爲天下罪〔三四〕。秦欲攻魏，重楚〔三五〕，則以南陽〔三六〕委於楚曰：『寡人固與韓且絶矣，殘均陵，塞鄳隘〔三七〕，苟利於楚，寡人如自有之。』魏棄與國而合於秦〔三八〕，因以塞鄳隘爲楚罪，兵困於林中〔三九〕。重燕、趙，以膠東〔四〇〕委於燕，以濟西委於趙。趙已得講於魏〔四一〕，至〔四二〕公子延因犀首屬行而攻趙〔四三〕。兵傷於離石，遇敗於馬陵〔四四〕，而重魏，則以葉、蔡〔四五〕委於魏。已得講於趙，則劫魏〔魏〕〔四六〕不爲割。困則使太后〔四七〕、穰侯爲和，嬴（嬴）則兼欺舅〔四八〕與母。適〔四九〕燕者曰以膠東，適趙者曰以濟西，適魏者曰以葉、蔡，適楚者曰以塞鄳隘〔五〇〕，適齊者曰以宋。此必令其言如循環〔五一〕，用兵如刺蜚繡〔五二〕，母不能制〔五三〕，舅不能約。龍賈之戰〔五四〕，岸門之戰〔五五〕，封陸（陵）之戰〔五六〕，高商之戰〔五七〕，趙莊之戰〔五八〕，秦之所殺三晉之民數百萬。今其生者，皆死秦之孤〔五九〕也。西河之外，上雒之埊，三川、晉國之既，三晉之半〔六〇〕。秦既如此其大，而燕、趙之秦者〔六一〕，皆以争事秦説〔六二〕其主，此臣之所大患。」

燕昭王不行。蘇代復重於燕，燕反約諸侯從親〔六三〕，如蘇秦時，或從或不〔六四〕。而天下由此宗蘇氏之從約。代、厲皆以壽死，名顯諸侯〔六五〕。

【箋證】

〔一〕鮑彪云：「約，猶『止』。」安井衡云：「約，要通，讀如使數人要於道之要。」〔按〕約，纏束，引申爲「止」義。

〔二〕鮑彪云：「（枳）屬巴郡。（國亡）皆謂失地。秦昭廿七、八、九年連拔楚郡。」程恩澤云：「水經注：『江之南岸有枳縣治。華陽記曰：枳縣在江州巴郡東四百里。治涪陵水會，庾仲雍所謂有别江出武陵者也。』正義：『今涪州城在秦，枳縣（在江南）。』元和志涪州賓化縣本漢枳縣地，與荆楚界相接。……洪亮吉曰：『今四川重慶府之涪州及長壽、南川二縣，皆漢枳縣地。』」（張琦、顧觀光並主巴陵之枳，無異説）于鬯云：「沈壽經云：『然則必謂即得之於秦矣，與下文不得有枳事秦、有功者秦深讎之語似未甚協。趙策云：反温、枳、高平於魏。韓策云：軹深井里聶政。軹、枳通，則韓、魏亦有枳（按韓策之軹深井里乃齊地，非韓地，沈誤），但彼爲河内郡之軹縣，今河南懷慶府濟源縣南十五里。似楚不能得之。豈越國履遠與？』鬯謂此枳究主巴郡爲是。周書王會篇伊尹朝獻正西枳、已。則枳本殷之小國，或者至戰國時猶存於秦、楚之間，爲楚所滅，故秦忌之。至楚國亡，鮑云：

國亡皆謂失地云云。案秦昭二十八即周赧三十六，秦拔楚鄢、西陵。二十九，周赧三十七，拔郢，燒夷陵，楚王亡走。但是年已燕惠王元年，此説昭王，則數不及。黄（式三周季編）略删此及下兩『國』字云：『「國」字衍，或「國而」倒。亡者爲秦奪也。秦奪枳見（周赧）二十四年。』案秦紀昭王十六年，左史錯取軹及鄧，承上文攻楚言。且楚亦有鄧，則謂奪枳於楚固可。秦昭十六當周赧二十四，而黄於彼年却依張（守節正）義爲取之魏，自相矛盾矣。惟下句言齊得宋，則秦固未嘗奪宋於齊，又不類。且删兩『國』字，究專輒也。果如此説，則枳又當從河内之説。或云：此國亡當謂楚懷王失漢中事。」金正煒云：「得枳未詳。楚世家惠王四十四年『楚滅杞，與秦平』。『枳』疑即『杞』之譌，然與『國亡』之文不合。或『吴』壞爲『枳』，傳寫成『枳』歟？」〔按〕此枳爲巴郡之枳縣，自徐廣（集解引）、劉昭（續漢書郡國志注）以下多主其説，以地理言之，似近是。黄、沈主河内之軹，金又謂是「杞」或「吴」之譌，並未安。國亡，徐廣舉「燕昭王三十三年秦拔楚鄢、西陵」以證，即秦昭二十八年（前二七九），鮑注本之，惟並及二十九年則非。然有疑者。昭王卒於三十三年，蘇代此説即令發生在當年，燕、楚地懸南北，秦拔楚、鄢、西陵，不能迅速知之，恐亦不當數此。況拔鄢與得枳又不詳有何聯繫？愚意此是舉往事以喻，國亡，殆謂楚懷王屢敗於秦，覆軍失地，又爲秦拘而不返。枳即檇李。廣韻「檇」音將遂切（去聲至韻），又醉綏切（平聲脂韻）。「枳」音諸氏切（上聲紙韻）。二字古音相同。左氏春秋經定公十四年「於越敗吴於檇李」。公羊作「醉李」，越絶書作「就李」。是「檇」初無定字，取其音近通用，故「檇」或作「枳」。檇李，吴、越之邊境（吴越春秋吴王夫差增越封，西至於檇李），今在浙江嘉興市南。檇李稱檇，地名固多舉首字之例。楚得枳，蓋謂楚得越地。即楚策一楚王問於范環章范環曰：「且王嘗用滑於越，而納句章，昧之難越亂，故楚南察瀨湖而野江東。」楚王即懷王。此言楚懷得志於越而喪身於秦。此説姑以存考。

〔三〕鮑彪云：「（國亡）即此（昭王）二十八年入臨淄，三十二年下七十城。」〔按〕齊滅宋在燕昭二十六年（前二八六)。秦惡齊之得宋,從燕伐齊。此言國亡皆主秦亡之,下文「齊、楚不得以有枳、宋事秦者」可證。

〔四〕鮑彪云:「言此以見(燕)克齊者,秦之所惡也。」

〔五〕鮑本無「於」字,「天下正」三字作「正告天下」四字。黄丕烈云:「史記作『秦之行暴,正告天下,告楚曰』,或鮑本依之改耳。」金正煒云:「正告,謂直告之不委曲也。」〔按〕蘇秦傳正義云:「『正』猶『顯然』。」

〔六〕鮑彪云:「汶江水出岷山。」吴師道云:「汶,眉貧反,即岷。」〔按〕水經江水注云:「江水又逕汶江道。汶出徼外崏山西玉輪坂下而南行,又東逕其縣而東,注於大江。」引此蘇代語,云:「謂是水也。」

〔七〕鮑彪云:「(夏水)江夏,注:沔水自江別至南郡華容爲夏水。」吴師道云:「索隱云:『「夏」音「暇」。』謂夏潦之水盛漲時也。」下文『乘夏水』兩出,可見。」〔按〕正義同索隱説,吴正甚晰,已不用疑。唯殿本史記考證猶以「夏水」爲「夏水之口,夏水通漢亦通江」。然於下文告魏之「乘夏水」將何以解乎?

〔八〕〔按〕楚策一張儀爲秦連横説楚王曰:「秦西有巴、蜀,方船積粟,起於汶山,循江而下,至郢三千餘里。舫船載卒,一舫載五十人與三月之糧。下水而浮,一日行三百餘里。……不至十日而距扞關。」彼言舫船(即並船)載重,此言輕舟載卒,故疾又倍之。

〔九〕張琦云:「史正義曰:『巴嶺山在梁州西南百九十里。』按亦曰大巴山,在今漢中府西南百九十里。」

〔一〇〕鮑本無「而」字。吴師道云:「一本『而下』。」

〔一一〕鮑彪云:「(五渚)史注在洞庭。」吴師道云:「今詳本文下漢而至五渚。則五渚乃漢水下流,洞庭在江之南,非其地也。」程恩澤云:「水經注:『湘水會資、沅、徽、澧四水同注洞庭而北會大江,名之五渚。』裴駰曰:『五渚在洞庭。』沅、澧、資、湘四水自南而入,荆江自北而過,洞庭瀦其間,謂之五渚。』説雖小異,然五渚即在洞庭,有明徵矣。……吴氏以爲『漢水下流,洞庭非其地』,未是。蓋策所云下漢至五渚者,固仍由漢入江而後至洞庭也。若必在漢水上下，則西漢經流皆巴、蜀故地，與楚何涉？」〔按〕五渚即五都，見秦策一張儀説秦王章。

〔一二〕鮑彪云：「（隨）屬南陽。」程恩澤云：「（隨）今爲湖北德安府隨州。」〔按〕索隱云：「宛縣之東，而下隨邑。」依索隱讀「宛東」逗，正義讀「宛」逗，並通。今從索隱。隨州，今湖北隨縣。

〔一三〕鮑彪云：「隼，祝鳩。（射隼）喻易也。」吴師道云：「射隼，見易解卦。正義云：『隼，今之鶻也。』」〔按〕索隱云：「易曰：『射隼於高墉之上，獲之，無不利。』秦王言：我今伐楚，必當捷獲也。」于鬯云：「言如射隼者，蓋即據易義也。」隼屬猛禽類，又名鶻。

〔一四〕〔按〕謂待諸國履從約攻秦函谷以援楚。史記「乃」下有「欲」字。

〔一五〕鮑彪云：「（少曲）韓地。范雎傳：伐韓少曲。」吴師道云：「本文少曲，高平。正義云：『相近高平，在懷州河陽縣西北。』」程恩澤云：「水經注：『康溝水又東逕扶溝縣之白亭北，又東逕少曲亭。陳留風俗傳曰：尉氏縣有少曲亭，俗謂少城。』似即策文所指。惟其地在河南，距太行尚遠，非一日所能到。索隱云：『地近宜陽』，似較切合，然有大河之隔。劉氏以爲在太行西南，最爲允當，但其處究不知所在。」〔按〕徐文靖管城碩記卷二十云：「山海經：『王屋之山又東北三百里，曰教山。又南三百里，曰景山，北望少澤。』襄公二十三年左傳『封少水』。杜不注。水經注曰：『沁水又逕沁縣故城北，春秋之少水也。』京相璠曰：『晉地少水，今沁水也。』是少曲在沁水之曲也。」錢坫新斠注地理志集釋亦云：「沁水，古亦曰少水」，引此策文，「少水者，少水之曲耳」。地在今河南濟源縣西，當太行山之西南，其説近是。

〔一六〕吴師道云：「宜陽見前。平陽即近武遂，韓墳墓所在者。」〔按〕史記楚世家昭雎曰：「秦破韓宜陽，而韓復事秦者，以先王墓在平陽，而秦之武遂去之七十里，以故尤畏秦。」吴注本之。

〔一七〕鮑彪讀連下「我」字句，云：「繇，由同。」吳師道云：「索隱云：『「繇」音「摇」，摇動也。』」讀「繇」字句。董份云：「盡繇，言韓徵民繇役爲盡，國騷動之意。」（吳曾祺云：「繇，戍也。言自平陽以東無不戍守矣。」意略同）〔按〕鮑讀未是。吳、董二説可並存，但吳注（引索隱）似長。

〔一八〕〔按〕正義云：「離，歷也。歷二周而東觸新鄭州，韓國都拔矣。」

〔一九〕鮑彪讀如「塞女戟、韓氏、太原、卷」，云：「不通此四處。」吳師道云：「『安邑、女戟見前。太原在河東，時屬趙。卷見魏策。正義云：『卷，猶斷絶，軌免反。太原當爲太行。』蓋曰秦舉魏之安邑，塞魏之女戟，則韓氏太行斷絶也。按趙策『秦據安邑而塞女戟，韓氏太原絶』。正義以『卷』爲『絶』，據此。」横田惟孝云：「卷，謂如席卷也。」程恩澤云：「（正義）説本之劉伯莊，似未可據以爲信。韓既分得安邑，亦無難兼有太原也。此等處，不宜輒改。」〔按〕正義説較長，今讀從之。姚鼐以「此韓氏、河東地名，屬魏」。恐非。

〔二〇〕姚宏云：「舊無『我』字，曾有。」鮑本無「我」字。〔按〕史記有「我」字。

〔二一〕鮑本「道」下重「道」字，鮑又改「枳」作「軹」，云：「道，道所由也。後志河東皮氏有冀亭，注引此。」吳師道云：「軹道即河内軹。軹、枳字通。南陽即修武。封，封陵。杜預云：『在蒲州。』」黄丕烈云：「史記作『我下軹，道南陽』。索隱以爲言『道』者衍字。今詳其文，乃『下枳』，句絶；『道』字下屬，復有（「道」字）者誤。」張琦云：「索隱以軹爲在河内，不得既至河内，方至蒲坂、封陵、皮氏、冀亭。當如徐廣爲霸陵之軹也。南陽次封、冀上，亦誤。當作『下軹道，封、冀、南陽』。封陵在今（山西）蒲州府南五十五里。冀亭在今河津縣東。」〔按〕錢大昕史記考異云：「『道』非地名，蓋言下軹之後，取道南陽耳。」是以「道」爲動詞，黄讀即本之。但考趙策二蘇秦合從説趙王曰：「夫秦下軹道，則南陽動。」與此語相類。古本竹書紀年：惠成王十三年（今作「十一年」，此從朱謀瑋本水經注及通鑑地理通釋引水經注）「鄭釐侯使許息來致地。……我取軹道，與鄭鹿」。是軹道爲地名，「道」字不當下屬，錢、黄説未是。此軹道在河内，霸陵之軹道非魏地，索隱辨之是也，張駁未然，説詳趙策。「封」字鮑不注。吴注據索隱。陸深云：「『封』當如『封函谷』之『封』。」是又以「封」爲動詞。然前人多以「封」爲地名，陸説可備存考。正義云：「封、冀既包兩周，其地合當在南陽之東，未詳處所。」

〔二二〕鮑本、吴本「戉」作「戟」。〔按〕史記「銛」作「錟」。

〔二三〕姚宏云：「（滎口）一作滎陽之口。」鮑彪云：「（滎口）滎澤之口。」吴師道云：「索隱曰：『滎澤口與今汴河口通，其水深，可以灌大梁。』公子無忌亦云然（按即魏策三朱己謂魏王）。大事記『灌大梁之策，戰國以來，人皆知之，秦卒用此策』。」〔按〕王應麟通鑑地理通釋云：「水經：『濟水又東合滎瀆。』注云：『瀆水受河水，有石門，謂之滎口石門，蓋故滎、播所道自此始。』『渠水出滎陽北河，東南過中牟之北，又東至浚儀。』注云：『秦始皇二十六（按「六」當作「二」）年，王賁斷故渠，引水東南出以灌大梁，謂之梁溝。』……今濟水不復入滎，濟水東流經温縣入河。郡國志云：『因王莽末旱，此渠枯涸，濟水但入河而已，不復截流而南。』水經乃依禹貢舊道。」是水經所言與戰國時合。

〔二四〕吴師道云：「大事記云：『水經注：河水舊在白馬縣南，決通濟陽、黄溝。』白馬本衛之曹邑，今滑州縣。史作『外黄、濟陽』，大事記作『黄、濟陽』。」張琦云：「白馬津在今滑縣西。決河而南，即灌外黄、濟陽。」〔按〕説又見秦策一張儀説秦王章。姚氏辭類篹作「黄、濟陽」，云：「在曹州者曰小黄，與濟陽連。此黄，小黄也。」正義云：「故黄城在曹州考城縣東二十四里。濟陽故城在曹州宛朐縣西南三十五里。」

〔二五〕鮑彪云：「徐注：『紀年曰：敖山塞集胥口。』」（明杜刊單注本、元刊校注本及明刊各吴注本並同）吴師道云：「虚、頓丘並見秦、魏策。」張琦云：「宿胥口，今在（河南）濬縣西南五十里遮害亭東。決河使北，以灌虚、頓丘也。」〔按〕鮑引史記注，今集解各本「敖山」並作「魏救山」三字。

〔二六〕鮑本、吴本「救」作「據」。〔按〕史記亦作「救」。「據」疑是「捄」之誤，捄即救字。

〔二七〕鮑本「寫」作「象」。吴師道云：「(象)一本作『寫』。蓋古『象』字作『舄』，訛也。」黄丕烈云：「史記作『寫』，『寫』字是。」安井衡云：「寫，模寫也。鮑本作『象』，亦通。吴以『寫』爲『象』古文，則不然。」金正煒云：「周髀算經：『笠寫天。』注：『「寫」猶「象」也。』吴以爲譌，非也。」〔按〕吴注以「寫」爲「舄」之譌，當是。策文本作「象」，鮑本可證。史記與算經之「寫」字亦「舄」之譌耳(張文虎史記札記已言之)。横田及金説未是。

〔二八〕鮑彪改「齊」作「韓」。横田本從之。吴汝綸云：「(攻齊)當從史作『攻韓』。」〔按〕依下文可知，今從正。

〔二九〕鮑本「王」作「人」。吴師道云：「一本『人』作『王』。」〔按〕史記亦作「王」。

〔三〇〕鮑彪云：「必，言攻之決。」〔按〕三，言其不止一次，虚數。

〔三一〕〔按〕史記作「有齊無秦，有秦無齊」。

〔三二〕姚宏云：「劉(伐)作『代』。」

〔三三〕姚宏云：「三本(石)同作『君』。」鮑彪「藺」下補「離」字。吴師道云：「藺離石，見前，據文恐有『離』字。姚本云云，詳此當缺。」姚氏辭類纂從鮑補「離」字。張琦云：「史無『離』字，二邑非韓地，未詳。」程恩澤云：「白起列傳昭王四十六年，秦攻韓緱氏、藺。則藺嘗屬韓。……此趙地而韓取之者也。」金正煒云：「(石)作『君』當是。藺、石地不屬韓，且與『至公子延』文同，知當作『藺君』，蓋韓之質秦者也。」〔按〕韓有藺、離石、祁，見韓策一秦圍宜陽章，但有疑，説詳彼策。此「藺石」爲一地或爲「藺、(離)石」二地，或作「藺君」爲人名，不能定。姑從鮑注以爲二地名，惟不補「離」字。

〔三四〕〔按〕以破齊爲天下罪，暗示秦將讎燕。

〔三五〕鮑彪云：「(重楚)恐楚擊其後。」金正煒云：「史記司馬相如傳索隱：『重，猶難也。』難，憚也。此文亦當訓『難』。」

〔三六〕吴師道云：「（南陽）鄧之南陽。」

〔三七〕鮑本、吴本「鄳」作「黽」，下同。吴師道云：「正義云：均州故城在隨州西南，蓋均陵（黽隘）也。見楚策。」張琦云：「南陽本韓地，屬秦舊矣。均陵、黽隘亦原屬楚，未聞韓曾有之，不可曉也。均陵即今均州。」〔按〕史記秦本紀：昭王四十四年「攻韓南郡，取之」。錢大昕考異云：「六國表作『南陽』，……當以南陽爲是。但昭十六年拔韓宛城。又魏冉封穰侯，皆南陽郡地，是南陽屬秦已久。至昭王三十九年置南陽郡。……蓋戰國時大郡，或領十數城，非一時所能盡拔。秦雖置南陽郡，尚未全有其地。」此策在秦昭二十八年之前，則韓南陽地尚未盡失。均陵，程恩澤云：「是時韓地疑不至此。然均州本隸南陽，或嘗得之，未可知也。」黽隘即冥阨，楚之北境，亦韓之南境。

〔三八〕〔按〕正義云：「與國，楚國也。」徐孚遠云：「楚、魏本與國，秦攻魏，畏楚救之，故以南陽委楚。楚有事南陽，不及救魏，魏棄楚而合秦。」（史記測議）

〔三九〕吴師道云：「見魏策。」于鬯云：「此即魏策所言林軍。林軍者，林中之軍也。其事在秦昭二十四年，魏昭十三年，當周赧三十二年。秦本攻韓、管，魏救韓，秦因釋韓而攻魏，燕、趙又救魏，故秦兵困於林中也。林中又見齊策。」〔按〕于引秦攻韓、管事，見魏策四魏攻管而不下章。彼章言魏使昭忌説秦王止攻，與此不合。于氏蓋又比附同策三秦將伐魏章田文説燕、趙救魏事爲一也。秦攻管之役，不詳年代，不能證其與燕、趙救魏有涉，而二章中並無「兵困林中」或「林鄉」之語，亦無從證其即此事。但按睡虎地秦墓竹簡編年記：秦昭王「廿四年，攻林」。當周赧王三十一年（前二八三），六國表是年載「秦拔魏安城，至大梁而還」。林軍之役蓋在其時，此與于氏所推定之年合，可補史缺。其餘存疑。魏策三魏將與秦攻韓章云：「從林軍以來，秦十攻魏，五入國中。」

魏世家「林軍」作「林鄉軍」，吴注指此。

〔四〇〕鮑彪云：「膠東國，故齊國。項紀注：即墨也。」張琦云：「今膠河以東登、萊二府也。」

〔四一〕鮑本「趙」作「已」。黄丕烈云：「史記作『趙』。」〔按〕瀧川資言史記會注考證引楓、三本「趙」作「已」，同鮑本。王念孫史記雜志亦以「趙」當作「已」，引下文「已得講於趙」爲證，云：「『趙』涉上下諸『趙』字而誤。此謂秦得講於魏，非謂趙得講於魏也。」今從正。

〔四二〕鮑彪改「至」作「質」。吴師道云：「（至）索隱云：『當作「質」。』」金正煒云：「至與致通，不煩改字。」〔按〕金説可通，詳下。

〔四三〕鮑本無「屬行而」三字。吴引一本「首」下有「屬行而」三字。史記同。鮑彪云：「（公子延）秦子。」吴師道云：「（公子延）魏子。（屬行）索隱曰：謂連兵相屬也。行，胡郎反。」鮑、吴並讀「至公子延」句（索隱讀同）。横田惟孝以「至公子延」連下讀，云：「屬行，謂相屬而起兵也。言秦使公子延因犀首相屬起兵而攻趙也。」〔按〕至通致，説文：「致，送詣也。」横田説可通，今讀從之。如此，公子延當爲秦子。「行」讀如字。索隱云：「犀首，公孫衍。」公孫衍與張儀並時，似不合。犀首爲魏官名（張儀列傳集解），不必定其爲何人，索隱疑非。

〔四四〕姚宏云：「曾改『馬陵』作『陽馬』。」吴師道云：「史『離石』作『譙石』，『馬陵』作『陽馬』。索隱云：並趙地名。」〔按〕張文虎史記札記謂：「北宋本『譙石』作『離石』，與策合。」此不能輒改。

〔四五〕姚宏云：「曾改『葉蔡』作『南陽』。」吴師道云：「葉、蔡並見前。」

〔四六〕關修齡云：「史無下一『魏』字，此恐誤衍。言秦不爲魏割所委之地。」金正煒説同。〔按〕關、金説是，今從史記衍。

〔四七〕横田惟孝云：「（太后）史作『太后弟』，此當添『弟』字。」〔按〕下句「嬴則兼欺舅與母」，正承此而言，明爲太后及穰侯二人。史記有「弟」字誤，橫田反據以訂策，是以不誤爲誤矣。

〔四八〕鮑本「羸」作「嬴」，鮑云：「嬴，謂勝。舅，謂穰侯。」黄丕烈云：「（羸）史記作『嬴』。」吳汝綸云：「當作『嬴』。」〔按〕「嬴」字爲是。「嬴」與「困」爲反義詞，「羸」乃「嬴」之借字。今從鮑本正。

〔四九〕鮑彪云：「適，謫同。」吳師道云：「適，即上所謂因以爲罪者。」

〔五〇〕鮑本、吳本「隘」作「阨」，同。

〔五一〕鮑本、吳本無「此」字。吳師道云：「（循環）言其無窮不可致詰也。」

〔五二〕姚宏云：「錢本添入『蚩』字。」鮑本無「繡」字，盧本同。鮑云：「（蚩）集韻：蟲名。（刺蚩）喻易也。」吳師道云：「（刺蚩）一本『刺繡』。」黄丕烈云：「史記作『刺蚩』。此必策文作『繡』，史記作『蚩』，遂兩存也。」于鬯云：「刺繡，當是喻其勤密。」〔按〕策文本無「蚩」字，錢蓋據史記異文而添入，黄説是也。瀧川資言史記考證云：「楓、三本『蚩』作『韭』。……韭，菜屬，葉細長而扁，叢生。刺，採取也。『刺韭』猶言『薙草』。」此又一作。

〔五三〕鮑本「制」作「知」。吳師道云：「一本『知』作『制』。」

〔五四〕鮑彪云：「魏襄五年，秦拔我龍賈軍。」吳師道云：「此據世家，年表在二年。大事記從年表云：魏惠王後二年。」〔按〕史記秦本紀：「（惠文君）七年，公子卬與魏戰，虜其將龍賈，斬首八萬。魏納河西地。」當魏惠王後元五年（前三三一）（從大事記推算，則在四年。蓋魏惠以三十六年改元，大事記從明年改元，相差一年），與魏世家魏襄（實魏惠後元）五年相合，三占從二，似以五年爲是。

〔五五〕吳師道云：「岸門之戰，赧王元年，當韓宣惠王十九年。」〔按〕岸門戰見韓策一秦韓戰於濁澤章。秦本紀：「（惠文王後元）十一年（前三一四），敗韓岸門，斬首萬，其將犀首走。」

〔五六〕鮑本「陸」作「陵」。史記同，今從正。鮑彪云：「魏哀十六年，秦敗我封陵。……韓記注（原本誤作「韓注記」，據史記正）岸門、封陵，亭名。然則封陵亦屬潁川。」吳師道云：「（鮑注）『哀』當作『襄』。封陵見（上）封，冀注。」〔按〕魏世家：哀王（實「襄王」）「十六年（前三〇三），秦拔我蒲阪、陽晉、封陵」。索隱引紀年作「晉陽、封谷」。水經河水注云：「（函谷）關之直北隔河有層阜，巍然獨秀，孤峙河陽，世謂之風陵，戴延之所謂風塠者也。」風陵即封陵（胡三省云：「酈道元所謂函谷關，則潼關也。」）。

〔五七〕姚宏云：「錢本無此上（封陸之戰、高商之戰）八字。」鮑彪云：「（高商之戰）史不書。」

〔五八〕鮑彪云：「趙肅侯十三年，趙莊與秦戰，死河西。」〔按〕鮑注本史記集解，集解「十三」作「十二」，此誤。但肅侯十二年並無趙莊戰死之事。查趙世家「（武靈王）十三年（前三一三），秦拔我藺，虜將軍趙莊」。當秦惠王後元十二年，秦本紀、六國年表同（樗里子傳作「秦惠王二十五年」，蓋并惠王前元十三年而計之。「趙莊」作「莊豹」，稍異）。然則集解誤也，鮑誤從之，吳亦失正。

〔五九〕吳師道云：「（死秦之孤）死於秦者之孤。」

〔六〇〕鮑彪云：「言上三地被禍，居晉國之半。」吳師道云：「西河、上雒，魏地。三川，韓地。言秦已得三晉之半也。」方苞云：「西河、上雒、三川，皆秦所併三晉之地也。晉國之被秦禍，幾亡失三晉之半也。」（史記注補正）姚鼐云：「晉國，謂安邑。晉末獨有絳、曲沃，而魏居安邑近之，趙、韓皆遠，故謂爲晉國。蘇厲曰：『韓亡三川，魏亡晉國。』」〔按〕如方說，「三川」讀逗，而晉國則指三晉而言，然戰國時無稱三晉爲「晉國」者，晉國多稱魏國或魏都或魏境，恐非。張守節正義謂「全晉之時，秦朝夕攻伐，是晉國之禍敗也」。更謬。上舉各戰並當魏惠、襄、韓宣惠、趙武靈之世，距全晉時已遠。且全晉之時，秦尚未强，何能爲晉國禍？此文「晉國」，姚說似長。

〔六一〕吳師道云：「『之』下恐有缺字。」黃丕烈云：「史記文正同，吳氏說未是。」橫田本「之」下有「私交」二字，考異云：「從盧本。」盧本非雅雨堂本，凡例中亦未舉及，不詳何本。疑此是從吳注而臆增，非據古本。方苞云：「之秦，爲奉使於秦者。」金正煒云：「韓策『楚之齊者知西不合於秦，必且務以楚合於齊』。鮑注『之齊者，與齊善者』。此文亦謂善秦者耳，非有脱字也。」〔按〕方、金説是。

〔六二〕姚宏云：「舊本（説）作『議』。」

〔六三〕金正煒云：「『反』當爲『乃』，字之譌也。」〔按〕吕氏春秋知度篇高注：「反，更也。」論語述而篇皇侃疏：「反，重也。」此言燕重使代約從親也。金説非。史記「反」作「使」。

〔六四〕鮑本、吳本、盧本「不」作「否」。通用。

〔六五〕吳汝綸云：「此子長之文，所以收拾蘇秦全傳，國策取史記增益，其跡顯然。」〔按〕「蘇代復重於燕」以下乃後人襲史記之文而增益之，策不當有。然吳氏因此以疑今國策之書，則非。

2 蘇代爲奉陽君説燕

蘇代爲奉陽君説燕於趙以伐齊〔一〕，奉陽君不聽。乃入齊〔二〕，惡趙，令齊絶於趙。齊已絶於趙，因之燕，謂昭王曰：「韓爲〔三〕謂臣曰：『人告奉陽君曰：使齊不信趙者，蘇子也。今（令）〔四〕齊王召蜀子使不伐宋〔五〕，蘇子也。與齊王謀，道（迺）取秦以謀趙者〔六〕，蘇子也。令齊守趙之質子以甲者，又蘇子也。請告子以請〔七〕：齊果以守趙之質子以甲，吾必守子以甲。』〔八〕其言惡矣。雖然，王勿患也〔九〕。臣固知入齊之有趙累也〔一〇〕，出爲之以成所欲〔一一〕。臣死而齊大惡於趙，臣猶生也〔一二〕。令（今）〔一三〕齊、趙絶，可大紛〔一四〕已，持〔一五〕臣非張孟談也。使臣也如張孟談也，齊、趙必有爲智伯者矣。

「奉陽君告朱讙與趙足〔一六〕曰：『齊王使公王（玉）曰（丹）〔一七〕命説曰〔一八〕：必不反韓珉，今召之矣〔一九〕。必不任蘇子以事；今封而相之。令（必）〔二〇〕不合燕；今以燕爲上交。吾所恃者順〔二一〕也，今其〔二二〕言變，有甚於其父〔二三〕。順〔二四〕始與蘇子爲讎，見之知無厲〔二五〕，今賢之兩之〔二六〕。已矣，吾無齊矣〔二七〕！』奉陽君之怒甚矣〔二八〕，如齊王[王]〔二九〕之不信趙而小人奉陽君〔三〇〕也，因是而倍之〔三一〕。不以今時大紛之〔三二〕，解而復合，則後不可奈何也〔三三〕。故齊、趙之合，苟可循也〔三四〕，死不足以爲臣患，逃不足以爲臣〔三五〕耻，爲諸侯不足以爲臣榮，被髮自漆爲厲〔三六〕，不足以爲臣辱。然而臣有患也。臣死而齊、趙不循，惡交分於臣也，而後相效〔三七〕，是臣之患〔三八〕也。若臣死而必相攻〔三九〕也，臣必勉之而求死焉。堯、舜之賢而死，禹、湯之知而死，孟賁之勇而死，烏獲之力而死，生之物固有不死者乎？在必然之物〔四〇〕，以成所欲〔四一〕，王〔四二〕何疑焉？臣以爲〔四三〕不若逃而去之〔四四〕。臣以韓、魏循自齊，而爲之取秦，深結趙以勁之〔四五〕，如是則近於相攻〔四六〕。臣雖爲之，累燕〔四七〕？奉陽君告朱讙曰：『蘇子怒於燕王之[不]以吾故，弗予相又不予卿也〔四八〕，殆無燕〔四九〕矣。』其疑至於此〔五〇〕。故臣雖爲之不累燕〔五一〕，又不欲王〔五二〕。伊尹再逃湯而之桀〔五三〕，再逃桀而之湯〔五四〕，果與鳴條之戰〔五五〕，而以湯爲天子。伍子胥逃楚而之吴，果與伯舉之戰〔五六〕，而報其父之讎。今臣逃而紛齊、趙，始可著於春秋〔五七〕。且舉大事者孰不逃？桓公之難，管仲逃於魯〔五八〕。陽虎之難，孔子逃於衛〔五九〕。張儀逃於楚〔六〇〕，白珪逃於秦〔六一〕。望諸相中山也〔六二〕，使趙，趙劫之求坔，望諸攻關而出逃〔六三〕。外孫之難〔六四〕，薛公釋戴〔六五〕，逃出於關〔六六〕，三晉稱以爲士〔六七〕。故舉大事，逃不足以爲辱矣。」

卒絶齊於趙，趙合於燕以攻齊，敗之〔六八〕。

【箋證】

〔一〕鮑彪改「爲」作「謂」，云：「（奉陽君）此亦其後襄稱。」吴師道云：「（奉陽君）説見趙策。」横田惟孝從鮑「爲」作「謂」，云：「説燕於趙，言以燕怨齊之事説趙王，以與燕俱伐齊。」于鬯云：「當云『蘇代爲燕説奉陽君於趙以伐齊』，此倒裝法。」金正煒、鍾鳳年説同。〔按〕策文似淆，于説疑是。又「爲」，猶「因」也（「爲」與「因」，一聲之轉）。言蘇代欲因奉陽君説燕於趙以伐齊，亦通。鮑改未允。

〔二〕鮑彪云：「（入齊）代入。」〔按〕馬王堆出土帛書戰國縱横家書一蘇秦自趙獻書燕王章記其謀惡齊、趙之交曰：「事之上，齊、趙大惡；中，五和（注：指齊、趙、韓、梁、燕五國聯合），不外燕；下，趙循合齊、秦以謀燕。今臣欲以齊大（惡）而去趙，胃（謂）齊王，趙之禾（和）也，陰外齊，謀齊，齊、趙必大惡矣。奉陽君、徐爲不信臣，甚不欲臣之之齊也，有(又)不欲臣之之韓、粱(梁)也。……臣甚患趙之不出臣也。知能免國，未能免身，願王之爲臣故，此也。」與策文相應。蓋蘇氏説趙不聽，被拘，獻書燕王乞援，其後逃出，入於齊也。惟蘇秦、蘇代互異。

〔三〕〔按〕韓爲，即徐爲，韓人，故云韓爲，亦作「韓徐」，見戰國縱横家書。

〔四〕鮑本、吴本「今」作「令」。是，今從正。

〔五〕鮑彪「宋」下補「者」字，云：「(蜀子)齊將。」吴師道云：「(蜀子)無考。」于鬯云：「蜀子當即吕氏權勳覽之觸子。『觸』諧『蜀』聲，字得通假。彼言：『昌國君攻齊，齊使觸子將以迎於濟上。戰合，擊金而却之，卒北。觸子因以一乘亡。』然則即齊策之向子也。在樂毅攻齊時戰敗而亡，此時固當在齊。」又云：「或云：『不』字疑衍。……按趙策云：『宋置太子以爲王，下親其上而守堅，臣是以欲足下之速歸休士民也。』是伐宋有中止事，『不』字不必衍。」金正煒引吕氏春秋同，又引貴直篇「此觸子之所以去也」。

〔六〕鮑本「道」作「遁」。鮑彪云：「遁，逃去也。言避秦兵。取，言與之合。」吴師道云：「即此策下文所云：『臣以爲不若逃而去之，以韓、魏循自齊而爲之取秦深結趙以勸之。』」横田惟孝云：「道，言也。取，收也。」安井衡云：「與齊王謀，句。『道』讀爲『導』。導齊王取秦以攻趙也。」金正煒云：「『遁』與『循』通，義猶道也。」〔按〕鮑本是也，但注則非。「道」與「遁」形近而誤。「遁」從盾聲，與「循」相通，「循」猶「善」也。縱横家書常有「循善」某者，即此義也。今從改。

〔七〕鮑彪讀「請」連下「齊」字句，云：「告子名不害，代請之使爲己請齊。」吴師道云：「(鮑)無據妄引。韓爲謂代，舉或人告奉陽君之言。請者，或人之請爲趙言於齊也。」關修齡云：「子，指代也。此韓爲述或人之言，故謂代爲子也。令人請奉陽君曰：告代以請齊。」並讀「請齊」爲句。金正煒云：「此舉韓爲告代之言，子即韓之稱代也。宋策：『則吾何以告子爲？』義正同。『以請』當讀『以情』。荀子禮論篇『情文俱盡』，史記禮書『情』作『請』。

徐廣曰：『古「情」字或假借作「請」。』秦策：『請謁事情。』高注：『謁，告也。情，實也。請告事之情實。』此即其義。」〔按〕金説是也，今讀從之。鮑注誤解，又以孟子之告子（趙岐注：名不害）附會之，更謬。

〔八〕金正煒云：「齊果守趙質以甲，如人所告於奉陽君者，則吾亦守子以甲。此皆代述韓爲之言。」〔按〕據此知韓爲時爲趙臣。縱横家書二章「徐爲之與臣言甚惡」，即上述之詞，語含恫嚇，故云甚惡。

〔九〕横田惟孝云：「言雖趙言惡，而王勿爲臣患也。」

〔一〇〕鮑彪云：「（趙累）言趙惡代。」金正煒云：「荀子王霸篇：『累多而功少。』注：『累，憂累也。』」

〔一一〕鮑彪云：「出者，奮不顧也。言知其有累而奮爲之。欲，謂利燕。」關修齡云：「『出』疑作『由』。由、猶通。言知有趙累，猶爲之也。」金正煒説同。〔按〕「出」讀爲「詘」，周禮秋官庭人鄭注：「譆譆詘詘。」釋文：「詘，本亦作『出』。」是詘、出同字。詘同屈。出爲之，猶言屈爲之也。

〔一二〕〔按〕縱横家書三章云：「齊、勺（趙）不惡，國不可得而安，功不可得而成也。」足見其惡齊、趙交之決心。

〔一三〕鮑本、吴本「令」作「今」。〔按〕作「今」爲長。「今」猶「若」也，見經傳釋詞。今從鮑本改。

〔一四〕鮑彪云：「紛，亂也。」

〔一五〕鮑彪云：「『持』猶『使』。」吴師道云：「『持』字疑『特』。」關修齡云：「持，執；謂不許也。趙襄子委談與韓、魏約伐智伯，言燕王不然。」〔按〕「持」與「特」並從「寺」聲，古可相通。左氏昭公元年傳：「子與子家持之。」釋文：「持，本作『特』。」「持」與「特」形尤相近，故二字常淆。此文「持」當作「特」解，意猶「但」也。張孟談事見趙策一。

〔一六〕原本「奉陽君告朱讙」下提行别爲一章。鮑本與上連屬爲章。詳策文當相連，今從併。鮑彪云：「代稱奉陽之言然。二（人）皆趙人。」〔按〕縱横家書二章云「奉陽君甚怒於齊，使勺（趙）足問之臣」，是足爲趙臣。朱讙不詳。

〔一七〕鮑本「王」作「玉」。鮑彪云：「（公玉）齊人姓名。」吴師道云：「（公玉）一本『公王』。按字書，三畫中近上者，於方反，三畫匀者，虞欲反。隸始加點以別『王』字。新序有公玉丹、史公玉帶，則公玉姓也。此疑有缺誤。」黄丕烈云：「『曰』誤字，此字是其名。」横田惟孝云：「公玉曰，當作『公玉丹』或『公玉冉』。按呂子審已篇齊湣王亡居於衛，謂公玉丹曰云云。史記孝武紀索隱云：『風俗通齊湣王臣有公玉冉。』『冉』與『丹』字形相似，實是一人。『曰』字亦與『冉』、『丹』相近而誤耳。」于鬯引呂氏春秋及史記索隱同横田，云：「趙策云：『以韓、魏與燕劫趙，使丹也甘之。』亦即此公玉丹。」金正煒云：「『丹』字古文作『[illegible]』，與『曰』字形相似，故誤『丹』爲『曰』。」〔按〕縱横家書四章云：「公玉丹之勺（趙），致蒙，奉陽君受之。」即此人。「王」即「玉」之篆作，「曰」則古文「丹」之誤作。今從改。廣韻「公」字云：「公玉帶上明堂圖。」又一人。

〔一八〕鮑彪云：「（説）奉陽名。」吴師道云：「『説』即『兑』之訛，説見趙策。」于鬯云：「『説』即『兑』字之借，吴謂訛，非也。」

〔一九〕鮑彪云：「言故反前，下類此。」〔按〕縱横家書七章云：「（齊王）甚懼而欲先天下，慮從楚取秦，慮反乾（韓）㬥。」乾㬥即韓珉。注云：「史記作『韓聶』，曾爲齊相，與秦國有聯繫，召回韓㬥是聯秦的一種方式。」

〔二〇〕鮑彪改「令」作「必」。〔按〕依上文例之，鮑改是也，今從之。「令」字疑涉上下文「今」字而誤。

〔二一〕鮑彪云：「（順）公玉父名。」吴師道云：「無考，鮑因下言有甚於其父，遂云爾。按趙策齊欲攻宋章：『以三晉劫秦，使順也甘之。』恐即此人。」横田惟孝云：「順，齊公子，嘗質於趙者，見秦惠文君策（按「惠文君」當作「昭襄王」，即秦策二陘山之事章）。」于鬯云：「齊有順子，明見秦策，横田得之。惟彼言陘山之事，舊説在周赧四十二年，則順子質趙事在後矣。今考彼策實當在周赧十四年，前此十三年。奉陽必與順子有舊，即順子此時已歸齊，於義亦無不可通。」金正煒亦引秦策「以順子爲質」，云：「亦一順也，未知孰是。」鍾鳳年謂「『順』猶言『信』也」，不以爲人名。〔按〕順當是人名，吴氏及横田等之説並可參。

〔二二〕〔按〕其，謂順。若如鮑説，則其爲公玉，非。

〔二三〕〔按〕父，蓋謂齊王。齊王反覆多變，如上文所舉反韓珉、任蘇子及合燕之事。今順之變又過之，即下文言其始與蘇子爲讎，今乃賢之之事。由此可知順爲齊公子無疑，而鮑誤益審。

〔二四〕鍾鳳年以此「順」字爲衍，非。説詳上。

〔二五〕鮑彪改「知」作「如」。吴師道云：「(無厲)無害也。」黄丕烈云：「此當有譌。」横田惟孝云：「言雖順見代，吾知其無害。」于鬯云：「一説『無厲』猶今謂『無賴』。」安井衡云：「順及見蘇子，知其無厲害之心。」金正煒云：「厲，合也。知無厲，謂知其不合。」鍾鳳年云：「『知』字疑爲『和』字，因左旁適殘而誤者。句言色和無厲容也。」〔按〕此言順始與蘇子爲讎之情，則當爲疾惡之詞，非如諸家所釋。「知」當從鮑作「如」。列子仲尼篇：「所願知也。」殷敬順釋文：「知，一本作『如』。」無，説文云：「豐也。」字亦通「膴」，儀禮公食禮注「膴，大也」，義亦相近。此自用「無」字本義，非「有無」之「無」(「有無」之「無」，説文作「橆」，經傳多作「亡」，或作「无」。自隸書以「無」爲「橆」，而「無」之本義遂廢)。厲，惡疾。「無厲」猶「大厲」。喻順讎蘇子之甚，見之如遇大厲疾也。

〔二六〕鮑彪云：「兩，謂封與相。」吴師道云：「賢之，謂以代爲賢。」安井衡云：「兩，貳也，謂爲之佐。」金正煒云：「『兩』猶『耦』也。或爲『爾』字之譌。爾與邇同。」鍾鳳年云：「『兩』疑爲『内』字之譌，古通『納』。言賢而納之也。」〔按〕兩，有耦義。耦，合也。謂二人相合，義自通，不必改字。

〔二七〕鮑彪云：「(以上)並述奉陽之言。」〔按〕此言爲燕間齊、趙之效見矣。

〔二八〕鮑彪云：「此代自言。」

〔二九〕鮑彪衍一「王」字。吳師道云：「(王)衍字。」關修齡云：「『如』疑作『以』。」于鬯云：「或云：『王』當爲『壬』之誤。壬，『聽』之省，『聽』猶『聞』也。言如齊王聞是言，必不信趙而賤奉陽也。」〔按〕「如」猶「以」也，「爲」也(例見經詞衍釋及古書虛字集釋)，不必改字。「王」字當衍，今從鮑正。

〔三〇〕鮑彪云：「(小人奉陽君)待之爲小人。」

〔三一〕鮑彪云：「(倍)音『背』，言燕宜然。」吳師道云：「言齊因是倍趙。」橫田惟孝云：「言奉陽怒此二者而背齊。」〔按〕橫田說是。金正煒謂「倍」是「搆」之誤，形聲並遠，義亦不合，非。

〔三二〕〔按〕應上「可大紛已」。

〔三三〕橫田惟孝云：「解，謂二國和解。」〔按〕謂燕若不乘此齊、趙有隙之時而紛亂之，二國隙解而復合，則後不可圖報齊也。

〔三四〕姚宏云：「(循)錢一作『脩』。」鮑彪云：「循，言順燕。」吳師道云：「言二國之合，必害於燕，苟順而無害，國之利也。」陸深云：「句疑有誤，注皆不通。或『可』上當有『不』字，方接得下文。或『可』即『不』字訛。代意謂使代死而齊、趙不相順，可也；使齊、趙以交之分爲由於代惡之，而後相順，此代所以爲患而未死也。」關修齡云：「苟可循，不可必期之詞也。言二國交合，而苟可順燕，則已之願足矣。」安井衡云：「此『合』爲戰。循，不變也。」于鬯云：「此時齊、趙絶，上文所謂齊已絶於趙也。代謂今已絶之後，兩國之合若不復可以循好，則已之死、逃、榮、辱皆不足論。『可』上增『不』字，當。『循』作『脩』，亦當。惟下文亦出『循』，則不改自可。」金正煒云：「循與遁通。遁，欺也。又合與搆同。詩青蠅箋：『合，猶交亂也。』脩，爲也。言搆齊、趙使之交亂，苟可爲，死不足患，逃不足恥。」鍾鳳年以此「循」字及下文「齊、趙不循」、「韓、魏循自齊」之「循」並爲「遁」字之譌。〔按〕上文屢言「合」，此「合」字又與「解而復合」之「合」相應，不當有異訓。若「可」上補「不」字，則與下文「臣死而齊、趙不循」相牴，亦非。「循」當讀爲「遁」。遁，避也。言齊、趙之合苟可避之，不使復合也。或此「可」字作「不」，而下文「齊、趙不循」之「不」字衍文。

〔三五〕鮑本、吳本無「臣」字。〔按〕依上下句例，當有。

〔三六〕吳師道云：「厲，史音『賴』，見秦策。『死不足以爲臣患』及『堯、舜之賢而死』兩節，與秦策范睢説同。」〔按〕厲，謂癩疾。

〔三七〕鮑彪云：「燕以二國可因而代不欲，則三國皆惡代矣。然二國卒不可因，則代之惡皆有所分。『交』猶『皆』。」「(而後相效)效，後人見其不可，因而效己。」安井衡云：「不循，不順舊轍也，謂相與講。」于鬯云：「(不循)依上文，此『不』字轉當衍，或作『可』。言臣死而齊、趙之合可循也(而後相效)。此句當指燕言，燕亦與齊、趙之分惡於代，與齊、趙合。」金正煒云：「此言臣死而欲齊、趙循惡交紛，無臣以搆之，又使之得復相效，是乃臣之所患也。言所患不在死也。『分』即『紛』之省，上文『不以今時大紛之』，下文『今臣逃而紛齊、趙』，即其義也。紛，亂也。『後』當爲『復』。」〔按〕「齊、趙不循」與上文「齊、趙之合苟可循也」相應，「齊、趙下蒙上文而省「之合」二字，猶言「齊、趙之合不可循也」。「循」亦讀作「遁」。謂代死而齊、趙之合不可避。惡交分於臣也，言二國相惡實由代離之。分，離也(莊子漁父釋文)。而後相效，效，徵驗也(漢書外戚傳下注)。言後互相驗得其實，明受代搆，二國復合於好，此則代之所患也。或如于説衍「不」字。

〔三八〕鮑彪云：「(患)患其後時。」

〔三九〕鮑彪云：「(相攻)齊、趙相攻。」

〔四〇〕鮑彪云：「死者，人之必然。」金正煒云：「『在』字疑當作『任』。物，猶『事』也。」〔按〕秦策三范雎至章作「死者人之所必不免也，處必然之勢」。自「堯、舜之賢而死」止此，亦大類於范雎至章。

〔四一〕于鬯云：「欲，謂利燕。」〔按〕此與上「出爲之以成所欲」語相應，明姚本之析爲二章誤也。

〔四二〕横田惟孝云：「『王』當作『臣』，字之誤也。」〔按〕此自請燕王無疑，横田説謬。

〔四三〕鮑本無「爲」字。吴師道云：「一本此有『爲』字。」

〔四四〕鮑彪云：「（逃而去之）詐以罪逃去。」金正煒云：「『臣以爲不若逃而去之』句乃代策之主旨，下乃反覆以申明之。篇末云『故舉大事，逃不足以爲辱』，正與此文相應。」〔按〕上文並言死而無利於事，故此云「不若逃而去之」，此代解釋去趙入齊之故。當時必有以代逃趙入齊爲辱而毀之於燕王者，故代反覆其詞以明志。注家並以爲逃燕而去之，非。

〔四五〕姚宏云：「（自）一作『日』。」鮑本、吴本「勁」作「勤」。鮑彪云：「言逃燕則自韓、魏順行至齊。（爲之取秦）言勁齊以怒趙。（深結趙以勤之）此勁趙以怒齊也。結，亦以韓、魏，趙自燕結之。『勤』猶『厚』。」陸深云：「代既不死而爲之逃，又謂齊、趙之順皆由於齊，於是取秦而深結趙以勤之，則三國不順而近相攻。」横田惟孝云：「自，由也。言以韓、魏相順，由齊不善而説秦，爲二國取交於秦。三國深結趙，以勁其兵。」于鬯云：「（自）作『日』亦無義。此謂韓、魏當由畏齊故循順齊。舊讀『齊』字絶句。鬯謂趙策云『循有燕以臨之』句可例，當『之』字斷，且上下文並『之』字斷句。惟『自』字之義與彼『有』字之義俱當訓『爲』，爲韓、魏也。『爲』字依俗音去聲讀。」金正煒云：「臣以韓、魏循齊取秦結趙以勁之，言齊、趙雖交紛，趙猶難與齊戰也，故復以韓、魏遁齊。循與遁通。『自』即『循』之壞衍，作『日』者又『自』之再誤。韓、魏去齊，復爲之取秦而使深結於趙，則齊孤而趙勁矣。」鍾鳳年謂「循」是「遁」之譌。〔按〕此代言搆四國以惡齊。諸釋多誤，金説爲是而稍有誤。「自」猶「於」（詩小雅伐木篇「出自幽谷」，孟子滕文公篇作「出於幽谷」，可證），非衍誤。「循自齊」即「遁於齊」，謂離韓、魏於齊也。「爲之」、「勁之」之，並指韓、魏，謂以韓、魏結於秦、趙以强之也。

〔四六〕鮑本、吴本「攻」下有「也」字。　橫田惟孝云：「如是則齊、趙近於相攻也。」〔按〕此與上「若臣死而必相攻」相應。

〔四七〕鮑彪「累」上補「不」字。　吴汝綸點勘本從之。　吴師道云：「臣雖爲之累燕。下文引奉陽君之言而釋之曰：臣雖爲之不累燕。」　金正煒云：「雖，假令也。此言如是疑於累燕，後文乃明其不累之故，辭旨自明。」〔按〕吴注意以此句爲起下之詞，下文乃答詞，是也。「雖」猶「若」，見經詞衍釋。猶言：「臣若爲之，累燕乎？」鮑據下句補「不」字，非。

〔四八〕鮑本二「予」字並作「子」，鮑彪云：「以，用也。吾，指奉陽。子，謂讙。」　吴師道云：「子，謂代。一本『不予相又不予卿也』。予，亦爲蘇子自予也。」　橫田惟孝云：「吾、予，皆指代也。」讀「吾」字句。　金正煒云：「李兑甚不取於蘇子，因疑燕之不以予代以卿相，以兑之故。『不以』當省『不』字。」〔按〕「不以」之「不」涉下「不」字而衍。今衍。吾，奉陽自吾；予，蘇子自予，用詞分别明白，橫田淆爲一人，謬。

〔四九〕〔按〕無燕，謂代失意於燕。

〔五〇〕鮑彪云：「燕王善代，而奉陽謂其怒燕者，疑也。」　陸深云：「疑，疑代之無燕也。」

〔五一〕鮑彪云：「疑代怒燕，故代雖爲燕紛二國，二國不怨燕也。」

〔五二〕鮑彪云：「『欲』猶『須』也，言其自相攻，不須燕。」　陸深云：「不欲王，不欲燕用代也。」　闕修齡云：「王，疑作『止』。」　橫田惟孝從闕說，云：「不欲王止其逃。」　安井衡云：「欲，貪也，猶言『求』，言不求王與趙講也。」　金正煒云：「『欲王』當作『辱王』，音近而誤。辱，污也。」　鍾鳳年云：「似語有未盡者。疑『欲』爲

『欺』字之譌。」〔按〕「欲」字從谷聲，疑「谷」之借字。詩大雅桑柔：「進退惟谷。」毛傳：「谷，窮也。」此言又不使王窮難。

〔五三〕姚宏云：「舊無『再逃湯而之桀』六字，曾、錢有。」鮑本無此六字。吳師道云：「一本有『再逃湯而之桀』六字。」

〔五四〕〔按〕孟子告子下篇云：「五就湯五就桀者，伊尹也。」鬼谷子忤合篇云：「伊尹五就湯，五就桀，然後合於湯。」

〔五五〕〔按〕尚書湯誓序云：「伊尹相湯，與桀戰於鳴條之野。」

〔五六〕鮑彪改「伯」作「柏」。吳師道云：「古字通。古今人表柏虎、柏益、柏欒之類。」〔按〕柏舉之戰見左氏定公四年傳。

〔五七〕〔按〕春秋，謂史官所記。孟子離婁下篇所謂「晉之乘，楚之檮杌，魯之春秋，一也」。

〔五八〕〔按〕管仲逃魯，見左氏莊公九年傳。

〔五九〕盧本「虎」作「貨」。鮑彪云：「定八年，陽虎作難。十四年，孔子乃適衛，不如此所云。」

〔六〇〕鮑彪云：「（張儀逃於楚）傳不書。」吳師道云：「即儀至楚之事。」

〔六一〕鮑本「珪」作「圭」，同。鮑彪云：「（白珪逃於秦）未詳。」金正煒云：「史記鄒陽傳注引張晏曰：『白圭將，亡六城，君欲殺之，亡入魏，厚遇之，還拔中山。』疑即其事。『秦』字蓋誤。」〔按〕魏策四有白珪謂新城君章，新城君，鮑謂是秦芈戎，是珪嘗入秦矣。但彼章與韓策三段產謂新城君章相同，多有疑問，亦不能爲據。

〔六二〕鮑彪云：「（望諸）此與樂毅同號。」〔按〕中山策有藍諸君。廣韻「藍」字云：「戰國策有中山大夫藍諸。」史記樂毅傳「望諸君」，索隱云：「戰國策『望』作『藍』也。」索隱雖誤淆樂毅與中山相爲一人，但可證國策作「藍諸君」也。此「望」字當是「藍」之誤。

〔六三〕鮑本、吳本無「逃」字。〔按〕此段文反覆言逃，此「逃」字不能無。

〔六四〕鮑彪云：「（外孫之難）未詳。」〔按〕史記秦本紀：「（昭襄王）十年，薛文以金受免。」正義謂：「金受，秦丞相姓名。」其事不詳。田文即以是年逃出關，則外孫之難殆即金受之事乎？

〔六五〕鮑本「戴」作「載」。鮑彪云：「（釋載）不乘車也。」于鬯云：「載、戴通。依『戴』字義，蓋謂不冠。」鍾鳳年亦謂「載」、「戴」二字古通。

〔六六〕鮑彪云：「齊湣二十五年，田文入秦，秦因欲殺之，因秦幸姬得出。馳去，變姓名，出關。」〔按〕事見史記孟嘗君傳。

〔六七〕鮑彪「士」上補「好」字。鮑彪云：「太史公曰：『（孟嘗君）好客自喜。』」吳師道云：「『士』上恐有缺字。」黃丕烈云：「此無缺字。吳說非。」橫田惟孝云：「楊倞（荀子哀公篇注）曰：『士』者，修立之稱。」〔按〕後漢書仲長統傳云：「以才智用者謂之士。」此自稱薛公之才智，與好士不涉，鮑補非。

〔六八〕吳師道云：「此策文多未詳，（鮑）注多未安。」〔按〕策文有訛，事又多晦，但大體無乖舛，前後亦連貫，細心紬繹，尚可疏通。今試釋之如上文。

3 蘇代爲燕說齊

蘇代爲燕說齊，未見齊王，先說淳于髡曰：「人有賣駿馬者，比〔一〕三日立市，人〔二〕莫之知。往見伯樂曰：「臣有駿馬，欲賣之，比三旦立於市，人莫與言。願子還而視之，去而顧〔三〕之，臣請獻一朝之賈〔四〕。」伯樂乃還〔五〕而視之，去而顧之，一旦而馬價十倍。今臣〔六〕欲以駿馬〔七〕見於王，莫爲臣先後〔八〕者，足下有意爲臣伯樂乎？臣請獻白璧一雙，黄金千（十）鎰〔九〕，以爲馬食〔一〇〕！」淳于髡曰：「謹聞命矣！」

入言之王而見之，齊王大説蘇子。

【箋證】

〔一〕鮑彪云：「『比』猶『連』。」

〔二〕〔按〕後漢書隗囂傳注引「人」作「市人」，下同。

〔三〕鮑彪云：「顧，反視。」吴師道云：「『還』當音『旋』，義同。」

〔四〕鮑彪改「賈」作「費」。吴師道云：「（賈）疑『費』字。」關修齡云：「獻一朝之賈者，蓋馬肆有税。」〔按〕後漢書注引「賈」作「價」，同。文選廣絶交論注引「賈」作「費」，同鮑改。依文義，作「費」爲長。關謂馬肆有税，蓋從「賈」字推及之。禮記王制云：「命市納賈，以觀民之所好惡，志淫好辟。」鄭注：「市，典市者。賈，謂物貴賤厚薄也。」孔疏：「命典市之官進納物賈之書。」是「賈」即今之物價表，與税無涉。關説未覈。

〔五〕〔按〕文選注引「還」作「旋」。

〔六〕鮑本「臣」下原有「之」字，鮑衍「之」字。吴師道云：「（之）一本無。」

〔七〕鮑彪云：「馬，自喻也。」

〔八〕鮑彪云：「（先後）爲之助也。」金正煒云：「毛詩傳：『相導前後曰先後。』周禮士師：『以五戒先後刑罰。』

注：『「先後」猶「左右」也。』又或『後』字爲衍，漢書酈食其傳注：『先，謂紹介也。』」

〔九〕王念孫云：「秦策言『白璧百雙，黃金萬溢』。此獻白璧一雙，則黃金不得有千溢之多，且與下『以爲馬食』之意不合。太平御覽獸部引此『千』作『十』，於義爲長。」〔按〕千鎰，太誇大，與私人之餽不稱。今從王校改。

〔一〇〕吴師道云：「獻此以爲馬之食。」横田惟孝云：「爲馬食，爲馬食之資也。禮少儀：『君將適他，臣如致金玉貨貝於君，則曰致馬資於有司。』」〔按〕横田說是。此敬辭，謂供髡之馬食。

4 蘇代自齊使人

蘇代自齊使人謂燕昭王曰：「臣聞(間)〔一〕離齊、趙，齊、趙已孤矣。王何不出兵以攻齊？臣請爲王弱之。」燕乃伐齊，攻晉〔二〕。

令人〔三〕謂閔王曰：「燕之攻齊也，欲以復振古埊也〔四〕。燕兵在晉而不進，則是兵弱而計疑也。王何不令蘇子將而應燕乎？夫以蘇子之賢，將而應弱燕，燕破必矣。燕破，則趙不敢不聽〔五〕，是王破燕而服趙也。」閔王曰：「善。」乃謂蘇子曰：「燕兵在晉，今寡人發兵應之，願子爲寡人〔六〕爲之將！」對曰：「臣之於兵，何足以當之？王其改舉〔七〕！王使臣也，是敗王之兵，而以臣遺燕也。戰不勝，不可振〔八〕也。」王曰：「行，寡人知子矣。」蘇子遂將而與燕人戰於晉下〔九〕，齊軍敗，燕得甲首二萬人。蘇子收〔一〇〕其餘兵以守陽城，而報於閔王曰：「王過舉，令臣應燕。今軍敗，亡二萬人，臣有斧質之罪，請自歸於吏以戮！」閔王曰：「此寡人之過也，子無以爲罪。」明日，又使燕攻陽城及狸〔一一〕。又使人謂閔王曰：「日者齊不勝於晉下，此非兵之過，齊不幸而燕有〔一二〕天幸也。今燕又攻陽城及狸，是以天幸自爲功也。王復使蘇子應之。蘇子先敗王之兵，其後必務以勝報王矣。」王曰：「善。」乃復使蘇子。蘇子固辭，王不聽，遂將以與燕戰於陽城。燕人大勝，得首三萬。齊君臣不親，百姓離心。燕因使樂毅大起兵伐齊，破之〔一三〕。

〔箋證〕

〔一〕鮑彪改「聞」作「間」，云：「間，猶『頃』也。」吴師道云：「當作『間』。間，去聲，致隙曰間。間，隔也。」〔按〕「聞」當是「間」之形譌。今從鮑改。

〔二〕鮑彪云：「（攻晉）疑兵也。實合魏，而陽攻以疑齊。」吴師道云：「『晉，地名，下文云『晉下』，可見。」狄子奇云：「今直隸晉州（今河北晉縣地區）與貍陽城相近，或其地。」金正煒云：「下云『燕兵在晉而不進』，知此『攻』字是『次』之譌。左氏莊三年傳：『凡師一宿爲舍，再宿爲信，過信爲次。』穀梁僖元年傳注：『次，止也。』」〔按〕「攻」字自通，與下文不悖，不煩改字。

〔三〕鮑彪云：「（令人）代令之。」

〔四〕鮑本、吴本「古」作「故」。 鮑彪云：「振，舉也。蓋欲復王噲所失。」 于鬯云：「振，收也。古、故通。」

〔五〕〔按〕時齊、趙之交離，燕合趙伐齊，故云。

〔六〕〔按〕「爲寡人」之「爲」讀去聲，助也。

〔七〕鮑彪云：「（改舉）别用他將。」

〔八〕鮑彪云：「振，救也。」〔按〕此「振」亦訓「收」。

〔九〕鮑彪云：「（晉下）晉之下地。」 程恩澤云：「晉下猶稷下、歷下之謂，非晉之下地也。」

〔一〇〕鮑本、吴本「收」作「以」。 金正煒云：「鮑本『以』乃『引』之譌。」

〔一一〕鮑彪云：「（陽城貍）燕地也。趙悼襄九年攻燕，取貍、陽城。」 吴師道云：「據此策，則燕取之於齊者也。大事記引正義云：『燕無貍陽，疑字誤，當作「漁陽」。』按此文兩云陽城及貍，則正義説亦未可據。」 程恩澤云：「趙世家『趙攻燕貍、陽城』，即此地。……正義不知是兩地，而以爲漁陽，固謬。胡三省通鑑注謂貍即陽城，亦未合。惟云『其地當在燕、齊境上』，則頗可採。水經注鄚縣東南隅水有狐貍淀。……寰宇記狐貍淀在任邱縣西北二十里。任丘，宋屬鄚州，七國時爲燕、齊二國之境，未知貍即此否？水經注：『博水又東逕陽城縣，散爲澤渚，方廣數里，世謂之陽城淀。陽城縣故城近在西北，故陂得其名焉。郡國志曰：蒲陰縣有陽城者也。今城在縣東南三十里。』今在保定府完縣東南，疑即其地。」

〔一二〕姚宏云：「（有）曾作『有』。」

〔一三〕鮑彪云：「蘇代之於燕、齊，皆嘗隙而復善，其情禮均也。而獨爲燕圖齊之深，何哉？昭王賢也。雖然，糜爛人之民人，以行其説，而奉其所賢，仁者不爲也。獨不念嘗委質於齊乎？」〔按〕策載蘇氏兄弟之事，語多誇飾，此章所記，如戲稚童，齊閔何止於昏庸如此而不悟，決非史實。蘇代爲燕謀齊，乃用間之術，始終無變，其間逢讒而啓燕昭之疑，隨即冰釋。鮑氏乃責其獨爲燕圖齊之深，亦失於考其本末矣。

5 蘇代自齊獻書

蘇代〔一〕自齊獻書於燕王曰：「臣之行也，固知將有口事〔二〕，故獻御書〔三〕而行曰：『臣貴於齊，燕大夫將不信臣。臣賤，將輕臣。臣用，將多望於臣〔四〕。齊有不善〔五〕，將歸罪於臣。天下不攻齊，將曰善爲齊謀。天下攻齊，將與齊兼鄮臣〔六〕。臣之所〔重〕處重卵也〔七〕。』王謂臣曰：『吾必不聽衆口與讒言。吾信汝也，猶剗刈者也〔八〕。上可以得用於齊，次可以得信於下〔九〕，苟無死，女無不爲也。以女（奴）自信可也〔一〇〕。與之言〔曰〕〔一一〕去燕之齊，可也。期〔一二〕於成事而已。』〔一三〕

「臣受令以任齊〔一四〕，及五年〔一五〕，齊數出兵，未嘗謀燕。齊、趙之交，一合一離。燕〔王〕不〔一六〕與齊謀趙，則與趙謀齊。齊之信燕也，至於虚北埊行其兵〔一七〕。今王信田伐與參、去疾〔一八〕之言，且攻齊〔一九〕，使齊犬（大）〔馬〕騷（駴）而不言（信）燕〔二〇〕。

「今王又使慶〔二一〕令臣曰：『吾欲用所善〔二二〕。』王苟欲用之〔二三〕，則臣請爲王事之〔二四〕。王欲醳〔二五〕臣，剸〔二六〕任所善，則臣請歸醳〔二七〕事。臣苟得見，則盈願〔二八〕。」

〔箋證〕

〔一〕〔按〕帛書戰國縱横家書四此書作「蘇秦」，有秦自稱名語，見後附録。

〔二〕鮑彪云：「(口事)言人譖之。」横田惟孝云：「口事，讒口之事。」金正煒云：「『口事』疑是『口實』，一聲之譌。國語楚語：『使無以寡人爲口實。』注：『口實，毁弄也。』」〔按〕縱横家書止二「口」字，意同。

〔三〕鮑彪云：「(獻御書)獻侍御者以書。」横田惟孝云：「御，侍御，不敢斥王也。」金正煒云：「左氏哀三年傳『命周人出御書俟於宫』。注：『御書，進於君者也。』」

〔四〕鮑彪云：「『望』猶『責』。」〔按〕「臣賤」、「臣用」下皆蒙上文省「於齊」二字。

〔五〕鮑彪云：「(不善)謂惡燕。」

〔六〕鮑彪改「鄮」作「貿」，云：「『貿』猶『賣』。」吴師道云：「(鄮)當作『貿』，字增『邑』訛。」關修齡云：「句有誤錯，當作『將謂臣兼貿齊』。」金正煒云：「『鄮』字無義。『貿』字未有訓爲『賣』者，疑當爲『賈』。説文『貿』作『𧷸』，與『賈』字形相似，因以致誤。周書命訓篇注：『賈，賣。』」〔按〕「鄮」字疑是「貿」之繁文，增「邑」傍，其實一字。爾雅釋言：「貿，市也。」郭注：「交易物爲貿。」市易本兼有買賣之義，鮑注亦可。金説贅矣。縱横家書作「弃」，注云：「『貿』是換掉，與『弃』字義略同。」

〔七〕鮑本「卵」作「卯」，鮑改作「留」，云：「『重』猶『難』也。留，謂處於齊爲難。」吴師道云：「一本『卯』作『卵』。據此，則『重』當平聲。『重卵』猶言『累卵』，謂己處危也。上文恐多『重』字。」横田惟孝云：「『重』猶『難』也。『重卵』猶『累卵』。此前日書中語也。」〔按〕上「重」字涉下而衍，吴説是。縱横家書亦無此「重」字，今衍。

〔八〕鮑本「劖刘者」三字作「列眉」二字。鮑彪云：「(列眉)言無可疑。」吴師道云：「『列眉』未詳。一本『猶劖刘者也』。龍龕手鑑：『刘，古劖字。』愚謂即『刈』字也。劖刘者，斬斷果決之意。」安井衡云：「劖，削也。刘，古

『刈』字，刈芟草也。言猶剗刈者之遇草木，必芟削之。」吴曾祺説同。金正煒云：「『剗刈』二字蓋即『列』之誤而複也。『者』亦『眉』字形似而譌也。」〔按〕「剗刈者」與「列眉」並費解。縱横家書作一「齕」字。查説文：「齕，齧也。」史記吴起傳：「與其母訣，齧臂而盟。」後漢書宦官傳、單超傳：「帝齧超臂出爲盟。」淮南子齊俗訓云：「胡人彈骨，越人契臂，中國歃血也。」高注：「（契臂）刻臂出血。」莊逵吉校云：「太平御覽引『契』作『齧』。」列子釋文引許慎注云：「契，刻臂出血也。」比照觀之，可知其意。燕王言信任代（或秦）猶齧臂而盟不疑也。「齕」下疑脱「臂」字。鮑本「列眉」乃「刻臂」之誤，二字草書相近易淆。姚本「剗刈」並爲「刻」之誤，始誤爲「刈」，又別注一「剗」字於旁，誤入爲二字。「者」亦「臂」之誤也。

〔九〕金正煒云：「左氏莊二十八年經注：『國都爲上，邑爲下。』上言齊，謂其都，猶言齊之王也。次言下，謂其邑，猶言齊之卿大夫也。」

〔一〇〕鮑彪云：「『以』猶『由』。」〔按〕縱横家書「女」作「奴」，奴同孥。此「女」字乃「奴」之壞字，謂携家屬共去以取信於齊，昭王表示信代也。今從改。

〔一一〕鮑彪云：「（與之）王與之。」〔按〕上文已云「王謂臣曰」，此又云「與之言曰」，文義不通。縱横家書無「曰」字，是也，今從衍。之，謂齊王。

〔一二〕鮑本「期」原作「其」，鮑改作「期」。吴師道云：「（其）當作『期』，字通用。」〔按〕縱横家書「期」上有「甚者與謀燕可」六字。

〔一三〕〔按〕此上一節，縱横家書次於後文。

〔一四〕鮑彪云：「（任齊）得任於齊。」吴師道云：「以齊爲任。」金正煒云：「『任』猶『事』也。」

〔一五〕〔按〕據此明代爲燕離齊、趙非一、二年事，而各章所言年有乖舛。

〔一六〕鮑本無「不」字。鮑彪衍「王」字。吴師道云：「一本『不與齊謀趙，則與趙謀齊』，疑『王』即『不』字之訛。」

〔按〕依文義，「王」字不當有，今從鮑衍。縱横家書亦無「王」字。

〔一七〕鮑彪云：「虚，言不設備。齊北近燕。（行其兵）以北兵伐他國。」〔按〕此即本策「蘇秦死其弟蘇代欲繼之章所云：「濟西不役，所以備趙也。河北不師，所以備燕也。今濟西、河北盡以役矣。」縱横家書「兵」作「甲」。

〔一八〕鮑彪云：「（田伐、參、去疾）三人讒代者。」〔按〕縱横家書作「田代繰去□」，「代」與「伐」形近之誤。「繰」與「參」聲近通借。從「喿」之字或作「桑」，從「參」之字或作「絫」，形近易誤。

〔一九〕〔按〕縱横家書無「且」字，連屬上句讀。

〔二〇〕鮑本無「⿰馬戔」字。湖北局本「犬」作「大」。鮑彪云：「且，辭也。犬馬，言已賤齊如之，又不泄燕之謀。」吴師道云：「一本『犬馬⿰馬戔』。字書無『⿰馬戔』字，恐即『賤』。」關修齡云：「燕無信於齊，而齊不疑燕。今燕且攻齊，不信之甚。使齊如犬馬賤而不言攻燕，蓋言齊之有信。代言之者，蓋以伐齊，則已之謀不行也。或不欲人有已之功與？」安井衡「犬」作「大」，云：「⿰馬戔蓋古棧字。馬棧，庣床也，編木爲之。大馬棧者，將多其馬也。」于鬯云：「沈濤經云：『「且」字疑「不」字之誤。言不攻齊，使齊賤燕。』又云：『即上文言「貿臣」者。不改「且」爲「不」，亦可。』按改『且』爲『不』，則上文信讒代者非倡攻齊者。此文恐必有闕誤。」金正煒云：「且，將也。『犬馬』疑是『大焉』之誤。大與泰通。泰焉者，言不以燕爲慮也。王信田伐與參、去疾之言，且將伐齊，而代在齊，能使之泰焉，議不及燕。皆自述其任齊之效。『⿰馬戔』或『淺焉』二字誤併爲一。荀子哀公篇：『百姓淺然不識其鄰。』『淺焉』猶『淺然』也。」鍾鳳年以「犬馬⿰馬戔」爲「大馬棧」，同安井，又云：「『言』蓋『信』字之譌。不信燕，乃反應上文『齊之信燕也』之語而重者。」〔按〕此文諸釋皆未能愜意。蓋文有舛訛也。縱横家書此句作「使齊大戒而不信燕」，語意明白易曉。「戒」爲「駴」之借字，同「駭」。策文「大」訛作「犬」。「駴」誤爲「⿰馬戔」，又因馬旁而誤衍「馬」字。「信」訛作「言」。原句當爲「齊大駷而不信燕」。今輾轉衍誤，若不睹地下資料，孰能正之！此一節縱横家書次在前文。

〔二一〕鮑彪云：「(慶)燕臣名。」〔按〕慶，盛慶，見於縱横家書第二、三、四章。

〔二二〕〔按〕用所善，謂用田伐與參、去疾輩。

〔二三〕鮑本作「王苟欲用所善王欲用之」十字。吴師道云：「姚本無中間五字，文義爲勝。」〔按〕縱横家書作「王苟有所善而欲用之」。

〔二四〕〔按〕事之，從事之。

〔二五〕鮑彪云：「醳、釋同。見鄒忌説琴。」吴師道云：「魏世家如耳云：『以秦醳衛。』張儀傳：『醳之。』索隱云：『古釋字。』」〔按〕鄒忌説琴見史記田世家。縱横家書此「醳」作「舍」。義亦近。

〔二六〕鮑彪改「剸」作「專」。吴師道云：「(剸)『專』字訛。」黄丕烈云：「剸、專同字，猶醳、釋同字也。」

〔二七〕〔按〕縱横家書「醳」作「擇」，亦「釋」之借字。

〔二八〕吴師道云：「此策蓋代在齊而或有疑之於王者，故代以書自白，文多未詳。」〔按〕此爲蘇秦上燕王書，見於戰國縱横家書第四章。策文前後失次，又有誤，故難解。今附録帛書全文備參。

〔附録〕

戰國縱横家書四蘇秦自齊獻書於燕王章

自齊獻書於燕王曰：「燕、齊之惡也久矣。臣處於燕、齊之交，固知必將不信。臣之計曰：齊必爲燕大患。臣循用於齊，大者可以使齊毋謀燕，次可以惡齊、勺(趙，下同)之交，以便王之大事，是王之所與臣期也。臣受教任齊交五年，齊兵數出，未嘗謀燕。齊、勺之交，壹美壹惡，壹合壹離。燕非與齊謀勺，則與趙謀齊。齊之信燕也，虚北地

□(行)其甲。王信田代(伐)繰、去(疾)之言功(攻)齊，使齊大戒而不信燕。臣秦(此蘇秦自稱)拜辭事，王怒而不敢强。勺疑燕而不功(攻)齊，王使襄安君(注：燕國王族)東，以便事也，臣豈敢强王戈(哉)。齊、勺遇於阿，王憂之。臣與於遇，約功(攻)秦去帝(注：取消帝號)。雖費，毋齊、趙之患，除羣臣之魄(恥)。齊殺張庫(燕將，燕王派去助齊者)，臣請屬事辭爲臣於齊。王使慶謂臣：『不之齊危國。』臣以死之圍，治齊、燕之交。後薛公、乾(韓)徐爲與王約功(攻)齊，奉陽君鬻臣，歸罪於燕，以定其封於齊。公玉丹之勺致蒙，奉陽君受之。王憂之，故强臣之齊。臣之齊，惡齊、勺之交，使毋予蒙而通宋使。故王能材(裁)之，臣以死任事。之後秦受兵矣，齊、勺皆嘗謀。齊、勺未嘗謀燕，而俱諍(争)王於天下。臣雖無大功，自以爲免於罪矣。今齊有過辭，王不諭齊王多不忠也，而以爲臣罪，臣甚懼。庫之死也，王辱之。襄安君之不歸哭也，王苦之。齊改葬其後而召臣，臣欲毋往，使齊棄臣。王曰：『齊王之多不忠也，殺妻逐子，不以其罪，何可怨也？』故强臣之齊。二者大物也，而王以赦臣，臣受賜矣。臣之行也，固知必將有口，故獻御書而行。曰：『臣貴於齊，燕大夫將不信臣。臣賤，將輕臣。臣用，將多望於臣。齊有不善，將歸罪於臣。天下不功(攻)齊，將曰：善爲齊謀。天下功(攻)齊，將與齊兼棄臣。臣之所處者重卵也。』王謂臣曰：『魚(吾)必不聽衆口與造言，魚(吾)信若迺(猶)齕也。大可以得用於齊；次可以得信；下，苟毋死，若無不爲也。以奴(孥)自信，可；與言去燕之齊，可；甚者與謀燕，可。期於成事而已。』臣恃之詔，是故無不以口(注：與「語」同義)齊王而得用焉。今王以衆口與造言罪臣，臣甚懼。王之於臣也，賤而貴之，蓐(辱)而顯之，臣未有以報王。以求卿與封，不中意，王爲臣有之兩(注：此「兩」，指卿與封)，臣舉天下使臣之封不塹(慚)。臣止於勺，王謂乾(韓)徐爲『止某不道，迺(猶)免寡人之冠也』，以振臣之死。臣之德王，突(深)於骨隨(髓)。臣甘死蓐(辱)，可以報王，願爲之。今王使慶令臣曰：『魚(吾)欲用所善。』王苟有所善而欲用之，臣請爲王事之。王若欲剸捨臣而槫任所善，臣請歸擇(釋)事，句(苟)得時見，盈願矣。」

6　陳翠合齊燕

陳翠合齊、燕，將令燕王之弟爲質於齊〔一〕，燕王許諾。太后聞之，大怒曰：「陳公不能爲人之國，亦則〔二〕已矣。焉有離人子母者？老婦欲得志〔三〕焉！」陳翠欲見太后，王曰：「太后方怒子，子其待之。」陳翠曰：「無害也。」

遂入見太后曰：「何臞〔四〕也？」太后曰：「賴得先王雁鶩之餘食〔五〕，不宜臞〔六〕。臞者，憂公子之且爲質於齊也。」陳翠曰：「人主之愛子〔七〕也，不如布衣之甚也。非徒不愛子也，又不愛丈夫子獨甚。」太后曰：「何也？」對曰：「太后嫁女諸侯，奉以千金，齎埊百里，以爲人之終也〔八〕。今王願封公子，百官持職〔九〕，羣臣效忠曰：『公子無功，不當封。』今王之以公子爲質也，且以爲公子功而封之也〔一〇〕。太后〔一一〕弗聽，臣是以知人主之不愛丈夫子獨甚也。且太后與王幸而在，故公子貴。太后千秋之後，王棄國家，而太子即位，公子賤於布衣。故非及太后與王封公子，則公子終身不封矣。」太后曰：「老婦不知長者之計。」乃命公子束車制衣〔一二〕爲行具〔一三〕。

〔箋證〕

〔一〕鮑彪云：「代傳説王噲已，乃使一子質齊。」吴師道云：「鮑因此指爲王噲事，然史云一子質齊，而此云燕王之弟，則不合矣。其時未可定。」〔按〕前齊伐宋章蘇代遺燕昭王書云：「夫列在萬乘，而寄質於齊。」是昭王時亦有質齊之事。此不能詳。

〔二〕吴本「亦則」作「則亦」。

〔三〕鮑彪云：「（欲得志）以殺辱之爲快。」

〔四〕鮑彪云：「臞，少肉。」

〔五〕盧本「王」誤作「生」。〔按〕鶩，野鳧。藝文類聚卷九十一引魯連子云：「鶩鴨有餘食。」雁鶩皆供膳，此言得雁鶩之膳有餘。

〔六〕鮑本「臞」下有「者」字。

〔七〕〔按〕子，爲兒女之通稱。

〔八〕鮑彪云：「嫁則女之事畢矣。封亦公子之終也。」

〔九〕鮑彪云：「『持』猶『守』也。封無功者争之，職也。」

〔一〇〕鮑本無「而封之」三字。吴師道云：「一本『且以爲公子功而封之也。』」

〔一一〕鮑本、吴本「太后」上有「而」字。

〔一二〕吴本「束」作「乘」。關修齡云：「『束』猶『約』，『制』猶『製』也。」

〔一三〕吴師道云：「此與觸讋諫趙威后同。戰國所載事多如此，然觸讋言尤婉切，所以人多稱之。」于鬯云：「此與趙策載觸讋語雖中間不同，要當一事而並存傳疑。然則燕噲、燕昭即不論可矣。」

7　燕昭王且與天下伐齊

燕昭王且與天下伐齊，而有齊人仕於燕者，昭王召而謂之曰：「寡人且與天下伐齊，旦暮出令矣。子必爭之。爭之而不聽，子因去而之齊。寡人有時復合和也〔一〕，且以因子而事齊。」

當此之時也，燕、齊不兩立，然而常獨欲有復收之之志若此也〔二〕。

【箋證】

〔一〕鮑本無「和也」二字。鮑彪云：「（復合）預言不勝，與齊合。」吴師道云：「一本『復合和也』。」吴汝綸云：「『和也』二字，疑是注文。」金正煒云：「秦策：『以陽武合於趙。』高注：『合，和也。』呂覽有始篇：『夫物合而成。』注：『合，和也。』此文『和也』，疑是『合』之舊注，傳寫誤爲正文。」〔按〕復合，吴及金説疑是。

〔二〕鮑彪云：「『收』猶『合』。不兩立，則不可復合，而不能無合之之志。」吴師道云：「『當此』以下，記述者之辭。」

〔按〕燕昭伐齊，非操必勝之券，故特留此後步。然又安知非以此懈齊人之心哉？

8 燕饑趙將伐之

燕饑，趙將伐之。楚使將軍之燕〔一〕，過魏，見趙恢。趙恢曰：「使除患無至〔二〕，易於救患，伍子胥、宫之奇〔三〕不用，燭之武〔四〕、張孟談受大賞〔五〕。是故謀者皆從事於除患之道〔六〕，而先使除患無至者〔七〕。今予〔八〕以百金送公也〔九〕，不如以言。公聽吾言而說趙王曰：『昔者吴伐齊，爲其饑也。伐齊未必勝也，而弱越乘其弊以霸。今王之伐燕也，亦爲其饑也。伐之未必勝，而强秦將以兵承〔一〇〕王之西〔一一〕。是使弱趙居强吴之處，而使强秦處弱越之所以霸也。願王之熟計之也！』」

使者乃以說趙王，趙王大悦，乃止。燕昭王聞之，乃封之以地〔一二〕。

〔箋證〕

〔一〕金正煒云：「『燕』當爲『趙』，下文『使者乃以說趙王』，又云『燕王聞之』，則使者非之燕明矣。」〔按〕楚使因趙恢之言而改之趙，自通。「燕」字不誤。

〔二〕鮑彪云：「（使除患無至）除之使不至。」

〔三〕鮑彪云：「（伍子胥宫之奇）此除患者。」〔按〕伍子胥諫吴王夫差，宫之奇諫虞君。

〔四〕鮑彪云：「僖三十年，晉、秦圍鄭，佚之狐言於鄭伯曰：『國危矣，若使燭之武見秦君，師必退。』之武見秦伯曰：

『鄭知亡矣，而有益於君，敢以煩執事！越國以鄙遠，君知其難也。焉用亡鄭以倍鄰？鄰之厚，君之薄也。』秦伯說，乃還。」

〔五〕鮑彪云：「（燭之武張孟談）皆救患者。」　橫田惟孝云：「『伍子胥』至『大賞』十七字，疑他章錯簡。」　〔按〕「伍子胥、宫之奇不用，燭之武、張孟談受大賞」，即「曲突徙薪亡恩澤，燋頭爛額爲上客」之意。然此篇主旨在除患無至，而此喻不恰當，實有可疑。

〔六〕鮑本「道」作「遺」，下有「者」字。　鮑彪云：「（除患）謂救患者。」　吳師道云：「一本『遺』作『道』，下無『者』字。義是。」　〔按〕「除患」明承上文「除患」而言，何預於救患？鮑注非。

〔七〕鮑彪改「先」爲「無」。　吳師道云：「（先）上疑有缺文。」　安井衡云：「『先』、『无』字之誤，鮑改是也。」　金正煒同。　橫田惟孝云：「智謀之士，皆從其易者，而先使除患無至者也。以言燕被伐而救之，不如其未伐而救之之易也。」　鍾鳳年云：「『除』字蓋因上文而衍。」　〔按〕橫田解是。

〔八〕鮑本「予」作「與」。　吳師道云：「一本作『予』。」　吳闓生云：「予、與同字，猶『與其』也。」

〔九〕鮑彪云：「公，謂楚使。」

〔一〇〕鮑彪改「承」作「乘」。　吳師道云：「此書『乘』、『承』通，後昌國君章有。」　吳汝綸云：「吾意『承』字是。」

〔一一〕姚宏云：「曾、劉改『西』作『北』。」　橫田惟孝云：「『西』疑當作『敝』。」　吳汝綸云：「（承王之西）此言趙若伐燕，秦將攻趙西境也。」　金正煒同，又云：「作『北』者，『北』與『背』通。釋名：『背，在後稱也。』」　〔按〕吳說是。

〔一二〕鮑彪云：「（封之以地）封恢也。恢蓋趙之仕魏而爲燕者，爲燕亦所以爲魏也。」　吳師道云：「（鮑注）無據。」　橫田惟孝云：「使者，即楚將軍。封之，封將軍也。」　〔按〕橫田說是。

9　昌國君樂毅爲燕昭王

昌國君樂毅〔一〕爲燕昭王合五國之兵而攻齊〔二〕，下七十餘城，盡郡縣之，以屬燕〔三〕。三（二）城未下〔四〕，而燕昭王死。惠王即位，用齊人反間，疑樂毅，而使騎劫代之將〔五〕。樂毅奔趙，趙封以爲望諸君〔六〕。齊田單欺〔七〕詐騎劫，卒敗燕軍，復收七十城以復齊。燕王悔，懼趙用樂毅承〔八〕燕之弊以伐燕。燕王乃使人讓樂毅，且謝之曰：「先王舉國而委將軍。將軍爲燕破齊，報先王之讎，天下莫不振動。寡人豈敢一日而忘將軍之功哉！會先王棄羣臣，寡人新即位，左右誤寡人。寡人之使騎劫代將軍者〔九〕，爲將軍久暴〔一〇〕露於外，故召將軍且休計事。將軍過聽，以與寡人有郄〔一一〕，遂捐燕而歸趙。將軍自爲計則可矣，而亦何以報先王之所以遇將軍之意乎〔一二〕？」

望諸君乃使人獻書報燕王曰：「臣不佞，不能奉承先王之教，以順左右之心。恐抵斧質〔一三〕之罪，以傷先王之明，而又害於足下之義〔一四〕，故遁逃奔趙。自負〔一五〕以不肖之罪，故不敢爲辭説〔一六〕。今王使使者數之罪，臣恐侍御者之不察先王之所以畜幸〔一七〕臣之理，而又不白〔一八〕於臣之所以事先王之心，故敢以書對。

「臣聞賢聖之君，不以祿私其親，功多者授之。不以官隨其愛，能當者處之。故察能而授官者，成功之君也；論行而結交者，立名之士也。臣以所學者觀之，先王之舉錯，有高世〔一九〕之心，故假節於魏王〔二〇〕，而以身得察於燕〔二一〕。先王過舉，擢之乎賓客之中，而立之乎羣臣之上，不謀於父兄，而使臣爲亞〔二二〕卿。臣自以爲奉令承教，可以幸無罪矣，故受命而不辭。先王命之曰：『我有積怨深怒於齊，不量輕弱，而欲以齊爲事。』臣對曰：『夫齊霸國之餘教也〔二三〕，而驟勝之遺事也〔二四〕。閑〔二五〕於兵甲，習於戰攻。王若欲攻之，則必舉〔二六〕天下而圖之。舉天下而圖之，莫徑於結趙矣〔二七〕。且又淮北宋地，楚、魏之所同願也〔二八〕。趙若許約〔二九〕，楚、魏〔宋〕〔三〇〕盡力，四國攻之，齊可大破也。』先王曰：『善。』臣乃口受令〔三一〕，具符節〔三二〕，南使臣〔三三〕於趙，顧反命〔三四〕，起兵隨而攻齊。以天之道，先王之靈，河北之地，隨先王舉而有之於濟上〔三五〕。濟上之軍〔三六〕奉令擊齊，大勝之。輕卒鋭兵，長驅至國〔三七〕，齊王逃遁，走莒，僅以身免。珠玉財寶，車甲珍器，盡收入燕。大呂陳於元英〔三八〕，故鼎反於曆室〔三九〕，齊器設於寧臺〔四〇〕，薊丘之植，植於汶皇〔四一〕，自五伯以來，功未有及先王者也〔四二〕。先王以爲愜其志〔四三〕，以臣爲不頓〔四四〕命，故裂地而封之〔四五〕，使之得比乎小國諸侯。臣不佞，自以爲奉令承教，可以幸無罪矣〔四六〕，故受命而弗辭。

「臣聞賢明之君，功立而不廢，故着於春秋。蚤知〔四七〕之士，名成而不毀，故稱於後世。若先王之報怨雪耻，夷〔四八〕萬乘之强國，收八百歲〔四九〕之蓄積，及至棄羣臣之日，餘令詔後嗣之遺義，執政任事之臣，所以能循法令、順庶孽者〔五〇〕，施及萌〔五一〕隸，皆可以教於後世。臣聞善作者不必善成，善始者不必善終。昔者五〔五二〕子胥說聽乎闔閭，故吳王遠跡至於郢。夫差弗是〔五三〕也，賜之鴟夷〔五四〕而浮〔五五〕之江。故吳王夫差不悟〔五六〕先論〔五七〕之可以立功，故沈子胥而不〔五八〕悔。子胥不蚤見主之不同量，故入江而不改〔五九〕。夫免身全功，以明先王之跡者，臣之上計也。離毀辱之非〔六〇〕，墮先王之名者，臣之所大恐也。臨不測之罪，以幸爲利者，義之所不敢出也〔六一〕。臣聞古之君子，交絶不出惡聲〔六二〕。忠臣之去也，不潔其名〔六三〕。臣雖不佞〔六四〕，數奉教於君子〔六五〕矣。恐侍御者之親左右之説，而不察疏遠之行也，故敢以書報。唯君之留意焉！」

〔箋證〕

〔一〕吳師道云：「（昌國）正義云：故昌城在淄州淄川縣東北。」程恩澤云：「今在（山東）濟南府淄川縣東北三十五里。」〔按〕史記樂毅傳：「樂毅攻入臨菑……燕昭王大説，……封樂毅於昌國，號爲昌國君。」是毅破齊之後，燕王酬功，取齊地以封，此亦追稱。漢書地理志昌國縣屬齊郡。胡三省云：「封毅爲昌國君以其能昌大燕國也。」則以地因樂毅封號而名，恐非。

〔二〕鮑彪云：「傳云：並護趙、楚、韓、魏、燕之兵。」〔按〕燕世家、田世家、楚世家並言燕及秦、楚、三晉共伐齊，則爲六國之兵。六國表，秦本紀，趙、魏世家並言燕與秦、三晉擊齊（六國表謂楚取齊淮北），則爲五國，有秦無楚，又與樂毅傳異。樂毅書則僅言燕與趙、楚、魏約。梁玉繩云：「伐齊之役，實秦、楚、燕、趙、韓、魏六國也。」

〔三〕〔按〕樂毅傳云：「樂毅留徇齊五歲，下齊七十餘城，皆爲郡縣，以屬燕。」是下七十餘城，非同年事，此統言之耳。資治通鑑謂：「六月之間，下齊七十餘城，皆爲郡縣。」與史記不合。以當時情勢度之，史説爲是。

〔四〕舊注：「（三城）聊、即墨、莒。」吳師道云：「毅傳：『唯莒、即墨未下。』燕世家云：『聊、莒、即墨未下。』蓋因燕將守聊城不下之事而誤，説見齊策。」金正煒云：「史記樂毅傳：『唯獨莒、即墨未服。』又云：『齊之田單聞之，乃縱反間於燕曰：齊城不下者兩城耳。』寰宇記引春秋後語『唯即墨與萊未拔』。又齊策『燕將守聊城，田單攻之不克』。則聊固爲燕下矣。此文『三城』當是『二城』之誤。注文『聊』字亦後人妄增也。」〔按〕燕世家：「聊、莒、即墨。」索隱云：「按餘篇及戰國策並無『聊』字。」又太平御覽卷二百七十四引作「唯莒、即墨二城未下」。新序雜事三篇云：「唯莒、即墨未下。」齊策六亦云：「唯莒、即墨不下。」並可證「三城」乃「二城」之譌。注文涉燕世家而誤，國策固不然，索隱已明言之，以此知當非高誘之文。今從改。

〔五〕〔按〕毅傳云：「惠王自爲太子時，嘗不快於樂毅。及即位，齊之田單聞之，乃縱反間於燕曰：『齊城不下者兩城耳。然所以不早拔者，聞樂毅與燕新王有隙，欲連兵且留齊，南面而王齊。齊之所患，唯恐他將之來。』於是燕惠王固已疑樂毅，得齊反間，乃使騎劫代將。」

〔六〕吳師道云：「史趙封毅於觀津，號望諸君。索隱云：望諸，澤名，在齊，蓋趙有之，故號焉。」程恩澤云：「毅所封地在觀津，望諸特其號耳，非地也。似與望諸澤無涉。」〔按〕索隱又云：「戰國策『望』作『藍』。」藍諸君乃中山相，見中山策（前蘇代爲奉陽説燕章有「望諸相中山也」云云，又作「望諸」），似與樂毅不涉。沈濤銅熨斗齋隨筆卷二云：「『藍』疑即『望』字之誤，然今本國策仍作『望諸』。趙境亦不得遠至齊、宋之交，且封爵皆以邑名，無以澤名者。望諸蓋即漢志中山國之望都縣，爲燕、趙接壤之所，故趙以之封樂毅，與青州澤藪無涉。」按「諸」、「都」古讀相近，諸、都同部，都屬端紐，諸屬照紐，照紐三等字古音讀近端紐。沈説可通。

〔七〕鮑本、吴本無「歟」字。黄丕烈云：「無者當是。」

〔八〕鮑彪改「承」作「乘」。吴師道云：「説見上。」〔按〕史記作「乘」，鮑改據之。

〔九〕姚宏云：「(者)曾本添『者』字。」鮑本、吴本無「者」字，史記同。

〔一〇〕鮑彪云：「暴，曝同。」

〔一一〕鮑彪改「郄」作「隙」，云：「隙，不合也。」〔按〕「郄」乃「郤」之俗字，與「隙」同音通借。史記作「隙」。

〔一二〕吴師道云：「自『先王舉國』止此一節，恐當在後章燕王書『寡人不佞』云云之上。餘説見彼章。」〔按〕史記亦有此段文，吴説疑未然，説見後燕王喜使栗腹章。

〔一三〕〔按〕質同鑕。謂受死刑。新序「斧質」作「斧鉞」。

〔一四〕鮑彪云：「(害於足下之義)無罪而殺毅，非義也。」〔按〕史記、新序「又」作「有」，同。

〔一五〕鮑彪云：「負，言荷罪在身。」

〔一六〕横田惟孝云：「不敢爲辭説，言不敢自爲理罪也。」

〔一七〕鮑彪云：「畜，養也。幸，親愛之。」〔按〕新序無「幸」字。

〔一八〕鮑彪云：「『白』猶『明』。」

〔一九〕〔按〕高世，謂高於一世。史記、新序「世」下並有「主」字。

〔二〇〕鮑彪云：「時諸侯不通，出關則以節假之。故上言毅自魏往見王。」吴師道云：「毅傳：『毅爲魏昭王使燕，燕王以客禮待之，毅辭讓，遂委質爲臣。』正義云：『假魏節使燕。』」〔按〕節，爲使節。鮑謂「諸侯不通，出闕以節假之」，亦屬臆測。

〔二一〕吴師道云：「毅傳：趙人，因沙丘之亂，適魏之燕，故大事記附見於燕昭王十七年。」王念孫云：「『察』讀爲『交際』之『際』。際，接也。言以身得接見於先王也。際與察，古同聲而通用。」（史記雜志）金正煒云：「察，知也。新序節士篇：『爲人臣而不見察於其君者，則不敢立於其朝。』此正其義。」〔按〕金説長。

〔二二〕鮑彪云：「亞，次也。」

〔二三〕鮑本、吴本無「也」字。〔按〕史記、新序「教」作「業」，並無「也」字。霸國之餘教，謂湣王承威、宣之遺。

〔二四〕王念孫云：「驟勝者，數勝也。齊嘗破燕滅宋，取楚之淮北，故曰驟勝之遺事也。」（史記雜志）〔按〕史記「驟」作「最」，新序作「戰」。

〔二五〕金正煒云：「荀子修身篇：『多見曰閑。』是『閑』有『盛多』義，此宜從之，不當訓『習』。」〔按〕「閑」與「習」相對爲文，義亦相同。史記「閑」作「練」，義同。荀子之「多見」亦習熟之意。金氏故求深解，未允。

〔二六〕横田惟孝云：「舉，史記作『與』，此恐誤。」〔按〕舉、與二字古相通。易無妄象傳：「物與無妄。」虞翻注：「『與』謂『舉』。」（周易集解卷六引）楚辭七諫初放：「舉世皆然兮。」王逸注：「舉，與也。」洪興祖補云：「舉，一作與。」並其證。非字誤。新序亦作「與」。

〔二七〕鮑本「徑」原作「勁」，鮑改作「徑」。吴師道云：「一本（勁）作『徑』。」黄丕烈云：「新序云：『莫若徑結趙。』史記云：『莫若於結趙。』」

〔二八〕鮑彪云：「楚欲得淮北，魏欲得宋，時皆屬齊。」

〔二九〕鮑彪讀「許」字句，云：「許燕。」舊讀多如此，此從金正煒讀，詳下。

〔三〇〕鮑本「魏」作「趙」，云：「宋雖已舉，其遺民怨之。」吴師道云：「一本『約楚、魏、宋盡力』。史云『趙若許而約四國攻之』，其文爲明。」黄丕烈云：「史記與策文不同。考新序較此，但無『宋』字，此當衍『宋』也。」金正煒云：「此文當以『趙若許約』爲句，舊讀蓋誤。『宋』字涉上文『淮北宋地』而衍，當從新序省。四國者，併燕而計也。」〔按〕黄、金説是，今從新序衍「宋」字。

〔三一〕金正煒云：「『口』當爲『躬』，古書『躬』作『躳』，因缺損爲『口』。躬，猶『親』也。或本作『□』，闕文之識也。」〔按〕「口」即「叩」（説文作「敂」）之借字。謂叩而受令。金説非。

〔三二〕横田惟孝云：「符節，使者所執以信者。周禮地官：『門關用符節。』」〔按〕説詳前。

〔三三〕金正煒云：「『臣』字疑衍。策與史文不盡同，史無『臣乃受命』句，故宜有『臣』字。」〔按〕依文法言之，「臣」字當衍。新序作「南使趙」，無「臣」字，可證。

〔三四〕鮑彪云：「回顧而反，言其速。」王念孫云：「顧反者，還反也。文選沈約鍾山詩注引蒼頡篇曰：『顧，旋也。』穆天子傳：『吾顧見女。』郭璞曰：『顧，還也。』」（史記雜志）〔按〕王説是。此謂還而復命。

〔三五〕安井衡云：「燕破齊軍於濟北，故云『有之於濟上』也。」〔按〕新序無「於濟上」三字。此疑涉下「濟上」而衍，又誤增「於」字也。

〔三六〕中井積德云：「（濟上之軍）軍屯濟上，而是地已入掌握，是時昭王在濟上。」

〔三七〕姚宏云：「（國）錢作『齊』。」王念孫云：「作『齊』者原文，作『國』者後人據樂毅傳改之也。……文選東京賦注、爲曹洪與魏文帝書注、爲石仲容與孫皓書注、晉紀總論注引策文並作『至齊』。新序亦作『至齊』。又文選天監三年策秀才文注引史記『長驅至國』。然則史記作『國』，而國策作『齊』明矣。」

〔三八〕鮑彪云：「大呂，律均。元英，燕樂名。」吴師道云：「大呂，齊鍾名。元英，燕宮殿名。」金正煒云：「呂覽侈樂篇：『齊之衰也，作爲大呂。』貴直篇：『無使齊之大呂陳之庭。』注：『齊之鍾律也。』」〔按〕王應麟困學紀聞卷五亦引吕氏春秋語以證此文。晏子春秋諫下篇：「景公泰吕成。」「泰吕」即「大吕」，是成於齊景公之世。

〔三九〕鮑本、吴本「於」作「乎」。高誘云：「燕噲亂，齊伐燕殺噲，得鼎。今反歸故鼎。」（史記樂毅傳正義引）鮑彪云：「故鼎，齊所得燕鼎。凡鼎以占休咎，故歸之律曆之室。」吴師道云：「曆，史作『磿』。周禮遂師『抱磿』。音『歷』。又史表『磿侯』，漢表作『曆』，古字通用，説見秦策。正義引括地志云：『元英、曆室，燕二宫名，在幽州薊縣西四里寧臺之下。高誘云云。』今注本無。」黄丕烈云：「新序作『歷』。索隱引此同。」〔按〕「曆」字乃「磿」字之譌，「磿」音「歷」。太平寰宇記幽州薊縣下引此文云：「郡國志云：（歷室）在薊縣界。」漢封泥有「磿城丞印」（齊魯封泥集存），其字從麻從石，則「磿」又當作「磨」。

〔四〇〕鮑彪云：「（寧臺）燕臺。」程恩澤云：「通典：『寧臺，燕國都碣石宫。』地理通釋在薊縣（今北京市）東二十里。今爲大興縣，東有碣石館，燕昭王師鄒衍處也。」

〔四一〕鮑本「皇」作「篁」。鮑彪云：「薊，幽州國。植，旗幟之屬。汶水出泰山萊蕪原。竹田曰篁。言燕以齊爲塞。」吴師道云：「（汶篁）一本『汶皇』。索隱云：『薊丘，燕所都。言燕薊丘之所植，植齊王汶上之竹。』徐注謂燕之疆界移於齊之汶水，非此之謂。此言燕薊丘之所植，移植於汶上之竹田。索隱云亦然。樓助集古今文，以毅書爲首，有策問云『夷門之植，植爲燕雲』，蓋用毅語也。愚謂左氏『以太宫之椽，歸爲盧門之椽』，句法正同。」顧炎武云：「漢書『薊故燕國，召公所封。』……水經：『濕水過廣陽薊縣北，又東至漁陽雍奴縣。』注：『今城内西北隅有薊丘，因丘以名邑也。』……可見薊在漁陽之西。……今人乃以漁陽爲薊，而忘其本矣。史記樂毅書薊丘之植，此即水經注所言薊丘。」（日知録卷三十一）張琦云：「汶水出今泰安府萊蕪縣東北原山，水經所謂北汶也。」金正煒云：「『於』猶『爲』也。『皇』即『篁』之省。言薊丘之所植，乃爲汶上之竹。索隱説當是。」

〔按〕索隱云：「言燕之薊丘所植，皆植齊王汶上之竹也。」吳注引有誤解。俞樾古書疑義舉例中索隱之義，以此爲倒句例，云：「若順言之，當云：『汶篁之植，植於薊丘』耳。」楊樹達詞詮從之，謂於「與以同義」，作爲介詞。此又一説。又「皇」通借作「湟」。大戴禮記夏小正篇：「湟潦生苹。湟，下處也。」汶湟，汶水之下處。謂移植於汶水之下處，亦可備一説。宋龔鼎臣東原録云：「謂燕之疆界移於齊之汶水。然則齊、魯間棗栗，殆自燕北而移植歟（按上文引蘇秦曰「燕北有棗栗之利」，故云然）？故青州圖經引齊民要術曰：青州有樂氏棗，豐肥鮮好，爲天下第一。經云：樂毅破齊時，自燕、齊來，因種於此，故以姓得名。」此則遵徐廣之説以廣證者。陳寅恪薊丘之植植於汶篁最簡易解釋亦據齊民要術卷四種棗文申其義曰：「戰勝者收取戰敗之珠玉財寶車甲珍器，送於戰勝之本土。或又以兵甲屯駐於戰敗者之土地，戰勝者本土之蔬菓，則以其爲出征遠戍之兵卒夙所習用嗜好之故，輒相隨而移植於戰敗者之土地。」下援近事爲證，云：「此爲古今中外戰勝者之與戰敗者，其所有物産互相交換之通例，燕、齊之勝敗，何獨不如是乎？考史記樂毅傳：『樂毅留徇齊五歲，下齊七十餘城，皆爲郡縣以屬燕。』據此，五年之久，自可隨留徇齊地之燕軍而移植於汶篁。青州父老所傳樂氏種棗之由來，未嘗不可徵信，而據之以類推也。」（金明館叢稿二編）此從古史近事以推斷，較之龔氏所論更精邃焉。但前人之言，亦不可没，陳氏偶遺之。

〔四二〕董份云：「言先王功大，隱然以自明。」

〔四三〕鮑本「愜其志」作「順於其志」。吳師道云：「一本『以爲愜於志』。」黄丕烈云：「史記作『慊於志』，新序『快其志』。」

〔四四〕鮑彪云：「『頓』猶『墜』。」〔按〕新序「頓」作「損」。

〔四五〕吳師道云：「（封之）謂封昌國君也。」

〔四六〕董份云：「兩言『可以幸無罪』，其詞雖謙，而意難奪。」

〔四七〕鮑彪云：「蚤知，先見也。」

〔四八〕〔按〕夷，傷也。

〔四九〕鮑彪云：「（八百歲）通太公數之。」〔按〕鮑意以田齊並姜齊之年數而計之。

〔五〇〕鮑彪云：「新立之君皆患庶孽之亂，昭王然（惜陰軒本「然」作「能」）預順之。」橫田惟孝云：「順庶孽者，謂不亂嫡庶之分。」于鬯云：「『順』讀爲『訓』。訓、順並諧『川』聲，二字通用，見阮元釋訓篇。『者』字蓋衍。毅傳及新序無『者』字，可證。而傳『順』作『慎』，鮑云云，雖主『順』字，說似實本傳『慎』字之義而言之。慎、順雖音轉亦近，而却非同韻也。上文言後嗣指太子，即惠王也，故此言止『庶孽』，然則此言『順』，即上文言『詔』也。」

〔按〕「順庶孽」與「脩法令」爲對文，非與「詔後嗣」云云對舉（史記「餘令詔後嗣之遺義」句作「餘教未衰」），于說未是。「順」似應從史記作「慎」。宋人諱「慎」字，此疑或取聲近之字改之歟？

〔五一〕鮑彪云：「萌，氓同。」

〔五二〕鮑本、吴本、盧本「五」作「伍」。黄丕烈云：「五、伍同字。史記、新序作『伍』。」

〔五三〕鮑彪云：「（弗是）不（鮑、吴合注四部叢刊本「不」誤作「石」，據鮑單注本正）然子胥之說。」

〔五四〕鮑彪云：「鴟夷，榼名，馬革爲其形，以斂骸骨。」吴師道云：「史：乃取子胥尸，盛以鴟夷革。應劭云：『取馬革爲鴟夷榼形。』」〔按〕事見史記伍子胥傳。

〔五五〕〔按〕新序「浮」作「沈」，與下句相應。

〔五六〕吴本「悟」誤作「悮」。黄丕烈云：「史記（悟）作『寤』，新序作『計』。」

〔五七〕黄式三周季編略改「論」作「臣」。于鬯云：「先論，蓋謂前輩之言也。黄改未安。」

〔五八〕鮑本、吴本「不」作「弗」。

〔五九〕吴師道云：「(不改)史『不化』。索隱云：言子胥怨恨，故雖投江而神不化，猶爲波濤之神也。」横田惟孝云：「不改，謂至死不肯改行他適也。」〔按〕横田解是。新序「改」亦作「化」。化，變也；改，亦變也，索隱誤解，附會神話，王念孫史記雜志已辨之。

〔六〇〕吴師道云：「離、罹通，遭也。」横田惟孝云：「非，誹通。」〔按〕新序「非」作「誹」，史記作「誹謗」二字。

〔六一〕〔按〕索隱云：「謂既臨不測之罪，以幸免爲利。今我仍義先王之恩，雖身託外國，而心亦不敢出也。」此謂幸爲幸免於罪。胡三省通鑑注云：「謂不敢與趙謀燕。」則謂幸爲幸燕之敝以爲利，林西仲及瀧川資言説略同。似胡説爲長。後漢書鄧禹傳注引譙周古史考云：「樂毅忠於燕昭王，其子惠王立而疑樂毅，毅懼而奔趙。趙王謂樂毅曰：燕力竭於齊，其主信讒，國人不附，其可圖乎？毅伏而垂泣曰：臣事昭王，猶事大王也。臣若獲戾於他國，没身不忍謀趙徒隸，況其後嗣乎？」

〔六二〕吴師道云：「(不出惡聲)正義曰：不説己長而談彼短。」

〔六三〕鮑彪云：「(潔其名)毁其君而自潔。」〔按〕新序作「君子絶交無惡言，去臣無惡聲」。

〔六四〕鮑本「佞」下有「乎」字。吴師道云：「一本無『乎』字，蓋衍。」黄丕烈云：「史記、新序此無『乎』字。」

〔六五〕〔按〕索隱云：「君子，即識禮之人。」

【附論】

吴師道云：「大事記『延平陳氏曰：樂毅之下齊也，止侵略，寬賦斂，除暴令，脩舊政，求逸民顯而禮之。祀桓公、管仲於郊，表賢者之閭，封王蠋之墓。凡可以悦其民者，無不爲之。此孟子所以教齊者，齊王不能用之於燕，而樂毅能用之於齊。』吕子讀書記曰：『樂毅伐齊云云，曰：若不遂乘之，待彼悔前之非，改過恤下而撫其民，則難慮也。推此言，則世之論毅者，豈其然乎？』朱子曰：「樂毅亦戰國之士，何嘗是王者之師。」又曰：「毅初合秦、魏之師，又因人怨湣王之暴，故一舉下齊七十餘城。湣王死，人心之怒已解。恐三國分功，故急遣之，以燕之力亦止於此。況田單忠義死節，堅守二城，自不可攻。非不欲取，蓋力不能爾。毅在當時，亦恣意虜掠，正孟子所謂毀其宗廟，遷其重器者爾。」愚謂樂毅之伐齊，取寶器，燒宮室，見於田齊、燕世家、毅傳、國策皆然。徵以毅之自言，蓋不誣矣。陳氏首以止侵掠爲美，似未察其實也。齊以燕伐燕，燕以齊伐齊，孟子所以教齊王者，毅實違之，是尚爲能用之乎？雖有寬賦、除暴、反政、禮賢數端，不足以揜其罪也。故愚著朱子説，併記吕子他日之論，以見其不滿於毅如此，而取陳氏者，特一時之見，未爲定論也。」

〔按〕延平陳氏之舉樂毅入齊之美政，本之於資治通鑑（赧三十一年）。然通鑑此段記載，不見於史記、戰國策及先秦諸子傳記，未詳所據。且其語多可疑，毅之破齊，擄掠屠殺實衆，與所云「禁止侵掠，寬其賦斂」者不合。又謂「祀桓公、管仲於郊」，田氏奪齊，決不尊姜氏之祖先。若毅欲安撫齊人，何爲崇祀姜氏之先君臣，以刺激守莒、即墨之田氏族乎？此殆通鑑增飾之詞，非信史也。吴氏引吕、朱之論以糾陳氏，而於通鑑之言，不敢致疑，猶未免捨本逐末。樂毅報惠王書，委曲懇至，頗動人。司馬遷樂毅傳贊謂：「齊之蒯通及主父偃讀樂毅之報燕王書，未嘗不廢書而泣也。」葉適習學記言（卷二十）云：「余謂樂毅之詞，變化而能知本，流放而不失其正，故曰『免身立功，以明先王之跡，臣之上計』。雖不得於今君，而無子胥、商鞅之謬，君子將有取焉。」又樂毅不拔二城，致燕隳前功，後人多論之，附録一二。夏侯玄樂毅論云：「樂生方恢大綱，以縱二城，牧民明信，以待其弊。使即墨、莒人，顧仇其上，願釋干戈，賴我猶親。善守之智，無所施之。然則求仁得仁，即墨大夫之義；仕窮則徙，微子適周之道。開彌廣之路，以待田單之徒；長容善之風，以申齊士之志。使夫忠者遂節，勇者義著，昭之東海，屬之華裔，我澤如春，民應如草，道光宇宙，賢智託心，鄰國傾慕，四海延頸，思戴燕主，仰望風聲，二城必從，則王業隆矣。雖淹留於兩邑，乃致速於天下也。不幸之變，世所不圖，敗於垂成，時運固然。」蘇轍古史（卷五十）云：「樂毅爲燕合諸侯破齊，……五年，下七十餘城，惟莒、即墨未服。……田單拒之，五年而不決。此非戰之罪，勇智相敵，勢固然耳。……使毅不遭惠王之隙，以燕、齊之衆而臨二城，磨以歲月，雖田單之智，將何能爲乎？……夏侯玄不達兵勢，以爲毅不下二城，將以成王者之業。此書生之論，非其實也。」

10 或獻書燕王

或獻書燕王〔一〕：「王而不能自恃〔二〕，不恶〔三〕卑名以事强。事强〔四〕可以令國安長久，萬世之善計以〔五〕。事强而不可以爲萬世，則不如合弱。將奈何合弱而不能如一〔六〕？此臣之所爲山東苦也。比目之魚〔七〕，不相得則不能行。故古之〔八〕人稱之，以其合兩而如一也。今山東合弱而不能如一〔九〕，是山東之知不如魚也。又譬如車士之引車也。三人不能行，索二人，五人而車因行矣。今山東三國〔一〇〕弱而不能敵秦，索二國，因能勝秦矣。然而山東不知相索〔一一〕，智固〔一二〕不如車士矣。胡與越人，言語不相知，志意不相通，同舟而凌波，至其相救助，如一也。今山東之相與也，如同舟而濟。秦之兵至，不能相救助如一，智又不如胡、越之人矣。三物〔一三〕者，人之所能爲也〔一四〕，山東之主遂〔一五〕不悟，此臣之所爲山東苦也。願大王之熟慮之也！

「山東相合，之主者不卑名〔一六〕，之國者可長存，之卒者〔一七〕出士以戍韓、梁之西邊，此燕之上計也。不急爲此，國必危矣，主〔一八〕必大憂。今韓、梁、趙三國以〔一九〕合矣。秦見三晉之堅也，必南伐楚。趙見秦之伐楚也，必北攻〔二〇〕燕。物固有勢異而患同者，秦久伐〔二一〕韓，故中山亡〔二二〕；今久〔二三〕伐楚，燕必亡〔二四〕。臣竊爲王計，不如以兵南合三晉，約戍韓、梁之西邊。山東不能堅〔二五〕爲此，此必皆亡。」

燕果以兵南合三晉也〔二六〕。

〔箋證〕

〔一〕姚宏云：「（或）錢本添『或』字。」鮑本「王」下有「燕」字，屬下。吴師道云：「一本無此『燕』字。」横田本「燕」下有「曰」字，考異云：「從篹及盧（非雅雨堂）本。」〔按〕長短經卷五七雄略篇注作「樂毅獻書燕王」，蓋因原本句首無「或」字，涉上章樂毅書而誤也。詳書之内容，決非樂毅之言。

〔二〕鮑彪云：「弱國必得援。」横田惟孝云：「『而』讀爲『如』。不能自恃，疑當作『能不自恃』。」安井衡云：「言王如不能自恃其力也。」金正煒云：「王而不能，謂王如不能也。『恃』當爲『持』，『持』猶『守』，自持，謂自爲保守也。」〔按〕金説較長。恃與持，並從「寺」聲，古相通。莊子徐無鬼：「恃物而往者也。」釋文：「恃，本作『持』。」可證。

〔三〕吴曾祺云：「悪，即『恓』字，音『栖』，訓『煩惱之』。」〔按〕「悪」乃「惡」之或作。集韻「惡」字云：「隸作『悪』。」此字各本並作「惡」，此作「悪」，實一字。吴説謬。

〔四〕横田惟孝云：「一『事強』，疑衍。」〔按〕「事強」承接而言，自通。横田說非。

〔五〕鮑彪「計」下補「也」字，句。金正煒云：「『以』字當連『善計』爲句。以與已通，楚策『因是以』，可證。」〔按〕金說是，今讀從之。

〔六〕鮑彪云：「以不一爲無如之何。」〔按〕經傳釋詞：「將，猶『其』也。」將奈何，猶其若何，反詰之詞。鮑注非。

〔七〕鮑彪云：「爾雅：東方有比目魚，不比不行，謂之鰈。」〔按〕爾雅釋地郭注云：「（鰈）狀似牛脾，鱗細，紫黑色，一眼，兩片相合，乃得行。今水中所在有之。」郝懿行義疏謂：「比目，海魚，今出（山東）日照，故封禪書謂出東海。非水中所在皆有也。」李時珍本草綱目謂「俗名鞋底魚」。

〔八〕鮑本、吴本無「之」字。

〔九〕〔按〕長短經注作「今山東不能合弱而如一」。

〔一〇〕金正煒云：「『三』字當爲『之』，草書相似而誤。」〔按〕「三國」與上「三人」相應，下文「索二國」亦與「索二人」相應，「三」字不誤，金說非。

〔一一〕鮑本、吴本「索」下有「者」字。

〔一二〕鮑本、吴本「固」作「故」。〔按〕固、故字通。長短經注「智」上有「則」字。

〔一三〕鮑彪云：「『物』猶『事』。」

〔一四〕金正煒云：「能爲，猶『能謂』也。又孟子告子下篇：『固哉高叟之爲詩也。』音義引丁音『爲，猶解說也』。於義並同。」

〔一五〕鮑本無「之」字。吴師道云：「一本『主』上有『之』字。」金正煒云：「遂，竟也。」

〔一六〕鮑彪「不」下補「惡」字，云：「言山東欲存，唯不羞自卑者可也。」黄丕烈云：「此所補，誤甚。『之主者不卑名』，爲一句；下文『之國者可長存』，爲一句。二者對文，皆山東相合之效也。之，此也。此山東相合主也國也。」〔按〕黄説是，今讀從之。

〔一七〕鮑彪云：「『之』猶『其』也。卒，猝同。」吴師道云：「疑當以三『者』字句。不然，『卒者』下有缺文。」陸深云：「『山東相合』數句，疑有缺誤。」黄丕烈云：「吴曰：『三「者」字句』，此非也，見上。又曰：『不然，「卒者」下有缺文。』是矣。」李調元勦説卷四讀此策文「山東相合，句；之主者不惡卑名，句；之國者可長存，句；之卒者出士以戍韓、梁之西邊，句；此燕之上計也，句。」云：「『此言其主苟不惡卑名而相合，則其國可長存，其猝有事，則戍韓、梁之西以援之也。』」横田惟孝以「之卒」爲「之計」誤，「出士」爲「出師」誤，「燕」爲「山東」誤，讀作「山東相合之主者，不卑名之國者，可長存之計者，出士以戍韓、梁之西邊，此山東之上計也」。安井衡從鮑注補「惡」字，讀作「山東相合之主者，不惡卑名之國者，可長存之卒者，出士以戍韓、梁之西邊，此燕之上計也」。蓋並從吴説而益之。金正煒云：「之卒者，義不可通，疑(之者)當作『之時』，而上有脱文。『卒』字當在『出』字下，誤淆於上也。古書『時』作『旹』，與『者』字近似，因致傳寫之譌。『之時』猶『是時』。言燕當及是時出兵卒以戍韓、梁，則與三晉合而趙不得攻燕矣。」鍾鳳年云：「之卒者，不過欲與上文『之主者』、『之國者』二語『者』字配稱耳，其全義爲自此卒伍中選士以戍韓、梁之西邊。」又云：「依此節語次細繹之，其間恐有錯簡，疑『之卒者』云云，應在『之主者』云云二語之上。因今之末語，應爲先見諸施行之事，而爲圖功之主因。上二語皆爲事行後可收得之效，於理必無未説明計劃，而先言其功效者。故元文句蓋倒。」〔按〕此文各家校補皆不愜當。疑「之」字涉上二「之」字衍。卒者，謂終者，終究之詞，與尾句「約成韓、梁之西邊」相應。長短經注「長存之」下即接「今韓、梁、趙三國」云云。

〔一八〕鮑本、吴本「主」作「王」。

〔一九〕鮑本、吴本「以」作「已」。〔按〕長短經注亦作「已」。以、已同字。

〔二〇〕鮑本無「北」字。 吴師道云：「一本『必北攻』。」

〔二一〕鮑本、吴本「久」作「之」。 吴師道云：「一本『之伐』作『久伐』，下句同。」

〔二二〕鮑彪云：「秦不暇救(中山)，故趙亡之。」 吴師道云：「秦非助中山者。按趙策蘇厲曰：『楚人久伐而中山亡。』魏策曰：『中山恃齊、魏以輕趙，齊、魏伐楚，而趙亡中山。』大事記謂：『楚與魏連兵，中山失助而亡。史稱主父與齊、燕共滅中山，則齊非中山與國也。』愚謂中山近魏，二國相善，信矣。趙與齊、燕滅中山，乃年表惠文四年所書，已與世家差一年。且趙之有事中山久矣，自武靈十九年胡服以來，攻城略地，無歲無之，何至此而始合齊、燕滅之邪？而秦、韓、齊、魏伐楚，敗唐眛重丘，當武靈二十五年。是年趙年表書攻中山。通鑑綱目書中山君奔齊。齊策稱中山君臣於齊。蓋四國伐楚而趙不與，趙得以攻中山而亡之，其君遂出奔也。史所載與策合者，莫明於此。中山君且奔齊，則與齊共滅之言未可據。秦、韓、齊、魏共伐楚，則所謂楚、魏連兵非此年。齊策曰：『齊、燕戰而趙氏兼中山。』則史記之言有誤。大事記或未察也。今燕策又謂秦伐韓，故中山亡，則韓亦助中山者。是年秦伐韓取穰，豈其事歟？愚嘗因此策與齊策陳軫合三晉事同，而辨中山非至惠文三年始亡，特遷其王爾。以此數策觀之，尤信。」〔按〕王先謙鮮虞中山國事表云：「韓襄十一年秦伐韓取穰，而中山無韓援，故燕策曰秦之伐韓云云。」趙武靈王二十五年「中山君奔齊」，見於資治通鑑，綱目即本之，但史記不載。通鑑又於周赧二十年(趙惠文四年)載「主父與齊、燕共滅中山，遷其王於膚施」，同史記。若謂中山亡於武靈二十五年，恐亦未碻。趙策三富丁欲以趙合齊魏章司馬淺説主父順齊、韓、魏三國伐秦曰：「我約三國而告之，以未構中山也。三國欲伐秦之果也，必聽我，欲和我。中山聽之，是我以三國饒(撓)中山而取地也。中山不聽，三國必絶之，是中山孤也。三國不能和我，我少出兵可也。我分兵而孤樂(鑠)中山，中山必亡。」是趙之取中山，固欲待齊、韓、魏有事而利之也。

〔二三〕鮑本、吴本「久」作「秦之」二字。〔按〕長短經注亦作「秦之」二字。

〔二四〕鮑彪云：「〔亡〕趙亡之。」

〔二五〕〔按〕長短經注無「堅」字。

〔二六〕鮑彪云：「此（王噲）三年，與楚、三晉攻秦。」吴師道云：「此章當是昭王時，説見齊策秦伐魏章下。」〔按〕吴説是。此在周赧十六年（前二九九）。

11　客謂燕王曰

客謂燕王曰：「齊南破楚，西屈秦〔一〕，用韓、魏之兵，燕、趙之衆，猶鞭筴也〔二〕。使齊北面伐燕，即雖五燕不〔三〕能當。王何不陰出使〔四〕，散游士〔五〕，頓〔六〕齊兵，弊其衆，使世世無患。」燕王曰：「假〔七〕寡人五年，寡人得其志矣。」蘇子曰：「請假王十年！」燕王説，奉蘇子車五十乘〔八〕，南使於齊。

謂齊王曰：「齊南破楚，西屈秦，用韓、魏之兵，燕、趙之衆，猶鞭筴也。臣聞當世之舉王〔九〕，必誅暴正〔一〇〕亂，舉〔一一〕無道，攻不義。今宋王射天笞埊，鑄諸侯之象〔一二〕，使侍屏匽〔一三〕，展其臂〔一四〕，彈其鼻。此天下之無道不義，而王不〔一五〕伐，王名終不成。且夫宋，中國膏腴之地，鄰民之所處也〔一六〕。與其得百里於燕，不如得十里於宋。伐之，名則義，實則利。王何爲弗爲？」齊王曰：「善。」遂與〔一七〕兵伐宋，三覆宋，宋遂舉。

燕王聞之，絶交於齊，率天下之兵以伐齊，大戰一，小戰再，頓齊國，成其名。故曰：「因其强而强之，乃可折也。因其廣而廣之，乃可缺也。」

〔箋證〕

〔一〕〔按〕鮑、吴合注四部叢刊本此章與上章連屬，但鮑單注本分提。前蘇秦死其弟蘇代欲繼之章謂：「（齊）南攻楚五年，稸積散；西困秦三年，民憔悴，士罷弊。」是也。

〔二〕鮑彪云：「御諸國如馬。」〔按〕筴同策。

〔三〕鮑本、吴本「不」作「弗」。

〔四〕鮑彪云：「（陰出使）密遣使者。」

〔五〕横田惟孝云：「（散游士）分散游士以説之。」金正煒云：「『陰出』、『散游』對文。管子大匡篇：『乃游公子開方於衛，游季友於魯。』此即其義。」〔按〕「陰」非動詞，與「散」不偶，金説未安。管子「游」上固無動詞也。

〔六〕鮑彪云：「頓，勞敝之也。」

〔七〕關修齡云：「假，謂使無諸侯之憂。」

〔八〕鮑本「五十」作「十五」。吴師道云：「五十乘，是。」

〔九〕鮑彪云：「（舉王）興起之王。」吴師道云：「『舉』字恐因下誤衍。」金正煒云：「『舉王』當爲『興王』。『興』誤爲『與』，復誤爲『舉』也。」〔按〕太平御覽卷三百六十七引作「臣聞當世之子」，「子」疑是「主」之聲誤。無「舉」

字,吴以爲衍,是。

〔一〇〕金正煒云:「『正』當讀爲『征』。」

〔一一〕鮑彪云:「(舉)『五旬舉之』之『舉』。」

〔一二〕吴師道云:「鑄諸侯之象,即後章(即前秦召燕王章,鮑本次在後,故云然)秦王所謂宋王無道,爲木人以象寡人,射其面者。」〔按〕射天笞地,見宋策。賈子新書春秋篇謂:「楚懷王心矜好高人,無道而欲有霸王之號,鑄金以象諸侯人君。」其事相類。

〔一三〕鮑彪云:「屏,厠也,當作『井』。匽,路厠。」吴師道云:「周禮宫人:『爲井匽。』注:『井,漏井,所以受水潦。』鄭司農云:『匽,路厠也。』」横田惟孝云:「屏,樹。匽,路厠也。猶晉書左思傳云『藩溷也』。」安井衡云:「屏,謂之樹,門屏之間謂之宁,人君所宁立以待客也。宋王欲示威於客,故亦置諸侯象於此也。」金正煒云:「急就章:『屏厠清溷糞土壤。』顔師古注:『屏,解宴之名也。』屏厠清溷,其實一也。莊子庚桑篇注:『匽,謂屏厠。』此不必改。」〔按〕惠士奇云:「『井匽,一名『偃』,一名『屏偃』』。引莊子庚桑篇及此策,云:『此井匽乃屏厠之明證。』王念孫引急就篇及開元占經引甘氏讚云『天溷伏作,屏厠糞土』,云:『『井』字疑是『并』字之譌,并、屏古字通。屏匽,謂厠也。』並見孫詒讓周禮正義。是周禮之井匽,『井』乃『并』或『屏』字之誤。

〔一四〕金正煒云:「『展』當爲『蹍』之損。玉篇:『足踏貌。』淮南原道篇:『先者踰下則後者蹍之。』注:『蹍,履也。』」〔按〕展與蹍可相通,但臂不易履。展(「展」字或作「㞡」)同振,朱駿聲説文通訓定聲云:「字亦作『振』。」廣韻「振」字云:「擩也。」擩,引也。此謂引其臂以戲侮之。

〔一五〕〔按〕御覽引「不」作「弗」。

〔一六〕鮑彪云：「(鄰民所處)齊民鄰宋者處之。」横田惟孝云：「鄰，四鄰。『鄰民』猶言『雜民』。」金正煒云：「『鄰民』疑即『鄰毗』之譌。由『毗』誤『甿』，因轉爲『民』。毗與比通。『所處』二字當有一衍，或一本作『所』，一本作『處』，校者旁注，傳寫誤併入文。」〔按〕「鄰民」猶「近民」。小爾雅廣詁：「鄰，近也。」此言其地毗近。宋在戰國時，因地理關係，占有「天下之中」之陶，經濟頗爲發達，衆民所趨，詳見史念海釋史記貨殖列傳所説的陶爲天下之中兼論戰國時代的經濟都會(載河山集)。

〔一七〕鮑本、吴本、盧本「與」作「興」。吴汝綸云：「(與)疑作『舉』。」〔按〕與、舉字通，説見前。

12 趙且伐燕

趙且伐燕，蘇代爲燕謂惠王〔一〕曰：「今者臣來，過易水〔二〕，蚌〔三〕方出曝，而鷸〔四〕啄其肉。蚌合而拑其喙〔五〕。鷸曰：『今日不雨，明日不雨，即有死蚌(蚌將爲脯)〔六〕。』蚌亦謂鷸曰：『今日不出，明日不出〔七〕，即有〔八〕死鷸。』兩者不肯相舍，漁者得而並禽之〔九〕。今趙且伐燕，燕、趙久相支，以弊大衆，臣恐强秦之爲漁父也。故願王之熟計之也！」惠王曰：「善。」乃止〔一〇〕。

【箋證】

〔一〕〔按〕太平御覽卷四百五十六、卷四百六十引「惠王」上有「趙」字。

〔二〕〔按〕藝文類聚卷二十五及御覽卷四百五十六、四百六十引「易水」並作「川」。

〔三〕鮑彪云：「蚌，蠯也（鮑、吴合注四部叢刊本脱「也」字，此據鮑單注本）。」〔按〕爾雅釋魚：「蜌、螷。」郭注云：「今江東呼蚌長而狹者爲螷。」蠯、螷同字，鮑注本之。蚌，常見水産動物。字或作「蜯」。

〔四〕鮑彪云：「鷸，知天將雨鳥。」〔按〕鮑注本説文。顔師古匡謬正俗卷四云：「鷸，水鳥，天將雨即鳴，即戰國策所稱鷸蚌相謂者也。……『鷸』字音『律』，亦有『術』音。」

〔五〕鮑本「拑」作「箝」。鮑彪云：「箝，籋也。」吴師道云：「一本『箝』作『拑』，字通。」盧本「喙」作「啄」。〔按〕御覽卷三百二、卷四百五十六、卷四百六十及卷九百二十四引及長短經卷五七雄略注「喙」作「啄」。古書「喙」字常誤作「啄」，此同。御覽卷四百五十六、卷四百六十「拑」作「掩」，長短經注作「挾」。

〔六〕景宋抄二「雨」字並作「兩」。姚宏云：「謡語、諺語皆叶。（即有死蚌）後語『必見死蚌脯』，即多一字。藝文類聚引云：『蚌將爲脯。』如此則叶韻。然不聞蚌鷸得雨則解也。陸農師乃云：『今日不兩，明日不兩，必有死蚌。兩，謂闢口。一今作「雨」，非是。』恐別有所據。」吴師道云：「韻補：蚌，叶彼五反。鷸知將雨，雨即解去爾。」毛扆云：「（兩）方與『蚌』字叶韻。蚌不開口，則合而爲一矣，故云『兩』，謂開口也。今作『雨』，謬甚。」（銅熨斗齋隨筆卷三引）王念孫云：「陸説甚爲紕謬，訓『兩』爲『闢口』，既屬無稽，謂『兩』與『蚌』爲韻，又於古音不合（自注：「凡平聲江韻之字，古音皆與東冬通，而不與陽通，上去聲亦然。「蚌」字古讀若「奉」，故其字從虫丰聲）。此當作『今日不雨，明日不雨，蚌將爲脯』。姚云：『不聞蚌鷸得雨則解』，非也。蚌將爲脯者，謂不雨則蚌將枯死，非謂蚌鷸得雨則解也。今案作『蚌將爲脯』者，戰國策原文也（自注：藝文類聚人部及太平御覽人事部並引作「蚌將爲脯」，今據以訂正。藝文類聚鱗介部及御覽羽族部並引作「即見蚌脯」。又御覽兵部引作「即有蚌脯」，皆後人據他書改之也）；作『必見蚌脯』者，春秋後語文也（自注：御覽鱗介部及唐釋湛然止觀輔行傳宏決引後語並作「必見蚌脯」。姚所見本作「必見死蚌脯」，多一「死」字者，又宋人據誤本戰國策加之也）。誤本戰國策作『即有死蚌』者，因下文『即有死鷸』而誤也。陸所見本作「今日不兩，明日不兩」者，誤本之尤甚者也。」沈濤銅熨斗齋隨筆卷三據御覽作「必有蚌脯」。林春溥開卷偶得卷九云：「埤雅釋鷸引戰國策云云。按『兩』雖與『蚌』叶（按此說非，見上王說），而鬪口之訓殊强。藝文類聚引作『今日不雨，明日不雨，蚌將爲脯』。唐苗神客乙速孤碑曰：『燕、趙俄獲，蚌爲脯而無遺；虞、虢終亡，馬服輿而不失。』與類聚所引合，見其古本歟？」于鬯引乙速孤碑同。金正煒云：「疑『雨』本作『甬』，因以形似誤『雨』。『甬』與『涌』通，廣雅釋詁：『涌，出也。』素問至真要大論：『酸苦涌泄爲利。』注：『涌，吐也。』此謂不吐出所啄之肉，蚌即將死也。『蚌』字古音如『奉』，正與『涌』爲韻。」〔按〕王說甚塙，可爲定論，今據改。長短經注亦作「必見蚌脯」。金氏好異，說又無稽，不辨，姑存異義而已。惠士奇禮說、朱亦棟羣書札記並以陸佃埤雅說爲是，而以「脯」字後人所加，別無新證，今略。黄生義府亦從陸佃說作「兩」，而誤以春秋後語並作「兩」。安井衡謂「『尤』之與『虞』，古音尤近，故『蚌』叶『兩』也。」「蚌」不屬「尤」韻，無從叶「雨」，更謬。

〔七〕安井衡云：「出，開口出其喙也。」

〔八〕〔按〕類聚及御覽卷三百三、卷四百五十六引「即有」作「必見」，長短經注同。御覽卷九百二十四作「必有」。

〔九〕張洲云：「自卞莊刺虎之說出，而後世遞相祖述，或爲田父之說，或爲蚌鷸之說，皆深中事宜，使人戄然。」

〔一〇〕鮑彪次此章於燕昭王下。吴師道云：「燕惠、武成皆與趙惠王相及，此策時不可考。」〔按〕以蘇代之事跡考之，鮑次近是。

13 齊魏争燕

齊、魏争燕，齊謂燕王曰：「吾得趙矣。」魏亦謂燕王曰：「吾得趙矣。」燕無以決之，而未有適〔一〕予也。

蘇子〔二〕謂燕相曰：「臣聞辭卑而幣重者，失天下者也。辭倨而幣薄者，得天下者也。今魏之辭倨而幣薄。」燕因合於魏，得趙，齊遂北矣〔三〕。

【箋證】

〔一〕吴師道云：「(適)音『的』。」〔按〕詩衛風伯兮：「誰適爲容。」毛傳：「適，主也。」釋文：「適，都歷反。」

〔二〕姚宏云：「(子)一作『代』。曾作『子』。」

〔三〕鮑彪「魏」下補「魏」字，改「趙」作「燕」，云：「魏昭十二年，與秦、趙、韓、燕伐齊，敗之，燕獨入臨淄。此(昭王)二十八年。」吴師道云：「(補「魏」字)姚本有此字。魏曰得趙，燕因合於魏而得趙也。」關修齡云：「北，敗，謂齊爲燕所敗，終言之也。」〔按〕此言燕合魏得趙而敗齊，鮑補改並謬，吴正是也。但吴謂姚本重「魏」字，今所見姚本並不重「魏」字，依文義亦不當有。疑吴有誤。

戰國策 卷三十一

燕三

1 齊韓魏共攻燕

齊、韓、魏共攻燕〔一〕，燕使太子請救於楚，楚王使景陽將而救之〔二〕。暮舍，使左右司馬各營壁〔三〕地，已植〔四〕表，景陽怒曰：「女所營者，水皆至滅表〔五〕，此焉可以舍？」乃令徙。明日，大雨，山水大出，所營者水皆滅表〔六〕。軍吏乃服。於是遂不救燕，而攻魏雝丘〔七〕，取之，以與宋〔八〕。

三國懼，乃罷兵。魏軍其西，齊軍其東〔九〕，楚軍欲還，不可得也〔一〇〕。景陽乃開西和門〔一一〕，晝以車騎，暮以燭，見通使於魏〔一二〕。齊師怪之，以爲燕〔一三〕、楚與魏謀之，乃引兵而去。齊兵已去，魏失其與國，無與共擊楚，乃夜遁。楚師乃還。

〔箋證〕

〔一〕鮑彪移此章於楚策頃襄王下。　吴師道云：「以救燕，故在燕。」〔按〕斯文赫定（Sven Hedins）樓蘭（Die：Chinesischen Handschriften-und Kleinfunde Sven Hedins in Lon-Lan Stockholm，1920）有漢人抄戰國策殘紙一葉，存此章尾數行及下張丑爲質章（字多破殘）。是古本二章相連，乃劉向之原次，今本亦如此，可證今本與古本未相遠。　鮑彪云：「燕惠七年，書韓、魏、楚共伐燕，他不書。則楚當是齊。此（楚頃襄王）二十七年。」　吴師道云：「策有宋，蓋宋未滅時，豈得改楚爲齊？」　黄式三周季編略云：「楚世家：『頃襄王二十七年，使三萬人助三晉伐燕。』秦本紀：『昭王三十五年，佐韓、魏、楚伐燕。』史記載此事甚明。燕策『齊、韓、魏共攻燕』云云，與此自是兩事。鮑注國策，多據史改策，此又據策改史燕世家之楚爲齊。」〔按〕吴、黄糾鮑，甚塙。

〔二〕鮑彪云：「景陽後至考烈六年猶爲將，見史。」　吴師道云：「楚世家：『景陽救趙（按原本「趙」誤作「楚」，據史記正）。』齊滅宋，當頃襄十三年，至考烈王六年，凡三十年，猶相及。」　金正煒云：「淮南氾論篇：『景陽淫酒被髮，而御於婦人，威振諸侯。』新論妄瑕篇：『景陽郢中之大淫也，而威諸侯。』是景陽固楚之名將也。」〔按〕救燕在滅宋之前，依此推算，景陽主要事跡在頃襄王時。景陽爲將，威服諸侯，則與頃襄世之地蹙國削、走保於陳者，情勢又不侔。或任用一時，復以讒廢，如田忌之將齊邪？　考烈遣之救趙，則少主復起用先朝老臣也。

〔三〕鮑彪云：「壁，軍壘。」

〔四〕鮑本、吴本、盧本「殖」作「植」。　鮑彪云：「（表）如華表，以別所舍。」〔按〕殖、植字雖可通，殖不習用，此疑植之形譌。

〔五〕鮑彪云：「滅，猶『没』也。此欲用其衆，因以示神。」　金正煒云：「策文『皆』、『比』通用。此文『皆』當爲

『比』。……比，及也。」〔按〕「皆至」二字疑倒。下文「山水大出，所營者水皆滅表」，可證。

〔六〕鮑本、吳本「滅」下有「其」字。　吳師道云：「唐裴行儉討突厥徙營事類此。」〔按〕裴行儉事見唐書本傳。

〔七〕鮑彪云：「雝，雍同，（雍丘）屬陳留。」　張琦云：「今開封府杞縣，故雍丘也。」　横田惟孝云：「攻其所必救者。」

〔八〕鮑彪云：「宋時已爲齊，未曉。」〔按〕鮑誤次年世，故云然，説見前。

〔九〕〔按〕樓蘭漢抄本脱「東」字。

〔一〇〕〔按〕樓蘭漢抄本作「楚軍欲還不到得也」。「到」字當誤。

〔一一〕于鬯云：「惠士奇禮説云：『此軍中左右兩和門也。』按韓非外儲説云：『李悝與秦人戰，謂左和曰：速上！右和已上矣。又馳至右和曰：左和已上矣。』是和門有左右，西和門者，右和門也。」〔按〕周禮夏官大司馬：「以旌爲左右和之門。」鄭注：「軍門曰和。」

〔一二〕鮑本無「見」字。　吳師道云：「姚本『車』作『軍』，通作『見』。」與今見姚本殊。　黄丕烈云：「出別本。」　安井衡云：「見，示也。欲使齊疑，故以車騎與燭，示通使於魏。」　金正煒云：「『見』當爲『炬』。……俗書『炬』作『炅』，固誤爲『見』。」蓋讀「見」字句。〔按〕安井説可通，今讀從之。

〔一三〕〔按〕樓蘭漢鈔本無「燕」字。

2　張丑爲質於燕

張丑爲質於燕〔一〕，燕〔二〕王欲殺之，走，且出境〔三〕，境吏得丑。丑曰：「燕王所爲將殺我者，人有言我有寶珠也，王欲得之。今我已亡之矣，而燕王不我信。今子且致我，我且言子之奪我珠而吞之，燕王必當〔四〕殺子，刳子腹及子之腸矣〔五〕。夫欲得之君，不可説以利〔六〕。吾要且死，子腸亦且寸絶。」境吏恐而赦之〔七〕。

【箋證】

〔一〕樓蘭漢抄本「燕」作「秦」，下「燕王所爲」之「燕」亦作「秦」，但「燕王必當殺子」之「燕」則作「燕」。「秦」當是「燕」之誤。藝文類聚卷八十四、太平御覽卷四百九十四及卷八百三引並作「燕」，同此。鮑彪次此章於燕惠王下。吳師道云：「（張）丑，見齊、韓、魏、中山等策，與楚威王、田嬰、公仲、張儀相涉，恐非惠王之世。」〔按〕諸策之丑似非一人。丑之事跡可當燕易王、王噲、昭王之世，恐不及惠王。

〔二〕樓蘭漢抄本無「燕」字。

〔三〕樓蘭漢抄本「境」作「竟」，古字通用，下同。御覽卷八百三作「走出國境」。

〔四〕樓蘭漢抄本「當」作「將」。類聚及御覽卷四百九十四、八百三引「當」作「且」。〔按〕且、將同義，「當」亦猶「將」，（見經傳釋詞）並可通用。

〔五〕姚宏云：「（及子之腸）別本作『反子之腸。』」鮑彪云：「刳，判也。」〔按〕類聚「及」作「反」。刳腹腸以取珠。「腸」乃「腸」之別體字。

〔六〕樓蘭漢抄本無「以利」二字。〔按〕類聚引「夫欲得之君不可説以利」作「若不可説」，與策文義殊，但亦無「以利」二字。「以利」二字疑衍。或「利」是「理」之音訛。

〔七〕吳師道云：「韓非子記子胥語楚邊候，同此。」〔按〕韓子文，見説林上篇。類聚引「赦」作「放」。樓蘭漢抄本此字似「攻」字，當誤。

3 燕王喜使栗腹

燕王喜使栗腹以百金爲趙孝成王壽〔一〕，酒三日〔二〕。反報曰：「趙民其壯者皆死於長平〔三〕，其孤未壯，可伐也。」王乃召昌國君樂間〔四〕而問曰：「何如？」對曰：「趙四達〔五〕之國也，其民皆習於兵，不可與戰。」王曰：「吾以倍攻之，可乎？」曰：「不可。」曰：「以三〔六〕，可乎？」曰：「不可。」王大怒。左右皆以爲趙可伐，遽起六十萬以攻趙。令栗腹以四十萬攻鄗〔七〕，使慶秦〔八〕以二十萬攻代。趙使廉頗以八萬〔九〕遇栗腹於鄗，使樂乘以五萬遇慶秦於代〔一〇〕，燕人大敗〔一一〕。

樂間入趙。燕王以書且〔一二〕謝焉，曰：「寡人不佞，不能奉順君意，故君捐國而去，則寡人之不肖明矣。敢端其願〔一三〕，而君不肯聽，故使使者陳愚意，君試論〔一四〕之。

「語曰：『仁不輕絶，智不輕怨。』君之於先王也，世之所明知也。寡人望有非，則君掩蓋之〔一五〕，不虞〔一六〕君之明罪之也；望有過，則君教誨之，不虞君之明罪（棄）〔一七〕之也。且寡人之罪，國人莫不知〔一八〕，天下莫不聞。君微出明怨〔一九〕，以棄寡人，寡人必有罪矣。

雖然，恐君之未盡厚也。諺曰：『厚者不毀人以自益也，仁者不危人以要名以〔二〇〕。』故掩人之邪者，厚人之行也；救人之過者，仁者之道也。世有掩寡人之邪，救寡人之過，非君心（惡）所〔二一〕望之？今君厚受位於先王以成尊，輕棄寡人以快心，則掩邪救過，難得於君矣。且世有薄於故厚施〔二二〕，行有失而故惠用〔二三〕。今使寡人任〔二四〕不肖之罪，而君有失厚之累，於爲君擇之也〔二五〕，無所取之。

「國之有封疆，猶〔二六〕家之有垣牆，所以合好掩惡〔二七〕也。室不能相和，出語鄰家，未爲通計也。怨惡未見〔二八〕而明棄之，未〔二九〕盡厚也。寡人雖不肖乎，未如殷紂之亂也。君雖不得意乎，未如商容、箕子之累〔三〇〕也。然則不內蓋寡人〔三一〕，而明怨於外，恐其適足以傷於高而薄於行也。非然也，苟可以明君之義，成君之高，雖任惡名〔三二〕，不難受也。本欲以明寡人之薄，而君不得厚；揚寡人之辱，而君不得榮。此一舉而兩失也。義者不虧人以自益，況傷人以自損乎？願〔三三〕君無以寡人不肖，累往事之美！

「昔者柳下惠吏於魯，三黜而不去。或謂之曰：『可以去。』柳下惠曰：『苟與人之〔三四〕異，惡往而不黜乎？猶且黜乎〔三五〕，寧於故國爾〔三六〕。』柳下惠不以三黜自累，故前業不忘；不以去爲心，故遠近無議。今寡人之罪，國人未知，而議寡人者遍天下。語曰：『論不脩心〔三七〕，議不累物。仁不輕絶，智不簡〔三八〕功。』（簡）棄大功者輟也〔三九〕，輕絶厚利者怨也。輟而棄之，怨而累〔四〇〕之，宜在遠者〔四一〕，不望之乎君也。今以寡人無罪，君豈怨之乎？願君捐怨，追惟先王，復以教寡人！意君曰〔四二〕：『余且慝心〔四三〕以成功過，不顧先王以明而惡，使寡人進不得脩功，退不得改過，君之所揣也〔四四〕，唯君圖之！』此寡人之愚意也。敬以書謁之。」

樂間、樂乘〔四五〕怨不用其計，二人卒留趙不報〔四六〕。

〔箋證〕

〔一〕〔按〕史記燕世家：「（王喜四年）燕王命相栗腹約歡趙，以五佰金爲趙王酒。」趙世家亦作「五百金」，與策稍殊。

〔二〕金正煒云：「此言酒者，共賓客之禮酒。酒三日猶言觴三日也。又或『酒』爲『留』字之譌。『留』損爲『丣』，『丣』即『酉』之古文，因誤爲『酒』。或一本作『壽』，一本作『酒』，傳寫誤併之。」〔按〕「酒」作動詞用，可通。周禮天官酒正：「一曰事酒，二曰昔酒。」鄭司農云：「事酒，有事而飲也。昔酒，無事而飲也。」訓「酒」爲「飲」，與此同義。史記作「爲趙王酒」，無「壽」字。橫田惟孝以「酒」屬上讀，云：「獻酒以百金爲壽。」非。

〔三〕〔按〕時距長平之戰九年。

〔四〕鮑彪云：「（樂間）毅子。」吳師道云：「史毅奔趙後，燕王復以其子樂間爲昌國君。索隱云：『間，紀閑反。』」

〔五〕〔按〕燕世家、趙世家、樂毅傳「四達」作「四戰」。正義云：「趙東鄰燕，西接秦境，南錯韓、魏，北連胡貊，故言四戰。」

〔六〕〔按〕燕世家、趙世家並作「五而伐一」。下文栗腹以四十萬攻鄗，趙使廉頗以八萬遇栗腹於鄗，正是五而伐一（樂乘遇慶秦，則是四而伐一，亦近）。但索隱及正義引策「八萬」作「二十萬」，與今本不同，則是以二而伐一也。

〔七〕〔按〕鄗，見趙策二。

〔八〕吴師道云：「（慶秦）史作『卿秦』。一本標後語作『慶奉』。」〔按〕燕世家索隱引策作「爰秦」，但下又云：「戰國策云慶秦，慶是姓也。」則與今本同。正義引策亦作「慶秦」。是「爰」乃「慶」字之形譌。慶、卿通用，索隱謂「卿是官」，非。燕世家此下云：「唯獨大夫將渠謂燕王曰：『與人通關約交，以五百金飲人之王，使者報而反攻之，不祥。兵無成功。』燕王不聽，自將偏軍隨之。將渠引燕王綬止之曰：『王必無自往，往無成功。』王蹴之以足，將渠泣曰：『臣非以自爲，爲王也。』」

〔九〕〔按〕燕世家索隱及正義引策「八萬」並作「二十萬」。

〔一〇〕鮑彪云：「（樂乘）毅之族。」〔按〕燕世家作「破卿秦、樂乘於代」。樂毅傳亦云：「禽栗腹、樂乘。樂乘者樂間之家也。」是樂乘爲燕將矣。趙世家則云「廉頗爲趙將，破殺栗腹，虜卿秦、樂間」，不及樂乘。胡三省通鑑注云：「乘，趙將也。戰國策曰『樂乘敗卿秦於代』，當從之。」梁玉繩史記志疑亦據此策文謂：「此（燕世家）與樂毅傳同誤，當以『樂乘』置『破卿秦』上。」並據策正史。張文虎舒藝室隨筆卷四云：「梁氏據國策，以爲燕世家及此（樂毅）傳皆誤，不知國策下文又云：『樂間、樂乘怨不用其計，二人卒留趙。』正與此傳下文合。又據傳及燕世家樂間未爲燕將，無由被虜，自以不聽其言投趙。則被虜者實乘，趙世家誤爲間也。」又以乘爲趙禽虜爲是。考趙世家「（孝成王）十年（前二五六），趙將樂乘、慶舍攻秦信梁軍，破之」。此在破栗腹軍前五年，其時乘已爲趙將。廉頗藺相如傳：「秦伐韓，軍於閼與，……（趙王）又召樂乘而問焉。」此事在趙惠文王二十九年（前二七〇），距破栗腹軍十九年，其時乘已事趙。是樂乘久事趙，固未至燕也。又趙世家：「（孝成）十六年（前二五〇），以樂乘爲武襄君。」此在破栗腹後一年，正因其有功而封之也。若乘是燕將降趙，新降之將，無尺寸功，焉能晉封爲君？由此證之，乘爲趙將無疑，而燕世家與樂毅傳誤也。至於下文「樂間、樂乘怨不用其計」云云，與此文矛盾，疑是後人因樂毅傳之文而誤增。趙世家之「龐卿秦樂間」，當讀「卿秦」句，「樂間」下脱「奔趙」二字，梁玉繩已論之矣。

〔一一〕〔按〕燕世家云：「廉頗逐之五百餘里，圍其國。燕人請和，趙人不許，必令將渠處和。燕相將渠以處和，趙聽將渠，解燕圍。」

〔一二〕横田惟孝云：「『書』下疑脱『讓』字，昌國君樂毅章可以見矣。」金正煒云：「『書』下疑脱『讓間』二字。又且與徂通，往也。」〔按〕「且」讀爲「徂」，不必補字。

〔一三〕鮑彪云：「『端』猶『專』也。願，欲復用之。」横田惟孝云：「端，新序作『謁』，此恐誤。謁，告也。」安井衡云：「端，剬之假借。剬、剸通，剸，古專字。鮑訓『專』，是也。」〔按〕「端」疑是「諯」之借字。説文：「諯，數也。一曰相讓也。」謂數述其願望。

〔一四〕〔按〕新序雜事三「試論」作「誠諭」。

〔一五〕鮑彪云：「有非而蔽覆之，王喜所望也。」〔按〕説文望「从亡，朢省聲」。朱駿聲通訓定聲謂疑當「从朢省，亡聲」。其言是也。此「望」乃「亡」之借字，一聲通轉。亡與無，古常通用，亦同聲之轉。「無」猶「雖」也。荀子王制篇：「無幽間隱僻之國，莫不趨使而安樂之。」同書王霸篇：「則雖幽間隱僻百姓，莫敢不敬分安制以化其上。」語法相同，可證（詳古書虚字集釋）。此文猶言「雖有非，則君掩蓋之」；「雖有過，則君教誨之」也。鮑訓非。

〔一六〕鮑彪云：「『虞』猶『圖』。」

〔一七〕鮑本、吴本「罪」作「棄」。黄丕烈云：「『棄』字當是，異於上句也。新序上句作『棄』，此句作『罪』，互易。」今從鮑本改。

〔一八〕關修齡云：「莫不知，新序作『弗聞』，與下文『國人未知』，文意相似，此恐衍『不』字。」安井衡謂此及下「不聞」二『不』字當衍文。」金正煒云：「『且』字與上下文義不相屬，疑『是』之譌。『是』猶『於是』也，説詳（經傳）釋詞。」〔按〕新序無下「天下莫不聞」句，與此異，是不必據之。此承上文「明罪之」而言，故云「國人莫不知，天下莫不聞」。「且」猶「則」也。秦策二齊助楚攻秦章：「先絶齊，後責地，且必受欺於張儀。」史記楚世家「且」作「則」。餘例詳古書虚字集釋。此爲推測將然之詞，與下「今寡人之罪，國人未知」語不悖。

〔一九〕鮑彪云：「言間雖無出之趙，以明有怨於我，人亦知之。」關修齡云：「微，密也，不敢斥言出奔，以爲婉詞。」金正煒云：「微，謂不明也。『微出』與『明怨』相對爲文。」〔按〕關、金説是。微出，謂其奔趙，明怨，謂其出怨言。鮑注非。

〔二〇〕鮑本無「以」字。吴師道云：「此當有『也』字，姚本作『以』，訛。」黄丕烈「以」字屬下讀，云：「吴説非也。新序無『以』字，亦無『也』字。『以故』即『故』耳。」〔按〕吴、黄説並非。以同已。已，語終之辭，猶「也」也，此與「也」爲互文。

〔二一〕鮑本「心所」二字作「恐」字，鮑改「恐」作「孰」。吴師道云：「字有誤。」黄丕烈云：「新序（心）作『惡』字，是也。『心』即『惡』之壞。」王念孫説同，云：「作『恐』，『惡』之譌，作『心』者『惡』之脱耳。」關修齡亦同。〔按〕黄氏等説是，今從正。「惡」猶「何」也。

〔二二〕鮑本、吴本「於」作「而」。鮑彪云：「世雖薄我，我反厚施之。」〔按〕「於」猶「而」也。古書虚字集釋亦引此文云：「『於』與『而』爲互文。」例詳彼書。

〔二三〕鮑彪云：「（行有失而故惠用）行與我不合，反惠愛任用之。」吴師道云：「有過失當棄，反順用之。」〔按〕吴正是。新序此二句作「且世有厚薄故施異，行有得失故患同」。策文爲長。

〔二四〕鮑彪云：「『任』猶『負』。」

〔二五〕鮑彪云：「（擇之）擇其所處。」于鬯云：「『於』字可疑，戴文光改作『請』字。」〔按〕「於」猶「其」也，例見經詞衍釋。爲同惟，一聲之轉。玉篇：「惟，爲也。」惟、爲古通用，例亦見衍釋。於爲君擇之也，猶其惟君擇之也。戴改臆造，非。

〔二六〕鮑本無「猶」字。吳師道云：「一本此有『猶』字。」黄丕烈云：「新序有。」

〔二七〕吳師道云：「惡，如字。」

〔二八〕〔按〕「見」讀去聲，同「現」。

〔二九〕鮑本、吳本「未」下有「爲」字。黄丕烈云：「新序有。」

〔三〇〕〔按〕史記殷本紀云：「商容賢者，百姓愛之，紂廢之。」又云：「（紂）剖比干，觀其心。箕子懼，乃詳狂爲奴，紂又囚之。」「累」同「纍」，纍紲，謂囚拘。

〔三一〕鮑本此下注有「『蓋』一作『盡』」，於鮑注例不合，疑是舊校文。黄丕烈云：「新序作『盡』。」

〔三二〕鮑彪云：「（任惡名）所謂任不肖之罪。」關修齡云：「新序作『寡人雖惡名』。此當添『寡人』字。」〔按〕無「寡人」字，義亦自明。

〔三三〕鮑本、吳本無「願」字。

〔三四〕〔按〕「之」猶「而」也。

〔三五〕〔按〕「且」猶「是」，「乎」猶「也」。新序作「猶且絀也」。黜、絀字通。

〔三六〕吳師道云：「此論語所記便不及。」〔按〕論語微子：「柳下惠爲士師，三黜，人曰：『子未可以去乎？』曰：『直道而事人，焉往而不三黜？枉道而事人，何必去父母之邦？』」

〔三七〕鮑彪云：「凡有脩者，先必有失，而善論者不然。」吳師道云：「『脩』字必有誤。」黄丕烈云：「新序無此二句。『脩』或『循』字譌也。」關修齡亦云：「『脩』疑作『循』，謂循心所欲也。」安井衡云：「脩，縮也。當暢言之，不宜遺心所欲言。」于鬯云：「沈壽經謂此『脩』字讀爲『修』，未始無義。説文彡部云：『修，飾也。』修心，謂飾心耳。」金其源説同，云：「謂由衷之言，不加修飾也。」〔按〕沈、金之説可參。

〔三八〕鮑彪云：「簡，與附反，猶『棄』也。」〔按〕秦策一蘇秦始將連横説秦惠王章高注：「簡，汰也」，與「棄」義近。

〔三九〕鮑本、吳本「棄」上有「簡」字。鮑彪云：「輟，止也。」戴文光云：「『輟』者情義已斷，不圖後效也。」（于鬯注引）黄丕烈云：「新序作『簡功棄大者仇也』。全異。」〔按〕此承上「智不簡功」而言，當有「簡」字。「簡棄大功」與「輕絶厚利」爲對文，新序文雖小異，亦有「簡」字。此脱，令從鮑本補。

〔四〇〕關修齡云：「累，疑作『絶』。」〔按〕新序作「仇而棄之，怨而累之」。亦作「累」。累，害也，義通。

〔四一〕鮑彪云：「（宜在遠者）疏遠之臣可爾。」

〔四二〕鮑彪云：「（意君曰）意度其然。」王念孫云：「意，詞也，讀『抑』同。論語學而篇：『抑與之與？』漢石經『抑』作『意』。……墨子明鬼篇曰：『豈女爲之與？意鮑爲之與？』莊子盜跖篇曰：『知不足邪？意知而力不能行邪？』」横田説同。

〔四三〕鮑彪云：「（慝心）待之以不善之心。」横田惟孝云：「『慝』疑當作『恧』，字之誤也。新序作『快』，義通。而，汝也。」金正煒説同。

〔四四〕姚宏云：「（揣）曾作『剬』。」鮑彪云：「（君之所揣）言間量我此（惜陰軒本「此」作「也」）。」王念孫云：「『揣』者『剬』之譌，『剬』者『制』之譌。言君之幸教寡人與否，皆在於君，故曰君之所制也，唯君圖之。新序雜事篇作『此君所制，唯君圖之』，是其明證也。篆文『制』字作『㓡』，隸作『制』，形與『剬』相近，因譌而爲『剬』矣。」于鬯云：「制、剬二字，義本相通。説文刀部云：『剬，斷齊也。』『制』下亦有截斷之釋，明義同矣。故張守節史記（正義）論字例謂『制』字作『剬』，是史記中『制』字本皆作『剬』字也。『揣』、『剬』並諧『耑』聲，則讀『揣』爲『剬』，亦無不可。從新序作『制』，亦所不必。」

〔四五〕鮑彪無「乘」上「樂」字。　于鬯云：「此及樂乘，却與燕世家、毅傳可合，與上文以樂乘爲趙將不合。樂乘既爲趙將，則非新奔者矣，何與於此書？」　金正煒云：「『樂乘』及『二人』四字並衍。」〔按〕燕世家、樂毅傳並誤，後人復依毅傳增益「樂乘」及「二人」等字，致前後牴牾，説見上。

〔四六〕吴師道云：「新序以此爲燕惠王遺樂毅書。考之毅答惠王書云：『今足下使人數之以罪。』而史所載惠王讓毅，無數罪之語。前章燕王使人讓毅且謝之曰云云，當是此章之首，蓋錯簡也。且策以此爲樂間答書（按「樂間答書」當作「遺樂間書」），而末云『間、乘怨不用其計』，於乘何與？史趙世家孝成王十五年，廉頗破殺栗腹，虜卿秦、樂間，則是間爲將而被虜。燕世家則云奔趙。又趙孝成王十六年，廉頗圍燕，以樂乘爲武襄君。二十一年，孝成王卒，廉頗將，攻繁陽，取之。使樂乘代之，頗攻乘，乘走。據策，史所記多舛，故知此書非樂間事，而新序之説爲是云。」　黄丕烈云：「策文多與史記樂毅傳事同，新序當繫別記。吴氏所説未是。」　吴汝綸云：「新序以此爲惠王遺樂毅書。惠王書已見前，疑此乃後人所擬。其詞重複，類元、成間文字，非戰國之文也。後集録者又取新序以足國策耳。」〔按〕吴、黄、後吴三説不同。顧炎武日知録卷二十六云：「燕王遺樂間書，恐即樂毅事，而傳者誤以爲其子。」此同先吴説。梁玉繩史記志疑云：「史、策書辭既異，而策復有留趙不報之言。余疑燕惠遺毅，燕喜遺間，或係二事，未可混併爲一。」蓋國策不載遺間書，只載遺毅書，而誤分爲兩章。史又止載前半，截去『寡人不佞』已下。其實書辭條暢婉麗，不可删也。」梁謂燕惠、燕喜遺書雖二，而策只載燕惠之書，誤分爲兩章，則亦同先吴説也。考先吴説主要依據新序載此爲惠王遺毅書。然昌國君樂毅爲燕昭王章已有惠王使人讓毅曰「先王舉國而委將軍」云云，新序無此文，則新序與策固不同。若言彼文乃此書之首錯簡，何以新序全無彼文？即如吴氏言合二爲一觀之，文氣並不相貫。彼文已明舉毅捐燕去趙之事由，而此則云「不能奉順君意，故君捐國而去」，又云「故使使者陳愚意，君試論之」，爲書啓開端之陳詞，何以相應？樂毅傳前有惠王謝毅之辭，後載王喜遺樂間之書，文殊意同，明史記據策，而今策文不誤也。但由書之内容觀之，與樂毅之事合，而不侔於樂間事。且本章叙樂間、樂乘事先後牴牾文有錯誤，難以辨解，此類只能存疑。若後吴氏謂「後人所擬」，則出臆度，别無證明。戰國文章，從何區别？又何以知其爲元、成間之文哉？史記成書在元、成之前，何以所記與此相同？此類不足論矣。樂毅傳載此書有云：「紂之時，箕子不用，犯諫不怠，以冀其聽。商容不達，身祇辱焉，以冀其變。及民志不入，獄囚自出，然後二子退隱。故紂負桀暴之累，二子不失忠聖之名。何者？其憂患之盡矣。今寡人雖愚，不若紂之暴也。燕民雖亂，不若殷民之甚也。室有語，不相盡以告鄰里。二者，寡人不爲君取也。」與策文殊。

4　秦并趙北向迎燕

秦并趙北向迎燕[一]，燕王聞之，使人賀秦王。使者過趙，趙王繫之。使者曰：「秦、趙爲一，而天下服矣。茲（燕）[二]之所以受命於趙者，爲秦也[三]。今臣使秦而趙繫之，是秦、趙有郄。秦、趙有郄〔四〕，天下必不服，而燕不受命矣。且臣之使秦，無妨於趙之伐燕也。」趙王以爲然而遣之。

使者見秦王曰：「燕王竊聞秦并趙，燕王使使者賀千金。」秦王曰：「夫燕無道，吾使趙有之，子何賀？」使者曰：「臣聞全趙之時，南鄰爲秦，北下曲陽爲燕〔五〕，趙廣三百里，而與秦相距五十餘年矣。所以不能反勝秦者〔六〕，國小而地無所取。今王使趙北并〔七〕燕，燕、趙同力，必不復受〔八〕於秦矣。臣切〔九〕爲王患之。」秦王以爲然，起兵而救燕〔一〇〕。

【箋證】

〔一〕鮑彪云：「并，合也。迎，以兵迎之。」〔按〕說文：「并，相從也。」趙主伐燕，此「并」字訓「從」爲宜。

〔二〕鮑彪改「兹」作「燕」。吴師道云：「恐『燕』字訛。」〔按〕下文「燕不受命矣」，與此相應，則「兹」字當是「燕」訛，今從鮑正。

〔三〕鮑彪云：「言燕先時服趙者，以秦與趙合。」

〔四〕鮑本「郄」作「隙」。吴師道云：「(隙)一本並作『郄』。」〔按〕郄、隙同字。

〔五〕鮑彪云：「下曲陽，屬鉅鹿。」張琦云：「(下曲陽)故城在今(河北)晉州西五里。地不入燕界，蓋飾辭也。」金正煒云：「趙不得謂秦爲南，且與下句文不一律。疑本作『西上南鄰爲秦』，此文『鄰』字亦有譌誤，未詳所當作。素問五運行大論『所謂上下者』，注：『下，北也。』燕在趙北，謂之下，秦在趙西，故知當爲上，相對文也。鮑注下曲陽云云，雖本漢志，但戰國時曲陽不必即有下稱。」〔按〕秦在趙之西南，則稱南亦可，猶燕在趙之東北，或稱東或稱北也。金氏妄爲增補，謬。

〔六〕鮑彪云：「反，猶『報』也。言數爲秦敗，不能報而勝之。」中井積德云：「『反』疑衍文。」金正煒云：「『反』字疑亦『多』字之譌。俗書『多』作『夛』，因致誤『反』。」〔按〕左氏昭公二十年傳：「而欲反其讎。」杜注：「反，復也。」鮑注義近，可通，不必改字。

〔七〕鮑彪云：「此『并』謂兼有之。」

〔八〕鮑彪「受」下補「命」字。横田惟孝云：「受，謂趙受秦之制令也。」

〔九〕鮑本、吴本、盧本「切」作「竊」。〔按〕切爲竊之俗字。

〔一〇〕姚宏云：「曾（救）作『攻』。」鮑彪云：「趙悼襄九年，攻燕，取狸、陽城。兵未罷，秦攻鄴，拔之。此（王喜）十九年。」〔按〕事見史記趙世家。秦始皇本紀：「十一年，王翦、桓齮、楊端和攻鄴，取九城。王翦攻閼與、橑楊。……取鄴、安陽。」

5　燕太子丹質於秦

燕太子丹質於秦，亡歸〔一〕，見秦且滅大國，兵以〔二〕臨易水，恐其禍至。太子丹患之，謂其太傅鞫武〔三〕曰：「燕、秦不兩立，願太傅幸而圖之！」武對曰：「秦地遍天下，威脅韓、魏、趙氏，則易水以北，未有所定也〔四〕。奈何以見陵〔五〕之怨，欲排其逆鱗哉〔六〕？」太子曰：「然則何由？」太傅曰：「請入圖之〔七〕！」居之有間，樊將軍亡秦之燕，太子容之〔八〕。太傅鞫武諫曰：「不可。夫秦王之暴，而積怨〔九〕於燕，足爲寒心〔一〇〕，又況聞樊將軍之在乎！是以〔一一〕委肉當餓虎之蹊〔一二〕，禍必不振〔一三〕矣。雖有管、晏，不能爲謀〔一四〕。願太子急遣樊將軍入匈奴以滅口。請西約三晉，南連齊、楚，北講於單于〔一五〕，然後乃可圖也。」太子丹曰：「太傅之計，曠日彌久，心惛然恐不能須臾〔一六〕。且非獨於此也。夫樊將軍困窮於天下，歸身於丹，丹終不迫於强秦，而棄所哀憐之交，置之匈奴，是丹命固卒之時也〔一七〕，願太傅更慮之！」鞫武曰：「燕有田光先生者，其智深，其勇沉〔一八〕，可與之謀也。」太子曰：「願因太傅交於田先生，可乎？」鞫武曰：「敬諾。」

出見田光，道太子曰〔一九〕：「願圖國事於先生！」田光曰：「敬奉教。」乃造焉。太子跪而逢迎，却行爲道〔二〇〕，跪而拂〔二一〕席。田先生坐定，左右無人。太子避席而請曰：「燕、秦不兩立，願先生留意也！」田光曰：「臣聞騏驥盛壯之時，一日而馳千里，至其衰也，駑馬先之。今太子聞光壯盛之時，不知吾精已消亡矣。雖然，光不敢以乏國事也〔二二〕，所善荆軻可使也。」太子曰：「願因先生得願交於〔二三〕荆軻，可乎？」田光曰：「敬諾。」即〔二四〕起，趨出。太子送之，至門，曰〔二五〕：「丹所報〔二六〕，先生所言者，國大事也，願先生勿泄也！」田光俛〔二七〕而笑曰：「諾。」

僂行見荆軻〔二八〕曰：「光與子相善，燕國莫不知。今太子聞光壯盛之時，不知吾形已不逮也。幸而教之曰：『燕、秦不兩立，願先生留意也！』光竊不自外〔二九〕，言足下於太子。願足下過太子於宮！」荆軻曰：「謹奉教。」田光曰：「光聞長者之行〔三〇〕，不使人疑之。今太子約光曰：『所言者，國之大事也，願先生勿泄也！』是太子疑光也。夫爲行，使人疑之，非節俠士也〔三一〕。」欲自殺以激荆軻〔三二〕，曰：「願足下急過太子，言光已死，明不言也〔三三〕。」遂自剄而死。

軻見太子，言田光已死，明不言也。太子再拜而跪，膝下行〔三四〕，流涕，有頃而後言曰：「丹所請田先生無言者，欲以成大事之謀。今田先生以死明不泄言，豈丹之心哉？」荆軻坐定，太子避席頓首曰：「田先生不知丹不肖，使得至前，願有所道。此天所以哀燕，不棄其孤〔三五〕也。今秦有貪饕〔三六〕之心，而欲不可足也，非盡天下之地，臣海内之王者〔三七〕，其意不饜。今秦已虜韓王〔三八〕，盡納其地。又舉兵南伐楚，北臨趙。王翦將數十萬之衆臨漳、鄴，而李信出太原、雲中。趙不能〔三九〕支秦，必入臣，入臣，則禍至燕。燕小弱，數困於兵，今計舉國不足以當秦。諸侯服秦，莫〔四〇〕敢合從。丹之私計，愚以爲誠得天下之勇士使於秦，窺以重利〔四一〕。秦王貪其贄〔四二〕，必得所願矣。誠得劫秦王，使悉反諸侯之侵地，若曹沫之與齊桓公〔四三〕，則大善矣。則〔四四〕不可，因而刺殺之。彼大將擅兵於外，而內有大亂，則君臣相疑。以其間諸侯，諸侯得合從〔四五〕，其償破秦必矣〔四六〕。此丹之上願，而不知所以委命〔四七〕，唯荆〔四八〕卿留意焉！」久之，荆軻曰：「此國之大事，臣駑下，恐不足任使。」太子前頓首，固請無讓，然後許諾。於是尊荆軻爲上卿，舍上舍〔四九〕，太子日日造問，供太牢，異物〔五〇〕。間進車騎美女，恣荆軻所欲，以順適其意〔五一〕。

久之，荆卿未有行意。秦將王翦破趙，虜趙王〔五二〕，盡收其地，進兵北略〔五三〕地，至燕南界。太子丹恐懼，乃請荆卿曰：「秦兵旦暮渡易水，則雖欲長侍足下，豈可得哉？」荆卿曰：「微太子言，臣願得謁之。今行而無信，則秦未可親也。夫今〔五四〕樊將軍，秦王購之金〔五五〕千斤，邑萬家。誠能得樊將軍首與燕督亢之地圖〔五六〕，獻秦王，秦王必說〔五七〕見臣，臣乃得有以報太子。」太子曰：「樊將軍以窮困來歸丹，丹不忍以己之私，而傷長者之意。願足下更慮之！」荆軻知太子不忍，乃遂私見樊於期〔五八〕曰：「秦之遇將軍，可謂深〔五九〕矣！父母宗族皆爲戮没，今聞購將軍之首金千斤，邑萬家。將奈何？」樊將軍仰天太息流涕曰：「吾每念，常痛於骨髓，顧計不知所出耳！」軻曰：「今有一言，可以解燕國之患，而報將軍之仇者，何如？」樊於期乃前曰：「爲之奈何〔六〇〕？」荆軻曰：「願得將軍之首以獻秦，秦王必喜而善見臣〔六一〕，臣左手把其袖，而右手揕抗〔六二〕其胷。然則將軍之仇報，而燕國見陵之耻除矣。將軍豈有意乎？」樊於期偏袒扼腕而進曰：「此臣日夜切齒拊心也〔六三〕！乃今得聞教。」遂自刎〔六四〕。太子聞之，馳往，伏屍而哭，極哀。既已無可奈何，乃遂收〔六五〕盛樊於期之首，函封之。

於是太子預求天下之利匕首〔六六〕，得趙人徐夫人〔六七〕之匕首，取之百金。使工以藥淬之〔六八〕。以試人，血濡縷〔六九〕，人無不立死者。乃爲裝〔七〇〕遣荆軻。燕國有勇士秦武陽〔七一〕，年十二〔七二〕殺人，人不敢與忤視〔七三〕。乃令秦武陽爲副。荆軻有所待，欲與俱，其人居遠未來，而爲留待。頃之未〔七四〕發。太子遲之，疑其有改悔，乃復請之曰：「日以〔七五〕盡矣，荆卿〔七六〕豈無意哉？丹請先遣秦武陽！」荆軻怒，叱太子曰：「今日往而不反者，豎子也〔七七〕！今提一匕首，入不測之强秦，僕所以留者，待吾客與俱。今太子遲之，請辭決矣？」遂發。太子及〔七八〕賓客知其事者，皆白衣冠以送之。至易水上〔七九〕，既祖取道〔八〇〕，高漸離擊筑〔八一〕，荆軻和而〔八二〕歌，爲變徵之聲〔八三〕，士皆垂淚涕泣〔八四〕。又前而爲歌曰：「風蕭蕭兮易水寒，壯士一去兮不復還〔八五〕！」復爲忼慨羽聲〔八六〕，士皆瞋目，髮盡上指冠。於是荆軻遂就車而去，終已不顧。

既至秦，持千金之資幣物〔八七〕，厚遺秦王寵臣中庶子蒙嘉〔八八〕。嘉爲先言於秦王曰：「燕王誠振畏，慕〔八九〕大王之威，不敢興兵以拒大王〔九〇〕，願舉國爲内臣，比諸侯之列，給貢職如郡縣，而得奉守先王之宗廟。恐懼不敢自陳，謹斬樊於期頭，及獻燕之督亢之地圖，函封，燕王拜送於庭，使使以聞大王，唯大王命之！」秦王聞之，大喜，乃朝服，設九賓〔九一〕，見燕使者咸陽宮〔九二〕。荆軻奉樊於期頭函，而秦武陽奉地圖匣，以次進。至陛下〔九三〕，秦武陽色變，振恐，羣臣怪之。荆軻顧笑武陽〔九四〕，前爲謝曰：「北蠻夷〔九五〕之鄙人，未嘗見天子，故振慴〔九六〕，願大王少假借〔九七〕之，使〔九八〕畢使於前！」秦王謂軻曰〔九九〕：「起，取武陽所持圖！」軻既取圖奉之〔一〇〇〕，發圖，圖窮而匕首見〔一〇一〕。因左手把秦王之袖，而右手持匕首揕抗〔一〇二〕之。未至身，秦王驚，自引而起，絶袖〔一〇三〕，拔劍；劍長，摻其室〔一〇四〕。時怨（恐）〔一〇五〕急，劍堅〔一〇六〕，故不可立拔。荆軻逐秦王，秦王還〔一〇七〕柱而走。羣臣驚愕〔一〇八〕，卒〔一〇九〕起不意，盡失其度。而秦法：羣臣侍殿上者不得持尺〔一一〇〕兵。諸郎中執兵皆陳〔一一一〕殿下，非有詔不得上。方急時，不及召下兵，以故荆軻逐秦王，而卒惶急無以擊軻，而乃以手共搏〔一一二〕之。是時侍醫夏無且以其所奉藥囊提〔一一三〕軻。秦王之〔一一四〕方還柱走，卒惶急不知所爲，左右乃曰：「王負劍〔一一五〕！王負劍！」遂拔以擊荆軻，斷其左股。荆軻廢〔一一六〕，乃引其匕首提〔一一七〕秦王，不中，中柱〔一一八〕。秦王復擊軻〔一一九〕，被八創。軻自知事不就，倚柱而笑，箕踞〔一二〇〕以罵曰：「事所以不成者，乃欲以生劫之，必得約契以報太子也〔一二一〕。」左右既前，斬荆軻〔一二二〕。秦王目眩，良久，而〔一二三〕論功賞羣臣及當坐者〔一二四〕各有差。而賜夏無且黄金二百鎰，曰：「無且愛我，乃以藥囊提軻〔一二五〕也。」

於是秦[一二六]大怒燕，益發兵詣趙，詔王翦軍以伐燕。十月，而拔燕薊城[一二七]。燕王喜、太子丹等皆率其精兵東保於遼東。秦將李信追擊燕王[一二八]，王急，用代王嘉計，殺太子丹，欲獻之秦。秦復進兵攻之[一二九]。五歲而卒滅燕國[一三〇]，而虜燕王喜。秦兼天下[一三一]。

其後荆軻客高漸離以擊筑見秦皇帝，而以筑擊秦皇帝爲燕報仇，不中而死[一三二]。

【箋證】

〔一〕〔按〕史記燕世家：「（王喜）二十三年（前二三二），太子丹質於秦，亡歸燕。」刺客列傳：「燕太子丹者，故嘗質於趙，而秦王政生於趙，其少時與丹驩。及政立爲秦王，而丹質於秦。秦王之遇燕太子丹不善，故丹怨而亡歸。」又傳贊云：「世言荆軻，其稱太子丹之命，天雨粟，馬生角也，太過。又言荆軻傷秦王，皆非也。」正義引燕丹子云：「太子丹質於秦，秦王遇之無禮，不得意，欲歸。秦王不聽，謬言曰：『令烏頭白，馬生角，乃可。』丹仰天歎焉，即爲之烏頭白，馬生角。王不得已遣之，爲機發橋欲陷，丹過之爲不發。」此類神話故事，固不足辨，特足以見燕丹之事，流傳極早，又多恢奇。應劭風俗通義卷二云：「丹實好士，無所愛恡也，故閭閻小論飭（疑是「飾」之僞）成之耳。」

〔二〕〔按〕以同已。

〔三〕鮑本「鞠」作「鞫」，下同。吴師道云：「一本『鞠』作『鞫』。」索隱云：「音『麴』，又如字。」〔按〕史記作「鞫」。元和姓纂鞠氏云：「后稷生不窋，生而有文在手曰鞠，支孫氏焉。裔孫鞫武，爲燕太子丹傳。」語雖不經，然字亦作「鞫」。鞫蓋鞠之同音借字。

〔四〕橫田惟孝云：「定，謂安處也。皆恐見滅，故不能安處。」金正煒云：「『則』當爲『財』字之譌也。荀子勸學篇：『口身之間，則四寸耳。』韓侍郎云：『「則」當爲「財」，與「纔」同。』」〔按〕「則」字自通，金改爲「財」，義反扞格，非。史記此文作「民衆而士厲，兵革有餘，意有所出，則長城之南，易水以北，未有所定也」。文較策明白。正義：「以北，謂燕國也。」

〔五〕鮑彪云：「(見陵)傳言丹質秦，秦遇之不善。」

〔六〕鮑本「排」作「批」。姚宏云：「一作『批』，曾、錢作『排』。」鮑彪云：「批，白結切，擊也。説難：『龍可擾而騎也，然喉下有逆鱗徑尺，人有嬰之，則必殺人。人主(鮑、吴合注四部叢刊本「主」誤作「王」，據鮑單注本正)亦有。』」吴師道云：「一本『批』作『排』(原本誤刊「非」)。」〔按〕史記「排」作「批」。説難篇見韓非子及史記韓非傳。廣雅釋詁：「排，推也。」

〔七〕鮑彪云：「(請入圖之)請太子入息，已乃圖之。」金正煒云：「『入』字當作『力』。篆文『力』、『入』二形相近而誤。」〔按〕鮑説迂曲，疑非。金又改字，且「力」、「入」二字篆文並不形近，其説謬。秦策四秦取楚漢中章、齊策一田忌爲齊將章，高注並云：「入，還也。」此「入」字義同。武未得其計，故推言請歸圖之耳。

〔八〕鮑本「容」作「客」。〔按〕史記作「秦將樊於期得罪於秦王，亡之燕，太子受而舍之」。

〔九〕鮑彪云：「(怨)怨其亡歸。」

〔一〇〕吴師道云：「凡人寒甚，則心戰，恐懼亦戰。」

〔一一〕鮑彪改「以」作「謂」。吴師道云：「史作『謂』。然『以』義亦通。」〔按〕「以」猶「謂」也，例見經傳釋詞。

〔一二〕鮑彪云：「蹊，徑也。」

〔一三〕鮑彪云：「振，救也。」

〔一四〕鮑本、吳本「爲謀」作「爲之謀也」，史記同。〔按〕管、晏，謂管仲、晏嬰。

〔一五〕〔按〕其時匈奴族漸强大，故武欲講之。漢書匈奴傳云：「單于姓攣鞮氏，其國稱之曰撑犁孤塗單于。匈奴謂天爲撑犁，謂子爲孤塗。單于者，廣大之貌也，言其象天單于然也。」

〔一六〕鮑彪云：「言己憂思昏瞀且死，須臾不可待。」關修齡云：「心昏不知其可，恐禍至必速。」吳闓生云：「須臾猶從容也。」〔按〕「不能須臾」承上「曠日彌久」而言，不當訓「從容」，吳説非。鮑、關二説，鮑説爲長。通鑑作「恐不能須也」，去「臾」字，「須」猶「待」也，義殊。

〔一七〕鮑彪云：「知禍且至，而猶爲之，自疑命止於此。」〔按〕史記「固」在「是」下，較順。卒，謂命終。

〔一八〕鮑本作「其智深而慮沉。」鮑彪云：「『沉』猶『深』。」吳師道云：「一本『其智深其勇沉』。史同。」〔按〕史記作「其爲人智深而勇沉」。文選楊給事誄注引作「其勇沉」，同此本。

〔一九〕鮑彪衍「曰」字。〔按〕有「曰」字自通，不必據史記衍之。

〔二〇〕鮑彪云：「(却行)不敢背之。」〔按〕史記「道」作「導」，同。正義：「爲導，謂引導田光。」

〔二一〕〔按〕史記「拂」作「蔽」。索隱：「『蔽』猶『拂』也。」

〔二二〕鮑彪云：「不令太子所圖有闕。」〔按〕「乏國事」猶「廢國事」。

〔二三〕鮑本無「於」字。鮑彪衍下「願」字。〔按〕史記「得願交」作「得結交」。

〔二四〕鮑本「即」作「則」。吳師道云：「一本『即』。」〔按〕即、則通用。

〔二五〕鮑本、吳本「曰」上有「戒」字，史記同。

〔二六〕金正煒云：「報，謂陰有所屬也。漢書外戚傳：『少夫幸報我以事，我亦欲報少夫，可乎？』與此同義。」

〔二七〕吳師道云：「正義曰：『「俛」音「俯」。』按俛即俯字，漢書鼂錯傳『俛仰』，韓信(傳)『俛出』，東方朔(傳)『俛啄』，顏注：『即「俯」。』」

〔二八〕鮑彪云：「僂，致敬貌。禮：一命而僂。」〔按〕刺客列傳云：「荊軻者，衛人也。其先乃齊人，從於衛，衛人謂之慶卿。而之燕，燕人謂之荊卿。」索隱云：「軻先齊人，齊有慶氏，則或本姓慶。……荊、慶聲相近，故隨在國而異其號耳。」俞樾湖樓筆記卷三謂荊軻無姓，恐不然。胡三省通鑑注謂「（荊）楚未改國號之前受姓也」。亦無據。

〔二九〕鮑彪云：「（不自外）言不自疎於軻。」

〔三〇〕鮑本「之」作「爲」。吴師道云：「一本『長者之行』。」〔按〕史記「之」作「爲」。

〔三一〕鮑彪云：「荀悦曰，立氣勢，作威福，結私交，以立强於世者，謂之俠。」〔按〕戰國崇養士之風，尚俠，韓非斥爲五蠹之一，五蠹篇謂：「俠以武犯禁，而人主兼禮之。」「犯禁者誅，而羣俠以私劍養。」

〔三二〕鮑彪云：「言其死非爲泄，欲厲勉軻使死之耳。」

〔三三〕鮑本「明不言也」作「致光之言」。吴師道云：「一本此四字作『明不言也』。史同今本。」

〔三四〕鮑彪云：「（膝下行）以膝行，不立行，故言『下』。」王念孫云：「『膝行』二字之間，不當有『下』字。此因上文『下』字而誤衍耳。史記刺客傳無『下』字。文選四子講德論注引策文亦無。」横田惟孝亦以「下」字爲衍。

〔三五〕吴師道云：「索隱云：『無父曰孤。時燕王尚在，或記者失辭，或諸侯嫡子亦僭稱孤也。又劉向曰：燕王喜之太子。』」

〔三六〕鮑本、吴本「饕」作「利」。〔按〕史記「饕」作「利」。荀子霸王篇注引作「功」。左氏宣十八年傳「饕餮」，杜注：「貪財曰饕。」

〔三七〕吴師道云：「荀子注引策作『牢天下之田（「田」疑「王」之譌）』。」〔按〕今王霸篇注作「牢海内之王」。上文已有「天下」，此不當重，疑吴注誤。

〔三八〕鮑彪云：「秦（始皇）十七年，虜王安。」〔按〕當燕王喜二十五年（前二三〇）。

〔三九〕鮑本無「能」字。吴師道云：「一本此有『能』字。」

〔四〇〕盧本「莫」作「不」。

〔四一〕鮑彪云：「窺，言示之以利，使之見而欲也。」〔按〕索隱云：「窺，示也。」

〔四二〕〔按〕史記「贄」作「勢」，讀「秦王貪」句，「其勢」二字屬下。

〔四三〕〔按〕曹沫劫齊桓公反侵地，事見史記刺客列傳。

〔四四〕〔按〕則同即。

〔四五〕鮑本不重「諸侯」二字。吴曾祺云：「『諸侯』二字似衍，史記無。」金正煒説同。〔按〕如鮑本，讀「以其間」句。間，爲間隙。此作「以其間諸侯」句，間，讀如左氏僖公三十三年傳「吾子取其麋鹿，以間敝邑」之「間」。杜注：「令敝邑得間暇。」此謂使諸侯得有間暇而合從也。亦通。

〔四六〕鮑本無「破」字。吴師道云：「一本此有『破』字。」黄丕烈云：「史記有『破』無『償』。此當是策文作『償』，史記作『破』，因兩存也。」横田惟孝云：「以逞所欲爲償，取償也。」金正煒云：「『償』當爲『儐』字之譌也。儐與擯同，齊伐宋宋急章『秦挾擯以待破』。此『破』字不必爲衍。」〔按〕横田説是，謂償破秦之願。

〔四七〕鮑本、吴本無「而」字。鮑彪云：「（委命）委棄性命，猶言不知死所。」中井積德云：「委命，謂託使命也，故軻答以不足任使也。」〔按〕中井説是。史記會注考證引盧藏用曰：「言有此願，不知所委寄。」疑是春秋後語注文，義近。

〔四八〕姚宏云：「曾本無『荆』字。」

〔四九〕〔按〕水經易水注：「（濡）水出故安縣西北窮獨山南谷。……濡水又東南逕荆軻館北。昔燕丹納田生之言，尊軻爲上卿，館之於此。」

〔五〇〕鮑本「日日造問」作「日造門下」，「異物」上有「具」字，讀「具異物」句。史記同。

〔五一〕〔按〕索隱引燕丹子曰：「軻與太子遊東宫池，軻拾瓦投鼃，太子捧金丸進之。又共乘千里馬，軻曰：『千里馬肝美。』即殺馬進肝。太子與樊將軍置酒於華陽臺，出美人能鼓琴。軻曰：『好手也。』斷以玉盤盛之。軻曰：『太子遇軻甚厚。』」燕丹子小説家書，語多妄誕不可信，姑以廣異聞。

〔五二〕鮑本、吴本「王」下有「遷」字。黄丕烈云：「史記無。上韓王安不名，此有者誤。」〔按〕秦始皇本紀：「十九年（前二二八），王翦、羌瘣盡定取趙地東陽，得趙王。引兵欲攻燕，屯中山。」

〔五三〕鮑彪云：「略，經略之。」横田惟孝云：「略，取也。」

〔五四〕鮑彪衍「今」字。〔按〕史記無「今」字。

〔五五〕姚宏云：「曾、錢（秦王購之金）作『秦王懸金』。」

〔五六〕鮑彪云：「後志：涿郡方城縣有督亭。注引此。」吴師道云：「正義云：『督亢坡在幽州范陽縣東南，今固安縣南有督亢陌，幽州南界。』劉向别録云：『督亢，膏腴之地。』蓋欲獻之，故畫圖。」張琦云：「今（河北）涿州東南十里有督亢，又有督亢亭。」〔按〕水經巨馬水注：「巨馬水又東逕容城縣故城北，又東督亢溝水注之。水上承淶水於淶谷，引之則長津委注，遏之則微川輟流，水德含和，變通在我。東南流逕遒縣北，又東逕涿縣酈亭樓桑里南，……又東逕督亢澤。澤苞方城縣，縣故屬廣陽，後隸於涿。郡國志曰：縣有督亢亭。孫暢之述畫有督亢地圖，言燕太子丹使荆軻齎入秦。秦王殺軻，圖亦絶滅。地理書上古聖賢冢地記曰：督亢地在涿郡，今故安縣南有督亢陌，幽州南界也。風俗通曰：沆，漭也。言乎淫淫漭漭無崖際也。沆，澤之無水，斥鹵之謂也。其水自澤枝分，東逕涿縣故城南，又東逕漢侍中盧植墓南，又東散爲澤渚，督亢澤也。」

〔五七〕〔按〕説同悦。

〔五八〕鮑彪云：「（於期）將軍名。」

〔五九〕金正煒云：「遇，待也。『深』猶『甚』也，見孟子滕文公上篇『面深黑』注。」

〔六〇〕鮑本無「爲之」二字。　吴師道云：「一本『爲之奈何』。」

〔六一〕安井衡云：「『善』猶『好』也，好意見之。」〔按〕史記無「善」字。

〔六二〕姚宏云：「一無『抗』字。曾、錢作『揕抗』。」鮑本無「抗」字。　鮑彪云：「揕，刺也。知鴆反。」　吴師道云：「『揕』一作『抗』，故他本連有二字，下文同。　索隱云：『抗，拒也』，義非。」　黄丕烈云：「史記云：『右手揕其匈。』徐廣曰：『揕，音張鴆反，一作「抗」。』索隱曰：『抗，苦浪反，言抗拒也，其義非。』考小司馬讀誤也。史記字作『揕』，戰國策字作『抌』，故徐廣曰：『一作「抌」。』『抌』、『揕』同字，亦丁鴆反。作『抗』是形近之譌。吴依小司馬讀，並誤。」王念孫史記雜志、洪頤煊讀書叢録卷十八説略同。〔按〕黄説爲是。「抗」當作「抌」。揕抌，當衍一字。

〔六三〕鮑本「臣」下有「之」字，「拊」作「腐」。　鮑彪云：「腐者，痛之極。」　吴師道云：「（扼腕）勇者奮厲，必以左手扼右腕也。（腐心）一本『拊心』。」〔按〕廣雅釋詁：「拊，擊也。」切齒拊心，皆奮怒之狀。史記作「腐心」。

〔六四〕鮑彪云：「刎，斷也。」〔按〕水經易水注：「濡水又東南逕樊於期館西。是其授首於荆軻處也。」其地在荆軻館之西北。

〔六五〕鮑本、吴本無「收」字。　史記同。

〔六六〕〔按〕阮元揅經室一集卷五匕圖考云：「通俗文曰：『匕首，劍屬，其頭類匕，故曰匕首。短而便用也。』……庚午冬，在京師見門下士劉師陸所藏古銅匕首。」附繪圖形（見後）。又云：「其柄上有旁枝『』字，旁一小枝之所以象形者。」又陳經求古精舍金石圖載有鉤帶文之夏匕首圖，亦摹録於後：

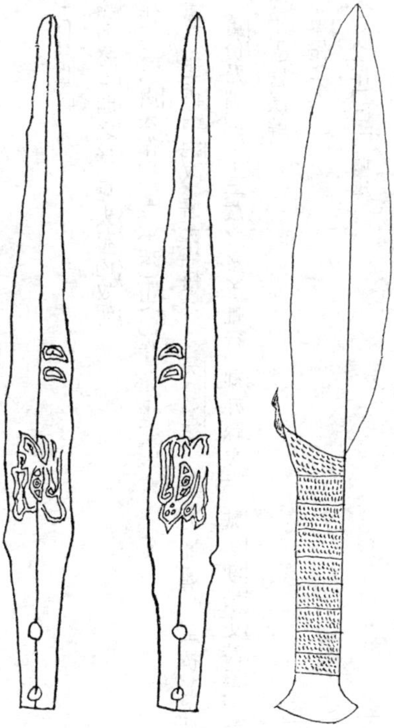

此圖據中國兵器史稿縮印本景摹。

陳氏謂之夏劍，周緯中國兵器史稿云：「應爲東周銅劍之誤稱，決非夏劍。」

〔六七〕吴師道云：「索隱云：『徐，姓；夫人，名，男子也。』」〔按〕猶張黑女爲男子之字。然此亦難必其爲男女也。

〔六八〕鮑彪云：「『淬』當從『火』，堅刀刃也。若淬則滅火器爾。」吴師道云：「淬、焠通，取内反。説文徐云：

『淬，劍燒而入水也。』此謂以毒藥染鍔而淬之也。後語注云：『以藥水鑒匕首爲淬。』鑒，古電反。」〔按〕「焠」字之從水或從火，二者兼用，張子高中國化學史稿有解釋云：「關於鐵的技術處理，在我國最早文獻中，也已有記載，如淬火技術。史記天官書説：水與火合爲淬。漢書王褒傳有清水淬其鋒的話。史記蘇秦列傳索隱引晉太康地理志云云，采用熱處理的方法變白口鑄鐵爲可鍛鑄鐵以解決白口鐵件脆硬易折不好使用的問題，是戰國和兩漢時期的冶鑄術又一突出成績。」

〔六九〕鮑彪云：「沾濡衣之一縷。」〔按〕鮑本集解。胡三省通鑑注引司馬康曰：「血出如絲縷也。」其説較舊解爲優。

〔七〇〕鮑彪云：「（裝）行具也。」

〔七一〕〔按〕秦武陽爲燕名將秦開之孫，見史記匈奴傳。

〔七二〕鮑本、吴本「二」作「三」，盧本作「一」。〔按〕史記作「年十三」。

〔七三〕鮑本無「與」字，「忤」作「悟」，鮑改「悟」作「啎」。吴師道云：「悟、忤通。」〔按〕「忤」亦與「啎」通。此追叙武陽十三歲之事。董份乃謂「以十三歲之童子輔行，卿亦疎矣」。魏學洢讀史詩云：「十三死灰兒，勉强共大計。」（張尚瑗隨筆引）皆誤解。

〔七四〕姚宏云：「（未）曾作『不』。」

〔七五〕鮑本、吴本、盧本「以」作「已」，通用。

〔七六〕〔按〕索隱云：「卿者，時人尊重之號，猶相尊美亦稱『子』然也。」

〔七七〕關修齡云：「往而不反者，言武陽敗事，必死而不反。」金正煒云：「此文如以竪子爲斥太子，而謂使我往而不反者，是軻已中餒，安得爲壯士？上文太子遲之，疑其改悔，有『日已盡矣』之語，此文當作『今日往而不及者豎子也』，於義乃適。猶云今日往而不及於事，是我不成爲丈夫也？下云：『今太子遲之，請辭決矣！』其義可見。『反』與『及』二形相似，因以致誤。荆軻傳『反』亦『及』之譌。」〔按〕依關釋，以豎子爲秦武陽，則亦誤謂武陽童子，非。武陽未至秦廷，安知其必敗事？若軻預知武陽不任，以太子禮軻之異，何難言之易他人？故知豎子必非謂武陽。金改「反」爲「及」。「反」與「及」形雖相似，但「反」與「往」辭正相應，若作「往而不及」，語意不明（金謂「不及於事」，乃添文求解，不安）。且史記亦作「反」，不應二書同誤。故金説亦非。愚意由上文「怒叱太子」推之，豎子當指太子。軻怒太子之急不能待，慮其敗事，故不擇辭而言也。

〔七八〕吳本脱「及」字。

〔七九〕〔按〕水經易水注云：「（易水）又東逕西故安城南，即閻鄉城也。歷送荆陘北。」耆舊云：「燕丹餞荆軻於此，因而名焉。世代已遠，非所詳也。」又云：「易水又東逕易縣故城南。……闞駰稱太子丹遣荆軻刺秦王，與賓客知謀者祖道於易水上。……疑於此也。余按遺傳舊跡，多在武陽，似不餞此也。」是酈道元已不能詳其地矣。

〔八〇〕鮑彪云：「祖，行祭。」吳師道云：「詩毛傳：『祖而舍軷，飲酒於其側曰餞。』疏：『軷，謂祭道路之神，封土爲山象，伏牲其上。既祭，處者餞之。飲畢，乘車轢之而去。』」〔按〕風俗通義卷八云：「禮傳共工之子曰修，好遠遊，舟車所至，足跡所達，靡不窮覽，故祀以爲祖神。祖者，徂也。詩云：『韓侯出祖，清酒百壺。』左氏傳：『襄公將適楚，夢周公祖而遣之。』是其事也。」又墨子明鬼篇云：「燕將馳祖。燕之有祖，當齊之社稷，宋之有桑林，楚之有雲夢也，此男女之所屬而觀也。」是祖本爲燕之山藪名地，神而祭之，後世遂衍爲行道之祭。

〔八一〕吳師道云：「應劭云：『筑似琴而大，頭安絃，以竹擊之，故名。』按劉子云：『荆軻如秦，宋意擊筑。』文選：『高漸離擊筑，荆軻歌，宋如意和之。』」〔按〕刺客列傳云：「荆軻既至燕，愛燕之狗屠及善擊筑者高漸離。荆軻嗜酒，日與狗屠及高漸離飲於燕市。酒酣以往，高漸離擊筑，荆軻和而歌於市中，相樂也。」是漸離爲荆軻之友。淮南子泰族訓云：「荆軻西刺秦王，高漸離、宋意爲擊筑而謌於易水之上，聞者莫不瞋目裂眦，髮植穿冠。」水經易水注引燕丹子亦云：「高漸離擊筑，宋如意和之。爲壯聲，士髮皆衝冠；爲哀聲，士皆流涕。」宋如意即宋意。陶潛詠荆軻詩云：「漸離擊悲筑，宋意唱高歌。」疑宋意是刺客傳所言之狗屠。高誘淮南注云：「高漸離、宋意，皆太子丹之客。筑曲二十一弦。」吴引文選，見荆軻歌序。

〔八二〕姚宏云：「曾無『而』字。」

〔八三〕姚宏云：「（變徵）一作『濮上』。」鮑彪云：「（淮南子）地形訓云：『變徵爲商。』蓋悲音。」〔按〕瀧川資言史記考證引律呂本考云：「五聲宫與商，商與角，徵與角，相去各一律。至角與徵，羽與宫，相去乃二律。相去一律則音節和，相去二律則音節遠。故角徵之間，近徵收一聲，比徵少下，謂之變徵。羽宫之間，近宫收一聲，少高於宫，謂之變宫。」

〔八四〕金正煒云：「説文無『淚』字。既云『涕泣』，不得復云『淚』。疑『淚』爲『洟』之誤。禮記檀弓：『待於廟，垂涕洟。』疏：『自鼻曰洟。』」〔按〕古書「淚」字多作「涕」，詩陳風澤陂「涕泗滂沱」。毛傳「自目曰涕，自鼻曰泗」。「泗」即「洟」之借字。段玉裁説文注云：「古書『弟』、『夷』二字多相亂，於是謂自鼻出者曰涕，而自目出者别製淚字。皆許（按謂許慎説文）不取也。素問謂目之水爲淚，謂腦滲爲涕。王褒童約：『目淚下落，鼻涕長一尺。』曹娥碑：『泣淚掩涕，震動國都。』漢、魏所用已如此。」是漢世已用「淚」字如今義，惟説文未收耳。此文「淚涕」二字，史記亦同，義如僮約之「目淚」、「鼻涕」。是「垂淚涕泣」並不重複。策、史所用字乃當時新義，金氏拘守説文以論，失之。

〔八五〕〔按〕朱熹楚辭後語云：「其詞之悲壯激烈，非楚而楚，有足觀者。」

〔八六〕姚宏云：「（復）曾作『後』。」鮑本「忼慨羽聲」作「羽聲忼慷」。鮑彪云：「（羽聲）其音怒。（忼慷）壯士不得志也。」吳師道云：「一本『慷慨羽聲』。朱子楚辭後語作『羽聲慷慨』。」黄丕烈云：「史記『羽聲忼慨』。風俗通載此亦作『羽聲忼慨』。忼即慷，連有者非。」

〔八七〕〔按〕文選鄒陽獄中上書注、辨亡論注引無「物」字。

〔八八〕吳師道云：「中庶子，説見前。新序鄒陽書作『蒙恬』，蓋誤。後語『蒙嘉』，注云『蒙恬弟也。』」

〔八九〕鮑本「畏慕」二字作「怖」字，同史記。鮑彪云：「振、震同，下同。」

〔九〇〕姚宏云：「『拒大王』一作『逆軍吏』。」鮑本作「逆軍吏」。吳師道云：「一本『以拒大王』。」〔按〕史記作「逆軍吏」。

〔九一〕鮑彪云：「禮大小行人以九儀掌賓客之禮。」吳師道云：「大事記：『相如奉璧入秦，秦王齋五日後，乃設九賓禮於庭。』注引正義：『韋昭云：九賓則周禮九儀也。劉伯莊云：九賓者，周王之備禮。天子臨軒，九服同會。秦、趙安得九賓？但亦陳設車輅文物爾，不得以周禮九賓義爲釋。』愚按漢書：大行設九賓，恐即秦儀也。」張尚瑗云：「叔孫通傳：『設九賓，臚句傳。』……太史公云：『秦納六國禮儀，采擇其善，依古以來。叔孫通增益減損，大抵皆襲秦。』……蓋秦以天子自處，而以侯禮待諸國之使，此九賓所由設也。」〔按〕胡三省通鑑注引劉原父云：「賓，謂『傳擯』之『擯』。九賓，擯者九人。」此又一解。

〔九二〕吳師道云：「關（原本作「門」，疑刊誤。）中紀云：『孝公都咸陽，今渭城是。山南水北曰陽。其地在渭水之北，九嵕諸山之南，故曰咸陽。自始皇至胡亥皆都此。』」〔按〕正義引三輔黄圖云：「秦始兼天下，都咸陽。因北陵營宫殿，則紫宫象帝宫。渭水貫都，以象天漢；横橋南度，以法牽牛也。」所記雖是秦并六國後所建宫殿，疑亦因舊宫而廣之。足立喜六長安史蹟考：「相傳距今咸陽縣東二十里，渭水北岸之故城址，即秦咸陽城之遺址也。」（揚鍊譯本頁五）

〔九三〕鮑本、吴本無「下」字，同史記。鮑彪云：「（至陛）升高陛也。」

〔九四〕鮑彪云「（顧笑）顧武陽而笑。」

〔九五〕〔按〕北蠻夷，謂燕。史記北下有「蕃」字。

〔九六〕鮑彪云：「慴，懼也。」

〔九七〕〔按〕「假借」猶言「寬容」。

〔九八〕鮑本、吴本使下有得字，史記同。

〔九九〕鮑本、吴本無「曰」字。

〔一〇〇〕鮑本、吴本「之」下有「秦王」二字，屬下。史記同。

〔一〇一〕〔按〕見同現。

〔一〇二〕鮑本、吴本無「抗」字，史記同。〔按〕「抗」即「抌」之字譌，「抌」又「揕」之一作，說見上。此當衍一字。

〔一〇三〕鮑本、吴本「絶袖」二字倒，史記同。

〔一〇四〕鮑彪云：「摻，把持也，與『操』同。晉人多然如。室，劍鞘。」戴文光云：「所帶之劍，從胸前拔過肩乃出，急則勢不能展，故戀其室中堅不可拔也。」（于鬯注引）于鬯云：「謂一手拔劍，劍長則不能立拔，故必一手持其鞘，所謂操其室。」〔按〕周緯中國兵器史稿（頁一四五）云：「古劍無室，直接插腰，貫索纓索以插身或繫腰耳。晚周劍體漸大，劍刃較銳，雕鏤鑲嵌之風又盛，佩劍乃有室焉。迨至戰國時製鐵劍，劍乃不可以無室，蓋鐵劍身長而又極易生銹，非鞘不足以保存之懸繫之也。」按刀劍之有鞘非在晚周。詩小雅瞻彼洛矣：「鞞琫有珌。」毛傳：「鞞，容刀鞞也。」鞞，刀室也。正義引燕丹子云：「左手揕其胸。秦王曰：『今日之事，從子計耳，乞聽琴而死！』召姬人鼓琴，琴聲曰：『羅縠單衣，可引而絶。八尺屏風，可負而拔。』王於是奮袖，趨屏風走之。」此必無其事，不足辨。

〔一〇五〕姚宏云：「曾(怨)作『恐』。」鮑本、吳本「恐」作「惶」。〔按〕「恐」字義長，「怨」疑是「恐」之形訛，今從曾本。史記作「惶」。

〔一〇六〕姚宏云：「曾本無『劍』字。」鮑彪云：「堅，在室牢也。」李慈銘云：「江南本(史記)『堅』作『豎』，義長。」(越縵堂讀書記)〔按〕「堅」字可通，且史記各本亦多作「堅」者。

〔一〇七〕鮑本、吳本「還」作「環」，下同。黄丕烈云：「史記作『環』。環、還同字。」

〔一〇八〕鮑彪云：「愕，相遇驚也。」

〔一〇九〕鮑彪云：「卒、猝同，下同。」

〔一一〇〕鮑本、吳本「尺」下有「寸之」二字，史記同。

〔一一一〕鮑本「陳」下有「於」字。〔按〕索隱云：「郎中，若今宿衛之官。」按即史記滑稽列傳優旃所呼「陛楯郎」。

〔一一二〕鮑彪云：「搏，擊也。」

〔一一三〕鮑本、吳本「提」下有「荆」字，史記同。鮑彪云：「提，擿也。」吳師道云：「且，即于反。提，姪帝反。史：提文帝，提吳太子，語同此。」〔按〕太平御覽卷七百四引有注「提，抵擊也」。疑是高注佚文。史記絳侯世家索隱云：「(提)蕭該音『底』。提者，擲也。」

〔一一四〕鮑本、吳本無「之」字。史記亦無。

〔一一五〕〔按〕索隱引王劭曰：「古者帶劍上長，拔之不出室，欲王推之於背，令前短易拔。故云『王負劍』。」

〔一一六〕横田惟孝云：「『廢』猶『仆』也。齊策：大廢於後。」

〔一一七〕鮑本「提」作「以提擿」三字。鮑衍「擿」字云：「本注字也。」吳師道云：「姚本無『擿』字，史無『提』字，二字即上『揕抗』並存之類。」

〔一一八〕〔按〕史記「柱」作「桐柱」（汲古閣本作「銅柱」）。正義引燕丹子云：「荆軻拔匕首擲秦王，決耳，入銅柱，火出。」論衡儒增篇云：「儒書言荆軻爲燕太子刺秦王，操匕首之劍刺之，不得。秦王拔劍擊之，軻以匕首擿秦王，不中，中銅柱，入尺。」此蓋狀軻用力之猛，而侈言過之，乃修辭之誇張。王充核以事理，亦未免拘。

〔一一九〕鮑本、吴本「軻」下重「軻」字，史記同。

〔一二〇〕盧本「踞」作「倨」。鮑彪云：「（箕踞）踞坐，展兩足如箕。」吴師道云：「既斷左股，何云展兩足？」〔按〕箕踞，謂坐如箕形。

〔一二一〕鮑彪云：「（約契）復地之契。」〔按〕集解引鹽鐵論云：「荆軻懷數年之謀，而事不就者，尺八匕首不足恃也。秦王操於不意，列斷賁育者，介七尺之利也。」

〔一二二〕〔按〕史記傳尾云：「魯句踐已聞荆軻之刺秦王，私曰：『嗟乎，惜哉，其不講於刺劍之術也！』」

〔一二三〕鮑本、吴本「而」上有「已」字，史記有。

〔一二四〕鮑彪云：「（當坐者）罪所當坐。」金正煒云：「當坐者，謂侍王左右之人。當，值也。坐，正坐也，聽朔之處，猶言法官法駕也。此蒙上論功賞爲文。」〔按〕當坐者，謂罰，此言行賞罰有差。金説未安。

〔一二五〕鮑本、吴本「軻」上有「荆」字，史記同。

〔一二六〕〔按〕史記「秦」下有「王」字，似長。

〔一二七〕鮑彪云：「並此（王喜）二十九年。」〔按〕秦始皇本紀：「二十年（前二二七），使王翦、辛勝攻燕，燕、代發兵擊秦軍，秦軍破燕易水之西。二十一年，王賁攻薊。乃益發卒詣王翦軍，遂破燕太子軍，取燕薊城。」

〔一二八〕〔按〕史記王翦傳：「秦將李信者，年少壯勇，嘗以兵數千逐燕太子丹，至於衍水中，卒破得丹。」

〔一二九〕〔按〕史記作：「代王嘉乃遺燕王喜書曰：『秦所以尤追燕急者，以太子丹故也。今王誠殺丹獻之秦王，秦王必解，而社稷幸得血食。』其後李信追丹，丹匿衍水中。燕王乃使使斬太子丹欲獻之秦，秦復進兵攻之。」代王嘉乃趙爲秦滅後，趙之亡大夫立之於代者，稱代王。

〔一三〇〕鮑彪云：「秦（始皇）二十五（鮑、吳合注四部叢刊本誤作「二十七」）年，此（燕王喜）三十三年。」〔按〕論衡語增篇云：「傳語曰：『町町若荆軻之閭。』言荆軻爲燕太子丹刺秦王，後誅軻九族。其後恚恨不已，復夷軻之一里，一里皆滅，故曰町町。」此事當在燕滅之後，可見秦王憎軻之深，而殘虐又濫及無辜也。

〔一三一〕〔按〕始皇二十六年（前二二一）兼天下。

〔一三二〕〔按〕史記云：「高漸離變名姓，爲人庸保，匿作於宋子。久之，作苦；聞其家堂上客擊筑，傍偟不能去。每出言曰：『彼有善有不善。』從者以告其主曰：『彼庸乃知音，竊言是非。』家丈人召使前擊筑，一坐稱善，賜酒。而高漸離念：久隱，畏約無窮時。乃退，出其裝匣中筑與其善衣，更容貌而前。舉坐客皆驚，下與抗禮，以爲上客。使擊筑而歌，客無不流涕而去者。宋子傳客之，聞於秦始皇。秦始皇召見，人有識者，乃曰：『高漸離也。』秦皇帝惜其善擊筑，重赦之，乃矐其目，使擊筑，未嘗不稱善，稍益近之。高漸離乃以鉛置筑中，復進得近，舉筑朴秦皇帝，不中。於是遂誅高漸離，終身不復近諸侯之人。」（論衡書虚篇謂傳書言高漸離事略同，復云：「秦王病傷，三月而死。」王充已辨其誣）其事壯烈，因備録之。

〔附論〕

〔按〕刺客列傳贊「太史公曰：『世言荆軻，其稱太子丹之命，天雨粟，馬生角也，太過。又言荆軻傷秦王，皆非也。始公孫季功、董生與夏無且游，具知其事，爲余道之如是。』」據此語，史記此傳似採諸故老口述。然其文與今戰國策大類。索隱云：「按贊論稱公孫季功、董生爲余道之。則此雖約戰國策，而亦別記異聞。」司馬貞以爲史記本國策而以所聞增益之。方苞望溪文集卷二書刺客傳後云：「讀燕策荆軻刺秦王篇，怪其序事類太史公文也。彼自稱得之公孫季功、董生所口道，則非國策之舊文決矣。蓋荆軻之事雖奇，而於策則疏。意國策本無是文，或以史記之文入焉，而削高漸離後事，以事在六國既亡後耳。」李慈銘越縵堂日記云：「史(記)叙荆卿事較國策爲詳，卿與漸離皆具本末。其論曰『始公孫季功、董生與夏無且游』云云。則史記此傳非取之國策。而中壘戰國策叙言取中書餘卷及國別者八篇，以次相補，除其複緟。其書名又有國策、國事、事語、短長等之異，是戰國策一書本雜綴而成。疑燕策此篇即取之史記，而删其首尾。以國策之體，非記一人之事，故删去荆卿始事，而徑以『燕太子丹質於秦亡歸』句起耳。」並謂策此篇抄自史記。吴汝綸記太史公所録左氏義據之更爲發揮，謂：「劉向所校戰國策，亡久矣。後之人反取太史公書充入之，非史公盡取材於戰國策，決也。」(桐城吴先生文集卷四)則指爲劉向以後人所抄襲，進而否定今戰國策之爲原書。近人多主方説，以此篇襲史記。愚細繹策、史之文，覺方、李之説雖有理，而小司馬之言亦未盡非。皆須補充。今試申論之。(一)傳贊謂：「世言荆軻，其稱太子丹之命，天雨粟，馬生角也，太過。」又言荆軻傷秦王，皆非也。」是荆軻之事早已流傳普遍，如天雨粟、馬生角，及傷秦王諸事，並見於燕丹子。史公所稱世言，殆指此也。文選吴都賦劉淵林注引秦零陵令上書曰：「荆軻挾匕首卒刺陛下，陛下以神武扶揄長劍以自救。」(漢書藝文志縱横家有「秦零陵令信一篇」，注：「難秦相李斯。」當即此書)據言爲上秦始皇書，正當時之文書，不諱言荆軻事。鄒陽獄中上書云：「昔者荆軻慕燕丹之義，白虹貫日，太子畏之。」又云：「故樊於期逃秦之燕，藉荆軻首以奉丹事。」又云：「秦皇帝任中庶子蒙嘉之言，以信荆軻之説，而匕首竊發。」枚乘上書重諫吴王云：「厲荆軻之威。」淮南子泰族訓云「荆軻西刺秦王，高漸離、宋意爲擊筑，而歌於易水之上」，漢書藝文志雜家有荆軻論五篇，云：「軻爲燕刺秦王，不成而死，司馬相如等論之。」賈誼新書淮難篇云：「燕太子丹富，然故使荆軻殺秦王政。」又諫立淮南諸子疏：

「即疑有剸諸，荆軻可起於兩柱之間。」（漢書賈誼傳）中山王勝對武帝言，「高漸離擊筑易水之上，荆軻爲之低而不食」（漢書景十三王傳）。此皆在司馬遷之前，早於公孫季功、周生之傳述，而其言刺秦王，借樊於期首及易水悲歌事與策、史相同。是知當時傳荆軻之事者普遍，記者不一，間涉怪誕，如天雨粟、馬生角、白虹貫日、銅柱出火之類。太史公汰僞存真，折衷於故老之口述，以成此篇。若謂史公全據口述，而不憑藉舊文，則未然也。（二）公孫季功、董生之言得之於秦侍醫夏無且。無且親歷其事，所言得真，故史記記軻刺秦王之事，摹寫細緻而逼真。然無且秦醫，其所詳者乃秦廷當日遇刺之狀，若太子丹用軻之始末，未必知之明悉如史記所載。故傳贊所云「具知其事」，即謂軻刺秦王及高漸離之後事，非指全篇也。記軻之文，當時必多，史公採目擊者之遺説，以補證舊文，此是史家之求實精神。由此論之，謂「國策之本無是文」，亦未盡然。（三）史記夏無且以藥囊提荆軻，及秦王賜無且金，此即本諸無且本人之遺説，乃史記所獨有，他書不應有也。今國策亦同此文，則其抄自史記無疑。我意古書常有後人增益之例，不足爲異，如史記亦有羼入漢書之文。荆軻之事，疑劉向所據中書各篇中本有之，向編入策，此亦即史公所憑之舊文。或再據史記增益改定，此增改者爲劉向或他人，則不得而詳。但司馬貞索隱已言之，則唐初所見戰國策同今本。太平御覽卷七百四引此篇「荆軻逐秦王時夏無且以其藥囊提」，有注云：「提，抵擊也。」疑是高誘注。若然，則劉向原書已如此，而方氏謂「國策本無是文」，吴氏謂「劉向所校戰國策亡久矣，後之人反取太史公書充入之」，又不然也。據他書抄襲之文，謂有後人增益可也，若并其全篇而否定之，則亦非也。故愚意此篇國策本有之，而其文則有據史記增益或潤色之。刺客傳贊所述：「公孫季功、董生與夏無且遊。」王國維太史公繫年考略云：「考荆軻刺秦王之歲，下距史公之生，凡八十有三年。二人未必能及見史公道荆軻事，……史公或追記父談語也。」其説是。司馬父子纂史，成書於遷，其中有談所論著。此篇當是談言，其稱太史公，即談也，猶太史公自序遷與其父並稱「太史公」（談、遷並任太史令故得同稱）。瀧川資言史記總論以公孫季功、周生列爲遷之交游，而以周生爲周霸。考周霸爲申公弟子，見儒林傳封禪書云：「周霸屬圖封禪事。」其事據漢書武帝紀在元封元年（前一一〇），距荆軻之事一百十七年，若非享壽百歲以上，安能與夏無且遊？況周生爲周霸亦不明所據乎（項羽本紀贊亦有「吾聞之周生曰」云云。正義引孔文祥云：「周生，漢時儒者，姓周也。」不詳其名）？顯誤，附辨於此。

戰國策　卷三十二

宋衛

〔釋題〕

宋，張琦云：「宋地自今河南歸德府以東，江蘇之徐州府、安徽宿、亳二州，北有山東曹州府之菏澤、曹縣、定陶、單縣、城武、鉅野，濟寧之金鄉、魚臺皆是。」

〔按〕宋爲殷後裔微子受周封地，都於今河南商邱。又近人考證戰國時宋東徙都彭城（今江蘇徐州，見先秦諸子繫年考略）。戰國時歷景公、昭公、悼公、休公、桓侯（據古本竹書紀年）、剔成、王偃七世，爲齊所滅。

衛，張琦云：「衛地自今山東濮州（濮縣）以西，直隸（河北）之大名、河南衛輝、懷慶及開封之儀封皆是。」

〔按〕衛是周武王弟康叔所封地，始都朝歌（今河南淇縣），後遷楚丘（今河南滑縣），再遷帝丘（今河南濮陽）。至元君徙都野王（今河南沁陽），爲秦之附庸。其後爲秦二世所廢。戰國時歷悼公、敬公、昭公、懷公、慎公、聲公、成侯、平侯、嗣君、懷君、元君、君角十二世。

1　齊攻宋宋使臧子

齊攻宋，宋使臧子索救於荆〔一〕，荆王大説，許救甚勸〔二〕。臧子憂而反，其御曰：「索救而得，有憂色何也？」臧子曰：「宋小而齊大。夫救於小宋而惡於大齊，此王（人）之所憂也〔三〕。而荆王説甚，必以堅我〔四〕。我堅而齊弊，荆之利也〔五〕。」臧子乃歸。齊王果攻〔六〕，拔宋五城，而荆王不至〔七〕。

〔箋證〕

〔一〕横田本考異云：「一本『臧』下有『孫』字。」（不詳何本，疑從韓非子校字）金正煒云：「韓非説林上篇作『宋使臧孫子南求救於荆』。『南求』二字疑即『索』字誤析爲二。」〔按〕荆即楚。

〔二〕高誘云：「勸，力也。」横田惟孝云：「『勸』當作『歡』，言與使者歡也，説見趙策。」〔按〕「勸」字應「許救」而言，自通。高注已如此，横田説非。韓非子説林上篇「勸」作「歡」。顧廣圻識誤謂「『歡』當從策作『勸』」。

〔三〕王念孫云：「『王』當作『人』。今作『王』者，戰國策『人』字或作『壬』，因譌而爲『王』。下章墨子曰『吾欲藉子殺王』，『王』亦『壬』之譌也。韓子作『此人之所以憂也』，是其證。」〔按〕依文義言之，亦作「人」爲長，今從改。

〔四〕解縉云：「堅我，謂堅其拒齊之心。」

〔五〕張尚瑗云：「此策起於田臣思爲田侯謀救韓早晚，陰結韓之親，以晚承魏之敝。而秦、韓濁澤之戰，陳軫説楚王虛名救韓，使之絶秦，事正相同。至此楚復誤宋。」〔按〕此策時不可考，不審其在田臣（巨）思策救韓（齊策一）之前後也。

〔六〕鮑本、吳本無「攻」字。

〔七〕鮑彪繫此章於剔成下，以荆王爲楚威王，齊王爲齊宣王，且云：「孟子所稱，審亦皆剔成也。」吳師道云：「此章時不可考，缺之可也。鮑妄爲傅會，至謂『孟子所稱皆剔成』。孟子謂戴不勝『子之王』、『薛居州居王所』，王非偃而誰？」王念孫云：「『齊王、荆王，兩『王』字亦當作『人』』。韓子作『齊人拔五城於宋，而荆救不至』。是其證。」〔按〕史記宋世家：「君偃十一年，自立爲王，東敗齊，取五城。」梁玉繩志疑云：「年表、世家皆無宋取齊、楚地，……此亦虛説也。」引此章云：「雖未知事在何年，而注家謂齊爲宣王，荆爲威王，其時甚合，則此誤以齊取宋城爲宋取齊也。」比附亦未是，姑備一説。

2 公輸般爲楚設機

公輸般〔一〕爲楚設機（械）〔二〕，將以攻宋。墨子〔三〕聞之，百舍重繭〔四〕，往見公輸般。謂之曰：「吾自宋聞子〔五〕，吾欲藉子殺王（主）〔六〕。」公輸般曰：「吾義固不殺王（主）。」墨子曰：「聞公爲雲梯〔七〕，將以攻宋，宋何罪之有〔八〕？義不殺王（主）而攻國，是不殺少而殺衆。敢問攻宋何義也？」公輸般服焉，請見之王〔九〕。

墨子見楚王[一〇]曰："今有人於此，舍其文軒[一一]，鄰有弊輿，而欲竊之；舍其錦繡，鄰有短褐[一二]，而欲竊之；舍其粱肉，鄰有糟糠，而欲竊之。此爲何若人也[一三]？"王曰："必爲有竊疾[一四]矣。"墨子曰："荆之地方五千里，宋方五百里，此猶文軒之與弊輿也。荆有雲夢，犀、兕、麋、鹿盈之，江漢魚、鼈、黿、鼉，爲天下饒[一五]，宋所謂無雉、兔、鮒魚[一六]者也，此猶粱肉之與糟糠也。荆有長松、文梓、楩、柟、豫樟[一七]，宋無長木，此猶錦繡之與短褐也。惡（恶）以王吏[一八]之攻宋，爲與此同類也。"王曰："善哉，請無攻宋[一九]。"

【箋證】

〔一〕高誘云："公輸般，魯班之號也。"吴師道云："它書（般）或作『班』，古字通。漢書『班師』。"〔按〕吕氏春秋愛類篇高注："公輸，魯般之號也，在楚，爲楚王設攻宋之具也。"魯班即魯般，班、般字通。此注"公輸般"之"般"字疑衍。墨子公輸篇"般"作"盤"，同。孟子離婁上篇："公輸子之巧。"趙岐注云："公輸子，魯班，魯之巧人也。或以爲魯昭公之子。"禮記檀弓下篇言季康子之母死，"斂，（公輸）般請以機封"。墨子魯問篇云："公輸子自魯南游楚，焉始爲舟戰之器，作爲鉤强之備。"又云："公輸子削竹木以爲鵲，成而飛之，三日不下。"並言其巧伎。

〔二〕高誘云："機械，雲梯之屬也。"鮑彪云："天地疏：機關也。雲梯之屬。"吴師道云："『械者，飛梯、撞車、飛石、車弩之具。』"王念孫云："『機』下當有『械』字，故高注曰機械云云。莊三十二年公羊傳注曰：『有攻守之器曰械。』機械，機巧之械也。文選勸進今上牋注、辨亡論注引策文並作『機械』。墨子公輸篇亦云『公輸般爲楚造雲梯之械』」。〔按〕王説是，吴注引索隱亦釋「械」字，當有之，今補。

〔三〕高誘云：「墨子，墨翟也。」〔按〕史記孟荀列傳云：「蓋墨翟宋之大夫，善守禦，爲節用。或曰並孔子時，或曰在其後。」此蓋記其爲宋大夫之前。其事跡詳孫詒讓墨子傳略及墨子年表（墨子閒詁附録）。

〔四〕高誘云：「百舍，百里一舍也。重繭，累胝也。」吴師道云：「又莊子『百舍』，注：『百日止宿也。』按『繭』即『趼』字，吉典反。增韻謂足胝起如繭。胝音支。」〔按〕吕氏春秋不廣篇：「却舍延尸。」高注：「軍行三十里爲一舍。」與此注殊。此言墨子急於解難，故云「百里一舍」，異於常法。淮南子脩務訓：「（南榮疇）百舍重跰，不敢休息。」高注：「百里一舍。跰，足胝生。」與此同，跰是趼之譌，趼即繭字，字又作蠒。説文「蠒」字云：「黑皴也。」段注引此策文云：「淮南書：『申包胥累繭重胝，七日七夜至於秦庭。』皆借『繭』爲『蠒』也。」蠒、趼、繭同音通借。墨子公輸篇作「墨子聞之起於齊，行十日十夜，而至於郢」。吕氏春秋愛類篇作「墨子聞之自魯往，裂裳裹足，日夜不休，十日十夜而至於郢」。淮南子脩務訓作「墨子聞而憚之，自魯趍，而十日十夜，足重繭而不休息，裂衣裳裹足，至於郢」。吴引莊子，見天道篇。

〔五〕鮑彪云：「（聞子）聞其善。」横田惟孝云：「言聞子將攻宋。」〔按〕下文云「聞公爲雲梯將以攻宋」，則此「聞子」非聞其攻宋也，横田解非。

〔六〕吴師道云：「一本三『殺王』並作『殺𤯔』，云：人、𤯔，並而鄰反。集韻云：唐武后字作『𤯔』。如『臣』字作『𢘑』。『𤯔』即『人』也。」黄丕烈云：「下文『吾義固不殺王』，墨子公輸篇正作『人』。此句云：『北方有侮臣，請藉子殺之。』可證『𤯔』字是也。」〔按〕「殺王」於義不當，作「𤯔」是也，今從正，下同。許應元謂：「戰國時安得用武氏字也？」此明人淺陋不知校讎者之言，不足辨。横田惟孝以「王」爲「宋王」，攻宋本欲殺宋王，何言「吾義不殺王」？亦非。

〔七〕高誘云：「梯長而高，上至於雲，故曰『雲梯』也。」〔按〕孟荀列傳索隱：「梯，構木瞰高也。雲者，言其昇高入雲，故曰雲梯。」

〔八〕高誘云：「楚欲廣土而起伐宋，宋非有罪也，故曰『宋何罪之有』乎？」

〔九〕鮑彪云：「（見之王）見翟於王。」

〔一〇〕鮑彪云：「（楚王）非昭即惠。」吴師道云：「當缺。」〔按〕渚宫舊事卷二次此事於惠王下。別詳後。

〔一一〕高誘云：「文軒，文錯之車也。」

〔一二〕姚宏云：「（短）一作『裋』。」鮑本「短」作「裋」。鮑彪云：「（裋褐）豎使之衣。」吴師道云：「一本『短褐』。韓文考異云：『「裋褐」一作「短」。方云：貨殖傳用「裋」字。董彦遠、洪慶善皆辨古無「短褐」字。按「裋褐」字，賈誼、貢禹、貨殖傳，班彪、劉平、張衡傳凡六見。班彪論，漢書作「裋」，文選則用丁管切。是唐儒兩用之，故少陵以長纓短褐爲對，而史記孟嘗傳、國策墨子語皆傳寫之訛。』今按國策『短』一作『裋』。史『安不得短褐』，司馬貞亦音『豎』。班彪王命論『短』字。韋昭云：『當作「裋」，襦也。』又淮南子『巫馬期絻衣短褐』，而高誘無説。未必皆傳寫之訛。柳子厚亦嘗用之，安知韓公之必不然乎？兩存以俟知者。」金正煒云：「此與『錦繡』爲對文，作『裋』者是也。」〔按〕説文：「裋，豎使布長襦。」「褐，粗衣。」方言：「襜褕，江、淮、南楚謂之『襜褣』，自關而西謂之『襜褕』，短者謂之『裋褕』。」郭注：「『裋』音『豎』。」史記秦始皇本紀論贊：「夫寒者利裋褐。」集解引徐廣曰：「（裋）一作『短』，小襦也。音『豎』。」索隱：「裋，一音『豎』。謂褐布豎裁。爲勞役之衣。短而且狹，故謂之短褐，亦曰豎褐。」荀子大略篇：「衣則豎褐不完。」楊倞注：「豎褐，僮豎之褐，亦短褐也。」裋，本爲布長襦，因其狹短，或作「短襦」，又因豎使所服，或作「豎褐」。其實「裋」、「短」、「豎」，並從「豆」聲，古本同聲通用，「短」、「豎」二字是「裋」之假借字也（淮南子覽冥訓：「短褐不完。」高注：「短褐，處器物之人也，褐，毛布，如今之馬衣也。」）。

〔一三〕高誘云：「言明此爲何等人也。」

〔一四〕鮑彪云：「『疾』猶『癖』。」

〔一五〕高誘云：「下民也。」〔按〕此注字疑有誤。墨子作「爲天下富」。「鐃」猶「富」也。

〔一六〕鮑彪云：「鮒，魚之小者。」吴師道云：「爾雅翼：『鮒，鰿也，今作「鯽」。』」〔按〕吕氏春秋本味篇：「魚之美者，洞庭之鱄。」高注：「鱄，魚名也。一云『魚子』也。」陸佃埤雅引「鱄」作「鮒」，云：「鮒，小魚也。即今之鯽魚。」政和經史證類本草亦云：「鯽魚，一名鮒魚。」

〔一七〕高誘云：「（松梓楩枏豫樟）皆大木也。」鮑本「枏」作「楠」，「樟」作「章」。吴師道云：「楩楠豫章，書注『楩梓』。一本『補』（疑當作『楠』）作『枏』，『章』作『樟』。『枏』即『楠』。」〔按〕史記司馬相如傳：「楩枏豫章。」集解引郭璞云：「楩，杞也，似梓。枏，葉如桑。豫章，大木也，生七年乃可知也。」文選子虚賦李注引尸子曰：「土積則生楩楠豫章。」

〔一八〕鮑彪改「惡」作「臣」。吴師道云：「疑（惡）字誤。」黄丕烈云：「（惡）此『叀』字耳。」安井衡讀「爲」字句，「惡」讀作「烏」，又云：「鮑本『惡』作『臣』，『宋』字句，亦通。」鍾鳳年亦云：「惡同烏，『惡以』猶言『亡其』。……此處以作疑問語爲當，不必强與他書同。」金正煒云：「王吏，墨子作『三事』，尸子作『王使』，神仙傳作『臣聞大王吏議攻宋』。文以『王使』義勝，謂使服也。諸書皆以形似而譌。」〔按〕墨子「惡」作「臣」，此當是「叀」之誤，黄説是，今從正。「王吏」作「三事」，孫詒讓謂「『三事』疑當作『三吏』」。逸周書大匡篇云：「王乃召冢卿三老三吏。」孔晁注云：「三吏，三卿也。」左傳成三年：「晉侯使鞏朔獻齊捷於周，王使委於三吏。」杜注云：『三吏，三公也。』」又引神仙傳云云，「則似是『王吏』之譌」。「事」字古文作「叓」，與「吏」形似。「使」從「吏」聲，與「吏」可通借。但此文「王吏」義自通，不必改字也。

〔一九〕鮑彪繫此章於宋景公下。吳師道云：「墨子云：『公輸般爲雲梯之械成，將以攻宋。墨子聞之，至於郢，見，公輸般之攻械盡，墨子之守固有餘。般詘而言曰：吾知所以距子矣，吾不言。墨子亦曰：吾知子之所以距我者，吾不言。楚王問其故，墨子曰：公輸子之意，不過欲殺臣。殺臣，宋莫能守。雖然，臣之弟子禽滑釐等三百人，已持臣守圉（原本「圉」訛作「圍」，今從墨子改）之器在宋城上，而待楚寇矣。雖殺臣，不能絶也。楚王曰：善哉，吾請無攻宋城矣。』」〔按〕吳引墨子，見公輸篇，即此章之下文。吕氏春秋愛類篇亦云：「王曰：公輸般天下之巧工也，已爲攻宋之械矣。墨子曰：請令公輸般試攻之，臣請試守之。於是公輸般設攻宋之械，墨子設守宋之備。公輸般九攻之，墨子九却之，不能入。故荆輟不攻宋。」淮南子脩務訓同。孫詒讓墨子年表附記此事於周考王元年（前四四〇）、宋昭公二十九年、楚惠王四十九年。其墨子傳略云：「墨子止楚攻宋，本書不云在何時。鮑彪戰國策注謂當宋景公時，至爲疏謬。惟渚宫舊事載於（楚）惠王時墨子獻書之前，最爲近之。蓋公輸子當生於魯昭、定之間，至惠王四十年以後、五十年以前，約六十歲左右。而是時墨子未及三十，正當壯歲，故百舍重繭，而不以爲勞。惠王亦未甚老，故尚能見墨子，以情事揆之，無不符合。」孫説自較鮑説爲長。然如其説，墨子是時年未及三十，而云「臣之弟子禽滑釐等三百人」，似非甫壯之人所能有諸。總之，墨子生卒之絶對年月無從確定，其事跡亦祗能存之，不能强斷爲何時也。

3　犀首伐黄過衛

犀首〔一〕伐黄〔二〕，過衛，使人謂衛君〔三〕曰：「弊邑之師過大國之郊，曾無一介之使以存之乎〔四〕？敢請其罪！今黃城將下矣，已〔五〕將移兵而造大國之城下。」衛君懼，束組三百緄〔六〕，黃金三百鎰，以隨使者。南文子〔七〕止之曰：「是勝黃城，必不敢來〔八〕；不勝，亦不敢來。是勝黃城，則功大名美，內臨其倫〔九〕，夫在中者〔一〇〕惡臨，議其事〔一一〕。蒙〔一二〕大名，挾成功，坐御以待中之議〔一三〕，犀首雖愚，必不爲也。是不勝黃城，破心〔一四〕而走歸，恐不免於罪矣，彼安敢攻衛以重其不勝之罪哉？」

果勝黃城，帥師而歸，遂不敢過衛。

【箋證】

〔一〕鮑彪云：「（犀首）魏官也，非公孫衍。」吳師道云：「據左傳南文子相衛悼公，悼公與智伯並時，則犀首非公孫衍矣。司馬彪謂犀首爲魏官。以此策考之，悼公元年當貞定王元年，至威烈王二十三年三晉始爲諸侯時六十餘年，是時已有犀首，非魏官矣。意嘗其爲姓名或號，說見秦策。然則此犀首者亦三晉之臣歟？」鍾鳳年云：「魏記惠十六年稱『侵宋黃池，宋復取之』，與此章『果勝黃城，帥師而歸』之語略合，疑彼即此章事。至犀首不能與南文子同時，策之人時不合者固甚多，不宜執以爲據。」〔按〕「犀首」疑是封號。趙策三建信君貴於趙章「駕犀首而驂馬服」。犀首與馬服並列，同爲封號。封號前後相同者，戰國時多有之，如蘇秦號武安君，白起、李牧亦號武安也。鍾說可備考。

〔二〕高誘云：「黃，國名也。」吳師道云：「策言黃不一處，此未詳。」程恩澤云：「春秋時黃國有二：一爲江、黃、道、柏之黃，楚滅之；一爲沈、姒、蓐、黃之黄，晉滅之；皆不及戰國。然萊子國稱萊黃，史記秦始皇本紀謂之黄腄。……然其滅亦已久，且未謂爲黄國也。疑仍是邑名，如所云黄濟陽之類。」狄子奇云：「下云『勝黄城』，則黄非國也。蓋即所云墜黄城者。」〔按〕史記蘇秦傳「決白馬之口，魏無外黄濟陽」（燕策二無「外黄」二字），程説指此。齊策五蘇秦説齊閔王章「（趙）襲魏之河北，燒棘溝，隊黄城」。狄説指此，蘇秦合從説魏王曰：「東有淮、潁、沂、黄、煮棗、海鹽、無疏。」（魏策一）疑指此黄。其時魏氏尚未得黄。

〔三〕鮑彪云：「此策以南文子與智伯同時，（衛君）知爲悼公。」吴師道云：「左傳『出公之入也，奪南氏邑』。杜注：『子南之子公孫彌牟。』彌牟與諸師比等逐公，越皐如等將約公。文子致衆而問曰：彌牟亡有益云云。遂立悼公，南氏相之。事在哀公二十五年、二十六年。」

〔四〕〔按〕秦策五濮陽人吕不韋章「無一介之使以存之」，與此句相同。高注：「存，勞問也。」左氏襄公八年傳：「亦不使一介行李告於寡君。」杜注：「一介，獨使也。行李，行人也。」韋昭國語吴語注云：「一介，一人。」「介」亦作「个」，聲同相通。書秦誓「若有一介臣」，禮記大學引「介」作「个」。此言衛不遣使勞問其軍。

〔五〕鮑彪云：「已，言已下黄城。」田汝成云：「『已將』猶言『即將』。」關修齡云：「『已』猶『卒』也，謂伐黄事卒也。」〔按〕已同以，「以」猶「且」（「又且」之「且」）也（見古書虚字集釋）。

〔六〕高誘云：「組，斜文紛綬之屬也。十首爲一緄也。」吴師道云：「組，屢見前。緄，古本反，説文：『帶也。』詩：『緄縢。』傳：『繩也。』皆與此不協。」孫詒讓云：「此高據漢制爲釋也。續漢書輿服志説綬制云：『凡先合單紡爲系，四系爲一扶，五扶爲一首。』又云：『自公主封君以上皆帶綬，以采組爲緄帶。』漢志無十首之名，此可以補之。」金正煒亦引輿服志，又引古今注「凡先合單紡爲一絲，四絲爲一扶，五扶爲一首，五首成一文」，云：「並無十首爲緄之説。疑『緄』當爲『純』，形似而譌。秦策『錦繡千純』，高注：『純，束也。』管子輕重甲篇『纂組一純』。穆天子傳『好獻錦組百純』。皆稱『組』爲『純』之證。」〔按〕「束組」不應再云「純」。據高注當是

「緄」字，金説非。

〔七〕高誘云：「南文子，衛大夫。」〔按〕古本竹書紀年作「子南彌牟」。

〔八〕高誘云：「來，敢移兵來至城也。」

〔九〕高誘云：「倫，等。」鮑彪云：「臨，言以功處其上。」

〔一〇〕鮑彪云：「(在中者)國中之臣。」〔按〕「夫」猶「彼」。

〔一一〕高誘云：「惡其臨已，故將議其事也。」鮑彪云：「議，謂譖短之。」金正煒云：「以(高)注求之，『議』上當有『且』字，文義乃完。」〔按〕讀「臨」字逗，文義自貫。

〔一二〕鮑彪云：「蒙，冒處之也。」

〔一三〕鮑彪云：「坐具(鮑單注本作「豆」，疑「且」字之訛)御，言不營爲。」横田惟孝云：「坐，猶『居』也。言勝黄不歸，居外制御在内者。」安井衡云：「坐御，坐御羣下也，謂曠日持久。」金正煒云：「坐，止也。『御』當爲『衛』之譌。」〔按〕横田説爲長。

〔一四〕鮑彪云：「破心，懼罪也。」

4 梁王伐邯鄲

梁王伐邯鄲〔一〕，而徵〔二〕師於宋。宋君使使者請於趙王曰：「夫梁兵勁〔三〕而權重，今徵師於弊邑，弊邑不從，則恐危社稷。若扶〔四〕梁伐趙，以害趙國，則寡人不忍也。願王之有以命弊邑〔五〕！」趙王曰：「然。夫宋之不足〔六〕如〔七〕梁也，寡人知之矣。弱趙以强梁，宋必不利也〔八〕。則吾何以告子而可乎〔九〕？」使者曰：「臣請受邊城〔一〇〕，徐其攻而留其日〔一一〕，以待下吏之有城而已〔一二〕！」趙王曰：「善。」

宋人因遂舉兵入趙境而圍一城焉。梁王甚説，曰：「宋人助我攻矣〔一三〕。」趙王亦説〔一四〕曰：「宋人止於此矣〔一五〕。」故兵退難解，德施於梁，而無怨於趙。故名有所加而實有所歸〔一六〕。

〔箋證〕

〔一〕〔按〕魏圍邯鄲，見齊策一、楚策一及魏策四。

〔二〕高誘云：「徵，召也。」

〔三〕高誘云：「勁，强也。」

〔四〕高誘云：「扶，助也。」

〔五〕高誘云：「弊邑，宋也。」

〔六〕鮑本無「足」字。吴師道云：「一本『不足如梁』。」

〔七〕高誘云：「如，當也。」安井衡云：「如，同也，故引伸可訓『當』。」

〔八〕高誘云：「梁必兼宋，故宋不利之矣。」

〔九〕鮑彪云：「雖知宋不助梁，然無辭使宋不聽梁。」

〔一〇〕姚宏云：「曾、錢(臣)作『恧』。自此卷尾曾本(臣)皆作『恧』。」疑其所據爲武周時寫本也。　鮑彪云：「請得攻一城以應梁。」　横田惟孝云：「邊城，趙邊境之城也。」

〔一一〕高誘云：「徐，緩。留其日，稽留其日也。」

〔一二〕鮑彪云：「攻之不力，使趙無失城。」

〔一三〕高誘云：「以宋人圍趙一城，故云『助我攻』。」

〔一四〕鮑本無「説」字。　吴師道云：「一本『趙王亦説曰』。」

〔一五〕高誘云：「以宋使者言徐攻留其日。趙王亦説，言宋人止於此。」

〔一六〕鮑彪次此策於宋景公下，以梁王爲襄王、趙王爲武靈王，云：「(宋)君偃宜無此善。以在犀首伐黄下，蘇秦論攻宋前，故次之此。」　吴師道以梁王爲惠王、趙王爲成侯，云：「大事記：周顯王十五年，梁惠十七年，宋公剔成十六年，宋伐趙，圍一城。解題曰：『梁惠王伐邯鄲，引策云云。』又按史世家景公六十四年卒。左傳景公在位四十八年卒。大事記定從左氏，景公卒當元王七年。鮑以此次之景公，繆甚。」〔按〕鮑氏既以梁王爲襄王、趙王爲武靈王，而又次此章於宋景公世，年代相去甚遠，自相矛盾。且景公卒年，即令從史記年表在周定王十八年(前四五一)(依宋世家及十二諸侯表景公六十四年推算，當在周定十六年。左傳宋景公卒在魯哀公二十六年，當周元王八年，與年表相差十八年)。其時三家尚未爲侯，豈有梁王伐邯鄲之事？其謬至明，吴氏正之是也。魏世家惠王十七年(前三五四)「圍趙邯鄲」，當趙成侯之二十一年(策稱「趙王」，蓋後人追書。此時魏惠王亦未稱王，例同)。古本竹書紀年：「(惠成王)十四年，魯共侯、宋桓侯、衛成侯、鄭釐侯來朝。」則此時宋君似是宋桓侯。桓侯即宋世家之闢公闢兵。世家：「闢公三年卒，子剔成立。」若依此推算，又當是宋君剔成。然古本紀年稱「宋剔成廢其君璧而自立」，與宋世家不同，桓侯年次亦難確定，姑兩存之。魏世家：「(惠王)十六年，侵宋黃池，宋復取之。」是宋之從梁攻趙，脅於兵也，故心懷二端。及齊出師救趙，宋遂叛魏而合於齊。古本紀年：「（惠成王）十七年，宋景敾、衛公孫倉會齊師，圍我襄陵。」參比諸事，與此策相應。

5　謂大尹曰

謂大尹〔一〕曰：「君日長矣，自知政則公無事〔二〕。公不如令楚賀君之孝〔三〕，則君不奪太后之事〔四〕矣，則公常用宋矣〔五〕。」

〔箋證〕

〔一〕高誘云：「大尹，宋卿也。」中井積德云：「大尹，蓋奄人也，故太后擅政，則已有寵。」于鬯云：「韓非説林篇載此策作『白圭謂宋令尹』，則此爲白圭語。而言『令尹』，不爲『大尹』。韓策有『小令尹』，令尹有小，何必無大？但是楚官，宋不宜有。或謂左傳太宰自襄十七年後不復見，疑省太宰而設大尹，或大尹即大宰之別稱。此説頗近。」〔按〕左氏哀二十六年傳記宋景公世：「六卿三族降聽政，因大尹以達。」杜注：「大尹，近官有寵者。」春秋大事表卷十引程啓生云：「蓋亦奄寺之流。」中井説與之合。傳言「六卿三族」，則大尹非宋卿，亦非公族，杜注謂「近臣」，是也。此大尹亦如之，高注恐非。于説更屬臆度，不必辨。韓非子以此爲白圭之言，傳聞異辭，不能據以正此。于引或説出梁履繩左通補釋。

〔二〕高誘云：「言宋王年日長大，自能制法佈政也。則大尹無復有專政之事也。」鮑彪云：「君，宋君。（自知政）言親國事。」橫田惟孝云：「韓子『事』下有『矣今君少主也而務名』九字，文意尤順。」

〔三〕文廷式云：「孝何必賀？令楚賀者，乃以楚脅其主也。韓非子八徵曰：『不爲人主之孝而慕匹夫之孝，不顧社稷之利而聽主母之令，女子用國，刑餘同事者，可亡也。』此之謂也。」〔按〕廣雅釋言：「賀，嘉也。」言頌美宋君之孝事母后。

〔四〕高誘云：「事，政事也。」

〔五〕高誘云：「太后，尹母也，與后共爲政。太后不見奪政，則大尹亦不見廢也。故云『常用於宋』也。」鮑彪云：「（用宋）見用於宋。尹蓋太后之人。」關修齡云：「高注『母』字，疑『姊妹』之訛。」于鬯云：「此大尹當是太后之兄若弟，而高以爲太后爲尹母，奇甚。如此，則大尹爲太后之子矣。豈太后有異夫，故先有子爲大尹歟？當不其然。」〔按〕關、于等疑高注之誤，是也，但以大尹與太后爲姊弟或兄妹，亦非。大尹乃太后近臣有寵者，鮑注是。說見上。或據此高注以大尹爲宋君之庶兄，而以宋君爲君偃，無稽之辭，不辨。鮑彪亦次此章於宋景公下。吳師道云：「左傳哀二十六年：『宋景公無子，取得與啓畜諸公宮，於是云云，六卿三族降聽政，因大尹以達。』鮑因『大尹』字，遂傅會爲景公時，蓋無稽之言也。」

6　宋與楚爲兄弟

宋與楚爲兄弟，齊攻宋，楚王言救宋。宋因賣楚重以求講於齊〔一〕，齊不聽。蘇秦爲宋謂齊相曰：「不如與之〔二〕，以明宋之賣〔三〕楚重於齊也。楚怒〔四〕，必絶於宋而事齊。齊、楚合，則攻宋易矣〔五〕。」

【箋證】

〔一〕高誘云：「齊伐宋，楚將救宋，宋恃楚之重，求和於齊者。」鮑彪云：「賣，謂衒鬻之。」

〔二〕高誘云：「（不如與之）不如與之和也。」鮑彪云：「聽其講。」橫田惟孝云：「與，許也。」

〔三〕鮑本「賣」原作「資」，鮑改作「賣」。吴師道云：「一本（資）作『賣』。」

〔四〕鮑彪云：「（楚怒）怒其背己而與齊講。」

〔五〕鮑彪亦次此章於宋景公下，云：「蘇秦與剔成、齊宣同時，知非（齊）閔時。」吴師道云：「此必非景公時。」

〔按〕以上三章，鮑並誤繫於景公世。此注既云「蘇秦與剔成同時」，不當仍次宋景下，疑原次有錯亂。依事推之，此疑在齊閔謀攻宋之時。

7 魏太子自將過宋

魏太子自將〔一〕，過宋外黄〔二〕。外黄徐子〔三〕曰：「臣有百戰百勝之術，太子能聽臣乎？」太子曰：「願聞之！」客〔四〕曰：「固願效之！今太子自將攻齊，大勝併莒〔五〕，則富不過有魏，而貴不益〔六〕爲王。若戰不勝，則萬世無魏〔七〕。此臣之百戰百勝之術也〔八〕。」太子曰：「諾，請必從公之言而還〔九〕。」客曰：「太子雖欲還，不得矣。彼利太子之戰攻而欲滿其意者衆〔一〇〕，太子雖欲還，恐不得矣〔一一〕。」太子上車請還，其御曰：「將出而還，與北同〔一二〕。不如遂行。」遂行〔一三〕，與〔一四〕齊人戰而死，卒不得魏〔一五〕。

【箋證】

〔一〕原本與上章連屬，今從鮑本分提。鮑彪移此章於魏策惠王下。吴師道云：「以過宋而徐子言之，從舊可。」高誘云：「（魏太子）魏惠王太子申也。自將攻齊。」〔按〕事見齊策一南梁之難章。

〔二〕高誘云：「外黄，今陳留外黄，故宋城也。後徙睢陽也。」程恩澤云：「今在開封府杞縣東北六十里。然此亦宋邑耳，非其國都也，舊説似誤。」〔按〕史記魏世家無「宋」字。

〔三〕鮑彪云：「劉向别録：『徐子，外黄人。』」〔按〕太平御覽卷三百八引無「外黄」二字，北堂書鈔卷一百十八引有。

〔四〕高誘云：「客，徐子也。」

〔五〕〔按〕魏世家正義云：「莒，密州縣也，在齊東南。言從西破齊，併至莒地，則齊土盡矣。」

〔六〕高誘云：「益，亦過也。」

〔七〕高誘云：「不勝則太子滅，復何魏之有？故云『萬世無魏』也。」〔按〕御覽引「則」作「即」，「魏」下有「矣」字。史記「魏」下亦有「矣」字。

〔八〕横田惟孝云：「還則無戰敗之患，而終能有魏，故曰『百戰百勝之術也』。」

〔九〕〔按〕太子不待客之盡言，已悟其意，故即云「從公之言而還」。

〔一〇〕高誘云：「彼，謂魏戰士也。欲使太子戰得其利，以盈滿其志意。衆，多也。」鮑彪云：「(欲滿其意)希賞也。」〔按〕史記作「彼勸太子戰攻欲啜汁者衆」。

〔一一〕中井積德云：「據史是師龐涓爲將，太子雖爲上將，特假名位鎮軍而已，軍之節度皆由涓。太子雖欲還，豈得自由哉？其不得亦宜矣。」

〔一二〕高誘云：「北，退走也。與退走者同罪。」

〔一三〕盧本脱「遂行」二字。

〔一四〕〔按〕御覽引不重「遂行」二字，「與」上有「乃」字。

〔一五〕高誘云：「齊人敗之馬陵，虜龐涓而殺太子申，故云『卒不不得魏』也。」〔按〕史記孫子傳龐涓自剄死。

8　宋康王之時

宋康王〔一〕之時〔二〕，有雀生鸇〔三〕於城之陬。使史占之，曰：「小而生鉅，必霸天下〔四〕。」康王大喜，於是滅滕伐薛〔五〕，取淮北之地〔六〕，乃愈自信。欲霸之亟〔七〕成，故射天笞地〔八〕，斬社稷而焚滅之〔九〕，曰威服天下(地)〔一〇〕鬼神。罵國老諫曰(者)〔一一〕。爲無顔之冠以示勇〔一二〕。剖傴(者)之背〔一三〕，鍥朝涉之脛〔一四〕，而國人大駭〔一五〕。齊聞而伐之，民散，城不守。王乃逃倪侯之館〔一六〕，遂得而死〔一七〕。見祥而不爲，祥反爲禍〔一八〕。

〔箋證〕

〔一〕鮑彪衍「康」字，云：「按史，君偃在年表、世家、傳並不書謚。」吴師道云：「索隱云：『戰國策、吕氏春秋皆以偃謚康王。』」〔按〕賈子新書春秋篇、新序雜事篇併作「宋康王」。荀子王霸篇作「宋獻」。楊倞注云：「『宋獻，宋君偃也。吕氏春秋曰宋康王，此云獻。國滅之後，其臣子各私爲謚，故不同也。」鮑衍「康」字似非。

〔二〕高誘云：「康王，闢公之子、剔成之弟。」〔按〕高注據宋世家，但史記之世次頗可疑，闢公三年，剔成四十一年，王偃四十七年。即令闢公三年生偃，偃亡國時將年近九十，諸書載偃無道之事，皆輕躁妄動，似與老年人不合。又王偃攻兄即位，年逾四十，十一年自立爲王，則在五十以外。孟子滕文公篇謂戴不勝章舉楚人學齊語寓言以喻薛居州之事宋王。依年次考之，此宋王即王偃。從孟子之語推之，其時宋王似非艾齡之主。或以闢公之年次與剔成互易，似合，惜無的證，姑以備考。

〔三〕高誘云：「⿰鳥斿（按依正文字當作「鸆」，此疑誤），王鵬也，羽蟲之孽（蠥）也。陬，隅也。五行傳：思，心之不容，是謂不聖，時則有黃眚黃祥也。」姚宏云：「新序爵生鸇。通鑑作『鸆』。」鮑彪云：「（鸆）集韻音『欺』。今江東呼鵂鶹爲鵋䴗。」吴師道云：「（鮑注）此與爾雅『鵅，鵋䴗』注同文。鵅音格，鵋音忌，䴗音欺。按史記好射鶀雁。鶀，小雁也，音『期』。愚按策文云『小而生鉅』，以雀生雁言可也。云『見祥而不祥』，鵂鶹非祥也。黃公紹韻會『鶀』、『䴗』併爲一字，音『期』者非。」黃丕烈云：「新序云：『鸇，黑色，食爵，大於爵，害爵也。』爲『鸇』明甚。此必本作『⿰鳥斿』，『⿰鳥斿』、『鸇』爲同字也。作『鸆』者形近之譌。」〔按〕賈子新書「鸆」作「鸇」。太平御覽卷四百六十六引亦作「鸇」。今資治通鑑作「⿰鳥斿」，胡三省注引字林「（鸇）鷉屬」。此或鸆（鸇）鳥遺卵於雀巢而生子，時人不審，遂以爲雀生䳍（鶌）也。高引五行傳即洪範五行傳，見漢書五行志下。張尚瑗云：「魏黄初元年，未央宫中有燕生鷹，口爪俱赤。高堂隆曰：『宜防鷹揚之臣於蕭牆之内。』宋以雀生䳍而亡國，其亦如張竦所云：當今之變異，伐興之符瑞乎？」託於五行災異，妄。

〔四〕高誘云：「史，太史，曰能辨吉凶之妖祥。康王無道，不敢正對，故云必霸天下。危行言遜，太史有焉。」〔按〕康王無道，乃因太史之言以爲有天命而然，初未聞肆虐之事。高氏曲説，爲宋太史諱，非。新序復有議云「臣向愚以鴻範傳推之，宋史之占非也。此黑祥，傳所謂黑眚者也」云云。則以爲宋史誤占。此並陰陽家迷信之言，不足論。

〔五〕鮑彪云：「隱七年注（滕）在沛國公丘縣。」吴師道云：杜氏世族譜滕爲齊滅。觀孟子所載滕定公、文公，則杜説誤，策所記是也。」程恩澤云：「（滕）今兖州府滕縣西十四里有古滕城，即其地。……其世數及滅滕之國，説尤錯出。竹書紀年越滅滕。漢志滕封三十一世，爲齊所滅。杜氏釋例世族譜、水經注並同。春秋正義滕三十世爲楚所滅。通志滕至公丘，爲秦所滅。此云宋滅滕，新序、通鑑及文獻通考並主之，未知孰是。」「（薛）今滕縣東南四十三里有薛城，即其地。容齋隨筆：『薛自奚仲受封，歷夏、商及周末，傳六十四代，享國千九百餘年，始爲宋王偃所滅。』其説蓋本國策。但策止云『伐』，未云『滅』。且此時之薛，似非任姓。竹書紀年周顯王二十九年邳遷於薛，則薛已滅矣。蓋齊先滅薛，後滅邳，却先取邳地以封田忌，後取薛地以封田嬰。此所伐薛，謂田氏也。」〔按〕古本竹書紀年：「（晋烈公十四年）於粤子朱句（三十四年）滅滕。」當周威烈王十一年（前四一五），與策此文不合。張宗泰孟子七篇諸國年表論越滅滕事云：「竹書紀年於越滅滕在朱句三十四年。朱句立於周貞定王二十一年，孟子無由得與滕君言，是滕非滅於越也。戰國策有宋康王滅滕伐薛之文。又杜預春秋釋例據世本以爲春秋後六世爲齊所滅。今考宋爲齊滅，滕爲宋滅，義得相通。世本較紀年爲有據矣。」此調和滕爲齊或宋滅之矛盾，而不信紀年越滅滕之文。黄以周史越世家補並辨亦改紀年滅滕作「伐滕」，謂索隱引誤。其實當時國滅而復立者不乏其例，如楚靈王滅陳、蔡，魏文侯滅中山，後皆復立。於越滅滕，殆亦如之，則與孟子、國策無牴也。至通志謂滕爲秦滅，稽之時地並不合，可無論。胡三省通鑑注云：「薛即孟嘗君所封地。」

〔六〕〔按〕宋世家云：「（王偃）南敗楚，取地三百里。」梁玉繩志疑引此策文云：「取淮北一語，得毋即此取楚地乎？」

〔七〕鮑本、吴本「亟」作「速」。高誘云：「亟，速也。」黄丕烈云：「鮑本誤，高注其證也。新序亦作『亟』。」〔按〕賈子新書亦作「亟」。

〔八〕〔按〕宋世家云：「盛血以韋囊，縣而射之，命曰射天。」吕覽過理篇云：「宋王築爲蘗帝，鴟夷血高懸之，射著甲胄，從下血墜流地。左右皆賀曰：王勝天，賢不可以加矣。」燕策二客謂燕王章謂齊王曰：「今宋王射天笞地，鑄諸侯之象，使侍屏匽。」

〔九〕〔按〕或謂史記六國表（周顯王三十三年）、封禪書及漢書郊祀志之「宋太丘社亡」，即因此「斬社稷而焚滅之」一事而附會之。以年次考之不合，恐非。

〔一〇〕横田惟孝云：「『下』當作『地』，新序作『地』。」安井衡、金正煒説同。〔按〕横田説是，賈子新書亦作「天地」。今從政。

〔一一〕鮑彪改「曰」作「臣」。盧本從之。吴師道云：「（田）疑字誤。」王念孫云：「『曰』與『臣』形聲俱不相近，若本是『臣』字，無緣誤爲『曰』。考太平御覽人事部引此作『罵國老諫者』，賈子春秋篇、新序雜事篇並作『罵國老之諫者』。則舊本『曰』字乃『者』字脱去上半耳。」（黄丕烈説略同）今從正。

〔一二〕鮑彪云：「（無顏之冠）冠不覆額。」横田惟孝云：「韓子：『蔣席額緣。』白虎通：『象刑者以衣服象五刑也云云。犯大闢者，布其衣裾而無顏緣。』是『額』、『顏』同義。蓋冠無顏緣，故不覆額。」于鬯云：「廣雅釋親云：『顏，頟也。』詩鄘君子偕老篇毛傳云：『顏角即額角。』是古謂額爲顏，無顏，無額也。鮑謂『冠不覆額』，則以頟指人頟。王念孫廣雅疏證云：『頟，謂之顔題。故所以飾頟者亦謂之顔題。續漢志輿服志云：古者有冠無幘，至秦乃加其武將首飾爲絳袙，以表貴賤，其後稍稍作顔題。策云「爲無顔之冠」是也。』則以頟指冠頟，義當勝鮑，惟與策義亦不甚融協。策以無顔示勇，如續漢説，則無顔爲復古之冠矣。〔按〕無顔之冠，疑是武冠之無顔題者，戴以示勇，不畏兵矢之傷也。御覽卷四百六十六及四百九十二引「顔」作「頭」。賈子新書、新序作「無頭之棺」。「頭」乃「顔」之形訛，「棺」乃「冠」之音訛。鍾鳳年反以爲是，誤矣。吕氏春秋順説篇云：「惠盎見宋康王，康王蹀足謦欬，疾言曰：寡人之所説者勇有力也，不説爲仁義者，客將何以教寡人？」（亦見淮南子道應訓及列子黄帝篇）康王好勇，與此可互證。

〔一三〕高誘云：「剖，劈也。」〔按〕御覽卷四百九十二引「傴」下有「者」字。此與下「鍥朝涉之脛」對舉，有之爲是。今補。

〔一四〕鮑彪云：「鍥，刻。脛，胻也。」金正煒云：「廣韻：『鍥，斷絶也。』」〔按〕吕氏春秋過理篇云：「截涉者脛而視其髓。」高注：「以其涉水能（耐）寒也，故視其髓，欲知其與人有異不也。」僞尚書太誓下篇亦云「斮朝涉之脛」。

〔一五〕高誘云：「駭，亂憂也。」吴師道云：「史王偃淫於酒、婦人，羣臣諫者輒射之，諸侯皆曰桀宋。」〔按〕吕氏春秋過理篇云：「（宋王）飲酒室中，有呼萬歲者，堂上盡應。堂上已應，堂下盡應，門外庭中聞之，莫敢不應不適也。」高注「憂」當作「擾」。

〔一六〕鮑彪云：「（倪）侯，其臣也。」吴師道云：「無稽。」程恩澤云：「倪與郳同，即小邾也。……春秋釋例東海昌慮縣東北有郳城。今在滕縣東南。齊桓公時進爵爲子，號稱小邾。孔穎達、陸淳並云春秋後六世爲楚所滅。胡三省亦云：『泗上十二諸侯有滕、薛、郳等國。』則此時郳未亡也。」〔按〕策稱「逃倪侯之館」，不云「奔

「倪」，明倪侯之館是宋地，猶言倪氏之館，非外國也，程說未是。韓非子外儲說左上篇云：「兒說，宋人善辨者也，持白馬非馬也，服齊稷下之辯者。」淮南子人間訓云：「夫兒說之巧，於閉結無不解。」高注：「兒說，宋大夫。」「倪」與「兒」同字。齊稷下盛於宣王，衰於湣王，兒說與稷下學者辯論，當在宣、湣之世，值宋王偃時也。呂氏春秋君守篇有兒說之弟子請爲宋元王解閉事。陳厚耀春秋戰國異辭編次於宋王偃世，是以宋元王爲康王也。史記龜策列傳載宋元王得神龜事（莊子外物「宋元王」作「宋元君」），錢大昕考異云：「宋稱王自偃始，此元王或王偃之謚。」亦以元王爲康王。據此，兒說是王偃之大夫。此倪侯之館，疑是倪說或其族之家。賈子新書「倪」作「郳」，新序作「兒」（錢氏以元王爲王偃之謚。呂氏春秋、史記皆有元王，不應並謚。且王偃亡國而死，本無謚號，後人追書，故稱宋康王，或稱宋獻，亦無一定。元王之稱，同出後述，殆以其宋之始王而名之歟）。

〔一七〕吳師道云：「世家云：『殺王偃。』年表云：『死於溫。』溫，魏地。新序『得』下有『病』字。」黄丕烈云：「新序誤衍也。得，獲也，即世家殺王偃事。」横田惟孝云：「新序『得』下有『病』字，此恐脱落。」金正煒云：「公羊昭二十三年傳：『生得曰獲。』呂覽順説篇：『管子得於魯。』漢書高帝紀：『左司馬得殺之。』劉攽曰：『得，得而殺之。』『遂』字疑當作『逐』，『逐』與『逃』文正相應。」〔按〕賈子新書「得」下亦有「病」字。策此文與賈子、新序多同，疑「得」下有脱也。王偃之死，史記本書有舛互，不必從宋世家「殺王偃」爲正。金改「遂」作「逐」，尤屬臆決。魏世家：「（昭王）十年，齊滅宋，宋王死我溫。」與年表合。資治通鑑從之。呂氏春秋禁塞篇亦云：「宋康知必死於溫，吾未知其爲不善之至於此也。」並其證。

〔一八〕高誘云：「禍，謂齊湣王與魏、楚共伐宋，殺康王而滅國，三分其地也。」王念孫云：「見祥而不爲，當作『見祥而爲不可』。爲不可，謂爲不善也。呂氏春秋制樂篇曰：『見祥而爲不善，則福不至。』義與此同。『可』與『禍』爲韻。今本『爲不』二字誤倒，又脱去『可』字。賈子、新序並作『故見祥而爲不可，祥反爲禍』。」關修齡讀

「不爲祥」句，云：「祥，上謂禎祥，下謂善也。宋恃祥而不爲善。」橫田惟孝云：「不爲，謂不脩德也。言宋恃祥而不脩德，故祥反爲禍。」〔按〕「爲」古讀如「譌」，亦與「禍」同韻。廣雅釋詁：「爲，成也。」小爾雅廣詁：「爲，治也。」爾雅釋言：「造、作，爲也。」義並可通，不必從賈子、新序改字。關讀亦通，惟不諧韻耳。

〔附論〕

吳師道云：「家語：『昔者殷王帝辛之世，有雀生大鳥於城隅。占之曰：凡以小生大，則國家必王（原本「王」誤作「正」），而名益昌。於是帝辛介雀之德，不修國政，亢暴無極。朝臣莫救，外寇乃至，殷國以亡。』又説苑『孔子曰：昔者殷王帝辛云云』一段，亦同。愚按：宋，殷後也，疑即此一事，而記者不同。」

〔按〕吳引孔子家語，見五儀解篇，又引説苑，見敬慎篇。家語僞書，即本之説苑。帝辛即殷紂。康王有桀宋之稱，比之於紂（見宋世家），故一事轉化爲二。以情理推之，雀生大鳥之占，殷爲天下主，又何言吉？當是宋事。策、史並言宋王偃之無道，然孟子滕文公下篇：「萬章問曰：宋小國也，今將行王政，齊、楚惡而伐之，則如之何？」正當君偃之世。焦循孟子正義云：「按史記稱宋王爲桀、紂，與萬章行王政之言迥別，或出於齊、楚惡之之口，史非其實歟？」又引周廣業孟子出處時地考云：「孟子去齊居休，旋歸於鄒，……聞宋王偃將行仁政，往游焉。會齊、楚惡而伐之，萬章以國小爲慮。孟子以湯、武之事告之，蓋以弔伐望宋王也。觀孟子與萬章問答，意其初政，尚有可觀者。戰國策所謂『射天笞地』，世家所書『淫於酒、婦人』，諸侯皆謂桀宋者，乃晚節不終，時孟子去宋已久矣。」全祖望經史問答卷七亦云：「康王初年，亦嘗講行仁義之政。其臣如盈之，如不勝，議行什一，議去關市之征，進居州以輔王，斯孟子所以往而受七十鎰之餽也。」是宋康之初政，猶可概見。至其晚歲悖亂，黷武弄兵，見於史、策、呂氏春秋、賈子、新序等書，荀子王霸篇亦以齊湣、宋獻並舉，未必虛誣，此不能爲之諱飾者。搜神記載宋康王奪韓憑妻事，雖涉神怪，必本之於民俗傳説，亦可以見其不得於當時民心也。又宋世家：「君偃十一年，自立爲王。」六國表宋自立爲王在周慎靚王三年（前三一八）。

齊滅宋在周赧二十九年（前二八六），君偃在位年數，宋世家謂四十七年，六國表爲四十三年，正義以年表爲是。今從年表。時六國及中山並已稱王矣。

9 智伯欲伐衛

智伯欲伐衛，遺衛君野馬四、〔百〕白〔一〕璧一〔二〕。衛君大悦，羣臣皆賀。南文子有憂色。衛君曰：「大國大懽〔三〕，而子有憂色，何？」文子曰：「無功之賞，無力之禮〔四〕，不可不察也。野馬四、百璧一，此小國之禮也〔五〕，而大國致之，君其圖之！」衛君以其言告邊境。智伯果起兵而襲衛，至境而反〔六〕，曰：「衛有賢人，先知吾謀也〔七〕。」

〔箋證〕

〔一〕鮑本無「白」字。吴師道云：「一本『白璧』。」黄丕烈云：「此當以『野馬四』爲句，『白璧一』爲句。『百』即『白』字誤衍。下文『野馬四，百璧一』，誤同。考其注云：『四，百乘也。』『百』是『一』字誤。説苑有此事，作『智伯欲襲衛，故遺之乘馬，先之一璧』。與此可相證明。」金正煒云：「百、白通用，鮑本『百璧』即『白璧』，此蓋誤複也。後文『野馬四百璧一』，足證鮑本不誤。」〔按〕黄引説苑，見權謀篇。其説是，今據衍「百」字。

〔二〕高誘云：「野馬，騶駼也。四，百（一）乘也。璧，玉環也，肉倍好曰璧。」〔按〕注「百」字乃「一」之誤，説見上，今正。爾雅釋畜：「騊駼馬，野馬。」郭璞注騊駼馬云：「山海經云：北海内有獸，狀如馬，名騊駼，色青。」（按見海外北經）又注野馬云：「如馬而小，出塞外。」是郭以騊駼與野馬爲二，與此高注殊。

〔三〕關修齡云：「大國，指智伯。懽，謂懽心。」横田惟孝云：「一本『大國』作『一國』。」金正煒云：「『大懽』當爲『交懽』，『交』字殘損，因誤爲『大』。」〔按〕大國，謂晉，智伯爲晉正卿，故云。説苑作「大國禮寡人」云云。「大懽」之「大」，金校近是。

〔四〕〔按〕無力，未效力。謂未出力而受餽。

〔五〕鮑本無「也」字。吴師道云：「一本有『也』字。」〔按〕謂此小國事大國之禮。「百璧」之「百」，爲「白」之通借字。

〔六〕高誘云：「反，還。」

〔七〕吴師道云：「説苑吴赤市使智氏及趙簡子以乘璧遺衛事相類。」〔按〕説苑復恩篇云：「吴赤市使於智氏，假道於衛。寧文子具紵絺三百製，將以送之。……吴赤市至於智氏，既得事，將歸吴。智伯命造舟爲梁。吴赤市……使人視之，則用兵在後矣，將以襲衛。吴赤市曰：『衛假吾道而厚贈我，我見難而不告，是與爲謀也。』稱疾而留，使人告衛，衛人警戒。智伯聞之，乃止。」又權謀篇云：「趙簡子使人以明白之乘六，先以一璧爲遺於衛。衛叔文子曰：『見不意可以生故，此小之所以事大也。今我未以往，而簡子先以來，必有故。』於是斬林除圍，聚斂蓄積，而後遺使者。簡子……乃輟圍衛也。」二事並爲襲衛，故吴氏引以比類。寧文子、叔文子與此南文子疑是一人，「寧」與「南」聲近，「叔」可爲公族通稱。蓋一事而傳者各異云。

10 智伯欲襲衛

智伯欲襲衛，乃佯亡其太子，使奔衛。南文子曰：「太子顏爲君子也，甚愛而有寵〔一〕。非有大罪而亡，必有故〔二〕。」使人迎之於境，曰：「車過五乘，慎勿納也！」智伯聞之，乃止〔三〕。

【箋證】

〔一〕高誘云：「顏，智伯太子名也。智伯甚愛顏而寵禄之。」鮑彪云：「君，謂智伯。」

〔二〕高誘云：「不有大罪而亡，來必有他故者也。」

〔三〕高誘云：「（止）止太子顏也。」吴師道云：「大事記：貞定王十二年，晉荀瑶襲衛。解題曰：失其年。國語序藍臺之宴云：還自衛。姑載於此，未必果此年也。戰國策云云，並載此二年（按「年」當作「事」）。」〔按〕此事亦見説苑權謀篇。以上二章及前犀首伐黄章並著南文子之賢智。

11 秦攻衛之蒲

秦攻衛之蒲〔一〕，胡衍〔二〕謂樗里疾曰：「公之伐蒲，以爲秦乎？以爲魏乎？爲魏則善，爲秦則不賴〔三〕矣。衛所以爲衛者，以有蒲也。今蒲入於魏（秦），衛必折（而入）於魏〔四〕。魏亡西河之外而弗能復取者，弱也〔五〕。今併衛於魏，魏必强。魏强之日，西河之外必危〔六〕。且秦王亦將觀公之事，害秦以善〔七〕魏，秦王必怨〔八〕公。」樗里疾曰：「奈何？」胡衍曰：「公釋蒲勿攻，臣請爲公入戒〔九〕蒲守，以德衛君！」樗里疾曰：「善。」胡衍因入蒲，謂其守曰：「樗里子知蒲之病也〔一〇〕，其言曰：『吾必取蒲。』今臣能使釋蒲勿攻。」蒲守再拜，因效金三百鎰〔一一〕焉，曰：「秦兵誠去，請厚子於衛君〔一二〕！」胡衍取金於蒲以自重於衛。樗里子亦得三百金而歸〔一三〕，又以德衛君也。

【箋證】

〔一〕高誘云：「蒲，衛邑也。」鮑彪云：「秦昭四年取蒲坂，此（衛嗣君）二十三年。」吴師道云：「年表、世家拔魏蒲坂。蒲坂在河東，非衛地。世家衛嗣君時獨有濮陽。按史秦昭王元年，樗里子伐蒲。索隱云：『樗里疾圍蒲不克，而秦惠王薨。事與此合。』正義云：『蒲故城在滑州匡城縣北（原本「北」誤作「此」，今據正義原文正），即子路作宰地。』」程恩澤云：「蒲，今長垣縣。本衛地，其後入魏，觀本策可知。」〔按〕史記樗里子傳謂此事在秦昭元年（前三〇六），索隱引紀年在秦惠薨年（前三一一）（吴引索隱省去文首「紀年」二字，致文義不明），相距四年。梁玉繩志疑引或云「惠王是武王之誤」。紀年與史參差，不必强合。蒲即左氏桓三年經「齊侯、衛侯胥命於蒲」之蒲。杜預注：「蒲，衛地，在陳留長垣縣西南。」今河南長垣。

〔二〕〔按〕樗里子傳「蒲守恐，請胡衍，胡衍爲蒲謂樗里子曰」云云。下文「胡衍取金於蒲以自重於衛」。是衍居於衛。

韓策二「胡衍之出幾瑟於楚也」，以年代核之，與此相近，當是一人。鮑注謂是韓人，亦無的證。衍蓋策士之流。

〔三〕高誘云：「賴，利也。」

〔四〕高誘云：「衛知必失蒲，必自入於魏以求救也。」　鮑彪云：「（蒲入於魏）衛恐秦取蒲，必自入之魏。」　吴師道云：「（蒲入於魏）一本『蒲入於秦』。」司馬貞引策云：「『今蒲入於秦，衛必折而入於魏。』」　王念孫云：「史記樗里子傳作『今伐蒲入於魏，衛必折而從之』。　索隱曰：『戰國策云云（按見上吴引司馬貞語，此略）。與此文相反也。』據此，則今本作『今蒲入於魏』，乃後人據史記改之。下句作『衛必折於魏』，『折』下又脱去『而入』二字也。其一本作『蒲入於秦』者是也。據高注云云，則正文本作『今蒲入於秦，衛必折而入於魏』明矣。蓋攻蒲者秦也，故言『蒲入於秦』，不得言『蒲入於魏』。史公未達其意而改之，故索隱有相反之語。……鮑解云云，此不得其解而爲之詞。」　金正煒云：「經傳釋詞『今』猶『若』也。」〔按〕王説是也，今從索隱引改補。

〔五〕鮑本無「復」字。　高誘云：「西河，魏邑也，秦兼取之。魏弱於秦，故云『不能取』。」　吴師道云：「一本有『復』字。秦惠八年，魏納河西地。後二年，魏入上郡於秦，而河西濱洛之地盡。」

〔六〕高誘云：「魏得衛而强，必更取西河之外，故云『西河之外必危』。」

〔七〕鮑本「善」作「害」，鮑改「害」作「善」。　吴師道云：「一本作『善』。」

〔八〕〔按〕史記「怨」作「罪」。

〔九〕鮑彪云：「戒，告之以釋攻。」

〔一〇〕高誘云：「（病也）疾困也。」

〔一一〕鮑本「鎰」作「溢」，鮑改作「鎰」。　吴師道云：「（溢）鎰通。」〔按〕史記「鎰」作「斤」。

〔一二〕〔按〕史記「誠」作「苟」，「厚」作「言」，此下有「使子爲南面」五字。

〔一三〕〔按〕「三百金」即三百鎰。史記平準書集解引臣瓚云：「秦以一鎰爲一金，漢以一斤爲一金。」

12　衛使客事魏

衛使客事魏〔一〕，三年不得見。衛客患之，乃見梧下先生〔二〕，許之以百金。梧下先生曰：「諾。」

乃見魏王曰：「臣聞秦出兵〔三〕，未知其所之。秦、魏交而不脩〔四〕之日久矣，願王博（專）〔五〕事秦，無有佗計。」魏王曰：「諾。」客〔六〕趨出，至郎門〔七〕而反〔八〕，曰：「臣恐王事秦之晚。」王曰：「何也？」先生曰：「夫人於事己者過〔九〕急，於事人者過緩。今王緩於事己者〔一〇〕，安能急於事人？」「奚以知之〔一一〕？」衛客曰〔一二〕：「事王三年不得見。臣以是〔一三〕知王緩也。」魏王趨見衛客〔一四〕。

〔箋證〕

〔一〕王念孫云：「『衛使客』當作『衛客』，謂衛人之客於魏者也。『衛』下不當有『使』字。『事魏』下當有『王』字。……藝文類聚人部、太平御覽人事部引此並作『衛客事魏王』。」金正煒云：「衛使客事魏者，衛時附魏，因使人居魏，如唐客主韓、楚之事也。秦策：『文信侯欲攻趙，廣河間，使剛成君蔡澤事燕三年。』則當時固有此習。呂覽期賢篇：『衛以十人者按趙之兵。』又云：『衛可謂知用人矣，游十士而國家得安。』即使客事魏之旨。下文『今王緩於事己者，安能急於事人』，事己者，謂衛，非謂客也。客則當云『仕魏』。且梧下先生所云云，亦非爲客先後之辭也。王以爲衍『使』字，脱『王』字，並非。」〔按〕原文可通，不必從類聚、御覽改字。但「事魏」下應有「王」字，下文「衛客曰事王三年不得見」可證。

〔二〕高誘云：「先生，長者有德者稱。家有大梧樹，因以爲號，若柳下惠。」吴師道云：「藝文類聚（梧下）作『梧丘』。」程恩澤云：「『梧下』疑即『梧地』。然細審策文應在國中。」金正煒亦以「梧下」爲地名，略同。〔按〕太平御覽卷四百六十引「梧下」作「吾丘」。據高注引柳下惠爲比，似本作「梧下」。程説亦無據。又吾丘爲氏，元和姓纂卷三：「吕氏春秋中山有力者吾丘象。」（今貴卒篇作「吾丘鴆」）漢有趙人吾丘壽王。

〔三〕鮑本「出」作「入」，鮑改「入」作「出」。吴師道云：「一本（入）作『人』。兵下有『出』字。」〔按〕藝文類聚卷二十五及御覽引作「吾聞秦出兵」。

〔四〕高誘云：「温故曰『脩』。」

〔五〕鮑彪改「博」爲「專」。吴師道云：「字當作『專』。」黄丕烈云：「此以『摶』爲『專』，因譌爲『博』也。」〔按〕類聚引亦作「專」。「博」字从「專」，音義並非。此蓋本作「博」，「專」之假借字，形譌作「博」耳。今從鮑正。

〔六〕高誘云：「客，梧下先生也。」

〔七〕姚宏云：「（郎門）作郭門。」吴師道云：「韓非子『使郎中日聞道於郎門之内』。愚恐『郎』即『廊』，見秦策。」程恩澤云：「韓非十過篇又云『有玄鶴二八，道南方來，集於郎門之垝』。論衡異虚篇作『廊門之危』，紀妖篇又作『郭門之上危』。舊説似可通。」金正煒云：「韓非内儲説：『齊中大夫有夷射者，御飲於王，醉甚而出，倚於郎門。』漢書東方朔傳：『今陛下累郎臺恐其不高也。』師古曰：『郎，堂下周屋。』郎門，蓋宫中之門，作『郭門』者非也。」〔按〕類聚、御覽引「郎」並作「郭」。「郎」、「郭」字形相近，二義可通，似「郎」義爲長。

〔八〕高誘云：「出、反，乃説事者而以亦不故爲此事秦也，若偶思念得之，故還而言也。」鮑彪云：「佯若不爲衛客，偶思念得之。」

〔九〕鮑彪云：「『過』猶『多』。」

〔一〇〕〔按〕類聚、御覽引「緩於事己者」作「於事己者緩」。

〔一一〕鮑彪云：「王問。」

〔一二〕鮑彪云：「梧下稱之。」王念孫云：「衍『曰』字，類聚、御覽皆無『曰』字。」横田惟孝云：「『曰』字疑當在『衛』上。」〔按〕横田説疑是。

〔一三〕盧本、横田本「以是」作「是以」。

〔一四〕鮑彪次此章於衛嗣君。吴師道云：「此策時不可考，何得附之嗣君？」

13　衛嗣君病

衛嗣君〔一〕病，富術謂殷順且〔二〕曰：「子〔三〕聽吾言也以説君，勿益損也〔四〕，君必善子。人生之所行，與死之心異。始君之所行於世者，食高麗也〔五〕；所用者，緤錯、挐薄〔六〕也。羣臣盡以爲君輕國而好高麗〔七〕，必無與君言國事者。子謂君〔八〕：君之所行天下者甚謬，緤錯主斷於國，而挐薄輔之，自今以往者，公孫氏必不血食矣〔九〕。」君曰：

「善。」與之相印，曰：「我死，子制之！」

嗣君死，殷順且以君令相公期〔一〇〕，緤錯、挐薄之族皆逐也〔一一〕。

〔箋證〕

〔一〕高誘云：「嗣君，衛平侯之子也，秦王貶其號爲君也。」〔按〕史記衛世家：「嗣君五年，更貶號曰君，獨有濮陽。」則嗣君之貶號猶成侯十六年貶號爲侯也。蓋因地削國弱，故自貶其號，託附於大國，非秦貶之。高注誤。

〔二〕鮑彪云：「（富術、殷順且）皆衛人。」吳師道云：「古人以『且』名者，皆子余反，如夏無且、唐且、龍且之類是也。」

〔三〕高誘云：「子，殷順且者也。」

〔四〕鮑彪云：「使之一如其教。」

〔五〕高誘云：「食，用也。麗，美也。諸所行爲者，務用高美觀目而已，不務用德也。」鮑彪云：「凡有養於口體，皆得言『食』。」吳師道云：「食高麗，疑人名。」關修齡云：「『食』疑作『飾』，蓋謂修飾。」橫田惟孝云：「『食』字恐衍。高麗，謂甚美也。」于鬯云：「關補云云。按『飾』諧『食』聲，例可通用，不必改字。以吳、關說參取之，恐『高麗』者，嗣君之幸妃，故飾之。」金正煒云：「淮南說山篇注：『食，養也。』『高麗』未詳，舊注並有疑義。或謂狗馬之屬，『高』字疑『犒』之脫誤，『麗』字疑『驪』之省。下文云『羣臣盡以君輕國而好高麗』，是猶懿公之好鶴耳。」〔按〕「高麗」若是人名，則下文教殷順且之言及其後所逐，何皆不及之？明非指人，吳、關、于等說未是。金謂是犒驪，更屬臆測。食，祿也，養也。謂嗣君自奉養厚美，好聚斂也。呂氏春秋審應篇云：「衛嗣君欲重稅以聚粟，民弗安。」荀子王制篇云：「成侯、嗣公，聚斂計數之君也。」楊注：「成侯、嗣公皆衛君。」嗣公即嗣君，是其證。此所謂「食高麗」也。高注亦未允。

〔六〕高誘云：「緤錯、挐薄，之二人君所幸，非賢也。」金正煒云：「韓非內儲說：『衛嗣君重如耳，愛泄姬，而恐其皆因其愛重以壅己也，乃貴薄疑以敵如耳，尊魏姬以耦世姬。』紲、世音近，或即世姬。挐薄，謂如耳、薄疑也。『錯』字未知所指。」〔按〕金以「緤錯挐薄」爲四人，附會甚巧。然紲姬內寵，嗣君好察多疑，豈有使「主斷於國」？且幸姬，君死廢之可也，又何必逐之？此類不必强爲比附，當從舊注爲是。

〔七〕高誘云：「長曰不肖，國必危，故羣臣盡以君爲輕國也。」〔按〕高注「曰」字疑「用」字之誤。

〔八〕吴師道云：「『子謂君』以下，今教之以説君也。上言死之心異，故言此可以動之。」

〔九〕高誘云：「公孫氏，謂嗣君也。衛𩬻之孫，故云公孫氏。」鮑彪云：「（公孫氏）衛國姓也，故商君，衛之庶孽公子也，姓公孫氏。」關修齡云：「諸侯之子曰『公子』，公子之子曰『公孫』，蓋臣不敢斥言君之滅亡，泛言子孫，故曰『公孫氏』。」横田惟孝云：「吕子知分篇：『晏子與崔杼盟，其辭曰：不與崔氏而與公孫氏者，受其不祥。』注：『公孫氏，齊羣公子之子，故曰「公孫氏」。』」〔按〕史記衛世家：「懷公十一年，公子穨弒懷公而代立，是爲慎公。慎公父公子適，適父敬公也。」是穨爲敬公之孫，故氏公孫（史稱公子穨者，「公子」乃「公族」之通稱，其實穨是公孫）。穨殺君代立，其族實爲公孫氏。嗣君爲慎公之玄孫，若衛亡，則慎公之血裔絶，故云：「公孫氏必不血食。」諸注並未允。此富術教順且之詞，亦即順且謂嗣君之語，其意自見，下文從省。

〔一〇〕高誘云：「公期，嗣君子也。」鮑彪「公」下補「子」字。安井衡云：「公期，期蓋衛君之字。……若是公子，不當言相，鮑補非。」〔按〕據高注，策文本無「子」字。衛世家：「（嗣君）四十二年卒，子懷君立。」公期疑即懷君也。嗣君卒於周赧王三十二年（前二八三）。

〔一一〕鮑本、吴本「逐」下有「之」字。〔按〕有者非。此「逐」爲被動詞，下不當有賓語。

14 衛嗣君時胥靡逃之魏

衛嗣君時，胥靡〔一〕逃之魏。衛贖之百金，不與；乃請以左氏〔二〕。羣臣諫曰：「以百金之〔三〕地贖一胥靡，無乃不可乎？」君曰：「治無小，亂無大〔四〕，教化喻於民，三百之城〔五〕足以爲治。民無廉耻，雖有十左氏，將何以用之〔六〕？」

【箋證】

〔一〕高誘云：「胥靡，有罪之賢臣也。」吴師道云：「高注竊以爲不然，有罪而逃，何以知其賢？此慕傅説之事而誤説者也。衛君以金贖之者，耻其失政廢刑爾，觀其言可見。晉灼曰：『胥，相也。靡，隨也。』顔曰：『連繫相隨而服役之，猶今之囚徒。』莊子注：『以鐵鎖相連繫。』」〔按〕傅説爲胥靡，築於傅險，武丁舉以爲相，見史記殷本紀，吴糾高之誤據此。墨子天志下篇云：「不格者則係操而歸，大夫以爲僕圉胥靡。」胥靡，蓋爲罪徒服勞役者。

〔二〕高誘云：「左氏，衛邑也。」鮑彪云：「請，亦贖也。」程恩澤云：「韓非外儲説：『吴起左氏中人也。』注云：『左氏，都邑名。』蓋即左城。水經注謂之左岡。岡西南去濟陰城五里，與陽晉相近，以左山得名，陶丘之別阜也。在今（山東）曹縣西北六十五里。」

〔三〕安井衡云：「之，與也。禮月令：措之於參保介之御間。」〔按〕草書「與」、「之」二字相似，常淆。

〔四〕鮑彪云：「大、小，謂國。」横田惟孝云：「言雖小國無不治，雖大國無不亂。」

〔五〕吴師道云：「『三百，或言家。』」碕哲夫云：「『百』恐『里』誤。」吴闓生、金正煒説同，金引孟子公孫丑篇「三里之城，七里之郭」，及齊策「安平君以惴惴之即墨，三里之城，五里之郭」以證。安井衡云：「三百，三百雉，城之小者。」〔按〕左氏隱元年傳「都城過百雉，國之害也」，則三百雉非小城。杜注：「侯伯之城方五里，徑三百雉。」衛是時已貶號爲君，亦不當云三百雉之城。安井説非。「百」似作「里」爲長。或「三百」謂三百户，以喻城之小。

〔六〕〔按〕韓非子内儲説上篇載此事云：「衛嗣君之時，有胥靡逃之魏，因爲襄王之后治病。衛嗣君聞之，使人請以五十金買之，五反而魏王不予。乃以左氏易之。羣臣左右諫曰：『夫以一都買一胥靡，可乎？』王（當作「君」）曰：『非子之所知也。夫治無小而亂無大。法不立而誅不必，雖有十左氏，無益也。法立而誅必，雖失十左氏，無害也。』魏王聞之曰：『主欲治而不聽之，不祥。』因載而往，徒獻之。」

15　衛人迎新婦

衛人迎新婦，婦上車，問〔一〕：「驂馬，誰馬也？」御曰：「借之。」新婦謂僕曰：「拊驂，無笞服〔二〕。」車至門，扶〔三〕，教送母〔四〕：「滅竈，將失火〔五〕！」入室，見臼，曰：「徙之牖下，妨往來者。」主人笑之。此三言者，皆要〔六〕言也，然而不免爲笑者，蚤晚之時失也〔七〕。

〔箋證〕

〔一〕〔按〕禮記昏儀：「壻執雁入，揖讓升堂，再拜奠雁。……降，出御婦車，而壻授綏御輪三周，先俟於門外。」鄭注云：「壻御婦，車輪三周，御者代之。壻自乘其車先道之歸也。」此問御者。

〔二〕高誘云：「拊，擊也。兩旁曰驂，轅中曰服。擊其驂，則中兩服馬不勞笞也。」鮑彪云：「皆言愛也，拊，尤愛之。」吴師道從高説，吴曾祺以「拊」爲「拊循」，從鮑説。〔按〕高注爲是。若訓「拊」爲「撫摩」，撫馬不能使之進，與下「要言」亦不合，非。曾慥類説引高注「笞」作「苦」，形近而譌。

〔三〕高誘云：「扶，謂下車。」

〔四〕鮑本、吴本「母」下有「曰」字。鮑彪云：「（送母）母送婦者，將還，故戒之。」〔按〕孟子滕文公下篇：「女子之嫁也，母命之，往，送之門。」焦循正義：「周柄中辨正云：士昏禮：『女父不降送，母戒諸西階上，亦不降。』而孟子言往送之門，穀梁傳亦言送女不出祭門，乃指廟之大門。則送不止於階矣。或説送至壻門，毛西河引戰國策婦車至門，送諸母還，謂母有送至壻門者。按穀梁傳諸母兄弟送不出闕門，……與士昏禮傳所言庶母及門内略同，並無送至壻門之説，國策恐未可據。」五方殊風，禮俗多歧，有禮經不能詳者，母送女至壻家，當時必有其俗，故策言如此。周氏説似拘。劉寶楠愈愚録卷四云：「此是戰國習俗，非周禮。」得之。

〔五〕金正煒云：「漢書兒寬傳：『寬爲人温良有廉，知自將。』注：『將，衛也。以智自衛護也。』此云『將失火』，猶言『防失火』也。」

〔六〕鮑本、吴本「要」作「至」。〔按〕據下高注，策文本作「要」。

〔七〕高誘云：「雖要，指非新婦所宜言也。以喻忠臣可以言而不言，失忠；未可以言而言，危身。故云『蚤晚之時失也』。」吴師道云：「呂氏春秋：『白圭新與惠子相見，惠子説之以彊。惠子出，白圭告人曰云云。』與此相類。」李元齡云：「此言必有爲而喻，今不全。」横田惟孝云：「是蓋爲交淺言深言也，首尾必有闕文。」于鬯云：「呂氏不屈覽云：白圭云云，與此策大同。此蓋亦策士引喻之言，而佚其首文，劉氏因編附衛策末。其實引喻稱衛人，不必定是衛策。」〔按〕呂氏春秋不屈篇云：「白圭新與惠子相見也，惠子説之以彊，白圭無以應。惠子出，白圭告人曰：『人有新取婦者，婦至，宜安矜，煙視媚行。豎子操蕉火而鉅，新婦曰：蕉火大鉅，入於門，門中有斂陷，新婦曰：塞之，將傷人之足。此非不便之家氏也，然而有大甚者。今惠子之遇我尚新，其説我有大甚者。』」此章顯佚首文，于説是。顧觀光編年因呂氏春秋文，以惠子與魏惠王同時，附次周顯十三年（前三五六）「梁王觴諸侯於范臺」下，亦未安。

戰國策　卷三十三

中山

〔釋題〕

張琦云：「中山之境，自今直隸（河北）保定府之唐縣、完縣，正定府之獲鹿、井陘、平山、靈壽、無極、定州、新樂、行唐、曲陽，兼有冀州之地。」

〔按〕中山原爲春秋時北方鮮虞族（白族）所建之國，見於左氏昭十二年及定三年、四年傳。其國世繫及歷史，因史料殘佚，傳説不一。王先謙特撰鮮虞中山國事表，收獲無多。一九七七年河北平山縣發現戰國中山王𰯼墓，殉葬器物不少，彫鏤極精。尤以大鼎一，有銘文四百六十九字；方壺一，銘文四百五十字；圓壺一，銘文二百又四字，對中山國史研究提供新證，補文獻之不足。今考知中山君有文公、武公、桓公、成公（或成王）、王𰯼、好蚉七君。桓公初失政，爲魏文侯所滅，其後桓公復國，徙都靈壽（今平山縣）。世本：「武公居顧。」顧爲今之定縣。大約好蚉時亡於趙（參故宫博物院院刊一九七九年第二期薛惠引中山國王世繫及古文字研究第一輯孫稚雛中山王𰯼鼎、壺的年代史實及其意義）。此一推測不能視作定論，但相差當不遠。

1　魏文侯欲殘中山

魏文侯欲殘中山〔一〕，常莊談謂趙襄子〔二〕曰：「魏并中山，必無趙矣〔三〕。公何不請公子傾以爲正妻，因封之中山。是中山復立也〔四〕。」

【箋證】

〔一〕高誘云：「文侯，魏桓子之孫也。殘，滅之也。」吳師道云：「索隱云：中山，故鮮虞國，姬姓也。」〔按〕世本云：「鮮虞，姬姓白狄也。」（穀梁傳昭十二年傳注引）國語鄭語：「北有衛、燕、狄、鮮虞。」韋昭注：「鮮虞，姬姓在狄者也。」

〔二〕高誘云：「常莊談，襄子臣也。」鮑彪改「襄」作「桓」。吳師道云：「按大事記威烈王元年趙襄子卒，以兄伯魯之孫獻子浣爲後。襄子之弟桓子逐浣自立。二年桓子卒，獻子復位。魏桓子卒，子斯立，亦在威烈王元年。十七年獻子卒，子籍立。是年文侯使樂羊伐中山，克之。此策云『文侯欲殘中山』，必在前，恐是獻子之時。桓子止下（按當作「一」）年，未可定爲其時也。」金正煒云：「史記六國年表趙烈侯籍元年，魏使太子伐中山。則此策襄子當爲烈侯之誤，鮑改非也。」〔按〕王先謙鮮虞中山事表亦云：「文侯、桓子同立於威烈二年，桓子立一歲而卒。襄子時尚無文侯，則作『襄』者誤。」説同吳注，蓋並據史記年表及世家也。然考古本竹書紀年魏文侯在位五十年，較史記多十二年；依此推算，文侯元年當周貞定王二十三年（前四四六）。趙襄子立於魯哀公二十年，見春秋左氏傳，當周元王二年（前四七五），晉定公三十七年（趙世家謂「晉出公十七年簡子卒，太子毋恤代立」）。年表同。梁玉繩志疑已辨其誤），在位五十年（史記作「三十三年」，誤）。如從史記文侯十七年（前四三〇）伐中山，當趙襄子四十六年；與策文相合，可正史記趙、魏世家及年表年世之誤。趙策一「魏文侯借道於趙攻中山，趙侯將不許」。趙侯當即襄子，稱侯者，恐後之追稱。縱令從史記年表次攻中山於周威烈王十八年（前四〇八），實爲魏文侯三十九年、趙烈侯二年。此策在伐中山之前，魏之欲殘中山，蓄謀長久，亦無害其在趙襄子時也（襄子五十年實當魏文侯二十一年）。由此可證「襄子」二字未必誤。太平寰宇記卷六十二引「常莊談」作「張孟談」，「常莊」與「張孟」古音同部，或因以致譌。若然，則更可明其爲趙襄子矣。

〔三〕高誘云：「併，兼也。兼有中山，必復以次攻趙。」

〔四〕高誘云：「公子傾，魏君之女，封之於中山以爲邑，是則中山不殘也，故云『中山復立』，猶存也。」〔按〕寰宇記引首「公」字作「君」。公羊昭公三十一年傳：「當邾婁顏之時，邾婁女有爲魯夫人者，則未知其爲武公與？懿公與？孝公幼，顏淫九公子於宮中，因以納賊，則未知其爲魯公子與？邾婁公子與？」左氏莊公三十二年傳：「雩，講於梁氏，女公子觀之。」公子，即女公子，稱諸侯之女。子，義兼男女。詩大雅大明：「長子維行。」毛傳：「長子，長女也。」此「公子」猶言「公女」。楚辭九歌湘夫人云：「思公子兮未敢言。」王逸注：「公子，謂湘夫人也。」亦以公子爲女。「請公子傾以爲正妻」，疑是請爲太子之正妻。語意不明。王先謙國事表云：「此趙臣請於魏併中山之後行此策也。其後趙策未行，而中山旋復國，魏卒不能越趙而有之，則趙利之識賢於莊談也。」（趙利語見趙策一魏文侯借道於趙攻中山章）

2 犀首立五王

犀首立五王〔一〕，而中山後持〔二〕。齊謂趙、魏曰：「寡人羞與中山並爲王〔三〕。願與大國伐之，以廢其王〔四〕！」中山聞之，大恐，召張登〔五〕而告之曰：「寡人且王，齊謂趙、魏曰：「羞與寡人並爲王，而欲伐寡人。恐亡其國，不在索王〔六〕，非子莫能吾救。」登對曰：「君爲臣多車重幣。臣請見田嬰。」中山之君〔七〕遣之齊。

見嬰子曰：「臣聞君欲廢中山之王，將與趙、魏伐之，過矣。以中山之小，而三國伐之，中山雖益廢王，猶且聽也〔八〕。且中山恐，必爲趙、魏廢其王，而務附〔九〕焉，是君爲趙、魏驅羊也〔一〇〕，非齊之利也。豈若中山廢其王而事齊哉？」田嬰曰：「奈何？」張登曰：「今君召中山，與之遇而許之王。中山必喜而絶趙、魏，趙、魏怒而攻中山，中山急而爲君難其王〔一一〕，則中山必恐，爲君廢王事齊〔一二〕，彼患亡其國，是君廢其王而亡其國〔一三〕，賢於爲趙、魏驅羊也。」田嬰曰：「諾。」

張丑〔一四〕曰：「不可。臣聞之，同欲者相憎，同憂者相親〔一五〕。今五國相與王也，負海不與焉〔一六〕，此是〔一七〕欲皆在爲王，而憂在負海〔一八〕。今召中山與之遇而許之王，是奪五（四）〔一九〕國而益負海也〔二〇〕，致中山而塞四國。四國寒心，必先與之王而故親之，是君臨〔二一〕中山而失四國也。且張登之爲人也，善以微計薦中山之君久矣〔二二〕，難信以爲利〔二三〕。」田嬰不聽〔二四〕，果召中山君而許之王。

張登因謂趙、魏曰：「齊欲伐河東〔二五〕。何以知之？齊羞與中山之〔二六〕爲王甚矣，今召中山與之遇而許之王，是欲用其兵也。豈若令〔二七〕大國先與之王，以止其遇〔二八〕哉？」趙、魏許諾，果與中山〔二九〕王而親之。中山果〔三〇〕絶齊而從趙、魏。

【箋證】

〔一〕高誘云：「立五國使稱王，齊、趙、魏、燕、中山也。」鮑彪云：「秦、韓、燕、宋、中山也。楚，春秋時王；齊宣、魏惠，顯王三十五年王；趙武靈獨不王。其後秦惠十二年，韓宣惠、燕易王王。明年，秦惠始王。秦惠改元之七年，宋偃始王。故武靈八年書五國相王，即秦七年也。」吳師道云：「大事記周顯王四十六年，韓、燕、中山皆稱王，趙獨稱君，其後亦稱王。解題：『按戰國策犀首立五王。高氏以爲齊、趙、魏、燕、中山，鮑氏以爲秦、韓、燕、宋、中山，二家之説皆非也。齊、魏王已久，秦之王出於張儀。宋、中山俱小國，使宋是時稱王，齊何爲獨怒中山？況偃之稱王，又在慎靚之三年乎？然則犀首所立五王，其可考者韓、燕、趙、中山，其一則不可考也。趙武靈王初稱君。世家十一年書王召公子職於韓，則是時已稱王矣。七國惟楚僭王遠在春秋之世，其餘六國，魏最先，趙最後。』又顯王三十五年：齊宣王、魏惠王與諸侯會於徐州以相王。解題云：『齊、魏之王，以國策考之，蓋在魏拔邯鄲之歲，顯王十六年。而秦紀今年又書齊、魏爲王，未知孰是，然策所載，似得其實。蓋魏以邯鄲之勝，齊以桂陵之勝，各僭稱王。若今歲，魏方衰弱，齊亦未有大功，何爲驟稱王乎？今年書相王者，齊、魏僭王已久，至是共會諸侯，欲其皆王以同己之僭也。秦紀所書，或者齊、魏前此稱王於其國，至此名號始通於諸侯乎？』又顯王四十四年，秦初稱王。解題云：『張儀之請也。秦紀書魏君稱王，衍一「魏」字。』愚按趙世家武靈王十（按當作「八」）年五國相王，趙獨否，曰：無其實，敢處其名乎？令國人謂己曰君。十一年始云王召公子職也。然則云五國相王者，謂五國皆稱王，非謂在此年也。鮑誤。」于鬯云：「按呂氏言宋、中山俱小國，使宋稱王，齊何獨怒中山。

此說似亦未善。且於五王止考其四，而以其一爲不可考。既不可考，亦必小國矣，齊何以不怒？吕氏以此策在周顯四十六年，而宋稱王在慎靚三年，故獨斥宋。鮑氏言趙武靈八年五國相王，本史趙世家，則此策或從鮑在武靈八，正周慎靚三年也。是年諸侯伐秦，則犀首立五王，或即爲伐秦之故，亦未可知。鮑數及秦，固誤，高數及齊、魏，尤非也。下文云：『今五國相與王也，負海不與焉。』負海，齊也。又下策云『中山之獨與燕、趙爲王，而寡人不與聞矣』，亦代齊王之語。則齊不在五王之内。齊、魏會徐州以相王，齊不當數，則魏亦不當數矣。况魏王稱王，並在會徐州之前。……策、史多言五國，而賈書過秦書以韓、魏、燕、楚、齊、趙、宋、衛、中山爲九國，則宋固在内矣。五國者，疑韓、燕、趙、宋、中山也。趙世家云：『五國相王，趙獨否，曰：無其實，敢處其名乎？令國人謂已曰君。』此似難信。武靈果有此語，何以不久即稱王？且策明言中山與燕、趙爲王，則焉有趙不在五王之内？衛世家有貶號爲君之事，豈史公誤以衛事爲趙事與？武靈方務雄略，稱王是其素志，安肯出此？吴校云云，此語儻可節取，自周顯四十六年韓、燕爲王，至慎靚三年宋爲王，相去計六年，蓋皆犀首所立，故曰犀首立五王。周顯四十六，當秦惠更二年，鮑言十二年，誤。……又案五王，蓋策士誇辭。策意五王者，直指燕、趙、魏、韓、中山也。蓋六國楚先王，必不可數；而齊正欲不與王，亦不在内，故不能誇七王，曰五王也。其實魏王在前，據下策言『中山與燕、趙爲王』，則韓亦不在内，所立者三王耳。史言韓，策言趙，是其不合處。而五王則不然也，史言『五國相王』，當別爲解。然則此策定在顯王四十六年，不可非。……此策言趙、魏，不如下策言燕、趙，爲得其實。下文言『五國』，又言『四國』，則『五王』爲誇辭則可。又案魏策：『犀首見梁君曰：臣盡力竭智，欲以爲王廣土取尊名。』又云：『東見田嬰，與之約結。』玩『尊名』字，即指稱王也。則齊、魏之王，犀首亦有事焉。此文疑不能決，以舊校各條，備録如右，以待後人裁擇。」金正煒云：「五國僭王非一時，且亦非犀首所得立，蓋如張儀之請於秦，惠施之請於齊耳。下云『今五國相與王也，而負海不與焉』，『此是欲皆在爲王，而憂在負海』，是齊固不在五國之數，高注之失自見。韓、燕稱王，在顯王四十六年；宋偃自立爲王，則在慎靚三年。下章明言中山與燕、趙爲王，鮑氏顧不及趙，是鮑注亦未得也。疑此策所謂『五王』，當是秦、趙、韓、燕與中山也。秦王稱王在周顯王四十四年，與韓、燕相距二年。趙世家雖有五國相王，趙獨否之文，然策云『中山與燕、趙爲王』，則趙之稱王，固與燕同時，不得舉宋而遺趙也。中山稱王，他無可考，此其國小不著，或不久即自貶號耳。」鍾鳳年云：「按史於時捨趙氏外，餘若秦、齊、韓、燕俱各稱王已久，故趙紀五國相王之語，殊令人莫識所指。至宋雖易號於是年，然紀、表均稱自立爲王，可證非他人所推戴者。鮑說亦近附會。」〔按〕雷學淇竹書紀年義證卷三十九謂：「犀首所王，即秦、韓、燕、趙、中山。」「高、鮑國策注五王之説實皆誤」，金說與之合。又以此事在周顯四十四年秦惠稱王之時。顧觀光編年、王先謙鮮虞中山國事表次此策於周顯四十六年。近人則謂五國是趙、魏、韓、燕、中山，事在周顯王四十六年（錢穆先秦諸子繫年考、楊寬戰國史）。綜上諸説，五國所屬異説紛歧，約舉之如下：

甲、高誘注：齊、趙、魏、燕、中山。

乙、鮑彪注：秦、韓、燕、宋、中山。

丙、吕祖謙大事記解題：韓、燕、中山、趙（後立），其一不可考。

丁、吴師道補：從吕説，但謂五國皆稱王，非止於周顯王四十六年一時。

戊、雷學淇竹書紀年義證：秦、韓、燕、趙、中山（金正煒補釋、齊思和戰國制度考載中國史探研同）。

己、于鬯注：（一）韓、燕、趙、宋、中山；（二）燕、趙、魏、韓、中山（先秦諸子繫年考、戰國史同）；（三）實四國（燕、趙、中山，餘一國未確指），稱五國是誇辭。

庚、鍾鳳年勘驗：不信此事。

辛、陳夢家六國紀年説：犀首主持相王諸國爲齊、燕、魏、趙、韓與中山六國，當周顯王四十六年。犀首初立五王，而齊以中山之故不與并王。及齊卒王中山，於是六國相王。

除懷疑之説外，其時間推定或爲周顯王四十四年（前三二五），或爲四十六年（前三二三），或爲周慎靚王三年（前三一八），或爲先後稱王不在一年。考戰國稱王者九國，秦、齊、楚、趙、魏、韓、燕、宋、中山，巴蜀不計。楚僭王在春秋時。齊、魏相王在周顯三十四年（前三三五）。其餘六國稱王年次，周顯四十四年（前三二五），秦惠（十三年）始稱王，明年改元（周本紀。秦紀及年表誤作「魏君稱王」，大事記及史記志疑已辨之）。周顯四十六年（前三二三），燕易（十年）爲王（燕世家、楚世家及年表），韓宣惠（十年）爲王「韓世家在韓宣惠十一年。秦紀韓與秦同年（韓宣惠八年）稱王。今從年表及楚世家」。周慎靚三年（前三一八），宋君偃（十一年）爲王（年表及宋世家）。趙、中山，史不詳何年爲王，據此與下章「中山與燕、趙爲王」，則亦當在周顯四十六年，趙武靈之三年也（梁玉繩志疑假定趙稱王在武靈八年，無據，不足信）。各國之王，先後參差不一，然除楚、齊、魏三國稱王在先，宋偃稱王又稍後，與犀首立五王不涉，亦當排斥。其餘秦、燕、韓、趙、中山之王約在周顯王四十四至四十六年，雷學淇以之當五王，不爲無據。燕、趙四國見於策文，無容置疑。至於秦惠之王，史謂謀出張儀，不當列於犀首所立。但犀首傳云「犀首入相秦，嘗佩五國之相印，爲約長」，此與五王之事相類，疑爲一事，惟誤次於秦武王初張儀已卒之後耳（秦本紀及六國表秦惠、武王之際皆不載犀首相秦事可證）。恐秦惠爲王，出於張儀與犀首合謀。故雷説可參。或謂張儀、犀首政敵，不能相合。然權變之士，勢合利交，豈有一定。況五國相王，細繹策文無絲毫拒秦之跡，固與合從之約不侔，無礙其合作也。惟此章屢稱「趙、魏」，魏自應在五王之內。愚意魏、齊相王在周顯三十四年（前三三五），距此已踰十年，稱王已久，故不預五王之內，猶齊之未列入也。此事發動於犀首，意其以魏爲謀主而立五王，以争取與國。故策稱「趙、魏」，其實魏不在内也。否則如陳夢家説除秦於外，並列齊、魏，實爲六國，終嫌委曲。若横田惟孝以「五」作「三」，其謬可不論矣。中山稱王，除見本策外，吕氏春秋應言篇云「司馬喜難墨者師於中山王前以非攻」，又先識篇云「白圭之中山，中山之王欲留之」，亦見説苑權謀篇，並稱「中山王」。而平山縣發現之中山王嚳墓器銘辭，尤爲堅强之證。金云「他無可考」，失察。

〔二〕高誘云：「持，中山小，故後立之。」鮑彪云：「持猶疑也，立之後而復疑。」金正煒云：「『後持』疑是『特後』之誤倒。高注『持』亦當是『特』字之誤。特，獨也。」于鬯注引奚世幹説同。〔按〕文選東京賦：「西朝顛覆而莫持。」薛綜注：「持，扶也。」漢書劉向傳：「及丞相御史所持。」顔注：「持，謂扶持、佐助也。」與此高注義近，不必改字。金説非。鍾鳳年謂：「『持』恐是『時』字之譌，緣音形並近而譌。句言中山易號後時。」亦非。

〔三〕文廷式云：「魏欲帝秦，而魯連却之。犀首立中山爲王，而齊羞之。蓋當時使命往來，所重在此，必列國許諾，而後名位乃定。」〔按〕此出於影響之談，所擬亦不倫。

〔四〕高誘云：「伐中山，使不得稱王。」

〔五〕高誘云：「張登，中山臣也。」〔按〕登已見韓策三。

〔六〕鮑彪云：「今所謀者，救亡爾，不求爲王。」

〔七〕鮑本無「之」字。〔按〕新出土中山王嚳大鼎及方壺銘文首並作「隹十四年中山王嚳」云云。此一新資料有助於解釋中山稱王之疑。考鼎、壺銘辭，器爲中山王嚳賜其相邦賙伐燕相子之有功而作。子之亂在燕王噲七年（前三一四）。由此銘辭，可推出下列數點結論：（一）中山君確是稱王無疑。（二）中山王嚳當爲中山稱王之君第一代。（三）燕噲之亂在公元前三一四年，逆推十四年，則爲前三二八年，當周顯王四十一年。鑄器之年當稍後於伐燕之歲，假定相距一二年（即伐燕在王嚳十二或十三年），王嚳元年則當周顯王四十二或四十三年，亦與上注論稱王之年接近矣。

〔八〕高誘云：「益，大也。猶，尚也。雖大廢之，尚且聽命，不敢貳也。」鮑彪云：「益猶甚也，言事有甚於此者。」

〔按〕高、鮑説近，然鮑注爲明。廢王，謂廢稱王。

〔九〕高誘云：「務附，親也。必爲趙、魏不敢稱王，而親附趙、魏以自昵也。」

〔一〇〕高誘云：「言君以趙、魏伐中山，中山恐亡，必受命於趙、魏，是君爲趙、魏驅羊而使得食之。」〔按〕爲趙、魏驅羊，猶孟子謂「爲淵驅魚，爲叢驅爵」也，以羊喻中山，高注明甚。横田解以「『中山』二字誤合而爲『羊』」，謬。

〔一一〕鮑彪云：「難，則所謂羞與爲王。」横田惟孝云：「爲君難其王，言中山以爲齊難已爲王也。」于鬯云：「此『爲』字疑涉下文衍。言始則許之，及其急則難之。」〔按〕爲君難其王，言登爲田嬰難中山之稱王。「爲」字不必衍。

〔一二〕鮑彪云：「不王中山，齊志也，今爲廢之，所以事齊。」

〔一三〕鮑本、吴本「亡」作「立」。金正煒云：「『亡』字本當爲『丛』，損爲『立』，復誤爲『亡』。『竝』與『并』通，燕策：『秦併趙北向迎燕。』注：『併，合也。』此即其義。」鍾鳳年云：「『亡』字義與上文『中山患亡其國』之義相牾，必誤，當是『𢻮』字之譌，即古『撫』字。此殆因字不習見，爲人所妄改者。……句言齊廢中山之王號而撫定其國也。」〔按〕鍾説疑是。但「𢻮」從「亡」聲，則「亡」非字譌，乃「𢻮」之借字耳。

〔一四〕〔按〕張丑，齊臣，見齊策一。

〔一五〕闞修齡云：「同欲者，欲己得之而相憎。同憂者，欲人助之而相親。」

〔一六〕高誘云：「負海，齊也。五國之中，齊不欲與之同王也。」鮑彪云：「負海，齊也，先已王。」安井衡云：「九夷八狄七戎六狄，謂之四海。海，晦也，邊塞之國，向王而背夷，故謂之負海也。此『負海』謂中山，故下文云『今召中山，與之遇而許之王，是奪四國而益負海也』。可以見矣。」〔按〕高以齊在五王之內，故云然。鮑以齊先稱王，故以不與爲不與於五國之相王。鮑説爲長。中山與燕、趙爲鄰，非邊塞之國，亦未聞四夷國稱「負海」

者，安井說大謬。

〔一七〕金正煒云：「『是』猶『之』也，見經傳釋詞。」〔按〕「是」猶「其」，例見古書虛字集釋。

〔一八〕鮑彪云：「（憂在負海）憂齊廢之。」〔按〕五國同憂齊之不助己也。

〔一九〕鮑彪改「五」作「四」，下三「國」並作「五國」，改同。吴師道云：「一本下三處作『四』。疑此或有誤。」〔按〕「五」當作「四」，「五國」蓋承上文之誤。今從鮑正。橫田謂「五國」爲楚、魏、趙、韓、燕，而以上文「五王」當作「三王」，爲燕、趙、中山，説鑿。

〔二〇〕鮑彪云：「中山與四國同欲，今與齊遇，是奪彼而益我也。」

〔二一〕橫田惟孝云：「『臨』猶『臨御』也。」〔按〕「臨」與「失」相對爲文，猶「有」也。穀梁哀七年傳：「春秋有臨天下之言焉。」范注：「臨，撫有之也。」

〔二二〕高誘云：「薦，進也。張登善以微計進其君也。」金正煒云：「『微計』猶『陰謀』。」

〔二三〕高誘云：「不可信其言以爲己利也。」

〔二四〕高誘云：「不聽張丑之言也。」

〔二五〕鮑彪云：「河東，魏地。」

〔二六〕鮑彪改「之」作「並」。金正煒云：「『之』猶『而』也。鮑改恐非。」〔按〕「之」爲結構助詞，鮑改非。太平御覽卷四百六十引亦作「之」，同此文。

〔二七〕闞修齡云：「疑衍『令』字。」金正煒云：「『令』當爲『介』字之譌也。介，因也。又或爲『今』字之誤。『今』猶『即今』也。」〔按〕「令」字可通，不必衍改。

〔二八〕〔按〕御覽引「遇」作「欲」。「遇」與上文「召中山與之遇」相應。

〔二九〕〔按〕御覽引「中山」下有「之」字。依姚本上文應有「之」字。

〔三〇〕〔按〕御覽引「果」作「東」。

3 中山與燕趙爲王

中山與燕、趙爲王，齊閉關不通中山之使，其〔一〕言曰：「我萬乘之國也，中山千〔二〕乘之國也，何侔名於我〔三〕？」欲割平邑以賂燕、趙〔四〕，出兵以攻中山。藍諸君〔五〕患之。

張登謂藍諸君曰：「公何患於齊？」藍諸君曰：「齊强，萬乘之國，耻與中山侔名，不憚割地以賂燕、趙，出兵以攻中山。燕、趙好位而貪地〔六〕，吾恐其不吾據〔七〕也，大者危國，次者廢王，奈何吾弗患也！」張登曰：「請令燕、趙固〔八〕輔中山而成其王，事遂定〔九〕！公欲之乎？」藍諸君曰：「此所欲也。」曰：「請以公爲齊王，而登試説公，可乃行之！」藍諸君曰：「願聞其説！」

登曰：「王之所以不憚割地以賂燕、趙〔一〇〕，出兵以攻中山者，其實欲廢中山之王也。」王〔一一〕曰：「然。」「然則王之爲費且危〔一二〕。夫割地以賂燕、趙，是强敵也。出兵以攻中山，首難〔一三〕也。王行二者，所求中山未必得。王如用臣之道，地不虧而兵不用，中山可廢也。王必曰：『子之道奈何？』」藍諸君曰：「然則子之道奈何？」張登曰：「王發重使，使告中山君曰：『寡人所以閉關不通使者，爲中山之獨與燕、趙爲王而寡人不與聞焉，是以隘〔一四〕之。王苟舉趾〔一五〕以見寡人，請亦佐君〔一六〕！』中山恐燕、趙之不己據也，今齊之辭云『即佐王〔一七〕』，中山必遁燕、趙與王相見。燕、趙聞之，怒絶之〔一八〕，王亦絶之，是中山孤。孤，何得無廢？以此説齊王，齊王聽乎？」藍諸君曰：「是則必聽矣。此所以廢之，何在其所存之矣〔一九〕？」張登曰：「此王〔二〇〕所以存者也。齊以是辭來，因言告燕、趙而無往〔二一〕，以積厚於燕、趙。燕、趙必曰：『齊之欲割平邑以賂我者，非欲廢中山之王也，徒欲以離我於中山而已親之也。』雖百平邑，燕、趙必不受也。」藍諸君曰：「善。」

遣張登往，果以是辭來。中山因告燕、趙而不往，燕、趙果俱輔中山而使其王，事遂定〔二二〕。

〔箋證〕

〔一〕〔按〕藝文類聚卷六引「其」作「且」，二字互訓通用。

〔二〕鮑本「千」作「百」。吴師道云：「一本（百）作『千』。」王先謙云：「齊策云：『中山千乘之國也。』作『千』是。」（鮮虞中山國事表）

〔三〕高誘云：「侔，等。」〔按〕類聚引「我」下有「平」字。

〔四〕高誘云：「平邑，燕邑。」鮑彪云：「（平邑）屬代郡。」吴師道云：「正義引括地志平邑故城在魏州昌樂縣東北，見趙世家。」張琦云：「代郡固非。魏州之平邑，在今南樂縣東北七里，趙地也，亦非齊所割。所當闕疑。」程恩澤云：「此本趙地而齊取之者也。竹書晉烈公五年，齊圍平邑。九年，取平邑。即此。此地於漢爲樂昌縣，屬東郡，本與齊不遠，而亦爲燕、趙至齊出入門户，故欲割以賂之，使出兵攻中山。高注以爲燕邑，非是。世豈有割燕邑以賂燕者哉？」〔按〕程説是。但所引竹書齊取平邑在晉烈公九年，有誤，當在魏惠王後元十年（前三二六），詳拙著古本竹書紀年輯校訂補。魏惠後十年，當周顯四十三年、齊威王三十一年、趙肅侯二十四年，在燕、韓爲王前三年。齊蓋以新得之地賂燕、趙也。中山與燕、趙爲鄰，故齊欲賂以攻之。

〔五〕鮑彪云：「（藍諸君）中山相也。」吴師道云：「索隱云：『戰國策「望諸」作「藍諸」。』愚按燕策望諸相中山，恐即此人。與樂毅同號者，索隱指爲毅，則誤矣。」〔按〕索隱語見樂毅傳，參燕策二（蘇代爲奉陽君説燕）章。孫稚雛中山王嚳鼎壺的年代史實及其意義云：「中山王嚳稱王的時候，相中山的是藍諸君。此人曾出使過趙國，『趙劫之求地』，他『攻關而出逃』（按見燕策），這和銘文中所記載的能『竭志盡忠』、『不二其心』、『親率三軍之衆，以征不義之邦』的相邦賈性格十分相似。……我們只能相信銘文中的相邦賈就是史書上相中山的藍諸君了。」（古文字學研究第一輯）此假定目前不能證實，有待於將來地下新資料發現。我意藍諸君爲中山之貴族，猶齊之孟嘗君、趙之平原君類也。

〔六〕姚宏云：「（位）一作『倍』，曾作『位』。」鮑本「位」作「倍」。鮑彪云：「倍，謂背約。」關修齡云：「位，蓋尊位。言好齊王貪賂地也。」金正煒云：「『好位』、『好倍』並非，疑當作『姦信』，二字並因形近而譌。左氏成十三年傳『姦絶我好』。趙策『背信盟之約』。姦信，謂姦絶信盟也。」〔按〕關訓「位」爲「尊位」，是，但言「好齊王」，則誤。「好位」與「貪地」對舉，謂好尊位而貪土地。尊位，指爲王。金説鑿。

〔七〕于鬯云：「此言『據』，下文言『輔』，同義。」吴曾祺云：「據，安也。下同。」〔按〕左氏僖五年傳「虞公謂神必據我」，宮之奇引周書對以「惟德是輔」，據與輔義亦相應，猶今言支持。

〔八〕鮑彪云：「固，言輔之堅。」

〔九〕闞修齡云：「言成中山爲王之事遂定。」

〔一〇〕〔按〕此下假爲試説齊王語。

〔一一〕〔按〕此「王」即藍諸君假爲齊王。

〔一二〕闞修齡云：「爲，謂其所爲也。費，謂割地。危，謂强敵。」

〔一三〕高誘云：「首，始也。」〔按〕首難，猶言爲禍首。

〔一四〕鮑彪云：「隘，亦不通也。」吴師道云：「『隘』當讀作『阨』。」〔按〕隘、阨字通。

〔一五〕鮑彪「趾」上補「玉」字。〔按〕左氏桓公十三年傳：「(莫敖)舉趾高。」又僖公二十六年傳：「寡君聞君親舉玉趾，將辱於敝邑。」鮑補據之。然「舉趾」義通，不必補字。舉趾猶舉足。

〔一六〕〔按〕此「王」及「君」並指中山。

〔一七〕〔按〕「佐王」即上文「佐君」，指中山。

〔一八〕鮑本、吴本「怒」上有「必」字。高誘云：「(絶之)絶中山也。」

〔一九〕鮑本、吴本、盧本「所」下有「以」字。高誘云：「言以此説齊，齊必從，然適足廢其王耳，何所以存之利？」〔按〕從下文「此王所以存者也」推之，此「所」下當有「以」字。高注亦有。

〔二〇〕鮑彪云：「此王，中山。」

〔二一〕鮑彪云：「以齊王言告之，而不往齊。」金正煒云：「『言』當爲『以』字之譌也。古書『以』作『目』，因致誤『言』。或即『告』字譌衍。」〔按〕詩周南葛覃：「言告師氏，言告言歸。」是「言告」爲古習用詞。王引之經傳釋詞云：「言，云也，語詞也。話言之言謂之云，語詞之云亦謂之言。」又云：「云，猶是也。」然則「言告」猶「是告」也。金説非。

〔二二〕〔按〕此與上章事相類，疑是一事而異説，編者並存之，猶下司馬憙請立陰姬之例。

4 司馬憙使趙爲己求相

司馬憙使趙，爲己求相中山〔一〕，公孫弘陰知之〔二〕。中山君出，司馬憙御，公孫弘參乘〔三〕。弘曰：「爲人臣招大國之威，以爲己求相於君，何如？」君曰：「吾食其肉，不以分人〔四〕。」司馬憙頓首於軾曰：「臣自知死至矣。」君曰：「何也？」「臣〔五〕抵〔六〕罪。」君曰：「行，吾知之矣〔七〕。」居頃之，趙使來，爲司馬憙求相。中山君大疑公孫弘，公孫弘走出〔八〕。

〔箋證〕

〔一〕鮑本、吳本「憙」作「喜」，下同。憙、喜同字。高誘云：「憙，中山臣也，使於趙，爲之求相於中山也。」吳師道云：「太史公自序司馬氏其在衞者相中山。徐廣云：『名喜。』鄒陽書司馬喜臏於宋，而相中山。」〔按〕韓非子内儲説下篇云：「司馬喜，中山君之臣也，而善於趙，嘗以中山之謀微告於趙。」鄒陽書見於史記鄒陽傳及文選。臏足事不詳，以此章「司馬憙御」觀之，似非臏足者，疑誤附孫臏事也。中山王嚳鼎銘有「相邦賈」，張政烺考釋云：「學者多疑相邦賈即戰國策、史記等書嘗見之司馬喜。『賈』從用貝，或是會意字。倉頡篇注：『用，以也。』以財贈人爲賄，儀禮聘禮：『賄用束紡。』注：『賄，予人財之言也。』……儀禮古文『賄』皆作『悔』（自注：聘禮鄭玄注）。『賈』如是『賄』字異體，則與『喜』音近，可以通假。」（古文字研究第一輯）其言似迂折。但司馬喜爲主伐燕之人，此與相邦賈相同。呂氏春秋應言篇云：「司馬喜難墨者師於中山王前以非攻，曰：『先生之所術非攻夫？』墨者師曰：『然。』曰：『今王興兵而攻燕，先生將非王乎？』墨者師曰：『然則相國將是之乎？』司馬喜曰：『然。』」此文之「攻燕」，頗似爲伐子之之役，司馬喜正用事中山，則賈與喜可能爲一人。姑存考。或以相邦賈爲藍諸君，見上章，但應言篇高注謂憙「趙之相國」，與此注殊。

〔二〕高誘云：「知其因趙求爲相也。」　吴師道云：「戰國有兩公孫弘，一在齊，爲孟嘗君見秦昭王；一即此人，與漢平津（侯）爲三。韓子云：『公孫弘斷髮而爲越王騎。』又一人也。」

〔三〕〔按〕古乘車之制，君居左，僕御居中，一人居右爲參乘。周禮夏官齊右云：「王乘則持馬，行則陪乘」。鄭注：「陪乘，參乘，謂車右也。」「參乘」或作「驂乘」。左氏文公十八年傳「（齊懿公）納閻職之妻，而使職驂乘」。

〔四〕鬬修齡云：「食盡其肉而不饜，不敢以分人。」

〔五〕鮑彪「臣」上補「曰」字。　吴師道云：「恐缺『曰』字。」〔按〕此省「曰」字。無之，義亦明，不必補。

〔六〕高誘云：「抵，當也。」

〔七〕鮑彪云：「行，使之行車。二人雅不相善，弘無故云然，似欲中喜者，故知。」

〔八〕陸深云：「弘中司馬喜而先露言，故喜得反客爲主，以中公孫。妙哉！」　鬬修齡云：「中山君以爲其（公孫弘）與趙有陰而知之，因大疑弘也。」

5 司馬憙三相中山

司馬憙三相中山〔一〕，陰簡難之〔二〕。田簡謂司馬憙曰：「趙使者來屬耳〔三〕，獨不可語陰簡之美乎〔四〕？趙必請之，君與之，即〔五〕公無内難矣。君弗與趙，公因勸君立之，以爲正妻。陰簡之德公，無所窮矣。」果令趙請，君弗與〔六〕。司馬憙曰：「君弗與趙，趙王必大怒，大怒則君必危矣。然則立以爲妻，固無請人之妻，不得而怨人者也〔七〕。」

田簡自謂取使〔八〕，可以爲司馬憙，可以爲陰簡，可以令趙勿請也〔九〕。

【箋證】

〔一〕金正煒云：「史記太史公自序：『其在衛者相中山。』漢書鄒陽傳：『司馬喜臏脚於宋，卒相中山。』皆不謂有三相之事。此文『三』字疑是『之』字草書之誤。」〔按〕安知喜必無三相事？文選鄒陽獄中上書注引此亦作「三相中山」，同今本。金改專輒。

〔二〕高誘云：「陰簡，中山君美人也。難，惡也。」鮑彪云：「簡，陰姬名也。」中井積德云：「四『陰簡』並當作『陰姬』，下章可徵，此蓋因田簡而誤。」〔按〕元和姓纂卷五云：「管夷吾七代孫修適楚爲陰大夫，因氏焉。風俗通又云：康氏之後，周有陰不佞，陰里人。」據下章陰姬似爲中山人，則又陰氏之别支。

〔三〕鮑彪云：「霍光傳注：屬，近也。」吳師道云：「詩屬耳於垣。史記注：『「屬」猶「注」也。』言趙使屬耳中山之事。」關修齡云：「屬耳，私語。」金正煒云：「屬耳，猶『附耳』，並謂耳語。」〔按〕關、金説長。

〔四〕鮑彪云：「趙使近至宜有報，可因報使言之趙也。」

〔五〕〔按〕「即」同「則」。

〔六〕鮑彪「請」下補「之」字，盧本從之。橫田惟孝云：「憙從簡言，令趙王請陰簡，而中山君不與也。」

〔七〕橫田惟孝云：「言趙王必不怒。」

〔八〕鮑彪云：「取請爲使也。」吳師道云：「自謂可以取趙使。此書取字如此者多，爲與之善而得其心之義。」關修齡云：「自，由也。言由謂憙可以取使者之歡也。」安井衡云：「『使』當爲『便』，句絶。」吳曾祺云：「使，即上文趙使。『取』猶『用』也。」金正煒云：「『使』疑『事』字之誤。古書『事』作『吏』，因以致誤。周策『左尚以此得事』，與此義同。」〔按〕二吳説較長。金説亦可通，但改字嫌不足爾。

〔九〕鮑彪云：「簡請使耳，實喜自使，見下。」吳師道云：「此章以爲語趙使，下章以爲司馬喜使説趙王，此正記所傳之異。兩『可以爲』之『爲』，去聲。」〔按〕「田簡自謂」下數句，與齊策三楚王死太子在齊質章「蘇秦之事可以請行，可以令楚王亟入下東國，可以益割於楚，可以忠太子而使楚益入地，可以爲楚王走太子，可以忠太子使之亟去，可以惡蘇秦於薛公，可以爲蘇秦請封於楚，可以使人説薛公以善蘇子，可以使蘇子自解於薛公」句法相類，唯此稍減恢奇耳。

6 陰姬與江姬争爲后

陰姬與江姬争爲后。司馬憙謂陰姬公〔一〕曰：「事成則有土子民〔二〕，不成則恐無身〔三〕。欲成之，何不見臣乎〔四〕？」陰姬公稽首〔五〕曰：「誠如君言，事何可豫道者〔六〕？」司馬憙即奏書中山王〔七〕曰：「臣聞弱趙强中山〔八〕！」中山王悅而見之曰：「願聞弱趙强中山之說！」司馬憙曰：「臣願之趙，觀其地形險阻，人民貧富，君臣賢不肖，商敵爲資〔九〕，未可豫陳也。」中山王遣之。

見趙王曰：「臣聞趙，天下善爲音，佳麗人之所出也〔一〇〕。今者臣來至境，入都邑，觀人民謠俗〔一一〕，容貌顏色，殊無佳麗好美者。以臣所行多矣，周流無所不通〔一二〕，未嘗見人如中山陰姬者也，不知者特以爲神，力言不能及也〔一三〕。其容貌顏色，固已過絶人矣。若乃其眉目準頞權衡〔一四〕，犀角偃月〔一五〕，彼乃帝王之后，非諸侯之姬也。」趙王意移，大悅〔一六〕曰：「吾願請之，何如？」司馬憙曰：「臣竊見其佳麗，口不能無道爾。即〔一七〕欲請之，是非臣所敢議。願王無泄也！」司馬憙辭去。

歸報中山王曰：「趙王非賢王也，不好道德而好聲色，不好仁義而好勇力，臣聞其乃欲請所謂陰姬者。」中山王作色不悅。司馬喜〔一八〕曰：「趙强國也，其請之必矣。王如不與，即社稷危矣。與之，即爲諸侯笑。」中山王曰：「爲將奈何？」司馬憙曰：「王立〔一九〕爲后，以絶趙王之意。世無請后者，雖欲得請之，鄰國不與也〔二〇〕。」中山王遂立以爲后，趙王亦無請言也〔二一〕。

〔箋證〕

〔一〕鮑彪云：「（陰姬公）姬父也。」〔按〕方言卷六：「東齊、魯、衛之間，凡尊老謂之傁，或謂之艾。周、晉、秦、隴謂之公，或謂之翁。南楚謂之父，或謂之父老。」廣雅釋親：「公，父也。」

〔二〕鮑本「子」作「得」。吴師道云：「一本『子民』。」鮑彪云：「（有土）言公得封。」〔按〕有土子民，謂得封地而子其民。

〔三〕〔按〕謂陰姬不得爲后則失寵，禍恐及父。

〔四〕鮑彪云：「怪其不來謀。」〔按〕由下文觀之，憙尚未用事於中山。「何不見臣」者，蓋謂何不見臣於中山王也，見，讀賢遍切。此與上章記事殊，鮑注未允。

〔五〕鮑彪云：「（稽首）首至地也。」

〔六〕鮑彪云：「言將厚報之，未可先言。」關修齡云：「事之成否，不可先言。」〔按〕「事」字似兼立后與報答二義，而立后爲主。

〔七〕鮑本原無「王」字，鮑補「王」字。

〔八〕横田惟孝云：「『聞』字疑涉下文『聞』字而誤衍。或『能』字訛。」中井積德云：「『聞』疑當作『請』。」金正煒云：「廣雅釋詁：『聞，智也。』吕覽重言篇：『謀未發而聞於國。』注：『聞，知。』」〔按〕此謂以弱趙强中山之説奏聞。淮南子主術訓：「臣情得上聞。」高注：「『聞』猶『達』也。」即此義。下「願聞」、「臣聞」之「聞」爲耳聞，與此殊。諸説並非。太平御覽卷四百五十引作「臣聞趙强即中山弱，臣能弱趙而强中山」，與今本異。

〔九〕鮑彪云：「商，較之。」關修齡云：「商較敵勢，爲戰之資。」王念孫云：「『畝』當爲『敵』字之誤也，『敵』即『商搉』之『搉』。……太平御覽人事部引此作『商搉爲資』，是其明證矣。『搉』字古通作『敵』，因譌而爲『畝』。」

金正煒云：「漢書趙充國傳注：『商，計度也。』江充傳：『因變制宜，以敵爲師，事不可豫圖。』正與此文相類。王氏作『商摧』，恐非。」〔按〕「敵」字可通，不必依御覽改也。爲資，爲弱趙强中山之資，不必謂戰。

〔一〇〕高誘云：「佳，大。麗，美。」〔按〕佳麗，即美女，不必再看「人」字。古多稱佳人或麗人，無稱佳麗人。藝文類聚卷十八、文選陸士龍爲顧彦先贈婦詩注、御覽卷三百八十引並無「人」字，當衍。漢書地理志云：「趙、中山地薄人衆，猶有沙丘、紂淫亂餘民。女子彈弦跕躧，遊媚富貴，遍諸侯之後宮。」古詩：「燕趙多佳人，美者顔如玉。」可證趙出美女。

〔一一〕鮑彪云：「徒歌曰謡。」中井積德云：「『謡俗』猶言『風俗』也。」〔按〕文選吴都賦注引「民」作「萌」，疑避唐諱而改。

〔一二〕鮑本、吴本「通」作「至」。〔按〕御覽卷四百五十引「通」亦作「至」。

〔一三〕鮑彪改「力」作「人」，屬上讀（金正煒同鮑讀）。吴師道云：「（力言）盡力言之。」（安井衡同吴説）王引之云：「『力』字與上下文皆不相屬，當是『也』字之誤。不知者特以爲神也，絶句。其『言不能及也』五字，乃高注之誤入正文者耳。太平御覽人事部引策文無此五字，是其明證。」黄丕烈云：「『神』字句絶。楚策『非知而見之者以爲神』，可證。」〔按〕王説固善，但御覽引文，多有删節，如此文無「言不能及也」五字，然「神」下亦無「也」字，故不能以證策文之本無此五字。疑「力」乃「方」之形譌。吕氏春秋安死篇：「方其所是也。」高注：「方，比也。」論語憲問篇：「子貢方人。」集解引孔安國云：「（方人）比方人也。」方言，比方言之，蓋謂言語不能比方之也。

〔一四〕鮑彪云：「準，鼻。頞，鼻莖。權，輔骨，當作『顴』。衡，眉上。」吴師道云：「準，鼻頭。頞，額也，見孟子『蹙頞』注。蔡澤傳『蹙齃』。索隱云：『鼻蹙眉。』」〔按〕漢書高帝紀：「隆準而龍顔。」應劭云：「準，頰權準也。顏，額顙也。」李斐云：「準，鼻也。」晉灼云：「戰國策『眉目準頞權衡』。史記秦皇『蜂目長準』。」顏師古以應訓「準」說爲失。「準頞」即「準顏」。御覽卷三百八十引「頞」作「額」，頞、額字通。廣雅釋親：「顴，頄也。」顴通作權。顏師古急就篇注：「頄，兩頰之權也。」（上應劭讀「準」爲「頄」，故訓爲「頰權準」。以此策證之，亦明其非）文選魏都賦：「乃盱衡而誥曰。」張載注：「眉上曰衡。」漢書王莽傳注同。

〔一五〕鮑彪云：「犀角，首骨。偃月，額骨。」〔按〕國語鄭語：「惡角犀豐盈，而近頑童窮固。」韋昭注：「角犀，謂顏角有伏犀。」後漢書李固傳：「固貌狀有奇表，鼎角匿犀。」李賢注：「匿犀，伏犀也。謂骨額上入髮際隱起也。」又順烈梁皇后紀：「年十三，相工茅通見后，驚，再拜賀曰：『此所謂日角偃月，相之極貴。』」戰國時相術流行（見荀子非相篇），故憙言如此。

〔一六〕〔按〕趙王疑爲武靈王。趙世家記武靈王納吴廣女孟姚，寵之，立爲后，又廢太子，立幼子，是亦好色者，故聞憙言而大悦也。

〔一七〕橫田惟孝云：「即，若也。」

〔一八〕盧本「喜」作「憙」，前後相合。湖北局覆黄本亦改作「憙」。鮑本則皆作「喜」。

〔一九〕〔按〕御覽卷三百八十引「立」上有「宜」字。

〔二〇〕高誘云：「禮無請后之義，鄰國必責之而不與。」

〔二一〕鮑彪云：「此兩章一事爾，而曲折小差，著書者自以所聞駁異也。然則此書之作，亦至慎矣。」

7 主父欲伐中山

主父〔一〕欲伐中山，使李疵〔二〕觀之。李疵曰：「可伐也。君弗攻，恐後天下〔三〕。」主父曰：「何以〔四〕？」對曰：「中山之君所傾蓋與車〔五〕而朝窮閭隘巷之士者，七十家〔六〕。」主父曰：「是賢君也，安可伐？」李疵曰：「不然。舉士，則民務名不存本〔七〕；朝賢，則耕者惰而戰士懦〔八〕。若此不亡者，未之有也〔九〕。」

【箋證】

〔一〕高誘云：「主父，趙武靈王也。」〔按〕見趙策。

〔二〕高誘云：「疵，趙臣也。」〔按〕北堂書鈔卷三十四引「疵」作「庇」，疑字形之譌。

〔三〕〔按〕韓非子外儲説左上篇作「將後齊、燕」。

〔四〕〔按〕「何以」猶「何爲」。

〔五〕鮑本「車」下有「者」字。吳師道云：「一本『車』下無『者』字。」〔按〕無「者」字爲長，書鈔及太平御覽卷四百七十五、卷八百二十二引並無「者」字。韓非子亦無。御覽四百七十五「與」作「輿」。

〔六〕鮑彪云：「（傾蓋與車）傾者，却不御也。與之同車。皆所尊禮者。（朝窮閭隘巷之士）君而朝士，亦尊禮也。」橫田惟孝云：「窮閭隘巷，不容高蓋駟馬，故傾之也。」安井衡云：「『與』如『不我與』之『與』，『與』猶『同』也。」金正煒云：「蓋，車蓋也。去蓋及車，皆以下賢。」〔按〕安井説近鮑，金説近橫田。橫田説爲長。韓非子作「其君見好巖穴之士，所傾蓋與車以見窮閭隘巷之士以十數，伉禮下布衣之士以百數矣」。

〔七〕鮑彪云：「本，謂農業。」

〔八〕鮑彪云：「皆不强力也。以賢者不耕戰故。」〔按〕韓非子作「夫好巖穴之士而朝之，則戰士怠於行陳。上尊學者，下士居朝，則農夫惰於田」。

〔九〕吴師道云：「韓非子有，末云『舉兵而伐中山，遂滅也』。」

〔附論〕

吴師道云：「嘗讀商君之言曰：『國之所以興者，農戰也。民求官爵，不以農戰而巧言虛道者，其國必削。詩、書、禮、樂、善、修、仁、廉、辯、慧，國有十者，上無使守戰敵，主必削，下民必貧。』此商君所以遺禮義，上首功，而富國强兵之術也。武靈胡服騎射，一反先王之教，其桀驁之志，使卒不死而獲逞，有以異於秦乎？李疵者窺見其所大欲，故以舍士急耕戰之説導之。當時風聲氣習，不約而合，其悖繆固不足辨也。抑其所稱中山之事者，殆未必然。大事記據呂氏春秋：『晉太史屠黍謂周威公曰：天生民而令有別。有別，人之義也，所以異於禽獸麋鹿也，君臣上下之所以立也。中山之俗，以晝爲夜，以夜繼日，男女切倚，固無休息。其主弗之惡，此亡國之風也。居二年，中山果亡。』其亡之故可考矣。使賢俊盛多，尊禮無失，則當時風俗安得至此乎？」

〔按〕李疵之言，本於刑法家功利之説，乃當時風習所尚，吴氏論之，大致不謬。然其援大事記引呂氏春秋文以證中山之亡，則非也。呂氏春秋之文見先識篇。高誘注云：「威公，西周桓公之孫。屠黍，晉出公之太史也，時見晉亂，以圖法歸周。」西周桓公，乃周考王之弟封於河南者，據史記周本紀威公是桓公之子，與高注小異。屠黍之奔周，由於晉亂，則其時三家尚未分晉也。其對威公之言，當在三家分晉之初，則所謂「中山果亡」者，乃魏文侯伐中山之事，決非趙武靈王滅中山也。故水經滱水注亦記此事云：「周王問太史餘曰：今之諸侯孰先亡？對曰：天生民而令有別，所以異禽獸也。今中山淫昏康樂，逞欲無度，其先亡矣。後二年果滅，魏文侯以封太子擊也。」明著魏滅中山，惟威公作周王，屠黍作太史餘，稍異爾。魏滅中山，其後中山復國，武靈所伐爲後中山，前後二國，不可相淆。呂、吴未考世次，附論於武靈滅中山下，失之。特此中山王亦非真能好賢者。司馬憙傾險通敵之士，而三爲相。呂氏春秋先識篇又云：「白圭之中山，中山之王欲留之，白圭固辭，乘輿而去。又之齊，齊王欲留之仕，又辭而去。人問其故，曰：『之二國皆將亡，所學者有五盡。』『何謂五盡？』曰：『莫之必，則信盡矣；莫之譽，則名盡矣；莫之愛，則親盡矣；行者無糧，居者無食，則財盡矣；不能用人，又不能自用，則功盡矣。有此五者，無幸必亡，中山、齊皆當此。』」此稱中山之王，則在中山爲王之後。齊王蓋謂湣王。由此觀之，則其所謂窮閭隘巷之士，豈真士哉？恐不過欺世盜虛聲之流耳。而中山王好名邀譽，亦如葉公好龍，實未見真龍也。又按趙世家武靈王二十七年「自號爲主父」，而「二十年王略中山，至寧葭」，「二十一年攻中山」，「二十三年攻中山」，「二十六年復攻中山」，並在號主父之前。武靈易胡服騎射，即欲報中山之怨，廟算早定，故自十九年後，屢年攻伐不息。何又於稱主父之日遣李疵觀敵哉？此誠可疑，殆法家附會假託之言，未必事實。顧觀光編年次此章於周赧十年（前三〇五），即武靈之二十一年；王先謙國事表次之於周赧十六年（前二九九），即武靈之二十七年；猶未考實也。又按太平寰宇記卷六十二定州下云：「中山武公之後復立，與國並稱王（按「與」下疑有脱字，此指五國相王事）。五葉，專行仁義，貴儒家，賤壯士，不教人戰，趙武靈王襲而滅之。」似與此李疵之言相應，亦謂中山君好文。由今日出土中山王嚳墓之器物觀之，製作之巧，達高度藝術水準，正反映其文化之高，與文獻所載可互證。然終以國小力弱，難存於强權兼并之世！

8　中山君饗都士大夫

中山君〔一〕饗都士大夫〔二〕，司馬子期在焉〔三〕，羊羹不遍。司馬子期怒而走於楚，説楚王伐中山。中山君亡〔四〕，有二人挈戈而隨其後者。中山君顧謂二人〔五〕：「子奚爲者也？」二人對曰：「臣有父，嘗餓且死，君下壺飡餌之〔六〕。臣父且死，曰：『中山有事〔七〕，汝必死之！』故來死君〔八〕也。」中山君喟然而仰歎曰：「與不期衆少，其於當厄〔九〕。怨不期深淺，其於傷心〔一〇〕。吾以一杯羊羹亡國，以一壺飡得士二人〔一一〕。」

【箋證】

〔一〕鮑彪云：「史不出，不名謚。」吴師道云：「中山武公見世家、年表。此策則時不可考。」〔按〕武公之後有桓公，即王嚳鼎銘之「趄祖」。此章所記失國之中山君疑是其人。薛惠引中山國王世繫云：「當時中山失國的國君，以水經滱水注所載『……桓公不恤國政』推之，該是桓公。桓公既是失國之君，又是復國之君。（下略）」由此中山君「羊羹亡國，壺飡得士」悔過之言觀之，其説殆是。

〔二〕鮑彪云：「霍光傳『都士』，注：『都，試也。』此言已試而饗之。」吴師道云：「按光傳『都肄郎羽林』，孟康曰：『都，試也。』師古謂『總閲試習』。此『都邑』之『都』，與彼義不類。」横田惟孝云：「『都士大夫，謂諸都邑之士大夫。』」〔按〕北堂書鈔卷一百四十四、初學記卷二十六、白氏類帖卷五引無「都士」二字。藝文類聚卷三十三引有。吴注爲是。

〔三〕鮑彪云：「（司馬子期）中山人，後爲楚昭卿。」吴師道云：「左氏定四年『昭王出走，子期似王』，注：『昭王兄，公子結也。』後爲司馬，惠王時白公殺之。説苑屢稱司馬子期。司馬，官名。此自一人，司馬，則姓也。」〔按〕楚昭之卿，決非中山逃臣，鮑注顯謬。若當楚昭之世，不應編入國策。王先謙國事表又據鮑注次此章於魯昭公二十七年、楚昭王之元年，尤非。

〔四〕高誘云：「亡，走也。」〔按〕楚亡中山，未聞。且中山與楚境懸隔，楚何從伐之？「楚」疑字訛。

〔五〕〔按〕文選朱叔元與彭寵書注引「二人」下有「曰」字。

〔六〕鮑本「餌之」作「臣父」。吳師道云：「一本壺飡餌之。『臣父』字不重出。」又鮑彪云：「下，以與之。飡，小食。」吳師道云：「集韻『飱』亦作『飡』，蘇昆反。熟食曰『飱』。」〔按〕鮑、吳釋「飡」字有誤。「飡」乃「湌」之俗譌，「湌」爲「餐」之或作（見說文）。「飱」又爲「飧」字之譌。說文食部有「飧」字云：「餔也。」「餐」字云：「吞也。」段注云：「『餐』訓『吞』，引伸之爲人食之，又引伸之爲人所食。……『飧』與『餐』，其義異，其音異。其形則『飧』或作『飱』，『餐』或作『湌』。鄭風、釋言音義誤『餐』爲『飧』字耳。而集韻、類篇竟謂『飧』、『餐』一字。」此文乃「餐」字也。廣雅釋詁：「餌，食也。」太平御覽卷四百八十六、卷八百五十引作「君下壺飡餔臣父」；卷八百六十一引作「君下壺飡哺臣之父」。文選注引作「君捨飡以脯臣父」。疑此本「餌」是「餔」之形譌。「之」當作「臣父」，而鮑本則脫「餔」字。哺、脯與餔字通。

〔七〕鮑彪云：「（事）戎事。」

〔八〕鮑彪云：「（死君）將爲君死。」

〔九〕高誘云：「言人之施與，不期多少，當其厄之時而惠及之，必厚德已也。一飡之施，而有二子之報。」鮑彪云：「其，指物辭。（於）猶『在』也。言施與當在厄時。」金正煒云：「『其』猶『乃』也，見經傳釋詞。」

〔一〇〕高誘云：「人之相怨，不在深淺也。苟傷其心，則怨重也。羊羹不遍，而有出亡之患也。」

〔一一〕高誘云：「詩云：『無言不讎，無德不報。』此之謂也。」吳師道云：「此章與左傳華元饗士、趙宣子食翳桑餓人事類，似合爲一也。」吳汝綸云：「疑此當爲韓詩外傳之文，（高）注引詩曰云云，皆正文也。」〔按〕後吳氏以此爲韓詩外傳文，無的據。但以注是正文誤入，似是。全祖望經史問答卷八云：「國策謂中山君嘗爲楚伐而亡，則屬野人之言。中山於楚，真風馬牛，楚雖强，不能越魏踰趙過代，而集矢於中山。故吳禮部但謂司馬子期非楚公子，以斥鮑氏之謬，而不知策文之本妄，中山必不受兵於楚也。如策文所云羊羹，蓋襲華元之事，所云壺飡，蓋襲趙盾之事，本附會也。」華元及趙盾事並見左氏宣二年傳。

9　樂羊爲魏將攻中山

樂羊爲魏將，攻中山。其子時在中山，中山君烹之，作羹，致於樂羊。樂羊〔一〕食之。古今稱之〔二〕，樂羊食子以自信，明害父以求法〔三〕。

〔箋證〕

〔一〕吴本脱「羊」字。〔按〕事亦見魏策一。

〔二〕鮑彪「之」下補「曰」字。

〔三〕鮑彪云：「此害於父道而羊爲之，求爲殉國之法也。」于鬯云：「或云：明，蓋人名也，『明』上當脱一字，其姓也。此人嘗害父以求法者，與樂羊食子以自信，事正相偶，故古語並稱之，著書者亦遂連引之。蓋別一人別一事也，不當與樂羊食子貫解。」金正煒云：「韓詩外傳『楚有士曰申鳴，治園以養父母，孝聞於楚。王召之，辭不往。其父曰：王欲用汝，何謂辭之？申鳴曰：何舍爲子，乃爲臣乎？其父曰：使汝有禄於國，有位於廷，汝樂而我不憂矣。我欲汝之仕也。申鳴曰：諾。遂之朝受命，楚王以爲左司馬。其年，遇白公之亂，殺令尹子西、司馬子期，申鳴因以兵之衛。白公謂石乞曰：申鳴天下勇士也，今將兵，爲之奈何？石乞曰：吾聞申鳴孝也。劫其父以兵，使人謂申鳴曰：子與我，則與子楚國。不與我，則殺乃父。申鳴流涕而應之曰：始則父之子，今則君之臣，已不得爲孝子矣，安得不爲忠臣乎？援桴鼓之，遂殺白公，其父亦死焉。王歸賞之，申鳴曰：受君之禄，避君之難，非忠臣也。正君之法，以殺其父，又非孝子也。行不兩全，名不兩立，悲夫！若此而生，亦何以示天下之士哉？遂自刎而死。』此文『信』下當重『信』字，『信明』即『申鳴』，後人因連上句『信』字，誤以爲複而奪之也。穀梁隱元年傳注：『信、申字，古今所共用。』明與鳴，古字通。申鳴害父，春秋時事，樂羊食子則在戰國，故曰古今稱之，明非一事也。」（按）李慈銘越縵堂日記（光緒乙酉十月十二日）云：「『信』下脱一『信』字。信明即楚人申明也，事見韓詩外傳卷十。」李書晚出，金氏未必見之，殆出於暗合。申鳴事亦見説苑立節篇。此次申明害父與樂羊食子對比，猶韓非子説林上篇、説苑貴德篇以秦西巴釋麑與樂羊食子對比，一則正比，一則反比，例相同也。其説或是。

10　昭王既息民繕兵

昭王既息民繕兵〔一〕；復欲伐趙〔二〕。武安君〔三〕曰：「不可。」王曰：「前年國虚民飢〔四〕，君不量百姓之力，求益軍糧以滅趙〔五〕。今寡人息民以養士，蓄積糧食〔六〕，三軍之俸〔七〕有倍於前。而曰不可，其説何也？」武安君曰：「長平之事，秦軍大尅〔八〕，趙軍大破；秦人歡喜，趙人畏懼。秦民之死者厚葬，傷者厚養，勞者相饗〔九〕，飲食餔餽〔一〇〕，以靡〔一一〕其財。趙人之死者不得收，傷者不得療〔一二〕，涕泣相哀，戮力〔一三〕同憂，耕田疾作，以生其財。今王發軍雖倍其前，臣料趙國守備，亦以十倍矣。趙自長平已來，君臣憂懼，早朝晏退。卑辭重弊，四面出嫁〔一四〕，結親燕、魏，連好齊、楚，積慮并心，備秦爲務。其國內實，其交外成，當今之時，趙未可伐也。」王曰：「寡人既以興師矣。」乃使五校大夫王陵〔一五〕將而伐趙。陵戰失利，亡五校〔一六〕。王欲使武安君，武安君稱疾不行。

王乃使應侯往見武安君，責之曰：「楚地方五千里，持戟百萬。君前率數萬之衆入楚，拔鄢、郢，焚其廟〔一七〕，東至竟陵〔一八〕。楚人震恐〔一九〕，東徙〔二〇〕而不敢西向。韓、魏相率興兵，甚衆，君所將之〔二一〕不能半之，而與戰之〔二二〕於伊闕〔二三〕，大破二國之軍，流血漂鹵〔二四〕，斬首二十四萬。韓、魏以故至今〔二五〕稱東藩。此君之功，天下莫不聞。今趙卒之死於長平者已十七八〔二六〕，其國虛弱，是以寡人〔二七〕大發軍，人數倍〔二八〕於趙國之衆，願使君將，必欲滅之矣。君嘗以寡擊衆，取勝如神，況以彊（彊）擊弱，以衆擊寡乎？」武安君曰：「是時〔二九〕楚王恃其國大，不恤其政，而羣臣相妬以功，諂諛〔三〇〕用事，良臣斥疏〔三一〕，百姓心離，城池不修。既無良臣，又無守備，故起所以〔三二〕得引兵深入，多倍城邑〔三三〕，發梁焚舟，以專民以（心）〔三四〕，掠〔三五〕於郊野，以足軍食。當此之時，秦中（之）〔三六〕士卒以軍中爲家，將帥爲父母，不約而親，不謀而信，一心同功〔三七〕，死不旋踵〔三八〕。楚人自戰其地，咸顧其家，各有散心〔三九〕，莫有鬥志〔四〇〕。是以能有功也。伊闕之戰，韓孤〔四一〕顧魏，不欲先用其衆。魏恃韓之鋭〔四二〕，欲推以爲鋒〔四三〕。二軍爭便之力〔四四〕不同，是以臣得設疑兵以待〔四五〕韓陣，專軍併鋭，觸魏之不意。魏軍既敗，韓軍自潰，乘勝逐北〔四六〕，以是之故〔四七〕能立功。皆計利形勢〔四八〕，自然之理，何神之有哉？今秦破趙軍於長平，不遂以時乘其振懼而滅之，畏而釋之〔四九〕，使得耕稼以益蓄積，養孤長幼〔五〇〕，以益其衆，繕治兵甲以益其强，增城浚池以益其固，主折節〔五一〕以下其臣，臣推體〔五二〕以下死士。至於平原君〔五三〕之屬，皆令妻妾補縫於行伍之間〔五四〕，臣人〔五五〕一心，上下同力，猶勾踐困於會稽之時也〔五六〕。以合（今）〔五七〕伐之，趙必固守。挑其軍戰〔五八〕，必不肯出；圍其國都，必不可尅；攻其列城，必未可拔；掠其郊野，必無所得。兵出〔五九〕無功，諸侯生心，外救必至。臣見其害，未覩〔六〇〕其利。又病未能行。」

應侯慙而退，以言於王。王曰：「微白起，吾不能滅趙乎？」復益發軍，更使王齕代王陵，伐趙，圍邯鄲八九月，死傷者衆，而弗下。趙王出輕鋭以寇其後，秦數不利。武安君曰：「不聽臣計，今果何如〔六一〕？」王聞之怒，因見武安君，彊起之曰：「君雖病，彊爲寡人卧而將之。有功，寡人之願，將加重於君。如君不行，寡人恨君！」武安君頓首曰：「臣知行〔六二〕雖無功，得免於罪，雖不行無罪〔六三〕，不免於誅，然惟願大王覽臣愚計〔六四〕，釋趙養民！以觀〔六五〕諸侯之變，撫其恐懼，伐其憍慢，誅滅無道，以令諸侯，天下可定。何必以趙爲先乎？此所謂爲一臣屈而勝天下也。大王若不察臣愚計，必欲快心於趙，以致臣罪，此亦所謂勝一臣而爲天下屈者也。夫勝一臣之嚴焉，孰若勝天下之威大耶〔六六〕？臣聞明主愛其國，忠臣愛其名，破國不可復完，死卒不可復生。臣寧伏受重誅而死，不忍爲辱軍之將〔六七〕。願大王察之！」王不答而去〔六八〕。

〔箋證〕

〔一〕姚宏云：「子由古史云『戰國策文』，並收入。」（此注原在篇末）鮑彪移此章於秦策昭襄王下。于鬯云：「按此策必他本有不載者，故姚於策末校云：子由古史云云。其據古史以明收入，必有不收入者矣。縱不必即謂姚補，要後人所增，非劉向之舊，故附全策之末，移入秦，非也。」〔按〕此章與中山絕不相涉，不應編入，甚明。于氏所論，又未盡然，今析言之。鮑彪此章在秦策，注云：「元在中山策之末。」是鮑所據本與今姚本相同。姚宏後序云：「武安君事在中山卷末，不知所謂。」若其自增，語不應如此。則此篇之附入，決非姚氏。于謂「其據古史以明收入」，誤。蘇轍所見戰國策本有此章，故古史收入白起列傳，雖不詳在國策何卷，恐亦無異於今本。此章記武安君諫秦王伐趙，全屬秦事，與他國不涉，當隸秦策。檢秦策五卷，其卷一、二、四、五並有高誘注，卷三無之，蓋湊合有注與無注二本編定者。無注之秦策卷三多載范雎用秦及攻趙邯鄲等篇。此章有高注，而所記則爲秦伐趙事，以時次之，適當在是卷。竊疑此是秦策三高注本殘卷，而無注本此卷尚有殘失，脱去此篇也（或有注與無注本篇次有不同，無注本此篇在他卷而佚去，亦未可知）。後人得此殘卷，因首尾缺失，無可繫隸，雖明知爲秦事，仍附於全書之尾，是其態度之審慎。其實此爲高注秦策殘本，應附於秦策三之尾。鮑彪改隸此篇於秦策，自是。于氏謂「非劉向之舊」，後人增「附全策之末」，猶未當也。至於譏移入秦策爲非，更失之。長短經卷五七雄略注有此章下段，其文首作「武安君破趙長平軍，降其卒四十餘萬，皆坑之。進圍邯鄲，而軍糧不屬，乃遣衛先生言於秦昭王曰：『趙國右倍常山之險，而左帶河、漳之阻，有代馬車騎之利。民人氣勇，好習兵戰，常會諸侯而一，約爲之縱長，明秦不弱則六國必滅。秦所以未得志於天下者，趙之爲患也。今賴大王之靈，趙軍破於長平，其信臣鋭卒，莫不畢命。邯鄲空虚，百郡震怖，士民皆怨其主。誠以此時遣轉輸，給足軍糧，滅趙必矣。滅趙以威諸侯，天下可定，而王業成矣。』秦王欲許之。應侯妬其功，不欲使其成，言於秦王曰：『秦雖破趙軍，士卒死傷亦衆。百姓疲於遠輸，國内空虚。楚、魏乘虚爲變，將無以自守。宜且罷兵！』王從之。」此文不見於史、策，惟史記鄒陽傳云：「衛先生爲秦畫長平之事，太白蝕昴，而昭王疑之。」集解引蘇林及索隱引服虔説，並謂白起攻趙，遣衛先生説昭王益兵糧（漢書注、文選注並引蘇林説，同），與長短經注相合，文則簡略，亦不詳所出。竊疑此或出於國策也。今以其與白起事有關，録之備考。

〔二〕鮑彪云：「（伐趙）圍邯鄲也。」

〔三〕〔按〕武安君，古史白起列傳作「起」，下同。古史非引書，間有改易，體例如此。

〔四〕〔按〕韓非子外儲説右下篇云：「秦大饑，應侯請曰：『五苑之草著，蔬菜橡果棗栗，足以活民，請發之！』昭襄王曰：『吾秦法，使民有功而受賞，有罪而受誅。今發五苑之蔬果者，使民有功與無功俱賞也。夫使民有功與無功俱賞者，此亂之道也。夫發五苑而亂，不如棄棗蔬而治。』」林春溥紀年、黄式三編略並以此證秦王之語，黄氏又謂「所以罷兵之故」。

〔五〕〔按〕即遣衛先生説益軍糧事，見上注。

〔六〕吴本「食」作「實」。

〔七〕鮑彪云：「集韻：俸，秩禄也。」

〔八〕鮑彪改「尅」作「克」。下同。吴師道云：「克、尅字通。」

〔九〕鮑彪云：「(饗)鄉人飲酒也。」〔按〕勞者，謂勞苦而不死者。

〔一〇〕高誘云：「吴謂食爲『餽』，祭鬼亦爲『餽』。古文通用，讀與『饋』同。」鮑彪云：「餔，申時食。」吴師道云：「以食食之曰餔。餽，即餽餉也。高注非。」孫詒讓云：「『餔』疑當爲『酺醵』之借字。列女傳魯之母師傳云：『妾恐其酺醵醉飽，人情所有也。』太平御覽人事部引曹大家注云：『酺醵，合聚飲酒也。』齊策云：『完者内酺而華樂。』」金正煒云：「餔當作酺。趙武靈王滅中山，酺五日。説文：吴人謂祭曰餽。」〔按〕「飲食餔餽」承上「勞者相饗」而言，則「餽」不當謂祭。吴氏訓「餽」爲「餉」，是也。「餔」當從孫、金説爲「酺」之假借〔但孫氏以「餔餽」爲「酺醵」，則非。醵爲合錢飲酒（見禮記禮器注），犒勞軍士，何用合錢而飲？且「餽」與「醵」音不同部，不能假借〕。漢書文帝紀注：「酺之爲言佈也。王德佈於天下，而合聚飲食爲酺。」

〔一一〕高誘云：「靡，猶濃麗也，若靡依之比。」鮑彪云：「集韻：靡、糜通，壞也。」〔按〕禮記少儀：「國家靡敝。」鄭注：「靡，謂侈靡。」賈子新書道術篇：「費弗過適謂之節，反節爲靡。」即此「靡」義。秦策：「百姓靡於外。」高注：「靡，盡也。」義亦近。此注非。

〔一二〕鮑彪云：「(療)治也。」

〔一三〕高誘云：「勠力，勉力也。其字從力。」〔按〕「勠力」之「勠」，經傳常作「戮」，乃借字。正字從力作「勠」。説文：「勠，併力也。从力翏聲。」與高注合。

〔一四〕闞修齡云：「嫁，往也。列子天瑞篇：『將嫁於衛。』此言使者出往四方諸侯也。」金正煒引列子同闞注，又云：「嫁與媾義近，『出嫁』猶云『行媾』。媾，合也。嫁、媾同聲，義得通借。下云『結親、連好』，並承『出嫁』之義爲文。」

〔一五〕高誘云：「五役（按「役」當作「校」），軍營也。校，音明孝反。」鮑彪衍五字。黄丕烈云：「當衍『校』字。秦本紀云：『五大夫陵攻趙邯鄲。』白起傳：『使五大夫王陵攻趙邯鄲。』是其證矣。五大夫，秦爵。下『亡五校』，注云：『今誤截其半入此句下。』」中井積德云：「五校大夫，史無『校』字，蓋因下文而誤衍。」〔按〕黄説是。然高所據本自有「校」字，依注可知，姑仍其舊。古史作「五大夫」，亦依據史記爾。高注「校」字音疑是後人所增。高誘時尚無反切注音法，其注吕氏春秋、淮南子等書亦無用反切音者。又「校」字無「明孝反」之音，「明」疑是「胡」字之誤。

〔一六〕高誘云：「蓋亡其營校之部也。」

〔一七〕吴師道云：「焚其廟，即所謂燒夷陵先王之墓也。」〔按〕長短經注「廟」上有「郊」字。

〔一八〕鮑彪云：「（竟陵）後志屬江夏。起此（秦昭襄王）二十八年取鄢，二十九年取郢。」吴師道云：「竟陵在郢州長壽縣南，今復州亦其地。」張琦云：「今沔陽州天門縣，古竟陵也。」〔按〕今湖北潛江西北。

〔一九〕鮑彪云：「震，劈靂震動也，故爲恐。」

〔二〇〕鮑彪云：「（東從）徙陳。」〔按〕見楚策四莊辛謂楚襄王曰章。

〔二一〕鮑彪「之」下補「卒」字。吴師道云：「當有『卒』字，大事記補。」金正煒云：「『將之』當作『將士』，篆文『之』字與『士』相似而誤。鮑補非也。」鍾鳳年云：「此殆原文字倒，當作『君之所將』。」〔按〕長短經注無「之」字，疑「之」字因下「半之」、「戰之」而衍。君所將，即君所將兵，承上文「韓、魏相率興兵」而省「兵」字。

〔二二〕吴師道云：「（戰之）當是『之戰』。」橫田本從吴注作「之戰」。

〔二三〕鮑彪云：「（秦昭襄王）十四年。」〔按〕見西周策及魏策一。

〔二四〕高誘云：「鹵，大漂也。言殺人多而流血漂浮鹵也。」鮑彪云：「鹵，櫓同，大盾也。」〔按〕高注「大漂」當作

「大楯」。史記秦始皇本紀「流血漂鹵」。徐廣曰：「鹵，楯也。」又封氏聞見記卷五云：「字書：鹵，大楯也。字亦作『櫓』，又作『樐』，音義皆同。」可證「漂」是「楯」之誤。

〔二五〕吴本脱「至今」二字。

〔二六〕高誘云：「(十七八)言十分死其七八分也。」

〔二七〕鮑彪云：「(寡人)雖稱王命，故云。」

〔二八〕鮑本「倍」原作「君」，鮑改作「倍」。

〔二九〕〔按〕古史「是時」二字作「昔」字。

〔三〇〕鮑本、吴本「諂諛」作「諛諂」。〔按〕諂諛如州侯、夏侯、鄢陵君、壽陵君。良臣如屈原、莊辛。

〔三一〕鮑彪云：「集韻：斥亦疏。」

〔三二〕〔按〕古史無「所以」二字。

〔三三〕鮑彪云：「兵深入，城邑在後，故言倍。倍，背同。」吴師道云：「『倍』如字。言深入，所過城邑多也。」〔按〕鮑、吴解並迂曲難通。「倍」當是「踣」之借字(「倍」、「踣」並從「咅」聲，例可通用)。左氏襄十一年傳：「踣其國家。」杜注：「踣，斃也。」吕氏春秋行論篇：「舉矣而不踣。」高注：「踣，破也。」字亦同「仆」。

〔三四〕鮑彪衍「以」字，云：「梁，橋也。此皆示以不還，使民專於戰也。」吴師道云：「大事記云：此(以)作『心』字。」横田本「以」作「心」。吴闓生云：「『以』疑當作『心』。『民心』即『人心』也。」金正煒亦謂作「心」者是。〔按〕「心」與「以」草書形相似，易誤。長短經注「民以」作「人心」。「人」乃避唐諱而改，「心」字可正此誤，今從正。釋名釋言語：「發，撥也，撥使開也。」發梁，謂撥去橋梁，「撥」猶「拔」，故「發梁」亦即「拔梁」。此與項羽之破釜沉舟同意。

〔三五〕鮑彪云：「掠，奪取。」

〔三六〕横田本「中」作「之」，不言所據本。金正煒云：「『秦中』當作『秦軍』，涉下句『軍中』而誤。」〔按〕長短經注「中」作「之」。今據改。

〔三七〕〔按〕一心同功，長短經注及古史「功」作「力」。

〔三八〕高誘云：「戰亡必死，無還踵者。」鮑彪云：「（不旋踵）不反走也。」

〔三九〕高誘云：「諸侯自戰其地爲散地也。」〔按〕高語本孫子九地篇。曹操注：「士卒戀土，道近易散。」

〔四〇〕〔按〕長短經注「志」作「意」。

〔四一〕鮑彪云：「時韓僖侯立三年耳，故稱曰『孤』。」吴師道云：「（韓孤）韓勢孤也。」〔按〕吴注是。

〔四二〕鮑彪云：「時韓主兵，故韓記言率周、魏攻秦，魏紀言佐韓也。」

〔四三〕鮑彪云：「鋒，軍之先。」

〔四四〕横田惟孝云：「『之力』猶『其力』也。」金正煒云：「齊策：『故揚捨其所長，之其所短。』高注：『之，用也。』又『之』猶『志』也。説文無『志』字，古書多借『之』爲『志』。」〔按〕横田解是。長短經注「之力」作「其力」，可證。

〔四五〕鮑彪改「待」作「持」，云：「持不決戰也。」盧本從作「持」。金正煒云：「國語周語注：『「待」猶「備」也。』作『待』自通，不必改『持』。」

〔四六〕鮑彪云：「戰敗曰『北』。」

〔四七〕〔按〕古史「故」下重「故」字。

〔四八〕鮑彪云：「謂人謀地利，軍之形勢。」

〔四九〕鮑彪云：「振、震同。以趙畏服，遂釋攻。」

〔五〇〕吴師道云：「(長幼)長其幼小者。」

〔五一〕鮑彪云：「(折節)屈折肢節。」横田惟孝云：「折節，屈君臣之節也，言屈尊以下人也。」

〔五二〕吴師道云：「『推體』猶『委身』，謂以身與之也。」〔按〕此「推」猶「推心置腹」之「推」。

〔五三〕鮑本、吴本無「君」字。

〔五四〕〔按〕史記平原君傳云：「秦急圍邯鄲，邯鄲急，且降，平原君甚患之。邯鄲傳舍吏子李同説平原君曰：『……邯鄲之民，炊骨易子而食，可謂急矣。而君之後宫以百數。婢妾被綺縠，餘粱肉，而民褐衣不完，糟糠不厭。民困兵盡。或剡木爲矛矢，而君器物鐘磬自若。使秦破趙，君安得有此？使趙得全，君何患無有？今君誠能令夫人以下編結士卒之間，分功而作。家之所有，盡散以饗士。士方其危苦之時，易德耳。』於是平原君從之。」是平原君所爲，從李同之言也。以此策言證之，當在圍邯鄲之前，史恐誤次。

〔五五〕吴闓生云：「此『人』當作『民』。」〔按〕吴説是，此蓋避唐諱而改。

〔五六〕高誘云：「越王勾踐爲吴所逼，棲於會稽，卒成霸功。」

〔五七〕鮑本、吴本、盧本「合」作「今」。〔按〕當是「今」之譌，今從正。長短經注及古史亦作「今」，可證。

〔五八〕鮑彪云：「挑，摧燒也，撓敵求戰。」吴師道云：「漢書擿挑敵以求戰。左傳謂之致師。」

〔五九〕〔按〕長短經注「出」作「久」。

〔六〇〕〔按〕古史此「覩」字與上句「見」字互易。

〔六一〕鮑本、吴本「何如」作「如何」。黄丕烈云：「史記(白起傳)作『今如何矣』。」〔按〕古史亦作「如何」。

〔六二〕〔按〕古史「臣知行」作「臣之行」。

〔六三〕橫田惟孝云：「『雖不行無罪』當作『不行雖無罪』。」金正煒云：「雖，假合也。或本在『不行』下，誤淆於上。」〔按〕古史作「不行雖」，與橫田等説合。如此與上文「行雖無功」相對舉，較順。

〔六四〕〔按〕齊策一：「大王覽其説而不察其至實。」高注：「覽，受。」此義同。

〔六五〕吳師道云：「『以』字下疑有缺。」策纂本「以」下有「觀」字，橫田本從之。〔按〕大事記解題引此策「以」下有「觀」字，古史亦有之，義足，今據補。

〔六六〕高誘云：「言不能爲起屈，欲以勝爲嚴，則不若屈於起之言，而以勝天下爲威之大。」鮑彪云：「『嚴』猶『威』。」

〔六七〕鮑彪云：「軍敗則辱，此所謂愛名。」張尚瑗云：「荀子言將不受命於主有三，其一謂可殺而不可擊不勝，白起、王翦是也。」

〔六八〕鮑彪云：「事在（秦昭襄王）四十八年及五十年。」吳師道云：「應侯納蘇（代）之説，許韓、趙割地以和，由是起與之有隙。不從伐趙者爲此也。大事記謂起之死，皆睢之力。」〔按〕范睢聽蘇代言，見史記白起傳及秦策三謂應侯曰君擒章。

〔附論〕

蘇轍古史云：「予讀太史公白起傳，秦之再攻邯鄲也，起與范睢有怨，稱病不行，以亡其軀。慨然歎曰：起以武夫，無所屈信，而困於游談之士。使起勉强一行，兵未必敗，而免於死矣。及覽戰國策，觀起自陳成敗之跡，乃知邯鄲法不可再攻，而起非特以怨不行，蓋爲之流涕也。趙充國征西羌，守便宜，不肯奉詔出兵。辛武賢雖兵出有功，充國竟爲漢宣明其非是。武賢怨之至骨，雖不能害充國，而卒陷其子卬。嗚呼！循道而不阿，自古而難之歟！」

附録上

曾子固序

劉向所定著〔一〕戰國策三十三篇，崇文總目稱〔二〕十一篇者闕。臣訪之士大夫家，始盡得其書，正其誤謬而疑其不可考者，然後戰國策三十三篇復完。

叙曰：向叙此書，言周之先明教化，修法度，所以大治。及其後詐謀〔三〕用而仁義之路塞，所以大亂。其説既美矣。率〔四〕以謂此書戰國之謀士，度時君之所能行，不得不然，則可謂惑於流俗而不篤於自信者也。

夫孔孟之時，去周之初已數百歲。其舊法已亡，其舊俗已熄久矣。二子乃獨明先王之道以爲不可改者，豈將强天下之主以後世之所不可爲哉？亦將因其所遇之時、所遭之變，而爲當世之法，使不失乎先王之意而已也〔五〕。二帝三王之治，其變固殊，其法固異，而其爲國家天下之意，本末先後，未嘗不同也。二子之道，如是而已。蓋法者所以適變也，不必盡同；道者所以立本也，不可不一。此理之不易者也。故二子者守此，豈好爲異論哉？能勿苟而已矣。可謂不惑於流俗而篤於自信者也。

戰國之游士則不然。不知道之可信，而樂於説之易合，其設心注意，偷爲一切之計而已。故論詐之便而諱其敗，言戰之善而蔽其患。其相率而爲之者，莫不有利焉，而不勝其害也；有得焉，而不勝其失也。卒至蘇秦、商鞅、孫臏、吴起、李斯之徒以亡其身，而諸侯及秦用之，亦滅其國。其爲世之大禍明矣，而俗猶莫之悟也〔六〕！惟先王之道，因時適變，法〔七〕不同而考之無疵，用之無敝。故古之聖賢未有以此而易彼也。

或曰：邪説之害正也，宜放而絶之。則此書之不泯，不泯〔八〕其可乎？對曰：君子之禁邪説也，固將明其説於天下，使當世之人皆知其説之不可從，然後以禁則齊；使後世之人皆知其説之不可爲，然後以戒則明。豈必滅其籍哉？放而絶之，莫善於是。故孟子之書，有爲神農之言者，有爲墨子之言者，皆著而非之。至於此書之作，則上繼春秋，下至秦、漢之起，二百四五十〔九〕年之間，載其行事，固不〔一〇〕得而廢也。

此書有高誘注者二十一篇，或曰三十二篇。崇文總目存者八篇，今存者十篇云。編校史館書籍臣曾鞏序〔一一〕。

〔一〕四部叢刊景元刻本元豐類稿（以下簡稱「類稿」）無「著」字。

〔二〕類稿「稱」下有「第」字。

〔三〕類稿作「謀詐」。

〔四〕（率） 鮑彪單注本（明嘉靖杜詩刊本，以下簡稱鮑本）、吳師道校注本（四部叢刊景元刊本，以下簡稱吳本）及類稿皆作「卒」。盧氏雅雨堂刊本（以下簡稱「盧本」）作「率」，同此本。按「卒」字爲長。「率」疑是形近而誤。

〔五〕吳本及類稿無「也」字。

〔六〕（悟） 類稿作「寤」，通用。

〔七〕鮑本、吳本及類稿「法」上並有「爲」字。

〔八〕鮑本、吳本、盧本及類稿「不泯」二字並不重。何焯校作「不泯泯」（義門讀書記）。

〔九〕（二百四五十年） 各本皆同，惟類稿作「二百四十五年」，何焯校改作「二百四十五年」。按此語本於劉向序録「其事繼春秋以後，訖楚漢之起，二百四十五年間之事」，則「二百四十五年」未可遽以爲誤也。

〔一〇〕類稿「不」下有「可」字。

〔一一〕按鮑本此序在劉向序録之前，吳本則列於劉序之後，黄丕烈札記反謂「鮑本在劉向序録下」，蓋誤以吳本代替鮑本，不察鮑氏單注本與吳師道校注本有異同也。札記指摘鮑誤，往往由此，詳見箋證。

吳師道題識：國策劉向校定本，高誘注，曾鞏重校，凡浙、建、括蒼本皆據曾所定。剡川姚宏續校注最後出，予見姚注凡二本：其一冠以目録、劉序，而置曾序於卷末；其一冠以曾序，而劉序次之。蓋先劉氏者，元本也。先曾氏者，重校本也。今不敢失其舊，故次曾氏焉。吳師道識〔一〕。

〔一〕吳本此文次於曾序之後，今遂録於此。

李文叔書戰國策後

戰國策所載，大抵皆從横捭闔譎誑相輕傾奪之説也。其事淺陋不足道，然而人讀之，則必鄉〔二〕其説之工而忘其事之陋者，文辭之勝移之而已。且壽考、安樂、富貴、尊榮、顯名、愛好、便利、得意者，天下之所欲也，然激而射之，或將以致人之憂。死亡、憂患、苦辱、弃〔三〕損、亡利、失意者，天下之所惡也，然動而竭之，或將以導人之樂。至於以下求小，以高求大，縱之以陽，閉之以陰，無非微妙。難知之情，雖辯士抵掌而論之，猶恐不自。今寓之文字，不過一二言，語未必及，而意已隱然見乎其中矣。由是言之，爲是説者非難，而載是説者爲不易得也。嗚呼！使秦漢而後，復有爲是説者，必無能載之者矣。雖然，此豈獨人力哉？蓋自堯、舜〔三〕、夏、商積制作以至於周，而文物大備。當其盛時，朝廷宗廟之上，蠻貊窮服之外，其禮樂制度，條施目設，而威儀文章可著之簡册者，至三千數。此聖人文章之實也。及周道衰，寖淫陵遲，幽厲承之，於是大壞。

然其文章所從來既遠，故根本雖伐〔四〕，而氣燄未易遽熄也。於是浮而散之，鍾於談舌而著於言語。此莊周、屈原、孫武、韓非、商鞅與夫儀、秦之徒所以雖不深祖吾聖人之道，而所著書文辭駸駸乎上薄六經而下絶來世者，豈數人之力也哉？

今戰國策宜有善本傳於世，而舛錯不可疾讀。意天之於至寶，常不欲使人易得。故余不復竄定，而其元篇，皆以丹〔五〕圜其上云〔六〕。

〔一〕鮑本、吴本「鄉」作「向」，同。

〔二〕鮑本、盧本「弃」作「棄」，同。

〔三〕（堯舜）鮑本、吴本無此二字。

〔四〕原本「伐」作「代」，形近而訛，今從鮑本、吴本及盧本改。

〔五〕鮑本「丹」作「再」，非。此謂以丹色圜其上耳。

〔六〕此及下王覺題辭，鮑本並附於卷末。黄氏札記謂「鮑本無」者，亦誤。吴本自此文下至姚宏後叙皆附於卷末，蓋據姚本而綴焉。

王覺題戰國策

戰國策三十三篇，劉向爲之序，世久不傳。治平初，始得錢唐顔氏印本，讀之。愛其文辭之辯博，而字句脱誤尤失其真。丁未歲，予在京師，因借館閣諸公家藏數本參校之，蓋十正其六七。凡諸本之不載者，雖雜見於史記他書，然不敢輒爲改易，仍從其舊，蓋慎之也。

當戰國之時，强者務併吞，弱者患不能守，天下方争於戰勝攻取。馳説之士因得以其説取合時君，其要皆主於利言之。合從連横〔一〕，變詐百出。然自春秋之後以迄於秦，二百餘年興亡成敗之跡，粗見於是矣。雖非義理之所存，而辯麗横肆。亦文辭之最，學者所不宜廢也。

會有求予本以開板者，因以授之，使廣其傳，庶幾證前本之失云。清源王覺題。

〔一〕鮑本「横」作「衡」，通用。

孫元忠書閣本戰國策後

臣自元祐元年十二月入館，即取曾鞏三次所校定本及蘇頌、錢藻等不足本，又借劉敞手校書肆印賣本參考，比鞏所校，補去是正，凡三百五十四字。八年，再用諸本及集賢院新本校，又得一百九十六字，共五伯〔一〕五十籤，遂爲定本，可以修寫黄本入祕閣。集賢本脱漏，然亦間得一兩字。癸酉歲臣朴校定。

右十一月十六日書閣本後。孫元忠。

〔一〕吴本、盧本「伯」作「百」，通用。

孫元忠記劉原〔一〕父語

此書舛誤特多，率一歲再三讀，略以意屬之而已。比劉原父云：「吾老當得定本。」正之否耶？

〔一〕盧本「原」作「元」，非。但下文作「原」，不誤。

姚宏後敘

右戰國策，隋經籍志三十四卷，劉向録；高誘注止二十一卷；漢京兆尹延篤論一卷。唐藝文志劉向所録已闕二卷，高誘注乃增十一卷，延叔堅之論尚存。今世所傳三十三卷。崇文總目高誘注八篇，今十篇，第一、第五闕。前八卷，後三十二、三十三，通有十篇。武安君事在中山卷末，不知所謂。叔堅之論，今他書時見一二。舊本有未經曾南豐校定者，舛誤尤不可讀。南豐所校，乃今所行。都下、建陽刻本皆祖南豐，互有失得。

余頃於會稽得孫元忠所校於其族子慤，殊爲疏略。後再扣之，復出一本，有元忠跋，並標出錢、劉諸公手校字，比前本雖加詳，然不能無疑焉。如用「埊」「恧」字，皆武后字，恐唐人傳寫相承如此。諸公校書改用此字，殊所不解。竇苹作唐史釋音，釋武后字，內「埊」字云：「古字，見戰國策。」不知何所據云然。然「埊」乃古「地」字。又「埊」字見亢倉子、鶡冠子，或有自來。至於「恧」字，亦豈出於古歟？幽州僧行均韻訓詁〔一〕以此二字皆古文，豈別有所見耶？孫舊云「五百五十籤」，數字雖過之，然間有謬誤，似非元書也。括蒼所刊，因舊無甚增損〔二〕。余萃諸本校定離次之，總四百八十餘條。太史公所採〔三〕九十餘條，其事異者止五六條。太史公用字，每篇間有異〔四〕者，或見於他書，可以是正，悉注於旁。辨「欒水」之〔五〕爲「潰水」，「案」字之爲語助，與夫不題校人並題「續注」者，皆余所益也。正文遺逸，如司馬貞引「馬犯謂周君」，徐廣引「韓兵入西周」，李善引「呂不韋言周三十七王」，歐陽詢引「蘇秦謂元戎以鐵爲矢」，史記正義「碣石九門本有宮室以居」，春秋後語「武靈王遊大陵，夢處女鼓瑟」之類，略可見者如此，今本所無也。至如「張儀說惠王」乃韓非初見秦，「厲憐王」引詩乃韓嬰外傳，後人不可得而質矣。先〔六〕秦古書見於世者無幾，而余居窮鄉，無書可檢閲。訪春秋後語，數年方得之，然不爲無補。尚冀博採，老得定本，無劉公之遺恨。

紹興丙寅中秋剡川姚宏伯聲父題〔七〕。

〔一〕按「韻訓詁」義不完，疑有脱字。夢溪筆談卷十五云：「幽州僧行均集佛書中字爲切韻訓詁，凡十六萬字，分四卷，號龍龕手鏡。」據此，則「韻」字上當有「切」字。下姚寬後序有「切」字可證。此謂「切韻訓詁」之書，猶言「音義」也。然非書名。今傳宋刊本行均書作「龍龕手鑑」，「鑑」本作「鏡」，避宋嫌諱而改。

〔二〕盧本「損」誤作「採」。

〔三〕盧本「採」作「采」。

〔四〕盧本脱「異」字。

〔五〕原本「之」誤作「乏」，從吴本、盧本改。

〔六〕吴本脱「先」字。

〔七〕以上自曾子固序（吴師道序後題識除外）止此篇，皆從姚宏本編次於書後。

吴師道題識：頃歲予辨正鮑彪戰國策注，讀呂子大事記引剡川姚宏，知其亦注是書。考近時諸家書録，皆不載，則世罕有蓄者。後得於一舊士人家。卷末載李文叔、王覺、孫朴、劉敞語。其自序云：「嘗得本於孫朴之子慤。」朴元祐初在館中取南豐曾鞏本，參以蘇頌、錢藻、劉敞所傳，併集賢院新本，上標錢、劉校字。而姚又會粹諸本定之，每篇有異及他書可正者，悉注於下。因高誘注間有增續，簡質謹重，深得古人論撰之意，大與鮑氏率意竄改者不同。又云「訪得春秋後語，不爲無補」。蓋晉孔衍所著者，今尤不可得，尚賴此而見其一二，詎可廢邪？考其書成，當紹興丙寅，而鮑注出丁卯，實同時。鮑能分次章條，詳述注説。讀者眩於浮文，往往喜稱道之，而姚氏殆絶，無足怪也。宏字令聲，今題伯聲甫，待制舜明廷輝之子，爲删定官，忤秦檜，死大理獄。弟寛令威、憲令則，皆顯於時，其人尤當傳也。余所得本，背紙有「寶慶」字，已百餘年物，時有碎爛處。既據以校鮑誤，因序其説於此。異時當廣傳寫，使學者猶及見前輩典則，可仰可慕云。至順四年癸酉吴師道識〔二〕。

〔二〕此篇據吴本編次於姚序之後。

姚寛後序

右戰國策，隋經籍志三十四卷，劉向録；高誘注止二十卷；漢京兆尹延篤論一卷。

唐藝文志，劉向録已闕二卷，高誘注乃增十一卷。延篤論時尚存。今所傳三十三卷。崇文總目高誘注八篇，印本存者有十篇。武安君事在中山卷末，不詳所謂。延篤論今亡矣。其未曾經曾南豐所校定者，舛誤尤不可讀。其浙、建原小字本刊行者，皆南豐所校本也。括蒼耿氏所刊，鹵莽尤甚。

宣和間，得館中孫固、孫覺、錢藻、曾鞏、劉敞、蘇頌、集賢院，共七本。晚得晁以道本並校之，所得十二焉。如用「埊」、「恧」字，皆武后字，恐唐人相承如此。諸公校書，改用此字，殊不可解。竇苹作唐書〔二〕釋武后用「埊」字云：「古字，字見戰國策。」不知何所據而云然。「埊」乃古「地」字。又「埊」字見亢倉子、鶡冠子，或有自來。至於「恧」字，幽州僧行均作切韻訓詁，以此二字云：「古文。」豈别有所見邪？太史公所採九十三事，内不同者五。（黄云：「案以下所列事數，今數之，多不合者，未詳姚意何云也。」）韓非子十五事，説苑六事，新序九事，吕氏春秋一事，韓詩外傳一事，皇甫謐高士傳三事，越絶書記李園一事，甚異。如正文遺逸，引戰國策者，司馬貞索隱五事〔原注：「豫讓擊襄子之衣，衣盡血」；「吕不韋言周凡三十七王」；「白圭爲中山將亡六城，還拔中山」；「馬犯謂周君」；「馬犯謂梁王云，王病愈（作癒字）」〕，廣韻七事〔原注：「晉有大夫芬質（音撫文切）、丗千者著書顯名」；「安陵丑」；「雍門周」；「中山大夫藍諸」；「晉有亥唐」；「趙有大夫庫賈

(音肇，訓門也)」；齊威王時有左執法公旗蕃」，玉篇一事(原注：「驥仰而噴，鼓鼻也」)，太平御覽二事(原注：「涸若耶以取銅，破恧山而出錫」；「廊廟之椽，非一木之枝；先王之法，非一士之智」)，元和姓纂一事(原注：引風俗通云：「晉大夫芸賢。」)，春秋後語二事(原注：「趙武靈王遊大陵，夢處女鼓瑟」；「平原君躄者(注云：躄，攣跛之名)」，後漢地理志一事(原注：東城九門。注云：碣石山在縣界)，後漢第八贊一事(原注：廉頗爲人勇鷙而好士)，藝文類聚一事(原注：蘇秦爲楚合從，元戎以鐵爲矢，長八寸，一弩十矢俱發)，北堂書鈔一事(原注：楚人以弱弓微繳加歸雁之上者)，徐廣注史記一事(原注：韓兵入西周，令成君辨説秦求救)，張守節正義一事(原注：碣石九門本有宮室以居)，舊戰國策一事(原注：羅尚見秦王曰：秦四塞之險，利於守，不利於戰)，李善注文選一事(原注：蘇秦説孟嘗君曰：秦四塞之國。高誘注云：四面有山關之固，故曰四塞之國也)，皆今本所無也。至如「張儀説惠王」乃韓非子初見秦書，「厲憐王」引詩乃韓詩外傳，既無古書可以考證，第歎息而已！某以所聞見以爲集注，補高誘之亡云。上章執徐仲冬朔日會稽姚寬書。

吴師道題識：右此序題姚寬撰，有手寫附於姚注本者，文皆與宏序同，特疏列遺文皆詳。考其歲月則在後，乃知姚氏兄弟皆嘗用意此書。寬所注者，今未之見，不知視宏又何如也？因全録著之左方，以俟博考者。吳師道識〔二〕。

〔一〕據前姚宏序「唐書」作「唐史釋音」，此疑「書」下脱「釋音」二字。

〔二〕右姚寬後序及吳師道題識乃據吳本編次於此。

耿延禧括蒼刊本序

余至括蒼之明年，歲豐訟簡，頗有文字之暇。於是用諸郡例，鏤書以惠學者。念戰國策未有板本，乃取家舊所藏刊焉。是書訛舛爲多，自曾南豐已云：「疑其不可考者。」今據所藏，且用先輩數家本參定，以俟後之君子而已。昔李權從秦宓借戰國策，宓曰：「戰國從横，用之何爲？」蓋學者好惡之不侔如此。夫是非取捨，要當考合乎聖人之道以自擇。要之，此先秦古書，其叙事之備，太史公取以著史記；而文辭高古，子長實取法焉。學者不可不家有而目誦之。故余刊書，以是爲首云。紹興四年十月魯人耿延禧百順書。

右修職郎司理參軍馬陞校勘

右迪功郎兖州學教授趙涣校勘

左朝散郎通判軍州崔耀卿

龍圖閣直學士左朝奉大夫知軍州事耿延禧〔一〕

〔一〕此括蒼刊本耿延禧序，吴本附於書末。按耿刊在姚、鮑二本之前，今據迻録於鮑序之前。

鮑彪戰國策序

國策，史家流也。其文辯博，有焕而明，有婉而微，有約而深，太史公之所〔一〕考本也。自漢稱爲戰國策，雜以短長之號，而有蘇、張縱横之説。學者諱之，置不論，非也。夫史氏之瀍，具記一時事辭，善惡必書，初無所決擇。楚曰檮杌，書惡也。魯曰春秋，善惡兼也。司馬史記，班固漢書，有佞幸等列傳，學者豈以是爲不正，一舉而棄之哉？矧此書若張孟談、魯仲連發策之慷慨，諒毅、觸讋納説之從容；養叔之息射，保功莫大焉；越人之投石，謀賢莫尚焉；王斗之愛縠，憂國莫重焉。諸如此類不一，皆有合先王正道，孔、孟之所不能違也。若之何置之？曾鞏之序美矣，而謂「禁邪説者固將明其説於天下」，則亦求其故而爲之説，非此書指也。

起秦迄今，千四百歲，由學者不習，或衍或脱，或後先失次，故肖立半字，時次相糅，劉向已病之矣。舊有高誘注，既疏略無所稽據，注又不全，浸微浸滅，殆於不存。彪於是考史記諸書爲之注，定其章條，正其衍説，而存其舊，慎之也。地理本之漢志，無則闕。字訓之説文，無則稱「猶」。雜出諸書，亦别名之。人姓名多不傳見，欲顯其所説，故繫之一國。亦時有論説，以翊宣教化，可以正一史之謬，備七略之闕。以〔二〕之論是非，辨得失而考興亡，亦有補於世。

紹興十七年丁卯仲冬二十有一日辛巳冬至縉雲鮑彪序〔三〕。

〔一〕鮑單注本無「所」字，今從吳本補。

〔二〕鮑本「以」作「於」，今從吳本改。

〔三〕此序鮑本冠於首，次曾鞏序，再次劉向序。

鮑彪題識二則〔一〕

一

劉氏定著三十三篇，東周一、西周一、秦五、齊六、楚四、趙四、魏四、韓三、燕三、宋、衛一，中山一（自注：今按西周正統也，不得後於東周，定爲首卷）。

二

彪校此書四易稿而後繕寫。己巳仲春重校，始知東周策「嚴氏之賊陽堅與焉」爲韓策「嚴遂陽豎也」。先哲言「校書如塵埃風葉，隨掃隨有」。豈不信哉？尚有舛謬，以俟君子。十一日書。

〔一〕鮑本附於劉序之後，今次於此。

王信後跋（宋紹熙刊鮑氏本）〔一〕

國策舊有高誘注，甚略。吾鄉先生鮑公彪守習孤學，老而益堅，取班、馬二史及諸家書，比輯而爲之注。條其篇目，辨其譌謬，缺則補，衍則削，乖次者悉是正之，時出己意論説，四易稿始成。其用功也廑矣，而世罕傳。余得其本，刊之會稽郡齋，使學者知前輩讀書不苟如此。

公妙年甲進士第，耻求人知，嘗有「此身甘作老文林」之句，其志操可見。白首始爲郎，即掛冠歸田里，杜門著書，有書解及杜詩注行於世。紹興〔二〕辛亥日南至括蒼王信書。

〔一〕據瞿氏鐵琴銅劍樓藏書目録卷九迻録，次於鮑本後。

〔二〕紹興辛亥 〔按〕辛亥爲紹興元年，鮑書成書於紹興十七年之冬，豈有王信刊於元年之理？顯見「紹興」字有誤，乃紹熙辛亥也。今北京圖書館善本書目著録此本已改題爲「紹熙」，今仍舊題而訂其誤於此。瞿目提要以書中慎字有減筆，疑其爲「孝宗後刻本，非紹興原刻也」，語猶未昭。

吳師道國策校注序

先秦之書，惟戰國策最古，文最訛舛，自劉向校定已病之。南豐曾鞏再校，亦疑其不可考者。後漢高誘爲注，宋尚書郎括蒼鮑彪詆其疏略繆妄，乃序次章條，補正脱誤，時出己見論說，其用意甚勤。愚嘗並取而讀之，高氏之疏略信矣，若繆妄，則鮑氏自謂也。東萊吕子大事記間取鮑說而序次之，世亦或從之。若其繆誤，雖未嘗顯列，而因此考彼，居然自見，遂益得其詳焉。蓋鮑專以史記爲據。馬遷之作，固採之是書，不同者當互相正，史安得全是哉？事莫大於存古，學莫善於闕疑。夫子作春秋，仍「夏五」殘文。漢儒校經，未嘗去本字，但云「某當作某，某讀如某」，示謹重也。古書字多假借，音亦相通。鮑直去本文，徑加改字，豈傳疑存舊之意哉？比事次時，當有明徵，其不可定知者，闕焉可也。豈必强爲傅會乎？又其所引書止於淮南子、後漢志、說文、集韻，多摭彼書之見聞，不問本字之當否。史注、自裴、徐氏外，索隱、正義皆不之引，而通鑑諸書亦莫考。淺陋如是，其致誤固宜。顧乃極詆高氏以陳賈爲孟子書所稱，以伐燕爲齊宣，用是發憤更注。不思宣王伐燕，乃孟子明文。宣、閔之年，通鑑謂史失其次也。鮑以赧王爲西周君，而指爲正統，此開卷大誤。不知河南爲西周，洛陽爲東周。韓非子説秦王以爲何人，魏惠王盟臼里以爲他事，以魯連約失之書爲後人所補，以魏幾、鄢陵爲人名，以公子牟非魏牟，以中山司馬子期爲楚昭王卿，此類甚多，尚安得詆高氏哉？其論説，自謂翊宣教化，則尤可議。謂張儀之誑齊梁爲將死之言善。周人詐以免難爲君子所恕，張登狡獪非君子所排，蘇代之詘爲不可廢，陳軫爲絶類離羣，蔡澤爲明哲保身，聶政爲孝，樂羊爲隱忍，君王后爲賢智婦人，韓幾瑟爲義嗣，衛嗣君爲賢君，皆悖義害正之甚者。其視名物、人地之差失，又不足論也。

鮑之成書，當紹興丁卯。同時剡川姚宏亦注是書，云得會稽孫朴所校，以閣本標出錢藻、劉敞校字，又見晉孔衍春秋後語參校補注，是正存疑，具有典則。大事記亦頗引之，而世罕傳，知有鮑氏而已。近時浚儀王應麟嘗斥鮑失數端，而廬陵劉辰翁盛有所稱許。以王之博洽，知其未暇悉數，而劉特愛其文采，他固弗之察也。呂子有云：「觀戰國之事，取其大旨，不必字字爲據。」蓋以游士增飾之詞多，矧重以訛舛乎？輒因鮑注，正以姚本，參之諸書，而質之大事記，存其是而正其非，庶幾明事蹟之實，求義理之當焉。

或曰：「戰國策者，六經之棄也，子深辨而詳究之，何其戾？鮑彪之區區又不足攻也。」夫人患理之不明耳，知至而識融，則異端雜説，皆吾進德之助，而不足以爲病也。曾氏之論是書曰：「君子之禁邪説者，固將明其説於天下，使皆知其不可爲，然後以禁則齊，以戒則明。」愚有取焉爾。是非之在人心，天下之公也。是，雖芻蕘不遺；非，雖大儒必斥。愚何擇於鮑氏哉？特寡學謏聞，謬誤復恐類之。世之君子有正焉，固所願也！泰定二年歲乙丑八月日金華吴師道序。

國策之書，自劉向第録，南豐曾氏皆有序論，以著其大旨。向謂戰國謀士度時君所能行，不得不然。曾氏譏之，以爲「惑流俗而不篤於自信」，故因之推言「先王之道，聖賢之法」，而終謂「禁邪説者，固將明其説於天下」。其論正矣。而鮑氏以爲「是特求其故而爲之説者。策乃史家者流，善惡兼書，初無決擇。其善者，孔孟之所不能違，若之何置之？」鮑之言殆後出者求備邪？

夫天下之道，王伯二端而已。伯者猶知假義以爲名，仗正以爲功。戰國名義蕩然，攻鬭併吞，相詐相傾。機變之謀，唯恐其不深；捭闔之辭，唯恐其不工，風聲氣習，舉一世而皆然。間有持論立言，不戾乎正，殆千百而一二爾。若魯仲連，蓋絶出者。然其排難解紛，忼慨激烈，每因事而發，而亦未聞其反本明正，超乎事變之外也，況其下者乎？當是之時，本仁祖義，稱述唐、虞、三代，卓然不爲世俗之説者，孟子一人而已。求之是書，無有也。荀卿亦宗王者，今唯載其絶春申之書，而不及其他。田子方接聞孔氏之徒，其存者，僅僅一言。又何略於此而詳於彼邪？史莫大於春秋，春秋善惡兼書，而聖人之心，則欲寓褒貶以示大訓。是書善惡無所是非，而作者又時出所見，不但記載之爲。談季子之金多位高，則沾沾動色；語安陵嬖人之固寵，則以江乙爲善謀，此其最陋者。誇從親之利，以爲「秦兵不出函谷十五年，諸侯二十九年不相攻」，雖甚失實，不顧也。厠雅於鄭則音不純，置薰於蕕則氣必奪，善言之少，不足以勝不善之多。君子所以舉而謂之「邪説」者，蓋通論當時習俗之敝，舉其重而名之也。近代晁子讀書志列於從横家，亦有見者。且其所列，固有忠臣義士之行，不係於言者，而其繼春秋抵秦、漢，載其行事，不得而廢，曾氏固已言之。是豈不知其爲史也哉？

竊謂天下之説，有正有邪。其正焉者主於一，而其非正者，君子小人各有得焉。君子之於是書也，考事變，究情僞，則守益以堅，知益以明。小人之於是書也，見其始利而終害，小得而大喪，則悔悟懲創之心生。世之小人多矣，固有未嘗知是書，而其心術行事無不合者，使其得是書而究之，則將有不爲者矣。然則所謂「明其説於天下，爲放絶之善者」，詎可訾乎？

陳祖仁序

至正初，祖仁始登史館，而東陽吴君正傳實爲國子監博士。吴君之鄉則有丁文憲、何文定、金文安、許文懿諸先生所著書，君悉取以訓諸生，匡末學。後君歸丁母艱，病卒。祖仁聞君校注國策，考覈精甚，而惜未之見也。今季夏，浙西憲掾劉瑛建修隨僉憲伯希顔公來按吴郡，一日囊君所校策來，言曰：「正傳吾故人，今已矣，不可使其書亦已。吾嘗有請於僉憲公，取於其家，且刻梓學宫。君宜序之，幸毋辭！」

祖仁竊維古之君子，其居家也本諸身，其居官也本諸家。其訓人也本諸己，其安時也本諸天，文其餘也，而況於言乎？是故不以言爲上，而後之爲言者莫能上也。不以計爲高，而後之爲計者莫能高也。周衰，列國兵争，始重辭命。然猶出入詩書，援據遺禮，彬彬焉先王流風餘韻存焉。壞爛而莫之存者，莫甚於戰國。當時之君臣，惴惴然唯欲强此以弱彼。而遊談馳騁之士，逆探巧合，强辯深語，以鬭争諸侯，矜讐妻子。雖其計不可行，言不可踐。苟有欲焉，無不售也；苟有隙焉，無不投也。卒之諸侯不能有其國，大夫不能有其家。而蘇秦之屬，不旋踵勢敗而身僨！由此觀之，非循末沿流不知其本故耶？

是策自劉向校定後，又校於南豐曾鞏，至括蒼鮑彪病高注疏謬，重定序次，而補闕刪衍，差失於專。時有議論，非悉於正。故吴君復據剡川姚宏本，參之諸書而質之大事記，以成此書。其事覈而義正，誠非鮑比。

古書之存者希矣，而諸儒於是書校之若是其精者，以其言則季世之習，而其策則先秦之遺也。余何幸得觀吴君此書於身後，且知其所正者有所本；而又嘉劉掾不以死生異心而卒其志也。故不復辭而爲之序。至正十五年六月，浚儀陳祖仁序。

盧見曾高氏戰國策序

漢末涿郡高氏誘少受學於同縣盧侍中子幹，嘗定孟子章句，作孝經、吕氏春秋、淮南諸解，訓詁悉用師法，尤精音讀。其解吕氏春秋、淮南二書，有急氣、緩氣、閉口、籠口之法。蓋反切之學，實始於高氏，而孫叔然炎在其後。今刻二書者盡刪其説，爲可惜也。

高氏又嘗注戰國策，世無其書。前明天啓中，虞山錢宗伯以二十千購之梁溪安氏，乃南宋剡川姚伯聲校正本。後又得梁溪高氏本，互相契勘，遂稱完善。曩余讀吴文正公東西周辨，謂戰國策編題首東周，次西周。而今鮑彪本誤以西周爲正統，升之卷首，始知古本戰國策爲鮑氏所亂久矣。及余再涖淮南，屬友人於吴中借高注考之，歎文正之辨爲不可易。高注古雅，遠勝鮑氏。其中編次，亦與鮑氏迥異。兩漢傳注存者，自毛氏、何氏而外，首推鄭氏。繼鄭氏而博學多識者，唯高氏。蓋其學有師承，非趙臺卿、王叔師之比也。惜孟子章句、孝經解不傳！而此書於絳雲一炬之後，幸而得存，爲刊板行世。好古之士，審擇於高、鮑二家孰得孰失，必有能辨之者。

乾隆丙子德州盧見曾序。

附　錢謙益跋一則

戰國策經鮑彪殽亂，非復高誘原本，而剡川姚宏較正本，博采春秋後語諸書。吴正傳駁正鮑注，最後得此本，歎其絶佳，且謂「於時蓄之者鮮矣」。此本乃伯聲較本，又經前輩勘對疑誤，採正傳補注標舉行間。天啓中以二十千購之梁溪安氏，不啻獲一珍珠船也。無何，又得善本於梁溪高氏，楮墨精好，此本遂次而居一。每一摩抄，不免以積薪自哂。要之，此兩本實爲雙璧，闕一固不可也。崇禎庚午七月曝書於榮木樓，牧翁謹識。

又　陸貽典跋三則

一

戰國策世傳鮑彪注者，求吴師道駁正本已屬希有，況古本哉？錢遵王假余此本，係姚宏較刻高誘注，蓋得之於牧翁宗伯者。不特開卷便有東、西周之異，全本篇次前後，章句煩簡，亦與今本逈不相侔，真奇書也。因命友印録此册。原本經前輩勘對疑誤，採正傳補注，標舉行間，宜並存之，一時未遑也。

二

牧翁云：「天啓中得此於梁溪安氏。無何，又得善本於梁溪高氏。」今此本具在，已出尋常百倍，不知高氏本又復何如耳？戊戌孟春六日録校並識，虞山陸貽典。

庚寅冬，牧翁絳雲樓災，其所藏書俱盡於咸陽之炬。不謂高氏本尚在人間。林宗葉君印録一本，假余較此，頗多是正。而摹寫訛字，猝未深辨，並一一校入。尚擬借原本更一訂定也。戊戌季秋六日校畢記。

三

已亥春，從錢氏借高氏原本，校前十九卷。孟冬暇日，過毛氏目耕樓借印録高氏本校畢，此書始爲全璧云。敕先。

錢大昕剡川姚氏本戰國策序

戰國策自劉子政校定，至宋嘉祐間已多散佚。今所傳者，皆出曾南豐重校本。高氏注隋時止存廿一篇，今僅存十篇。以高注呂氏、淮南相較，頗有繁省之殊，似十篇注尚非足本也。自鮑彪注盛行，芟棄高氏注，又擅易篇次，好古者病之。唯剡川姚氏本刻於紹興十六年，校勘精審，最爲藝林所珍。近雖重刊揚州，而於文句可疑者，往往轉取鮑本羼入，殊非不知蓋闕之義。

黄君蕘圃乃取家藏宋槧本重鋟諸堅木，行款點畫，壹仍其舊。其中烏焉魚豕，審知譌踳者，別爲札記，附綴於卷末，而肯移易隻字。吴正傳所云「存古闕疑者」，今於蕘圃見之，洵書城中快事也。

伯聲致疑「埊」、「恧」爲武后造字，予謂劉校、高注在兩漢時，斷無此等近鄙別字，而六朝人喜造新體，如先人爲老、巧言爲辨之類。恧當因草書「丞」字相似附會成之。陸德明論語釋文「恧」兩見，皆云「古臣字」，則非昉於阿武矣。韓朋即公仲侈。「侈」與「朋」聲不協，當是「倗」之誤。隸書多似「朋」，故「倗」譌爲「侈」。「倗」、「朋」本一字，「朋」

與「憑」聲相近，故亦稱「韓憑」矣。尋繹之次，偶舉二事，質諸蕘圃，願有以教我也。癸亥仲冬竹汀錢大昕序。

黄丕烈重刻剡川姚氏本戰國策並札記序〔一〕

曩者顧千里爲予言，曾見宋槧剡川姚氏本戰國策，予心識之。厥後遂得諸鮑緑飲所，楮墨精好，蓋所謂梁溪高氏本也。千里爲予校盧氏雅雨堂刻本一過，取而細讀，始知盧本雖據陸敕先抄校姚氏本所刻，而實失其真。往往反從鮑彪所改及加字並抹除者，未知盧、陸誰爲之也。夫鮑之率意竄改，其謬妄固不待言。乃更援而入諸姚氏本之中，是爲厚誣古人矣。金華吴正傳重校此書，其自序有云：「事莫大於存古，學莫大於闕疑。」知言也哉！後之君子，未能用此爲藥石，可一慨已！

今年命工繼悉影橅宋槧而重刊焉，並用家藏至正乙巳吴氏本互勘，爲之札記，凡三卷。詳列異同，推原盧本致誤之由，訂其失，兼存吴氏重校語之涉於字句者，亦下己意，以益姚氏之未備。大旨專主師法乎闕疑存古，不欲苟取文從字順，願貽諸好學深思之士。吴氏校每云「一本」，謂其所見浙、建、括蒼本也。今皆不可復得，故悉載之。宋槧更有所謂梁溪安氏本，今未見。見其影鈔者，在千里之從兄抱沖家。其云「經前輩勘對疑誤，採正傳補注，標舉行間，惜乎不並存也。」非一刻，小小有異，然皆較高氏本爲遜，故不復論。嘉慶八年八月八日，吴縣黄丕烈撰。

〔一〕此文亦見於顧廣圻思適齋文集卷七，篇題下注云：「代黄蕘圃作。」

顧廣圻後序

黄君蕘圃刻姚伯聲本戰國策及所撰札記，既成，屬廣圻爲之序。予爰序其後曰：戰國策傳於世者，莫古於此本矣。然就中舛誤不可讀者，往往有焉。考劉向叙録云：「定以殺青，書可繕寫。」是向書初非不可讀者也。高誘即以向所定著爲之注。下迄唐世，其書具存，故李善、司馬貞等徵引依據，絶無不可讀之云。迨曾南豐氏編校，始云「疑其不可知者」，而同時題記，類稱爲舛誤。蓋自誘注僅存十篇，而宋時遂無善本矣。伯聲續校，總四百八十餘條，其所是正，亦云多矣。但其所萃諸本，既皆祖南豐，又旁採他書復每簡略，未爲定本，尚不能無劉原父之遺恨耳。厥後吴師道駁正鮑注，用功甚深，發疑正讀，殊有出於伯聲外者矣。

今蕘圃之札記，雖主於據姚本訂今本之失，而取吴校以益姚校之未備，所下己意，足以益二家之未備也。凡於不可讀者已稍稍通之矣。後世欲讀戰國策，捨此本其何由哉？廣圻於是書尋繹累年，最後於叙録所云「臣向因國別者，略以時次之。分别不以序者以相補除複重，得三十三篇」者，恍然而知戰國策實向一家之學，與韓非、太史公諸家牴牾，職此之由，無足異也。因欲放杜征南於左氏春秋之意，撰爲戰國策釋例五篇：一曰疑年譜，二曰土地名，三曰名號歸一圖，四曰詁訓微，五曰大目録。私心竊願爲劉氏擁篲清道者也。高注殘闕，艱於證明。粗屬草藁，牽率未竟。他年倘能徧稽載籍，博訪通人，勒爲一編，俾相輔而行，未始非讀此本之助也。諗諸蕘圃，其以爲何如？嘉慶癸亥十一月，元和顧廣圻。

宋槧姚宏本戰國策所附諸跋（二）

一

高注戰國策行世者惟雅雨堂本，此外曾見小讀書堆所藏影宋鈔本。若宋刻，僅載諸讀書敏求記中，云是購於絳雲樓者。然絳雲所藏，有梁溪安氏本、梁溪高氏本，未知所購果何本也？既聞海内藏書家尚有兩宋本，一在桐鄉金雲莊家，一在歙汪秀峯家，余渴欲一見爲幸。去冬鮑緑飲來蘇，以金本介袁綬階示余，訂觀於鈕非石寓樓。遂議交易，以白鏹八十金得之。此本楮墨精好，殆所謂梁溪高氏本歟？屬澗蘋取影宋鈔本參校，識是勝於鈔本，澗蘋已詳跋之矣。

余謂古書流傳，不可不詳其原委。姚宏所注補者非一本，見於吴正傳之言（自注：正傳云：余見姚注凡二本：其一冠以目録、劉序，而置曾序於卷末；其一冠以曾序，而劉序次之。蓋先劉序者，元本也；先曾序者，重校本也）。今觀此本字畫，定爲紹興初刻。影鈔者當是重刻本，故行款略爲改竄（自注：宋刻本每葉廿二行，行廿字。影宋鈔本每葉廿行，行廿字），而字句亦微有不同。序録一篇，此本在卷末李文饒等書後四條之前。姚宏題語又隔一行，而附於後。影鈔本則曾序居卷首，而李跋等仍在後。姚宏題語不隔一行。其非一本可知。蓋影鈔之本，或即梁溪安氏本遜而居乙者耶？至於此本之疑爲絳雲所藏，别無確證。惟首册闕目録四葉、一卷一至六葉，末册序後五六葉，當是藏書者圖章題記，淺人撕去之故，豈不可歎！特未識汪本又何如耳，俟徐訪之（自注：汪秀峯與錢聽默友善，嘗謂錢曰：吾有宋刻高注戰國策，有人需此，當以美妾易之。今聞作古，未知書在何處）。

二

嘉慶歲在己未二月望日，檢書至此，爰題數語，以志顛末。回憶去冬得書之時在臘月望日，雨雪載塗，肩輿出金閶門，與緑飲、綬階、非石盤桓茶話以爲消寒計者，已兩閱月矣。石有詩贈余，當倩渠録於此册，以志一時韻事云。棘人黄丕烈識。

三

昔余赴禮部試入都，於舊攤買得宋板戰國策牙籤二，未知誰氏物。書去而籤存，殊令人繫思也。攜歸棄置篋中久矣。今得此書，不啻籤爲之兆。爰屬澗蘋影摹於册，俾得附麗長存云。蕘圃。

四

此書爲毛榕坪故物。余與榕坪雖居在同城，蹤跡不甚密，故未及細問其原委。前月杪，榕枰階陽湖孫淵如觀察訪余，因暢叙兩日，晤言及此。榕村謂余曰：「余得此書於□□馮秋隺家，其先世有名黔者爲顯宦，從他省得來。」榕坪從秋隺手易歸。卷中所鈐「馮氏秋隺」，即其印也，爰志其書之來歷如此。至卷中「澤存堂藏書印」，不知何人？康熙時有張姓名士俊者，曾翻彫宋本玉篇、廣韻於澤存堂，豈其人歟？夏五月端午後三日，丕烈識。

五

是書雅雨堂刊行者頗有改易，賴此始見其真，不僅古香馣馤爲可寶也。惟剜脩處未能盡善，如第六卷第四葉首三行，與小讀書堆所藏鈔本不同。鄙意以爲初槧當如鈔本。附録於後，以俟蕘圃論定之。己未二月顧廣圻書。

楚怒秦合　寂爲楚王曰：魏王遇於境楚使者　是以鯉與之遇也　弊邑之於遇善之故齊不合也　楚王因不罪景鯉而德周秦

秦使周最解説楚王與魏遇之意，故不罪景鯉，第德周與秦也。

影宋精鈔本高注戰國策附跋兩則〔一〕

〔一〕據潘氏寶禮堂宋本書録迻録，尚有題詩，從省。原書今藏北京圖書館。

一

吴師道云：「剡川姚宏續校注最後出。予見姚注凡二本：其一冠以目録、劉序，而置曾序於卷末；其一冠以曾序，而劉序次之」云云。此即所謂冠以曾序之本也。宋槧，原出梁溪安氏，陸敕先亦據以校刻，入盧氏雅雨堂，但失其真矣。其冠以目録、劉序本，出梁溪高氏，宋槧之極精好者，今在黄蕘圃家，近將重爲刊行，於此有異同。此本世鮮蓄之者。自是戰國策一重公案，後人勿因其一刻再刻而漫視之也。嘉慶癸亥五月書此留示阿和、阿道。回數家兄下世已閱七年，爲之泫然！澗薲居士廣圻記。

二

此册影宋鈔本高注戰國策，東城顧氏藏書，由蔣春皋以歸於小讀書堆者也。抱沖故後，借其遺書，屬伊從弟澗薲校雅雨堂本，多所正誤。未及還而余適得桐鄉金氏所藏宋刊本，又爲校勘，又可正影鈔本之誤。書以最先者爲佳，信不誣矣。且高注宋刻向有兩本，此本非即從余所得宋本鈔出，故行款不同，字句間有互異。聊志數語，以著源流，俟與後之能讀者證之。嘉慶歲在己未二月花朝後一日，黄丕烈識。

〔一〕據楹書隅録初編迻録。原書今藏山東省圖書館。

顧廣圻影鈔安氏本戰國策跋〔二〕

高氏戰國策，姚伯聲校，宋槧本有二，皆見蒙叟之跋，一得於梁溪安氏，再得於梁溪高氏。迨後，高氏本曾在長塘鮑丈緑飲以翁處，有嘉慶癸亥翻刻者是也。今歸長洲汪閬源家。安氏本僅見影寫者，向爲小讀書堆所收，今與真本皆不知歸何許矣。

此則有堂吴子先世之遺，亦從安氏本影鈔，行款筆跡，幾乎無二，展玩再四，恍如宿覯，唯每册有錢楚殷圖記，爲少異耳。楚卿最多祕笈，何義門學士手校題跋每言從之借來。距今百年，流傳就稀。想乾隆間入璜川者或非一種，而予之寓目，則止此而已。吾願有堂其尚無善保之哉！

〔一〕據思適齋集卷十四迻録。

附録中

漢書藝文志：戰國策三十三篇。原注：記春秋後。

王應麟漢藝文志考證：隋志三十四卷，劉向録，唐志缺二卷，今世所傳三十三卷。史通曰：其篇有東西二周、秦、齊、楚、三晉、宋、衛、中山，合十二國，分爲三十二卷，謂之策者，蓋録而不序，即簡以爲名。司馬遷採戰國策。姚氏校定總四百八十餘條，太史公所採九十餘條，其事異者止五六條。

隋書經籍志：史部雜史類：戰國策三十二卷，劉向録。

又：戰國策二十一卷，高誘撰注。

又：戰國策論一卷，漢京兆尹延篤撰。按顏氏家訓書證篇引延篤戰國策音義，當是一書。侯康補後漢書藝文志云：「其名似勝隋、唐志。」

舊唐書經籍志：戰國策三十二卷，劉向撰。

又：戰國策三十二卷，高誘注。

又：戰國策論一卷，延篤撰。

唐書藝文志：劉向戰國策三十二卷。

又：高誘注戰國策三十二卷。

又：延篤戰國策論一卷。

崇文總目：戰國策劉向本十一篇闕。

又：高誘注本二十卷，今缺第一、第五、第十一至二十止，存八卷（曾鞏敘録云：「今存者十篇」，當係後來蒐補）。

晁氏郡齋讀書志：子部縱横家類：戰國策三十三卷：右漢劉向校定三十三，東、西周各一、秦五、齊六、楚趙魏各四、韓燕各三、宋衛中山各一。舊有五號，向以爲皆戰國時游士策謀，改定今名。其事則上繼春秋，下訖楚漢之起，凡二百四十五年。崇文總目多闕，至皇朝曾鞏校書，訪之士大夫家。其書始復完。漢高誘注，今上（疑存之訛）十篇，餘逸。歷代以其記諸國事，載於史類。予謂其紀事不皆實録，難盡信，蓋出縱横者所著，當附於縱横家云。

高似孫子略卷三戰國策：班固稱太史公取戰國策、楚漢春秋、陸賈新語作史記。三書者，一經太史公採擇，後之人遂以爲天下奇書。予惑焉，每讀此書，見其叢脞少倫，同異錯出，事或著於秦、齊，又復見於楚、趙。言辭謀議，如出一人之口。雖劉向校定，卒不可正其淆駁，會其統歸，故是書之汩有不可而辨者，況於楚漢春秋、陸賈新語乎？二書記載，殊無奇耳。然則太史公獨何有取於此？夫戰國、楚、漢之事，捨二書，他無可考者，太史公所以加之采擇者在此乎？柳子厚嘗謂左氏、國語，其閎深傑異，固世之所耽嗜而不已也。而其説多誣淫不槩於聖。余懼世之學者，惑其文采，而不論其是非，作非國語。昔讀是書，殊以子厚言之或過矣。反覆戰國策，而後三歎非國語之作，其用意切用功深也。余遂效此，盡取戰國策與史記同異，又與説苑、新序雜見者，各彙正之，名曰戰國策考（按高氏此書今不傳，亦不見於著録）。

又：史略雜史類：戰國策三十三卷，劉向撰。

戰國策二十一卷，高誘注。

戰國策論一卷，漢京兆尹延篤撰。

陳振孫直齋書録解題卷五：史部雜史類：戰國策三十卷。司馬遷史記所本，劉向所校者也。但無撰人名氏。後漢高誘注，自東周至中山十二國，凡三十三篇。

又：鮑氏校定戰國策十卷。尚書郎括蒼鮑彪注。以西周正統所在，易爲卷首。其注凡四易稿乃定。

宋史藝文志子部縱横家類：高誘注戰國策三十三卷。

鮑彪注國策十卷。

通志卷六十五藝文略：雜史類：戰國策三十四卷，劉向録。

又：二十一卷，高誘撰注。

戰國策論一卷漢京兆尹延篤撰。

文獻通考卷二百十二經籍考：子部縱横家：戰國策十三卷

今篇卷亡缺第二至十，第三十一至三十三闕（按十通本文獻通考作「亡缺卷二至十三、十一至三十三闕」），脱譌不成文，與曾序姚書悉不符，顯誤。今從四庫提要所引訂正。關於戰國策傳本異同，詳見拙著戰國策傳本源流考，載中華文史論叢一九八四年第三輯）。

四庫全書總目提要：史部雜史類：戰國策三十三卷。舊本題漢高誘注，今考其書，實宋姚宏校本也。文獻通考引崇文總目曰：「戰國策篇卷亡闕第二至第十，第三十一至三十三，闕。又有後漢高誘注本二十卷，今闕第一、第五、第十一至二十，止存八卷。」曾鞏校定序曰：「此書有高誘注者二十一篇，或曰三十二篇。崇文總目存者八篇。今存者十篇。」此爲毛晉汲古閣影宋鈔本，雖三十三卷皆題曰高誘注，而有誘注者僅二卷至四卷，六卷至十卷，與崇文總目八篇數合。又最末三十二、三十三兩卷，合前八卷，與曾鞏序十篇數合。而其餘二十三卷，則但有考異而無注。其有注者，多冠以「續」字，其偶遺

「續」字者，如趙策一郄疵注、雒陽注皆引唐林寶元和姓纂，趙策二甌越注引魏孔衍春秋後語，魏策三芒卯注引淮南子注。衍與寶在誘後，而淮南子注即誘所自作，其非誘注，可無庸置辨。蓋鞏校書之時，官本所少之十二篇，而誘書適有其十，惟闕第五、第三十一。誘書所闕，則官書悉有之，亦惟闕第五、第三十一，意必以誘書是官書，而又於他家書内摭二卷補之，此官書誘書合爲一本之由。然鞏不言校誘注，則所取惟正文也。迨姚宏重校之時，乃併所存誘注入之，故其自序稱「不題校人併題續注者，皆余所益」。知爲先載誘注，故以續爲別。且凡有誘注，復加校正者，並於夾行之中又爲夾行，與無注之卷不同。知校正之時，注已與正文並列矣。卷端曾鞏、李格、王覺、孫朴諸序跋皆前列標題，各題其字，而宏序獨空一行列於末，前無標題。序中所言體例，又一一與書合，其爲宏校本無疑。其卷卷題高誘名者，殆傳寫所增，以贋古書耳。書中校正稱曾者，曾鞏本也；稱錢者，錢藻本也；稱劉者，劉敞本也；稱集者，集賢院本也。無姓名者，即宏序所謂不題校人爲所加入者也。其點勘頗爲精密，吴師道作戰國策鮑注補正亦稱爲善本，是元時猶知注出於宏。不知毛氏宋本何以全題高誘？考周密癸辛雜識稱賈似道嘗刊是書，豈其門客廖瑩中等皆媟褻下流，昧於檢校，一時誤題，毛氏適從其本影鈔歟？近時揚州所刊即從此本録出，而仍題誘名，殊沿誤。今於原有注之卷題高誘注，姚宏校正續注。原注已佚之卷，則惟題姚宏校正續注，而不列誘名，庶幾各存其真。宏字令聲，一曰伯聲，剡川人，嘗爲删定官，以伉直忤秦檜，瘐死大理獄中，蓋亦志節之士，不但其書足重也。

附識：　案漢藝文志戰國策與史記爲一類，歷代史志因之。晁公武讀書志始改入子部縱横家，文獻通考因之。按班固稱司馬遷作史記，據左氏、國語，採世本、戰國策，述楚漢春秋，接其後事，迄於天漢。則戰國策當爲史類，更無疑義。且子之爲名，本以稱人，因以稱其所著，必爲一家之言，乃當此目。戰國策乃劉向裒合諸記併爲一編。作者既非一人，又均不得其主名，所謂子者，安指乎？公武改隸子部，是以記事之書爲立言之書，以雜編之書爲一家之書，殊爲未允。今仍歸之史部中。

又：鮑氏戰國策校注十卷：宋鮑彪撰。案黄鶴杜詩補注、郭知達集注九家杜詩引彪之語，皆稱爲鮑文虎説，則其字爲文虎也。縉雲人，官尚書郎。戰國策一書編自劉向，注自高誘，至宋而誘注殘闕。曾鞏始合諸家之本校之，而於注文無所增損。姚宏始稍補誘注之闕。而校正者多，訓釋者少。彪此注成於紹興丁卯，其序中一字不及姚本，蓋二人同時，宏又因忤秦檜死，其書尚未盛行於世，故彪未見也。彪書雖首載劉向、曾鞏二序，而其篇次先後，則自以己意改移，非復向、鞏之舊。是書竄亂古本，實彪始。然向序稱「中書餘卷錯亂相糅莒(原案：「莒」字未詳，今仍原本録之)，又有國別者八篇，少不足。臣向因國別者略以時次之，分別不以序者以相補，除重複，得三十三篇」。又稱「中書本號，或曰國策，或曰國事，或曰短長，或曰事語，或曰長書，或曰脩書」云云。則向編此書，本裒合諸國之記，删併重複，排比成帙，所謂三十三篇者，實非其本來次第。彪核其事蹟年月而移之，尚與妄改古書者有間。其更定東西二周，自以爲考據之特筆。元吴師道作補正，極議其誤考。趙與旹賓退録曰：「戰國策舊傳高誘注，殘闕疏略，殊不足觀。姚令威寬補注(原案：補注乃姚寬之兄姚宏所作，此作姚寬，殊誤。謹附訂於此)，亦未周盡，獨縉雲鮑氏校注爲優。雖間有小疵，殊不害大體。惟東西二周一節，極其舛謬，深誤學者，反不若二氏之説。」是則南宋人已先言之矣。吴師道注中所謂補者，即補鮑注；所謂正者，亦即正鮑注。其精核實勝於彪。然彪注疏通詮解，實亦殫一生之力。故其自記稱四易稿後，始悟周策之嚴氏、陽堅即韓策之嚴遂、陽堅，而有校書如塵埃風葉之歎。雖踵事者益密，正不得遽没刱始之功矣。

又：戰國策校注十卷　元吴師道撰。師道字正傳，蘭谿人。至治元年進士，仕至國子博士，致仕。後授禮部郎中，事蹟具元史儒學傳。師道以鮑彪注戰國策，雖云糾高誘之譌漏，然仍多未善。乃取姚宏續注與彪注參校，而雜引諸書考正之。其篇第注文，一仍鮑氏之舊。每條之下，凡增其所闕者謂之補；凡糾其所失者謂之正。各以「補曰」、「正曰」別之。復取劉向、曾鞏所校三十三篇四百八十六首舊第爲彪所改竄者，别存於首。蓋既用彪注爲藁本，如更其次第，則端緒益棼，節目皆不相應。如泯其變亂之跡，置之不論，又恐古本遂亡，故附録原次，以存其舊。孔穎達禮記正義每篇之下，附著别録第幾，林億等新校素問亦每篇之下附著全元起本第幾，即其例也。前有師道自序，撮舉彪注之大紕繆者凡十九條，議論皆極精審。其他隨文駁正，亦具有條理。古來注是書者，固當以師道爲最善矣。舊有曲阜孔氏刊本，頗未是正。此本猶元時舊刻，較孔本多爲可據云。

附録下

引用書目（本書參考諸書，底本除外）

專書之類

戰國策高誘注　清乾隆間雅雨堂刊本
戰國策鮑彪注　明嘉靖壬子杜詩刊
戰國策校注　元吳師道　四部叢刊景元刊本
戰國策譚棷　明張文燿　明萬曆刊本
戰國策纂　明穆文熙　明刊本
解縉
王守仁
楊慎
陸深
歸有光
張居正
茅坤
田藝蘅
許應元
李蓘
李元齡
王士崧
何洛夫
董份
凌約言
陳沂
陳士芑　以上諸家評語大抵采自譚棷及策纂二書
戰國策去毒　清陸隴其　清刊本
讀戰國策隨筆　清張尚瑗　清道光間昭代叢書本
戰國策雜志　清王念孫　金陵書局刊讀書雜志本
戰國策札記　清黃丕烈　士禮居刊本

戰國策　清吴汝綸及子闓生點勘　舊排印
戰國策注　清于鬯　稿本藏上海圖書館
戰國策補釋　金正煒　金氏十梅館刊本
戰國策補注　吴曾祺　商務印書館排印本
戰國策選注　臧勵龢　商務學生國學基本叢書本
國策勘驗　鍾鳳年　燕京大學本
景宋抄本戰國策校勘記　彭翔生　齊魯大學排印
戰國策高注補正　日本關修齡　日本刊本
戰國策正解　日本横田惟孝　日本漢文大系本
碕哲夫注　自横田正解轉引
安井衡注　附於横田惟孝正解本
中井積德注　並採自漢文大系本正解，中井注兼採
史記會注考證引文
戰國策釋地　清張琦　刊本
國策地名考　清程恩澤、狄子奇合著　粤雅堂叢書本
七國地理考　清顧觀光　刊本
國策編年　清顧觀光　刊本

羣經及小學書之類

周易王弼注　鐵琴銅劍樓景刊宋本
尚書注疏　脈望仙館石印阮本
尚書今古文注疏　清孫星衍　平津館刊本
禹貢錐指　清胡渭　皇清經解本
尚書大傳　清陳壽祺輯　四部叢刊本
毛詩注疏　脈望仙館石印阮本
毛詩草木鳥獸蟲魚疏　清丁晏輯　古經解彙函本
毛鄭詩考正　清戴震　戴東原全集本
魯詩遺説考　清陳喬樅　經解本
韓詩外傳　漢韓嬰　趙氏亦有生齋刊本
韓詩外傳校注　清周廷寀　涵芬樓排印本
周禮注疏　脈望仙館石印阮本
周禮正義　清孫詒讓　湖北楚學社刊本
九旗古義　清孫詒讓　刊本
考工記圖　清戴震　戴東原全集本
考工創物小記　清程瑶田　通藝録刊本
禮記注疏　脈望仙館石印阮本

禮箋 清金榜 乾隆刊本
禮書通故 清黄以周 光緒刊本
春秋左傳注疏 脈望仙館石印本
春秋釋例 晉杜預 古經解彙函本
春秋大事表 清顧棟高 清刊本
左通補釋 清梁履繩 光緒刊本
春秋左傳讀 章炳麟 石印本
春秋左氏疑義答問 章炳麟 章氏叢書本
春秋公羊傳注疏 脈望仙館石印本
春秋穀梁傳注疏 脈望仙館石印本 上
爾雅注疏 脈望仙館石印本 上
爾雅正義 清邵晉涵 乾隆刊本
爾雅義疏 清郝懿行 四部備要本
論語注疏 脈望仙館石印本
論語義疏 梁皇侃 知不足齋叢書本
論語正義 清劉寶楠 影印本
孟子趙岐注 四部叢刊本
孟子正義 清焦循 焦氏遺書本

經典釋文 唐陸德明 抱經堂刊本
孟子音義 宋孫奭 刊本
五經文字 唐張參 小學彙函本
十三經注疏校勘記 清阮元 脈望仙館石印本
四書集注 宋朱熹 康熙内府覆宋本
四書釋地 清閻若璩 刊本
四書考異 清翟灝 乾隆本
四書典故辨正 清周柄中 刊本
四書經注集證 清吴昌宗 刊本
説文解字 漢許慎 五松書屋覆宋本
説文解字注 清段玉裁 清嘉慶原刊本
説文通訓定聲 清朱駿聲 世界書局影印本
方言 漢揚雄 四部叢刊本
新方言 章炳麟 章氏叢書本
急就篇 唐顔師古注 四部叢刊本
釋名疏證補 清王先謙 思賢講舍刊本
廣雅疏證 清王念孫 影印本
小爾雅 顧氏文房小説本

埤雅 宋陸佃 叢書集成本
爾雅翼 宋羅願 叢書集成本
字林考逸 清任大椿輯 光緒刊本
玉篇 梁顧野王 宋陳彭年重修 澤存堂刊本
原本玉篇殘卷 梁顧野王 古逸叢書本
匡謬正俗 唐顔師古 小學彙函本
宋元以來俗字譜 劉復 複印本
助字辨略 清劉淇 排印本
經傳釋詞 清王引之 道光刊本
經詞衍釋 清吳昌瑩 光緒刊本
古書疑義舉例 清俞樾 春在堂叢書本
詞詮 楊樹達 商務排印本
高等國文法 楊樹達 商務排印本
古書虛字集釋 裴學海 商務排印本
殷虛甲骨卜辭的語法研究 管燮初 排印本
中國文字學 唐蘭 開明排印本
漢語史稿 王力 排印本
周祖謨漢語音韻學論文集 排印本

敦煌切韻殘本三種 隋陸法言 石印本
王仁昫刊謬補缺切韻 故宫影印
廣韻 宋陳彭年等 澤存堂刊本
集韻 宋丁度等 萬有文庫影印本
一切經音義 唐釋慧琳 上海醫學書局影印本
華嚴音義 唐釋慧苑 刊本
韻補 宋吳棫 連筠簃刊本
五音集韻 金韓道昭 明刊本
江氏音學十書 清江有誥 中國書店影印本
辭通 朱起鳳 開明排印

史部書之類

史記 漢司馬遷 百衲廿四史本
史記測議 明徐孚遠 明刊
史紀會注考證 日本瀧川資言 文學古籍社影印本
史記注補正 清方苞 刊本
殿本史記考證 清張照 石印本
史記考異 清錢大昕 廿二史考異本
史記志疑 清梁玉繩 廣雅書局刊本

史記札記　清張文虎　金陵局刊
史記探源　崔適　排印本
史記訂補　李笠　刊本
漢書　漢班固　影印殿本
漢書疏證　清沈欽韓　叢書集成本
漢書補注　清王先謙　影印本
漢書人表考　清梁玉繩　叢書集成本
人表校正　清翟雲升　五經歲編齋刊本
後漢書集解　清王先謙　萬有文庫排印本
南史　唐李延壽　石衲本二十四史本
隋書　唐魏徵　百衲本二十四史本
新唐書　宋歐陽修等　百衲本二十四史本
國語　徐元誥國語集解本
逸周書集訓校釋　清朱右曾　刊本
王會篇箋釋　清何秋濤　刊本
竹書紀年統箋　清徐文靖　浙局刊本
竹書紀年義證　清雷學淇　排印本
重訂竹書紀年　清雷學淇　光緒刊本

汲冢紀年存真　清朱右曾　刊本
古本竹書紀年輯校訂補　范祥雍　上海人民出版社
排印
世本(輯本)八種　商務排印
穆天子傳　濟南景印黄丕烈校本
越絶書　四部叢刊本
帝王世紀輯本　清宋翔鳳　叢書集成本
敦煌本春秋後語殘卷　晉孔衍　鳴沙石室遺書本
長短經　唐趙蕤　讀畫齋叢書本
古史　宋蘇轍　明刊本
大事記　宋吕祖謙　閩覆聚珍本
繹史　清馬驌　浙局刊本
春秋戰國異辭　清陳厚耀　四庫珍本叢書本
戰國紀年　清林春溥　竹柏山房叢書本
周季編略　清黄式三　浙局刊本
鮮虞中山國事表　清王先謙　刊本
六國紀年　陳夢家　排印
戰國史　楊寬　上海人民出版社排印

資治通鑑　宋司馬光　元胡三省注　胡克家刊本
通鑑考異　宋司馬光　四部叢刊本
通鑑綱目　宋朱熹　刊本
通鑑地理通釋　宋王應麟　玉海附編本
通鑑答問　宋王應麟　玉海附編本
山海經釋義　明王崇慶　明刊本
山海經箋疏　清郝懿行　原刊本
華陽國志　晉常璩　嘉慶廖刊本
水經注　北魏酈道元　清王先謙合校本
元和郡縣志　唐李吉甫　叢書集成本
太平寰宇記　宋樂史　乾隆刊本
嘉慶重修一統志　四部叢刊本
諸宮舊事　唐余知古　平津館刊本
長安志　宋宋敏求　經訓堂叢書本
北道刊誤志　十萬卷樓刊本
齊乘　元于欽　乾隆刊本
春秋地名考略　清高士奇　康熙刊本
新斠注地理志集釋　清錢坫　二十五史補編本

長安史蹟考　日本足立喜六　商務排印
河山集　史念海　排印本

子部書之類

六韜　曹元忠輯校　刊本
管子　四部叢刊本
晏子春秋　蘇輿校注　思賢講舍刊本
晏子春秋集釋　吳則虞　中華排印
孫子　四部叢刊本
孫子兵法　銀雀山出土漢簡本
老子　四部叢刊本
列子　四部叢刊本
列子釋文　唐殷敬順　刊本
莊子　四部叢刊本
莊子成元英疏　古逸叢書本
墨子閒詁　清孫詒讓　光緒刊本
商君書解詁　朱師轍　排印本
鬼谷子　石研齋刊本
鶡冠子　四部叢刊本

慎子　四部叢刊本
尹文子　四部叢刊本
荀子集解　清王先謙　涵芬樓影印本
荀子補注　日本豬飼彦博　漢文大系本
荀子增注　日本久保愛　漢文大系本
韓非子　吴鼒覆宋本
韓非子識誤　清顧廣圻　浙局刊本
韓非子注　清郭嵩燾　轉引
韓非子集解　清王先慎　刊本
韓非子斠補　劉師培　劉申叔遺書本
韓非子集釋　陳奇猷　排印
韓非子毳翼　日本太田方　漢文大系本
呂氏春秋　漢高誘注　四部叢刊本
呂氏春秋集釋　許維遹　清華大學排印
賈子新書　漢賈誼　抱經堂刊本
春秋繁露　漢董仲舒　抱經堂刊本
淮南子　漢高誘注　浙局刊本
淮南鴻烈集解　劉文典　萬有文庫排印本

説苑　漢劉向　四部叢刊本
説苑斠補　劉文典　排印本
新序　漢劉向　四部叢刊本
列女傳　漢劉向　阮福覆宋本
列仙傳　漢劉向　刊本
別録　漢劉向　經典集林輯本
鹽鐵論　漢桓寬　四部叢刊本
太玄經　漢揚雄　四部叢刊本
法言義疏　漢揚雄　汪榮寶義疏　排印本
桓譚新論　清孫馮翼輯　四部備要本
論衡校釋　黄暉　商務排印本
論衡舉正　孫人和　刊本
白虎通德論　漢班固　四部叢刊本
風俗通義校注　漢應劭　王利器校注　排印本
潛夫論　漢王符　刊本
獨斷　漢蔡邕　抱經堂刊本
中論　魏徐幹　四部叢刊本
古今注　晉崔豹　四部叢刊本

顔氏家訓　北齊顔之推　抱經堂刊本
中華古今注　唐馬縞　排印本

考證筆記之類

史通通釋　唐劉知幾　清浦起龍釋　四部備要本
封氏聞見記　唐封演　雅雨堂本
東坡志林（趙開美刊五卷本）　宋蘇軾　涵芬樓排印本
又（商濬刊十二卷本）　宋蘇軾　明刊本
猗覺寮雜記　宋朱翌　顧氏文房小説本
履齋示兒編　宋孫奕　叢書集成本
演繁露　宋程大昌　學津討源本
西溪叢話　宋姚寬　百川學海本
習學記言　宋葉適　刊本
黃氏日鈔　宋黃震　乾隆刊本
容齋隨筆　宋洪邁　四部叢刊本
賓退録　宋趙與旹　影印本
東原録　宋龔頤正　涵芬樓排印本
郡齋讀書志　宋晁公武　王先謙刊本

困學紀聞　宋王應麟　清翁元圻注　原刊本
楊升庵全集　明楊慎　萬有文庫本
春風堂隨筆　明陸深　儼山外集本
焦氏筆乘　明焦竑　排印本
七國考　明董説　叢書集成本
通雅　明方以智　日本刊本
日知録集釋　清顧炎武　黃汝成釋　刊本
義府　清黃生　安徽叢書本
書影　清周亮工　雍正刊本
禮説　清惠士奇　刊本
方望溪文集　清方苞　四部叢刊本
義門讀書記　清何焯　乾隆刊本
白田雜著　清王懋竑　刊本
管城碩記　清徐文靖　乾隆刊本
經史問答　清全祖望　鮚琦亭集本
援鶉堂筆記　清姚範　原刊本
抱經堂文集　清盧文弨　四部叢刊
羣書拾補　清盧文弨　抱經堂刊本

鍾山札記　清盧文弨　抱經堂刊本
考信録　清崔述　崔東壁全書本
潛研堂文集　清錢大昕　四部叢刊本
十駕齋養新録　清錢大昕　乾隆刊本
陔餘叢考　清趙翼　石印本
畏壘筆記　清徐昂發　昭代叢書本
讀書録　清汪師韓　乾隆刊本
南江札記　清邵晉涵　刊本
文史通義　清章學誠　排印本
卷葹閣文集　清洪亮吉　洪北江全集本
曉讀書齋二録　清洪亮吉　洪北江全集本
四史發伏　清洪亮吉　小石山房刊本
瞥記　清梁玉繩　排印本
述學　清汪中　原刊本
開卷偶得　清林春溥　竹柏山房叢書本
讀書雜志　清王念孫　金陵局刊
經義述聞　清王引之　刊本
授堂文鈔　清武億　排印本
羣經義證　清武億　刊本
勱説　清李調元　刊本
讀書叢録　清洪頤煊　刊本
孟子出處時地考　清周廣業　刊本
銅熨斗齋隨筆　清沈濤　刊本
温故録　清包慎言　刊本
過庭録　清宋翔鳳　影印本
札樸　清桂馥　刊本
晚學集　清桂馥　刊本
揅經室集　清阮元　四部叢刊本
魯巖所學集　清張宗泰　刊本
爻山筆話　清蘇時學　刊本
癸巳類稿　清俞正燮　刊本
癸巳存稿　清俞正燮　刊本
愈愚録　清劉寶楠　廣雅局刊本
敬孚類稿　清蕭穆　刊本
羣書札記　清朱亦棟　刊本
僦季雜著　清黄以周　浙局刊本

通義堂文集　清劉毓崧　嘉業堂刊本
舒藝室隨筆　清張文虎　光緒刊本
落帆樓文集　清沈垚　嘉業堂刊本
東塾讀書記　清陳澧　排印本
經史管窺　清蕭曇　刊本
羣經平議　清俞樾　春在堂叢書本
諸子平議　清俞樾　春在堂叢書本
湖樓筆談　清俞樾　春在堂叢書本
桐城吴先生文集　清吴汝綸　刊本
札迻　清孫詒讓　刊本
越縵堂日記　清李慈銘　涵芬樓影印本
越縵堂讀書録　清李慈銘　由雲龍輯　排印本
純常子枝語　清文廷式　刊本
湘綺樓日記　清王闓運　涵芬樓排印本
檢論　章炳麟　章氏叢書本
左盦集　劉師培　劉申叔遺書本
左盦外集　劉師培　劉申叔遺書本
觀堂集林　王國維　排印本
簡牘檢署考　王國維　雲窗叢書本
太史公繫年考略　王國維　學術叢刊本
許廎學林　胡玉搢　排印本
讀諸子札記　陶鴻慶　排印本
讀書小記　馬叙倫　排印本
燕石札記　吕思勉　排印本
讀書管見　金其源　排印本
先秦諸子繫年考略　錢穆　商務排印本
史林雜識　顧頡剛　排印本
金明館叢稿　陳寅恪　排印本
管錐編　錢鍾書　排印本
中國史探研　齊思和　排印本

類書之類

敦煌本修文殿御覽　珂羅版
北堂書鈔　唐虞世南　嶽雪樓孔氏刊本
藝文類聚　唐歐陽詢　明刊本
羣書治要　唐魏徵　四部叢刊本
初學記　唐徐堅　明刊本

白氏類帖　唐白居易　影宋本
意林　唐馬總　四部叢刊本
太平御覽　宋李昉等　四部叢刊本
册府元龜　宋王欽若等　中華書局影印明刊本
類説　宋曾慥　影印明刊本

其他類

通典　唐杜佑　十通本
通志　宋鄭樵　十通本
元和姓纂　唐林寶　局刊本
古今姓氏書辨證　宋鄧名世　叢書集成本
姓解　宋邵思　古逸叢書本
姓氏辨誤　清張澍　刊本
搜神記　晉干寶　刊本
世説新語　梁劉孝標注　影印宋本
皇極經世書　宋邵雍　明刊本
東洋天文學史研究　日本新城新藏　沈璿譯本
中國氣候總論　盧鋈　排印本
東胡民族考　日本白鳥庫吉　排印本
中國兵器史稿　周緯　排印本
中國古代建築史　劉敦楨等　排印本
黄帝素問　唐王冰注　四部叢刊本
神農本草經　清孫星衍輯　叢書集成本
政和經史證類本草　宋唐慎微　影印金刊本
圖經本草　宋蘇頌　叢書集成本

總集及别集之類

楚辭補注　宋洪興祖　四部叢刊本
楚辭後語　宋朱熹　古逸叢書本
文選李善注　胡克家刊本
文章正宗　宋真德秀　明刊本
古文辭類篹　清姚鼐　合河康氏刊本
全上古三代秦漢三國六朝文　清嚴可均　光緒刊本
陶淵明集　晉陶潛　四部叢刊本
庾子山集　北周庾信　四部備要本
韓昌黎集　唐韓愈　影印世綵堂本
王建詩集　唐王建　全唐詩本
王臨川集　宋王安石　明刊本

敦煌變文集　王重民等輯　排印本

金石書及出土文獻之類

馬王堆帛書戰國縱横家書　文物出版社

睡虎地秦墓竹簡　文物出版社

銀雀山漢墓竹簡孫臏兵法　文物出版社

武威漢簡　考古所

雲夢秦簡研究　排印本

樓蘭(Chineschen Handschriften — und Kleinfunde Sven Hedins in Lou-lan)

侯馬盟書　山西省文物工作委員會　文物出版社

鄂君啟節銘

中山王嚳器文字編　中華書局

石鼓文　影印宋拓本

愙齋集古録　清吴大澂　涵芬樓影印

小校經閣金文　劉體智　影印本

善齋吉金録　劉體智　影印本

貞松堂集古遺文　羅振玉　蟫隱廬影印

齊魯封泥集存　羅振玉　影印本

續封泥考略　清周明泰　石印本

金文編　容庚　考古所

甲骨學文字編　朱芳圃　商務

隸釋　宋洪适　乾隆汪刊本

金石文字記　清顧炎武　亭林遺書本

金石萃編　清王昶　石印本

潛研堂金石文跋尾　清錢大昕　刊本

匋齋藏石記　清端方　涵芬樓石印

碑別字　羅振鋆、羅振玉　蟫隱廬石印

期刊之類

中央研究院史語所集刊四卷四分册

故宫博物院院刊　一九八二年第一期

歷史研究　一九六四年第一期

文物參考資料　一九五八年第四期

文物　一九六二年第四、五合期

一九六四年第六期

一九七二年第五期、六期

一九七九年第四期

一九八〇年第十期
一九八一年第六期、七期
一九八二年第一期、五期
古文字研究第一輯　吉林大學
考古學報　一九五九年第二期
復旦大學學報歷史地理專輯

大公報副刊文史周刊
考古　一九六一年第六期
　　一九六二年第一期
　　一九六三年第四期
歷史地理一九八一年創刊號
青海民族學院學報一九八三年第三期

戰國策(鮑本)目録

卷一　西周

卷二　東周

卷三 秦

卷八 韓

2 楚昭獻相韓
3 秦攻陘
4 秦韓戰於濁澤
5 顏率見公仲

襄王

1 張儀爲秦連横説韓王
2 鄭彊之走張儀於秦
3 宜陽之役楊健謂公孫顯(已見秦策武王下,此重複)
4 秦圍宜陽游騰謂公仲
5 爲公仲謂向壽曰
6 客卿爲韓謂秦王曰
7 或謂公仲曰聽者
8 公仲數不信於諸侯
9 謂公叔曰公欲
10 謂公叔曰乘舟
11 齊令周最使鄭
12 公仲使韓珉之秦求武遂

---

13 公仲以宜陽陽故仇甘茂
14 鄭彊以金八百入秦
15 公仲爲韓魏易地
16 錡宣之教韓王取秦
17 襄陵之役
18 公叔使馮君於秦
19 韓公叔與幾瑟争國鄭彊
20 韓公叔與幾瑟争國中庶子强
21 齊明謂公叔曰
22 公叔將殺幾瑟
23 公叔且殺幾瑟也
24 謂新城君曰
25 胡衍之出幾瑟於楚也
26 幾瑟亡之楚
27 冷向謂韓咎曰
28 楚令景鯉入韓
29 楚圍雍氏五月

卷九　燕

後記

戰國策箋證一書，如先父例言所言：「草創於一九五四年，削稿於一九六五年。」「文革」中先父莫名蒙冤，一九六八年抄家時與他所有藏書二萬餘册一並被抄去。同抄去的手稿尚有山海經補疏，廣韻三家校記補釋，東坡志林廣證等數種。尤其山海經補疏一稿，「文革」前已交北京中華書局即待出版，然「文革」驟起，古籍出版暫停。先父嚴於治學，以爲與其躺在出版社，不如取回再作增補，詎料遭此浩劫，從此杳無蹤跡。禍兮福兮，世事難料，十餘年心血，付諸東流，何其痛惜！而戰國策箋證一稿因收入上海圖書館，已鈐有「上海圖書館藏善本書」印記，「文革」後得以璧還，實乃不幸中之大幸。

原稿取回後，當時上海古籍出版社和北京中華書局均曾有意出版，然先父治學一絲不苟，認爲此初稿尚未完備，且十餘年中又有不少新出資料和研究成果，尤其是考古新發現，非常重要，遂決意將此書全面重寫。此項工程浩大，家姐邦棻、邦菁亦同參加抄寫謄録。不久先父年邁體弱，尤其因長期用眼過度，導致嚴重眼疾，一目失明，面對洋洋百萬餘言，實感力不從心。余其時大學畢業不久，學識尚淺，乃勉爲其難，協助全稿的重撰。逐字校勘原文，比對版本異同，核查注文出處，查找增補資料，統一全書體例。歷時數年，正當全稿殺青之際，先父一病不起，遂歸道山。余亦飄零海外，輾轉十有餘年。幸蒙王元化前輩關心、美國斯坦福大學邵東方博士聯繫、上海古籍出版社王興康社長和高克勤副總編努力，此書得以出版，先父遺志終得如願，僅此一並深表謝忱！

本書寫作過程中，因先父健康欠佳，本人才疏學淺，舛誤之處懇請讀者不吝賜正，以便修訂。

先父一生坎坷，懷珠抱玉，值此出版之際，聊綴數言，並附所知著述簡目，以爲父親逝世十二週年之紀念。

范邦瑾

二〇〇五年九月於美國國會圖書館